1 MONTH OF
FREE
READING

at
www.ForgottenBooks.com

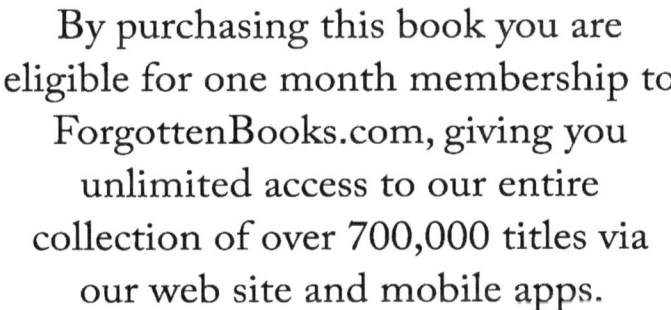

By purchasing this book you are eligible for one month membership to ForgottenBooks.com, giving you unlimited access to our entire collection of over 700,000 titles via our web site and mobile apps.

To claim your free month visit:
www.forgottenbooks.com/free474857

ISBN 978-0-332-47230-0
PIBN 10474857

This book is a reproduction of an important historical work. Forgotten Books uses
state-of-the-art technology to digitally reconstruct the work, preserving the original format
whilst repairing imperfections present in the aged copy. In rare cases, an imperfection in
the original, such as a blemish or missing page, may be replicated in our edition. We do,
however, repair the vast majority of imperfections successfully; any imperfections that
remain are intentionally left to preserve the state of such historical works.

Notizen

aus dem

Gebiete der Natur- und Heilkunde,

gesammelt und mitgetheilt

von

Ludwig Friedrich v. Froriep,

des Kön. Würtemb. Civil-Verdienst-Ordens und des Großherz. S. Weimar. Falken-Ordens Ritter,

der Philosophie, Medicin und Chirurgie Doctor und S. H. S. Ober-Medicinalrathe zu Weimar,

der Königl. Preuß. Academie nützlicher Wissenschaften zu Erfurt Vice-Director, der Kaiserl. Leopoldinisch-Carolinischen Academie der Naturforscher, der Russ. Kaiserl. Akademie der Naturforscher zu Moskwa, der Gesellschaft naturforschender Freunde zu Berlin, der Wetterauer Gesellschaft für die gesammte Naturkunde, der physicalisch-medicinischen Societät zu Erlangen, der mineralogischen Gesellschaft zu Jena, der Niederrheinischen Gesellschaft der physischen und medicinischen Wissenschaften, des landwirthschaftlichen Vereins im Königreiche Würtemberg, der Société d'Agriculture, Sciences et Arts du Département du Bas-Rhin, der naturforschenden Gesellschaft zu Leipzig, der Senkenbergischen naturforschenden Gesellschaft zu Frankfurt am Main, der Societas physico-medica zu Braunschweig, der Medicinal Society zu Philadelphia, des Apotheker-Vereins für das nördliche Teutschland, des Vereins zur Beförderung des Gartenbaues in Preußen, der Gesellschaft zur Beförderung der gesammten Naturwissenschaften in Marburg, der Schlesischen Gesellschaft für vaterländische Cultur zu Breslau, der Societas medico-chirurgica Berolinensis, der naturforschenden Gesellschaft zu Halle, des Kunst- und Handwerksvereins des Herzogthums Altenburg, der Accademia Pontaniana zu Neapel, der naturforschenden Gesellschaft des Osterlandes, der Gesellschaft für Natur- und Heilwissenschaft zu Heidelberg, der Svenska Läkare-Sällskapet zu Stockholm und der medicinischen Facultät der K. U. Universität Pesth Mitgliede.

Sieben und dreißigster Band,

zwei und zwanzig Stücke (Nro. 793 bis 814), eine Tafel Abbildungen in Quarto, eine Extrabeilage, Umschlag und Register, enthaltend.

Gedruckt in Erfurt, bei Lossius,

in Commission bei dem Landes-Industrie-Comptoir zu Weimar.

1833.

Register

zu dem sieben und dreißigsten Bande der Notizen aus dem Gebiete der Natur= und Heilkunde.

(Die Römischen Ziffern bezeichnen die Nummern, die Arabischen die Seiten.)

*

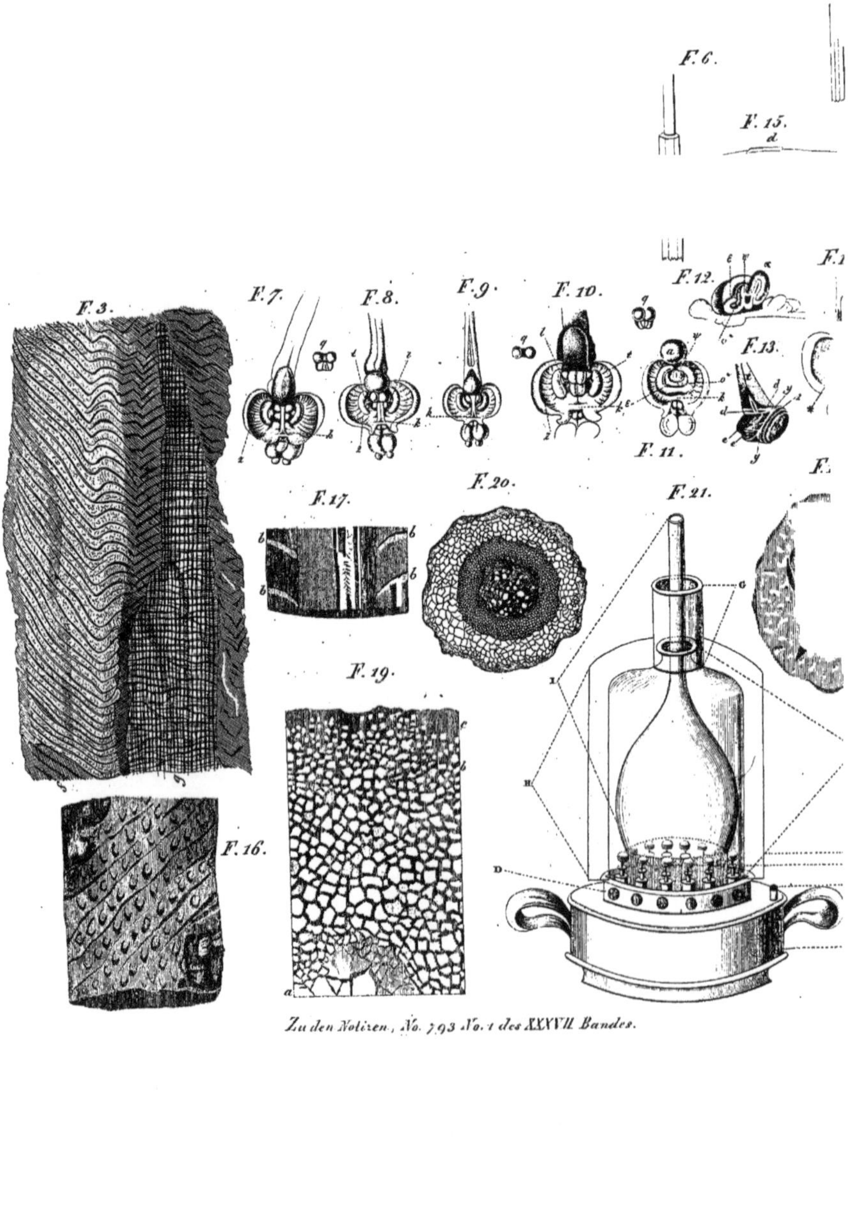

F. 6.

F. 15.
d

F. 3.

F. 7. F. 8. F. 9. F. 10. F. 12.

F. 13.

F. 11.

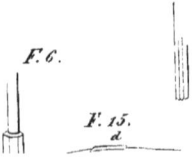

F. 17. F. 20. F. 21.

F. 19.

F. 16.

Notizen

aus

dem Gebiete der Natur- und Heilkunde,

gesammelt und mitgetheilt

von

Dr. L. F. v. Froriep.

Nro. **793**. (Nro. 1. des XXXVII. Bandes.) Mai **1833**.

Gedruckt bei Lossius in Erfurt. In Commission bei dem Königl. Preußischen Gränz-Postamte zu Erfurt, der Königl. Sächs. Zeitungs-Expedition zu Leipzig, dem G. H. F. Thurn und Taxischen Postamte zu Weimar und bei dem Landes-Industrie-Comptoir. Preis eines ganzen Bandes, von 24 Bogen, 2 Rthlr. oder 3 Fl. 36 Kr., dieses einzelnen Stückes, sammt der Tafel, 6 ggl.

Naturkunde.

Ueber die Function des äußern Ohrs.

Von David Tod.

Wir hören von oben, unten, vorn und hinten, von rechts und links, kurz von allen Seiten her; wodurch werden wir aber von der Richtung unterrichtet, aus welcher die Töne zu uns gelangen? Dieß ist eine Frage, welche bis jetzt immer unbeantwortet geblieben ist. Wir wollen versuchen, etwas zur Lösung derselben beizutragen.

An dem Gehörorgan findet sich ein äußerer Anhang, das äußere Ohr genannt, welches auf eine eigenthümliche Weise gebaut, und auf eine auffallende Weise an den Seitentheil des Kopfes angebracht ist; dasselbe bildet den äußern Theil des Gehörgangs und steht durch einen Fortsatz seiner Bedeckung mit der membrana tympani in genauer Verbindung. Dieser Anhang muß wegen seiner elastischen Beschaffenheit, wegen der Muskeln, die auf seine Erhabenheiten und Vertiefungen wirken, wegen der vielen, über seine Oberfläche ausgebreiteten Nerven, Gefäße und Drüsen, wegen seiner zarten Hautbedeckung und wegen seiner unregelmäßigen concaven und convexen Oberfläche nicht allein in verschiedenen Richtungen und in verschiedenem Grade sich bewegen können, sondern auch eigenthümlicher Erregung fähig seyn. Da es den äußern Theil des Gehörganges bildet, so muß es das Vermögen haben, die Mündung desselben in gewissem Grade zu erweitern und zusammenzuziehen, eben so muß es nicht ohne Einfluß auf die membrana tympani seyn, während sich aus seinen zahlreichen und starken Nerven, welche vom facialis kommen, schließen läßt, daß es durch seine Verbindung mit der chorda tympani gewisse Wirkungen in dem Apparat der Trommelhöhle zu bedingen vermag, und durch die Verbindung mit dem pes anserinus einige Sympathie mit der Oberfläche des Kopfes, Gesichts

und Halses vermittelt. Sollte sich nicht aus allem diesen, trotz aller Behauptungen des Gegentheils, dem äußern Ohre mit Gund eine Verrichtung von einiger Wichtigkeit zuschreiben lassen? ich glaube, daß wir dazu berechtigt sind und finde eine Bestätigung dieser Meinung, wenn ich das Gehörorgan in der Thierreihe betrachte. Bei Würmern, Insecten, Fischen und Reptilien findet sich kein äußeres Ohr, bei den Vögeln ist ein Gehörgang vorhanden, welcher hauptsächlich knorpeliger Natur ist. Bei den Cetaceen ist der Gehörgang lang und gewunden, und bei allen vierfüßigen Thieren ist er sehr weit. Findet sich nun nicht, daß das äußere Ohr bei den Thieren ausgezeichnet, deren Existenz gewissermaßen von der Schärfe ihres Gehöres abhängt? Bei Vögeln, bei welchen das Ohr gewissermaßen zuerst auftritt, finden wir es in sehr verschiedenem Grade entwickelt. Die Fleischfressenden haben ein weit größeres als die Gras- und Körnerfressenden, und unter den ersten ist es größer bei denen, welche bei Nacht auf Raub ausgehen, als bei denen, welche sich ihre Nahrung des Tages suchen. Bei den vierfüßigen Thieren hat das äußere Ohr seine größte Vollkommenheit erreicht und besitzt die ausgedehnteste Beweglichkeit, aber auch bei diesen finden sich die größten Unterschiede; so ist bei dem Hasen und Kaninchen die Größe und Beweglichkeit des äußern Ohres bei weitem größer als bei dem Hund, der Katze, dem Fuchs u. s. w. Bei'm Elephanten und Büffel hat es im Verhältniß zur Größe der Thiere einen sehr unbeträchtlichen Umfang, und zugleich eine verhältnißmäßig beschränkte Beweglichkeit; dessenungeachtet finden wir fast ohne Ausnahme bei diesen Thieren, daß die Größe und Beweglichkeit des äußern Ohres der Wichtigkeit dieses Organs für die Lebenserhaltung des Thieres entspricht. Der Hase und das Kaninchen verdanken ihre Sicherheit eben sowohl der Schärfe ihres Gehörs als der

1

Behendigkeit ihrer Füße; der Hund, die Katze, der Fuchs und ähnliche mehr der Schärfe ihrer Nase und Ohren zugleich; Elephant und Büffel besonders ihrer Größe und physischen Stärke. Bei allen diesen Thieren finden wir dieselben Gewebe und dieselbe eigenthümliche Vertheilung der Nerven und Blutgefäße, wie bei dem Menschen, und aus diesem Grund ist man ebenfalls berechtigt anzunehmen, daß das äußere Ohr einen wichtigen Zweck habe.

Die erste Frage in Bezug auf den Nutzen des äußern Ohrs ist, ob die Function desselben zum Hören wesentlich, oder bloß unterstützend nöthig ist. Nichts scheint mir klarer, als daß hier bloß von einer secundären Wichtigkeit für das Hören die Rede seyn könne. Im entgegengesetzten Falle würde es gewiß nicht so frei und jeder Verletzung ausgesetzt angebracht seyn und eine Verstümmlung desselben müßte eine beträchtlichere Störung des Gehöres zur Folge haben, als wir bloß bei den Thieren finden, deren Ohren gestutzt worden sind. Der Einfluß dieser Operation ist so gering, daß die genaueste Nachforschung uns nicht in den Stand setzt, die geringste Veränderung zu entdecken. Die Function des äußern Ohres ist bloß eine unterstützende oder zufällige. Um daher das Geheimniß über den Nutzen des äußern Ohres zu lösen, haben wir bloß zu untersuchen, was als zufällig betrachtet werden kann. Die Erfahrung lehrt uns aber, daß jeder Zufall bei einem tönenden Körper sich bloß auf seine Räumlichkeit bezieht; denn ein Körper sey weiß oder schwarz, heiß oder kalt, feucht oder trocken, so bedingt dieß immer wesentliche Verschiedenheiten der Einwirkung auf den empfindenden Theil des Gehörorgans, und alle diese Eigenschaften müssen erst auf die Lage bezogen werden, in welcher der tönende Körper sich befindet, und daher kömmt es, daß die Thiere, welche mit einem scharfen Gehör begabt sind und welche ein solches zu ihrem Bestehen nothwendig brauchen, große und sehr bewegliche Ohren haben, deren sie sich in großem Umfang bedienen, wenn sie entdecken wollen, aus welcher Gegend der Töne kommen. Ohne diese natürliche Unterstützung würden manche der niedern Thiere ihrer schätzenswerthesten Gaben entbehren. Ein Hund, z. B., welcher die Fährte seines Herrn verliert, aber ihn noch hört; würde ohne diese Vorrichtung nie im Stande seyn, ihn aufzufinden; in diesem Falle nämlich sehen wir ihn sogleich den Kopf erheben, den Mund schließen, die Ohren spitzen, und ihre concave Oberfläche in der Regel gerade nach vorn richten; hierauf horcht er mit der größten Aufmerksamkeit und in der für seinen Zweck geeigneten Stellung, dann durch Erheben seines Kopfes nimmt er die Töne mit größerer Leichtigkeit wahr, und durch Schließen seines Mundes wird der vordere Muskel jedes äußern Ohres in den Stand gesetzt, die Mündung des ihm entsprechenden Gehörganges am stärksten zu erweitern und durch das Aufrichten des Ohres endlich, welches er dabei nach vorn richtet, wird er in den Stand gesetzt, alle Besonderheiten des Tones aufzufassen, also auch die, welche sich auf seine Localität beziehen. Ein Gleiches gilt auch für alle übrigen Thiere, welche sich ihrer Ohren häufig bedienen.

Diese Bemerkungen scheinen aber keine Anwendung auf

das äußere Ohr des Menschen zu finden, da bei diesem die Bewegungen desselben auch für den genauesten Beobachter fast unbemerklich sind; hierbei ist aber zu bemerken, daß die zufälligen Eigenschaften des Tones für den Menschen auch von minderer Wichtigkeit sind, indem seine Existenz mehr von der Thätigkeit seiner Seele, als von der Function seines Ohres abhängt. Da nun aber alle physiologischen Fragen bloß durch Beobachtungen entschieden werden können, so füge ich folgende, mir zur Entscheidung hinreichend scheinende Experimente hier bei.

Erstes Experiment. Ich nahm eine silberne Röhre und führte sie durch den Gehörgang eines meiner Ohren ein, bis ich fühlte, daß dieselbe die membrana tympani berührte; zugleich verstopfte ich den andern Gehörgang mit meiner Fingerspitze. Nun horchte ich. Das erste, was ich bemerkte, war der vollkommene Mangel der Fähigkeit, die Entfernung der Töne und die Richtung, aus welcher sie kamen, zu unterscheiden; das zweite war der Schmerz, welchen sie scheinbar durch ihre Härte und Rauhigkeit verursachten.

Zweites Experiment. Ich schnitt einer Katze das äußere Ohr der einen Seite vollkommen aus, vereinigte die Hautränder vermittelst einer Sutur und verschloß so die Mündung des äußern Gehörganges. Nachdem die Wunde zugeheilt war, war 4 – 5 Wochen lang nichts Besonderes zu bemerken; danach aber zeigte die Katze je zuweilen große Angst und rannte mehrmals des Tages mit großer Schnelligkeit die Treppen auf und ab, bis sie ganz ermüdet war. Diese Paroxysmen von Schreck dauerten beinahe einen Monat lang und hörten dann ganz auf. Da diese Symptome nun sehr befremdend waren, so beobachtete ich häufig ihre Bewegung, um wo möglich die Ursache derselben zu entdecken. Wenn das Thier aus dem Schlaf erwachte, so schien es mir jedesmal, als wenn es durch die eindringenden Töne verwirrt und erschreckt werde, denn fast immer fuhr es rasch in die Höhe und versuchte sogleich mit dem übrig gebliebenen Ohre die Richtung der Töne zu erkennen, welche es zu beunruhigen schienen, und danach lief es in großer Eile davon. Diese Symptome nahmen indeß allmälig einen mildern Character an und verliefen sich endlich ganz. Nachdem die Katze sich ganz erholt hatte, bemerkte ich deutlich, daß sie nicht mit gleicher Leichtigkeit, als sie sonst Katzen eigen ist, die Richtung erkennen konnte, aus welcher ein Ton kam, denn immer bewegte sie Kopf und Ohr in verschiedenen Richtungen, ehe ihr klar geworden zu seyn schien, aus welcher Richtung irgend ein Ton herkomme.

Nach dem Bisherigen kann kaum ein Zweifel übrig bleiben, daß das äußere Ohr die Bestimmung hat, die Thiere zur Erkennung der zufälligen oder räumlichen Eigenschaften des Tones zu befähigen, aber derselbe Theil muß auch noch andere Dienste leisten, und diese zweite Function spricht sich deutlich in der eigenthümlichen concaven Gestalt desselben aus, wodurch das Ohr ebensowohl zur Sammlung aller Eigenschaften der Töne, als zur Bestimmung ihrer räumlichen Verhältnisse geeignet wird, und daher finden wir, daß die Thiere, so lange sie nach etwas horchen, nicht allein die concave Oberfläche des Ohres gegen den tönenden Körper hinrichten, sondern auch die Gestalt dieser Oberfläche je nach den Umständen zu verändern im Stande sind. Bei dem Menschen hat das äußere Ohr nur sehr geringe Bewegungsfähigkeit; für diesen scheinbaren Mangel hat uns aber die Natur mit einem einfachern Ersatzmittel versehen, denn wenn wir aufmerksam auf entfernte oder undeutliche Töne horchen, so öffnen wir instinktmäßig den Mund, und erweitern durch diese einfache Bewegung die Mündung des äußern Gehörganges vermittelst der Gelenkfortsätze des Unterkiefers, welche ein unvollkommenes Ginglymoidalgelenk bilden und die benachbarten weichen Theile vorwärts und abwärts ziehen, wodurch sie den Tönen einen freiern Zutritt zu der Oberfläche der membrana tympani verschaffen. (*Dav. Tod,* Anatomy and Physiology of the organ of hearing. Lond. 1832.)

Ueber die fossilen Hölzer von Newcastle in Neu-Süd-Wallis.

Von **William Nicol.** Esq., Lector der Naturgeschichte.

(Hierzu Figur 1 — 3. der beiliegenden Tafel.)

(Aus einem Briefe an Professor Jameson.)

Nachdem ich die Untersuchung der fossilen Hölzer, welche der Pfarrer C. P. Wilton Ihnen von Newcastle in Neu-Süd-Wallis, wo sie in der Steinkohlenformation vorkommen, übersandt hat, vollendet habe, will ich Ihnen einen kurzen Bericht von dem Resultate dieser Untersuchung mittheilen.

Der besichtigten Exemplare waren 14; sie bestehen sämmtlich aus Kieselerde, und die meisten derselben besitzen die Härte des Feuersteins, und eine specifische Schwere von 2,759; ihre Farben sind im Allgemeinen dunkel, einige aber grau, und hie und da mit einem ganz schwachen Anfluge von Roth und Braun. Ein bräunes Exemplar vom Schloßberg bei Newcastle, 200 Fuß über dem Meeresspiegel aufgefunden, ist etwas weicher als die übrigen, und hat die Eigenschaft, daß es Wasser und andere Flüssigkeiten in beträchtlicher Quantität absorbirt. Eine Portion dieses Exemplars, welches trocken 120 Gran wiegt, weg, nachdem sie wenige Minuten im Wasser gelegen, 126 Gran. Hierauf legte man sie an die Luft, und nach ein Paar Stunden war das aufgesogene Wasser vollkommen verdunstet. An einigen dieser Exemplare bemerkt man nicht die geringste Spur von Organisation; bei allen übrigen liegt jedoch die organische Structur deutlich vor, und es konnte kein Zweifel darüber obwalten, daß sie sämmtlich in die Ordnung der Coniferen gehören. Bei einigen Exemplaren zeigt sich die netzförmige Structur jener Pflanzenfamilie in der schönsten Vollkommenheit. Andere besitzen die vollkommene Structur nur stellenweise, und die übrigen Theile sind auf eine höchst eigenthümliche Weise modificirt.

Unter denjenigen, bei welchen die Structur gut erhalten ist, befindet sich ein sehr schönes Exemplar, welches, wenn nicht etwa der Zettel verwechselt worden ist, 3 Meilen südlich von Newcastle am Fuße einer Userwand aufgefunden wurde. Es besitzt mehrere kleine Spalten, die jedoch

selten durch mehr als drei Jahrringe gehen, und mit weißem Chalcedon ausgefüllt sind. Eine Abbildung dieses Exemplars, welche einen Theil eines der Spalte, so wie eine der Chalcedonadern zeigt, ist in Figur 1. mitgetheilt.

Von allen Exemplaren dieser Sammlung ist dieß das einzige, bei welchem die holzige Structur durchgehends unverändert geblieben war; bei einigen ist die Structur zwar noch vollkommen aber an andern auf eine höchst eigenthümliche und mannichfaltige Weise verändert; bei noch andern ist die modificirte Structur durchgehends vorhanden.

Fig. 2. zeigt eine Portion eines Exemplars, wo die netzförmige Structur über die modificirte das Uebergewicht hat, im vergrößerten Maaßstabe. An einigen Stellen haben die Markstrahlen und die con centrischen Scheidewände (Jahrringe) ziemlich ihre natürliche Lage beibehalten, aber mehrentheils sind die Markstrahlen gekrümmt, und haben sehr verschiedene Grade von Schrägheit angenommen. In der obersten Lage sind diese Strahlen im Zickzack gebogen; allein man wird bemerken, daß man trotz ihrer Verdrehung jeden einzelnen bis in die am besten erhaltenen Stellen verfolgen kann. Im untersten Theile der obersten Schicht ist die netzförmige Structur durch Zusammendrückung der concentrischen Scheidewände obliterirt. Dieses höchst interessante Exemplar wurde am Macquariesee, etwa 12 Meilen von Paramatta, gefunden.

Mehrere Exemplare haben eine ziemlich ähnliche Structur, wie die eben beschriebene. Bei vielen derselben hat jedoch die modificirte Structur über die vollkomne sehr das Uebergewicht.

Fig. 3. kann als Beispiel dienen. Der untere Theil der Figur ist die einzige Stelle des ganzen Exemplars, wo man das regelmäßige Netzwerk bemerkt. Das ganze übrige Exemplar, welches mehr als 10mal so groß ist, wie die abgebildete Portion, befindet sich mehr oder weniger in dem modificirten Zustand des obern Theils der Figur. In dem ganzen verdrehten Theile sind die concentrischen Scheidewände verschwunden, und nur noch die mehr oder weniger im Zickzack gebogenen stärksten Markstrahlen erkennbar.

Bei einigen Exemplaren, vorzüglich denjenigen, welche die Eigenschaft, Flüssigkeiten zu absorbiren, besitzen, ist nicht eine einzige regelmäßige Pore bemerkbar. Die äußerst feinen blaßgrauen Markstrahlen sind die einzigen bemerkbaren Ueberreste der vegetabilischen Structur. Sie sind sehr stark zusammengedrückt, und durchgehends im Zickzack gebogen.

Die versteinerten Hölzer, die Ihnen neulich Hr. Burnet von Sidney schickte, und welche angeblich an der Küste unsern Newcastle in Neu-Süd-Wallis gefunden worden sind, gehören, wie die in der Sammlung des Hrn. Wilton, offenbar den Coniferen an. Sie sind, sowohl dem äußern Anseht, als der innern Structur nach, einander durchgehends so ähnlich, daß man sich berechtigt fühlt, sie als Theile eines und desselben Baums zu betrachten. Ihre Farbe ist mehr oder weniger graulichschwarz, und ihre Dichtigkeit durchgehends um Vieles bedeutender als bei den Exemplaren der Wilton'schen Sammlung, und ein Exemplar besitzt eine specifische Schwere von 3,817. Dagegen

1 *

find fie weniger hart als irgend ein Exemplar der Wilton'=
fchen Sammlung. Einige beftehen aus Eifenhydrat, andere
aus kohlenfaurem Eifen, und noch andre aus rothem Ei=
fenoryd.

Bei ihrer Undurchfichtigkeit muß man fich äußerft dünne
Portionen diefer Exemplare verfchaffen, wenn man die innere
Structur derfelben erkennen will. An folchen dünnen Frag=
menten zeigt fich die Structur der Coniferen in der fchönften
Vollkommenheit, und es zeigt fich weder an den Markftrah=
len noch an den concentrifchen Scheidewänden die geringfte
Abweichung von der natürlichen Lage.

Die fämmtlichen Exemplare unterfcheiden fich fowohl
rückfichtlich des äußern Anfehns, als der Beftandtheile,
Structur u. f. w. wefentlich von denen der Wilton'fchen
Sammlung. Sie haben mit mehrern, in dem Collegien=
naturaliencabinet befindlichen, Exemplaren von Vandiemens=
land eine fo auffallende Aehnlichkeit, daß ich fie für Pro=
ducte jener Infel erklärt haben würde, wenn nicht Hr. Bur=
net einen andern Fundort angegeben hätte.

In der Steinkohlenformation von Neu=Süd=Wallis
find, fo wie in den ältern und jüngern Ablagerungen jenes
Minerals in Großbritannien, alle vorkommenden foffilen Höl=
zer, die noch eine organifche Structur befißen und mir zu
Geficht gekommen find, zu den Coniferen zu ftellen. Ueber
den Grund diefes Vorherfchens der Coniferen in den Stein=
kohlenlagern ließen fich verfchiedene Betrachtungen anftellen,
denen ich mich jedoch nicht gewachfen fühle.

Erklärung der Figuren.

Fig. 1. ift der Grunddurchfchnitt einer kleinen Portion
einer verfteinerten Conifere, bei welcher die natürliche
Structur beinahe fo vollkommen ift, wie bei irgend einem
vegetirenden Baume der Kiefern= oder Tannengattung; bei a
bemerkt man eine Spalte, welche mit Chalcedon ausge=
füllt ift, und eine Verfchiebung in einigen Reihen der Po=
ren zeigt; b ift der äußere und c der innere Rand des Jah=
ringes d.

Fig. 2. ift ein Queerdurchfchnitt eines andern Exem=
plars einer verfteinerten Conifere, bei welcher die allerdings
aus ihrer natürlichen Lage mannichfach verdrehte nezförmige
Structur noch großentheils deutlich kennbar ift. Bei e
ift diefe Structur vollftändig verwifcht, indem nur noch die
Markftrahlen erkennbar find.

Fig. 3. ein ganz kleiner Theil einer verfteinerten Co=
nifere, bei der man die nezförmige Structur nur an fehr
wenigen Stellen bemerkt. Der größte Theil des ganzen
Exemplars nimmt fich wie die Schicht bei t aus, und die
wenigen Stellen, welche die nezförmige Steuctur beibehalten
haben, bieten das bei g dargeftellte Anfehn dar. (The
Edinburgh new Philosophical Journal, November
1832 — January 1833.)

Miscellen.

Ueber neue zoologifche Unterfuchungen in Süd=
Africa, welche Dr. Smith angeftellt hat, giebt folgender Aus=
zug aus einem Briefe deffelben an Sir James Macgregor,
d. d. Capftadt den 6. October 1832, vorläufige Nachricht. „Ich
fäume nicht, Ihnen von den günftigen Erfolge meiner lezten Reife
nach Port = Natal und das Zoolaland Bericht zu erftatten. Ich
war fechs Monate lang abwefend, und obgleich ich fortwährend von
Schwierigkeiten und Gefahren umgeben war, fo bin ich doch reich=
lich belohnt durch den großen Zuwachs meiner naturhiftorifchen
und geographifchen Kenntniffe. Die außerordentlichen Characterei=
genthümlichkeiten einiger der von mir befuchten Stämme erregten
bei mir die lebendigften Empfindungen, und lehrten mich das Vor=
handenfeyn eines folchen Defpotismus, wie er mir vorher nie vor=
gekommen war. Ich denke, die Befchreibung, die ich herausgeben
werde, wird Vergnügen gewähren rc. Das Thier= und Pflanzenreich
bot vieles dar, was meine Aufmerkfamkeit erregte, und bereicherte
meine Sammlung mit vielen neuen Arten, befonders von Reptilien
und Fifchen: ja ich habe unter diefen Mufter zu neuen Gattungen
erhalten, welche zum Theil nicht wenig merkwürdig find. Es ift
fonderbar, daß in den füdlichften Theilen von Africa fich wenig Thiere
der Senegalländer finden, aber zu Natal find fie häufig, und obgleich
der Unterfchied der Breite nicht groß ift, fo ift doch eine beträchtliche
Veränderung in den Thierformen bemerkbar. Auch die geologifche
Structur der Südoftküfte von Africa ift fehr intereffant. Der Granit,
welcher öftlich von der Capftadt gleich aufbört, zeigt fich wieder bei
Natal, und zwifchen diefen Puncten finden fich weite Strecken von
quarzhaltigen Sandfteinformationen, Thonfchiefer mit Quarzfeifen
und altem rothen Sandftein. Ich bin jezt befchäftigt, eine geolo=
gifche Charte zufammenzuftellen.“

Ein Seehund aus dem Innern von Neuholland,
über welchen der Zoological Society zu London durch Hrn. Ben=
net Bericht erftattet worden ift, möchte vorzüglich deßhalb Auf=
merkfamkeit verdienen, weil er auf das Vorhandenfeyn eines Salz=
wafferfees oder vielleicht einer einwärtsgehenden Bucht des Meeres
in den unerforfchten Räumen jener ungeheuren Infel fchließen läßt.

Ueber die Wafferfälle von Girfupab, in Nord=
Canara, an der Weftküfte der Madrasgebiete, welche bis
jezt faft ganz unbekannt waren, ift jezt von einem Englifchen Mili=
tärarzte Bericht erftattet worden, aus welchem ich hier nur aufnehme,
daß die Höhe des Wafferfalls nicht weniger als 892 Fuß beträgt.

Heilkunde.

Ueber Störungen in dem Sprechvermögen.
Von David Tod.

Es ift bekannt, daß das Gehör den größten Einfluß
auf das Sprechen hat; ift jenes unvollkommen, fo befteht
diefes bloß aus einem Hervorftoßen rauher, unharmonifcher
Töne. Um fließend zu fprechen, müffen wir correct hö=
ren, und jeder Eindruck, der auf das Ohr gemacht wird,
muß vollkommen und genau wiedergegeben werden. Dazu

bedarf aber der larynx auch der gehörigen Kraft, um diefe
Nachahmung auszuführen; fehlt diefe Kraft, fo muß auch
die Sprache, troz des feinften Gehörs, unvollkommen und
faft unverftändlich feyn. Ift daher diefer Zuftand zugegen,
fo können wir fehr wohl annehmen, daß die Nervenkraft,
welche den Functionen des larynx vorfteht, in einem ge=
fchwächten Zuftande fey, befonders wenn diefe Aeußerungen
der Thätigkeit des larynx allmälig unvollkommener und fchlech=
ter werden. Es geht hierbei alsdann, wie bei üblen Ge=

wohnheiten; haben sie einmal angefangen, so gewinnen sie von Tag zu Tag mehr Gewalt über uns, und greifen immer weiter um sich. Wenn die Seele durch gewisse Eindrücke, welche dem Gehirn durch das Ohr hindurch mitgetheilt worden sind, daran gewöhnt ist, gewisse unregelmäßige Bewegungen in dem larynx zu entwickeln, so hat sie auch die Eigenschaft, nun ihre Einwirkung auf die Muskeln des larynx sogleich wieder zu verlieren, sobald die Wirkung ein mal hervorgebracht ist, zu welcher sie Veranlassung geben sollte. Diese Eigenschaft ist nicht unähnlich dem Zustande eines elastischen Körpers, welcher ebenfalls das Bestreben zu seinem ursprünglichen Zustand, aus dem er herausgebracht wurde, zurückzukehren verliert, sobald er den ursprünglichen Zustand wieder erreicht hat. Die erste Einwirkung, welche die Sinneneindrücke hervorbringen, ist offenbar die Entwickelung einer gewissen Bewegung in den Muskeln des larynx. Sobald das Kind athmet, beginnt es auch zu schreien. Es giebt Töne von sich, welche es früher nie gehört hat, und zwar in Folge eines Reizes, welcher vermittelst des reizempfänglichen Zustandes des Gehirns den Bewegungsorganen mitgetheilt wird. Es folgt hier keine unregelmäßige Thätigkeit, denn das Kind schreit mit der größten Leichtigkeit; sobald aber das Ohr die Fähigkeit erhält, äußere Eindrücke dem Gehirne mitzutheilen, so muß auch die frühere Anordnung allmälig verändert werden, und die Folge davon ist, daß die Bewegungsorgane des larynx allmälich bloß dieser zweiten Reihe von Reizen, die auf secundäre Weise vom Gehirn ausgeben, Folge leisten.

Um nun diese Bemerkungen auf die Störungen des Sprechvermögens anzuwenden, so ist es klar, daß alles, was den Theil des Gehirnes, aus welchem die Nerven des Sprachorgans entspringen, reizt oder auf die Thätigkeit dieser Nerven selbst einwirkt, auch eine entsprechende Wirkung auf die Functionen des larynx ausübt. Besteht die Ursache dieses Reizes in einer allgemeinen oder localen Eigenthümlichkeit, d. h., in dem Zustande des Blutes, oder in dem des Gehörorganes, so kann eine Störung auch dadurch geheilt werden, daß man auf Eine dieser Eigenthümlichkeiten direct einwirkt. Rührt die Unvollkommenheit im Sprechen von einem localen Mangel in den Gehörorganen und von dessen Rückwirkung auf die Muskeln des larynx her, so muß man dieses Organ durch methodische Uebung vervollkommnen und namentlich die Musik mit der Sprache in Verbindung bringen, indem man bei dieser Art von Erziehung der Stimme auch immer darauf sieht, daß man allmälig von dem Einfachen zu dem Zusammengesetzten weiter schreite.

Wenn die krankhafte Thätigkeit des larynx dagegen von einer allgemeinen Ursache abhängt, so ist der Organismus ohne Zweifel in einem kranken Zustand, und in einem solchen sympathisiren alle Theile mit einander, und bringen krankhafte Wirkungen hervor, welche der krankhaften Anregung entsprechen. Wenn das Blut in einem mangelhaften Zustand ist, so kann es nicht die Kraft haben, gesunde Thätigkeiten zu unterhalten, und wenn jene Mängel mit den Organen, welche die Nerven des Sprachorganes ernähren und beleben, in näherer Verbindung stehen, so wird eine Unvoll-

kommenheit der Wirkung der Larynxmuskeln davon die nothwendige Folge seyn. In den Fällen nun, welche ich sogleich mittheilen werde, scheint die ursprüngliche Ursache der mangelhaften Sprache in einer fehlerhaften Verdauung zu liegen, indem Stoffe, welche zur Erhaltung des Lebens nicht sehr geeignet sind, in den Magen und den Darmcanal gebracht wurden, von wo sie, unter Erregung einer gewissen Reizung, durch die Milchgefäße in das Blut und durch die Arterien zu allen Körpertheilen geführt werden, so daß eine allgemeine Krankheit entstehen muß; und in den von mir beobachteten Fällen ist in der That zu bemerken, daß die Symptome des allgemeinen Uebelbefindens genau mit der Qualität und Quantität der sie veranlassenden schädlichen Stoffe übereinstimmen. Zum Beweis hiervon mögen folgende 3 Fälle angeführt werden.

1ster Fall. Eine junge Frau von 22 Jahren und von guter Constitution wurde kränklich, und wußte dieß von nichts Anderem herzuleiten, als daß sie etwa einen Monat früher etwas gegessen habe, was ihr heftige Leibschmerzen machte. Kurze Zeit darauf bemerkte sie einige Schwierigkeit im Artikuliren der Worte nach Sonnenuntergang bis zum folgenden Morgen, wo sie bei'm Erwachen immer fand, daß der Zufall verschwunden war. Diese Schwierigkeit im Sprechen steigerte sich sowohl dem Grade als der Dauer nach, bis sie zuletzt von 6 Uhr des Abends bis zu derselben Stunde am folgenden Morgen nicht ein einziges Wort mehr artikuliren konnte. Zu gleicher Zeit befand sie sich so unwohl, daß sie nicht fähig war, ihre täglichen Geschäfte zu besorgen. In diesem Zustande wandte sie sich an mich. Ich fand, daß ihr Allgemeinbefinden sehr gestört war; sie hatte keinen Appetit und wenn sie irgend etwas aß, so veranlaßte dieß in Kurzem einiges Uebelbefinden; es war Verstopfung zugegen; der Urin hatte eine dunkle Farbe und einen Ziegelmehlsatz; die Katamenien traten selten und immer nur spärlich ein; die Füße schwollen nach einer geringen Bewegung; das Gesicht hatte eine chlorotische Farbe mit matten Augen. Im Betracht der veranlassenden Ursache und der offenbar auf mangelhafte Secretionen hindeutenden Symptome, verordnete ich ein Brechmittel, und hierauf einige Gran Extr. aloës so, daß er dieses Geschäfte liegen lassen mußte; endlich trat Fieber ein, und bald darauf zeigten sich Symptome von Lähmung der Zunge und Kehlkopfsmuskeln. Da er am war, so wandte er sich an ein Dispensary um Hülfe. In Verlauf eines Monats war das Fieber beseitigt, aber die Schwierigkeit im Sprechen dauerte noch eben so fort wie zuvor. Alle Mittel in jener Anstalt blieben ohne Erfolg, und die Zufälle verschlimmerten sich nur. Ein halbes Jahr darauf kam er in meine Behandlung. Da die Ursache und

2ter Fall. Ein junger Mann von 19 Jahren, von zarter Constitution, fühlte sich etwas unwohl, nachdem er einige Austern gegessen hatte. Dieses Unwohlseyn steigerte sich bald so, daß er seine Geschäfte liegen lassen mußte; endlich trat Fieber ein, und bald darauf zeigten sich Symptome von Lähmung der Zunge und Kehlkopfsmuskeln. Da er arm war, so wandte er sich an ein Dispensary um Hülfe. In Verlauf eines Monats war das Fieber beseitigt, aber die Schwierigkeit im Sprechen dauerte noch eben so fort wie zuvor. Alle Mittel in jener Anstalt blieben ohne Erfolg, und die Zufälle verschlimmerten sich nur. Ein halbes Jahr darauf kam er in meine Behandlung. Da die Ursache und die allgemeinen Symptome sich ganz so verhielten, wie in dem vorhergehenden Falle, so verordnete ich ihm für eine Woche jeden Morgen ein Brechmittel, und jeden Abend 7 Gran Extr. colocinth. comp. und 8 Gran calomel. Nach Verlauf dieser Woche fühlte er sich beträchtlich besser, und konnte alle Worte so gut als nur jemals in seinem Leben articuliren. Ich ließ nun diese Mittel jeden 2ten Tag 14 Tage lang auf gleiche Weise wiederholen. Nach dieser Zeit war er vollkommen hergestellt und hat auch bis jetzt, das heißt ein halbes Jahr, nachdem er meine Behandlung verlassen hat, nicht den geringsten Rückfall gehabt.

8ter Fall. Ein kräftiger musfulöser Mann von 30 Jahren, ein Maschinenbaumeister, ging vor etwa 2 Jahren nach Frankreich, um eine Dampfmaschine aufzustellen. Bald nach seiner Ankunft fand er, daß die Französische Küche seinem Magen durchaus nicht bekam, und in kurzer Zeit entwickelte sich ein sehr beträchtliches Unwohlseyn bei ihm. Zwei Monate lang mußte er wegen eines Fiebers mit heftigen Delirien das Bett hüten. Als er sich erholte, fand er, daß er sein Gedächtniß und die Sprache verloren habe, und daß überhaupt sein Körper so angegriffen sey, daß er sein Geschäft nicht ausführen konnte. In diesem Zustande kehrte er nach seiner Abwesenheit von 18 Monaten nach London zurück. Er ging in ein Spital, und wurde hier 4 Monate lang ohne Erfolg behandelt. Nun wandte er sich an mich. Ich fand sein Gesicht von einer gelblichen Lehmfarbe, das Auge stumpf und hohl; Gehör, Geruch und Gefühl sehr beeinträchtigt; er konnte weder Arm noch Fuß ohne das Gefühl großer Muskel- und Nervenschwäche heben, und seine Worte kaum so articuliren, daß er nothdürftig verstanden werden konnte; sein Gedächtniß hatte ihn fast ganz verlassen und er schien überhaupt in einem sehr bedenklichen Zustande zu seyn. Da das Uebelbefinden durch eine Störung der Secretionen entstanden war, und die Vorhandenseyn nachtheiliger Stoffe, die durch den Verdauungs-anal in das Blut gelangt waren, unterhalten wurde, so verordnete ich ihm jeden Morgen ein Frühstück im Brechmittel, und jeden Abend wiederum 7 Gran Extr. colocinth. comp. und 8 Gran calomel eine Woche lang. Zugleich bestimmte ich, daß er sich aller spirituösen Getränke enthalten und bloß ganz leicht verdauliche Nahrung zu sich nehmen soll. Sechs Tage darauf sah ich ihn wieder, und fand ihn in jeder Rücksicht beträchtlich wohler; alle seine Sinnesfunctionen, sein Gedächtniß und seine Sprache waren bedeutend gebessert, und er konnte gehen und seine Arme bewegen so leicht als jemals in seinem Leben. Ich ließ die Mittel noch eine Woche fortbrauchen, und sie dann noch 10 Tage lang einen Tag um den andern brauchen. Nach diesem Zeit kam er wieder zu mir und erzählte mir, daß er von seiner Wohnung bis zu meinem Hause (eine Entfernung von 5 Englischen Meilen) zu Fuß gegangen sey, ohne die geringste Ermüdung zu fühlen; er fühlte sich vollkommen hergestellt, und wollte in der nächsten Woche wieder an seine Arbeit gehen.

Seit diesen Fällen habe ich eine ähnliche Behandlungsweise auch bei der Epilepsie, Hysterie, Gesichtsschmerz und mehreren andern Nervenleiden mit Glück angewendet.

Auf jeden Fall beweisen diese Fälle, daß eine Störung der Functionen der Sprachorgane ebensowohl durch allgemeine als durch locale Ursachen bedingt seyn kann, und daß namentlich die ersteren häufig eine Folge von Verdauungsbeschwerden sind, die sich durch eine Anregung der Secretionen vermittelst einiger Arzneimittel beseitigen lassen, während die lettern, wie bereits angeführt worden ist, durch gestörte Einwirkung des Gehörorgans auf das Gehirn bedingt sind und dadurch beseitigt werden können, daß man durch geregelte Uebung gewissermaßen eine andere Gewohnheit herbeiführt. Außerdem giebt es aber noch andere Ursachen, welche die Function der Sprache stören, und sich nicht auf jene beide Classen zurückführen lassen, und in einer Entzündung der Schleimhaut und der Muskeln des larynx beruhen. Wie häufig findet man Leute, welche über Heiserkeit klagen, und bald darauf der Sprache ganz beraubt sind; so findet sich ein Fall dieser Art in den Phil. Trans. Vol. XIV. p. 148., wo ein 28jähriger Mann seine Sprache in Folge einer Erkältung verlor, und aller ärztlichen Bemühungen ungeachtet, vier Jahre lang stumm blieb, und welcher dann eines Abends betrunken zu Bette ging, durch einen schrecklichen Traum erweckt wurde, und zu seinem Erstaunen fand, daß er die Sprache wieder habe. In solchen Fällen muß man sich natürlich zunächst auf antiphlogistische Heilmittel beschränken, und wenn diese fehlschlagen, die Absorption zu bethätigen suchen, um wo möglich die krankhaft abgesetzten Stoffe wegzuschaffen. (*Dav. Tod* On the Anatomy and Physiology of the organ of Hearing. Lond. 1832.)

———————

Ueber die Veränderungen in den einzelnen Theilen eines Amputationsstumpfes.

Von C. F. Probst.

Aus der genauen Untersuchung eigener und fremder Beobachtungen über die anatomische Beschaffenheit der Theile in Amputationsstumpfen, ergeben sich folgende Thatsachen:

Die Haut runzelt sich unmittelbar nach der Amputation, und zieht sich durch ihre eigene Elasticität zusammen, es entzündet sich ihr Rand, worauf ein gerinnbarer Stoff ergossen wird, welcher verdickt den Fleischwärzchen ähnlich wird. Diese Wärzchen häufen sich immer mehr, und verbinden sich in der Mitte der Narbe, wenn die geschwinde Heilung glücklich erzielt wird. Diese Narbe besteht bloß aus Lederhaut; die Oberhaut und das Schleimnetz fehlen ganz, wenigstens im Anfang, denn bei Negern finden sich bisweilen auch gefärbte Narben.

Im Zellgewebe verschwindet wenige Tage nach der Amputation das Fett, und das Gewebe selbst nähert sich immer mehr der Natur der Lederhaut. Je mehr aber die Heilung vorschreitet, um so reichlicher erzeugt sich das Fett wieder, zwar spärlicher, aber derber als am übrigen Körper; wobei es auch zäher und dichter wird.

In den Muskeln entspricht der Grad der Zurückziehung dem von der Luft auf die Wunde ausgeübten Reize, und da die Muskeln eine verschiedene Empfindlichkeit gegen die Einwirkung der Luft haben, so entsteht ein ungleiches Aussehen der Wundfläche. Durch dieselbe Reizung entsteht Entzündung und Eiterung. Anfangs nämlich ergießt sich coagulirte Lymphe, später Eiter, in welchem eine weiche breiartige, später zellige, festere, bandartige Substanz entsteht, welche die Muskeltheile mit einander verbindet. Auch durchschnittene Sehnen können wiederhergestellt werden, denn in den untersuchten Präparaten endigen sich die durchschnittenen Sehnen in sehr dicke Anschwellungen.

Die Blutgefäße ziehen sich nach ihrer Durchschneibung bei der Amputation zurück; das Lichte der kleineren schließt sich schon in Folge der Reizung; an den größeren wird zur Verhütung der Blutung die Unterbindung oder die Torsion gemacht.

Die Arterien haben eine dreifache Bewegungsweise, eine wurmförmige (fortbewegende), eine zusammenziehende und erweiternde. Diese rühren von der Zusammenziehungsfähigkeit der innersten Arterienhaut her, welche aus Spiralfasern besteht, zwischen denen viele kleinere Gefäße liegen, wie Prochaska's Einspritzungen (bei welchen die ursprünglichen Fasern ganz verschwinden) beweisen.

In dem Ende der durchschnittenen Arterien entsteht nun ein Coagulum, welches den Austritt des zufließenden Blutes verhindert, aber vor einer Blutung keineswegs ganz sicherstellt. Dieß geht besonders daraus hervor, daß, wenn eine Arterie bloß angeschnitten wird, die Blutung sehr schwer oder gar nicht zu stillen ist, während bei einer durchgeschnittenen Arterie die Zusammenziehung der Spiralfasern rasch und vollkommen geschieht. — Aus den Wunderändern der Blutgefäße und ihrer Ernährungsgefäße schwitzt hierauf eine Menge coagulabler Lymphe aus, und verklebt dieselben untereinander. Dadurch geschieht es, daß diese Theile verdichtet werden, und so fest mit einander verwachsen, daß sie später gar nicht mehr von einander unterschieden werden können. Das Lichte der Arterien aber wird nicht bloß verstopft, sondern wirklich verschlossen und verklebt. Zur Verschließung der Arterien gehört es, daß sie sich zurück zusammenziehn, daß sich ein Pfropf in ihrer Mündung bilde, daß die Ränder derselben sich entzünden, und durch Lymphe, die in dem Canal, zwischen der Häute und zwischen das dieselbe umgebende Zellgewebe ergossen wird, verkleben.

In den meisten der untersuchten Stumpfe blieben die Gefäße bis an ihr Ende offen, bisweilen sind sie bloß an diesem Ende geschlossen, und einmal fand Meckel die Art. femoralis 6 Zoll weit bis zum nächsten Seitenast fest geschlossen und bandartig zusammengefallen. Der Zeitraum, innerhalb welches diese Gefäße ganz geschlossen werden, ist nicht zu bestimmen; doch sie sich bei kräftigen Personen selten später, als in 12 — 24 Stunden. — Nach diesen Untersuchungen an Amputationsstümpfen ist folgendes zu behaupten: — Die Gefäße werden meistens nicht geschlossen und obliterirt, sondern finden sich bis zur Wundnarbe hin vollkommen offen. Ob dieß von der durch die Operation bedingten Erschütterung des Organismus, ob von ihrer Verkürzung, oder von dem Coagulum herrühre, ist noch nicht zu entscheiden. Um hierüber zu entscheiden, müßte man noch

Stümpfe, an denen die Blutung durch Torsion gestillt wurde, untersuchen. Wahrscheinlich wird bei der Torsion das Gefäß immer bis zum nächsten Seitenast obliterirt, da diese Operation immer eine heftige Entzündung der Gefäßenden bedingt.

Nach Larrey sollen sich die größeren Arterien und Venen gegenseitig durch Anastomosen in Verbindung setzen, so daß das Gleichgewicht der Circulation erhalten werden könne; auch entstehen neue Arterienästchen, die zu der Narbe gehen, und sich in dieser vertheilen, wie durch Injectionen nachgewiesen ist.

Die Nerven ziehen sich nach der Amputation zurück, was aber bloß von ihrer Anheftung an das Blutgefäße durch Zellgewebe herrührt. Gleich nach der Operation läßt sich daher nichts Besonderes an ihnen bemerken; dieß ist erst der Fall, wenn sie in Stumpfen bei Verstorbenen untersucht werden.

Das Ende der Nerven findet sich dann mehr oder minder zu einem Knoten angeschwollen. Die Größe dieser Knoten sollte nach Einigen, nach der Operation noch verflossenen Zeit und der Größe der Nerven an und für sich ziemlich genau entsprechen; dem widerstreiten aber meine Beobachtungen. Diese Nervenanschwellungen haben immer ein fibröses Gewebe, und setzen sich immer bis in die Narbe selbst hinein fort.

Larrey behauptet, (was aber durch Anderer Beobachtungen noch keineswegs bestätigt ist) daß die Anschwellungen zweier neben einander liegender Nervenenden eine Anastomose bilden, aus welcher seine Nervenfädchen in die Narbe übergehen, wodurch diese ihre große Empfindlichkeit erhalte.

Die Veränderungen in dem Periost und in den Knochen sind in der bekannten trefflichen Abhandlung von P. G. van Hoorn vollkommen treu geschildert und werden daher hier übergangen [*]. (*Ch. F. Probst.* Diss. de Mutationibus, quae in trunco dissecto fiunt. Halis 1832.)

Ein Hornhautmesser = Gegenhalter.
Von Dr. Eduard Moore.
(Hiezu Fig. 4 — 6.)

„Seit Errichtung des Augenkrankenhauses zu Plymouth habe ich Gelegenheit gehabt, die Schwierigkeiten bei Staar-Extractionen kennen zu lernen und in funfzehn Operationen, die ich vornahm, mißlangen mir zwei, in Folge von Ausfließen des Glaskörpers und Vorfall der Iris, welcher eine Verschließung der Pupille von Verwachsung der Iris mit der Wunde bewirkte. Beides kam bei einem und demselben Kranken vor, welcher sich angewöhnt hatte, seine Augenlider gewaltsam zu schließen, wodurch er mich in meinen Operationen bedeutend störte. Glücklicherweise aber ist es mir nachher noch gelungen, ihm sein Sehvermögen dadurch wiederherzustellen, daß ich in jedem Auge eine künstliche Pupille anlegte. Die übrigen dreizehn Operationen, von welchen in sieben das Messer mit der linken Hand geführt wurde,

[*] Vergleiche Chirurgische Kupfertafeln. Tafel 113 und 258.

sind mit glücklichem Erfolge gekrönt gewesen. Dieß schreibe ich der Methode zu, welche ich jetzt zur Vollendung des Hornhautschnitts anwende. Nachdem mir der eben erwähnte Fall vorgekommen war, sah ich, daß eine Methode angewendet werden müsse zur Vollendung des Hornhautschnitts, ohne daß irgend eine Gewalt auf das Auge selbst ausgeübt wird, wodurch letzteres gezerrt oder gedrückt wurde. Und da ich bemerkte, daß das Unterschieben des Nagels doch eine sehr unbequeme Procedur ist, so ließ ich mir ein Instrument machen, welches, indem es ein Widerstandsmittel abgiebt, den Operateur in den Stand setzt, die Operation mit großer Leichtigkeit zu beendigen. Das Instrument ist ganz wie die gewöhnliche Saunders'sche Nadel, nur mit dem Unterschiede, daß, statt daß das Ende ganz spitzig ist, dasselbe in der Hälfte ihres Umfanges weggeschliffen ist, so daß das Ende abgerundet und stumpf ist, und etwa zwei Linien von dem Ende ein rechtwinklichter Absatz sich befindet. Fig. 4. zeigt die Art und Weise, wie das Instrument gebraucht wird; Fig. 5. zeigt das Messer=Gegenhalter etwas vergrößert von vorn; Fig. 6. ist eine Profilansicht des etwas vergrößerten Endes.

In Beziehung auf den Gebrauch des Instrumentes nehmen wir an, daß das Messer den Ausstich gemacht habe; natürlich ist es dann der Wunsch und Absicht des Operateurs, den Hornhautschnitt fortzusetzen: allein da in den meisten Fällen unterdessen die wässerige Flüssigkeit ausgeflossen ist und das Auge gewöhnlich eine Neigung hat, sich einwärts zu drehen, so muß der Chirurg nun von dem Gehülfen verlangen, daß er das obere Augenlid auf den Rücken des Messers herabsinken lasse, und muß für seine Person selbst das untere Augenlid freigeben. Nun nimmt er das Instrument in seine freie Hand (sey es die rechte oder die linke), und bringt dessen Spitze unter die Messerklinge in die Wunde, und indem er es als einen Widerstandspunct dienen läßt, schiebt er das Messer durch und vollendet den Schnitt. Der Absatz des Instruments wird lediglich als ein Sicherungsmittel gegen jede plötzliche Bewegung des Auges, in welches es sonst vielleicht in die Oeffnung hineingetrieben werden möchte, und als ein Zeiger für den Chirurg, wie weit die Spitze eingedrungen ist, gehalten. Der Absatz muß übrigens hinlänglich tief gehalten werden, damit die Schneide der Klinge nicht damit in Berührung kommen könne; wenn der Schnitt beendigt ist, werden beide Instrumente weggelegt, und indem

das obere Augenlid herabfällt, verhindert es jeden plötzlichen Vorfall der Iris, der Linse oder des Glaskörpers.

Der fortwährende glückliche Erfolg, der die Anwendung dieses Instrumentes begleitet hat, mag meine Empfehlung desselben rechtfertigen. Auch hat Hr. Luscombe sich des Instruments ebenfalls mit dem besten Erfolg bedient. (The Lancet. No. 494.)

Miscellen.

Ein Patient mit chronischer Entzündung des Testikels befindet sich gegenwärtig im St. Georges=Hospital zu London. Er wird mit Quecksilber behandelt und das scrotum mit unguentum Hydrargyri eingerieben. Hr. Brodie erzählte bei dieser Gelegenheit seinen Zuhörern, daß zu der Zeit, wo er noch als Student das Hospital besucht habe, dergleichen Fälle Veranlassung zur Exstirpation gegeben hätten, daß er aber, nachdem die guten Wirkungen des Quecksilbers in dieser Krankheit entdeckt worden wären, nur zwei von seinen Patienten im Hospitale, so viel er sich erinnere, einen Testikel wegen einer ähnlichen Affection seit dem Jahr 1809 weggenommen habe, und zwar in einem Falle, wo sehr große Desorganisation stattfand, und es kaum der Mühe lohnte, den Testikel zu retten. Quecksilber, setzt er hinzu, wurde jetzt immer in solchen Fällen gegeben und jederzeit sehr wirksam erfunden.

Gegen Rheumatismen hat sich die gemeine Artischocke (Cynara Scolymus) sehr wirksam bewiesen. Zuerst ist der Versuch mit dem Saft der zerstampften Blätter gemacht worden, später mit der weingeistigen Tinctur und dem Extract. Die Tinctur wurde so bereitet, daß man etwa zwei Pfund zerstoßener Artischockenblätter und Stängel 14 Tage lang in zwei Pinten Weingeist maceriren ließ. Der Extract wurde bereitet, indem man den ausgepreßten Saft der Blätter und Stängel gehörig eindickte. Auffallende Erscheinungen bringt der Gebrauch der Artischocke nicht hervor. Wirkung auf die Haut bemerkt man gar nicht; eine Wirkung wird oft hell und in Quantität vermehrt, aber nicht immer; auch reizende oder narkotische Wirkung zeigt sich aber wenn sie in großen Dosen gereicht wird, so wirkt sie mehr oder minder heftig auf den Darmcanal, veranlaßt Leibschmerzen und Durchfall und so wie dieß eintritt, hört der wohlthätige Einfluß auf die Krankheit, gegen welche sie angewendet wurde, auf. — Die Dosis des Extracts ist 8 Gran täglich zwei= bis dreimal, die Dosis der Tinctur 1 bis 2 Quent, täglich zwei= bis dreimal. Im dem Norfolk= und Norwich=Hospital hat man die Cynara in vielen Fällen, wo Colchicum, China und andere Mittel vergebens angewendet worden waren, angewendet und immer mit mehr oder minder günstigem Erfolg.

Bibliographische Neuigkeiten.

Undersögelser-Reise til Östkysten af Grönland. Efter Kongelig Befaling udfört i Aarene 1828 — 31 af W. A. Graah Capitain - Lieutenant i See-Etaten. Kiöbenhavn 1832. 4. mit K. (Als Naturforscher war dieser Expedition nach der Ostküste von Grönland der Candidat Wahl beigegeben und diesem eine besondere Commission zugefertigt. Eingesammelt wurden 48 Pflanzenarten (40 Gattungen), 10 Arten Säugethiere (5 Gattungen), 22 Arten Vögel (16 Gattungen), 8 Arten Fische (6 Gattungen).

Surgical Anatomy of the Arteries, with plates and Illustrations. By Nathan R. Smith M. D., Professor of Surgery in the University of Maryland. Baltimore. 1832. 4to.

New Views of the Process of Defecation and their application to the Pathology and Treatment of Diseases of the Stomach, Bowels and other Organs etc. By James O'Beirne, M. D. Dublin 1833.

(Hierbei eine Tafel Abbildungen in Quarto.)

Notizen
aus
dem Gebiete der Natur- und Heilkunde.

Nro. 794. (Nro. 2. des XXXVII. Bandes.) **Mai 1833.**

Gedruckt bei Coſſius in Erfurt. In Commiſſion bei dem Königl. Preußiſchen Gränz-Poſtamte zu Erfurt, der Königl. Sächſ. Zeitungs-Expedition zu Leipzig, dem G. H. F. Thurn und Tariſchen Poſtamte zu Weimar und bei dem Landes-Induſtrie-Comptoir. Preis eines ganzen Bandes, von 24 Bogen, 2 Rthlr. oder 3 Fl. 36 Kr., des einzelnen Stückes 3 ggl.

Naturkunde.

Ueber die Zahl und Vertheilung der Käfer in dem Franzöſiſchen Guiana und Südamerica überhaupt

hat Hr. Lecordaire in der erſten Lieferung des zweiten Theils der Nouvelles Annales du Muséum d'Histoire naturelle, Paris 1833 p. 35 — 94. einen ſehr intereſſanten Auffatz mitgetheilt. Es ergiebt ſich daraus, daß das Franzöſiſche Guiana nicht, wie man geglaubt hat, zu den Ländern gehört, die an Käfern am allerreichſten ſind, ſondern daß es nur zu denen des zweiten oder vielleicht des dritten Ranges gehört. Braſilien iſt offenbar viel reicher. Mexico, welches man jetzt erſt kennen zu lernen anfängt, rangirt ebenfalls vor Guiana. Außer America beſitzen der Senegal und das Vorgebirge der guten Hoffnung vielleicht keine größere Anzahl von Arten, gewiß aber vermehren ſie ſich dort mehr, und Africa bietet in dieſer Hinſicht einen glänzenderen und originelleren Anblick als America. Die neuerdings über Madagascar erlangten Nachrichten ſetzen dieſe ungeheure Inſel Braſilien gleich, und folglich über Cayenne. Java iſt dem letztern ebenfalls überlegen, was man nicht von den übrigen Sundainſeln, den Moluken, Neuguinea und Neuholland ſagen kann. Dieſe Länder ſind übrigens noch nicht hinlänglich erforſcht, um ein ſicheres Urtheil über ihre Entomologie zu geſtatten. Die gemäßigten Zonenländer, z. E. Frankreich, bieten übrigens dem Entomologen weit reichere Aerndten dar, als er in Guiana nie erlangen würde. (Man darf ſich durch die Sammlungen einzelner Reiſenden nicht irre machen laſſen, welche große Sammlungen zuſammengebracht haben, woran ſie aber mehrere Jahre lang, durch ihren eigenen Eifer, durch Neger, die ſie in alle Richtungen ausgeſchickt haben, durch Kauf [oft um höhere Preiſe als in Europa] geſammelt haben.) Hr. Lecordaire hat ſeine Inſecten alle ſelbſt geſammelt, und iſt daher allerdings geeignet, ein Urtheil zu fällen. — (Peru, Columbien und das Innere von Braſilien ſind noch nicht genug unterſucht, um ihren entomologiſchen Reichthum richtig beurtheilen zu können.) Die folgende Tabelle enthält die von Hrn. Lecordaire ſelbſt geſammelten Arten, die über 3000 ſteigen. Wenn man die hinzufügte, welche allein in den Sammlungen von Paris vorhanden ſind, ſo würde man ſehen, daß die bis jetzt bekannten Coleopteren Südamerica's über 6000 ſteigen. Die Proportion unter den Familien würde aber ziemlich dieſelbe bleiben.

Ueberſicht.

	Cayenne	Braſilien	Buenos Ayres, Tucuman und Chili	Total
Pentamera.				
Cicindeletae	17	12	3	32
Carabici ⎧ Truncatipennes	31	13	25	69
⎪ Scaritides	12	7	4	23
⎪ Simplicipedes	1	0	3	4
⎨ Patellimanes	1	2	5	8
⎪ Feronii	7	—	34	41
⎪ Harpalii	25	7	20	52
⎩ Subulipalpi	4	—	—	4
Hydrocanthari	3	3	1	7
Brachyptera	25	18	6	49
Sternoxi ⎰ Buprestides	29	33	8	70
⎱ Elaterides	51	70	10	131
Malacodermi	62	88	18	168
Teredyles	10	14	2	26
Necrophagi	28	19	7	54
Clavicornes	8	10	7	25
Palpicornes	4	7	2	13
Lamellicornes ⎧ Coprophagi	60	48	15	123
⎨ Scarabaeides	56	103	22	181
⎩ Lucanides	7	13	—	20
Heteromera.				
Melasoma	16	11	62	89
Taxicornes	21	20	7	48
Stenelytra	30	86	8	124
Trachelides	12	26	7	45

2

Tetramera.

Curculio | Orthocerata	46	60	2	108
nites | Gonathocerata	190	251	45	486
Xylophaga . .	21	33	10	64
Longicornes \{ Prionii	7	17	1	25
Cerambycini	86	87	17	140
Lamiariae	39	117	3	159
Lepturetae	—	3	—	3
Chrysomelinae . .	295	332	55	682
Trimera . . .	18	21	7	46
Dimera . . .	1	—	—	1
	1175	1531	416	3122

Von dem Mechanismus der Stimme und von ihren verschiedenen Qualitäten.

Von Dr. T. Rusch.

Vergebens würde man versuchen, die verschiedenen Töne der menschlichen Stimme zu beschreiben; um verstanden zu werden, müßte man jedesmal selbst den Ton vormachen. Schriftlich ist es daher nöthig, die mechanische Bewegung der Organe, und die Art, auf welche sie von der Luft afficirt werden, auseinanderzusetzen, so daß man mit Berücksichtigung dieser Verhältnisse die Natur der Töne genau verstehen könnte.

Die bis jetzt hierüber angestellten physiologischen Untersuchungen genügen nicht. Es sind uns noch fast alle physischen Ursachen unbekannt, aus denen die Verschiedenheiten der Stimme hervorgehen; wir wissen nur, daß die Stimme durch den Durchgang der Luft durch den Kehlkopf und die Mund- und Nasenhöhle hervorgebracht wird, und daß sie wahrscheinlich mit der Vibration der Stimmrigenbänder zusammenhängt. Dagegen ist die Ursache der Intonation (Stimmung), ferner die Ursache der Modificationen der Stimme, welche man Flüstern, Fistel, natürliche Stimme und volle Stimme nennt, unbekannt. Man hat diese Modificationen verschiedenen Ursachen (einer abwechselnden Zusammenziehung der Stimmritze, Verkürzung ihrer Fasern, den verschiedenen Grade der Schnelligkeit des Luftstroms, dem höhern oder tiefern Stande des Kehlkopfs, endlich allen diesen Ursachen zusammengenommen) zugeschrieben, und diese Verschiedenheit der Meinungen rührte hauptsächlich davon her, daß man die Vergleichung zwischen den Sprachorganen und den musikalischen Instrumenten zu hoch anschlug und zu weit verfolgte. Um nicht in denselben Fehler der Hypothesen zu verfallen, scheint es mir wichtig, die durch das Ohr wahrnehmbaren Verschiedenheiten jeder Modification der Stimme aufzufassen, und die sichtbare Beschaffenheit und Bewegung der Organe, durch welche sie hervorgebracht werden, dabei zu beschreiben, und diese Thatsachen mit einander in Verbindung zu bringen. Durch Fortsetzung solcher Beobachtungen gelangt man vielleicht später zu einer sichern Erkenntniß dieses Theiles der Physiologie.

Die 35 Elementarlaute der Sprache (nämlich der Englischen, in welcher diese alsdann wieder in 3 Hauptclassen getheilt werden, in die weichen, harten und halbharten) sind für das Ohr bei allen vier Hauptmodificationen der Stimme bemerkbar, sowohl bei dem Flüstern als bei der natürlichen Stimme und bei der Falsette oder der Fistel und bei der vorzugsweise sogenannten Metallstimme.

Das Flüstern bildet vorzugsweise die weichen Sprachlaute. Alle harten, und der größere Theil der halbharten, vermögen aber auch diese Modification des Tones zu erleiden. Die halbharten u, z, w, ah, zh,*) flüsternd ausgesprochen, unterscheiden sich nicht von den weichen f, s, o, th, sh, welche ihnen entsprechen. Die übrigen halbharten sind dem Ohre in dem Augenblick der Aspira-

---

*) Sind auszusprechen juh, shs, ui, aeh, sch. —

tion bemerklich, denn der schwache Laut des b, d und g, welche manche mit den harten p, t, k verwechseln, unterscheiden sich von diesen letztern bloß durch eine leichte Bewegung des Kehlkopfes, um in dem Moment zu hauchen, wo das Aussprechen jener Buchstaben geschehen ist.

Es kommen Fälle vor, in welchen das Flüstern alle Verschiedenheiten der Stimmung oder Intonation durchmachen kann. Die harten Buchstaben lassen sich durch alle Noten der Octave mit größerer oder geringerer Leichtigkeit, sowohl in stufenweiser, als in fortlaufender, als in trillernder Tönung, durchführen. Einige der halbharten, mit Aspiration ausgesprochen, gestatten noch eine Abänderung der Intonation, welche indeß minder entwickelt ist, als die der harten Laute. Die weichen Laute der natürlichen Elemente der Aspiration müssen als vollkommen unfähig, eine Veränderung der Intonation zu erleiden, betrachtet werden, denn obgleich es gelingt, etwas einer Veränderung der Intonation Aehnliches hervorzubringen, wenn man sich bei einem einzelnen Elementarton sehr anstrengt, so darf man doch nicht daraus schließen, daß sie es möglich machen, mit ihnen zu einer stufenweisen Tönung der Aussprache zu gelangen. Durch die Stimmungsveränderungen bei'm Flüstern erreicht man durch die harten Elementartöne jene Modulationen, welche das Spielen der Maultrommel auszeichnen. Wenn Personen, die selbst mit einem sehr feinen Gehör begabt sind, bei ihren Versuchen auf diesem Instrument es nicht dahin bringen können, mehr als den Dreiklang einer Octave hervorzubringen, so ist dieß ebensowohl ein Mangel an Uebung, als ein natürlicher Fehler der Intonation bei'm Flüstern *).

Man hat bis jetzt noch nicht auf genügende Weise die Ursachen der Aspiration nachgewiesen. Das Flüstern leitete man von einem Durchströmen der Luft durch die Stimmröhre her, während die Stimmritzenbänder in Unthätigkeit seyen. Diese Behauptung ist aber bloß eine Annahme der Wahrscheinlichkeit. Die mechanische Ursache der Intonationsverschiedenheiten bei'm Flüstern ist wahrscheinlich derjenige, welche die Stimme überhaupt hervorbringt, gleich; aber da diese selbst noch Gegenstand der Untersuchung ist, so läßt sich auch über jene noch nichts Bestimmtes sagen. Die Verschiedenheiten bei'm scharfen unarticulirten Flüstern rühren von der Zunge her, davon überzeugt man sich, wenn man in den Mund einer pfeifenden Person ein dünnes Stäbchen einführt, und damit die Zunge niederdrückt, wodurch die Fähigkeit, zu intoniren, sogleich verschwindet. Die Mitwirkung der Zunge bei den Verschiedenheiten der Intonation kann bei jedem nachgewiesen werden, welcher bei'm Pfeifen eine Cadenz ausführt, wobei ich gar keine Veränderung in der Lippenöffnung bemerken läßt; geht man die ganze Tonleiter durch, besonders bei'm Pfeifen mittelst Einziehen der Luft, so bemerkt man, daß die Lippenöffnung besonders den scharfen Ton bewirkt, welcher diese Modification der Stimme charakterisirt. Mit dem Pfeifen kann man auch eine bei weitem umfangreichere Tonreihe durchgehen, als mit dem Flüstern.

Bemerkenswerth ist, daß die deutliche Articulation der Elementarlaute an die Intonationsverschiedenheiten bei'm Spiel der Maultrommel, und bei'm Pfeifen auch durch Einziehen der Luft auszuführen sind. Gebt ihr es leicht und recht so sicher wie bei dem Ausstoßen der Luft, so rührt dieß ohne Zweifel daher, daß die Herrschaft unseres Willens, über die Fähigkeit zu inspiriren, gar zu beschränkt ist.

Die natürliche Stimme ist diejenige, deren man sich bei dem gewöhnlichen Sprechen bedient. Der Umfang der Intonation reicht bei ihr von dem tiefsten Tone bis zu dem, bei welchem die

---

*) Die Verschiedenheit der Intonation bei dem Spiel der Maultrommel hängt vielmehr von den eigenthümlichen Modificationen ab, welche in der Mundhöhle vor sich gehen, nämlich von den Bewegungen des Gaumensegels, der Zunge, der Lippen und des Unterkiefers: der Kehlkopf hat alsdann bloß die Verrichtung des Blasebalgs, und trägt nach seinen Mechanismus nur wenig zu der Modulation der Töne bei, welche vorzugsweise durch die eben genannten Theile besorgt wird.

(Bennati.)

natürliche Stimme sich bricht und in die Fistel übergeht. Die natürliche Stimme ist des stufenweisen, fortlaufenden und trillernden Tönens fähig. Die natürliche Stimme und die Fistel können bei'm stufenweisen und bei'm trillernden Tönen ineinander übergehen, ohne daß es möglich ist, den Uebergangspunct zu bemerken. Dadurch erlangt die Stimme einen größern Umfang, ohne auf eine unangenehme Weise abzubrechen, wenn sie in die Fistel übergeht. Bei der fortlaufenden Tönung bemerkt man aber den Uebergang der natürlichen Stimme in die Fistel sehr wohl, sowohl durch den Ton selbst, als durch die Anstrengung, welche dazu nöthig ist, außer bei sehr ausgezeichneten Sängern; dieß nennt man bei den fortlaufenden Tönen das Umschlagen der Stimme (fausse note).

Da alle harten Elementarlaute mit der natürlichen Stimme auf allen Stufen der Sprachstimmung hervorgebracht werden können, ohne irgend eine sichtbare Veränderung in der Stellung der Organe, welche sie hervorbringen, nöthig zu machen, und da die Nase die harten Laute nicht mobsicirt, weil der Eingang zu ihr so lange durch das Gaumensegel geschlossen ist, als das Aussprechen derselben dauert, so kann man wohl behaupten, daß die die Intonation oder Stimmung bedingenden Organe hinter und unter der Wurzel der Zunge liegen. Erst durch Fortsetzung der Beobachtungen wird es möglich seyn, unsere Kenntniß über diesen Punct zu erweitern.

Da die Intonation bei'm Pfeifen auch ohne Hülfe des Kehlkopfs (?) ausführbar ist, so ist es wichtig, zu untersuchen, ob die Intonation der Stimme nicht von einer Zusammenziehung des Schlundkopfes, der mit der Wurzel der Zunge in Verbindung steht, abhängt.

Die natürliche Stimme geht durch den Mund oder die Nase, oder durch beide, je nach den Elementarlauten, welche man ausspricht. Bei der Bildung der harten Laute ist die Nasenöffnung durch das Gaumensegel geschlossen, und die Luft tritt durch den Mund aus. Das ng, ein halbharter Laut, wird ganz durch die Nase ausgesprochen. Die übrigen erfordern sowohl die Mitwirkung des Mundes, als der Nase. Obgleich diese Art, die harten und halbharten Laute auszusprechen, die einzige passende und gefällige bei der natürlichen Stimme ist, so kann doch jeder derselben auch ausgesprochen werden, indem man dabei in größerem Verhältniß Luft durch die Nase bringen läßt. Auf diese Weise werden die harten Laute verändert, so daß sie sich den halbharten nähern; dadurch wird die Articulation dunkel und der Ton der Stimme minder voll, deutlich und klangreich, wie er es doch seyn muß, um die harten Laute bei'm Sprechen angenehm zu machen, um ihnen die Abwechselung von Kraft und Weichheit zu geben, deren sie fähig sind.

Hiernach kann man die Frage aufwerfen, ob die halbharte Stimme ihre Eigenthümlichkeiten nicht dem Umstand verdankt, daß sie zum Theil gebrochen wird, indem sie durch die Mundhöhle geht, während sie im Gegentheil frei durch die Nasenhöhle austreten kann. Wenn man bei'm Aussprechen der harten Laute eel (ieht) und ooze (uhs) den Durchgang für die Luft zwischen Zunge, Gaumensegel und Lippen verengert, so entsteht der halbharte Laut oon und w (uhr).

Die Fistel ist der merkwürdige Ton, welcher in der Höhe der Tonreihe der menschlichen Stimme eintritt, wenn die natürliche Stimme über ihre Gränze hinausgetrieben wird. Das rauhe, durchdringende und scharfe Geschrei ist eine Modification der Fistel. Man darf sich aber nicht vorstellen, daß die Tonreihe der Fistelstimme von dem höchsten Tone der natürlichen Stimme bis zu dem höchsten Fisteltone reiche; man kann mit der Fistel auch noch tiefer herab zu den Tönen der natürlichen Stimme steigen *). Alle Laute, mit Ausnahme der weichen, können mit der Fistel ausgesprochen wer-

ben; die höchsten Flüstertöne entsprechen in nichts dieser Art von Stimme.

Der Mechanismus, von welchem die Intonation der Fistel abhängt, beruht nicht in einer eigenthümlichen Stellung oder in einer besondern Bewegung der Zunge und Lippen, wie bei'm Pfeifen, eben so wenig in einem energischen Durchströmen der Luft durch die Nase, denn die Fistelstimme kann auch hervorgebracht werden, wenn das Gaumensegel die Nasenöffnung ganz verschließt. Allerdings kann die Fistel eben so, wie die natürliche Stimme, durch heftige Anstrengung durch die Nase hervorgebracht werden, wodurch sie einen unangenehmen näselnden Ton bekömmt; aber diese letzte Eigenschaft gehört nicht zu dem Character der Fisteltöne. gn (nje), durch die Fistel ausgesprochen, geht bloß durch die Nase hervor; die übrigen halbharten Laute bedürfen zum Theil desselben Weges. Das sogenannte Murmeln (im englischen humming als Onomatopöe) entsteht gewöhnlich durch den Gebrauch des halbharten Lautes ng in der Fistel.

Man hat geglaubt, daß die Fistelstimme durch die obere Kehlkopfsöffnung zwischen den gießkannenförmigen Knorpeln und der Epiglottis gebildet werde, und man leitete die Schwierigkeit der Verbindung der Fistel mit der natürlichen Stimme davon her, daß eine Veränderung des Mechanismus im Augenblick des Uebergangs nöthig sey, welche man sich als Wirkung der Thätigkeit der Stimmritzenbänder dachte. Diese Schwierigkeit verschwindet aber, wenn der Uebergang der stufenweiser Tönung geschieht. Die wahre Ursache der Fistelstimmi ist also noch unbekannt.

Der Ausdruck: volle Stimme, Metallstimme, ist aus den Fortschritten der Kunst des Gesanges hervorgegangen, und man wendet ihn an, wo man gewisse Vorzüge in der Qualität der Stimme bezeichnen will. Im Allgemeinen bezeichnet man damit eine angeborene oder erworbene Fülle, Geschmeidigkeit und hellen Klang der Stimme. Bis jetzt ist bloß die Anwendung dieser Art der Stimme zum Gesang näher gewürdigt worden. Die Vortheile derselben bei dem Lesen oder Declamiren, wurden bis jetzt allgemein übersehen. Die Unbestimmtheit dessen, was uns die Alten über diese Stimme mitgetheilt haben, läßt uns ungewiß, ob der Ausdruck os rotundum, dessen sich die Römer zur Bezeichnung der bessern Aussprache der Griechen bedienten, sich auf die Construction ihrer Perioden, auf den Reichthum und die Stellung ihrer Vocale, oder auf die Qualität der Stimme bezieht. Was diese Worte aber auch ursprünglich bezeichnen mögen, so scheint der Ausdruck: Rundung des Tones (roundness of ton, rondeur du ton) die buchstäbliche Uebersetzung davon zu seyn. Wir bezeichnen damit eine klare, volle, kräftige und tönende Stimme.

Unter dem Ausdruck: Metallstimme, volle Stimme, oder runde Stimme verstehe ich nun die angeborene oder erworbene Aussprache der Elementarlaute, durch welche eine volle, gleichmäßige und vibrirende oder musikalische Stimme hervortritt. Sie ist in der Regel bloß Folge eines eifrigen Studiums zur Vervollkommnung des mündlichen Vortrags. Der Mechanismus zur Erzeugung der Metallstimme ist noch unbekannt. Die Zunge oder die Lippen haben keinen Theil daran, und es ist sogar nicht dazu nöthig, daß der Weg von dem Munde zur Nase verschlossen sey. Die einzige bemerkbare Bewegung, welche damit verbunden ist, besteht in einer Zusammenziehung des Theiles des Schlundkopfes, welcher unmittelbar unter der Insertion der Zunge liegt. Je kräftiger diese Contraction während des Aussprechens ist, um so mehr nimmt die Stimme ihren Character an, wodurch sie tiefer aus der Brust hervorzubringen scheint, und wodurch sie die Stimme gleicht, welche durch ein hohles Gefäß hindurchgeht. Ob diese Zusammenziehung des Schlundkopfes zu dem Mechanismus der Bildung einer Metallstimme gehöre, wage ich nicht zu bestimmen *).

---

*) Dieß ist die sogenannte Kopfstimme, in welcher mehrere Gesanglehrer ein drittes Register erkennen wollten. Man braucht dabei nur die Schnelligkeit des Hauches zu vermindern, während man die Zusammenziehung der Ueberschlkopfsmuskeln verstärkt. Dadurch entsteht ein gedämpfter Kehlkopfston, welcher allerdings einem Ueberschlkopfston ähnlich ist, aber doch eigentlich nicht dazu gehört.

*) Der Mechanismus zur Erzeugung der Metallstimme muß derselbe seyn, welcher zur gewöhnlichen Stimme hervortritt. Der Unterschied zwischen beiden scheint mir bloß in einer Verlängerung der einzelnen Töne der Metallstimme zu beruhen, wodurch sich diese gewissermaßen dem Gesange nähert.

(Bennati.)

Eine Verschiebung des obern Theiles des Kehlkopfes in Verbindung mit einer starken Zusammendrückung dieses Organes oberhalb der Stimmritze, kann eine rauhe und vibrirende Stimme hervorbringen, vermittelst der zwischen den feuchten Wänden rasch durchströmenden Luft. Auf diese Weise bildet sich ein rauher Gurgelton, dessen man sich bedient, um auf eine kräftige Weise das Gefühl tiefer Verachtung auszudrücken. Ich wünschte zu wissen, ob die Trachea zur Bildung der Metallstimme dadurch beiträgt, daß sie vielleicht der aus den Lungen hervordringenden Luft eine eigenthümliche Richtung giebt.

In den Ausdrücken Kopfstimme und Bruststimme, welche aus dem Italienischen (voce di petto und voce di testa) hergenommen sind, scheint die ganze Theorie der Metallstimme enthalten zu seyn. Bruststimme bezeichnet diejenige, welche aus der Brust hervorbringt; Kopfstimme die, welche aus dem Kopfe kömmt und Fistel genannt wird. Diese anatomische Eintheilung ist aber sehr unsicher. Die physiologischen Erfahrungen haben es mehr als wahrscheinlich gemacht, daß die Stimmritze das wesentliche Organ der Stimmbildung sey; wir müssen daher annehmen, daß das Flüstern, die Fistel, die natürliche und die Metallstimme bloß in Modificationen der Thätigkeit der Stimmritze beruhen und nicht Erfolge ganz anderer Organe seyen. Die sogenannte Kopfstimme und Bruststimme können sehr wohl auf einer bloßen Illusion beruhen.

Außer der Ueberzeugung, daß die Stimmritze das Organ der Stimmbildung sey, beschränkt sich unsere ganze positive Kenntniß über die Theile, welche zur Stimmbildung beitragen, darauf, daß die Stimme, entweder einzeln durch den Mund oder durch die Nase, oder auch vereinigt durch beide zugleich, frei hervorbringt, so daß man darauf eine Classification der Stimme gründen könnte, bei welcher man die Mundstimme, Nasenstimme und Mundnasenstimme unterschiede. Die harten Laute würden zur Mundstimme gehören, einer der hothartesten zur Nasenstimme und sämmtliche übrigen zur Mundnasenstimme. Es können daher auch zur Bildung der sogenannten Metallstimme die Wirkungen einiger der genannten Theile mit beitragen, aber absurd ist es, zu glauben, daß sie von der Thätigkeit der Brust abhänge. Die sogenannte Kopfstimme oder Fistel kann sich bilden, während der Weg zur Nase geschlossen ist, wodurch also der Ton verhindert wird, daß er eigentlich durch den Kopf hervordringe[*].

Alles, was wir von der Kopfstimme und Bruststimme wissen, ist, daß sehr verschiedene Töne dadurch hervorgebracht werden, und daß uns bis jetzt der Mechanismus und die Stelle der Bildung derselben unbekannt ist. Bei der vollen Stimme ist bloß eine deutliche Anstrengung am Kehlkopf zu bemerken, welche bei den übrigen Stimmen nicht zum Vorschein kömmt. Der Irrthum, welchen den Ausdruck Bauchreden, Ventriloquismus, veranlaßt hat und die zahlreichen Illusionen, die durch diese Kunst hervorgebracht werden, warnen uns, dem bloßen Zeugniß des Ohres hierin zu viel zu trauen.

Es giebt eine Stimme, welche in den tiefen Tönen voll genannt wird, und welche hohl klingt, wie der Widerhall eines Tones in einer Höhle. In einem solchen Falle ist durch nichts bewiesen, daß der Kehlkopf tiefer gegen die Brust herabsteigt, oder daß die Trachea, die Bronchien oder die Lungenlappen irgend eine Stimmfunction verrichten. Man muß sich darauf beschränken, anzunehmen, daß dieß ein eigenthümlicher, durch die Stimmritze oder einen benachbarten Theil hervorgebrachter Ton sey.

Der Ausdruck Bruststimme ist daher nicht auf physiologische Beobachtungen gegründet, sondern die Stimme bei einem Schnupfen (welcher den Kehlkopf, Schlundkopf und die Nasenhöhlen be-

trifft) hat eine Consistenz und einen Grad von Wiederhall, welche den hohlen Tönen der Bruststimme ähnlich sind. Ausgezeichnete Künstler, welche von Natur keine Metallstimme haben, erlangen sie durch anhaltende Uebung. Bei allen aber, selbst bei den ausgezeichnetsten, habe ich gefunden, daß die Stimme wenigstens bei einigen Sylben von diesem vollstimmigen Schnupfen, wenn ich mich so ausdrücken darf, angesteckt ist.

Die einfachsten Mittel zur Erlangung einer Metallstimme bestehen in Folgendem: Mit einiger Aufmerksamkeit ist es leicht, zu bemerken, daß die Luft auf zwei Weisen bei der Exspiration hervordringen kann: bei der einen läßt man sie ohne Unterbrechung in einem fortgesetzten Streme, bei der andern in kurzen, wiederholten und abgebrochenen Strömungen austreten. Jene findet sich bei der gewöhnlichen Respiration, bei heftigem Keuchen, bei'm Seufzen, Stöhnen und Niesen; die zweite bei'm Lachen und Sprechen. Durch unsern Willenseinfluß auf die Muskeln der Respiration halten wir bei der Conversation den Athem im Athem ein, und vertheilen ihn je nach der Zahl und Länge der einzelnen Sylben. Hütet man sich hiebei vor unnützer Verschwendung, so vermeidet man, daß man nicht zu häufig Luft einathmen muß, und die Fähigkeit, während des Aushauchens des Athems zwischen jedem Worte oder jeder Sylbe anzuhalten, gestattet der Stimme jedesmal kräftiger hervorzubrechen, wenn es der Sinn der Rede einen besondern Nachdruck verlangt.

Der Husten kann entweder von einer Reihenfolge rascher und kurzer Exspirationsanstrengungen begleitet seyn, oder von einem einzigen zusammenhängenden Ausstoßen des Athems, welcher erschöpft ist, wenn der Ton aufhört. Auf diese letzte Weise gründet sich die Kunst, sich eine volle Stimme zu bilden[*].

Der durch den Husten in einem Zug gegebene Anstoß ist zusammengesetzt aus dem plötzlichen Aussprechen eines der kurzen harten Laute und einer fortgesetzten Exspiration, welche den einfachen weichen Laut h hervorbringt, bis die Exspiration erschöpft ist. Verwandelt man nun diese doppelte Function eines plötzlichen Ausstoßens der Stimme in Begleitung einer Aspiration in eine fortgesetzte Tönung der Stimme dadurch, daß man verhält den harten Laut an die Stelle der Aspiration setzt, so erlangt man eine Art von Ton, welcher durch Studium und Uebung den gefüllten und sonoren Klang der sogenannten Metallstimme hervorbringt. Dieß ist auch die Art von Stimme, welche bei'm Gähnen zum Vorschein kömmt; denn dieser Act bringt eine hohle, von der gewöhnlichen Sprechweise der harten Laute sehr verschiedene Stimme hervor.

Uebt man sich, diesen dem Husten eigenthümlichen Ton, der aus einem Vocal und einer Aspiration besteht, hervorzubringen, so erlangt man dadurch eine beträchtliche Klarheit und Weichheit der Stimme; hierzu ist es nöthig, alle Stufen der Tonleiter mit allen harten Lauten zu durchlaufen, indem man dabei immer die Stimme so lang, als das Aushauchen dauert, verlängert. (Diese Uebung verursacht leicht Schwindel, weßwegen man sie nicht zu lang hintereinander fortsetzen darf.) Hat man nun gelernt, die harten Laute mit voller Stimme auszusprechen, so kann man versuchen, sich überhaupt in dieser Stimme auszudrücken; hiezu muß man aber jede Sylbe einzeln, und in der ganzen Dauer des Athems aussprechen. Hängt man später an diese Eine Sylbe eine zweite an, so gelingt es mit der Zeit, der Exspiration bei der Metallstimme eben so Herr zu werden, wie bei dem gewöhnlichen Sprechen; immer wird aber

---

[*] Dieß ist ein Irrthum. Ich habe bereits in einer andern Note angeführt, daß die Fistelstimme, welche Hr. Rusch mit der Kopfstimme zusammenbringt und verwechselt, noch ein Kehlkopfston ist, der bloß durch die Wirkung einiger Muskeln zusammengedrückt wird; in diesem Falle geht die Luft durch die Nase, und es genügt, einen Versuch darüber anzustellen, um sich auf der Stelle davon zu überzeugen. Bloß bei der Ausführung der wahren Ueberkehlkopfstöne ist der Weg zur Nase geschlossen. (Bennati.)

[*] Dieß ist ohne Zweifel das erstemal, daß man die Fähigkeit zu husten mit der Diction und dem Gesang in Verbindung gebracht hat. Das Verdienst der Neuheit fehlt der gewiß nicht, aber es scheint hier ein affectirtes Suchen nach Contrasten zu Grunde zu liegen. Ist es nicht sonderbar, eine zufällige, krankhafte Affection zur Erklärung einer Fähigkeit zu gebrauchen, welche gerade den vollkommen gesunden Zustand der Organe erfordert? Wollte aber Hr. Rusch andeuten, daß die volle Stimme sich in den Besitz einer verlängerten Inspiration und methodischen Exspiration gründet, so sagt er uns nichts Neues; denn darauf gründet sich schon Pacchierotti's berühmte Gesangregel: respirate bene; mettete ben la voce; pronunciate chiaramente, ed il vostro canto sarà perfetto. (Bennati.)

dann noch einige Einförmigkeit zurückbleiben, welche ebenfalls erst durch ausdauernde Uebung zu überwinden ist.

Ganz dieselbe Reihenfolge wird auch mit der natürlichen Stimme bei den ersten Versuchen, welche wir damit machen, durchlaufen. Das erste Geschrei der Kinder besteht aus einer fortdauernden Erspiration, später aus einer unterbrochenen Erspiration. Die ersten Redeversuche eines Kindes beschränken sich auf eine einzige Sylbe mit Erspiration; und der volle Gebrauch der Sprache ist erst die Folge vieler Uebung. Aehnliches findet sich bei Greisen und bei denen, welche an schweren Krankheiten darniederliegen; hier beschränkt sich die Sprache auf das Hervorstoßen einer, höchstens zweier Sylben bei jeder Erspiration. Dasselbe ist der Fall bei dem Keuchen nach einer heftigen Bewegung, bei welcher Gelegenheit man die Herrschaft über den auszuhauchenden Athem verliert. Die ausgezeichnetsten dramatischen Künstler besitzen alle die volle oder Metallstimme, entweder von Natur oder durch Uebung, welche aber nicht bloß in dem häufigen Sprechen beruht, sondern (nach Hrn. Rusch's Meinung) in dem häufigen Gebrauch der Ausrufungen, z. B. huh! wobei die Stimme, wenn sie nicht in die Fistel übergeht, sich immer besonders mächtig zeigt. Bedeutende Schauspieler haben nämlich immer ein lebendiges, energisches und zugleich leicht erregbares Gefühl, dadurch werden sie leicht zu dem Gebrauch des Ausrufs huh! veranlaßt. Die beständige Darstellung gesteigerter Empfindungen auf der Bühne, verbunden mit den Anstrengungen, welche die großen Dimensionen eines Theaters bei der Erspiration erfordern, vollenden nun diese Bildung der Metallstimme, welche im gewöhnlichen Leben durch den häufigen Sprechen des Ausrufungen begonnen wird. (J. Rusch, Philosophie de la voix humaine, in Bennati, Études sur les organes de la voix humaine. Paris 1833. p. 100 — 170.)

Miscellen.

In Beziehung auf die Art und Weise, wie sich die Nerven an und in die Muskeln vertheilen, hat Hr. Chaffaignac aus einer großen Zahl von Beobachtungen folgende Hauptsätze abgeleitet. Die Zahl der Fäden anlangend, welche je der Muskel der obern Extremität empfängt, hat er zuerst gefunden: 1) daß jeder große Muskel mehrere Nervenfäden empfängt, mögen sie nun sämmtlich aus einer und derselben Quelle entspringen, oder mögen die verschiedenen Fäden einen vielfachen Ursprung

haben; 2) jeder bündelförmige Muskel, der aus mehreren Faserbündeln zusammengesetzt ist, empfängt für jeden derselben einzelne Nervenfäden; 3) wenn ein Muskel aus mehreren Bündeln von ungleicher Höhe zusammengesetzt ist, so empfängt jedes derselben Fäden, welche sich vom Hauptnervenstamme nach der Ordnung der Höhe der Muskelbündel, denen sie angehören, trennen; 4) jeder Muskel, welcher sich mit mehreren Sehnen anschließt, selbst angenommen, daß sein fleischiger Körper ein einziges Ganzes ausmache, empfängt mehrere Fäden, und fast immer eine solche Zahl, die den Sehnen gleich ist, welche er abgeben soll. Was die Eintrittsstelle (immersion) des Nervenfadens anlangt, so lassen sich daraus sehr constante Gesetze herleiten, die in der Praxis von vielfacher Anwendung sind. Was z. B. 5) die Höhe des Eintritts anlangt, so giebt es keinen einzigen bündelförmigen Muskel, welcher seine Nervenfäden unter der Mitte seiner Länge empfängt; die meisten Muskeln empfangen ihre Fäden in ihrem oberen Viertel; 6) die Oberfläche des Eintritts anlangend, empfängt jeder Muskel seine Nervenfäden an derjenigen seiner Oberflächen, die der Axe des Gliedes, zu welchem er gehört, am nächsten liegt; 7) den Einfallswinkel (angle d'incidence) der Nervenfäden anlangend, bildet jeder Nervenfaden, welcher einen bündelförmigen Muskel durchdringt, mit einer Linie, von dem centralen Ende nach der Umfangsextremität dieses Muskels gezogen, einen spitzen Winkel, dessen Oeffnung dem centralen Ende zugewendet ist, und mit der fortgesetzten Richtung des Rumpfes, aus welchem er entspringt, einen stumpfen Winkel, dessen Oeffnung an der Umfangsextremität liegt. Der m. subclavius macht allein eine Ausnahme. Den Uebergang anlangend, erreichen 8) alle Nerven, welche sich an die Muskeln vertheilen, auf zweierlei Weise das Ziel ihrer endlichen Erschöpfung. Entweder findet ihr Uebertritt in den Muskelzwischenräumen statt, oder sie gehen auch durch den fleischigen Körper einiger Muskeln hindurch, welche in ihrem Wege liegen; in diesem Falle sind die durchbohrende Nerven; 9) endlich giebt jeder durchbohrende Nerv Fäden an den Muskel ab, durch welchen er seinen Weg nimmt. (Revue médicale. Févr. 1833.)

Ein an Thierknochen sehr reiche Höhle ist, etwa eine halbe Stunde von Plombières les Dijon, in den sogenannten Contarböge aufgefunden worden. Man hat sehr große reißende Thiere und Hirsche unterschieden, wovon die nähere Bestimmung zu erwarten ist. Die Masse dieser geologischen Schätze wird als ungeheuer angegeben.

Heilkunde.

Ueber die Fractur der untern Extremität des humerus, welche den Anschein einer Luxation des Ellenbogens hinterwärts besitzt.

Von Baron Dupuytren.

(Aus dessen mündlichen klinischen Vorträgen.)

Bei unserer Diagnose der Fracturen und Luxationen können wir es nicht scharf genug nehmen, denn in den Hospitälern stößt man jeden Augenblick auf eine Menge von Fällen, welche den Scharfsinn geschickter Chirurgen getäuscht haben. So sind, z. B., Affectionen des Hüftgelenkes, Luxationen des humerus und der scapula, Fracturen der unteren Portion des humerus, die unteren Portion des radius und in der Regel jede Trennung der Continuität in der Nähe der Gelenke, Quellen unzähliger Irrthümer. Mehrere derselben habe ich von Zeit zu Zeit in Betrachtung gezogen, und heute will ich die Aufmerksamkeit meiner Zuhörer für Fracturen der unteren Portion des humerus in Anspruch nehmen, die ganz den Anschein von Luxationen des Vorder-

armes nach hinterwärts besitzt. Nichts ist gewöhnlicher, als Fälle dieser Art, aber eine genaue Kenntniß ihrer Beschaffenheit ist von großer Wichtigkeit, denn von einem Versehen in der Behandlung kann eine lebenslänglich unheilbare Gebrechlichkeit abhängig seyn.

Angenommen, die Fractur sey transversal und gerade über den Condylen. Das olecranon ist durch den m. triceps brachialis nach hinterwärts und aufwärts gezogen, das obere Fragment ist nach vorwärts geführt und scheint die untere Gelenkfläche des humerus zu enthalten. Die Vorragung des olecranon wird so auffallend seyn, daß es 12 bis 18 Linien weiter, als auf der gesunden Seite vorgeragt scheint, und dann wird man den Durchmesser des Arms in der Richtung von vorn nach hinten in der Nähe des Ellenbogens merklich vergrößert finden. Dieses sind dem Anscheine nach alle Zeichen, die sich bemerken lassen; und wenn der Beobachter sich davon überzeugt hat, so wird die Extension und Gegenextension vorgenommen, und die Einrichtung ist in der Regel leicht bewerkstelligt. Es wird ein Verband angelegt, und die Leichtigkeit, mit welcher die Knochen wieder in Ordnung gebracht sind, giebt Veranlassung, Glück zu wünschen. Aber im Augenblicke sind sie wieder verschoben, und nach 5 oder 6 Tagen, wenn Geschwulst eingetreten ist, macht man die Bemerkung, daß nicht Alles im natürlichen Zustande sich befinde. Die Schuld davon muß der Patient tragen, der sich angeblich nicht ruhig gehalten hat. Die Einrichtung wird nochmals versucht, aber die Deformität ist nicht zu beseitigen. Es stellt sich beträchtliche Geschwulst ein. Der Wundarzt ist nicht bedenklich, obschon der Zustand der Theile sich nicht gebessert hat. Nach 6 Wochen, oder 2 Monaten, entdeckt er jedoch den begangenen Fehler; nun ist es aber zu spät, denselben wieder gut zu machen; der Patient hat eine Deformität, und die Bewegungen der Theile sind sehr verkürzt, oder auf eine sonderbare Weise behindert. Wenn 12 oder 14 Tage vergangen sind, ohne daß die eigentliche Natur der Beschädigung erkennt ist, so läßt sich in der Regel nichts mehr thun. Die Geschwulst der umgebenden Theile bietet ein beinahe unübersteigliches Hinderniß einer vollständigen Einrichtung, und die Deformität wird dadurch bleibend.

Fall I. Fractur der Extremität des humerus, für eine Luxation gehalten; Deformität und mangelhafte Bewegung im Ellenbogengelenke.

Im Monate December des Jahres 1832 wurde Hrn. Dupuytren ein Kind gebracht, welches ungefähr 1 Monat früher von einem Esel gefallen war. Zwei Aerzte, welche nacheinander herbeigerufen worden waren, sagten aus, daß eine Luxation vorliege, und behandelten den Fall dieser Ansicht gemäß. Als Hr. Dupuytren das Kind untersuchte, fand er eine vorragende, auf ihrer Oberfläche sehr unebene Fläche, die er ganz deutlich für die untere Extremität des humerus erkannte; das olecranon bildete äußerlich eine Vorragung. Es ist sehr wahrscheinlich, daß wegen des zarten Alters des Kindes nicht weiter stattgefunden hatte, als eine Trennung der epiphysis: die beiden Fragmente waren mittelst eines unförmlichen callus vereinigt worden. Was war nun zu thun? Den callus zu zerbrechen, schien nichts weniger, als gefahrlos zu seyn, und da Hr. Dupuytren von der Ansicht ausging, daß die Hauptunbequemlichkeit in der Unfähigkeit liege, den Vorderarm auszustrecken, so ersann er ein Mittel, wodurch die Extension nach und nach bewirkt werden sollte. Seine Absicht hat er auch zum Theil erreicht, aber ein gewisser Grad der Deformität und Unfähigkeit, die Theile zu bewegen, wird immer noch bleiben.

Das Hauptmittel, eine Fractur von einer Luxation zu unterscheiden, ist die Crepitation. Wenn nun der Wundarzt sehr bald nach entstandener Verletzung herbeigerufen wird, in die eine Hand den Arm und in die andere den Vorderarm nimmt, so muß er den Theilen des ersteren Bewegungen von unten nach aufwärts und umgekehrt, wie auch von vorn nach hinterwärts mittheilen. Geschieht dieses, so wird er fast immer das der Fractur charakteristische Geräusch vernehmen, während die mäßige Bewegung der Extension und Gegenextension die Theile gewöhnlich sehr bald in ihre gehörige Lage bringen wird. Wenn eine Luxation des Ellenbogens vorliegt, so muß man wissen, daß diese Luxation eine von denen ist, die am leichtesten eingerichtet werden können.

Die Crepitation, welche indessen ein so schätzbares Zeichen der Fractur ist, kann nur sehr undeutlich und vielleicht gar nicht vernommen werden, wenn einmal die Geschwulst begonnen hat. In einem solchen Falle ist es wahr, daß die Einrichtung der verschobenen Knochenportionen immer bei weitem nicht so schwierig ist, als bei einer Luxation, während in solchen Fällen statt der Crepitation dient. Man nehme ein Fragment in jede Hand, so daß der Daumen vorwärts kommt und der Fractur zugewendet ist, und dann versuche man die Einrichtung. Dieser einfache Handgriff ist in der Regel in den ersten 24 oder 36 Stunden nach dem Ereignisse ganz ausreichend. Alsdann, nachdem man den Patienten einige Zeit gelassen hat, bewege man den Vorderarm hinterwärts. Hat man es mit einer Luxation zu thun, so ist die Einrichtung von Dauer; war es aber eine Fractur, so kommt die Verschiebung der Knochenfragmente augenblicklich wieder zum Vorschein.

Dr. Malgaigne, welcher seine Bemerkungen über diese Art der Fractur in der Gazette médicale bekannt gemacht hat, ist der Meinung, daß wir andere diagnostische Mittel, ganz verschieden von den eben angegebenen, anwenden müssen. „Bei der Luxation, sagt er, ist das Gelenk zerstört, und Bewegungen der Extension und Gegenextension sind unmöglich; bei einer Fractur ist das Gelenk noch vollständig, und es werden diese Bewegungen bis zu einem gewissen Umfang erhalten." Dieser Unterschied würde uns insbesondere nur unmittelbar nach der Fractur von Nutzen seyn; aber zu jeder Zeit besteht ein anatomisches Zeichen, welches zu uns zu sprechen scheint, wo es nur erkannt wird. Es ist dieses: wie groß auch immer die Vorragung des olecranon seyn möge, so wird man von den Höckern des humerus doch wie weiter, als im natürlichen Zustande entfernt antreffen, wenn eine Fractur vorliegt. Man wird es dagegen viel weiter entfernt antreffen, wenn eine Luxation eingetreten ist. In letzterem Falle ist auch die vordere Vorragung mehr abgerundet und kleiner; in ersterem Falle ist sie so groß, als das Gelenk selbst. Es kann Fälle geben, in welchen die Geschwulst die Vorragungen der Knochen verdecken kann; aber hier hört auch die unerläßliche Nothwendigkeit auf, die Natur der Beschädigung zu bestimmen, und höchst wahrscheinlich liegt dieses außer den Gränzen der Möglichkeit.

Fall II. Fractur der untern Extremität des humerus, einer Luxation ähnlich; Heilung ohne Deformität.

Ein Mann, 27 Jahre alt, hochstämmig und von kräftiger Constitution, stürzte in eine Grube, so daß er auf den linken Ellenbogen zu fallen kam, und wurde sogleich nachher in den Saal St. Côme gebracht, um hier wegen einer Luxation behandelt zu werden, wofür der Wundarzt, der ihn untersucht hatte, den Fall angesprochen hatte. Das Ellenbogengelenk hatte seine Gestalt verloren; eine enorme Geschwulst nahm das untere Ende des Armes ein, war dabei gespannt und sehr schmerzhaft. Der Vorderarm befand sich in einem Zustande halber Beugung; legte man die Finger an die Geschwulst, so konnte man, trotz der Spannung, eine harte Vorragung fühlen, die etwas unregelmäßig und faltig war; sie nahm die Beuge des Ellenbogens ein und hob den m. brachialis internus und den m. biceps empor. Hinten ragte das olecranon unter der Haut vor und zwar ein wenig über die Höhe der Condylen; Bewegungen der Beugung und Extension waren unmöglich und erzeugten großen Schmerz, wenn sie versucht wurden. So weit sprachen die Symptome nicht gegen die Anwesenheit einer Luxation, aber die Bewegungen, welche dem unteren Ende des Armes und auch dem oberen Ende des Vorderarms mitgetheilt wurden, zeigten eine ungewöhnliche Beweglichkeit und eine deutliche Crepitation an. Dieses entschied die Natur der Beschädigung. Hr. Dupuytren sprach sich nun dahin aus, daß eine Fractur des untern Endes des humerus, einige Finger breit über den Condylen, vorhanden sey.

Eine vollständige Einrichtung konnte am Tage der Beschädigung nicht bewerkstelligt werden, einmal, weil der Versuch zu heftige Schmerzen verursachte, und zum andern, weil die Geschwulst sehr groß war. Alles, was man gethan werden konnte, bestand darin, das Glied in einem Zustande der Halbbeugung auf eine horizontale Ebene, unterstützt mit Kissen, zu bringen, und es vorher mit Compressen zu bedecken, die mit Goulardischem Wasser befeuchtet worden waren. Am andern Arme wurde ein starker Aderlaß verordnet. Knappe Diät.

Den nächsten Tag vollendete Hr. Dupuytren die Einrichtung. Nachdem er zuvor die Schulter fixirt und einen Gehülfen angestellt hatte, welcher den halbgebogenen Vorderarm ziehen mußte (das Glied war in einen Hebel der dritten Ordnung verwandelt, in dem der Unterstützungspunct so zu sagen am Handgelenke lag, welches von dem Gehülfen gehalten wurde, und die Kraft in der Beuge des Arms, wo sich die andere Hand des Gehülfen befand, der Widerstand aber am untern Bruchstücke) ergriff Hr. D. mit seinen beiden Händen das untere Ende des Arms, wo dieselbe gebrochen war, und schob das olecranon stark nach vorwärts, das innere Fragment dagegen nach hinterwärts. Der Verband des Scultetus wurde nun angelegt; einige gestufte Compressen wurden im Kreise an die untere Extremität des Armes gelegt, so daß sie den beiden knöchigen Vorragungen entsprachen und die Finger ersetzten, von welchen diese Vorragungen an ihrer Stelle erhalten worden waren. Sie wurden ferner verwahrt durch zwei längliche Compressen und nachher durch die anderen Verbandstücke, die vorher in kaltes Wasser getaucht worden waren, welches durch den Zusatz von etwas essigsaurem Blei noch schmerzstillender gemacht worden war. Endlich wurden die beiden Seitenkissen übereinander geschlagen, damit sie bei Schließung des Ver-

bandes ganz besonders die gestuften Compressen festhalten, und dazu beitragen möchten, sie in der gehörigen Lage zu halten. Den zweiten Tag hatte alles ein sehr befriedigendes Ansehen, und der Verband, welcher durch das Setzen der Geschwulst etwas locker geworden war, wurde wieder in Ordnung gebracht. Den sechsten Tag empfand der Patient einigen Schmerz, welcher bei näherer Untersuchung von einer schwachen Vorragung der Bruchstücke herrührte; aber einige Extensionsversuche bewirkten eine vollständige Einrichtung. Der Verband wurde wieder angelegt.

Obgleich nachher kein Schmerz gespürt wurde, so untersuchte doch Hr. Dupuytren von Zeit zu Zeit den Zustand der Theile, ob nicht vielleicht eine Verschiebung, wenn auch nur eine ganz geringe, vorhanden sey, und fand sie immer in dem erwünschtesten Zustande. Der Verband wurde regelmäßig wieder angelegt.

Den 33sten Tag wurde der Verband endlich ganz entfernt, die Consolidation der Theile war vollständig, und ließ nicht die geringste Deformität übrig.

Den 45ten Tag verließ der Patient das Hospital, indem er im Stande war, die Bewegungen der Beugung und Extension auszuführen.

Die Geschichte dieser Fractur ist von großem Interesse, sowohl wegen der verstekten Beschaffenheit der Symptome, wodurch Mancher verleitet werden könnte, sie für eine Luxation des Ellenbogens zu halten, als auch wegen des Mechanismus der Verschiebung, welchen Hr. Dupuytren so gut erklärt hat. Einer der Zuhörer des Hrn. Dupuytren hatte Gelegenheit, den Patienten einige Wochen nach seinem Austritt aus dem Hospitale zu sehen, und sich zu überzeugen, daß, bis auf einige Steifheit in den Bewegungen des Gelenkes, keine Spur von Fractur übrig geblieben sey.

Fall III. Schräge Fractur des linken humerus am Ellenbogen mit äußerer Wunde; Einrichtung; Heilung innerhalb 54 Tagen.

Y . . ., 23 Jahre alt, von guter Constitution, kam den 13. October 1831 in's Hôtel-Dieu, wegen einer Beschädigung, die in beträchtlicher Verschiebung des olecranon mit einer Wunde der weichen Theile bestand, und von einem Sturz auf's Straßenpflaster herrührte. Die Patientin spürte augenblicklich großen Schmerz, mit der Unmöglichkeit, eine Bewegung auszuführen. Bei der vorhandenen Verschiebung hätte man auf das Bestehen einer Luxation des Ellenbogens schließen sollen. Wirklich war das untere Bruchstück hinten in einigem Umfange emporgehoben, und gab so ben Anschein, als sey das obere Ende des Knochens des Vorderarmes vorhanden, während das obere Bruchstück des humerus sehr tief nach das untere herabtrat, so daß eine Vorragung entstand, die Ähnlichkeit hatte mit dem unteren Ende des humerus bei einer Luxation des Ellenbogens nach hinterwärts. Das Glied war außerdem verkürzt, und alle Bewegungen waren unmöglich. Aber die Beweglichkeit der Bruchstücke, ihre Crepitation, und vor Allem die Integrität des Ellenbogengelenkes, machten das die Natur der Verletzung ganz deutlich. Die Fractur war schräg, und hatte ihren Sitz etwa 1 Zoll über dem Gelenk. Die vorhandene äußere Wunde war durch den Sturz auf den Boden entstanden, und communicirte nicht mit der Fractur. Der Fall wurde wegen für sehr schlimm gehalten, weil die Entzündung sich leicht bis in's Gelenk verbreiten und schlimme Folgen nach sich ziehen könnte. Die Einrichtung der Fractur wurde durch Extension, Gegenextension und Aneinanderbringen der Bruchstücke bewerkstelligt, so daß das Glied bald seine gehörige Gestalt wiederbekam. Die Wunde des Ellenbogens wurde verbunden und vor dem Drucke der Schienen geschützt, die dann angelegt wurden, wo die Kerbstächen in Apposition zu erhalten. Hierauf wurde das Glied in der Halbbeugung auf ein Kissen gelegt. Der Patientin ließ man Blut zur Ader, und setzte sie auf knappe Diät. Den vierten Tag wurde der Verband abgenommen, und brauchte wegen der Suppuration täglich nur einmal erneuert zu werden. Die Suppuration gab sich indeß bald, und es stellte sich schnell Vernarbung ein. Nach 40 Tagen war die Consolidation vollständig und keine Deformität zu bemerken; am 54ten Tage wurde die Patientin entlassen, nachdem sie bereits zum Theil die Bewegungen des Gelenkes wiedererlangt hatte.

Der berühmte Cooper hat bemerkt, daß diese Fractur weit häufiger bei Kindern, als im vorgeschrittenern Alter vorkommt. Dennoch zeigen die beiden oben mitgetheilten Fälle, denen ich noch andere hinzufügen könnte, daß diese Beschädigung manchmal bei einem spätern Lebensalter vorkommen kann. Angenommen, dieses sey der Fall, was hat nun der Wundarzt zu thun? Wenn er zu einem Patienten gerufen wird, welcher Symptome von Fractur des unteren Endes des humerus oder einer Luxation des Ellenbogengelenkes darbietet, so ergreift er den Vorderarm mit einer Hand und den Arm mit der anderen, und ist in der Regel im Stande, wenn die Beschädigung aus einer Fractur besteht, die Theile ganz leicht in ihre natürliche Lage zurückzuführen, sobald keine Geschwulst vorhanden ist; aber bei der geringsten Bewegung stellt sich die Verschiebung augenblicklich wieder ein, und dann darf der Wundarzt nicht mehr anstehen, den Fall für eine Fractur zu erklären. Eine Fractur anzunehmen, wenn eine Luxation vorliegt, ist bei weitem kein so nachtheiliger Irrthum, als die entgegengesetzte Annahme.

Ist die Diagnose festgestellt, welcher Apparat ist alsdann anzuwenden? Dieses ergibt sich zum Theil aus den vorhergehenden Fällen, aber es soll hier noch ausführlicher erklärt werden. Nachdem die Extension, Gegenextension und Apposition gehörig ausgeführt sind, legt man das Glied auf eine Ebene oder ein Kissen, welches mit der bekannten Binde des Scultetus bedeckt ist. Die Lage des Gliedes muß das Mittel halten zwischen Beugung und Extension. Gestufte Compressen werden alsdann auf den vordern und auf den hintern Theil des humerus etwa 3 Finger breit gelegt und dürfen nicht über 3 oder 4 Zoll lang seyn; ein wenig dicker müssen sie den Bruchstücken gegenüber seyn. Sie sind so eingerichtet, daß sie in einer Curve auf die Fragmente drücken, und werden durch sehr lange Compressen in ihrer Lage erhalten. Die einzelne vielköpfige Binde wird dann angelegt, und dann ein in der Mitte zusammengeschlagenes Kissen, so daß es doppelt an demjenigen Theile ist, welcher an das untere Ende des humerus angelegt werden soll. Dasselbe Verfahren wird hinsichtlich des olecranon angewendet, wodurch ersteres nach hinterwärts und letzteres vorwärts gezogen wird. Eine kurze Schiene kommt auf jedes Kissen und wird sehr gut befestigt, um dem Apparat größere Kraft zu geben. In 12 oder 15 Tagen sind die Fragmente so weit gediehen, daß sie nun nicht mehr verschoben werden können. Die Geschwulst bietet in der That jetzt ein Hinderniß dar für consecutive Störung der Theile.

Miscellen.

Daß ein fremder Körper vier Jahre in der Luftröhre verweilen könne, hat vor Kurzem Hr. Day, Chirurg zu Jsleworth, durch einen sehr merkwürdigen Fall erläutert. Er wurde am 15. April 1832 zu einer 60jährigen Dame gerufen, welche sehr schwach und abgemagert war, und sich in dem letzten Stadium von Luftröhrenschwindsucht zu befinden schien, indem ein reichlicher Auswurf von mit Eiter vermischtem Schleime statthatte. Sie war seit

vier Jahren krank, hatte viele berühmte Londoner Aerzte und Chirurgen vergeblich zu Rathe gezogen, und seit mehreren Monaten sich nur durch Opium, zur Schlafszeit genommen, temporäre Erleichterung verschafft. Hr. Day sah den Fall für fast hoffnungslos an, entschloß sich aber noch das Einathmen von Jodine, nach Scudamore's Vorschlag, zu versuchen. Als er dieß und ihre Diät anordnete, sagte die Dame noch: „sie müsse noch eines Umstandes gedenken, obwohl es möglich sey, daß er ebensowohl darüber lächeln werde, als die andern Aerzte und Chirurgen, denen sie davon gesagt habe: sie habe nämlich am 4. Februar 1828 bei Tisch einen Fischknochen verschluckt, welcher seitdem in ihrer Kehle verblieben, und die Ursache sey von allen ihren Zufällen. Hr. Day war auch wirklich geneigt, die Angabe zu bezweifeln, doch machte die Bestimmtheit der Angabe des Tages einigen Eindruck auf ihn, und er erwiederte, daß das Mittel, welches er anwenden wolle, gewiß den Knochen wegschaffen werde, wenn einer da sey. Nach einigen Tagen ließ er fünf Minuten lang die Jodineathmungen anfangen, welche heftigen Husten und Uebelseyn veranlaßten, und verlangte, daß sie gegen Abend wiederholt werden sollten, wo während eines heftigen Hustenanfalls ein kleines Fischwirbelbein ausgeworfen wurde, und die Dame ausrief: „nun bin ich curirt.“ Die Einathmungen wurden nun schwächer noch einige Zeit fortgesetzt, und in 3 Wochen war keine Spur mehr von Luftröhrenaffection vorhanden. — Der Fall ist von Hrn. Travers, der früher auch zu Rathe gezogen war und die Angabe der Dame nicht geglaubt hatte, bestätigt.

In Beziehung auf Geschwüre des Mastdarms und Rothlauf des Darmcanals äußerte Brodie in seiner Clinik, aus Veranlassung eines Patienten, den er an Mastdarmfistel operirt hatte, und der einen schwachen Anflug von erythema (Rothlauf konnte es kaum genannt werden) an den Hüften und am obern Theile des Schenkels bekommen hatte, sich folgendermaaßen: „Diese Fälle sind nicht sehr gewöhnlich, aber wenn sie vorkommen, bringen sie eine ganze Schaar beunruhigender und gefährlicher Symptome mit: der Unterleib ist gespannt und Wind aufgetrieben, der Puls ist sehr flatternd, die Extremitäten sind kalt, und der Patient befindet sich in einem fürchterlichen Zustande von collapsus. Ein Patient, den ich in diesem Zustande hatte, starb, wie ich mich erinnere, in 48 Stunden. Ich hatte nur die einzige Gelegenheit, in diesen Fällen den Leichnam zu untersuchen, und fand Spuren von Entzündung der Därme mit Ergießung von Lymphe an dieser und jener Stelle, auch schwacher Entzündung des peritonaeum, wie sie manchmal nach dem Steinschnitte vorkommen pflegt. Was ist nun in solchen Fällen zu thun? Man muß mit Branntwein und Ammoniak in dem Stadium des collapsus stimuliren, und die nachfolgenden Symptome so, wie sie sich kund geben, behandeln.“

Eine Hypertrophie der Muskelfasern des Magens an der großen Curvatur fand Dr. Otto bei einer sehr gefräßigen, naschhaften, 48jährigen Frau, die an periodischer Athemnoth, später in Folge dieser an Melancholie gelitten hatte. Die Muskelfasern hatten die Dicke einer Schreibfeder, und unter ihnen bildete die Muskelhaut noch eine ½ Zoll betragende verdickte Schicht. (Hufeland's Journ., Febr. 1833.)

Bibliographische Neuigkeiten.

Anatomical Studies of the Bones and Muscles, for the use of Artists. From Drawings by the late John Flaxman. London 1833. Fol.

Uebersicht der Arbeiten und Veränderungen der schlesischen Gesellschaft für vaterländische Cultur im Jahre 1832. (Ich kenne keine gelehrte Gesellschaft, die so anhaltend eine höchst zweckmäßige Richtung verfolgt, als die schles. Ges. für vaterl. Cultur; der hier gelieferte allgemeine Bericht und dann die Berichte über die Arbeiten der naturwissenschaftlichen Section S. 34 — 56; über die Verhandlungen der botanischen Section S. 57 — 67; der entomologischen Section v. 68 — 72 und der medicinischen Section v. 73 — 85 beweisen dieß für 1832 wieder auf's Neue.)

Illustrations of the Mechanism of Parturition by C. F. Ross. London 1833. 4to.

Notizen

aus

dem Gebiete der Natur- und Heilkunde.

Nro. 795. (Nro. 3. des XXXVII. Bandes.) Mai 1833.

Gedruckt bei Loffius in Erfurt. In Commission bei dem Königl. Preußischen Gränz-Postamte zu Erfurt, der Königl. Sächf. Zeitungs-Expedition zu Leipzig, dem G. H. F. Thurn und Tarischen Postamte zu Weimar und bei dem Landes-Industrie-Comptoir. Preis eines ganzen Bandes, von 24 Bogen, 2 Rthlr. oder 3 Fl. 36 Kr., des einzelnen Stückes, 3 ggl.

Naturkunde.

Zur Naturgeschichte des Lachses *).

Von Dr. Knox.

Der Zweck des Hrn. Dr. Knox war, einige Puncte in der Naturgeschichte des Lachses, welche bisher nur auf Treu und Glauben hin gegolten hatten, näher zu untersuchen. Er hat das Legen der Lachseier unter den Kies, das lange Verharren derselben in dieser Lage, das Emporwachsen derselben zu einem fast zolllangen Fische, das Aufsteigen des letztern aus dem Kiese, und dessen schnelles Wachsthum im Flußwasser persönlich und sorgfältig beobachtet. Die auf diesen Punct bezüglichen Tagebücher wurden vor der Gesellschaft theilweise vorgelesen. Von der Zeit des Eierlegens bis zum Platzen der äußern Schaale verstrichen 20 Wochen; die jungen Lachse verharrten noch 9 Tage als Fische unter dem Kiese, und bezogen ihre Nahrung aus dem Dotter, welcher, wie sich denken läßt, noch durch die Nabelgefäße, oder richtiger durch die Nabelgekrösgefäße (vasa omphalo-mesenterica) mit ihnen zusammenhängt. Während dieser Periode fressen und wachsen sie nicht viel, nehmen aber ohne Zweifel an Kraft zu. Wenn der Dotter, von welchem sie sich genährt haben, beinahe consumirt ist, erheben sie sich aus ihrem sandigen und kiesigen Lager, und gewinnen, indem sie sich durch eine 1—2 Fuß starke Schicht durcharbeiten, zuletzt ihren neuen Wohnort, das Flußwasser. Nach 10 Tagen sind sie schon bedeutend gewachsen, und nach 20 Tagen haben sie bereits eine Länge von 8—9 Zoll gewonnen.

Aus vielfachen persönlichen Beobachtungen ergab sich, daß die jungen Lachse nie von den Forellen gefressen werden, und so weit die weniger ausgedehnte Erfahrung des Verfassers reicht, ist es wenigstens zweifelhaft, ob der männliche Lachs auf dem Rückzuge nach dem Meere sie je verschlingt. Der Lachs wählt wahrscheinlich das Bett des schnell fließenden Wassers zum Neste für seine Eier, damit heftige Fröste der Brut nicht schaden können. Die Flußbetten verändern ihre Temperatur ein wenig, und nach des Knox's Vermuthung können scharfe Fröste an den Stellen, wo das Wasser schnell fließt, den Kies nicht so leicht erreichen, als unter den Dümpfeln, wo das Wasser mehr stockt. Häufige Beobachtungen haben Dr. K. überzeugt, daß die Ansicht von Sir Humphry Davy, Jacobs und Andern, nach welcher der Kies unter schnell fließendem Wasser vom Lachse deßhalb vorzugsweise ausgewählt werde, damit mehr Luft an die Eier komme, durchaus ungegründet sey.

Die Nahrung der Brut wurde, so wie deren sämmtliche Lebensweise, durch vielfache eigene, zum Theil anatomische Untersuchungen, genau nachgewiesen.

Der Lachs scheint in gewissen Jahreszeiten eine Art von Winterschlaf zu halten. Sehr viele Lachse und Forellen werden nicht fortpflanzungsfähig, und sind daher, wenn es ihnen nicht an Futter fehlt, fortwährend im besten genießbaren Zustande. Im Ocean findet nun der Lachs seine reichlichste Waide, wogegen die ihm am besten zusagenden Nahrungsstoffe in Flüssen fehlen. Die Lachsforelle dagegen, hält sich, selbst an den Mündungen der Flüsse, an Fischbrut, kleine Fische und Würmer, und in Flüssen an Insectenlarven, Insecten, kurz an die gewöhnliche Nahrung der Forelle.

Diejenige Nahrung, welche dem Lachse am besten zusagt, sind die Eier der Echinodermen, und an anderes Futter geht er nur sehr ungern. In dem Augenblicke, wo er in den Fluß einzieht, hat er daher seine natürliche Waide verlassen, wird fortwährend schlechter, frißt fast gar nicht, verliert an Gewicht und Wohlgeschmack, und sein Organismus geräth überhaupt völlig in Unordnung. Von diesem Zustand kann er sich nicht eher erholen, bis er wieder in das Meer zurückgelangt ist. Aus diesen wenigen Angaben ergiebt sich schon, wie fehlerhaft man bisher bei der Lachsfischerei verfahren ist.

---

*) Aus einer der Königl. Gesellschaft zu Edinburgh am 7ten und 21. Januar vorgelesenen Abhandlung.

3

Diese Forschungen veranlaßten den Dr. Knor, auch die Naturgeschichte des Herling[*]) zu untersuchen. Der Herling gleicht in seiner Lebensweise der Lachsforelle, besucht die Waide des Lachses, und erlangt, wenn er sich von den Eiern der Echinodermen nährt, einen trefflichen Geschmack; allein er nimmt auch gern mit gröberer Nahrung, z. B. kleinen Heringen, Sandaalen und der Brut anderer Fische vorlieb. Sein Magen und Darmcanal werden dann mit fauligen Stoffen überladen, sein Fleisch weniger wohlschmeckend, und als Nahrungsmittel dem Menschen weniger zusagend. Man kann sich kaum zwei verschiedene Zustände denken, als den, welchen der Herling[*)] darbietet, wenn er Lachswaide hat, und den, in welchem man ihn findet, wenn er sich von Fischen genähret hat. Er unterscheidet sich daher in dieser Beziehung von der Lachsforelle, indem er, wenn er fast dasselbe Futter genießt, wie der Lachs, auch ziemlich den Wohlgeschmack derselben annimmt, was bei der Lachsforelle nie der Fall ist.

Dr. Knor entdeckte und zeigte die Nahrung des Vendace[*)] von Loch Maben, welche früher noch unbekannt war, er erläuterte die Ursachen, weßhalb dieser Fisch sich mit keiner Lockspeise fangen läßt, bewies, daß es von diesem Fisch Männchen und Weibchen giebt, und that Vorschläge, wie sich die verschiedenen Seen Großbritanniens mit diesem trefflichen Fische besetzen ließen, nachdem man sie vorher mit den geeigneten Nahrungsstoffen versehen, ohne welche jener Fisch nicht leben könne. Durch diese Entdeckungen, im Bezug auf den Vendace[*)], wurde er auf Untersuchung der Naturgeschichte des Herings geleitet, von der, seiner Meinung nach, sehr wenig bekannt ist, und von dessen Nahrung man früher noch nichts in Erfahrung gebracht hat.

Der Hering hat in seiner Lebensweise, und insbesondere hinsichtlich der ihm zusagenden Futterstoffe Aehnlichkeit mit dem Herling; so lange er sich von den unglaublich winzigen Entomostracen nährt, die ihm ganz vorzüglich zusagen, besitzt er einen vorzüglichen Wohlgeschmack und eine entsprechende Wohlbeleibtheit. In diesem Zustande erscheint der Magen immer fast leer, während er doch eine Menge mikroscopischer Thierchen enthält, die der Fisch zu sich genommen. Auch der Darmcanal scheint keine Nahrungsstoffe zu enthalten. Die Häute des ganzen Nahrungsschlauchs sind fein und halbdurchsichtig, und so frei von fauligen Stoffen, als ob der Hering sich wirklich nur von Luft und Wasser nähre. Wenn er sich den Küsten nähert, und also von seiner natürlichen Waide entfernt, hält er sich, wie der Herling, an andere und gröbere Nahrungsstoffe. Sein Fleisch wird geringer und weniger wohlschmeckend. Man findet den Magen und Darmcanal mit fauligen Substanzen überladen, und ausgenommen oder unausgenommen kann dieser Fisch auf dem Markte auf keine Weise die Concurrenz mit dem aushalten, welchen die Holländischen Fischereien liefern. (Edinb. new phil. Journal, by Rob. Jameson, January — April 1838.)

*) Welche Arten unter den Namen Herling und Vendace gemeint sind, hat sich nach den hier disponibelen Hülfsmitteln nicht ausfindig machen lassen, und ist die Aufklärung darüber noch zu erwarten.

Ueber die Vierhügel, Thalamus opticus und Stabkranz des Keil im Grätenfischgehirne [*]).

Von Dr. Gottsche, in Kopenhagen.

(Hierzu die Fig. 7—14. der mit No. 793. ausgegebenen Tafel.)

I. Vierhügel. Eminentia quadrigemina.

Haller nennt sie bei'm Karpfen „cornua Ammonis,“ bei'm Salmo Umbla dagegen „corpora quadrigemina;“ ihm folgt Treviranus; Camper und Cuvier nennen sie „Vierhügel,“ und vergleichen sie auch mit den Vierhügeln des menschlichen Gehirns, Serres nennt sie „tori posterieurs,“ Carus heißt sie: „hintere innere Ganglien des Sehhügels.“ Desmoulins spricht gar nicht von ihnen; seine Volutes finden nur bei der Gattung: Cyprinus statt. Diejenigen, welche den lobus opticus als Analogon des thalamus opticus oder der Vierhügel nehmen, finden kein Analogon dieses Theils im menschlichen Gehirne.

Wir nennen im menschlichen Gehirne denjenigen Theil „Vierhügel,“ welcher das Dach des aquaeductus Sylvii macht, der nach hinten durch 2 crura cerebelli ad eminentiam quadrigeminam mit dem kleinen Gehirn, und seitlich durch einen Arm mit dem Thalamus opticus — die Schleife, lemniscus Reil — in Verbindung steht. Dieselbe Lage, dieselbe Verbindung hat derjenige Theil, welchen wir in den Figuren mit 9 bezeichnet haben. Wie bei'm Menschen in den verschiedenen Perioden erst 1, dann 2 und endlich 4 Eminenzen sich finden, so ist es ebenfalls in den verschiedenen Fischgattungen. Bei'm Fötus von Blennius viviparus, L. fand ich eine Eminenz, und bei ältern Fötus desselben Fisches 2. Vielleicht beruht hierauf das Phänomen, daß man bei Pleuronectes Platessa, L. etc. mitunter 4 sehr starke Eminenzen, mitunter 4 weniger deutliche, und endlich sogar nur 2 Eminenzen findet. Wir nennen aber diesen Theil, mag er 2 oder 4 Eminenzen haben: Vierhügel.

Sind 4 Eminenzen da, so liegen sie als 2 Paare hinter einander, und meistens sind wohl die vorderen die kleinsten, so bei Perca; bei Pleuronectes dagegen sind die vorderen größer, ebenso in Esox Lucius und Clupea. Ist die Brücke hinter die Vierhügel befestigt, so bieten die Vierhügel weiter keine Merkwürdigkeit dar, ausgenommen in Esox Lucius, welcher denselben Falz hat, als wie Perca fluviatilis, in welchen sich der fornix legt. Vergl. Fig. 7 (Esox Lucius) und Fig. 8 (Perca fluviatilis); die nebenstehenden Vierhügel werden die Sache anschaulich machen. Zu denjenigen Fischen, welche 4 Vierhügel haben, gehören: Trigla adriatica (nach Tiedemann), Perca fluviatilis (schon von Haller angegeben), die Gattung Salmo (als Salar, L., Trutta, L., Fario, L.), Esox Lucius, L. (giebt schon Camper an), Belone rostrata Faber; Clupea Harengus und Sprattus, L.; einzelne Pleuronectes-Arten (als Hippoglossus, L., Rhombus, L., Flesus, L., maximus, L., die sogenannten „Marvelflynder,“ Pl. microstomus, Fabr.; und die bei uns unter dem Namen „Ipdetunger“ bekannten, zum Hippoglossus Cuv. hingehörigen Pleuronectes limandoides, Bl.); hierher gehört noch Gadus Lota, L. nach Haller's Zeugniß (Opp. minora, Tom. III. p. 213. 4to. Laus 1768).

Cuvier giebt in seiner Hist. nat. des poissons, Tom. I p. 425 überhaupt von den Gadus-Arten an, sie hätten 4 Eminenzen; Haller's Genauigkeit erlaubt keinen billigen Zweifel, dagegen haben Gadus Merlangus, Callarias, Aeglefinus L. nur 2 Eminenzen. Sonderbar ist es bei Salmo Trutta, L. (siehe Fig. 10); an dem hintern Vierhügelpaar findet sich eine seitliche Theilung, im Ganzen wären also 6 Vierhügel. Hierher gehört vielleicht die Bemerkung Cuvier's (l. c.). Bei'm Scomber Thynnus finden sich 3 tubercula auf jeder Seite aneinandergelegt, und sehen aus, als wären es 6 Darmwindungen.

Sind 2 Eminenzen, so liegen sie neben einander und lassen ein Thal — vallecula — zwischen sich, in welchem der fornix ruht, siehe Fig. 9 (von Cyclopterus Lumpus, L.). Zu den Fischen, welche 2 Vierhügel haben, gehören: Gadus Pollachius, L.; Gadus Merlangus, Callarias, Aeglefinus, L., von den Pleuronectes-Arten bestimmt: Pl. Solea, L. (Plessoides, Fabric.) und Pleuronectes

*) Man vgl. auch Notizen No. 773. (No. 3. des XXXVI. Bds.).

Platessa, *L.*, kommt verschieden vor, und mit dem sogenannten „Steenfuger" (Pleuronectes quadridens, *Brünnich?*) ist etwas Aehnliches der Fall); ferner Blennius viviparus, *L.*, Acus Syngnathus, *L.*, Muraena Anguilla, *L.*, Cottus Scorpius, *L.*, Anarrhichas Lupus, *L.*, Cyclopterus Lumpus, *L.* und Lophius piscatorius, *L.* (nach *Kuhl's* Zeichnung).

Bei Muraena Anguilla, *L.* sieht es aus, als ob 4 Vierhügel seitlich neben einander lägen, aber es ist hier, wie in einzelnen Gadus- und Salmo-Arten, die Schleife des Reil ist nämlich stark entwickelt; sie ist in den Figuren überall mit l bezeichnet.

Wo 2 Eminenzen sich finden, sind sie gewöhnlich klein, aber an Gestalt mannichfaltig; oft sind sie länger als breit, so bei Gadus Callarias, oft breiter als lang, so bei Cottus Scorpius, oft etwa gleich in den Diametern, so bei Cyclopterus; sie stehen ebensowenig in einem Verhältniß zum lobus opticus, zum thalamus opticus oder zum cerebellum. Je mehr man vergleicht, desto mannichfaltiger erscheinen die Bildungen in den einzelnen Fischgattungen. So viele Grätenfische ich auch untersucht habe, so habe ich diese Theile nie fehlen sehen, selbst in Syngnathus finden sie sich sehr deutlich, desto auffallender muß daher die Angabe des Serres (Anatomie comparée du cerveau, Tom. II. p. 307) seyn, daß sie im Gehirn des Silurus electricus fehlen; leider erlaubt aber diese Auctorität einigen Zweifel.

Ob ganz kleine Vierhügel solide oder hohl sind, kann ich nicht mit Bestimmtheit angeben; Untersuchungen an Syngnathus- und Blennius-Embryonen gaben kein deutliches Resultat; in den größern Vierhügeln findet sich stets (?) eine Höhle; so bei allen Cyprinen, bei Esox Lucius, bei Salmo, bei Clupea etc. Schneidet man nämlich die Vierhügel bis auf die Mitte ein, so lassen sich die Hüllen nach außen umschlagen, und der Grund dieser Höhle erscheint gewöhnlich mit Gefäßramificationen übergossen. Man unterscheidet deutlich die beiden crura cerebelli ad eminentiam quadrigeminam an der Farbe, welche nach innen gehen, sich umbiegen und so die Vierhügel bilden, was man am besten im Profildurchschnitt sieht. Diese Zeichnung kannte schon Haller. Wo nur 2 Eminenzen sind, da scheinen diese meistens allein aus Markfubstanz zu bestehen, wie z. B. in Gadus, Muraena, Cottus; wo aber 4 Eminenzen sind, da sind die äußern Seiten von weißer Substanz, und zwischen sie ist gleichsam etwas graue Substanz eingeschoben, so z. B. bei Perca und Esox. Hinten zwischen dem kleinen Gehirne und dem Vierhügeln findet sich das foramen coecum.

Eine eigene Berücksichtigung verdienen die Vierhügel in der Gattung: Cyprinus, und deshalb haben wir nirgends Beispiele von ihnen hergenommen; jedoch gelten alle Bedingungen, welche wir für die Vierhügeln im Allgemeinen aufgestellt haben, auch für ihre Lage, ihre Verbindung mit dem cerebellum und dem thalamus opticus, die Bildung des Daches über den aquaeductus Sylvii, alles dieses berechtigt uns vollkommen, sie Vierhügel zu nennen.

Zuerst sieht man nämlich, in der ganzen Cyprinengattung, unter der Brücke, auf jeder Seite, einen großen eiförmigen Körper liegen (q in der Figur von Cypr. Catassius, *L.* des vorigen Aufsatzes): schneidet man den fornix durch und schlägt ihn zurück, so sieht man eine tiefe vallecula, die nach hinten divergirt. Diese Körper sind aber eigentlich nach innen gewundene Membranen, die graue Substanz einschließen; diese zwei Substanzen lassen sich, bei kaum verschiedene Farbe, unterscheiden und durch eine Gränzlinie scheiden. Nimmt man nämlich ein Gehirn von Cypr. Catassius, so erscheinen die Vierhügel im frischen Zustande glatt, legt man es aber in Weingeist, so bleibt der äußere Theil (der weiße Substanz) glatt; nach innen hin erscheint eine gerunzelte Falte, und das ist gerade die Stelle, wo die graue Substanz an die weiße stößt. Schlägt man solche Membranen auseinander, so sieht man in der Mitte einen runden Körper liegen, das ist das tuberculum cordiforme Halleri (Opp. min. Tom. III. p. 201); zu seinen beiden Seiten liegen die aus dem kleinen Gehirn kommenden Schenkel, welche nach außen sich als gewundene Membranen zeigen. Dieses tuberculum cordiforme Halleri kommt meines Wissens in allen Cyprinen vor; die beiden Schenkel vom cerebellum vereinigen sich mit diesem tuberculum, was auch Haller (l. c. p. 202) anführt.

Bei'm ersten Anblicke scheint Cypr. Carpio abzuweichen und

deßhalb geben wir die Ansicht davon in Fig. 11. Die thalami optici sind durch die enormen Vierhügel ganz verdeckt; vom cerebellum aus gesehen, scheint es, als ob sich um das Capitäl Ψ (tuberculum cordiforme) 2 ionische Voluten herumschlängen; die äußerste voluta ist das gerollte Blatt, die seitliche Fortsetzung der crura cerebelli ad eminentiam quadrigeminam; die innere Volute ist die zwischengerollte graue Substanz; zur bessern Erläuterung geben wir, den Profildurchschnitt in Fig. 12 α ist das cerebellum, Ψ das tuberculum cordiforme, s das gerollte Blatt und δ die zwischengerollte Substanz.

Diese Hohlseyn der Vierhügel dürfte wohl der Annahme, der ganze lobus opticus sey das Analogon der Vierhügel bei'm Menschen, den Stab brechen, und eben so sehr tritt es dagegen entgegen, welche den lobus opticus als Analogon des thalamus opticus bei'm Menschen sieht.

II. Der thalamus opticus.

Bei'm Menschen nennen wir thalamus opticus denjenigen Theil, welcher zur Seite der Vierhügel und vor dem kleinen Gehirn liegt, und einerseits mit den Vierhügeln durch Reil's Schleife in Verbindung steht, andererseits den Pyramidalstrang nach dem Durchgange durch den pons Varolii in sich aufnimmt, mit grauer Substanz vermischt und die Ausstrahlung des Stabkranzes bewirkt. Derjenige Theil, welchen wir mit dem Namen thalamus opticus im Fischgehirn bezeichnen, hat alle diese Eigenschaften. Wenn nämlich die untern Pyramidalstränge durch die commissura ansulata (siehe später), das Analogon des pons Varolii, gegangen sind, treten sie in den genannten Körper, welcher aus grauer und weißer Masse besteht, und erscheinen nach außen als der Stabkranz des Reil. Haller nennt diesen Theil totus semicircularis nicht wie Cuvier anführt: cornu Ammonis), Serres: tori antérieurs. Desmoulins nennt ihn gar nicht. Cuvier nennt ihn im ersten Bande seiner Hist. nat. d. poissons: „bourtelet dimidicirculaire qui répond au corps cannelé de l'homme," im zweiten Bde. p. 41 gebraucht er die Bezeichnung: „Cornes d'Ammon," Garus nennt ihn: „vordere innere Ganglion der Sehhügel," oder „Ganglion des Zugenmuskelnerven." Diejenigen, welche den ganzen lobus opticus für Analogon der Sehhügel oder der Vierhügel bei'm Menschen hielten, konnten natürlich für diesen Theil kein Aequivalent annehmen, und mußten sich mit dem Namen „Ganglion" behelfen; diejenigen hingegen, welche den lobus opticus als Analogon der hintern lobi der Hemisphären des großen Gehirns des Menschen ansahen, bezeichneten und verglichen den besprochenen Theil gewöhnlich mit dem corpus striatum. Auf einem Felde, wo Alles im Ganzen Hypothese ist, und wo nur von größerer oder geringerer Wahrscheinlichkeit die Rede seyn kann, muß jede neue Hypothese ebenfalls Platz finden, wenn sie sich auf Gründe stützen kann. Corpus striatum kann dieser Theil nicht heißen:

a. weil die Faserung dagegen spricht. Der Stabkranz des Reil bildet sich nämlich im avendenen nach dem Durchgange der Hirnschenkel durch den thalamus opticus; hält man die Radiation im Innern der lobi optici der den Stabkranz (siehe III.), so muß auch der Körper, aus welchem er entsteht, aller Analogie nach, für thalamus opticus gelten.

b. Betrachten man das Gehirn von einem Grätenfisch mit dem von Rana z. B., so sehen wir in den hintern lobien lobi ein Loch, mit einer Radiation, das wäre das Analogon des lobus opticus der Grätenfischgehirns; das corpus striatum ohne Radiation liegt dagegen bei dieser Classe von Thieren in einem abgesonderten lobus, aus dem der Riechnerv entsteht; es müßte demnach das corpus striatum bei Grätenfischen in dem lobus olfactorius zu suchen seyn, welcher sollte ist. Nach dieser Ansicht fehlt den Grätenfischen das corpus striatum ganz. Das corpus striatum scheint mit der Zunahme der vordern Gehirnlappen in directer Verbindung zu stehen, und demnach darf man bei Squalus und Raja, bei welchen der lobus olfactorius oder die vordern Gehirnlappen anfangen hohl zu werden und sich bedeutend zu vergrößern, das corpus striatum bei den Grätenfische stellen; die Ordnung Suceurs des Cuvier (Cyclostoma. Duméril) steht nach meiner Ansicht niedriger, als die Grätenfische, wenigstens Gastrobranchus coecus, *Bl.* gleicht eher, nach seiner soliden, platten Gehirnmasse zu urtheilen, den Crustaceen, als den Grätenfischen.

Diesen thalamus opticus haben wir in den Figuren mit t bezeichnet. Er liegt zur Seite der Vierhügel, so daß er bei den meisten Fischen, nach Eröffnung der lobi optici, in die Augen fällt, ausgenommen bei der Gattung Cyprinus. Seine Gestalt ist sichelförmig, der concave Rand nach innen, der convexe Rand nach außen; gewöhnlich ist er nach hinten spitziger, nach vorne rund und klobig. Um den kleinen thalamus bei den Cyprinen zu sehen, muß man die Theile stark abbiegen. Cuvier vergleicht ihn der Gestalt einer Niere, und abgesehen davon, daß das hintere Ende spitzer wird, mag der Vergleich bei einigen Gattungen von Fischen passen. Gewöhnlich ist der thalamus länger als die Vierhügel, und umfaßt mit seinem concaven Rande dieselben gleichsam, doch macht hiervon die Gattung Cyprinus und Clupea eine Ausnahme; der thalamus ist hier weit stärker gekrümmt und weit kürzer; weit weniger ausgeschweift ist Gadus, Esox etc.

Ein Verhältniß der Vierhügel zu dem thalamus opticus läßt sich nicht herausbringen. In Cottus Scorpius haben die Vierhügel ¼ der Größe des thalami optici, ein anderes Verhältniß giebt Gadus, noch ein anderes Esox; ein umgekehrtes giebt Cypr. Carassius, und im Cypr Carpio erhalten sich vielleicht die Vierhügel zum thalamus wie 8:1.

Der Durchschnitt des thalamus zeigt (bei'm Gadus Callarias z. B.) eine dünne Marklamelle, von oben betrachtet, darunter eine größere Masse von grauer Substanz, und endlich eine bedeutend dicke Schicht weißer Substanz, mit welcher sich der Stabkranz vereinigt.

III. Stabkranz des Reil.

Unter dem thalamus opticus, oder gleichsam an ihm angesetzt, sehen wir eine Ausstrahlung weißer Fasern, welche dicht am thalamus hin enger zusammengedrängt sind, dort gleichsam kleine Winden bilden und in unzähligen weißen Radien in die Hemisphären hineinstrahlen. Diese Einrichtung kannte Fracaffati (Epist. respons. ad M. Malpighi de Cerebro), aber der große Haller sagt zuerst, daß diese weißen Strahlen aus dem thalamus entspringen, welchen Carus auch deshalb „Nervenknoten der strahligen Decke" nennt. Diese weiße Radiation ist der Stabkranz des Reil; wir haben ihn mit z bezeichnet. Zieht man nämlich die Hemisphären des lobus opticus von unten und hinten von den Hirnschenkeln ab, so bleibt diese Strahlenmembran und der thalamus unbeschadet liegen, und man sieht sehr deutlich die Fasern aus den Pyramidalsträngen unter der fascia lateralis (f. später) durchkommen, sich in den thalamus begeben und dort verstärkt werden. Reißt man ein Stück der weißen Substanz des thalami optici ein, so reißt man unfehlbar ein Stück des Strahlenplättchens mit aus, welches Beweis ist, daß die weiße Substanz des thalamus opticus sich in die Radiationen des Stabkranzes fortsetzt. Zur deutlichern Einsicht zeichnen wir die untere Fläche des Gadus Callarias in Fig. 13; b ist der lobus opticus, e die lobi inferiores, in welche die Radiation aus der commissura ansulata, d. d. und der fascia lateralis, y y, hineinstrahlt. x sind die untern Pyramidalstränge, welche durch die commissura ansulata, d. und unter der fascia lateralis, y, weggehen und als Stabkranz z in den lobus opticus hinein, wo sie vom thalamus gleichsam zusammengefaßt und verstärkt weiter geschickt werden.

Zwischen diese Radiationen bringen Gefäßramificationen ein, indem sie gleichsam einzelne Strahlen aufheben und unter ihnen verschwinden; Pleuronectes Hippoglossus, bei welchem die einzelnen Strahlen etwas stärker sind, giebt ein sehr hübsches Bild hiervon.

Nach vorne zu, in der Gegend der commissura anterior (k in den Figuren 7, 8, 9, 10, 11), hören die Strahlen scheinbar auf, es scheint eine glatte Membran die Höhle hier auszukleiden; doch präparirt man die Theile frisch und benetzt sie mit gutem Alcohol, so zeigt sich auch hier ein verschiedenes Verhalten der grauen und weißen Substanz gegen denselben; für einige Augenblicke werden die Radiationen in diesem Theile sehr sichtbar, nachher verlieren sie sich aber wieder.

Wir fügen noch einige Worte über den ventriculus communis hinzu, da dieser die bis jetzt beschriebenen Theile umfaßt, und liesern in Fig. 14 eine Zeichnung aus Blennius viviparus, in welcher der fornix nach vorne zurückgeschlagen ist. Der Name ventriculus communis stammt von Cuvier; der dritte und der seitliche Ventrikel sind hier zu einem verschmolzen. In den Fischgattungen mit vollkommener Brückenform, spannt sich der fornix zum Theil über ihn weg und läßt nach vorne das foramen Bichatii, nach Scizen das größer gewordene foramen Monroi offen. Der plexus choroideus ist sehr vereinfacht, aber beständig. Dieser Ventrikel ist verglichen worden mit dem Ventr. lateralis, dem Ventr. der Vierhügel, nach der Analogie des menschl. Fötus und dem thalamus opticus im Vogelgehirn nach der Cuvier'schen Ansicht. Wollen wir Serres glauben, so hat man ihn ebenfalls mit der Höhle verglichen, welche man im lobus olfactorius gewisser Nager antrifft. Zweifelsohne kommt dieser Ventrikel in allen Grätenfischen vor, und daher ist es sehr befremdend, von Serres zu hören, daß bei'm Silurus electricus, von dem Geoffroy 2 Exemplare gab, diese Cavität obliterirt seyn soll, was Serres einer bis jetzt wahrscheinlich unbekannten Kraft des spiritus vini zuschreibt!! Die commissura anterior (k in den Figuren 7 — 11 erstreckt sich ziemlich weit in den Boden des gemeinsamen Ventrikels hinein; sie scheint mitunter aus mehreren einzelnen Fascien zu bestehen, und bei'm Blennius viviparus sieht man deutlich die Entstehung aus den Hirnschenkeln. Sie besteht aus weißer Substanz; Haller hat zuerst auf sie aufmerksam gemacht (l. c. p. 201). Hinter dieser Commissur ist der aditus ad infundibulum, von wo aus sich eine Rinne bildet, die unter die Vierhügel tritt, um den aditus ad aquaeductum Sylvii und den aquaeductus Sylvii selbst bildet; alles von Haller schon angegeben.

Hinter dem aditus ad infundibulum ist eine Stelle, wo die Hirnschenkel durch graue Substanz genauer verbunden sind (commissura posterior, *Arsaky*; hier tritt jedesmal ein Blutgefäß (der plexus choroideus in der einfachsten Gestalt) von unten durch das Dach über der Ansa media (s. später commissura ansulata) in den Ventriculus communis, was schon Haller (l. c. p. 210) mit der größten Genauigkeit angiebt. Diese Arterie spaltet sich beständig in zwei Äeste auf jeder Seite; ein Ast geht gewöhnlich am innern Rande des thalamus opticus hin; der andere geht etwas nach vorne, schickt einen Zweig in den aditus ad infundibulum und geht darauf nach oben, außen und hinten; er theilt sich gewöhnlich in 3 Hauptäste, die beim Stabkranz legen und deren Zweige sich zwischen die Radien des Stabkranzes in die Substanz des Gehirns begeben.

Nach Serres soll sich der ventriculus communis bei'm Fötus der Fische in den Sehnerven fortsetzen. Ich habe mich bemüht, bei jungen Blennien, welche ich aus dem Fruchthälter der Mutter nahm, auch in zur Untersuchung des Gehirns erst, nachdem selbige längere Zeit in Spiritus gelegen hatten, schreiten konnte, ein genügendes Resultat zu verschaffen; ich habe keine Gewißheit erhalten, aber nach meinen Untersuchungen muß ich doch an der Richtigkeit des Factums zweifeln. Auf jeden Fall kann sich aber in den Fischgattungen, wo der Sehnerv bandartig gefaltet ist, als Cottus, Pleuronectes, die Höhle nur bis in den Knopf erstrecken, welcher diese Falten gleichsam zusammenhält.

Miscellen.

Ueber die Thiere, welche der König von Frankreich vom Kaiser von Marocco erhalten hat, und die zu Ende des Julius 1832 in die Ménagerie royale des Muséum d'histoire naturelle gekommen sind, hat Hr. Fréd. Cuvier eine Notiz mitgetheilt. Es sind (ungerechnet zwei auf der Ueberfahrt gestorbene Strauße) zwei Gazellen, ein Bubalis, welcher gewöhnlich die Kuh der Berberei heißt, eine Pantherart und eine Löwin. Mit Ausnahme der Löwin, sind alle diese Thiere von wirklichem Interesse für das Museum und die Wissenschaft gewesen. — Die beiden Gazellen, von denen die eine das Männchen, die andere das Weibchen ist, machen uns nun vollständig mit einer Art bekannt, der Corinne, die noch nicht ganz

genau von einer anderen Art, der Kevelle oder dem Platthorn, unterschieden war, mit welcher letztern die erstere sehr große Aehnlichkeiten hat, denn sie unterscheidet sich von ihr nur durch eine weniger falbe Haarfarbe und eine braune Binde, statt einer schwarzen
Binde an den Seiten. Die Corinne macht, vermöge ihrer matten
Farben, gewissermaaßen den Uebergang des falben Platthornes zum
grauen Platthorn, einer dritten Art, welche das allgemeine Ansehen, den Wuchs, die Hörner u. s. w. der beiden anderen besitzt. —
Die Bubalis, diese sonderbare Art von Antilope, war seit mehr als
30 Jahren nicht mehr in der Menagerie zu sehen, und es war von
Wichtigkeit, von Neuem die Verhältnisse dieser Art zu den anderen
Arten dieser zahlreichen Antilopenfamilie, die so verschiedene und
so wenig bekannte Organisationstypen umfaßt, nach lebendigen Individuen zu ermessen. Nun ist die Bubalis eine von denjenigen
Typen, der nicht einmal entfernt auf irgend einen anderen Beziehung hat, und um welchen herum bloß eine oder zwei Arten sich
gruppiren. — Die Art des Panthers ist, wie bekannt, eine von
denjenigen, die für den Naturforscher noch mit der größten Dunkelheit umgeben ist. Er war zwar den Alten bekannt, aber nicht
mehr mit Zuverlässigkeit den Neuern, und es läßt sich nicht be-
streiten, daß die Römer einen gewissen Theil derjenigen Panther,
welche sie in ihrem Circus kämpfen ließen, aus Africa und aus Mauritanien bezogen. Es gab außerdem noch eine große Art Katzen
mit gesteckter Haarfarbe; aber Mauritanien besist noch mehrere
Arten großer Katzen, deren Haare mit mehr oder weniger großen
Flecken bedeckt sind. Es wäre also von Wichtigkeit, die Charactere
jeder dieser Arten genau zu bestimmen, was noch nicht hat geschehen können, aber dazu sind mehrere Individuen der einen und der
anderen Art erforderlich. Nun gehört das Thier aus der Katzen-

familie, welches die Menagerie des Museum mit der Bubalis und
den Gazellen erhalten hat, bestimmt einer der Arten an, unter welchen man den eigentlichen Panther zu suchen hat.

In Beziehung auf das Athmen durch die Nase bemerkt Hr. Prof. Mayer in Bonn. „Wir athmen in der Regel durch beide Nasenlöcher, wenn nicht das eine Nasenloch oder
vielmehr die eine Nasenhöhle durch Bildungsfehler (Ausweichen der
Scheidewand nach einer Seite) oder krankhafte Destruction verengt
ist. Daß wir auf der Seite liegend mit einem Nasenloch athmen,
und zwar dem nach oben gerichteten, wie Prof. Dzondi behauptet,
fand ich nicht immer, nur bisweilen, und nur dann, wenn durch
das Liegen auf der Seite, und die dadurch erfolgte Erwärmung
dieser Seite eine Verdichtung (Vertrocknung) des Nasenschleimes,
und in Folge davon eine Verklebung des Nasencanales dieser Seite
stattfand.“

Die Cochenille, welche nach dem Cap gebracht worden ist,
gedeiht daselbst vortrefflich, und zwar nicht bloß auf Cactus opun-
tia, sondern auch auf Cactus ficus.

Necrolog. Der Franz. Reisende und Naturforscher, Jacquemont, von dem man viele Bereicherung der Botanik aus dem
Himalangebirg und Kaschmir bereits erhalten hatte und noch erwarten durfte, ist den 7. December 1832 zu Bombay, 32 Jahre
alt, gestorben. Ich werde in einem der nächsten Stücke noch etwas
über ihn mittheilen.

Necrolog. Der durch seine mineralogischen und geologischen
Studien bekannte Dr. Alex. Turnbull Christie, ist am 8.
Novemb. 1832 zu Utacamond, auf einer Reise von Madras nach
Goobaloor, und auf dem Wege nach den Neilgherries (Gebirge),
gestorben.

Heilkunde.

Ueber einen Apparat, der zur Erhaltung ei-
ner gleichförmigen Temperatur dient.
Von George Merryweather, Esq.

Der Königl. Gesellschaft von Edinburgh vorgelesen vom Verfasser.
(Hierzu die Fig. 21. der mit No. 793. ausgegeb. Tafel.)

Als die Französischen Chemiker ihre Nomenclatur bekannt
machten, ließ Fourcroy Folgendes drucken: „Die Wärme wird
gegenwärtig nur als ein Hülfsagens betrachtet, durch welches chemische Verbindungen begünstigt werden. Da dieselbe in verschiedenen Graden angewandt wird, so würde viel dadurch gewonnen
seyn, wenn wir sie in gleichförmiger Intensität anzuwenden verstän-
den. Ein Ofen dieser Art ist von den Chemikern lange gewünscht
worden, und sie mußten sich bisher lediglich mit den Verfahrungsarten der Handwerker begnügen, durch welche sich jedoch der wünschenswerthe Grad von Genauigkeit keineswegs erreichen läßt.“

Seit Fourcroy dieß schrieb, ist beinahe ein halbes Jahrhundert verflossen, und die Wissenschaft mit Riesenschritten vorgerückt.
Dennoch aber scheint man diesen wichtigen Ofen aus den Augen
verloren, oder wie das Perpetuum mobile als unerreichbar betrachtet zu haben. Wenn wir in der That bedenken, daß das Feuer
der Heerde und Oefen beständig durch Nachlegen unterhalten wird,
und daß die Flamme durch die Luft, auch der sie ihre Nahrung zieht, fortwährend in Bewegung gehalten werden muß, so
läßt sich begreifen, weshalb alle Versuche, auf diese Weise längere
Zeit eine stetige Temperatur zu erhalten, nicht anders als fehlschlagen konnten. Ich habe nun diesen Zweck auf einem andern Wege zu erreichen gesucht, und glaube, daß mein Apparat
schon in- theoretischer Beziehung nicht uninteressant seyn werde,
wenn er beweis't, daß trotz äußerer Einflüsse eine gleichförmige
Temperatur unbegränzt lange Zeit erhalten werden könne, ohne
daß der Apparat beaufsichtigt zu werden braucht.

Inwiefern derselbe für die practische Chemie und Pharmacie
von Wichtigkeit werden dürfte, und inwiefern Erscheinungen, die

gegenwärtig unbekannt sind, dadurch hervorgebracht werden können, daß man verschiedene Substanzen längere Zeit der gleichförmigen Temperatur aussetzt, die dieser Apparat unterhält, mögen Männer vom Fache beurtheilen. Boerhaave erzeugte,
z. B., zuerst rothes Quecksilberoxyd, indem er viele Wochen hintereinander Quecksilber bei der gleichförmigsten Temperatur erhielt,
die er zu erzeugen vermochte.

Allerdings sehe ich voraus, daß man gegen diesen Ofen einwenden wird, er veranlasse durch die starke Consumtion des Spiritus zu viele Kosten; allein wenn man bedenkt, wie viel Aufmerksamkeit und Mühwaltung zur Unterhaltung eines Feuers gehört,
so wird man zugeben, daß die Consumtion von Spiritus
durch die Ersparniß an Brennmaterial gedeckt werde. Hoffentlich
wird man gehörig in Anschlag bringen, daß bei Experimenten mit
diesem Apparat nichts nachgelegt, auch kein Schlot gefegt zu werden braucht, ferner von Seiten einer Explosion oben der Ueberko-
chens nichts zu fürchten ist. Wenn ein Proceß einmal im Gange
ist, so kann man ihn sich selbst überlassen und andern Berufsge-
schäften nachgehen. Damit man die Kosten genau überschen könne,
habe ich folgende Berechnung angestellt: Eine Gallone Weingeist
kostet beim Brennen 9 Schilling, und damit kann eine der Kugeln zwei Monate lang ununterbrochen glühend gehalten werden,
was auf 12 Stunden nicht ganz 1 Penny (8 Pf.) austrägt.
Drei Brenner erzeugen eine Temperatur von 160°, sechs eine solche von 215° Fahr.; deßhalb wird die Unterhaltung der erstern
Temperatur 12 Stunden lang 2 Gr., und die der letztern 6 Gr.
kosten. Der vorgezeigte Apparat, welcher 15 Kugeln oder Brenner unterhält, eine gewisse Temperatur von 396° erzeugt, veranlaßt also während derselben Zeit eine Ausgabe von 10 Gr. Nöthigenfalls könnte man gewiß auch eine Temperatur von 1000° hervorbringen; allein für die wichtigsten Zwecke ist nur eine solche von
300 350° nöthig.

Die genaue analytische Erklärung dieses Verbrennungsprocesses
Denjenigen überlassend, die in der Chemie besser bewandert sind,
als ich, wage ich nur die Vermuthung auszusprechen, daß die von

anscheinend so kleinen Körpern hervorgebrachte heftige Hitze durch die Verbrennung des Sauerstoffs und Wasserstoffs vermittelst der Platinakügelchen erzeugt, und daß dabei Wasser, mit etwas Essigsäure vermischt, entstehen werde. Der in England ziemlich kostspielige Apparat wird in andern Europäischen Staaten ungemein wohlfeil zu stehen kommen.

Erklärung der Figur.

A, ein 9 Zoll im Durchmesser haltender, am Boden concaver, blecherner Behälter, welcher eine Gallone Spiritus faßt. Das an der Seite und am untern Theile angebrachte Loch hat die Bestimmung, den Behälter mittelst einer Röhre mit einem andern in Verbindung zu bringen, worin sich eine größere Masse Spiritus befindet. Dieser größere Vorrath wird sich nöthig machen, wenn ein Experiment längere Zeit fortgesetzt werden soll.

B, Baumwollendochte, welche 15 Messingröhren durchsetzen, die denen einer gewöhnlichen Spirituslampe ähnlich sind. Jeder Docht wird nach dem Durchziehen breit auseinandergelegt, und ist so lang, daß er bis an den Boden des Behälters reicht. Die 15 Messingröhren werden in 15 Blechröhren gesteckt, welche ½ Zoll Durchmesser haben, und an den Deckel des Behälters angelöthet sind, nämlich 12 in einem Kreise und 3 in der Mitte. Letztere sind kürzer und niedriger als erstere, so daß eine kugelförmige Retorte von allen Dochten gleichweit absteht.

C, der Platinadraht, welcher etwa $\frac{1}{16}$ Zoll im Durchmesser hält, und in die Gestalt eines Napfes zusammengedreht ist, dessen Obertheil ½ Zoll im Durchmesser hält. Dieser Napf wird von einem Stifte gestützt, der aus der Fortsetzung des Drahtes besteht. Mit einer Stecknadel, die einen etwas großen Kopf besitzt, sticht man dann in die Mitte des Dochts ein Loch, in welches man den Stift des Drahtnapfs einsenkt. Hierauf drückt man mit dem in den Boden des Napfs gebrachten Stecknadelknopfe ersteren so tief nieder, daß er den Docht beinahe berührt. Nachdem man alle Näpfe auf diese Weise geordnet hat, schneidet man aus einem Stück gehörig zusammengedrückten Platinaschwamme die nöthige Anzahl Kügelchen von passender Größe, und legt sie in die Näpfe.

D, ein an den Deckel des Behälters gelötheter Blechring, der mit 12 Löchern durchbohrt ist, von denen jedes ½ Zoll Durchmesser hält, und die zum Einströmen der Luft bestimmt sind.

E, eine Luftröhre, durch welche man Spiritus in den Behälter gießt.

F, ein Glasdeckel oder Deckelglas mit einem weiten Halse, der auf einem blechernen Rande ruht, welcher inwendig um den Ring D über den Luftlöchern angelöthet ist.

G, eine blecherne Röhre oder Schlot, welcher auf dem Deckelglase F steht.

H, ein blecherner Mantel, groß genug, um das Deckelglas in 1 Zoll Abstand rings herum zu umgeben. Dieser Mantel wird am Boden durch einen vorstehenden Blechrand desselben Theiles gestützt, auf welchem das Deckelglas F steht. Der Mantel wird füglich inwendig mit einem schlechten Wärmeleiter gefüttert.

I, eine am Boden rundliche Glasflasche oder Retorte, die auf einem messingnen Dreieck steht. Die verschiedenen Retorten müssen alle genau zu dem Apparat passen, so daß alle Platinakügelchen gleichweit von ihnen abstehen, und sie beinahe berühren.

Zu dem Ofen gehört auch ein Blechdeckel, welcher nach Abnahme des Schlots, des Deckelglases und der Retorte über die Brenner gesetzt wird, und als Löschhorn dient; auch, so lange der Apparat nicht gebraucht wird, die Platinakügelchen vor Staub schützt, und die Verdunstung des Spiritus verhindert. Alles Blechwerk ist äußerlich lakirt.

Wenn ein Experiment gemacht werden soll, so nimmt man zuerst den Schlot G, dann den Mantel H, und zuletzt den Deckelglas F ab; alsdann tröpfelt man starken Alkohol auf die Dochte, brennt sie an, bläst sie, sobald die Platinakügelchen glühen, aus, stellt die Retorte auf den Dreifuß, und setzt die übrigen Theile wieder in umgekehrter Ordnung darüber. Noch einfacher und besser ist es, wenn man die Platinakügelchen mit einer Spirituslampe und einem Löthrohr glühend macht.

Die Temperatur läßt sich beliebig vermindern, indem man eine Anzahl von den Messingröhren, in denen die Platinakügelchen stecken, herauszieht, und die entsprechenden Blechröhren verkorkt. (Edinburgh new Philosophical Journal, by Rob. Jameson, October 1832 — April 1833.)

Ueber rheumatische Hornhautentzündung.

Von J. R. Fischer.

Bisweilen ergreift die rheumatische Entzündung bloß die hintere Wand der Hornhaut und tritt ohne Scleritis als selbstständige Keratoditis rheumatica auf.

Man findet dabei unter leichten fieberhaften Allgemeinleiden die hintere Wand der Hornhaut matt, grau getrübt, wie staubig mit sehr verminderter Durchsichtigkeit, ohne Gefäße; bisweilen ist der größte Theil der hintern Fläche mit Pünctchen von aschgrauer Farbe wie übersät, die Substanz der Hornhaut, so wie das Bindehautblättchen derselben erscheint, von der Seite schief angesehen, ganz rein, die Regenbogenhaut und Pupille normal; in der sclerotica bildet sich ein feiner blaßrother Gefäßkranz um die Hornhaut; in der Conjunctiva sieht man hier und da ein einzelnes rothes Gefäß; die Lichtscheu ist nicht bedeutend, der Thränenfluß gering, der vage Schmerz erträglich.

Aehnlich ist die von Ammon beschriebene Entzündung des orbiculus ciliaris, bei welcher sich aber oft halbmondförmige Geschwüre bilden.

Nach Fischer's Erfahrungen scheint diese rheumatische Ophthalmie, im Gegensatze zu den übrigen Arten, Augenwasser zu fordern. Leichte, schweißtreibende Arzneien, Blasenpflaster, Aq. Conradi leisten viel; noch auffallender aber ist die Wirkung des mehrmals im Tage eingeträufelten Laud. liqu. Syd., welches sehr rasch vollkommene Genesung herbeiführt.

Fischer saß übrigens in seiner Privatpraxis die selbstständige rheumatische Hornhautentzündung auch noch unter andern Gestalten ohne Abscheßbildung auftreten, wobei das Bindehautblättchen meistens in normalem Zustande war. Einige derselben hatten mit der gewöhnlichen, aber schnell gewichenen Scleritis rheumatica begonnen.

Zustand des Augapfels mit Ausnahme der Hornhaut.

Der Augapfel in mehreren Fällen ganz normal, ohne Thränenfluß, ohne Lichtscheu, ohne alle Blutgefäßentwicklung weder in der sclerotica noch in der Bindehaut.

In der sclerotica entweder partiell, oder rings um die Hornhaut gewöhnlich ein feiner schmaler Gürtel von rosenrothen Gefäßen, der sich nicht selten auch in der Bindehaut dieser Stelle zeigt.

Die Scerotical-Bindehaut von einzelnen Blutgefäßen hier und da durchzogen, meistens oder ohne alle Röthe.

Kein Thränen der Augen, nur in einigen Fällen geringer Thränenfluß bei stärkerer Einwirkung des Lichtes. Meistens unbedeutende, nur selten bedeutendere Lichtscheu.

Vage, stechend-reißende, doch erträgliche Schmerzen im Auge und der Umgebung.

In mehreren Fällen abendliche Verschlimmerung.

Zustand der Hornhaut.

a. Hornhautentzündung ohne Blutgefäßentwicklung.

Die Hornhaut an der ganzen innern Fläche gleichmäßig matt, lichtgrau getrübt, halbdurchsichtig, manchmal wie angeraucht.

Die Hornhaut an der ganzen innern Fläche aschgrau und dabei wie mit Pünctchen von Asche übersät.

Die ganze Hornhaut aschgrau, sehr stark verdunkelt, undurchsichtig und an mehreren Stellen von sulzichtem Aussehen.

Die ganze Hornhaut ähnelt bisweilen einem matt geschliffenen Glase.

Die untere Hälfte der innern Hornhautfläche zeigt sich gleichmäßig, schmutzig trübe, — die obere hingegen normal und rein.

Eine partielle schmutziggraue, sehr saturirte Trübung von conischer Form, mit breiter Basis am untersten Rande der Hornhaut beginnend und mit stumpfer Spitze auf der Mitte derselben wie verwaschen endigend.

b. Hornhautentzündung mit Gefäßentwicklung.

Der rothe Gefäßsaum der sclerotica um die Hornhaut erstreckt sich bis an die hintere Hornhautwand und verläuft ringsum einige Linien breit in der Form eines äußerst zarten, sehr dichten Gefäßnetzes mit schmutzig-grauer Unterlage.

Aus dem partiellen oder vollständigen Blutgefäßkranze der Sclerotical-Bindehaut um die Hornhaut verbreiten sich Gefäße einzeln oder netzförmig in das Bindehautblättchen.

Die Hornhaut am obern Segmente schmutzig-weißlich, dem Anscheine nach etwas aufgelockert, wie sulzig; die übrige Hornhaut schmutzig-grau, mit tiefliegenden rothen Gefäßen durchzogen.

c. Hornhautentzündung mit Ausschwitzung von Lymphe.

Die zwischen den Blättern der Hornhaut ergossene Lymphe bildet eine weißgraue, wolkenförmige, halbdurchsichtige Trübung, welche in der Mitte der Hornhaut sehr saturirt und vollkommen undurchsichtig ist. Die Sclerotical-Bindehaut hier und da mit einzelnen varicösen Gefäßen durchzogen; um die Hornhaut zahlreichere Blutgefäße; im Bindehautblättchen der Hornhaut an der Peripherie derselben ein feiner Blutgefäßkranz, aus dem einige einzelne Gefäßchen bis auf die Mitte der Hornhaut laufen.

Die ganze Hornhaut an der hintern Fläche grautrübt, halb durchsichtig, in der Mitte derselben der Pupille gegenüber fadenförmige, linienlange, weißliche Streifen; am untersten Segmente, tief zwischen den Lamellen der Hornhaut ein durchschimmernder Bluttropfen, der sich auch der Loupe als solcher darstellt. Oberhalb desselben ebenfalls in der Tiefe ein kleines, äußerst zartes Blutgefäßnetz. Als dieses Netz bald verschwand, zeigten sich an und über dieser Stelle bis über die Mitte der Hornhaut unzählige aschgraue Puncte.

An einer Stelle der übrigens durchsichtigen, aber etwas matten Hornhaut ein plötzlich entstandener, großer, dichter, weißlicher, in 14 Tagen wieder aufgesogener Fleck in der täuschenden Form eines Leucoma. —

In der matten, grauweißen, gleichmäßigen Trübung der Hornhaut gegen den innern Winkel hin ein großer, gelblicher, saturirter, einer Eiterpustel sehr ähnlicher Punct, der wie die übrige dünne Lymphe durch die erhöhte Resorption bald verschwand.

Zwischen den Blättern der Hornhaut eine eiterartige, gleichförmig erst vor Kurzem ergoßne Materie; die Hornhaut sitzt einem gelben, convexen Knopfe sehr ähnlich, ist dabei nicht ausgetrieben, noch uneben, ihr Bindehautblättchen gesund und glatt anliegend.

Zustand des Gesammtorganismus.

Anlage zu Rheumatismen und oft, wenigstens anfänglich, leichte Fieberbewegungen im ganzen Körper, bei mehreren Mädchen gehemmte Reinigung.

Bei einer Patientin von mittlern Jahren, welche nie an Scropheln, wohl aber an Rheumatismen gelitten, fanden sich in der Mitte der linken Hornhaut, zwischen den Blättern derselben zwei große flache Puncte von mehr ovaler als runder Form, gelblicher Farbe, und sonderbarem, wie spectigtem Aussehen. Beide waren von einander getrennt und von einer aschgrauen, undurchsichtigen Verdunklung umgeben, welche ebenfalls tiefer als unter dem Bindehautblättchen saß, indem sich das letztere ganz normal verhielt. Von der Peripherie des bulbus zogen sich bloß von oben nach abwärts und von unten nach aufwärts 6 bis 8 beisammenliegende, mehr oder weniger feine Blutgefäße, ein Gewebe zu bilden; sie hatten ihren Sitz bloß in der conjunctiva bulbi. Einzelne dieser langen Gefäße liefen über den Rand der Hornhaut, aber nicht bis zu den Eiterflecken. Der übrige Augapfel war gar nicht zu röthen und kein Gefäßkranz in der sclerotica vorhanden. Mit Ausnahme der Stelle, wo diese rothen Gefäße lagen, hatte die Hornhaut im ganzen Umkreise ihre Durchsichtigkeit beibehalten, so daß man von den Seiten her die Iris, Pupille und vordere Augenkammer deutlich im ganz normalen Zustande sehen konnte. Stechende Schmerzen und große Lichtscheu begleiteten das Augenübel,

mannichfache, durch den hysterischen Zustand des Gesamtorganismus bedingte örtliche und allgemeine Leiden machten die Augenkrankheit zu einer fast unerträglichen Pein.

Innere eröffnende Mittel thaten der Kranken bei ihrem weichen Unterleibe, der Verschleimung ihrer Gedärme, ihren habituellen Stuhlverstopfungen und Hämorrhoidalleiden immer am besten; stärkende, reizende Arzneien vertrug sie durchaus nicht; Ipecacuanha in kleiner Gabe, so wie Nervina blieben ohne Wirkung auf die allgemeinen nervösen Erscheinungen. In Hinsicht der örtlichen Behandlung hatten vor meiner Behandlung schon angelegte Blutegel das Augenleiden eher verschlimmert; der eigentlich rheumatische Schmerz wich bald den Opiateinreibungen. Das Eintröpfeln des Laud. liq. Syd. und der Aq. Conradi vertrug das Auge sehr gut; in letzterer mußte der Sublimat zu grß und das Laud liq. Syd. zu $\frac{1}{3}\beta$ vermehrt werden, um einige Reaction des Augapfels hervorzubringen. Die zweimalige Eröffnung des humor aqueus durch Oeffnung der Hornhaut blieb ohne wahrnehmbare Wirkung auf den kranken Zustand derselben, so wie die Einreibung der weißen Präcipitatsalbe auf die äußere Oberfläche der Augenlider.

Hartnäckig widerstand unter dem Einflusse des erethischen Zustandes der Gedärme das beschriebene örtliche Hornhautübel allen angewandten Mitteln. Die dem Eiter ähnlichen Puncte blieben unverändert an ihrer Stelle: sie flossen nicht zusammen, wurden weder größer noch kleiner, bahnten sich keinen Ausweg weder nach vorne, noch in die hintere Augenkammer. Endlich trat nach mehreren Monaten Besserung ein, die gelben Exsudate wurden aufgesogen, die Hornhaut fing an sich aufzuklären, die Lichtscheu hatte sich sehr vermindert.

Auf eine Verkältung der Füße trat wieder Verschlimmerung ein; einige der schon verschwundenen Blutgefäße kamen von Neuem zum Vorschein, und in der Nähe der ehemaligen Eiterpuncte erschien tief in dem reinen Theile der Hornhaut ein kleiner runder grauer Flecken, einer macula ähnlich. Den dritten Tag war der Mittelpunct dieses Fleckchens gelblich. Dieser gelbe Punct in feiner grauen Einfassung vergrößerte sich flach bis zum Durchmesser einer Linie und nun hatte er die Form der oben beschriebenen Eiterpuncte, doch nicht das spectartige Aussehen derselben. Die folgenden Tage entstanden, aber schneller, noch 2 kleinere gelbe Puncte unter denselben Erscheinungen. Das schon zurückkehrende Sehvermögen ging mit der neuen, sich mehr ausbreitenden Trübung der Hornhaut wieder verloren; dießmal aber trat die Besserung viel früher ein.

Nachdem die eiterförmigen Exsudate aufgesogen worden waren, sahen alle Stellen der Hornhaut, wo sie gesessen, kalkartig aus, eine Zerstörung, die auf gichtische Dyscrasie hinzudeuten schien. Das kalkartige Aussehen der Stellen verlor sich bei der Anwendung der weißen Präcipitatsalbe immer mehr und mehr, und ging in die gewöhnliche Form der Nebelflecken über.

So wie bei der acuten und chronischen Bindehaut-Blennorrhoe die sarcomatöse Entartung der Schleimhaut als Heerd neuer Entzündung zu zerstören ist, so war hier das verjährte Uebel im Unterleib, der erhöhte Reizzustand zu heben, um den Keim des Augenleidens auf immer zu vernichten; und da Karlsbad den Kranken zu starke Wallungen verursachte, so war vom Kreuzbrunnen in Marienbad radicale Heilung der Augenkrankheit mit großer Wahrscheinlichkeit zu erwarten, die wurde deßhalb von mir angerathen.

Dieß sind die Formen von selbstständiger, rheumatischer Hornhautentzündung, welche Fischer in seiner Praxis vorkamen, und welche alle durch den zweckmäßigen Gebrauch des Sublimats in der Aq. Conradi, durch die Eintröpfelung der Tinct. Opii. oder des Laud. liq. Syd. und durch Anwendung der trocknen warmen Kräuterkissen, mit oder ohne innere Mittel, einige in kurzer Zeit geheilt wurden. In mehreren Fällen bedurfte es gegen das Ende der Kur bei den rothen Präcipitatsalbe, um der Hornhaut die vollkommene Durchsichtigkeit wiederzugeben.

Die erwähnten krankhaften Vorgänge in der Substanz der entzündeten Hornhaut zwischen den Lamellen derselben, haben viel Aehnlichkeit mit den Krankheitsprocessen im entzündeten Zellgewebe an andern Theilen des Körpers. Wie in der Hornhaut, so findet auch im Zellgewebe eine stäte, äußerst träge Absonderung und Aufsaugung einer serösen Feuchtigkeit statt. Dieser ewige Stoff-wechsel stockt bei'm Entzündungsprocesse hier wie in der Hornhaut; es entwickeln sich Blutgefäße und es ergießt sich in das schwam-migte, entzündlich aufgelockerte Zellgewebe entweder eine trübe oder gallertartige, eine puriforme oder wässerig eitrige, zuweilen mit Blut gefärbte Flüssigkeit, wie wir dieß eben in den angeführten Formen bei der Hornhaut gesehen haben.

Auch hat die Entzündung der Substanz der Hornhaut viel Ähnlichkeit mit der Entzündung der Faserknorpel in andern Ge-genden des Körpers; sie tritt, wie diese, selten primär auf, son-dern meistens secundär als Folge der Entzündung seröser oder fibröser Gebilde, mit denen sie in Verbindung steht; sie hat ferner mit ihr den langsamen, oft unbemerkten Verlauf gemein, den ge-ringen Schmerz, die graugliche Färbung, die sehr oft kaum bemerk-bare Röthe und die Exsudation einer trüben Flüssigkeit. Jener Grad der Hornhautentzündung kömmt bei der Keratoditis rheu-matica nicht vor, welchen man in seltnen Fällen bei der Ophthal-moblennorrhoea oder manchmal bei der traumatischen Keratoditis nach dem Hornhautschnitte der Staaretreaction wahrnimmt, wo die ganze Substanz der Hornhaut, wie bei der Entzündung der Faserknorpel anderer Organe, aufschwillt und sich in eine weiche, gallertähnliche Masse, eine wahre Malacia cornea verwandelt, welche anfangs weiß ist, und viel später erst gelblich wird. (Kli-nischer Unterricht in der Augenheilkunde von J. N. Fischer. Prag 1832. Seite 170 und folg.)

Miscellen.

Ein Emphysema universale hat Dr. Degen in Egeln unter folgenden Umständen beobachtet. Ein 40jähriger gesunder Mann stürzte von einem Wagen so heftig zur Erde, daß er eine Zeitlang besinnungslos liegen blieb. Als er sich erholt hatte, be-merkte er einen bedeutenden Schmerz auf der rechten Seite der Brust und eine unschmerzhafte Geschwulst an der obern Hälfte des Körpers, welche die Augenlider ganz zudrückte. Am andern Mor-gen sah ihn der Arzt; die Schmerzen waren sehr heftig, stechend, die Respiration beengt, das Schlucken etwas erschwert, blutiger Auswurf nicht vorhanden; von einem Rippenbruch zeigte sich keine Spur. Die Geschwulst war allgemein und knisterte bei'm Drucke. Nach einem eingreifenden antiphlogistischen Verfahren ließen die Lo-calbeschwerden nach und es blieb nur das Emphysem, welches — die Flächen der Hände und Füße ausgenommen — über den gan-zen Körper ausgebreitet war. Dr. Degen machte an verschiede-nen Stellen zolltiefe Einschnitte, aus denen kein Tropfen Blut kam, sondern nur die Luft mit hörbarem Geräusch ausströmte; dieß wurde durch Ausstreichen befördert. So erfolgte in 12 Tagen gänzliche Heilung. (Ausz. a. d. Medicinalbericht d. K. P. Medi-cinal-Collegiums der Provinz Sachsen 1832.)

Gegen Pemphigus chronicus sind Bäder von Chlorkalk von Dr. Hoffmann in Suhl mit Erfolg ange-wendet worden. Die Kranke war ein 9jähriges früher gesundes Mädchen. Die Blasen bildeten sich ungewöhnlich groß und häufig über den ganzen Körper, die Feuchtigkeit war anfangs Molken ähnlich, wurde aber nach 3 Tagen immer eiterähnlich. Das Kind litt sowohl durch den Säfteverlust als die schmerzhafte Spannung der Theile und durch Mangel an Bewegung im Freien. Nachdem das Uebel 20 Wochen gedauert hatte, gesellten sich Leutophlegmatie und schleichendes Fieber hinzu. Vergeblich waren die sogenannten säf-

tebessernden Mittel, die gewöhnlichen Diuretica, Resolventia und die China angewendet worden. Nun entschloß sich Dr. H. zur bloßen An-wendung äußerer Mittel, und ließ demgemäß Chlorkalk, in der Quan-tität einer Unze auf einen Eimer Wasser, auflösen und täglich ein ganzes Bad davon nehmen, so jedoch, daß das Kind gegen die be-lästigenden Dünste geschützt war. Dieß hatte den Erfolg, daß nach 3 wöchentlichem Gebrauch nur noch dann und wann eine einzige Pustel ausbrach, das Kind an Munterkeit zunahm und dessen voll-kommene Herstellung bald zu erwarten stand. (Ebendas.)

Gegen große Hautschwäche und Geneigtheit zu Erkältungen empfiehlt Hr. M. N. Wetzler, nach an sich selbst und an Andern gemachten Erfahrungen, Waschungen mit einer Cam-pher-Delseife und mit der Delseife ohne Campher. Seine Vor-schriften dazu sind folgende:

Sapo oleaceus: Rec. Sapon. domestic. concis. ℥xvi. Coque Aq. fervid. ℥viii. in vase tetreo vitreato leni igne sedulo agitando ad consistent. pultis. Add. Ol. Olivar. Prov. ℥vj. Coque eodem igne sub continua agitatione per ¼ hor. Mass. effund. in form.

Sapo camphoratus I: Rec. Sapon. domestic. pur. ras. ℥xvi. Coq. Aq. fervid. ℥vjjj. in vas. terr. vitteat. leni igne sedulo agitando ad consistentiam pultis. Add. Ol. Olivar. Prov. ℥v. Coq. eodem igne sub contin. agitat. ad consistent. pultis tenuis. Massae ab igne remotae ac semirefrigeratae admisce Camphorae in Ol Olivat. Prov. ℥j. solutae ℥j. Miscellam, per aliquot momenta agitans, effunde in form.

Sapo camphoratus II: Rec. Sapon. domestic. pur. ras. ℥xvj. Coq. Aq. fervid. ℥vjjj. in vas. terr. vitteat. leni igne se-dulo agitando ad consistent. pultis. Add. Ol. Olivar. Prov. ℥vjj. Coq. eodem igne sub contin. agitat. ad consistent. pultis tenuis. Massae ab igne remotae ac semirefrigeratae admisce. Camphorae, in Ol. Olivar. Prov. ℥j. solutae ℥j. Miscellam, per aliquot momenta agitatam, effunde in form. (Joh. Ev. Wetzler, meine wunderbare Heilung von beispielloser Hautschwäche ꝛc. Augsburg 1833. 12.)

Von Verrenkung der Patella ist kürzlich Hrn. Old-know zu Nottingham ein Fall bei einem 35jährigen Manne vorge-kommen, der dem ähnlich ist, welchen Dr. Wolf in Ruß's Ma-gazin mitgetheilt hat. Die linke Patella ruhte mit ihrem äußeren Rande auf der Mitte der Gelenkrolle des Schenkelknochens, ihre untere oder innere Fläche war gegen die andere Extremität hin gerichtet, und ihre obere oder vordere Fläche auswärts. Alle Re-ductionsversuche (wobei man auch den Kranken auf dem Rücken lie-gen und die Extremität gegen das Becken beugen ließ) waren vergeblich gewesen. Nun hat Hr. O. den Patienten, das Glied ganz ruhig liegen zu lassen, ohne irgend eine Muskelanstrengung zu machen, und indem er jede Hand seitwärts um binten an das Knie gelegt legte, die Daumen auf das Tibialende der Kniescheibe ge-stützt, einen sanften Druck nach oben gegen den Rumpf ausge-übt, und zugleich das untere Ende in etwas so gedrückt wurde, daß eine geringe radförmige Bewegung des Knochens entstand, trat die Kniescheibe in ihre natürliche Lage zurück. (Dagegen der vor einiger Zeit in dem St. Bartholomäus-Hospital vor-gekommene und von W. S. Ward beschriebene Fall (vergl. Notizen Nro. 785. [Nro. 15. des XXXVI. Bd.] S. 237.) in normaler Beschaffenheit die Theile gar nicht wohl hätte vorkom-men können, und daher der vorhandenen Deformität zugeschrieben werden mußte.)

Bibliographische Neuigkeiten.

A General View of the Geology of Scripture etc., by *George Fairholme*. London 1833. 8.

Apuntes acerca la cardite intertropical llamada vulgarmente fiebre amarilla, y vomito negro de los Espanoles, con indi-cacion de los principales incidentes que precedieren a la ulti-ma epidemia de Gibraltar. Por de *Jaime Ardevol*. Paris 1833. 8.

Mémoires de l'académie royale de médecine. Tome II. ème, III. ème fascicule. Paris 1833. 4. (Enthält: 1) Eloge de Vau-quelin par *Pariset*, 2) Mémoire sur la cause de la presenta-tion de la tête pendant l'accouchement et sur les determinations instinctives du foetus par P. *Dubois*, 3) de l'Instinct et des determinations instinctives dans l'espèce humaine. Par *M. E.-F. Dubois* d'Amiens, 4) de quelques déplacements de la matrice par *M. Herves de Chegoin*, 5) sur les maladies de la matrice par *M. F. Melier*, 6) de quelques fonctions involontaires des appareils de la locomotion et de la prehension par M. *Toul-mouche*.

Notizen

aus

dem Gebiete der Natur- und Heilkunde.

Nro. 796. (Nro. 4. des XXXVII. Bandes.) Mai 1833.

Gedruckt bei Loſſius in Erfurt. In Commiſſion bei dem Königl. Preußiſchen Gränz-Poſtamte zu Erfurt, der Königl. Sächſ. Zeitungs-
Expedition zu Leipzig, dem G. H. F. Thurn und Tariſchen Poſtamte zu Weimar und bei dem Landes-Induſtrie-Comptoir.
Preis eines ganzen Bandes, von 24 Bogen, 2 Rthlr. oder 3 Fl. 36 Kr., des einzelnen Stückes 3 ggl.

Naturkunde.

Ueber das Gehirn der Amphibien und ein zoologisches Geſetz.

Vom Profeſſor Mayer in Bonn.

Wenn die Claſſe der Vögel eine mehr gleichförmige Organiſation zeigt, und daher in nicht ſehr in ihrer Bildung von einander abweichende Abtheilungen zerfällt, ſo finden wir bei den Amphibien eine ſo große Divergenz in der Organiſation, namentlich in Beziehung auf die äußere Form, daß dadurch wenigſtens vier von einander weſentlich verſchiedene Familien, nämlich die der Fröſche, Schlangen, Eidechſen und Schildkröten, entſtanden. Dieſe Differenz und Divergenz iſt ſo auffallend und zu Tage tretend, daß die daraus hervorgehende Eintheilung der Amphibien zu den älteſten Eintheilungen in den Schriften über Zoologie gehört. Was man immer für ein Merkmahl oder Attribut in der innern oder äußern Organiſation dieſer Thiere als Eintheilungsprincip hervorheben mag, man wird nie eine beſſere oder andere Claſſification derſelben, als die genannte älteſte, finden können. Ueberhaupt muß man bekennen, daß, ſo groß der Werth der comparativen Anatomie auch angeſchlagen werden darf, man ſich einer getäuſchten Hoffnung hingegeben hat, wenn man glaubte, durch ſie eine neue Eintheilung der lebenden Weſen oder der Thiere zu Stande zu bringen. Bei den großen Fortſchritten, welche die vergleichende Anatomie ſeit Ariſtoteles gemacht hat, ſind wir doch in der neueſten Zeit noch auf dieſelbe Eintheilung der Thiere, welche der große Analytiker angab, angewieſen, nämlich auf die Eintheilung der Thiere in Säugethiere, Vögel, Amphibien, Fiſche, Inſecten u. ſ. f. Dieſe ſo ſehr in die Augen fallende Differenz in dem äußern Habitus der Thiere, welche zu der älteſten Eintheilung derſelben führte, iſt wohl aus der jetzt lebenden thieriſchen Generation nicht erklärlich, und muß ihre Deutung entweder in einer frühern Geſchichte der Erde und ihrer Bewohner, oder in der Naturgeſchichte der übrigen Planeten unſeres Sonnenſyſtemes finden.

Kehren wir aber zu den Amphibien zurück. Wenn wir an der Hand der comparativen Anatomie in das Innere die-

ſer ſeltſamen Thiere eindringen, finden wir einestheils eine ihrem Aeußern und ihren Lebensäußerungen entſprechende niedere oder beſchränktere Organiſation und Einrichtung, anderntheils aber wieder eine Organiſation, welche die an ihrer Außenſeite angedeuteten Schranken zu überſpringen ſcheint und unſer Erſtaunen in Anſpruch nimmt. Ich will dieſen letztern Satz ſogleich an der Bildung des Gehirnes einiger Amphibien, und ſodann an der ihres Herzens und anderer Centralorgane nachweiſen.

Am einfachſten ſcheint mir die Gehirnbildung bei dem Salamander zu ſeyn. Die Halbkugeln des großen Gehirnes ſind ſchmal, und in ihren Höhlen iſt keine ſehr merkliche Ganglienanſchwellung zu erkennen. Vor den beiden Vierhügeln ſind zwei kleine Anſchwellungen bemerklich, wie dieſe bei den Vögeln ſchon zu Tage treten. Das kleine Gehirn beſteht bloß aus einem leichten Umſchlage des corpus reſtiforme.

Bei den Fröſchen und Kröten iſt das Gehirn mehr entwickelt. Die beiden Hemiſphären des großen Gehirnes ſchwellen nach hinten kolbigt an, die Vierhügel, woraus der Sehnerve entſpringt, ſind größer, und es bildet ſich hier eine breitere Queerbinde (oder vielmehr zwei breitere Lappen des corpus reſtiforme).

Bei trächtigen Kröten fand ich, daß das ganze Encephalum, beſonders das große Gehirn und die zwei Vierhügel, dagegen verhältnißmäßig weniger, wie es ſcheint, das kleine Gehirn, bedeutend anſchwellen, und daß die Hemiſphären des großen Gehirnes ſodann Einſchnitte oder eine Art von gyri zeigen. Es ſcheint zu dieſer Zeit gleichſam vorübergehend eine höhere Organiſation des Gehirnes bei dieſen Thieren ſtattzufinden.

Bei der Rana paradoxa ſind die Hemiſphären kleiner als beim gemeinen Froſche.

Beim Proteus iſt die Bildung ungefähr wie beim Froſch.

Bei Coluber natrix iſt die Hemiſphäre des großen Gehirnes rundlich, und das geſtreifte Ganglion in dem Ventri-

4

kel deutlicher marquirt. Es ist keine Comissur des Gehirnes da, aber eine Queerbinde hinter der Kreuzung der Sehner= ven. Die Anschwellungen vor den beiden Vierhügeln sind sehr klein.

Bei einem großen Coluber variegatus sind ebenfalls nur die zwei Vierhügel bemerkbar, welche groß und rund sind, indem die genannten vordern Anschwellungen fast feh= len. Das kleine Gehirn bildet nach hinten einen zungen= förmigen Lappen, als erste Spur vom vermis. Dagegen ist bei Amphisbaena alba, wobei sich die Vierhügel ähnlich verhalten, das kleine Gehirn noch eine schmale Queerbinde.

Bei Crotalus horridus ist die Zirbel groß, die An= schwellungen vor den Vierhügeln unbedeutend. Die vordern Vierhügel im Verhältniß zum großen Gehirn sehr groß, rund= lich, und hinter ihnen sieht man zwei schmale, aber deutli= che hintere Vierhügel, weiß und geschieden von den vordern. Das kleine Gehirn zeigt einen mittlern Lappen, wie bei Co= luber variegatus, und dieser Wurm hat deutliche gyri. Im Seitenventrikel ist ein großes kolbigtes Ganglion.

Bei Boa constrictor sind die hintern Lappen der He= misphären des großen Gehirnes noch mehr hervorragend, die vordern Vierhügel bei dem größern großen Gehirne relativ kleiner, aber die hintern Vierhügel breiter und stärker als bei der Klapperschlange. Das kleine Gehirn hat keinen deut= lich ausgesprochenen mittlern Lappen.

Bei der Riesenschildkröte sind die Hemisphären des gro= ßen Gehirns mit ihren Ganglien im Ventrikel schöner ent= wickelt. Es sind deutliche vordere Anschwellungen vor den Vierhügeln zugegen. Die zwei (vordern) Vierhügel groß und rund. Das kleine Gehirn zeigt einen, durch Queerein= schnitte in Blätter getheilten, länglichten Wurm, wie bei'm Vo= gelgehirn. Es sind alle 12 Gehirnnerven, nämlich auch der n. accessorius und n. hypoglossus, zugegen. Die Zirbel, das Infundibulum und die glandula pituitaria sind ver= hältnißmäßig beträchtlich groß.

Noch mehr entwickelt zeigt sich das Gehirn bei den großen Sauriern, namentlich aber bei Crocodilus sclerops. Die Hemisphären des großen Gehirnes und ihr Ganglion im Ventrikel sind größer. Die Vierhügel breiter, das kleine Gehirn hat außer dem Wurm mit seinen gyri zwei schöne entwickelte seitliche Hemisphären, welche relativ größer als bei mehreren Vögeln sind. Im Innern des kleinen Gehirns ist ein beträchtlicher Ventrikel zugegen. Es war für mich überraschend, wenn ich dem Crocodile eine über die der andern Thiere dieser Classe sich erhebende Bildung des Gehirnes und insbesondere des kleinen Gehirnes wahrzunehmen, und ich wurde dadurch zu dem Satze geführt: „daß die beschränkte Bildung des Gehirnes und anderer Centralorgane, wie wir sie bei den meisten Amphibien finden, bei eeligen Arten, namentlich bei'm Crocodile, nicht statthabe, sondern daß sich bei diesem höher als die übrigen Amphibien stehenden Thiere eine gesteigerte Organisation des Gehirnes und anderer Theile zeige, wodurch sie sich über ihre Classe erheben, und den hö= hern Thieren, den Vögeln und Säugethieren sich annä= hern.“

Noch mehr möchte vielleicht dieser Satz bei den unter= gegangenen Geschlechtern der Riesenamphibien sich bestätigen lassen.

Diese höhere Organisation betrifft nämlich nicht bloß das Gehirn, sondern auch andere Organe, namentlich das Herz.

F. Meckel hat bereits gezeigt, daß bei'm Crocodi= lus Lucius der Bau des Herzens dem der Säugethiere ähn= lich sey, daß nämlich zwei von einander getrennte Ventrikel vorhanden seyen (und nicht bloß wie bei den übrigen Amphi= bienordnungen, den Schildkröten, Schlangen u. s. f. ein gemeinschaftlicher Ventrikel oder zwei mit einander commu= nicirende Herzkammern). Ich kann diese Angabe, welche ganz für obigen Satz spricht, an Crocodilus sclerops und Crocodilus Lucius, bei welchen ich den Bau des Herzens untersuchte, bestätigen. Es ist bei Crocodilus sclerops ein vorderer Lungenventrikel vorhanden, woraus die arteria pul= monalis entspringt und zugleich auch die linke kleinere Aorta, und ein hinterer Ventrikel, aus welchem die rechte große Aorta ihren Ursprung nimmt. Beide Ventrikel sind voll= kommen durch ein undurchbrochenes Septum von ein= ander getrennt. In den ersten mündet der rechte Sinus mit den Hohlvenen, in den letzten der linke Sinus mit den beiden Lungenvenen ein. Es ist also ein eben so vollkommener Bau wie bei den Säugethieren, nur mit Ausnahme, daß ein klei= nerer Theil der Aorta auch venöses Blut aus dem Lungen= ventrikel aufnimmt. Ganz denselben Bau des Herzens fand ich auch bei Crocodilus Lucius, nur schien mir die Com= municationsöffnung der linken Aorta mit dem Lungenventri= kel viel enger noch zu seyn. — Ich habe zu erwähnen, daß die Exemplare von Crocodilus sclerops und Crocodi= lus Lucius noch ganz junge Thiere waren, und daß ich ver= muthen möchte, es finde bei ganz ausgewachsenen Crocobilen eine noch vollständigere Bildung des Herzens dadurch statt, daß die linke kleinere Aorta sich gegen den Lungenventrikel hin völlig verschließe. Es dürfte sodann diese linke kleinere Aorta, welche ja später auch mit der rechten größern Aorta communicirt, als Analogon des ductus arteriosus Botalli angesehen werden.

Ferner finden wir bei dem Crocodil diesen höhern Grad von Entwicklung auch an andern Organen. Es findet sich schon bei dem Crocodil eine deutliche Scheidewand zwischen Brust und Unterleib, eine Art von Zwerchfell, vor. Die Milz ist bei Crocodilus sclerops und bei Crocodilus Lucius nicht mehr ein kleines rundes Körperchen, wie bei den Frö= schen, den Schlangen und mehreren Schildkröten, und bei den meisten Vögeln, sondern groß, länglich und parenchymatös, an der linken Seite des Duodenums liegend. Ich erwähne noch der höhern Ausbildung des Auges und des Ohrs, na= mentlich in Beziehung auf die schöne Entwicklung der Schnecke des Ohrs, wie es die lobenswerthen Untersuchungen von Dr. Windischmann näher dargethan haben.

So hätten uns die Untersuchungen über das Gehirn der Amphibien zu einem Satze geführt, welcher auch durch die Anatomie anderer Organe dieser Thiere bestätigt wird nämlich zu dem Satze, daß der Bildungstypus der wichtig=

sten oder Hauptorgane bei dem Crocodile die Gränzen der Amphibienbildung überschreite, oder daß Andeutungen eines höhern oder Säugethiertypus deutlich zu Tage treten, und es dürfte dieser Satz zu einem allgemeinen Gesetze der Zoonomie erhoben werden.

Lepidodendron Harcourtii.
Von Henry Witham.
Ausgezogen aus einem Artikel in den Transactions of the Newcastle Natural History Society.
(Hierzu Fig. 16 — 20. der mit Nro. 1. ausgegebenen Tafel.)

Da mir im Januar 1832 Hr. Phillips zu York ein Fragment von einem Lepidodendron übermacht hatte, welches ihm von dem Rector C. G. W. Wernon Harcourt zu Rothbury (nach dem ich es benannt) geschenkt worden war, so suchte ich durch Anschneiden des Stängels zu einer Ansicht der innern Structur dieses Gewächses zu gelangen. Ich hatte die Stängel vasculöser cryptogamischer Gewächse so häufig untersucht, ohne Spuren von Organisation aufzufinden, daß ich das Vergnügen nicht beschreiben kann, welches ich beim Erblicken einer so vollkommenen Structur empfand.

Es freut mich um so mehr, da ich dadurch Gelegenheit erhalte, die Ansicht eines so ausgezeichneten Kenners fossiler Gewächse, wie Hr. Brongniart, zu bestätigen.

Um die Richtigkeit seiner Meinung zu prüfen, mußte ich die innere Structur jetzt lebender Lycopodiaceen untersuchen, von denen ich mir jedoch nur Exemplare einer einzigen Art verschaffen konnte. So weit meine Untersuchung reicht, ist die Structur dieser Art in den meisten Beziehungen derjenigen ähnlich, welche der von Hrn. Phillips mir übersandte Stängel darbietet.

Die Exemplare dieser Pflanze, welche ich gesehn, bestehn aus halbcylindrischen oder etwas zusammengedrückten dichotomischen Stängeln. Die Oberfläche ist mit einer dichten Hülle kohliger Substanzen bedeckt, welche undeutliche spiralförmige Hervorragungen darbieten, und unter welchen zahlreiche kleine Watzen von elliptischer Gestalt zu bemerken sind, welche eine größere Höhe als Breite besitzen, und in spiralförmigen Reihen sehr regelmäßig geordnet sind. Fig. 16. zeigt eine Portion von einem der Stängel, an welcher noch ein wenig von der kohlenartigen Hülle sitzt.

In Bezug auf seine Structur betrachtet, bietet der Stängel eine im Queerdurchschnitt sichtbare Centralare dar, die aus der Längsdurchschnitt Fig. 17. zeigt. Man sieht, daß dieselbe, mit Ausnahme einer Röhre von kohliger Substanz, ganz mit Kalkspath gefüllt ist. Diese Mittelaxe zeigt im Queerdurchschnitt eine etwas unregelmäßige, zellige Textur, um welche her sich ein Schildel Zellgewebe von großen, unregelmäßigen, polygonischen Zellen, und zuletzt eine Schicht mit sehr kleinen Maschen befindet.

Von der Mittelsäule oder Axe gehen nach allen Seiten colindrische Körper aus, die aus Zellgewebe mit Centralgefäßbündeln bestehn. Sie gehen schräg nach oben und außen, und endigen in den warzenförmigen Erhöhungen der

Oberfläche des Stängels. Man sieht sie im Queerdurchschnitt des Stängels Fig. 18. schräg durchschnitten, woselbst sich weiße gelbliche Abzeichen bilden, die in die braunen parenchymatösen Substanzen eingesprengt sind.

Diese Fortsätze von der Centralaxe oder dem Marke sind von Zellgewebe umschlossen, welches die Hauptmasse des Stängels bildet. Im Queerdurchschnitt bietet derselbe das Ansehn regelmäßiger Maschen dar, welche, wie man in Fig. 19. sieht, eine mehr oder weniger vieleckige Form besitzen. Das Zellgewebe ist nach der Oberfläche des Stängels zu dichter, wie man bei c Fig. 19. bemerkt. Bei a ist einer der Fortsätze dargestellt, bei welchem die Zellsubstanz und die Zellgefäße seitwärts gedrängt sind, und die Höhle mit Kalkspath ausgefüllt ist.

Die Maschen der Hauptmasse des Zellgewebes sind nach der Längsrichtung des Stängels ein wenig verlängert, bieten aber im Allgemeinen dasselbe Ansehn dar.

Die Lepidodendra werden meist als Lycopodia oder wenigstens den letztern verwandte Pflanzen betrachtet, und die gegenwärtige Art enthält nichts, was gegen diese Ansicht spräche. Fig. 20. zeigt einen Queerdurchschnitt des Lycop. clavatum; da ich aber nie Gelegenheit hatte, den Stängel einer jetzt lebenden großen Art zu untersuchen, und da keine Abbildungen von einer solchen existiren, so kommt es mir nicht zu, Vergleichungen anzustellen. Ich muß es daher Andern überlassen, zu beurtheilen, inwiefern die Beschaffenheit des Lepidodendron durch die Anatomie der jetzt lebenden Arten erläutert werden könne; doch sind gewiß die von mir mitgetheilten Figuren zur Vergleichung brauchbar, insofern andere Arten vorkommen, bei denen die Structur sich erhalten hat. So viel ist gewiß, daß die hier beschriebene Pflanze zu den vasculösen cryptogamischen Gewächsen gehört, und ihre Structur nichts enthält, was die von der äußern Gestalt der Lepidodendren hergeleitete Ansicht, daß sie Lycopodiaceen seyen, entkräften könnte. (Edinb. New Philos. Journ., by Rob. Jameson. January — Apr. 1833.)

Ueber die Leichtigkeit, mit welcher sich die Säugethiere an andere Futterstoffe gewöhnen.
Vom Dr. Roulin.

In einem der Romane, welche Miß Martineau geschrieben hat, um den wichtigsten Begriffen der Staatswirthschaft mehr Eingang im Volke zu verschaffen, in Ella de Garveloch, findet man einer sonderbaren Gewohnheit gedacht, die das Rindvieh in gewissen unfruchtbaren Küstengegenden annimmt.

Die Insel Garveloch gehört zu einer kleinen Gruppe, welche an der Westküste der Schottischen Proving Argyleshire liegt: sie ist nicht groß, sehr bergig, und es konnten sich nur wenige Menschen darauf nähren, die die Einwohner nicht mit der Barille (Soda), welche sie durch Verbrennung der an ihre Küste getriebenen Meerpflanzen gewinnen, einen ziemlich einträglichen Handel betrieben. Ueberdem liegen die meisten

dem Fischfang ob, und ihre Hausthiere leben ebenfalls theil=
weise von Fischen.

Gleich im Eingange des genannten Romans sehen wir
den Eigenthümer der Insel einige Freunde auf dem einzi=
gen Oeconomiehofe herumführen, welcher damals existirte.
„Haben sie, sagte einer der Fremden zu dem Pachter, kein
anderes Vieh, als diese beiden schlecht gehaltenen Esel und
3 — 4 Kühe?" „O, erwiderte der Pachter, ich habe mehr
Vieh; da unten auf den Dünen fischt meine Kühheerde in
den Dümpeln." Der Herr erklärte nun seinen Freunden,
daß alle Hausthiere, selbst die Pferde, wenn ihre Waide zu
arm sey, sich an Fische gewöhnen, und daß, insbesondere
auf dieser Insel, die Kühe zur Zeit der Ebbe sich an die
Küste zu begeben pflegten, um die Fische, welche das Meer
bei'm Zurücktreten in den Vertiefungen gelassen, zu sangen
und zu fressen.

Bei dieser Stelle werden viele Leser über die Leichtgläubig=
keit der Miß Martineau lächeln; übrigens hat
es mit der von ihr erzählten Thatsache seine vollkommene
Richtigkeit. Man hat Beispiele davon in den verschiedensten
Ländern, und wir finden derselben schon in alten Schrift=
stellern gedacht.

In einem See Päoniens, erzählt Aelian, giebt es
gewisse Fische, welche die dortigen Ochsen eben so gern fres=
sen, wie andere Ochsen Heu, wenn man sie ihnen nur le=
bend und zappelnd vorwirft. Todte Fische wollen dieselben
Ochsen nicht fressen. Dureau de la Malle, welcher in
einer Abhandlung über die Zähmung der Thiere, dieser Stelle
Aelian's gedenkt, fügt hinzu, daß in den kalten Ländern
Europa's das Rindvieh und die Pferde in den Küstengegen=
den mit Fischen gefüttert werden. In Bezug auf Norwe=
gen beruft er sich insbesondere auf das Zeugniß des Therm=
Torfäus.

Wenn dieser Umstand in kalten Ländern häufiger vor=
kommt, als in andern, so rührt dieß ohne Zweifel von der
Armuth der Triften her, denn selbst in warmen Ländern
nehmen die Grasfresser recht gern mit Fischen vorlieb, und
ein ausgezeichneter Ichthyologe, Valenciennes, hat mir
mitgetheilt, daß man an gewissen Puncten der Küste In=
dien's, manche Pferde mit einer Art Saurus füttert, welche
dort in großer Menge gefischt wird. In Ermangelung fri=
scher, fressen die Pferde auch gesalzene Fische, und die Pfer=
de, welche Hr. v. Calonne im Jahr 1788 von Island
kommen ließ, bekamen während der Ueberfahrt und ihres
Aufenthalts zu Dünkirchen nichts Anderes zu fressen. Der
seelige Du Petit=Thouars, welcher damals in jener
Stadt in Garnison lag, hat sich durch eigene Ansicht davon
überzeugt.

Ich habe irgendwo gelesen, daß man in einer Gegend
von Asien die Pferde zuweilen mit einem Teige füttert, der
aus gebacktem, gekochtem Fleische bereitet ist. Wenn wirk=
lich etwas Wahres an der Sache ist, und dieß schon im
höchsten Alterthum geschah, so könnte daraus die Fabel von
den Pferden des Diomedes entstanden seyn *).

*) Diese Sage ist vielleicht keineswegs so fabelhaft, als man ge=

Ich habe nie Pferde Fleisch fressen sehen, allein ich er=
innere mich sehr wohl, vor 15 Jahren bei einem Metzger
in der Straße croix des petits champs einen gewaltigen
Schöps gesehen zu haben, welcher sich beständig im Laden
aufhielt, und einen Lendenbraten mit demselben Behagen
benagte, als er auf einem Rasenstücke geweidet hätte.

Der bekannte Englische Reisende W. Moorcroft
hat in der Landschaft Ladak eine kleine Schaafrace gefunden,
welche ihre magern Felsenwaiden häufig verläßt, um in den
Häusern alle Abfälle zu verzehren. Diese Schaafe lecken die
Töpfe aus, nagen Knochen ab ic.

Wenn in Südamerica die Wanderheuschrecken einen
Landstrich fast ganz von Blättern und Gras entblößt haben,
so frißt das hungrige Rindvieh zuletzt die Heuschrecken selbst.
Die Milch der Kühe nimmt nach diesem Futter eine Art
von Moschusgeruch, und einen sehr unangenehmen Geschmack
an, den man auch an den Eiern der Hühner bemerkt, die
übrigens von Heuschrecken sehr fett werden.

Daß sich fleischfressende Thiere an Fischkost gewöhnen,
ist weniger sonderbar. Die Hunde der Kamtschadalen, welche
im Winter die Schlitten ziehen müssen, und also mit
getrockneten Fischen gefüttert werden, laufen im Sommer
halb wild umher, und halten sich mehrentheils an der See=
küste auf, wo sie in's Wasser treten und auf Fische lauern,
die sie mit den Zähnen ergreifen.

Der Fuchs fischt auf dieselbe Weise wie der Hund; die
Katze dagegen setzt sich an's Ufer (oder, was der Uebersetzer
öfters gesehen, auf einen im Wasser liegenden großen Stein),
und wirft die ihr nahe kommenden Fische mit den Krallen
auf's Trockne. In einzelnen Fällen hat man jedoch auch
bemerkt, daß dieses Thier, welches sonst die Nässe so scheut,
in's Wasser springt, um Fische zu fangen. Das Journal
von Plymouth berichtet in der Nummer vom Januar 1828
über einen sonderbaren Fall dieser Art. „Es befindet sich,
heißt es a. a. O., gegenwärtig auf der Batterie der Teu=
felsspitze eine Katze, welche mit erstaunlichem Eifer und Er=
folg fischt. Sie stürzt sich täglich in's Meer und kommt
mit lebendigen Fischen zurück, die sie in das Hauptwache
trägt, wo die Soldaten ihr dieselben abnehmen. Sie ist ge=
genwärtig 7 Jahr alt, und hat sich in dieser Art schon
lange nützlich gemacht. Man schreibt ihre Neigung, in's
Wasser zu gehen, ursprünglich dem Umstande zu, daß sie
sich durch den Fang der Wasserratten nach und daran
gewöhnt habe. Jetzt hat sie ihre natürliche Abneigung ge=

wöhnlich glaubt, denn es ist erwiesen, daß es Pferde giebt,
die in großer Masse rohes Fleisch fressen. Das seltenste und
außerordentlichste Beispiel dieser Art ist dasjenige, von welchem
Thuiller=Maugis umständlich berichtet. Es bezieht sich
auf das Pferd eines Metzgers, welches nichts lieber fraß, als
rohes Fleisch, und so oft es konnte, die Fleischbank bestahl.
Eines Tages fraß es binnen einer Stunde über 20 Pfund von
der Keule eines eben abgezogenen Ochsen ab, und es würde
noch mehr gefressen haben, wenn nicht Leute dazu gekommen
wären, und es von der Keule weggetrieben hätten. Diese
Mahlzeit bekam dem Pferde vortrefflich. Warum sollte man
also Pferde nicht an die Genuß von rohem Menschenfleisch
gewöhnen können?!

D. Ueb.

gen das Wasser so sehr besiegt, daß sie so gerne hineingeht, wie ein Neufundländischer Hund. Sie besucht täglich die Klippen am Meeresufer, und lauert dort auf Fische, welche sie bis auf den Grund des Meeres verfolgt.

Wahrscheinlich benehmen sich alle Arten der Katzengattung unter ähnlichen Umständen eben so wie die Hauskatze. In Bezug auf den Jaguar ist dieß durch Beobachtungen erwiesen. „In Guiana und Brasilien, erzählt Lacordaire im Decemberheft 1832 der Revue des deux mondes, fischt der Jaguar des Nachts an den Meeresbuchten, indem er die Fische mit den Klauen aus dem Wasser an's Ufer schnellt. Mir selbst erzählte ein Schiffer den 7ten März 1824 im Dorfe San=Carlos, welches an der Stelle liegt, wo der Meta in den Orenoco fällt, er habe ein Jaguarweibchen bei einer Stromschnelle des Orenoco Forellen fischen sehen, welche durch das seichte Wasser stromaufwärts schwammen. Das Thier brachte die Fische seinen Jungen, die sich versteckt und ruhig verhielten, aber als sie satt waren, ebenfalls an's Wasser kamen, und es ihrer Mutter nachzumachen suchten. Ein Landwirth, welcher zugegen war, erzählte, als Augenzeuge folgenden Kampf zwischen einem Jaguar und Kaiman: „Ich lag, sagte er, auf einem flachen Ufer und lauerte auf Schildkröten, die dort öfters aus dem Wasser steigen, um ihre Eier zu legen *), als ich einen Jaguar am Ufer hin kriechen sah, welcher einem sich sonnenden Kaiman den Weg in's Wasser abzuschneiden suchte. Der Jaguar ergriff den Kaiman auch, wurde aber von diesem in und unter das Wasser gezogen. Nach ziemlich langer Zeit kam der Jaguar wieder allein hervor, wälzte sich auf dem Sande, stürzte sich wieder in das Wasser und kam abermals ohne Beute heraus. Erst das drittemal zog er den getödteten Kaiman an's Ufer **)." (Revue des deux Mondes tome deuxième 18. Avril 1833.)

*) Die Schildkröten legen fast nur des Nachts ihre Eier; allein wenn sie durch irgend Etwas daran gehindert worden sind, so fühlen sie einen solchen Drang, es zu thun, daß sie des Tages aus dem Wasser steigen, und öfters durch die Sonnenhitze erstickt werden.

**) Das Register dieser regelwidrigen Diät verschiedener Säugethiere ließe sich außerordentlich vermehren. Man braucht nur wandernde Menagerien zu besuchen, um auffallende Beispiele davon zu sammeln, an was für unnatürliche Kost sich manche Raubthiere gewöhnen können. In einer Menagerie, welche fast durchgehends aus Bärenarten bestand, wurden sämmtliche Arten, selbst der bärbeißige Indianische Bär und der Eisbär, bloß mit Commisbrod gefüttert, obgleich der Mensch, der die Beschreibung dieser Thiere seinen erstaunten

Miscellen.

Ein merkwürdiger Fall von Corpulenz wurde kürzlich bei einem Knaben von 14 Jahren beobachtet, welcher der Royal Society zu London vorgestellt wurde; seine Gesichtszüge sind freundlich, und die Einfachheit derselben, welche an das Kindesalter erinnert, bildet einen merkwürdigen Contrast mit seiner Körpermasse. Er war in Lincolnshire geboren, und bei seiner Geburt durch nichts ausgezeichnet. Erst vor 3 Jahren mußte er wegen eines Beinbruches lange Zeit sich ruhig verhalten; darauf folgte ein ähnlicher Unglücksfall, der natürlich wieder lange ein ruhiges Verhalten nöthig machte, und damals fing seine Körpermasse so gewaltig an, zu wachsen. Er wiegt jetzt 14 Stein 2 Pf., und mißt in der Höhe 5 Fuß, quer über die Brust 45 Zoll, quer über den Unterleib 44 Zoll, über die Wade 10½ Zoll. Seine Muskelthätigkeit ist bedeutend, sein Appetit und sein Schlaf sind mäßig, in seinem Benehmen und andern Beziehungen ist er ganz Kind. Hr. Pettigrew bemerkte bei dieser Gelegenheit, daß Fälle von Corpulenz in feuchten Gegenden häufiger vorkommen, als in trocknen. Auf einen wohlbeleibten Franzosen kommen 100 wohlbeleibte Engländer, was hauptsächlich daher rührt, daß letztere zu viel thierische Substanzen und gegohrne Getränke zu sich nehmen, welche sehr auf Fettbildung hinwirken. Er wies auf mehrere Leiden hin, die ihren Grund in Corpulenz haben können, welche letztere man als eine chronische Krankheit zu betrachten habe.

Landi's Hygrometer wird folgendermaßen beschrieben „Es besteht aus einer Kugel, die aus einer geheim gehaltenen Materie verfertigt ist, und in einem mit Wasser gefüllten Gefäße aufgehängt wird. Zwei Tage, nachdem die Kugel aufgehängt ist, fängt ihr Volumen an, sich zu vergrößern. Nach 10 — 12 Tagen bildet sie (?!) eine schöne Pyramide mit glänzenden Seitenflächen (?!). Bei regnigtem Wetter bedecken sich die Flächen der Pyramide mit verschieden gefärbten Kügelchen; steht Sturm, Reif oder Kälte bevor, so springen Funken aus der Pyramide (??!!). Kommt Nebel oder Wind, so wird die Pyramide flacher, und droht Schnee, so färbt sich dieselbe ganz dunkel und gleichfarbig. (Ich möchte noch mehr Frage- und Ausrufungszeichen machen. F.)

Eine lebende Amphisbäna befindet sich jetzt in den Surrey Zoological Gardens bei London. Sie ist 4 Fuß lang, von Dr. Wroughton dahin geschenkt, und, soviel bekannt, das erste lebende Exemplar, was in Europa gezeigt wird.

Die eilfte (dießjährige) Versammlung der Deutschen Naturforscher und Aerzte wird zu Breslau, vom 18. Septbr. an, statt haben. Indem die Geschäftsführer, G.M.R. Wendt und M.R. Otto dazu einladen, bemerken sie, daß sie vom 14. Sept. an, von 10 — 12 und von 3 — 5 Uhr, im Senatszimmer der Universität zu treffen seyn werden.

Zuhörern mit lauter Stimme vortrug, bei dem letztern Bären bemerkte, daß er bloß Fische und Fleisch fresse, während man sich durch den Augenschein vom Gegentheil überzeugte. Daß viele Hausthiere, z. B., Pferde, Hunde ꝛc., gegohrne Getränke gern genießen, ist bekannt, und ich selbst besitze einen Hund, der vorzüglich gern Zwetschen frißt, und ziemlich starke Quantitäten davon ohne allen Nachtheil zu sich nimmt. D. Ueb.

_____

Heilkunde.

Ueber die Pathologie der Luxation des Schultergelenkes.
Von Dr. Philipp Crampton.

Die Behandlung der Luxation des Schultergelenkes hat zu allen Zeiten einen großen Theil der Aufmerksamkeit practischer Wundärzte in Anspruch genommen. Die Pathologie der Affection, auf welche allein eine rationelle Behandlungsart sich gründen läßt, ist nur sehr dürftig beleuchtet worden.

Im Jahr 1810 klagte, z. B., „der treffliche und erfahrne Wundarzt Hr. Hey zu Leeds, daß die Gelegenheiten, um das Schultergelenk in einem Zustande der Luxation zu gliedern, so selten seyen, daß man die eigentliche Natur der Verletzung, welche so verschieden, in gewöhnlichen Fällen dabei interessirten Theile erfahren, noch immer nicht kenne." Als Hr. Hey seine Observations on Surgery schrieb, konnte man, meines Wissens, nur einen einzigen

Fall, in welchem der eigentliche Zustand der Gelenktheile bei einer frischen Luration des Schultergelenkes beschrieben und abgebildet war; und selbst dieser Fall verliert viel von seinem Werthe, wegen der confusen Art, mit welcher er beschrieben ist, und wegen des sehr unvollkommenen Kupferstiches, welcher der Beschreibung beigegeben ist. Der Fall war auch streng genommen kein frischer, indem von der Zeit der entstandenen Verletzung an, bis zur Untersuchung des Gelenkes nach dem Tode 18 Tage vergangen waren; und während dieser Zeit scheinen die Theile beträchtliche Veränderungen, sowohl in ihrer Structur, als in ihren gegenseitigen Beziehungen erfahren zu haben. Die berühmte Monographie des Professor Bonn enthält, wie ich glauben sollte, alle Auskunft über die Pathologie der Schulterluration, die bis zum Jahr 1782 nur gesammelt werden konnte. Er giebt die Anatomie mehrerer Fälle von nicht eingerichteter Luration des Humerus, aber die frischeste hat doch zwei Jahre bestanden. Diese Fälle lassen deßhalb über den genauen Zustand der Theile bei einer frischen Luration anlangt, und die Hindernisse, die der Einrichtung entgegentreten, unberührt. Von solcher Beschaffenheit war meines Erachtens der unvollkommene Zustand unserer Kenntniß dieses Gegenstandes, als Sir Astley Cooper, dessen Talente und Thätigkeit, unterstützt durch eine große Erfahrung, über so viele wichtige Puncte der pathologischen, wie der practischen Chirurgie Licht verbreitet haben, seine Beschreibung der Zergliederung zweier Fälle von frischer Luration des humerus bekannt machte. So allgemein bekannte Fälle braucht man wohl nicht umständlicher zu erwähnen, als daß man höchstens bemerkt, die Luration habe niederwärts, oder in die Achselgrube stattgefunden; daß im ersten Falle das Kapselband längs der ganzen innern Seite der Gelenkgrube zerrissen war, und daß dieser Riß einem voluminösern Körper, als dem Kopfe des os humeri Durchgang gewährt haben würde. Die Sehne des m. subscapularis war auch sehr weit zerrissen, aber der Höcker, an welchem die mm. supra- und infra-spinatus und teres minor inserirt waren, war nicht, wie in dem Falle des Hrn. Thompson, abgebrochen. Im zweiten Falle, in welchem die Luration 5 Wochen lang uneingerichtet geblieben war, war das Kapselband in der Achselhöhle zwischen den mm. teres minor und subscapularis zerrissen, eben so auch die Sehne des m. subscapularis, obgleich bei seiner Insertion alle Gelenkmuskeln, aber besonders der supraspinatus, mehr oder weniger zerrissen waren, und zwar, wie es scheint, in Folge der gemachten Einrichtungsversuche. Sir Astley Cooper fand, „daß der Widerstand gegen die Einrichtung so groß sey, daß er sie allein nicht zu besiegen vermochte; er zerschnitt einen Muskel nach dem andern, indem er durch den coraco-brachialis, teres minor und minor und den supraspinatus schnitt, aber immer blieb der Widerstand gegen seine Anstrengungen derselbe; er zerschnitt nun auch den m. deltoideus und fand, daß der m. supraspinatus sein mächtiger Gegner sey, bis er endlich den Arm gerade nach aufwärts zog, worauf der Knochenkopf in die Gelenkgrube schlüpfte." Ich bin im Stande, diesen beiden interessanten Fällen, wie sehr sie auch über so viele wichtige Puncte Licht verbreiten, welche mit der Luration des humerus nach niederwärts, oder in die axilla in Verbindung stehen, zwei neue hinzuzufügen, welche von mir selbst beobachtet worden sind: die eine war eine frische Luration nach niederwärts, und die andere eine frische Luration nach vorwärts unter dem Brustmuskel an der Sternalseite des processus coracoideus.

Fall 1. — Im Jahr 1808 wurde ein Arbeiter fast schon im Sterben in das Hospital der Grafschaft Dublin gebracht. Der Mann, welcher ihn brachte, sagte aus, daß der Patient beschäftigt gewesen sey, unter der Grundlage eines abgebrannten Hauses zu graben, daß ein Theil einer Bleiche auf denselben gestürzt sey, und daß man ihn, mit seinem Kopf im Schutte begraben, gefunden habe. Der Patient lebte nur noch ein Paar Stunden. Als der Leichnam 18 Stunden nach dem Tode untersucht wurde, machte man die Bemerkung, daß außer der Verletzung des Kopfes, welche den Tod herbeigeführt hatte, der rechte humerus in die axilla lurirt sey. Diesem Theile widmete ich, in Verbindung mit meinem verstorbenen Freund und Collegen, dem Dr. Dease, meine ganze Aufmerksamkeit und nahm in Gegenwart einiger anderer Wundärzte des Hospitales eine sorgfältige Zergliederung des Gelenkes vor, ehe ich die Luration wieder einrichtete; auch war ich so glücklich, eine von einem ausgezeichneten Künstler auf der Stelle gefertigte Zeichnung der Theile zu erhalten. Als die Bedeckungen der axilla weggenommen wurden, bildete das Zellgewebe, in welchem eine ausgebreitete Ecchymose befand, eine Art von Kappe, die den Kopf des os humeri dicht umschloß. Letzterer saß, als die axilla von allen sonst in ihr liegenden Theilen befreit worden war, an der unteren costa scapulae oder mehr an ihrem Halse. Der Kopf des Knochens hatte, bei seinem Austritt aus der Gelenkgrube, den m. teres minor niederwärts geschoben und sich einen Weg durch den unteren Theil des m. subscapularis gebahnt, von welchem einige Fasern dem Halse des Knochens fest umgaben, während die große Masse des Muskels aufwärts geschoben, und von der innern Oberfläche der scapula abgerissen war. Der Hals des humerus war deßhalb im gewissen Grade von den zertrennten Fasern des m. subcapularis umgeben, während eine Portion seines Kopfes auf dem Halse und auf einem Theile der vordern Fläche der scapula ruhte, ohne Vermittelung irgend einer Muskelsubstanz. Der kurze Kopf des m. biceps und des m. coraco-brachialis waren genöthigt, eine Curve nach auswärts über den Hals des humerus an der Brustseite zu beschreiben, während die lange Kopf des m. triceps queer über den Hals des Knochens, jedoch in schräger Richtung an der Dorsalseite hinlief. Diese Einklemmung des Knochenkopfes durch die umgebenden Muskeln war am deutlichsten zu erkennen, wenn am Vorderarme die Extension vorgenommen wurde. Der biceps und triceps schienen dann hinten den Knochenkopf umschließen und sich zwischen ihn und die Gelenkgrube zu lagern. Die Sehne des langen Kopfes des m. biceps lag in ihrer Rinne, aber die Scheide, von welcher sie umgeben wird, war theilweise aufgerissen.

Das Kapselband war vom unteren Theile des Halses des humerus an bis über seinen halben Umfang vollständig zerrissen, und der zerrissene Rand nahm sich wie ein Kamm auf dem Knochenkopfe aus. Die großen Nerven und Blutgefäße des Armes waren genöthigt, vermöge des Druckes des mit' ihnen in Berührung stehenden Knochenkopfes hinterwärts eine Curve zu beschreiben. Aber die größte Beschädigung hatten die sogenannten Gelenkmuskeln erfahren, die auf dem Rücken der scapula liegen. Die Sehnen des m. supraspinatus, des m. infraspinatus und des m. teres minor waren vollständig vom humerus abgerissen und mit ihnen ein Knochenblatt, welches für die Oberfläche des größeren Höckers, in den sie inserirt sind, erkannt wurde.

Um die Beschaffenheit der Hindernisse zu erforschen, welche sich der Einrichtung des luxirten Humerus entgegensetzen, wurde die scapula fixirt, und nachdem der Arm ziemlich bis zu einem rechten Winkel mit dem Körper emporgehoben war, wurde die Extension langsam am Arme vorgenommen, indem man am Handgelenke zog. So lange die Hand auf dem Rücken liegend gehalten wurde, schien der Knochenkopf unbeweglich zu bleiben und der Hauptwiderstand dadurch verursacht zu werden, daß des m. biceps und m. triceps hinter dem Kopfe des Knochens sich schlossen. Da die Muskeln an der Hinterseite der scapula vom größeren Höcker abgerissen waren, so konnten sie folglich keinen Widerstand leisten; als aber die Hand gedreht wurde, so daß die innere Fläche derselben nach unten zu liegen kam, und als man das ganze Glied in eine brehende Bewegung nach einwärts versetzte, so schlüpfte der Knochenkopf, während die Extension beständig unterhalten wurde, ganz leicht in seine Gelenkgrube.

Die in diesem Falle beobachteten Erscheinungen sind ziemlich identisch mit denen von Hrn. Henry Thompson in den Medical Observations and Inquiries beschrieben werden, während sie wesentlich von denen verschieden sind, die Sir Astley Cooper angetroffen hat, woraus sich die wichtige Thatsache ergiebt, welche man ziemlich a priori hätte folgern können, daß in scheinbar ähnlichen Luxationen des humerus sehr verschiedene Arten, wie auch Grade der Verletzung, und folglich sehr verschiedene Ursachen des Widerstandes bei der Einrichtung vorhanden seyn können.

In dem Falle des Hrn. Thompson, wie in dem meinigen, saß der Knochenkopf an der innern Seite des Halses der scapula zwischen dem m. subscapularis und dem m. teres major, aber während der 18 Tage, welche seit der Beschädigung vergangen waren, hatte die Zellsubstanz der axilla eine Art von Kapselband gebildet, welches den Knochenkopf umschloß und eine kleine Quantität eines Schleimes enthielt, der mit der synovia Aehnlichkeit hatte.

Im Falle des Hrn. Thompson war das Kapselband vom ganzen Umfange des humerus vollständig abgerissen, und in dem meinigen war es. weiter, als bis auf den halben Umfang getrennt. In beiden Fällen waren die Anheftungen der Sehnen des m. supraspinatus und des m.

infraspinatus mit dem Theile des Knochens abgerissen, in welchem sie inserirt waren. In beiden Fällen umschlangen einige Fasern des m. subscapularis den Hals des Knochens.

In Sir Astley Cooper's Fällen dagegen war der supraspinatus und infraspinatus, obgleich die Sehne des subscapularis zerrissen worden, mit dem größeren Höcker verbunden geblieben, und so lange dieser Muskel durch Aufhebung des Armes erschlafft war, konnte der humerus durch keinerlei Art von Anstrengungen, welche Sir Astley anwendete, eingerichtet werden."

Der folgende Fall liefert ein Beispiel primärer Luxation nach vorwärts, wobei der Knochenkopf sogleich an den Hals der scapula geschoben wird, ohne vorher in die axilla zu treten. Ich glaube, die Annalen der Chirurgie enthalten keine Zergliederung einer frischen Luxation dieser Art; es befindet sich indessen im Museum des St. Thomashospitales ein Präparat einer alten Luxation dieser Art.

Fall 2. — James Wilson, etwa 30 Jahre alt, fiel ganz in der Nähe des Hospitales der Grafschaft Dublin in einen Kalkofen, während der Kalk noch heiß war. Er wurde mittelst Seilen herausgezogen, aber gerade, als er den höchsten Punct des Ofenschachtes erreicht hatte, riß das Seil und er fiel abermals etwa 15 Fuß tief auf die glühenden Steine hinab. Sobald er aus seiner schlimmen Lage befreit war, schaffte man ihn in das Meath-Hospital, wo er von Hrn. M'Namara, der eben anwesend war, jede Hülfe erhielt, die in seiner traurigen Lage nur gereicht werden konnte. Bei näherer Untersuchung fand man, außer mehreren großen Brandverletzungen und Mißwunden, auch eine Luxation des humerus unter dem m. pectoralis.

Hr. M'Namara richtete den Knochen ohne alle Hülfe auf die Weise ein, daß er mit der einen Hand den Arm sanft vorwärts und niederwärts zog, während er den Knochenkopf mit dem andern nach der Gelenkgrube schob. Der arme Mann starb noch im Laufe des Tages in Folge der Gesammtwirkung der Brandbeschädigung und des Falles. Achtzehn Stunden nach dem Tode wurde das Schultergelenk von Hrn. M'Namara zergliedert, und ich entlehne von ihm die Beschreibung der Erscheinungen mit dem Vortheile, daß ich das Präparat, indem ich dieses schreibe, vor Augen habe.

Die Luxation war weder mit der Zerreißung eines Muskels noch mit einer Trennung einer Sehne von ihrer Anheftung am Knochen verbunden. Durch schwache Anstrengung ließ sich die Luxation wiederherstellen, und nachdem die Brustmuskeln entfernt waren, sah man den glatten Knochenkopf an der Wurzel des processus coracoideus am cervix scapulae liegen, aber er hatte sich kaum bis zum Ausschnitt in der oberen Rippe entfernt; er war durch einen Riß des Kapselbandes über dem oberen Rande der Sehne des m. subscapularis gedrungen, hatte die Verbindung dieses Muskels mit der innern Seite der scapula (welche an dieser Stelle nur schwach ist) getrennt, und schob die Fasern desselben vorwärts, so daß sie eine Curve bildeten, welche zum Theil den Hals des humerus umschloß; der supraspinatus und infraspinatus waren ausgedehnt, hatten aber keine Verletzung erlitten.

Die Zellſubſtanz, welche ihre Sehnen bedeckte, war ſtark ecchymoſirt, ſo daß der Verlauf derſelben ſehr deutlich hervorgehoben wurde. Nachdem der Knochenkopf in ſeine Gelenkgrube zurückgeführt worden war, konnte man die Deffnung im Kapſelbande, durch welche hindurch er ſeine Gelenkgrube verlaſſen hatte, deutlich ſehen. Sie war durch eine Trennung des Bandes von der vordern Seite des Randes der Gelenkgrube, die von oben bis unten reichte, entſtanden; oben wurde ſie begränzt von der Sehne des ſupraſpinatus und unten vom untern Rande der Sehne des ſubscapularis; der Riß ſetzte ſich fort bis zur Wurzel des kleinern Höckers des os humeri, und war alſo gerade von ausreichender Länge für den bequemen Durchgang des Knochenkopfes; der untere Theil des Kapſelbandes (der der axilla entſprechende Theil) war indeſſen unverſehrt.

Die großen Blutgefäße und Nerven lagen an der Sternalſeite des Knochenkopfes und waren ein wenig aus ihrer Richtung gedrängt. Die Achſe des Knochenkopfes, in der luxirten Lage deſſelben, befand ſich kaum ¼ Zoll höher, als die Achſe der Gelenkgrube. (Dublin Journal for March 1833.)

Ueber eine krankhafte Veränderung menſchlicher Muskeln, welche wahrſcheinlich von ſehr kleinen Blaſenwürmern herrührte.

Von John Hilton, Proſector am Guy's-Hoſpital.

Ein 70jähriger Mann, Namens Proctor, wurde wegen Krebſes an der männlichen Ruthe in das Guy's-Hoſpital aufgenommen, und 8 Monate lang bemerkte man, weder in Anſehung des Fortſchreitens der Krankheit, noch in andern Beziehungen irgend etwas Erhebliches. Nach Ablauf dieſer Zeit, und etwa 14 Tage vor dem Tode, zeigten ſich auf dem Kopfe und Geſichte eine Menge Inſecten, die wie gewöhnliche Läuſe ausſahen. Bei ſeiner Aufnahme war er durchaus von Ungeziefer frei geweſen, und im ganzen Saale war kein Patient damit behaftet. Die Kopfhaare backten zuſammen, und an den Integumenten des Kopfes zeigten ſich oberflächliche Geſchwüre. Man raſirte dem Patienten den Kopf kahl; allein nach dem Tode deſſelben, wo die Haare etwa ¼ Zoll lang waren, fanden ſich wieder ſehr viele Läuſe vor.

Das Cadaver wurde zum Ausſpritzen beſtimmt, und in eine Temperatur von 100° F. gebracht. 5 Tage nach dem Tode begann die Section, und es zeigte ſich dabei eine geſpenkelte Anſehn der Pectoralmuskeln, ſo wie ſämmtlicher willkührlich beweglichen Reſpirationsmuskeln, auf welche daſſelbe beſchränkt war. Die Muskeln waren blaß, weich, und nicht ſo deutlich faſerig, wie gewöhnlich. Zwiſchen ihren Faſern lagen mehrere ovale, in der Mitte durchſichtige, und an beiden Endern undurchſichtige Körperchen von etwa 1/12 Zoll Länge, deren große Axe mit den Muskelfaſern parallel ſtrich. Organiſation war an ihnen, mit Hülfe des Mikroſcops,

nicht zu erkennen. Bei drei Kaninchen wurde ein kleines Stückchen von dem Muskelfleiſch, worin ſich dergleichen Körperchen befanden, unter die Haut des Rückens gebracht. Die Kaninchen ſtarben ſämmtlich binnen 72 Stunden, ohne daß ſich an den fraglichen Körperchen Spuren von Wiederbelebung hätten wahrnehmen laſſen. Ein anderes Stück Muskel wurde einer gelinden gleichförmigen Wärme ausgeſetzt, allein die Fäulniß hatte ihren gewöhnlichen Verlauf, ohne daß ſich an den Körperchen die geringſte Spur von Erbenäthätigkeit zeigte. Dr. Addiſon that ein Stück von den Muskeln in ein feſt mit Papier, welches man mit Stecknadeln durchlöcherte, verſchloſſenes Glas, und befeuchtete das Fleiſch dann und wann mit Waſſer. Einige Wochen darauf befanden ſich im Glas mehrere Fliegen, anſcheinend von einer andern Art, wie die gemeine Stubenfliege, und mehrere Körperchen in dem Fleiſche hatten ſich zuſehends vergrößert. Eines derſelben enthielt den Embryo einer Fliege. Da jedoch die Communication mit der Atmoſphäre nicht vollkommen abgeſperrt geweſen war, ſo hält es Dr. Addiſon für zu gewagt, irgend einen Schluß auf dieſes Factum zu gründen. (London Medical Gazette, March 1833.)

Miscellen.

Ueber die Heilung des Geſichtſſchmerzes durch Auflegen eines Breies der zerkochten Wurzeln der Belladonna, hat Hr. Deleau der Jüngere eine Reihe von Erfahrungen gemacht, welche er jetzt der Académie des Sciences zu Paris vorgelegt. Er läßt die Umſchläge auf dem leidenden Theil ſo lange liegen, bis eine eigenthümliche Art von Affection des Hirns ſich zu zeigen anfängt, welche er einen Anfang von Strychnomanie nennt.

Die Tinctura Bignoniae Catalpae.
Rec. Succ. cort. rad. Bignon. Catalpae
    Alcoh. gr. sp. 0,830
          āā partes aequales.
Stent in loco frigido saepius agitando per octiduum et filtr. exhib.

hat Fiſcher, nach Dr. Chiſholm's Rath, gegen hartnäckigen Blepharoſpasmus ſcrophuloſus zu 4 bis zu 8 Tropfen, mit 12 Tropfen deſtilirten Waſſers verdünnt, 3mal des Tages lau in das Auge geträufelt, verſucht und vollkommen bewährt gefunden. (Clin. Unterr. in der Augenheilk.)

Die Holzkohle gegen ſcrophulöſe Augenentzündung mit ſpeckigen Hornhautgeſchwüren, hat Fiſcher unter folgender Formel: Rec. Carb. Tiliae et Mellag. Gram. āā ʒj. M. D. S. Alle 4 Stunden einen Kaffeelöffel; — mit Glück angewendet, indem er zugleich in das Auge Laud. liq. Syd. einträufelte.

Eine Apotheke, in Verbindung mit einer mediciniſchen Rathsertheilungsanſtalt, iſt zu Calcutta von Ram Comul Roy, von Shobhabazar, eingerichtet worden. Es iſt dieß die erſte Anſtalt der Art in Indien. Die Arzneiſubſtanzen werden daſelbſt zu feſten Preiſen verkauft.

Anſteckung von Augenkrankheiten durch fremde Augengläſer, deren Beſitzer kranke Augen haben, wird von Dr. Curtis behauptet.

Bibliographiſche Neuigkeiten.

Index entomologicus: or a complete illustrated Catalogue of the Lepidopterous Insects of Great Britain. By W. Wood. No. 1. London 1833. 8.

The Floricultural Cabinet and Florist's Magazine, No. 1. By J. Harrison. London 1832. 8.

Essai sur les Gangrènes spontanées, par V. François, Docteur en Médecine. Paris 1833. 8.

Notizen

aus

dem Gebiete der Natur- und Heilkunde.

Nro. 797. (Nro. 5. des XXXVII. Bandes.) Juni 1833.

Gedruckt bei Loſſius in Erfurt. In Commiſſion bei dem Königl. Preußiſchen Gränz-Poſtamte zu Erfurt, der Königl. Sächſ. Zeitungs-Expedition zu Leipzig, dem G. H. F. Thurn und Tariſchen Poſtamte zu Weimar und bei dem Landes-Induſtrie-Comptoir. Preis eines ganzen Bandes, von 24 Bogen, 2 Rthlr. oder 3 Fl. 36 Kr., des einzelnen Stückes, 3 ggl.

Naturkunde.

Ueber die Entzündung des weißen Diptams (Dictamnus alba).
Von Hrn. Biot.

Unter den phyſiſchen Erſcheinungen (welche ein Gegenſtand äußerſt intereſſanter Studien werden könnten), die ſich während des Lebens der Pflanzen zutragen, giebt es wenige, deren Erwähnung wunderbarer erſcheint, als diejenige, welche in der Regel dem weißen Diptam zugeſchrieben wird. Er ſoll nämlich an warmen Tagen mit einer Art ätheriſcher Atmoſphäre umgeben ſeyn, die ſich mittelſt einer brennenden Kerze entzünden läßt, ohne daß die Pflanze dadurch Schaden leidet. Eine ſolche Erſcheinung ſchien allerdings zu erheiſchen, daß der brennbare Dunſt durch die Lebensthätigkeit in ſeiner Erpanſion gleichſam zurückgehalten werde, oder vielmehr, daß die beſtändig erneuerte Emiſſion dieſes Dunſtes in dem Maaße, als er ſich in die äußere Luft zu verbreiten ſtrebt, denſelben immer um die Pflanze herum dicht erhalte, zwei Zuſtände der Dinge, die phyſiſch gleich ſchwer zu begreifen ſind.

Ich habe unſere berühmteſten Botaniker conſulirt, um einige genaue und ausführliche Umſtände über eine ſo ſonderbare Thatſache zu erhalten; aber ſie wußten nur im Allgemeinen davon und die meiſten hatten ſie nicht ſelbſt beobachtet. Dupetit-Thouars ſagte mir, daß er den Verſuch mehrmals ohne Erfolg gemacht habe. Die Schriftſteller, welche obiger Thatſache Erwähnung thun, diejenigen wenigſtens, welche ich habe zu Rathe ziehen können, erzählen die Thatſache mit ſo verſchiedenen einzelnen Umſtänden, daß man in Zweifel ſteht, ob ſie dieſelbe zufällig geſehen, oder ſie blos als Tradition aufgezeichnet haben.

Decandolle beſchränkt ſich in ſeiner Flore française bloß auf die Bemerkung, daß der weiße Diptam (la Fraxinelle) bei warmer Witterung einen brennbaren Dunſt aushauche. Bosc in dem Dictionnaire d'histoire naturelle de Déterville giebt einige beſtimmtere Umſtände an. „Die Enden der Stängel und die Blumenblätter der Blüthen

des Diptams, ſagt er, ſind mit einer unendlichen Menge von Bläschen bedeckt, welche mit weſentlichem Oele gefüllt ſind. Sie verbreiten in den warmen Tagen des Sommers einen ſtarkriechenden brennbaren und ſo reichlichen Dunſt, daß, wenn man ſich gegen Abend, nachdem eine etwas friſchere Luft dieſen Dunſt ein wenig verdichtet hat, dem weißen Diptam mit einer brennenden Kerze nähert, plötzlich eine große Flamme entſteht, welche ſich über die ganze Pflanze verbreitet, jedoch ohne ihr Schaden zu thun." Das Dictionnaire des Sciences médicales und das Dictionnaire classique d'histoire naturelle wiederholen dieſelbe Beſchreibung faſt mit ähnlichen Worten, und auch mit den Umſtänden, daß eine ätheriſche Atmoſphäre von der Pflanze in den warmen Tagen ausgehaucht, alsdann durch die Kühlung des Morgens, oder des Abends verdichtet werde und nun entzündet werden könne. Das Nouveau Dictionnaire d'histoire naturelle, wo man hätte erwarten können, eine beſtimmtere Erörterung dieſer Eigenſchaft zu finden, thut gar keine Erwähnung davon.

Nachdem mir der Zufall die Gelegenheit verſchafft hatte, dieſe Erſcheinung der Entzündung des weißen Diptams zu ſehen und mich zu überzeugen, daß es damit ſeine Richtigkeit habe, ſo nahm ich mir vor, die Urſache und die phyſiſchen Bedingungen derſelben zu erforſchen. Für dieſen Zweck ließ ich im Anfange des Frühlinges 1830 in meinem Garten auf dem Lande mehrere Exemplare des Diptam's an verſchiedene Standorte gegen Mittag, gegen Mitternacht, der Sonne ausgeſetzt und in den Schatten, pflanzen. Manche davon gehörten zu der Varietät mit rothen Blüthen, andere zu der Varietät mit weißen Blüthen. Sobald ſie beklieben waren, begann ich, ſie zu beobachten, und ich habe ſie auf dieſe Weiſe nun 3 Sommer hindurch in allen Phaſen der Vegetation im Auge behalten.

Da ich anfangs, den Schriftſtellern zufolge, die Realität einer ätheriſchen Emanation annahm, welche die Pflanze umgiebt, ſo bemühte ich mich, einen Theil dieſer Atmoſphäre zu ſammeln, um ihre Beſchaffenheit zu analyſiren; aber die

5

fer Verfuch ſchlug mir fehl. Weder Glasglocken, welche um die Stöcke herum aufgehangen wurden, um den Dunſt durch Verdichtung zu ſammeln, noch trockene, oder in fettes Oel eingetauchte und für denſelben Zweck aufgehangene Baumwollenflocken vermochten eine Quantität des ätheriſchen Dunſtes einzuſaugen, die auslänglich geweſen wäre, um bei der Annäherung brennender Körper die geringſte Erſcheinung der Entzündung darzubieten. Der Geruch allein vermochte die auf dieſe Weiſe geſammelten Emanationen zu empfinden, und es iſt bekannt, welche außerordentlich kleine Quantität Stoff hinlänglich iſt, um dieſen Sinn zu afficiren. Ich habe ſogar einen großen Büſchel Blüthen des weißen Diptam 15 Stunden lang in einen verſchloſſenen Raum gelegt, ohne daß die Luft dieſes Raumes ſattſam von dem riechenden Dunſte geſättigt worden wäre, um ſich entzünden zu laſſen *). Ich wendete mich nun zur Unterſuchung der Rindenbläschen, aus denen der angeblich brennbare Atmoſphäre emaniren ſollte. Dieſe Bläschen haben, mit dem Mikroſcope betrachtet, die Geſtalt kleiner Schläuche, die in eine Art von koniſchem Hals auslaufen, welcher am Ende in eine Spitze ausgezogen iſt. Sie ſind von Hrn. Mirbel in ſeinen Elémens d'anatomie et de physiologie végétale ſehr genau abgebildet worden. Man findet ſie mehr oder weniger reichlich an allen Theilen des Stängels vertheilt und zwar von der Stelle an, wo er aus der Maſſe der Blätter hervortritt; man ſieht ſie im größten Ueberfluß an den Blumenſtielen, hauptſächlich auf ihrer unteren Fläche an dem Ende, wo die Blüthe ſitzt; man kann ſie noch verfolgen an den Rändern der Kelchblättchen, an den Rändern der Blumenblattrippen, an den Staubfäden, an dem Griſel; endlich bedecken ihre Körner noch weit gedrängter auch alle Oberflächen der Ovarien, wenn ſie in Folge der Befruchtung angeſchwollen ſind. Unter dieſen kleinen Schläuchen ſind manche ſitzend und wiederum andere geſtielt, dieſe letztern verſchiedenartig und häufiger an den kräftigſten Theilen. Anfangs bei'm Erwachen der Vegetation ſind ſie ſehr klein, werden aber mit dem Wachsthume der Pflanze größer. Ihre Oberfläche, mit dem Mikroſcope bei einem ſehr hellen Lichte betrachtet, erſcheint bei der rothblüthigen Varietät wunderbar mit Roth und Grün gefleckt, bei der weißblüthigen Varietät ſie ganz grün. Das Innere iſt mit einer farbloſen Flüſſigkeit angefüllt, durch welche das Licht, wie in einem Focus, gebrochen wird. Der coniſche Hals, in welchen ſie auslaufen, iſt ein durchſichtiger Canal, ähnlich einem Haar, deſſen Spitze manchmal zerbrochen zu ſeyn ſcheint. Ich habe häufig am Ende dieſer Spitze einen kleinen klaren Tropfen geſehen, gleichſam als ob ein Theil der innern Flüſſigkeit durch die Erhöhung der Temperatur ausgedehnt, oder durch die Thätigkeit des Lebens abgeſondert worden und nach außen gefloſſen ſey. Ich habe auch häufig eine feſte Körner am Ende der kleinen Schläuche und ſogar kleine

*) Die einzelnen Blüthenſtängel waren in ein Gefäß voll Waſſer eingetaucht; ſie blieben kräftig und tauglich, um die Erſcheinung hervorzubringen.

der Oberfläche des Stängels hängen geſehen; nachdem es mir aber gelungen war, ſie wegzunehmen, indem ich bewirkte, daß ſie ſich an die Spitze einer ſehr feinen Nadel anhingen, habe ich mich überzeugt, daß ſie an der Flamme einer Kerze unverbrennlich ſind, ſo daß ſie in nichts zur Entzündung beitragen können, wenn dieſelbe um die Pflanze herum erfolgt. Ich weiß nicht, ob ſie von den Organen der Pflanze abgeſondert worden ſind, oder nicht. Wenn man die Oberfläche einer Portion des Stängels, oder eines Blüthenſtieles, beſonders an einem Theile, wo die Schläuche reichlich vorhanden ſind, ſchwach zwiſchen feinem Joſephpapier drückt, ſo färbt ſich das Papier grünlich, welche Farbe von der Zerdrückung der kleinen Schläuche herzurühren ſcheint, und es bringt alsdann ein äußerſt durchdringender Geruch von weſentlichem Oel heraus, welcher ganz derjenige des Diptam's ſelbſt iſt.

Dieſe Beobachtungen führten mich auf den Gedanken, daß die Entwickelung der Flamme um die Pflanze herum vollkommen durch die gleichzeitige, oder faſt augenblicklich fortgepflanzte Entzündung dieſer unzähligen, mit weſentlichem Oel gefüllten Schläuche erzeugt werden könne, ohne daß auf irgend eine Weiſe die wirkliche Exiſtenz einer brennbaren auf unbegreifliche Weiſe in ihrer Ausbreitung beſchränkten Atmoſphäre angenommen zu werden brauche. Wenn aber dem alſo wäre, müßte ſelbſt die Art der Entzündung und ihre phyſiſchen Eigenthümlichkeiten einen deutlichen Beweis dafür liefern; erſtlich wäre die Wärme des Sommers nicht mehr nöthig für die wirkliche Erzeugung der Erſcheinung, ſondern bloß für das Reifwerden der brennbaren, in den Schläuchen enthaltenen Flüſſigkeit; haben ſich einmal die Schläuche gebildet und ihre Reife erlangt, ſo kann die Kälte oder die Wärme des Augenblickes eben ſo wenig, als die Tageszeit etwas weiter dazu beitragen. Die Entzündung müßte ſchon erfolgen bei der Berührung des brennenden Körpers, oder wenigſtens bei einer ſolchen Näherung des brennenden Körpers, daß die Schläuche davon platzen. Endlich müßten ſie mit den Charactern der Aufeinanderfolge und der Fortpflanzung eintreten, wie es kleinen, nebeneinanderliegenden, mit einer brennbaren Flüſſigkeit gefüllten Kügelchen eigen iſt, nicht aber mit der augenblicklichen Gleichzeitigkeit, mit welcher ſich ein Gasvolumen entzündet.

Alle Verſuche, welche ich gemacht habe, haben einſtimmig gezeigt, daß die Erſcheinung wirklich bloß durch die Entzündung der Flüſſigkeit in den Schläuchen ſtattfindet. Einige nähere Umſtände, welche ich aus meinen Notizen ausgezogen habe, werden dieſes Reſultat vollkommen einleuchtend machen.

Den 26ſten April 1830 verſuchte ich es, die Flamme eines Schwefelhölzchens unter den Stängel einer Blüthentraube der rothen Varietät zu bringen, welche mir ſchon mit einer gewiſſen Anzahl aus angeſchwollener Schläuche verſehen zu ſeyn ſchien. Ich erhielt keine fortdauernde Entzündung, ſondern es ziſchten nur an einzelnen Orten Flämmchen auf, gleich denen, welche das Spritzen des ätheriſchen Oels hervorbringt, wenn man die Orangenſchaale an der Flamme einer Kerze preßt. Der übrige Theil der Pflanze, wo die Schläuche ſchwächer und ſeltener waren, bot nicht einmal dieſe Erſcheinung dar. Ich wiederholte den Verſuch am folgenden Jahr zu einer ähnlichen Zeit, und das Reſultat blieb daſſelbe. In den Theilen, wo das Funkenziſchen entſtanden war, erſchienen die Schläuche obliterirt und geſchwärzt.

Am 15ten Mai 1830 hatten mehrere Blüthenſtängel ihre vollſtändige Entwickelung erlangt, die Schläuche waren beträchtlich angeſchwollen und auf der Oberfläche aneinandergedrängt. Die Witterung war den ganzen Tag über kalt und trocken, und des Abends ſtand die Temperatur auf 9° 5′ des hunderttheiligen Thermometers; ich wiederholte den Verſuch der Entzündung. Er gelang mir, die Flamme unter die Stiele einiger entwickelten Blüthen, beſonders dicht an dem Urſprung dieſer Blüthen, gehalten wurde, wo die Schläuche weit häufiger ſind. Dieſer Zuſtand der Entwickelung iſt jedoch nicht unerläßliche Bedingung, denn die Wirkung war ebenfalls ſehr merkbar an einem Blüthenſtiele, deſſen Blüthe ſich erſt zur Hälfte geöffnet hatte. Obgleich die Entzündung ſehr deutlich war, ſo war ſie jedoch nicht von der Beſchaffenheit, daß ſie von der Baſis einer Blüthe auf diejenige einer anderen von ſelbſt übergeſprungen wäre; man mußte ſie ſuccessiv an jeder Stelle herbeiführen, was ich in sehr geringem Grade that, um nicht den Blüthenstängeln zu schaden. Unter denjenigen, welche auf diese Weise die Erscheinung darboten, gab es welche, die ich den 28sten April vergebens versucht hatte; andere, deren Schläuche wirklich entzündet und zerstört worden waren, konnten noch 1 Woche später abermals entzündet werden, weil ohne Zweifel andere Schläuche seit dem früheren Versuche zur Reife gelangt waren. Bei diesem dritten Versuche vom 2ßten Mai erfolgte die Entzündung sehr lebhaft an allen Stängeln, weil die Entwickelung der Pflanze sehr vorgeschritten war.

Ich habe seit der Zeit manchmal von dieser Wiederholung der Erscheinung an einem und demselben Blüthenstängel zu verschiedenen und successiven Epochen seiner Existenz mich überzeugt, und nachdem ich mehr geübt war, die Quelle derselben mit Schonung zu benutzen, konnte ich sie dieses Jahr 7 oder 8mal in einem merklichen Grade an einem und demselben Blüthenstängel hervorbringen, indem ich successiv seine verschiedenen Theile der Entzündung unterwarf. Wenn diese Entzündung nur oberflächlich ist, so hindert sie nicht, daß die Befruchtung von statten geht, und ebensowenig, daß sie Ovarien anschwellen. Die Temperatur von 9° 6 C. ist nicht die niedrigste, bei welcher ich die Entzündung beobachtet habe, denn ich habe sie dieses Jahr den 13. Mai hervorgebracht, wo das an die Pflanze befestigte Thermometer nur 7° 5 C. anzeigte. Es hatte den ganzen Tag geregnet, und bazwischen die Witterung sich mitunter für Augenblicke aufgeklärt, so daß die Pflanze ganz durchnäßt war, als die Entzündung an einem ihrer Stängel vorgenommen wurde. Aber es ist keineswegs nothwendig, daß der Versuch besonders des Abends gemacht werde, denn man kann ihn zu jeder anderen Stunde vornehmen; ebensowenig ist es nothwendig, daß die Blüthenstängel in Büscheln vorhanden und im Boden befestigt sind. Abgeschnittene und von der Pflanze getrennte Stängel lassen sich mit allen denselben Charakteren entzünden, sobald ihre Schläuche in dem gehörigen Grade der Reife sich befinden. Man kann sie in der umgebenden Luft schütteln, gegen sie den Luftstrom eines Blasebalges richten, und sie sogar in's Wasser untertauchen, um sie von ihrer angeblichen ätherischen Atmosphäre zu befreien, und sie bieten dennoch gleich nachher alle Resultate der fortgepflanzten Entzündung dar, außer daß die Entzündung etwas schwieriger sich am Stängel ausbreitet, wenn derselbe vom Wasser durchnäßt ist. Endlich bemerkt man, selbst in der Art, mit welcher diese Erscheinung eintritt, zwei physische Charaktere, welche jeden Gedanken einer Schhülle, welche wirklich entwickelt und um die Pflanze herum verbreitet sey, ausschließen. Der erste besteht darin, daß die Entzündung sich immer leicht von unten nach oben an einer Blüthentraube verbreitet, aber bei weitem nicht so leicht von oben nach unten, so daß man, nachdem ganz deutlich der obere Theil einer Blüthentraube entzündet worden ist, auch noch den unteren Theil derselben entzünden kann. Der zweite Charakter, welcher mit dem vorhergehenden verwandt ist, besteht darin, daß, wenn man unten eine Blüthentraube entzündet und sie eine fortgesetzte Feuerentwicklung an ihrer ganzen Länge dargeboten hat, man an derselben noch einige freistehändige Blüthenstiele findet, welche dieser Fortpflanzung der Entzündung entgangen sind, so daß, wenn man diese Flamme ihrer Oberfläche besonders nähert, man auch hier die Entzündung hervorrufen kann. Diese Möglichkeit der Aufeinanderfolge und der Isolirung in der Erscheinung der Entzündung läßt sich sehr gut von einem System von Kügelchen begreifen, welche abgesondert auf allen Theilen der Pflanze vertheilt sind: sie könnte aber nicht vorkommen bei einer zusammenhängenden Masse von brennbarem Dunst, mit welchem, wie man geglaubt hat, der weiße Diptam umgeben seyn sollte.

Die Erscheinungen, welche ich eben beschrieben habe, kommen bei beiden Varietäten des Diptams, mit rothen und mit weißen Blüthen vor, jedoch nicht so leicht und minder reichlich auf der Lehtern Varietät, deren Schläuche weit kleiner und nicht so zahlreich zu seyn scheinen, welche Ungleichheit man auf diesen so nahe verwandten Individuen bemerken kann. Ich werde wahrscheinlich nächstens Gelegenheit finden, eine andere weit sonderbarere Anomalie in den durch die Vegetation bei Individuen einer und derselben Familie entwickelten Erzeugnissen anzudeuten, welche die Botaniker in Ansehung der äußeren Charaktere dieser Familie mit Recht als kaum verschiedene Varietäten betrachten.

Bekanntlich hat die äußere Temperatur, indem sie die Phasen des Reisens modificirt, beträchtlichen Einfluß auf die absolute Quantität des wesentlichen Oeles, welches eine und dieselbe Pflanze erzeugt. Die kalte Beschaffenheit dieses Jahres scheint auch auf die eben beschriebene Erscheinung gewirkt zu haben; die Schläuche des Diptams sind nicht so groß als sonst, und ihre Entzündung scheint schwächer zu seyn, als in einigen der vorhergehenden Jahre.

Ich habe bis jetzt keine andere als diese Pflanze gekannt, an welcher man die Entzündung vornehmen könnte. Ich habe vorgegebens an anderen Pflanzen versucht, deren Paare eben so reich an Bläschen sind, z. B., an Rosenstöcken und am Steinbrech. Die in ihren Kügelchen befindliche Substanz scheint eher gummiartig als brennbar zu seyn, wenn ich aus einigen Versuchen darüber urtheilen darf. Aber es ist Sache der Chemiker, uns über die unendlich verschiedene Beschaffenheit dieser Erzeugnisse und so vieler anderer zu belehren, welche durch die Lebensthätigkeiten in den Pflanzen sich entwickelt haben. Die äußeren Wahrnehmungen allein sind dem Naturforscher zugänglich, und das Wunderbare, was man bis jetzt in den Erscheinungen, welche der Diptam darbietet, gefunden zu haben glaubte, wird mir bei der Academie entschuldigen, daß ich es unternommen habe, sie von ihrer Wirkung zu unterhalten, die, nachdem sie erklärt ist, so einfach erscheint. (Nouvelles Annales du Muséum d'Histoire naturelle T. I. p. 273 bis 281.)

Auszug mehrerer Briefe des vor Kurzem in Ostindien verstorbenen reisenden Naturforschers V. Jacquemont.

Samalkah, nördlich von Delhi bei Panipur, den 16ten März 1830.

M. H., Ich habe die Ehre gehabt, Ihnen im vergangenen Monate November einen Brief aus Chandernaghor zu schreiben, in welchem ich Ihnen die Marschroute verbreitete, die ich nach über die Anordnungen, die ich bereits getroffen hatte, und meine Reise so nützbar zu machen, als es nur für meine Zwecke möglich war. Ich kann Ihnen gegenwärtig melden, daß nun beinahe die ganze Beschwerlichkeit hinter mir liegt, welche mich damals von den Gebirgen trennte, wo ich Willens war, den Sommer zuzubringen. Samalkah, von wo ich die Ehre hatte, Ihnen zu schreiben, liegt 20 Lieues nördlich von Delhi.

Einige Tagmärsche nordwestlich von Calcutta fand ich die Jungtee, welche die weiten Ebenen am Fuße der niedrigen Berge von Behar bedecken. Hier findet man die Steinkohlengruben von Rannigunge, die einzigen, welche in Indien noch in Betrieb sind. Ich begann, hier einige Sammlungen zu machen. Die Beschaffenheit dieser Steinkohlenlager, der Sandstein und der kohlenhaltige Schiefer, denen sie untergeordnet sind, so wie die Pflanzenabdrücke in der letztgenannten Formation sprechen auf's Deutlichste dafür, daß der den großen Steinkohlenformation angehören. Die einzige Anomalie, welche dieses Lager in Bezug auf die so bekannten Charactere dieser Gebirgsart darbietet, ist die Anwesenheit fossiler Vegetabilien, die ich für Stämme dicotyledonischer Bäume halte. Es ist aber wahrscheinlich, daß eine genaue Vergleichung derselben mit den Fossilien derselben Gebirgsart, an denen unsere Sammlungen so reich sind, diese Ansehen widerlegen wird.

Ich gelangte zu Rogonautpur, zwischen Calcutta und Benares, vor ungefähr 15 Tagen, wieder auf die offene Straße, nachdem ich die öden Wälder Bengalens und Behar's passirt war. Obgleich diesige Gegend im Süden wirklich an die Linie des Wendekreises gränzt, so besitzen doch die Wälder, welche sie bedecken, nichts von der Mannichfaltigkeit der Vegetation, die man sie zwischen den Wendekreisen zu finden pflegt. Der Winter, der hier, bei der sehr mäßigen Erhöhung der Gebirge über dem Meereßspiegel, doch sehr empfindlich war, hatte mehrere hier vorherr-schende Pflanzenarten ihrer Blätter beraubt. Die außerordentliche Trockenheit dieser Jahreszeit, verbunden mit der kalten Tempera-tur der Nächte, hatte die Vegetation der Bäume behindert und diejenige der krautartigen Pflanzen fast allgemein vernichtet. Meine Pflanzensammlungen wurden hier nur durch eine geringe Zahl von Arten bereichert.

Dieselben Ursachen übten einen ähnlichen Einfluß auf das thie-rische Leben aus, und dieses empfanden auch meine zoologische Sammlungen.

Ich bedauerte weniger diese Armuth und Einförmigkeit der Natur, weil die nöthige Eile meiner Reise und die äußerste Kärg-lichkeit meiner Reiseeinrichtung es mir schwerlich gestattet haben würden, die Reichthümer, welche diese Gegend mir darbieten konnte, aufzubewahren und mit mir fortzuschaffen. Mein Zweck war es, schnell und wohlfeil zu reisen, um meine Zeit und mein Geld für interessantere Orte aufzusparen, wo ich mich-längere Zeit aufzu-halten gedachte und beide mit größerem Nutzen verwenden konnte.

Ich war den 20sten November von Calcutta abgereist, und nur mit aller Mühe gelang es mir, den letzten Tag des Jahres Benarès zu erreichen. Ich blieb hier 6 Tage, damit sich meine Leute und meine Reiseequipage erholen möchte, die durch starke Märsche auf abscheulichen Wegen ganz ermüdet waren.

Hätte ich den geraden Weg von Benarès nach Delhi verfol-gen wollen, den alle Reisende einschlagen, die weiter keinen Zweck haben, als ihr Ziel zu erreichen, so hätte ich beständig an den Ufern des Ganges bis nach Allahabad und dann an den Ufern des Jumnah in der Provinz Doab bis Delhi gegenüber gehen müssen. Dieses unermeßliche Delta der Provinz Doab, wo meine zoologischen Sammlungen im Sommer allein hätten vermehrt wer-den können, gewährte im Monat Januar und Februar keine Art von Interesse. Ich entschloß mich also, ein Dutzend Tage aufzu-opfern, um einen längeren, weit mühsameren, aber auch interes-santern Weg einzuschlagen. Mirzapur, Rewah, Lohargong, Pun-nah, Abjighur, Kalinger, Banbah, Hammerpur und Kulpi sind die Hauptpuncte dieses Weges.

Rewah, Lohargong, Punnah, Abjighur liegen auf einer un-ermeßlichen Hochebene, welche sich senkrecht um 300 oder 400 Me-tres über das Thal des Ganges und über die Ebenen der Provinz Bundelkhund erhebt. Diese Hochebene ist von der nördlichen Ge-birgskette Behar's nur durch das große und tiefe Thal getrennt, in welchem die Sone unter Rotasghur fließt. Sie besteht aus demselben Sandstein, den man an den nördlichen Abhängen des Gebirge Behar's von Rajemal und Mongbir bis Saseram be-merkt: aber man findet hier die vollständige Entwickelung dieser Sandsteinformation, welche in den Rajemal Pâr nur bis auf ei-nige ihrer Abstufungen reducirt ist. Es ist neuerdings im letzten Bande der Asiatic Researches eine Beschreibung dieser erschienen, welche ich nicht sehr richtig finde, und ich schmeichle mir, meine Herren, daß, wenn Sie meine beträchtliche Sammlung, in Verbin-dung mit den Durchschnitten, sehen werden, wo Sie die Lage al-ler Exemplare, aus denen sie besteht, wiederfinden, Sie die ab-weichende Meinung mit mir theilen werden, die ich über die Be-schaffenheit dieser Gebirge gefaßt habe.

Einer dieser Districte, Punnah, ist wegen seiner Diamantgru-ben berühmt. Ich habe ihn sorgfältig untersucht und glaube, daß die geheimnißvolle Lagerstätte dieses Minerales endlich erkannt wor-den sey. In den Diamantgruben Punnah's finden sich fast alle Varietäten der Form und der Farbe der Diamanten. Da sie in der Regel klein sind und wenige der Eigenschaften besitzen, welche die Juweliere verlangen, so haben sie einen ziemlich mäßigen Preis.

Die alte Gebirgsformation von rothem Todtliegenden, welche die Basis, wo nicht die ganze Masse, der Sandsteingebirge des nördlichen Bundelkhund bildet, verbindet sich auf eine ganz univer-kennbare Weise mit der Syenitformation, auf welcher erstere la-gert. Die ungewisse Verbindung, die zweideutige Abhängigkeit die-ser Formation von derjenigen, welche ihre Grundlage bildet, ist einer ihrer allgemeinen geognostischen Charactere. Es fehlt in In-dien nicht an Fällen, in welchen sogar diese Formation bis jetzt

verkannt worden ist. Südlich im Becken des Flusses Dammudah, wo die Steinkohlenformation sich im Erfolge der sandigen und por-phyrartigen Gebirgsarten des alten rothen Sandsteines zeigt, ist sie dagegen ganz unabhängig von der Gneisformation, auf welcher sie lagert.

Der sehr empfindliche Winter im Monat Januar hat mir in den Gebirgen von Bundelkhund nicht gestattet, meine zoologischen und botanischen Sammlungen in demselben Verhältnisse, wie meine geologischen, zu vermehren. Nachdem ich in die Ebenen bei Kalin-ger zurückgekehrt war, setzte ich bei Banbah über den Fluß Kene, bei Hammerpur über die Betwah und bei Kulpy über die Jum-nah, deren Ufer ich in der Provinz Doab bis ziemlich nach Agrah verfolgte, wo ich den Fluß von Neuem passirte und mit meiner Reisegesellschaft drei Rasttage hielt. Das Ende des Winters im Monate Februar zeichnete sich durch heftige Regengüsse aus, die mich in der Provinz Doab überfallen hatten. Ich trocknete mich zu Agrah. Innerhalb 10 Tagen kam ich von hier nach Delhi durch eine Landschaft, welche in ihrer physischen Gestaltung nicht weniger einförmig war, als die Provinz Doab, aber es gab doch hier schon eine Abwechselung von Cultur, von Steppen und Hai-den. Ich sammelte hier eine ziemlich beträchtliche Menge von Pflan-zen und mehrere Thiere.

In Delhi, was ich so eben verlassen habe, ist mein längster Aufenthalt gewesen. Ich habe hier 8 Tage verweilt und mich da-mit beschäftigt, alles in Ordnung zu bringen, was ich bis hierher gesammelt hatte, und die Erhaltung meiner Sammlungen während meiner Abwesenheit zu sichern. Welche Sorgfalt man mir auch bis zu meiner Rückkehr vom Himalaya auf sie zu verwenden versprach, so habe ich doch zuvor selbst alles gethan, um diese Sorgfalt Nutzen bringend zu machen, und ich reise ohne Besorgniß über die Wir-kungslosigkeit meiner Vorsichtsmaaßregeln ab.

Die Nähe der Gebirge von Delhi veranlaßt die Engländer, welche hier stationirt sind, häufig zu Excursionen dahin. Von ih-nen konnte ich wünschenswerthe Auskunft über die Art, in die-sen Gebirgen zu reisen, erhalten. Ich habe mir vorgenommen, nach dem Himalaya durch das Thal der Landschaft Dhune oder Saha-rampur vorzudringen, wo ich unterwegs gewiß nicht ohne Nutzen in den Gebirge gelegenen, nach Calcutta gehörigen, botanischen Garten zu besuchen Gelegenheit habe. Dheyra ist der Hauptort in der Landschaft Dhune, und es residirt daselbst ein englischer militärischer und politischer Beamteter, der, wie ich nicht zweifele, mir die wohlwollende Aufnahme der bewundernswerthen Gast-freundschaft seiner Nation reichlich angedeihen lassen wird. Ich werde hierauf von Dhune, welches oft besucht worden ist, nach Sabathu gehen, wo ich dieselbe Aufnahme zu hoffen habe, aber aus demselben Grunde mich nicht lange aufhalten werde. Von hier aus will ich nach Koteghur, auf das zweite Stock der Gebirge stei-gen und auf dem ersten Plateau, welcher über den steilen Ufern des Flusses Sutledge schwebt, will ich nach der anderen Seite der Cen-tralkette des Himalaya übergehen, die von diesem Flusse ihrer gan-zen Dicke nach durchschnitten wird. Eine sehr kleine Zahl Wißbe-gieriger sind in diese Gegenden gereist, zu welchen der Capitän Herbert zuerst im Jahre 1819 den Weg gefunden hat; sie haben sich zwei Häuser gebaut, welches noch eins zu bewohnen hoffe. Wenn der Winter sie zerstört hätte, oder wenn früher Angekom-mene sie bereits für diesen Sommer eingenommen haben sollten, so würde ich einem Dorfbewohner seine Behausung abzumiethen suchen. Dieses kleine Land Kanaor, halb Hindostanisch und halb Tarta-rischer Religion, gehört dem Radjah von Bissahir, der um die Freundschaft der Engländer sich gar nicht bewirbt, und hier ihrer, für meine Untersuchungen hier die größte Freiheit und Sicherheit zu genießen. Vermöge seiner geographischen Lage, unmittelbar vor der mit ewigem Schnee bedeckten Gebirgskette des Himalaya, vermöge seines Clima's und, als eine Folge dieser Umstände, vermöge seiner Naturerzeugnisse gehört es ohne Zweifel einigermaßen in die myste-riöse Region der Hochebene von Thibet. Diese hyperboräischen Winter müssen seiner Fauna und seiner Flora wenig Mannichfal-tigkeit lassen, aber es steht zu hoffen, daß die eine und die andere aus meistentheils unbekannten Arten bestehen, und daß die Neuheit der Gegenstände, welche ich von dorther mitbringen werde, die geringe Zahl derselben reichlich ersetzt.

Gegen das Ende des Monates November werde ich mit meinen Sammlungen nach Delhi zurückgehen."

In dem übrigen Theile dieses Briefes bemüht sich Hr. Jacquemont, der Verwaltung des Museums seine ganze Dankbarkeit auszudrücken und sie dieselbe theilen zu lassen für die Aufnahme, die er bei den Englischen Autoritäten gefunden hat, an welche er empfohlen war, und hauptsächlich bei'm Lord William Bentinck, dem Generalgouverneur von Indien. Er verdankt ihrem Wohlwollen und ihrer wachsamen Beschützung unschätzbare Vortheile. "Niemals, sagt er, hat man mich ohne Bedeckung reisen lassen;" und als er durch die unabhängigen Gebiete der unruhigen Provinz Bundelkhund reis'te, waren die Radjahs von den Englischen Agenten, welche über erstere eine politische Controle führen, benachrichtigt worden, und er fand auch bei den Radjah's dieselben Aufmerksamkeiten, welche er in dem Gebiete der Colonie zu finden gewohnt war.

(Die Fortsetzung folgt.)

Miscellen.

Spinnen genießen Weintrauben. — Man hat bisher geglaubt, daß Spinnen ohne Ausnahme fleischfressend seyen. Folgende Thatsache ist von Hrn. Fr. E. Rukil beobachtet und bekannt gemacht worden. "Während ich die Lebensweise der Acari zu beobachten beschäftigt war, warf ich zufällig eine kleine Portion einer Traube in das Gewebe einer Spinne, welche ihr Netz über die Fenster meines Treibhauses gesponnen hatte; zu meiner Verwunderung sah ich den Bewohner desselben augenblicklich aus seinem Versteck hervorschießen, die Beere ergreifen und eine beträchtliche Zeit lang daran bleibend den Saft mit sichtlicher Begierde und Lust saugen. Da mir die Scene neu und wichtig war, so wiederholte ich das Experiment und mit gleichem Erfolg. Ich suchte nun noch mehrern Spinnen, und hatte deren bald ein Dutzend, welche sich mit dem Nectarsaft der reifen dunkelrothen Trauben labten. Die erwähnte Spinne gehört zu der Abtheilung Orbicularia, nach Walkenaer, und war der A. Diadema Geoffroi's, nahe verwandt. — Ich regalirte sie vom Ende Augusts bis Anfang November von Zeit zu Zeit mit dieser Nahrung. Sie zeigte offenbar für die rothen Trauben eine besondere Vorliebe und ihre Futterzeit war gewöhnlich gegen Abend. — Wenn ein Stück Traube zu groß war, so schienen sie sich zu fürchten, daran zu gehen, und wenn sie zu oft gefüttert wurden, so wurden sie scheu.

Ueber Lebensweise und Instinkt der Wasserjungfern (Aeshna varia) hat Hr. James Fennet folgende Beobachtung mitgetheilt. "In einem der letzten Julitage (1832) beobachtete ich ein Männchen und ein Weibchen der Aeshna varia, welche sich an der Oberfläche eines Teichs herumjagten. Während ich die Eleganz ihrer Bewegungen und den in der Sonne sich spiegelnden Glanz ihrer Farben bewunderte, kam ein anderes Männchen herbei, welches ohne Weiteres dem Weibchen nachflog; aber nun machte auch alsobald das Männchen auf den neuen Nebenbuhler Jagd, und ein schönes Schauspiel ereignete sich. Es hatte wirklich ein feindlicher Kampf zwischen ihnen statt, indem sie mit wiederholtem Anstoß gegeneinander flogen; wo die glänzende Hülle der Kämpfenden nun die wie Zindel rauschende Bewegung ihrer Flügel nicht wenig bemerkbar waren. Dieß dauerte fast zehn Minuten, wo das eine Männchen, allem Anscheine nach, aus Erschöpfung in's Wasser fiel, worauf der Sieger sich dem an der Oberfläche schwimmenden auf den Rücken setzte und daselbst eine kurze Zeit blieb. Während dieser ganzen Scene setzte das Weibchen sein Herumschweifen nach Beute fort und schien an dem Kampfe nicht den geringsten Antheil zu nehmen. Sein Gefährte gesellte sich bald wieder zu ihm, nachdem er seinen überwundenen Feind an der Oberfläche des Wassers zurückgelassen hatte, wo er sich bewegte, aber von wo er sich nicht erheben konnte, weil er des Gebrauchs der Flügel beraubt war &c.

Von der sonderbaren Abneigung und Furcht des Tigers gegen die Maus erzählt Capt. Basil Hall in seinen Fragments of Voyages and Travels, third series. Ein sehr kräftiger Tiger in Ostindien, welcher täglich ein Schaaf verzehrte und in einem zimmergroßen Käfig gehalten wurde, gerieth, wenn eine Maus in den Käfig gesetzt worden und selbige zu Gesicht bekam, in solche Aufregung, daß er mit einem Satz nach der entgegengesetzten Seite des Käfigs sprang. Wurde ihm die Maus nachgebracht, so klemmte er sich in eine Ecke und blieb dort zitternd und vor Furcht brüllend stehen, bis man ihn aus Mitleid von dem Gegenstand seiner Furcht befreite &c.

In Beziehung auf die Crystalllinse des Auges der Säugethiere hat D. Weatherhead gefunden, daß, in Proportion zu dem Glaskörper, die allergrößte Linse bei dem Opossum angetroffen werde.

Heilkunde.

Eine Beobachtung von Blutschwamm der Schilddrüse.

Von K. J. Beck.

W. B., 29 Jahr alt, litt seit langer Zeit an einem Kropf, welcher nach Angabe des Kranken von unbedeutender Größe und mit wenigen Beschwerden verknüpft war, zu Ende des Jahres 1832 aber im Verlauf von 6 Wochen seine Beschaffenheit verändert, sich vergrößert, und so belästigende Zufälle hervorgebracht hatte, daß der Kranke bewogen wurde, ärztliche Hülfe zu suchen.

Die Geschwulst umfaßte alle Theile an der vordern Seite des Halses, und erstreckte sich vom hintern Theil des Schlüsselbeines bis hinter die Ohren. Auf der linken Seite hing die Geschwulst an diesem Theile über das Schlüsselbein herunter, und drängte sich unter die in die Brusthöhle, während sie sich auf derselben Seite bis über das Ohr erhob, und hier eine runde umschriebene Geschwulst bildete.

Die Haut, welche diesen Kropf bedeckte, war ausgedehnt, aber von normaler Farbe und Beschaffenheit, und ohne ausgedehnte Venen, welche sonst bei Kröpfen dieses Umfanges gewöhnlich sind.

Die Geschwulst konnte gewissermaßen in 3 Theile unterschieden werden. Der größte, auf der linken Seite bis unter das Schlüsselbein sich erstreckend, fühlte sich elastisch an, so daß man leicht an eine Fluctuation hätte glauben können. Druck verursachte keinen Schmerz. Bei einer beschränkten Stelle war unter der Haut eine knorpelartige Härte zu fühlen. Am obern Theile der Geschwulst, dem Winkel des Unterkiefers gegenüber, zeigte sich ein begränzter, deutlich fluctuirender Anhang, den man leicht als einen cystus erkannte. Der dritte Theil der Geschwulst endlich war auf der rechten Seite, und war hart und uneben. Die ganze Masse war unbeweglich, und fest mit den benachbarten Theilen verbunden.

Die Respiration des Kranken war schwer, geräuschvoll,

und der Kranke mußte sich fortwährend räuspern, um den abgesonderten Schleim zu entfernen. Die Rückenlage war unmöglich). Eine nach vorn geneigte sitzende Stellung erleichterte den Kranken. Bei'm Schlaf legte sich der Kranke so auf die Seite, daß er der Bauchlage sich näherte. Das Schlucken war sehr erschwert. Der Kranke klagte über eingenommenen Kopf, Schwindel, Betäubung und häufiges Nasenbluten; alles offenbar Folge des Druckes.

Erstirpation oder Unterbindung der art. thyroidea superior, Incision oder Einlegen eines Eiterbandes waren in diesem Falle nicht anwendbar. Die Eröffnung des cystus würde keinen Einfluß auf die Verminderung der Zufälle gehabt haben. Die Behandlung mit innern Mitteln war bereits erfolglos versucht. Der Kranke wurde daher bloß zur nähern Beobachtung in die Freiburger Klinik aufgenommen.

Zehn Tage nach seiner Aufnahme starb der Kranke plötzlich an Erstickung. Nach einer verhältnißmäßig ruhig zugebrachten Nacht sprang derselbe rasch aus dem Bette, öffnete das Fenster, streckte den Kopf hinaus, faßte die Bettdecke seines Nachbars, sank zu Boden, und starb beinahe in demselben Augenblicke.

Die Untersuchung der Leiche, 36 Stunden nach dem Tode, ergab Folgendes: Das Gesicht war blau, geschwollen; die Zunge dunkelgefärbt, gegen die Zähne gedrückt; der Mund mit Schleim bedeckt; das Venensystem der Haut mit Blut überfüllt; die Muskeln waren straff und gespannt. Bei Eröffnung des Unterleibes fanden sich geschwollene und tuberkulös entartete Gekrösdrüsen, einzelne verhärtet, einige sogar verknöchert. Die übrigens gesunde Leber strotzte von Blut, der Magen war klein und zusammengezogen, die rechte Niere hatte ein doppeltes Nierenbecken, aus denen jeder ein Harnleiter entsprang. Diese beiden Harnleiter der rechten Seite vereinigten sich vier Linien vor dem Eintritt in die Blase in Einen Canal. Auf der linken Seite war der Zustand der gewöhnliche.

Bei Eröffnung der Brusthöhle zeigte sich eine sehr beschränkte Verwachsung der Lungen. In den Lungen selbst überall eine große Menge Tuberkeln, welche von verschiedener Größe, meistens noch fest und nicht von Entzündung umgeben waren. In der rechten Lunge fand sich eine Narbe, wahrscheinlich von einer frühern vomica.

Gehirn und Hirnhäute waren reich an Blut, besonders war der sinus longitudinalis ausgedehnt. Der linke Seitenventrikel war mit Wasser angefüllt, der rechte enthielt keine Flüssigkeit, so daß also auf der rechten, als auf welcher die Halsgefäße den stärksten Druck auszuhalten hatten, auch die Anhäufung der Flüssigkeit in der Seitenkammer beobachtet wurde.

Die struma reichte auf der linken Seite bis unter das Schlüsselbein, der obere Theil auf dieser Seite enthielt in einem runden, mit einer serösen Haut von innen ausgekleideten Behälter eine braune, dünne Flüssigkeit zusammengedrückt, so daß sie bei Eröffnung gewaltsam hervorspritzte. Einige Stellen des cystus waren knorplig und knöchern. Die Entleerung zeigte nur geringen Einfluß auf die Verminderung der Geschwulst.

Der größte Theil der struma wurde durch die im linken Lappen der Drüse haftende Geschwulst gebildet. Nach Entfernung der Haut und des Zellgewebes waren die mm. platysmamyoides, sternohyoideus und sternothyreoideus nicht mehr aufzufinden. Sie waren zu einer die Geschwulst von vorn und zu den Seiten umgebenden Hülle umgewandelt. Nach Durchschneidung dieser mehrere Linien dicken Decke, drang die Masse zum Theil hervor. Diese war von weicher Consistenz; einer der Verwesung nahen Gehirnmasse ziemlich ähnlich, breiig, doch ziemlich dicht, homogen, und äußerlich von flockigem Aussehen. Sie besteht aus vielen Läppchen, welche in ein dünnes Zellgewebe eingeschlossen sind, durch welches die Masse in der Gesammtheit Zusammenhang hat; einzelne zellige Streifen und Verästlungen derselben zeichnen sich bei einem Durchschnitt durch hellere Farben aus. Dieses Zellgewebe ist leichter zerreißbar als gewöhnlich, und an einzelnen Stellen ziehen Blutstreifen von verschiedener Anzahl mit demselben durch die Masse hindurch. Die Farbe der Geschwulst ist stark geröthet. Die Durchschnittsfläche zeigt eine mehr schmutzige, graulichgelbe Farbe, und hat eine fettartige, markige Beschaffenheit. Zwischen dem auseinanderweichenden Lappen finden sich hie und da Klümpchen von schwarzem geronnenem Blute; auch ist in einzelnen Zellen hie und da eine ziemliche Quantität von dunklem, schwarzem, mehr oder minder coagulirtem Blute eingehüllt. Drückt man nach dem Durchschnitt einen Theil der Masse zusammen, so dringt eine markige Masse hervor. Nach und nach fließt bei'm Liegenbleiben eine blutige, seröse Flüssigkeit aus. Zwischen den Fingern zerrieben, giebt die markige Masse das Gefühl, wie wenn man Fett zerdrückt: sie ist stärker klebrig als die Hirnsubstanz.

Professor Leuckart fand unter dem Mikroscop die Masse aus außerordentlich kleinen, runden und rundlichen Körnchen zusammengesetzt, welche in Gestalt und Größe denen der Markfläche des Hirns ganz ähnlich waren. In den blutreichen Stückchen fanden sich äußerst feine zahlreiche Blutgefäßchen. Bei'm Kochen zeigte sich die krankhafte Masse etwas compacter und fester als Hirnmasse; Fett sonderte sich dabei aus derselben nicht aus.

Der dritte Theil der struma wurde durch den rechten Lappen der Drüse gebildet. Diese Masse zeigte bei'm Anfühlen feste Consistenz; bei'm senkrechten Durchschnitt fand sich eine Zusammensetzung aus mehrern Bestandtheilen. Eine Linien dicke, rindenförmige Schicht bestand aus fester, stratomatöser Substanz: in einem Halbkreis abgelagert, zeigten sich in ihr abwechselnd schwarzblaue, melanotische Ablagerungen und stratomatöse Lagen, von welchen die einen die andern deutlich tapetartig umgaben. Der innere Theil bildete eine geräumige, mit schwarzem, coagulirtem Blute angefüllte Höhle, welche deutlich zellige Wandungen hatte. Auf der Oberfläche dieses Lappens hatten 2 Tuberkeln ihren Sitz, das eine von der Größe einer kleinen Nuß, das andere von der einer Erbse; bride sind fest, noch nicht geschmolzen, von einem Balg umgeben, und den Lungentuberkeln vollkommen ähnlich.

Die Luftröhre und der Kehlkopf lagen in dem hintern Theile der struma von beiden Seiten gedrückt. Beide waren mit Schleim angefüllt; die Luftröhre war unterhalb des Kehlkopfs verengert; eben so war die Speiseröhre sehr zusammengedrückt.

Nach der Untersuchung ergab sich also das krankhafte Gebilde als ein Markschwamm. Im vorliegenden Fall sindet die von v. Walther aufgestellte Behauptung, daß bei Markschwamm nicht einzig die pulpöse, sondern auch die cruorische Substanz vorgefunden werde, einigermaaßen Bestätigung, da, obgleich die Geschwulst noch nicht aufgebrochen war, dennoch Blutklümpchen und mit Blute gefüllte Höhlen sich vorfanden. Doch sindet man bisweilen auch sarcoma medullare ohne cruorische Masse, und die Erfahrung hat außer Zweifel gestellt, daß der weiche Krebs in beiden Spielarten, als Blut- und Markschwamm, gleichzeitig bestehen können, daß jedoch auch Markfarcom ohne cruorische Substanz zuweilen bestehe.

Auffallend war in dem vorliegenden Falle während des Lebens die elastische Beschaffenheit der Geschwulst, so daß ein täuschendes Gefühl der Fluctuation hervorgebracht wurde. Man fühlte deutlich, daß bei dem Drucke die Masse hin und hergeschoben wurde, doch fehlte die scharfe Begränzung der struma optica und das wellenförmige

Anschlagen einer Flüssigkeit bei'm Klopfen auf die Geschwulst, so daß man vor diesem Irrthum in der Diagnose gesichert wurde.

Berücksichtigt man die gleichzeitig bestehende Tuberkelbildung und die krankhafte Beschaffenheit der Gekrösdrüsen, so möchte hier der Schluß, daß ein allgemeines abnormes Verhältniß der Narrung und Blutbereitung dem Uebel als Krankheitsanlage zu Grunde liege, nicht ungegründet seyn. Die Scropheln zeigen sich bei dem Markschwamm und bei Blutschwamm in ätiologischer Beziehung sehr thätig, und Markschwamm und Tuberkelbildungen scheinen sich nicht sehr fern zu liegen. (Ueber den Kropf, von K. J. Beck, Freiburg 1833.)

Krankheiten des Mastdarms.
(Aus dem 1832 zu London und Edinburgh erschienenen 8ten Theile der Elements of Surgery.)
Von Robert Liston.

Folgende kurze und genaue Beschreibung der anatomischen Structur der Hämorrhoidalgeschwülste ist beachtenswerth. Nachdem der Verf. angeführt hat, daß die Aeste der Hämorrhoidalvenen wahrscheinlich dadurch varicös werden, daß ihre obern Stämme Druck erleiden, fährt er folgendergestalt fort:

„Die Varix hebt die darüber liegende Schleimmembran empor, und zuerst besteht der Auswuchs aus erweiterten Venenstämmen, welche flüssiges Blut enthalten und mit der Schleimmembran überzogen sind, welche sich entzündet, verdickt, ihren zottigen Charakter verliert, und eine verdorbene Secretion ausfließen läßt. In diesem Zustande läßt sich die Geschwulst leicht zusammendrücken, so daß sie durch den Druck fast gänzlich verschwindet, während die Communication zwischen den varicösen Gefäßen und den obern Stämmen noch ungehindert stattfindet; allein bald wird in den belasteten Venen eine entzündliche Thätigkeit hervorgerufen, wie dieß bei der Varix der untern Extremitäten häufig der Fall ist; ihre Wände verändern oder verdicken sich, lassen ausserlich und innerlich Lymphe ausfließen, gehen untereinander Abhäsionen ein, und bilden zuletzt einen verworrenen, festen Klumpen. Das darin enthaltene Blut coagulirt, wird fibrinartig, die ganze Geschwulst fühlt sich hart und fest an, und ist oft schmerzhaft. Zuletzt verschwinden alle Spuren der venösen Structur, die Geschwulst scheint vorzüglich aus ergossener Lymphe, verdichtetem Zellgewebe und Coagulat zu bestehen.

In vielen Fällen bleiben jedoch die in den Venen enthaltenen Substanzen theilweise flüssig, so daß zwischen den Gefäßen der Geschwulst und denen der benachbarten Theile eine Communication existirt. Ich habe mich durch vielfache anatomische Untersuchungen davon überzeugt, daß dieß die gewöhnliche Structur der hämorrhoidalischen Geschwülste ist."

Die Behandlung, welche Herr Liston gegen dergleichen Geschwülste anwendet, bietet nichts besonders Neues dar. In leichten Fällen wendet er abstringirende Salben oder Decocte an, in Verbindung mit der ämsigsten Sorge für Reinlichkeit; sind entzündete Geschwülste Blutentziehungen durch Blutegel oder Einstiche, und später Bähungen; muß vorzüglich von Seiten den Schließmuskeln des Afters eingetreten ist, wo möglich Zurückbringung der Geschwulst; ist Reizbarkeit des Schließmuskels eine Bougie oder einen Einschnitt; bei inneren Hämorrhoidalgeschwülsten, wenn sich eine Operation nöthig macht, wendet er die Ligatur, bei äußeren das Ausschneiden an.

Entzündung des Mastdarmes. — Diese kann auf Hämorrhoiden oder die gegen dieselbe vorgenommene Operation folgen, oder durch Ascariden, durch verhärtete Fäces oder gallige Concretionen, die sich im Darm verhalten, oder auch durch fremde Substanzen, z. B. Knochen kleiner Thiere, Nähnadeln, Stecknadeln 2c., welche die Wände reizen und verwunden, veranlaßt werden. Herr Liston beschreibt die Symptome der Mastdarmentzündung folgendermaßen.

„Sie ist von furchtbaren Schmerzen, brennender Hitze und einem Gefühl der Zusammenziehung begleitet, welches sich sehr bedeutend steigert, wenn die Theile bei Afterausleerungen, oder bei'm Harnen in Thätigkeit treten. Die Hitze kann man fühlen, wenn man den Finger einführt. Hierdurch veranlaßt man dem Kranken furchtbare Qualen, und man darf daher eine solche Manipulation nur vornehmen, wenn man gegründete Vermuthung hat, daß fremde Körper im Mastdarme sind, durch deren Beseitigung das Leiden am einfachsten gehoben werden könnte. Die Blase ist oft sympathisch ergriffen; es kann häufiger Drang zum Harnen, oder auch Harnverhaltung stattfinden. Dieser letztere Umstand findet nicht selten in Folge von Operationen am Mastdarme, z. B. den die Beseitigung der Hämorrhoiden bezweckenden, statt. Die Entzündung erstreckt sich auf das Zellgewebe, um den Mastdarm her, und veranlaßt Geschwulst und Vermehrung der Schmerzen; die letztern werden durch den Druck gesteigert, und der Patient kann nicht aufrecht sitzen. So wie die schmerzhaften Symptome sich vermindern, tritt ein eiterförmiger Ausfluß von der Membran des Mastdarmes ein, welcher oft sehr reichlich ist. Die krankhafte Thätigkeit erstreckt sich zuweilen auf die übrigen Darmcanal, und es treten manchmal nach einer gewissen Zeit schleimige oder selbst blutige Ausleerungen ein. Ist das Leiden auf den Mastdarm beschränkt, so unterscheiden sich die Fäces deutlich von der krankhaften Secretion, und die erstern haben gewöhnlich ihr natürliches Aussehen; nimmt aber der übrige Theil des Darmcanals mehr oder weniger Theil, so sind die Fäces flüssig, und mit der krankhaften Secretion innig vermischt.

Oft stellt sich Ulceration der Schleimmembran mit fortwährendem Ausfluß ein; zuweilen wird die Peritonealhaut des Darmes secundär ergriffen, und dann wird der Schmerz durch Druck um Vieles heftiger und verschlimmert."

Es tritt Erzeugung und später Eiterung in dem um den Darm her befindlichen Zellgewebe, so wie Fieber ein, welches nach Umständen mehr oder weniger heftig ist. Bei Leuten von schlechter Constitution und unter ungünstigen Umständen kann sich sehr viel Eiter ansammeln und die bösartigste Form des Typhus veranlassen. Fälle dieser Art sind mehrfach vorgekommen. Es treten, z. B., bei einem Patienten anfänglich ohne alle Veranlassung alle Symptome des typhus gravior ein; als zufällig oder bei sorgfältiger Untersuchung entdeckt man in der Nachbarschaft des Afters einen Absceß. Man sticht denselben an, und es kömmt eine Fischgräte heraus.

Hr. Liston beschreibt auch eine brandbeulenartige (Carbunkel=) Krankheit der Haut und des Zellgewebes in der Nachbarschaft des Afters. Es tritt theilweise Eiterung und ausgedehnte Gangrän des Zellgewebes ein, und die Symptome der Abspannung werden bald bedenklich, und häufig tödtlich. Tiefe und zeitig vorgenommene Einschnitte und Reizmittel können den Kranken allein retten.

Gegen die Entzündung des Mastdarms empfiehlt Hr. Liston die antiphlogistische Behandlung, die nach Umständen örtlich oder allgemein seyn muß, Blutegel und Bähungen an das Perinäum, und wenn dort Eiterung eintritt, baldiges Oeffnen des Absceßes. Hr. J. Johnson hat davon einen merkwürdigen Fall mitgetheilt. Eine Frau hatte gerade über dem äußern Schließmuskel des Afters ein kleines rundes Geschwür; nach der Untersuchung desselben traten Fieber, einige Empfindlichkeit des Unterleibes und Uebelkeiten ein; es schien eine muco=enteritis vorhanden zu seyn. Nach 5—6 Tagen starb die Frau. Bei der Untersuchung des Cadavers fand sich, daß das Geschwür nicht bloß durch die Muskelhaut des Mastdarms gedrungen war. Zwischen der Muskelhaut und Schleimhaut war Entzündung und Ablagerung von Lymphe eingetreten, welche sich zwischen diesen Häuten an dem ganzen Darmcanal hinaufgezogen hatten; es war verhältnißmäßig wenig Entzündung des Bauchfells vorhanden.

„Man hat empfohlen, daß, wenn sich ein Absceß längs des Darmes hin erstreckt, die Höhle desselben und die letztern sogleich durch einen Einschnitt vereinigt werden sollten. Ich verfahre nach dieser Vorschrift, fand aber immer die Cur langwierig. Besser ist es, wenn man dem Eiter durch eine äußerliche Oeffnung Abzug verschafft, damit sich die schmerzhaften Symptome und die constitutionelle Störung theilweise legen können, und wenn sich die Höhle zusammengezogen, und man die Ausdehnung der Fistel ermittelt hat, wird man jene Operation mit besserm Erfolg vornehmen.".

Bei Betrachtung der Afterfistel redet Hr. Liston von den Mitteln, wie man eine innere Fistel, d. h., eine solche entdeckt, die sich in dem Darme öffnet, aber keine äußere Oeffnung besitzt. Er bemerkt, daß wir die Existenz einer solchen Fistel vermuthen können, wenn wir einen eiterförmigen Ausfluß aus dem Darme beobachten, der sich bei'm Stuhlgang vermehrt, und dann von Tenesmus begleitet ist, während Druck auf die Seite des Afters Schmerz, und zuweilen eine Vermehrung des Ausflusses veranlaßt. In vielen Fällen macht sich eine tiefsitzende Härte bemerkbar. Führt man den Finger in den Mastdarm ein, so bemerkt man die Oeffnung in der Wand des Darmes, oder der Darm ist an einer Stelle weicher oder schwammiger anzufühlen, als an andern. An dieser Stelle kann man die krumme Sonde längs dem Finger in die Fistel einführen, und wenn man dieselbe dann niederwärts wendet, so erreicht sie das äußere Ende des Canals und treibt die Integumente in die Höhe, oder läßt sich doch von außen leicht fühlen. Die innere Oeffnung ist gewöhnlich innerhalb des Schließmuskels, selten höher, der Ausfluß im Allgemeinen ziemlich reichlich, der Darm sehr reizbar, der Drang zum Stuhlgang häufig, und die Fäces sind oft mit Blut durchzogen; es findet Jucken am After statt; der Patient fühlt, daß die Hitze der Theile sich steigert; Druck auf diese Stelle ist ihm unerträglich, und er stützt sein Gewicht bei'm Sitzen nur auf einer Hüfte: in den meisten Fällen ist die Blase sympathisch bedeutend ergriffen. Hr. Liston empfiehlt in diesen Fällen die Anwendung eines Speculums, indem dadurch das Touchiren sehr erleichtert werde, und man die Oberfläche des Darms 5 — 6 Zoll weit über den After so genau untersuchen könne, als ob sie ein äußerer Theil wäre.

Hr. Liston erzählt folgenden Fall, in welchem ein Stück Bougie sich lange Zeit im Grunde einer Fistel verhielt, und sehr unangenehme Folgen veranlaßte: "Ein Mann von mittlerm Alter litt während eines Aufenthalts in Holland an einer sehr tiefen und ausgedehnten Afterfistel. Die Gänge wurden nach allen Richtungen hin aufgeschnitten, und heilten bis auf einen zu, welcher beinahe von der tuberositas ossis ischii der linken Seite nach dem Darme führte; man rieth ihm, diesen Gang durch Bougies offen zu halten, die er, wie es häufig geschieht, selbst aus Tuch und Pflaster anfertigte. Einst drang ein Stück davon so tief ein, daß es nicht wieder herausgezogen werden konnte; indeß beruhigte er sich auf die Versicherung, daß der fremde Körper absorbirt werden würde. Der Patient befand sich damals in einem höchst kläglichen Zustande; die Theile entzündeten sich häufig, es bald sich neue Eiterheerde bildeten. Zuletzt litt er an Strictur des Mastdarms und der Harnröhre. An mich wandte er sich 15 Tage nach dem Anfange der Krankheit; das lästigste Symptom war damals ein beständiges Jucken im Perinäum, und um den After her, das ihn am Schlafen hinderte, und da er sich häufig, wider Willen, kratzen mußte, starke Excoriation veranlaßte; außerdem wurde er durch Saamenausfluß und häufiges Bestreben zu harnen sehr mitgenommen. Ich schnitt zuerst eine kleine innere Fistel auf, und operirte dann eine große vollständig ausgebildete. Im letzern Falle fühlte ich tief in der Wunde einen fremden Körper, der Einschnitt wurde erweitert, und ein großes fest umhülltes Stück Bougie mit einiger Schwierigkeit ausgezogen. Nach einigen Tagen wurden noch mehrere Stücke, sammt Haaren, beseitigt, und von den letztern gingen viele Wochen hinter einander welche ab. Die Symptome besserten sich bedeutend. Von Zeit zu Zeit fand sich Jucken statt, welches sich jedoch nach der

Heilung einer sehr übeln Strictur in der Harnröhre ebenfalls legte. Der Patient genas von diesem complicirten Leiden gänzlich."

Miscellen.

Heilung einer gonorrhoischen Bindehaut-Blennorrhöe durch Wiederherstellung eines zurückgetretenen Trippers gelang einem Ärzte in Prag bei einem Kranken, welcher bei zweimal vorhergehendem Tripper jedesmal am 7ten Tage den Tripper verlor, und das erstemal eine eine Jahr lang dauernde Lähmung beider Füße, das zweite Mal eine 9 Monate anhaltende Taubheit bekam. Bei dem dritten Tripper trat derselbe, trotz des vorsichtigsten Verhaltens, am 8ten Tage zurück, indem zu gleicher Zeit eine sehr heftige, acute Augenblennorrhöe auftrat. Es wurde nun die Harnröhre durch Einstopfen trockner Charpie heftig gereizt, und die Augen local streng antiphlogistisch behandelt. Nach 8 Stunden war der Tripper vollkommen hergestellt, und das Auge bloß noch einige Zeit hindurch empfindlich und thränend. (Fischer klin. Unterr. in der Ugbhde.)

Eine abnorme Lage des orificium urethrae, ein in der Praxis bei'm Catheterisiren allerdings leicht in Verlegenheit setzender Umstand, kam Hrn. Dr. Otto bei einem 16jährigen Mädchen, das an einem von allgemeiner Lähmung begleiteten Nervenfieber litt, vor. Er konnte den Catheter, welcher wegen des 2 Tage mangelnden Urinabganges eingeführt werden sollte, unter der normal gebildeten Clitoris nicht einbringen, und fand bei der Ocularinspection das orificium urethrae in der Mitte des untern Randes in der linken innern Schaamlippe als kleines Grübchen, durch welches der Catheter leicht eingeführt werden konnte. (Hufeland's Journ. Febr. 1833.)

Eine neue Behandlungsweise der Blutadernknoten ist von dem Dr. Dovat angewendet worden, um, ohne die Gefahr der Ligatur, der Incision oder der Excision eine Obliteration der varicösen Gefäße zu bewirken. "Die Behandlung besteht darin, daß man zwei entgegengesetzte Puncte der innern Venenhaut auf eine geringfügige Weise reizt, und dann diese beiden entgegengesetzten Puncte der innern Oberfläche in Berührung erhält. Eine einfache Nähnadel, krumm oder gerade, platt oder rund, erfüllt vollständig alle Bedingungen, welche nöthig sind, um schnelle Obliteration zu erlangen. Es ist zu diesem Behuf hinreichend, die Vene anzustechen, d. h. in perpendiculärer Richtung ihre vordere Wand und dann die hintere Wand zu durchstechen, indem man die Spitze der Nabel neigt und etwas nach außen führt, um noch einmal die hintere und dann die vordere Benennung zu durchstechen. Dann befestigt man die Nabel in dieser Lage mittelst eines als ∞ darum geschlungenen Fadens." — Nach Hrn. Dovat geschieht dann in der Vene Folgendes: "Eine coagulable Lymphe, der ähnlich, welche auf einen Lanzettstich vordringt, ergießt sich durch den Einstich der Nabel, welcher deren Secretion hervorruft; und hier, vor dem Blutlauf gesichert, bewirkt diese Lymphe das Aneinanderkleben der entgegengesetzten Wände, welche durch die Berührung erhalten werden. Die Abhärens ist schon vorhanden, wenn die Entzündung zunimmt, um den Kranken von der Nabel zu befreien. Letztere wird dann locker, und würde am dritten Tage nach der Operation von selbst abfallen." — Hr. Dovat hat seine Experimente an sechs Hunden von verschiedener Größe und immer mit Erfolg gemacht. Er hat seine Procedur auch auf Arterien angewendet, und bei zwei Hunden Obliteration der arteria cruralis bewirkt, indem er unter derselben eine Nabel durchführte, welche er mit einem Faden befestigte.

Bibliographische Neuigkeiten.

Monographie des Cétoines et genres voisins, formant, dans les familles de Latreille la Division des Scarabées melitophiles. Par M. H. Gory et M. A. Percheron, 1re. Livraison. Paris 1833. (Es sollen 15 Lieferungen, jede zu 6 Fr., werden. Die erste enthält 7 Tafeln und 4½ Bogen Text.)

Mémoire sur le traitement de la maladie scrophuleuse, ou Compte rendu des moyens mis en usage et des resultats obtenus à l'hôpital des Enfans, division des filles etc., par A. C. Baudelocque. Paris 1833. 8.

Von Chardon, Pathologie de l'Estomac etc. (vergl. Notizen Nro. 755. [Nro. 7. des XXXV. Bds.]), ist der zweite Theil erschienen.

Notizen
aus
dem Gebiete der Natur- und Heilkunde.

| Nro. 798. | (Nro. 6. des XXXVII. Bandes.) | Juni 1833. |

Gedruckt bei Loſſius in Erfurt. In Commiſſion bei dem Königl. Preußiſchen Gränz=Poſtamte zu Erfurt, der Königl. Sächſ. Zeitungs=
Expedition zu Leipzig, dem G. H. F. Thurn und Tariſchen Poſtamte zu Weimar und bei dem Landes = Induſtrie = Comptoir.
Preis eines ganzen Bandes, von 24 Bogen, 2 Rthlr. oder 3 Fl. 36 Kr., des einzelnen Stückes 3 ggl.

Naturkunde.

**Ueber verſchiedene zu Portsmouth in Newhamp=
ſhire (Nordamerica) mit der Taucherglocke an=
geſtellte Verſuche.**

Von T. Alden.

Es iſt ſchon mehrfach von der Taucherglocke und den
Erſcheinungen die Rede geweſen*), zu welchen das Herabſtei=
gen unter das Waſſer mit Hülfe dieſes Apparats Anlaß
giebt. Dennoch wird folgender Bericht wegen der bedeuten=
den Tiefe, in welche die Beobachter hinabſtiegen, obwohl dieſe
Verſuche ſchon vor 28 Jahren angeſtellt wurden, mit In=
tereſſe geleſen worden.

- Die Neugierde des Portsmouther Publicums wurde
während des Herbſtes 1805 durch mehrfach wiederholte Er=
curſionen unter dem Meere, die in jener Gegend der Verei=
nigten Staaten früher noch nicht ſtattgefunden hatten, ſehr
lebhaft in Anſpruch genommen.

Etwa 2 Jahre früher war eine mit faſt 30 Tonnen
Stabeiſen befrachtete Barke in dem Fluſſe Piscatqua 30
Fuß vor Simes=kai, und zwar an einer Stelle geſcheitert,
wo während der Ebbe das Waſſer 60 Fuß tief iſt.

Die H.Hrn. Ebenezer Clifford von Ereter, und
der Capitän Richard Tripe, entſchloſſen ſich, die zu Wie=
dererlangung der verſunkenen Ladung nöthigen Verſuche zu ma=
chen. Sie ließen zu dieſem Zwecke eine 5 Fuß 9 Zoll hohe,
unten 5 Fuß und oben 3 Fuß weite (im Lichten) Taucher=
glocke anfertigen, indem ſie beabſichtigten, die Barke an die
Glocke zu befeſtigen, und auf dieſe Weiſe in die Höhe zu
ziehen. Im Innern der Glocke wurden zwei Bänke zum
Sitzen, und unten queerüber der Schaft eines alten Ankers
angebracht, um die Füße darauf zu ſetzen.

Eine angemeſſene Zahl Eiſengewichte, von denen jedes
8 Pf., und die zuſammen 2 Tonnen wogen, wurden unten an
den Wänden aufgehängt. So ſtiegen die H.Hrn. Clifford
und Tripe, der erſtere 6, der letztere 12mal in den Fluß hinab.

*) Vergleiche auch Notizen No. 7. (des 1. Bds.) S. 97. No.
164. (No. 10. des 8. Bds.) S. 147.

Dieſes Beiſpiel fand vielfache Nachahmung, und Furcht
vor Gefahr war ſo wenig vorhanden, daß manche Arbeiter
lieber in der Glocke hinabſtiegen, als an der Ankerwinde ar=
beiteten, welche zum Hinablaſſen und Heraufziehen der Glocke
diente. Gewöhnlich ſaßen zwei Menſchen in der Glocke, wel=
che 60—70 Minuten unter dem Waſſer blieben, wovon
wenigſtens 20 auf das Einſenken und Heraufziehen kamen.

Die H.Hrn. Clifford und Tripe brachten mehrmals
Eiſenſtangen mit herauf, und entdeckten durch Nachgrabun=
gen im Flußbette auch einen kleinen Anker, von welchem ſie
Beſitz nahmen.

Nach Ueberwindung vielfältiger Schwierigkeiten gelang
es ihnen zweimal, das Hinter= und Vordertheil der Barke
feſt an ihre Glocke zu binden; beidemal ſcheiterte aber die
Hoffnung des Gelingens an einem unvorhergeſehenen Zufall.
Nachdem ſie einmal die Barke mit Tauen befeſtigt, hielten
ſie es für das Paſſendſte, dieſe gewaltige Laſt erſt am fol=
genden Tage in die Höhe zu winden; allein unglücklicherweiſe
trieb während der Nacht ein Schiff gegen dasjenige, an wel=
chem die verſenkte Barke befeſtigt war, riſſen, während die
letztere zugleich in ihren Fugen ſo erſchüttert wurde, daß man
den Verſuch, ſie heraufzuziehen, aufgeben mußte.

Während des Herabſteigens fühlten die Taucher Schmerzen
in der Trommelfellhöhle des Ohrs, und hörten zugleich ein Sum=
men, welches Hr. Clifford mit demjenigen vergleich, das man
hört, wenn ſich eine Fliege in einem Spinngewebe gefangen
hat. Bei ungefähr 12 Fuß Tiefe ſpürten ſie im Ohr eine
Art von Erſchütterung, in Folge deren der Schmerz auf=
hörte. Das unangenehme Gefühl, die innere Erſchütterung
und die darauffolgende Erleichterung wiederholten ſich regel=
mäßig jedesmal ungefähr bei 12 Fuß Tiefe. Nach mehren
Verſuchen bemerkte man, daß, wenn man ſich alle 8—10
Fuß wieder 1—2 Fuß in die Höhe winden ließ, man weder
die Erſchütterung noch den Schmerz verſpürte, welche von der
gleichförmig ſteigenden Dichtigkeit der Luft herrührten.

6

Einmal ließen sich diese Herren während der Fluth hinab, und dießmal begaben sie sich 72 Fuß tief unter die Meeresoberfläche. Ungefähr zwei Drittel der Glocke waren mit Wasser angefüllt, der Tag war hell und das Meer ruhig, so daß sie selbst in der größten Tiefe grobe Schrift lesen konnten. Wenn sie mit einem langen Stachel die auf dem Grunde liegenden Steine in ihrer Lage störten, so schwammen eine Menge Fische hervor, die sich wie Küchelchen um ihre Glucke um die Steine versammelt hatten, und über den Anblick der Taucher so wenig erschraken, daß man wohl bemerkte, wie unbekannt sie mit einer Beunruhigung von Seiten des Menschen waren. Das tiefe klare Wasser des Piscataqua wurde von den Sonnenstrahlen prächtig beleuchtet, und die Taucher schildern die ganze Scene als unvergleichlich.

Keinem der Taucher scheinen diese Excursionen unter dem Wasser an der Gesundheit geschadet zu haben. Unter dem Wasser war der Pulsschlag sehr häufig und die Ausdünstung reichlich. Wenn sie wieder aus demselben hervorgekommen waren, fühlten sie eine Art von Abstumpfung und große Neigung zum Schlafen.

Der Verfasser wurde zur Mittheilung dieses Artikels vorzüglich durch einen Umstand veranlaßt, den er einfach erzählt, indem er nicht zu erklären wagt, aber doch die Hoffnung ausspricht, daß die Heilkunde Nutzen davon ziehen werde. Hr. Clifford hatte seit mehrern Jahren an rheumatischen Schmerzen gelitten, von denen er sich während der ganzen Dauer der Versuche frei fühlte. Als er das erstemal untertauchte, fingen seine Schmerzen an, sich bedeutend zu verschlimmern; als er jedoch wieder heraufgekommen war, hatten dieselben ihn so vollkommen verlassen, daß er sogleich einen Spaziergang von 2 — 3 Stunden Wegs machte, was ihm seine Körperbeschaffenheit seit vielen Jahren verboten hatte *).

Wer weiß, ob nicht dergleichen Taucherversuche bei bequemer Einrichtung der Glocken, noch zu einer Vergnügungsparthie werden. (American Journal of Science and Art., Jul. 1832.)

Bemerkungen über chemische Veränderungen von Farben.

Von H. F. Talbot, Esq.

Rücksichtlich jener auffallenden Farbenveränderungen, die wir bei chemischen Experimenten so häufig beobachten, weiß man sehr wenig Bestimmtes, noch ist keine Theorie aufgestellt, nach welcher sich diese Erscheinungen durchgehends erklären lassen, und häufig sind wir sogar über den Grund

vollkommen im Dunkeln. Dennoch haben diese Erscheinungen wahrscheinlich einen sehr innigen Zusammenhang mit der chemischen Beschaffenheit der Körper, und sind daher unserer besondern Aufmerksamkeit sehr werth. Deßhalb will ich einiger derselben gedenken, in der Hoffnung, daß dadurch andere Beobachter angeregt werden, diesem Gegenstande weiter nachzuforschen.

Da Wasser eine farblose Substanz ist, so sollte man denken, es müsse, wenn man es mit andern Substanzen mischt, die keine entschiedene Farbe besitzen, eine farblose Composition hervorbringen; dennoch verdankt der gemeine Vitriol, oder das schwefelsaure Kupfer seine lebhaft blaue Farbe nur dem Wasser, wovon man sich durch ein einfaches Experiment überzeugen kann; denn wenn wir den Vitriol bei schwacher Rothglühhitze verkalken und pulverisiren, so erhalten wir ein schmutzigweißes Pulver; gießt man nun ein wenig Wasser darauf, so wird dasselbe, unter schwachem Zischen und Entwicklung von Wärme, sogleich wieder blau. Hrn. Faraday, dem ich diesen Versuch zeigte, war derselbe neu. Unter dem Mikroscop nimmt sich dieses Experiment sehr hübsch aus, denn so wie ein Tröpfchen Wasser mit dem amorphen Pulver in Berührung kömmt, sieht man dasselbe in blaue Prismen anschießen.

Dürfen wir demnach schließen, daß das Wasser überhaupt darauf hinwirke, den Substanzen vorzugsweise eine blaue Färbung zu ertheilen? Keineswegs; denn in andern Fällen zerstört es gerade die blaue Farbe, statt sie zu erzeugen. Das schwefelsaure Molybdän ist, z. B., eine Flüssigkeit von sehr tiefblauer Farbe, aber ein nur geringer Zusatz von Wasser reicht hin, die blaue Farbe vollkommen zu zerstören, und eine farblose Mischung hervorzubringen. Demnach wirkt das Wasser auf zwei Metalle, Kupfer und Molybdän, ganz entgegengesetzt ein. Nimmt man statt Wasser Ammonium, so zeigt sich derselbe Contrast noch auffallender; auch wird salzsaurer Kobalt durch einen geringen Zusatz von Wasser seiner schönen blauen Farbe vollkommen beraubt.

Das salzsaure Kupfer wird in den meisten chemischen Werken als eine schön grüne Flüssigkeit beschrieben; allein wie unvollkommen diese Beschreibung ist, ergiebt sich aus folgendem Experimente: Pulverisirt man schwefelsaures Kupfer und salzsauren Kalk, trocken oder nur ein wenig feucht, zusammen in einem Mörser, so bildet sich salzsaures Kupfer von dunkelgelber oder häufiger gelblichbrauner Farbe; setzt man nun einige Wassertropfen zu, so verändert sich das Gelb plötzlich in ein schönes Grün; durch noch mehr Wasser wird die Mischung grünlichblau, himmelblau und zuletzt farblos; verdampft man das Wasser durch Wärme, so erscheinen die Farben wieder in umgekehrter Ordnung *).

---

*) In der Bibliothèque universelle wird die Ansicht geäußert, daß die Heilung des Hrn. Clifford der außerordentlichen Hitze in der Taucherglocke zuzuschreiben sey. Hr. Clifford tauchte zwölfmal, und nahm also auf diese Weise 12 heiße Luftbäder. Zu Bordeaux ist Jemand mit 4 andern Personen 25 F. tief unter das Wasser gestiegen, und nach ¾ Stunden zeigte das Thermometer, welches erst auf 15° stand, 32° R.

*) Am besten sieht man das salzsaure Kupfer im gelben Zustand, wenn man einen Bogen Papier, den man damit beschrieben hat, der Wärme aussetzt; bei'm Verkühlen verschwindet die Schrift wieder, weil sie Feuchtigkeit aus der Atmosphäre aufsaugt. Der Anwendung dieses Salzes zu sympathetischer Tinte haben Schriftsteller über Chemie schon gedacht.

In **Turner's** Elements of Chemistry ist angeführt, daß Salpetersäure, wenn sie ein wenig von dem orangefarbenen salpetrigen Gas enthält, eine grüne Färbung annimmt, und dieß giebt dem Verfasser zu folgender Bemerkung Veranlassung: „Es ist schwer zu begreifen, wie eine orangefarbene Flüssigkeit vermittelst bloßer Verdünnung verschiedene grüne und blaue Farbentöne hervorbringen kann." Die oben erwähnte Eigenschaft des salzsauren Kupfers scheint jedoch dem durchaus analog.

Durch die bloße Einwirkung von Wärme wird häufig ein bedeutender Farbenwechsel erzeugt, der mit dem Erkalten der Substanz wieder verschwindet. Mennige, Zinnober und weißes Zinkoxyd geben bekannte aber nie erklärte Beispiele ab; auch das schwefelsaure Molybdän verändert bei'm Erhitzen seine schöne blaue Farbe in blaßgelb, und wird bei'm Erkalten wieder blau. (London and Edinburgh philosophical Magazine and Journal of Science, May 1833.)

Auszug mehrerer Briefe des vor Kurzem in Ostindien verstorbenen reisenden Naturforschers B. Jacquemont.

Tchini in Kanaor den 15ten Julius 1830.

Von Samalkah war der letzte Brief datirt, den ich die Ehre hatte, Ihnen im vergangenen März zu schreiben, und er wurde von Kythul im Lande der Sytes den 82sten desselben Monates erpedirt. Ich hatte mich damals zu einigen Personen von Delhi gesellt, welche die Gefälligkeit hatten, für mich eine große Jagdpartie zusammenzubringen, von welcher ich eine große Bereicherung meiner zoologischen Sammlungen hoffte. Begleitet von 17 Elephanten, 400 Reitern und doppelt sooiel Fußgängern, zogen wir, nicht ohne sie ein wenig zu verheeren, durch die Fürstenthümer Kythul und Pattialah, welche sich bis zur Wüste Bikanir ausbreiten, und ich muß nur bedauern, daß ich von dieser ermüdenden Excursion nur eine kleine Zahl neuer Pflanzen mitgebracht habe.

Ich verfolgte nun sogleich wieder meinen einsamen Marsch und kam noch Saharunpore, wo die Regierung einen botanischen Garten besitzt. Der Director dieser Anstalt nahm mich freundlich auf, und ich besprach mit ihm den Anfang meiner Reise in die Gebirge, und nachdem ich ihm die Sammlungen zurückgelassen hatte, die ich von Delhi aus gemacht hatte, so wie auch den größten Theil meiner Bagage, bildete ich mir eine neue Reisequipage, wie sie sich für die schwierigen Wege eignete, die jetzt allein mir offen standen und wo alles auf Menschenrücken getragen werden muß. Ich verließ die Ebenen und begab mich den 12ten April, drei Tage, nachdem der Passatwind umgesprungen und die Südwestwinde eingetreten waren, welche schon die vorher seit dem Monat März in den sandigen Ebenen des nördlichen Hindostans sehr starke Hitze unerträglich gemacht hatten, in das Himalaya-Gebirge.

Was die Engländer die erste Kette des Himalaya nennen, ist nur eine fortlaufende Reihe hoher Hügel aus Conglomeraten neuer Formation zusammengesetzt, die dem größten Theile ihrer Länge nach vor den Urgebirgen liegt. Zwischen diesen Hügeln und dem Gipfel der Gebirge zieht sich längs derselben ein langes Thal hin, welches wegen seiner Lage ein eigenthümliches Clima besitzt, die so ununterbrochene Ruhe, die Feuchtigkeit und die Wärme der Atmosphäre alle der Entwicklung fähige Organismen hervorlocken, aber wo dieselben Ursachen im Herbste schädliche Miasmen erzeugen, welche in einigen Theilen des Himalaya, z. B., zwischen Catmandu, oder zwischen Almora und den Ebenen, so gefürchtet sind, daß man diese Orte dann für die Europäer als ganz unzugänglich betrachtet.

Die Jahreszeit, wo ich in die Landschaft Dhune kam, legte mir glücklicher Weise keine der Vorsichtsmaaßregeln auf, die ich sonst nach der Regenzeit hätte anwenden müssen, um abermals durch diese ungesunde Zone zu gelangen. Ich blieb hier 8 Tage nützlich mit der Vermehrung meiner Sammlungen beschäftigt. Ich vollendete hier zu gleicher Zeit meinen Apparat zur Reise in die Gebirge, wo ich endlich den 23sten April auf den Gipfeln von Mossuri unter einem Alpenclima und unter Erzeugnissen campirte, welche von denen der Alpen specifisch verschieden waren, häufig aber dieselben nachzuahmen schienen.

Regengüsse, welche bis jetzt in diesen Gegenden mit ungewohnter Heftigkeit fortgedauert hatten, nöthigten mich, meinen Aufenthalt zu verlängern, ohne mir zu gestatten, daraus beträchtlichen Nutzen für meine Sammlungen zu ziehen. Den 2. Mai begab ich mich auf den Weg, um die Quellen der Jumnah aufzusuchen, unter welchen ich mehrere Tage bei dem Dörfchen Curfail, das legte in diesem Thale und eine der günstigsten Lagen in aller Hinsicht für Naturgeschichte, in bedeutender Höhe über der Meeresfläche campirte.

Wie klein auch auf der Landcharte die Entfernung zwischen Semlah und Jumnutri erscheinen mag, so wird bod durch die außerordentliche Steilheit der Berge, die längs der Kette des ewigen Schnee's übereinander sich aufthürmen, das Reisen hier so schwierig und geht so langsam von Statten, daß ich, um von einem Orte zum andern zu gelangen, volle 3 Wochen brauchte. Ich kam noch Semlah ganz erschöpft, wo nicht noch krank in Folge einer Unpäßlichkeit, welche ich mir durch die nothgedrungene Veränderung meiner Nahrungsmittel in dem elenden Lande, durch welches ich eben kam, zugezogen hatte.

Ich fand Aufnahme zu Semlah bei dem Beamten, welcher das umliegende Gebiet der ostindischen Compagnie verwaltete und dessen Einfluß in den Gebirgsstaaten dieses Theiles des Himalaya, die, so zu sagen, unabhängig sind, wahrhaft allmächtig ist. In der gastfreien Wohnung dieses Beamten, des Hrn. Kennedy, ließ ich alle meine Sammlungen zurück, welche ich von Saharunpore aus zusammengebracht hatte; und nachdem ich mich durch eine zehntägige Ruhe und eine vorübergehende Rückkehr zu den europäischen Lebensbequemlichkeiten wieder hergestellt hatte, verließ ich dieser Ort den 28. Junius, um von hier aus das Gebirge zu übersteigen. Ich stieg von Köteghür an das Ufer des Sutledge hinab, welches ich die Rampur der Hauptstadt von Bissabir, verfolgte. Hier bricht dieser Fluß queer durch die Centralkette des Himalaya. Indem ich von seinen bereits hohen Ufern, noch tausend bis zweitausend Metres höher stieg, hatte ich Gelegenheit, eine große Menge Gebirgsdurchschnitte zu beobachten, an denen man die geologische Structur der ganzen Basis und einer beträchtlichen Portion der Höhe dieser Kette erkennen kann. Ich werde diese Untersuchung vollenden, wenn ich nach Semlah durch einen der unersteiglichen Oeffnung zunächst liegenden Gebirgspässe, den Burune ghanti (Burunda-Paß der Engländer) zurückkehren werde, welche beträchtlich tief zwischen dieser Kette eingesenkt ist.

Tchini, wo ich die Ehre habe, Ihnen heute zu schreiben, ist der höchste Ort des Thales des Sutledge, wo sich die Solstitialregen noch merklich machen, die sich einem Monate den entgegengesetzten Abhang der Berge überfluthen und von denen ich von Semlah aus viel zu leiden gehabt habe. Ich bin jetzt fast außerhalb ihres Bereiches, und meine erste Wanderung wird mich in denjenigen Theil des Landes Kanaor führen, das durch die Trockenheit seines Clima's so merkwürdig ist. Es besteht übrigens schon eine große Differenz zwischen dem Clima dieses Theiles des Thales des Sutledge und dem Clima der indischen Thäler, so daß ich auch eine beträchtliche Verschiedenheit zwischen ihren verschiedenen Erzeugnissen bemerke. Meine botanischen Sammlungen wachsen hauptsächlich rasch an. Ich habe das Unglück gehabt, unterwegs den Spiritus zu verlieren, den ich von Sabathu nach Semlah hatte kommen lassen, so wie auch die Gläser, in welchen sich derselbe befand; aber ich hoffe, im Stande zu seyn, ihn zu Suguenom durch den schwachen Spiritus zu ersetzen, den man hier aus den in Gährung versetzten Traubenstern brennt, und mir auch hier hölzerne Gefäße machen zu laffen, in welchen er ficher aufbe-wahrt werden kann. Mit diefen Mitteln verfehen und begünftigt durch das trockene Clima, werde ich alsdann meine zoologifchen Sammlungen in demfelben Verhältniffe, wie die geologifchen und botanifchen, vermehren können.

Indem ich den Hauptarm des Sutledge ftromaufwärts ver-folge, kann ich nicht vor Chipti, dem erften Poften der chinefi-fchen Tartarei, vorübergehen, während ich nach Norden mich wen-dend, und längs feinem nördlichen Nebenarme, dem Spiti, meine Reife fortfegend, hoffen darf, die Befigungen des Rabjah von Biscahir verlaffen und auf die Hochebene von Labak vordringen zu können, — ein kleines faft unabhängiges Land der Chinefen und dem Rabjah von Biscahir zinsbar, der mir bisher alle Art von Aufmerkfamkeit bewiefen und fowohl an feine Gränze, als nach Labak gefchrieben hatte, um meine Reife zu erleichtern.

Ich habe aus dem Uebergangsgebirge foffile organifche Ueber-refte gefehen, welche aus diefem Lande kamen, wo fie in unermeß-licher Quantität auf der Oberfläche des Bodens und zwar in einer außerordentlichen Höhe über dem Meeresfpiegel (4500 Metres) zer-ftreut zu feyn fcheinen. Die Vegetation ift hier auf Kräuter und auf einige feltene Gefträuche reducirt, welche kaum höher, als die Kräuter find. Der Hund, der Yak und die Ziege, welche den Caschemir-Flaum liefert, find hier die einzigen Hausthiere, und es giebt ohne Zweifel auch nur eine kleine Anzahl wilder Arten, aber es will mich bedünken, daß die Natur des Landes allem, was man von dorther beziehen kann, ein Intereffe verleiht, welches für die wahrfcheinlich mäßige Zahl der Gegenftände reichlich Erfag leiftet. Zu Anfang des Monates October werde ich durch den Paß Burune meinen Rückweg antreten. Von hier nach Semiah habe ich nur eine kleine Zahl Tagmärfche. Indem ich alles fammle und die Sammlungen, die ich nach und nach zurückgelaffen habe, an mir vorausfchicke, werde ich mich hinab nach Sabathu und von Saba-thu in die Ebenen begeben, auf deren höchftem Puncte Saharun-pore liegt, von wo ich wieder mit meiner gewöhnlichen fchweren Reifeequipage und mit allem, was ich feit dem vergangenen März gefammelt habe, nach Delhi abgehen werde.

(Fortfegung folgt.)

Miscellen.

Ueber die Fähigkeit der Spinnen, fich von einem ifolirten Orte zu entfernen, verdanke ich Hrn. Dr. X. Reuber, Phyfikus zu Apenrade im Herzogthum Schleswig, fol-gende Mittheilung: „In No. 766. der Notizen werden mehrere Thatfachen erzählt, welche darthun, daß diefe intereffanten Thiere Fäden aus fich entwickeln, welche fie den Winden überlaffen, bis diefelben fich an irgend einen Gegenftand feftgeheftet haben, wor-auf die Spinne fich diefes Fadens als einer Brücke bedient. Daß aber der Uebergang der Spinnen von einem ifolirten Gegenftand zum andern, nicht immer auf diefe Art gefchieht, fcheint die Beob-achtung zu beweifen, welche in demfelben Auffage aus Temple's Reife in Peru mitgetheilt wird, nach welcher auf dem breiten Pla-taftrome Spinnen nebft ihren Geweben in der Richtung des Win-des vom Ufer herkamen, und fich in das Takelwerk des Schiffes fefthängten. Denn in diefem Falle kann man unmöglich annehmen, daß die Fäden, welche fich an das Schiff feftfegten, mit ihren an-dern Enden am Ufer brückenartig befeftigt waren. Auch wäre es wirklich höchft wunderbar, daß Taufende von Spinnen gleichzeitig an einem und demfelben Ort die gleiche Arbeit unternommen ha-ben follten, um über den Plataftrom zu fegen; nicht zu erwähnen, daß auf diefe Weife die Fäden fich unmittelbar nach ihrer Bildung mit einander verwirrt haben würden, und keiner einen felbft nicht gar fehr ftehenden Gegenftand erreicht haben dürfte. Es ift alfo in diefem Falle nur zufällig gefchehen, daß der Wind eine folche Spinnencolonie mitfammt ihrem Gewebe aufgehoben und mit fich fortgeführt hat. Daß übrigens die Spinnen auch willkührlich fich der Fittige des Windes anvertrauen, und fich folchergeftalt künftlich zu Luftbewohnern machen, davon habe ich felbft einmal ein intereffan-tes Beifpiel erlebt. Ich nectte nämlich eine auf einem hohen Plank-werke umherlaufende kleine Spinne auf die Art, daß ich einen mei-ner Finger ftets ihrem Laufe als Damm entgegenftellte und fie folg-lich fich nicht über einen fehr kleinen Raum hinaus zu begeben ver-mochte. Sie wurde bei diefer Neckerei bald fehr ungeduldig und unruhig, bis fie plöglich am Rande des Plankwerks figen blieb, mit der größten Gefchwindigkeit einen Faden fpann, der, da es ziemlich ftark wehte, nicht in horizontaler Richtung forttrieb, fon-dern in einem Winkel von etwa 45 Graden in die Höhe ftieg. In dem nächften Augenblick fchnellte fich die kleine Spinnerin mit einem gewandten Sprunge vom Plankwerke weg, und blieb mit Blizefchnelle an dem Faden hängend durch die Luft meinen Blik-ten entführt."

Daß der Nerv. accessorius Willisii auch bei den Vögeln, Reptilien und Fifchen vorkomme, nicht bloß bei den Säugethieren vorhanden fey, hat Dr. W. Th. Bifchoff durch viele genaue Unterfuchungen und durch folgende Abbildungen nachgewiefen, in Nervi accessorii Willisii anatomia et phys. Hei-delb. 1832. 4. c. tab. VI.

Netrolog. Der Confervator der Sternwarte zu München, v. Soldner, ift geftorben.

Heilkunde.

Tödtlich ablaufender Fall von Cyftocele, bei wel-chem die ganze Blafe aus dem Becken in das Scrotum ausgetreten war.
Von M. A. Clement.

Diefe feltene Krankheit beobachtete ich bei Hrn. Bow-ley, einem fehr corpulenten, mehr als fechzigjährigen Mann, welcher bereits feit 25 Jahren mit einem Scrotalbruch be-haftet war, welcher jedoch, mit Ausnahme der unmittelbar feinem Tode vorhergehenden Zeit, niemals andere Unannehm-lichkeiten hervorgebracht hatte, als folche, welche von feinem bedeutenden Umfange abhingen.

Außer wiederholten Verftopfungen und leichten Anfällen von Hemiplegie, welche indeß immer den gewöhnlichen Mit-teln leicht wichen, war fein Befinden gut, und er machte fich regelmäßige, bisweilen fehr ftarke Bewegung.

Erft etwa 14 Tage vor dem Tode traten fchlimmere Zufälle ein, indem eine hartnäckige Verftopfung und Läh-mung der linken Körperfeite erfolgte. Mit diefen Sympto-men verband fich ein ftillicidium urinae; der Catheter wurde mehreremale eingebracht, und zwar nach der Meinung zweier Wundärzte bis in die Blafe, es drang aber nie mehr als eine Taffe voll Urin durch das Inftrument aus. Die Urfache hiervon, obgleich fie während des Lebens des Kran-ken nicht erkannt wurde, wurde durch die Section vollkom-men klar.

Die gewöhnlich bei einer Darmeinklemmung vorhandenen Symptome blieben aus, oder waren wenigftens fo unficher, daß eine Operation nicht gerechtfertigt schien. Die Haupt= sache für die Behandlung war, Oeffnung zu verschaffen, wo= zu aber alle Mittel ohne Erfolg blieben. Da der Kranke überhaupt auf der ganzen linken Seite gelähmt war, so nahm man an, die Blase sey ebenfalls von der Lähmung betroffen, und die Aerzte betrachteten als einen Beweis der Richtigkeit dieser Meinung das fortdauernde stillicidium urinae. Obgleich durch die verschiedensten eröffnenden Mit= tel kein Stuhlgang bewirkt werden konnte, so litt der Kranke doch mehr an Symptomen, welche auf eine Harnverhaltung deuteten, als an solchen, welche von der Verstopfung herrüh= ren konnten. Er klagte über große Schmerzen in der Schaamgegend und in dem Bruch, welcher allmälig immer ausgedehnter wurde. Endlich wurde die Sprache undeutlich, der Kranke konnte bloß noch ein undeutliches Murmeln her= vorbringen, fiel bald darauf in Delirien und starb.

Sectionsbefund 24 Stunden nach dem Tode. Der Umfang des Bruches betrug 2 Fuß 5 Zoll, in der Länge maß er von der Schaambeingegend bis zu dem zugespitzten Ende der Geschwulst 1 Fuß 2½ Zoll, der ganze Penis war in die Hautdecken des Bruches zurückgezogen, die Oeffnung, durch welche der Urin ausfloß, glich dem Nabel, so daß die ganze Geschwulst einem ungeheuren Nabelbruch, der sich bis auf die Schenkel herab erstreckte, sehr ähnlich sah. Der eine Hoden war an der Oberfläche etwa in der Mitte der Geschwulst deutlich zu fühlen, der andere war aber nicht zu entdecken, ehe die Theile zergliedert wurden.

Obgleich der Bruch so groß war, daß er sich über die ganze Schaamgegend ausbreitete und beide Inguinalgegenden einnahm, so war es doch auch ohne Einschnitt schon leicht nachzuweisen, daß die vorgetretenen Theile durch den linken Bauchring herauskamen.

Es wurde nun damit angefangen, daß der linke Ingui= nalcanal bloßgelegt wurde. Es fand sich ein Theil des Dick= darms, der durch ihn hervortrat, von Koth bedeutend ausge= dehnt, aber ohne Zeichen von Entzündung oder Einklemmung. Die letztere konnte unmöglich zugegen gewesen seyn, da die Oeffnung, durch welche er hindurchtrat, so bedeutend erwei= tert war, daß man mit der ganzen Hand leicht in die Bauch= höhle eindringen konnte.

Ein halbkreisförmiger Schnitt wurde nun im Verlauf des Darmes nach unten durch die Hautbedeckungen gemacht: dieser Schnitt legte, als er einige Zoll weit fortgesetzt war, einen Hoden bloß, und wir erstaunten, nun einen andern deutlichen, sehr gespannten und Flüssigkeit enthaltenden Sack zu finden; dadurch kamen wir auf die Idee, daß ein Theil des Darmcanals auch durch den Bauchring der rechten Seite vorgedrungen seyn müsse, daß also ein doppelter Bruch vor= handen sey. Bei der sorgfältigsten Untersuchung konnte aber kein Darm nach dieser Seite hin verfolgt werden; überdieß war die Oberfläche dieses zweiten vermeintlichen Sackes zu gleichförmig, als daß sie Netz oder Darm enthalten konnte. Sie bildete den größten Theil der ganzen Geschwulst und glich mehr einer Hydrocele, wenn es möglich gewesen wäre, daß eine solche einen so ungeheuern Umfang hätte erreichen

können. Bei'm Durchschneiden der Hautdecken von der Oberfläche aus, fand sich die Spitze dieses zweiten Sackes sehr dünn, roth und zugespitzt — in der That dem Bersten nahe scheinend. Durch einen Zufall zerriß dieser entzündete Theil, und es flossen nun etwa 2 Quart eines sehr übelrie= chenden Urines aus, wodurch alle Unsicherheit über die Na= tur der Geschwulst beseitigt wurde.

Indem wir nun den Verlauf der Harnröhre, die auf eine wunderbare Weise aus ihrer gewöhnlichen Lage gerückt war, verfolgten, fanden wir, daß die Harnblase durch den Bauchring hervorgedrungen war. Leider war es nicht mög= lich, das Präparat aufzubewahren. Die Prostata, welche bedeutend vergrößert war, war bei den vergeblichen Versu= chen zur Entleerung des Urins mit dem Catheter durchstoßen worden. Der Durchmesser der Urethren war so bedeutend, daß der Zeigefinger leicht in dieselben eingeführt werden konnte.

Im Unterleibe fanden sich keine Zeichen neuerlich einge= tretener acuter Entzündung; das Netz war mit Fett bedeu= tend überladen, und der Dickdarm in seiner ganzen Länge stark durch Kothmassen ausgedehnt; im Becken war bloß der Mangel der Harnblase auffallend; die natürliche Ver= bindung zwischen diesem Theil und der innern Fläche des Schaambogens war nicht mehr nachzuweisen.

Einige Bemerkungen lasse ich dieser Beschreibung der Ergebnisse der Zergliederung folgen. Der Bruch hatte sich zur Zeit des Todes nicht bedeutend vergrößert, obwohl er einige Tage zuvor allmälig etwas stärker gespannt zu wer= den schien. Der Umfang der Geschwulst hatte während der letzten 25 Jahre sich nur wenig verändert, und da die Blase den größten Theil ihres Umfangs ausmachte, so ist es klar, daß der in derselben befindliche Urin niemals ganz ausgeleert worden war, seitdem dieses Eingeweide aus dem Becken in das Scrotum ausgetreten war. Die Blase hatte sich hierbei allmälig an die größere Masse ihres Inhalts ge= wöhnt, so daß die Erregbarkeit, welche sonst zur Ausleerung ihres Inhalts vorhanden ist, größtentheils verloren war, und so lange der Kranke noch die Kraft hatte zu verhüten, daß sich nicht über einen gewissen Grad Flüssigkeit ansammle, so litt er keine wesentliche Unbequemlichkeit. Wenn aber der in dem eigentlichen Bruchsack befindliche Theil des Dick= darms von hartem Koth ausgedehnt wurde, so muß dadurch ein Druck auf den Blasenhals entstanden seyn, wodurch die Austreibung des Urins verhindert wurde, und das stillici= dium urinae war bloß ein fast bei allen Harnverhaltungen zu beobachtendes Symptom.

Der Sohn des Kranken sagte mir, daß sein Vater nie= mals habe Urin lassen können, ohne zuerst den herabhängen= den Bruch von den Schenkeln gegen den Bauch hinaufzuzo= gen zu haben, worauf der Urin jedesmal in vollem Strome ausfloß, obgleich der Kranke immer darüber klagte, daß er nie eine beträchtliche Menge auf einmal habe entleeren kön= nen. Dieß läßt sich auch leicht erklären, indem durch das Aufheben und Drücken der Bruchgeschwulst die Blase mit der verzogenen und gekrümmten Harnröhre mehr in eine

Linie gebracht wurde, worauf ein Theil des Urines dem ausgeübten Druck entweichen konnte.

Zu verwundern ist es, daß der Kranke so viele Jahre
mit einer aus ihrer natürlichen Lage gebrachten, und in das
Scrotum herabgetretenen Harnblase leben konnte, ohne daß
irgend eine größere Unbequemlichkeit für ihn daraus erwachsen wäre: wahrscheinlich ist diese Hervortreibung aber
sehr allmälig und langsam geschehen, so daß die Blase und
die umgebenden Theile sich nach und nach an diese Veränderung ihrer relativen Lage gewöhnen konnten. Auch erfuhr
ich noch, daß der Bruch bei seinem ersten Erscheinen sehr
klein war, und bloß langsam wuchs, bis er zu seiner spätern
ungeheuern Größe gelangt war. In dem vorliegenden Falle war
es ganz deutlich, daß die Blase zuerst hervorgetreten war und
einen Theil des Peritoneums mit herabgezogen hatte, wodurch
ein Sack zur Aufnahme des Dickdarms gebildet wurde. Wenn
ich nach der Zergliederung eines einzelnen Falles schließen
darf, so ist die von Herrn Lawrence über die Bildungsweise einer Cystocele gegebene Ansicht vollkommen richtig.
Er sagt: „Wenn die Blase entweder wegen natürlicher
Größe, oder wegen einer Vergrößerung in Folge von Harnverhaltung, hinter den noch nicht ausgedehnten Bauchring
zu liegen kömmt, so kann sie ebensogut als irgend ein anderes Baucheingeweide hervorgetrieben werden. In diesem
Falle wird die vordere Fläche der Blase zuerst hervorgetrieben, und da diese bloß durch Zellgewebe mit den umgebenden Theilen in Verbindung steht, ohne einen Peritonealüberzug zu haben, so besitzt der Bruch in diesem Stadium
keinen Bruchsack. Sehen wir den Grund der Harnblase bei
Harnverhaltungen bis zum Nabel und noch höher hinaufsteigen, trotz der Zellgewebsverbindung mit den Schaambogen, so begreift man, daß diese Zellgewebsverbindung auch
kein Hinderniß für die Vergrößerung eines Bruches ist, wenn
dieselben Ursachen, die ihn zuerst veranlaßten, fortwährend in
Wirkung bleiben. Der an den Grund der Harnblase
angränzende Theil, oder die Seiten der Blase, da wo sie
mit Peritoneum überzogen ist, kommen nun ebenfalls allmälig durch den Ring hervor, und bilden eine Art von Bruchsack, welcher zu dem vorgetriebenen Theile der Blase sich
ganz anders verhält, als der Peritonäalüberzug zu dem Inhalt eines gewöhnlichen Bruches. Er bildet eine häutige
Höhle, die sich nach unten in einen Blindsack endigt, nach
oben in die Bauchhöhle sich öffnet, und an der vordern Fläche der Blase liegt, mit welcher die hintere Hälfte des Blind-
sackes fest zusammenhängt. Netz oder Gedärme können leicht
in diese Tasche herabsteigen, so daß ein Netz- oder Darm-
bruch nach Art des Blasenbruch hinzutritt.

Die Meinung einiger Schriftsteller, daß die Cystocele
eine angeborene Mißbildung sey, trifft in diesem Falle nicht
zu, da der Kranke bis zu seinem dreißigsten Jahre keine Anschwellung des Scrotums hatte, und überhaupt nicht im
mindesten litt.

In den meisten Fällen von Cystocele, welche bis jetzt
beobachtet worden sind, fand sich der eine Theil der Blase
in dem Becken, der andere in dem Scrotum; in gegenwär-

tigem Falle war eine vollkommene Vortreibung des ganzen
Eingeweides zugegen, dessen Häute sich in 6 oder 7 Schichten theilen ließen, außer an dem einen erwähnten, dünnen
und sehr entzündeten Punct. Hätte der Kranke noch einige
Tage gelebt, so würde dieser Punct ohne Zweifel ulcerirt
und aufgebrochen seyn.

Auffallend muß es erscheinen, daß nie mehr als ein
Weinglas voll Urin durch den Catheter entfernt werden
konnte; aber ich glaube, daß das Instrument in Folge seiner Kürze nie weiter als bis in den Blasenhals drang, also
oberhalb des Niveau's der größten Menge des angesammel-
ten Urines blieb. Hätte man sich eines langen elastischen
Catheters bedient, so ist es sehr wahrscheinlich, daß ein solches Instrument sich der abhängigen Lage der Blase angepaßt haben würde, so daß alsdann eine große Menge Wasser abgegangen wäre, und man hierdurch Aufklärung über
die wahre Beschaffenheit des Leidens erhalten hätte. (*W. J.
Clement*, Observations in Surgery and Pathology.
Lond. 1832.)

Ueber Blasensteinoperationen *)

hat Hr. Liston, der als ein höchst geschickter und glücklicher
Operateur bekannt ist, folgende Ansichten mitgetheilt.

Er bemerkt, er habe in mehreren Fällen, auch bei
Kindern, Concretionen von beträchtlicher Größe, mittelst einer gehörig construirten Zange, durch die Harnröhre
ausgezogen. Er giebt der Weiß'schen den Vorzug, die er
für jedes Lebensalter und in verschiedenartigen Fällen höchst
bequem gefunden hat.

Der Lithotritie ist Hr. Liston eben nicht gewogen,
und er bedient sich, in Bezug auf dieselbe, ziemlich herber
Ausdrücke. „Indem wir uns, sagt er, zu den Lithotritie
wenden, und hierunter verstehe ich alle Verfahren, welche den Zweck haben, Steine in der Blase zu zer-
trümmern, geschehe es nun durch Bohren, Raspeln oder
Klopfen, finden wir, daß viele Patienten schon in Folge der
Untersuchung gestorben sind, und überhaupt hat fast die
Hälfte von denen, welche abentheuerlich Steinklopfern in
die Hände gefallen sind, mit dem Leben bezahlen müssen.
Jeder gelungene Fall wird ausposaunt, und die Todten ruhen in Frieden."

Uebrigens empfiehlt Hr. Liston allen Wundärzten, sich
mit den lithotritischen Apparaten bekannt zu machen, damit
sie sich in geeigneten Fällen derselben bedienen können. Er
giebt den breiarmigen Steinbohrer Civiale's den Vorzug.

„Man hat verschiedene Arten von Bohrern erfunden,
um auf eine große Fläche des Steins einzuwirken; andere
dienen dazu, den Stein auszuhöhlen, der dann zertrümmert

*) Nach dem 1832 zu London und Edinburgh erschienenen 3ten
Theile der Elements of Surgery.

und klein gemahlen wird; sie sind gefahrvoll und unwirksam. Das Instrument wird auch so angefertigt, daß ein Drillbogen darauf einwirken kann, und man den Apparat an eine sogenannte Lade oder auch an den Operationstisch selbst befestigen kann. Man beabsichtigt auf diese Weise große und feste Steine durch mehrmaliges Operiren zu zerstören. Ich habe Civiale und Andre operiren sehen, habe selbst diese Instrumente in ziemlich vielen Fällen und in einigen mit Erfolg angewandt, und dennoch muß ich nach meiner Erfahrung durchaus davon abrathen, einen Patienten durch dergleichen Mittel vom Steine zu befreien, wenn man nicht nach dem Volum und der Consistenz des letztern hoffen darf, ihn auf ein- bis zweimal zu zerstören, und wenn es nicht hinreicht, den Bohrer mit den Fingern in Bewegung zu setzen."

Heurteloup's Verfahren, den Stein mit einem Hammer zu zerklopfen, mißbilligt Hr. Liston in den stärksten Ausdrücken. Ueberhaupt ist er der Meinung, daß die Lithotritie die Lithotomie nie überflüssig machen werde. In Bezug auf das Operationsverfahren bei'm Steinschnitt verdienen 2 Puncte Aufmerksamkeit; rücksichtlich einer Blutung aus der arteria bulbi, bemerkt Hr. Liston nämlich, daß ihm diese in seiner Praxis nur ein einzigesmal vorgekommen sey, und schreibt dieß dem Umstande zu, daß er nach dem ersten Einschnitt nie aufwärts schneidet. Die Klinge und der Griff des von Hrn. Liston angewandten Messers sind etwas länger als bei einem gewöhnlichen anatomischen Messer, und die Klinge ist bis 1½ Zoll von der Spitze stumpf. Was die Vorsteherdrüse anbetrifft, so ist Hr. Liston ziemlich derselben Ansicht, wie Hr. Brodie. Der letztere geschickte Chirurg behauptet, die äußere Hülle der Prostata dürfe nie aufgeschlitten werden, und es sey daher besser, die Prostata zu dehnen oder zu zerreißen, als tief in dieselbe einzuschneiden. Nach Hrn. Liston's Vorschrift soll das Messer mit niederwärts und auswärts gerichteter Schärfe durch die Prostata vorwärts gezogen und die Drüse schräg eingeschnitten werden. Man soll das Messer nur sehr wenig aus der Rinne erheben, damit die Drüse höchstens ¼ Zoll weit aufgeschnitten werde. Bei diesem Verfahren, sagt Hr. Liston, bleibt die umgeschlagene Portion der Beckenfascie unbeschädigt, und die Gränze zwischen dem äußeren Zellgewebe und dem lockern und sehr feinen Gewebe, welches gleich außerhalb der Blase (zwischen dieser und dem Becken unmittelbar auskleidenden Fascie) sich befindet, bleibt vollkommen unversehrt.

„Einige Steine besitzen eine solche Größe, daß man sie, nach Durchschneidung der einen Seite der Drüse, nicht ausziehen könnte. Wenn man sich daher des vorne stumpfen Messers bedient, ohne irgend einen neuen äußern Einschnitt zu machen und dasselbe mit dem Finger leitet, bringt man auf der rechten Seite der Vorsteherdrüse in derselben Richtung und Ausdehnung wie auf der linken einen Einschnitt hervor, und auf diese Weise entsteht ein dreieckiger Lappen, dessen Gipfel nach der häutigen Portion der Harnröhre zu liegt, und durch die so entstandene Oeffnung kann jeder Stein, der unter den

Beckenknochen hindurchgeht, ohne große Schwierigkeit ausgezogen werden. Uebrigens ist dieses beiderseitige Einschneiden in die Vorsteherdrüse auf die eben angeführte Weise, oder vermittelst des doppelten Steinmessers nicht in allen Fällen zur Erlangung eines guten Resultates nothwendig. Ehe man in die zweite Seite einschneidet, muß man sich erst durch Einführung des Fingers durch die gewöhnliche Wunde davon überzeugt haben, daß der Stein zu groß ist, um ohne einen zweiten Einschnitt ausgezogen zu werden. Alsdann ist es aber gefahrloser, auf der andern Seite einzuschneiden, als die erste Oeffnung mittelst des Messers oder durch die bei'm gewaltsamen Ausziehen eines zu großen Steins veranlaßte grausame Zerreißung zu erweitern."

Hr. Liston vertheidigt unbedingt die Einführung eines Federharzcatheters durch die Wunde in die Blase, nach vollendeter Operation. Man hat denselben in seiner Lage zu befestigen, und in den nächsten Stunden nach der Operation häufig mit einer Feder zu reinigen, damit dessen Ende nicht durch geronnenes Blut verstopft werden könne. Nach der Operation verordnet Hr. Liston reichliche verdünnende Mittel (Diluents), und eine milde spärliche Kost. Blutausleerungen sind, wie er bemerkt, selten nöthig, indem weniger von Bauchfellentzündung als von der Infiltration des Harns in das Zellgewebe Gefahr droht.

„In den tödtlich ablaufenden Fällen, welche mit Blutungen oder Erschöpfung nicht in Verbindung stehen, findet man das Bauchfell nicht vasculös oder mit Lymphe belegt, auch keine Ansammlung einer krankhaften Secretion dieser Membran in der Bauchhöhle; sondern das Zellgewebe ist längs der Wunde schwarz, desorganisirt, mürbe und faulig; oder, wenn die Infiltration nicht so ausgedehnt ist, oder an einer solchen Stelle stattgefunden hat, daß der Tod schnell und wie bei einer Vergiftung eintritt, so findet man ungesunde, ausgedehnte und nicht scharf begränzte Eiterheerde, die aus einer scheußlichen Mischung von Jauche, Harn und abgestorbenem Zellgewebe bestehen. Wenn der Kranke über einen festsitzenden und im Zunehmen begriffenen Schmerz im Hypogastrium klagt, so hat man Blutegel und Bähungen an dem Theile anzuwenden. Dieß ist die einzige Anzeige von entzündlicher Thätigkeit, welche mir bei irgend einem Patienten vorgekommen ist, und sie wurde durch die oben angegebene Behandlung beseitigt. So weit ich mich erinnere, machten sich die Blutegel nur in drei Fällen nöthig. Manche Patienten verlangen fast unmittelbar nach der Operation Stärkung; bei andern ist der Organismus hinreichend thätig, und bei diesen muß man dem Zustande des Magens und des Darmcanals viel Aufmerksamkeit schenken, damit sich deren Thätigkeit nicht übermäßig steigere. Bei manchen sind die Umstände eine Zeit lang günstig, und es tritt erst später, in Folge des Liegens und des Ausflusses und der Reizung von Seiten der Wunde, ein geistiger und körperlicher Torpor ein. Auch diese Patienten bedürfen der Behandlung durch Stärkende, ja wohl gelinde reizende Mittel."

Die Lithotomia recto-vesicalis hat Hr. Liston nur einmal, und zwar unter besondern Umständen vorgenom-

men. Der Patient war 64 Jahre alt, die Symptome wa=
ren unregelmäßig; bei'm Einführen des Fingers in den Mast=
darm fühlte man eine feste, kugelige, große und sehr wenig
bewegliche Substanz, und bei'm Sondiren zeigte sich deut=
lich, daß der Stein mit diesem Körper in Verbindung stand.
Man führte die seitliche Operation aus, und schnitt auf bei=
den Seiten in die Vorsteherdrüse ein. Der Stein ließ sich
leicht fassen, aber nicht bewegen. Es ergab sich nun, daß
derselbe fest von einer Cyste umhüllt war, die zwischen dem
Mastdarm und dem hintern Theile der Vorsteherdrüse lag, und
daß nur ein kleiner Theil des Steins in die Blase hervor=
ragte. Hr. Liston verwandelte nun den Darm, die Cyste
und die Wunde in eine Höhle, indem er in den obern und
vordern Theil der Cyste einschnitt, ein geknöpftes krummes
Bistouri hinter den übrigen Theil der Cyste führte, und an jener
Stelle durch die Wände des Darms zog, indem er den Knopf
bis an den in den Mastdarm eingeführten Zeigefinger der
linken Hand bewegte, und das Instrument dann vorwärts
herauszog. Der Stein ließ sich mittelst eines starken krum=
men Steinlöffels leicht auszuziehen. Die Wunde wurde ober=
flächlich gangränös, aber der Patient schien bis zum Ende
der 5ten Woche in der Besserung begriffen. Alsdann tra=
ten Erbrechen und Durchfall ein, und der Kranke kam sehr
von Kräften. Die Heilung der Wunde machte keine Fort=
schritte mehr, der Rücken des Patienten wurde sphacelös,
und derselbe starb am Ende der folgenden Woche. (Me=
dico - Chirurgical Review, April 1833.)

Miscellen.

Eine sehr sonderbare Vergiftung hat Hr. Guéneau
de Mussy der Académie de Médecine am 23. April gemeldet.
„Am 10. April befand sich ein Fabricant von Blaufarbe (zur Por=
zellanmalerei) mit einem seiner Arbeiter in der Werkstätte, wo
er in einer Retorte eine Mischung von Kobalt, Arsenik, Quecksil=
ber, Salmiak und Salpetersäure auf dem Feuer hatte: Die Re=
torte zerbricht und es strömte sehr viel Dampf heraus. Der Ar=
beiter hatte noch Zeit, zu dem Fenster hinaus zu springen, neben
welchem er sich befand. Kurz hernach kehrt er in die Werkstätte
zurück, und findet seinen Herrn auf der Erde liegend, den er an den
Füßen herauszieht, der aber sehr schnell eine auffallende Auftrei=
bung des Unterleibes wahrnehmen läßt und nicht lange darauf
stirbt. Bei dem Arbeiter blieben die Wirkungen des Dunstes, den
er eingeathmet hatte, auch nicht aus. Nach 48 Stunden war sein
Unterleib so aufgetrieben wie bei einer Frau am Ende der Schwan=
gerschaft. Ein Abführungsmittel vermochte nichts gegen den Zustand.
Er begiebt sich in's Hôtel - Dieu, und in die Abtheilung des Hrn.
Guéneau de Mussy, wo sich ergiebt, daß er, außer der Tym=
panitis, noch an Verdunkelung des Sehvermögens und an Schmer=
zen bei den Bewegungen der Kinnlade leidet. Es werden laue
Bäder, milde Abführungsmittel angewendet und unter dem reich=
lichen Abgang von höchst stinkendem Gas, erfolgt die Herstellung.
Zur Untersuchung der gesundheitsgemäßen oder
gesundheitswidrigen Behandlung der Kinder in

Spinnmühlen und Factoreien (vergleiche Notizen Nr. 780.
No. 10. des XXXV. Bandes) sind jetzt von der Englischen Regie=
rung fünf Commissionen ernannt (jede von drei Mitgliedern, wor=
unter ein Arzt), welche in die Manufacturdistricte England's rei=
sen, Zeugen eidlich vernehmen, und dem Parlamente Bericht er=
statten sollen.

Als eine neue Art von Hernie hat Hr. Laugier am
9. April der Académie roy. de Médecine zu Paris einen Unter=
leibsbruch beschrieben, der durch das Gimbernat'sche Band statt
hatte. Die Hernie, welche bei einer Frau von 45 Jahren vorkam,
wurde anfangs für einen Leistenbruch, von dem Operateur selbst
aber für einen Schenkelbruch gehalten. Die wahre Natur dersel=
ben wurde erst nach dem Tode der Frau erkannt, welcher fünf Tage
nach der Operation durch Peritonitis erfolgt war.

Eine practische Unterrichtsanstalt für die Staats=
arzneikunde ist in Berlin errichtet und unter der Leitung des
Stadtphysicus Professor Dr. Wagner eröffnet worden. Die Un=
tersuchungen an lebenden Personen finden zu unbestimmten
Zeiten, die Untersuchungen an Leichnamen Mittags 12 Uhr,
theils in dem Obductionshause, theils in dem Charité = Kranken=
hause statt. (Die Studirenden müssen hierbei zuvor, in Gegenwart
des Inquirenten, dem Physicus mittelst Handschlags Verschwiegen=
heit über das Ergebniß der vorzunehmenden gerichtlichen Geschäfts
angeloben, wenn nicht der Inquirent im einzelnen Falle Gründe
hat, die Zulassung zu verweigern). Die Untersuchungen lebloser
Substanzen geschehen in der Regel, von dem Physicus und einem
Chemiker in dessen Laboratorium. Zweimal wöchentlich finden zwi=
schen den Lehrern und den theilnehmenden Studirenden in einem
Auditorio des Universitätsgebäudes Zusammenkünfte statt zu Erör=
terungen und Erläuterungen; es werden Gutachten ausgearbeitet x.,
und die Studirenden erhalten von Zeit zu Zeit Gelegenheit, sich in
allen Physicatsgeschäften selbst zu üben.

Ein plötzliches Verschwinden einer hartnäckigen
Aphonie, in Folge eines Sturzes auf das Hinter=
haupt, hat Hr. Stadtwundarzt Paschen zu Münster beobachtet.
Die an Stimmlosigkeit gränzende Heiserkeit war bei einem 30 Jahre
alten Dienstmädchen vor zwei Jahren eingetreten, und seitdem ver=
geblich behandelt worden. Am 15. Februar dieses Jahres fiel sie
eine 15 Fuß hoch von einer Leiter auf eine Steinflur, blieb einige
Minuten lang, dem Anscheine nach leblos, liegen, und als sie zu
sich kam, konnte sie zu ihrer Verwunderung laut reden. Am
Hinterhaupte fand sich zwischen der protuberantia occipitalis ex=
terna und dem Winkel der Lambdanath eine zolllange gequetschte
Hautwunde; aber sonst keine Depression oder Verletzung. Es
wurden eine Venäsection und kalte Umschläge auf den Kopf gemacht,
und bei einer passenden inneren Behandlung heilte die einfach ver=
bundene Wunde, und die Kranke genas und hat ihre Stimme be=
halten. (M. Z.)

Als ein neues Mittel gegen die Hundswuth wird
jetzt der Saft einer Cactuspflanze empfohlen, indem
Sir Antony Carlisle der medico - botanical Society zu Lon=
don angezeigt hat, daß er aus America drei Bouteillen eines Saf=
tes erhalten habe, der aus einer Pflanze aus der Cactusfamilie
ausgepreßt ist. Der Kranke wird bis an den Hals in Erde oder
Sand eingegraben und dann gezwungen, dritthalb Unzen dieses
Extractes, sobald als möglich nach dem Biß, zu verschlucken. Doch
soll die Ceremonie des Begrabens zur Wirksamkeit des Mittels
nicht absolut nöthig seyn sollen. Sir Antony erinnert, daß die
Ceremonie des Begrabens zur Wirksamkeit des Mittels nicht
absolut nöthig seyn sollen.

Bibliographische Neuigkeiten.

Astronomy and General Physicks considered with reference to
Natural Theology. By the Rev. Will. Whewell. Lond. 1833. 8.
(Dieß ist die erste der sogenannten Bridgewater Treatises, d.
h., der Abhandlungen, welche in Folge des Testaments des ver=
storbenen Earl of Bridgewater erscheinen werden, welcher
8000 Pfd. Sterl. ausgesetzt hat als Honorar für ein Werk oder
für Werke [die Testaments = Executoren haben die Summe auf

acht verschiedene Werke vertheilt], „Ueber die Macht, Weisheit
und Güte Gottes, wie sie sich in der Schöpfung erweiset.)

Clinical Observations of the more important diseases of Bengal,
with the result of an Inquiry into their Pathology and Treat=
ment. By W. Twining, Assistant Surgeon of the General
Hospital of Calcutta. London 1833. 8.

Notizen
aus
dem Gebiete der Natur- und Heilkunde.

Nro. 799.	(Nro. 7. des **XXXVII.** Bandes.)	Juni **1833.**

Gedruckt bei Coffius in Erfurt. In Commiffion bei dem Königl. Preußischen Gränz-Poftamte zu Erfurt, der Königl. Sächf. Zeitungs-
Expedition zu Leipzig, dem G. H. F. Thurn und Tarifchen Poftamte zu Weimar und bei dem Landes-Induftrie-Comptoir.
Preis eines ganzen Bandes, von 24 Bogen, 2 Rthlr. oder 3 Fl. 36 Kr., des einzelnen Stückes, 3 ggl.

Naturkunde.

Ueberficht einiger Unterfuchungen über den Einfluß, den die Ernährungsart auf die chemifchen Erfcheinungen der Refpiration ausüben
kann.

Von Laffaigne und Poart.

In einer Abhandlung der Annales de Chimie et de
Physique vom December 1832, hatten fich die H.Hrn. Macaire und Marcet mit der Unterfuchung befchäftigt, ob
der Stickftoff, den man in der Zufammenfetzung der thierifchen Subftanzen antrifft, herrühre, 1) von demjenigen, welcher in den Stoffen enthalten ift, die den Thieren zur Nahrung dienen; 2) ob letztere ihn durch die Refpiration aus
der Luft fchöpfen; 3) ob fie endlich die Fähigkeit befitzen, ihn
aus allen Dingen zu erzeugen.

Die erfte diefer Aufgaben fcheint zum Theil gelöft zu
feyn, wenn man in Betrachtung zieht, daß alle diejenigen
Subftanzen, welche für Nahrungsftoffe gelten, einzeln oder
mit einander vermifcht, unter ihren Grundbeftandtheilen eine
größere oder kleinere Quantität ftickftoffhaltiger Subftanz befitzen. Die zweite Aufgabe anlangend, haben die weiter oben
genannten Naturforfcher keine directen Verfuche angeftellt,
um zu erfahren, ob vielleicht diefe Conjectur Beftätigung
findet.

Seit mehreren Monaten mit der Löfung diefes Theiles
der Frage befchäftigt, haben wir während diefer Zeit fehr
zahlreiche Verfuche angeftellt, um zu erforfchen, ob daffelbe
Thier, welches anfangs mit einer Mifchung
mehr oder weniger ftickftoffhaltiger Subftanzen
und alsdann mit Subftanzen ernährt worden,
die ganz frei von Stickftoff find, in der Luft,
welche es einathmet, merkbare Veränderungen
hervorzubringen vermöge.

Die fchönen Verfuche der H.Hrn. Dulong und Des-
pretz über die chemifchen Erfcheinungen der Refpiration
und die Differenzen, welche diefe gefchickten Verfuchanfteller

bei einer und der andern Thierart beobachtet haben, ließen
uns mit einigem Grunde glauben, daß diefe Frage, aus diefem Geftchspuncte betrachtet, uns vielleicht auf neue oder
wenig bekannte Refultate führen werde.

Ob wir gleich diefe Arbeit, die fchon ihrer Natur nach
die Menge Schwierigkeiten darbietet, noch nicht beendigt
haben, fo veranlaffen uns doch die wichtigen Refultate, welche die H.Hrn. Macaire und Marcet erhalten und bekannt gemacht haben, wenigftens im Auszug unfere Unterfuchungen mitzutheilen, mit dem Vorfatze, fie in der Folge
zu erweitern, und foviel in unferer Kraft fteht, zu verfolgen.

Die Thiere, an welchen wir unfere Verfuche angeftellt
haben, find allerdings kleine Vierfüßer aus der Claffe der Säugethiere (Feldmaus, Maus und Meerfchweinchen). Sie find
eine gewiffe Zeit lang abwechfelnd mit Waizenbrod und Wurzeln, z. B., Möhren, Kartoffeln und Rüben, ernährt worden. Während diefer Ernährungsart, die ihnen übrigens
fehr zu bekommen fchien, haben wir unfere Verfuche begonnen.

Um unter diefen Zuftänden zu beftimmen, welche Veränderungen fie in der Luft, die fie eingeathmet hatten,
hervorbringen können, brachten wir fie, in Ermangelung des
höchft finnreich ausgedachten Apparates des Hrn. Dulong,
in ein hinlänglich großes Manometer, fo daß ihre Bewegungen nicht behindert wurden, und wir ließen fie in demfelben nur eine fo kurze Zeit, daß fie durch ein zu langes Einathmen derfelben Luft nicht in einen leidenden Zuftand gerathen konnten.

Nachdem wir auf diefe Weife eine Reihe von Verfuchen an jedem Thier angeftellt, und alle Vorftchtsmaaßre-
geln getroffen hatten, die Urfachen des Irrthumes zu vermeiden, haben wir fie ifolirt, und ihnen weiter nichts zur
Nahrung gereicht, als einen Brei von fehr reinem
weißen Zucker, Kartoffelmehl und beftillirtem
Waffer. Bei diefer Ernährungsart konnten die Thiere

7

nicht lange leben, obschon sie eine mehr oder weniger große Quantität dieser Nahrung genossen hatten. Wir haben die Bemerkung gemacht, daß die Mäuse und die Feldmäuse diese Ernährungsart besser und länger aushielten, als die Meerschweinchen. Die Mäuse blieben dabei 15 Tage am Leben, und die Meerschweinchen, wenn derselbe Versuch mit ihnen angestellt wurde, kaum 8 Tage. Die Feldmaus ist uns durch einen Zufall einige Tage vor dem Tode der Mäuse entwischt, so daß wir nicht ausmitteln konnten, ob sie diese Ernährungsweise eben so lange als die Mäuse ausgehalten haben würde.

Am Meerschweinchen haben wir alle Tage, von dem Moment an, wo es mit stickstofffreien Stoffen ernährt wurde, eine sehr auffallende Abnahme bemerkt. Diese Abnahme ist so beträchtlich gewesen, daß das Meerschweinchen unmittelbar nach seinem Tode 0,38 oder mehr als ⅓ seiner Masse verloren hatte.

Die einzigen Folgerungen, welche wir gegenwärtig aus dieser Reihe von Versuchen, die bis auf den heutigen Tag fortgesetzt wurden, haben ableiten können, sind folgende:

1) Die Thiere, welche den beiden oben erwähnten Ernährungsarten unterworfen worden sind, haben beständig eine kleine Quantität Stickstoff ausgehaucht, dessen Verhältniß um ein 7 bis 8 Tausendstel mehr als diejenige betragen hat, welches vor der Respiration in der Luft anwesend war.

2) Das Verhältniß der während desselben Respirationsactes erzeugten Kohlensäure, ist für die Mäuse und die Feldmaus, sie mochten mit stickstoffhaltigen oder stickstofffreien Substanzen ernährt werden, fast immer dasselbe geblieben; größer aber war es bei den Meerschweinchen, welches mit stickstoffhaltigen Substanzen ernährt wurde, als wenn dasselbe mit Zucker und Mehl ernährte. Diese Quantitäten verhielten sich zu einander wie 100 zu 54. In beiden Fällen haben diese Quantitäten nur die Hälfte des Sauerstoffes, welcher durch den Respirationsact des Thieres verschwunden war, dargeboten.

3) Eine Portion Sauerstoff ist während der Respiration unserer Thiere absorbirt worden, und diese Quantität ist bei'm Meerschweinchen viel größer gewesen, wenn es mit stickstoffhaltigen Substanzen ernährt wurde, als wenn dasselbe Thier auf die entgegengesetzte Weise ernährt wurde. Das Verhältniß war 100 zu 80.

4) Endlich haben wir in den verschiedenen Zeitabschnitten, wo wir unsere Versuche mit dem Meerschweinchen anstellten, während es stickstoffhaltige Nahrungsmittel bekam, die Bemerkung gemacht, daß sich dieses Thier in einem offenbar leidenden Zustande befand, und daß die Temperatur seiner Haut um 4 bis 5 Grad niedriger als im gewöhnlichen Zustande befand. (Journal de Chimie médicale. Mai 1833.)

Ueber die Farbe der Naturkörper

las Sir David Brewster, am 3ten Decbr. v. J., der Königl. Gesellschaft von Edinburgh eine Abhandlung vor:

Die einzige Theorie der Farben von Naturkörpern, welche in neuern Zeiten Eingang gefunden hat, ist die des Sir Isaac Newton, welcher sie als mit ihrer Platten oder Blätter identisch und als mit der Größe der Bildungstheilchen des Körpers abändernd betrachtet.

Obwohl diese Theorie, so scharfsinnig sie auch ist, selbst wenn man ihre Prämissen zugiebt, viele Einwürfe gestattet, und zur Erklärung der Erscheinungen nicht ausreicht, so will doch der Verfasser dieser Abhandlung sie mit Gründen dieser Art nicht bekämpfen. Er hat sie, im Gegentheil, in ihren Grundfesten angegriffen und versucht, die Nichtigkeit derselben durch directe Experimente zu prüfen.

Sir Isaac Newton betrachtet die grüne Farbe der Pflanzen (die allgemeinste Farbe, welche die Natur uns darbietet) als ein Grün der dritten Ordnung der periodischen Farben, und hat uns auch die Bestandtheile dieser besondern Farbe genau angegeben.

Um die Zusammensetzung der grünen Farbe der Pflanzen zu bestimmen, löste der Verfasser den Farbestoff in Alkohol auf, und nachdem er denselben durch ein feines Prisma analysirt, fand er, daß derselbe immer dieselbe Art von Zusammensetzung darbot. Die Theile des Spectrum, welche diese zusammengesetzte Farbe bildeten, waren von denen ganz verschieden, welche nach Sir Isaac Newton's Theorie als deren Elemente sich ergeben, und standen zu der Farbe ihrer Platten in gar keiner Beziehung. Der grüne Färbestoff übte auf verschiedene Theile des Spectrum eine willkührliche specifische Thätigkeit aus, und die grüne Farbe desselben war die Umstand zuzuschreiben, daß er eine gewisse Zahl Strahlen aufgesaugt hatte, welche, wenn man sie vom weißen Lichte abzog, die fragliche Farbe gaben.

Um dieses Resultat allgemeiner zu machen, untersuchte der Verfasser eine sehr große Anzahl farbiger Auflösungen, die er mit Pflanzen und künstlichen Salzen, so wie bei vielen farbigen festen Körpern, theils Kunst- theils Naturproducten, erhalten hatte, und in allen diesen Fällen fand er keine Spur von periodischen Farben. Die Farben waren durchgehends ein Product der Absorption gewisser bestimmter Strahlen, die ohne alle Regel von verschiedenen Theilen des Spectrum entlehnt waren, und wenn man einige unvollkommen durchsichtige und opalescirende Flüssigkeiten ausnimmt, war nie die geringste Spur einer reflectirten Farbe wahrzunehmen, welche man hätte erwarten müssen, wenn die Newton'sche Theorie richtig gewesen wäre. (Edinb. new Philos. Journ. by Rob. Jameson. Jan. — Apr. 1833.)

Auszug mehrerer Briefe des vor Kurzem in Ostindien verstorbenen reisenden Naturforschers V. Jacquemont.

(Fortsetzung.)

Kurnaul, 1ster Februar 1831.

Der letzte Brief, den ich die Ehre hatte, Ihnen zu schreiben, war vom 15ten Julius 1830, aus Tchini in Kanaor. Ich lieferte

Ihnen eine kurze Ueberſicht meiner Excurſionen im indiſchen Himalaya zwiſchen dem Thale des Ganges und demjenigen des Sutledge.

Ich habe den ganzen Sommer am nördlichen Abhange des Himalaya theils auf dem rechten, theils auf dem linken Ufer des Sutledge zugebracht, und ich bin 6 Tagereiſen nördlich über den 32ſten Breitengrad hinaus in das Thal des Spiti, des größten Nebenarmes des Sutledge, vorgedrungen.

Deſtlich war Bechtur die Gränze meiner Excurſionen. Es iſt eine unbedeutende Feſtung, welche von Thibetanern unter chineſiſcher Herrſchaft beſetzt iſt. Ich hatte mich nicht weiter dem See Manſarovar nähern können, ohne bald auf unüberſteigliche Hinderniſſe zu ſtoſſen. Dagegen genoß ich im Thale des Spiti, das einen kleinen, dem Namen nach von ſeinen Nachbarn unabhängigen, jedoch keine Vertheidigung fähigen, Staat bildet, vollkommene Freiheit. Ich fand nur Schwierigkeiten, in ſeine obern Theile vorzudringen, deren Eingang durch einige chineſiſche Gebietstheile geſchloſſen iſt. Es gelang mir indeſſen, ohne Beläſtigung und ohne Streit zu paſſiren.

Ehe ich dieſe Reiſe gemacht hatte, theilte ich die allgemein von den Engländern angenommene Meinung, daß der Sutledge, nachdem er lange Zeit nördlich vom Himalaya gefloſſen ſey, und ſein linkes Ufer der nördlichen Baſis dieſes großen Gebirges zugewendet habe, durch letzteres zwiſchen Biſſahir und Kullu in einem tiefeingeſchnittenen Thale hindurchgehe. Dieſe Anſicht iſt falſch: dieſe coloſſale Gebirgskette des Himalaya, welche man wegen ihres ewigen Schnees ſo weithin in den Ebenen Indien's hochgelegen erkennen kann, iſt hinſichtlich ihrer Höhe nur von geringer Merkwürdigkeit, verglichen mit den andern Gebirgszügen, die ſich hinter ihr gegen Norden erheben. Sie wird allmälig gegen Nordweſten niedriger, und gerade an der Stelle, wo ſie endet, wendet ſich der Sutledge, der nun nicht mehr an ſeinem linken oder ſüdlichen Ufer Schranken findet, ſüdlich nach den Ebenen Indien's, welche er vom Penjab trennt. Die Gebirge Kullu's mit ihren ſchneebedeckten Pics, welche die engliſchen Naturforſcher als eine Fortſetzung dieſer Gebirgskette jenſeits der unermeßlichen ſcheinbaren Ausfüllung, in welcher der Sutledge ſein Bette hat, beſchrieben haben, ſcheinen im Gegentheile nur die ganz regelmäßige Fortſetzung einer weiter nach Norden gelegenen Gebirgskette zu ſeyn, die, ohne Unterbrechung am rechten Ufer des Sutledge ſich erhebt. Jenſeits dieſer zweiten Gebirgskette, d. h., nach Norden hin, fährt die ganze Landſchaft fort, ſich zu erheben, und die Gebirge ſind mit ſolcher Verwirrung über einander gethürmt, daß es durchaus unmöglich iſt, in ihrer Schichtung irgend eine Ordnung zu entdecken.

Innerhalb dieſer aufgehäuften Gebirge zieht ſich von Süden nach Norden und hierauf von Südoſt nach Nordweſt das tiefe Thal des Spiti hin. An den entfernteſten Puncte welche ich aufzuſuchen habe, lag der Grund des Thales noch 4000 Metres über dem Meeresſpiegel, und ich habe Cultur und zerſtreute Dörfer noch um 1000 Metres höher und in einer noch größeren Höhe phanerogamiſche Pflanzen angetroffen.

Da das ganze Land in unermeßlichem Umfange ſich zugleich erhebt, ſo hat es ein bei weitem nicht ſo rauhes Clima, als man, den Umſtänden nach, verbunden mit ſeiner Breite und ſeinem abſoluten Niveau, glauben ſollte. Im indiſchen Himalaya giebt es wenige Dörfer über 2400 Metres Höhe; ihre mittlere Erhöhung in Kanaor beträgt 3000 Metres, und 4000 Metres im Waſſerbetten des Spiti. Die Gränze der Cultur fällt mit derjenigen der menſchlichen Wohnungen zuſammen, und die untere Linie des ewigen Schnees bleibt der Culturgränze und derjenigen der menſchlichen Wohnungen parallel, wenn ſie ſich nicht von ihr in dem Maaße weiter entfernt, als man gegen Norden fortſchreitet. Das Clima dieſes ſonderbaren Landes beſitzt eine außerordentliche Trockenheit; ich hatte keine Inſtrumente, um ſie zu meſſen, aber unter den vielen natürlichen Erſcheinungen, welche dieſen Umſtand bezeugen, will ich bloß des gänzlichen Mangels des Thaues während der ruhigſten Nächte in den Thälern Erwähnung thun, und die Temperatur während des Tages und während der Nacht außerordentlich verſchieden iſt. Es fällt im Winter wenig Schnee; im Frühling rennet es nur manchmal, und ſelten fällt im Herbſt ein kalter Staubregen, wenn die Wolken durch unregelmäßige Winde vom Gipfel der Gebirge in die tiefern Thäler getrieben werden.

Ich habe von dieſer Reiſe eine große Menge Pflanzen mit ihren Sämereien mitgebracht. Keine dieſer Arten findet ſich auf der anderen Seite des Himalaya, und es iſt leicht, bei ſo verſchiedenen Climaten, wenn auch die Länder einander ſo nahe liegen, dieſe Verſchiedenheit aller organiſirten Geſchöpfe zu begreifen.

Meine mineralogiſchen Sammlungen ſind nicht weniger beträchtlich. Die nackte Beſchaffenheit der Berge begünſtigte geologiſche Beobachtungen. Diejenigen, welche ich gemacht habe, führen, wenn ich mich nicht täuſche, auf ganz neue Anſichten über die Urgebirgsformationen. Ich werde die Ehre haben, ſie Ihnen vorzutragen, ſobald ich im Stande ſeyn werde, Ihnen die Reihe meiner Beobachtungen und die zahlreichen Durchſchnitte vorzulegen, welche mir die Richtigkeit dieſer geognoſtiſchen Betrachtungen zu beweiſen ſcheinen.

Unter meinen geologiſchen Sammlungen befindet ſich eine große Menge foſſiler Schaalthiere, die man in verſchiedenen Schichten einer ſecundären Gebirgsformation findet, welche ſich in einer unermeßlichen Ausbreitung und Mächtigkeit nördlich vom Himalaya in der freien Tartarei, Ober-Kanaor, Hangarang und dem chineſiſchen Thibet entwickelt hat.

Den dritten October kehrte ich nach dem ſüdlichen Theile des indiſchen Himalaya in einem ſeiner niedrigſten Päſſe, dem Burune ghanti, zurück, deſſen Höhe kaum 15000 engliſche Fuß überſteigt; ich ſtieg in das Thal des Paber und von hier in dasjenige des Ghirry herab, und begab mich nach Semiah, von wo ich nach Sabarunpore auf einem gewundenen Wege und durch die Dhuns oder unteren ausgehöhlten Thäler am Fuße der erſten Hügelreihe des Himalaya zurückkehrte. Ich erreichte glücklich die Ebenen ohne Fieber.

Mehrere engliſche Reiſende ſind durch den Burune ghanti gekommen, und alle klagen darüber, daß ſie der Kopfſchmerzen, die Beklemmung u. ſ. w. ausgeſtanden hätten. Ich bin indeſſen an noch höhern Orten geweſen, denn ich habe dreimal in Höhen von mehr, als 16,000 Fuß campirt, und um nach Bechtur zu gelangen, mußte ich Gebirgspäſſe paſſiren, welche über 18,000 Fuß hatten, und niemals habe ich eine der unangenehmen Wirkungen empfunden, über welche alle Reiſende klagen, und ich habe auch niemals bei einem einzigen der vielen Gefährten meiner zahlreichen Excurſionen die gedachten Symptome bemerkt. Meine Erfahrung widerſpricht indeſſen keineswegs derjenigen Anderer: ich habe 7 Monate im Himalaya-Gebirge gelebt und mich allmälig vom Fuße dieſes Gebirges bis zu ſeinen Gipfeln erhoben. Als ich auf der Reiſe nach Bechtur einmal Höhen von mehr, als 6000 Metres zu paſſiren hatte, war ich bereits zwei Monate lang faſt immer in Höhen von 8000 Metres geweſen. Von da hatte ich in einer Höhe von 4000 Metres campirt, alsdann, nach einigem Aufenthalt, in einer Höhe von 5000 Metres. Wenn das Aufſteigen ſo allmälig erfolgt, ſo hat die Lunge Zeit, ſich daran zu gewöhnen, in einer außerordentlich dünnen Atmoſphäre unterhindert ihre Thätigkeit fortzuſetzen. Eine beträchtliche binnen kurzer Zeit erfolgende Veränderung hinſichtlich der Höhe afficirt und bringt die Beklemmung hervor, über welche die Sauſſure und diejenigen, welche nach ihm den Montblanc erſtiegen haben, ſich ſchon lange zuvor beklagten, ehe ſie den Gipfel des Berges erreicht hatten.

Während ich mich in Konaor befand, erhielt ich einen eben ſo unerwarteten als unwillkommenen Brief von Hrn. Allard, einem franzöſiſchen Officier, der die Truppen des Rundjet Singh, Königs von Penjab, befehligt. Er ſchrieb mir, um mir zu ſagen, daß er meine Ankunft zu Semiah und den Zweck meiner Reiſe erfahren habe, und er hoffe, daß ſeine Stellung in der Königreiche Lahor ihm Mittel verſchaffen werde, mir nützlich zu ſeyn, wenn ich die Abſicht hätte, Penjab zu beſuchen. Ich antwortete dem Hrn. Allard, daß die Ebenen Penjabs für einen Naturforſcher ohne Zweifel nur geringes Intereſſe haben könnten; wenn es aber durch ſein Anſehen bei'm Radjah mir Päſſe nach Kaſchmir zu verſchaffen vermöge, ſo würde ich wohl eine ſo treffliche Gelegenheit benutzen, ein Land zu beſuchen, welches den engliſchen Reiſenden durch das eiferſüchtige Mißtrauen Rundjet Singh's ganz verſchloſſen ſey.

Ich habe seit dieser Zeit beständig mit Hrn. Allard und (da er mir gerathen hatte, mir Empfehlungen der englischen Regierung zu verschaffen) mit dem Generalgouverneur Indien's in Briefwechsel gestanden. Letzterer, Lord William Bentinck, hat mir einen großen Beweis seiner Achtung und seiner Güte gegeben. Er hat für mich gethan, was, wie ich glaube, jedesmal den Officieren seiner eigenen Nation abgeschlagen worden ist, wenn sie das Cabinet von Calcutta baten, ihre erfolglos an Rundjet Singh gerichtete Bitte zu unterstützen, seine Staaten in ähnlichen Absichten, wie die meinigen, bereisen zu dürfen. Ich werde in 20 Tagen zu Lahor seyn, wo die Unterstützung unseres Landsmannes, des Hrn. Allard, und die freundliche Empfehlung des Lord Bentinck mir eine freundliche Aufnahme sichern.

Meine Absicht ist es, bis an den Fuß des Hindu-coh zu gehen, der mir die westliche Gränze des Himalaya zu seyn scheint. Ich rechne alsdann darauf, von hier in das Land Kaschmir über Paischawer zu gehen, und hier mich so lange aufzuhalten, als das Interesse dieser Landschaft erfordern wird, endlich nach Delhi zurückzukehren, indem ich die thibetanische Rückseite des Himalaya bis zum Sutledge verfolge und denselben in Nieder-Kanaor passire. Ich werde auf diese Weise etwa den 1sten November dieses Jahres wieder in Delhi seyn.

Ich habe in dieser Stadt alle meine Sammlungen gelassen, und sie werden hier bis zu meiner Rückkehr aus Kaschmir bleiben. Jedermann bot mir sein Haus zur Aufbewahrung derselben an, aber ich habe vorgezogen, sie in dem Militairmagazin der Regierung niederzulegen, wo sie auf hohen Tafeln liegen, deren Füße in mit Wasser gefüllten Gefäßen stehen, und wo man es versieht, sie vor den Verheerungen der Insecten 2c. zu bewahren. Ich habe sie sorgfältig vor dem Einpacken mit Gift (d. h. mit arsenicalischer Seife) eingerieben, und die nöthigen Verfügungen hinterlassen, um sie für den Fall, daß ich vor meiner Rückkehr nach Delhi sterben sollte, nach Frankreich zu senden.

Lahor den 17ten März 1831.

Auf die wohlwollende Verwendung der englischen Regierung zu meinen Gunsten bei dem Radjah Ruubjet Singh, bin ich von diesem Fürsten ausgezeichnet aufgenommen worden. Die einfache Erlaubniß, in seinen Staaten reisen zu dürfen, würde von seiner Seite einer abschläglichen Antwort gleich gewesen seyn, aber er giebt mir auch zu meiner Sicherheit eine Bedeckung und einen Beamten seines Hauses, der für meine Bedürfnisse sorgen soll. Ich hätte nicht mehr wünschen können.

Ich werde einen Abstecher von einigen Tagemärschen machen, um eine Kette salzhaltiger Hügel zu besuchen, welche das rechte Ufer des Hydaspe einfassen, sich durch ganz Pendjab hinziehen und jenseits des Indus bis nach Afghanistan fortsetzen. In 25 Tagen werde ich indessen in Kaschmir seyn. Früher wird man wegen des Schnees, mit welchem die Berge noch bedeckt sind, bis dieses hohe Thal von den Ebenen Pendjab's trennen, nicht dahin gelangen können.

(Schluß folgt.)

(Schluß folgt.)

Miscellen.

Ueber die Vascularität der verknöchernden Knorpel bemerkte Hr. Bérard der Jüngere in einer der letzten Sitzungen der Société anatomique zu Paris (gegen eine von einem Mitgliede der Gesellschaft aufgestellte abweichende Meinung), daß in den Geweben, wo sich der Verknöcherungsvorgang einstellt, die Gefäße, statt obliterirt zu werden, vielmehr weit zahlreicher vorhanden sind, wovon die temporären Knorpel bei jungen Kindern ein Beispiel liefern. Hr. Camus theilte diese Meinung des Hrn. Bérard in Bezug auf den normalen Zustand, blieb aber dennoch der Meinung, daß die Obliteration der Gefäße der zufälligen Verknöcherung vorausgehe. Der Präsident der Gesellschaft (Hr. Cruveilhier) war der Meinung des Hrn. Bérard; er erinnerte in diesem Betreff an die Beobachtungen Béclard's und bekämpfte die Meinung Bichat's, welcher die Anwesenheit rother Gefäße im Knorpelgewebe läugnete. Er machte außerdem noch bemerklich, daß diese Gefäßentwickelung des Verknöcherungsprocesses von solcher Art sey, daß Hr. Rayer diese Thätigkeit der Entzündung zuschreiben zu müssen geglaubt habe. Auf den Einwurf des Hrn. Camus, daß bei Greisen die Knochen viel dichter und weniger gefäßreich sind, antwortet Hr. Chassaignac, daß bei Greisen das Venensystem der Knochen sehr entwickelt sey. (In einer der folgenden Sitzungen hat die Gesellschaft Gelegenheit gehabt, sich von der Vascularität aller permanenten oder temporären Knorpel bei einem zur Betrachtung vorgelegten foetus zu überzeugen.)

Von der Loricaria (Callichthys) oder Assa, Schuppenfisch, erzählt Capt. Alexander in seinen Transatlantic-Sketches, daß dieser Panzerfisch sich auf der Oberfläche der Pfützen, in welchen er sich aufhält, von schwimmendem Gras (the floating blades of Grass) eine Art von Nest baue, daß er auf dieses seinen Laich ablege, der an der Sonne ausgebrütet werde; und daß dieser Fisch in den trocknen Jahreszeit, so unglaublich dieß auch klingen möge, in den großen Savannen aus der Erde ausgegraben werde, in welcher er sich während der regnigten Jahreszeit eingebohrt habe, und wo er unter der Oberfläche Feuchtigkeit und Nahrung genug finde, und lebe, bis der Regen die Ebenen wieder in flache See verwandle.

Ueber ein Insect, welches einen großen Theil seines Lebens unter dem Meerwasser zubringt, hat Audouin in der Académie des Sciences einen Vortrag gehalten. Es ist dieß ein kleines, nur eine Linie langes Insect aus der Gattung Blemus und der Familie der Carabici. Hr. Audouin bemerkte es an der Küste von Bretagne in ziemlicher Entfernung vom eigentlichen Ufer. Hr. Audouin dachte anfangs, daß das Insect, welches aller Organe zum Schwimmen und Fliegen entbehrt, nur zufällig dahin gelangt sey und nothwendig umkommen werde, wenn das Wasser die Kiesel überschwemmen werde, auf welchen es sich befand. Allein er bemerkte, daß sich eine große Zahl derselben art vorfand, daß sie bei Annäherung des Wassers keineswegs zu entfliehen trachteten, sondern sich nur an den Kieseln festhielten, an welchen sie bald darauf von 20—30 Fuß Wasser bedeckt wurden. — Die Respiration muß also bei ihnen während der Zeit, wo sie von dem Wasser bedeckt sind, auf eine besondere Weise vor sich gehen, etwa so, wie Dutrochet es bei einigen Wasserinsecten dargethan hat.

Heilkunde.

Ueber die plastischen Entzündungen und ihre Behandlung.
Von Dr. Girouard.

Die plastische Entzündung der Schleimhaut oder die Diphteritis ist im Larynx von derselben Natur, wie die der Mundhöhle und des Schlundes. Häufig geht sie von diesen letztern Theilen auf den Larynx über, entwickelt sich unter denselben Einflüssen, hat denselben Verlauf und weicht denselben Heilmitteln: die einzige Verschiedenheit liegt in den Symptomen und hängt von der Function und der Bildung des befallenen Theiles ab. Indeß ist doch die Pseudomembran bei der Diphteritis des Larynx dicker, zusammenhängender; auch endigt sich hier die Entzündung nicht in Gangrän; wobei zu bemerken ist, daß bei schweren Fällen der Kranke früher unterliegt, als Brand zu Stande kommen könnte.

Die Bildung einer Pseudomembran kann fast in demselben Augenblicke stattfinden, wo der Theil erkrankt, oder es kann auch einige Tage mehr oder minder lebhafte Reizung der Schleimhaut vorausgehen.

Ziemlich häufig beobachtete ich, daß die Krankheit sich auf einen Punct der Schleimhaut des Larynx beschränkte, während sie andremale sich auf ihrer ganzen Oberfläche verbreitete. Im Allgemeinen schien sie vorzugsweise die Glottis und Epiglottis zu befallen, alsdann waren die Trachea und die Bronchien frei, der Larynx allein schmerzhaft, die Inspiration war von einem rauhen Ton begleitet, die Exspiration erforderte eine Art von Anstrengung, um ein Hinderniß zu überwinden und veranlaßte sodann einen t:äglichen Schrei, welcher in dem Augenblick aus der Stimmritze hervordrang, wo die Luft durch sie hindurchging. Das Schlucken war sehr erschwert und die geringste Quantität Getränk veranlaßte Husten, welcher nicht selten mit Erbrechen begleitet war. Vermittelst eines Speculums, welches zugleich die Zunge niederdrückte und hervorzog, gelang es mir bisweilen, die Stimmritze und Epiglottis zu sehen. Es ist zu bedauern, daß dieß nicht immer gelingt, weil man sonst sehr leicht die passenden Mittel unmittelbar anwenden könnte. Vermittelst eines bauchigen Schlundrohrs neben jenem Speculum kann man alsdann pulverförmige Mittel unmittelbar anwenden, was vermittelst des Einblasens nie gelingt, indem hierbei das Pulver immer in der vordern Mundhöhle hängen bleibt. Ueberhaupt nützt die locale Anwendung von Pulvern bloß, wenn die Entzündung auf den Larynx beschränkt ist. Erstreckt sie sich auch auf die Trachea und die Bronchien, so ist damit nichts auszurichten.

Gegen die Diphteritis des Larynx habe ich mich derselben Mittel bedient, wie gegen die der Mundhöhle oder des Schlundkopfes. Bedient man sich derselben jedoch, so muß man auf die Function und die große Empfindlichkeit der Theile Rücksicht nehmen. Die Indication ist in einem solchen Falle die, daß man an der Stelle einer bösartigen Entzündung eine andere hervorrufe, welche leicht zu heilen ist, oder sich gewissermaßen von selbst heilt. Jetzt scheint mir der Höllenstein das mindest schmerzhafte und das am raschesten und sichersten wirkende, kurz ein vortreffliches Mittel. Wenn aber auch ein anderes Mittel gewählt werden sollte, so bleibt die Indication doch dieselbe.

Der einzige Nachtheil, den man dem Höllenstein vorwerfen kann, ist der, daß die Pseudomembranen sich zu rasch lösen und stückweise ausgestoßen werden. Alle übrigen styptischen Mittel haben ebenfalls ihre Vortheile und Nachtheile. Das essigsaure Blei, der Alaun, die schwefelsauren Salze des Zinks, Kupfers und Eisens bewirken ebenfalls das Verschwinden der Pseudomembran, ohne daß man eine Spur derselben zurückbleiben sähe; aber sie sind trügerisch und lassen häufig, nach dem Abstoßen der Pseudomembran, mehr oder minder tiefe Geschwüre zurück; besonders der Alaun.

Im Juli 1827 wurde ich zu einem Kinde aus der Praxis des Dr. H. berufen; es litt an Croup. Die Trachea und die Bronchien schienen nicht mitzuleiden. Blutegel, Brechmittel und Ableitungen wurden ohne Erfolg angewendet. Der Kranke schien nur noch kurze Zeit zu leben zu haben. Ich führte nun ein Stückchen Höllenstein in eine unten offene Sonde ein, drückte die Basis der Zunge mit einem Speculum nieder und berührte mit dem Aetzmittel die obere Oeffnung des Larynx. Es entstanden dadurch heftige aber vorübergehende Zufälle, und während der Nacht gab der Kranke bei einer Hustenanstrengung eine etwa 1 Zoll lange röhrenförmige Haut von sich, welche weißlich grau und zwischen den Fingern zerreiblich war. Am andern Tage befand sich der Kranke sehr gut und ließ baldige Heilung hoffen. Ich forderte den Dr. H. auf, mit der Anwendung des Höllensteins einige Tage fortzufahren; er gab aber einem Gurgelwasser den Vorzug; die Zufälle wiederhüllten sich; man beharrte bei antiphlogistischer Behandlung und das Kind starb. Anders ging es mit der Schwester dieses Kindes, welche ebenfalls an einem auf den Larynx beschränkten Croup litt. Das erstere Betupfen mit Höllenstein brachte Erleichterung, und eine zweimalige in Zwischenräumen von 12 Stunden angestellte Wiederholung vollendete die Heilung.

Im Januar 1828 wurde ein Kind von Heiserkeit befallen. Den Tag über war es sehr munter, in der Nacht sehr unruhig, hu-

stete oft, fuhr aus dem Schlafe auf, hatte rasselnden Athem, klagte über Zusammenziehen des Schlundes und Schmerz im Larynx. Den 6ten Tag wurde ich gerufen. Die Anfälle dauerten fast ohne Unterbrechung fort, die Stimme war verschwunden, Respiration krampfhaft, abgestoßen, und pfeifend; dabei heftiges Herzklopfen, Schmerz im Kehlkopf, und Anschwellung der Submaxillardrüsen. (20 Blutegel um den Hals, Blasenpflaster in den Nacken, Brechmittel). Am Abend blasses Gesicht, matte Augen, keine Erleichterung. (1. Dr Jaloppe in Clystir, Senfteig an die Waden). Die Zufälle dauern fort, das Kind scheint jeden Augenblick ersticken zu müssen, indeß spricht alles dafür, daß die Krankheit auf den Larynx beschränkt ist, und zwar nach den vorhin angegebenen Zeichen. (Ich tauchte einen Pinsel von Charpie in Bleiwasser und brachte ihn mittelst einer gekrümmten Sonde an die obere Oeffnung des Larynx). Heftiger Husten zeigte, daß einige Tropfen eingetrungen sind. Am Abend befand sich der Kranke besser und ich wendete nun statt des Bleiwassers 12 Gran essigsaures Blei in Pulverform an, welche ich vermittelst einer Röhre bei einer Inspiration in den Larynx einblies. Am folgenden Tag zeigte sich der trächtliche Besserung und es wurde abermals von dem Pulver eingeblasen. Nun hört die Respiration auf krampfhaft zu seyn, der Husten stellt sich wieder ein und ist von eiterähnlichem Auswurf begleitet. Gegen den 7ten Tag waren alle Zufälle verschwunden, aber immer noch Aphonie zugegen, und immer konnte der Kranke noch nicht das geringste Getränk zu sich nehmen, ohne heftige Hustenanfälle zu bekommen. Man brachte ihn bloß schleimiger Getränke, und Milch machte die einzige Nahrung aus. Am 15ten Tage läßt die Häufigkeit des Hustens nach, und das Kind spricht wieder einige Worte. Gegen den 30sten Tag hat die Stimme ihren natürlichen Klang wiedererlangt. Der ältere Bruder dieses Kindes bekam zu dieser Zeit einen scharfen Husten und rauhe Stimme; durch 8 Blutegel um den Hals wurde indeß die Entwicklung des Croups verhindert.

Ueber die Anwendung des Alauns bei dieser Krankheit kann ich bloß das wiederholen und bestätigen, was Bretonneau darüber gesagt hat.

Zweimal beobachtete ich eine Fortsetzung der Diphteritis des Schlundkopfes in die Speiseröhre hinab, wo sie jedoch nicht von andern plastischen Entzündungen verschieden war. Im Juli 1827 war bei Carl Jousset der Mund und Schlundkopf von diesem dicken Pseudomembranen ausgekleidet; ich betupfte dieselbe mit Höllenstein und verschwand; aber die Getränke gingen schwer in den Speiseröhre, blieben im Schlundkopf stehen, und wenn alsdann der Kranke Anstrengungen zum Brechen machte, so warf er Fetzen von einer Pseudomembran aus. Als ich in die Brust herab fühlte er starke Schmerzen; die Respiration war frei und die regio epigastrica nicht schmerzhaft. Ich vermuthete, daß sich die Entzündung in die Speiseröhre fortgesetzt habe, und da ich mit dem Höllenstein bis dahin einzugehen, so befestigte ich ein Stück Alaun in einer Art von Netz an einer geraden Sonde, und führte es 8 Zoll tief in die Speiseröhre ein. Tags darauf war der Schmerz geringer und das Schlucken leichter. Ich wiederholte die Einführung des Alauns, und der Kranke konnte nun als Reconvalescent betrachtet werden. Es blieb jedoch noch beinahe einen Monat lang ein schmerzhaftes Gefühl bei'm Durchgang der Speisen durch den Oesophagus zurück.

Bei dem Sohne eines Herrn Poullain, welcher an einer Angina membranacea litt, war der Umkreis des Afters von Pseudomembranen bedeckt, welche tief in den Mastdarm hinein zu erstrecken schienen. Der Unterleib war gegen den geringsten Druck sehr empfindlich; das Kind litt beträchtlich durch Tenesmus, und gab statt der Fäcalmassen eine Art von blutigem Serum von sich. Blutegel, schleimige Mittel als Getränk, Klystire, Bäder und Kataplasmen halfen nichts. Ich betupfte nun den Umkreis des Afters mit Höllenstein, wodurch die Pseudomembranen sich lösten, und der Stuhlgang seltener wurde. Als ich nun den Höllenstein etwa 3 Zoll weit in den Mastdarm einführte, folgte Ausleerung von Fäcalmassen mit Fetzen von Pseudomembranen gemischt; auffallende Besserung. Nach einer abermaligen Einführung des Höllensteins verſchwanden alle Zufälle; jedoch blieb der Stuhlgang noch 1¼ Tage lang ſchmerzhaft.

Im Jahre 1824 herrſchte eine Epidemie von plaſtiſchen Entzündungen in den Dörfern Sancerville und Courbehaye. Mehrere Individuen bekamen ſolche Entzündungen auf der Haut. Am 18ten Juni wurde ich zu einem Kinde gerufen, bei welchem ſich ſeit mehreren Tagen an dem linken obern Augenlide kleine gelbe Puncte gebildet hatten, die, ſich unter einander vereinigend, nun einen breiten über die Stirn, Schläfe und Naſe ausgedehnten Fleck bildeten. Dieſer erhob ſich nicht über die Oberfläche der Haut und war auf ſeiner äußern Fläche gerunzelt und von einer Menge mit Serum gefüllter kleiner Phlyctänen erhoben. Der ganze Umfang war violettroth angeſchwollen, wie ödematös und ſehr ſchmerzhaft. Die Halsdrüſen waren bedeutend angeſchwollen. Antiphlogiſtiſche Mittel leiſteten nichts; nach zweimaliger Anwendung des Höllenſteins löſt'te ſich eine etwa eine Linie dicke Pſeudomembran und ließ ein gutartiges Geſchwür zurück, welches binnen 14 Tagen vernarbte.

Beſiel die plaſtiſche Entzündung Wunden, ſo wurden dieſe ſchmerzhaft, und die Eiterung verwandelte ſich in ein Ausfließen von Serum. Waren die Wunden oberflächlich, ſo bildete dieſe ſeröſe Flüſſigkeit durch Verdichtung auf der Oberfläche eine ſehr dicke und feſt anhängende Pſeudomembran; waren dieſelben tief, ſo ſchien das Gewebe der entzündeten Theile von Serum getränkt und es entwickelten ſich eine Art von Bläschen in den Geweben, welche bisweilen ſo dicht an einander gedrängt waren, daß der Theil bloß aus ihnen zu beſtehen ſchien. Die auf der Oberfläche ſolcher Wunden ergoſſene Seroſität bildete hier nur loſe anhängende Häutchen.

Ich laſſe hier bloß einige Beobachtungen über plaſtiſche Entzündungen in tiefen Wunden folgen.

Im Jahre 1824 hatten 11 Individuen plaſtiſche Entzündungen in Pantanellen, welche durch Aetzmittel hervorgebracht waren. Die Eiterung wurde ſeröß, die Umgebungen waren geſchwollen, violettroth und ſehr ſchmerzhaft. Die Oberfläche der Wunde bedeckte ſich mit einer weißlichgelben, ſehr dicken und feſt anhängenden Pſeudomembran; bisweilen verbreitete ſich dieſe Pſeudomembran ſogar mehr oder minder weit über die Haut; antiphlogiſtiſche Mittel brachten keine Beſſerung hervor; durch Styptica dagegen verſchwand das Uebel wie durch einen Zauberſchlag.

Im März 1828 bekam eine Frau ein Panaritium am Zeigefinger der linken Hand; ich machte eine lange Inciſion und das Uebel befand ſich auf dem Wege der Beſſerung, als gegen den 12ten Tag ſich die Wunde ſich mit einer häutigen Ausſchwitzung bedeckte, welche ſich um und umſtülpte Deckränder bekam; bei jedem Verband zeigten ſie ſich von einer locker anhängenden Pſeudomembran bedeckt. Wurde dieſe Haut abgezogen, ſo fand man in der Dicke der Gewebe eine Menge kleiner mit weißlichgelbem Serum gefüllter Bläschen ſo dicht an einander gedrängt, daß der Theil, in welchem die Wunde war, bloß daraus zu beſtehen ſchien. Hand und Vorderarm ſchwollen wie ödematös an und die Achſeldrüſen wurden ſchmerzhaft und angeſchwollen. Schleimige Bäder und erweichende Cataplasmen leiſteten nichts; die Hand wurde naß und der Vorderarm in Tücher eingewickelt, welche in Goulard'ſches Waſſer mit einem Zuſatz einer Drachme ſchwefelſauren Zink auf das Nöſel getaucht waren. Gegen den 10ten Tag begann die Vernarbung.

Im Allgemeinen verwandelte ſich der plaſtiſchen (membranöſen oder diphtheritiſchen) Entzündungen die Höllenſtein die Pſeudomembranen in eine weißlichgraue, ſehr zerreibliche Maſſe, welche ſich im Verlauf einiger Stunden oder einiger Tage löſt'te. Geſchwulſt und Schmerz verloren ſich dabei; die früher ſeröſe, gelbliche Abſonderung wurde weiß, dick, kurz gutartiger Eiter, und die Theile kehrten zu ihrem natürlichen Zuſtand zurück.

Der pulveriſirte Alaun machte meiſtens das Uebel ſtationär; die Pſeudomembran wurde gegen den dritten Tag dünner und verſchwand den 5ten oder 6ten, ohne daß man Ueberbleibſel derſelben auffinden konnte; meiſtens blieben an der Stelle der gelöſt'ten Pſeudomembran mehr oder weniger ausgebreitete Ulcerationen. Bei einigen Kranken war dieſer ſtationäre Zuſtand bloß vorübergehend; man mußte den Gebrauch des Alaunes wiederholen, indem ſich erſt nach acht= bis zehnmaliger Anwendung das Uebel verlor.

Das Pulver des eſſigſauren Blei's ſchien mir immer weit raſcher und anhaltender zu wirken, als der Alaun. Die Pſeudomembranen verſchwanden wie durch Abnagung, und ließen nur ſehr ſelten Geſchwüre zurück. Das Bleiwaſſer wirkt günſtig, aber weniger kräftig.

Die ſchwefelſauren Salze des Zinks, des Eiſens und des Kupfers habe ich ſelten, und bloß um mich von ihrer Wirkungsweiſe zu unterrichten, angewendet; ſie wirkten ungefähr wie der Alaun, jedoch weniger ſicher. (Transactions médicales, Novembre 1832.)

Ueber die Durchſchneidung der Nerven des Geſichts.

Von A. Velpeau.

Der nervöſe Geſichtsſchmerz, eine furchtbare, durch ſchreckliche Schmerzen characteriſirte Krankheit iſt häufig vermittelſt Durchſchneidung, Aetzung oder Ausſchneidung des leidenden Nervenſtammes bekämpft worden. Es war ſehr natürlich, anzunehmen, daß, wenn man den Zuſammenhang der Empfindungsnerven aufhebe, man verhindern werde, daß der Schmerz noch ferner bis zu dem allgemeinen Senſorium, dem Gehirn, fortgeleitet werden könne. Man hoffte alſo, auf dieſe Weiſe den Schmerz ganz zu tilgen. Auf der andern Seite war aber in Betracht, daß die Nerven ſich nicht zurückziehen, daß nach der Durchſchneidung derſelben die beiden Enden ſich ſogleich wieder vereinigen, und auf dieſe Weiſe keine langdauernde Beſſerung erzielt werde. Die Erfahrung hat leider dieſe Vermuthung beſtätigt; deswegen ſuchte man nun ſoviel wegzunehmen, daß eine Wiedervereinigung unmöglich wurde. Die Aetzmittel oder das Glüheiſen, welche man hierzu vorgeſchlagen hat, machen zu große Narben, und entſtellen dadurch den Kranken. Heutzutage bedient man ſich daher bloß des Meſſers zu dieſer Operation. Man legt den Nerven an ſeinem Austritt aus dem Knochen bloß, und ſchneidet ein 2 bis 3 Linien langes Stück des Nerven heraus, nachdem er derſelbe einen einzigen Aſt abgegeben hat; die Wunde wird durch erſte Vereinigung geheilt, und da nun der Zuſammenhang des Nerven auf immer zerſtört iſt, ſo ſollte man glauben, daß die Neuralgie ſicher auf dieſe Weiſe geheilt werden müſſe. Leider widerſpricht in dieſer Beziehung die cliniſche Erfahrung. Sehr oft widerſteht das Uebel einer vollkommen ausgeführten Exciſion ebenſowohl als der Inciſion, und viele Kranke haben weder von dieſen Operationen, noch von der ſtärkſten Anwendung des Brenneiſens die in die Tiefe auch nur die geringſte Erleichterung erfahren. In dem Hoſpital St. Antoine war im Jahre 1829 ein 45jähriger Mann, welcher ſeit fünfzehn Jahren an Geſichtsſchmerz litt, und nach und nach die Durchſchneidung und die Ausſchneidung ſämmtlicher Geſichtsnerven ohne die mindeſte Beſſerung an ſich hatte vornehmen laſſen.

Da es jedoch auch glücklichere Fälle giebt, ſo kann man bei dieſem ſo ſchrecklichen Leiden auch dieſes Mittel, wenn alle übrigen ohne Erfolg blieben, in Anſchlag bringen. Es wäre grauſam, den Kranken einer ſolchen letzten Möglichkeit der Hülfe zu rauben.

Der Nervenſtämme, welche man auf dieſe Weiſe trennen kann, giebt es viere: der nervus frontalis, infraorbitalis, alveolaris inferior und facialis.

N. frontalis. Wenn man von der Ausſchneidung des frontalis oder ſupraorbitalis Hülfe erwarten will, ſo muß man ihn an der Stelle faſſen, wo er, aus der incisura supraorbitalis hervortretend, ſich umbiegt um auf der Fläche des Knochens ſich ausbreitet, und zwar noch ehe er die ſeitlichen Verbindungsäſte zu den übrigen Nerven abgiebt. Hier iſt er bloß von Haut, einer dünnen Schicht blättrigen Zellgewebes und von einigen blaſſen Faſern des m. corrugator superciliorum bedeckt. Die Arterie, welche neben ihm verläuft, iſt ſo klein, daß ihre Verletzung nicht zu fürchten braucht, und übrigens iſt kein anderes Organ in der Nähe, welches bei dieſer Operation verletzt werden könnte. Wenn man die incisura supraorbitalis nicht gleich durch das Gefühl unterſcheidet, ſo braucht man ſich nur zu erinnern, daß die Furche

ober das Loch, durch welches der Nerv austritt, an der Vereini=
gung des innern mit dem mittlern Drittheil des arcus supraorbitalis oder etwa einen Zoll von der Nasenwurzel entfernt liegt.
Wenn man mit der Fingerspitze von der Nasenwurzel aus an dem
obern Augenhöhlenrand fortfährt, so kann man die Lage dieser
Oeffnung fast immer erkennen.

Der Operateur, hinter dem Kopf des Kranken stehend, zieht
die Augenbraue mit der linken Hand in die Höhe, und läßt das
Augenlid durch einen Gehülfen nach unten drücken; er faßt nun
das Bistouri wie eine Schreibfeder, stößt die Spitze desselben über
dem innern Orbitalrande ein, führt es nach oben und außen, und
durchschneidet einen Zoll weit alles bis auf den Knochen hinein, et=
was oberhalb des festsitzenden äußern Randes des Augenlides. Hier=
auf zieht er die Wundränder sanft auseinander, vollendet die Durch=
schneidung des Nerven, faßt mit einer Pincette das untere Ende
desselben, löst ihn los, und schneidet ein hinlängliches Stück des=
selben aus. Die directe Vereinigung der Hautwunde geht in der
Regel leicht von statten. Da jedoch die geringste Infiltration einer
Flüssigkeit in das weiche, blättrige und leicht zu lösende Gewebe
der Augenhöhle und der Stirn Eitergänge und gefährliche Entzün=
dung veranlassen könnte, so scheint es mir allgemein passender, die
Wunde durch Eiterung zu heilen.

Nervus infraorbitalis. Dieser liegt tiefer, ist von
wichtigern zu schonenden Theilen umgeben, und verbreitet sich, so
wie er aus dem Knochen heraustritt, fächerförmig, deswegen ist
die Excision desselben weit schwieriger als der vorigen; dagegen ist
er auch weit seltener Neuralgie ausgesetzt. Man kann auf doppelte
Weise zu ihm gelangen, 1) durch den Mund, indem man etwa einen
Zoll weit durch die fossa canina hindurch, die Spalte zwischen den
Lippen und dem Kiefer verlängert; auf diese Weise gelangt man an
die Wurzel des Nerven über dem ersten Backzahn, und drei oder
vier Linien unterhalb des Orbitalrandes. Im Anfang bedient man
sich dazu des Bistouri's, später einer geraden Scheere. Diese Me=
thode, welche Richerand anwendet, hatte den Vortheil, keine
Spuren im Gesicht zurückzulassen, dagegen dem Nachtheil, daß man
dabei den Nerven bloß einfach bloßlegen kann. Der zweite Weg,
auf welchem man zu dem Nerven gelangen kann, führt durch die Haut
und alle Theile der Wange hindurch bis auf den Knochen, und
dieß läßt allerdings Spuren zurück, welche besonders für das weib=
liche Geschlecht sehr unangenehm sind. Glücklicherweise kann man,
indem man den Schnitt den natürlichen Falten des Gesichts ent=
sprechend führt (nicht aber, nach Langenbeck, bloß der Richtung
der Muskelfasern folgt), eine nur wenig auffallende Narbe erlan=
gen. Bei dieser Operation steht der Wundarzt vor dem sitzenden
Kranken, und macht in der Richtung von einem Drittel des
Nasenflügels nach der Mitte zwischen dem Jochbein und dem Mund=
winkel (also entsprechend der gewöhnlichen Nasenfurche des Gesichts)
einen 1½ Zoll langen Einschnitt, von dem äußern Rande des auf=
steigenden Astes des Oberkiefers an. Der erste Schnitt geht bloß
durch die Haut, darauf kömmt die vena facialis zum Vorschein,
und wird nach außen geschoben; etwas Fett und der m. levator
labii, so wie der zygomaticus, werden nach innen geschoben. Mit
einer offenen Hohlsonde zerreißt man nun vollends die Zellgewebschich=
ten, welche den Nerven noch verdecken, worauf man ein Stück
von diesem ausschneidet, und auf diese Weise die Operation
beendigt.

Nervus mentalis. Dieser Ast des alveolaris inferior
tritt durch das foramen mentale des Unterkiefers unterhalb des
Zwischenraumes zwischen dem Spitz= und Backenzahn hervor. Nichts
ist leichter, als ihn an dieser Stelle zu treffen. Man schlägt die
Lippe nach außen und unten um, schneidet schichtenweise von oben
nach unten das Gewebe, wodurch die Lippe an den Kiefer befestigt
wird, durch, und findet zwischen den genannten Zähnen einige Li=
nien tief den Nerven, isolirt ihn einen Viertelzoll weit und schnei=
det ebenfalls ein Stück davon aus, ohne später irgend einen Ver=
band zu machen.

Der Americanische Chirurg Warren hat sich sogar nicht ge=
scheut, den Stamm des nerv. maxill. sup. selbst aufzusuchen, und
ein Stück desselben vor den musculis pterygoideis auszuschneiden.

Nach einem Kreuzschnitt durch die Haut, parotis, masseter setzte er
eine Trepankrone auf den processus coronoideus auf, faßte den
Nerv oberhalb des canalis alveolaris mit einer hakenförmigen
Sonde, und schnitt ein 3 Linien langes Stück mit der Scheere aus.
Die begleitende Arterie wurde mehrmals verletzt und ohne Schwierigkeit un=
terbunden. Der Kranke, welcher durch andere Excisionen bereits
mehrmals erleichtert, aber noch geheilt worden war und noch die
fürchterlichsten Schmerzen litt, ist seitdem vollkommen geheilt.
Das Wahre kann selbst unwahrscheinlich seyn.

Nervus facialis. Dieser fast über das ganze Gesicht ver=
breitete Nerv mußte häufiger als alle andere als der Sitz des Ge=
sichtsschmerzes erscheinen, und ist daher häufig excidirt worden.
Der Wangen=Schläfenast, der einzige, welchen man bis jetzt aus=
zuschneiden wagte, geht über den Hals des Gelenkfortsatzes des
Unterkiefers an der Stelle, wo das Ohrläppchen mit der Gesichts=
haut des Unterkiefers in Verbindung steht. Hier muß er auch
bloßgelegt werden. Man macht einen etwas nach hinten oder
fast vertical verlaufenden Einschnitt von dem processus zygoma=
ticus bis zum hintern Rande des Unterkiefers oberhalb seines Win=
kels; hierauf durchschneidet man die Fettgewebeschicht, eine apo=
neurotische Haut, und bisweilen einige Fortsätze der Parotis; dann
findet man den Nerven, welcher von dem Knochen bloß durch etwas
lockeres Zellgewebe getrennt ist. Auf diese Weise vermeidet man
ganz sicher die art. temporalis, und wird etwa die facialis trans=
versa verletzt, so kann sie mit der größten Leichtigkeit comprimirt
werden. Der andere in dem untern Theil des Gesichts und am
Halse des verbreitende Ast ist gewissermaßen durch die Parotis
ganz verdeckt, und ist in seiner Lage so unbeständig, daß man die
Excision desselben eben so wenig versucht hat, als die des Stam=
mes des facialis selbst, welcher zu tief liegend und von zu wichtigen
Theilen umgeben ist, als daß man eine Operation an ihm wa=
gen könnte. Ich glaube, daß man, ohne sich des Leichtsinns schul=
dig zu machen, gegen diese Annahme auftreten kann. Ich habe
mich häufig an Leichen überzeugt, daß man diesen Nerven bei sei=
nem Austritte aus der Schädelhöhle, ehe er noch andere Äste als
den ramus mastoideus, digustricus und stylo=hyoideus abgegeben
hat, ohne Gefahr bloßlegen kann. Hierzu braucht man bloß einen
1¼ Zoll langen Verticalschnitt zwischen dem processus mastoideus
und dem Ohrläppchen zu machen, und schichtenweise, indem man im=
mer am vordern Rande des Knochens bleibt, die Hautdecken, die Zell=
gewebsschicht und die Parotis bis zu einer Tiefe von 6 bis 10 Li=
nien zu durchschneiden. (Die Parotis wird dabei nach vorn gezo=
gen.) Zieht man nun die Wundränder auseinander, so bemerkt
man den Nerv auf dem Grunde der Wunde, etwa in der Mitte
des Zwischenraumes zwischen dem Gelenk und dem processus ma=
stoideus. Die Durchschneidung, oder selbst die Ausschneidung des=
selben ist alsdann sehr einfach und leicht. Es ist klar, daß bloß
diese Operation hinreichende Sicherheit in einem solchen Falle ge=
währt, wenn es überhaupt richtig ist, daß das Ausschneiden der
Nerven das Heilmittel der Gesichtsschmerzen ist.

Ich erhebe hier absichtlich einige Zweifel über den Werth die=
ser Operation, weil die Erfahrung in der That noch nicht auf eine
vollkommen genügende Weise zu Gunsten dieser Operation entschie=
den hat; wenn auch in einzelnen Fällen die Schmerzen vollkommen
verschwanden, so sind doch auch andere bekannt, in welchen dieß
nicht geschah, oder in welchen bloß eine momentane Besserung ein=
trat. Ich habe bereits eines Menschen Erwähnung gethan, wel=
cher die Durchschneidung sämmtlicher Nerven auf beiden Seiten
des Gesichts vornehmen ließ, ohne irgend einen Vortheil daraus zu
ziehen. Boyer hat eine ganz gleiche Beobachtung gemacht. Da=
her noch überdieß in dem Falle, wenn die Ansichten von Charl=
les Bell richtig sind, daß nämlich der nervus frontalis, infraor=
bitalis, mentalis, Empfindungsnerven seyen, während der facialis
bloß dazu bestimmt sey, die Muskelbewegungen des Gesichts zu
leiten, — daß offenbar die Durchschneidung des letztern bloß eine
Lähmung der Gesichtsmuskeln bewirken könnte, während man sich
in Bezug auf die Neuralgien bloß mit den drei übrigen zu beschäf=
tigen hätte. (Alf. Velpeau. Nouveaux Elements de médecine
opératoire, Tome II.)

Miscellen.

Blasenhernie in der Scheide. Der Blasenbruch in der Scheide (cystocele vaginalis) ist ziemlich selten, und es ist nur eine kleine Anzahl von Beobachtungen darüber bekannt gemacht. Kürzlich hat die Oberhebamme, Mad. Rondet, zu Paris folgenden Fall bekannt gemacht. „Die Frau des Schneidermeisters Thunis, 28 Jahre alt, sanguinischen Temperaments, litt seit 10 Jahren an einer Blasenhernie in der Scheide, welche durch die Arbeiten veranlaßt worden war, denen die Frau sich unterzogen hatte. Im Anfang war die Geschwulst von der Größe eines kleinen Hühnereies; da sie ihre Arbeiten nicht unterbrechen konnte und einem Arzte sich nicht anvertrauen wollte, so schritt die Krankheit vorwärts: ein Schleimausfluß, das Gefühl eines Zerrens am Magen, Nierenschmerzen und Schmerzen im Unterleibe kamen hinzu. Die Kranke kam auf den Gedanken, sich selbst ein Pessarium von Korkholz, mit Wachs überzogen, einzubringen, welches sie mehrere Jahre trug, obwohl es das Vortreten der Geschwulst nicht ganz verhinderte. Sie verscherzte, daß sie, so lange, als sie das Pessarium getragen, den Urin nicht habe halten können und ihre Kleider immer naß gewesen seyen; die Pessarien, von sogenannten gummi elasticum welche sie zuletzt trug, führten dieselben Unbequemlichkeiten mit sich ꝛc. Endlich stellte sich größere Verschlimmerung ein. Der Ausleerung des Urins ging lebhafter Schmerz im Unterleibe vorher; es stellten sich heftige Kopfschmerzen ein; allgemeine Schwäche; die Augen waren mit Ringen umgeben und eingefallen; das Gesicht war blaß; große Muthlosigkeit stellte sich ein. Die Regeln erschienen nicht mehr zu bestimmten Zeiten, zuweilen in einem Monat dreimal und dann in mehreren Monaten gar nicht." Als Mad. Rondet die Frau in aufrechter Stellung untersuchte, fand sie eine weiche Geschwulst von der Größe des Kopfes einer siebenmonatlichen Frucht, mit gefurchter Oberfläche; die Größe nahm zu oder ab, je nachdem die Kranke sich ruhig hielt oder ihrer Arbeit nachging. Es war deutlich, daß die Geschwulst aus der Blase bestand, welche eine Hernie bildete und von der Schleimmembran der Vagina überkleidet war. Mad. Rondet fährt fort: „Ich versuchte verschiedene Pessarien, sowohl runde, als halbmondförmige, gestielte (à bilboquet), napfförmige (à cuvette), aber alle versagten den Dienst: sie erhielten sich zwar an ihrer Stelle, aber sie hielten den Bruch nicht zurück. Warum bei diesen verschiedenen Pessarien nichts? Nachdem ich mir diese Frage aufgeworfen und über ihre Wirkungsart lange nachgedacht habe, bin ich darauf gekommen, ein Kugel-Pessarium (pessaire à sphète) anzugeben. Es sind drei Ringe von Caoutchouc von verschiedener Größe, welche, indem sie sich einer in den andern schieben, einigermaßen einer sphaera armillaris gleichen. Diesen Apparat brachte ich der Kranken bei, und erhielt den günstigsten Erfolg; seit mehreren Monaten trägt sie ihn, ohne ihn zu spüren, und alle Zufälle sind sogleich verschwunden, so daß die Frau seitdem sich einer völligen Gesundheit erfreut."

Entscheidung eines französischen Gerichtshofes in Beziehung auf einen Geburtsfall. Die Leser erinnern sich, daß vor mehrern Jahren ein Fr. Geburtshelfer D. Helie bei einer schweren Geburt zur Rettung der Mutter dem von ihm für tobt gehaltenen Kinde die Arme abnahm, daß das Kind lebend zur Welt kam, und daß der Geburtshelfer deßhalb vor Gericht gezogen und mehrere Druckschriften darüber gewechselt wurden. Jetzt hat der Gerichtshof, nachdem er das Gutachten der Acad. roy. de médecine vernommen, entschieden, daß, da der D. Helie nicht hinreichende Indication zur Abnahme der Arme gehabt, auch bei der Entbindung Fehler begangen habe, für welche er verantwortlich sey, so habe er dem verstümmelten Kinde bis zum 10ten Jahre eine jährliche Rente von 100 Francs, nach dem 10ten Jahre von 200 Francs jährlich zu zahlen.

Ueber die Bewegungsthätigkeit des Nasencanales sind in der Clinik zu Prag bei mehreren Operirten Versuche angestellt worden. Die in den noch verengerten Thränenschlauch eingeführten, und nach außen nur lose befestigten Darmsaitenstücke wurden oft in sehr kurzer Zeit aus dem Thränenschlauche durch die ihm eigene Kraft entfernt, und von den Kranken aus der Rachenhöhle durch den Mund ausgeworfen. Auf diese Art gelang es bei einem Kranken, eine an das Saitenstück befestigte dünne seidene Schnur ohne weiteres Zuthun der Kunst in den Thränennasencanal einzubringen. Nicht jeder Thränenschlauch offenbarte eine gleich starke Bewegungsthätigkeit, und in manchem blieb das eingeführt unbefestigte Saitenstück Tage lang ruhig liegen. (Fischer, Clin. Unterr. in der Augenheilk.)

Die Eröffnung der geschlossenen Pupille durch Arzneimittel ohne Operation gelang Hrn. P. Fischer bei einem Mädchen, dessen enge Pupille in Folge von iritis syphilitica durch ein dichtes lymphatisches Gewebe vollkommen, jedoch erst seit kurzer Zeit, verschlossen war. Es wurde eine allmälig verstärkte rothe Präcipitatsalbe täglich 2 Mal in's blinde Auge gestrichen und jeden dritten Tag eine Auflösung des Extr. bellad. eingeträufelt. Nach der zweimaligen Anwendung der Belladonna zerrißen in Folge der dadurch bewirkten Contraction in der Regenbogenhaut einige Fäden des Lymphersudates, wodurch neben dem Concremente eine Oeffnung entstand, durch welche die Kranke vollkommen scharf sehen konnte. (Ebendaselbst.)

Varioloiden bei einem eilfjährigen Mädchen, welches sehr schöne Kuhpockennarben zeigte, hat Dr. Sabatier beobachtet und in dem Journal universel et hebdomadaire beschrieben. Das Kind hatte vor zehn Jahren gute Kuhpocken gehabt, und zeigte nun deutliche Varioloiden, die sich aber auf die Lippen, die innere Seite der Wangen und die Zunge beschränkten. Der ganze übrige Körper blieb frei. Bemerkenswerth war noch, daß die allgemeinen Symptome ziemlich bedeutend waren und mit der geringen Intensität des Ausschlags in keinem Verhältnisse standen. — Die Behandlung bestand in Limonade, Orangeade, einige Cataplasmen auf den Unterleib und übrigens fasten.

Bibliographische Neuigkeiten.

Collection complète des oiseaux d'Europe, dessinés et coloriés d'après nature par *E. Swagers*. Livr. I. II. III. IV. Paris 1833. 4to. (Jede Lief. 8 Kupf.)

Géologie populaire à la portée de tout le monde, appliqué à l'agriculture et à l'industrie. Par *Nérée Boubée*. Paris, 1833. 18.

Utilità della religione cattolica alla vita fisica e sociale dell' uomo, opera di *Giambattista Pezzoli*. Venezia, 1832. 8.

Outlines of a Course of lectures on Military Surgery delivered in the University of Edinburgh. By Sir George Ballingall etc. Edinburgh, 1833. 8.

Notizen
aus
dem Gebiete der Natur- und Heilkunde.

| Nro. 800. | (Nro. 8. des XXXVII. Bandes.) | Juni 1833. |

Gedruckt bei Lossius in Erfurt. In Commission bei dem Königl. Preußischen Gränz-Postamte zu Erfurt, der Königl. Sächs. Zeitungs-Expedition zu Leipzig, dem G. H. F. Thurn und Taxischen Postamte zu Weimar und bei dem Landes-Industrie-Comptoir. Preis eines ganzen Bandes, von 24 Bogen, 2 Rthlr. oder 3 Fl. 36 Kr., des einzelnen Stückes 3 ggl.

Naturkunde.

Einige Beobachtungen und Versuche über die Befruchtung der Pflanzen.[1]
Von Hrn. Desfontaines.

Da ich jedes Jahr in meiner Vorlesung über die Pflanzenphysik, welche ich seit 1790 im Jardin du roi hatte*), genöthigt bin, über die Zeugung der Pflanzen zu sprechen, so hatte ich bis in diese neuern Zeiten, ohne beinahe den geringsten Anstand zu nehmen, die Theorie der Geschlechtsbefruchtung angenommen, welche dem botanischen Systeme Linné's zur Grundlage gedient hat. Da aber mehrere neuere Physiologen von neuem Einwürfe gegen diese Ansicht aufgestellt hatten, indem sie behaupteten, daß es eigentlich unter den Pflanzen gar keine Geschlechter gebe, so fand ich mich natürlich veranlaßt, eine Reihe von Versuchen für den Zweck anzustellen, meine erste Ueberzeugung zu bestärken oder zu schwächen, und folglich, wenn es nöthig seyn sollte, dasjenige zu modificiren, was ich in meinen Vorlesungen über diesen Gegenstand zu sagen hatte. Diese Versuche nun will ich jetzt mittheilen und die Reflexionen hinzufügen, zu denen sie Veranlassungen gegeben haben.

Zu Anfang des Junius im Jahr 1831 ließ ich in einem kleinen, ganz geschützten Garten am Hause, welches ich im Muséum d'histoire naturelle bewohne, ein Exemplar der Cucurbita Pepo, L., pflanzen, die im gemeinen Leben unter dem Namen großer Türkenbund bekannt ist. Unter meinen Augen gehörig gepflegt, trieb die Pflanze äußerst kräftig, und lieferte eine große Menge Ranken, die sich nach verschiedenen Richtungen auf der Oberfläche der Erde mehrere Meter weit ausbreiteten.

Bekanntlich gehört diese Pflanze zu denen, welche Linné einhäusige genannt hat, d. h., sie trägt auf demselben Stock vollkommen getrennte männliche und weibliche Blüthen. Dieselben sind übrigens von solcher Größe, daß man

an denselben nach Belieben und mit der größten Leichtigkeit Versuche anstellen kann. Außerdem ist es unmöglich, sich hinsichtlich des Geschlechtes zu täuschen, wegen des unterstehenden Ovariums, woran man die weibliche Blüthe lange Zeit vor ihrem Aufblühen unterscheiden kann.

Für den Zweck, den ich mir vorgesetzt hatte, ließ ich mit größter Vorsicht alle Knospen der männlichen Blüthen wegnehmen, sobald sie in den Achseln der Blätter zum Vorschein kamen, und dagegen alle weiblichen erhalten.

Ungefähr 40 der letztern blühten nach und nach während des Sommers auf. Der Stämpel, dessen vollkommene Bildung ich leicht beobachten konnte, war anfangs, wie ich mich durch Oeffnen einiger überzeugt habe, bei allen im guten Zustande; indeß setzte keine einzige an, um mich des bekannten Gärtnerausdruckes zu bedienen, und die Ovarien, sogar diejenigen, welche die Größe eines Eies erlangt hatten, wurden welk und vertrockneten vollständig, von welchem Umstande meine Collegen, die Herren de Mirbel und Adrien de Jussieu, so wie auch mehrere andere Botaniker Zeugen gewesen sind.

Gegen das Ende des Septembers, wo meine Pflanze noch immer sehr kräftig vegetirte, ließ ich zwei männliche Blüthen auf einem anderen Stocke derselben Art, der in einem Theile des großen Gartens, und ziemlich entfernt von dem meinigen, gezogen war, nehmen. Von einer derselben nahm ich das Bündel Staubfäden weg, deren Staubbeutel sich zu öffnen begannen, und legte sie in die Blumenkrone einer weiblichen Blüthe der Pflanze meines Gartens, kurze Zeit nach ihrem Aufblühen. Auf die Narben einer andern ließ ich durch Schütteln der Blumenstaub der zweiten männlichen Blüthe fallen, die man mir gebracht hatte.

Die beiden weiblichen Blüthen, an welchen diese Operation vorgenommen worden war, setzten fast sogleich an.

Die Frucht der ersteren erlangte die Größe einer mittelmäßigen Melone, aber unglücklicherweise wurde sie von Fäulniß ergriffen, ohne daß ich die Ursache dafür anzugeben vermag.

*) Damals bekleidete ich diese Stelle ungefähr 6 Jahre, als ich der Vorlesung über Botanik diese Richtung gab.

8

Die Frucht der zweiten Blüthe nahm beträchtlich zu (sie erlangte einen Durchmesser von 15 bis 18 Zoll), und wurde so vollständig reif, daß sie gegessen werden konnte.

Als ich gegen das Ende des Sommers die Bemerkung gemacht hatte, daß eine Ranke der Pflanze, mit welcher die Versuche angestellt worden waren, noch vollkommene Blüthen von beiden Geschlechtern trug, so hatte ich den Gedanken, die Dinge dem natürlichen Zustande zu überlassen. Zwei der weiblichen Blüthen wurden deutlich befruchtet. Ihre Frucht erlangte wirklich die Dicke einer Faust, aber da die Jahreszeit zu weit vorgeschritten war, so konnten sie nicht weiter gedeihen und starben mit der Pflanze selbst. Ich hatte es indeß für wahrscheinlich, daß sie ihre Reife erlangt haben würden, wenn die Umstände günstiger gewesen wären.

Diese Versuche, welche im Allgemeinen nicht als neu betrachtet werden können, die aber, wie ich glaube, niemals am Türkenbunde gemacht worden sind, scheinen mir die Meinung aufs Neue zu unterstützen, welche Linné in seiner berühmten Dissertation [*] über das Geschlecht der Pflanzen angenommen hat, wodurch er den von der Academie zu St. Petersburg darauf gesetzten Preis im Jahre 1760 erwarb.

Dagegen müssen sie die Meinung widerlegen, die von einigen neuern Physiologen abermals aufgestellt worden ist, daß die Pflanzen nicht mit wirklichen Geschlechtern versehen seyen, und daß es folglich bei ihnen keine Befruchtung geben könne.

Ich für meinen Theil stütze mich:

1) Auf die zahlreichen Versuche, welche in der eben angeführten Dissertation Linné's mitgetheilt werden, und denen man unmöglich den Glauben versagen kann.

2) Auf die merkwürdige Geschichte, welche Gleditsch in den Verhandlungen der Berliner Academie über die Befruchtung eines weiblichen Palmenexemplares erzählt hat, welches lange Zeit unfruchtbar gewesen war, und Früchte lieferte, oder nicht, je nachdem seine Blüthen die Wirkung des Blumenstaubes von männlichen Blüthen, die mehrere Stunden weit her nach Berlin gebracht wurden, erfuhren, oder nicht erfuhren [**].

3) Auf das im Orient, schon im höchsten Alterthum und noch jetzt gebräuchliche Verfahren, wovon ich mich in der Baumzucht selbst überzeugt habe, welches Herodot, Theophrast, Plinius, Solin, als bei den Bewohnern Phönizien's, Syrien's und Aegypten's gebräuchlich, beschrieben, und welches darin besteht, künstlich die weiblichen Dattelbäume zu befruchten, indem man an jeden derselben Bü-

schel männlicher Blüthen hängt, oder sie auf dieselben stäubt, so daß man in jenen Ländern nicht nöthig hat, männliche Dattelbäume zu cultiviren und zugleich vor allen ungünstigen Fällen gesichert ist, welche durch die Richtung des Windes herbeigeführt werden [*]).

Ich nehme an, daß eine sehr große Zahl von Pflanzen wirklich die Fähigkeit besitze, sich durch Befruchtung, d. h. durch die Einwirkung des Products der Zeugung eines Geschlechtes auf das andere zu reproduciren.

Die vielfachen Versuche, welche von einer großen Menge von Botanikern über die Erzeugung von Bastardpflanzen angestellt worden sind, liefern auch ein sehr mächtiges Argument zu Gunsten dieser Meinung. Nun kann man aber nicht die Möglichkeit bezweifeln, daß man, wenn auf den weiblichen Theil der Blüthe einer Art der Saamenstaub einer verwandten Art derselben Gattung gebracht wird, wirkliche Bastarde erhält, welche durch ihre Charactere zwischen den beiden Arten, von welchen sie entstanden sind, in der Mitte stehen. Koelreuter hat eine große Menge derselben in verschiedenen Gattungen erzeugt, wie man leicht finden kann, wenn man die Reihenfolge der sehr interessanten Abhandlungen liest, welche er unter den Verhandlungen der Academie zu St. Petersburg herausgegeben hat, und selbst wenn man mein Herbarium besucht, welches Bastarde der Gattung Nicotiana enthält, die mir Hr. Gärtner, der Sohn, verehrt hat.

Ich möchte indeß doch nicht die Behauptung aufstellen, daß bei gewissen Pflanzen die Saamenkörner nicht durch sich selbst und ohne Beihülfe der Befruchtung durch den Blumenstaub eines besondern männlichen Theiles zur Reife gelangen können.

Wissen wir denn übrigens, ob sich nicht bei einigen Pflanzen die Befruchtungsfähigkeit auf mehrere nach einander folgende Generationen erstreckt, wie man im Thierreich ein Beispiel an den Blattläusen haben will?

Was aber auch von dieser Behauptung zu halten seyn möge, die mir im letzten Reiche der organisirten Körper nicht unmöglich zu seyn scheint, als im ersten, so muß ich doch zur Unterstützung der Existenz der Geschlechtsbefruchtung bei den Pflanzen hinzufügen, daß die dieser Meinung widersprechenden Versuche, welche Spallanzani und andere Physiologen angestellt haben, und zwar in der Regel an einem ganz offenen Ort am Hanf und am Spinat, mir nicht concludent erscheinen. Mehrere dieser Versuche sind in freier Luft angestellt, und man begreift recht gut, daß der Wind und selbst Insecten auf die weiblichen Blüthen Theilchen des Blumenstaubes der männlichen Blüthen haben führen können, denn die Möglichkeit davon ist schon dadurch bewiesen, daß man gewisse blühende Pflanzen, z. B., die Palmbäume, den Ailanthus, den Kastanienbaum und selbst die

*) Disquisitio de sexu plantarum. 1760. — Amoenit. Academ. XX. p. 100, übersetzt von Broussonet, im Journal de Physique. Tom. XXXII. p. 440 — 462.

**) Essai d'une fécondation artificielle fait sur l'espèce de palmier qu'on nomme Palma dactylifera, folio flabelliformi. Académie de Berlin 1749, p. 103 — 108. Relation de la fécondation artificielle d'un palmier femelle ,réitérée pour la troisième fois, et avec un plein succès. dans le Jardin de botanique de Berlin. Académie de Berlin an. 1767, p. — 19.

*) Die Stelle des Plinius Lib. XIII. c. 4. ist nicht allein dadurch merkwürdig, daß sie die Thatsache der künstlichen Befruchtung der Palmbäume bestätigt, sondern auch, weil sie eine Befruchtung der bei allen anderen Pflanzen annimmt und die Anwesenheit der beiden Geschlechter anerkennt.

Rhabarber in einer gewissen Entfernung riechen kann. Dieser Geruch rührt offenbar vom Saamenstaube her, weil bei vielen in dieser Beziehung geruchlosen Pflanzen die Verdichtung der Blumenstaubsubstanz zur Zeit der Blüthe eine sehr merkliche Wirkung auf den Geruch hervorbringt.

Ein anderer Grund, welcher, meiner Ansicht nach, die von Spallanzani bei seinen Versuchen am Hanf angekündigten Resultate entkräftet, stützt sich auf die große Zahl und auf die Kleinheit der Blüthen dieser Pflanze, woraus sich befürchten läßt, daß alle männlichen Blüthen, von denen mehrere in der Regel an den am meisten mit Stämpeln versehenen, oder an den am meisten weiblichen Stöcken existiren, nicht bemerkt worden sind, und folglich die Befruchtung der Ovarien dieser weiblichen Blüthen haben bewerkstelligen können.

Dieses wäre allerdings eine Bemerkung, welche diese Ansicht zu unterstützen scheint.

Während des Jahres 1830, zu einer Zeit, deren ich mich nicht genau erinnere, säete ich Hanfkörner in meinem eigenen Garten und verwendete, so wie sich die Pflanzen entwickelten, große Sorgfalt darauf, alle weiblichen Stöcke, welche bekanntlich noch lange vor der Blüthe leicht zu erkennen sind, wegzunehmen; ich ließ nur 4 weibliche Stöcke stehen: sie trieben äußerst kräftig und jeder von ihnen lieferte eine erstaunliche Menge Blüthen. Der größte Theil schlug fehl, aber einige Saamenbüschel waren offenbar ganz vollkommen. Ich bat Hrn. Gaudichaud, einen durch seine Gewissenhaftigkeit und durch die Genauigkeit seiner Beobachtungen bekannten Botaniker, zu untersuchen, ob sich nicht unter diesen Saamenbüscheln männliche Blüthen befänden. Bei einer aufmerksamen Untersuchung entdeckte er sehr leicht eine gewisse Zahl, die er mir zeigte. Sie waren klein und unter die Körner gemischt.

Die Beobachtungen und die Versuche, welche ich so eben mitgetheilt habe, sind sicherlich nicht ausreichend, um jedermann zu überzeugen. Ich bin weit davon entfernt, mir dieses zu verhehlen. Auch hatte ich mir vorgenommen, sie zu wiederholen und mit aller der nöthigen Vorsicht, die ein so wichtiger und schwieriger Punct in Anspruch nimmt, sie auf verschiedene Weise anzustellen; aber die immer mehr zunehmende Schwäche meines Gesichtes raubt mir, wenigstens für jetzt, alle Hoffnung, mich mit diesem Gegenstande erfolgreich zu beschäftigen, so daß ich mich entschlossen habe, obige Beobachtungen und Versuche in der Hoffnung der Oeffentlichkeit zu übergeben, daß andere Botaniker sich dadurch bewogen finden, sie fortzusetzen. Es sey mir noch vergönnt, zum Schlusse dieser Notiz zu bemerken, daß, wenn die Resultate, welche sie erhalten werden, ganz unbestreitbar seyn sollen, die Versuche an einem verschlossenen Orte, z. B., in einem Gewächshause und zu einer dergestalt gewählten Jahreszeit angestellt werden müssen, daß sich gar nicht annehmen läßt, es seyen mit Saamenstaub erfüllte Luft, oder Insecten an die fragliche Pflanze gekommen. (Nouvelles Annales du Muséum d'Histoire naturelle, T. I. p. 265 — 271.)

Auszug mehrerer Briefe des vor Kurzem in Ostindien verstorbenen reisenden Naturforschers B. Jacquemont.

(Schluß.)

Kaschmir den 28sten Mai 1832.

Der letzte Brief, den ich die Ehre hatte, Ihnen zu schreiben, war aus Lahor vom vergangenen 17ten März. Ich meldete Ihnen damals den Empfang des Ihrigen vom 19ten Mai 1830, der mir allein zugekommen ist, und ich meldete Ihnen die günstigen Vorbedeutungen für meine Reise außerhalb der englischen Besitzungen.

Den 18ten März gab mir Rundjet Singh die letzte Audienz und zeichnete mich bei dieser Gelegenheit auf eine äußerst schmeichelhafte Weise aus: Er wollte selbst ganz im Einzelnen die für meine Sicherheit nöthigen Vorsichtsmaaßregeln während meiner Reise in seinen Staaten und während meines Aufenthalts in der entfernten Provinz Kaschmir anordnen.

Ich verließ Lahor den 26sten und, indem ich meinen Weg durch die Landschaften Ravi, Tschinab und Dschelom nahm, campirte ich endlich zu Pindadenkhan, um die Salzbergwerke zu besuchen, welche in der Umgebung dieser Stadt in Betrieb sind. Ich bedaure es, nicht Zeit genug zu haben, Ihnen eine Abschrift der Abhandlung zu senden, welche sich in meinem Tagebuche über dieses Salzbergwerk befindet. Ich glaube mich nicht zu täuschen, wenn ich behaupte, daß die Beobachtungen, welche ich an diesem Orte und an mehrern andern derselben Hügelkette gemacht habe, viel Licht über die Bildungsart dieser großen Salzmassen verbreiten. Sie sind vielleicht in geologischer Hinsicht viel unabhängiger, als man es von den Formationen geglaubt hat, unter welchen sie vorkommen. Das Salz von Pindadenkhan unterscheidet sich nicht durch seine mineralogischen Charactere von demjenigen zu Cardona in Spanien. Es ist mit Gyps vergesellschaftet, dessen Vertheilung in der Formation, welche das Muttergestein ausmacht, ganz getreu alle Abwechselungen seiner eigenen Vertheilung wiederholt, die man auch in Spanien findet. In geringer Entfernung von hier zu Djellalpur, der Fortsetzung derselben Lager, findet man die salzhaltigen Schichten zerstört, wie zu Pindadenkhan, und ihre Materialien bloß durch Gyps wieder zusammengekittet. Geht man endlich von dieser Salzhügelkette *) in's Himalayagebirge, dem sie so nahe liegt, so findet man nicht nur eine allgemeine Richtung der Hauptzufälle der Formation, eine analoge Richtung in der Stratification ihrer Schichten, und endlich in diesem Theile mehr oder weniger ausgebreitete örtliche Störungen, die sich immer durch das Erscheinen von Kalk-, Dolomit- oder Quarzanhäufungen auszeichnen, welche, allen Umständen ihrer Lagerung nach, auffallend an diejenige des Gypses und des Salzes zu Pindadenkhan, wie auch bei Djellalpur erinnern.

Diese hinlänglich durch obige Vergleichungen angezeigten Ueberblicke werden, wie ich glaube, hinsichtlich ihrer Richtigkeit gar sehr durch die Untersuchung eines andern Salzbergwerkes bei Djummon auf den ersten Stufen des Himalaya, welche ich in einigen Monaten anzutreffen hoffe, bestätigt werden.

Was die geognostische Bestimmung der Stratificationen anlangt, aus welchen die Kette der salzhaltigen Hügel bei Pindadenkhan besteht, so bietet sie Schwierigkeiten dar, die nur durch die Vergleichung der sehr seltenen Fossilien gehoben werden können, die in einigen ihrer Schichten zerstreut und mit ihnen gewissermaaßen verschmelzen sind. Ich hoffe dahin noch auf eine vollständigere Weise durch Inductionen zu gelangen, die ich ohne Zweifel anzustellen Gelegenheit haben werde, wenn ich von Kaschmir über den Gutsetpu in's Himalaya-Gebirge zurückkehren werde, wo ich vergangenes Jahr Formationen bemerkt habe, welche mir mit diesen Analogie zu haben, und dabei an organischen Ueberresten nicht so arm zu seyn scheinen.

*) Nemek ka pahar, oder Berge des Salzes, ihr Name im Penbjabi-Idiom.

8 *

Die Zufälle, welche die cryſtalliſirten und Niederſchlags=
formationen des Himalaya ſeit ihrer Entſtehung erfahren zu ha=
ben ſcheinen, haben einen ſolchen Einfluß auf ihre Stratification
und auf die mineralogiſchen Charactere ihrer Gebirgsarten ge=
äußert, daß die cryſtalliſche oder zerbrochene Beſchaffenheit der letz=
tern häufig ſehr zweideutig und die Gränze der Formationen eben ſo
unſicher gemacht wird. Dieſe Bemerkung bezieht ſich mehr auf
denjenigen Theil des Himalaya, über welchen ich auf meiner Reiſe
nach Kaſchmir gekommen bin, aber ſie leidet auch Anwendung auf
andere Theile dieſer Kette, beſonders zwiſchen dem Sutledge und
der Jumnah.

Ich hatte keine Art von Schwierigkeiten auf meinen Excurſio=
nen in die Ebenen Penbjab's erfahren, und auf den Schutz des
Fürſten bauend, fürchtete ich kein Hinderniß auf meiner Reiſe durch
die Gebirge. Runbjet Singh hatte befohlen, daß die neuen,
für meine Karawane nöthigen Transportmittel einſtweilen zum
voraus zu Mirpur in Bereitſchaft geſetzt werden ſollten, damit ich
auf meiner Reiſe nicht aufgehalten würde; zu Pruntche ſollten auch,
ſeinem Befehle nach, die nöthigen Träger in Bereitſchaft gehalten
werden, um den Pir=Puntchal paſſiren zu können. Als ich indeſ=
ſen nach Mirpur kam, war nichts in Bereitſchaft, ich ſah bald
ein, daß ich mich in einem Lande befinde, deſſen anarchiſche Regie=
rung mich vielleicht in Verlegenheit ſetzen könne. Es bedurfte in
der That einiger Beharrlichkeit, um mich nicht von den Schwierig=
keiten aufhalten zu laſſen, welche mir entgegentraten. Einmal, un=
ter Anderen, wurde meine Freiheit durch die Kühnheit eines Häupt=
lings, Namens Nheal=Singh, in Gefahr gebracht, welcher mich
ſammt meiner Bedeckung und allen meinen Leuten bei der Feſtung
Tolutchi gefangen nahm. Dieſer Umſtand konnte einen ſchlimmen
Ausgang haben, aber mit Feſtigkeit, Klugheit und, ich glaube, auch
einiger Gewandtheit gelang es mir, meine Freiheit mit 500 Rupien
(1260 Francs) wieder zu erkaufen. Nachdem ich den Händen die=
ſes Glauben entgangen war, ſchrieb ich dem Radjah auf der Stelle
und verlangte von ihm Genugthuung. Runbjet Singh hat mir die
abgepreßte Summe ſogleich wieder erſetzt und ſo eben das Leben
des Nheal Singh zu meiner Verfügung geſtellt. Meine Sicherheit
für den übrigen Theil der Reiſe erlaubte mir nicht, die Gnade wor=
walten zu laſſen. Ich bat den Radjah, daß Nheal Singh eine
harte Körperſtrafe bekomme und ſo lange Gefangener werde, bis
ich in die engliſchen Beſitzungen wieder zurückgekehret ſeyn würde.
Nach dieſem auffallenden Beiſpiele des Eifers, mit welchem der
Fürſt die mir zugefügte Beleidigung zu beſtrafen ſich bemühte, glaube
ich keine andere Beleidigung in ſeinen Staaten zu befürchten zu ha=
ben, und dieſes Abentheuer zu Tolutchi, weit entfernt, ein Mißge=
ſchick zu ſeyn, giebt mir die mächtigſte Bürgſchaft für meine fer=
nere Sicherheit.

Es ſind nun 20 Tage, daß ich in Kaſchmir angelangt bin.
Der Paß, durch welchen ich dahin gelangt bin, iſt unter allen
der niedrigſte und liegt kaum 2500 Metres über dem Meeresſpiegel.
Dieſes iſt alſo etwa die Hälfte der mittleren Höhe der Päſſe des
Himalaya zwiſchen dem Ganges und dem Sutledge.

Das Niveau des Thales, welches die Geſtalt eines ovalen
Beckens hat, iſt, wie ich vermuthet hatte, zu Kaſchmir der Erkundi=
gungen, die ich über ſein Clima und ſeine vegetabiliſchen Erzeug=
niſſe einzog, etwa 1600 bis 1700 Meters über dem Meeresſpiegel
gelegen.

Ich beſchäftige mich hier ſehr thätig mit geologiſchen Forſchun=
gen. Meine Lage iſt zu gleicher Zeit für die Bildung zoologiſcher
Sammlungen weit günſtiger, als an irgend einem anderen Orte.
Ich wohne in einem Garten, welchen dem Radjah gehört und ei=
nen Pavillon enthält, den ich bezogen habe. Dieſes iſt das erſte=
mal ſeit meiner Ankunft in Aſien, daß ich in einer anderen Woh=
nung, als unter einem Zelte, mich wie zu Hauſe befinde. Ich kann
indeſſen meine Wohnung keinesweges ein Haus nennen. Die Ge=
ſchenke, welche ich von Runbjet Singh erhalten habe, erlauben mir
jetzt, mich mit den Forſchungsmitteln zu umgeben, deren Hülfe mir
bis jetzt, wegen der Unzulänglichkeit meiner Geldmittel, verſagt
war. So werden ohne Zweifel die Excurſionen, die ich in der Um=
gegend von Kaſchmir machen werde, und deren Mittelpunct dieſer

Ort bis zum Monat September bleiben ſoll, ſehr fruchtbar werden;
dann will ich mich wieder nach den engliſchen Beſitzungen begeben.
Ich habe die ſichere Ueberzeugung erlangt, daß es unklug gehan=
delt ſeyn würde, dahin durch das Thibetaniſche Gebiet des Hima=
laya, ohne das Gebiet der Sykes zu berühren, zurückzukehren.
Wenn ich Kaſchmir verlaſſen werde, ſo habe ich ein zu ſchweres
und zu koſtbares Gepäck mitzunehmen, als daß ich wagen möchte,
daſſelbe in den Wüſten von Ladak auf's Spiel zu ſetzen, wo, ohne
von anderen unangenehmen Zufällen zu ſprechen, die mir zuſtoßen
könnten, ſchon das Entlaufen einiger meiner Leute ausreichen ſeyn
würde, um mich in die größte Verlegenheit zu bringen, weil es ſo
ſchwierig iſt, hier verlorne Transportmittel zu erſetzen. Ich werde
alſo über Bhimbur zurückkehren, dieſe Straße aber zu Radjaori
verlaſſen, um mich von hier nach Djummon und ſodann in die
Landſchaft Kullu zu begeben, wo ich Belaspur oder Rampur ge=
genüber das Ufer des Sutledge erreichen werde. Der eine und der
andere dieſer beiden Orte liegen nicht weit von Semlah, wohin ich
mich ohne Zweifel begeben werde, um dem Generalgouverneur meine
Aufwartung zu machen, dem ich für den Erfolg meiner Unterneh=
mung ſo große Verbindlichkeiten ſchuldig bin, und deſſen Unterſtü=
tzung mir noch immer ſo nützlich ſeyn kann.

Verſehen mit den Mitteln, welche jetzt zu meiner Verfügung
ſtehen, glaube ich Ihnen, meine Herren, die Verſicherung geben zu
können, daß ich dem Muſeum alle Fiſche des Sees von Kaſchmir
und ſeines Fluſſes liefern werde. Weil es mir an ſchicklichen Ge=
fäßen für die Aufbewahrung fehlte, und ebenſo an ſpirituöſer Flüſ=
ſigkeit für die Erhaltung der Fiſchen, war es mir vergangenes
Jahr nicht möglich, diejenigen des Sutledge in Kanaor mitzubrin=
gen. Aber weil ich dieſen Fluß bei Rampur wieder paſſire, will
ich daſelbſt dieſen Herbſt verweilen, um wenigſtens zum Theil den
Verluſt der Gelegenheit zu erſetzen, die ich voriges Jahr nicht be=
nutzen konnte.

Meine Herbarien haben ſich von Lahor an nur mäßig vermehrt.
In der unmittelbaren Umgegend von Kaſchmir gehört die größte
Zahl der Pflanzen der europäiſchen Flora an, beſonders unter den
krautartigen Species. Aber ich darf auf intereſſantere botaniſche
Aernoten auf den entfernteren Excurſionen rechnen, welche ich nun
nach und nach in die Gebirge ihrer Umgegend machen will.

Es ſey mir noch erlaubt hinzuzufügen, daß der Aufenthalt in
dieſem ſo geprieſenen Kaſchmir für denjenigen nicht ſehr angenehm
ſeyn würde, der nicht in der Mannichfaltigkeit der Arbeiten, welche
mich beſchäftigen, eine beſtändige Quelle von Intereſſe beſitzen wür=
de. Europäiſche Reiſende würden niemals dieſes Land in den hohen
Ruf der Schönheit gebracht haben, den es allein und aus einem
Grunde, welchen ich mir leicht erkläre, den Beſuchen zu verdanken
hat, welche die Kaiſer Indiens ehedem hier zuweilen abſtatteten.
Der mogoliſche Hof reſidirte beſtändig innerhalb der brennenden
Mauern Narab's, oder Delhi's, der beiden Städte Indiens, wo die
Hitze des Sommers am größten iſt, und die ganze umgebende
Landſchaft den höchſten Grad der Dürrung darbietet. In Kaſch=
mir dagegen findet man überall Waſſer und Grünung, und im
höchſten Sommer iſt die Luft, welche während der Nacht von den
Gebirgen weht, immer friſch, und deßhalb nannte der mogoliſche
Hof Kaſchmir ſo verſchwenderiſch das irdiſche Paradies.

Die Seen ſind ohne Tiefe, und die Berge, welche von allen
Seiten dieſes ſonderbare Becken umgeben, haben weiter nichts, als
ihre Höhe und die großartigen Linien ihrer Umriſſe; aber inner=
halb dieſer Linien hat das Auge nergends die einzelnen maleri=
ſchen großartigen, oder reizenden Schönheiten, mit welchen die Na=
tur die Alpen ſo verſchwenderiſch und das Himalaya=Gebirge ſo
karg ausgeſtattet hat.

Die Stadt ſelbſt iſt faſt gänzlich aus Holz erbaut, und ſehr groß,
gewährt aber einen außerordentlich ſchlechten Anblick, und dieſes iſt
keine Täuſchung. Nirgends anderswo in Indien iſt die Maſſe
der Bevölkerung ſo arm wie in Kaſchmir. Es iſt das einzige
Land, wo der Arbeitslohn wirklich ſo gering iſt, wie wir fälſchlich
glauben, daß er in ganz Indien ſey.

Meine Geſundheit hat auf meiner Reiſe von Mirpur nach

Cafchmir gelitten, aber nur in Folge außerordentlicher Anstrengungen und nicht durch das indische Clima. Jetzt bin ich vollkommen wiederhergestellt.

Kafchmir den 17ten Junius 1831.

Vor zwei Tagen hat ein Courier aus Indien mir den Brief gebracht, mit welchem Sie mich unter dem 24ften October des vorigen Jahres beehrt haben. Der Generalgouvernenr von Indien hat die Gewogenheit gehabt, ihn mir zu übermachen.

Ich war sehr geschwächt nach Kaschmir gekommen, aber jetzt sind meine Kräfte zurückgekehrt, und meine Gesundheit ist ganz wiederhergestellt. Ich werde deßhalb morgen schon eine Reihe von Excursionen auf die Gipfel der Gebirge der umliegenden Gegend beginnen. Ich werde nicht nach Klein-Thibet mich begeben, denn es ist in allen Hinsichten vortheilhafter, daß ich mich auf das Becken von Cafchmir beschränke. Aber ich hoffe aus jenem Lande einige zoologische Reichthümer zu erhalten, welche mir dieses nicht gewähren kann. Es giebt in Klein-Thibet mehrere Arten von Wiederkäuern, deren Füllhaar gleich demjenigen der Ziegen, welche so uneigentlich Cafchmir-Ziegen genannt werden, auf gleiche Weise, aber mit großer Beschränkung, zu ähnlichen Stoffen, wie die Shawls verarbeitet wird. Das eine dieser Thiere soll eine Ziege seyn, ein anderes ist sicherlich eine Schaafart. Endlich habe ich mich durch die Berichte der Eingebornen überzeugt, daß es 4 wilde Arten giebt, deren Haar auf die angedeutete Weise benutzt wird. Der König von Klein-Thibet, Ahmed Shah, hat mir geschrieben, als er meine Ankunft in Kaschmir vernommen hatte, und mir vielfach seine Dienste angeboten. Ich habe ihn gebeten, mir alle diese Thiere lebendig zu verschaffen, von jeder Art ein Männchen und ein Weibchen, ja sogar von jedem eine Doublette, wenn es möglich sey, und diese Thiere mir alsdann nach Kaschmir zu senden. Sein Abgeordneter ist mit meiner Antwort vor einigen Tagen abgereist und wird jetzt nicht mehr weit von Secunderabad, der Residenz Ahmed Shah's, sich befinden. (Nouvelles Annales du Muséum d'Histoire Naturelle T. I. 1832. p. 135—152).

Miscellen.

Der in Nordamerica reisende Prinz Maximilian von Wied schreibt am 20 November aus Neu-Harmony am Wabash-Flusse, daß er dort Hrn. Thomas Say, den durch seine Arbeiten über die Insecten und Conchylien seines Vaterlandes und durch seine Reise mit Major Long nach dem Westen und den Rocky Mountains bekannten Naturforscher, getroffen habe. Wiewohl derselbe ganz still und abgesondert hier lebt, so steht er doch beinahe mit den mehrsten Naturforschern von Europa und America in Correspondenz, und der jetzt in Mexico lebende Besitzer des halben Harmony und seiner Umgebungen, Herr Maclure, hat an Hrn. Say einen sehr thätigen und gewissenhaften Besorger und Aufseher seiner Geschäfte. „Die Bekanntschaft dieses kenntnißvollen, bescheidnen und biedern Mannes ist mir, schreibt der Prinz, höchst nützlich und angenehm; einen andern interessanten und durch seine

Reise mit Baudin um die Welt und nach Neu-Holland bekannten Mann fand ich hier, Hrn. Lesueur, welcher seit längerer Zeit hier lebt und sich besonders mit der Untersuchung der Fische dieses Landes beschäftigt. Er gedenkt, im Sommer künftigen Jahres nach Europa zu reisen und seine Arbeiten zu publiciren. Für die Naturforscher hat Hr. Maclure eine vortreffliche Bibliothek hier angelegt, in welcher die meisten Europäischen Pracht- und Kupferwerke sich befinden; eine in dieser Abgeschiedenheit höchst seltene Erscheinung. — Das hiesige Clima ist sehr veränderlich und höchst sehr abweichend von der Europäischen. — Leider hat mir die Cholera einen großen Strich durch meine Pläne gemacht. und ich werde bis in den Januar hier zubringen, alsdann gehe ich nach S. Louis am Missisippi und dort entscheide ich mich über meine Campagne des Jahres 1833. Gesammelt habe ich viel und auch bereits mehrere Kisten abgeschickt. (Sechs sind bereits angekommen und alle darin befindlichen Naturalien sehr gut erhalten.)

In Beziehung auf die bekannte Fortpflanzungsweise bei den Blattläusen, wo die Befruchtung eines Individuums für Individuen mehrerer Generationen ausreicht, hat Dutrochet folgende Thatsache beobachtet. Nachdem er den Hinterleib einer Blattlaus der großen Art, welche auf der Feldcichorie (Cichorium Intybus) lebt, geöffnet hatte, zog er die Eierstöcke aus demselben hervor, welche aus zehn, mit Fötus von verschiedenen Entwickelungsgraden gefüllten Canälen bestanden. Diese Canäle endeten sämmtlich in einen gemeinschaftlichen, den Eiergang (Oviduct). In jedem dieser Canäle, welche sich gegen die Spitze hin verdünnten, sah man mit dem Microscop und gegen das Licht betrachtet eine Reihe von Fötus, die um so kleiner und um so weniger entwickelt waren, je mehr sie den Spitzen der Canäle nahe lagen. Die schwarzen Augen dieser gefüllten Fötus ließen die Richtung, in welcher sie in den Ovarien lagen, recht gut unterscheiden. Von allen war das hintere Ende gegen den Oviduct gerichtet, woraus sich erklärt, wie sie alle mit dem Hintertheil voran geboren werden. In dem spitzigen Ende der Eierstöcke sah man nichts als zugeleitete Körper, ohne daß Augen schon wahrzunehmen waren. Hier sind also Embryonen, welche mit dem Hintertheile voran die Ovarien herabsteigen und diese Embryonen sind sämmtlich weiblich; denn diese Beobachtung wurde zu einer Zeit gemacht, wo nur weibliche Blattläuse geboren werden. Hr. Dutrochet hat auf die Geburt der Männchen, welche später kommen und beim Bonnet mit dem Kopfe voran geboren würden, seine Aufmerksamkeit noch nicht wenden können. Wenn dieß sich bestätigte, so würde es physiologisch sehr wichtig seyn, weil es für Männchen und Weibchen eine verschiedene Geburtsstellung in den Ovarien andeutete.

Von dem Welse (Silurus) in Guyana erzählt Capt. Alexander in seinen Transatlantic sketches, daß die kleinen Jungen in Schaaren über den Köpfen der Mütter schwimmen, und, wenn irgend eine Gefahr drohe, von diesen in's Maul aufgenommen werden, bis sie einen sichern Ort erreichen.

Eines Fisches Petai oder Omah gedenkt Capitän Alexander, welcher in den Gewässern von Guyana gefürchtet werde, zwei Fuß lang sey, und so mächtige Zähne und Kinnbacken habe, daß er die Schaale der meisten Nüsse, von denen er sich nähre, zerbeiße, überhaupt aber höchst gefräßig sey.

Heilkunde.

Ueber die Art und Weise, wie man den Deformitäten nach Brandwunden vorzubeugen hat.

„Hr. Earle hat bekanntlich im J. 1813 seine Behandlungsweise der durch bedeutende Brandwunden entstandenen Deformitäten bekannt gemacht. Die Haut ist in der Umgegend von Brandnarben oft auf eine höchst entstellende Weise zusammengezogen, das Kinn und Gesicht werden zuweilen durch ein festes verhärtetes Gewebe gegen den vordern oder den seitlichen Theil des Halses niedergezogen, der Mund verzerrt, der Oberarm unbeweglich an die Brust, und der Unterarm an den Oberarm geheftet u. s. w.

Dergleichen Contractionen können aus verschiedenen Ursachen entspringen. Gewöhnlich wirken aber zwei gemeinschaftlich; erstens nach Zerstörung der Haut ist immer in dem neuentstandenen unvollkommenen Hautgebilde eine Neigung zum Zusammenziehen und Verschrumpfen vorhanden; zweitens erleiden die Fleischwärzchen, auf denen sich die neue Haut abgesetzt hat, nach dem Zuheilen der Wunde eine Art von Contraction, Auffaugung oder Verhärtung, in Folge deren sie einen weit geringern Raum einnehmen, als während des Processes der Granulation und Eiterung. Diese Veränderung ist unter gewöhnlichen Umständen wohlthätig, veranlaßt aber bei ausgedehnten schwärenden Stellen in der Nähe des Halses und der Gelenke häufig höchst unangenehme Contractionen und Deformitäten.

„Die Kraft, mit welcher dieser allmälig fortschreitende Proceß wirkt, ist wahrhaft staunenerregend. Wie fortwährend herabfallende Wassertropfen zuletzt den festesten Stein aushöhlen, so bewirkt dieser langsame Proceß nach und nach die außerordentlichsten Formveränderungen. Mir sind öfters Fälle vorgekommen, wo er das Kinn gegen das Brustbein zog, und durch die theilweise Absorption der Schlüsselbeine die Schultern einander so näherte, daß der Brustkasten bedeutend verengt wurde. Mir sind viele Beispiele bekannt, daß der Unterarm so gegen den Oberarm gezogen wurde, daß der Daumen die Schulterspitze berührte. Im Laufe des verflossenen Jahres kamen in unserm Hospital zwei merkwürdige Fälle vor. In dem einen war nicht nur der ganze Kopf gegen das Brustbein niedergezogen, sondern selbst die feste Unterkieferknochen abwärts gebogen, so daß nur der letzte Backenzahn des Unterkiefers mit dem in Oberkiefer in Berührung gebracht werden konnte, der Mund fortwährend offen stand, und die Richtung der Schneidezähne so verändert war, daß sie fast horizontal vorwärts standen. In dem andern Falle war der Oberarm an die Seite geschlossen, und der Haarschopf viele Zoll am Rücken niederwärts zwischen den Schulterblättern gezogen. Gegenwärtig befindet sich ein Patient im Hospitale, bei welchem die Finger und Daumen beider Hände in die Handflächen eingezogen und fast unbrauchbar sind."

Gewöhnlich ist Mangel an Sorgfalt während des Vernarbungsprocesses an dergleichen unbequemen Zusammenziehungen schuld, und Hrn. Earle's Meinung zufolge könnte man dieses traurige Resultat häufig durch eine passende Behandlung und Anwendung von Maschinen verhindern. Zu diesem Ende hätte man eine Extremität, an der sich über einem Gelenke eine schwärende Oberfläche befindet, nicht nur während des Heilprocesses, sondern selbst längst der Vernarbung mittelst einer Schiene gestreckt zu erhalten. In diesem Falle verkleinert sich die vernarbte Oberfläche kreisförmig, und zieht die gesunden Hautbedeckungen von der Seite herbei. Diese Ausdehnung muß Tag und Nacht fortgesetzt und nur von Zeit zu Zeit dadurch unterbrochen werden, daß man das Gelenk passiv bewegt, damit die Secretion der Gelenkschmiere ihren Fortgang habe, und keine Steifheit des Gelenks eintreten könne.

Ist jedoch das ungünstige Resultat bereits eingetreten, daß zwei einander benachbarte Körpertheile durch ein horniges Gewebe an einander festgeschlossen sind, so darf man dem Schaden nicht etwa durch einen Querschnitt abhelfen wollen, sondern man muß die ganze kranke Narbe beseitigen und die gesunden Hautbedeckungen einander nähern, während man den Arm durch Schienen oder

irgend eine Verbandmaschine gestreckt erhält. Trotz der vorsichtigsten Behandlung während der Heilung ausgedehnter Brandwunden scheinen doch zuweilen Beispiele von zusammengezogenen und verhärteten Narben vorzukommen, und jedes Jahr werden in das St. Bartholomäus-Hospital Patienten aufgenommen, bei denen sich die gänzliche Beseitigung der kranken Narbe und das Bilden einer neuen Oberfläche vermöge des angeführten Mittels nöthig macht. Seit dem ersten im J. 1813 im Findelkinder-Hospital vorgekommenen Falle *) hat Hr. Earle mehr als 20 Patienten mit Erfolg operirt, und Hr. Brodie in St. George's-Hospital, Hr. James zu Exeter und Hr. Hodgson zu Birmingham haben in mehrern Fällen dieselbe Operation und Behandlung mit gleich günstigem Erfolge angewandt.

Zur Erreichung dieses Zweckes hat der Wundarzt häufig seinen ganzen Scharfsinn aufzubieten, um die Theile ausgedehnt zu erhalten, und den Patienten zugleich so wenig als möglich zu belästigen. In einem Falle sah sich Hr. Earle genöthigt, einen Verband von besonderer Construction anzuwenden, um den Kopf zurückzuhalten, da er es unmöglich fand, Druck unter dem Kinn anzubringen. Bei'm Ellenbogen und Knie thut die gewöhnliche Schiene hinreichende Dienste, aber in dem Arme am Halse hat man die Ausdehnung durch besondere Vorrichtungen zu bewirken. Hr. James zu Exeter hat einen sinnreichen Apparat erfunden, um nach den zur Abstellung der Contractionen des Halses unternommenen Operationen den Kopf gestreckt zu halten, und Hr. Earle hat denselben Mechanismus mit Vortheil angewandt, um dergleichen Contractionen nicht nur zu heilen, sondern auch zu verhindern. Ueberhaupt handelt es sich vorzüglich um fortwährende Ausdehnung, bis zur Vollendung der Vernarbung.

Die Frage, wie lange nach der Beschädigung die Heilung noch bewirkt werden könne, läßt sich nur mit Berücksichtigung der Lage der Narbe, so wie des Grades beantworten, in welchem die Muskeln und Knochen in Mitleidung gezogen sind. In manchen Fällen läßt sich die schwielige Narbe noch nach vielen Jahren mit Erfolg beseitigen. Hierher gehört folgendes Beispiel:

„Eine junge Dame von 17 Jahren hatte ich wegen eines Leidens am Rückgrat zu behandeln. Bei Gelegenheit meiner Besuche bemerkte ich, daß ihre rechte Hand durch sehr feste Narben, welche den Daumen und drei Finger niederzogen, ungemein entstellt und fast unbrauchbar war. Eine im zartesten Kindesalter stattgefundene Brandwunde war Schuld daran, und der seit fast 16 Jahren bestehende Fehler war mit der Patientin groß geworden. Demnach stand zu befürchten, daß der Zustand der Sehnen und Muskeln der Besserung sehr hinderlich seyn würde; dennoch schlug ich vor, den kranken Finger zu machen, und da die junge Dame eine große Freundin der Musik war, und ungemein wünschte, eine Octave greifen zu können, so willigte sie gerne ein. Da die Operation am ersten Finger gelang,

*) On Contractions after burns or extensive Ulceration. By *Henry Earle* Esq. Med. Chirurg. Trans. London, 1814 vol. V. p. 96.

so wurde sie auch an den übrigen vorgenommen, und der
Zweck derselben erreicht."

Hr. Earle hält es für das Beste, zusammengezogene
Narben ganz zu beseitigen, denn in einigen Fällen, wo er,
um die Heilung schneller zu bewirken, ein Stück von der
Narbe an dem einen Ende stehen ließ, starb dasselbe ab,
und es wurde daher keine Zeit gespart. Die Ausdehnung
muß stufenweise und stetig geschehen, und wenn auch der
Erfolg anfangs gering ist, so wird doch durch beharrliches
Fortfahren das Gelenk zuletzt gestreckt, und der Patient erhält den Gebrauch seines Gliedes wieder.

Ist die Contraction gering, nicht verhärtet und nicht
netzartig, so läßt sie sich in manchen Fällen bloß durch mechanische Mittel heben. Dieses zuerst von Hrn. Hodgson
versuchte Verfahren hat Hr. Earle in zwei Fällen mit
Erfolg angewandt. (Two lectures on the primary and
secondary treatment of burns. By *Henry Earle,*
F. R. S. etc. London 1832. — Edinburgh medical and surgical Journal CXV. April 1833.)

Ueber die Acupunctur zur Verschließung der Arterien.
Von Velpeau.

Während ich vor einigen Jahren die Cruralarterie von
der sie begleitenden Vene bei einem Hunde zu trennen suchte
und ich beide Gefäße mit einer Stecknadel auseinanderschob,
trat jemand in das Zimmer ein, so daß ich einen Augenblick in meiner Operation inne halten mußte. Eine Bewegung des Thieres bewirkte, daß die Stecknadel durch die Arterie durchdrang und sich in dem Fleische des Gliedes verlor;
hier befand sie sich noch am 5ten Tage. Als ich nun die
Theile genau untersuchte, überzeugte ich mich, daß die Obliteration des Gefäßes Folge dieses Stiches war. Diese
Wirkung mußte mich in Verwunderung setzen und schien mir
im ersten Augenblick höchst auffallend. Ich suchte mir sie
auf eine genügende Weise zu erklären. In der That, wenn
es wahr ist, daß ein ein- oder zweistündiges Liegenbleiben
einer Ligatur an den größten Arterien zureicht, die Obliteration hervorzubringen, wie dieß Jones, Hutchinson, Travers und Andere behaupten, so muß es auch möglich seyn,
zu demselben Ziel zu gelangen, indem man an einem gegebenen Puncte des Canals irgend einen krankhaften Proceß
erregt, durch welchen der Fluß des Inhaltes der Canäle gehindert und dessen Coagulation herbeigeführt werden kann.
Ueberzeugt von der Ansicht, daß die Zusammenziehungen des
Herzens einen mindern Einfluß auf die Bewegung des Blutes haben, als man gewöhnlich annimmt, war es mir leicht
zu erklären, wie ein fremder Körper selbst sehr leichter Körper, welcher quer durch einen Gefäßcanal durchgeht, oder eine Hervorragung an seiner innern Oberfläche bildet, im Stande
ist, dieselbe Wirkung hervorzubringen, wie eine Ligatur, wenn
nämlich jener Körper in der angegebenen Lage bleibt.

Auf ganz gleiche Weise kann ein an einem seiner Ränder gelös'tes, an dem andern festhängendes Plättchen von
Knochen- oder Kalkmaterie an der Gefäßwand sich umstülpen
und in die Arterie hinein eine Vorragung bilden und dadurch
nun der Kern oder die Wurzel einer faserstoffigen Concretion

werden, durch welche mehr oder minder der Andrang des
Blutes vermindert und zuletzt die Obliteration des Gefäßes
veranlaßt wird. Beobachtungen dieser Art, welche Herr
Turner bekannt gemacht, andere, welche mir Hr. Cas-
well mitgetheilt hat, und noch andere, welche ich selbst
anstellte, setzen diese Thatsache außer Zweifel. Was ich hier
über ein Knochenplättchen gesagt habe, ist offenbar auf alle
Arten von Hervorragungen, Rauhigkeiten und Unebenheiten
anwendbar; auf diejenigen, z. B., welche in Folge einer
Zerreißung durch eine Ausschwitzung von Faserstoff oder von
plastischer Lymphe oder durch irgend eine eigenthümliche Wucherung entstehen; kurz auf alles, was auf irgend eine Weise
die normale Gleichmäßigkeit des Canales vermindert, durch
welchen das Blut hindurchlaufen muß.

Ich weiß, daß diese Schlußfolge in mehrfacher Rücksicht angreifbar ist, auch gebe ich sie für nicht mehr als für
eine Vermuthung und lege ihr keine Wichtigkeit bei. Ich
stellte nun einige Proben an, um zu sehen, ob es mir möglich seyn werde, geflissentlich das Resultat hervorzubringen,
welches ich bei dem oben erzählten Experiment zufällig erlangt hatte.

Im Juni 1831 machte ich einige Versuche in dieser
Rücksicht. Eine Acupuncturnadel von $1\frac{1}{4}$ Zoll Länge wurde
im Verlauf der Arterie am Schenkel eines Hundes ohne
vorausgehende Zergliederung eingestochen; an der entgegengesetzten Seite stach ich zwei andere ein, um die Verschiedenheit der Blutung, die davon herrühre, zu sehen. Als ich
am 4ten Tage die Theile untersuchte, fand ich die erste
Nadel im äußern Drittheil der Schenkelarterie, welche übrigens bloß zur Hälfte geschlossen war. Von den beiden andern Nadeln fand sich die eine ganz außerhalb des Gefäßes,
welches übrigens durch einen festen Blutpfropf von einem
Zoll Länge geschlossen war, in dessen Mitte die zweite Nadel noch fest saß.

Ich habe diese Versuche mehrmals selbst wiederholt;
auch sind sie von Hrn. Nivert nachgemacht worden, und
endlich habe ich sie ganz neuerdings in dem Hôpital de la pitié
neuer Prüfung unterworfen, aber immer mit gleichem Erfolg.

Um sicher zu seyn, daß ich nicht neben der Arterie hinsteche,
gebrauchte ich in der letzten Zeit immer die Vorsicht, das
Gefäß bloßzulegen; bisweilen bediente ich mich bloß einer
Nadel, anderemale zwei oder selbst drei je nach dem verschiedenen Volumen des Gefäßes. Jedesmal, wenn der fremde
Körper zum wenigsten 4 Tage liegen bleiben konnte, bildete
sich ein Blutpfropf an dem durchstochenen Punct, worauf
die Obliteration des Gefäßcanales folgte. Die Aorta, auf
diese Weise behandelt, zeigte indeß gar keine Veränderung;
da aber in ihr die Nadeln bloß einige und zwanzig Stunden
liegen geblieben waren, so läßt sich daraus wohl nichts mit
Sicherheit schließen.

Ich muß übrigens anführen, daß bis jetzt meine Versuche bloß an ziemlich kleinen Hunden angestellt wurden, und
daß die Schenkelarterie die dickste war, welche ich durchstochen habe. Es ist daher, ehe man Folgerungen für die
Praxis und für die Anwendbarkeit zur Behandlung von
Kranken machen kann, nothwendig, die Versuche zu wiederholen und sie an größern Thieren, z. B., am Pferde anzu-

stellen. Ja ich muß sogar hinzufügen, daß bei der von Amussat angestellten Wiederholung meiner Experimente, das Resultat nicht so günstig war, als bei mir.

Eine einzige Stecknadel, oder eine einzige Acupunctur= nadel schien mir für die Arterien hinreichend, welche die Dicke einer Schreibfeder nicht übertreffen; zwei oder drei wä= ren nöthig für Gefäße, welche um die Hälfte stärker sind; und nichts würde im Wege stehen, vier oder selbst fünf bei sehr dicken Arterien anzuwenden. Bringt man mehrere ein, so ist es gut, sie 5—6 Linien von einander entfernt und lieber im Zickzack als in einer geraden Linie einzustoßen.

Wenn diese Sache sich bei dem Menschen bestätigte, so würden ungemeine Vortheile daraus entspringen, welche jedem deutlich sind. Es würde dann, statt daß man in Ge= fahr wäre, die Nerven oder Venen zu verletzen, statt daß man eine so peinliche und oft gefährliche Zergliederung, wie sie zur Ligatur oder Torsion nöthig ist, anzustellen brauchte, hinreichen, eine Stelle an dem Canal, sie möge so klein seyn wie sie wolle und ohne das Geringste zu verschieben, bloßzulegen, um die Obliteration des Gefäßes zu erzielen. Vielleicht gelänge es sogar, durch dieses Mittel die schlimm= sten Aneurismen zu heilen, unter andern die der Art. cru= ralis oder der poplitea, ohne die Haut zu durchschneiden, indem man sich darauf beschränkte, in dem Leistenbuge eine gewöhnliche Stecknadel, eine Acupuncturnadel oder irgend ei= nen Metalldrath durchzustechen, oder auch wohl den aneu= =rismatischen Sack selbst in verschiedenen Richtungen mit die= sem fremden Körper zu durchbohren. Indeß ist zu befürch= ten, daß es mit dem Stich der Arterie eben so gehen werde, wie mit der Torsion, der Sutur und der Runzelung der Arterien, daß nämlich die Unterbindung allen diesen Metho= den noch vorzuziehen ist. Einige Aerzte mögen sich noch sehr gegen diese Behauptung sträuben. (*Velpeau* nouveaux élémens de médecine opératoire. Paris 1832. Tom. I.)

Miscellen.

In Bezug auf Behandlung des Glaucoms entneh= men wir aus Fischer's clinischem Unterricht in der Augenheilkunde kurz folgende Bemerkungen. „Die Erfahrung lehrt, daß die glauco= matöse Veränderung des einen Auges über lang oder lang sich auch auf dem andern entwickelt und ausbildet. Niemals gelingt es, sie zu heilen, wenn die glaucomatöse Entmischung schon vollkommen ausgebildet ist. Das bloß mit glaucomatöser Amblyopie beginnende Glaucom ohne beginnende Mischungsveränderung läßt sich bisweilen durch folgende Methode in seiner weitern Entwickelung aufhalten: zu= erst entfernt man alle schädlichen Einflüsse, und beschwichtigt das bis= weilen vorhandene Fieber. Dann wirkt man durch den Gebrauch der Mineralwässer von Karlsbad oder Marienbad, (auch wohl künstlich), durch Molken= und Waintraubencur, durch gelinde resolventia, durch die Kempffschen Clystire, und durch Holztränke auf Befreiung des Unterleibs von seiner dentben Ueberfüllung: später werden Salmiak und bittere Extracte zugesetzt. Die Haupt=sache ist strenge Beobach= tung der bei Arthritis dienlichen Diät.

Die Behandlung des vasculösen Pannus mit Laud., Tinct. Galb., Salzsäure, Scarificationen, Ausschneiden u. s. w. ist bei blennorrhoisch entarteter Augenlibbindehaut bloß palliative Hülfe. Ohne gänzliche Tilgung der krankhaften Vegetation in der Augen= lidschleimhaut vermittelst Höllenstein ist keine radicale Heilung mög= lich, indem sonst von ihr aus das Leiden immer von Neuem be= ginnt. Auch das Einstreuen von Calomel und Präcipitatpulvern leistet in diesem Falle nichts. (Fischer, klin. Unterr. in der Au= genheilkunde.)

Eine traumatische Entzündung der membr. hu= moris aquel beobachtete Fischer nach einem Stoß bei einem 22jährigen Burschen. Die Reaction trat erst am zweiten Tage ein, indem er an diesem wie durch den dichtesten Nebel sah. Die seröse Haut der wässerigen Feuchtigkeit war hier in Entzündung, ähnlich der Entzündung der serösen Gebilde des Gehirns bei Kindern, wel= che nach einem Fall auf den Kopf einzutreten pflegt. (Ebendas.)

Eine neue Pincette, um biegsame Catheterstücke aus der Harnblase herauszuziehen, legte im Juli des vo= rigen Jahres Segalas der Academie vor. Sie hat feine, schmale, vorn gekrümmte Arme, welche sich in einer abgeplatteten, leicht gekrümmten, einem Catheter ähnlichen Röhre befinden, die zugleich als Conductor und als Constrictor dient. Die Bewegung der Pin= cette vor= und rückwärts, geschieht durch eine endlose Schraube. Der von der Pincette gefaßte biegsame Körper wird bei'm Zurück= ziehen der Pincette auf sich selbst zusammengebogen und so doppelt in die Röhre hineingezogen. Versuche an Leichen geben S. die Hoffnung, daß man mittelst dieses Instrumentes die Cystotomie umgehen könne, wenn man durch einen Zufall Stücke von elastischen Cathetern in der Blase zurückgeblieben sind.

Speichelgeschwülste, die nicht in dem Ausfüh= rungsgang der Drüse ihren Sitz haben, kommen bisweilen zur Seite der Zunge vor. Velpeau im Hospital St. Antoine einen Kranken behandelt, welcher zwischen der Lippe und den Alveolen des linken Oberkiefers eine Geschwulst hat, die alle Monat vermittelst der Lancette entleert werden muß. (*Velpeau* Nouveaux élemens, Tome 2.)

Bibliographische Neuigkeiten.

On the Adaption of External Nature to the Physical Condition of Man; principally with reference to the Supply of his Wants and the Exercise of his intellectual faculties. By *John Kidd* M. D., Regius Professor of Medecine in the University of Oxford. London 1833. 8. (Dieß ist die zweite der Bridgewa= ter Treatises).

Gazzetta eclectica di chimica tecnologica, di economia dome= stica e rurale, ossia Giornale delle cognizioni utili e dilette= voli per ogni classe di persone, compilato da *G. B. Sementini* farmacista chimico. Venezia 1833. 8.

Eigenthümliche Heilkraft verschiedener Mineralwässer. Aus ärztli= chen Erfahrungen dargestellt von Joseph Ritter v. Wering 2c. Wien 1833. 8. (Der Verf. betrachtet von Schwefelwässern das Mineralwasser zu Untermeidling bei Wien, zu Wödlau bei Baden in Oesterreich, zu Landeck in Schlesien, zu Baden in Oesterreich, zu Trentsin in Ungarn, zu Warmbrunn in Schle= sien, zu Aachen, zu Pießgau in Ungarn, Harkany und Meha= dia zu Abano in der Lombardei und zu Baréges; von Eisen= wässern das Mineralwasser zu Pyranarth, Taßmannsdorf, Fü= red, Neutuslau, Cudova und zu Bartfeld in Ungarn, das Mi= neralwasser zu Hinnewieder in Oesterreichisch=Schlesien, zu Fran= zensbrunn bei Eger, zu Klausen in Steiermark, zu Metaro in der Lombardei; von Jodwässern, das Mineralwasser zu Lu= hatschowitz in Mähren, zu Hall in Oesterreich ob der Enns, zu Heilbrunn in Baiern; von alkalischen Mineralwässern, die zu Ems, zu Schlangenbad, Fachingen, Selters in Nassau, das zu Andersdorf in Mähren, zu Vorsest in Siebenbürgen, zu Döbbel in Steiermark, zu Tepsig und Bilin in Böhmen, zu Ga= stein im Salzburgischen; zu Stleno in Ungarn; von Glauber= salzwässern, die zu Karlsbad, Marienbad in Böhmen, und das zu Pfeffers im Canton St. Gallen; von Bitterfalzwäf= fern, die Mineralwasser von Pülna und Saidschüg in Böh= men; von Kochsalzwässern, die zu Wiesbaden und zu Ischl, die Seebäder zu Norderney, Helgoland, Doberan, Trave= münde und Zoppot bei Danzig.)

Notizen
aus
dem Gebiete der Natur- und Heilkunde.

Nro. 801. (Nro. 9. des **XXXVII.** Bandes.) Juni **1833.**

Gedruckt bei Loſſius in Erfurt. In Commiſſion bei dem Königl. Preußiſchen Gränz-Poſtamte zu Erfurt, der Königl. Sächſ. Zeitungs-
Expedition zu Leipzig, dem G. H. F. Thurn und Tariſchen Poſtamte zu Weimar und bei dem Landes - Induſtrie - Comptoir.
Preis eines ganzen Bandes, von 24 Bogen, 2 Rthlr. oder 3 Fl. 36 Kr., des einzelnen Stückes, 3 ggl.

Naturkunde.

Ueber den Hermaphroditismus bei Menschen und Thieren

hat Hr. Iſidore Geoffroy-Saint-Hilaire anato-
miſch-phyſiologiſche Unterſuchungen angeſtellt und deren Reſultate der Académie des Sciences vorgelegt. Letztere
hatte die HHrn. Dumeril, Serres und Dutrochet
zu Commiſſarien zur Berichterſtattung ernannt, und in der
Sitzung vom 4ten März dieſes Jahres iſt nun über jene
Arbeit der Academie folgender Bericht vorgetragen worden.

„Durch die ſchätzbaren Arbeiten des Hrn. Geoffroy-
Saint-Hilaire, des Vaters, über Monſtroſitäten, die der
Sohn jetzt weiter verfolgt, iſt uns bekannt, daß Monſtroſitäten oft nur dadurch entſtehen, daß eine der vorübergehenden
Phaſen der Organiſation des Fötus fortbeſteht. Auf der
andern Seite erklärt ſich aus der von Hrn. Serres gemachten Entdeckung der Geſetze der ercentriſchen Entwickelung, nach welcher ſich die beiden ſymmetriſchen Hälften, aus
denen der Thierkörper beſteht, gewiſſermaßen unabhängig
von einander ausbilden, auf eine genügende Weiſe, wie die
Geſchlechtsorgane auf der einen Seite anders beſchaffen ſeyn
können, als auf der andern. Allerdings geht daraus nicht
hervor, wie auf derſelben Seite die Organe beider Geſchlech-
ter vorhanden ſeyn können; allein Hr. Serres hat auch
entdeckt, daß das Fortbeſtehen oder die Obliteration der zur
Ernährung und Ausbildung der Organe beſtimmten Blutgefäße die Entwicklung oder Nichtentwicklung der Organe bedingt. Hieraus ergiebt ſich in der That, daß die durch die
verſchiedenen Gefäßſtämme ernährten Organe rückſichtlich ihrer Exiſtenz von einander unabhängig ſeyen, wenngleich ſie
durch ihre Functionen in engen Beziehungen zu einander ſtehen. Dieſer Fall tritt nun bei den Geſchlechtsorganen ein.
Betrachtet man dieſen Apparat nach der Ordnung der Lage
ſeiner Theile, ſo bietet er tiefe Organe, welche von den
Saamenarterien ernährt werden, mittlere, welche von den
hypogaſtriſchen Arterien ernährt werden, und äußere dar,
die ihre Nahrung durch Aeſte der Arteriae iliacae exter-
nae oder crurales empfangen. Auf dieſe Weiſe laſſen ſich
alſo die Geſchlechtsorgane, als aus 6 Abſchnitten gebildet, betrachten, die in Anſehung ihrer Entwicklung, ja ſelbſt ihres
Vorhandenſeyns gewiſſermaßen von einander unabhängig
ſind. Dieſe Eintheilung des Geſchlechtsapparats in 6 ſelbſt-
ſtändige Abſchnitte iſt das Eigenthum des Hrn. Iſidore
Geoffroy-Saint-Hilaire, und er hat darnach eine
Menge ſonſt unerklärliche Fälle von anomaler Bildung der
Geſchlechtstheile auf ihren wahren Grund zurückführen und
eine allgemeine Claſſification des Hermaphroditismus aufſtel-
len können, was zwar von Meckel, Marc und Dugès
ſchon verſucht, aber nicht in genügender Weiſe erreicht worden iſt.“

„Der Geſchlechtsapparat beſteht aus einer beſtimmten
Anzahl von Theilen, deren Zahl bei beiden Geſchlechtern
gleich iſt, und die bei ihnen einander entſprechen. Iſt die
Zahl dieſer Theile unverändert, und nur eine regelwidrige
Entwicklung eine Abweichung rückſichtlich des Geſchlechts,
dem dieſe Theile angehören, vorhanden, ſo gehört der Fall in
die erſte Claſſe, nämlich zum Hermaphroditismus ſine exceſſu. Iſt Vermehrung der normalen Anzahl der Theile
des Geſchlechtsapparats vorhanden, in welchem Falle immer
männliche Organe zu den entſprechenden weiblichen, oder weibliche zu den entſprechenden männlichen hinzutreten, ſo haben
wir den Hermaphroditismus per exceſſum, welcher die
zweite Claſſe bildet.“

„Jede dieſer beiden, bereits von Meckel aufgeſtellten,
aber nicht gehörig characteriſirten Claſſen, zerfällt in Gruppen oder Ordnungen, und zwar enthält der Hermaphroditismus ſine exceſſu deren vier:

1) Den männlichen Hermaphroditismus, bei welchem
der weſentlich männliche Geſchlechtsapparat in einigen ſeiner
Theile die Geſtalt weiblicher Organe darbietet.

2) Den weiblichen Hermaphroditismus, bei welchem
der, der Hauptſache nach, weibliche Geſchlechtsapparat in einigen ſeiner Theile die Form männlicher Organe darbietet.

3) Den geſchlechtsloſen Hermaphroditismus, bei

9

welchem sämmtliche Geschlechtstheile einen so zweideutigen Character besitzen, daß es unmöglich ist, zu unterscheiden, ob sie männlich oder weiblich sind, und das Individuum weder dem einen, noch dem andern Geschlechte angehört.

4) Den gemischten Hermaphroditismus, bei welchem nicht, wie bei den ersten beiden Gruppen, eine scheinbare, sondern eine wirkliche Vermischung der beiden Geschlechter stattfindet.

Der Hermaphroditismus per excessum bietet drei Gruppen dar:

1) Den complicirten männlichen Hermaphroditismus. Dieses ist der männliche Hermaphroditismus der ersten Classe, mit Hinzufügung einiger überzähligen weiblichen Theile.

2) Den complicirten weiblichen Hermaphroditismus; dieß ist der weibliche Hermaphroditismus der ersten Classe, mit Hinzufügung einiger überzähligen männlichen Theile.

3) Den doppeltgeschlechtigen Hermaphroditismus, welcher durch das gleichzeitige Vorhandenseyn sämmtlicher männlichen und weiblichen Organe in größerer oder geringerer Vollkommenheit entsteht.

Wir wollen nun diese Gruppen genauer betrachten. Bei'm männlichen und weiblichen Hermaphroditismus bezieht sich die Zweifelhaftigkeit des Geschlechts nur auf die äußern Organe; die tiefen und mittlern sind in der ersten Gruppe männlich, in der zweiten weiblich. Hr. Isidore Geoffroy hält dafür, daß in dem einen Falle die äußern Theile in ihrer Entwicklung zurückgeblieben seyen, in dem andern aber sich zu stark ausgebildet haben.

In den ersten Zeiten der Existenz des menschlichen Fötus sind in der That die äußern Geschlechtsorgane bei allen Embryonen von derselben Gestalt, und zwar nach dem Typus der weiblichen Organe gebildet. Die äußere Form der Geschlechtstheile bietet also bei männlichen und weiblichen Individuen zwei aufeinanderfolgende Phasen einer Entwicklung dar, welche von den seitlichen Theilen nach der Medianlinie gerichtet ist, wie es nach der von Hrn. Serres aufgestellten Theorie der excentrischen Entwickelung geschehen muß. Die erste Phase zeigt uns die beiden seitlichen Theile, welche sich einander zu nähern streben, noch getrennt; in der zweiten Phase sind diese beiden Theile stärker entwickelt und bereits vereinigt. Auf diese Weise geht die weibliche äußere Form der männlichen vorher, und rückschichtlich der wahrnehmbaren Bildung der äußern Geschlechtsorgane läßt sich in der That sagen, daß jeder Mann früher eine Frau gewesen sey; demnach läßt sich einsehen, daß, wenn in der Entwickelung dieser äußern Organe eine Hemmung eintritt, ein wirklicher Mann zu einer Scheinfrau, und dagegen, wenn sich jene Organe zu stark oder da entwickeln, wo es nicht geschehen sollte, eine wirkliche Frau scheinbar zu einem Manne werden kann, obwohl eine vollkommene Ausbildung der äußern Theile bei dieser Art von Hermaphroditen nicht stattfindet.

Den gemischten Hermaphroditismus hat Hr. Isidore Geoffroy-Saint-Hilaire in 4 Gattungen getheilt, von denen die beiden ersten schon von seinem Vater, so wie von Meckel und Rudolphi angezeigt waren. Diese sind:

1) Der Hermaphroditismus nach der Ordnung der übereinanderliegenden Theile (der übereinanderliegende H.; H. superpositus). Bei diesem sind die tiefen oder vorbereitenden Theile von einem bestimmten Geschlechte; die mittleren oder erhaltenden Organe von dem entgegengesetzten, und die äußern bieten eine Mischung der Attribute beider Geschlechter dar. Begreiflicherweise sind hier zwei Fälle möglich, je nachdem die tiefen Organe dem männlichen oder weiblichen Geschlechte angehören. Allein nur der erstere dieser Fälle ist bis jetzt wirklich beobachtet worden. Bei dieser Modification des Hermaphroditismus besteht die Symmetrie der Organe fort; allein ihre physiologische Harmonie ist zerstört, und Unfruchtbarkeit die Folge.

2) Der seitliche Hermaphroditismus (H. lateralis). Bei diesem sind die tiefen und mittlern Organe auf der einen Seite von demselben, und auf der andern vom entgegengesetzten Geschlechte, während die äußern Organe ihre Charaktere von beiden Geschlechtern entlehnen. Diese Gattung bietet, wie die erste, zwei Combinationen dar, je nachdem die männlichen oder weiblichen Organe rechts oder links liegen. Bei diesen beiden Varietäten des Hermaphroditismus findet zwischen den Organen der beiden gegenüberliegenden Seiten keine Symmetrie, wohl aber physiologische Harmonie statt, und in gewissen Fällen kann die eine Seite den männlichen, und die andere dem weiblichen Functionen obliegen. Der seitliche Hermaphroditismus ist in seinen beiden Formen bei'm Menschen, den Wiederkäuern, Vögeln, Fischen und Insekten, in'sbesondere bei den Nachtschmetterlingen, beobachtet worden.

3) Der seitliche Hermaphroditismus kann auch unvollkommen seyn, so daß, z. B., das tiefe und mittlere Organ der einen Seite weiblich, das mittlere Organ der gegenüberliegenden Seite männlich, und das tiefe wieder weiblich ist. Dieser Fall, welcher bei'm Menschen vorgekommen zu seyn scheint, wird von dem Verfasser der halbe seitliche Hermaphroditismus genannt.

4) Endlich stellt der Verfasser noch eine letzte Gattung des gemischten Hermaphroditismus, nämlich den gekreuzten Hermaphroditismus, als möglich auf.

Der doppeltgeschlechtige Hermaphroditismus, welcher die dritte Gruppe des Hermaphroditismus per excessum bildet, kann bei Thieren, welche in der Regel verschiedenen Geschlechts sind, nie vollständig vorkommen. Die Gesetze, nach denen sich ihr Organismus entwickelt, scheinen Dem unbesiegbare Hindernisse in den Weg zu legen. Kraft des von Geoffroy-Saint-Hilaire, dem Vater, nachgewiesenen Gesetzes des Gleichgewichts der Organe kann der männliche oder weibliche Apparat seine vollständige Entwickelung nur dadurch erlangen, daß die Bedingungen der Existenz des entgegengesetzten Geschlechtsapparats so gut wie vernichtet werden, und wenn beide Apparate zugleich vorhanden sind, muß folglich einer derselben immer unvollkommen seyn. Uebrigens gilt dieß nur von den tiefen und mittleren Geschlechtsorganen, weil nur bei ihnen ein gleichförmiges Vorhandenseyn möglich ist; denn da die äußern Organe bei beiden Geschlechtern auf gleiche Weise mit den Beckenknochen verbunden sind, so können Organe beider Geschlechter nicht gleichzeitig existiren. Hieraus folgt, daß der vollkommene Hermaphroditismus, im anatomischen Sinne des Worts, weder bei'm Menschen, noch bei irgend einem der Wirbelthiere, die sich paaren, stattfinden, daß aber dagegen der physiologische Hermaphroditismus, d. h. die Fähigkeit, sowohl zu befruchten, als befruchtet zu werden, bei den sich nicht paarenden Wirbelthieren, z. B., den Fischen, vorhanden seyn könne, und bei diesen trifft man diese Art von Hermaphroditismus wirklich auch zuweilen, und zwar entweder den seitlichen (oder anormalen) oder den nebeneinanderliegenden (oder normalen). Der letztere ist bei dem Barsch beobachtet worden, dessen männliche oder weibliche Organe gleichpaarig sind. Auf dieselbe Weise existirt der doppeltgeschlechtige Hermaphroditismus bei den Ringelwürmern, und wahrscheinlich auch bei den Mollusken.

Durch die Arbeit des Hrn. Isidore Geoffroy Saint-Hilaire wird die schon lange nachgewiesene Analogie zwischen den männlichen und weiblichen Organen, kraft deren jedem Theile des männlichen Geschlechtsorgans, ein Theil des weiblichen entspricht, den wir eine andere Bestimmung erhalten, oder in seiner Entwickelung aufgehalten worden ist, mit neuen Belegen versehen. Wir können hier füglich bemerken, daß ein bis zu seiner normalen Entwickelung gelangtes Thier, welches wir ein vollkommenes Thier nennen würden, streng genommen, ein unvollkommenes ist. Nach der in der Natur bestehenden Ordnung, ist der normale Zustand der Thiere durch die Gränzen bedingt, bis zu denen ihre Entwickelung fortdauern kann. Keines derselben ist, was es seyn könnte; keines besitzt alle Organe, welche es, seinen ursprünglichen Anlagen nach, in Anspruch nehmen könnte; diese unendlich mannigfaltige allgemeine Unvollkommenheit, diese Entwickelung gewisser Organe auf Kosten anderer, ist eine der Hauptursachen, weßhalb in der lebenden Natur eine so erstaunliche Verschiedenheit der Formen vorkommt, und hierauf gründet sich zum Theil die Ansicht einer Einheit des Plans, oder der organischen Gleichförmigkeit bei verschiedenen Thiere.

Die Bildung der Hermaphroditen läßt sich von zwei verschiedenen Gesichtspuncten aus betrachten. Nach der zwischen den männlichen und weiblichen Organen stattfindenden Analogie könnte man mit dem Verfasser glauben, daß ursprünglich geschlechtslose organische Elemente, je nach der besondern Art des ihnen bei ihrer ursprünglichen Entwickelung ertheilten Impulses, zu männlichen oder weiblichen werden, und daß man den geschlechtslosen Hermaphroditismus als das mehr oder weniger vollständige Fortbestehen jenes ursprünglich geschlechtslosen Zustands zu betrachten habe. Der zweiten Hypothese zufolge, wären beide Apparate symmetrisch in hinreichendem Grade bei'm Embryo vorhanden, und würde das Individuum in Folge der Entwickelung der Organe des einen und des Fehlschlagens der Organe des anderen Geschlechts zu einem männlichen oder weiblichen; die doppeltgeschlechtigen Hermaphroditen würden alsdann das mehr

oder weniger vollständige Fortbestehen des ursprünglichen Hermaphroditismus darbieten. Dieser Zustand des Fötus würde, wegen der Doppelsymmetrie der zu gleicher Zeit vorhandenen männlichen und weiblichen Organe, mit demjenigen zu vergleichen seyn, welcher bei gewissen niedern Thierarten existirt, die den doppeltgeschlechtigen Hermaphroditismus im normalen Zustande darbieten, während ihn die Embryonen der Säugethiere nur vorübergehend besitzen würden. Der Berichterstatter hat sich für keine dieser beiden Hypothesen entschieden.

Im letzten Theile des Berichtes macht er auf das Interesse aufmerksam, welches die Untersuchungen über den Hermaphroditismus in gerichtlich-medicinischer Hinsicht darbieten. Hierauf kömmt er auf die von Hrn. Isidore Geoffroy aufgestellte Classification der verschiedenen Arten des Hermaphroditismus zurück, zollt derselben seinen Beifall und fügt in dieser Beziehung hinzu: Früher wäre der Gedanke an eine Classification der Monstrositäten als absurd verlacht worden, denn man betrachtete dieselben als Abweichungen vom natürlichen Zustande, bei denen gar keine Regel waltete; man wußte nicht, daß die organische Natur, selbst bei der Bildung der Ungeheuer, nach gewissen Gesetzen verfahre, die Entwickelungen unterbreche oder beschleunige, und zu dem organischen Wesen Theile nehme oder hinzufüge, wodurch dasselbe zwar von der normalen Ordnung der Natur abweicht, aber deshalb immer ein natürliches Wesen bleibt, welches mit andern organischen Wesen in Beziehungen steht und harmonirt, so daß sich folglich in der großen Reihe der natürlichen Wesen seine Stellung anweisen läßt. (Revue encyclopédique. Mars 1838.)

Ueber die Function des Nervus accessorius.

Von Dr. W. Th. Bischoff.

Bis jetzt ist der accessorius immer ein Sinnesnerv genannt worden, oder man hat ihm die gemischte Kraft eines Sinnes- und Bewegungsnerven beigelegt, und gründete dieß zum Theil darauf, daß er mehr von den hintern Strängen des Rückenmarks zu entspringen schien; hierüber ist aber Folgendes zu bemerken: nachdem Bell und Magendie ihre Meinung über die hintern und vordern Rückenmarksnervenwurzeln bekannt gemacht hatten, fing man sogleich an, von den verschiedenen Strängen des Rückenmarks die hintern für Sinnes-, die vordern für Bewegungsstränge zu halten, und gewissermaßen hat auch schon Magendie diese Meinung, obgleich er die Empfindung und die Bewegung noch nicht so völlig trennte. Nach den neuern Versuchen von Arnold, denen W. beiwohnte, (und deren Bekanntmachung noch erwartet wird,) scheint, nach W.'s. Bericht, Magendie's Meinung über die einzelnen Wurzeln der Rückenmarksnerven durchaus bestätigt zu seyn, keineswegs aber die über die Stränge des Rückenmarks; denn es ergab sich, daß die Thiere nach der Durchschneidung sowohl der hintern als vordern Stränge meistens der Empfindungs- und Bewegungsfähigkeit beraubt wurden, und daß auf die Reizung sowohl der einen als der hintern Stränge Muskelcontractionen erfolgten, und daß endlich bei der Reizung beider Stränge die Thiere Schmerz zeigten. Obgleich daraus hervorgieng, daß beide Stränge sowohl Einfluß auf die Empfindung, als auf die Bewegung haben, so fand sich doch, daß die hintern mehr Empfindungs-, die vordern mehr Bewegungsvermittler sind. Bader's Versuche, aus denen er eine völlige Trennung der Empfindungs- und Bewegungsthätigkeit in den Rückenmarksträngen ableitet, scheinen

9*

indeß mit so viel Sorgfalt gemacht, daß man in ihre Resultate kaum einen Zweifel sehen kann. Wie dem nun auch sey, die bis jetzt gemachten Experimente scheinen hinlänglich zu beweisen, daß die Annahmen, die nach den Wurzeln der Rückenmarksnerven über die Stränge aufgestellt worden sind, auch von den Strängen auf die übrigen aus dem Rückenmark entspringenden Nerven übergetragen werden können, so daß man die Gehirnnerven, welche von dem hintern Theile des Rückenmarks und der medulla oblongata entspringen, für Empfindungs«, die von dem vordern Theil entspringenden für Bewegungsnerven hielt. Da nun der accessorius, vagus und glossopharyngeus von den hintern Strängen entspringen, so sollten sie Empfindungsnerven seyn, der facialis dagegen, welcher von den vordern Strängen seinen Ursprung nimmt, sollte ein Bewegungsnerv seyn. Wenn wir nun zugeben, daß die Nerven dieselbe Natur haben, wie die Stränge, aus denen sie entspringen, so müßte dieses Gesetz für alle Nerven gelten, so daß die aus dem hinteren Theile entspringenden Nerven in der That bloß die Empfindung, die aus dem vordern entspringenden bloß die Bewegung vermitteln, aber wir sehen, daß dieß bei'm vagus, accessorius, glossopharyngeus, facialis, ja selbst bei'm trigeminus nicht der Fall ist; denn der accessorius, obgleich er aus den hintern Strängen des Rückenmarks zu entspringen scheint, geht auch größtentheils zu den Muskeln, und muß also für einen Bewegungsnerv gehalten werden.

Auch der bloß an den hintern Strängen wurzelnde vagus ist wenigstens zum Theil Bewegungsnerv geworden. Eben so geht der glossopharyngeus zu den Muskeln der Zunge und des Pharynx. Eben so verhält es sich mit dem facialis und der portio minor trigemini. Hiernach ist man doch berechtigt zu zweifeln, ob wirklich jenes Gesetz auch in der Fortsetzung zu der medulla oblongata noch seine Anwendung finde. Zur Lösung dieser Schwierigkeiten giebt uns wiederum die Anatomie die Mittel an die Hand. Wie es nämlich früher schon bekannt war, daß die von dem Rückenmark zur medulla oblongata übergehenden Stränge sich vom rechten nach links und umgekehrt kreuzen, so hat jetzt, nach B's. Angabe, Arnold beobachtet, daß an derselben Stelle der medulla oblongata sich die Stränge der medulla spinalis vom hintern gegen den vordern Theil hin und umgekehrt kreuzen.

Durch diese Beobachtung wird der Zweifel, welchen man Magendie entgegenzusetzen pflegte, daß auf die Rückenmarksstränge seine Meinung nicht anwendbar sey, ganz gehoben, denn man hand es früher auffallend, daß die hintern Stränge, welche zum kleinen Gehirn gingen, das von dem größten Einfluß auf die Bewegung ist, die Empfindung vorstehen sollten, während die vordern Stränge, die sich in das Gehirn, den Sitz der Empfindung, fortsetzen, auf die Bewegungsthätigkeit sich beziehen. Da nun dieser Einwurf gehoben ist, so fühlt man sich sehr zum Zweifel veranlaßt, ob das, was Magendie gelehrt hat, auch von dem vordern und hintern Theile der medulla oblongata und ihrer Fortsetzung angenommen werden könne. Es entsteht nämlich durch eine doppelte Kreuzung eine solche Vermischung der Stränge des Rückenmarks, daß es nicht möglich ist, anzugeben, aus welchem Strange Fäden die Nerven entspringen, ob der accessorius aus den hintern oder vordern hervorkomme u. s. w. Man muß daher annehmen, daß entweder dieses Gesetz nicht hierher passe, oder daß die Wurzeln jener Nerven, welche Bewegungsnerven zu seyn scheinen, aus den Fäden der vordern Stränge entspringen, obgleich der Anschein für den Ursprung aus den hintern Strängen ist, und so umgekehrt bei den Empfindungsnerven.

Die Natur dieser Nerven kann daher bis jetzt nicht aus ihrem Ursprung abgeleitet werden. Wollte man dafür, daß der accessorius kein Bewegungsnerv sey, anführen, daß er Wurzeln von den hintern Wurzeln der Cervicalnerven bekomme, so wird dieser Einwurf dadurch beseitigt, daß jene feinen Würzelchen keineswegs in derselben Linie wie die hintern Wurzeln der Rückenmarksnerven, sondern etwas weiter nach vorn entspringen. Außerdem geht auch aus Bs. Experimenten hervor, daß diese Würzeln geringen Einfluß auf den accessorius haben, während die aus der medulla oblongata entspringenden zahlreichern und dickern Wurzeln eigentlich dessen Kraft und Natur bestimmen. Ueberdieß mögen die, welche

den accessorius dennoch für einen Empfindungsnerv halten, angeben, wie dieß damit zu vereinigen sey, daß er zum größten Theil in Muskeln sich vertheile.

Der Umstand, daß bei dem Menschen bisweilen ein Theil der hintern Wurzeln des ersten Cervicalnervenpaares mit dem accessorius in Verbindung tritt, von denen wir doch jetzt wissen, daß sie zur Vermittelung der Empfindung dienen, ist allerdings höchst merkwürdig, aber keineswegs geradezu ein Einwurf gegen die ausgesprochene Meinung, daß der accessorius ein Bewegungsnerv sey; denn eines Theils ist jene Verbindung durchaus nicht constant, also auch nicht von großem Einfluß, andern Theils ist aber auch jene Vereinigung so eigenthümlich, daß sie mit keiner andern Nerven- oder Gefäßverbindung verglichen werden kann. Denn so wie die hintern Wurzeln an den accessorius hinzugetreten sind, so giebt er auch sogleich wieder in einem spitzen Winkel einen oder zwei Fäden ab, welche nach unten laufen, und mit den vordern Wurzeln des ersten Cervicalnervenpaares sich verbinden, so daß der accessorius, was er eben erhielt, sogleich wieder verliert. Auch hat B. bemerkt, daß die Wurzeln des Cervicalnerven nicht ganz in die Fäden des accessorius aufgelöst werden, sondern daß häufig jene in diese bloß eingedrückt schienen, und selbst an der Verbindungsstelle deutlich von einander unterschieden werden konnten. Ueberdieß ist es bekannt, daß man über die Natur des ersten Cervicalnervenpaares noch nicht einig ist, da die meisten dasselbe für einen reinen Bewegungsnerven halten, weil es bloß in die Muskeln sich vertheile. Auch bemerkte B., wenn er bei'm lebenden Thiere die hintern Wurzeln des ersten Paares mit der Nadel reizte, Muskelcontractionen. Es ist also soviel gewiß, daß aus der Vereinigung der hintern Wurzel des ersten Paares mit der Wurzel des accessorius nichts Sicheres über die Natur dieses Nerven geschlossen werden könne.

So wie nun hiernach der accessorius ein Bewegungsnerv ist, so beweist B., daß der vagus ein Empfindungsnerv sey; aus ihrer Vermischung muß also eine vermischte Wirkung hervorgehen, so daß der Theil des vagus, welcher durch Vereinigung mit einem Theil des accessorius gebildet wird, in dieselbe Classe zu setzen ist, in welche die Rückenmarksnerven, der glosso-pharyngeus, facialis und trigeminus gerechnet werden. Um diese Meinung auf experimentellem Wege zu begründen, machte B. mehrere Versuche an lebenden Thieren.

Der erste Versuch mißglückte.

Zu dem zweiten Versuch benutzte B. einen ziemlich großen, kräftigen Hund, bei welchem er durch den Zwischenraum zwischen occiput und atlas durch das ligamentum obturatorium hindurch in die Rückenmarkshöhle einbrang, ohne irgend eine schädliche Nebenverletzung zu machen. Es floß nun zuerst etwas gelbliche seröse Flüssigkeit aus: hierauf wurden die accessorii auf beiden Seiten des Rückenmarks unmittelbar oberhalb des Ursprungs der hintern Wurzeln des ersten Cervicalnerven mit der größten Vorsicht mit der Scheere durchschnitten. Bei der Durchschneidung auf der rechten Seite heulte der Hund ein wenig, und neigte den Kopf auf die rechte Seite. Bei der Durchschneidung des linken Nerven wurde der Kopf nach dieser geneigt, und der Hund gab eben solche Töne von sich. Hierbei wurde mit den spitzen Scheere der rechte sinus lateralis verletzt, so daß sogleich ein Bluterxtravasat in die Rückenmarkshöhle erfolgte. Als diese Flüssigkeit ausgeflossen war, wurde der Hund ruhig, und gab nun nach Durchschneidung beider Nerven keinen Ton mehr von sich, obgleich er bei angewandten Hautreizen durch Bewegungen und Zuckungen heftige Schmerzen kund gab. Bald darauf starb der Hund, theils in Folge des Bluterguss, theils in Folge der Eröffnung des Rückenmarkscanales. — Bei spätern Versuchen machte immer das Bluterxtr. in die Rückenmarkshöhle bei Eröffnung derselben die Sache unsicher, indem man alsdann den Nerven nicht deutlich sehen konnte, um ihn durchzuschneiden zu können. Endlich gelang es B. nach die dritten anzuführenden Versuche, beide accessorii eines großen Hundes glücklich zu durchschneiden. Der Hund hatte wenig Blut verloren, und schien nach der Operation ziemlich munter, doch waren seine Bewegungen etwas gestört; mit steifen Füßen taumelte er, und schien ganz die Fähigkeit, seine Bewegungen zu leiten, verloren zu haben, so wie bei den Versuchen von Flourens, wenn dieser das kleine Gehirn verletzt hatte. Bei allen Versuchen, ihm Schmerzen zu machen, hatte der Hund keine Stimme, sondern gab bloß einen dumpfen, rauhen Ton von sich. Acht oder zehn Tage blieb er unbeweglich und ruhig an einem Ort, ohne Nahrung zu sich zu nehmen; wenn man ihn reizte, zeigte er die Zähne, biß, und gab rauhe scharfe Töne von sich, welche von Tag zu Tag seinem gewöhnlichen Gebell ähnlicher wurden. Auch nachher konnte er nicht gerade gehen, sondern wendete sich immer nach der Wand, um sich anzulehnen. Jennoch aber die Wunde heilte, destomehr verschwand dieß alles, so daß er nach 5 oder 6 Wochen, einen schwankenden Gang abgerechnet, nichts Ungewöhnliches zeigte; seine Stimme war nicht mehr verändert. Den sterno-cleido-mastoideus und cucullaris bewegte er vollkommen. Nun wurde der Hund getödtet, und dabei gefunden, daß beide accessorii wirklich durchschnitten gewesen waren, sich aber auf beiden Seiten durch eine knotige oder fibröse Masse wieder vereinigt hatten. Zugleich ergab sich, daß von der Durchschnittstelle bis zum foramen lacerum noch 8 unverletzte Würzelchen von der medulla oblongata zum accessorius gingen, so daß es leicht erklärlich war, warum weder die Stimme vergangen war, noch die Bewegungen des sterno-cleido-mastoideus und cucullaris aufgehört hatten.

Vierter Versuch. Bei diesem wurde an einem großen Wasserhund mit einem Zängchen der untere Theil des accessorius auf der linken Seite ganz von der medulla spinalis abgerissen, der rechte Nerv dagegen bloß durchgriffen. Nach dieser Operation verhielt sich der Hund ganz wie der vorige, konnte aber auf keine Weise einen Ton von sich geben. Wurde ihm ein Schmerz verursacht, so öffnete er zwar den Mund, wie zum Heulen, brachte aber keinen Ton hervor. Nach 5 oder 6 Wochen, als er wieder einmal heftig gereizt wurde, ließ er einen sehr rauhen und scharfen Ton hören, welcher nach Heilung der Wunde von Tag zu Tag der natürlichen Stimme ähnlicher wurde. Auch bei diesem Thiere waren die 8 oder 10 oberen Würzelchen unverletzt geblieben. Die schwankenden Bewegungen der Hunde rührten, wie dieß schon Desmoulins beobachtet hat, von dem Ausfluß der serösen Flüssigkeit aus der Rückenmarkshöhle her.

Um den ganzen accessorius lösen zu können, wurden nun Ziegen angewendet, bei denen der Zwischenraum zwischen dem Schädel und Atlas bei weitem größer ist, so daß das foramen lacerum und der vagus und accessorius leicht gesehen werden. Die Ziegen eignen sich zu diesen Versuchen um so mehr, da sie, so lange an ihnen geschnitten wird, fortwährend meckern und klagende Töne von sich geben, was bei den Hunden nicht der Fall ist.

Fünfter Versuch. Es wurde auf die früher angegebene Weise der Rückenmarkscanal geöffnet, aber auch hier konnte man mit den Instrumenten nicht bis zu dem Eintritt des accessorius in das foramen lacerum gelangen. Es wurde daher mit der Knochenscheere ein Stück des Hinterhauptsbeines weggenommen, so daß die Nerven bei ihrem Austritt aus der Schädelhöhle bloßgelegt wurden. Eine dadurch veranlaßte Blutung wurde durch kaltes Wasser gestillt. Hierauf wurden vermeintlich sämmtliche Wurzeln des accessorius durchschnitten, worauf die Stimme des Thiers rauh war, aber sich nicht ganz verlor. Bei der Untersuchung des später getödteten Thieres fand sich jedoch, daß auf jeder Seite 4 oder 5 Würzelchen unverletzt geblieben waren, weil das Blut sie verdeckt hatte.

Der sechste Versuch wurde daher an einem starken Bock ganz auf dieselbe Weise wie der fünfte gemacht. Nachdem ein Theil des Hinterhauptsbeins weggenommen und die Blutung ganz

gestillt war, wurden auf beiden Seiten sämmtliche Wurzeln des accessorius nach einander auf das Sorgfältigste mit einer feinen scharfen Scheere durchschnitten. Schon als auf der rechten Seite sämmtliche Wurzeln durchschnitten waren, wurde des Thieres Stimme rauh, und diese Rauhigkeit vermehrte sich beständig, jemehr Wurzeln nach der linken Seite durchschnitten wurden. Endlich, als sämmtliche Wurzeln auf beiden Seiten durchschnitten waren, verlor der Bock seine Stimme ganz, und gab bloß noch einen unterdrückten dumpfen Ton von sich, welcher keineswegs Stimme genannt werden kann. Tiedemann war Zeuge dieses letzten Versuches. Bei der Untersuchung des Thiers nach dem Tode fand sich, daß sämmtliche Wurzeln des accessorius durchschnitten waren, während sämmtliche Wurzeln des vagus, bis auf eine einzige, auf beiden Seiten unverletzt geblieben waren. Man kann deßwegen behaupten, daß der nervus accessorius ein Bewegungsnerv sey, und deßwegen zu einem Theil des vagus, der bloß Empfindungsnerv ist, hinzutrete, um die Bewegungen zu vermitteln, welche der vagus zu bedingen scheint. Der accessorius bestimmt auch die Bewegungen der Muskeln des Kehlkopfs, und ist daher Stimmnerv zu nennen. (Nervi accessorii Willisii Anatomia et Physiologia. Diss. inaug. auct. *L. W. Th. Bischoff*, c. Tab. VI. Heidelb. 1832.)

Miscellen.

Ueber die Veränderung der Form, welche die Crustaceen in ihrer ersten Lebens- (Jugend-) Zeit erleiden, hat Hr. Milne-Edwards der Académie des Sciences zu Paris eine Abhandlung vorgelesen, welche Aufmerksamkeit zu verdienen scheint, schon wegen folgender Angaben: Bei mehreren Arten sind die Jungen gleich zur Zeit der Geburt in einem unter dem Brustschild der Mutter befindlichen Beutel eingeschlossen, welcher mit dem Beutel der Beutelthiere Aehnlichkeit hat, und worin die Jungen bis nach ihrer ersten Häutung verbleiben, d. h. bis zu der Zeit, wo sie die harte und kalthaltige Schaale erhalten, welche sie vor Verletzung durch äußere Körper schützt. Was die Modificationen anlangt, welche diese Thiere in ihrer Gestalt erleiden, so hat Hr. M.-E. beobachtet, daß sie zweierlei Art sind. Bei den einen entstehen neue Theile, in der andern findet nur eine Modification, eine Umbildung schon vorhandener Theile statt. Zur Zeit der Geburt erscheinen sie alle in einerlei Gestalt und scheinen nichts zu seyn, als Varietäten einer und derselben Art, welche die Basis der Familie bildet, zu welcher sie gehören. Bald aber entwickeln sich neue Organe und alle diese Thiere nehmen, jedes nach seiner Art, mehr oder weniger sonderbare Formen an, die oft von dem ursprünglichen Typus sehr abweichen.

Ueber die Drüsen bei den Wasserratten hat Geoffroy-St-Hilaire am 8ten Juni eine Abhandlung vorgelesen: Decouverte des glandes monotrémiques chez le rat d'eau et dissertation sur l'essence, les rapports et le mode de formation de ce nouveau système d'appareils glanduleux, wo er sich, wie der Titel andeutet, bemüht, seine Ansicht, daß bie bei Ornithorhynchus aufgefundenen Drüsen keine zum Säugen bestimmten Drüsen seyen, von neuem zu stützen.

Nekrolog. Der als Botaniker verdiente Dr. Ciro Pollini ist am 1sten Februar 1833 zu Verona, 60 Jahr alt, gestorben.

Heilkunde.

Von der Häufigkeit des Pulses bei Wahnsinnigen und alten Personen.
Von den Hhrn. Leuret und Metivié.

Die Hhrn. Leuret und Metivié, welcher Letztere

ein Verwandter des Dr. Esquirol, und dessen Gehülfe im Irrenhospital ist, haben unlängst interessante Versuche über den Pulsschlag bei Wahnsinnigen angestellt. Da ihnen nur das Hospital Salpetrière zur Verfügung stand, so erstrecken sich ihre Beobachtungen nur auf Frauen. Hundert wahnsinnige Frauen, welche zum Theil Anfällen von Raserei unterworfen waren, sich übrigens einer guten körperlichen Gesundheit erfreuten, und da sie für unheilbar galten, nicht ärztlich behandelt wurden, erhielten durchaus dieselben Nahrungsmittel. Man beobachtete sie in Zellen, nicht in gemeinschaftlichen Schlafsälen, indem sie in den letztern leicht einander zum Zorne reizen konnten.

Die Besuche fanden des Morgens statt, und man empfahl den Patientinnen vorher nicht aufzustehen; sie dauerten 28 Tage, nämlich vom 28. August bis 24. Sept. 1831. Später wurde eine zweite Reihe von Beobachtungen vom 17. Januar bis 13. Februar 1832 angestellt. Im Sommer fanden die Besuche um 5, im Winter um 6 Uhr Morgens statt. Besonderer Umstände wegen, wurden in der ersten Periode nur 89, und in der zweiten nur 80 Frauen beobachtet.

Folgendes ist das Resultat der ersten Beobachtungen:

Die Temperatur hatte Einfluß auf die Veränderung des Pulses; allein die Häufigkeit hielt mit der Wärme nicht immer gleichen Schritt; ja in einigen Fällen, wo die Wärme zunahm, verminderte sich die Häufigkeit des Pulses.

Die Mondphasen hatten auf den Puls gar keinen Einfluß.

Da das Alter der Patientinnen auf die Frequenz des Pulses eine wesentliche Einwirkung äußerte, so werden wir hierüber weiter unten umständlicher reden.

Die Schwere und der hygrometrische Zustand der Luft waren für das Resultat ohne alle Bedeutung.

Ob die Electricität der Atmosphäre auf den Gang des Pulses Einfluß habe, ließ sich nicht ermitteln, da es kein Instrument giebt, womit sich die Electricität der Atmosphäre messen läßt.

Unter den zuerst beobachteten 89 Frauen befanden sich 7, deren Pulsschl. in d. Min. im Durchschn. mehr als 100 betrugen

10	— — — —	90—99 —
38	— — — —	80—89 —
29	— — — —	70—79 —
4	— — — —	60—69 —
1	— — — —	50—59 —
89		

Das Alter dieser Frauen hielt sich zwischen 27 und 73 Jahren.

Das allgemeine Mittel der Pulsschläge in der Minute war 82 und ein Bruch; unter den 44 jüngern waren 18, und unter den 44 ältern 27, deren Pulsschlag die Mittelzahl überstieg. Dieser unerwartete Umstand vermochte die HHrn. Leuret und Metivié zu weitern Untersuchungen, von denen weiter unten die Rede seyn wird.

Wir wollen nun die Resultate der Beobachtungen rücksichtlich der Art des Wahnsinns betrachten.

Nach der Frequenz des Pulses classificirt sich der Wahnsinn folgendermaßen:

Hallucinationen mit oder ohne Complication von Raserei (manie) oder Monomanie.

Raserei (manie).
Monomanie.
Narrheit (démence).

Die zweite im Winter angestellte Reihe von Beobachtungen gab entsprechende Resultate; nur war der Puls im Winter weniger häufig, als im Sommer, indem unter 60, zu beiden Zeiten beobachteten Frauen, der Puls bei 4° weniger geschwind ging. Rücksichtlich der nach der Frequenz des Pulses classificirten Arten von Narrheit waren die Resultate dieselben.

Da nun die HHrn. Leuret und Metivié rücksichtlich der vier Formen des Wahnsinns die bereits im Sommer beobachtete Frequenz des Pulses auch im Winter constant fanden, so schlossen sie daraus, daß dieß von einer jeder dieser Formen eigenthümlichen Beschaffenheit des Organismus abhängig sey, und sie stellten zu diesem Ende folgenden Versuch an.

Den 30. Mai 1832, als das Thermometer 12° zeigte, beobachteten sie 137 wahnsinnige Frauen, unter denen
bei 50 mit Hallucinationen behafteten, von 20—66 Jahren, das Mittel der Pulsschläge 95 betrug;
bei 23 mit Manie behafteten, von 25—69 Jahren, war das Mittel der Pulsationen 90.
bei 34 mit Monomanie behafteten, von 25—66 Jahren, war es 84 und
bei 30 mit Narrheit (démence) behafteten, von 24—69 Jahren, war es 76.

Die Verschiedenheit dieser Mittelzahlen ist sehr bedeutend, und mit den vorstehenden Beobachtungen durchaus im Einklang. Sie sind an die Art des Wahnsinns, und nicht an das Alter des Wahnsinnigen gebunden, denn rücksichtlich des Lebensalters findet bei den oben angeführten Classen so viel Uebereinstimmung statt, daß sich die Verschiedenheit in der Frequenz des Pulses nicht daraus erklären läßt. Das Alter der närrischen Frauen ist, z. B., von dem der mit Hallucinationen behafteten wenig verschieden, und doch beträgt die Differenz der Pulsschläge 19.

Die Bekanntschaft mit dieser Thatsache kann für die ärztliche Praxis von Folgen seyn. Es giebt Wahnsinnige, welche kein Zeichen von Intelligenz offenbaren, die an Niemanden ein persönliches Interesse nehmen, und also Niemanden über ihren geistigen Zustand irgend etwas merken lassen. Sind dieß vollständige Narren, denen alles Nachdenken, ja fast alle Empfindungen abgehen, oder leiden sie an Hallucinationen, d. h. stehen sie unter dem Einflusse einer sie beherrschenden Idee, oder einer Macht, die sie vom Reden und Handeln abhält? Dieß läßt sich zuweilen aus dem Ausdruck der Physiognomie abnehmen, der jedoch öfters darüber auch im Zweifel läßt. Aus der Untersuchung des Pulses wird man häufig auf den einen oder andern dieser Zustände schliessen können. Wenn übrigens der Arzt darüber ziemliche Gewißheit hat, daß sein Kranker Hallucinationen hat, so kann er durch seine Fragen bald erforschen, durch welche Ideen der schon beschleunigte Puls noch schneller wird, und an welchen Hallucinationen folglich sein Kranker leidet. Dieß kann ihm im Bezug auf die Behandlung Fingerzeige geben.

Von der Frequenz des Pulſes bei alten Perſonen.

Manche Anſichten haben in der Medicin ſchon ſo lange Geltung, daß man darüber erſtaunt, wenn man ſie weniger gegründet findet, als man glaubte. Von Galen's Zeiten bis auf die unſern haben alle Phyſiologen verſichert, daß die Frequenz des Pulſes mit zunehmendem Alter abnehme. Leuret und Metivié haben aber im Laufe der oben dargelegten Beobachtungen gefunden, daß die Mittelzahl der Pulſationen bei alten wahnſinnigen Frauen bedeutender war, als bei jungen.

Um ein ſo unerwartetes Reſultat noch ferner zu bekräftigen, oder zu entkräften, baten ſie Hrn. Lelut, welcher am Bicêtre als Arzt angeſtellt iſt, dort einer Zahl körperlich geſunder Greiſe an demſelben Tage und zu derſelben Stunde den Puls zu fühlen, wo ſie ſelbſt gleichartige Beobachtungen bei Schülern der Veterinärſchule zu Alfort anſtellen würden.

Bei 110 Schülern von 17—27 Jahren war das Mittel des Pulsſchlags 65.

Im Bicêtre wurden 41 Greiſe unterſucht, deren Alter im Durchſchnitt 71 Jahre betrug, und das Mittel der Pulſationen zu 74 gefunden.

Hält man hiermit die oben angeführte Beobachtung zuſammen, daß unter 88 wahnſinnigen Frauen bei 27 ältern und nur bei 18 jüngern (unter 44 Individuen beider Claſſen) der Puls ſchneller ging, als das Mittel, ſo erſcheint ein ſeit den älteſten Zeiten als wahr angenommener phyſiologiſcher Satz ſehr zweifelhaft.

Unterbindung der arteria carotis wegen Blutung aus Ohr und Rachen.

Von James Syme.

„Dieſer Fall verdient, wegen der außerordentlichen Umſtände, von denen er begleitet war, dem Publikum nicht vorenthalten zu werden.

Ich verdanke dem Hrn. Cheyne zu Leith die Geſchichte deſſelben.

William Maſon, ein ſchwächlicher Knabe von 9 Jahren, klagte zu Ende Auguſt 1832 über ein Gefühl von Wundſeyn in dem linken Theil des Rachens. Dieſes ließ nach 2 Tagen nach. Etwa eine Woche ſpäter, nämlich den 29. Auguſt, entſtanden Schmerz und Geſchwulſt im rechten Theile des Rachens und zugleich heftiges Fieber. Der Kranke wurde nach einigen Tagen von Fieber verlaſſen; allein zwiſchen dem obern Theil des Kehlkopfs, und dem musculus mastoideus blieb eine ſchmerzhafte äußerliche Geſchwulſt zurück. Dieſe nahm allmälig an Größe zu, und erſtreckte ſich aufwärts bis an den Unterkiefer, und endlich bis an den äußern Gehörgang.

In der Nacht vom 8. auf den 9. September trat Eiterausfluß aus dem äußern Gehörgange ein, welcher bis zum folgenden Abend anhielt. Die ganze Quantität, welche ausgeleert wurde, mochte etwa eine Obertaſſe voll betragen; die letzten Portionen waren mit Blut durchzogen. Bald nachdem das Ausfließen des Eiters aufgehört hatte, drang auf dem leicht verbundenen Ohre Blut hervor, und als der Verband abgenommen wurde, floß eine kurze Zeit lang reichlich Blut aus. Nachdem einige Unzen ausgeleert worden waren, ſtand die Blutung. Man befeſtigte mittelſt eines Verbandes eine Compreſſe auf das Ohr. Die von den Abſcheße herrührende Geſchwulſt war gänzlich verſchwunden.

Den 13. trat eine neue Blutung aus dem Ohre ein. Man führte Waſchſchwamm in daſſelbe ein, und bedeckte ihn mit einer Compreſſe und Binde. Seit dem 9., an welchem Tage die erſte Hämorrhagie eingetreten war, hatte ſich eine Geſchwulſt zwiſchen dem Kie-

ferwinkel, dem processus mastoideus, und dem äußern Gehörgang ausgebildet, welche jedoch nicht pulſirte.

Den 16. hatte die Geſchwulſt bedeutend an Größe zugenommen, ſo daß ſie ſich nach unten bis an den Kehlkopf erſtreckte. Bei Unterſuchung der Mundhöhle zeigte ſich eine Geſchwulſt, die ſich wie eine ſolche ausnahm, welche von einer geſchwollenem Mandel herrührt, den vordern Bogen des Gaumenſegels vorwärts trieb, und ſich zwiſchen den Kiefer und die Schleimhaut des Mundes vorſchob. Sie war ziemlich blaß gefärbt, weich und elaſtiſch. Es zeigten ſich folgende Symptome: bedeutende Schwierigkeit beim Athemholen und Schlingen, unvollkomme Ausſprache, häufiges Ausräuſpern von Schleim aus dem Halſe, Schwierigkeit, die Kiefer zu ſchließen; der Kranke konnte das Liegen nicht vertragen; im Ausdrucke des Geſichts zeigte ſich großes Unbehagen und die Augen thränten beſtändig; das Klopfen der Schläfenarterie war deutlich zu fühlen.

Den 18. Abends floſſen plötzlich 2—3 Unzen hellrothes Blut aus dem Munde. Schon ſeit einigen Tagen war der aus dem Halſe kommende Schleim mit Blut durchzogen geweſen; da die Symptome äußerſt dringend erſchienen, indem die Blutung ſich bis zu einem tödtlichen Grade verſtärken, oder wegen der Nachbarſchaft der Luftröhre Erſtickung veranlaſſen konnte, ſo rieth Dr. Combe den Eltern, die gemeinſchaftliche arteria carotis unterbinden zu laſſen, und da auch Hr. Syme dieſer Meinung beitrat, ſo gaben die Eltern endlich ihre Einwilligung. Die Arterie wurde nun ſeitlich vom Kehlkopfe von Hrn. Syme unterbunden.

Den 1. October. — Gleich nach der Operation trat in allen Beziehungen Beſſerung ein, die bis heute ſtufenweiſe fortſchreitet. Die Operation ſelbſt zog keine Unbequemlichkeiten nach ſich, die nicht aus einer einfachen Wunde der betroffenen Theile hätten entſpringen können. Die äußere Geſchwulſt nahm ſchnell ab, und iſt jetzt verſchwunden. In der Gegend der Mandel iſt noch immer eine kleine Geſchwulſt vorhanden. Das Klopfen der Schläfenarterie iſt nicht mehr bemerkbar. Seit der erſten Blutung aus dem Ohre iſt immer eine dünne blutige Jauche aus demſelben getrieft.

Am Abend deſſelben Tages trat, während der Patient laut las, eine ſtarke Blutung aus dem innern Rachen und zugleich aus dem Ohre ein. Sie hörte bald auf. Im Ganzen wurden etwa 10 Unzen ausgeleert. Bei Unterſuchung der Mundhöhle fand ſich etwas geronnenes Blut an der rechten Mandel. Man hatte den Knaben unvorſichtiger Weiſe Vormittags ohne alle Aufſicht im Freien ſich herumtummeln laſſen.

Den 2. — Eine Geſchwulſt, ſo groß, wie ein halbes Hühnerei, hatte ſich am verfloſſenen Abend zwiſchen dem Kieferwinkel, dem processus mastoideus, und dem äußern Gehörgang gebildet. Die Geſchwulſt im Munde hatte ſich nicht vergrößert.

Den 6. — Die äußere Geſchwulſt hatte einigermaßen abgenommen. Seit dem erſten hatte kein Ausfluß jauchiger Flüſſigkeit aus dem Ohre ſtattgefunden. Abends trat eine neue Blutung aus dem innern Rachen und dem Naſenlöchern ein; ſämmtliches Blut ſchien aus der rechten Seite des Rachens zu kommen. Die Blutung hörte bald auf, allein es wurden doch im Ganzen etwa 20 Unzen Blut ausgeleert; gleich darauf trat eine Ohnmacht ein; nach 2 Stunden hatte ſich der Kranke wieder erholt, und ſchlief, während der Puls in der Minute 120 Schläge that.

Den 8. Abends trat eine Blutung von 18 Unzen aus dem Rachen, ſpäter Ohnmacht, und ein ſehr kleiner Puls ein.

Nach dieſer Zeit iſt keine Hämorrhagie wieder vorgekommen; die Geſchwulſt verkleinerte ſich, und der Kranke erholte ſich allmälig; eine Zeitlang war die rechte Mandel dunkel gefärbt; der Knabe iſt jetzt (den 14. Dec. 1832) ſo wohl, wie vor dem Anfange ſeines Leidens.“ (James Syme Esq., im 10. Bericht über das chirurgiſche Hoſpital von Edinburg, Aug. 1832 bis Febr. 1833; Edinb. med. and surg. Journal. N. CXV., Apr. 1833.)

Vergiftung durch eine Drachme Opiumtract und Heilung derſelben.

Von H. Forget.

„Am 31. October 1832 Morgens 9 Uhr wurde ich in der größten Eile zu einer Dame in meiner Nachbarſchaft gerufen.

Madam J., 24 Jahr alt, Mutter zweier Kinder, früher sehr gesund, seit einigen Monaten aber an einer chronischen Enteritis mit beständigen Coliken leidend, war in Folge der Arzneimittel und Diät abgemagert und sehr nervenschwach geworden. Wegen des Ausbleibens ihrer Regeln und wegen fortwährender Uebligkeit hält sie sich für schwanger im zweiten Monate. Unter andern Arzneimitteln gebrauchte sie den frisch ausgepreßten Kressensaft, 2 Unzen jeden Morgen. An dem genannten Tage schickte sie, wie gewöhnlich, nach diesem Kranke in die Apotheke, von wo sie ein nicht mit einer Aufschrift versehenes Glas erhielt, dessen Inhalt sie auf einen Zug austrank. Dieß war um halb neun Uhr. Obgleich es in dem Zimmer nicht hell war, so hatte die Kranke doch bemerkt, daß die Flüssigkeit nicht die gewöhnliche Farbe gehabt habe. „Dieß und der ungewöhnliche, äußerst bittere Geschmack beunruhigte sie, und diese Unruhe steigerte sich, als sie bald darauf Müdigkeit, Angst, Verdunklung des Gesichts und zuckende Bewegungen spürte. Es befiel sie die schrecklichste Angst und sie rief nach Hülfe, wozu sich bedeutend anstrengen mußte, weil sie sich wie gefesselt fühlte. Ich fand sie in Schreck und Verzweiflung mit blassem, zusammengefallenen äußerst Mißbehagen und Schwäche mit Sausen in dem Kopfe klagend; Sehnenhüpfen, ungleicher aussetzender Puls. Unterrichtet von den Umständen, beschloß ich, die Kranke, trotz der Schwangerschaft, zum Erbrechen zu bringen, ließ sie eine große Masse Getränke hinunterschlucken und reizte den Schlund mit einer Feder, so daß bett reichliches Brechen eintrat, während sich sogleich in die Apotheke schickte, um zu erfahren, aus was die Flüssigkeit bestanden habe. Der Apotheker gestand in der Bestürzung, daß bei Gehülfe statt den mit einer Aufschrift versehenen Kressensaftes, eine Auflösung von 62 Gran Extr. Opii in 2 Unzen Wasser aus Versehen hergegeben habe. Ich ließ nun den Erbrechen fortsetzen, Kaffee herbeischaffen, und in 4 Dosen eine halbe Bouteille des stärksten Kaffees nehmen, um dem immer fortschreitenden Torpor und die Krämpfe und Ohnmacht, welche sich zu entwickeln drohten, zu bekämpfen. Nach ½ Stunden wurde auch der Kaffee wieder ausgebrochen, dessen Wirkung indeß dadurch nicht verloren ging. In den Zwischenräumen zwischen dem Erbrechen waren die Augenlider sehr schwer, die Pupillen wenig erweitert, aber die Augen von einem Nebel bedeckt, der Kopf schwer, das Gesicht blaß, aufgeregt, in den Extremitäten folgten bei Ameisenkriechen, Taubheit, Zittern und Krämpfe; einmal wurde ein starkes schmerzhaftes Zittern, welches das rechte Bein befiel und gegen den Rumpf fortschritt, durch Eintreten des Erbrechens bei ruhiger. Der Puls war beschleunigt, contrastirte aber durch seine Kleinheit mit dem heftigen Herzklopfen, worüber die Kranke klagte. Schlossen sich die Augenlider und fiel die Kranke auf ihr Kopfkissen zurück, so fuhr sie, wenn sie geweckt wurde, plötzlich in die Höhe. Die Körperwärme blieb sich gleich. Eines Zufalls muß ich erwähnen, welcher mir eigenthümlich schien; die Kranke verlangte öfter zu riechen, als sie aber das Fläschchen an die Nase brachte, bekam sie eine Ohnmacht mit Zuckungen, aus welcher sie durch Besprengen mit kaltem Wasser wieder erweckt wurde. Besteht hier wohl ein Zusammenhang zwischen der Wirkung des Opiums und des Aethers?

Als nun nach wiederholten Ausleerungen die Somnolenz sich nicht vermehrte, die Krämpfe beinahe vorüber waren und das Bewußtsein klar ward, so ging ich zu sauren Getränken über, indem ich bald starke Limonade, bald mit Essig vermischtes Wasser trinken ließ; auch wurden jetzt säuerliche Umschläge über die Stirn gemacht. Nach Tische trat ein leichter Schweiß mit einem Gefühle von Prickeln und Jucken auf der Haut ein, und nun erhielt die

Kranke, in Uebereinstimmung mit dem Hausarzte Dr. Foissac, einige Senfteige an die Extremitäten, auch wurde eine Aderlässe angestellt. Herr Foissac wollte den Campher gegen narkotische Vergiftung bewährt gefunden haben, und gab zu wiederholten Malen etwas Campherspiritus in Wasser, dieß hatte indeß keine andere Wirkung, als daß Uebelkeiten darnach entstanden; der Puls war beschleunigt, aber wenig entwickelt, die Venen waren kaum sichtbar; das vorherrschende Symptom war fortwährend noch etwas Somnolenz. Deßwegen wurden Blutigel hinter die Ohren gesetzt und die ableitenden Mittel an den Extremitäten wiederholt. Später erfolgte nochmals Erbrechen aller Flüssigkeit, welche die Kranke den Tag über zu sich genommen hatte. Dieses Erbrechen wiederholte sich von Zeit zu Zeit, während gegen Abend auch das Prickeln in der Haut wiederkehrte. Es wurden nun warme Umschläge über den Leib gemacht und ein Althäadecoct verordnet; da sich aber das Erbrechen immer wiederholte und die Kranke sehr belästigte, so ließ man sie von Zeit zu Zeit kleine Stückchen Eis verschlucken und ein halbes Lavement geben.

Am folgenden Morgen war bloß noch etwas Uebligkeit, leichter Kopfschmerz und eine geringe Beschleunigung des Pulses vorhanden. Am Abend war sie wieder vollkommen wohl. In Bezug auf ihre Schwangerschaft, ist nicht das geringste üble Symptom eingetreten. (Transactions médicales, Octob. 1832.)

Miscellen.

Die Erstirpation eines Steatoms am Netz unternahm Dr. Hartmann auf bringendes Bitten des Kranken, welcher eine bewegliche Geschwulst, die unter dem Peritonäum war, unterhalb der Magengegend hatte und bei dem Gebrauch abführender Mittel sehr abmagerte. Nachdem der Schnitt gemacht worden war, fand sich ein mit dem Netze und den Gedärmen in Verbindung stehendes Steatom, welches vorsichtig getrennt wurde, aber nicht ganz entfernt werden konnte. Der Operirte befand sich unmittelbar darnach sehr wohl und war über die Operation sehr zufrieden, bald aber stellte sich Schluchzen ein und der Tod erfolgte am dritten Tage nach der Operation. (Sanitäts-Bericht der Provinz Brandenburg, 1830.)

Die Erzeugung von Schutzpocken durch Uebertragung des Menschenblatter-Contagiums auf Kühe, nach Sonderland (vgl. Notizen Nro. 640.), ist bei vier in der Berliner Thierarzneischule angestellten Versuchen nicht gelungen. Es sollen diese eine so wichtige Sache betreffenden Untersuchungen noch in mehreren Regierungsbezirken, besonders in den Dörfern, wiederholt werden. (Med. Zeitung. II. 10.) — Auch ein hier in Weimar angestellter Versuch hat nicht das erwartete Resultat geliefert.

Eine neue Blutegelart ist dem Apotheker Hartmann in Halle, in der Zeit, als Polen gesperrt war, vorgekommen, welche zwar einige Aehnlichkeit mit dem Roßegel hatte, dagegen auch wieder in anderer Hinsicht von ihm abwich und in Bezug auf Schneide- und Saugwerkzeuge dem Hirudo medicinalis vollkommen ähnlich war. Bei der Nachfrage bei dem Händler ergab sich, daß sie aus Ungarn kommen und sich durch eine grünliche Färbung von den Polnischen (grauen) unterscheiden. Dr. Moquin Tandon beschreibt denselben in seiner Monographie der Egel als Hirudo interrupta. Er ist eben so brauchbar als der Hirudo medicinalis. (Annalen der Pharmacie. V. 2.)

Bibliographische Neuigkeiten.

Observations on the organs and mode of fecundation in otchideae and asclepiadeae, by Robert *Brown*. London 1825. 4.

Description des terrains volcaniques de la France centrale, par M. *Burat*. Paris 1833. 8. m. K.

Mémoire sur l'Hyponarthécie ou sur le traitement des fractures par la planchette, avec une nouvelle méthode de la suspendre et d'y assujettir les membres et la description d'un appareil particulier, par *Matthias*, major-chirurgien de l'hôpital du canton de Vaud etc. Paris 1833. 8. m. K.

Notizen
aus
dem Gebiete der Natur- und Heilkunde.

Nro. 802. (Nro. 10. des XXXVII. Bandes.) Juni 1833.

Gedruckt bei Lossius in Erfurt. In Commission bei dem Königl. Preußischen Gränz-Postamte zu Erfurt, der Königl. Sächs. Zeitungs-Expedition zu Leipzig, dem G. H. F. Thurn und Tarischen Postamte zu Weimar und bei dem Landes-Industrie-Comptoir. Preis eines ganzen Bandes, von 24 Bogen, 2 Rthlr. oder 3 Fl. 36 Kr., des einzelnen Stückes 3 ggl.

Naturkunde.

Beobachtungen über die Temperatur und Vegetation der Gebirge von Hochschottland, unter Berücksichtigung der Meereshöhe, angestellt im Sommer 1832.

Von Hewitt C. Watson Esq. *).

Nachstehende Beobachtungen erstrecken sich auf viele der höchsten Berge Schottland's. Die Höhenmessungen wurden alle mit Adie's Sympiesometer, und die Beobachtungen an den verschiedenen Stationen nach einander, nicht zu gleicher Zeit vorgenommen, aber bei der Rückkehr von den höhern Stationen zu den niedrigern wiederholt, und indem man dabei die Temperaturverschiedenheit berücksichtigte, geprüft, so daß also kein bedeutender Irrthum unterlaufen konnte. Im Allgemeinen läßt sich jedoch anführen, daß nach diesen Beobachtungen die Gipfel der höhern Berge mehrentheils 50 — 100 Fuß weniger Höhe haben, als man ihnen bisher zuschrieb. Bei'm Gebrauch des Sympiesometers hat man dasselbe mit dem daran befestigten Thermometer in den Schatten zu bringen, und so konnte ich, nebst der beobachteten Höhe, auch immer die beobachtete Temperatur anführen, und nach den jeden Tag bei verschiedenen Höhen angestellten Beobachtungen, unter Ermittelung der mittlern Höhe und des Mittels der Barometerstände, folgende Tabelle zusammenstellen.

Mittlere Höhen und Temperaturen.

Orte	Höhe in Fußen	Temperatur	Datum	Zahl d. Beobachtungen
Clova-Berge . .	2409$\frac{1}{2}$	56°	Juli 16	11
Clova to Braemar .	2227$\frac{3}{4}$	54,66	17	3
Ben-na-Baird . .	2581$\frac{3}{4}$	47,75	23	8
Braemar-Moore .	1752	49,80	21	5
Ben-na-muic-duich	2590$\frac{1}{6}$	46,33	24	6
Ben Heeal . .	1186	57,10	31	5
Ben Loyal . .	1839$\frac{1}{4}$	60,37	August 1	4
Ben Hope . .	1935$\frac{1}{8}$	53	5	5
Ben Nevis . .	1638$\frac{3}{4}$	54,70	14	5
Ditto . . .	3086$\frac{1}{3}$	52,42	15	8
Loch Eil-Moore .	1288$\frac{5}{6}$	62,08	16	6
Red Cairn . .	2417$\frac{6}{7}$	57,33	17	9
Mittel	2079$\frac{2}{3}$	54,7		

Diese Beobachtungen wurden gewöhnlich zwischen 11 Uhr Vormittags und 5 Uhr Nachmittags, zuweilen auch ein paar Stunden früher oder später angestellt, so daß die Temperatur 2 — 3° höher angegeben seyn dürfte, als die wahre mittlere Temperatur des ganzen Tages, daher man, insoweit sich aus so wenigen Beobachtungen eine bündige Folgerung ziehen läßt, die Temperatur des Hochschottischen Gebirges bei einer mittlern Höhe von 2000 Fuß, während des heißesten Monats zu etwa 52° F. anschlagen kann. Die mittlere Temperatur des Juli und August beträgt auf den Bleibergen (lead hills) im südlichen Schottland, bei einer Höhe von 1280 Fuß, 56°. Um durch ein Beispiel zu erläutern, wie obige Tabelle entstanden ist, wollen wir folgenden Fall anführen: Bei der Ersteigung des Ben-na-muic-duich fielen die Anzeigen des Sympiesometers folgendermaaßen aus:

	Höhe in Fußen	Temperatur
	1805	52
	3052	42
	4320	39
	2688	45
	2369	47
	1307	53
Mittel	2590$\frac{1}{6}$	46° 33

Aus nachstehender Tabelle ersieht man die Höhe und Temperatur der höchsten und niedrigsten Punkte, an welchen an jedem der vorbemerkten Tage Beobachtungen angestellt wurden.

*) Der Verfasser dieser interessanten Mittheilung hat neulich ein nur zur Vertheilung an seine Freunde bestimmtes, höchst gediegenes Werk unter dem Titel: Outlines of the geographical Distribution of British Plants, belonging to the Division of Vasculares or Cotyledones 8vo. 334 pages bei Neill und Comp. drucken lassen.

Höhe und Temperatur der höchsten und niedrigsten Puncte.

Orte	Niedrigste Höhe	Temperatur	Höchste Höhe	Temperatur	Unterschiede der Höhe	Unterschiede der Temperatur
Clova-Berge	972	60°	3111	50°	2139	10°
Clova und Braemar	1677	54	2789	49	1112	5
Ben-na-Buird	1346	50	3503	44	2157	6
Braemar-Moore	1159	51	2216	47	1057	4
Ben-na-muic-duich	1307	53	4320	39	3013	14
Ben Heeal	350	63	1720	53	1370	10
Ben Loyal	920	70	2637	53½	1717	16½
Ben Hope	789	55½	2943	50	2154	5½
Ben Nevis	310	62½	2678	47	2368	15½
Ditto	1023	58	4338	45½	3315	12½
Loch Eil-Moore	733	64	2390	57	1657	7
Red Cairn	1217	60	3816	52	2599	8
Mittel	983½	58,4	3038½	48,9	2055	9½

Die Beobachtungen auf den obern Stationen wurden gewöhnlich zwischen 1 und 3 Uhr Nachmittags angestellt, und die auf den untern fanden 2 bis 3 Stunden früher oder später statt. Trotz der für die obern Stationen günstigern Tageszeit, erscheint die Abnahme der Temperatur als sehr geschwind, nämlich 1° Fahr. für 216 Fuß Höhe. Der Unterschied der Tageszeit dürfte zum Theil dadurch compensirt werden, daß die Ersteigung gewöhnlich an schönen Morgen begann, auf welche in mehrern Fällen nasse und stürmische Nachmittage folgten. Dieß war vorzüglich der Fall bei'm Ben Loyal, und der ersten theilweisen Ersteigung des Ben Nevis, während bei'm Red Cairn und bei der zweiten Ersteigung des Ben Nevis das Wetter schön und ohne Nebel war. Das Mittel der beiden erstern Ersteigungen giebt 1° Temperatur für 128 F. senkrechte Höhe, das der beiden letztern dagegen für 243 Fuß nur ebensoviel Temperatur. Unter Berücksichtigung der Tageszeiten, zu welchen die Beobachtungen stattfanden, möchten wir die Temperatur des Monats folgendermaaßen angeben:

Höhe	Temperatur
1000 Fuß	57°
1000 —	52
3000 —	46
4000 —	40

Allerdings können diese Resultate nur als annähernd betrachtet werden; dennoch sind sie bemerkenswerth, damit man sie mit spätern ähnlichen Beobachtungen vergleichen könne. Die Temperatur der kleinen Quellen, die sich auf der Westseite des Gipfels des Ben Nevis bei einer Höhe von 3758 F. befinden, betrug 39°; die einer Quelle, welche bei einer Höhe von 2209 Fuß, auf den Mooren, nördlich von Loch Eil in Argyleshire, einen kleinen Dümpfel bildet, 43°; auf beide hatte wahrscheinlich die Temperatur der Atmosphäre Einfluß.

Die Vegetation unterliegt in Osthochschottland von 2000 F., in Westhochschottland von 1500 F., und im nordwestlichen Theile von Hochschottland schon von 1000 F. an, einer entschiedenen und sehr schnell zunehmenden Verschlechterung. Die Cultur hört auf, die Bäume verschrumpfen zu dürftigen Büschen, und das liebliche Grün unserer Auen und Haine macht einer zwergartigen struppigen Vegetation Platz, wie man sie an den Ufern der Polarländer trifft. Folgendes ist eine Liste der Arten, die ich zwischen den angeführten Höhen getroffen. Mehrere derselben dürften, zumal auf den Breadalbane Bergen, etwas höher vorkommen, als hier angegeben; ich kann nur sagen, daß sie **wenigstens** bis zur angegebenen Höhe oder Tiefe wachsen. Von den Frühlingsblumen, die unter 2000 F. vorkommen, sind ohne Zweifel manche übersehen worden.

Arten, die über 4000 Fuß vorkommen. — Aira alpina, Carex rigida, Empetrum nigrum (sehr selten), Festuca verna, Gnaphalium supinum, Juncus trifidus, Leontodon palustre, Luzula arcuata, L. spicata, Oxyria reniformis, Rumex Acetosa, Salix herbacea, Saxifraga stellaris, Sibbaldia procumbens, Silene acaulis, Vaccinium Myrtillus, Viola palustris. Die Abwesenheit des Erdreichs ist wahrscheinlich mehr als die Höhe dem Fortkommen hinderlich. Zu diesen 17 fügen wir noch 6 hinzu, die ganz auf dem Gipfel des Ben Lawers gefunden wurden; nämlich: Cherleria sedoides, Cerastium alpinum, Polygonum viviparum, Saxifraga oppositifolia, S. nivalis, Saussurea alpina, zusammen 23.

Arten, die zwischen 3000 und 4000 Fuß vorkommen. — Achillea Millefolium, Aira flexuosa, Alchemilla alpina, A. vulgaris, Anthoxanthum odoratum, Apargia Taraxaci, Arabis petraea, Arenaria rubella, Azalea procumbens, Calluna vulgaris (selten und niemals bis 3500 F.), Caltha palustris, Campanula rotundifolia, Cardamine hirsuta, C. pratensis, Carex dioica, C. panicea, C. pilulifera, C. pulla, Cerastium latifolium, C. viscosum, Chrysosplenium alternifolium, C. oppositifolium, Cochlearia officinalis, Draba rupestris, Eleocharis caespitosa, Epilobium alpinum, Eriophorum angustifolium, Euphrasia officinalis, Galium saxatile, Juncus biglumis, J. triglumis, Myosotis alpestris, Nardus stricta, Narthecium ossifragum, Oxalis Acetosella, Poa alpina, P. annua, Ranunculus acris, Rhodiola rosea, Rubus Chamaemorus, Salix reticulata, Saxifraga cernua, S. hypnoides, S. rivularis, Silene maritima, Statice Armeria, Stellaria cerastoides, S. uliginosa, Thalictrum alpinum, Thymus serpyllum, Tormentilla officinalis, Trifolium repens, Tussilago Farfara, Vaccinium uliginosum, V. Vitis-Idaea, Veronica alpina, V. serpyllifolia, zusammen 57 Arten. Zu diesen kommen noch obige 23, welche ich, mit Ausnahme der Luzula arcuata, sämmtlich unter 4000 F. angetroffen. In Sutherland muß L. arcuata tiefer, ja vielleicht unter 3000 Fuß vorkommen. Zusammen 80 Arten.

Arten, die zwischen 2000 und 3000 Fuß vorkommen. — Achillea Ptarmica, Adoxa moschatellina, Ajuga reptans, Alopecurus alpinus, Anemone nemorosa, Apargia autumnalis, Arabis hirsuta, Arbutus Uva-ursi, A. alpina, Astragalus alpinus, Avena pratensis, Bellis perennis, Betula alba, B. nana, Carex atrata, C. binervis, C. caespitosa, C. capillaris, C. curta, C. flava, C. pauciflora, C. pulicaris, C. rariflora, C. stellulata, C. Vahlii, Comarum palustre, Cornus suecica, Digitalis purpurea, Dràba incana, D. verna, Drosera rotundifolia, Dryas octopetala, Eleocharis pauciflora, Epilobium alsinifolium, E. angustifolium. Erica cinerea, E. Tetralix, Erigeron alpinum, Eriophorum vaginatum, Festuca duriuscula, Galium pusillum, Genista anglica, Geranium sylvaticum, Geum rivale, Gnaphalium dioicum, Gymnadenia conopsea, Habenaria albida, H. viridis, Hieracium alpinum, H. Halleri. H. prenanthoides. Juncus castaneus, J. squatrosus, J. uliginosus, Juniperus communis, Leontodon Taraxacum. Linnaea borealis, Listera cordata, Lotus corniculatus, Luzula campestris, L. sylvatica, Melampyrum pratense, Melica coerulea, Montia fontana, Orchis maculata, Orobus tuberosus, Oxytropis campestris, Phleum alpinum, Pinguicula vulgaris, Pinus sylvestris, Polygala vulgaris. Potentilla alpestris, Pyrola minor, P. rotundifolia, P. secunda, Pyrus Aucuparia, Ranunculus Flammula, Rhinanthus Crista-galli, Rosa canina (ſelten), Rubus saxatilis, Sagina procumbens, Salix arenaria, S. cinerea, S. lanata, S. Myrsinites, S. oleifolia? S. vacciniifolia (wahrſcheinlich noch anbere Weiben), Saxifraga aizoides, Scabiosa succisa, Senecio Jacobaea, Sisteria caerulea, Solidago virgaurea, Sonchus alpinus. Spergula saginoides, Stellaria holostea, Tofieldia palustris, Trientalis europaea, Triglochin palustre, Trollius europaeus, Urtica dioica, Vaccinium Oxycoccos, Veronica Beccabunga, V. saxatilis, Viola sylvatica, Viola canina, V. lutea. Zu bieſen 106 Arten können alle bie 80 vorhergehenden gerechnet werben, ausgenommen Saxifraga cernua, Draba rupestris, Luzula arcuata, welche mir nicht unter 3000 Fuß vorgekommen ſinb. Zuſammen 183 Arten.

Arten, bie zwiſchen 1000 unb 2000 Fuß vorkommen. — Agrostis alba. Aira caespitosa, A. caryophyllea, A cristata, Alnus glutinosa, Alopecurus geniculatus, A. pratensis, Anthriscus sylvestris, Anthyllis vulneraria, Arrhenatherum avenaceum. Artemisia vulgaris, Briza media, Bromus mollis, Bunium flexuosum, Capsella Bursa Pastoris, Carduus acanthoides (ſehr ſelten), Carex pallescens, C. recurva, C. vulgatum, Chrysanthemum Leucanthemum, Cnicus arvensis, C. heterophyllus, C. lanceolatus, C. palustris, Corylus Avellana, Cynosurus cristatus, Cytisus scoparius, Dactylis glomerata, Drosera anglica, Epilobium palustre, Euphorbia Peplus, Fragaria vesca, Galeopsis Tetrahit, Galium boreale, G. verum, Gentiana campestris, Geranium Robertianum, Gnaphalium sylvaticum; Helianthemum vulgare, Heracleum Sphondylium, Hieracium murorum, H. palu-

dosum, H. pilosella, H. pulmonarium, H. sylvaticum, Holcus lanatus, Humulus lupulus (ſehr ſelten, bei 1090 Fuß in Braemar), Hypericum pulchrum, Hypochaeris radicata, Juncus effusus, Lamium purpureum, Lathyrus pratensis. Linum catharticum (wahrſcheinlich höher), Lobelia Dortmanna, Lolium perenne, Lonicera Periclymenum, Luzula pilosa, Lycopsis arvensis, Lysimachia nemorum, Melica uniflora, Mentha arvensis, Menyanthes trifoliata. Mercurialis perennis, Meum athamanticum, Myosotis arvensis, M. palustris, M. caespitosa, Myrica Gale. Myriophyllum spicatum, Parnassia palustris, Pedicularis palustris, P. sylvatica, Pimpinella saxifraga. Plantago lanceolata, P. major, P. maritima, Poa fluitans, P trivialis, Polygonum aviculare, P. Convolvulus, Populus tremula, Potentilla anserina, P. Fragariastrum, Primula vulgaris (wahrſcheinlich höher), Prunella vulgaris, Prunus Padus, Pyrethrum inodorum, Pyrola media, Ranunculus auricomus, R. repens, Rosa spinosissima, R. tomentosa, R. villosa, Rubus Idaeus, Rumex crispus, R. obtusifolius, Salix Andersoniana, S. fusca (einige anbre Weiben), Senecio aquaticus, S. sylvaticus, Sinapis arvensis, Sonchus oleraceus, Spergula arvensis, Spiraea Ulmaria, Stellaria media, Subularia aquatica, Teucrium Scorodonia, Trifolium medium, T. pratense, Triodia decumbens, Ulex europaeus (eingeführt), Urtica urens, Valeriana officinalis, Veronica arvensis, V. Chamaedrys, V. officinalis, V. scutellata, Vicia Cracca, V. sepium, Viola tricolor. Zu bieſen 120 Arten können mir bie vorhergehenden 186 hinzufügen, außer Aira alpina, Alopecurus alpinus, Apargia Taraxaci, Arenaria rubella, Astragalus alpinus, Carex atrata, C. pulla, C. rariflora, C. Vahlii, Cerastium alpinum, C. latifolium, Cherleria sedoides, Draba rupestris, Erigeron alpinum, Gnaphalium supinum, Juncus biglumis, J. castaneus, Luzula arcuata, Myosotis alpestris, Oxytropis campestris, Phleum alpinum, Poa alpina, Salix lanata, S. reticulata, Saxifraga cernua, S. rivularis, Sesleria coerulea, Sibbaldia procumbens, Sonchus alpinus, Spergula saginoides, Stellaria cerastoides, Veronica alpina unb V. saxatilis, bie mir unter 2000 F. nicht vorgekommen; unb es iſt nicht wahrſcheinlich, baß irgenb eine bieſer Arten bedeutend unter bieſer Höhe angetroffen werbe. 33 von 306, bleibt 273 Arten. Es bürften ſpäter noch einige hinzukommen.

Arten bie unter 1000 F. vorkommen. Es würbe uns zu weit führen, wenn wir ſie ſämmtlich angeben wollten, unb man kommt faſt leichter zum Zwecke, wenn man biejenigen Arten bemerkt, bie nicht baſelbſt getroffen werben. Außer ben bereits als nicht unter 2000 unb 3000 J. vorkommend angeführten Pflanzen, ſcheinen folgende ihre untere Gränze über 1000 F. zu erreichen: Arabis petraea, Azalea procumbens, Betula nana, Carex rigida, Epilobium alpinum, Hieracium alpinum, Juncus trifidus (ſelten unter 2000 F.), J. triglumis, Luzula spicata, Potentilla alpestris, Saussurea alpina unb Silene

acaulis. In Nord- und Westhochschottland trifft man außerdem noch einige unter 1000 F., allein sobald wir Hochschottland verlassen, verschwinden sie aus den niedrigern Gegenden. Diese sind: Alchemilla alpina, Arbutus alpina, A. Uva-ursi, Carex capillaris, Cornus suecica,
Draba incana, Dryas octopetala, Epilobium alsinifolium, Galium boreale, Meum athamanticum, Oxyria
reniformis, Pyrola secunda, Rubus Chamaemorus,
Saxifraga aizoides, S. stellaris, S. oppositifolia, Thalictrum alpinum, Tofieldia palustris.

Arten, die in unbestimmten Höhen vorkommen. — Außer den in vorstehenden Listen angeführten
Arten sind mehrere Gebirgspflanzen vorhanden, die ich selbst
nicht wachsend gefunden habe, die aber mehrentheils zwischen
2000 und 3000 F. angetroffen werden dürften. Diese ungemein seltenen Pflanzen sind von Hrn. G. Don und andern Botanikern gesammelt worden. Ajuga alpina, Arabis ciliata, Arenaria fastigiata, Bartsia alpina, Carex
Mielichhoferi, C. angustifolia, C. stictocarpa, C. hor-
deiformis, C. ustulata, Elyna caricina, Eriophorum
alpinum (soll auf Ben Lawers wachsen), E. capitatum,
Gentiana nivalis, Hieracium cerinthoides, Hierochloe
borealis, Lychnis alpina, Menziesia caetulea, Poa
laxa, Potentilla opaca, P. tridentata, Ranunculus
alpestris, Salix (verschiedene Arten), Saxifraga denudata,
S. elongella, S. laetevirens, S. caespitosa, S. pedati-
fida, S. muscoides, Stellaria scapigera, Thlaspi al-
pestre, Veronica fruticulosa. Ohne diese erreichen alle
früher aufgeführten Pflanzen, welche unter 1000 F. wachsen, die Zahl 306. Hätten wir einen vollständigen Catalog, so würde er wahrscheinlich 400 bis 500 enthalten, während in ganz Schottland etwa 1100 phanerogamische Pflanzen vorkommen. Die cryptogamischen Gewächse sind in dieser Liste ganz weggelassen. Stellen wir sie nun nach den
natürlichen Ordnungen zusammen, wie letztere im Hortus bri-
tannicus angenommen sind, so finden wir für die verschiedenen Höhen folgende Zahlen und Proportional-Zahlen.

Tabelle über die Höhe, in welcher die Hochschottischen
Pflanzen wachsen.

Natürliche Ordnungen	Anzahl			Proportionalzahl		
	1000 bis 2000 Fuß	2000 bis 3000 Fuß	3000 bis 4320 Fuß	1000 bis 2000 Fuß	2000 bis 3000 Fuß	3000 bis 4320 Fuß
Ranunculaceae . . .	8	6	3			
Cruciferae . .	9	7	5			
Cistineae . .	1	.	.			
Violariae . .	4	3	1			
Droseraceae . .	3	1	.			
Polygaleae . .	1	1	.			
Caryophylleae .	9	12	9			
Lineae . .	1	.	.			
Hypericineae . .	1	.	.			
Geraniaceae . .	2	1	.			
Oxalideae . .	1	1	1			
Leguminosae . .	13	7	1			

Natürliche Ordnungen	Anzahl			Proportionalzahl		
	1000 bis 2000 Fuß	2000 bis 3000 Fuß	3000 bis 4320 Fuß	1000 bis 2000 Fuß	2000 bis 3000 Fuß	3000 bis 4320 Fuß
Rosaceae . . .	20	12	5			
Onagrarieae .	4	3	1			
Halorageae .	1	.	.			
Portulaceae .	1	.	.			
Crassulaceae .	1	1	1			
Saxifrageae .	7	9	8			
Umbelliferae .	5	.	.			
Caprifoliaceae .	3	2	.			
Rubiaceae .	4	2	1			
Valerianeae .	1	.	.			
Dipsaceae .	1	1	.			
Compositae .	32	18	6			
Lobeliaceae .	1	.	.			
Campanulaceae .	1	1	1			
Vacciniae .	4	4	3			
Ericeae .	10	9	2			
Gentianeae .	2	.	.			
Boragineae .	4	1	1			
Scrophularineae .	14	8	3			
Labiatae .	7	2	1			
Lentibulariae .	1	1	.			
Primulaceae .	3	1	.			
Plumbagineae .	1	1	.			
Plantagineae .	2	1	.			
Polygoneae .	7	8	3			
Euphorbiaceae .	2	.	.			
Urticeae .	3	1	.			
Amentaceae .	14	10	2			
Coniferae .	2	2	.			
Empetreae .	1	1	1			
Juncagineae .	1	1	.			
Orchideae .	5	.	.			
Melanthaceae .	1	1	.			
Junceae .	10	10	6			
Cyperaceae .	18	20	7			
Gramineae .	25	13	7			
Summa der Arten	273	183	80			
Summa der Ordnungen	48	38	25			

(Edinburgh new Philosophical Journal, by Rob. Jameson, Oct.
1832 — Apr. 1833.)

Kurzer Bericht über die Fälle von Girsupah in Nord-Canara auf der Westküste des Gebiets von Madras.

Aus im Januar 1832 aufgesetzten Bemerkungen eines ärztlichen
Beamten.

Die Fälle von Girsupah sind von Europäern so wenig besucht
worden, daß man sie in Europa noch kaum dem Namen nach kennt.
Sie sind vorzüglich merkwürdig durch die beispiellose Tiefe des Abgrunds, in welchen sie stürzen. Diese beträgt 892 Fuß, und es
dürfte in allen bekannten Theilen der Erde kein höherer Wasserfall
existiren. Dagegen ist die herabstürzende Wassermasse nicht sehr
beträchtlich, der Fluß ist breit und steinig, und fließt in mehreren
abgesonderten Bächen bis auf eine kurze Strecke von dem Haupt-
sturz, wo ein Theil des Wassers sich abzweigt, um den 2ten, 3ten
und 4ten Fall zu bilden. Wenn man bis an den Rand des Abgrunds vorschreitet, wo sich ein überhängender Felsen befindet, so
kann man ohne Gefahr in den furchtbaren Abgrund hinabblicken
und drei der Fälle in Augenschein nehmen, von denen zwei von
einander unabhängig sind, und der dritte, welcher schräg über eine

Felsenplatte schießt, sich etwa 300 Fuß tief in der Luft mit dem Hauptfalle vereinigt. Kriecht man nun auf einen platten Felsen, welcher über den Hauptfall hängt, so kann man die ganze Wassermasse des letztern mit den Augen in den Abgrund hinunter verfolgen; bis etwa ⅔ der Tiefe zeigt sie sich in Gestalt eines gewaltigen Schaumbogens, und dann wie eine funkelnde Wolke von Sprühregen, welche das Becken, worein das Wasser fällt, den Blicken großentheils verbirgt. Von keinem obern Standpunct aus kann man den Boden der Schlucht recht deutlich sehen, weil sich von dem unten zerstiebenden Wasser so viele Dünste erheben, die in allen Farben des Regenbogens glänzen. Die andern beiden Fälle enthalten weniger Wasser, stürzen aber von höhern Felsenwänden herab, und bieten unten ähnliche Erscheinungen dar. Die Schlucht selbst ist außerordentlich merkwürdig, und nimmt sich aus, als ob eine ungeheure Felsenmasse plötzlich durch ein Erdbeben auseinandergerissen worden wäre. Die Wände sind beinahe senkrecht, und die Schlucht soll bei ihrer Mitte 300 Fuß breit seyn. Wir stiegen in dieselbe hinab, ein Unternehmen, was sich jetzt nur selten ausgeführt worden ist. Zuerst mußten wir über den Fluß setzen, was wegen der vielen Steinblöcke des Bettes nicht ohne Schwierigkeit bewerkstelligt werden konnte; alsdann begaben wir uns auf einem Pfade zu der Stieg, auf welchem man hinabklettert, und der sich am hintersten Ende des Abgrunds befindet. Das Hinabsteigen war langwierig, ermüdend und nicht gefahrlos; bald machten sich rohe, unregelmäßige Stufen vor, bald mußten wir über schräge Flächen gewaltiger Felsen rutschen; die Stufen hat der Nuggar Rajah anlegen lassen, und ohne dieselben würde es unmöglich seyn, den Boden der Schlucht zu erreichen. Dort angelangt, sahen wir uns für unsere Mühe reichlich belohnt. Die furchtbaren Felsen im Becken, die auf allen Seiten emporstiegenden Wände, die von denselben herabstürzenden Schaumwogen bildeten zusammen einen großartigen Anblick. Die ganze Schlucht war mit Nebelwolken gefüllt, die hin- und herzogen und die Felsen naß, den Tritt unsicher machten. Wir konnten uns nur kurze Zeit dort aufhalten, zumal da wir uns beim Herabsteigen sehr erhitzt hatten, und die kalte, feuchte Zugluft uns sehr schädlich seyn konnte. Die Tiefe des Abgrunds wurde vor einiger Zeit auf folgende Weise gemessen. Man errichtete ein Gerüste, welches über den Felsenwand hinausragte, und ließ von diesem aus ein Seil mit einem Gewicht hinab. Unten standen Leute, welche, sobald das Gewicht den Boden erreichte, am Seile zogen, Flinten abschossen und Flaggen schwenkten. Dieses Verfahren wurde später mehrmals wiederholt, und das Resultat differirte von dem ersten nur um 14 Fuß. Man kann nach diesen Messungen die Höhe zu 892 Fuß annehmen. Das Hinauf- und Hinabsteigen nahm, mit Einschluß des Watens durch den Fluß, beinahe 2 Stunden in Anspruch. Wir machten unsern Ausflug im Monat Januar, wo der Wasserstand den Besuchenden gestattet, sich bis an den Rand des Abgrunds zu begeben. Zur Zeit, wo die Monsuhns wehen, ist der Fluß so voll, daß das Wasser einen einzigen großen Sturz bildet, wodurch allerdings die Scene an Großartigkeit gewinnen muß, aber auch zugleich verhindert wird, daß man sich dem Rande des Abgrunds nähern und in die Schlucht hinabsteigen kann. Die Reise nach den Fällen von Girsupah läßt sich von jedem Theile der Westküste aus leicht bewerkstelligen. Man kann bis Ibonore auf Pattismas (eine Art Boote) fahren, und dann die 16 Meilen bis Girsupah stromaufwärts zu Lande machen. Dort befindet sich ein Bungalow (Absteigehütte), und von da kann man über den Bergpaß Allawallah sich nach den 6 Meilen entfern-

ten Fällen begeben. Der Weg führt durch malerische Gegenden. (Edinb. new philos. Journ., by Rob. Jameson. Jan.—Apr. 1833.)

Miscellen.

Ueber das Daseyn vier verschiedener Herzen, bei mehreren Amphibien, welche regelmäßig pulsiren und mit dem Lymphgefäßsysteme in Verbindung stehen, sind der Royal Society in London vom Professor J. Müller Mittheilungen gemacht worden. Derselbe hatte schon seit lange bei Fröschen unmittelbar unter der Haut große Lymphräume gefunden, aus welchen diese Flüssigkeit durch Einschnitte leicht gesammelt werden konnte. Diese Lymphbehälter sind bei dem Frosch größer, als bei andern Amphibien, aber alle Thiere aus dieser Classe sind mit merkwürdigen pulsirenden Organen versehen, welche die Lymphe in die lymphatischen Gefäße treiben, ebenso, wie dieß beim Herzen mit den Arterien mit dem Blute der Fall ist. Beim Frosch liegen zwei solche Lymphherzen hinter dem Hüftgelenk unmittelbar unter der Haut. Die Zusammenziehungen geschehen regelmäßig und können durch die Haut hindurch gesehen werden, sie sind aber weder mit den Bewegungen des Herzens, noch mit denen der Lunge synchronisch, und dauern nach Entfernung des Herzens und selbst nach der Zergliederung des Thieres noch fort. Die Pulsationen dieser Organe geschehen auf beiden Seiten nicht zugleich, sondern alterniren oft unregelmäßig. Es scheint, nach Müller's Untersuchungen, daß die Lymphe der hintern Extremitäten und des untern Theiles der Unterleibs durch diese Herzen in den Stamm der Cruralvenen geführt wird; hierbei fand sich die Anordnung des Venensystemes des Frosches am hintern Theile seines Körpers eigenthümlich, indem eine große Queeranastomose zwischen der vena ischiadica und cruralis vorhanden ist, welche zur vorderen Medianvene des Unterleibs hinläuft und das Blut theils in die vena portae, theils in die Nierenvenen liefert. Auch hat Müller zwei vordere Lymphherzen beim Frosch gefunden, welche zu jeder Seite auf dem großen Queerfortsatze des dritten Amphiden, aber alle Thiere des hintern Endes der scapula liegen, und beinahe zu groß sind, als die hintern; sie nehmen die Lymphe aus den vordern Körpertheile, vielleicht auch aus dem Darmcanal auf. Aehnliche Organe fanden sich bei den Kröten, Salamandern und grünen Eidechsen. Nach Müller's Meinung existiren sie bei allen Amphibien. (Proceedings of the Royal Society, No. 11.)

In Beziehung auf das Brüten hat Hr. J. A. Knight der Linnei'schen Gesellschaft zu London am 4ten Juni seine Beobachtungen über einen Vogel mitgetheilt, der sein Nest in einem der Treibhäuser des Hrn. Kn. gebaut hatte. Der Vogel legte vier Eier, brütete sie über des Nachts, wo die Temperatur in dem Treibhause auf 75° fiel, und verließ dann sein Nest unter Tags, wo die Hitze des Hauses zum Brüten hinreichend war; und zeigte also, daß er den Wärmegrad genau kenne. Drei junge Vögel wurden auf diese Art glücklich ausgebrütet.

Raschere Verdunstung von Flüssigkeiten aus Haarröhrchen, als aus weiteren Röhren hat Dr. Gustav Magnus durch directe Versuche, gegen alles Erwarten, gefunden, und erklärt es daraus, daß in den engeren Röhren die Flüssigkeit sich vermöge der capillaren Attraction des Glases an diesem sehr stark in die Höhe zieht und dadurch eine relativ viel größere Oberfläche zur Verdunstung darbietet, als in weiten Röhren. (Poggendorf's Annal. XXVI. 3.)

===============================

Heilkunde.

Ueber die Varicen und ihre Heilung.
Von A. Velpeau.

Obgleich die Varicen keine eigentlich gefährliche Krankheit ausmachen, so können sie die daran Leidenden doch sehr belästigen, und können daher Gegenstand einer chirurgischen Behandlung werden. Die Belästigung, die üble Form, die Geschwüre, die Blutungen, welche Folge derselben sind, erklären es, warum man sich von jeher sehr mit ihrer Behandlung beschäftigt hat. Schon die Alten bedienten sich der Abstringentien, der austrocknenden und auflösenden Mittel und des Druckverbandes. Dies war und ist noch jetzt bloß palliative Behandlung, zur Radicalheilung bedarf es einer eigentlichen Operation. Entweder man stach oder schnitt die Varicen nach Hippokrates und auch nach Paré's und Dionis's Rath an, um sie zu entleeren, oder man faßte nach Avicenna die Vene an zwei von einander entfernten Puncten mit einem Faden, unterband sie und schnitt den Zwischenraum weg, entleerte das Blut durch Streichen so viel als möglich und brannte die obere Venenmündung und den ganzen Wundcanal aus. Albucasis hemmte den Blutlauf durch die Vene, öffnete sie an mehreren Stellen, und ließ sie lang ausbluten; noch andere arabische und griechische Aerzte wandten ähnliche Mittel an. Dionis, und nach ihm die neuern Wundärzte, beschränkten sich fast ganz auf den Gebrauch eines künstlichen, vermittelst der Rollbinde gemachten, einem Strumpfe ähnlichen Druckverbandes. Die ältern Operationen der Griechen und Araber wurden erst in der neuesten Zeit wiederum versucht.

1. Die Excision ist bloß für jene großen Geschwülste und dicken varicösen Knollen anwendbar, welche bisweilen an den Beinen vorkommen, und selbst bei diesen ist es noch nicht ausgemacht, ob man nicht auf einfacherm Wege zu demselben Ziele gelangt.

2. Die Ligatur ist von Sir Everard Home und von Beclard häufig angewendet worden. Vermittelst Durchschneiden, einer Hautfalte legt man die Vene bloß, führt einen Faden um sie herum, zieht die Ligatur zu und schneidet unmittelbar oberhalb derselben das Gefäß durch. Man kann auch wohl Haut und Vene auf einmal durchschneiden, und dann das untere Venenende unterbinden. Home's Verfahren ist von Andern, jedoch mit minderm Erfolg, wiederholt worden. Physik und Dorsey loben sein Verfahren nach vielfältigen Versuchen. Unter den 60 Operationen, welche Beclard in der Pitié ausgeführt hatte, hatten bloß zwei einen ungünstigen Ausgang. Es ist überdies schwer zu begreifen, wie diese Ligatur, wenn sie richtig angelegt wird, Schmerz und Tetanus veranlassen, oder warum sie häufiger als andere Methoden Entzündung der nach dem Herzen laufenden Vene herbeiführen sollte.

3. Incision. Richerand versprach sich von einer ausgedehnten Spaltung der varicösen Knoten einen sichern Erfolg und ich habe ihn diese Operation mehrmals ausführen sehen, ja ich habe sie sogar selbst mehreremal gemacht; der einzige Kranke aber, den ich auf diese Weise in der Pitié behandelt habe, starb am 9ten Tage. Man schneidet in einer Ausdehnung von 4—8 Zoll mit einem scharfen convexen Bistouri tief in die Varicen ein, drückt die Blutklumpen aus, füllt dann die Wunde mit Charpie aus und verbindet sie mit Cerat; sobald dann die Venenöffnungen geschlossen sind, kann man sich eines einfachen Verbandes bedienen. Beclard und Richerand haben sehr häufig glücklichen Erfolg von dieser Behandlung gesehen; bei ausgedehnten Wunden, welche sie bildgen, haben jedoch für die Kranken etwas sehr Abschreckendes, auch sieht man in der That nicht recht den Grund derselben ein.

4. Die einfache Durchschneidung an einer gewählten Stelle oder an mehreren Zweigen scheint mir offenbar vorzuziehen zu seyn. Ich habe diese Methode 37mal in dem Hospital St. Antoine und in der Pitié in Ausführung gebracht. Einer der Kranken starb allerdings am 12ten Tage, aber unter so eigenthümlichen nervösen Erscheinungen, daß der Tod mehr Folge der nervösen Aufregung bei der Operation gewesen zu seyn scheint, was auch dadurch bestätigt wird, daß sich gar keine Spur von Phlebitis oberhalb der Wunde fand. Nichts ist einfacher als diese Operation; man hebt die Vene in einer Hautfalte in die Höhe, stößt ein schmales Bistouri ein, und schneidet sie in einem einzigen Zuge durch. So macht man nach und nach die Durchschneidung aller etwas voluminösen Venen, welche aus dem Varicengeflecht kommen, wenn man es nicht etwa passender findet, den Stamm der saphena in der Nähe des Kniees zu durchschneiden. Es fließt nun sogleich das Blut sehr reichlich aus und man läßt es, je nach dem Kräftezustand des Kranken, längere oder kürzere Zeit fließen. Hierauf wird die Wunde mit einigen Charpiekugeln und mit einem mit Cerat bestrichenen Plumasseau bedeckt. Wollte man durch unmittelbare Vereinigung heilen, so könnte sich das Lumen der Vene wiederherstellen und der Zweck der Operation unerreicht bleiben.

Brodie hoffte die Phlebitis sicherer zu vermeiden, wenn er die Venen bloß der Queere nach durchschnitt, indem er dabei bloß einen rundlichen Einstich in die Haut machte; die Spitze des Instrumentes wird dabei zuerst durch die Hautdecken und die eine Seite des Gefäßes durchgestoßen, hierauf platt zwischen der Haut und der Vene nach der andern Seite des Gefäßes hingeführt, hierauf mit der Schneide wiederum gegen das Gefäß gewendet, welches dann durchschnitten wird, indem der Operateur dann etwas rasch vom gekrümmten Messer eine Bewegung macht, als wolle er die Vene zu der Hautwunde herausziehen. Carmichael und Bougon haben sich dieses Verfahrens ebenfalls mit Glück bedient, Beclard dagegen behauptet nach seinen Versuchen, daß es nicht allein nicht vor Phlebitis und Pseudo-Erysipel sichere, sondern bisweilen auch nicht einmal die Verschließung der Vene bedinge.

5. Das Ausschneiden der Vene oder die Resection wurde schon von den Arabern verrichtet und soll in der neuern Zeit Lisfranc genügende Resultate gegeben haben als die einfache Incision; indem sich hierbei die beiden Venenenden sogleich unter die Wundränder zurückziehen, so etwa leiden sie nicht länger die Einwirkung der äußern Luft, und diese soll, nach Brodie und Lisfranc, die Hauptursache der Phlebitis seyn.

Fragen wir nach dem Zweck der Operation, so beschränkt dieser sich bloß auf die Obliteration varicöser Venen. Alle die angeführten Behandlungsarten, selbst die complicirtesten derselben, können bloß dieses Resultat herbeiführen; bei der Wahl einer einzelnen kömmt es also bloß darauf an, dasjenige Verfahren herauszufinden, welches mit dem geringsten Schmerz, mit der geringsten Schwierigkeit und besonders mit der geringsten Gefahr verbunden ist. Meiner Ansicht nach

———

ist ein Queerdurchschnitt der Vene, wobei man die Haut mitfaßt, eben so wirksam als die übrigen Operationen, während er zugleich die möglichste Einfachheit für sich hat; er ist mit der größten Leichtigkeit in einem Augenblick verrichtet, erregt fast gar keinen Schmerz und unterscheidet sich im Ganzen überhaupt kaum von einer gewöhnlichen Aderlässe. Die von Home und Beclard so gerühmte Ligatur macht bloß die Operation länger dauernd und gefährlicher. Die Art, wie Brodie die Vene unterhalb der Haut durchschneidet, kann bloß einen Bluterguß in das Zellgewebe unter der Haut veranlassen, wodurch Zellgewebsentzündung und Abscesse entstehen müssen; ist wohl überhaupt die Trennung der Haut bei einer solchen Operation dasjenige, was nur im Geringsten beunruhigen könnte? Daß die Einwirkung der Luft auf die bloßgelegten Venen nicht Ursache der bisweilen vorkommenden Zufälle sey, ist jetzt hinreichend erwiesen. Was die langen Incisionen und Ercisionen betrifft, so kann davon bloß dann die Rede seyn, wenn die Varicen große, schmerzhafte Massen bilden.

Vor allem aber läßt sich die Frage aufwerfen, ob man überhaupt selbst die mildeste Operation gegen diese Krankheit in Anwendung bringen dürfe. Ist es nicht etwas, das menschliche Gefühl Empörendes zu sehen, wie Phlegmone, Erysipelas, Eiterhöhlen, Venenentzündung und so viele andere gefährliche Krankheiten Folge der Operation der Varicen seyn können? Warum will man sich nicht mit einem Schnürstrumpf oder einer Zirkelbinde begnügen? Diese Einwürfe scheinen mir nicht ganz gegründet; die Behauptung, daß die Varicen an und für sich gefährlos seyen, ist grundlos; z. B. erzählt Chauffier einen Fall, wo die Zerreißung einer varicösen Vene bei einer schwangern Frau sehr rasch den Tod herbeiführte. Murat beobachtete einen gleichen Fall bei einer Wäscherin. Im Jahre 1827 wurde von den Herren Grimaud und Amussat der Académie de Médecine ein ähnlicher Fall von einem erwachsenen Manne mitgetheilt. Ich selbst habe im Jahre 1819 einen Landmann 24 Stunden nach Zerreißung eines Varir an Verblutung sterben sehen. Copernicus's Tod schreibt man derselben Ursache zu; und so giebt es Beobachtungen dieser Art noch viele. Ueberdieß kann man nicht sagen, daß die Schnürstrümpfe und ähnliche Bandagen so ganz ohne Unannehmlichkeit seyen. Endlich wird gewiß niemand behaupten wollen, daß jene so schwer zu heilenden Geschwüre, welche immer wieder aufbrechen, sobald der Kranke sich im Geringsten bewegt, und welche den Arzt und den Kranken zur Verzweiflung bringen, niemals den Tod herbeigeführt hätten, daß sie nicht bisweilen andere schwere Krankheiten veranlaßten, und daß sie nicht sogar bisweilen die Amputation eines Gliedes nöthig machen könnten.

Wenn es auf der andern Seite wahr ist, daß aus einem Einschnitt in die Vene bisweilen Zellgewebsentzündung, verschiedenartige Infiltrationen, ja selbst Phlebitis entstehen können, so kann man doch behaupten, daß diese Zufälle nur selten vorkommen und noch überdieß meistens leicht gehoben werden. Das letztere ist besonders der Fall, wenn man nach einer einfachen Incision, wie ich sie beschrieben habe, die Vorsicht gebraucht, so lange als noch Gefahr der Entzündung vorhanden ist, das Glied von unten bis oben in einen Druckverband einzuhüllen. Auf jeden Fall darf man nicht zu sicher auf die Wirksamkeit dieser Operationen rechnen, und muß sie überhaupt bloß dann ausführen, wenn sie die Kranken selbst verlangen, wenn die Venen in der Tiefe noch gesund sind, und wenn die Varicen bereits Zufälle hervorgebracht haben, durch welche die Functionen des befallenen Theiles gestört, oder die Gesundheit im Allgemeinen bedroht wird. (*Velpeau* nouveaux élemens de médecine opératoire, Vol. I.)

———

Versteckte Fractur des Oberschenkels.

Beobachtet von Dr. Murray zu Aberdeen.

P. D., 70—80 Jahre alt, fiel im Juni 1831, keineswegs heftig, auf das Trottoir, und zwar auf die linke Hüfte, und zog sich dadurch eine Verletzung der linken untern Extremität zu, durch die er bis an seinen Tod bettlägerig ward. Als ich ihn ungefähr 1 Monat nach dem Unfall zum erstenmal sah, war das Bein einigermaßen verkürzt, und der Fuß schien bei verschiedenen Untersuchungen, sowohl im, als außer dem Bette, bald die Neigung zum Auswärtskehren, bald die zum Einwärtsrichten zu haben. Die Hüfte war geschwollen und in der Gestalt verändert; insbesondere fand sich unter dem trochanter major eine bedeutende Auftreibung, und dieser Fortsatz befand sich auf der kranken Seite viel näher an der crista ossis ilei als auf der entgegengesetzten. Bei Bewegung entstand ein ungewöhnlicher Ton, ich konnte aber nie ein deutliches Knirschen, wie von gebrochenen Knochen, wahrnehmen. Der Patient gestattete keine Behandlung, und starb 3 Monate nach der Beschädigung. Ueber die vor dem Tode eingetretenen Symptome kann ich nichts Näheres angeben.

Als ich den Patienten zum erstenmal sah, hatte ich Gelegenheit, das Glied dem Wundarzt Hrn. Mitchell von Rennay zu zeigen, und es wurde später von mehreren hiesigen Aerzten besichtigt. Es wurden verschiedene Erklärungen über die Beschaffenheit des Leidens gegeben; Manche betrachteten dasselbe als eine einfache, Andere als eine mit einem Knochenbruch complicirte Verrenkung; noch Andere als einen Bruch, unmittelbar unter den Trochanteren, oder als einen Bruch des Schenkelbeinhalses. Obwohl ich meiner Sache nicht gewiß war, so neigte ich mich doch zu der letzten Ansicht hin.

Ich hielt es nicht für möglich, daß der große Trochanter so weit über seine gewöhnliche Lage rücken könnte, wenn dieser Fortsatz noch mit der Pfanne verbunden wäre, und man schien daher annehmen zu müssen, daß der Trochanter entweder vermöge einer Verrenkung, oder in Folge eines Bruchs des Schenkelbeinhalses von der Pfanne abgelöst sey. Bei der Section ergab sich jedoch aus der höchst ungewöhnlichen Beschaffenheit der Theile, daß diese Ansicht nicht ganz gegründet war. Der geringe Grad von Heftigkeit des Sturzes, und das Alter des Patienten, machten es weit wahrscheinlicher, daß ein Bruch, als daß eine Verrenkung stattfinde; allein wenn Umstände vorhanden sind, die Symptome und Umstände gleich stark auf Verrenkung und Bruch des Schenkelbeins hindeuten, so kann man viel eher auf Bruch zu schließen, indem es bei weitem das Gewöhnlichere ist. Die Richtung des Fußes deutete keineswegs entschieden auf einen Bruch hin; allein meiner Ansicht nach hängt die Richtung in dergleichen Fällen von verschiedenen Umständen ab, und kann also nicht durchgehends dieselbe seyn. Ich behandelte einmal einen Knaben, der beide Schenkelknochen gebrochen hatte, und bei meinem ersten Besuche fand ich ihn mit einander zugekehrten Füßen auf dem Rücken liegen.

Im obigen Falle ließen sich jedoch nicht alle Umstände aus der Annahme eines Bruchs des Schenkelbeinhalses erklären. Dieses Leiden stellt sich gewöhnlich ziemlich unverkennbar dar; allerdings hat man

es häufig übersehen, und deſſen Ermittelung iſt noch jetzt keines=
wegs leicht, allein da ich in dieſem Puncte ſelbſt ziemlich viel Er=
fahrung habe, ſo kann ich behaupten, daß ein Wundarzt, dem es
nicht an Urtheil gebricht, bei gehöriger Aufmerkſamkeit in dieſer
Beziehung nicht leicht einen Mißgriff begehen werde. Daß ein
Bruch des Schenkelbeinhalſes ſtattfinde, läßt ſich faſt mit Beſtimmt=
heit annehmen, wenn das Glied verkürzt iſt, die Zehen auswärts
gekehrt ſind, und zugleich kein entſchiedenes Knirrſchen ſtattfindet;
allein ſelbſt, wenn man dieſe Umſtände nicht in Betracht zieht, ſo
möchte ich im Allgemeinen ſagen, daß, wenn man einen Bruch des
Schenkelbeinkörpers (Röhre) oder eine Verrenkung (welche beide Ver=
letzungen ſich gewöhnlich deutlich erkennen laſſen), nicht anzunehmen
hat, und die Bewegungen des Schenkels zugleich nur ſo mangel=
haft ausgeführt werden können, daß ſich dieß nicht aus einer blo=
ßen Verletzung der weichen Theile erklären läßt, ein Bruch des
Schenkelbeinhalſes anzunehmen ſeh. In dem oben angeführten
Falle ergaben ſich bei der Leichenöffnung folgende Erſcheinungen.

Die den trochanter major benachbarten Muskeln zeigten ſich
mit ſchwarzem Blute infiltrirt, und es floß eine geringe Quantität
einer blutähnlichen Flüſſigkeit aus. Als man bis an den obern
Theil des Knochens gelangt war, fand man, daß die Finger oh=
ne Schwierigkeit in das Knochenzellgewebe der Schenkelbeinröhre
einführen ließ. Das Schenkelbein war dicht an den Trochanteren
nach der Queere gebrochen, und von dieſem Queerbruch aus er=
ſtreckte ſich in ſchräger, mehrere Zoll abwärts, ſo daß ein längli=
ches Stück von der Röhre abgelöſ't war, deſſen obern Theil der
trochanter major bildete. An keinem der gebrochenen Theile lie=
ßen ſich Spuren des Zuſammenheilens erkennen. Als man den
Kopf aus der Pfanne nahm, fand ſich das runde Ligament noch
an die letztere angeheftet, aber am andern Ende abgelöſ't; an der
Stelle, wo es gewöhnlich am Kopfe ſitzt, befand ſich eine rundliche
Vertiefung.

Ich weiß nicht, ob eine ſolche Trennung des ligamentum
teres ſchon oft bemerkt worden iſt. Dieß iſt der zweite mir vorge=
kommene Fall, in welchem ich, ohne irgend eine Verrenkung, dieſes
Band an einem ſeiner Enden getrennt fand.

(Edinburgh medical and surgical Journal, April 1833.)

Contraction des Armes, von Vernarbung einer Brandwunde herrührend, durch fortgeſetzte Aus= dehnung geheilt.

Ellen Gibſon von Edinburgh, 10 Jahr alt, wurde am
13ten September in's Hospital aufgenommen; einer ihrer Arme
wurde durch eine dicke, breite Narbe, welche von einem Brand=
ſchaden herrührte, der vor 4 Monaten dadurch entſtanden war,
daß ihre Kleider Feuer gefangen hatten, in ſpitzwinkeliger Beugung
erhalten. Im hintern Theil der Schulter und der Seite befanden
ſich noch große ſchwärende Stellen, doch wurde das Mädchen haupt=
ſächlich deßhalb in's Hospital gebracht, damit der Arm, wo mög=
lich, wieder gerade würde. Dieß durch Ausſchneidung der Narbe
zu bewirken, war offenbar unthunlich, und Hr. Symes entließ die Pa=
tientin mit Waſchmitteln wegen des Geſchwüres; ſie kehrte bald zu=
rück, und man hatte ihr die Wichtigkeit einer auch nur theilweiſen
Beſeitigung der Contraction ſo dringend vorgeſtellt, daß man den
Verſuch zu machen beſchloß, dieſen Zweck durch fortgeſetzte Aus=

dehnung zu bewirken. In dieſer Abſicht befeſtigte man mittelſt
einer Binde an den Arm einen Draht, der zu einem etwas weni=
ger ſpitzen Winkel als der Arm gebogen, und mit Flanell bedeckt
war. Jeden Tag wurde der Winkel etwas größer gemacht und
nach Verlauf von 6 Wochen hatten wir das Vergnügen, den Draht
ganz gerade zu ſehen. Die Patientin wurde den 12ten December
entlaſſen, und befindet ſich vollkommen wohl. (Ebend.)

Miscellen.

Von Oeſtruslarven bei Menſchen iſt ſchon einigemal
in den Notizen die Rede geweſen. In der Sitzung der Académie
des Sciences zu Paris vom 3ten Juny hat Hr. Roulin darüber
eine Mittheilung gemacht, nach welcher nicht die Wiederkäuer und
Nagethiere allein von dieſem Inſect geplagt werden. Hr. R.
hat im Jahr 1815 in den Cordilleren Columbiens einen drei Jahr
alten weiblichen Tiger geſchoſſen, der in ſeiner Haut, beſonders in
der Seite, wohl an hundert Oeſtruslarven hatte. In Surinam hatte
Hr. Powſhip Gelegenheit, einen Soldaten zu beobachten, auf
deſſen Rücken ſich eine ſehr hervorragende Geſchwulſt befand, aus
welcher man eine Oeſtruslarve hervordrückte. In dem Bergwerke
von Santana der Provinz Mariquita beobachtete er einen Zim=
mermann, welcher mehrere Monate lang an dem Scrotum eine
Geſchwulſt hatte, die ſich nicht eher zertheilte, als bis man eine
Larve aus derſelben genommen hatte. Hr. Roulin hat 1827 zu
Mariquita einen ähnlichen Fall geſehen. Der Kranke hatte am
Scrotum eine koniſche Geſchwulſt, die etwa 7 — 8 Linien hoch war
und an der Baſis zwei Zoll im Durchmeſſer hielt; die Spitze der=
ſelben war ſehr roth und in der Mitte von einer Oeffnung durch=
bohrt, welche nicht mehr als 1 Linie Durchmeſſer hatte; nachdem er
ſelbige mit einer Lanzette vergrößert hatte, zog er eine keilen bin=
förmige, wenigſtens 10 Linien lange und 5 bis 6 Linien im Durch=
meſſer dicke Larve heraus, welche mit mehrern Reihen ſehr kurzer,
ſchwarzer Haare oder Stacheln beſetzt war. Sie glich den Larven,
welche in jenen Gegenden ſich ſehr häufig auf den Hausthieren
einniſten.

Ein merkwürdig lange dauernder Scheintod, wel=
cher indeß wie gewöhnlich zuletzt in wirklichen Tod überging, kam
im vorigen Jahr zu Paterborn bei einem jungen Manne vor.
Die Leiche ſchlug nach dem Bericht des Dr. Schmidt am erſten
Tage plötzlich die Augen auf; am zweiten erfolgte eine conſiſtente
Darmausleerung, am fünften wurde eine Bewegung der Hand
bemerkt, am neunten trat ein kalbſeitiger Schweiß ein. Wunden
von Siegellack, welches als Belebungsmittel aufgetröpft wurde, ei=
bungsverſuche blieben erfolglos; der wirkliche Tod trat aber nach
des Arztes Ueberzeugung erſt nach dem neunten Tage ein. Die
Verblutung konnte aber erſt am 21ſten Tage ſtattfinden, da erſt
am 20ſten Tage deutliche Verweſungsſymptome eintraten. (Med.
Zeitung II.)

Der Schooskorpelſchnitt iſt kürzlich von Hr. Bau=
belocque zu Paris auch von ihm veränderten Methode vorge=
nommen worden. Nach der der Academie der Wiſſenſchaften ge=
machten Anzeige wurde das Kind lebend ausgezogen, und wird von
der Mutter geſtillt, welche keinen der Zufälle erlitten hatte, welche
ſonſt die Operation zu begleiten, oder ihr zu folgen pflegen.

Bibliographiſche Neuigkeiten.

An english Index to the plants of India. Compiled by *H. Pid-
dington*, foreign Secretary of the Agricultural and Horticul-
tural Society. Calcutta 1832. 8.
Flora Indica; or description of Indian plants. By the late
Wm. Roxburgh M. D. A new Edition, edited by *W. Carey*.
Vol. I. et II. Calcutta 1832. 8. (Das Werk iſt mit vier Bän=
den vollſtändig.)

Ueber den Zuſtand der Heilkunde und über die Volkskrankheiten in
der europäiſchen und aſiatiſchen Türkei, von Dr. *Fr. Wilh.
Oppenheimer*. Hamburg 1833. 8. (Ein ſehr reichhaltiges Buch!)
Practical observations in Midwifery, with a Selection of Cases.
By *John Ramsbotham*, M. D. late Lecturer on Midwifery of
the London Hospital etc. London 2 Vol. 1832. 8. (Der erſte
Theil iſt ſchon 1821 erſchienen und damals in No. 1 dieſer No=
tizen aufgeführt.)

Notizen
aus
dem Gebiete der Natur- und Heilkunde.

Nro. 803.   (Nro. 11. des XXXVII. Bandes.)   Juli 1833.

Gedruckt bei Loffius in Erfurt. In Commiſſion bei dem Königl. Preußiſchen Gränz-Poſtamte zu Erfurt, der Königl. Sächſ. Zeitungs-Expedition zu Leipzig, dem G. H. F. Thurn und Tariſchen Poſtamte zu Weimar und bei dem Landes-Induſtrie-Comptoir. Preis eines ganzen Bandes, von 24 Bogen, 2 Rthlr. oder 3 Fl. 36 Kr., des einzelnen Stückes, 3 ggl.

Naturkunde.

Sind ſeit der Erſcheinung des Menſchen Land-thiere verſchwunden, und hat der Menſch gleich-zeitig mit den Thierarten gelebt, welche jetzt verloren gegangen ſind, oder wenigſtens keine Repräſentanten auf der Erde mehr zu haben ſcheinen?

Von Marcel de Serres.

In meiner erſten Abhandlung über dieſe Frage *) habe ich bewieſen, daß, weil menſchliche Knochen, oder Gegenſtände der Kunſt ſich in den Formationen befinden, wo auch gänzlich verloren gegan-gene Arten angetroffen werden, wohl ganze Thierarten ſeit der Er-ſcheinung des Menſchen erloſchen ſeyn müſſen; jenen aber, wie es mir ſcheint, zu der nämlichen Folgerung durch Beweiſe anderer Art, als obige geologiſche Thatſachen, gelangen. Und dieſen Be-weis will ich jetzt zu führen verſuchen.

Die alten Monumente Aegyptens, Griechenlands und Ita-liens bieten eine große Menge ausgehauener, oder abgebildeter Thie-re dar, von denen ein Theil der wirklich exiſtirenden, ein anderer Arten angehört, die als Gebilde der Phantaſie betrachtet werden. Letztere ſind indeſſen nicht bloß ein Spiel der Phantaſie; die ver-ſchiedenen Theile, aus denen ſie zuſammengeſetzt ſind, ſcheinen be-ſtändig aus Theilen, oder Hälften wirklicher und exiſtirender Arten gebildet zu ſeyn, und jeder ſolcher Theil liefert eine genaue Dar-ſtellung des betreffenden Theiles des Geſchöpfes, von welchem er entnommen iſt. Wenn alſo die Alten in der Zuſammenſetzung die-ſer eingebildeten Geſchöpfe die Natur ſo treu copirt haben, war-um ſollte man zweifeln, daß ſie nicht daſſelbe bei wirklich exiſtiren-den Geſchöpfen auch gethan haben werden, deren Theile ſie ſämmt-lich ſo zuſammengeordnet haben, daß man dadurch nicht an mehrere verſchiedene Thiere erinnert wird?

Wenn unter dieſen letztern ſich welche befinden, von denen man auf der Erde keine Spur mehr findet, berechtigt dieſes nicht zu der Folgerung, daß die Arten derſelben ſeit den hiſtoriſchen Zei-ten erloſchen ſind?

Um die ganze Richtigkeit dieſer Schlußfolge begreiflich zu ma-chen, braucht man auf der Erde keine Spur mehr findet, berechtigt dieſes nicht terthums richtige Begriffe von den gegenſeitigen Beziehungen der verſchiedenen Theile eines und deſſelben Thieres, ſo wie von dem Zwecke hatten, den letzterer erreichen ſollte. Sie hatten zwar für

*) Siehe No. 790 und 791 der Notizen aus dem Gebiete der Natur- und Heilkunde.

ſich noch kein Lehrgebäude aufgeſtellt, machten aber doch beſtändig davon Anwendung in der Darſtellung der Geſchöpfe, deren An-denken ſie verewigen wollten. Eine ſo aufgeklärte Handlungsweiſe, welche dabei ſo ſtreng der Geſammtheit der Thatſachen entſpricht, verräth bei den Alten einen Beobachtungsgeiſt, deſſen Umfang und Schärfe man immermehr kennen lernt, je mehr man die Werke, welche ſie uns hinterlaſſen haben, erforſcht und würdigen lernt.

Ich will demnach zuerſt unterſuchen, ob die Maler, oder die Bildhauer des Alterthums die verſchiedenen Thiere, welche wir auf ihren Monumenten finden, wirklich genau dargeſtellt haben, und be-halte mir vor, ſpäter bis in Stein gehauenen, oder gezeichneten Ar-ten betannt zu machen, welche alle Bedingungen der Exiſtenz ver-einigen, aber gleich gewiſſen, in den Eingeweiden der Erde begra-benen Arten auf der Erdkugel keine Repräſentanten mehr zu ha-ben ſcheinen. Bevor ich aber letztere Arbeit der Oeffentlichkeit übergebe, glaubte ich das Verzeichniß der Thiere und einiger Pflanzen liefern zu müſſen, welche auf den Monumenten des Al-terthums ſo gut dargeſtellt ſind, daß man die Ueberzeugung gewinnt, ſie ſeyen treu nach der Natur ge-zeichnet.

Cuvier, den man als den Ariſtoteles der neuern Zeit be-trachten kann, ſcheint zuerſt auf die nothwendigen Uebereinſtimmun-gen, welche in der Wechſelbeziehung der Formen und in dem Zwe-cke begründet ſind, den das lebende Geſchöpf erfüllen ſoll, oder mit andern Worten, auf die Bedingungen, unter welchen es exiſtirt, auf-merkſam gemacht zu haben. Er hat zuerſt den fruchtbaren Grund-ſatz ausgeſprochen, daß jedes organiſirte Geſchöpf ein Ganzes, ei-nen einzigen und geſchloſſenen Organismus bildet, deſſen Theile mit einander im Einklange ſtehen und zu derſelben definitiven Thä-tigkeit durch eine gegenſeitige Anziehung beitragen. Keiner dieſer Theile, hat er geſagt, kann ſich verändern, ohne daß ſich die an-dern auch verändern; folglich zeigt einer von ihnen, einzeln genom-men, alle anderen an, und giebt ſie wieder.

Wenn alſo der Darmcanal eines Thieres ſo organiſirt iſt, daß er nur Fleiſch, und zwar friſches Fleiſch verdauet, ſo müſſen die Kie-fer des Thieres die Einrichtung beſitzen, eine Beute verſchlingen zu können; ſeine Krallen, um die Beute zu ergreifen und zu zerreiſ-ſen; ſeine Zähne, um ſie zu zerſchneiden und zu zerkleinern; die ſämmtlichen zur Bewegung dienenden Organe, um die Beute zu verfolgen und zu erreichen; die Organe der Sinne, um die Beute zu wittern, um aus der Ferne zu erblicken; es muß endlich die Natur in das Gehirn des Thieres den nöthigen Inſtinct gelegt ha-ben, daß es ſich zu verbergen und ſeine Opfer zu überliſten verſteht.

Alle dieſe Bedingungen ändern ſich, ſobald das Thier beſtimmt iſt, keine lebendige Beute zu ergreifen, ſondern von Kräutern zu leben, und ſie ändern ſich in ſolchem Grade, daß die geringſte Kno-

11

chenfläche, der kleinste Knochenansatz einen bestimmten auf die Classe, auf die Ordnung, auf die Gattung und auf die Art, welcher das Thier angehört, bezüglichen Character besitzen. Sobald man nur ein gut erhaltenes Knochenende hat, kann man auch jedesmal mit Anwendung und Hülfe der Regeln der Analogie und einer sorgfältigen Vergleichung die Stelle bestimmen, welche das Geschöpf in der Reihe der Thiere einnehmen muß, und zwar beinahe so sicher, als ob man das ganze Individuum besäße.

Ohne Zweifel haben die Alten nicht die Nothwendigkeit der Uebereinstimmung der Formen und der Organisation mit dem Zwecke gekannt, für welchen das Thier erschaffen ist, oder vielmehr haben sie nicht darauf eine an Resultaten fruchtbare Theorie gegründet; aber wie in Allem, was auf genauer Beobachtung der Natur beruht, hatten sie sich eben so richtige, als bestimmte Vorstellungen davon gemacht, von denen sie sich in der Praxis nie entfernten. Die Bildhauer und die Maler waren keineswegs die einzigen, welche sich mit dieser Gattung von Meditationen beschäftigten; die Philosophen und die Dichter hatten in dieser Hinsicht eben so richtige Begriffe. Man braucht sie nur zu lesen, um die Ueberzeugung zu gewinnen, daß sie den Grund der Nothwendigkeit der durch die Sinne wahrnehmbaren Uebereinstimmungen eingesehen hatten, denen die neuere Geologie den größten Theil ihrer Entdeckungen und ihre herrlichsten Resultate verdankt.

Man ist gewissermaßen überrascht, diese Verhältnisse so gut bezeichnet zu finden von einem Dichter, dessen Grazie keine tiefen Gedanken und eine genaue Beobachtung der Natur vermuthen lassen sollte, und dennoch beweis't uns Anacreon in seiner Ode über die Frauen, daß er die entgegengesetztesten Dinge mit einander zu verbinden wußte. So hatte er sehr richtig bemerkt, daß die Pferde allein ganze Hufe haben, daß die fleischfressenden Thiere und besonders die Löwen diejenigen Landthiere sind, welche ihre Kiefer am weitesten von einander entfernen können, so daß sie den größten Drachenrachen darbieten, wie seine eignen Ausdrücke sagen. Er hatte ferner beobachtet, daß die gehörnten Thiere gespaltene Hufe haben, und daß sie furchtsamen Nagethiere sich durch die Behendigkeit ihrer Füße auszeichnen. Der Dichter, indem er die verschiedenen Thiere durchgeht, bezeichnet sie, mit einem Wort, durch so bestimmte Züge, daß jedes von ihnen durch dasjenige Zeichen angedeutet wird, welches seine Art ganz eigenthümlich ist.

Diese Vorstellungen, so richtig sie auch befunden worden, sind indessen von Anacreon vielleicht als Erscheinungen vorgetragen worden, welche durch eine Art von Inspiration ihm entfallen worden, während in der Schule des Socrates, die durch Plato und Aristoteles so vielen Glanz gewann, sie gewissermaßen in ein allgemeines System neben einander gestellt worden waren. Und wirklich behauptete man Socrates, als er einen Urquell aller endlichen Ursachen aufstellte, daß in der Natur alles für seinen Theil an die Harmonie des Ganzen geknüpft sey, und zur Bildung der großen Kette beitrage, die von den rohesten Geschöpfen bis zur Gottheit selbst emporsteigt.

Dieser Grundsatz ist nun mit demjenigen der Bedingungen der Existenz, oder demjenigen der Zweckmäßigkeit der Theile und ihrer Anordnung in Uebereinstimmung mit dem Zwecke, den das Thier in der Natur erfüllen soll, ganz gleich. Aus diesen fruchtbaren Grundsage resultirt sich nun auch die Möglichkeit gewisser Aehnlichkeiten und die Unmöglichkeit gewisser anderer. Aus diesem ganz rationalen Grundsage läßt sich nun auch derjenige der Analogien des Planes und der Zusammensetzung mit einer Bestimmtheit ableiten, die für die Richtigkeit desselben spricht.

Noch nichts so Wahres und so allgemein Gültiges ist für die des Lebens beraubten Körper aufgenommen worden. Es ist in der That merkwürdig, daß in allen Epochen der Geschichte die Wissenschaft der organisirten Körper früher Fortschritte gemacht hat, als diejenige der nichtorganisirten (bruts).

Die Alten besaßen also einige theoretische Uebersichten und sehr richtige practische Begriffe über das Gesetz der Wechselbeziehung der Formen, von welchem Cuvier in unserer Zeit so herrliche und so zahlreiche Anwendungen gemacht hat. Um dieses begreiflicher zu machen, wollen wir zuerst jene einbeschränkten Geschöpfe betrachten, die, mit mythologischen Ideen in Verbindung stehend, auf den ersten Blick nichts Körperliches anzudeuten und das Erzeugniß einer eben so wunderlichen, als zügellosen Phantasie zu seyn scheinen. Studirt man mit Sorgfalt diese phantastischen Geschöpfe, so findet man, daß sie in jedem der Theile, aus denen sie zusammengesetzt sind, eine genaue Nachahmung der Natur und einen treuen Ausdruck ihrer Gesetze darbieten.

I. Mythologische, auf den Monumenten der Alten abgebildete oder ausgehauene Geschöpfe.

Die ersten dieser Geschöpfe, mit denen wir uns beschäftigen wollen, sind die Centauren oder Hippocentauren, die Onocentauren, die Bucentauren und die Taurocentauren. Der Minotaurus, die Satyrn, die Faune, die Pane, die Aegipane und die Faunisten sollen alsdann unsere Aufmerksamkeit in Anspruch nehmen; die einen und die anderen bieten irgend einen menschlichen Theil dar, indem sie entweder mit dem Kopf, oder mit dem Körper eines Menschen abgebildet sind. Die mythologischen Geschöpfe, welche die Alten den Kopf, oder den Körper unserer Art gegeben haben, oder auch beides zugleich, haben nie Extremitäten erhalten, die den obern Theilen entsprochen hätten, d. h., obgleich diese symbolischen Geschöpfe den Kopf, oder den Rumpf eines Menschen besitzen, so haben sie doch niemals die Füße desselben. Eben so verhält es sich mit allen denjenigen, welche gleich den Sphynxen, den Sirenen, den Harpyien, den Tritonen und den Nereiden etwas Menschliches besitzen. Dieses ist eine allgemeine Regel, von welcher die griechischen oder römischen Bildhauer fast niemals abgewichen sind, während sie von den Bildhauern des alten Aegyptens, die weit freier und weniger an bestimmte Regeln gebunden waren, wenig beachtet wurde.

Diese Bemerkung ist von Wichtigkeit, um die Monumente des Alterthums richtig zu verstehen; aber diese Ausnahme bei Seite gesetzt, so stimmen doch die Extremitäten, oder die Glieder der mythologischen Geschöpfe immer mit den Gewohnheiten und den Sitten überein, welche diesen Gottheiten zugeschrieben werden. Die Alten haben also die verschiedenen Theile ihrer fabelhaften Geschöpfe dergestalt geordnet, daß sie dieselben so darstellten, wie es die Gesetze einer den Gewohnheiten, die denselben zugeschrieben wurden, angemessenen Organisation verlangten. Die Formen, welche sie gewählt haben, widersprechen demnach niemals diesen Gesetzen. Denn wenn diese Geschöpfe an Wiederkäuer erinnern sollen, so sind ihre Extremitäten immer so, wie die vergleichen Thierarten haben müssen; während ganz das Entgegengesetzte eintritt, wenn sie in der Gesammtheit ihrer Compositionen an einhufige oder einzighufige Thiere haben erinnern wollen.

Was die Centauren, die Hippocentauren und die Onocentauren anlangt, mit denen wir uns zuerst beschäftigen wollen, so ist es bekannt, daß die Alten daraus Ungeheuer, halb Mensch und halb Esel, oder halb Pferd gemacht haben. Bleiben wir bei dieser Bildung stehen, so werden wir finden, daß sie ihnen nie gespaltene Hufe, oder die Extremitäten der Wiederkäuer gegeben haben, sondern immer diejenigen, welche den einzehigen oder einhufigen Thieren zukommen. Sie haben ihnen also immer die vollen Hufe gegeben, wodurch sich diese Thiergattung characterisirt. Haben sie auf der anderen Seite Bucentauren, oder Taurocentauren dargestellt, Ungeheuer, welche halb Mensch, halb Ochse oder Stier waren, so pflegten sie ihnen den Kopf dieser Thiere mit dem auf diese Thiere gespaltenen Menschen zu geben. Aber in Folge der Regel, die sie als Gesetz gelten ließen, haben sie ihnen auch Extremitäten zugetheilt, welche mit der Bildung ihrer Köpfe im Einklange standen, d. h., gespaltene Hufe, wie sie die Thiere zu haben pflegen, welche Hörner tragen.

Dieselben Grundsätze haben sie bei der Darstellung ihres Minotaurus geleitet, der auf einem Stierkörper einen menschlichen Kopf trägt. Dieser Kopf hätte Menschenfüße erheischt; so sie sich das Gesetz aufgelegt hatten ihren symbolischen Geschöpfen nie solche Füße zu geben, selbst wenn sie einen Menschenkopf trugen, so mußten sie dem Minotaurus, seinem Körper zufolge, mit den Füßen eines Wiederkäuers abbilden, wie dieses haben auch die Maler und die Bildhauer des alten Griechenlands' und Rom's beständig gethan. Es würde ohne Zweifel ganz nutzlos seyn, hier daran zu erinnern, daß die ägyptischen Künstler bei der Erfindung ihrer mythologischen Geschöpfe keine Regel befolgt haben, denn es würde keinen Gewinn bringen, sie aus dem Gesichtspuncte, auf welchen wir uns gegenwärtig gestellt haben, zu studiren.

Es giebt indessen eine Ausnahme, wenigstens eine scheinbare, von diesen Grundsätzen. Es liefert sie uns der Centaur, der, nach dem Berichte des Pausanias, auf dem Sarge des Cypselus mit vorderen Extremitäten, den Menschenfüßen ähnlich, und folglich dem Rumpfe conform, welcher den Kopf des Centauren trägt, dargestellt gewesen seyn soll. Mehrere Alterthumsforscher haben gleichfalls bemerkt, daß ähnliche Centauren mit menschlichen Vorderfüßen auf einigen Monumenten abgebildet gewesen sind; da sie aber diese Monumente nicht bezeichnet haben, so habe ich bis jetzt keine Gewißheit darüber erlangen können, ob ihre Behauptung gegründet sey. Angenommen, es habe mit dieser Sache seine volle Richtigkeit, so würde dieses vielleicht keine Ausnahme von der allgemeinen Regel bilden, weil diese fabelhaften Geschöpfe gewissermaßen einen doppelten Rumpf darbieten.

Wir werden ebenso die größte Aufmerksamkeit in der Zusammenstellung der sämmtlichen Formen bei den andern symbolischen Geschöpfen, — Früchten der glänzenden Einbildungskraft der Dichter und der Künstler des Alterthums, — finden. So sind, z. B., ihre Saturn, ihre Faunen und ihre anderen ländlichen Gottheiten, wie, z. B., die Pane, die Aegipane und die Faunisken, welche an die Geilheit der Böcke erinnern sollten, als haarige Menschen abgebildet, mit Hörnern auf der Stirn und Ziegenohren; beständig findet man, daß sie von den Alten nicht mit ganzen Hufen, sondern mit dem Schwanze der Ziege und den Füßen der Thiere mit gespaltenen Klauen dargestellt worden sind.

Die Uebereinstimmung der Wechselbeziehung der Formen ist von den Künstlern des Alterthums so gut aufgefaßt worden, daß es bei Fall seyn könnte, sie hätten die Beziehungen des Zahnsystemes mit den Organen der Bewegung, so wie auch die beständige Harmonie bemerkt, welche zwischen Organen besteht, die dem Ansehein nach einander so fremd sind.

Es ist wenigstens zuverlässig, daß sie die Beobachtung gemacht hatten, daß, so oft Thiere Hörner auf dem Kopfe tragen, ihre Klauen jederzeit gespalten sind. Die Zeichnungen, die uns von existirenden, oder eingebildeten Geschöpfen, die mit Geweihen, oder Hörnern bewaffnet sind, hinterlassen haben ebenfalls Organe der Bewegung dar, welche mit dieser Eigenthümlichkeit im Einklange stehen, selbst wenn diese Zeichnungen Hörner auf Menschenköpfen enthalten. Anderen Theils, was die wirklichen Thiere anlangt, wie, z. B., die Löwen, die Tiger, die Leoparden, die Hyänen, die Wölfe und die Füchse, und so viele andere fleischfressende Thiere, die auf den Monumenten des Alterthums gezeichnet, oder in Stein gehauen sind, so findet man immer das Ganze, wie die Details ihrer geringsten Theile im Einklange mit der Rolle, welche diese Thiere in der Natur spielen sollen. Man kann sich davon ganz leicht überzeugen, wenn man bloß die Augen auf die verschiedenen Monumente wirft, welche die Alten uns hinterlassen haben, um uns die ganze Macht der Harmonie zu beweisen. Orpheus, von welchem sie annahmen, daß er theils durch den Zauber seiner Stimme, theils durch die Melodie seiner Lyra die verschiedenen Thiere anlocke, giebt gewissermaßen von ihnen umgeben. Alle bieten ihre unterscheidenden Charactere dar: die fleischfressenden, die dickhäutigen, die nagenden, die einhufigen und die wiederkäuenden Säugerthiere sind hier durch ihre eigenthümlichen und charakteristischen Züge und mit hinlänglicher Richtigkeit angedeutet, um erkannt zu werden, wie man auch die Gottheiten des Alterthums an deren ihnen eigenthümlichen Attributen erkennen kann. Häufig haben sogar die Künstler des Alterthums die Genauigkeit bis zu Betrachtungen getrieben, die ungeachtet ihrer Wichtigkeit von den Naturforschern lange Zeit vernachlässigt worden sind. So haben sie, z. B., die Bemerkung gemacht, daß bei den Wiederkäuern mit Hörnern und mit Geweihen die Form und die Beschaffenheit der Hörner und der Geweihe keineswegs sich immer gleich bleibe, und daß man diese Verschiedenheiten benutzen könne, um diese Thiere unter einander zu characterisiren. Die natürliche Folge dieser Beobachtung war nun, die zu bestimmen, diese verschiedenen Theile mit der größten Genauigkeit darzustellen. Ein andermal heftete sich ihre Aufmerksamkeit auf minder wesentliche Theile,

und sie haben es, z. B., nicht vernachlässigt, mit Treue die Gestalt des Schwanzes zu zeichnen, in welchen der Rumpf gewisser Thiere endet. Wenn sie, z. B., Dickhäuter aus der Gattung der wilden Schweine abbildeten, so haben sie dieselben immer durch einen zurückgeschlagenen und gleichsam auf sich selbst umgeschlagenen Schwanz characterisirt. Besonders in den Schildereien, die sie uns von ihren Jagden hinterlassen haben, in denen eine große Menge verschiedener Thiere vorkommen, unter welchen wir Löwen, Tiger, Leoparden, wilde Schweine, Flußpferde, Hirsche, Elennthiere, Hasen, Kaninchen, Stiere, Pferde und Hunde verschiedener Racen, theils Hühnerhunde, theils Hofhunde, theils Windhunde anführen wollen, kann man die Ueberzeugung gewinnen, wieviel Sorgfalt die Alten anwendeten, um jeder Art, wie jeder Race ihre eigenthümlichen Charactere zukommen zu lassen.

Diese Genauigkeit wendeten, wie wir bereits erwähnt haben, die Alten nicht bloß bei der Darstellung wirklicher Geschöpfe an, sondern sie ließen sich bei derselben auch bei der Darstellung phantastischer, oder allegorischer Geschöpfe leiten.

Die Sirenen *) und die Harpyien, Ungeheuer, die zur Hälfte Weib und zur Hälfte Vogel waren, sind dafür ein neuer Beweis. Die ersteren, welche unaufhörlich damit beschäftigt waren, die unglücklichen zu tödten, welche der Zauber ihrer Stimme angelockt hatte, mußten so organisirt seyn, daß sie ihren grausamen Trieb befriedigen konnten. Auch haben die Maler und die Bildhauer, indem sie dieselben mit dem Kopfe eines Weibes darstellten. ihnen den Körper und die Beine eines Vogels, aber eines Raubvogels zugegeben. Ebenso haben sie es hinsichtlich der Harpyien gemacht, wenigstens diejenigen von ihnen, welche denselben ein Weibergesicht und Vögelbeine gegeben haben. Diese Beine, welche in krumme Nägel endigen, wie diejenigen der Geier, erinnern an die Gefräßigkeit, den vorherrschenden Character der Harpyien. Andere, welche mit dem Kopf, den Händen und den Füßen eines Menschen abgebildet hatten, haben ihnen immer die Geierflügel gelassen und die renohren zugegeben, weil die Bären von den Alten als Thiere betrachtet worden, deren Gefräßigkeit nur von den Ungeheuern übertroffen werden könnte, mit denen wir uns eben beschäftigen. Ihre verbergende Absicht wurde noch angedeutet durch den Helm, oder den Schild, mit welchem sie manchmal diese symbolischen Geschöpfe bewaffneten; aber bei allen solchen Ausrüstungen haben die Alten nie die Widersinnigkeit begangen, ihnen die Füße der Stelzenläufer, oder der Vögel mit Schwimmfüßen zu geben, weil das sanfte und furchtsame Naturell dieser Vögel mit demjenigen der Sirenen und Harpyien nicht im Einklange stehen konnte. Auf den verschiedenen Monumenten baargen, welche an die Fabel des Jupiter und der Leda erinnern sollen, ist der Schwan, dessen Gestalt der Beherrscher des Donners angenommen hatte, beständig mit dem Schnabel und den Füßen eines Schwimmvogels dargestellt. So durfte es nicht seyn bei den Stymphaliden, mysteriösen Vögeln, die aber zu den fleischfressenden gehörten. Auch haben sie die Bildhauer, um sich nach dem wilden Naturell derselben zu richten, welches ihnen zugeschrieben wurde, mit einem starken und scharfen Schnabel, ferner mit Füßen abgebildet, welche mit krummen Krallen bewaffnet waren. In Gemäßheit des Strebens ihres Geistes, die Natur genau nachzuahmen, haben sie ihnen niemals Sporen gegeben, und bekanntlich findet sich diese Bewaffnung nur bei Vögeln mit krummen Krallen, welche Thatsache die Alten sicherlich nicht a priori errathen konnten.

Ergriffen von den Beziehungen, welche zwischen der Organisation und der Bestimmung irgend eines Wesens bestehen, haben sie

---

*) Einige Künstler haben die Sirenen mit dem Kopf und dem oberen Theile des Körpers einer jungen Frau, mit Flügeln an den Schultern, abgebildet und den unteren Theil des Körpers mit einem solchen Ende versehen, wie es die Schwanzflosse zu haben pflegen. So haben die Münzen von Cumä die Sirene Parthenope abgebildet. Da es indessen leicht gewesen wäre, das so gestalteten Sirenen mit den Nereiden zu verwechseln, so haben wenige Bildhauer und Maler diese Gestaltungsweise derselben angenommen.

die Alten bis in ihre seltsamsten Compositionen, vielleicht ohne sich sonderlich Rechnung darüber abzulegen, erhalten, wie sie es auch in Bezug auf den Gesichtswinkel gethan haben. Sie hatten wirklich sehr gut bemerkt, daß der menschliche Kopf seinen höchsten Grad der Schönheit und der Großartigkeit erlangt, wenn der Gesichtswinkel, in Uebereinstimmung mit den andern Theilen, sich dem rechten Winkel nähert, während darüber hinaus das Antlitz den Ausdruck des Albernen annimmt und von seinem imponirenden Ansehen in dem Maaße verliert, wie dieser Winkel sich von 90° entfernt. Wenn man diese Regel in allen ihren Folgen auf Bildsäulen anwendet, welche an die Züge des Beherrschers des Olymps, oder an diejenigen des Apollo in der Schönheit einer göttlichen Jugend erinnern sollen, so haben die Alten sie jedoch nicht zum Gegenstand einer Theorie gemacht, an welcher wir, ohne die Geschicklichkeit Camper's, vielleicht noch immer zu rathen hätten.

Aber warum sind denn die neuern Bildhauer, welche besser, als jene bei Alterthums, die Regeln kennen, nach welchen die menschliche Gestalt alle die Schönheit annehmen kann, deren sie nur fähig ist, so weit hinter den Modellen und hinter den Meisterstücken zurückgeblieben, welche der Meisel der Alten hervorgebracht hat? Warum? Weil, wenn man einmal in den nachahmenden Künsten bis zum schönen Ideal gelangt ist, man nicht darüber hinaus kann. Aber um dahin zu gelangen, ist die Inspiration ein sicherer Führer, als die positivsten Regeln. In den schönen Künsten, wie in der Literatur, sind allerdings die Modelle immer früher gewesen, als die Regeln und ihre Anwendungen. Es ist also ausgemacht, daß in der Beobachtung der Natur die Alten eine Genauigkeit und eine Strenge bekundet haben, welche eben so verständige, als nachdenkende Menschen verräth. Nach den verschiedenen phantastischen Geschöpfen, mit denen wir uns beschäftigt haben, und welche geeignet zu seyn schienen, das Genie der Alten zu characterisiren, wollen wir uns nun mit ihren Sphinxen, mit ihren Greifen, ihren Tritonen, Nereiden und Seepferden beschäftigen; welche so oft auf ihren Monumenten vorkommen; wir werden auch hier dieselben Beziehungen wiederfinden, wie bei den verschiedenen allegorischen Geschöpfen, welche sie erdacht haben. So haben, z. B., die Sphinxe, die Symbole der Kraft und der Klugheit, fast beständig einen Menschenkopf mit dem Körper und den Klauen des Löwen. Die Greife dachte man sich analog den Adlern, den Geiern, ebenfalls mit starken Klauen versehen, wie man sie bei den Säugethieren findet, die ganz entschieden zu den fleischfressenden gehören, z. B., bei der Katzenfamilie; während die Seepferde beständig einbuchtige Füße, wie der Pegasus, hatten, der von dem gewöhnlichen Pferde der Triton nur durch die Flügel unterschieden war, mit Hülfe welcher er sich in die Lüfte erheben konnte.

Die Tritonen und die Nereiden, von denen wenigstens die ersteren an der Muschel, oder an der Trompetenschnecke erkennbar sind, die sie an den Mund zu halten pflegten, hatten einen Körper, welcher wie bei den Cetaceen sich endigte, d. h., wie bei den Säugethieren, welche die Gewässer der Meere bewohnen. Eben so verhielt es sich mit den Nereiden, von denen das daraus Geschöpfe machten, die halb Weib, halb Fisch waren, indem sie es mit denselben Namen nicht streng nahmen, sondern darunter Thiere verstanden, die im Schooße der Gewässer leben. Andere Bildhauer und Maler des Alterthums haben dagegen die Nereiden als Weiber von großer Schönheit dargestellt und ihnen alsdann alle Reize verliehen, welche ihre Einbildungskraft ihnen zu verleihen erlaubte, indem sie dieselben mit leichten, vom Winde bewegten Schleiern umgaben.

Selbst bei der Chimära, diesem aus Theilen verschiedener Thiere zusammengesetzten Ungeheuer, zeigt noch das Streben des Genies der Alten nach dem Wahren; wenn man die Theile, aus denen die Chimära zusammengesetzt ist, einen nach dem andern untersucht, so findet man in der That Uebereinstimmung mit denen, welche sie bezeichnen sollen. Und mögen sie auch dem Ungeheuer den Kopf des Löwen, den Schwanz eines Drachen und den Körper einer Ziege geben, oder mögen sie dem Ungeheuer den Körper des Löwen ertheilen, aus dessen Mitte sich der Kopf eines Wiederkäuers erhebt, und einen Schwanz, welcher in denjenigen einer Schlange ausläuft; so entfernen sie sich doch niemals von der

Wahrheit in jedem der Theile einer so außerordentlichen Zusammenstellung.

Die Beziehungen, welche zwischen der Organisation des Thieres und dem Zwecke bestehen, den es erreichen soll, sind bei weitem nicht so richtig von den Malern und Bildhauern des alten Aegyptens erkannt worden. Die Thiere, welche diese Künstler auf ihren Monumenten abgebildet haben, bieten in der That weder jene Reinheit der Formen, noch jene genaue Nachahmung der Natur dar, die man auf dem Monumenten bemerkt, welche die Griechen und die Römer uns hinterlassen haben. In ihren Gemälden, wie in ihren Bildhauerarbeiten, die der Epoche angehören, wo Aegypten am blühendsten war, geben sie indessen ziemlich durchgängig den Thieren, welche auf dem Kopf Hörner tragen, auch gespaltene Hufe. Eben so hatten die ägyptischen Künstler auch die Aufmerksamkeit, wenn die vierfüßige Thiere abbildeten, deren Kiefer mit scharfen und spitzen Hundszähnen bewaffnet waren, ihnen zu gleicher Zeit die Füße der fleischfressenden Thiere zu geben. Da man indessen in ihren Werken nicht ein beständiges Streben nach strenger und genauer Beobachtung der wahren Formen bemerkt, so würde man selbst dann, wenn man auf ihren Monumenten *) Thiere finden sollte, welche alle diese Bedingungen der Existenz vereinigen und die auf der Erde keine Repräsentanten mehr zu haben schienen, doch nicht so sicher seyn, daß diese Thiere wirklich gelebt haben und Arten angehören, die man als verloren betrachten. Dieser Schluß scheint mir nur in Bezug auf die Thiere ganz strenge Gültigkeit zu haben, welche auf den Monumenten Griechenland's oder des alten Rom's abgebildet sind und sich nicht mehr auf unserer Erdkugel vorfinden.

Auch die neuern Bildhauer und Maler haben den Versuch gemacht, phantastische Geschöpfe zu erfinnen; da sie sich aber nicht die Mühe gegeben haben, sie aus wirklichen und wahren Theilen zusammenzusetzen, so haben ihre Compositionen im Allgemeinen nichts Anmuthiges und nichts Reizendes: so fehr ist es nämlich in der Vernunft begründet, daß das Wahre allein fesselt, und daß, um uns der Worte des Dichters zu bedienen,

Rien n'est beau que le vrai, le vrai seul est aimable.
(Nichts ist schön, als das Wahre, das Wahre allein ist liebenswürdig.)

Die griechischen oder römischen Künstler haben sich nicht bloß auf beschränkt, die verschiedenen Landsäugethiere, die ihnen bekannt waren, abzubilden; sie haben auch dieselbe Aufmerksamkeit auf die Abbildungen verwendet, die sie uns von Reptilien, Vögeln, Fischen, Krebsthieren und Insecten, unter welchem der Blicke auf sich ziehen, hinterlassen haben. Dasselbe haben sie auch in Bezug auf die Pflanzen gethan, besonders was die Bäume anlangt. Es bedarf nur einer geringen Aufmerksamkeit, um auf ihren Monumenten den Olivenbaum, die Eiche, die Palme, den Granatapfelbaum, den Lorbeer, die verschiedenen Fichtenarten, den Weinstock, den Epheu, die Gerste, den Roggen, den Lotus, die Melone, mehrere Mohnarten, unter denselben die Klatschrose und eine Menge anderer zu erkennen, deren Aufzählung zu lange dauern würde. Diese Künstler trieben die Genauigkeit in der Bestimmung so weit, daß, z. B., das Sprungbein der verschiedenen Wiederkäuer, oder die Würfel (tali), deren sie sich in ihren kleinen Spielen (ludi minores) bedienten, von ihnen mit einer so großen Treue wiedergegeben wurden, daß man mit Hülfe dieses einzigen Knochens die Art erkennen kann, welcher er angehört hat **). Eben so hatten die Belemniten, welche die Donnerkeile nannten, ihre Aufmerksamkeit in solchem Grade auf sich gezogen, daß man sie auf ihren Monumenten mit den verschiedenen Thieren, oder Pflanzen, von welchen wir schon gesprochen haben, wiederfindet.

---

*) Ungeachtet des Schlusses, den ich eben ableiten will, mache ich doch darauf aufmerksam, daß sich auf den Monumenten des alten Aegypten's über 50 verschiedene Thiere befinden, die so genau gezeichnet sind, daß man sie auf den ersten Blick erkennt. Diese Thiere gehören fast allen Classen an.

**) Siehe besonders einen Brief über die bronzenen Medaillen, welcher in Rom 1778 unter dem Titel: De Nummis aliquot aereis uncialibus epistola gedruckt worden ist, und einen Quartband bildet.

II. Von den wirklichen und gegenwärtig lebenden Geschöpfen, welche auf den alten Monumenten abgebildet, oder ausgehauen sind, und deren Arten man erkennen kann.

Die Sorgfalt, welche die Alten angewendet haben, sich der Natur zu nähern, selbst in der Composition ihrer mythologischen Geschöpfe, verräth zur Genüge, mit welcher Genauigkeit sie bei der Abbildung wirklicher Geschöpfe zu Werke gegangen sind, die sie beständig vor Augen hatten; auch ist es leicht, die Arten derselben zu erkennen, wenn man einige Aufmerksamkeit auf die Thierfiguren verwendet, die sie uns hinterlassen haben. Dieser Gegenstand hat schon den Scharfsinn mehrerer Alterthumsforscher, besonders aber Winckelmann's und Millin's *) beschäftigt, und durch Benutzung ihrer Arbeiten war es mir möglich, das Verzeichniß der abgebildeten Thiere zu vermehren, welches wir von ihnen besitzen. Diese Thiere gehören hauptsächlich zu den Landsäugethieren, welche wegen ihrer Größe, oder ihrer Wichtigkeit häufiger abgebildet worden sind, als diejenigen der anderen Familien. Auch befinden sich die Landsäugethiere in größerer Zahl auf den Monumenten des Alterthums, als die Thiere der anderen Classen, und der Grund davon ist leicht zu begreifen.

Wie dem auch seyn möge, man findet eine große Zahl lebender Thier- oder Pflanzenarten so genau auf den Monumenten der Alten abgebildet, daß man sich kaum enthalten kann, anzunehmen, sie seyen nach der Natur und nach einem lebenden Exemplar gezeichnet; denn die meisten von ihnen bieten nicht allein ihre unterscheidenden Charactere, sondern auch noch den Gang, oder die Haltung dar, die ihnen zukommen. Diese Genauigkeit ist von solcher Art, daß ich nach dem Beispiele mehrerer Natur- und Alterthumsforscher nicht habe enthalten können, in dieselbe einiges Vertrauen zu legen. Wenn wir Vertrauen in die Abbildungen setzen, welche in der neuern Zeit von wenig geschickten Künstlern herrühren, warum sollen wir es solchen Abbildungen versagen, die durch Männer von geübtem Talent ausgeführt worden sind, welche weniger den Zerstreuungen sich hingaben?

Das Vertrauen, welches ich in die Künstler des Alterthums gesetzt habe, hat mich auf den Gedanken gebracht, das Verzeichniß der Arten zu entwerfen, die ich abgebildet habe; und da ohne Zweifel Alterthumsforscher von Fach dieses Vertrauen theilen werden, so werden sie dieses Verzeichniß sicherlich noch mehr erweitern, als mir es meine Stellung gestattet hat.

Die Alten haben sich nicht darauf beschränkt, mit Genauigkeit bloß die Arten abzubilden, welche sie darstellen wollten, sondern sie haben auch eben soviel für jene constanten Varietäten gethan, die wir Racen zu nennen pflegen. Man braucht bloß die Augen auf ihre Monumente zu werfen, um gewahr zu werden, daß sie die verschiedenen Racen der Hausthiere sehr gut unterschieden haben, und besonders diejenigen, welche man bei'm Rindvieh, bei den Schaafen, bei den Hunden und bei den Pferden bemerkt. In Bezug auf die letzteren haben sie sogar die verschiedensten herauszuheben gewußt, welche zwischen dem Zugpferde und dem Reitpferde bestehen; und diese Differenzen haben sie eben so gut in

*) Description des pietres gravées du Baron Stosch, par Winkelmann. Florence 1760, ein Band in 4to. — Dissertation sur quelques médailles des villas grecques qui offrent la représentation d'objets d'histoire naturelle, par Millin (Magasin encyclopédique, Tome V. pag. 495.)

ben Abbildungen, wie in den Statuen, die wir von ihnen besitzen, angedeutet.

Die Monumente des Alterthums sind nicht die einzigen Belege, welche sich anführen lassen, um zu beweisen, daß die Alten sehr richtige Ansichten und Begriffe von den verschiedenen Varietäten, oder Racen der Hausthiere, und unter anderen des Pferdes gehabt haben. Das Streitroß, z. B., welches Xenophon ausführlich beschreibt, hat nichts gemein mit einer Menge von Pferden, die man auf gewissen Monumenten abgebildet findet. Man findet es dagegen ganz genau dargestellt auf dem Parthenon, in den Reiterstatuen, in einigen griechischen Bas-reliefs, wie auf der Säule des Trajans und den Sculpturen, welche für das Pferd der Heroen diesen Typus angenommen haben. Dieser Typus ist es auch, den Virgilius in seinem Gedicht (Georg. III. 72, 83) und Varro in seinem unsterblichen Werk de re rustica im Auge gehabt haben.

(Schluß folgt)

Miscellen.

Ueber den Einfluß der verschiedenen Studien auf Lebensdauer hat Hr. Madden (in seinem Werke: the infirmities of Genius illustrated by referting the Anomalies in the literary Character to the Habits and Constitutional Peculiarities of men of Genius. London 1833. 2 Vol. 8.) eine Reihe von Tabellen gegeben, „in welchen die Namen und Altersjahre der berühmtesten Schriftsteller in den verschiedenen Fächern der Literatur niedergelegt sind, so daß jede Liste zwanzig Namen von Personen enthält, welche in ihrem Leben einem besondern Studium gewidmet und darin excellirt haben.“ Unter jeder Reihe der zwanzig Namen ist die Summe ihrer sämmtlichen Lebensjahre zusammenaddirt, und die Durchschnittszahl *) der Lebensdauer aufgestellt. Diese Gesammtzahlen und Durchschnittszahlen *) sind folgende:

	Gesammtzahl der Lebensjahre von zwanzig.	Durchschnittszahl der Lebensdauer für einen.
Physiker	1504	75
Moralphilosophen	1417	70
Bildhauer und Maler	1412	70
Schriftsteller über Jurisprudenz	1394	69
Medicinische Schriftsteller	1368	68
Schriftst. über geoffenbarte Religion	1350	67
Philologen	1323	66
Tonsetzer	1284	64
Romanenschreiber und Schriftsteller üb. vermischte Gegenstände	1257	62½
Dramatische Schriftsteller	1249	62
Schriftsteller über Natur-Religion	1245l	62
Dichter	1144	57

*) Um einigermaaßen zuverlässige Durchschnittszahlen zu erlangen, hätten die Listen viel, viel zahlreicher seyn müssen.   F.

Die rothe Farbe des Karniols rührt, nach Untersuchungen des Hrn. Gaultier de Claubry, von der Gegenwart einer organischen Substanz her, welche sich, nach genauern Untersuchungen, als eine vegetabilische erwiesen hat. (Journ. de Chém. méd. Jan. 1833.)

Die Insectensammlung des berühmten Latreille soll jetzt verkauft werden. Man wendet sich an Hrn. Balade Gabet, Professeur à l'institut royal de Sourds-muets de Paris, rue d'Enfer-St-Michel, No. 64.

Heilkunde.

Verschiedene Arzneimittel, deren Basis der schleimige Grundstoff der Helix-Arten bildet

hat Hr. E. Mouchon, der Sohn, Apotheker zu Lyon, bekannt gemacht. Die Gartenschnecken bewähren nämlich ihre erweichenden und brustlindernden Eigenschaften, gleich den Austern, besonders im rohen und frischen Zustande. Durch das Kochen verlieren die schleimigen Grundstoffe immer mehr oder weniger von ihren natürlichen Eigenschaften, und sie werden dadurch mehr zu einem stärkenden als zu einem eigentlichen Brustmittel. Die Weinbergschnecke (H. pomatia) wird ohne Grund den übrigen vorgezogen. H. vermiculata, H. rodostoma, die Waldschnecke (H. nemoralis), und im Allgemeinen alle großen Arten, sind eben so gut. Um ihnen einen unangenehmen Geschmack, auch wohl einige zufällige schädliche Eigenschaften zu benehmen, welche in der Natur ihrer besondern Nahrung ihren Grund haben, ist es hinlänglich, sie einige Zeit vorher fasten zu lassen; besser jedoch ist es, sie in keine so ungünstigen Umstände zu bringen, damit man nicht genöthigt ist, sie einem Fasten zu unterwerfen, wodurch sie zugleich den größten Theil ihres Schleimstoffs einbüßen.

Zur Beseitigung des Widerwillens, welchen die Kranken empfinden könnten, wenn sie die Schnecken in ihren rohen Zustande nehmen sollen, ist es oft wesentlich, sie unter verschiedenen Gestalten verhüllt zu reichen, und es ist bisweilen selbst gut, den Kr. ben im gemeinen Leben gebräuchlichen Namen dieser Thiere zu verheimlichen. Die verschiedenen von Hrn. Mouchon angegebenen Präparate sind:

1) *Saccharum helicinum*, Schneckenzucker.

Rec. Helicum Nro. 256., cum spiris libras circiter 10,
    sine spira et intestinis pendentium   ℔xij.
Sacchari in pulverem gross. redacti   ℔vijj.
Aquae fontanae . . . . ℔vijj.

Carnem limacum lotam et concisam, clavae salicinae ope per horae quadrantem fortiter contusam, cola fortiter exprimendo, saccharo admisce et in vase superficie ampla praedito evaporationi celeri submitte, continuo agitando — Man erhält 8 Pfund Schneckenzucker. Dieses Präparat ist von angenehmem Geschmack, muß aber in einem hermetisch verschlossenen Glasgefäße aufbewahrt werden. Jede Unze enthält den Schleimstoff von zwei Schnecken.

Man kann diesen Zucker in Wasser oder irgend einem Getränk, zu 1 oder 2 Unzen auf die Pinte, anwenden.

2) *Tabellae helicinae*, Schneckentäfelchen.

Rec. Sacchari helicin. in pulverem tenerem conversi . . . . . . ℔j.
Gummi Tragacanthae . . . ℥j.
Aquae Florum Aurantiorum . . ℥j. ℥iv.

Misce fiant tabellae pond. gr. xvi. Eine Unze enthält den Schleim von zwei Schnecken.

3) *Mucilago helicina*, präparirter Schneckenschleim.

Rec. Helicum . . . . No. 4.
Syrupi Sacchari . . . . ℥vj.
Aquae Florum Aurantiorum . ℥j.
Aquae fontanae . . . . ℥iij.

Mucilagini aquae et helicum ope praeparatae syrupum et aquam florum aurantiorum adfunde. — Auf eine Gabe, Morgens nüchtern, oder den Tag über als Getränk mit einer zuckerigen Flüssigkeit verdünnt.

4) *Gelatina helicina*, Schneckengallerte.

Rec. Helicum praeparat. . . . . No. 4.
Collae piscium . . . . . ℥j.

Syrúpi Sacchari . . . . ℥j.
Aquae communis . . . ℥iij.
F. S. L. gelatina per frigus praeparanda, cui, saporis causa Tinct. Citri vel Elaeosacchari alicujus parva copia admisceatur.

5) *Syrupus helicinus*, Schneckensyrup.

Rec. Helicum No. 128. . . . ℥xxiv.
Syrupi Sacchari, densitate 30 (hiberno), 31 (aestivo tempore) . . . ℥cxxviij.
Aquae fontanae . . . ℥lxiv.
Aquae Florum Aurantiorum . . ℥iv.

Syrupo bullienti 80° R. indicanti mucilaginem et aquam florum aurantiorum affunde. Dieser Syrup hält sich an einem kühlen Orte mehrere Monate lang.

6) *Pasta helicina*, Schneckenpaste.

Rec. Gummi Tragacanthae electi . . ℥j.
Collae piscium in squamis . . ℥ij.
Helicum No. 64. . . . . ℥xij.
Sacchari in pulverem gross. contusi ℥xxxvj.
Aquae communis . . . ℥lxiv.
Aquae Rosarum vel Florum Aurant. ℥j.

Calorem vitando e gummi tragacantha et Aquae unciis 28 mucilaginem praeparabis, et colla piscium in hujus vehiculi unciis 4 caloris ope soluta, utrumque productum commixtum colabis. Mucilagine helicino deinde adjectis aquae unciis 32 parato, saccharo verum et mixtura gummoso - mucilaginosa igni levi superimpositis, spatulae ope, mucilaginem helicinum, deinde vero aquam aromaticam affundendo, compulsa continue, in marmor amylo tectum effunde. — Diese Paste, welche der Altheepaste ähnlich ist, wird in kleine (rautenförmige) Täfelchen geschnitten und an einem trocknen Ort aufbewahrt. Jede Unze des Products enthält den Schleim von zwei Schnecken.

—————

Wiedererzeugung eines exstirpirten Schlüsselbeins.

Von Dr. Meyer.

Schon in ältern Werken (siehe Mémoires de l'académie de chirurgie Tome V. und Richter's chirurgische Bibliothek Bd. 4. S. 653) finden sich Beobachtungen von der Herausnahme und Wiedererzeugung eines ganzen Schlüsselbeins: in beiden Fällen war das Schlüsselbein von Caries ergriffen, zum Theil schon isolirt und konnte mit leichter Mühe herausgenommen werden. An diese 2 Fälle reiht sich folgende Beobachtung an.

J. Menne, aus dem Kanton Thurgau, 31 Jahr alt, von Jugend auf scrophulös und auch jetzt noch von sehr schwächlichem Aussehen, bekam im Jahre 1822 heftige ziehende Schmerzen im rechten Arme, welche trotz sorgfältiger Behandlung, und trotz dem Gebrauch der Bäder in Kanstadt, sich fortwährend verschlimmerten. Der Kranke kehrte daher in sein Vaterland zurück und besuchte nun die Bäder zu

———

Baden im Kanton Aargau. Diese hatte er jedoch noch nicht lange gebraucht, als sich auf der rechten Achsel eine Geschwulst bildete, welche aufbrach und viele dünne Jauche ergoß. Dabei trat schnell allgemeine Schwäche und hectisches Fieber ein. Der Kranke wurde daher in das Spital zu Zürich geschickt, wo er am 8. October 1823 aufgenommen wurde; es zeigte sich große Abmagerung, Appetitlosigkeit, starker Husten und hectisches Fieber. An dem zum Theil entblößten Acromialende des Schlüsselbeins befand sich ein unreines Geschwür, durch welches sich eine Sonde etwa einen Zoll weit auf der obern rauh anzufühlenden Fläche der clavicula fortschieben ließ. In der Mitte des sternum befand sich die Oeffnung einer nach oben gerichteten Fistel, durch welche die Sonde einen Zoll tief eindrang, aber nicht auf cariöse Stellen stieß. Endlich zeigte sich noch gleich über der glabella eine fluctuirende Geschwulst.

Die Prognose war hier sehr ungünstig und die Entfernung der cariösen clavicula schien kaum zu wagen zu seyn. Durch allgemeine und örtliche stärkende Behandlung wurde aber das Allgemeinbefinden so gebessert, daß das Acromialende der clavicula bloßgelegt und zum Theil mit der Kornzange ausgezogen werden konnte. Es zeigte sich nun, daß die clavicula bis in die Mitte hin entblößt war. Es wurde 14 Tage gewartet, ob der Knochen sich nicht von selbst lösen werde; dieß war aber nicht der Fall, im Gegentheil verschlimmerte sich wieder das Allgemeinbefinden. Dr. Meyer entschloß sich daher zur künstlichen Trennung des Knochens. Er ließ den Arm stark nach vorn ziehen, um das Schlüsselbein soviel wie möglich von den dahinter und darunter liegenden Gefäßen zu entfernen, durchschnitt die Haut und Muskelfasern an der vordern Fläche und am untern Rande der clavicula, zog den Knochen möglichst nach vorn, und trennte die Theile an der hintern Fläche leicht, theils mit den Fingern, theils mit dem Messer. Ehe das Kapselband am Sternalende geöffnet wurde, brach der Knochen durch das starke Hervorziehen nahe am Sternalende ab: es wurde nachher auch der zurückgebliebene Gelenkkopf leicht aus dem Kapselbande gelöst und ebenfalls von seinen übrigen Abhäsionen getrennt, was um so nöthiger war, da derselbe ebenfalls aufgelockert und cariös war.

Die Operation war in fünf Minuten ohne Blutung beendigt; die Wunde wurde mit Plumasseaux, die in Theoden'sches Schußwasser getaucht waren, verbunden. Am dritten Tage zeigte sich gutartige Eiterung, und in sieben Wochen war die Wunde vollkommen vernarbt, worauf sich das fistulöse Geschwür auf der Brust ebenfalls schloß.

Im Januar wurde die fluctuirende Geschwulst auf der Stirn ebenfalls geöffnet, auch hier zeigte sich caries, welche durch geeignete Behandlung geheilt wurde.

Der Kranke erholte sich unter Anwendung stärkender Mittel allmälig, und der Arm behielt seine normale Lage. An der Stelle der herausgenommenen clavicula war deutlich eine neue, normal geformte, jedoch schwächere clavicula zu fühlen. Der Arm war nach allen Seiten hin frei beweglich, und konnte ohne Beschwerden zu leichter Arbeit den ganzen Tag hindurch gebraucht werden.

Bis in's Jahr 1828 befand sich der Kranke ziemlich wohl, dann aber entwickelte sich sein Lungenleiden mit neuer Heftigkeit und führte den Tod herbei.

Die Section ergab in Bezug auf die Schlüsselbeingegend Folgendes: es zog sich von der incisura clavicularis des sternum bis an die Spitze und den obern Rand des acromion scapulae ein fibröses, fast knorpliges Band, an welches nach oben der untere Rand des neugebildeten Knochens sich anlehnte, welcher an einigen Stellen gleichsam in dasselbe überzugehen schien. Der Zwischenraum zwischen acromion und sternum, welcher von dem genannten Bande eingenommen wurde, betrug 4 Zoll 6 Linien; die Länge des neuen Knochens 3 Zoll 10 Linien. Der letztere war sehr dünn, nach dem sternum hin abgeplattet, gegen das acromion hin mehr rundlich; an dem Sternalende war er breiter und dicker und verband sich durch eine deutliche Gelenkfläche mit dem manubrium sterni; er endigte ungefähr einen Zoll vom acromion mit einem Knöpfchen, von welchem aus ein breites, dickes Band bis zum acromion weitergieng, in welchem deutlich einige Knochenkerne bemerkbar waren. Der obere Rand des neuen Knochens machte nach dem Sternalende hin eine Krümmung nach oben, gegen das acromion hin war er concav und übrigens vollkommen abgerundet. Sein unterer Rand dagegen war ungleich, indem einzelne Knochenkerne von demselben mehr nach unten in das fibröse Band eindrangen.

Fragt man, wie diese neuen Knochen erzeugt habe, so bleibt keine andere Erklärung übrig, als daß aus den umliegenden Weichgebilden und wahrscheinlich aus dem durch den Krankheitsproceß von dem Knochen losgetrennten Periost, welches zurückblieb, als der Knochen ausgezogen wurde, die Knochenmaterie ausgeschwitzt wurde. Ist diese Annahme richtig, so ergibt sich daraus für die Praxis wohl die Regel, daß man in Fällen von Ausstoßung krankhafter Knochen die Lösung so viel wie möglich der Natur überlassen und operative Hülfe so lange als möglich aufschieben müsse. (Gräfe und Walther's Journal, XIX. 1.)

———

Das Sphygmometer, ein Instrument, welches die Bewegung des Herzens und der Arterien für das Auge erkennbar macht.

Der königlichen Academie der Wissenschaften zu Paris am 27sten Mai 1833 vorgelegt von Hrn. Herison.

Dieses sogenannte Sphygmometer besteht aus einer Thermometerröhre, welche vorne eine Scale trägt, hinter der sich ein farbiges Papier befindet, und die unten eine, nach der Richtung des Durchmessers horizontal durchschnittene Stahlkugel trägt. Diese halbe Kugel ist mit einer sehr feinen Membran geschlossen, und steht nach oben zu durch ein durchgehendes gleich starkes feines Röhrchen mit der Glasröhre in Verbindung. Die Communication läßt sich mittelst eines kleinen Hahns unterbrechen; in dieser halben Kugel befindet sich eine gewisse Quantität Quecksilber und dieses zeigt, wenn man das Instrument in der gehörigen Art

auf eine Arterie ſetzt, die Thätigkeit der letztern in der durch=
ſichtigen Röhre genau an.

Zur Exploration des Herzens bedient man ſich deſſelben
Inſtruments, und läßt es zu dieſem Ende nur größer
machen.

Da bei allen Sphygmometern die Glasröhre, die halbe
Kugel und die Quantität des Queckſilbers dieſelben ſind, ſo
laſſen ſich die erlangten Reſultate unter einander ver=
gleichen.

Es fragt ſich nun, ob man mit dieſem Inſtrumente,
die Kraft und den Rhythmus des Pulſes beſſer beurtheilen
könne, als mittelſt des Gefühls? Der Erfinder bemüht ſich,
durch eine lange Auseinanderſetzung zu beweiſen, daß das
Gefühl durch den Geſundheitszuſtand des Beobachters und
aus andern Gründen zu vielfachen Täuſchungen führen kön=
ne, und daß dieſes Inſtrument ſich in vielen Fällen mit Nu=
tzen werde anwenden laſſen. Es werden in dieſer Beziehung
folgende Beiſpiele angeführt:

1) Bei einer geſunden Perſon zeige das Sphygmometer,
auf den Puls angewandt, 10° Höhe, er ſchlage in der Mi=
nute 60mal regelmäßig, geſchmeidig, gleichförmig. Daſſelbe
Individuum erkranke; ſein Puls thue in der Minute 70
Schläge, das Sphygmometer zeige 12°, und deute auf Un=
regelmäßigkeit, Härte ꝛc.

Durch Vergleichung dieſer beiden Beobachtungen wird
man beurtheilen können, nach welcher Richtung die Circula=
tion ſich direct oder ſympathiſch vom normalen phyſiologiſchen
Zuſtand entfernt habe.

2) Die Profeſſoren der Clinik werden in den Hoſpi=
tälern das Inſtrument an den Arm der Patienten ſetzen;
die Studenten werden ſich durch den Augenſchein von Dem
überzeugen, was ſie, da ihr eignes Gefühl noch nicht ge=
hörig geübt war, ſonſt auf Treue und Glauben hinnehmen
mußten.

3) Bei Conſultationen der Aerzte, wo häufig über den
Zuſtand des Pulſes Meinungsverſchiedenheit herrſcht, wird
dieſer Punct ſich für jedermann befriedigend feſtſtellen laſſen.

4) In den Berichten, welche man berühmten Aerzten
zuſendet, wird man ſich über den Puls beſtimmter ausſpre=
chen können, da bei vollkommner Gleichförmigkeit des In=
ſtruments, in Petersburg daſſelbe Maaß gilt, wie in Paris.

Miscellen.

Ein großes diverticulum oesophagi, den Umfang
eines Gänſeeies übertreffend, fand Dr. Kühne bei einem 54jähri=
gen Manne, welchem 9 Jahre vor dem Tode einmal ein Biſſen im
Halſe ſtecken geblieben war, wonach immer einige Beſchwerde bei'm

Schlucken zurückblieb. Dieſe Beſchwerden ſteigerten ſich allmälig
ſo, daß nach drei Jahren ein wahres Wiederkäuen vorhanden war,
welches aller Behandlung widerſtand. Ein Schlundſtab drang bis
in eine gewiſſe Tiefe ein, und war dann auf keine Weiſe weiter zu
bewegen. Der Kranke hielt ſehr reichliche Mahlzeiten, brachte aber
immer bloß eine geringe Menge Speiſen in den Magen; die übri=
gen blieben ſtecken und wurden wieder ausgeworfen. Dabei quälte
den Kranken der ſchrecklichſte Hunger, er magerte immer mehr ab,
bekam ein Zehrfieber und ſtarb nach neunjährigen Leiden. Der
Eingang des Sackes unmittelbar unter den Queerfaſern des m. con=
strictor pharyngis inferior war eng, nicht einmal vom Durchmeſſer
des oesophagus, gleich dahinter erweiterte ſich aber der Sack, wel=
cher eine Länge von 3½ Zoll und eine Breite von 1½ Zoll hatte.
Der Sack beſtand aus drei Häuten, wie der oesophagus ſelbſt, von
denen die tunica vasculosa beſonders dick war. (Ruſt's Maga=
zin XXXIX. 2.)

Tod eines Fötus durch Fiſchgräten, welche vom Maſt=
darm aus durch den Uterus eingedrungen waren. — Dr. Malin
wurde zu einer Frau im 3ten Monat ihrer 5ten Schwangerſchaft
gerufen, welche heftige Schmerzen mit eitrigem Ausfluß aus dem
Maſtdarm hatte, ſie ſich beſonders in die rechte Inguinalgegend zo=
gen; dabei war Empfindlichkeit des Unterleibs, Fieber, Verſtopfung und
brennender Urin vorhanden; zugleich zeigten ſich wehenartige Schmer=
zen, Ausfluß wäſſriger Flüſſigkeit aus der heißen Scheide, etwas geöff=
neter wulſtiger Muttermund. Antiphlogiſtiſche Behandlung beſeitigte
alle Zufälle. Aber 2 Monate ſpäter traten aufs Neue ſtarke Wehen
ein, durch welche ein 5monatlicher, wohlgebildeter, friſcher Fötus
abging, welcher in der linken Schulter ein feſtſtehendes, ! Zoll lan=
ges, ſpitzes Stück vom Schwanztheil eines kleines Fiſchgerippß, und
ein kleines Grätenſtück in der Haut des Oberſchenkels hatte. Die
Schwangere hatte vor dem erſten Anfall einen wahren Heißhunger
auf Fiſche, und nahm es dabei mit den Gräten nicht ſehr genau.
(Sanit. Bericht der Prov. Brandenb. 1830.)

Die Tinct. cannabis sativae hat ſtark narkoti=
ſche Eigenſchaften, indem Dr. Wibmer, der Verſuche damit
an ſich ſelbſt anſtellte, nach 10 Tropfen Kopfſchmerz und Trocken=
heit im Munde hatte, nach 50 Tropfen aber Kopfweh und nach
3 Tagen noch Schwäche in allen Gliedern, beſonders den Beinen,
heftige Kreuzſchmerzen, Müdigkeit, Bläſſe des Geſichts, am 6ten
Tage noch heftigen Kopfſchmerz, Hitze und Fieber hatte. (Anna=
len der Pharm. V. 3.)

Heiße Fußbäder hat Dr. Graves zu Dublin vor Kurzem
beſonders wirkſam gefunden gegen einen außerordentlich heftigen Anfall
von Herzklopfen bei einem alten Manne. Er fand denſelben eines
Tags in einem Paroxysmus von Herzklopfen, welches ſchon meh=
rere Stunden gedauert hatte und gegen welches die gewöhnlichen
Mittel vergeblich waren verſucht worden. Ein Fußbad, ſo heiß als
es nur ertragen werden konnte, hob den Anfall nach einigen Minu=
ten, ſo daß der Kranke Nahrung zu ſich nehmen und ſchlafen konnte,
und völlig hergeſtellt wieder aufſtand.

Den Tod nach dem innerlichen Gebrauche des hei=
ßen Waſſers, welches nach dem Rath eines Zeitungsblattes, ohne
einen Arzt zu fragen, von einem jungen, an rheumatiſchen Beſchwer=
den leidenden Menſchen ſo in Anwendung gebracht wurde, daß er
alle ¼ – ⅓ Stunden 1 großes Glas heißes Waſſer (in 12 Stunden
12 Quart) trank, beobachtete Dr. Bernſtein. Nach den letzten
Flaſche traten apoplectiſche Zufälle ein, deren 2malige Wiederholung
nach ½ Stunde den Tod herbeiführte. (Casper's Wochenſchr. 15.)

Bibliographiſche Neuigkeiten.

Elémens de géologie mis à la portée de tout le monde et offrant
; la connoissance des faits historiques avec les faits géolo-
ques, pas *M. A. Chaubard*, Paris 1833. 8. in 2. N.

Nouvel aperçu sur la physiologie du foie et les usages de la
bile: de la digestion considérée en général. Par Benjamin
Voisin. Paris 1833. 4to.

The new London Medical Pharmaceutical and Posological
Pocket-book, with an Appendix. London 1832. 8. (Ein auf
Anfänger berechnetes Taſchenbuch, unbedeutend.)

Notizen

aus

dem Gebiete der Natur- und Heilkunde.

Nro. 804.   (Nro. 12. des XXXVII. Bandes.)   Juli 1833.

Gedruckt bei Loffius in Erfurt. In Commission bei dem Königl. Preußischen Gränz-Postamte zu Erfurt, der Königl. Sächf. Zeitungs-Expedition zu Leipzig, dem G. H. F. Thurn und Tarischen Postamte zu Weimar und bei dem Landes-Industrie-Comptoir. Preis eines ganzen Bandes, von 24 Bogen, 2 Rthlr. oder 3 Fl. 36 Kr., des einzelnen Stückes 3 ggl.

Naturkunde.

Sind seit der Erscheinung des Menschen Landthiere verschwunden, und hat der Mensch gleichzeitig mit den Thierarten gelebt, welche jetzt
verloren gegangen sind, oder wenigstens keine
Repräsentanten auf der Erde mehr zu haben
scheinen?

Von Marcel de Serres.

(Schluß.)

Die auf den Carthaginenfischen Münzen abgebildeten Pferde
gehören nicht derselben Race an; sie sind sehr verschieden von denen, die man auf den Münzen des Alerander Troas und des
Achelaus, Königs von Macedonien, findet. Diejenigen auf den
Münzen von Syrakus und auf denen von Philistis und von Ge-
lon haben ebenfalls nur sehr entfernte Aehnlichkeit mit den vorhergehenden Racen. Die auf den Monumenten von Persepolis abgebildeten Pferde bezeichnen die persische Race, die sehr verschieden
ist von den Aegyptischen, welche man auf den alten Monumenten
Thebens findet. Letztere Race hat die größte Aehnlichkeit mit den
Streitrossen von Xenophon's Schilderung, die aus Theffalien
kamen, wie auch mit den bronzenen Pferden Venedigs und denen,
welche man auf den Friesen des Parthenon erblickt.

Ohne die Hoffnung zu haben, auf den alten Monumenten
alle Racen ausgezeichneter Pferde zu finden, welche Oppian beschrieben hat, und welche sich ungefähr auf funfzehn belaufen,
(Cyneget. I. 117.) wäre es indeffen doch möglich, die größere
Zahl derselben wieder zu entdecken. Da die Thatsachen, welche ich
angedeutet habe, zur Genüge die Aufmerksamkeit beweisen, welche
die alten Bildhauer auf die Racen der Hausthiere verwendet haben, so habe ich geglaubt, dergleichen Untersuchungen, ungeachtet des
Interesses, welches sie darbieten, unterlaffen zu müssen.

I. Classe. — Landsäugethiere.

Erste Ordnung. — Vierhänder. Gattung: Affe, Simia,
Lin. Die Alten haben die meisten etwas merkwürdigen Affenarten
des alten Continentes beschrieben, oder abgebildet: sie haben ihnen
Namen beigelegt, wie python, sphinx, cebus, cynocephalus, cer-
copithecus, ja sogar satyr: aber sie haben ihnen niemals die gespaltenen Huse der Wiederkäuer gegeben, wie es immer bei ihren
ländlichen Gottheiten der Fall war, welche dieselben Namen führen und deren schlüpfrige Sitten denen der Böcke analog waren.

Zweite Ordnung. — Fleischfreffende Thiere.

Erste Familie. — Handflügler (Chiropteren).— Gattung:
Fledermaus, (Vespertilio Cuvier.) 1) Vespertilio murinus, die
gemeine Fledermaus. Gattung: Langöhrige Fledermaus, (Plecotus Geoffroy.) 2) V. auritus, die gemeine langöhrige Fledermaus.

Zweite Familie. — Insectenfreffende Thiere. 1)
Erinaceus europaeus, der gemeine Igel. 2) Talpa europaea Linn.,
der gemeine Maulwurf.

Dritte Familie. — Sohlengänger. 1) Ursus arctos
Linn., der braune europäische Bär. 2) U. maritimus Linn., der
weiße Bär. 3) U. meles Linn., der Dachs.

Vierte Familie. — Raubthiere, welche auf den
Zehen laufen. 1) Mustela furo, das Frettchen. 2) M. vulgaris, das Wiesel. 3) M. foina, der Steinmarder. 4) M. lutra, die
Fischotter. 5) Canis familiaris, der Hund. Die Alten hatten sehr
gut die verschiedenen Varietäten dieser Art bemerkt, und wir befitzen deshalb genaue Beschreibungen, oder Abbildungen des Hirten-
hundes, oder Wolfhundes, (den Homer δικουργος nennt), der Dog-
ge, des Jagdhundes und Hühnerhundes, wie auch des Windhundes.
6) Canis lupus, der Wolf. 7) C. vulpes, der Fuchs. 8) Viverra ge-
netta Linn., die Genettkatze. 9) Hyaena indica, die gestreifte Hyäne.
10) H. crocuta, die gefleckte Hyäne. Es ist nicht ganz ausgemacht,
ob die Alten diese Art abgebildet haben. 11) Felis leo, der Löwe.
12) F. tigris, der Tiger. 13) F. pardus, der Panther.

Dritte Ordnung. — Nagethiere. 1) Castor Danubii,
der europäische Biber. 2) Mus amphibius, die Wafferratte. 3) Lepus sagitta, der Jerboa. 4) Sciurus vulgaris, das gemeine Eichhörnchen. 5) Hystrix cristata, das Stachelschwein. 6) Lepus timi-
dus, der Hase. 7) L. cuniculus, das Kaninchen.

Vierte Ordnung. — Dickhäuter. 1) Elephas indicus,
der indische Elephant. 2) E. africanus, der afrikanische Elephant.
3) Hippopotamus major, das Flußpferd. 4) Sus scropha, das wilde und das zahme Schwein. 5) S. africanus, das äthiopische wilde
Schwein. 6) Rhinoceros indicus, das einhörnige Rhinoceros. 7) R.
africanus, das zweihörnige Rhinoceros. Letzteres hat Pausanias
den äthiopischen Stier genannt. Diese Art ist auf mehreren römischen, unter der Regierung Domitian's geschlagenen, Münzen abgebildet. 8) Equus caballus, das Pferd. Die Alten hatten sehr gut die
Racen dieser Art auf gleiche Weise, wie bei'm Hund, unterschieden.
9) Equus hemionus, höchstwahrscheinlich der wilde Halbesel der
Alten. Der Hemionus, oder Hemiones der Alten scheint dieselbe Art,
wie der Dschiggetai zu seyn: letzterer ist ein einhufiges Thier, das
zwischen dem Pferd und dem Esel in der Mitte steht und in den
Sandsteppen Afiens in Heerden lebt. 10) Equus asinus, der Esel.
11) E. zebra, das Zebra.

Fünfte Ordnung. — Wiederkäuer. 1) Camelus bactrianus, das Cameel mit zwei Höckern. 2) C. dromedarius, das
Cameel mit einem Höcker. 3) Cervus alces, das Elennthier. 4) C.
tarandus, das Rennthier. 5) C. dama, das Damhirsch. 6) C. ela-
phus, der gemeine Hirsch. 7) C. axis, das Gangeshirsch. 8) C. ca-
preolus, das Reh. 9) Camelus pardalis giraffa, die Giraffe. 10)
Antilope dorcas, die gemeine Gazelle. 11) A. corinna, die
Corinne. 12) A. bubalis, der Bubalis oder die Kuhantilo-
pe. Bekanntlich tritt bei dem Bubalis die Stirn wulstartig über
dem Scheitelbein hervor; dieser Wulst nimmt sich in der Richtung
der Gesichtslinie (chanfrein, Gesichtsfirste) auf dem Kopfe gleich-

12

gen des Aristoteles bestätigt; und, was noch mehr für die Ge=
nauigkeit dieses großen Mannes spricht, ist der Umstand, daß Oli=
vi gar nicht daran zweifelte, Aristoteles habe die Gewohnhei=
ten des Gobius beschrieben, den letzterer Phycis genannt hat.

Wollten wir den Ornithorhynchus als fabelhaft verwerfen, so
würden wir wahrscheinlich eben so mit dem Echidna und dem
Känguruh verfahren, Thiere, welche nicht minder paradox, als er=
sterer sind und, gleich ihm, Neuholland bewohnen. Wenn irgend
ein Künstler Herculanum's oder Pompeji's sich den Spaß gemacht
hätte, dem Schwane, unter dessen Gestalt Jupiter die Leda verführt
hat, schwarze Flügel zu geben, so hätten die Alterthumsforscher dar=
in vielleicht weiter nichts, als eine sinnreiche Allegorie erblickt, in=
dem sie sich unmöglich hätten überzeugen können, daß die weiße
Farbe nicht dem Schwane characteristisch sey.

Neuholland hat uns indessen Schwäne mit schwarzem Gefie=
der geliefert, wie es uns auch Landsäugethiere mit Vogelschnäbeln
dargestellt hat; und darin liegt weder etwas sehr Ueberraschendes,
noch etwas den Gesetzen der Natur Entgegenlaufendes. Ehe wir
jetzt nun behaupten, daß eine Art, die wir nicht mehr antreffen,
gar nicht existirt habe, müssen wir zuvor uns zu überzeugen su=
chen, ob seine Organisation seiner Lebensfähigkeit entgegensteht, oder
nicht. Aus diesen Thatsachen wollen wir nun die Folgerung ziehen,
daß, weil ganz einfache und ganz natürliche Ursachen die Vertil=
gung der Arten haben bewirken können, die wir für verloren ge=
gangen halten, es keinesweges nöthig sey, zu gewaltsamen und au=
ßer dem Gange der Dinge liegenden Umwälzungen seine Zuflucht zu
nehmen, um das Verschwinden dieser Arten zu erklären.

In einer Abhandlung, welche der gegenwärtigen folgen soll,
will ich die Aufmerksamkeit der Geologen auf diejenigen an den
Monumenten des Alterthums abgebildeten Arten lenken, welche un=
terzugehen zu seyn scheinen. Dieser Arbeit soll dann eine andere
folgen, in welcher ich die Frage untersuchen will, ob wir wirklich
alle Mineralien und alle Gebirgsarten kennen, deren sich die Alten
zu ihren Monumenten bedient haben. Hätte also das Mineralreich,
gleich den anderen Naturreichen, ebenfalls Arten, die von der Ober=
fläche der Erdkugel verschwunden seyn müßten, oder die man auf
keiner Gebirgsfeste mehr finden könnte? Es unterliegt keinem Zwei=
fel, daß sich die Sache auf diese Weise verhält; aber bei der Er=
höhung der festen Massen haben tiefer gelegene Bruchstücke
die Mineralien, welche uranfänglich der Oberfläche des Bodens zu=
nächst lagen, bedecken, und sie dadurch unserer Nachforschungen ent=
ziehen können. Dieses Verschwinden ist also eine Folge von Ursa=
chen gewesen, die gänzlich von denen verschieden sind, welche bei
der Vertilgung der lebenden Arten thätig waren. Die Thatsachen,
welche sich darauf beziehen, sind deshalb nicht minder interessant,
weil sie vielleicht annehmen lassen, daß seit den historischen Zeiten
beträchtliche feste Massen emporgehoben worden sind und daß als=
dann die vulkanischen Heerde dem Schooße der Erde Mineralien
entrissen haben, die wir vielleicht ohne diese Ausbrüche niemals zu
Gesicht bekommen haben würden.

Beobachtungen über die Tarantel (Lycosa Tarentula),

von Leon Dufour,

wurden der Academie der Wissenschaften zu Paris vorgelesen, den
13ten Mai 1833.

Mit dem Namen Tarantel bezeichnet man bekanntlich eine sehr
große Spinne, die sich insbesondere in der Nachbarschaft von Ta=
rent findet, und deren Biß man Krankheiten zuschreibt, welche nur
durch Musik und Tanz geheilt werden könnten.

Die Tarantel gehört in die, von Latreille aufgestellte, Gat=
tung Lycosa, welche im südlichen Europa ziemlich viel andere Ar=
ten zählt, die man noch nicht gehörig studirt hat.

In Betracht ihrer Gewohnheiten, die wieder eine Folge ihrer
Organisation sind, zerfallen die Lycosen in zwei Abtheilungen; die
Arten der ersten sind meist größer, stärker und geschickter, und
bewohnen unterirdische Gänge, welche sie sich selbst graben, und die
wahre Baue sind; man könnte sie die Minir= oder Grabenlycosen nen=
nen. Die Arten der zweiten Abtheilung halten sich mehrentheils

auf der Oberfläche des Bodens auf, und verkriechen sich nur in
Ritzen unter Gestein und Schutt. Der Name Wanderlycosen oder
umherschweifende Lycosen würde sie passend bezeichnen.

Diejenige Lycose, auf die sich meine Beobachtungen hauptsäch=
lich beziehen, gehört zu der ersten Abtheilung. Ich habe sie in ver=
schiedenen Provinzen Spanien's studirt und bin zu der Ueberzeu=
gung gelangt, daß sie die ächte Tarantel der alten, so wie aller der
Schriftsteller sey, welche über die Tarantelntanz geschrieben haben.

Die Tarantel bewohnt vorzugsweise kahle, trockne, sonnige,
unbebaute Orte; sie hält sich gewöhnlich, wenigstens wenn sie er=
wachsen ist, in von ihr selbst gegrabenen unterirdischen Gängen auf.
Diese cylindrischen Röhren, welche öfters 1 Zoll im Durchmesser
haben, senken sich über 1 Fuß tief unter die Oberfläche des Bo=
dens, sind aber nicht durchaus senkrecht, wie man behauptet hat.
Allerdings geht die Röhre erst 4—5 Zoll tief senkrecht nieder; al=
lein dann biegt sie sich im stumpfen Winkel ab, bildet ein horizon=
tales Kaiestück und wird dann wieder lothrecht. In diesem Knie
lauert die Tarantel, indem sie die Augen beständig auf den Ein=
gang ihrer Wohnung heftet und diese Augen sieht man, wie die ei=
ner Katze, in der Dunkelheit glänzen.

Ueber die äußere Mündung des Baues erhebt sich gewöhnlich
eine aus verschiedenen Materialien von der Tarantel gebaute Röhre,
welche bis 1 Zoll über die Oberfläche des Bodens hervorragt, und
zuweilen zwei Zoll im Durchmesser hat, so daß sie also stärker ist,
als der Bau selbst. Dieser letztere Umstand ist dem so höchst nö=
thigen Ausbreiten der Füße der Spinne in dem Augenblick, wo sie
ihre Beute ergreift, höchst günstig; die obere Röhre besteht mehr=
rentheils aus trocknen Holzstückchen, welche durch etwas Thon mit
einander verbunden, und so künstlich aufgesetzt sind, daß sie eine
gerade Säule bilden, deren Inneres eine cylindrische Höhlung dar=
bietet. Die Festigkeit dieses Gebäudes wird vorzüglich dadurch be=
fördert, daß dasselbe, wie überhaupt der ganze Bau, mit einem Ge=
spinnst ausgekleidet ist, welches theils das Herabrollen der Erde
verhindert, theils der Tarantel das Herauf= und Hinabsteigen sehr
erleichtert.

Durch den Aufbau der obern Röhre oder des Schornsteins
scheinen mehrere Zwecke vereinigt zu werden. So wird z. B., das
Wasser abgehalten, der Wind kann keine fremden Substanzen in
den Bau führen, und denselben also verstopfen, und zugleich
dient sie für Fliegen und andere Insecten, von denen sich die Ta=
rantel nährt, als Fallstrick, indem sie sich gern auf dergleichen her=
vorragende Puncte setzen.

Uebrigens ist die Tarantel nicht die einzige Lycose, welche über
ihren unterirdischen Bau dergleichen Gerüste aufführt; nach La=
treille ist dieß auch die Lycosa perita.

Wir wollen nun über die recht unterhaltende Jagd auf die
Tarantel Einiges sagen. Die günstigsten Monate sind dazu der
Mai und der Juni. Das Erstemal wo ich die Baue dieser Spinne
entdeckte, und dieselben als bewohnt erkannte, indem ich das Thier
in dem bereits erwähnten Knie sitzen sah, glaubte ich mich desselben
mit offener Gewalt bemächtigen zu müssen. Ich brachte ganze
Stunden damit hin, um Löcher von mehr als 1 Fuß Tiefe und
2 Fuß Breite zu graben, ohne die Tarantel zu finden. Nun sah
ich mich genöthigt, meinen Angriffsplan zu ändern, und meine Zu=
flucht zur List zu nehmen. Um ihr die Beute vorzuspiegeln, nahm
ich eine grasartige Pflanze; an der sich oben ein Aehrchen befand,
und rieb das letztere leise an der Mündung des Baues. Die Ta=
rantel kroch nun langsam und vorsichtig auf das Aehrchen zu; die=
ses wurde alsdann ein wenig über das Loch hinausgezogen, und
nun that die Tarantel einen Satz darnach, worauf ich ihr sogleich
den Rückzug abschnitt, indem ich das Loch verstopfte. Sobald dieß
geschehen war, benahm sich die Tarantel sehr ungeschickt, um mei=
ne Verfolgungen zu entgehen, so daß ich sie leicht in eine Papier=
beute treiben konnte, in der ich sie dann sogleich schloß.

Zuweilen merkte die Tarantel Unrath oder benahm sich vielleicht
vorsichtiger, weil sie weniger hungrig war; sie blieb dann eine kurze
Strecke innerhalb der Röhre unbeweglich sitzen, so daß ich die Ge=
duld eher verlor, als sie; alsdann veränderte ich meinen Angriffs=
plan, indem ich die Richtung der Röhre und den Sitz der
Spinne genau untersucht, stieß ich kräftig eine Messerklinge unter
einem solchen Winkel in den Boden, daß sie hinter der Tarantel

durch den Bau fuhr und ihr den Rückzug abschnitt. Ich verfehlte meinen Zweck selten, insbesondere, wenn das Erdreich nicht zu steinig war. In dieser kritischen Lage trieb der Schrecken entweder die Tarantel sogleich aus der Höhle, oder sie legte sich hartnäckig gegen die Messerklinge; allein im letztern Falle konnte ich sie leicht, sammt dem obern Theil ihres Baues, aus der Erde heben. Durch dieses Verfahren gelang es mir manchmal, in der Stunde eine Mandel Taranteln zu fangen.

In manchen Fällen, wo die Tarantel sich durchaus nicht durch die Falle, die ich ihr legte, täuschen ließ, berührte ich sie mit dem Aehrden auf ihrem Wachtposten und wunderte mich nicht wenig, daß sie dasselbe mit den Zogen gleichsam verächtlich zurückstieß, und sich nicht die Mühe gab, sich tiefer in ihren Bau hineinzubegeben.

Die Bauern in Apulien fangen, wie Baglivi berichtet, die Tarantel, indem sie an der Mündung ihres Baues mit einem Stückchen Haferstroh das Summen eines Insects nachmachen.

Die auf den ersten Blick so scheußliche, so menschenscheue, und wenn man an die Gefahr ihres Bisses denkt, abschreckende Tarantel, läßt sich dennoch sehr leicht zähmen, wie ich kann eine derselben, welche ich über 5 Monate lang am Leben erhalten, als Beispiel anführen.

Den 7ten Mai 1812 fing ich zu Valencia in Spanien ein ziemlich großes Tarantelmännchen, ohne dasselbe im Geringsten zu verletzen. Ich sperrte es in ein Glas, welches ich mit einem papiernen Deckel verschloß, in dem sich oben eine Klappe befand. Unten im Gefäße hatte ich die Papierdeute befestigt, in welcher ich die Spinne transportirt hatte, und worin sie für gewöhnlich wohnen sollte. Ich setzte das Glas in meine Schlafkammer, um häufiger Gelegenheit zu haben, das Thier zu beobachten. Dasselbe gewöhnte sich bald so an die Gefangenschaft und an mich, daß es mir lebendige Fliegen aus der Hand nahm. Nachdem es die Beute mit dem Haken seiner Kinnbacken getödtet, begnügte es sich nicht, wie die meisten Spinnen, damit, daß es ihr den Kopf aussaugte, sondern zermalmte den ganzen Körper, indem es denselben mittelst der Taster zu wiederholten Malen in die Mundhöhle einführte. Alsdann spie es die zermalmten Integumente aus, und schob sie weit von ihrem Lager weg.

Nach der Mahlzeit putzte die Tarantel sich gewöhnlich, indem sie ihre Taster und Kinnbacken mit den Fußgliedern, sowohl inwendig, als auswendig abrieb, worauf sie wieder ihre unbewegliche gravitätische Stellung annahm.

Abends und Nachts wurde sie unruhig und suchte sich zu befreien; ich hörte sie häufig am Papier der Deute kragen. Dieß bestärkt mich in der Vermuthung, daß die meisten Spinnen, wie die Katzen, bei Tag und bei Nacht sehen können. Den 28sten Juni hättete ich meine Tarantel zum letztenmal; es ließ sich nicht bemerken, daß ihre Farbe und Körpergröße sich dadurch verändert hätten. Vom 14—28ten Juli war sie abwesend, und die Tarantel mußte so lange fasten; dennoch befand sie sich bei meiner Rückkehr wohl. Vom 20sten August an war sie wieder 9 Tage abwesend, und meine Gefangene ertrug diese Fastenzeit ebensogut. Den 1ten November verreiste ich wieder, und nachdem ich 21 Tage abwesend gewesen, erfuhr ich mit Bedauern, daß sie aus dem Glase verschwunden sey.

Ich will diese Beobachtungen mit der Beschreibung eines sonderbaren Gefechts zwischen diesen Thieren beschließen.

Im Juni 1810, wo ich eine glückliche Jagd auf diese Lycosen gemacht hatte, brachte ich zwei kräftige alte Männchen in ein großes Glas. Nachdem dieselben mehrmals die Runde gemacht hatten, um zu entkommen, nahmen sie, wie auf ein gegebenes Zeichen, eine drohende Stellung gegen einander an; sie setzten sich, nachdem sie ordentlich eine Mensur genommen, bedächtlich auf die Hinterbeine, so daß sie sich einander die Brust zukehrten, und beobachteten sich in dieser Stellung zwei Minuten lang, indem sie wahrscheinlich einander herausfordernde Blicke zuwarfen, die den meinigen entgingen; alsdann stürzten sie zu gleicher Zeit auf einander los, schlangen sich mit den Beinen in einander, und suchten einander mit den Haken ihrer Kinnbacken zu verwunden. Hierauf trat, sey es nun durch Ermüdung oder durch gegenseitiges Einverständniß, ein kurzer Waffenstillstand ein, und beide Kämpfer begaben sich wieder in ihre drohende Stellung (bei den Zweikämpfen der Katzen finden dergleichen Waffenstillstände ebenfalls statt); allein der Kampf begann bald mit größerer Erbitterung von Neuem, und die eine Tarantel wurde endlich überwältigt und erhielt am Kopfe eine tödtliche Wunde. Der Sieger zerriß dem Besiegten Kopf- und Brustschild und fraß ihn auf. Ich erhielt erstern noch einige Wochen am Leben.

Miscellen.

Ueber die Zersetzung des Wassers durch Electricität hat Hr. Hachette der Academie nach seinen Experimenten die Mittheilung gemacht: erstens daß es nicht nöthig sey, wie man bis jetzt glaubte, daß die Wirkung der positiven und negativen Electricität gleichzeitig stattfinde; zweitens, daß im Gegentheil eine successive, jedoch sehr rasch auseinanderfolgende Einwirkung dieser beiden Electricitäten das Wasser ebenfalls zersetzt. Der Apparat, mit welchem er diese Resultate gewann, war ein umwickelter hufeisenförmiger, doppelter Magnet des Hrn. Pixii. (Journ. de Chém. méd. Jan. 1833.)

Die britische Association zur Beförderung der Wissenschaft hielt ihre diesjährige Versammlung zu Cambridge in der Woche vom Montag den 24ten Juni. Präsident war Professor Sedgwick. Die Generalversammlungen hatten in dem Senatshause statt, wo fast 800 Personen anwesend waren. Die Sectionsversammlungen unter ihren verschiedenen Vicepräsidenten wurden in den Zimmern hinter dem Senatshause gehalten. Auf mehreres dort Verhandelte werde ich später zurückkommen. — Die nächste Versammlung wird in Edinburgh statt haben.

Dextrine, das nährende Princip aller Stärkemehlarten, sollen die Hrn. Payen und Persoz isolirt dargestellt haben; es haben darüber und über das Wichtigkeit dieser Entdeckung für Gewerbe, Medicin und Oeconomie der Academie ein versiegeltes Paquet eingereicht. (Gaz. médic. 1833. 28.)

Einen Gehalt an Eisen und Mangan in den (Menschen-) Zähnen, der verhältnißmäßig nicht gering ist, hat Wurzer vor Kurzem gefunden. Bei frühern Analysen dieser Metalle wahrscheinlich mit dem phosphorsauren Kalk gefällt und übersehen. (Buchner's Repert. XLIV. 1.)

Heilkunde.

Einiges über Gehirnkrankheiten.
Von Dr. Teutler.

Wenn es auch wahr ist, daß die pathologisch anatomischen Untersuchungen der neuern Zeit über diejenigen Krankheiten des Gehirnes, welche deutliche Spuren in den Geweben zurücklassen, viel Licht verbreitet haben, so ist man doch noch weit entfernt davon, mit Genauigkeit die Symptome der verschiedenen Gehirnkrankheiten von einander unterscheiden zu können. Die Leichenöffnungen zeigen täglich, daß selbst die erfahrensten Practiker sich in Bezug auf den Sitz und die Natur der Gehirnkrankheiten täuschen können und hieran ist wohl mehr die Trüglichkeit der Symptome, als die mangelhafte Beobachtungsgabe der Aerzte schuld. Besonders groß ist die Unsicherheit der Symptome, wenn die Krankheit eine zusammengesetzte, mehrfache ist. Noch größere Unsicherheit muß aber natürlich bei den Krankheiten herrschen, welche nach dem Tode keine sichtbaren Spuren zurücklassen. Bei diesen letztern hilft uns die pathologische Anatomie nicht; man muß sich daher an die Erforschung der Symptome und des Verlaufes derselben halten, und ein jeder Beitrag dazu scheint mir von Wichtigkeit. Um eine Krankheit dieser letzten Art durch einen Beitrag mehr aufzuklären, theile ich folgende zwei Beobachtungen mit.

1ste Beobachtung. Heftiger Zornanfall mit unmittelbar darauf folgendem Mangel des Bewußtseyns, Krampf und Tod nach wenigen Stunden.

Ein kleines fünfjähriges Mädchen aus der Umgegend von Paris war seit einigen Tagen in der Hauptstadt und sollte eines Morgens nach Hause zurückfahren. Zwei Stunden vor der Abreise war das Kind heiter und wohl; es beging einen geringen Fehler und wurde darüber heftig gescholten. Das Kind, von auffahrendem Wesen und gewöhnt seinen Willen zu haben, gerieth nun in heftigen Zorn, wurde roth, hierauf blaß, und bekam einen Anfall von Convulsionen. Dieß geschah um 10 Uhr des Morgens. Ich wurde erst um 12 Uhr hinzugerufen; ich fand das Kind auf seinem Bett, vollkommen bewußtlos, in den heftigsten und unregelmäßigsten Convulsionen; die Augen waren nach oben verdreht; die Gliedmaßen, in fast beständiger Bewegung, behielten in den kurzen Zwischenräumen von Ruhe eine tetanische Steifigkeit; die Stirn glühte, während die Wangen kalt und blaß waren; es war Erbrechen einer eiweißartigen Flüssigkeit zugegen gewesen, da das Kind noch nüchtern war.

Ich machte auf der Stelle eine Aderlässe von 6 Unzen und ließ 8 Blutigel hinter die Ohren setzen. Der Kopf wurde mit kalten mit Essig versetzten Compressen bedeckt, während die Füße in sehr heiße Kataplasmen von Leinsaamen und Senfmehl gehüllt wurden. Es wurden ölige Clystire verordnet, und der Bauch, welcher gespannt war, mit erweichenden Fomentationen bedeckt.

Nach der Aderlässe ließen die Symptome etwas nach, die Convulsionen wurden langsamer und die Steifigkeit der Glieder hörte innerhalb einiger Stunden auf, das Bewußtseyn fehlte aber fortwährend. Bald traten aber wieder neue Convulsionen ein und hielten ohne Nachlaß bis 10 Uhr Abends an, zu welcher Zeit das Kind verschied.

Die Leichenöffnung wurde 24 Stunden nach dem Tode angestellt, in Gegenwart einiger Aerzte, deren einer sich ganz besonders mit Kinderkrankheiten beschäftigt. Die Organe der Brust- und Unterleibshöhle waren vollkommen gesund, bloß die hintere Wand des Pharynx war etwas geröthet. Ich erwähne dieses Umstandes bloß, weil der eben bezeichnete Arzt hartnäckig behauptete, daß von dieser injicirten, keinesweges entzündeten Schleimhaut des Schlundes alle die üblen Zufälle und der Tod selbst herrühre. Die genaueste Nachforschung und die aufmerksamste Untersuchung ließen in dem Gehirn und seinen Hüllen keine Spur einer Veränderung auffinden; keine Auftreibung der Sinus und der Gehirngefäße, nicht einmal die leichteste In-

jection der Häute und der Gehirnsubstanz. Die pathologische Anatomie läßt uns in diesem Fall im Stich und belehrt uns nicht im Geringsten über die nächste Ursache des Todes. Wir müssen wohl annehmen, daß dieser Ausgang hier die Folge einer übermäßigen Reizung gewesen sey, welche den Nerveneinfluß in seiner Quelle gestört habe, ohne daß diese Reizung eine Blutcongestion herbeizuführen im Stande wäre. Vielleicht war auch die Congestion nach der Aderlässe verschwunden, so daß nur die nervöse Ueberreizung allein zum traurigen Ausgang herbeigeführt hat. Dieser Fall scheint zu der Classe der Eclampsien zu gehören und nicht zu der der entzündlichen Reizung des Gehirns; auch kann er zur Warnung dienen, daß man zornmüthige Kinder nicht während ihres Zornanfalles strafe, und dadurch noch mehr aufreize. Die Heftigkeit der Kinder legt sich am schnellsten bei einer kaltblütigen und ruhigen Behandlung, wodurch man am besten diesen Fehler bekämpft und die Kinder zugleich nicht in Gefahr bringt.

2te Beobachtung. Convulsionen bei einem vierjährigen Kinde ohne bemerkbare Ursache, von kurzer Dauer und bald mit dem Tode endigend.

Das Kind war von gesunden Eltern geboren, wohlgebaut und von sanftem Wesen; es war immer gesund gewesen, bloß bisweilen hatte es über vorübergehende Kopfschmerzen unter der Form der Migräne geklagt. Vor einigen Monaten war es die Treppe herabgefallen; ohne jedoch irgend dabei sich zu beschädigen; eine leicht nässende Stelle hinter dem Ohren war seit einigen Tagen verschwunden, auch hatte das Kind seit etwa 8 Tagen etwas Abführen, ohne jedoch dabei Appetit oder Heiterkeit verloren zu haben. Es wurde übrigens sehr gut und vernünftig gehalten.

Am 13ten November 1829 kam das Kind aus seiner Schule zurück, aß weniger als gewöhnlich, schien ohne Grund niedergeschlagen, und verlangte in's Bett. Während der Nacht erfolgten mehrmals Stuhlgang und Erbrechen. Am 14ten um 9 Uhr Morgens sah ich das Kind, und fand seinen Zustand sogleich bedenklich. Das Gesicht war blaß, aufgedunsen, der Blick unsicher und ausdruckslos, das Kind schlummerte, erwachte aber leicht, ohne jedoch irgend an dem Theil zu nehmen, was um dasselbe herum vorging; sitzend konnte es kaum den Kopf halten, dessen Schwere es zusammenzudrücken schien; es antwortete richtig, aber langsam. Die Haut war mißfarbig und brennend, der Puls klein, unregelmäßig, von 160 bis 180 Schlägen; der Bauch war weich und nicht empfindlich, die Zunge feucht und blaß.

Ich hielt den Zustand für eine bedeutende Reizung des Gehirns und sah den Eintritt von Convulsionen voraus. Eine Stunde darauf bekam das Kind wirklich einen der Epilepsie ähnlichen Anfall mit Bewußtlosigkeit, Schaum vor dem Mund und krampfhafter Contraction der Beugemuskeln der Glieder. Dieser Zufall dauerte eine halbe Stunde.

Es wurden zehn Blutigel hinter die Ohren und 6 in die Umgegend des Afters gesetzt. Das Kind erhielt in einem warmen Bade kalte Uebergießungen über den Kopf; Senfteige an die Füße und Schenkel. Nach dem Krampfanfalle folgte ein Zustand völliger Prostration, das Kind blieb ohne Bewußtseyn und ohne Bewegung. Vollkommen erfolglos wurden ein geschärftes Blasenpflaster im Nacken und scharfe Sinapismen fortschreitend über die Gliedmaßen und ätherische Einreibungen des ganzen Körpers angewendet; eben so wenig wirkten reizende Arzneien und Aetherlavements, der comatöse Zustand hielt ohne Unterbrechung an; der Puls wurde allmälig immer schwächer, und Abends 6 Uhr gab das Kind den Geist auf, 6 Stunden nach dem Eintritt des Krampfanfalles, ohne Röcheln oder neue Krämpfe.

Die Leichenöffnung wurde 24 Stunden nach dem Tode angestellt: der sinus longitudinalis superior enthielt viel Blut, die arachnoidea, welche eine röthliche Farbe zeigte, hatte starke Gefäßinjectionen, das Gehirn war sehr fest, die graue Substanz normal, die weiße auf ihrem Durchschnitt mit vielen hellrothen Puncten von der Größe eines Stecknadelkopfes besäet. Diese Puncte oder Kügelchen lös'ten sich leicht von der Gehirnsubstanz ab, mit welcher sie nicht in Verbindung standen. Sie schienen aus den Gefäßen ausgeschwitzt zu seyn. Wäre in diesem Falle das Leben nicht so bald geendigt gewesen, so würde durch entzündliche Thätigkeit zwischen diesen Kügelchen und dem eigentlichen Gewebe des Gehirns eine organische Verbindung zu Stande gekommen seyn, wodurch die unzähligen kleinen Ergießungen wieder verschwunden wären. In den Ventrikeln und im Rückenmarkscanal fand sich kein Wasser, die plexus choroidei waren stark injicirt, die Organe der Brust- und Bauchhöhle waren vollkommen gesund.

Die Schnelligkeit, mit welcher bei diesem Kinde 6 Stunden nach einer bloß halbstündigen Convulsion der Tod eintrat, gestattet nicht, denselben diesem letztern Zufall zuzuschreiben; die Convulsion war gewiß bloß Symptom der Blutausschwitzung, deren Ursache unbekannt blieb, und welche sich durch eine außerordentliche Aufregung des Nerven- und Blutgefäßsystemes kund gab. Es war Gehirncongestion und Blutung durch Ausschwitzung durch die ganze Marksubstanz des Gehirns hindurch vorhanden, es war gewissermaßen ein Blutthau, welcher durch seine Reichlichkeit und sein plötzliches Eintreten, das Leben in seinem Hauptorgane unterdrückt hatte. Es war daher auch die sonst bei Blutcongestionen so wirksame Aderlässe hier wirkungslos, ja vielleicht beschleunigte sie sogar den Tod dadurch, daß sie die Schwäche vermehrte, ohne auf das ausgetretene und aus der Circulation entrückte Blut im geringsten wirken zu können. (Transactions médicales. Octbr. 1832.)

Ein Fall von Umstülpung der Blase

wird von Dr Murphy, Licentiaten des Royal College of Surgeons in Ireland, an den Herausgeber der Liverpool Medical Gazette (January 1833.) Vol. 1. berichtet.

„Jane R..v, 4 Jahr alt, wurde am 9ten Julius 1829 in das Gräfl. v. Meath'sche Krankenhaus aufgenommen. Nach der Aussage ihrer Mutter war sie 6 Stunden vorher von einem Arzt untersucht worden, welcher die Krankheit, an welcher sie litt, für einen prolapsus ani erklärt, aber, nach einem langwierigen Versuch, die Zurückbringung desselben nicht bewerkstelligt hatte. Da sie hörte, daß in Folge der nicht gelungenen Zurückbringung wahrscheinlich bald Brand eintreten werde, so gerieth sie in Unruhe und brachte das Kind zu Hrn. Nicolls, zu Kavan, welcher, in Folge seiner Untersuchung, von einer ungewöhnlichen Beschaffenheit des Uebels überzeugt, sie unmittelbar in das Krankenhaus brachte, wo sie von Dr. Byron, dem gegenwärtigen Wundarzte des Krankenhauses, untersucht wurde. Sie stand bei der Untersuchung auf einem Tische, mit dem Gesicht gegen Dr. B. gekehrt, und bei'm ersten Anblick glaubten wir, es sicher mit einem prolapsus ani zu thun zu haben. Wir machten deshalb Anstalt, ihn auf die gewöhnliche Weise zu reponiren, indem wir sie, mit erhobenem Kopf und an den Unterleib angezogenen Schenkeln auf den Rücken legen ließen. Auch wurden der Catheter zur Entleerung der Blase in Bereitschaft gelegt. In dieser Lage der Kranken lagen der After und das Mittelfleisch ganz frei zu Gesicht. Es machte sich nun eine genauere Untersuchung nöthig, und es wurden dabei folgende Ergebnisse angemerkt. Eine birnförmige Geschwulst, von der Größe eines kleinen Hühnerei's von dunkler Mahagonifarbe, hängt, mit dem Grunde nach unten, mit der Spitze nach oben gekehrt, zwischen dem obern Theile der Schaamlippen hervor; der in den After eingeführte, mit Oel bestrichne kleine Finger theilt der Geschwulst keine Bewegung mit, und es kann sonst nichts Unnatürliches entdeckt werden. Als man die Geschwulst nach der Schaamgegend hin in die Höhe drückte, konnte man die Scheide übersehen, aber die Mündung der Harnröhre ließ sich nicht bemerken. Man rieth nun auf eine angeborne Mißbildung, allein die übrigens sehr deutlichen Antworten der Mutter waren über diesen Punct vollkommen genügend. Nun suchten wir zu erforschen, ob nicht vielleicht die Blase umgestülpt sey. Man sah sich daher nach den Oeffnungen der Harnleiter um, konnte sie indeß nicht entdecken, bis ein gelindes Herunterziehen der Geschwulst die Umstülpung vollkommen machte. Eine kleine silberne Sonde wurde in jede Oeffnung hinaufgeführt, welcher, bei'm Zurückziehen, der übrigens geruch- und farblose Urin folgte. — Reposition. Der Blasenhals wurde mittelst des Daumens und Zeigefingers der linken Hand festgehalten und der Grund der Blase mittelst des Endes eines Catheters von elastischem Harz in die Höhe geschoben, wodurch die Zurückbringung leicht in's Werk gesetzt wurde. Der Catheter wurde durch einen Gehülfen einige Stunden lang an der Stelle erhalten. Als sich einige Empfindlichkeit der Schaamgegend, mit Erbrechen verbunden, einstellte, wurden Blutegel, ein warmes Bad und Ricinusöl verordnet, worauf die Symptome sogleich nachließen. Am 17ten Julius wurde sie geheilt entlassen." (Dieß ist ein, so viel mir bekannt, bisher noch nicht beobachteter krankhafter Zustand, und der Fall gewiß höchst merkwürdig. F.)

Beobachtungen von plötzlichem Tod in Folge einer von selbst eingetretenen Verletzung der Lunge.

Vom Dr. Ollivier zu Angers.

Zwei Individuen bei gutem Wohlseyn und robuster Constitution starben plötzlich in Folge eines Zornausbruches. Das eine bot Spuren eines Lungenemphysems, und das andere Spuren einer heftigen Blutcongestion in den Lungenflügeln, oder einer Lungenapoplexie dar; übrigens keine andere Verletzung, welche den Tod hätte erklären können. Aber die Worte Emphysem und Lungenapoplexie drücken noch nicht im gegenwärtigen Zustande der Wissenschaft gut characterisirte anatomische Verletzungen aus; deßhalb theilen wir hier die Beschreibung mit, welche der Verfasser vom Zustande der Lunge in jedem dieser Fälle giebt.

Im ersten Falle (nämlich in demjenigen des Emphysems) fielen die an mehreren Puncten ihrer Oberfläche emphysematosen Lungenflügel nach Oeffnung der Brust nicht im Geringsten zusammen; ihr Gewebe, dessen Dichtigkeit ansehnlich zugenommen hatte, befand sich in einem solchen Zustande der Erpansion, daß die Muskeln in jedem Intercostalraume emporgehoben wurden, gleichsam als ob der Thorax zu enge sey, um die Lungenflügel zu fassen. Drückte man sie ein wenig zwischen den Fingern, so ließ der eine, wie der andere Lungenflügel ein sehr starkes Knistern vernehmen; sie enthielten wenig Blut, u. s. w.

Im zweiten Falle (in demjenigen der Apoplexie) hatten die Lungenflügel eine in's Violetta spielende Farbe, gaben bei der Percussion einen matten Ton, boten eine Consistenz, eine Härte und ein weit beträchtlicheres Gewicht, als im normalen Zustande dar; ihr Gewebe war mit Blut erfüllt, und so der Einschnitt in ihre Substanz bot eine granulirte Oberfläche von sehr dunkler schwarzrother Farbe dar; alle Aeste der Lungenvenen und der Lungenarterien waren durch eben so viele schwarze Blutklümpchen u. s. w. angezeigt.

Die convulsivische Behinderung der Respiration, welche man bei einem heftigen Ausbruche des Zornes bemerkt, besonders, wenn man sich anstrengt, ihn zu unterdrücken, kann ohne Zweifel die bei diesen beiden Individuen beobachtete tödtliche Asphyrie, die in dem einen Falle mit Emphysem und in dem anderen mit Apoplexie der Lunge verbunden war, erklären. Man kann in diesem Betreff die neuerdings von Hrn. Prus *) bekannt gemachten analogen Beobachtungen zu Rathe ziehen (Archives générales de Médecine, Février 1833.)

*) Man vergleiche Revue médicale 1832. Tome IV. pag. 509.

Miscellen.

Ein Varix aneurysmaticus zwischen der carotis communis und der vena jugularis bildete sich im vorigen Jahre bei einem Studirenden nach einem im Duell erhaltenen Degenstich, welcher in der Mitte, und etwa einen Zoll unterhalb des Schlüsselbeins eindrang. Er characterisirte sich durch das gewöhnliche zischende Geräusch und Pulsiren und veranlaßte noch folgende Symptome: holte der Kranke recht tief Athem, so fiel die Geschwulst schnell zusammen, so daß sie gar nicht mehr zu bemerken war, worauf sie bloß allmälig wieder entstand; die carotis pulsirte oberund unterhalb der Geschwulst eben so stark, als an der gesunden Seite, außerdem fühlt der Kranke von Zeit zu Zeit eine Taubheit in dem 4ten und 5ten Finger, besonders Morgens unmittelbar nach dem Aufstehen, und vorzugsweise nach einem begangenen Diätfehler. Außerdem befand sich der Verletzte sehr wohl. (Allgem. Med. Zeitung, No. 33.)

Aus den chemischen Versuchen über Cholerablut von Thomas Andrews im London and Edinburgh philos. Magaz., October 1832 ergaben sich folgende allgemeine Schlüsse: der einzige Unterschied zwischen Cholerablut und gesundem Blut besteht in einem Verluste an Wasser im Serum bei dem ersten und einem daraus folgenden Ueberschuß an Eiweißstoff. Die salzigen Bestandtheile im Cholerablut sind dieselben, wie im gesunden Blute. Die rothen Blutkügelchen und wahrscheinlich auch der Faserstoff sind auch bei dem Cholerablute normal. Der Mangel an Flüssigkeit und die dunkle Farbe des Cholerabluts und der Umfang seines Blutkügelchens rühren bloß von der zunehmenden zähen Beschaffenheit des Serums her. (Annalen der pharmacie, V. 2.)

Sublimatbäder zur Heilung der Arthrocacen haben sich dem Dr. Ebel bei vier, im 2ten Stadium befindlichen Arthrocacen bei erwachsenen Personen ausgezeichnet hülfreich gezeigt, indem sie alle vier schon innerhalb 6 Wochen wieder im Stande waren, ihren früheren Geschäften vorzustehen. (Med. Zeitung, II. 10)

Ein aneurisma varicosum entwickelte sich bei einer Schwangern, wie gewöhnlich, dadurch, daß bei einer Venäsection die Arterie durch die Medianvene hindurch angestochen worden war. Die pulsirende Geschwulst hatte die Größe einer Olive und zeigte, das diesen Aneurismen eigenthümliche Rauschen: auch war lebhafter Schmerz zugegen. Kour unterband die Brachialarterie oberhalb auf einem Cylinder (nach Scarpa), worauf eine Zeitlang die Geschwulst verschwand, aber nachdem die Ligatur abgefallen war, wiederherstellen das erstemal, daß dieß Kour begegnet war. (Transact. medic. Nov. 1832.)

In organischen Pancreasleiden, bei welchem alle Zeichen eines volvulus vorhanden waren und welches in 4 Tagen den Tod herbeiführte, beobachtete Dr. Casper und fand bei der Section in dem sehr gut gebauten und früher bis 4 Tage vor dem Todte ganz gesunden Körper ein faustdick verzvärtetes, aus, desorganisirtes und blaurothes Pancreas, ein Beweis für die Möglichkeit des langen Fortbestehens scheinbarer Gesundheit bei sehr bedeutenden inneren Desorganisationen. (Sanitätsbericht d. Provinz Brandenburg, 1830.)

Juribali oder Curibali, eine neue Fieber = Rinde von einem Baum aus der natürlichen Familie der Mesiaceen wird von Dr. Hancock, der sie in Pomeroon in British Guiana anwandte, sehr gelobt, als trefflicher als die China; wobei sie noch überdieß, je nach der Gabe, dem Rhabarber ähnlich wirken kann. (Lond. Med. and Phys. Journ. Jan. 1833.)

Bibliographische Neuigkeiten.

The flora of Oxfordshire and its contiguous counties, comprising the flowering plants only etc. By *Richard Walker*, Oxford 1833. 8.

Clinical Lectures on the contagious Typhus, epidemic in Glasgow and the vicinity during the year, 1831—32; by *Richard Miller*, M. D. London 1833. 8.

Notizen

aus

dem Gebiete der Natur- und Heilkunde.

Nro. 805.   (Nro. 13. des **XXXVII.** Bandes.)   Juli **1833.**

Gedruckt bei Lossius in Erfurt. In Commission bei dem Königl. Preußischen Gränz-Postamte zu Erfurt, der Königl. Sächs. Zeitungs-Expedition zu Leipzig, dem G. H. F. Thurn und Tarischen Postamte zu Weimar und bei dem Landes-Industrie-Comptoir. Preis eines ganzen Bandes, von 24 Bogen, 2 Rthlr. oder 3 Fl. 36 Kr., des einzelnen Stückes, 3 ggl.

Naturkunde.

Von dem Einfluß, den äußere Umstände auf die organisirten Wesen ausüben.

Von **Geoffroy-Saint-Hilaire**, Präsidenten der Königl. Academie der Wissenschaften zu Paris,

vorgetragen bei Gelegenheit der Jahressitzung der fünf Academieen des Instituts, den 2ten Mai 1833 *).

„Daß die sämmtlichen Naturkörper in ihrem gegenseitigen Verhältniß zu einander zur Entstehung gelangten, erklärt sich nothwendig aus den Gesetzen der Beschaffenheit und Wahlverwandtschaften, welche jede Art von atomistischen Materialien charakterisiren und folglich die Gruppirung einer jeden Art von aus ihnen gebildeten Substanzen einem Naturgesetze unterordnen. Deßhalb findet bei den lebenden Geschöpfen der Grundsatz Anwendung, daß man von der Beschaffenheit des Organs auf seine Functionen schließen könne.

Indeß ist jener Einklang von Bewegungen und Thä-

*) „Ich habe dieses Fragment aus einem größern Werke über die ausgestorbenen Thiere ausgehoben, in welchem ich nachzuweisen suche, wie deren Erlöschen eine Folge gewisser auf der Erde vorgegangenen Veränderungen seyn mußte.

Die Existenz der Thiere ist nur nach Maaßgabe der Beschaffenheit der sie umgebenden und sich in ihnen organisirenden Elemente möglich. In jedem geologischen Cyclus finden wir diese Elemente mehr oder weniger verändert, und die Thierformen verändern sich in demselben Maaße. Die Materie selbst bleibt zwar wesentlich dieselbe und geht nach dem, von aller Ewigkeit her geltenden, Verwandtschaften und Gesetzen ihre Verbindungen ein; allein ihre Verwendungsart ist zu jeder bestimmten Periode des Lebens und der Anordnungen im Universum von den veränderlichen Bedingungen der umgebenden Medien und Reagentien abhängig, und hieraus läßt sich schließen, daß alle den organischen Wesen bereit ertheilten und noch zu ertheilenden Formen im Plane der Vorsehung liegen und schon zu Anfang aller Dinge im Keime vorhanden waren, um zu einem im Voraus bestimmten Zeitpunkt in's Leben zu treten, wo die umgebenden Medien und Reagentien deren Entwicklung gestatten würden. Für jedes organische Wesen mußte also eine bestimmte Zeit eintreten, wo es sich entwickeln und entstehen konnte, und so entstand auch der Mensch, als die Reihe an ihn kam.“

tigkeiten, durch welchen die Natur schafft, zerstört, ersetzt und sich beständig neu zu verjüngen scheint, nicht lediglich aus dem Grunde möglich, daß jedes Wesen in sich die Bedingung seines Fortbestehens besitzt, sondern es bedarf zu diesem Ende auch angemessener Umstände in Raum und Zeit. Wie der Fuchs in der Fabel bei einem enghalsigen und der Storch bei einem flachen Gefäße hungern mußte, so würde jedes Thier, wenn die äußern Umstände mit ihm in so vollkommnem Widerstreit wären, sich vergebens bestreben, den innern Anregungen seiner Natur ein Genüge zu leisten.

„Hat man diese scheinbaren Mängel an Harmonie, auf die wir bei'm Studium der Naturgeschichte zuweilen stoßen, einer gründlichen Prüfung gewürdigt, und deren Bedeutung vollkommen aufgefaßt? Die jetzigen Naturforscher, welche sich der besondern Beschreibung der Naturkörper und Naturerscheinungen mit so vielem Eifer widmen, welche die Labyrinthe der Organismen, mit dem anatomischen Messer in der Hand, rastlos durchforschen, scheinen vielmehr zu fürchten, daß sie bei der Untersuchung der gegenseitigen Einwirkungen der Naturkörper sich compromittiren würden, und man muß gestehen, daß diese so außerordentlich philosophischen und für die Wissenschaft vielverprechenden Untersuchungen allerdings höchst schwierig, und um so schwieriger sind, weil dieses Feld bis jetzt noch so unerforscht ist.

„Die aufmerksame Erforschung der Beziehungen, welche zwischen den organischen Formen und der sie umgebenden Welt bestehen, eröffnet uns in der That ein unermeßliches Feld der Untersuchung; hier betrachten wir zu sagen die Natur mit sich selbst im Kampfe, wie sie die Ausscheidung der einander fliehenden und die nützliche Verbindung der einander suchenden Materialien bewirkt, sie harmonisch ordnet, und zuletzt aus ihnen jene bewundernswürdigen Composita, die lebenden Wesen, bildet, bei denen die genaue Uebereinstimmung der Bestandtheile die Fähigkeit von tausend freien oder zusammenwirkenden Handlungen herbeiführt. Was für neue Schlüsse wird nicht die Philosophie hier erbeuten können, da diese Studien sich auf positive Thatsachen stützen und dar-

13

auf hinauslaufen, die für jeden Fall angewandten Mittel in ihrer Einfachheit darzuſtellen, welche Einfachheit eine characteriſtiſche Bedingung jeder großen Zuſammenſetzung iſt *). Wenn unſere Phantaſie ſich durch die gewaltige Mannichfaltigkeit des Naturſchauſpiels überrumpeln und fortziehen läßt, ſo geſchieht dieß nur, weil ſie unfähig iſt, die unzählige Menge dieſer einfachen Fälle deutlich zu trennen und in ihren gegenſeitigen Beziehungen als ſelbſtſtändig zu betrachten.

Um uns zu überzeugen, wie mächtig die zu den Beſtandtheilen der organiſchen Körper beſtändig in unmittelbaren Beziehungen ſtehenden äußern Agentien durch Anziehung und Abſtoßung auf Veränderung dieſer Körper hinwirken, müſſen wir fortwährend im Auge behalten, daß die unaufhörliche Erneuerung der Materialien, aus denen ein lebendes Geſchöpf beſteht, einen Theil ſeiner Weſenheit bildet. Wiewohl nun das Princip des eigenthümlichen Urſprungs bei jedem Weſen die beſtändige Erneuerung derſelben Anordnung der Materie bedingt, ſo weicht doch, durch die langſame aber fortwährende Thätigkeit der modificirenden Urſachen, die Organiſation zuweilen von ihrem urſprünglichen Typus ab.

Dieß ließe ſich durch viele Beiſpiele beweiſen **), allein da wir uns hier ſo kurz wie möglich faſſen müſſen, ſo wollen wir nur einige Gewohnheiten betrachten, die weit mehr

---

*) Jedes Reſultat einer Function kann in Verbindung mit unzähligen andern höchſt verſchiedenen angetroffen werden, wie dieß, z. B., bei den Thieren der Fall iſt, ohne deßhalb den Character der Einfachheit einzubüßen, indem jede determinirende Urſache einer Thätigkeit ein für allemal weſentlich unveränderlich iſt, was auf dem Geſetze der Verwandtſchaft des Gleichen zu dem Gleichen, oder auf der Unveränderlichkeit der Eigenſchaften der Materie beruht. Dieß wird dadurch beſtätigt, daß, wenn man durchaus identiſche Molecularkörperchen mit einander in Berührung bringt, electriſche Erſcheinungen und organiſche Verbindungen entſtehen.

**) In jedem großen Lande der Erde findet man einen beſondern und deutlich charakteriſirten Schakal, z. B. in Morea, auf dem Caucaſus, in der Umgegend von Algier, in Nubien, Oſtindien, am Senegal ꝛc. Dieß hat Iſidore Geoffroy-Saint-Hilaire in ſeiner Zoologie Morea's vollſtändig nachgewieſen. Alle dieſe Schakals ſtammen offenbar von denſelben Vorfahren, und ihre Eigenthümlichkeiten rühren alſo von den Beſchaffenheit der Orte und des Clima's im Laufe der Zeit bewirkt hat.
Die Umſtände, unter denen ſich die Thiere von Alters her nach der verſchiedenen Lebensweiſe und dem Grade der Civiliſation der menſchlichen Geſellſchaft befanden, haben, wie ein künſtlich geſchaffenes umgebendes Medium, höchſt kräftig auf ſie eingewirkt, und die Entſtehung neuer Arten veranlaßt. Der Hund, welcher urſprünglich von Beute lebte, aber, nachdem er ſich geſättigt hatte, ruhig und ſanft war, iſt, durch Einwirkung dieſer Umſtände, zum Wolf geworden. Die kräftigſten dieſer Hunde, welche jedem Verſuche der Zähmung widerſtanden, den und als Raubthiere fortzuleben, bilden auf dieſe Weiſe eine neue Art, die nach den Umſtänden, unter welchen zu leben ſie gezwungen wird, ſehr viel Modificationen darbietet. Durch Beſchränkung ihrer Jagdreviere, durch fortgeſetzte Verfolgung und Achtung ſind in vielen Ländern die Wölfe zu den wildeſten und zumal liſtigſten Raubthieren geworden. Ließe man ſie in Frieden, ſo würden ſie ihrem Grimme entſagen, und das ſanfte Naturell des Hundes annehmen. Ein Beiſpiel hiervon hat man ganz neuerdings in der Menagerie des Königl. Gartens geſehen.

unter dem Einfluß äußerer Umſtände, als der Organiſation ſelbſt ſtehen.

Man vergleiche, z. B., den Löwen mit dem Crocodil, ſo wird man ſehen, wie zwei nach ſo verſchiedenen Typen organiſirte Weſen in den beiden äußerſten Epochen ihres Lebens einander in ihren Gewohnheiten begegnen.

Der rieſige Wuchs des Löwen und Crocodils, und der Umſtand, daß ſie beide von Fleiſch leben, machen, daß dieſe beiden Thiere, trotz der Verſchiedenheit ihrer Organiſation, einander in einem Puncte ähnlich ſind, während in allen andern Beziehungen die Bedingungen ihrer Exiſtenz entgegengeſetzter Art ſind, und ſelbſt der Schauplatz ihrer Thätigkeit für jedes dieſer beiden Thiere ein anderer iſt. Der Löwe jagt am Saume der Wüſten, in jenen ungemein dürren Gegenden, wo kein Säugethier für immer leben könnte, wohin ſich aber während eines Theils des Tages unzählige Antilopen ihrer Sicherheit wegen begeben. Das Crocodil ſtürzt ſich in's Waſſer großer Ströme, und jagt dort nach Thieren, welche ſich in Anſehung der Organiſation faſt ſo ſehr, wie in Anſehung des Wohnorts von den Antilopen ꝛc. unterſcheiden. Auf dieſe Weiſe hat denn der Löwe, um in den Beſitz ſeiner Beute zu gelangen, ſelbſt ganz andere materielle Hinderniſſe zu beſiegen, als das Crocodil; allein die Hinderniſſe, welche aus dem Umſtand entſpringen, daß ſowohl der Löwe, als das Crocodil den Thieren ihrer Jagdreviere einen gewaltigen Schrecken einjagt, ſind für beide gleichartig. Wenn der Löwe und das Crocodil ſich zur Jagd anſchicken, ſo iſt die Erinnerung an die Verheerungen, die ſie den Tag vorher angerichtet, noch nicht erloſchen, denn wenn für den Vorzug der Größe und Stärke beſitzen, ſo iſt doch auch der Schwache nicht ohne Hülfe gelaſſen, und jede Tyrannei vernichtet gewiſſermaßen ſich ſelbſt; von Jedermann gemieden ſieht ſich der Tyrann zuletzt in einer gräßlichen Einöde; von gleichem Schickſale werden der Löwe und das Crocodil bedroht; treibt der Hunger unter die Bewohner der Wüſte und Flüſſe, aber Alles flieht vor ihnen, und überall, wo ſie hinkommen, iſt das Feld leer; die beiden Thiere iſt demnach ihre gewaltige Stärke und Raubſucht ebenſowohl ein Hinderniß, als eine Erleichterung des Gelingens; ſie können nur mit und durch andere leben, von denen ſie geflohen werden.

Sowohl der Löwe, als das Crocodil iſt mit dieſen Hinderniſſen bekannt und weiß ſie zu überwinden; dieß geſchieht in den beiden äußerſten Epochen ihres Lebens durch ſehr verſchiedene Mittel; in der Jugend durch Geſchwindigkeit und Kraft, im Alter durch Liſt.

In der Blüthe ihres Alters iſt ihnen der Sieg gewiß, ſie verfolgen ihre Beute in die entlegenſten Schlupfwinkel, und da die Waibeplätze die Beute des Löwen immer wieder aus der Wüſte herbeiziehen, ſo weiß er ſie auch immer zu finden. Die Waſſerthiere ſind, im Bezug auf das Crocodil, nicht beſſer daran. Von Hunger angeſtachelt läßt der junge Löwe, wie das junge Crocodil nicht eher von der Verfolgung ab, bis er ſeine Beute gefangen hat.

Dieſer gewaltigen und anhaltenden Leibesbewegung ſind aber beide Raubthiere nur während der Blüthe ihres Lebens

gewachsen; ihre Glieder verlieren nach und nach die Geschmei=
digkeit, ihre Sinne die Schärfe; ihre Jagden fallen immer
weniger ergiebig aus; bald brauchen sich die von ihnen ver=
folgten Thiere nicht mehr vor ihrer Geschwindigkeit zu fürch=
ten, und nun müssen beide Raubthiere den Abgang an Kräf=
ten und Schnelligkeit durch List ersetzen, ihr Terrain genau
studiren, jeden Vortheil benutzen, sich in Hinterhalte legen
und aus der Erfahrung Nutzen ziehen. So lauert der alte
Löwe in einem Gebüsch dem Wilde an der Tränke auf, und
erlangt durch einen Satz ein Thier, welches er durch eine an=
haltende Verfolgung nicht würde haben fangen können. Zu=
weilen legt er sich in einen Hinterhalt, wo das vom Cara=
cal verfolgte Wild seinen Wechsel hat, und gelangt so zu
seinem Fraße.

Das vom Alter geschwächte Crocodil schwimmt vorsich=
tig stromab oder stromauf, erschreckt dann plötzlich die Fische,
um sie von der Stelle zu entfernen, und vergräbt sich
im Schlamm, wo es sich versteckt hält, und die zurückkehren=
den, nichts Schlimmes ahnenden Fische aus dem Hinterhalte
ergreift. Ja, nachdem es sein Lager in den Schlamm aus=
gehöhlt hat, trägt es allerhand faulige thierische und ve=
getabilische Stoffe herbei, welche als Lockspeise für die Fische
dienen.

Was hat man aus der Zusammenstellung dieser so höchst
ähnlichen Thatsachen zu schließen?

Daß die Lebensweise eines Geschöpfs mit seiner Orga=
nisation übereinstimmt, begreift sich a priori; als unmittel=
bare Function der Organe ist dieses Resultat durchaus gültig;
allein, wie kann dieselbe Lebensweise bei Thieren angetroffen
werden, deren organischer Typus so verschieden, ja in man=
chen Beziehungen ganz entgegengesetzt ist. Die Sinnenwerk=
zeuge und der Respirationsapparat sind bei dem Crocodil sehr
wenig ausgebildet, ja man möchte fast sagen, unvollendet,
während sie bei'm Löwen beinahe das Maximum der Entwick=
lung erlangt haben. Das Gehirn eines zehn Fuß langen Cro=
codils ist nicht größer, als eine Walnuß, und bei'm Löwen
füllt es dessen große Schädelhöhle aus. So findet also
Aehnlichkeit der Sitten, Wiederholung derselben Thätigkeiten,
bei durchaus verschiedenen organischen Verbindungen statt;
auch können die Wohnorte nicht verschiedener seyn; denn der
Löwe durchstreift die brennende Wüste und das Crocodil
lebt größtentheils im Wasser.

Was haben wir nun mit diesem Fragmente bewiesen
wollen? Daß wir bis jetzt mit den in der Natur wirken=
den Ursachen sehr wenig bekannt sind; außerhalb der organi=
sirten Körper existirt eine Welt von Umständen und Thätig=
keiten, deren Spiel, rücksichtlich der thierischen Formen, noch
nicht ernstlich und wirklich wissenschaftlich studirt worden ist,
so daß über die wesentlichen Bedingungen der Existenz der
Naturkörper und die nothwendigen Beziehungen zwischen den
Organen derselben in dem sie umgebenden Medium bloße
Vermuthungen aufgestellt sind. Ueberhaupt ist man bisher
in dieser Beziehung so zu Werke gegangen, als ob man gar
nicht wisse, daß alle sich den organischen Wesen einver=
leibenden materiellen Bestandtheile ihre ursprüngliche Be=

schaffenheit ewig beibehalten, und daß folglich diese so ver=
schiedenen Elemente stets nach ihren Verwandtschaften wir=
ken werden."

Ueber ein optisches Unterscheidungszeichen derjeni=
gen vegetabilischen Säfte, welche Rohrzucker, von
denen, welche Traubenzucker geben können,

(welches einen neuen Weg zur Erforschung organischer
Substanzen anzudeuten scheint), sagt Biot folgendes: „In
einer frühern Abhandlung über die Circular = Polarisation
(oder Polarisation durch Drehung der brechenden Medien ver=
mittelst Biot's Polarisationsvorrichtung), habe ich von der
eigenthümlichen Eigenschaft des Traubenzuckers gesprochen,
die Lichtstrahlen nach der linken Seite hin durch Polarisa=
tion abzuwenden, so lange er noch nicht fest ist, sie dagegen
beständig nach der rechten zu wenden, sobald er einmal fest
geworden war, man mag ihn nachher, in welchem Grade
man wolle, in Wasser oder Alcohol auflösen. — Aus meh=
reren Andeutungen schöpfte ich die Vermuthung, daß eine
solche plötzliche Veränderung in dem moleculären Zustand bei
dem Festwerden des Rohrzuckers nicht statt habe, so daß die=
ser sowohl vor, als nach dem Festwerden in den vegetabili=
schen Säften, worin er enthalten ist, das Licht durch Pola=
risation nach der rechten Seite wenden werde. — Der
Saft der rothen Rübe bringt die Rotation nach der rechten
Seite sogleich von dem Moment an, wo er ausgedrückt wird,
hervor, und behält diese Wirkungsweise beständig und bei al=
len ihm möglichen Graden der Condensation bei,—selbst im
festen Zustande. — Dasselbe findet statt bei den ausgepreß=
ten Säften der Pastinaken, Steckrüben und Karotten, in de=
nen die Chemiker schon seit langer Zeit Rohrzucker in grö=
ßerem oder geringerem Verhältniß nachgewiesen haben. —
Endlich ist bekannt, daß Herr Wittstock denselben Zucker
auch in der Altheewurzel nachgewiesen hat. Die Herren
Poutron und Peloure untersuchten diese Wurzel und
fanden in der That, daß sich bloß vermittelst kalten Wassers
ein Zuckersyrup ausziehen lasse, in welchem die Rotation,
welche wir gemeinschaftlich untersuchten, ebenfalls die Rich=
tung nach der rechten Seite hat, so daß hiernach ebenfalls
Rohrzucker darin enthalten ist, entsprechend der Beobachtung
des Herrn Wittstock, welcher ihn, zum Theil vom Trauben=
zucker getrennt, dargestellt hatte. — Es wird also gewiß, daß
die Umwandlung des Zustandes in dem Augenblicke des Fest=
werdens dieser eigenthümlichen Zuckerart zukömmt, man mag
sie nun aus Trauben, Aepfeln, Birnen, oder den vielen andern
Vegetabilien, welche sie enthalten, gewinnen. Hiernach zeigt
also die Rotation gegen die linke Seite in einem vegetabili=
schen Saft die Möglichkeit des Vorhandenseyns des Traubenzu=
ckers, während die Rotation gegen die rechte die Möglichkeit
des Vorhandenseyns des Rohrzuckers andeutet. Diese beiden
Phänomene werden übrigens, wie gesagt, bloß Zeichen der Mög=
lichkeit, nicht der Gewißheit des Vorkommens von jenen seyn,
weil die Rotation gegen die rechte oder gegen die linke Seite
auch noch durch viele andere Substanzen, welche von jenen

Zuckerarten verschieden sind, bewirkt werden kann; aber sie zeigt wenigstens an, welche Zuckerart man in jedem vegetabilischen Safte zu suchen habe, indem man hiezu bloß die Richtung seiner Rotation zu kennen braucht. (Annales de chimie et physique. Jan. 1833.)

Notiz über eine eigenthümliche animalische Substanz, welche während der Zersetzung des Leichnams entsteht.

Von Olivier zu Angers und X. Chevalier.

Diese Substanz entsteht während der fortschreitenden Mumienbildung, die man häufig an unter der Erde liegenden Leichen am ganzen Körper, oder an einem Theile derselben beobachtet, und zwar zu einer gewissen Epoche der unvollständigen Austrocknung der weichen Theile, mag nun zu gleicher Zeit ein Anfang der Fettwachsbildung stattfinden, oder nicht. Diese weiße, harte Substanz bedeckt nun bald in Gestalt unregelmäßiger Granulationen, bald in Gestalt breitgedrückter, ein krystallisches Ansehen besitzender, dabei rauh anzufühlender Lamellen in ziemlich großen Gruppen, auch wohl bald schmale, untereinander parallel laufende Längenstreifen, bald runde Platten mit concentrischen und wellenförmigen Zonen bildend, die, was ihre Art anlangt, viele Aehnlichkeit mit jenen weißen Flechten besitzen, die man auf der Rinde gewisser Bäume gewahrt, die Oberfläche der Organe, hauptsächlich aber der Leber, die auch in ihrem Innern ähnliche weiße, hirsenartige Körner oft in großer Menge enthält, so daß damit die innere Wand der Venen dieses Organes ausgekleidet ist. Man bemerkt ähnliche im Innern der Aorta und der großen Gefäßstämme, wo sie die meiste Zeit hindurch in linienartigen Reihen abgesetzt sind und manchmal eine lange, kaum gebogene Linie nach der Längenare auf der Rückenwirbelwand bilden; man sieht manchmal dieselbe Substanz eine strahlige Krystallisation und gleichsam eben so viele kleine sternartige Platten von 2 oder 3 Linien Durchmesser darbieten.

Sie hat der Analyse folgende Grundbestandtheile dargeboten: 1) Spuren eines Ammoniaksalzes; 2) eine dem Gallertstoff analoge animalische Substanz; 3) Spuren von salzsaurem Natron; 4) eine in Alkohol auflösliche Fettsubstanz; 5) eine in Essigsäure lösliche animalische Substanz; 6) Spuren eines kohlensauren Alkali, das Resultat der Einäscherung; 7) Spuren von phosphorsaurem Kalk.

Die Leichname, an welchen Hr. Olivier diese Substanz angetroffen hat, waren wenigstens seit drei Monaten begraben gewesen. Er glaubt also, folgende Mißverständnissen im Puncte der Vergiftung jemals Veranlassung geben könne. Sie bietet kein anderes gerichtlich medicinisches Interesse dar, als daß sie zu der Zahl der Alterationen gehört, welche die Leichname in verschiedenen Epochen ihrer Zersetzung erfahren. (Journal de Chimie médicale, Avril 1833.)

Barometrograph.

Hr. Vieste de Bonval hat der Akademie der Wissenschaften ein physikalisches Instrument übersendet, welches er Observateur barometrique oder Barometrograph nennt, und welches einen Tag wie den andern, eine Stunde wie die andere, ja sogar eine Minute wie die andere die Höhendifferenzen des Barometers anzeigen und die Spuren davon beständig erhalten soll. Es wird folgendermaßen beschrieben:

Das Instrument besteht aus einer gewöhnlichen, unten drei Zoll lang umgebogenen Barometerröhre; auf der innern Oberfläche dieser Röhre und zwar auf dem Quecksilber sitzt ein Schwimmer, welcher an einem seidenen Faden aufgehangen ist, der oben über eine Rolle rechter Hand und von dieser über eine andere Rolle linker Hand läuft. Am Ende dieses seidenen Fadens hängt ein Eimerchen mit Tinte, es ist mit einer Röhre in Gestalt einer Schreibfeder versehen.

An der linken Seite des Barometers befindet sich ein Cylinder von 14 Zoll Länge und 4 Zoll Durchmesser; die untere Hälfte dieser Axe trägt 7 Scheiben, die je zwei Zoll weit von einander abstehen und mit einem Einschnitte versehen sind, so daß eine Art von Einsetzen (detente) stattfindet, so oft dieser Einschnitt sich darbietet. Dieser Cylinder trägt außerdem noch ein Papier, welches seiner ganzen Länge nach in 24 Theile, den 24 Stunden des Tages entsprechend, und der Queere nach in 7 Theile getheilt ist, von denen jeder 2 Zoll Länge hat und den Namen der Tage der Woche führt. Dieser Cylinder wird durch ein Rad und eine Schraube auf seine Axe bewegt, und letztere wird durch ein gewöhnliches Uhrwerk, welches unten und auf der rechten Seite des Instrumentes angebracht ist, dergestalt in Bewegung gesetzt, daß der Cylinder alle 24 Stunden seine Umdrehung macht. Alle 24 Stunden kann aber der Cylinder mittelst eines inneren Falzes auf seiner Axe sich verschieben und zwei Zoll herabtreten, wodurch es möglich wird, alle Variationen zu beobachten, welche das Quecksilber den ganzen Tag über erfahren hat, indem dieselben auf der Umhüllung des Cylinders mittelst der Art von Schreibfeder aufgezeichnet sind, welche am kleinen Tinteneimerchen, dessen schon Erwähnung geschah, angebracht ist. (Revue médicale, Mai 1833.)

Miscellen.

Zu den Wahrnehmungen von sonderbar angelegten Vogelnestern (Notizen Nr. 792. S. 341.) hat Hr. E. Präsident v. Hoff, zu Gotha, die Güte gehabt, folgende zwei ähnliche mitzutheilen, die merkwürdig genug sind. — "In meinem Garten bei Gotha steht ein Pumpbrunnen, der mit einem breternen Gehäuse überbaut ist, dessen Haube sich abnehmen läßt. Auf dem ebenen Ende des Pumpenstockes, zunächst unter der Haube, auf dem etwa drei Zoll dicken Rande der Brunnen-Röhre, und dicht neben der obern Oeffnung derselben, also auch dicht neben dem Gelenke, das der Schaft des Stempels mit dem eisernen Pumpenschwengel macht, bemerkte ich schon als Knabe — also vor mindestens funfzig Jahren — das Nest eines Rothschwanzes (Motacilla phoenicurus). Die Vögel flogen durch die enge Oeffnung des Gehäuses, durch welche der Schwengel zur Röhre geht, ein und aus.

ungeachtet die Pumpe (der Garten liegt an einem bewohnten Hause) von dem Hausgesinde und den Gartenarbeitern täglich wiederholt gebraucht wird; ungeachtet des bei jedem Gebrauche dicht neben dem Reste entstehenden starken und widerlichen Geräusches; ungeachtet der Erschütterung des Brunnenstockes durch das Pumpen; ungeachtet oft genug Neugierige die Haube abnahmen, um das Nest zu beschauen; und ungeachtet manchen Sommer junge nackte Vögel in der Tiefe des Brunnens todt gefunden wurden; hat dieses Rothschwanznest bestanden, und ist erneuert und zum Brüten benutzt worden die funfzig und mehr Jahre hindurch noch bis in den jetzigen Sommer 1833. Selbst als im Jahr 1813 bei dem französischen Rückzuge Haus und Garten durchaus verwüstet wurden, der Brunnenstock und sein Gehäuse ganz zerstört, und jener nach der Herstellung sogar den folgenden ganzen Sommer hindurch ohne Gehäuse geblieben war, hat sich nach dessen Wiederherstellung im J. 1815, der Vogel oder seine Nachkommen daselbst wieder eingefunden, und seitdem jährlich an diesem geräuschvollen, ja gefährlichen Plaße sein Nest erneuert, und seine Brütezeit gehalten. Freilich gewährt ihm dieser Plaß völligen Schuß gegen Kaßen und andere thierische Verfolger. — In dem Garten meines verstorbenen Freundes, des Geheimerath von Schlotheim stand während des Sommers in der Mitte eines großen Blumenbeetes ein alter Stock von Pelargonium zonale, der aber im Herbste ausgehoben und im Gewächshause ausgewintert wurde. In diesem Stocke nistete während einiger Jahre ebenfalls ein Rothschwanz, dieser aber baute sein Nest dahin nicht erst, wenn der Stock im Freien stand; sondern er wußte sich in das Gewächshaus einzuschleichen, suchte sich dort unter einer großen Anzahl von Gewächsen seinen Lieblingsstock aus, baute sein Nest hinein, und ließ sich mit demselben ungestört heraustragen und auf das Blumenbeet verpflanzen."

Hylaeosaurus ist der Name eines bisher unbekannten fossilen eidechsenartigen Thieres, wovon ein Exemplar von Hrn. Mantell in Sussex aufgefunden und der Geological Society zu London, nebst Bericht, übergeben worden ist.

Bei'm Echidna hystrix ist die, von Meckel bei'm Ornithorhynchus untersuchte, Milchdrüse von Hrn. Owen aufgefunden und der Zoological Society zu London demonstrirt worden. (Ich will nicht unbemerkt lassen, daß Hr. Geoffroy Saint Hilaire in der Sißung der Pariser Academie der Wissenschaften vom 1sten Juli, aus Veranlassung dieser von ihm sogenannten Monotremendrüse dahin gelangt ist, auch die Milchdrüsen der Seeschweine (Delphinus phocaena), denen ebenfalls die Saugwarze fehlt, in Zweifel zu ziehen und die Frage aufzuwerfen, ob nicht auch diese vielleicht Monotremendrüsen seyen, und ob nicht doch die Cetaceen aus der Classe der Säugethiere entfernt werden müßten!)

Eine neue Art Igel (Erinaceus frontalis) aus dem Innern von Südafrica ist von Hrn. Steedman der Zoological Society überbracht worden.

Heilkunde.

Eine pathologische Erklärung von Lord Byron's Character

giebt Madden in seinem bereits erwähnten Buche Infirmities of Genius illustrated by referring the Anomalies in the Literary Character to the Habits and Constitutional Peculiarities of Man of Genius folgendermaßen:

„Es bleibt nun noch übrig, zu zeigen, inwiefern auf Byron's Character eine Krankheit Einfluß hatte, und worin das Wesen dieser Krankheit bestand. Daß er an einer Krankheit eigener Art litt, welche seinen Geistesfähigkeiten schwer zusetzte, und bei vielen Gelegenheiten auf sein Benehmen Einfluß hatte, wenn nicht es bestimmte, ist eine so sichere Thatsache als seine Fehler; jedoch ist, merkwürdig genug, die Existenz einer solchen Krankheit nur sehr wenig bekannt, und ist nie deutlich bezeichnet worden. Ihre Kennzeichen sind zwar unter verschiedenen Namen angeführt worden, als wenn sie eine außerordentliche und in die Augen fallende Wirkung hervorbrächten, aber man hat sie immer so unbestimmt beschrieben, daß nur ärztliche Untersuchung einer Lösung der von ihr dargebotenen Schwierigkeiten gewachsen ist. An einer Stelle sehen wir, er sey einem hysterischen Leiden unterworfen, an einer andern, er sey in einer mit Zuckungen verbundenen Ohnmacht aus einem Schauspielhause gebracht worden; anderswo, er habe Neigung zum Schlagfluß, mit vorübergehender Unfähigkeit, seine Sinne und Bewegungsorgane zu gebrauchen; ein andersmal, er sey nach Zornesaufregung nervösen schmerzhaften Bewegungen der Gesichtsmuskeln und der Glieder; und nach einer ganz geringfügigen Aufreizung und einer unbedeutenden Unverdaulichkeit, vorübergehender Verstandesverirrung (Geisteskrankheit) und Delirien unterworfen; aber nirgends finden wir die Ursache dieser Erscheinungen klar und verständlich auseinandergesetzt, und sein Uebel hat, selbst bis auf den leßten und tödtlichen Anfall desselben, nicht einmal seinen wahren Namen erhalten. Die ganz einfache Thatsache ist, daß er an einer Anlage zur Epilepsie litt, und daß er bei mehrern Gelegenheiten geistiger Aufregung schon in frühern Jahren leichte Anfälle dieser Krankheit gehabt hatte. Wenn das Zartgefühl seine Biographen zwar bestimmte, die Wahrheit zu verbergen, von welcher sie Kenntniß hatten, oder wenn sie es für besser hielten, damit zurückzuhalten, so war ihr Grund ohne Frage nicht zu tadeln; allein es war bemungeachtet ein mißverstandenes Zartgefühl; denn es giebt keine Schwächen, welche für den Menschen so erniedrigend wären, als dergleichen Unregelmäßigkeiten in dem Betragen ausgezeichneter Personen, und die einzige Entschuldigung, welche sie zulassen, wird oft durch unsere Unkenntniß der körperlichen Beschwerden, an denen sie vielleicht gelitten haben, unmöglich gemacht. Die Epilepsie (von der Raschheit, mit welcher sie befällt, so genannt) hieß bei den Alten die „heilige Krankheit, morbus sacer," da sie den edelsten Theil vernünftiger Wesen ergreift. Aretäus sagt, weil man glaubte, irgend ein Dämon sey in den Menschen gefahren; und dieß ist auch die Ansicht und die vorherrschende Meinung des Volks in vielen Ländern bis auf den heutigen Tag. Diese Krankheit ist bisweilen Symptom einer Reißung in irgend einem andern Theile des Körpers; ganz besonders aber im Magen, wodurch ein vorübergehender plethorischer Zustand der Blutgefäße des Kopfs hervorgebracht, und durch Druck auf dieses Organ ein plößliches Schwinden der Sinne, mit Zuckungen verbunden, erzeugt wird. Idiopathisch wird sie genannt, wenn man sie als eine primäre, durch irgend eine specifische Verletzung des Gehirns von innerer Reizung, wie einen Knochensplitter, eine Geschwulst, einen Erguß, in deren Folge die Anfälle zu gewissen Zeiten wiederkehren, entstandene Krankheit betrachtet. In beiden Formen bildet die Gegenwart von Zuckungen das Unterschiedsmerkmahl zwischen Epilepsie und Apoplexie — und dieß verdient Beachtung, denn beide Krankheiten werden, in ihrer milderen Gestalt, oft mit einander verwechselt. (Dieß war bei Byron mehr als einmal der Fall.) Am wahrscheinlichsten ist es, daß Byron an der symptomatischen Form der Epilepsie litt; sie ist oft erblich, und die Anlage dazu macht die beiden Extreme einer plethorischen und einer geschwächten Constitution für ihre Angriffe auf gleiche Weise empfänglich. Man hat große Ursache, Byron's Uebel für angeerbt, und von seiner mit einem unglücklichen Temperament begabten Mutter übertragen zu glauben. Eine Neigung zur Epilepsie ist sehr häufig mit partieller Manie vergesellschaftet. Dr. Mead sagt, nach einer Epilepsie trete oft eine lange dauernde Wuth ein, denn beide Krankheiten seyen sehr nahe verwandt. Von dem früheren Leben der Mutter Byron's ist wenig bekannt, allein genug über die außerordentliche Heftigkeit ihres Temperaments und dessen Wirkungen auf ihre Gesundheit nach einem plötzlichen Zornausbruch, um den Glauben zu rechtfertigen, daß irgend eine Hirnkrankheit zu einem solchen Grade von Aufregbarkeit, welcher in der Geschichte einer Frau von gesundem Geist ganz beispiellos ist, Gelegenheit gegeben habe. Wenn wir bei einem solchen Temperament hören, daß sie nach einer heftigen Gemüthsbewegung, deren Natur jedoch nicht näher angegeben werden kann, Anfälle bekam, so haben wir große Ursache zu vermuthen, daß eine Anlage zur Epilepsie zu ihrer Entstehung der Grund gewesen sey. Moore erzählte bei einer Gelegenheit, sie sey im Edinburgher Schauspielhause von dem Spiel so ergriffen gewesen, daß sie einen heftigen Anfall bekam, und laut aufschreiend aus dem Hause getragen wurde. Jedenfalls ist die Frage über Byron's Anlage zur Epilepsie, mag sie nun angeerbt gewesen seyn oder nicht, außer allem Zweifel gestellt; die Anfälle kehrten nicht so regelmäßig wieder, als es bei solchen mit einer ausgebildeten Form der primären Krankheit Behafteten der Fall zu seyn pflegt; ihre Angriffe waren im Allgemeinen leicht, durch Aufregung des Geistes oder Schwäche des Körpers verursacht, und durch abwechselnde Extreme von Unmäßigkeit und Enthaltsamkeit hervorgerufen. In der Kindheit vermochte der unbedeutendste Zufall ihm die Macht über seine Sinne und Bewegungsorgane zu rauben. Bei einer Gelegenheit brachte ein Hieb auf den Kopf „eine von plötzlichem Umsinken begleitete Ohnmacht" hervor; eine ähnliche Wirkung war die Folge eines Falls in den Schnee zu einer andern Zeit. Noch in seiner letzten Lebenszeit konnte dieselbe Neigung seiner Constitution bemerkt werden. Eines Abends verursachte am Genfersee, wo er sich mit Hrn. Hobhouse aufhielt, der Stoß eines Ruders an sein Schienbein, eine zweite dieser „plötzliches Umsinken herbeiführenden Ohnmachten," er bezeichnet das Gefühl dabei als ein sehr seltsa-

mes, als eine Art von nebeligem Schwindel im Anfang, dem dann Gefühl von Vergehen (Nichtseyn), und gänzlicher Verlust des Gedächtnisses folgte. Zu Bologna beschreibt er im Jahr 1819 einen seiner Anfälle in einem Briefe mit folgenden Worten: „Vergangenen Abend ging ich zur Darstellung von Alfieri's Mirra, deren letzte beide Acte mich in Zuckungen versetzten; ich verstehe unter diesem Ausdruck nicht die hysterischen Zufälle einer Frau, sondern einen Todeskampf widerstrebender Thränen und einen erstickenden Schauder, welchen ich von einer Dichtung nicht oft erleide." Dieser Anfall scheint von ernsterer Natur gewesen zu seyn, als die Beschreibung ihm beilegt, denn 14 Tage nachher hören wir ihn über die Wirkungen desselben klagen. Nach dem Zeugniß Kean's wurde er bei dessen Darstellung von Sir Giles Overreach von einem ähnlichen Anfall ergriffen, und in starken Zuckungen aus dem Schauspielhause geschafft. Zu Ravenna sagt er, im Jahr 1821, bei irgend einer Gelegenheit von übeler Laune, er sey in einem Anfall von Wuth hierher geflohen, wovon immer nur Schwäche die Ursache gewesen sey. Und in demselben Jahre sagt er, als er sich über die Wirkungen von Verdauungsbeschwerden beklagt: „Ich bemerkte bei meinem Uebelfinden eine vollkommene Unthätigkeit und Vernichtung meiner vorzüglichsten Geistesfähigkeiten; ich versuchte sie zu erwecken, war es aber nicht im Stande — und so ist der Geist. Ich würde glauben, er sey mit dem Körper vermählt, wenn er nicht so sehr mit meinem sympathisirte." Ellis, der amerikanische Künstler, deutet auf eine zuckende und zitternde Weise, mit welcher er einen langen Athemzug gethan habe, als eine seiner Eigenthümlichkeiten; und Lady Blessington, welcher wir eine genaue Beobachtung von Byron's Character zutrauen dürfen, hat uns mitgetheilt, daß eine zufällige verdrüßliche Laune oder Verdruß nicht nur seinem Gesicht, sondern seiner ganzen Gestalt, einen gewissen zuckungsartigen epileptischen Character ertheilt habe. Im Jahr 1823 erzählte er, als er von einem Uebelbefinden seiner Tochter, durch Blutcongestionen nach dem Kopfe bedingt, mit Dr. Kennedy sprach, daß er selbst dieser Beschwerde unterworfen sey; und Moore bemerkt richtig, dieß sey in Byron's damaligem Gesundheitszustand der Keim zu dem Uebel gewesen, an welchem er späterhin starb. Die Einzelnheiten des letzten Epilepsieanfalles, welcher seiner Auflösung vorherging, sind genauer beschrieben, als sein ganzes vorhergehendes Uebelbefinden. (Er saß, sagt Galt, in Oberst Stanhope's Zimmer, und sprach scherzend mit Capitain Parry, nach seiner gewohnten Weise, als seine Augen und Stirn andeuteten, daß er von starken Gefühlen beunruhigt werde; plötzlich klagte er über Schwäche in einem seiner Beine, und stand auf, rief aber, als er zu gehen sich unfähig fühlte, nach Hülfe, und fiel sogleich in eine heftige Zuckung, worauf er auf's Bett gelegt wurde. Während des Anfalls war sein Gesicht scheußlich verzerrt, aber in wenig Minuten ließ der Krampf nach, und er fing an seiner Sinne wieder mächtig zu werden; die Sprache kehrte zurück, und er stieg, anscheinend wohl, bald wieder auf. Während dieser Zuckungen war seine Kraft widernatürlich erhöht, waren sie aber vorüber, so zeigte er wieder seine gewöhnliche Festigkeit." Dies war am 19. Februar, und am 19. April war er eine Leiche. Hier sind alle Symptome von Epilepsie regelmäßig entwickelt; die Beschaffenheit des Anfalles kann nicht verkannt werden, und er hinterläßt den Character des jedesmal vorhergehenden, wiewohl nur undeutlich, jedoch nicht zu bezweifeln. Es ist bereits bemerkt worden, daß der Sitz dieser Krankheit im Gehirn ist, während die Quelle der Aufregung, welche ihn hervorruft, häufig im Magen liegt. Die dem letztern durch heftige Uebergänge von unmäßigen Gewohnheiten zu strenger Enthaltsamkeit, durch ein übelverstandenes Regim und durch übermäßige Geistesaufregung zugefügten Schaden (injury) mußten die schlummernde Krankheit, zu welcher er die Anlage in sich trug, in Thätigkeit bringen, und wenn sie angeregt war, ihre Symptome verstärken."

Bedeutende Geschwulst der rechten Wange bei einem Kinde.

Beitrag zur Diagnostik der Krankheiten der Oberkieferhöhle. Von J. Gensou.

Am 13ten August 1827 wurde ein dreizehnjähriger Knabe aus Savoyen nach dem Hôtel-Dieu zu Lyon gebracht; er hatte eine bedeutende Geschwulst der rechten Wange, deren Sitz offenbar der sinus maxillaris war. Die Hautbedeckungen und die Muskeln der Wange waren in die Höhe gehoben, aber weder in Hinsicht der Farbe, noch Consistenz verändert. Das Gaumengewölbe war in den Mund herabgedrückt, die rechte Nasenhöhle verschlossen, die Nase nach links gedrängt. Kein Druck vermochte die Geschwulst zu verändern; Schmerzen fehlten sowohl jetzt, als früher. Mehrere Monate entschloß ich mich nicht zur Operation, indem ich hoffte, die Geschwulst werde zum Stillstehen gebracht werden. Dieß geschah aber nicht, sie wuchs fortwährend, und schon war das rechte Auge in seinen Bewegungen beeinträchtigt. Eine Operation wurde unvermeidlich. Weil die Geschwulst sich durchaus nicht zusammendrücken ließ, so glaubte ich es mit einer Hyperostose zu thun zu haben. Ich bereitete alles zur Abtragung des Oberkieferbeines vor, und schritt am 5ten December 1827 zur Operation.

Durch einen graden Schnitt vom innern Augenwinkel bis zur Oberlippe, durch einen zweiten vom untern Drittheil des ersten Schnittes bis zum Ohrläppchen, und durch einen dritten von hier bis zum äußern Ohrwinkel bildete ich einen vierseitigen Lappen, welchen ich nach oben zurückschlug. Ehe ich nun zur Abtragung des Knochens schritt, wollte ich mich zum Glück über die Natur der Geschwulst näher unterrichten und stieß einen dünnen Meißel unter der Augenhöhle schief hinein. Erst drang er schwer ein, dann aber kam er in eine Höhle, was ich daran erkannte, daß ich plötzlich keinen Widerstand mehr fühlte. Ich zog nun den Meißel zurück, und es floß durch die angelegte Oeffnung eine gelbe Flüssigkeit aus, wie ich sie früher schon bei Wassersucht des sinus maxillaris gefunden hatte. Hierdurch in's Klare gebracht, beschränkte ich mich darauf, vermittelst des Hammers

und Meißels den vorspringenden Theil der Geschwulst wegzunehmen. Zwei Schneidezähne, welche bedeutend nach vorn verdreht waren, wurden mit weggenommen. Ich konnte nun in den sehr weiten sinus maxillaris hineinsehen, und sah zwar die Schleimhaut desselben geröthet, aber nichts degenerirt. Hierauf ging ich mit dem Finger ein und befühlte alle Puncte der Höhle, wobei ich nach oben und innen einen scharfen, sehr harten Körper bemerkte, dessen Natur ich zuerst nicht erkennen konnte, und welchen ich erst dadurch bloßlegte, daß ich ein Knochenstückchen, welches ihn bedeckte, wegmeißelte. Ich erkannte nun, daß es ein Spitzzahn war und fand bei der Untersuchung des Kieferrandes des Kindes, daß der zweite Schneidezahn unmittelbar an den ersten Backzahn anstand, und ich konnte nun nicht mehr zweifeln, daß dieser Zahn die Entzündung des Kieferknochens, seine Anschwellung, die Verdickung seiner Wände und dadurch die Verschließung des antrum Highmori und also auch das Ansammeln der Flüßigkeit bedingt hat. Der Zahn war nun frei, durch nichts mehr eingeschränkt und konnte also keine Zufälle mehr hervorbringen; ich ließ ihn daher wegen der Eigenthümlichkeit des Falles, und weil er, wenn er Schmerzen verursachte, sehr leicht ausgerissen werden könnte, sitzen, und beendigte die Operation durch Anlegung umwundener Näthe. Am 7ten Tage konnte, ohne daß irgend ein Zufall eingetreten war, der Verband abgenommen werden; die Knochenhöhle verkleinerte sich immer mehr, und nach einem Monat verließ der Kranke, vollkommen geheilt, das Spital. Zwei Jahre nach der Operation befand er sich fortwährend vollkommen wohl.

Diese Beobachtung scheint mir sehr wichtig, ich kenne bloß zwei ähnliche; einmal fand Dubois auch einen Spitzzahn in der Mitte einer Geschwulst des sinus maxillaris; ein andermal fand Jourdin ebendaselbst einen Backzahn.

Die Aufrichtigkeit, mit welcher ich meinen Irrthum erzählt habe, möge die Aufmerksamkeit der Chirurgen auf diese Geschwülste erregen. Ehe man zu einer Operation schreitet, mögen sie sich sorgfältig unterrichten, ob das Zahnen schon vorüber ist. Das einzige Symptom, welches mich hätte mißtrauisch machen können, ist die Schnelligkeit, mit welcher sich die Geschwulst entwickelte; aber gerade dieß bestimmte mich, möglichst schnell einer so erschreckenden Krankheit durch eine Operation ein Ende zu machen. Entschuldigung findet mein Irrthum durch die Festigkeit und Dicke der Wände der Kieferhöhle, welche bis zu 2½ oder drei Linien verdickt waren, während sonst bei Auftreibungen des sinus die Wände sich beträchtlich verdünnen. (Lettre chirurgicale sur quelques maladies graves du sinus maxillaire par J. Gensoul. Paris 1833.)

Fortleitbarkeit von Krankheiten durch einen electrischen Drath

suchte Dr. Smith (in Hodgkin's Uebersetzung von Dr. Milne Edward's Werke: „über den Einfluß physicalischer Agentien auf das Leben") durch Experimente zu beweisen. Er sagt: „Bei der Behandlung des kalten Fiebers vermittelst der Electricität, welche sehr günstig wirkte, ereignete sich ein beachtungswerther, auffallender Umstand. Hr. Smith hatte den Stab, mit welchen Funten aus einem Fieberkranken während des Hizestadiums gezogen wurden, selbst gehalten. An demselben Abend fühlte er sich unwohl, hatte aber keine Ahnung von der Art seiner Krankheit, bis er durch die Wiederkehr des Paroxymus überzeugt wurde, daß er selbst vom kalten Fieber befallen sey. Er ließ den Anfall sich siebenmal wiederholen, ehe er die Heilung durch Electricität versuchte, welche auch sogleich gelang. Da er früher nie daran gelitten, auch sich keiner der gewöhnlichen Gelegenheitsursachen ausgesetzt hatte, so war er überzeugt, daß ihm die Krankheit mit dem electrischen Fluidum von jenem Kranken mitgetheilt worden sey. Um sich hiervon Gewißheit zu verschaffen, unternahm er Experimente mit Leuten, welche an einer entzündlichen, aber nicht für ansteckend geltenden Krankheit litten. Zu diesem Zweck vaccinirte er einen seiner Leute. Am 7ten Tage setzte er denselben auf den Isolirstuhl und brachte ihn mit dem positiven Conductor in Verbindung; mit einer Lancette machte er nun einen kleinen Einschnitt in die Pustel, und einen ähnlichen Einschnitt mit einer neuen Lancette in den Arm eines jungen Burschen. Es wurde nun ein 4 Zoll langer Drath durch eine Glasröhre geführt, und an einem Ende in die Pustel auf dem Arm des Mannes, am andern Ende in den Einschnitt in dem Arm des Knaben eingebracht. Das Electrisiren wurde nun 8 Minuten lang fortgesetzt und hierauf die Knabe weggenommen. Bei täglicher Untersuchung des Armes des letztern fand sich nun, daß er eben so vollkommen durch Electricität vaccinirt war, als es sonst auf die gewöhnliche Art nur geschehen konnte. Dr. S. suchte später das Pockengift zwei Mädchen weiter mitzutheilen, indem er den electrischen Strom aus der Pustel des Knaben, der durch Electricität vaccinirt war, in Einschnitte an dem Arme der Mädchen leitete. Drei Tage lang glaubte er, die Vaccination sey auf diese Weise gelungen, aber am 4ten Tage verschwanden alle Zeichen der Vaccination. Später wurden diese Mädchen auf gewöhnliche Weise an 4 Stellen vaccinirt, wobei auch nur 2 Pusteln sich selbst diese nur unvollkommen sich ausbildeten. — Dr. Woodward wiederholte später dieses Experiment an einem Kinde, jedoch mit dem Unterschiede, daß er des Leitungsdrath nicht mit dem Arm des Kindes in Berührung brachte, sondern das electrische Fluidum in Form von Funken überleitete. Die dadurch veranlaßte Reizung hinderte, so unbedeutend sie war, die länger fortgesetzte Anwendung des electrischen Stromes, so daß früher aufgebört werden mußte, als wünschenswerth war. Es folgte indeß Entzündung, und bis zum 6ten Tage schien es, als sey die Vaccination zu Stande gekommen, nachher aber starb die Pustel ab und verschwand." (Medic. Chirurg. Review. Lond. 1833. Jan.)

Miscellen.

Ueber den Durchgang eines Stück Eisen durch den Darmcanal findet sich im Life of *Adam Clarke* folgende von Dr. Fox erzählte Anecdote. „Bei meinen Krankenbesuchen fand ich eines Morgens in ein Zimmer, in welchem zwei genaue Bekannte zusammenwohnten. Gleich als ich eintrat, bemerkte ich bei dem einen einen ungewöhnlichen Grad von Niedergeschlagenheit und bei dem andern eine fast fieberhafte Aufregung. Ich fragte was die Ursache sey. „Ach, sagte der Aufgeregte, „Ursache genug! er hat sich das Garaus gemacht!"—„Was? Was hat er gethan?" „Oh, er hat nur das Schüreisen verschluckt!" Während dieser kurzen Unterredung wurde der andere immer trübseliger aussehend und

als ich ihn fragte, was es denn mit ihm sey, erwiderte er: „Er „hat Ihnen die Wahrheit gesagt; ich habe das Schüreisen ver- „schluckt und weiß nicht, was ich damit machen soll." „Ich will Ihnen erzählen, wie es kam", sagte der erste. „Mein Freund und ich saßen am Kamin und redeten von gar verschiedenen Dingen, als ich ihm eine Wette anbot, daß er das Schüreisen nicht verschlucken könne. Er sagte, er könne es und wolle es; er nahm das Eisen, bog dasselbe zwischen den Stangen des Rostes rückwärts und vorwärts, brach zuletzt einige Zoll davon ab und verschluckte sie auf der Stelle, und seitdem hat er immer melancholisch ausgesehen!" Ich glaubte kein Wort von der Geschichte, sagte Dr. Fox, und wahrscheinlich vermuthete der Erzähler dieß auch, denn er setzte hinzu: „Ob Sie können sich überzeugen, daß es wahr ist, denn hier ist der Rest des Schüreisens." Ich ging zum Kamin, und untersuchte das Schüreisen, welches alt und vom Feuer sehr mitgenommen war, und da wo die Wirkung des Feuers am heftigsten gewesen war, war ein 2—3 Zoll langes Stück abgebrochen und mangelnd. Doch konnte ich kaum glauben, daß der menschliche Magen eine solche Dosis aufnehmen, und doch, wie der Erzähler sagte, „nichts Besonderes fühlen" sollte. Allein bei der wiederholten Versicherung des ersten und der Einstimmung und den trübseligen Blicken des andern, behandelte ich doch den Patienten, als wäre seine Erzählung gegründet. Ich gab starke Abführungsmittel und wartete aufmerksam die Wirkung ab. Der Mann aß, trank und schlief wie gewöhnlich und schien nichts zu leiden, als von der Wirkung der Arzneien. Zuletzt ging zu meiner Verwunderung wirklich das Stück des Schüreisens, welches die Einwirkung der Verdauungssäfte ausgesetzt gewesen und dessen Oberfläche mit tiefen Gruben ausgehöhlt.

Ueber die nährenden Eigenschaften der thierischen Gallerte haben E. Edwards und Balzac in den Annal. d. scienc. natur. XXVI. Versuche bekannt gemacht, welche die an Hunden, die in Hinsicht der Nahrung am meisten mit dem Menschen übereinstimmen, angestellt haben. Sie wendeten nicht Gallerte für sich, sondern mit Brod zugleich an, da Magendie bereits gezeigt hat, daß kein unmittelbares Product thierischer oder vegetabilischer Stoffe zur Nahrung allein hinreiche. Aus ihren Versuchen ergiebt sich: 1) daß das Regimen von Brod und Gallerte nähren die, zur Erhaltung der Gesundheit eines Körpers entwickelung zureicht; 2) daß die Gallerte in Verbindung mit Brod in den nährenden Eigenschaften dieses Regimens einen wirksamen Theil ausmacht; 3) daß das Regimen von Brod und Fleischbouillon (unterschieden von dem 1sten bloß durch eine unmerkliche Menge schmackhafter und riechender Substanzen) zur vollständigen Ernährung hinreicht; 4) daß ein Zusatz von Bouillon, in geringer Menge, zu dem Regimen von Brod und Gallerte dasselbe fähig macht, vollständig zu ernähren, die Gesundheit zu erhalten und den Körper zu entwickeln. (Annal. d. Pharm. V. 3.)

Die Goura- oder Goura-Nuß, ein fast von allen africanischen Reisenden erwähntes Kaumittel, welches in dem Mund eine angenehme Schärfe verbreitet, durch welche der unangenehme Geschmack schlechter Nahrungsmittel und selbst schlechter Getränke versteckt wird, (und deren Abstammung bis jetzt unbekannt war) stammt nach Palisot Beauvois von einem Baume, Sterculia genannt, aus der Familie der Malvaceen, und besteht aus 5 Kapseln, in welche jeder Saame in Form einer fleischigen, violettrothen, auch inwendig dunkelvioletten, Kastanie eingeschlossen ist. (Journ. d. Pharm. XVIII.)

Bibliographische Neuigkeiten.

Graphic Illustrations of Abortion and the Diseases of Menstruation, consisting of twelve Plates, from Drawings, on stone and coloured by *Mr. J. Perry* and two copperplates from the Philosophical Transactions coloured by the same artist The whole representing forty five specimens of aborted ova and adventitious Productions of the Uterus; with preliminary Observations, Explanations of the figures and Remarks anatomical and physiological. By *A. B. Granville*, London 1833 4

De la vraie méthode d'enseignement. Considérations préliminaires du Traité complet d'anatomie descriptive et raisonnée, par le Docteur *Broc*, Paris 1833. 8.

Considérations pratiques sur la Grippe, son histoire, sa nature et son traitement; par *A. Brierre de Boismont* D. M. Paris 1833. 8.

Notizen
aus
dem Gebiete der Natur- und Heilkunde.

Nro. 806.	(Nro. 14. des **XXXVII.** Bandes.)	**Juli 1833.**

Gedruckt bei Coßius in Erfurt. In Commission bei dem Königl. Preußischen Gränz-Postamte zu Erfurt, der Königl. Sächs. Zeitungs-Expedition zu Leipzig, dem G. H. F. Thurn und Tarischen Postamte zu Weimar und bei dem Landes-Industrie-Comptoir. Preis eines ganzen Bandes, von 24 Bogen, 2 Rthlr. oder 3 Fl. 36 Kr., des einzelnen Stückes, 3 ggl.

Naturkunde.

Ueber die Instincte der Vögel.
Von John Blackwall.

Die Lebensweise der Thiere bildet einen der interessantesten Gegenstände, mit denen sich der Naturforscher beschäftigen kann. Das Studium dieses noch so vernachlässigten Zweiges der Zoologie führt zur Berichtigung zahlreicher irriger Meinungen und grundloser Vorurtheile, und eröffnet eine unerschöpfliche Quelle von Belehrung und Vergnügen, verbreitet auch viel Licht über die Wirkungsart jener räthselhaften Triebe, welche die Thiere zu ihren Handlungen bestimmen, und obwohl sich das Thier derselben bewußt ist, ihren Grund nicht in Beobachtungen, Unterricht, Erfahrung oder Nachdenken haben, weßhalb man sie Instincte genannt hat.

Wenn wir bedenken, wie viele Thiere ein Gegenstand abergläubischer Furcht oder Verehrung sind, und wie viele selbst in unserm aufgeklärten Jahrhundert, und in civilisirten Ländern alljährlich wegen vorgeblicher Schädlichkeit getödtet werden, so kann dieß nur traurige Empfindungen, und zugleich den Wunsch erwecken, durch Verbreitung richtiger Ansichten jenem Uebel zu steuern. Jener nützliche Vogel, die weiße Eule, welche wegen der großen Anzahl von Mäusen, die sie tödtet, den vollen Schutz vom Seiten des Landwirths verdient, wird von demselben nur mit Schrecken als ein Bote des Todes betrachtet, wenn sie ihr lautes Gekreisch hören läßt, und aus demselben Grunde fürchtet man das pickende Geräusch eines kleinen Insects, der sogenannten Todtenuhr (Anobium tessellatum). Der Raben und Elstern sollen ebenfalls Vorboten von Unglück seyn, und dieser Glaube wird durch viele Fabeln, Legenden und Gedichte im Schwunge erhalten. Ein Schwalbennest auszustören, gilt für eine That, die dem, der sie vollbringt, großes Unglück zuziehe, und das Rothkehlchen und der Zaunkönig verdanken den Schutz, dessen sie genießen, mehr gewissen abergläubischen Meinungen, als ihrer wirklichen Nützlichkeit. Viele fast bloß von Insecten lebende Vögel, z. B., den Kukuk, das Rothschwänzchen und die Grasmücke, werden von unwissenden Gärtnern so häufig weggeschossen, als die körnerfressenden Arten. Der Ziegenmelker und Igel werden fälschlich angeklagt, daß sie die Euter der Hausthiere aussaugen, und in manchen Kirchspielen England's wird noch jetzt der Igel mit 4 Gr. ausgelöß't. Viele schöne und unschuldige Reptilien, z. B., die Ringelnatter und Blindschleiche, tödtet man schonungslos, weil man fälschlich glaubt, daß sie giftig seyen [*]).

Nachdem wir hier nur einiger Beispiele von den schädlichen Folgen, welche die Unbekanntschaft mit diesem Zweige der Naturgeschichte herbeiführt, gedacht haben, wollen wir einige der vielen Vortheile anführen, die aus der Bekanntschaft mit denselben entspringen würden, und worunter schon die Abstellung jener Uebelstände nicht die geringste ist. Die Abhaltung von Thieren, welche unserer Person und unserm Eigenthum Schaden zufügen, die Hegung, Vermehrung und Zähmung nützlicher Thiere, und die geschickte Behandlung derjenigen, die bereits Hausthiere sind, wird durch eine genaue Kenntniß ihrer Lebensweise und Neigungen außerordentlich begünstigt. Dieser Kenntniß verdankt der practische Physiolog auch sehr viele Aufschlüsse rücksichtlich der Erscheinungen des Lebens, der wissenschaftliche Naturforscher, und zumal der Ornitholog, viele Anhaltspuncte zur Unterscheidung der Arten unter Umständen, wo ihm die gewöhnlichen Bestimmungen wenig oder nichts nützen können, und der, welcher den Schöpfer in der Natur zu erkennen sich bemüht, neue Belege zu der Macht, Weisheit und Güte Gottes [**]).

---

[*]) Auch bei uns schlägt der gemeine Mann Alles, was kriecht, unter dem Namen Unk, todt. Die Verfolgung der Spechte, kleinen Eulen, Igel u. s. w., unter dem Namen Raubzeug, wird von Leuten, die man passend mit dem Namen Forstpfaffen bezeichnen könnte, so lange als nützlich vertheidigt werden, als die Fänge ausgelöß't werden, während manches Revier, wo der Fuchsbalg von 1½ Thlr. Werth dem Jäger gehört, noch von Füchsen wimmelt, und jeder alte Fuchs an Rehen, Hasen, Hühnern u. s. w. dem Lande für 100 Thlr. und darüber Schaden thut. — D. Ueb.

[**]) Das Register Derjenigen, denen die Kenntniß der Lebensweise der Thiere nützt, ließe sich außerordentlich vermehren. Zur Vorherbestimmung der Witterung ist z. B. die Beobachtung vieler Vögel, so wie der Spinnen, höchst ersprießlich; da ferner die Seevögel alle Morgen seewärts und Abends

14

Nachdem ich nun im Allgemeinen auf die große Wichtigkeit einer genauen Bekanntschaft mit diesem Zweige der Zoologie aufmerksam gemacht, werde ich ausschließend von den Vögeln handeln, die in dieser Beziehung ganz vorzüglich interessant sind.

Der erfahrene Beobachter kann häufig die Art eines Vogels mit der größten Bestimmtheit an dem Tone oder dem Fluge erkennen, wenn es ihm unmöglich ist, sich ein Exemplar zu verschaffen, oder auch nur die Farben des Gefieders zu ermitteln. In der letztern Beziehung sind übrigens manche Arten, z. B., die Fitise, manche Lerchen, Finken u. s. w. einander so ähnlich, und Individuen derselben Art, z. B., bei vielen Falken, Möven, Regenpfeifern, Enten u. s. w., nach Geschlecht, Alter, Jahreszeit u. s. w. so sehr von einander verschieden, daß dieses Bestimmungsmittel höchst ungenügend ist. Das sich immer gleichbleibende Benehmen von Vögeln derselben Art giebt weit sicherere Anhaltepuncte, und die Gleichförmigkeit läßt sich nur durch die Annahme erklären, daß die Handlungen der Vögel instinctmäßig seyen. Daß sie es wirklich sind, werde ich nachzuweisen suchen, obgleich man zugeben muß, daß sie nach Umständen durch Ausübung der intellectuellen Fähigkeiten bedeutend modificirt werden.

Es würde mich zu weit führen, wenn ich hier die verschiedenen Ansichten, welche viele Schriftsteller über das Wesen des Instincts aufgestellt haben, nach ihrem Gehalte würdigen wollte. Sie beruhen meistens auf willkührlichen Annahmen oder Sophismen, und sind daher einer freien Forschung hinderlich. Indeß müssen wir der sophistischen Ansicht gedenken, welche Dr. Darwin im ersten Bande seiner Zoonomia mit so viel Scharfsinn vertheidigt hat, daß nämlich der sogenannte Instinct der Thiere seinen Grund lediglich in den intellectuellen Fähigkeiten habe.

Aus der Behauptung Kircher's (De murgia, Cap. de lusciniis), daß die jungen Nachtigallen, welche man von andern Vögeln ausbrüten läßt, nie singen, wenn man es sie nicht lehrt, und aus der Bemerkung Johnston's (Pennant's british Zoology), daß die Nachtigalen in Schottland nicht so harmonisch singen, als in Italien, zieht Dr. Darwin den voreiligen Schluß, daß der Gesang der Vögel überhaupt künstlich sey. Da er ferner bemerkt hatte, daß das Hausgeflügel bei'm Füttern dem gewohnten Rufe bald folgt, und daß die von einer Henne ausgebrüteten jungen Enten die Locktöne der Pflegemutter bald verstehen; da er ferner der irrigen Behauptung Glauben schenkt, daß die Bachstelzen und Grasmücken die jungen Kukkuke lange nach dem Ausfliegen noch füttern, wenn letztere vor Hunger (wie

Linnée behauptet) Kukkuk rufen, so sahe er sich veranlaßt, rücksichtlich der Locktöne, dieselbe Meinung aufzustellen. Ob nun der Gesang der Nachtigall eingelernt, oder rein natürlich sey, habe ich, da dieser Vogel unsere Gegend nur gelegentlich besucht, nicht ermitteln können. Nach genauen Versuchen, die ich mit andern englischen Singvögeln angestellt habe, kann ich jedoch dreist behaupten, daß der eigenthümliche Gesang der Arten sich als eine natürliche Folge des durch einen angemessenen Zustand der Stimmorgane unterstützten instinktmäßigen Triebs betrachten läßt. Die Beschaffenheit der Stimmorgane ist besonders zu berücksichtigen, indem die meisten unserer Singvögel nicht im Stande sind, ihren Gesang länger als bis Anfang August fortzusetzen, und da sie sich vergebens anstrengen, dieß zu thun, so ergiebt sich hieraus mit hinreichender Gewißheit, daß ihr Stillschweigen ein gezwungenes ist. Da sie nun auch im Frühjahr sich erst lange üben müssen, ehe sie wieder gehörig singen können, so geht daraus klar hervor, daß die Kraft der zur Bildung der Stimme dienenden Muskeln eine wesentliche Bedingung des schönen Vogelgesanges sey. Diese nöthige Kraft scheint von der Beschaffenheit des Futters, der Temperatur, und der Befriedigung des Begattungstriebes abhängig zu seyn, und durch gehörige Berücksichtigung dieser Umstände läßt sich der Gesang der im Käfig gehaltenen Vögel beliebig verstärken oder beschränken. Hiervon können sich diejenigen, welche Canarienhecken haben, leicht überzeugen, und wenn man Canarienweibchen vorzüglich kräftig nährt, so singen sie manchmal wie die Männchen. Daß Johnston sich geirrt hat, als er behauptete, er habe Nachtigallen in Schottland gehört, ergiebt sich schon daraus, daß dieser Singvogel in Großbritannien nie nördlicher, als der Tweed angetroffen wird. Auch hat man ermittelt, daß die jungen Kukkuke vor ihrer vollständigen Entwicklung den Lockton Kukkuk gar nicht hervorbringen können, woraus sich die Unrichtigkeit von Linnée's Ansicht von selbst ergiebt. Es darf uns also nicht wundern, daß Darwin zu falschen Schlüssen gelangte, da seine Prämissen irrig waren.

Wir wollen hiermit keineswegs behaupten, daß die Vögel unfähig seyen, die Bedeutung der Töne anderer Vögel kennen zu lernen, denn unsere Hausvögel lernen bei'm Zusammenleben bald gewisse Ideen mit gewissen Tönen anderer Arten verbinden *). Auch lernt die Hausschwalbe das Alarmgeschrei der Rauchschwalbe leicht unterscheiden, und wenn die Seelerche (Charadrius Hiaticula), der Sonderling (Charadrius Calidris), und der Alpenstrandläufer (Tringa alpina) beisammen sind, so erkennt man an der Geschwindigkeit und Präcision, mit der sie ihre Schwenkungen in der Luft ausführen, daß sie alle demselben Signale gehorchen. Wir wollen vielmehr nur behaupten, daß die im

---

landwärts fliegen, so können Seefahrer nach der Tageszeit und Richtung des Flugs gelegentlich in unbekannten Meeren zu sehr wichtigen Aufschlüssen gelangen. Fast jede Westindische Insel besitzt einen ihr eigenthümlichen Seevogel, und da die Schiffe einander nahe liegen, so brauchen Seefahrer, die jene Gewässer häufig befahren, gar keine astronomischen Instrumente. Ein Passagier, der in den letzten Jahren auf dem Königl. Engl. Postschiffe die Reise von Barbados nach la Guayra machte, versicherte, daß dieses Schiff weder einen Compaß, noch einen Quadranten besessen, und daß sich der Capitain lediglich nach den Strömungen in der See und dem Fluge der Vögel gerichtet habe.   D. Ueb.

*) Wenn der Haushahn seine Hennen lockt, um ihnen irgend einen guten Bissen zukommen zu lassen, so kommen die Truthühner zu schnell herbeigelaufen, als die Haushühner, und nehmen ihm oft den Bissen aus dem Schnabel, ohne daß der galante Sultan des Hofes sich dagegen sträubt. D. Original. Wenn er ferner bei'm Erblicken eines Raubvogels sein warnendes Geschrei ertönen läßt, so schießen die Enten, Truthühner, Sperlinge ꝛc. so gut nach dem Himmel hinauf, als die Haushühner, für welche doch die Warnung zunächst bestimmt ist.   D. Uebers.

Naturzustande jeder Art eigenthümlichen Töne instinktmä=
ßig seyen. Dieß habe ich mich in einer frühern Abhandlung
darzuthun bemüht, woselbst ich zeigte, daß selbst solche Vö=
gel, welche an Orten aufgefüttert werden, wo sie keine Ge=
legenheit haben, die ihnen eigenthümlichen Töne zu lernen, sie
von Natur erwerben.

Das paarweise Zusammenleben wilder Vögel und die
Zeit, zu welcher sie sich zur Fortpflanzung ihrer Arten an=
schicken, gründen sich, nach Dr. Darwin, auf die erwo=
bene Kenntniß, daß verbundene Kräfte dazu gehören, um eine
zahlreiche Brut aufzufüttern, und daß die milde Frühlings=
witterung das Ausbrüten der Eier und das Beischaffen des
für die Jungen nöthigen Futters begünstigt. Diese Ansicht
will er durch den Umstand unterstützen, daß Haushühner,
welche das ganze Jahr lang Futter genug, und Schutz vor
rauhem Wetter haben, ihre Eier zu jeder Jahreszeit legen,
und sich nie paarweise zusammenthun; allein dem läßt sich entge=
genstellen, daß Tauben unter ähnlichen Umständen letzteres thun,
obgleich sie immer nur zwei Junge auf einmal hecken, und
daß der Fasan, der Auerhahn, Birkhahn rc. im wilden Zu=
stande in Polygamie leben. Aus den anatomischen Unter=
suchungen von John Hunter und Dr. Jenner, ergiebt
sich, daß die auf der Verschiedenheit des Geschlechts beruhen=
den Verbindungen der Vögel und die Brutzeit von gewissen
organischen Bedingungen und nicht von angelernten oder auf
Erfahrung beruhenden Kenntnissen abhängig sind *).

Der Trieb zur Fortpflanzung der Arten tritt bei die=
ser Thierclasse bekanntlich periodisch ein, und aus Sectionen
ergiebt sich klar, daß die Zeugungstheile zugleich eine sehr
auffallende Veränderung erfahren. Zahme Vögel, die stets
hinreichend viel nahrhaftes Futter und Schutz vor ungünsti=
ger Witterung haben, auch gewöhnlich unter dem Einfluß
mannigfaltiger Reizmittel stehen, können Jahr lang
fast ununterbrochen zur Begattung geneigt seyn. Futter=
mangel und Kälte setzen aber alsbald dem Begattungstriebe
ein Ziel, und zugleich tritt eine auffallende Veränderung der
Zeugungstheile ein. Bei der Wahl ihrer Gatten werden
die Vögel offenbar vom Instinct geleitet, indem sich mit
Grund annehmen läßt, daß sich im Naturzustande verschie=
dene Arten nie mit einander paaren, wenn sie auch sonst
sehr viel Aehnlichkeit mit einander haben. Die Saatkrähe
paart sich nie mit der Rabenkrähe, der Baumpiper nie mit
dem Wiesenpiper, die Rohrgrasmücke nie mit dem Rohrsper=
ling, die Kohlmeise nie mit der Sumpfmeise. Könnte aber
jedes Individuum in diesem wichtigen Puncte nach Gutdün=
ken handeln, so müßte daraus die größte Verwirrung entste=
hen; es würden bald unfruchtbare Bastarde zum Vorschein
kommen, und manche Arten ganz aussterben. Der allweise
Schöpfer hat aber die Fortpflanzung seiner Creaturen nicht
von solchen Zufälligkeiten abhängig gemacht, sondern jeder ein
unwiderstehliche Vorliebe zur Begattung mit ihrer eignen Art
eingepflanzt, und auf diese Weise dem Uebeln vorgebeugt, wel=
che aus der zufälligen Vermischung verschiedener Arten noth=
wendig entspringen müßten.

*) Bei der kleinen Kohlmeise fand der Uebersetzer die Hoden,
welche im Herbste wegen ihrer Winzigkeit schwer aufzufinden
sind, im Frühjahr so groß, wie große Zuckererbsen.

Es läßt sich nicht läugnen, daß unter unsern Hausvö=
geln dergleichen Vermischungen verschiedener Arten gelegent=
lich vorkommen; allein dieß erklärt sich leicht daraus, daß
ihre Organisation und ihr Instinct durch die unnatürliche
Lebensweise, die sie führen, verändert und gestört sind. Wenn
der physiologische Satz: daß jede thierische Function von dem
ihr vorstehenden materiellen Organe abhängig ist, als wahr
gelten kann, so läßt sich jede neue instinctmäßige Erscheinung,
welche sich bei Vögeln zeigt, die lange im Zustande der Zäh=
mung gelebt haben, der Wirkung einer solchen physischen
Ursache zuschreiben. Die sonderbare Neigung der Kropftaube,
ihren Kropf mit Luft aufzublähen, und die noch sonderbarere
Neigung der Purzeltaube, sich im Fluge rückwärts zu über=
schlagen, welche Eigenschaften sich bei diesen Taubenvarietä=
ten von einer Generation auf die andere fortpflanzen, lassen
sich nur unter obiger Voraussetzung erklären; überhaupt ist
es höchst mißlich, von der Lebensweise und den Neigungen
der Hausvögel allgemein gültige Folgerungen abzuleiten.

Dr. Darwin vermuthet, die Vögel lernten ihre Ne=
ster bauen, indem sie dasjenige beobachteten, in welchem sie
aufgefüttert werden, und indem ihnen diejenigen Substanzen
bekannt seyen, welche ihnen rücksichtlich des Gefühls, der Rein=
lichkeit und der Haltbarkeit am besten zusagen; allein die
unläugbare Thatsache, daß Vögel, die sehr jung, ja noch
blind, ausgenommen worden, und in der Gefangenschaft auf=
gefüttert worden sind, zuweilen Nester bauen, widerlegt diese
Meinung schon hinlänglich.

Der Sperber und Rüttelfalke horsten zuweilen in ei=
nem verlassenen Elsterneste, und der Sperling nimmt öfters
mit Gewalt Besitz von einem Hausschwalbenneste. Warum
bauen aber diese Vögel nie ähnliche Nester, wie diejenigen,
welche sie sich zueignen? und warum lernt der Kukuk nie
ein Nest bauen, da er doch immer in einem solchen auf=
gefüttert wird? Der Grund liegt auf der Hand; das Bauen
der Nester beruht nicht auf Beobachtung oder Unterricht,
sondern steht unter dem unmittelbaren Einflusse des In=
stinctes.

Von diesem räthselhaften Einflusse geleitet, bleiben In=
dividuen derselben Arten unter demselben Umständen immer
demselben Baustyle treu. So machen manche kleine Vögel,
welche viel Eier legen, den Eingang zu ihren Nestern immer
sehr eng, und füttern dasselbe sehr warm aus, während die
Ringeltaube, die nur zwei Eier legt, ihr Nest so locker baut,
daß man häufig durchsehen kann. Das Rebhuhn, der Wach=
telkönig, und überhaupt diejenigen Vögel, deren Junge gleich
nach dem Ausbrüten laufen können, bauen gewöhnlich ein
sehr kunstloses Nest, und manche Seevögel bauen gar keines,
sondern legen ihre Eier geradezu in Spalten oder auf her=
vorspringende Absätze der Uferwände. Der gesellige Kernbei=
ßer (Loxia gregaria) nistet mit Tausenden seines Gleichen
unter einem gemeinschaftlichen Dache; der abyssinische und
philippinische Kernbeißer hängen ihre Nester an dünne Zweige,
die über dem Wasser schweben, und schützen auf diese Weise
ihre Brut vor zahlreichen Feinden; der Schneidervogel nähet
mit Pflanzenfasern zwei Blätter zum Neste zusammen, das
er leichten und weichen Substanzen ausfüttert.

Allerdings richten sich die Vögel bei'm Bau ihrer Ne=
ster zuweilen sehr nach den Umständen und scheinen dabei

viel Intelligenz an den Tag zu legen. So giebt, z. B., der Zaunkönig seinem festgebauten Neste gewöhnlich von außen ein Ansehn, wie es sich für die jedesmalige Lage schickt. Baut er an einem Heuschober, so nimmt er dazu fast immer Heu, und wenn die unmittelbare Umgebung des Nestes braun oder grün gefärbt ist, so wendet er dürre Blätter und Farrnkräuter oder grüne Moose an. Man darf auch nicht wähnen, daß diese Substanzen, bloß weil sie sich in der Nachbarschaft befinden, und deswegen am bequemsten zu haben sind, vorzugsweise angewandt werden, denn ich habe diesen kleinen Vögel lange Strohhalme aus beträchtlicher Entfernung mit vieler Mühe zu Neste tragen und dieses unfügsame Material mit unglaublicher Beharrlichkeit verarbeiten sehen, bloß, weil dessen Farbe der einer Gartenmauer glich, aus welcher ein Backstein gefallen war, so daß ein Loch entstanden war, in welchem der Zaunkönig seine Wohnung aufgeschlagen hatte.

Eine Dame, welche eine Canarienhecke hatte, mußte die Jungen von den Alten bloß deßhalb trennen, weil das Männchen den erstern die weichen Federn vom Halse und den Flügeln rupfte, um ein neugebautes Nest damit zu füttern, obgleich hinreichend viel andere Federn in den Bauer gethan waren. Aus dieser interessanten Thatsache ergiebt sich, daß die Canarienvögel die Materialien zu ihrem Neste nicht auf's Gerathewohl zusammenraffen, sondern sich bei der Wahl derselben von Kräften bestimmen lassen, die in eine höhere Kategorie gehören, als der bloße Instinct *).

White führt in seiner Naturgeschichte von Selborne S. 59 an, daß in Susser, wo es wenig Thürme giebt, die Dohlen häufig unter der Erde in verlassenen Caninchenbauen nisten. Ebendaselbst findet sich angegeben, daß die Uferschwalben in der Nähe von Bishops Waltham in Hampshire in den Löchern der Hinterseite eines Stalles bauen, der an einem großen Teiche steht, und manche Vögel nehmen, wie bereits bemerkt, häufig aus Bequemlichkeit, von dem Neste anderer Vögel Besitz **).

In dergleichen Fällen scheinen die Vögel allerdings sehr viel Scharfsinn an den Tag zu legen; indeß machen andere Umstände es wieder zweifelhaft, ob dieselben im Stande sind, Erfahrungen zu ihrem Vortheil zu benutzen, oder irgend einen bedeutenden Grad von Intelligenz auszuüben. So setzen sich, z. B., die Vögel in der Ausübung ihrer elterlichen Pflichten den größten Gefahren aus, denen sie sich zu jeder andern Zeit entziehen würden. Vom Hunger getrieben, gehen viele Arten in die einfachsten Fallen, gleich nachdem

*) Schade nur, daß der Umstand, aus welchem diese Folgerung gezogen ist, selbst auf falscher Auslegung der sehr bekannten Beobachtung beruht, daß die Canarienmännchen, bald nachdem die Jungen das Nest verlassen und eine neue Paar= und Brut= zeit eintritt, die jungen Männchen aus Eifersucht verfol= gen, picken und stellenweise kahl rupfen, woran man zuerst er= kennt, welche von den Jungen Männchen sind. Hierbei kön= nen zufällig einige Federchen in's Nest kommen, während die Canarienvögel sonst nie Federn zu Neste tragen.
D. Ueberf.

**) Manche Vögel besitzen auch in Ansehung des Nesterbaues keinen streng determinirenden Instinct, z. B., der Goldam= mer sein Nest eben so gern auf die Erde, als in Büsche baut, und in letztern, was bemerkenswerth ist, bis an 8 Fuß Höhe hinaufgeht.
D. Ueberf.

sie gesehen haben, wie ihre Cameraden gefangen worden sind. Die Saatkrähen nisten fortwährend in den Gehegen, wo man ihre Jungen jedes Frühjahr größtentheils todtschießt. Drei Jahre hintereinander nistete ein Rothschwänzchenpaar in einem Pumpenstock, auf dem obern Ende des Schwengels, und das Nest wurde daher jedesmal, wenn Wasser gepumpt wurde, in seiner Lage gestört. Ferner nisten, wie White bemerkt, in der Nachbarschaft von Selborne die Hausschwalben alle Jahr in den flachen Fenstervertiefungen eines freiliegenden Hauses, und die Nester fallen daher bei jedem schweren Regengusse herab, und dennoch bauen die Schwalben fort und fort wieder an dieselbe Stelle *).

Diese Handlungen deuten auf einen geringern Grad von Scharfsinn hin, als man ihnen, nach dem früher Erwähnten, zutrauen möchte. Dieser scheinbare Widerspruch läßt sich jedoch leicht beseitigen, wenn man annimmt (und diese Annah= me ist gewiß nicht zu gewagt), daß die Warnungen des Verstandes häufig von den instinctmäßigen Trieben vereitelt werden. Beispiele, die dieß beweisen, werden weiter unten an passenden Stellen mitgetheilt werden, und wir brauchen daher hier nicht tiefer auf den Gegenstand einzugehen.

Nachdem das Geschäft des Nesterbaues vollbracht ist, beginnt das Eierlegen, und hierauf folgt das Brüten, und da die Vögel häufig in dasselbe Nest zu legen fortfahren, obgleich man ihnen fortwährend die Eier wegnimmt (wobei jedoch eines oder zwei davon liegen bleiben müssen), oder mit andern von verschiedener Größe und Farbe vertauscht; da sie ferner, nachdem sie die gehörige Zahl gelegt, häufig ein einziges Ei, oder fremde Eier, ja selbst nachgemachte Eier von Kalk, oder unregelmäßig gestaltete Steine bebrüten, so läßt sich offenbar das Eierlegen und Brüten nur dem Instinct zuschreiben **).

Die elterlichen Pflichten der Vögel gegen ihre Jungen werden ebenfalls durch instinctmäßige Triebe regulirt, was sich daraus ergiebt, daß sie den Jungen anderer Arten, die ihrer Sorge anvertraut werden, dieselbe Pflege angedeihen lassen, wie ihren eignen. Die Grasmücken, Bachstelzen, Baumpiper u. s. w. lieben und füttern den jungen Kukkuk mit dem größten Eifer, bloß weil er in ihrem Neste sitzt. Unter andern Umständen würden sie ihn mit der größten Erbitterung verfolgen ***).

*) An berappte Häuser bauen die Schwalben ebenfalls fort und fort, obgleich ihr Kitt an der Berappung so schlecht haftet, daß er bei anhaltend feuchter Witterung loswird, so daß die Ne= ster herabfallen.
D. Ueberf.

**) Uebrigens kann man diesen Instinct keineswegs vollkommen blind nennen; denn, indem man Vögel, im Zustand der Wild= heit, z. B., die Elster, dadurch, daß man jeden Tag mit einem Löffel das frischgelegte Ei wegnimmt, so daß immer nur ein Ei im Neste bleibt, veranlaßt, bis zur vollständigen Erschö= pfung immer fort zu legen, so setzt dieß doch voraus, daß die Elster, deren normaler Instinct ihr gebietet, 6—7 Eier zu le= gen, und dann zu brüten, und das Männchen nicht mehr zur Begattung zuzulassen, so wie es die Umstände erfordern, einen natürlichen Trieb dem andern unterordnet oder vorsetzt, und also gewissermaßen frei handelt.
D. Ueberf.

***) Ist wohl schon der Versuch gemacht worden, einen jungen Kukkuk aus einem Neste in ein anderes zu bringen, und was war im bejahenden Falle der Erfolg?
D. Ueberf.

Daß diese Handlungen instinctmäßig sind, ergiebt sich ebenfalls zur Gnüge aus der Thatsache, daß in der Gefangenschaft aufgefütterte Vögel Nester bauen, Eier legen, und ihre Jungen sorgfältig auffüttern. In dieser Beziehung werden folgende Thatsachen als interessant erscheinen.

(Schluß folgt.)

Miscellen.

Naturhistorische Curiosität. — In einem Garten bei Weimar befindet sich gegenwärtig ein Apfel, dessen Fruchtstiel unmittelbar aus dem 6—7 Zoll starken Aste eines großen Baums hervorwächs't. Um die Basis des Stiels her zieht sich ein kleiner Wulst, und die äußere harte Rinde ist an dieser Stelle gespalten. Es läßt sich bemerken, daß überall, wo die harte Rinde des Baumes sich abgeschuppt hat, die junge Rinde sich ungemein weich, sammetartig und elastisch, fast wie die des Taxus, anfühlt. Auch

hat derselbe Baum schon im vorigen Jahre dieselbe Curiosität dargeboten. Der Apfel erreichte damals seine normale Größe und völlige Reife.

Eine neue electromagnetische Vorrichtung von seiner Erfindung hat Hr. Dr. Ritchie in seiner am 5ten Juli in der London Mechanic's Institution gehaltenen Vorlesung vorgezeigt. Er erhält durch selbige eine außerordentlich schnelle rotatorische Bewegung, welche in einem sehr kleinen Modelle, seiner Angabe zu Folge, stark genug war, um 1½ Unzen auf einer Rolle zu heben und in einem etwas größeren Modell ½ Pfund. Sollten Mittel ausfindig gemacht werden, diese Kraft zusammen anzuhäufen, wovon Dr. R. seine Erwartung aussprach, so würde die electromagnetische Kraft für manche Zwecke die wunderbaren Dampfmaschinen ersetzen können.

Die vor zwei Jahren entstandene und nachher wieder verschwundene Insel Ferdinandea, in der Nähe von Sciacca in Sicilien, ist auf's Neue erschienen, indem am 22. und 23. Mai an derselben Stelle Rauch und Feuerfunken aufgestiegen sind.

Heilkunde.

Theilweise Amputation des Fußes nach einer neuen Methode.

Von Dr. Ruyer.

Baptiste L'hote, 30 Jahr alt, Weber, von lymphatischem Temperament, früher an Scropheln leidend, verstauchte sich den linken Fuß im Februar 1825. Es entstand sogleich heftige Geschwulst, welche nicht gehörig behandelt wurde, so daß im März der Eiter über dem dritten os cuneiforme tarsi durchbrach.

Am 7ten April fand ich noch bedeutende Entzündung und Geschwulst. Ich erweiterte die Oeffnung, aus welcher eine große Menge guten Eiters hervorquoll, ich verordnete Blutigel, erweichende Cataplasmen, laurwarme Bäder, Diät und vor allem absolute Ruhe. Dieß behagte dem Kranken nicht und er vertraute sich einem Quacksalber an, welcher ihm auch vollkommene Heilung versprach, wenn er die Leroi'sche Medicin ein ganzes Jahr lang brauchen wolle. Eine solche Behandlung konnte ein in Armuth Lebender natürlich nicht lange fortsetzen. Es vergingen nun zwei Jahre, ehe die mindeste Aenderung eintrat, mit Ausnahme, daß die Oeffnung des Geschwüres ihren Platz veränderte, indem sie erst über die beiden andern ossa cuneiformia hinging und dann über der Mitte des ersten Metatarsalknochens stehen blieb; hier floß beständig eine große Menge Eiter aus, welcher sehr übel roch. Zu Zeiten waren die Schmerzen sehr heftig, auch traten häufig Blutungen ein. Dieser Zustand dauerte zwei Jahre lang fort, ohne daß der Kranke arbeiten oder gehen konnte.

Am 20ten August 1830 wandte er sich auf's Neue an mich. Ich fand ihn in äußerster Magerkeit mit schwachem, beschleunigtem Puls, Appetitlosigkeit, Schlaflosigkeit, beständigem Fieber und unlöschbarem Durst. Der Fuß zeigte ein starkes Oedem ohne Röthe, er war der Sitz lebhafter, schießender Schmerzen, welche sich oft längs des Unterschenkels hinauf verbreiteten; ein Geschwür, dessen Ränder nichts Eigenthümliches hatten, von der Größe eines Zweigroschenstükkes, saß an der innern Seite des Fußes über der Mitte des ersten Metatarsalknochens. Das vorsichtigste Sondiren verursachte heftige Schmerzen und Blutungen, so daß ich nicht

zu genauer Kenntniß der Tiefe und Richtung der Eitergänge gelangen konnte.

Ich machte nun auf der Hohlsonde am innern Rande des Fußes vom Geschwür bis zum ersten os cuneiforme einen Einschnitt, wodurch es möglich wurde, zu erkennen, daß die caries mehrere Knochen ergriffen und bedeutende Zerstörung angerichtet hatte. Hiernach konnte ich als einziges Heilmittel bloß die theilweise Amputation des Fußes vorschlagen, welche drei Tage darauf auf folgende Weise von mir ausgeführt wurde.

Mit der linken Hand hatte ich den abzunehmenden Theil gefaßt, mit der rechten machte ich vermittelst eines gewöhnlichen Zwischenknochenmessers 2 longitudinale Hautschnitte, den einen am obern Rande des ersten Metatarsalknochens, den andern am innern Rande. Sie begannen an der Theilungsstellen der Zehen und vereinigten sich über der Gelenkverbindung zwischen dem os scaphoideum und os cuneiforme primum. Ich präparirte nun zwei Lappen ab; der untere, viel breiter und dicker, war zur Bedeckung des zweiten Metatarsalknochens und eines Theiles des os cuneiforme secundum, welchen ich von caries frei glaubte, bestimmt. Das Gelenk zwischen dem os scaphoideum und cuneiforme primum legte ich durch einen kleinen Queerschnitt auf dem Fußrücken bloß. Nachdem ich die beiden Lappen zurückgeschlagen hatte, faßte ich die große Zehe mit der linken Hand und setzte mein Messer zwischen demselben und der Fleischparthie am innern Fußrande; auf diesem Wege wurde das Instrument bald durch den ersten Metatarsalknochen aufgehalten, weil dieser Knochen durch caries in zwei, fast gleiche, Hälften getheilt war, von denen die untere Zehe schräg gegen den zweiten Metatarsalknochen hin stand. Als ich die Zehe den übrigen mehr näherte, ging das Messer leicht weiter. Nachdem ich nun aber das os cuneiforme hinweggenommen hatte, sah ich mit Erstaunen, daß das zweite ebenfalls cariös war; ich war nun im Augenblicke ungewiß, ob ich die Operation nach Chopart's Methode beendigen, oder bloß diesen zweiten Knochen wegnehmen sollte. Ich entschloß mich zu dem letzten Verfahren, obgleich es der anatomischen Anordnung wegen weit schwieriger ist. Der Queerschnitt wurde vergrößert, der kranke Knochen bloßgelegt: alle Bedeckungen, welche das os cuneiforme secundum mit dem scaphoideum, cuneiforme tertium und mit dem zweiten Metatarsalknochen verbanden, löste ich mit der Spitze des Messers. Dieser Theil der Operation war langwierig und schwer.

Als die Operation auf diese Weise beendigt war, reinigte ich die Wunde bedeckte die Knorpelflächen auf die schonendste Weise mit feiner Charpie und vereinigte die beiden Hautlappen möglichst gut vermittelst vier Suturen. Die Heilung geschah durch prima intentio und die Wunde eiterte bloß an einigen Stellen. Der Kranke war Anfang Octobers, also nach sechs Wochen, vollkommen geheilt. Die Bewegungen des Fußes sind frei, und der Kranke geht, ohne zu hinken. Die zurückgebliebene, jetzt erste, Zehe, ist weit kürzer, als die übrigen, weil das os cuneiforme secundum dahinter weggenommen ist.

So viel mir bekannt ist, ist auf diese Weise noch nicht operirt worden. (Als besondere Operationsmethode ist die beschriebene theilweise Amputation natürlich nicht aufzuführen, dagegen ist es für den besondern Fall, daß, wie hier, das zweite os cuneiforme cariös ist, während der Metatarsalknochen gesund blieb, gewiß wichtig und beachtungswerth, daß der Metatarsalknochen erhalten werden kann, wenn auch das hinter ihm liegende os cuneiforme weggenommen wird. Anm. des Ueberf.) In dem beschriebenen Falle würde durch die Chopart'sche Methode der Amputation zwischen der ersten und zweiten Reihe der Tarsalknochen unnöthigerweise zu viel, durch die Lisfranc'sche Amputation zwischen dem Tarsus und Metatarsus zu wenig entfernt worden seyn. Die von mir angegebene Operationsmethode steht zwischen diesen beiden und wird immer mit Vortheil angewendet werden können, wenn man ähnliche Degenerationen vor sich hat, wie ich sie oben beschrieben. (Revue médicale. Nov. 1832.)

Ueber die Operation krebsartiger Geschwülste in der Höhle des Oberkiefers.

Von X. Gensoul.

Die Krankheiten, welche diese Höhle betreffen, haben ihren Sitz entweder in der Schleimhaut oder in den Knochenwänden des antrum Highmori oder in den Zahnwurzeln, welche auf dem Boden der Höhle emporragen. Die Schleimhaut entzündet sich, schwillt an, verschließt die Oeffnung zu der Nasenhöhle, und veranlaßt zu ein Empyem oder eine Hydropisie des Sinus; andremal sondert sie eine Flüssigkeit ab, welche fest wird und die Charactere des Fettwachses annimmt; eben so ist sie der Boden, in welchem Polypen sich entwickeln, und giebt zu farcomatösen, varicösen und krebshaften Geschwülsten Anlaß. Die Knochen erkranken entweder durch Exostose oder durch Caries. Die Zahnwurzeln endlich veranlassen, indem sie cariös werden, Fistelgänge, die nach dem Sinus führen.

Im Anfang ist die Diagnose dieser Krankheiten immer schwierig, theils weil die Höhle von Knochenwänden umgeben ist und dadurch der Untersuchung entzogen wird, theils weil die Krankheiten derselben keine sympathischen Erscheinungen veranlassen. Erst wenn der Sinus bedeutend ausgedehnt wird, ist die Krankheit leicht zu erkennen.

Ueber die Behandlung der bösartigen Krankheiten des antrum Highmori herrscht bei den neuern Schriftstellern eine große Meinungsverschiedenheit; fast alle aber geben ausdrücklich an, daß man sich einer Operation ganz enthalten müsse, sobald die Knochen an der Krankheit der Schleimhaut Theil nehmen, besonders wenn die Krankheit wiedergekehrt ist, nachdem die Knochen einmal vermittelst des Messers oder des Glüheisens zerstört worden war. Nach langem Nachdenken über das Schicksal solcher Unglücklicher glaube ich das Mittel gefunden zu haben, wie man vermittelst einer Operation solche Krankheitsfälle heilen kann. Diese Operation besteht darin, daß man den Oberkiefer und die Höhle desselben in großer Ausdehnung bloßlegt, um nun auf die entblößten gesunden Theile einzuwirken, statt wie bisher bloß das Krankhafte anzugreifen, und zwischen Blut und degenerirten Gewebstheilen erst die Gränzen des Uebels aufzusuchen.

Ich gehe hierbei von der Vergleichung mit der Operation des Brustkrebses aus, bei welchem alle Schriftsteller darin übereinkommen, daß man durchaus noch in den gesunden Theilen amputiren

wüsse. Dasselbe schlage ich nun für die Krankheiten der Oberkieferhöhle vor, wie ich es auch bereits ausgeführt habe. Die bisherigen Verfahrungsarten dagegen bestanden bloß darin, daß man die krebsige Masse spaltete, und Stück für Stück wegnahm, so lange noch etwas degenerirt schien; ein unsicheres Verfahren, welches kein Chirurg unserer Tage bei der Operation des Brustkrebses in Anwendung zu bringen wagen würde.

Dieses Verfahren findet sich bei allen Operationsgeschichten von Acoluthus, Jourdin, Garengeot, Default, bis auf die neuern Zeiten bei denen von Dupuytren, Beclard, Georgi. Seit dem Jahre 1827 habe ich mehreremals das ganze Oberkieferbein entfernt, und dieses Verfahren hat dadurch eine gewichtige Empfehlung erhalten, daß Lisfranc dasselbe nachgeahmt hat. Velpeau hat seitdem eine ähnliche Operation gemacht, indem er den Mund nach der Seite aufschnitt, das Wangenbein durchsägte, mit einem sichelförmigen Messer die weichen schwammigen Theile entfernte und mit dem Glüheisen die ganze Höhle, welche er gesäubert hatte, cauterisirte. Aber selbst durch diese kühne Operation konnte er die Wiederkehr der Krankheit nicht verhüten.

Ich will jetzt vier Beobachtungen anführen, bei welchen sich das von mir vorgeschlagene Verfahren bewährt hat.

I. Osteosarcom in dem linken Oberkiefer von bedeutendem Umfang. Abtragung dieses Knochens. Vollkommne Heilung.

Jean Marie Bericel, 17 Jahr alt, Seidenarbeiter, von starker Constitution und sanguinischem Temperament, war immer gesund gewesen, als er in seinem neunten Jahre von einem Pferde herab auf die linke Wange fiel. Ein Jahr darnach (1819) bemerkte der Kranke eine Geschwulst von der Größe einer nicht Erbse, welche unter der Haut auf der fossa canina sehr beweglich war und nicht schmerzte. Alle Zertheilungsversuche waren vergeblich, die Geschwulst vergrößerte sich Tag für Tag. Im Jahr 1822 kam dieser junge Mensch in das Hôtel-Dieu zu Lyon, als seine Geschwulst die Größe eines Eies erreicht hatte. Da man eine Krankheit des sinus maxillaris vermuthete, so wurde dieser bei einem der Backzahnhöhle angebohrt, was ganz ohne Erfolg blieb. Die Geschwulst verabscheute sich unterdessen rasch und es nahm nun auch der innere Theil des linken Oberkiefers daran Theil. Im Jahr 1826 kehrte er in das Hôtel-Dieu zurück, und hatte der Diagnose, welche ich damals machte, hatte ich es mit einer Hyperostose des Oberkieferbeins zu thun. Ich beschloß, die Amputation des Oberkieferbeins zu wagen; aber sämmtliche Wundärzte von Lyon, welche ich zu einer Consultation zusammenberief, erschraken von der Idee einer solchen Operation, und erklärten einstimmig, daß die Kunst nicht im Stande sei, diesem Kranken zu helfen.

Am 4. Mai 1827 kam Bericel in meine Wohnung und flehte, nicht etwas zu bitten um Rettung unternehmen möge; er bat bei früher vorgeschlagene Operation auszuführen, und drohte mit Selbstmord, wenn ich ihn verließe. Die Geschwulst hatte damals eine ungeheure Ausdehnung erreicht: sie nahm die ganze linke Gesichtshälfte ein, und hatte den Mund ungemein verengert. Von oben nach unten maaß sie 7 Zoll 9 Linien, von hinten nach vorn 7 Zoll 6 Linien, der Umfang an der Basis betrug 16 Zoll 4 Linien. Ich hatte mir alle Zufälle einer solchen Operation vielfältig durchdacht, und verzweigt dem Kranken, ihn zu opertren.

Die Operation wurde am 26 Mai 1827 in Gegenwart vieler anderer Aerzte folgendermaßen gemacht. Der Kranke saß ziemlich niedrig und lehnte sich an die Brust eines Gehülfen: ich machte einen Verticalschnitt von dem innern Augenwinkel bis durch die Oberlippe am linken Augenzahne. Von der Mitte dieses Schnittes aus machte ich einen zweiten, welcher 4 Linien von dem Ohrläppchen endigte, ein dritter endlich begann 5 bis 6 Linien außerhalb des äußern Augenwinkels, und endigte in dem Endpunkte des zweiten Schnittes. Den so umschriebenen Lappen präparirte ich los, und schlug ihn auf die Stirn zurück; um aber die Geschwulst ganz bloßzulegen, verlängerte ich den dritten Schnitt noch längs dem innern Rande des Masseter bis zum untern Rande des Unterkiefers, und löste nun auch einen untern Lappen los und schlug ihn auf den Hals zurück. Auf diese Weise war der ganze Oberkiefer bloßgelegt. Vermittelst des Meißels und Hammers löste ich nun am äußern Augenhöhlenrande den Oberkiefer von dem Or-

bitalfortfahe des Stirnbeines, und ließ den Meißel bis in die fissura sphenomaxillaris eindringen, und ich durchschnitt noch den
Jochfortfah des Wangenbeins. Nachdem ich das Wangenbein auf
diese Weise nach außen isolirt hatte, sehte ich einen breiten Meißel
unter dem innern Augenwinkel an, und stieß ihn durch den untern
Theil des Thränenbeins und die Orbitalplatte des Siebbeins hindurch. Auf gleiche Weise trennte ich den Nasenfortsah des Oberkieferknochens, und durchschnitt dann mit einem Bistouri alle Weichtheile, welche den Nasenflügel mit dem Oberkiefer in Verbindung
sehten. Als ich hierauf versuchte, die beiden Kieferbeine auseinan-
derzuziehen, gelang dieß leicht, nachdem ich den vordersten linken
Schneidezahn ausgezogen und den Meißel zwischen beide Kiefer eingeschoben hatte. Um endlich das Kieferbein von dem Flügelfortsahe loszulösen, und noch einige Verbindungen, welche vielleicht
mit dem Siebbein stattfänden, zu trennen, senkte ich meinen Meißel
in die Geschwulst ein, indem ich ihn schräg in die Orbita einführte,
so daß der nervus maxillaris superior, welchen ich nicht zerren
wollte, durchschnitten wurde und der Meißel tief genug eindrang,
daß ich ihn als Hebel gebrauchen konnte. Dieß alles gelang vortrefflich, und ich brauchte nun mit einer gekrümmten Scheere oder mit einem Bistouri bloß noch die Verbindungen des Gaumenbeins mit dem
Gaumensegel zu durchschneiden, so daß das lehtere zwischen dem Flügelfortsahe und den rechten Hälfte des Gaumenbeins ausgespannt blieb.

Gleich nach der Operation bekam der Kranke eine Ohnmacht, aus
der er aber erwachte, sobald er niedergelegt wurde. Nun wartete ich
ruhig auf die Blutung, welche man mir so schrecklich vorausgesagt
hatte, aber die Wundlappen gaben nur einige Tropfen, und im
Grunde bei der Wunde zeigte sich bloß ein leichtes Ausschern von Blut.
Ich wartete über eine Stunde, ehe ich zur Vereinigung schritt, um
nicht später durch eine Blutung genöthigt zu seyn, die Suturen
wieder abzunehmen. Zur Vereinigung bediente ich mich der umwundenen Nath mit gewöhnlichen Stecknadeln, ohne von den
Wundlappen etwas wegzuschneiden, da ich auf die Contractilität
des Hautgewebes rechnete. Sobald der Verband beendigt war,
schlief der Kranke eine Stunde. Er erhielt Lindenblüthenaufguß
und ein Opiat. Am 23. schien ein Wundfieber eintreten zu wollen,
was aber durch eine Aderlässe von 12 Unzen verhütet wurde. An
den folgenden Tagen ging es ganz gut. Am ersten Juni begann
die Eiterung; der Eiter sammelte sich an dem innern untern Theile
der Wunde, wo ich ihn herausließ und durch milde Einsprigungen
entfernte. Die Zunge war auf der rechten Seite rein, auf
der operirten Seite dagegen grau und mit Krusten bedeckt. Am
2. Juni nahm ich die Suturen weg und fand die Wunde vollkommen vereinigt, mit Ausnahme des mittlern Theiles des Vertical-
schnittes. Die Heilung ging nun ungestört vor sich, so daß am 2.
Juli der Operirte nach Hause reisen konnte. Zu dieser Zeit hatte
der Mund seine horizontale Richtung wieder angenommen, und
seine Höhle hatte sich beträchtlich verkleinert. Die Weichen Theile
waren zusammengesunken, und hatten zum Theil den großen Leeren Raum, welchen ich gemacht hatte, ausgefüllt. Das linke Nasenloch war nicht mehr auf die Seite gezogen, aber der Kranke beklagte sich, daß ihm sehr häufig Flüssigkeit, die er hinunterschlucke,
durch das rechte Nasenloch herausdringe, was daher kam, daß die
Flüssigkeiten leicht über das schlecht befestigte Gaumensegel herüber-
dringen konnten.

Beriel, welchen ich seit jener Zeit wieder gesehen habe, ist
radical geheilt, er spricht, ißt und trinkt ohne Beschwerde, aber
seine Stimme hat einen Gutturalton und das Gesicht ist auf
der linken Seite um einen Zoll breiter als auf der rechten nicht operirten; dieß rührt daher, daß der Jochbogen, welchen die Geschwulst ganz nach außen gedrängt hatte, nicht wie die
weichen Theile seine normale Form wieder annehmen konnte.

Die durch die Operation entfernte Geschwulst ist kugelförmig,
so daß man an dem untern Rand bloß an drei sihenden Zähnen erkennt. Der Nasencanal ist fast ganz erhalten, das Wangenbein
nimmt an der Krankheit Theil und ist beträchtlich verdickt, die Geschwulst ist von gleichmäßiger faserknorpeliger Structur.

II. **Varicöse Geschwulst von beträchtlichem Umfang in
der rechten Kieferhöhle. Operation von einem berühmten Wundarzt. Rückfall, Abtragung des
ganzen Kieferbeins. Vollkommne Heilung.**

Mlle. Tournier, 35 Jahr alt, bemerkte im Jahre 1820 ohne

den geringsten Schmerz eine Anschwellung der rechten Wange. Sie
war früher vollkommen gesund gewesen, und wußte auch keine Veranlassung dieses Zufalles. Als die Geschwulst die Größe einer
Wallnuß erlangt hatte, blieb sie bis zum Jahr 1823 unverändert,
dann schwoll das Zahnfleisch und die Geschwulst erreichte im Verlauf eines Jahres den doppelten Umfang; nun, im Jahre 1824, versuchte ein geschickter Chirurg die Abtragung der Geschwulst, indem
er über den Zahnwurzeln den erweichten Oberkiefer spaltete und
die Geschwulst aus dem Innern des sinus maxillaris, wo sie sich
entwickelt hatte, auszureißen suchte. Es blieben sechs Monate lang
zwei Fisteln zurück, welche sich erst schlossen, als ein Fontanell auf
dem Arm angelegt wurde. Die Operation war aber vergeblich, die
Geschwulst erreichte wieder einen sehr bedeutenden Umfang, so daß
sie im Januar 1828, als die Kranke in das Hôtel-Dieu zu
Lyon eintrat, folgende Entstellung des Gesichtes bedingte: Die
rechte Wange war sehr aufgetrieben, das rechte Nasenloch vollkommen verstopft, der Gaumen in den Mund herabgedrückt, die Zähne
in die Geschwulst selbst eingesunken, so daß man bloß ihre untere
Fläche sehen konnte. Wegen dieser bedeutenden Anschwellung war
das Sprechen und das Schlucken verhindert; drückte man etwas
stark auf die kranke Wange, so hörte man ein knisterndes Geräusch und fühlte deutlich, daß die verdünnte Knochenplatte nach-
gab und dann ihre vorige Form wieder annahm.

Die Kranke entschloß sich leicht zu der vorgeschlagenen Operation und bildete nun einen Lappen, indem ich ganz dieselben drei
Einschnitte machte, wie sie bei der vorigen Beobachtung beschrieben habe; bloß der vierte längs des Masseters herablaufende Schnitt
schien mir unnöthig. Als die Lappen zurückgeschlagen waren, durchschnitt ich den Knochen vermittelst des Meißels und Hammers auf
die schon beschriebene Weise, jedoch in diesem Falle nur ein kleines
Stück des Wangenbeins wegnehmend. Die Geschwulst ließ sich nun
durch Sprechen und hervorziehen und vermittelst des Bistouri's von
dem Gaumensegel ablösen. Die Operation war in 2½ Minuten beendigt; die Lappen blieben eine Stunde unvereinigt, es erfolgte aber
keine Blutung und man sah dabei in der Tiefe der Höhle die hintere Nasenöffnung geschlossen durch den Flügelfortsahe und den Vomer.
Ein kleines aber gesundes Stück des Oberkieferknochens war am
Grunde der Orbita zurückgeblieben, welches ich sorgfältig zu entfernen glaubte. Hierauf wurde die umwundene Nath zur Vereinigung der Lappen angewendet und die Kranke vorsichtig weiter
behandelt. Am 15ten Tage konnte die Kranke bereits wieder ausgehen; sie blieb noch bis Ende April desselben Jahres im Hôtel-
Dieu und befindet sich seitdem vollkommen wohl.

III. **Krebsartiger Polyp in der rechten Oberkieferhöhle, welcher durch die Abtragung des Oberkieferknochens zwar geheilt wurde, aber später wiederkehrte. Tod zwei Jahre nach der Operation.**

Barbier, ein 60jähriger Bauer, kam am 7ten März 1829
in das Hôtel-Dieu, wegen einer bedeutenden Geschwulst der rechten
Gesichtshälfte, die bis jeht allen Mitteln getroht hatte. Im August 1828 hatte er zuerst einen heftigen schießenden Schmerz bemerkt, unter dessen Fortdauer sich eine bedeutende umschriebene Geschwulst bildete. Bei dem Eintritt in das Spital fand ich eine fast
halbkugelförmige, elastische, etwas pralle Geschwulst der ganzen
rechten Wange, welche auch den vordern und hintern Theil der Orbita und die ganze Nasenhöhle einnahm; sie drückte den Gaumen
herab und verschob die Zähne. Ihr Umfang betrug 7 Zoll 9 Linien. Ein Theil der Geschwulst trat durch die Nase hervor, war
hart, röthlich, blutete bei Berührung und war der Sih schießender
Schmerzen; kurz, er hatte das Ansehen eines krebsigen Polypen.
Von der Nuhlosigkeit jeder Art von Behandlung dieser schrecklichen
Krankheit überzeugt, schlug ich die Amputation des Oberkieferknochens vor, und verrichtete sie am 23ten März 1829. Die Hautschnitte machte ich auf ähnliche Weise wie früher, schlug die Lappe
nach oben und unten zurück, öffnete von dem Nasenloch aus die
Nasenhöhle, und trug nun bald so isolirte Oberkieferbein vermittelst des
Meißels so ab, daß es von dem Gaumensegel mit dem Bistouri leicht
getrennt werden konnte. Von dem Grunde dieser bedeutenden durch
die Operation entstandenen Aushöhlung sprihte keine Arterie hervor;
eine einzige an dem äußeren Hautschnitt mußte unterbunden werden. Die Nachbehandlung war wie in den vorhergehenden Fällen,
und bis zum 7ten Tage ging alles vortrefflich; da aber zog sich der

Kranke durch Erkältung einen steifen Hals und Parotidengeschwulst zu. Am 23ten Mai war derselbe aber auch von diesem neuen Leiden vollkommen befreit und verließ das Spital geheilt.

Bei genauerer Untersuchung der abgetragenen Knochengeschwulst fand ich den obersten Theil des Oberkiefers noch gesund, so daß ich den Augenhöhlentheil dieses Knochens nicht weggenommen hätte, wenn sich dieß leicht hätte machen lassen. Der ganze übrige Knochen war in eine fleischige röthliche Masse verwandelt, in deren Mitte ein welches, in eine braune Flüssigkeit verwandeltes Gewebe gefunden wurde, wie es gewöhnlich in der Mitte krebsartiger Massen anzutreffen ist.

Anderthalb Jahre lang zeigte sich nicht die geringste Spur eines Rückfalles; da aber erhoben sich Wucherungen aus der Tiefe der Orbita und von dem Flügelfortsatz; zugleich war die Parotis angeschwollen. Er wünschte abermals operirt zu werden, worauf ich ihn aber natürlich auf eine innerliche Behandlung vertröstete, bei welcher er dann 6 Monate nachher starb.

IV. **Krebsgeschwulst der rechten Kieferhöhle. Dreimalige Operation und Rückfall. Endlich Abtragung des Oberkieferbeines und des Flügelfortsatzes; seit 4 Jahren Heilung.**

Ein junger Mensch von 28 Jahren, Hippolyt Mallet, Messerschmidt, wurde im Januar 1820 mit einem harten Schneeball auf die rechte Wange geworfen, sie schwoll sogleich an, unterlief blau, und wurde schmerzhaft. Dieser Zustand dauerte 15 bis 20 Tage, worauf der Schmerz sich verminderte, die Haut ihre natürliche Farbe wieder bekam, die Geschwulst aber blieb. Anderthalb Jahr antete der Kranke nicht darauf; die Wange wurde nun aber wieder der Sitz schießender oder drückender, aber fortdauernder Schmerzen. So kam er am 5ten Juli 1821 in das Hôtel-Dieu, wo Hr. Janson einen kleinen Fleischauswuchs an dem franken Oberkiefer abtrug und zertheilende Ueberschläge machen ließ. Der Kranke kehrte nach Hause zurück, zeigte sich aber zwei Jahre darnach mit einer noch weiter ausgebreiteten Geschwulst und mit heftigen Schmerzen wieder. Herr Mortier öffnete den Sinus unter der Oberlippe und der Kranke verließ 3 Wochen darnach das Spital.

Drei Jahre später, im Mai 1826, kam der Kranke abermals in das Hôtel-Dieu und nun war die sarcomatöse zum Krebsartigen sich neigende Natur der Geschwulst nicht mehr zu verkennen. Ich operirte nun diese Geschwulst nach Default's Vorschriften, indem ich vom Mund aus die Highmorshöhle öffnete und mit den Fingern das ganze Periost ablöste. Die Höhle war sehr groß, die Theile aber bloß hinten gegen den Flügelfortsatz hin degenerirt. Die Ausrüstung der Geschwulst gelang nicht, und ich zerstörte nun alle kranken Theile mit dem Glüheisen. Nach etwa 2 Monaten näherten sich die Ränder einander. Die Narbe schien vollkommen, so daß der Kranke als geheilt nach Hause zurückkehrte.

Diese Besserung dauerte aber nicht lange; die dumpfen Schmerzen und eine neue Anschwellung bewiesen ihm, daß sein Uebel nicht geheilt sey. Der Kranke hatte aber den Muth, im Jahre 1829 wieder in das Hôtel-Dieu zurückzukehren um sich zu einer vierten Operation zu entschließen, welche ich am 6ten April vornahm. Die Hautschnitte brauchten nicht so groß zu seyn, wie in den vorigen Fällen, glichen ihnen aber ganz. Da die krebsartige Krankheit ihre Zerstörung bloß auf den hintern Theil des Gaumens und auf den Orbitaltheil des Kieferknochens ausgedehnt hatte, so zog ich den zweiten rechten Schneidezahn aus, und durchschnitt vermittelst des Meißels das Gaumengewölbe etwas schräg, so daß ein kleiner Theil der linken Seite mitgenommen wurde. Eben so wurde das Wangenbein, der Orbitalrand und das Nasenbein durchschnitten. Nun suchte ich die krebsige Masse dadurch zu lösen, daß ich den Finger in die Orbita brachte und an der Geschwulst rüttelte. Diese hing aber mit dem Flügelfortsatze unmittelbar zusammen, ich mußte daher die Geschwulst abreißen, um den Meißel an diesen Knochenansatz bringen zu können und auch diesen wegzu-

nehmen; mit ihm wurde das Gaumensegel von der Mandel bis zum Zäpfchen entfernt, so daß bloß eine tiefe breite Höhle zurückblieb. Bloß zwei Arterien spritzten, die erste in der Tiefe ein wenig nach außen, wahrscheinlich der ramus pterygoideus arteriae maxillaris internae, die zweite weiter nach vorn, wahrscheinlich die masseterica.

Die Geschwulst war von fibrös-sarcomatöser Natur, die Wände des Sinus waren nicht mehr von Knochen gebildet, sondern bestanden aus einem fleischigen, röthlichen, etwas fibrösen Gewebe. Die ganze Degeneration umfaßte fast das ganze Oberkieferbein, den vordern untern Theil des Wangenbeins und den größten Theil des Flügelfortsatzes.

Zwei Stunden nach der Operation wurde die Wunde vereinigt und verbunden. Unter passender Behandlung erholte sich der Kranke schnell, und konnte nach 3 Wochen schon ausgehen, und drei Wochen später ganz nach Hause zurückkehren. Er befindet sich seitdem vollkommen wohl, und leidet nur an einer innern Fistel des Stenon'schen Canals, welche aber, eben weil sie sich nach innen öffnet, nichts Lästiges für den Kranken hat.

Seit dieser Operation habe ich die Abtragung des Oberkieferbeines noch viermal, wegen schwerer Krankheiten des Sinus, gemacht. In zwei Fällen hatte ich es mit sarcomatösen Polypen zu thun und in zwei andern mit Geschwülsten, welche nach der Art ihrer Schmerzen für scirrhöse Geschwülste angesehen werden müssen. Bei einer dieser Fälle, welche ich vor einem Jahre operirt habe, scheint die Krankheit sich aufs Neue entwickeln zu wollen; in diesem Falle war die Geschwulst eine von der Art, wie ich sie bei Barbier beschrieben habe, welche bei der geringsten Berührung bluten, schnell wachsen, die Consistenz aller Gewebe verändern, und bloß eine homogene Masse daraus machen. In diesen beiden Fällen wurde durch die Operation bloß das Leben der Kranken verlängert und wenigstens der Versuch einer Heilung gemacht. (Lettre chirurgicale sur quelques maladies graves du sinus maxillaire par *T. Gensoul*. Paris 1833.)

Miscellen.

Zur Excision der Mutterpolypen, welche er der Ligatur, wie so viele Neuere, vorzieht, schlägt Herr King ein neues Instrument vor (man sehe Fig. 15 e mit No. 793 der Notizen [No. 1 des XXXVII. Bds.] ausgegebenen Tafel), durch welches es möglich würde, die Excision zu verrichten, ohne den Uterus vorher in der Scheide herabzuziehen, und ohne sich doch des Nagels als schneidendes Instrument bedienen zu müssen, wodurch die Excision zwar auch ohne Herabziehen des Polypen möglich, aber gewöhnlich von heftigem Schmerz und Blutung begleitet war. Sein Instrument besteht aus einem offenen Fingerhut (einem [s. g. Nährring) (Fig. 15 a) und einer daran angebrachten durch ihn gleitenden Klinge (Fig. 15 b), welche 7 Zoll lang und vorn ¼ Zoll weit, breit, lancettförmig zugeschliffen ist (Fig. 15 e); sie gleitet in einer Furche an dem Ringe hin und her, dicht auf dem Fingernagel aufliegend, und kann in jeder beliebigen Stellung durch eine Feder (Fig. 15 e) firirt werden, so daß die Lancette mehr oder minder über den Fingernagel hervorragt. Beim Eingehen ragt die Klinge noch nicht vor; hat der Finger den Stiel des Polypen erreicht, so wird die Klinge alsdann vorgeschoben, und mit dieser scharfer Schneide ebenso sicher und schmerzloser durchschnitten, als wenn man den Nagel selbst zum Durchschneiden gebraucht. Das Instrument ist in Einem Fall, wo sich der Polyp nicht hervorziehen ließ, mit Vortheil angewendet worden, ohne daß eine Blutung folgte.

Neue Behandlungsweise des Rheumatismus acutus. Hr. Piorry bemerkt, daß er die heftigsten hitzigen Rheumatismen beständig in Zeit von zwei bis vier Tagen hebe, indem er den Kranken sehr reichlich zur Ader lasse, sie recht viel trinken lasse, und vorzüglich, indem er den kranken Gelenken in Beziehung auf den übrigen Körper eine hohe Lage gebe.

Bibliographische Neuigkeiten.

Report of the first and second meetings of the British Association for the Advancement of Science; at York in 1831 and at Oxford in 1832; including its Proceedings, Recommendations and Transactions. London 1833. 8. Mit einer geologischen Durchschnittszeichnung von Europa.

The Analysis and Medical Account of the tepid springs of Buxton. By Sir *Charles Scudamore*, London 1833. 8.

A Memoir on the Advantage and Practicability of Dividing the Stricture in strangulated Hernia, by *C. A. Key*, London 1833. 8.

Die Schlesischen Hauptstraßen nach Breslau.

Beilage

zu den

Notizen aus dem Gebiete der Natur- und Heilkunde.

Nro. 806. (Nro. 14. des XXXVII. Bandes.)

In der angenehmen Hoffnung, daß zur dießjährigen Versammlung der Deutschen Naturforscher und Aerzte recht viele Gäste nach Breslau kommen werden, glauben wir Manchem derselben einen Dienst zu erweisen, wenn wir ihn im Voraus auf dasjenige aufmerksam machen, was auf oder neben den nach Breslau führenden Hauptstraßen innerhalb Schlesien vielleicht schon auf der Herreise der Beachtung werth seyn dürfte; wir führen hier folgende acht große Straßen an:

1) Die Berliner Straße, Chaussee; es geht viermal in der Woche eine Schnellpost von Berlin nach Breslau. Grünberg mit starkem Weinbaue; interessante nordische Geschiebe bei Neustädtel, Klopschen, Luchen u. s. w.; — Neusalz mit Herrnhuthercolonie, Eisenschmelze und Gießerei von Wiesenerz;— nahe bei Parchwitz das ehemalige Kloster Leubus mit Irrenheilanstalt und einem Beschälgestüte.

2) Die Dresdner Straße, Chaussee; zweimal in der Woche Schnellpostverbindung. In Görlitz schöne Peterskirche, Sammlungen der Lausitzer naturforschenden Gesellschaft; nahe bei die Landskrone, aus Basalt bestehend, mit schöner Aussicht; — Lauban mit Elisabethinerinnenkloster für Krankenpflege. Bei Löwenberg eine Irrenanstalt in Plagwitz; nördliche Quadersandsteinformation bis Goldberg, links vom Wege der Gröditzberg, Basalt, mit weiter Aussicht auf ganz Niederschlesien. — Liegnitz, Sitz einer Königl. Regierung, Ritteracademie, schöne Kirchen mit interessanten Denkmahlen, Bibliotheken u. s. w.; große Spinn- und Tuchfabrik des Commerzienrathes Ruffers; naturwissenschaftliche Sammlungen des Professor Mosch und Regierungsrath Nöldechen; in der Nähe von Liegnitz das ehemalige Kloster Wahlstatt, berühmt durch die Tartarschlacht. — Ein Nebenweg führt von Görlitz nach Liegnitz über Bunzlau, woselbst berühmte Thongrabereien und ein großes Waisenhaus sind, in letzterem eine Sammlung interessanter, dort häufig vorkommender Geschiebe von Chalcedon, Achat u. s. w.

Hat der Reisende Zeit vor der Versammlung und günstige Witterung, so dürfte es rathsam seyn, von Lauban aus über Greiffenberg das Riesengebirge, die Badeorte Flinsberg, Warmbrunn, Charlottenbrunn, Altwasser, Salzbrunn, und das interessante Waldenburger Kohlengebirge zu besuchen.

3) Die Straße von Prag über Trautenau, Liebau, Landshut u. s. w. nach Breslau; meist Chaussee; — bei Trautenau und Liebau das südliche rothe Sandsteingebilde Schlesien's. — Landshut mit schöner Kirche zur heiligen Dreieinigkeit, höherer Bürgerschule mit guter Bibliothek und Naturaliensammlung; mineralogisch interessante Gegend mit Porphyrit, Mandelstein voller Achate, Amethysten u. s. w. Von Landshut führt eine Chaussee über Reichenau und Freyburg nach Breslau; doch läßt sich von Landshut links über Schmiedeberg und Hirschberg der interessanteste Theil des Riesengebirges, so wie rechts über Gruessau (ehemaliges Kloster mit schönen Kirchen u. s. w.) und Gottesberg der schönste Theil des Waldenburger Eulen- und Zobtengebirges besichtigen; jenes ist durch seine reichen Steinkohlenlager und deren Verhältnisse zum Porphyr, das Eulengebirge durch Gneis und Spuren alten Bergbaues auf Silber und Graphit, das Zobtengebirge aber durch Serpentin, Gabbro, und in Platten brechenden Graphit ausgezeichnet. Walbenburg, Sitz eines Königlichen Bergamtes, Albertl'sche große Spinnfabrik; Charlottenbrunn, Altwasser, Salzbrunn, Heilquellen, sind in der Nähe, und das schöne Fürstenstein im Urfelsconglomcrate. Bei Freyburg der große Steinbruch von Kunzendorff im Uebergangskalkstein mit eingesprengtem Marmor und einzelnen Versteinerungen.

4) Die Straße über Nachod und Glatz nach Breslau; Chaussee; — hart an der Gränze der Badeort Cudowa, in westlicher Syenitformation; dann Reinerz mit seinem berühmten Brunnen, dem Eisenbergbau und der schönen Heußfeuer in der südlichen Quadersandsteinformation; Glatz mit schöner Aussicht vom Donjon.

Ist Zeit vorhanden und die Witterung günstig, so wird man gut thun, die Grafschaft Glatz gleich jetzt zu bereisen, und namentlich Ullersdorff mit großer Spinnmaschine, Kunzendorff, den Badeort Landeck, den Schneeberg, Wölfelsfall, Badeort Langenau u. s. w. zu besuchen. Wartha mit schöner Aussicht vom Capellenberge. Von hier aus kann man entweder den nächsten Weg über Frankenstein und Nimptsch einschlagen, und dabei die Chrysopragräbereien bei Baumgarten u. s. w., so wie den in mannichfacher Hinsicht mineralisch wichtigen Pengelberg bei Nimptſch beſichtigen, oder aber über Silberberg, das über 1½ Meile lange Dorf Langenbielau (mit weißem Feldſpathbruch, worin Turmalin, Bergkryſtalle u. ſ. w.) und Reichenbach einen etwas weitern aber ſchönen Weg wählen.

5) Die große chauſſirte Straße von Troppau, auf welcher zweimal in der Woche Schnellpoſten gehen, führt über Ratibor (Oberlandesgericht, Gymnaſium mit Sammlungen), Koſel (jenſeits der Oder der baſaltiſche Annaberg), Krappiz, mit großen Steinbrüchen im Muſchelkalke, Oppeln (Kreideformation), mit Regierung und mit Gymnaſium, und über Brieg, mit Schleſiſchem Königl. Oberbergamte, Mineralienſammlung, dem alten Schloſſe und dem Zuchthauſe, nach Breslau.

Mehrere in geognoſtiſcher Hinſicht intereſſante Nebenſtraßen führen aus Mähren von Sternberg über Freiwalde, oder über Zuckmantel und Ziegenhals nach Neiße, oder von Troppau über Jägerndorff, Neuſtadt, nach Neiße (Mineralienſammlung des Gymnaſii), und ſo nach Breslau.

6) Straße von Krakau nach Breslau über Berun, Zabrze, Nicolai, Gleiwitz, mit großer Eiſengießerei, Peiskretſcham, Groß-Strelitz, Oppeln u. ſ. w. iſt chauſſirt innerhalb Schleſien. Ein näherer Weg führt von Krakau über Krzeszowice, einem Badeorte mit Marmorſchleiferei und

Marmorbrüchen in der Nähe, Dzcedzkowitz und Myslowitz, nach Schleſien, auf welcher Tour nicht allein Königshütte, Beuthen, Tarnowitz und viele andere Hütten und Bergwerke beſehen werden können, ſondern auch ſehr gut eine Ueberſicht der geognoſtiſch intereſſanten Bildungen Oberſchleſien's, ſo wie des dortigen wichtigen Bergbaues auf Kohlen, Eiſenſtein, Zink, Kobalt und ſilberhaltigen Bleiglanz gewinnen läßt.

7) und 8) Auf den beiden großen Straßen, welche von Warſchau über Kaliſch, Militſch und Trebnitz (ehemaliges Kloſter jetzt große Fabrik), ſo wie von Poſen über Liſſa, Reußen (mit ſchönem Park) nach Breslau führen, findet ſich des Intereſſanten weniger.

Als Begleiter durch das Rieſengebirge und durch die Grafſchaft Glatz empfehlen wir noch die bekannten Werke von Hallmann, Martiny und Berndt; — den Aerzten das Werk von Moſch über die Heilquellen Schleſien's und der Grafſchaft Glatz; — den Botanikern die Werke von Günther, Wimmer, Grabowsky und v. Uechtritz; — den Mineralogen aber die bekannten Schriften von v. Charpentier, v. Raumer, Glocker, Thürnagel, Zobel, von Carnal, Oeynhauſen, Karſten u. a. m.

Wendt. Otto.

Nro. 807. (Nro. 15. des XXXVII. Bandes.) Juli 1833.

Gedruckt bei Lossius in Erfurt. In Commission bei dem Königl. Preußischen Gränz-Postamte zu Erfurt, der Königl. Sächs. Zeitungs-Expedition zu Leipzig, dem G. H. F. Thurn und Tarischen Postamte zu Weimar und bei dem Landes-Industrie-Comptoir. Preis eines ganzen Bandes, von 24 Bogen, 2 Rthlr. oder 3 Fl. 36 Kr., des einzelnen Stückes 3 ggl.

Naturkunde.

Ueber die Instincte der Vögel.
Von John Blackwall.
(Schluß.)

Zu Anfang Mai 1812 wurde ein Buchfinkennest mit einem einzigen Ei gefunden. Man nahm das Ei heraus, und legte statt dessen einen hellfarbigen Stein hinein, und über diesen eine Rattenfalle. Das Weibchen saß einen Tag und eine Nacht auf der Falle, und man entdeckte nun, daß der eiserne Ring, welcher die Feder niederhielt, nicht zurückgezogen worden war. Dieß geschah nun, und das Weibchen fing sich an den Füßen. Diese Veränderung des Characters bei einem so mißtrauischen und scharfsinnigen Vogel ist gewiß höchst auffallend, und beweis't für die unwiderstehliche Macht des Instincts.

White erzählt in seiner Naturgeschichte von Selborne S. 6. folgenden interessanten Fall. Mitten in einem Haine stand eine Eiche, die mitten am Stamme einen gewaltigen Auswuchs trug, auf welchem ein paar Kolkraben schon seit vielen Jahren horsteten. Die kühnsten Kletterer konnten dem Neste nichts anhaben. Die Alte saß gerade (es war im Februar) brütend auf dem Neste. Die Säge hatte bereits das Ihrige gethan, die Keile wurden mit kräftigen Schlägen in den Spalt getrieben; die Eiche neigte sich zum Falle; aber die Rabenmutter blieb, ihrer Pflicht treu, auf dem Neste sitzen; endlich stürzte der Baum, und der vom Neste weggeschleuderte Vogel wurde von den Zweigen erschlagen.

Die innige Liebe, welche die meisten Vögel für ihre Jungen fühlen, flößt ihnen vorübergehend neuen Muth und neue Fähigkeiten und Kräfte ein. Die Heftigkeit dieser Liebe ist eben so wunderbar, als die Kürze ihrer Dauer. Dieselbe Glucke, welche ihre Brut gegen Hunde und Schweine vertheidigt, jagt ihre Jungen wenige Wochen nachher unbarmherzig vom Futter weg. Das Rebhuhn fliegt dem Jäger und seinen Hunden vor die Füße, damit seine Jungen Zeit gewinnen, sich in Sicherheit zu begeben. Ein Paar Kolkraben, die in den Felsen von Gibraltar nisteten, trieben jeden Geier oder Adler, der sich in der Nähe niederließ, mit der größten Erbitterung hinweg, und selbst die Blaudrossel stürzte zur Brutzeit aus den Felsenspalten hervor, um den Mäuselfalken oder Sperber zu vertreiben *). Viele kleine Vögel lassen sich vom Neste nehmen und wieder darauf setzen, ohne daß sie sich dadurch im Brüten stören ließen. Obwohl nun aber dieser Instinct, dessen vorübergehende Wirkungen wahrscheinlich von einer Aufregung des elterlichen Gefühls, in Folge einer phyfischen Modification der Körperorgane, herrühren, eine Zeitlang mächtig vorwalten, so sind doch öfters zugleich auch die intellectuellen Kräfte sehr thätig, wie sich aus folgenden Beispielen ergiebt.

„Der Plattenmönch, erzählt White (Naturgeschichte v. Selborne S. 51), baut jedes Jahr in die an meinem Haufe stehenden Weinstöcke. Ein Paar dieser kleinen Vögel hatte einmal, wahrscheinlich bei bewölktem Himmel, sein Nest auf eine nackte Rebe gesetzt. Es trat aber, ehe die Brut halb flügge war, heißes sonniges Wetter ein, und die Strahlen prallten von der Mauer mit solcher Kraft zurück, daß die noch zarten Vögelchen unfehlbar hätten zu Grunde gehen müssen, wenn die Alten nicht auf ein Mittel gefallen wären, dieß zu verhindern. Sie flatterten nämlich während der heißern Stunden über dem Neste, und schützten so die Jungen vor übermäßiger Hitze, während sie selbst mit weit geöffnetem Schnabel nach Luft schnappten.

Derselbe Schriftsteller erzählt am angeführten Orte noch folgendes Beispiel: „Ich beobachtete einst an einem Fitis, der sein Nest an den Rand eines Ackers angelegt hatte, folgenden merkwürdigen Fall von Scharfsinn. Ich sah den Vogel auf dem Neste sitzen, und bemerkte, daß dieser mich mißtrauisch ansah, ging aber, um ihn nicht zu stören, sachte vorüber. Nach einigen Tagen war ich neugierig zu erfahren, wie es mit der Brut stehe, konnte aber das Nest nicht

---

*) Viele größere und kleinere Vögel wenden, wenn man sich ihrem Neste nähert, eine Kriegslist an, um die Aufmerksamkeit des Feindes vom Neste auf sich zu lenken. Sie flattern nämlich den Menschen bis dicht vor die Füße, und unter gewaltigem Geschrei im Zickzack am Boden hin, als ob sie flügellahm seyen. Dieß habe ich hauptsächlich bei wilden Enten und Grasmücken beobachtet. D. Uebers.

finden, bis ich einen großen Haufen langen grünen Mooses in die Höhe genommen, durch welchen der Vogel sich und sein Nest den Blicken der Vorübergehenden zu entziehen gesucht hatte.

Aus ähnlichen Gründen suchen alte Vögel, deren Junge man häufig angreift, die letztern sobald als möglich aus dem Neste zu entfernen, und so treibt, z. B., das Rothkehlchen in dergleichen Fällen seine Brut weit früher, als sie flugbar geworden, aus dem Neste. Daß dieses Verfahren der Intelligenz zuzuschreiben sey, läßt sich, in Betracht der Zweckmäßigkeit und heroischen Natur des Mittels, wohl kaum bezweifeln.

Viele Vögel zeigen unter gewissen Umständen eine besondere Streitlust, diese ist vorzüglich bei dem Kampfhahn, der Wachtel und dem Haushahn auffallend. Daß sie angeboren ist, und von der Organisation abhängt, ergiebt sich klar aus dem Umstande, daß sie sich bei der letztgenannten Art durch Zucht und Behandlung vermehren oder vermindern läßt.

Dr. Darwin führt an, Fasanen und Rebhühner lehrten ihre Jungen ihr Futter suchen und fressen, und will daraus schließen, daß alle Vögel in dieser Beziehung Unterricht erhielten; allein es ergiebt sich aus so zahlreichen und entscheidenden Umständen, daß die Vögel, ganz unabhängig von Erziehung und Erfahrung, ihre so zweckmäßig eingerichteten körperlichen Organe gebrauchen lernen, daß man sich wundern muß, wie ein so genauer Beobachter das Instinctmäßige dieser Functionen so vollkommen übersehen konnte.

Diejenigen jungen Vögel, deren Augen sich erst einige Tage nach dem Ausbrüten öffnen, sperren, wenn sie hungrig sind, auf jedes in der Nähe des Nestes entstehende Geräusch die Schnäbel weit auf. Sobald sie groß genug dazu sind, schmeißen sie auch über den Rand des Nestes, wenngleich die Alten alle Excremente, die in das Nest fallen, fortschaffen. Diese Sorgfalt für die Reinlichkeit des Nestes zeigt sich auch bei Vögeln, die man auffüttert, wenn man sie auch noch so jung in die Gefangenschaft gebracht hat, und kann also nicht angelernt, sondern muß eine Wirkung des Instincts seyn.

Bei der gemeinen Ente sind die Zehen durch eine starke Schwimmhaut verbunden, und wenn man Enteneier von Hühnern ausbrüten läßt, so laufen die kaum ausgekrochenen Entchen dem Wasser zu, und schwimmen auf demselben, obgleich sich ihre Pflegemutter die größte Mühe giebt, um sie davon zurückzuhalten.

Die jungen Schwalben lassen sich im Fluge kaum von den Alten unterscheiden, und können daher schon gut fliegen, wenn sie das Nest zum Erstenmale verlassen.

Viele hühnerartige Vögel scharren, um Futter zu suchen, die Erde auf; allein, auch wenn man sie auf einem gepflasterten oder gedielten Boden füttert, wo das Scharren doch nichts nützen kann, thun sie es. Da sich nun diesen Fehler nicht abgewöhnen, so hat die Thätigkeit selbst offenbar keinen Zusammenhang mit Beobachtung, Erfahrung oder Nachdenken. Der Erziehung kann sie auch nicht zugeschrieben werden, und diese besondere falsche Anwendung derselben läßt sich nicht auf Rechnung der Macht der Gewohnheit setzen, da sie oft bei ganz jungen Küchelchen stattfindet, die mit ihres Gleichen noch gar keine Gemeinschaft gehabt haben. Was aber für unsern Satz noch mehr beweist, und den Punkt im Allgemeinen entscheidet, ist der Umstand, daß selbst solche Fasanen, Rebhühner, Enten, Haushühner, Truthühner und Perlhühner, die durch künstliche Wärme ausgebrütet sind, den ihrer Art eigenthümlichen Instinct besitzen, wovon ich mich zu überzeugen Gelegenheit hatte. Wie junge Vögel, nach Dr. Darwin's Meinung, sich den Gebrauch ihrer Füße dadurch erleichtern können, daß sie im Ei Anstrengungen machen, ist zumal unbegreiflich, wenn man bedenkt, welche Lage sie im Ei haben; allein, wenn man auch diese Meinung für richtig gelten ließe, so bliebe die Handlung deßhalb doch instinctmäßig; man müßte denn mit Darwin annehmen, daß der Instinct mit keiner der Handlungen, die unter Anregung von Seiten der Empfindungen oder Begierden aus wiederholten Muskelanstrengungen entspringen, etwas zu schaffen habe, was aber so irrig ist, daß es nicht förmlich widerlegt zu werden braucht.

Das Benehmen und die Gewohnheiten der Vögel werden durch die Ausübung der intellectuellen Fähigkeiten oft so bedeutend modificirt, daß es in vielen Fällen ungemein schwierig, wo nicht unmöglich, wird, die Gränzen beider zu bestimmen, doch läßt sich nicht läugnen, daß in folgenden Fällen ein bedeutender Grad von Intelligenz im Spiel ist.

Der weißköpfige Adler und manche Möven, welche von Fischen leben, ersparen sich häufig die Mühe, selbst zu fischen, indem sie ihren geschicktern, aber weniger starken Geschlechtsverwandten die Beute abjagen, ja sie zuweilen sogar nöthigen, ihr unverdautes Futter auszubrechen *).

Die gemeine und gelbe Bachstelze laufen häufig bis dicht an die Füße und Schnauzen des waidenden Viehes, um die von letztern aufgescheuchten Insecten zu verfolgen **). Aus demselben Grunde folgen diese und verschiedene andere Vögel dem Pfluge oder der Egge des Landmannes, und das Rothkehlchen begleitet den Gärtner bei seinen Arbeiten und pickt die Würmer auf, die der Spaten in die Höhe wendet.

White führt in seiner Naturgeschichte von Selborne, S. 106 an, die große Kohlmeise suche bei kalter Witterung Strohdächer und ziehe unter deren Traufen Strohhalme herauf, um zu den dazwischen verborgenen Fliegen zu gelangen.

---

*) John James Audubon Esq., der berühmte Verfasser des prächtigen Werkes über die americanischen Vögel, theilt mir mit, daß, wenn der weißköpfige Adler den Fischaar (Falco haliaetus) verfolge, um ihm die Beute abzujagen, er sich nicht bemüht, über denselben zu gelangen, wie Wilson im 4ten Bd. S. 90 und 91 seiner Ornithology of the united States of America anführt, sondern ihn von unten so hoch als möglich in die Lüfte treibt, damit er, wenn der Fischaar seine Beute fallen läßt, sich derselben bemächtigen könne, ehe sie das Wasser erreicht. Die Fischaare, welche dem weißköpfigen Adler einzeln nicht gewachsen sind, vereinigen sich zuweilen in beträchtlicher Anzahl, um ihn von ihrem Aufenthaltsorte zu verjagen.

**) Oder vielmehr, um die Insecten, die sich nach dem Vieh ziehen, zu fangen, so wie sich die Staare auf die Schaafe setzen, um ihnen die Zecken abzulesen. D. Uebers.

———————

Ich habe an der östlichen Küste Ireland's gesehen, wie Nebelkrähen, nachdem sie sich lange vergebens bemühet, gewisse harte Muscheln mit ihrem Schnabel zu zerbrechen, diese aus einer großen Höhe auf das steinige Ufer fallen ließen, und auf diese Weise zu dem Fraße gelangten. Es läßt sich wohl kein auffallenderes Beispiel von Intelligenz bei den Vögeln aufweisen, als dieses, wo, nachdem ein Mittel sich als nicht ausreichend gezeigt, sogleich ein anderes versucht wurde.

Die jungen Hühner benehmen sich bei ihren ersten Versuchen, Fliegen und andere geflügelte Insecten zu fangen, ziemlich unbeholfen, aber später immer schlauer, und lernen bald zwischen den lebendigen und wachsamen und den todten Gegenständen, von denen sie sich nähren, einen Unterschied machen. Dieses vorsichtige Benehmen ist offenbar eine Folge der durch Erfahrung erworbenen Kenntnisse und bietet ein Beispiel davon dar, wie der Instinct durch die Intelligenz angeregt werden kann. Ein noch auffallenderes Beispiel von erworbener Kenntniß theilt Montague im Supplement zum ornithologischen Lexicon mit; dieser Naturforscher bemerkte am Seeufer zwei Rabenkrähen, welche einige kleine Fische, die ein Fischer als unbrauchbar aus dem Netze geworfen, mehr landeinwärts schafften. Sie trugen sie, einen nach dem andern, gerade bis über die Fluthhöhe, und verbargen dort, was sie nicht fressen konnten, unter große Steine. Diese Vögel mußten offenbar wissen, daß die Fluth ihren Fraß fortführen würde, wenn sie ihn nicht weiter landeinwärts schafften. Ebenso liegt deutlich vor, daß ihnen dieser Umstand nur durch Beobachtung und Erfahrung bekannt seyn konnte, denn wenn die eben erwähnte vorsichtige Handlungsweise eine Wirkung des blinden Instincts gewesen wäre, so würden alle Rabenkrähen sich auf ähnliche Weise benehmen, und doch habe ich Hunderte dieser Vögel an ähnlichen Stellen fressen sehen, ohne daß ich bemerkt hätte, daß sie ein gleich wirksames Mittel angewandt hätten, um den Rest ihres Fraßes in Sicherheit zu bringen, so daß der von Montague erzählte Fall als eine vereinzelte Erscheinung dasteht.

Die Neigung, überflüssiges Futter zu verbergen, habe ich ebenfalls bei dem Kolkraben und der Elster bemerkt; die Saatkrähen *) bringen im Herbste häufig Eicheln unter die Erde, um sie wahrscheinlich zu gelegener Zeit zu fressen. Häufig werden sie aber vergessen und keimen an Orten, wohin sie offenbar nicht von selbst gekommen, oder durch die Hand des Menschen gepflanzt sind.

Um ein mögliches Mißverständniß zu vermeiden, darf ich nicht unbemerkt lassen, daß, obwohl bei dieser Art, Futter zu verbergen, häufig ein hoher Grad von Intelligenz und Urtheil sichtbar wird, doch das Verstecken des Futters selbst eine reine Wirkung des Instincts ist, was sich daraus ergiebt, daß die Vögelarten, welche sich durch diese Eigenthümlichkeit auszeichnen, diesem Triebe auch in der Gefangenschaft huldigen, wenn sie auch aus dem Neste genommen und fortwährend mit hinreichendem Futter versorgt worden sind.

Zu den bereits beigebrachten zahlreichen Beweisen von

————————
*) Vorzüglich auch die Eichel- und Nußhäher. D. Uebers.

Intelligenz kann ich noch den hinzufügen, daß die Vögel erziehungsfähig sind. Adler und andere Falken lassen sich so abrichten, daß sie nur auf gewisse Vögel Jagd machen, und nachdem sie die Beute erhascht haben, auf den Ruf des Falkeniers zurückkehren. Auch der Kormoran wird bei den Chinesen vielfach zum Fischfang gebraucht, und Vögel, welche von Natur wild und gefräßig sind, beweisen also in dergleichen Fällen Gelehrigkeit, Gedächtniß, Selbstbeherrschung und Anhänglichkeit an ihre Wärter.

Manche Finken, Kernbeißer, Grasmücken und Drosseln kann man lange und schwere Melodieen pfeifen, andere, z. B., die Papageyen, die rabenartigen Vögel und den Staar Wörter und selbst kurze Sätze ziemlich richtig aussprechen lehren. Obwohl ich jedoch die Elster sehr häufig und genau beobachtet habe, so konnte ich doch nie bemerken, daß sie im wilden Zustande ihren Nachahmungstrieb auf ähnliche Weise gehört hätte, während sie doch unter den einheimischen Vögeln Großbritannien's derjenige ist, welchen man am leichtesten sprechen lehren kann.

Der Grund, daß sich viele Vögelarten nach der Fortpflanzungszeit in große Gesellschaften zusammenthun, ist vielleicht zum Theil darin zu suchen, daß sie dadurch für ihre Sicherheit sorgen, indem sie so nicht gleich leicht unvermuthet von Feinden überfallen werden können. Diese Meinung wird dadurch wahrscheinlicher, daß manche Arten sogar Schildwachen ausstellen. Dieser Geselligkeitstrieb, der mit wenigen Ausnahmen (z. B., bei den Saatkrähen) nur bis zur nächsten Paarzeit thätig ist, scheint wegen der Gleichförmigkeit der aus ihm entspringenden Handlungen instinctmäßig zu seyn, wiewohl es schwer halten dürfte, dieß streng nachzuweisen.

Rücksichtlich der Wanderungen der Vögel bemerkt Dr. Darwin, daß, da alle Arten das ganze Jahr in den Ländern ausdauern können, wo sie aufgefüttert werden, das Fortziehen derselben unnöthig sey, und solglich nicht die Wirkung des Instincts seyn könne. Dieser Schluß ist jedoch höchst willkührlich, indem er voraussetzt, daß die Wirkung des Instincts sich lediglich auf das Nothwendige beschränke, während wir doch gezeigt haben, daß das Singen und Verstecken des überflüssigen Futters, Handlungen, die doch keineswegs absolut nothwendig sind, offenbar aus Instincte herrühren. Ueberdem muß Darwin dabei vorausgesetzt haben, daß viele Zugvögel, die fast bloß von Insecten leben, z. B., die Schwalbe, die Grasmücke, der Kukkuk, der Ziegenmelker, nach Belieben einen Winterschlaf halten oder nicht, und wie ungenügend die Thatsachen sind, welche für die letztere Thatsache sprechen, braucht für aufmerksame und urtheilsfähige Beobachter kaum auseinandergesetzt zu werden.

Aus der Naturgeschichte des Kukkuks läßt sich mit der größten Genauigkeit nachweisen, daß diesem Vogel der Instinct zum Fortziehen inwohnt, indem die jungen Kukkuke, die das nördliche Europa erzeugt, dasselbe ohne alle Anleitung zeitig verlassen. Die höchst merkwürdige Thatsache, daß die Haus-, Rauch- und Uferschwalbe und der Sturmvogel ihre letzte Brut manchmal Hungers sterben lassen, bloß um zeitig genug fortzuwandern, beweis't, daß dieser Wanderungstrieb instinctmäßig ist, indem er die elterliche Liebe über-

15 *

windet, die doch so mächtig ist, daß sie die Vögel zuweilen den Selbsterhaltungstrieb vergessen läßt. Kurz, aus keiner Theorie, die sich nicht auf die Ansicht stützt, daß die Vögel ihre periodischen Züge in Folge eines instinctartigen Triebes unternehmen, lassen sich die mit diesen merkwürdigen Wanderungen in Verbindung stehenden Erscheinungen genügend erklären.

Die Sicherheit, mit welcher die Brieftaube ihrem Geburtsorte zufliegt, nachdem sie mit der größten Vorsicht, damit sie sich unterwegs nicht orientiren könne, in entfernte Gegenden geschafft worden ist, läßt sich ebenfalls nur für eine Wirkung des Instincts erklären.

Aus dem Vorstehenden ergiebt sich also, daß die hervorstechendsten Handlungen der Vögel zwar durch die intellectuellen Kräfte und Veränderungen in der Organisation, so wie durch verschiedene äußere Umstände bedeutend modificirt werden können, aber doch entschieden aus dem Instinct entspringen, während Dr. Darwin das Gegentheil zu beweisen gesucht hat.

Wir könnten diese Ansicht noch durch viele Gründe, so wie durch höchst wichtige Autoritäten unterstützen; allein da uns kein gegründeter Einwurf dagegen bekannt ist, so wollen wir uns auf Vorstehendes beschränken. (Memoirs of the Literary and Philosophical Society of Manchester. Second Series vol. V. — Edinburgh new Philosophical Journal by *Rob. Jameson*, January — April 1833.)

Physiologische Untersuchung über den Nutzen der Thymusdrüse.

Von John Tuson.

Ehe ich auf die eigentlich physiologische Untersuchung eingehe, ist es besonders nöthig, über die anatomische Structur und über die Lage dieser Drüse Einiges zu bemerken. Dieselbe nimmt einen beträchtlichen Raum in der Brusthöhle ein, sie enthält eine große Menge Blut. Sie wird nach der Geburt des Kindes schnell kleiner und verschwindet später ganz. Ferner ist zu beachten, daß diese Drüse in das Zellgewebe des Mediastinums eingehüllt und mehr nach vorn liegt, sich nach oben über den Hals zwischen der Trachea und den Carotiden erstreckt und sich hauptsächlich auf das Pericardium auflegt. Durchschneidet man dieselbe, so zeigt sie eine aus Zellgewebe bestehende Textur und in Ausführungsgang ist nicht daran zu bemerken; auch wird man finden, daß bei Zellen Absonderungsmäßen sind, und daß sich in der Mitte der Drüse ein Behälter befindet. In dem frühern Zeitraume des Fötuslebens ist die Drüse kaum bemerkbar. Bis zum siebenten Monat vergrößert sie sich allmälig, und in dem achten und neunten erreicht sie eine beträchtliche Größe, ganz besonders in dem neunten Monat. Diese Drüse bringt eine beträchtliche Menge rahmähnlicher Flüssigkeit hervor, nach der Geburt aber vermindern sich ihre Secretionshöhlen. Der abgesonderte Saft enthält, nach Sir Astley Cooper's Untersuchungen, Faserstoff, Eiweißstoff, Schleim und Schleimertractivstoff, salzsaures und phosphorsaures Kali und phosphorsaures Natron. Diese kurze Beschreibung reicht zu meinem gegenwärtigen Zwecke vollkommen hin. Eine schöne und getreue Abbildung dieser Drüse hat der berühmte Sir Astley Cooper gegeben. Da nun aber bis jetzt noch keine wahrscheinliche Conjectur über die Function dieser Drüse aufgestellt worden ist, so wollen wir sehen, ob wir nicht aus der obigen Beschreibung etwas Genügendes in dieser Beziehung ableiten können.

Durch jene anatomische Beschreibung fanden wir die Drüse äußerst gefäßreich und in dem Behälter in der Mitte derselben eine beträchtliche Menge rahmähnlicher Flüssigkeit, welche ihrer chemischen Zusammensetzung nach zur Bewerkstelligung der Ossification sehr passend ist. Hieraus läßt sich bloß der Schluß ableiten, daß die Drüse zwei Bestimmungen hat, nämlich eines Theils die, ein Behältniß für das Blut zu bilden, andern Theils die, ein Behältniß für Knochenmaterie abzugeben. Beachtet man das Zusammentreffen und die Abhängigkeit verschiedener Umstände von einander, so gelangt man bisweilen zu richtigen Schlüssen; wir wollen daher sehen, welches der Inhalt des Sternums im Fötuszustande ist, und es findet sich dabei, daß diese Drüse den hauptsächlichsten Theil der Brusthöhle ausmacht; die Lungen liegen in einem verdichteten und zusammengezogenen Zustande, sind jedoch zur Wirksamkeit für den ersten Augenblick bereit, wo ihr Dienst nöthig wird, indem sie eine unzählige Menge Luftgefäße enthalten, obgleich noch keine Luft vorhanden ist, zu deren Aufnahme jene Luftgefäße bestimmt sind. Betrachtet man nun zunächst die Veränderungen, welche eintreten, sobald das Fötalleben aufhört und das kindliche Leben beginnt; in diesem Falle sieht man, wie bewundernswürdig die Natur, welche nichts vergeblich oder ohne Nothwendigkeit thut, die rechten Mittel trifft, um zu ihrem Zwecke zu gelangen. Mit dem Beginnen des Kindeslebens tritt die Inspiration zuerst ein; die Lungen, bis jetzt zusammengedrängt, müssen sich ausdehnen, nicht allein durch die eingeathmete Luft, sondern auch durch die Circulation des Blutes, welches zu dieser Zeit durch die Lungenarterien zu ihnen geführt wird. Es ist daher sehr klar, daß es nöthig ist, daß eine hinreichende Menge Blut vorhanden sei, um die Lungen in den Stand zu setzen, ihre so wichtige Function anzutreten, und um die Bildung eines leeren Raumes zu verhüten, welcher auf andere Weise unvermeidlich wäre, wenn eine so große Menge Blut plötzlich aus dem allgemeinen Kreislauf herausgenommen würde. Absurd ist es, anzunehmen, daß von Natur keine Mittel vorhanden wären, um so wichtige Zwecke zu erreichen. Die richtige Structur, Lage und allgemeine Anordnung der Thymusdrüse wird auf diese Weise deutlich. Beachten wir nun auch die Mittel, wodurch jener wichtige Zweck erreicht wird, so kann gar kein Zweifel mehr übrig bleiben, daß dieß eine ihrer Bestimmungen ist: die Drüse nämlich liegt in dem Mediastinum und füllt im Fötalzustande die ganze Thoraxhöhle aus, sobald aber die Respiration eintritt, so werden die Lungen vollkommen ausgedehnt und müssen daher in jeder Richtung auf die Drüse drücken. Das Blut, welches vorher mit Leichtigkeit durchfloß, wird nun gehemmt und nimmt einen neuen Lauf; das Blut, welches also früher durch die Drüse floß, wird nun gehemmt, die Lücke in der Blutcirculation auszufüllen, welche durch das plötzliche und nothwendige Bedürfniß der Lungen eintreten muß. Alles dieses beobachtend, wie es möglich, uns damit zu begnügen, daß eine der natürlichen Functionen der Thymusdrüse die sey, daß sie einen Behälter für das Blut bilde, welches in Bereitschaft seyn muß, um den Bedürfnissen des Organismus zu genügen, sobald die Circulation durch die Lungen nach der Geburt beginnt? Um diese Meinung noch besser zu begründen, mache ich noch auf die ungeheure Größe der Lungen im Fötuszustande aufmerksam. Dieses unwiderbar beweist, daß beide dieselbe wichtige Function haben; der Druck des Zwerchfells wirkt daran auf die vergrößerte Leber ebenfalls, wie der Druck der ausgedehnten Lunge auf die Thymusdrüse, welche Organe beide das Blut in den angegebenen Endzwecke bergebn. Ist auf diese Weise die Harmonie wiederhergestellt, so zeigt sich auf eine bewundernswürdige Weise, wie der Organismus von einem Zustand in den andern übergehen konnte, ohne daß irgend eine Störung oder Verletzung in der zarten Organisation des Kindes vorkäme.

Nachdem nun, wie ich glaube, die eine Zweck der Thymusdrüse genügend nachgewiesen ist, bleibt mir noch übrig, den andern nachzuweisen; nämlich den, daß es ein Behältniß für Knochenmaterie sey, welche das abgesonderte Flüssigkeit auszumachen scheint. Daß diese so schon zum Baraue bereitet und abgesetzt werden sollte, wenn sie erst einige Zeit darauf gebraucht wird, kann allerdings ein sehr wichtiges Verfahren genannt werden. Um aber diese Ansicht zu rechtfertigen, kann kein überzeugenderer Beweis aufgefunden werden, als die Analogie zwischen den Zähnen eines Kindes und der Knochenmaterie in der Thymusdrüse. Die Zähne liegen in den Kiefern begraben, bis sie durch Bedürfniß und natürliche Entwickelung hervorgerufen werden; der Grund davon ist, weil sie sonst, so lange das Kind noch mit der Brust allein genährt wird, nachtheilig und verlegend für die Mutter seyn würden. In nicht geringerem Grade nun würde die Mutter belästigt werden, und noch mehr Schmerzen bei der Geburt leiden, wenn die Knochenmaterie schon durch den ganzen Organismus vertheilt wäre, und die Kopfknochen schon die Festigkeit erlangt hätten, welche in der spätern Zeit des Lebens nöthig ist. So ist auch hier Vorbereitung zu einer Bildung gemacht, welche, obschon nicht sogleich nöthig, doch später sehr rasch erfordert wird. Die Lösung solcher Fragen ist schwierig, und so vielfach von noch nicht aufgeklärten Umständen begleitet, daß es kaum möglich ist, sogleich den Schleier ganz zu lüften. Ob mir der Anfang dazu gelungen ist, muß ich weitern Untersuchungen überlassen. (Lond. Med. et Surg. Journ. Januar 1833.)

Miscellen.

Eine neue chemische Substanz unter dem Namen Thiogen ist von Hrn. Sorbet bei Zersetzung des Schwefels auf electrischem Wege entdeckt worden. Sie ist schneeweiß, pulverförmig und von 1,707 specifischem Gewicht, hat eine sehr große Verwandtschaft zum Hydrogen, verwandelt Salzsäure in Chlorin, verkohlt Oel und Fett auf eine noch neue Art, und zersetzt den Phosphor, indem sie sich mit dem Hydrogen desselben verbindet und mit ihm eine neue, sehr entzündliche Gasart bildet. (Berl. Nachr.)

Ein wissenschaftlicher Congreß, vorzüglich in Hinsicht auf Naturwissenschaften, ist den 20:en bis 26:en Juli zu Töen gehalten worden. Er hat in sechs Sectionen gearbeitet: 1) Mineralogie, Geologie. 2) Physik, Chemie, Agricultur ꝛc. 3) Schöne Wissenschaften, Literatur, Philologie. 4) Archäologie, Geschichte. 5) Allgemeine Naturgeschichte, Zoologie, Botanik. 6) Medicinische Wissenschaften.

Eine besondere Methode, junge Enten zu ziehen, wird des Gewinnes wegen von mehrern Einwohnern in Aylesbury (Buckinghamshire) in Anwendung gebracht. Man läßt die Enten nicht eher legen, als in den Monaten October oder November, wo man sie durch reizende Fütterung zum Legen bringt. Die Eier werden verschiedenen Hennen untergelegt, welche für zwei bis drei Bruten auf dem Neste erhalten werden, bis die Henne erschöpft ist, wie sie denn auch manchmal aus Erschöpfung stirbt. Wenn die Jungen ausgebrütet sind, werden sie in der Nähe eines Feuers aufgefüttert, bis sie groß genug sind, um als eßbare junge Enten auf dem Londoner Markte verkauft zu werden, wo das Paar mit einer Guinee bezahlt zu werden pflegt.

Heilkunde.

Ueber die Anwendung des Mercurs bei chronischen Kehlkopfsleiden.

Von Dr. Graves.

Wenn Heiserkeit oder Stimmlosigkeit erst vor kurzer Zeit entstanden sind, und offenbar von Kehlkopfsentzündung abhängen; selbst wenn sie schon lange gedauert haben, aber von Symptomen localer Entzündung noch begleitet sind, so ist es bei den englischen Aerzten ziemlich allgemeine Regel, eine Mercurialbehandlung in Anwendung zu ziehen; wenn aber alle übrigen Symptome localer Entzündung aufgehört haben, wenn weder das Gefühl von noch nicht aufgeklärten Kopf noch sonst eine Empfindlichkeit in den Luftwegen vorhanden ist; wenn auch Husten und Athmungsbeschwerden fehlen; kurz, wenn der Verlust der Stimme, oder ein unterdrücktes, schwaches Wispern das einzige Krankheitssymptom ausmacht, auch dann noch ist der Mercur das geeignete Mittel, selbst, wenn bereits Monate verflossen sind, seit die Entzündungssymptome verschwanden. Zum Beweis hievon theilen wir ganz kurz einen Fall mit.

Fräulein G., 20 Jahr alt, Gouvernante, von kräftiger Constitution erkältete sich im Juli 1831; sie wurde heiser und bekam Halsschmerzen, wurde aber durch antiphlogistische Behandlung wiederhergestellt. Im September kehrte die Heiserkeit und die Empfindlichkeit der Luftwege zurück, waren aber sehr unbeständig in ihrem Erscheinen. Die Behandlung wurde nun gegen Hysterie gerichtet, und die Kranke bekam Tonica u. d. gl. Im November hatten sich die Zufälle bedeutend vermehrt; wiederholte Anwendung von Blutegeln und kleinen Blasenpflastern hatte vorübergehenden Nutzen. Im Februar trat ein neuer Anfall ein, gegen welchen abermals Blutigel und Blasenpflaster und hierauf Columbo und Haller'sches Sauer angewendet wurden. Ihr Zustand besserte sich auf diese Weise nicht. Im April sah Dr. Graves die Kranke zum erstenmal. Die junge Dame war blaß, etwas abgemagert und schwach, der Appetit war verschwunden, der Darmcanal sehr träge, kein Schmerz oder Empfindlichkeit im Kehlkopf, aber die Stimme zu einem bloßen Flüstern umgewandelt; der Schlundkopf war offenbar erschlafft. Die Anwendung einer Auflösung, salpetersauren Silbers, und innerlich der Jodinauflösung von Lugol, wurden ohne Nutzen verordnet. In Verzweiflung ließ sie nun alle Arzneien bei Seite. In der Mitte des Sommers erkältete sie sich aufs Neue und schickte wieder nach Dr. G. Nach einer Venäsection und antiphlogistischer Behandlung gab Dr. G. Calomel und Opium bis zum Speichelfluß. Hierauf folgte sehr rasche Besserung; den 5 Tage nach dem Anfange der Wirkung des Mercurs war die Heiserkeit vollkommen verschwunden. Sie mußte noch 14 Tage zu Bette bleiben und das strengste Stillschweigen beobachten, worauf aber das Resultat gar nichts mehr zu wünschen übrig ließ. (Med. chir. Review, January 1833.)

Ueber die Folgen von Verwundungen der Iris.

Von I. H. Beger.

Aus 13 an Kaninchen angestellten Versuchen, bei welchen die Iris auf verschiedene Weise verlegt worden war, geht unwiderlegbar hervor, daß die Iris ein sehr bedeutendes Reactionsvermögen gegen Verwundung habe, indem dieser Theil an Blut sehr reich und mit einem hohen Grade von Empfindlichkeit begabt ist. Die Verwundungen, welche diesem Organe beigebracht werden, sind aber wegen einer doppelten Ursache immer für bedeutend zu halten; erstens wegen der krankhaften Veränderungen, welche in dem Organe selbst dadurch entstehen; zweitens wegen des großen Einflusses, welchen sie auch auf das Linsensystem ausüben, ein Einfluß, welcher bei jenen Versuchen sich häufig durch Verdunkelungen kund gab.

Unmittelbar nach der Operation zeigte sich häufig eine starke Blutung aus den Gefäßen der Iris; beide Augenkammern waren so mit Blut angefüllt, daß man den Zustand wohl einen haemophthalmos nennen konnte; das ergoßene, hellrothe Blut gab dem Augapfel das Ansehen einer Blutkugel. Aber auch andere Theile, wie die corona ciliaris, die Oberfläche der Kapsel und der orbiculus ciliaris blieben nicht frei von Blut, welches sich alsdann in Form rother Puncte darstellte. Zweimal fand sich sogar ein deutlicher Bluterguß zwischen der retina und choroidea und zwischen dieser und der sclerotica, auch wurde in einigen Fällen beobachtet, daß die Linse mit ihrer Kapsel geröthet und erweicht, und daß die Farbe des Glaskörpers röthlich geworden sey. In mehreren Fällen überdieß waren Ausschwitzungen von plastischer Lymphe sowohl in der vordern als hintern Augenkammer durch die Entzündung der Iris entstanden. Einmal bloß schloß sich eine durch Ausschneidung gebildete künstliche Pupille durch ein Lympherfudat, welches sich zwischen die Pupillarränder einlegte, wieder vollkommen. Öfter zeigte sich ein Vorfall der Iris mit plastischer Lymphe überzogen. Gleich häufig kamen Verwachsung mit der Kapsel und Verwachsung mit der Hornhautnarbe vor, wobei zu bemerken ist, daß der Theil der Iris, welcher mit der Hornhaut verwuchs, immer von hellerer Farbe war. Daß sich Theile des Pigments von der uvea oder choroidea ablös'ten, mit dem Blutextravasat mischten, oder sie und sa an die Kapsel und den Ciliarkranz ansetzten, kam ziemlich häufig vor. Verdunkelung der Linse allein kam zweimal, der Linse mit der Kapsel viermal, und eine streifige Verdunkelung der hintern Kapselwand ebenfalls viermal in Folge dieser Verwundungen vor*). Einmal stellte sich eine Entzündung des orbiculus ciliaris ein, von welcher von Ammon (Zeitschr. für Ophthalmologie II. 2.) bereits Beobachtungen mitgetheilt hat. Es war dabei nämlich die Hornhaut durch die heftige Einwirkung allmälig verdunkelt, und die Stelle, wo nicht die sclerotica mit der Hornhaut verbindet, besonders nach unten zu, halbmondförmig geröthet worden, und diese Röthung hatte sich bei anatomischen Untersuchungen des Theiles als eine Entzündung des orbiculus ciliaris durch tiefrothe Stellen in demselben ausgewiesen. Vielleicht aber sind auch bloß die Gefäßchen, welche in der conjunctiva der Hornhaut sich vertheilen, und der geröthete Rand der Hornhaut für Zeichen einer Entzündung des orbiculus ciliaris gehalten worden: dieß ist um so wahrscheinlicher, als nicht geleugnet werden kann, daß hier zugleich die tunica humoris aquei mitleidet, wie auch Ammon bei seinen Beobachtungen fand, daß die tropathisch eine Entzündung der tunica humoris aquei zu der Entzündung des orbiculus ciliaris hinzukam.

Ueber die einzelnen Ergebnisse jener Experimente, wie sie hier im Allgemeinen zusammengefaßt wurden, füge ich noch weitere Beweise im Einzelnen hinzu.

1) Auf Verwundung der Iris folgt ein bedeutender Grad der Reaction. Es waren nämlich Blutextravasate und Zeichen der Entzündung in allen Fällen ohne Ausnahme vorhanden. Die traumatische Entzündung scheint aber vor andern Ausgängen besondere Neigung zu dem Ausgang in Exsudation zu haben, so daß sich häufig zu einer Verwachsung der Iris oder zu synechia anterior et posterior Gelegenheit gegeben ist, so wie auch mit geleugnet werden kann, daß die natürliche oder eine künstliche Pupille dadurch, daß sich die Exsudate vorlagern, nicht selten in Folge dieser Entzündung geschlossen wird. Das ausgetretene Blut wird so ver-

forbirt, daß das mit dem humor aqueus vermischte rascher verschwindet, als das, welches an der Oberfläche der Iris oder in der Pupille anhängt. Jüngken sagt in seinem Lehrbuch, daß ein Blutextravasat in der vordern Augenkammer bisweilen lange Zeit hindurch sich erhalten, und in einer neugebildeten Pupille sich coaguliren könne, so daß dadurch, daß es sich hartnäckig der Resorption widersetzt, eine cataracta spuria s. grumosa entsteht, wie sich dieß auch in unseren Versuchen ergab, indem eben das Blut, welches gerade an dem Rand einer natürlichen oder künstlichen Pupille sich anhängt, am längsten sichtbar bleibt. Die Menge des ausgetretenen Blutes entspricht dem Grade der Verwundung der Iris, so daß Verwundungen, welche in einem Ablösen der Iris von dem Ciliarligamente bestehen, meistens eine bedeutendere Blutung veranlassen, als die, welche in einer theilweisen Ausschneidung eines Stücks der Iris entstehen. Die Beobachtung des Prof. Stöber (Ammon's Zeitschrift II. 1.), nach welcher Iriswunden nicht immer bluten, ist hier noch keiner besondern Erwähnung werth. Ein 12jähriger Knabe stach sich nämlich mit einer Messerspitze in das rechte Auge, und zwar so, daß das Instrument im untern innern Rande der Hornhaut eindrang und eine 4 Linien lange Wunde hervorbrachte, worauf die wäßrige Feuchtigkeit ausfloß und die Öffnung zusammenfiel. Der in der Nähe der Hornhautwunde liegende Theil der Iris wurde von dem Ciliarligament bis in die Pupille hin zerrissen, so daß eine Vförmige Spalte entstand. Drei Tage darauf zeigte sich eine Verdunkelung der vordern Kapselwand, welche bei antiphlogistischer Behandlung am 6ten Tage wieder verschwand. Dabei findet nun der Beobachter selbst sehr auffallend, daß nach einer solchen bedeutenden Zerreißung der Iris gar keine Blutung, noch auch Entzündung der Iris vorhanden sey, daß dagegen die entweder entzündete oder verdunkelte Linsenkapsel durch die angewendeten Mittel wieder habe klarer werden können.

2) Auf Verwundungen der Iris folgen häufig Verdunkelungen des Linsensystems, wenn dieses auch nicht verwundet war; überdieß bedingen sie eine Lösung des schwarzen Pigments von der uvea oder der choroidea. Die Ursache dieser Verdunkelungen scheint hauptsächlich in der Zerreißung oder wenigstens in der Anspannung der Gefäße, welche von den Ciliarfortsätzen zu der Kapsel gehen, oder welche sich von der Centralarterie vertheilen, hervorzurühren, und eine solche Dehnung oder Zerreißung muß wohl immer erfolgen, wenn das Linsensystem einer so bedeutenden Einwirkung widerstehen muß, besondere wenn die Iris mit einem Häkchen von dem Ciliarligament und den Ciliarfortsätzen abgerißen wird, oder wenn ein Theil der Iris aus der Hornhautwunde herausgezogen und abgeschnitten werden soll. Durch eine solche Zerreißung und Dehnung der Gefäße muß nothwendig die Ernährung der Linse leiden, daß aber eine solche Zerreißung oder Dehnung der Centralarterie hier leicht eintreten muß, geht daraus hervor, daß mehrmals bloß die hintere Kapselwand verdunkelt war. Doch soll nicht behauptet werden, daß die Verdunkelungen der Linse oder der Kapsel bei Verwundungen der Iris auf keine andere Weise entstehen können. Wenzel nimmt an, daß die Linse und ihre Kapsel bei einer Einschneidung in die Iris immer mit verletzt werden müsse, und giebt daher, um her daraus nothwendig folgenden Cataract vorzubeugen, die Regel, bei einer künstlichen Pupillenbildung immer sogleich die Linse mit auszuziehen. Da aber seine Annahme keinesswegs richtig ist, so ist auch die von ihm aufgestellte Regel nicht zu beachten, besonders wenn von Walter's und Ware's Meinung, daß Cataracte, die von äußern Verletzungen bei noch jungen Subjecten entstanden sind, sich wohl zertheilen und wieder verschwinden können, richtig ist, wofür die vorhin von Stöber angeführte Beobachtung vollkommen zu sprechen scheint.

Die bei meinen Versuchen gefundene rothe Färbung der Kapsel und Linse könnte der Resorption des Blutes ihren Einfluß zu seyn. Aus einer solchen Färbung der Linse könnte man vielleicht für die Entstehungsweise der cataracta nigra einige Fingerzeige bekommen: wie nämlich die Krystalline durch Resorption extravasirten Blutes gewissermaßen gefärbt erscheint, so kann die schwarze Farbe der Cataract Folge übermäßiger Absonderung und Wiederaufsaugung des schwarzen Pigments seyn. So erzählt Ammon von einer Amaurose mit cataracta nigra, die durch Explosion eines

---

*) Die Verwundungen der Iris, welche bei diesen Experimenten beigebracht wurden, bestanden: 1) in dem Hervorziehen oder Zerreißen der Iris durch einen Hornhautschnitt hindurch; 2) im bloßen Zerreißen der Iris innerhalb des Auges vermittelst des Häkchens; 3) in theilweiser Ablösung der Iris von dem Ciliarligament, mit und ohne Hervorziehen derselben; 4) im Abschneiden der hervorgezogenen Iris; 5) in einem einfachen Längenschnitt oder Querschnitt. — Die Unterbindung des Auges wurde zu sehr verschiedenen Zeiten vom ersten bis zum sechzehnten Tage vorgenommen.

Zündhütchens entstanden; hier meint er, daß die Erschütterung des bulbus besonders auf die choroidea gewirkt habe, worauf durch vermehrte Pigmentabsonderung die cataracta nigra entstehen konnte. Wenn Guilié's, Lusardie's und Anderer Meinung, daß plethorische, cholerische, robuste, und in den heißen Ländern wohnende Menschen dieser Art der cataracta am meisten ausgesetzt seyen, richtig ist, und wenn es zugleich gegründet ist, daß bei den Bewohnern heißer Länder mehr Pigment abgesondert werde, so wird dadurch meine Meinung bestätigt.

Noch habe ich Einiges von dem Umstand zu sprechen, daß schwarzes Pigment bisweilen an der vordern Kapselwand anhängt, bisweilen dem ausgetretenen Blute beigemischt ist. Walther behauptet, daß weder durch Erschütterung, noch andere Verwundung, noch auch durch Blutung in der Augenkammer jemals Flocken des schwarzen Pigmentes von der uvea abgelöst werden können; wobei er noch hinzufügt, daß, wenn man auch die Möglichkeit einer solchen Losreißung annehmen wolle, es doch noch weit schwieriger sey, zu begreifen, wie solche Flocken alsdann mit der Linsenkapsel verwachsen können. Dieß scheint mir durch meine Experimente widerlegt, aus welchen hervorgeht, daß durch Verwundungen der Iris und choroidea, sowohl mit als ohne Erschütterung des bulbus, nicht selten schwarzes Pigment losgelöst werde. Daß die einzelnen oder zusammengehäuften schwarzen Puncte, welche sich dabei in der ergossenen Flüssigkeit finden, Symptome einer anderen Veränderung seyen, ist gar nicht anzunehmen.

3) Auf die Ablösung der Iris vom Ciliarligament folgte eine bedeutende traumatische Reaction, deßhalb bestätigt sich auch bei den Operationen an Menschen, wobei nach der Iridodialysis nicht allein die Blutergießung, sondern auch die Reizung des Auges überhaupt stärker ist, als bei der Iridectomie.

4) Auf die Ausschneidung eines Stückes der Iris folgt nicht allein eine geringe Reaction, sondern es wird sogar die Bewegung der Iris kaum etwas gestört, so daß auch eine durch Iridectomie gebildete Pupille vollkommen beweglich ist, während die durch Iridodialysis gebildete unbeweglich bleibt.

5) Einfache Schnittwunden der Iris können sehr leicht wieder verwachsen, und man hat mit Recht daraus die Regel abgeleitet, daß man zur künstlichen Pupillenbildung die Iris nicht einschneiden, sondern ein Stück aus ihr ausschneiden müsse. (De reactione traumatica Iridis dissertatio inaug., auctore J. H. Beger. Leipzig 1833.)

Beobachtung einer Hydatidenbalggeschwulst in den Hypochondrien und in der rechten Brusthöhle.

Von A. N. Gendrin.

Prout, 28 Jahr alt, Anstreicher, von guter Gesundheit, fiel im März 1831 eine Treppe herab auf die rechte Seite; er konnte seine Arbeit fortsetzen, behielt aber einen Schmerz in der rechten Seite mit einiger Respirationsbeschwerde und bemerkte, daß sein Urin sehr geröthet war. Diese Zufälle verschwanden indeß wieder; er war wieder so wohl als früher, als im April 1832 aufs Neue 8 Fuß hoch platt auf den Rücken herabfiel: der Kopf schlug dabei zugleich an eine Stück Holz, an so daß er eine durchdringende Wunde den Kopfhaut erhielt. Den Tag darauf hatte er einen heftigen Schmerz in der rechten Seite und in der Schulter, auch entwickelte sich ein icterus, welcher 14 Tage anhielt. Der Schmerz in der Seite vermehrte sich täglich; der Unterleib wurde in der bezbergegend aufgetrieben, die Athmenbeschwerde war sehr beträchtlich und vermehrte sich noch immer mehr. Appetit und Verdauung blieben unverändert.

Im Juni kam er in's Hôtel-Dieu auf meine Abtheilung. Ich fand in dem rechten Hypochondrium eine beträchtliche elastische Geschwulst, welche die Rippen in die Höhe hob, bis zum Nabel herabstieg und sich in das linke Hypochondrium herüber erstreckte. Auf dieser Geschwulst saß noch eine zugespitze halbkugelförmige Hervorragung, zwei Zoll von der linea alba entfernt, auf der linken Seite der Magengrube. Die Percussion ergab auf der rechten Seite des

Thorax, unterhalb der dritten Rippe, einen dumpfen Ton; es war deutliche Fluctuation in der Geschwulst vorhanden. Der Kranke klagte über heftige Schmerzen in der Tiefe der rechten Brusthöhle.

Die HHrn. Recamier und Dupuytren, welche ich um ihre Meinung befragte, stimmten darin mit mir überein, daß sich wahrscheinlich eine Hydatidengeschwulst gebildet habe, und zwar in der Substanz der Leber oder auf der convexen Oberfläche derselben. Durch die Ausdehnung dieses Hydatidensacks wurde ohne Zweifel die rechte Brusthöhle zusammengedrückt. Wir kamen darin überein, daß man den Sack durch wiederholtes Auflegen von kaustischem Kali auf die Spitze der Geschwulst an der linken Seite der Magengrube zu eröffnen suchen müsse. Diese alle 5—6 Tage wiederholte Anwendung des Aetzmittels, wobei immer in den Schorf eingeschnitten wurde, hatte einmal eine kleine Blutung und endlich einige leicht zu beseitigende Erscheinungen von peritonitis zur Folge. Der Schmerz in der rechten Seite wurde durch mehrmaliges Anlegen von Blutegeln gemindert. Am 14ten Juli (14 Tage nach Beginn der Behandlung) war der Kranke etwas abgemagert: die Verdauungsfunctionen gingen gut von statten, die Haut war trotten, der Puls klein und frequent; es war weder Schmerz in der Seite, noch Husten zugegen, der Bauch war sehr ausgedehnt, aber nicht schmerzhaft; die Geschwulst hatte sich seit Beginn der Behandlung vergrößert und reichte bis zur Schaamgegend herab. Der Punct, wo der Aetzschorf war, ragte immer am stärksten hervor und zeigte Fluctuation. Am 16ten Juli wurde ein Stück kaustisches Kali auf den Grund der bereits 6—8 Linien tiefen Wunde gelegt.

Am 23ten Juli suchte ich mich so viel wie möglich von der Verwachsung der Geschwulst mit den Bauchwänden zu überzeugen, indem ich den Kranken verschiedene Stellungen annehmen ließ und darauf achtete, ob hierdurch die Beziehung der Geschwulst zu der Stelle, wo ich die Verwachsung zu erzielen wünschte, verändert werde. Da dieß nicht der Fall war, so stieß ich einen Einstich in die Vertiefung, welche das Aetzmittel hervorgebracht hatte, schräg nach außen und oben ein, entsprechend der Richtung der Hervorragung der übrigen Geschwulst. Sobald das Stilet zurückgezogen war, floß eine Flüssigkeit mit Gewalt aus der Röhre aus. Diese Flüssigkeit war ungefärbt, durchsichtig, geruchlos, ohne Flocken, es flossen etwa 4 Maaß aus. Es wurde nun eine elastische Röhre statt der Troicarröhre eingelegt, um in die Höhle der Sackgeschwulst etwa 1½ Pfund reines warmes Wasser einzubringen. Nach der Entleerung der Sackgeschwulst fand sich der freie Rand der Leber 5—6 Finger breit unterhalb den falschen Rippen, der Bauch war zusammengesunken und die Respiration freier.

Den 24ten Juli ging alles gut: der Puls war klein, etwas beschleunigt. Aus der Oeffnung der Röhre floß fortwährend Flüssigkeit aus, und zwar mehr, als man den Abend zuvor eingespritzt hatte. Diese Flüssigkeit war gelblich und etwas riechend. Es wurden abermals 1½ Pfund warmes Wasser eingespritzt. Dieß wurde täglich wiederholt und immer floß eine größere Menge Flüssigkeit aus, als man den Abend zuvor eingespritzt hatte. Die ausfließende Flüssigkeit war trübgelb und von unerträglichem Gestank. Am 27ten Juli ging alles gut, es wurde blos noch 1 Pfund Flüssigkeit eingespritzt.

Am 30ten Juli war die Zunge roth, trocken der Puls sehr beschleunigt, die Haut erbfahl; die Kräfte schwanden, der Appetit war nicht mehr vorhanden, die Menge der ausfließenden Flüssigkeit vermehrte sich von Tag zu Tag und der Gestank derselben wurde immer unerträglicher; sie war immer trüb, safrangelb. Der Kranke erhielt nun ein Opiumdecoct.

Am 5ten August war die Zunge roth, trocken, die Haut erbfarbig gelb, der Marasmus vermehrte sich und die geistigen Kräfte nahmen ab. Der Puls ist immer klein und schleunig.

Den 9ten August hatte sich der Zustand immermehr verschlimmert, die austretende Flüssigkeit behält ihre frühere Beschaffenheit und führt bisweilen gelbliche, durchsichtige, zerreibliche Häutchen und von wenig Consistenz zu seyn schienen.

Der Kranke starb am 17ten August, erschöpft und im äußersten Grade abgemagert. Die fortwährend aus dem Sack ausströmenbe Flüssigkeit hatte immer dieselbe Beschaffenheit. Seit der Operation bis zu dem Tode war auch nicht das geringste Symptom einer localen Entzündung in der Bauch- oder Brusthöhle zu bemerken gewesen. Die Zufälle zeigten bloß die Erscheinungen eines hectischen Fiebers aus Erschöpfung.

Bei der Leichenöffnung zeigte sich zuerst, daß die Fistelöffnung in den Unterleibswandungen von einem dichten Zellgewebe umgeben war, durch welches die Ränder derselben fast mit der convexen Oberfläche der Leber zusammenhingen. Die Verwachsung zog sich 6—8 Linien breit um die Oeffnung herum.

Die Fistelöffnung führte in eine große Höhle, die zum Theil in der Dicke des convexen Theils der Leber lag und das rechte Hypochondrium und die Magengrube und großentheils auch das linke Hypochondrium einnahm. Dieser Sack, welcher 1½ Maaß Flüssigkeit enthalten konnte, war nach unten durch die Dicke der Leber selbst begränzt; das Gewebe dieser letzten war bloß zurückgedrängt und verdichtet, übrigens gesund. Nach vorn wurde sie begränzt durch einen Theil des vordern Leberrandes, nach oben durch das Zwerchfell, nach hinten durch den hintern Leberrand. Die Höhle war mit einer gelblichen, runzligen, harten Haut ausgekleidet, die sich durch den Fistelgang hindurch fortsetzte.

Die eben beschriebene Höhle stand mit einem andern Balg in Verbindung, welcher in dem Thorax lag, zu welchem eine Oeffnung in dem Zwerchfell führte. Diese Oeffnung, von einem Zoll Durchmesser, war rund und von derselben Haut überzogen wie die beiden Höhlen selbst. Dieselbe lag ein wenig außer- und oberhalb der Oeffnung für die vena cava inferior: diese Vene selbst war überall durch häutige Wände von dem Fistelgang und den Balghöhlen getrennt. Die Oeffnung in dem Zwerchfelle hatte einen verdickten Rand und wurde weiter oben durch den etwas abgeplatteten vordern Rand des Lungenlappens in 2 Theile getheilt.

Die ganze rechte Brusthöhle wurde von diesem Balg ausgefüllt, die Lunge war nach hinten an der Seite der Rückgratssäule zurückgedrängt und so zusammengedrückt, daß sie an ihrem Rande kaum die Dicke einiger Blätter Papier hatte. Dieser Theil der Lunge war zwar sehr compact, schwamm aber auf dem Wasser, zum Beweis, daß das Gewebe nicht desorganisirt, sondern bloß zusammengedrängt war.

Bei der Oeffnung der doppelten Balghöhle in der Brust und in dem Bauch fand sich eine gelbe, trübe, stinkende Flüssigkeit darin, wie sie immer ausgeflossen war. Die Höhle in dem Bauch enthielt überdieß in der Flüssigkeit noch gelbliche, zerreißliche, durchscheinende Hautstücken, welche aber nicht fest gewachsen und eben so wenig mit Gefäßen versehen waren.

Die Wände des Balges von innen nach außen zergliedert, bestanden aus einer weichen gelblichen Schicht, die sich leicht in Lappen abziehen ließ. In dieser ersten pseudomembranösen Lage entdeckte man durchaus keine Gefäßverzweigung. Unterhalb fand sich eine andere Schicht dichteren Gewebes, welches fest, röthlich, wie fleischartig war, zahlreiche Gefäßstreifen zeigte, und mit der nächsten Schicht sehr fest zusammenhing. Diese zweite Schicht hatte etwa eine Linie Dicke, und kleidete beide Höhlen und ihre Verbindungsöffnung aus. Unter ihr fand sich, in der Brusthöhle die Pleura, in der Bauchhöhle das Peritoneum; an der Leber eine feine und feste Schicht Zellgewebe.

Die linke Brusthöhle zeigte nichts Abweichendes. Das Herz,

schlaff und weich, enthielt bloß wenig Blut. Der Magen war ganz nach links gedrängt. Die zurückgedrängte Leber zeigte in der Nähe des Balges ein compacteres, derberes Parenchym. Das Zellgewebe im Becken und in der Lenden- und Leistengegend war emphysematös.

Der unglückliche Ausgang dieses Falles erklärt sich hier leicht durch die große Ausdehnung der Krankheit. Auffallend ist nur die Abwesenheit stärkerer entzündlicher Zufälle nach der Entleerung des Balges. Diese Beobachtung macht daher Muth, eine Heilung der Balggeschwülste der Leber durch Entleerung zu versuchen, ehe sie noch einen zu großen Umfang erreicht haben. Die vollkommne und feste Verwachsung der Bauchwandung mit dem Balge sichert die Gefahrlosigkeit dieses Verfahrens zu.

Die Krankheit bestand aus einem Hydatidenbalg, welcher sich ohne Zweifel ursprünglich auf der Oberfläche der Leber entwickelt und hierauf erst in die Brusthöhle hinein ausgedehnt hatte. Was die noch nicht organisirte pseudo-membranöse Schicht betrifft, so hat sich dieselbe erst nach der Punction gebildet und ist bloß das Product der schon vorher vorhandenen und nun entzündeten ersten Pseudo-Membranen. Dieser letztere Umstand giebt sogar vorliegenden Beobachtung im Bezug auf die pathologische Anatomie der entzündeten serösen Häute ein besonderes Interesse, sie zeigt uns die Charactere, welche den organisirten Pseudo-Membranen der serösen Höhlen eigen sind, wenn sich diese durch Berührung der Luft entzündet haben und sich selbst neue Pseudo-Membranen bilden. (Transactions médicales.)

Miscellen.

Kühlende mit Alkohol versetzte Fomentationen bei der Gesichtsrose werden von Dr. Gouzée mit günstigem Erfolg in Anwendung gebracht. In den Archives de Médecine April 1833, machte derselbe drei Fälle bekannt, welche zur Empfehlung dieser Behandlungsweise dienen. In den zwei ersten war die Gesichtsrose mit allgemeinen Zufällen, Fieber und in einem Falle mit Irrereden complicirt; in dem dritten Falle hatte sie Rothlauf eine Tendenz, sich von der einen Wange auf die andere zu versetzen. Bei den beiden ersten Kranken ist die antiphlogistische Methode in Verbindung mit den kühlenden Fomentationen angewendet worden, nachdem sie allein unwirksam geschienen hatte. Die Anwendungsart, deren sich Hr. G. bedient, ist übrigens folgende: Er läßt die kranken Theile und die Stirn mit Compressen bedecken, welche in eine kalte Flüssigkeit getränkt werden, die aus zwei Unzen Kornbranntwein von 15° Stärke und 16 Unzen Wasser besteht. Die Compressen werden von Zeit zu Zeit mit derselben Flüssigkeit angefeuchtet.

Gegen das Panaritium hat Dr. Miquel mit dem günstigsten Erfolge Quecksilber-Einreibungen bei den von Schmerz und Entzündung ergriffenen Finger angewandt. Fünf Kranke wurden dadurch, wie durch Zauberei, geheilt. Die Einreibungen werden alle Viertelstunden wiederholt und, je nach Einreibung werden nur ein bis zwei Gran verordnet, und der Finger mit einem damit bestrichenen Leinwandlappen umgeben.

In einem Falle von Blutspeien, wo die angewendeten Mittel vergeblich waren, reichte man Mutterkorn (zehn Gran von 6 zu 6 Stunden), worauf das Blutspeien ausblieb. (The Lancet.)

Bibliographische Neuigkeiten.

Geology of the South-East of England; containing a comprehensive Sketch of the Geology of Sussex and of the adjacent parts of Hampshire, Surrey and Kent. With Figures and Descriptions of the extraordinary Fossil Reptiles of Tilgate Forest. By Gideon Mantell. London 1833. 8.

Annalen der chirurgischen Abtheilung des allgemeinen Krankenhauses in Hamburg. Herausgegeben von J. C. G. Fricke u. zweiter Band. Mit vier Steindrucktafeln. Hamburg 1838. 8. (Auf eine allgemeine Uebersicht der auf der chirurgischen Abtheilung behandelten Kranken. (Im Jahr (1825): 1750 (1826) 1801 (1827) 2175 (1828) 2034 (1829) 2324 (1830) 2571 und (1831) 2555 Kranke.) folgen: 1. Oxalgie und Gonarthrocace. 2. Ueber den Bruch der Pfanne. 3. Die Epicoraphie bei Vorfall der Mutterscheide und Gebärmutter. 4. Ueber die Torsion. 5. Der perniciöse Frostanfall nach Verletzungen und seine nosologische Deutung. 6. Ueber die Operation der angebornen Phimose. 7. Ueber Biennorrhoen der Gebärmutter. 8. Einzelne Krankheitsfälle mit Leichenbefund. — (Ich werde auf diese wichtige und lehrreiche Sammlung von Beobachtungen und Abhandlungen zurückkommen).

Notizen
aus
dem Gebiete der Natur- und Heilkunde.

Nro. **808.** (Nro. 16. des **XXXVII.** Bandes.) Juli **1833.**

Gedruckt bei Lossius in Erfurt. In Commission bei dem Königl. Preußischen Gränz-Postamte zu Erfurt, der Königl. Sächs. Zeitungs-Expedition zu Leipzig, dem G. H. F. Thurn und Tarischen Postamte zu Weimar und bei dem Landes-Industrie-Comptoir. Preis eines ganzen Bandes, von 24 Bogen, 2 Rthlr. oder 3 Fl. 36 Kr., des einzelnen Stückes, 3 ggl.

Naturkunde.

Die Versammlung zur Beförderung der Wissenschaften zu Cambridge

ist die dritte, welche in England gehalten worden ist. (Der ersten, 1831, zu York, und der zweiten, 1832, zu Orford, habe ich seiner Zeit in den Notizen gedacht. Wer das Einzelne der eben erwähnten Versammlungen kennen lernen will, der verweise ich auf den in No. 806. [No. 14. des XXXVII. Bds.] p. 223 erwähnten „Report.") Am Schluß der Versammlung zu Orford war die Zahl der Vereinsmitglieder 695. Durch die zu Cambridge stieg sie fast auf 1400.

Die Versammlungen sind zunächst der Versammlung deutscher Naturforscher und Aerzte nachgebildet, allein sie unterscheiden sich dadurch, daß sie einen bleibenden Verein bilden, und erhalten dadurch wieder einige Vorzüge, die aber auch nur bei den in England obwaltenden günstigen Glücksumständen und bei der öconomisch unabhängigern Lage der Gelehrten zu erreichen sind. Der englische Verein veranlaßt nämlich unmittelbar, von einem Jahr zum andern, Untersuchungen, Versuche und Berichte, welche nur von Gelehrten ausgeführt werden können, die nicht durch ökonomische Sorgen oder überhäufte Berufsgeschäfte zu sehr in Anspruch genommen und durch ihre Zeit frei und ganz ihrer Neigung gemäß verwenden können. Der Verein in England hat zu den gemeinschaftlichen Ausgaben eine Casse, welche in so günstigen Umständen ist, daß sie schon in dem gegenwärtigen Jahre mit 2000 Pf. St. (14000 Thaler Preußisch) Ueberschuß abgeschlossen hat, und also leicht nicht unbedeutende Kosten tragen kann, wenn diese zur Beförderung eines wissenschaftlichen Zweckes nöthig sind.

Die Geschäftsordnung in Cambridge für den 24ten bis 29ten Juni war durch ein Programm folgendermaßen bekannt gemacht: Morgens 10 Uhr versammelte sich das General-Committé in Trinity Hall, um die Sectionen zu bilden, die in den Generalversammlungen und den Sectionssitzungen zu verhandelnden Gegenstände zu vertheilen und überhaupt alle weitere Verabredungen für den Verein zu treffen. Dann waren für die Sectionen möglichst wenig collidirende Stunden festgesetzt, worin die für Sectionen bestimmten Vorlesungen gehalten wurden, denen natürlich auch andere, als zur Section gehörige Mitglieder beiwohnen konnten. Nach 1 Uhr fand die Generalversammlung statt, wo Vorträge gehalten und discutirt wurden. Um 4½ Uhr nahm man gemeinschaftlich das Mittagsmahl in dem Gasthofe the Hoop Inn ein. Um 8 Uhr war große Gesellschaft in dem Senatshause, woran Damen Theil nahmen, und nach derselben wurden die Sectionsversammlungen behufs der Discussionen fortgesetzt. Die Versammlungssäle für die Sectionen waren dicht neben einander gelegen, was außerordentlich wichtig und erleichternd war.

NB. Das General-Committé umfaßt alle Mitglieder des Vereins, welche einer Gesellschaft eine Abhandlung überreicht haben, welche in deren Transactions gedruckt worden sind, so auch alle Mitglieder, welche als Deputirte von Provinzialgesellschaften gesendet worden sind.

Anordnung der Sectionen.

1. Section für mathematische und physicomathematische Wissenschaften. (Astronomie, Mechanik, Hydrostatik. Hydraulik, Licht, Wärme, Schall, Metrorologie und mechanische Künste.) Saal A. Die Vorlesungen von 11—12.
2. Section für Chemie, Electricität, Galvanismus, Magnetismus, Mineralogie und chemische Künste und Manufacturen. Saal B. Die Vorlesungen von 12—1.
3. Section für Geologie und Geographie. Saal C. Die Vorlesungen von 11—12.
4. Section für Naturgeschichte (Botanik, Zoologie und Pflanzenphysiologie). Saal D. Die Vorlesungen von 12—1.
5. Section für Physiologie, Anatomie und Medicin. Saal E. Die Vorlesungen von 11—12.

Was die Sectionen anlangt, so wurden gewählt:

	1. Präsident.	2. Präsident.	Secretär.
I. für Mathematik und Physik	Dr. Brewster.	Rev. G. Peacock.	Prof. Forbes.
II. Chemie, Mineralogie	Dr. Dalton.	Prof. Cumming.	Prof. Miller.
III. Geologie und Geographie	G. B. Greenough.	Dr. Murchison.	W. Lonsdale. John Phillips.
IV. Naturgeschichte	Rev. W. L. P. Gardner.	Rev. L. Jenyns.	C. C. Babington. Dr. Don.
V. Anatomie und Medicin	Dr. Haviland.	Dr. Clark.	Dr. Bond. Hr. Paget.

Es kann nicht meine Absicht seyn, die Verhandlungen bis in's Einzelne zu verfolgen; auch haben wir gewiß wieder darüber einen Report zu erwarten. Doch will ich nicht unterlassen, von denen in der ersten Generalversammlung zu bemerken, daß zuerst das Präsidium der ganzen Versammlung, welches im vorigen Jahr zu Orford von Dr. Buckland geführt worden war, an Rev. Prof. Sedgwick überging, und mit angenommen wurde, und daß dann die Versammlung mit einem Bericht über die vorangegangenen Arbeiten, in einer Rede des Prof. Whewell, eigentlich eröffnet wurde, welche ich hier folgen lasse. „Der britische Verein zur Beförderung der Wissenschaft versammelt sich diesmal unter Umständen, die von denen der frühern Zusammenkünfte in manchen Beziehungen abweichen. Das Erscheinen des von der Versammlung zu York 1831 beantragten und bei Gelegenheit der im verflossenen Jahre zu Orford abgehaltenen Versammlung vorgelesenen Werks muß nothwendig auf unsere Verhandlungen in den gegenwärtigen Sitzungen Einfluß äußern, und so wird denn ein neuer Theil des von den Gründern beabsichtigten Triebwerks unseres Instituts in Thätigkeit treten. Die Stifter desselben hoffen, in Uebereinstimmung mit den Ansichten, nach welchen sie die Bildung des Vereins entwarfen, daß jene Schrift zum Gedeihen desselben beitragen werde, obwohl sie sich von dem, was Gesellschaften überhaupt bewirken können, keine träumerischen und anmaßlichen Vorstellungen machen. Niemand bilde sich ein, daß wir die Fähigkeit, die Wissenschaft zu fördern, nach der Zahl der versammelten Köpfe beurtheilen oder an die Allgewalt eines wissenschaftlichen Parlaments glauben. Eine einzige Stimme, welche die Wissenschaft wirklich fördert, wiegt so viel, als tausend, die nicht mehr sagen. Es giebt keinen Weg zur Wissenschaft für Könige, und kein menschlicher Machtspruch kann den Pfad zu derselben verkürzen. Wenn auch viele vereint ihn wandeln und kräftig vorwärts streben, so bleibt er doch immer so lang wie zuvor. Wir müssen Alle von unserer wirklichen Stellung ausgehen und können nicht jedem Einzelnen eine gewisse Meile anweisen, die er für Alle zurücklegen soll. Etwas läßt sich jedoch leisten! Wir können dafür sorgen, daß die rüstigen und bereitwilligen Wanderer von einem vortheilhaften Puncte aus in einer vortheilhaften Richtung aufbrechen, nicht über unwegsamen Boden stolpern, wenn unweit daneben sich eine Chaussee hinzieht, und nicht mit Selbstvertrauen von einem weit nach vorne liegenden Puncte ausgehen, während hinter demselben noch unbekannte Stellen sich befinden; wir können dahin sehen, daß sie ihre Kraft nicht dort vergeuden, wo Bewegung kein Fortschritt ist, und daß wir ihnen durch den dichten Vorhang, der sich zwischen uns und der nächsten hellen Region des naturhistorischen Wissens befindet, alle durchschimmernden lichten Puncte zeigen. Wir können die Fähigkeit zu Entdeckungen nicht schaffen, ja nicht einmal leiten; allein wir können ihr vielleicht darin behülflich seyn, sich selbst zu leiten; auch wird manches schlummernde Talent durch den Beifall und die Unterstützung, die von unsrer Seite seinen Bemühungen gewiß sind, ermuntert werden.

Man war der Meinung, eine Darlegung der neuesten Fortschritte des gegenwärtigen Standes und der dringendsten Angelegenheiten, die in den Hauptzweigen der Wissenschaft gegenwärtig zu erledigen wären, würde mehreren der eben erwähnten Zwecke förderlich seyn. Es sind demnach dem Vereine von hierzu beauftragten ausgezeichneten Männern verschiedener Fächer dergleichen vergleichen überblickliche Uebersichten vorgelegt worden, welche gegenwärtig sowohl den Mitgliedern der Gesellschaft, als dem Publicum zugänglich sind. Es dürfte nun den Zweck unseres Instituts fördern, wenn Jemand sich zu zeigen bemühte, welchen Einfluß auf diese Weise zur Kenntniß der Gesellschaft gelangte Berichte auf ihre künftigen Schritte, und insbesondere auf die Arbeiten der gegenwärtigen Versammlung haben werden. Ich bin überzeugt, daß, wenn der Präsident selbst sich dieser Arbeit unterzogen hätte, er den Gegenstand auf eine, der Gelegenheit würdige Weise nach seinen wichtigsten Gesichtspuncten in's klarste Licht gestellt haben würde; er war jedoch durch so mancherlei Umstände veranlaßt gesehen, diese Arbeit mir zu übertragen, und ich glaubte meine Hochachtung für die Gesellschaft besser dadurch zu beweisen, daß ich den Auftrag, wenn auch noch so unvollkommen, erfüllte, als wenn ich ihn, im Bewußtseyn meiner Unzulänglichkeit, abgelehnt hätte.

Die zu beachtenden besondern Fragen und die Forschungen, welche vorzugsweise in den Zweigen der Wissenschaft zu verfolgen wären, auf welche sich die Ihnen vorgelegten Berichte beziehen, werden den respectiven Sectionen der Gesellschaft in deren Separatsitzungen überwiesen werden. Wir glauben, daß die Beseitigung von Mängeln und Schwierigkeiten in jedem besondern Zweige am wirksamsten dadurch geschehen könne, daß wir sie bejahrten Männern anzeigen und an's Herz legen, welche mit den verwandten Gegenständen fortwährende und besondere Aufmerksamkeit gewidmet haben. Die Betrachtung dieser Puncte wird demnach den Separatsitzungen der Sectionen anheimgestellt werden, und auf diese Weise werden alle Mitglieder der Gesellschaft, je nach ihren eigenthümlichen Fähigkeiten und Mitteln, Gelegenheit erhalten, die Wissenschaft zu fördern und vorhandene Schwierigkeiten zu lösen. Außer dieser

speciellen Untersuchung der Puncte, auf welche die Berichte hinweisen, geben dieselben natürlich noch zu allgemeinen Betrachtungen Veranlassung, welche vielleicht am zweckmäßigsten in dieser ersten Generalversammlung zum Vortrag gelangen und insofern sie beachtungswerth sind, von vielen Mitgliedern sowohl während unserer gegenwärtigen Verhandlungen, als bei ihren künftigen Bestrebungen zur Förderung der Wissenschaft vielfach berücksichtigt werden dürften. Zeit und Umstände gestatten hier nur eine ungemein kurze Uebersicht von dem Gesichtspuncte zu geben, aus welchem die verschiedenen Gegenstände in den zum Oeftern erwähnten Berichten betrachtet worden sind.

. Die Astronomie, welche die erste Stelle auf der Liste einnimmt, ist nicht nur die Königin der Wissenschaften, sondern, streng genommen, die einzige vollkommene Wissenschaft, der einzige Zweig menschlicher Erkenntniß, in welchem das Besondere dem Allgemeinen, die Wirkungen den Ursachen vollkommen untergeordnet, bei welchem die vielfachen Beobachtungen der Vergangenheit durch den menschlichen Verstand zu einer Kette verschlossen sind, welche die fernsten Ereignisse der Zukunft mit der Vergangenheit und Gegenwart verbindet; vermöge dessen wir in den Stand gesetzt werden, die Orakel der Natur vollständig und deutlich auszulegen, so daß wir aus dem, was wir erfahren, das noch zu Erfahrende prophezeien können. Die Gesetze, nach denen die sämmtlichen Hauptthatsachen erfolgen, sind durch Beobachtungen aufgefunden worden, deren Anfang sich aus den ältesten Zeiten der Geschichte herschreibt. Das Hauptgesetz, durch welches sie sämmtlich verbunden sind, wurde vor 1½ Jahrhunderten entdeckt, und wir sehen hier ein Beispiel von einer bis zu einem hohen Grade von Reife gediehenen Wissenschaft, in der alles noch zu Entdeckende auf den tiefsten mathematischen Combinationen beruht, und mit der größten Genauigkeit festgestellt werden wird, der zuerst gewagtesten Ergebnisse sich auf die feinsten Beobachtungen gründen; deren Werth ferner so sehr anerkannt wird, daß bei auf Civilisation Anspruch machenden Nationen die Regierungen und das Talent von Individuen in Förderung derselben wetteifern. Bei diesem Stande der Wissenschaft wird es begreiflich, daß Prof. Airy, der über dieselbe berichtet, nur solche Fälle als Desiderata bezeichnen konnte, wo die Berechnungen noch nicht ausgeführt, die Beobachtungen noch genauer erlebt, und noch manche zuverlässige Thatsachen herausermittelt werden müssen. Uebrigens sind in jedem Zweige dieses Gegenstandes schon so gewaltige Berechnungen gemacht, so feine Beobachtungen angestellt, so viele genaue Thatsachen gesammelt, daß nur der in das Studium der Astronomie Eingeweihte das, was wirklich in dieser Beziehung geschehen ist, glauben und ermessen kann. Unter den Arbeiten, welche Prof. Airy für die Zukunft anempfiehlt, befindet sich eine, die verhältnißmäßig wenig Mühe erfordern dürfte, nämlich die Bestimmung der Masse des Jupiters, durch Beobachtung der Entfernung seiner Trabanten, und gewiß haben sich Viele darüber gewundert, als sie erfuhren, daß, im Bezug auf einen so interessanten Gegenstand, nach denjenigen Messungen, welche Pound auf Newton's Veranlassung anstellte, keine weiter vorgenommen worden sind. Dennoch müßten, wenn man eine, dem gegenwärtigen Stande der Astronomie würdige Genauigkeit erzielen wollte, viele Beobachtungen und schwierige Berechnungen angestellt werden, weil die Trabanten einander vielfach in ihren Bewegungen stören. Mit Vergnügen wird die Versammlung erfahren, daß Prof. Airy die Aufgabe, welche er auf diese Weise verzeichnete, mittlerweile selbst höchst vollständig gelöst hat. Er hat die Masse des Jupiters auf die von ihm selbst empfohlene Weise gewagt, aus dem Gewißheit gebracht, daß der Jupiter mehr als 322mal und weniger als 322mal *) so

*) Diese Zahlen waren in dem Originalexemplare mit Dinte, statt der Zahlen 1047 und 1050, eingetragen. (Anm. der Literary Gazette.) Da die obige Stelle in ihrer jetzigen Abfassung vollkommen unverständlich ist, so wagt der Uebers. die Vermuthung, daß sie folgendermaßen zu ändern sey: „daß der Jupiter nicht mehr, als 322mal und nicht weniger, als 322mal so viel Masse enthält ꝛc." Ein solches Resultat der Berechnung ließe sich auch wegen seiner höchstmöglichen Genauigkeit rühmen, wie oben geschieht.

viel Maſſe enthält, als die Erde, woraus ſich die wunderbare Vollkommenheit von dergleichen aſtronomiſchen Berechnungen entnehmen läßt.

Indem wir von der Aſtronomie zu andern Wiſſenſchaften übergehen, haben wir ganz verſchiedene Aufgaben an uns zu ſtellen;
ſtatt unſere Theorieen zu entwickeln, müſſen wir dieſelben erſt begründen; ſtatt unſere Ergebniſſe und Regeln mit der größten Genauigkeit feſtzuſtellen, dürfen wir nur auf Annäherung an dieſe Genauigkeit hinſtreben. Dieß läßt ſich von dem nächſten Gegenſtande
der Liſte behaupten, wenngleich er weſentlich einen Zweig der phyſiſchen Aſtronomie bildet, welcher von Männern vom Fache faſt gar nicht
berückſichtigt wurde. Ich meine die Lehre von der Ebbe und
Fluth. Hr. Lubbock ſchloß ſeinen Bericht über dieſen Gegenſtand,
indem er in Laplace's Worten dieſe unverdiente Vernachläſſigung
beklagte. Er und Laplace ſind, in der That, die einzigen Mathematiker, welche einen Theil von Demjenigen vollbracht haben,
was in dieſer Beziehung geleiſtet werden ſoll. Seit unſerer vorjährigen Verſammlung hat Hr. Deſſiou, nach Hrn. Lubbock's
Anleitung, vergleichende Beobachtungen über die Ebbe und Fluth zu
London, Sheerneß, Portsmouth, Plymouth, Brest und St. Helena
geliefert, und dieſe Vergleichung hat, rückſichtlich des Geſetzes, welches in Anſehung der Zeit der Fluth obwaltet, ſehr merkwürdige
Uebereinſtimmungen gegeben, welche zur Bekräftigung der Theorie
dienen, und zugleich einige Anomalien an den Tag gebracht, welche
Viele veranlaſſen wird, den an denſelben und vielen andern Orten
anzuſtellenden Beobachtungen mit größerem Intereſſe zu folgen.
Ich darf mir hier vielleicht die Freiheit nehmen, von Demjenigen
zu reden, was ich ſelbſt, ſeit unſerer letzten Verſammlung, in dieſem
Zweige zu leiſten verſucht habe. So ſchien mir, als ob die Bekanntſchaft mit einem beſondern Umſtande, nämlich mit der Bewegung der Fluthwelle in allen Gegenden des Oceans, bereits den
Grad erreicht habe, daß, wenn wir alle vorhandenen Materialien
ſammelten und ordneten, wir wahrſcheinlich werthvolle Ergebniſſe
und Zuſätze erlangen würden. Ich machte mich daher an dieſe Arbeit, und ſtellte die erlangten Reſultate in dem ſo eben in den
Transactions of the royal Society of London abgedruckten Verſuche eines erſten Entwurfes zu einer Charte der Fluthlinien (coti-
dal lines) zuſammen. Bei der Lehre von der Ebbe und Fluth
ſind wir, was die allgemeine Theorie der Erſcheinungen anbelangt,
im Reinen, denn ſie laſſen ſich auf die Lehre der allgemeinen Gravitation zurückführen. Allein eine klare Anwendung der Theorie
auf die Einzelnheiten bleibt noch zu wünſchen übrig.

Bei einem andern Gegenſtande, den wir jetzt zu betrachten haben, nämlich der Lehre vom Lichte, kommt es vor Allem darauf an, daß wir uns erſt für eine beſtimmte allgemeine Theorie
entſcheiden. Sir David Brewſter, welcher unſern Bericht über
dieſen Gegenſtand abgefaßt, hat von den beiden einander den Rang
ſtreitig machenden Theorieen des Lichts geredet. Nach der einen beſteht daſſelbe bekanntlich aus materiellen Theilchen, die von einem
leuchtenden Körper ausſtrömen, nach der andern in den Schwingungen des den ganzen Raum ausfüllenden ſogenannten Aethers.
Der Kampf dieſer beiden Theorieen hat, inſofern man den Sieg
als noch nicht entſchieden betrachten darf, im verfloſſenen Jahre
manche intereſſante und belehrende Erörterungen herbeigeführt. In
unſern wiſſenſchaftlichen Journalen finden ſich geiſtreiche Diſcuſſionen über die Schwingungs- oder Wellentheorie, durch welche die
Sache der Wahrheit gewiß gefördert worden iſt. Dieſe Theorie
gründet ihre Anſprüche nicht nur darauf, daß ſich die betreffenden
Thatſachen aus ihr erklären laſſen, ſondern auch darauf, daß ſie
zur Erklärung einer Claſſe von Thatſachen aufgeſtellten Hypothe-
ſen auf eine höchſt wunderbare Weiſe mit denjenigen übereinſtimmen, welche ſich zur Erklärung einer ganz verſchiedenen Claſſe von
Thatſachen nöthig machen, ſo wie, z. B., bei der Lehre von der
Gravitation das Geſetz der Kraft, welches von dem Umſchwung der
Planeten in ihren Bahnen abgeleitet iſt, die anſcheinend ſehr fern
liegenden Erſcheinungen des Vorrückens der Aequinoctien gegen
Oſten, und der Ebbe und Fluth erklärt. Dieſem läßt ſich in der
Geſchichte der Emanationstheorie nichts an die Seite ſtellen, und
kein mit dem Gegenſtande gehörig Vertrauter dürfte wohl jetzt be-

haupten, daß, wenn die letztere Theorie ſo cultivirt worden wäre,
als die erſtere, ſie in jenen Beziehungen auch eben ſo glänzende
Reſultate erreicht haben würde. Wenn aber die Schwingungstheorie richtig iſt, ſo muß in ihr die Löſung aller in beſonderen Fällen
anſcheinend ſtattfindenden Widerſprüche zu finden ſeyn, und dieſe
Theorie dürfte in demſelben Verhältniß allgemeinen Eingang finden,
als dieſe Löſung geliefert und gewürdigt wird, und als Vorherſa-
gungen rückſichtlich noch zu erlangener Reſultate ausgeſprochen
werden und in Erfüllung gehen. Rückſichtlich ſolcher Vorherſagun-
gen iſt wohl keine merkwürdiger, als diejenige des Profeſſor Hamilton zu Dublin, welcher aus theoretiſchen Gründen behauptete,
daß unter beſonderen Umſtänden ein Lichtſtrahl zu einem coniſchen
Lichtbüſchel (Lichtkegel) gebrochen werden müſſe, welche Behauptung
ſpäter durch die Experimente des Profeſſor Lloyd beſtätigt ward.
Was die beſondern Schwierigkeiten anbetrifft, ſo machte Hr. Pot-
ter ein ſinnreiches Experiment bekannt, deſſen Reſultat ihm mit
der Theorie unverträglich ſchien. Prof. Airy behauptete aber,
nach einer mathematiſchen Unterſuchung des Falles, daß Hr. Pot-
ter ſich bei der allerdings ſehr ſchwierigen Beobachtung der Erſcheinungen einigermaßen geirrt haben müſſe, und da ich den Experimenten des Prof. Airy ſelbſt beigewohnt habe, ſo kann ich aus eigner
Anſchauung behaupten, daß die Erſcheinungen mit der von der
Theorie abgeleiteten Reſultaten genau übereinſtimmen. Hr. Barton erhob ebenfalls Schwierigkeiten, die ſich auf die Berechnung
gewiſſer Experimente von Biot und Newton gründeten, allein
Prof. Powell zu Oxford hat, aus mathematiſchen Gründen, dargethan, daß ſich auf jene Experimente dergleichen Berechnungen
nicht füglich gründen laſſen. Uebrigens handelt es ſich hier um die
Richtigkeit einer in Newton's Optik erwähnten Beobachtung;
denn nach Newton's Angabe, auf die ſich Hr. Barton beruft,
findet ſich an einer Stelle des Bildes einer Oeffnung eine dunkle
Linie, wo die Prof. Airy und Powell, ſo wie andere Beobachter, nur einen hellen Raum erkennen konnten, was mit der Theorie übereinſtimmt. Die Experimente, welche ſo verſchiedene Reſultate geben, ſind wahrſcheinlich nicht genau unter denſelben Umſtänden angeſtellt worden, und Newton's Bewunderer ſind wohl am
wenigſten geneigt, das unabwandelbare Ruhm ihres Meiſters bei
dergleichen Diſcuſſionen zu erſchüttern. Während die Anhänger
der Schwingungstheorie annehmen werden, daß deſſen Anſichten
durch dieſe Beiſpiele, für deren Erklärung ſeine Anſichten ausreichen, noch mehr Haltbarkeit gewonnen haben, werden die Gegner
vielleicht gewiſſermaßen dadurch verſöhnt werden, daß während auf
ſer Diſcuſſion mehrfach anerkannt worden iſt, es ſelbſt ſich aus
jenen Anſichten nicht alles erklären. Die ganze Lehre von der Ab-
ſorption des Lichtes iſt gegenwärtig außerhalb des Bereichs der
Berechnungen nach der Newton'ſchen Theorie geſtellt, und wenn
ſie ſich je über dieſe Erſcheinungen ausdehnt, ſo kann dieß nur
durch Hülfshypotheſen, im Bezug auf den Aether und deſſen Schwingungen geſchehen, wozu gegenwärtig noch nicht die leiſeſte Andeutung vorhanden iſt.

Anders verhält es ſich mit den (andern) phyſikaliſchen Gegenſtänden, von welchen in den Berichten die Rede iſt, indem wir dieſelben in dieſer allgemeinen Ueberſicht weniger ausführlich zu behandeln brauchen. Die neuern thermoelectriſchen Entdeckungen, von
denen Ihnen Prof. Cumberland eine Ueberſicht vorgelegt, und
die Unterſuchungen in Betreff der ſtrahlenden Wärme, der Prof.
Powell zuſammengeſtellt hat, ſind höchſt wichtige und intereſſante
Gegenſtände, welche durch Anhäufung von durch untergeordnete
Geſetze unter einander verbundenen Thatſachen nach und nach dem
Grade von Vollkommenheit entgegenſchreiten, in welchem ſie hoffentlich allgemeinen phyſikaliſchen Theorieen untergeordnet werden können.
Was nun dieſe Außſicht anbetrifft, ſo dürfen wir nicht vergeſſen, daß
die erwähnten Gegenſtände nur Fragmente von Wiſſenſchaften ſind,
die ſich fie nur mit Berückſichtigung des Ganzen Theorieen auf-
ſtellen laſſen, wie denn die Thermoelectricität ſich nur in Beziehung
auf die ganze Lehre von der Electricität, die ſtrahlende Wärme nur mit Bezugnahme auf die Wärme überhaupt betrachten läßt.

Wenn die eben erwähnten Gegenſtände nur Theile von Wiſſenſchaften ſind, ſo liegt uns dagegen ein Bericht über einen andern vor, den man zwar als eine Wiſſenſchaft zu behandeln ge-

wohnt ist, der aber in der That aus einem Aggregat von mehrern
sehr ausgedehnten Wissenschaften besteht. Ich meine die Meteorologie, über welche Prof. Forbes berichtet hat. Es dürfte wohl
kein Zweig der menschlichen Erkenntniß durch vereinigte Bemühungen mehr befördert werden können, als dieser; einige der erforderlichen Beobachtungen verlangen Uebung und Geschicklichkeit; andere
dagegen lassen sich leicht anstellen, wenn der Beobachter nur die
Anfangsgründe der Wissenschaft gehörig versteht. Uebrigens kann
in allen Zweigen des Gegenstandes nur wenig geleistet werden,
wenn uns nicht eine große Menge von Thatsachen zu Gebote stehen, aus denen die Regeln eruirt werden müssen. Mehreren solcher Beiträge sehen wir bei unserer jetzigen Versammlung entgegen.
Prof. Forbes hat darauf hingedeutet, es sey möglich, Himmels-
charten zu entwerfen, aus denen sich die tägliche und stündliche Beschaffenheit der Atmosphäre über großen Landstrecken erkennen lasse.
Wenn wir die Stratification der Atmosphäre in derselben Art ermitteln könnten, wie es in Bezug auf die Erdrinde von den Geologen geschehen ist, so würde dadurch für die Meteorologie außerordentlich viel gewonnen seyn. Dieß ist jedoch eine höchst schwierige
Aufgabe. Außer der Verschiedenheit der übereinanderliegenden Massen, ist deren Veränderlichkeit in Anschlag zu bringen. Die Schichten des Geologen bleiben stets an demselben Orte, die des Meteo-
rologen verändern sich jeden Augenblick. Wieder eine Schwierigkeit liegt darin, daß, während uns daran liegt, zu erfahren, was
in der Atmosphäre nach deren ganzer Höhe vorgeht, unsere Beobachtungen beinahe auf den Boden derselben beschränkt bleiben müssen. Der Zutritt zu den höhern Schichten der Atmosphäre ist im
Verhältniß zu dem, was wir zu beobachten wünschen, beschränkter,
als der Zutritt in die Tiefen der Erde.

Die Geologie bietet uns in der That ein höchst ermunterndes
Beispiel, wie durch gemeinschaftliche Bestrebungen auch Ziele
Großes geleistet werden kann. Aus Hrn. Conybeare's Berichte über diese Wissenschaft ersehen wir, was darin in den letzten
20 Jahren geleistet worden, und sein dem Berichte angefügter Durchschnitt von Europa, der sich vom nördlichen Schottland bis an's
Adriatische Meer erstreckt, giebt uns von der geologischen Beschaffenheit der Erdrinde in Mitteleuropa diejenige Kenntniß, welche die
Wissenschaft jetzt zu gewähren im Stande ist. Wir müssen in dieser allgemeinen Skizze andere Fortschritte und Aussichten dieser Wissenschaft übergehen; allein Alle, die sich für diesen Gegenstand interessiren, werden sich darüber Freude an dem im Jahresrede des
Präsidenten der geologischen Gesellschaft jedesmal der sämmtlichen
neugewonnenen Resultate gedacht wird.

Die Mineralogie, über welche ich der Gesellschaft zu berichten
die Ehre hatte, wurde früher als ein bloßer Zweig der Geologie
betrachtet. Dagegen ist es für dieselbe ersprießlich, wenn man sie
als eine der Chemie nahe verwandte Wissenschaft behandelt, und
mit ihr Hand in Hand gehen läßt, denn die wichtigsten Fragen
haben für beide fast stets gleiches Interesse. Hr. Johnston hat,
wie es der Gegenstand erforderte, in seinem Berichte über die
Chemie ausführlich von dem Isomorphismus und Pleiomorphis-
mus gehandelt, auf die ich, als für die Mineralogie höchst wichtig, aufmerksam gemacht habe. Dr. Turner und Prof. Miller,
welche bei der letzten Zusammenkunft sich bereitwillig erklärten, diesen Gegenstand zu untersuchen, haben eine Anzahl von Fällen betrachtet und einige schätzbare Thatsachen gesammelt; allein unsere
Erkenntniß kann in dieser Beziehung nur langsam fortschreiten, indem die feinsten chemischen Analysen, und die genaueste Messung
von 30—40 Krystallen zur befriedigenden Feststellung der Eigenschaften dieser Art erforderlich sind. Die Chemie bietet, außer dem
Isomorphismus, der ganz vorzüglich berücksichtigt zu werden verdient, noch mehrere unerledigte Fragen dar, z. B. im Betreff der
Existenz und des Verhaltens der Schwefel- und Chlorsalze, und
diese Puncte sind keineswegs unwichtig, denn sie haben auf das
ganze System der Chemie Einfluß, und zeigen uns, daß wir sehr
schief urtheilen würden, wenn wir glaubten, diese Wissenschaft sey
ihrer Kindheit schon entwachsen.

In jeder Wissenschaft muß die Bezeichnung und Nomenclatur mit der Berechnung und der Theorie in Einklang gebracht werden. In der Krystallographie ist die Bezeichnung von

der Beschaffenheit, daß sie dem Calcul entspricht, mögen wir nun
die von Mohs, Weiß oder Naumann annehmen. Sehr wünschenswerth wäre es, wenn die chemischen Ausdrücke eben so zweckmäßig gewählt wären. Dr. Turner hat in der letzten Ausgabe
seiner Chemie, und Hr. Johnston in seinem Bericht eine Nomenclatur angewandt, welche diesen Vorzug darbietet, während diejenige, deren sich die Chemiker des Festlandes gewöhnlich bedienen,
denselben nicht besitzt. Ich habe der Gesellschaft früher schon auseinandergesetzt, wie wenig Aussicht dazu vorhanden ist, daß unsere
mineralogische Nomenclatur gereinigt und streng systematisch gemacht werden könne. In der Chemie würde natürlich jede Veränderung der Theorie eine entsprechende in der Nomenclatur herbeiführen, so wie denn die jetzt geltende Nomenclatur der herrschen-
den Theorie ihr Daseyn verdankt, und die neuesten Ansichten haben
diejenigen, welche dieselben aufstellen, zu einer ähnlichen Veränderung vermocht. Der Section für Chemie muß es anheimgestellt
werden, zu entscheiden, inwiefern es zweckmäßig seyn würde, bei
unserer gegenwärtigen Versammlung über die Nomenclatur und
Bezeichnung zu verhandeln.

Die die der letzten Versammlung vorgelegten Berichte bezogen
sich im Allgemeinen mehr auf physikalische als auf physiologische
Gegenstände; dagegen werden die letztern in gegenwärtigem Fall in
mehrern Berichten die Hauptrolle spielen. Uebrigens ist in einem
der vorjährigen Berichte von einer der Hauptfragen der Physiologie die Rede, nämlich in dem von Dr. Pritchard über die Geschichte der Menschenspecies und die verschiedenen Racen der letztern.
Die übrigen Zweige dieser Wissenschaft werden wahrscheinlich nach
und nach vor der Gesellschaft verhandelt werden, so daß wir allmälig alle Resultate gewinnen, die sich ins Ganze dieser Wis-
machen lassen.

Neben diesen speciellen Bemerkungen, zu denen uns verschiedene Wissenschaften, im Bezug auf die vorjährigen Berichte, veranlassen, erweckt die allgemeine Betrachtung dieser Berichte eine
eine solche, welche uns wichtig seyn muß, weil sie die Art und
Weise betrifft, in welcher die Wissenschaft durch vereinte Kräfte,
z. B. durch die unserer Gesellschaft, gefördert werden kann; daß
nämlich eine Verbindung der Theorie mit den Thatsachen, der allgemeinen Ansichten mit fleißig angestellten Experimenten, selbst für
untergeordnete Gehülfen der Wissenschaft nöthig ist. Man hat
neuerdings häufig behauptet, daß lediglich Thatsachen für die Wissenschaft Werth haben, und daß die Theorie, insofern sie etwas tauge,
sich schon aus den Thatsachen ergebe, und insofern dieß letztere
nicht der Fall sey, die Menschen nur irre führen und mit Vorurtheilen erfüllen könne! Daß man die Theorie den Thatsachen so
schroff entgegensetzte, hat aber mancherlei Irrungen und Fehler
veranlaßt, durch welche viele Beobachtungen und daraus gezogene
Folgerungen nutzlos blieben; nur dadurch, daß wir die Thatsachen von irgend einem allgemeinern Gesichtspuncte aus in Verbindung und gegenseitige Beziehung setzen, erfahren wir, welche
Umstände wir zu beachten und anzumerken haben, und jeder Arbeiter im Weinberge der Wissenschaft, so niedrig er auch sey, muß nach
irgend einer, entweder ihm eigenthümlichen oder erlernten theoretischen Ansicht verfahren. Hat man aber gegen den Ausdruck Theorie, wie es bei manchen Leuten der Fall zu seyn scheint, einen un-
überwindlichen Widerwillen, so wird man doch wahrscheinlich zugeben, daß wir ebensowohl mit den Regeln, nach denen die
Thatsachen geschehen, als mit den Thatsachen selbst bekannt machen müssen. Daß wir wohlthun, wenn wir dieß nie vergessen, ergiebt sich aus der Vergleichung, die Prof. Airy in seinem Bericht
zwischen den Astronomen England's und denen anderer Länder anstellte. „In England," sagt derselbe S. 184., „glaubt der Beobachter in der Sache ein Genüge gethan zu haben, wenn er eine Beobachtung gemacht hat; er glaubt oder alles verwendet der Astronom,
wenn er eine Beobachtung angestellt hat, noch die größte Mühe
auf Hervorbringung der Resultate und Vergleichung der letztern mit
der Theorie."

Weßhalb in diesem Falle die Theorie vernachlässigt worden,
läßt sich mit ziemlicher Bestimmtheit nachweisen. Lange Zeit war
in der Astronomie die Theorie der Beobachtung weit vorangeeilt,
und dieser Mangel wurde großentheils durch die Ausdauer und Ge-

nauigkeit der Englischen Beobachter gehoben. Natürlich mußte der Werth und der Ruf, den unsere Beobachtungen auf diese Weise für den Augenblick gewannen und verdienten, uns veranlassen, von den übrigen Zweigen der Wissenschaft verhältnißmäßig zu gering zu denken. Uebrigens sind wir nicht nur in Beziehung auf die Astronomie in diesen Fehler verfallen, und wenngleich wir in andern Fällen nicht im Stande seyn dürften, unsere Thatsachen mit den Resultaten einer umfassenden und doch sichern Theorie zu vergleichen, so dürfen wir doch nie vergessen, daß Thatsachen nur insofern einen wissenschaftlichen Character erhalten, als sie classificirt und mit andern in Verbindung gebracht worden, daß sie nur insofern Zeugniß von der Wahrheit ablegen, als sie einem allgemeinen Gesetz untergeordnet sind. Wenn wir dieß nicht berücksichtigen, so können wir tagtäglich die in Beziehung auf die Richtung der Winde und am Himmel sich zutragenden Veränderungen aufschreiben, und ein Tagebuch über die Witterung führen, ohne dadurch etwas Besseres zu leisten, als wenn wir ein Tagebuch über unsere Träume führten. Können wir aber einmal einen festen Maaßstab an unsere Beobachtungen legen, und das Gemessene nach wahrscheinlichen oder sichern Regeln verbinden, so werden unsere Witterungsbeobachtungen nicht mehr ein bloßes bedeutungsloses Gaffen nach den Wolken seyn. Die Launen der Atmosphäre werden nun zu gesetzmäßigen Veränderungen, und wir befinden uns auf dem Wege der wissenschaftlichen Meteorologie. Noch ein Grund, weshalb jeder Beobachter, in welchem Zweige der Physik er auch arbeitet, sich wenigstens bemühen sollte, seine Beobachtungen zu classificiren und unter einander zu verbinden, liegt darin, daß, wenn dieß nicht von ihm selbst geschieht, es wahrscheinlich nie geschieht. Die Umstände, unter denen eine Beobachtung angestellt wird, können von Andern, oder der Beobachter selbst, faßt nie genau gewürdigt oder ausgelegt werden, und die Folgerungen, die Andere daraus ziehen, werden daher immer trügerisch seyn. Die große Menge unausgelegter Beobachtungen kann sogar künftige Arbeiter die Hoffnung aufgeben machen, daß sie überhaupt Nutzen bringen könnten. So bemerkt, z. B., Prof. Airy, in Bezug auf die Astronomie, Bradley's Beobachtungen der Sterne vom Jahr 1750 seyen bis nahe nutzlos gewesen, bis sie im Jahr 1818 von Bessel berechnet worden, und Bradley's und Maskelyne's Beobachtungen der Sonne hätten bis jetzt fast noch gar keinen Nutzen. Dieß hätte nicht der Fall seyn können, wenn sie gleich anfangs berechnet und mit der Theorie verglichen worden wären, und es ist gewiß höchst bedauerlich, wenn wir soviel Geschicklichkeit, Arbeit und Eifer nutzlos vergeudet sehen. Nur dadurch läßt sich ähnlichen Uebelständen vorbeugen, daß wir die Beobachtungen, so zahlreich sie auch seyn mögen, beständig auf diejenigen bekannten Gesetze zurückführen, welche die meiste Wahrscheinlichkeit für sich haben. Es dürfte Vielen scheinen, daß durch diese Empfehlung der Theorie theoretische Speculationen auf Kosten der Beobachtung begünstigten; allein zu einer solchen Mißdeutung glauben wir keine gegründete Veranlassung gegeben zu haben. Ohne gerade eine genaue oder technische Distinction zwischen Theorie und Hypothese zu beabsichtigen, wollen wir hier nur bemerken, daß jede aus der Theorie abgeleitete Folgerung, welche nicht eine Vergleichung von Beobachtungen bezweckt, für die Naturwissenschaften ohne alles Interesse, und folglich eine Vergeudung der Verstandeskräfte sey. Thätige und erfinderische Geister, die sich nach jener speculativen Richtung hinneigen, werden Theorien aufstellen, ohne daß es ihnen Jemand empfiehlt oder verbietet. Dergleichen Theorien sich als nützlich ausweisen oder nicht. Weiteres läßt sich mit Beispielen belegen; regen die Theorien nun zur Untersuchung der Thatsachen an, und werden sie modificirt, je nachdem die letztern erheischen, so werden sie, selbst wenn sie irrig sind, Nutzen stiften, sie werden untergehen, aber doch nicht ganz umsonst existirt haben. Schreiben wir dagegen unserer Theorie eine höhere Geltung als den Thatsachen, eine Wahrheit trotz den Thatsachen zu, die in besondern Fällen keiner Bestätigung bedarf, so werden, wenn sich Ausnahmen von ihren Regeln darbieten, dergleichen wegzuraisonniren, statt an der Theorie zu ändern, so wird sie unser Tyrann, und alle die unter ihren Befehlen arbeiten, verrichten Sclavendienste, die ihnen selbst keinen Vortheil bringen. Beispielsweise können wir die geologische Gesellschaft als eine solche anführen, wel-

che im erstern Geiste arbeitet, und sich deßhalb Ruhm und Gewinn erworben hat. Sollte sich aber eine Gesellschaft bilden, die nur für eine Theorie thätig seyn wollte, so würde sie bald mit ihrem a prioristischen Anlagecapitale ausgewirthschaftet haben. Um bei diesem Unterschiede noch etwas länger zu verweilen, wollen wir uns erinnern, daß unter den jetzigen Geologen, im Bezug auf die Geschichte der Erde, zwei Theorieen einander den Vorrang streitig machen. Nach der einen wird behauptet, die Veränderungen, von denen die Materialien der Erde Zeugniß ablegen, rühren von Ursachen her, die noch jetzt auf der Oberfläche thätig seyen. Nach der andern soll die Erhebung der Bergketten und der Uebergang der organischen Wesen von einer Formation zur andern durch Ereignisse herbeigeführt worden seyn, die im Vergleich mit dem gegenwärtigen Laufe der Dinge Catastrophen und Revolutionen genannt werden müssen. Wer begreift nicht, daß diese Theorieen bisher weiter nichts bewirkt haben, als daß die Geologen auf der einen Seite die Gesetze des Fortbestehens und des Wechsels in der jetzigen organischen und unorganischen Welt, und auf der andern Seite die gegenseitigen Verhältnisse der Gebirge, und die Erscheinungen, welche deren Schichtung darbietet, genauer studirt haben? Und wer zweifelt daran, daß, wenn, vielleicht nach vielen Generationen, die Summe der Zeugnisse für die eine Meinung weit überwiegend ist, die Geologen sich endlich sämmtlich für diese entscheiden oder, nach Umständen, sich auch zu einer richtigen Mitte hinzogen werden? Um nun auch ein Beispiel aus einer Wissenschaft beizubringen, mit der ich mich ex professo beschäftige, so dürfen wir der Theorie, daß krystallinische Körper aus Gränzmolecülen bestehen, welche eine bestimmte und constante geometrische Form besitzen, fäglich wissenschaftliche Geltung einräumen, insofern wir dadurch in den Stand gesetzt werden, die wirklich vorhandenen secundären Formen solcher Substanzen unter gewisse Regeln zu bringen; bekennen wir uns aber zu der Lehre dieser Art von Zusammensetzung, und bilden wir nun imaginäre Aggregate jener Atome, die wir beispielsweise zur Erklärung des Dimorphismus, Plesiomorphismus, oder irgend einer andern scheinbaren Ausnahme von dem allgemeinen Gesetze anführen, so ist ein solches Verfahren, meiner Ansicht nach, unphilosophisch. Man sammle uns classificire vielmehr die wirklich vorkommenden Fälle von Dimorphismus und Plesiomorphismus, und ermittele, welcher Regel sie folgen; dann können wir hoffen, zu erkennen, ob unsere atomistische Theorie von krystallinischen Molecülen haltbar sey, und inwiefern sie bei jener bei der ursprünglichen Abfassung der Theorie nicht subsumirten Fälle modificirt werden müsse.

Ich will mich gegenwärtig nicht damit befassen, noch mehr Fingerzeige hervorzuheben, die sich aus dem vorjährigen Berichte für unsere künftigen Schritte entnehmen ließen, wenngleich dieselben auf den Gang unserer diesjährigen Verhandlungen einen nicht zu verkennenden Einfluß äußern würden. Dennoch kann ich nicht umhin, einer Bemerkung Raum zu geben, die sich bei Betrachtung des Berichtes mir aufdrang, und sich auf dasjenige bezieht, was ich Ethik oder Moralität der Wissenschaft nennen möchte. Betrachten wir die Geschichte und den gegenwärtigen Zustand der Naturwissenschaften aufmerksam, so können wir uns möglichst beim Gedanken erwehren, daß das bereits Geleistete, im Verhältniß zu dem, wozu wir Leistenden, ungemein gering sey *), daß wir aber dennoch den uns vorausgegangenen Naturforschern ungemein viel verdanken. Man hat es den neuern wissenschaftlichen Studien öfters zum Vorwurf gemacht, daß sie den Leuten eine übertrieben hohe Meinung von ihrem geistigen Schätzen, von der Ueberlegenheit der jetzigen Generation, von den Geisteskräften und den Fortschritten des Menschen beibrachten und sie dadurch anmaßend und eitel machten. Daß dieß nie der Fall sey, läßt sich diesen oder den Studien überhaupt nicht zum Ruhme nachsagen; allein wer in der Geschichte der Wissenschaft eine Bestätigung obiger Meinung auffindet, muß mit sonderbare vorgefaßten Meinungen gestartet seyn. Was hat sich uns in der obigen Skizze in dieser Beziehung dargeboten? Trotz aller Bemühungen des Menschen, seine Kenntnisse zu

---

*) Unsere Wissenschaft, bemerkt ein neuerer Schriftsteller, ist ein Maulwurfshaufen, der vom Berge unserer Unwissenheit stammt.   D. Uebers.

orbnen und zu vervollſtändigen, iſt ihm dieſes nur in einer einzigen Wiſſenſchaft gelungen, indem er es in ihr zu einer allgemeinen und ſichern Theorie gebracht hat. Zur Erreichung dieſes Reſultats waren die Anſtrengungen der ausgezeichnetſten Köpfe unter den Menſchen ſeit 5000 Jahren nöthig. In der Optik ſteht vielleicht, rückſichtlich eines Theils der Erſcheinungen, derſelbe Erfolg in der Kürze zu erwarten. In allen übrigen Theilen der Scene herrſcht dagegen verhältnißmäßige Dunkelheit und Verwirrung; beſchränkte, unvollſtändig bekannte, nicht gehörig beſtätigte und durch keine bekannte Urſache verbundene Regeln ſind Alles, was wir unterſcheiden können. Selbſt in denjenigen Wiſſenſchaften, die, unſerer Anſicht nach, mit vorzüglichem Erfolg cultivirt worden ſind, z. B. der Chemie, verändert ſich die Anſicht, die wir von der Theorie der Erſcheinungen zu faſſen haben, immer nach wenigen Jahren ſchon wieder, während keine Theorie ſich über das Abc-Buch der Berechnung hinausgewagt hat. Was fände ſich alſo hier, worauf der Menſch ſtolz ſeyn oder Anſprüche gründen könnte? Und ſelbſt wenn die Entdecker, denen jene Wiſſenſchaften ihre Fortſchritte vorzüglich verdanken, die großen Geiſter der Vorzeit und Gegenwart, ſich auf ihre geiſtige Thätigkeit Etwas einbilden dürften, ſo ſind wir doch nicht zu gleichem Stolze berechtigt, wir, die wir mit Mühe und Noth die von ihnen entwickelten Anſichten feſtzuhalten im Stande ſind. Aber die mit geiſtiger Größe wahrhaft Begabten, haben nie ſich ſelbſt bewundern und Andere verachtet; ihr Seelenadel erhob ſie von jeher über dergleichen gemeine Geſinnungen. Sie hatten von ihren eignen Kräften und Leiſtungen eine nüchterne und beſcheidene Anſicht, indem ſie nicht überſehen konnten, wie wenig weiter als ihre Vorgänger ſie es gebracht, und wie viel Geduld und Arbeit ſie die kurze Strecke gekoſtet, die wir mit Leichtigkeit zurücklegen. Wiſſen macht uns, wie Reichthum, gewöhnlich nur dann ſtolz und eitel, wenn wir plötzlich und unverdienter Weiſe dazu gelangen, und dann iſt wenig Hoffnung vorhanden, daß wir unſern Beſitzthum gut benutzen oder vermehren werden. Vielleicht rührt der Vorwurf, daß wiſſenſchaftlich gebildete Männer ſich und die jetzige Generation überſchätzen, großentheils von dem nicht zu unterdrückenden Jubel über die Fortſchritte her, welche die techniſchen Künſte in neuerer Zeit gemacht haben. Allein man wird mir erlaſſen, mich hier über den Unterſchied der Wiſſenſchaft von dieſen Künſten, der Kenntniſſe von der Anwendung derſelben zu den Zwecken des täglichen Lebens, der Theorie von der Praxis auszuſprechen. Im Betreff des Erfolgs der mechaniſchen Künſte betrachten wir die Vorzeit allerdings mit triumphirenden Blicken, und dieß iſt ganz natürlich und harmlos; denn deralreichen Künſte führen einen fortwährenden Kampf gegen die Trägheit der Materie, und deren Unbrauchbarkeit im Bezug auf unſere Zwecke. Wenn wir nun aus dieſem Kampfe in irgend einem Puncte ſiegreich hervorgehen, ſo liegt es in der Natur der Sache, daß wir über ſolchen Erfolg frohlocken. Auf jedem Standpuncte der Civiliſation fühlt der Menſch ſo. Jeder, vom nackten Bewohner der Inſeln des ſtillen Meeres, der auf einem Brete die grimmige Brandung durchſchifft, bis zum Reiſenden, der auf einer Eiſenbahn blitzſchnell dahinfährt, fühlt ſich von den Erfolge der menſchlichen Kunſt freudig bewegt. Allein es hält nicht ſchwer, dieſe Freude von dem beſonneren Menſchengefühl zu unterſcheiden, welches uns das Anſchauen der Wahrheit gewährt; und man wird, wie ich meine, welcher geringe Fortſchritt der ſpeculativen Wiſſenſchaft durch jeden Fortſchritt in den mechaniſchen Künſten gewonnen wird, ſo laufen wir nicht Gefahr, daß wir durch Ueberwindung von mechaniſchen Schwierigkeiten einen zu hohen Begriff von dem, was der Menſch wirklich leiſten kann, bekommen oder uns träumeriſche Wünſche und Hoffnungen der Menſchheit vorſpiegeln werden. Dennoch würde es uns nicht anziehen, wenn wir der angewandten Wiſſenſchaft nicht volle Gerechtigkeit widerfahren ließen. Die Praxis iſt immer der Urſprung und Sporn der Theorie, die Kunſt immer die Mutter der Wiſſenſchaft geweſen, und wird es wahrſcheinlich immer ſeyn, und am ſicherſten dürfen wir auf ein Fortſchreiten in gründlich theoretiſchen Anſichten rückſichtlich derjenigen Gegenſtände rechnen, die durch ihren praktiſchen Nutzen die Menſchen geneigt machen, mit bedeutendem Koſtenaufwand und Eifer auf ein feſtes Ziel hinzuarbeiten, und die jede Bereicherung an Kenntniſſen durch einen Zuwachs an Macht belohnen; und ſelbſt die Vielen, deren An-

ſtrengungen auch ohne einen ſolchen Lohn uns geſichert ſeyn würden, können ſich darüber freuen, daß ein ſolcher Fonds exiſtirt, durch den untergeordnete Arbeiter herbeigelockt und belohnt werden.

Ich will Ihre Aufmerkſamkeit dadurch nicht länger in Anſpruch nehmen, daß ich die Anwendung dieſer Bemerkungen auf die Verhandlungen der General- und Sectionsverſammlungen während des laufenden Woche im Detail darlege; allein ich darf darauf hindeuten, daß einige Gegenſtände, auf die das Geſagte genau paßt, in den zu erwartenden Berichten, die ihnen vorgelegt werden ſollen, zur Sprache kommen werden. So iſt unſere Bekanntſchaft mit den Geſetzen der Bewegung der Flüſſigkeiten von ungemein ausgedehnter Wichtigkeit, indem die Fortbewegung von Booten und Schiffen aller Art, die Thätigkeit von hydrauliſchen Maſchinen, der Fluß der Ebbe und Fluth und das Strömen der Flüſſe hiermit zuſammenhängen. Die Herren Stevenſon und Rennie haben es unternommen, uns über die verſchiedenen Zweige dieſes Gegenſtandes, inſofern ſie ſich auf die Praxis beziehen, Bericht abzulegen; und Hr. Challis wird von dem gegenwärtigen Stande der analytiſchen Theorie handeln. Desgleichen wird Sie Hr. Barlow von der Stärke der Materialien, welche bei der vielfachen Anwendung von Eiſen, Stein und Holz ſo intereſſant iſt, unterhalten. Mit dieſen beiden Zweigen der Mechanik befaſſten ſich die früheſten Theoretiker, und die heutigen ſind darin noch nicht viel weiter als ihre Vorgänger. Ich führe dieſe Gegenſtände nur beiſpielsweiſe an, und will noch bemerken, daß, wenn einige Studien, z. B. Naturgeſchichte und Phyſiologie, bisher in unſern Verhandlungen nicht nach ihrer wahren Wichtigkeit berückſichtigt worden zu ſeyn ſcheinen, der Grund davon darin liegt, daß über andere Gegenſtände vor der Hand leichter Berichte zu erlangen waren. Bei der gegenwärtigen Verſammlung wird hoffentlich Alles in's Gleiche gebracht werden. Mit dieſen Bemerkungen wird es mich hierüber jetzt nicht auszulaſſen; denn es unterliegt keinem Zweifel, daß eine Verſammlung von Männern, wie wir ſie hier ſehen, gerade die wichtigſten und gründlichſten Fragen, wie ſie der gegenwärtige Stand der Wiſſenſchaften mit ſich bringt, in ihren Verhandlungen vorzugsweiſe berückſichtigen werden.

Es bleibt mir nun noch übrig, der Geſellſchaft zu den Umſtänden, unter denen ſie gegenwärtig verſammelt iſt, Glück zu wünſchen, und als meine Ueberzeugung auszuſprechen, daß uns Allen, die wir von dem erhabenen und doch beſcheiden ſtimmenden Gedanken, daß wir für die große Sache der Beförderung ächter Wiſſenſchaft arbeiten, angefeuert und von den hieraus entſpringenden Hoffnungen und Gefühlen durchdrungen ſind, aus den Ereigniſſen der laufenden Woche mannichfaltiges Vergnügen und vielfacher Gewinn entſpringen werde." (The literary Gazette and Journal of the belles lettres.)

Miſcellen.

In Beziehung auf die Bewegungen des Elephanten ſagt Major Archer in ſeinen Tours in Upper India and in parts of the Himalaya Mountains; London 1833. Vol. 1. p. 152.:
"Die außerordentliche Gewandtheit, mit welcher ein ſo unbehülflich großes Thier, als der Elephant, mit ſeinem Hinterfuß einen Tiger, wildes Schwein oder Reh herbeigleichen kann, iſt unglaublich. Wenn es einmal in den Bereich ſeiner vier Füße gelangt iſt, ſo kann weder Liſt, noch Gewalt das unglückliche Geſchöpf dem Proceß entziehen, dem es unterliegen muß. Eine Kunſt in der Hand eines Gauklers gelangt nicht mit größerer Schnelligkeit von einer Seite zur andern, und kein Brod in der Chriſtenheit wird mehr durch und durch geknetet. Ein ausgewachſener Tiger wird durch die Operation in eine bloße Mumie verwandelt."

Ueber das Gewebe der Spinnen hat Hr. Blakewell eine neue Reihe von Beobachtungen gemacht, aus welchen er ergiebt, daß dieſe Thiere dreierlei Arten von Seide ſpinnen: dicke und feſte zur Sicherheit, feine zum Schutz und Begatten, und klebrige zur Beute: die letztere, die klebrige, beſteht aus einer unzählbaren Reihe von Kügelchen von klebriger Beſchaffenheit, an welchen die kleinern Inſecten hängen bleiben, und welche auch weſentlich dazu beitragen, auch die großen Fliegen in ihren Bewegungen zu beſchränken und ihre Anſtrengungen zu erſchweren.

Heilkunde.

Ueber einen Schenkelbruch (hernia cruralis) mit doppeltem Bruchsack

hat Hr. Tuson im Middlesex=Hospital folgende Beobachtungen gemacht.

Maria Montague, 37 Jahr alt, kam mit einem Schenkelbruch der rechten Seite in das Hospital, mit welchem sie, ihren Angaben nach, seit 17 Jahren behaftet gewesen war, so daß die Bruchgeschwulst bald größer, bald kleiner geworden, nie aber ganz verschwunden war. Vor ihrer Aufnahme war sie wegen Peritonitis behandelt worden und man hatte ihr mehrere Blutegel gesetzt und ein Blasenpflaster gelegt. Ihr Antlitz war blaß und drückte große Angst aus. Im Unterleibe war großer Schmerz und Spannung vorhanden, zugleich fand Kothbrechen statt. Der Puls war klein und schnell, aber nicht hart. Durch einen Druck auf die Geschwulst empfand sie sehr großen Schmerz um den Nabel. Alle Repositionsversuche waren vergebens. Die Kranke wurde nun in ein warmes Bad gebracht, dann die Taxis von Neuem in Anwendung gebracht, aber ohne Erfolg. Zu bemerken ist, daß der Bruch am Sonnabend vorgetreten war, daß sie aber erst Montag, nachdem sie ein schweres Kind herumgetragen, Unbequemlichkeit empfand, von der Zeit an aber immer schlimmer geworden war und Freitag Morgens erbrochen hatte. Leibesöffnung war seit Freitag nicht erfolgt.

Nach einer Berathschlagung zwischen Hrn. Tuson und Arnott wurde entschieden, daß die einzige Hoffnung auf günstigen Erfolg noch auf der Operation beruhe. Die Patientin, hiervon unterrichtet, willigte ein, und Freitag Morgens um 1 Uhr schritt Hr. Tuson zur Operation. Die Haut wurde in einer Falte, die fascia superficialis auf der Hohlsonde durchschnitten. So wurden mehrere Lagen durchschnitten, bis man den Bruchsack wahrnahm; auch dieser wurde dann vorsichtig geöffnet, und ließ etwa eine Unze Serum ausfließen. In dem Sacke aber wurde eine sehr sonderbare Geschwulst wahrgenommen. Es sah aus, als wenn eine kleine Geschwulst von einer größern entspringe und als wenn von der untern oder innern ein dünner Anhang herabstiege.

Als man diese ungewöhnlichen Theile untersuchte, fand sich, daß sie dick und sehr gefäßreich waren, und die Chirurgen zu dem Glauben verleiteten, daß er ein Theil des dicken Darmes seyn möge, der durch sein langes Verweilen in dem Sacke so verdickt sey. Es wurde nun die Einklemmung zerschnitten, indem man ein Bistouri an der innern Seite der Geschwulst einschob und den halbmondförmigen Bogen oder die dritte Insertion des m. obliquus externus einschnitt. Nun wurde auf die Geschwulst ein Druck angebracht, worauf ein Theil ihres Inhalts zurücktrat, aber noch eine beträchtliche Portion des Inhalts zurückblieb, welche nicht zurückgebracht werden konnte. Man hielt es daher für räthlich, einen Einschnitt in die Geschwulst zu machen, um so mehr, da es nicht aussah, als könne der Darmtheil wieder

seine Function vollbringen. Bei einem vorsichtigen Einschnitt ergab sich nun, daß dies der wahre Sack sey und der Darm innerhalb desselben liege, aber ohne eine Spur von umgeben= der Flüssigkeit. Der Darm zeigte sich sehr gefäßreich, nicht aber dunkel gefärbt und wurde daher in die Unterleibshöhle zurückgebracht, da die Einklemmung schon durch den frühern Schnitt gehoben war. Die Wundlefzen wurden sorgfältig vereinigt und zwei Hefte angelegt, eine Compresse und Cir= kelbinde angebracht und der Kranken eine Portion Ricinusöl sogleich gereicht und drei Stunden nachher ein gewöhnliches Klystier gesetzt.

Am 19. April 10 Uhr war noch keine Oeffnung er= folgt, der Unterleib geschwollen, Puls 100. — Es wurde eine Salzmixtur und Klystier verordnet. — Um 12 Uhr hatte dreimal Oeffnung statt gehabt, aber der Unterleib war sehr schmerzhaft und gespannt, das Antlitz drückte große Angst aus, der Puls schlug 120mal. Es wurden 16 Blutegel an den Unterleib gesetzt und 2 Gran Calomel alle 8 Stunden zu nehmen verordnet. — Um 10 Uhr Abends. Es war wieder Oeffnung erfolgt, der Puls schlug 100. Der Unter= leib war weder so schmerzhaft, noch so gespannt, Gesichts= züge große Angst ausdrückend, Athem beschwerlich. Die Patientin fühlt sich sehr matt und schlafbedürftig. Es wer= den 20 Tropfen einer Auflösung von essigsaurem Morphium mit einer Unze Camphermixtur verordnet.

Sonnabend den 20. ließ es sich anfangs gut an, gegen Abend wurde es aber schlimmer. Sonntag dauerte die Ver= schlimmerung fort und Montag den 21. erfolgte der Tod.

Bei der Leichenöffnung zeigte sich, daß der ganze Darm= canal entzündet und mit Flüssigkeit und Luft ausgedehnt, und daß die eine Stelle, welche eingeklemmt gewesen war, in Brand übergegangen war, und den Darminhalt in die Un= terleibshöhle ergossen hatte.

Beobachtung eines Aneurisma der arteria glutaea sinistra.

Von Dr. Ruyer.

Frau S., 66 Jahre alt, von robuster Constitution, wohlgebildet, von sanguinischem Temperament, an beschwer= liche Arbeit gewöhnt, that am 17. December 1821 einen Fall auf den linken Hinterbacken. Auf diesen Fall folgten lebhafte schießende Schmerzen und eine kleine harte und em= pfindliche Geschwulst, welche plötzlich in der Mitte des ver= letzten Theiles entstand. Es wurde nichts gegen diese Con= tusion angewendet, sondern dieselbe ganz sich selbst überlassen. Am 1. Februar 1825 entstanden durch einen neuen Fall auf den linken Hinterbacken abermals noch heftigere Schmer= zen als das erstemal; dadurch wurde die Kranke veranlaßt, die Hülfe eines Arztes in Anspruch zu nehmen. Dieser aber verkannte die Natur und die Wichtigkeit der Krankheit. Die Geschwulst hatte damals die Größe eines Hühnereies. Drückte man dieselbe leicht zusammen, so fühlte man auf allen Puncten ihrer Oberfläche gleichmäßig Pulsationen, welche mit denen des Herzens isochronisch waren. Erweichende Cataplasmen, reizende Pommaden und das Leroische Geheimmittel waren die einzigen Dinge, welche dieser Officier de santé während zweier Monate gegen diese schwere Krankheit, welche eine chirurgische Operation erfordert hätte, in Gebrauch zog.

Am 10. November 1825 wurde ich gebeten, diese Kranke zu sehen. Ich fand den Puls schwach und beschleunigt, den Appetit gut, Durst nicht vorhanden und Schlaflosigkeit in Folge der heftigen, aber vorübergehenden Schmerzen, welche von der kranken Stelle bis zur Fußsohle gingen. Zu dieser Zeit hatte die aneurysmatische Geschwulst 21 Zoll im Umfange, die pulsirenden Schläge waren auf ihrer ganzen Oberfläche fühlbar; die Hautfarbe hatte keine Veränderung erlitten, die Temperatur war aber sehr hoch.

Der ungeheure Umfang dieser Geschwulst, die Schwierigkeit zu unterscheiden, ob der aneurysmatische Sack in das kleine Becken eindringe oder nicht, das hohe Alter und die große Schwäche der Kranken bestimmten mich, von jener Operation abzustehen, welche gleich im Anfange der Krankheit ohne Zweifel von günstigem Erfolge gewesen wäre und diesem unglücklichen Opfer der Unwissenheit die Gesundheit wiedergegeben hätte.

Ich beschränkte mich auf eine palliative Behandlung und verschaffte durch Anwendung des essigsauren Bleioxydes dem Kranken die Wohlthat des Schlafes. Digitalis, in großer Dose, wurde ohne Nutzen angewendet; Kälte war wegen der heftigen Schmerzen, welche dadurch verursacht wurden, nicht in Anwendung zu bringen.

Den 18. Januar 1826 trat Fieber ein. Sogleich verschwanden die pulsirenden Schmerzen in der Geschwulst und kehrten nicht wieder, das Bein auf der kranken Seite wurde im höchsten Grade empfindlich, die leiseste Bewegung preßte der Kranken einen lauten Schrei aus. Die Haut behielt immer ihre natürliche Farbe, außer auf dem Fußrücken, wo mehrere bläuliche Flecken entstanden. Der Tod erfolgte am 3. Februar.

Leichenbefund. Die drei Höhlen zeigten nichts Bemerkenswerthes. Das Herz war normal. Bei der Untersuchung der Art. iliaca communis der kranken Seite bemerkte ich mehrere Spuren von Verknöcherung. Der aneurysmatische Sack zeigte, als er geöffnet wurde, einen Um-

fang von 21 Zoll; er enthielt eine große Menge Flüssigkeit, welche zum Theil einem mit Eiter gemischten Blute glich. Die Muskelfasern der drei glutaei waren fast ganz zerstört. Im Grunde dieser weiten Höhle fand sich die arteria glutaea bei ihrem Durchgange durch die fissura ischiadica in der Lage und Richtung wie im normalen Zustande. Ihr Umfang war so bedeutend, daß man mit Leichtigkeit den Zeigefinger einführen konnte. Die Wände des Gefäßes waren einen Zoll oberhalb des Eintrittes in das kleine Becken gesund. Dieser Raum wäre hinreichend gewesen, um eine Ligatur anzulegen.

Aneurysmen der art. glutaea sind äußerst selten und das hier beschriebene ist wohl das größte, welches je vorgekommen ist; denn das bisher als das größte betrachtete, von Stevens bei einer Negerin beobachtete, hatte bloß die Größe eines Kinderkopfes; ein sehr unsicheres Maaß, welches aber doch hinreicht, zu beweisen, daß es einen geringern Umfang hatte, als die Geschwulst, welche den Gegenstand dieser Abhandlung ausmacht. (Revue médicale, Septembre 1832.)

Miscellen.

Blutlassen bei'm Paroxysmus von Kopfschmerz. — Von einer jungen Dame, bei welcher die HH. DD. Cheyne, Marsh, Stones und Graves zu Dublin zu Rathe gezogen wurden, erzählt D. Graves, daß sie durch Paroxysmen von Kopfschmerz von der furchtbarsten Art heimgesucht worden sey, gegen welche Jahre hindurch alle Mittel vergeblich angewendet worden seyen, und welche auch durch die bei der Consultation empfohlenen Mittel nicht im Geringsten gebessert worden wären. Nach wiederholten Anfällen aber, ließ ihr Dr. Stokes während eines heftigen Paroxysmus bis zur Ohnmacht zur Ader und nicht allein mit unmittelbarem, sondern mit dauerndem günstigen Erfolg, denn es hat sich seitdem kein Anfall wieder eingestellt.

In einem in Bouillaud's Clinik beobachteten Falle von Blutbrechen, welches bald den Tod zur Folge hatte, zeigte sich bei der Obduction die art. coronaria ventriculi durch einen Magenkrebs angefressen. Außer der großen Masse Blutes, welche am Tage des Todes ausgebrochen worden, fanden sich auch noch im Innern des Magens mehrere Pfund Blut.

Ein seltener Fall von Sarcocele ist kürzlich im Hôtel-Dieu zu Paris vorgekommen, nämlich bei einem Knaben von vier Jahren. Die Geschwulst war birnförmig, glatt, glänzend, ohne alle Höcker, und ließ dunkel eine Fluctuation wahrnehmen. Eine Ursache war nicht aufzufinden. Ein Einstich hatte nur einige Tropfen Blut zur Folge gehabt. Man entschloß sich zur Operation, und führte sie aus. Der Testikel war in ein speckiges, birnmasseähnliches, von einem fibrösen Sack eingeschlossenes Gewebe ausgeartet.

Bibliographische Neuigkeiten.

Recherches sur les ossemens fossiles découverts dans les cavernes de la vnce de Liège par le Docteur Schmerling. 1 Partie. 1 hvraison.

Physiologie de l'homme aliéné, appliquée à l'analyse de l'homme social. Par Scipion Pinel. Paris 1833. 8.

Notizen
aus
dem Gebiete der Natur- und Heilkunde.

| Nro. 809. | (Nro. 17. des XXXVII. Bandes.) | Juli 1833. |

Gedruckt bei Coffius in Erfurt. In Commiffion bei dem Königl. Preußifchen Gränz-Poftamte zu Erfurt, der Königl. Sächf. Zeitungs-Erpedition zu Leipzig, dem G. H. F. Thurn und Tarifchen Poftamte zu Weimar- und bei dem Landes - Induftrie - Comptoir. Preis eines ganzen Bandes, von 24 Bogen, 2 Mthlr. oder 3 Fl. 36 Kr., des einzelnen Stückes 3 ggl.

Naturkunde.

Ueber den Ursprung und die Beschaffenheit des Cambium.

Aus einem Briefe des Hrn. B i o t an die Academie der Wiffenfchaften zu Paris.

Nointel den 24ften Mai 1833.

„Da ich in den Blättern verfchiedener Bäume kohlenftoffige Producte aufgefunden hatte, die fie theils aus dem Boden an fich ziehen, theils felbft bilden, fo fuchte ich, vermittelft diefer Refultate einen höchft ftreitigen und wichtigen Punct der Pflanzenphyfiologie, nämlich den Urfprung und die Befchaffenheit des Cambium aufzuhellen.

Zur gegenwärtigen Jahreszeit ift die innere Oberfläche der Rinde der meiften exogenifchen Bäume durch einen klebrigen Saft fchlüpfrig gemacht, vermöge deffen fie fich vollftändig vom jungen Holze trennen läßt. Diefer Saft, den man Cambium nennt, enthält die Rudimente der neuen Holz- und Rindenfchicht, welche im Begriff find, fich an die frühern anzufetzen. Man nimmt, fo viel ich weiß, allgemein an, daß es aus dem in den Blättern verarbeiteten und aus ihnen herabfteigenden Safte, in Vermifchung mit dem auffteigenden Safte beftehe, welchen die innern Rindenzellen dann abforbiren würden.

Um über diefen Punct durch Verfuche etwas feftzuftellen, ließ ich den 13ten Mai, etwa 3 Fuß über dem Boden, eine große Birke abfägen, deren Krone mit vollftändig entwickelten Blättern befetzt war, die folglich, wie ich in meinem letzten Briefe angezeigt, Rohrzucker erzeugte. Die Oberfläche des Durchfchnitts fchien vollkommen trocken, ausgenommen gleich unter der Rinde; ich ließ fie bedecken, und bald, fo wie weiter unten am Stamme, bis zum Auffteigen des auffteigenden Saftes nöthigen Vorrichtungen anbringen; denn ich wußte, durch frühere Verfuche, daß zu diefer Jahreszeit noch welcher auffteige, obgleich, bei den noch mit ihrer Krone verfehenen Bäumen, die Blätter und wahrfcheinlich auch die lebenthätige Rinde fo kräftig faugen, daß man auch nicht einen Tropfen herausziehen kann.

Alsdann ließ ich den ganzen Stamm bis an die belaubten Zweige fchälen, was ohne alle Mühe gefchah In demfelben Maaße, wie der Splint entblößt wurde, ließ fich das junge, von dem Safte durchdrungene und fchlüpfrige, Gewebe ganz leicht von der Oberfläche abnehmen; wenn man gegen diefe Oberfläche die Ränder einer gläfernen Kapfel drückte, fo ließ fich fogar etwas von diefer Flüffigkeit aus den erften Lagen des Splintes herauspreffen. Durch Auspreffen diefer Gewebe und nachmaliges Filtriren erhielt man eine zu allen Verfuchen hinreichende Quantität Saft. Es entging mir nicht, daß der mittlere Theil des Stammes faftiger war, als der unterfte und die belaubten Zweige. Die Stärke der feuchten Schicht war in den Zweigen fehr unbedeutend.

Die fo erhaltene Flüffigkeit fchmeckte nach Zucker, war aber dabei ein wenig fäuerlich. Bei der Polarifationsprobe veranlaßte fie die Rotation zur Rechten. Mit Bierhefe vermifcht, gährte fie ungemein lebhaft, entwickelte reines kohlenfaures Gas, und die Rotation wandte fich, indem fie fchwächer wurde, zur Linken.

Aus diefen Eigenfchaften geht hervor, daß diefes Cambium Rohrzucker enthielt, demjenigen ähnlich, welcher ihm früher aus den Blättern zuging, und daß die lebensthätige Rinde denfelben ebenfowohl bilden kann, als die Blätter.

Es war nun noch in Erfahrung zu bringen, was der auffteigende Saft dazu beitragen könne; da derfelbe durch die über der Durchfchnittsftelle befindliche Rinde und die Blätter nicht mehr aufgefogen wurde, fo fing er bald an, in die an dem Stocke angebrachten Apparate zu laufen. Zuerft lief davon in den untern Apparat, welcher fich in der Nähe des Bodens befand; nach und nach wurde die Durchfchnittsfläche ebenfalls nicht nur am Rande, fondern durchaus feucht, und es wurde eine ähnliche Flüffigkeit, wie unten, in den obern Apparate aufgefangen. Der Ausfluß hat feit der Zeit beftändig fortgedauert, ift aber allmälig fchwächer geworden, und hat gegenwärtig beinahe aufgehört. Anfangs war die Flüffigkeit vollkommen wafferhell; nach 2 Tagen wurde fie aber milchig. In beiden Zuftänden veranlaßte fie durchaus keine Rotation, und durch Bierhefe ließ fie fich nicht in Gährung bringen. Sie enthielt also nicht ein Atom Zucker, denn 3 bis 4 pro Mille würden bei der Probe haben erkannt werden können. Ihr milchiges Ansehen rührte von einer neutralen Substanz her, welche, nach dem Auftrocknen unter dem Mikroscope betrachtet, sich wie ein getrockneter Staub ausnimmt, an dem sich keine Spur von Organisation oder Krystallisation wahrnehmen läßt. Der Saft, welcher zu Anfang des Frühlings aufstieg, war von diesem sehr verschieden; denn er enthielt Zucker, der eine Drehung nach der Linken veranlaßte, und sich folglich verhielt, wie durch Säure entgegengesetzt polarisirter und in umgekehrte Drehung versetzter Rohrzucker oder Traubenzucker, welcher noch nicht fest geworden.

Demnach wird der in diesem Augenblicke in der Birke enthaltene Zucker durch den aufsteigenden Saft nicht zugeführt, sondern, wie man vermuthete, entweder unmittelbar durch die Rinde bereitet, oder aus den Blättern niederwärts geleitet.

Auf dieselbe Weise verfuhr ich mit zwei Ahornen; allein bei dieser Baumart, welche rücksichtlich der Bewegung und Beschaffenheit des Saftes, und der in den sich entwickelnden Blättern enthaltenen Producte, von der Birke so verschieden befunden worden war, zeigten sich auch hier sehr abweichende Erscheinungen. Da ich die Blätter des Ahorns nur in ihrem Entstehen untersucht hatte, so ergriff ich diese Gelegenheit, sie in ihrer vollständigen Entwickelung zu beobachten. Ich ließ also von den gefällten Bäumen eine gewisse Quantität pflücken, und von ihren langen Stielen befreien, um die letztern besonders zu behandeln. Ich sammelte das Cambium wie bei der Birke. Das Cambium, die Blattstiele und die Blätter bildeten auf diese Weise eine Reihe von organisirten Theilen, welche von der Basis bis zum Gipfel des Baums mit einander in ununterbrochener Verbindung standen. Auch hier fand sich die stärkste Schicht des noch flüssigen Cambium am mittlern Theil des Stammes.

Die durch Filtriren mit Thierkohle entfärbten Extracte der Blattstiele und Blätter rotirten, wie es bei den Blattknospen und ganz jungen Blättern der Fall gewesen war, sehr stark zur Linken. Durch Bierhefe traten sie in sehr stürmische weinige Gährung, nach welcher die Rotation schwächer wurde, aber noch in derselben Richtung fortging, wie früher. In allen diesen Fällen unterschied sich der Extract der Blattstiele von dem der Blätter nur durch die geringere Färbung. Wenn man diese Erscheinungen mit denen der Blattknospen vergleicht, so erkannte man auch hier ein Vorherrschen des Rohrzuckers mit umgekehrter Rotation. Allein andererseits offenbarte die Thätigkeit des Alkohols bei beidem die Production eines andern Princips, welches dem Gummi analog, oder vielleicht wirkliches Gummi war, und zur Linken rotirte.

Mit dem Cambium verhielt es sich ganz anders; bei unmittelbarer Beobachtung zeigt sich in demselben eine sehr schwache Rotation zur Rechten; allein als sie durch die Bierhefe veranlaßte weinige Gährung sich darin sehr kräftig entwickelte, so wurde eines der Elemente dieses Factors, welches auf die Anwesenheit von Rohrzucker hindeutete, umgekehrt polarisirt, und die ganze Masse drehte sich nur zur Linken, fünfmal stärker, als anfangs zur Rechten, obgleich offenbar ein Theil des Zuckers durch die Gährung zerstört worden war. Deßhalb war vor der Umkehrung dem rechts rotirenden Rohrzucker, ein anderer links rotirender Stoff beigemischt gewesen.

Es ist höchst sonderbar, daß diese Resultate so verschieden von denen ausfielen, welche die Blätter und Blattstiele darboten, da doch mit dem Cambium in unmittelbarer Verbindung stehen. Uebrigens ließe sich annehmen, daß noch zur gegenwärtigen Jahreszeit im Ahorn, wie in der Birke, Saft aufsteige, welcher, wie zu Anfang des Frühlings, rechts rotirenden Rohrzucker enthält, welche Rotation bei der Blattstiele, wie es bei den jungen Knospen der Fall war, umgekehrt werde, und dann könnte der andere links rotirende Bestandtheil aus den Blättern herabsteigen. Allein dieses jetzige Aufsteigen des Saftes würde einzig in der Nachbarschaft der Rindenschichten und durch deren eigenes Saugen vermittelt werden; denn bis jetzt sieht man auf der Durchschnittsfläche nicht die geringste Spur von Saft, und in die am Stamme angebrachten Gefäße ist auch noch nicht ein Tropfen Flüssigkeit gelaufen. Nur die innere Oberfläche der Rinde dieses Theils des Baums wird fort-

während durch das Cambium schlüpfrig gehalten, wie dieß der Fall war, ehe man den obern Theil des Stammes davon trennte. Hier sehen wir also neue und sonderbare Verschiedenheiten zwischen der Birke und dem Ahorn.

Uebrigens muß ich mich damit begnügen, diese Unterschiede entdeckt zu haben; an die Erklärung derselben wage ich mich nicht. Die Vegetation geht so geschwind von Statten, daß man vollauf damit zu thun hat, ihren Metamorphosen zu folgen. Binnen wenigen Tage veränderten sich die Säfte derselben Pflanze in Ansehung ihrer Bestandtheile, oder des Verhältnisses der letztern. So zeigten, z. B., den 3ten Mai die schon in Aehren gegangenen, aber noch nicht blühenden Halme des Roggens, von den Aehren getrennt, eine sehr starke Rotation zur Linken, welche durch die Vermischung des Rohrzuckers mit einem links rotirenden Stoffe hervorgebracht wurde, welcher letztere höchstens 12 Tage lang das Uebergewicht hatte. Behandelte man die Halme auf eben die Weise später, als die Blüthezeit sich näherte, so war die Rotation rechts, und die Gährung kehrte dieselbe um, was wieder auf eine ähnliche Mischung hindeutete, in welcher der Rohrzucker das Uebergewicht gewonnen hat.

Nachschrift. —

Ich glaube kaum nöthig zu haben, hinzuzufügen, daß, da ich täglich Thierkohle zur Entfärbung meiner Producte, und Bierhefe anwende, um dieselben in Gährung zu setzen, ich mich vorher durch directe Beobachtung überzeugt habe, daß diese Substanzen dem kalten oder warmen Wasser, mit welchem man sie vermischt, durchaus keine bemerkbare Rotation mittheilen. (L'institut No. 5. 15. Juin 1833.)

Ueber die Structur des Gehirns und der Nerven.

Von C. G. Ehrenberg.

Allgemein findet man in den neuesten physiologischen Schriften unter den einfachsten organischen Körpertheilen entweder Hirnkügelchen oder Hirnfasern oder ein Hirngewebe aufgeführt und man stimmt darin überein, daß in den Nerven die Gehirnsubstanz durch häutige cylindrische Röhren umhüllt sey, daß also der Inhalt der cylindrischen Nervenröhren ein und dasselbe mit dem Gehirne sey; sonach bestände das ganze Gehirn aus Nervenmark. Jene Uiberfläche soll mehr allein müßten zu mäßen, besonders mikroscopischer Untersuchung auffordern. Die Resultate von dem, was Ehrenberg gefunden hat, sind folgende:

Gehirn. — Die Corticalsubstanz des Gehirns besteht aus einem dichten, fast feinen, in vielen Blutkörper führenden Gefäßnetze; außer demselben sind einer sehr feinkörnigen, weichen Masse, in welche hie und da größere Körner eingelagert sind. Die größeren Körnchen sind frei, die kleineren dagegen durch zarte Fäden reihenweise verbunden. In der Nähe der Medullarsubstanz werden diese zu Reihen verbundenen Körnchen immer deutlicher, und in gleichem Maaße werden die Blutgefäße seltener. — Die Medullarsubstanz besteht nicht mehr aus Gefäßen, sondern zeigt viel deutlicher diese zwischen den Gefäßen der Rindensubstanz vorhandene Hirnfasern, welche aber nicht eine einfache cylindrische Fiber darstellen, sondern Perlenschnüren gleichen, deren Perlen sich nicht berühren, sondern durch einen Faden oder engern Zwischenraum getrennt sind. Man kann sie auch mit blassigen Hirnfasern vergleichen; sie liegen meist parallel, zuweilen durchkreuzen sie sich, aber nur selten anastomosiren sie. Gegen die Hirnbasis zu finden sich zwischen diesen knotigen Fasern, einzelne viel dickere, an denen man eine Wiederaufnahme ihrer Hirnfasern als abwechselnd angeschwollene Röhren oder Canäle zu bezeichnen. Das Innere dieser Röhre ist überall ganz wasserhell; indeß spricht die milchweiße Farbe derselben, welche nicht von der Röhre selbst, sondern von dem Inhalte abhängt, doch dafür, daß das in den Canälen Enthaltene eine leichte Trübung besitze. Diese Milchfarbe rührt nun in der Corticalsubstanz, welche aus den Anfängen der knotigen Hirnröhren besteht, aber des Inhaltes derselben ermangelt. Bei Zerreißung der Röhre ist aber kein Blutfaß sichtbar. Die größern Hirnröhren convergiren gegen die Ursprungsstellen der peripherischen Nerven und gehen in diese über.

Nerven. Der Sehnerv, Gehörnerv und Geruchsnerv sind, wie man schon früher annahm, unmittelbare Fortsätze der unveränderten Medullarsubstanz, eben solche Substanz zeigt der sympathicus; alle übrigen Nerven unterscheiden sich von der Hirnsubstanz wesentlich. Die letzten bestehen nämlich aus cylindrischen, parallel neben einander laufenden, nie anastomosirenden, etwa ¹⁄₁₀ Linie dicken Röhren, die sich bündelweise zu Nervensträngen vereinigen. Jedes einzelne Bündel und die ganzen Stränge sind mit einer sehnigen, gefäßreichen Hülle (pia mater, neurilema) umgeben; bisweilen tritt eine Röhre aus einem Bündel in ein anderes über, nie aber schmelzen die Röhren zusammen; so entstehen die plexus. An den Wurzeln der meisten Nerven findet man noch zwischen den cylindrischen Nervenröhren fast eben so starke gegliederte Gehirnröhren; in weiterer Entfernung vom Ursprunge ist es noch nicht gelungen, neben den cylindrischen Röhren die gegliederten Röhren des Gehirns zu finden. Im sympathicus dagegen sind überall diese beiden Arten neben einander vorhanden. Die cylindrischen einfachen Nervenröhren haben eine viel größere innere Höhlung, als die gegliederten Hirnröhren, und in derselben eine sehr deutlichen, markigen, aus kleinen, rundlichen Theilchen bestehenden, weißen Inhalt, welcher mit Recht das Nervenmark genannt wird. Bei dem Austritte aus dem Gehirne und selbst noch weiter außen, kann man die Umwandlung der gegliederten Hirnfaser in die cylindrische Nervenfaser, welche alsdann zugleich weiter wird, deutlich sehen, und das Nervenmark erscheint erst dann in denselben, wenn die Röhren aus dem Gehirn oder Rückenmarke bereits hervorgetreten sind. Der Inhalt der Nervenröhren ist also nicht die von Neurilem umhüllte Gehirnsubstanz, sondern ein eigenthümliches Nervenmark, welches im Gehirne niemals ganz fehlt oder in ihm in einer andern Art, als Dunst oder zäher, nicht ausfließender, homogener Saft vorhanden ist.

Es ist vorhin bemerkt, daß in der Corticalsubstanz des Gehirns noch unregelmäßige Schichten freier, farbloser, größerer Kügelchen zu bemerken seyen; ganz gleichartige, größere Körper kennt man bereits auf der retina; eben solche fand Ehrenberg an der Ausbreitung der Geruchsnerven. Bei Salamandern, Fröschen und Kröten sind diese Körner bedeutend größer, und da diese Amphibien sich auch durch bedeutende Größe der Blutkügelchen unterscheiden, während die Hirnsubstanz sich ganz gleichartig verhält, so liegt ein directes Verhältniß zwischen jenen Körnern und den Blutkügelchen sehr nahe. Da nun Ehrenberg bei Fröschen in den feinsten Blutgefäßen des Gehirns und der retina nicht selten die Blutkügelchen viel kleiner und blasser fand, als bei jenen Gefäßfositems (wahrscheinlich weil sie einen Theil ihrer Stoffe verloren haben), so ist er der Meinung, daß die ganz erblaßten Kügelchen der retina und des Gehirns Excrete des Gefäßsystems seyen, vielleicht sogar geradezu frei werdende Kerne von Blutkügelchen. Ob diese zur Ergänzung und Vergrößerung der Hirnsubstanz verwendet werden, wäre erst auszumitteln. Indessen hat bereits Sömmering gezeigt, daß überall die Nervenenden vorzugsweise mit dichten Gefäßnetze umsponnen sind.

Ganglien. Die Nervenknoten oder Ganglien haben fast allein das gemein, daß sie aus Anhäufungen von gegliederten Hirnröhren bestehen, welche entweder, wie im chiasma opticum, ganz allein den Knoten bilden, oder wie in allen von S. untersuchten Knoten des sympathicus mit stärkern cylindrischen Nervenröhren gemischt sind, die in ein zartes, dichtes Blutgefäßnetz eingeschlossen sind, zwischen dessen Maschen wieder jene so eben angeführten, größern Körnchen erscheinen, welche den Blutkügelchen ähnlich sind. Die Idee, als seyen die Nervenknoten kleine Gehirne vergleichbar, wird durch die Erkenntniß der Structur begünstigt; allein die allgemein verbreitete Ansicht, als wären sie nur der Corticalsubstanz des Gehirns gleich, ist dahin zu berichtigen, daß sie Farbe zwar derselben ähnlich ist, die Substanz aber aus einem Gemische von Corticalsubstanz und Medullarsubstanz besteht. Diese Hirnsubstanz lagert sich um cylindrische Nervenröhren, welche sich in derselben nicht verändern, aber durch Beimischung von Gliederröhren in ihre Bündel verstärkt werden.

Ehrenberg stellt nun folgende Sätze als die hauptsächlichsten Resultate seiner Forschungen auf.

1) Die Gehirnsubstanz besteht weder aus Körnern noch aus einfachen Fasern, und ist ihrer größern Masse nach kein Gewebe, sondern sie besteht aus parallel oder büschelweise neben einander liegenden, abweichend, nicht ganz, aber auffallend regelmäßig erweiterten (varikösen oder gegliederten) Röhren, welche von der Peripherie nach der Hirnbasis dick werdend convergiren, durch kein besonders wahrnehmbares Cäment vereinigt sind, und in das Rückenmark übergehen, welches sie bilden;

2) Das Gehirn, welches in seiner Function deutlich ein Centralorgan ist, ist seiner Structur nach ein peripherisches Organ, und mit dem Herzen oder Magen u. s. w. als Centralorganen nicht vergleichbar;

3) das Gehirn ist einem Capillargefäßsysteme für die Nerven vergleichbar;

4) die drei weichen (obern) Sinnesnerven und der sympathische Nerv bestehen aus gegliederter Hirnsubstanz, die von Neurilemröhren (Sehnenfasern und Gefäßnetz) umgeben ist, und die erstern sind unmittelbare Fortsetzung der Marksubstanz des Gehirns, der letzte hat eine gemischte Substanz;—Gliedernerven (Empfindungsnerven?).

5) Die übrigen Nervenstämme bestehen nicht aus gegliederter Hirnsubstanz, sondern sie sind von Sehnenscheiden und Gefäßnetzen umschlossene Bündel cylindrischer Röhren, welche die unmittelbaren, oder meist plötzlich veränderten Fortsetzungen der gegliederten Hirnröhren und also fast erst vom sehnigen Neurilem umgeben sind; diese cylindrischen Nervenröhren enthalten eine ganz eigenthümliche Marksubstanz, die in ihnen sehr leicht, in den gegliederten Hirnröhren aber niemals erkennbar ist, — Röhrennerven (Bewegungsnerven?)

6) Das Nervenmark der Röhrennerven fehlt dem Gehirne und den Gliedernerven; das Gehirn besteht nicht aus Nervenmark.

7) Diese Structur ist bei'm Menschen und allen Classen der Wirbelthiere gleich.

8) Bei den wirbellosen Thieren ist besonders die gegliederte Hirnsubstanz in einem sehr geringen Verhältnisse erkennbar, während die Röhrensubstanz auch in den Ganglien deutlich überwiegend, fast ausschließlich vorhanden ist und auch Mark führt; Tracheennetze sind an der Stelle der Gefäße im Neurilem.

9) Diese Hirnendigungen (alle, die bisher untersucht werden konnten), sind mit einem immer dichtern Gefäßnetze durchwirkt und eingehüllt und enthalten größere, zerstreute Kügelchen, deren Größe in einem festen Verhältnisse zur Größe der Blutkügelchen eines und desselben Organismus steht (Nervensubstanz allein Product der Blutkerne?) (Poggendorff's Annalen der Physik, XXVIII. S. 1838.)

Miscellen.

In Beziehung auf die Embryologie hat Dr. Teste der Académie des Sciences folgendes Schreiben den 1. Juli eingegeben: „Die zahlreichen Beobachtungen, welche ich über die Ovarien der Säugethiere angestellt habe, lassen mir nicht den geringsten Zweifel über die vollständigste Aehnlichkeit der Graaf'schen Bläschen mit den Eiern der Vögel. Diese Bläschen sind nämlich zusammengesetzt aus einer kugelförmigen, unorganischen äußern Dotterhaut, aus einer in derselben enthaltenen durchsichtigen Flüssigkeit, welche Körnerchen (granules) in sich schwebend erhält. Diese Flüssigkeit ist nichts anderes, als der Dotter, dann erst das Ei entsteht, geschieht die Entwicklung der cicatricula. In der innern Fläche dieser Dotterhaut bemerkt man eine kleine kreisförmige, freie und bewegliche Lücke (lacune), welche an dem Dotter anliegt und von der cicatricula des Vogeleies sich gar nicht unterscheidet, außer durch eine leichte Modification der Form, welche bei den Vögeln auffällt, während sie bei den Säugethieren kreisrund ist. Die Empfängniß anlangend, trennt sich das Graaf'sche Bläschen von dem Eierstock los, geht durch die Oviduct hindurch und gelangt in den Uterus, um sich dort anzusehen; aber auf diesem Wege

17 *

fängt die cicatricula, welche es einschließt, an, sich zu entwickeln, breitet sich nach allen Puncten der Circumferenz aus, wie es in dem Vogelei geschieht und nimmt am Ende die ganze innere Fläche der Dotterhaut ein und strebt gegen den, dem Mittelpunct des sich bildenden Embryo gerade entgegengesetzten, Punct hin, sich als einen Beutel zu schließen. Bei ihrem Wachsthum verbraucht sie alle Materialien, welche das Ei (oder das Graaf'sche Bläschen) enthält und dann ist es, wo letzteres sich an den Uterus anlegt. — Die Berührung wird auf constante Weise durch den Punct der Oberfläche des Eies bewerkstelligt, welcher der Oeffnung der als Beutel entwickelten cicatricula entspricht, d. h., durch den Punct, welcher dem, wo sich der Embryo befindet, gerade entgegengesetzt ist. Aber zu dieser Zeit kann die cicatricula nur auf mittelbare Weise mit dem Uterus in Beziehung seyn, weil die Dotterhaut dazwischen liegt, die von den beiden Theilen, welche sie trennt, den Druck erleidet; und indem diese Zusammendrückung bald noch zunimmt, in dem Maaße, als die Entwicklung fortschreitet, verzehrt sich die Dotterhaut nur an der Berührungsstelle allein, und da der Umfang der cicatricula sich durch die Oeffnung, welche sie gemacht hat, darbietet, so legt er sich endlich auf unmittelbare Weise an die Wand des Uterus in der ganzen Breite, welche dem undurchsichtigen Felde des Vogeleies entspricht, während das durchsichtige Feld völlig frei bleibt. Diese Adhärenz kann total oder partiell seyn. Der erste Fall bezieht sich auf die Bildung der Placenta, der zweite auf den Ursprung der Cotyledonen. Was das freigebliebene durchsichtige Feld anlangt, so geschieht es auf Kosten desselben, daß sich die eigenen Hüllen des Fötus und der ganze Nabelstrang bilden. — Um meine Meinung vollständig auszudrücken, braucht man nur die Vergleichung zwischen dem Ei der Säugethiere und dem Ei der Vögel weiter fortzusetzen und sich ein ei-

ges Vogelei, dessen cicatricula eine gewisse Entwickelung erlangt hat, mit dem ganzen undurchsichtigen Felde an einen Uterus angelegt zu denken. — Hr. Coste verspricht ausführliche Arbeiten hierüber, worauf man nur begierig seyn kann.

Ueber die Fortpflanzung der Aale hat Hr. Yarrel achtzehn Monate lang Untersuchungen fortgesetzt, wovon die Bekanntmachung bevorsteht, die das Interesse der Naturforscher im hohen Grade erregen wird. Durch vielfältig angestellte Untersuchungen und Zergliederungen von Aalen, die er sich aus allen Theilen von England hat schicken lassen, hält er es für entschieden, daß die Aale eierlegend, und wie andere Fische, mit Milch und Rogen versehen sind. Er ist den Aalen nachgezogen bis zu dem trüben Wasser, wohin sie meist, obgleich nicht immer, gehen, um ihre Eier abzusetzen, er ist den Jungen gefolgt auf ihren außerordentlichen Frühjahrsreisen, wodurch sie stromaufwärts in kleine Flüsse und Bäche und Teiche rc. einbringen, um sich Aufenthaltsorte zu suchen. Ihre Zahl ist unermeßlich; die stromaufwärts ziehenden Schaaren bilden längs des Ufers eine schwarze Linie; und diese Reisen sind nicht auf das Wasser beschränkt, sie gehen oft über Fluße und Hindernisse weg, um ihren Bestimmungsort zu erreichen.

Die von Hrn. Bonpland aus Buenos Ayres abgesendeten Kisten mit Gegenständen der Naturgeschichte sind in Paris angekommen. Es befinden sich unter vielen interessanten Dingen auch fossile Stücke, die man als zum Megatherium gehörig ansieht, nämlich ein Backzahn von ganz sonderbarer und lehrreicher Structur, ein Theil des Schenkelknochens und ein Theil von einer Art verhärdcherter Haut. Diese gleicht, abgesehen von dem Volumen, einigermaßen dem Panzer eines Dasypus tricinctus. Es wird hiernach wahrscheinlich, daß es mehrere Arten von Megatherium gegeben habe.

Heilkunde.

Coxalgie und Coxarthrocace.

Von J. C. G. Fricke.

Die unter dem Namen Coxalgie, Coxarthrocace, Morbus coxarius, freiwilliges Hinken bekannte Krankheit u. s. w. bedarf, trotz vieler Arbeiten darüber, doch noch fortgesetzter Untersuchung und Beobachtung.

Die Widersprüche, welche bei den verschiedenen Schriftstellern finden, beruhen darauf, daß man zwei Krankheitsformen nicht von einander unterschied, die ihren äußern Erscheinungen nach sich sehr gleichen, ihrem Wesen nach aber eine große Verschiedenheit darbieten, bei der einen Form leidet wirklich das Hüftgelenk mit seinen Umgebungen, bei der andern sind es aber die Muskeln des Schenkels, welche sich in einem kranken Zustande befinden, durch den sie in ihren Verrichtungen gestört werden, so daß die Muskeln nicht mehr der Willkühr folgen und der leidende Schenkel verlängert erscheinen. Die erste Form ist die sonst als acut entzündliche Krankheit, die zweite die als chronisch entzündlichen Leiden beschriebene Form des Morbus coxarius.

Die entzündliche Form nennt Fricke Coxarthrocace, die zweite Form Coxalgie. Wenn wir die characteristischen Symptome beider Formen gegen einander überstellen, so wird nicht schwer seyn, dieselben am Krankenbette wieder zu erkennen und zu unterscheiden.

| Erste entzündliche Form. | Zweite Form. |
| Coxarthrocace. | Coxalgie. |

Entstehung.

Ist die Entzündung acut, so wird der Kranke auf einmal heftig ergriffen; alle Symptome treten plötzlich hervor und bezeichnen sogleich eine vollkommen ausgebildete Entzündung.

Die Krankheit kann eine Zeit lang dauern, ohne daß das Leiden des Kranken in die Augen fallend ist; Symptome der Entzündung fehlen immer.

Ist die Entzündung chronisch, so treten dieselben Symptome, nur in geringerem Grade und nicht so heftig, auf. Sie kann dann Monate, ja ein Jahr und darüber dauern, ohne daß der Kranke bedeutende Beschwerden dadurch erleidet. Er geht dabei stets herum, verrichtet seine Geschäfte und fühlt selten das Bedürfniß, sich auszuruhen.

Der Kranke wird, ohne im Anfang über Beschwerden zu klagen, von Zeit zu Zeit am Gehen verhindert, und in seinen Beschäftigungen gestört. Er sucht oft das Lager, um sich auszuruhen.

Schmerz.

Der Kranke wird sogleich im Anfang mehr oder minder von heftigen Schmerzen, je nachdem die Entzündung acut oder chronisch ist, befallen. Diese Schmerzen äußern sich nicht allein im Hüftgelenke, sondern auch in der ganzen Seite des Kniees, wo sie fortdauernd vorhanden sind, ohne daß die Berührung des Kniees schmerzhaft ist, während sie im Hüftgelenk durch Bewegung des Schenkels, durch das Auftreten, durch Druck auf den Trochanter hervorgerufen werden. Eben so ist ein Druck in der Inguinalgegend sehr empfindlich, die Schmerzen nehmen stets zu und werden besonders am Knie oft unerträglich.

Der Kranke empfindet im Anfange der Krankheit seltener eigentliche Schmerzen, sondern nur ein Ziehen und Spannen und eine eigenthümliche Schwere in dem Schenkel; finden Schmerzen statt, so sind dieselben an den Stellen, wo sich die Muskeln an dem Becken ansetzen, bemerkbar; Bewegungen machen dem Kranken wenig oder gar keine Empfindungen. Der Knieschmerz ist im Anfange nie vorhanden, und wird nur erst später, wenn diese Form ein entzündliches Leiden des Hüftgelenkes hervorruft, erzeugt. Der Kranke klagt aber zuweilen über einen Knieschmerz an den Insertionen der Muskeln, welcher durch Druck vermehrt wird. Ein Druck neben dem Trochanter auf die Inguinalgegend angebracht, macht keine Schmerzen.

Allgemeinbefinden.

Das Allgemeinbefinden ist, wenn die Entzündung acuter Art ist, bedeutend getrübt. Der Kranke hat ausgebildetes Fieber und kann das Lager nicht verlassen. Ist er jedoch noch im Staube, zu gehen, so ist das leidende Bein bei'm Gebrauche schmerzhaft und daher der Gang hinkend.

Ist eine chronische Entzündung vorhanden, so ist das Allgemeinbefinden wenig getrübt.

Der Kranke befindet sich übrigens wohl, geht wie früher herum, und vermag selbst, wenn auch mit einiger Anstrengung, große Spaziergänge zu machen oder seinen Geschäften nachzugehen; aber der Gang des Kranken ist dabei mehr schleppend, er zieht das leidende Bein immer nach, obgleich es bei'm Gebrauche ohne Schmerzgefühl ist.

Aeußere Untersuchung.

Die Hinterbacke der leidenden Seite ist mehr oder weniger geschwollen und härtlich, die Grube ist meistentheils vorhanden, selbst oft fehlt, Geschwulst aber mehr an der innern Seite des Gesäßes, wodurch die Falte in der Regel tiefer zu stehen kömmt. Die Wärme in dem kranken Schenkel ist etwas vermehrt; er ist meistens vorwärts gebogen, und ist der Versuch, ihn auszustrecken, verursacht gewöhnlich heftige Schmerzen. Der Fuß ist etwas nach außen gewandt, und dem Kranken ist es schmerzhaft, ihn nach innen zu wenden.

Diese Geschwirungen treten alle in einem mindern Grade bei der chronischen Entzündung hervor. Legen wir den Kranken auf eine ebene Fläche und halten beide Schenkel neben einander, so finden wir entweder beide Schenkel scheinbar gleich, oder den kranken scheinbar verlängert, aber immer wirklich verkürzt.

Die Muskeln des Oberschenkels der kranken Seite sind fest und hart anzufühlen.

Im Bezug auf einzelne Symptome entnehmen wir aus Fricke's Mittheilung einige Bemerkungen.

1) Schmerzen. Diese sind bei der Coxarthrocace deutlich entzündlich und sitzen im Hüftgelenke selbst, und werden durch jede Art von Druck vermehrt. Der Schmerz macht keine Intermissionen, er hört am Hüftgelenk nur auf, um einem andern, dem Kniesmerze, Platz zu machen, welcher dann abwechselnd mit ersterem den Kranken quält.

Die Coxalgie ist anfangs mit wenig, bisweilen mit gar keinen Schmerzen verbunden; später entstehen sie dadurch, daß die übermäßig angestrengten Muskelpartheien eine größere Anstrengung haben, indem sie die Function der erschlafften Muskeln übernehmen müssen. Deswegen hat der Schmerz keinen bestimmten Sitz, sondern nimmt den ganzen Schenkel ein und ist bloß bei Bewegungen des Gliedes bemerkbar. Bei der Untersuchung klagt die Kranke über Schmerzen nur bei Berührung der Stellen, wo sich die übermäßig angestrengten Muskeln befestigen, kurze Ruhe besänftigt aber diese Schmerzen immer wieder. Hervorzurufen sind diese nämlichen Schmerzen auch durch starkes Strecken oder Beugen des Kniees.

Ein eigenthümlicher, noch nicht erklärter Schmerz ist der Kniesmerz bei der Coxarthrocace. Er ist nur durch ein wirklich organisches Leiden bedingt. Deßhalb bemerken wir denselben am Knie erst dann, wenn ein organisches Leiden des Hüftgelenks im

Die Hinterbacke der leidenden Seite ist flach, die Grube verwischt, wodurch sie oft ganz ausgefüllt zu seyn scheint. Die Falte hängt tiefer als an der gesunden Seite herab, ohne daß eine Geschwulst dieses Herabhängen hervorbringt. Die kranke Schenkel ist nicht wärmer als der gesunde. Er liegt frei, ohne eine besondere Richtung anzunehmen, und ohne daß die Bewegung besonders schmerzhaft wäre. Der Fuß fällt indessen stark nach außen, doch ist die Bewegung nach innen keineswegs schmerzhaft.

Vergleichen wir die Länge des kranken Schenkels mit der des gesunden, so finden wir, daß der kranke bedeutend, von 1—4 Zoll, länger als der gesunde ist, obgleich, wie wir es unten sehen werden, ein Theil dieser Länge einer scheinbaren Verlängerung zuzuschreiben ist.

Hier findet sie nie eine Verkürzung.

Die Muskeln des Oberschenkels der kranken Seite sind schlaff und weich anzufühlen.

Beginnen oder schon wirklich eingetreten ist; daher kommt er auch bloß bei der Coxarthrocace vor. Bei der Coxalgie zeigt sich bisweilen ein von jenem zu unterscheidender Schmerz; dieser rührt davon her, daß einzelne Muskeln übermäßig angestrengt und in ihren sehnigen Ausbreitungen schmerzhaft werden. Deßhalb findet man diesen Schmerz an der innern Seite des Kniees, da, wo sich die Sehnen des m. sartorius, gracilis, semitendinosus und semimembranosus inseriren, und an der äußern Seite, wo sich die Sehne des m. biceps femoris ansetzt. Das Characteristische bei diesem Schmerze ist, daß er durch Druck vermehrt wird, während der Kniesmerz bei Coxarthrocace selbst durch starken Druck nicht gesteigert werden kann. Auch findet sich nie eine Veränderung der normalen Textur im Kniegelenk. In den Fällen von gleichzeitiger Anschwellung des Kniees, welche Rust, Albers und auch Fricke beobachteten, war eine von der Coxarthrocace unabhängige Kniegelenkkrankheit zugleich vorhanden.

2. Geschwulst des Gesäßes und des Hüftgelenks. Gewöhnlich wird die Geschwulst erst in das sogenannte dritte Stadium gesetzt, wo dieselbe durch beginnende Eiterung hervorgebracht werden soll. Bei Entzündung der Bänder und Knochen ist freilich keine bedeutende Vergrößerung der Hinterbacke zu erwarten, dennoch zeigen genaue Beobachtungen, daß sich, besonders nach Contusionen, die Entzündung auf die benachbarten Theile ausdehnt, und gleich im Anfang eine Geschwulst der Hinterbacke hervorbringt. Durch diese Geschwulst kömmt die Gesäßfalte natürlich tiefer zu stehen. In den Fällen aber, wo der kranke Schenkel sehr verkürzt ist, stehen beide Falten gleich.

Bei der Coxalgie finden wir immer eine Abplattung des Gesäßes, selbst wenn auch bei dem Kranken die Gesäßmuskeln anspannen lassen, wird keineswegs die Ruuhung in dem Grade hervorgebracht wie an der gesunden Seite. Durch das Herabhängen der Hinterbacke hängt auch die Falte tiefer. Die leidende Hinterbacke ist schlaff, nicht gespannt, also ohne Geschwulst.

3. Verlängerung und Verkürzung des Schenkels der kranken Seite. Hierüber sind die Ansichten der Aerzte sehr verschieden; man hielt sich an Hypothesen und noch Niemand hat directe Versuche angestellt; solche haben nun Fricke überraschende Resultate gegeben.

Die allgemeine Meinung ist, daß die Verlängerung gewöhnlich in den ersten Stadien der Krankheit vorkomme. Die Ursache davon wird verschieden angegeben. A. T. L. Petit und Camper leiten sie von Anhäufung von Synovia in der Gelenkkapsel und Volpi zugleich von Anschwellung der Knorpel daselbst her. B. Rust und mit ihm sehr Viele sind der Ansicht, daß der Schenkelkopf durch caries centralis anschwelle und aus der Pfanne hervorgetrieben werde. C. Erschlaffung und widernatürliche Ausdehnung der Gelenkbänder und der Muskeln betrachten Larrey und Chelius als Ursachen. D. Von Zerstörung des unteren Randes der Pfanne und Ausweichung des Schenkelkopfes nach oben leitet Langenbeck die Verlängerung ab. E. Die Verschiebung des Beckens endlich hat Brodie in neuerer Zeit hauptsächlich als Ursache der Verlängerung erkannt. Bei so großer Verschiedenheit der Meinungen über einen und denselben Gegenstand schließt man sich gewöhnlich an die wahrscheinlichste an, und so kam es, daß Rust's Ansicht sich sehr verbreitete. Dennoch finden sich in ihr mehrere Widersprüche; vor allem kann man den Grundsatz, daß das Herausstreten des Kopfes aus der Pfanne durch seine Vergrößerung die betreffende bedeutende Verlängerung des Schenkels verursachen könne, keineswegs nicht beipflichten, weil die Tiefe der Pfanne kaum halb so viel als die Verlängerung ausmacht; wobei überdieß der Kopf gar nicht in gerader Richtung nach außen, sondern in der schrägen Richtung des Schenkelbeinhalses nach außen hervortreten müßte, so daß die Verlängerung noch weniger betragen würde. Außerdem kömmt es sogar, wie Rust selbst zugibt, bisweilen vor, daß in einigen Fällen, ungeachtet der stattfindenden Vergrößerung des Kopfes, eine wirkliche Verkürzung des Schenkels vorhanden ist.

Fricke prüfte nun jene verschiedene Ansichten durch directe Versuche an Leichen.

1ster Versuch. Das Hüftgelenk wurde an der äußern Seite

geöffnet, der Schenkelkopf herausgebrängt und durch Umwicklung mit Leinwand bis zu einem 4—6 Linien größern Durchmesser vergrößert. Hierauf wurde er in die Pfanne zurückgebracht und beide Beine zusammengelegt, wobei durchaus kein Unterschied hinsichtlich der Länge oder Kürze sich zeigte. Aehnliche Versuche, wo bei nun die Messung von dem Hüftbeinkamme bis zum äußern Knöchel mit der pünctlichsten Genauigkeit angestellt wurde, ergaben, bei einer 6 Linien betragenden Vergrößerung des Schenkelkopfes, kaum 1 Linie Verlängerung des Fußes.

2ter Versuch. Nach einer Luxation des Schenkels wurde die Pfanne mit Charpie ausgefüllt und der Kopf wieder in dieselbe hineingebracht. Auch hier zeigte sich keine Verlängerung. Aus diesen oft wiederholten Versuchen ergiebt sich der Schluß: daß das mechanische Heraustreten des Schenkelbeinkopfes aus der Pfanne, in Folge seiner Vergrößerung, oder in Folge von Verengerung der Pfanne durch verschiedene Anschwellungen der Fettmasse, der Gelenkbänder, Knorpel u. dgl. unmöglich die Verlängerung des Schenkels im ersten Stadium der Coxarthrocace erzeugen könne. Wie aber die Erschlaffung bei einem Entzündungszustande, nach Larrey und Chelius, vorhanden seyn könne, läßt sich nicht wohl begreifen. Eben so wenig kann man die Verschiebung des Beckens, nach Brodie, als alleinige Ursache der Verlängerung annehmen.

Genauere neue Untersuchungen gaben nun aber das entgegengesetzte Resultat, daß in allen Fällen, wo wirklich das Hüftgelenk an Entzündung leidet, der kranke Schenkel, wenn auch dem Ansehen nach länger, doch aber immer wirklich verkürzt ist, und zwar so, daß, wenn er z. B. um 4 Linien dem Ansehen nach länger erscheint, er ungefähr eben so viel kürzer ist.

Mißt man die Länge der Füße durch bloßes Nebeneinanderlegen, so erscheint der kranke Fuß allerdings immer länger, mißt man aber die Entfernung vom Hüftbeinkamme zum Trochanter, dann zum Kniegelenk und dem Knöchel, so findet man bei nun unten hervorragenden Fuß verkürzt. Es geschieht dieß dadurch, daß, wenn durch die erhöhte Contraction der Oberschenkelmuskeln, zu welcher sie durch fortwährenden Schmerz im Gelenke angereizt werden, der Kopf des Oberschenkels viel stärker in das acetabulum der kranken Seite hineingedrückt und eine Verkürzung des kranken Schenkels hervorgebracht, durch Verschiebung, oder besser so zu sagen, durch eine krankhafte Senkung des Beckens auf die kranke Seite, die ganze untere Hälfte des Körpers an derselben Seite nach unten gesenkt wird, wodurch die Fußsohle des kranken Schenkels ungefähr um so viele Linien vor der des gesunden hervorragt, als der Schenkel dann wirklich verkürzt ist. Diesen Zustand der gleichzeitigen wirklichen Verkürzung und scheinbaren Verlängerung kann jeder an sich selbst hervorbringen, wenn er sich horizontal niederlegt, beide Schenkel nebeneinander hält und nun einen Schenkel länger, als den andern zu machen sucht. Bei diesem Versuche wird man sogleich bemerken, daß in dem Maaße, wie der eine Schenkel vor dem andern länger erscheint, das Becken sich an derselben Seite heruntersenkt, und bei einer in diesem Zustande vorgenommenen Messung findet man die Extremität, die im Vergleich zu der nebenliegenden länger erscheint, um 3 bis 4 Linien verkürzt.

Durch einen 3ten Versuch an einer Leiche, wobei ein breiter Riemen, über beide Trochanteren angelegt und zusammengeschnürt, die Gelenkköpfe in die Pfanne hineindrückte. Ergab sich, daß hiedurch immer eine 2½ bis 3 Linien betragende Verkürzung hervorgebracht wurde.

Wirkliche Verlängerung des Schenkels findet sich bei der Coxarthrocace in der spätern Dauer, wo durch lange Dauer der Entzündung und anderweitige Zerstörungen alle Theile so erschlafft sind, daß sie das kranke Glied nicht mehr in gehörigem Zusammenhange mit dem Becken zu erhalten vermögen.

Bei der Coxalgie findet sich im Gegentheil, außer der scheinbaren, auch eine wirkliche Verlängerung.

Ein 4ter Versuch erklärte den Grund davon. Es wurden nämlich bei einem Cadaver alle Muskeln des einen Oberschenkels bis an den Schenkelbeinhals durchgeschnitten. Nun wurde der vorher genau gemessene Schenkel stark gezogen und in diesem Exten-

sionszustande um 2 Linien wirklich verlängert gefunden. Eine Maaßveränderung ohne Durchschneidung der Muskeln war nicht hervorzubringen, woraus deutlich hervorgeht, daß die wirkliche Verlängerung durch aufgehobene Action der Muskeln hervorgebracht wurde.

Auf ähnliche Weise ist die scheinbare und die wirkliche Verkürzung des kranken Schenkels zu erklären, welche bisweilen vorkömmt. Daß aber eine bloße Verkleinerung des Schenkelbeinkopfes ohne eine Muskelaction keine Verkürzung des Schenkels hervorbringt, zeigt der fünfte Versuch. Hierbei wurde bei einer Leiche der Oberschenkel exarticulirt, der Kopf des Knochens von seinem knorpeligen Ueberzuge befreit und dann wieder in die Pfanne hineingebracht, worauf bei der Messung sich keine Verkürzung zeigte. Sucht man den Schenkelkopf noch bedeutender zu verkleinern, indem man nämlich den obern Theil desselben ganz absägt, so zeigt sich dennoch keine Veränderung in der Länge, und nur erst dann, wenn der ganze Schenkelkopf abgesägt wird, bemerkt man eine Verkürzung von 2½ Linie, also ungefähr eben so viel, als durch das Hineinpressen des Schenkelkopfes in die Pfanne hervorgebracht wird.

Was das Wesen dieser Hüftgelenkkrankheit betrifft, ist es besonders wichtig, die zwei oben angegebenen Krankheitsformen der Coxalgie und der Coxarthrocace, welche bei ihrer Entstehung, dem Anscheine nach, sich sehr gleich, ihrem Wesen nach aber sehr verschieden sind, von einander zu unterscheiden.

Wenn wir das Wesen der erstern von ihnen näher bestimmen wollen, ohne uns dabei mit dem Wesen der Coxarthrocace zu beschäftigen, indem wir diese letztere, gleich allen andern Schriftstellern, durch einen Entzündungsproceß bedingt, ansehen, welcher bald in diesem, bald in jenem Theile des Hüftgelenks seinen Ursprung nimmt, so müssen wir uns vor allem erinnern, daß die Muskeln eine eingepflanzte Erregbarkeit, die Reizbarkeit, besitzen, (Haller, Reil, Sprengel u. a.) wodurch sie fähig werden, nach angebrachten Reizen eigenthümliche Bewegungen hervorzubringen.

Es giebt nun aber auch einen widernatürlichen Zustand der Reizbarkeit, und zwar einen doppelten, der den zu sehr erschöpften, und den zu sehr verstärkten Wirksamkeit. Der erste ist ein Unvermögen der reizbaren Fasern, von gewöhnlichen Reizen auf gewöhnliche Art berührt zu werden, wodurch zugleich die Beweglichkeit dieser Fasern vermindert wird. Eine solche widernatürlich verminderte Reizbarkeit einzelner Muskelfasern und ganzer Muskeln, wodurch eine Muskelschwäche (atonia muscularis) erzeugt wird, findet nur bei der Coxalgie statt. Diese Muskelschwäche, die auch bei Verkrümmungen eine so große Rolle spielt, nimmt vor allen andern an den bei der Coxalgie vorkommenden Zufällen den thätigsten Antheil, wovon wir als erstes Symptom, welches auf diese Weise erzeugt wird, eine freiwillige Schwerbeweglichkeit des leidenden Gliedes, (dysenesia spontanea) wahrnehmen. Jene Muskelschwäche beruht auf Erschöpfung der Muskelkraft, und unterscheidet sich von der Paralyse dadurch, daß letztere vom Nerven ausgeht, während erstere in dem Muskel selbst, indem derselbe für den Nerveneinfluß weniger empfänglich, begründet ist. Es ist aber schwer, eine genaue Gränzlinie zwischen beiden Zuständen zu ziehen, und wir werden unsere in Frage stehende Krankheit in einzelnen Fällen gewiß zu den Nervenkrankheiten zählen müssen, um so mehr, wir mit Reil, Krankheiten des Nervensystems, die sich durch Verletzung ihres Geschäfts auf Bewegung zu erkennen geben, zu den Nervenkrankheiten rechnen.

Behandlung der Coxalgie und der Coxarthrocace.

So verschieden die Ansichten sind, welche wir bei den Schriftstellern über die Natur der Krankheit finden, so verschieden mußte natürlich auch die Behandlung ausfallen. Die Behandlung, welche nun Fricke anwendet, ist seinen Ansichten von der Natur der Krankheit entsprechend; daher geht sie bei der Coxalgie darauf aus, die verminderte Reizbarkeit zu erhöhen und so den normalen Zustande zurückzuführen. Hierzu bedarf es aber weniger der Reizmittel, als vielmehr dessen, daß man der Natur gestattet, selbst zu dem normalen Gleichgewichte zurückzukehren und also bloß jede fernere Reizung durch Bewegung des Gliedes zu vermeiden. Unter allen Mitteln stehen also oben an: Ruhe des Körpers sowohl als des leidenden Gliedes, welche aber möglichst vollständig seyn muß. Am geeignetsten hiezu fand Fricke die Hagedorn-Djonbische Maschine. Bei der einfachen Behandlung mit dieser wird in den meisten Fällen die Neuralgie binnen 6—8 Wochen, oft noch früher, geheilt. Die ersten Versuche zum Aufstehen und Gehen, die man von Zeit zu Zeit machen lassen kann, und selbst machen muß, damit die Muskeln wieder in Thätigkeit gesetzt werden, werden sehr bald zeigen, ob eine Verbesserung oder Verschlimmerung der Krankheit eingetreten ist. Im letztern Falle muß der Kranke zur Ruhe zurückkehren.

Bleibt nun aber der Schenkel fortwährend länger, ist der Kranke nach einiger Zeit immer noch unvermögend, frei und ohne Beschwerde zu gehen, so müssen activere Mittel angewendet werden. Hier sind nun zwei Zustände zu unterscheiden. Bei dem einen findet ein sehr gereizter Zustand des ganzen Nervensystems mit Verbauungsbeschwerden und Stockungen aller Art im untern Theile des Darmcanales statt. Hier passen auflösende Mittel mit bisweilen beigefügten Abführungen durch metallische oder drastische Purgirmittel; allgemeine warme Bäder (Malz= oder bisweilen Kalibäder); warme Cataplasmen zeichnen sich vor allen andern topischen Mitteln aus. Bei dem zweiten Zustande findet man eine Muskelschwäche, ohne daß der genannte gereizte Nervenzustand vorhanden ist, und in welchem die Muskeln als solche sich dem Einfluß der Nerven entzogen haben. Hier sind nun indicirt: 1. Einreibungen von flüchtigen Salben und spirituöse Waschungen, verbunden mit Kneten der Muskeln und Bürsten der Haut. 2. Spanische Fliegen und andere die Haut reizende Salben und Pflaster. 3. Trockene Schröpfköpfe. 4. Acupunctur (doch wurde diese nicht häufig angewendet). 5. Reizende Bäder und heiße Wasserdämpfe. 6. Moxen und Glüheisen: öfter bediente sich Fricke auch der Phosphor=Moxen, nämlich kleiner linsengroßer Phosphorstückchen auf die Haut gelegt und angezündet; die Anwendung des Glüheisens in der Neuralgie muß energisch seyn, als in der Coxarthrocace; bei ersterer nämlich kömmt es bloß auf eine kräftige Aufregung der Muskelthätigkeit an, und es genügen rasch geführte, oberflächliche Streifen.

Wenn die Neuralgie in Coxarthrocace übergeht, so muß bei fortdauernder Ruhe des Gliedes antiphlogistisch verfahren werden, durch Blutigel und die Scott'sche Methode *).

Die Coxarthrocace erfordert als eine Entzündung des Hüftgelenkes und seiner Umgebungen den antiphlogistischen Heilapparat in seiner ganzen Ausdehnung: 1) allgemeine Blutausleerung, welche Fricke bei robusten Subjecten, und wenn eine äußere Gewaltthätigkeit Ursache der Krankheit ist, für unentbehrlich hält; 2) örtliche Blutausleerungen in reichlichem Maaße, z. B., einen Tag um den andern, 20—30 Blutigel; 2) Kälte.

Drohen bereits Desorganisationen, so müssen die kräftigsten ableitenden Mittel, die zugleich eine künstliche Eiterabsonderung erregen, angewandt werden: 1. Fontanellen, welche aber groß seyn müssen, indem Fricke bloß von solchen Nutzen sah; bei den Kindern von 8—15 Jahren 10—30, bei Erwachsenen über 100 Erbsen enthielten. 2. Das Glüheisen, welches indeß Fricke keineswegs in der Ausdehnung empfehlen kann, wie es wohl in neuern Zeiten geschehen ist; wenn man es anwendet, so muß man es anhaltend und lange hinter dem großen Trochanter einwirken lassen. Die Haut über dem Trochanter hüte man sich ja zu verbrennen, da bei später entstehende Wunde äußerst schwierig zur Vernarbung zu bringen ist.

Sind bereits bedeutende Zerstörungen eingetreten, ist das Gelenk ergriffen, der Schenkelkopf aus der Pfanne herausgetreten, so gilt die strengste Ruhe in einer Maschine zu empfehlen, und das in allen Schriften zu dieser Zeit vorgeschriebene Verfahren in Anwendung zu bringen. (Annalen der chirurgischen Abtheilung des allgem. Krankenhauses in Hamburg, von J. C. G. Fricke, Hamburg 1833.)

*) S. Stott's chirurgische Beobachtungen über die Behandlung chronischer Entzündungen in verschiedenen Gebilden. Aus d. Engl. Weimar 1829. S. 83.

Fall eines Aneurisma der Basilararterie, welches plötzlich berstete und durch Druck auf das verlängerte Rückenmark den Tod verursachte.

Von Egerton A. Jennings, Wundarzt an der Leamington Armen=Bade=Anstalt.

„In dem folgenden Fall erfuhr das verlängerte Mark eine plötzliche Beeinträchtigung. Die Kennzeichen waren so charakteristisch, und zugleich so eigenthümlich, daß mir die Mittheilung desselben nicht ganz uninteressant zu seyn scheint.

John Beard, 54 Jahr alt, ein starker, gesunder Mann, hatte 17 Jahr in der Armee gedient, von welcher er seit ungefähr 1 Jahre weg war. Er hatte sich wohl befunden bis innerhalb der letzten fünf Monate, während welcher Zeit er häufig an Kopfschmerzen litt, welche bisweilen sehr heftig, aber doch nie so außerordentlich stark waren, daß sie ihn verhindert hätten, seine gewöhnlichen Geschäfte als Arbeiter zu verrichten. Wenn er thätig arbeitete, litt er am wenigsten, allein an Sonntagen und zu andern Zeiten, wo er unbeschäftigt war, war sein Gemüth niedergeschlagen, und der Schmerz im Kopfe, über welchen er klagte, stärker. Er hatte häufig große Schmerze in den Gliedern, welche bisweilen einschliefen.

15. Dec. 1831. — Nachdem er den Tag leidlicher zugebracht, als eine längere Zeit zuvor, genoß er frühzeitig sein Abendessen und ging zu Bette, indem er sich selbst freute, daß er sich besser, als gewöhnlich fühlte. Ungefähr eine Stunde nachdem er sich zu Bette gelegt, wurde seine Frau durch ein eigenthümliches Geräusch, welches er bei'm Athmen machte, erweckt. Als sie zu ihm kam, erzählte er ihr, er sey plötzlich aufgewacht, indem es ihm vorgekommen sey, als erhalte er mit einem Mal einen heftigen Schlag in den Nacken. Er vermochte kaum Athem zu holen, und war überzeugt, daß er sterben werde. Fast unmittelbar darauf verlor er auch das Bewußtseyn. Ich sah ihn ungefähr um 12 Uhr und erschrak über das eigenthümliche Verhalten des Athmens. Es bestand aus abwechselnden heftigen, krampfhaften Einathmungen und leichtem Stöhnen. Schnarchen bemerkte man nicht. Die Inspiration hatte den Character eines heftigen Schluchzens; die Erspiration war von langanhaltendem Stöhnen begleitet. Alle Glieder waren wie gelähmt; hob man sie von dem Bett auf, so fielen sie wie todt wieder herab und schienen, wenn man sie kneipte oder stach, ganz gefühllos. Doch schien in dem Gesicht Empfindung und Bewegung vorhanden zu seyn, denn als die Wange mit einer Feder tigelte, zogen sich die Muskeln zusammen, und als man Flüssigkeiten in den Mund einflößte, bewegten sich die Backen, aber er vermochte nicht zu schlucken. Die Pupillen waren nicht unnatürlich erweitert und zogen sich zusammen, als man ihn Licht vor die Augen hielt. Wenn man sehr laut zu ihm sprach und ihn aufforderte, seine Zunge herauszustrecken, so machte er zwar die Anstrengung dazu, konnte sie aber nicht über seine Lippen hinaus bringen. Andre Zeichen von Bewußtseyn gab er nicht von sich. Er lag im Schweiße gebadet. Indem er balag, war der Kopf offenbar nach hinten gezogen, und bog den Hals beträchtlich, und wenn man den Hals gerade stellte, so nahm er sogleich wieder dieselbe Stellung an, wenn man ihn sich selbst überließ. Der Puls schlug 80, klein, und etwas hart. Ich ließ sogleich 50 Unzen Blut vom Arm ab. Durch den Aderlaß wurde er offenbar erleichtert. Er öffnete seine Augen, sprach, klagte über Schmerzen im Hinterkopf und Nacken, athmete ruhiger, steckte seine Zunge heraus, und bewegte seine Glieder. Der Puls stieg auf 90 Schläge und war weich. Eine halbe Stunde nach dem Aderlaß versuchte er aufzustehen, es trat jedoch ein Anfall von Würgen ein, er fiel bewußtlos zurück, und verlor das Vermögen, seine Glieder zu bewegen, wiederum ganz. Das Athmen wurde wie früher, nur allmälig noch beschwerlicher; bisweilen verstrich sogar eine beträchtliche Zeit zwischen den einzelnen Respirationen. Bald wurde er völlig unempfindlich für jeden, selbst lauten Schall; das Athmen wurde langsamer und mühsamer, bis er ungefähr um 7 Uhr starb.

Untersuchung des Leichnams sieben Stunden nach dem Tode. Das Gehirn und Rückenmark wurden zusammen aus

dem Körper genommen, nachdem man die Wirbelknochenbogen weg-
gesägt und den Schädel geöffnet hatte. Eine große Menge seröse
Flüssigkeit hatte sich in den Grund des Schädels, so wie durch die
ganze Länge des Rückenmarkscanals ergossen. Ein großer Blutklumpen bedeckte das verlängerte Rückenmark und erstreckte sich bis
zum ringförmigen Wulst (tuber annulare s. pons Varolii), ohne
ihn jedoch zu bedecken. Als man diesen Klumpen sorgfältig aufschnitt, wurde ein kleines Aneurysma der Basilararterie entdeckt.
Dieses Aneurysma, welches ungefähr Erbsengröße hatte, war durch-
sten und hatte die Quelle abgegeben, aus welcher der Blutfluß
stattgehabt hatte. Der Klumpen schloß an seinem Anfange das 6.,
7., 8. und 9. Nervenpaar ein und mußte demzufolge einen beträchtlichen Druck auf sie und das verlängerte Mark ausgeübt haben.
Ein schwaches dünnes Coagulum umgab das Rückenmark in seiner
ganzen Länge, welches am obern Theile seines Stranges an manchen Stellen dunkelrothe Flecken zeigte. Auch bemerkte man an einer oder zwei Stellen kleine Klumpen auf der Oberfläche des kleinen Gehirns.

Bei dem Einschneiden des Gehirns wurde dessen ganze Substanz
mit Blut angefüllt gefunden. An manchen Stellen bot die Marksubstanz ganz das Ansehen einer weißen, mit rothem Sand besprenk-
ten Fläche dar, oder das, was Lallemand characteristisch mit dem
Ausdruck injection sablée bezeichnet hat. Außerdem konnte keine
andere krankhafte Erscheinung entdeckt werden.

Eine Vergleichung der Erscheinungen nach dem Tode mit den
Krankheitszeichen während des Lebens, giebt eine sehr befriedigende
Erläuterung des Falles. Wir sahen den Zufall plötzlich eintreten, und
ihn den Kranken mit einem Stoß aus der Welt vergleichen, wo
ohne Zweifel das Aneurysma plötzlich geplatzt war. Es war eine
gänzliche Unthätigkeit der willkürlichen Muskeln vorhanden, welche
vom Rückenmarke Nerven erhalten, und zwar verursacht durch den
Druck des Blutklumpens auf das verlängerte Rückenmark. Das
außerordentliche Verhalten der Respiration deutete darauf, daß die
Respirationsnerven mit im Blutklumpen begriffen waren, während
sich die Fortdauer der Bewegung und Empfindung im Gesichte vollkommen daraus erklären lassen, daß das fünfte Nervenpaar nicht
mit in den Schaden gezogen war. Die Empfindlichkeit der Netzhaut,
die Intelligenz, ... der Kr., bei dem Bemühen die Zunge herauszustrecken, an den Tag legte, das Vermögen zu hören, welches
diese Bemühung andeutete, und die fortdauernde Wirkung des fünften Nervenpaares, Alles dieses war ein Zeichen, daß der Schade unterhalb des Ringwulstes lag. Dieß, mit der genauen Angabe des
Schmerzes an dem obern Theile des Halses, bestimmte mich, schon
vor der Leichenöffnung, zu der Voraussage, daß sich der Schaden
um das verlängerte Mark herum finden werde. Die bedeutende
Besserung, welche nach den reichlichen Blutgüssen eintrat, war ein
anderer bezeichnender Zug in dem Falle; und die Untersuchung ist nicht
ohne Interesse, ob die Blutung nicht das Uebel getödtet haben würden würde, und ob nicht vielleicht Wiederherstellung möglich gewesen wäre, wenn nicht der Anfall von Würgen, durch Verstärkung
des Blutantriebes nach dem Hirne, eine Wiederholung hervorgebracht hätte. Ohne Zweifel war der Blutklumpen nach dem Brech-
anfalle größer geworden, denn ich kann mir nicht denken, daß das

Gehör vorhanden gewesen wäre, wie es gerade vor dem Anfalle der
Fall war, wenn das siebente Nervenpaar so stark an dem Schaden
Theil genommen hätte. (Lancet, 22. June 1833.)

Miscellen.

Die Episioraphie ist eine neue Operation, welche Fricke
für die Fälle vorschlägt, wenn sich ein prolapsus vaginae oder uteri
nicht durch Pessarien zurückhalten läßt. Sie besteht darin, daß man
die beiderseitigen labia pudendi majora von der hintern Commissur
an nach vorn in der Ausdehnung von zwei Dritttheilen ihrer Länge
mit einander vereinigt. Hierzu wird zuerst in der angegebenen Ausdehnung auf jeder Seite ein Hautfalte ausgeschnitten und die Wundflächen werden durch blutige Nähte mit einander in Berührung gebracht.
Das Verfahren hat sich bei einer Beobachtung bei einem Dienstmädchen von 24 Jahren, welches einige Zeit nach der Operation
sich verheirathete, als vollkommen zweckmäßig bewährt.

Der Scorpionstich als Heilmittel in Krankheitsfällen, wo es nöthig ist, einer heftigen Pulsirung des Herzens
Einhalt zu thun, ist von einem französischen Arzte vorgeschlagen worden, der mehrjährige Beobachtungen über Scorpione angestellt hat und sich selbst mehreremal hat stechen lassen. Die Folge des
Stiches ist Anschwellung und 1 bis 8 Tage anhaltender Schmerz
in dem verletzten Theile, vorzüglich aber eine völlige Kraftentzie-
hung und plötzliche Ermattung, welches eben auf den Gedanken,
den Stich als Heilmittel zu benugen, geführt hat. (Daß dieses Mittel nicht oft in Anwendung werde gebracht werden, ist wohl mit Sicherheit vorauszusehen!)

Eine gute Anwendungsweise des Höllensteins bei
Hornhautgeschwüren ist in dem Bullet. de Thérap. angegeben, wodurch besonders vermieden wird, daß die Wirkung des Höllensteins auf die Umgegend fortgehe. Sie besteht darin, daß
man das Ende einer silbernen Sonde in einer Lichtflamme erhigt
und darauf mit einem Stück Höllenstein leicht reibt; hierbei schmilzt
dieser, vereinigt sich mit der metallischen Oberfläche und bildet einen dünnen Ueberzug; wird dieser zu dünn, so wiederholt man
denselben Proceß. Zur Anwendung wird das Instrument abgekühlt
und rein abgerieben; worauf man mit Sicherheit zur Betupfung
des Geschwüres benugen kann.

In Querbruch des Brustbeines durch bloße Muskelcontraction wurde von Hrn. Grandau bei einer 59jähri-
gen Frau beobachtet, welche ein sehr schweres Gefäß auf einen Wagen hinaufheben wollte und sich dazu stark zurückbeugte, indem sie
das Gefäß mit ihrem Unterleib auffeste, um während des Hebens etwas zu ruhen; hierdurch wurde durch die heftige Anspannung der
Bauchmuskeln das Brustbein plötzlich mit einem starken Krachen
durchgebrochen. Durch die gewöhnliche Behandlung der Bruch
in Zeit eines Monats vollkommen geheilt. (Revue médicale.)

Arnott's hydrostatisches Bett (Notiz. No. 768.) ist
bereits in mehreren Londoner Spitälern eingeführt und wird von
allen Seiten gerühmt, besonders hülfreich zeigt es sich zur Heilung
großer brandiger Stellen von Decubitus. (Lond. Med. and Surgic.
Journal, January 1833.)

Bibliographische Neuigkeiten.

Tableau de la distribution méthodique des espèces minérales,
suivie dans le cours de minéralogie fait au Muséum d'Histoire
naturelle en 1833 par M. *Alex. Brogniart*, Prof. Présentant
leur nomenclature univoque ou Linnéenne et leur nomenclature
characteristique ou définition tirée de leur composition dé-
finie et de leur forme fondamentale. Paris 1833 8.

Mémoires sur la Lithotripsie par percussion, et sur l'instrument
appelé percuteur courbe à marteau, qui permet de mettre
en usage ce nouveau système de pulvérisation des pierres vésicales le tout appuyé de nouveaux exemples de guérison
authentiques, présenté à l'académie des sciences. Par le Baron
Heurteloup, Paris 1833. 8. m. 1 K.

Klinische Kupfertafeln. Eine auserlesene Sammlung von Abbildungen in Bezug auf innere Krankheiten, vorzüglich auf die Diagnostik und pathologische Anatomie für practische Aerzte. Neunte
Lieferung. Weimar 1833 4. (In diesem Hefte finden sich (Taf. 49.)
Pocken auf innern Schleimhäuten. Nach Originalzeich-
nungen von Dr. Robert Froriep. Taf. 50. Lungenapoplexie.
Taf. 51 und 52. Gangrän der Lunge (nach Cruveilhier.)
Taf. 53. der D'Arcet'sche Räucherungsapparat zur Behandlung der Hautkrankheiten und Taf 54. die Irrenanstalt zu Pa-
lermo (nach P. Pisani.)

Notizen
aus
dem Gebiete der Natur- und Heilkunde.

Nro. 810. (Nro. 18. des **XXXVII.** Bandes.) **August 1833.**

Gedruckt bei Coffius in Erfurt. In Commission bei dem Königl. Preußischen Gränz-Poſtamte zu Erfurt, der Königl. Sächſ. Zeitungs-
Expedition zu Leipzig, dem G. H. F. Thurn und Tariſchen Poſtamte zu Weimar und bei dem Landes-Induſtrie-Comptoir.
Preis eines ganzen Bandes, von 24 Bogen, 2 Rthlr. oder 3 Fl. 36 Kr., des einzelnen Stückes, 3 ggl.

Naturkunde.

Ueber einen Wald unter der Meeresfläche in der Cardigan-Bai.

Von J. Yates.

Schon mehrere ältere und auch einige neuere antiqua-
riſche Schriftſteller über die Graffchaft Wales, thun des unterſeeiſchen Waldes in der Cardigan-Bai Erwähnung; ſo
viel ich aber weiß, beſitzen wir noch keine Nachricht darüber
von einem Geologen, mit Ausnahme einer kurzen Notiz in
Mr. Arthur Aikins Tour in North Wales (p. 56).

Dieſer Wald erſtreckt ſich mehrere engliſche Meilen weit
längs der Küſte von Merionethſhire und Cardiganſhire, und
iſt durch die Mündung des Dovey in zwei Theile getheilt; der
nördliche Theil deſſelben, welcher ſich gegen Barmouth hin
erſtreckt, iſt beträchtlich länger als der ſüdliche in der Richtung von Aberyſtwith hinlaufende.

Die Küſte iſt hier mit Sand bedeckt, welcher bei niedrigem Waſſerſtande trocken liegt und durch die Vereinigung
des Dovey mit dem See hier abgelagert zu ſeyn ſcheint.
Eine Strecke, welche Borth Sands heißt, und auf welche
ich meine Beſchreibung beſchränke, nimmt den ſüdlichen oder
kürzern Theil der beiden Hälften ein. Dieſe Sandbank iſt
gegen die Landſeite hin durch einen Wall von Schiefer [be-
gränzt; das Waſſer des Leryfluſſes fließt zum Theil durch
dieſen Wall durchſickernd in die See und verliert ſich zum
Theil in ein Sumpf- oder Marſchland, welches den nord-
weſtlichen Winkel von Cardiganſhire ausmacht.

Der unterſeeiſche Wald beſteht aus niedrigen Baumſtäm-
men, welche offenbar ihre urſprüngliche Stellung beibehalten
haben; einige derſelben haben lange, ſich ſchlängelnde Wurzeln, welche ſich auf der Oberfläche der Küſte ausbreiten.
Die Bodenſchicht, in welcher ſie wuchſen, iſt jetzt mit einem
Lager von Torf bedeckt, und viele Stämme gehen durch letzteres hindurch. Der Torf iſt in einer großen Ausdehnung
von den Armen der Umgegend zum Behufe der Feuerung aus-
geſtochen. Sowohl das zerfallene Holz als der Torf, iſt ganz
allgemein von der Pholas candida durchdrungen, und in

dem Holze ſelbſt fand ich eine große Menge der Teredo
navalis, obgleich die letztere in dem Torfe gar nicht zu bemerken war. Das Holz findet ſich auf jeder Stufe der
Verderbniß. An vielen Stellen iſt die Rinde um den Stamm
geblieben, ſo daß dieſer weit weniger verändert iſt, als dieß
ſonſt durch die Zeit geſchehen würde.

Unter den Holzarten iſt die ſchottiſche Tanne oder Pinus sylvestris (rubra. *Mill.*) am leichteſten zu unterſcheiden.
Dieſe iſt ſo wenig verändert, daß man das Holz derſelben
bisweilen noch zum Bauen benutzt. Es iſt bekannt, daß auch
an anderen Stellen, ſowohl in den Moräſten in der Nähe
von Liverpool, als in dem Meere von Cheſhire, Yorkſhire
und Lincolnſhire Pinus sylvestris ſehr häufig vorkommt,
und es iſt nachgewieſen, daß an jenen Stellen zu Anfange
der chriſtlichen Zeitrechnung ausgedehnte Wälder von Pinus
sylvestris vorhanden waren. Es ſcheint aber, daß dieſer
Baum auf die niedrigen Marſchgegenden beſchränkt war, da ich
kein Zeichen finde, daß er in irgend einem höherliegenden
Theile des Landes gewachſen ſey. In Hatfield-Chace, in
dem Süden von Yorkſhire, befanden ſich noch bis um die
Mitte des ſiebenzehnten Jahrhunderts einige dieſer eingeborenen Bäume, und der letzte derſelben wurde erſt 30 Jahre, bevor Herr De La Pryme einen Aufſatz über dieſen Gegenſtand an die Royal Society einſchickte (Phil. Trans. vol.
XXII. und XXIII.), umgehauen. So ſehen wir alſo, daß
die natürliche Ordnung der Coniferae in den Schichten Eng-
lauds von dem geologiſchen Zeitalter der vegetabiliſchen Kohlenformation bis auf 100 Jahre unſerer eignen Zeitrechnung
herab nachgewieſen werden kann, obgleich Pinus sylvestris,
der letzte Baum dieſer Familie, jetzt durch die Botaniker aus
der lebenden Flora England's ganz ausgeſchloſſen wird.

Eine andere Holzart, welche in dem unterſeeiſchen Walde
der Cardigan-Bai gefunden wird, und welche entweder Birke, Erle oder Weide zu ſeyn ſcheint, iſt mehr durch und durch
zerfallen. Aber die auflöſende und freſſende Kraft des Waſſers hat bloß auf den Splint, die harzigen Theile, das Gummi
und den übrigen Inhalt der Holzgefäße eingewirkt, nicht aber

18

auf die Gefäße selbst. Das Gefäßgewebe scheint ganz un=
verletzt geblieben zu seyn. Als ich ein Stückchen von diesem
Holze abgebrochen hatte, konnte ich mit der Hand das Was=
ser wie aus einem Schwamme aus demselben herauspressen,
und war erstaunt über den kleinen Raum, auf welchen es sich
zusammendrücken ließ. Es schien mir ganz klar, daß, wenn
diese Stämme, statt aufrecht stehen zu bleiben, umgestürzt
worden wären, sie unter der Last der darüber liegenden Erd=
massen jene platte, bandartige Gestalt angenommen haben
würden, welche man gewöhnlich in der natürlichen Holzkohle
der kohlenhaltigen Schichten findet; und es schien mir, daß
die Erhaltung der feinen Structur des Holzes mit allen ih=
ren Zellen und Gefäßen, trotz des Verlustes aller der übrigen
vegetabilischen Theile in denselben, einiges Licht über den Her=
gang des Versteinerungsprocesses werfen könne.

Man hat mir versichert, daß die Verhältnisse in dem
nördlichen Theile dieses unterseeischen Waldes, welchen ich
nicht besucht habe, vollkommen dieselben seyen. Eine natür=
liche Erhöhung oder ein Wall von Schiefer, trennt hier, wie
in dem zuvorbeschriebenen Theile, die Sandbank und den un=
terseeischen Wald von einem Landstriche von Marsch= oder
Sumpfland, welcher seinen gegenwärtigen Zustand dem Wäs=
sern eines Flusses verdankt, der zum Theil durch jenen Wall
aufgehalten wird.

In Bezug auf die Entstehung aller dieser Verhältnisse,
sehe ich keinen Grund, zur Erklärung derselben meine Zuflucht
zu der Annahme einer unterirdischen Bewegung zu neh=
men. Der Wall von Schiefer, welcher jetzt eine natürliche
Barriere zwischen der Sandbank mit ihrem Torfe und dem
unterirdischen Walde nach Westen und ihrem Sumpfstriche
nach Osten bildet, muß ohne Zweifel, trotz seiner großen Di=
mension, einer Veränderung seiner Lage fähig seyn. Läge er
nun weiter in die See hinein, so würde er den jetzt unterseei=
schen Strich mit einschließen; und wenn nun nach dem voll=
kommenen Heranwachsen des Waldes nach seiner Zerstörung
und nach der Bildung des Torfes auf dem von ihm übrig
gebliebenen, die See durch jenen Wall durchbräche, so würde
in nicht gar langer Zeit der gegenwärtige Zustand der Dinge das
Resultat seyn, da der Unterschied in der Lage der Höhe des unter=
seeischen Theiles und des außerhalb der Wogen liegenden Land=
striches nur sehr gering ist; eine so geringe Höhenverschieden=
heit, daß sie, wenn es nöthig wäre, selbst von dem Auswa=
schen desselben Wassers hergeleitet werden könnte, welches den
Marsch= und Sumpfstrich bedingt, indem dieses Wasser eben
allmälig die Theilchen der untenliegenden Schicht wegschwemmt.

Der Strich, welchen ich beschrieben habe, wird von den
Eingebornen von Wales Cantrew Gwaelod genannt, das
heißt das Niederungen=Hundert. Nach den ältesten Berich=
ten wurde derselbe etwa um das Jahr 520 der christlichen
Rechnung durch einen Einbruch der See überschwemmt. In
den Triads ol Britain, einer der wichtigsten Quellen, wird
dieses Unglück der Tollheit von „Seithenyn dem Trun=
kenbolde, welcher in seinem Rausche die See über das Can=
trew Gwaelod hereinließ," zugeschrieben. Die Beschreibungen
der Barden, in Bezug auf die Wichtigkeit und den Reich=

thum dieses Districtes, sind wahrscheinlich übertrieben; aber
ich sehe keinen Grund, ihrem Zeugnisse zu widersprechen, sowohl
was das Factum des Seeeinbruches durch Zerstörung der al=
ten Deiche, als was die Zeit betrifft, welche sie für diese Be=
gebenheit bezeichnen. (London and Edinb. philos. Ma=
gazine, April 1833.)

Beobachtungen über die chemischen und physiologi=
schen Eigenschaften der brenzlichen Oele des
Fingerhuts, Bilsenkrauts und Tabaks.

Von Dr. John Davie Morries.

Bei Anstellung einiger Experimente, rücksichtlich der wirksamen
Bestandtheile des rothen Fingerhuts und Bilsenkrauts vermuthete
ich Aehnlichkeit zwischen den brenzlichen Oelen dieser Pflanzen und
demjenigen des Tabaks, dessen giftige Eigenschaften bekannt ge=
nug sind.

Erstens. Das brenzliche Oel der Digitalis verschafft man sich
folgendermaaßen: Man thut die pulverisirten getrockneten Blätter
in eine gläserne Retorte, und bringt mit dieser eine tubulirte Vor=
lage in Verbindung. Mit dieser ersten Vorlage verbindet man mit=
telst einer Hebenröhre eine zweite, in der sich Alkohol oder Aether
befindet; man erhitzt man die Retorte mittelst eines Sandbades, des=
sen Temperatur sich nöthigenfalls bis zur Rothglühhize steigern
läßt. Das erste Product der Destillation ist eine wässerige Flüssig=
keit von hellgelber Farbe und giftigem Geruch. So wie die Hize
sich vermehrt, fängt das Oel an, sich zu bilden; dasselbe ist anfangs
gelb, wird aber allmälig dunkler. Zu Ende des Processes entsteht
eine beträchtliche Quantität kohlensaures Ammonium, welches sich
in einem kühlen Theile des Apparats ansammelt. Während des
ganzen Processes entwickelt sich ein dichter, ägender Rauch, welcher
aus Oeldämpfen besteht, und großentheils von dem in der Vorlage
befindlichen Alkohol oder Aether verschluckt wird. Dieß ist beach=
tungswerth, da die Dämpfe, selbst wenn sie sehr verdünnt sind,
wenn sie nur kurze Zeit eingeathmet werden, Schwindel, Ekel und Kopf=
weh verursachen. Das empyreumatische Oel besitzt folgende Eigen=
schaften. Es ist bei 60° F. halb steif, und schmilzt bei etwa 120°.
Die Farbe ist bei zurückgestrahltem Licht dunkelbraun, bei durch=
fallenden röthlich; der Geschmack brennend, beißend ungangenehm,
Speichelfluß erzeugend; der Geruch Ekel erregend, dem einer lange
geführten Tabakspfeife ähnlich; schüttelt man es mit Wasser zu=
sammen, so ertheilt es demselben seinen eigenthümlichen Geschmack
und Geruch und macht es trübe. Mit verdünnten Säuren erhizt,
löst es sich theilweise auf und es entsteht eine Solution von röthlich=
brauner Farbe, die den eigenthümlichen Geruch und Geschmack besitzt.
Alkalien wirken unter Begünstigung von Wärme leicht darauf ein
und bilden ein schmuzig weißliches Präcipitat, welches an der Luft ein
braunes, harziges Ansehn gewinnt. In diesem Zustande löst es
sich in Säuren und Alkohol auf, und aus den Solutionen in Säu=
ren läßt es sich durch Alkali niederschlagen. Kochender Alkohol und
Aether lösen das Oel ungemein leicht auf, und bilden durchsichtige
Solutionen von tiefbrauner Farbe. Bei'm Verkühlen fällt ein flocki=
ges Präcipitat nieder; untersucht man dasselbe unter dem Mikro=
scop, so erkennt man, daß dasselbe aus zwei Substanzen, einer kry=
stallinischen und einer öligen, besteht. Läßt man die Solutio=
nen an der Luft verdunsten, so unterscheidet man die Krystalle mit
bloßen Augen, und die Kügelchen sind vollkommen deutlich. Die je=
nige Portion, welche den Solutionen die Farbe ertheilt, verdickt sich
allmälig, und nimmt die Consistenz eines Extracts an. Starke
Salpetersäure verwandelt das Oel in eine Substanz, welche, sowohl
im Ansehn, als Geruch, einige Aehnlichkeit mit künstlichem Mo=
schus hat. Die mit dem Oele übergehende wässerige Flüssigkeit ist
stark alkalisch, und braust, weil sie viel kohlensaures Ammonium
enthält, mit Säuren auf. Ihre Farbe leidet mehrere sonderbare

Veränderungen, allein ich bin mit meinen Untersuchungen über diesen Gegenstand noch nicht fertig *).

Wenn man eine Solution, die man bereitet hat, indem man das Oel mit schwach erwärmter, verdünnter Essigsäure schüttelt, mit Kali neutralisirt und destillirt, so geht eine undurchsichtige weiße Flüssigkeit über. Dieselbe ist ausnehmend scharf, und wenn man dieselbe mit Essigsäure neutralisirt und bei einer 140° F. nicht übersteigenden Temperatur verdunsten läßt, so entstehen kleine nadelförmige Krystalle, die sehr scharf schmecken **). Setzt man einer klaren Lösung dieser Krystalle ein Alkali zu, so wird sie trübe, und nachdem sie eine Zeitlang gestanden hat, findet man ein Präcipitat am Glase hängen, welches in Alkohol, Aether und Säuren auflöslich ist. Setzt man zu der destilirten Flüssigkeit Salzsäure, so verschwindet die Trübung sogleich, und die Auflösung wird durchsichtig und roth.

Die unten angeführten Oele werden ebenfalls auf die bereits beschriebene Weise bereitet.

Zweitens. Hyoscyamus niger. Zwischen dem brenzlichen Oele dieser Pflanze und dem der vorigen läßt sich kaum ein Unterschied wahrnehmen. In Ansehung der chemischen Eigenschaften stehen sie einander vollkommen gleich.

Drittens. Datura stramonium. Der Geruch des Stechapfelöls ist weniger unangenehm. als der der beiden kurtst erwähnten Oele: er hat mit dem des Theers Aehnlichkeit, und die wässerige Flüssigkeit, welche mit demselben übergeht, ist sauer. Der Grund davon ist, daß holzige Theile von der Pflanze mit destillirt werden. Das Oel selbst ist in seinen physischen und chemischen Eigenschaften von den früher erwähnten nicht verschieden.

Viertens. Nicotiana tabacum. Das Tabaksöl ist etwas weniger steif, als das Fingerhutsöl. Uebrigens sind sie einander ungemein ähnlich, und ich halte es beinahe für unmöglich, sie durch den Geruch oder Geschmack von einander zu unterscheiden. Wenn man eine saure Infusion des Oels mit Kali neutralisirt, und über auf destillirt, so erhält man eine Flüssigkeit, welche schärfer ist, als die auf gleiche Weise vom Fingerhutsöl bereitete, In Ansehung der übrigen Eigenschaften sind sie einander gleich.

Fünftens. Conium maculatum. Die mit dem Oel übergehende wässerige Flüssigkeit besitzt die Eigenschaft, die Farbe zu ändern, in einem noch auffallenderen Grade, als die bei der angeführten Behandlung des Fingerhuts übergehende. Wenn man diese reichnoch viel Schwefelsäure zusetzt, um dann enthaltene Ammonium genau zu neutralisiren, so wird die anfangs braune Flüssigkeit erst grün, dann wieder braun, dann schmutziggroth; setzt man zu Wasser, welches — bei dieser Flüssigkeit enthält, Salzsäure, so entsteht eine deutliche rothe Färbung, obgleich die Solution anfangs farblos war. Bringt man zu der Flüssigkeit nach dem Zusetzen der Säure in's Kochen, so wird sie Farbe dunkler, und es fällt ein zinnoberrothes Präcipitat nieder, während die darüber stehende Flüssigkeit dunkel orangenfarben bleibt. Salpetersäure verändert die Farbe einer brannen Solution von bellgelb in braun. Unter Anwendung von Wärme wird die Farbe erst dunkelgelb, dann roth, dann purpurroth und endlich schwarz, worauf ein dunkles Präcipitat niederfällt, und die Solution ihre ursprüngliche Farbe annimmt. Schwefelsäure bewirkt ziemlich dieselben Veränderungen.

Sechstens. Opium. Das vom Opium erhaltene Oel ist von dickerer Consistenz, als irgend einer der eben erwähnten und schmilzt bei keiner so niedrigen Temperatur (erst bei 160° F.) Wasser und verdünnte Säuren wirken auf dieses Oel, wie auf das des Fingerhuts u. s. w. ein.

Die Flüssigkeit, welche bei der Destillation des Oels zugleich mit übergeht, und das Wasser, in welchem man es gewaschen hat, enthalten eine beträchtliche Quantität meconsaures Ammonium. Der

Geruch dieses Oels ist höchst widerlich, gleicht aber dem der übrigen nicht. Ich möchte ihn narkotischen nennen.

Siebentens. Lactucarium *). Zwischen diesem Oel und dem Opiumöl ist wenig Unterschied, im Geruch haben sie mit einander Aehnlichkeit; allein das erstere schmilzt bei einer geringeren Temperatur, nämlich bei 110° F. Die Charactere dieser Oele scheinen, zumal im Bezug auf den Schmelzpunct, einigen Veränderungen unterworfen zu seyn; dieß scheint sich großentheils nach dem Wärmegrade zu richten, bei welchem man sie präparirt hat; war berselbe zu hoch, so steigt der Schmelzpunct, und die Oele werden weit steifer; alle, von denen hier die Rede war, wurden, so viel möglich, bei derselben Temperatur präparirt, so daß sich darnach das wahre Verhältniß der Unterschiede der Schmelzpuncte abnehmen läßt.

Daß das brenzliche Oel des Tabaks ein heftiges Gift ist, hat man schon lange gewußt; allein von den giftigen Eigenschaften des Fingerhutsöls 2c. hat noch Niemand geredet.

Bei den eigentlichen Oelen schreibt sich die Giftigkeit von einer flüchtigen Substanz her, welche in Säuren und Wasser auflöslich ist. Ich würde für dergleichen Substanzen den Ausdruck pyro mit einem Endzusatz vorschlagen, wie man ihn jetzt zur Bezeichnung der wirksamen Bestandtheile von Arzneistoffen 2c. anwendet, z. B., Pyro-Digitaline **).

Aus folgenden Experimenten wird sich die Wirkung dieser Oele auf den thierischen Organismus ergeben.

1) Digitalis purpura. — Erster Versuch. Zwanzig Gran brenzliches Fingerhutöl wurden mit Haferschleim zu einer Emulsion verarbeitet, und in den Mastdarm eines starken Kaninchens gespritzt. In fünf Minuten wurde das Thier schläfrig; nach 9 Minuten verlor es den Gebrauch seiner Hinterbeine; nach 15 lag es auf der Seite, und fiel, wenn man es auf die Beine hob, sogleich wieder nieder. Nach 35 Minuten kam es Convulsionen: der Kopf wurde auf den Rücken zurückgebogen, und die Extremitäten häufig gewaltsam ausgestreckt; es folgten kurze Zwischenzeiten der Ruhe, während welcher das Athemholen mühsam und schnell, und die Thätigkeit des Herzens beschleunigt war. Nach wiederholtem convulsivischen Anfällen starb das Kaninchen 1 Stunde und 5 Minuten nach der Einspritzung des Oeles. Der Brustkasten wurde sogleich geöffnet, und das Herz zog sich noch mit einer Geschwindigkeit von 115 Schlägen auf die Minute zusammen. Die Contractionen dieses Organs hörten erst 29 Minuten später auf. Nach einigen früher mit demselben Oel an andern Kaninchen angestellten Versuchen möchte ich fast glauben, daß der Haferschleim die Thätigkeit des Giftes durch Einhüllung der Oeltheilchen und Verhinderung der schnellen Absorption verzögert habe.

Zweiter Versuch. Eine Solution, welche man bereitete, indem man 20 Gran von dem Oele in verdünnter Essigsäure auflöste wurde in den Mastdarm eines Kanindchens eingespritzt; die Symptome waren ziemlich ebenso, wie im vorigen Falle, nur der Tod trat eine Stunde nach der Einspritzung ein. Das Herz fuhr noch 30 Minuten fort sich zusammenzuziehen.

Dritter Versuch. Von dem Oele, aus dem die bei'm zweiten Versuch angewandte Solution bereitet worden war, wurden einem Kaninchen (wieviel?) eingegeben. Ein paar Stunden lang fraß es (nicht, haben aber ziemlich betäubt; es erholte sich jedoch allmälig und am folgenden Tage war es anscheinend gesund.

Vierter Versuch. Eine Drachme von der destillirten Flüssigkeit (Pyro-Digitaline) wurde in den Mastdarm eines jungen Kaninchens eingespritzt. Das Thier bekam sogleich Verzuckungen und

---

*) In Berzelius's Chemie wird unter der Rubrik „trockne Destillation" angeführt, Reichenbach habe ähnliche Substanzen in brenzlichen vegetabilischen Oelen gefunden; die Krystalle entsprechen seiner Paraffine, die Kügelchen dem Eupion, und die dunkelfarbige Substanz dem Phyretine.
**) Siehe die folgende Anmerkung.

*) Hierunter ist das aus Lactuca sativa bereitete Oel zu verstehen, D. Uebers.
**) Diese Substanz scheint Eigenschaften zu besitzen, welche zwischen denen eines flüchtigen Oels und der wirksamen vegetabilischen Grundstoffe die Mitte halten Man erhält sie, indem man eine saure Infusion des Oels mit Kali neutralisirt und destillirt. In diesem Falle ist sie mit Ammonium verbunden; ähnliche Producte werden nach ähnliche Processe von den andern Oelen erhalten. Ich beschäftige mich jetzt noch mit genauer Untersuchung ihrer chemischen Eigenschaften.

18 *

starb in 1½ Minuten. Das Herz blieb noch 45 Minuten lang thätig. In diesem Falle waren die Verzuckungen aufnehmend heftig
und von deutlichem Opisthotonus begleitet.

Fünfter Versuch. Die wässerige Flüssigkeit, welche mit dem
Dele zugleich übergeht, ist ungemein giftig, weil sie sehr viel von
dem im Wasser auflöslichen Theile des Dels enthält. Zwei Drachmen dieser Flüssigkeit tödteten ein junges Kaninchen in zehn Minuten. Die Verzuckungen waren in diesem Falle nicht heftig.

Aus diesen Versuchen möchte ich den Schluß ziehen, daß das
Digitalisöl auf das Nervensystem wirkt, und daß, wie bei'm Tabak,
das direct sedative Princip nicht im brenzlichen Del enthalten sey,
sondern durch einen der zur Bereitung vegetabilischer Alkalien gebräuchlichen Processe erzielt werden müsse.

2) Hyoscyamus niger. — Erster Versuch. Zwanzig Tropfen von dem vorher in verdünnter Säure gehörig gewaschenen
Dele wurden einem Kaninchen eingegeben. Nach ½ Stunde wurde
das Thier von Schwindel befallen, so daß es im Kreise herumlief;
nach 20 Minuten schien es vollkommen betäubt, und man sperrte es die
Nacht über ein. Am andern Morgen schien es vollkommen wohl.

Zweiter Versuch. Nach 2 Tagen wurde die oben erwähnte
saure Solution des Dels demselben Kaninchen eingegeben. Nach
10 Minuten wurde das Thier von Schwindel befallen, und fing
eben so an im Kreise herumzulaufen, wie damals, wo es Del erhalten hatte. Nach 28 Minuten that es plötzlich einen Sprung vorwärts, streckte die Beine von sich und verharrte in dieser Stellung
einige Minuten; es traten gelinde Krämpfe ein, und als man das
Kaninchen anfaßte, fiel es auf die Seite und konnte nicht wieder
aufstehen; es starb 49 Minuten, nachdem es das Gift bekommen.
Das Herz noch 10 Minuten nach dem Tode in Bewegung.

3) Datura stramonium. — Erster Versuch. Sechs Drachmen einer aus 20 Gran Del bereiteten sauern Solution wurden einem Kaninchen eingegeben. Nach 2 Minuten war das Thier deutlich ergriffen; nach 5½ Minute fiel es auf die Seite und konnte,
trotz heftiger und wiederholter Anstrengungen, nicht wieder aufstehen; nachdem 18 Minuten verflossen waren, trat convulsivisches
Strecken und heftiges Zittern der Beine ein, während der Kopf zurückgebogen wurde. Nach 15 Minuten entstanden heftige Convulsionen. mühsames Athemholen und vollständige Gefühllosigkeit. Das
Thier starb 19½ Minute nach Beibringung des Giftes; das Herz
fuhr noch 17 Minuten nach dem Tode fort, sich zusammenzuziehen.

Zweiter Versuch. — Man gab vom Dele, aus welchem
die Solution bereitet worden war, einem Kaninchen ein. Dasselbe
bekam Schwindel, war aber am folgenden Tage wieder ganz gesund und blieb es auch später.

Wegen der Geschwindigkeit, mit welcher der Tod bei'm ersten
Versuche und bei mehrern später angestellten, eintrat, möchte ich
glauben, daß das Stechapfelöl giftiger sey, als irgend eines der
übrigen, das Tabaksöl ausgenommen.

4) Nicotiana tabacum. Erster Versuch. — Zwanzig Gran
Tabaksöl, die vorher in verdünnter Salzsäure wohl gewaschen wurden, wurden, in Form einer Emulsion, einem starken Kaninchen
eingegeben. Nach 10 Minuten schien das Thier schwach und legte sich auf den Bauch. Nach 20 war es von allgemeinem Krampfe ergriffen. Nach 1 Stunde hatte es sich ziemlich erholt, und schien
sehr schläfrig; am folgenden Morgen war noch immer eine Betäubung vorhanden, aber es fraß gierig; im Laufe des Tages erholte
es sich vollständig.

Zweiter Versuch. Etwa ⅔ von der säuerlichen Solution des
bei'm ersten Experimente angewandten Deles wurden einem Kaninchen eingegeben; nach 8 Minuten rannte es, offenbar unter dem
Einflusse des Narcotismus, umher, indem es ½ fortwährend an
Gegenstände stieß. Nach 5 Minuten hatte es den Gebrauch der
Hinterbeine vollkommen eingebüßt; nach 6 war es ganz bewegungslos und athmete mühsam; es trat heftiges allgemeines Zittern ein,
und das Thier starb 8½ Minute nach Einsprigung des Giftes.
Das Herz that in der Minute 80 Schläge und fuhr noch 20 Mi-
nutern nach dem Tode fort zu pulsiren.

Dritter Versuch. Dreißig Tropfen von der destillirten Flüssigkeit (Pyro-Nicotine) wurden einem jungen Kaninchen eingegeben. Es wurde fast augenblicklich von Convulsionen ergriffen und
starb nach etwa 1 Minute. Die Convulsionen waren häufig, aber
ohne Opisthotonus; das Herz fuhr noch 35 Minuten fort zu schlagen.

Die Pyro-Nicotine scheint so schnell zu wirken, als die Blausäure; die eingegebene Quantität war etwa 15 Tropfen Del gleich
zu rechnen. Das Tabaksöl wirkt schneller, als irgend eines der
übrigen, erzeugt aber weniger Convulsionen

5) Conium maculatum. Erster Versuch. — Sechs Drachmen von dem säuerlichen Wasser, womit das Del gewaschen worden
war, wurden einem Kaninchen eingegeben. Nach 10 Minuten begann die Wirkung; es schleppte die Hinterbeine noch sich und bediente sich derselben mehr wie die Katze und wie ein Hund, als wie
ein Kaninchen; nach 20 Minuten schien es fest zu schlafen, ließ
aber leicht erwecken. Binnen ½ Stunde hatten die Muskeln
des Halses und Rückens alle Kraft verloren, und das Thier verharrte in jeder Lage, in welche man es brachte. Es starb in 45
Minuten. Das Herz zog sich sehr schwach und nur 3 Minuten
länger zusammen.

Die sechs Drachmen waren etwa 25 Gran des Dels gleich zu rechnen.

Zweiter Versuch. — Das säuerliche Waschwasser von 20 Gran
Del wurde einem Kaninchen eingegeben, und tödtete dasselbe binnen weniger als 1 Stunde. Das Herz zog sich fast noch 10 Minuten nach dem Tode zusammen.

Das empyreumatische Del des Conium scheint ein mehr rein
narcotisches Gift, als das Tabaks- oder Bilsenkrautöl und im Verhältniß zum Fingerhut- und Stechapfelöle, welche erregende Eigenschaften besitzen, gilt dieß noch mehr.

6) Opium. Erster Versuch. — Das säuerliche Waschwasser
von 30 Gran Opiumöl wurde in den Mastdarm eines Kaninchens
eingespritzt. Nach ½ Stunde waren die Hinterbeine des Thieres gelähmt, und es schien sehr schlaftrunken; nach ½ Stunde zeigte es
sich etwas lebhafter, gerieth aber bald in einen comatösen Zustand
und starb 48 Minuten nach der Einsprigung des Giftes. Vor dem
Tode trat ein convulsivisches Zucken des Kopfes und der Beine ein;
das Herz zog sich noch etwa 4 Minuten nach dem Tode zusammen.

Zweiter Versuch. — Zwanzig Gran von dem ungewaschenen
Dele wurden in Form einer Emulsion einem Kaninchen gegeben.
Es starb binnen ½ Stunden genau mit denselben Symptomen, wie
sie bei'm letzten Versuche angegeben worden sind. Das Herz klopfte
noch 6 Minuten lang.

Lactucarium. Ueber die giftigen Eigenschaften des von dieser
Substanz erhaltenen Deles habe ich noch keine Versuche angestellt.
(Edinburgh medical and surgical Journal CXV., Avril 1833.)

Miscellen.

In der Naturgeschichte des Wallfisches ist wohl die
am meisten überraschende Thatsache sein Vermögen, zu einer zu ungeheuren Tiefe unter der Oberfläche des Meeres herabzusteigen und
den fast unbegreiflichen Druck der über ihm befindlichen Wassermasse auszuhalten. In einem Falle, wovon Hr. Scoresby Zeuge
war, wo ein Wallfisch von einem Boote aus harpunirt worden war,
ging das Thier augenblicklich in die Tiefe und zog ein Seil nach
sich, welches fast eine englische Meile lang war. Nachdem
man so viel von dem Seile nachgelassen hatte, worin die Lage der in
dem Boote befindlichen Mannschaft etwas critisch wurde — entweder sie
mußten das Seil abhacken und dann einen für sie bedeutenden Verlust erleiden, oder sie mußten riskiren, von dem Wallfische unter
Wasser gezogen zu werden. Die Mannschaft mußte sich nun in
das Hintertheil des Bootes begeben, um den Zug des Wallfisches
das Gegengewicht zu halten, welcher das Vordertheil des Bootes
(wo das Seil hinabflieg) zuweilen so stark abwärts zog, daß es
kaum noch einen Zoll über dem Wasser war. In diesem gefährlichen Zustande blieb das Boot einige Zeit, indem es noch den Anstrengungen des Ungethüms als unaufhörm schwankte; das Boot aber
nie von der Stelle bewegte, wo es lag, als die Harpune zuerst gebraucht wurde. Diese Thatsache beweist, daß der Wallfisch gleich
ganz senkrecht herabgeschossen war, denn wenn er in irgend einer
Richtung vorwärts gedrungen wäre, so hätte er das Boot auch nach
sich ziehen müssen. Hr. S. und die Mannschaft wurden dann
durch die zeitige Ankunft eines andern Bootes erlöset, welches mit
frischen Seiten und Harpunen versehen war. — Hr. S. berechne-

te, daß der Druck des Wassers auf den Körper des Walfisches, der eine englische Meile unter die Meeresfläche hinabgestiegen war, dem ungeheuren Gewichte von dreißigtausend Pfund auf den Quadratzoll gleich gewesen sey.

Ueber die Richtung der Winde hat Hr. Prof. Airy auf dem Observatorium zu Cambridge interessante Beobachtungen gemacht. Er hat, z. B., gefunden, daß die Winde anhaltend nur von acht Puncten der Windrose wehen. Wenn sie aus einem andern Puncte kommen, so ist das nur, indem sie von einem jener Puncte zu einem andern übergehen. Er wehte durchaus niemals direkt aus Süden! Die am meisten vorherrschenden Winde waren Süd-Süd-West und West-Süd-West, von diesen brachte der eine immer Regen, während der andere von trocknem Wetter begleitet war. Zwischen West und Nord war ein Punct anhaltendern Windes, zwischen Nord und Ost ein anderer, und zwischen Ost und Süd-Süd-West wieder einer, welche mit Nord, mit Süd und mit Ost die oben erwähnten acht Puncte ausmachen, aus welchen der Wind anhaltend bläs't. — (Es ist allerdings wahrscheinlich, daß vervielfältigte Localbeobachtungen uns über die Winde Aufklärungen geben könnten, deren wir jetzt noch ermangeln. Prof. Airy hat eine mechanische Vorrichtung angegeben, durch welche die Bewegung einer Windfahne controlirt und bei den Beobachtungen Dauer und Intensität der Winde einigermaßen registrirt werden können. So wie über diese Vorrichtung mehr bekannt wird, soll es hier näher mitgetheilt werden!)

Einen bisher noch nicht beachteten Drüsenapparat bei Fledermäusen, hat Hr. D. Rousseau zu Paris entdeckt. Dieser Apparat liegt unter der Haut, über der äußeren Oeffnung des canalis infraorbitalis, und besteht aus zwei mit höckerartigen Vorragungen versehenen Drüsen, die in jeder Lebensepoche sehr entwickelt sind. Sie bedecken und schützen bei dieser die foramina infraorbitalia hervorkommenden Zweige des n. Vti. paris. Ihre Ausführungsgänge öffnen sich nach außen oberhalb der Oberlippe neben den Nasenlöchern. Ihre Absonderung ist eine gelblichweiße butterartige Substanz, von eignem Geruch. — Bei der Gattung Rhinolophus sind sie besonders entwickelt.

Heilkunde.

Ueber Krankheiten der Augenhöhle und Hypertrophie des Sehnerven und der Retina als Ursache von Amaurose.

Von Dr. Rognetta.

Die Amaurosen, bei welchen die veranlassende Krankheit in der Augenhöhle ihren Sitz hat, entstehen meistens durch den einfachen Druck, welchen der nervus opticus bei solchen Veränderungen der Augenhöhle zu erleiden hat; ganz wie wenn Amaurosen durch krankhafte Veränderungen in der Schädelhöhle selbst entstehen. Ein wesentlicher Unterschied zwischen diesen beiden Zuständen ist jedoch der, daß die in der Schädelhöhle außerhalb des Bereiches des chirurgischen Wirkens liegen und unheilbar sind, während jene, in der Augenhöhle befindliche, im Gegentheile einer Heilung fähig sind.

Exostosen der Arterienwände oder der benachbarten Knochen; Fungus oder Polypen des sinus maxillaris, der Nasenhöhle oder der basis cranii; scirrhöse Verdickung des Fettzellgewebes hinter dem Augapfel, Balggeschwülste, Carcinome u. dgl.; Aneurysma per anastomosin; einige Krankheiten der Thränendrüse, wie Scirrhus, Hydatidengeschwulst und andere: dieß sind die krankhaften Veränderungen, welche man bei Amaurosen in der Augenhöhle gefunden hat.

Entwickeln sich die Geschwülste der Augenhöhle in dieser Höhle selbst, so bedingen sie Exophthalmos und Zerrung des nervus opticus; entwickeln sie sich in der Nähe dieser Höhle, so wirken sie mehr durch Compression des Nerven. Es ist indeß zu bemerken, daß Amaurose, welche auf eine Exophthalmie folgt, nicht immer vollkommen ist; denn der Sehnerv schlängelt sich durch die Augenhöhle hindurch und kann gestreckt werden und sich dadurch dem vorgetriebenen Zustand des Auges anpassen, ohne seine natürliche Eigenschaften zu verlieren. Ist diese Dehnung aber sehr bedeutend, oder zugleich von Compression des Nerven begleitet, so ist vollständige Amaurose unvermeidlich. In allen diesen Fällen aber bildet die Amaurose bloß ein Symptom der Krankheit. Da überdieß die ursprüngliche Krankheit das Leben des Kranken bei weitem mehr bedroht, so ist auch die Beschreibung der Amaurose in diesen Fällen nicht weiter auszuführen; wir beschränken uns daher hier auf die Mittheilung einiger wichtigen Fälle dieser Art.

1. Scirrhöse Entartung des Fettzellgewebes der Augenhöhle.

Im December 1831 kam ein Bildhauer, 36 Jahr alt, von guter Constitution, in die Charité zu Paris, um von einer amaurotischen Exophthalmie der linken Seite geheilt zu werden. Das Auge ragte einen halben Zoll vor den Orbitalrande vor und hatte seine Sehkraft vollkommen verloren, ohne daß jedoch die Form und der natürliche Glanz desselben gelitten hätten. Das Uebel hatte 2 Jahre vorher begonnen, die Sehkraft dagegen war, obgleich sie sich fortwährend verminderte hatte, doch erst seit zwei Monaten ganz verlöscht. Mit dem andern Auge sah der Kranke vollkommen gut. Roux hielt die Exstirpation des Auges für durchaus nöthig, und verrichtete sie vor einem großen Auditorium.

Das Wegnehmen des ganzen kranken Theiles zeigte, daß das Uebel hauptsächlich aus einer scirrhösen Anschwellung des Fettzellgewebes der Augenhöhle bestand. Von dem Augapfel schien bloß die Sclerotica und der Glaskörper in krankhaftem Zustande zu seyn. Die erste war verdickt und derber als gewöhnlich, der zweite flüssiger und in größerer Menge vorhanden. Der nervus opticus war bloß durch den Druck, den er in der Augenhöhle erlitt, seiner Function beraubt; daher verließ der Kranke auch zwei Monate nach der Operation das Spital ganz geheilt; indeß ist man nicht sicher, ob das Uebel sich nicht aufs Neue entwickle.

2. Melanose der Augenhöhle.

In einem andern Falle, welcher in Hinsicht seiner äußern Erscheinungen der vorigen Beobachtung sehr ähnlich war, fand Roux bloß eine Melanosengeschwulst, welche die Orbita ausfüllte und den Verlust des Gesichtes nach sich zog. Diese ihrer Natur nach sehr seltne Geschwulst hatte sich in der Augenhöhle selbst entwickelt. Das Präparat ist in Cruveilhier's Werk über die pathologische Anatomie abgebildet.

3. Blutgeschwulst in der Augenhöhle.

Zweimal war ich zugegen, als Dupuytren im Hötel-Dieu den Augapfel erstirpirte, weil sich ein wahres Aneurysma per anastomosin in dem gefäßreichen Gewebe der Augenhöhle entwickelt hatte. In einem dieser Fälle war die Amaurose noch nicht vollkommen

4. In einer ausgezeichneten Arbeit über einige schwere Krankheiten des Auges erzählt Louis, daß einem 40jährigen Manne das linke Auge auf die Wange herabhing, und daß derselbe sein Sehvermögen in Folge eines Fungus des sinus maxillaris verloren habe, welcher die untere Knochenplatte der Augenhöhle durchbrochen hatte und in die Orbita eingedrungen war. Dieser Mann starb an der Folge seines Uebels. Auch ich habe einen ähnlichen Fall, wo das Auge durch einen Fungus des sinus maxillaris aus der Orbita herausgetrieben und amaurotisch blind geworden war, beobachtet.

Am häufigsten ist die Veranlassung der Amaurose in einer Veränderung des Sehnerven, oder der retina selbst zu suchen. Aus einer größern Anzahl von Fällen, welche Hr. Rognetta nach andern Beobachtern zusammenstellt, theilen wir hier bloß eine ihm eigenthümliche Beobachtung mit.

5. Hypertrophie des Sehnerven und der retina.

Im Jahre 1828 starb in der Pitié auf der Abtheilung des Hrn. Lisfranc ganz plötzlich ein Mann, welcher schon seit einiger Zeit auf einer Seite das Sehvermögen verloren hatte, theils in Folge von Congestionen nach dem Gehirn, theils in Folge innerer Augenentzündung (retinitis), welcher er öfters unterworfen war. Bei der Leichenöffnung fand ich den nervus opticus dieser Seite 1½mal dicker, als den der andern gesunden Seite. Die Substanz desselben Nerven war ebenfalls dicker, als im natürlichen Zustande. Die retina war so verdickt und geröthet, daß sie einem Stücke alten Scharlachtuches vollkommen ähnlich sah. Vermittelst der Lupe entdeckte man auf der vordern Seite dieser Haut eine große Menge erweiterter und von Blut strotzender Gefäße. Die choroidea desselben Auges nahm an der Veränderung Theil; der Glaskörper war ebenfalls durch und durch geröthet und glich einem Stück Johannisbeergelée; die hyaloidea war ebenfalls verdickt und geröthet.

6. Hypertrophie der retina.

Ein 2½ Jahr altes Kind, Sohn eines Obristen, starb zu Paris an tabes mesenterica mit chronischer encephalitis, welche während des Lebens verkannt worden war. Ich wurde zu der Section eingeladen. Außer der Obstruction der Mesenterialdrüsen fanden wir das Ueberbleibsel einer chronischen Entzündung der linken Hemisphäre des Gehirns, und eine im höchsten Grade characteristische Hypertrophie der retina des Auges derselben Seite. Die widernatürliche Anschwellung dieser Membran ist noch an dem von mir aufbewahrten Präparate vollkommen deutlich zu sehen. Das andere Auge zeigte keine ähnliche Veränderung und war vollkommen normal. Ich zweifle nicht, daß dieses Kind, wenn es sich von der Krankheit, von welcher es befallen war, erholt hätte, auf dem angegebenen Auge amaurotisch blind geblieben wäre. (Revue médicale.)

Ueber die Ursache des spontanen Aufhörens der Blutung aus zerrissenen Arterien.

Von Nathan R. Smith.

Es ist bekannt, daß, wenn ein Glied vom Körper abgerissen wird, oder wenn Organe, welche große Arterien enthalten, durch stumpfe Instrumente auf eine rauhe Weise zerrissen werden, die Blutung oft von selbst aufhört, sogar aus Gefäßen, deren scharfe Durchschneidung immer vollkommne Verblutung zur Folge hat. Man kann sich in dieser Beziehung an Cheselden's Fall erinnern, bei welchem der Arm sammt der scapula vom Körper abgerissen wurde, ohne auch ähnlicher, in der neueren Zeit beobachteter. Ein ganz gleicher Fall kam mir vor einigen Jahren in Vermont (Nord-America) vor, wo ein junger Mann von einem Maschinenrad am Arme gefaßt und das ganze Glied sammt der scapula von dem Körper abgerissen wurde. Ich sah den Kranken eine Woche nach seinem Unglück, und erfuhr, daß nur sehr wenig Blut ausgeflossen war, obgleich keine Arterie unterbunden wurde. Es folgte auch keine Nachblutung und der Kranke wurde bewundernswürdig schnell geheilt.

Dr. Jones hat in seinem berühmten Buche auf zerrissene Arterien kaum Rücksicht genommen, und scheint keine Experimente angestellt zu haben, um solche Verletzungen mit andern, in Bezug auf die Blutung, zu vergleichen. Einmal jedoch geschah es bei einem Pferde die carotis, worauf sich das Thier verblutete. Ein andermal that er dasselbe, hemmte aber die Blutung durch Druck auf die Arterie. Er führt an, daß in diesen Fällen die innere Haut an mehreren Stellen zerrissen war, daß sich innere coagula gebildet hatten, welche groß genug waren, um die Arterie auszufüllen, und daß dieselben endlich durch Lymphe, welche von den Rissen in der innern Haut ausgeschwitzt war, angeheftet gewesen seyen. Obgleich es scheint, daß er das innere coagulum in diesem Falle für ein vollkommnes Schließungsmittel halte, so scheint er doch über seinen verhältnißmäßigen Einfluß auf Unterdrückung der Blutung nicht weiter nachgeforscht zu haben; denn er sagt an jener Stelle, daß die natürlichen Mittel zur Blutstillung, mit Ausnahme des eigenthümlichen Zustandes des coagulum, bei Zerreißung ganz dieselbe seyen, als bei andern Wunden der Arterie, eine Ansicht durchaus nicht fest behaupten wolle.

Die Meinungen verschiedener Chirurgen über das spontane Aufhören der Blutungen aus zerrissenen Arterien sind äußerst unbestimmt und widersprechend. Diese ist nicht allein ein Beweis, daß der Gegenstand nicht hinreichend durch Experimente erforscht worden ist. Richerand (Nosographie chirurgicale I, p. 170) sagt, daß große Arterien, wenn sie zerrissen werden, sich schließen, theils in Folge der darauf einwirkenden und krampfhervorrufenden Kälte, theils durch den Druck der Muskeln, zwischen welche sie sich zurückziehen. Delpech (Précis des Maladies chirurgicales I. 183) giebt an, daß an einem von dem Körper abgerissenen Gliede die Hauptarterie bisweilen innerhalb der Theile des abgerissenen Gliedes durchreiße, so daß sie weit aus der Wunde hervorhänge, bisweilen aber auch innerhalb des zurückbleibenden Stumpfes abgerissen werde. In keinem von beiden Fällen, meint er, könne leicht Blutung eintreten; es sey also auch unnöthig, die Arterien in zerrissenen Wunden aufzusuchen, wenn sie nicht bluten. C. Bell sagt: „Eine abgerissene Arterie blutet nicht. In diesen Fällen wird das Blut durch die runzligen Theile der innern Gefäßhaut, welche durch die heftige Zerrung in einzelne Fetzen gestellt wird, zurückgehalten werde. Andere waren der Meinung, daß sich durch diese Zerrung und Zerreißung der innern Haut eine Art von Klappen bilde, durch welche die Blutung verhindert werde. Diese Angaben fand ich aber durch Experimente nicht bestätigt." Prof. Gibson (Surgery I. p. 92.) leitet den Mangel der Blutung bei zerrissenen Gefäßen von ihrer Verwundung und der Nerven her, wodurch die Arterien paralysirt, ihre Triebkraft aufgehoben, und dem Blute die Möglichkeit zu coaguliren gegeben werde.

Es ist hiernach klar, daß die Art, auf welche die Blutung aus zerrissenen Gefäßen verhindert werde, noch keineswegs erklärt ist. Um zur Begründung einer genügenden Erklärung dieser Erscheinung Thatsachen zu sammeln, stellte ich nun folgende Experimente an.

Erstes Experiment. Nachdem ich die Schenkelarterie eines jungen, nicht ganz ausgewachsenen Hundes bloßgelegt hatte, führte ich einen stumpfen Haken darunter durch und zerriß sie durch einen plötzlichen Ruck. Es stürzte sogleich ein reichlicher Blutstrom hervor und dauerte 4 Minuten fort. Nach dieser Zeit coagulirte das Blut auf dem Tisch, und zu gleicher Zeit verminderte sich die Blutung, und ließ immer mehr, so daß in 10 Minuten die Blutung ganz aufgehört hatte. Das Thier wurde darauf eingeschlossen, aber sonst sich selbst überlassen. Es erfolgte keine Nachblutung. Nach 24 Stunden befand sich das Thier vollkommen wohl und bewegte den Fuß frei. Hierauf wurde es mit Blausäure getödtet. Bei der Untersuchung fand sich nun eine leichte Geschwulst des Schenkels, eine geringe Quantität Blut war in das allgemeine Zellgewebe ergossen und in der Scheide, rund um die Arterie, hatte sich ein coagulum gebildet. Das obere Ende der Arterie war nicht zwischen die Muskeln zurückgezogen, sondern lag ganz oberflächlich. Das äußere coagulum hatte ganz keinen Druck auf das Gefäßende ausgeübt, denn dieses war weiter, als im natürlichen Zustande. Ich präparirte die Arterie etwa 4 Zoll weit aus ihrer Scheide heraus, und öffnete sie der Länge nach. Zwei Zoll von der Wunde entfernt traf ich bei der Untersuchung ein oben nach unten auf ein dünnes coagulum, welches nach unten zu immer dicker wurde und einen Zoll unter der Oeffnung entfernt die Arterie ganz verschloß. Die äußere Haut der Arterie zeigte einen zerrissenen Rand, welcher indeß in Folge der Lymphausschwitzung etwas undeutlich geworden war. Die innere Haut war an mehreren Stellen der Quere nach durchgerissen, und an einigen dieser Stellen hatten sich Streifchen des coagulum eingefügt. Das Blut, welches aus diesen Querrissen ausgetreten war, schien sich mit dem Blute des coagulum selbst zu Einem Körper vereinigt, und so das coagulum angeheftet zu haben. An mehreren andern Querspalten war eine leicht zu erkennbare Quantität Lymphe ergossen, und hatte sich mit dem coagulum verbunden, so daß das letzte sehr fest angeheftet wurde, und kaum abgeschabt werden konnte. Die Arterie war so fest von dem coagulum verstopft, daß sie sogar beträchtlich erweitert wurde. Es war unmöglich, daß in diesem Zustande Blut durchdringen konnte.

Zweites Experiment. Die carotis eines ausgewachsenen Hundes wurde auf die vorhin angegebene Weise zerrissen. Die Arterie riß tief in dem Brustkasten ab und blutete 5 Minuten lang sehr stark; es traten Zeichen von Ohnmacht ein, welche jedoch bald wieder verschwanden, worauf das Blut bald aufhörte, zu fließen. Ich ließ den Hund noch 4 Stunden leben, und während dieser Zeit erfolgte keine Nachblutung. Als er nun getödtet wurde, zuckte er im Todeskampfe sehr heftig, bekam aber auch hierbei keine Nachblutung. Es wurde nun die Brust geöffnet und die Arterie von ihrem Ursprung aus bloßgelegt; sie war in Ast der innominata. Die innere Haut war gerade an ihrer Ursprungsstelle abgerissen, die äußere dagegen 1½ Zoll von der innominata entfernt. Die innere Haut war aus der Höhle der äußern herausgezogen, und legtere bildete eine lockere Tasche, die von der innominata hervorragte, und mit einem festen coagulum angefüllt war. In diesem Falle fehlte der Lympherguß, weil noch nicht eine hinreichende Zeit verstrichen war. Das äußere coagulum war groß und fest, füllte die Zwischenräume zwischen den benachbarten Organen aus und erstreckte sich bis in die äußere Wunde. Das hatte indeß nicht so starken Druck ausgeübt, daß die Respiration dadurch beeinträchtigt worden wäre. Die Halstheil der zerrissenen Arterie hing 2 oder 3 Zoll lang aus der Wunde heraus. Auch diese hatte unmittelbar nach der Zerreißung reichlich geblutet, aber bald darauf aufgehört. Die innere Haut war an mehreren Stellen im ganzen Stamme der Arterie in der Quere zerrissen. In der Nähe des Endes des Gefäßes fand sich ein coagulum, welches mit den Querrissen in der innern Haut zusammenhing; dadurch wurde natürlich der Blutergießung auf kräftige Weise Widerstand geleistet.

Drittes Experiment. Bei einem 12jährigen gesunden, jedoch sehr magern Pferde legte ich die carotis bloß, führte einen stumpfen Haken darunter durch, und zerriß sie wiederum auf die angegebene Weise. Das Blut stürzte mächtig aus der Wunde her-

vor und das Thier verlor in wenigen Minuten 2 oder 3 Gallonen (à 4 Maaß). In etwa 10 Minuten coagulirte das Blut auf dem Boden, worauf der Blutstrom langsamer wurde. Das Ende der Arterie gegen die Brust hin, hing 3 Zoll weit aus der Brustwunde hervor. Während das Blut rasch ausströmte, winselte das Thier ein- oder zweimal, als wenn es eine Ohnmacht bekommen; jedoch bald darauf erhob es sich von dem Boden, und stand, bis das Blut ganz aufgehört hatte, zu fließen, was etwa 30 Minuten nach der Zerreißung geschah. Die hervorhängende Arterie wurde hierauf an ihren Plag zurückgebracht und die Wunde geschlossen. Ich ließ nun das Thier noch 24 Stunden leben, und während dieser Zeit schien es eben so kräftig zu seyn, wie zuvor und fraß wie früher. Hierauf wurde es durch einen Schlag auf den Kopf getödtet, wobei es sehr heftig zuckte. Es spritze nun Blut aus kleinen Gefäßchen in der Wunde, und ich fürchtete zuerst, daß die Verschließung der Arterie nachgegeben habe. Bei der Untersuchung fand ich aber, daß nicht ein Tropfen aus einem der Enden der Arterie selbst ausgeflossen sey. Der untere Theil derselben war 3 Zoll von dem Risse an ganz entblößt; außerdem war die Scheide mit einem coagulum angefüllt, welches sich auch in dem Zellgewebe in der Nachbarschaft fand; ein seitlicher Druck war aber nicht dadurch auf die Arterie ausgeübt worden, denn diese zeigte sogar ein größeres Volumen, als gewöhnlich. Das Innere des Gefäßes war durch ein 6 Zoll langes coagulum fest verstopft, indem dieses coagulum fast in seiner ganzen Länge die Höhle des Gefäßes vollkommen ausfüllte. Die innere Haut war, wie bei den vorhergehenden Experimenten, an vielen Stellen in der Quere zerrissen, und es hatten sich auch hier kleine Fortsätze des coagulum so fest in die Querrisse eingefügt, daß der Blutpfropf sicher befestigt seyn mußte, sobald die Gerinnung begann. An mehreren dieser Risse in der innern Haut hatte sich viel Lymphe ergossen, und mit dem coagulum vereinigt, so daß dieses auch hierdurch befestiget wurde. Blut konnte auf keine Weise durchdringen, und da die Arterienhäute überall ihre Lebensfähigkeit behalten hatten, so konnte auch später keine Nachblutung eintreten.

Viertes Experiment. Die Carotis eines großen Hundes wurde bloßgelegt, mit einem Haken aus der Scheide hervorgezogen und zerrissen. Die Enden derselben zogen sich in die Scheide zurück, die Blutung war heftig und dauerte, ohne schwächer zu werden, bis sie auf einen Augenblick eintrat, was nach 5 Minuten geschah. Die Blutung hörte nun auf einen Augenblick auf, trat aber bald wieder ein, so daß in weniger als 10 Minuten das Thier starb. Der Unterleib dieses Hundes wurde darauf geöffnet und die Aorta mit einem Haken hervorgezogen und zerrissen; hierauf präparirte ich das letzte Gefäß heraus und untersuchte es. Die innere Haut war hier ganz auf dieselbe Weise zerrissen, wie bei den früheren Experimenten, und an mehreren Stellen war sie von der mittlern Haut abgestreift, so daß sie Taschen an der Seite der Arterie bildete; dieß war aber der einzige Fall, bei welchem ich diese Beschaffenheit vorfand.

Fünftes Experiment. Ich öffnete den Unterleib eines großen Hundes, legte die Aorta vor ihrer Theilung bloß, und versuchte sie auf die bereits beschriebene Weise zu zerreißen. Die Blutung war hier heftig und ließ, sammt der oben vorhandenen Reizung der Unterleibseingeweide, erschöpfte die Lebenskraft des Thieres so rasch, daß es in etwa 5 Minuten starb. Indeß war doch ein, wenn auch ungenügendes, Bestreben zur Reaction eingetreten. Ein anderes Resultat konnte bei diesem Experimente gar nicht erwartet werden, weil die Blutung so heftig war, daß sie den Tod herbeiführte, ehe noch Gerinnung zu Stande kommen konnte. Bei der weitern Untersuchung fand ich, daß die Aorta selbst nicht zerrissen war, und daß die Zerreißung bloß die äußern und inneren iliacae betroffen hatte; das Blut war daher aus mehreren großen Stämmen geflossen, an deren jedem eine Wunde gewöhnlich tödtlich wird. Zu meinem Erstaunen jedoch fand ich, daß die Mündung jeder dieser zerrissenen Arterien durch ein Coagulum verschlossen war, welches wahrscheinlich im Augenblicke des Todes gebildet hatte. Die innere Haut jeder dieser Arterien war, wie bei den vorigen Experimenten, zerrissen, und es ragte bei jeder ein Theil der äußern Haut über den zerrissenen Raub der innern Häute einen halben Zoll und mehr hervor. Das Ende jeder Arterie schien erweitert

und kolbig, durch den Druck des darin liegenden Coagulums, wel=
ches mit feiner rauhen Zellgewebsoberfläche zusammenhängt. Ohne
Zweifel wäre dieses Thier nicht gestorben, wenn es nicht durch den
heftigen Blutverlust so rasch in einen vollkommenen Erschöpfungs=
zustand gebracht worden wäre.

Aus den Experimenten glaube ich nun mit Recht folgende
Schlüsse ableiten zu können.

1. Daß Dr. Jones irrt, wenn er dem Aufhören der Blutung
bei Arterienzerreißung die nämlichen Ursachen unterlegt, welche bei
zerschnittenen Arterien die Blutstillung bewirken. Zurückziehung
und Zusammenziehung des Gefäßes war bei keinem der Experimente
zugegen. Eben so wenig erweist sich das richtig, was Dr. Jones
von dem äußern Coagulum, als Hauptmittel zur Blutstillung, sagt.
Bei allen Experimenten war das Gefäßende eher erweitert, als zu=
sammengezogen oder zusammengedrückt. Ja bei dem dritten Expe=
rimente hing sogar die Arterie entblößt aus der Wunde heraus, und
dennoch stand die Blutung eben so rasch, als unter anderu Um=
ständen.

2. Eben so wenig haltbar ist die Lehre, daß die Arterie durch
den allgemeinen Eindruck der Operation paralyfirt werde, und daß
das Blut nicht durch eine todte oder passive Stöbre fließe. Bei je=
dem der angestellten Experimente war die Verletzung sehr bedeu=
tend, und einmal wurde sogar das Gefäß in einer großen Ausdeh=
nung von seinen Umgebungen getrennt. Die lebendige, gegenseitige
Einwirkung aufeinander, muß also eine Zeitlang unterbrochen ge=
wesen seyn; überdieß müßte diese Paralyfe der Arterie am vollkom=
mensten unmittelbar nach der Verletzung eintreten; wir finden aber
im Gegentheil, daß die Blutung unmittelbar nach der Verletzung
sehr heftig war, und erst aufhörte, nachdem das Blut Zeit gehabt
hatte, zu coaguliren. Es ist wahr, daß in den Fällen, in welchen
ganze Gliedmaßen von dem Körper abgerissen wurden, selbst in dem
Augenblicke der Verletzung keine beträchtliche Blutung eintrat. Dieß
rührt aber ohne Zweifel daher, daß durch die allgemeine Erschütterung,
die der Organismus hier erlitten hat, die Herzthätigkeit suspen=
dirt wurde, bis das Blut in den Enden der Arterie coagulirt war.

3. Obgleich die Taschen oder Klappen, von welchen Bell
spricht, sich bei einem Experimente an der Seite eines zerrissenen
Gefäßes durch Zerreißung und theilweise Abschälung der innern
Haut gebildet hatten, so zeigten sich diese, wenn das Experiment
an einem lebenden Thiere gemacht wurde, doch niemals zur Unter=
drückung der Blutung hinreichend.

4. Die wirksame und wohl einzige Ursache des Aufhörens der
Blutung aus zerrissenen Arterien, ist die ungleiche Zerreißung der
äußern und innern Haut. Gewöhnlich ist die innere Haut an vielen
Stellen in der Queere zerrissen, so daß eine unbestimmte Anzahl
kleiner Lappen entstehet, in welche das Blut der Arterie eindringt, und
von welchen aus es vielleicht in die Gewebe der Arterie weiter geleitet
wird. Wahrscheinlich fließt aber auch Blut aus dem zerrissenen
Gewebe aus und mischt sich mit dem in der Arterie befindlichen.
Sobald als die Gerinnung eintritt, wird das Blut, wahrscheinlich
zuerst an den Rissen der innern Haut fest, fügt sich eine und
heftet sich zugleich an die rauhe Oberfläche dem Blutpunkte der klei=
nen Risse so fest an, daß es dem Andrange des Blutstromes wider=
stehen kann. Wenn eine Arterie glatt durchschnitten ist und an ih=
rer innern Haut übrigens keine Verletzung zeigt, so findet das in=
nere Coagulum auf der glatten Oberfläche keinen Anfaupunct, es
wird also entweder sogleich wieder weggeschwemmt, oder bildet sich
auch wohl gar nicht. Wenn aber die innere Haut in größerer
Ausdehnung zerrissen ist, so muß nothwendig das Blut, auf der zer=
rissenen Oberfläche, gerade wie bei andern Wunden, fest werden.

Manchmal geschieht die vollkommene Trennung der innern
Häute erst in einiger Entfernung von der äußern oder Zellgewebs=
haut und die letztere hängt alsdann als eine schlaffe Tasche über
das Ende der festern mittlern Haut hervor. Da nun ihre Ober=
fläche zellig und zerrissen ist, so injicirt sich das durch sie hinströ=
mende Blut in ihre Gewebe, coagulirt in ihr und heftet sich fest
auf ihr an; das äußere Coagulum (in der äußern Scheidenhaut)
birut alsdann zur Anheftung des innern Coagulums und zur Hem=
mung der Blutung. Ist das innere Coagulum einige Stunden
lang an die Risse der innern Haut angeheftet gewesen, so kommt
in einem jeden derselben eine Lymphausschwitzung zu Stande, wel=
che das Coagulum noch fester anheftet und endlich die Stelle des
Coagulums ganz und gar einnimmt und die Arterie verschließt.

Es kann gefragt werden, wie es komme, daß, obgleich die Natur
so gleichförmig, bestimmt und wirksam zu Werke gehe, doch so häu=
fig eine tödtliche Blutung eintrete, in Folge einer Zerreißung von
Arterien, ohne entsprechende Zerreißung der umgebenden Theile und
der Haut. Solche Verletzungen kommen bisweilen an großen Ge=
fäßen vor, wenn alte Curationen wieder eingerichtet werden. Wahr=
scheinlich zerreißen in diesen Fällen die Arterien früher, als die um=
gebenden Theile, weil sie krankhaft verändert und mürbe sind. Die
äußere Haut hat alsdann, in Folge einer Ablegung von Lymphe in
ihr und ihrer Umgebung, ihre Dehnbarkeit verloren, und reißt kurz
durch, ohne zugleich die Zerreißung der innern Haut an mehreren
Stellen zu bewirken. Ueberdieß wissen wir, daß, wenn keine äußere
Wunde vorhanden ist, ergossenes Blut nicht leicht coagulirt, und
also, in flüssigem Zustande bleibend, eine tödtliche Blutung nicht
verhindert. (Surgical Anatomy of the Arteries, with plates by
Nathan R. Smith, M. D. Professor of Surgery in the Univer=
sity of Maryland. Baltimore 1832.)

Miscellen.

Ueber Möglichkeit der (wenigstens totalen) Ein=
impfung von Tuberkeln theilt Forbes in seiner Uebersetzung
von Laennec's berühmtem Werk über die Brustkrankheiten eine
einzelne Beobachtung mit. Er hatte sich vor etwa 20 Jahren bei
der Untersuchung einiger Wirbelbeine, die Tuberkeln enthielten, am
Zeigefinger der linken Hand mit der Säge leicht geritzt, und dieß
unbeachtet gelassen. Tags darauf entzündete sich die Stelle, und
allmälig bildete sich ohne Schmerz in dem frühern Riß eine kleine
runde Geschwulst von der Größe eines Kirschkernes, die bloß in der
Haut saß, und welche gelb und fest war und in jeder Beziehung ei=
nem rohen Tuberkel glich. Nun gerieth die Epidermie, wodurch die
Geschwulst bloßgelegt wurde. Das Oegen der Geschwulst machte
keinen Schmerz, bedingte aber Erweichung des Tuberkels, welcher
sich nun losdrücken ließ, und einem weichem zerreiblichen Tuberkel
vollkommen ähnlich war. Die kleine Höhle, in welcher der Tuber=
kel gelegen hatte, sah perlgrau und nicht entzündet aus; sie wurde
nochmals gereizt und heilte leicht.

Bei der Operation der Varicen durch Excision ei=
nes Stückes einer Vene, wodurch die varicöse Anschwellung
entweder geheilt, oder ihrer weitern Ausdehnung wenigstens immer
Einhalt gethan wird, beobachtet Fricke die empfehlenswerthe Vor=
sicht, nie aus der krankhaft veränderten Vene, sondern immer aus
dem gesunden Stücke auszuschneiden. Hierdurch
kann der so mit Recht gefürchteten Entzündung der Vene vorgebeugt
werden. (Fricke's Annalen. Bd. II.)

Bibliographische Neuigkeiten.

Johannes Smuts Dissertatio zoologica inauguralis, exhibens enu-
merationem mammalium capensium. Lugd. Bat. 1832. m. 3 K.
(Neu sind darin Meriones Schlegelii, Mus Dolichurus und Manis Temmincii.)

Essai topographique et médical sur la régence d'Alger. Par
J. Fouqueron Chirurgien, Sous-aide-major employé à l'armée
d'Afrique. Paris 1833. 8.
Du tartre stibié et de son emploi dans les maladies.; par *P. J.
G. Teallier* etc. Paris 1832. 8.

Notizen

aus

dem Gebiete der Natur- und Heilkunde.

Nro. 811.　(Nro. 19. des XXXVII. Bandes.)　August 1833.

Gedruckt bei Lossius in Erfurt. In Commission bei dem Königl. Preußischen Gränz-Postamte zu Erfurt, der Königl. Sächs. Zeitungs-
Expedition zu Leipzig, dem G. H. F. Thurn und Taxischen Postamte zu Weimar und bei dem Landes-Industrie-Comptoir.
Preis eines ganzen Bandes, von 24 Bogen, 2 Rthlr. oder 3 Fl. 36 Kr., des einzelnen Stückes 3 ggl.

Naturkunde.

Ueber die Architectur der Insecten.

Von John Rennie.

Geduldige Naturbeobachter haben mit Genauigkeit die
Gewohnheiten, Arbeiten und Wunder der Insecten beobachtet und bis in's Kleinste beschrieben. Die bemerkenswerthe-
sten dieser Entdeckungen wollen wir hier zusammenstellen.

Die Architectur der Bienen war der Gegenstand vieler
sehr beharrlicher Beobachtungen, dagegen sind die einzeln lebenden Insecten, welche zu ihren Arbeiten bloß ihre vereinzelten Kräfte verwenden können, zwar eben so beachtungswerth,
aber noch nicht so viel beobachtet, weil sie sich möglichst Aller Augen entziehen. Auch die einzeln wohnende Biene und
Wespe macht ihr Nest, baut ihre Zelle, überzieht sie mit einem dauerhaften Kitt und sorgt mit einer mütterlichen Liebe
für ihre Jungen und steht in nichts der Sorgfalt der repu-
blikanisch lebenden Wespen und Bienen nach.

Im September 1828 sah ich einen Odynerus mu-
rarius (Mauerwespe) sich sehr thätig damit beschäftigen, ein
Loch in die alten Backsteine einer Mauer zu machen. Das
Loch, welches schon sehr vorgeschritten war, lag ungefähr 5 Fuß
über dem Boden. Vermittelst ihrer schneidenden und scharf
sägenden Kinnbacken nahm die Wespe ein kleines Stück des
Steins, so groß wie ein Senfkorn. weg, und anstatt es fallen zu lassen, oder es fortzuwerfen, trug sie es weg, machte
mehrere Touren und entledigte sich ihrer Trophäe erst in einiger Entfernung und immer in verschiedenen Richtungen.
Es ist offenbar, daß die Wespe ihre Arbeit verheimlichen wollte; fand sich ein solches Stückchen zufällig gelös't hatte,
suchte sie dasselbe, fand es am Fuße der Mauer, und trug
es nun weit weg. In zwei Tagen war die Aushöhlung fertig. Zwei andere Tage waren nöthig, um das Innere des
Nestes, welches die Form einer Bouteille mit engem gekrümmten Halse hatte, mit Thon auszukleiden. Nun legte das
Insect zwei Eier, schloß mehrere Raupen und einige lebende
Spinnen mit in die Höhle ein (Provision für die beiden Jungen,
wenn sie auskriechen sollten) und endigte damit, daß sie die
Oeffnung vermittelst einer Thonschicht schloß, die zweimal dicker

war, als die, welche das Innere der Höhle auskleidete. Im
November lösten wir den Backstein, dessen Bewohner in der
beschriebenen Höhle sehr wohl eingeschlossen waren. Es waren zwei Cocons von gleicher Form, aber, wie man sehen
wird, von sehr verschiedener Natur.

Trotz aller Vorsichtsmaaßregeln des Insects hatte ein
Schmarozer den geheimnißvollen Zufluchtsort entdeckt; der Ta-
china larvarum, die Raupenfliege (eine Art Fliegenkukkuk!), größer als die gewöhnliche Fliege, welcher sie sehr ähnlich ist, hatte
eins ihrer Eier in den Wohnort der Mauerwespe gelegt. Das
Insect verzehrte, als es auskroch, einen seiner Nachbarn, ließ den
andern leben und spann sich in einen Cocon ein. Die andere Larve, die Tochter der Wespe, welche am Leben geblieben war, baute sich ein Gefängniß von derselben Art und,
als der Sommer kam, verließen beide ihre Hüllen, durchboh-
ten die Mauer, welche sie von der Welt trennte, und flogen
zu gleicher Zeit in verschiedener Form davon.

Ein anderer Architect gehört derselben Familie von Insecten, aber einer andern Art an. Dieser gräbt sich eine unterirdische Wohnung in den Sand und wählt sich dazu den
härtesten Sand, welchen am Ufer der Flüsse aufgeschwemmt
so zusammenklebt, daß er eine feste Masse bildet. Das Loch
ist genau von der Länge, Breite und Gestalt des Körpers
der Biene, d. h. oblong und etwas gekrümmt. Oberhalb
der Oeffnung nimmt der Schutt, welchen das Insect ansammelt und vermittelst einer klebrigen Flüssigkeit vereinigt, die
Gestalt eines kleinen Thurmes an, dessen abgerundete Spitze
sich gegen die Erde neigt. Ist diese Arbeit beendigt, so wählt
das Thier unter den Materialien die aus, welche ihm nöthig
sind, um das Innere seiner Zelle auszukleiden; hierauf bildet
es vermittelst lebender Raupen, welche es auf die seltsamste
Weise fesselt und umstrickt, eine Pyramide, die zur Nahrung
seiner Nachkommenschaft bestimmt ist. Diese Raupen sind
grün und haben keine Füße und können sich, wenn sie einmal von dem klebrigen Safte des Insectes umgeben sind,
nicht mehr rühren; die Larve verzehrt sie, eine nach der andern, und was am auffallendsten ist, die Provision genügt immer gerade den Bedürfnissen der jungen Wespe.

19

Nicht minder industriös ist die einsam lebende Biene. Man findet in einer Mauer eine Art von Schmutzkuchen, mit kleinen Steinchen durchsäet, und kann glauben, daß ein Wagenrad im Vorbeifahren die Mauer bespritzt habe; sieht man aber genauer nach, so findet sich, daß dieser cylindrische Kuchen mit so vielen zusammen Erhabenheiten ein wahres Mauerwerk ist. Ein kleines, rundes Loch führt in das Innere des Nestes, in welchem sich gewöhnlich mehrere Zellen befinden, von der Form eines Fingerhutes, dessen glatte, polirte, gelbliche Höhle zusammengefügt ist, wie die trefflichste Marmor. Dieß ist die Schöpfung der Anthophora retusa, der großen, rauhen Biene, welche einsam lebt.

Im Mai 1829 ging ich an den Ufern des Flusses zu Ravensbourn in der Grafschaft Kent spazieren; ein Heer von Bienen summte um eine Lage von schwarzem Thon. Ich näherte mich und gleichwohl zeigten die Thiere nicht jene Aufregung und Zorn, welche sich fast immer bei ihnen kund geben, wenn man ihrem Neste sich nähert. In der That bauten sie nicht einen Bienenstock, sondern eine Mine, welche sie anlegten, um die nöthigen Materialien zu besonderm Bauten zu erlangen. Ich nahm eins dieser Insecten und erkannte die Osmia bicornis, welche zwischen ihren Vorderfüßen ein Stück kiebrigen und schon verhärteten Thon hielt. Die Bienen sparten an Arbeit und Feuchtigkeit zur Benetzung des Thons, indem sie eine gemeinschaftliche Mine anlegten, statt jede im besonderen doch zu machen; sie zeigten bewundernswürdige Thätigkeit und Geschicklichkeit: eine halbe Minute reichte zu, um ein Stückchen Thon, welches sie losstößten, wegzutragen und zu kneten, und fünf Minuten, um es an ihrem fernen Bau wieder anzubringen. Die trockne Witterung erforderte die größte Schnelligkeit bei ihrer Arbeit. Jedes Nest erforderte zu seiner Vollendung 500—600 Thonbeststückchen, also eben so viele Reisen; in einer Stunde trug die Biene ein Dutzend solcher Bruchstücke weg und bearbeitete sie. Nun war sie etwa 15 Stunden des Tages beschäftigt, bedurfte also zur Vollendung ihres Meisterwerkes dreier Tage, indem man noch einige Stunden hinzurechnen, welche feinern und schwierigern Arbeiten gewidmet waren, als dem Poliren, Firnißen, Bekleiden des Innern des Nestes. Die Maurerbienen (Megachile muraria), welche Reaumur beobachtete, bauten vermittelst Sand, ohne Zweifel, weil ihnen bequemere Materialien fehlten. Diese harten die Geduld, den Sand in einem Kirt zu zusammentragen, was mehr Zeit und Speichel kostete, dafür aber auch einen festern Bau gab. Immer in Bewegung, ohne einen Augenblick Ruhe ertragen zu können, hat diese Biene, wie alle mit vier durchsichtigen und geäderten Flügeln versehenen Insecten, ein Bedürfniß zur Thätigkeit, welche sie zu quälen und beständig zu treiben scheint. Selten sieht man sie anhalten: statt in gerader Linie an den Ort der Arbeit zu fliegen, berührt sie hier einen Baum, summt dort um ein Dach, stürzt sich dann plötzlich auf die Erde und steigt sogleich wieder in die Höhe: eine natürliche Unruhe, welche den Beobachter täuscht und ihn glauben macht, das Insect, welches bloß seinem Instinct folgt, habe besondere, noch verborgene Absichten.

So gut wie Architectur und Maurerei betreiben die Bienen auch den Bergbau. Die Andrena, eine sehr kleine Biene, höhlt Reisen um verhärtete Erde aus und baut am Ende einen 4—10 Zoll langen Gang, für ihre Jungen eine längliche Zelle, welche sich mit einem Alkoven endigt, in dem von der Mutter der Saamenstaub angehäuft wird; dabei sind bloß die Weibchen thätig, während die Männchen träge zusehen.

Diese Bauten lassen sich zum Theil durch den Nutzen, durch die Nothwendigkeit, die Eier vor den Raupinsecten zu schützen und durch die Sorgfalt für die Jungen erklären; aber wie begreift man den Geschmack, die Sorgfalt und Kunst, mit welcher eine Art von Bienen nicht bloß ihre Zelle baut, sondern auch mit glänzenden Draperien verschönert? Die Osmia papaveris, ein Drittel Zoll lang, schwarz, der Kopf und Rücken mit rothen Haaren besät, der Bauch grau und seidenartig, die Ringe durch graue Streifen auf dem Rücken bezeichnet, diese schneidet mit ihren kleinen scharfen Kinnbacken die Blumenblätter des rothen Mohns ab und giebt ihnen eine ovale Form; mehrere derselben über einander gelegt, bilden das Lager für die Jungen, andere dienen zum Ueberziehen der Wände, andere zu Zwischenwänden und zum Abschließen der einzelnen Nester. Es

ist kaum zu zweifeln, daß hier das Gefühl für das Schöne der glänzenden Farbe das Thier leitet. Wenn musikalisch: Töne auf das Gehör der Hunde, Pferde rc. angenehm oder unangenehm einwirkt, warum sollte nicht dieses Insect auch einen Genuß haben, wenn es diese oder jene Farbe betrachtet. Ueberhaupt ist die Kunst nicht zur Erhaltung der Brut nöthig; die Jungen der Gesellschaftsbiene bedürfen zu ihrer Entwicklung nicht durchaus jener geometrischen Zellen. So findet man überall in der Natur neben dem Nützlichen auch das Schöne, das Poetische. Das Anthidium manicatum betreibt ein anderes Gewerbe. Mit der größten Geschicklichkeit sammelt es die Baumwolle auf den verschiedensten Blumen und versieht damit das ganze Innere jeder Zelle, welche glatt polirt und von regelmäßigen Dimensionen ist. Die Megachile centuncularis ist noch künstlicher. Sie baut aus künstlich geschnittenen Rosenblättern mehrere Fingerhüte, welche sie den einen in den andern setzt; eine Arbeit, welche für den geschicktesten Menschen sehr schwer nachzuahmen seyn würde. Findet sie keine Blätter vom Rosenstock, so bedient sie sich anderer, aber immer gezähnter Blätter. Zur Abründung derselben bedient sie sich seines Klebers, sondern benutzt bloß die natürliche Elasticität der Blätter. Neun bis zwölf Blattstücken sind zur Bildung dieser Zellen, welche sich eine gegen die andere lehnen, nöthig. Dabei hat aber die Künstlerin große Sorge, daß nicht die Fuge einer Zelle auf die Fuge einer andern stoße, immer findet sich die Mitte eines Blattes gegen die Fuge einer andern Zelle angelegt. Ueber der letzten Oeffnung bilden drei ausgeschnittene Blattstückchen einen runden Deckel, welcher mit Scheere und Zirkel nicht genauer geometrisch hätte ausgeführt werden können.

Gehen wir nun von diesen einsam lebenden Thieren zu denen, welche in Menge zusammenwohnen, ohne jedoch eine so geordnete Republik, wie die Bienen, zu bilden, über.

Die Ameise ist nicht wie die Biene, deren Honig den Menschen als Nahrungsmittel dient, so vielfach beobachtet worden, zeigt aber nicht weniger bewundernswürdige Entwicklung ihres Instinctes. Im Jahre 1747 hat sich Gould zuerst mit ihnen beschäftigt; Linné, De Geer, Huber und Latreille folgten später; es haben gezeigt, daß die populären Ideen über dieses Thier falsch seyen; daß nicht Kornvorräthe sammeln, und daß ihre vermeintliche Republik bloß das Resultat eines Instinctes ist, welcher sich bei allen Individuen wiederholt. Fern von Geräusch, von Licht und Wärme, unterirdische, regelmäßige Gänge und Höhlen zu erbauen, Plafonds zu erheben, den Boden zu stampfen und zu erhärten, Pfeiler und Stützen aufzuführen, Beschädigungen von Ueberschwemmung und Trockenheit auszubessern und im Friede mit einander zu leben, das sind die Hauptpuncte, welche die Geschichte der Ameisen characterisiren. Die Formica cespitum zieht sich unter einen Stein zurück und baut hier cylindrische Wohnungen; die Formica fusca macht größere ovale Kammern mit weiten Gängen; die sehr kleine Formica brunnea errichtet concentrische Stockwerke bis zu 40. Ist (die Hitze groß, so bewohnt sie die untern, welche als Keller dienen; bei kaltem, feuchten Wetter bezieht sie obern. Die Surinamische Ameise baut ihr Nest sechs Fuß über dem Boden, als wenn sie die zerstörenden Ueberschwemmungen jener Gegend voraussähe. Wird trotz dem das Ameisennest fortgeschwemmt, so bilden die aneinander sich anhängenden Ameisen ein längliches Floß, welches an irgend einem Ufer anlandet. Eine Ameisenart ist ganz des Gesichtes beraubt. Alle Arten sind scheu und fliehen das Tageslicht. Regenwetter, wodurch ihnen der Mörtel bereitet wird, ist ihren Arbeiten günstig. Müssen sie wegen Trockenheit einen Bau verlassen, so machen sie die schon angelegten Gänge und Säulen wieder zu Staub. Bei'm ersten Regen beginnt das Werk wieder. Zwei Zoll breite Gewölbe werden auf Stützen aufgeführt und nie sind dieselben falsch berechnet. Ihre Schwere und Ausdehnung entsprechen immer genau der Stärke ihres Gefäßes. Nun kömmt die Sonne zum Erhärten und der Pallast ist vollbracht. Will man etwa andringen, diese Insekten führen ihr Werk aus, wie die Blume keimt, wie der Stein fällt, nach mechanischen Gesetzen, so ist nicht möglich, warum Hindernisse sie nicht aufhalten. Ein blinder Mechanismus widersteht nie einem Hindernisse. Die Biene dagegen baut ihre Zellen vertical, wenn man sie hindert, horizontal zu bauen, sie entschließt sich zu Unregelmäßigkeiten in ihrer Arbeit, welche durch die Umstände nöthig werden. Einmal brachte ich einen Ameisenhaufen in ein großes Glasgefäß, dem ich mit Fleiß eine Neigung gab, welche den von der Colonie bewohnten unterirdischen Gängen den Untergang drohte. Nun arbeitete die ganze Gesellschaft drei Tage, eine pyramidale Basis zu bauen, durch welche die herabrollenden Theile einen Halt bekamen; aber diese Arbeit überstieg ihre Kräfte. Die ganze Bevölkerung unterlag am folgenden Tage der Ermattung. Bewei̇set diese Klugheit und Berechnung nicht mit dem menschlichen Combinationen? Die Gräser und Körner, welche die Ameisen bisweilen tragen, dienen ihnen nicht zur Nahrung, sondern sind einfache Baumaterialien, besonders die Formica rufa bedient sich derselben zur Bildung ihrer Gewölbe. Das Stroh und die Grashalme benutzen sie als Ziegeln oder Schieferplatten. Hebt man das Dach ab, so sieht man in der Mitte ein großes Gemach, welches mit vielen andern kleinern und mit zahlreichen Gängen in Verbindung steht. Unter diesen Gängen befindet sich noch eine zweite, unterirdische Residenz als Zufluchtsort und zum Lager für die Larven. Diese Ameisenart schließt ihre Thüren des Abends, dann sieht man einen sehr geschäftigen Haufen kleine Blätter und Grashalme herbeischleppen, welche vor den Ausgängen aufgehäuft werden. Zuerst wählen sie alsdann die festesten Materialien, hierauf immer leichtere, und endlich begnügen sie sich mit Sandkörnern. Morgens werden diese Pforten wieder geöffnet, wenn das Wetter schön ist; regnet es, so wird bloß ein einziger enger Eingang gemacht; ist der Regen stark, so bleibt der Wohnort ganz geschlossen.

Die Formica fuliginosa ist mehr Zimmermann und baut in Baumstämmen, wo ihre Gänge sehr fest und regelmäßig sind. Höhlt sie sich ihre Wohnung in den dicken Wurzeln aus, so zeigen die Gänge weniger Regelmäßigkeit, aber eine feinere Ausführung der Arbeit. Alle diese Gänge sind alsdann schwarz wie Ebenholz, als wenn sie geschwärzt und polirt worden seyen, die Erscheinung, wofür man noch keine Erklärung gefunden hat. Auch im Großen sind die Bauwerke dieser Thiere bewundernswürdig und erreichen selbst, im Verhältnisse zur menschlichen Größe, die riesenhafte Höhe unserer Pyramiden und Obelisken. Die Formica rufa baut (wenn wir das Verhältniß beachten) Städte, so volkreich, groß und regelmäßig wie die unsrigen. Die Termites oder weißen Ameisen der Tropenländer, welche einen viertel Zoll lang sind, bauen Pyramiden von 12 Fuß Höhe, d. h. diese Monumente sind 500 mal größer als die Architecten. Wo giebt es Gebäude, welche diese Bedingungen erfüllten, wo finden sich Obelisken, die fünf mal höher sind, als die Pyramiden?!

Die Termiten sehen unseren Ameisen ähnlich, gehören aber zu einer andern Ordnung. Sie höhlen einen Baum aus, nehmen alle Holzfaser weg, durchlöchern ihn durch und durch, verschonen aber die Rinde. Ist der Baum auf dem Puncte, zu zerfallen, so füllen sie die Höhlen mit einem zähen, festen Thone, vermittelst dessen sie die Rinde unterstützen. Ich habe Bretter gesehen, welche, durchfressen von den Termiten, bloß noch zwei Holzschichten hatten; ein Handschlag konnte sie in Staub verwandeln. Für dieße Zerstörungen bieten die Termiten dem Menschen bloß einen Ersatz; man macht ein sehr wohlschmeckendes Gebäck daraus, welches wie süße verzuckerte Mandeln schmeckt. Smeathman hat in den Philos. Transact. die ausführlichste Geschichte dieser Thiere mitgetheilt.

Wenn der Frühling erwacht, so sieht man die Arbeiter oder Larven auf der Oberfläche des Bodens hinlaufen und die Thiere suchen, welche den Winter überlebt haben. Hat man ein Männchen und ein Weibchen entdeckt, so wird um sie herum eine Mauer von Thon aufgeführt; dieß ist der König und die Königin. Sie sind die Herrscher und ihnen ist die Fortpflanzung der Gattung anvertraut. Das Gemach des Königs und der Königin ist ziemlich groß, aber die Zugänge dazu sind so eng, daß die Bewohner dasselbe nicht verlassen können. Um das königliche Gemach herum werden unregelmäßige, höchstens einen halben Zoll im Durchmesser haltende Kammern angelegt, zur Aufnahme der Eier; je mehr sich die Population vermehrt, desto mehr neue Kammern und Magazine werden angelegt, welche untereinander durch Gänge in Verbindung stehen und ein Labyrinth bilden. Oberhalb des Gemaches für den König befinden sich noch Wohnungen, welche etwa zwei Drittel der Höhe des gan-

zen Nestes einnehmen. Zwischen diesen und dem höchsten Puncte des kegelförmigen Haufens befindet sich ein leerer Raum, welcher dem innern Gewölbe einer gothischen Cathedrale am ähnlichsten ist. Die äußere Kruste ist sehr dick und fest. Unter vielen conischen, unregelmäßigen Erhöhungen findet sich eine glänzend weiße Kegel, welcher über alle hinausragt. Soll das Gebäude vergrößert werden, so werden mehrere dieser Kegel einander vereinigt, wobei aber immer die Centralkuppel unberührt bleibt. Die Termiten sind so geschickte Architecten und tüchtige Maurer, daß die wilden Stiere auf ihre künstlichen Hügel steigen, ohne sie zu zerstören.

Der Form nach, gleicht die königliche oder mittlere Kammer einem Ofen, und vergrößert sich, je nachdem die Colonie mächtiger wird und die Königin mit den Jahren an Umfang zunimmt. Zuletzt hat dieses Gemach 6 bis 8 Zoll Länge. In den kleinsten Gemächern findet man die Eier, aus welchen die glänzend weißen Termiten auskriechen; in andern Gemächern werden die Baumaterialien aufbewahrt, und zwar bloß Stückchen von Holz und andern Vegetabilien, sondern besonders Gummi, Harze und eine Menge klebriger Stoffe. Dabei befinden sich große Aushöhlungen zum Abfluß der Wasser, elliptische Treppen längs der aufsteigenden Mauern, einzelne Pfeiler, welche jeden Augenblick ein neues Dach, wenn dieses erforderlich seyn sollte, aufnehmen können.

Eine andere Art Termes mordax, baut Säulen von Thonerde, welche von tiefen Löchern durchbohrt werden. Ein Capital, ähnlich einem Champignon, krönt diese Säule, welche oft drei Fuß Höhe hat. Der Termes lucifugus bewohnt Bäume, an deren Aesten er sich herabhängt.

Die einsam lebenden Termiten haben nicht solche Talente; sie flüchten sich bloß in die Ritzen der Mauern und des Täfelwerks. Eine derselben, Termes pulsatorium, bringt das Ticktack hervor, welches ihm den Namen Todtenuhr verschafft hat.

Nicht minder merkwürdige Insecten sind die Heuschrecken (Cicada). Diese sind mit einem Instrumente versehen, welches im Französischen ziemlich unrichtig tarière, der Bohrer, genannt wird, von den Naturforschern dagegen, weit richtiger, der Eierleger, ovipositor, (Legeröhre) genannt wird. In der Mitte dieses Instrumentes befindet sich eine unbewegliche, dreieckige und nach der Körperkrümmung leicht gebogene Lancette, an welcher sich zwei stärker gebogene, sehr scharf gezähnte Stücke dem Mittelstück nach Willkühr nähern oder davon entfernen. Dieser Mechanismus ist im höchsten Grade einfach und vollkommen. Mit diesem Instrumente höhlt die Heuschrecke in der Baumrinde ein ovales Loch aus, um darin eine sehr zahlreiche Brut niederzulegen. Die Acheta verrucivora (Locusta) ist mit einem doppelten Löffel anstatt dieses Instrumentes versehen, vermittelst dessen sie ihre Eier in ein tiefes Loch im Boden fallen läßt. Der Tenthredo, welchem Reaumur den Beinamen Sägenfliege gegeben hat, besitzt eine noch vollkommenere Waffe. Wie bei der Heuschrecke, ist der ovipositor des Tenthredo von einer Scheide vom Unterleibe umgeben. Drückt man den Körper des Insectes, so tritt eine runde Säge hervor, welche weit vollkommener ist, als die unserer Arbeiter: es ist zu gleicher Zeit eine Feile, Säge und Raspel; hiermit bereitet der Tenthredo gewöhnlich sein Nest in dem Stamme des Rosenbusches, wo man alsdann zwei Reihen Eier findet, welche jedes eine ziemlich tiefe Aushöhlung für sich hat.

Die Raupen besitzen unvollkommnere Instrumente, womit sie sich alle durch ein feines Gespinnst an den Blättern, welche ihnen zur Nahrung dienen, mit einem feinen Gewebe umgeben und eine mehr oder minder kunstreiche Wohnung bilden; Mechanismen, welche so bekannt sind, daß wir sie hier übergehen.

Die neueren Entomologen rechnen die Spinnen nicht zu den Insecten, denn sie haben weder Antennen (Fühler) noch eine Theilung zwischen Kopf und Rumpf; ihr Respirationsapparat liegt unter dem Leibe und nicht um den Körper herum; dabei haben sie acht Augen und acht Füße. Die Flüssigkeit, welche bei den Spinnen zu den durchsichtigen Netzen verwandt wird, ist in vier Hauptbehältern enthalten in welche viele Gefäße und kleine, längsliche Röhren auslaufen. Oeffnet man einen solchen Behälter, so findet man eine klebrige Materie, welche man lang ziehen und spinnen kann, wie das Insect selbst. Der Spinnapparat der Spinnen liegt nicht, wie bei der Raupe, in der Nähe des Mundes, sondern am After. Bei den großen Spinnen bemerkt man hier mit bloßem Auge fünf kleine Warzen, von unzähligen Löchern durchbohrt. Aus diesen an jeder Warze zu Tausenden vorhandenen Löchern kömmt ein unendlich feiner Faden hervor. Diese fünftausend Fäden vereinigen sich nach ihrem Austritte aus den Warzen etwa ¹⁄₁₀ Linie davon entfernt und bilden den gewöhnlichen Faden dieses Insectes; durch diese Vereinigung erhält der Faden eine größere Festigkeit. Ueberdieß giebt die Anordnung, daß fünf Warzen zugleich vorhanden sind, der Spinne die Fähigkeit, sich an irgend einem Orte fest anzuheften, indem sie diese Organe an die Stelle fest andrückt oder so die Anheftung in einem gewissen Umkreise zugleich bewerkstelligt. Leuwenhoeck hat ausgerechnet, daß ein jeder einzelne Faden des gemeinschaftlichen Fadens ungefähr die Dicke von vier Milliontheilen eines Barthaares habe.

Auf welche Weise aber sind die Spinnen im Staube, sich quer über einen Bach von einem Baume zu einem andern eine Brücke zu bauen? Hundertmal sieht man auf diese Weise kleine Spinnen als Luftschiffer oder Seiltänzer in gefährlichen Höhen wandern; oft läßt sich das Thier an einem zweiten in rechtem Winkel abgehenden Faden gerade auf die Erde nieder. Dieß ist von den verschiedenen Naturforschern verschieden erklärt worden. Nach meinen eigenen Beobachtungen beschränkt sich die Spinne darauf, von dem Luftzuge zu prositiren, welcher seinem leichten Tau zum Träger dient. Sobald das Inseet von einem Luftzuge getroffen wird, beugt es sich vorn nieder, erhebt die Hinterfüße und bietet die Warzen dem Winde dar. Die zahlreichen Oeffnungen derselben bedecken sich nun mit der klebrigen Flüssigkeit, worauf der Anfang des Fadens an einen festen Körper befestigt wird. Dieß beobachtete ich an der Aranea obtectrix und der Tetragnatha extensa, welche ihre seidenen Brücken in einem Glase bloß bauen konnten, wenn sich eine Arbeit dadurch begünstigte, daß sich auf sie blies. Andere gewöhnlich sehr fruchtbare Spinnen, welche ich in ein Glas, in dem gar kein Luftzug möglich war, gesetzt hatte, konnten keinen einzigen Faden Seide hervorbringen.

Die Netze, welche einige Spinnen verfertigen, genügen nicht der Gefräßigkeit aller Arten. Die Jagdspinnen bemerken ihre Beute schon in der Ferne, kriechen langsam bis zu einer gewissen Entfernung an dieselbe heran und alsdann die Fliege oder das andere Insect, welches sie fangen zu bekommen wünscht, die Absicht ihres Feindes bemerkt zu haben scheint, so nähert sich die Spinne allmälig auf so unbemerkliche Weise, wie ein Zeiger auf dem Zifferblatte. Ist dagegen die Beute leicht, so befestigt die Spinne ein elastisches Tau an den Boden und wirft sich auf das Thier, welches sie verzehrt. War der Wurf falsch berechnet, oder vertheidigt sich das Insect, so steigt die Jagdspinne vermittelst ihres beliebig zu verlängernden Taues von dem Baume herab und entflieht ihrem Gegner. Evelyn beschreibt auf eine malerische Weise, wie die alten Spinnen den jungen Unterricht in dieser Uebung geben, dieß ist aber durchaus nicht wahrscheinlich. Das Uebrige aber habe ich bei dem Salticus coenicus häufig beobachtet. Wer kennt nicht ferner das bewundernswürdige in allen Hecken anzutreffende Netz der Agelena (Aranea) labyrinthica, welches immer zuerst horizontal läuft und in eine verticale, scharf zulaufende Spitze endigt?! Wer hat nicht die geometrische Regelmäßigkeit des Gewebes der Aranea domestica bewundert?! Statt dem Zugwinde den Faden darzubieten, fängt sie damit an, denselben an irgend einer Stelle zu befestigen, faßt dann das andere Ende mit einem ihrer Füße, und führt es selbst zu einem andern Puncte, welcher dem ersten biametral gegenüber liegt sich wiederholt sie, bis alle diese Fäden, in einem Mittelpunct sich kreuzend, dem Rahmen des Stoffes bilden, welcher nun durchwebt werden muß. Um hierbei allen Entfernungen eine gewisse Regelmäßigkeit zu geben, bedient sie sich ihres Körpers als Maaß. Zwischen jedem der Fäden befindet sich ein leerer Raum, welcher gerade so breit ist, als der Körper, während die concentrischen Fäden des Netzes, den Articulationen ihrer Füße entsprechen. Von Zeit zu Zeit befestigt sie einen verticalen Faden an ihrem Netze, an welchem sie sich herabläßt, um sich von der Festigkeit ihres Netzes zu überzeugen.

Die Mygale, eine Spinne mit haarigen Füßen, bauet aus einer festern, dichten Seide ein elastisches Netz, welches sich von innen leicht öffnen läßt, von außen aber keinen Punct zum Fassen bietet. Ein solches Nest der Mygale ist so fest, daß dessen seidenes Scharnier, obgleich ich es mehr als hundertmal geöffnet habe, seine vollkommne Festigkeit und Federkraft behalten hat. Auf dieselbe Weise macht sich die Mygale caementaria Thüren vor ihre unterirdischen Gänge, welche von Seide gewebt, und durch ein vortreffliches Schloß befestigt sind. Eine andere Art Spinnen vereinigt vermittelst ihrer Fäden die Binsen über der Oberfläche des Wassers und bildet so ein leichtes Netz, von wo sie sich auf die Insecten der Uferpflanzen wirft. Eine andere, die argyroneta aquatica umgiebt sich mit einer Luftblase, welche unter dem Wasser einer Quecksilberkugel ähnlich sieht; von Zeit zu Zeit erhebt sie sich über das Wasser um Luft zu schöpfen. Ihre Eier und das Nest baut sie in diesem Käfig unter dem Wasser und sorgt dafür, die nöthige Luft mit einzuschließen.

Dieß ist nur ein kleiner Theil der vielen Wunder, welche die Insectenwelt darbietet. (Libr. of Entertaining Knowledge.)

Miscellen.

Daß die Haarproduction der Hunde bei der Schaafe weit übertreffe, scheint nach dem Glasgow Courier aus dem Versuche eines Hutmachers Campbell in Greenock hervorzugehen, welcher seinen langhaarigen, französischen Wasserhund im Monat Mrz 1832 scheeren und aus den Haaren drei Paar große Mannsstrümpfe wirken ließ, nach wenigen Wochen eine zweite Schur in Blasen der barten Oberhaut mit einer Austritte jedes vordern noch voll, so daß der Hund in etwa 1½ Jahre 4 mal geschoren wurde und das Haar in angegebener Weise benutzt werden konnte.

Ueber normale Krystallbildung im lebenden Thierkörper hat Ehrenberg so eben interessante Beobachtungen gemacht, welche sich an die Beobachtungen ebenfalls deutlich krystallinischer und normaler Ablagerungen, die bis jetzt mit Sicherheit bloß bei Pflanzen*) beobachtet worden sind, anschließen. Er fand zunächst eine sehr ausgebreitete normale Krystallbildung als Umhüllung des Gehirns und Rückenmarks bei den Amphibien. Durch den ganzen Rückenmarkscanal des Frosches erstreckt sich diese Ablagerung mikroscopischer, krystallisirter Mineraltheilchen, welche in Blasen der harten Hirnhaut mit dem Austritte jedes vordern Rückenmarksnerven heraustreten. Jede dieser gelappten Blasen enthält vielzählige Kalkkrystalle (sechsseitige Säulen mit doppelter dreiseitiger oder sechsseitiger Zuspitzung); die gröbsten waren ¹⁄₇₀ pariser Linie groß, die meisten ¹⁄₇₀ Linie, sie bestehen aus kohlensaurem Kalk. Auch bei Flußfischen, ja sogar bei Säugethieren und namentlich bei Fledermäusen finden sich ganz ähnliche Krystalle im Hinterhaupte. — Eine andere, ganz verschiedene Krystallbildung findet sich selbst allgemein bei den Fischen. Das Peritoneum ist bei diesen oft farbig, meist silberfarben oder schwärzlich; der Silberglanz kann abgewischt werden und besteht aus lauter sehr kleinen, spießigen Krystallen, welche prismatisch etwa zehnmal so lang als dick sind. Ganz ähnliche Krystalle bilden die Silberfarbe der choroidea im Auge der Fische und die vordere silberglänzende Fläche der Iris. Ob die problematische Choroidealdrüse der Fische jene Krystalle bildet, ist nicht ausgemittelt; indeß wird der Silberglanz im Auge der Frösche, die bekanntlich keine Choroidealdrüse besitzen, nicht durch solche Krystallbildung bedingt, sondern, wie das tapetum im Auge der Säugethiere, durch sehnige, angeschwollene, gefärbte Fasern und Körner. Die chemische Analyse der Krystalle bei den Fischen ergab, daß sie äußerst flüchtig ist, keine Kalkerde enthält und sowohl in Säuren als in Alkohol und Alkalien auflöslich ist, wodurch sie als eine organische Substanz erscheint. (Poggendorff's Annalen XXVIII. S. 1833.)

*) Hier ist zu erinnern, daß Hr. Prof. Huschke im vorigen Jahre Krystalle von kohlensaurer Kalkerde im Gehörorgane der Vögel nachgewiesen hat. (Notizen No. 707 [No. 3 des XXXIII. Bds.] S. 33.) Fr.

Heilkunde.

Ueber die Möglichkeit, die Hydrocyansäure 7 Tage nach ihrem Uebertritt in den thierischen Körper zu erkennen.

Von. A. Chevallier.

Ein sehr wichtiger Rechtsfall, welcher vor einigen Monaten verhandelt worden ist, hat zu folgendem Bericht Veranlassung gegeben, der in den Archiven des Pariser Assisenhofes zu den Acten gelegt worden ist:

„Wir, Jean Baptiste Chevallier, Mitglied der Königl. Academie der Medicin, und Jules Boys de Lourn, Dr. M., durch einen Befehl des Hrn. Charles Roussigné, Instructionsrichter bei'm Gerichtshof erster Instanz der Seine, vom 4ten September 1832 beauftragt mit der chemischen Analyse des flüssigen Inhaltes des Magens und der Därme des gestorbenen Jacques François Ramus, um die Natur dieser Flüssigkeiten zu bestimmen, ob sie nämlich alkoholischer oder weinartiger Beschaffenheit sind, und wie groß ihre Quantität sey; ferner auch, ob diese Flüssigkeiten, wie auch der Magen und die Därme, mineralische oder vegetabilische Gifte enthalten, oder sonst Stoffe, die, z. B., gleich den narkotischen Substanzen, die Gesundheit in Gefahr bringen können, — begaben uns, in Folge dieses Befehles, noch denselben Tag in's Cabinet des Hrn. Instructionsrichters, und nachdem er uns eidlich verpflichtet hatte, gut und gewissenhaft den uns anvertrauten Auftrag zu erfüllen, so wurden uns 4 verschlossene und versiegelte Gefäße eingehändigt, welche 1) den Magen des verstorbenen Ramus, 2) die aus dem Leichnam desselben genommenen Dünndärme, 3) den Inhalt des Magens und endlich 4) den Inhalt der Dünndärme enthielten.

„Diese Gefäße wurden uns eingehändigt, nachdem man sich überzeugt hatte, daß die Siegel noch ganz unversehrt seyen. Wir begaben uns nun in unser Laboratorium, um die physische und chemische Untersuchung des Inhaltes der uns übergebenen Gefäße vorzunehmen.

Untersuchung des Magens.

„Die Oeffnung des Gefäßes, welches den Magen enthielt, ergab, daß dieses Organ in Weingeist liege. Wir nahmen den Magen aus dieser Flüssigkeit, die wir aufbewahrten, legten ihn auf einen porzellanenen Teller und erkannten bei der Untersuchung, daß er erweitert sey, daß er keine Spur von Zusammenziehung darbiete, daß die Peritonealmembran gesund sey, und, als wir ihn öffneten, daß auch keine Verdickung der Schleimhaut zu bemerken sey; ein wenig Röthe war nach der der Milz zugewendeten Portion desselben wahrzunehmen; der ganze übrige Theil des Organs ist gesund und scheint sich im normalen Zustande zu befinden.

Untersuchung der Därme.

„Die Oeffnung des Gefäßes, welches die Dünndärme enthielt, ergab ebenfalls, daß man diese Därme in Weingeist gelegt habe; sie waren der Länge nach gespalten, und den Inhalt derselben hatte man in ein besonderes Gefäß gegeben.

„Die sorgfältigste Untersuchung dieser Organe ließ keine Spur von Entzündung bemerken; sie befanden sich im normalen Zustande und boten kein krankhaftes Symptom dar.

Untersuchung des Mageninhaltes.

„Der Mageninhalt, der etwa 8 Unzen wiegen mochte, besaß eine gelblichgraue Farbe und einen fauligen Geruch, aber man bemerkte noch außerdem einen sauren Geruch, der etwas Weinartiges besaß. Dieser Bestandtheil war sauer und röthete das Lackmuspapier stark. Nachdem der Mageninhalt auf ein Filter von feinem Papier gebracht worden war und man erwarten konnte, daß das Filtrirte rasch von Statten gehe, so drang doch die Flüssigkeit sehr langsam durch, und als endlich nach 12 Stunden das Filtri-

ren vollendet war, wurde die filtrirte Flüssigkeit, die eine bernsteingelbe Farbe besaß, in eine gläserne Retorte gegeben, mit welcher man mittelst eines Vorstoßes eine Vorlage verband. Die Destillation wurde bei gelinder Wärme fortgesetzt und zwar so lange, bis etwa die Hälfte der Flüssigkeit in die Vorlage übergetreten war.

„Es wurde nun die übergetretene Flüssigkeit aus der Vorlage genommen und untersucht. Sie war etwas sauer und alkoholisch; ihr Geruch war derjenige einer Flüssigkeit, die über bittern Mandeln gestanden hat. Dieser Geruch brachte uns augenblicklich auf den Gedanken, daß er von Hydrocyansäure herrühre, und daß dieselbe in der in zwei gleichen Theilen erhaltenen Flüssigkeit anwesend sey. Die erste Portion dieser Flüssigkeit wurde nach Orfila's Vorschrift auf folgende Weise behandelt: man setzte derselben salpetersaures Silber im Ueberschusse zu: dieses Reagensmittel bewirkte einen nicht beträchtlichen Niederschlag wie geronnene Milch, der indessen doch sehr sichtbar war. Dieser Niederschlag wurde ruhig hingestellt, damit er sich auf dem Boden eines Probeglases sammeln möchte; durch Decantiren wurde er alsdann von der Flüssigkeit getrennt. Dieser Niederschlag wurde nun mehrmals mit Wärme mit Salpetersäure behandelt. Eine kleine Portion des Niederschlages lös'te sich nicht auf; sie wurde von der hellen Flüssigkeit geschieden und letztere mit Hydrocyansäure behandelt. Dieselbe bewirkte einen deutlichen Niederschlag, welcher von Cyansilber herrührte, aber so gering war, daß wir ihn nicht einmal wägen konnten.

„Da wir uns die Ueberzeugung verschaffen wollten, daß unsere Versuche richtig seyen, und daß der Niederschlag durch die Hydrocyansäure gebildet worden sey, so controlirten wir ihn auf die Weise, daß wir auf den Rest der Flüssigkeit das von Hrn. Lassaigne angegebene Verfahren anwendeten. Für diesen Zweck setzten wir der Salfte gesetzten Portion Flüssigkeit eine kleine Quantität Kali, alsdann eine Auflösung von schwefelsaurem Kupfer zu, welche augenblicklich einen Niederschlag bewirkte. Wir setzten als-dann 1 Unze reine Hydrochlorsäure zu, um das Kupferoxyd wieder aufzulösen, welches durch den Ueberschuß des Alkali's gefällt worden war. Diese Auflösung erfolgte augenblicklich, aber die Flüssigkeit erschien im milchigen Ansehen; es entstand auch ein schwacher Niederschlag, welcher binnen drei Stunden wieder verschwand.

„Diese beiden Versuche bestätigten uns in der Meinung, die bei uns schon bei der ersten Untersuchung der destillirten Flüssigkeit entstanden war, daß nämlich das aus dem flüssigen Inhalte des Magens destillirte Wasser Spuren von Hydrocyansäure enthalte; ist aber diese Säure ein Erzeugniß der Gase, oder einer ganz cadaverischen Zersetzung des Mageninhaltes gewesen? oder ist sie dem Ramus eingegeben worden? Der gegenwärtige Zustand unserer Kenntnisse gestattet darüber keine Entscheidung. Mehrere Aerzte sind wirklich der Meinung, daß während der Gährung thierischer Substanzen Hydrocyansäure entstehen könne, und unsere Wissenschaft hat noch keine Thatsache diese Behauptung als irrig dargestellt.

„Die Anwesenheit einer kleinen Quantität Blausäure in dem Wasser, welches aus dem Mageninhalte des genannten Ramus destillirt worden war, erschien uns als ein sehr wichtiger Umstand, und wir hielten es deshalb für zweckmäßig, weil wir an diesem destillirten Wasser einen alkoholischen Geruch entdeckt hatten, nachzuforschen, ob eine Einführung einer alkoholischen, Blausäure haltigen, Flüssigkeit mit dieselben Erscheinungen herbeiführen könne, die wir bemerkt hatten. Dergleichen Flüssigkeiten sind nämlich das sogenannte eau de noyau, das Kirschwasser u. s. w. Wir begannen demnach zuerst das Likör zu destilliren, den man im Handel unter dem Namen eau de noyau bekommt. Nachdem diese alkoholische Flüssigkeit mit Wasser verdünnt worden war, untersuchten wir das Ergebniß der Destillation. Dieses bot nicht die Charactere des früher erhaltenen destillirten Wassers dar; es hatte keinen Geruch, und man konnte mit salpetersaurem Silber keine Spuren von Hydrocyansäure entdecken. Sodann verdünnten wir Kirschwasser mit Wasser und erhielten, nachdem wir es auf dieselbe Weise destillirt hatten, eine Flüssigkeit von dem Geruche der Hydrocyansäure, die aber, mit salpetersaurem Silber behandelt, keinen Niederschlag gab.

„Da wir zu erfahren wünschten, ob der Alkohol, in welchem der Magen gelegen hatte, Hydrocyansäure enthalte, so verdünnten wir denselben mit destillirtem Wasser, und behandelten ihn hierauf mit salpetersaurem Silber, wodurch wir zwar einen Niederschlag erhielten, der aber aus phosphorsaurem Silber und aus Chlorsilber bestand, ohne Cyansilber zu enthalten, wenigstens nicht auf eine bemerkbare Weise, wovon wir uns auf die Weise überzeugt haben, daß wir den Niederschlag in der Wärme mit Salpetersäure behandelten.

„Der in der Retorte befindliche Rückstand, dessen Wasser durch die Destillation abgeschieden worden war, wurde hierauf in gelinder Wärme bis zur Trockenheit abgeraucht und in 4 Theile getheilt. Die erste Portion wurde in der Wärme mit destillirtem Wasser, die zweite mit siedendem Alkohol, die dritte mit Schwefelsäure und endlich die letzte nach vorausgegangener Einäscherung mit salpetersaurem Kali behandelt.

„Die wässerige filtrirte Auflösung besaß einen faden Geschmack von einiger Aehnlichkeit mit dem Osmazom; es wurde die Auflösung mit Wasserstoffschwefelsäure, schwefelsaurem Natron, Salpetersäure, schwefelsaurem Eisen und blausaurem Kali behandelt, und man war bei keinem dieser Reagenzmittel im Stande, in derselben die Anwesenheit eines schädlichen Stoffes zu entdecken.

„Die alkoholische Auflösung hatte den Geschmack von braunem Zucker (caramel) ohne Bitterkeit; sie wurde durch das Wasser weiß; aber schwefelsaures Eisen und Ammoniak brachten in der Auflösung weder einen Niederschlag, noch eine Veränderung der Farbe hervor.

„Die mit Hülfe der Schwefelsäure bewerkstelligte Auflösung hatte keinen bittern Geschmack, und weder Schwefelwasserstoff, noch hydrocyansaures Kali, noch Alkalien brachten einen Niederschlag in derselben hervor.

„Die mit dem salpetersauren Kali eingeäscherte Portion wurde mit destillirtem Wasser behandelt. Als die erhaltene Flüssigkeit nun in der Wärme mit Wasserstoffschwefelsäure behandelt wurde, so entstand nicht der geringste Niederschlag.

„Der feste Inhalt des Magens, welcher auf dem Filter zurückgeblieben war, wurde in 4 Theile getheilt und mit Wasser von 100° behandelt, ferner mit kochendem Alkohol und Schwefelsäure, und endlich mit salpetersaurem Kali eingeäschert. Die Ergebnisse aller dieser Operationen, geprüft mit denselben Mitteln, wie sie für den Rückstand angezeigt sind, den man nach Abscheidung der flüssigen Substanzen des Magens bekommt, endlich noch auf alle mögliche zweckmäßige Art geprüft, haben dieselben Resultate geliefert, nämlich daß wir nicht die geringste Spur von giftigen Substanzen in demselben haben entdecken können.

Untersuchung des Inhaltes der Därme.

„Dieser halbflüssige Inhalt besaß eine röthlichgraue Farbe, einen sehr starken Geruch, und in demselben erkannte man den Geruch des Schwefelwasserstoffes als vorherrschend. Wir verdünnten den Inhalt der Därme mit Wasser, filtrirten ihn und erhielten sehr langsam eine klare, geruchlose Flüssigkeit von grünlich gelber Farbe. Die filtrirte Flüssigkeit wurde in eine mit Vorstoß und Vorlage versehene Retorte gegeben und alsdann destillirt. Als die Flüssigkeit in's Wallen gerathen war, so bot sie ein sehr voluminöses, aus Eiweißstoff bestehendes Gerinnsel dar.

„Die destillirte Flüssigkeit besaß einen stinkenden Geruch, roch aber nicht im Geringsten nach bittern Mandeln. Mit salpetersaurem Silber geprüft, gab sie keine Flocken, wohl aber einen geringen Niederschlag, der feinen Flocken hatte, die man für Schwefelsilber erkannte. Diese Flüssigkeit enthielt also keine Blausäure.

„Der in der Retorte befindliche Rückstand wurde in eine Schaale aus Porzellan gegeben und hier uf bei gelinder Wärme bis zur Trockenheit abgeraucht. Man theilte ihn hierauf in 4 Abtheilungen, die einzeln mit kochendem destillirtem Wasser, mit kochendem Alkohol, mit Schwefelsäure und endlich mittelst Einäscherung behandelt wurden. Die Ergebnisse dieser Operationen wurden gerade so untersucht, wie die Rückstände der abgerauchten flüssigen und festen Theile des Mageninhaltes des erwähnten Ramus; aber keine

Erscheinung hat die Anwesenheit der Gesundheit schädlicher Substanzen angezeigt.

„Eben so verhält es sich mit dem Inhalte der Därme, der auf dem Filter zurückgeblieben war.

„Aus der Untersuchung dieser aus dem Leichname des genannten Ramus genommenen Substanzen ergibt sich daher:
1) Daß das durch die Destillation der flüssigen und filtrirten Stoffe des Mageninhaltes erhaltene Wasser etwas alkoholisch war, und einen kleinen Antheil Hydrocyansäure enthielt, deren Quantität jedoch zu bestimmen, unmöglich blieb.
2) Daß wir unmöglich angeben können, ob diese kleine Quantität Säure das Resultat der Gährung der aus dem Magen genommenen Stoffe sey, (der Inhalt des Magens hatte 6 Tage theils im Leichname, theils im Gefäße gelegen, ehe er analysirt werden konnte, oder ob diese Säure von dem Verschlucken einer blausäurehaltigen Flüssigkeit herrühre.

Diese Frage kann nicht beantwortet werden, und nur neue Versuche können zur Lösung behülflich seyn.
3) Daß die Versuche, die für den Zweck angestellt worden sind, um andere giftige Substanzen zu entdecken, negative Resultate geliefert haben.
4) Daß es uns unmöglich ist, zu entscheiden, ob narkotische Mittel angewendet worden sind und zwar aus dem Grunde, weil die wirksamen Bestandtheile vieler Substanzen, welche man narkotisch genannt hat, noch nicht bekannt sind und weil man dieselben bis jetzt noch nicht isolirt hat darstellen können."

Dieser Bericht ist insofern höchst interessant, insofern daraus hervorgeht:
1) Daß man in einem Leichname die Anwesenheit der Blausäure 7 Tage nach dem Verschlucken derselben erkennen kann *);
2) Daß die Substanzen, welche diese Säure enthielten, gar nicht den Geruch der bittern Mandeln besaßen, und daß man die Destillation anwenden mußte, um diese Säure für den Geruch bemerklich zu machen. Aus dieser Thatsache folgt meines Erachtens, daß jedesmal, so oft der Tod eines Menschen vorliegt, ohne daß man sich die Ursachen seines Todes erklären kann, es nöthig ist, die chemische Analyse des Mageninhaltes vorzunehmen;
3) Daß die chemische Analyse in dem flüssigen Mageninhalte die Anwesenheit einer gewissen Quantität Alkohols hat entdecken lassen, den Ramus 7 Tage früher zu sich genommen hatte. Dieses war der Alkohol gewesen, welchem X.... Blausäure zugesetzt gehabt hatte **).

---

*) Die Stärke der bei Ramus angewendeten Blausäure ist nicht bekannt. Sie soll sehr schwach und aus dem Laboratorium eines Pharmaceuten entwendet worden seyn; aber so viel ist ausgemacht, und der Inculpat hat in einer seiner Aussagen zugestanden, daß sich Säure wenigstens seit 3 Monaten in seinem Besitze befunden habe. Dieses scheint auch wahr zu seyn, denn der eine der Zeugen in dem Criminalprocesse, Hr. C..., bot uns erklärt, daß X.... eines Tages zur Zeit der Cholera, als er eben im Begriff war, in der Caserne der Garde Chlorkalk zu streuen, zu einem seiner Landsleute gesagt habe: „Wenn du einige Tropfen von der Flüssigkeit, die sich in meiner Tasche befindet, im Leibe hättest, so würde es bald mit dir aus seyn." Man muß nun bemerken, daß dieser Vorfall zur Zeit der Gerüchte sich ereignete, die über die Vergiftungen angewendet wurden, und daß sein Landsmann ihm bemerklich machte, er setze sich unter der vormaltenden Umständen großer Gefahr aus, wenn er eine giftige Flüssigkeit bei sich trage. Höchst wahrscheinlich hat sich X.... die Blausäure eben daher verschafft, wo er auch verschiedene pharmaceutische Producte genommen hat, die später in seiner Wohnung, rue de la Huchette, gefunden worden sind.

**) Diese Thatsache, welche zu letzterem Schluß Veranlassung gegeben hat, ist durch Hrn. Chevalier zuerst beobachtet worden. Der Fall war folgender: Ein Mann war von einer Postkutsche umgeworfen worden und nach kurzen Leiden gestorben.

Etwa drei Wochen, nachdem sich dieser Bericht in den Händen
des Instructionsrichters befand, wurde durch Untersuchungen in der
rue de la Huchette der Name desjenigen entdeckt, der den genannten Ramus ermordet hatte. Man erfuhr, daß dieser Mensch den
1. September Paris verlassen habe, um sich nach Arc bei Gray
(Haute-Saône) zu begeben; als er aber erfuhr, daß sein Sohn,
welcher bei einem Pariser Pharmaceuten in der Lehre stand, den
2. October festgenommen worden sey, so kehrte er wieder in die
Hauptstadt zurück und wurde hier den 8 October selbst festgenommen. Man brachte ihn auf die Polizeipräfectur, wo er nach einigem Zögern und Läugnen sein Verbrechen gestand, und zugleich aus-
sagte, daß, bevor er den Ramus zusammengehauen habe, er demselben eine Mischung von Branntwein und Blausäure gereicht
hätte.

X.... wurde den 26 Januar des laufenden Jahres vor das
Assisengericht gestellt, der Vergiftung, des Meuchelmordes und des
Raubes schuldig erklärt und ihm die Todesstrafe zuerkannt. (Journal de Chimie médicale, de Pharmacie et de Toxocologie, Juillet 1833.)

Tic douloureux an einem Amputationsstumpf des Armes, welcher durch Entfernung eines Stückes vom nervus medianus geheilt wurde.

Ein 20jähriges Mädchen hatte vor 3½ Jahren eine bedeutende
Verletzung der linken Hand erlitten, und mußte sich vor zwei Jahren, nachdem alle Mittel vergeblich angewendet worden waren und
ihr Leben durch die übermäßige Eiterung und die heftigen Schmerzen bedroht war, der Amputation unterwerfen. Die Heilung des
Stumpfes gelang nicht vollkommen. Die Narbe war sehr dünn
und empfindlich, und die Schmerzen steigerten sich troß aller Mittel wieder dermaßen, daß zum zweitenmal die Amputation über
dem Ellenbogengelenk mittelst des Lappenschnitts gemacht werden
mußte. Bei der Operation wurde vor der Unterbindung der Arterien jeder einzelne Nerv etwa einen halben Zoll über die Wundfläche hervorgezogen und durchschnitten, um einer neuen Störung
der Vernarbung, welche vielleicht durch sie veranlaßt werden konnte,
zuvorzukommen. Eine Zeit lang blieb auch die Kranke vollkommen
frei von allen Schmerzen. Zwei Monate nach den lezten Operation jedoch begab sich die Kranke in das London-Hospital wegen
der heftigen Schmerzen, die sie in dem entzündeten Stumpfe wieder
befallen hatten. Zugleich klagte sie über beständigen Kopfschmerz
und Schlaflosigkeit. Außer Schröpfköpfen, welche die Kopfschmerzen etwas linderten, blieben alle übrigen Mittel, als kohlensaures
Eisen, Jod, Morphium aceticum, Blasenpflaster und Blutegel, ohne
Wirkung. Nach 4 Monaten unveränderter Leiden zeigte sich eine
Exfoliation an den Knochen. Da man die Ansicht hatte, daß der
Schmerz von dem Theile des Stumpfes ausgehe, wo der nervus
medianus durchschnitten war, so unternahm der behandelnde Arzt
das Ausschneiden eines Stückes dieses Nerven: er machte gerade
unter der Achselgrube nach dem Verlauf des medianus einen Einschnitt, legte ein einen halben Zoll langes Stück des Nerven bloß
und schnitt es ab. Die Kranke hatte die Empfindung, als zerre
man an dem Stumpfe und klagte über Stumpfheit in demselben.
Unmittelbar darauf aber fand sie sich von allen Schmerzen befreit
und konnte selbst starken Druck ertragen. Nach der Operation traten
Schlaflosigkeit, heftige Kopfschmerzen und Fieber ein, welche aber

Der unternehmer dieser Postanstalt wurde vor Gericht gezogen und sollte für den Fall verantwortlich seyn. Er machte
zu seiner Vertheidigung und zu derjenigen des Postillons vor-
stellig, daß der verwundete und gestorbene Mann sich im Zustande der Trunkenheit befunden habe und nicht ausgewichen
sey, ungeachtet der Postillon ihm laut zugerufen habe. Der
Leichnam wurde geöffnet, und aus der Analyse des Mageninhaltes ergab sich, daß dieser Mann ein alkoholisches, mit Anis
versetztes Getränk genossen habe, welches man für Anièwasser
hielt.

durch eine Aderlässe gehoben wurden. Die Heilung der Wunde
erfolgte bald, worauf die Schmerzen nie wieder zurückkehrten.
(Lond. Med. Gazette.)

Intermittirender Speichelfluß; Analyse des Speichels.
Von Herrn Guibourt.

Im Jahr 1831 behandelte Hr. Rayer eine junge nervöse
Dame von 24 Jahren, die sich übrigens sehr wohl befand und nur
seit mehrern Jahren in unregelmäßigen Zwischenräumen von 30, 40
oder 50 Tagen einen Anfall von sehr reichlichem Speichelfluß, 36
oder 48 Stunden lang zu bekommen pflegte. Die Quantität der
abgesonderten Flüssigkeit betrug häufig mehrere Pfund in 24 Stunden. Das Opium und die China hatten auf diesen Speichelfluß
keine Wirkung; der Gebrauch des unterkohlensauren Eisens, welcher theils die Zwischenzeiten verlängerte, theils mehrere diese Anfälle,
ohne sie jedoch gänzlich zu heilen. Hr. Guibourt hat an dem
Speichel der Patientin die Analyse wiederholt, welche schon von
Fourcroy, Bostock und Berzelius gemacht worden ist. Die
Resultate dieser neuen Analyse weichen ein wenig von denen ab,
welche die genannten Chemiker erhalten haben, obschon auch ihre
Resultate nicht vollkommen übereinstimmend waren. Nach Hrn.
Guibourt enthält der Speichel Schleim; eine eigenthümliche animalische Substanz, die einige Aehnlichkeit mit dem Gallertstoff und
dem Osmazom besißt (sich aber von diesen beiden Stoffen in mehreren Hinsichten unterscheidet); Eiweißstoff im Zustande der Auflösung; und auflösliche Salze, nämlich Chlornatrium und Chlor-
kalium, milchsaures Kali oder Natron, ein Kalksalz, phosphorsaures und schwefelsaures Natron. (Journal de Chimie médicale,
Avril 1833.)

Ueber Balggeschwülste in den Knochen.
Von A. Velpeau.

Geschwülste, welche mit einer zähen, serösen Flüssigkeit, der bei
der ranula ähnlich, oder mit Eiter, mit einem fibrösen, fettartigen,
fungösen oder einem aus mehrern zusammengesetzten Stoffe gefüllt
sind, hat man schon: bisweilen in den Wänden des sinus maxillaris
und in der Dicte des Gesichtsknochen selbst beobachtet. Runge,
welcher zuerst angesprochen zu haben scheint, sagt, daß sowohl
er, als sein Vater Geschwülste dieser Art, sowohl in der obern, als
in der untern Kinnlade angetroffen habe, und meint, daß sie häufig von der Spiße einer Zahnwurzel ausgehen. Auch ist es wahrscheinlich, daß die vermeintlichen Lymphanhäufungen, bei welchen
die Wände so dünn wie Pergament sind, und von denen Kirk-
laub glaubt, daß sie zum antrum Hyghmori selbst ihren Siß haben,
zu derselben Krankheitsclasse gehören. In einen ähnlichen Irrthum
scheint Callisen verfallen zu seyn, indem er von jenen in mehrere Abtheilungen getheilten Geschwülsten spricht, welche das Ausziehen mehrerer Zähne erfordern. Siebold erkannte den eigenthümlichen Siß dieser Krankheit richtiger, als er ein Osteosarkom
zwischen den Lamellen der Knochenwand der Kieferhöhle öffnete und
heilte. Uebrigens hatten diese vereinzelten Beobachtungen bis dahin die Aufmerksamkeit der Aerzte noch nicht auf sich gezogen und
Dupuytren hat in der That zuerst in seinen clinischen Vorlesungen ausführliche Bemerkungen über die in Rede stehende Krankheit
mitgetheilt. Ich habe 4 Fälle derselben beobachtet. Obgleich die
Krankheit öfter außerhalb des sinus ihren Siß hat, da die Geschwulst häufiger an dem Unterkiefer, als an dem Oberkiefer und
eben so oft in dem aufsteigenden Ast, als in dem Körper dieses
Knochens vorkommt, so steht die Anschwellung doch fast immer in
einiger Beziehung zu einem krankhaften Zustand der Zähne. — Die
Krankheit ist ca.cinomarthen und fungösen Geschwülsten in Form und
äußerm Ansehen sehr ähnlich, unterscheidet sich aber besonders dadurch
von ihnen, daß sie leicht zu heilen ist [*]. Schon aus Analogie lei-

---

[*] Anm. Das beste diagnostische Unterscheidungsmittel scheint
mir, nach 2 in Paris beobachteten Fällen, die pergamentartige

tet auf den Gedanken, daß die gegen die Krankheiten der Oberkie= ferhöhle angerathenen Behandlungsweisen hier ebenfalls anwendbar seyen, so daß man in der That eine große Anzahl derselben dadurch beseitigen kann, daß man cariöse Zähne in der Nachbarschaft aus= zieht, oder die Geschwulst an der innern Seite der Lippen oder der Wangen öffnet, wenn es ihre Lage gestattet. Auf diese Weise hätte es gerade nicht viel zu bedeuten, wenn man sie mit polypösen oder andern Geschwülsten verwechselte, welche sich in dem antrum Hygh= mori entwickeln, wie dieß dem ältern Runge und ganz neuerdings Dupuytren selbst begegnet ist. Bis jetzt hat Dupuytren im= mer damit ausgereicht, einen großen Einschnitt quer durch die Wange hindurch, und hierauf Injectionen zu machen und täglich ei= nen Charpiemeißel durch die Wunde einzuschieben, um die Schmel= zung des Balges zu bewirken. (*Velpeau* Nouveaux élémens, Tom. II.)

Miscellen.

Einen Apparat zum Frottiren, in'sbesondere zu dem sogenannten Schampuen (Shampooing), hat J. P. Heath, M. D. empfohlen: Zwei Kugeln von Federharz sind an die beiden Enden eines runden Fischbeinstabes von 15 Zoll Länge befestiget. Eine derselben läßt die Luft frei aus= und einstreichen, und ihr Volum hängt von ihrer eignen Elasticität, unterstützt durch eine geringe Quantität gekräuselten Haares (Pferdehaares?), ab. Die andere ist hermetisch verschlossen und behält ihre Gestalt vermöge der darin abgesperrten Luft bei. Auf dem runden Stabe sitzt ein beweglicher Griff, welcher die Länge des Hebels und folglich die Wucht von Federkraft des Apparates regulirt. Durch eine gelinde Bewegung mit der Hand setzt man eine der Kugeln in Drehung, und auf diese Weise läßt sich die Wirkung von der des sanftesten Frotti= rens bis zu der des kräftigsten Schampuens steigern. Setzt man die mit der Luft communicirende Kugel ein paar Minuten einer ge= liuden Wärme aus, so wird sie natürlich weicher und geschmeidiger, und da die geschlossene Kugel immer denselben Grad von Span= nung behält, so kann man den Stoß beliebig modificiren. Jeder einsichtige Arzt wird die Fälle zu beurtheilen wissen, in welchen der Gebrauch dieses Apparates angezeigt ist. (The Lancet No. 10 of Vol. II. 1832—33).

Einen Bruch der Hüftgelenkpfanne beschreibt Fricke in dem zweiten Bande seiner Annalen, worüber sich durch folgende Symptome characterisirte: 1. Der Kranke ist nach der erlittenen Ge= waltthätigkeit unvermögend, auf dem Schenkel der kranken Seite zu stehen. 2. In horizontaler Lage ist dem Kranken die Bewe= gung des Schenkels unmöglich, obgleich ein anderer dieselbe nach allen Richtungen mit großer Leichtigkeit machen kann; diese Bewe= gungen sind anfangs etwas schmerzhaft, einige Tage nach der Ver= letzung können sie aber ohne Schmerzen für den Kranken vorgenom= men werden. 3. Rotirt man das Knie, während die Hand auf dem Trochanter aufliegt, so ist nicht undeutlich eine Crepitation in der Tiefe zu bemerken. 4. Der Schenkel der kranken Seite ist et= was verkürzt, kann aber durch einen mäßigen Zug momentan zur normalen Länge gestreckt werden. 5. Der Fuß ist nach oben ge= richtet, ohne Neigung, nach irgend einer Seite sich zu senken. 6.

Beschaffenheit der dünnen Knochenhülle, welche sich eindrücken läßt und mit einem knitternden Geräusch wieder erhebt.
R. F.

Beide Trochanteren stehen gleich weit von dem Hüftbeinkam= me ab.

Contraction des musculus sterno-cleido-ma= stoideus, welcher aber die Schulter in die Höhe zog, statt den Kopf auf die Seite zu ziehen, fand Dupuytren bei einem 6jähri= gen Kinde. Das Kind war bis vor 6 Monaten vollkommen wohl gewesen und schädliche Einflüsse waren nicht zu ermitteln. Jetzt saß der Kopf gerade und frei beweglich auf dem Halse, Rückgrat und Rippen waren nicht verbogen, die rechte Schulter aber stand um einen Zoll höher als die linke, der rechte sterno-cleido-mastoi= deus bildete unter der Haut einen harten, festangespannten Vor= sprung, welcher verschwand, wenn man den Kopf des Kindes nach der erhöhten Schulter beugte. Schmerzen waren nicht vorhanden. Die Bezeichnung der Verkürzung des sterno-cleido-mastoideus durch das Wort torticollis, welche so häufig angewendet wird, ist also nicht beizubehalten. (Gazette médicale III. 121.)

Eine einfache Operationsmethode der angebore= nern Phimose giebt Fricke, welcher sie neben der Foot'schen an= wendet, auf folgende Weise an: Nachdem die äußere Präputialplatte durch einen Gehülfen stark zurückgezogen ist, führt man eine Hohl= sonde durch die Präputialapertur so weit als möglich hinauf, auf dieser wird ein langes, schmales, gerades Bistouri eingeführt, indem so weit wie möglich nach hinten beide Platten durchstoßen, und durch Senken der Hohlsonde und Anziehen des Bistouri's durch= schnitten werden. Der Theil der innern Platte, der alsdann etwa noch nicht durchschnitten seyn sollte, wird mit demselben Messer und Hohlsonde oder mit einer Scheere bis zur Eichelkrone getrennt; jetzt nimmt man ein bauchiges Bistouri und durchschneidet von dem oben gebildeten Wundwinkel an die Haut auf dem Gliede in der Länge eines halben Zolles bis zu dem darunterliegenden Zellgewebe in der Richtung nach der symphysis ossium pubis hin. Die kalten Umschlägen geschiehet die Heilung leicht und in kurzer Zeit. Hier= durch will er die Entstehung der ödematösen Anschwellung in den beiden Seitenlappen verhüten, welche bisweilen durch die Einschnü= rung an dem stumpfspitzigen Wundwinkel entsteht, und die Hei= lung sehr verzögert. (Annalen der chirurg. Abth. Hamburg. iu 2. B.)

Rachitis und mollities ossium. — Es wird jetzt von Hrn. Brodie ein Fußknabe im Hospital behandelt, der an bei= den Unterschenkeln mit rachitis behaftet ist. Es sind für denselben ein paar Eisen angefertigt worden, welche den Beinen sehr zur Stütze gereichen. Nachdem Hr. Brodie den Knaben im Zimmer mit auf= und abgehen gesehen, äußerte er, er glaube, unter dem Na= men rachitis und mollities ossium seyen viele besondere Krankheits= formen begriffen. Bei einer solchen werde das Mark in eine fet= tige Substanz verwandelt, und der Knochen erweicht. Von dieser Art der Krankheit sey in Büchern entweder nicht, oder doch nur unter dem allgemeinen Namen rachitis die Rede. (The Lancet, No. 10. of vol. 11. 1832—1833.)

Verblutung aus der Milz ohne äußere Verletzung fand man bei einem 15jährigen Burschen nach dem Tode, der bei den Unterschenkel mit rachitis behaftet ist. In dem einem 8jähri= gen Knaben auf der linke Seite des Unterleibs geflossen wurde, um= kam und nach ½ Stunde den Geist aufgab. Bei der Section fand sich ein Riß in der ungewöhnlich großen und mürben Milz. (Sanit. Ber. d. Prov. Brandenb. 1830.)

Puls. — Nach Erysipelas hält sich zuweilen der Puls längere Zeit sehr hoch. Hrn. Brodie kam vor Kurzem ein Fall bei einem Knaben vor, der Puls noch zwei Monate später in der Minute 90 Schläge that.

Bibliographische Neuigkeiten.

Cours d'Anatomie médicale, ou exposition de l'anatomie appli= quée à la physiologie, à la pathologie et à la chirurgie; par *J. L. Estor.* Paris et Montpellier 1833. 8.

Des fièvres intermittentes et continues par *R. Faure* etc. Mont= pellier 1833. 8.

Notizen

aus

dem Gebiete der Natur- und Heilkunde.

Nro. **812.** (Nro. **20.** des XXXVII. Bandes.) August **1833.**

Gedruckt bei Loffius in Erfurt. In Commiffion bei dem Königl. Preußischen Gränz-Poftamte zu Erfurt, der Königl. Sächf. Zeitungs-
Expedition zu Leipzig, dem G. H. F. Thurn und Tarifchen Poftamte zu Weimar und bei dem Landes-Induftrie-Comptoir.
Preis eines ganzen Bandes, von 24 Bogen, 2 Rthlr. oder 3 Fl. 36 Kr., des einzelnen Stückes, 3 ggl.

Naturkunde.

Ueber das Durchbringen der ftrahlenden Wärme durch farbige Gläfer.

(Aus einem von Hrn. Melloni an die Academie der Wiffenfchaften zu Paris gerichteten Schreiben vom 24. Juni
d. Jahres.)

„Wenn man die Quantität der Wärmeftrahlen mißt,
die durch ein farbiges Glas fallen, fo findet man ftets, daß
deren weniger find, als diejenigen, welche durch weißes Glas
dringen. Deßhalb wirkt der Färbeftoff auf Abforption des
Wärmeftoffs hin; allein es fragt fich, ob diefe Art von Abforption die fämmtliche ftrahlende Wärme zurückhält, außer
die, welche einen gewiffen Grad von Brechbarkeit befitzt, wie
fie fämmtliches Licht erlöfchen macht, außer dasjenige, welches
eine gewiffe Färbung befitzt?

Ich bin bei Unterfuchung diefer Frage zu fo fonderba-
ren Refultaten gelangt, daß ich die Academie um Erlaubniß
bitte, ihr diefelben einigermaßen im Detail vorzutragen.

Der Character der Farbe, welcher bei'm Lichte die mehr
oder weniger brechbaren Strahlen unausgefetzt begleitet, wird
gänzlich vermißt, wenn es fich darum handelt, die von irdi-
fchen Heerden ausgehenden Wärmeftrahlen von einander zu
unterfcheiden, und um zu erfahren, ob die aus zwei farbigen
Gläfern hervorkommenden Wärmeftrahlen wirklich eine verfchiedene Brechbarkeit befitzen, müßte man die Winkel meffen,
welche deren bekannte Richtung bei'm Einfallen in daffelbe
brechende Mittel bildet. Dieß erfordert ein ungemein ge-
naues Verfahren, welches, wegen der großen practifchen
Schwierigkeiten, auf die man ftößt, wenn es fich darum
handelt, parallele Strahlen von einer gewiffen Intenfität fich
zu verfchaffen, beinahe unmöglich genannt werden kann.

Ich habe bereits die Ehre gehabt, der Academie einige
Verfuche mitzutheilen, aus denen fich folgern läßt, daß die
Wärmeftrahlen durch Waffer, Alaun, fchwefelfauren Kalk und
andere die Wärme wenig durchlaffende durchfichtige Körper
um fo fchwerer dringen, je geringer deren Brechbarkeit ift.

Diefe Eigenfchaft bietet, rückfichtlich der Claffification

der Wärmeftrahlen ein Mittel der Analyfe dar, durch welches die Unterfcheidung faft eben fo leicht wird, wie durch
die Verfchiedenheit der Farben bei den leuchtenden Strahlen.
Um es auf den uns hier befchäftigenden Fall anzuwenden,
nahm ich ein weißes Glas und Gläfer von allen Regenbo-
genfarben und fetzte diefelben nach einander in eine Oeffnung
ein, die fich mitten in einem großen Schirme von Metall
befand. Indem ich nun von diefem eine brennende Lampe
mehr oder weniger entfernte, bewirkte ich in jedem Falle,
daß der Zeiger eines auf der andern Seite des Schirms befindlichen Wärme-Multiplicators 40° Abweichung für den
Betrag der Wärme angab, welche, nachdem fie durch das
Glas gedrungen, auf die thermofcopifche Subftanz fiel.

Diefe Beobachtungen zu Grunde legend, ließ ich jedesmal die aus dem Glafe hervorkommenden Strahlen durch
eine Platte fchwefelfauren Kalks fallen; der Zeiger näherte
fich dann dem Nullpuncte und hielt fich an einer beftimmten
Stelle im Gleichgewichte; allein diefe Stelle war bei'm weißen Glas genau diefelbe, wie bei'm violetten, indigofarbenen,
blauen, gelben, orangefarbenen und rothen; nur bei dem grünen war fie verfchieden. Der Verfuch war fehr fchlagend,
indem der Zeiger von 18 auf 10 und 7° fiel, wenn man
von irgend einer der vorgenannten Farben zu den beiden Arten von Grün überging. Noch größere Unterfchiede erhielt
ich, wenn ich ftatt der Platte von fchwefelfaurem Kalk eine
folche von Alaun anwandte. Alsdann erhielt man ftatt der
Abweichung von 40° bei'm weißen und allen farbigen Gläfern, ausgenommen den grünen, 8°, und bei den beiden grünen Gläfern 1° und 1,6°.

Demnach befitzen die Strahlen, welche aus den rothen,
orangefarbenen, gelben, blauen, indigofarbenen und violetten
Glafe hervorkommen, genau diefelbe Durchdringungskraft, wie
die, welche aus weißem Glafe hervortreten, und die bei der
Fabrication diefer Gläfer angewandten färbenden Subftanzen
üben auf die Strahlen keine Wahlverwandtfchaft aus, fondern veranlaffen nur, in Anfehung der eigenthümlichen Durch-
dringbarkeit des Glafes, eine größere oder geringere Vermin-

20

berung. Anders verhält es sich dagegen rückfichtlich der grü=nen Gläfer, indem die aus ihnen hervorkommenden Wärme=ftrahlen e'ne weit geringere Durchdringungskraft befigen, als die aus weißem Glafe hervorkommenden, und aus dem, was wir bereits gefehen, ergiebt sich, daß die grüne Farbe die brechbarfte Wärme aufhält, und nur solche Wärmeftrahlen durchläßt, welche eine schwache Brechbarkeit befigen.

Um diese Thatsache außer Zweifel zu fegen, mußte ich für diese beiden Arten von Wärme besondere Experimente an=stellen, denn es ließ sich erwarten, daß, wenn man sie hinter=einander auf grüne Platten einfallen ließ, im erstern Falle eine starke Durchdringung, und im legtern eine starke Zu=rückhaltung oder Auffaugung zu beobachten seyn werde. Ich suchte diese beiden Bedingungen zu erfüllen, und glaube meine Aufgabe mit ziemlichem Erfolg gelös't zu haben.

Wir wollen uns zuvörderst daran erinnern, daß bei der Vergleichung der Durchdringungsfähigkeit der vom Sonnen=spectrum und von irdischen Heerden stammenden Wärmestrah=len es sich ergiebt, daß die legtern sich genau so verhalten, als ob die von ihnen ausströmende Wärme im Verhältniß ihrer Temperatur brechbar sey.

Ueber einer Spirituslampe wurde eine konische Platina=spirale aufgehängt, welche ganz von der Flamme umhüllt war. Durch eine angemessene Veränderung der Zahl und des Abstandes der Windungen läßt sich die Platina glühend machen, und die Alkoholflamme fast ganz zum Verschwinden bringen.

Obgleich die mittlere Temperatur dieses Apparates, wel=cher viel Wärme ausstrahlt, nicht genau ermittelt werden kann, so ist doch gewiß, daß sie bedeutend geringer ist, als die eine Silberlampe (lampe d'argent *), also muß von der=selben eine große Quantität weniger brechbare Strahlen aus=strömen. Nun gehen aber die weniger brechbaren Strahlen leichter durch das grüne, als durch irgend ein anderes farbi=ges Glas. Beobachtet man also das Durchdringen der Wärme, in Bezug auf beide Quellen, so wird sich ergeben müssen, daß die durch grüne Farben gefallene Wärme, in Folge des von De la Roche aufgefundenen allgemeinen Gesetzes, nicht dieselben Veränderungen erleidet, wie die durch andersgefärbte Gläfer gefallenen Strahlen. Dieß wird nun durch Experimente höchst schlagend bestätigt. Die Ordnung der durchgefallenen Strahlen und deren Werth in Procenten der Totalquantität läßt sich aus folgender Tabelle ersehen.

Silberflamme (Flamme d'argent.)

Farben der Gläfer.	Durchgefall. Strahlen.
Weiß	62
Violet	53
Roth	51
Orange	44
Gelb	34
Blau	33
Grün I.	26
Grün II.	23
Indigo	19

*) Vielleicht ist eine arganbische Lampe gemeint.

Glühende Platina.

Farben der Gläfer.	Durchgefall. Strahlen.
Weiß	30
Violet	27
Roth	26
Grün I.	24
Grün II.	23
Orange	23
Gelb	18
Blau	17
Indigo	10

Man sieht, daß, wenn man von der ersten zu der zwei=ten Wärmequelle übergeht, die durch die beiden grünen Gläfer gedrungenen Wärmequantitäten nur einen sehr gerin=gen Unterschied darbieten, während bei allen übrigen Gläfern, mit Einschluß des weißen, die durchgefallene Wärme im zweiten Falle ungefähr nur die Hälfte so stark ist, wie im ersten.

Wir gehen nun zur zweiten Methode der Bestätigung über.

Die feste Citronensäure und andere farblose Substan=zen besigen rückfichtlich der strahlenden Wärme die entgegen=gesegte Eigenschaft, wie die grünen Gläfer, d. h. daß sie Strahlen von schwacher Brechbarkeit aufhalten, und nur die brechbarste Wärme durchlassen. Hiervon habe ich mich durch folgenden Versuch überzeugt.

Nachdem ich an die mittlere Deffnung meines Metall=schirms eine vorzüglich durchsichtige Platte von Citronensäure eingesegt hatte, näherte ich ihr die Lampe in dem Grade, daß der Zeiger des Wärmemultiplicators auf 30° rückte. Als nun nacheinander Platten von schwefelsaurem Kalk und Alaun zwischen die durchgefallenen Strahlen und das Instrument gebracht wurden, fiel der Zeiger nur bis 28 oder 27. Die=selben Platten veranlaßten aber ein Fallen des Zeigers von 30° bis auf 7 und 4°, wenn sie unmittelbar zwischen helle Flammen und den Multiplicator gebracht wurden. Hieraus ergiebt sich nun mit der größten Gewißheit, daß die durch die Citronensäure gefallenen Strahlen in einem hohen Grade die Eigenschaft besigen, solche durchscheinende Substanzen zu durchdringen, welche für die Wärmestrahlen sonst am wenig=sten durchgänglich sind, daß also jene durch die Citronensäure gefallenen Strahlen einen hohen Grad von Brechbarkeit be=figen. Wenn nun die grünen Gläfer die an ihnen erkannte Eigenschaft wirklich haben, so müssen sie diese so brechbare Wär=me in weit größerer Quantität aufhalten, als andere Gläfer. Um zu sehen, ob diese Wirkung wirklich statt habe, brachte ich hintereinander jedes Glas zwischen die durch die Citro=nensäure gefallenen Strahlen und den 30° zeigenden Wär=memultiplicator.

Die Resultate sind in folgender Tabelle in Procenten der Totalquantität angegeben.

Wärme, welche von der Citronensäure durchge=lassen worden.

Farben der Gläfer.	Durchgefall. Strahlen.
Weiß	89
Violet	70

Farben der Gläser.	Durchgefall. Strahlen.
Roth	65
Orange	57
Gelb	44
Blau	39
Indigo	28
Grün I.	6
Grün II.	2

Jede Platte läßt hier dreimal so viel Strahlen durch, als wenn sie unmittelbar von der glühenden Platina bestrahlt wird, und die von den grünen Gläsern durchgelassenen Strahlen, welche früher 23 und 24°/₀ betrugen, haben sich nicht vermehrt, sondern fast bis auf 0 vermindert.

Aus diesen Thatsachen scheint mir unwiderleglich hervorzugehen, daß die grünen Gläser die einzigen sind, denen man rücksichtlich der strahlenden Wärme eine Färbung zuschreiben kann. Die übrigen farbigen Gläser wirken auf die Wärmestrahlen wie mehr oder weniger gebräunte (verdunkelte) durchscheinende Substanzen rücksichtlich der Lichtstrahlen.

Ferner geht daraus hervor, daß die feste Citronensäure, obwohl sie vollkommen farblos ist, sich rücksichtlich der strahlenden Wärme, wie ein gefärbter Körper verhält.

Wenn man ferner zwischen den verschiedenen Wirkungen dieser Körper auf das Licht und die Wärme weitere Vergleichungen anstellt, so läßt sich sagen, daß für das Wärmestrahlen das grüne Glas roth und die Citronensäure violet sey. (L'institut 6. Juillet 1833.)

Phrenologische Characteristik Gall's.

(Aus einer in der am 4ten Februar abgehaltenen Sitzung der Londoner phrenologischen Gesellschaft *) vom Marquis Moscati vorgetragenen Abhandlung.)

Gall's intellectuelle und moralische Fähigkeiten, so wie dessen thierische Triebe stimmten mit dessen phrenologischer Organisation überein. Zuvörderst muß ich hier auf den Abguß von Gall's Schädel aufmerksam machen. Mit den Maaßen desselben verhält es sich folgendermaßen.

Von der spina occipitis bis zur untern Gränze der Individualität**) . . . . 8⅝ Zoll
Von der spina occipitis bis zum Ohre (äußeren Gehörgange) . . . . . 7⅛ —
Vom Ohre bis zur untern Gränze der Individualität . . . . . . 5⅝ —
Vom Ohre bis zum Organe der Festigkeit 6⅛ —

*) Ueber den Stand der phrenologischen Lehre in Großbritannien hat Hr. Dr. J. W. Crane der Phrenological Society zu London Nachrichten mitgetheilt, die mich in Verwunderung gesetzt haben. Es sind in England 23 phrenologische Gesellschaften (eine in London und dann immer eine in Hull, Bath, Plymouth Manchester, Birmingham, Bristol, Liverpool, Wakefield, Derby ꝛc. ꝛc.), in Schottland 3 (in Edinburgh 1, in Glasgow 2) und in Irland zwei (in Dublin und Belfast). Und außerdem beschäftigen sich auch noch mehrere medicinische Gesellschaften mit besonderer Vorliebe mit Phrenologie. Fr.

**) Man vergleiche hier Fig. 7 der mit Notizen No. 727 (Nro. 1 des XXXIV. Bds.) ausgegebenen und erläuterten Tafel.

Von einem Organe des Zerstörungstriebs bis zum andern . . . . 6⅝ Zoll
Von Vorsicht bis zu Vorsicht (Bedächtigkeit, caution) . . . . . . 6 —
Von Idealität bis ditto . . . . . 5⅞ —

Aus diesen Maaßen geht hervor, daß Gall's Kopf, im Vergleich mit dem anderer männlicher Individuen von 25—50 Jahren, eine bedeutende Größe hatte.

Nun will ich die Stärke der Entwickelung seiner Organe angeben. Stark entwickelt sind: Geschlechtstrieb, Kampftrieb (Rauflinn), Selbstschätzung, Zerstörungstrieb (Mordsinn), Vorsicht, Erwerbungstrieb, Festigkeit, Gewissenhaftigkeit, Verehrungssinn, (Veneration), Constructionssinn, Idealität, Heiterkeit (Witz, Laune), Causalität, Eventualität, Vergleichungsvermögen, Formsinn und Größensinn.

Mäßig entwickelt sind, Anhänglichkeit (Freundschaft), Ansiedelungstrieb (inhabitiveness), Verheimlichungssinn (Schlauheit, secretiveness), Sinn für's Wunderbare (marvellousness), Hoffnung, Jungentiebe, Eitelkeit (Ruhmsucht), approbativeness), Wohlwollen (Gutmüthigkeit), Tonsinn, Zeitsinn, Ordnungssinn, Zahlensinn und Sprachsinn.

Ziemlich klein sind Ortsinn, Individualität und die übrigen Organe.

Während des langen Laufes seines strebsamen Lebens zeigte Gall fortwährend eine außerordentliche Beharrlichkeit in seinen Unternehmungen, und ließ sich weder durch Verfolgungen einschüchtern, noch durch Hindernisse und Spott niederbeugen. Hiermit stimmen die Organe, Festigkeit, Selbstschätzung, Gewissenhaftigkeit, Zerstörungstrieb und Hoffnung, überein *).

Alle diejenigen, welche mit Gall bekannt gewesen sind, erinnern sich, daß er sehr viel physischen Muth besaß, und daß er, weit entfernt einem Gegner aus dem Wege zu gehen, häufig der angreifende Theil war. Der Zustand der Organe des Kampftriebs, der Festigkeit, des Zerstörungstriebs, und der Selbstschätzung sind hiermit in Einklang. Gall selbst bemerkte öfters, im Bezug auf diesen seinen physischen Muth, er könne an sich überzeugend darthun, wie wenig ein großes Organ der Vorsicht ein sicheres Kennzeichen von Feigheit sey.

Gall liebte während seines ganzen Lebens, und selbst im hohen Alter, das schöne Geschlecht und dessen Gesellschaft sehr. Auch ist sein Geschlechtstrieb außerordentlich entwickelt. Obwohl man diesem Trieb unserm Lehrer viel zu schaffen machte, so ließ sich doch gegen seine Moralität nichts erinnern, und er vergriff sich nie am Eigenthum Anderer. Ich könnte in dieser Beziehung einige interessante Vorfälle erzählen, was ich jedoch aus Discretion unterlasse.

Gall erfand in seiner Jugend, und vervollkommnete im Laufe seines Lebens, sein System der Cranologie und wurde bei seinen Entdeckungen, Beobachtungen und Demon-

*) Hier ist wohl vergessen worden, des Kampftriebs zu erwähnen, der als die Basis des Muths vorzüglich nöthig war, um die aus der Combination der übrigen Organe hervorgehenden Entwürfe zu realisiren. D. Uebers.

20 *

strationen durch seine Idealität, Causalität, Gewissenhaftig=
keit, Selbstschätzung, sein Vergleichungsvermögen, seine Fe=
stigkeit, seinen Formsinn und Größensinn unterstützt.

Gall hatte durch Sparsamkeit und Praxis ein bedeu=
tendes Vermögen gesammelt, wovon er aber einen großen
Theil, zur Förderung seines Systems und zum Besten der
Menschheit, auf seine phrenologische Sammlung verwandte.
Hiermit stehen seine Organe, Erwerbungstrieb, Wohlwollen
und Gewissenhaftigkeit, vollkommen im Einklang.

Das Auswendiglernen, Behalten von Namen und die
Bestimmung der Zeit fielen Gall in seiner Jugend sehr
schwer. Sein Sprachsinn, Zeitsinn und seine Individualität
stimmen hiermit überein.

Bei seinen Vorlesungen bewies Gall eine außerordent=
liche Leichtigkeit im Unterricht, im Darstellen, und immer
schwebte ein mildes Lächeln auf seinen Lippen. Dieser Theil
seiner Characteristik erklärt sich aus der Beschaffenheit der
Organe: Idealität, Causalität, Ordnungssinn, Eventualität
und Heiterkeit.

Die craniologischen und philosophischen Werke Gall's
sind trefflich geordnet, methodisch, klar und von allem Schwulste
frei. In dieser Beziehung kam ihm seine Constructionsfä=
higkeit, sein Ordnungssinn und Vergleichungssinn, seine Even=
tualität und Causalität zu Statten.

Gall konnte ein Geheimniß für sich behalten und com=
promittirte sich nicht leicht durch unvorsichtige Meinungsäu=
ßerungen. Dieß erklärt sich aus der Beschaffenheit der Or=
gane, Verheimlichungstrieb und Vorsicht.

So oft Gall von seinen Feinden angegriffen und we=
gen seines Systems geschmäht wurde, pflegte er sich ungefähr
so auszudrücken: „Laßt sie schwatzen, ich kann mich auf
meine Beobachtungen verlassen, und kümmere mich um ihre
Schmähungen nicht." Die Beschaffenheit der Organe, Selbst=
schätzung, Ruhmsucht und Gewissenhaftigkeit dienen diesem
Benehmen zur Bestätigung.

Ich darf hier nicht unerwähnt lassen, daß im Jahr
1825 Gall mir mittheilte, er habe in den letzten 15 Jahren
durch großen Fleiß und unablässige Anstrengung eine merkliche
Veränderung an seinem Cranium bemerkt, und diese Verän=
derung bestehe in der Vergrößerung der Organe, Sprachsinn,
Ortsinn, Individualität, Verheimlichungstrieb, Ruhmsucht,
Anhänglichkeitstrieb und Vorsicht, so wie in der Verkleinerung
von Geschlechtstrieb, Kampftrieb, Selbstschätzung, Wohlwol=
len und Verehrungssinn. Ich muß auch hinzufügen, daß
damals Gall englisch lernte, und obgleich er 62 Jahr alt
war, ziemliche Fortschritte in dieser Sprache machte. Aus
dieser Veränderung seines Schädels erklärt sich auch, daß
Gall in seinen spätern Jahren den Neuerungen und Zusä=
tzen seines frühern Schülers Spurzheim seinen Beifall
nicht versagte.

Während seines Aufenthalts zu Wien und auf seinen
Reisen durch Deutschland und Frankreich ärndtete Gall
großen Ruhm, wegen der Genauigkeit, mit welcher er über
die Fähigkeiten und die Moralität der von ihm untersuchten
Personen urtheilte. Von dieser Geschicklichkeit Gall's habe

ich viele überzeugende Beweise. Ich will hier nur zwei in=
teressante Fälle anführen.

Im Jahr 1810 war einer der ersten Mathematiker
Italien's Signor Armellini von Napoleon aus Ita=
lien nach Paris berufen worden. Derselbe besaß bei einer
höchst unvortheilhaften Gesichtsbildung ein edles Herz und
viel Genie. Er kam als Courier gekleidet und sehr unsau=
ber in vollem Galopp vor dem Hause an, in welchem Gall
und ein Legations=Secretair lebten. Gall sprach gerade mit
dem letztern, und glaubte, der Secretair erhalte eine Depe=
sche. Auf das Ersuchen desselben befühlte der Doctor den
Kopf des eben Angekommenen, und sagte, obwohl er jetzt
ein Postillon zu seyn scheine, so sey er doch gewiß ein Ma=
thematiker entweder gewesen, oder zu werden befähigt. —
Noch ist der Verbrecher Castaing (vergl. Notizen Nr. 114
S. 55) im frischen Andenken, der unter der Maske der Re=
ligion und Freundschaft zwei seiner Freunde und Wohlthäter
vergiftete, und später in Paris hingerichtet wurde. Gall
hatte den Kopf dieses Herrn 4 Jahre früher untersucht, und
gesagt, dieser Herr habe sehr böse Neigungen, und wenn er
seinen Erwerbungstrieb, Zerstörungstrieb, Verheimlichungssinn
und Geschlechtstrieb nicht bekämpfe, werde er nicht nur sich
entehren, sondern auch wahrscheinlich dafür büßen. Gall
wurde wegen dieser Meinung sehr verspottet, denn Ca=
staing hatte damals den Ruf der Religiosität und Morali=
tät in ausgezeichnetem Grade. Castaing's Hinrichtung
gewann Gall's Systeme viele neue Anhänger.

Wie man hört, wird einer von Gall's besten Schü=
lern, Dr. Foffati zu Paris, in der Kürze eine Lebensbe=
schreibung herausgeben, und aus diesem Werke wird man
gründlich erfahren, wie großdenkend, tugendhaft und genial
der Gründer der Craniologie war. Ich habe gewagt unter
Gall's Büste folgende Verse zu setzen:

Qui possint homines proprios compescere motus
Et studia, et mores naturae attingere fonte
Hic novit, docuitque; animi penetralia visit
Organaque invenit, cerebrique arcana resolvit,
Innumerisque suum factis systema probavit.
Flos, et Amor Sophiae, Salve, Gall Optime, Salve!
Naturae interpres merito celebraberis orbe,
Donec mens, ratio, virtus, vitiumque manebunt.

(The Lancet, June 22. 1833.)

Ueber zwei verwachsene Kinder

weiblichen Geschlechts, welche d. 26. Juli 1832 zu Salem=
bach in Frankreich (Bas=Rhin) geboren worden sind, hat Hr.
D. Scoutetten zu Metz der Académie des Sciences
zu Paris eine Mittheilung gemacht. Von den beiden Kin=
dern ist das eine wohlgebildet und unter dem Namen Catha=
rine Rief getauft: das andere ist ein völliger acephalus. Catha=
rine hat sich bis zum 11. Juli 1833, wo Hr. D. Scoutetten
sie untersuchte, völlig wohl befunden. Sie ist von ihrer Mutter ge=
stillt worden, ist lebhaft, munter, nimmt die Brust mit Begierde
und ißt etwa doppelt so viel als ein gewöhnliches Kind in ih=
rem Alter. Sie ist jetzt 2 Fuß weniger einen Zoll groß. Sie hat
noch keine Zähne, alles aber deutet darauf hin, daß sie selbige bald
bekommen wird. Der Schlaf ist vortrefflich, Färbung der Haut gut,
aber die Muskeln (les chairs) weich anzufühlen, merklich weniger
fest als die des kopflosen Kindes. Der Nabel ist gut gebildet, er
stand mit einer Nabelschnur in Verbindung, welche wie der Mut=

terbuchen einfach war. Das kopflose Kind ist 11 Zoll lang, und hängt mit der Basis der Brust und der obern Hälfte der vorderen Wand des Unterleibes mit dem entsprechenden Theile seiner Schwester zusammen. Man nimmt keinen Nabel daran wahr und erst unterhalb der Stelle, wo dieser Theil seyn sollte ist es, wo die völlige Trennung des Rumpfes von dem Rumpfe des andern Kindes statthat.

Die unteren Extremitäten sind gut entwickelt, besonders die Schenkel. Die Muskeln (chairs) sind fest; Beine und Füße sind zart (grèles), die Gelenke steif und halbankylosirt. Die obern Extremitäten sind viel weniger entwickelt, als die anderen; die der rechten Seite ist atrophisch und die Hand hat nur vier, fast ankylosirte Finger. Die Hand der linken Seite ist vollständig, aber die Finger derselben sind auch merklich steif.

Die Wirbelsäule ist stark nach rechts gekrümmt, sie hört plötzlich der Schulter gegenüber auf. Alle Halswirbel mangeln, vielleicht mit Ausnahme des siebenten. Dieser Endigung entspricht eine deutliche, etwa vier Linien große, runde Narbe. Der After mangelt vollständig; außerdem zeigt das untere Ende des Rumpfes nichts Besonderes.

Zur Zeit der Geburt war das kopflose Kind nicht größer als eine Faust und reichte nicht über den Nabel seiner Schwester. Es hat kaum mit der wohlgebildeten Kinde gleich an Größe zugenommen. Die Eltern haben an dem kopflosen Kinde nie eine spontane Bewegung bemerkt, aber es kommt oft vor, daß das andere Kind mit den Gliedern seiner Schwester spielt.

Obgleich die Bewegungen der Muskeln (muscles) des thierischen Lebens nicht deutlich sind, so wirken doch die Muskeln des organischen Lebens deutlich. Denn die Urinblase zieht sich zusammen und der Urin wird mit großer Gewalt ausgetrieben.

Hr. Scoutetten hat versucht, mit dem Stethoscop ausfindig zu machen, ob für jeden Körper ein Herz vorhanden sey, aber er hat die Duplication dieses Organs nicht ermitteln und darthun können. Die Sensibilität des kopflosen Kindes ist wenigstens sehr unbedeutend (obscure); einmal aber hat man bemerkt, daß das gut gebildete Kind schrie, als man die Haut des kopflosen Kindes stark kniff. (Die Leser werden sich gewiß des Chinesen Ate erinnern haben, wovon „Notizen" No. 7 (Bd. 1 S. 101) und No. 32 [No. 10 des II. Bds. S. 147] Nachricht gegeben worden ist).

Miscellen.

Ueber nach dem Tode der Mutter geborene Haasen finden sich in dem Magazine of Natural History, aus dem Dorset County Chronicle vom 27. Sept. 1832, einige Anecdoten. „Ein Jäger in dem Dorf Tilshead (Wiltshire) schoß ein Haasenweibchen, welchem er alsobald die Haut abzog und die Eingeweide ausnahm und worin er drei Junge fand mit schwachen Lebenszeichen. Als er am andern Tage in demselben Felde jagte, sah er die drei junge Haasen an der Stelle, wo er sie gelassen hatte und zu seiner Verwunderung lebend. Er nahm sie nach Hause, wo einer starb, die andern beiden aber aufgezogen wurden und sich wohlbefanden." — „Als Hr. Richard Rosewarne, von Guinar, in Cornwall, Korn in eines seiner Felder trug, sprang ein Haase auf und wurde von dem anwesenden Jagdhunde verfolgt, gefangen und getödtet.' Zu Hause wurde der Haase abgezogen, ausgenommen und die Eingeweide auf den Mist geworfen. Gegen Abend bemerkte ein neben dem Mist vorbeigehender Arbeitsmann in den Eingeweiden eine Bewegung. Bei genauer Untersuchung fand er einen eingeschlossenen jungen Haasen, der, als er herausgezogen wurde, sich bewegte und warme Milch annahm. Dieses auf so sonderbare Weise erhaltene Thier ist der Liebling des Hauses."

Eine Entomologische Gesellschaft hat sich zu London gebildet, und am 22. May ihre erste Sitzung gehalten. Zum Präsidenten wurde Rev. Wm. Kirby und Children gewählt. Zu Vice-Präsidenten N. A. Vigors, J. F. Stephens, und Dr. Horsfield. — Zum Secretair Gray.

Heilkunde.

Ueber die angeborenen Schenkelluxationen.

Von Dupuytren.

Vor einigen Jahren haben wir Dupuytren's wichtige Beobachtungen über die angeborenen Luxationen des Schenkelknochens in den Notizen No. 340 mitgetheilt. (Die Abbildungen derselben Krankheit finden sich in den „chirurgischen Kupfertafeln" Tafel CLXXX.) Ein ähnlicher Fall bot sich wieder in neuerer Zeit im Hôtel-Dieu zur Beobachtung dar und wurde von Dupuytren zur Erweiterung seiner frühern Nachforschungen über diese seltene Krankheit benutzt.

Der Kranke war ein 64jähriger Mann, welcher an retentio urinae litt und, weil mehrere Aerzte vergeblich versucht hatten, ihn zu catheterisiren, in das Hôtel-Dieu kam. Außer der Krankheit der Harnblase litt er an einer Gelenkkrankheit, indem der Gelenkkopf beider Schenkelknochen offenbar seine Lage verändert hatte, so daß die Hüften stark hervorragten und der Kranke die Schenkel nicht auseinander bringen konnte. Bald nach der Aufnahme starb er an seiner Krankheit der Harnwerkzeuge, die wir hier unberücksichtigt lassen, und wurde nun sorgfam zergliedert.

Ergebnisse der Zergliederung. Es wurde bereits bemerkt, daß es während des Lebens unmöglich war, die Schenkel von einander zu entfernen, ja es war nicht einmal möglich, die leichteste Abductionsbewegung machen zu lassen, ohne daß man gleich erlaubte, daß das untere Ende des Gliedes eine ziemlich große Kreisbewegung beschreibe. Die Trochanteren lagen weit höher an dem Hüftbeinkamme, und weit höher, als im natürlichen Zustande; ebenso stand der Schenkelkopf höherstehend, die Kniee mehr nach einwärts gerichtet und die Schenkel kürzer: kurz die normalen Verhältnisse der Theile waren sowohl der Länge, als der Richtung nach ganz und gar verändert. Daraus folgte, daß die natürliche Gelenkhöhle fast ganz verschwunden und der Gelenkkopf mißgestaltet seyn mußte. Der obere Theil der Schenkelhöhle war dicker, als gewöhnlich, der Rumpf rückwärts geneigt, der Unterleib vorgedrückt, das Becken in beinahe horizontaler, statt in geneigter Ebene liegend; die Schenkel waren kürzer und die Hinterbacken weich und schlaff wegen der ungewöhnlichen Annäherung der Insertionspuncte des musc. glutaeus maximus gegen einander, wodurch der dazwischen liegende Muskel erschlafft werden mußte. Der glutaeus medius im Gegentheil war gespannt und in die Höhe gehoben; der glutaeus minimus ganz zerstört; der pyramidalis vertieft, statt, wie gewöhnlich, in schräger, hier in vollkommen horizontaler Richtung; die gemelli und der quadratus waren auseinander gespannt und der Abductoren verkürzt.

Auf der linken Seite war die frühere Gelenkhöhle im größten Durchmesser nicht mehr als einen Zoll breit; sie war flach, gerundet und mit einer zähigen Substanz ausgefüllt, die einen ovalen Raum einnahm. Vor dem Sitzknorren zeigte die äußere Darmbeingrube einen großen flachen Eindruck (von einem dicken Periost (von glattem Ansehen und einem Gelenkknorpel ziemlich ähnlich) überzogen war. An dieser Stelle lag der Schenkelkopf. Der Umfang des letztern hatte sich vermindert, er war abgeflacht, ungleich, zeigte eine Spur eines runden Bandes, und hatte einen Ueberzug von Gelenkknorpel, welcher aber von feinerer Textur war, als im normalen Zustande. Die fibröse Gelenkkapsel bildete eine bursa, welche sich an den obern und untern Rand des alten acetabulum anheftete und dem Mangel einer knöchernen Gelenkhöhle ersetzte, aber auch durch ihre Länge das Hinaufsteigen des Schenkelkopfes in die neue Gelenkhöhle gestattete. Der äußerste Grad ihrer Ausdehnung betrug etwa 3 Zoll, ihre Dicke war sehr beträchtlich und ihre Festigkeit fast knorpelartig.

Auf der rechten Seite war die alte Gelenkhöhle ein wenig weiter, sah aber innen ganz so aus, wie die der andern Seite. Die äußere Darmbeingrube hatte nicht, wie auf der andern Seite, einen einfachen Eindruck, sondern zeigte eine große und tiefe Höhle mit stark hervorragenden rauhen und ungleichen Knochenrändern; dieselbe lag vor der incisura ischiadica ungefähr in derselben Höhe, wie der Zwischenraum zwischen der spina anterior superior und der spina anterior inferior ossis ilei. Der Schenkelkopf war größer, als auf der andern Seite und hatte mehr seine natürliche Form behalten. Aehnlich dem andern, war er mit einem unvollkommnen Gelenkknorpel überzogen, während die innere Fläche der neuen Gelenkhöhle von einer Synovialhaut überzogen war. Die Gelenkkapsel war nicht so dick, als auf der linken Seite, obgleich sich ihre Ausdehnung nicht auf den Umfang der neuen Gelenkhöhle beschränkt. An dieser Seite nämlich fand der Gelenkkopf an dem neugebildeten knöchernen Gelenkhöhlenrande einen festen Stützpunct, während auf der linken Seite bloß die große Festigkeit der fibrösen bursa das weitere Hinaufsteigen des Schenkels verhinderte und dem Gewicht des Körpers Widerstand leistete.

Außerdem fand sich noch eine ungewöhnliche Beweglichkeit in der Gelenkverbindung des Heiligenbeines mit dem letzten Lendenwirbel. Drückte man auf die Gliedmaßen und fixirte zugleich das Becken, so machte die Rückenwirbelsäule eine grade Bewegung von etwa einen Fuß Ausdehnung. Die Erschlaffung des Zwischenknorpels war die einzige Ursache dieser auffallenden Beweglichkeit.

Bemerkungen über diese Deformität. Die anatomische Untersuchung dieser Fälle ist äußerst selten. Da die Krankheit an und für sich zwar ein körperliches Gebrechen ist, aber keineswegs den Tod für sich herbeizuführen vermag, so habe ich bloß bei einigen wenigen Individuen, welche die Opfer irgend eines Unglücksfalles oder anderer Krankheiten waren, dieselbe zu erforschen Gelegenheit gehabt. Ich habe bereits bemerkt, daß die Muskeln, welche sich oberhalb und unterhalb der Gelenkhöhle anheften, sämmtlich gegen den Hüftbeinkamm nach oben gezogen sind. Einige derselben entwickeln sich stärker, andere dagegen schwinden mehr oder minder, wie durch Atrophie. Die ersteren behalten ihre Bewegungsfähigkeit bei, während die der andern durch die Veränderungen in der Form und Lage der Theile beschränkt oder ganz aufgehoben wird. Einige werden in eine Art von gelblich fibrösem Gewebe verwandelt, in welchem das Auge vergeblich eine Spur von Muskelfaser zu entdecken sucht. Der obere Theil des Schenkels behält in allen Beziehungen seine normale Gestalt, Größe und Lage; die innere und vordere Seite des Schenkelkopfes verliert hingegen durch die Reibung aus Theilen, welche nicht zu seiner Aufnahme organisirt sind, etwas von seiner abgerundeten Form. Die Gelenkhöhle fehlt entweder ganz oder besteht bloß aus kleinen unregelmäßigen Knochenvorsprüngen, in welchen es oft unmöglich ist, eine Spur von Gelenkknorpel, Synovialhaut oder Gelenkkapsel zu finden, und welche von einem Fettgewebe umgeben, und von den Muskeln, die sich an den trochanter minor anheften, bedeckt ist. In Einem Falle fand ich das runde Gelenkband sehr verlängert, nach oben abgeplattet und an mehreren Stellen gleichsam durch den Druck und die Reibung des Gelenkkopfes abgenutzt. Dieser letztere zeigte sich in einer Höhle, welche der einer nicht eingerichteten zufälligen Luxation nach oben und außen ziemlich ähnlich ist. Diese neue äußerst flache und meistens gar nicht mit einem Rande versehene Gelenkhöhle liegt in der äußern Darmbeingrube, d. h. über und hinter der Gelenkpfanne in einer Höhe, welche der Verkürzung des Gliedes entspricht. Kurz, wir finden in diesen Fällen alles das was wir auch in Fällen von luxatio spontanea, oder auch von sehr alten zufälligen Luxationen finden, nur mit dem Unterschiede jedoch, daß der Beginn der Krankheit offenbar in noch frühere Zeit zurückfällt; die Anordnung der Theile ist nämlich entweder angeboren oder besteht wenigstens schon von einer sehr frühen Zeit des Lebens an.

Diese angeborene Luxation ist früher von mehreren Schriftstellern genau beschrieben worden. (Die Bemerkungen von Paletta aus Mailand in seinem Buche: Adversaria chirurgica, sind in Vergleich mit Dupuytren's Angaben nur sehr ungenügend.) Die Kenntniß von dieser Krankheit verdanke ich zuerst der Beobachtung der Krankheiten des Dautun, worüber ich später noch einige Worte anführen will. Indem ich auf diese Krankheit aufmerksam machte, war es nicht mein Zweck, das Verzeichniß der Krankheiten überhaupt zu vermehren, sondern ich wollte die practischen Aerzte vor einem Irrthum bewahren, durch welchen die Kranken derselben einer gefährlichen und nutzlosen Behandlung unterworfen werden würden.

Die Krankheit besteht nur in einer Verschiebung des Schenkelkopfes aus der Gelenkpfanne auf die äußere Darmbeingrube, und zwar in einer Verschiebung, welche von der Geburt an bemerkt wird, und mehr von einer mangelhaften Tiefe und von Unvollkommenheit der Gelenkpfanne, als von einer zufälligen äußern oder krankhaften innern Einwirkung herrührt. Die Verschiebung ist ganz dieselbe, wie bei einer Luxation nach oben und außen. Von dieser waren nun früher zwei Varietäten bekannt, — die zufällige (von äußern Einwirkungen abhängende) und die consecutive, entweder freiwillige oder symptomatische Luxation. Um nun diese neue Art zu unterscheiden, gebe ich ihr den Namen ursprüngliche Luxation (luxation originale) — dem deutschen Sprachgebrauche nach besser angeborene Luxation des Schenkelknochens. Das folgende ist ein Beispiel dieser zweifachen Krankheit.

Angeborne Verrenkung des Schenkelkopfes in die äußeren Darmbeingruben.

Joseph Paguier, 49 Jahr alt, Weber, kam am 21ten Juni 1831 in das Hôtel-Dieu wegen einer chronischen Augenentzündung, an welcher er schon seit seiner Kindheit litt. Diese war in etwa 14 Tagen geheilt. Als er nun das Spital verlassen wollte, bat er um ein Bruchband, um einen großen Scrotalbruch zurückzuhalten, welchen er früher bloß durch ein Suspensorium unterstützt hatte. Als nun die Beweglichkeit des Bruches untersucht werden sollte, erregte die eigenthümliche Beschaffenheit des obern Theils der Schenkel das Erstaunen der Untersuchenden. Es fand sich nämlich der Schenkelkopf in der äußern Darmbeingrube. Diese Verschiebung gab sich durch eine Verkürzung der Schenkel, durch Vorstehen der großen Trochanter, durch Zurückziehung der Glutäen gegen den Hüftbeinkamm u. dgl. m. kund. Das Mißverhältniß zwischen der obern und der untern Körperhälfte war sehr beträchtlich. Der Rumpf war wohl entwickelt, während die untern Extremitäten kurz und dünn ausfahen, besonders im Vergleich mit dem Umfange des Beckens, welches an den Veränderungen, die vorgegangen waren, mit Theil nahm. Beim Stehen war der obere Theil des Körpers nach hinten geneigt, das Becken lag horizontal auf den Schenkeln und der Bauch berührte den Boden bloß mit den Fußschenkeln. Er konnte bloß mit großer Schwierigkeit und mit Beihülfe eines Stuhles zu Pferde steigen, und im Sattel selbst konnte er sich bloß vermittelst sehr kurzer Steigbügel erhalten, durch welche die Kniee mit den Trochanteren in gleiche Höhe gebracht wurden; dabei war er bloß auf die Sitzknorren gestützt und konnte sich bloß durch Andrücken der Kniee am Sattel festhalten. Der Gang war äußerst beschwerlich und stolpernd; bei jedem Schritte sah man, wie der Schenkelkopf, welcher das Gewicht des Körpers trug, in die äußere Darmbeingrube hinaufstieg, während das Becken zu gleicher Zeit Stützpunct fand, weswegen der Kranke versuchte, diesem Mangel durch einen Gürtel abzuhelfen, mit welchem er das obere Ende der Schenkel zusammenschloß. Das Laufen war ebenso beschwerlich und stolpernd, als das Gehen. Legte sich der Kranke horizontal auf seinen Rücken, so verminderte sich die Deformität; in dieser Stellung konnten die Schenkel durch Druck oder Zug leicht verlängert oder verkürzt werden; alle diese Bewegungen und Verschiebungen wurden ohne Schmerz ausgeführt, zum Beweis, daß keine krankhaften Gewebsveränderungen zugegen waren und daß die Höhle zur Aufnahme des Schenkelkopfes ganz fehlte. Der Kranke erzählte, daß diese Deformität angeboren sey, indem er sich bloß auf die Sitzknorren gestützt und konnte sich, daß keine von seinem ersten Versuche zu gehen, an sein Gang derselbe gewesen sey, wie jetzt.

Fälle von erblicher, angeborener Schenkelluxation.

Neben diesem characteristischen Falle einer doppelten, angebornen Luxation wird die Erwähnung der höchst auffallenden Beobachtung nicht ohne Interesse seyn, durch welche sich ergiebt, daß dieser Bildungsfehler durch mehrere Generationen in derselben Familie fortgepflanzt werden kann. In Nantes lebt eine Familie, von welcher mehrere Glieder mit angeborener Schenkelluxation behaftet waren und sind. Die älteste aus dieser Familie ist eine 80jährige Obsthändlerin, Namens Margaretha Gardas, welche Folgendes aussagt, was auch durch das Zeugniß anderer Personen von gleichem Alter bestätigt wird: Zwei ihrer Tanten von mütterlicher Seite, welche im 70ten Jahre starben, waren von ihrer frühesten Kindheit an lahm, sie hatten hohe, stark hervorragende Hüften, gingen mit nach hinten gehaltenen Ellbogen und watschelten stark. Der Vater der Margarethe Gardas hat eine Schwester, welche von ihrer Kindheit an auf der rechten Seite lahm war und in ihrem 80sten Jahre starb. Eine andere Schwester, welche selbst wohlgebildet war, gebar ein Kind mit einer Verkürzung des rechten Fußes. Margarethe Gardas ist eine starke, kräftige Frau mit guter Farbe und mit den Spuren sehr auffallenden jugendlicher Schönheit. Bei ihr entstand die Mißbildung erst im Alter von 30 Jahren unter Erscheinungen von Luxatio spontanea. Der kranke Fuß ist um ein Viertheil dünner als der andere, war um 3—4 Linien länger. Sie heirathete einen Ausländer und hat von ihm eine Tochter, Namens Simone, welche eine etwa 3 Zoll betragende, angeborene Verkürzung der Schenkel hat. Diese Tochter Simone heirathete ebenfalls einen Mann, welcher selbst wohlgebildet, dessen Vater aber mit einer doppelten angeborenen Schenkelluxation behaftet war. Sie hatte vier Kinder, deren zwei dieses angeborene Gebrechen hatten; das eine ist ein Mädchen, jetzt 25 Jahr alt, mit einer Luxation beider Schenkel hat, indem der Schenkelkopf in der äußern Darmbeingrube liegt. Das andere ist ein Sohn von 21 Jahren, welcher eine angeborene Luxation des linken Fußes allein hat; dieser ist 5 Zoll kürzer als der andere und der Schenkelkopf hat die Richtung nach oben und hinten, der große Trochanter ragt nach vorn und auswärts hervor und die Fußspitze ist nach innen gekehrt. Die Function der Ernährung geschieht bei beiden Schenkeln gleich.

Symptome. Die Zeichen dieser Luxation, so wie aller Luxationen, bei welchen der Schenkelkopf nach oben und außen gewichen ist, sind — die Verkürzung des leidenden Fußes und das Hinaufrücken des Schenkelkopfes in die äußere Darmbeingrube — das Hervorragen des großen Trochanters — die Zurückziehung fast aller Muskeln des obern Theiles der Schenkel gegen den Hüftbeinkamm, wo sie um den Schenkelkopf herum eine Art von Kegel bilden, dessen Basis das Darmbein, dessen Spitze der Trochanter ist — die fast vollkommene Entblößung des Sitzknorrens, der nun nicht mehr von diesen Muskeln bedeckt ist — eine Drehung des Schenkels nach innen, so daß die Ferse nach außen und Knie und Fußspitze nach innen gewendet sind, eine Abweichung, welche mit dem Alter des Individuums und der Größe des Beckens in Verhältniß steht, und von welcher es herrührt, daß die Schenkel sich leicht unterhalb kreuzen — ein scharfer Winkel am obern innern Theile des Schenkels, wo er mit dem Becken sich verbindet — und die Abmagerung der Gliedmaßen im Allgemeinen, besonders der Schenkel. Die einzelnen Bewegungen der gebildeten Beine sind im Allgemeinen sehr beschränkt, besonders aber die der Abduction und Rotation; davon rühren die unglästigten Schwierigkeiten beim Stehen, Gehen und bei allen Bewegungen her, zu denen die untern Gliedmaßen nöthig sind. Beim Stehen fällt das Mißverhältniß zwischen der obern und untern Körperhälfte, die Unvollkommenheit der untern Gliedmaßen und die Eigenthümlichkeit der Haltung auf. Der Rumpf ist wohl entwickelt, während die untern Gliedmaßen kurz und dünn sind, als gehörten sie einer kleinern Person an; noch auffallender wird dieß durch den Umfang des Beckens. Auch das Hervorragen der Trochanteren ist auffallend. Was die Haltung betrifft, so ist zu bemerken, daß der obere Theil des Körpers stark rückwärts geneigt ist, indem die Lendenwirbel auffallend noch vorn hervorragen und zugleich hinten ausgehöhlt sind; das Becken liegt fast horizontal auf den Schenkeln, die Füße berühren den Boden bloß mit ihrer Spitze; dieß sind alles Umstände, welche daher rühren, daß das Hüftgelent in seiner Lage gestört, und daß der Mittelpunct der Bewegung auf einen andern Punct an dem Becken gerückt worden ist. Wollen solche Personen gehen, so heben sie sich

auf die Spitze der Zehen, neigen den obern Theil des Körpers gegen den Fuß, welcher das Gewicht des Körpers tragen soll, heben dann den andern Fuß von dem Boden und bringen so auf eine beschwerliche Weise den Schwerpunct von einer auf die andere Seite; und so oft dieses geschieht, tritt der Schenkelkopf, welcher gerade die Schwere des Körpers zu tragen hat, in die äußere Darmbeingrube hinauf, während das Becken sich herabneigt, so daß auf dieser Seite alle Zeichen der Luxation sehr hervortreten, während sie auf der andern in gleichem Maße sich vermindern; so wird durch auf einander folgende Anstrengungen der Körper immer von einem Fuße auf den andern gebracht. Es ist klar daß die Ursache dieser immer beschwerlichen Anstrengung in der mangelhaften Befestigung des Schenkelkopfes und in der beständigen Verschiebung, welche er erleidet, begründet ist.

Bewegungen dieser Kranken.

Auf den ersten Blick scheint es auffallend, daß das Laufen und Springen leichter ausgeführt werden solle, als das Gehen. Aber bei jenen Arten der Bewegung machen die bedeutendere Kraft der Muskelcontraction und das rasche Uebergehen des Körpers von einem Fuße auf den andern, den Mangel an Festigkeit und das Fehlen einer Gelenkhöhle weniger bemerkbar. Es ist wahr, daß bei'm Laufen der obere Theil des Körpers mehr hin und her schwankt und das Becken eine größere Kreisbewegung nach jeder Seite macht, und daß eine ungewöhnliche Anstrengung dazu gehört, den Körper von einer Seite auf die andere zu bewegen; aber im Allgemeinen kann man sagen, daß die bedeutendsten dieser Beschwerden bei'm Springen verschwinden. Diese Bewegungen sind jedoch etwas verschieden und das Springen besteht, wie man dieß auch an Thieren sieht, darin, daß die Füße zuerst zusammengezogen, dann plötzlich wie eine zusammengedrückte Feder gestreckt werden, und so den Körper in eine gewisse Entfernung forttstoßen. So ermüdende Bewegungen, wie bei diesen Individuen, gestatten jedoch keine lange Dauer. Diese Anstrengung, die Reibung des Schenkelkopfes und das unbequeme Balanciren des Körpers bei'm Gehen, Laufen und Springen, ermüben sehr bald und nöthigen im Verhältniß zur Schwere des obern Theiles des Körpers rascher oder langsamer zum Ausruhen.

Liegen solche Personen auf dem Rücken, so ist es auffallend, bis zu welchem Grade diese Symptome verschwinden. Dieß hängt davon ab, daß die Muskeln aufhören, den Schenkel nach oben zu ziehen, indem das Körpergewicht nicht mehr drückt und den Schenkel zwischen die Gelenkhöhle einteilt. Die Richtigkeit dieser Erklärung ergibt sich aus der Leichtigkeit, mit welcher die Beine verlängert oder verkürzt werden können, je nachdem man sie frisch zieht oder zurückdrückt. Nimmt man die Entfernung von dem Hüftbeinkamme zu den Trochanteren zum Merkmal, so findet man, daß sie bei der aufrechten und horizontalen Stellung von einem, bis drei Zoll, je nach Natur, Alter, Constitution des Individuums und Dauer der Luxation variirt. Alle diese Verschiebungen können, ohne Schmerz zu erregen, ausgeführt werden, was, wie ich bemerkt habe, deutlich beweißt, daß keine Gewebekrankheit hier zu Grunde liegt.

Diagnose. — Diese Luxation ist nicht bloß an und für sich von Wichtigkeit, sondern besonders in Bezug auf die Diagnose, da sie alle Zeichen von der Luxation an sich trägt, welche von einer Krankheit des Hüftgelenks abhängt. Lange machte man sie mit einander verwechselt und wurden daher natürlich auch derselben Behandlung unterworfen, obgleich die angeborene Luxation bloß ein Gebrechen, ein Bildungsfehler ist. Wie Viele mögen nicht wegen dieses Fehlers in der Jugend Jahre lang im Bette gehalten worden seyn, und es sind mir Fälle bekannt, in welchen unzählige Blutigel, Blasenpflaster, Tegmittel und Moren in Anwendung gezogen wurden. Ich erinnere mich einer jungen Dame, welcher 21 Moxen über dem Hüftgelenke abgebrannt wurden, ohne daß diese nutzlose und barbarische Behandlung die geringste Veränderung herbeigeführt hatte. Auch muß ich eines Falles erwähnen, wo eine Frau von den Eltern ungerechterweise beschuldigt wurde, durch Unachtsamkeit oder Roßheit eine zufällige Luxation bei einem Kinde herbeigeführt zu haben, welches mit diesem Gebrechen geboren war. Ein anderer Fall ist der von Dautun, welcher auf eine grausame Art ermordet wurde, und dessen Körper verstümmelt und entstellt in einen Sack gesteckt worden war, und nun nicht erkannt werden konnte, troß der thätigsten Untersuchung, bis ich den Gerichten den Bildungsfehler nachwies, wodurch die Behörden auf die rechte Fährte kamen, und die lange vergeblich versuchte Identification bewerkstelligen konnten. Eine genaue Nachforschung über Dautun's Leben ergab, daß er niemals an einer Hüftkrankheit gelitten, hatte, sondern daß er mit dem Gebrechen geboren war, welches ich später, troß der fürchterlichen Verstümmelung, durch welche die Mörder ihr Verbrechen verbergen wollten, an der Leiche erkannt habe.

Folgende Symptome werden die Unterscheidung zweier Krankheiten, welche in ihren Zeichen so ähnlich und in ihrem Entstehen und Behandlung so verschieden sind, leicht machen: Abwesenheit des Schmerzes, der Anschwellung, der Eiteransammlung, der Fisteln, Narben u. s. w.; in der Mehrzahl der Fälle gleichzeitige Luxation auf beiden Seiten. Ich sage in der Mehrzahl, weil bisweilen dieselbe auch einseitig vorkömmt. In 26 Fällen dieser Art habe ich 8 einseitige beobachtet. Der eine dieser Fälle kam mir bei einem Kinde vor, dessen Schwester merkwürdiger Weise auch bloß auf einer und zwar auf derselben Seite - die gleiche Krankheit hatte. Folgender Fall aber beseitigt alle Zweifel über diesen Punct.

Fall von angeborner Luxation des linken Schenkels.

F., 8 Jahr alt, ein Mädchen von schwacher Constitution, lymphatischem Temperamente, wurde in den öffentlichen Consultationen des Hôtel-Dieu am 31. August 1821 vorgestellt. Ihre Verwandten erzählten, daß sie seit der Zeit, wo das Kind anfing zu gehen, bemerkt hätten, daß es lahm sey, obgleich keine Verletzung irgend einer Art vorhergegangen sey. Mehrere Behandlungsweisen wurden ohne Erfolg in Anwendung gebracht. Bei aufrechter Stellung war es leicht wahrzunehmen, daß das linke Bein dünner sey, und daß die Hüften eine abweichende Form und Umfang hätten. Der Hinterbacken der linken Seite war nach oben geschwollen und nach unten zugerundet; der große Trochanter ragte stark nach oben und außen hervor und die Schenkel waren auffallend schräg gerichtet. Die Wirbelsäule war bedeutend gebogen, der Kopf zurückgedrückt, als wenn dadurch die Verschiebung des Schwerpunctes ausgeglichen werden solle; der Bauch ragte vor, die Knie und Fußspißen waren einwärts gewendet. Das Mädchen konnte nur schwer gehen, laufen oder springen. Kurz der Fall war offenbar eine angeborene Schenkelluxation.

Noch belehrender in Bezug auf Diagnose ist folgender Fall. **Fall von angeborener Luxation beider Schenkel mit ungehindertem Bewegungsvermögen.**

Fräulein X. war ein vollkommen ausgetragenes Kind am 5ten Januar 1812 geboren, und damals war keine Mißbildung an ihren untern Extremitäten zu bemerken. Nach 6 Monaten bekam sie Kopfgrind, welcher bald geheilt wurde; einen Monat darauf einen Croupanfall. Die Dentition ging ungestört vor sich. Im 14ten Monat, als sie zuerst versuchte, zu gehen, bemerkte man, daß sie ihren Körper abwechselnd von einem auf den andern Fuß herüberbewegte, daß die Körperschwere nicht auf der Sohle, sondern auf der Fußspiße ruhete, daß die Zehen und Kniee nach innen, die Knie kehle und Ferse aber nach außen sahen; daß die untern Extremitäten nur mit Mühe von einander aufgehoben, und daß noch schwerer die Schenkel auseinandergebracht werden konnten. Sobald die Ihrigen dies bemerkten, suchten sie bei verschiedenen Aerzten Hülfe, und wendeten ohne den geringsten Nußen eine Menge ihnen empfohlener Mittel an. Aromatische Dampfbäuche, Einreibungen, Waschungen, stärkende Bäder u. d. gl. wurden lange Zeit verordnet und ein tonisches Regimen beobachtet, und alles ohne mit großer Ausdauer fortgesezt; dabei wuchs die Kleine immer mehr heran, aber immer entwickelte sich auch das Gebrechen stärker, die Lendenwirbel ragten hervor und trieben die Baucheingeweide nach vorn. Zuerst sah ich im 9ten Jahre (1821) diesen Zustand. Die untern Gliedmaßen waren auffallend kurz und dünn einwärts gerichtet,

tet, so daß sie, oben auseinander stehend, sich unten kreuzten; die Trochanteren ragten nach oben und hinten hervor; der Fuß war stark gebeugt; die Brust ragte eben so wie der Unterleib hervor, während doch die obere Körperhälfte und das Becken von jeder Deformität frei waren. Die Dimensionen des Beckens hatten die natürlichen Verhältnisse. Aufmerksame Untersuchung, so wie das Zeugniß der Eltern, ergaben hier und in allen den übrigen Fällen, daß keine Narben vorhanden seyen, und daß keine Krankheit des Gelenkes vorausgegangen sey. Die angeführten Symptome bemerkte man bei aufrechter Stellung, sie verschwanden aber, sobald die Kranke sich niederlegte. Sie konnte übrigens gehen, laufen und springen wie alle übrigen Kinder.

Geschichte dieser Deformität.

Personen, welche auf diese Weise erkranken, empfinden keine Schmerzen, weder im Hüftgelenke, noch in den Knieen; sie spüren bloß Ermüdung und Torpor in den Muskeln, wenn sie sich zu viel Bewegung gemacht haben. Anschwellung in der Umgebung des Hüftgelenkes fehlt, denn die Hervorragung des großen Trochanters und die Zunahme des Umfangs der Weichtheile und der Umgebung des Schenkelhalses hat nicht die Charactere einer Geschwulst, sondern ist bloß der Erfolg der Lageveränderung des Schenkelkopfes. Uebrigens ist die Form, welche ich als der angeborenen Luxation eigenthümlich beschrieben habe, unveränderlich vorhanden, während bei wirklicher Krankheit des Hüftgelenkes die Gestalt mit dem Fortschreiten der Krankheit sich verändert. Bei den Kranken, welche an der angeborenen Luxation leiden, findet man bei genauem Nachfragen, daß sie niemals Schmerz oder Unbeweglichkeit des Gelenkes, Verlängerung des Schenkels, Geschwulst, Fieber, plößliche Verkürzung nach mehr oder minder ausgedehnter Verlängerung, kurz kein Symptom der Luxatio spontanea gehabt haben.

Wird man gleich zu Anfang zu Kindern, welche auf diese Weise erkranken, gerufen, so findet man von dem Augenblick der Geburt an Zeichen dieses Bildungsfehlers, z. B. unverhältnißmäßige Breite der Hüften, Hervorragung des Trochanters, schräge Stellung der Schenkel u. s. w. Da das Gebrechen aber in der Regel von den Verwandten erst bemerkt wird, wenn die Kinder anfangen zu gehen, so wird der Arzt auch gewöhnlich um diese Zeit erst zu Rathe gezogen. Bisweilen wird sogar bei nachlässigen Eltern dieser Zustand erst nach 3–4 Jahren beachtet, wenn die Deformität so auffallend wird, daß der unvollkommne Gang des Kindes nicht länger von dem Zurückbleiben der Kräftigkeit normal gebildeter Theile abgeleitet werden kann. (Schluß folgt.)

Miscellen.

Eine alternirende Blennorrhoe aus den Augenliedern und aus der Mutterscheide sah Fischer bei einem 6 Wochen alten Kinde. Die Blennorrhoe war fortwährend in einem von beiden genannten Theilen zugegen, bis das Kind einen Ausschlag am Kopfe bekam. (Klin. Unterr. in der Augenheilk.)

Das Einathmen der Dämpfe von Lohbrühe gegen Schwindsucht empfiehlt Elliotson, und giebt als Grund an, daß der Aufenthalt in der Nähe von Gerbereien allgemein als den Schwindsüchtigen sehr zuträglich betrachtet wird. Vorzüglich fand sich ihm das täglich 3–4mal wiederholte, 20 Minuten dauernde Einathmen der Dämpfe von heißer Lohbrühe bei sogenannter chronischer bronchitis (b. h. einem geringen Grad der Entzündung mit vermehrter Reizbarkeit und reichlicher Absonderung) vortheilhaft gezeigt.

Von dem Nußen der thierischen Kohle zur Rückbildung des scirrhus uteri findet sich in dem Sanitätsberichter Prov. Brandenb. 1830 ein sehr günstiger, von Dr. Delze beobachteter Fall.

Bibliographische Neuigkeiten.

An Essay on the Physico-Astronomial Causes of the Geological Changes of the Earth's surface and of the Changes in Terrestral Temperature. By Sir *Richard Phillips*, with a Preface by *William Devonshire Saul*, London 1832. 8.

The Entomology of Australia, by *George Robert Gray*, Part I. containing the Genus Phasma, London 1833. 4. mit 8 Tafeln.

A Treatise on some Nervous Disorders being chiefly intended to illustrate those which simulate structural Disease. By *Edwin Lee*, London 1833.

Notizen

dem Gebiete der Natur- und Heilkunde.

Nro. 813.   (Nro. 21. des **XXXVII.** Bandes.)   **August 1833.**

Expedition zu Leipzig, dem G. H. F. Thurn und Taxifchen Poftamte zu Weimar und bei dem Landes-Induftrie-Comptoir.
Preis eines ganzen Bandes, von 24 Bogen, 2 Rthlr. oder 3 Fl. 36 Kr., des einzelnen Stückes 3 ggl.

Naturkunde.

Ueber die Chemie der Geologie.

*Aus einem an der Londoner Univerfität von Eduard Turner, M. D.,
Secretair der geologifchen Gefellfchaft 2c. gehaltenen Vortrage.*

Unter Chemie der Geologie verfteht Hr. Turner alle die geologifchen Erfcheinungen, zu deren Erklärung chemifche Kenntniffe nöthig find. Diefer Gegenftand, fagte er, fey fehr umfaffend; es gehören dahin die Verwandtfchaften, welche bei der Bildung der kryftallinifchen Felsarten, in denen man keine Petrefacten findet, thätig gewefen, die Theorieen zur Erklärung der vulkanifchen Erfcheinungen, die Verwandlung der weichen Materialien der Niederfchläge aus Waffer in feftes Geftein; die Wirkungen der Hitze in Veränderung des Anfehens und der Befchaffenheit von früher confolidirten Maffen, die Entftehung von Mineralwäffern und Metalladern. Er wolle diefmal aber keinen diefer Puncte betrachten, und zwar um fo mehr, da über mehrere derfelben jetzt Unterfuchungen im Gange feyen. Seine Abficht fey nur, zwei Theile des Gegenftandes in's Auge zu faffen; zuvörderft die Urfachen der allmäligen Zerftörung der Felfen, vermöge deren die vorhandenen geologifchen Formationen die Materialien zu neuen lieferten, und ferner die Entftehung von kiefigen und andern Niederfchlägen, welche man insgemein als unauflöslich betrachtet, vermittelft einer Auflöfung in Waffer. Den erften Punct werde er nur beiläufig abhandeln und hauptfächlich, um das Verftändniß des letztern zu erleichtern.

1) Allmälige Zerftörung der Felsarten. — Die vorzüglichften Agentien, welche auf die Zerftörung der Felfen hinwirken, laffen fich bequem in drei Claffen zufammenftellen.

a. Mechanifche Agentien, z. B. Regen, Flüffe und Ströme, oder überhaupt Waffer im Zuftande der Bewegung. Diefer Gegenftand, fagte Hr. Turner, braucht hier nicht näher betrachtet zu werden, indem er nicht nur den Geologen fehr bekannt, fondern auch dem Zwecke diefer Vorlefung fremd ift.

b Das abwechfelnde Gefrieren und Thauen des Waffers. Diefes ift überall, wo Froft und Thau abwechfeln, eine fehr fruchtbare Quelle der Zerftörung der Felfen. Wenn Waffer in die Spalten oder zwifchen die Schichten der Felfen eindringt und dort gefriert, fo fprengt es durch feine gewaltige Ausdehnungskraft die fefteften Maffen auseinander, und bildet, fo lange es feft bleibt, in den Fugen einen Kitt. Bei'm Aufthauen fällt dann das Geftein durch feine eigne Schwere auseinander. Dieß dürfte die Haupturfache der gewaltigen Zerftörungen feyn, welche man täglich in den Thälern der Schweiz und in allen Ländern fieht, wo hohe Bergketten durch tiefe enge Schluchten durchfchnitten werden, zu deren Seiten fich nackte, fteile, unregelmäßig zerklüftete Felfenwände erheben. Durch diefelbe Urfache werden Gebäude allmälig zerftört. Wenn Waffer in den Zwifchenräumen poröfer Steine gefriert, fo werden die Theilchen häufig mehr oder weniger von einander getrennt, fo daß fie bei'm erften Thau in Staub zerfallen. Die Baumaterialien find in Anfehung der Einwirkung des Froftes auf diefelben verfchieden. Der derbe zähe Sandftein von Edinburgh leidet wenig, während fich leider an mehrern der fchönen Collegiengebäude von Oxford der Schaden erkennen läßt, welchen der Froft an dem mehr poröfen und weniger zähen Dolith jener Graffchaft anrichtet. Diefe Beobachtungen haben zu vergleichenden Verfuchen über die Dauerhaftigkeit verfchiedener Steinarten im Bezug auf den Froft veranlaßt. Das Gefrieren des Waffers ift ein Cryftallifationsproceß, bei welchem, wie in den meiften andern Fällen, eine gewaltfame Volumenvermehrung eintritt. Die Cryftallifation der Salze ift eine ähnliche Erfcheinung, die ähnliche Wirkungen herbeiführt. Wenn ein Stein in eine falinifche Auflöfung getaucht, und dann zum Trocknen an die Luft gehängt wird, fo richtet die Cryftallifation des Salzes einen gewiffen Grad von Zerftörung an, und durch Wiederholung deffelben Proceffes läßt fich nach und nach der ganze Stein zerftören. Auf diefe Weife bewirkt man in wenigen Tagen daffelbe, was in den natürlichen Laufe der Dinge binnen vielen Wintern gefchieht, und fo kann man die verhältnißmäßige Dauerhaftigkeit verfchiedener Baumaterialien, ehe man fich für das eine oder das andere entfcheidet, mit ziemlicher Zuverläffigkeit beftimmen. Ge-

21

wöhnlich wendet man zu dergleichen Versuchen schwefelsaures Natron an *).

c. Chemische Thätigkeit. Die Verwandtschaften, welche bei der allmäligen Zerstörung der Felsen vorzüglich mitwirken, sind die des Wassers und der Kohlensäure zum Kali und Natron, und die des Sauerstoffs zum Eisen. Vorzüglich häufig tragen sich dergleichen Veränderungen an Gestein zu, welches Feldspath enthält, was, z. B. aus der Verwandlung des Granits und ähnlicher Felsarten erhellt. Alle granitischen Gegenden bieten dergleichen Beispiele dar, und nirgends sind letztere auffallender, als in Cornwallis und Auvergne. Allerdings würde wahrscheinlich schon eine lange fortgesetzte Einwirkung von reinem Wasser Zersetzung herbeiführen; allein die Wirkung seiner Verwandtschaft zu den Alkalien des Gesteins wird durch die der Kohlensäure zu denselben Basen mächtig begünstigt. Dieß ergiebt sich daraus, daß das mit Kohlensäure angeschwängerte Wasser eine weit stärkere Zersetzungskraft besitzt, und aus der Wirkung des feuchten kohlensauren Gases auf Granit, wie man, z. B. in den vulkanischen Districten der Auvergne beobachten kann. Basaltische Felsen sind gleichfalls zur Zersetzung geneigt, und zwar zum Theil deßhalb, weil sie Feldspath enthalten, und auch deßhalb, weil Augit und Hornblende, zwei andere Bestandtheile dieser Felsarten, Eisenprotoxyd enthalten. Der Uebergang des Eisens zu einem höhern Grade von Oxydation rührt von dem Sauerstoff der Atmosphäre her, welcher mit dem Wasser im tropfbar flüssigen Zustande zu dem Gesteine gelangt. Zugleich ist wahrscheinlich Kohlensäure thätig, und es entsteht, wie bei'm Rosten des Eisens, zuerst ein gekohltes Protoxyd, welches später in das Hydrat des Eisenperoxyd übergeht.

Die Felsarten, an welchen sich diese Veränderungen zutragen, erleiden sowohl in Ansehung ihres mechanischen Zustandes, als ihrer chemischen Beschaffenheit eine vollständige Veränderung. Ihre Zähigkeit wird so zerstört, daß die geringste Kraft, ein Regenguß oder ein Windstoß, die Cohäsion ihrer Theilchen vernichtet. Das Alkali des Feldspaths wird vollkommen ausgewaschen, und es bleibt eine Verbindung von erdigen Substanzen und Wasser zurück. Die ocherartige Farbe des zersetzten Basalts und Grünsteins zeigt mit hinreichender Genauigkeit an, daß deren Eisen in einen höhern Zustand der Oxydation übergegangen ist; allein der Feldspath läßt oft eine vollkommen weiße Erde zurück, indem die im ursprünglichen Stein enthaltenen winzigen Eisen= und Manganktheile während der Zersetzung, wahrscheinlich im Zustande von Carbonaten, beseitigt worden sind. Diese Veränderungen sind eine der Hauptquellen des Vorkommens der Alkalien in Quellen und im Boden, und wahrscheinlich haben die in Ostindien und America so häufig im Boden sich erzeugenden Nitrate des Kali's und Natron's denselben Ursprung. Auch erklärt sich daraus die zwischen dem landwirthschaftlichen Character des Bodens gewisser Districte und den Felsen, von denen derselbe stammt, herrschende Analogie. Die Zersetzung

der granitischen Felsen giebt Veranlassung zur Entstehung von thonigen oder sandigen Alluvien, welche je zu wenig Sand oder zu wenig Thon und Kalk besitzen, um die Vegetation zu begünstigen, während die von den meisten Basaltfelsen herstammende Erde eine innige Mischung von thonigen, kiesigen und kalkigen Substanzen in solchen Mischungsverhältnissen ist, welche der Vegetation vorzüglich zusagen.

2) Niederschläge aus der wässerigen Auflösung von Substanzen, die man gewöhnlich als unauflöslich betrachtet. Hr. Turner ließ sich über diesen zweiten Theil des Gegenstandes, insbesondere rücksichtlich der kiesigen Ablagerungen, z. B. Feuerstein, Chalcedon und Bergcrystall, folgendermaßen aus: Viele Umstände beweisen, daß Kieselerde sehr häufig im aufgelöstem Zustande vorkommt. Mineralwasser enthalten gewöhnlich Kieselerde; die Chemiker übersehen dieselbe zwar häufig bei ihren Analysen, allein, wenn man aufmerksam nach derselben sucht, so läßt sie sie in den meisten Fällen entdecken. In dem Safte gewisser Pflanzen findet sie sich beständig, und vielleicht ist sie in allen anzutreffen. Sir Humphry Davy hat nachgewiesen, daß im Gras, so wie in der Epidermis der Rohr= und Getraidearten und hohler Pflanzen überhaupt, dergleichen enthalten ist. Das Vorhandensein der Kieselerde in dem Safte des Bambusrohrs, wird nicht nur durch dessen kieselerdehaltige Epidermis, sondern auch durch die Ablagerung von Kieselerde, welche man Tabasheer nennt, bezeugt. Aehnliches Zeugniß legen manche Fossilien ab, welche Kieselerde unter einer Form enthalten, welche darauf hindeutet, daß sich dieselbe aus einer Auflösung abgelagert hatte. (Um dies zu beweisen, zeigte der Verfasser einige Muschelabdrücke in Kieselgestein, einige schöne Exemplare von in Kieselerde verwandelten Corallen, verwandte in Kreide gefundene Feuersteine vor, an denen sich die Steuertur von Spongien verwandt, woran man deutlich erkennen ließ. Sie stammten aus dem Cabinet der geologischen Gesellschaft.) An in Kreide gefundenen Feuersteinen zeigen sich, bei sorgfältiger Untersuchung, so häufig Spuren von Organisation, daß die Meinung derjenigen Geologen, welche die Feuersteine überhaupt als in Kieselerde verwandelte Zoophyten betrachten, viel für sich hat *).

Hr. Turner ging nun auf die Bildung des Chalcedons über, und zeigte Exemplare, deren Ursprung aus dem Wasser sich durch deren Form deutlich offenbart, obgleich sie in Gestein vulkanischen Ursprungs gefunden worden waren. Aehnliche Chalcedonmassen finden sich in manchen Kieseln, und gehen durch unmerkliche Abstufungen in die Substanz der letztern über. Die hohlen Crystallkugeln, welche man Geodes (Drüsen) nennt, legen gleiches Zeugniß ab, indem sie sowohl Chalcedon als Bergcrystall unter Umständen darbieten, die auf früher vorhandene Auflösung hindeuten.

---

*) Vergleiche Brard in den Annal. de Chim. Vol. XXXVIII. p. 160.

*) Da manche Spongien rc. im natürlichen Zustande sehr viel Kieselerde enthalten, so kann man sich die Feuersteine leicht als eine Modification der durch Absorption der zerfetzteren Bestandtheile concentrirten ursprünglich vorhandenen Kieselerde vorstellen. D. Uebers.

Nachdem Hr. Turner die Thatsache festgestellt hatte, daß kieselerdehaltige Mineralien sich häufig aus wässerigen Auflösungen bilden, handelte er von den Gesetzen, nach welchen, seiner Ansicht nach, die Auflösung der Kieselerde und deren nachmalige Ablagerung stattfinde. Seine erste Bemerkung bezog sich auf die Bedeutung des Ausdrucks unauflöslich. „Die Chemiker, sagte er, wenden denselben auf Substanzen an, die, der Einwirkung des Wassers ausgesetzt, keinen erkennbaren Theil ihres Gewichts einbüßen. Damit ist aber noch nicht gesagt, daß durchaus keine Auflösung stattfinde, sondern nur, daß keine ermittelbare Quantität aufgelöst werde. Dieß gilt sogar von einer der Substanzen, die den Chemikern als die unauflöslichsten bekannt sind, nämlich von der schwefelsauren Schwererde. Allein obgleich das Gewicht dieser Körper durch Versuche im Laboratorium, die immer nur eine gewisse Zeit dauern und mit mäßigen Quantitäten Wasser angestellt werden, nicht merklich vermindert wird, so ist doch der Erfolg in der großen Werkstätte der Natur, wo der Proceß Jahrhunderte und Jahrtausende anhält, und das Auflösungsmittel in unermeßlicher Quantität vorhanden ist, wahrscheinlich sehr verschieden. Uebrigens bedarf man dieser Ansicht von der Sache nicht einmal. Denn Substanzen, die in dem einen Zustande für unauflöslich gelten müssen, können in einem andern sehr auflöslich seyn. Wenn man das feinste Pulver von Kieselerde in Wasser kocht, so findet keine merkliche Auflösung statt. Wirkt aber dasselbe Auflösungsmittel auf dieselbe ein, wenn sie sich im Zustande der Entstehung befinden, so wird sie leicht aufgelöst. Substanzen, die sich eben aus ihren Elementen bilden, oder aus frühern Verbindungen ausscheiden, besitzen nicht jene Kraft der Aggregation, welche ihnen, nachdem sie ausgebildet sind, angehört, und in solchen Uebergangszuständen sind sie zur Verbindung mit andern Körpern vorzüglich geschickt. Diese Eigenschaft wird mehr oder weniger an allen Körpern beobachtet; allein die Kieselerde bietet einen der auffallendsten Belege hierzu dar; sie ist im Zustande der Entstehung in Wasser, so wie in mehrern sauern und salinischen Auflösungen, welche gewöhnliche Kieselerde, so fein sie auch pulverisirt seyn mag, nicht angreifen, sehr auflöslich, und die Alkalien und kohlensauren Alkalien, welche die Kieselerde selbst in ihrer festen Beschaffenheit auflösen, verbinden sich mit einer viel größern Menge derselben, wenn sie erst im Entstehen begriffen ist. Bei der oben erwähnten Zersetzung der feldspathhaltigen Steine ist nun die Kieselerde der vereinigten Einwirkung des Wassers und Alkali's in dem Augenblicke ausgesetzt, wo sie sich aus dem Feldspath ausscheidet, und mithin leicht auflöslich. Dieß geht aus der Betrachtung der Bestandtheile der Porzellanerde und des Feldspaths hervor. Die Zusammensetzung derselben läßt sich durch folgende Formel ausdrücken, wenngleich, streng genommen, nicht behauptet werden kann, daß Porzellanerde eine atomistische Verbindung sey.

Feldspath.   Porzellanerde.

$$(\ddot{P}o + 3\ddot{S}i) + (\ddot{Al} + 9\ddot{S}i). \quad (\ddot{Al} + 3\tfrac{1}{2}\ddot{S}i).$$

Die Porzellanerde, von welcher diese Formel entlehnt

ist, stammt von Villarica. Außer der Thon- und Kieselerde enthält sie 21,3°/₀ Wasser. Hr. Rogers von Philadelphia hat eine Porzellanerde aus der Nachbarschaft von Mont d'or in der Auvergne analysirt, und an derselben ziemlich dieselbe Beschaffenheit erkannt. Die Analysen von Berthier und Rose, im Bezug auf andere Sorten von Porzellanerde, geben beide ungefähr 2 Aequivalente Thonerde auf 3 Kieselerde. Demnach scheint die Zusammensetzung dieses Minerals nur sehr geringen Veränderungen unterworfen. Aus den Formeln ergiebt sich, daß die zwei Aequivalente Thonerde, welche in der Porzellanerde mit 3½ Kieselerde vorkommen, in dem Feldspath, von welchem die Porzellanerde stammt, 12 Aequivalenten Kieselerde und 1 Aequivalent Kali entsprechen; daher muß eine gewaltige Quantität Kieselerde durch Solution beseitigt worden seyn.

Hr. Turner erklärte nun, wie es zugehe, daß die aufgelöste Kieselerde in Form von Mineralien abgelagert werde. Ein auf den ersten Blick sich darbietender Grund, sagt er, ist die Molekularanziehung, die zwischen ähnlichen Theilen von Substanzen stattfindet, was sich aus zahllosen Thatsachen ergiebt. Hierher gehört die kugelartige Gestalt, welche Wasser, Oel, Quecksilber und andere Flüssigkeiten (bei'm Herabtropfen) annehmen. Die gegenseitige Trennung der Salze von einander, wenn sie in gemischten Solutionen crystallisiren, die Bildung von Crystallen während der langsamen Ablagerung von Dämpfen, wie z. B., wenn Kampfer in einer Glasflasche sublimirt; daß sich Partikelchen lieber mit einander verbinden, als sich gleichförmig auf einer Oberfläche, wo sie sich ansammeln, ausbreiten, und das Bestreben einander ähnlicher Molekulen, sich zu vereinigen und zusammenhängende Massen zu bilden, wenn sie mit einer durch Wärme flüssig gemachten heterogenen Substanz vermischt sind, wie denn, z. B. winzige Titaniumtheilchen, welche im Eisen eines Hochofens enthalten sind, einander aufsuchen und regelmäßige Crystalle bilden, oder Mineralien aus geschmolzener Lava und Basalt crystallisiren. So haben auch in Kieselerde-Solutionen, seyen diese nun concentrirt oder schwach, die Theilchen, während sie sich ausscheiden, Neigung, sich mit einander zu verbinden.

Ein anderes auf die Frage Bezug habendes Gesetz ist folgendes: So oft Substanzen, die in ihrem gewöhnlichen Zustande nicht auflöslich sind, in Folge günstiger Umstände aufgelöst worden, sind die daraus hervorgehenden Solutionen zur Zersetzung sehr geneigt. Sie bieten Beispiele von Mischungen dar, deren Gleichgewicht ungemein unstät ist. Die geringsten störenden Ursachen, z. B. Schütteln, Temperaturwechsel, oder die leiseste Verwandtschaft irgend eines Körpers für das Auflösungsmittel, wird in einem solchen Falle die Auflösung aufheben. Belege zu diesem Satze geben die Auflösungen von Zinn, Titanium und Eisenperoxyd im neutralen Zustande. Eiweißstoffige Auflösungen dürften sich als Beispiele aus dem Thierreich anführen lassen. Wasser, welches man vorsichtig bis unter seinen gewöhnlichen Gefrierpunct hat erkalten lassen und gesättigte Auflösungen von Glaubersalz sind Beispiele von Flüssigkeiten, an denen sich ein solches Schwanken des Gleichgewichts deutlich kund giebt. (Der

Verfasser zeigte hier zwei Solutionen von Glaubersalz, und bemerkte, daß der bloße Druck der Atmosphäre bei Beseitigung des Stöpsels, oder die geringste Bewegung, dergleichen Solutionen häufig zum Starrwerden vermöchte, und daß, wenn dieß nicht der Fall sey, das Eintragen eines festen Körpers, insbesondere eines Crystalls Glaubersalz, oder irgend einer Substanz, die eine auch nur schwache Verwandtschaft zum Salz oder dessen Menstruum besitze, z. B. eine Luftblase atmosphärischer Luft oder von kohlensaurem Gas, gewöhnlich die Crystallisation augenblicklich zu Wege bringe. — Die Solutionen, die auf der Tafel des Auditoriums standen, behielten bei Beseitigung des Stöpsels und sanftem Schütteln die flüssige Form bei; eine derselben wurde bei Einführung einer Glasröhre sogleich fest; die andre vertrug auch das Einführen der Röhre, crystallisirte aber augenblicklich, als ein Luftbläschen aus den Lungen durch die Röhre hineingeblasen wurde.) Das durch diese Thatsache erläuterte Gesetz ist auf Das, was hier bewiesen werden soll, streng anwendbar. Eine Auflösung von Kieselerde, welche langsam in einen porösen oder zelligen Stein eindringt, kann, in Folge der Verdunstung, oder einer geringen Verwandtschaft zwischen der Kieselerde und irgend einer Substanz, mit der sie zufällig in Berührung kömmt, oder dadurch, daß die Auflösungskraft eines Alkali's, welches zu ihrer Auflösung beigetragen hat, dadurch verringert wird, daß es aus dem Zustand eines Carbonats in den eines Bicarbonats übergeht, oder irgend eine andere Verbindung eingeht, einen Niederschlag veranlassen. Die einmal festgewordene kiesige Substanz wird höchst wahrscheinlich durch das Menstruum, in welchem sie früher aufgelöst war, nicht von Neuem aufgelöst werden können, und in diesem Zustande die Vermehrung des Niederschlags durch ihre Molecular-Anziehung in Bezug auf die noch aufgelöste Kieselerde begünstigen. Auf diese Weise können Höhlungen von beträchtlicher Größe allmälig mit Chalcedon, Feuerstein oder Bergcrystall ausgefüllt werden. Die Umstände, welche die Form der kiesigen Ablagerung bestimmen, lassen sich schwer angeben; allein nach den Gesetzen der Crystallisation ist wahrscheinlich, daß die Entwickelung regelmäßiger Crystalle dem außerordentlich langsamen Fortschreiten eines Processes zuzuschreiben sey, der ein amorphes Product erzeugen würde, wenn er schneller von Statten ginge. Bei der Bildung von Chalcedon und Feuerstein dürfte, wie schon Brongniart vermuthete, die Kieselerde, wie bei den Arbeiten im Laboratorium, sich als Kieselgallerte niederschlagen und durch Verdunstung und die cohäsive Anziehung ihrer Theilchen allmälig hart werden. Die regelmäßig geordneten Linien, welche sich an mehreren Abarten des Chalcedons so schön auszeichnen, scheinen von mehreren aufeinanderfolgenden Niederschlägen herzurühren, von denen jeder die Form und die Unregelmäßigkeiten des vorhergehenden annimmt, und die sich in Ansehung der Farbe nach der Abwesenheit oder Anwesenheit gewisser fremder Substanzen, z. B. des Eisens oder Mangans, richten. In Betreff des Feuersteins muß das merkwürdige Hinneigung der Kieselerde zum Einnehmen der Stelle organischer Substanzen, wie, z. B., der Spongien, des Holzes, der Corallen u. s. w., erklärend gedacht werden. Diese Er-

scheinungen dürften sich nach 'den schon in dieser Vorlesung entwickelten Gesetzen erklären lassen. Kieselerdehaltige Auflösungen, welche durch in Zersetzung begriffene organische Massen sickern, möchten wohl, durch die Verwandtschaft der während der langsamen Fäulniß erzeugten Gase oder andern Producte zur Kieselerde oder zu dessen Menstruum, zersetzt werden. In beiden Fällen würde Niederschlag stattfinden. In Uebereinstimmung mit dieser Erklärungsart finden sich im Feuerstein Spuren von Erdpech oder ähnlichen Substanzen organischen Ursprungs. Diesen ist die dunkle Farbe des natürlichen Feuersteins, und ihrer Zerstörung die weiße des gerösteten und gebleichten Feuersteins zuzuschreiben.

Schließlich wies Hr. Turner noch ganz kurz auf die Bildung mehrerer anderer Mineralien hin. Er erklärte, wie die Entstehung der Crystalle von Selenit, Coelestin und Schwerspath offenbar in vielen Fällen von der Schwefelsäure herrühre, welche auf der einen Seite in vulkanischen Gegenden durch Verbrennung des Schwefels und auf der andern dadurch entstehe, daß oxydirender Schwefelkies auf benachbarte Massen einwirke, welche Kalk, Strontianerde und Schwererde enthalten. Er zeigte ein Exemplar von rothem Eisenoxyd, dessen stalactitische Form entschieden auf einen Ursprung aus dem Wasser hindeute und führte an, Manganoxyd komme ebenfalls zuweilen in einem ähnlichen Zustande vor. Seiner Ansicht nach, sind dergleichen Exemplare ursprünglich im Zustande von Carbonaten aus kohlensauren Solutionen niedergeschlagen worden und später noch ferner oxydirt, welche Veränderung er an einem Exemplar von kohlensaurem Mangan demonstrirte, an welchem das Fortschreiten der Umwandlung deutlich zu erkennen war. Er gab auch eine nicht unwahrscheinliche Erklärung von dem Ursprunge der in fossilen Muscheln, die in Thon eingelagert sind, welcher viel kugelförmigen Schwefelkies enthält, so häufig gefundenen Schwefelkieses. Man hat beobachtet, daß Sulphate durch die Einwirkung organischer Substanzen allmälig zersetzt werden, und es hält es daher für keinesweges unwahrscheinlich, daß schwefelsaures Eisen, welches sich aus oxydirtem Schwefelkies bildet, durch die besorgnisirende Wirkung der thierischen Ueberreste wiederum in ein Sulphuret verwandelt werde. (The London and Edinburgh philosophical Magazine and Journal of Science, July 1833.)

Miscellen.

Ueber den Fötus eines Walfisches hat die Académie des sciences zu Paris am 5. August von Hrn. D. Roussel de Vouzeme ein Schreiben sammt einem Gypsabguß erhalten. „Peter Camper, sagt Hr. R., ist der einzige Naturforscher, der bis jetzt einen Walfischfoetus zu seiner Disposition hatte, dessen Beschreibung man in Camper's nachgelassenen Schriften findet. Scoresby hat später die Abbildung eines Embryo's, den er aus dem nördlichen Meere erhalten hatte, bekannt gemacht, ohne alles anatomische Detail. Derjenige, welchen ich mitgebracht habe (er wurde in der Nähe der Insel Tristan d'Acunha in Gegenwart des R. aus dem Leibe der Mutter genommen), gehört der Balaena mysticetus an und gleicht schon der Form nach dem ausgewachsenen Thiere: er ist weiblichen Geschlechts, wiegt 15 Pfund und ist 2 Fuß 8 Zoll lang. Die Mutter war 57 Fuß lang, und gab 20,000 Pfund Thran. Wenn man in Anschlag bringt, daß die Dauer der Trächtigkeit des Walfisches auf 9 — 12 Monate geschätzt wird, und daß ein neugeborner Walfisch gewöhnlich 12 — 15 Fuß Länge hat, so wird man verleitet, das Alter dieses Fötus etwa zu zwei und einem halben Monat anzunehmen. Seine Haut war in dem Augenblick wo er hervorausgezogen wurde, völlig glatt und hatte eine etwas röthliche Schieferfarbe." — An dem Abguß kann man den vorragenden Raub der Unterlippe wahrnehmen, welcher bestimmt ist, die, erst später in der Gaumenfurche hervorwachsenden, Barten zu bedecken. Der Augapfel ragt etwas vor, die Augenlider aber sind geschlossen und die äußere Oeffnung des Gehörganges fehlt. Der Nabelstrang zeigte an seiner Durchschnittsfläche sechs Oeffnungen, von denen vier den Arterien und Venen, eine dem Nabelbläschen (la vesicule) und eine dem urachus angehört. Weitere anatomische Details sind von Hrn. Rouffel versprochen worden.

Zwei Bastarde von einem Löwen und einer Tigerin sind am 17. August 1833 hier in Weimar geboren worden. Die Eltern sind dieselben, von welchen deren schon zu Mailand gefallen waren. (Vergleiche Notizen No. 679. [No. 19 des XXXI. Bds.] S. 297. und No. 706. [No. 2 des XXXIII. Bds.] S. 24.) Die beiden Jungen lebten, eins aber ist in der Nacht vom 18. auf den 19. umgekommen, man weiß nicht ob von der Tigerin oder von dem Löwen, aufgefressen, so daß nur noch der Kopf übrig ist, welchen der Eigenthümer der Menagerie, Polito, in Spiritus aufbewahrt. Das andere Junge sollte von einer Hündin gesäugt werden, faßte aber die Saugwarzen nicht und ist daher mit Kuhmilch genährt worden, die es bis jetzt, am 20., durch einen Schwamm begierig genommen hat.

Heilkunde.

Ueber die Wassersucht der Schleimbeutel am Knie.
Von J. C. G. Fricke.

„Außer derjenigen Wassersucht der Schleimbeutel, die auf der Kniescheibe selbst sich ausbildet (Hygroma cysticum patellare), und auf den Schleimbeutel auf der Kniescheibe allein beschränkt ist, sehen wir oft eine ähnliche Krankheit nicht allein desjenigen Schleimbeutels, der oberhalb des Knies, hinter der Sehne des äußern und innern vastus, hinter der Sehne des äußern und innern vastus, rectus und cruralis liegt, sondern auch der Schleimbeutel, welche sowohl zwischen der innern Seite der genannten Sehne und dem Oberschenkelknochen, in den Muskeln selbst, als an der äußern Seite liegen. Diese Krankheitsform, welche ebenfalls unter die Rubrik der Wassersucht der Schleimbeutel am Knie gehört, bietet manche Eigenthümlichkeit dar, und unterscheidet sich von dem Hygroma cysticum patellare durch ihren Sitz, durch rascheres Entstehen, durch größere Schmerzhaftigkeit und durch bedeutend größere Ausdehnung. Unmittelbar nach einer Erkältung oder nach Anstrengung des Knies, nach Contusionen u. s. w. bemerkt der Kranke an den beiden Seiten des Gelenkes oberhalb des Knies eine Geschwulst von größerem oder geringerem Umfange, die in zwei Hälften getheilt zu seyn scheint. Im Anfange stört sie die Bewegung des Kniegelenks nicht, bald aber, bei sehr raschem Wachsen, erschwert sie dem Kranken das Gehen, und man findet daselbst eine elastische fluctuirende Geschwulst mit unveränderter Hautfarbe; die Geschwulst läßt sich, so lange sie klein ist, hin- und herschieben, wird aber später, bei größerem Umfange, unbeweglich. Der Mittelpunct dieser Geschwulst befindet sich unter der gemeinschaftlichen Sehne der oben genannten Muskeln und wird durch den Druck der letztern gleichsam in zwei Hälften getheilt; bloß wenn die Krankheit schon längere Zeit bestanden hat, wird diese Sehne erschlafft und gleichfalls ausgedehnt, und alsdann erscheint die Geschwulst gleichförmiger, unmittelbar oberhalb des Knies, mit den nebenliegenden Geschwülsten, die früher getrennt schienen, ein Ganzes bildend. Obgleich der Schleimsack oberhalb des Knies im normalen Zustande sich öfter in das Kniegelenk öffnet, so scheint er bei einer Vergrößerung sich zu verschließen; wenigstens habe ich eine Communication dieser Geschwulst mit dem Kniegelenke niemals wahrgenommen. Die Krankheit ist mit mehr oder weniger Schmerzen verbunden, welche bei der Bewegung des Gelenkes eintreten. Von Ansammlungen von Wasser, Serum oder andern Flüssigkeiten im Kniegelenke selbst ist sie leicht zu unterscheiden, da letzteres, welches nicht mitleidet, von jeder Geschwulst frei bleibt.

Bei der Behandlung dieser Krankheit ist besonders darauf zu achten, daß alles vermieden werde, was eine heftige Entzündung oder sogar Eiterung herbeiführen könnte; also reizende Umschläge, Einreibungen u. dgl.; ebenso die noch eingreifendern Mittel, das Haarseil oder das Aufschneiden der Geschwulst. Ist die Geschwulst sehr rasch entstanden, ist sie sehr schmerzhaft, hindert sie dadurch mehr oder weniger die Bewegung des Knies, so werden kalte Umschläge gemacht, Blutigel gesetzt u. s. w. Sind diese Symptome beseitigt, oder dauert überhaupt die Krankheit schon längere Zeit, so haben wir in der Acupunctur ein Mittel gefunden, welches die Heilung auf eine rasche und schnelle Weise herbeiführt. Bei keiner andern Krankheit hat die Acupunctur ein so günstiges Resultat, als bei dieser. Zwölf bis sechszehn Acupuncturnadeln werden auf beiden Seiten der Geschwulst eingebracht, und bleiben in derselben eine halbe bis ganze Stunde sitzen; nachdem sie wieder entfernt sind, wird ein Compressivverband angelegt, und der Kranke zur möglichsten Ruhe verwiesen. Eine vier- bis fünfmalige Wiederholung dieser Operation, die ohne große Schmerzen und ganz gefahrlos ist, befreit den Kranken von einem Uebel, welches, vernachlässigt oder schlecht behandelt, zu bedeutenden Zerstörungen und selbst zum Verlust des Gliedes Veranlassung geben kann. (Annalen der chir. Abth. des allgem. Krankenhauses in Hamburg, von J. C. G. Fricke. II. Bd.)

Gegenreiz bei Lungenkrankheiten.

Der Zustand eines Mannes, welcher seit vielen Monaten im Hospitale wegen einer scrophulösen Krankheit des Knöchelgelenks von Hrn. Brodie behandelt worden war, verschlimmerte sich endlich so sehr, daß der Arzt alle Hoffnung aufgab. Er untersuchte die Brust des Patienten, um zu sehen, ob die Lungen gereizt oder erkrankt seyen, indem der Mann seit einigen Tagen an Husten gelitten. Hr. Fernandez fragte bei dieser Gelegenheit Hrn. Brodie um seine Meinung, im Betracht ei-

nes bei Lungenkrankheiten am Brustkasten zu bewirkenden
Gegenreizes, indem Dr. Graves zu Dublin mehrere Fälle
angeführt habe, welche durch Eiterbänder unter den Schlüf-
selbeinen geheilt worden seyen. Hr. Brodie erwiderte, weder Dr. Graves noch sonst ein Arzt werde ihn überzeugen,
daß ein durch Eiterbänder oder Fontanellen über irgend einen Theil der Brusthöhle bewirkter Gegenreiz eine bereits
eingetretene organische Krankheit der Lunge beseitigen oder
auch nur am Fortschreiten hindern könne; in einfachen Fällen von Entzündung, Eiterung u. s. w. halte er dieses Mittel allerdings für nützlich; allein nichts könne ihn überzeugen, daß dadurch die Krankheit je aus dem Grunde curirt
werden könne. Dr. Graves könne in vielleicht 20 Fällen
durch Eiterbänder und Fontanellen ohne Ausnahme Besserung bewirkt haben; allein daraus gehe noch nicht hervor,
daß die innere organische Krankheit auf diese Weise geheilt
worden sey. Man lege, z. B. bei einer Gehirngeschwulst
ein Haarseil in den Nacken und der Kranke wird sogleich
Besserung spüren; allein deßhalb darf man ihn noch nicht
für geheilt erklären. „Mir ist in meinem ganzen Leben
noch kein Fall vorgekommen, wo Eiterbänder oder Fontanellen dieselbe bewirkt hätten. Constitutionale Lungenkrankheiten werden, wenn man sie von einer Stelle vertreibt, immer
wieder an einer andern erscheinen. In solchen Fällen von
scrophulösen Krankheiten der Knochen des Knöchelgelenks wird
sich der Kranke nach der Amputation eine kurze Zeit lang
viel besser befinden, aber bald an der Lungenkrankheit sterben. Ich nahm einmal einer Frau in einem solchen Falle
das Bein ab; sie litt damals an Husten, hatte einen hectischen Auswurf u. s. w. Nach der Operation verschwanden,
alle diese Symptome, und sie wurde, wie es schien, ganz
wohl; nach einiger Zeit kehrte aber die Krankheit der Lunge
zurück, und sie starb daran." (The Lancet No. 10. of
Vol. II. 1832—1833).

Ueber die angeborenen Schenkelluxationen.

Von Dupuytren.

(Schluß.)

Die angeborene Luxation wird besonders auffallend, wenn das
Becken anfängt zu wachsen und die Kranke genöthigt sind, sich länger, und auf ermüdender Weise zu bewegen. Alle die bereits angeführten Symptome werden dann deutlicher, obaleich die Ursache
und die Natur des Uebels selbst der Mehrzahl der Aerzte unbekannt
bleibt. Einige leiten die Verschiebung von einem Falle oder einer
gewaltthätigen Einwirkung auf den Schenkel, andere von Scropheln
oder Rhachitis her, welche letztere Meinung durch die lymphatische Constitution und das rhachitische Aussehen solcher Kranken einigermaaßen bestätigt wird. Wenn ich diese davon abweichende Meinung angenommen habe, so geschah dieß, weil ich diesen Bildungsfehler bei
Kindern von gerade entgegengesetzter Constitution in dem Augenblicke der Gebut und ohne eine Spur von krankhafter Thätigkeit
in den Theilen beobachtet und endlich, weil ich Gelegenheit gehabt
habe, die leidenden Theile zu zergliedern und eine Gestaltung und
Organisation derselben fand, welche die Idee einer bestehenden oder
früher vorhandenen krankhaften Thätigkeit ganz ausschließen.

Zur Zeit, wo die Geschlechtsunterschiede sich mehr ausbilden,
macht sich bei den Mädchen rascheres Wachsen des Beckens, daß bei
diesen auch die Wirkungen dieser Mißbildung weit auffallender wer-

ben. Wenn aber das Becken seine volle Größe erreicht und die
obere Körperhälfte ihr größtes Gewicht erlangt hat, dann nehmen
auch die Symptome der Luxation sehr rasch zu, so daß man leicht
den Verdacht bekommen kann, es sey ein wirklicher Krankheitszu-
stand der einzelnen Hüftgelenkstheile hinzugetreten.

Die Zunahme des Körpergewichtes und die Größe des Quer-
durchmessers des Beckens sind die Ursache jeder Verschlimmerung der
Symptome. Die oberen Theile, welche nun stärker auf das nicht
ausgehöhlte Gelenk drücken, erschlaffen die Ligamente und Muskeln,
und gestatten leicht, daß der Schenkelkopf nach dem Hüftbeinkamm
in die Höhe tritt; und diese aufsteigende Bewegung ist so beträchtlich, daß wir gesehen haben, wie der Trochanter und Schenkelkopf
in wenigen Jahren bis zur Höhe des Hüftbeinkammes selbst hin-
aufrückte. Die Breite des Beckens, besonders des weiblichen, bedingt
ein beträchtlicheres Auseinanderstehen der Schenkelköpfe und nöthigt
die Knochen, eine schrägere Lage anzunehmen; diese Schrägheit aber
vermehrt wiederum den nachtheiligen Mangel an Festigkeit in dem
Hüftgelenke. So sehen wir, wie Mädchen, welche in der Kindheit
gehen, tanzen und laufen konnten, im reiferen Alter zu jener heftigen Bewegung fast ganz unfähig wurden. Diese Schwierigkeit
steigert sich zu absoluter Unmöglichkeit, wenn große Corpulenz,
Wassersucht und besonders Schwangerschaft hinzukommen. Es ist
zu bemerken, daß die Umstände, von welchen das Aeußere des Bek-
kens abhängt, auf keine Weise auf die Entwickelung der Beckenhöhle Einfluß üben, welche die günstigsten Durchmesser erlangt,
welche man zur Function des Zeugens oder Gebärens nur wünschen kann.

Ursachen. Was die Ursache dieses Bildungsfehlers sey, ist
die nächste Frage, welche sich uns darbietet. Kann er das Product
einer krankhaften Thätigkeit im Mutterleibe, welche vor der Geburt
geheilt wurde, seyn? Kann er von einer Gewaltthätigkeit herrühren,
welche den Knochen dislocirte und die Gelenkhöhle nachher obliterirte, ohne daß dabei eine krankhafte Thätigkeit zugegen gewesen
wäre, bloß durch den Mangel an Gebrauch des Theiles? Könnte
die Natur die Bildung einer Höhle für den Schenkelkopf vergessen
haben? Oder (da diese Höhle durch die drei Stücke, welche das
Darmbein zusammensetzen, gebildet wird, sollte die Gelenkhöhle unvollkommen geblieben seyn, ehe die normale Entwickelung der Knochen gehemmt wurde, wie Breschet zu glauben geneigt ist? Ohne
eine dieser Fragen zu wollen, beschränke ich mich darauf, über
jede derselben einige Bemerkungen beizufügen.

Die Arbeiten über pathologische Anatomie haben dargethan,
daß der Fötus noch im Mutterleibe mehreren Krankheiten unterworfen ist, welche vor der Geburt ablaufen, d. h. in Heilung
oder Tod übergehen können. Es wäre daher möglich, daß eine
Krankheit im Mutterleibe selbst, vor der Art, welche die luxatio
spontanea herbeiführt, auch die Lageveränderung veranlassen könnte,
von welcher wir hier sprechen. Indessen wir erstreiten mehrere Umstände dieser Erklärung;
eines Theils sind alle Individuen, bei welchen dieses Gebrechen beobachtet wurden, in vollkommner Gesundheit zur Welt gekommen,
so daß man gewiß nicht glauben kann, daß sie vor der Geburt eine
so schwere Krankheit durchgemacht haben sollten, wie die ist, welche die luxatio spontanea herbeiführt — ferner wurden weder Anschwellungen, noch Abscesse, noch Fisteln jemals dabei entdeckt; Zufälle, welche doch gewöhnlich mit den wahren Coxarthrocace verbunden sind.

In Bezug auf eine Dislocation innerhalb des Uterus durch ge-
waltthätige Einflüsse, ähnlich denen, welche während des spätern
Lebens Luxationen herbeiführen können, wie ein Fall, Stoß u. dgl.,
— nicht minder in Bezug auf die Art der Gewaltthätigkeit, welche eine
solche Verrenkung hervorbringen könnte, sey es mir erlaubt, eines
Umstands Erwähnung zu thun, welcher dieser Erklärung einige
Wahrscheinlichkeit giebt. Es ist dieß der Umstand, daß in dem Uterus die untern Extremitäten des Fötus stark gegen den unterleib
gebogen sind, — daß der Schenkelkopf einen beständigen Druck auf
den hintern und untern Theil der Gelenkkapsel ausübt, daß dieser
beständige Druck (obgleich unwirksam bei wohlgebildeten Theilen)
bei minder vollkommen ausgebildeten Gelenktheilen und bei geringerm Widerstand der Gewebe leicht eine Luxation veranlassen
können. Auf diese Weise wäre die Verrenkung erklärt und die Wir-

kung der Muskeln ist alsdann vollkommen hinreichend, das spätere in die Höhe Steigen der Knochen zu bedingen.

Endlich ist die Frage, ob dieser Bildungsfehler nicht von einer Hemmung der Entwickelung der Darmbeine herrühren könne? Brechet führt für diese Meinung die Erfahrung aus seinen und Anderer Untersuchungen über die Entwickelungsgeschichte des Knochensystemes an, daß die zuletzt entwickelten Theile immer die Stellen sind, wo entweder Höhlen oder Hervorragungen oder Verbindungen von Knochen getroffen sollen; daher werden Bildungshemmungen an den Stellen getroffen, wo die zusammensetzenden Theile einer Höhle einander berühren sollten. Nun ist es betaunt, daß die Gelenkpfanne aus drei Stücken gebildet wird, und daß ihre Bildung in die späteste Zeit der Verknöcherung fällt. Da die Beckeneingeweide und die Wände des Beckens selbst Gefäßzweige erhalten, welche von denen der untern Extremitäten verschieden sind (indem die der untern Extremitäten als Fortsetzung des Gefäßstammes selbst zu betrachten sind), so kann es geschehen, daß durch Einwirkung von noch unerklärten Umständen die Entwickelung des Beckens verzögert und im Vergleich zu der der Schenkel mangelhaft wird. In diesem Falle würden die Schenkelknochen auf dem am stärksten eingedrückten Theile der äußern Oberfläche des Darmbeins sich entwickeln und also in der äußern Darmbeingrube liegen.

Nach diesen drei Hypothesen würde die Dislocation des Schenkelkopfes bloß angeboren seyn können; nach der mir noch zur Untersuchung übrig bleibenden, könnte sie aber auch ursprünglich seyn und ihr Daseyn von der ersten Organisation des Schaambeines herleiten. Was auch von Einzelnen gesagt werden mag, so ist es doch gewiß, daß es Fehler der ursprünglichen Bildung giebt, welche von einem Mangel in der Organisation des Keimes selbst herrührt. Sollte nicht der vorliegende Fall von dieser Art seyn? Nach dieser Hypothese wäre es zugleich leicht begreiflich, warum in der Mehrzahl der Fälle beide Schenkel dislociert sind, wie zur Zeit der Geburt vollkommene Gesundheit zugegen seyn kann, und warum jede Spur einer Gewebskrankheit in den Gelenktheilen fehlt.

Behandlung der angebornen Luration durch Sitzen, kalte Bäder und Hüftgürtel.

Eine palliative Behandlung muß beim ersten Blick als die rationelle erscheinen, und ihr gebe ich daher den Vorzug. Erinnert man sich des Bestrebens des Schenkelkopfs, in der Darmbeingrube heraufzusteigen und bedenkt man, daß die Ursache dieser aufsteigenden Bewegung das Gewicht des Körpers ist, so sind die Indicationen der Palliativcur klar. Wir müssen so viel als möglich den Druck des Körpers auf ein Gelenk, welches keine Höhle hat, vermeiden, und die Einwirkung der Muskelthätigkeit auf den Schenkel, welche diesen ohne Hinderniß in die Darmbeingrube hinaufzieht, befeitigen. Hierzu ist das Sitzen das passendste Mittel, indem dadurch das Körpergewicht von dem Hüftgelenk auf den Sitzknorren übertragen wird. Den armen Kranken dieser Art muß man den Rath geben, einen Beruf zu wählen, welcher sitzend ausgeübt werden kann. Es ist klar, daß Geschäfte, welche stehen oder Stehen nöthig machen, bei einer solchen Mißbildung sehr gefährlich werden.

Wir können indeß unsere Kranken nicht zu ununterbrochener Ruhe verurtheilen, und wir müssen daher auch Mitteln suchen, wodurch die Unannehmlichkeit des Stehens, Gehens und anderer Bewegungen vermindert wird. Die Erfahrung hat mich bis jetzt bloß zwei Mittel zu diesem Zwecke kennen gelehrt; das eine ist der tägliche Gebrauch (außer während der Menstruation und beim Schwitzen) von kalten Bädern, entweder von gewöhnlichem Wasser, oder mit Salz; aber kalt, ganz kalt über den Kopf, drei oder vier Minuten lang fortgesetzt, wobei der Kopf mit einer Wachstaffetkappe bedeckt wird. Diese Bäder stärken die Theile, welche das neue Gelenk umgeben, vermehren ihre Widerstandskraft und beschränken auf diese Weise das Aufsteigen des Schenkelkopfes.

Das zweite besteht in dem fortdauernden Gebrauch (wenigstens den Tag über) eines Gürtels, welcher das Becken umgiebt, die großen Trochanteren umfaßt und dieselben immer in gleicher Höhe erhält; dadurch wird aus diesen schwachen Theilen eine festere Masse gebildet, und das beständige Wackeln des Körpers auf einem halt-

losen Gelenk verhindert. Der Gürtel muß über dem zusammengezogenen Theil der Hüften zwischen dem Hüftbeinkamme und den Trochanteren angelegt werden und diesen ganzen Raum ausfüllen, und deswegen, je nach dem Alter des Kranken, 3 – 4 Zoll breit seyn; er muß gut gepolstert und mit weichem Leder überzogen werden, um jeden schädlichen Druck zu vermeiden. Enge und flache Aushöhlungen müssen an der innern Oberfläche seines untern Randes angebracht seyn, um die Trochanteren aufzunehmen und zurückzuhalten, ohne sie jedoch ganz zu fixiren. Durch Strippen und Knöpfe wird der Gürtel um das Becken befestigt. Besonders müssen breite, weich wattirte oder überzogene Riemen unter dem Schenkel durchgeführt werden, welche in der Gegend des Sitzbeinknorrens ein wenig ausgehöhlt sind.

Es ist mir gelungen, durch diese Mittel die immer zunehmende Unbequemlichkeit der Luration anzuhalten und sie in den Fällen, wo ich sie nicht beseitigen konnte, erträglich zu machen. Einige Kranke, welche der Druck des Gürtels belästigte, haben ihn eine Zeit lang bei Seite gelegt, aber sehr bald wieder hervorgeholt, weil sie ohne denselben weder Festigkeit in den Hüften, noch Sicherheit beim Gehen hatten.

Behandlung durch Ziehen der untern Extremitäten; mit Fällen.

Ich habe schon vorhin die Ansicht ausgesprochen, daß ein auf die untern Extremitäten angewandter Zug hier von keinem Nutzen seyn kann; denn wenn wir auch annehmen, daß wir durch diese Mittel die normale Länge der untern Extremitäten wiederherstellen, so muß es doch ganz klar scheinen, daß der Schenkelkopf, welcher keine Gelenkhöhle findet, um darin aufgenommen und zurückgehalten zu werden, sobald er sich selbst überlassen bleibt, wieder in die Höhe treten und also der Fuß verkürzt werden muß. Diese Ansicht ist jedoch durch die Bemühungen der HHn. Lafont und Duval vollkommen widerlegt worden. Diese ausgezeichneten Practiker haben ben ein Kind von 9 Jahren mit doppelter angeborener Schenkelluration durch fortdauernde Extension in ihrer orthopädischen Anstalt zu Chaillot in Paris behandelt; die Beine hatten in diesem Falle die normale Länge nicht allein ihre normale Länge in gerader Stellung wieder erlangt, sondern sind, was weit mehr Erstaunen erregt, sogar mehrere Wochen in diesem verbesserten Zustande geblieben. Dieser einzelnstehende Fall ist zwar nicht entscheidend, verdient aber beachtet zu werden und kann zu glücklichen Resultaten führen. Ein ähnlicher Fall findet sich in dem Werke des Herrn Jalade Lafond, Recherches pratiques sur les déformités du corps humain.

Häufigkeit dieser Deformität. Schließlich bemerke ich, daß die angeborene Luration des Schenkels nicht so selten ist, als man gewöhnlich annimmt. Seitdem ich diese Krankheit zum ersten Mal erkannte, also seit 20 Jahren, habe ich dieselbe 25 oder 26 Mal gesehen. Nicht uninteressant ist, zu bemerken, daß fast alle, auf diese Art Leidenden, weiblichen Geschlechts waren. Unter den 26 Fällen, die mir vorkamen, befanden sich bloß 3 oder 4 männliche Kranke. Es ist nicht anzunehmen, daß dieses Mißverhältniß bloß durch Zufall vor vorgekommen sey; indeß muß ich gestehen, daß ich mir jetzt keine genügende Erklärung des Umstandes, daß das weibliche Geschlecht dieser Mißbildung mehr unterworfen seyn sollte, anzugeben wußte. Man muß sich damit begnügen, daß überhaupt das weibliche Geschlecht allen Arten von Mißbildungen mehr unterworfen sey, als das männliche.

Ueber Befestigung des Schulterblatts bei Wiedereinrichtung der Ausrenkung des Schulterknochens.

Von Jonath. Toogood, ältestem Wundarzt des Bridgewater Krankenhauses.

In fast allen chirurgischen Werken, wo von Ausrenkungen des Schultergelenks die Rede ist, werden verschiedene Einrichtungsverfahren vorgeschlagen, je nach der Lage des Knochenkopfes. Schulterausrenkungen lassen sich, im Allgemeinen, leicht wieder einrichten, al-

tein es giebt kaum einen Wundarzt von einiger Bedeutung, wel=
chem nicht im Laufe seiner Praxis Fälle vorgekommen wären, wel=
che ihn in nicht geringe Verlegenheit brachten; auch bin ich selbst
der Meinung, daß bisweilen schon dergleichen vorgekommen seyen,
wo die Einrichtung auf keine Weise bewerkstelligt wurde. Wäh=
rend einer dreißigjährigen ausgebreiteten Praxis sind mir leider eine
beträchtliche Anzahl solcher Fälle aufgestoßen, und es ist mir, wie,
wie ich selbst sah, auch andetu Wundärzten von großer Erfahrung
der Versuch dazu mißlungen, wegen der Schwierigkeit, das Schul=
terblatt gehörig zu befestigen. Beachtung dieses Puncts macht die
Operation leicht, wie ich mich oft überzeugt habe, wo heftige und
lange fortgesetzte Anstrengungen und Bemühungen fehlschlugen.

Sir Astley Cooper bemerkt in seinem vortrefflichen Werke
über Verrenkungen, dieß sey der Hauptpunct, welcher zu beachten
sey, ohne welchen alle Anstrengungen ohne Erfolg seyn würden.
Der gewöhnlich zu diesem Zweck angewendete Verband scheint mir
dem beabsichtigten Zwecke nicht zu entsprechen, sondern im Gegen=
theil, die Leiden des Kranken noch bedeutend und unnöthig zu ver=
mehren, und gleichwohl nicht zu verhindern, daß das Schulterblatt
während des Acts der Extension nach vorn gezogen werde. Schon
seit vielen Jahren wendete ich ein sehr einfaches Verfahren an,
welches mir nie fehlgeschlagen ist, selbst nicht in Fällen, wo der
Knochenkopf in die ungünstigste Lage versetzt worden war. Das
von mir angewendete Verfahren ist folgendes: Nachdem ich den
Kranken auf einen niedrigen Sessel oder Stuhl habe setzen lassen,
und dessen Körper befestigt, so wie die Rolle (Flaschenzug) festge=
macht habe, stelle ich mich über ihn und lege den Knöchel meiner
rechten Hand auf das acromion, indem ich mich an meine Hand
anlehne. Durch dieses Mittel wird das Schulterblatt befestigt und
unbeweglich gemacht; die Extension wird dann vorgenommen, und
die Einrichtung sogleich vollführt.

Es ist mir neulich ein Fall vorgekommen bei einem der mus=
kulbfesten Menschen, welche ich je sah, welcher, schon früher auf eine
ähnliche Weise verunglückt, jeden Versuch zur Einrichtung mit gu=
tem Grunde zurückwies und erklärte, er werde nur einen neuerlichen
Versuch mit sich vornehmen lassen, wenn dieser aber nicht gelinge,
so wolle er es dabei bewenden lassen, daß das Glied uneingerichtet
bleibe; denn bei dem erwähnten Unfälle war er sich den Anstren=
gungen von vier Wundärzten nebst sechszehn Ge=
hülfen, drei Tage lang unterzogen, und sich endlich, nach Blutlassen
und andern Heilmitteln, als das Glied endlich eingerichtet war, voll=
kommen erschöpft befunden.

Obgleich der Knochenkopf unter dem Brustmuskel lag, so nahm
doch die ganze Operation, auf die beschriebene Weise ausgeführt,
nicht zwei Minuten Zeit weg. So überzeugt bin ich von der gro=
ßen Wichtigkeit dieses Puncts, daß ich nicht anstehe, zu behaupten,
daß sich alle Schulterverrenkungen schnell und leicht einrichten las=
sen, wenn man das Schulterblatt auf diese Weise, und zwar ohne
alle Binden, befestigt. (Lancet 22. Juni 1833.)

Miscellen.

Eine Einkeilung des gebrochenen Schenkelbein=
halses in die schwammige Substanz des Körpers des
Schenkelbeins und des großen Trochanters beschreibt
Fricke im 2ten Bande seiner Annalen, und erläutert die Beschrei=
bung dieses seltenen Falles durch Abbildungen des Präparates. Die
Symptome waren anfangs heftige Schmerzen und Geschwulst, nach
14 Tagen (bei der Aufnahme im Spital) große Neigung des Fu=
ßes nach außen zu fallen, Verkürzung des Schenkels um 1½ Linie,

Bewegungsunfähigkeit; Stellung beider Trochanteren in gleicher
Höhe; größere Beweglichkeit des kranken als des gesunden Schen=
kels; Theilnahme des Trochanters an den Bewegungen des Schen=
kels; sehr undeutliche Crepitation. Sieben Wochen später erfolgte
der Tod, und es fand sich nun, daß der abgebrochene Schenkelbein=
hals in die schwammige Substanz des Schenkelknochens wie ein
Keil eingedrungen war, diese auseinander getrieben hatte, und erst
von der compacten innern Rinde des Schenkelknochens aufgehalten
worden war. Beide Theile waren fest mit einander verbunden, je=
doch war zwischen den Rändern der Bruchstücke die schwammige
Substanz noch etwas weich und locker. Callus machte nicht vor=
handen. Die schwammige Masse im Schenkelbeinhalse war so weich,
daß ein Fingerdruck eine Vertiefung zurückließ.

Ein Aneurisma der art. glutea der linken Seite kam
bei einer 66jährigen Frau vor, welche 6 Jahre vor ihrem Tode
auf die linke Hüfte gefallen war, worauf sich eine hühnereigroße
Geschwulst entwickelte. Ein Jahr vor ihrem Tode fiel sie auf die=
selbe Geschwulst, welche nun nicht allein sehr schmerzhaft wurde,
sondern beträchtlich wuchs, so daß sie nach einigen Monaten den
Umfang von 21 Zoll erreicht hatte. Der übrige Zustand der Kran=
ken machte die Operation unmöglich. Der Tod erfolgte ein Jahr
nach dem zweiten Falle und die Section ergab in der iliaca com=
munis der linken Seite wie und da verknöcherte Stellen; der unge=
heure Sack des Aneurisma maß, als er geöffnet war, mehr als
20 Zoll und enthielt eine große Menge ausgetretenen Blut. Die
Substanz der Glutaealmuskeln war fast ganz absorbirt und die Glu=
tealarterie selbst war so weit, daß der Zeigefinger in sie eingeführt
werden konnte. Ihre Wände waren noch einen Zoll weit in den
Sack hinein vollkommen gesund. (Revue médicale, Sept. 1832.)

Die Anzahl der Taubstummen und Blinden in den
Vereinigten Staaten von Nordamerica war nach den Zählun=
gen von 1830 unter 10,526,058 freien Weißen, $19,467 freien Far=
bigen, und 2,010,629 Sclaven, also im Ganzen unter 12,856,154
Bewohnern 5,244 weiße und 684 farbige Taubstumme, und 3,988
weiße und 1,402 farbige Blinde. unter den weißen Taubstummen
waren 1,640 unter 14 Jahren, 1,874 zwischen 14 und 25, 1,703 über
25 Jahre; — unter den farbigen Taubstummen 232 unter 14, —
247 zwischen 14 und 25, — 205 über 25 Jahre alt. — Das
Verhältniß der über 100 Jahr alt gewordenen Personen war unter
den Weißen geringer, als unter den Farbigen, die mittlere Zahl in
dieser Beziehung stellt sich so: Bei den Weißen 1 : 20,720; —
bei den Sclaven 1 : 1,450; — bei den farbigen Freien 1 : 510.
(Bullet. d. l. Soc. de Géographie. Paris 1833. No. 119.)

Ueber Umschnürung der Extremitäten als febri=
fugum theilt Dr. Drescher einen erfolgreichen Versuch bei einer
seit 10 Wochen an einer tertiana leidenden Frau mit, bei welcher
innere Mittel wegen beständigen Erbrechens nicht angewendet wa=
ren. Der rechte Arm und linke Oberschenkel wurden dicht am
Rumpfe 20 Minuten lang unmittelbar vor dem Paroxysmus im An=
falls umschnürt, worauf eine kaum bemerkbare Fieberbewegung ein=
trat, der nächste Paroxysmus wurde durch eine 15 Minuten lange
Umschnürung eines Armes vollkommen verhindert. Zwei andere
Fälle waren nicht minder günstig, und bei noch zwei Kranken wur=
de durch nur kurze Zeit dauernde Umschnürung wenigstens eine
Verminderung der Anfälle bewirkt. (Rust's Magazin, 37. Bd.)

Kriebelkrankheit, wahrscheinlich durch den Genuß des
Saamens des Schwarzkümmels (Nigella sativa), welcher, durch
Mißverständniß statt Kümmels zur Bereitung einer Speise ge=
braucht, kam dem Dr. Eichmann bei zwei Bauersleuten
vor. (Gräfe und Walther's Journal XIX. 1.)

Bibliographische Neuigkeiten.

Précis élémentaire de Physiologie par *F. Magendie* etc. troi=
sième edition corrigée et augmentée de six nouvelles planches.
Paris 1833. 2 Vol. 8. (mit 6 neuen Figuren, nicht Tafeln, ver=
mehrt).

Des Polypes et de leur Traitement, etc. Par *P. N. Gerdy*,
Paris 1833. 4.

Notizen
aus
dem Gebiete der Natur- und Heilkunde.

Nro. 814. (Nro. 22. des XXXVII. Bandes.) August **1833.**

Gedruckt bei Loffius in Erfurt. In Commiffion bei dem Königl. Preußifchen Gränz-Poftamte zu Erfurt, der Königl. Sächf. Zeitungs-Expedition zu Leipzig, dem G. H. F. Thurn und Tarifchen Poftamte zu Weimar und bei dem Landes-Induftrie-Comptoir. Preis eines ganzen Bandes, von 24 Bogen, 2 Rthlr. oder 3 Fl. 36 Kr., des einzelnen Stückes, 3 ggl.

Naturkunde.

Auszüge der Berichte über die von Hrn. Gay auf feiner im Jahr 1831 nach Chile unternommenen Reife gemachten botanifchen, geologifchen, zoologifchen ꝛc. Beobachtungen.

(Vorgelefen durch die Hrn. A. de Juffieu, Brongniart, de Blainville und Savary in den Sitzungen der Königl. Academie der Wiffenfchaften zu Paris vom 24. Junius und 1. Julius 1833.)

1. Botanik. — Berichterftatter Hr. A. de Juffieu. — Hr. Gay reif'te im Jahr 1828 nach America mit mehrern andern jungen Leuten, welche fich dem Studium der Wiffenfchaften oder der Philologie gewidmet hatten und fich jetzt nach Santiago begaben, um dafelbft, auf Einladung der chilefifchen Regierung, welche eifrig darauf bedacht war, das Licht der Wiffenfchaften in die neue Republik zu verbreiten, Lehrvorträge zu halten. Die Zeit während zweimaligen Ausruhens zu Rio-Janeiro und zu Montevideo wurde von ihm zum Einfammeln von 400 Arten benutzt, welche er an das Mufeum in Paris fendete, und von denen einige den Botanikern bis jetzt noch unbekannt gewefene die Flora Brafilien's bereichern.

Von einem feiner Ausflüge in der Provinz Colchagua theilt Hr. Gay feine Streifereien am See Taguatagua mit, welcher mit fchwimmenden Infeln bedeckt ift, die fich dafelbft von Natur durch einen Mechanismus bilden, ähnlich demjenigen, welchen die Chinefen zur Hervorbringung künftlicher anwenden. Bekanntlich binden fie Flächen von Schilf zufammen, welche leicht genug find, daß fie ohne unterzufinken, eine mehr oder weniger dicke Erdlage tragen, fchneiden dann die Bänder unten ab, und ziehen fie, gleich mehren Floßen, an Seilen fort. Auf dem Taguatagua flicht die Natur Schilfhalme und Typha-Stängel mittelft biegfamer Winden zufammen; auf fie werden dann andre Pflanzen ausgeworfen, deren Ueberrefte den Boden der beweglichen Infel bilden. Hr. Gay wagte fich mitten unter diefe Infeln auf einem Fahrzeuge, welches diefen Infeln felbft fehr ähn-

lich war, und vermochte auf diefe Weife, unter andern für die Naturgefchichte merkwürdigen Gegenftänden, viele intereffante Wafferpflanzen zu fammeln.

Auf zwei andern Reifen in die Cordilleren hatte derfelbe Gelegenheit, fich von dem Einfluffe zu überzeugen, welche diefe hohen Gebirge auf die fie bedeckende Vegetation, im Vergleich mit denjenigen niedrigerer Höhen und der Ebenen, ausüben. Er hat die Quellen des Fluffes Cachapual und die Einöde von Atacama befucht, welche Chili im Norden begränzt und zu Peru gehört.

Die von diefem Reifenden in verfchiedenen Theilen Chili's gefammelten Pflanzen bilden ungefähr 900 Arten, von denen die Hälfte neu fcheint, und welche zu 500 Gattungen gehören, von denen 10 neu find oder fcheinen und, welche in 100 bekannte Familien zu vertheilen find. Die Compofitae find für die Wiffenfchaft befonders intereffant, weil fie großentheils (ungefähr die Hälfte) der Unterordnung der Lippenblumen (Labiatiflorae) angehören, welche, faft ganz in Südamerica einheimifch, weniger bekannt ift, als der übrige Theil der Familie. Diefe Belege werden Auffchlüffe über fie geben. Unter diefen Arten laffen fich 5 Mutifien bemerken, welche auf den Gebirgen wachfen und ftatt der in Ranken einigenden Blätter der auf der Ebene wachfenden Arten, einfache, fteife und ganze Blätter, und eine kletternden Stängel befitzen: ferner 5 Arten Naffauvia, welche von der einzigen, die man bis jetzt genau kennt, fehr verfchieden find; außerdem eine noch nicht bekannt gemachte Gattung ꝛc. Unter den 12 Senecioideen diefer Sammlung ift eine Pflanze von den hohen Gebirgen zu bemerken, welche eine neue Gattung zu bilden fcheint, die von Hrn. Gay mit dem Namen Carniolita bezeichnet worden ift. Viele diefer Pflanzen Chili's kommen eben fo gut in unfern Gärten fort; und unter der großen Zahl Saamenkörner, welche Hr. Gay an das Mufeum der Naturgefchichte eingefchickt hat, find viele aufgegangen, und haben den Garten mit merkwürdigen und fchönen Pflanzen bereichert.

Die Vegetation der von jedem Feftland etwas entfernten Inseln, welche durch den Aufenthalt des Menschen noch keine große Veränderung erfahren hat, ist für die Botanik von hohem Interesse. Die Insel Juan Fernandez bietet noch außerdem unserer Einbildungskraft, auf welche die Geschichte Robinson Krusoë's in der Jugend immer einen lebhaften Eindruck gemacht hat, ein ganz besondres Interesse dar: man weiß ja wohl, daß dies gerade die ist, auf welcher der Matros Selkirk ausgesetzt wurde, dessen Geschichte einem englischen Schriftsteller den ersten Gedanken und die Anlage zu diesem vortrefflichen Romon lieferte. Es scheint nun, daß, wenn der Romanschreiber Vieles von seiner Erfindung zu den Abentheuern des Matrosen hinzugesetzt hat, er auch in der Beschreibung seines Aufenthalts nicht weniger hinzugethan hat. Hr. Gay beschreibt uns diese Inseln als einen Haufen nahe aneinander gedrängter, steiler, unzugänglicher Bergspitzen, welche ununterbrochen von Windströmen, die man wahre Orkane nennen kann, gefegt, und eben so von dem stürmenden Meere gepeitscht werden. Aus dem Verzeichniß der von Hrn. Gay aus Juan Fernandez mitgebrachten Pflanzen, und die fast dieselben sind, welche von dem unglücklichem Bertero einige Zeit vor der Reise, auf welcher er verschwunden ist, gesammelt wurden, ergiebt sich, daß von hundert Pflanzen mehr als die Hälfte zu den Cryptogamen und namentlich zu den Farrnkräutern gehört; wieder eine neue Thatsache, die zu denen, welche die große Menge dieser Pflanzen auf den Inseln beweisen, nach hinzukömmt. Auf Juan Fernandez bilden sie $\frac{1}{3}$ der Vegetation. Einige Arten wachsen auch auf dem zunächst liegenden Festlande; aber $\frac{2}{3}$ scheinen der Insel eigenthümlich, und unter diesen $\frac{2}{3}$ befinden sich außerordentlich merkwürdige Pflanzen, vorzüglich unter den Compositen, und namentlich aus der Gruppe der Cichoraceen, wo man Bäume von einem dieser Familie ganz fremden Ansehen antrifft. Es ist selbst einer unter ihnen, wahrscheinlich eine neue mit Senecio verwandte Gattung, welche das in Chili und Peru so in Ruf stehende Harz von Juan Fernandez liefert.

Die von Hrn. Gay zusammengebrachten Sammlungen bestehen demnach bis jetzt aus ungefähr 2000 Arten, unter welchen eine große Anzahl von ihm gezeichnet und ausgemalt worden ist, besonders diejenigen, welche wegen ihres zarten Gewebes und ihrer glänzenden Farben am schwersten sich erhalten und später in den Herbarien gut beschreiben lassen. Es war ihm nicht genug, diese Pflanzen zu untersuchen, ihre Standörter und hervorstechendsten Charactere anzumerken; er hat sich auch mit Eifer um ihre medicinischen Eigenschaften, und sonst wichtige Umstände und Beobachtungen bekümmert, weil die medicinische und öconomische Flora aller entlegenen Länder bis jetzt immer sehr ungewiß und unvollständig gewesen ist.

Hr. Gay wird bald nach Chili zurückreisen, welches er in seiner ganzen Ausdehnung von Ober-Peru bis zur südlichsten Spitze Chiloe's zu besuchen und genau zu durchforschen sich vorgenommen hat, und wird seine Untersuchungen selbst über die Gränzen und auf die andre, gegen Morgen liegende Seite der Anden ausdehnen.

2. Geologie. — Bericht von Hrn. Brongniart. — Der von Hrn. Gay beobachtete Boden ist besonders einerseits der in den Umgebungen von Santiago und andrerseits das Becken von Rio Cachapual und Rio Tinguiriripa, auf welchem San Fernando liegt; er hat diese Flüsse fast von ihrer Quelle in der Cordillera bis zu den Ufern des großen Oteans verfolgt, in welchen sie ausmünden, indem sie noch vorher sich in den kurzen Fluß Rapel vereinigen. Der innerhalb dieses Raums liegende Boden zeigt nur wenig verschiedene Formationen, welche der Verf. unter drei Hauptformationen gebracht hat:

Die erste ist die des sogenannten crystallisirten (in Crystallen angeschossenen) Bodens, welcher keine Spur einer Wirkung vulkanischen Feuers darbietet, und Urgebirge (terrains primitifs ou primordiaux) genannt wird. Diese Formation liegt in Chili wie überall im Allgemeinen unter den anderu, aber sie ist fast immer bedeckt: man erkennt daher ihr Vorhandenseyn nur an einigen Spitzen, welche hier und da hervortreten und die Schichten, von denen sie später bedeckt wurden, zu durchbohren scheinen.

Die zweite, welche unmittelbar auf dieser ersten zu liegen scheint, bildet diejenige Gebirgsart, welche mehrere Geologen typhonische zu nennen übereingekommen sind, weil sie, wie der Riese Typhon, die Erdrinde emporgehoben zu haben scheint, um sich auf ihre Oberfläche ausbreiten zu können. Die eine Art derselben ist derb (massiv) und ohne Schichtung, auch bemerkt man an ihr kein Streichen (sans courans) und keine Blasenräume, allein sie scheint demungeachtet aus geschmolzenen oder wenigstens erweichten Massen zu bestehen; die andre trägt ganz unzweifelhafte Spuren der Einwirkung des Feuers, sowohl wegen ihrer flußartigen Form (coulées) als auch wegen ihres oft blasigen Gefüges; diese Gebirgsarten nennt man plutonische und vulkanische, und sie herrschen in dem von Hrn. Gay beobachteten Flächenraum vor.

Die dritte Classe unterscheidet sich von den beiden ersten eben so sehr durch die Natur ihrer Felsarten, als durch ihren offenbar aus dem Wasser herzuleitenden Ursprung; es ist dieß die Niederschlagsformation im Allgemeinen, und die Schichten der dritten oder sogenannten Meerformation gehören dazu.

Auf der von Hrn. Gay entworfenen geologischen Charte, wo man die geographische Lage und die Ausdehnung jeder dieser Formationen deutlich sieht, zeigen sich die typhonischen als vorherrschend, und die crystallisirten Gebirgsmassen nur sparsam und von geringem Umfange; auch bieten sie sonst nichts Bemerkenswerthes dar; allein anders ist es mit den beiden anderu.

Die plutonischen Massen enthalten fast alle Felsarten, aus denen sie auf der ganzen Erde zusammengesetzt sind, Porphyr, Basalt, Trachyt (Trappporphyr), Thonporphyr, Dolerit rc., bald in Massen oder selbst unregelmäßigen Lagern getrennt, und bald gemischt und sich ohne Ordnung durchdringend Diese durch's Feuer erzeugten Felsarten sind in Hügel, in Gebirge und in Gebirgsketten von sehr unregelmäßigem Ansehen vertheilt, deren Kämme, mit gedrehten, gekrümmten, und durch zahlreiche und tiefe Ausschnitte getrennten Spitzen besetzt, grosszähnigen Sägen gleichen, woher sie den Namen Cerro erhalten haben. Die Thäler, welche diese Hügelreihen trennen, ähneln Spalten, ungeheuer durch ihre Länge, ihre Tiefe und die vollkommen senkrechte Richtung ihrer Wände; durch diese Beschaffenheit wird ihre Spitze unzugänglich und Hr. Gay war nicht im Staude, die Natur der großen weißlichen Gänge, welche diese Spalten unter einem geringen Neigungswinkel durchschneiden, näher zu bestimmen. (Thal Los Cypressos. Cordillera von Canquenes.) Eine merkwürdige Thatsache, welche diese Gebirge Hrn. Gay dargeboten haben, beobachtete er in der Hacienda von Canquenes. Die Thäler dieses Cantons sind, wie die vorhergehenden, tief, schroffwandig, und einzig aus Basalt oder verwandten Felsarten zusammengesetzt, die einzigen, welche es zwanzig Stunden (Lieues) in die Runde herum giebt. Man kennt in diesen Thälern nirgends an Ort und Stelle eine Bank oder Felsenspitze, oder eine Masse von Granit und doch sind diese Thäler bis zum dritten Theil ihrer Höhe verschüttet und durch eine ungeheure Anhäufung von Granitblöcken gleichsam versperrt. Diese Erscheinung, welche seit einigen Jahren in ganz Europa, besonders aber auf den Küsten des Baltischen Meeres, beobachtet wuede, ist hier noch unerklärlicher, wo sie auf einem Boden, welcher von dem, wo sie sich im nördlichen Europa zeigte, ganz verschieden ist, und in Thälern von 10 bis 12 Stunden Ausdehnung vorkömmt, welche von allen Seiten durch steile Hügel eingeschlossen sind, über welche Rollstücke und Blöcke hinwegzukommen nicht vermocht zu haben scheinen.

Die andern Gebirgsarten, welche Hrn. Gay zu Beobachtungen Gelegenheit gaben, enthalten ebenfalls noch einige vulkanische Felsen; aber diese Felsen entstanden an anderu Orten, und es finden sich nur ihre Ueberreste noch und beweisen durch ihr Abwechseln in regelmäßigen Schichten mit den Niederschlagsfelsarten seeischen Ursprungs, daß sie von ihrem ursprünglichen Bildungsorte weggeführt, in den Schooß der Meeresfluthen gestürzt und hier mit den Ueberresten lebender Geschöpfe, welche in ihnen wohnen, vermischt wurden. Diese Formationen boten Hrn. Gay fast dasselbe Ansehen dar, als das, was die unsrigen in Europa, und besonders die des Vicentinischen, zeigen. Die Basalt-, die plutonischen Felsarten, die Conglomerate (agrégas), die Mineralien, sind die nämlichen oder unterscheiden sich nur durch geringe Abweichungen. Diese organischen Ueberreste zeigen ganz die von ihrer geographischen Lage abhängigen Unterschiede, scheinen aber übrigens eben so gleichförmige mineralische Producte zu liefern; denn die organischen fossilen Körper schienen sich von den fossilen Conchylien Europa's, welche derselben geologischen Epoche angehören, weniger verschieden, als sich die lebenden Schaltbiere aus den Chilesischen Meeren von den lebenden Schaltbieren der Europäischen Mittelmeere unterscheiden, mit welchen die organischen Ueberreste im Vicentinischen verbunden zu seyn scheinen. Der Durchschnitt des Bodens bei Navidad an der Mündung des Rio Rapel zeigt, wie im Vicentinischen, ein Abwechseln der Lager, von denen ein Theil aus zerreiblichen Niederschlagsfelsarten, der andere aus Bruchstücken verschiedener Felsarten vulkanischen Ursprungs besteht, welche bisweilen durch ein Kalkcäment verbunden sind, indem sie Conchylien eingehüllt haben, welche dann fossil geworden sind, und sämmtlich zu Gattungen, welche in tertiären Formationen so häufig vorkommen, und zu Arten gehören, welche den südeuropäischen so nahe verwandt sind, daß es bisweilen schwer ist, ihre Unterschiede mit Genauigkeit anzugeben. Die Anzahl dieser Arten ist nicht beträchtlich; aber die Anzahl der Individuen und die Abwesenheit solcher Gattungen und Arten, welche diesem Boden fremd sind, kann als Ersatz für diese kleine Anzahl gelten. Man erkennt darunter Muscheln, welche vielleicht zu Cytherea gehören; eine Art Cardium; die Arten Pectunculus, welche P. pulvinatus verwandt sind, und einem seeischen Boden nie sehr lenz drei Arten Fucus; eine Cassis mit dem Cassis intermedius Brocchi's ganz nahe verwandt, eine Art Ancillaria (ancile), und einen Sigaretus, welcher mit dem S. canaliculatus von Bordeaux nahe verwandt ist. Die Anhäufungsmasse, welche sie einschließt, hat die größte Aehnlichkeit mit der im Vicentinischen, welche mit dem Namen Brecciole bezeichnet wird. Der einzige Unterschied, welcher bemerkenswerth scheint, ist die Abwesenheit des Kalksteins, welcher sich in den Vicentinischen, und in denen von Navidad findet, wo man nur fast ganz sandige Felsarten mit oft sehr feinem Korn, ähnlich dem, was man in den Künsten Tripel nennt, und welche selbst das Messing reinigen und glänzend machen, antrifft. Aber dieser Unterschied ist nur in mineralogischer, keineswegs aber in geologischer Hinsicht wichtig.

Man darf diese geschichteten Felsmassen, welche aus sehr harten Felsen bestehen, die offenbar verändert und nach der gewöhnlichen Bedeutung des Worts versteinerte zu nennende Conchylien enthalten und eine Dicke besitzen, vermöge welcher sie sich über 73 Fuß (25 Meters) über das Meer erheben, nicht mit den neuesten Anschwemmungsschichten verwechseln, welche nur einige Meters sich über die Meeresfläche erheben, und aus mineralischen sandigen Stoffen, Nautilus-Arten bestehen und Seeconchylien einschließen, welche allerdings über dem Grunde, den sie bewohnen, aber kaum verändert sind und denselben Arten angehören, als die, welche die Meere Chili's bewohnen, und besonders dem Concholepas, einer charactristischen Conchylie tiefer Küsten. Man findet das Ereigniß der Gebirgserhebung, wodurch diese Conchylien aus dem Schooße des Meeres hervorgekommen sind, indem dabei die Küste Chili's um Valparaiso und mit ihr sämmtliche Schaltbiere, welche sie bewohnten, um mehrere Meters erhoben worden sind. Die Ursachen, welche die Bodenmasse von Navidad bildeten, sind wahrscheinlich den hier angeführten sehr ähnlich; allein die Entstehung dieses Terrains scheint auf eine geschichtliche Zeitepoche zurück zu gehen zu können.

3. Zoologie. — Bericht von Hrn. de Blainville.

Seit langer Zeit uns und bis zum Jahr 1789 besaß die Wissenschaft in der Naturgeschichte, über die Chilesischen Staaten nur unvollständige Beobachtungen, welche vom Abbé Molina in einem in Italien herausgekommenen und von Gruvel ins Französische übertragenen Werke mitgetheilt worden waren: aber dieses Werk, welches Molina, nach seiner Niederlassung in Europa, aus dem Gedächtniß, und ohne daß er die Gegenstände seiner Beobachtungen selbst unter den Augen hatte. niederschrieb, hatte sich nur wenig Glauben erworben, so daß Gmelin der einzige war, welcher in seiner Ausgabe des Systema naturae die von dem Chilesischen Naturforscher vorgeschlagenen neuen Arten aufnahm. Es war in der That schwer, an ein zweihufiges Pferd, an eine gegliederte Sepie oder an eine Sepie von mehr als 150 Pfund Gewicht zu glauben. Gleichwohl zeigte dieses Werk genügend, was dieser Theil des Americani-

schen Abdachung auf dem stillen Meer unsern geologischen Sammlungen für Reichthümer einbringen müsse. In einem Zeitraume von zwei bis drei Jahren, welche Hr. Gay in Chili zugebracht, hat er in allen Theilen der Naturgeschichte reichliche Aerndten gesammelt, und sie mit Zeichnungen, Bemerkungen und Beschreibungen begleitet, welche an Ort und Stelle, und nach dem lebendigen Thiere selbst entworfen worden sind. Wir zählen nicht alle Thierarten her, welche von Hrn. Gay beobachtet und angeführt worden sind, sondern bemerken hier nur diejenigen, welche ganz besonders unsre Aufmerksamkeit auf sich gezogen haben.

Die Classe der Säugethiere scheint in den Chilesischen Staaten nicht sehr reich zu seyn; man findet daselbst keine einzige Affenart; selbst die Fleischfresser scheinen daselbst nicht gemein zu seyn. Doch führen wir unter den Chiropteren zwei neue Fledermausarten der Gattung Nyctinomus an, von denen die eine ein Haar, ganz dem der Flughörnchen (Pteromys) ähnlich, besitzt, und eine ebenfalls neue Art Ohrfledermäuse (Plecotus), welche der Europäischen sehr nahe steht, aber weit kleiner ist; eine schöne neue Art Stinkthier, welche, wie Hr. Gay sagt, eine Flüssigkeit ausspritzt von einem Geruch und Gestank, von dem man sich keinen Begriff machen kann; eine Otter (Lutra), welcher unserer gemeinen Otter sehr nahe verwandt ist, und an dem Meeresgestade lebt, wo die Fischer sie in Regen fangen; eine große Fuchsart ohne Flecken an den Beinen.

In der Ordnung der Nagethiere ist uns, außer einer niedlichen Art Myoxus, welche in der Erde wohnt, und einer Feldratze (campagnol) von schöner dunkeler Schieferfarbe, welche wie die unsrigen Wintervorräthe einträgt, hinter denen die Landleute sehr her sind, eine prächtige und große Art Viscacha aufgefallen, welche, so groß wie ein Kaninchen, einen besenförmigen, aus harten und steifen Haaren bestehenden, dem mancher Ameisenbären in etwas ähnlichen Schwanz besitzt; eine wäre die vierte Art von Chinchilla, welche ebenfalls aus Südamerica käme. Hr. Gay hat sie nach Molina benannt, welcher unter dem Namen Lepus viscacha von ihr gehandelt hatte.

Uebrigens hat Hr. Gay nicht einen einzigen Dickhäuter und eben so wenig einen Wiederkäuer angeführt oder beobachtet; er meint jedoch, es gebe in der Cordillere eine Art Antilope, eine Art Hirsch und das Guanaca (Guanaco?) aus der Gattung der Lamas, welche die höchsten Gipfel der Anden bewohnt, und wahrscheinlich das vermeintliche Pferd mit gespaltenem Huf Molina's, der Equus bisulcus Gmelin's ist.

Die Classe der Vögel ist in Chili weit reicher an Arten, als die der Säugethiere. Hr. Gay hat Vögel aus allen großen Abtheilungen derselben beobachtet und gesammelt, auch, was eine glückliche Neuerung ist, die Nester und Eier derselben nicht unbeachtet gelassen, an denen seine Sammlung sehr reich ist. Jedoch ist uns aus der Ordnung der Papageien nur die große und schöne Art Ara mit wenig gekrümmtem Schnabel vorgekommen, welche Hr. Lesson A. patagonum genannt hat.

Unter den Tagraubvögeln haben wir, außer dem Riesencondor, welche die Cordilleren bewohnt, und von welchem Hr. Gay ein Junges mitgebracht hat, welches er, schon 3 Fuß lang, in dem Neste fand, einen schönen Adlerhabicht mit hellrothbraunen Schultern und schwarzem Schwanz mit weißer Spitze bemerkt; dann noch eine Art Falkenart, welche mit F. melanopterus Aehnlichkeit, aber einen längern Schwanz hat; und unter den Nachtraubvögeln eine Strix flammea, welche den unseres Landes gleicht, aber offenbar längere Fußwurzeln besitzt.

Unter den Klettervögeln bemerkten wir als das Interessanteste einen niedlichen Specht mit goldgelben Federschaft, welcher sich aber von der gemeinen Art durch den ganz schwarzen Kopf unterscheidet; eine Ziegenmelker (Caprimulgus) aus den Cordilleren, kleiner als die Americanischen und dem Europäischen näher kommend. Unter den sperlingsartigen Vögeln bemerkten wir eine neue Art Megalonyx, eine Gattung, welche mit Pitta sehr nahe verwandt ist, und von den Vogel, welcher zur Gründung und Benennung dieser Gattung Veranlassung gegeben, durch die Kleinheit ihrer Nägel unterscheidet; eine schöne Art Singdrossel mit dem Schnabel eines Banga; mehrere schöne Männchen und Weibchen von Physoma rara mit Eiern, Nest und selbst dem Geripp, Gegenstände, welche bisher allen unsern Sammlungen fehlten; eine niedliche Art Pieper (Anthus); mehrere Finken, und unter andern einen, unserm Grünschwanz sehr ähnlichen mit schiefergrauem Kopf, und einen andern, welcher zwischen den Spertingen und dem Buchfinken steht und eine Rauchfarbe hat; zwei Arten Megalurus mit gleichsam wahnförmig gezeichneten (goufrés) Schwanzfedern; ein schöner schwarzer Distelsink mit hochgelbem Bauche; eine neue Art Migisthenes und Cynolana, Vieill., letztere merkwürdig durch den wegen Verlängerung der Schwanzfederschäfte stachelig gewordenen Schwanz.

Unter den Tauben haben wir eine neue Art Turteltaube mit gleichsam schuppigem Nacken, so wie eine schöne Cordillerentaube bemerkt. — Unter den Watvögeln, die Art Rhynchaea Brasilien's, welche sich auf den Seeküsten Chili's findet; eine Art Regenpfeifer, von Guinaro, welcher weit lebhafter gefärbt ist, als der unsrige; Ibis- und Reiherarten, wahrscheinlich alle neu.

Endlich unter den Schwimmvögeln, welche zwischen den schwimmenden Inseln des großen Sees von Taguatagua sehr zahlreich zu seyn scheinen, hat sich uns eine neue Art Sturmvogel dargeboten, welche auf den Ufern der Insel Juan Fernandez sehr wohl bekannt ist; eine dunkelbraune Möve; zwei neue Entenarten, von denen eine mit goldglänzendem Spiegel.

Die Classe der Reptilien scheint in Chili weit weniger zahlreich an Arten als in Brasilien. Wir haben in Hrn. Gay's Sammlungen weder Schildkröten noch Crocodile, aber zwei neue Arten Tropidolepis, wegen der Gestalt ihrer Schuppen so genannt, bemerkt; mehrere Exemplare einer Saurierart, welche eine verwandte Gattung bilden muß, die sich durch zwei Arten von Halsstreifen (palatinae), und die fehlenden Schenkelporen auszeichnet, und vier Oteaen, welche ebenfalls neu scheinen.

In der Classe der Amphibien haben wir nur eine oder zwei Arten Frösche bemerkt, eine mit einem Haufen Schleimbeuteln (crypto-parotidiformes) an der hintern Wurzel der Flanken, welche daselbst zu Lande, wahrscheinlich onomatopoetisch, Coicui heißt, und zwei Arten Kröten.

Unter den Fischen hat Hr. Gay wenigstens 150 Arten gesammelt, von denen 100 von ihm selbst nach dem Leben gezeichnet und gemalt sind.

An Entomozoarien oder Gliederthieren scheint die Sammlung des Hrn. Gay reich, obgleich mehrere Theile des Chilesischen Gebiets gar keine zu besitzen scheinen; da jedoch die Entomologie von den durch Chili nur Durchreisenden weniger berücksichtigt worden war, als die übrigen Theile der Naturgeschichte, so geht daraus hervor, daß sie über eine weit größere Anzahl interessanter Arten enthalten muß. Hr. Gay hat die Gesammtzahl der mitgebrachten sechsfüßigen Insekten auf 3000 gebracht. Ihr Gesammtanblick bietet ein ganz Europäisch, indem sich nur sehr kleine Zahl Südamerica eigenthümlich gehörender Gattungen darunter befindet.

Die Classe der Crustaceen schien uns sehr viele neue Arten, aus den Gattungen Palaemon, Lebinides, Platycarcinus zu enthalten; außerdem befand sich noch eine Art Pinnotheres dabei, welche auf Seeigeln lebt, und vorzüglich wegen ihrer Größe merkwürdig ist. — Die Malacozoarien oder Mollusken sind in Hrn. Gay's Sammlungen weniger bedacht, als die Insecten, und selbst die meisten Arten waren schon aus frühern Arbeiten bekannt.

Die Zoologie der Insel Juan Fernandez anlangend, so beschränkt sich dieselbe, wenigstens zu Lande, auf eine niedliche Agathina von glasartiger Durchsichtigkeit; eine Amphibulina; eine kleine Bufinus, und endlich auf einige Arten Littorina, von denen eine mit der Art mit zwei Binden, im ganzen Lande (littoral) so bekannt ist, viel Ähnlichkeit hat, wenn sie überhaupt davon verschieden ist.

Hr. Gay hat in den Anden ebenfalls einige, wenigstens in unsern Sammlungen neue Arten Helix gesammelt. — In Betreff der Sepien und Octopodien war er nicht so glücklich, so daß wir über die merkwürdigen, von Molina angeführten Arten noch in Zweifel sind. Die Chilesischen Meere scheinen, nach den Sammlungen Hrn. Gay's zu urtheilen, nur eine geringe Anzahl Strahlthiere zu besitzen; denn wir haben darin nur eine oder zwei Arten Echinus und eine einfache Caryophillia bemerkt.

Miscellen.

Ueber die lange Dauer des Lebens und des Wachsthums in den Wurzeln und Stöcken der Weißtanne (Pinus picea, L.) nach dem Abhauen des Stamms — theilt Hr. Dutrochet in der Sitzung der Académie des Sciences vom 12 August Beobachtungen mit. Wird ein Baum gefällt und treibt sein Stock keinen Stamm wieder, so stirbt ersterer und die ihn in den Boden befestigenden Wurzeln gewöhnlich bald ab. Diese Erscheinung findet ihre Erklärung in dem bekannten Vegetationsgesetz, zufolge welches der zur Unterhaltung des Lebens und des Wachsthums des sowohl überirdischen als unterirdischen Theils eines Baums nöthige ausgearbeitete Baumsaft von den Blättern herabtritt. Treibt der Stock der Abschlagen des Stamms wieder Schößlinge, so kann sich das Leben der Wurzeln noch eine unbestimmte Zeit erhalten. Dieses Hervortreiben neuer Schößlinge bemerkt man aber bei keinem Zapfenbaume, auch sterben bei diesen der Stock und die Wurzeln gewöhnlich bald ab und verrotten. Nur eine einzige Art macht eine Ausnahme von dieser Regel, nämlich die Weißtanne. Hr. Dutrochet sah von diesem Baume Stöcke und Wurzeln noch 45 Jahr nach dem Abhauen des Stamms vegetiren, während die nach ähnliche Theile von Fichten (Pinus Abies), welche erst ganz vor Kurzem abgeschlagen worden, zum Theil verrottet waren. Man konnte an diesen alten Stöcken der Weißtanne leicht bemerken, daß seit dem Umhauen des Stammes ein Wachsthum stattgefunden hatte, denn die äußersten Lagen des Splints zeigten keine Spur der Art mehr. Hr. Dutrochet bemerkt übrigens, daß dieses Wachsthum sehr langsam von Statten gehe, so daß man hieraus gegen die Lehre, daß der ausgearbeitete Saft, welcher zum Wachsthum der oberen Theile der Pflanze Stoff liefert, von den Blättern oder den überirdischen Theilen derselben komme, keinen Gegengrund ableiten kann. Jedoch scheint es, als besäßen bei der Weißtanne die Wurzeln das Vermögen, eine kleine Menge rohen Saft auszuarbeiten und ihn dann in wahren Nahrungssaft zu verwandeln.

Ueber eine neue Methode, Brennmaterial anzuwenden, hat Hr. Rutter zu Lymington in England ein Patent genommen. In großen Oesen und Fabriken wird dadurch der Gebrauch der Kohlen fast ganz verdrängt werden; aber der größte Vortheil wird aus der Anwendung derselben auf Dampf-Schifffahrt hervorgehen. Das Hauptingredienz des Feuermaterials bei diesem neuen Verfahren ist — Wasser! Neben diesem ist nur eine Substanz in flüssiger Form, welche viel Kohlenstoff enthält. Fischthran, Theer und ähnliche Dinge sind passend. Diese Materialien zu gleicher Zeit in den Ofen und in genauer Combination mit einander gebracht werden, so daß eine theils ihren Kohlenstoff her, reub die andere ihren Wasserstoff hergiebt und eine kleine Quantität atmosphärischer Luft ist das Einzige, was zum vollen Brennen zu erhalten. Die Weiße und Intensität der auf diese Weise hervorgebrachten Flamme kann Niemand sich vorstellen, der sie nicht gesehen hat, und doch beherrscht man sie so vollkommen, daß in einer Secunde so viel hervorbehalten werden kann, als das Bedürfniß es heischt. Es ist fast unnöthig, zu bemerken, daß sie keinen Rauch giebt, und also auch die damit herbeigeführten Unbequemlichkeiten wegfallen. Ein Dampfschiff kann nun so gebaut werden, daß es ohne Hinderniß einen Vorrath von Feuermaterial an Bord nehmen kann, welcher hinreichend wäre, um es im Stand zu halten, die Reise um die Erde zu machen. Seit den letzten drei Monaten ist diese Feuerungsweise in den Gaswerken in Lymington und Salisbury in erfolgreicher Anwendung. (Galignani's Messenger aus dem John Bull.)

Das doppelleibige Kind, wovon in No. 812 (No. 20 dieses Bds.) S. 314. Nachricht mitgetheilt wurde, ist gestorben. Nach der von dem Dr. Salle, Chirurg des Hospitals zu Chalons, vorgenommenen Zergliederung war der parasitische Körper mit der Schwester durch zwei Hauptarterien vereinigt, von denen die eine, eine Fortsetzung der mammaria interna sinistra, die beiden arteriae brachiales herab; die andere, welche aus der Nähe des

Stammes der art. coeliaca abging, gab die Arterien her, welche sich an das Becken und die Schenkel des überzähligen Kindes begab. — Das Merkwürdigste ist: daß Hr. Salle keine Spur von Venen in der Organisation des acephalus gefunden haben will!

Eine wunderliche Geschichte von einer Kuh erzählt ein Englischer Geistlicher in „Professions, Litterature, Manners etc. in America; by the Rev. *Isaac Fidler*. London 1833 8 " „Mein Vater hatte eine Kuh, welche sich selbst säugen konnte. Wahrscheinlich fand sie ihre Milch sehr wohlschmeckend, denn sie säugte sich selbst alle Tage. Sie wurde ganz dick und erregte Verwunderung über die geringe Quantität Milch, die sie gab, und über ihr glattes Aussehen. Eines Tages wurde sie während des Acts des Säugens ertappt, und nun wurde ihr ein hölzernes Halsband angelegt, welches die Wiederholung hinderte. Nun gab sie mehr Milch, wurde aber mager ꝛc."

Neben den Müggendorfer und Gailenreuter Höhlen hat man in diesem Jahre daselbst eine bisher nicht bekannte entdeckt, und Sophienshöhle genannt. Sie ist die einzige, wo man die vielen Thierüberreste noch in dem Zustande liegen sieht, in welchem man sie fand, da der Graf von Schönborn, welchem die Höhle gehört, darüber wachen läßt, daß nichts verrückt oder entfremdet werde.

Einen um die Sonne sich bewegenden Körper glaubt Hr. Geh. M. v. Pastorff in einem kleinen abgerundeten Sonnenfleck vermuthen zu müssen, da er dessen Erscheinung schon oft beobachtet habe, und derselbe immer in sehr kurzer Zeit verschwinde.

Die Schweizer Gesellschaft für Naturgeschichte hat am 22sten Juli und folgenden Tage ihre diesjährige Versammlung in Lugano (Canton Tessin) unter dem Vorsitz des Staatsrath b'Alberti gehalten.

Heilkunde.

Beobachtungen über Pellagra oder Mania pellagrina.
Von Briere de Boimont.

Diese Krankheit hat verschiedene Namen bekommen, wie Pellagra, (welches Hautspalten bezeichnet) — Dermatagra, oder periodisches chronisches Erysipelas — Mal de misère — Insolation du printems. — Alpenscorbut — Scorbutische Paralyse — Erythema endemicum s. pellagrum (*Albert*) — Maladie symptomatique des lésions du tube digestiv (*Biett*). Erwähnung ist dieser Krankheit zuerst in den Acten des Mailändischen Spitales vom Jahre 1578 unter dem Namen Pellarella gethan, jedoch nichts Näheres darüber mitgetheilt; meistens datirt man aber ihre erste Erscheinung bloß vom Anfange des vorigen Jahrhunderts her. Nicht weniger ungewiß ist man über die Ursachen derselben Krankheit; Einige leiten sie von der Einwirkung der Sonne oder von andern atmosphärischen Einflüssen, Andere von ungesalzener Nahrung, ungesäuertem, schlechtem Brodt, vom Mais oder von unreinem, schlechtem Trinkwasser her. Eine nicht geringere Meinungsverschiedenheit finden wir in Bezug auf das Wesen der Krankheit, welche wir aber hier übergehen.

Im Allgemeinen sind drei Stadien beschrieben worden: Im ersten wird die Haut der Füße, und aller der Sonne ausgesetzten Theile roth, juckend und schält sich nach einiger Zeit ab; — im zweiten wird die Haut runzlig, hart und schuppig, der Kranke wird ängstlich, furchtsam, und kann nicht schlafen, er verfällt in einen Zustand von Hypochondrie, Blödsinn oder Manie, leidet an Diarrhöe und äußerster Schwäche, hat jedoch kein Fieber: — das dritte Stadium endlich wird durch Fieber, colliquative Diarrhöe, Stumpfheit bezeichnet und führt zum Tode. Dr. Strambio aus Mailand führt an, daß das Pellagra hintereinander einen intermittirenden, remittirenden und anhaltenden Typus habe. Die Dauer der Krankheit beträgt meistens mehrere Jahre. Die Landleute sind ihr am meisten unterworfen. Nicht selten befällt sie schon Kinder unter 12 Jahren. Einige halten das Pellagra für contagiös und erblich, Andere läug-

nen dieß. Ueber die pathologische Anatomie des Pellagra ist man noch nicht ganz im Klaren. Man hat in dieser Beziehung Folgendes aufgezeichnet: Ansammlung eines gelblichen Serum's zwischen den Gehirnhäuten und den Gehirnhöhlen, Congestion in den Gefäßen der pia mater, plexus choroidei und der Hirnsubstanz, Eiterung und Verhärtung des Gehirns — Entzündung des Rückenmarks und seiner Häute — Ansammlung von Serum in den Brusthöhlen — Entzündung und Abscesse in der Lunge — Trachealgeschwüre — Wassersucht des Herzbeutels und der Bauchhöhle — chronische Peritonitis — Magen- und Darmgeschwüre — Hypertrophie, Tuberkeln und Scirrhus der Leber.

Die Prognose ist immer sehr ungünstig; von Vielen wird die Krankheit für ganz unheilbar gehalten.

Zur Behandlung ist Vieles versucht, aber noch nichts Sicheres gefunden worden.

Erster Fall. Eine 34jährige Frau kam in das Mailänder Spital mit Symptomen gastrischer Reizung, bei der Untersuchung fanden sich Hände, Füße und Brust mit einer Art von Erysipel bedeckt; die Röthe war an einigen Stellen gleichmäßig, an andern in Flecken vertheilt und von verschiedener Intensität. Die übrige Körperoberfläche war nicht krank. Die Kranke befand sich seit drei Monaten unwohl, hatte den Appetit und die Kräfte verloren und war sehr verzagt geworden; der Unterleib war gegen Druck ein wenig empfindlich, die Zunge roth, der Durst beträchtlich. Seit ihrer Kindheit war diese Frau immer mit Feldarbeiten beschäftigt. Sie wurde mit Abführmitteln, kühlenden Getränken und leichter Diät bald hergestellt; das Ecythem verschwand und die Haut schuppte sich ab.

Zweiter Fall. Ein siebenundvierzigjähriger Mann kam im Junius 1830 ins Spital. Zwei Jahre vorher hatte er in geringem Grade an der Krankheit gelitten. Damals verschwand sie aber nach einigen Wochen zu Anfang des Sommers wieder. Zu Anfang März dieses Jahres kehrte sie mit größerer Heftigkeit wieder; der Kranke hatte Kopfschmerzen, Undeutlichkeit und Verwirrung seiner Sinnesfunctionen und ein Gefühl von Ziehen längs der Rückenwirbelſäule, große Schwäche, beſonders der Beine, dabei war er ſehr niedergeſchlagen; die Haut der Arme, Hände und Füße war trocken, gefurcht und von brauner Farbe, hie und da in kleinen, weißen und bräunlichen Schuppen ſich löſend, unter dieſen roth und glänzend; der Unterleib war empfindlich gegen Druck, Zunge roth, Appetitloſigkeit, häufiges Abführen und Empfindungsloſigkeit in den Beinen. Durch lauwarme Bäder wude er in 4 Wochen faſt ganz hergeſtellt.

Dritter Fall. Ein Bauermädchen von 17 Jahren war ſehr abgemagert, und hatte im Geſicht den Ausdruck großer Traurigkeit. Die Zunge war in der Mitte weiß, an den Rändern roth, die Kr. hatte Brennen in der Kehle, Empfindlichkeit des Unterleibs, Diarrhöe, Schmerz und Eingenommenheit des Kopfes, äußerſte Schwäche in den Unterſchenkeln, häufige Schmerzen längs des Rückenmarks; die Haut der Naſe, Wangen und Bruſt war mit kleinen, gelben Schuppen bedeckt; die Haut der Arme, Hände und Füße war braun, trocken, rauh und hart, und hatte ein geſprenkeltes Ausſehen; hie und da zeigten ſich Veſikeln. Durch warme Bäder, Abführmittel, kühlende Getränke und leichte Diät wurde ſie bald hergeſtellt.

Vierter Fall, in welchem die Krankheit 18 Jahre gedauert hatte. Eine 35jährige Frau war im Jahre 1812 von Pellagra, jedoch in ſehr geringem Grade, befallen worden, ſo daß ſie ihre Feldarbeiten fortſetzen konnte. Im Mai 1830 kam ſie in das Spital; nun fand ſich bei ihr Reizung im Schlund und Magen, große Abmagerung, voller häufiger Puls; die Epidermis auf den Armen, Händen und Füßen trocken, rauh, braun, auf den Armen ſchuppig, an den Fingern eine Art von hartem Harniſch bildend. Unter den Schuppen war die Haut weiß und wenig verändert. Blutegel hinter die Ohren und die vorhin angegebene Behandlung waren von gutem Erfolg, doch war die größte Wahrſcheinlichkeit, daß die Krankheit im nächſten Jahre wiederkehren werde.

Fünfter Fall. Einwirkung des Pellagra auf den Geiſt. Eine 25jährige Frau hatte ſchon mehrmals in leichtem Grade an dieſer Krankheit gelitten, welche ſich im Jahre 1830 ſo verſchlimmerte, daß ſie unter folgenden Symptomen in das Spital kam: rauhe, ſehr trockne und ſtellenweiſe ſchuppige Haut, an den Vorderarmen und Händen braun, wie wenn ein langer Handſchuh übergezogen wäre, ſie waren mit äußerſt kleinen Schuppen bedeckt. Mehrere Tage war Irreſeyn zugegen. Die Zunge und der Unterleib verhielten ſich wie bei leichter Gaſtroenteritis, dabei beträchtliche Diarrhöe. Es wurden Blutegel und kühlende Abführmittel angewendet; die Gehirnreizung nahm allmälig ab, worauf die Kranke über einen dumpfen Schmerz im Rückenmark und über Unvermögen ſich auf den Füßen zu halten klagte. Bei'm Gebrauch der Bäder und der angegebenen Behandlung erholte ſie ſich ziemlich.

Im dritten Stadium iſt die Geiſtesthätigkeit ganz geſtört und das Körperleiden bedeutend vermehrt; die Geſichtszüge werden ſcharf, das Ausſehen erdig, der Ausdruck traurig und ängſtlich; Kopfſchmerz, Röthe der Conjunctiva, rauhe, ſchuppige Haut, die durch Gruben und Spalten entſtellt iſt; Irreſeyn, Angſt und Furcht, ſehr häufig vollkommener Wahnſinn, entweder in ſtiller Melancholie oder in tobender Wuth. Die gewöhnlichſte Art der Manie iſt jedoch religiöſe Schwärmerei.

Sechſter Fall. Ausgebildetes Pellagra, ähnlich der Elephantiasis und der Lepra graecorum.

Das Geſicht der Kranken war ſehr abgemagert, von hellgelber Farbe mit ſehr ſcharfen Zügen. Lange Zeit war gaſtriſche Reizung und anhaltende Diarrhöe zugegen geweſen. Die Haut der obern Extremitäten von den Fingern bis vier Zoll oberhalb des Ellbogens war mit dunkelbraunen, ſehr dicken, beſonders auf den Hand- und Fingerrücken ſtarken Schuppen bedeckt, welche den hornigen Hervorragungen ähnlich waren, die ſich auf dem Rücken mancher Fiſche finden; dieſelben waren nach allen Richtungen von tiefen Furchen durchzogen, welche die verhärteten Flecke in zahlreiche, kleine, rauhe und Elephantiasis ähnliche Knoten theilten. Der Ausgang dieſes Falls iſt mir nicht bekannt.

Befällt das Pellagra junge Kinder, ſo ſind ſie in der Regel zugleich verwachſen, rhachitiſch, mit dick angeſchwollenen Bäuchen, und leiden an marasmus.

Die nachfolgenden Fälle dienen zur Erläuterung der pathologiſchen Anatomie des Pellagra.

Siebenter Fall. Ein 44jähriger Mann war ſeit 10 Jahren krank, die Haut der Vorderarme, Hände und Füße hatte die bereits beſchriebene Verwandlung. Seine Gemüthsſtimmung litt ſehr, das Geſicht war unvollkommen, bisweilen doppelt, er konnte ſich kaum aufrecht halten und es war ihm, als würden ihm der Kopf und Rücken rückwärts gezogen. Er ſtarb plötzlich. Leichenöffnung. Die Abmagerung war nicht bedeutend, die Schädelknochen fanden ſich verdickt, die arachnoidea war ſtellenweiſe mit der pia mater verwachſen und zwiſchen dieſer letztern und dem Gehirn fand ſich eine reichliche Ablagerung einer trüben gallertartigen Subſtanz; die Blutgefäße waren bedeutend injicirt, die Subſtanz des Gehirns nicht verändert, eine beträchtliche Menge Blut fand ſich an der Baſis des Gehirns und eben ſo eine reichliche Blutergießung zwiſchen den Muskeln an den untern Hals- und obern Rückenwirbeln. Die Häute des Rückenmarks, beſonders die arachnoidea, waren gleichmäßig roth, die Gefäße ſtrotzend; auch fand ſich an mehreren Stellen ein ſchaumiges Serum; die graue Subſtanz war feſt, die Medullarſubſtanz dagegen ſehr erweicht, beſonders am obern Theil des Rückenmarks. Die Lungen zeigten die Erſcheinungen einer Lungenapoplexie, der Magen war entzündlich geröthet, ebenſo mehrere Stücke des Darmcanals. Die übrigen Eingeweide waren geſund.

Achter Fall. Eine 66jährige Bauersfrau kam in das Spital nach Mailand, weil ſie an Enteritis litt. Dieſelbe hatte ſchon ſeit langer Zeit das Pellagra in ausgebildetem Grade. Die Zunge war trocken und roth, der Puls drahtförmig, Geſichtszüge ſcharf, die Gliedmaßen durch anasarca verdickt. Bei der fortdauernden Diarrhöe unterlag ſie endlich durch Erſchöpfung ihrer Kräfte. Leichenöffnung. Waſſerergießungen in den Pleuren und dem pericardium; die Lungen geſund, das Herz im linken Ventrikel etwas hyperttophifch, fonft unverändert; Leber und Milz von Blut angefüllt, fonft gefund, aber von normaler Confiftenz; etwas feröfe Ergfeßungen in den Unterleib; Magenfchleimhaut chro= nifch entzündet; die Gefäße des mesenterium braun ge= färbt, in den Gedärmen Stellen von langdauernder Entzün= dung. Die arachnoidea an einigen Stellen an der dura mater angewachfen, verdickt und undurchfichtig; pia mater fehr entzündet, Hirnfubftanz fefter, als gewöhnlich; Rücken= markshäute nicht fehr verändert, die Medullarfubftanz dage= gen in der ganzen Länge des Stranges fehr weich und zer= fließend.

Refultate von Experimenten über die traumatifche Reaction bei Wunden der vordern Capfelwand.

Von J. H. Beger.

„Nach einer Reihe von 24 *) an-Kaninchen angeftellten Ex= perimenten laffen fich folgende Refultate zufammenftellen.

Dietrich hat in feiner bekannten Schrift über die Verwun= dungen des Linfenfyftemes fchon die beiden hauptfächlichen Phäno= mene angeführt, welche auch ich beobachtete, nämlich, jenes kegel= förmige Wölkchen (auch corps pyramidale genannt, deffen Form, mit Ausnahme eines einzigen Falles unter 24, fich immer fo ver= hielt, daß die Bafis, während des Lebens des Kaninchens in der Pupille fichtbar, mit den Rändern der Wunde der vordern Capfel= wand feft zufammenhing und auf der Linfe felbft auffaß; — und daß die Linfe felbft mehr oder minder zwifchen den Rändern der Capfelwunde ganz ungetrübt hervorragte; ein Verhältniß, welches bloß zweimal in 24 Fällen nicht vorhanden war. Ueber die Ent= ftehungsweife und Natur diefer beiden Erfcheinungen werde ich fpä= ter mich weiter erklären. Eine Verdunkelung der Linfe beobachtete ich viermal und hierbei einmal zugleich mit Verdunkelung der Cap= fel und Ausfchwißung auf der corona ciliaris. Dietrich fah bei 56 Fällen von Verwundung der vordern Capfelwand eine Verdunke= lung des Linfenkernes, wobei aber der äußere Theil der Linfe und die Capfel vollkommen durchfichtig blieben. Eine Verdunkelung der Capfel beobachtete ich fünfmal, und einmal eine deutliche Verdi= ckung, vielleicht Wucherung der hintern Capfelwand, woraus fich abnehmen läßt, daß eine chronifche Capfelentzündung mit übermä= ßiger Vegetationsthätigkeit vorhanden war; ein ähnlicher Zuftand war wohl zur Entftehung einer kleinen kegelförmigen Hervorra= gung auf der vordern Capfelwand, welche ich einmal bemerkte, nö= thig. Für die Meinung, daß Entzündung bei die Urfache gewefen fey, fprechen auch Walther, Hey und J. A. Schmidt. Eben fo fpricht Walther's Anficht, daß die Cataracta pyramidata durch einen krankhaften Vegetations= und Bildungsproceß entftehe, fehr für meine Meinung, daß jene Excrefcenz nicht alleiniges Re= fultat der Entzündung fey, fondern einen krankhaft gefteiger= ten Vegetationsproceß erfordere. Himly's Anficht (in Runde's Ueberfeßung von Ware über das Auge, Seite 15), daß jenes un= durchfichtige Concrement auf der vordern Capfel felbft coagulirte Lymphe fey, ift nicht wahrfcheinlich. Beck's Anficht (Handbuch der Augenheilkunde 1832. Seite 440), daß eine Verdunklung der hintern Capfelwand ohne Verdunkelung der Linfe und ohne Störung der

Ernährung der Linfe, lange Zeit fortbeftehen könne, wird durch mei= ne Beobachtung beftätigt.

Uebrigens beobachtete ich einigemal Anheftung des Pupillar= randes an die Capfel, an das conifche Wölkchen, oder an die Horn= hautwunde. Aehnliches beobachtete auch Dietrich, welcher auch, wie ich zweimal, Pigment der uvea auf der vordern Capfel= wand fand.

Krankhafte Affectionen anderer Augentheile habe ich kaum an= zuführen. Daß die Iris, felbft, wenn fie nicht direct verleßt wur= de, in einen gelinden Entzündungszuftand verfeßt wurde, ergab fich aus den Lymphausfchwißungen, die ich in fünf Fällen fand. Diet= rich fah einmal einen dünnen Ueberzug von ausgefchwißter Lymphe auf der hintern Oberfläche der iris. Nicht unerwähnt darf ich die Röthung der Gefäße der sclerotica und der conjunctiva palpe= bralis laffen, die in fechs Fällen fich dadurch auszeichnete, daß fie bloß den obern Theil des bulbus einnahm. Auch Dietrich fpricht mehrmals von Conjunctivitis.

Ich kehre nun zu der Vortreibung der Linfe und jenem coni= fchen Wölkchen zurück, deren Entwickelung und Befchaffenheit ich auseinanderzufeßen verfuchen will.

Für die Meinung, daß die in die Wundfpalte eingedrängte und keilförmig hervorragende Subftanz, wirklich zur Linfe felbft ge= höre, fprechen mehrere Gründe; erftlich zeigt jene Hervorragung ganz diefelbe Textur wie der Linfenkörper felbft; dann ergab fich bei einem Durchfchnitt, daß ein Zwifchenraum zwifchen den Hervor= ragungen der Linfe durchaus nicht zu bemerken war; endlich zeigte fich auch, wenn das Auge längere Zeit in Weingeift erhärtet war, feine Spur einer Trennung. Daß die Hervorragung nicht aus der Subftanz der verwundeten Capfel beftehe, zeigt fich leicht das= durch, daß die Hervorragung immer blieb, wenn man auch die Cap= felwand abzog. Für Morgagnifche Flüffigkeit ift diefelbe ebenfalls nicht zu halten, da diefe überhaupt von der Linfe fehr verfchieden ift, und befonders bei den befchriebenen Verwundungen fich durchaus anders verhält, wie wir dies nachher fehen werden.

Die Urfache jenes Phänomens fcheint eine doppelte zu feyn; die eine ift in der Vertreibung der Capfel, wodurch eine Oeffnung zum Austritt der Linfenfubftanz entfteht, die andere in der Zufam= menziehung der geraden Linfenmuskeln zu fuchen; die Urfache ift alfo nicht bloß mechanifch, fondern auch dynamifch, nämlich in der Rei= zung des Glaskörpers begründet, eben fo wie auch der Glaskörper nicht in Folge feiner Schwere, fondern in Folge des Druckes der Muskeln vordringt. Daß fo wie bei einer Extraction der Linfe jeder Druck zu vermeiden ift, um das Hervordringen der Linfe nicht zu fehr zu befchleunigen; eben fo ift es klar, daß durch folchen Druck die Linfe durch eine Capfelwunde zum Theil vorfallen kann.

Ich gehe nun zur Erläuterung der Entftehung des Wölkchen über, welches der natürlichen Textur nach einem Spinngewebe oder einem feinen Schleier zu vergleichen ift. Zu derfelben Zeit, in welcher der hu= mor aqueus nach der Stichwunde der Hornhaut plötzlich ausfließt und die iris fich an die hintere Hornhautfläche anlegt, kann die Morgagnifche Flüffigkeit aus der Capfelwunde ausfließen, fo daß fie der zurückgezogenen Nadel und dem Zuge der abfließenden wäfferigen Feuchtigkeit folgen kann. Auf diefe Weife erklärt Dietrich die Entftehung jenes Wölkchens. Nun bleibt die Morgagnifche Flüffig= keit, da fie durch die Hornhautwunde nicht wohl ausfließen kann, in der Augenkammer zurück, wird durch die Einwirkung der wäfferigen Feuchtigkeit getrübt, ja fie coagulirt, wenn nämlich Reil's Mei= nung, daß die Morgagnifche Flüffigkeit aus coagulirter Lymphe befteht, (Sattig differt. de lentis crystallinae structura fibrosa, Praes. Reil. Halae 1794. p. 24. §. 9.) richtig ift. In dem Grade als nun die vordere Augenkammer fich wieder mit wäfferiger Feuch= tigkeit füllt, kehrt auch die iris in ihre frühere Lage zurück. Die Morgagnifche Feuchtigkeit aber, welche gewiffermaßen an die Horn= haut angeheftet ift, zieht fich in die Länge, fpißt fich zu, und bil= det einen Kegel, deffen Bafis in der Capfelwunde liegt. Vielleicht gefällt einem ober dem andern mehr die Anficht, daß diefes Wölk= chen aus plaftifcher Lymphe beftehe; wegen des kurzen Zeitraums nach der Operation, in welchem das Wölkchen fchon zum Vorfchein kömmt, ift aber nicht anzunehmen, daß die Ausfchwißung (?) einer

---

*) Diefe Verwundungen wurden fammt und fonders mit der Walther'fchen, oder mit der Himly'fchen Nadel verrich= tet, und beftanden „1) in einfachen Längen= oder Querfchnitten in die vordere Capfelwand, theils in der Mitte, theils näher dem Rande; 2) in Durchziehen eines Fadens durch die vor= dere Capfelwand; 3) in Zerreißung der vordern Capfelwand. Die Unterfuchung des Auges wurde vom 1ften bis zum 18ten Tage vorgenommen.

Entzündung ihr Entstehen verdanke. Der Grund, weswegen das Wölkchen nicht in allen Fällen beobachtet wird, ist wohl in der Art der Verwundung zu suchen: denn es kann entweder die zu kleine Capselwunde die Morgagnische Flüssigkeit nicht ausfließen lassen, oder die Hornhautwunde kann zu groß seyn, so daß dieselbe Flüssigkeit mit dem humor aqueus ganz ausfließt.

Ich habe die Resorption dieses Wölkchens bloß ein einziges Mal deutlich beobachtet; Dietrich aber sah sie innerhalb 8 bis 14 Tagen mehrmals so erfolgen, daß die Resorption an der Spitze begann und diese immer mehr abrundete, wie auch ich dieß beobachtet habe.

Wegen der großen Aehnlichkeit muß ich hier mit wenigen Worten der cataracta capsularis pyramidata Erwähnung thun; bei dieser entsteht auf der vordern Capselwand ein weißlicher Körper, welcher auf der Capsel selbst aufsitzt, und dessen Spitze sich der conraven Hornhautfläche allmälig so nähert, daß die Messerspitze zwischen beiden kaum durchgeführt werden kann; die übrige Capsel, wo dieser weißliche Körper nicht aufsitzt, ist vollkommen durchsichtig.

Um die Resultate der Verwundungen der vordern Capselwand mit wenigen Worten zusammenzufassen, habe ich zu bemerken: erstens, die vordere Capselwand scheint gegen Verwundungen nur ein geringes Reactionsvermögen zu haben; was sich auch auf die Linse, so weit sie bei den Capselwunden mitleidet, übertragen läßt. Ueber die Art, wie solche Capselwunden heilen, wage ich kaum eine Meinung auszusprechen; theils weil die Linsensubstanz sich gewöhnlich zwischen die Wundränder legt und die Vereinigung verhindert; theils weil ich die anatomische Untersuchung der Augen in der Regel anstellte, noch ehe sich eine Narbe gebildet hatte; ein einziges mal sah ich eine Narbe der vordern Capselwand, in Gestalt eines weißen verticalen Streifens.

Zweitens, durch Verwundung der vordern Capselwand wird die Ernährung der Linse nur wenig beeinträchtigt, und die Linse scheint so lange ihre natürliche Lebenskraft zu behalten, als sie nicht durch den Einfluß des wässrigen Feuchtigkeit bedeutend leidet. Morenheim (Richter's chir. Bibl. Bd. VI, S. 532.) will sogar die vordere Capselwand mit einem Häkchen ganz abgelöst und in die vordere Augenkammer gezogen haben, ohne daß die Linse im mindesten dadurch verändert worden wäre. Ein Gleiches will Pellier beobachtet haben (Richter's chir. Bibl. Bd. VIII, S. 29.) Was aber die Einwirkung der wässrigen Feuchtigkeit auf die Linse betrifft, so scheint die auf eine Verletzung folgende Cataract mehr von einer anderweitigen Beschädigung der Linsensystemes, nach Dietrich vielleicht von Erschütterung, herzuleiten zu seyn, als von dem Einfluß der wässrigen Feuchtigkeit; denn die Beobachtungen, daß die Linse vorfällt und längere Zeit, selbst bis zu 16 Tagen, in der vordern Kammer vollkommen durchsichtig bleibt, sind gar nicht selten.

Drittens, aus dem bisher Gesagten ergibt sich schon, daß auf eine Verwundung der vordern Capselwand sowohl eine Verdunkelung der Capsel, als der Linse nicht immer folge, wozu Walther in seinen Abhandlungen, S. 34, ein überzeugendes Beispiel erzählt; obgleich Rosas in seinem Handbuch auch wieder angiebt, daß er eine Cataracta capsulo-lenticularis bei einer ganz leichten Verwundung der vordern Capselwand beobachtet habe.

Ich erlaube mir, als Anhang zu diesen Beobachtungen, noch zweier speciell nicht hierher gehörenden Erscheinungen Erwähnung zu thun, welche ich bei dem Tödten der Kaninchen bei meinen Experimenten immer beobachtet habe; die eine besteht in einer Verengerung der Pupille, welche kurz nach dem Tode der Kaninchen deutlich zu sehen war, die andere in dem plötzlichen Rückflusse des Blutes aus den Gefäßen der Conjunctiva und Sclerotica. Haller und Scarpa sind der Meinung, daß die Verengerung der Pupille

von dem Zuflusse des Blutes zur Iris, welcher durch den Reiz des Lichtes bedingt wird, abhänge, daß die Erweiterung der Pupille dagegen durch den Abfluß des Blutes aus den Gefäßen der Iris bedingt sey; welcher erfolge, sobald das Licht nicht mehr einwirke. Denn indem ich das Blut aus den Gefäßen der Conjunctiva und Sclerotica deutlich abfließen sah, ist wohl mit Recht anzunehmen, daß dasselbe in der Iris stattgefunden habe. Arnold führt in seinen „Anatomischen und physiologischen Untersuchungen über das Auge des Menschen S 76" ebenfalls an, daß er bei Kaninchen, an denen er experimentirt habe, nach dem Tode ebenfalls eine Verengerung der Pupille gefunden habe, obgleich die Iris blutiger war. (De reactione traumatica Iridis et anterioris capsulae parietis experimentis illustrata. Auctor J. H. Beger, Leipzig 1833.)

Miscellen.

Krankheit der Halswirbel. — Hr. Brodie hat gegenwärtig einen Knaben zu behandeln, dessen Halswirbel sich in einem krankhaften Zustande befinden, und hat bemerkt, daß solche Fälle bei gemeinen Leuten selten gründlich gehoben werden können, theils nicht lange genug im Hospitale bleiben; wo dagegen in Familien mehrere Jahre hinter einander Pflege und ärztliche Behandlung stattfindet, können dergleichen beiden zuweilen curirt werden. Die Patienten pflegen häufig den Kopf mit den Händen zu stützen, und klagen oft über heftigen Schmerz in der Schläfengend. (The Lancet No. 10. of vol. II. 1832—1833.)

Coxarthrocace durch Entzündung der Synovialhaut wurde bei einem vierjährigen Knaben, welcher mit beginnender Coxarthrocace in das Hamburger Krankenhaus aufgenommen wurde und vier Wochen später an einer zufällig eintretenden Gehirnentzündung starb, durch die Section nachgewiesen. Die Synovialmembran war an den Stellen, wo sie das Capselband überzieht und um den Schenkelbeinhals geröthet. Dicht über dem Schenkelbeinhalse war sie so mit Blut überfüllt, daß sie eine wulstige Anschwellung und den Schenkelbeinhals auf dem Kopf erstreckte. Auch die durchschnittene Synovialmembran der Pfanne war überall geröthet. Durch eine Lupe sah man, daß diese Röthe durch eine Menge von mit Blut angefüllten Gefäßen hervorgebracht wurde. Sehr bemerkenswerth und Dzondi's neuen Angaben (s. Notiz. No. 738. [No. 18. des XXXVI Bds.] S. 225. ffg.) durchaus widersprechend, ist, daß sich alle Muskeln, das Zellgewebe, die Gefäße u. s. w. bis zu dem Capselligamente hin, durchaus gesund und bis zu der äußern Fläche des Capselligamentes gar keine krankhaften Erscheinungen, keine Röthe, keine Verdickung oder Erweichung und keine Gefäßerweiterungen zu bemerken waren. (Fricke's Ann. der chir. Abth. des Hamb. Krankenhauses. Bd. 2.)

Eine neue Seebadeeinrichtung auf der Insel Föhr in der Nordsee an der Westküste des Herzogthums Schleswig. 1½ Meilen vom festen Lande entfernt, gemacht worden. Die Insel von 1½ Meilen Durchmesser hat 1 Flecken und 16 Dörfer, und im Ganzen über 4000 Einwohner. Das Bad ist im Flecken Wyk, von 600 Einwohnern, eingerichtet, und zwar der Badeplatz in der See ¼ Stunde entfernt, warme Bäder u. s. w. im Orte selbst.— Dr. Cchoff, welcher dort Arzt ist, berichtet darüber in einigen Blättern „die Insel Föhr und ihr Seebad. Hamburg 1833."

Einreibungen von Baumöl oder Mandelöl in die Augenlider und Fischer in der lästigen Trockenheit der Augen und dem krampfartigen Verschließen der Lider, welche oft so hartnäckig nach einem Augenkatarrh zurückbleiben, von gutem Erfolg gefunden. (Klin. Annalen, welche in der Augenheilk.)

Bibliographische Neuigkeiten.

Mémoires de la Société d'histoire naturelle de Strasbourg, Tome I. deuxieme Livraison. Paris et Strasbourg 1833. mit 17 Kupf. Saggio d'una distribuzione metodica degli Animali vertebrati a sangue freddo di Carlo Luciano Bonaparte, Principe di Musignano. Roma 1832. 8.

The Disorders of the Brain and nervous System etc. By D. Uwins. London 1833. 8.
Observationes quaedam de Entero-Helkosi D. i. m q. def. auctor Guilielmus Eduardus Swaine Londinensis. Lipsiae 1833. 4. m. 1. K.

Notizen

aus dem

Gebiete der Natur- und Heilkunde,

gesammelt und mitgetheilt

von

Ludwig Friedrich v. Froriep,

des Kön. Würtemb. Civil-Verdienst-Ordens und des Großherz. S. Weimar. Falken-Ordens Ritter,

der Philosophie, Medicin und Chirurgie Doctor und G. H. S. Ober-Medicinalrathe zu Weimar,

der Königl. Preuß. Academie nützlicher Wissenschaften zu Erfurt Vice-Director, der Kaiserl. Leopoldinisch-Carolinischen Academie der Naturforscher, der Russ. Kaiserl. Akademie der Naturforscher zu Moskwa, der Gesellschaft naturforschender Freunde zu Berlin, der Wetterauer Gesellschaft für die gesammte Naturkunde, der physicalisch-medicinischen Societät zu Erlangen, der mineralogischen Gesellschaft zu Jena, der Niederrheinischen Gesellschaft für physischen und medicinischen Wissenschaften, des landwirthschaftlichen Vereins im Königreiche Würtemberg, der Société d'Agriculture, Sciences et Arts du Département du Bas-Rhin, der naturforschenden Gesellschaft zu Leipzig, der Senkenbergischen naturforschenden Gesellschaft zu Frankfurt am Main, der Societas physico-medica zu Braunschweig, der Medicinal Society zu Philadelphia, des Apotheker-Vereins für das nördliche Teutschland, des Vereins zur Beförderung des Gartenbaues in Preußen, der Gesellschaft zur Beförderung der gesammten Naturwissenschaften in Marburg, der Schlesischen Gesellschaft für vaterländische Cultur zu Breslau, der Societas medico-chirurgica Berolinensis, der naturforschenden Gesellschaft zu Halle, des Kunst- und Handwerksvereins des Herzogthums Altenburg, der Accademia Pontaniana zu Neapel, der naturforschenden Gesellschaft des Osterlandes, der Gesellschaft für Natur- und Heilwissenschaft zu Heidelberg, der Svenska Läkare-Sällskapet zu Stockholm, der medicinischen Facultät der K. U. Universität Pesth und der Reformed Medical Society of the United States of America zu New-York Mitgliede.

Acht und dreißigster Band,

zwei und zwanzig Stücke (Nro. 815 bis 836), zwei Tafeln Abbildungen in Quarte, eine Extrabeilage, Umschlag und Register, enthaltend.

In Commission des Landes-Industrie-Comptoirs zu Weimar.

1 8 3 3.

nde,

1833.

3 Fl. 36 Kr.,
t.

r. Richard
XXVI. Bds.)
geliefert hat,

t den Fang
e angegeben:
24. August
über. Ther=
be ein Pearly
Maretinibay,
Er schwamm
dem Schiffe,
us, als wie
se shellcat)
ohne daß bei
Schaale durch
Thier unter=
an Bord ge=
gerichtet, den
alsobald von
)en es durch
e, zusammen=
h eine Feder=
macht hatte.
ine Tentakeln
nbare Zeichen
)egungen des
)er die Kam=
sich Wasser
Die Farbe ist
hnungen; die
)ier aus dem
)th, was zu

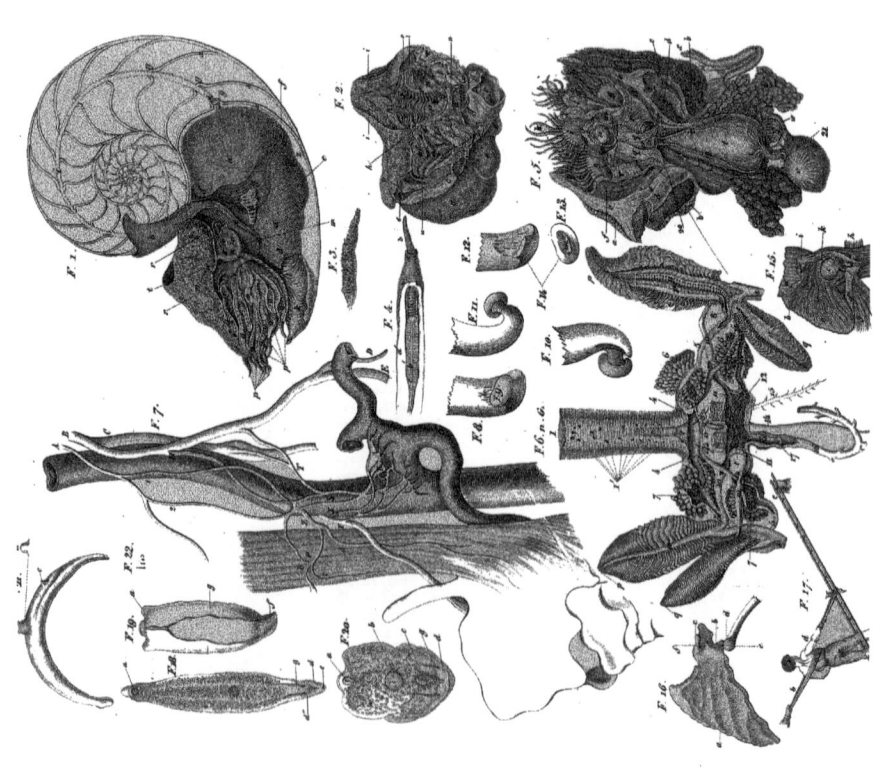

Notizen

aus

dem Gebiete der Natur- und Heilkunde,

gesammelt und mitgetheilt

von

Dr. L. F. v. Froriep.

| Nro. 815. | (Nro. 1. des XXXVIII. Bandes.) | August 1833. |

In Commission des Landes-Industrie-Comptoirs zu Weimar. Preis eines ganzen Bandes, von 24 Bogen, 2 Rthlr. oder 3 Fl. 36 Kr., des einzelnen Stückes 3 ggl. Die Tafel schwarze Abbildungen 3 ggl. Die Tafel colorirte Abbildungen 6 ggl.

Naturkunde.

Der Nautilus Pompilius

(Hiezu Fig. 1—6 der beiliegenden Tafel.)

ist, seiner Schaale nach, seit langer Zeit bekannt. Nicht allein, daß sich die Schaale in fast allen Naturaliensammlungen vorfindet, wurde sie auch sonst häufig kunstreich zu Trinkgeschirren verarbeitet und wird daher auch in den meisten Kunstsammlungen angetroffen.

Von dem Thiere desselben aber ist nur wenig bekannt. Rumph giebt in seiner Amboinische Rarietät-Kamer eine Abbildung, aus welcher man aber nichts abnehmen kann, und nur aus der Beschreibung geht die Verwandtschaft desselben mit den Sepien hervor. Die Beschreibung, welche Denys de Montfort in der Fortsetzung des Buffon von Sonnini gegeben hat, ist auf Rumph gegründet und die Abbildung ist fingirt, d. h., wie sich Denys de Montfort einbildete, daß das Thier aussehe. Die HHrn. Quoy und Gaimard (die Begleiter des Capitän Freycinet auf dessen Entdeckungsreise) haben in dem XX. Bande der Annales des Sciences naturelles (Auguststück 1830) p. 470. ein Bruchstück eines unbekannten Mollusks beschrieben und abgebildet, was sie in der Nähe der Insel Celebes fanden, und wovon sie glaubten, daß es dem Nautilus Pompilius angehören möge. Allein weder Beschreibung, noch Abbildung waren geeignet, einen bestimmten Begriff von dem Thiere zu geben, welchem das Bruchstück angehören sollte, und ich hielt es daher nicht einmal für der Mühe werth, Beschreibung und Abbildung in die „Notizen" aufzunehmen. Glücklicherweise war, wie ich „Notizen No. 683. (No. 1. des XXXII. Bds.) S. 8." meldete, ein Exemplar des Nautilus Pompilius von Hrn. George Bennet gefunden worden, welcher auf einer Reise zwischen den Inseln des Südmeers unermüdlich thätig gewesen ist, Gegenstände der Naturkunde

zu sammeln. Dieses Exemplar ist es, wovon Hr. Richard Owen die in Notizen, No. 778. (No. 8. des XXXVI. Bds.) S. 127. erwähnte Beschreibung und Abbildung geliefert hat, aus welcher ich jetzt Einiges mittheile.

Die Umstände, unter welchen Hr. Bennet den Fang machte, sind folgendermaßen in seinem Journale angegeben:

„Insel Erromanga, Neue Hebriden, am 24. August 1829. — Montag: Schönes Wetter den Tag über. Thermometer Nachmittags 79° F. Gegen Abend wurde ein Pearly Nautilus (*Nautilus Pompilius, Lin.*) in der Marekiniban, an der Südwestseite der Insel, wahrgenommen. Er schwamm an der Oberfläche des Wassers, nicht weit von dem Schiffe, und sah, wie die Matrosen sich ausdrückten, aus, als wie eine todte „Schildkrötenkatze!" (a dead tortoise shellcat) im Wasser. Er wurde gefangen, aber nicht, ohne daß bei dem Eifer, ihn zu fangen, der Obertheil der Schaale durch den Boothaken zerschlagen wurde, indem das Thier untersank, als man sich seiner bemächtigte. Als es an Bord gebracht wurde, war meine Aufmerksamkeit darauf gerichtet, den Bewohner zu erlangen. Ich löste das Thier alsobald von den zerbrochenen Schaalenportionen (mit welchen es durch zwei ovale Muskelansätze, einen auf jeder Seite, zusammenhing) los und setzte es in Weingeist, nachdem ich eine Feder- und Tuschzeichnung von der äußern Gestalt gemacht hatte. Als ich das Thier an Bord untersuchte, hielt es seine Tentakeln dicht zusammengezogen und das einzige wahrnehmbare Zeichen von Leben waren kleine Zusammenziehungsbewegungen des Körpers. Als derjenige Theil der Muschel, welcher die Kammern enthält, vorsichtig geöffnet wurde, fand sich Wasser darin, was natürlicher Weise gleich ausfloß. Die Farbe ist blaß purpurroth mit dunkleren Flecken und Zeichnungen; die Farbe des Vordertheils des Körpers, als das Thier aus dem Wasser genommen wurde, war ein dunkles Roth, was zu

1

Braun hinneigte, mit Weiß gemischt. Der Mantel und übrige Körper hatte eine hell bläulichte Färbung."

Bei seiner Ankunft in England (Juli 1831) schenkte Hr. Bennet das Exemplar an das Museum des Collegiums der Wundärzte in London, wo es nun aufbewahrt wird.

Der Körper des Thiers theilt sich natürlich, wie bei den Sepien, in zwei Theile, in den vordern, welcher frei ist und den Kopf, die Sinnes- und Bewegungswerkzeuge in sich begreift und in den hintern, der die übrigen Eingeweide in sich enthält, in der letztern größten Kammer der Schaale fest-sitzt und eine, wie es scheint, einige Gefäße enthaltende häu-tige Röhre (Fig. 1. i.) in die Röhre der Schaale (Fig. 1. y.) hineinschickt. — Vorn und oben schlägt sich ein Fortsatz des den Hintertheil des Körpers einhüllenden Mantels oder Sackes als eine beträchtliche Falte an der einwärts-gewundenen Schaale in die Höhe. Die Seiten dieser Falte (Fig. 1. h.) erstrecken sich gegen den Nabel der Conchy-lie und bedecken diesen durch allmälige Ablagerungen von Perlmuttermasse, der vordere Rand des Mantels steigt auf jeder Seite frei herab (Fig. 1. c.) und der unterste vorderste Theil des Mantels oder Sacks hat eine Oeffnung (Fig. 1. d.), durch welche der Trichter durchgeht. An dem untern Theile liegen ein paar unter dem Mantel hervorragende Drüsen (Fig. 1. e.) und ein um den Mantel herumgehender Gür-tel tf und g dient zur Befestigung des Mantels an die Schaale, wie man denn (Fig. 1. h.) auch noch ein Stück der Schaale an den Muskelfasern des Gürtels hängen sieht. (Der Eindruck dieses Gürtels ist auch an dem Innern der Conchylie wahrzunehmen.) Der aus dem hintern Theil ge-gen den Kopf hin herausragende Trichter unterscheidet sich von dem Trichter der Cephalopoden überhaupt dadurch, daß er (Fig. 1. k. l.) nach unten zu nicht geschlossen ist, son-dern sich nur durch Uebereinanderschlagen der Seitenfortsätze schließt. Die Seiten oder Schenkel des Trichters (Fig 1. m.) erstrecken sich weit hinauf gegen die Ansatzmuskeln des Gürtels.

Der Kopf des Nautilus hat eine kegelförmige Gestalt und ist von viel dichterer Textur als der analoge Theil der übrigen Cephalopoden. Er bildet eine Art von Scheide, in welche der Mund und die denselben unmittelbar umgebenden Theile völlig zurückgezogen werden können, so daß sie ganz verborgen sind. Der obere Theil dieser Mundscheibe besteht aus einer dicken, dreieckigen Platte oder Haube (Fig. 1. n. — Fig. 2. h.) mit warzigem Aeußern. Von den Seiten ge-hen 38 konische und dreiseitige Fortsätze (Fig 1. oo.) ab, auf jeder Seite 19, welche irregulär übereinandersitzend gegen die Oeffnung der Mundscheibe convergiren. Die Länge der ganzen Masse der Digitationen ist zwei Zoll, das freie Ende einer einzelnen Digitation ist höchstens einen Zoll lang. Von Saugnäpfchen, wie sie die Arme der Cephalopoden tragen, findet sich keine Spur, aber an der dünnen Spitze findet sich die Oeffnung eines inneren Canals, in welchem ein zungenar-ter Fühler enthalten ist, welcher, etwa eine Linie im Durch-messer haltend, von 2 bis 2½ Zoll lang, aus der Endöff-nung der Digitationen hervorgestreckt werden kann (Fig. 1. pp.) Fig. 4. zeigt eine Digitation zum Theil aufgeschnitten, so daß man den Tentakel im Innern wahrnehmen kann, in na-

türlicher Größe. — Aus zwei Oeffnungen vorn an der Haube ragen auch ähnliche Tentakeln hervor, und vor und hinter den Augen (Fig. 1. rr) sitzen auch Tentakeln, aber von einer andern Structur, wie Fig. 3. in natürlicher Größe dargestellt ist. — Die Augen sind von der Größe der Haselnüsse (Fig. 1. s.), nicht in Augenhöhlen, sondern auf Stielen auf der Wand der Mundscheide hinter den Di-gitationen sitzend.

Wenn die Mundscheibe auseinandergezogen und zu die-sem Behuf die Haube aufgeschnitten wird (Fig. 2.), so wird der Mund sichtbar, von noch zahlreicheren inneren Tentakeln umgeben; und wenn diese auseinandergelegt werden, so er-scheinen zwei hakenförmige Kinnladen, wie die Sepien sie ha-ben (Fig. 5. no.), von gefranzten Lippen umgeben. An der äußeren Seite dieser Lippen sitzen vier platte Lippenfort-sätze (Fig. 2. oo. und pp.), welche auch mit Oeffnungen von Cänälen versehen sind, aus denen wieder Tentakeln, wie aus den Digitationen, nur kleinere, hervorkommen. — Der innere Bau nähert sich in vieler Hinsicht dem der Se-pien, doch finden sich auch bedeutende Verschiedenheiten. (Die bedeutendste ist 1. die Communication der venae cavae [oder arteriae branchiales] mit der Abdominalhöhle, wie sie Cu-vier bei Aplysia entdeckt hat. 2. Die Zahl der Bronchien, deren sich 4 vorfinden und wegen welcher Hr. Owen sie in eine besondere Abtheilung tetrabranchiata bringt.) Diese sind ohne die Abbildungen nicht verständlich und alle Abbil-dungen copiren zu lassen, fehlte es an Raum, weshalb ich mich mit denen begnüge, welche die äußere Figur (Fig. 1. 2. 3. 4.), die Digestionsorgane (Fig. 5.) und die Circulations-und Respirationsorgane (Fig. 6.) darstellen. Die Buch-stabenerklärung folgt hier nach. Wegen der übrigen Organe muß ich auf Owen's Werk verweisen.

Die Circulations- und Respirations-Organe.

„Die Peripheral-Wände des Pericardiums sind nicht von der Substanz des Mantels getrennt, sondern hängen mit ihr zusammen und bilden mit dem Mantel eine dünne aber zähe pergamentartige Haut; da das Thier, anstatt des dicken muskulösen Sackes des Dintenfi-sches, in der kalkigen großen Schaale des Nautilus einen hinläng-lichen Schutz hat. Die venösen Zweige der Lippen- und finger-förmigen Tentakel und der um Kopf und Mund gelagerten Theile endigen, nebst denen von dem Trichter, in dem Sinus, welcher in dem knorplichen Skelet ausgehöhlt ist. Von diesem Sinus sieht sich die große vena cava (Fig. 6. 1.) fort, indem sie in dem Zwischen-raum der Schaalenmuskeln an der Bauchseite der Bauchhöhle fort-läuft und in einem wenig erweiterten Theile (Fig. 6. 2.) inner-halb des pericardium endigt, wo sie in zwei großen Stämmen (Fig. 6. 3 3.) die Venen der verschiedenen Eingeweide erhält. Die Structur der vena cava ist sehr merkwürdig. Sie hat eine abgeplattete Form, indem zwischen zwei breiten starken Membra-nen an der untern oder Bauchseite und einer Lage queerlaufender an der obern oder Rückenseite sich kreuzender Muskelfasern ihre Lage bildet. Beide Membranen und Muskeln laufen queer von einem Rande bis zum andern; sie nehmen also an Breite zu, wo diese Muskeln weiter von einander liegen, und sie vervollständigen demnach die Bauchwandung an der Bauchseite: die Vene aber behält, vermöge ihrer Haut, ihr gleichförmiges Ca-liber, und läßt auf jeder ihrer Seiten zwischen den Membranen und Muskeln einen Raum. Der Zusammenhang der eigenen Haut der Vene mit den Muskelfasern ist sehr fest und diese Fasern bilden al-so einen Theil der Wandung der Vene längs des ganzen Laufes derselben. Aber es sind mehrere kleine Lücken übrig gelassen, zwischen ben Muskelfasern und entsprechenden runden Oeffnungen (Fig. 6. 1') in ber Haut ber Vene und dem Peritonäum, so daß das Peritonäum sich unmittelbar in die die Vene auskleidende Haut fortsetzt. So kann also das Blut in die allgemeine Bauchhöhle gelangen und ber in leßter Höhle befindliche flüssige Inhalt kann wieberum in die Vene aufgenommen oder absorbirt werben. Ich zähle funfzehn solcher Oeffnungen; am größten und zahlreichsten waren sie an dem Anfange der Vene und in die meisten konnte man eine Thränenpunctsonbe hineinbringen.

Sie sind zu zahlreich und regelmäßig in ihrer Form, als baß man auch nur einen Augenblick den Gedanken hegen könnte, baß sie zufällig seyn möchten, selbst wenn eine analoge Bildung nie wäre angetroffen worden und dieß das einzige Beispiel einer so anomalen Bildung wäre. Aber die Entbeckung einer ähnlichen Bildung in ber Gattung Aplysia, läßt schon weniger Ueberraschung zu, ja leitet fast auf die Vermuthung, baß sie bei weiterer Untersuchung des venösen Systems in der Classe der Mollusken wohl öfterer gefunden werben möge. — (Es ist Hrn. Cuvier's Mémoire sur le Genre Aplysia pag. 14 nachzulesen).

Wenn nun die vena cava an dem septum des pericardium angelangt ist, so burchbohrt sie das septum und nachbem sie nun die Stämme, welche das Blut aus Leber, Eierstock, Kropf und übrigem Darmcanal zurückführen, aufgenommen hat, so erweitert sie sich in einen kleinen querliegenben Raum (Fig. 6. 2). Hier enbigt nun die sogenannte große Circulation, wenn wir annehmen, baß ba, wo das Blut wieder von dem Stamme gegen die Zweige bringt, die kleine Circulation anfange; und dieser befindet sich eine Klappe (Fig. 6: 3.), welche den Rückfluß des Blutes hinbert. Jenseits dieser Klappe bringt jede Arterie für sich in die Wurzel ber Kieme ihrer Seite, und erweitert sich dann wieber (Fig. 6: 9.) in einen Canal, welcher durch die weiße fleischige Substanz (Fig. 6: r.) der Kieme burchgeht. Eine Vene, welche das Blut von den Schaalen-Muskel zurückführt, bringt auch in die Kieme und enbet am Anfange des arteriellen Canals vor der großen Kieme. Das Innere dieses Canals in beiden Kiemen zeigt eine doppelte Reihe von Oeffnungen, die zu den Zweigen führen, welche längs des concaven Randes der Lamellen der Kieme verlaufen; diese Zweige, welche sich zertheilen, wie die Kiemenblätter sich zertheilen, führen das Blut nach allen

Die Respirationsorgane des Nautilus haben eine ähnliche, längliche Pyramidenform, blättrigen Bau und symmetrische Stellung, wie in den Dintenfische; allein es sind vier Kiemen vorhanden, zwei auf jeder Seite, jedes Paar von der innern Seite des Mantels entspringend. (Aus dieser Verschiedenheit in der Zahl der Kiemen schlägt Hr. D. die Eintheilung der Cephalopoden in zwei Ordnungen vor, Dibranchiata und Tetrabranchiata.) In jedem Seitenpaare sind die Kiemen von ungleicher Größe, indem die eine größere unten und an ber äußern Seite der kleinern liegt. Die größere (Fig. 6. p.) ist etwa 1 und ½ Zoll lang und 1 Zoll breit und hat 48 Lamellen auf jeber Seite; die kleiner (Fig. 6. q.) ist etwa ein Drittheil kleiner und hat 36 Lamellen auf jeder Seite. — Die vier Kiemen des Nautilus haben das venöse Blut hauptsächlich durch die Gefäße (Fig. 6: 5. 5.), welche Fortseßungen des venösen Central-Sinus sind, und von diesem auf jeber Seite mit einem einfachen Stamme entspringen (Fig. 6: 4. 4.), der sich schnell theilt und zu den beiden Kiemen geht, ohne noch andere Gefäße zu erhalten und die Kiemen-Ventrikel zu bilden, wie sie bei andern Cephalopoden vorhanden sind. Auf diesem letzten Laufe aber haben sie Häutchen ob nüstigen Körpern oder Bälgen an sich hängen (Fig. 6: 6. 6.), welche ben bei den Dibranchiaten beobachteten ähnlich sind. — Diese Bälge communiciren miteinander an ihren zusammengezogenen Enden und enbigen burch lange Oeffnungen in den erweiterten Theil des Gefäßes (Fig. 6: 7. 7.) (Hr. Owen läßt sich dann auf eine ausführliche Auseinandersezung des wahrscheinlichen Nußens dieser Bälge ein, die er als Hülfsbehälter des Blutes ansieht. worüber ich auf das Original verweise.) Nach ber Communication mit diesen Bälgen sezen die Branchial-Arterien ihren Weg nach außen fort. An ber Wurzel der Kieme verengern sie sich und hier befindet sich eine Klappe (Fig. 6: 8.), welche den Rückfluß des Blutes hinbert. Jen-

Theilen dieser schönen Structur und enbigen zuleßt in ber Kiemenvene (Fig. 6: 10. 10.).

Daß die Kiemenarterie einschließenden Theile muskulöser Natur seyen, nimmt Hr. D. für entschieden an, indem er meint, baß dieß sowohl für die Forttreibung des Blutes in die kleinern Arterienzweige als auch für die nöthige Bewegung der Kiemenblätter unerläßlich sey.

Die Kiemenvene kehrt längs der entgegengesetzten Seite ber Kieme zurück und zeigt in ihrem Innern keine doppelte Reihe von Oeffnungen, wie die Kiemen-Arterie, sondern eine Reihe von alternirenden Schlißen. — Nachbem die Kiemenvenen die Wurzeln der Kieme verlassen haben, laufen sie quer über die Rückenseite der ihr entsprechenden Arterien weg, jedoch ohne sich wie in den Dintenfisch zu erweitern, und bringen in die vier Winkel des Körper-Herzens, (Fig. 6 t.) ein, wo jede mit einer halbmondförmigen Klappe (Fig. 6: 11. 11.) versehen ist. Dieses Körperherz ist ein querliegenbes Quadrat, 8 Linien im längern und 4 im kürzern Durchmesser, und in seinem Innern mit fleischigen sich kreugenben Muskelhäutchen versehen. Zwei Arterien entspringen aus ihm; eine obere, kleine (Fig. 6: 12.), deren Oeffnung mit einer doppelten Klappe versehen ist, und eine untere große (Fig. 6: 16), welche von dem linken Winkel des Ventrikels abgeht und für eine Strecke von fünf Linien von einer Muskelsubstanz (Fig. 6: 16.') umgeben ist, wie die Kiemenarterie im Fisch am Ende mit einer Klappe versehen ist (Fig. 6: 17.). Hierzu kommt noch ein sonderbarer, mit dem Ventrikel verbundener, aber nicht communicirender birnförmiger Sack, über ben man das Original nachsehen muß, weil man nur burch die hier nicht copirte Abbildung sich bavon eine Vorstellung machen kann.) — Die kleinere Aorta läuft eine Strecke vorwärts, und giebt einen Zweig ab an der innern Seite des Mantels hängende, scheimbirüsige Organ des Eierstocks bestimmt zu seyn scheint. Alsbann schickt die Arterie einen kleinen Zweig ab, (Fig. 6: 14.) welcher um die Bauchseite des Ventrikels herumläuft, durch eine Oeffnung in den septum zwischen bem pericardium und der Höhle des Mantelsacks, zwischen bem Eierstock und dem Kropf hindurch und in den Canal der Scheidenwand der Sonchälle eindringt und in den häutigen Canal fortläuft. Der britte und leßte Zweig der kleinern Aorta geht in bas mesenterium (Fig. 5. und 6. No. 15).

Die größere Aorta steigt zwischen Kropf und Eierstock abwärts und verforgt diese Eingeweibe, bann wendet sie sich um den Boden des Sacks. Dann theilt sie sich in zwei Aeste, welche durch das Nervenhalsband an der Seite des Oesophagus fortgehen, an der Mund und Kopf mit Trichter umgebenden Theile zu verforgen. — (Hr. Owen hat die Gefäße mit Quecksilber gefüllt, und die Häute derselben waren stark genug um den Druck einer 5 Zoll hohen Quecksilbersäule auszuhalten.)

Erklärung der Figg. 1 – 6.

Fig. 1. zeigt ben Nautilus Pompilius (mit der Bauchseite unten und in seiner natürlichen Verbindung mit der im Durchschnitt skizzirt bargestellten Schaale. (Die Figur ist um die Hälfte der natürlichen Größe verkleinert.)

a a. Der Mantel oder Sack.

b. Die Rückenfalte des Mantels, wie sie an der eingewundenen Convexität der Schaale sich anlegt.

c. Der freier vorderer Rand

d. Oeffnung, durch welche der Trichter hervortritt.

e. Convexität, welche durch den Eierstock gebildet wird.

f f. Der hornartige Gürtel zum Anhängen des Mantels an die Schaale.

g. Die hornartigen Blätter, welche das Ende des linken Schaalenmuskels bebecken.

h. Ein Stückchen der Schaale, welches an diesem Muskel hängen geblieben ist.

i i i. Die häutige Röhre oder sipho, welche durch die Schaalenröhre in den Kammerabtheilungen der Schaale hindurchzeht.

k. Der Trichter.

l. Der linke Seitenfortsatz des Trichters.
m. Der linke Schenkel oder Pfeiler des Trichters.
n. Die Haube, oder bandmuskelartige Scheibe über dem Kopf.
o o. Die äußeren fingerförmigen Anhänge der linken Seite.
o'. Der größere fingerförmige Anhang mit warziger Oberfläche, wie die Haube.
p p. Die fingerartigen Tentakeln aus ihren Scheiden hervorragend.
q. Die Vertiefung, welche die Haube von den warzigen fingerförmigen Vertiefungen trennt.
r r. Die Augen-Tentakeln.
s. Das Auge.
t. Der Stiel desselben.
u. Der untere Wulst oder Augenlid-Rudiment.
v. Der Wulst, der von da nach
w. der Pupille läuft.
x x x. Die Scheidewände der Kammern.
y y. Die Scheidewandröhren, worin die häutige Röhre (sipho) liegt.
z. Die erste Kammer, worin das Thier enthalten ist.

Fig. 2. Der Nautilus Pompilius, die Bauchseite nach unten, mit der erweiterten Oeffnung der Mundscheide, um die Lippenfortsätze und den Mund umgebenden Tentakeln zu zeigen (um die Hälfte verkleinert).
a. Der Mantel oder Sack.
b. Die zusammengefallene Rückenfalte.
c. Deren vorderer Rand.
d. Der Fortsatz des Mantels, welcher den Trichter von dem Kopfe scheidet.
e e. Die durch die Eierstöcke bewirkten Hervorragungen.
f. Die Mündung des Trichters etwas erweitert; der Trichter, selbst ist abwärts gezogen, um die Oberfläche der Mundscheide, an welcher er liegt, sichtbar zu machen.
g g. Die Aufhebemuskeln des Trichters durch Aufschneiden der Canäle, worin sie liegen, sichtbar gemacht.
h. Die Haube.
i. Die obere flache Oberfläche derselben, der Länge nach getheilt.
k k. Die Schnittflächen.
l. Die glatte innere Oberfläche der Mundscheide.
m m. Die Digitationen (fingerförmige Anhängsel), welche ihre Oeffnungen zeigen, da die Tentakeln zurückgezogen sind. (Auf der rechten Seite sind sie sämmtlich dargestellt.)
m'. Die große warzige Digitation.
n. Die unteren Wände der Mundscheide.
o o. Die äußeren Lippen-Anhängsel.
p p. Die inneren Lippen-Anhängsel.
q. Die convexe äußere Oberfläche des Riechorgans.
r r. Die Lippen-Tentakeln.
s. Einer der Augen-Tentakeln.
t. Das Auge.
u. Der untere Wulst desselben.

Fig. 3. Ein Augentakel, vergrößert, um seine blättrige Structur zu zeigen.

Fig. 4. Eine Digitation mit ihrem Tentakel (vergrößert).
a. Das freie Ende der Digitation.
a'. Die Schnittoberfläche, wodurch sie von den Wänden des Kopfs abgeschnitten ist.
b. Der Tentakel der Digitation.
b'. Die Schnittfläche dieses Tentakels, wodurch
c. der Central-Nerve sichtbar gemacht ist.

Fig. 5. Der Nautilus Pompilius in der Lage mit der Bauchseite nach unten, so daß Lippenfortsätze und Tentakeln, die Kinnladen und Digestionsorgane sichtbar gemacht sind (um die Hälfte der natürlichen Größe verkleinert).
a a. Die Haube, oder der obere Theil der Mundscheide der Länge nach zerschnitten.
b b. Die hintern Lappen oder Ecken der Haube.
c c. Die hintere Aushöhlung der Haube.
d d. Der Wulst derselben.
e e. Die Schnittflächen der genannten Theile.
f f. Die innere Oberfläche der Mundscheide.
g g. Die äußern Lippenfortsätze.

h h. Die äußeren Lippententakeln.
i i. Die innern Lippenfortsätze.
k k. Die innern Lippententakeln.
l. Die Riechlamellen.
m m. Die kreisförmig gefranzte Lippe, der Länge nach aufgeschnitten.
n. Die Oberkinnlade.
o. Die Unterkinnlade.
p. Die muskulöse Basis, auf welcher die Kinnladen sitzen.
q q. Das obere Paar Muskeln, welche die Kinnladen zurückziehen.
r r. Der halbkreisförmige Muskel, welcher die Kinnladen hervortreibt, der Länge nach zerschnitten.
s. Die Speiseröhre.
t. Der Kropf.
u. Der Speisecanal, welcher zu
v. dem Muskelmagen hinführt.
w. Der Darmcanal.
w'. Die Endwindung des Darmes, aus seiner Lage gezogen.
x. Der After.
y. Der blättrige pancreatische Sack.
z z. Die Leber.
15. Ein Ast der vorderen Aorta, welche sich in der die Endwindungen des Darmes verbindenden Haut zertheilt.
19. Fortsetzung der hintern Aorta längs der Rückenseite des Kropfs.
20. Deren gabelförmige Theilung an der Speiseröhre, um einen, dem Nervencirkel ähnlichen Gefäßkreis zu bilden.
21. 22. Arterien des Kropfs, Muskelmagens ꝛc.

Fig. 6. Circulations- und Respirationsorgane des Nautilus Pompilius (in natürlicher Größe dargestellt).
1. Die große Vene.
1'. Die Oeffnungen, mittelst deren sie mit der Abdominalhöhle communicirt.
2. Die venösen Sinus.
3. 3. Die venae splanchnicae von der Leber, dem Eierstock, Kropf ꝛc.
4. 4. Die Ursprünge der Branchialarterien.
5. 5. Die Arteriae branchiales selbst.
6. 6. Die an den Branchialarterien anhängenden Bälge.
7. 7. Die Mündungen, mittelst welcher sie mit den Branchialarterien communiciren.
8. Die Klappe an der Eintrittsstelle der Branchialarterie in die Kiemen, in dem rechten vordern Gefäße bloßgelegt.
9. Die Höhle derselben Arterie, wo sie in r. dem muskulösen Stiel der geöffneten Kieme eingesenkt ist.
p. Die größere Kieme der rechten Seite, woran man die Arterienoberfläche sieht.
p'. Dieselbe Kieme der linken Seite, um die venöse Oberfläche zu zeigen.
q. Die kleinere Kieme derselben Seite, so daß man ihre arterielle Oberfläche sieht, mit r., dem muskulösen Stiel, unverkehrt: die punctirte Linie zeigt den Uebergang der Kiemenarterie in denselben.
s. s. Der gemeinschaftliche Stiel der Kiemen, wodurch sie an der innern Oberfläche des Mantels anhängen.
10. 10. Die Branchialvenen.
11. 11. Die Klappen derselben, welche sich an ihrem Uebergange in das Herz finden.
t. Der Ventrikel oder Körper-Herz, geöffnet.
12. Der Ursprung der kleinern Aorta.
13. Die Arterie des drüsigen Eierstock-Apparats.
14. Die Arterie des Sipho.
15. Die Arterie des Darmcanals.
16. Die größere Aorta.
16'. Der muskulöse Ursprung derselben in dem Herzen.
17. Die Klappe an dem Ende dieses Theils.

Ganglion des Nervus hypoglossus der linken Seite, an einem männlichen Leichnam gefunden
von Dr. Martin Nusser zu Basel.
(Hiezu Figur 7.)

Lage. An dem innern Rande der carotis cerebralis, in der Gegend der Verbindung des zweiten und dritten Halswirbels.

Urfprung. Aus einem Zweige des nerv. hypoglossus, wel=
cher dem Querfortſaß des Atlas gegenüber aus dem Stamme des
Nerven entſpringt. Obgleich dieſer Zweig in ſeinem Verlauf von
oben und außen nach unten und innen über die carotis weg all=
mälig dicker wird, ſo ſchwillt derſelbe doch an ſeinem untern Ende
plößlich zu jenem Ganglion an, ſo daß daſſelbe eine faſt ſphäriſche
Geſtalt erhält.

Textur. Ohne daſſelbe zu zerſtören, kann nur überhaupt
angegeben werden, daß es von etwas derbem Baue zu ſeyn ſcheint.

Verbindungen deſſelben. Zwei Zweige des n. gloſſo=
pharyngeus, 1 und 2 (wovon 2 viel ſchwächer, als 1, dieſer aber
ſtärker, als der das Ganglion erzeugende des n. hypoglossus iſt),
verbinden ſich mit dem untern Ende des Knoten und unter ſich zu
dem plexus pharyngeus, aus welchem wieder mehrere dickere, aber
zugleich weichere Nervenzweige hervorgehen. Der am meiſten nach
außen befindliche, y, nimmt die zwei vereinigten Zweige, T, des n.
vagus und hypoglossus auf; und mit dem aus dieſer Vereinigung
entſtandenen Zweige verbindet ſich weiter nach unten der zweite Zweig
des Geflechtes s; endlich verliert ſich der aus dieſer zuleßt genann=
ten Verbindung entſtandene Zweig, R, in mehrere zartere getheilt,
an dem vordern Umfang der hier von innen nach außen umgeſchla=
genen carotis facialis an der Theilungsſtelle. Der dritte, noch wei=
ter nach innen befindliche Zweig, Z, verbindet ſich nach oben mit
dem vierten Zweige des plexus zu einer Schlinge, P, aus welcher
rami pharyngei, b und c, entſpringen, von welchen der ſtärkſte, d,
als Fortſeßung von Z zu betrachten iſt.

Außer dem bereits angeführten, an dem vordern Umfange der
carotis facialis ſich verbreitenden Nervengeflechte, R, entſteht durch
die Verbindung des ram. latyngeus nerv. vagi, N, mit einem
zweiten aus dem Knotengeflecht des zuleßt genannten Nerven ent=
ſpringenden, hinter der carotis cerebral. verlaufenden Zweige, x,
ein zweites Geflecht, welches ſich hauptſächlich in dem Theilungs=
winkel der carotis commun. und an dem Urſprung der car. facial.
verzweigt.

Da ſich dieſe doppelte Verbindung des n. hypoglossus, mit dem
gloſſopharyng. und dem von mir zuleßt unterſuchten Zeichnam, je=
doch ohne ein Ganglion, wiederfindet, ſo verdient die innige Ver=
bindung dieſer erſten Nerven mit dem leßten, welche bisher von den
meiſten Anatomen überſehen, von wenigen nur, als ſehr zufällig, an=
gegeben wird, bei der bedeutende Antheil des n. hypogloss. an der
Bildung des plexus pharyngeus wohl die Aufmerkſamkeit der Neu=
rologen! Martin Ruſſer, M. D.

A. Nerv. glossopharyngeus.

1 und 2, Verbindungszweige dieſes Nerven mit dem Ganglion.

B. N. hypoglossus.

H. Zweig deſſelben, der das Ganglion erzeugt.

C. N. vagus.

y. Der erſte Zweig aus dem plexus.

T. Vereinigungsſtelle der beiden Zweige aus dem Knotengeflecht
des vagus und dem hypoglossus.

Z. Dritter und ſtärkſter Zweig, welcher ſich mit dem vierten Zweige
zu der Schlinge P verbindet.

b c d. rami pharyngei.

N. ram. latyngeus nerv. vagi.

x. Zweiter Zweig aus dem Knotengeflecht des vagus; er iſt von
ſeinem Urſprung bis zum innern Rande der carotis von die=
ſer verdeckt.

R. Nervengeflecht, welches ſich in dem vordern Umfange der carot.
facialis vertheilt.

E. ram. lingualis nervi hypogloss.

D. ram. descendens deſſelben.

Es muß hier bemerkt werden, daß ſämmtliche Nerven, ſo wie
das Ganglion in der Zeichnung etwas zu ſtark geworden ſind. Vor=
züglich gilt dieß von dem Zweig 2 des n. glossopharyng, welcher
der zarteſte von allen iſt.

Miscellen.

Von Loligo sagittata hat Hr. Obriſt Sykes der zoo=
logiſchen Geſellſchaft zu London einige Exemplare überbracht, welche,
auf der Heimreiſe von Indien nach England, bei ruhigem Wetter gefan=
gen worden waren. Die Umſtände, unter welchen ſie gefangen worden,
ſind ſehr merkwürdig und bringen in der That auf die Vermuthung,
daß dieſe Cephalopoden außerordentliche Sprünge aus dem Waſ=
ſer machen können, was der Organiſation der Sepien doch wenig
angemeſſen erſcheint. Sie wurden nämlich oben auf dem Verdeck
des Schiffes gefunden und ſie waren nicht die einzigen, denn eines
Morgens waren mehrere andere auf dem Verdeck vorhanden, welche
während der Nacht dahin gekommen waren. Man ſprach die Ver=
muthung aus, daß ſie an der Seitenwand des Schiffs hinauf ge=
krochen und ſo an die Stelle gelangt ſeyn möchten, wo man
ſie fand; ober (da die See völlig ruhig war), daß ſie mit dem
Waſſer heraufgekommen wären, welches ein großer Hay oder an=
derer Fiſch durch Schlagen ſeines Schwanzes bei'm ſchnellen Vor=
beiſchwimmen heraufgeſchleudert habe. Die Thatſache aber iſt um
ſo ſonderbarer, da ſich im großen Muſeum des K. Collegiums
der Wundärzte zu London mehrere Exemplare deſſelben Thieres
finden, von welchen angegeben iſt, daß ſie auf das Verdeck geſprun=
gen und dort gefangen worden ſeyen.

Ueber Iodsäure, eine neue Verbindung des Iods mit Sauerſtoff,
haben zu Berlin die H. H. F. Ammermüller und G. Magnus
entdeckt. Es wird dadurch auf's neue die große Aehnlichkeit beſtätigt,
die zwiſchen Chlor und Iod in Beziehung auf ihre chemiſchen Ver=
bindungen ſtattfindet, denn die Zuſammenſeßung der Ueberiodſäure
entſpricht der der längſt bekannten Ueberchlorſäure, in beiden ſind
7 Atome Sauerſtoff mit einem Doppelatom des Radikals verbun=
den. Läßt man durch eine Miſchung von kauſtiſchem und iodſau=
rem Natron Chlorgas ſtreichen, ſo verbindet ſich der dadurch vom
Natron frei werdende Sauerſtoff mit der Iodſäure, und es fällt
baſiſch überiodſaures Natron zu Boden. Die Ueberiodſäure bildet
baſiſche und neutrale Salze. Die freie Säure erhält man dadurch,
daß neutrales überiodſaures Silber mit Waſſer übergoſſen wird,
wobei daſſelbe in baſiſch überiodſaures Silber, und freie Säure
zerfällt, die man durch Filtriren und Eindampfen in reinem Zu=
ſtand bekommt. (Poggendorff's Annalen July 1833.)

Ueber die Veränderung der Farbe bei Süß= und
Salzwaſſerfiſchen hat Dr. Stark der Zoological So=
ciety ſeine Beobachtungen mitgetheilt, welche intereſſant ſind.
Wenn Fiſche aus ihrem natürlichen Aufenthalte genommen und für
kurze Zeit in Gefäße gethan werden; und wenn ſie dann aus ei=
nem weißen oder blauen Gefäße, welchem ihre Farbe ähnlich iſt,
herausgenommen und in ein dunkelrothes oder anderes gefärbtes
Gefäß geleßt werden, ſo geht ihre Farbe augenblicklich in die Far=
be dieſes Gefäßes über, und oft ſo vollſtändig, daß es zweifelhaft
erſcheint, ob Fiſche in dem Gefäße ſind oder nicht.

Heilkunde.

Ueber Krebs des Unterkiefers und Amputation dieſes Knochens.
Von J. Genſoul.

Es ſind ſchon ſehr viele Amputationen des Unterkiefers am
Stück ausgeführt worden, aber die Fälle, in welchen die Heilung
vollkommen war und keine Entſtellung nach Entfernung eines be=
trächtlichen Stückes des Knochens zurückließ, ſind ungewöhnlicher,
diejenigen aber, wo die ganze Hälfte des Unterkiefers amputirt und
exarticulirt wurde, ſind noch ſeltener. Ueberdieß kann die Wiſſen=
ſchaft nur gewinnen, je mehr Beobachtungen einer ſo wichtigen
Krankheit bekannt gemacht werden, ihr Ausgang mag nun glücklich
oder unglücklich ſeyn. Aus dieſem Grunde theile ich folgende zwei
Beobachtungen mit.

I. Krebs der ganzen rechten Hälfte des Unterkiefers. — Unterbindung der carotis communis. —
Durchschneidung des Kiefers an der Symphisis
und Exarticulation desselben Knochentheils. —
Tod am 17. Tag. — Leichenöffnung.

M. Corial, Fabrikant zu Lyon, 50 Jahr alt, von starker Constitution, consultirte mich im Sommer 1825 wegen einer Geschwulst
von der Größe einer Nuß, welche sich an der rechten Seite des Unterkiefers in der Gegend der Wurzeln der Backenzähne entwickelt
hatte; sie war hart, unbeweglich und gegen Berührung nicht empfindlich. Da ich mich durch die Untersuchung überzeugte, daß der
Knochen in der ganzen Dicke vergrößerte sey, so schlug ich ihm die
damals noch sehr einfache Operation vor. Dieß erschreckte ihn, er
verließ mich und wandte sich an Charlatans, welche ihm eine Menge Syrupe nach und nach eingaben; dabei vergrößerte sich aber die
Geschwulst fortwährend, und im Februar 1826 kehrte der Kranke
zu mir zurück, und unterwarf sich ganz meiner Behandlung.

Die Geschwulst nahm damals die ganze rechte Seite des Unterkiefers ein, drängte die Zunge zurück, verengerte die Rachenhöhle nach innen und hob die Haut nach außen in die Höhe.
Die Zähne waren ganz in die Geschwulst versenkt, so daß man
bloß ihre obere Fläche sehen konnte. Von Zeit zu Zeit gingen
schießende Schmerzen durch den kranken Theil hindurch. Die Krankheit erstreckte sich bis zu dem Kronenfortsatze und dem Gelenkkopfe; die Geschwulst characterisirte sich als ein osteosarcoma.
Uebrigens schien die Kranke wohl zu befinden; er hatte nicht
die gelbe Hautfarbe der Krebskranken, bei denen der ganze Organismus schon an dem Leiden Theil nimmt. Die Lymphdrüsen am
Halse waren noch nicht geschwollen, kurz die Krankheit war noch
local. Da ich aber damals noch kein Beispiel einer Exarticulation
des Kiefers kannte, so befürchtete ich besonders zwei Zufälle, wenn
ich diese Operation unternähme: Die Blutung und Schlingbeschwerden, welche vielleicht nach der Operation eintreten könnten. Dem
ersten Zufalle beschloß ich durch die Ligatur der carotis communis
zu begegnen, und eine genauere anatomische Untersuchung belehrte
mich, daß kein zum Schlucken unentbehrlicher Muskel abgeschnitten werde.

Am 6. März 1826 begann ich die Operation, indem ich auf
die gewöhnliche Weise den Stamm der carotis unterband; so wie
dieß geschehen war, begann ich die zweite Operation mit einem
Schnitt, welcher von der Mitte der Unterlippe bis unter das Kinn
ging und hier in einem Winkel seine Richtung veränderte, und längs
dem Rande des Unterkiefers bis an den hintern Winkel desselben sich fortsetzte; einen dritten Schnitt machte ich von dem Jochbogen bis zu dem Ohrläppchen in der Endigung des zweiten
Schnittes. Den auf der Geschwulst aufliegenden großen Lappen
löste ich los, indem ich die Haut sammt allen darunter liegenden
Muskeln aufbog; hierauf zog ich den ersten Schneidezahn der rechten Seite aus und theilte den Unterkiefer vermittelst der Säge in
zwei gleiche Hälften; hierauf trennte ich sowohl von der Mundhöhle
aus, als unter dem Knochen der alle zur Basis der Zunge, zum
Zungenbein und zum Flügelfortsatz gehenden Weichtheile, wobei ich
besonders nach den nervus maxillaris inferior durchschnitt. Um die
Anheftungspuncte des Temporalmuskels an den Kronenfortsatz zu
durchschneiden, bediente ich mich einer starken krummen Scheere.
Nach Beendigung dieser Durchschneidung schlug ich die rechte Un-
terkieferhälfte nach außen zurück, um die den Anheftungen des
m. pterygoideus externus an dem Gelenkhals zu trennen. Nun
öffnete ich das Gelenk, worauf durch Durchschneidung des vordern
Bandes die Exarticulation beendigt war. Es floß wenig Blut,
auch kam ich nur aus den Capillargefäßen und sogleich, obgleich
die Anastomosen der Kopfarterien sehr zahlreich sind, keine Ligatur
anzulegen. Der Lappen wurde hierauf wieder angelegt und die
Wunde der Lippe mittelst der umwundenen Naht vereinigt, während
ich bei der übrigen Wunde bloß einige Knopfnähte brauchte.

Die genaue Untersuchung des exarticulirten Knochens gab mir
aufs Neue die Ueberzeugung, daß die Exarticulation die einzige
ausführbare Operation war, weil der Kronenfortsatz und der Ge-

lenkfortsatz selbst bereits ganz bezeichnet waren. Der Körper des
Kieferknochens war fast ganz verschwunden, mit Ausnahme seines
Winkels und des Theiles seiner Symphisis, wo ich durchgesägt hatte.
Indem ich diese Geschwulst ihrem größten Durchmesser nach durch-
schnitt, fand ich den Kieferknochen erweicht und unter den Backzäh-
nen, da, wo die Krankheit begonnen hatte, cariös. An allen übri-
gen Stellen schien bloß das Periost krankhaft verändert; das kranke
Gewebe war röthlich, von faserknorpliger Consistenz; unter dem
Scalpell knirschend und aus einem dichten und ungeregelten Gewebe von Fasern gebildet.

Der Kranke war von der Operation nicht bedeutend erschöpft;
bekam aber ein leichtes Opiat und verdünnende Getränke. Er erholte sich bald von dem Eindrucke der Operation ganz, und schlummerte ein wenig.

Am folgenden Tage, am 7. März, hatte eine geringe Menge
schwarzes Blut den Verband benetzt: es trat eine starke Reaction
ein; der Puls war stark, das Gesicht geröthet, wie erhitzt; 20 Blutigel auf die Schulterhöhe der rechten Seite, worauf bedeutende Besserung eintrat.

Am 8. Ruhe, natürlicher Puls, mäßige Wärme; Schlucken
ohne Schwierigkeit.

Am 13. nahm ich die Suturen weg und verordnete abwechselnd zu nehmen, theils das gewöhnliche Getränk, theils Hühner-
brühe und Bouillon.

Vom 14. bis zum 20. geht alles gut. Bereits begann er leichte
Suppen zu genießen, er articulirte die Worte deutlich, die linke
Hälfte des Kieferbeines war durch die Wirkung der musculi pterygoidei nach Innen gezogen und der untere Theil des Gesichts
sah natürlich aus, nicht entstellt aus; die Ligaturwunde
am Halse eiterte in der Umgebung der Ligaturfäden ein wenig.

Am 21. März, als alle Umstände eine baldige Heilung versprachen, veränderte sich bis dahin sehr gelinde Temperatur
plötzlich und fiel von + 12° R. auf 0. Diese plötzliche Veränderung
und eine Unvorsichtigkeit des Kranken, welcher in der Nacht im bloßen Hemd auf dem Nachtstuhl ging, riefen eine Pleuritis hervor,
welche zwar am 22 durch geeignete Mittel für kurze Zeit gemindert wurde, bald aber eine üble Wendung nahm, indem sich Delirien, sehr lebhafte Schmerzen, bedeutende Athembeschwerde, kleiner
und häufiger Puls, Kälte der Haut einstellte, worauf der Kranke
in der Nacht starb.

Vierundzwanzig Stunden nach dem Tode wurde die Leiche geöffnet. Die von der Exarticulation des Kiefers herrührende Wunde
war fast vollkommen vernarbt, indem im Mund alles geschlossen
war und nach außen sich bloß noch ein einziger offener Punct in
der Nähe der carotis fand. Die durch diese offene Stelle eingeführte
Finger drang bis zur frühern Gelenkhöhle; der Faden, welcher
zur Unterbindung der carotis angelegt worden war, hatte diese Arterie durchschnitten und es fand sich tief in ihrer ganzen Länge bis
zur subclavia ein kleiner weißlichen, mit den Arterienhäuten
zusammenhängenden Pfropf geschlossen. Ein geringe Menge Eiter
hatte sich unter den sterno-cleido-mastoideus gesenkt. Im Kopfe fand sich
eine reichliche Injection der Gehirnhäute, wahrscheinlich Resultate der
Agonie. In der Brust waren die Pleuren geröthet und stark injicirt, besonders an der rechten Seite und am Diaphragma. Die
entsprechende Oberfläche der Leber war ebenfalls geröthet, obgleich
übrigens dieß Organ nicht verändert war; die rechte Lunge war
in ihrem untern Theile hepatisirt. Im Unterleibe war alles gesund.

Ein glücklicheres Resultat hatte eine hier noch beizufügende
Resection des Unterkiefers, welche ich unternahm, nachdem an dem
leidenden Theile schon dreimal erfolglos operirt worden war.

II. Krebs des Unterkiefers. — Dreimalige Operation
mit Rückfall. — Resection eines großen Stückes
des Unterkiefers. — Vollkommene Heilung.

Der Zimmermann Duborger fiel im Jahre 1821 durch die
Bretter eines Gerüstes durch, und blieb am Kinne hängen. Der
Stoß, den er dabei erlitt, war sehr heftig; dennoch gelang es ihm,

sich wieder frei zu machen, und er wollte seine Arbeit fortsetzen; aber er fühlte heftige Kopfschmerzen und 14 Tage darauf wurde er von einem heftigen Fieber ergriffen, welches mit Blutentziehungen und ableitenden Mitteln gehoben wurde. Nach 2 Monaten waren alle Zufälle verschwunden, bis auf einen dumpfen Schmerz, welcher fortwährend in dem mittlern Theile des Unterkiefers zugegen war. Der Kranke ging wieder an seine Geschäfte, bemerkte aber bald, daß das Zahnfleisch der Schneidezähne geschwollen war, und bei Berührung blutete und schmerzte. Dieß ertrug er bis 1823, wo er sich an Dr. Mortier wandte, welcher ohne Erfolg das Zahnfleisch mit der Lancette einschnitt. Einige Monate später wandte er sich an Dr. Janson, welcher mit dem Bistouri die weichen schwammigen Theile wegschnitt und den verändert aussehenden Knochen abschälte. Die Krankheit schien etwa einen Monat lang zum Stehen gebracht; darauf aber erhoben sich zahlreiche Fungositäten, die Zähne wurden locker, und es bildete sich eine bittere Geschwulst, welche endlich im Jahre 1825 die Größe einer großen Wallnuß erreicht hatte. Herr Janson nahm nun, unter Zustimmung der meisten Wundärzte der Stadt die weichen Theile auf folgende Weise weg; er zog die beiden vordern Backenzähne aus, spaltete die Unterlippe in der Mitte bis zum Kinne herab, präparirte die Lippen zu beiden Seiten ab, und entblößte so die degenerirten Theile, welche er von innen nach außen vermittelst einer Rongine abzog; nun aber öffnete sich die Geschwulst und es floß, zum großen Erstaunen aller Anwesenden, eine gelbe Flüssigkeit aus. In der Idee, daß die Balggeschwulst, welche diese Flüssigkeit enthielt, die Ursache der ganzen Krankheit sey, und daß bloß durch ihre Entwickelung der Knochen erweicht und angeschwollen sey, (wie dies bei Aneurysmen der Fall ist), endigte nun dieser berühmte Wundarzt die Operation und vereinigte die Lippe vermittelst einer Sutur. Bald aber erhoben sich wuchernde Granulationen und Schwammgewächse von dem abgeschabten Knochen, und schon einen Monat nach jener Operation mußte Herr Janson versuchen, diese durch das Glüheisen zu zerstören; es wuchsen aber immer neue rothe Fungositäten nach einigen Tagen hervor; sie vergrößerten sich langsam und schienen selbst stationär zu bleiben; sie belästigten den Kranken bloß beim Kauen: indeß stellten sich von Zeit zu Zeit tiefe schießende Schmerzen ein, zum Zeichen, daß die Krankheit noch nicht ihr Ende erreicht habe. Endlich schien das Kinn sich allmälig zu verlängern. Der Kranke, entmuthigt durch die frühern Versuche, unterwarf sich nun keiner neuen Operation, und wandte sich erst im Jahre 1828 an mich, als der vordere Theil des Unterkiefers eine rothe, weiche, schmerzhafte Geschwulst von ungeheurem Umfang bildete, so daß das Kinn zwei Zoll weit hervorragte und das Kauen fast gar nicht mehr möglich war. Ich hatte nicht viel zu wählen; ich schlug die Amputation des kranken Knochens, oder vielmehr dieselbe nach Bestimmung des Kranken, am 31. März 1828.

Ich machte einen Schnitt in der Mittellinie von dem Lippenrande bis zum Zungenbeine und legte hierauf bis zum masseter losgetrennten Hautlappen von den kranken Theilen zurück. Hierauf zog ich den dritten Backenzahn der linken und den vierten der rechten Seite aus und sägte: in diesen Zahnlücken schräg nach oben und unten den Knochen durch, so daß der untere Rand des Unterkiefers weiter herunter, als der obere. Hierauf löste ich die Geschwulst, welche gegen die Zunge hervorragte, indem ich immer in den gesunden Theilen schnitt. Ehe ich nun den Knochenbogen wegnahm, ließ ich die Zunge mit einer Pincette an ihrer untern Fläche fassen, damit ich sie nicht umstülpte, wenn der Kranke Schling- oder Sprechbewegungen machen sollte. Die Sublingualgefäße wurden bictauf unterbunden und die Hautlappen, von denen zuvor ein von oben nach unten zugespitztes Stück abgeschnitten wurde, mit Suturen vereinigt.

Um nun ein Umstülpen der Zunge und die Ansammlung von Flüssigkeit zwischen den Lappen und den Zungenmuskeln zu vermeiden, zog ich einen kleinen Theil der Sublingualschleimhaut und der Fasern des musculus genio-glossus durch die Wundspalte hindurch und befestigte sie, indem ich eine Stecknadel durch sie hindurchstach. Es wurde nun noch ein unterstützender Verband hinzugefügt.

Der Kranke wurde nun zu Bette gebracht und mit dem Kopfe

sehr hoch gelegt, damit er sich nicht anstrengen müsse, um Speichel oder Blut, die sich in dem Munde ansammeln konnten, auszuwerfen. Der Mund wurde bisweilen ausgespritzt, die Heilung ging ganz ungestört vor sich. Am 6ten und 7ten Tage wurden die umwundenen Nähte abgenommen. Nach 3 Wochen waren die innern Theile so vereinigt, daß an der Mundschleimhaut nicht die geringste Narbe zu sehen war. Der Kranke konnte seine Zunge ohne Schwierigkeit ausstrecken. Er begann nun, mit Appetit weiche Nahrungsmittel zu sich zu nehmen; aber die drei übrig gebliebenen Zähne paßten nicht auf die obere Zahnreihe, da die beiden Stücke des Unterkiefers durch die mm. pterygoidei interni einwärts gezogen wurden. Nach mehreren Monaten, als die Vernarbung ganz vollkommen war zum Abend zuvor, welche lange Zeit schmerzhaft gewesen waren, so daß ich Nekrose befürchtete, ihre Empfindlichkeit verloren hatten, ließ ich einen künstlichen Unterkiefer aus Hippopotamusknochen machen, welcher den beiden Unterkieferstücke so faßte, daß er bis zu einem gewissen Punct den weggenommenen Knochenbogen ersetzte. Mittelst dieses Gestelles kann der Kranke Fleisch, Gemüse und weiches Brod kauen, es fließt kein Speichel aus, die Articulation der Töne geschieht leicht und die Gesichtszüge sind kaum verändert und im Ganzen sehr angenehm. (Lettre chirurgicale sur quelques maladies graves du sinus maxillaire et de l'os maxillaire inférieur par J. Gensoul. Paris 1833.)

Heilung des Tetanus (nach einer Stichwunde in den Fuß) vermittelst Durchschneidung des nervus tibialis posticus.

Von John Murray.

Am 15ten August 1832 wurde mir auf der Ueberfahrt nach Calcutta des Vormittags ein Matrose von 15 Jahren gebracht, welcher sich am Abend zuvor einen rostigen Nagel in den linken Fuß zwischen dem Metatarsalbein der großen und dem der nächsten Zehe eingetreten hatte, und von welchem bereits Zufälle von trismus aufgegangen waren. Der Kranke hatte die Nacht über bei kaltem Wetter seine Wache gehalten, wobei ihm die Wunde sehr schmerzte. Seit dem Morgen hatte sich Steifigkeit in den Wangen und dem Halse eingestellt, welche bereits beträchtlich vermehrt. Er hatte ein ängstliches Aussehen und seine Lippen schienen angeschwollen und livid. Ein cataplasma war bis dahin das einzige Mittel, was in Anwendung gekommen war. Er erhielt nun: Rec. Pulvis camphor. ʒβ. Tinct. opii gutt. XX. Syr. simpl. ʒj. M. S. Da der Trismus bereits ziemlich stark war, und die Zähne bloß noch ¼ Zoll von einander geöffnet werden konnten, so wurde jetzt ein Stück Holz von dieser Dicke zwischen die Zähne geschoben. Eine halbe Stunde darauf hatte sich der Zustand um nichts gebessert, im Gegentheil hatten die Krämpfe auch die Nackenmuskeln zum Theil befallen, und die Zähne waren tief in das Holz eingedrungen. Der kranke Fuß war kalt, und der Kranke sagte, er sey todt, außer an der Seite der Wunde, welche schmerzte; er konnte den Fuß nicht gut bewegen; der Puls war 120, etwas gereizt, und der ganze Zustand ergab sich als höchst gefährlich. Da nun alle frühern Behandlungen des tetanus keine sichere Hoffnung gaben, so machte ich den andern Schiffsärzte den Vorschlag, den nervus tibialis posticus, welcher zu dem verletzten Puncte ging, zu durchschneiden, um hierdurch die Verbindung zwischen dem Heerd der Reizung und dem Gehirn aufzuheben, eine Operation, welche leicht und ohne Gefahr ausgeführt werden konnte. Zugleich schlug ich vor, die frühere Wunde zu erweitern und zu cauterisiren.

Meine Vorschläge wurden angenommen, und ich machte sogleich folgende Operation: Ein gerader Einschnitt von 1½ Zoll Länge wurde etwa einen Zoll hinter dem malleolus internus durch die Haut und die Aponeurose hindurchgeführt. Hierauf tiefer präparirend, legte ich die Gefäßbündel und, hierauf den Nerven selbst in seiner gewöhnlichen Lage bloß. Mit einer Zucrystalmanabel löste ich den Nerven und bin auf, um ihn leichter und rascher durchschneiden zu können. Als ich ihn so sichtbar gemacht hatte, schien er so auffallend dick (da er beinahe das Doppelte seines gewöhnlichen Umfanges hatte), daß mein College zweifelte, ob dieß wirklich der Nerv sey, obgleich er seine natürliche Farbe hatte. Dadurch, daß ich den Kranken eine Bewegung mit dem Fuß machen ließ, was kaum möglich war, sah ich bald, daß ich den Nerven gefaßt hatte, und nicht eine Sehne, indem sich der Strang bei der Bewegung nicht verkürzte. Der Nerv wurde nun rasch durch einen einzigen Messerzug durchschnitten, was äußerst schmerzhaft war; obgleich nun der Kranke vor der Operation nicht deutlich sprechen konnte (weil der Mund geschlossen war), so öffnete er jetzt sogleich den Mund mit einem Auswurf. Als ich dabei sein Gesicht ansah, war ich erstaunt, über die auffallende Verbesserung in demselben. Der Kranke sagte, nun fühle er sich bereits wohler, und sein Fuß sey wieder zum Leben gekommen. Zu gleicher Zeit äußerte er Verlangen, zu Stuhle zu gehen. Blutung war kaum zugegen gewesen, und ein gewöhnlicher Verband wurde nun angelegt. Zunächst erweiterten wir hierauf die erste Wunde von dem rostigen Nagel, welches, wahrlich sehr unerwartet, große Schmerzen erregte; da nun die Zufälle bereits nachgelassen hatten, so wurde auch diese erste Wunde nicht cauterisirt. Es wurde ein mit Laudanum besprengter Umschlag übergelegt, der Stuhlgang befördert und der Kranke ohne Opiat einem Schlaf überlassen (welcher ununterbrochen 4 Stunden dauerte, und aus welchem der Kranke in einem bei weitem besseren Zustande erwachte. Auch der heftige Schmerz in der ursprünglichen Wunde war ganz und gar verschwunden, und die Bewegung des Schenkels wiederhergestellt. Seine Backen waren indeß immer noch hart und steif, doch konnte er mit bedeutenderer Anstrengung den Mund ganz öffnen. Fersen und Fußsohle waren fast fühllos, das Gefühl des obern Theils des Fußes aber war nicht gestört. Zur Nacht bekam er zwei Gran Opium mit etwas Scr. Camphor.

Am 16. August. Ungestörter Schlaf während der Nacht, klagt aber noch über steife Wangen und Nacken, sogar in höherm Grade als vorigen Abend. Zugleich war Schmerz, Berengung auf der Brust, und Kopfweh zugegen. Ich selbst war zu dieser Zeit in hohem Grade erkrankt und konnte die Symptome nicht genauer erforschen. Ich ließ aber eine Aderlässe von 12 Unzen anstellen und wiederum das Opiat nehmen, wornach er den größten Theil des Tages schlief, natürliche Oeffnung bekam, und gegen Abend das Opiat wiederholt. Am 17. Das Opiat hatte zuerst bedeutende Aufreizung hervorgebracht, aber nachher einen gesunden Schlaf herbeigeführt. Die Steifigkeit der Wangen und des Halses und die Beklemmung auf der Brust waren fast ganz verschwunden, dagegen klagt der Kranke über große Taubheit in dem Unterschenkel und Fuß; Puls 80, natürlich, Zunge feucht, Oeffnung natürlich. Das Opiat wiederholt.

Am 18. Die tetanischen Symptome sind ganz verschwunden und die Taubheit des Fußes hat sich verloren. Der Kranke klagt über Schmerzen in demselben vom Knie abwärts. Die Wunde in der Sohle wurde fortwährend cataplasmirt und hatte ein gesundes Aussehen. Das Opiat wurde in halber Dosis fortgegeben.

Von dieser Zeit an kam kein ungünstiges Symptom mehr, die Wunde in der Fußsohle heilte in wenigen Tagen, die Operationswunde erst nach 14 Tagen durch Eiterung. Das Gefühl kehrte am dritten Tage nach der Operation in die Fußsohle zurück, und ist jetzt, zwei Monate nachher, natürlich, ganz an der kleinen Zehe und Ferse, wo es fast ganz fehlt. Eine Zeit lang konnte er die Zehen nicht von einander entfernen, diese hat sich aber gebessert. Er geht ganz gut, und befindet sich überhaupt vollkommen wohl. Mir ist bloß ein einziger Fall bekannt, in welchem wegen der selben Verletzung, der Nerv zwischen der Wunde und dem sensorium commune durchschnitten wurde, und zwar ebenfalls mit ganz

glücklichem Erfolge. Dieser Fall wird von Baron Carrey erzählt. Amputation ist in derselben Absicht mehrmals gemacht worden, aber meistens mit unglücklichem Erfolg, wahrscheinlich, weil man zu lange gewartet hatte. Indeß ist wohl überhaupt an eine so bedeutende Operation nicht zu denken, wenn man denselben Zweck weit leichter vermittelst eines einfachen Schnittes erreichen kann.

Der vorstehende Fall spricht um so nachdrücklicher für die erwähnte Behandlungsweise, da mir ihn die Zufälle außerordentlich rasch eintraten, was bekanntlich ein höchst ungünstiges prognostisches Zeichen bei dieser Krankheit ist. (London medical gazette, March 1838).

Miscellen.

Statistische Nachforschungen über das Vorkommen der Blasensteinkrankheit hat, wie ich früher schon mitgetheilt habe, Hr. Civiale angestellt und ist dabei von dem französischen Gouvernement unterstützt worden. Jetzt hat er darüber der Académie des Sciences zu Paris Bericht erstattet. Die Resultate dieser über verschiedene Länder erstreckten an 1,881 Fälle umfassenden Nachforschungen haben ihn zu folgenden Schlüssen geführt: 1) Die Zahl der von Blasenstein heimgesuchten Kinder ist viel größer, als man gewöhnlich glaubt, weil von 1,881 Kranken 1,125 unter 14 Jahr alt waren. 2) Auch ist die Zahl der Kranken, welche Steine in der Harnblase haben, viel beträchtlicher, als man gewöhnlich annimmt. 3) In vielen Orten bewirkt die Schwierigkeit, welche es für die Kranken hat, sich Erleichterung zu verschaffen, und ihre Furcht vor dem Steinschnitt, daß sie ihre Steine behalten und viele sterben, ohne daß die Anwesenheit von Steinen dargethan ist. 4) Die Sterblichkeit in Folge der Operation ist noch viel beträchtlicher, als man es glaubt. Auf 1,644 Operationen, sagt Hr. Civiale, findet man 1276 Heilungen und 324 Todesfälle, wenn man von der Zahl der operirten Kranken 39 Fälle abrechnet, wo der Stein in der Urethra saß. Wenn man sich nun erinnert, daß etwa zwei Drittheile der operirten Kranken aus Kindern bestehen, wo das Resultat der Heilung wenigstens um das Doppelte günstiger ist, so sieht man, wie wenig genau die Angaben sind, welche einige neuere Schriftsteller geliefert haben.

In Beziehung auf Seekrankheit findet sich in einer amerikanischen Zeitung eine Angabe, welche einen Versuches werth seyn möchte; der Correspondent meint, daß, wenn man ein kräftiges Abführungsmittel kurz vorher, ehe man sich zur Bewegung des Schiffes aussetzt, nimmt, und die Gaben desselben so weit wiederholt, als nöthig ist, um natürliche Oeffnung nach unten zu unterhalten, man sich völlig gegen die Seekrankheit sichern werde, denn er hat die Wirkung der Schiffsbewegung gerade entgegengewirkt. „Die Ursache der Seekrankheit“ sagt der Correspondent, „ist eine Unterbrechung der peristaltischen Bewegung des Magens und Darmcanals,“ und er führt Folgendes als Beweis der Richtigkeit seiner Theorie an: „Indem ich über den Fuhr- zog ich mir eine Erkältung zu; diese verursachte einen heftigen Durchfall, so daß ich Opium in beträchtlicher Dosis nahm, um ihn zu stopfen, aber er kehrte immer wieder zurück, wenn die Wirkung des Opiums vorüber war, und war natürlich zu gewältigen. Ich ging an demselben Abend an Bord eines Dampfbootes zu Newhaven, während ein heftiger Südwind wehte, welcher dem Boote eine starke Bewegung mittheilte, wodurch alle Passagiere krank wurden. Ich äußerte zu einem Freund am Bord, daß ich nun meinen Durchfall los werden würde. Die Bewegung des Schiffes, statt eine unangenehme zu seyn, behagte mir, wie die Bewegung einer Wiege einem Kinde. Ich legte mich in meine Koie und stand am andern Morgen völlig gesund auf.“

Bibliographische Neuigkeiten.

Embryologie ou Ovologie humaine, conténant l'histoire descriptive et iconographique de l'oeuf humain; Par Alf. A. L. M. Velpeau etc. Paris 1833 Fol. mit 15 lithographirten Tafeln.
Recherches sur les eaux minérales des Pyrénées. Par M. Theophile de Bordeu, à Pau. 1833. 8.

Dissertation sur les causes de déplacement dans les fractures, les moyens de prévenir l'action de ces causes et de s'opposer à leurs effets etc. Par Aim. Lepelletier, de la Carthe. Paris 1833, 4.

(Mit einer Tafel Abbildungen in Quarto.)

Notizen
aus
dem Gebiete der Natur- und Heilkunde.

Nro. 816.	**(Nro. 2. des XXXVIII. Bandes.)**	**August 1833.**

In Commission des Landes-Industrie-Comptoirs zu Weimar. Preis eines ganzen Bandes, von 24 Bogen, 2 Rthlr. oder 3 Fl. 36 Kr., des einzelnen Stückes 3 ggl. Die Tafel schwarze Abbildungen 3 ggl. Die Tafel colorirte Abbildungen 6 ggl.

Naturkunde.

Ueber die Structur des (Gehörknöchelchens) Amboses (Incus).

Von Henry John Shrapnell, Mitglied des königlichen Collegiums der Wundärzte rc.

(Hiezu die Figg. 8 bis 14 der mit vor. Num. ausgegeb. Tafel.)

Die nachstehenden Bemerkungen über die Structur des os incus theilen wir in der Absicht mit, einen anatomischen Punct zu entscheiden, rücksichtlich dessen man noch nicht zur Gewißheit gelangt zu seyn scheint, nämlich ob das os lenticulare s. orbiculare, das kleinste der Gehörknöchelchen, als ein Knochen für sich, oder nur als ein Fortsatz des incus betrachtet werden müsse.

Am allgemeinsten scheint die Meinung zu seyn, daß es ein abgesonderter Knochen sey, und so hat man ihn auch nicht nur auf unsern besten Tafeln, sondern auch in den Präparaten der anatomischen Cabinette dargestellt. Ist es ein Knochen für sich, so muß er durch zwei Gelenkflächen eines Theils mit dem Ambos und andern Theils mit dem Steigbügel articuliren. Die Oberfläche, mittelst deren er mit dem Kopfe des Gehörknöchelchen-Steigbügels (stapes) articulirt, läßt sich ungemein leicht erkennen; sie bildet einen ovalen converen Knopf, dessen lange Achse etwa ¼ Linie Länge besitzt. So winzig sie also auch ist, so kann man an dem Gelenke doch den gewöhnlichen Glanz verfolgen, und an den Rändern des Knopfes ist das Kapselligament angesetzt, welches man vom processus lenticularis bis zur entsprechenden Aushöhlung im Kopfe des Steigbügels verfolgen kann, so daß ein regelmäßiges Kugel- und Kapselgelenk entsteht. Nun läßt sich leicht einsehen, daß man, wenn man ein geübtes Auge und ein gutes Mikroscop besitzt, an dem incus zunächstliegenden Seite des os lenticulare ebensowohl die Articulation erkennen müßte, wenn eine solche vorhanden wäre.

Nach Cloquet's Beschreibung hat das os lenticulare zwei convere Gelenkoberflächen. Um diese Oberflächen so darzustellen, daß man eine vollständige Ansicht derselben erhielt, ließ ich vier Schläfenknochen vollständig maceriren, damit alle ligamentösen Verbindungen zerstört würden und die Knochen sich ohne Gewalt auseinandernehmen ließen; allein in allen diesen Fällen und bei vielen Schläfenbeinen verschiedener Thiere ließ sich die Ablösung des os lenticulare vom incus durch Maceration nicht bewirken. Derselbe Umstand läßt sich bei solchen ossa incudes beobachten, welche man dann und wann von Schläfenbeinen erhält, die lange in der Erde gelegen haben, und bei welchen der Zersetzungsproceß viel weiter fortgeschritten ist, als dieß gewöhnlich bei der Maceration der Fall ist. Der Theil, welcher das sogenannte os lenticulare mit dem incus verbindet, hat deutlich das Ansehn eines Halses oder Knochenfortsatzes, welcher von der innern Seite, doch nicht ganz vom Ende des langen Schenkels des incus, unter einem rechten Winkel vorsteht. Dieser Fortsatz breitet sich dann zu einem ovalen Knopfe aus, welcher die Articulation mit dem Kopfe des Steigbügels bildet. Der ovale Knopf steht schräg nach der Breite des Schenkels des incus, indem der vordere Theil niedriger ist, als der hintere, und auf ähnliche Weise steigt der Fortsatz, oder der jener Knopf stützende Hals in schiefer Richtung in die Höhe und ist hinten stärker, als vorne. Dieser Hals scheint auch nach unten zu etwas conver und oben concav. Demnach befindet sich zwischen dem ovalen Knopfe und dem Schenkel des incus, insbesondere nach vorne zu, ein größerer Zwischenraum, als unten, d. h. auf der untern Seite des Fortsatzes, so daß dadurch der Hals des Fortsatzes ein gewundenes Ansehn erhält.

Man hat die Vermuthung aufgestellt, daß die Verwachsung des os lenticulare mit dem incus durch einen krankhaften Proceß, vermöge dessen das Gelenk ankylotisch werde, geschehe. Dieß ist jedoch kaum möglich, da dieselbe so constant, und bei sehr jungen Thieren getroffen wird, bei denen durchaus keine Spur von vorhanden gewesener Krankheit zu bemerken ist. Ein Entzündungsproceß, welcher, wenn zwischen dem os lenticulare und incus von Natur ein Gelenk vorhanden wäre, dessen Verknöcherung veranlassen könnte, würde, aller Wahrscheinlichkeit nach, wenigstens in manchen Fällen, eine ähnliche Wirkung in Bezug auf jenen Knochen und den Kopf des Steigbügels herbeiführen. Ueberdem tritt

2

Ankylose nur in Folge einer langwierigen Krankheit innerhalb eines Gelenks, und selten, oder nie ohne eine an den natürlichen Wandungen des Gelenks selbst entstandene Unregelmäßigkeit ein, welche auch in diesem Falle von einem krankhaften Zustande Zeugniß ablegen würde.

Wenn wir also bei sehr jungen Thieren diese Verknöcherung fortwährend ohne alle krankhafte Erscheinungen vorkommen sehen, so müssen wir die Möglichkeit einer Ankylose durchaus läugnen.

Hieraus folgt denn, daß das os lenticulare nicht mehr als ein besonderer Knochen, sondern als ein bloßer Fortsatz, nämlich als der processus lenticularis des incus aufgeführt werden müsse. Die stapes ist nun der kleinste Knochen des menschlichen Körpers. Es giebt nur 3 ossicula auditus, und die Gesammtzahl der Knochen des menschlichen Körpers ist 247 *).

Vergrößerte Abbildungen des Endes des langen Schenkels des os incus.

8. Innere Seite des langen Schenkels des os incus mit dem processus lenticularis.

9. Die Gelenkoberfläche des processus lenticularis.

10. Vordere Ansicht.

11. Hintere Ansicht.

12. Hier sieht man den Knopf des Fortsatzes abgebrochen, so daß die Bruchfläche des Halses sich darstellt.

13. Der linsenförmige Knopf, welchen man bisher os lenticulare nannte.

14. Die Bruchflächen. (London Med. Gaz. June 1833.)

Ueber das Diplostomum rhachiaeum, einen Eingeweidewurm der Wirbelhöhle.

Von Dr. F. G. J. Henle in Berlin.

(Hiezu die Figg. 18—22 der mit vor. Num. ausgegeb. Tafel.)

In dem Wirbelcanal des Frosches lebt ein Binnenwurm, der nicht nur zoologisch merkwürdig ist, weil er einer Gattung angehört, die bisher nur in den Augenflüssigkeiten einiger Fische beobachtet wurde, sondern auch in physiologischer Hinsicht Beachtung zu verdienen scheint, da, so viel ich weiß, aus diesem Theile des Körpers noch kein Parasit bekannt ist. Wenn man die Wirbelbogen vorsichtig wegnimmt, so trifft man zuerst auf eine derbe, schwarz gesprenkelte Haut, die den Knochen und mehr noch den Ligamenten zwischen den Bogen anhängt. Unter ihr erscheint ein zelliges Gewebe, in dessen Räumen eine eigenthümliche, kalkartige Materie enthalten ist. Ist auch dies entfernt, so zeigt sich eine zweite, der ersten ganz ähnliche, nur minder feste, ebenfalls schwarzgefleckte Haut. Unmittelbar unter dieser liegt diejenige Membran, die man pia mater genannt hat. Sie ist zart, durchsichtig, farblos, enthält ohne Gefäße und umgiebt als eine weite Scheide das Rückenmark und

*) Die Totalzahl der Knochen des menschlichen Körpers wird von verschiedenen Anatomen verschieden angegeben. Manche rechnen die Zähne und die Knochen des Ohrs nicht dazu; andere betrachten das Kukkuksbein als einen einzelnen Knochen, und noch andere läugnen die Existenz des Sesambeinen. Bei der obigen Angabe sind die Zähne mitgerechnet, und das Kukkuksbein wird als aus drei Stücken bestehend angenommen (denn obwohl es deren nur 2 oder 5 besitzen kann, so scheinen doch drei am häufigsten vorzukommen); auch sind sowohl für die Hände, als Füße 4 Sesambeine gerechnet.

die Sakralnerven, so lange sie dicht an dem Rückenmark anliegen *). Der Raum zwischen ihr und der innersten, das Nervenmark genau umschließenden Hülle ist es, den die gleich näher zu beschreibenden Thierchen bewohnen. Man sieht sie, sobald die sogenannte pia mater bloßgelegt ist, sich vielfältig bewegen, und dadurch die sie bedeckende Haut gleichsam unbulirend sich heben und senken. Um sie zur Untersuchung zu erhalten, ist es am besten, das Rückenmark über der Ursprungsstelle des letzten Lendennerven quer zu durchschneiden und den untern Theil mit seinen Häuten aus dem Canal, der sich noch etwas in das Kreuzbein erstreckt, herauszunehmen. Legt man ihn so in ein Gefäß mit Wasser, so verlassen die Würmer ihren Sitz nicht; sobald man aber die pia mater aufschlitzt, zerstreuen sie sich in der Flüssigkeit. Niemals habe ich sie im Wirbelcanal höher hinauf, als bis zu der genannten Stelle verbreitet gefunden, und auch in der Schädelhöhle habe ich umsonst nach ihnen gesucht; dagegen vermißte ich sie niemals in dem bezeichneten Raum. Gewöhnlich waren 20 bis 30, mitunter nur einige wenige, häufig mehr als 40 zusammen. Am lebhaftesten sind sie in lebenden oder eben getödteten Fröschen; doch erhalten sie sich, im Sommer noch 2 bis 3 Tage nach dem Tode des Thieres, in dem sie wohnen. In Wasser gelegt, sterben sie sehr bald, oft schon nach 2 bis 3 Stunden und zerfallen dann in eine weiße, körnige Masse. Im Wasser bewegen sie sich sehr munter, indem sie sie im Wirbelcanal rasch verlängern, halbkreisförmig zusammenkrümmen u. s. f. Sie erscheinen dadurch bald als Fädchen von etwa einer Linie Länge, bald als weiße punktförmige Körperchen, ⅓ Linie im Durchmesser (Fig. 22.) Unter dem Mikroscop betrachtet, verändert sich ihre Gestalt noch mannichfaltiger. Strecken sie sich aus, so erscheint der Körper von und hinten cylindrisch, in der Mitte breiter und platter, mit durchsichtigem, allmälig sich zuspitzendem Schwanze und etwas kugelförmig angeschwollnem Kopfende. An der untern Seite des letztern befindet sich die Mundöffnung, die bald einen völligen Kreisbogen darstellt, bald eine Ellipse, deren größter Durchmesser in der Längenaxe des Wurmes liegt. (Fig. 18. 20. a.) Sie ist von einem kleinen Wulst umgeben, der vorzüglich an dem vordern Körperende, wie von einer Oberlippe überragt. Wenn das Thier sich zusammenzieht, und besonders, wenn es am Munde anfängt, wird das vordere Ende breiter und es erscheinen neben dem Munde zwei fußzapfenartige Lappen. (Fig. 19. a.) Der Körper ist fast in seiner ganzen Länge und Breite mit einer großen Menge eirunder, zum Theil nierenförmiger, meist durchsichtiger, scharf begränzter Bläschen angefüllt, die in 3 Längsfeldern neben einander liegen. Die schmalen Räume zwischen diesen Feldern werden dadurch noch deutlicher, daß Fäden von einem Ende zum andern bei den Begränzungen derselben die Körperchen dichter zusammengepreßt und verschieden sich bei den Zusammenziehungen des Leibes, um, wenn diese nachlassen, in ihre frühere Lage zurückzukehren. Sie liegen in 2 Schichten über einander, so daß deren man bei starker Vergrößerung, durch abwechselndes Nähern und Entfernen des Objects, bald die obere, bald die untere zur Anschauung bringen kann. Auf schwarzer Unterlage erscheinen sie glänzend, wie Wasserbläschen, bei mehr aus Blick einer Scheibe, als eines Kugel- oder eiförmigen Körpers. Bei starkem Druck, wodurch die äußere Hülle des Thieres zerreißt, treten sie aus einander und zerstreuen sich unter dem Presforium, indeß entziehen sie bedeutenden Druck, ohne ihre Form zu verändern. Etwa bis zum letzten Fünftel des ganzen Leibes reichen diese Körperchen. Der hintere Theil enthält keine, und zeichnet sich durch sein geringer Vergrößerung durch seine Durchsichtigkeit aus. Noch deutlicher wird die Abgränzung desselben, wenn das Thier sich verkürzt. Es bleibt alsdann seine cylindrische Form zu behalten, indeß der übrige Theil platter und breiter wird. An der Spitze des hintern Endes findet sich eine ganz kleine kreisrunde

*) Meine Beobachtungen über diese verschiedenen Hüllen und einen Versuch zur Deutung derselben denke ich bei einer andern Gelegenheit ausführlicher mitzutheilen. H.

Oeffnung (Fig. 17. e.), die aber nur dann sichtbar wird, wann der Wurm den Schwanz gerade aufwärts streckt.

An der Bauchfläche trägt das Thierchen 2 Saugnäpfe, die es von Zeit zu Zeit hervortreten läßt, und die dann am deutlichsten zu sehen sind, wenn es sich, wie in Fig. 21. gezeichnet, auf die Seite legt, und den Kopf gegen den Schwanz zurückbiegt. Der vordere liegt etwa in der Mitte des Leibes. Er ist durchsichtig, immer an der Basis am breitesten; übrigens wechseln Größe und Gestalt sehr. Wenn er am meisten hervortritt, so gleicht er einem zugerundeten Kegel mit einem auswärts gebogenen, auf beiden Seiten etwas ausgeschweiften obern Rand. (Fig. 21. b.) Mäßig vorgestreckt, hat er die Form eines abgestutzten Kegels. (Fig. 21. a.) Der zweite Saugnapf befindet sich da, wo der Schwanz anfängt: er ist schwerer zu sehen, weil das Thier in der gezeichneten Stellung die Seitenränder zum Kopf aufwärts beugt, so daß er wie in einer Hohlkehle liegt. Seine Form ist gewöhnlich die eines zugespitzten Conus; zuweilen erscheint er als ein abgestutzter Kegel mit schmaler, elliptischer Grundfläche. (Fig. 21. c.) Nie tritt er so stark hervor, als der vordere, doch bleibt er länger thätig, und wenn die Bewegungen des Thierchens matter werden und es den vordern Saugnapf nicht mehr vorstreckt, kann man den zweiten allein noch bemerken.

Um die Form und Structur dieser Organe genau zu sehen, muß man den Wurm zwischen 2 dünne Glasplättchen unter das Mikroscop bringen, so daß die Bauchseite nach oben gekehrt ist. (Fig. 20.) Der vordere Napf (b) zeigt sich alsdann immer kreisrund und gränzt seitwärts an die beiden hellen Streifen, die die mittlere Reihe der Bläschen von den seitlichen trennen. Die Bläschen fehlen an der Stelle, die er einnimmt. In seiner Mitte ist eine Oeffnung, die bald rund, bald oval, bald sternförmig erscheint. Von ihr aus erstrecken sich, gleich Radien, unregelmäßig begränzte und rundlich ausgezackte, sich hier und da theilende und verbindende Falten gegen die Peripherie. Mit dieser concentrisch gewahrt man gegen den Mittelpunct hin einen oder zwei dunklere Streifen, die den Anschein geben, als sey ein innerer höher liegender Theil von einem äußern, tiefer gelegenen Ring umgeben. Wenn die äußere Hülle des Körpers sich nicht mehr bewegt, gewahrt man noch wellenförmige Zusammenziehungen in dieser Scheibe von der Peripherie gegen das Centrum hin.

Der zweite Saugmund (Fig. 20. c.) ist elliptisch, und kleiner als der erste, indem sein größter (Längen-) Durchmesser ohngefähr dem Durchmesser der vordern Scheibe gleichkommt. Die Oeffnung in der Mitte desselben ist eine Längsspalte. Zwischen ihr und dem äußern Umfange lassen sich, wenn das Bild recht scharf erscheint, 3 concentrische Lagen unterscheiden, von welchen die mittlere die breiteste ist und hauptsächlich zur Erhebung des Napfes über die Bauchfläche beizutragen scheint. Um den äußern Rand dieses Organs liegen die eiförmigen Körperchen einzeln zerstreut.

Der Körper des Wurms ist in seinem ganzen Umfange, mit Ausnahme der Oberlippe, leicht ausgerandet. Wenn er sich zusammenzieht, so erstrecken sich von diesen Einrandungen aus Queerrunzeln über den Leib, die besonders deutlich am Schwanze erscheinen. (Fig. 19. f.)

Nach all' diesen Merkmalen ist es wohl nicht zu bezweifeln, daß das beschriebene Binnenwurm zu den Trematoden, und zwar zu der von Herrn v. Nordmann *) neu aufgestellten Gattung der Diplostomen gehöre. Auch der Bau der innern Theile stimmt fast ganz mit der a. a. O. gegebenen Beschreibung überein. Der Darmcanal ist gabelförmig und endet blind. (Fig. 18. 19. 20. g.) Er ist mit einer körnigen Masse gefüllt, die bei Beleuchtung von unten gelblich, auf dunklem Grunde weiß aussieht, die ich mehrmals durch den Schwanz erstrecken sah. Er bewegt sich, was ich bei v. Nordmann nicht angegeben finde, unabhängig von der äußern Haut, indem sich bald das eine, bald das andere blinde Ende von der Schwanzspitze entfernt. Auch mir glückte es, die von dem trefflichen Beobachter (S. 40) beschriebenen Monaden im Innern dieses

*) Mikrographische Beiträge zur Naturgeschichte der wirbellosen Thiere. Berlin 1832. Erstes Heft. S. 27. ff.

---

fes Binnenwurms zu sehen. Sie schienen mir indeß wirklich dem Darmcanal anzugehören, da ich sie nur in unmittelbarer Nähe desselben und nur dann wahrnahm, wenn unter dem Pressorium die äußere Körperhülle zerrissen war, wo dann wahrscheinlich die Darmhaut ein gleiches Schicksal erfahren hatte. Das Gefäßsystem ist von der Bauchseite sehr leicht zu sehen, besonders wenn die eiförmigen Körperchen nicht in allzugroßer Menge angehäuft sind. Ich weiß hinsichtlich desselben der genauen Beschreibung, die v. Nordmann gegeben, nichts hinzuzufügen. Die Form des von ihm als Chyluslusbehälter bezeichneten, durchsichtigen Organs in der Schwanzspitze ist bei unserm Thierchen nicht constant und gleicht bald der v. Nordmann's Diplostomum volvens (Fig. 20. d.), bald der seines Diplostomum clavatum. (Fig. 18. d.) — Außer dem durch den ganzen Körper zerstreuten, eiförmigen Körperchen habe ich nichts unterscheiden können, was sich auf das Geschlechtssystem beziehen ließe. v. Nordmann glaubt über dem Chylusbehälter ovale, ebenfalls durchsichtige Körper gesehen zu haben, die er Hoden nennt (a. a. O. S. 55). Ich wage um so eher, dieselben für einen Theil des Chylusbehälters zu erklären, der zuweilen durch eine leichte Abschnürung von dem hintern, weitern Theile getrennt ist, da er selbst diese Vermuthung ausspricht und seine Abbildung (Taf. III. Fig. 5.) sie zu bestätigen scheint. — Nerven habe ich ebensowenig, als v. Nordmann wahrgenommen.

Unser Thierchen hat die allgemeine Körperform und den ausgekerbten Rand mit den Arten gemein, als deren Typus v. Nordmann das Diplostomum clavatum aufstellt. Dagegen nähert es sich dem durch Diplost. volvens repräsentirten durch die ohrenförmigen Fortsätze neben dem Mund und die Gestalt des Chylusbehälters während der Contraction, ferner auch dadurch, daß es den in der Mitte platten Leib nach unten umlegen, und so eine Rinne bilden kann, was bei Diplostomum clavatum nicht vorkommen soll. Von beiden unterscheidet es sich durch seine Größe. (Diplost. clav. und volv. und die ihnen zunächst stehenden Arten sind nur ¼ Linie lang) und vor Allem durch das Verhältniß der Saugnäpfe zu einander, da bei jenem der vordere der beiden unter einem kleiner ist, als der hintere, ein Unterschied, der sich vielleicht als ein höheres Eintheilungsprincip geltend machen wird, wie ihn Rudolphi bei Bestimmung des Mundes und des Saugnapfes schon für die Distomen benutzt hat. Uebrigens überlasse ich es Herrn v. Nordmann, dieses Thierchen in seiner versprochenen Synopsis der Diplostomen die entsprechende Stellung anzuweisen und habe, um ihm in nichts vorzugreifen, auch die specifische Bezeichnung nicht nach irgend einem äußern Merkmale, sondern nach dem Aufenthaltsorte des Binnenwurms gewählt. — Ich bemerke noch, daß ich in den Augenflüssigkeiten der Frösche, wo ich zu gegenwärtigem Zwecke untersuchte, keine lebenden Thiere gefunden habe.

Fig. 18. Diplostomum rhachiaeum, bei etwa 300maliger Vergrößerung, von der Rückseite.

Fig. 19. Dasselbe, etwas zusammengezogen.

Fig. 20. Dasselbe, noch mehr contrahirt, von der Bauchseite.

Fig. 21. Profilansicht desselben.

Fig. 22. Natürliche Größe.

Ueber die Bereicherungen, welche das Museum der Naturgeschichte zu Paris durch Hrn. Eydoux erhalten hat,

sind von Hrn. Geoffroy St. Hilaire folgende Nachrichten mitgetheilt worden.

„Hr. Eydoux ist Oberwundarzt des königlichen Schiffes Favorite, das eben erst die Befehle des Fregatten-Capitains Lagplace so eben eine Reise um die Welt vollendet hat. Diese Reise hatte nicht, wie die Astrolabe und die Coquille, die Wissenschaft speciell zum Zweck; indessen ist diese, in Folge einer zarten Aufmerksamkeit des Marinedepartements, immer einer der empfohlenen Gegenstände. So werden z. B. vorzugsweise solche Officiere und Aerzte an Bord genommen, die wegen ihrer Kenntnisse in Astronomie, Geographie und Naturgeschichte den meisten Ruf haben.

Aus diesem Grunde war auch Hr. Eydour gewählt worden, obgleich seine Bestimmung und seine Reise erst ganz neuerdings bekannt geworden ist, als wir auch von den köstlichen Früchten seiner Reise Kenntniß erhielten.

Die Favorite hatte den Auftrag, die französische Flagge in den indischen Gewässern zu zeigen, welche bis jetzt von Frankreich's Schiffen wenig besucht worden waren, Küsten und einige Landungspunkte in den Archipeln auf ihrem Strich aufzunehmen, auch neue Handelsverbindungen anzuknüpfen.

Die Favorite, eine Corvette mit 24 Kanonen, mit rundem Hintertheile nach einem neuen Modell erbaut und gut segelnd, verließ die Rhede von Toulon den 30. December 1829 und kehrte nach zwei Jahren und einigen Monaten den 21. April des vorigen Jahres zurück. Sie ist an der Insel Gorée (den 26. Januar 1830), an der Insel Bourbon (den 1. April), an Isle de France kurz nachher vor Anker gegangen, um hier Seeschaden auszubessern, den ihr ein Sturm zugefügt hatte; ferner ging sie vor Anker an den Seechellen (den 23. Mai), bei Pondichery (den 9. Junius), bei Marabras (den 21. Junius); und sie kam endlich (den 17. Julius) auf die Rhede von Goringhi, an der Küste Coromandel, eine der ersten ihr empfohlenen Stationen. Von hier aus hat die Favorite ihre Reise fortgesetzt und Malacca (den 15. August), Singcapur (den 19. August), Manilla (den 14. September) Macao (den 21. November) besucht, um von hier nach Turane, der Hauptstadt von Cochinchina, zu gehen; sie blieb hier vom 21. December bis zum 24. Januar 1831, und dann noch nach Erforschung des Golfes von Tonquin, vom 31. Februar bis zum 5. März. Eine andere Untersuchung, nämlich diejenige der Natunas- und Anambas-Archipele fand auch statt, ehe sie sich nach Java begab (15. April), wo sie ihrer vielen Kranken halber eine längere Zeit verweilen mußte.

Die Favorite begann ihre Rückkehr, indem sie an mehreren Stellen Australien's vom 1. Julius bis zum 21. September landete, im October an Neuseeland vorüberfuhr und sich in den ersten Tagen des Jahres 1832 an die Küsten von Chile begab, alsdann das Cap Horn umsegelte, so daß sie sich den 23. Januar desselben Jahres zu Rio de Janeiro befand, um hier auszuruhen und sich von Neuem zu verproviantiren.

Aus diesem Laufe des Schiffes sieht man, daß es meistentheils See gehalten hat. Auch sind die Sammlungen des Hrn. Eydour hauptsächlich auf solchen Gegenständen reich, die man in Meere fischen konnte, besonders an Mollusken und Muscheln. Die Hauptstationen des Schiffes sind in Cochinchina Turane, Hobart-Town, der Hauptort auf Vandiemensland und der Sitz einer englischen Colonie, Port Jackson, Valparaiso in Chile und Rio de Janeiro gewesen. Die Sammlungen dieser Länder sind äußerst interessant und enthalten meistentheils neue Arten.

Ein Gegenstand, welcher die Aufmerksamkeit des Hrn. Eydour gefesselt hat, ist die Unterscheidung der menschlichen Racen: er hat Schädel mitgebracht von Canton und von der Küste Coromandel; alsdann andere von Eingebornen von Vandiemensland, und unter andern einen ganzen Kopf eines dieser Inselbewohner, sehr gut in Alkohol erhalten.

Überglauben veranlaßt die schwangern Weiber dieses Landes, die auf die Tapferkeit des Kriegers hohen Werth legen, sich zu bemühen, um der Frucht ihres Leibes den Geist und den Muth der in der Schlacht gestorbenen Anführer einzuimpfen; und sie glauben dahin zu gelangen, wenn sie den Schädel dieser Männer auf ihrem nackten Bauche tragen. Befestigt durch Riemen aus Kängurubaut, welche auf die Jochbeinbogen zusammengenäht sind, reiben sich diese Schädel mit der Länge der Zeit an dem vorragenden Stellen ab und der Hauptpunkt ist hier nämlich die Basis des Schädels, das Vorderhaupt ist nach aufwärts gerichtet und das Antlitz stellt niederwärts. Der Cranium ist um den Hals geführt.

Diese Schädel haben eine sehr sonderbare Bildung; das Stirnbein bleibt gewölbt, aber hinten und oben sind die Scheitelbeine eingedrückt und zwar bloß auf der Seite, denn an ihrem Verbindungspuncte ist die Mittellinie doch, besonders nach hinten. Diese Anordnung hindert indessen nicht, daß die Scheitelbeinhöcker sehr deutlich hervortreten. Nach Gall's Lehre würde aus diesen Anga-

ben viel Eigensinn und Umsicht bei diesen Inselbewohnern zu folgern seyn. Sie schweigt indessen über die Stellen, welche wir eingedrückt genannt haben; aber der Dr. Spurzheim hat seit der Zeit diese Lücke ausgefüllt, indem er in diesen von seinem Meister unbenannten Raum die Anzeige der Neigungen versetzt, welche die Natur diesen Inselbewohnern versagt haben soll, nämlich hinten die Neigung zur Gerechtigkeit, und vorn hin die Neigung zur Hoffnung.

Unter den neuen Thieren sind zwei Fledermäuse, die eine eine Hufeisennase, und die andere von einer noch zu bestimmenden Gattung; eine viverra von Turane, versehen mit den Geruch verbreitenden Drüsen der Zibethkatze, aber dem Wuchs, den Formen und der ganzen Colorirung nach eine Genette; ein Ornithorynchus von hohem Wuchse, der in England für eine besondere Art gehalten wird; ein Crocodil, welches eine neue Untergattung bilden muß; aber hauptsächlich einen Arakari (Pteroglossus) (aus der brasilianischen Provinz das Minas) mit regelmäßig gezähneltem Schnabel, der das merkwürdige Sonderbarkeit darbietet, daß die Federn des Kopfes und des Halses sich in breite Platten endigen. Unter den auf den Seechellen gesammelten Thieren befinden sich Crustaceen, von denen mehrere neu sind. Sehr wenige Insecten sind mitgebracht worden, aber doch wenigstens das wandelnde Blatt in allen seinen Zuständen bis auf denjenigen der Eier. Er hat außerdem in Alkohol sehr schöne Exemplare von Echidna, von Schnabelthieren, von Känguruhe, von Phalangern u. s. w. Die Monotremen, eine neue Classe, welche aufgestellt worden ist, um die Echidna's und Schnabelthiere zu umfassen, sind immer noch in der Kette der Geschöpfe ein sehr problematisches Glied. So wirft man zu Port Jackson noch immer die Frage auf, ob sie lebendige Junge zur Welt bringen, oder Eier legen? Als Hr. Eydour diese Discussionen vernahm, so begriff er, von welchem Interesse es für die Wissenschaft seyn müsse, dergleichen Thiere, ganz und sorgfältig in Spiritus erhalten, mitzubringen. Ich habe einige dieser neuen Beschreibung des Geschlechtsapparates dieser Schnabelthieres (Mém. de Mus. XV., 1.) beantwortet und es steht zu erwarten, daß die Erlangung der Sammlung, von welcher hier die Rede ist, die vollständige Lösung dieser Fragen beschleunigen wird.

Als sehr wichtige Gegenstände sind noch hier anzuführen die Schwimmvögel, die Neuholländischen Beuteltiere, die Schwimmmäuse, ein sehr sonderbarer Sturmvogel, eine Fettganß von geringer Größe und hauptsächlich ein Fisch des Flusses Derwent, der so genannte Meerteufel oder Froschfisch, dessen schädliches Fleisch für eine englische Familie zu Howart-Town tödtliche Folgen gehabt hat. Im Herbarium befindet sich die Hülse einer Pflanze, die zu den Schotengewächsen gehört, zur Familie der Cassiaee, deren Saamenkörner von der Größe unserer Maronen sind. Man benutzt sie, in Affee gebraten, zu Port Jackson als Nahrungsmittel. Hr. Fraser, Botaniker der Colonie, hat den 4ten Julius 1828 den Namen dieser Kastanie in Schoten entdeckt, und das Botanical Miscellany hat ihn schon bekannt gemacht und abgebildet unter dem Namen Castanospermum australe. Diese Pflanze ist westlich von Brisbane-Town an den Ufern des Eriß gefunden worden. Man hat ihre Schoten zu Toulon gesäet, und 6 Saamenkörner sind aufgegangen. Man hat sie denn auch im Jardin du Roi gesäet, und Hr. Eydour ist vielleicht der Ruhm vorbehalten, dem landwirthschaftlichen Reichthum Frankreich's mit einer anderen Art von Kartoffel vermehrt zu haben."

Miscellen.

Ursache der Intensität des Schalles während der Nacht. — Das Zunehmen des Schalles während der Nacht ist eine sehr wichtige Erscheinung, welche schon den Alten nicht entgangen ist. In der Nähe der bevölkerten Städte hat man diese Wirkung gewöhnlich der Ruhe der lebenden Wesen zugeschrieben, während in Localitäten, wo diese Erklärung keine Anwendung fand, man annahm, daß sie einer günstigen Richtung des Windes zuzuschreiben sey. Al. v. Humboldt wurde besonders von der Erscheinung überrascht, als er zum erstenmal den

Donner der großen Wasserfälle des Oronoco in der die Mission der Apuren umgebenden Ebene hörte. Der Schall schien ihm des Nachts gegen den Tag dreifache Stärke zu haben. Einige haben die Ursache in dem Aufhören des Schwirrens der Insecten, dem Gesang der Vögel und in der Bewegung der Blätter der Bäume gesucht. Hr. v. H. bemerkt aber mit Recht, daß dies in Beziehung auf den Oronoco nicht richtig sey, wo das Summen der Insecten des Nachts weit stärker ist, als am Tage, und wo der Wind sich nie eher erhebt, als nach Sonnenuntergang. Diese erste Bemerkung veranlaßte ihn, anzunehmen, daß die Ursache der fraglichen Erscheinung nichts anderes sey, als die gleichförmige Dichtigkeit und vollkommene Durchsichtigkeit der Luft, nachdem die Sonnenwärme sich gleichmäßig in der Atmosphäre verbreitet hat. Wenn die Sonnenstrahlen während des Tages senkrecht auf die Erde gefallen sind, erheben sich beständig von dem Boden warme Luftströmungen von verschiedener Temperatur und folglich von verschiedener Dichtigkeit, und mischen sich mit der kältern Luft der höhern Regionen. So hört die Luft auf, ein homogenes Medium zu seyn und Jedermann hat leicht die Folge dieses Princips wahrnehmen können, indem er Gegenstände in einem Sonnenstrahl wahrnimmt, welche sich bewegen und in der Atmosphäre zu tanzen scheinen. Dieselbe Wirkung wird merklich, wenn wir etwas in und durch Wasser und Weingeist beobachten, welche nicht völlig gemischt sind, und wenn die entfernten Gegenstände oberhalb einer Flamme oder eines rothglühenden Eisens erscheinen. In allen diesen Fällen erleidet das Licht eine Zurückwerfung (Brechung, Refraction), indem es aus einem Medium von einer gewissen Dichtigkeit in ein anderes Medium von verschiedener Dichtigkeit übergeht und die zurückgeworfenen Strahlen verändern beständig ihre Richtung in dem Maaße, als die verschiedenen Strömungen sich allmälig erheben. Analoge Wirkungen haben statt, wenn der Schall durch ein gemischtes Medium, (sey dieses nun durch Zusammentreffen verschiedener Elemente, oder in Folge der verschiedenen Dichtigkeit der zusammensetzenden Theile entstanden), hindurchgeht. Je nach der Dichtigkeit der Räume, die er durchläuft, so wird der Schall strahl theilweise zurückgeworfen (repercuté), indem er von einem Medium in's andere übergeht und die Richtung des so durchgelassenen Schallstrahls erleidet eine Veränderung; hieraus entsteht, daß die verschiedenen Theile des Schalles, indem sie auf ihrem Wege mehr

oder minder Hindernisse antreffen, in verschiedenen Zwischenräumen zu dem Ohre gelangen, wodurch die Deutlichkeit und Klarheit vernichtet wird. Diese Theorie läßt sich durch deutliche Demonstrationen unterstützen. Wenn man eine Glocke in einen Recipienten bringt, welcher mit Hydrogengas und atmosphärischer Luft gefüllt ist, so ist der Schall fast unbemerkbar. Regen und Schnee vermindern sehr beträchtlich jede Art von Geräusch, und wenn man durch eine Metallröhre von hinlänglicher Länge bläst, so hört man zu gleicher Zeit verschiedene Töne, von denen der eine durch die festen Körper schneller, der andere durch die Luft langsamer fortgeleitet worden ist. Dieselbe Eigenschaft wird durch das sonderbare und leicht zu wiederholende Chladni'sche Experiment dargethan. Wenn ein mit einem Fuß versehenes Glas zur Hälfte mit schäumendem Champagner gefüllt wird, so verliert es sein Vermögen, bei'm Anstoßen zu klingen, und giebt nur einen unangenehmen matten Ton. Dies dauert so lange, als der Wein mit Luftbläschen gefüllt ist, und das Schäumen fortdauert. So wie letzteres abnimmt und aufhört, wird der Ton des Glases immer heller und erhält seinen vollen Klang wieder, wenn die Luftbläschen ganz verschwunden sind. Wenn man das Aufbrausen von neuem veranlaßt, indem man ein Stückchen Brod in den Champagner wirft, so hört das Glas wieder auf zu klingen. Man bemerkt dasselbe mit andern geistigen Flüssigkeiten.

Das Vermögen des Bonita (eine große Art von Scomber), aus dem Wasser herauszuspringen, wenn er seine Beute, den fliegenden Fisch, verfolgt, ist fast unglaublich. „Den Tag vor unserer Ankunft in Mozambique erhob sich einer dieser Fische, gelangte über die Seite des Schiffs weg, und schlug mit solcher Heftigkeit gegen einen vorspringenden Theil auf dem Hintertheile des Schiffs (the poop) an, daß wenn ein Mensch den Schlag erhalten hätte, er aller Wahrscheinlichkeit nach tödtlich gewesen wäre. Durch die Heftigkeit des Anschlagens betäubt, fiel er bewegungslos zu den Füßen des Steuermannes nieder; als er aber bald darauf sich erholte, waren seine Bewegungen von ihm umherschlagen so wüthend, daß es möglich war, seine Wärme Gliede mit der Art beizubringen, ehe man sich ihm mit Sicherheit nähern konnte. Die größte Höhe, die er über dem Wasser erreicht, war achtzehn Fuß und die Weite des Sprunges, wenn er nicht unterbrochen worden wäre, würde mehr als hundert und achtzig Fuß gewesen seyn." (Captain Owen's Narrative.)

Heilkunde.

Verrenkung des Schultergelenks [*].
Von Philipp Crampton. M. D.

(Fortsetzung und Schluß des in No. 796. [No. 4. des XXXVII. Bds.] gelieferten Aufsatzes.)

(Hiezu die Figg. 15 — 17 der mit Num. ausgegeb. Tafel.)

Die practischen Folgerungen, welche sich aus den durch die Anatomie der Luxation des Schultergelenks dargelegten Thatsachen ergeben, sind, abgesehen von einigen wenigen wichtigen Ausnahmen, mit dem Verfahren der ausgezeichnetsten Wundärzte alter und neuer Zeit in Einklang. Wenn sie daher auf Originalität keinen Anspruch machen können, so ist es doch deßhalb nicht weniger wichtig, daß dasjenige, wofür die Erfahrung spricht, durch das Raisonnement bestätigt werde; same ohne eine Bekräftigung sind die besten practischen Regeln einer falschen Anwendung ausgesetzt, und folglich von Umständen trügerisch. Uebrigens können Regeln für die Praxis, welche lediglich auf sogenannter Erfahrung beruhen, wenig Zutrauen erwecken, wenn wir bedenken, daß die Erfahrung eines Zeital-

---

[*] Die Figuren 15 — 17 auf der mit No. 815 ausgegebenen Tafel hätten eigentlich gleich mit dem in No. 796 gelieferten Theile des Aufsatzes über die Pathologie der Luxation des Schultergelenks erscheinen sollen; sie konnten aber damals nicht darüber disponiren. Jetzt dienen sie, das dort Gesagte in's Gedächtniß zurückzurufen und die unmittelbaren practischen Bemerkungen daran zu knüpfen. F.

Fig. 15. a. Deltoideus.
    b. Scapula.
    c. Kopf des humerus.
    d. Körper des humerus. Der m. biceps und m. coracobrachialis vor, der m. triceps hinter dem Knochen.
    e. m. subscapularis.
    f. m. teres major.

g. m. latissimus dorsi.
h. m. pectoralis major.
i. processus coracoideus.
k. Rand des zerrissenen Kapfelbandes.
l. Einige Fibern des m. subscapularis, welche den Hals des Knochens umfassen.

Fig. 16. a. Innere Seite der scapula.
    b. Hals der scapula.
    c. processus coracoideus.
    d. Vertiefung zwischen dem Kopf des humerus und dem größern Höcker.
    e. f. Directionslinie einer auf den Kopf eines luxirten Knochens wirkenden Gewalt, bevor der Kopf von dem Halse des Schulterblatts frei gemacht worden ist.

ters, oder eines Gliedes gewöhnlich mit der eines andern im Widerspruch steht.

1) Der Widerstand, welcher dem Einrichten einer frischen Luxation der Schulter entgegensteht, scheint lediglich von der krampfhaften Zusammenziehung der gereizten Muskeln um das Gelenk her, und nicht mit daher zu rühren, daß der Hals des Knochens von dem zerrissenen Kapselligament fest umschlossen wird. Die letztere Ansicht wird zwar durch die Meinung einiger der ersten Chirurgen unterstützt, kann sich aber gegen das Zeugniß der Pathologie nicht behaupten. Das schmerzhafte und gefährliche Verfahren, bei welchem man das Gelenk heftig dreht, um den Riß in dem Kapselligament zu erweitern, sollte demnach aufgegeben werden. Ist aber die Muskelcontraction der einzige oder wenigstens der hauptsächlichste Widerstand, den man zu überwinden hat, so läßt sich daraus folgern, daß wir vor der Anwendung solche Mittel anzuwenden haben, die darauf hinwirken, die Spannung des Muskelsystems im Allgemeinen zu vermindern und die Reizbarkeit oder Contractionskraft der Muskeln des leidenden Theils insbesondere zu erschöpfen. Um den ersten Zweck zu erreichen, können wir im Allgemeinen Aderlaß, warme Bäder und ekelerregende Dosen von Brechweinstein anwenden, und zur Erfüllung der zweiten Indication ist nichts so wirksam, als gelinde, aber lang fortgesetzte Ausdehnung. Uebrigens besitzt die Muskelkraft eine Eigenschaft, die wir uns häufig sehr zu Nutze machen können; selbst ehe wir Mittel anwenden, welche darauf berechnet sind, direct zur Verminderung der Muskelcontraction hinzuwirken. John Hunter hat ganz richtig bemerkt, daß man die Muskeln überraschen könne, und die Kraft derselben wird auf diese Weise mehr umgangen, als überwunden; er behauptet, daß ein Muskel seine volle Kraft äußern könne, müsse er sich in einem Zustand der Vorbereitung auf die Thätigkeit befinden, und dieser Zustand kann nur entweder durch die dem Muskel durch die Nerven zugeführte Reizung des Willens, oder durch einen direct auf den Muskel selbst wirkenden, mechanischen oder chemischen Reiz herbeigeführt werden. Auf diese Weise erklärte er den großen Widerstand, den ein Gelenk jeder äußern auf Verrenkung hinwirkenden Kraft entgegensetzt, wenn es auf den Fall vorbereitet ist, im Vergleich mit dem geringen Widerstand, den es leistet, wenn die Kraft unversehens darauf einwirkt. So kann, z. B., Jemand 20 — 30 Fuß hoch auf harten Boden hinabspringen, ohne sich nothwendig den Knöchel zu verrenken, und sich dagegen eine leichte Luxation zuziehen, wenn er unvorsichtig nur 1 Fuß tief hinabgleitet, z. B., wenn er sich am Ende einer Treppenflucht zu befinden glaubt, und noch eine oder ein paar Stufen hinabrutscht. Dieses Gesetz der Muskelthätigkeit wird gegenwärtig allgemein anerkannt, und läßt sich mit Vortheil auf die Reduction der Gelenke anwenden.

Wenn vor dem Herbeirufen von Gehülfen, oder vor Anlegung irgend eines Apparats, der Chirurgus, während er nur mit Unterfuchung der Beschaffenheit der Verlegung beschäftigt scheint, am Handgelenk gelinde zieht und, indem er den Arm langsam in die horizontale Lage hebt, ihn plötzlich aufwärts und ein wenig vorwärts, d. h. nach dem Gesichte des Patienten zu zieht, während er zugleich dem Rumpf mit der unter der Achsel liegenden linken Hand plötzlich zurückschiebt, so wird es ihm, wenn das Leiden noch neu ist, in vielen Fällen gelingen, das Gelenk durch diese Chirurgie wieder einzurichten. Uebrigens wird der Erfolg großentheils davon abhängen, daß der Kranke den Versuch durchaus nicht erwartet. Deßhalb muß er die Aufmerksamkeit des Patienten von seinen Manipulationen abzulenken suchen, und das kann wohl durch nichts sicherer geschehen, als wenn man ihn veranlaßt, den Hergang der Sache so viel umständlich zu beschreiben. Ueber dieses Capitel lassen sich alle Patienten sehr gerne aus, und wenn sie im Zuge sind, so gehört von Seiten des Chirurgus nur wenig Tact dazu, um den rechten Augenblick zu ergreifen, wo der Zugkraft am vortheilhaftesten angewandt werden kann.

2) Bei der Luxation in die Achselhöhle scheint die Muskelcontraction sich der Wiedereinrichtung dadurch zu widersetzen, daß sie den Kopf des Oberarmbeins, vorzüglich den Theil desselben, an welchem sich die Rinne befindet, welche die eigentliche Gelenkoberfläche von dem größern Höcker trennt, gegen den untern Theil des

Randes der cavitas glenoidea drückt; ferner scheint sich aus einem von Sir Astley Cooper bekannt gemachten Falle zu ergeben, daß der Muskel, welcher diesen Druck hauptsächlich, wenn nicht ausschließlich, hervorbringt, der supraspinatus sey: hieraus muß man offenbar für die Praxis folgern, daß man diesen Muskel und den deltoideus durch Aufhebung des Armes, bis er fast den rechten Winkel mit dem Rumpfe bildet, zu erschlaffen habe, ehe man irgend eine Ausdehnungskraft anwendet, und daß man vor allen Dingen nicht die geringste Kraft anwenden dürfe, um den Kopf des Knochens aufwärts zu drücken; denn so lange er auf dem Halse des Schulterblatts ruht, wirkt der Druck nach oben nur darauf hin, ihn noch fester an diesen Knochen zu drücken, und sobald er nicht mehr mit dem Rande der cavitas glenoidea in Berührung ist, wird er durch den bloßen Zug der Muskeln in die Pfanne einschnappen.

3) Was die Richtung anbetrifft, nach welcher die Ausdehnung zur Wiedereinrichtung der Verrenkung in die Achselhöhle gemacht wird, so scheinen alle erfahrnen Chirurgen sämmtlicher Länder in ihrer Praxis mit einander übereinzustimmen. Der Arm wird gewöhnlich so geboben, daß er beinahe einen rechten Winkel mit dem Rumpfe bildet, und während man durch Ziehen am Handgelenke eine gelinde Ausdehnung bewirkt, bewegt man den Arm wie einen Hebel auf und nieder, und nach beiden Seiten, so daß sämmtliche Muskeln um das Gelenk her der Reihe nach erschlafft werden. Allerdings wird, wenn man die Einrichtung dadurch bewirkt, daß man die Ferse in die Achselhöhle setzt, (welches Verfahren für äußerst practisch gilt) der Arm in einer mit dem Axe des Rumpfes parallel streichenden Richtung niederwärts gezogen; wenn diese Methode aber auch häufig glückt, so geht daraus noch keineswegs hervor, daß die Kraft dabei am vortheilhaftesten angewandt werde. Es kömmt darauf an, die Wiedereinrichtung zu bewirken, ohne den Theilen, so weit dieß möglich ist, Gewalt anzuthun, und wenn die durch vorgleichende Beispiele darthun ließe, daß zwei Einrichtungsverfahren gleich sicher seyen, der Zweck aber bei dem einen durch Anwendung von nur der Hälfte der Kraft erreicht würde, welche beim andern nöthig ist, so müßte offenbar dem erstern der Vorzug gegeben werden. Ferner ist es wahr ist, daß der Widerstand gegen die Ausdehnungskraft in manchen Fällen daher rühre, daß der musculus supraspinatus mit dem größern Gelenkhöcker in Verbindung bleibt, so läßt sich dieser Widerstand offenbar dadurch am besten überwinden, daß man den Arm in die Höhe hebt, und auf diese Weise den widerstrebenden Muskel erschlaffe. Der gute Erfolg, mit welchem man nicht selten die zuerst von White in Manchester in Vorschlag gebrachte Einrichtungsmethode anwendet, bei welcher der Arm gerade oder in der mit der Axe des Rumpfes parallelen Linie aufwärts gezogen wird, muß ohne Zweifel vorzüglich der auf diese Weise hervorgebrachten Erschlaffung des musculus supra-spinatus und deltoideus zugeschrieben werden; auch wird wahrscheinlich bei dieser Lage des Oberarmknochens der Kopf des Knochens einigermaßen von dem Halse des Schulterblatts abgezogen, gegen welchen er, bei der Verrenkung nach unten, durch die Contraction der Muskeln stark gepreßt wird. Vor einigen Jahren wurde die White'sche Methode hier zu Lande häufig zur Reduction aller Verrenkungen des Oberarmknochens angewandt, wie der große Ring in dem Deckenbalken des Vorsaals im Steeven's Hospital bezeugt. Diese Methode ist jedoch in neuerer Zeit außer Gebrauch gekommen, und daraus läßt sich schließen, daß sie vor den jetzt allgemein gebräuchlichen Mitteln keine bedeutenden Vorzüge besitze. Die englischen Chirurgen werden sich darüber wundern, daß diese Methode jetzt als ein neues und wichtiges Einrichtungsverfahren im Hôtel Dieu eingeführt worden ist. Hr. Malgaigne, der Hrn. Dupuytren mit diesem Verfahren bekannt machte, führte in seinem Bericht an die Classe an, die Anatomie und Pathologie dieser Art von Verrenkungen habe ihn, schon ehe er mit der Mothe'schen Methode bekannt gewesen, zur Anwendung derselben bestimmt. Sie bestehe darin, daß man den Arm gewaltsam in die Höhe hebe, und folglich erstlich, statt ihn niederwärts auszudehnen und zu verlängern. Hrn. Mothe's Abhandlung, in welcher er dieses Verfahren als seine Erfindung in Anspruch nimmt, wurde der chirurgischen Academie im Jahr

29

1785 vorgelegt; dagegen war aber die Schrift des Hrn. White, in welcher man dasselbe Reductionsverfahren umständlich beschrieben findet, schon im Jahr 1764 gedruckt.

4) Zu Dublin, wie zu Paris, Berlin, und überhaupt in Deutschland, wendet man die Ausdehnungskraft lieber auf den Unterarm als den Oberarm an, indem dem Kranken dadurch viele Schmerzen erspart werden; denn es ist kaum ein Theil des Körpers gegen Druck so empfindlich, als die innere Seite des Oberarms über den Condylen, was ohne Zweifel von der oberflächlichen Lage des Ulnarnerven, und der Nachbarschaft des Knochens an jener Stelle herrührt. Uebrigens veranlaßt, unserer Ansicht nach, der über dem Ellenbogen angebrachte Druck den musculus biceps und triceps zu stärkerer Zusammenziehung, und endlich hat der Chirurgus, wenn die Ausdehnung am Handgelenk bewirkt wird, es mehr in seiner Gewalt, die Bewegungen des Glieds zu regieren.

5) Die meisten Chirurgen legen großes Gewicht auf den Vortheil, den man dadurch erreichen soll, wenn man, wie sie es nennen, das Schulterblatt fixirt; indeß ließe sich bezweifeln, ob dieß thunlich, oder, wenn es dieß ist, vortheilhaft sey. (Vergl. Notizen No. 813. [No. 21. des XXXVII. Bandes] S. 834.) Es liegt auf der Hand, daß ein gespaltenes Tuch, oder eine Serviette mit einem Loche, durch welches der Arm gesteckt wird, bei starker Ausdehnung des letztern nur auf die untere Rippe des Schulterblatts, oder vielmehr auf die durch die Ränder des musculus latissimus dorsi, teres major und pectoralis major gebildeten Ränder der Achselhöhle einwirken kann. Hierdurch kann aber nichts erreicht werden, als daß der untere Winkel des Schulterblatts nach hinten und oben getrieben, folglich der obere Winkel und die cavitas glenoidea nicht derwärts gerichtet und durch die Einwirkung von den pectoralis major und latissimus dorsi der Kopf des Oberarmbeins nach innen gegen die Rippen zum gezogen, folglich von der cavitas glenoidea entfernt wird. Um diesem Einwande zu begegnen, empfehlen manche Chirurgen, daß ein Gehülfe mit der Hand auf das acromion des Schulterblatts in der Art drücken solle, daß es zurückgetrieben werde, während man den Oberarmknochen nach unten und außen ziehe; allein es leuchtet ein, daß, wenn der Kopf des Schulterblatts nicht mit einer Kraft abwärts drückt, welche der auf den Unterarm angewandten Ausdehnungskraft wenigstens das Gleichgewicht hält, das Schulterblatt nicht fixirt werde, sondern dem Arme folgen muß. Wenn übrigens der Oberarm in die Höhe gehoben ist, füllt der musculus deltoideus den Raum unter dem acromion aus, und macht es unmöglich, irgend eine bedeutende Kraft auf das acromion anzuwenden. Da der Hals des Schulterblatts sich nicht in die Höhe schieben läßt, so schlägt Bonn vor, die Knochen dadurch auseinander zu bringen, daß man in dem Augenblick, wo die Ausdehnung den höchsten Grad erreicht hat, das Oberarmbein niederdrückt. Dieser Vorschlag ist höchst rationell und ist seit einer Reihe von Jahren im Krankenhause der Grafschaft Dublin, wie mich dünkt, mit großem Vortheil, in Ausübung gebracht worden.

6) Wenn eine größere Ausdehnungskraft nöthig ist, als die Körperkraft der Menschen ohne mechanische Hülfsmittel gewähren kann, so wende ich schon seit länger als 20 Jahren lieber den Hebel als die Rolle (Flaschenzug) an. Der Hebel bietet schon insofern einen Vorzug dar, als es fast nie an einem solchen fehlen kann, indem die Umstände höchst sonderbar seyn müßten, unter denen sich nicht eine Leiter oder Stange auftreiben ließe. Ueberdem bietet er, im Vergleich mit dem Flaschenzuge, noch den Vortheil dar, daß sich die Richtung der Ausdehnung, während dieselbe unausgesetzt wirkt, ungemein leicht verändern, und die Kraft, sobald sie ihre Wirkung gethan, sich augenblicklich aufheben läßt. Die Art und Weise, wie ich eine Leiter als Hebel oder Schwengel anwende, wird durch Fig 17. vollkommen erläutert.

7. Die Anatomie der frischen Verrenkung nach vorne bringt den lange streitigen Punct, ob der humerus ursprünglich nach irgend einer andern Richtung, als nach unten, oder in die Achselhöhle verrenkt seyn könne, ohne Weiteres in's Klare. Bei James Wilson, welcher im Krankenhause der Graffchaft Dublin behandelt wurde, war der Knochenkopf offenbar gleich anfangs unter das Schlüsselbein gerückt, denn die untere Portion des Kapselligaments

war nicht zerrissen; und die Anheftung des musculus subscapularis und m. teres minor an die untere Rippe des Schulterblatts in keiner Art verletzt. Im ganzen Gebiete der chirurgischen Pathologie giebt es vielleicht keinen Punct, dessen Feststellung in practischer Hinsicht wichtiger ist, als dieser; denn wenn wir auf die allgemein geltende Meinung hin, daß bei der Luxation nach vorne der Kopf des Oberarmbeins erst in die Achselhöhle rutsche, uns bemühen, das Oberarmbein niederwärts zu ziehen, so leuchtet ein, daß bei diesem Versuche der musculus subscapularis sehr bedeutend leiden müsse; denn derselbe muß entweder geradezu nach der Quere zerrissen oder von dem Schulterblatte oder dem Oberarmbein abgerissen werden

Der Grund, welcher uns bestimmen muß, bei der Einrichtung einer Luxation nach vorne den Knochenkopf nicht niederwärts zu ziehen, bezieht sich natürlich nur auf die ursprüngliche Verrenkung nach jener Richtung. In einem solchen Falle ist die Indication deutlich; die, daß man den Kopf des Knochens nach hinten gegen die cavitas glenoidea hinorücke, deren Axe mit der des Kopfs des Oberarmbeins beinahe in dieselbe gerade Linie fällt. Dieß kann dadurch am besten geschehen, daß man unmittelbar unter der Achselhöhle einen festen Stütz- oder Drehungspunct anbringt, und sich des verrenkten Armes wie eines Hebels der letzten Art bedient. Der Chirurg hat demnach seinen horizontal ausgestreckten linken Arm unmittelbar unter den Wandungen der Achselhöhle zwischen den verrenkten Arm und dem Brustkasten anzulegen, hierauf das Handgelenk mit der Rechten zu fassen, und den Arm des Patienten kräftig queer über dessen Rumpf zu bewegen.

Fall. Oberst Gore, alt etwa 56 Jahr, ein gesunder, kräftiger Mann, wurde in einer sehr dunkeln Nacht umgeworfen, so daß der Wagen von der Chaussee auf ein 6—7 Fuß tiefer liegendes Feld stürzte. Keine ganze Stunde nach dem Unfalle saß ich bei dem Oberst, und fand, daß dessen linker Oberarm nach vorne verrenkt war; ich stellte mich vor ihn, legte meinen linken Arm horizontal gestreckt unter seine Achsel, faßte ihm mit der Rechten am linken Handgelenk, und zog den Arm schnell queer über seinen Körper, so daß die Hand mit der rechten Hüfte in Berührung kam, und der Knochen schnappte sogleich in die Pfanne ein.

Fig. 17. (der mit No. 815 ausgegebenen Tafel) erläutert die Art und Weise, wie man eine Leiter zur Reduction eines luxirten Schultergelenks anwendet.

a. Der Fuß eines Gehülfen, welcher das untere Ende der Leiter fixirt; b. ein doppeltes Bettuch oder Tischtuch zur Bewirkung der Gegenausdehnung. Das obere Ende kann entweder an einem in der Mauer befestigten Ring oder Haken hängen, oder von 2—3 auf einem Tisch stehenden Gehülfen gehalten werden; c. die Hände des Gehülfen, welchen den Hebel langsam niederdrückt, bis ihm der Chirurgus, der hebel d so steht, daß die Leiter zwischen seinen Beinen durchstreicht, anzeigt, daß der Knochen in die Pfanne gerückt ist. Während der Ausdehnung ihren Fortgang hat, drückt der Chirurgus von Zeit zu Zeit den humerus nieder, um ihn von dem Rande der cavitas glenoidea zu entfernen. Sobald dieß geschehen, schnappt er nur selbst aufwärts in die Pfanne, ohne daß man von unten zu drücken braucht. Da der Chirurg die Leiter zwischen den Beinen hält, so hat er es in seiner Gewalt, den Hebel, ohne daß dessen Wirksamkeit aussetzt, mit einem der Knie rechts oder links zu drücken. Bei der Verrenkung nach vorne muß der Chirurgus mit dem linken Knie gegen die Seite der Leiter drücken; dadurch wird die Hand des Patienten vorwärts, und der Kopf des Oberarmknochens rückwärts bewegt. (London Medical Gazette, June 1833.)

Ueber die Merotopie und die osteotrepische Methode

zur Einrichtung der Luxationen der größern Gelenke hat Hr. Colombot, als Mitbewerber, um den Montyon'schen Preis, am 2. Mai der Pariser Academie der Wissenschaften eine Abhandlung überreicht. Bis auf einige accessorische Handgriffe ist diese Methode für Luxationen des Schenkels, wie für Luxationen des Oberarmes,

sich gleich. Seine Mittel gründen sich auf die glückliche Combination einer manuellen Operation und einer gymnastischen Bewegung, welche den Körper in die richtige Lage bringen und die Gebrechen beseitigen.

1) Drei Umstände kommen bei der Osteotrepie des Schenkels
in Betrachtung: die Stellung des Patienten, diejenige des Chirurgen, und die Bewegung, welche dem luxirten Gliede mitgetheilt
werden muß.

Der Patient steht, und stützt den Körper auf die nicht luxirte
Extremität. Seine nach vorwärts gebogene Brust ruht auf einem
Bette, welches mit dem Becken gleiche Höhe hat, oder auf einem
Tische, der mit einer Matrazze bedeckt ist; endlich muß er sich mit
seinen Händen an der entgegengesetzten Seite dieses Bettes oder dieses Tisches fest anhalten, um seinen Körper während der Operation
unbeweglich zu machen. Man giebt ihm den Rath, mit dem luxirten Gliede keine Anstrengungen vorzunehmen, und letzteres sich
selbst zu überlassen, gleichsam als habe es aufgehört, seinem Willen zu folgen. Hr. Dupuytren hat, in Beziehung auf die Be-
herrschung der Muskelthätigkeit, oft daburch treffliche Resultate erlangt, daß er die Aufmerksamkeit des Patienten von den Anstrengungen abzog, die angewendet wurden, um das Glied einzurichten.
Man stellt sich hinter den Patienten an die Innenseite des luxirten
Gliebes, wenn dasselbe vorwärts luxirt ist, und an die Außenseite,
wenn es hinter seine Gelenkpfanne luxirt ist. Man legt anfangs
eine Hand auf den Rücken des Fußes, um das Bein gegen den be-
formen Schenkel hin zu beugen; die andere Hand dient dazu, einen mäßigen Druck von oben nach unten auf die hintere Gegend
des Kniees, d. h. auf die Kniebeuge auszuüben, um unmerklich die
Muskeln zu verlängern; endlich richtet man das Glied ein wenig
von rechts nach links und von hinten nach vorwärts, um den
Schenkelkopf von der Stelle seiner Luxation zu bewegen, und dazu
beizutragen, ihn beweglich zu machen. Ist dieses geschehen, so
theilt man dem Schenkel eine leichte Drehung von innen nach außen, oder von außen nach innen mit, je nachdem nun das eine oder
das andere leichter ist, und der Knochen wird mit einem Schnap-
pen bei diesem eben so einfachen als wirksamen Verfahren in seine
Gelenkpfanne zurückkehren. Der Kopf des Schenkelknochens wird
daburch in begügliche Verbindung (rapport) mit der Gelenkpfanne
gesetzt, welche der Mittelpunct der Umdrehung des Knochens wird,
während gewaltsame Extensionen diesen Knochenkopf von ihr entfernen möchten, weil die Innenseite in einer Linie läuft, welche der
geraden Stellung des Körpers parallel läuft.

2) Die Luxationen des Armes besteht die osteotrepische Methode
barin, daß man den Patienten auf die Seite eines Stuhles setzen
läßt, auf dessen Höhe die gesunde Achselgrube sich stützt, und zwar
an der Stelle, wo der Arm mit der Brust verbunden ist. Man
schreibt ihm hierauf vor, sich mit der Hand dieser Seite an den Stuhl-
rücken festzuhalten, um seinen Körper dergestalt zu fixiren, daß er
den geringen Kraftäußerungen, welche der Einrichtung vorangehen,
zu widerstehen vermöge. Individuen, wie z. B. Kinder und solche
Erwachsene, denen es an Kraft oder Verstand fehlt, um sich selbst
festzuhalten, werden in dieser Stellung durch Gehülfen erhalten.

Man tritt seitlich vor den Kranken, wenn die Luxation vorwärts, und hinter den Patienten, wenn sie hinter die Gelenkpfanne
erfolgt ist. Mit einer Hand ergreift man das Handgelenk und
mit der andern den Ellenbogen des luxirten Armes, um dem Vorderarm zu beugen; hierauf streckt man die Muskeln durch ein lang-
sames und stufenweise gesteigertes Ziehen in einer der Luxation ent-

gegengesetzten Richtung, um den Kopf des humerus ein wenig beweglich zu machen, und sogleich läßt man das Glied die schleu-
dernde Bewegung ausführen, indem man es im Kreise in der
Richtung nach einwärts, oder nach auswärts an dem vom Körper
entferntesten Ende einwärts herumführt, und die Luxation verschwindet
ohne die geringste Schwierigkeit. Nachdem der normale Zustand
wiederhergestellt ist, läßt man das Glied einige halbe Bewegungen ausführen, indem man auch eine Hand auf das kranke Gelenk
legt, um eine neue Luxation zu verhindern, und um die Portionen
des Capselbandes frei zu machen, die zwischen den Knochenkopf
und die Gelenkpfanne eingedrungen seyn könnten. Man legt alsdann einen Verband an, um die Bewegung des Gliedes während
der ersten Laar der Genesung zu verhindern, und bekämpft die sich
einstellenden Zufälle. Auf diese Weise ist die osteotrepische Methode bei Luxationen der Kugelgelenke ganz verschieden von den andern Einrichtungsverfahren. Man muß erstaunen, daß eine Methode, die bei so großer Einfachheit so viele Vortheile in sich vereinigt, eine so lange Zeit unbekannt geblieben ist. (Revue médicale,
Mai 1833.) (Vor allen Dingen müssen erst wiederholte Versuche
mit dieser Methode angestellt werden, um über die Fälle ihrer
Anwendbarkeit Erfahrungen zu sammeln, und wäre es in dieser Hinsicht wünschenswerth, daß, da dieser Auszug doch sehr kurz und an
einigen Stellen etwas undeutlich ist, bald die vollständige Abhandlung mitgetheilt werden möge. F.)

Miscellen.

Die Wiederanheilung eines zum Theil zerschmet-
terten und bloß durch ein linienbreites Hautstückchen noch anhängenden Fingers gelang bei einem Jäger, welchem seine mit Po-
sten geladene Flinte losging, während er die Finger der linken Hand
über die Mündung des Gewehres hergelegt hatte. Der Schuß traf
den Zeigefinger, so daß das Gelenke zwischen der ersten und dritten Phalanx und noch die Hälfte beider Knochen weggerissen wurde.
Die Verbindung bildete bloß ein dünnes Hautstückchen etwa
eine Linie breit. Der noch übrige Theil der dritten Phalanx wurde
erhalten, der Finger selbst jedoch blieb verkürzt und steif. — Noch
weniger bemerkenswerth ist ein Fall, wo ein Mühlbursche in einer
Brettschneidemühle mit der rechten Hand in die große Säge gerieth,
so daß die Handwurzel in die Quere von außen nach
innen bis über die Hälfte durchgesägt und zerrissen wurde.
Die Wunde wurde von den eingedrungenen Kleidungsstücken und
den losen Knochen- und Sehnentheilen gereinigt, die Hand in zweckmäßiger Lage angefügt und kalte Umschläge gemacht: auf diese
Weise erfolgte, ohne daß ein einziger übler Zufall eingetreten wäre,
die Heilung in 5 Wochen. (Sanit. Ber. der Prov. Brandenb. 1830.)

Die Mortalität der Seeleute an Bord von Kriegsschif-
fen ist unglaublich gering. Der Scorbut, der sonst so furchtbare
Verwüstung anrichtete, ist ganz verschwunden; und die Matrosen
verdanken diese Segnung großentheils der Einführung von Citron-
saft und moderneren Einrichtungen des verdienten Sir
Gilbert Blane. Die Wirkung, besonders im letzten Kriege außer Zweifel gesetzt, war höchst bemerkenswerth. — In den
Jahren 1811 -12 — 13 war die Durchschnittszahl der an den
Schiffen befindlichen Seeleute 138000 und die Durchschnittszahl der Todesfälle durch Krankheit, zufällige Beschädigungen und Schlachten
stieg in runder Zahl auf 4,600, so daß also die jährliche Sterblichkeit wenig mehr betrug als drei vom dreißig.

Bibliographische Neuigkeiten.

Monographie du genre Sisyphe. Par M. Gory. Paris 1833. 8.
m. 1 K.

Kinder meiner Laune, ältere und jüngere, ernste und scherzhafte, zur
ferneren Unterstützung der Wittwen und Waisen der in Böhmen
an der Cholera Verstorbenen, ausgesendet von Joh. Chr. Mi-
čan, Dr. und em. Prof. der Prager K. K. Universität. Prag
1833. 8. (Ich führe dieses Buch hier wegen der Reise-Notizen
aus Brasilien, aus Italien und in'sbesondere aus Sicilien auf, in-

dem ich, zumal über letztere Insel, gar Manches in Bezug auf Naturkunde darin gefunden habe.)

Considérations toxicologiques sur l'emploi du sucre dans les em-
poisonnements par acetate de cuivre. Thèse etc. par M. P.
Postel D. M. P. Paris 1832.

Observations on the Testicles. By James Russel. Edinburgh.
1833. 12mo.

Notizen
aus
dem Gebiete der Natur- und Heilkunde.

Nro. 817. (Nro. 3. des XXXVIII. Bandes.) September 1833.

In Commiſſion des Landes-Induſtrie-Comptoirs zu Weimar. Preis eines ganzen Bandes, von 24 Bogen, 2 Rthlr. oder 3 Fl. 36 Kr., des einzelnen Stückes, 3 ggl. Die Tafel ſchwarze Abbildungen 3 ggl. Die Tafel colorirte Abbildungen 6 ggl.

Naturkunde.

Ueber eine allmälige Erhebung des Landes in Scandinavien.

Von James Johnſton.

„Es iſt bekannt, daß die Erdoberfläche auf die verſchie- benſte Weiſe, beſonders an den Flüſſen und Seeküſten, durch Anſchwemmen und Abwaſchen verändert wird. Es giebt aber noch andere ſehr merkwürdige Beiſpiele von einem all- mäligen Anwachſen des Landes, oder von einem Zurücktre- ten der See, zu deren Erklärung ganz andere Urſachen nö- thig ſind. Ueber einen ſolchen Fall will ich hier einige Be- merkungen mittheilen.

Seit lange hat man beobachtet, daß die Gewäſſer der Oſtſee ſich an mehrern Puncten Schwedens und Finnlands von dem Lande zurückziehen, — eine Thatſache, welche neben andern Beweiſen auch dadurch außer Zweifel geſetzt wird, daß ſich die Entfernung der Gebäude und anderer feſt ſte- hender Gegenſtände von dem Rande des Waſſers allmälig vergrößert. Längs des größern Theiles der ſchwediſchen Küſte kommen Beiſpiele dieſes Zurücktretens des Waſſers vor. An mehrern ſind die Häven plötzlich enger geworden; an andern Stellen zeigt die abſchüſſige Oberfläche der Felſen ein Sin- ken des mittlern Waſſerſtandes, während an andern jetzt tro- cken ſtehenden Orten in den Felſen befeſtigte Ringe die Stel- len bezeichnen, an welchen in frühern Zeiten die Fiſcher ihre Boote anbanden. In verſchiedenen Höhen findet man die Felſen auch nicht bloß abgerundet und durch das Anſpülen des Waſſers geglättet, ſondern man findet auch runde Löcher oder Wirbel von verſchiedener Tiefe, welche durch frühere Wirbel in den feſten Felſen ausgehöhlt worden ſind; dieſe letztern habe ich in den nördlichen Vorſtädten von Stockholm oft ſtehenden Orten, aber man findet ſie auf verſchiedenen Stel- len, ſelbſt im Innern von Schweden; ſie beſchäftigen den Aberglauben des gemeinen Volks ſehr.

Solche Zeichen einer Veränderung der relativen Höhe des Landes und Waſſers gegen einander, findet man auch in andern Ländern, aber nirgends, außer in Schweden und Finnland, iſt, ſo viel ich weiß, dieſe Verſchiedenheit noch im

Steigen. Man hat zwar vor wenigen Jahren in Süd- america beobachtet, wie durch eine plötzliche Erſchütterung ein ganzer Küſtenſtrich beträchtlich gehoben wurde; in Scandi- navien dagegen zeigen ſich keine Erderſchütterungen, oder an- dere Spuren vulkaniſcher Thätigkeit, und die unläugbare Ver- änderung des Niveau's erfolgt nicht ruckweiſe, ſondern durch Aufeinanderfolge geringer und im Einzelnen unbemerklicher Veränderungen. In der Spitze des bottniſchen Meerbuſens iſt die Veränderung beträchtlich genug, um ſelbſt dem gemei- nen Manne aufzufallen, — in Lulea iſt in Zeit von 28 Jah- ren ein Landſtrich von einer (engl.) Meile und in Pitea in 45 Jahren eine halbe (engl.) Meile gewonnen worden; mehr oder weniger bemerklich iſt dieſe Veränderung an den Küſten von Finnland und Schweden, bis gegen die ſüdlichen Pro- vinzen des letztern Landes hin, wo ſie allmälig verſchwindet. Und dieſe letztere Thatſache nun iſt nicht bloß an und für ſich merkwürdig, ſondern auch von ganz beſonderer Wich- tigkeit als Beweis für die Entſtehungsweiſe dieſer Erſchei- nungen.

Da die ſchwediſchen Naturforſcher ſchon zu Anfang des vorigen Jahrhunderts auf dieſen Gegenſtand aufmerkſam ge- worden ſind, ſo iſt eine Reihe von genauen Beobachtungen angeſtellt, die mittlere Höhe der Waſſer der Oſtſee genau be- ſtimmt, und an verſchiedenen, beſonders paſſenden Stellen eine Linie als Zeichen in den Felſen eingemeißelt worden. Gleiche Beobachtungen wurden zu verſchiedenen Zeitpuncten wiederholt, und die neueſten und ausgebreitetſten im Jahre 1821 unter gemeinſamer Leitung der ſchwediſchen Academie und des ruſſiſchen Seeminiſteriums angeſtellt. Das Reſul- tat dieſer vergleichenden Meſſungen iſt, daß längs des grö- ßern Theiles der Oſtſeeküſte die mittlere Höhe des Waſſers in hundert Jahren um 3 bis 5 Fuß, oder in 25 Jahren jedesmal um etwa einen Fuß fällt.

Bei einer bloß localen Betrachtung dieſer Erſcheinung längs der ſchwediſchen Küſte ſollte man mit Celſius, Linné und andern ſchwediſchen Beobachtern ſchließen, daß das Waſ- ſer der Oſtſee ſich allmälig zurückziehe. Berückſichtigt man aber, daß dieſes Binnenmeer durch den Sund und Belt mit

3

der Nordsee in Verbindung steht, so ergiebt sich der Schluß, daß die mittlere Höhe des atlantischen Oceans in gleichem Verhältniß gefallen seyn müßte, wenn die an den Küsten der Ostsee bemerkbare Veränderung von einem Sinken des Wassers herrührte. Hielte man ein solches Sinken des Wasserstandes des Meeres auch für möglich, so ist es doch nie beobachtet worden, und es ist daher die Veränderung in der Höhe des Wassers, und Landes an der scandinavischen Küste nothwendig von einer allmäligen Erhebung des Landes abzuleiten. Dieser Schluß wird durch die bemerkenswerthe Thatsache bestätigt, daß diese Veränderung von einer gewissen Breite an, selbst schon im Süden von Schweden, nicht mehr bemerkt wird; während es zugleich hinreichend erwiesen ist, daß an der Küste von Pommern, Holstein und ganz Dänemark während der letzten 600 Jahre keine Veränderung vorgegangen ist.

Daß das Land langsam und unbemerkt sich hebe, ist die in Schweden allgemein herrschende Ansicht, welche von fast allen Geologen, die dieses Land besucht haben, ebenfalls angenommen ist. Hausmann und v. Buch, welche beide die scandinavische Halbinsel auf das Genaueste kennen, haben diese Meinung ausgesprochen und vertheidigt; andere Geologen aber verwerfen diese Ansicht ganz bestimmt, unter diesen ist der Professor Lyell, in seiner Geologie, Bd. I. S. 46, diese Erscheinung von einem allmäligen Ausgefülltwerden der Ostsee durch Niederschläge aus dem Fluß- und Seewasser ableitete. Daß Beispiele einer solchen Ausfüllung vorkommen, ist sehr wahrscheinlich, ist aber die sind von den Erscheinungen, welche eine Veränderung der Höhe der schwedischen Küsten beweisen, vollkommen unabhängig. Die Lehre von den Niederschlägen kann offenbar nicht ein Aufsteigen des Landes erklären. Denn obgleich man einige dieser Erscheinungen, z. B. das Engerwerden von Häven, den Anwachs von Land, und die Vergrößerung gewisser Inseln, allerdings auch vielleicht von der Wirkung der Strömungen und Flüsse herleiten kann, so bleibt die Thatsache der eigentlichen Erhebung des Landes doch unwiderlegt, wenn man das offenbare Aufsteigen von Felsen aus der See und die Veränderung der mittlern Höhe der Ostseegewässer in Verhältniß zu den steilen Granitwänden, welche davon bespült werden, berücksichtigt. Das Niveau der See ist bei unserer Untersuchung das einzige, welches wir als ganz unveränderlich betrachten können. Ist es daher erwiesen, daß die Felsen an der Küste, ohne ihre relative gegenseitige Lage zu verändern, ihre Höhe über dem Wasserspiegel verändern, so können wir das beobachteten Erscheinungen von einer Erhebung des Landes ableiten. Auch darf uns die supponirte Unveränderlichkeit der ganzen Halbinsel Skandinavien nicht abschrecken, wie dies bei der Bay von Baise so lange unter den Geologen der Fall war, denn wir können überzeugt seyn, daß die Natur, so ruhig sie sich auch verhält, doch Kraft genug hat, Veränderungen von weit größerer Ausdehnung hervorzubringen.

Noch giebt es einen Einwurf gegen die Messungen über der mittlern Höhe der Ostsee, nämlich den Umstand, daß, obgleich in dieser See keine Ebbe und Fluth vorhanden ist, doch das Vorherrschen der Ost- oder Westwinde in der Wasserhöhe der ganzen See eine Veränderung von mehrern Fuß hervorzubringen vermag, indem das durch der Strom durch den Sund und Belt nach Osten oder Westen gerichtet wird. Diese Quelle von Täuschungen entging den Beobachtern im Jahre 1821 nicht, sie näherten sich aber durch Beobachtung und Berechnung das Maximum und Minimum ziemlich vollkommen der Wahrheit. Giebt man zu, daß an Stellen, wo die Ebbe und Fluth die Schwierigkeit nicht erhöht, die mittlere Höhe genau bestimmt werden können, so können die Schwierigkeiten in der Ostsee gewiß nicht als Grund gelten, die Messungen zu verwerfen, welche unter der Leitung der schwedischen Academie unternommen worden sind.

In dem Golf und an der Küste von Finnland sind auch Zeichen von einer Höheveränderung beobachtet worden; doch sind sie weniger befriedigend nachgewiesen, als an der Nord- und Westküste des bottnischen Meerbusens. Ja man kann sogar durch die Stellung alter Tannen dicht an der Seeküste von Finnland und durch eine ähnliche Stellung der Wälle von der Festung von Åbo beweisen, daß an diesen Stellen wenigstens keine bemerkbare Veränderung der relativen Höhe des Landes und Wassers seit langer Zeit stattgefunden

habe. Dieß ist entscheidend für die Beständigkeit der Wasserhöhe, aber widerlegt keineswegs die Erhebung des Landes in manchen Theilen von Scandinavien.

An den Küsten kann die Scala, nach welcher das Land sich erhebt, durch Vergleich mit dem Wasserspiegel leicht bestimmt werden, aber es finden sich auch innerhalb der Küsten, und selbst ganz in dem Innern von Schweden sehr viele Erscheinungen, welche ebenfalls eine Erhebung des Landes beweisen. Ich will einige von diesen, welche an dem Mälarsee und an den Binnenwassern in der Umgegend von Stockholm zu bemerken sind, anführen. Diese Stadt liegt an der Spitze eines Seearmes etwa 30 Meilen innerhalb der Ostseeküste an der Vereinigung der Gewässer der Ostsee mit denen des Mälarsees. Ein kleiner Theil der untern Stadt, besonders um Stipsbro herum, ist auf Pfählen gebaut. Die Sicherheit dieser Gebäude hängt daher davon ab, daß die Pfähle beständig unter Wasser stehen. Nach Verfluß einiger Jahre aber fand man, daß sich einige derselben senkten, um als man hievon die Ursache aufsuchte, so ergab sich, daß durch das Zurücktreten des Wassers allmälig die Spitzen der Pfähle über das Wasser hervorgekommen und gefault waren.

Es ist allgemein bekannt, daß einige der kleinen Halbinseln, auf welchen die Vorstädte zum Theil gebaut sind, früher Inseln waren; und im vergangenen Sommer sind zwei Canäle gegraben worden, um Communicationen durch zwei Landzungen wieder herzustellen, welche durch die allmälige Erhebung des Bodens lange Zeit unterbrochen gewesen waren. Die Fischerhütte Carl's XI, welche früher dicht bei dem tiefen Wasser stand, ist als ein historisches Denkzeichen erhalten worden, steht aber jetzt keineswegs mehr an einem Orte, wo das Lieblingsvergnügen jenes Monarchen befriedigt werden konnte. Eins der interessantesten Beispiele ist aber der schöne See in dem Park des Hagapalastes in der nördlichen Vorstadt von Stockholm: Dieser See hat früher offenbar mit dem Meer communicirt, obwohl er jetzt jährlich fern davon ist und ganz im Lande liegt. Bei dem Zurücktreten der See würde auch dieses Wasser verschwunden seyn, wäre es nicht an dem einzigen vorhandenen Abfluß eingedammt worden, um die Schönheit jener Promenade zu erhalten. Jetzt ist der See 4 bis 5 Fuß höher als der Meeresspiegel und Umgebungen beweisen, daß in früheren Zeiten dieser Wasser noch weit höher stand und eine größere Fläche einnahm.

Der obere Theil des Mälarsees und seine vielen in das Land hineingehenden Arme bieten gleiche Beweise einer Aufsteigung des Landes dar, und zwar in der ganzen Ausdehnung seiner Küsten, am auffallendsten aber an seiner obern Gränze. In der Nähe des Schlosses von Eckolfund, etwa 30 (engl.) Meilen von Stockholm, durch jene Naturveränderung um mehrere Meilen kürzer geworden; und der lange schmale Canal, auf welchem jetzt noch Schiffe bis in die Nähe von Upsala kommen können, ist das Ueberbleibsel eines früher sehr ausgebreiteten Seearmes. Auch die zahllosen reizenden Inseln in dem Mälarsee können an eine Zeit erinnern, wo dieselben noch kahle Felsen oder unter dem Wasser verborgene Sandbänke waren; so daß das Wasser in früheren Zeiten eine bei weitem größere Fläche ausmachte, als jetzt.

In vielen andern Theilen von Nord- und Mittelschweden sind dieselben Beweise aufzufinden, und zwar nicht bloß in den flächeren Gegenden um Kronstad und am Wenersee, sondern auch in den gebirgigen Wermeland, Smoland, Dalekarlien und mehrern andern Provinzen, auch in der Nachbarschaft von Norrköping und in einem Theile des in dem großen Canal eingeschlossenen Landstriches find vollkommen genügende Beweise einer Erhebung des Landes.

Wenn nach dem heutigen Standpuncte unserer Kenntnisse die Annahme, daß sich die scandinavische Halbinsel an manchen Stellen etwa um einen Fuß in 25 Jahren hebt, nicht widerlegt werden kann, so fragen wir natürlich nach der wahrscheinlichen Ursache dieses Phänomens. Vulcanische Thätigkeit ist hierzu nicht genügend, diese wirkt in einzelnen oder kurz aufeinander folgenden Stößen, jene Erhebung aber geschieht allmälig und unmerklich; auch ist gerade dieses Land, so weit unsere geschichtlichen Nachrichten reichen, ganz besonders frei von Aeußerung vulkanischer Thätigkeit.

Nehmen wir freilich Humboldt's Definition an, nach welcher vulkanische Thätigkeit als der Einfluß zu betrachten ist, welchen das Innere eines Planeten auf seine äußere Hülle während seiner verschiedenen Abkühlungsstadien ausübt, so finden wir in einer solchen Thätigkeit allerdings einen hinreichenden Grund für alle die großen Veränderungen, welche an verschiedenen Theilen unseres Planeten in der Höhe seiner Oberfläche allmälig eingetreten sind. Diese Definition ist aber so weit, wie sie nicht allgemein angenommen ist und in der That nicht zugegeben werden kann, bis es nicht klarer erwiesen ist, daß die wahren Vulcane ihre Quelle wirklich in der hohen Temperatur des Innern unseres Erdballes haben.

Nehmen wir als erwiesen an, was durch viele geologische Erscheinungen höchst wahrscheinlich ist, daß die Temperatur des Erdballs in frühern Zeiten weit höher war, als jetzt, so werden wir in seiner durch Jahrhunderte gehenden Abkühlung die Ursache erkennen, nicht bloß von der Erhebung alter Gebirgsketten, sondern auch von dem allmäligen Steigen des Bodens, wie wir es jetzt in Scandinavien beobachten. Um eine allgemeinere Idee von den Wirkungen einer solchen Abkühlung zu bekommen, wollen wir bis auf jene ferne Periode zurückgehen, wo die Erdkruste, genannt an den Polen, verhältnißmäßig dünn war. In diesem Zustande werden die Polargegenden, welche von der Sonne weniger Hitze erhalten, rascher als die Aequatorialgegenden abkühlen. Die daraussolgende Zusammenziehung mußte eine Zusammendrückung, parallel der Erdare und eine Ausdehnung in rechten Winkeln von der Erdare aus bewirken. Kurz die Contraction würde mit der Centrifugalkraft zusammentreffen, um die Gestalt der Erde noch mehr zu ändern. Dauert dieser Proceß fort, so muß mit der Zeit eine Periode kommen, in welcher die Polargegenden keine bemerkliche Quantität Hitze mehr verlieren; in welcher die Temperatur constant bleibt, weil die durch die Sonne im Sommer gegebene Hitze der im Winter durch Ausstrahlung verloren gegangenen gleichkommt: in dieser Zeit wird also alle bemerkbare Contraction aufhören. Es ist aber klar, daß dieser Zeitpunct weit früher eintreten würde, als die Periode, wo die Aequatorialgegenden der Erde das Maximum ihrer Abkühlung erreicht haben: also während in diesen noch fortwährend ein Wärmeverlust und Contraction stattfindet. Die ganze von einer Zusammenziehung abhängige Compression wird daher auf die Aequatorialgegenden wirken, und man kann sich die Erde in diesem Zustande als eine Kugel mit einem breiten, unter rechten Winkeln gegen die Are hin drückenden Winkel vorstellen. Die Wirkung einer solchen Compression auf die innere Masse muß seyn, daß diese aus ihrer Lage gedrängt und nach der Richtung getrieben wird, wo sich der geringste Widerstand findet. Zwei zum Compressionskraft unter den angegebenen Umständen an den Polen = 0, so wird caeteris paribus die Verschiebung oder Eruption (sie mag heftig und von kurzer Dauer, oder allmälig und lang anhaltend seyn) in leichtesten in den höhern nördlichen Breiten stattfinden. Es können aber auf einer südlichern Breite schwache Puncte in der Erdrinde seyn, welche zuerst nachgeben, und dann wird immer an höchsten schwächsten Puncte die Veränderung sich zuerst zeigen. Wo dieser geringe Widerstand auf einen Punct beschränkt ist, da wird sich ein einzeln stehendes Gebirge erheben; wo der geringe Widerstand eine ganze Linie einnimmt, da werden Gebirgsketten entstehen; wo aber eine solche Concentration stattfindet, da wird sich natürlich ein großer Landstrich entweder plötzlich oder allmälig erheben, je nachdem der Widerstand plötzlich überwunden wird, oder mit der Compressionskraft am Aequator fortwährend in Gleichgewicht bleibt, und sich allmälig ausgleicht.

Nehmen wir daher die Theorie der allmäligen Abkühlung der Erde an, so geben wir zu, daß an jedem Puncte der Erdoberfläche eine Compressionskraft vorhanden sey, welche jetzt an dem Aequator am größten ist und sich durch Erhebung der nördlichen Theile von Scandinavien insofern kund thut, als hier die innere Masse durch Verdrängung der Erdkruste an ihrem schwächsten Punct jenem Druck auszuweichen sucht.

Ist dieß die Ursache der fraglichen Erhebung, so ist es klar, daß wir a priori keine Regel über die Art der Wirkung aufstellen können. Ein ganzer District kann auf gleiche Weise erhoben werden, so daß alle Theile desselben die gleiche relative Höhe behalten.

Die Ebene von Quito in den Anden, das Tafelland von Thibet und das Innere von Spanien, mögen auf diese Weise sich gehoben haben; oder die Erhebung mag in einer gewissen Richtung größer seyn und eine geneigte Fläche hervorbringen; oder endlich sie kann an zwei, drei oder allen Seiten beträchtlicher, als in der Mitte seyn, und auf diese Weise ein Becken formiren. Wendet man dieß auf die Scandinavische Halbinsel an, so mag wohl die größte Erhebung im Westen von Norwegen und Schweden und im Osten von Finnland statt gehabt haben, während der mittlere Theil auf der ursprünglichen Höhe stehen blieb; so entstanden im Umkreis Schweden, Finnland und Lappland, und in der Mitte die Oftsee.

Diese Art der Erhebung gegen jene drei Hauptpuncte hin entbehrt keineswegs der Wahrscheinlichkeit durch rein physicalische Gründe. Die Beobachtung lehrt, daß sich abkühlende Körper von großer Oberfläche, die Neigung haben, im rechten Winkel gegen die Oberfläche der stärksten Abkühlung, d. h. im rechten Winkel gegen die Richtung der beträchtlichsten Zusammenziehung, sich zu spalten. Auf diese Weise entstehen, z. B., die Basaltsäulen. Die zusammenziehende Kraft in den Aequatorialgegenden wirkt nun im rechten Winkel gegen die Erdare hin und zerschlägt daher eine Zerspaltung der zertrochelsten Feldkrüste der Erde gegen die Pole hin. Auf diese Weise sind gewisse weniger resistirende Linien entstanden, durch welche die innere flüssige Masse verhältnißmäßig leicht hervordringen und größere oder kleinere Gebirgsketten bilden konnte. Nähern sich zwei solche Spalten einander an einem Puncte, so geht ebenfalls aus der Beobachtung hervor, daß sie entweder von selbst in einander übergehen, oder daß die von innen wirkende Kraft den zwischen beiden liegenden schmalen Strich erhebt und so eine Verbindung hervorbringt.

Diese Vorgänge scheinen nun in Scandinavien stattgefunden zu haben. Wir haben eine große Gebirgskette, die fast die ganze Länge von Norwegen und Schweden durchläuft, die sie in dem Nordkap sich endet; eine andere kleinere Kette läuft in ähnlicher Richtung durch Finnland bis über den Bottnischen Meerbusen hinaus, und neigt sich dann gegen Westen, bis sie sich mit der ersten vereinigt. Auf diese Weise wird eine erhabene Linie gebildet, welche das Becken des Binnensees umgiebt, und die ganze Gegend umschließt, in welcher eine Erhebung des Bodens in neuerer Zeit beobachtet worden ist. Wahrscheinlich ist diese daher von derselben Kraft abzuleiten, durch welche jene Gebirasketten emporgehoben wurden, ja sogar von derselben Kraft in ganz gleicher Richtung. Die Hauptwirkung geht auf die Gebirgskette, und das tiefer liegende Land erhebt sich allmälig längs dieser und mit ihr.

Zwei Umstände scheinen mit dieser Ansicht zu bestätigen. Der erste ist der, daß, wenn wir vorwärts bis zu einer gewissen Breite gelangen, wo wir annehmen können, daß die weit auseinanderliegenden Gebirgsketten aufhörten, bemerklich auf das dazwischen liegende Niveau einzuwirken, kein eine keine bemerkliche Erhebung der Küste mehr beobachten. Der zweite ist der, daß die Erhebung am auffallendsten an dem nördlichen Ende des Bottnischen Meerbusens ist, wo die Kreuzung des Finnischen und Norwegischen Gebirges nothwendig die Wirkung beider verstärken muß. Diese Ansicht erklärt auch die geringere und nicht so allgemein verbreitete Erhebung der Finnischen Küste, deren Gebirge sich mit dem Scandinavischen Gebirgszuge, in Bezug auf die Höhe, auf keine Weise vergleichen lassen.

Ueberdieß, wenn die Hauptwirkung der erhebenden Kraft in den Gebirgen selbst stattfindet, so müssen diese sich stärker erheben, als das flache Land, so daß ein sehr beträchtlicher Abzug gegen die Küsten hin stattfinden muß. Und in der That finden wir im Innern von Schweden in mehrern Provinzen fast auf jedem Schritte die Ergebnisse eines solchen Abzuges des Wassers. In vielen Gegenden bestehen die einzigen bebaubaren Striche in schmalen Streifen, welche den vorher abgewonnen sind, und lange bebaute Ländereien zeigen oft wenige Zoll oder Fuß unter der Oberfläche ein Bett von Moorland, zum Beweis, daß hier früher Wasser gestanden hat. Am auffallendsten ist dieser Gewinn des fruchtbarsten Landes an dem Mälarsee, wodurch ebenfalls bewiesen wird, daß die Erhebung des Landes, je mehr man sich den Bergen nähert, größer ist, als in der Nähe der Oftseeküste. Obgleich die Beobachtungen noch nicht hinreichend zahlreich gemacht sind, so scheint es doch danach, daß die steilen Felsen von Uddewalla an der Westküste von Schweden und verschiedene andere Stellen an der Norwegischen Küste noch innerhalb des gegenwärtigen geologischen Zeitraumes sich gehoben haben, als wenn die Erhebung in der Richtung der Gebirge gegen Westen und Norden am bedeutendsten sey..

Wenn nun diese Ansichten auch vollkommen richtig sind, so können wir doch nicht schließen, daß die noch jetzt wirksamen Ursachen geologischer Erscheinungen mit gleicher Kraft wirken, als sie dieß in alten Zeiten gethan zu haben scheinen. Die Ursache, welche jetzt die Scandinavische Halbinsel um 4 Fuß in einem Jahrhundert hebt, ist wohl dieselbe, welche in alten Zeiten einen Gebirgsrücken bis auf 8,000 und einzelne Spitzen bis 7,000 Fuß erhob. Aber welche lange Zeit muß verflossen seyn, ehe solche Gebirge bis zu ihrer jetzigen Höhe kommen konnten. Nehmen wir an, daß in den Gebirgen die Erhebung stärker ist, als an der Küste, daß sie das Zehnfache ausmache, daß also die Gebirge 40 Fuß in einem Jahrhundert steigen, so muß diese Wirkung doch 7,500 Jahre gedauert haben, ehe sie die mittlere Höhe der Norwegischen Alpen, und 17,500, ehe sie die Höhe der höchsten Spitzen erreichen konnte. Aber der allgemeine Character dieser, wie der meisten hohen Gebirgsketten, die große Verschiedenheit in der Höhe der verschiedenen Gipfel und der plötzliche Abfall, welcher bisweilen an einer Seite vorhanden ist, zeigen, daß sie nicht durch eine so langsame und allmälig wirkende Gewalt entstanden sind, wie die ist, welche man jetzt beobachtet. Hat dieselbe Kraft gewirkt, so war sie wenigstens in früherer Zeit in weit größerer Intensität thätig.

Die Theorie, welche ich aufgestellt habe, erklärt diese größere Intensität ganz genügend. Je höher der Temperatur der Erde war, desto rascher mußte die Abkühlung vor sich gehen, und desto größer die Zusammenziehung seyn. In fernen Zeiten müssen die Veränderungen der Oberfläche, wo irgend eine von innen andringenden Massen eine schwache Stelle fanden, ungemein groß gewesen seyn, und an jene Zeit müssen wir uns halten, wenn wir die ungeheure Gewalt erklären wollen, durch welche die höchsten Gebirgsketten entstanden. Jetzt nähert sich die Erde dem Minimum ihrer Temperatur, ihre Masse also dem Zustande von Ruhe. Es ist daher dem unumstößlichsten physicalischen Gesetzen widersprechend, zu verlangen, daß durch die angegebene Ursache noch jetzt ähnliche Erhebungen zu Stande gebracht werden sollten.

Daß die Aera, in welcher die Expansion des Innern der Erde noch so mächtige Resultate hervorbrachte, sehr fern liegt, wird durch Erscheinungen auf der ganzen Oberfläche der Erde bewiesen. Innerhalb der Gränzen authentischer Nachrichten sind keine auffallenden Veränderungen auf der Erdoberfläche mehr vor sich gegangen, wenn wir diejenigen ausnehmen, welche durch wahre vulkanische Thätigkeit veranlaßt sind. In Schweden können wir eine Periode von wenigstens 1,100 Jahren bestimmen, innerhalb welcher die Erhebung des Landes kaum erwiesen wird, ob sie durch die neuesten Messungen erwiesen ist. Um nur einen einzigen Beweis aufzuführen: die Kirche von Gammel, bei Alt Upsala (etwa zwei Engl. Meilen von der jetzigen Universität Upsala), steht an der Gränze des tiefer liegenden Theiles der Ebene in einer Höhe von nicht mehr als 100 Fuß über dem Spiegel des Mälarsees. Diese Kirche trägt die Spuren eines hohen Alters an sich, und es ist bekannt, daß sie früher ein Tempel des Thor gewesen ist, ehe das Christenthum vor etwa 1,000 Jahren in jenen Gegenden eingeführt wurde. Nach dem jetzigen Verhältniß der Erhebung hätte die Ebene etwa 50 Fuß in 1,000 Jahren sich in diesem Zeitraum erheben müssen; es kann daher keine bedeutend raschere Erhebung stattgefunden haben, seit das Heidenthum in jenen Gegenden verschwunden ist.

Auf welche Weise wir nun die Erklärung auch versuchen mögen, so ist, meiner Meinung nach, doch nicht möglich, an der Thatsache zu zweifeln, daß eine allmälige Erhebung des Landes in Scandinavien jetzt, und wahrscheinlich seit langer Zeit vor sich geht. Aus dieser Thatsache leiten wir einen neuen Grundsatz ab, um die Erscheinungen von Erhebung und die großen Austrocknungen, welche man bisweilen in gebirgigen Gegenden beobachtet, zu erklären. Wo irgend Gebirgsketten vorhanden sind, besonders in den nördlichen Breiten, da lassen sich der Analogie nach Spuren noch fort-

schreitender Erhebung erwarten. In Binnenländern wird bei einer solchen Erhebung die relative Höhe aller Gegenstände dieselbe bleiben, da alle auf gleiche Weise gehoben werden, und alsdann sind Barometermessungen die einzigen Mittel zur Bestimmung dieser Thatsache. Aber es ist klar, daß allmälige, jedoch langsame Erhebungen lange Zeit stattfinden können, ohne durch diese Art der Messung bemerklich zu werden. Wir können daher bloß da, wo die Gebirgsketten in der Nähe des Meeres hinlaufen, mit Leichtigkeit bestimmen, ob die relative Höhe des Landes und der See sich gegen einander verändert. Anderswo fortgesetzte Beobachtungen unter günstigen Umständen, können zu höchst interessanten Resultaten führen, und würden auf jeden Fall zeigen, ob sich in irgend einem andern Lande ein Gegenstück zu den Erscheinungen in Scandinavien fände.

In Italien sind die Umstände so, daß sich erwarten ließe, man könne eine allmälige Erhebung der ganzen Halbinsel möglicherweise noch entdecken; und da das Land auf beiden Seiten von den Wogen des, nicht durch Ebbe und Fluth veränderten, Mittelmeeres bespült ist, so kann es auch nicht schwierig seyn, genaue Beobachtungen daselbst anzustellen. Es wäre bloß nöthig, daß man an den Felsen längs der Küste eine Reihe von Linien anbrächte, so viel als möglich in dem mittlern Niveau der See; die Zeit der Beobachtung müßte dabei bemerkt werden. Nähme man nun 10—20—30 Jahre darauf wiederum die mittlere Höhe des Wassers auf, so würde sich ergeben, ob und um wieviel sich die Lage des Landes verändert habe. Wir wissen, daß seit der Zeit der Römer dergleichen Theile der Italienischen Küste über ihr früheres Niveau gestiegen sind. Jene vorgeschlagenen Linien würden, wenn sie längs der ganzen Küste hin angebracht würden, bald zeigen, in wiefern die beobachteten Erhebungen bloß local seyen, oder mit einem allgemeinen Steigen des Landes längs der ganzen Appeninenkette zusammenhängen und durch Ursachen, welche in dieser liegen, bedingt seyen.

An der Südküste der Bay von Biscaja, von Bayonne bis Corunna, längs welcher die Pyrenäen sich fortsetzen, wäre ebenfalls eine Veränderung der Niveau's möglicherweise zu beobachten. In America ist anzunehmen, daß an der ganzen Westküste eine allmälige Erhebung stattfinde.

In Schottland, und besonders in den Hochlanden, finden wir Spuren, daß in frühern Zeiten eine ähnliche Trockenlegung statt gefunden habe, wie die noch jetzt in Schweden vor sich geht. Wahrscheinlich war die Ursache dieselbe; indeß läßt sich bis jetzt noch nicht bestimmen, ob diese Erhebung an irgend einer Stelle der Insel noch fortdauert. Es würde äußerst schwierig seyn, zu bestimmen, ob längs der Gebirgsketten, welche das Land in nordöstlicher Richtung durchlaufen, alle Erhebung aufgehört habe, oder nicht; bloß an der Nord- und Nordwestküste könnten mit Leichtigkeit genaue Beobachtungen angestellt werden. Besonders an der Küste von Rossshire und Southerland ließe sich wegen der Nähe der Gebirge an dem Meeresspiegel erwarten, daß es gelingen werde, genau nachzuweisen, ob noch eine Spur von fortdauernder Erhebung des Landes vorhanden sey. (Edinburgh new philosophical Journal. April—July 1833.)

Miscellen.

Beispiele gewissermaßen freundschaftlicher Anhänglichkeit und Vorsorge von Thieren für einander finden sich in einem Briefe an den Herausgeber der Bibliothèque universelle: 1) Der Besitzer eines Guts, welches er selbst bewirthschaftete, mästete Schweine. Zwei Savoyardenschweine wurden mit einander gekauft und in demselben Stall gethan; als eins derselben von Schmerzen befallen wurde, die mit dem Aufstehen zusammen hiengen, suchte und brachte ihm sein Gefährte von dem Futter, welches für beide in einem Trog gethan wurde. Einige Zeit nachher wurden sämmtliche Schweine ausgetrieben, um sich im Walde Eicheln zu suchen. Das kranke Schwein, welches jedoch wieder besser war, wurde allein zurückgelassen; auf der Hälfte des Wegs nach dem Holze blieb auf einmal sein Gefährte stehen, trennte sich von den übrigen und kehrte zurück — um den Kranken zu holen, mit welchem man ihn später wiederkommen, und neben welchem man ihn gehen sah, gleichsam als wenn er ihn hätte unterstützen wollen. 2) Eine Engländerin, Lady D., welche bei Lausanne wohnte, hatte ein kleines Pferd für ihre Kinder, neben welchem das größere, welches sie selbst ritt, im Stall stand. Da nun jenes wegen seiner Kleinheit nicht zu dem in der Raufe steckenden Heu gelangen konnte, so holte letzteres es für dasselbe herab in die Krippe. Ja ein Cavalleriepferd soll sogar für seinen alten zahnlosen Cameraden den Hafer getaut haben!

Eine merkwürdige Anecdote von Gescheidtheit eines Neufoundländischen Hundes. Auf einem Landhause bei Lausanne hatten im letzten Winter Glarier ein Modell von einem Schiffe für Geld sehen lassen. Am andern Morgen hörte die Besitzerin Lärm unter dem Fenster. Es suchte jemand den Hund zu beruhigen, aber er bellte fort; es war einer der Glarier, welcher kam, um seine Mütze zu holen, die er Abends zuvor dagelassen habe; niemand hatte sie gefunden und die Dienerschaft behauptete, sie nicht gesehen zu haben; auf einmal ging der Hund in ein an den Hof stoßendes Wäldchen, und brachte die Mütze, welche er ohne Zweifel unter dem Schnee versteckt gehabt hatte, denn sie war gefroren.

Nachrichten von D. Rüppell sind zu Frankfurt a/M. angelangt. Sein letzter Brief vom 14ten Februar 1833 ist von Gondar, der Hauptstadt Abyssiniens, wo er seit vier Monaten ist, datirt. Nach einer sehr beschwerlichen und gefahrvollen Reise, gelangte Hr. R. von Massava, an der Abyssinischen Küste, auf die Schneeberge von Simen, wo er die Regenzeit des Jahres 1832 in einer Höhe von 10,000 Fuß über der Meeresfläche zubrachte.— Er hat von da eine Excursion in die sogenannte Kulla, d. h., in die Niederungen nördlich von Gondar, gemacht und eine reiche Ausbeute an Thieren und Pflanzen mit zurückgebracht.

Lebendige Vierlinge sind am 24sten August zu Brüssel geboren worden. Die Mutter ist wohl; die Kinder sind klein.

Heilkunde.

Ueber die Sterblichkeit in der französischen Armee.

Auszug aus einem, von Benoiston de Châteauneuf, der Academie der Wissenschaften zu Paris den 22. Juli 1833 vorgelesenen Bericht.

Einer der letzten Präsidenten der königlichen Academie der Wissenschaften zu Turin, der Graf Morozzo, hatte es unternommen, das Verhältniß der Sterblichkeit der piemontesischen Armee in Friedenszeiten zu der der bürgerlichen Bevölkerung der Stadt Turin durch genaue Beobachtungen zu ermitteln. Seine Listen erstrecken sich vom Jahr 1775 bis zum Jahr 1791, und in seinen Tabellen ist die Sterblichkeit der Infanterie für 17 Jahre und der Cavallerie für 14 Jahre gedacht. Nach diesen Tabellen hat die mittlere Lebensdauer des Soldaten, d. h., so lange der Mensch wirklich dient, berechnet und ist zu dem traurigen Resultate gelangt, daß die Sterblichkeit in der piemontesischen Armee, was die Infanterie anbetrifft, in Friedenszeiten dreimal so stark ist, als bei irgend einer andern Classe der Bevölkerung. Hr. Benoiston de Châteauneuf hat nun eine ähnliche Arbeit in Bezug auf Frankreich unternommen. Seine Listen umfassen die französische Armee während der Jahre 1820 bis 1826, eine Totalsumme von 803,231 Menschen, in welcher Zahl die Officiere, die Cavallerie, Artillerie, das Genie-Corps, die Gensdarmerie und das Haus des Königs (die Garden) nicht mit einbegriffen sind. Die Regimenter, welche in den Colonien garnisoniren, und die sich auf 5,600 Mann belaufen, ferner 77,717 Mann von der spanischen Armee, hat der Verfasser, wegen der verschiedenen Bedingungen, unter denen sie sich befanden, von dieser Zahl abgezogen, und so blieben für die Periode von 1820 bis 1826 718,994 Mann, von denen in diesem Zeitraum 14,112, d. h., 1,96 Procent starben.

Indem man die Armee in ihre verschiedenen Bestandtheile zerlegt, findet man Jahr für Jahr folgendes Resultat:

Unterofficiere	24,870.	Sterbefälle 266.
Trommler	3,910.	— 34.
Hautboisten	920.	— 14.
Professionisten und Profoße	870.	— 2.
Soldaten und Troß	90,230.	— 2084.

Aus diesem Resultate ergiebt sich eine auffallende Verschiedenheit zwischen der Sterblichkeit der Professionisten, Hautboisten, Trommler u. s. w. und der des Soldaten. Bei Vergleichung der Sterblichkeit des Letztern mit der des Unterofficiers findet sich, daß während der 6 Friedensjahre 1820 bis 1826 die gemeinen französischen Soldaten eine jährliche Sterblichkeit von 2,254 Procent, die Unterofficiere aber nur eine solche von 1,091 Procent darboten.

Vergleicht man in Ansehung der Sterblichkeit die königliche Garde mit der Linie, so findet man, daß die erste in jenen 6 Jahren im Durchschnitt folgendes jährliche Resultat gab:

Unterofficiere	2,650.	Sterbefälle 24.
Trommler	895.	— 2.
Hautboisten	230.	— 1.
Professionisten und Profoße	85.	— 0.
Soldaten und Troß	10,610.	— 178.
Totalsumme	13,920.	205.

Das allgemeine Verhältniß der Todesfälle ist hier 1,472 Procent, und folglich geringer, als das des gewöhnlichen Jahres, welches 1,96 beträgt.

Um das traurige Beschaffenheit dieses Resultates einzusehen, muß man, wie es der Verfasser gethan, einen Blick auf die Sterblichkeitslisten werfen, welche das meiste Vertrauen verdienen. Nach denen, welche seit 1800 in Frankreich und Schweden, in den Niederlanden, in Dänemark, im Waadtland, in der Grafschaft Nizza und in den Hauptstädten London, Paris und Wien zusammengestellt worden sind, muß der Mensch, im Alter von 20 bis 30 Jahren, in den ungünstigsten Gegenden, z. B., Wien, jährlich 1,93 Procent, und in den günstigsten, z. B., Schottland, 0,81 Procent dem Tode zollen; die übrigen Länder fallen zwischen diese beiden Extreme. Die Generationen, welche dem Tode diesen jährlichen Tribut entrichten, umfassen alle Stände der Gesellschaft; Arme, Reiche, Kräftige, Schwächliche und alle jene von der Natur stiefmütterlich behandelte Wesen, welche nur geboren werden, um bald wieder zu sterben; und dennoch sticht in

Frankreich jährlich im Durchschnitt nur 1,225 Procent; also um die Hälfte weniger, als in der Armee. Um in der bürgerlichen Gesellschaft dieselbe Sterblichkeit zu finden, wie in der Armee, muß man in das Alter von 50 bis 60 Jahren hinaufsteigen; wo die Proportionalzahl der Sterblichkeit 2,5 Procent beträgt. Demnach werden unsre jungen Conscribirten im Alter von 20 bis 30 Jahren dem Tode schon so zinsbar, als ob sie 50 bis 60 Jahr alt wären. Welche Lehre für unsre Gesetzgeber und Regierungen, und welche bittre Kritik unsers geselligen Zustandes, wo jeder hinreichend große und kräftige 20jährige Mann durch das Gesetz dazu genöthigt wird, 6 bis 7 Jahre lang im Soldatenstande zu verleben!

Hr. Benoiston de Châteauneuf beschließt diesen Theil seiner Arbeit mit folgender Zusammenstellung: Nach der Abhandlung des Dr. Villermi über die Gefängnisse, sind in den Zuchthause von Lorient, dem gesündesten unter allen, wohin die zur Zwangsarbeit verdammten Soldaten geschickt werden, in den Jahren 1824 bis 1827 von 2360 Züchtlingen, 89 oder 1,652 Procent des Stammes gestorben. Demnach existirt eine herabgewürdigte, in Eisen gehende, zu den härtesten Arbeiten und zur schlechtesten Kost verdammte Menschenclasse, deren Alter im Durchschnitt 30 bis 35 Jahr beträgt und von der jährlich 1,652 Procent stirbt, und auf der andern Seite eine Menschenclasse, auf der die Ehre und die Hoffnung des Landes beruht, die aus jungen, kräftigen Subjecten besteht, eine gesunde Kost genießt und die ihre Tage ruhig und gleichmäßig im Schooße unserer Städte verlebt, deren Alter zwischen 20 und 30 Jahren liegt, und von der doch im Durchschnitt jährlich 2,254 Procent sterben.

In einem andern Theile seiner Abhandlung untersucht der Verfasser, welchen Ursachen ein so betrübendes Resultat zugeschrieben werden müsse. Voran stellt er die Disciplin, der unsre jungen Mitbürger, so wie sie in Militairdienste treten, unterworfen sind. Diese Disciplin, der alle ihre Handlungen untergeordnet sind, und die in allen Stücken blinden Gehorsam fordert, indem die geringste Abweichung mit unerbittlicher Strenge bestraft wird, entsetzt den Menschengeist seiner Würde und verwandelt die Freiheit, deren die jungen Leute früher in ihren Familien genossen, in eine wahre Sclaverei. Viele unter ihnen finden auch wirklich am Soldatenleben wenig Geschmack. Sie hassen dasselbe und nähren im Grunde ihrer Seele den Gedanken an das Unrecht, das ihnen ihr Vaterland anthut. Sie werden nach und nach traurig und verschlossen, eine düstre Melancholie verzehrt sie. Nichts kann sie zerstreuen. Sie erkranken und sterben im Hospital, fern von ihrer Heimath, nach welcher sich noch im letzten Augenblick alle ihre Wünsche drängen. So ist dieses Heimweh beschaffen, welches, wenn es auch an sich nicht tödtlich ist, doch durch die Krankheiten, die es erzeugt oder complicirt, zuweilen zu verzweifelten Handlungen führt, daher man denn in der Armee jährlich ein Dutzend Selbstmorde zählt. Diese traurigen Fälle haben ihren Grund auch in einer noch beklagenswerthern Ursache, in dem Mißbrauch jener furchtbaren Macht, die das Militairgesetzbuch dem Vorgesetzten gegen den Untergebenen einräumt. Es giebt schwache

Geister, welche der geringste Tadel zu Boden schlägt, die leichteste Strafe zur Verzweiflung treibt, oder die unter einer groben Hülle eine erhabene, stolze Seele besitzen, welche weder ein Unrecht dulden, noch einen Schimpf einstecken kann; und doch gebietet die unbiegsame Strenge der Mannszucht dem Soldaten, seinem Vorgesetzten gegenüber, die vollkommenste Passivität; er muß, ohne sich zu beklagen, Beleidigungen und Schläge dulden. Wenn nun, sagt der Verfasser der Abhandlung, dieser Soldat, den eure barbarische Disciplin zum Sclaven und Thiere herabwürdigt, die Beschimpfung lebhafter fühlt, als der, der sie ihm anthut; wenn sie ihn so kränkt, daß er vor seinen Cameraden, in deren Augen er sich entehrt glaubt, nicht wieder zu erscheinen wagt; dann wendet er in ohnmächtiger Verzweiflung, weil ihn das Gesetz dazu verurtheilt, seinen Schimpf nicht rächen zu können, die ihm zu einem andern Gebrauch anvertraute Waffe gegen sich selbst und wäscht das ihm von einem Andern angethane Unrecht mit seinem eigenen Blute ab.

Der Verfasser gedenkt nun noch einer andern directen Ursache des Todes, welche eine beklagenswerthe Folge der militärischen Erziehung ist, nämlich der Duelle, welche 10 Procent von der Totalzahl der Sterbefälle veranlassen dürften. Zu diesen moralischen Ursachen kommen andere, nicht weniger traurige physische, z. B. die venerischen Krankheiten, Ausschweifungen aller Art, Manoeuvres, Märsche, das Wohnen in Casernen und ungesunden Hospitälern, der Aufenthalt in Garnisonen, welche in morastigen und ungesunden Ländern liegen; als eine der verderblichsten bezeichnet der Verfasser die unzulängliche Nahrung. Von 45 Centimen Sold kann der Soldat nur 16 auf seine Nahrung verwenden. Mit dieser Summe kauft er 1 Pf. geringes Fleisch für 4 Mann und an Gemüse gewöhnlich trockne Hülsenfrüchte. Rechnet man die Knochen ab, so bleiben also dem Soldaten täglich nur 3 Unzen Fleisch; er trinkt nur Wasser. Allerdings liefert ihm der Staat täglich 1½ Pf. eines mittelmäßigen Brodtes; allein diese Quantität ist, besonders für junge, frischeingetretene Leute, mehrenteils unzureichend.

Die Abhandlung wird durch besonnene philantropische Ansichten über die Mittel und Wege beschlossen, durch welche sich der Zustand des Soldaten verbessern ließe.

Unterzeichnet: Duméril, Magendie, als Berichterstatter.
(L'institut, No. 11.)

Ueber ein lebendes Thierchen in dem Auge eines Kindes.

Von Robert Logan.

A. B., 7 Jahr alt, wurde in der Mitte des Januars 1833 mit einer bedeutenden scrophulösen Augenentzündung am linken Auge, und mit beträchtlicher Verdunkelung der Hornhaut zu mir gebracht; es wuchs mir gesagt, daß seit einem halben Jahre das Kind mehrere Anfälle gehabt habe. Bei der gehörigen Behandlung verminderten sich allmälig die Entzündungssymptome, indeß blieb eine leichte Verdunkelung des untern Abschnittes der Hornhaut zurück, wodurch das in das Auge fallende Licht zwar nicht abgehalten, aber doch verdunkelt wurde. Nach Verlauf einer Woche wurde mir das Kind abermals gebracht, und nun bemerkte ich bei einer genauen Untersuchung des Auges, zu meinem Erstaunen, einen halbdurchsichtigen Körper von etwa zwei Linien Durchmesser, welcher lose in der wässrigen Feuchtigkeit der vordern Kammer herumschwamm. Bei genauer Betrachtung schien derselbe fast vollkommen kugelförmig, am untern Ende mit einem dünnen, weißen, verlängerten Fortsatz, welcher sich etwas kolbig endigte (nicht unähnlich dem Rumpfe einer gewöhnlichen Hausfliege). Dieser Anhang nahm immer, wegen seiner Schwere, die tiefste Lage ein und verursachte bei Störung dieser Lage, daß die kleine Kugel sich um ihre Axe drehte. In hellem Lichte erschien das Körperchen durchaus als organisirtes Thierchen, da man mit bloßem Auge beobachten konnte, wie es den kleinen Anhang ziemlich weit ausstreckte und ihn zugleich in verschiedenen Richtungen krümmte, ganz wie zum Aufsuchen des Futters; andremale zeigte es das Vermögen, denselben auf einen bloßen Punct zusammenzuziehen und ihn ganz in dem durchsichtigen häutigen Körper zu verbergen — eine Erscheinung, welche ohne Muskelapparat auf keine Weise zu Stande kommen konnte. War das Thierchen einige Zeit in dieser Stellung geblieben, so streckte es den Theil, welchen wir als den Kopf betrachten können, mit beträchtlicher Geschwindigkeit wieder heraus, wodurch der ganze Körper etwas bewegt wurde. Bei völliger Ruhe erschien plötzlich ein weißer Fleck an der Seite oder am Grunde und verbreitete sich sogleich als ein schöner Ring über den ganzen übrigen Körper, ganz auf die Weise, wie wenn ein Stein in ein ruhiges Wasser fällt und eine Kreiswelle hervorbringt. Es ist dieß keine wurmförmige Bewegung, welche regelmäßig aufeinander folgt, sondern sie entspringt an verschiedenen Stellen und verbreitet sich sehr rasch über die Oberfläche: man kann daraus schließen, daß die Anordnung der Muskelfasern der der Urinblase sehr ähnlich ist. Daß diese Bewegung Wirkung von Muskelthätigkeit sey, darüber war keiner der ärztlichen Augenzeugen im Zweifel. In der That scheint ein starkes, auf das Thierchen einfallendes Licht als Reiz zu wirken, und Contraction zu veranlassen, und man kann alsdann sehen, wie sich die Gestalt auf verschiedene Weise verändert. Eine Ausführungsmündung war auf keine Weise zu bemerken und die Ausscheidung exxrementieller Stoffe mag wohl durch einfache Durchschwitzung durch die Poren geschehen.

Das Auge des Kindes ist jetzt in einem gereizten Zustande, wahrscheinlich in Folge der beständigen Reizung durch den fremden Körper auf der Oberfläche auf der ganz besonders empfindlichen Iris. Im Ruhezustande war das Thierchen das untere Segment der Hornhaut mit nach oben gerichtetem Fundus, so daß bei mäßigem Licht die halbe Pupille bevekt und der Kranke deutlich zu sehen verhindert wurde, besonders war das Lesen und das Sehen tieferstehender Gegenstände unmöglich, außer wenn die Gegenstände in die Höhe des Auges gebracht wurden, wo sie alsdann leicht zu erkennen waren.

Eine Vergrößerung ist seit der ersten Beobachtung

nicht zu bemerken gewesen, und es ist diese auch nicht zu befürchten, da es ein Gesetz in der Natur zu seyn scheint, daß das Größe der Thiere sich nach dem Raume richtet, in welchem sie sich bewegen und ernähren sollen (?). Wenn nur nicht irgend ein Symptom in dem Auge es nöthig macht, so habe ich nicht im Sinne, eine Operation zur Entfernung des Thierchens vorzunehmen, da die kurze Dauer des Daseyns eines solchen Thierchens bald alle Gefahr beseitigen wird, worauf dasselbe, wenn es einmal nicht mehr lebt, bald durch die Absorptionsthätigkeit des Auges beseitigt werden kann. Daß es eine Hydatide sey, ist wohl kein Zweifel: eine Spur von Fortpflanzungsthätigkeit hat sich bis jetzt nicht gezeigt; sollte dieß geschehen, so würde allerdings eine Operation zur Entfernung des fremden Körpers nöthig werden. (Lancet. 30. March 1833.)

Ein Fall von Fungus in der Blase.
Von Dr. Nicod.

Herr Fasquel, 64 Jahr alt, ein starker, kräftiger Mann von sanguinischem Temperament, welcher viel gereist war und große Touren zu Pferde gemacht hatte, litt seit langer Zeit an Hämorrhoidalknoten. Eines Tages mehr als gewöhnlich dadurch belästigt, nahm er seine Zuflucht zu einem kalten Sitzbad, welches ihn sehr erleichterte: wirklich verschwanden die Hämorrhoidalknoten ganz, dagegen bekam er mehrere Jahre darauf bisweilen einen leichten Grad von Hämaturie. Dieses neue Symptom kehrte von Zeit zu Zeit wieder und verschlimmerte sich, wenn er auf gepflasterten Wegen oder zu Pferde reiste. Im Anfange des Jahres 1826 hatte sich das Uebel so gesteigert, daß er seine gewöhnlichen Reisen nicht mehr, selbst nicht einen Tag lang, fortsetzen konnte, ohne eine beträchtliche Menge Blut zu verlieren, dessen Menge sich auf eine besorgliche Weise immer vermehrte.

Am 19. December consultirte er Hrn. Nicod und erzählte ihm, daß er, obgleich mit der größten Sorgfalt auf dem ungepflasterten Theile des Weges reisend, dennoch auf dem Wege zu ihm 2 Tassen voll Blut aus der Blase verloren habe: daß er beständigen Schmerz an der Eichel habe: daß sein Urin zuweilen klar, andremale dunkelroth und bisweilen mit einem schleimigen Sediment versehen sey. Bisweilen ging es leicht ab, andremale machte er große Beschwerden.

Die Blase wurde nun mit dem Catheter untersucht, welcher ziemlich leicht eingebracht wurde und kleine Faserstoffstückchen mit herausbrachte; als man einen silbernen Catheter einführte, wurde dieser etwa 2 Zoll von dem Blasenhals angehalten, worauf einige fleischige und häutige Flocken abgingen und der Urin, wenn er gelassen wurde, zuerst mit Blut gemischt war, dann aber klar wurde.

Den Tag darauf wurde die Untersuchung mit denselben Instrumenten erneuert, und es gingen dadurch noch mehr solcher Flocken ab; auch gab der Kranke Nachmittags etwas Blut von sich. Am dritten Tag ließ er sein Wasser leichter und häufiger, als früher, welches ihn veranlaßte, in der eingeschlagenen Behandlung zu beharren.

Während dieser Woche wurde die Harnröhre sehr häufig mit Stückchen einer schwammigen oder fleischigen Masse zum Theil verstopft, welche in größern oder kleinen Fetzen von der Masse sich lösten, gegen welche das Instrument gedrückt wurde; und welche, wenn die Blase von Urin entleert war, etwa von der Größe einer geschlossenen Faust zu seyn, und die ganze Blasenhöhle fast auszufüllen schien. Die Weichheit der Geschwulst, welche sich aus der Untersuchung ergab und die Abwesenheit eines sandigen Sediments im Urin gaben Hrn. Nicod die Ueberzeugung, daß in diesem außerordentlichen Falle kein Blasenstein, sondern bloß ein Fungus zugegen sey.

Ermuthigt durch die sichtbare Besserung des Kranken, und durch die Schnelligkeit, mit welcher die Blutung wieder verschwand, nachdem der Catheter 4 — 5mal eingeführt worden war, führte er nun die Operation 2mal täglich aus, bisweilen auch noch öfter. Häufig gingen Stücke einer durchsichtigen Haut weg, welche den Stücken eines Nasenpolypen ähnlich sahen; eines derselben, in Wasser gelegt, war wenigstens 2 Zoll dick.

Die Leichtigkeit der Einführung und der Bewegung des Instrumentes in der Blase wuchs täglich, so daß die Diagnose sich als vollkommen richtig erwies; die Geschwulst bestand bloß aus einem Fungus, welcher auf die rechten Seite des Fundus angeheftet war. Je bedeutender der Fungus zerstört war, desto fester wurde der zurückbleibende Theil; und je mehr die Fenster des Instrumentes, dagegen angepreßt wurden, desto mehr reines Blut wurde ausgeleert. Die Blase dagegen hatte sehr an der krankhaften Empfindlichkeit verloren, welche sie im Anfange der Behandlung zeigte: dieß veranlaßte, daß die Frictionen auf der Geschwulst vermehrt wurden, so daß endlich auch der Stiel derselben, welcher von vorn nach hinten einen Durchmesser von 18 Linien hatte, ganz zerstört wurde. Der krankhafte Fleck zog sich allmälig zusammen, und hörte zuletzt auf, selbst nach wiederholten Frictionen mit dem Catheter, zu bluten.

Der Appetit des Kranken besserte sich und Woche für Woche nahmen seine Kräfte zu, und nach 6 Wochen war er im Stande, die stundenweite Spazierfahrt zu machen, ohne einen Tropfen Blut von sich zu geben. Dieses wurde allmälig vermehrt, und so war er in sieben Wochen vollkommen geheilt, worauf er bis zum Jahre 1831 gesund blieb, und zu dieser Zeit in einem Alter von 69 Jahren an einer chronischen Leberkrankheit, und zunächst an Apoplexie, starb.

Die'er Fall beweist, daß man mit Aussicht auf Gelingen eine Krankheit behandeln kann, welche Bichat als ganz

außerhalb des practischen Bereiches liegend betrachtete, nämlich den Fungus der Harnblase, bei welchem, nach Bichat, die Behandlung nichts hoffen läßt, weil man nicht zu einer sichern Diagnose kommen könne. (Gazette médicale in London med. and phys. Journ. January 1833.)

Miscellen.

Ein neues Instrument zur Lithotripsie ist von A. Benvenuti angegeben worden. Die Veränderung, welche dasselbe characterisirt, scheint eine wirkliche Verbesserung zu seyn; es besteht dieselbe darin, daß zum Festhalten des Steines ein unnachgiebiger Stützpunct gegeben ist, während bis jetzt der zu zerkleinernde Stein bloß von elastischen Zangenarmen gehalten wurde. Das geschlossene Instrument gleicht einem starken weiblichen Catheter; die vordere Krümmung (der Schnabel) desselben besteht zur Hälfte (auf der concaven Seite) aus einer festen unnachgiebigen Verlängerung der äußeren Röhre, zur andern Hälfte aus den aneinandergelegten zurückgezogenen Armen der in der Röhre beweglichen Zange; die geöffneten Arme nähern sich bei'm Schließen des Instrumentes der festen Verlängerung der Röhre, so daß der gefaßte Stein gegen diese angedrückt und sehr gut befestigt, und danach mit den gewöhnlichen Bohrern zerkleinert werden kann. Doch bedarf das Instrument noch der Prüfung und practischen Bestätigung. (Essai sur la Lithotritie par A. Benvenuti. Paris 1833.)

Lebende Hydatiden wurden in der Sitzung der London medical society vom 25ten Februar 1833 durch Hrn. Stephens vorgezeigt. Die Hydatiden waren aus dem Mesenterium eines Schaafes einige Stunden vorher herausgenommen worden, und eine derselben, von der Größe einer Birn, lebte in warmem Wasser wieder auf. Sie war vom Grund bis zum Hals zwei Zoll lang und der Hals betrug etwa ¼ Zoll Länge. Die Hydatide war mit einer durchsichtigen Flüssigkeit halb gefüllt. Die Lebenszeichen waren schwach, aber deutlich zu sehen; sie beschränkten sich bei dem schon geschwächten Thiere auf den Hals und den zunächst liegenden Theil des Körpers, und bestanden in einer leichten peristaltischen Bewegung. Als Herr Stephens die Hydatiden, unmittelbar nachdem sie aus dem Thiere herausgenommen waren, in warmes Wasser legte, so bewegten sie sich sehr lebhaft durch abwechselndes Zusammenfallen und Ausdehnen, und die Bewegung war so vollkommen wurmförmig, als sie die Gestalt der Thierchen nur irgend gestattete. (Lancet, 21. March 1833.)

Einen neuen Apparat zur Behandlung des Klumpfußes giebt Herr Bryan in der Lancet, 16. March 1833, an, welcher sich wegen seiner großen Einfachheit empfiehlt. Der Fuß wird mit einer Rollbinde bis über die Knöchel methodisch eingewickelt und hierauf eine feste Fußsohle unter den Fuß angelegt, welche mit einem eisernen Bügel in Verbindung steht, der an der äußeren Seite des Fußes in die Höhe geht und bei der verkrümmten Stellung von dem Unterschenkel bedeutend absteht. Dieser Bügel wird nun an seinem obern Ende vermittelst eines Bandes immer mehr gegen das Knie herangezogen, wodurch ganz allmälig, und ohne daß der geringste Schmerz verursacht wird, die Fußsohle endlich in eine vollkommen horizontale Richtung gebracht wird.

Bibliographische Neuigkeiten.

Bulletin de nouveaux gisemens en France d'animaux vertébrés, oiseaux, reptiles et poissons, pour servir de complément périodique à la première section de la *Faune françoise*; publié par M. Nérée Boublée. à Paris 1833. 12.

Bulletin de nouveaux gisemens en France d'animaux invertébrés articulés, insectes, arachnides, crustacés et annelides, pout servir de complément périodique à la 2me, 3me et 4me section. u. s. w.

Bulletin de nouveaux gisemens en France d'animaux invertébrés,

mollusques et zoophytes, pour servir de complément à la 5me et 6me section. u. s. w.

Bulletin de nouveaux gisemens en France de botanique, pour servir de complément périodique à la Flore française; publié par M. Nérée Boublée. Paris et Strasbourg 1833. 12me.

Observations on Injuries and Diseases of the Rectum, by H. Majo. London 1833. 8.

Notizen
aus
dem Gebiete der Natur- und Heilkunde.

Nro. 818. (Nro. 4. des **XXXVIII.** Bandes.) September **1833.**

In Commission des Landes-Industrie-Comptoirs zu Weimar. Preis eines ganzen Bandes, von 24 Bogen, 2 Rthlr. oder 3 Fl. 36 Kr., des einzelnen Stückes 3 ggl. Die Tafel schwarze Abbildungen 3 ggl. Die Tafel colorirte Abbildungen 6 ggl.

Naturkunde.

Ueber Riesen und Zwerge.
Von Geoffroy-Saint-Hilaire.

Die erste Classe der großen Gruppe von Hemiterien oder einfachen Anomalien im Thierreich begreift die Anomalien der Größe; sie können entweder allgemein oder theilweise seyn, und in einer Verminderung oder Vermehrung bestehen. Die Zwerghaftigkeit, bei welcher eine allgemeine Verminderung der Größe stattfindet, muß von Verdrehungen der Wirbelsäule und deformer Beschaffenheit der Gliedmaaßen genau unterschieden werden. Im letztern Falle ist eine Krankheit und keine Anomalie in dem Sinne vorhanden, welcher diesem Worte hier beigelegt wird. Der Zwerg ist in teratologischem Sinne ein Wesen, dessen sämmtliche Theile eine allgemeine Verminderung erlitten haben, und dessen Statur auch bedeutend unter der allgemeinen Höhe seiner Art und Race zurückgeblieben ist.

Hr. Geoffroy findet der Zwerge in den ältesten Schriftstellern gedacht. Ueberall findet man, daß sie ein Gegenstand der Wißbegierde der Gelehrten und der Belustigung der Mächtigen waren. Zu den frühesten Zeiten des römischen Reichs war diese Liebhaberei so allgemein, daß Kaufleute auf die gräuliche Idee verfallen seyn sollen, mit Hülfe von Kästen und Binden, künstliche Zwerge zu erzielen. Die Geschichte des Jeffrey Hudson, welcher, als er 8 Jahr alt war, der Königin Henciette Maria von England (Gemahlin Karl's I.) in einer Pastete vorgesetzt wurde; die des Nicolas Ferry, der unter dem Namen Bébé bekannt ist, und dem Herzog Stanislaus von Lothringen gehörte; die des Polen Borwilasky und vieler Andern enthalten außerordentlich merkwürdige Details. Wichtig ist für uns das große Verschiedenheit, welche die Zwerge sowohl in geistiger, als physischer Hinsicht darbieten. Manche sind beinahe närrisch, gehen gleich von der Kindheit zur Alterschwäche über und sterben frühzeitig, z. B., Bébé, welcher im Alter von 22¼ Jahren starb. Andere, wie Borvilasky und Hudson, haben viel Intelligenz gezeigt, und ein ziemlich hohes Alter erreicht. Ein österreichisches Frauenzimmer, welches in England starb, erhielt wegen ihrer geistigen Bildung folgende Grabschrift: „Dem Andenken der Nanette Stocker, welche den 4. Mai 1819 im Alter von 39 Jahren aus diesem Leben schied, der kleinsten und zugleich der gebildetsten Frauen dieses Landes." — Sie war eine treffliche Virtuosin und nicht über 33 Zoll hoch. Indeß haben die Zwerge auch manche charakteristische Kennzeichen mit einander gemein. Wie überhaupt Leute von kleiner Statur, sind sie in der Regel zum Zorne geneigt, lebhaft und heftig, wovon folgende Anecdote ein Beispiel giebt. Eine Dame von Stanislaus Hofe liebkosete in Gegenwart Bébé's einem Hunde. Wüthend darüber, riß der Zwerg ihr das Thier aus den Armen und warf es zum Fenster hinaus, indem er ausrief: „Warum liebst du ihn mehr als mich!" Die meisten Zwerge haben kurze Beine, einen großen Kopf, eine unangenehme Gesichtsbildung und rachitische Constitution. Sie können ihre Art weder mit Leuten ihrer Größe, noch mit solchen von gewöhnlicher Statur fortpflanzen. Sie sind sehr häufig Kinder gut gestalteter, hochgewachsener und sehr fruchtbarer Mütter, und in den meisten Fällen hat man beobachtet, daß dieselbe Mutter zwei oder mehr Zwerge zur Welt gebracht hat. Sie sind bei Nationen von hoher Statur nicht seltener, als bei andern, und kommen von dem einen Geschlechte so oft vor, wie von dem andern. Rücksichtlich des Alters kann der zwergartige Wuchs 3 Fälle darbieten; im ersten zeigt das Individuum bei der Geburt oder während der Kindheit eine geringere Größe, als die, die ihm in der Regel zukömmt, und erreicht später schnell die gewöhnliche Statur seiner Art. Im zweiten wird es gehörig groß geboren und entwickelt sich anfangs normal, bleibt aber dann im Wuchse zurück, und zeitlebens klein. Im dritten ist es als Zwerg geboren, und zeigt in jedem Stadium seiner Entwicklung eine weit kleinere Statur, als die, welche seinem Alter zukömmt. Der zwergartige Wuchs kann also vorübergehend oder permanent seyn.

Ohne bei der Hypothese der Alten, welche die Erzeugung der Zwerge einem Mangel in der Qualität oder Quantität des Saamens zuschreiben, sich lange aufzuhalten, betrachtet Geoffroy die Erklärung der Neuern als weit be-

4

friedigenber, welche darin das Resultat der mangelhaften Entwick= lung und Ernährung des Fötus sehen, wovon der Grund entweder in einer fehlerhaften Bildung der Mutter oder darin liegen kann, daß der Fötus im Mutterleibe erkrankt. Das bei jungen Kindern oder Thieren in Folge mangelhafter Ernährung oder Krankheit statt= findende Aufhören des Wachsthums scheint dieser Meinung günstig, welche auch in andern Beziehungen durch die rachitische Constitu= tion der Zwerge bestätigt wird. Uebrigens ist zu bemerken, daß bei Thieren, bei welchen der Rachitismus selten vorkömmt, auch die Zwerge ungemein selten sind.

Der Verfasser wendet sich nun von den Zwergen und dem ver= zögerten Wachsthum zu den Riesen und dem frühzeitigen regelwi= drigen Vergrößerungen der Statur. Obgleich über die Riesen sehr viel geschrieben worden ist, so hat doch deren Geschichte nicht die Fortschritte gemacht, wie die der Zwerge. Der Grund davon ist, weil man über deren Beschaffenheit mehr hin= und hergeredet, als dieselbe studirt hat; weil Riesen seltener als Zwerge sind, und nicht gleich häufig bloß zum Zwecke, Andern Spaß zu machen, angewandt wurden. Sowohl das Alterthum, als das Mittelalter bietet uns Beispiele von der Existenz ungewöhnlich großer Menschen dar. Viele Naturforscher sind sogar der Meinung, daß ganze Nationen, ja das ganze Menschengeschlecht, ursprünglich von riesigem Wachse ge= wesen, der bis auf unsere Zeiten sich allmälig vermindert habe. Den im Jahr 1718 vom Academiker Henrion angestellten Berechnun= gen zufolge, war Adam 123 Fuß 9 Zoll; Noah etwas über 100 Fuß; Abraham 80; Moses 30; Hercules 10; Alexander 6 und Cä= sar nicht ganz 5 Fuß hoch.

Bekanntlich dienen die Mythologien fast aller Nationen dieser Ansicht zur Unterstützung. Als Hauptzeugniß hat man die Ent= deckung gewaltig großer Menschenknochen angeführt. So sollen in Sicilien bei Trapani im 14. Jahrhundert Knochen gefunden wor= den seyn, die einem Cyclopen von 300 Fuß Höhe, offenbar dem Po= lyphem, angehörten. Dahin gehören auch die angeblichen Gebeine des Teutobochus, Königs der Cimbrer, welche während der Regie= rung Ludwig XIII. im Dauphiné gefunden wurden, und in äl= tern und neuern Schriftstellern findet man noch vieler andern Bei= spiele gedacht. Cuvier's Forschungen in Ansehung der Zoologie der Vorwelt, die durch die schnellen Fortschritte der vergleichenden Ana= tomie jetzt außer Zweifel gesetzt, daß diese riesigen Knochen nur Elephanten, Mastodonten, Rhinoceroßen, säugenden Seerthieren, Schildkrötenschaalen oder hydrocephalischen Schädeln angehörten.

Endlich hat man die Bibel citirt, wo angeführt wird, daß aus der Vermischung der Söhne Gottes mit den Töchtern der Menschen Riesen entsprungen seyen. Außerdem hat man noch viele andere Stellen angeführt; insbesondere diejenigen, sich auf den Riesen Goliath beziehen. Das hebräische Wort, welches durch Riese über= setzt ist, bezeichnet jedoch schlechthin einen jähzornigen oder grau= samen Mann. Der Riese Goliath maß auch, nach den angestellten Berechnungen, nicht über 7—8 Fuß, welche Statur zuweilen bei Menschen angetroffen wird. Aus andern Beispielen läßt sich durch= aus nichts Sicheres entnehmen. Es steht um sie, wie mit vie= le die profanen Schriftsteller aufstellen. Sie haben ihren Grund sämmtlich in Uebertreibung, Albernheit und Leichtgläubigkeit.

Auf der andern Seite scheint ausgemacht, daß die menschliche Statur nie über 8—9 Fuß betrug. Dieses Beispiele größter Höhe sind sehr selten, aber Männer von 6—7 Fuß sind es nicht.

Die Riesen haben, wie die Zwerge, fast immer eine mäßige In= telligenz, und manche davon sind eigentliche Idioten. Ueberdem fehlt es ihnen an Energie, Thätigkeit, körperlicher und geistiger Kraft; ihr Temperament ist lymphatisch, ihre Constitution schwächlich, und ihr Körperbau unharmonisch. Ihr ganzes Leben behalten sie äußer= lich mehr oder weniger die characteristischen Kennzeichen des Kindes= alters. Zu Wien, wo zum Vergnügen des Hofe eine Sammlung von Riesen und Zwergen angelegt wurde, sollen die letztern die er= stern beständig gefoppt, und in einem zwischen beiden entstandenen Kampfe das Schlachtfeld behauptet haben. Ueberdem sind auch die Riesen impotent, was von beiden Geschlechtern, doch vom männli= chen mehr, als vom weiblichen, gilt. Unter den Thieren sind die Riesen noch seltener, als die Zwerge. Sie sterben gewöhnlich früh= zeitig, gleichsam durch ihr gewaltiges und schnelles Wachsthum aus=

schöpft. Man findet sie unter Nationen von den entgegengesetzte= sten Characteren, doch mehrentheils unter solchen von großer Sta= tur. Sie scheinen von sehr fruchtbaren Müttern geboren zu wer= den, und sind in derselben Familie selten die einzigen hochgewachse= nen Individuen. Die Ursachen der riesigen Statur liegen auf der Hand; sie sind reizhülse, aber schwächende Ernährung, sehr expan= sionsfähige Organisation und schwache Circulation.

Berkeley, Bischof von Cloyne, stellte einen Versuch mit einem Waisenkinde, Namens Margrats, an, von welchem nur bekannt ist, daß es, nachdem es 7 Fuß 8 Zoll Höhe erreicht hatte, als ein Greis von 20 Jahren starb!

Bei Individuen von riesiger Statur findet eine abnorme Ver= größerung der Menschenstatur statt, die jedoch lediglich vom Alter und von der Zeit abhängen kann. Geoffroy verweilt hier mit Recht bei dem Unterschiede, den man zwischen Wachsthum und Ent= wickelung zu machen habe. Das erstere entspringe aus der allmä= ligen Zunahme sämmtlicher Körpertheile, abgesehen von irgend ei= ner Veränderung in der Zahl, Structur und den Functionen. Ent= wickelung dagegen bestehe in einer Modifikation, in einer mehr oder weniger deutlichen Veränderung. Das Erscheinen der Zähne beim ersten Zahnen, das der zweiten Zähne, und endlich das der Mannbarkeit bezeichnet bei dem Menschen und den höhern Thierclassen drei Hauptepochen der fortschreitenden Entwickelung, und von jeder derselben an vermindert sich das allgemeine Wachs= thum gemeiniglich auf eine mehr oder weniger deutliche Weise. Die Verbindung zwischen Wachsthum und Entwickelung ist äußerst merkwürdig. Ist das erstere frühzeitig, so beginnt auch die letztere zu bald. So hat man bemerkt, daß die großen Embryonen die Zähne mit der Geburt zum Vorschein kamen. Auch haben wir ein 18 monatliches Kind, welches sich durch seinen Appetit und sein schleuniges Wachsthum auszeichnete, schon in diesem Alter deutliche Spuren von Mannbarkeit barbieten seyen. Hat diese letztere Ent= wickelung begonnen, so schreitet die der Zeugungstheile schnell vor= wärts und wird bald vollkommen; das allgemeine Wachsthum hört vollkommen auf, und das Individuum, mit dem sich dies ereignet, kann von gewöhnlicher Statur, oder selbst klein bleiben, und braucht doch deßhalb nicht schwach oder impotent zu seyn. Wenn dagegen die Entwickelung, nachdem sie einmal begonnen, in's Stocken kommt, und wo möglich bleibt, so können Schwäche und Impotenz ein= treten, oder endlich, es können sowohl die Entwickelung als das Wachsthum in einem weit späteren Alter erst ihre Endschaft er= reichen. Was über die Schwäche der Zwerge und Riesen gesagt worden ist, steht mit den Betrachtungen vollkommen im Einklange; es gilt auch von den Erscheinungen, welche Kinder barbieten, die sich durch schnelles Wachsthum und frühzeitige Mannbarkeit aus= zeichnen. Ihr männliches Aeußere, ihre tiefe Stimme, ihre ver= schrötigen und kräftigen Formen beweisen, daß ihre physische Ent= wickelung so vollständig ist, als die der Erwachsenen. Mit der gei= stigen Entwickelung verhält es sich anders; diese 3, 4 oder 5 jähri= gen Männer haben durchaus den Geschmack und die Anlagen der Kinder; hier zeigt es sich also, daß die allgemeinen Verminderun= gen und Vermehrungen der Statur bloße mehr oder weniger lange Phasen des Gesetzes seyen, welches in Ansehung des Wechsels= zwi= schen Wachsthum und Entwicklung stattfindet.

Der Verfasser hat diesen Betrachtungen über die Anomalien der Statur einzelner Personen eine Skizze der auffallendsten That= sachen beigefügt, die das Studium an den Staturveränderun= gen bei'm Menschengeschlechte und bei den Thieren so offenbart. Die Normalstatur einer Race ist nothwendig die mittlere Höhe der Individuen, aus denen die Race besteht, und die Normalstatur der Arten ist die Durchschnittshöhe der sämmtlichen darunter begriff= senen Racen. Die Racen von der größten und kleinsten Statur lassen sich als Anomalien betrachten, welche durch übermäßige oder mangelhafte Entwicklung entstanden sind und hernach riesig oder zwerg= artig geworden sind. Wir müssen an dann untersuchen, die die Ursachen, welche diese Racen hervorgebracht haben, von derselben Art sind, wie die, welche einzelne Riesen und Zwerge entstehen las= sen, oder vielmehr, ob der Typus der Arten nicht ursprünglich größer oder kleiner war, als die Durchschnittsstatur der in diesem Augenblicke vorhandenen Racen.

Bei den wilden Thierarten, welche weniger zahlreichen und mächtigen modificirenden Ursachen unterworfen sind, als die zahmen, zeigen sich für gewöhnlich auch keine sehr deutlichen oder constanten Veränderungen in der Größe; jede Art bildet nur eine einzige Race, welche aus Individuen besteht, die einander genau gleichen. In dieser Beziehung recapitulirt Geoffroy die Untersuchung, welche er rücksichtlich der allgemeinen Abweichungen, in Ansehung der Höhe der wilden Thierarten angestellt hat. Diese Veränderungen richten sich nach dem Medium, in welchem sie leben, dem Futter, welches sie zu sich nehmen und den Orten, die sie bewohnen. Die Arten, welche im Wasser leben, erreichen eine größere Statur, als die von derselben Familie, welche das Land bewohnen, und insbesondere diejenigen, welche auf Bäume klettern, und die ihren Schutz in der Flucht suchen. Unter den Säugethieren, welche auf dem Lande und auf den Bäumen leben, sind die krautfressenden im Allgemeinen die größten; ihnen zunächst stehen die fleischfressenden; dann kommen die körnerfressenden, deren Größe nicht sehr bedeutend ist, und endlich die insectenfressenden. Durchgehends bemerken wir eine wunderbare Uebereinstimmung zwischen der Höhe und Größe dieser Thiere, und der ihnen von der Natur angewiesenen Nahrung. Aehnliche Verhältnisse zeigen sich bei den geflügelten Säugethieren. Auf die säugenden Seethiere paßt das Gesetz nicht. Was diejenigen anbetrifft, welche an unbewohnten Orten leben, so hat die Natur in allen Fällen die Größe den Oertlichkeiten angepaßt, wo dieselben aufhalten sollen, so daß also die großen Arten den Meeren, Festländern und großen Inseln und die kleinen den Flüssen, Seen und kleinen Inseln zugetheilt wurden. Der größere Theil der großen Säugethiere bewohnt die heißesten Länder, andere bevölkern in geringer Anzahl die kalten Regionen; allein keine Familie besitzt ihre großen Arten in gemäßigten Climaten.

Es kann nicht gebilligt werden, daß manche Schriftsteller von den wilden Thieren auf die Hausthiere und die Menschen, so wie umgekehrt geschlossen haben. Was die Höhe anbetrifft, so bieten die Hausthiere viele sonderbare Abweichungen dar, welche mehrentheils vielen Individuen zukommen, von einer Generation auf die andere überliefert werden, und da sie sich durch die Zeugung fortpflanzen, zur Characterisirung der Racen dienen. Diese charakteristischen Verschiedenheiten sind häufig um so bedeutender, je älter und vollständiger die Zähmung ist. Das Clima, die mehr oder weniger sorgfältige Abwartung, reichliche oder spärliche Nahrung haben über dem einen großen Einfluß. Der Hund, ein uralter Begleiter des Menschen, hat seine Unabhängigkeit in mehr denn Grade aufgegeben, als die Katze, und bietet auch viel mehr Racen von verschiedener Größe dar. Von Pferden hat man über 50, sämmtlich in Ansehung der Höhe, Gestalt, so wie der Beschaffenheit des Fells sehr verschiedener Racen; auch der Esel bietet viele Varietäten dar. In Arabien, Aegypten und Persien, kurz überall, wo man ihn gut abwartet und füttert als das Pferd, macht er bisweilen, in Ansehung der Größe, Schönheit und Stärke, beinahe den Rang streitig. Es ist bekannt genug, warum er in dem größern Theil Europa's, und zumal in kalten Ländern, klein und schlecht gebaut ist. Wie schlagend wird hierdurch nicht bewiesen, daß der Mensch es in seiner Gewalt hat, die ihm dienstbaren Thiere zu veredeln und herabzuwürdigen. Was das Schaaf anbetrifft, so hat dasselbe, sowohl seine vollkommene Zähmung in den ältesten Zeiten stattfand, trotz der großen Verschiedenheit seiner zahlreichen Racen, fast durchgehends dieselbe Höhe beibehalten. Die Hausziegen weichen, mit Ausnahme des Haushuhns, von den wilden Arten ab. Was die niedrigern Thiere, insbesondere die Fische, anbetrifft, so sind die Veränderungen in der Höhe nicht erblich; sie sind also zufällig zu seyn und sich größtentheils nach der Quantität und Qualität der Nahrung zu richten. Die zahlreichen Untersuchungen, die über Geoffroy in Ansehung der Staturveränderung bei den Hausthieren angestellt hat, führten ihn zu folgenden Resultaten.

Die Hausthierarten zerfallen in zwei Gruppen: diejenigen, bei welchen sämmtliche Racen ziemlich dieselbe Höhe besitzen, und diejenigen, welche aus sehr großen und sehr kleinen Racen bestehen.

Im ersten Falle kann die Höhe der Racen oder Varietäten von der des wilden Typus nicht sehr verschieden seyn; im zweiten existiren manche Hausracen, welche weit größer, und andere, welche weit kleiner sind, als der wilde Typus: die mittlere Höhe der Hausthierracen, welche bei vielen der letztern noch jetzt fortbesteht, weicht jedoch von der Höhe des wilden Stammthieres kaum ab.

Bei den Menschenarten verhält es sich mit der Höhe nicht so, wie bei den Hausthieren. Individuen weichen bedeutend, Racen sehr unbedeutend ab. Die Körperlänge der kleinsten Zwerge verhält sich zu der der größten Riesen wie 1 : 4, während die Durchschnittshöhe der kleinsten Race zu der der größten sich nur wie 1 : 1½ verhält. In der That sind die kleinsten Zwerge wenig über 2 Fuß, die größten Riesen nicht viel über 8½ Fuß hoch. Auf der anderen Seite beträgt die Durchschnittsgröße der Eskimos und des Bergbuschmanns etwas über 4, und die des Patagoniers etwa 6 Fuß. Wenn die Reisenden in ihren Berichten über die Statur der Patagonier so sehr abweichen, daß Manche ihnen 18 Fuß, Andere nur eine gewöhnliche Höhe zuschreiben, so liegt der Grund davon theils in der Liebe zum Wunderbaren, theils in dem Umstande, daß südlich vom Plata-Strome viele nomadisirende Stämme wohnen, von denen manche sehr hoch gewachsen, andere von gewöhnlicher Statur sind.

Man hat die Bemerkung gemacht, daß sämmtliche Völkerschaften, die sich durch ihre winzige Statur auszeichnen, mit wenigen Ausnahmen, den nördlichsten Theil der nördlichen Halbkugel bewohnen, während diejenigen von großer Statur mehrentheils auf der südlichen Halbkugel, entweder auf dem americanischen Festland oder auf den Archipeln des stillen Weltmeeres zwischen dem 8ten und 50sten Grad südlicher Breite angetroffen werden. Bei aufmerksamer Betrachtung der geographischen Vertheilung der Menschengeschlechter gelangen wir jedoch zu dem sonderbaren Resultate, daß Völker von kleiner Statur fast immer neben solchen von der größten wohnen, und umgekehrt. So wird das Feuerland bei Patagonien von kleinen, schlecht gebauten Menschen bewohnt, die Schweden und Finnen, welche mit den Lappen zusammengränzen, sind mehr als mittelgroß. Der Einfluß des Climas läßt sich durchaus nicht abläugnen, ein sehr heftiger Kältegrad ist der Entwickelung einer hohen Statur hinderlich, eine gemäßigte Temperatur begünstigt dieselbe. Das vorstehende Beispiel kann hierzu beweisen.

Uebrigens ist das Clima nicht die einzige thätigwirkende Ursache; auch die mehr oder weniger reichliche Nahrung, schwere oder leichte Arbeit müssen in Anschlag gebracht werden. Elend und Mühseligkeiten verhindern die Körperentwickelung nicht weniger als übermäßige Kälte, wogegen behagliches gutes Leben derselben günstig ist. Auch ist nöthig, die Verschiedenheit der Racen zu beachten, welche mit dem Urtypus immer in bedingten Zusammenhange stehen. So ist die Malaye im Allgemeinen größer, und der Mongole kleiner als die caucasische und americanische Race. Eben derselben besitzt die Tendenz, sich beständig mit denselben Charracteren zu reproduciren, welche Neigung um so deutlicher in die Augen springt, je älter die Race ist, was sowohl von den Menschen als auch von niedrigern Thierclassen gilt; allein von der Unveränderlichkeit und Beständigkeit der vorzüglichsten Menschenracen können wir auf der Höhe ihrer ursprünglichen Bildung schließen. Der gelehrte und scharfsinnige Physiolog Edwards hat gezeigt, wie durchaus dergleichen Untersuchungen, durch die sich die Genealogie der Völker feststellen läßt, für die Geschichte sind.

Wir haben bereits von der so sehr verbreiteten Ansicht gesprochen, daß die Statur der Menschenracen kleiner geworden sey. Diese Meinung kann jedoch von einem und demselben Volke ausgegangen sein, und in diesem Falle beweist Einstimmigkeit nichts. Ueberdem glaubten die Alten auch an Zwergvölker und wollten man sich daher auf Autoritäten stützen, so könnte man eben sowohl behaupten, die Statur der Menschen habe sich vergrößert. Weder die wahrscheinlich ungemein alten fossilen Menschenknochen, die man neuerdings an vielen Orten entdeckt hat, haben von ungewöhnlich hoher Statur angehört; noch läßt sich aus den alten Monumenten, Gräbern, Geräthschaften, Waffen, Gemälden und ägyptischen Mumien der Schluß ableiten, daß sich die Statur des

Menschen in den letzten 4000 J. bedeutend verändert habe. Ueber diese entfernte Zeit hinaus reichen keine Denkmäler und wir können uns, rücksichtlich der Vorzeit, nur an die Analogie halten. Sind aber, was ganz gewiß ist, die durch die Civilisation auf den Menschen hervorgebrachten Veränderungen durchaus denjenigen analog, welche die Zähmung bei Thieren hervorbringt, und erinnern wir uns, daß die Durchschnittshöhe der letztern mit derjenigen des wilden Typus übereinkommt, so wird man zugeben, daß die Durchschnittsstatur des jetzigen civilisirten Menschen nicht nur von der des civilisirten Menschen der alten Zeit, sondern auch von derjenigen der Menschen, die vor dem Anfang aller Civilisation lebten, nur sehr wenig abweiche.

Hr. Geoffroy sucht hierauf, rücksichtlich der riesigen und zwergartigen Menschenracen, darzuthun, daß zwischen ihrer Entstehung und der der individuellen Anomalien eine wirkliche Analogie stattfinde.

Viele Reisende, insbesondere Péron, haben eines bemerkenswerthen Umstandes gedacht, nämlich, daß wilde Völker keineswegs stärker als civilisirte, sondern im Gegentheil schwächer sind, woraus sich denn hervor ergiebt, daß die Civilisation dem Glücke des Menschen zuträglich, und daß der Naturzustand, den Rousseau in seinem Unwillen über das Verderbniß des geselligen Zustandes als das Ideal menschlichen Glücks dargestellt hat, keineswegs darauf berechnet ist, wie physisch zu vervollkommnen. Alles beweist dafür, daß der Mensch gesellig und im Vorschreiten begriffen ist. Allein dieses Fortschreiten wird häufig gehemmt, und seit langem durch den Egoismus der Einzelnen und der fehlerhaften Einrichtung unserer Institutionen verkümmert. (Edinburgh new philosophical Journal, April — July 1833).

Lawinen in Grusien.

Neuern aus Grusien eingegangenen Nachrichten zufolge, hat ein, glücklicherweise seltenes, furchtbares Ereigniß dort beträchtliches Aufsehen erregt. Morgens den 25. August 1832 rollte plötzlich eine ungeheuere Lawine vom Berge Kasbek im Thal hinab, durch welches die Militairstraße nach Tiflis geht, und bedeckte dasselbe auf eine zwei Werste lange Strecke. Die Schneemasse lag quer über die ganze 40 Faden breite Schlucht und hatte ungefähr dieselbe Höhe, so daß die Communication durch etwa 1½ Million Kubikfaden Schnee- und Eismassen gesperrt war. Die Steinblöcke enthielt, welche durch die Lawine von oben herabgerissen waren. Der Fluß Terek, welcher durch die Schlucht fließt, war so vollkommen zugedämmt, daß er am obern Ende des Engpasses austrat, mehrere Brücken fortführte, einen Theil der Straße zerstörte und die niedrigsten Theile des Landes überflutete, ehe er einen neuen Abfluß finden konnte. Die Einwohner wurden durch den ihnen eigenen Scharfsinn und ihre genaue Bekanntschaft mit dem Gebirge gerettet; denn eine volle Woche, ehe die Lawine herabstürzte, hatten sie die Annäherung der Catastrophe an gewissen Zeichen bemerkt, und sich folglich mit ihren Heerden und beweglichen Eigenthume beträchtlich weit entfernt. Die Vorläufer einer großen und gefährlichen Lawine sind mehr oder weniger häufige kleine Lawinen von Schnee oder lockerer Erde, die vom Kasbek herabstürzen, welcher sich 2500 Toisen über den Spiegel des Schwarzen Meeres erhebt. Wenn die sich allmälig vermehrenden Schneemassen, welche auf diesem Berge sich zusammen lagern, sich so sehr gehäuft haben, daß ihre Cohäsionskraft überwunden wird, so rutschen sie allmälig nieder, und führen mit fortrennendem Geräusche große Felsenstücke mit hinab; zugleich bemerkt man, daß die Nebenflüsse des Terek bedeutend anschwellen, welches von diesen herabführen. Da der Kasbek 17 Werste von der Stelle liegt, wo die Lawinen sich in die Schlucht stürzen, so muß nothwendig einige Zeit verstreichen, ehe der herabrutschende Schnee sich so anhäuft, daß er über die sämmtlichen vorspringenden Felsen stürzt, welche der Straße Schutz verleihen, und die bedrohten Bergbewohner haben daher

Zeit, sich der Gefahr zu entziehen. Seit Grusien eine russische Provinz ist, waren vorher nur 2 ähnliche Lawinen und zwar eine im Jahr 1808, die andere im Jahr 1817 niedergegangen, und obgleich unaufhörlich an der Wegräumung des Schnees gearbeitet wurde, so brachte man doch in einem Falle drei Jahre damit zu. (Edinburgh, new philosophical Journal April — July 1833.)

Miscellen.

Daß sich Schweine einander muthig gegen einen gemeinschaftlichen Feind beistehen, beobachtete Hr. X., Oberingenieur des Departements de l'Ille-et-Vilaine. Er fand eines Tags auf einer Geschäftsreise, welche er im Winter durch einen entlegenen Theil von Niederbretagne machte, mitten auf einer Haide eine Heerde von ungefähr zwölf bis funfzehn Schweinen, die sich gegen die Angriffe zweier Wölfe vertheidigte und konnte nahe genug herankommen, um den Kampf mit anzusehen, welcher noch ungefähr eine halbe Stunde lang fortdauerte. Die Schweine standen dicht gedrängt im Kreise, alle mit dem Kopfe nach außen gerichtet, und knirschten laut und wahrhaft fürchterlich mit den Zähnen. Die beiden Wölfe machten bald da, bald dort einen Angriff, fanden sich aber überall von einer furchtbaren Schlachtfronte zurückgewiesen. Von Zeit zu Zeit machte einer der stärksten Eber einen Ausfall und biß den Wolf oder versuchte ihn zu beißen, um zog sich dann wieder in die Reihe seiner Gefährten zurück, wodurch er ihm sogleich öffnete. Allmälig ließen die Angriffe der Wölfe nach; und sie ergriffen ermattet, blutend und entmuthigt die Flucht. Die siegreiche Heerde war aber so geschieht, sie nicht zu verfolgen, und blieb, selbst nachdem sie schon ganz aus dem Gesichte waren, noch immer in ihrer Schlachtordnung.

Mikroscopische Beobachtungen über die peripherischen Gefäßverzweigungen hat Hr. Professor Berres zu Wien angestellt und in den „Medicinischen Jahrbüchern des O. K. St. Bd. XIV. S. 115." beschrieben und durch eine Tafel schöner Abbildungen erläutert. Die bis jetzt untersuchten und näher erforschten Schlagadernetze des menschlichen Körpers stellen acht Classen dar, in welchen Hr. Prof. B. alle bis dahin aufgefundenen characteristischen Merkmale der mikroscopischen Gefäßverhältnisse einzuschachteln vermochte. Die Classen der Arteriengewebe sind folgende: 1. das geschlängelte Arteriennetz; 2. das Schlingen-Arteriennetz; 3. das lineale Arteriennetz; 4. das spitzwinkliche Arterien-Längen-Arteriennetz; 5. das dendritische Arteriennetz; 6. das Maschen-Faser-Arteriennetz; 7. das Maschen-Arteriennetz, und 8. das excentrische Arteriennetz.

Ueber einen jungen Hippopotamus finde ich in Owen's Narrative folgende Nachricht. „Des Nachmittags wurde (in dem Flusse Mattol) von einem der Schiffsboote ein junger Hippopotamus bemerkt, welcher in dem flachen Morast heim Ufers sich herumtummelte. Das Boot ruderte nach der Stelle hin und erreichte seinen Zweck, das Thier zu fangen, ehe es in das Wasser gelangen konnte. In Größe und Form glich es einem fetten Schwein mit einem Ochsenkopfe. Die Füße waren plump und ganz unproportionirt und die Haut unbehaart aber zäh; es war ganz unschädlich, wurde bald folgsam und gab Dank für die Aufmerksamkeiten die es erhielt, durch manche sonderbare eigenthümliche Bewegungen und dadurch zu erkennen, daß es an allem saugte, was es in den Mund bekommen konnte.

In welcher Menge Wallfische zusammenhalten, ergiebt sich aus folgender Stelle in Capt. Owen's Narrative. P. l. p. 322. „Wir sahen auf dieser Fahrt eine zahllose Menge Fische, besonders aber Wallfische mit weißen Flossen. Diese waren so zahlreich, daß wir zuweilen durch ein Geschrei der Wache „Klippen vor uns" erschreckt wurden, und folglich unsere Maaßregeln nahmen, um sie zu vermeiden. Worauf wir aber bald fanden, daß die Ursache unserer Unruhe das Umsichschlagen dieser muntern Teufel waren.

Heilkunde.

Beobachtungen aus dem Hospital für Syphilitische zu Paris, vom Jahre 1833.

Von J. Hey Robertson, Chir. zu Glasgow, Licent. d. Facult. u. s. w.

Der unterscheidende Character der Französischen Hospitäler ist die Stufe, auf welcher sie stehen, und der Gemeinsinn, mit welchem sie geleitet werden. Ueberdem gestattet das Wesen des Volks, Versuche anzustellen, welche, obgleich nach ihren Erfolgen für die Betheiligten oder das Publicum unschädlich oder selbst wohlthätig (ich sah nie Schaden von ihnen), in unserm Lande nicht unternommen, und vielleicht selbst nicht gestattet werden würden; welcher Nutzen aber daraus einst für die Wissenschaft hervorgehen werde, wird sich aus den folgenden, kurz zusammengedrängten, in dem Pariser „Hôpital des Vénériens" angestellten Beobachtungen ergeben :

Es giebt gewisse öffentliche Aufnahmetage für Personen beiderlei Geschlechts, wo diese, in geeigneten Fällen, auf bloße persönliche Stellung zugelassen werden. Nach der Aufnahme werden die Kranken ruhig gehalten und auf knappe Diät gesetzt, und dieß dient in manchen Fällen allein schon, Geschwüre zu beseitigen, welche schon fast einen syphilitischen Character an sich trugen, und andere wo vielleicht auch als solche behandelt worden seyn würden. In jedem Falle (und ich erinnere mich keiner Ausnahme) von Gonorrhöe oder verdächtigem Geschwür wird die Einimpfung an drei einzelnen Stellen an der Innenseite des Schenkels vorgenommen. Schlägt sie fehl, so wird sie noch ein-, zwei-, dreimal wiederholt, im Allgemeinen vermittelst Einstiche, bisweilen dadurch, daß man Blutegel ansetzen läßt. Ich sah die Einimpfung mit der abgesonderten Materie von Harnröhren-, Eichelgonorrhöe, Schanker, Bubo, Halsgeschwüren, Flechten, Warzen, Auswüchsen, syphilitischen ähnlichen Geschwüren des Gefäßes, und von den ganzen Menge krankhafter Secretionen aus der Vagina und dem Uterus bewerkstelligen.

Von Gefäßgeschwüren sah ich ein sehr interessantes Beispiel bei einem zweimonatlichen Kinde; es fanden sich mehrere tiefe Geschwüre an und um die Lenden, eins an jedem innern Knöchel, und eins von ganz schankerartigem Character an der Nymphe. Hr. Ricord versuchte drei- oder viermalige Einimpfung um sich von ihrem primären und secundären Character zu überzeugen. Die Mutter hatte an secundären Symptomen gelitten, war jedoch jetzt ganz wohl; und obgleich man, aus diesem Umstande, die gegenwärtigen Geschwüre auch für secundär halten konnte, so sahen sie doch primären ähnlich, und es konnte durch das Zusammenbiegen des Kindes auf die Beine, daß eine Knöchel durch die Nymphe, und die andre Knöchel von den ersten angesteckt worden seyn; — das Geschwür an der Nymphe, oder überhaupt das erste an dem Kinde vorhanden gewesene Geschwür, konnte ihm von der Mutter bei'm Durchgange durch die Vagina mitgetheilt worden seyn. Dieß war auch Hrn. Ricord's Meinung; jedoch brachten weder die Geschwüre an dem Gefäß, noch die an den Knöcheln oder der Nymphe bei häufig wiederholter Einimpfung den geringsten Erfolg, und sie wurden demnach sämmtlich, obgleich sie das Ansehen primärer hatten, als das Resultat einer angebornen constitutionellen Krankheit angenommen.

Wucherungen oder Schleim- (Speck-) Pusteln sind kleine Schleimknötchen (speckige Knötchen), welche sich in großer Anzahl um die Vulva und dem After herum, weniger häufig an der Vorhaut finden. Mit diesen ist die Einimpfung unter jeder Gestalt vorgenommen worden, aber ohne Erfolg. Sie folgen im Allgemeinen bei Männern auf Eichelentzündung, bei Weibern auf Gonorrhöe oder weißen Fluß, und bei Mangel der nöthigen Reinlichkeit. Sie erfordern keine andre Behandlung als das Auflegen eines in Bleizuckersolution (bisweilen im Verhältniß von 1 Unze auf das Pfund) getauchten Bäuschchens, und wenn es wegen ihrer Größe nöthig wäre, vorgängiges Ablösen derselben mittelst der Scheere. Bisweilen erheben sich nach diesen Speckpusteln Warzen, jedoch nicht im Allgemeinen, außer wenn ein Aetzmittel angewendet wurde.

Die bisweilen an und um die Warzen gefundene Secretion wurde ohne Erfolg eingeimpft. Sie werden, sowohl bei Männern als bei Frauen, mittelst der Scheere und einer starken Auflösung von Bleizucker behandelt. Diese ist in der Regel vollkommen wirksam. Warzen kommen gewöhnlich nach Eicheltripper, bisweilen auch nach Gonorrhöen, wenn die Theile nicht gehörig rein gehalten worden sind.

Ich sah Fälle, wo die Warzen in schauderhaft großer Zahl vorhanden waren. Ich theile kurz folgenden mit: Eines Morgens stellte sich ein junger Mann, dessen Penis an der Spitze viermal größer war, als natürlich. Die Vorhaut war ausgedehnt und gespannt, gleich einem Paukenschlägelknopf — gegen die Harnröhren-mündung hin enge und beutelförmig — zwei Drittheile von der Spitze gegen die Schaameinfuge hin entzündet, roth und glänzend. Die Eichel konnte nicht gesehen werden, — wollte man dazu einen Versuch machen, so stellte sich ein Haufen Himbeeren ähnlicher Warzen dar. Man gab ihm Gummiwasser (Solution), setzte Blutegel auf die Schaamknochen (nie wurden sie an den Penis oder die Hoden applicirt, indem man davon mehrerremale sich Schorfe bilden (sloughing) sah), legte Umschläge auf den Theil, und nach ungefähr 4 Tagen waren Röthe, Spannung, Glanz und Schmerz weg. Hierauf versuchte man die innern Theile zu Gesicht zu bekommen, allein man fand das Zurückziehen unmöglich. Man sah jetzt, daß die Eichel sehr klein, und daher, wie Hr. Ricord bemerkt, keine Ursache zur Abtrennung der Vorhaut vorhanden war. Hätte man zu den Warzen, eine nach der andern, kommen können, so würde sich die Vorhaut mit gewöhnlicher Leichtigkeit haben umkehren lassen. Es wurden zwar viele befestigt, allein es blieben noch viele und mehrere große zurück, so daß man es für nöthig hielt, sie Vorhaut durchzuschneiden, um zu ihnen gelangen zu können. Selbst nachdem man dieß gethan, vergingen noch zwanzig Minuten mit Abiösen, ehe die ganze Oberfläche der Vorhaut, mit dem Eichelbändchen und der Oeffnung der Harnröhre von allen Warzen, welche sie bedeckten, rein waren. Es waren seit ihrer ersten Erscheinung 6 Monate vergangen. Außer Bleizucker (acetas plumbi) sah ich keine andre Behandlung. Hr. Ricord theilte mir mit, er habe in seiner Privatpraxis einen noch schlimmern Fall gesehen.

Flechten an Eichel und Vorhaut, und an den weiblichen Geschlechtstheilen, sind außerordentlich gewöhnlich. Sie scheinen ganz den Character des gewöhnlichen Schankers, aber eine harte Basis zu haben. Die Einimpfung von ihnen schlug nie an, und Hr. Ricord pflegt die Geschwüre Flechten zu nennen, wenn sie nicht ihren ähnlichen Geschwüre durch Einimpfung erzeugen. Am Muttermund und in der Scheide sah ich ihrer eine sehr große Menge. Ruhe und Reinlichkeit sind die einzigen zu ihrer Beseitigung erforderlichen Mittel.

Von Halsgeschwüren und allen andern secundären Symptomen hat die Einimpfung ebenfalls keinen Erfolg.

Bubo und Schanker erzeugen Schanker und verrathen ihren Character ungefähr den vierten Tag, — vermittelst Einstichen in die gesunde Haut des Kranken angelegt, haben sie die gewöhnlichen verdickten umgeworfenen Ränder, das becherförmige Ansehen u. s. w., und sind beträchtlich größer als gewöhnlich. Die Kranken tragen nicht über Schmerz, und die durch Einimpfung erzeugten Geschwüre machen anscheinend wenig oder keine Beschwerde. Statt Schaden zu thun und den Fall langwieriger zu machen, fand Hr. Ricord immer, und ich selbst auch habe diese Beobachtung gemacht, daß die eingeimpften Schanker der ursprüngliche Schanker viel früher heilte, als bei Schankern sonst im Allgemeinen geschieht — indem sich eingeimpfte Schanker einen oder zwei Tage nachher stillten und verschwinden.

In einem oder zwei Fällen wurde die Einimpfung zur Lösung einer andern Frage vorgenommen. Ist der Schanker eine locale Krankheit oder nicht? Ist er bloß local und kann er durch örtliche Mittel geheilt werden, warum behandeln wir ihn als constitutionnal? Ein Kranker mit Schanker wurde an drei verschiedenen Stellen des Schenkels geimpft, — am zweiten Tage nachher wurde eine zweite Impfung an drei Stellen vorgenommen — zwei Tage nach diesen, drei andre und so fort; der Erfolg davon war, daß sich die Schanker an diesem Kranken in jedem Stadium ihres Verlaufs — der Abnahme, des Reifwerdens, des Reiffeyns und des Beginnens — zeigten. Und wiederum wurden mit einem Schanker drei andre erzeugt — von diesen wurden drei andere eingeimpft, sobald sich Stoff fand — von diesen wieder drei andre und so ferner, alle an einem Kranken. Man konnte auch bei diesen beobachten, daß das Pustelgeschwür seine Stadien unabhängig von dem Geschwür, wodurch es erzeugt worden war, und auf keine Weise von einem besondern durch die vorgängigen Geschwüre hervorgebrachten Körperzustand bedingt, durchlief. Man konnte hieraus schließen, daß der Schanker ein bloß locales Geschwür sey, und daß es, wie lange auch nach dem concubitus er erschienen seyn möge, mit den Versuchen und mit der Beobachtung mehr übereinstimmend sey, zu sagen, der syphilitische Stoff habe zwischen dem Hauttalgbälgen gelegen, und seine specifische Reizung erst spät hervorgebracht, als daß er in und durch den Körper gewandert sey, und sich endlich auf diesen unglücklichen Theil geworfen und ein Geschwür erzeugt habe, — dessen wahre Stelle bereits bestimmt ist.

Wenn jedoch ein Bubo vorhanden ist, so ändert dieß den Fall. Wir wissen aus Versuchen, daß der Bubostoff Schanker hervorbringt, und daß demnach Aufsaugung des Gifts stattgefunden oder die specifische Reizung sich längs der Eichel fortgepflanzt habe, so daß ein ähnlicher Giftstoff erzeugt wurde. Hat jedoch der Bubo lange gedauert, und heilt er nicht, so scheint er in manchen Fällen seine specifischen Eigenschaften zu verlieren, und bringt bei'm Impfen keinen Schanker hervor — er ist dann in ein secundäres Geschwür übergegangen. — Es sind mir davon mehrere Fälle vorgekommen.

In Verbindung mit diesen Versuchen über Schanker behandelt Hr. Ricord Kranke mit ursprünglichen Schankern anfangs ganz einfach. Er versucht, sie ohne Mercur zu heilen, und gelingt es ihm — gut. Kommen später secundäre Symptome, so hat man sie nur als Schanker zu behandeln. Dieß waren seine eignen Worte auf meine deßhalb an ihn gerichtete Frage, und er belegte diese Bemerkung, als er mich lächeln sahe, mit dem Erfolg, den er in vielen Fällen bei dieser Behandlung gesehen habe; es seyen, seines Bedünkens, bei den ohne Mercur Behandelten eben nicht häufiger secundäre Symptome aufgetreten, als wo Mercur gegeben wurde.

Er wendet den Höllenstein frei in jenem Falle von Schanker an, und wirklich macht dieser und irgend eine einfache Prisane oder Gummiwasser, seine Behandlung bei auswärtigen Kranken, bis er sie zu ändern genöthigt ist. Wenn binnen 1 oder 2 Wochen die Geschwüre bei diesen einfachen Mitteln keine sichern Zeichen von Heilung geben, so verordnet er Queckfilber in geringer Menge und in der Gestalt des Protoioduretts — in folgender Form, welche er anwendet — auf folgende Weise: Rec. Hydrarg. protoioduret. gr. j. Extr. Op. gr. ¼. Extr. Guajac. gr. ij. Mft. pil. Ein Stück täglich, und in veralteten Fällen, noch nebenbei das zusammengesetzte Sarsadecoct, bisweilen in warmem Bad. Zuweilen wird mit der Gabe auf eine Pille Morgens und Abends gestiegen, im Allgemeinen sind aber täglich über 36 verboberlich. Er giebt es möglich nie bis zum Speichelfluß. Hr. Ricord fand dieß Präparat allen andern vor — konnte mir jedoch auf meine Frage über den Grund dieser Vorliebe keine andre befriedigende Antwort geben, als daß er in der Erfahrung es wirkfamer gefunden habe, als alle andre. Er sucht dabei nicht etwa in der Jodine die Ursache des specifischen Vorzugs, sondern er meint, es (das Queckfilber) lasse sich auf diese Weise besonders gut anwenden. Er theilte mir einen Fall aus seiner Privatpraxis mit, wo die Krankheit fünfmal Rückfälle machte, und alle Arten freundbarer Symptome erzeugte. Sie war nach der Reihe mit den gewöhnlichen Queckfilberpräparaten behandelt worden, lehrte aber

immer wieder. Der Kranke wendete sich endlich an Hrn. Ricord, und wurde mit dem Protoioburet und dem zusammengesetzten Decoct behandelt, und geheilt — es war seitdem schon eine lange Zeit vergangen.

Eicheltripper. — Dieß ist eine Secretion aus dem Theile der Vorhaut, welcher mit der Eichel in Berührung ist, wozu bisweilen noch die aus der Schleim absondernden Oberfläche der Eichel selbst hinzukommt. Sie findet sich oft bei solchen, welche von Natur eine enge Vorhaut (Phimose) haben, die Eichel nicht entblößen, und daher die nöthige Reinlichkeit nicht beobachten können; das natürliche Secret der Theile bringt, wenn es nicht entfernt wird, Reizung und einen entzündlichen Zustand, und nach und nach übermäßige Aussonderung hervor — so übermäßig, daß mir Fälle vorgekommen sind, wo der Ausfluß an der Oeffnung zum Vorschein kam, und man in Versuchung gerieth, es für Gonorrhoe zu halten.

Hr. Ricord hat mit diesem Stoff geimpft, aber ohne Erfolg. Es ist daher ein einfacher Ausfluß, welcher mit einfachen zusammenziehenden Mitteln behandelt wird. Wenn man zu den Theilen kommen kann, wird eine starke Auflösung des Bleizuckers angewendet. Wucherungen und warzige Auswüchse folgen häufig auf Eichelentzündung. Ehe ich aus Glasgow auf das Festland abging, sah ich noch ein sehr schönes Beispiel von Blumenkohlwucherungen ganz einfacher Art, welche dadurch erzeugt worden waren. Der Kranke hatte einen sehr starken Ausfluß von der Vorhaut und der mit einem Kummet von Blumenkohl bedeckt war; mit einem dicken käsigen Secret bedeckt, jedoch war keine Phimose vorhanden. Ich nahm sie mit dem Messer, behandelte sie ganz einfach, und sie erschienen niemals wieder.

Krebs des Gliedes ist nach Eichelentzündung, Warzen oder Wucherungen; mit Phimose verbunden, nicht selten, besonders wenn ein Aetzmittel oder irgend ein anderes reizendes Localmittel angewendet worden ist.

Gonorrhoe. — Die Versuche darüber sind vielleicht die interessantesten von allen. Bei uns hält, seitdem wir Gonorrhoe und Schanker als zwei besondere Krankheiten behandelt haben, niemand mehr das Queckfilber für nöthig, oder selbst zulässig. Es ist jedoch bekannt, daß häufig secundäre Symptome auf Gonorrhoe folgen, welche durchaus dieselben sind, als die nach Schanker. Woher dieß? Hrn. Ricord's Versuche erklären dieß sehr einfach. In mehrern Fällen hat das Impfen keinen Erfolg. Ein einfacher Ausfluß aus der Harnröhre bringt durch Einfluß in den Schenkel nichts hervor; ein anderes Mal folgen in einer Anzahl von Fällen drei Schanker, ganz, als wären sie durch Schanker erzeugt worden. Dieß ist nicht bloß leere Vermuthung von Hrn. Ricord; in der That häufig Augenzeuge gewesen, und es habe wirklich Schanker auf Harnröhrenfluß, oder das, was man bei uns Gonorrhoe nennt und als solche behandelt, folgen gesehen. Was ist der natürliche Schluß? Es war keine einfache Gonorrhoe, sondern Schanker in der Harnröhre verbunden, welcher selbst bisweilen deutlich von außen an seinem begränzten Rande und harten Grunde erkannt werden kann, und woher auch aller Wahrscheinlichkeit die Ursache der verstärkten Secretion von der Oberfläche der Harnröhre ist. Dieß sind unbezweifelt die Fälle, wo secundäre Symptome folgen können.

In einem Falle, wo auf Einimpfung mit Stoff von Gonorrhoe Schanker folgte, sprach Hr. Ricord deutlich aus, daß hier ein Schanker vorhanden sey, obgleich wir jetzt keine andere Gewißheit hatten, als die von der Impfung. Zu unserer Ueberraschung erschienen zwei Tage nachher ein Schanker an dem Bändchen. Fragt sich nun: wurde dieser durch die Impfung mit dem Harnröhrenausfluß erzeugt; oder war er die Folge des ursprünglichen innern concubitus, welcher die Gonorrhoe verursacht hatte? War letzteres der Fall, so ist dieß ein zweites Beispiel, daß ein Schanker, unabhängig von dem Falle des Gliedes einen ganzen Verlauf macht.

Diese schöne Thatsache — das Vorhandenseyn eines syphilitischen Geschwürs in der Harnröhre, welches zugleich mit Harnröhrenentzündung oder Gonorrhoe vorhanden ist, oder sie erzeugt, oder

unterhält, erklärt mit, oder vielmehr, erklärt mit eins die secundä=
ren Symptome, welche auf die Gonorrhöe folgen und die beunru=
higende Natur vieler Fälle dieser Art. Auch erklärt sie mir einen
andern Umstand aus meiner Praxis. Seit einigen Fällen habe ich
bemerkt, daß bei dem größern Theile der von mir behandelten Go=
norrhöfälle die Heilung schneller erfolgte, wenn ich die blauen
Pillen, als alteraus mit den andern Mitteln verbunden, anwendete,
als wenn ich sie wegließ, und ich zweifle gar nicht, daß sie bisweil=
len specifisch wirkten — auch bin ich, nach einem Falle, in welchem
ich den Kranken als einen Betrüger ertappte, um so mehr zu die=
ser Behauptung geneigt. Er brauchte die Pillen — gebrauchte sonst
nichts, und genas. Seine Krankheit war schon alt. Nie ließ ich
es bei einem Kranken bis zum metallischen Geschmacke im Munde
kommen. Soll sich das Quecksilber als Specificum bewähren, so gibt
das Bestreben britischer Chirurgen hauptsächlich auf Hervorbringung
dieses Metallgeschmacks — das Hauptbestreben der Franzosen ist auf
Vermeidung desselben gerichtet. Die jetzt in französischen Schulen
geltende Lehre ist, daß die ansteckende (virulente) Gonorrhöe mä=
ßige, in einfache heftige Symptome hervorbringe. Jedoch denkt
Hr. Ricord, welchen ich in dieser Sache für einen bessern Gewährs=
mann ansehe, als Marjolin, anders, gesteht aber freimüthig, er
sey jetzt nicht im Stande, eine genaue Gränzlinie zu ziehen und mit
hinreichender Genauigkeit, ohne Versuch, zu bestimmen, welche sy=
philitisch und welche es nicht seyen — jedoch glaubt er fest, einst
dahin zu gelangen.

Es gibt Geschwüre bei Frauen, welche ziemlich weit oben in
der Scheide liegen — bisweilen genau am Muttermunde, von denen
die Impfung keinen Erfolg hat (ich habe oft gesehen, daß sie ver=
sucht wurde, aber fehlschlug) und zu ihrer Heilung kein Quecksilber
erfordern, aber dennoch, bei'm concubitus, Gonorrhöe bei'm Manne
erzeugen. Wundseyn (abrasion), Schwärung (nicht syphilitisch)
am Mutterhalse (welche bei Frauen, die Gonorrhöe oder weißen Fluß
gehabt haben, sehr gewöhnlich ist), Abfluß der Menstruen, oder kurz,
jede Quelle von Reizung, welche bei einer Frau vorkömmt, kann,
in sehr vielen Fällen, bei'm Manne Entzündung und Ausfluß be=
wirken. Flechten in der Harnröhre sind bisweilen die Ursache von
Ausfluß aus der Harnröhre.

Hr. Ricord fängt jetzt, wie er sagt, an zu glauben, daß nur
dann wahre Gonorrhöe vorhanden sey, wenn sich ein Schanker in
der Harnröhre befindet. Er mußte mir zugeben, daß daher die Sy=
philis anfangs nur einerlei Art, nämlich Sitz in Schankern zeigend,
sey, und daß das, was man gewöhnlich "Gonorrhöe" nenne, wenn
sich kein Schanker in der Harnröhre findet, nur Schleimausfluß
oder weißer Fluß bei'm Manne sey, und daß es daher keine eigent=
lich syphilitische Gonorrhöe gebe. Und dieß war auch seine Ansicht;
er hatte immer eine Gonorrhöe nur dann für syphilitisch gehalten,
wenn später secundäre Symptome sich eingestellt hatten. Diese
Symptome sind ganz dieselben, wie nach Schanker und werden mit
denselben Mitteln behandelt. Wir können sie jetzt nur durch Im=
pfung zu einer sichern Diagnose gelangen. — Da nun die Kranken
keinen Schanker, vielmehr großen Nutzen davon haben, so sehe ich
nicht ein, warum sie sich einem so einfachen, nicht im geringsten
schmerzhaften, hinsichtlich des chirurgischen Beistands nicht in Be=
tracht kommenden, die Wissenschaft fördernden und den Kranken
selbst sicherstellenden Processe nicht unterwerfen sollten.

Schleim= oder Speckpusteln werden bei Männern und Frauen
(bei letztern saß ich den ganzen Eingang und die Umgebung der Va=
gina und des Afters mit ihnen bedeckt) im Allgemeinen durch Go=
norrhöe erzeugt. Es sind bloß Knötchen oder Hervorragungen und wer=
den am besten mit Waschungen von Bleizucker behandelt. Es sind
eine Art secundärer Symptome in Folge von Gonorrhöe, und da=
her einer von Schanker in der Harnröhre begleiteten, wie man, nach
Hrn. Ricord, vermuthen muß. Sie eignet sich sehr zu Einspritz=
zungen. Nach R. ist Bleizucker für einfache Gonorrhöe das Haupt=
mittel. Er gibt ihm vor dem essigsauren Zink und jeder andern
Form den Vorzug. Er erzeugt nie Strictur, welches viele der
andern thun.

Als ich die Einwürfe gedachte, welche man allgemein dem Ge=
brauch der Einspritzungen in vielen Fällen macht — indem durch
plötzliche Stopfung des Ausflusses Hodengeschwulst ꝛc. entstanden

sey, gab er dieß nicht zu. Es seyen ihm viele Fälle vorgekommen —
und er habe genau beobachtet, seiner Meinung nach, seyen eben so
viel üble Symptome gefolgt, wo nicht eingespritzt worden war, als
da, wo man Einspritzungen gemacht hatte, und man könne sie da=
her dieser Ursache nicht zuschreiben.

Hr. R. kann sich, glaube ich, mit Recht rühmen, zuerst das
speculum in syphilitischen Krankheiten der Frauen und überhaupt
bei Krankheiten der Vagina und des Uterus, wie auch bei Krank=
heiten mit Schwangerschaft, und zur Diagnose der letztern ange=
wendet zu haben. Kommen Frauen entweder als Privat= oder ab=
mittirte Kranke in's Hospital, so müssen sie sich einer genauen Un=
tersuchung mit dem speculum vaginae unterziehen. Wollen sie dieß
nicht (was jedoch selten ist, ich sah nur eine von mehrern Hunder=
ten), so werden sie ohne Rath oder sonstige Hülfe weggewiesen.

Während ihres Aufenthalts im Hospital unterliegen sie ein oder
zwei Mal in der Woche einer öffentlichen Untersuchung mit dem
Speculum. Die ganze Gesellschaft, einige 40 oder 50 Kranke, wird
in ein besonderes Zimmer gebracht, und hier hatte ich, von Woche
zu Woche, eine vortreffliche Gelegenheit, mich von dem gesunden
und krankhaften Aussehen des ganzen Innern der Vagina und der
Oberfläche des Muttermundes zu überzeugen und mich in der Ein=
bringung des Speculum zu üben, und so sonderbar es auch scheinen
mag, von den vielen Hunderten der dieser Art von genauer Unter=
suchung unterworfenen Kranken, entweder aus der Privat= oder
Hospitalpraxis, hatten volle zwei Drittheile der ganzen Zahl eine Go=
norrhöe oder die weiße Fluß beseitigt sey, diese Krankheit, welche
calkrankheit am Uterus, Muttermund, oder der obern Portion der
Vagina, von denen keine einzige ohne den Gebrauch dieses Instru=
mentes entdeckt worden seyn würde. Dieß kann uns einen
Begriff von seinem Werthe geben, und wie das speculum vaginae
zu einer genauen Diagnose der Krankheiten der weiblichen Zeugungs=
theile unerläßlich nothwendig ist.

Hr. R. versicherte (und da er der erste, wo nicht der einzige
ist, welcher das Speculum gebraucht, wenigstens in solchem Umfange,
sowohl in der Privat= als Hospitalpraxis, so gilt seine Erfahrung viel=
leicht mehr, als jedes Andern), daß, fast ohne Ausnahme, jede Frau mit
Gonorrhöe oder weißem Fluß bei der Untersuchung mit dem Spe=
culum abgerissene Stellen, Schwärung, Flechten, oder irgend ein
Leiden des Muttershalses, oder der obern Portion der Vagina — im
Allgemeinen das erstern — darbiete — und daß, obgleich die Go=
norrhöe oder der weiße Fluß beseitigt sey, diese Krankheit, welche
einem unbewaffneten Auge zu sehr im liege und auch durch Impfen
kein Geschwür zu erzeugen vermöge, dennoch bei'm coitus bei Män=
nern Ausfluß erzeugen.

(Schluß folgt.)

Ueber die verschiedenen Arten der bleibenden Krüm=
mung der Finger.

1) Die erste Art, welche hier Erwähnung verdient, ist die von
einer Zusammenziehung oder Runzelung der Palmaraponeurose her=
rühren. Dupuytren hat das Verdienst, dieselbe zuerst genau ihrer
Natur nach erkannt und richtig behandelt zu haben; nämlich vermit=
telst Durchschneidung der genannten, statten Aponeurose.

2) Eine bleibende Krümmung eines oder mehrerer Finger kann
die Folge einer Krankheit oder Mißbildung ihrer Gelenke seyn.

Fall. Ein junger Mann litt an Tumor albus der Ellbogen=
gelenks. Der kleine Finger der linken Hand war seit seiner Kind=
heit ganz zusammengekrümmt, wobei die einzelnen Phalangen auf=
einander unbeweglich waren, während zwischen dem Finger und
Mittelhandknochen eine freie Bewegung stattfand. Von einem har=
ten Strang oder einer Hervorragung an der Palmarfläche des klei=
nen Fingers war nichts zu bemerken, wenn derselbe stark nach hin=
ten gezogen oder ausgestreckt wurde: dagegen rührte die Krümmung
in diesem Falle von einer wirklichen Anchylose der Phalangen her.

In andern Fällen entsteht die Krümmung durch ein Ganglion,
welches sich auf einem der Gelenke entwickelt; und dieser Uebelstand
kömmt nicht selten, besonders bei Seeleuten vor; andre Male ist
eine Unebenheit der Gelenkfläche einer Phalanx daran Schuld, was

besonders häufig bei Schneidern, Näherinnen und vor allen bei Strickern vorkömmt, bei welchen eine kleine Krümmung des kleinen Fingers gar nicht selten ist. und in der Regel durch eine Veränderung in einem der Gelenke bedingt ist. So kam ein Fall dieser Art in Dupuytren's Clinik vor, wo ein Mädchen aus einer Spigenfabrik wegen einer Krümmung der vier Finger beider Hände, welche so zusammengezogen waren, daß sie beinahe einen Halbzirkel bildeten, Hülfe suchte. Bei diesem waren die Mittelhandfingergelente ganz frei, und wenn die erste Phalanx stark nach hinten gedrückt wurde, so war keine Anspannung der Sehne, oder ein hervorragender Strang zu fühlen.

3) Eine dritte Varietät dieser Krankheit ist die Krümmung, welche durch Zerschneidung der Sehnen der Extensoren entstanden ist. So wandte sich einmal ein Mann an Dupuytren, weil ihm die beiden letzten Finger beständig in die Handfläche herein gezogen waren; machte der Kranke dagegen eine Anstrengung, um sie zu strecken, so konnte er sie leicht in eine Richtung mit den übrigen Fingern bringen; sobald aber die Extension wieder nachließ, so kamen die Finger wieder in die frühere Beugung. Beim Strecken war kein harter Strang auf der Palmarfläche zu fühlen und überdieß war jedes Gelenk für sich vollkommen beweglich. Der Patient hatte einen Säbelhieb über den Handrücken bekommen, wodurch die Sehnen der Extensoren durchschnitten worden waren. Es war natürlich nichts für ihn zu thun.

4) Eine zusammengezogene oder gerunzelte Hautnarbe ist bisweilen Ursache einer bleibenden Beugung eines oder mehrerer Finger; es ist dieß bekannt, daher rührt auch die Regel, daß man während der Vernarbung einer Wunde, eines Geschwüres, oder einer Verbrennung in der Hand diese letztere immer in der Streckung erhalten müsse.

5) Eine Verletzung oder Verwundung der Sehnen der Beugemuskeln kann denselben Erfolg haben. Diese Varietät ist leicht mit der No. 1 zu verwechseln, so daß man glaubt, es sey eine Contraction der Palmaraponeurose zugegen: in dem letzten Falle giebt der Finger auch nicht im geringsten einer Anstrengung zur Extension nach, und die strangartige Hervorragung, welche vorher nicht zu bemerken war, tritt während der Anstrengung zum Ausstrecken des Fingers sogleich deutlich hervor; entstand im Gegentheil die Krankheit durch eine Verletzung der Sehne, so ist die Hervorragung derselben an der Palmarfläche des Fingers während der Beugung derselben sehr deutlich, vermindert sich aber und verschwindet sogar ganz, wenn der Finger mit Gewalt ausgestreckt wird. Diese Art von Krümmung kommt auch nicht setten vor, nachdem Geschwülste am Finger erstirpirt und hiebei die Sehnenscheide geöffnet worden war.

6) Die letzte Art der bleibenden Krümmung der Finger ist die, welche durch einen Substanzverlust in dem Beugemuskel selbst bedingt ist, was in Folge von Schußwunden durch den Vorderarm, oder von Zerreißungen durch irgend eine äußere Gewalt. vorkommen kann. Bei diesen Fällen ist meistens auch mehr oder weniger Lähmung, als Folge einer Nervenverletzung, zugegen. Die verschiedenen Fingerglieder bleiben hierbei vollkommen beweglich, wenn aber die Finger stark gestreckt werden, so fühlen die Kranken Schmerzen in der Narbe. (Journ. Complém. Sept. 1832.)

Miscellen.

Gefahr des Aderlasses bei schwachen epileptischen Frauen. — Man kann als Regel für die Praxis annehmen, daß bei schwachen nervösen und hysterischen Frauenzimmern, wenn auch die Congestion in einem Organe noch so heftig seyn mag, man doch nicht versuchen dürfe, dieselbe durch örtlichen oder allgemeinen Aderlaß zu heilen. Die Wahrheit dieses Satzes wird durch Fälle von Epilepsie bei schwachen und nervösen Frauenspersonen erhärtet, obwohl kein Leiden so deutlich von Hirncongestion herrührt, als ein Anfall von Epilepsie. So war eine Dame, wegen der ich von Hrn. Kirby zu Rathe gezogen wurde, in den letzten 25 Jahren alle 3 — 4 Monate, einem heftigen Anfall von Epilepsie unterworfen. Vor ungefähr einem Jahre beging ein junger Arzt den Fehler, daß er den Aderlaß dagegen anwandte und seit der Zeit erneuern sich die Anfälle alle 3—4 Wochen. (Dr. Graves in dem Dublin Journal of medicine.)

Hautkrankheiten. — In Fällen von Hautkrankheiten ist ein sehr gutes Netzmittel, ein Theil Salzsäure, und drei Theile Tinctura Ferri Muriatis. Ein Mädchen war bei der Geburt mit einer besorganisirten Structur der Haut an der Seite des Halses behaftet, und mußte, als sie erwachsen war, sich deßhalb ganz besonders kleiden, so daß sie nicht gut in Gesellschaft geben konnte. Man zog Hrn. Brodie zu Rathe, und er fand, daß das Leiden in winzigen Auswüchsen auf der Haut bestand; er betupfte sie leicht mit Salpetersäure, so daß das Oberhäutchen zwischen ihnen nicht litt, wusch sie gleich darauf mit Wasser ab, und mit der Zeit gingen sie sämmtlich weg. (The Lancet No. 10 of Vol. 11. 1832 bis 1833.)

Eine Unterbindung der iliaca interna wegen einer Verwundung der art. ischiadica durch eine Flintenkugel wurde im December 1832 von Herrn Dwerent zu Sheffield gemacht. Der Kranke starb zwar zwei Tage darauf, wie es scheint, in Folge des brandigen Zustandes der Schußwunde, aber es zeigte sich doch wieder bei dieser Operation, daß sie leicht und ohne bedeutende Leiden des Kranken auszuführen ist. Bei der Section fand sich indeß, daß sich zwar oberhalb und unterhalb der Ligatur ein kleines Coagulum gebildet hatte, daß aber das Oberhäutchen zwischen ihnen durch ihre innern Arterienhaut durch plastische Lymphe verklebt war. (Lancet, 16. Februar 1833.)

Eine Vergiftung durch ein Opiumklystier von bloß 12 Tropfen Laud. liq. Sydenhami, welche binnen 12 Stunden den Tod herbeiführte, kam vor Kurzem in der Charité zu Paris vor. Bei einem 45jährigen Manne war eine Mastdarmverengerung nach Cöstal's Methode durch Cauterisiren operirt worden und zwei Tage darauf wurde zur Linderung der localen Leiden das angeführte Klystier gegen Abend gegeben. Zwei Stunden darauf begannen die Vergiftungssymptome und konnten durch energische Behandlung nicht überwunden werden. (Gaz. des hopitaux.)

Die Vaccine zu Ceylon, deren Einführung bis jetzt unter den Eingebornen, Anhängern des Buddha, große Schwierigkeiten fand, soll jetzt durch die Buddhistischen Priester selbst eingeführt werden, nachdem der Gouverneur von Ceylon dieselben zu einer großen Versammlung im Juli 1832 zusammenberufen und sie von der Wichtigkeit der Vaccine überzeugt hat. (Asiatic Journal.)

Bibliographische Neuigkeiten.

Transactions of the Zoological Society of London. Vol. 1. Part. I. London 1833. 4. m. K.

The American Practice of Medicine; being a Treatise on the Character, Causes, Symptoms, morbid Appearances and Treatment of the Diseases of Men, Women and Children, of all Climates, on vegetable or botanical Principles: as taught at the Reformed Medical Colleges in the United States: containing also a treatise on materia medica and pharmacy, or the various articles prescribed; their Description, History, Properties, preparation and use. With an Appendix, on the Cholera etc. Illustrated by numerous Plates and Cases by W. Beach, M. D. in three Volumes. New-York 1833. 8.

Notizen

aus

dem Gebiete der Natur- und Heilkunde.

Nro. 819.   (Nro. 5. des XXXVIII. Bandes.)   September 1833.

In Commission des Landes-Industrie-Comptoirs zu Weimar. Preis eines ganzen Bandes, von 24 Bogen, 2 Rthlr. oder 3 Fl. 36 Kr. des einzelnen Stückes, 3 ggl. Die Tafel schwarze Abbildungen 3 ggl. Die Tafel colorirte Abbildungen 6 ggl.

Naturkunde.

Löwenjagd in Südafrica.

Mitgetheilt von Lewis Leslie Esq. vom 45sten Regimente.

Vor einigen Jahren wurde ich zu einer Abtheilung Cavallerie commandirt, welche am Ufer des Orange-Flusses in Südafrica campirte, um die Bauern jenes Gränzdistrictes gegen einen wilden Völkerstamm zu schützen, der die Colonie damals mit einem Einfalle bedrohte. Jener Theil unseres südafricanischen Gebietes, welcher sich jenseits des Fischflusses hinzieht, der vormals die nordöstliche Gränze bis zum Gariep- oder Orange-Fluß bildete, war erst seit wenigen Jahren in unserm Besitz, und ein Areal von mehr als 100 Meilen Ausdehnung war damals nur von wenigen holländischen Colonisten bewohnt. Die Occupation des Landes war, meines Wissens, damals noch nicht von der Regierung genehmigt. Der Character der Gegend war ziemlich eigenthümlich; kahle Sandsteppen erstreckten sich nach allen Richtungen, und selten wurde das Auge durch ein grünes Gräschen erquickt. Durch diese Ebenen zogen sich niedrige Tafelbergketten, deren Wände und Gipfel ebenfalls aller Vegetation entbehrten. Selten stießen wir auf unsern Streifzügen durch dieses einförmige Steppenland auf eine menschliche Wohnung und nichts belebte die Scene als die Antilopen und Quagga's, welche sich beim Erscheinen des Menschen in wilder Flucht nach allen Richtungen hin zerstreuten. In der Ferne hätte man sie häufig für große Schaaf- und Kuhheerden halten können. Befand sich zufällig eine Colonisten-Wohnung in der Nachbarschaft, so stand diese immer an einem Flüßchen oder einer Quelle, die zum Tränken der Heerden und zur Bewässerung des kleinen Raumes, auf welchem Gemüse und Tabak gebaut wurde, hinreichte. In den trocknen Jahreszeiten sind jedoch eine halb nomadisirenden Landwirthe genöthigt, ihre feststehende Wohnung mit Zelten zu vertauschen und mit ihren Heerden die Steppen zu durchziehen, um für ihr Woll- und Hornvieh Waide aufzusuchen. Wenn sie nun auf diesen offenen Ebenen campirten, so erhielten sie häufig nächtliche Besuche vom Löwen, und vor

diesem konnte sie nichts schützen, als daß sie ihn in seinem Schlupfwinkel aufsuchten und tödteten. Seine gewöhnliche Beute waren das Quagga und die Antilope; allein die Schnelligkeit dieser Thiere oder vielleicht auch deren instinctmäßige Vorsicht, gewährte ihnen vor dem Löwen mehr Schutz, als den Hausthieren die schwache Befriedigung des Kraal's (Lagerplatzes).

Bei dergleichen Gelegenheiten war ich Zeuge des Verfahrens, welches die Colonisten anwenden, um sich eines solchen lästigen Nachbars zu entledigen, da sie den commandirenden Officier angingen, der gern einige Leute beorderte, denen wir uns mit Vergnügen anschlossen. Man hat häufig behauptet, der Löwe sey nicht das großmüthige und muthige Thier, welches er nach den früheren Beschreibungen seyn soll, und ich finde, daß Dr. Philips berichtet, wie die Buschmänner den König der Wüste ohne Schwierigkeit mit vergifteten Pfeilen tödten. Nach den bei Gelegenheit meines längern Aufenthalts an der Gränze der Capcolonie gesammelten Erfahrungen, möchte ich aber diesen neuern Ansichten geradezu widersprechen. Ich habe vielen Löwenjagden beigewohnt, bei denen der Löwe erlegt wurde, und die Berichte vieler Leute vernommen, auf die sich mehr bauen läßt, als auf der leichtgläubigen Colonisten, und der Muth und das edle Benehmen, auf die sich der Löwe, wenn er sich seinen Feinden stellen muß, beweis't, geht daraus hinlänglich hervor. Die Buschmänner habe ich aber häufig schießen sehen, und kann in die Sicherheit ihres Zielens und die Kraft ihres Pfeilgiftes wenig Vertrauen setzen. Die glaubwürdigsten Berichte, welche ich über die Erlegung selbst der kleinsten Antilopen einziehen konnte, beweisen, daß das Gift keineswegs sogleich wirkt. Das verwundete Thier flieht mit dem mit Widerhaken versehenen vergifteten Pfeile in's Weite, der Buschmann verfolgt es mit seinen Falkenaugen, bis das Gift endlich absorbirt ist und das Thier stürzt. Wenn dieß bei einem schwachen und furchtsamen Thiere geschieht, wie wird sich die Sache wohl bei dem kühnen, grimmigen Löwen verhalten? Er würde den verwegenen Buschmann, der sich

5

an ihn wagte, vernichten. Allerdings behaupten die Buschmänner, sie könnten den Löwen tödten; allein ich bin überzeugt, daß dieß nur in der Absicht geschieht, die leichtgläubigen Colonisten zu täuschen und Letzteren von der Wirkung
der Lieblingswaffe dieser Völkerschaft einen höhern Begriff
beizubringen. Während der 9 Monate, wo wir keine halbe Stunde von einem volkreichen Kraal der Buschmänner
campirten, schienen diese von fast weiter nichts als von Wurzeln, Heuschrecken und Ameisen, so wie von den Abgän-
gen zu leben, die sie von den benachbarten Colonisten und
von uns erhielten.

Diejenigen, welche den erhabenen Muth des Löwen geläugnet haben, sahen ihn wohl nie in seiner vaterländischen
Wüste. Ein Mann, welcher der Jagd beigewohnt hatte,
von welcher Hr. Pringle eine so lebhafte Schilderung
entwirft, beschrieb mir manches Abentheuer aus einer spätern Zeit, wo das Benehmen des Löwen sich in demselben
Glanze zeigte. Meine eigene Erfahrung spricht durchaus zu
seinen Gunsten. Er hat nichts von der Hinterlist und Feigheit, die man dem Tiger zuschreibt. Es zeigt sich in seinem Benehmen kein Kleinmuth; vor dem Menschen zieht er
sich kaltblütig und überlegsam zurück. Er meidet ihn, weil
er ihn haßt, nicht weil er ihn fürchtet. Geht man dem
Löwen aber zu Leibe, so daß er sich als den Verfolgten erkennt, so hat seine Flucht ein Ende. Die Zahl seiner Feinde ist ihm dann gleichgültig, er setzt sich auf einer kleinen
Anhöhe, brüllt von derselben herausfordernd herab und weicht
keinen Schritt breit. Oft sah ich ihn verwundet von dem
Hügelchen, auf dem er saß, herabrollen, allein wenn er sich
wieder etwas erholt hatte, schien sein ganzes Bestreben zu
seyn, seine Position wieder zu nehmen, gleichsam als ob
ihm alles darauf ankäme, dieselbe nur mit dem Leben auf-
zugeben.

Die Art, wie die Colonisten den Löwen verfolgen,
wird sich aus einer Beschreibung der letzten Jagd, der ich
beiwohnte, ergeben. Alle übrigen Jagden, bei denen ich zugegen war, wurden auf gleiche Weise ausgeführt. Bei dreien
wurde der Löwe erlegt, ohne daß irgend einer der Jäger dabei zu Schaden gekommen wäre. Das nordöstliche Ufer des
Orange-Flusses war, unserm Lager gegenüber, durchaus nur
von einigen wandernden Buschmännern bewohnt. Gewaltige
Heerden von Antilopen und Quagga's gras'ten auf den Ebenen, und auf den felsigen und kahlen Bergen, welche dieselben durchschneiden, hauf'te der Löwe am Tage und stieg
des Nachts nach bedeutenden Zwischenzeiten herab, um zu
jagen. Selten sah ich ihn bei Tage in der Ebene und nur
bei der äußersten Sommerhitze war er an dem beholzten
Ufern des Flusses zu finden. Des Nachts aber wurde dessen Nähe, wenn wir auf offenem Felde bivouaquirten, häufig
durch den Schrecken des Rindviehs und der Pferde angezeigt;
bei Tages-Anbruch sah man ihn dann sich langsam nach
dem höhern Gipfel eines benachbarten Berges zurückziehen. Meilenweit hörte man den Donner seiner Stimme, vor welchem alle Thiere erbebten. Ein Löwe von gewaltiger Größe ging durch den Fluß, dessen Wasserstand
damals niedrig war und schleppte ein Pferd fort, welches ei-

nem benachbarten Bauer gehörte. Mehrere Nächte früher
hatte man ihn auf einem Berge brüllen hören, der sich dicht
am Ufer des Flusses erhob, und man vermuthete, daß er sich
dorthin nach dem Verschlingen seiner Beute zurückge zogen
habe. Die Bauern behaupten, Pferdefleisch sage dem Gaumen des Löwen sehr zu. Vielleicht sind sie dieser Meinung
aber nur, weil sie auf dieses Thier so viel Werth legen.
Man schlug vor, daß wir am folgenden Tage mit den wenigen Bauern, die sich auftreiben ließen, und einer Abtheilung
unsrer Leute über den Fluß setzen und den Löwen in seinem
Lager aufsuchen wollten. Wir saßen sogleich nach Sonnenaufgang auf und begaben uns mit einer großen Anzahl Hunde
nach dem Berge, wo wir jede Schlucht und jede Kluft durch-
suchten, ohne ihn zu finden. Wir hielten es für möglich,
daß seine letzte starke Mahlzeit ihn vielleicht veranlaßt habe,
in dem dicken Gebüsch an den steilen Ufern des Flusses zu
bleiben. Wir kehrten also dahin zurück, und als wir über
eine schmale Ebene ritten, zeigte uns ein Augenzeuge eine
Stelle, wo er vor einigen Tagen ein Quagga ergriffen und
verschlungen hatte. Der harte, dürre Boden war wirklich
durch die Heftigkeit des Vernichtungskampfes ausgehöhlt worden. Kaum waren die Hunde in das Dickicht von uns eingedrungen, so wurden sie laut, und da sich das Gebell allmälig entfernte, so schien der Löwe langsam zurückzuziehen. Von Zeit zu Zeit schien er aber seine Verfolger zu-
rückzutreiben. Wir durften jedoch nicht wagen, in das Dik-
kicht einzubringen. Ein Schlag von seiner gewaltigen Tatze
würde hingereicht haben, uns dem Tode zu weihen. Die
Hunde blieben nun ziemlich lange lautlos, und wir glaubten,
sie hätten seine Spur verloren; als plötzlich ein Hottentotte
dieselbe im Sande bemerkte. Sie schien nach dem Berge,
von dem wir eben gekommen waren, zu gehen. R. galop-
pirte mit einigen Bauern und Soldaten gerade die nächste
Anhöhe hinauf, während ich mit einer kleinen Abtheilung einen Umweg machte, um in eine Schlucht zu gelangen, wohin sich der Löwe vielleicht zurückgezogen hatte. Als wir
ankamen, war der Löwe bereits nicht weit von dem Gipfel
des Berges hinan gebracht worden, wo wir sprengten hinauf, um beim Angriffe gegenwärtig zu seyn. Dort saß
er auf dem Hintertheile und seine Augen funkelten aus einem
Schwarm von Hunden, die ihn anbellten. Er schüttelte die
Mähne um seine riesigen Schultern und warf von Zeit zu
Zeit den nächsten Hund, mit einem mehr zum Spaß, als
im Zorn, in die Luft. Wir nahmen nun unsre Maaßregeln.
Die Pferde wurden in eine Reihe zusammengebunden, so daß
die Köpfe von dem Löwen abgekehrt waren und der Wind
von den Pferden gegen den Löwen hinwehte, damit dessen
Witterung sie nicht in die Flucht jagen möge. Der Rückzug hinter diese lebende Mauer ist unser letztes Hülfsmittel, wenn der Löwe auf ihn losgeht, so daß seine Wuth
sich an den Pferden bricht. Einige unter den Bauern sind
treffliche Schützen. Dennoch wurden viele Kugeln verschossen,
ehe der Löwe stürzte. Bei jedem Schusse that er einen Satz
auf den Schützen zu, und eilte nur ließ seine Wuth jedesmal an
den Hunden aus, und zog sich dann wieder in seine vorige
Stellung zurück. Der Boden war mit seinem Blute ge-

tränkt. Die Kräfte verließen ihn nach und nach und zuletzt stürzte er. Wir nahten uns nun vorsichtig und schossen ihn durch das Herz. An seinem Kopfe, Rumpf und Extremitäten wurden 12 Wunden gezählt. Er war von der größten Art und gehörte zu der Varietät, welche die Colonisten den schwarzen Löwen nennen. Wir nahmen die Haut und den Schädel; die Buschmänner das Fleisch in Anspruch; und die Bauern begnügten sich mit der Gewißheit, daß er ihnen nichts weiter schaden werde.

Bei einer andern Gelegenheit jagten wir auf dem Gipfel eines niedrigen steinigen Berges 2 Löwen aus dem Lager. Als wir den Gipfel erreichten, stiegen sie unter einem Kugelregen langsam hinab, und jenseit einer kleinen Ebene einen andern Berg hinan. Wir verfolgten sie und sie trennten sich; wir brachten sie nach einander zum Stehen und tödteten Beide. Nach dem, was ich gesehen und gehört habe, scheint es mir, daß ein einmal verwundeter Löwe sich sogleich gegen seinen Verfolger wendet. Ich bin aber der Meinung, daß er den Menschen selten angreift, denselben in der Regel vermeidet, und keineswegs Menschenfleisch vorzüglich gern frißt. In dem früher beschriebenen Landstriche waren sonst die verschiedenen Varietäten des Löwen sehr häufig. Die Colonisten unterscheiden die gelbe, graue und schwarze. Später hat ihre Zahl sehr abgenommen, indem die Colonisten viele tödteten und vielleicht vorzüglich deßhalb, weil sie sich aus den mehr bevölkerten Gegenden wegzogen. Man glaubt gewöhnlich, der Löwe lebe in Ebenen; allein die Jäger suchen ihn fast immer in den Bergen auf, und zuweilen greift ihn selbst ein einzelner Schütze an, wenn er seine lange, sichertreffende Büchse bei sich führt.

Schließlich will ich noch eines Falles gedenken: Vor wenigen Jahren entdeckten einige Officiere und Colonisten ein Löwenpaar mit 2 Jungen unfern Hernianuscraal auf der Gränze. Das Löwenmännchen deckte mit seinem Körper das Weibchen und die Jungen; allein die Colonisten zeigten sich gegen seine Großmuth gefühllos und schossen ihn nieder. Die Jungen flohen, die Löwin folgte, und man fand alle am folgenden Tage verendet. Diesen Bericht habe ich von einem Augenzeugen. (The Edinburgh new philos. Journ. Apr. — Jul. 1833.)

Ueber die specifische Schwere verschiedener fester Theile des menschlichen Körpers.

Im vorigen Jahre ist von Dr. J. Frick in Freiburg eine Dissertation über eine Reihe von Untersuchungen, die er über die spec. Schwere mehrerer Theile des Körpers angestellt hat, erschienen; wobei er die wenigen von Sömmering und Meckel ausgeführten Thatsachen, aber nicht die Beobachtungen, welche Dr. John Davy im 8ten Theil der Transactions of the Medico Chirurgical Society of Edinburgh 1829 mitgetheilt hat, mit anführt. — Wegen der Wichtigkeit des Gegenstandes, der bis jetzt wenig beachtet worden ist, stellen wir hier die Resultate der Forschungen aller dieser Männer kurz in einer Tabelle zusammen.

Name des Autors	Gewogener Theil	Körper, von welchem der Theil genommen ist	Specifische Schwere
	Zähne.		
Davy	Schneidezahn, ganz	Mann, 34 J. alt	2,240
—	—, Wurzel	— — —	1,950
—	—, Krone	— — —	2,380
—	Erster Backzahn, etwas cariös	Mann, 40 J. alt	2,142
—	—, Wurzel	— — —	2,118
—	—, Krone	— — —	2,813
—	—, Email	— — —	2,620
	Knochen, Knorpel, Bänder.		
—	Fettentheil des Schläfenbeins	Mann, 41	1,852
—	Seitenwandbein	Mann, 34	1,772
Frick	Stirnbein	Weib, 79	1,407
—	5te Rippe	—	1,164
—	4te Rippe	Neugeb. Kind	1,300
Davy	8te Rippe	Mann, 34	1,883
Frick	Schaambein	Weib, 79	1,050
—	Schlüsselbein	—	1,220
—	idem	Kind	1 284
—	Kopf des Oberarmbeins	Weib, 79	1,005
—	Körper des Oberarmbeins	—	1,238
—	idem	Kind	1,426
—	Zweite Phalanx des Mittelfingers	Weib, 79	1,158
—	idem	Kind	1,100
—	Körper des Schenkelbeins	Weib 79	1,253
—	idem	Kind	1,420
—	Unteres Ende desselben	Weib, 79	1,086
—	Körper der tibia	—	1,417
—	idem	Kind	1,416
—	Knorpliger Kopf d. Schenkels und Oberarmbeins	—	1,043—1,051
Davy	Knorpel des Kniegelenks	Mann.	1,073
—	Intervertebral-Substanz, äußerer Theil	Mann 23	1,104
—	Derselben mittlerer weicher Theil	—	1,062
—	Band der Kniescheibe	Mann, 22	1,104
—	Achillessehne	Mann, 28	1,080
	Haut, Haar, Nägel, Fett u. s. w.		
—	Oberhaut von d. Fußsohle	Mann, 39	1,190
—	Haut und Oberhaut vom Rücken des Daumens	—	1,100
—	Fett, Bauchdecke	Mann, 34	0,942
—	Nagel vom Daumen	Mann, 39	1,197
—	Hell- und dunkelbraunes feines Haar	3 Engl.Frauen, 30—40	1,278—1,295
—	Graues feines Haar	Frau aus Kornfu, 66	1,290
—	Weißes feines Haar	Mann a. Kornfu, 77	1,275
—	idem gebleicht	Ein Isfariot, 2 J. d. Sonne ausgesetzt	1,345
—	Schwarzes, krauses, wolliges Haar	Hottentoten.	1,323
—	Graues röthlichbraunes, der Sonne ausgesetztes Haar	Junge Frau v. Pitcairn'sInsel	1,300

5 *

Name des Autors	Gewogener Theil	Körper, von welchem der Theil genommen ist	Specifische Schwere
	Muskeln.		
Davy	Linker Ventrikel des Herzens . .	Mann, 34	1,048
Frick	Herzkammern . .	Kind . . .	1,028
Davy u. Frick	Biceps brachii, Pectoralis maj., Sartorius, Soleus, Gastrocnemius, Glutaeus max.	Neugeb. Kind und Männer, 20—34 . .	1,053—1,058
	Gehirn u. Nerven.		
Sömmering	Ganzes Gehirn . .	Viele . .	1,081
Frick	Großes Gehirn . .	Mann, 25	1,081
Davy	idem Cortical- und Medull. Subst. . .	Mann, 28, Flüsfigkeit in den Ventrikeln .	1,040
Frick	Medullarfubstanz . .	Mann, 25	1,080
—	Corticalfubstanz . .	—	1,021
—	Ganzes Gehirn . .	Kalb . . .	1,016
—	Idem	Ochse . . .	1,036
—	Corpus striatum . .	Mann, 25	1,036
—	Thalami nerv. opt. .	— —	1,037
—	Cerebellum . . .	— —	1,037
Davy	idem	Mann, 28	1,043
—	Pons Varolii . .	Mann, 34	1,033
Frick	idem	Mann, 25	1,031
—	Medulla oblongata .	— —	1,017
Davy	idem	Mann, 34	1,037
—	Oberer Theil des Rückenmarks . .	Mann, 27	1,035
—	Dura mater . .	— —	1,090
Frick	idem	Mann, 25	1,069
—	Nerv. ischiaticus et crural. . . .	— —	1,047
—	idem	Kind . .	1,080
Davy	idem	Mann, 22	1,111
	Arterien u. Venen.		
Frick	Aeußere Haut der aorta abdom. . .	Mann, 56	1,111
—	Mittlere Haut . .	— —	1,078
Davy	idem	Mann, 20	1,077
—	Aorta thoracica . .	Mann, 34	1,086
Frick	idem	Mann, 56	1,075
—	Arcus aortae . .	— —	1,078
Davy	idem	Mann, 22	1,030
—	Aorta abdominalis .	Mann, 20	1,074
Frick	idem	Mann, 56	1,081
Sömmering	Arterien . . .	Viele . .	1,080
Frick	Iliaca, Poplitea, Ulnaris	Mann, 56	1,048
—	Crural. dextra . .	— —	1,063
—	— sinistra . .	— —	1,080
Davy	Oberer Theil derselben	Mann, 22	1,071
—	Mittlerer Theil derselben	— —	1,061
Sömmering	Venen . . .	— —	1,050—1,065
Davy	V. cava inferior abd.	Mann, 26	1,061
Frick	V. cava superior .	Mann, 56	1,055—1,065
	Eingeweide u. s. w.		
Davy	Lungen ohne Luft .	Mann, 29	1,054
—	Dieselben hepatisirt .	Mann, 28	1,043
—	Pancreas . . .	Mann, 28	1,047
—	Schilddrüse . .	Mann, 25	1,060
—	Leber, gefund . .	Mann, 27	1,069
—	idem, gelb wie Wachs	Mann, 34	1,035
Frick	Leber gefund . .	Kind . . .	1,042
—	Leberoberfläche . .	—	1,065
—	Niere	—	1,034
—	Niere, Rindenfubstanz	—	1,033
—	Niere, Markfubstanz	—	1,036
Davy	Niere	Mann, 26	1,050
—	Nebenniere . . .	Mann, 25	1,043
Frick	Dieselbe rechts . .	Kind . . .	1,022
—	— links . .	—	1,034
—	Thymusdrüse . .	—	1,036
—	Milz	—	1,052
Sömmering	idem	Viele . .	1,060
Davy	idem, gefund . .	Männer, 25—41	1,060—1,070
—	Milz fehr roth und hart	Männ. 22 u. 28	1,044—1,048
—	Milz, vergrößert, weich und faulig . .	Mann, 20	1,058
—	Speiferöhre u. Darmcanal entzündet und ulcerirt	Mann, 39	1,040—1,044
—	Cardiatheil des Magens	—	1,043
—	Pylorustheil des Magens	—	1,052
—	Duodenum . . .	—	1,047
—	Corpora cavernosa penis	Mann, 26	1,086
—	Ihre ligamentöfe Hülle	Mann, 26	1,097
—	Hode	—	1,041
Frick	idem	Kind . .	1,040
Davy	Tunica albuginea .	Mann, 26	1,088
	Auge.		
Frick	Das ganze Auge . .	Mann, 25	1,021
—	Sclerotica . . .	Weib, 79	1,090
		Mann, 25	
Davy	idem	Mann, 23	1,091
—	Cornea	— —	1,076
Frick	idem	Weib, 79 .	1,049—1,103
		Mann, 25	1,140—1,176
—	Choroidea . . .	— —	1,047—1,149
		— —	1,110—1,174
—	Humor aqueus . .	— —	1,005—1,024
—	Humor vitreus . .	— —	1,002—1,006
Davy	Linfe, weich . .	Mann, 23	1,100
Frick	Kern der Linfe, hart und gelb . . .	Weib, 79 .	1,112
—	Humor aqueus . .	Kalb . .	1,003—1,006
—	idem	Ochse . . .	1,006—1,008
—	Linfe	Kalb . .	1,002—1,005
—	idem	Ochse . . .	1,149

Miscellen.

Eine feltene Entwickelung des Schnabels einer **Feldlerche** (Alauda arvensis) befchreibt einer der Redacteure der Bijdragen tot de Natuurkundige Wetenfchappen. „Der obere Theil des Schnabels mißt von dem Puncte, wo die Federn aufhören, bis zur Spitze 19 niederländifche Linien, wenn man in gerader Linie mißt; legt man aber einen Faden zwifchen den genannten Puncten über den Bogen diefes Schnabels, fo beträgt die Länge 22 Linien. Die Spitze des Schnabels fehlt eigentlich, weil man fich im vorigen Jahre bemüht hat, das ungewöhnliche Wachsthum auf die Weife zu verbinden, daß man den vordern Theil abfchnitt! Der untere Theil des Schnabels befaß die gewöhnliche Länge, war aber eben fo lang gewefen, als der obere Theil. Im vergangenen Jahre war derfelbe, nachdem er eine anfehnliche Länge erlangt hatte, abgefallen, und eben jetzt kurz vor dem Tode, war dieselbe Erscheinung wiederum eingetreten. Dadurch scheint sich die Analogie zwischen den verschiedenen hornartigen Hautanhängseln zu bestätigen. Es ist eine bekannte Sache, daß der Nagel des Daumens bei diesen Vögelchen jederzeit lang ist, und bei diesem Exemplar hatte er 2, 3 und 4 niederländische Zoll Länge. Es scheint, daß diese Lerche mehrere Mißbildungen des Schnabels darbietet, wenigstens besitze ich in meiner Sammlung auch ein Exemplar mit einem Kreuzschnabel."

Ueber die Barégine, einen in warmen Schwefelwassern enthaltenen azotischen, gewöhnlich unter dem Namen fetter Stoff der Mineralwasser bekannten, Stoff, las Hr. Longchamp am 12. Aug. in der Sitzung der Acad. des Sciences eine Abhandlung vor. Dieser Stoff hat in seiner größten Reinheit Aehnlichkeit mit Gallerte von Kalbsfüßen und ist ohne Farbe und Geruch, verändert sich auch an der Luft nicht. Er enthält 0,98 Wasser und 0,02 feste Materie. Zu seiner Auflösung sind wenigstens 100,000 Theile Wasser nöthig und ungeachtet dieses geringen Verhältnisses zeigt er merkliche Klebrigkeit. In Salpeter-, Salz- und Essigsäure ist er sehr wenig löslich, ebensowenig in kaustischen Alkalien. Eingetrocknet und der Destillation unterworfen, giebt er Del. kohlensaures Ammoniat und läßt eine große Menge schwer einzuäschernder Kohle zurück. Er ist in warmen Quellen in verschiedenen Abstufungen von Grau anzutreffen; man trennt ihn davon mittelst Abdampfen. Verdunstet Wasser einer warmen Quelle in der Luft, so stellt sich die Barégine nicht mehr in Gallertgestalt, sondern als lange weiße Fäden dar, welche eine grüne Farbe annehmen, wenn in das Wasser, worin sie sich bilden, zufällig ein Strahl gemeinen Wassers fällt. Als Gallerte wird die Barégine durch die Berührung der Luft nicht gefärbt, wenigstens blieb sie unter diesen Umständen ohne Farbe, während sie in untern Theile des sie enthaltenden Gefäßes, und in einer Dicke von 10 Linien, nach einander gefärbt und

entfärbt wurde. Nach Hrn. Longchamp stellen die Kennzeichen der Barégine sie in die Nähe der Fibrine, denn sie ist, gleich der letztern, in Wasser durchaus unauflöslich, in Alkalien und Säuren bei gewöhnlicher Temperatur nur sehr wenig löslich, verhält sich endlich, mit kochender Salpetersäure behandelt, ganz auf dieselbe Weise und liefert dieselben Producte der Sauerkleesäure und des Walther'schen Bitters.

Ein merkwürdiger Fall von Anhänglichkeit von Thieren an einander wurde während des Kriegs der Franzosen in Spanien beobachtet. In der Deutschen Artilleriebrigade waren zwei Hannöver'sche Pferde von Anfang des Feldzugs an immer an ein und dasselbe Geschütz neben einander gespannt worden. In einem Treffen wurde das eine erschossen; das andere aber erhielt nicht einmal eine Wunde, und wurde am Abend, wie gewöhnlich, an seinen Pfahl gebunden. Als man ihm sein gewöhnliches Futter brachte, ließ es dasselbe ganz unberührt, und wendete nur von Zeit zu Zeit den Kopf bald da, bald dort hin und schien seinen Gefährten mit den Augen zu suchen und ihn zuweilen durch Wiehern zu rufen. Man hatte Mitleid mit dem armen Thiere und gab sich alle Mühe mit ihm, um es zum Fressen zu bewegen, allein alle Mittel und Kunstkniffe waren vergebens. Es war von allen Seiten von andern Pferden umgeben; allein es beachtete keins derselben und zeigte in seiner ganzen Haltung die größte Niedergeschlagenheit. Es starb endlich an Entkräftung, indem es seit dem Augenblicke des Todes seines Gefährten keinen Halm Heu mehr berührt hatte.

Der Naturwissenschaftliche Verein des Harzes hat seine dritte Versammlung dieses Jahr am 24. Juli zu Wernigerode gehalten. Es waren 26 Mitglieder anwesend. Nach zugenommenen Verhandlungen über die Statuten erfolgten vorzüglich botanische und entomologische Mittheilungen von Seiten der HHrn. Hornung aus Aschersleben, Hampe aus Blankenburg, Bley aus Bernburg und HR. Sporleder und Schlutter aus Wernigerode.

Heilkunde.

Beobachtungen aus dem Hospital für Syphilitische zu Paris, vom Jahre 1833.

Von J. Hay Robertson, Chir. zu Glasgow, Licent. b. Facult. u. s. w.

(Schluß.)

Entdeckt Hr. R. mittelst des Speculum ein Geschwür, entweder an der Vagina oder am Muttermund, so impft er und unterscheidet sich nach dem Resultat über die geeignete Behandlung. In einigen Fällen habe ich Schanker an dem äußersten Theile der Vagina und fünf oder sechs am Muttermunde gesehen, und dann wieder andre, welche man für Schanker gehalten haben würde, was wir jedoch verwarfen, als die Impfung nicht anschlug und die bei bloßer Beobachtung der Reinlichkeit von selbst heilten.

Ich sah wiederholt Catarrh des Uterus und zähen Ausfluß aus dessen Oeffnung. Wie hätte man die Existenz dieser Krankheit ohne Hülfe des Speculum mit Sicherheit erkennen können? Man würde sie mit weißem Fluß, Gonorrhöe oder irgend einem Leiden der Vagina oder Harnröhre verwechselt haben. Die Lieblingsbehandlung ist hier eine Einspritzung von Tinct. Iodinae Ʒiij zu vier Unzen destillirtem Wasser; ein kleiner elastischer Catheter mit offenem Ende wird an die Sprigenspitze befestigt — die Sprigenspitze festgiebt. Die Catheterspitze läßt sich leicht in den Uterus einbringen, während das Speculum in der Vagina liegt; ein wenig laues warmes Wasser wird nach der Einspritzung eingetrieben. Hr. R. bedient sich einer sehr schön gearbeiteten doppelten Sprige — Cylinder in Cylinder gesetzt, — welche zugleich die Arznei und einfachen Flüssigkeiten enthält, so daß beide eingespritzt werden, ohne daß man den Catheter zu entfernen brauchte. Die Frau empfindet davon nichts. So wie sich die Krankheit bessert, wird der Ausfluß durch-

sichtiger, seine Beschaffenheit wird besser, seine Menge vermindert sich, und endlich verschwindet er ganz. Außer den zusammenziehenden Wirkung schreibt Hr. R. dieser Einspritzung keine andere zu — ausgenommen in Scrofelfällen eine gering ausgebildete — worauf wir jedoch keinen besondern Werth legen. Hypertrophie des Muttermundes ist mir bisweilen vorgekommen. R. nennt dieß eine Art Apoplexie des Theils.

Bei den Flechten des Vagina, einem erhabenen Geschwür mit unebenen Rändern von schankerartigem Ansehn, welches aber keine Ansteckung bewirkt, ist außer Ruhe, knapper Diät und Reinlichkeit nur wenig erforderlich. Aber bei Aufreibung (abrosion) oder Schwärung des Mutterhalses, welche so außerordentlich gewöhnlich ist, bewährt sich das rothe in Salpetersäure aufgelös'te Quecksilberoxyd vorzüglich heilsam. Man hält das Speculum in der Vagina, bindet ein wenig Scharpie an das Ende eines kleinen Stäbchens, taucht es in die caustische Solution und betupft damit den Muttermund. Hierauf bringt man einen mit Wasser befeuchteten Scharpiemeisel hinauf an den Muttermund, welchen man 1 oder 2 Tage liegen läßt, das Speculum wird aber unmittelbar nachher ausgezogen. Dann man es wieder einführt, so läßt sich der Meisel mittelst einer langen Zange leicht durch dasselbe hindurch- und ausbringen. Die Frau empfindet nichts von der Anwendung der caustischen Solution. Sind nur wundgeriebene Stellen von kleinem Umfang vorhanden, so wird trockner Calomel mit trockner Scharpie angewendet. Bisweilen zeigte sich der Muttermund ungewöhnlich roth und entzündet, und die Vagina bisweilen an ihrem obern Theile entzündet, und demnach entweder nur sehr wenig oder gar kein Secret am benfelben. Dann war die Einbringung des Speculum etwas lästig und schmerzhaft. Der Mangel des Secrets mußte bisweilen erzeugt werden.

Weißen Fluß kann man sehr gut mittelst des Speculum erkennen. Man sieht, wenn er rein von den Wänden der Vagina tömmt, und weder die Harnröhre noch der Uterus daran Theil haben. Sehr häufig sieht man aber zugleich letztern mitleiden und zum Ausfluß beitragen. Hr. R. gebraucht das specul. vaginae nicht bloß bei mit Schwangerschaft verbundenen Krankheiten, sondern auch, um die Schwangerschaft selbst zu entdecken. Anfangs habe er es nur mit Besorgniß und außerordentlicher Vorsicht angewendet, allein er habe es beibehalten, und da er es in so vielen Fällen ohne Schaden gebraucht, so sey er von der Unschädlichkeit seiner Anwendung überzeugt, wenn man es nur mit gehöriger Vorsicht einführe. Ich selbst habe es häufig in der Schwangerschaft anwenden gesehen und selbst angewendet — und habe während der Schwangerschaft, Schanker weit oben in der Vagina gesehen, welche ohne dasselbe unentdeckt geblieben wären. Man darf nicht glauben, daß der Schmerz von diesen Geschwüren ihre Gegenwart verrathen würde; wir sehen täglich Schanker ohne Schmerzen, und wenn auch Schmerzen vorhanden waren, wie wollten wir zu den Theilen gelangen und entdecken, was diese Schmerzen verursache, wenn wir nicht das Speculum hätten? Ich hatte das Glück, einige Fälle von Schwangerschaft im 3ten Monat mittelst des Speculum zu beobachten. Das Ansehen des Muttermundes war geschwollen, abgerundet und von blauer Farbe. Diese Farbe ist, wie mir Hr. R. sagte, ein unveränderliches Zeichen in der Schwangerschaft, und er ist oft aus dem geschwollenen Ansehen, selbst der äußern Zeugungstheile, im Stande, eine vorhandene Schwangerschaft zu erkennen. Es kommt dieß, nach seiner Meinung, von einer Verstopfung der Gefäße und einem geringen Widerstand gegen das durch den Theil circulirende Blut.

Das von Hr. R. gebrauchte speculum vaginae hat einen kurzen Griff und zwei Blätter, welche sich öffnen, wenn man die Griffe aneinander drückt. An einem Speculum, welches er zu seinem Privatgebrauch benutzt, befindet sich eine Schraube an dem Griff, welche die Blätter an einer beliebigen Stelle von einander hält. Obgleich die Einbringung für einen nicht daran Gewöhnten anfangs schwierig und es bei wenigen Versuchen etwas schwer ist, damit zu einem Prospect des Muttermunds zu gelangen, so wird es doch bei etwas Uebung sehr leicht und ich kann sicher behaupten, daß ich bei einer sanften Einführung nicht mehr Schmerz entstehen sah, als eine zarte Frau, ohne zu klagen, zu dulden vermag. Wenn unter den auswärtigen Kranken die zuerst Untersuchte sich wie närrisch oder furchtsam anstellte und mehr aus Furcht als ihrer Empfindung wegen aufschrie, so konnten wir sicher rechnen, sie angesteckt zu finden. Dieß verbreitete sich gleich einem kauffeuer durch den Receptionssaal und wir hatten nur Verdruß für den ganzen übrigen Morgen. Hatte aber glücklicherweise die erste oder die beiden ersten mehr Muth und sagten nichts, so trat nicht die geringste Störung ein — keine der Uebrigen dachte je daran, sich zu beklagen. Denn das Aufschreien der ersten oder zwei auswärtigen Kr. war genug, den sonst gut und friedlich gelaunten Ricord ärgerlich und mißgelaunt zu machen.

Ich bin diesem Manne einen solchen öffentlichen Ausdruck meines Danks schuldig für die Ehre und persönliche Artigkeit, mir die Einbürung in dem Einbringen des Speculum unter seinen zahlreichen Kranken, von denen mehrere schwanger waren, und unter seiner eignen Aufsicht gestattet zu haben: und ich habe das volle Vertrauen, zu Folge dieser in Anbetung der geringen Schwierigkeit bei deren Anwendung gemachten Erfahrungen, daß diese leicht zu überwinden sind, und daß es, vorsichtig und mit Gewandtheit eingeführt werden kann, ohne den Kranken den geringsten Schmerz zu verursachen.

Gewiß sollte kein öffentliches Hospital ohne ein solches Speculum seyn, und in der Privatpraxis stoßen wir jeden Tag auf Fälle chronischer Krankheit in der Vagina oder dem Uterus, mit Ausfluß verbunden, welche die Kräfte rauben und zuletzt den Kr. aufreiben. In diesen Fällen wird uns das Speculum bald die wahre Ursache entdecken und es lassen sich dann leicht Mittel auffinden und mittelst seiner Hülfe an den rechten Fleck anwenden, welche bei einem Male den Character des Leidens verändern und dem armen Kr. Erleichterung verschaffen.

Ungeachtet der vermeintlichen Strenge und der vortrefflichen

Polizeigesetze in Bezug auf die öffentlichen Mädchen in Frankreich — ungeachtet des Billet de santé, welches sie sich von dem Chef der Gesundheitspolizei lösen müssen, scheint die syphilitische Krankheit in Frankreich dennoch eben so vorherrschend zu seyn, als in unserm und vielleicht in jedem andern Lande, und man darf sich darüber nicht wundern. Ich weiß, daß bei den Untersuchungen dieser Mädchen das speculum vaginae nicht angewendet wird, und gleichwohl werden sie wieder entlassen, es wird ihnen auf Verlangen ein Gesundheitszeugniß ausgestellt, und in vielen Fällen sind sie unbezweifelt mit Flechten der Vagina, oder Corrosion oder Schwärung des Mutterhalses, oder Catarrh des Uterus behaftet, welche sämmtlich Gonorrhöe erzeugen. Auch können sie noch nicht geheilte Schanker in der Vagina oder am Muttermund haben, deren Gegenwart man ohne Speculum nicht erkennen, ja nicht einmal vermuthen kann. Hr. R. ist der Meinung, und jeder, welcher seine Operationen eine Zeitlang beobachtet hat, muß davon überzeugt seyn, daß er, ständen den öffentlichen Frauen in Paris unter seiner Aufsicht, mit der Zeit die Natur der Krankheit ändern, wenigstens sie sehr vermindern würde. In meinen Bemerkungen finde ich: Donnerstag 4. April 1833. Ich sah diesen Morgen eine Frau mit sechs oder sieben Schankern am Muttermunde und vier weiter oben an der rechten Wand der Vagina. Es fragt sich nun, ob wir je ihr Vorhandenseyn ohne das Speculum erkannt haben würden. Um ihre wahre Schankernatur zu entscheiden, impfte Hr. Ricord.

6. April. Ich sah diesen Morgen eine alte Frau mit Zittern der Glieder und theilweiser Paralyse, welche sie davon herleitete, daß sie drei Morgen hintereinander ein Theelöffel voll Copaivabalsam genommen habe. Hr. R. erinnerte sich ähnlicher Fälle. Sie wurde mit Blasenzügen längs der Wirbelsäule, essigsaurem Morphin behandelt und war eine oder zwei Wochen nachher fast wieder hergestellt.

Alle Wucherungen um Penis, Bulva oder Anus schneidet Hr. R. mit der Scheere weg und behandelt sie ganz einfach, ohne Mercur, bis er findet, daß er ohne ihn nicht auskömmt. Linderungsmittel und Diät sind seine Panaceen. Das salpetersaure Silber wendet er bei den Schankern, ohne Sorge für die Folgen, frei an. Ich habe dieß hier und in London gethan, allein wenn der Schorf abfiel, war das Geschwür wie zuvor.

Gegen Stricture in der Harnröhre gebraucht er die Aetzbougie — alle drei oder vier Tage wiederholt — und dann ein einfaches Mittel; ist die Stricture sehr fest. Jodine gehört zu seinen Lieblingsmitteln, sowohl als topicum, wie auch innerlich. Es giebt im Hospitale sehr viele Bubonenkranke, welche sie meist schon vor ihrem Eintritt hatten. Findet man Materie, so macht man eine Oeffnung, jedoch nicht ganz so, wie wir es thun; man faßt und spannt die Geschwulst, sticht ein spitzes Bistouri gerade von oben nach unten ein und zieht es wieder heraus, ohne die Geschwulst, ebenso, wie wir es mit der Abscesslancette zu thun pflegen. Die Oeffnung ist sehr klein. Sowohl Dupuytren, als Ricord habe ich dieß häufig thun gesehen. Ich sah, daß beim Sondiren die Oeffnung entweder werden mußte. Unsere Methode ist, nach meiner Ueberzeugung, die bessere. Ich theilte dieß R. mit, und nicht ungern, so fand sich eine Gelegenheit, es zu beweisen. Eine Frau hatte einen tiefliegenden Scrophelabsceß auf der Handwurzel. R. glaubte Eiter zu finden und machte seine gewöhnliche Oeffnung, aber es kam keins. Die jungen Leute standen erstaunt. Ich meinte, er sey vielleicht nicht tief genug gekommen, er verstand meinen Wink, und es folgte Eiter in kleiner Menge. Zwei Tage nachher war die Hand zu finden, aber noch schlimmer, und es wurde sondirt, wobei man ihr viel unnöthige Schmerzen verursachte. Ich erzählte ihm, in einem solchen Falle verfahren würden; er war so artig, den Rath anzunehmen — machte eine tiefe und große Oeffnung und fand befand sich der Kranke von Stund an wohl. Die schönen neuen Arzneimittel, wie Morphin, Narcotin, Strychnin zc., werden immer den Substanzen, von denen sie bereitet sind, vorgezogen. Nur zuweilen habe ich das extract. opii in Verbindung mit irgend etwas anderem, aber nie die Tinctur oder eine andere Form anwenden gesehen.

8. April. Es war eine Frau aus der Stadt im Hospital der Syphilitischen, Namens Anne von Gierstein! angemerkt. Es fin-

ben sich in diesem Hospital sehr viele Fälle, wo, wie wir bewiesen haben, Ansteckung durch syphilitischen Stoff stattfand, ohne daß eine wundgeriebene oder schleimaussondernde Oberfläche nöthig war. Ich habe in diesem Hospital die ungeheuersten und bösartigsten Schanker bei Männern sowohl, als bei Frauen von bloßer Berührung einer gesunden Haut mit einem primären syphilitischen Geschwüre entstehen sehen. Ich beobachtete eines Morgens einen Fall von scheinbarem Schanker und Bubo; ein Andrer als R. würde, aus dem Vorhandenseyn des Bubo mit Schanker, dieß als einen wahren Fall syphilitischer Krankheit angenommen haben. Der Schanker heilte jedoch und mit dem Bubo versuchte man die Impfung. Es entstand kein Geschwür darauf und Hr. R. beharrte dabei, keinen Merkur anzuwenden, und meinte, es sey bloß Eiterung in dem Zellgewebe um die Drüse, nicht aber die Drüse selbst. Er heilte vollkommen.

Zwei Fälle mit syphilitischem Leiden verbunden, ein scheinbarer Krebs der Zunge, der andere, Knochenfraß der Kinnbacke, wurden beide durch Entfernung eines Zahns, welcher die Reizung unterhielt, geheilt.

Ein Fall von Paraphimose (spanischem Kragen) mit Unterlaufung (Infiltration) kam eines Morgens bei einem Privatkranken vor. R. machte zwei oder drei Einstiche mit einer Lancette in die infiltrirte Vorhaut, befeuchtete ein zusammengelegtes Tuch mit kaltem Wasser, wickelte es rund um die Eichel und comprimirte sie 1 oder 2 Minuten lang derb — ein Gehülfe hielt den Kranken — nach dieser Kühlung und Pressung war die Eichel so klein, daß, indem man sie derb mit dem Finger zurückdrückte, die Vorhaut vorgezogen wurde und in Zeit von 1 oder 2 Minuten alles wieder gut war.

Eines Morgens hatte ich Gelegenheit, einer Beschneidung beizuwohnen, und obgleich ich diese Operation oft zuvor schon gesehen und sie in meiner Privatpraxis mehrmals selbst verrichtet habe, so muß ich doch gestehen, daß Hr. R. in Hinsicht auf Gewandtheit und Nettigkeit alles übertrifft, was ich je sah. Er zog die Vorhaut so weit über die Spitze der Eichel herüber, als es nur ging, machte einen Strich mit Dinte über die Eichelkrone, zog eine kleine scharfe Scheere heraus und schnitt mit einemmal alles, was über die Eichel vorragte, weg, schnitt dann gerade auf diesen Strich hin und alles rings um den Penis ab, und das ganze Geschäft war in fast wenigen Minuten vorüber; bloß ein einfacher Umschlag. Die Wunde war in 3 Wochen fast geheilt und der Kranke hatte nicht die geringste Spur von Phimose. Diese Operation ist nicht selten ohne Erfolg und bei vorhandenen Schankern wird die ganze Oberfläche des Einschnitts bisweilen ein großer Schanker. Ich selbst mußte in einem Falle bei einem Manne nochmals operiren, welcher von einem sehr angesehenen Chirurg in Glasgow bereits operirt worden war. Die zweite Operation war hülfreich.

Bei Gonorrhöe (d. h. Harnröhrenentzündung) der Frauen braucht man das Speculum nur, um zu entdecken, ob sich sonst etwas in der Vagina findet. Den Ausfluß kann man leicht entdecken, wenn man die Lippen der Harnröhre, wie bei den Männern, drückt. Man sollte mit dem Finger weiter in der Vagina hinaufgehen und die Harnröhre sanft gegen die Schaambfuochen pressen. Das Speculum muß jedoch in jedem Falle von Krankheit der weiblichen Geburtstheile angewendet werden, ohne Rücksicht auf ihre Natur. Wer es nicht gebraucht, kann nur sehr wenig über die Krankheit erfahren, und die Kranke, welche keine Anwendung nicht gestattet, steht ihrem eignen Interesse im Wege. Gonorrhöe der Harnröhre, sagt Hr. R., der Vagina, oder selbst des Uterus können zugleich oder je zwei vorhanden seyn; aber im Allgemeinen, wenn die Vagina afficirt ist, ist es auch die Harnröhre; obgleich wir oft Harnröhrenentzündung ohne Scheidenentzündung sehen.

Ein Mädchen bat um Aufnahme mit einem ungeheuren faulen, schorfigen, syphilitischen Geschwüre an der linken Seite der Vulva, welches die ganze linke Lefze einnahm und wegaufgefressen hatte; ein andres fand sich an der Innenseite des rechten Schenkels, ungefähr 4 Zoll von der Schaam, welches ungefähr 10 Tage nach dem erstern erschienen war, wahrscheinlich durch Ansteckung, wenn auch auf der gesunden Haut; das letzte Geschwür war kreisrund, tief, becherförmig, hart, mit unebenen Rändern, etwas dunkelfarbig, und hatte, ganz wie das andere an der Lefze, die Kennzeichen eines ächten syphilitischen Geschwürs. Sie gestand eine unerlaubte Verbin-

dung nicht ein und erklärte sich noch für Jungfrau. Die Untersuchung zeigte dieß auch, insofern ein unverletztes Hymen dafür spricht, doch hatten wir hinlänglichen Beweis vom Gegentheil aus einer der Krankenuntersuchungen. (Eine verheirathete, 35 Jahr alte Frau, seit fünf Jahren verheirathet, hatte Schanker und Gonorrhöe, und war des Umgangs mit mehrern Krebsmännern geständig, allein das Hymen war ganz unverletzt.) Die Geschwüre bestanden bei diesem Mädchen seit sechs Monaten, sahen übel aus und hatten sich ausgebreitet. Ruhe; knappe Diät, fast bis zur Hungercur, und Reinlichkeit veränderten bald ihr Aussehen — ihr schlimmes Ansehen verlor sich, der Schorfbildungsproceß hielt ein, und Hr. R. impfte aus beiden Geschwüren an verschiedenen Stellen der Glieder; zu seinem und unserm Erstaunen wurde weder Entzündung, noch Geschwür erzeugt. Jetzt gestand sie dennoch, daß, ohne eigentlichen coitus erlitten zu haben, er doch von einem Manne bei ihr versucht worden, und der Penis desselben an sie gekommen sey. Dieß war genug. Die Impfung durch die Lancette und Blutgetbisse, wurde, glaube ich, zu zehn verschiedenen Malen, drei Stiche oder Bisse an jedem Geschwüre, also an sechzig Stellen versucht, ohne den geringsten Erfolg. Während dieser ganzen Zeit hatten die beiden großen Geschwüre ein reines und gesundes Aussehen, verhielten sich aber ganz wie syphilitische, und zeigten nicht die geringste Neigung zu heilen. Dieser Fall von Hrn. R. verfänglich, und er veranlaßte häufige und lange Berathungen unter uns. Endlich stand er, überzeugt, durch Impfung nichts mehr ausmachen zu können, davon ab, und versicherte mir, er sehe dieß als ein ganz außerordentliches Beispiel wahrer syphilitischer Krankheit an, und für nichts weniger als ein aus einem primären in ein secundäres übergegangenes Geschwür ohne constitutionelles Leiden!

Dieses große Geschwür in der Bulva hatte sicher früher die Eigenschaften eines primären Schankers besessen, indem es das am Schenkel erzeugt hatte; jetzt wollte aber weder das am Schenkel, noch das an der Lefze eine Ansteckung zeigen, selbst unter Umständen, die dazu noch günstiger waren, und indem sie ihren syphilitischen Character behalten hatten, waren sie ohne constitutionelle Krankheit aus dem primären in den secundären Zustand übergegangen. Er griff daher sogleich zum Protoioburet, welches er nicht gethan haben würde, wenn nur die geringste Wahrscheinlichkeit vorhanden gewesen wäre, sie auf anderem Wege zu heilen.

Hr. R. erzählte mir folgenden sonderbaren Fall aus seiner Privatpraxis: Ein junger Mann hatte Eichelentzündung, welche mit Fomentationen von Bleizucker und trockner Scharpie behandelt wurde. Drei Monate nachher er sich wegen secundärer Symptome an ihn. Früher gedachten wir secundärer Symptome als Folge der Gonorrhöe, jetzt folgten sie, noch sonderbarer, der Eichelentzündung. Er hatte Halsgeschwüre, einen großen Schwären an der Augenbraue, der Mund schwoll, ein Theil der Innenseite der Wange war schwärend und die Theile daran lagen entblößt; seine Zunge war von der Wurzel bis zur Spitze ein großes Geschwür, und der Speichel floß aus dem Munde, unter wahrem Metallgeruch und Geschmack, und gleichwohl hatte er nicht ein Theilchen Quecksilber genommen. Hr. R., obgleich an alle Arten Täuschungen gewöhnt, versicherte mir, er habe dieser Person geglaubt, und er habe ihm seitdem zur Cur dieser Krankheit selbst Quecksilber gegeben. Speichelfluß wird nicht selten durch andere Ursachen, als durch Quecksilber erzeugt, allein es ist sicher ungewöhnlich, in solchen Fällen, den eigenthümlichen Geruch und Geschmack zu finden. Einige Spuren von Härte fanden sich um die Vorhaut, und Hr. R. meinte, der syphilitische Stoff habe zwischen den Schleimbälgen gelegen und dadurch Entstehung von Schanker durch die Eichelentzündung verursacht.

Finden sich nach Blennorrhagie bei Frauen Bubonen, so hat Hr. R. die Bemerkung gemacht, daß im Allgemeinen bei Menses verschwanden, und er scheint zu glauben, daß dieß im Zusammenhange stehe. Wenn Bubonen alt und sinuös sind und heilen wollen, so ist Einspritzung der Tinct. iodinae in Wasser (1 Dr. auf die Unze) ein Lieblingsmittel, und wenn sie langsam granuliren (skinning), eine Decke von trocknem Calomel. Dieß letzte ist ein Hauptmittel.

Einen oder zwei Tage vor meiner Abreise aus Paris hielt Hr.

R. eine 1½ſtündige Vorleſung am Bette eines Kranken und erzählte mehrere intereſſante Thatſachen aus ſeiner Privat- und öffentlichen Praxis. Er pflegt in der Privatpraxis ebenſogut zu impfen, wie im Hoſpital, und findet nie die geringſte Schwierigkeit.

Er behauptete, es gebe dreierlei Arten von Blennorrhagie, ein-fache, veneriſche, und mit Schanker verbundene oder ſyphilitiſche. Die erſte wird durch Trinken franzöſiſchen Biers, oder durch Flech-ten in der Vagina erzeugt, und ſteckt nicht an — wenigſtens iſt ihm noch kein Fall vorgekommen. Die zweite, durch ſyphilitiſche Berührung entſtanden, bringt einen ähnlichen Ausfluß hervor. Die dritte durch Impfung erzeugt Schanker, und deswegen vermuthet er Schanker in der Harnröhre. Er kannte einen Mann mit Gonor-rhöe von Flechten in der Harnröhre, welcher damit ſeine Frau nicht anſteckte. Er fügt noch eine andere Art hinzu, welche er trockne Blennorrhagie (blennorrhagia sicca [see?]) nennt, worüber wir zu ſpotten geneigt ſeyn möchten, aber er beſchreibt ſie als eine heftige Entzündung, entweder der männlichen Harnröhre, oder der weibli-chen Theile, ohne Ausfluß; es iſt chorda, Schmerz bei'm Uriniren, Geſchwulſt und Röthe vorhanden, aber ſonſt nichts. Er hat ſie bei Frauen durch die ganze Vagina und den Muttermund hin geſehen; er liebe nicht, ſich um Worte zu ſtreiten, allein es ſey ſicher eine Krankheit mit jedem Symptome einer Blennorrhagie, den Ausfluß ausgenommen; man kann ſie daher paſſend blennorrhagia sec nennen. (Glasgow medical Journal, July 1833.)

Blaſenſcheidenbruch,
beobachtet von Dr. Rognetta.

Die Blaſe kann als Inhalt einer Bruchgeſchwulſt an drei ver-ſchiedenen Stellen vorgetrieben werden, durch den Leiſtenring, durch den Schenkelring und im Perinäum bei'm Manne, in der Scheide und dem Perinäum bei'm Weibe. Es iſt klar, daß ein Blaſenge-rinealbruch bei Frauen bloß ein geſteigerter Zuſtand des Blaſenſchei-denbruchs ſeyn kann, eben ſo wie ein Scrotalbruch bloß ein ge-ſteigerter Leiſtenbruch iſt.

Mad. M., 40 Jahr alt, war Mutter von 4 Kindern, welche ſie alle ohne Schwierigkeit geboren hatte; ihre letzte Niederkunft war vor vier Jahren und bald darauf bemerkte ſie Schwierigkeit bei'm Uriniaſſen und Schmerzen in der Nierengegend und am Ge-ſäß von heftigem Ziehen im Hypogaſtrium. Man heate ſehr ver-ſchiedene Anſichten über ihren Krankheitszuſtand, indem Einige glaub-ten, ſie leide an Stein, Andere, ſie leide an chroniſche Cyſtitis, ei-ner Gebärmutterkrankheit u. d. gl. mehr. Keine Art von Behand-lung ſchaffte ihr Erleichterung.

Nach 3½jährigen Leiden wendete ſie ſich an Dr. Rognetta. Die Symptome waren zu jener Zeit folgende: faſt beſtändiger Drang zum Urinlaſſen, welches jedoch bloß tropfenweiſe und mit ſchmerzhaftem Drängen möglich war, heftige, ſpannende und zie-hende Schmerzen im Epigaſtrium, die ſich über den ganzen Unter-leib ausbreiteten, Uebelkeit und Aufſtoßen, kalte Schweiße und all-gemeine Abnahme der Kräfte. Zuerſt dachte Dr. R. an Mutter-krebs; er fand aber, daß bei'm Einführen des Fingers in die Schei-de hier zwar eine fleiſchige Geſchwulſt den Eingang verſperre (wel-che er anfangs für den Uterus hielt), daß er aber allmälig den Finger immer tiefer einbringen konnte, bis er den Muttermund hoch oben in ganz geſundem Zuſtand entdeckte. Als er nun die Theile beſichtigte, fand er die Geſchwulſt ſo groß wie eine Fauſt, roth, feucht und ſchlüpfrig; bei'm Druck auf dieſelbe bemerkte man

Fluctuation und es wurde dadurch Drang zum Uriniren veranlaßt. Ein weiblicher Catheter konnte wegen einer Verſchiebung der Harn-röhre nicht eingebracht werden; ein männlicher Catheter wurde mit gegen den Bauch gewendeter Convexität eingebracht und ſchaffte ei-ner großen Menge Waſſer Ausfluß; hierauf verkleinerte ſich ſogleich die Geſchwulſt in der Scheide und die Kranke fühlte ſich verhält-nißmäßig ſehr wohl; ihre Leiden kehrten aber zurück, ſobald ſich der Urin wieder anſammelte. Alle gewöhnlichen Peſſarien waren nicht im Stande den Bruch zurückzuhalten; dies gelang jedoch ver-mittelſt einer in eine cylindriſche Form zuſammengerollten elaſtiſchen Harzflaſche, welche vermittelſt Bandſtreifen an einen Gürtel befe-ſtigt und ſo zurückgehalten wurde.

Bei der Beſchreibung eines ſolchen Falles iſt es wichtig, die Symptome von Leiden in dem Epigaſtrium und das ſchmerzhafte Ziehen vom Magen abwärts zu beachten; da dies wahrſchein-lich daher kömmt, daß ein Stück des Darmes oder des Netzes mit der vorgefallenen Harnblaſe in den Bruchſack eingetreten iſt und ſo ein wirkliches Zerren bedingt. Man muß daher bei ſolchen Symp-tomen immer an die Möglichkeit eines Bruches denken. Einen hie-her gehörigen Fall erzählt Larrey folgendermaßen. Am Abend nach einem Steinſchnitt, traten bei einem Operirten alle Sympto-me eines eingeklemmten Bruches ein. Larrey unterſuchte die Wunde und fand eine Geſchwulſt, welche ſich zwiſchen den Wund-lippen nach außen hervordrängte, und welche, wie er bald fand, das durch entſtanden war, daß eine Darmſchlinge oder das Netz einen Theil der Blaſe vor ſich hergedrängt hatte. Er brachte dieſe ſo-gleich zurück, nachdem ſie dadurch in der Beckenhöhle, daß er ei-ne leere Blaſe in die Wunde brachte und dieſe darauf mit Luft aufblies. Der Kranke wurde vollkommen hergeſtellt. (Revue médicale).

Miſcellen.

Einen glücklich abgelaufenen Gebärmutterriß hat Hr. Kreisphyſicus Dr. Streder in Dingelſtedt dem K. Preuß. Medicinalcollegium der Provinz Sachſen gemeldet. Er ſey bei ei-ner Frau, die zehntenmale gebar, bei einer Querlage mit vor-liegendem Arm, um die Wendung zu machen, in die Gebärmutter eingegangen, aber hatte einen Querriß an der vorderen Wand derſelben in die Bauchhöhle gekommen. Er habe die Wendung vol-lendet, die Gebärmutter habe ſich ſogleich kräftig zuſammengezogen, ſo daß er den Riß kaum habe wiederfinden können; die Blutung ſey mäßig geweſen und die Frau bei einer gelinden antiphlogiſtiſchen Behandlung in vier Wochen völlig hergeſtellt.

Compreſſion der Harnröhre bei'm Tripper em-pfiehlt Hr. Allnatt zur Zeit der Abnahme der Entzündungsſym-ptome bei'm Uebergang in die chroniſche Form, und behauptet, daß durch dieſe Behandlung die vielen Nachkrankheiten, welche nach dem Tripper vorkommen können, am ſicherſten verhütet werden. Er verrichtet die Compreſſion ſo, daß er mit einer ſchmalen Rollbinde den Penis von vorn nach hinten einwickelt und dadurch einen mä-ßigen Druck auf denſelben veranlaßt. (Lond. med. Gaz. March 1833.)

Einen großen Speichelſtein von ⅔ Zoll Länge und ⅓ Zoll Breite und dicke ſchnitt vor Kurzem Herr Fern aus dem Wharton'ſchen Gang aus. Der Kranke, ein Mann von 40 Jah-ren, hatte die Geſchwulſt unter der Zunge ſeit einigen Monaten und wurde erſt in der letzten Zeit, als der Stein die Größe einer Olive erreicht hatte, im Schlucken und deutlichen Sprechen gehindert. (The Lancet 16. March 1833.)

Bibliographiſche Neuigkeiten.

A new Exposition of the functions of the Nerves, by James William Earle. Part. I. London 1833. 8.

Lithrotripsie. Mémoire sur la Lithotripsie par percussion, et sur l'instrument appelé percuteur double à marteau, qui permet de mettre en usage ce nouveau système de pulvérisation des pierres vésicales; le tout appuyé de nombreux exemples de guérisons bien authentiques; présenté à l'académie des Scien-ces. Par le baron Heurteloup. Paris 1833. 8. m. 1 K.

Notizen
aus
dem Gebiete der Natur- und Heilkunde.

Nro. **820.** (Nro. 6. des **XXXVIII.** Bandes.) September **1833.**

In Commission des Landes-Industrie-Comptoirs zu Weimar. Preis eines ganzen Bandes, von 24 Bogen, 2 Rthlr. oder 3 Fl. 36 Kr., des einzelnen Stückes 3 ggl. Die Tafel schwarze Abbildungen 3 ggl. Die Tafel colorirte Abbildungen 6 ggl.

Naturkunde.

Zeugnisse von diluvialer Thätigkeit in America.
Von William Thompson.
(Aus einem Briefe an Prof. Silliman.)

Als ich vorigen Herbst das Vergnügen hatte, Sie zu Newhaven zu sehen, versprach ich, Ihnen meine Ansichten über die geologischen Erscheinungen der Grafschaft Sullivan, im Staate New-York, so wie über die Spuren von diluvialer Thätigkeit an den festen Gebirgslagern mitzutheilen, welche Spuren sich in jedem Theile der Grafschaft zeigen, wo die Erde so tief weggeführt worden ist, daß der nackte Fels tiefer, als der Frost und andere zersetzende Agentien eindringen können, bloßgelegt ist; allein es fiel so frühzeitig Schnee, und im folgenden Frühjahr war meine Gesundheit so unerfreulich, daß ich dieses Geschäft bis jetzt habe aufschieben müssen. Ich habe diesen Theil des Staats sorgfältig untersucht, und an mehr als 50 Stellen, wo das feste Gestein sichtbar war, Furchen von ¼—1 Zoll Tiefe, und von ¼—4 Zoll Breite gefunden, die in manchen Fällen gerade nach Norden, übrigens aber in jeder Richtung von Norden bis 25° südlich vom Ostpuncte streichen. Dieselben habe ich auch auf dem Grunde von Kellern, gegrabenen Brunnen und an Stellen gefunden, von denen die Erde zur Anlegung von Wegen weggeführt worden war, desgleichen in vielen Fällen, in denen ich, um dergleichen Beobachtungen anzustellen, den Felsen hatte entblößen lassen. Ich habe diesem Gegenstande auf meinen Reisen in den östlichen Staaten einige Aufmerksamkeit geschenkt, konnte aber keine solchen Rinnen oder Furchen entdecken *), sondern die festen Lager schienen daselbst durch kleinere und weniger feste Körper, als die, welche im Staate New-York jene deutlichen Spuren zurücklassen haben, sehr glatt gerieben zu seyn.

Zuvörderst dürfen wir nicht übersehen, daß die Grafschaft Sullivan im Süden und Westen vom Flusse Delaware, im Norden von den Grafschaften Delaware und Ulster

und im Osten von Orange begränzt wird, daß sie am östlichen Theile der Alleghany-Kette liegt, und daß die mittlere Höhe derselben mit dem Hochlande unterhalb Newburgh, etwa 1500 Fuß über die Fluthhöhe, zusammenfällt; daß diese Fläche sich westlich durch die Grafschaft Sullivan und den Staat Pennsylvanien von den Shonghambergen bis zum Flusse Susquehannah fortsetzt, daß eine Strecke von etwa 50 engl. M. Breite dieser Hochebene sich unausgesetzt in den Alleghambergen hinzieht und westlich vom Susquehannah an höhere Gebirge gränzt; daß die Tiefe der über dem festen Gesteine liegenden Erdschicht von den Shonghambergen bis zum Susquehannah regelmäßig zunimmt; daß die Tiefe der Erde in der Grafschaft Sullivan im Durchschnitt nicht über 25 Fuß, und im Staate Pennsylvanien nicht mehr, als 35 Fuß beträgt; daß die Kattskillberge sich an der nördlichen Gränze von Sullivan hinziehen, und daß südlich von dieser 50 engl. M. langen Strecke die Höhe der Berge bedeutend zunimmt. Innerhalb dieser Gränzen scheinen Bergkuppen durch gewaltige Naturkräfte zertrümmert worden zu seyn, durch Strömung sich östlich bewegt, und häufig große Felsstücke auf eine beträchtliche Strecke, z. B., 50—200 Rods weit, fortgeführt zu haben; wenn die Blöcke eine beträchtliche Größe besitzen, so stecken sie durchgehends in den festen Lagern. In vielen Fällen wurden Stücke nach der Queere der Lager herausgerissen, durch die Heftigkeit der Strömung in die Höhe getrieben und auf den Gipfeln der höchsten Berge zurückgelassen. Mir ist der Fall vorgekommen, daß ein Block von 20 Fuß in's Gevierte auf der horizontalen Oberfläche der etwa 3 Fuß hoch mit Erde bedeckten Lager fortgeführt wurde, und in dieser Lage zurückblieb, indem die Strömung ihn nicht weiter von seiner ursprünglichen Stätte entfernen konnte.

Die obern Lager des Gesammtdurchschnitts der Grafschaft scheinen vor der Fluth aus einem gemeinen grauen Sandstein bestanden zu haben, der die Oberfläche des (tiefern) Gesteins 12—24 Zoll hoch bedeckte. Dieß scheint die letzte Formation aus dem Meere gewesen zu seyn, und sie ist voller Risse und Sprünge, indem sie durch die ersten heftigen Brandungen der Fluth in kleine eckige Fragmente zersprengt

---

*) In Massachusetts hat Hr. Appleton dergleichen gefunden. Vergl. Bd. XI. S. 100 des Silliman'schen Journals.

wurde, und sich jetzt auf der Oberfläche des Bodens zerstreut befindet.

Das zunächst darunter liegende Lager besteht aus Pudbingstein, der viel Quarz und Feldspath und andere Urmineralien enthält. Seine Theile sind mehrentheils vom Wasser abgerundet und von der Größe eines Rothkehlcheneies bis zu der eines Hühnereies. Das nächste Gestein nach unten zu ist der alte rothe Sandstein, den man ohne Ausnahme im Grunde der Thäler findet; dagegen trifft man auf den Gipfeln der höchsten Berge durchgehends den rothen Thonschiefer, welcher 80 — 90 engl. M. westlich die sämmtlichen Erdarten der Grafschaft röthlich gefärbt hat, und durch New-Jersey und Pennsylvanien gegen Süden streicht.

Die Thäler ziehen sich in diesem Theile des Landes durchgehends von Norden nach Süden, sind in vielen Fällen 1,000 — 1,200 Fuß tief und bilden die Betten der größern Flüsse. Die Nebenthäler sind mit rothen und grauen Sandsteinen bedeckt, die zur Herstellung von Befriedigungen eine passende Größe haben. Die lockerste und culturfähigste Erde findet sich immer auf den Gipfeln und an den östlichen Wänden der Berge; die westlichen Wände sind durchgehends steil und zerrissen. Die sämmtliche Dammerde scheint bei Gelegenheit der Fluth von den festen Lagern fortgeschwemmt worden zu seyn, und der größte Theil, ja vielleicht die ganze Masse des obern Sandsteinlagers, wurde damals aufgerissen. Auch ward ein kleiner Theil des Puddingsteins in Gestalt großer quadratischer Blöcke zertrümmert, und hie und da ein Block vom alten rothen Sandstein aus der Sohle der Thäler herausgewühlt. Vor der Fluth lag wahrscheinlich wenig oder keine Dammerde auf diesem Durchschnitte des Landes, und die Berge, Thäler und Ströme scheinen vor der Fluth ziemlich von derselben Beschaffenheit gewesen zu seyn, wie gegenwärtig, außer daß die Berge durch sie zerrissen und niedriger, und die tiefen Thäler durch die wüthenden Wasserfälle und Brandungen noch tiefer gewühlt wurden, denn die Fluth rauschte heftig über die hohen Landrücken und Berge, und stürzte über dieselben von Westen nach Osten, 1,000 bis 1,200 Fuß tief, herab in die Thäler. Bei Betrachtung einer solchen Gegend kann unsere Einbildungskraft der Wirklichkeit unmöglich nahe kommen. Die einzige Welle, welche die Stadt Lima gänzlich zerstörte, und die Brandung, welche die türkische Flotte bei Candia überfluthete, kann uns einigermaßen einen Begriff davon geben. Daß diese großen Felsenmassen in die Höhe gerissen und auf die Gipfel hoher Berge geführt worden, wird uns keineswegs wundern, wenn wir bedenken, welche Wirkung der Sturz der Cataracte in tiefe Thäler und deren darauf folgender heftiger Zurückfluß über die hohen Berge gehabt haben müsse, welche Kraft mehr als hinreichend war, um die größern Felsenmassen zu heben, die auf den Hochländern der Grafschaft liegen geblieben sind.

Daß Wasser die Kraft hat, Felsen und andere schwere Körper über Berggipfel zu führen, ergiebt sich aus der einfachen Thatsache, daß in einem Umkreis von 200 Meilen

nirgends Mühlsteine gefunden werden, als zu Kozerak auf der Westseite des Shonghamberges, 15 — 20 Meilen von Esopus oder Kingston, auf dem Berge Roundout. An dieser Stelle werden die sämmtlichen einheimischen oder sogenannten Esopus-Mühlsteine verkauft. In einem großen Districte westlich von dem Berge Shongham, welcher aus demselben, zu Mühlsteinen sich eignenden Felsen besteht, sind dessen Fragmente 1,000 — 1,200 Fuß in die Höhe getrieben worden, so daß sie den Gipfel des Berges überschritten haben; sie liegen auf einer Strecke von vielen engl. M. östlich zwischen Newburgh und dem Berge Shongham hin und wieder, und da es 200 engl. M. weit in der Runde keinen andern ähnlichen Stein giebt, so ist deren ursprüngliche Lage unverkennbar. Manche der Blöcke wiegen 3 — 4 Tonnen.

Prof. Eaton sagt in seiner geologischen Schilderung der Kattskill- oder Alleghanyberge, der ganze östliche Abhang der Alleghanyberge sey mit Mühlsteingrit (Junger Sand) angeblendet; allein unter diesem Namen versteht er dasjenige, was ich Conglomerat und Puddingstein nenne. Beide bestehen theilweise aus Quarz; allein in dem ächten Mühlsteingrit sind die feinen Theilchen lediglich vom Quarz abgescheuert, während die Steinart der Alleghanyberge, der er jenen Namen giebt, aus einer Mischung von gemeinem Sande und rundlichen Stücken Quarz besteht.

Auf der Westseite der Berge und Landrücken der Grafschaft war ich nie im Stande, irgend Rinnen oder Furchen zu finden. Man bemerkt daselbst nur Spuren von Durchbrüchen, wo das Gestein durch irgend ein heftiges Agens aufgerissen worden ist. Es kommt sehr selten vor, daß an dem rothen thonhaltigen Sandsteine irgend Spuren zu sehen sind. Derselbe ist nicht mächtig genug, um den Druck schwerer Körper, die sich auf ihm bewegen, auszuhalten zu können. In einigen Fällen zeigen sich die Furchen allerdings auf eine Strecke von 15 — 20 Fuß Länge, und dann sind die Lager rauh und zertrümmert; allein dergleichen Spuren finden sich mehrentheils auf dem massiven Puddingstein und dem gemeinen grauen Sandsteine, welcher bei der Fluth derb und unzerklüftet blieb. In denjenigen Fällen, wo der alte rothe Sandstein an den nördlichen Bergwänden sichtbar ist, sind mir 3 — 4 Beispiele vorgekommen, wo die Furchen ¼ Meile weit nach jener Richtung liefen und, wenn sie in den Niederungen auf eine niedrige Felskette trafen, sich plötzlich nach Osten wandten, jenseit dieses Hindernisses aber eine nordöstliche Richtung einschlugen. Keine Meile von derselben Stelle laufen die Furchen östlich, also mit der Bergwand parallel. Auf dem Hochlande westlich von dem Shonghamberge, wo auf eine Strecke von 70 — 80 M. Länge kein Hinderniß vorhanden war, unterfuchte ich 10 — 12 verschiedene Stellen, wo die Furchen tief und deutlich waren, und fand, daß dieselben 10—12° nördlich vom Ostpuncte strichen; in derselben Richtung liefen sie eine beträchtliche Strecke bergabwärts; in geringer Entfernung gegen Süden war der Strich der Furchen 25° südlich vom Ostpunct, gegen eine niedrige Oeffnung im Berge Shongham hin, durch welche die Wasserströme natürlich laufen. Ich habe die Lager selten tiefer, als die zersetzende Wirkung des Frostes reicht, untersucht, ohne deutliche Spuren von diluvialer Thätigkeit zu entdecken. An den Ufern der Bäche fand ich fast nie dergleichen Spuren, sondern die derben Lager erschienen durchgebrochen, und durch Abreibung sehr wenig verändert. An einer Stelle, wo die Erde beseitigt war, und sich kein Hinderniß erkennen ließ, welches die Strömung des Wassers hätte verändern können, kreuzten die Furchen einander, woraus sich denn ergiebt, daß die Strömung nach der Bewirkung der ersten Furchen eine andere Richtung eingeschlagen hatte. Etwa 12—14 engl. M. westlich von Newburgh fand ich, daß die Furchen auf dem derben Grauwackenlager beinahe von Norden nach Süden strichen. Zu Korakie, in der Grafschaft Green, zeigten sich beim Graben eines Brunnens, als man auf die festen Lager kam, Furchen, die ziemlich denselben Strich, wie der Berg, nämlich von Norden nach Süden, hatten. Ich bemerkte, daß an verschiedenen, 30—40 M. von einander entfernten Stellen, die Furchen etwa 10° nördlich vom Ostpunct liefen, und zumal da, wo die Strömung eine beträchtliche Strecke weit nirgends auf ein Hinderniß stieß. Wo die Lager ganz geblieben, war durch irgend ein kräftiges Agens nur ein Theil derselben beseitigt. Aus meinen Untersuchungen ergiebt sich, daß die Ecken der Felsen 18—24 Zoll weit abgerieben, und daß die durch das Scheuern von Seiten harter Substanzen an den Felsen hervorgebrachten Furchen, trotz der Abrundung der Kanten der Felsen, sehr deutlich waren. Diese Umstände kommen häufig zusammen vor. Auf dem Hochlande, wie in den Niederungen zeigen sich die Furchen in der Nähe kleiner Bäche nach allen möglichen Richtungen, woraus sich mit der größten Bestimmtheit ergiebt, daß die Flüsse und Berge im verschiedenen nach dieselbe Beschaffenheit haben, wie vor der Fluth. Blickt aus den ersten Lagern findet man öfters mit Furchen, zum Beweis, daß die letztern vor der Zertrümmerung der Lager entstanden sind. Uebrigens ist diese Erscheinung mehr an Thonsteinen, als an irgend einer anderen Felsart zu beobachten. Man vermuthete früher, daß diese Furchen vor der Ansiedelung der Weißen im Lande von den Indianern gemacht worden wären; allein sie rühren offenbar von den großen Steinblöcken her, die man überall im Lande zerstreut findet, und die über die Lager gerutscht sind. Bei den meisten sind die Kanten abgeführt; nur in wenigen Fällen findet man Steine, welche nicht den natürlichen Lagern des Landes angehören. In mehreren Fällen bestehen die Steine lediglich aus Seemuscheln. Zweimal habe ich in dem weichen grauen Schiefer Palmblätter und Farrnkräuter eingelagert gefunden. Das Erdreich enthält weit mehr kleine Theilchen Quarz und Feldspath, als in der Grafschaft Orange oder in den Staaten von Neuengland. Aus der Zersetzung dieser Felsarten entsteht ein feiner Sand, auf welchem die Kiefern und Schierlingstannen üppig wachsen. Auf eine Strecke von 500 M. gegen Westen ist offenbar die Dämmerde durch die Fluth außerordentlich vermehrt worden, und die Berge und Landrücken wurden durch dasselbe Agens erniedrigt, und ihrer lockern Steine beraubt. Die etwa 50 M. breite Lücke in diesem Theile des Alleghanygebirges hat wahrscheinlich der Strömung des Wassers gewissermaßen ihre Richtung und Begränzung angewiesen. Der Mastodon scheint in diesem Theile des Landes nicht gelebt zu haben, sondern häufte wahrscheinlich in den ebenen Gegenden, und durch diese gewaltige Strömung fortgetrieben wurden dann mit den Wasserfällen in die ebenen beckenartigen Grafschaften Ulster und Orange gelangt seyn, wo sie endlich liegen blieben. Vor der Fluth befanden sich in den Grafschaften Orange und Ulster niedrige scharfe Landrücken von Grauwacke und Kalkstein, welche denen sich enge tiefe Thäler in verschiedenen Richtungen hinzogen, während sich auf Berg und im Thal wohl fast gar keine Dämmerde befand; in einer solche Gegend war gewiß nicht der Wohnort des ungeschlachten Mastodon. Die Cadaver dieser Thiere wurden wahrscheinlich in manchen Fällen ganz, in andern zerstückelt oder zerquetscht, und mit zertrümmerten Knochen, ehe das Fleisch noch abgefault war, fortgeschwemmt. Dieß ergiebt sich aus den Fundorten und der Beschaffenheit der Knochen. Das erste Skelett, welches man in Orange fand, wurde beim Bau der Chaussee von Newburgh in einem Moraste bei Crawford entdeckt.

Das Cadaver war ganz und unzerquetscht in einem Sümpfel abgesetzt worden, und nachdem das Fleisch von den Knochen abgefault war, hatten sich dieselben auf einem Raume von etwa 30 F. in's Quadrat zerstreut. Der Ausfluß dieses Sümpfels oder Teichs ging über einen festen Felsen; er füllte sich nach und nach mit verrotteten vegetabilischen Substanzen und bildet gegenwärtig einen Morast von etwa 10 Acres, der mit Ahornen und schwarzen Eschen bewachsen ist. Im nördlichen Theile dieses Morastes fand man vor etwa 2 Jahren, beim Ausstechen eines tiefen Abzugsgrabens, das Skelett eines Mammuths. Ich untersuchte dasselbe sogleich sehr genau und überzeugte mich, daß das Cadaver unzerstückelt abgesetzt worden war, daß aber der Unterkiefer, 2 Rippen und ein Schenkelbein durch irgend eine gewaltsame Einwirkung, damals, als das Cadaver noch ganz war, zertrümmert worden. Beim Ausgraben der Knochen erhellte dieß aus allen Umständen. Zwei andere Theile von Skeleten wurden vor mehrern Jahren, der eine bei der Ward'sbrücke, der andere auf Masten's Wiese in Shongham, entdeckt; in beiden Fällen waren die Cadaver auseinander gerissen, um die Knochen welchen dem Fleische abgefault worden. Mehrere der letztern waren zerbrochen. Daß die Knochen mit noch daranhängen, dem Fleische abgefault worden, ergiebt sich aus dem Umstande, daß sie dicht an einander sitzend gefunden wurden, und offenbar zu demselben Theile des Cadavers gehörten, auch bei sorgfältiger Nachsuchung nicht mehr Knochen in der Nähe der Fundörter entdeckt werden konnten. Wäre das Thier dort gestorben, so würde man innerhalb eines mäßigen Umfangs das ganze Skelett haben finden müssen. Es gehörte eine große Gewalt dazu, um die Knochen so großer Thiere zu zerbrechen, und wodurch hätte unter gewöhnlichen Umständen diese ausgeübt werden können? Es dürfte also der Schluß nicht so gewagt erscheinen, daß sie bei Gelegenheit der Fluth durch die westlichen Strömungen nach ihrem Fundorte geführt worden seyen. Die ersten wüthenden Brandungen rissen wahrscheinlich Cadaver mit sich fort, welche durch die furchtbaren Fälle und Ström, schnellen gequetscht, verstümmelt und zerrissen wurden, und so in die tiefen Thäler zwischen dem Berge Shongham und den ebenen westlichen Gegenden gelangten. Die Cadaver, welche unzerstückelt ankamen, wurden wahrscheinlich bei höherm Wasserstande verrotteten, flößt, und konnten, weil sie weniger mit Steinen in Berührung kamen, nicht in gleichem Grade leiden.

Ich habe in Obigen eine Anzahl von Thatsachen beigebracht, die sich auf die Wasserströmungen zur Zeit der sogenannten Sündfluth und deren Wirkungen auf der Erdoberfläche beziehen. Sollte ich damit auch viel Neues gesagt haben, so können sie doch als fernere Zeugnisse von den Wirkungen der Fluth in verschiedenen Theilen unserer Erde gelten. Ich kann Ihnen auf Verlangen eine Anzahl Exemplare von Steinen schicken, an denen die an den verschiedenen Lagern zurückgelassenen Spuren zu erkennen sind. (American Journal of Science and Arts vol. XXIII. Edinburgh new Philosophical Journal, April — July 1833.)

Ueber die Mortalität in verschiedenen Ländern (und Gegenden Europa's)

hat Hr. Moreau de Jonnés der Académie des sciences zu Paris eine Abhandlung mitgetheilt, woraus folgende Auszüge schon beachtenswerth seyn möchten.

„Die Ursachen, welche in Europa auf die Bewegungen der Bevölkerung influiren, haben einen größern Einfluß auf die Todesfälle als auf die Geburten. Für die Geburten ist das Maximum kaum das Doppelte des Minimums; für die Todesfälle ist es fast das Dreifache des Minimums (22,59) in den gewöhnlichen Zeiten.

Wenn man in den officiellen Listen die Zahl der Todesfälle mehrerer Jahre (der neuern Zeit) in den Hauptstaaten Europa's vergleicht, so findet man, daß der Unterschied ihrer mit der Population verglichenen Mortalität für jede Million Einwohner folgender ist:

Länder.	Epochen oder Perioden.	Mittelzahl der Todesfälle.	Verhältniß zu der Population.	Jährliche Mortalität auf jede Million Einwohner.
Schweden und Norwegen	1821—1823	79,900	1 auf 47	21,300
Dänemark	1819	83,800	1 — 45	22,400
Europäisches Rußland .	1826	960,000	1 — 44	22,700
Königreich Polen .	1829	93,000	1 — 44	22,700
Großbritannien . .	1818—1821	373,000	1 — 55	18,200
Niederlande . . .	1827—1828	163,000	1 — 38	26,500
Deutschland . . .	1825—1828	290,000	1 — 45	22,400
Preußen . . .	1821—1826	803,500	1 — 39	25,600
Oesterreich Kaiserth. .	1828	675,000	1 — 40	25,000
Frankreich . . .	1825—1827	808,200	1 — 39	25,600
Schweiz . . .	1827—1828	50,000	1 — 40	25,000
Portugal . .	1815—1819	92,000	1 — 40	25,000
Spanien . .	1801—1826	807,000	1 — 40	25,000
Italien . . .	1822—1828	660,000	1 — 30	33,300
Griechenland . .	1828	33,000	1 — 30	33,300
Europäische Türkei .	1828	343,000	1 — 30	33,300
Nördliches Europa Todesfälle		2,973,100	1 auf 44	22,700
Südliches Europa —		2,284,200	1 — 36	22,800
Das ganze Europa —		5,259,300	1 auf 40	25,000

Nach dieser Tabelle und nach vielen anderen mehr detaillirten stirbt jährlich

In den Römischen Staaten und dem ehemaligen Venetianischen . 1 von 30
In Italien überhaupt, Griechenland und der Türkei . 1 — 30
In den Niederlanden, Frankreich und Preußen . 1 — 39
In der Schweiz, im Kaiserthum Oesterreich, in Portugal und Spanien . 1 — 40
In dem Europäischen Rußland und Polen . . 1 — 44
In Deutschland, Dänemark und Schweden . . 1 — 45
In Norwegen . . . . 1 — 48
In Island . . . . 1 — 53
In England . . . . 1 — 58
In Schottland und Island . . . . . 1 — 59

Die Folgerungen, die sich aus dieser Tabelle ableiten lassen, sind deutlich genug, um keiner weiteren Erläuterung zu bedürfen. Als allgemeines Resultat aber kann man anmerken, daß zwei große Hauptursachen das Verhältniß der Mortalität zur Bevölkerung bestimmen, nämlich der Einfluß des Clima's und der Civilisation.

Das Clima begünstigt auffallend die Verlängerung des Lebens, wenn es kalt ist, selbst streng kalt, und wenn die Feuchtigkeit der Meeresnähe sich mit einer niedrigen Temperatur verbindet.

Die geringste Mortalität von Europa hat statt in den dem Meere und dem Polarkreis nahe gelegenen Ländern, als Schweden, Norwegen, Island. Sie findet sich ferner wieder in Ländern, wo, wie in Rußland, der Einfluß des Clima's nicht durch den Einfluß der Civilisation begünstigt ist, und hinreicht dem Menschen ein langes Leben zu sichern.

Die südlichern Länder, deren Clima dem Menschengeschlecht so günstig zu seyn scheint, sind dagegen die, wo das Leben den größten Gefahren ausgesetzt ist. Man hat in Italien um die Hälfte mehr Aussicht zum Sterben als in Schottland.

Die Puncte der heißen Zonen, von denen man die Mortalität berechnet hat, zeigen, welchen nachtheiligen Einfluß eine hohe Temperatur auf das Leben des Menschen hat.

Breitengrade.	Ort.	Verhältniß der Todesfälle.
6° 10'	Batavia	1 von 26½
10° 10	Trinidad	1 — 27
18° 54	Saint Lucie	1 — 27
14° 44'	Martinique	1 — 28
15° 59	Guadeloupe	1 — 27
18° 56	Bombay	1 — 30
23° 11,	Havana	1 — 53

Der Widerstand, den das Leben zwischen den Wendekreisen leistet, ist verschieden nach den Racen der Menschen, und seine Dauer ist an demselben Orte bei einer und der andern doppelt und dreifach so lang als sie bei andern ist. Folgende sind Beispiele:

Batavia 1805	Europäer . .	1 Todter von	11
	Sclaven . .	1 —	13
	Chinesen . .	1 —	29
	Javanesen . .	1 —	45
Bombay 1815	Europäer . .	1 —	18½
	Muselmänner	1 —	17½
	Parsen . . .	1 —	24
Guadeloupe 1816—1824	Weiße . . .	1 —	23½
	Freigelassene	1 —	35
Martinique 1815	Weiße . . .	1 —	24
	Freigelassene	1 —	33
Grenada 1811	Sclaven . .	1 —	22
Saint Lucie 1802	Sclaven . .	1 —	20

Mit dieser Sterblichkeit der heißen Zone kann man die von Madera zusammenstellen, die einzige tropische Niederlassung der gemäßigten Zone. Heberden hat berechnet, daß auf dieser Insel die Todesfälle zu der Zahl der Einwohner sich verhielten wie 1 zu 50.

Die Wirkungen, welche ein größerer oder geringerer Grad von Vollkommenheit der socialen Oeconomie auf die Mortalität ausübt, sind nicht geringer, als die, deren Ursachen in dem Clima liegen.

Man erkennt den Einfluß, der durch das Vorschreiten der Civilisation hervorgebracht wird, wenn man die Beziehungen der Todesfälle zur Population in einem und demselben Lande zu verschiedenen Zeiten vergleicht, welche durch Verbesserungen der socialen Verhältnisse bezeichnet werden können.

So war die Zahl der Todesfälle, mit der Einwohnerzahl verglichen,

in Schweden....	1754—1763	1 auf 34	u. von	1821—1825	1 auf 45
Dänemark	1751—1754	1 — 32		1819	1 — 45
Deutschland	1788	1 — 32		1825	1 — 45
Preußen	1717	1 — 30		1821—1824	1 — 39
Würtemberg	1749—1754	1 — 31		1825	1 — 45
Kaji. Oesterreich	1822	1 — 32		1828—30	1 — 40
Holland	1800	1 — 30		1825	1 — 38
England	1690	1 — 33		1821	1 — 58
Großbritannien	1785—1789	1 — 33		1800—1804	1 — 47
Frankreich	1776	1 — 23½		1825—1827	1 — 39½
Canton Waadt	1755—1764	1 — 35		1824	1 — 47
Lombardei	1767—1774	1 — 24½		1827—1828	1 — 31
Kirchenstaat	1767	1 — 21½		1829	1 — 28
Schottland	1801	1 — 44		1821	1 — 50

Die Mortalität ist in Rußland und Norwegen seit 30 Jahren dieselbe geblieben. Im Königreich Neapel hat sie zugenommen. Süßmilch schätzte vor 80 Jahren die mittlere Mortalität aller Länder Europa's wie 1 auf 36. — Nach der Berechnung des Hrn. Moreau de Jonnès würde sie jetzt nur 1 auf 40 seyn, so daß dieselbe nahe um ein Neuntel abgenommen hätte. Hr. Moreau meint aber, daß Süßmilch's Annahme zu gering gewesen sey und daß er für die Zeit, wo er schrieb, wenigstens 1 auf 30 hätte annehmen sollen, so daß also jetzt eine größere Verminderung eingetreten wäre.

Miscellen.

Wie sehr sich Thiere an Gesellschaft gewöhnen können, zeigt folgende merkwürdige Thatsache: Madam L., eine geborne Engländerin, an einen Einwohner von Florenz verheirathet, hatte eine außerordentliche Liebe für die Thiere und sorgte nicht nur mit dem größten Eifer für ihre körperlichen Bedürfnisse, sondern bemühte sich selbst, auch andere Wünsche derselben zu erfüllen. Den Hunden und Katzen in ihrem Hause war es daher ein Bedürfniß, daß man sich ihrer immer mit ihnen unterhielt. Geschah dieß nicht, so suchten sie durch allerhand Mittel die Aufmerksamkeit auf sich zu lenken, und fühlten sich, wenn das nicht gelingen wollte, offenbar unglücklich. Allein diese Verwöhnung fand nicht nur bei den Stubenthieren statt, sondern erstreckte sich sogar auf die Pferde. Mad. L. hielt sich im Sommer auf einer Villa, ganz in der Nähe von Florenz, auf, wo sie, weniger durch Gesellschaftszwang gefesselt, sich noch mehr mit ihren Thieren beschäftigen könne. Hier fand sie eines Tags eine Dame, welche sie besuchen wollte, an rheumatischer Steifigkeit leidend, welche sie sich, sonderbar genug, dadurch zugezogen hatte, daß sie ein Pferd, um ihm die Zeit zu vertreiben, herumgeführt habe. Dieses Thier war nämlich, in Hinsicht auf Gesellschaftlichkeit, so verwöhnt, daß es durchaus die Einsamkeit nicht ertragen konnte. War es nun Furcht, oder Langeweile, kurz, sobald es in dem Stalle allein war, wurde es von Nervenzufällen, Frost und kaltem Schweiß befallen, und litt durch diese Zufälle, wenn ihnen nicht sogleich Einhalt gethan wurde, weit mehr, als durch einen weiten Weg. War das andre Pferd nicht zu Hause, so borgte man gewöhnlich vom Pachter einen Ochsen zur Gesellschaft, und konnte man auch den nicht bekommen, so mußte man sich selbst bequemen, es spazieren zu führen. Den Abend vor dem Besuche der erwähnten Dame war nun weder Pferd, noch Ochs zu haben, und im Hause selbst war nur der Gärtner gewesen, der aber schon geschlafen hatte, und den Mad. L. nicht hatte wecken wollen, da er bis andern Morgens früh auf den Markt hatte gehen sollen; und so hatte sie sich denn genöthigt gesehen, die halbe Nacht aufzuopfern, um ein an Langeweile leidendes Pferd herumzuführen.

Ueber den Winterschlaf hat Dr. Marshal Hall, wie schon früher erwähnt wurde, vielfältige Versuche und Beobachtungen angestellt. Sie sind jetzt in den Philosophical Transactions gedruckt, und die Resultate derselben lassen sich in Folgendes zusammenfassen: 1. der natürliche Schlaf der in Winterschlaf verfallenden Thiere unterscheidet sich beträchtlich, jedoch bloß dem Grade nach, vom Schlaf anderer Thiere. 2. Dieser Schlaf geht unmerklich in den Zustand des wahren Winterschlafes über, welcher immer tiefer wird, je mehr das Blut seine arterielle Beschaffenheit verliert. 3. Respiration und Wärmeentwickelung sind während des Winterschlafes fast ganz aufgehoben. 4. Die Irritabilität des Herzens und der Arterien ist beträchtlich vermehrt, so daß sie durch Venenblut zur Contraction gereizt werden. (Venacontractile.) 5. Die Sensibilität und die allgemeine Muskelbeweglichkeit sind nicht beeinträchtigt. 6. Die Phänomene des wahren Winterschlafes sind sehr verschieden von denen der Erstarrung durch Kälte. 7. Beträchtliche Kälte, so wie alle andere Ursachen von Schmerz wecken das im Winterschlaf liegende Thier aus seiner Lethargie, und Kälte führt bei längerer Einwirkung den Zustand der Erstarrung herbei. 8. Die Erscheinungen des Winterschlafes können von der Möglichkeit, daß das Herz und die Arterien durch das Venenblut gereizt wird, und von der im Vergleich mit dem gewöhnlichen Zustande erhöhten Reizbarkeit der verschiedenen Organe hergeleitet werden.

Eine Sammlung Conchylien, worunter auch fossile (aber nicht verzeichnete) aus Sand- und Mergelgruben von Grignon, Courtagnon und aus dem Lippe-Detmold'schen; sodann einige Seeigel und Seesterne; und einige aufgetrocknete Reptilien und Fische sind zu verkaufen, durch Dr. Vogler's Buchhandlung in Potsdam, wo auch Verzeichnisse zu bekommen sind.

Heilkunde.

Ueber angeborenen Hirnbruch.

Von Adams.

Dieß ist nicht allein eine sehr gefährliche, sondern bisweilen auch eine sehr schwer zu erkennende Krankheit. Die Hervortreibung findet durch eine angeborene Oeffnung an irgend einer Stelle des Schädels statt und kann aus dem großen oder kleinen Gehirn, oder aus beiden mit ihren häutigen Hüllen bestehen. Die Charactere dieser Krankheit, wie ich sie beobachtet habe, sind folgende:

An irgend einer Stelle der Oberfläche des Schädels ragt eine ovale oder kugelförmige, weiche und farblose Geschwulst, welche den Bruch ausmacht, hervor; sie pulsirt synchronisch mit dem Herzen, und diese Pulsationen sind bisweilen sehr undeutlich, so lange der Kranke ruhig verhält, werden aber für Gesicht und Gefühl sehr auffallend, sobald er sich bewegt. Ist der Kranke alt genug, um Auskunft über sich zu geben, so sagt er, daß er nie Schmerz in der Geschwulst fühle; ist er noch zu klein zum Sprechen, so scheint er doch nicht durch die Geschwulst zu leiden, selbst wenn sie leicht gedrückt wird; der Umfang der Geschwulst wird durch Husten, Schneuzen oder selbst durch Schreien vorübergehend vergrößert; während eines stärkern Athemzuges sieht man bisweilen schnell eine Röthung über die Geschwulst hinziehen und durch die meistens dünne und halbdurchsichtige Haut durchschehen. Legt man sorgfältig die Finger in die Umgebung der Basis der Geschwulst auf, so fühlt man die Ränder der Schädelöffnung, durch welche der Bruch hervorgedrungen ist, leicht; meist sind sie glatt und eben, in wie Falle habe ich sie aber auch rauh und hervorragend gefunden. Die geistigen Fähigkeiten waren in allen Fällen, in welchen darüber geurtheilt werden konnte, vollkommen ungestört.

Die Erscheinungen dieses Leibes sind indeß nicht immer so deutlich ausgeprägt; so erzählt Callemand einen Fall, bei welchem die Geschwulst für eine Balggeschwulst gehalten und daher operirt wurde. Der angeborne Gehirnbruch kommt nicht so oft an den Fontanellen vor, als man dieß annehmen könnte; häufiger bringt er an irgend einer Stelle des Hinterhaupts in der Medianlinie durch. Zur Zeit der Geburt zeigt die Geschwulst deutliche Fluctuation, bei Erwachsenen aber ist die Flüssigkeit verschwunden und die Hervorragung weicher. Die Encephalocele kommt, wie die spina bifida, in der Regel mit hydrocephalus zugleich vor. Spina bifida ist indeß immer weit gefährlicher; ja Paralyse der obern oder untern Extremitäten ist mit bei Encephalocele nie vorgekommen. Die Gefahr, beschränkt sich hauptsächlich bloß auf die frühere Periode, und zwar hat man gewöhnlich gegen die von dem hydrocephalus bedingte Ausdehnung und Ulceration des Bruchsackes zu wirken.

Die Hauptmasse der Geschwulst besteht, wie sich durch Zergliederung zeigt, aus großem oder kleinem Gehirn, und ist bald nach der Geburt von weicher Consistenz, hat abgeflachte Windungen und ist durch und durch mit Wasser infiltrirt. Der Bruchsack besteht aus der dura mater, welche der zum Gehirn hervorgetrieben, und von innen mit der arachnoidea ausgekleidet, nach außen aber von demselben Gewebe verstärkt wird, welches bei gesundem Zustande des Schädels das eigentliche Periost darstellt.

Einmal sah ich die Geschwulst auch in der rechten Hälfte des Stirnbeins hervorbringen. Andere haben sie an der Nasenwurzel gesehen, wo einige Wochen lang noch ein Substanzmangel zwischen dem Nasenfortsatz des Oberkiefers und dem Stirnbein vorhanden ist.

Zu der gewöhnlich empfohlenen Behandlung durch Druck kann ich kein Vertrauen fassen. Sie ist, meiner Meinung nach, in der frühern Zeit der Krankheit, wo so häufig hydrocephalus zugegen ist, unanwendbar, in der spätern dagegen erfolglos. Passender scheint mir die häufige Punctur vermittelst einer feinen Nadel, ganz auf die Weise, wie sie A. Cooper bei der spina bifida empfohlen hat. Eine sorgfältig verrichtete Punctur, bei welcher zwar die klare Flüssigkeit abfließen, aber keine Luft eindringen darf, ist gewiß keine gefährliche Operation. Die Behandlungsweise, welche mir daher im Ganzen die beste scheint, ist die, durch welche vermittelst adstringirender Umschläge von Eichenrinde und Alaun die Haut fester gemacht wird. Drohen jedoch übermäßige Ausdehnung und Ulceration der Haut auf dem Bruchsack, so ist die Operation der Punctur nicht zu verschieben. In dem zweiten Stadium der Krankheit dagegen scheint die einzige Indication zu seyn, die Geschwulst vor äußern schädlichen Einflüssen zu beschützen. Die innere Behandlung beschränkt sich darauf, durch geeignete Mittel irgend eine Störung in den Functionen des Organismus zu verhüten.

Ich füge nun nur noch einige Fälle dieser Krankheit, welche mir in meiner Praxis vorgekommen sind, bei.

Erster Fall. Der Kopf des Kindes, welches den Gegenstand dieser Beobachtung ausmacht, war kleiner, als ich ihn jemals gesehen habe, die Stirn war ganz niedergedrückt, und eine Geschwulst von der Größe einer Orange ragte nach unten und hinten in der Hinterhauptsgegend hervor. Die Hauptmasse der Geschwulst bestand offenbar aus Flüssigkeit, da man bei gehöriger Untersuchung sehr deutlich Fluctuation mit den Fingern fühlte. Nach der Geburt schien das Kind einige Stunden lang in sehr schwachem Zustande, ja eigentlich im Sterben zu liegen und die Respiration war langsam und unvollkommen. Dr. Matabe machte nun einen kleinen Einstich in die Geschwulst und entleerte auf diese Weise eine beträchtliche Menge klaren Serums; hierauf schien das Kind aus einem Zustande von Stupor zu erwachen, der Puls wurde fühlbar, das Kind nahm Nahrung zu sich, und die Punctur schloß sich wieder. Das Kind lebte aber dennoch bloß 9 Tage.

Bei der Section fand ich, daß der von der dura mater gebildete Bruchsack das ganze kleine Gehirn und einen großen Theil der beiden hintern Lappen des kleinen Gehirns enthielt. Beide waren erweicht, mit Wasser infiltrirt und von einer Menge klaren Serums umgeben. Die Kopfhaut war dünn, aber fest, und die Schädelknochen berührten sich in der ganzen Ausdehnung ihrer Räthe, so daß keine Fontanelle zugegen war. Die Öffnung in dem Hinterhauptsbein, durch welche der Bruch hervorgetreten war, lag in der Mittellinie, hatte eine ovale Form, und maß im größten Durchmesser 2 Zoll, im kleinern ungefähr einen Zoll. Diese Öffnung wurde in frischem Zustande durch eine Haut in 2 Öffnungen getheilt, deren vordere dem eigentlichen Hinterhauptsloch entsprach, durch deren hintere aber der Gehirnbruch hervorgetreten war.

Im zweiten Falle hatte der Kopf des Kindes die gewöhnliche Größe. Die Geschwulst, vom Umfange einer großen Orange, ragte nach hinten hervor und hing über den Hals herab. Dieses Kind wurde ganz der Natur überlassen. Die Geschwulst vergrößerte sich langsam, es entwickelte sich allmälig Ulceration, und es floß eine eiweißhaltige Flüssigkeit aus, und zu Ende der 7ten Woche starb das Kind an Erschöpfung und unter Convulsionen.

Dritter Fall. Seit vielen Jahren habe ich einen jetzt 20jährigen Burschen in Behandlung. Die breite und flache Geschwulst nimmt ungefähr die rechte Hälfte der Stirn ein, erstreckt sich bis in die Schläfengrube und verursacht große Entstellung. Der Rand der orbita ist in bedeutendem Grade schräg nach unten gedrückt, das Auge ist sehr verschoben und die Hornhaut getrübt. Die Geschwulst hat eine ungleiche Oberfläche, ist weich, nicht resistirend, pulsirt synchronisch mit dem Herzen und hebt sich beim Schneuzen oder Husten. Die Basis der Geschwulst ist breit, die Haut dick und blaß, die Ränder des knöchernen Ringes, durch welchen die Geschwulst hervordringt, sind durch eine deutliche, ungleiche Furche bezeichnet. Die Mutter des Burschen giebt an, daß er mit diesem Übel zur Welt gekommen, und daß er nie dadurch gelitten habe, außer an seinem Auge. Während der letzten 7 Jahre hat sich der Umfang des Gesichts vergrößert, aber die Stirn und der Bruch haben keine merkliche Änderung erlitten.

Vierter Fall. A., ein gesund aussehender, 5jähriger Knabe, hat eine Geschwulst, welche alle die bereits aufgezählten Charactere des Gehirnbruches an sich trägt, ein wenig unterhalb der protuberantia occipitalis und vom Umfange eines Hühnereies. Die Verbindung, welche zwischen der Geschwulst und dem Kopfe besteht, findet durch eine enge, mit deutlichen Rändern versehene Öffnung in dem Hinterhauptsbeine statt. Die sie bedeckende Haut ist von ungleicher Dicke, etwas durchscheinend. Die Geschwulst hatte eine ungleiche Oberfläche, so daß es schien, als wäre ein Lappen des großen Gehirns darin enthalten; der Kopf ist übrigens gut geformt und die Fontanelle sind seit lange geschlossen. Ich faß dieses Kind sehr bald nach der Geburt, die Geschwulst war damals von eben der Größe und Gestalt wie jetzt; die Haut dagegen schien im Begriff zu seyn, zu bersten, und ich hielt es für gerathen, die Punctur vorzunehmen, zu welchem Zwecke ich eine Nadel da einstach, wo die Haut am gesundesten und dicksten war. Eine halbe Unze

klarer Flüssigkeit floß aus, der Sack fiel zusammen, aber es blieb eine Geschwulst von der Größe einer Wallnuß zurück. Die Wunde wurde sorgfältig verbunden. Ich fand es nöthig, diese Operation siebenmal zu wiederholen, und einmal machte ich sie mit einer Lancette, und bloß in diesem Falle folgte Fieber und Unruhe. Einmal wurde nach der Punctur die Compression versucht, sie veranlaßte aber Convulsionen und wurde natürlich wieder aufgegeben; allmälig verdickte sich die Haut, die Menge der darin enthaltenen Flüssigkeit verminderte sich, und es war nicht weiter nöthig, die Operation zu wiederholen. Das Kind befindet sich jetzt in dem beruhigenden Zustande, wie ich ihn im Anfange dieser Beobachtung geschildert habe. (Dublin Journal, No. 6.)

Ueber das Symblepharon und seine Heilung.

Von F. A. v. Ammon.

„Das Symblepharon oder die Verwachsung eines oder beider Augenlider mit dem bulbus, eine nicht eben häufig vorkommende Krankheit, hat bisher die meisten Operationsversuche hartnäckig vereitelt. Dies liegt zum Theil in der Natur dieser Krankheit, zum Theil wohl aber auch im Mangel einer genauern Erforschung dieses Augenleidens, indem man nur nach den Beobachtungen einzelner Fälle das Wesen dieser Krankheit beurtheilte. Betrachten wir das Wesen dieser Krankheit genauer! —

Als Bildungsfehler kann das Symblepharon nicht vorkommen, dieß geht aus der Bildungsgeschichte der Augenlider selbst hervor. Die Fälle von angebornem Symblepharon sind entweder Folgen von Entzündungen während des Uterinlebens, oder sind erst nach der Geburt entstanden und unrichtig für angeboren erklärt. Daß es nicht als Bildungshemmung betrachtet werden könne, ist klar, sobald man bedenkt, daß anfangs der Augapfel bloß von einer feinen schleierartigen Membran überzogen ist, und daß die Augenlider erst nach und nach durch einfache Hautfalten entstehen, die, sich immer mehr ausbildend, sich endlich am Augenlidspalt berühren. Die Spalte zwischen beiden Falten ist bloß durch Anhäufung von Smegma geschlossen, dahinter aber befindet sich eine Höhle, welche von einer hellen Flüssigkeit angefüllt ist, und durch diese Flüssigkeit wird die Verklebung des bulbus mit den Augenlidern verhindert. Es ist also klar, daß zu keiner Periode der Entwickelung die Augenlider sich in dem Zustande der Verwachsung mit dem bulbus befinden.

In diesem Raum zwischen Augenlidern und Augapfel auskleidende conjunctiva ist nun der Sitz des Symblepharon. Da die Verwachsung der Augenlider mit dem Augapfel aber an verschiedenen Stellen vorkömmt, so müssen zwei Hauptarten unterschieden werden.

I. Symblepharon abhängig von Verkürzung der Conjunctiva und andern selbstständigen Leiden dieser Membran (symblepharon posterius).

Dieß ist der Zustand, welcher von Taylor und Beer chemosis genannt wurde. Die Krankheit hat ihren Sitz in dem faltigen hintersten Theile der conjunctiva, da wo sich diese vom Augenlide zum bulbus herüber beugt. Am häufigsten kömmt sie am untern Augenlide vor; man findet dabei eine Verkürzung des Raumes von dem Augenlidrande bis zu der Stelle, wo sich die Bindehaut umschlägt; sie ist Folge einer chronischen Entzündung, Verdickung, und Zusammenziehung der Bindehaut, so daß diese feine Falte nach innen und hinten mehr bildet, sondern vom Augenlide grade zum bulbus herüberzieht. Hierbei bilden sich auch sehr bald Längenfasten statt der frühern Querfalten, und diese werden gewöhnlich, aber mit Unrecht, für neue Stränge angesehen; die Beobachtung an Operirten und die anatomische Untersuchung überzeugten mich, daß sie durch die zusammengezogene conjunctiva selbst gebildet werden. Dieses Symblepharon ist in der Regel Folge heftiger Ophthalmien bei phthisis bulborum und findet sehr häufig vor, besonders nach ophthalmia neonatorum und contagiosa. Ein besonderer und eigenthümlicher Fall dieser Art ist folgender. Ein gewisser Grove in der Blindenerziehungsanstalt zu Dresden, ist in Folge von ophthalmia neonatorum durch atrophia bulborum gänzlich erblindet. Auf dem rechten Auge hat er die bemerkbarste Verkürzung und Verschrumpfung der conjunctiva, auf dem linken atrophischen Auge dasselbe Leiden, nur mit der Eigenheit, daß der atrophische Augapfel unter der conjunctiva des untern Augenlides liegt, während das letztere dadurch, daß sich zwischen dem atrophischen bulbus und der untern Augenlidbindehaut eine Flüssigkeit abgesondert hat, in die Höhe gehoben ist; es findet also eine Dislocation des untern Augenlides nach oben statt. Die Verschrumpfung der conjunctiva ist hier mit einem Hydrops complicirt.

Das Aussehen solcher Augen ist vorzüglich bei'm Abziehen des untern Augenlides eigenthümlich, weil die erwähnten Längenfalten den Bewegungen des Augapfels wenigstens theilweise folgen und sich nach oben und unten bald ausdehnen, bald zusammenziehen. Die Nachtheile dieses leichtern Grades des Symblepharon sind nicht bedeutend, wenn sich die Falten nicht entzünden oder vergrößern, was jedoch häufig geschieht. In einem solchen Falle setzt sich die Entzündung auf die conjunctiva des Augapfels fort, diese wird getrübt und das Gesicht wird bedeutend beeinträchtigt; in einem solchen Falle muß man das Uebel beseitigen, und zwar durch operative Behandlung, indem man die Conjunctivafalten auf dem umgestülpten Augenlide mit einer Pincette faßt und mit der Cooper'schen Scheere abträgt und zwar durch möglichst breite Scheerenschnitte, um möglichst viel von der degenerirten Bindehaut zu entfernen. Das Wiederverwachsen der Wundränne verhindert man durch fleißige Abduction des Augenlides, kalte Umschläge und baldiges Eintröpfeln der Opiumtinctur.

Bei'm zweiten Grade des symblepharon posterius ist die Verkürzung noch stärker und die conjunctiva so degenerirt, daß sie sich hinsichtlich ihrer Dicke der cutis nähert. Dieser Zustand hat von M. Jäger in Würzburg und von Klingsohr den Namen Ueberhäutung der conjunctiva erhalten. In allen den Fällen von Ueberhäutung der Bindehaut ist ein completes oder partielles Symblepharon vorhanden, und das obere Augenlid behält in diesen Fällen eine ganz gute Stellung, indem es in der Mitte durch Einschrumpfung des Tarsus sich so verkürzt, als sey ein Stück ausgeschnitten worden; es sieht aus, als sey ein geringes coloboma palpebrae vorhanden, welches (beiläufig gesagt) wohl auch keine Bildungshemmung seyn kann. Dabei läßt sich das Augenlid nicht vom bulbus abziehen, und es gehen eine Menge Falten am Augenlide zum bulbus und über diesen hinweg, die Bindehaut stellt gleichsam einen Vorhang dar, der unmittelbar von dem obern Augenlide an der vordern Fläche des bulbus herabhängt; zwischen bulbus und Augenlid aber findet sich eine große Anhäufung einer neugebildeten sehr verdickten cellulosa, welche dicht mit der hinteren Fläche jener Membran zusammenhängt. Ein Operationsversuch, den ich in einem solchen Falle vornahm, indem ich die verdickte conjunctiva von den Augenlidern mit der Scheere abtrug und eben so von dem bulbus abzog und wegschnitt, hatte den Ausgang, welchen so häufig schon die Operation des höhern Grades des symblepharon posterius gehabt hat, es entwickelte sich nämlich ein lebhafter Granulationsproceß, welcher trotz aller Mittel die künstlich getrennten Theile auf's Neue wieder vereinigte.

II. Symblepharon, entstanden durch Zerstörungen der conjunctiva, oder durch neue Bildungen auf dieser Membran, symblepharon anterius.

Das symblepharon anterius ist diejenige Verwachsung der Augenlider mit dem Augapfel, welche innerhalb der gemeinschaftlichen Bindehaut dieser Organe durch die Folgen der Zerstörung dieser Membran, oder durch neue Bildungen auf ihr entsteht. Es giebt folgende verschiedenen Arten dieser Krankheit:

1) Verwachsung der Augenlider mit dem Augapfel, veranlaßt durch Zerstörung der Bindehaut der Augenlider und des Augapfels, und zwar:

a. gänzliche   c. einfache
b. theilweise   d. complicirte

2) Verwachsung der Augenlider mit dem Augapfel, veranlaßt durch neue Bildungen auf der Bindehaut des Augapfels und des Augenlides.

Die Ursachen der ersten Classe sind gleichzeitige Verletzungen der Augenlider und des Augapfels oder Zerstörung der Bindehautoberfläche durch ätzende Stoffe; das letztere ist ungleich häufiger, als das erstere. Die dadurch veranlaßte Synechie der Augenlider mit dem Augapfel kann nun eine complete oder eine partielle seyn, und zwar in doppelter Hinsicht, entweder sind beide Augenlider gleichzeitig mit dem Augapfel verwachsen und dann auch meistens unter einander in Verbindung (symblepharon cum anchyloblepharo) oder es findet dieser Zustand bloß an Einem Augenlide statt. In letzterem Falle kommen wiederum verschiedene Verwachsungsarten vor, entweder betrifft die Synechie bloß einen Theil des Augenlides (meistens die Seitentheile) oder sie betrifft die gesammte palpebra. Solche seitliche Verwachsungen, besonders an der caruncula haben in der Regel keine bedeutenden Störungen zu Folge. Anders ist es, wenn die Verwachsung in der Mitte der palpebra stattfindet, in welchem Falle sogar oft noch die Augenwimpern nach innen gezogen sind (Complication des symblepharon mit particulem entropium). In allen diesen Fällen ist das Gesicht sehr gestört oder ganz aufgehoben. Je ausgebreiteter dieses symblepharon ist, desto inniger und fester ist auch gewöhnlich die Verwachsung, welche ein sehr festes, celluloses, gefäßreiches Gewebe hat, was sich bisweilen ziemlich tief in das Parenchym der cornea, sclerotica und Augenlidsubstanz erstreckt, und mit diesem so verschmilzt, daß ihre Gränzen nicht bestimmt werden können. Nur wenn der Verwachsung sich nicht weit erstreckt, kann eine Operation nützlich werden. Bei größern symphlepharon wirkt jede Trennung des kranken Gewebes nur schädlich ein, indem immer die üppigste Granulation und festeste Verwachsung wiederum folgen.

Die zweite Classe des symblepharon anterius, oder die Verwachsung durch neue Bildung auf der conjunctiva, ist durch eigenthümliche ligamentöse Stränge characterisirt, die meistens dadurch entstehen, daß durch ätzende Substanzen einander berührende Stellen der conjunctiva palpebralis et bulbi nicht durchaus excorirt, sondern nur auf ihrer Oberfläche excorirt werden, durch welche organische Veränderung ein lymphatisches Exsudat entsteht, welches bei der fortdauernden Bewegung der Augenlider keine eigentliche Synechie zu Stande bringt, sondern nach begonnener Verbindung ausgedehnt wird und jene ligamentösen Stränge bildet, die in verschiedener Dicke und Anzahl entstehen. Diese ligamentösen Gebilde bestehen aus einem Conglomerat einer festen, organischen, nicht gefäßreichen Masse, deren Oberfläche meistens roth ist und sich von dem Gewebe der Schleimhäute durch Mangel an Glanz unterscheidet.

Ich theile nun noch eine theils auf Erfahrung begründete, theils der Analogie entnommene Operationsweise für einzelne Arten des Symblepharon mit.

Anleitung zu einer neuen Operationsmethode für einige Arten des Symblepharon.

Die Absicht dieser neuen Operationsweise ist, die Entstehung zweier, ihrer conjunctiva beraubten, Wundflächen zu verhüten, weil dieser Umstand der Grund des Mißlingens der bisherigen Operationsweisen ist. Dieß geschieht dadurch, daß man das mit dem Augapfel verwachsene Augenlidstück ganz trennt, auf dem bulbus sitzen läßt und über ihm die Vereinigung des Augenlides bewirkt, die ohne Verwachsung mit dem bulbus alsdann zu Stande kömmt. Die Operation muß alsdann in zwei Zeiträumen vollzogen werden. Nur bei partiellem symblepharon der zweiten Art, also bei'm wahren symblepharon partiale, dieses mag durch Zerstörung der Bindehaut oder durch neue Bildung auf derselben entstanden seyn, ist diese Operationsweise indicirt. Je kleiner die Stelle der Verwachsung, desto besser ist der Erfolg. Man verfährt auf folgende Weise verrichtet. Mit einem Staarmesser durchschneidet man dicht an der Verwachsung herum das in die Höhe gehobene Augenlid, so daß das verwachsene Stück in dreieckiger Form auf dem bulbus sitzen bleibt, und das verwachsene Stück in zwei Lappen getheilt ist. Nach Stillung der Blutung durch kaltes Wasser vereinigt man die beiden Wundränder des durchschnittenen Augenlides. War der Substanzverlust zu groß, so verlangert man das äußere Stück des durchschnittenen Augenlides dadurch, daß man die Trennung desselben bis zum

Orbitalrande fortſetzt, und nöthigenfalls das äußere Stück von ſeiner Anheftung an die Knochenhaut loslöſ't- (ganz wie bei der Fr. Jäger'ſchen Operation des Ectropiums. Vergl. Notizen No. 654. [No. 16. des XXX. Bds.] S. 254.) Iſt nach Vereinigung der beiden Lappen die Spannung ſehr groß, ſo hebt man dieſe durch ſeitliche, halbzirkelförmige Einſchnitte oder durch Dilatiren des äußern Augenwinkels. Dieß iſt der Theil der Operation, welcher im erſten Zeitraume gemacht wird; das über dem, auf dem bulbus ſitzengebliebenen Hautſtück vereinigte Augenlid hat auf ſeiner innern Fläche eine geſunde Schleimhaut, welche mit der äußern Fläche jenes Hautſtückes, alſo mit epidermis, in Berührung kömmt; hier iſt alſo keine Neigung zu Verwachſung.

Kann an eine Wiederherſtellung der Sehkraft nicht gedacht werden, und handelt ſich's bloß um Beſeitigung einer Entſtellung, und um Einlegung eines künſtlichen Auges, ſo reicht der erſte Operationsact hin. Nur wenn das auf dem bulbus ſitzengebliebene Palpebralſtück reizend auf das Augenlid oder das Auge ſelbſt einwirkt, oder wenn man Hoffnung hat, die Sehkraft wiederherzuſtellen, iſt das ſitzengebliebene Palpebralſtück zu entfernen. Dieß iſt der Zweck des zweiten Operationsactes. Nach vollkommener Vernarbung des durchſchnittenen Augenlides läßt man die Augenlider durch Gehülfen gehörig nach unten abziehen; iſt dieſes ſchwer, ſo kann man auch den äußern Augenwinkel ohne Bedenken dilatiren. Die Entfernung des Palpebralhautſtückchens geſchieht ſodann nach den Regeln der Kunſt ohne Schwierigkeit; — die dadurch wundgewordene Stelle findet gegenüber eine geſunde, völlig überhäutete Stelle des Augenlides, mit der ſie nicht verwachſen kann. (Das Symblepharon und die Heilung dieſer Krankheit durch eine neue Operationsweiſe. Eine Gelegenheitsſchrift von Dr. F. A. v. Ammon. Mit 1 Kupfer. Dresden 1830.)

Ein merkwürdiger Selbſtmord durch Strangulation,

iſt. kürzlich im Hôtel-Dieu von einer Frau verübt worden, die des Gebrauchs der rechten Hand faſt ganz beraubt war.

Thereſe Alexis, eine Frau von 45 Jahren, hatte ſeit dem Alter von 10 Jahren mehrmals verſucht, ihrem Leben ein Ende zu machen, und war Anfällen von Narrheit unterworfen geweſen. Wenn ſie Frauen ſah, die einen Shawl trugen, ſo behauptete ſie, es ſey der ihrige, und wenn ſie eine Trommel ſchlagen hörte, ſo meinte ſie, es ſolle dadurch die Tugend der Mädchen zurückgerufen werden. Zwei Umſtände trugen ohne Zweifel zur Verſchlimmerung ihres Gemüthszuſtandes bei. Sie beſaß ſeit ihrer Kindheit an ihrer linken Hand nur die letzten Fingerglieder, und überdem war auf derſelben Seite eine Zuſammenziehung der Palmaraponeuroſe vorhanden, die, rückſichtlich der erſten Finger unbedeutend, rückſichtlich des Daumens aber ſehr ſtark war, ſo daß ſie ſich der rechten Hand nur wenig bedienen konnte, und ſie öfters von Leuten, bei denen ſie hatte in Dienſte gehen wollen, zurückgewieſen worden war. Während der vier letzten Carnevalstage 1833 verſchlimmerte ſich ihr Zuſtand, und nachdem das Feſt vorüber war, entlief ſie ihrer Herrſchaft und vergrub ſich in den Ebenen von Saint Denis in einen Miſthaufen. Dort fand ſie ein Fuhrmann beinahe erſtickt und ſo ſehr vom Durſte gepeinigt, daß ſie von dem ſchlammigen Waſſer eines Grabens trank. Nach Paris zurückgebracht, wurde ſie vom eintägigen Wechſelfieber befallen und 8 Tage ſpäter, den 15. März, in's Hôtel-Dieu aufgenommen. Denſelben Tag hatte ſie ihren Anfall, welcher um Mittag mit Froſt anfing, und um 4 Uhr lag ſie

noch im Schweiße. In der Nacht vom 15. auf den 16. war ſie ruhig. Sie verlangte und erhielt eine Fleiſchbrühſuppe, und um 5 Uhr Morgens fand die Wärterin, als ſie neben ihr vorüberging, die Patientin ſtark auf die linke Seite des Bettes geneigt, und bei näherer Unterſuchung todt. Sie hatte ſich mit ihrem Halstuch und zwar auf folgende Art erdroſſelt: Die erſte ſehr feſte Schlinge war dadurch gebildet, daß die Kranke ihr Halstuch von hinten nach vorne die beiden Zipfel nach hinten geſchlagen und eine zweite Schlinge gebildet, die ſie ebenfalls mittelſt eines einfachen Knotens befeſtigt hatte. Die Bindehäute und Augenlider waren ſtark injicirt und ödematös; an dem vordern und etwas ſeitlichen linken Theile des Halſes war eine Ecchymoſe vorhanden.

Daß hier ein Mord verübt worden ſey, war durchaus nicht denkbar, und doch war Thereſe ſo verkrüppelt (und beßhalb anſcheinend ſo unfähig, ſich ſelbſt zu erdroſſeln), daß man ihren Tod gewiß einem Morde zugeſchrieben haben würde, wenn er nicht in einem Krankenſaale erfolgt wäre. (Annales d'hygiène publique et de médecine légale, Juillet 1833.)

Miſcellen.

Die Heilung des Tetanus, welcher in Folge eines in die Fußſohle eingetretenen Nagels eingetreten war, und ſchon fünf Tage bauernd, ſich vollkommen ausgebildet hatte, gelang Dr. Eichelberg durch Anlegen von Blutegeln längs des Rückgrates, wiederholte Gaben von Ricinusöl und alle 2 Stunden 1 Gran Calomel mit ¼ Gran Opium; zugleich wurde alle 2 Stunden ¼ Unze Ungt. cinereum längs des Rückgrates eingerieben. Dieſe Behandlung wurde mehrere Tage fortgeſetzt, ohne Nachlaß der Zufälle zu bewirken. Nach 5 Tagen wurde bei übrigens gleicher Behandlung die Calomel weggelaſſen, und bloß 2ſtündig ½ Gran Opium gegeben. Nach 9 Tagen bieſer Behandlung kamen endlich die Anfälle etwas weniger heftig und ſeltener. Man nahm der Kranke tinct. opii ſimpl., erſt 2, dann 1½ Skrupel in 24 Stunden, worauf am 21. Tage der Krankheit die Zufälle ſich faſt ganz verloren und der Kranke bald hergeſtellt war. (Hufeland's Journal. Juli 1832.)

Ein freies Oel auf dem Blute der Cholerakranken beſchreibt Dr. Gale in Newyork; er ſagt darüber: „Die in dem Blut aufgefundene ölige Materie iſt nicht die von Lecanu beſchriebene, welche durch Auflöſung der feſten Beſtandtheile des Blutes in Alcohol gewonnen wird; — ſie iſt vom mir entdeckte flüſſig wenn auf der Oberfläche des Blutes, wenn es aus dem Körper abgelaſſen wird. Die Menge derſelben variirt je nach dem Stadium der Krankheit und wird größer, je weiter ſich letztere entwickelt. In den Theilen ſich kaum ein bemerkbares Quantum davon bei Kranken, welche noch nicht in das Stadium des Collapſus gelangt ſind. Nach dem Tode iſt die Menge derſelben größer, als ſie ſonſt nach dem Stadium der Krankheit erwarten ließe. Die Menge des Oels betrug in 8 Fällen ½ bis 2 pCt. — Obgleich ich von dieſer Sache nirgends eine Erwähnung finde, und obgleich ich auch nicht bei allen Kranken, deren Blut abgelaſſen wurde, Oel bemerkt habe, ſo fand ich es doch immer (mit Ausnahme Eines Falles) in der Leiche früher oder ſpäter, wo es kaum auf der Oberfläche des Blutes ſchwamm. Ob dieſes Oel ein eigenthümlicher Stoff, oder daſſelbe ſey, welches Lecanu beſchrieb, muß ich erſt noch unterſuchen." (Letters on the Cholera Asphyxia, as it has appeared in the City of Newyork, by M. Paine. Newyork 1832. p. 155).

Bibliographiſche Neuigkeiten.

Travels in the United States of America and Canada, containing some Account of their Scientific Institutions and a few Notices of the Geology and Minetalogy of those Countries. By J. Finch, Esq. London 1833. 8.

Journal des Connaissances médicales. Par une société de professeurs des écoles de médecine et de pharmacie et de médecins des hôpitaux etc. Première année. Juillet 1833. 8. Paris.

Notizen

aus

dem Gebiete der Natur- und Heilkunde.

Nro. 821. (Nro. 7. des XXXVIII. Bandes.) September 1833.

In Commission des Landes-Industrie-Comptoirs zu Weimar. Preis eines ganzen Bandes, von 24 Bogen, 2 Rthlr. oder 3 Fl. 36 Kr. des einzelnen Stückes, 3 ggl. Die Tafel schwarze Abbildungen 3 ggl. Die Tafel colorirte Abbildungen 6 ggl.

Naturkunde.

Ueber die Statur und das Gewicht des Menschen.

(Aus den nachgelassenen Papieren des seligen Tenon, Mitgl. des französischen Instituts).

Mitgetheilt von Dr. L. R. Villermé in den Annales d'hygiène publique et de Médecine légale. Juillet 1833.

„Die Notizen, um die es sich hier handelt, wurden mir vor 4 — 5 Jahren von meinem Collegen, dem Dr. Michelin, dem damaligen Arzte der Dispensatorien der philantropischen Gesellschaft zu Paris, übergeben. Sie waren ungemein wenig geordnet, von verschiedenen Händen, zum Theil unleserlich und schienen um's Jahr 1783 geschrieben.

Wir wollen zuerst die Statur betrachten. Rücksichtlich dieser finden sich folgende Materialien.

Die Lappen und Patagonier bieten die beiden Extreme der natürlichen Statur dar. Die Lappen messen gewöhnlich 4 — 4½ Fuß (1,299 bis 1,461 Meter), so daß 4¼ Fuß (1,380 Meter) für das Mittel gelten kann. Die Frau ist nur um ein sehr Geringes kleiner. Die Patagonier haben gemeiniglich 5 oder 5½ bis 6¼ Fuß, (1,759 bis 1,786 Meter) und die Frauen sind um 7 — 8 Zoll kleiner.

Der Wuchs würde folglich bei dem Lappen um 6 und bei dem Patagonier um 10 Zoll abändern, und es scheint sich daraus zu ergeben, daß bei den Nationen von niedriger Statur verhältnißmäßig geringere Größenunterschiede vorkommen, als bei den Nationen von hoher Statur. Ferner würde das Verhältniß der Höhe des Mannes zu der der Frau, je nachdem die Statur der Nationen niedriger oder höher ist, ein beschränkteres oder ausgedehnteres seyn, denn bei'm Lappen ist der Unterschied der Höhe bei beiden Geschlechtern weit geringer, als bei dem Patagonier.

Um jedoch diesen Resultaten volle Gültigkeit zuzugestehen, müßten wir durch fernere Beobachtungen Bestätigung zu erhalten suchen.

Wie dem auch sey, so hat doch Tenon auch die Statur der Bewohner der gemäßigten Climate Europa's untersucht, und um sie vergleichungsweise festzustellen, in Ermangelung sorgfältiger Messungen von einer gewissen Anzahl Individuen beiderlei Geschlechts, sich an das Maaß der in verschiedenen Ländern ausgehobenen Soldaten gehalten.

Auf diese Weise erhält man aber nur den Maaßstab für die größern Männer und selbst diesen auf eine ungenaue Weise. In der That zu der Zeit, wo Tenon sich mit diesen Untersuchungen beschäftigte, das Militair der europäischen Mächte weit weniger zahlreich als gegenwärtig, daher denn mehrere Fürsten ihre Sucht nach großen Soldaten befriedigen konnten.

In Sachsen findet man, nach Tenon, die größten Menschen Europa's. Im Jahr 1780 war die gewöhnliche Höhe des Infanteristen 5½ Fuß (1,786 Meter), und die Garde zu Fuß, die 2000 Mann stark war, enthielt fast nur Leute, die wenigstens 6 Fuß (1,948 Meter) groß waren.

Die Bestimmung der allgemeinen Statur der französischen Männer mittelst des Soldatenmaaßes, welches vielleicht nur in Spanien niedriger war, bot zu wenig Genauigkeit dar, als daß Tenon sich damit hätte begnügen sollen. Er schlug daher für die Umgebung von Paris, wenigstens für das in der Nähe von Palaiseau liegende Dorf Massy, einen andern Weg ein. Dasselbe befindet sich in einer fruchtbaren Ebene, die Bewohner genießen kräftige Nahrungsmittel und verheirathen sich gewöhnlich nur untereinander. Von 970 Einwohnern sämmtlicher Alter maß Tenon 140 Individuen männlichen Geschlechts von 15—82 Jahren, und 92 Individuen weiblichen Geschlechts, die in demselben Lebensalter standen.

Er hatte aber Gelegenheit, sich davon zu überzeugen, daß ein 16jähriger Jüngling im letzten Jahre 5 Zoll (135 Millimeter) gewachsen, und daß drei ausgediente Soldaten von 65, 70 und 80 Jahren, um 4 Zoll (108 Millim.), 2 Zoll (54 Millim.) und 1 Zoll 10 Lin. (50 Millim.) kleiner geworden waren, weil sie gebückt gingen und zusammengetrocknet waren. Deßhalb hielt er sich bei seinen Beobach-

7

tungen nur an Leute von 25 bis 45 Jahren, und diese bestanden in 60 Männern und eben soviel Frauen. Von den
letztern mußte er, um die Zahl 60 voll zu machen, einige
zuziehen, die über 60 Jahr alt waren. Er beobachtete die
Vorsicht, daß er die Leute vor dem Messen die Schuhe ausziehen ließ. Auf diese Weise fand sich, daß der größte Mann
5 Fuß 8 Zoll 6 Linien (1,854 Meter), und der kleinste 4
Fuß 9 Zoll (1,543 Meter), hoch war, und daß die mittlere Höhe der 60 Männer 5 Fuß 1 Zoll 6 Lin. (1,665 Meter), betrug.

Die größte Frau maß 5 Fuß 1 Zoll 9 Lin. (1,671
Meter), die kleinste 4 Fuß 3 Zoll (1,380 Meter), und die
mittlere Höhe der Frauen betrug 4 Fuß 7 Zoll 8 Lin.
(1,506 Meter).

Folglich war zu Massy die mittlere Höhe der Frauen
um 5 Zoll 10 Linien (158 Millim.) geringer, als die des
Mannes, und der Größenunterschied der Männer betrug 11
Zoll 6 Lin. (312 Millim.), der der Frauen aber 10 Zoll 9
Lin. (291 Millim.).

Bei'm Niederschreiben der eben mitgetheilten Resultate
bemerkte Tenon, welcher über diesen Gegenstand die in den
besten Werken zerstreuten Angaben gesammelt hatte, daß man
in vielen Ländern neben einander, und oft vermengt, Menschenracen und Varietäten finde, welche in Ansehung der
Statur außerordentlich von einander abweichen.

In der Nähe der großen Patagonier leben die weit kleinern Pescheräs. Neben und zwischen den kleinen Lapplän-
dern findet man hochgewachsene Menschenstämme; an die
Sachsen gränzen die weit kleinern Schlesier; in der Haute-
Maurienne haben die Einwohner einen weit höhern Wuchs,
als im übrigen Savoyen ꝛc. ꝛc. So trifft man auch in
Frankreich an den Küsten der Normandie sehr große, und
an den benachbarten Küsten der Nieder-Bretagne nur kleine
Leute.

Tenon befaßt sich übrigens nicht mit der Erklärung
dieser Thatsachen, er untersucht die Statur des Menschen,
ohne sich um die Ursachen zu bekümmern, von denen dieselbe herrühren kann. Der Einfluß des Climas, die Fruchtbarkeit des Bodens, der bürgerlichen Institutionen, der Civilisation, der Wohlstand oder die Armuth des Volks sind dabei allerdings zu berücksichtigen, wie ich in einer Abhandlung
über die Größe der Franzosen nachgewiesen zu haben glaube *). Die Hauptunterschiede sind jedoch offenbar in den
Racen oder Familien begründet, wovon man sich durch die
interessanten Bemerkungen überzeugen kann, die der Dr. W.
F. Edwards in seinem Werke über die physiologischen Charactere der Menschenracen mit Bezugnahme auf die Geschichte (les caractères physiologiques des races humai-
nes, considérées dans leurs rapports avec l'histoire.
Paris 1829) überzeugen kann.

In einer Anmerkung Tenon's wird bemerkt, daß aus
alten von ihm über die Statur des Menschen gesammelten

*) Siehe Annales d'hygiène publique et de médecine légale,
cahier de Juillet 1829, p. 349—400.

Thatsachen und Documenten sich ergebe, daß Kriege und zumal langwierige Kriege auf Erniedrigung der Statur hinwirken, weil in ihnen so viele große Männer aufgerieben werden. Allein vergeblich habe ich in den fraglichen Papieren
nach einer nähern Begründung dieser Behauptung gesucht.

Wir wenden uns nun zu der Betrachtung des Gewichts.

Von den 60. Männern, die 25—46 Jahre alt waren und zu Massy gemessen wurden, war der schwerste 170
Pfd. 3 Unzen (83,246 Kilogr.), und der leichteste 105 Pfd.
3 Unzen (51,458 Kilogr.) Das mittlere Gewicht dieser 60
Männer betrug 126 Pfd. 12 Unzen 6 Quentchen 57 Gran
(62,049 Kilogr.).

Die schwerste Frau von den 60 wog 151 Pf. 4 Unze (73,983 Kilogr.), und die leichteste 75 Pf. 3 Unzen
(36,777 Kilogram.). Das mittlere Gewicht der 60 Frauen
betrug 112 Pf. 3 Unz. (54,877 Kilogram.).

Demnach bestand zwischen den Männern und Frauen
ein mittlerer Unterschied von 14 Pf. 9 Unz. 6 Quent. 57
Gran (7,15 Kilogr.), zwischen dem Maximum und Minimum des Gewichts der Männer ein solcher von 65 Pf.
(31,795 Kilogr.); und zwischen dem Maximum und Minimum des Gewichts der Frauen ein solcher von 76 Pf. 1
Unze (37,206 Kilogram.).

Bei allen diesen Beobachtungen wurde das Gewicht der
Kleider abgezogen, und bei den Frauen besonders darauf gesehen, daß keine Schwangere darunter war.

Leider sind die Untersuchungen Tenon's, welche wir
hier, so weit es aus den nachgelassenen Papieren geschehen
konnte, mitgetheilt haben, nicht sehr zahlreich, und auch nicht
auf die verschiedenen Lebensalter ausgedehnt. Bei der geringen Anzahl der von ihm genommenen Maaße ist jedoch die
Uebereinstimmung der erlangten Resultate mit denen des Hrn.
Quetelet um so auffallender. Uebrigens darf man nicht
vergessen, daß die Beobachtungen des letztern zu Brüssel und
in Brabant und die von Tenon in einem Dorfe in der
Nachbarschaft von Paris gemacht worden sind. Es erklärt
sich hieraus, warum man in dem letztern Orte geringere Höhen und Gewichte gefunden hat, als an dem erstern. Stellte
man ähnliche Untersuchungen in unsern Departements du
Cher, du Cantal, de la Lozère, de la Haute Vienne, de la
Corrèze, de la Dordogne an, wo noch kleinere Menschenschläge
wohnen, als in der Nachbarschaft von Paris, so würde man
sicher noch geringere Gewichte und Staturen finden, als in
unsern Departements de la Seine und de la Seine-et-Oise.

Tausende von Bänden sind geschrieben worden; um die
schwierigsten Fragen zu lösen und Erscheinungen zu erklären,
die demungeachtet noch jetzt mit einem dichten Schleier bedeckt sind, und deren Nichtigkeit man nur festzustellen hatte,
während uns dagegen eine Menge von höchst wichtigen Thatsachen unbekannt blieben, weil man ihnen keine Aufmerksamkeit schenkte. Dahin gehören, z B., diejenigen, welche unsere materielle Existenz hauptsächlich begründen, die Statur unsers Körpers, seine Masse und sein Gewicht in allen
Lebensaltern. So scheint, so zu sagen, vor Tenon und

Buffon Niemand daran gedacht zu haben, daß diese Fragen irgend ein Interesse haben können, wenigstens nicht aus dem Gesichtspuncte betrachtet, aus welchem sie dieselben in's Auge gefaßt haben, oder wenn zufällig Schriftsteller davon reben, so geschieht es nur, um Individuen von außerordentlicher Größe oder Dicke namhaft zu machen.

Die Untersuchungen Buffon's und Tenon's haben jedoch, wenngleich sie in einem weit philosophischern Geiste unternommen worden sind, als alle übrigen, welche denselben Gegenstand betreffen, keineswegs die Wichtigkeit derer des Hrn. Quetelet. Dieser Gelehrte ist zuerst den stufenweisen Veränderungen gefolgt, welche von der Geburt bis zu den spätesten Lebensaltern sich ereignen. Die von ihm erlangten Resultate, welche sich auf mehrere tausend Beobachtungen gründen, haben ihm erlaubt, ein wichtiges Gesetz davon abzuleiten, was vorher nie versucht worden war, und welches die Naturgeschichte des Menschen wirklich um eine unschätzbare Entdeckung reicher macht.

Ueber Schweine

finden sich in der Revue des deux mondes 15 Août Bemerkungen aus einem Briefe an die Herausgeber, welche nicht wenig beitragen, die Vorurtheilen, welche im Allgemeinen über diese Thiere herrschen, zu begegnen. Man hält gewöhnlich das Schwein gar nicht einer wahren Anhänglichkeit fähig und gesteht ihm nur jenen blinden Instinct zu, vermöge welches sich Thiere einer Art in Heerden vereinigen, ohne sich sonst gegenseitig einander beizustehen; auch vermuthete man nicht ohne Grund, daß selbst die einzelnen Familienglieder keine besondere Liebe zu einander hätten, denn es ist bekannt, daß, wenn ein solches Thier, schwer verwundet, vor Schmerz laut schreit, seine Gefährten, welche dieses Schreien nicht vertragen zu können scheinen, sich an dasselbe heranbrängen, und wenn es mit seinem Wehgeschrei nicht nachläßt, es heftig beißen und am Ende gar tödten. Doch finden sich solche Beispiele von Grausamkeit auch bei Hunden. So hat man, z. B., in England, in den großen Jägereien öfters die Beobachtung gemacht, daß, wenn einer der Hunde zufällig von der Bank, auf welcher er lag, herabfiel, die andern auf ihn zufuhren und erwürgten, welches nicht geschah, wenn er mit Willen herabsprang. Das Schwein besitzt, nach dem Verfasser, weit mehr Intelligenz, als man ihm gewöhnlich zutraut, und sei der Vervollkommnung fähig, wenn sich der Mensch nur mehr mit ihm beschäftigen wollte. Erziehung und die Gewohnheit, mit Menschen zu leben, entwickeln in ihm Anhänglichkeit, Dankbarkeit und noch einige andere moralische Tugenden. So leben an einigen Orten im Limousin die Schweine mit den Menschen in Gesellschaft, klettern bis in's dritte Stockwerk hinauf und schlafen in der Stube ihrer Herren. Sie sind reinlicher geworden, folgen, wie Hunde, ihrer Gebieterin durch die Stadt, um sich täglich zweimal am Flusse reiben und waschen zu lassen. Sie gehen auch von selbst in's Wasser und kehren sich nach allen Seiten, auf den Rücken und auf den Bauch, um leichter gebürstet werden zu

können, ja sie lecken, gleichsam aus Erkenntlichkeit für diesen wohlthätigen Genuß, ihrer Herrin die Hand. Die offenbare Neigung der zahmen Schweine zur Gesellschaftlichkeit spricht gegen die ziemlich allgemeine Meinung ihrer Abstammung vom wilden Schweine; denn dieses lebt, selbst da, wo es am wenigsten von Menschen gefährdet ist, in Einsamkeit. Und warum sollte man nicht eben so gut, wie bei den Pferden, glauben können, daß es keine ursprünglich wilden Exemplare von dieser Art mehr gebe? Die Pecaris in America leben in Gesellschaften und wären daher mehr geeignet, die Stammart der zahmen Schweine abzugeben. Das Junge derselben wird wenigstens weit leichter zahm, als der Frischling. Der Verfasser sah, daß ein junger Pecari, welcher durch die Jäger von seiner Heerde abgetrieben und von einem derselben kaum eine halbe Stunde lang fortgetragen worden war, ihm schon wie ein Hund folgte. Es sollte zwar dieß, nach des Jägers Behauptung, davon herrühren, daß er ihm gleich, so wie er ihn gefangen, in das Maul gespuckt habe, und es war allerdings nicht zu bezweifeln, daß das Thier den Speichel sehr begierig aufleckte, jedoch wandten die andern Jäger auch andere Kunstgriffe an, um die Thiere an sich zu gewöhnen, welche offenbar auf Vorurtheil und Aberglauben beruhten. Die Pecaris vertheidigen sich übrigens sehr vortheilhaft gegen Hunde, und selbst, wie man versichert, gegen den Jaguar. Ein Thier dieser Art, welches sich unvorsichtig unter sie stürzt, wird unfehlbar zerrissen; auch hüten sich dressirte Hunde wohl dafür, und begnügen sich, durch Bellen die Heerde so lange, bis die Hülfe bekommen, gleichsam im Schach zu halten. Und diese Tactik ist dieser Art von Hunden von Generation zu Generation angeboren. — Die Schweine lassen sich unter allen Hausthieren am leichtesten ernähren und am besten auf Schiffe bringen. Auch haben Seefahrer auf Entdeckungsreisen an Orten, wo sie anlegten, oft Schweine zurückgelassen, welche, wenn sie den Pfeilen der Wilden entgingen, sich im Allgemeinen, Boden und Klima mochten beschaffen seyn, wie sie wollten, sehr vermehrt haben. So hat man, als Anfang dieses Jahres die Engländer mehrere der Maluinen in Besitz nahmen, einige dieser Inseln mit braunen Schweinen bevölkert gefunden, welche dort sehr gut gediehen waren und jede Kleinigkeit zur Nahrung benutzten, die sich in diesem sonst so wenig begünstigten Lande ihnen bot. Diese Nachkommen der von den ersten Colonisten mitgebrachten zahmen Schweine leben einen großen Theil des Tags unter der Erde, wälzen sich im Morast und wühlen überall den Boden auf, wo sie irgend saftige Wurzeln zu finden hoffen können. Tritt aber die Ebbe ein, und zieht sich das Wasser vom Strande zurück, so sieht man sie sämmtlich nach dem Meere hinlaufen, um sich mit Austern und andern Muscheln, welche auf dem Sande liegen oder an Felsen hängen geblieben, anzufüllen zu thun. Und diese Zeit des Rücktritts des Meers sollen sie so genau kennen, als ob sie, wie sich der Marineofficier der Expedition, von dem diese Beobachtungen herrühren, scherzhafter Weise ausdrückt, ein Breguet'sches Chronometer bei sich führten x.

Miscellen.

Daß sich Thiere nach und nach an ganz entgegengesetzte Nahrung gewöhnen, ist bekannt. So werden in manchen Ländern die Pferde mit Fleisch, Fischen, Brod ꝛc. gefüttert, wenn anderes Futter fehlt oder selten ist. Auch versagen sie geistige Flüssigkeiten nicht, und es ist bekannt, daß etwas Wein, zur rechten Zeit gereicht, ein ermüdetes Pferd für einige Zeit neu belebt. Doch darf man dieß nicht übertreiben, denn das nicht daran gewöhnte Thier wird betrunken, und man erreicht dann gerade das Gegentheil seines eigentlichen Zweckes. Durch allmälige Gewöhnung kann man es jedoch dahin bringen, daß ein Pferd seine Portion Wein verträgt. Der Briefsteller an den Herausgeber der Revue des deux mondes versichert, in Columbia ein Pferd gekannt zu haben, welches zweimal täglich Chicha, eine Art geistigen Bieres aus Mais und Zuckersyrup, zu trinken pflegte. War die Stunde dieses Genusses gekommen, so war es nicht so bald frei, als es sich auch sogleich nach der Schenke aufmachte, und fand es die Thür derselben verschlossen, so stieß es mit einem Vorderfuß so lange dagegen, bis man ihm öffnete. Unglücklicherweise fand es seinen Tod, indem es eine Wette gewonnen, welche darin bestand, daß es drei Flaschen Branntwein hintereinander hatte trinken müssen. In Indien bedient man sich zu dem genannten Zwecke des Opiums. Ein englischer Arzt, Hr. Burns, welcher von der Compagnie abgesendet worden war, um seinen der Gebieter von Cutch vom Fieber zu heilen, erzählt davon: Eines Tags fühlte ich mich nach einem beschwerlichen Nachtmarsch, auf welchem mich ein Herr aus Cutch begleitete, so angegriffen, daß ich sehr gern in die Forderung meines Begleiters, einige Zeit Halt zu machen, einwilligte. Diese Zeit wandte er dazu an, um mit seinem Pferde ungefähr zwei Drachmen Opium zu sich zu nehmen. Die Wirkung auf Mensch und Thier war offenbar, denn das Pferd legte nachher ohne sonderliche Beschwerden noch vierzig (engl.) Meilen zurück, und der Begleiter zeigte auf dem ganzen noch übrigen Wege eine weit größere Munterkeit und Belebtheit.

Ein Fall von frühzeitiger Mannbarkeit wird in einem Briefe, d.d. 31sten Mai 1832, an den Dr. Decoès von D. J. Lebeau, practischem Arzte zu Neu-Orleans, mitgetheilt. „Mathilde H. ist das Kind unbemittelter weißer Eltern und wurde den 31sten September 1827 geboren. Bei der Geburt war ihr Busen vollkommen entwickelt, und der Venusberg wie bei einem Mädchen von 13 bis 14 Jahren mit Haaren bedeckt. Im Alter von 3 Jahren erschien die Menstruation, und hat sich bis jetzt, wo ich dieß schreibe, regelmäßig jeden Monat wiederholt. Sie ist bei ihr so reichlich wie bei einem erwachsenen Frauenzimmer. Jede Periode dauert 3 Tage. Sie ist gegenwärtig 4 Jahr 5 Monate alt, und 42½ Zoll französisch Maaß hoch; ihre Züge sind regelmäßig, ihre Gesichtsfarbe rosa, ihre Haare kastanienbraun, und ihre Augen graulich blau. Man könnte sie wirklich schön nennen. Ihre Constitution ist kräftig und ihre Brüste haben gegenwärtig die Größe einer großen Orange. Die Maaße des Beckens sind so beschaffen, daß sie im Alter von 8 Jahren, und wahrscheinlich noch früher, Kinder gebären kann. Ihre Gesundheit ist fortwährend gut. Diese Angaben des Dr. Lebeau werden durch das beigedruckte Zeugniß von 4 Augenzeugen, den Doctoren Med. Formento, David C. Ker, John Labalut und Dasit Senac, bekräftigt, und ein gerichtliches Attestat des Maire von Neu-Orleans bezeugt die Authenticität dieser Unterschriften.

Heilkunde.

Ueber den Einfluß der Jahreszeiten auf die Sterblichkeit in verschiedenen Lebensaltern

hat Dr. H. C. Lombard der Versammlung der helvetischen Gesellschaft für die Naturwissenschaften zu Genf im August 1832 eine Abhandlung vorgelesen.

„Die Statistik, diese neuerschaffene Wissenschaft, ist für die Gelehrten eine unschätzbare Hülfsquelle geworden, aus welcher für alle Zweige menschlicher Kenntniß neue Folgesätze und wichtige Thatsachen gewonnen worden sind. Insbesondere ist die Physiologie durch statistische Arbeiten erweitert worden, so daß sich die Erledigung von Fragen hoffen läßt, die auf keine andere Weise zugänglich sind. Dahin gehört z. B. diejenige, welche den Gegenstand dieser Abhandlung bildet. Die Bestimmung der Veränderung der Lebenskraft nach Alter und Jahreszeit würde, ohne die Unterschiedungen, wie man sich, statt directer Versuche, im großen Maaßstabe gewonnener Resultate bedient, wo nicht unmöglich, doch ungemein schwierig gewesen.

Die Veränderungen, welche die Lebenskraft im Fortschreiten des Alters erleidet, lassen sich nach dem Einfluß der Jahreszeiten auf die Sterblichkeit ziemlich genau messen. Fänden zu verschiedenen Jahreszeiten ziemlich gleichviel Sterbefälle statt, so hätte man natürlich eine ziemlich bedeutende Widerstandskraft, oder mit andern Worten, einen hohen Grad von Lebenskraft anzunehmen; veränderte sich dagegen die Sterblichkeit von einer Jahreszeit zur andern bedeutend, so wäre daraus zu folgern, daß die Lebenskraft abgenommen habe. Man kann also aus der Veränderung der Lebenskraft und aus der Statistik für die Physiologie Folgerungen ziehen.

Der Einfluß der Temperatur auf die Sterblichkeit bildet den Gegenstand mehrerer interessanten Abhandlungen. Die HH. Villermé und Milne-Edwards haben über diese Erscheinung bei neugebornen Kindern Beobachtungen angestellt, und Hr. Quetelet hat diese Art von Untersuchungen auf das ganze Menschenleben oder wenigstens auf eine gewisse Anzahl von Perioden ausgehend, welche die Hauptepochen des Lebens ziemlich genau repräsentiren. Die Arbeit, welche ich jetzt bekannt mache, wurde weit früher begonnen, als ich von der im Jahr 1832 gemachten Abhandlung Quetelet's Kenntniß hatte. Mehrere der von mir erlangten Resultate dienten den Folgerungen des Hrn. Quetelet zur Bestätigung. Andere führten mich auf verschiedene Ansichten, welche durch neue Untersuchungen bestätigt oder berichtigt werden müssen.

Die in meiner Arbeit dargelegten Thatsachen sind aus den Bevölkerungslisten und andern öffentlichen Documenten der Stadt Genf gezogen. Sie umfassen 17623 Sterbefälle, welche in einem Zeitraume von 24 Jahren, von 1779 — 1790, und von 1816 — 1827 stattfanden. Obwohl diese Zahl nicht sehr beträchtlich ist, so scheint sie doch für die daraus zu ziehenden Folgerungen hinreichend, indem die meisten daraus hergeleiteten Resultate sich in den beiden 12jährigen Zeiträumen wiederholen. (Siehe die Tab. 1, 2 und 3.)

Wenn übrigens dergleichen Untersuchungen in einer volkreichern Stadt als Genf angestellt würden, so würde man allerdings Resultate erlangen, welche sich der Wahrheit noch mehr nähern, indem sie sich auf eine größere Zahl von Sterbefällen gründen würden.

Um den Einfluß der Temperatur auf die Sterblichkeit in verschiedenen Lebensaltern genauer zu würdigen, habe ich das Leben in acht Perioden getheilt, welche mir sämmtlich einen verschiedenen Zustand der Lebenskräfte zu repräsentiren schienen. Diese acht Perioden sind:

1) Von der Conception bis zur Geburt (Todtgeborne).

2) Von der Geburt bis 1. Monat nach derselben (Neugeborne).

3) Vom 1. Monat nach der Geburt bis zum Alter von 2 Jahren (erstes Kindesalter).

4) Vom Alter von 2 Jahren bis zu 15 Jahren (Kindheit und Knabenalter).

5) Von 15 Jahren bis 60 Jahren (Kräftiges Alter).

6) Von 60 — 70 Jahren (Antritt des Greisenalters).

7) Von 70 — 80 Jahren (Vollkommenes Greisenalter).

8) Von 80 – 100 Jahren (Gebrechliches Alter).

Ehe wir den Einfluß der Jahreszeiten auf die Sterblichkeit in diesen verschiedenen Altern untersuchen, wollen wir erst sehen, in wiefern die Totalsumme der Sterbefälle nach den Monaten oder Jahreszeiten abändert. Aus den Tabellen 1, 2 und 3 ergibt sich, daß das monatliche Steigen und Fallen der Sterbefälle einen ziemlich regelmäßigen Verlauf hat. Das Minimum entspricht dem Juli und das Maximum dem Februar, also rafft der Tod im heißesten Monat die wenigsten und in dem, welcher auf den kältesten folgt, die meisten hinweg. Zwischen diesen beiden Extremen gehen die Vermehrung oder Verminderung der Sterbefälle ihren vollkommen regelmäßigen Gang. Nur findet das Abnehmen langsamer (schneller?) und das Zunehmen weit schneller (langsamer?) statt; ersteres umfaßt nämlich 7, letzteres nur 5 Monate.

Die Ausdehnung der monatlichen Veränderung ist im Verhältniß zur Totalsumme der Sterbefälle nicht sehr beträchtlich. Zu diesem Resultate gelangen wir, wenn wir den zwischen dem Maximum und Minimum der Sterbefälle stattfindenden Unterschied betrachten. Dieser Unterschied beträgt 598, oder 0,034 der Totalzahl. Wenn man die 4 Jahreszeiten unter einander vergleicht, so wird man sehen, daß das Maximum der Sterbefälle dem Winter, und das Minimum dem Sommer entspricht, welches Resultat mit dem oben erhaltenen vollkommen übereinstimmt, und uns wieder zu dem Schlusse berechtigt, daß die Kälte auf Vermehrung und die Wärme auf Verminderung der Sterblichkeit hinwirkt.

Die von Hrn. Quetelet beobachteten Thatsachen haben demselben rücksichtlich des absoluten Einflusses der Kälte und Wärme dieselben Resultate gegeben. Er hat in Niederlanden das Maximum der Sterbefälle im Januar, und das Minimum derselben in Juli gefunden.

Gehen wir nun zu den verschiedenen Perioden über, in welche wir das Leben getheilt haben, um den Einfluß der Temperatur in Bezug auf jede dieser Perioden zu untersuchen. Da in die erste Periode die Sterbefälle der zu frühzeitig Gebornen gehören, so hält man die Feststellung dieses Einflusses im Bezug auf dieselben ziemlich schwer. Demungeachtet läßt sich bemerken, daß das Tobtgebornen zwar in den verschiedenen Monaten keinem regelmäßigen Gesetze folgt, aber doch ihr Maximum nie erreicht, und bis zum Herbst stufenweise abnimmt.

Vergleichen wir diese Veränderungen mit denen der Totalzahl der Geburten, welche natürlich auf die der Todtgebornen Einfluß haben muß, so erhalten wir folgende Zahlen:

	Todtgeborne.		Geburten*).	
	Absolute Zahl.	Proportiona.-Zahl.	Absolute Zahl.	Proportiona.-Zahl.
Winter	297	0,265	1,857	0,266
Frühling ..	290	0,259	1.336	0,261
Sommer	268	0,239	1,189	0,232
Herbst	265	0,237	1,227	0,240
Totalsumme ..	1.120	1,000	5,109	1,000

Aus dieser Vergleichung ergibt sich, daß der Winter und der Frühling auf die Zahl der Todtgebornen keinen Einfluß haben, daß der Sommer deren Verhältnißzahl steigert, und den Herbst für das Leben der Kinder, sowohl bei der Geburt als im Mutterleibe, die günstigste Jahreszeit ist. Allein man darf nicht vergessen, daß diese Resultate sich auf unbedeutende Unterschiede gründen, und daß man folglich der Temperatur keinen großen Einfluß auf die Vermehrung oder die Verminderung der Zahl der Todtgebornen zuschreiben dürfe. Diese Resultate werden bei Vergleichung der Extreme der Abweichungen in Ansehung der Geburten und Todtgebornen noch deutlicher. Letztere geben zwischen dem Maximum und

*) Die Zahl der Geburten ist diejenige der 10 Jahre 1814 – 1823. Sie ist mir vom Advocaten Eduard Mallet mitgetheilt worden, welcher eine ungemein wichtige Arbeit über das Fortschreiten der Bevölkerung der Stadt Genf unternommen hat.

Minimum der Monatsnamen eine Differenz von 0,028; erstere eine solche von 0,024.

Bei ihren Untersuchungen über den Einfluß der Temperatur auf die Sterblichkeit der Neugebornen haben die HH. Billermé und Edwards bedauert, diesen Einfluß für den ersten Lebensmonat nicht feststellen zu können. Die angehängten Tabellen füllen diese Lücke aus. Wir ersehen aus denselben, daß das Maximum der Sterblichkeit der Neugebornen den kältesten Monate (Januar) und das Minimum den beiden wärmsten Monaten (Juli und August) entspricht. Um aber die Wirkung der Temperatur genau zu würdigen, muß man die Ziffer der Geburten mit derjenigen der bei Kindern von nicht einem vollen Monat Alter vorkommenden Sterbefälle mittelst folgender Tabelle vergleichen, welche uns die Veränderungen der Geburten und Sterbefälle für jeden Monat des Jahres anzeigt.

	Geburten.		Sterbefälle im ersten Lebensmonat.	
	Absolute Zahl.	Proportional-Zahl.	Absolute Zahl.	Proportional-Zahl.
Januar	455	0,087	162	0,121
Februar	460	0,088	139	0,104
März	486	0,093	161	0,120
April	481	0,092	122	0,091
Mai	466	0,089	94	0,070
Juni	417	0,080	86	0,064
Juli	368	0,071	72	0,054
August.....	425	0,082	72	0,054
September ..	409	0,079	85	0,068
October ...	428	0,082	98	0,069
November ..	390	0,075	106	0,079
December ...	422	0,081	149	0,111
Zusammen ...	5,207	1,000	1,841	1,000

Aus dieser Tabelle ergibt sich zuvörderst der Einfluß, welchen die Veränderungen der Jahreszeiten auf die Sterblichkeit der Neugeborenen ausüben. Während die Extreme der monatlichen Veränderungen für die Geburten nur die Verhältnißzahlen 0,022 darbieten, erreichen sie rücksichtlich der Sterbefälle die Verhältnißzahl 0,067. Ferner sehen wir, daß durch die Kälte das Sterbefälle so vermehrt werden, daß deren Zahl sich mehr als verdoppelt. Hr. Quetelet hat denselben Einfluß zu Brüssel beobachtet, wo die im Monat Januar vorkommenden Todesfälle die im Juli sich ereignenden um 0,52 übersteigen. Bei Vergleichung der Jahreszeiten kommen wir auf dieselben Resultate, wie bei der Monate; denn wir sehen die Kälte unter den Neugebornen eine große Sterblichkeit veranlaßt, während der Sommer eine wohlthätige und erhaltende Wirkung auf sie ausübt.

Nach dem ersten Lebensmonat ist der Einfluß der Temperatur keineswegs so deutlich; betrachtet man die Sterbefälle der Kinder von 1 Monat bis zu 2 Jahren, so findet man, daß das Maximum dem October und das Minimum dem Juli und April entspricht. Aus der Vergleichung der Jahreszeiten ergibt sich, daß der Herbst die Jahreszeit der größten Sterblichkeit, und der Frühling diejenige ist, wo die wenigsten Kinder dieses Alters sterben; jedoch ist der Unterschied zwischen diesen verschiedenen Jahreszeiten nicht sehr scharf, indem er nur 0,062 der Totalzahl der Sterbefälle entspricht, während in dieser ganzen Periode einen Unterschied von 0,173 zwischen den Extremen darbot. Die HH. Billermé und Edwards hatten schon bemerkt, daß unter den 3 Monat alten Kindern sich in den Monaten August und September eine ziemlich bedeutende Sterblichkeit zeigt, und daraus geschlossen, daß eine anhaltende hohe Temperatur den neugebornen Kindern fast ebenso schädlich sey, als anhaltende Kälte. Diese Meinung scheint uns nicht zulässig, weil die drei heißesten Monate des Jahres zusammengenommen und was immer Sterbefälle darbieten, als der Sommer. Folgende Tabelle aus der Abhandlung der HH. Billermé und Edwards entlehnte Tabelle scheint uns zu beweisen, daß die größere Sterblichkeit der Kinder im Herbst nicht der Wärme zuzuschreiben sey.

Sterbefälle der Kinder von der Geburt bis 3 Monate nach derselben, in den nördlich vom 49. und südlich vom 45. Breitegrade gelegenen Departements *).

	Nördliche Departem.	Südliche Departem.
Januar	1 Sterbefall auf 7,87 Geb.	1 Sterbefall auf 9,00 Geb.
Februar	— — — 7,75	— — — 9,13
März	— — — 7,85	— — — 10,21
April	— — — 8,64	— — — 12,04
Mai	— — — 9,68	— — — 13,13
Juni	— — — 10,05	— — — 11,94
Juli	— — — 9,95	— — — 10,87
August	— — — 7,29	— — — 10,52
September	— — — 7,54	— — — 11,72
October	— — — 8,15	— — — 12,63
November	— — — 9,03	— — — 11,27
December	— — — 7,64	— — — 9,52

Wenn man in der That die im Herbste in Norden und Süden stattfindende Sterblichkeit vergleicht, so wird man zu Gunsten des Südens, wo zu dieser Jahreszeit wenig Kinder sterben, während im Norden, wie zu Genf, die Sterblichkeit im September und October ihr Maximum erreicht, einen bedeutenden Unterschied finden. Allerdings kann man, wenn die starke Wärme des Juni, Juli und August in den südlichen Climaten ein Steigen der Sterblichkeit herbeigeführt hat, eine anhaltende Wärme nicht als die Ursache dieser Erscheinung betrachten. Ich möchte dieser anscheinend unzulässigen Hypothese eine andere unterstellen, indem ich die große Sterblichkeit der Kinder in den Monaten September und October auf keine andere Weise einigermaßen wahrscheinlich zu erklären weiß, als nämlich der Grund in dem Unterschiede der Tag- und Nachttemperatur liege, welcher zu dieser Jahreszeit am größten ist. Nun wissen wir aber, daß diese Temperaturunterschiede hauptsächlich auf den Nahrungskanal Einfluß haben, dessen Functionen bei Kindern von 1—2 Jahren ungemein thätig von Statten gehen, und der daher für gefährliche Krankheiten äußerst empfänglich ist. Ich unterwerfe diese Vermuthung der Beurtheilung der Physiologen, indem sie vielleicht im Stande seyn dürften, diese Frage der Gesundheitslehre und Pathologie genügend zu lösen.

Zwischen 2 und 15 Jahren sind die Veränderungen der Sterblichkeit unbedeutend, und die monatliche Vertheilung der Sterbefälle folgt in mehreren Beziehungen der nämlichen Regel, wie in der vorigen Periode. Das Maximum entspricht dem October und das Minimum dem August, und was die verschiedenen Jahreszeiten anbetrifft, so ist der Frühling die Zeit der größten Sterblichkeit, während der Winter die geringste Anzahl der Sterbefälle zählt. Da indeß der Unterschied zwischen diesen beiden Extremen unbedeutend ist, 0,044, so hat man die Widerstandskraft zwischen 2 und 15 Jahren für bedeutend genug anzusehen, um den Einfluß der Jahreszeiten größtentheils entgegen zu wirken. Wir haben bereits in Bezug auf die vorige Periode bemerkt, daß die Extreme der Wärme und Kälte keinen sehr traurigen Einfluß zu haben scheinen, indem der Sommer und Winter nur wenig Sterbefälle zählten. Anders verhält es sich mit dem Frühling und Herbst, welche, wahrscheinlich wegen der bedeutenden Temperaturveränderungen, die man zu diesen beiden Jahreszeiten beobachtet, die Sterbefälle vermehren.

Im kräftigen Alter, d. h. von 15—60 Jahren, modificirt der Lauf der Jahreszeiten die Sterblichkeit, wie in der vorigen Periode. In diesem Zeitraume des Lebens entspricht das Maximum der Sterbefälle dem kältesten Monat (Januar), und das Minimum dem wärmsten Monat (Juli). Bei Vergleichung der Jahreszeiten finden wir ein entsprechendes Resultat, denn hier ist der Winter die Zeit der größten, und der Sommer der geringsten Sterblichkeit.

Nach dem Alter von 60 Jahren ist der Einfluß der Jahreszeiten mehr und mehr hervorstechend. Vom 60. Jahre bis zum 70. entsprechen die Perioden der Maximum und Minimum dem veränderlichsten Monat (März) und dem heißesten (Juli). Die Jahreszeiten folgen dem nämlichen Gesetze, d. h., die bedeutendste Sterblichkeit fällt in die kalte (Winter) und die geringste in die warme Jahreszeit (Sommer). Der Unterschied zwischen diesen beiden Extremen ist doppelt so stark, wie in der vorigen Periode (107 statt 54), und daraus läßt sich schließen, daß vom Anfang des Greisenalters an die Temperaturveränderungen eine weit hervorstechendere Wirkung äußern, als im kräftigen Alter.

Zwischen 70 und 80 Jahren sehen wir den Gang der Jahreszeiten die Sterblichkeit noch stärker modificiren. Das Maximum entspricht dem Februar und das Minimum dem Juli, der Winter ist hier wieder die Jahreszeit der größten, und der Sommer die der geringsten Sterblichkeit. Der Unterschied zwischen diesen beiden Extremen, welcher uns dazu dienen kann, den Einfluß der Temperatur zu messen, ist für die uns hier beschäftigende Periode 0,129, also um 0,022 größer als für die vorige, und verhält sich wie 2,4 : 1 (129 : 54) zu dem der Periode von 15—60 Jahren.

Untersuchen wir endlich den Einfluß der Jahreszeiten auf die Sterblichkeit sehr alter Personen, so finden wir die Zahl der Sterbefälle im Winter sehr hoch, und im Sommer ungemein gering. Der Unterschied zwischen diesen Extremen beträgt über $\frac{1}{5}$ der Totalzahl (0,207), welche Proportionalzahl viermal so groß ist, als die der Periode von 15—60 Jahren. Vergleichen wir die Sterbefälle Monat für Monat, so finden wir, daß auf einen Greis, der im Sommer stirbt, mehr als 2 kommen, die im Winter sterben.

Fassen wir nunmehr die, in Ansehung der Perioden, in welche wir das Leben getheilt haben, beobachteten Unterschiede zusammen, so können wir die Widerstandskraft jedes Lebensalters durch den Einfluß der jedesmaligen Sterblichkeit mit Bestimmtheit messen. Aus den Tabellen erhellt, daß die Lebensperiode, wo jeder Lebenseinfluß am wenigsten hervorstechend ist, in Ansehung der monatlichen Resultate, dem Alter von 2—15 Jahren, und in Ansehung der dreimonatlichen Resultate dem Alter von 15 bis 60 Jahren entspricht, woraus sich denn schließen läßt, daß von 2 bis 60 Jahren der Einfluß der Jahreszeiten auf die Sterblichkeit am geringsten ist. Ueber und unter diesem Alter dehnt sich das Bereich der Perioden stufenweise aus. Unter 1 Monat ist in Ansehung der 3 monatlichen Resultate der Unterschied zwischen den Extremen der Sterblichkeit 0,173, und in Ansehung der monatlichen Resultate 0,067, d. h. dreimal so beträchtlich, als zwischen 2 und 60 Jahren. Zwischen 1 Monat und 2 Jahren ist das Bereich der monatlichen Veränderungen 0,042, und bei den 3 monatlichen 0,062, woraus denn hervorgeht, daß der Einfluß der Jahreszeiten weniger hervorstechend, als in der vorigen, aber doch hervorstechender, als in der folgenden Periode ist. Nach 60 Jahren steigert die Ausdehnung der Veränderungen höchst allmälig, bis zum Alter von 70 Jahren; von 70—80 Jahren ist dem Verhältniß von 55 : 64, oder 107 : 129, zwischen 80 und 100 Jahren in dem von 64 : 80, oder 129 : 208. Wir sehen also, daß die Widerstandskraft gegen den schädlichen Einfluß der Jahreszeiten im mittleren Lebensalter beträchtlich, zwischen 1 Monat und 2 Jahren und im Alter von 60 bis 70 Jahren weniger kräftig, im ersten Lebensmonate sehr schwach, und nach dem 70. Jahre am geringsten ist.

Hr. Quetelet hat eine Tabelle mitgetheilt, welche auf ähnliche Resultate führt, die wir eben dargelegten, und die wir hier wiedergeben, um deren Details genauer in's Auge zu fassen.

Tabelle über die Sterblichkeit zu Brüssel.

Alter.	Sterbefälle während der Monate		Proportionalzahl der im Juli Gestorb. auf 1 im Januar Gestorb.
	Januar.	Juli.	
Todtgeborene	269	215	0,80.
1 Monat nach der Geburt	3321	1719	0,52.
4 — 6 Jahr	878	600	0 69.
8 — 12 —	616	447	0,73.
12 — 16 —	409	420	1,05.
16 — 20 —	502	545	1,09.
20 — 25 —	861	796	0,93.
25 — 30 —	793	724	0,92.
40 — 45 —	818	613	0,75.
65 — 70 —	968	525	0,54.
79 — 81 —	658	332	0 51.
90 Jahr und darüber	252	99	0,39.

*) Annales d'hygiène, t. II., p. 298.

*) Annales d'hygiène publique, etc. Année 1832.

Die erste Bemerkung, welche wir rücksichtlich dieser Tabelle zu machen haben, bezieht sich auf die Art und Weise ihrer Zusammenstellung. Die Vergleichung der Monate Januar und Juli kann zwar die Sterblichkeit des Sommers und Winters feststellen, es läßt sich aber daraus nicht der Grad der Lebenskraft im ganzen Laufe des Lebens abnehmen, weil diese beiden Monate für mehrere Perioden weder das Maximum, noch das Minimum repräsentiren, wovon man sich durch folgende Uebersicht der mörderischsten Jahreszeiten überzeugen kann. (Vergl. die Tabelle 1, 2 und 3.)

In dieser Beziehung steht der Winter, rücksichtlich der Totalsterblichkeit, allen voran, während der Sommer diejenige Jahreszeit ist, wo man die wenigsten Sterbefälle zählt. Gleich nach dem Sommer kömmt der Frühling, und der Herbst steht dem Winter näher. In dem Alter unter 1 Monat ist die Ordnung der Jahreszeiten dieselbe, wie bei den Gesammtsterbefällen, aber zwischen 1 Monat und 2 Jahren ist der Herbst die mörderischste Jahreszeit, und ihm folgt der Winter, der Sommer und der Frühling. Von 2 bis 15 Jahren ist der Frühling die Jahreszeit der meisten Sterbefälle, dann kömmt der Herbst, dann der Sommer und endlich der Winter. Von 15 Jahren ist der Winter durchgehends die Jahreszeit der größten, und der Sommer die der geringsten Sterblichkeit. Bis 80 Jahr kömmt der Herbst gleich nach dem Winter, nach 80 Jahren fallen im Frühjahr mehr Opfer, als im Herbst. Aus dieser Vergleichung scheint sich denn zu ergeben, daß im ganzen Laufe des Lebens die Wirkungen der Jahreszeiten nicht gleichförmig sind, und daß, wenn man auch einen oder 2 Monate als die Repräsentanten des allgemeinen Einflusses der Temperatur betrachten kann, sich davon doch nicht die Intensität der Lebens- oder Widerstandskraft ableiten läßt.

Hr. Quetelet folgert aus obiger Tabelle, daß die größere Sterblichkeit des Winters sich gegen das 10—12. Lebensjahr hin fast ganz verliert, daß später und gegen das Alter der Mannbarkeit hin und in den folgenden Jahren die Lebenswärme sich so reichlich entwickle, daß sie in diesem Alter mehr die Sommerwärme zu fürchten sey. Die Tabellen, welche unserer Arbeit zu Grunde liegen, gestatten, wenigstens in Bezug auf Genf, diese Folgerungen nicht. Wir haben in der That gesehen, daß vom ersten Lebensjahre an der Herbst die mörderischste Jahreszeit ist, und es läßt sich nicht annehmen, daß in diesem Alter die Lebenswärme ihr größtes Maaß erreicht habe, zumal da wir weiter oben gesehen haben, daß die starke Hitze in den südlichen Provinzen die Sterblichkeit nicht in demselben Grade vermehrt, wie die mäßige Wärme der nördlichen Provinzen Frankreich's.

Dieser Schluß wird durch den Umstand noch wahrscheinlicher, daß das Maximum der Sterblichkeit zwischen 2 und 15 Jahren nicht der wärmsten Jahreszeit, sondern dem Frühlinge entspricht, während der Sommer erst im dritten Range steht. Es läßt sich also nicht annehmen, daß vor dem Alter der Mannbarkeit die Lebenswärme im Ueberschuß vorhanden sey.

Hrn. Quetelet zufolge ist gegen die Zeit der Ehe (Mannbarkeit) hin, und während der Dauer der Reproduction der Einfluß der Jahreszeit beinahe aufgehoben. Der Winter fängt nach dem Alter von 40 Jahren an, seinen traurigen Einfluß geltend zu machen, und die Wirkungen desselben sind so fühlbar, daß nach dem Alter von 65 Jahren die Kälte für die Greise so sehr zu fürchten ist, als für die neugebornen Kinder. Nach dem 90. Jahre ist die Sterblichkeit im Winter fogar noch mehr, indem dann im Winter immer 2 Greise auf einen, der im Juli stirbt, dem Tode verfallen. Die meisten dieser Schlüsse erscheinen als richtig, da sie mit den aus den Genfer Sterblichkeitslisten abgeleiteten vollkommen übereinstimmen, und diese Uebereinstimmung zwischen den in zwei weit von einander entfernten Ländern gewonnenen Resultaten scheint zu beweisen, daß sie, wenigstens in den gemäßigten Ländern, wie die bewohnen, der Ausdruck eines allgemeinen Gesetzes seyen. Da unsere statistischen Untersuchungen in 2 Perioden zerfallen, so können wir die Veränderungen der Sterblichkeit in einem Zeitraume von 40 Jahren ermitteln. Zuvörderst sehen wir, daß der Einfluß der Jahreszeiten auf die Sterbefälle sich vermindert zu haben scheint, d. h., daß die Sterblichkeit sich gegenwärtig gleichförmiger über die verschiedenen Jahreszeiten vertheilt, als es zu Ende des vorigen Jahrhunderts der Fall war, und zwar im Verhältniß von 0,029 (1816—1827) zu 0,039 (1779 bis

1790). Diese Bemerkung, welche für die sämmtlichen Sterbefälle wahr ist, gilt vorzüglich für die Neugebornen und für die Kinder, welche 1 Monat bis 2 Jahr alt sind, deren Sterblichkeit sonst ausgedehntere Veränderungen darbot, als gegenwärtig, und zwar im Verhältniß von 0,079 zu 0,060 für die Neugebornen, und im Verhältniß von 0,049 zu 0,037 für die Kinder, die 1 Monat bis 2 Jahre alt sind. Hieraus ergiebt sich, daß gegenwärtig durch eine einsichtigere Pflege eine gewisse Anzahl Kinder am Leben erhalten werden, die im vorigen Jahrhundert von der Kälte würden hingerichtet worden seyn. Dafür ist aber der Einfluß der Jahreszeit bei den Kindern von 2—15 Jahren beträchtlicher, was man wahrscheinlich den Verheerungen der Menschenpocken zuzuschreiben hat, welche früher viele Kinder dahinrafften, ehe sie den Wirkungen der Temperatur ausgesetzt waren. Zwischen 15 und 60 Jahren waren die Veränderungen der Sterblichkeit sonst größer, während für sehr alte Personen das Bereich der Veränderungen gegenwärtig beträchtlicher ist. Hieraus ließe sich schließen, daß die Menschen jetzt im Greisenalter weniger kräftig sind, als im vorigen Jahrhundert, und wirklich denken wir zu Tage viele bejahrte Personen mit einer Art von Neid an die kräftigen Greise, welche jetzt so selten sind, und sonst so häufig waren. Uebrigens darf man nicht vergessen, daß alle diese Bemerkungen einfache Folgerungen aus einer gewissen Anzahl von Thatsachen sind, und nur durch zahlreichere Untersuchungen zur Gewißheit erhoben werden können.

Die in dieser Abhandlung enthaltenen Thatsachen zeigen uns, wie falsch die Theorie jener Naturforscher ist, welche geglaubt haben, man könne neugeborne Kinder ohne Schaden der Kälte aussetzen. Diese Meinung wurde durch die gelehrten Untersuchungen des Hrn. W. Edwards bereits stark erschüttert und durch die Berechnungen der Hrn. Milne Edwards und Quetelet vollends aller Haltbarkeit beraubt. Auch meine Untersuchungen wirken in demselben Sinne mit, indem sie daraus ergiebt, daß die Sterblichkeit der Neugebornen durch Kälte bedeutend vermehrt, und durch Wärme vermindert werde. Wie die bereits erwähnten Schriftsteller, müssen wir uns kräftig dagegen erheben, daß man diese zarten Wesen durch den Aufenthalt in der Kirche bei der Taufe, oder unter dem lächerlichen Vorwande, sie an die Rauheit der Witterung zu gewöhnen, der Kälte bloßstelle. Es würde klug seyn, wenn man während der kalten Jahreszeit die Kinder nicht vor Ablauf der 6. Lebenswoche taufte; aber vorher kann dadurch der Grund zu dem Tode derselben gelegt werden.

Eine andere nicht weniger wichtige Folgerung, welche aus den in dieser Abhandlung gemachten Berechnungen sich ableiten läßt, ist die Nothwendigkeit, die Greise vor der Rauheit der Witterung zu schützen; Kälte und Temperaturwechsel sind ihnen noch weit schädlicher, als den Kindern. Der Frühling und der Winter sind doppelt bei ihnen die Zahl der Sterbefälle, und es läßt sich vermuthen, daß viele davon der Gefahr entgangen seyn würden, wenn sie dieselbe gekannt hätten. Alte Leute mögen also nicht versäumen, sich bei Annäherung der kalten Jahreszeit warm zu kleiden, in einem temperirten Zimmer zu schlafen und sich dem Einfluß der rauhen Witterung nach Möglichkeit zu entziehen. Sie dürfen auch die Winterkleider nicht zu früh ablegen, denn wir haben gesehen, daß die Kälte im Frühling noch viele Greise abfordert. Mögen diese Rathschläge beobachtet werden, und dazu beitragen, manches für die Gesellschaft und für die Familien wichtige Leben zu verlängern! (Annales d'hygiène publique et de médecine légale, Juillet 1838.)

Beobachtung über gleichzeitigen Gehalt an blausaurem Eisen und an einem Zuckerstoff in dem menschlichen Urin.

Von L. Cantin.

„Die Gegenwart der Blausäure in dem menschlichen Urin, in Folge krankhafter Verhältnisse im Organismus entwickelt, wurde schon vor 40 Jahren von Brugnatelli nachgewiesen; seitdem haben die Hrn. Julia-Fontenelle und Majon blausaures

Eisen darin aufgefunden, noch ist aber nicht das gleichzeitige Vorhandenseyn dieser letztern Substanz und eines Zuckerstoffs beobachtet worden. Die Kenntniß eines solchen Factums schien mir auf gleiche Weise für den Arzt und den Chemiker interessant.

Der Urin, von dem hier die Rede ist, war von einem kleinen, etwa achtjährigen Mädchen, welches bloß an leichten, kolikartigen Schmerzen litt, die bisweilen in der regio epigastrica kurze Zeit, ehe das Kind Drang zum Uriniren fühlte, eintraten. Es ist zu bemerken, daß dieses Mädchen gar keine Arznei erhielt, und daß in seiner Diät gar keine Veränderung vorgenommen worden war. Bei einem solchen Zustande nun bemerkten die Eltern, daß der gelassene Urin bläulich war, und suchten daher bei dem Ärzte Hülfe.

Dieser Urin hatte in dem Augenblicke, wo er gelassen wurde, ganz die Farbe wie eine Auflösung von Indigo in verdünnter Schwefelsäure; zu bemerken ist, daß der in der Nacht gelassene Urin von intenserer Farbe war, als der am Tage, welcher etwas gründlich aussah, wahrscheinlich weil er wässriger war, und daher weniger Berlinerblau enthielt. Der Geruch und Geschmack dieses Urins waren so schwach, daß man kaum daran die Charactere des menschlichen Urines erkennen konnte; statt dessen roch er nach Zuckersyrup und hatte den süßlichen Geschmack des Urines von diabetes mellitus. Etwas von diesem Urin, welches in einem offenen Gefäß bei einer Temperatur von + 13° bis + 18° R. 10 bis 12 Stunden stehen blieb, verlor zum Theil seine Farbe, wurde grünlich und bekam endlich eine citrongelbe Farbe, indem sich einige citrongelbe Schleimflocken zu Boden setzten. Während dieser Zeit entwickelte sich ein leichter ammoniakalischer Geruch, zum Zeichen, daß dieses Kali salz darauf einwirkte. Man kann daraus schließen, daß der Urin eine theilweise Zersetzung erlitten, und daß sich Ammonium gebildet hatte. Durch dieses war dann das blausaure Eisen zersetzt und die blaue Farbe zerstört worden. Dieser entfärbte und in seiner Natur veränderte Urin blieb nun ferner noch stehen, er verlor allmälig seinen ammoniakalischen Geruch, bekam im Verlaufe von 2 Tagen einen leicht alkoholischen Essiggeruch und erhielt auf's Neue seine blaue Farbe, jedoch im geringern Grade, als zuvor. Hr. Cantin schließt daraus, daß sich bildende Essigsäure das Ammonium gesättigt habe, während die nun wieder freigewordene Blausäure sich auf's Neue mit dem Eisenoxyd verband und die blaue Farbe hervorbrachte. Der frischgelassene blaue Urin verändert weder die Farbe des Curcuma's, noch die des Lacmuspapiers. Hr. Cantin stellte nun genauere Untersuchungen darüber an, und schließt daraus:

Erstens, daß dieser Urin zu gleicher Zeit Berlinerblau und einen Zuckerstoff, ähnlich dem des diabetes mellitus, enthalte.

Zweitens, daß die blaue Farbe des Urins allerdings bisweilen von einem eigenthümlichen Stoffe, welchen Braconnot cyanourine genannt hat, herrühren kann, daß aber dieser Chemiker freilich wegs Grund habe, an der Entdeckung des Hrn. Julia-Fontenelle zu zweifeln, daß Berlinerblau im Urin vorkommen könne.

Drittens, daß wahrscheinlich das außerordentliche Vorkommen dieser beiden Substanzen von einer abnormen Function der Nieren herzuleiten sey.

Viertens, daß die freie Blausäure in dem Urine eines Hydropischen (nach Brugnatelli), und das blausaure Eisen im Blute einer hysterischen Frau (nach Fourcroy), im Urine (nach Julia-Fontenelle und Majon), in den sputis einer chronischen Peripneumonie mit häufigem Erbrechen leidenden Frau (nach Keisel), in dem Schweiße mehrerer an den Nerven leidenden Personen (nach Dolze, Moji und Julia-Fontenelle) zu dem Schlusse berechtigen, daß in gewissen Krankheitszuständen in dem

thierischen Organismus häufiger, als man es wohl glaubt, Blausäure gebildet werde, welche Säure, durch eine Base neutralisirt, keine schädlichen Wirkungen hervorbringt, so daß die Umstände, unter welchen sie schwere Krankheiten hervorbringen könnte, wohl sehr selten sind.

Fünftens endlich, daß die durch Vergiftung mit Blausäure hervorgebrachten Krankheitserscheinungen und die Symptome der asiatischen Cholera so ähnlich sind, daß man wohl glauben könne, daß diese Säure zur Hervorbringung dieser schrecklichen Krankheit mitwirke. (Journ. de chim. méd. Fevr. 1833.)

Miscellen.

Eine Analyse des Blutes eines an lupus oder noli me tangere leidenden Kranken, welche Herr Clanny aus Sunderland anstellte, ergab folgende Bestandtheile.

Wasser	771
Eiweiß bei 160° F. getrocknet .	115
Färbende Substanz	52
Freie Kohle	21
Faserstoff ausgepreßt und getrocknet	12
Salze und Extractivstoff . . .	29
	1000

Das zur Analyse bestimmte Blut wurde im leeren Raum aufgefangen und durch Kalkwasser von dem kohlensauren Gas befreit (18 Unzen Blut enthielten einen Cubikzoll von diesem Gas). Nun wurde atmosphärische Luft in das Gefäß gelassen, dasselbe zugepfropft, gewogen, stark geschüttelt, die Luft sorgfältig mit der Luftpumpe wiederum ausgezogen und wiederum das Gefäß in dem leeren Raume geschüttelt. Dieses Schütteln mit atmosphärische Luft wurde so lange abwechselnd fortgesetzt, als noch irgend eine Veränderung sich bemerken ließ. Der Verlust nach diesem Proceß betrug 21 Gran bei 1000. Auffallend ist auch die große Menge von Neutralsalz. (Lancet 2. February 1833.)

Erdbäder als Heilmittel gegen den Seescorbut erwähnt Bennet als ein in dem südlichen Ocean sehr gebräuchliches Verfahren. Das Erdbad wird angeordnet, sobald die Schiffe an irgend einer Insel landen, wo alsdann das erste Geschäft ist, die Kranken an das Land zu bringen und je nach dem Grade der Krankheit bis an die Schenkel oder bis an die Brust einzugraben. In dieser Lage muß der Kranke 15 bis 20 Minuten verharren und überhaupt die Eingrabung mehrmals wiederholt werden. Zu gleicher Zeit wird jedoch auch frisches Fleisch und Pflanzenkost verordnet. (London med. Gazette August 1832.)

Den Nutzen des speculum zur Erforschung der Gebärmutter-Blennorrhöe, auf welchen Ricord hauptsächlich aufmerksam gemacht hat, bestätigt auch Fricke. Derselbe bedient sich hierzu des Lisfranc'schen speculum, jedoch in kleinern Verhältnissen, da er die französischen specula unnöthig groß und lang fand. (Annalen der chir. Abtheilung in Hamburg. Bd. II.)

Auffallend starke und hartnäckige Lichtscheu bei rheumatischer Augenentzündung giebt nach Fischer Verdacht einer Complication mit verborgener Rückenmarksentzündung, weswegen in einem solchen Falle das Rückgrat immer genau zu untersuchen ist. (Klin. Unterricht in der Augenheilkunde.)

Bibliographische Neuigkeiten.

A treatise on the Nature of Trees, and the Pruning of Timber Trees, shewing the impossibility of improving the Quality of Timber by pruning. By Stephen Ballard London 1833. 8.
The Naturalist's Library. Mammalia. Vol. I. Monkeys. By Sir William Jardine etc. Edinburgh 1833 12mo.

Traité complet d'Anatomie chirurgicale et topographique du corps humain, ou anatomie considerée dans ses rapports avec la pathologie chirurgicale et la médecine opératoire. Deuxième edition, entièrement refondue et augmentée en particulier de

tout ce qui concerne la pathologie générale. Par Alf. A. L. Velpeau etc. 2 Tomes in 8vo und ein Atlas in 4to. (Diese Ausgabe ist wirklich sehr vermehrt und verbessert; namentlich ist zum erstenmal hier die Histologie für die Chirurgie verarbeitet. — Es wird Sorge getragen werden, daß in Weimar erscheinende deutsche Uebersetzung der ersten Ausgabe dieses Werks der Vorzüge dieser zweiten Ausgabe theilhaftig zu machen.)

Traité de la vaccine et des éruptions varioleuses ou varioliformes, par J. B. Bousquet, Paris 1833. 8.

Notizen

aus

dem Gebiete der Natur= und Heilkunde.

Nro. 822. (Nro. 8. des XXXVIII. Bandes.) October 1833.

In Commission des Landes-Industrie-Comptoirs zu Weimar. Preis eines ganzen Bandes, von 24 Bogen, 2 Rthlr. oder 3 Fl. 36 Kr.
des einzelnen Stückes, 3 ggl. Die Tafel schwarze Abbildungen 3 ggl. Die Tafel colorirte Abbildungen 6 ggl.

Naturkunde.

Ueber die Ursachen des größern Wuchses der fossilen und humatilen *), im Vergleich zu den lebenden Arten.

Von Marcel de Serres.

Wenn man die fossilen und humatilen Arten mit unsern lebenden Racen vergleicht, so erkennt man bald, daß die erstern im Allgemeinen eine beträchtlichere Größe besitzen. Dieser höhere Wuchs ist den Beobachtern so auffallend erschienen, daß mehrere von ihnen vermuthet haben, er sey eine von der Versteinerung abhängige Wirkung. Aber dadurch, daß ein unorganischer Stofftheil (Molekül) an die Stelle eines organischen tritt, wird in dem Umfange desjenigen Körpers, an welchem dieses vor sich geht, keine Veränderung bewirkt; man kann daher dieß nicht als Ursache der größern Entwickelung der fossilen und humatilen Arten ansehen. Und man kann dieses um so weniger, indem die letztern sich oft in ihrer eigenthümlichen Natur und demnach keineswegs versteinert darstellen.

Hat nun dieser Uebergang in den Versteinerungszustand die größere Entwickelung der fossilen und humatilen Arten, mit derjenigen verglichen, welche uns unsere analogen Racen darbieten, nicht bewirkt, so muß man sich fragen, welches eigentlich die Ursache davon sey. Diese Ursache scheint in der höhern Temperatur zu liegen, welche während der geologischen Epoche in der Erdkugel obwaltete, wie auch in der beträchtlichern Menge Wasser, welche über die Oberfläche der Erde, und dem zu Folge in der Atmosphäre verbreitet war. Es könnten auf diese Weise, so wie die Meere ausgedehnter, und die Luft zugleich wärmer und feuchter war, die Ge-

schöpfe, welche unter diesem doppelten Einflusse gelebt haben, einen höhern Wuchs erlangen, als die Racen, welche den neuen, durch die Unveränderlichkeit (stabilité) und das Gleichgewicht der Kräfte (causes agissantes) herbeigeführten Bedingungen unterworfen sind. So scheinen auch in unsern Zeiten die größten Landthiere in die heißesten und feuchtesten Gegenden, so wie die Wasserthiere in die größten Meere verwiesen zu seyn.

In neuern Zeiten scheint man zuzugeben, daß die Größe der auf dem Lande lebenden Arten mit der Ausdehnung der Festländer, auf welchen sie leben, in einer sich gleichbleibenden Beziehung stehe. Diese Beziehung findet sich in der That in der Vertheilung der lebenden Racen; obgleich aber wirklich vorhanden, deutet sie doch keineswegs darauf, daß die Größe dieser Racen auf irgend eine Weise von der der Festländer, auf denen sie sich angesiedelt hatten, abhängig gewesen sey oder ihren Einfluß erfahren habe. Wenigstens ist so viel gewiß, daß die Landgeschöpfe, seyen es Thiere oder Pflanzen, zu den Zeiten ihre größten Dimensionen erlangt haben, wo von den Ländern noch der geringste Theil frei, und wo die Masse der Wasser sehr beträchtlich war. Man sieht übrigens auch nicht ein, wie der Umfang eines trocknen Landes oder eines Festlandes auf die Entwickelung der Arten, welche etwa auf denselben leben, Einfluß haben könne. Finden sich auf den großen Festländern Arten von beträchtlicherer Größe, als auf den Inseln, so rührt dieß daher, daß ihre Anzahl dort auch weit größer ist. Da wo die Arten zahlreicher sind, müssen sich natürlich deren von allen Größen finden.

Ehe wir uns auf die verschiedenen Ursachen einlassen, welche auf die Entwickelung der zu den geologischen Zeiten vorhanden gewesenen Arten gewirkt haben, müssen wir unerläßlich bemerken: daß zu allen Zeiten die lebenden Geschöpfe die Wirkung derselben Umstände empfunden haben.

So stand die Größe der Thiere immer zu der Menge der Nahrungsmittel, welche ihre Organisation bedurfte, im Verhält-

*) Humatil sind die organischen Reste der quaternären Formationen, Fossil diejenigen, welche sich ablagerten vor der Zeit, als das Meer in sein gegenwärtiges Becken trat, d. h. die in den secundären und tertiären, so wie den Uebergangsformationen enthaltenen.

niß. Diese Beziehungen scheinen eine nothwendige Folge der Entwickelung der Verdauungsorgane, welche, für sich selbst von größerm Umfang, auch in den Thieren, in welchen sie enthalten waren, größere Räume verlangten. Dieselben Beziehungen sind bei den Seesäugethieren nicht so deutlich als bei den Landsäugethieren, vielleicht weil unter den im Wasser lebenden Arten es fast gar keine eigentlichen Fleischfresser giebt.

Beachtet man daher nur die Landsäugethiere, so findet man, daß zu allen Zeiten die kräuterfressenden immer die größten waren. Besonders haben die Dickhäuter (pachydermen) sowohl in den geologischen Zeiten, als zu der Epoche der Erscheinung des Menschen auf der Erde die größte Entwickelung erlangt. Es ist merkwürdig, daß es gerade unter dieser Familie (Ordnung) die meisten untergegangenen Gattungen und Arten giebt. Man könnte sagen, die Thiere seyen um so vollständiger vernichtet worden, je größer sie waren, mag nun die Ursache davon in dem Sinken der Temperatur zu suchen seyn, oder auch zugleich der Einfluß des Menschen mit dazu beigetragen haben.

Die Fleischfresser waren, nach den krautfressenden, die größten Landsäugethiere, und nach diesen kommen die Früchte- und die Insectenfresser, welche immer die kleinsten gewesen sind.

In den geologischen, wie zu den gegenwärtigen Zeiten haben die Thiere, welche zum Fliegen oder zu einem Aufenthalt auf Bäumen bestimmt waren, nie eine so bedeutende Größe erlangt. Die fliegenden Reptilien und die Vögel der geologischen Zeiten sind in Ansehung der Größe selbst hinter der, welche analoge Arten unserer Zeit erreicht haben, zurückgeblieben. Die Pterodactylen selbst sind kleiner als die Flugeichhörnchen (polatouches, Pteromys volans, Cuv.), und die größten Ornitholithen stehen in Ansehung der Größe unter den Casuaren und Straußen.

I. Von dem Einflusse der Temperatur und der Feuchtigkeit auf die fossilen und humatilen Arten.

Hat die Vertheilung der Wärme auf der Erdoberfläche auf die Arten, deren Reste uns die Erde in ihrem Schooße aufbewahrte, einen Einfluß, so müssen uns diese Arten durch ihre Organisation andeuten, daß sie zu ihrer Existenz einer höhern Temperatur bedurften. Wir wollen sehen, was uns die Thatsachen über diesen Punct lehren.

Als die ersten Geschöpfe auf der Erde erschienen, so mußten die Climate nothwendig fast gleichförmig und unter einander gleich seyn, wenigstens darnach zu urtheilen, daß die Thier- und Pflanzenarten, welche aus jener Zeit stammen, überall ganz dieselben sind. Die Temperatur, welche diese Climate bedingte, mußte höher seyn, als die, welche in unsern gegenwärtigen Climaten herrscht, indem Pflanzen, welche heutzutage krautartig sind, in jenen Zeiten beträchtliche Bäume waren.

Eben so werden in unsern Zeiten die Pflanzen, welche in gemäßigten Ländern Kräuter sind, in tropischen Gegenden oder heißen Ländern Sträucher und selbst Bäume. So bilden die Boragineen, z. B., in Brasilien Sträucher; mehrere Euphorbiaceen sind daselbst majestätische Bäume, und man kann daselbst unter den dichten Laubdache einer Composita angenehmen Schatten finden *).

Die ersten Geschöpfe, welche die Erde bewohnt haben, hatten daher einen höhern Wuchs, als die zu unsern Zeiten lebenden Analoga derselben, und diese Geschöpfe gehörten begreiflich zur Pflanzenwelt. Es waren dieß baumartige Farrnkräuter, baumartige Equisetaceen (presles), und Lycopodiaceen von dem größten Umfange. Es ist bekannt, daß die analogen Gattungen, deren Größe weit geringer ist, gegenwärtig nur auf den heißesten Inseln leben.

Die Pflanzen, welche die Flora der ersten Welt bildeten, hatten nicht nur eine bedeutender Größe, als die gegenwärtigen Arten, sondern sie mußten auch zahlreicher seyn, wenn man nach den ungeheuern Kohlenablagerungen und andern von diesen vorzeitigen

Pflanzen zurückgelassenen Ueberresten schließt. Die damals noch nicht vorhandenen Landsäugethiere haben der Pflanzenwelt jener Zeiten keinen Eintrag gethan; auch konnte sie sich, unter dem Einflusse einer beträchtlichen Wärme, in ihrer ganzen Pracht und Glanz entwickeln.

Eben so sehen wir in den gegenwärtigen Zeiten die größten Wälder an den heißesten und feuchtesten Orten. Die größten Bäume zeigen sich auf gleiche Weise in den Theilen unserer Festländer, deren Temperatur die höchste ist. Einer der größten Bäume, die Adansonia oder der Baobab, wächst in den Theilen Africa's, wo die Wärme am stärksten ist; die berühmte Cypresse von Santa-Maria-de-Testa, deren Höhe zum wenigsten 120 Fuß beträgt, und in deren Schatten das kleine Heer Cortez's die ihm so nöthige Erholung fand, wächst in Mexico, in einer glühenden Ebene. Die größte unserer Blumen endlich, die Rafflesia Arnoldi, Brown, ist aus den heißesten Gegenden Indien's, wie der größte der Blüthenköpfe in der Familie der Compositen, aus der Abtheilung der Heliantheen, aus den südlichsten Theilen Peru's kömmt.

Manche Gräser des südlichen Frankreichs (Arundo donax) werden bis 15 Fuß hoch, während die höchsten aus dem Norden desselben Landes nicht über 6 Fuß hoch wachsen. Die Bambusarten Brasilien's und America's sind besonders der Taquarassu, erheben sich bis 50 und selbst 60 Fuß in die Höhe, und werden darin nur von den Bambusarten der alten Welt übertroffen. Der Taquarassu besitzt selbst Rispen von 15 und 20 Fuß Länge, die Stängel werden zur Verfertigung ungeheuer langer Leitern verwendet.

Wenn eine Menge anderer Thatsachen, welche sich leicht beibringen ließen, scheinen zu beweisen, daß die Wärme und die Feuchtigkeit auf die Pflanzen den größten Einfluß ausüben. Diese beiden Ursachen wirken in unsern Zeiten sehr merklich auf die Entwickelung der Pflanzen, wie es läßt sich ebenso buchstäblich nicht verkennen, daß es auf diejenigen der Vorwelt einen gleichen Einfluß haben äußern müssen, indem diese letztern in Allgemeinen diejenigen unserer Zeiten an Größe übertreffen. Dieser Einfluß ist um so deutlicher, da die Pflanzen der ältesten vorweltlichen (geologischen) Epoche fast einzig riesigen Monocotyledonen angehören, einer Classe von Pflanzen, deren Analoga heutzutage nur in den heißesten und feuchtesten Ländern wachsen.

Die Feuchtigkeit ist ein zur Entwickelung großer Pflanzen durchaus nöthiges Element; in Folge des Umfanges, welchen bei über den Erdboden verbreiteten Gewächsen haben, mußte die in der ersten vorweltlichen Periode an nicht anders, als sehr beträchtlich seyn. Auch sehen wir zu den gegenwärtigen Zeiten die Blätter der Bäume oder anderer Pflanzen in Gegenden, wo glühende und trockne Winde herrschen, nur wenig entwickelt, ihre Temperatur mag übrigens seyn, welche sie wolle. Daher kömmt es, daß die Pflanzen des Cap, wo eine trockne und heiße Temperatur herrscht, denen von Neuholland ähnlich sind. Das eine und das andre dieser Länder bieten Pflanzen dar, welche fast gar keine Blätter besitzen, und wenn Australasien keine Haidekräuter besitzt, so tritt eine andre kleine Familie, die Epacrideen, an seine Stelle.

Könnten über diesen Punct einige Zweifel auftreten, so darf man nur den Gang betrachten, welchen die Pflanzenwelt auf einem etwas hohen Gebirge befolgt. Am Fuße bemerkt man die Region der Wälder, welche mehr oder weniger hinaufsteigt, auf diese folgt die Zone der Sträucher, an welcher Stelle wiederum die der Kräuter tritt, auf diese endlich folgt die Region der Moose und der Flechten, mit welchen alle Vegetation aufhört. Die Thiere, welche man daselbst bemerkt, folgen ganz denselben Gesetzen; es ist dießen so merkwürdiger, indem sie sich sonst leicht von einem Orte zum andern verfügen lassen. Nimmt man daher, wenn sich auf einem feuchten Felsen leben an zu zeigen anfängt; anfangs grünliche Flecken von Bußus, oder gelbliche Krusten von Flechten entstehen. Diese ersten Anfänge des Pflanzenlebens werden am Ende wieder zerstört; aber ihre Abfälle (detritus) behalten immer einige Menge von Feuchtigkeit bei sich, und bald erscheinen Lebermoose mit kletterndem Stängel und Moose mit aufrechten Büschen. Auch diese Pflanzen verschwinden zu ihrer Zeit; die Schicht des Erdreichs

*) Tableau de la végétation de la province de Minarez, par Aug. St. Hilaire, Ann. des Sc. nat. 1831. et Voy. au Brésil T. 1. pag. 12.

nimmt an Dicke zu, die Feuchtigkeit vermehrt sich, Gräser erscheinen und entwickeln sich; Liliaceen treten nun an ihre Stelle und werden ihrerseits wieder von krautartigen Dicotyledonen verdrängt, welche der Erdschicht die für Sträuche und Bäume nöthige Zubereitung geben.

Untersucht man ein Gebirge von oben nach unten, so erkennt man daran dieselben Grade von Dicke in den verschiedenen Schichten des Erdreichs, und demnach auch dieselben Grade von Feuchtigkeit, und dieselben Wirkungen in der Vegetation.

Dasselbe findet man, wenn man sich von den Tropengegenden gegen die Nachbarländer der Pole wendet. Man sieht die großen Pflanzen sich nach und nach vermindern, und die niedrigsten Sträuche und Kräuter an ihre Stelle treten; diesen folgen wiederum Cryptogamen von dem kleinsten Umfange, mit welchen dann alle Vegetation verschwindet. So wird die Flora Spitzbergen's nur von drei, und die von Lappland von einer eben so beschränkten Zahl von Pflanzen gebildet; woraus man sieht, daß mit einer merklichen Abnahme der Größe der Pflanzen sich auch ihre Zahl vermindert.

Die Thiere erfahren von der Abnahme des Wärmestoffes dieselben Wirkungen; wenigstens ist auf den Festländern und an Orten, wo die Größe der Pflanzen nicht bedeutend ist, ihr Wuchs ebenfalls niedrig. Neuholland bietet in den gegenwärtigen Zeiten ein auffallendes Beispiel dar. Die Känguruh's sind heutzutage die größten Säugethiere dieses Landes, wie die Eucalyptus, die Casuarina seine am meisten bemerkenswerthen Pflanzen: während die Gegenden, wo die größten Bäume wachsen, auch sie sind, wo man die größten Thiere bemerkt. Indien, Africa und Brasilien bieten uns diese zwiefache Eigenthümlichkeit dar, wahrscheinlich wegen der warmen und feuchten Temperatur, welche daselbst herrscht.

Auch hat man, wenn man von der Vertheilung der organisirten Geschöpfe auf der Oberfläche der Erde einen allgemeinen Begriff geben wollte, die ganze Erdkugel, oder jede der Halbkugeln, von welchen sie gebildet wird, sehr sinnreich mit zwei Gebirgen verglichen, welche mittelst des Fußes mit einander verbunden wären. Und in der That beobachtet man, indem man vom Fuße eines Gebirgs ausgehend gegen den Gipfel desselben hinaufsteigt, zuerst die Region der Bäume, auf welche bald die der Sträuche, und dann die der Kräuter folgt, und endlich entdeckt man die Region der Moose und der Flechten; diese Region erscheint der ewige Schnee, dessen Nähe das Ende aller Vegetation, wie aller lebenden Geschöpfe anzeigt. Ebenso findet es bei den Thieren; die größten erheben sich nicht weit über die Region der Gräser, oder der hochliegenden Waiden; über diesen Waiden oder Triften stößt man fast nur noch auf einige Vögel, einzelne Mollusken und mehrere Insecten, besonders aus den Ordnungen der Orthopteren, der Dipteren, der Hymenopteren und der Lepidopteren, nach welchen die Thiere, so wie die Pflanzen selbst, gänzlich aufhören.

Man beobachtet dieselben Thatsachen, wenn man von dem Aequator gegen die Pole hingeht; auch in dieser Beziehung kann man die ganze Erdkugel mit zwei Gebirgen vergleichen, welche sich mit ihrer Grundfläche berühren, und zwar, indem man auf die Vertheilung der lebenden Geschöpfe, welche sich auf ihnen finden, Rücksicht nimmt, indem es ganz gleich ist, ob man von dieser Grundfläche nach dem Gipfel hinaufgeht, oder sich von dem Aequator aus nach den Polen wendet.

Die Analogie jeder Halbkugel mit zwei an ihrer Grundfläche vereinigten Gebirgen ist besonders deßwegen auf die neue Weise auffallend, welche an ihrem mittlern Theile die größte Ausdehnung des Ocean's darbietet. Nach dieser Stelle hin nehmen die meisten Flüsse Nordamerica's und selbst Südamerica's ihren Lauf. Dasselbe Verhältniß bietet sich dar, wenn man von der Ausmündung der Flüsse gegen ihre Quelle hinaufgeht, eben so wie man von der Grundfläche eines Gebirgs nach seinem Gipfel hinaufsteigt, oder sich von dem Aequator nach den Polen wendet; man sieht die lebenden Geschöpfe bis zu dem Puncte, wo die gänzlich aufhören, nach Größe abnehmen. Nicht weniger merkwürdig ist es, daß diese Gesetze der Vertheilung nicht ausschließlich für die gegenwärtigen Arten gelten, sondern eben so auch bei den fossilen und humatilen Arten erschien, wie wir später darthun werden, ungeachtet der störenden Ursachen, deren

118

Wirkungen sie gleichwohl nur weniger merkbar zu machen vermochten. Obgleich die Erhebungen der Gebirgsmassen die Fossilien enthaltenden Schichten weit höher über den Meeresspiegel hinaufgeschoben haben, als die Stellen, auf denen sie sich niedergeschlagen hatten, so halten sich doch die Ueberreste der großen Landthiere beständig tiefer als die Reste kleinerer Thiere von einfacherem Bau.

Zu allen Zeiten ist demnach die Wärme der Thätigkeit der Lebenskräfte, und demzufolge der Entwickelung, wie der Fortpflanzung der organisirten Geschöpfe günstig. Die Thatsachen aus der Vorwelt, so wie diejenigen, welche sich unter unsern Augen zutragen, liefern davon zahlreiche Beispiele. In der That war die Größe der ersten Geschöpfe, von denen der größte Theil der Pflanzenwelt angehörte, sehr beträchtlich, und weit bedeutender als der gegenwärtig lebenden Pflanzen von ähnlicher Gestalt und Bau. Aber in dem Maaße als die Erde bevölkert wurde und von der Zeit der mittlern secundären Formationen an, waren die Climate nicht mehr so gleichförmig, und die lebenden Arten erlitten seitdem immer mehr Veränderungen. Man bemerkt selbst, daß, so wie die Climate dieser Epoche mit unsern unveränderlichen Climaten schon mehr Aehnlichkeit hatten, als diejenigen der unteren secundären Periode, auch die Gesammtheit der Geschöpfe, welche in denselben begraben liegen, mit unsern lebenden Racen mehr Analogie zeigt, als die Arten der tiefern Schichten. Wie jedoch die Temperatur sich immer noch auf einer höhern Stufe erhielt, so haben auch die Geschöpfe dieser dritten Epoche stärkere Größenverhältnisse beibehalten, als ihre noch lebenden Analoga. Die riesigen und fremdartigen Reptilien der secundären Periode, unter welche man die Plesiosaurus, Megalosaurus, Ichthyosaurus, Geosaurus, Mastodonsaurus, Salamandroides und die großen Monitor-Arten Thüringen's rechnen kann, sind ein auffallender und unwiderlegbarer Beweis davon. Eben so weiß man, daß die größten Reptilien sich heutzutage an den heißesten und feuchtesten Racen finden; dieß kann uns von der Temperatur einen Begriff geben, unter welcher Eidechsen von der Größe unserer Wale und Crocodile, und von einem Drittheil größer sind, als unsre lebenden Racen, leben mußten.

Diese Temperatur hat sich selbst bis in die tertiäre Periode erhalten, wo die, schon mehr veränderten Climate, eine solche Mannichfaltigkeit von Geschöpfen hervorgebracht haben, wie man in derselben beobachtet. So wie sie aber nach und nach geringer wurde, so hörte auch eine Menge von Arten aus dieser Epoche nach und nach auf, zu existiren. Diese untergegangenen Geschöpfe gehörten, in Betreff der Landsäugethiere, den Kräuterfressern und folglich Thieren von dem größten Wuchse an, weil sie meistentheils Dickhäuter waren. Es sind dieß Mastodonten, Elephanten, Tapire, Flußpferde, Nashörner, Tetracaulodon-, Lophiodon-, Palaeotherium- und Anoplotherium-Arten, Thiere, von denen wenigstens einige von unsern lebenden Racen so verschieden waren, daß man selbst ihre Gattungen nicht mehr in der gegenwärtigen Natur antrifft. So bietet die Familie der Pachydermen, welche in unsern Arten die meiste Wärme verlangt, außer, daß sie die größten Landthiere begreift, unter den fossilen und humatilen Arten auch die meisten verlorne gegangenen Gattungen dar. Die Vernichtung von Gattungen deutet aber, weit mehr als die von Arten, darauf, daß die Umstände, unter welchen diese Gattungen gelebt haben, von denen, welchen sie jetzt unterworfen seyn würden, verschieden seyn mußten.

Nach diesen ersten Thatsachen, in Uebereinstimmung mit denen, welche uns die Beobachtung der Thiere aus den quaternären Formationen dargeboten hat, scheint es, daß, je höher ihr Wuchs war, auch ihre Vernichtung um so vollständiger stattfand, wenn auch nicht in Ansehung ganzer Gattungen, doch wenigstens in Bezug auf eine gewisse Anzahl ihrer Arten. Man darf dieses um so mehr vermuthen, als in unsern Zeiten eine sichtbare Beziehung zwischen der Größe der Landsäugethiere und der Temperatur, unter welcher sie leben, stattfindet. Die großen Pachydermen kommen, wie wir schon bemerkt haben, heutzutage nur noch in den heißesten Gegenden der Erde vor. Sie sind selbst fast einzig auf das alte Festland oder auf die nördliche Halbkugel verwiesen; denn die Tapire sind gegenwärtig die größten Thiere auf der neuen Welt, wie die Känguruhs die von Australasien, Thiere, welche der von der Ordnung der Pachydermen weit verschiedenen, Ordnung der Beutelthiere angehören. Wir können nicht mit derselben Gewißheit dasselbe von den Seesäugethieren sagen, indem die von ihren Beingerüsten abgeleiteten Kennzeichen noch nicht sorgfältig genug beachtet worden sind. Jedoch ist dieses höchst wahrscheinlich, wie wir auch später darauf hindeuten werden.

Die humatilen Arten, oder diejenigen, welche man in den quaternären Formationen entdeckt, wie auch die eigentlich sogenannten fossilen, zeigen auch noch zum größern Theil eine beträchtlichere Größe als ihre lebenden Analoga. Dieser Punct der Thatsache ist besonders auffallend in Ansehung derjenigen, welche sich auf die Landsäugethiere beziehen. Die Fleischfresser, welche kaum in den tertiären Formationen angetroffen werden, kommen dagegen in den quaternären in sehr großer Menge vor; aber sie zeigen sich in denselben im Allgemeinen von bedeutenderer Größe als die Arten, mit denen man sie vergleichen könnte. Man trifft in der That in ihnen Löwen oder Tiger, welche ein Drittheil größer sind als die unsrigen, Hunde von der Größe unserer Löwen, und endlich Bären, so groß als unsre Pferde.

Die Wiederkäuer und Edentaten derselben Zeit bieten darin ebenfalls die größte Entwicklung dar. Die Hirsche mit riesenhaftem Geweih, die Auerochsen und die wilde Stammrace unserer zahmen Ochsen oder der Ur (Urus) der Römer und der römischen Schriftsteller des Mittelalters, geben hinreichendes Zeugniß, welche Größe die Spalthufer dieser Epoche erlangt hatten, eben so wie die riesenartige Schuppenthiere, die Megalonix und Megatherium, von derjenigen, welche die Edentaten erreicht hatten, einen Beweis liefern.

Die Ueberreste der meisten dieser Arten finden sich in unsern gemäßigten Gegenden; da sie keine Spur einer weiten Versetzung zeigen, so muß man nothwendig zugeben, daß die Thiere, denen sie anzugehören scheinen, daselbst gelebt haben: haben sie aber daselbst gelebt, so mußten sie auch dort die zu ihrer Existenz nöthigen Bedingungen antreffen; demzufolge mußte die Wärme unserer Gegenden beträchtlicher seyn, als sie es gegenwärtig ist.

Man könnte vielleicht einwenden, daß die großen Thiere, wie die Flußpferde, Nashörner und Elephanten, sich nur deswegen in den feuchten Ländern des alten Festlandes gefunden hätten, weil sie daselbst die zu ihren Bedürfnissen unentbehrlichen Pflanzen antrafen, und daß demnach nicht die Wärme allein sie dahin gezogen habe. Aber so wie andrerseits die Fleischfresser auch an denselben Orten, welche die Pflanzenfresser bewohnten, im Innern der Länder sich gelagert haben, eben so ist es schwer, daraus nicht zu schließen, daß die hohe Temperatur dieser Orte auf die Größe dieser Thiere einen starken Einfluß habe äußern müssen. Man müßte daher dem Sinken eben dieser Temperatur die vollständige Vernichtung dieser Thiere, oder wenigstens die Verminderung der Größe der analogen, auf sie gefolgten Arten oder wenigstens derer, welche sie überlebt haben, zuschreiben.

II. Von dem Einfluß des Umfangs der frei liegenden Länder oder der Festländer auf die Größe der fossilen und humatilen Arten.

Man kann sich noch die Frage vorlegen, ob der Umfang der freiliegenden Länder oder Festländer auf die Größe oder Entwicklung der fossilen oder humatilen Arten einigen Einfluß gehabt habe. Jedoch sieht man nicht ein, wie wir schon früher andeuteten, welche Beziehung zwischen dem Umfang eines Landes und der Größe der es bewohnenden Art stattfinden sollte. Man begreift sie um so weniger, da zu der Zeit, wo die freigewordenen Länder den geringsten Raum auf der Oberfläche der Erdkugel einnahmen, die lebenden Geschöpfe jeder Gattung den höchsten so wie den größten Wuchs erlangt haben. Man darf nicht etwa als einen Beweis dieses Einflusses annehmen, daß die größten Landsäugethiere auf dem alten Festlande leben, während die Tapirs und die Känguruhs in Bezug auf Größe die wichtigsten Arten America's und Neuhollands sind. Denn man vergesse nicht, daß, wenn es auch jetzt keine Elephanten mehr in America giebt, doch die riesenhaften Mastodonten,

die größten der Landthiere, einst, und zwar in großer Anzahl, in diesem Lande, so wie in Neuholland Arten von der Größe unserer Flußpferde und vielleicht selbst unserer Elephanten gelebt haben. Und doch hatten diese Festländer zu der Zeit, wo diese Thiere gelebt haben, einen weit geringern Umfang, als heutzutage.

Auch scheint es, als allgemeiner Satz, gewiß, daß der Umfang der freiliegenden Länder, an und für sich betrachtet, nie einen unmittelbaren Einfluß auf die Größe der organisirten Geschöpfe ausgeübt habe, indem sie ihren größten Wuchs in der Epoche erreicht haben, wo die trocken gelegten Länder den geringsten Umfang darboten. Es ist übrigens leicht einzusehen, daß, wenn ein Festland einen größern Umfang besitzt, es auch mehr Landthiere daselbst und dem zu Folge auch größere, so wie kleinere Arten geben müsse.

In Bezug auf die Größe der Wasserthiere bemerke man, daß diese, obgleich großen Theils von der Temperatur abhängig, doch auch den Umfang und der Tiefe der Gewässer, in deren Schooß sie leben, im Verhältniß bleibt. Unsre Sümpfe, Seeen, Lachen, Flüsse erzeugen keine so großen und merkwürdigen Arten, als die, welche man in den Becken der Meere beobachtet. Andrerseits darf man auch nicht unbemerkt lassen, daß die Geschöpfe, welche in den tiefen und warmen Gewässern der secundären Periode gelebt haben, eine weit ansehnlichere Größe besaßen, als die, welche unsere analogen Racen darbieten. Die Größe der Reptilien jener Zeit, welche wir schon angeführt haben, liefert davon einen schlagenden Beweis.

Eben so scheint es, daß eine große Anzahl Seemollusken, deren Ueberreste in den Schichten der tertiären Periode aufbewahrt haben, eine beträchtlichere Größe erlangt hatte, als unsere gegenwärtigen Racen. Wo soll man, z. B., heutzutage vielkammerige Muscheln finden, welche, gleich den Ammoniten der Vorwelt, die Größe kleiner Wagenräder besäßen? Die Nautilus und eine Menge anderer Gattungen, deren Aufzählung zu lang seyn würde, waren ebenfalls größer, als die Nautilus-Arten unserer Zeit.

Und diese Verhältnisse sind bei weitem nicht auf die im Meere vorkommenden Racen beschränkt; denn man findet sie auch bei den fossilen Arten der Flüsse. Die Cerithium, und besonders die Austern, von denen manche bis zwei Fuß lang sind, bezeugen das Gegentheil hinlänglich. Außer diesen Gattungen kann man noch erwähnen die Pecten-, Pectunculus-, die Cyprina-, Cytherea- und Crassatella-Arten, welche in der tertiären Periode wirklich eine merkwürdige Entwickelung erlangt haben.

In Betreff der Flußschaalweichthiere, welche vor der tertiären Periode sehr selten sind, bemerkt man nicht, daß sie vor, oder nach dieser Periode eine bedeutendere Größe erlangt hätten, als unsere gegenwärtigen Racen. Dasselbe scheint auch bei den Fischen und Zoophyten, sowohl des Meers, als des süßen Wassers, der Fall gewesen zu seyn. Wenigstens haben wir, mit Ausnahme mancher Hai- und Rochenarten, die Proportionen der fossilen *) Fische in den Gränzen derer, welche man an unsern gegenwärtigen Arten bemerkt. Es könnte sonderbar scheinen, daß die Zoophyten, welche in den secundären und tertiären Formationen in so großer Menge vorkommen, und deren Arten sich heutzutage nur in den wärmsten Meeren vermehren, nicht größer waren, als die unsrigen; allein ihr Bau war daran hinderlich.

Es scheint wenigstens, daß jede Gattung nicht über eine gewisse Gränze hinausgehen könne. So kommt es, daß, wenn eine Gattung nicht über ein gewisses Verhältniß hinaus gelangt, die andern weit größer werden, oder in Bezug auf Wuchs und Statur die entgegengesetztesten Extreme darbieten. Die Planorbis, die Lymnaea haben gleichbleibend in allen Epochen ihre Kleinheit beibehalten. Das Gegentheil findet sich bei Agathina, Bulinus und besonders bei manchen im Meere lebenden Gattungen, wie Pinna,

---

*) Humatile, oder noch später an den Eintrittsstellen der Meere in ihre respectiven Becken, und in die verschiedenen quaternären Schichten abgesetzte Arten kennen wir nicht.

Cassis und Strombus. Eben so haben manche Gattungen von Mollusken einst, wie heutzutage, die entgegengesetztesten Größenverhältnisse dargeboten; die Cerithium-, so wie die Pecten-, die Ostrea-Arten, geben zahlreiche Beispiele. Die Hale unter den Fischen sind ebenfalls in diesem Falle. Aber ähnliche Beispiele finden sich vielleicht nicht bei den Thieren einer höhern Ordnung, mit Ausnahme der durch den Menschen hervorgebrachten Varietäten.

Andrerseits giebt es manche Familien oder Gattungen, welche durchweg einen großen Wuchs besitzen. Man kann hier unter den Landthieren die Pachydermen, und besonders die mit einem Rüssel versehenen (proboscides) anführen, welche immer die colossalsten der Kräuterfresser gewesen sind, wie die Walfische unter den Seesäugthieren. Dagegen haben andre Familien nur in der geologischen Periode einen hohen und starken Wuchs erlangt; dahin gehören die Edentaten, von denen die Megatherium, die Megalonyx und die riesenhaften Schuppenthiere eine Größe besitzen, welche mit der der gegenwärtigen Edentaten gar nicht in Vergleich gestellt werden kann. Das Trogontherium der geologischen Epoche zeigt uns ebenfalls ein Nagethier von einer Größe, welche weit über der steht, die wir jetzt an den Arten dieser Familie beobachten. Der riesenartige Salamander endlich, welchen Scheuchzer als die Reste eines vorweltlichen Menschen betrachtet, zeigt uns, welche Größe die Gattungen, deren Arten jetzt so klein sind, zu der Zeit besessen haben, als die Erdkugel eine wärmere Temperatur barbot, als wie sie gegenwärtig hat.

Wir kennen nur noch wenige fossile oder humatile Gliederthiere, weshalb es an sich schon schwer ist, ihre Größe mit der unserer lebenden Racen zu vergleichen. Alles, was wir sagen können, ist, daß die wenigen bekannten Arten, sowohl Crustaceen, als Insecten, weder größer, noch kleiner sind, als die unsrigen, und daß es deren von allen Größen giebt. Jedoch sind die größern Arten im Allgemeinen seltener, als die kleinern.

III. Einfluß der Vertheilung der Wärme an der Oberfläche der Erdkugel auf die Größe und den Aufenthaltumfang (Stationen) der fossilen und humatilen Arten.

Wir haben schon dargethan, daß die fossilen und humatilen Arten sehr allgemein eine höhere Statur und stärkere Körperverhältnisse darboten, als ihre lebenden Analoga. Diese übermäßige Größe läßt sich in Bezug auf die Thiere besonders bemerken:

1) bei manchen Arten von Fleischfressern;

2) bei einer größern Anzahl Kräuterfresser, besonders bei denen aus den Familien der Pachydermen, Wiederkäuer und Edentaten. Der große Körperumfang dieser letztern ist un so merkwürdiger, als ihre Analoga in gegenwärtigen Zeiten nur eine geringe Größe haben;

3) bei den Wiederkäuern und besonders denen der secundären Perioden;

4) bei manchen Gattungen von Seeweichthieren.

Eine nicht weniger wichtige Beobachtung ist die: daß auch auf den Festländern, deren gegenwärtige Temperatur höher ist, und welche zuletzt aus dem Schooße der Gewässer sich erhoben zu haben scheinen, die Landthiere früher größer gewesen sind, als die, welche heutzutage auf ihnen leben. Die Veränderungen, welche sie (ihre Temperatur) erlitten, haben demnach auf die großen Arten einen größern Einfluß ausgeübt, als auf die kleinern.

So sieht man in America keine Thiere mehr von der Größe der Mastodonten, Megatherium und Megalonyx, eben so wenig als in Neuholland Arten von der Größe der Elephanten oder der Flußpferde. Und doch müssen solche Thiere daselbst gelebt haben, indem sich ihre Ueberreste noch daselbst in der Erde vorfinden. Wie kann man heutzutage auf einem Festlande leben, und welche man auf keinem andern lebend beobachtet, auch daselbst nicht in fossilen und humatilen Zustande angetroffen werden? Ochsen und Pferde hat man in America und Neuholland nicht bemerkt, sie sind aber daselbst auch nicht in fossilen und humatilen Zustande angetroffen worden. Mit manchen Pachydermen, und vornehmlich mit den Elephanten, Nashörnern und Flußpferden, scheint dasselbe der Fall gewesen zu seyn. Wenn diese Thiere nie, daselbst gelebt haben, obgleich diese Festländer in ihrem Innern Arten verbergen, welche ganz von da verschwunden sind, so müssen nothwendig merkliche Beziehungen stattfinden unter den gegenwärtigen Wohnörtern der Arten und denen, welche sie in den geologischen Zeiten gehabt haben. Jedes Festland hat demnach immer seine eigenthümlichen Arten besessen; und man könnte gewissermaßen sagen, daß sie um so mehr von einander verschieden gewesen seyen, als die Festländer, auf denen sie gelebt haben, einen verschiedenen Ursprung hatten, oder mit andern Worten, als ihre freiliegenden Theile zu verschiedenen Zeiten aufgestiegen, oder erhoben worden sind.

(Schluß folgt.)

Miscellen.

Neuangekommene merkwürdige lebende Thiere in dem pariser Museum der Naturgeschichte sind Didelphen und Chinchilla's aus America, Chamäleons aus Algier rc., auch haben die in der Menagerie befindlichen Stachelschweine ein Junges gebracht: ein bis jetzt noch nicht vorgekommener Fall.

Raphael's Skelett ist jetzt zu Rom in der Pantheons-kirche aufgefunden worden, und, wie es scheint, die Authenticität desselben außer Zweifel gesetzt. — Bemerkenswerth ist dieß vorzüglich deshalb, weil der Schädel in der Academie von St. Luca, der bis jetzt für den von Raphael galt, und auch von Gall dafür genommen und zur Stütze seiner Cranioscopie benutzt worden ist, einem Andern gehört hat, nämlich einem Canonicus des Pantheons, Adjutori.

Einschließung eines Baumstammes in einen andern beobachtete Prof. Wichmann in Braunschweig an einer Weide, ganz in derselben Weise, wie Lindley diese merkwürdige Abnormität bei einer Pappel beobachtet hat, welche Beobachtung in den Notizen No. 664 mitgetheilt ist. (Allgem. botanische Zeitung, 1833. No. 6.)

Heilkunde.

Ueber Oesophagotomie.

Eine klinische Vorlesung von G. Bell.

„Um die Gründe und die Nothwendigkeit der Oesophagotomie einzusehen, ist es zuerst nöthig, die Struktur und Function der Theile in Betracht zu ziehen. Eine solche Grundlage ist für das Studium jedes practischen Gegenstandes unumgänglich nöthig.

Es giebt nun eine verschiedenen Körpertheilen eine gewisse Sensibilität, welche von der allgemeinen Sensibilität der Körperoberfläche, so wie von der der Sinnesorgane verschieden ist; diese hat den Zweck, mannichfaltige Muskeln mit einander in Verbindung oder Sympathie zu bringen, welche vielleicht von einander getrennt liegen, aber zur Verrichtung eines bestimmten Actes nothwendig zusammenwirken müssen. Ein Act dieser Art ist das Schlucken; und gäbe es nicht eine eigenthümliche Sensibilität in dem Schlundkopfe, welche die Respirationsmuskeln beherrscht und die unwillkührlichen Bewegungen des pharynx, oesophagus und Zwerchfells in eine bestimmte Reihenfolge bringt, so würde man nie ohne Erstickungszufälle schlucken können. Bei'm Schlucken geht nämlich Folgendes vor sich: angeregt durch die Willensthätigkeit, bewegt man den Bissen in dem Munde und eben so durch eigene Willensthätigkeit bringt man ihn in den Schlundkopf hinab; sobald er aber hinter die Schenkel des Gaumensegels in den Schlundkopf eingetreten ist, so wirkt der constrictor isthmi faucium und der palato-pharyngeus zu gleicher Zeit und erfaßt den Bissen. Dieß ist nun der erste unwillkührliche Act. Die Muskeln zwängen nun den Bissen durch den obern, durch den mittlern und endlich durch den untern constrictor hindurch und schieben ihn in die Scheidenhaut des oesophagus ein, und auch jetzt kann der Bissen noch nicht hinabsteigen, außer, wenn in den Fasern des Zwerchfells, durch welches der oesophagus hindurchgeht, eine Erschlaffung eintritt. Bewundernswürdig ist nun hierbei, daß eine eigenthümliche Sensibilität alle diese Muskeln auf eine Weise zum Zusammenwirken veranlaßt, wie es durch den Willen nicht geschehen könnte. Außerdem ist nun aber auch ein anderer merkwürdiger Theil der Function zu beachten, das ist das plötzliche vollkommene Aufhören der Thätigkeit der Inspirationsmuskeln. Würde das Athmen fortgesetzt, so müßte nothwendig der Bissen in den Kehlkopf hineingezogen und Erstickungsgefahr herbeigeführt werden. Nicht genug zu bewundern ist, wie durch dieselbe Empfindlichkeit eines Organes auf der einen Seite Thätigkeiten aufgerufen, auf der andern vollkommen gehemmt werden. Dieß ist nun aber gerade der Punct, welcher hier besonders beachtet werden muß; denn es geht nun aus dem Vorigen hervor, daß, wenn ein Bissen bei'm Hinableiten aufgehalten wird, auch die Inspiration gehemmt seyn, und Erstickung folgen muß, eben so gut, als wenn der Bissen die Oeffnung der glottis selbst verschlösse.

Behält man nun diesen Grundsatz im Auge, so verdient der folgende Fall eine besondere Beachtung. Vor einiger Zeit kam ich in das Versammlungszimmer für die Kranken, und hörte einen großen Lärm, indem ein Weib aus Irland mit sehr geläufiger Zunge zankte, welche nicht bloß betrunken, sondern in jenem fast wahnsinnigen Zustande war, der bei alten Säufern bisweilen eintritt. Diesem Weib stecke ein Stück Fleisch in der Gurgel; ich aber nahm natürlich an, daß ihr Zustand nicht sehr ähnlich sey, da sie so laut und anhaltend sprechen konnte. Dennoch wollte ich sie bis zu ihrer Herstellung in dem Spitale behalten und beobachten; sie wollte aber nicht bleiben, entfernte sich, und wurde erst des Abends in weit schlimmerem Zustande wiedergebracht, worauf sie mitten in der Nacht starb. Die einzelnen Umstände dieses Falles sind kurz folgende: Die Frau war bei'm Essen beinahe erstickt und hatte sich, um sich zu erleichtern, mit großer Gewalt ihren Messerstiel in den Hals gestoßen, wonach ihr das Messer nur mit Gewalt entrissen werden konnte. Nachher wurde sie zu einem Chirurgen, und später in das Spital gebracht, wobei sich fand, daß der Schlundstab mit dem Schwamme leicht bis in den Magen eingeführt werden konnte; als sie nun zum zweiten Mal in das Spital kam, waren Athembeschwerden vorhanden, die man nicht bemerkt worden waren. Die Engbrüstigkeit steigerte sich während der Nacht, es entwickelte sich Emphysem am Halse, und gegen Morgen starb sie. Bei der Section fand sich ein Riß im untersten Theile des Schlundkopfes und oberhalb desselben zwischen pharynx und Wirbelsäule ein zähes Stück Fleisch. In dem Zellgewebe längs der Speiseröhre bis in die Brust hinab, war Serum ergossen, und eine gleiche Ergießung fand sich in beiden Brusthöhlen.

Das Erste, was ich bei jungen Aerzten zu bemerken habe, ist, daß man nicht immer so üble Folgen zu befürchten hat. Das Verfahren, welches man gewöhnlich in solchen Fällen einzuschlagen hat, ist, meiner Meinung nach, folgendes: daß Jemand ein Stück Knorpel oder Fleisch im Schlunde, oder im Schlundkopf werden dabei, ist bloß ein Zeichen, daß der fremde Körper hoch oben im Schlundkopf sitzt, denn Erstickungssymptome treten nicht ein, außer wenn derselbe die glottis oder epiglottis beinahe berührt. In einem solchen Falle kann man bald das Stück mit dem Finger erreichen, und das Beste ist, ihn mit diesem, als dem besten Schlundstab, loder zu machen, so daß er ausgestoßen werden kann. So verhält sich die Sache gewöhnlich, und es ist am Besten, alle Instrumente bei Seite zu lassen, wie überhaupt den neu aufgeschlagenen Aerzten nicht zu rathen ist, außer für Zangen aller Art viel Geld für chirurgische Instrumente zur Behandlung der genannten Zufälle auszugeben.

Gerade der vorhin erzählte Fall zeigt recht auffallend, wie nöthig es ist, immer zuerst den Versuch zu machen, ob man den in die Speiseröhre steckenden Körper nicht nach oben ausziehen könne. Denselben hinunterzustoßen, ist gefährlich, weil man ihn dadurch noch fester hineindrücken kann. In dem erzählten Falle ist allerdings ein Grad von Gewalt angewendet worden, dessen wohl kein Chirurg jemals fähig wäre. Durch die Gewalt, welche das betrunkene Weib anwendete, wurde der Bissen durch die lockern Fasern des pharynx aus dem Canale hinaus in das Zellgewebe gestoßen, welches sich zwischen pharynx und Wirbelsäule befindet. Dieß ist nicht durch den Schlundstab geschehen, denn dieser ging ohne Hinderniß durch die Speiseröhre hinunter. Die wichtigste Frage ist nun, was in diesem Falle den Tod herbeigeführt hat.

Wenn jemals im pharynx oder oesophagus eine Oeffnung entsteht, so tritt bei jedem Versuch, zu schlucken, ein Theil der Speisen oder Flüssigkeit durch die Oeffnung in das Zellgewebe aus. Dieses letztere erstreckt sich an der Speiseröhre hinab in das mediastinum, so daß die Getränke durch einen Riß in der Speiseröhre in das mediastinum und in die Brusthöhle selbst gelangen können, wie mir früher ein Fall der Art vorgekommen ist. Dieß scheint mir nun den Schlüssel zur Erklärung des obigen Falles zu geben; nicht die erste Gewaltthätigkeit tödtete die Frau, nicht die Verschließung des oesophagus verursachte Erstickung (denn der fremde Körper lag ziemlich entfernt von der Luftröhre), sondern es fand sich bei der Section hinreichende Entzündung in Hals, Thorax und Lungen, um die Ergießung in die Brusthöhle erklären zu können; der Tod war Folge dieser secundären Erscheinungen. Das Emphysem am Halse bestätigte dieß, denn die Luft kam nicht aus den Lungen, sondern sie muß durch die Oeffnung in den Schlundkopfe bei'm Schlingen in das lockere Zellgewebe hinausgetrieben worden seyn.

Ein zweiter Fall, welcher in unserm Spitale vorkam, betrifft einen Mann, welchem ein Stück von einem Schwanzwirbelknochen eines Schaafes in der Speiseröhre stecken geblieben war. Dieses Knochenstück saß fest und brachte zuletzt Ulceration, und durch die Gefahr bezeichnete, welche immer in den Fällen vorhanden ist, wo ein Knochenstück in der Speiseröhre stecken bleibt, und Ulceration der Luftröhre hervorbringt.

Ein dritter, bald darauf hier beobachteter Fall, betrifft einen Mann, welcher mit einem Stück Fleisch in dem Schlundkopf in Erstickungsnoth zu uns gebracht wurde. In diesem Falle verrichtete der wachhabende Wundarzt die Laryngotomie, ohne daß fernere Zufälle eintraten; doch wollte er die Stücke aus dem Mund herauszuziehn, erfuhr ich, daß die Zähne während des noch kurzen Zeitraumes seines Lebens fest geschlossen waren.

Wir kommen nun endlich zu dem jetzt vor uns liegenden Falle; er betrifft ein Kind, welches bloß 2½ Jahr alt ist. Die Mutter bringt das Kind, welches scheinbar wenig leidet, während sie selbst in großer Angst ist; sie ergählt uns, daß sie die Gewohnheit gehabt habe, ihrem Kinde öfter einen Knochen zum Abnagen zu geben, daß sie ihm heute wieder einen Hammelsknochen mit etwas Fleisch daran zum Abnagen gereicht, daß dieses aber das Kind verschluckt habe, und seitdem nicht mehr im Stande sey, etwas Festes, wohl aber blos ein wenig Flüssigkeit zu schlucken. Das Kind athmet frei, es schluckt in der That etwas Wasser oder Milch, doch wird aber nichts Festes hinunter. Es ist bereits von mehreren Wundärzten unseres Spitals der Versuch gemacht worden, den Körper auszuziehen, es kann mit der Fingerspitze berührt werden, welches noch den der glottis zu liegen und in der Nähe des oesophagus fest zu sitzen. Der Finger erreicht gerade eine scharfe Spitze desselben, aber bei diesem Versuche, sie zu fassen, weicht der Knochen aus und tritt tiefer hinab. Die verschiedensten Zangen und hakenartigen Instrumente sind versucht worden, aber alle erfolglos. Wir möchten sie nun seit dem unglücklichen Zufalle verflossen, das Resultat einer gen Consultation ist, daß man das Kind nicht in diesem gefährlichen Zustande lassen könne, ohne sich dem Vorwurfe auszusetzen, daß man, ohne etwas zu thun, das Kind in einem Zustande gelassen habe, in welchem es jeden Augenblick ersticken kann.

Es schien, als wenn das scharfe, eckige Knochenstück gefühlt werden könne, zugleich war es aber klar, daß, wenn man es sitzen ließ, Ulceration eintreten mußte. Die Folge davon aber würde seyn, daß ein Theil alles dessen, was das Kind irgend hinunterschluckte, in die Geschwürshöhle eindringen und allmälig eine sackartige Ausdehnung bilden werde. Setzte sich aber die Ulceration auch auf den larynx und die trachea fort, so wäre der Erstickungstod unvermeidlich, und zwar nicht durch die in die Luftröhre eindringende Flüssigkeit, sondern schon durch die Ulcerationsentzündung. welche einen fortdauernden, so heftigen Reiz ausmacht, daß Erstickung durch Krampf der glottis erfolgen muß. Ueber die Nothwendigkeit der Operation kann also in diesem Falle kein Zweifel stattfinden.

Die so eben verrichtete Operation zeigte, daß dieselbe keinesswegs leicht ist. Es wurde ein Einschnitt an dem Rande des sterno-cleido-mastoideus gemacht, hierauf eine Hohlsonde unter den platysmamyoides durchgeschoben und dieser durchschnitten; danach bediente ich mich des Messerstieles, um unter dem larynx und unter dem sterno-cleido-mastoideus weiter zu präpariren, ohne mich der Messerschneide zu bedienen. Der Rand des sterno-cleido-mastoideus wurde zur Seite geschlagen, und nun eine Weiße'sche Harnröhrenzange *) durch den Mund in den pharynx eingeführt, um denselben gegen die Schnittwunde vorzudrängen, was wegen der nachgiebigen Natur des pharynx leicht geschehen kann, so daß die Wand des pharynx in der Wunde deutlich zum Vorschein kömmt, während man ohne Anwendung dieses Mittels in der Tiefe mit großer Gefahr und Unsicherheit schneiden könnte. Hat man nun auf der Spitze dieser Zange eingeschnitten, so führt man sie durch die Wunde heraus, öffnet sie und erweitert so die Oeffnung in dem pharynx sehr leicht. Man bringt sodann die Finger zwischen den Blättern der Zange in den pharynx ein und zieht das Instrument zurück. Ich habe diese Operation vorsichtig und langsam verrichtet, und so, glaube ich, muß diese Art von Operation verrichtet werden. Mehrere Arterienzweige (von der thyroidea superior) mußten unterbunden werden; und dieß ist immer nöthig, wenn man mit Sicherheit so sehr in die Tiefe weiter operiren will. Zur Leitung des Instrumentes kann man sich auch eines Catheters bedienen, auf dessen Spitze, wie vorhin auf den Zangenblättern, man einschneidet. Ragt so die Spitze des Catheters hervor, so faßt man sie mit der Zange, zieht den Catheter zurück und läßt die Zange liegen. Hierauf öffnet man die Zangenarme und bringt zwischen ihnen die Finger ein. Auch auf diese Weise braucht man nicht in großer Ausdehnung in die Wand des pharynx einzuschneiden. Die Oeffnung war übrigens gerade an dem Uebergange des pharynx in den oesophagus angebracht. Der hier eingeführte Finger fühlte einen feststeckenden Knochen, welcher mit einer Polypenzange gefaßt und ausgezogen wurde. Es war ein viereckiges Knochenstück, der Dornfortsatz eines Wirbels. Es ist nun aller Grund vorhanden, anzunehmen, daß keine üblen Zufälle folgen, sondern im Gegentheil das Kind hergestellt werden werde.

Nun ist aber noch ein anderer Punct zu beachten, welcher ebenfalls mit dieser Operation am pharynx in Verbindung steht — die Bildung eines Sackes an dem pharynx. Ein solcher kann auf doppelte Weise entstehen. Erstens dadurch, daß ein kleines Geschwür in dem Schlundkopfe vorhanden ist, in welches bei'm Schlucken ein Theil jedes Bissens hineingedrückt wird. Mit der Zeit wird nun durch diese kleinen Ablagerungen das Geschwür in einen Sack ausgedehnt, welcher sich durch die Muskelfasern des constrictor pharyngis hindurchdrängt, und durch Anhäufung der einzelnen, von jedem Bissen zurückbleibenden, Theilchen so ausgedehnt wird, daß er endlich die Speiseröhre zusammendrückt und das Schlucken verhindert. Dieser Fall ist für die Behandlung höchst schwierig, wenn er je wirklich mit Glück behandelt worden ist.

Zweitens bildet sich ein solcher Sack zuerst in Folge eines Krampfes. Pharynx und oesophagus sind besonders bei hysterischen Frauen ganz ungewöhnlichen Krampfzufällen unterworfen. Hierbei geräth der Wille zu schlucken mit dem unwillkührlichen Acte des Schluckens bisweilen in Widerstreit, d. h., der Kranke versucht zu schlucken, aber die hiezu nöthigen unwillkührlichen Bewegungen treten nicht ein, und es wird daher der pharynx ungeheuer ausgedehnt, indem der Bissen nicht nach unten befördert wird. Auf diese Weise wird der pharynx häufig ausgedehnt und zuletzt drängt sich ein Theil seiner innern Haut zwischen den umgebenden Muskelfasern durch, ganz wie dieß unter analogen Umständen bei der Urinblase der Fall ist. Auf diese Weise ist alsdann ein Sack an dem oSchlundkopfe gebildet, welcher sich durch allmälige Anhäufung der Nahrungsmittel immer mehr vergrößert, sich zwischen Wirbelsäule und oesophagus einzwängt, die Speiseröhre zusammendrückt und den Hungertod herbeiführt. Hülfe ist in solchen Fällen äußerst schwierig zu leisten, da bei jedem Versuche, ein Instrument einzuführen, dieses eben so, wie die Speisen, leichter in den anhängenden Sack, als in die Speiseröhre eindringt. Ich würde rathen, einen solchen Kranken nie mehr durch eigene Willensthätigkeit Speisen zu sich nehmen zu lassen, sondern ihn immer durch eine Schlundröhre zu füttern, so daß sich der Sack nie füllen könnte: aber die Schwierigkeit, eine Röhre auf dem rechten Wege einzubringen und den falschen dabei zu vermeiden, ist so groß, daß es kaum möglich ist, dieselbe so oft einzuführen, als der Kranke das Bedürfniß hat, Flüssigkeiten zu sich zu nehmen; fährt er aber fort, Flüssiges zu schlucken, so häuft sich auch dieses in dem Sacke an und es folgt also Ulceration, große Zerstörungen und endlich der Tod unter langdauernden Leiden.

Ich schließe endlich damit, daß ich besonders darauf aufmerksam mache, was der Erfolg einer solchen Zusammenhangstrennung der Wand des Schlundkopfes seyn kann, und warum ich immer abgeneigt bin, irgend eine Operation an dem pharynx von dem oesophagus entweder von Innen oder von Außen vorzunehmen. Ist die Operation aber einmal gemacht, wie in dem, vorliegenden Falle, so ist es durchaus nöthig, auf das Sorgfältigste darauf zu achten, daß keine Speisetheile zwischen die Wundränder eindringen. (Lond. Med. and surg. Journ. Jan. 1833.)

Fibröse Geschwülste am innern Winkel beider Augen.

In Corsica wurde ich wegen eines Officiers zu Rathe gezogen. Dieser junge Mann hatte in seiner Jugend an Scropheln gelitten, später hatte er mehrmals leichte syphilitische Uebel, welche jedoch immer sorgfältig behandelt wurden. Vor ungefähr zwei Jahren bemerkte er, ohne eine vorangehende Veranlassung, daß am innern Winkel des linken Auges eine kleine Geschwulst erschien, welche anfangs nicht größer, als ein Nadelkopf war, bald aber den Umfang einer Erbse erreichte. Die Geschwulst lag auf der Sehne des m. palpebralis unter der Haut und war lappig. Ohne daß der junge Mann sich an einen Arzt wandte, bestand diese Geschwulst zwei Jahre lang fort, und als er nun wegen eines Kleinaugschlages, der seinen ganzen Körper bedeckte, die warmen Schwefelquellen von St. Antoine de Guagne in Corsica brauchte, richtete er auch einige Mal leichte Schwefelsolution auf die Geschwulst selbst, jedoch ohne Erfolg. Indeß blieb doch die Geschwulst auf derselben Stufe stehen, als sich auch in dem Winkel des rechten Auges eine Geschwulst von gleicher Natur, Sitz, Umfang und Entwicklungsweise zeigte. Trotz der scheinbaren Symmetrie beider Geschwülste lag doch die auf der rechten Seite höher und zwarlappig gestaltet, indem die Sehne des palpebralis sie in zwei gleiche Abtheilungen theilte. Man nennt den Kranken von einem andern Arzte die Abtragung dieser Geschwülste angerathen und nach einiger Zeit wandte sich der Kranke an mich. Bei aufmerksamer Untersuchung fand ich in dem innern Winkel jedes Auges eine harte, unschmerzhafte Geschwulst ohne Veränderung der Hautfarbe, mandelmenbrückbar, und scheinbar von der Sehne des m. orbiculare entspringend, jedoch so, daß auf der rechten Seite die Sehne die Geschwulst in zwei Theile theilte, während sie auf der linken Seite auf der Sehne aufsaß. Die Absonderung der Meibom'schen Drüschen war nicht vermehrt. Rechts war die Verbindung der obern und untern Augenlider nach innen in die Höhe gehoben, und man

*) Man vergleiche die „Chirurgischen Kupfertafeln."

bemerkte eine nicht sehr reichliche und nicht ausdauernde epiphora. Ein auf die Geschwulst längere Zeit ausgeübter Druck trieb die Thränen zurück aus dem Thränensack durch die Canälchen zurück. Die Nasenhöhle war eben so befeuchtet, wie im gesunden Zustande; das Gesicht war durch die Geschwülste ziemlich entstellt, obgleich auch die Entstellung symmetrisch war.

Ich erklärte das Gewebe der Geschwulst für ein fibröses, und werde sogleich die Gründe meiner Diagnose anführen.

Am 8. December 1830 exstirpirte ich die Geschwulst auf der rechten Seite, wo sie erst vor 6 Monaten zum Vorschein gekommen war. Ein mehrere Linien langer Einschnitt in der Richtung der Fasern des m. palpebralis reichte zur Bloßlegung der Geschwulst hin. Die Auslösung wurde dadurch erschwert, daß ich die Sehne des orbicularis, welche die Geschwulst zusammenschnürte, schonen wollte. Als ich nun die Geschwulst mit einem Haken in die Höhe hob, fand ich, daß es nicht möglich war, sie ganz zu beseitigen; sie bestand aus mehreren fibrösen Lappen, welche einzeln hervorgezogen werden mußten, wodurch auch die Operation langwierig und schmerzhaft wurde; es wurden bloß die oberflächlichsten Fasern des m. orbicularis verletzt und die Wunde schloß sich unter Anwendung eines ganz leichten Druckverbandes so vollkommen, daß bloß eine kaum sichtbare Linie die Spur der Naht andeutete. Die epiphora war verschwunden. Zehn Tage nach der ersten Operation verrichtete ich mit um so größerer Hoffnung die zweite. Die vom innern Winkel des linken Auges entfernte Geschwulst war die ältere, und bestand aus einem einzigen Lappen. Hier war daher die Operation leichter, besonders da die Geschwulst auch auf der Sehne des m. orbicularis auflag. Die Wunde schloß sich auch durch prima intentio ohne eine Spur von Entzündung.

Als ich die Geschwulst untersuchte, fand ich die Textur vollkommen fibrös; es war keine Balggeschwulst, sondern sie bestand aus einer weißen, graulichen Masse ohne eine Spur von Gefäßen, ja sogar ohne Capillargefäße. Ich vereinigte nun die Lappen von der zuerst exstirpirten Geschwulst, welche von derselben Textur war und das Aussehen des sogenannten pancreatischen Gewebes hatte, welches ebenfalls aus fibröser Substanz mit eigenthümlicher Anordnung der einzelnen Läppchen besteht. Diese Aehnlichkeit mit dem Pancreasgewebe bezieht sich jedoch bloß auf das äußere Aussehen.

Die Diagnose gewisser Geschwülste ist häufig, selbst wenn sie ganz oberflächlich liegen und hinreichend untersucht werden können, sehr schwierig. In dem beschriebenen Falle erkannte ich die Natur der Geschwulst bloß dadurch, daß ich fand, was sie nicht seyn konnte. Der Lage der Geschwülste nach konnte man zuerst an eine Thränensackgeschwulst denken, ja es wurde die Ansicht sogar einigermaßen dadurch unterstützt, daß der Kranke angab, in den ersten Tagen der Entwickelung dieser Geschwülste sey es immer gelungen, durch einen starken und fortgesetzten Druck die Anschwellung ganz verschwinden zu machen. Bei den späteren Untersuchungen gelang dieß aber, wie schon angeführt wurde, nicht; auch war die Nasenhöhle nicht trocken, die Geschwulst nicht weich, noch elastisch. Besonders täuschend war der Umstand, daß auf der rechten Seite die Geschwulst durch die Sehne des m. orbicularis in zwei Hälften getheilt wurde. An anchylops konnte man überhaupt nicht denken, da Entzündungserscheinungen fehlten. Balggeschwülste, wie Atherome Meliceren und Steatome, sind immer beweglich und las-

sen sich leicht unter der Haut verschieben und haben zugleich eine runde Gestalt.

Das fibröse Gewebe hat, vom Anfang seiner Entwickelung an, bis in die spätere Zeit eine gleiche Consistenz, wodurch es sich ebenfalls von den Balggeschwülsten unterscheidet, welche anfangs zusammendrückbar, später fest und selbst knorplig sind. Die ganze Lebensthätigkeit dieses accidentellen, fibrösen Gewebes scheint meistens bloß in der eigenen Ernährung zu bestehen, daher erregt es auch keine andern Krankheitserscheinungen, als die von seiner Schwere und seinem Umfang abhängigen Symptome. Die Geschwülste scheinen sich in diesem Falle nicht aus der Sehne des m. orbicularis herausentwickelt zu haben, sondern für sich entstanden zu seyn, wie sie ja auch bisweilen ganz selbstständig in den Augenlidern vorkommen. (Revue médicale, Novembre 1832.)

Miscellen.

Verbindung beider Herzkammern ohne Cyanose wurde im vorigen Jahre bei einem 16jährigen Burschen in dem Guy-Spitale, auf der Abtheilung des Hrn. Addison, gefunden. Der Kranke war kräftig gebaut, litt aber seit seiner Geburt an Herzklopfen und heftiger Athemsnoth bei der geringsten Bewegung, auch klagte er oft über einen lebhaften Schmerz in der linken Brusthöhle. In der letzten Zeit litt er an Oedem der Füße, hatte eine livide Gesichtsfarbe, den ängstlichen Ausdruck des Gesichtes aller Herzkranken. Blau wurde das Gesicht nie, außer nach lange dauernder Bewegung. Zuletzt betam er heftiges Fieber und häufiges Blutspeien. Die Ergebnisse des Stethoscopes waren folgende: tumultuöser, eigenthümlich schwirrender Herzschlag, Contraction der rechten Kammer lauter, als gewöhnlich mit Blasebalggeräusch, die der linken Kammer dunkel und verwirrt, schwach; mit einem eigenthümlichen Krachen. Die Leichenöffnung zeigte ein etwas großes Herz, die rechte Vorkammer erweitert, das foramen ovale geschlossen, die rechte Kammer hypertrophisch und erweitert, von gleichem Aussehen und Umfang, wie die linke; die Tricuspidalklappen gesund, die Lungenarterie halb so dick, als gewöhnlich, die Semilunarklappen verdickt und gefaltet, die linke Vorkammer und Kammer waren schlaff, auffallend klein, mit dünnen Wänden versehen. Die Mitralklappen gesund, die Aorta entspringt aus der rechten Kammer, unterhalb und rechts von der Lungenarterie, weiter nach vorne und unterhalb der Aorta ist in der Scheidewand eine Oeffnung von der Größe eines Viergroschenstücks. Die Klappen der Aorta sind gesund. (Gazette medic. 1833. 1.)

Mangel des äußern Ohres und Verschließung des Gehörganges ohne Beeinträchtigung des Gehörs beobachtete Dr. Steinmetz bei einem 1½ Jahr alten, sonst wohlgebildeten Knaben, bei welchem statt der äußern Ohres rechts drei kleine häutige Erhabenheiten, links eine dergleichen, sämmtlich ohne Knorpel, vorhanden waren. Der äußere Gehörgang fehlte entweder ganz, oder war doch wenigstens von der äußern Haut vollkommen geschlossen. Dessen ungeachtet hört das Kind recht genau, sey es nun durch die tuba Eustachii (?), oder daß die äußere Haut die Function der membrana tympani übernommen hat. (Gräfe und Walther's Journal XIX. 1.)

Bibliographische Neuigkeiten.

Mémoires de la Société géologique de France. Tome I. Première partie. in 4. Paris 1833 mit 13 Kupf.

Essai sur l'iconologie médicale, ou sur les rapports d'utilité qui existent entre l'art du dessin et l'étude de la médecine. Par J. Lordat etc. Montpellier 1833. 8.

Expériences chimico-microscopiques sur le miasme du choléra, constatant l'existence dans l'air d'un nombre infini de globules appartenant au règne animal et tirant leur origine du miasme avec une planche representant le miasme. Par Ch. Le Maout. Paris 1833. 8. m. 1 K. (Hr. Prof. Mikan hat zum Scherz Choleratbierchen abgebildet und beschrieben. Hier ist es ernstlich gemeint!!!)

Notizen
aus
dem Gebiete der Natur- und Heilkunde.

Nro. 823. (Nro. 9. des XXXVIII. Bandes.) October 1833.

In Commission des Landes-Industrie-Comptoirs zu Weimar. Preis eines ganzen Bandes, von 24 Bogen, 2 Rthlr. oder 3 Fl. 36 Kr., des einzelnen Stückes 3 ggl. Die Tafel schwarze Abbildungen 3 ggl. Die Tafel colorirte Abbildungen 6 ggl.

Naturkunde.

Ueber das Gewicht des Menschen in verschiedenen Lebensaltern

hat Hr. Quetelet, Director des Observatoriums zu Brüssel, im Julihefte 1833 der Annales d'hygiène publique et de médecine légale eine Abhandlung mitgetheilt, deren Schlußfolgerungen hier folgen.

1. Von der Geburt an existirt in Ansehung des Gewichts und der Größe zwischen den Kindern beider Geschlechter ein Unterschied; das mittlere Gewicht der Knaben ist bei der Geburt 3,20, das der Mädchen 2,91 Kilogr. Die Höhe der Knaben beträgt 0,496 Metres, und die der Mädchen 0,483 Meter.

2. Das Gewicht des Kindes nimmt bis zum dritten Tage nach der Geburt ein wenig ab, und fängt erst nach Verlauf der ersten Woche an merklich zu wachsen.

3. Bei gleichem Alter ist der Mann in der Regel schwerer, als die Frau; erst gegen das Alter von 12 Jahren hin haben Individuen beider Geschlechter dasselbe Gewicht. Zwischen 1 und 11 Jahren beträgt der Gewichtsunterschied 1 bis 1½ Kilogr.; zwischen 16 und 20 Jahren ungefähr 6 Kilogr. und später 8 bis 9 Kilogr.

4. Vollkommen ausgebildet wiegen der Mann und die Frau beinahe genau 20mal so viel, als bei der Geburt, und ihre Größe beträgt fast nur 3½ so viel, wie zu der bemerkten Zeit.

5. Im hohen Alter büßen der Mann und die Frau etwa 6 bis 7 Kilogr. von ihrem Gewichte, und 7 Centimeter von ihrer Höhe ein.

6. Während der Entwicklung der Individuen beiderlei Geschlechts sind die Quadrate der Gewichte in den verschiedenen Lebensaltern den fünften Potenzen der Höhen proportional.

7. Nach der vollständigen Entwickelung der Individuen beider Geschlechter verhalten sich die Gewichte ungefähr wie die Quadrate der Höhen.

Aus den beiden letzten Verhältnissen ergibt sich, daß das Wachsthum in die Höhe bedeutender ist, als das in die Breite und Dicke.

8. Der Mann erreicht sein stärkstes Gewicht im Alter von 40 Jahren und fängt gegen das 60ste hin an, merklich davon zu verlieren.

9. Die Frau erreicht ihre größte Schwere erst gegen das 50ste Lebensjahr hin; so lange sie fruchtbar ist, nämlich vom 18 bis 40sten Jahre, vermehrt sich ihr Gewicht nicht bedeutend.

10. Das Gewicht der vollkommen ausgewachsenen und regelmäßig gebauten Individuen schwankt zwischen Extremen, welche sich ungefähr wie 1 : 2 verhielten, während sich die Extreme der Größe höchstens zu einander verhielten, wie 1 : 1½. Dieß ergibt sich aus folgenden, auf dem Wege der Beobachtung erlangten, Werthen.

	Maximum.	Minimum.	Mittel.
Gew. d. Mannes	Kil. 98,5	Kil. 49,1	Kil. 63,7
— d. Frau	— 93,5	— 63,7	— 55,2
Höhe d. Mannes	Met. 1,990	Met. 1,740	Met. 1,684
— d. Frau	— 1,740	— 1,408	— 1,579

11. Bei gleicher Höhe wiegt die Frau etwas weniger, als der Mann, ehe die Höhe von 1,3 Meter erreicht ist, welche ungefähr dem Alter der Mannbarkeit entspricht; bei bedeutenden Höhen wiegt sie etwas mehr.

12. Das mittlere Gewicht eines Menschen beträgt, wenn man weder das Geschlecht, noch das Alter in Anschlag bringt, 44,7 Kilogr., und bringt man dasselbe in Anschlag, 47 Kilogr. bei dem Manne und 42,5 Kilogr. bei der Frau.

Ueber die Ursachen des größern Wuchses der fossilen und humatilen, im Vergleich zu den lebenden Arten.

Von Marcel de Serres.

(Schluß.)

Die Thiere der neuen Welt unterscheiden sich weniger von denen des alten Festlands als die Racen, welche auf dem Boden Neuholland's leben, deren Gestalten ganz so seltsam und fremdartig

9

sind, als die, welche man bei manchen fossilen Arten beobachtet. Und eben so unterscheiden sich diese um so mehr von den lebenden Racen, je älter und tiefer die Schichten sind, in denen sie begraben liegen. Daher ist die Zeit der Erscheinung der organisirten Arten (denn das so eben von den Thieren Gesagte läßt sich ebenfalls auf die Pflanzen anwenden), so wie die, wo die Festländer frei wurden, an denen sie sich niedergelassen haben, der Maaßstab ihrer Verschiedenheiten.

Die Verschiedenheit der fossilen und humatilen Arten in den verschiedenen Festländern scheint anzudeuten, daß diese Festländer nicht alle aus derselben Zeit sind, oder daß sie in der Epoche, wo diese Arten gelebt haben, nicht dasselbe Clima hatten, als heutzutage. Aber nicht weniger beachtenswerth ist es, diese Climate beibehielten, indem sie sich veränderten, unter einander dieselben Beziehungen, als die Climate unserer Tage. Unter den hierauf deutenden Thatsachen ist eine so merkwürdig, daß wir sie nicht mit Stillschweigen übergehen können.

Die senkrechte Höhe des bewohnten Landes ist in den gegenwärtigen Zeiten in der Neuen Welt weit bedeutender als auf dem alten Festlande. So liegen die volkreichen Städte in America in einer Höhe, wo in Europa ewiger Schnee vorhanden ist, und demzufolge alle Vegetation aufhört. Die Ueberreste der fossilen Thiere folgen ebenfalls denselben Gesetzen; denn die der Landsäugethiere werden daselbst bis zu 2,500 Meter angetroffen, während sie in Europa nicht über 500 Meter hoch vorkommen, wenn sie noch diese Höhe überhaupt erreichen.

Derselbe Unterschied findet sich in Bezug auf die Reste der Seethiere. Nach dem berühmten Hrn. v. Humboldt findet man in der Kette der Anden versteinerte Conchylien noch bis zu einer Höhe von 4000 Meter, während sie in Europa nicht über 3,500 Meter hinausgehen. Die Wirkungen der Erhebungen, von denen die Ungleichheit der Oberfläche der Erdkugel herrührt, scheinen diesen Unterschied nicht hervorgebracht zu haben; denn er bält sich immer in denselben Gränzen, wenn man ihn in die höchsten Gebirge des alten Festlands verfolgt, d. h., wenn man die Höhen, wo sich die fossilen und humatilen Landsäugethiere finden, in Asien und America mit einander vergleicht.

Dieselben oder analoge Thierarten lebten demnach in frühern Zeiten in der alten und den neuen Welt in sehr verschiedener senkrechter Höhe. Nach der Natur der thierischen Organisation setzt diese gleichzeitige Existenz eine große Gleichförmigkeit in den äußern Umständen, unter deren Einfluß diese Arten lebten, und namentlich in der atmosphärischen Temperatur voraus. Man weiß aber, daß die hochliegenden Gegenden der neuen Welt, welche fossile Reste von Säugethieren darbieten, in Folge ihrer geographischen Breite, in Verbindung mit der Höhe des Bodens fast dieselbe Temperatur bieten, als die nördlicher, aber weniger hoch gelegenen Theile des alten Festlands, wo analoge Ueberreste beobachtet worden sind.

Dieselben Verhältnisse der Temperatur, welche heutzutage unter diesen verschiedenen Regionen stattfinden, mußten demnach auch in der Epoche obwalten, wo die Landsäugethiere sie bewohnten. Wenn diese frühere Temperatur, wie mehrere Thatsachen darzuthun scheinen, der gegenwärtigen nicht gleich, sondern höher war, so muß man schließen, daß die Ursachen, welche ihre Veränderung bewirkten, auch auf die beiden Festländer einen gleichen und gleichzeitigen Einfluß gehabt haben. Ihre Wirkung muß also so gewesen seyn, daß sie die Verhältnisse, welche man noch heutzutage in der Vertheilung der auf der Erdkugel lebenden Geschöpfe bemerkt, nicht störten; was, unter andern Beziehungen, darauf zu deuten scheint, daß die Veränderungen, welche diese Länder erfahren haben, in stufenweiser und fast regelmäßiger Folge vor sich gegangen sind.

Die unter den vorzeitigen und den neuen Climaten bestehende Harmonie ist um so merkwürdiger, als die Höhengebiete (niveaux) der Schichten mit fossilen Resten durch die verschiedenen Erhebungen, welche die Erdrinde erfahren hat, sich sehr bedeutend verändert haben. Diese Erhebungen haben nothwendig Arten zu weit größeren Höhen hinaufgeführt, als die, in welchen sie ursprünglich gelegen hatten. Allein ungeachtet dieser mächtigen Ursache der

Störung, ist die Analogie der alten Climate mit den neuen noch immer merklich.

Diese Analogie scheint nur darum bemerkbar zu seyn, weil die Abnahme der Wärme auf der Erdoberfläche stufenweise statt gehabt, und einen so regelmäßigen Gang gemacht hat, daß die neuen Climate sich nur allmälig hergestellt haben. Uebrigens würden sich, wenn die Temperatur der Erde auf eine unregelmäßige und plötzliche Weise gesunken wäre, die Ueberreste untergegangener Thiere auch einigermaßen in denselben Schichten vereinigt gefunden haben; man würde sie darin nicht in aufeinanderfolgenden Generationen vergraben antreffen, wo die einfachsten früher zu Grunde gegangen sind, als die zusammengesetzteren.

Die Vertheilung der lebenden Geschöpfe, welche man in den Schichten der Länder mit ihrer Organisation in Beziehung findet, scheint darauf hinzudeuten, daß diese Geschöpfe unter verschiedenen Einflüssen gelebt haben müssen, und daß sie in Folge der Veränderungen der Umstände, welche ihre Entwickelung begünstigt hatten, vernichtet worden seyen.

Ihre Vernichtung hat in so großen Zwischenräumen von einander stattgefunden, daß man, um diese untergegangenen Racen in ihrer Gesammtheit betrachten zu können, sie in mehrere Perioden vertheilt hat, welche man mit den geologischen Hauptepochen in Einklang fand. Eben so wie unter den organischen Ueberresten, welche in den secundären, tertiären und quaternären Gebirgsschichten liegen, keine Aehnlichkeit stattfindet, so bemerkt man immer auch keine unter den organischen Resten, welche man in den verschiedenen Formationen einer und derselben Bodenmasse antrifft. Die verschiedenen geologischen Perioden der Vegetation und der Bevölkerung sind weit weniger kennbar, als man sich in unsern Zeiten vorgestellt hat; dieses beweist immer mehr, daß die Verminderung der Wärme stufenweise und außerordentlich langsam stattgefunden habe. Man sieht, z. B., die Perioden der Vegetation durch beständiges Hinzukommen neuer Pflanzen in einander übergehen, ohne daß diejenigen, welche sich vor ihnen vorfanden, ganz verschwänden. So bezeichnen die Dicotyledonen sehr gut die tertiäre Periode; aber sie sind schon von der secundären Epoche an aufgetreten; ihre Anzahl hat seitdem nur zugenommen.

Andrerseits giebt es manche Thiere, welche sich durch alle Epochen hindurch fortgefunden haben, wie die Zoophyten, Ringelwürmer, Gliederthiere, Weichthiere und selbst die Fische, vorzüglich die Arten, welche in salzigen Wassern leben. Noch mehr: wenn eine Familie oder eine Gattung untergegangen war, so fand ihre Vernichtung nicht mit einem Male, sondern nach und nach statt und nur, wenn die Veränderungen, welche diesen Untergang verursacht hatten, so groß wurden, daß die Art ihnen nicht mehr widerstehen konnte.

So haben die vielkammerigen Conchylien der Gattungen Ammonites und Belemnites, nachdem sie die ganze secundäre Periode hindurch bestanden hatten, von der Zeit der Niederschlagungen der tertiären Gebirgsmassen an gänzlich aufgehört. Die Reptilien, deren Anzahl und Größenverhältnisse in der secundären Epoche so beträchtlich waren, sind während der tertiären Periode nicht untergegangen; sie waren in salzigen Wassern leben. Noch mehr: wenn eine zwar seltener und man könnte gewissermaßen sagen, die stärksten Arten dieser Classe hätten in dem Sinken der Temperatur des Erdballs nur ihren Wohnplatz verändert. Ja die Crocodile unserer Tage scheinen in der That sehr gut diejenigen zu vertreten, deren Reste sich in den tertiären Formationen finden.

In Bezug auf die Landsäugethiere scheinen sich nicht dieselben Thatsachen zu wiederholen, vielleicht weil diese Thiere sehr spät auf dem Schauplatze der alten Welt erschienen sind. Vor den tertiären Schichten findet sich fast keine Spur von ihnen; denn das einzige Beispiel, welches die secundären Formationen geliefert haben, ist bei weitem nicht so wichtig in jener Epoche. Wenn sie vor dieser Epoche nicht erschienen sind, so kann dies von mehrern Ursachen herrühren, deren die wichtigste unbezweifelt auf der geringen Umfang der freiliegenden Länder sich bezieht. Der Ocean, welcher während der secundären Periode noch nicht von den innern Meeren getrennt war, hatte die Theile unserer, heutzutage wie in der tertiären. Periobe zwischen dem Ocean und den innern Meeren liegenden Fest-länder, noch nicht frei gegeben; dem zu Folge hatten sich auch kei-ne Landthiere darauf ansiedeln können. Uebrigens würden auch, in-dem die Landpflanzen weniger mannichfaltig und in geringern Räu-men verbreitet waren, die Säugethiere, welche von ihrer ersten Er-scheinung an, wesentlich aus kräuterfreffenden bestanden, dafelbst nicht viel eher eine hinlängliche und ihren Bedürfnissen angemessene Nahrung haben finden können. Die ungeheure Zahl gleichförmiger Pflanzen der zweiten Periode, von deren außerordentlicher Stärke die Kohlenschichten zeugen, deutet uns ebenfalls an, daß die Land-thiere daselbst noch nicht leben konnten; denn diese hätten nothwen-digerweise für eine so wundervolle Entwickelung in der Vegetation ein Hinderniß seyn müssen.

In Folge der großen Ausbreitung des Meers sind die secun-dären Ablagerungen wesentlich oceanische, indem sie in eben so aus-gedehnten, als tiefen Meeren entstanden sind. Die tertiären Nie-derschläge sind dagegen litoralische und konnten wahrscheinlich in ih-ren Schichten keine Ueberreste von Landsäugethieren aufbewahren, welche auf die alten Ufer geworfen worden waren. Es wäre da-her möglich, daß, wenn Thiere dieser Classe wirklich seit der Abla-gerung der tertiären Schichten gelebt haben, was der Zustand der Erdkugel in dieser Epoche durchaus nicht vermuthen läßt, ihre Ue-berreste, in das ungeheure Becken des alten Oceans hinabgezogen, sich nicht erhalten hätten, wie die Reste von Thieren, welche daselbst in Menge lebten.

Unterfucht man andrerseits die verschiedenen Formationen der tertiären und quaternären Gebirgsmassen, in denen man die Ueberreste von Landsäugethieren antrifft, so erkennt man leicht, daß diese Arten nach und nach erschienen sind; sie sind in der That nach und nach hintereinander erloschen, und zwar um so vollständi-ger, als sie mit unsern gegenwärtigen Racen weniger Aehnlichkeit hatten.

So, z. B., bezeichnen die Pachydermen wesentlich die tertiären Niederschläge; sie sind in ihnen am zahlreichsten, sowohl in Bezug auf Individuen, als auf Arten, während die Solipeden, Wieder-käuer und Fleischfresser diejenigen Thiere sind, welche die quater-nären Ablagerungen characterisiren. Aber unter den Pachydermen der tertiären Epoche zeigen sich die Paläotherium in den Meeres-becken über den tertiären Gypsformationen selbst. In den Mittel-meerbecken des füdlichen Frankreich's findet sich diese Thiergattung noch bis in den quaternären Niederschlägen hinauf. Man entdeckt wirklich die Ueberreste derselben in dem Süßwasserkalk, welcher un-ter dem, den tertiären Formationen angehörenden Grobkalk (calcaire moëllon) und Seesand lagert, aber in letztern finden sie sich eben-falls: man beobachtet sie außerdem aber auch in dem körnigen Süß-wasserkalk und den Knochenbreccien, welche den quaternären Gebirgs-massen angehören. Demnach haben diese Thiere in dem Mittel-meerbecken weit länger fortgelebt, als in denen des Weltmeers. Mit den übrigen Landsäugethieren scheint es derselbe Fall zu seyn, und vielleicht hängt dies von der höhern Temperatur ab, welche in den erstern dieser Becken herrschte.

Der Lophiodon, welche in dem Becken des Weltmeers bloß auf die Gypsablagerungen beschränkt sind, lebten noch nach der Zeit der Ablagerung des Grobkalks und des Seesands in den Bek-ken des Mittelmeers. Was die Anoplotherium betrifft, so scheinen diese mehr auf die ihnen angewiesenen Aufenthaltsorte beschränkt gewesen zu seyn: in den Becken des Weltmeers auf die Gypsnieder-schläge und in denen des Mittelmeers über dem, unter dem Grobkalk lagernden Süßwasserkalk, nicht mehr. Mit den Crocobilen ist dieß aber nicht der Fall; diese Reptilien, welche in den Weltmeerbecken auf die unter den tertiären Gypslagern lie-genden Kalkschichten, oder auf den Gyps selbst beschränkt sind, er-ftrecken sich in den Mittelmeerbecken bis zum Seesand hin; doch entdeckt man sie auch in den unter dem Grobkalke liegenden Schich-ten, d. h. in dem blauen, subapenninischen Mergel und den unter ihm liegenden Kalksteinen.

Diese Verschiedenheit der Lagerung unter den Arten, welche in den tertiären untergetauchten Becken begraben liegen, die doch ein-ander so nahe sind, wie, z. B., die des nördlichen und füdlichen Frankreich's, scheint darauf zu deuten, daß sowohl während der geo-

logischen Periode, als wie zu her jetzigen Zeit, die Temperatur der letztern Becken höher war, als die der erstern.

Diese Thatsachen beweisen auch, daß die früheren Climate bei ihrer Veränderung dieselben Verhältnisse behalten haben, als die, welche man heutzutage an ihnen beobachtet, und daß ihre Verän-derungen nur stufenweise vor sich gegangen sind. Aber obgleich diese nur nach und nach, und mit einer gewissen Langsamkeit ein-traten, so haben sie doch am Ende eine große Anzahl Arten ver-nichtet, wahrscheinlich als diese Arten an den Orten, wo sie lebten, nicht mehr sie für ihre Organisation zuträgliche Temperatur, oder nicht mehr die andern, zu ihrem Leben nothwendigen, Bedingungen fanden.

Der Untergang aller erloschenen Racen konnte daher ganz al-lein in dem Sinken der Wärme, mit den Ueberschwemmungen ver-bunden, welche die Folge davon gewesen zu seyn scheinen, seinen Grund gehabt haben. Diese Vernichtung hat ohne Umwälzungen und ohne heftige Erschütterungen vor sich geben können, denn wahr-scheinlich haben die einfachsten und natürlichsten Ursachen sie bewirkt. Es ist in der That schon zur Vernichtung einer Race hinreichend, daß die Anzahl ihrer Todesfälle größer sey, als die ihrer Geburten; und wie viele ganz gewöhnliche Ursachen können nicht dieses Resul-tat herbeiführen!

Man darf um so mehr vermuthen, daß in den gegenwärtigen Zeiten die Anzahl der Pflanzen, so wie die der Thiere, unaufhörlich sich vermindere, in Folge der Wirkung, welche die einen auf die an-dern ausüben. Wer weiß, ob die Pachydermen der alten Welt, welche die colossale Größe besaßen, oder diese Bären der ersten Zeiten, welche an Größe unfern Pferden gleichkamen, nicht ihre Ra-ce untergehen sahen, so wie die Erde nicht mehr die ungeheuern Wälder aufzuweisen hatte, wo früher diese Thiere zugleich mit ei-nem sichern Aufenthalt auch eine reichliche Nahrung fanden! Ohne Zweifel wiegt der Mensch durch seinen mächtigen Einfluß diese Wir-kungen auf; aber wenn er auch die für ihn nützlichen Arten fort-pflanzt, so vermindert er eben so die Anzahl der ihm schädlichen betrüchtlich, und er wendet alle seine Kräfte an, diejenigen, welche er vorzüglich zu fürchten hat, ganz zu vertilgen. So strebt end-lich der Mensch selbst, indem er sich zu jeder Zeit mit einem durch seine Bedürfnisse gebotenen Eifer damit beschäftigte, neues Land ur-bar zu machen, dessen, so wie die gegenwärtig wirkenden Ursachen, die Anzahl der lebenden Arten vielmehr zu vermindern, als zu ver-mehren.

Man kann aus diesen letzten Thatsachen eine wirklich merk-würdige geologische Folgerung herleiten: die nämlich, daß die qua-ternären Gebirgsformationen, welche eine große Anzahl Ueberreste von Hausthieren in sich schließen, durchaus nach dem Erscheinen des Menschen sich niedergeschlagen haben müssen. Wenigstens fin-det man vor diesen Ablagerungen fast keine Spur dieser Gattung von Thieren, während sie in der quaternären Epoche fast immer so häufig geworden sind, als jetzt, welches neben den verschiedenen Ra-cen, die sie hervorgebracht, und von denen sie, indem er sie von sich abhängig machte, ihre Fortpflanzung begünstigt hat.

Es giebt endlich noch eine Thatsache, die wirklich beweist, daß die neuen Climate nur allmählig sich hergestellt, aber auch dieselben Be-ziehungen behalten haben, als wie zu unsern Tagen an hatten. Die Grypheen, welche, wie die Ammoniten und Belemniten, nur in den secundären Schichten beobachtet worden waren, sind neuerlich auf den Küsten Africa's in den tertiären Formationen beobachtet wor-den; es wäre daher möglich, daß, wenn sie in der Nähe des Pole entdeckt würden, man sie in der Uebergangsformation anträfe; da die Temperatur der Polargegenden weit schneller gesunken ist, als die unserer Climate und vorzüglich der zu heißen Gegenden, wie die Küsten Africa's sind.

Man darf vielleicht dieser Ursache die unzählbaren Ueberreste von Elephanten und die Reste der in den Polargegenden und dem Norden von Asien entdeckten Nashörner, wo diese Thiere eben so gelebt zu haben scheinen, als bei uns, zuschreiben. Die Anzahl der Ueberreste dieser großen Thiere ist beträchtlich und diese Ueberreste selbst find so gut erhalten, als hätte man auf jene Vermu-thung kommen sollte. Wenn übrigens die Elephanten und Nas-hörner in den eisigen Ländern Siberien's oder denen nicht fern vom

Eismeere gelebt haben, so kommt dieß nicht allein daher, weil sie
lange gegen die Kälte schützende Haare oder eine Organisation hatten, welche jener zu widerstehen erlaubte, sondern wohl mehr davon, weil diese Länder eine so hohe Temperatur genossen, daß die
Erde beständig mit frischen Kräutern und die Bäume mit grünen
Blättern bedeckt waren. Elephanten mit Pelzen, gleich denen unserer Marder und Füchse, würden heutzutage gewiß nicht mehr an
Orten leben, wo man ihre Ueberreste entdeckt, indem die Erde daselbst nicht mehr die zu ihren Bedürfnissen nöthigen Pflanzen liefert.
Wenn sie daher dort, so wie in unsern Climaten, zu leben aufgehört haben, so kömmt dieß daher weil sie nicht mehr die ihnen
nöthige Wärme und Nahrung daselbst fanden.

So treffen alle Thatsachen zusammen, um uns anzudeuten, daß
die Erde früher einer viel höhern Temperatur genoß, als gegenwärtig, und daß die unveränderlichen Climate, welche sie jetzt erlangt hat, sich nur langsam und allmälig hergestellt haben, worin die Hauptursache der Mannichfaltigkeit und der Verschiedenheit
der fossilen und humatilen Arten im Vergleich mit unsern lebenden Racen liegt.

Kurz zu wiederholen, zu allen Zeiten, wie an allen Orten,
scheinen die Größe und Entwickelung der lebenden Arten durch die
Einwirkung der Wärme und besonders der feuchten Wärme, in
Bezug auf Pflanzen und manche Thiergattungen, wie, z. B., Reptilien, und man könnte vielleicht die Pachydermen hinzufügen, begünstigt worden zu seyn.

Der Umfang der Festländer scheint daher nie auf den Wuchs
und die Größe der organisirten Geschöpfe einen unmittelbaren Einfluß gehabt zu haben, weil ja der Zeit, wo die freitliegenden Länder die geringste Ausbreitung hatten, die Geschöpfe ihre höchsten
Größenverhältnisse erreicht haben.

Indem dagegen die Wärme die Ursache der größern Wirkung
der Lebenskräfte war, so konnte ihre Verminderung für die Thiere
und Pflanzen, denen sie zum Bedürfniß geworden war, nur scha-
denbringend seyn; und sobald diese Verminderung beträchtlich wurde, unterlagen sie ihr endlich.

Die Versteinerung scheint bei den fossilen und humatilen Arten
keinen größern Wuchs hervorgebracht zu haben; denn der Wuchs
ist derselbe, eben so bei denen, welche nicht versteinert sind, als bei
denen, welche die größern durch den Versteinerungsproceß,
der auch heutzutage an Körpern, welche im Becken des Meeres
versenkt sind, vor sich geht, ihr Volumen nichts; es ist daher
wahrscheinlich, daß es bei den Geschöpfen, welche in der geologischen Periode sich noch mehr versteinert haben, als es schon bei
ihrem Leben der Fall war, wohl eben so seyn möge.

Kurz, diese bedeutenden Größe, welche man von den fossilen
und humatilen Arten kennt, rührt demnach von der stärkern Wärme
und Feuchtigkeit der geologischen Zeit, so wie von dem größeren

Reichthum an Nahrung her, welche die Land- und Wasserthiere
zu jener Zeit auf der Oberfläche der Erdkugel fanden.

Miscellen.

Ein höchst merkwürdiges Präparat wird unter denen
erwähnt, welche am 9ten Juli der Zoological Society zu London
vorgezeigt wurden. Es gehört zu den Dingen, welche Hr. George
Bennet während seines Aufenthalts in New South Wales gesammelt und dem Museum des Royal College of Surgeons verehrt hat. Es heißt davon: Es befand sich darunter auch der Uterus eines Känguruh, worin der Fötus mit einer damit
in Verbindung stehenden Placenta zu sehen war. Hr. Owen, welcher das Präparat vorzeigte, bemerkte darüber, daß er es noch nicht
hinlänglich untersucht habe, um die Structur des an dem Präparate
sichtbaren Umbilicalanhanges zu bestimmen. Es wurden übrigens auch
skizzirte Zeichnungen vorgelegt, welche Hr. G. Bennet von dem
fötalen Känguruh in utero gemacht hat (The London and Edinburgh Philosophical Magazine, October 1833. pag. 301.)

Ueber das Alter der Schmetterlinge und Motten
ist behauptet worden, daß die natürliche Dauer ihres Daseyns ein
ganzes Jahr betrage, weil man bisweilen während des Winters
oder Frühlings ein solches Thier mehrere Monate nach der gewöhnlichen Zeit ihres ersten Erscheinens gefunden hat. Aber diese Fälle
beweisen nicht, daß die Thiere dem natürlichen Gange der Dinge
nach so lange leben, sondern sie rühren von zufälligen Ursachen her,
z. B., davon, daß das Insect nicht mit einem Männchen zusam-
menkam und seine Art fortpflanzen konnte. Dieß ist eine der gewöhnlichsten Ursachen der unnatürlichen Verlängerung des Lebens
der Insecten. Bringt man, um dieß zu untersuchen, ein Männchen
und Weibchen von einem Schmetterling in einer mit einer Gaze verschlossenen Schachtel, und in eine andere ein Weibchen allein, so wird
das Paar Eier legen und zur gewöhnlichen Zeit sterben, während
das jungfräuliche Thier Monate lang unverändert fortlebt. (Field
Naturalist's Magazine, Juny 1833.)

Schildläuse (Cocci) auf einem Apfel. Hr. Rennie
erzählt in seinem Field Naturalist's Magazine, February 1833, daß
er einen Apfel erhalten habe, auf dessen Schaale eine große Anzahl Schildläuse (coccus) unregelmäßig zerstreut gewesen seyen.
Das Insect glich außerordentlich dem Coccus conchiformis (Gmelin) der Ulme; doch saß es hier weiter weniger in Haufen
zusammengedrängt, als gewöhnlich diese Thiere. Da aber die des
Apfels sich gerade in dem Zustande von Winterschlaf, wenn man
so sagen darf, befanden, indem nämlich der vertrocknete Körper der
Mutter die Eier bedeckte und schützte, so ließ sich die Verschiedenheit der Art nicht genau angeben. Es ist dieß aber die einzige Art,
welche auf einer Frucht vorkommt.

Heilkunde.

Merkwürdiger Fall eines von einem dreizehnmo-
natlichen Kinde verschluckten Taschenmessers.

Vom Physicus Dr. Heseler.

(Aus den reichhaltigen „Mittheilungen in der Nähe der Medicin,
Chirurgie und Pharmazie; herausgegeben von C. H. Pfaff"
[IIten Jahrganges 2ter Heft. Kiel 1833].)

„Die dreizehnmonatliche Tochter eines in der Nähe von
Lütjendorf wohnenden Pächters spielte mit einem Taschen-
messer, welches drei Zoll lang, an dem einen Ende einen
und an dem andern Ende reichlich einen halben Zoll breit
war. Die abgebrochene Klinge befand sich eingeschlagen. In

der Wiege liegend steckte das Kind sich das Messer in den
Mund, welches durch das Zuthun des Kindes selbst oder
durch die horizontale Lage, worin es sich befand, in den Hals
gerieth und ehe das gegenwärtige Kindermädchen hinzueilen
konnte, schon so weit verschluckt war, daß man es nicht
mehr fassen konnte. Sie nahm das sich heftig würgende,
im Gesicht aufgedunsene und blauverbende Kind auf den Arm
und trug es zu der Mutter. Dieses Würgen und die Erstik-
kungszufälle, die jeden Augenblick dem Kinde den Tod drohten, hielten etwa ¼ Stunden an. Es wurde gleich zu mir
gesandt, aber ich konnte erst zwei Stunden nach jenem Unfalle kommen. Das Kind, welches ich oft schon gesehen hatte,

was mich ebenfalls kannte, war jetzt wie immer, es ging zu mir hin, war ruhig, hatte kein Erbrechen mehr und gab keine Aeußerung von Schmerz. Es war so ruhig und unverändert, daß wir alle fragten, hat das Kind wirklich das Messer verschluckt? Aber sowohl die Versicherung des jammernden Kindermädchens, daß sie leider der Kleinen das Messer, welches, wie Mehrere bestimmt wußten, noch des Morgens auf dem Tische gelegen hatte, gegeben habe und das vergebliche Suchen nach demselben, nöthigte zu der Annahme, daß das Messer jetzt im Magen des Kindes sey.

Um den zu befürchtenden entzündlichen Zufällen wenigstens keinen Vorschub zu leisten, wurde das Kind auf sehr magere Kost gesetzt, ihm immer Wassergrütze, Buttermilchsuppe und verdünnte Milch gereicht; außerdem wurde Ricinusöl gegeben und ein Klystier verordnet. Das Oel und die Klystiere unterhielten täglich 2 – 4 mal Oeffnung, ohne daß man bei dem Kinde irgend Schmerzen beobachten konnte. Am 5ten Tage wurde es unruhig und schrie. In der Besorgniß, daß jetzt Entzündung einträte, nahm ich Blutegel mit. Aber ich fand keine Indication zu ihrer Anwendung. Das Kind litt freilich an einem schwachen Reizfieber, wovon die Ursache aber ein durchbrechender Zahn war. Der Unterleib zeigte keine Empfindlichkeit und keine Spannung und partielle Härte. Ich sah die Kleine fast täglich und fand immer denselben fehlerfreien und schmerzlosen Zustand. Am zwölften Tage Abends war die Kleine unruhig und schrie sehr heftig. Indessen fand ich sie bei meiner Ankunft schlafend. Bei der Untersuchung des Unterleibes schien mir an der Stelle, wo das colon ascendens in das colon transversum übergeht, eine oberhalb fühlbare Spannung, aber keine Empfindlichkeit vorhanden zu seyn. Ich ließ das Kind wieder zu Bette bringen und blieb die Nacht dabei, um nach Umständen das Zweckmäßigste thun zu können. Es blieb ruhig, nahm einigemal Ricinusöl, erhielt aber keine Blutegel, da kein einziges Symptom ihre Anwendung erforderte. Am folgenden Tage verließ ich die Kleine um 10 Uhr. Als ich Mittags 1 Uhr auf meiner Stube saß, kam der Bote mit der frohen Nachricht, daß das Messer, in Gegenwart der Mutter, dem Kinde glücklich abgegangen sey.

Dreizehn volle Tage hatte also das Messer bei einem dreizehnmonatlichen Kinde verweilt, ohne irgend Zufälle zu erregen, die Gefahr drohten. Nur am zwölften Tage des Abends, als das Messer jenen Winkel, welchen die beiden oben angeführten Theile des colon machen, passiren sollte, fand es ein Hinderniß, nach dessen Beseitigung es 14 Stunden später ohne Schmerz abging."

Von den Muttermälern am Kopfe.

Von K. Unger.

Beclard sagt in seiner allgemeinen Anatomie, die Muttermäler oder Teleangiektasien seyen ein zufällig gebildetes erectiles Gewebe in dem Organismus, ähnlich dem Varix, dem aneuryma per anastomosin und dem aneuryma in den kleinsten Arterien. Diese Behauptung verdient eine nähere Untersuchung. Am einfachen Varix, wie er an den untern Gliedmaßen vorkömmt, und sogar an der varico – und cirsocele ist durchaus nichts Anderes als eine durch chronische Entzündung bedingte Ausdehnung der Venenhäute zu bemerken, auch die Hämorrhoidalknoten, welche Beclard für eine Varietät des zufälligen erectilen Gewebes ausgiebt, sind sowohl in der Schleimhaut des Mastdarms als im Umfange des Afters nach Unger's Untersuchungen immer nur verhärtetes Zellgewebe, in welches eine mehr oder weniger erweiterte Vene sich ergießt, niemals aber darin sichtbare Anastomosen unterhält. Eine eigenthümliche Erectilität ist in diesen krankhaften Veränderungen der Venen nicht zu bemerken, sie schwellen zwar bisweilen an, dies geschieht aber bloß in Folge entzündlicher Reizung, oder in Folge activer oder passiver Congestion.

Das aneurysma per anastomosin, zu welchem wahrscheinlich auch die aneurysmatischen Knochengeschwülste gehören, ist zwar in neuerer Zeit beobachtet, aber noch nicht pathologisch-anatomisch genau untersucht worden. Eine genauere Vergleichung dieser Krankheit mit der übrigen kann also gar nicht noch nicht vorgenommen werden.

Ueber die Textur des naevus maternus hat Unger vor Kurzem eine sorgfältige anatomische Untersuchung anzustellen Gelegenheit gehabt. Eine Dame brachte ihm einen siebenmonatlichen Säugling, welcher die merkwürdigsten Muttermäler an sich trug. Das Gesicht des sonst wohlgebildeten Kindes war aufgedunsen und von varicösen, mit den Temporalvenen anastomosirenden Venen durchzogen. Von den Schläfenvenen aus verbreitete sich eine dunkelblaue, elastische, nicht pulsirende Geschwulst über die Stirn und bildete ein Mal mit einem dichten Gefäßnetz von concentrischen varicösen Venen. Ein gleiches, noch dichteres Mal befand sich auf der rechten Wange bis zum Ohrläppchen und Zigenfortsatze; ein drittes, noch ausgezeichneteres am Hinterkopfe und auf dem Nacken, welches eine an seinen vier Ecken polsterähnlich ungeheuer ausgedehnte Vene zeigte, von welchem Verästlungen zu den in der Mitte befindlichen Gefäßinseln gingen. Zahllose kleinste Mal am Rumpf und an den Extremitäten zerstreut, und diese hingen bisweilen durch Venenzweige mit einander zusammen; einige kleinere, sternförmige fanden sich sogar auf der Fußsohle. Compression der Venenstämme vergrößerte sie, die der Arterien hatte gar keinen Einfluß. Uebrigens war das Kind gesund.

Ein Heilverfahren war hier nicht anzuwenden und man beschränkte sich auf fortwährende Beobachtung. Nun erkrankte das Kind einmal an einer Luftröhrenentzündung und starb trotz sogleich vorhandener Behandlung am zweiten Tage unter den heftigsten clonischen Krämpfen. Die Eltern gestatteten die Leicheneröffnung mit der Bedingung, daß am Kopfe keine entstellende Zergliederung vorgenommen würde. Zuerst wurde die frühere Diagnose durch die Section bestätigt; dann wurden Untersuchungen über die Anatomie der Muttermäler angestellt. Nirgends zeigte sich etwas Anderes, als erweitertes, einfaches Schleimgewebe ohne Bildung von Häuten und ohne fibröse Streifen und Stränge wie sonst im erectilen Gewebe vorkommen. In diesem Schleimgewebe verbreiteten sich die peripherischen Venenstämme und bildeten durch zahllose Verästelungen Anastomosen. An den größern Gefäßzweigen war bloß die gewöhnliche Structur der Venen und keineswegs die der Arterien zu bemerken. Eben so fand es sich in dem naevus selbst, wenn derselbe mehr oder weniger durch Salzsäure verdichtet worden war.

Hiernach hält Unger die Muttermäler für angeborene Erweiterungen der Venenäste und Venenenden (venöse Angiektasie) in Folge abnormer Weichheit der Venenwandungen; ist der höchste Punct der möglichen Erweiterung erreicht, so tritt das Blut per diapedesin und per anastomosin in das umgebende Zellgewebe aus, erweitert dieses, macht es fähig, die immer mehr sich erweiternden Venen aufzunehmen und bildet so die verschieden gestalteten Muttermäler. Ein Muttermal durch arterielle Angiektasie ist bis jetzt nicht gesehen.

Die Muttermäler sind nun angeborne Mißbildungen, welche nur einen sehr geringen Einfluß auf das Organ, in welchem sie sich entwickeln, äußern. Eine Entartung kömmt wohl niemals vor, und selbst, wenn Entzündung und Eiterung eintritt, so ist kein Substanzverlust damit verbunden, wie die Narben der Muttermäler zeigen.

Die Muttermäler am Kopfe nehmen zuweilen aus den Schädelbedecken ihren Ursprung und geben alsdann die nächste Veranlassung zu den seltnern Cephalhaematomen; dafür spricht die überaus heftige Venenblutung, welche nach Erstirpation der Muttermäler am behaarten Theile des Kopfes eintritt und schon bisweilen tödtlich geworden ist. Daß bei der Geburt sich bisweilen bloß die erste Spur eines solchen Muttermals zeigt, welches sich dann erst viel später ausbildet, ist bekannt.

Die Aetiologie der Muttermäler ist noch durchaus unbekannt. Das Angeborensen erklärt die Ursache nicht, und das Versehen der Schwangern hat, alles Uebrige abgerechnet, wenigstens für die Chirurgie keinen Werth, da diese die Ursache der Krankheiten in den mechanischen Veränderungen der Theile nachzuweisen hat.

Die chirurgische Behandlung der Muttermäler ist vom Wesen derselben abhängig. Solche, die von einem Urfehler in einem für sich abgeschlossenen örtlichen Venensysteme ausgehen und sich der Fläche nach sehr ausbreiten, vermag die Kunst nicht zu beseitigen, und die Natur setzt bloß ihrer fernern Ausdehnung Gränzen und unterhält sie als bleibende Deformität. Solche Mäler dagegen, welche auf einzelne, überdieß peripherische Venen beschränkt sind, beseitigt die Natur zuweilen durch abhäsive Entzündung, und dieß hat die Kunst nachzuahmen, und es ist einleuchtend, daß die abhäsive Entzündung (in einer Wunde) am geeignetsten ist, die Obliteration durch Vereinigung der Gefäßwandungen und des Schleimgewebes zu Wege zu bringen. Die Erstirpation ist hiezu offenbar das beste Verfahren, indessen beschränkt es sich doch nur auf Mäler von geringerem Umfang und ist überdieß in Beziehung auf die Oertlichkeit unausführbar, z. B., an den Augenlidern, an den Lippen. Häufiger ist die Ligatur anzuwenden, sowohl an den Venenästen als an der Basis des naevus. Dieser zunächst steht die Compression in Verbindung mit abstringirenden und abhäsiventzündung erregenden Mitteln. Die Aetzung mit gleichzeitiger Scarification ist bei oberflächlichen Naeven passend, erfordert aber eine große Ausdauer bei der Behandlung. Manche Mäler endlich bedürfen einer complicirten Behandlungsweise.

1ste Beobachtung. Naevus der Oberlippe, durch Unterbindung und Aetzung geheilt.

Emilie L., 9 Monate alt, ein sonst schönes Kind, hatte eine immer mehr sich entwickelnde Entstellung der Oberlippe. Bereits einige Monate nach der Geburt wollten die Eltern eine periodisch wiederkehrende Geschwulst in der Mitte der Oberlippe wahrgenommen haben, die sie nicht sonderlich beachteten, bis die Hautdecken der Oberlippe ein bläuliches Aussehen bekamen. Allmälig verlängerte sich die Mitte der Oberlippe, nahm eine zapfenförmige Gestalt an, dehnte sich noch mehr aus, die Venen bildeten einen varicösen Kranz, der sich über die Mundwinkel zur Unterlippe hinabzog, so daß das Ganze einer rüsselartigen Verlängerung nicht unähnlich wurde. Die Schleimhaut der Oberlippe war stark gefaltet, und über die innere Wangenhaut verbreiteten sich zu beiden Seiten varicöse Stränge und Knoten; ähnliche Varicositäten waren auch an den äußern Venen zu bemerken. Die Verlängerung belästigte das Kind, welches nun beständig daran saugte, und dadurch ihre Fortbildung beschleunigte. Die Erstirpation war bei diesem an dem Mundwinkel nicht begränzten Naevus nicht möglich. Unger verfuhr daher folgendermaßen: vermittelst Heftnadeln führte er 3 Bleidrähte tief durch die varicösen Venenäste an der Schleimhaut und zugleich am Bändchen der Oberlippe hindurch; die nicht geringe Blutung stillte er durch das Zusammendrehen der Drähte, und setzte dieses einige Tage gradweise fort; bereits am fünften Tage war auffallende Veränderung zu bemerken, nun aber schnitten die Drähte durch. Da eine wiederholte Anlegung derselben nicht räthlich schien, so wurde die innere Lippenhaut scarificirt und zuerst verdünnte, dann reine Salzsäure angewendet; die Schleimhaut runzelte und verdickte sich, und die rüsselförmige Verlängerung war im Anfange der dritten Woche im Verschwinden. Die verdickte Schleimhaut schien nun, gegen die Salzsäure nicht mehr zu reagiren; sie wurde daher täglich öfters mit liquor stibii mutiatii betupft; da sich hierdurch entzündliche Reaction mit Excoriation einstellte, so wurde das Betupfen behutsamer fortgesetzt. So wurde bis zum

Ende der siebenten Woche die vollständigste Heilung herbeigeführt. Die Dentition war während der Behandlung eingetreten und nicht gestört worden. Zu Ende des zweiten Jahres starb das Kind plötzlich am Croup, wurde aber nicht secirt.

2te Beobachtung. Naevus durch Compression geheilt.

Die fünfjährige Tochter eines Apothekers hatte einen naevus, welcher gleich nach der Geburt am Hinterhaupt angefangen und sich nach und nach über die linke Schulter ab- und einwärts zur Achselhöhle so ausgedehnt hatte, daß er in der That einem weichen Schulterpolster ähnlich war. Man sah nicht allein ein Venengeflechte in Form eines corpus pampiniforme, sondern man fühlte auch in der Tiefe Knoten und Stränge, an denen durchaus keine Pulsation wahrnehmbar war. Dabei erschien der Arm der leidenden Seite abgemagert, es waren die weichen Theile an der linken Rumpfseite beträchtlich erschlafft und es entwickelte sich eine scoliosis der rechten Seite. Die Heilung wurde durch vorläufige Waschungen mit verdünnter Schwefelsäure eingeleitet; schon diese verdichteten die Hautdecken und bewirkten merkliche Abnahme der Geschwulst; doch blieb noch die Varicosität zurück. Nun wurden graduirte Compressen vermittelst der Rollbinde angelegt; damit keine Excoriation entstände, wurden die Waschungen mit Schwefelsäure ausgesetzt und durch allmälig verstärkte Phosphoreinreibungen ersetzt. Mit Beihülfe dieser letztern Mittel wurde die Heilung nach 9 Monaten vollendet und zugleich die begonnene scoliosis beseitigt. (Beiträge zur Clinik der Chirurgie, von Carl Unger. Erster Theil. Leipzig 1833.)

Ueber Erostosen der großen Zehe.

Von Dupuytren.

„Vor Kurzem hatte ich Gelegenheit, wiederum einen Fall zu untersuchen, welcher dem Einwachsen des Nagels sehr ähnlich ist, aber in einer Erostose der letzten Phalanx der großen Zehe besteht. Ein ausgezeichneter Practiker consultirte mich wegen seines Kindes, von welchem er glaubte, daß es an einem in das Fleisch gewachsenen Nagel leide. Bei genauer Untersuchung fand ich, daß die vermeintliche Krankheit nichts Anderes sey, als eine Erostose an der obern Fläche der Phalanx, während der Nagel nicht krankhaft verändert war. Ein ähnlicher Fall kam vor etwa drei Monaten bei einer jungen Frau vor, welche in die Consultationen des Hôtel-Dieu kam. Bei'm ersten Blicke schien sie jenes Nagelleiden zu haben. Ein Einschnitt auf jener Seite gab aber sogleich die richtige Ansicht, worauf ich die Erostose wegnahm und die Kranke bald vollkommen geheilt entließ. Folgende drei Fälle geben einen genauen Begriff von dieser Krankheit.

1ster Fall. Erostose am vordern Ende der großen Zehe.

Luise Emmeri, 22 Jahr alt, von guter Constitution, war niemals syphilitisch gewesen, suchte am 28sten December 1821 bei mir Hülfe. Seit etwa 2 Jahren hatte sie am vordern Ende der großen Zehe, am äußern Rande derselben, einen sehr harten, knöchernen Knoten, welcher außer gegen den starken Druck empfindlich war. Die Basis desselben ist breit und saß dem Nagel nach außen gedrängt, um zugleich veranlaßt, daß er auf dieser Seite etwas mangelhaft gebildet ist. Eine Ursache dieses Leidens kann sie nicht angeben. Es war vor länger als 2 Jahren diese Geschwulst mit etwas Schmerzen in der Zehe, die in der Nacht nicht exacerbirten, aber bei'm Gehen sehr vermehrten, entstanden. Allmälig hatte sie sich vergrößert. Auf meinen Rath wurde sie nun exstirpirt.

2ter Fall. Erostose der letzten Phalanx der großen Zehe.

Catharina Loni, 20 Jahr alt, hatte seit 1½ Jahre eine harte, knöcherne Geschwulst am äußern untern Theile der linken großen Zehe; sie war äußerst langsam gewachsen und jetzt von der Größe einer Haselnuß. Eine veranlassende Ursache war nicht anzugeben. Die Geschwulst hob den Nagel etwas in die Höhe, und war nicht schmerzhaft, hinderte aber bei'm Gehen.

Am 8ten Januar 1822 wurde, mit Zustimmung des Mädchens, die Geschwulst auf folgende Weise beseitigt. Die Kranke wurde auf ein Bett gebracht und der Fuß durch einen Assistenten fixirt. Ich umschrieb die Geschwulst mit zwei halbmondförmigen Schnitten, und schälte sie auf diese Weise aus. Sie bestand aus zwei verschiedenen Gewächsen, einem äußern festen und einem innern schwammigen. Die Wunde heilte mit einem einfachen Verband ohne üble Zufälle.

3. Fall. Exostose unter dem Nagel der großen Zehe. Verschlimmerung durch Aetzmittel. Exstirpation. Heilung.

Eine junge Frau von etwa 25 Jahren hatte seit 2 Jahren eine Geschwulst unter dem Nagel der großen Zehe, welche im Anfang sehr klein war, später immer größer wurde, allmälig den Nagel verschob und das Gehen äußerst schmerzhaft machte. Die Kranke suchte nun bei einem Quacksalber Hülfe, welcher die Geschwulst für eine Warze hielt und sie kauterisirte. Dabei aber vergrößerte sich die Geschwulst nur um so mehr, der Nagel wurde immer stärker zurückgedrängt und zugleich sehr rauh und von tiefgelber Farbe. Die beträchtlich leidende Kranke suchte nun endlich Hülfe im Hôtel-Dieu, und ich exstirpirte die Exostose vermittelst eines Bistouris, indem ich zu jeder Seite der Zehe einen halbmondförmigen Schnitt machte und die Geschwulst unter dem Nagel bloßlegte; hierauf schnitt ich die letzte ebenfalls mit dem Bistouri ab, was indeß schwierig war, da sie sich härter zeigte, als ich erwartet hatte. Nach der vollkommenen Entfernung der Geschwulst ging alles vortrefflich und die Kranke war geheilt.

Diese Krankheit ist, so viel ich weiß, bis jetzt noch nicht beschrieben worden; sie besteht aus einer pyramidalen Exostose, welche von der obern Fläche der letzten Phalanx der großen Zehe sich erhebt, den Nagel in die Höhe treibt, und das Gehen schmerzhaft oder gar unmöglich macht. Obgleich diese Krankheit nicht eigentlich ist, so ist sie doch sehr lästig, und kann zu Irrthümern Veranlassung geben, so daß unnöthigerweise schmerzhafte Operationen vorgenommen werden. Im Anfang ist diese Exostose frei von Schmerzen, doch stellen sich diese allmälig ein, so wie der Nagel mehr und mehr verschoben wird. Wird die Zehe bei'm Gehen an einen harten Körper angestoßen, wie bei'm Stolpern, so ist der Schmerz ganz unerträglich. Die Ursachen dieser Krankheit sind unbekannt. In der Regel haben die Kranken früher nie einen Stoß oder Druck an dem Theile erlitten, doch kommen auch Fälle vor, in welchen die Kranken angeben, daß irgend eine gewaltsame Ursache auf die Zehe eingewirkt hat. Syphilitische oder scrophulöse Dyskrasie scheint nicht zu Grunde zu liegen; auch ist es nicht wahrscheinlich, daß eine Krankheit, welche immer mit gleichen Symptomen auftritt und einen gleichen Ausgang hat, durch so verschiedenartige Ursachen hervorgerufen werden sollte. Die Kranken nehmen die Geschwulst gewöhnlich für eine Warze, wenden Aetzmittel an, und schaden sich dadurch immer, andremale glaubt man es mit einer Krankheit des Nagels zu thun zu haben, und kann dann schon vorgekommen, daß dieser exstirpirt worden ist. Die Geschwulst wächst dessenungeachtet immer, der Nagel wird immermehr aus seiner Lage gebracht und zurückgedrängt, bis die Spitze der Geschwulst die Nagelwurzel selbst erreicht hat. Wird die Geschwulst zu dieser Zeit zergliedert, so findet man, daß sie aus Haut, Fasergewebe, und aus einer knöchernen pyramidalen Hervorragung besteht, welche sich aus der obern Fläche der letzten Phalanx erhebt. In der Regel ist die Exostose nicht sehr hart, und kann mit einem starken Bistouri durchschnitten werden; bisweilen verhärtet sie sich aber auch so, daß man zu stärkern Instrumenten, zum Hammer und Meißel, greifen muß. Wird die Krankheit sich selbst überlassen, so können leicht sehr üble Ulcerationen stattfinden, und ich habe einen Fall gesehen, in welchem die letzte Phalanx wegen einer ulcerirten Geschwulst dieser Art amputirt werden mußte. Die hier einzig anwendbare Behandlung ist die vollkommene Exstirpation der Exostose; zu diesem Zwecke wird bisweilen auch die Entfernung des Nagels nöthig; in den meisten Fällen ist dieselbe aber nicht

indicirt. Es wird auf jeder Seite des Nagels ein halbkreisförmiger Einschnitt gemacht, so die Geschwulst bloßgelegt, und mit Bistouri oder Meißel entfernt. Hiebei muß man aber Sorge tragen, daß nicht etwa bloß der obere Theil der Geschwulst weggenommen werde, weil sonst die Krankheit wiederkehrt. Ich habe wenigstens 30 solche Geschwülste exstirpirt und dadurch immer eine vollkommene Heilung erzielt. (*Dupuytren, Leçons orales*).

Einige Bemerkungen über die Augenblennorrhöe.

Wo mit der Augenblennorrhöe Cacherien des Gesammtorganismus, z. B. Arthritis, Syphilis, Scropheln, Anlage zum Scorbut u. s. w. im Spiele sind, ist die Gefahr am größten, die Krankheit am verwickeltsten, die Behandlung am schwierigsten. Wir fügen hier, zur Versinnlichung des Gesagten, zwei Beispiele an.

Ein 23jähriges, starkes Dienstmädchen wurde vor 14 Tagen, nachdem sie sich einer Verkältung und dem Steinkohlendampfe der Küche ausgesetzt hatte, von einer leichten Entzündung beider Augen ergriffen, welche rheumatisch-catarrhalischer Natur war. Nach 8 Tagen, eben als das Uebel ohne weitere Mittel zu verschwinden anfing, mußte sie sich wieder einer Verkältung aussetzen. Am Abende dieses Tages befiel die Kranke ein heftiger Schmerz im linken Auge, welcher die ganze Nacht hindurch währte und den Schlaf verhinderte. Gegen Morgen fühlte und sah sie über die Lider des linken Auges ungeheuer angelaufen und einen weißlichen Schleim häufig aus denselben hervortreten; dessenungeachtet blieb sie noch 2 Tage lang mit verbundenem Auge in ihrem Dienste, da sie mit dem rechten Auge noch sah. Zu den nächtlichen Schmerzen gesellte sich abwechselnde Kälte und Hitze, Eingenommenheit des Kopfes und Abgeschlagenheit der Glieder. Jetzt kam sie in das Krankenhaus, als die Krankheit im linken Auge von synochös-erethischem Character auf der Stufe des Eiterflusses angelangt war.

Am folgenden Tage wurde auch das andere Auge von dem blennorrhöischen Processe ergriffen, welchen stechende, schneidende Schmerzen im Auge und im Kopfe, eine enorme röthlichbläuliche, weiche, unschmerzhafte, aber empfindliche Geschwulst der Augenlider, eine kleine, ziemlich rothe, gleichförmiger, fast unbeweglicher Wall der conjunctiva um die Hornhaut und ein überaus copiöser, mit Serum unterbrochener Schleimausfluß nebst mäßiger Lichtscheu begleiteten.

Die Behandlung war im Anfang die mäßig antiphlogistische, später, als die Krankheit den Character des Torpors angenommen, wurde ein Chinabecoct mit Senegatinctur gereicht; nebstdem gleich von ihrer Ankunft an die weiße Präcipitatsalbe angewendet.

Es bildeten sich Eitergeschwüre auf den Hornhäuten, die sich in ihrem Vernichtung drohenden Fortschreiten durch alle angewandten, sonst in so vielen Fällen erprobten Mittel nicht aufhalten ließen. Sie nahmen fast die ganzen Hornhäute ein, die schon auf dem Punkte zu bersten standen, als die Kranke in dieser Stunde der Gefahr, am 8ten Tage nach ihrer Ankunft, gestand, daß sie an einem Fluor albus syphilitisch leide, was sie früher durchaus geläugnet hatte.

Nun wurde die Therapie sogleich auch gegen die Syphilis gerichtet. Die Kranke bekam dreimal des Tages ½ Gr. Sublimat in Pillenform. Schon den andern Tag trat Besserung ein; nach 3 Tagen war die Krankheit stark im Abnehmen und die Geschwüre verkleinerten sich zusehends.

Im linken Auge war die Regenbogenhaut an einer Stelle der durch das Geschwür durchbohrten Hornhaut vorgefallen. Dieser vorgefallene Theil der Iris hatte eine sarcomatöse Beschaffenheit angenommen, und indem der Gebrauch des Sublimats sich wieder verlor.

Nach 9tägiger Anwendung des Sublimats, wovon die Kranke ohne Beschwerden 15 Gran verbrauchte, hörte die Blennorrhöe gänzlich auf. Als Nachkrankheiten blieben zurück: im rechten Auge eine conische, doch sehr geringe Vortreibung der Hornhaut nebst einer, faſt die Hälfte der Hornhaut einnehmenden, macula; im linken Auge ein Vorfall der Iris, der aber das Sehvermögen nicht ſtörte, und eine körnige Degeneration der Schleimhäute aller Augenlider. Gegen die letztere hatte der eingeriebene weiße Präcipitat keine Wirkung mehr geäußert, obſchon 12 Gran deſſelben auf eine Drachme Fett gebraucht wurden. Kräftiger bewies ſich das cuprum sulphuricum.

Merkwürdig war überdieß in gegenwärtigem Falle, daß ſich die der Scleroticalbindehaut eigenthümliche Neigung zur kreisförmigen Aufwulſtung auch auf das Bindehautblättchen der Hornhaut während des Verlaufs der Blennorrhöe fortpflanzte. Dieſe flache und zarte Anwulſtung nahm in Form eines rothbraunen eine oder 1½ Linie breiten Ringes die ganze Peripherie der Hornhaut ein, die hierdurch in der Mitte wie in einem Grübchen liegend erſchien. Als der Wall der conjunctiva sclerotica ſank und zu verſchwinden anfing, begann auch der aufgetriebene Kreis des Bindehautblättchens der Hornhaut zu ſinken und ſich zu verlieren, und gab hierdurch der Hornhaut für einige Tage ein pannusartiges Ausſehen.

Eine 27jährige, dem Anſehen nach ſehr cachektiſche Kranke hatte früher an der Luſtſeuche gelitten und deswegen eine ſehr große Menge Merkur verbraucht. Ohne eine bekannte oder außen einwirkende Urſache fingen nun die Augenliderränder des linken Auges an heftig zu jucken und bedeutend zu ſchwellen. Dieſe Geſchwulſt verbreitete ſich ſchnell über die Bindehaut der Augenlider, ging in 24 Stunden ſelbſt auf den Augapfel in Geſtalt blaßrother ſchlaffer Wülſte über und ſonderte viel dünnen Schleim ab; die Hornhaut wurde trübe. Schon den 4ten Tag der Krankheit ſtellte ſich ein ſpeckiges, leicht blutendes Hornhautgeſchwür ein. In dieſem Zuſtande ſuchten wir die Thätigkeit der reproducirenden Kräfte innerlich durch ein ſaturirtes Decoct von Chinarinde mit El. vitr. Myns. und nahrhafte Diät, äußerlich durch aromatiſche mit Campher beſtrichene Kräuterkiſſen und eingeträufeltes Laud. liq. Syd. zu ſteigern. Nichtsdeſtoweniger griff der deſorganiſirende Eiterungsproceß auch um ſich und das Geſchwür durchbohrte die Hornhaut. Die vorgefallene Iris blutete ebenfalls einigemal von ſelbſt.

Durch beharrliche Anwendung der genannten Mittel, wozu ſpäter das Einträufeln der Sol. lap. div. mit Laud. liq. Syd. und Acet. lytharg. kam, gelang es endlich der weitern Zerſtörung Gränzen zu ſetzen. Die Blennorrhöe trat ganz zurück, das Geſchwür bekam nach und nach ein beſſeres Ausſehen und verſchwand. Der Vorfall der Regenbogenhaut wurde beſchränkter, der größte Theil der Hornhaut blieb gerettet. (Fiſcher: Klin. Unterricht in der Augenheilkunde.)

Miſcellen.

Von einer ſehr merkwürdigen Schußwunde meldet der Plymouth Herald. Im September 1831 kam ein Herr von Camborne, in Cornwallis, nach Plymouth, um den Arzt der Augenkrankenhülfsanſtalt zu Rathe zu ziehen, wegen eines Schrotkorns, welches vor 4½ Jahren ihm in das linke Auge geſchoſſen worden ſey, und augenblickliche Blindheit des Auges und ſeit der Zeit unaufhörliche Schmerzen veranlaßt habe. Indem man das Auge um das Schrotes willen ſondirte, wurde aus einem Fiſtelgange in der sclerotica ein Stückchen Knochen und Cryſtalllinſe ausgezogen und ſomit die vermuthliche Leidensquelle, die man damals in einem Knochenſplitter ſuchte. — Im Februar 1833 kam

indeß der Kranke wieder nach Plymouth und ſagte, der Schrot müſſe doch noch im Auge ſitzen, da er immer noch ſehr heftige Schmerzen empfinde: er hatte große Furcht, durch ſympathiſche Affection auch das andere Auge zu verlieren. — Es wurde eine zweite Operation vorgenommen, und der Vordertheil des linken Auges exſtirpirt, worauf der Glaskörper ausfloß und das Auge zuſammenfiel und citerte; deſſenohngeachtet aber kein Schrot gefunden wurde. — Am 23. September kam der Kranke zum dritten Male nach Plymouth und, Erblindung des rechten Auges fürchtend, bat er um Exſtirpation des übrig gebliebenen Theils des linken Auges; dieſe wurde vorgenommen. In dem Sehnerven, da wo er ſich in der retina ausbreitet, wurde nun ein Schrotkorn (duck shot) gefunden, welches ſo feſt ſaß, daß es einiger Gewalt bedurfte, um es aus ſeiner Lagerſtelle loszumachen, wo es ſechs Jahr und ſechs Monate, von dem Nerven feſt eingeſchloſſen, geſeſſen haben mußte. Der Kranke, der dieſe erſtaunliche Ausdauer bewährte, befindet ſich jetzt ſehr wohl.

Von einer ungeheuern, an dem Darmbein ſitzenden, Geſchwulſt (der Schätzung nach über 100 Pfund ſchwer) theilt J. Bell in dem Medico-chirurg. Review. Jan. 1833. eine Beobachtung mit. Sie betrifft ein Mädchen von 25 Jahren, welches vor 14 Jahren auf dem Eiſe fiel und ſich das linke Darmbein quetſchte. Bald darauf entſtand eine kleine Geſchwulſt, welche allmälig einen ungeheuren Umfang erreichte. Sie entſpringt an der untern Hälfte des linken Darmbeins, reicht bis zur symphysis ossium pubis, erſtreckt ſich an der vordern Seite des Schenkels herab, und, endigt ſich hinter dem großen Trochanter. Die Geſchwulſt iſt an ihrem ganzen Umfange ziemlich frei, mißt der Länge nach 2 Fuß, ſo daß ſie, wenn das Mädchen auf einem gewöhnlichen Stuhle ſitzt, den Fußboden berührt. In der Mitte beträgt der Umfang der Geſchwulſt 3 Fuß 3 Zoll. Sie iſt ohne Zweifel ein Sreatom, enthält aber an verſchiedenen Stellen Subſtanz von ſehr verſchiedener Conſiſtenz. Jetzt kann das Mädchen gar nicht mehr gehen, ja ſie kann ſich nur ſehr ſchwer im Bette umdrehen, ohne Schmerz klagt ſie nicht, wohl aber über ein Gefühl, als wenn Inſecten in der Geſchwulſt herumkröchen. Das Allgemeinbefinden iſt jetzt ſehr geſtört; der Puls beſchleunigt und ſchwach, dabei beſtändige Dyspnöe, erdfahles Geſicht, Waſſerſucht des linken Beines. Appetit und Function des Darmcanals dagegen ſind gut. Die Menſtruation hörte vor etwa einem Jahre auf. — Die Kranke bat oft um Exſtirpation der Geſchwulſt, wozu ſich jedoch Bell nicht entſchließen konnte, zumal ſeit er den Ausgang der bekannten Operation an dem Chineſen Hoo Loo in dem Guy's Spitale im Jahre 1831 (Notizen No. 661. [No. 1. des XXXI. Bds.] S. 8.) erfahren hatte.

Von den mediciniſchen Kenntniſſen der Ratte erzählt ein Herr Thomas Hitchen folgendes merkwürdige Beiſpiel: In ſeinem Garten, in der Nähe eines Fluſſes, zeigten ſich einmal viele Ratten: er wollte ſie durch Gift vertilgen, und es ſtarben in der That viele ſowohl in, als außer ihren Löchern. Nun hatte er bereits ſeit etwa 20 Sommern viele Aloepflanzen in's Freie geſetzt, ohne daß jemals etwas an denſelben geſchehen wäre; da fielen nun plötzlich die Ratten über dieſe Pflanzen her und fraßen ſie ganz auf, darunter eine ſehr große Pflanze, welche etwa 20 Pfund wiegen mochte. Daß ſie dieſelben bloß wegen ihrer abführenden Wirkung fraßen, ſcheint daraus hervorzugehen, daß ihm weder früher, noch ſpäter jemals eine Aloepflanze von den Ratten berührt wurde. (Magazine of Natural History, July 1833.)

Bibliographiſche Neuigkeiten.

Travels in the united States of America and Canada, containing some Account of their scientific Institutions and a few Notices of the Geology of those countries etc. by J. Finch, Esq. London 1833.

Nouvelle description de ce qu'il y a de tematquable à la ménagerie et au cabinet d'histoire naturelle du jardin du Roi. Paris 12.

Dei seni e delle fistole in genere e delle principali malattie delle vie lagrimali colle operazioni che le riguardano di Alessandro Riberi, Prof. di medicina operativa ed ostetricia nella R. Università di Torino etc. Torino 1832. Vol. 1.

Notizen
aus
dem Gebiete der Natur= und Heilkunde.

Nro. 824. (Nro. 10. des XXXVIII. Bandes.) **October 1833.**

In Commission des Landes=Industrie=Comptoirs zu Weimar. Preis eines ganzen Bandes, von 24 Bogen, 2 Rthlr. oder 3 Fl. 36 Kr., des einzelnen Stückes 3 ggl. Die Tafel schwarze Abbildungen 3 ggl. Die Tafel colorirte Abbildungen 6 ggl.

Naturkunde.

Die (eilfte) Versammlung Deutscher Naturforscher und Aerzte in Breslau

nahm Mittwochs, am 18. September, mit der ersten öffentlichen Sitzung in der, für diese Versammlungen noch durch das Bild Sr. M. des Königs verschönerten, Aula Leopoldina des Universitätsgebäudes ihren Anfang. Es hatten sich dazu, außer dem zusammengetretenen Naturforschern und Aerzten, eine ansehnliche Zahl von Zuhörern, Vorstände und Mitglieder der obern Behörden, und Freunde der Wissenschaften, auch aus dem schönen Geschlecht, eingefunden.

Der erste Geschäftsführer, Hr. Geh. M. R. Dr. Wendt, eröffnete feierlich die Sitzung durch eine Rede, worin er auf eine interessante Weise auseinandersetzte, wie bedeutend Schlesien und die Stadt, in welcher die Versammlung dieses Jahr stattfinde, durch die Thätigkeit seiner Gelehrten zu dem Fortschreiten der Cultur und Literatur in Deutschland beigetragen habe. — Der zweite Geschäftsführer, Hr. Medicinalrath Dr. Otto, verlas zuerst die Statuten der Gesellschaft und unterrichtete sodann die Mitglieder von den für die Versammlung getroffenen Einrichtungen, so wie von den aus der Ferne eingegangenen Begrüßungen, Glückwünschen und Einladungen.

Nun hielt S. E. Hr. Frhr. Alexander v. Humboldt über den Einfluß, den die Schilderung ferner Gegenden, Landschaftsmalerei und der Anbau exotischer Gewächse auf die Belebung des Natur= studiums ausgeübt haben, einen Vortrag, der jeden Hörer angenehm lich bleiben wird. — Hr. Prof. Dr. Wilbrand, aus Gießen, sprach über die Bereitung von Zuckerstoff aus verschiedenen Abornarten, und empfahl diesen Industriezweig. — Hr. Dr. Edler v. Mayer, aus Bucharest, gab Nachricht von dem Zustande des Medicinalwesens in der Moldau und in Bucharest insbesondere. — Den Beschluß machte Hr. Prof. Dr. Schutz, aus Berlin, welcher aus dem Vorgange der Verdauung die Bestimmung der Essenszeit abzuleiten versuchte.

Das Mittagsmahl wurde, wie an den folgenden Tagen, gemeinschaftlich in dem ungemein schönen Börsensaale eingenommen, welcher von der verehrlichen Kaufmannschaft dazu freundlich bewilligt worden war, so wie dieselbe auch ihre Local, im Zwinger, zu geselligen Abendunterhaltungen geöffnet hatte. Von dem Magistrate wurden die Mitglieder der Versammlung mit einem besondern Zeichen des Wohlwollens beehrt, einer schönen Medaille, welche auf dem Avers das Rathhaus zu Breslau darstellt, auf dem Revers die Inschrift trägt: Breslau den willkommenen Gästen, mit der Umschrift: Versammlung der deutschen Naturforscher und Aerzte, im September 1833.

Den 19ten September traten früh um 8 Uhr, die verschiedenen Sectionen der Gesellschaft zusammen, wählten sich Vorsitzende und Secretäre, und begannen ihre Sitzungen, die am 26. Julli fortgesetzt wurden, wie die weiter unten folgenden Protokolle beschreiben.

Um 11 Uhr hatte die zweite allgemeine Sitzung statt. — Hr. Dr. Bannemann, z. Bt. in Breslau, sprach über die Natur und verschiedenen Arten des Stammelns, schrieb alle einem unrichtigen Gebrauche der Athmungswerkzeuge zu, und führte die merkwürdige Thatsache an, daß ihm in seiner reichen Erfahrung ein einziger Fall vorgekommen sey, in welchem die Entstehung des Stammelns von einer Abnormität der Organe abgeleitet werden mußte. Seine

Heilmethode weicht von der Leigh'schen in mehreren Beziehungen ab. — Hr. Dr. Pulst berichtete über einen merkwürdigen Fall von verstellter Taubheit bei einem Mädchen von 14 Jahren. — Hr. Schauer, Obergehülfe in dem botanischen Garten zu Breslau, sprach über botanische Gärten, deren verschiedene Zwecke und die den letzteren angemessene verschiedene Verwaltung. — Hr. Prof. Scholz las einen von Hrn. Prof. Dr. Goeppert, (der leider durch Krankheit der Versammlung entzogen war, eingesendeten Aufsatz: über die Einwirkung des Chlor's, Jod's, Brom's, und der Säuren und Alkalien auf das Keimen der Pflanzen vor.

Am Abend, von 6—10 Uhr, fand eine zu Ehren der Versammlung veranstaltete, höchst gelungene Aufführung von Händel's Oratorium, Jephta, in der Bernhardinerkirche statt.

Am 20sten hatten die Sectionssitzungen ihren Fortgang.

Am 21sten war, außer diesen, die dritte allgemeine Sitzung, welche vorzüglich die Bestimmung, den Versammlungsort und die Geschäftsführer für das nachfolgende Jahr zu wählen. Hr. Prof. Zeune sah sich dadurch veranlaßt, der Versammlung seine Ansicht über die Scheidegränze zwischen Nord= und Süddeutschland mitzutheilen. Bei der Berathung selbst kamen Bonn, Jena, Freiburg im Breisgau und Stuttgardt zur Sprache; die weitem größte Mehrzahl entschied sich für letztgenannten Ort, so daß, mit Vorbehalt der noch nachzusuchenden höchsten Genehmigung, Stuttgardt als Versammlungsort für 1834 proclamirt und Hr. Staatsrath v. Kielmeyer zum ersten, so wie Hr. Prof. Dr. Jaeger zum zweiten Geschäftsführer erwählt wurden. Hierauf ward Hr. Hof= und Medicinalrath Carus seine Beobachtungen über einen schön gefärbten (von ihm Leucochloridium paradoxon genannt) Eingeweidewurm und dessen parasitische Entwickelung in einer Landschnecke mit. — S. E. Hr. Frhr. Alexander v. Humboldt entsprach jetzt einem von K. H. dem Hrn. Herzog von Cambridge erhaltenen Auftrage, die Gesellschaft aufzufordern, sich recht bald in einer Stadt des Königreichs Hannover zu versammeln, und fesselte dann das Interesse der Versammlung durch einen Vortrag über Meeresströmungen überhaupt und insbesondere über einen kalten Meeresstrom in dem warmen Golf von Floris.

Für den Abend hatte die Schlesische Gesellschaft für vaterländische Cultur die Mitglieder der Versammlung zu einer Abendunterhaltung in dem Logen=Locale, auf der Antonienstraße eingeladen, wo man sich erst gegen Mitternacht trennte.

Am Sonntage Vormittag fand nur in einer Section eine Sitzung, und zwar außer den Kirche gewidmeten Stunden, statt. — Das Mittagessen wurde dieser Tag nicht gemeinschaftlich, sondern in kleinern Vereinen, zum Theil in gastfreundlichen Familienkreisen, eingenommen. Des Abends aber waren sämmtliche Mitglieder der Versammlung von den geehrten Kaufmannschaft in dem, bei reicher Beleuchtung (den Angehörigen schön ausnehmenden, Local des Börsensaales zu einem glänzenden Feste vereinigt.

Montag, 23. Sept., folgte auf die Sections=Sitzungen um 11 Uhr die vierte allgemeine Sitzung, worin zuerst Hr. Hofrath Dr. Bartels, aus St. Petersburg, das Phänomen des Gehörhens der Gegenstände, während doch die Bilder derselben verkehrt in's Auge fallen, zu erklären suchte; — dann Hr. Prof. Dr. Frankenheim seine Ansichten über die Cohäsion mittheilte; — Hr. v. Boguslawski über des Halley'schen Kometen sprach, dessen Wiedererscheinen im Jahr 1835 zu erwarten ist; — dann Hr. Geh. M.

10

N. Dr. Wendt einen Vortrag über die Heilquellen Schlesien's hielt und in'sbesondere die von Reinerz, Salzbrunn, Cudowa, Landgenau, Altwasser, Flinsberg, Charlottenbrunn, Landeck und Warmbrunn characterisirte, und endlich Hr. Prof. Dr. Hünefeld, aus Greifswald, die Bedingungen auseinandersetzte, unter denen die Pflanzenfarben constant bleiben und seine Methode, Pflanzen in Semen Lycopodii, mit Erhaltung der natürlichen Farbe, Form und Stellung, zu trocknen, angab und durch gelungene Proben erläuterte.

Der zweite Geschäftsführer, Hr. Medicinalrath Dr. Otto, zeigte die Einsendung einer Schrift des Hrn. Prof. Radius in Leipzig, und eines Schreibens des Hrn. Geh. Medicinalrath Dr. Lichtenstein, dermalen in London, an, welcher über Stand und Fortschritte der Zoologie in London Bericht erstattet, und der Gesellschaft zu ihrer diesjährigen Versammlung Glück wünscht.

S. E. Hr. Gf. v. Sternberg trug darauf an, daß eine Deputation erwählt werden möge, woran er selbst für seine Section Antheil zu nehmen sich erbot, um dem Magistrate der Stadt und der Kaufmannschaft den Dank der Gesellschaft für den lebhaften Antheil, welchen sie an ihr genommen haben, und für die freundliche Bereitwilligkeit, mit welcher sie, selbst nicht ohne Opfer, allen Bedürfnissen entgegengekommen sind, abzustatten. Die ganze Versammlung trat diesem Antrage mit Freuden bei, und in den, am folgenden Morgen abzuhaltenden Sitzungen der einzelnen Sectionen, sollten die betreffenden Wahlangelegenheiten beendigt werden.

Dienstag, 24. September, wurde um 8 Uhr in den, wie gewöhnlich versammelten Sectionen zunächst zur Wahl der Deputirten geschritten und dann die Vorträge und Arbeiten fortgesetzt.

Mittwoch, 25. September. Um 10 Uhr begab sich die Deputation, bestehend aus S. E. d. Hrn. Gf. v. Sternberg aus Prag, Hrn. Freih. Dr. v. Türkheim, aus Wien, Hrn. Präsident Dr. Rust, aus Berlin, Hrn. Director Littrow, aus Wien, Hrn. Ober-Medicinalrath Dr. v. Froriep, aus Weimar, Hrn. Geh. Medicinalrath Dr. Wendt und Hrn. Medicinalrath Dr. Otto, aus Breslau, nach dem Rathhause um hierauf in's Börsen-Gebäude, um dem Magistrat und der Kaufmannschaft für die bewiesene Theilnahme und gastfreundliche Aufnahme im Namen der ganzen Versammlung den freundlichsten Dank abzustatten.

Um 11 Uhr versammelte man sich zur fünften und letzten allgemeinen Sitzung. Hr. Dr. Schiel hielt einen Vortrag über den Einfluß der Naturphilosophie auf die Naturwissenschaften; Hr. Medicinalrath Dr. v. Froriep, aus Weimar, entwickelte einen Versuch zur Begründung einer allgemeinen Statistik des Sanitäts-Medicinal-Wesens der verschiedenen Länder; Hr. Regierungsdirector a. D., Dr. Gebel, aus Peterwitz in Schlesien, las einen Aufsatz über Theorie und Praxis in der Heilkunde und Hr. Prof. Glocker, aus Breslau, las über Grundsätze bei der Classification in der Oryktognosie und Geognosie. Es wurden darauf die Protocolle der einzelnen Sectionen verlesen.

Der zweite Geschäftsführer, Hr. Medicinalrath Dr. Otto, zeigte sodann an, daß die medicinische Section, in Folge des einen in der heutigen allgemeinen Sitzung gehaltenen Vortrages, morgen um 9 Uhr, noch eine außerordentliche Sitzung halten werde, zu welcher er einlade; er meldete noch den Eingang zweier Glückwünschungsschreiben von Hrn. Dr. Rumi, als Gran in Ungarn und von Hrn. Dr. Domenico Nardi, aus Venedig.

Derselbe nahm dann mit gefühlvollen Worten und nicht ohne sichtbare Rührung von der Versammlung Abschied, welches von Hrn. Director Littrow im Namen der auswärtigen Naturforscher, durch ein dankbares Lebewohl an alle einheimischen Mitglieder der Versammlung und an die Bewohner der Hauptstadt Schlesien's erwiedert wurde. Worauf der erste Geschäftsführer, Hr. Geh. Medicinalrath Wendt, die Versammlung schloß.

Daß nun übrigens auch außer den Sessionen der Versammlung und außer dem geselligen Verkehre der Mitglieder unter denselben, theils an Kennenswerthen und Merkwürdigen gar Vieles dargeboten hat, versteht sich bei der Hauptstadt eines Provinz, die zugleich Sitz einer reichlich ausgestatteten Universität ist, von selbst. Und so sind die Königliche- und Universitätsbibliothek, das Antikencabinet, die Bibliothek zu St. Elisabeth, die Bibliothek und Gemäldesammlung bei Maria Magdalena, das anatomische Museum, das zoologische Museum, das Mineralien-Cabinet, das physikalische Cabinet, das chemische Laboratorium, der botanische Garten, das Observatorium, die verschiedenen klinischen Anstalten, das allgemeine Krankenhaus, das Hospital der barmherzigen Brüder, das Krankenhaus der Elisabethinerinnen, das Blinden-Institut, das Taubstummen-Institut, die Sammlungen der vaterländischen Gesellschaft auf das Zuvorkommendste für die Besucher zugänglich gemacht worden.

Protokolle der einzelnen Sectionen.

Zoologisch-anatomisch-physiologische Section.

I. Sitzung, 19. Sept. Vorsitzender Hr. Hofrath Dr. Carus.

Hr. Prof. Schulz, aus Berlin, sprach über die eigenthümlichen Gestaltungen der neuerlichst von Prof. Ehrenberg näher beleuchteten, schon von Fontana bemerkten Nervencylinder des Hirns, wie sie namentlich in der grauen Substanz des Knotens desselben sich vorfinden, wo er häufige Anastomosen beobachtete. Er theilte Zeichnungen über diesen Gegenstand mit.

Hr. Hofr. Carus communicirte seine Bemerkungen über die Bildung der von ihm vor mehreren Monaten mit, welche sich in den Sporen des Fucus vesiculosus befinden und unter Wasser durch Sprengung der Schläuche zum Vorschein kommen. — Derselbe erläuterte durch Zeichnungen die erste Entwicklung des Cyprinus erythrophthalmus; sie zeigen sich erst in der area des Gefäßkreises ohne deutliche Gestaltung des Herzens und der Terminalvene, welche erst später zur Entwicklung kommen. — Hr. Hofr. Carus bestätigte diese Beobachtungen mit Verweisung auf seine Erläuterungstafeln.

Hr. Prof. Schulz zeigte eine Reihe Zeichnungen zur Erläuterung der von ihm sogenannten Lebensaufsätze der Pflanzen vor, worauf Bemerkungen der Mitglieder der Section über Bewegung der Säfte sich knüpften.

Hr. Prof. Retzius theilte die durch Zeichnungen erläuterten Beobachtungen des Pfarrers Eckström zu Morkö bei Stockholm über die eigenthümliche Beschaffenheit der Generationsorgane des männlichen Syngnathus typhle; welcher nämlich an dem untern Gebiete des Schwanzes eine zwischen zwei Klappen sich öffnende Längenhöhle hat, worin die Eier des Weibchens zur Bebrütung aufgenommen werden; so daß die, welche man sonst vor den Syngnathus für Weibchen gehalten hat, Männchen find. Es ward bemerkt, daß ähnliche Beobachtungen von Prof. Martin in Upsala und Prof. Rapp in Tübingen gemacht worden. — Prof. Retzius fügte die Notiz bei, daß Custos Kolar in Wien die männlichen Thiere von Apus cancriformis gefunden habe.

Hr. Hofr. Carus las einen Aufsatz von Hrn. Prof. Rathke über die Oceania Blumenbachii, eine bei Sebastopol gefundene flosselnswerthe Medusa, vor. Bei dieser Gelegenheit sprach Hr. Prof. Willbrand über die selbstständige Lichtentwickelung des Meerwassers, und es entstand eine allgemeine Debatte über den organischen oder physicalischen Ursprung des Leuchtens. Hr. Hofr. Tilesius theilte seine Erfahrungen mit, welche auf organischen Ursprung hindeuten. — Hr. Hofr. Carus knüpfte daran einen augenscheinlich interessanten Fall, wo durch angebliches Selbstleuchten ein Auge eines Menschen in äußerer Gegenstand beleuchtet zum sollte, und es entstand eine Discussion über das Leuchten der Thieraugen. Zuletzt wurde ein gedruckter Aufsatz des Hrn. Prof. Zgaffis, das neueste Verzeichnis des zoologischen Museums zu Breslau von Hrn. Geh. R. Prof. Gravenhorst, und die Verzeichnisse der Präparate des anatomischen Museums (10,000 Nummern) von Hrn. Hr. Dr. Otto, unter die Mitglieder vertheilt.

II. Sitzung, 20. Sept. Vorsitzender: Hr. O. M. R. Dr. v. Froriep.

Hr. Prof. Retzius demonstrirte und bestätigte an Exemplaren in Weingeist das durch das Brütorgan des männlichen Syngnathus vorgetragenen Verhältniß.

Hr. M. R. Prof. Otto zeigte im Namen des Hrn. Prof. Jacobson, in Copenhagen, die Abbildung eines eigenthümlichen Autovhagen in der vesica urinaria eines Schaafes. — Derselbe las im Namen des Collegienraths Prof. Eichwaldt, zu Wilna, eine ausführliche Abhandlung über die fossilen Reste der vorweltlichen Thiere in den polnisch-russischen und südrussischen Provinzen und über einige noch lebende oder noch nicht ausgestorbene Thiere daselbst.

Diesem Vortrage reihte Hr. M. R. Dr. Otto ein Resumé seiner eigenen Untersuchungen über die Reste antediluvialer organischer Wesen in Schlesien, über deren Lagerungsweise in den Anschwemmungen an. — Zugleich gab er die eigenthümliche Einrichtung des Drüsenapparates im Magen des Lama's an, erläuterte dieselbe durch eine bildliche Darstellung und erwähnte des occidentalischen Bezoars. Daran knüpfte Hr. D. M. R. Dr. v. Froriep die Erwähnung seiner Untersuchungen über den Magen der neugebornen Kameele.

Hr. Dr. Fitzinger erwähnte eines noch nicht bestimmten Sauriers der Vorwelt im Prager Museum, und legte im Namen des Fürsten von Musignano, Carl Lucian Bonaparte, zu Rom, die ersten Hefte von dessen Monografia della fauna italiana vor. Desgleichen in Auftrag des Hrn. Prof. Reichenbach, in Dresden, einige Abbildungen von Orthopteren für ein neues populäres Handbuch der Naturgeschichte.

Von Hrn. Prof. Schulz, aus Berlin, wurde eine gelegentliche Unterhaltung über die Nahrung und Gefräßigkeit des Maulwurfs angeregt.

Hr. D. M. R. v. Froriep sprach über die wirklich, und mehrere Male, zuletzt in Weimar erfolgte Geburt von Bastarden von einem Löwen und einer Tigerin in der Polito'schen Menagerie.

Hr. Hof- und Med. R. Dr. Carus zeigte die Beschaffenheit der placenta bei'm dreizehigen Faulthiere.

Hr. Dr. Fitzinger erwähnte des äußerlich sichtbar hervortretenden Sexualtheils einer männlichen Coecilia, wobei mehrere Anwesende in Bezug hierauf und über Schlangen überhaupt ihre Ansichten und Erfahrungen mittheilten.

III. Sitzung, 21. Sept. Vorsitzender: Hr. Prof. Dr. Retzius.

Hr. Prof. Dr. Retzius theilte ein Recept mit zu einem Kitt von Hrn. Apotheker Åkermann, zu Stockholm, Behufs der Verschließung der Glasgefäße, worin anatomische Präparate aufbewahrt würden.

Derselbe meldet, daß, da mehrere Breslauer Entomologen durch Berufsgeschäfte von den Sections-Sitzungen abgehalten werden, sich eine Sections-Abtheilung für Entomologie, abgesondert, in den Abendstunden versammele: Vorsitzender Hr. Prof. Zawadski.

Hr. Dr. Hammerschmid, aus Wien, sprach über die neuesten mikroscopischen Beobachtungen des Hrn. Prof. Dr. Berres in Wien über die peripherischen Gefäßverzweigungen, die, mit 4 Tafeln erläutert, jüngsthin im XIV. Bde. der Oesterr. Medic. Jahrbücher erschienen sind. Die Tafeln, nebst den Zeichnungen zu einer fünften, welche die Darstellung der peripherischen Arteriennetze der Lederkörner, der Speicheldrüsenkörner und der Nierendrüsen und Nebennieren enthält und in der nächsten Folge der Jahrbücher erscheinen soll, wurden zur Ansicht vorgelegt. Hr. Dr. Staater. v. Coder in Moskau noch kurz vor seinem Tode eine ähnliche Arbeit vorbereitet habe, deren Herausgabe zu wünschen sey.

Hr. Prof. Barkow theilte seine Beobachtungen und Zeichnungen mit über ein, von ihm sogenanntes, Brütorgan der Vögel, welches in einem eigenthümlichen Gefäßnetze in den Bauchdecken besteht, und das er bei seinen Forschungen über die Ursache des Nichtbrütens des Kukusweibchens entdeckt hat; ferner sprach derselbe von dem Unterschiede des sinus rhomboidalis bei verschiedenen Vögelgattungen: auch erläuterte er durch Zeichnungen die Eigenthümlichkeit der art. intervertebralis bei Wieseln und Mäusen. Ferner zeigte derselbe die Abbildung des Wundernetzes der Balaena mysticetus, wovon das ihm verfertigte Präparat im Berliner Museum aufbewahrt wird; er knüpfte die Bemerkung daran, daß sich, durch diese Wundernetze das Hirn- und Rückenmark der Cetaceen ähnlich dem der Fische verhalte. Endlich erläuterte er durch Zeichnungen die Eigenthümlichkeit des Nervensystemes des Igels, in's besondere aber sprach er über die Nerven des Hautmuskels und ihre theilweise Verbindung mit dem sympathischen Nerven, woraus die unwillkührliche Schließung desselben während des Winterschlafes zu erklären wäre.

Hr. Dr. Valentin trug seine Beobachtungen über Mißgeburten der Hühnereimbryonen vor, deren künstliche Erzeugung er, nach dem Beispiele Geoffroy St. Hilaire's, im Verlauf dieses Sommers unternommen habe. Er erörterte die verschiedenen Bedingungen der Mißerzeugung, und erläuterte durch Abbildungen

und Präparate die bis jetzt gefundenen Hauptformen derselben. Hr. M. R. Otto knüpfte daran die Erinnerung, daß in Egypten und England unter den Hühnern, welche dort bekanntlich künstlich ausgebrütet werden, Mißgeburten sehr häufig vorkommen.

Hr. Dr. Fitzinger legte die ersten Abbildungen zu Wiegmann's herpetologia mexicana, welche heftweise in drei Abtheilungen erscheinen soll, vor: ebenso Exemplare eines neuen, der Cobitis barbatula ähnlichen Fisches, den er Cobitis Fürstenbergii nennt.

Hr. Hofr. Dr. Bartels, von Petersburg, hielt einen Vortrag über das Verhältniß der Richtung der Strahlen der Gegenstände zu dem Säugethierauge und dessen organische Conformation, wie sie den Richtungen des Sehens angemessen ist.

Hr. G. M. R. Prof. Ritgen sprach über den typus der Knochenbildung, insofern sie als Sprossung aus Urfugen aufgefaßt werden kann.

Hr. M. R. Otto knüpfte daran einige Bemerkungen über das Vorkommen von Pseudo-Arthrosen im Rückgrate, die besonders bei equilibristischen Künstlern vorkommen, zu deren Erklärung die Lehre von den Hemmungsbildungen nicht anwendbar ist, wozu er einige erläuternde Präparate vorlegte.

Endlich wurde die Begrüßung der Pariser entomologischen Societät vorgelegt, nebst mehrern kleinen Schriften dieser Societät, welche unter die Mitglieder der Section ausgetheilt wurden.

IV. (außerordentliche) Sitzung, 22. Sept., unter Vorsitz des Hrn. Prof. Agassiz aus Neufchatel.

Hr. M. R. Dr. Otto las ein Schreiben, worin der Academiker Hr. Prof. Brandt zu Petersburg die übersendeten drei Schlußhefte seines, mit Dr. Ratzeburg herausgegebenen Werkes über die Naturgeschichte der in der Medicin in Gebrauch kommenden Thiere mit mehrern Mittheilungen über verschiedene neue, interessante Gegenstände der Zoologie, begleitete.

Hr. Dr. Fitzinger machte die Anzeige, daß er mit Hrn. Wiegmann die icones amphibiorum des verstorbenen Wagler fortzusetzen, d. h. die Zeichnungen dazu vor, und also zur Fortsetzung, mit Wiegmann gemeinschaftlich, eine Synopsis reptilium besorgen zu wollen.

Hr. Prof. Durkinje trug die in der Inauguraldissertation von Hrn. Dr. Wendt jun., bekanntgemachten Beobachtungen über die spiralen Schweißgefäße der menschlichen Epidermis vor, und demonstrirte dieselben mikroscopisch.

V. Sitzung unter Vorsitz des Hrn. Prof. Dr. Willbrand.

Hr. Prof. Retzius legte die, von Abbildungen begleitete, Schrift des Dr. Duvernoy über die Saamenausführungsgänge des Ornithorynchus paradoxus vor, und las einen Brief des Hrn. Prof. Weber in Leipzig, worin dessen Bedauern ausgedrückt wurde, daß es ihm unmöglich gewesen sey, an der diesjährigen Versammlung Antheil zu nehmen; endlich theilte er seine Beobachtungen mit über die Verbindung der Pfort- und Hohlader, welche zu entdecken ihm durch glückliche Einspritzungen gelungen ist.

Hr. D. M. R. v. Froriep legte hierauf die Illuminirten Zeichnungen seines Sohnes zu Berlin, von injicirten Hämorrhoidalknoten, vor. Jeder Knoten besteht aus mehrern kleinern, welche nichts als Erweiterungen der Venen und seine Extravasate sind. Hr. Prof. Barkow knüpfte diese Beobachtungen durch seine eigenen, und glaubt die darin abgelagerten Blutcoagula für die matrix der Venensteine halten zu können.

Hr. Dr. Gloger berichtete über eine, von Prof. Retzius ihm eingehändigte Abhandlung des Dr. Duvernoy in Strasburg über Macroscelides Rozeti.

Hr. Dr. Agassiz knüpfte daran eine Mittheilung über die wichtigsten zoologischen Gegenstände, welche Roget von der französischen Expedition aus Algier mitgebracht hat. Hr. G. M. R. Ritgen erwähnte, in Uebereinstimmung mit der Ansicht des Hrn. Dr. Gloger, eines frühern Vorschlags in Bezug auf systematische Stellung der Beutelthiere.

Hr. Dr. Otto vertheilte unter die Mitglieder eine Abhandlung des Dr. Pallatides zu Wien, de vita somatica.

Hr. Dr. Fitzinger zeigte Abbildungen der Köpfe der verschiedenen Schbarten der österreichischen Gewässer, vor und sprach über einige genaue systematische Charactere dieser Gattung,

Hr. Geh. R. Gravenhorst berichtete über dasjenige, was bisher in der entomologischen Section vorgekommen ist.

Hr. M. R. Dr. Otto führte ein sogenanntes Zitterkind weiblichen Geschlechts von 10 Jahren, 120 Pfund schwer, vor.

Hr. Prof. Agassiz sprach über die Classification der Fische nach dem Baue der Schuppen, ferner über die Seitenlinie der Fische, und zeigte endlich seine zahlreichen Abbildungen der Fischabdrücke vor, und begleitete sie mit erläuternden Bemerkungen über fossile Fische.

Hr. Geh. M. R. Ritgen theilte seine Beobachtungen über die Faserpusteln in der mucosa des Uterus und ihre periodische Entwickelung während der natürlichen Absonderungen desselben mit.

Hr. Frhr. Al. v. Humboldt sprach über das Vorkommen von Seehunden in den Caspischen, Aral-, Baikal- und Baikan-Seeen und gab einige Andeutungen über die daraus zu folgernde Bildungsgeschichte dieser halb Süß-, halb Salzwasser haltenden Binnen-Seen. — Ferner gedachte derselbe des Vorkommens von Delphinen im Süßwasser, 400 Meilen landeinwärts im Orinoko.

Hr. Dr. Hammerschmid legte einige Beiträge zur Anatomie der Insecten vor, und vertheilte lithographirte Abhandlungen.

Derselbe zeigte ferner Präparate von Nosodendron fasciculare und von dem Verdauungsapparat und Nervensysteme des Sargus politus vor, womit er dem anatom. Museum ein Geschenk machte.

VI. Sitzung. Vorsitzender: Hr. Geh. M. R. Ritgen.

Hr. Geh. R. Gravenhorst sprach über Filarien, welche in Früchten und auf verschiedenen Pflanzentheilen gefunden werden, und zeigte mehrere derselben. — Hr. Dr. Fitzinger communicirte seine Erfahrungen und forderte zu einer genaueren Untersuchung und Vergleichung der Filaria und des Gordius auf.

Hr. Geh. R. Gravenhorst legte seine neuesten Abbildungen von Amphibien vor, nämlich Phrynosoma orbiculare, Trapelus hispidus, Phrynocephalus helioscopus, Chamaeleopsis Hetnaudesii, Corythophanes cristatus.

Hr. Prof. Mikan las über die in Brasilien von ihm gefundenen Julusarten.

Hr. M. R. Otto berichtete über ein neues von Prof. Schulz in Greifswald beobachtetes mikroscopisches Crustaceum: Macrobiotious Hufelandi, welches die Eigenschaft besitzt, in ausgetrocknetem Grade, nach langem Abtrocknen durch Angefeuchtetwerden, zu Lebensäußerungen gebracht zu werden. — Derselbe zeigte die Knochensterne in der Haut der Hyla bicolor. Ferner den eigenthümlichen Bau des processus xiphoideus bei Manis mactura, welcher seitwärts in der rechten Thoraxhöhle in schneckenförmigen Windungen den weichen Theilen verborgen ist.

Hr. Corda, aus Prag, legte mehrere von ihm gezeichnete und lithographirte Blätter vor, gehörig zu seinem Prof. Krombholz demnächst herauszugebenden Werke. Die Abbildungen stellen theils gesunde, theils kranke Peyer'sche Drüsen, Darmzotten, Entwickelung von Darmgeschwüren, und Blut- und Lymphgefäßnetze der Darmzotten und Schleimmembranen des Darmcanals vor.

VII. Sitzung unter Vorsitz des Hrn. Dr. Fitzinger.

Zuerst demonstrirte Hr. Dr Valentin an seinem Mikroscop das in vertrockneter Erde von Hrn. Prof. Schulz in Greifswald eingesammte, durch Befeuchtung zum Leben gebrachte, Thierchen: Macrobioticus Hufelandi.

Hr. Prof. Retzius legte eine Schrift des Prof. Lauth in Strosburg, über die Structur der Testikeln vor, und sprach dann über Varietäten in dem Baue der menschlichen Wirbelsäule.

Hr. Prof. Agassiz hielt einen Vortrag über den allgemeinen Typus im Baue des Muskelsystems der Thierreihe, indem er von der einfachsten Darstellung desselben in den Fischen ausging und die Analogien in den höhern Classen der Wirbelthiere im Allgemeinen entwickelte.

Ferner sprach er über einen eigenen Instinct des männlichen Bufo obstetricans, wonach er die Eierschnüre um den Schenkel wickelt und sodann sich in feuchte Erde eingräbt und da die Entwickelung abwartet.

Hr. Prof. Bartow theilte seine Bemerkungen mit über eigenthümliche Erweiterungen im Arteriensysteme mancher Vögelarten, namentlich der hoch- und starkfliegenden, die ähnlichen gewöhnlichen Erweiterungen im Venensystem analog sind.

Hr. Prof. Purkinje sprach über ein eigenes infusorielles Entozoon im letzten Darmstücke der Rana temporaria, welches durch regelmäßig unbulirende Streifen auf der ganzen Körperoberfläche und opalisirendes Farbenspiel ausgezeichnet ist.

Hr. Prof. S. Henschel legte, im Namen der Görlitzer Naturf. Gesellsch., eine von Naumann gefertigte Abbildung von der Varietät des Rephuhns vor, sobann ein Nest eines mäuseartigen Thiers im Lein und Görlitz gefunden, welches Hr. Dr. Gloger als das des Mus minutus Pall. bestimmte.

Hr. Dr. Gloger legte seine neueste Schrift: Uebersicht der Säugethiere, Vögel, Amphibien und Fische Schlesiens, vor, wovon Exemplare an die fremden Naturforscher ausgetheilt wurden. Dann die ersten Probebogen des jetzt in Druck befindlichen ersten Bds. des Handbuchs der Naturgeschichte der Vögel Europa's vor.

Hr. M. R. Dr. Otto theilte einen Brief des Hrn. Dr Barboda'aus Venedig mit, nebst mehreren Abhandlungen.

Hr. Hofr. Bartels sprach über die Genese der Eier des Octobothryum hirundinaceum.

Hr. Prof. Purkinje erwähnte eines ähnlichen Thierchens im Darme der Frösche.

Hr. Geh. R. Gravenhorst erstattete Bericht über die in der entomologischen Section abgehandelten Gegenstände.

Botanische Section.

I. Sitzung. Die Section constituirt sich und wählt die Beamten. — Ehren-Präsident: Robert Brown. Vorsitzender: Profeß. Mikan aus Prag, dessen Stellvertreter: Kammerrath Waitz aus Altenburg. — Secretair: Oberlehrer Wimmer aus Breslau und Dr. Endlicher aus Wien.

Hr. Corda, aus Prag, las über Fructifications-Organe bei den Pilzen.

In der II. Sitzung trug vor

Hr. Geh. R. Sternberg, über ein vorweltliches Pflanzengebilde im Tliasschiefer.

Hr. Apotheker Grabowski, aus Oppeln, legt einige neuerlich in Oberschlesien entdeckte Pflanzen und Pflanzen-Mißbildungen vor.

Prof. Nees, aus Bonn, überreicht den zweiten Heft seiner Genera plantarum Florae Germanicae.

III. Sitzung.

Hr. Robert Brown legte die Proben eines Naturhistorischen Werkes über das Himalaya-Gebirge von Royle vor, und vertheilte nachträgliche Bemerkungen über die Foecundation der Orchideen und Asclepiadeen.

Hr. Pr. Schulz, aus Berlin, zeigt Zeichnungen, wodurch die drei Entwickelungsstufen der Lebensgefäße in den Pflanzen erläutert werden.

Hr. Präsident Nees v. E. legt die Probetafeln zu seiner Monographia Asteriarum vor, und vertheilt Plantarum Laurinarum Expositio. Es wurde ein Begrüßungsschreiben der botanischen Gesellschaft vorgelesen und die beigefügte Druckschrift vertheilt.

IV. Sitzung.

Hr. Rob. Brown sprach über die Foecundation der Asclepiadeen und zeigte die betreffenden Präparate unter dem Mikroscop.

Hr. Corda legte seine Darstellungen und Analysen kryptogamischer Gewächse und den Bau der Palmen vor. —

Prof. Zawadzki, aus Lemberg, zeigte die Plantae rariores Buccowinae in getrockneten Exemplaren vor.

V. Sitzung.

Hr. Rob. Brown zeigte unter dem Mikroscop die Saamen der Rafflesia.

Hr. Gf. v. Sternberg legt Witham's innere Structur der fossilen Vegetabilien Großbritanniens vor. — Ein eingeseudetes Manuscript von Prof. Rumy in Gran in Ungarn über Dentaria glandulosa und die Agarici des Zipser Comitats wurde vorgelegt.

Der botanische Theil des von Prof. Eichwaldt eingesendeten Schreibens wird verlesen.

Prof. Presl, aus Prag, sprach über die Art, wie die Blätter der Monocotyledonen abfallen.

Hr. Batka, aus Prag, über die Pflanze, von welcher die Succoblätter stammen.

Hr. Prof. Mikan über eine neue Stapelia Gussonii.

Hr. Prof. Henschel zeigt eine nichtpetrificirte Fucoidea aus dem Kalksinter in der Kizelhöhle bei Kauffung in Schlesien.

Hr. Prof. Meyer über Hydnora.

Hr. Prof. Schauer zeigt eine Anzahl von Anthotypen vor.

Mineralogisch = geognostische Section.

Das Präsidium führten in der I. Sitzung Hr. Graf v. Sternberg, II. Freiherr v. Humboldt, III. Hr. Prof. Zippe aus Prag, IV. Hr. Prof. Zipser aus Neusohl, Hr. Prof. Zeune aus Berlin und in der V. Hr. Ob. Bergrath Steinbeck aus Brieg. — Secretär Hr. Prof. Glocker.

I. Sitzung.

Hr. Ob. Bergrath Singer theilt Bemerkungen mit, über die schlesischen Eisenit, von welchem ausgezeichnete Exemplare für die fremden Anwesenden bereit lagen.

Farben=Schemata zur Entwerfung geognostischer Charten, welche Hr. Fehr. Leopold v. Buch, in Berlin, zunächst auf Veranlassung S. D. des Fürsten Metternich zu Wien, (vergl. Notizen No. 75. [No. 4. des XXXV. Bds.] S. 50.) angefertigt hat, legte in Auftrag des Hrn. v. Buch Hr. M. R. Otto vor, und vertheilte dieselben an die Geognosten. Die nach diesem Schema illuminirte geognostische Charte von Deutschland (Berlin bei Schropp) wurde vorgelegt. — Hr. v. Humboldt machte auf die Vorzüge derselben aufmerksam und sprach aus dieser Veranlassung über die verschiedenen Arten der Pasigraphie.

Hr. M. R. Otto legte ferner noch einige Abbrücke von Fischen in dem Kupperdorfer Kalkschiefer vor, welche Hr. O. B. R. v. Dechen aus Belin eingeschickt hatte. — Der Secretair der Sect. sprach über ein neues merkwürdiges Vorkommen v. crystallisirtem Schwefel auf Bleiglanz aus dem Dolomitisirten Muschelkalke von Jarnowig unter Vorzeigung eines Exemplars Hr. v. Humboldt reihete daran eine Mittheilung seiner Beobachtungen über das Vorkommen des Schwefels im Letten. Zuletzt wurde von Hrn. Marsch. Balsch, aus Waldenburg, noch ein großer Grubenschwamm vorgelegt, welcher nach Hrn. v. Humboldt die meiste Aehnlichkeit mit dem von ihm in seiner Flora Fribergensis beschriebenen Boletus turritus hat.

II. Sitzung.

In der II. Sitzung hielt zuerst Hr. Dr. v. Mayer, aus Bucharest, einen Vortrag über eine neue höchst merkwürdige wachsartige Mineral=Substanz in der Moldau.

Hr. Berg=Ingenicur Esquera del Bayo, aus Spanien, theilte allgemeine Betrachtungen über die Urfelsarten mit; Hr. Prof. Zipser seine Beobachtungen über mehrere ungarische Mineralien, Eisenit, Obsidian und verschiedene Opal=Abänderungen; besonders Menitil. Alle diese Vorträge wurden durch theils eingestreute theils nachfolgende, vorzugsweise auf die Bildungsart der betreffenden Fossilien sich beziehende Mittheilungen S. E. des Hrn. v. Humboldt ungemein belebt und lehrreich gemacht. Zuletzt nahmen die Mitglieder der Section die von Hrn. M. R. Otto im K. Anatomiegebäude aufgestellten sehr zahlreichen Versteinerungen aus Schlesien und der Lausig in Augenschein.

III. Sitzung.

Von Hrn. Geh. R. Wendt wurde ein schönes in Schlesien gefundenes Exemplar überreicht. Sodann sprach Hr. Zeune über die Versteinerungen der Mark Brandenburg und Beobachtungen des Hrn. Dr. Klöben, und über ein in Bunzlau befindliches Relief des Riesengebirges.

Hr. Prof. Zawadzki, aus Lemberg, legte einen großen Ammoniten aus den Central=Carpathen vor, so wie auch mehrere Erze aus der Bucowina.

Hr. Dr. Reichenbach zeigte eine naphthaähnliche aus

Steinkohlen erhaltene Flüssigkeit, und trug seine Ideen über die Erzeugung der Naphtha vor, was Hr. v. Humboldt zu Mittheilungen über das Vorkommen des Erdöls am Caspischen Meere ꝛc. Anlaß gab.

Hr. Apotheker Grabowski präsentirte eine Anzahl zeolithischer Fossilien aus dem Basalte in der Nähe von Oppeln und eine Auswahl von Versteinerungen aus der dortigen Kreideformation.

Endlich las der Secr. ein von Hrn. Boué aus Paris erlassenes Schreiben vor, welches interessante Mittheilungen über die Arbeiten der geologischen Gesellschaft enthält.

IV. Sitzung.

In der IV. Sitzung zeigte Hr. Major von Strang einen Pendelquadranten zum Höhenmessen vor.

Hr. Director Berendt machte den Vorschlag zur Stiftung eines Vereins für allseitige Förderung der Kunde der Sudeten, worüber sich eine lange Discussion erhob, die Entscheidung jedoch, auf den Antrag des Hrn. Grafen v. Sternberg, einer spätern Sitzung vorbehalten wurde.

Hr. Hofapotheker Zeller theilte eine Anzahl Anzahl von Analysen verschiedener schlesischer Fossilien mit, was wieder zu mehreren andern Notizen von Seiten mehrerer Mitglieder Veranlassung gab.

V. Sitzung.

Die V. Sitzung begann mit einem Vortrage des Hrn. O. B. R. Steinbeck über den Granit der Niederschlesischen Ebenen, worauf Hr. Prof. Agassiz, aus Neufchatel, unter Vorlegung einer Menge von Abbildungen aus seinem großen Werke, über die fossilen Fische sprach, sofern sie zur Bezeichnung der Gebirgsformationen dienen. Der Secretair zeigte ein Exemplar von der bei Neustadt in Oberschlesien entdeckten Kreide und mehrere andere neue Mineralien vor, worunter der vor Kurzem in Mähren aufgefundene Spodumen, ein durch seinen durchdringenden Geruch merkwürdiger von Braunkohlen durchdrungenes Steinsalz und einiges Andere. Hr. Prof. Zippe gab Berichtigungen zu der geographischen Darstellung Böhmens auf der neuen Schropp'schen Charte.

VI. Sitzung.

In der VI. und letzten Sitzung las Hr. Prof. Frankenheim über das Verhältniß der Cohäsionsgrade zur Ausbildung der Crystallreihen. Hierauf wurden mehrere von Warmbrunn eingesandte Chalcedone und Bergcrystalle theils mit Dendriten, theils mit eingeschlossenen organischen Resten, theils mit edlen Granaten herumgereicht, über welches letztere seltene Vorkommen Hr. Prof. Zippe einige Worte sprach. — Der Secret. legte den kürzlich entdeckten Elbuzit, ein erdharziges Fossil aus den Braunkohlen, in Begleitung einiger Bemerkungen, und Hr. Graf Schaffgotsch auffallend große Flußspathcrystalle aus dem Riesengebirge zur Ansicht vor. Zuletzt wurde die in der letzten Sitzung begonnene Discussion über die Stiftung eines Vereines, eines zur Sudetenkunde wieder aufgenommen und die vorläufige Entscheidung dahin getroffen, daß von den Schlesisch=Böhmisch= und Mährisch patriotischen Gesellschaften ein gemeinschaftliches Journal für die Kenntnisse der Sudetenländer herausgegeben werden, und die Redaction desselben von der Schles. patriotischen Gesellschaft in Breslau ausgehen sollte, welche demnächst sich zu diesem Zwecke mit den Gesellschaften in Prag und Brünn in Verbindung treten und alles Nähere darüber einleiten wird. — Eine kleine Rede des Secr. schloß die gesammten Sitzungen der Section.

Physikalisch = chemische Section.

Vorsitzende waren Hr. Direct. Littrow und Prof. Baumgärtner aus Wien und Hr. Dr. Reichenbach aus Blansko. Secretaire Hr. Prof. Fischer und v. Boguslawski.

I. Sitzung. 19. Sept.

Hr. Prof. Frankenheim las über den Regenfall in verschiedenen Höhen, wozu der Seet. Präsident Hr. Prof. Baumgärtner noch Erläuterungen hinzufügte.

Hr. Prof. Feldt aus Braunsberg, über maxima und minima bei den Barometerständen.

Hr. Dr. Schiel, aus Wien, Bemerkungen über den Genuß der Pferde bei der Cholera nach Erfahrungen in Oedenburg und London.

Hr. Obernotar Edler von Rabavanski übergab, im Auftrage des Sohler Comitats in Ungarn, eine Abhandlung über Trisection des Winkels zur Beurtheilung der Section, welche aber, als der Constitution entgegen, abgelehnt und bloß einzelnen Mitgliedern zur Privatbeurtheilung durch Hrn. Dr. Littrow übergeben wurde.

II. Sitzung den 20. Sept. Präs. Prof. Baumgärtner.

Hr. Dr. Reichenbach las über Picamar und Pittalal und über die Darstellung des letzteren in reinem Zustande; desgleichen über Holzgeist und Brenzessiggeist.

Hr. Oberlehrer Glauer, von Breslau, über die Verminderung der Adhäsion pulverförmiger Körper zu festen bei erhöhter Temperatur.

Hr. Prof. Frankenheim über die Lichtbrechung der Kieselerde.

III. Sitzung, 21. September.

Hr. Major von Stranz über das Verhältniß der Berghöhen zu ihrem Abfall und zu den Thälern, so wie den Flußbreiten zu den Flußgebieten.

Hr. Direct. Littrow über einen sehr erweiterten und von den bisherigen Fesseln befreiten Gebrauch des Aequatorials, wodurch Differenz-Beobachtungen bis zu 20° Unterschied in gerader Aufstellung und Abweichung noch sehr genau gemacht werden können. — Hr. Professor Fischer aus Breslau trug den von Prof. Runge aus Oranienburg eingesendeten Aufsatz: über die von demselben in dem Steinkohlentheere entdeckten Stoffe, Kyanol und Pyrol, vor, so wie über einen ebenfalls aus den Steinkohlen dargestellten rothfärbenden Stoff, und zeigte die mit den ersten beiden Stoffen zu bewirkenden Reactionen.

IV. Sitzung. den 23. Sept.

Hr. Dr. Frank, von Breslau, zeigte die Erscheinungen, welche entstehen, wenn Eisen mit Salpetersäure und Quecksilber in Berührung tritt. Hr. Prof. Baumgärtner theilt seine Ansicht dieser Erscheinung mit.

Hr. Hauptmann Boguslawski, von Breslau über, den Gebrauch tragbarer Passage-Instrumente zu Längenbestimmungen.

Hr. Prof. Baumgärtner über den verschiedenen Grad des Magnetismus, den das Eisen annimmt, wenn es nicht in allen seinen Theilen homogen ist, sondern aus Stahl und Eisen besteht.

Hr. Prof. Bruhs, aus Breslau, über die Aeolsharfe.

Hr. Professor Fischer trug über Beobachtung des bereits abgereißten Professor Lehmann, aus Kreuzburg, vor, nach welcher in einigen Brechnüssen ein krystallinisches Salz, großentheils aus Kochsalz bestehend, gefunden worden ist, und welches letztere aus dem Seewasser, welches auf diesen Körper wahrscheinlich gewirkt haben mag, herleitete. Hr. Battka, daher zeigte diese Ansicht aus eigener Erfahrung.

Hr. Battka zeigte zugleich Steropten verschiedener ätherischer Oele vor, und stellte die Vermuthung auf, daß das in Bucharest gefundene Fettwachs ebenfalls ein Steropten des Petroleum sey.

V. Sitzung, am 24. Sept.

Hr. Professor Fischer las einen von einer Dame hohen Standes eingegangenen Brief vor, woraus wenigstens das Interesse hervorgeht, welches auch das schöne Geschlecht an unserer Versammlung nimmt.

Hr. Prof. Feldt über Vertheilung der Gewitter an der Ostseeküste, wozu Hr. Oberlehrer Gebauer und Hr. Prof. Frankenheim einige Bemerkungen machten.

Hr. Dr. Hock, aus Wien, über den Zusammenhang der Naturphilosophie mit der Naturforschung.

Hr. Prof. Scholz, von Breslau, sprach über die bisher angestellten Sternschnuppen-Beobachtungen und die dadurch gewonnenen Resultate und schloß mit der Aufforderung an die versammelten Mitglieder, künftig daran thätig Antheil zu nehmen.

Hr. Hauptm. v. Boguslawski zeigte als Commentar eine Construction aller derjenigen Meteorbahnen vor, welche im Jahr 1823 vom Hrn. Prof. Brandes, im Verein mit den HH. Prof.

Scholz, Feldt und Oberlehrer Gebauer, beobachtet und berechnet worden waren.

VI. Sitzung, den 25. Sept.

Hr. Prof. Fischer zeigte verkäufliches Jod in schönen Crystallen vor, so wie das auf nassem Wege reducirte Eisen.

Derselbe theilte die von Hrn. Prof. Runge eingesandten ersten Bogen seines von ihm herausgegebenen Werkes, Farben-Chemie betitelt, nebst den von dem Verf. hierüber gegebenen Erläuterungen, so wie das sehr günstige Urtheil über dieses Werk, von Hrn. Fabrikant Milde von hier, mit.

Hr. Prof. Frankenheim sprach über die Intensität der Winde, so wie über die maxima und minima der Veränderlichkeit der Winde und der Witterung.

Hr. Direct. Littrow spricht über die Lichtstärke der Cometen, mit einer Aufforderung an die Astronomen, durch genaue Wahrnehmungen hierüber zu ermitteln, ob sie durch eigenes oder reflectirtes Licht bewirkt wird.

Derselbe über eine ausgezeichnete Anwendung eines Kitzing'schen (Pankratischen) Oculars zur Bewirkung von ungemein starken und noch immer deutlichen Vergrößerungen, welche den terrestrischen Ocularen eine neue Wichtigkeit geben.

Hr. Battka über die Sassaparille-Wurzel, ihre verschiedenen Sorten, so wie die Analyse derselben, welche mehrere eigenthümliche Bestandtheile darbietet.

Hr. v. Boguslawski über die Würdigung der säcularen Variationen der Magnetnadel nach den Jahreszeiten der höheren Ordnung, welche durch den Umlauf der Apsiden durch alle Zeiten des Jahres entstehen, analog mit dem Verfahren bei Vergleichung der jährlichen und täglichen Variationen.

Hr. Prof. Hühnefeld über die Begünstigung der Crystallisation durch eine reactible Unterlage; auch theilte derselbe das Mechanische seines Verfahrens mit, um Pflanzen zu trocknen.

Hr. Prof. Fischer über die Umstände, unter welchen die Reduction der Metalle durch Hitze erfolgt.

Hr. Prof. Tobisch, von Breslau, über die Zersetzung des Wassers in der galvanischen Säule durch einen bereits oxydirten positiven Eisendrath.

Medicinisch-chirurgische Section.

Erster Präsident, Hr. Geh. Ob. Med. R, Dr. Ruß. Vorsitzender Hr. K. M. R. Dr. Dlenroth aus Bromberg. Secretaire, Hr. Kreisphysikus Dr. Fischer aus Oels und Hr. Dr. Wenzke aus Breslau.

I. Sitzung vom 19. Sept.

Hr. Med. R. Dr. Ebers theilte kurze Resultate aus seinen Beobachtungen über Menschen- und Schutzpocken mit. Auf die gemeinschaftliche Entstehungen der verschiedenen Pockenformen hindeutend, stellt derselbe Sätze auf, welche zu Gunsten der Vaccine sprechen. Daher das Impfgeschäft der fortdauernden Fürsorge der Regierungen empfohlen wird.

Hr. Kr. Phys. Dr. Fischer, aus Oels, wirft die Frage auf, warum ist nach einer normal verlaufenden Vaccination nicht Schutz vor der Pockenansteckung durch das ganze Leben eines Menschen zu erwarten? und sucht die Beantwortung dieser Frage in der Natur des Vaccine-Contagiums, welches ein fixes ist, daher im Streite mit dem Pockencontagium, welches sowohl fix als diffusibel ist, letzteres nur zu modificiren vermag und in dem Geimpften zwar die Fähigkeit vernichtet, ächte Pocken zu erzeugen, aber das Vermögen fortbestehen läßt, unter Einwirkung des Pocken-Contagiums Varioloiden hervorzubringen; demnach ist, nach Hrn. Dr. Fischer's Meinung, die Kuhpocken-Lymphe von Zeit zu Zeit zu erneuern und die Vaccination mit Eifer und Sorgfalt fortzusetzen, in der Hoffnung, die ächten Pocken endlich ganz zu verdrängen und an deren Stelle die Varioloiden zu erblicken.

II. Sitzung den 20. Sept.

Hr. Kreis-Physikus Dr. Kolley, aus Gleiwitz, las über Kuhpocken und den Erfolg der Revaccination, mit Hinweisung auf die Verschiedenheit der Narben, welche er seit 1793 — 1825 zu beobachten sucht. Aus der Erfahrung, die Hr. Dr. Kolley 1825 gemacht zu haben glaubt (welcher aber widersprochen worden ist), daß aus London bezogene Lymphe kräftiger sich erweist, als die aus Breslau, Berlin und Oesterreich erhaltene, folgert er, daß man fürchten müſſe, ohne Erneuerung der Lymphe werde ihre Schußkraft zu einem Minimum herabſinken, und meldet endlich, daß der von ihm an 16 Kühen gemachte Sunderlandſche Verſuch, wahre Menſchenpocken auf Kühe überzutragen, ganz fruchtlos geblieben iſt.

Hr. Prof. Sachs, aus Königsberg, hielt einen freien Vortrag über Asthma Phymicum, mit kritiſcher Beleuchtung der über die Pathologie und Therapie dieſer Krankheitsform aufgeſtellten Anſichten. Hr. Dr. Volko, aus Ratibor, und Hr. Dr. Kurz, aus Frankenſtein, erzählen hierher gehörige Krankheitsfälle. Hr. K. Rath, Prof. Dr. Wagner, aus Wien, ſprach über eine von ihm mit Glück gemachte Operation an einem Manne, deſſen penis bis an die Wurzel zerſtört war. Hr. P. W. beſchenkt die Schleſiſche Geſellſchaft für vaterl. Cultur mit einem von ihm verbeſſerten Schlundſtoßer.

III. Sitzung vom 21. September.

Hr. Prof. Dr. Seerig theilte mehrere ſeltene chirurgiſche Beobachtungen mit, namentlich:

1) einen Fall von anomaler Haarbildung unter der Haut des Fußrückens. Aus einem erbſengroßen Geſchwür, an der Gegend des Sprungbeins, wurde mittelſt ein Pincette ein drei Zoll langes, mit einer Scheibe verſehenes Haar hervorgezogen, von der Stärke eines dünnen Pferdehaars, worauf der Kranke alsbald genas.

2) Die Geſchichte eines Steatoms am Hinterhaupte eines 2⅓jährigen Kindes, welches mit gutem Erfolge operirt wurde.

3) Die Operation einer elephantiasis scroti bei einem 31jährigen Manne mit günſtigem Erfolg.

4) Eine Schwefelſäure-Vergiftung mit Leichenöffnung, wobei drei Stricturen im Oesophagus entdeckt wurden, deren größte nahe an der cardia, einer dünnen Sonde kaum den Durchgang geſtattet, nebſt Vorzeigung des Präparates.

5) Ein Fall von falſcher Trompeten-Schwangerſchaft bei einer 30 Jahr alten Frau, die gleich einen wahren Tod zur Folge hatte.

6) Derſelbe legt eine neue mit einem beweglichen Sohlenſtück verſehene Klumpfußmaſchine vor, deren Vorzug vor andern, z. B., der Delpeck'ſchen, darin beſteht, daß ſie ohne alle Vorbereitung angelegt werden kann. Hierauf ſprach

Hr. Dr. Kloſt, aus Dresden, über die Verbindung von Arbeitsanſtalten mit Krankenhäuſern, und bemühte ſich, die Vortheile zu entwickeln, die ſowohl für den Staat, als für die Communen, als auch für die Kranken entſtehen dürften, wenn leßtere zu zweckmäßiger Beſchäftigung im Spital angeleitet werden könnten, um ſich einen Theil ihres Unterhaltes zu verdienen. Ein Vorſchlag, der zu lebhaften Discuſſionen Veranlaſſung gab.

Hr. Dr. v. Mayer, aus Buchareſt, berichtete über die Syphilis in der Moldau und Wallachei und führte die Urſachen an, weßhalb die Gonorrhöen in jenen Gegenden ſo hartnäckig ſind und die ſyphilitiſchen Geſchwüre ſo leicht ſecundäre Syphilis nach ſich ziehen. Hr. Dr. v. M. ſchlägt gegen Harnröhren-Verengerung ein dem Ducamp'ſchen ähnliches Inſtrument vor, welches mit Höllenſteinpulver beſtreut wird; eine Methode, die zu Aeußerung entgegengeſeßter Anſichten veranlaßte, indem einige der Anwendung des Höllenſteins durch Bougies vorzogen. Dagegen fand die innere Behandlung, die in Anwendung des Zittmann'ſchen Decocts und in einer ſtrengen Diät beſtand, vielen Beifall. Hr. M. R. Ebers theilte Beobachtung mit, wodurch bewieſen werden ſoll, daß ſie auch heute noch ſich ſpontan entwickeln könne.

IV. Sitzung am 23. Sept.

Hr. Dr. Mauthner, aus Wien, theilte Bemerkungen über den Typhus mit, den er im Winter 1831—1832 in den Militär-Spitälern des weſtlichen Galliziens an andern und an ſich ſelbſt zu beobachten Gelegenheit hatte. Er führte beſonders das in den meiſten Fällen übliche Symptom des Mundblutens in Naſe (der Blutnaſe, Blutnaſenkrankheit unter dem Volke) an, und bemerkte noch, daß in dem urſprünglichen Typhus die Bildung des Contagiums häufig unvollkommen geſchah, während ein ſog. acquirirten gewöhnlich ein höchſt wirkſamer Anſteckungsſtoff entwickelte wurde, und daß jede dieſer beiden Arten des Typhus auch eine verſchiedene Behandlung erfordere.

Hr. Geh. M. R Dr. Dietrich, aus Glogau, gab die Beſchreibung und Zeichnung einer ſcheinbaren Zwitterbildung bei einer

32jährigen Mannsperſon. — Hr. Geh. M. R. Wendt erinnert hiebei an einen ſcheinbar weiblichen Zwitter, der dreimal verheirathet, in der dritten Ehe aber geſchieden wurde, und ſpäter ſich als Mann ſein Brod verdiente.

Hr. Geh. Hofrath Baron v. Türkheim, aus Wien, eröffnete eine Reihe intereſſanter Erzählungen aus dem Gebiete der mediciniſchen Caſuiſtik, und führt zwei Krankengeſchichten von lues larvata an, deren eine von einem Falle handelt, wo die lues ſich hinter einer ſcheinbaren Luftröhrenſchwindſucht verſteckt und durch die Einreibung des ſalzſauren Goldes auf die Zunge raſch geheilt worden iſt. Der zweite Kranke, der an einer offenbaren Hirnaffection litt, ſtarb am 54. Tage ſeiner Krankheit, nachdem er unter anderm mit dem Erbrechen Hirnmaſſe ausgeleert hatte. Die Leichenöffnung wies eine beträchtliche Eitermaſſe an der ganz zerſtörten Wand des Stirnbeins und cariöſe Zerſtörung des ossis sphenoidei nach.

Hr. Präſid. Muſt knüpfte hieran die Erzählung mehrerer Fälle ähnlicher Art, vor allem die Geſchichte einer Blindheit, deren Urſache er in tophis der Augenhöhlen ſuchte. Die Diagnoſe wurde einzig und allein durch die Phyſiognomie des Kranken beſtimmt, welche ſich durch unverhältnißmäßige Hervorragung der Stirn, die zum übrigen Geſicht nicht zu paſſen ſchien, auszeichnete. Die Einreibungscur heilte den Kranken.

Hr. M. R. Dr. Remer erwähnte eines Falles von ſcheinbar modificirter Syphilis mit Tophis an der Ulna und der Tibia, welche nach jahrelanger vergeblicher Behandlung mit Mercurial und anderen Methoden durch den ſiebjährigen Gebrauch des Bades zu Trentſchin vollkommen geheilt worden iſt. Darauf nahmen, in Bezug auf den von Hrn. B. v. Türkheim erzählten Fall, der Hr. Präſ. Muſt, D. M. R. Wendt, aus Warſchau, Prof. Dr. Benedict, aus Breslau, Veranlaſſung, Beobachtungen von Ausflüſſen oder Geſchwülſten nach Verletzungen des Schädels mitzutheilen. Hr. Präſ. Muſt entwickelte ſeine Anſichten über örtliche Krankheitsformen, welche keine örtlichen Krankheiten ſind, welche alſo keineswegs durch eine bloß örtliche chirurgiſche Behandlung beſeitigt werden dürfen, ſondern als Reflex allgemeiner Leiden, oder als von der Natur hervorgebrachte Ablagerungsorgane betrachtet werden dürfen. Hr. Pr. R. beleuchtete hiernach die über Scirrhus, Krebs, Fiſtelgeſchwüre, Flechten, Augenfälle, Balggeſchwülſte, Hydrocele, Warzen und Muttermäler feſtzuſtellenden chirurgiſchen Lehrſäße.

Noch wurde aus dem Dorfe Zweibrodt ein Fettkind vorgeſtellt, im Mädchen von 10 Jahren, deſſen Figur und Phyſiognomie ihm das Alter von 16 — 17 Jahren gaben.

V. Sitzung am 24. Sept.

Hr. Regierungs-Medicinal-Rath Ollenroth las über den Weichſelzopf und zeigte einige Exemplare dieſer Krankheit vor. Hr. O. bezeichnete den Weichſelzopf als eine auf ſcrophulöſer Baſis entſtandene, dem ſarmatiſchen Völkerſtamm eigene Dyscraſi, welche bald genuin erzeugt, bald ſich durch ein Contagium fortpflanzt. Nach einer Vergleichung des Weichſelzopfs mit ähnlichen Krankheitsformen, als Tinea, anomale Gicht und Syphilis, werden die biologiſchen Unterſchiede der Trichoma angeführt und der Weichſelzopf für das Product eines organiſch-critiſchen Proceſſes der trichomatöſen Dyscraſie erklärt; daher der Zopf ohne Gefahr für Leben und Geſundheit unbedingt und zu allen Zeiten nicht abgeſchnitten werden dürfe.

Hr. M. R. Kruttge, aus Breslau, proteſtirt nach einer kurzen Darſtellung ſeiner Methode, wonach die Behandlung 42 Tage fortgeſeßt werden muß, gegen Harder's Anſtellung ſeiner prophylaktiſchen Methode und führt an, daß, wenn Harder die Bißwunde mit Aeßkalien verbindet, die Belladonna innerlich verordnet, das calomel aber erſt nach 17 Tagen reicht, dieſe Methode ſich von der ſeinigen hinreichend unterſcheide.

Hr. M. R. Dr. Remer erwähnt eines Falles aus dem Breslauer Regierungs-Departement, wo bei der Anwendung der Kruttge'ſchen Methode die Krankheit in 14 Tagen dennoch ausgebrochen iſt. Wogegen Hr. Geh. M. R. Dr. Wendt erwähnt, daß bei 200 im Spital A. h. behandelten verdächtigen Fällen die Krankheit in zwei Fällen ausgebrochen iſt, wo das Verfahren entweder gar nicht angewendet oder im zweiten Falle ausgeſeßt worden iſt, was offenbar für die Vorzüge dieſer prophylaktiſchen Methode ſpräche. — Hr.

Präs. Rust hält in den ersten drei Tagen nach dem Bisse das Uebel für örtlich, und empfiehlt Ausschneiden der Bißwunde, welches auch dann nicht schaden wird, wenn das Gift schon aufgenommen seyn sollte. Derselbe bestätigt, nach Vergleichung aller historischen Daten, die günstige Wirkung der Kanthariden zur Verhütung der Wasserscheu.

Hr. Geh. M. R. Wendt aus Breslau nennt die Gicht eine Cacherie mit Neigung zu Vererbung und verweiset auf die in der Gicht bemerkten Ablagerungen von harnsaurem Natrum oder phosphorsaurer Kalkerde, namentlich auf die tophi in den Gelenken, am Kopfe, auf den Weinstein an den Zähnen, auf die Harn- und Speichelsteine, auf das sedimentum gipseum im Urin, auf den nach Kalkerde riechenden Schweiß.

Hr. Prof. Sachs nennt die Gicht eine Krankheit des plastischen Nervensystems und unterscheidet eine doppelte Form, die Gicht der Reichen, Arthritis regularis, welche auf Erethismus, und die Gicht der Armen, A. irregularis, welche auf Atonie beruht.

Hr. Dr. Koehler, aus Warschau, zeigt die Abbildung eines pathologischen Herzens vor. Es hatte einem jungen Menschen gehört, der im 19ten Jahre erst die Spuren der Cyanose zeigte und 6 bis 7 Wochen darauf starb Die Scheidewand der Ventrikel fehlte, das eiförmige Loch, wie der ductus Botalli waren offen, das Parenchym des Herzens durchgehends von gleicher Dichtigkeit.

Hr. Dr. Pulst, aus Breslau, erzählte zwei Fälle von Blausucht bei Kindern, welche beide 4 bis 6 Wochen zu früh geboren waren, von denen das eine starb, das andere aber hergestellt wurde.

Hr. Hofr. Bar. v. Türkheim führt die Naturheilung bei einem blausüchtigen Kinde an.

Hr. Prof. Dr. Wolf aus Berlin, spricht über den Vorzug großer Dosen Calomel in der Gastro-enteritis nach Lesser's Vorschlage. 10 Gran Calomel, dreimal täglich, bringen so copiöse Ausleerung noch so leicht Speichelfluß hervor, wie kleinere Dosen; ja sie beschränken sogar die Ausleerungen durch den Stuhl.

Hr. Prof. Dr. Sachs hat die Lesser'sche Methode bei Kindern angewendet und günstigen Erfolg gesehen.

Hr. M. R. Prof. Dr. Eck, aus Berlin, bestätigte die Erfahrung, daß große Dosen von Calomel die Ausleerungen durch den Stuhl eher vermindern, als vermehren und erkennt ihren Werth in der Gastro-enteritis an — Derselbe erwähnt des weingeistigen Dampfbades des Com. R. Hempel in Oranienburg, welches in der Charité zu Berlin gegen Wassersucht, Paralyse, chronische Rheumatismen und Hautausschläge verfucht wird. In der Wassersucht, wird bemerkt, habe sich das weingeistige Dampfbad in Bezug auf die nächsten Erfolge bewährt, wie aus der Gewichtsverminderung der Wassersüchtigen hervorgeht, welche sehr bald 20 bis 30 Pfund beträgt.

Hr. Prof. Dr. Wolf hält das weingeistige Dampfbad für ein hülfreiches Palliativmittel, widerräth aber seine Anwendung in dem Hydrops antagonisticus mit fieberhaft plethorischem Character, überhaupt bei jedem hydrops calidus.

Hr. D. M. R. v. Froriep berichtete von den anatomischen Untersuchungen seines Sohnes über Hämorrhoidalknoten, deren Resultat ist, daß die Hämorrhoidalknoten wirklich nur varicöse Anschwellungen der Venen sind, daß ein Knoten aus mehren Anschwellungen besteht, und daß, wie die vorgelegten Zeichnungen darstellten, die Communication mit den Venenstämmen, wie auch Austritt des Bluts nachgewiesen werden kann.

Hr. M. R. M. Dr. Remer kam auf die Cyanose zurück, und machte auf die Eintheilung der Krankheit in eine angeborne, von organischen Fehlern des Herzens entstehende, und in eine erzeugte, von Störungen in der Circulation, Asthma, vielleicht sogenannte Herpatisation der Lunge abhängende, aufmerksam und frägt an, ob die Anwesenden bei letzterer ebenso, wie bei der angebornen, die characteristische Gestalt der Nägel beobachtet haben? welche Frage unbeantwortet blieb.

Derselbe zeigte ein aus dem intestinum tenue eines Mannes unter großen Beschwerden ausgeleertes steinartiges Concrement von der Größe einer welschen Nuß mit zapfenförmigen Fortsätzen. Die

chemische Analyse von Dulk bezeichnete den Stein als Gallenstein, welches der eben anwesende Hr. M. R. Prof. Dr. Otto bestätigte.

Hr. D. M. R. Nagel, aus Breslau, erzählte von einem Gichtkranken, dessen Fußgicht durch Erkältung verschwunden war, an deren Stelle aber Brustzufälle entstanden, welche sich durch einen profusen Speichelfluß entschieden; der in einem Becken abgedampfte Speichel ließ Kalk zurück. Die Leichenöffnung zeigte ein erweitertes Herz mit verknöcherten Klappen, nebst kalkartigen Lungendrüsen.

VI. Sitzung vom 25. Sept.

Hr. Dr. v. Mayer zeigte ein neues Fossil aus der Moldau, ein Erdwachs, vor.

Hr. M. R. Dr. Otto zeigte aus seiner zahlreichen Sammlung mehrere Gallensteine, worunter einige in Form und Größe sehr selten waren; desgleichen einen großen Speichelstein; seltene Concremente, welche sich im Magen der Thiere erzeugen; eine steinharte, aus incrustirtem Leinwandgewebe bestehende Masse in dem Magen eines Hirsches, welcher auf der Anatomie gehalten worden war; einen Blasenstein, worin eine Flintenkugel eingehüllt saß, aus der Blase eines Soldaten; zwei Präputialsteine von bedeutender Größe bei einem erwachsenen Manne.

Hr. M. R. Ebers legte eine schöne Zeichnung von einem Elephantenfuße vor, so wie eine von einem merkwürdigen Falle von Condylomen am penis.

Hr. Prof. Dr. Benedict, aus Breslau, sprach über die Entstehung der Harnröhrenverengerungen, wobei insbesondere auf die nachtheilige Wirkung reizender Einspritzungen und mechanischer Mittel hingedeutet wird; ja selbst zur Heilung von Stricturen wird die Lallemand-Ducamp'sche Methode beschränkt und nur in so fern die Anwendung empfohlen, als die den Bougies den Weg bahnt.

Hr. Dr. Wernh. Heine legte das von ihm erfundene Osteotom vor, und bewies durch zahlreiche Knochenpräparate die Wirksamkeit seines Instruments.

Hr. Dr. Nagel erzählte endlich einen merkwürdigen Fall einer Metaschematismus bei einer Säugenden auf's Gehirn, welche nach einer Dauer von drei Monaten durch eine Verbrennung der Brüste in 8 Tagen gehoben wurde, indem die Milchsecretion wieder hervortrat.

Die Versammlung der medicinischen Section am 26sten September, zu welcher am 25sten noch von dem zweiten Geschäftsführer ausdrücklich eingeladen worden war, war durch den Vortrag des Hrn. M. D. Dr. Gebel veranlaßt worden. Dieser aber hatte sich nicht eingefunden. Nachdem man eine Zeitlang gewartet hatte, wurde der Gegenstand zur Sprache gebracht, und die sämmtlichen Anwesenden vereinigten sich zu einer in das Protokoll niederzulegenden Äußerung, etwa folgenden Inhalts *): Es habe keiner der anwesenden Ärzte die Absicht gehabt, in der Versammlung für oder gegen die Homöopathie aufzutreten. Nun sey aber in den letzten diesjährigen Sitzung durch den Hrn. K. D. D. Dr. Gebel, unter dem Titel über Theorie und Praxis der Medicin eine Schutzrede der Homöopathie gesprochen worden. Die Section habe sich dadurch veranlaßt gesehen, noch eine Sitzung zu halten, in welcher der Gegenstand hätte verhandelt werden sollen. Hr. Dr. Gebel aber sey ausgeblieben. — Was nun jene Schutzrede selbst anlange, so habe ihre Fassung wohl jetzund allgemeine Mißbilligung erregt, übrigens aber sey die Section der Meinung, daß es wegen des Inhalts derselben einer Discussion oder Widerlegung nicht bedürfe, und daß man sich daher begnüge, diese Erklärung in das Protokoll aufzunehmen.

---

*) Ich habe leider vergessen, mir von dieser Erklärung im Protokoll eine wörtliche Abschrift zu nehmen, glaube aber den Sinn derselben mitgetheilt zu haben. — Uebrigens bemerke ich, daß es ein Irrthum ist, wenn in einer Zeitung gesagt wurde, daß es der öffentlichen Discussion über den Vortrag des Hrn. Gebel zu einer stürmischen Scene Veranlassung gegeben hätte. Es ist derselbe weder unterbrochen, noch etwas erwidert worden.

F.

Abdruck des bekannt gemachten namentlichen Verzeichnisses
der in Breslau versammelt gewesenen Naturforscher
und Aerzte.
(NB. Die in Breslau Einheimischen sind mit einem * bezeichnet.)

Herr Graf v. Sternberg, wirklicher Geheimer Rath, Excellenz,
    aus Prag.
— Freiherr v. Humboldt, wirklicher Geheimer Rath, Excellenz,
    aus Berlin.
— Präsident Rust, aus Berlin.
— Professor Dr. Rob. Brown, aus London.
— Professor Dr. Peter Wagner, K. K. Rath und Staabs-
    arzt, aus Wien.
— Dr. Drzewicki, K. Russischer Hofrath, aus Warschau.
— Dr. Alexander Zawadzki, Professor der Mathematik und
    Physik in Lemberg.
— Dr. Anders A. D. Retzius, Professor der Anatomie zu
    Stockholm.
— Dr. Carl Heinrich Schultz, Professor, aus Berlin.
— H. A. Brettner, ordentlicher Lehrer der Mathematik und
    Physik, aus Gleiwitz.
— *Dr. und Professor Wilh. Herm. Georg Remer, Königl.
    Regierungs= und Medicinal=Rath.
— *Dr. Johann Jacob Heinrich Ebers, Königl. Medici-
    nal=Rath und Arzt des Krankenhospitals zu Allerheiligen.
— *Dr. Johann Carl Lampe, Königl. Generalarzt des 6ten
    Armee=Corps.
— *Dr. Julius Betschler, Professor der Medicin.
— *Dr. Wilhelm Bortheim, pract. Arzt.
— *Dr. August Burchard, pract. Arzt.
— *Dr. M. Sachs, pract. Arzt.
— *Dr. Aug. Ad. Lübice, pract. Arzt.
— *Dr. Jul. Nath. Lobethal, pract. Arzt.
— *Dr. Simon Stern, pract. Arzt.
— *Dr. E. F. Ferd. v. Strantz, Königl. Major.
— *Dr. A. Wolfgang Fischer, Professor der Chemie.
— *Dr. Carl Nagel, pract. Arzt.
— *J. A. Gebauer, Oberlehrer.
— G. Feldt, Professor der Mathematik und Physik, aus
    Braunsberg.
— *Dr. Kruttge, Königl. Medicinal=Rath und Ober=Stadt-
    physicus.
— Dr. Ferd. Nentwig, pract. Arzt in Reinerz.
— *Dr. E. Scholz, Professor.
— *Dr. A. W. Henschel, Professor.
— *Dr. E. E. Klose, Professor der Medicin.
— *Dr. E. Sammhammer.
— *Gustav Gerlach, Apotheker.
— *Dr. M. E. Frankenheim, Professor.
— *Dr. J. Wenzeslaus Hancke, Königl. Medicinal=Rath.
— *Reißmüller jun., Apotheker.
— *v. Boguslawski, Conservator der Sternwarte.
— *Dr. E. Klose, pract. Arzt.
— Dr. David Schiel, aus Wien.
— *Johann Bock, Apotheker.
— *Dr. M. Küstner, pract. Arzt und Director am Königl.
    Hebammen=Institut.
— *Dr. Asch, pract. Arzt.
— *Felix Prudlo, Gymnasial=Professor.
— *Dr. E. Pulst, pract. Arzt.
— *Dr. E. Schulz, pract. Arzt.
— *Dr. Herrmann Franck.
— *Dr. Julius Remer, pract. Arzt.
— *Dr. Heinrich Weidner, pract. Arzt.
— *Dr. E. Koschate, pract. Arzt.
— *Friedr. Wimmer, Oberlehrer.
— *Dr. J. A. Wentze, pract. Arzt.
— *Dr. A. H. Kröber, pract. Arzt.
— *Dr. E. E. Gloger.

Herr Carl Gustav Fischer, Kreisphysicus, aus Oels.
— *Joh. Carl Tobisch, Professor am Friedrichs=Gymnasium.
— *Th. Emil Schummel, Lehrer.
— Joh. Edler v. Mayer, Dr. med., aus Bucharest.
— *Julius Kirschner, Dr. med.
— Dr. Löwe, aus Gleiwitz.
— *Kaltstein, Dr. med.
— Dr. Reichenbach, Bergamts=Director, aus Blansko in Mähren.
— *Rother, Dr. med.
— *Adalbert Kirstein, Apotheker.
— *Dr. M. Barkow, Professor.
— E. F Bansmann, Dr. und Lehrer, aus Berlin.
— *A. W. G. Benedict, Prof. und Dr. med.
— *Grögner, Dr. med.
— *Davidsohn, Dr. med.
— Schnorrceit, Dr. med., aus Johannisberg.
— Freiherr Gabriel Pronay von Thot = Prones und
    Blatnitza, ungar. Magnat, aus Acsa.
— Ant. Radvenski, Edler von Radvan und Sajo Kaza, Ober-
    notar des Sohler Comitats.
— Franz Kubingi, Edler von Felgo=Robin und Nagy=Olazy,
    Oberstuhlrichter in Ungarn.
— Zipser, Professor, aus Neusohl in Ungarn.
— *Paul Scholz, Prof.
— *Dr. Köcher, Gymnasiallehrer.
— Dr. Hüncfeld, Prof. an der Univ. Greifswalde.
— *Easker, Dr. med.
— *Jul. Hanke, Dr. med.
— *Wilh. Kraus, Dr. med.
— Rücker, Lehrer der Naturgeschichte, aus Leobschütz.
— *Heer, Dr. med.
— *Figulus, Dr. med.
— *Goldschmidt, Dr. med
— *Müller, Prof., Dr. und Münz=Rendant.
— *Springer, Dr. med.
— Duflos, Apotheker, aus Halle.
— *Schäffer, Medicinal=Assessor.
— *Wolff, Prof., Dr. med., Regiments=Arzt.
— *Laube, Dr. med., Medicinal=Rath.
— Schultze, Apotheker, aus Perleberg.
— Wilbrand, Professor, aus Gießen.
— Ritgen, Geheimer Medicinal=Rath, aus Gießen.
— Kuh, Dr. med., aus Ratibor.
— Mauthner, Dr. med., aus Wien.
— *Rupricht, Dr. med.
— *Renner, Dr. med.
— *Grätzr, Dr. med.
— *Wendt, Dr. med.
— *Wentze, Dr. med.
— *Valentin, Dr. med.
— *Löwenstein, Dr. med.
— *Krocker jun., Dr. med.
— *Knispel, Dr. med.
— Bartels, Dr. med., Hofrath, aus St. Petersburg.
— *Köhler, Dr. med.
— *Hähne, Apotheker.
— Henßfeld, Dr. med., aus Berlin.
— *Landsberg, Dr. med.
— Zippe, Custos am Museum zu Prag.
— *Krummteich, Dr. med.
— *Alter, Ober=Hospital=Wundarzt.
— *Sachs, Hospital=Wundarzt.
— Lehmann, Ober=Bergrath, aus Brieg.
— Zimmer, Rittergutsbesitzer, aus Vorhaus bei Haynau.
— *Bilow, Apotheker.
— *Glocker, Professor.
— Henschel, Dr. med.
— *Krause, Dr. med.

— Fißinger, Dr. med., aus Berlin.
— Gurlt, Prof., Dr., aus Berlin.
— *Lindner, Dr. med. et chirurg.
— *Rüdiger, Dr. philos.
— *Purkinje, Prof. der Medicin.
— *Berend, Apotheker.
— Hoch, Dr. philos., aus Wien.
— Libuba, Dr. med., aus Braunsberg.
— Carl Waitz, Cammerrath, aus Altenburg.
— Dr. C. G. Carus, Königl. Sächsischer Hof- und Medicinal-Rath, aus Dresden.
— Dr. Lorinser, Königl. Regierungs-Medicinalrath, aus Oppeln.
— J. J. Littrow, Director der Sternwarte in Wien.
— Dr. Friedländer, pract. Arzt in Oppeln.
— Dr. Baumgärtner, Prof. der Physik aus Wien.
— Dr. Hochgelaben, Königl. Kreisphysicus, aus Groß-Strehlitz.
— Dr. Ollenroth, Königl. Regierungs-Medicinal-Rath, aus Bromberg.
— *Dr. Anton Krocker, pract. Arzt.
— Freiherr v. Türkheim, K. K. Oesterreichischer Hofrath und erster Vice-Director des medicin. chir. Studiums an der Universität zu Wien.
— Dr. Ferd. Rumpelt, pract. Arzt, aus Dresden.
— Dr. Fr. Aug. Klose, proct. Arzt, aus Dresden.
— Dr. Ruer, Director der Irren-Anstalt zu Marsberg in Westphalen.
— Heinrich Grabowsky, Apotheker, aus Oppeln.
— Bernh. Heine, Vorsteher des orthopädischen Instituts, aus Würzburg.
— A. J. Corda, Naturforscher, aus Prag.
— *S. Schilling, Prof. am Magdal. Gymnasium.
— Dr. Dietrich, Königl. Geheimer Medicinalrath, aus Glogau.
— Zinkeisen, Cammerverwalter, aus Altenburg.
— *Dr. Geisler, pract. Arzt.
— Dr. Bruno Schindler, pract. Arzt, aus Greiffenberg in Schlesien.
— *Dr. Schulz, Prof. und Mechanicus.
— Dr. Sachs, Prof. der Medicin, aus Königsberg in Pr.
— Dr. Stenzel, Bataillons-Arzt, aus Oels.
— Dr. Enguerra del Bayo, Bergwerks-Ingenieur, aus Tubela in Navarra.
— Dr. Wilh. Fischer, Königl. Kreisphysicus, aus Ohlau.
— *Dr. Eisner, pract. Arzt.
— *Dr. Engler, Königl. Kreisphysicus.
— Steinbach, Königl. Oberbergrath, aus Brieg.
— Singer, Königl. Oberbergrath, aus Brieg.
— Dr. Bannerth, Knappschaftsarzt, aus Königshütte.
— Dr. Gebel, Regierungs-Director a. D., aus Peterwitz bei Jauer.
— Beilschmidt, Apotheker, aus Ohlau.
— Dr. Ernst Meyer, Prof. der Botanik, aus Königsberg in Preußen.
— *Dr. Seidel, Privat-Docent.
— Becker, Apotheker, aus Wohlau.
— Zöllner, Hof-Apotheker, aus Pleß.
— Dr. Jespersen, pract. Arzt, aus Copenhagen.
— Dr. Ludwig, pract. Arzt, aus Ratibor.
— *Dr. Alexander, pract. Arzt.
— Dr. Fr. A. P. Meyer, aus Creuzburg.
— Dr. J. W. Hübner, aus Rosenberg.
— J. Lehmann, Apotheker, aus Creuzburg.
— *K. Klopsch, Gymnasial-Lehrer.
— *W. Rotermund, Inspector des zoologischen Museums.
— Dr. Polko, aus Ratibor.
— Dr. E. Bunke, pract. Arzt, aus Prausnitz.
— Dr. Eliason, pract. Arzt, aus Berlin.
— Endlicher, Dr. der Philosophie, aus Wien.
— Dr. L. Fr. v. Froriep, Ober-Medicinalrath, aus Weimar.
— Dr. Kühnel, Königl. Kreisphysicus, aus Tarnowitz.
— Oswald, Apotheker, aus Oels.
— Dr. Presl, Prof. der allgem. Naturgesch. zu Prag.
— Reich, Gymnasial-Lehrer, aus Ratibor.
— Dr. Biefel, praet. Arzt, aus Neustadt.
— Dr. Wiesner, pract. Arzt, aus Leobschütz.
— Dr. Mikan, Prof. der Botanik, aus Prag.

— Dr. Ludewig, Hofrath, pract. Arzt in Jauer.
— *Klettke, Dr. der Philosophie.
— Dr. Schuster, Königl. Kreisphysicus und pract. Arzt, aus Münsterberg.
— Weinert, Apotheker, aus Charlottenbrunn.
— August Zeune, Director der Blinden-Anstalt und Prof. der Universität in Berlin.
— Joh. Bapt. Batka, Arzneiwaarenhändler, aus Prag.
— Dr. Laband, pract. Arzt, aus Tarnowitz.
— Dr. Titesius v. S., Naturforscher der Krusensternschen Erdumseglung, aus Leipzig.
— Hofrath Dr. Helmer, Kreisphysicus, aus Brieg.
— Dr. Sauermann, pract. Arzt, aus Brieg.
— Dr. Gora, pract. Arzt, aus Kempen.
— J. L. C. Gravenhorst, Geh. Hofrath und Professor.
— August Finke, Pharmaceut, aus Oppeln.
— Dr. Kurz, pract. Arzt, aus Frankenstein.
— Dr. Günther, pract. Arzt, aus Freywaldau.
— Faustin Ens, Prof. und Custos am Museum in Troppau.
— *Felix Rendschmidt, Oberlehrer.
— Dr. Franz Weinrich, Kreisphysicus.
— Dr. med. Franz Seng, aus Wien.
— Dr. der Rechte, Carl Ed. Hammerschmidt, aus Wien.
— Dr. Carl Kunth, Prof., aus Berlin.
— *C. G. Nees v. Esenbeck, Prof. der Botanik an der Universität zu Breslau.
— Fr. Nees v. Esenbeck, Professor, aus Bonn.
— Adam Helbich, Dr. med. und praet. Arzt, aus Kalisch.
— Dr. med. Joh. Aug. Hübner, aus Löwenberg in Schlesien.
— Geh. Regierungsrath Hecht, aus Potsdam.
— Dr. med. Franz Hölzig, aus Brieg.
— Dr. med. Anton Ledwig, aus Striegau.
— *August Reißmüller, Apotheker.
— *Graf Conrad v. Dyhrn.
— Oberamtmann Langnickel, aus Freywalde.
— Dr. med. Franz Pohl, Kreisphysicus, aus Löwenberg.
— *Dr med. Carl Erner, pract. Arzt.
— Dr. Eck, Prof. und Regimentsarzt, aus Berlin.
— Lt. Gruner, Bergwerks-Officier, aus Frankreich.
— Freiherr v. Kloch, Gutsbesitzer.
— Bodtsch, Königl. Markscheider, aus Waldenburg.
— Napoli Ludwig, Apotheker, aus Triest.
— Jul. v. Flotow, Major a. D., aus Hirschberg.
— Knichala, Apotheker, aus Frankenstein.
— Dr. Ferdinand Schlegel, Königl. Regier. Medicinalrath, aus Liegnitz.
— Dr. Martini, Director der Provinzial-Irren-Heil-Anstalt zu Leubus.
— Dr. Julius, Arzt, aus Berlin.
— Dr. Köhler, pract. Arzt, aus Warschau.
— Dr. Siegmund, Kreisphysicus, aus Falkenberg.
— *Dr. Engelting.
— Dr. C. G. Schmidt, pract. Arzt, aus Leipzig.
— Dr. C. J. H. Siecker, pract. Arzt, aus Braunschweig.
— *Dr. Alex. Pegholdt, pract. Arzt, aus Dresden.
— Joh. Günzel, Professor, aus Glogau.
— Dr. Gottlob Rau, Hofrath und Kreisphysicus, aus Neumarkt.
— *Dr. Bernh. Preiß, pract. Arzt.
— Alex. v. Mieletzki, Ober-Bergamts-Rath, aus Waldenburg.
— Hermann, Commerzienrath, aus Schönebeck.
— Louis Agassiz, Prof. der Naturgeschichte, aus Neufchatel.
— C. W. G. Schulze, Ober-Bergamts-Secretair, aus Brieg.
— Fr. A. Stahr, pract. Arzt, aus Trebnitz.
— Fr. Eitner, Kreisphysicus, aus Steinau.
— Dr. A. Roßbach, Medicinalrath, aus Glatz.
— Dr. J. Rennert, pract. Arzt, aus Neiße.
— Dr. Ludw. med. pract., aus Waldenburg.
— *Dr. C. F. Hemprich, Privat-Docent.
— C. F. Engelhardt, Apotheker, aus Neumarkt.
— Anton Klant, Apotheker, aus Neiße.
— Dr. Adolph Mager, Apotheker, aus Oberglogau.
— C. Heß, Kreis-Chirurgus, aus Neumarkt.
— *Dr. Joh. Wendt, Geh. Medicinalrath und Professor.
— *Dr. W. J. Otto, Medicinalrath und Professor.

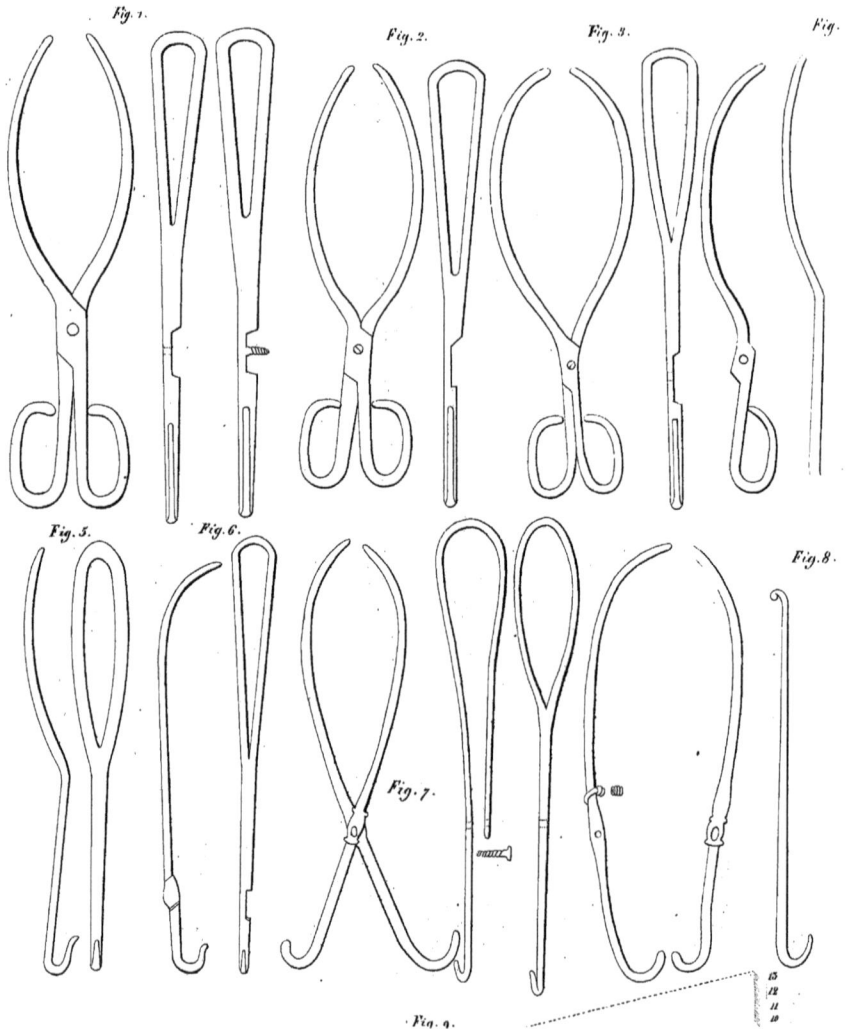

Fig. 1. Fig. 2. Fig. 3. Fig. 4.

Fig. 5. Fig. 6. Fig. 8.

Fig. 7.

Fig. 9.

Notizen

aus

dem Gebiete der Natur- und Heilkunde.

Nro. 825. (Nro. 11. des XXXVIII. Bandes.) October 1833.

In Commiſſion des Landes-Induſtrie-Comptoirs zu Weimar. Preis eines ganzen Bandes, von 24 Bogen, 2 Rthlr. oder 3 Fl. 36 Kr.
des einzelnen Stückes, 3 ggl. Die Tafel ſchwarze Abbildungen 3 ggl. Die Tafel colorirte Abbildungen 6 ggl.

Naturkunde.

Ueber die Muskelſtructur und die Functionen der Linſenkapſel und der Zonula ciliaris.

Von Thomas Smith.

Da ich durch Beobachtung an den Augen der drei Hauptclaſſen der Thiere gefunden habe, daß die Linſenkapſel und der ſtrahlige Kreis auf der hyaloidea, an welcher jene angeheftet iſt, eine fibröſe Structur und Zuſammenziehungsfähigkeit habe, durch welche die Geſtalt der Linſe ſehr leicht mehr oder minder kuglig gemacht werden kann, und da ich bemerkt habe, daß die optiſchen Erſcheinungen bei der Anpaſſung des Auges an die verſchiedenen Entfernungen beſonders ſchön mit den Veränderungen zuſammentreffen, welche das Reſultat der Function der Kapſel als Organe der Anpaſſung zuſammentreffen, ſo wage ich es, dieſelben bekannt zu machen.

Die große Durchſichtigkeit der Linſenkapſel in geſundem Zuſtande macht es ſchwierig, durch unmittelbare Unterſuchung durch die Augen ihre Structur zu erkennen. Einige Eigenthümlichkeiten jedoch, welche bis jetzt noch von keinem anatomiſchen Schriftſteller erwähnt worden ſind, ſind deutlich genug, um leicht mit Hülfe des Mikroſcopes oder ſelbſt mit bloßem Auge in günſtigem Licht geſehen zu werden. Nimmt man den ganzen Glaskörper mit der darin liegenden Linſe aus dem Augapfel heraus, indem man vorſichtig die hyaloides von den Verbindungen mit den Theilen um die Iris herum löſt, ſo ſieht man die Linſe in ihrer Kapſel von einem ſchönen ſtrahligen Kreis umgeben, welcher fälſchlich bloß als die Folge der Eindrücke, welche die Ciliarfortſätze auf der hyaloiden zurücklaſſen, beſchrieben worden iſt. Dr. Knox berichtigt in ſeiner Ueberſetzung von Cloquet's Anatomie dieſen Irrthum. Die zonula und um die Kapſel zeigt, nach ſeinem Ausſpruch, „eine ſehr complicirte Structur. Auf dem Theil der hyaloidea, auf welchem die Ciliarfortſätze ruhen, finden wir eine gleiche Anzahl von Falten oder Blättchen, welche nach außen hervorragen, gleichſam ſchwalbenſchwanzartig ge-

ſpalten mit den Ciliarfortſätzen verlaufen. Dieſe häutigen Falten ſind gefäßreich, indem die Gefäße in großer Anzahl von den Ciliarfortſätzen in ſie übergehen, und dieſe Gefäße, zugleich mit den in einander eingefalzten zwei Reihen von Fortſätzen, bilden, wie jeder Anatom wiſſen muß, die Vereinigung zwiſchen choroidea und hyaloidea, welche ſonſt in keiner Verbindung mit einander ſtehen." Die Strahlen, welche hier Hautfalten genannt werden, vereinigen ſich in einen kreisförmigen Ring dicht um die Kapſel und ſcheinen ſich ſelbſt über den Umfang der Kapſel auszubreiten, ſo daß dieſe ein wulſtiges Anſehen bekömmt, welches von Cloquet erwähnt wird, und einen ziemlich breiten Gürtel um die Kapſel herum bildet. Für das bloße Auge haben die Strahlen der zonula, wenn das ſchwarze Pigment, welches gewöhnlich daran hängt, abgewaſchen iſt, ferner der Ring, in welchen ſie ſich vereinigen, und der Gürtel, welchen ich als die Kapſel umgebend beſchrieben habe, eine große Aehnlichkeit mit der Muskelfaſer eines Kabeljaus oder Weißfiſches; und ſieht man ſie unter einem guten Mikroſcop an, ſo ſieht man die fibröſe Structur längs der Furchen der Strahlen und queer in dem Ring und Gürtel auf das Deutlichſte.

Theilen wir den Augapfel eines der größeren vierfüßigen Thiere in zwei beinahe gleiche Theile parallel der Irisfläche und legen wir den die Linſe enthaltenden Abſchnitt um, ſo ſieht man dieſe durch den zurückbleibenden Theil des Glaskörpers hindurch von einem ſtrahligen Cirkel umgeben, welcher durch die eben beſchriebene zonula mit den Ciliarfortſätzen der choroidea gebildet wird, und zuſammen den ſogenannten Ciliarkörper darſtellt; ſo ſind beſonders folgende Umſtände zu beachten. Der Kreis beſteht aus ungefähr 80 größern, regelmäßig um die Kapſel herum mit nach der Mitte der Linſe gerichteter Spitze angeordneten Strahlen oder Streifen, welche ſich aber plötzlich da endigen, wo ſie die Kapſel berühren. Dieſe Streifen ſchwellen gegen ihre Mitte hin an, und nehmen ein bauchiges Anſehen an, worauf ſie ſich nach beiden Seiten hin in zartere Veräſtelungen

11

theilt. Von diesen dünnen Aesten anastomosiren die, welche gegen die Kapsel hin laufen, untereinander von Ast zu Ast an den neben einander liegenden größern Streifen, so daß sie also gleichmäßig fast jeden Punct des Umfanges der Kapsel unterstützen oder auf ihn einwirken. Die nach der andern Seite abgehenden Aeste sind fast zweimal so zahlreich, und da sie sich an die retina anlegen, so müssen sie dieselbe unterstützen oder auf sie einwirken, während das Ciliarband, welches den Ciliarkörper mit der sclerotica verbindet, unmittelbar hinter dem bauchigen Theile der Strahlen liegt. Die Breite des Ciliarbandes ist niemals der des Ciliarkörpers gleich; es muß daher ein Theil der Verzweigungen jedes Streifens nach beiden Seiten hin lose seyn; so daß, welche auch die Function der Strahlen seyn möge, doch das Ciliarband als der Stützpunct zu betrachten ist, welcher die Wirkung der dünnern Veräftelungen nach beiden Seiten hin trägt (von welchen sie ausgeht). Hiernach erschien mir nun die Muskelnatur dieser Theile höchst wahrscheinlich, was noch durch die regelmäßige Anordnung und den großen Blutreichthum (der bei Ligamenten gewöhnlich nicht vorhanden ist) bestätigt wird.

Um mich aber nicht auf das Aussehen allein verlassen zu müssen, suchte ich nach einer Methode, durch welche ich die Muskelfaser von andern Geweben unterscheiden könnte; diese fand ich nach der Untersuchungen der Zusammensetzung der einzelnen Gewebe bei verschiedenen Schriftstellern in folgendem Untersuchungsmittel, durch welches die Muskelnatur eines durchsichtigen thierischen Gewebes bewiesen werden kann, wenn es wahr ist, daß sich sehnige Fasern in kochendem Wasser weit stärker der Länge nach zusammenziehen als Muskelfaser, daß Muskelgewebe undurchsichtig und weiß, Sehnenfaser aber halbdurchsichtig und gelblich wird.

Das Untersuchungsmittel besteht in Folgendem: man tauche die durchsichtigen Theile des zu untersuchenden thierischen Gewebes in kochendes Wasser; zieht es sich etwa um ein Drittheil seiner Länge zusammen und wird es undurchsichtig und weiß, so ist es Muskelfaser; zieht es sich nicht zusammen, so ist es keine Muskelfaser, selbst wenn es weiß wird; zieht es sich nur mehr als ein Drittheil zusammen und bleibt durchsichtig, so besteht es aus Sehnenfaser.

Der verstorbene Dr. Young glaubte, die Linse bestehe aus concentrischen mit Eiweißsubstanz abwechselnden Muskel- und Sehnenschichten, durch deren Wirkung die Convexität der Linse den verschiedenen Entfernungen der Gegenstände angepaßt würde. Diese Hypothese wird durch den vollkommenen Mangel aller Gefäß- und Nervenverbindung zwischen Linse und Kapsel und durch den vollkommene flüssigen Zustand der Fötuslinse widerlegt. Um aber alle Zweifel zu beseitigen, tauchte ich die Linse ohne Kapsel in kochendes Wasser. Wäre Dr. Young's Meinung richtig, so hätte durch Zusammenziehung der Muskel- und Sehnenfasern jeder Schicht die Linse mehr eine Kugelform erhalten müssen, und wir müßten beim Ablösen der zwischenliegenden coagulirten Eiweißsubstanz durchsichtige Sehnenschichten und weiße undurchsichtige Muskelschichten gefunden haben. Ich habe aber

bei zahlreichen Versuchen nicht gefunden, daß die Linse im geringsten mehr kuglig werde: sie wurde undurchsichtig und weiß, behielt aber ihren frühern Durchmesser und die frühere Dicke; sie ist daher nicht muskulös.

Ein ganz anderes Resultat ergab sich, wenn die Linse von ihrer Kapsel bedeckt auf gleiche Weise in heißes Wasser eingetaucht wurde; die Linse einer Kuh mit ihrer Kapsel maß dem Durchmesser nach 0,7 Zoll, der Dicke nach 0,5 Zoll vor dem Eintauchen; nachdem sie aber in kochendem Wasser gelegen hatte, bis sie ganz undurchsichtig und weiß geworden war, maß sie im Durchmesser 0,65, und in der Dicke 0,55 Zoll. Durch Verlust am Durchmesser und Gewinn in der Dicke wurde die Linse daher mehr sphärisch. Die Veränderung war so stark, daß zwei Linsen desselben Thieres, deren eine mit, die andere ohne Kapsel in heißes Wasser getaucht wurde, auf das Auffallendste als von verschiedenen Thieren herrührend erschienen. Die folgende Tabelle zeigt den Erfolg der Eintauchung der Linse von verschiedenen Thieren, und ich kann versichern, daß ich bei den zahlreichen Versuchen, die ich angestellt habe, nicht eine einzige Ausnahme von der darin gefundenen Regel getroffen habe.

Name des Thiers.	Maße der Krystalllinse in Zolltheilen.							
	Mit der Kapsel.				Ohne Kapsel.			
	Vor der Eintauchung		Nach der Eintauchung		Vor der Eintauchung		Nach der Eintauchung	
	Durchmesser	Dicke	Durchmesser	Dicke	Durchmesser	Dicke	Durchmesser	Dicke
Ochse	0,74	0,5	0,7	0,54	0,745	0,49	0,745	0,49
Hirsch	0,70	0,5	0,64	0,54	0,71	0,49	0,71	0,49
Schaaf	0,60	0,42	0 55	0,48	0,61	0,41	0,61	0,41
Ferkel	0,41	0 32	0,39	0,36	0,43	0,31	0,34	0,31
Reh	0 39	0,28	0,37	0,32	0 39	0 24	0,39	0,28
Kaninchen	0,36	0,26	0,34	0,29	0,38	0,25	0,38	0,25
Ratte	0,20	0,16	0 18	0,18	0,20	0,16	0,20	0,16
Huhn	0,16	0,13	0 15	0,15	0,20	0,12	0,23	0,12
Stockfisch	0,42	0,39	0,415	0,415	0,42	0,39	0,42	0,39
Hering	0,26	0,22	0,24	0,24	0,26	0,22	0,26	0,22
Weißfisch	0,265	0,24	0,26	0 255	0,27	0,24	0,27	0,24
Flunder	0,200	0,13	0,20	0,19	0,20	0,18	0,20	0,18

Aus dieser Tabelle ergiebt sich, daß die Umwandlung zu mehr kugliger Gestalt, durch Eintauchen der Linse in kochendes Wasser, einer Contractionskraft in der Kapsel allein zuzuschreiben ist. Durch Messen der Breite des oben erwähnten Kapselgürtels, vor und nach der Eintauchung, fand ich, daß er noch die Kochhitze schmaler und kürzer geworden war. Und da nun der Umfang der Linse in der Queere nach in der Kapsel, vor und nach der Eintauchung, so weit ich es bestimmen konnte, derselbe war, so ergiebt sich die wichtige Thatsache, daß die Zusammenziehung der Queerfasern des Gürtels durch die Ausdehnung der elastischen übrigen Kapselhaut compensirt wird. Um zu versuchen, welcher Act von Gewebe dem Kapselgürtel und die denselben umgebenden Strahlen angehören, entfernte ich die Linse von der Kapsel und tauchte die Kapsel, noch an die zonula ciliaris angeheftet, den ganzen Glaskörper in kochendes Wasser. Der Gürtel zog ſich ſowohl der Länge, als Breite nach zuſammen und wurde weiß; der vordere Theil innerhalb des Gürtels wurde weiß, zog ſich aber nicht zuſammen. Der hintere Theil innerhalb des Gürtels blieb durchſichtig; die Strahlen der zonula zogen ſich zuſammen und wurden weiß. Dieſe Strahlen und der, die Kapſel umgebende, Gürtel zeigen alſo die Eigenſchaften des Muskelgewebes.

Nehmen wir nun an, daß die Kapſel und zonula mit Muskeln verſehen ſeyen, ſo bleibt zu verſuchen, ob die Wirkung derſelben fähig ſey, die Function des Anpaſſens (an die verſchiedenen Entfernungen) in dem geſunden Auge zu verrichten.

Die Function des Muskelgürtels der Kapſel iſt hinreichend deutlich durch ſeine Einwirkung auf die Geſtalt der Linſe bei'm Eintauchen in kochendes Waſſer, aber die Function des Strahlenkranzes kann bloß verſtanden werden, wenn man die firen Puncte beachtet, gegen welche durch Contraction die Enden deſſelben bewegt werden müſſen. Ich habe vorhin angegeben, daß dieſe feſten Puncte der Lage des Ciliarligamentes entſprechen. Die Contraction des Theiles der Strahlen, welcher zwiſchen der Kapſel und dem Ligamente liegt, muß daher den Umfang der Kapſel gegen das Ligament hinziehen und den Durchmeſſer der Linſe vergrößern. Die Strahlen ſind daher die Antagoniſten des Gürtels.

Da ein Gefühl von Zerren, oder von Anſtrengung eintritt, wenn das Auge eine beträchtliche Zeit entweder ſehr nahe= oder ſehr fernliegenden Gegenſtänden angepaßt wird, worauf ein Gefühl von Ermüdung folgt, ſo ſcheint es, daß ein Mittelzuſtand vorhanden iſt, welchem die Contraction der Linſe im natürlichen Zuſtande entſpricht, ſo daß daher die Anpaſſung des Auges an größere oder geringere Entfernung die Folge functioneller Bewegung ſeyn muß. Geſchieht das Anpaſſen an nahe Gegenſtände durch Contraction der Kapſel und die an ferne Gegenſtände durch Zuſammenziehung der Strahlen, ſo finde ich durch Berechnung nach optiſchen Principien, daß die Veränderung der Krümmung beider Oberflächen der Linſe, die durch jene Mittel entſteht, das fortwährend deutliche Sehen bei jungen und geſunden Augen vollkommen erklärt. Die Wahrſcheinlichkeit, daß die Anpaſſung des Auges an die verſchiedenen Entfernungen wirklich durch dieſe Mittel beſorgt werde, wird n ch dadurch vermehrt, daß die Anpaſſung nicht von einer Veränderung des optiſchen Mittelpunctes des Auges begleitet iſt, welches bei allen übrigen Anpaſſungsmitteln unvermeidlich wäre, und hierauf ſtützt Brewſter ſeine Widerlegung der Hypotheſe, daß das Augapfel verlängert werde, oder die Converität der Hornhaut vergrößert werde, damit das Auge für nahe Gegenſtände paſſend werden ſoll; eben ſo widerſpricht dieſer Umſtand der Annahme, daß die Linſe zu dieſem Zwecke durch irgend ein Mittel vorwärts gezogen werde, dieß würde den Mittelpunct der Linſe, und daher auch den optiſchen Mittelpunct des Auges vorwärts bewegen, wogegen das ruhige Stehenbleiben der feſten Gegenſtände, die außerh lb der Schare liegen, während des Anpaſſungsactes ſpricht.

Will man aber den Siß und Mechanismus einer ſo zarten Function wie dieſe erklären, ſo iſt es nicht genug, zu zeigen, daß eine zu dieſer Function fähige Structur vorhanden ſey, ſondern es iſt auch zu beweiſen, daß die phyſiſchen Wirkungen, welche die Thätigkeit eines ſolchen Mechanismus hervorbringen müßte, in dem lebenden Körper bei der Ausübung jener Function auch wirklich vorkommen.

Im natürlichen Zuſtande ſcheint die Linſe eine dünne, gallertartige Flüſſigkeit mit einer Brechungskraft von etwa 1,377, wie ich es mehrmals in dem Auge des Fötus gefunden habe. Sie iſt einer Condenſirung bis zur Feſtigkeit ohne Zerſtörung ihrer Durchſichtigkeit fähig, und die Brechkraft hält alsdann gleichen Schritt mit der Dichtigkeit, wie man beweiſen kann, wenn man den flüſſigen Theil durch Trocknen in einem hohlen Prisma condenſirt.

Wenn nun die Kapſel das Organ für die Anpaſſung iſt, ſo muß die Linſe wegen ihrer Verdichtbarkeit folgende Wirkungen der Kapſelfunction zeigen.

1) Die Contraction der Kapſel muß durch Druck auf den Inhalt den leßtern gegen die Mitte zu dichter machen, als im Umfang, denn der Druck iſt zwar in der ganzen Ausdehnung, jeder einzelnen concentriſchen Lage der gleiche, aber da dieſe Lagen gegen den Mittelpunct hin einen kleinern Raum einnehmen, ſo wirkt der Druck in gleichem Verhältniß ſtärker auf eine gleiche Ausdehnung der Schichten, je näher man dem Mittelpuncte kömmt; die mittlen, oder die Centraltheile müſſen daher mit der Zeit durch die wiederholte Einwirkung jener Function dichter werden.

2) Je ſphäriſcher die Linſe iſt, deſto dichter muß caeteris paribus der Kern ſeyn. Bei einer vollkommen kugeligen Kryſtalllinſe wird nämlich der ganze Druck der Kapſel von einem einzigen Centraltheile getragen; bei einer flachen Linſe aber wird derſelbe Druck durch eine Anzahl von, in einem gewiſſen Raume ausgebreiteten, Theilchen ausgehalten.

3) Je bedeutender das Auge zum Betrachten naher Gegenſtände angeſtrengt worden iſt, deſto härter muß der Centraltheil ſeyn, daher muß die Dichtheit des Mittelpunctes mit dem Alter des Thieres wachſen, und bei ſolchen Individuen, welche zu ihrer Beſchäftigung in die Nähe ſehen müſſen, caeteris paribus härter gefunden werden, als bei ſolchen, welche ſich in entgegengeſetzten Verhältniſſen befinden. Auch Kurzſichtigkeit mag in manchen Fällen als Folge langer angeſtrengter Einrichtung des Auges für nahe Gegenſtände erwartet werden.

4) Der härteſte Theil der Cryſtalllinſe muß ſich in dem Mittelpuncte des Drucks befinden. Dieß iſt ein ſehr deutliches und wichtiges Prüfungsmittel der Theorie; und da die Converität der beiden Oberflächen der Linſe ſelten, oder nie gleich iſt, ſo wird die Lage des härteſten Punctes oder des Kernes ein vortreffliches Unterſuchungsmittel für die Wahrheit jenes Saßes geben. Iſt die Kapſel das Organ zur Anpaſſung, ſo wird ſich die Entfernung des härteſten Punctes von der vordern Oberfläche zu der Entfernung von der hintern verhalten, wie der Radius der Krümmung der erſteren zu dem Radius der Krümmung der leßtern.

5) Der verhärtete Kern einer nicht angepaßten Linſe muß von mehr ſphäriſcher Geſtalt ſeyn, als der weiche äußere Theil derſelben; denn wenn die mittlen, oder die Centraltheile jenen Grad

von Festigkeit und Consistenz erlangt haben, welcher sie fähig macht, irgend eine ihnen gegebene Gestalt beizubehalten, so wird die Gestalt, welche sie annehmen werden, natürlich durch die Gestalt der contrahirten Kapsel, welche das Auge für die nächste Entfernung anpaßt, bestimmt. Sind die äußern weichen Theile in hinlänglicher Menge vorhanden, so wird die Kapsel im Stande seyn, das Auge auch für fernliegende Gegenstände passend zu machen, indem sie die weichen Theile dazu formt, während der harte Kern die durch die Contraction der Kapsel erlangte Convexität beibehält. Dieß würde daher das zweite wichtige Prüfungsmittel für die Wahrheit meiner Theorie abgeben, da, so viel ich sehen kann, durch kein anderes Mittel dieselbe Wirkung hervorgebracht werden könnte.

Es bleibt mir nun übrig, durch Untersuchung der Linse selbst nachzuweisen, ob ihre Structur in dieser Hinsicht der Theorie entspricht oder nicht.

1) Die größere Dichtigkeit der Crystalllinse in der Mitte als an der Oberfläche ist längst bekannt und allgemein angenommen. Sir David Brewster zeigt auf eine elegante Weise die allmälige Zunahme der Dichtigkeit von der Oberfläche gegen den Mittelpunct hin.

2) Cuvier erwähnt in seiner vergleichenden Anatomie als allgemeine Thatsache, daß der Kern am härtesten in den Linsen sey, welche am stärksten convex sind. Meine eigenen Beobachtungen über die Linse von vierfüßigen Thieren, Vögeln und Fischen bestätigen dieses Factum in unbeschränkter Ausdehnung. Die größte Härte des Kernes bei dem Ochsen ist nicht größer als die Härte der Linse eines Kabeljau's in der Mitte zwischen Oberfläche und Mittelpunct, und sehr flache Linsen, wie, z. B., die der Hühner, sind in der Mitte kaum dichter, als die des Kabeljau's an der Oberfläche. Diese Erscheinungen entsprechen vollkommen der Theorie, aber keineswegs dem, was die erwarten ließe, wenn die Linse ein fest organisirter Theil zur Correction der sphärischen Abweichung des Lichtes wäre. Die Thatsachen, welche ich oben angegeben habe, daß sehr junge Thierslinsen vollkommen flüssig sind und dieselbe Brechkraft haben wie die weichen, aber flüssige äußere Theil der mütterlichen Linse; die Thatsache, daß überhaupt junge Linsen weicher sind, — giebt mir die feste Ueberzeugung, daß die Substanz der Linse eine Secretion eigenthümlicher Art sey, und daß der so genannte Liquor Morgagni wahrscheinlich diese so eben erst abgesonderte Flüssigkeit sey. Diese Meinung wird sehr durch die Experimente unterstützt, welche die Herren Cocteau und Le Roi d'Etiolle in Magendie's Journal de physiologie Janvier 1827 bekannt gemacht haben (Da es bekannt ist, daß bei jenen Experimenten nach Extraction der Linse sich eine linsenähnliche Substanz wieder nach einiger Zeit in der Kapsel vorfand, so übergehen wir hier die Aufzählung dieser Experimente). Die Erfahrungen dieser Gelehrten entwaffnen vollkommen alle Einwürfe, welche man gegen meine Theorie davon herleiten könnte, daß manche Personen auch nach der Extraction der Linse die Fähigkeit behalten haben, das Auge verschiedenen Entfernungen anzupassen.

3) Alle Anatomen stimmen darin überein, daß in jungen Augen die Linse ganz weich und breiartig ist, während sie in alten Augen, welche also oft geringen Entfernungen angepaßt worden sind, fester ist und einen harten Kern hat. Bei dem Kalbe und Lammefötus habe ich die ganze Linse so flüssig gefunden, daß sie bei sehr jungen Kälbern, Lämmern oder Kaninchen nach der Geburt ist die Consistenz fester, aber immer noch durchaus breiig; aber erst in alten Kühen, Schaafen u. s. w. macht der Centraltheil einen Kern aus, welcher fest genug ist, um jede ihnen gegebene Form beizubehalten. In dieser Rücksicht trifft also die Beobachtung mit der Theorie zusammen.

4) Die Lage des härtesten Theiles der Linse, wie ich sie bei den Linsen der Ochsen, Schaafe, Hirsche, Kaninchen, Schweine u. s. w. gefunden habe, entspricht ebenfalls auf das Vollkommenste der Theorie. Ich machte diese Beobachtung vor mehreren Jahren zu meinem großen Erstaunen, und zwar lange, ehe eine Idee von der Ursache dieser Erscheinung in mir aufgestiegen war. Da ich die Linse in der Richtung ihrer Axe in zwei gleiche Theile ohne Veränderung der Krümmung ihrer Oberflächen zu zerschneiden wünschte, setzte ich zwei scharfe Scalpelle auf die entgegengesetzte

Fläche der Linse auf, hielt sie genau in derselben Ebene, und drückte sie nach der Axe nach aufeinander, so daß sie sich in dem härtesten Puncte begegneten. Nach einer damals aufgesetzten Note war dieser Punct von der vordern Fläche 0,28 Zoll, von der hintern 0,22 Zoll entfernt. Die Linse war von einer Kuh, hatte einen Durchmesser von 0,7 Zoll und eine Dicke von 0,5 Zoll. Durch sehr genaue Messungen fand ich den Radius der Krümmung der vordern Fläche 0,5 Zoll, den hintern Fläche 0,39 Zoll. Der Theorie nach mußte, wie ich gezeigt habe, das Centrum des Druckes und daher der härteste Punct des Kernes so liegen, daß sich die Entfernung von der vordern Oberfläche zu der von der hintern verhält, wie der Radius der Krümmung der vordern Fläche zu dem Radius der Krümmung der hintern. 28 : 22 ist ziemlich = 50 : 39. Kurz, bei allen Thieren, welche die vordere Oberfläche der Linse flacher haben, als die hintere, habe ich durch genaue Untersuchung gefunden, daß der härteste Theil der Linse der hintern Fläche näher liegt, als der vordere; bei dem Rod aber, dessen Linse vorn am stärksten convex ist, liegt auch der härteste Punct der vordern Fläche näher, als der hintere. In dieser Rücksicht wird daher die Theorie wiederum durch die Beobachtung vollkommen bestätigt. Die Linsen des Kabeljau's und der meisten übrigen Fische sind kuglig, so daß die relative Lage des härtesten Punctes nach der angegebenen Methode sehr schwer zu bestimmen wäre. Ich bedauere, daß ich bis jetzt Frage nicht vermittelst des polarisirenden Lichtes lösen kann, denn es wäre höchst interessant zu wissen, ob der Mangel an Symmetrie in der Structur der Crystalllinse der Fische, welchen Sir David Brewster dadurch beobachtet hat, daß er die Linse in verschiedenen Stellungen des polarisirenden Lichtes anschaute, davon herrühre, daß der härteste oder dichteste Theil der convexen Oberfläche näher liege als der andere, und ob der Grund dieser Verschiedenheit auf diese Weise zu finden sey.

5) Die Gestalt des Kernes entspricht vollkommen der Theorie, und wenn man sie genau beachtet, so kann ein geschickter Beobachter, welcher viel Gelegenheit hat, menschliche Linsen zu untersuchen, den Grad der Kugelform, welchen die functionelle Contraction der Kapsel hervorbringen kann, nachweisen, indem er die ganze Linse und ihren Kern in verschiedenen Augen vergleicht. Haller ist, so viel ich weiß, der einzige Schriftsteller, welcher erwähnt, daß der Kern sich der Kugelform mehr nähert, als die ganze Linse. Er sagt in seiner Physiologie Lib. XVI. Sect. 2., daß der Kern der Linse bei Dachsen ganz kuglig sey, während die ganze Linse diese Gestalt nicht weisen; — man ziehe die Kapsel von der Linse ab und thue die letztere in kochendes Wasser; sobald sie nun undurchsichtig und fest geworden ist, nehme man sie heraus, und theile sie ohne Veränderung der Krümmung der Oberfläche ihrer Axe nach in zwei gleiche Hälften; auf diese Weise wird die kugligere Gestalt des Kernes in Vergleich mit der der ganzen Linse auf das Deutlichste in die Augen fallen; denn die Einwirkung des heißen Wassers bringt keine bemerkliche Veränderung in der Convexität hervor.

Es ist eine sehr interessante Thatsache, daß die Gestalt, welche die ganze Linse durch Eintauchen in kochendem Wasser annimmt, ziemlich dieselbe ist, wie diejenige, welche der Kern in natürlichem Zustande hat.

In den Linsen mehrerer alten Kühe habe ich einen sehr merkwürdigen Zustand beobachtet. Als ich zum erstenmal bemerkte, daß das Verhältniß des Durchmessers zu der Dicke der ganzen Linse im natürlichen Zustande, verschieden sey von dem Verhältniß des Durchmessers zur Dicke des Kernes, so untersuchte ich eine große Anzahl von Linsen, um herauszubringen, ob dieß allgemein gültig, oder bloß zufällig gewesen sey. Das Resultat war, daß der Centraltheil des Kernes immer ungefähr kugliger sey als die ganze Linse; aber bei mehreren alten Linsen bemerkte ich, daß die äußern Schichten des Kernes sich mehr und mehr der Gestalt der ganzen Linse näherten, woraus denn folgt, daß ein vorgerückten Alter die Kraft, durch welche die Gestalt des Kernes bestimmt wird, caeteris paribus geringer ist, als in der Jugend. Diese Thatsache aber ist wichtig, wenn man sie mit der bekannten Abnahme der Anpassungsfähigkeit der Augen im vorgerückten Alter in Verbindung bringt.

Nachdem ich nun so gut, als ich bei meinen beschränkten Hülfsmitteln es konnte, die Function der Linsenkapsel aus ihrer Structur und aus den Erscheinungen am Auge nachzuweisen gesucht habe, schließe ich mit einer Zusammenstellung der Resultate, zu welchen meine Untersuchungen zu führen scheinen.

1) Die Linse der Thiere besteht ursprünglich aus einer eigenthümlichen gelatinösen Flüssigkeit, welche durch die Function der Kapsel in verschiedenem Grade tauglig geformt und gegen den Mittelpunct condensirt werden kann.

2) Die Linsenkapsel ist in ihrem Umfange mit einem Muskelgürtel versehen, durch dessen Zusammenziehung die beiden oberen Flächen der Linse converer gemacht werden, und das Auge für nahe Gegenstände passend wird.

3) Die strahlige zonula, an welche die Kapsel im ganzen Umkreise fest angeheftet ist, ist mit Muskelfasern versehen, durch deren Contraction bei gleichzeitiger Erschlaffung des Kapselgürtels die Gestalt der Linse abgeflacht, und das Auge für entferntere Gegenstände passend gemacht wird. (London and Edinburgh philosoph. Magaz. July 1833.)

Miscellen.

Das relative Alter der Gebirgszüge ergiebt nach den bisherigen Untersuchungen der geognostischen Verhältnisse von Europa, wie sie Elie de Beaumont zusammengestellt hat, folgende Reihenfolge der dem Alter und der Richtung nach verschiedenen Gebirgssysteme:

1. Systeme von Westmoreland und vom Hundsrück.
2.   — des Belchen (in den Vogesen) und der Hügel im Bocage (Calvados).
3.   — von Nordengland.
4.   — der Niederlande und des südlichen Wales.
5.   — der Rheinlande.
6.   — des Morovan, des Böhmer Waldgebirges und des Thüringer Waldes.
7.   — des Mont Pila, des Côte b'or und des Erzgebirges.
8.   — des Monte Viso.
9.   — der Pyrenäen.
10. — von Corsica und Sardinien.
11. — der Westalpen.
12. — der Hauptkette der Alpen von Wallis bis Oesterreich. (Poggendorff's Annalen 1832. 5.)

Von Gewöhnung der Thiere aneinander findet sich in der Revue des deux mondes 15 Aout folgendes Beispiel. — In dem Marstalle des letzten Königs von England, damals Prinz-Regent, zeigten ein Stammpferd und ein kleiner Hund von der (aus England stammenden) Race der griffons die engste Anhänglichkeit für einander. So lange das Pferd aufrecht stand, saß ihm der Hund auf dem Rücken; sobald es sich aber niederlegte, so verließ der Hund den Stall und streifte außen herum, ohne sich an das Wiehern seines, ihn rufenden, Freundes zu kehren. Das arme Pferd, welches seinem Gefährten nicht nach konnte, sah sich daher, um ihn zurückzuhalten, gezwungen, beständig zu stehen. Natürlich hatte dieß aber üble Folgen; die Beine schwollen, und die Stallknechte, welche die Ursache davon einsahen, glaubten dem Uebel durch Entfernung des Hundes aus dem Stalle abzuhelfen. Von nun an fraß aber das Pferd nicht mehr, man sah wohl ein, daß man ihm, um es zu erhalten, seinen Gefährten wieder wiedergeben müssen; dieß geschah, und das Thier wurde so gleich munter und bekam wieder Appetit, aber es konnte nicht mehr zum Fahren und Reiten gebraucht werden.

Monstrositäten in Bezug auf die Bildung der Hufe finden sich bisweilen. Der schon öfter erwähnte Berichterstatter in der Rev. des deux mondes führt mehrere dergleichen an. Er habe in Bogota ein Pferd mit zweispaltigen Hufen gekannt, welches die ganze Bevölkerung fälschlicher Weise für einen Bastard von Pferd und Ochs gehalten habe. Zu derselben Zeit habe der Obrist Thomas Barriga ein Pferd besessen, wo die Hufe der beiden Vorderfüße deutlich in drei Zehen gespalten waren, und eine beschränkte Theilung des Hornes derselben habe man fast für eine vierte nehmen können. Das Pferd war übrigens sehr brauchbar. Geoff. St. Hilaire hat in Frankreich eine analoge Monstrosität bei einem Pferdefötus beobachtet, welche Hr. Bredin, Director der Veterinärschule zu Lyon, in seiner Sammlung aufbewahrt. Bei diesem findet sich die Trennung ebenfalls nur an den Vorderfüßen, wo jeder Huf in drei, der hintere dagegen in zwei Zehen gespalten ist.

Der Naturforscher Hr. Thom und der Wundarzt Hr. Mac Damib, bei mit vier Jahren zur Entdeckung der nordwestlichen Durchfahrt von England abgegangenen, seit geraumer Zeit verloren geglaubten Expedition unter Anführung des Capt. Roß, sind am 18. October glücklich in Hull eingetroffen und nach London abgegangen. Die wissenschaftliche Ausbeute, wozu besonders viele Beobachtungen über den magnetischen Pol gehören, den Capt. Roß bei 70 Grad 30 Minuten nördl. Breite und 96 Grad westl. Länge bestimmt, ist demnächst zu erwarten.

Heilkunde.

Ueber Chamberlen's geburtshülfliche Instrumente, welche 1818 zu Woodham in Esser aufgefunden *) worden waren.

Von Dr. Edw. Rigby.

(Hiezu die Figg. 1 — 8 der mit dieser Num. ausgegeb. Tafel.)

Bei der Untersuchung derselben wird unsere Aufmerksamkeit auf mehrere Eigenthümlichkeiten gelenkt, von dem die auffallendste ist, daß alle Exemplare, sowohl Hebel, als Zangen gefenstert sind

*) Die Umstände, unter welchen diese Instrumente aufgefunden wurden, sind von Hrn. Cansardine in den Med. Chirurgic. Transactions Vol. IX. Part. 1. folgendermaßen angegeben:

„Der Landsitz zu Woodham, Mortimer Hall, bei Maldon in Esser wurde von Dr. Peter Chamberlen einige Zeit vor 1683 erkauft und blieb im Besitze seiner Familie bis etwa 1715 wo er von Hope Chamberlen an den Weinhändler Will. Alexander verkauft wurde, welcher ihn an die Wine Cooper's Company vermachte. — Der Haupteingang ist durch einen Portikus, von welchem das Mauerwerk mit dem Gebäude in die Höhe fortgeführt ist und an den verschiedenen Flächen

und uns auf einmal zu einem Verbesserungs-Stadium bringen, welches noch über dem steht, welches sie zur Zeit von Moonhunsen erreicht hatten. — Es wäre sehr zu wünschen, daß einige der Zwischengrade von Chamberlen's Verbesserungen uns bekannt geworden wären, weil wir dann besser im Stande seyn würden, ihr allgemeines Fortschreiten zu würdigen und eine mehr directe Vergleichung zwischen Moonhunsens Zange und den vorliegenden Instrumenten anzustellen, wovon ich g'aube, daß man sie als Theile betrachten kann, an welchen Chamberlen seine letzten und wahrscheinlich besten Verbesserungen angebracht hat.

Bei der Betrachtung dieser Instrumente fange ich mit denen

ken als Erkercabinet dient. — Vor 2 oder 3 Jahren fand eine Dame, welcher ich in Bekanntschaft stehe, am Boden des obersten Cabinets ein Thürgehänge, und indem sie der Linie folgte ein zweites, was auf die Vermuthung führte, daß hier eine Thür sey. Es gelang es bald, zu öffnen. Es fand sich zwischen dem Boden und der Decke darunter ein beträchtlicher Raum, und in diesem mehrere leere Kasten. Unter diesen war eine sonderbare Kiste, worin viele alte Münzen, Handschuhe, Fächer, Brillen, viele Briefe von Dr. Chamberlen an seine „Familie" und auch diese geburtshülflichen Instrumente lagen."

an, welche wirklich von Chamberlen in Anwendung gebracht zu seyn scheinen, während andere mehr oder weniger unvollständig und unbeendigt erscheinen und nur einige von den Versuchen und Proben zu seyn scheinen, welche der Scharfsinn des Erfinders ihn immer zu machen antrieb.

No. 1 ist eine gerade Zange, deren Löffel gefenstert sind, aber in vielen wesentlichen Puncten von denen Gifford's, Chapman's und der französischen Geburtshelfer verschieden, indem der Winkel, unter welchem sie divergiren, sehr beträchtlich ist, und es (mit Ausnahme von Roonhuysens Zange, so wie sie Rathlaw beschrieben hat und des tire-tête von Palfyn), keine Zange giebt, deren Löffel im gleichen Grade divergiren bis auf Smellie's Zeiten. Auch die Krümmung der Löffel ist von den eben erwähnten Zangen verschieden, indem sie so ist, daß die größte Weite zwischen den Löffeln in die Mitte zwischen Schloß und Ende fällt, während in Chapmanns ꝛc. Zangen die größte Weite mehr in die Nähe der Enden fällt. Das Schloß ist das einer gewöhnlichen Scheere; an dem einen Löffel ist der Zapfen befestigt, um welchen der andere sich bewegt; das Ende des Zapfens hat eine Schraube, ganz dem Anschein nach für eine Schraubenmutter, als sollten damit die beiden Löffel befestigt werden. Allein es ist klar, daß eine Schraubenmutter nie habe gebraucht werden können, weil die Spitze kaum, wenn überhaupt, über die Fläche des Instrumentes hervorragt. Die Griffe sind wie das ganze übrige Instrument, welches sehr solid ist und in allen 1 Pfund 5¼ Unzen wiegt. — Die große Dicke und massive Form dieser Zange zeigt, daß sie eine sehr große Gewalt müsse haben ausüben können, aber bei einigen Becken auch den Raum selbst noch verengt haben müsse.

Die Zange No. 2 ist beinahe ein fac simile von der eben beschriebenen, aber sie ist um $1\frac{8}{10}$ Zoll kürzer und von viel leichterer Arbeit. Die Krümmung ihrer Löffel und ihr Divergenzwinkel sind fast ganz dieselben, aber ihre Enden treten weit näher aneinander. Das Schloß hat dieselbe Beschaffenheit, nur hat, statt des Zapfens an dem Stiel des einen Löffels, um welchen sich der andere bewegt, jeder Löffel ein rundes Loch, durch welches eine Schnur hindurchgesteckt und um beide Löffel gewunden wird, wodurch sie zusammengehalten werden; die Schnur ist ungefähr zwei Fuß lang und besteht aus drei zusammengeflochtenen Bindfäden, und ist an dem Ende, wo der Knoten ist, derber; nach dem andern hin wird sie allmälig dünner, letzteres ist mittelst eines kleinen Stifts zugespitzt.

Die Zange No. 3 unterscheidet sich von den beiden ersten dadurch, daß der Winkel, unter welchem ihre beiden Löffel divergiren, kleiner ist, und die Stelle ihrer größten Entfernung von einander ihrem Ende weit näher liegt. Ich kenne keine Zange, wo die Löffel an dieser Stelle so weit von einander ständen, denn ihre Entfernung beträgt hier 3¼ Zoll, so daß die größte Weite des Instruments, wenn es geschlossen ist, in dem Becken einen Raum von 3¾ Zoll einnehmen wird, — ein Grad der Krümmung, welcher, obgleich dadurch vielleicht ein Ausgleiten des Instruments verhütet wird, doch auch zugleich seine Einbringung sehr schwierig, und bei der geringsten Mißbildung des Beckens, durchaus unmöglich macht. Wären die Griffe nicht so kurz, so wäre dieß die längste alter Zangen, denn die Löffel sind länger, als die von No 1. In Bezug auf das Schloß und die Gestalt der Griffe, ist sie ganz so wie No 2.

No. 4 und 5 sind zwei Hebel, welche einander ganz ähnlich sind, und daher zusammen beschrieben werden können. Sie sind ganz so, wie die, welche ich bis jetzt kenne, denn alle Hebel aus der neuern Zeit sind mehr darauf berechnet als stumpfe Haken, denn als Hebel zu wirken, und im Bezug auf ihre Krümmung, sind sie dem Roonhuysenschen vollkommen ähnlich. Sie haben Fenster, welche wie bei den drei bereits beschriebenen Zangen, nicht am Ende, sondern in der Mitte am weitesten sind. Die Löffel sind auch viel dünner, und sie sind viel sorgfältiger gearbeitet, als die Zange, obgleich man eingestehen muß, daß auch diese durchaus nicht schlecht gemacht sind.

Der Hebel No. 4 endigt an seinem Griffe in einem einfachen stumpfen Haken. Das Griffende von No. 5 ist auch gekrümmt, aber nicht stumpf, sondern spitzig.

No. 6 ist die eine Seite einer Zange, welche offenbar nicht vollendet worden ist. Der Löffel ist noch länger, als der von No. 3, aber der Griff weit kürzer und nur ein stumpfer Haken. An der Stelle, wo das Schloß hinkommen sollte, zeigte sich eine Vertiefung für den andern Löffel; obgleich aber die Kopfkrümmung des Löffels vorhanden ist, so ist der untere Theil doch noch ganz gerade und in einem unvollendeten Zustande.

No. 7 liefert einen merkwürdigen Beweis von Dr. Chamberlen's Erfindungsgabe und ist sicher eines der interessantesten unter diesen Instrumenten. Es ist ein Versuch, eine neue Art von Schloß auszudenken, mittelst welches die beiden Löffel leichter, als durch den gewöhnlichen Zapfen aneinander gebracht und befestigt werden können.

Das Instrument selbst ist noch ganz roh und unvollendet und offenbar nur eine Art von versuchsweiser Skizze, um die Ausführbarkeit desselben zu prüfen. Der eine Fensterrand an dem einen Löffel ist nicht am Schloß befestigt, so daß der Stiel des andern Löffels zwischen sie hindurchgesteckt werden kann. Ein Zapfen mit Schraubengang wird dann durch ein entsprechendes Loch in jedem geführt und die beiden Löffel werden auf diese Weise zusammengehalten. An dem Löffel, welchen man sonst den männlichen nennt, ist hier noch der Rest von einem Anhängsel vorhanden, dessen Nutzen mir fast unbegreiflich ist. Es besteht aus einem kleinen walzenförmigen Knochenstück mit einem Loch, durch welches ein Faden mehrmals hindurchgezogen ist, um es grade am Schlosse an den Löffel zu befestigen.

Das letzte dieser Instrumente, No. 8, ist, nach meiner Vermuthung, eine Art schneidender Haken, dessen anderes Ende breit geschlagen, und mit einem Fenster versehen ist, um ihm einen sicherern Widerhalt zu geben. Ich will die Gesellschaft nicht mit der Beschreibung eines geraden Hakens (crotchet) aufhalten, welcher an einem Ende stumpfer und am andern einen scharfen Haken hat, denn dieser ist sicher von einem Instrumentmacher verfertigt worden; und er unterscheidet sich von vielen heutzutage in Gebrauch gezogenen auch nicht wesentlich.

Zugleich mit diesem Instrument ward auch ein Netz an zwei Stücke Fischbein als Griffe befestigt und mit rothem Atlas überzogen gefunden, doch gewährt es kein besonderes Interesse.

Verhältnisse von Dr. Chamberlen's Instrument nach Englischen Zollen.

No.	Länge: des Ganzen	Länge: des Löffels	Länge: des Griffs	Divergenzwinkel der Löffel	Abstand: der Spitze des Löffels vom Schloß	Abstand: Größter Abstand der Löffel	Abstand: der Stelle von der Spitzen, wo die Löffel am weitesten von einander entfernt sind	Abstand: der Löffel an ihren Spitzen	Größte Breite der Löffel	Abstand der größten Breite von ihren Spitzen	Länge der Fenster	Größte Breite der Fenster
1	$12\frac{19}{20}$	$7\frac{5}{20}$	$5\frac{14}{20}$	65°	$8\frac{3}{20}$	$3\frac{1}{10}$	$3\frac{13}{20}$	1	$1\frac{13}{20}$	$\frac{9}{20}$	$4\frac{9}{20}$	$\frac{17}{20}$
2	$11\frac{12}{20}$	$7\frac{6}{20}$	$4\frac{7}{20}$	$63\frac{1}{2}$°	$7\frac{5}{20}$	$2\frac{19}{20}$	$3\frac{5}{20}$	$\frac{7}{10}$	$1\frac{14}{20}$	$\frac{14}{20}$	6	$\frac{19}{20}$
3	$11\frac{13}{20}$	$7\frac{3}{20}$	$4\frac{5}{20}$	59°	$8\frac{3}{10}$	$3\frac{4}{10}$	$2\frac{13}{20}$	$\frac{8}{10}$	$1\frac{6}{10}$	$\frac{19}{20}$	$4\frac{19}{20}$	$1\frac{1}{20}$
4	$11\frac{19}{20}$								$1\frac{1}{2}$	$1\frac{9}{10}$	$5\frac{11}{20}$	$\frac{7}{10}$
5	$11\frac{15}{20}$								$1\frac{11}{20}$	$2\frac{7}{10}$	$5\frac{5}{10}$	$\frac{18}{20}$
6	$12\frac{1}{10}$								$1\frac{3}{10}$	$1\frac{7}{10}$	$5\frac{12}{20}$	$\frac{9}{10}$
7	$11\frac{7}{10}$	$7\frac{9}{20}$	$4\frac{6}{20}$		8	$2\frac{4}{10}$	$2\frac{3}{20}$		$1\frac{19}{20}$* $1\frac{15}{20}$†	$1\frac{7}{20}$ $1\frac{4}{10}$	$8\frac{3}{10}$ $4\frac{19}{20}$	$1\frac{1}{2}$ $1\frac{3}{10}$
8	$10\frac{3}{20}$								$2\frac{3}{10}$	$\frac{9}{10}$	$1\frac{11}{20}$	$1\frac{11}{20}$

* Löffel geöffnet. † Löffel geschlossen.

Anatomische Bemerkungen über das Catheterisiren.

Von A. Velpeau.

Der Zweck des Wundarztes bei'm Catheterisiren ist, auf dem natürlichen Wege in die Harnblase zu gelangen, daher ist die ge-

haue Kenntniß der Harnröhre auch ein unerläßliches Vorbereitungs-
mittel, ohne welches das Catheterisiren höchst gefährlich seyn würde.

Die Harnröhre ist bei Erwachsenen ungefähr 9 Zoll (bisweilen bloß 7 oder 8, andermal 10, oder selbst 11) lang, und 2½ bis 4 Linien weit, letzteres aber in seiner ganzen Ausdehnung auf verschiedene Weise. Der Eingang in die Harnröhre ist der engste Theil, und zwar so, daß es schon vorgekommen ist, daß Wundärzte denselben einschneiden mußten, ehe sie den Steinschnitt vornehmen konnten. Unmittelbar dahinter, in der Höhe des frenulum, liegt die fossa navicularis, welche, was man auch in der letzten Zeit darüber gesagt haben möge, bei den meisten Männern eine Art von Aushöhlung bildet. Hierauf kommt der schwammige Theil der Harnröhre, welcher bis zur Wurzel des Penis reicht und allmälig bis zu dem bulbus hin sich erweitert. Der Theil am bulbus ist am weitesten, verengert sich aber bald wieder, um sich mit den häutigen Theile zu vereinigen. Der bulbus liegt unter der Stelle, wo die Wurzeln der corpora cavernosa auseinander weichen, gerade vor dem lig. suspensorium. Nach dem häutigen Theile, welcher gleichsam durch die horizontale Aponeurose des perineum eingeschnürt ist, und gerade unterhalb der symphysis liegt, kömmt der Prostatatheil, wo der Canal sich wiederum erweitert, um sich noch einmal zu verengern, und endlich trichterförmig in den Blasenhals überzugehen. Sehr wichtig ist, zu bemerken, daß alle diese Erweiterungen oder Aushöhlungen ausschließlich die untere Wand einnehmen, während die verengerten Stellen den ganzen Umfang einnehmen und fast zirkelförmig sind. Alle diese Erweiterungen sind nach hinten beträchtlicher, als nach vorn, und dieß ist der Grund, warum sie bei der Einführung von Sonden so leicht Falten bilden, welche den Venenklappen nicht unähnlich sind. Besonders die fossa navicularis und der bulbus-Theil bieten diese Unbequemlichkeit dar: die erstere, eben so wie der ganze spongiöse Theil der Harnröhre, zeigt überdieß kleine Blutäderchen, die sogenannten lacunae morgagnianae, welche auf gleiche Weise angeordnet sind und ebenfalls die Bewegung der Instrumente aufhalten können. Die Aushöhlung in der prostata ist nun noch wichtiger, wegen des veru montanum, welches, in Gestalt eines Kammes, die Harnröhre in zwei Theile theilt; ferner wegen der Endigung der ductus ejaculatorii, welche man auf der Höhe und an den Seiten dieses Kammes bemerkt, und endlich, wegen der zahlreichen Mündungen der Prostatacanäle; auf diese Weise kömmt es, daß der Schnabel des Instrumentes an dieser Stelle eine doppelte Vertiefung antrifft, welche sehr geeignet ist, die Bildung falscher Wege zu veranlassen. Etwas weiter hin, ehe man in die Blase gelangt, habe ich bei mehrern Leichen eine doppelte, halbmondförmige Falte, mit nach oben gerichteter Concavität, gefunden, welche den Blasenhals in 2 Theile zu theilen schien, und als eine leichte Klappe ebenfalls im Stande seyn würde, ein Instrument aufzuhalten. Um die Ungleichheit der Resistenz der Harnröhre ermessen zu können, genügt es, an den verschiedenen Puncten ihre Beziehung zu benachbarten Theilen und ihre Structur zu beachten. Die Dorsalwand bildet den concaven Rand eines Kreisabschnittes, und ist schon deßwegen kürzer, als die andern, und weniger geeignet, sich zu falten. Da sie keine Aushöhlung hat, und mit der untern Oberfläche des Penis fest zusammenhängt, so ist sie so regelmäßig und fest, selbst in ihrem spongiösen Theil, daß für sie bei dem Catheterisiren kaum etwas zu befürchten ist. Indem sich die corpora cavernosa an die aufsteigenden Aeste des Sitzbeins, zur Seite des bulbus, anheften, und hierzu nach der Seite auseinandertreten, so lassen sie einen kleinen Theil der Harnröhre vor der symphysis fast entblößt da liegen, und hier kann der Schnabel der Sonde sie rungeln, zusammendrücken, wenn das Instrument unvorsichtig geführt und mehr, als recht ist, gesenkt wird, so daß es gegen die horizontale Fläche des lig. suspensorium, oder gegen die horizontale Aponeurose, welche jenes nach unten fortsetzt, anstößt. Hinter der fascia auf der Rücken der Harnröhre, oder der obere Theil derselben, welcher durch den Wilsonschen Muskel, durch den obern Theil der prostata, und durch Zellgewebe verstärkt wird, von der Einwirkung der Instrumente nichts zu fürchten, zum Theil auch aus dem Grunde, weil dieser Theil eine große Beweglichkeit besitzt und sich leicht gegen die hintere Fläche des Schambogens erhebt und allmälig in die vordere

174

Wand der Blase übergeht. Die Harnröhre ist in der fossa navicularis, wo das Schwammgewebe der Eichel dieselbe nicht mehr umfaßt, wie an dem eigentlichen Eingange der Harnröhre, gewissermaßen auf die innere und äußere Haut beschränkt, und ist daher sehr schwach, und leicht zu durchbohren, zu zerreißen, oder kann durch Ulceration getrennt werden. Die Schicht des Schwammkörpers, welche sich etwas weiter nach hinten zwischen die Schleimhaut und die äußere Haut legt, vermehrt auf merkliche Weise die Dicke und Stärke der Wandungen, aber an dem bulbus vermindert sich die Masse des Schwammkörpers wieder, und die Harnröhre hat hier abermals bloß die Stärke ihrer eigentlichen Schleimhaut, eine Anordnung, welche um so nachtheiliger ist, als die Harnröhre nirgends stärker ausgedehnt ist, und als zugleich hier die horizontale Aponeurose sich findet. In dem häutigen Theile der Harnröhre ist ihre untere Wand, statt dünner und schwächer zu seyn, im Gegentheil dicker, mit Ausnahme der prostata und des bulbus, und fester, als an irgend einer andern Stelle. Durch die fascia perinealis ist dieser Theil gleichsam in eine Zwinge eingefaßt, er wird durch die Kreuzung der musculi transversi unterstützt, und überdieß an dem häutigen Theile von einer offenbar musculöse Schicht verdoppelt und von einer bisweilen ziemlich dicken, fibrös-zelligen Schicht umgeben; daher kömmt es auch, daß man hauptsächlich an dem Anfange des häutigen Theiles, da wo er vom bulbus abgeht, mehr als nirgend selbst, Zerreißungen und traumatische Durchbohrungen antrifft, während im Gegentheil die Verengerungen hier am häufigsten ihren Sitz nehmen. Ganz nach hinten ist die untere Wand der Harnröhre durch die prostata fast ganz verändert, indem sich diese zwischen beiden Häuten entwickelt hat: daher kommt es, daß sie gewissermaßen eine eigenthümliche Wand bildet, welche bloß noch die Schleimhaut mit der übrigen Harnröhre gemein hat, ferner, daß diese Haut gewissermaßen mit der Drüse einen Körper ausmacht, die sich so weder falten, noch verengern, weder durch einen Krampf, noch durch andere Verengerung verändern kann, daß sie dagegen leicht zu durchbohren ist, sich leicht excoriirt und wundet, als an irgend einer andern Stelle, zu Geschwüren, Abscessen und tiefgehenden Desorganisationen Gelegenheit giebt, mit einem Worte, daß sie in Bezug auf Krankheiten und Veränderungen, mit der prostata gemeinschaftliche Sache macht.

Selbst wenn die Praxis dieß nicht tausendmal bewiese, so würde doch die Fleischfasern, welche die Anatomie an der Harnröhre zwischen prostata und bulbus anerkennen muß, keinen Zweifel darüber lassen, daß die Harnröhre Zusammenziehungsfähigkeit habe, und daß krankhafte Verengerungen möglich seyen, deren Existenz B. Bell unter allen bestritten und sogar geläugnet hat. Diese krampfhaften Verengerungen sind auf gleiche Weise auch vor dem häutigen Theile bis zum vordern Theile der Ruthe nicht zu läugnen: ich habe sie an Hunden beobachtet, und die Anwendung von Bougies giebt häufig Gelegenheit, sie bei'm Menschen zu erkennen. Wenigstens schon 20mal ist es mir vorgekommen, daß ich eine conische, elastische Bougie 5 – 6 Zoll tief, und selbst bis in die Blase, ohne die geringste Schwierigkeit einführte, und sie einen Augenblick darauf so sehr fest gehalten fand, daß eine gewisse Gewalt nöthig war, um sie zurückzuziehen; und indem ich sie herauszog, konnte ich leicht bemerken, daß sich der Harnröhrencanal sie gewissermaßen ungern losließ. Ja, was noch mehr ist, bisweilen waren diese Zusammenziehungen so deutlich und kräftig, daß sie den fremden Körper (eine Bougie) herausriehen, und ihn vor meinen Augen mehrere Zoll weit zurückstießen, obgleich nicht die geringste Kraft dazu gehört hatte, das Instrument einzuführen. Das Gewicht solcher Thatsachen kann durch keine theoretischen Gründe vermindert werden. Ueberdieß ist die Gegenwart von Muskelgewebe durchaus nicht zu einer Erklärung unumgänglich nöthig, da die fibröse Hülle des scrotum, das weiche Zellgewebe des perineum, und ähnliche besitzen einen gewissen Grad von Contractilität, wie ich mich fest überzeugt habe, und doch sind keine Muskelfasern in diesen Theilen nachzuweisen.

Ein andrer, nicht zu übersehender Punct, ist die Richtung der Harnröhre. Beim erschlafften Zustande des Penis zeigt dieser Canal eine doppelte Krümmung, vorn eine mit nach unten gerichteter, inten eine mit nach oben gerichteter Concavität, also in Gestalt eines römischen S. Bei der Erection, oder wenn man den Penis nach dem Bauch in die Höhe hebt, verliert sich die erste Krümmung, und die Harnröhre bekömmt die Richtung eines Kreisbogens mit nach unten gerichteter Convexität, welcher aber hinten bei weitem concaver ist, als vorn, ungefähr in der Form einer Rippe. Die zweite Krümmung ist unveränderlich, beginnt vor der symphysis, endigt in der Blase, und begreift den Bulbustheil, den häutigen Theil und den Prostatatheil, und hängt davon ab, daß ein nur wenig dehnbares Ligament die Ruthe an die vordere Fläche der Schambeine anheftet, während ein anderes fibröses Band die prostata hinter der symphysis zurückhält und zugleich die Blase durch das rectum und die prostata gegen den Unterleib hinaufgedränat wird, indem zu dieser Krümmung auch das etwas beiträgt, daß die Harnröhre außerhalb des Beckens genöthigt ist, nach vorn und oben aufzusteigen, um die untere Fläche, die corpora cavernosa, zu erreichen.

Hiernach sieht man leicht, daß diese Krümmung nicht unveränderlich ist, daß die symphysis und das lig. suspensorium durch Verlängerung der Seiten der Sitzbeine (wie dieß häufig bei'm Manne, fast immer bei Kindern der Fall ist) im Stande sind, dieselbe bedeutend zu vermehren, und daß die Anschwellung der prostata, die Anfüllung des Mastdarms und ein Dickerwerden des perineum ähnliche, jedoch schwieriger zu besiegende Folgen haben werden. Die Harnröhre ist daher weder gerade, noch fast gerade, es wäre widersinnig, dieß heutzutage behaupten zu wollen. Die, welche dieß, mit Rameau, Lieutaud, Santarelli, Bell u. a., noch jetzt vertheidigten, konnten unmöglich wirklich dieser Meinung seyn, oder mußten wenigstens durch das Streben, Gründe zu Gunsten des geradlinigen Catheterismus zu finden, geblendet werden. Wäre die Harnröhre gerade, so müßte sie sich in der Richtung des bulbus verlängern, d. h., in einer Linie, welche auf das Ende des Steißbeines träfe, indem es über den After hinginge; statt aber diesen Weg zu nehmen, sieht man, wie sie sich allmälig von ihrem Schwammgewebe und dem bulbus ganz und gar trennt, um durch die Aponeurose unter dem Schambogen durchzugehen, in das Becken einzutreten und sich wenigstens 2 Zoll oberhalb der Höhe des Afters zu endigen, also auch oberhalb der Richtung der Linie, von der ich so eben gesprochen habe. Die mathematische Bestimmtheit dieser Bemerkung widerlegt allen Zweifel über diesen Punct; indeß wenn der Schambogen niedrig ist, wenn die prostata eine geringe Dicke hat, wenn die Harnröhre näher an ihrer untern, als an ihrer obern Fläche durch sie hindurchgeht, und wenn das Becken weit ist, so kann durch Ziehen am Penis diese Krümmung größtentheils verschwinden und geraden Instrumenten gestatten, ohne besondere Schwierigkeit in die Blase einzudringen, indem diese noch ihrerseits mit größerer oder geringerer Kraft die untere Wand des Prostatatheils der Harnröhre und des Blasenhalses nach unten drängt. (Velpeau, médecine opérative. Tom. III.)

Miscellen.

Eine einfache Methode zur Einrichtung des verrenkten Schultergelenks wird von David Bell M. D. zu Carlisle folgendermaßen angegeben: Nachdem ich Dr. Crampton's Beobachtungen (vergl. Notizen No. 816. [No. 2. des XXXIII. Bds.])

mit der größten Aufmerksamkeit durchgelesen, wobei mir der Fall des Obersten Gore als ganz besonders merkwürdig erschien, beschloß ich bei der ersten Verrenkung dieser Art, die sich mir darbieten würde, dasselbe Verfahren zu befolgen, und wirklich fand sich dazu früher Gelegenheit als ich irgend hätte vermuthen können; denn am 21. Juni, nur 1 Monat, nachdem ich Dr. Cr's. Abhandlung gelesen, wurde ich eilig zu R. W., einem 83jährigen Manne, gerufen, der betrunken auf das Pflaster gefallen war. Bei meiner Ankunft in seinem Hause, etwa 1 Stunde nach dem Umfall, fand ich ihn auf der linken Seite im Bett liegen, und den Kopf des rechten Oberarmbeins nach vorne verrenkt. Der Kopf des Knochens war nicht nur zu fühlen, sondern, da mein Patient ziemlich mager war, in seiner neuen Lage deutlich zu sehen. — Ich ließ den Patienten aus dem Bette heben, und auf einen Stuhl setzen, und während die Umstehenden lebhaft mit einander sprachen und Handtücher zur Bewirkung der Ausdehnung in Bereitschaft setzen, untersuchte ich sorgfältig den Zustand des Gelenks. Hierbei kam ich zum Entschluß, erst dasselbe Verfahren anzuwenden, dessen sich Dr. Crampton bei'm Obersten Gore bedient hatte. Ich faßte also des Patienten Handgelenk mit der Rechten, während ich die Linke geballt in die Achselhöhle legte, und nachdem ich den Arm nur sehr wenig gedehnt, führte ich ihn plötzlich quer über den Körper nach der rechten Hüfte zu, wobei ich denn den Knochenkopf ganz leicht in die Gelenkhöhle gleiten fühlte. Dieß verursachte so wenig Mühe, daß die Anwesenden über die Leichtigkeit der Wiedereinrichtung erstaunt, und gewissermaßen betrüblich darüber waren, daß man ihrer Handtücher und Kraft gar nicht bedurft hatte. (London Medical Gazette, September 1833.)

Eine einfachere Methode der Gefäßunterbindung, welche Brugnoni in den Annali universali empfiehlt, besteht darin, daß er einen einfachen Zwirnsfaden in Seifenwasser und hierauf in reinem Wasser tocht, ihn mit Gummi bestreut, und nicht wächset, und daß er diesen Faden nun zu der Unterbindung benutzt, indem er ihn wie gewöhnlich um die Arterie herumführet und einmal zusammenschlingt, nun bloß so weit zusammenziehet, daß das Blut nicht durchfließen kann, ohne daß jedoch die Arterie durchschnitten wird, was er für sie am meisten zu befürchtende Gefahr bei der Unterbindung hält. Der so zusammengezogene Faden giebt niemals nach, weil der nicht gewächste und mit Gummi imprägnirte Faden anschwillt, und so sich selbst befestiget. Sobald man von der Verschließung der Arterie überzeugt ist, schneidet man das eine Ende des Fadens kurz ab, löst mit einem stumpfen Häkchen den einfachen Knoten auf und nimmt den Faden weg.

Eine durch ihre sogenannten magnetischen Curen großes Aufsehen erregende Bauersfrau, Christiane Sophie verwittwete Schumann zu Sormsdorf bei Tharandt, hat, nach Bekanntmachung des Justizamts Grüllenburg zu Tharandt, die Erlaubniß erhalten, ihre Manipulationen in der bisher geschehenen Weise bei Krankheitsfällen, mit Verwissen und unter Aufsicht legitimirter Aerzte, fortzusetzen. (Es wäre zu wünschen, daß über diese Anordnung das Gutachten der Obermedicinalbehörde öffentlich bekannt gemacht würde. F.)

Von hernia ligamenti Gimbernati, einem Bruch, der sich durch die auseinandergedrängten Fasern des Gimbernatischen Bandes hervorgedrängt hatte und im Leben nicht erkannt worden war, zeigte Laugier im April 1833 der Academie der Medicin in Paris ein Präparat vor.

Bibliographische Neuigkeiten.

A proposal to establish County Natural history Societies for ascertaining the Circumstances, in all Localities, which are productive of Disease or conducive to Health; by J. Conolly M. D. late Professor of the Practice of Medicine in the London University. Worcester 1833. 8.

The Nomenclature of British Insects; by J. F. Stephens etc. Part I. extending to and including, the order of Hymenoptera. London 1833. 8.

Des Polypes et de leur traitement. Par P. N. Gerdy. Paris 1833. 8.

(Nebst einer Tafel Abbildungen in Quarto.)

Notizen

aus

dem Gebiete der Natur- und Heilkunde.

Nro. 826. (Nro. 12. des XXXVIII. Bandes.) November 1833.

In Commission des Landes-Industrie-Comptoirs zu Weimar. Preis eines ganzen Bandes, von 24 Bogen, 2 Rthlr. oder 3 Fl. 36 Kr., des einzelnen Stückes, 3 ggl. Die Tafel schwarze Abbildungen 3 ggl. Die Tafel colorirte Abbildungen 6 ggl.

Naturkunde.

Neue Theorie des Sehens.
Von L. A. Chaubard.
(Hiezu die Fig. 9 der mit der vorig. Num. ausgegeb. Tafel.)

Inhalt: 1) Das Problem, wie das aufrechte Sehen vermittelt wird, ist bis jetzt noch nicht gelöst worden; 2) Erklärung des aufrechten Sehens vermittelst kleiner Theile und kleiner vor dem Auge ausgeführten Bewegungen; 3) das auf der Netzhaut stehende umgekehrte Bild dient nicht zum Sehen; 4) die Functionen dieses Bildes scheinen sich bei'm Sehen auf die Bestimmung der Dimensionen und der respectiven Lage der Theile zu beschränken; 5) Beweis dieser Behauptung aus Gründen der Perspective.

1) Das Bild der vor unsere Augen kommenden Gegenstände wird durch die von jedem Puncte ihrer Oberfläche ausgehenden Lichtstrahlen auf die Netzhaut geworfen. Da nun diese Strahlen wegen der Kleinheit der Oeffnung der Pupille nicht, ohne sich hinter ihr zu kreuzen, durch dieselbe fallen können, so entspringt daraus die Nothwendigkeit, daß sich dieses Bild im Hintergrunde der Augen umgekehrt darstellt. Uebrigens ist diese Umkehrung eine sichere und unbestreitbare Thatsache, die von Jedermann zugegeben werden muß; denn die Erfindung des künstlichen Auges, auf dessen Hintergrunde sich die Gegenstände umgekehrt darstellen, thut dieß durch ein directes Experiment dar *). Sehen wir aber deßhalb die Gegenstände verkehrt? Man sollte es denken, und doch ist es nicht der Fall. Jedermann weiß, daß wir mit unsern Augen die Gegenstände aufrecht sehen, und wenn in dieser Hinsicht eine Meinungsverschiedenheit unter den Physikern herrscht, so bezieht sich dieselbe nur auf die Erklärung dieser Unterschiede. Manche haben zu diesem Zwecke

*) Ja selbst mit einem natürlichen Auge gelingt ein solcher Versuch, wenn man einen Theil der Netzhaut vorsichtig bloßlegt, da sich denn das verkleinerte Bild eines vor der Pupille befindlichen Körpers, z. B., einer brennenden Kerze, umgekehrt auf der Netzhaut zeigt. D. Uebers.

angenommen, daß wir die wahre Stellung der Gegenstände nach der Richtung der äußersten Strahlen beurtheilen und, z. B., sagen: Jener Punct liegt rechts, links, oben oder unten, weil die von ihm in unser Auge gelangenden Strahlen von der Rechten, Linken, von oben oder unten kamen; allein dieser Erklärungsart kann man nicht beipflichten, weil die von den Gegenständen kommenden Strahlen von der Feuchtigkeiten des Auges gebrochen werden, und folglich, wenn sie auf der Netzhaut anlangen, eine ganz andere Richtung haben, als wenn sie unmittelbar von den Gegenständen auf die Hornhaut gelangen. Andere haben vermuthet, die Gewohnheit und die, durch den Tastsinn erlangte, Erfahrung haben das Sensorium gelehrt, sich durch die umgekehrte Stellung der Bilder auf der Netzhaut nicht täuschen zu lassen. Allein, seit man mit operirten blindgebornen Personen Versuche angestellt, hat sich ergeben, daß das aufrechte Sehen ohne Zuziehung der Gewohnheit und des Tastsinns stattfindet; demnach ist diese zweite Erklärungsart eben so wenig statthaft, und es läßt sich behaupten, daß die Frage, warum wir die Gegenstände, deren umgekehrte Bilder auf die Netzhaut geworfen werden, aufrecht sehen, bis jetzt noch nicht gelöst sey. Dennoch ist es möglich, den Grund dieser Erscheinung streng nachzuweisen.

2) Es ist ein beglaubigter Satz der Physik, daß das lebhafte und deutliche Bild eines Gegenstands, welches durch eine, die Strahlen brechende, Oberfläche, z. B., die Crystalllinse des Auges hervorgebracht wird, sich in der Axe befindet, welche durch den Gegenstand und den Mittelpunct der Kugelfläche dieser Oberfläche geht. Hieraus läßt sich jener wichtige Folgesatz ableiten, daß man die Gegenstände nur dann möglich rein und lebhaft sehen könne, wenn man ihnen die Augen so zuwendet, daß dieser wesentlichen Bedingung entsprochen wird. Demnach kann ein Auge zu derselben Zeit seine ganze Stärke nur im Bezug auf einen einzigen Punct äußern; alle übrigen zugleich gesehenen Puncte stellen sich in demselben Verhältnisse weniger rein und lebhaft

12

bar, als sie von jenem entfernt liegen, und um sie eben so deutlich zu ermitteln, muß das Auge eine Menge kleiner, blitzschneller, fast unwillkührlicher Bewegungen ausführen, welche die Sehaxe nach und nach auf alle die Puncte richten, die genau gesehen werden müssen, wenn man die Gestalt, die scheinbare Größe, die Farbe, und insbesondere die Stellung eines Gegenstandes genau beurtheilen will. Aus der Nichtbeachtung dieser kleinen Bewegungen, aus denen, wie man sehen wird, die aufrechte Perception der Gegenstände, vermöge der Zusammensetzung kleiner Theile, entspringt, sind alle die Mißgriffe entsprungen, vermittelst deren man einen andern Sinn zu Hülfe genommen hat, um das aufrechte Sehen zu erklären.

Um sich davon zu überzeugen, daß das Auge diese kleinen geschwinden Bewegungen wirklich ausführt, betrachte man aufmerksam den Augapfel einer Person, welche Noten oder Schrift liest, und man wird bemerken, daß das Auge eine sehr merklich drehende Bewegung ausführt, welche dasselbe immer mehr rechts wendet. Läßt man der Person die erste Note, oder den ersten Buchstaben einer Zeile fixiren, und dann auf einmal zur letzten Note, oder zum letzten Buchstaben überspringen, so ist die Bewegung des Augapfels zur Rechten selbst dann äußerst merklich, wenn das Auge des Lesenden sich ziemlich weit vom Buche befindet, also der Sehwinkel verhältnißmäßig klein ist. Da man bloß dem Spiele des Augapfels einer sehenden Person aufmerksam zu folgen braucht, um sich auf tausenderlei Weise zu überzeugen, daß unsere Augen auf der ganzen Oberfläche der Gegenstände umherwandern, ehe sie dieselben beurtheilen, so würden wir etwas Ueberflüßiges thun, wenn wir hier noch mehr Beispiele anführten.

Da nun diese kleinen Bewegungen des Mechanismus des Sehens auf diese Weise durch die Erfahrung dargethan sind, so bietet sich der strenge Beweis des aufrechten Sehens, so zu sagen, von selbst dar.

Beweis. — Ein Gegenstand, 1 — 13 (Fig. 9.), werde durch das Auge P r R gesehen. Wäre die Sache damit abgemacht, daß die Strahlen 1, P und 13, P, nachdem sie hinter der Pupille gekreuzt, das Bild des Gegenstandes von R bis r auf der Netzhaut darstellten, so unterläge es keinem Zweifel, daß der Gegenstand, wie das Bild, sich verkehrt darstellen müßte; allein es sind noch andere Umstände zu berücksichtigen; denn da das Auge, um eine deutliche und scharfe Perception der Gegenstände zu erzeugen, eine Menge geschwinde Bewegungen ausführen muß, um die Sehachse auf alle Puncte des Gegenstandes 1 — 13 zu führen, so muß aus dieser zweiten Operation die Wiederkehrung des Bildes, oder, um mich richtiger auszudrücken, die aufrechte Perception des Gegenstandes entspringen. Man nehme, z. B., an, daß der Gegenstand nach der Länge in eine Anzahl Theile, 1, 2, 3, 4, u. s. w. getheilt sey, von denen jeder eine geringere Ausdehnung habe, als der Durchmesser der Pupille. So ist, z B, die Länge des Theils 1 geringer, als daß sich die äußersten Strahlen desselben hinter der Pupille kreuzen könnten. Demnach wird der Theil 1 des Gegenstandes aufrecht gesehen werden, und eben so ver-

hält es sich mit den Theilen 2, 3, u. s. w. Vermöge der kleinen Bewegungen, welche bei'm Sehen die Sehaxe auf alle Puncte der Oberfläche der Gegenstände führen, welche man deutlich sehen will, wird also der Gegenstand 1 — 13 in kleine Theile zerlegt, aufrecht und nicht umgekehrt gesehen.

Hier bietet sich nun, so zu sagen, von selbst eine bedeutende Schwierigkeit dar. Das aufrechte Sehen durch die aufeinanderfolgende Perception kleiner Theilchen, dessen Möglichkeit wir eben dargethan haben, schließt nämlich das umgekehrte Sehen nicht aus. Beide Arten von Sehen finden gleichzeitig statt. Welche Functionen hat nun die letztere zu erfüllen?

8) Zuvörderst deuten mehrere Gründe, über die wir uns gleich weiter auslassen werden, darauf hin, daß das umgekehrte Bild, in der strengen Bedeutung des Worts, nicht zum Sehen diene. Hiermit wollen wir sagen, daß das auf die Netzhaut fallende Bild, so nützlich es übrigens auch seyn mag, zum eigentlichen Sehen, streng genommen, nicht nöthig sey.

Erster Grund. — Wir haben bereits darauf aufmerksam gemacht, daß die vom Gegenstande kommenden Strahlen bei ihrer Ankunft auf der Netzhaut, vermöge der Brechungen, die sie bei'm Durchgange durch die verschiedenen Feuchtigkeiten des Auges erleiden, nicht mehr ihre ursprüngliche Richtung haben. Wenn nun dieses Bild uns zum Sehen diente, wie könnten wir vermittelst desselben die Gegenstände aufrecht erblicken, da es doch eine falsche Perception veranlassen müßte? Dieser Uebelstand fand bei'm Sehen nach kleinen Theilen dargelegtermaßen nicht statt; denn da die vom Gegenstande kommenden Strahlen durch den Mittelpunct der Kugelgestalt der brechenden Medien gehen, so finden keine Brechung statt, so daß bei den nach einander gesehenen kleinen Theilen des Gegenstandes der Mittelpunct der Sphäricität der brechenden Medien und der percipirte Punct sich jedesmal in derselben geraden Linie befinden.

Zweiter Grund. — Da sich unser Auge, während es irgend eine Gruppe von Gegenständen betrachtet, beständig in Bewegung befindet, so folgt daraus nothwendig, daß das auf die Netzhaut geworfene Bild fortwährend verschoben wird. Hieraus müßte aber nun ein bewegliches Gemenge entstehen, welches offenbar zu vage, zu unvollständige Perceptionen hervorbringen würde, als daß es bei'm Sehen von Nutzen seyn könnte. Wenn der Gesichtssinn fähig seyn sollte, zu unbestimmte, so flüchtige Eindrücke zu percipiren, so müßte er der schnellste, der thätigste Sinn von allen seyn, während er doch der langsamste, der trägste ist.

Dritter Grund. — Die Insecten besitzen keine Netzhaut, und entsteht folglich im Hintergrunde ihres Auges kein umgekehrtes Bild. Hätte nun das Bild auf der Netzhaut die ihm zugeschriebene Bedeutsamkeit, so müßten sie blind seyn, und doch sehen sie ohne dieses Bild sehr gut. Vermöge des aufrechten Sehens nach kleinen Theilen läßt sich der Mechanismus des Gesichts bei den Insecten, selbst bei denen mit facettirten Augen, erklären, denn sie besitzen so viele Veräßelungen des Sehnerven als Facetten. Will man aber ihr Sehen mittelst des verkehrten Bildes erklären, so wird die Sache völlig unverständlich;

denn warum ſollten dann ſo viele Nervenwärzchen exiſtiren, als Facetten. Wie ließe ſich überdem irgend ein Bild in den Augen der Inſecten annehmen, welches dem auf der Netzhaut der übrigen Thiere irgend analog wäre? Wie könnte ein ſolches Bild in einem Auge entſtehen, welches durchaus nur linſenähnliche Hornhäute und Nervenwärzchen, aber keine Netzhaut und Choroidea beſitzt, welche das Bild aufnehmen und firiren könnten.

Vierter Grund. — Der Geſichtsſinn äußert ſeine Thätigkeit nicht, wie, z. B., der Gehörsſinn. Wir ſehen nicht in demſelben Augenblicke, wo die von der Oberfläche der Gegenſtände ausgehenden Strahlen in unſer Auge gelangen, während wir die Töne in demſelben Augenblicke vernehmen, wo die bewegte Luft unſer Ohr trifft. Das umgekehrte Bild ſtellt ſich augenblicklich dar, und wenn man nicht gleichzeitig ſieht, ſo liegt der Grund nur darin, daß dieſes umgekehrte Bild die Empfindung, welche das Sehen bewirkt, nicht allein hervorbringen kann.

Alle dieſe Gründe dienen dem Satz zum Beweiſe, daß das auf die Netzhaut fallende umgekehrte Bild nicht zum Sehen dient, während ſie uns mehr und mehr überzeugen, daß die Perception des Bildes nach kleinen Theilen bei'm Sehacte die Hauptrolle ſpiele. Das Eine ſchließt aber das Andere nicht aus. Beides findet gleichzeitig ſtatt, und wir wollen nun unterſuchen, welche Functionen ſie bei'm Mechanismus des Sehens erfüllen.

Viertens. Sollte das aufrechte Sehen nach kleinen Theilen wohl eine andere Rolle ſpielen, als diejenige, welche gewiſſe Phyſiker dem Taſtſinne zuſchreiben? d. h., ſollte es etwas Anderes leiſten, als mittelſt einer richtigen und genauen Perception eine unbeſtimmte und falſche, rückſichtlich der Stellung der Gegenſtände, berichtigen. Wenn man bedenkt, daß von allen Sinnesorganen das Auge das langſamſte und trägſte iſt, daß es weit weniger ſchnell wirkt, als das Ohr, obgleich das Licht weit geſchwinder geht, als der Ton, ſo ſieht man ſich gewiſſermaßen genöthigt, zuzugeben, daß die erſte Empfindung zu einem Urtheil zur Baſis dienen könne, und daß das Auge dieſes Urtheil erſt nach Anſtellung der Prüfung des aufrechten Sehens nach kleinen Theilen abgeben werde. Inwiefern iſt aber das auf die Netzhaut fallende Bild wichtig? Gewiß iſt es nicht ohne Noth und ohne großen Nutzen vorhanden, indem der ganze Sehapparat auf Erzeugung deſſelben eingerichtet iſt. Dient es etwa dazu, um die Länge des Bogens zu beſtimmen und zu meſſen, indem die verſchiedenen Dimenſionen der bereits durch das aufrechte Sehen nach kleinen Theilen geprüften Gegenſtände, auf Netzhaut einnehmen? Dieß iſt allerdings wahrſcheinlich; allein es müßte nachgewieſen werden, und wir ſehen uns hier genöthigt, unſer Unvermögen einzugeſtehen, und an die Stelle eines ſtrengen Beweiſes nur einige Gründe treten zu laſſen, die dafür ſprechen, daß es nicht anders ſey.

Fünftens. Erſter Grund. — Wenn die Beſtimmung des Bildes auf der Netzhaut die iſt, daß es dazu dient, die Länge und reſpective Lage der Dimenſionen des Gegenſtandes zu würdigen, ſo muß man zugeben, daß ſich die

Umkehrung deſſelben zu dieſem Zwecke ausnehmend gut eignet. Denn, während das Auge, z. B., auf den obern Theil 1 des Gegenſtands (vergleiche Fig. 9. der mit der vorigen Nummer ausgegebenen Tafel) ſo gerichtet iſt, daß es dieſen Theil ſcharf und aufrecht ſieht, ſo befindet ſich derſelbe in dem Bilde auf der Netzhaut, wegen der verkehrten Stellung deſſelben, genau am Ende des Bogens, welchen die Sehare durchlaufen muß, um an den Theil 13 des andern Endes zu gelangen. Demnach weiß das Auge, welches die Linie 1,2,3 bis 13 zu meſſen oder zu prüfen hat, augenblicklich, wohin es ſich zu richten hat, um das aufrechte Sehen nach jenem Ende zu verſetzen, und letzteres genau zu prüfen. Begreiflicherweiſe muß durch dieſen Umſtand das Geſchäft ungemein erleichtert und abgekürzt werden, denn wenn das Bild auf der Netzhaut nicht umgekehrt, ſondern aufrecht wäre, ſo würde das Auge, um das Ende 13 des Gegenſtands zu prüfen, genöthigt ſeyn, über alle die Theile nach und nach hinzuwandern, welche das obere Ende 1 mit dem untern Ende 13 verbinden. Dieſe ſämmtlichen theilweiſen Operationen, welche mehr oder weniger Zeit in Anſpruch nehmen würden, werden durch die Umkehrung des Bildes unnütz, welches dem Auge geſtattet, ſein Geſchäft ohne dieſe große Mühwaltung zu verrichten. Wenn nun die Umkehrung des Bildes auf der Netzhaut das Geſchäft des Auges auf dieſe Weiſe erleichtert und beſchleunigt, ſo darf man daraus folgern, daß ſie dieſen Zweck habe.

Zweiter Grund. — Die Regeln der Perſpective lehren, Bilder, welche die Natur unſern Augen darbietet, durch geometriſche Verfahrungsweiſen von Neuem hervorzubringen; allein die Projection geſchieht auf einer ebenen Oberfläche, während die Bilder ſelbſt ſich auf einer Kugelfläche befinden; denn dieſe Geſtalt haben die Netzhaut und die Choroidea. Wenn nun, aller Wahrſcheinlichkeit nach, das im Grunde des Auges umgekehrte Bild dazu dient, um die Dimenſionen der Gegenſtände zu prüfen, während die Regeln der Perſpective über dieſen Unterſchied keinen Aufſchluß geben, ſo folgt daraus, daß das neuerzeugte geometriſche Bild dem geſehenen nur annähernd entſpricht. Da die Regeln der Perſpective die Länge der Dimenſionen ſo feſt ſtellen, als ob ſie ſich auf einer ebenen Oberfläche befänden, während ſie auf einer ſphäriſchen Oberfläche projicirt ſind, ſo ergiebt ſich daraus, daß die Dimenſionen der nach dieſen Regeln erzeugten verkleinerten Zeichnung ſich zu denen des Bildes auf der Netzhaut verhalten, wie die Sehne zum Bogen. Um ſich hiervon zu überzeugen, braucht man nur folgende beide Verſuche zu wiederholen.

Nachdem man eine Anſicht in der Natur erwählt, nehme man den geodätiſchen Punct, und den geometriſchen Aufriß auf, und ſtelle, mit Hülfe dieſer Daten, jene Anſicht nach den Regeln der Perſpective dar; alsdann halte man ſie gegen die Natur, indem man ſich auf denſelben Standpunct begiebt, den man für das geometriſche Bild gewählt hat, und man wird ſehen, daß die Reſultate der Perſpective und des Sehens ziemlich bedeutend von einander abweichen.

Läßt man ferner die nur annähernde Reſultate gebenden Regeln der Perſpective, wie man ſie in den Werken über

Optik findet, bei Seite, und versucht man das Bild der Netzhaut zu copiren, indem man das Bild auf den Bögen und nicht auf den Sehnen mißt, so wird man sehen, daß das geometrische Bild alsdann mit dem gesehenen Bilde vollkommen identisch ausfällt.

Aus diesen Versuchen folgt: 1) daß diejenigen, welche behauptet haben, die Gegenstände stellten sich in der wässerigen Feuchtigkeit nach den drei Dimensionen dar, irriger Meinung sind, indem sich aus dem Versuche ergiebt, daß sich diese Dimensionen auf einer sphärischen Oberfläche darstellen, oder wenigstens dem Gesichtsinne so erscheinen, als ob sie auf einer sphärischen Oberfläche projicirt wären; 2) daß das sich auf der Netzhaut darstellende Bild nothwendig dazu diene, um die Dimensionen der Gegenstände zu prüfen, indem das geometrische Bild das gesehene nur insofern genau wiedererzeugt, als man sich daran bindet, diese Dimensionen auf einer sphärischen und nicht auf einer ebenen Oberfläche zu messen.

Aus allem dem Obigen geht hervor, daß der Sehact zwei besondere Operationen in sich schließe, von denen sich die eine auf das aufrechte Sehen, die andere auf die Würdigung der Dimensionen und der verhältnißmäßigen Lage der Theile bezieht; ferner, daß die eine durch eine beständige Ortsveränderung der Seharse, und die andere mit Hülfe der erstern, und des sich auf der Netzhaut darstellenden umgekehrten Bildes statt habe.

Wirkung des Stickgases auf die Gewächse.

(Nach Beobachtungen von Hrn. Baudin, Pharmaceuten zu Laon).

Es ergiebt sich aus diesen Beobachtungen, daß, wenn todte Pflanzen, und Pflanzenextracte mehr oder weniger lange der Luft ausgesetzt sind, sie das darin enthaltene Stickgas absorbiren, und die Entstehung von salpetriger Säure veranlassen, welche sich mit der vegetabilischen Substanz verbindet, und später mit den darin enthaltenen salzfähigen Basen salpetersauren Kalk und salpetersaures Kali bildet, so daß man zu einer gewissen Zeit darin salpetrige Säure ohne Nitrate, zu einer andern salpetrige Säure und Nitrate, die entweder in geringerer Menge, noch später bloße Nitrate, ohne salpetrige Säure, findet. Mehrere Umstände begünstigen die Absorption des Stickgases und dessen aufeinanderfolgende Umbildung; dahin gehören vorzüglich Feuchtigkeit und hauptsächlich die Wechsel der Feuchtigkeit und Trockenheit der Luft, und die Zerkleinerung der vegetabilischen Substanzen, wahrscheinlich, weil dadurch die Oberflächen vermehrt werden. Man bemerkt auch, daß das Azot um so leichter und schneller absorbirt wird, je einfacher die chemische Zusammensetzung des Gewächses ist; vorzüglich auffallend ist diese Absorption bei'm Stroh, bei Lichenen, bei weichen Holzarten, und allen Gewächsen mit trocknen Fasern, zumal den Monocotyledonen; die Holzfaser scheint derjenige Theil der Pflanzen zu seyn, durch welchen der Stickstoff absorbirt wird; die salpetrige Säure verharrt um so kürzer in diesem Zu-

stande, je mehr salzfähige Basen sie in den Gewächsen trifft, welche ihre Umbildung in Salpetersäure, und ihre Verbindung zu Nitraten begünstigen. Wenn das Gewächs keine Säure enthält, so kann man darin wohl Nitrate, nie aber reies salpetrigsaures Gas treffen. Als Beispiele können wir Weinlaub und die Schaale von gehörig reisen Mirabellen anführen.

Die gelbe Farbe, welche sich in der Süßholzwurzel entwickelt, wenn dieselbe an der Luft liegt, und dieselbe Veränderung, die sich an vielen Vegetabilien und vegetabilischen Extracten bemerken läßt, rührt von der durch die Electricität der Atmosphäre erregten langsamen Einwirkung des salpetrigsauren Gases her.

Diese Bemerkungen sind keineswegs unwichtig, indem sie in den Künsten und in der Pharmacie Anwendung finden. Es erklärt sich daraus, z. B., die Veränderung der Eichenrinde, welche die Gerber das Rothwerden (rougeain) nennen, die vorzüglich unter den oben angeführten Umständen stattfindet, und da sie den Gerbestoff fast vollkommen zerstört, die Lohe verdickt. Eben daher schreibt es sich, daß die China und die Meerzwiebel im pulverisirten Zustande ihre medicinischen Kräfte nach und nach einbüßen, und man muß daher vegetabilische Pulver, die man lange aufbewahren will, erst in gelinder Wärme trocknen, ehe man sie in die Gefäße thut, wo sie vor Luft und Licht geschützt sind. (Revue médicale Juillet, 1833).

Miscellen.

Das Rollen des Donners wird gewöhnlich dem Echo in den Wolken selbst zugeschrieben, und wenn man annimmt, daß eine Wolke aus einer Ansammlung von kleinen aber flüssigen Wassertheilchen, deren jedes den Ton zurückwerfen kann, bestehe, so ist auch kein Grund vorhanden, warum nicht sehr laute Töne durch eine Wolke wirklich zurückgeworfen werden sollten. Ueberdieß ist dieß durch directe Beobachtungen über den Knall einer Kanone von Arago, Mathieur und Prony nachgewiesen, welche bei ihren Versuchen über die Schnelligkeit des Tones bei klarer Luft den Knall einfach, während er bei bedeckter Luft häufig von einem lange anhaltenden Rollen begleitet war, bisweilen doppelt gehört wurde. Aber es ist, wie Sir John Herschel schon Zweifel auch noch eine andere Ursache in Betracht zu ziehen, nämlich zwei gleich starke Schläge in gleicher Entfernung vom Ohre werden wie ein Schlag von doppelter Stärke tönen; hundert Schläge in einem Augenblick gethan, tönen wie ein Schlag hundertmal stärker, als wenn sie so langsam aufeinanderfolgten, daß sie einzeln nach einander gehört werden könnten. Nimmt man nun an, daß zwei gleich starke Blitze, jeder 4 Meilen lang, in gleicher Entfernung von dem Hörenden beginnen, daß aber der eine in gerader Linie von dem Hörenden wegfährt, während der andere um den Hörenden als Mittelpunct einen Kreis beschreibt, so kann man zwar wegen der Schnelligkeit der Electricität annehmen, daß der Donner auf jedem Puncte des Verlaufes beider Blitze in demselben Augenblicke entsteht, aber dennoch wird der Donner wegen der langsamern Verbreitung des Tones bei beiden auf sehr verschiedene Weise das Ohr erreichen. Bei dem kreisförmigen Blitze wird ein einziger sehr lauter Donnerschlag gehört werden, bei dem geradlinigen aber wird der Ton von dem nächsten Puncte früher ankommen, als von den entfernteren, deren letzter in 20 Secunden (der Zeit, welche der Ton zu einem Wege von 4 englischen Meilen braucht) erst ankommen wird.

Daß der Anſaugapparat der Lampreten oder Neunaugen auch zum Fortſchaffen von fremden Körpern und nicht bloß zur Anheftung des Thieres benutzt werde, iſt in dem Field Naturaliſt's Magazine Auguſt 1833 bemerkt. Der Beobachter erzählt, daß er an einem ſchönen Tage eine große Anzahl dieſer Thiere in einem kleinen Bache ſehr lebhaft um die Steine herum beſchäftigt geſehen habe; als er genauer zuſah, fand er, daß ſie ſich mit dem Maul an Steine von beträchtlicher Größe anhefteten, und durch ſtarke Muskelanſtrengung, die ſich durch eine heftige, zappelnde Bewegung des Körpers nebſt beträchtlicher Ausdehnung der kleinen Kiemenöffnungen kund gab, dieſe Steine aus der Stelle ſchafften, worauf ſie ſogleich den Stein fahren ließen und die Stelle, aus welcher derſelbe herausgehoben war, unterſuchten, um die kleinen Inſecten, welche ſich unter dem Steine ſich aufhielten, aufzuzehren.

Die Keimung und Entwickelung der Eichen mit Leichtigkeit genau beobachten zu können, wird in dem Field Naturaliſt's Magazine April 1833, ein Mittel angegeben, welches darin beſteht, daß man eine Eichel an einem ſtarken Faden in einem Hyacinthenglas nahe über die Oberfläche des Waſſers aufhängt, und das Glas in ein warmes Zimmer ſtellt. Auf dieſe Weiſe erlangt man in 5 Monaten ein belaubtes Stämmchen von etwa 9 Zoll Höhe.

Ein natürlicher Vogelleim iſt bisweilen die harzige Subſtanz an den Knoſpen der Roßkaſtanie, für mehrere kleine Vögel, beſonders für die Goldmeiſen, welche oft daran hängen bleiben und verhungern. (Field Naturaliſt's Magazine May 1833.)

El Dub, ein von mehreren Reiſenden beſchriebenes arabiſches Reptil, iſt nach einem von Herrn Willſhire, Viceconſul zu Magadore, der zoologiſchen Geſellſchaft zu London überſchickten lebenden Exemplare, das Uromaſtyx acanthinurus (Bell), während bis jetzt noch nicht beſtimmt war, welchem Reptil eigentlich der Name Dub zukomme.

Heilkunde.

Ueber den Tarentismus im Königreiche Neapel.

Der Académie royale de médecine zu Paris am 27. Auguſt 1833 vorgeleſen von Salvatore di Renzi, M. D.

„Da ich im verfloſſenen Jahre eine Reiſe in eine Gegend des Königreich's Neapel gemacht habe, wo die Krankheit, welche den Namen Tarentismus führt, in allen ihren Formen vorkommt, und da ich ſehr merkwürdige Beobachtungen über dieſelbe geſammelt habe, ſo benutze ich meine Anweſenheit in Paris, um die Ehre zu haben, ſie der Academie mitzutheilen. Ich bin überzeugt, daß die authentiſchen Thatſachen, welche ich darlegen werde, zugleich alle Zweifel beſeitigen werden, welche man über dieſe Krankheit erhoben hatte und welche verleitet haben, alles als fabelhaft anzuſehen, was man von der Krankheit erzählt hat.

In dem ſüdöſtlichen Theile des Königreich's Neapel, Griechenland gegenüber, findet ſich eine Gegend, welche in Beziehung auf ihr Klima und ihre Naturproducte intereſſant iſt. Von Hügeln umgeben und wenig über der Meeresfläche erhaben, beſteht der Boden derſelben aus Lagern von kohlenſaurem Kalk und aus Gyps; die dort wachſenden Bäume ſind der Weinſtock, der Oelbaum, welcher große Wälder bildet und in uncultivirten Stellen von ſelbſt kommt, und zahlreiche und hohe Palmen. Es giebt in dieſer Gegend weder Quellen, noch Flüſſe; das Waſſer, welches man antrifft, und welches von den Bergen kommt, bildet kleine zerſtreute Bäche; es iſt unrein, ſumpfig, ungeſund. Das Land iſt ſehr verſchiedenen atmoſphäriſchen Strömungen ausgeſetzt, welche bald von Griechenland, bald von den Meerbuſen von Tarent kommen. Die Gegenden, wo man am meiſten die Krankheit, welche man Tarentismus nennt, findet, ſind mehrere Strecken der beſchriebenen Provinz, die den Namen Otranto führt.

Das Inſect, welches die Krankheit hervorbringt, wurde von Ariſtoteles Phalangio genannt; es gehört der Familie der Spinnen an. Dieſe Taranteln ſind von verſchiedener Größe, einige wie die Fliegen, andere wie Miſtkäfer. Ihre Farbe iſt ebenfalls verſchieden, es giebt ſchwarze, gelbe, rothe, graue ꝛc., ja bei einigen iſt die Farbe gemiſcht. (Was der Verfaſſer über den übrigen Bau ſagt, laſſen wir weg, weil er offenbar in der Entomologie nicht zu Hauſe iſt.)

Die giftigen Wirkungen der Tarantel ſind wahr und wirklich. Ihr Gift wirkt auf das Nervenſyſtem und bringt eine beſondere Art von hypochondriſcher Monomanie hervor, welche mit dem Namen Tarentismus bezeichnet wird. Das fragliche Gift ſcheint Aehnlichkeit mit dem Vipergift zu haben, von welchem es nur durch die Intenſität abzuweichen ſcheint. Wenn das Gift der Tarantel in einen Theil der allgemeinen Bedeckungen gelangt, ſo bewirkt es, wie ein Bienenſtich, eine Phlogoſe von geringem Umfang. Zuweilen aber iſt die Geſchwulſt beträchtlich und theilt ſich den benachbarten Theilen, mit dem Gefühl eines acuten Schmerzes, mit.

Einige Stunden nach dem Biſſe des Inſects wird man trübe geſtimmt, traurig, ſchweigſam; man empfindet eine Art Beängſtigung, Beklemmung der Bruſt, Schwindel, allgemeines Zittern; der Puls iſt häufig und unregelmäßig; Uebelſeyn und Erbrechen ſtellt ſich ein, und wenn nicht bald Mittel angewendet werden, ſo dauert der Anfall einige Tage mit Heftigkeit, und dann verbleibt der Kranke in einer Art von Stumpfſinn; die bloße Erinnerung an ſein Unglück veranlaßt ſehr heftige hypochondriſche Anfälle. Die Rückkehr der Sommerhitze und der Anblick einer andern, von demſelben Uebel ergriffenen, Perſon bringen ihn zu fürchtbarer Wuth.

Die Behandlung, welche gewöhnlich von den Eingebornen gegen das Uebel in Anwendung gebracht wird, iſt, daß ſie den Kranken nach dem Tone einer Violine oder Schalmey (cornemuse) tanzen laſſen. Sie bewirken dadurch, daß der Kranke ſchwitzt, und zerſtreuen zugleich ſeine von Traurigkeit niedergedrückte Einbildungskraft, indem ſie durch die Muſik auf das Nervenſyſtem wirken. Daher der Urſprung des Namens tarantula, welchen man einem gewiſſen Volkstanze in Neapel gegeben hat. Das Volk ſchreibt dieſem Mittel eine übernatürliche Wirkung zu; es glaubt, daß das Inſect, die Tarantel, zugleich mit dem Kranken tanze, und deſ-

halb hat es zu keinem andern therapeutischen Mittel wirklich
Vertrauen. Es ist dieß allerdings ein Vorurtheil, welches
zu mehreren Fabeln Veranlassung gegeben, nachher die Thatsache unglaublich gemacht hat und zuweilen von Leidenschaften, besonders von der Liebe benutzt worden ist, welche oft
ein hübsches Bauermädchen dahin bringt, sich als von der
Tarantel gebissen anzugeben, um die Wunde zu verbergen,
die ihrem Herzen beigebracht ist, und· sie zu Thorheiten
verleitet.

Indessen ist es außer Zweifel, daß der Tanz ein sehr
zweckmäßiges Mittel ist, um die Krankheit zu heilen; denn
die Energie, welche er in dem Nervensysteme hervorruft, die
Aufreizung. in den Muskeln und der Haut, welche er veranlaßt, sind zur Heilung der Krankheit ganz wirksam. Die Aerzte
beschränken aber die Behandlung nicht auf dieses Mittel allein; sie wenden auch andere Mittel an, allein da diese die
Zaubers auf die Einbildungskraft ermangeln, so erreichen sie
ihren Zweck nicht so gut, als der Tanz, und es scheint wirklich, als wenn eine besondere harmonische Musik sehr geeignet sey, das Nervensystem auf seinen Normalzustand zurückzuführen. So soll ja Asclepias Verrückte durch Gesang geheilt haben, und David besänftigte mit seiner Harfe das
aufgeregte Gemüth Saul's.

Plinius, Galen, Oribasius, Dioscorides und
andere Alte haben sehr den Theriak gegen den Biß der phalangio oder Tarantel gerühmt, eben so, wie sie es gegen
Viperbiß gethan haben. Die Salentiner machen auch noch
in schweren Fällen des Tarentismus von diesem Mittel Gebrauch.

Ein anderes Mittel, welches man gegen das erwähnte
Uebel anwendet, ist das Ammonium innerlich und ammonia-
kalische Seife äußerlich. Die Wirkung dieser Mittel bringt
bald die Gesundheit zurück. Doch ist es nicht ausgeblieben,
daß sich religiöse Vorurtheile bei dem Tarentismus zeigten,
und sie empfehlen ernsthaft den Gebrauch des Wassers aus
einem Brunnen in der Nähe des Klosters San Piedro di
Galatina. Die gebissene Person trinkt von diesem Wasser,
welches plötzliches und außerordentliches Erbrechen erregt.
Ich habe selbst dieses Wasser untersucht: es ist eine natürliche Destillation des unreinen Wassers der Stadt, vermischt
mit faulenden und ammoniakhaltigen thierischen Substanzen
geschwängert. Diese Substanzen sind es, welche das Erbrechen hervorbringen, dem man die Heilung zuschreibt; letztere
könnten aber auch wohl die Wirkung des Ammoniums seyn,
dessen besondere Wirkungen auf die Nerven und das Hautor-
gan bekannt sind.

Alle diaphoretica im Allgemeinen haben die Wirkungen des Tarantelbisses geheilt. Unter ihnen sind die gebräuch-
lichsten die antimonialia, die squilla, Zwiebeln ꝛc. Man
läßt auch nach weinigten und aromatischen Räucherungen eine
Art von Dampfbad anwenden, welche sehr wirksam sind, um
die Hauttranspiration wiederherzustellen. Die Citronen· und
Essigsäure werden von einigen Aerzten als wirksam angesehen, um das Gift zu neutralisiren.

Es giebt Aerzte, welche den Tarentismus für eine Art
hypochondrischen Anfall halten, welcher einzig in Folge der

Wirkung des Clima's und der Sonnenhitze eintrete. Aber
die folgenden zwei Beobachtungen sind geeignet, um Ursache,
Entwickelung, Symptome und passendste Behandlung in volles Licht zu setzen.

Erster Fall. Concella Scarbia, Tochter Pas-
qual's, aus dem Dorfe Novoli bei Lecce, wurde im dritten
Monate nach ihrer Geburt von einer Tarantel gebissen.
Sie schien anfangs unruhig, dann zeigte sie beschwerliche
Respiration, schrie und jammerte; hierauf traten Symptome
von Erstickungsanfällen und Erbrechen ein. Während die
kleine Kranke durch convulsivische Bewegungen sehr unruhig
war, ließen die Eltern vor ihr ein musikalisches Instrument
spielen, sie bewegten die Arme und Beine der kleinen Kranken, und brachten sie in eine solche Bewegung, daß ein heftiger Schweiß über den ganzen Körper ausbrach; aber ihr
Töchterchen schien nun noch mehr erschöpft als vorher durch
die Ermüdung, welche sie in den Gliedern hervorgebracht
hatten. Man legte das Kind zu Bett und es schlief gleich
ein, was es vorher nicht konnte. Bei ihrem Erwachen fand
man die Kleine ganz geheilt von dem Tarentismns, von welchem sie befallen gewesen.

Zweiter Fall. Ein Schnitter schlief fest auf dem
Felde: eine Tarantel von der gefährlichsten Art wurde von
einem Arzte, welcher Versuche über den Biß dieser Insecten
machen wollte, seinem Fuße nahe gebracht. Der Schnitter
wurde sofort gebissen: er wacht auf, beklagt sich über heftigen Schmerz an der gebissenen Stelle, ohne zu wissen, was
ihm widerfahren ist, denn man hatte Sorge getragen, ihm
zu verbergen, was man mit ihm vorgenommen war. Der Kranke
sieht an der schmerzhaften Stelle eine kleine, runde, dunkelrothe,
etwas harte Geschwulst, glaubt sich von einer Biene gestochen, deren man in jenen Gegenden überall antrifft. Beklemmung, Beklemmung in der Respiration, Schwäche des Ner-
ven- und Muskelsystems sind die ersten Symptome, welche
bei diesem Kranken dem Tarantelbisse folgen. Die Beklommenheit und allgemeine Niedergeschlagenheit nehmen zu. Es
stellt sich Delirium ein; der Zustand des Kranken ist schlimm.
Man nimmt seine Zuflucht zu dem Mittel des Landes, der
Musik. Der Kranke ward aufgefordert, zu tanzen: er tanzte,
transpirirte reichlich, und seine Herstellung folgte der Anwendung des Mittels auf dem Fuße.

Ich könnte viele analoge Thatsachen den eben erwähnten beifügen, um die Realität des sogenannten Tarentismus zu beweisen, von welchem ich selbst Augenzeuge gewesen bin; allein sie würden nicht mehr sagen, als die eben
angeführten beiden Beobachtungen. (Gazette médicale
15. Sept.)

Vergleichung des Steinschnittes mit der Lithotritie.

Von A. Velpeau.

Die Steinzermalmung war kaum bekannt gemacht, so gaben
sie auch ihre Vertheidiger schon für eine durchaus unbedenkliche und
vollkommen gefahrlose Operation aus. Einige äußerten sogar, daß
sie eines Tages den Steinschnitt ganz aus der chirurgischen Praxis
verdrängen werde. In beiden Beziehungen hat man das Publicum getäuscht. Die Lithotritie, wie man sie jetzt verrichtet, ist im

Ganzen betrachtet eine schmerzhafte und länger dauernde Operation als der Blasensteinschnitt und es haben mir Kranke, unter andern ein von Souberbielle Operirter, welche vorher von Herrn Civiale behandelt worden waren, versichert, daß eine einzige Sitzung zur Steinzermalmung ihnen mehr Leiden verursacht habe, als der ganze Steinschnitt von Anfang bis zu Ende. Ein Viertel, wo nicht gar ein Drittel aller durch Lithotritie Behandelten, erleiden Krankheitszufälle und es ist unwahr zu sagen, daß diese Operation nie den Tod herbeiführe. Heurteloup hat sehr überzeugend gezeigt, daß Civiale nicht von 40 einen, sondern von 43 acht Kranke durch den Tod verloren habe. Von 28 Operirten starben Herrn Leroi drei und die Berichte über die Operationsversuche zu Bagdad in der Schule von Abou-tabel, in Deutschland von Herrn Wattmann und Andern, in England von Liston, Costello, Heurteloup, in Frankreich von Amussat, Bancal, Roux, Dupuytren, endlich in fast allen Gegenden der Erde von verschiedenen Wundärzten, daß im Ganzen das von Leroi angegebene Verhältniß das günstigste ist, welches man sich über diese Operation bekommen hat. Berücksichtigt man die Gesammtzahl der Steinkranken, welche sich an Lithotriceurs wandten, und bei welchen der Steinschnitt hätte ausgeführt werden können, so würde man noch ungünstigere Resultate bekommen. Denn von 82 Kranken, von denen Civiale spricht, sind 31 binnen Jahresfrist gestorben, 19 andere aber wurden erst nach mehr oder minder bedeutlichen Zufällen hergestellt. Von 40 Kranken konnte Leroi nicht mehr als 25 radikal heilen, und von 10 konnte Bancal bloß zwei operiren; so daß unter den zur Operation ausgeführten Kranken wenigstens Einer von 10 oder 12 stirbt, und wenn eine Anzahl Steinkranker gegeben wäre, deren einige der Lithotritie unterworfen, die übrigen durch den Steinschnitt operirt oder sich selbst überlassen würden, so unterliegt wenigstens der sechste oder achte.

Der Steinschnitt für sich allein, in dieser Beziehung betrachtet, ist nichtsdestoweniger noch abschreckender, und die für die Steinzermalmung Enthusiasmirten hätten gar nicht nöthig gehabt, ihre Schilderung der Erfolge des Steinschnittes zu übertreiben, um dem Publicum den Geschmack daran ganz und gar zu nehmen und den größern Theil der Kranken davon abwendig zu machen. Indeß, wenn authentische Nachweisungen ergeben, daß in dem Zeitraume vom 31sten December 1719 bis zum ersten Januar 1728 in dem Hôtel-Dieu und in der Charité zu Paris von 812 durch den Steinschnitt Operirten 255 gestorben sind, so zeigen auf der andern Seite die Beobachtungen, daß Cheselden von 213 bloß 24 verlor. Wenn Sanson sagt, daß er 6 von 20 habe unterliegen sehen, so hat Dupuytren 25 zu derselben Zeit operirt, ehe er einen einzigen verlor, und Dubley hat dasselbe Glück bei 72 gehabt. Ohne das Erstaunen erregende Glück, welches Raw von einigen Personen beigelegt wird, zuzugeben, und ohne zu glauben, daß er 1500 mal hintereinander die Operation glücklich gemacht habe (statt daß man ganz einfach sagte, er habe im Ganzen von sämmtlichen durch ihn Operirten 1500 geheilt), so ist es doch gewiß, daß Martineau von Norwich bloß zwei von 84, Pansa in Neapel 5 von 66, Pouteau 2 von 80, Lecat 5 von 63, Papola von Venedig ein gleiches Verhältniß, Wiricel von Lyon 3 von 83, Durand von Dijon 3 von 60, und Saucerotte bloß einen von 60 verloren hat, und daß Deschamps in 19 mal hintereinander mit Glück operirte. Diese Angaben sind allerdings bloß partiell, und selbstischen Operateurs unter sich zu allen Zeiten gleich glücklich, aber warum sollte dasselbe nicht auch bei der Lithotritie der Fall seyn? Giebt man Herrn Civiale zu, daß er im Jahre 1826 bloß einen Kranken von 40 verloren hatte, muß er auf der andern Seite nicht zugeben, daß er seitdem nicht dasselbe Glück gehabt hat, und daß nach dem Berichte, welchen Larrey dem Institut abgestattet hat, seine Praxis in dem Hospital Necker ein weit ungünstigeres Verhältniß ergab? Ueberdieß darf man von sämmtlichen Aerzten dasselbe Verhältniß von günstigem Erfolg erwarten, wie von einem Arzte, der so vielfach geübt ist, wie Hr. Civiale?

Fragen von einer solchen Wichtigkeit kann man daher nicht mit solchen Vorurtheilen entscheiden. Senac konnte Recht haben, wenn er sagte, daß der größte Theil der durch den Steinschnitt Operirten in den Spitälern von Paris unterliege, weil im Jahre 1725 in der Charité 16 von 29 starben; ein Anderer hätte mit

eben so viel Recht behaupten können, daß bloß einer von 8 oder 9 unterliege, weil man im Jahre 1727 22 von 25 und im Jahre 1720 auf gleiche Weise 23 von 26 in demselben Spital heilte. Dies hinderte Morand, nicht zu derselben Zeit zu finden, daß in demselben Spital 71 Todte auf 203 Operirte in 8 Jahren kamen und im Hôtel-Dieu 18 auf 594 ebenfalls in acht Jahren. Obgleich Herr Souberbielle in dem Jahre 1824 und 1825 18 von 52 verlor, so sind doch seine mittleren Verhältnisse nicht geringer als 1 von 6 oder 8. Wenn Richerand meinte, daß günstige und ungünstige Erfolge sich im Anfange dieses Jahrhunderts vollkommen gleichgestanden hätten, so haben die Herrn Roux und Dupuytren das Verhältniß doch auf 1 von 5 oder 6 festgestellt. Will man aber durchaus Zahlen sprechen lassen, so geben die besten statistischen Nachweisungen, welche seit 20 Jahren publicirt worden, zu Norwich 70 Todte auf 506 Operirte, zu Leith 28 auf 197, zu Bristol 1 zu 4½, zu Luneville 1 zu 14; in der Tabelle von Dupuytren, welche Paris und seine Umgebungen seit 10 Jahren faßt 61 auf 376, oder 1 zu 6. Der Steinschnitt verursacht also hiernach bloß einmal in sechs oder sieben Fällen und nicht öfter den Tod. Die Lithotritie ist nun allerdings weniger todtdringend, davon bin ich überzeugt, aber man müßte wissen, bei welchem Puncte das Verhältniß bei ihr abweicht, und bis jetzt hat die Erfahrung noch nicht gestattet, in dieser Beziehung ein Urtheil zu fällen. Die Lösung der Streitfrage würde daher nicht früher definitiv erlangt werden, als bis man mehrere Hunderte von Steinkranten für die Lithotritie aufgesucht hätte, um sie hierauf in zwei gleiche Theile zu theilen, deren einer durch den Steinschnitt, der andere durch Lithotritie operirt werden müßte.

Obgleich aber auch die Lithotritie weniger Gefahr hätte, so könnte sie doch nicht in allen Fällen angewendet werden. Steine, welche einen metallischen Körper, z. B. eine Stecknadel, eine Nähnadel, eine Kugel u. s. w., oder welche ein Stück Holz, Horn, Elfenbein u. dgl. zum Kern haben, gestatten die Lithotritie, eben so verhält es sich mit eingesackten, angewachsenen, auf irgend eine Weise unbeweglich gemachten, ein Hühnerei an Größe übertreffenden Steinen, auf welchen letzteren die Blase in der Regel dicht aufliegt.

Kranke mit einer Mißbildung der Harnröhre, sie sei angeboren (Epispadie und Hypospadie) oder in Folge einer Krankheit entstanden, sind ebenfalls für die Lithotritie nicht geeignet, weil die Anwendung der Instrumente zu schwierig seyn würde. Eine größere Anzahl von Steinen, eine beträchtliche Anschwellung der Prostata, seit langer Zeit dauernde Kränklichkeit, eine vornartige Verhaltung der Blase und Urethra würden die Lithotritie zu einer wenigstens eben so gefährlichen Operation machen, als es die Lithotomie ist. In allen andern Fällen scheinen mir ihre Vortheile, außer bei Kindern, unleugbar, besonders wenn der Kranke gebildig, gelehrig und nicht zu reizbar ist, um ohne Furcht die verschiedenen Theile der Operation zu ertragen, und wenn er schneidende Instrumente so sehr fürchtet, um sich ohne Mühe dazu zu entschließen, daß er erst nach mehr oder minder langer Zeit, und mehrmaligem Einführen des lithotriptischen Apparates von seinem Stein befreit werde.

Obgleich nun ein Rückfall der Krankheit bei der Lithotritie bei weitem mehr zu befürchten ist, als bei dem Steinschnitt, weil kleine Stückchen des Steines häufig auch der aufmerksamsten Untersuchung entgehen werden, so braucht man doch nicht lange zu zaudern, wenn man die Ausführt hat, in 2 bis 6 Sitzungen die Operation zu betreiben. Der Steinschnitt ist alsdann ohne Vergleich abschreckender. Durch den letztern aber wird der Stein rascher und vollkommener entfernt, jedoch sind die Schmerzen zwar allerdings bloß momentan, aber der Kranke muß dennoch 20—30 Tage das Bett oder Zimmer hüten, während bei der Lithotritie, mit Ausnahme der einzelnen Sitzungen, den Kranken kaum in seinem übrigen Leben stört. (Velpeau, Médecine opératoire. Tom. III.)

Verrenkung der Hüfte und Bruch des Oberschenkels.

Von John E. Bloram.

„G. M., 14 Jahr alt, ein gesunder Bauernbursche, wurde den 2ten December 1832 in das unter meiner Aufsicht stehende Armenspital aufgenommen. Wenige Stunden vorher war das Rad eines beladenen Frachtwagens über ihn hinweggegangen. Bei der Untersuchung zeigte sich der rechte Schenkelknochen etwas über der Mitte gebrochen, und der verrenkte Kopf des Knochens ruhte auf dem Schaambeine. Wenn der Patient auf dem Rücken lag, so war das Bein gebogen, und von dem andern hinweggedreht, so daß dasselbe, wie der Fuß, sehr stark nach außen gewendet war. Das Bein war sehr, wenigstens um 3 – 4 Zoll, verkürzt; in der Leistengegend zeigte sich bedeutende Geschwulst und Empfindlichkeit, und der harte, festliegende Knochenkopf ließ sich daselbst ohne große Schwierigkeit fühlen. Der rechte Arm war ebenfalls gerade unter der Insertionsstelle des musculus deltoideus gebrochen, und der linke Schenkel ein wenig wund gedrückt, doch nicht wesentlich beschädigt.

Ueber die Art und Weise, wie der Unfall sich ereignet hatte, konnte der Patient keine nähere Auskunft geben, so wie er sich der Lage, in der er sich befunden, als er überfahren wurde, durchaus nicht erinnerte.

Der Zustand des Patienten war von der Art, daß ich es nicht für rathsam hielt, die Einrichtung sogleich vorzunehmen, weßhalb ich den Schenkel mit kurzen Schienen umlegte, und auf die Leiste ein öfters verbundenes Waschmittel anzuwenden verordnete. Nach 7 – 8 Tagen hatte sich die Geschwulst bedeutend gesetzt, so daß sich der Knochenkopf weit deutlicher zeigte. Die Empfindlichkeit war um Vieles geringer; sämmtliche entzündliche Symptome waren durch Anwendung eines antiphlogistischen Diät und spießglashaltiger und gelinde abführender Arzeneien, im Laufe der Woche verschwunden. Ich nahm daher nun die Einrichtung der Extremität auf folgende Weise vor.

Der Patient wurde auf einem Bette auf den Rücken gelegt, und mittelst eines queer über das Becken gezogenen, und an die Bettstelle befestigten Betttuchs in dieser Lage gehalten. Ein anderes Betttuch wurde über die linke Leiste gezogen und auf ähnliche Weise befestigt. Hierauf wurde die verrenkte und gebrochene Bein mit Schienen belegt, von denen eine sich von der Hinterseite des Schenkels bis zur tuberositas ossis ischii erstreckte. Hierauf wurde ein Flaschenzug an einen in die Decke befestigten Kloben gehängt, der sich einen Fuß rechts von dem senkrecht über dem Nabel des Patienten befindlichen Puncte befand, und hierauf ein Bandage befestigt, die so hoch als möglich um die Extremität lief.

Der Fuß wurde so gehoben, daß das Knie gestreckt war, und mit der Schnur des Flaschenzuges ziemlich einen rechten Winkel bildete; durch einen allmälig einwirkenden Zug wurde binnen 10 bis 15 Minuten der Knochenkopf beweglich gemacht und bedeutend weiter vorwärts gebracht. Hierauf fing ich an, auf den Knochenkopf zu drücken, so daß derselbe niederwärts gezogen wurde, während der Flaschenzug ihn theilweise vom Becken entfernt hielt. Binnen wenigen Minuten rückte der Knochen über die crista ossis pubis, und ich ließ dann den Fuß etwas höher heben, um durch die stärkere Streckung der musculi glutei dem Zuge eine günstigere Wirkung, rücksichtlich der Einrichtung des Knochens, zu ertheilen. Hierdurch wurde der Knochenkopf rückwärts gezogen und noch stärker Erhöhung des Fußes und Verringerung des Zugs fuhr er fort, unter meinen Fingern zurückzuweichen, bis er trochanter major in seine natürliche Lage zurückgelangte, und die Einrichtung sich als vollständig zeigte.

Damit der Knochen nicht etwa auf dem Rücken des Darmbeins zurückglitte, ließ ich, während des letztern Theiles des Geschäftes, von einem Gehülfen vor und hinter der Gelenkpfanne einen festen Druck ausüben.

Hierauf wurde der Apparat beseitigt; der Schenkel mit kurzen Schienen verbunden, und der Patient auf eine doppelte geneigte Ebene gelegt. Um das Gelenk her zeigten sich später keine Spuren der Entzündung. Zu Ende der Woche wurde passive Bewegung angewandt, und während des ganzen Ersetzungsprocesses von Zeit zu Zeit wiederholt.

Nach acht Wochen wurde der Kranke vom Bette genommen; er hatte die Kraft, das Glied zu bewegen, theilweise wiedererlangt, er erhielt dieselbe stufenweise im höhern Grade, und geht nun schon seit vielen Wochen wieder, ohne beträchtliches Hinken, umher. Er arbeitet auf dem Felde so kräftig, wie früher, und bedient sich des verrenkt gewesenen Beins mit derselben Sicherheit, wie des andern, obgleich es ½ Zoll kürzer geblieben ist.

Man wird bemerkt haben, daß ich eine andere Einrichtungsmethode angewandt habe, als die, welche Sir Astley Cooper bei Verrenkung des Schenkelbeins nach vorne empfiehlt. Die des genannten Arztes würde für den gegenwärtigen Fall gar nicht gepaßt haben, indem die Ausdehnung nur die Knochenenden von einander entfernt haben würde, statt die obern Enden des Knochens zu bewegen. Newport, auf der Insel Wight, den 10ten August 1833. (London Medical Gazette, September 1833.)

Miscellen.

Einen merkwürdigen Fall von Verletzung durch die Vagina liest man in der Gazette des hôpitaux. Ein 19jähriges Mädchen war von einem Heuhaufen herabgerutscht, und hatte sich dabei in einen Haken gespießt, welcher 4 bis 5 Zoll tief durch die Vagina bis in die Bauchhöhle gedrungen war. Starke und vielfache Anstrengungen der Kranken, der Nachbarinnen, und endlich des gewöhnlichen Arztes vermochten nichts, und erst 8 Tage darnach konnte, nicht ohne große Schwierigkeit, der fremde Körper durch Hrn. Rey, Chirurg des St. Andreasspitals zu Bordeaux, ausgezogen werden. Von diesem Augenblicke an besserte sich der schon drohende Zustand der Kranken; man ließ aber während der ersten Woche zu Ader, und setzte abwechselnd Blutegel. Später setzte man zwischen diesen Ausleerungen mehrere Tage aus, wendete Bäder und Erweichungsmittel auf das hypogastrium und auf die Scheidenöffnung an, und so war den 32sten Tag nach dem Unfalle die Heilung vollendet.

Balggeschwülste auf dem Kopfe hat Hr. Dupuytren vor Kurzem bei einer Frau, welche deren 25, zum Theil von der Größe einer Nuß, auf dem Kopfe hatte, folgendermaßen operirt. Er machte in der Richtung des größten Durchmessers jeder Geschwulst einen Längenschnitt, zog dann mit Pincetten die Wundränder auseinander und durchschnitt hierauf zwischen den Balg und die Kopfschwarte und bis unter die Geschwulst eine Art von stumpfem Löffelchen (curette), womit er sie vollständig freischälte. Wenn der Balg zerriß, so führte er das kleine Instrument von einer andern Stelle aus in die Geschwulst. Es waren übrigens mehrere Situngen nöthig, um die Kranke von ihren 25 Geschwülsten zu befreien. Die Operation ist einfacher und leichter, als andere Verfahrungsarten und gestattet, die Heilung durch die erste Vereinigung zu bewirken, was bei Anwendung eines Kreuzschnittes nur selten gelingt.

Eine eingeklemmte Scrotalhernie bei einem viermonatlichen Kinde, welche seit 4 Tagen bestanden hatte, wurde von Hrn. Dr. Goyraud, Wundarzt des Hôtel-Dieu zu Aix, mit Erfolg operirt. Es war angeboren und die tunica vaginalis bildete die Einklemmung. Die Operation bot nichts Besonderes dar. Die Theile wurden mittelst der Kornährenbinde zurückgehalten. Der Stuhlgang kam noch denselben Tag in Ordnung. Nach 6 Wochen war die Heilung vollendet.

Bibliographische Neuigkeiten.

Rechetches anatomiques et physiologiques sur les Hemiptères, Par M. Leon Dufour. Paris 1833. 4. m. (19) Kupfern.

Rapports et Discussions de l'académie royale de médecine sur le magnétisme animal, recueillis par un stenographe et publiés avec des notes explicatives par M. P. Foissac. Paris 1833. 8. Cenni...

presenta all' orifizio dell' utero la faccia, del dottore Carlo Bingini, medico-chirurgo, Professore d'istituzioni chirurgiche e d'ostetricia nei RR. Spedali reuniti di Pistoja. Ptato 1832. 8.

Essai sur la brûlure et son nouveau traitement par l'usage des poils du Typha. Par C. F. Vignal. D. M. Paris 1833. 8. Chez l'auteur, rue du faubourg St. Denis, n. 52.

Notizen
aus
dem Gebiete der Natur- und Heilkunde.

Nro. 827. (Nro. 13. des XXXVIII. Bandes.) November 1833.

In Commission des Landes-Industrie-Comptoirs zu Weimar. Preis eines ganzen Bandes, von 24 Bogen, 2 Rthlr. oder 3 Fl. 36 Kr., des einzelnen Stückes 3 ggl. Die Tafel schwarze Abbildungen 3 ggl. Die Tafel colorirte Abbildungen 6 ggl.

Naturkunde.

Ueber die Beschaffenheit der Arterien in den Wirbelthieren, und besonders im Menschen,

hat Hr. Dr. Lionelli Poletti in den Opuscoli della Società medico-chirurgica di Bologna Vol. IX. fascicolo 18 Erfahrungen und Beobachtungen in fünf Capiteln mitgetheilt, woraus Folgendes entnommen ist.

Das erste Capitel enthält:

1. **Versuche bei kaltblütigen Thieren.** Hr. L. P. hat das Pericardium von Schildkröten, Fröschen und Vipern geöffnet und hat bei diesen Thieren überdieß die dicksten Arterienstämme bloßgelegt und nachdem er nun sorgfältigst die Erscheinungen beobachtet, welche sich in dem Herzen und den Arterien wahrnehmen ließen, hat er versucht, sie dadurch zu variiren, daß er die Gefäße zusammendrückte, unterband und durchschnitt. Durch alles dieß wurde er nun auf folgende Schlüsse geführt: a. die Arterien der lebenden Schildkröten und Schlangen dar an verschiedenen Stellen eine Bewegung mit Ortsbewegung dar, allein mit Ausnahme der Lungenarterien zeigen sie keine Diametralbewegung. Die a. pulmonalis erweitert und verengert sich abwechselnd, wenn die Lunge zusammengesunken ist, und das Blut ein Hinderniß bei seinem Durchgange durch die Gefäße dieses Organs antrifft; diese Bewegung ist rein mechanisch. b. Die Arterien der lebenden Frösche zeigen an mehrern Stellen eine augenfällige Ortsbewegung. Der Hauptstamm der Aorta erweitert sich während der Contraction des Herzventrikels und verengert sich nachher wieder. Diese Bewegung von Diastole und Systole ist also wahrhaft vital. c. Die Arterien der Schildkröten und Frösche sind, so lange sie den Eindrükken des Blutes ausgesetzt sind, in einem Zustande von gewaltsamer Ausdehnung.

2. **Analoge Versuche bei warmblütigen Thieren.** Die Versuche wurden an Carotiden und Schenkelarterien von Schaafen, an Carotiden von Pferden, an der aorta abdominalis von Kaninchen und an der aorta thoracica von Hunden angestellt und ergaben folgende Schlüsse. **a.** Die aorta thoracica bietet eine Bewegung von Diastole

und Systole dar, eine mechanische Bewegung, welche mit denen der Herzventrikeln abwechselt. Die aorta abdominalis und die kleineren Arterien haben keine Diametralbewegung. Wenn sie gewunden erscheinen, so bemerkt man eine einfache Ortsbewegung, wenn sie gerade sind, eine Longitudinalbewegung. Man muß aber die a. pulmonalis ausnehmen, welche eben solche Bewegungen zeigt, wie das Herz. **b.** In der normalen Frequenz der Contractionen der Herzkammern influirt die Verengerung der Aorta nicht auf die Fortreibung des Blutes; indem diese Bewegung die Blutsäule von vorn nach hinten zurücktreibt und gegen die valvulae sigmoideae drängt. Nur erst bei dem krankhaften Langsamerwerden der Bewegungen des Herzens kann die Aorta, nachdem sie die valvulae sigmoideae zurückgedrängt hat und in ihren Contractionen fortfährt, das Blut gegen die Organe treiben. Die art. pulmonalis zeigt dieselben Verhältnisse. **c.** So lange, als die Arterien der Wirkung des Herzens ausgesetzt sind, befinden sie sich in einem Zustande gewaltsamer Ausdehnung. **d.** Der Puls der Arterien hängt ab entweder von ihrer Ortsbewegung, oder von dem Stoße des Blutes, wenn der Finger oder ein fester Theil die Arterien zusammendrückt: zuweilen von beiden Elementen zusammen. In der aorta thoracica und in der a. pulmonalis kann man die Pulsation immer fühlen, abgesehen von aller Compression oder Ortsbewegung, durch die Diastole ihrer Wandungen.

3. **Versuche bei kalt- und warmblütigen Thieren mittelst Reizmitteln.** Hr. L. P. hat nachdem er sich mit der Mechanik der Arterien der Thiere, mit welchen er sich beschäftigt hatte, zu stechen, zu kneipen, sie mit Alkohol, Cantharidentinctur, kaltem Wasser, Salzauflösungen und Schwefelsäure zu berühren; er hat die Wirkung von innerlich gegebenen Reizmitteln beobachtet, z. B., des Branntweins und Kampfers in großen Dosen, der Cantharidentinctur, des Cantharidenpulvers (in der Dosis von drei Unzen bei einem Pferde), der Coloquinten (in der Dosis von 1½ Unzen). Endlich hat er auch die Electricität in verschiedener Weise versucht und folgert die Schlüsse: a. die Arterien

der Säugethiere, Schildkröten und Frösche (mit Ausnahme des Ursprungs der Aorta bei den letzteren) besitzen die allgemeine Excitabilität, welche ihrem Elementargewebe eigen ist, aber nicht die specielle Excitabilität, welche man von einigen der Gewebe erwarten sollte. b. Sie sind daher der Vitalbewegung unfähig.

Das zweite Capitel liefert Beweise aus der allgemeinen Anatomie. Wenn man die Basis der art. pulmonalis der Fische und die a. aorta der Batrachier (Schildkröten) ausnimmt, so findet man nirgends bei den Arterien muskulöse Wandungen. Außer den Angaben vieler Anatomen, stimmen auch die meisten mikroscopischen Untersuchungen von Hodgskin und List darin überein, und die chemischen Analysen von Young, Berzelius, Chevreuil haben dargethan, daß die fibröse Haut der Arterien keine Fibrine enthält.

Das dritte Capitel behandelt die descriptive Anatomie. Nirgends findet man muskulöse Arterien, oder Arterien, welche allein ohne Thätigkeit des Herzens wirken, ausgenommen, man steigt zu den herzlosen Thieren, z. B., den Würmern, herab, von welchen man wohl keine Schlüsse auf den Menschen wird machen wollen.

Das vierte Capitel befragt die pathologische Anatomie. Man hat Individuen ohne Herz angeführt, wie gewisse acephali, wo dessenohngeachtet die Circulation stattfand; allein weiß man, wie dann die Circulation vor sich geht, und welche Veränderungen auch die Gefäße erlitten haben? und darf man von einem so abnormen Zustande auf den gewöhnlichen schließen? Man hat angegeben, daß die Ossification der Arterien die Circulation unregelmäßig mache, oder die Gangrän der Glieder herbeiführe. Die erste Thatsache ist unrichtig, insofern in solchen Fällen das Herz eben so gut afficirt ist, als die Arterien; die zweite ist eß nicht weniger, und Beclard läßt die arterielle Ossification nur dann als Ursache der Gangrän zu, wenn die Arterien obliterirt sind.

In dem fünften Capitel erwägt Hr. L. P. die Gründe und Einwürfe, welche aus der pathologischen Anatomie hergenommen sind und die Folgerungen, die er daraus zieht, unterstützen die vorhergehenden Schlüsse, und beweisen, daß den Arterien die sogenannte vitale Bewegung abgehe.

Ueber eine eigenthümliche Function des Nervensystemes

hat Hr. Dr. Marshal Hall einen Aufsatz in der Zoological Society vorgelesen.

Dr. Hall theilte darin eine Reihe von Versuchen mit, welche sämmtlich für eine Quelle von Muskelthätigkeit sprechen, die von denen ganz verschieden ist, welche die Physiologen bis jetzt angegeben haben, z. B., den Willen, die Irritation der Bewegungsnerven in einem Theil ihres Ursprunges oder Verlaufes, oder die Irritation der Muskeln selbst. Die Eigenthümlichkeit dieser Bewegung soll, wie er sagte, darin bestehen, daß sie erregt werde durch die Irrita-

tion der äußersten Portion der Gefühlsnerven, von wo der Eindruck durch die entsprechende Portion des Gehirns und des Rückenmarks, als eines Mittelpunctes, nach den Extremitäten der Bewegungsnerven fortgepflanzt werde.

Die Thiere, an welchen er die Versuche angestellt hatte, waren Salamander, Frösche und Schildkröten. Bei den Salamandern bewegte sich der ganz vom Körper getrennte Schwanz, wie be'm lebenden Thiere, wenn er auf die Weise erregt wurde, daß man die Spitze einer Nadel ganz leicht über seine Oberfläche bewegte. Die Bewegung hörte auf, sobald das Rückenmark in den Schwanzwirbelbeinen zerstört wurde. Nachdem einem Frosche der Kopf abgenommen und das Rückgrat zwischen dem dritten und vierten Wirbel zerschnitten worden war, wurde ein Auge des abgenommenen Kopfes berührt; es zog sich zurück, und das Augenlid schloß sich. Eine ähnliche Bewegung wurde am anderen Auge beobachtet. Nachdem das Gehirn entfernt worden war, hörte die Erscheinung auf. Kneipte man die Haut, oder die Zehe einer der vorderen Extremitäten, so bewegte sich dieser ganze Theil des Thieres. Nach Zerstörung des Rückenmarkes hörte diese Erscheinung ebenfalls auf. Genau ähnliche Wirkungen wurden beobachtet, wenn die Haut oder die Zehe einer der hinteren Extremitäten gekneipt wurde; und als die letzte Portion des Rückenmarkes entfernt wurde, hörte diese Erscheinung auf. Der Kopf der Schildkröte bewegt sich noch lange Zeit, nachdem er vom Körper getrennt ist; kneipt man das Augenlid, so wird es gewaltsam geschlossen; der Mund öffnet sich, und die Membran, welche unten Unterkiefer ausgespannt ist, tritt heraus, wie bei der Respiration. Kneipt man einen Theil der Haut des Körpers, der Extremitäten, oder des Schwanzes, so bewegt sich das Thier. Die hinteren Extremitäten und der Schwanz wurden zusammen vom Körper getrennt, letztere waren unbeweglich, letzterer hingegen bewegte sich, wenn die Flamme einer brennenden Kerze an die Haut gebracht wurde. Diese Extremitäten hatten keinen Zusammenhang mit dem Rückenmark. Es hörte auch im Schwanz alle Bewegung auf, nachdem das Rückenmark aus seinem Canale weggenommen worden war.

„Drei Dinge, bemerkt Dr. Hall, ergeben sich aus diesen Beobachtungen.

1) Daß die Nerven der Sensibilität noch reizempfänglich sind in Portionen eines Thieres, die vom ganzen Körper abgetrennt sind, z. B., im Kopf, im obern Theile des Rumpfes und im untern Theile des Rumpfes.

2) Daß auf diese Eindrücke der Gefühlsnerven ähnliche Bewegungen, wie die willkürlichen, folgen; und

3) Daß die Anwesenheit des Rückenmarkes als Central- und Verbindungsglied zwischen den Gefühls- und Bewegungsnerven, wesentliche Bedingung sey."

Dr. Hall begann hierauf eine andere Reihe von Versuchen, die noch schlußgerechter waren, vorzulegen. Wenn man einen Frosch eine wässerige Opiumauflösung schlucken läßt, so bekommt er Symptome, welche denen bei tetanus und der hydrophobia ähnlich sind; der Körper und die Glieder werden steif ausgestreckt; aber außer diesem Zustande des Krampfes werden die Hautnerven außerordentlich reizempfänglich, und die Bewegungsnerven außerordentlich erregbar; ein Stoß, eine Berührung, sogar ein Lufthauch bringt krankhafte Bewegungen des Körpers und der Glieder hervor. Einem Frosche, bei welchem durch Opium ein tetanischer Zustand hervorgebracht worden war, wurde der Kopf abgenommen und gerade unter dem dritten Wirbelbeine vom Körper getrennt. Die Augen blieben beständig eingezogen, und es konnte keine Bewegung entdeckt werden, wenn das Auge, das Augenlid, oder die Haut irritirt wurde, sondern sowohl die vordern, als die hintern Theile blieben nach, wie vor, tetanisch. Die Glieder wurden auf dieselbe krampfhafte Weise durch dieselben schwachen Eindrücke bewegt. Der gesteigerte Zustand der Thätigkeit der Gefühls- und Bewegungsnerven dauerte in jedem Theile fort. Alles aber änderte sich, als das Gehirn und die respectiven Portionen des Rückenmarkes entfernt wurden. Die Augen waren unbeweglich und zogen sich nicht mehr zurück; die Muskeln der Glieder waren schlaff, und in den Gefühlsnerven war keine Spur von Irritabilität vorhanden.

„Diese Versuche, fuhr Dr. Hall fort, scheinen mir eine Eigenschaft, oder Function des Nervensystemes (der Gefühls- und Bewegungsnerven) darzuthun, die von Gefühl und willkürlicher, oder instinctartiger Bewegung ganz verschieden ist. Wie zweifelhaft indessen diese Folgerung hinsichtlich der ersten Reihe von Versuchen am Thiere in seinem natürlichen Zustande erscheinen mag, so kann sie doch kaum einem Zweifel unterliegen, wenn wir mit ihnen die am Frosche (welcher durch Opium in einen tetanischen Zustand versetzt worden war) beobachteten Erscheinungen vergleichen. In diesem Falle ist die Contraction der Muskeln ganz offenbar nicht das Resultat des Willens; und sie gehorcht denselben Gesetzen in Bezug auf ihre Fortdauer und ihr Aufhören, wie die ähnliche Function oder Eigenschaft in ihrem natürlichen und nicht gesteigerten Zustande. Sie entsteht weder von Irritation der Bewegungsnerven, noch der Muskelfaser, denn sie hört auf, wenn das Rückenmark entfernt ist, während die Eigenschaft der Irritabilität nach der Zerstörung des Nervenmittelpunctes ungeschwächt fortdauert. Ich folgere also, daß es eine Eigenschaft der Gefühls- und Bewegungsnerven giebt, die unabhängig ist von Gefühl und Willen, eine Eigenschaft der Bewegungsnerven, unabhängig von unmittelbarer Irritation, eine Eigenschaft, welche in jedem Theile des Thieres ihren Sitz hat, sobald die entsprechende Portion des Gehirns und des Rückenmarkes desselben unverletzt ist. Diese Eigenschaft ist bei'm Frosche durch den Einfluß des Opiums, und ohne Zweifel auch des Strychnins der Steigerung fähig; und ich kann hinzufügen, daß sie durch Hydrocyansäure abnimmt, oder ganz erlischt. Sie ist natürlich am größten bei Thieren von der geringsten Sensibilität, z. B., bei den kaltblütigen."

In Bezug auf die Function, welche diese Eigenschaft des Nervensystemes in der thierischen Oekonomie ausübt, sagte Dr. Hall, daß sie besonders allen denjenigen Functionen vorzustehen scheine, welche gemischte genannt worden sind, weil sie weder ausschließlich unter dem Willen

stehen, noch von demselben unabhängig sind. Daß die Function der Respiration in diese Kategorie gehöre, schien ihm ganz ausgemacht, und zwar wegen der Erscheinungen, welche der abgeschnittene Kopf der Schildkröte darbot, an welchem bekanntlich die Bedeckungen des Unterkiefers abwechselnd aufgeblasen und zusammengezogen wurden, wie bei gewöhnlicher Respiration. Die Thätigkeiten des Hustens, des Schneuzens, des Erbrechens u. s. w., sind von derselben Art, denn ganz offenbar wird die sonderbare Wirkung durch Kitzeln hervorgebracht. Von allen Theilen des menschlichen Körpers scheinen der larynx und der After am meisten unter dem Einflusse dieser eigenthümlichen Macht zu stehen. Kein Theil kann Irritation so wenig vertragen, als der larynx, und keiner so viel in Ermanglung automatischer Thätigkeit, als der letztere, nebst den andern Schließmuskeln. Ganz besonders diese Theile sind noch überdieß eigenthümlichen, krankhaften Affectionen dieser Function unterworfen. Den larynx anlangend, hat man dieses bei einigen Affectionen von gefährlicher Tendenz, die dem Krampfe zugeschrieben wurden, beobachtet; in Bezug auf die Schließmuskeln hat man es in den sonderbaren und schmerzhaften Affectionen beobachtet, welche unter dem Namen stranguria und tenesmus bekannt sind. Es giebt auch eigenthümliche Affectionen der willkürlichen Muskeln, welche sich auf dieselbe Eigenschaft beziehen. Bei der hydrophobia und bei'm tetanus, wo die Extremitäten der Gefühlsnerven verwundet worden sind, besteht eine eigenthümliche Steigerung dieser Function; die krankhafte Thätigkeit scheint auf's Rückenmark und dann längs den Bewegungsnerven fortgepflanzt zu werden, wo sie jene fürchterlichen Empfindungen und Krämpfe erzeugt, welche diese Affectionen so schrecklich characterisiren. Der geringste äußere Stoß, oder Eindruck ist fürchterlich, und die unmittelbar darauf eintretenden Muskelcontractionen sind unerträglich.

Eine sonderbare Erzählung von der Wirkung der Eschenblätter auf die Klapperschlange,

in einem Schreiben des Judge Samuel Woodruff an Professor Silliman, findet sich in dem American Journal of Science. — „Ich ging vor einiger Zeit, im Monat August, mit Hrn. T. Kirtland und Dr. E. Dutton, damals zu Portland wohnhaft, nach dem Mahoning, um Rothwild zu schießen, an einem Puncte, wo dasselbe an den Fluß zu kommen pflegte, um dem Moose an den Steinen der flachen Stellen des Flußbetts nachzugehen. Wir nahmen unsern Wachposten an einem hochgelegenen Theile des Ufers, etwa 20 Ellen vom Wasser. Etwa eine Stunde, nachdem wir unsere Wache angetreten hatten, bemerkten wir statt eines Stück Rothwilds eine Klapperschlange, welche, wie es schien, ihre Höhle in dem Felsen unterhalb verlassen hatte und queer über eine ebene schmale Sandbank nach dem Wasser sich bewegte. Als sie unsere Stimmen hörte, oder aus einem andern Grunde, hielt sie an, und lag ausgestreckt, der Kopf in der Nähe des Wassers. Es kam mir nun der Ge-

————

danke, daß sich jetzt eine Gelegenheit darbiete, die Kräfte der weißen Eschenblätter (white ash leaves) zu versuchen. Indem ich einen andern Herrn gebeten hatte, die Schlange im Auge zu behalten, so ging ich gleich, um die Blätter zu suchen, die ich auch auf einem tiefgelegenen Grunde, 30 — 40 Ruthen von dem Flusse, fand; und mit meinem Jagdmesser schnitt ich einen 8 — 10 Fuß langen Eschenzweig ab und, um das Experiment noch auffallender zu machen, auch einen Zweig des Zuckerahorns (sugar maple), und kehrte mit diesen beiden Stäben auf den Schauplatz zurück. Um die Schlange von ihrer Höhle abzuschneiden, näherte ich mich derselben von hinten. So wie ich ihr bis auf 6 — 7 Fuß nahe kam, rollte sie sich schnell in einen Knäul zusammen und erhob den Kopf acht oder zehn Zoll hoch, bewegte ihre Zunge hin und her und schien den Kampf anzukündigen. Ich begrüßte sie nun zuerst mit der weißen Esche, indem ich die Blätter auf ihren Leib brachte. Sie ließ augenblicklich ihren Kopf auf die Erde, öffnete den Knäuel, wälzte sich über ihren Rücken zurück, krümmte und wand ihren ganzen Körper in jede Form, nur nicht in einen Knäuel, und schien in großen Aengsten; mit dem Erfolge des bis dahin gemachten Versuches zufrieden, legte ich den Eschenzweig bei Seite. Unmittelbar nachher richtete sich die Klapperschlange in die Höhe und nahm die vorhin erwähnte drohende Stellung wieder an. Ich bewegte nun den Zuckerahornzweig gegen sie. Im Augenblick fuhr sie gegen diesen an und stieß mit Macht und Heftigkeit ihren Kopf gegen ein Blätterbüschel, im nächsten Augenblicke rollte sie sich wieder zusammen und schoß mit ihrer ganzen Länge pfeilartig wieder vorwärts. Nachdem dieß mehrere Male wiederholt worden war, wechselte ich wieder mit dem Zweige und brachte die weiße Esche wieder an sie. Sie fuhr mit ihrem Kopfe zurück und streckte sich über ihren Rücken wie das erste Mal. Ich versuchte nun, wie sich ihr Muth und ihre Stimmung äußern werde, wenn man sie mit der weißen Esche ein wenig schlage, aber statt sie böse zu machen, diente es nur, ihre Unbehaglichkeit zu steigern. Als sie stärker geschlagen wurde, stieß die Schlange mehrmals gegen den Sand und gleich, als wenn sie Lust zu haben schien, sich in die Erde zu bohren, um sich von den unwillkommenen Besuchern frei zu machen. Da wir nun überzeugt waren, daß das Experiment befriedigend deutlich ausgeführt worden sey, so hielten wir es für unnöthig, die Schlange zu tödten, nachdem sie unserer Neugierde so gedient hatte, und überließen ihr, sich wieder in ihre Höhle zurückzuziehen.

Miscellen.

Ein Verein zur Verbreitung naturgeschichtlicher Kenntnisse in Kopenhagen ist von den dortigen Professoren Eschrichs und Schouw und dem Conferenzrathe Collin gestiftet worden. Ein naturhistorisches Museum soll errichtet werden und mehrere Wochentage geöffnet seyn; desgleichen sollen populäre Vorträge über naturhistorische Gegenstände gehalten werden.

Daß Pflanzen durch Frost zur Blüthe kommen, wenn nämlich die Pflanzen in ihrem Wachsthume durch Kälte und Nachtfröste häufig aufgehalten wurden, und dadurch frühzeitig in den Blüthenzustand übergehen, wird in dem Field Naturalist's Magazine, February 1833, erwähnt.

Nekrolog. — Durch den, am 31. October erfolgten, Tod des hochverdienten Johann Friedrich Meckel zu Halle, hat diese Universität und die gelehrte Welt überhaupt einen großen Verlust erlitten. Er war geboren den 17. October 1791.

Heilkunde.

Ein Fall, wo die von Galbiati vorgeschlagene Pelviotomie an einer Lebenden angewendet worden ist,

wird in dem Filiatre-Sebezio Giornale delle scienze mediche, welches zu Neapel von dem Dr. Salvatore de Renzi redigirt und von dem Prof. Salv. Ronchi herausgegeben wird, mitgetheilt, wovon ich Folgendes aushebe:

Giuseppe Negri aus Neapel, nur vier Palmen hoch, mit krummen Schenkeln und Beinen, den Rückgrat so gekrümmt, daß das Vorgebirge des Kreuzbeins vor der Schoosbeinvereinigung um 1½ Zoll abstand, war schon zweimal schwanger gewesen, hatte sich aber in den ersten Monaten der Schwangerschaft Abortus zuwege zu bringen gewußt; zum drittenmale schwanger, hatte sie die Versuche zu abortiren vergeblich gemacht, war in den 8ten Monat ihrer Schwangerschaft gelangt und nun, von der Unmöglichkeit auf natürlichem Wege zu gebären überzeugt, im März 1832 in's Hospital gegangen.

Eine so fehlerhafte Bildung und die Wichtigkeit des Falles interessirte die ganze medicinisch-chirurgische Facultät. Eine Operation war offenbar nothwendig, und man dachte an das Galbiatische Verfahren. Es wurden von neuem Versuche am Cadaver angestellt, wo man die Arterien des Beckens injicirt hatte. Die Ausführung hatte keine Schwierigkeit, man verletzte weder Nerven noch Arterien und der Gewinn an Raum, den man dadurch erhielt, war so beträchtlich, daß, obgleich man mittelst eines hölzernen Keiles die Conjugata eben so klein gemacht hatte, wie sie bei der Negri war, man doch damit zu Stande kam, eine Hand einzuführen und einen Körper herauszuziehen, der dem Kopfe eines reifen Kindes an Größe gleich war. — — (Man entschloß sich endlich, bei der ersten Erscheinung der Wehen die Operation vorzunehmen und sich dann durch die Umstände bestimmen zu lassen, ob man die Geburt den Naturkräften überlassen oder künstlich beendigen solle.)

Am 30sten März bei Anfang des Tages stellten sich die ersten Wehen ein, sie nahmen bis gegen Mittag zu, und man würde dann die Operation vorgenommen haben, wenn die Kranke sich derselben unterworfen hätte; allein sie willigte erst Abends 6 Uhr dazu ein, wo die Contractionen des Uterus selten und schwach waren.

In Gegenwart mehrerer Professoren und einer sehr großen Zahl von Studirenden setzte der Dr. Galbiati nun auseinander, wie er in seinen Untersuchungen sich überzeugt habe, daß, wenn die Conjugata noch über einen Zoll betrage, es hinreichend sey, die Knochen auf einer Seite zu zerschneiden, und daß es einer noch größeren Verengerung bedürfe, um die Zerschneidung auf beiden Seiten nöthig zu machen; daß des vorliegende Fall zu denen der ersten Art gehöre; daß, da übrigens das nach links geneigte Promontorium einen größeren Raum auf der rechten Seite übrig lasse, man auf dieser Seite operiren müsse, und daß, da die Kräfte der Frau gut wären, man den Contractionen des Uterus die Austreibung des Kindes überlassen könne.

Ein Längenschnitt von etwa 1½ Zoll legte nun den horizontalen Ast des rechten Schoosbeins an der der Pfanne nächstgelegenen Stelle bloß; das Periosteum wurde in dem ganzen Umfange mit einer concaven Knochenfeile abgeschabt, längs deren Furche man die Blätter der gezahnten Scheerenzange anlegte, mit welcher man den Knochen trennte; eben so verfuhr man nun mit dem aufsteigenden Aste des Sitzbeines; und man endigte die Operation mit dem Schoosknorpelschnitte. Das Ganze war nicht vor fünf Viertelstunden beendigt. Uebrigens trat durchaus kein Zufall ein, wenn man nicht dahin rechnen will, daß man eine Hautarterie unterbinden mußte. Obgleich die Frau sowohl durch die Operation als durch die sich zu ihr herandrängenden jungen Leute nicht wenig gelitten hatte, so ertrug sie doch alles muthig; und einige Minuten nachher erfolgte der Blasensprung und gestatteten dem Kinde, dessen Austreibung der Natur überlassen wurde, die Taufe zu geben.

Vier Stunden nach der Operation wurde die Kranke, die indessen sich etwas erholt hatte, in ein warmes Bad gebracht, wo die Contractionen des Uterus häufiger und stärker wurden. Man reichte eine Gabe Mutterkorn, welches aber wieder ausgebrochen wurde. Die Nacht war ruhig. Am andern Morgen war das Antlitz fast natürlich, der Puls etwas gereizt; die Zunge feucht; die Uterin nicht schmerzhaft, der Uterus um den Fötus zusammengezogen; die Wehen schwach und selten. Der untersuchende Finger erreichte den Kopf kaum in dem obersten Theile des Beckeneinganges. Man wiederholte das Bad zweimal im Laufe des Tages, ohne daß die Zusammenziehungen des Uterus zugenommen hätten; auch in der folgenden Nacht waren sie schwach und selten.

Am zweiten Tage, des Morgens, Antlitz natürlich, Puls fieberhaft, Zunge roth und trocken, Unterleib etwas geschwollen, etwas schmerzhaft. man fühlte den Kopf des Kindes deutlicher, er trat aber nicht in den Beckeneingang und die Mutter fühlte keine Bewegungen des Kindes. — Es wurde eine neue Consultation gehalten und man beschloß, alsobald die Knochen auf der andern Seite des Beckens zu zerschneiden und dann zur Wendung zu schreiten oder zur Zan-

genanwendung, indem man auf die Kräfte der Mutter kein Vertrauen mehr setzen dürfe. Die Kranke widersetzte sich anfangs der zweiten Operation und willigte erst um 4 Uhr Abends ein.

Der Dr. Galbiati machte nun die Operation auf die beschriebene Weise, legte dann die Zange an, obgleich der Kopf noch gar nicht herabgetreten war, und kam damit zu Stande, den Kopf in die Beckenhöhle herabzubringen, wo er ihn ließ. Man bemerkte ihn dann an dem Eingange der Scheide, und mit dem untersuchenden Finger fühlte man den vorragenden Theil des Kopfes zerbrochen, die Seitenwandbeine entblößt und beweglich, so daß sie ohne die mindeste Gewalt von den weichen Theilen und dem Pericranium losgemacht und ausgezogen wurden. Da der Tod des Kindes außer Zweifel war, so schritt man zur Enthirnung, und dann bewirkte man mit der Hand allein die Ausziehung eines reifen, fetten Kindes, welchem die Nabelschnur zweimal um den Hals geschlungen war; die Haut war so wenig verändert, daß man zu dem Glauben verleitet wurde, das Kind sey erst gestorben. Obgleich man diese Operationen mit Schonung und möglichster Schnelligkeit gemacht hatte, indem alles nicht eine halbe Stunde dauerte, so bewirkte doch das gewaltsame Ziehen, welches die Theile erlitten hatten, einen solchen Zustand der Hinfälligkeit der Frau, daß sie dem Verscheiden nahe schien. Das Antlitz war wie bei einer Leiche, der Puls nicht zu fühlen und der ganze Körper mit kaltem Schweiße bedeckt. Man unterstützte die Kräfte nach Möglichkeit und die Nacht war ruhig. Am folgenden Morgen war die Zunge roth und trocken, der Puls etwas mehr fühlbar, der Unterleib metrorisirt und schmerzhaft; eine übelriechende Jauche floß aus den Genitalien; diese Symptome verschlimmerten sich unter Tags und die Kranke starb in der Nacht.

Bei der Leichenöffnung waren die äußeren Genitalien blaufarbig, die Wunde brandig, die Vagina war an ihrem hinteren Theile normal, aber in dem ganzen Dicke ihrer vordern Wand gangränös und in dem der Symphysis entsprechenden Theile völlig sphacelirt. In dem ganzen Zellgewebe um das vordern Theil des Beckens herum fanden sich Infiltrationen. Die Knochen waren getrennt, von ihrem Periosteum entblößt und in ihrer Farbe verändert, wie bei Nekrose. Die Knochendurchschneidung war auf der linken Seite ordentlich, dagegen auf der rechten vielmehr fracturirt und in mehreren Richtungen gesplittert. Die Symphysiotomie hatte nicht die Knorpel, sondern das rechte Schoosbein getroffen. Das Peritoneum und die Eingeweide des Unterleibes waren völlig unversehrt. Der zusammengezogene Uterus sah äußerlich normal, innerlich blauroth. Die synchondroses sacroiliacae hatten nicht gelitten.

(In Deutschland wird wohl kein Geburtshelfer verleitet werden, dem Hrn. Galbiati in seiner Operation nachzuahmen. Mein derselben durchaus ungünstiges Urtheil, welches ich gleich bei dem ersten Vorschlage derselben, [vergleiche Notizen No. 145. S. 208. und th p Handbuch der Geburtshülfe §. 527.] durch drei Ausrufungszeichen aussprach, ist also vollkommen gerechtfertigt; und kann man jetzt drei Kreutze machen!)

Vergleichung des Werthes der verschiedenen Methoden der Punction der Harnblase.

Von A. Velpeau.

Die drei Arten der Paracentese der Harnblase: 1) durch das Perineum; 2) durch den Mastdarm; 3) durch die Hautdecken über den Schaambeinen, sind der Reihe nach entweder ausschließlich gelobt oder verworfen worden, und man ist hierin wie gewöhnlich über die Gränzen der Wahrheit hinausgegangen. Ohne so gefährlich zu seyn, wie der Sömmerring vorgiebt, ist der Mastdarmblasenstich doch weit entfernt, so unschädlich zu seyn, wie Murray von ihm behauptet: Geschwülste in der Umgebung des Mastdarms, Dicke der Scheidewand zwischen Mastdarm und Blase und dergleichen können sie schmerzhaft, in ihrer Ausführung unsicher und selbst unmöglich machen. Das Instrument kann zwischen Blase und Mastdarm in dem Beckenzellgewebe fortgehen und sogar das Bauchfell öffnen, wenn diese Haut zu sehr gegen die Prostata herabsteigt, oder wenn man zu hoch einsticht. Es können endlich die vasa deferentia, die Saamenbläschen oder die Harnleiter verletzt werden, wenn man zu tief oder seitlich einsticht. Verletzt man die Blase sehr nahe an der Harnröhre, d. h. an dem eigentlich kranken Theile, so läuft man Gefahr, die Zufälle von dieser Seite zu verschlimmern. Endlich kann die Wunde fistulös bleiben und gestatten, daß Koththeile in die Blase eindringen und tödtliche Zufälle veranlassen. Allerdings wird der größere Theil dieser Einwürfe durch eine geschickte Hand umgangen werden, aber die Fistel, welche durch keine Gewandtheit oder Kenntniß von Seiten des Operateurs verhütet werden kann, wie die Beobachtungen von Bonn, Paletta, Angeli unter andern beweisen, ist schon an und für sich eine sehr bedeutende und schwierig zu heilende Krankheit, so daß man allen Grund hat, ihre Entstehung zu vermeiden, wenn dieß irgend möglich ist. Um so bedeutendere Nachtheile aufzuwiegen, hat der Mastdarmblasenschnitt den Vortheil, in der Regel leicht zu seyn, die Blase am tiefsten Puncte zu treffen, bloß durch eine dünne Lage von Häuten hindurchzudringen, welche noch überdieß so fest ist, daß man eine Urininfiltration oder Abscesse wenig zu fürchten hat, obgleich die allerdings schon vorgekommen sind; ferner hat man den Vortheil, daß ein Röhrchen leicht in der Wunde liegen bleiben kann, und daß der Kranke nicht nothwendig im Bette bleiben muß.

Der Blasenstich oberhalb der Schaambeine ist nicht passend, wenn die Harnverhaltung Folge von Quetschung, Entzündung oder Geschwülsten in der regio hypogastrica ist. Sie kann mehr als irgend eine andere Methode zur Entstehung von Infiltrationen und Harnabscessen Veranlassung geben. Die Blase ist an ihrer vordern Seite geöffnet und entleert sich daher nicht leicht, erträgt auch nicht so leicht das Liegenbleiben einer Canüle. Die Infiltration muß man sehr tief bringen, um in das Organ zu gelangen und das Bauchfell ist nicht ganz außer Gefahr, verletzt zu werden. Uebrigens hat man keine Fisteln zu befürchten und selbst wenn die Wunde das Aussehen einer solchen annehmen, braucht man sich darüber nicht zu beunruhigen. Das Bauchfell wird durch die Ausdehnung der Blase selbst zurückgedrängt und von dem Schaambogen entfernt und ist daher leicht zu vermeiden; die Harnblase selbst aber zu verfehlen ist kaum möglich, wenn man sich eines Troicarts bedient. Die Operation, welche noch leichter ist, als der Mastdarmblasenstich, ist nicht schmerzhafter, als der Bauchstich bei Ascites und trifft eine nicht degenerirte und am wenigsten gereizte oder reizbare Stelle der Harnblase.

Der Blasenstich durch das Perineum ist ohne Vergleich unsicherer, als der über dem Schaambogen, weil die Saamenbläschen und die Harnröhre ebenso in Gefahr, wie der Stich durch den Mastdarm; er kann ja weit nach vorn oder nach hinten treffen und dann entweder in den Raum zwischen Blase und Schaambogen oder in die Falte des Peritoneums zwischen Blase und Mastdarm oder in den Mastdarm selbst eindringen, und erst nach bedeutendern Verletzungen in die Blase selbst gelangen. Ebenso sind die Gefäße des Perineums und der Vorsteherdrüse nicht sicher vor dem Instrumente. Infiltrationen und Abscesse sind nicht unmöglich und nirgends belästigt das Liegenbleiben eines Röhrchens mehr als hier. Die einzigen Vortheile dieser Art der Punction sind: daß die Blase an ihrem tiefstliegenden Theile geöffnet wird, ohne die Entstehung von Fisteln zu veranlassen, wie der Mastdarmstich und dem Urin einen leichtern Weg zu bahnen, ohne zugleich so sehr Urin-Infiltration zu müssen, wie bei'm Blasenstich oberhalb der Schaambeine. Solche Vortheile, obwohl sie nicht zahlreich sind, sind wichtig, und wenn sie nicht so theuer zu erkaufen wären, wenn sie immer einträten, so müßte vielleicht die Punction durch das Perineum den Preis über die andern davon tragen. Man gestehe mir aber, daß ein einfacher Einschnitt in die Harnröhre à la boutonnière diese Vortheile noch im höhern Grade gewährt, und zugleich in den Stand setzt, fast mit vollkommener Sicherheit alle benachbarten Organe zu vermeiden. Da derselbe keine anderen Nachtheile hat, als daß er etwas schwieriger und etwas weniger rasch auszuführen ist, so glaube ich, daß ihm der Vorzug jedesmal zu geben ist, wenn die Gestalt oder die Textur des Perineums nicht zu sehr vom normalen Zustande abweicht und wenn der Wundarzt einige Uebung im Operiren hat. In allen übrigen Fällen würde die Punction über den Schaambeinen den Vorzug erhalten und der Mastdarmblasenstich für Ausnahmefälle aufbewahrt werden, so daß er bloß ausgeführt würde, wenn besondere Hindernisse dem Instrumente sich auf einem der beiden genannten Wege entgegenstellen. Was den Vorschlag betrifft, von vorn nach hinten queer durch den Schaambogen zu bringen, welchen Herr Brander macht und ausgeführt zu haben vorgiebt, so ist es eine Methode, welche ohne Zweifel nur wenige Anhänger finden wird: 1) deswegen, weil sie bei Extremen meistens unmöglich würde und dann 2) auch deswegen, weil sie auf keine Weise mehr als der Blasenstich oberhalb des Schaambogens vor Infiltrationen sicher stellt.

Ebenso wie es unverzeihliche Kühnheit wäre, den Blasenstich ohne wirkliche Indication bei bloß krampfhafter Harn-

———

verhaltung zu verrichten (wie zwei von Hrn. Racine mitgetheilte Beobachtungen zeigen), ebenso wäre es eine Verschlimmerung der Gefahr, wenn man zu lange warten wollte. Bei einem Kranken, welcher seit 24, 36 oder 48 Stunden nicht Urin gelassen hat, kann die auf's Aeußerste ausgedehnte Blase nicht allein übermäßig gedehnt und gezerrt werden, sondern selbst zerreißen. Schmerzen, Fieber, der Uebergang eines Theiles des Urins in den Kreislauf versetzen den Kranken bald in einen sehr beunruhigenden Zustand, in welchem der Blasenstich das Leben nicht mehr retten, noch eine Menge anderer Zufälle verhüten kann, welche er wahrscheinlich einige Tage früher nicht zur Folge gehabt hätte. (Velpeau Méd. opér. T. III.)

———

Von der Obliteration der Venen zur Heilung der Venengeschwülste.

Von M. Davats.

Adhäsive Entzündung ist bei den Venen keineswegs, wie bei den Arterien, leicht, sondern nur mit großer Schwierigkeit zu erlangen. Bei dem schmerzhaften und gefährlichen Unterbinden und Comprimiren Behufs der Heilung der Venengeschwülste, werden die Venen nicht durch jene Entzündung, sondern durch die Coagulation des Blutes und die innerliche oder Interstitialverdickung ihrer Wandungen geschlossen. Die den letztern Verfahrungsarten bei weitem vorzuziehende Behandlung durch Adhäsion veranlaßt weder Schmerzen, noch Gefahr; ihr Erfolg ist schleunig und sicher. Folgender von dem Verfasser beigebrachte Versuch kann unsern Lesern einen deutlichen Begriff von dieser Behandlungsart geben.

Erste Beobachtung. Ich nahm, sagt Hr. Davats, einen Hund von mittlerer Größe, und legte ihm ganz nahe an dem Schlüsselbeine eine Ligatur um den Hals, als ob ich ihn an der Halsvene hätte zur Ader lassen wollen. Die Ader schwoll auf; indem ich sie nun zwischen dem Daumen und dem Zeigefinger der linken Hand faßte, erhob ich sie, und stach durch die Haut eine Nadel so unter ihr durch, daß sie auf der andern Seite heraustrat, und so wenig Haut, als möglich, gefaßt wurde. Alles bisher Beschriebene war nur Vorbereitung, und diente nur dazu, das zweite Tempo der Operation zu erleichtern. Nachdem ich mich versichert hatte, daß die Vene auf diese Art isolirt war, und auf dieser ersten Nadel vollkommen ruhe, nahm ich eine zweite ähnliche Nadel und durchstach die Haut senkrecht, dann die vordere, und dann die hintere Wandung der Vene; hierauf führte ich die Spitze der Nadel etwas höher und durchstach nochmals erstens die hintere, dann die vordere Wandung derselben und endlich die Haut.

Nachdem ich auf diese Weise die an vier Stellen verletzten Oberflächen der innern Membran mit einander in Berührung gebracht, ließ ich die Nadeln in dieser kreuzweisen Stellung und befestigte sie in derselben mittelst eines Fadens; fünf Tage darauf durchschnitt ich den Faden, und die in den kleinen Wunden schlotternden Nadeln fielen nun fast von selbst heraus. Diese kleinen, mit den Oberflächen der Nadeln in Berührung gewesenen Wunden waren binnen 3 Stunden vernarbt und zugeheilt; rings um die Nadeln befand sich ein fester, Widerstand leistender Knoten von der Größe einer starken Haselnuß, der bald resorbirt wurde und binnen 10 Tagen verschwand. Denselben Tag, oder am 14ten Tage nach der ersten Operation operirte ich nach der ersten Weise die Halsvene der entgegengesetzten Seite; 5 Tage darauf nahm ich die Nadeln weg. Die Erscheinungen waren dieselben, und am folgenden Tage tödtete ich das Thier.

Bei Oeffnung des Cadavers fand sich die äußere linke Halsvene vollkommen obliterirt, und in eine weiße, rundliche, fadenförmige, ligamentartige Schnur verwandelt. Die Obliteration erstreckte sich von oben nach unten, vom verletzten Puncte bis zu den ersten Anastomosen, welche hinreichend erweitert waren, um dem Blute eine freie Circulation zu gestatten. Von diesen Anastomosen aus nahm das Venengeflechte wieder seinen normalen Zustand an; man bemerkte daran nicht eine Spur von Entzündung, nicht den geringsten Blutklumpen; das Zellgewebe, welches die obliterirte Portion der Vene umgab, befand sich durchaus im normalen Zustande. Von der früher dagewesenen Geschwulst war keine Spur mehr vorhanden, die Stellen, wo die Nadeln eingedrungen, waren nur noch durch kleine gelbe Flecken kenntlich, welche wahrscheinlich von zurückgebliebenem Eisenoxyd herrührten.

Die 5 Tage früher operirte äußere rechte jugularis war an der Operationsstelle von einer kleinen festen Geschwulst umgeben, die in den benachbarten Zellgewebe scharf begränzt war, und mit dem vordern Theile mit der Haut zusammenhing. Diese Geschwulst umhüllte ein 10—12 Linien langes Stück der Vene kreisförmig; ihr Gewebe war weiß, dicht, dick, ohne Serosität, und von zwei gelblichen Linien durchsetzt, welche die Stellen bezeichneten, wo sich die Nadeln befunden hatten. Das Gewebe der Vene, welches man mitten in der Geschwulst nicht unterscheiden konnte, war an den Austrittsstellen zusammengezogen und weißlich, ohne deutliche Verdickung, und nahm etwas weiter hin den normalen Zustand wieder an. Die zusammengezogene und leicht gefaltete Oberfläche der innern Membran war milch roth und bot oben und unten zwei kleine Blutklumpen dar, welche sich bis zu den ersten Anastomosen erstreckten. Nachdem diese Blutklumpen weggenommen waren, konnte ich durch Einblasen bemerken, daß die Vene vollkommen obliterirt war. (Revue médicale, Juillet 1833.)

———

Ein Fall von sehr heftigem Croup bei einem sechs und ein halbes Jahr alten Kinde, wo die Tracheotomie gemacht wurde,

wird von Hrn. Trousseau im Journal des Connaissances médico-chirurgicales mitgetheilt. Der kleine Knabe war nach einigen Tagen Uebelbefindens, ungeachtet der Anwendung von Blutegeln und Ableitungsmitteln, sehr heftig ergriffen worden. Das Fieber war sehr stark und jeder Augenblick drohte Erstickung. Es wurden von Neuem Blutegel (30) an den After gesetzt, eine Potion mit 4 Gran Brechweinstein und ein Zugpflaster auf den Schenkel verordnet; demungeachtet schritt die Krankheit vorwärts. Wegen der großen Gefahr wurde die Tracheotomie nach der Bretonneau'schen Methode gemacht. Sogleich nach der Operation war das Athmen nicht mehr rasselnd und bald nachher kam das Kind wieder zu sich. Man brachte eine Canüle in die Luftröhre, durch welche man anfangs 15 bis 20 Tropfen gesättigte Alaunsolution, dann 20 Tropfen einer Auflösung von einer halben Drachme (grös) salpetersaurem Silber in einer Drachme destillirtem Wasser ein= tröpfelte. Jedesmal brach das Kind viele Reste falscher Membranen durch die Canüle aus. In der Nacht nach der Operation entfernte man mittelst eines kleinen, fest an's Ende eines Fischbeinstabs ge= bundenen Schwamms den Schleim sorgfältig und brachte von Zeit zu Zeit kleine Mengen Eibischwasser in die Luftröhre. Am folgen= den Tage wurde von Neuem mehrmals Silbernitratauflösung, ein= geträufelt, wodurch neue Hautreste abgingen. Auch wurden die Eintröpfelungen des Altheewassers fortgesetzt. Abends mußte man die Canüle des Reinigens wegen herausnehmen. — Den dritten Tag, wegen großer Reizung, kein Eintröpfeln von der Auflösung des salpetersauren Silbers. Den vierten neues Eintröpfeln des Nitrats, worauf reichliche Ausleerungen erfolgen. Der Kr. ist ru= hig und man erlaubt ihm etwas Fleischbrühe. Den folgenden Tag ist der Zustand gut, und man tröpfelt bloß Eibischwasser ein; man bemerkt nichts mehr von Hautresten. Den sechsten Tag hat die Wunde ein gutes Ansehen, die Luft geht wieder mit durch den Luft= röhrenkopf. Man gestattet jetzt Fleischbrühe und Suppe und stellt die Behandlung ein. Den zehnten und=eilften Tag wird die Ca= nüle einige Stunden geschlossen, ohne daß es der Kr. merkt. Den zwölften nimmt man die Canüle heraus, drei Tage später ist die Wunde vernarbt, und jetzt ist das Kind ganz gesund.

Miscellen.

Die Doctorpromotion eines Aegyptters bei der Pariser Facultät, ist ein Ereigniß, welches nicht mit Still= schweigen übergangen werden darf. Mehemed=Ali, Vicekönig von Aegypten, hatte bekanntlich vor einigen Jahren eine Anzahl junger Leute nach Frankreich gesendet, um verschiedene in Europa cultivirte Wissenschaften und Künste zu studiren, und nach Aegyp= ten zu verpflanzen. Von diesen jungen Leuten waren zwei zum Studium der Heilkunde bestimmt, deren einer in Montpellier, vor Beendigung seiner Studien, an der Phthisis starb, der zweite aber, Aly=Heybach, jetzt sein Studien=Ziel erreicht hat. Als er zu Marseille ankam, kannte er nichts als den Koran, den er von Anfang bis zu Ende auswendig gelernt hatte. Drei Jahren hat er hinlänglich Französisch, Griechisch, Lateinisch und Mathe= matik gelernt, um sich nachher dem Studium der verschiedenen Zweige der Heilkunde zu widmen. Er will in Cairo bloß die prac= tische innere Heilkunde ausüben, da Clot und seine Schüler aus der Anstalt von Abuzab I für die Chirurgie genügen. Aly=Hey= bach hat nun bei seiner Promotion eine Dissertation geschrieben, welche die drei bedeutendsten, in Aegypten vorkommenden, endemi= schen Krankheiten abhandelt: Die Augenentzündung, die Dysen= terie und die Pest, von denen er über die ersten beiden Krankheiten in den französischen Hospitälern selbst Beobachtungen hat machen kön= nen, die er nun mit dem vergleicht, dessen er sich aus seinem Va= terlande her erinnert.

Schwefelsaures Chinin gegen Milzverstopfung nach Wechselfieber hat Hr. Bally, Arzt am Hôtel Dieu zu

Paris schon lange als specifisch dargethan. Es muß aber in den gehörigen Gaben angewendet werden, wenn es hülfreich seyn soll. „Man kann bei einem Erwachsenen mit 8 oder 10 Gran alle 8 Stunden anfangen, und allmälig bis 48 oder 60 täglich steigen, wenn die Härte des Organs beträchtlich ist. Man muß mit den Dosen rasch fallen, sobald die Anschwellung sich zu vermindern an= fängt." Hr. Bally will durch dieses Verfahren binnen einer Woche zum Zweck gekommen seyn. Selbst Bauchwassersucht aus dieser Ursache wurde dadurch gehoben, so wie die Milzverstopfungen beseitigt wurden. Merkwürdig ist es, nach Hr. Bally, daß der Magen bei solchen Personen mehr verträgt, als in andern Krank= heiten, weßwegen man sich über die hohen Gaben des Chinin beru= higen kann.

Ein Pelvimarium von Metalldraht hat Hr. Professor Mayor von Lausanne der Académie roy. de Médecine zu Paris vorgelegt. Der Draht zeigt nur die Umfangslinien, und da diese große Zwischenräume übrig lassen, so ergiebt sich daraus für den Unterricht ein doppelter Vortheil. Einmal, daß man die Dimensio= nen der Aperturen verändern und die fehlerhaften Bildungen des Beckens dem Auge versinnlichen kann; zweitens, daß auch die Bewe= gungen, welche die Hand des Geburtshelfers im Becken, zur Begün= stigung oder Beendigung der Geburt, machen muß, von den Stu= direnden mit dem Auge verfolgt werden können.

Ein Fall von vollständiger Verwachsung des Herz= beutels mit dem Herzen kam Herrn Jouffet bei einer 2 Monate nach dem Tode wieder ausgegrabenen und in Folge eines Argwohns von Vergiftung untersuchten Leiche einer 80 Jahr alten Dame vor, welche seit mehreren Jahren gelähmt war und unter den Erscheinungen einer Gehirnerweichung gestorben war. Es fanden sich in der Brust Spuren einer Pleuritis und die angegebene Ver= wachsung des Pericardiums, welche sich während des Lebens durch keine Symptome kund gegeben hatte. (Gazette médicale Mars 1833.)

Tabakrauchen als Mittel gegen eingeathmetes Chlorgas, wird in Buchner's Repertorium, 43, Heft 3, em= pfohlen. In dem pharmaceutisch=chemischen Institute zu München fand sich, daß der schmerzhafte Husten in Folge von Chlorgaseia= athmen dadurch sehr bald gemindert und beseitigt wurde, was sich theils durch die krampfstillende Eigenschaft des zu den Solanen angehörigen Tabaks theils chemisch dadurch erklärt, daß er basische Bestandtheile, Nicotin und Ammoniak enthält und das Chlor in Hydrochlorsäure verwandelt und neutralisirt.

Ueber das Vorhandenseyn von drei Ureteren legte Ci= viale der Académie de Médecine ein Präparat vor, bei welchem der dritte Ureter aus der linken Niere entspringt, und sich durch die Prostata entleert, während die beiden übrigen ganz regelmäßig verlaufen. Der 61jährige Mann, bei welchem diese Abweichung verkam, hatte we= gen einer Harnröhrenvereigerung häufig sondirt werden müssen, wobei das Instrument immer leicht in die Blase gelangte und nie in den dritten Ureter einbrang.

Eine neue Art zusammengesetzter Steine zum Schärfen chirurgischer Instrumente hat Herr Gervais in Frankreich angekündigt. Sie finden Beifall, so wie die Academie in Frankreich. Herr G. jetzt eine Niederlage derselben in dem Palais royal zu Paris veranstal= tet hat.

Nekrolog. — Der verdiente Professor der Geburtshülfe zu Strasburg, Flamant, ist im October gestorben.

Bibliographische Neuigkeiten.

Illustrations of the Botany and the other branches of the Na= tural History of the Himalayan Mountains and of the Flora of Cashmere. By John Forbes *Royle.*

De l'anatomie pathologique; considerée dans ses vrais rapports avec la science de la maladie; par *Ribes*, Professeur à la

faculté de Médecine de Montpellier. Tome 2d. Paris 1833. 8. (Der rißte Theil erschien 1828.)

Statistica ostetricia ragionata dello spedale di Santa Maria nuova a Firenze, del 11. Aosto 1829 all fine del Decemb. 1832. dal Dottore *Mazzoni*. Firenze 1833. 8.

Nro. 828. (Nro. 14. des XXXVIII. Bandes.) **November 1833.**

In Commission des Landes-Industrie-Comptoirs zu Weimar. Preis eines ganzen Bandes, von 24 Bogen, 2 Rthlr. oder 3 Fl. 36 Kr., des einzelnen Stückes, 3 ggl. Die Tafel schwarze Abbildungen 3 ggl. Die Tafel colorirte Abbildungen 6 ggl.

Naturkunde.

Ueber die Structur des Herzens und über die Blut-Circulation des Crocodilus lucius

finden sich folgende Beobachtungen des Prof. Bartolomeo Panizza in der Biblioteca italiana.

„Um eine Beschreibung der Central-Organe der Circulation des untersuchten Crocodilus lucius zu geben, ist es nicht nothwendig, die Lage und Form des Herzens zu schildern, und wie das rechte Herzohr (welches man lieber das untere nennen sollte) größer, als das linke sich darstellt und von ihm völlig getrennt ist, indem alle diese Dinge hier wie bei den Thieren von gleicher Gattung, sich vorfinden. Dagegen verdient, sammt andern neuen Eigenthümlichkeiten der gedachten Organe, eine ganz fremde und bis jetzt unbekannt gebliebene organische Beschaffenheit des Herzens sorgfältig beschrieben zu werden. Sie besteht nämlich darin, daß auch die größere Cavität des Herzens völlig in zwei Ventrikel getheilt gefunden wird, so daß einer vom andern durch einen vollkommenen Muskelvorhang geschieden war. Dieser Umstand wurde dadurch entdeckt, daß die Einspritzungen aus dem einen Ventrikel nicht in den anderen übergingen; und noch mehr dadurch, daß es niemals gelingen wollte, zarte Sonden, welche in die verschiedenen Sinuositäten zwischen den beiden Fleischsäulen eingeführt wurden, von der einen Seite des trennenden Vorhanges bis auf die andere zu schieben; endlich auch dadurch, weil es niemals zu bewerkstelligen war, daß leicht durchdringende Substanzen, wie, z. B., Quecksilber, gefärbte Flüssigkeiten, wenn sie auf die eine, oder auf die andere Oberfläche des erwähnten Vorhanges gebracht wurden, auch nur im Geringsten aus dem einen Ventrikel in den anderen durchsickerten. Und weil die Wandungen des linken Ventrikels doppelt so dick, als diejenigen des rechten sind, (wodurch er eine Kraft erhält, welche zu den Functionen, für die er bestimmt ist, im Verhältnisse steht), so dient auch diese Verschiedenheit gleichsam zum Beweis für die Trennung und deutet die Zweckmäßigkeit derselben an.“

Hr. Prof. Panizza macht ferner die Bemerkung, daß an der Communicationsöffnung zwischen dem rechten Herzohr und dem entsprechenden Ventrikel zwei membranöse Klappen (die eine weit größer als die andere) vorhanden sind, welche den Rücktritt des Blutes aus dem Ventrikel in's Herzohr verhindern; statt der Venenöffnung des linken Ventrikels ist bloß eine große, an demjenigen Theile dieser Oeffnung, welche der Scheidewand gegenüberliegt, befestigte Klappe vorhanden. Diese Klappe steigt in den Ventrikel hinab, läuft schräg an die innere Oberfläche desselben längs der dem septum gegenüberliegenden Wandung und endigt mit bogigem gegen die Spitze des Herzens gewendeten Rand. Durch diese Lage und Ausbreitung der Klappe wird der Eintritt des Blutes in den linken Ventrikel begünstigt; wenn hierauf durch die Contraction dieses Ventrikels das Blut gegen die Basis des Herzens gedrängt wird, so drückt es die membranöse Klappe gegen die Wandung des Ventrikels, welche dem septum gegenüber liegt, und dadurch wird sein Rücktritt gehindert.

„Was die Ventrikel des Herzens anlangt, so sollte man den einen derselben, wegen seiner Lage, lieber den unteren, als den rechten, und den anderen lieber den oberen, als den linken nennen; von letzterem ist schon bemerkt worden, daß seine Wandungen sehr kräftig und doppelt so dick, als diejenigen des ersten sind. Der rechte Ventrikel ist an der Basis eine ungetheilte Cavität, aber gegen die Spitze des Herzens ist ein fleischiges septum vorhanden, welches ihn gleichsam in zwei Kammern theilt, von denen die eine, wegen ihrer Lage, die rechte, und die andere die linke genannt werden kann. Nimmt man ferner Rücksicht auf ihre Richtung gegen die Basis, so kann die eine die Venen- und die andere die Arterienkammer genannt werden, weil erstere der Herzöffnung des Ventrikels und letztere der Arterienöffnung gegenüber liegt. Das septum ist zwischen seinen beiden Fleischsäulen mit Löchern versehen, welche eine Communication zwischen den beiden gedachten Kammern herstellen.

14

Man bemerkte ferner an der Basis desselben rechten Ventrikels über der Herzohröffnung oder der Venenöffnung zwei Arterienöffnungen, beide mit zwei starken halbmondförmigen Klappen versehen, welche die Bestimmung hatten, den Rückfluß des Blutes im Herzen zu verhindern. Auf die rechte oder große Oeffnung folgt die arteria pulmonalis von so dünnen Wandungen, daß die Injectionsmasse durchschimmerte. Diese Arterie wendete sich in ihrem weiteren Verlaufe schräg nach links und nach oben und nahm nach und nach eine bulböse Form an, so daß sie in geringer Entfernung vom Herzen stärker wurde und in zwei Stämme sich theilte, von denen einer in die eine, und der andere in die andere Lunge ging. Auf die kleine Arterienöffnung des Ventrikels, von welcher die Rede gewesen ist, folgt die linke aorta von starken Wandungen, welche unter der arteria pulmonalis oder der großen aufsteigenden aorta des oberen oder linken Ventrikels fortläuft.

„Der linke Ventrikel ist eine ungetheilte Cavität ohne Kammern und von stärkeren Fleischsäulen, als die des rechten Ventrikels begränzt. An der Basis desselben über der entsprechenden Venenöffnung des linken Herzohres befindet sich eine weite Oeffnung (die ebenfalls mit zwei starken halbmondförmigen Klappen versehen ist), auf welche die große Arterie oder große aorta folgt. In ihrem weiteren Verlaufe findet sich diese rechts von der pulmonalis und der linken aorta; in geringer Entfernung von ihrem Ursprunge erweitert sie sich, und am vorderen Theile dieser Erweiterung entspringen die folgenden Aeste: links die entsprechende arteria subclavia, welche sich bald wieder in die subclavia brachialis und in die carotis, hernach in die subclavia dextra und zuletzt in die aorta dextra unterabtheilt, die man ihrem Durchmesser nach als eine Fortsetzung des Stammes betrachten kann. Es muß bemerkt werden, daß an der Stelle, wo diese Theilung der großen Arterie stattfindet, im Innern des Stammes zwei Ränder oder membranöse ziemlich hervortretende bogenförmige Dämme entspringen, deren Concavität dem Ursprunge des Stammes gegenüberliegt. Der rechte Rand, welcher den Ursprung der rechten subclavia von der entsprechenden aorta trennt, erhebt sich weit mehr, als der andere.

„Man muß ferner wissen und sorgfältig beachten, daß an der Basis des Herzens in der gemeinschaftlichen Wandung zwischen der großen aorta und der linken aorta eine Oeffnung sich befindet, durch welche diese beiden Arterien mit einander communiciren. Diese Oeffnung läßt eine starke Sonde durch und ist in ihrem Umfange sehr consistent, vornehmlich gegen die Basis des Herzens hin, wo auch der gemeinschaftliche Vorhang der beiden Arterien weit stärker wird. Es muß auch bemerkt werden, daß die gemeinschaftliche Wandung, in welcher die Communicationsöffnung sich befindet, zwischen zwei halbmondförmigen Klappen der beiden erwähnten Arterien liegt; und da die Befestigung der zur großen aorta gehörigen halbmondförmigen Klappe sich an dem gemeinschaftlichen septum mehr in der Nähe des hinteren Umfanges der Communicationsöffnung zwischen den beiden Arterien befindet, wo auch der Umfang der halbmondförmigen Klappe der

linken aorta seine Befestigung findet; so pflegt die Vertiefung zwischen der halbmondförmigen Klappe der großen aorta und der Oeffnung des Septum kleiner zu seyn, als diejenige zwischen der halbmondförmigen Klappe der linken aorta und derselben Oeffnung. Diese Disposition enthält den Grund, weßhalb, wenn eine Sonde im Inneren der beiden Arterien gegen das septum an ihrem Ursprunge aus dem Herzen geschoben wird, es leicht gelingt, dieselbe durch diese Oeffnung aus der großen aorta in die linke aorta zu schieben, und sehr schwierig dagegen, wenn man von der linken aorta aus die Sonde einzuschieben versucht. Die beiden aortae bilden hierauf, nachdem sie sich da getroffen haben, wo die betreffenden Curven sich rückwärts wenden, ein anastomosirendes Gefäß, hinter welchem die linke aorta anfängt, sich zu zertheilen, indem sie Verästelungen an die chilopoietischen Eingeweide abgiebt, in welchen sie endet, statt daß die rechte aorta bis in den Schwanz sich fortsetzt, und sich hier mit den allgemein bekannten Verästelungen endet.

„Aus dem Vorausgeschickten ergiebt sich nun offenbar, daß bei der vollkommenen Theilung, die nicht allein zwischen den beiden Herzohren, sondern sogar auch zwischen den beiden Ventrikeln des Herzens besteht, dieses Herz als nicht verschieden von demjenigen der Thiere der oberen Classen betrachtet werden kann, das heißt, man findet es geschieden in Lungenherz und Körpersystem=Herz, auch in Venenherz und Arterienherz; demungeachtet geht auch in dem untersuchten Reptil zum Theil dasjenige vor, was bei allen anderen Reptilien stattfindet, nämlich die Vermischung des Venenblutes mit dem Arterienblute, was der Verfolgung der Circulationsart zur Genüge dargethan werden wird.

„Die beiden Hohlvenen mit ihrem gemeinschaftlichen Busen (seno) ergießen das Blut in das untere oder rechte Herzohr, wie man gewöhnlich sagt. Dieses treibt das Blut in den entsprechenden Ventrikel, und weil es bei der Zusammenziehung desselben, wegen des Hindernisses der Klappe, nicht in's Herzohr zurückdringen kann, bringt es in die beiden Arterienöffnungen und gelangt durch die eine in die arteria pulmonalis und durch die andere in die aorta sinistra. Aus der arteria pulmonalis kommt das Blut in die Lungen und kehrt aus denselben mittelst zweier Venen in's obere Herzohr, gewöhnlich das linke genannt, zurück. Von hier wird es in den entsprechenden Ventrikel getrieben, durch dessen Zusammenziehung das Blut in die Arterienöffnung gedrängt wird, welche in die große Arterie oder große aorta führt, indem die große, bereits beschriebene, Klappe den Rücktritt in's Herzohr verhindert. Innerhalb der großen aorta geht ein Theil des Blutes schnell durch die Communicationsöffnung in die linke aorta und mischt sich auf diese Weise mit dem Venenblute derselben. Da die gedachte große aorta damit endigt, daß aus ihr die beiden subclaviae und die aorta dextra entspringen, so werden auch alle diese Gefäße mit keinem anderen, als mit Arterienblute versorgt. Endlich wendet sich die rechte aorta bald nach ihrer Krümmung hinterwärts nach der linea mediana, läuft mit der linken Aorta parallel und communicirt nochmals mit derselben mittelst eines anastomosirenden Aestchens. Daraus erklärt es sich nun, daß man reines Venenblut in der arteria pulmonalis findet. und gemischtes Blut in der linken aorta, weil sie, nachdem sie kaum das Herz verlassen hat, Arterienblut von der großen Arterie durch, die mit derselben communicirende Oeffnung. empfängt und abermals, wenn sie parallel mit der rechten aorta läuft.

„Daraus geht noch überdieß hervor, daß der classische Character, den alle Naturforscher dem Herzen der Reptilien zuschreiben, immer einkammerig (uniloculare) zu seyn. (weil, wenn es bei etlichen mit einem septum versehen ist, dieses immer unvollständig zu seyn pflegt), sicherlich nicht auf das von Pr. untersuchte Crocodil anwendbar ist, weil bei demselben das Herz durch ein ganz vollkommenes septum in zwei Höhlen getheilt ist." (Biblioteca italiana No. CCVIII, Aprile 1833.)

Bemerkungen über die Structur und den Ursprung der Diamanten.

Von Sir David Brewster.

(Der geologischen Gesellschaft von Edinburgh vorgelesen den 27 Februar d. J.)

Im Jahr 1820 theilte Sir David Brewster der königl. Gesellschaft von Edinburgh eine merkwürdige Thatsache rücksichtlich der Structur des Diamanten mit und fügte einige Vermuthungen in Betreff des Ursprungs dieses merkwürdigen Edelsteins bei. Die gegenwärtige Arbeit läßt sich als eine Fortsetzung und Erweiterung derselben Forschungen ansehen.

Sir David Brewster erinnert an Newton's Beobachtungen, daß der Diamant und Bernstein, im Verhältniß ihrer Dichtigkeit, eine dreimal stärkere Brechungskraft besitzen, als verschiedene andere Substanzen, weßhalb Newton vermuthete, daß der Diamant, gleich dem Bernsteine, eine erhärtete, teigartige Substanz sey. Zum Beweis des innigen Zusammenhangs der Brennbarkeit und absoluten strahlenbrechenden Kraft der Körper fügt Sir David Brewster an, daß Schwefel und Phosphor eine noch größere absolute strahlenbrechende Kraft besitzen, als der Diamant, und daß diese drei brennbaren Körper, rücksichtlich ihrer Einwirkung auf das Licht, alle übrigen festen oder flüssigen Substanzen übertreffen.

Eine zweite sehr auffallende Aehnlichkeit zwischen den Diamanten und Bernstein, außer der des Fundorts und des Kohlenstoffgehalts, ist, wie der Verf. zeigt, in ihrer polarisirenden Structur gegründet. Beide Mineralien enthalten in ihrer Substanz kleine Höhlen, die mit Luft gefüllt sind, deren Ausdehnungskraft den damit in unmittelbarer Berührung stehenden Theilen eine polarisirende Structur mittheilt hat. Die Beschreibung dieser Structur, welche durch Sectoren (Kegel) polarisirten Lichts, die das Luftkügelchen umgaben, anschaulich gemacht wurde, war durch Zeichnungen erläutert.

Sir David Brewster behauptet, die eigenthümliche polarisirende Kraft am Umkreise der in dem Bernstein und Diamanten befindlichen Höhlen müsse durch die Ausdehnungskraft der darin abgesperrten gasförmigen Substanz hervorgebracht wor-

den seyn, welche die Wände der Zellen zusammengedrückt habe, während die Substanz der Mineralien noch weich war. Eine ähnliche Structur läßt sich in glas- oder gallertartigen Substanzen durch einen, von irgend einem Puncte aus, nach allen Seiten ausgeübten Druck hervorbringen.

Nachdem Sir David Brewster auf diese Weise gezeigt hat, daß die Substanz des Diamanten einst weich und teigig gewesen sey, suchte er nachzuweisen, daß dieser Zustand nicht durch Schmelzen im Feuer hervorgebracht worden sey; denn bei seiner mühevollen Untersuchung vieler tausend Höhlen, sowohl in natürlichen, als künstlichen Krystallen, z. B., Topas, Quarz, Amethyst, Chrysoberyll, so wie in Salzen, fand er in keinem Falle, weder bei den aus im Feuer geschmolzenen Krystallen, eine einzige Höhle, wo die darin enthaltene gasförmige Flüssigkeit den Wänden eine ähnliche polarisirende Structur mitgetheilt hätte, wie be'm Diamanten. Er glaubte also annehmen zu müssen, daß die Weichheit des Letztern. derjenigen des halbverhärteten Gummi gleich gewesen sey, und daß der Diamant seine Entstehung der Zersetzung vegetabilischer Substanzen verdanke, welchen Ursprung man dem Bernsteine zugesteht. Der krystallisirte Zustand der Diamanten bildet hiergegen keinen entschiednen Einwurf, indem, z. B., der Honigstein die Krystallform deutlich besitzt, während dessen Zusammensetzung und Fundort den vegetabilischen Ursprung beweisen.

Das London and Edinburgh Philosophical Magazine, 3. Folge Sept. 1833, aus welchem dieser Artikel entlehnt ist, macht zu demselben noch folgende nachträgliche Bemerkungen. In der oben citirten Mittheilung an die königliche Gesellschaft von Edinburgh, suchte Sir David Brewster zu beweisen, daß der ursprüngliche weiche Zustand des Diamanten nicht durch Hitze habe hervorgebracht worden seyn können, weil die Beschaffenheit und neue Formation des Bodens, in welchem er gefunden werde, dagegen streite. Hr. Brayley hat in einem, dem Philosophical Magazine and Annals, neue Folge, vol. I. p. 147—149 einverleibten Artikel über den Ursprung der Diamanten die Gründe gegeneinander gehalten, welche für den vegetabilischen und mineralischen Ursprung des Diamanten sprechen, und bei dieser Gelegenheit bemerkt, daß später, als Sir David Brewster seine Untersuchung angestellt, ein Diamant in braunem Eisenstein gefunden sey, der in Brasilien unter Grünsteinschiefer (Chloritschiefer) lagere, und daß auch, wie ebenfalls später bekannt worden, im südlichen Vorder-Indien Diamanten in einer Breccie vorkämen. Daraus folgerte Hr. Brayley, daß bis jetzt noch keine Gründe bekannt geworden seyen, die den vegetabilischen Ursprung des Diamanten beweisen, indem die von Sir David Brewster entdeckten optischen Charactere auch von einer Erweichung durch Feuer herrühren könnten.

In dem, der geologischen Gesellschaft, vorgelesenen Artikel beweist jedoch Sir David Brewster geradezu durch Vergleichung der optischen Charactere des Diamanten mit denen anderer krystallisirten Substanzen, daß der ursprüngliche weiche und teigige Zustand des erstern weder von einer Schmel-

14 *

zung durch Feuer, noch von einer Auflösung in Waſſer, herrühren könne. Dieſe jetzt vorgebrachten Gründe haben daher mit der geologiſchen Lage des Edelſteins gar nichts zu ſchaffen, und es ſcheint unmöglich, ihm einen andern, als den vegetabiliſchen Urſprung zuzuſchreiben.

Ueber den Zug der Schwalben

theilt Hr. C. Trelawny Collins dem Herausgeber der Literary Gazette folgende Beobachtung mit:

„Als ich am 1. October 1833, drei Tage nach dem Vollmond, Nachmittags bei hellem ſonnigen Wetter und N. O. Wind bei Yealm Bridge in Devonſhire vorüberreiſte, wurde meine Aufmerkſamkeit plötzlich durch eine ungewöhnliche Menge Schwalben angezogen, welche mich 40 oder 50 Fuß hoch in der Luft umkreiſten. Ich machte Halt und bemerkte meinen Gefährten, es ſey in den Bewegungen dieſer kleinen Vögel etwas ganz Ungewöhnliches wahrzunehmen; und ſie geſchehen gewiß nicht in der Abſicht, um ſich ihre Nahrung aufzuſuchen, ſondern wahrſcheinlich, um ſich zum Wegziehen zu ſammeln. In demſelben Augenblick und gleichſam wie auf ein erhaltenes Commando, zogen ſich die herumſchweifenden in einen engern Raum zuſammen, und dann erhob ſich der ganze Haufe, indem ſie eine enge dichte Phalanx bildeten, mit der größten Schnelligkeit und mit dem auffſteigenden Fluge der Lerche ſenkrecht in die Luft. Da die Luft ſehr hell war, ſo konnten wir ihr Aufſteigen zu einer ungeheuern Höhe verfolgen, bis ſie ſich am Ende in unmeßbarer Ferne aus den Augen verloren. Die ſo eben mitgetheilte Thatſache iſt, wie ich glaube, früher nicht bemerkt worden, und ſie bietet daher dem Naturforſcher einen ſehr intereſſanten Gegenſtand der Unterſuchung dar. Warum ſteigen dieſe Sommergäſte, wenn ſie bei ihrer Reiſe in ſüdliche Breiten auch wirklich ihren Flug mit dem N. O. Winde beginnen, doch zu einer außergewöhnlichen Höhe auf? Man wird mich hoffentlich entſchuldigen, wenn ich, als ein genauer Beobachter der Natur, und als ein eifriger Vermunderer der wunderbaren Erſcheinungen in ihr, einige Vermuthungen wage. Vereinige ich das plötzliche Aufſteigen dieſer Vögel mit ihrem gänzlichen Verſchwinden, ſo wird es mir höchſt wahrſcheinlich, daß es in den höhern Luftregionen regelmäßig zu gewiſſen Jahreszeiten wiederkehrende und in derſelben Richtung ſtreichende Luftſtrömungen, gleich Paſſatwinden, gebe, und daß dieſe kleinen Beobachter der Zeiten und der Jahreszeiten in gegenwärtigem Falle wohl inſtinctmäßig eine ſolche befreundete Strömung, welche ſie ihrer entfernten und wärmeren Heimath zuführen ſollte, aufgeſucht haben mögen; iſt dem aber ſo, ſo wird vielleicht die jährliche Wanderung der ganzen Schwalbengattung durch einen ähnlichen Prozeß geleitet? Die plötzliche Abreiſe, die ungeheuere Erhebung des Flugs ꝛc. löſen ſehr leicht die bis jetzt unerklärbare Schwierigkeit in Betreff des Ziehens der Schwalben, — daß man ſie nämlich nie von S. nach N. ziehen geſehen hat. Zwar haben ſich bisweilen ſehr große Züge in einem Zuſtande großer Ermattung auf das Takelwerk an Schiffen

niedergelaſſen; doch ſcheinen dieß nur Ausnahmen, nicht aber die Regel, und dem bloßen Zufalle zuzuſchreiben, indem ſie vielleicht durch einen Gegenwind, Schneegeſtöber oder ſonſt eine feindſelige ihren luftigen Weg durchkreuzenden Macht von ihrer Höhe heruntergetrieben und gegen die Erde heruntergeworfen wurden. White von Selborne und andere Schriftſteller haben oft ſehr große Züge von Schwalben in einer mondhellen Nacht nahe an der Seeküſte beobachtet, welche ſich zu ihrer Wanderung anſchickten, aber ſie waren nie ſo glücklich, von ihrem Wegfliegen Zeuge zu ſeyn, und deswegen blieb die wahre Art, wie dieſe Abreiſe und Wiederkehr vor ſich geht, für ſie immer gewiſſermaßen noch ein Geheimniß oder wenigſtens ein Gegenſtand der Unterſuchung. Hätten ſie jedoch die eben mitgetheilte einfache Thatſache beobachtet, ſo wären nach meiner ſichern Ueberzeugung auf einem Male die meiſten das Ziehen der Schwalben betreffenden Ungewißheiten beſeitiget geweſen, und ihr plötzliches Verſchwinden wäre ihnen nicht länger problematiſch vorgekommen; ſie würden die Erklärung in der Schnelligkeit ihres Wanderungsflugs; in der unfehlbaren Sicherheit, mit welcher ihr Zug geleitet wird ꝛc., gefunden haben. Ich bin begierig, die Meinung genauerer und erfahrneren Naturbeobachter zu vernehmen.

Physiologiſche und zoologiſche Beobachtungen über die Entwickelung der Haare und Wolle, der pelz- und vlieslliefernden Thiere,

hat Hr. Virey der Académie des Sciences zu Paris am 21ſten Octbr. in einer Abhandlung mitgetheilt, worin er ſich zu zeigen bemüht, wie man durch Zoologie und Phyſiologie erlangte Kenntniſſe benutzen kann, um bei gewiſſen Thierracen durch die Functionen der Haut eine Art von künſtlicher trichomatiſcher Krankheit oder eine paſſend modificirte Secretion der Haare und Wolle zu erregen, deren Feinheit, Stärke, Länge und Weichheit und andere Eigenſchaften alle die Vortheile vereinigen, die man für die verſchiedenſten Arten von Kleidungsſtücken verlangt. Der Menſch kann bei den Thieren die von der andere Production vermehren, indem er ſie ihr entgegengeſetzte vermindern. Durch dieſes genſeitige Abwägen der Functionen der thieriſchen Oeconomie modificirt er die verſchiedenen Gleichgewichte, erſchafft in den Temperamenten der Racen Abweichungen und ſelbſt erbliche Monſtroſitäten. „Die Natur, ſagt Hr. V., bietet, in den verſchiedenen Arten der Thiere permanente Typen dieſer verſchiedenen organiſchen Gleichgewichte dar, gleichſam ganz fertige Reſulte, wovon man nur Nutzen zu ziehen braucht.“

Von dieſen Betrachtungen ſteigt Hr. V. zu den Anwendungen herab, die man davon bei Thieren machen kann, welche ſich durch ſchönes Pelzwerk oder reiche Vließe auszeichnen. Die erſten ſind entweder Fleiſchfreſſer (Zehengeher und Sohlengeher) (Gattungen Bär, Marder, Wieſel ꝛc.) oder Nager (Gattungen Eichhörnchen, Biber, Haſe, Chinchilla, Hamſter ꝛc.). Man erhält in der Regel ihre Haare nur mit der Haut. Die Vliesthiere ſind die Wiederkäuer (Ziege, Schaaf, Vicogne oder Alcapa), welche als Hausthiere durch ihr Haar oder Wolle uns nützliche Product liefern.

Hr. V. unterſucht dann genauer die Urſachen, welche die Haarproductionen modificiren, und wie letztere nach der anatomiſchen Beſchaffenheit der Haut verſchieden ſind. Die unterliegenden Hautbewegungsmuskeln ernähren, wie ein fruchtbarer Boden, die allergrößten Haare, oder lange, ſteife, tiefeingepflanzte grobe Wollhaare, während dünne und zarte Häute nur mit einem ſehr feinen, feidenartigen, aber reichlichen Haar, versehen sind. Im Gegentheil sind die dicken, fetthaltigen Häute, wie bei den Pachydermen und Cetaceen, glatt und fast von Haaren entblößt, und die letztern stehen von einander ab, vorzüglich bei den großen Thierarten und werden starke, grobe Borsten.

In der Untersuchung des Einflusses des Nervenapparats auf die Entwickelung der Haare, bemüht sich Hr. W., zu zeigen, daß die am meisten empfindlichen oder nervenreichsten Hauttheile wenig oder gar nicht behaart sind, während die Masse und das Wachsthum der Haare an den weniger empfindlichen Theilen zunimmt.

Ueberdem hat die betäubende Wirkung der Kälte, indem sie die Empfindungsfunction der Haut auslöscht, eine Zunahme der vegetativen Function derselben (durch Anhäufung der ernährenden Säfte um die Haarzwiebeln und durch Verminderung der Transpiration) zur Folge, und macht, daß sie schneller wachsen; daher verdickt sich der Pelz nach dem ersten Froste des Winters. Hieraus erklärt auch Hr. W. die reichen Pelzwerke des Norden's und Sibirien's, wo selbst die Schweine sich mit einer Art Wolle bedecken, und wo man Reste von behaarten Elephanten findet. Dagegen in Guinea die Hunde kahl werden und die Schaafe sich mit grobem Haare bedecken. Hr. W. führt ferner an, daß die Pelzthiere meistens einer Winterbetäubung unterlägen, oder durch die Kälte in Betäubungsschlaf versielen; daß sie einen kleinen Kopf und schwaches Hirnsystem hätten daß die Dummheit der Schaafe Sprüchwort geworden sey, und daß der niedrige Grad von Zottigseyn bei allen Thieren für ein Zeichen des Stumpfsinns (brutalité) gelte.

Aus dieser Schwäche des Nervensystems will Hr. W. noch erklären, warum die Wiederkäuer sich so leicht zu Hausthieren unterjochen lassen, und warum sie der unter den Namen Leucosie oder Albinismus bekannten weißen Degeneration so leicht unterlägen. Er meint, es sey durch eine und dieselbe Ursache, daß die Haare bei der Wirkung der Kälte, auf einige Thiere des Nordens, gebleicht werden, und bei der Schwäche des Alters, wo das Ausfallen der Haare statthabe. Die Abwesenheit des Lichts in den langen Winternächten trage ebenfalls, durch eine unvollkommene Ernährung der Haare dazu bei, den Pelz und das Vließ der Thiere zu bleichen.

„Nach demselben Grundsatz, fügt Hr. W. hinzu, ist die Quantität der Respiration bei sehr behaarten Thieren vermindert, und die reichliche Haarproduction ist gleichsam ein Supplement der sonst durch die Haut bewirkten Ausscheidung solcher Stoffe, die bei der normalen Blutbereitung überflüssig bleiben. Zu dieser Meinung berechtigt die Beobachtung des ungewöhnlichen Wachsthums von Haaren bei phthisischen Thieren, besonders dem blonden und blassen. Hr. W. betrachtet so auch die Ursache, welche die langen seidenartigen Vließe bei der Angora- und Thibet-Ziege, bei den bologneser Hündchen, den Kaninchen, der Katze begünstigen.

Indem er sich so beständig auf das Studium der ernährenden und ausscheidenden Functionen zu stützen sucht, schreitet er nun in der Untersuchung über die Haar-Production weiter. „So, sagt er, bewirken feuchter Boden und schattige Orte das schönste blonde Haar, und disponiren zu der plica, wie man das in Polen sieht. So kann man dahin gelangen durch dieselben Mittel, das Vließ der Merinos und den Flaum der Cachemirziegen zu verlängern, indem man diese Special-Modification der Transpirationsfunction unterstützt, und indem man einen gewissen Grad von dunstiger und fetter Wärme in dem Vließ unterhält. Die meisten der Thiere, welche die feinsten Vließe barbieten, gefallen sich in einer Art bunstiger Feuchtigkeit.

Endlich haben die zarten Eigenschaften der Nahrung einen Einfluß auf Feinheit und Schönheit der Haare oder Wolle, besonders

bei den kleinen Rassen, während die großen Arten wie die groben Nahrungsmittel nur groben Pelz bewirken.

Wenn man nun dieß resümirt, so wird nach Hrn. W. die Erzeugung des langen Pelzwerkes und des reichen Vließes begünstigt:

1) Durch Verminderung oder Concentration der Nerven-Sensibilität.
2) Durch Kälte, Betäubung, Schlaf ꝛc.
3) Durch Verminderung der Hauttranspiration.
4) Durch Schwächung der Respirationsfunction.
5) Durch Weichlichkeit, im Hause leben, in einer warmen und etwas feuchten Temperatur.
6) Durch eine Disposition zur Leucosie oder Albinismus, durch die Entfärbung vermöge der Dunkelheit.
7) Die Feinheit des Haares ist vorzüglich begünstigt, durch Dünne der Haut, Jugend, kleine Statur, während häufiges Abscheren im Wollen gröber macht.
8) Leichte Nahrung trägt zur Zartheit der Haare oder Wolle bei.
9) Alles, was die Schwächung der Thiere verhindert, ihre Stärke vermehrt, — verstärkt und vermehrt auch ihren Pelz.

Miscellen.

Verschiedene Skelete von Elennthieren sind in der Nähe von Killaloe gefunden worden: eins ganz neuerdings durch Arbeiter, welche nach Mergel gruben. Nach ihrer Angabe war es vollständig und lag auf der Seite; in der Eile der Arbeit aber und weil sie es für werthlos hielten, brachen sie es aus und warfen die Knochen weg, mit Ausnahme des Kopfes und der Geweihe, welche einem Freunde der Naturkunde überbracht wurden. Der Berichterstatter ging nun, selbst die Lagerstätte zu sehen, welche in einem mehr dem Shannon parallel laufenden und eine Viertelstunde von ihm entfernten Thale, 12 Fuß unter der Oberfläche unter einem Mergellager von drei Fuß Dicke, über welchem etwa neun Fuß Dammerde lag, befindlich war. Als die Knochen zuerst herausgenommen wurden, waren sie ganz weich, erhärteten aber an der Luft. Die Länge jedes Geweihes ist etwa fünf Fuß und die größte Breite der Schaufel ein Fuß. (Mag. of Nat. Hist. XXXV. p. 463.)

In Beziehung auf die Nahrung des Wespenfalken (Falco apivorus), wovon im Juni ein Weibchen in der Nähe von Belfast in Irland geschossen wurde, ist zu bemerken, daß Schnabel und Vorderseite des Kopfes so mit Kuhmist bedeckt war, daß man vermuthen mußte, der Vogel habe in diesen Excrementen nach Insecten gesucht. In dem ganz gefüllten Magen fanden sich einige Larven und mehrere Fragmente von Käfern, einige Raupen, einige Puppen von Schmetterlingen und von Zygaena filipendula, nebst einigen wahrscheinlich zugleich mit verschluckten Grashalmen. Hr. Thomson, welcher darüber der Belfast Natural History Society Bericht erstattete, fügt hinzu, daß die Insecten-Nahrung freigewählt gewesen seyn müsse, da der Raubvogel in voller Lebenskraft in solchen Vögeln, die er hätte fangen können, reich gewesen sey.

Nekrolog. — Am 25sten Februar 1833 starb zu Novara, wo er am 5ten Juli 1769 geboren war, Dr. Giuseppe Gautieri, ein um Heil- und Naturkunde und die Oeconomie verdienter Schriftsteller Italien's.

Heilkunde.

Ueber die Behandlung von Brandwunden.

„Ehe ich die Behandlung darlege, durch welche ich durchgehends die schnellsten und besten Erfolge erreicht habe, will

ich bemerken, daß man die Brandschäden gewöhnlich unter drei Rubriken bringt: 1. bloßes Verbrühen des Hautgewebes; 2. dasselbe mit Lostrennung des Oberhäutchens, und 3. wenn die Substanz der Lederhaut entweder unmittelbar oder später zerstört und ein Schorf erzeugt wird. Fast jeder Schriftsteller, welcher von Brandschäden gehandelt, hat für jeden dieser drei Grade eine verschiedene Behandlungsart angegeben. Doch hat Dr. Kentish dieß nicht gethan, und ich muß ihm hier vollkommen beipflichten. Vielleicht ist seine Behandlungsweise eben deßhalb, weil sie sich für so verschiedene Fälle gleichbleibt, Manchem als unstatthaft erschienen, und so sehr in Mißcredit gerathen, daß man sie wenig oder gar nicht anwendet, wenngleich die günstigen Resultate, die sie liefert, es wohl der Mühe werth machen, daß die Aerzte dieselbe ferner prüfen.

Die aus Brandschäden entspringende Gefahr, sey dieselbe nun durch Verbrühung oder trocknes Verbrennen entstanden, hängt lediglich von deren Ausdehnung, und auch gewissermaßen von der Constitution des Patienten ab. Wenn der ganze Körper in bloß siedend heißem Wasser eingetaucht gewesen, und augenblicklich herausgezogen worden ist, so halte ich die Wiederherstellung nicht für unmöglich; hat das kochende Wasser aber auch nur eine Minute lang eingewirkt, so muß, meinen Erfahrungen zufolge, der Tod bald erfolgen. Ist aber Jemand in siedendes Oel, siedende Bierwürze oder Salzsoole gefallen, so dürfte, wenn er auch noch so kurze Zeit darin verweilt hätte, das Leben wohl nicht über einige Stunden fortbestehen können.

Die Symptome, welche in solchen Fällen eintreten, sind augenblicklicher Frostschauder, oder vielmehr ein Zittern und Schlagen des ganzen Körpers, wobei das Gesicht einen ausnehmend niedergeschlagenen und ängstlichen Ausdruck annimmt, Beklemmung und Beschleunigung des Athemholens, geschwinder, kleiner und scheinbar schwacher Puls, außerordentlicher Schmerz und Beängstigung; der unglückliche Patient zeigt mehr Spuren von Beängstigung und Verwirrung, als von Abstumpfung oder Aufregung, und nachdem dieser Zustand einige Stunden angehalten, erfolgt der Tod. Haben aber jene kochenden Flüssigkeiten, insbesondere Wasser und solche, deren Siedepunct dem des Wassers nahe liegt, keine Minute lang eingewirkt, und ist nicht mehr, als ¼ der Körperoberfläche betheiligt, so würde ich eine günstige Prognose stellen. Hat dagegen der heiße Körper so lange eingewirkt, daß durchaus Eiterung eintreten muß, so wird die Wahrscheinlichkeit des Todes um Vieles vermehrt, und man hat sowohl die Constitution des Patienten, als die Beibringung von stärkenden und nährenden Mitteln, sehr in Obacht zu nehmen.

In Fällen von trockner Verbrennung, wo die Ausdehnung und Heftigkeit der Beschädigung so bedeutend sind, daß der Tod nothwendig eintreten muß, sind die Symptome und Prognose verschieden. Das oben erwähnte Zittern und Schlagen der Glieder findet nicht statt: der Puls ist nicht so schnell, klein, oder anscheinend schwach, sondern hat mehr den Character wie bei einer wirklichen Entzündung; häufig ist bedeutende Abstumpfung, Coma und Torpor vorhanden. Der Patient stirbt nicht so schnell, sondern lebt gewöhnlich noch 24—36 Stunden! Wie beim Verbrühen durch Flüssigkeiten, muß sich die Prognose nach der Ausdehnung und Heftigkeit der Beschädigung richten; nur ist mehr Vorsicht nöthig, da auf alle solche Zufälle ausgedehnte Eiterung folgt,

und natürlich alle begleitenden Umstände sorgfältig beachtet werden müssen. Was den muthmaßlichen Erfolg dieser beiden Arten von Beschädigung betrifft, so halte ich dafür, daß, wenn der Patient die ersten 48 Stunden überlebt hat, die aus Reizung ꝛc. entspringende Gefahr vorüber sey, und man nur noch die möglichen Folgen einer ausgedehnten, schwärenden Oberfläche in Anschlag zu bringen habe.

Wie auch immer die Ursache, Ausdehnung und Heftigkeit des Brandschadens beschaffen seyn möge, so verbinde ich denselben doch, insofern es die Umstände zulassen, augenblicklich mit einem dick mit unguent. resinosum bestrichenen Charpiebausche. In der Salbe kann mehr oder weniger Harz vorhanden seyn, und ich habe daher immer im Laboratorium Basilicum von drei verschiedenen Mischungsverhältnissen Harz vorräthig. Uebrigens kann man die Salbe auf jede bequeme Art von Stoff streichen. Diesen Verband läßt man nur 8 Stunden liegen, wenn der Brandschaden heftig ist, oder sich einer vollständigen Versengung des Hautgewebes (torrefaction) nähert. Hat aber nur ein oberflächliches Verbrühen stattgefunden, so lasse ich ihn 12 Stunden liegen. Die Länge der Zeit richtet sich übrigens nach der Abwesenheit des Schmerzes, denn wenn derselbe wiederkehrt, so muß die Salbe sogleich wieder aufgelegt werden. Die Stärke der harzigen Salbe richtet sich nach der der Beschädigung; in allen Fällen, wo bloß oberflächliche Verbrühung stattfindet, wird die mildeste Salbe dem Zwecke durchaus genügen, und in andern Fällen können nach Umständen die andern angewendet werden. Wenn die Integumente nicht ganz versengt sind, braucht man nie die stärkste Form der Salbe anzuwenden; man wendet, je nach den Umständen, beim Verbinden allmälig mildere Formen an; besteht der Schaden in einer bloßen oberflächlichen Verbrühung, so kann die Salbe beim dritten Verbande schwächer genommen werden, und gegen den 3ten Tag hin, werden sich die Verbände ganz überflüssig machen. Hat sich aber das Oberhäutchen losgeschält, so muß die Harzsalbe allmälig selbst unter den dritten (schwächsten) Grad gebracht werden, was dadurch geschieht, daß man Speck oder einfaches Cerat damit vermischt; so wird man binnen wenigen Tagen die Cur ohne Schmerzen und ohne daß eine Narbe oder eine bedeutende Mißfärbung zurückbleibt, vollenden. Wird dagegen die Behandlung unzweckmäßig geleitet, so wird auch bei der geringsten Brandschäden Eiterung eintreten, so daß sich die Wundränder erhöhen, umkehren und zum Theil absterben, und große Schmerzen, Unbehagen und Reizung eintreten. Wie die Brandschäden auch immer beschaffen seyn mögen, bei welchen diese Symptome eintreten, so können dieselben doch nur in der Art geheilt werden, daß man sie in den Zustand eines reinen gutartigen Geschwürs versetzt, und diesen Zweck kann man nur durch gelinde digerirende harzige Salben erreichen, wobei man jedoch sehr darauf sehen muß, daß diese Pflaster nur auf die schwärenden Theile kommen, welche das eben beschriebene Ansehen haben, und daß sie nur so lange in derselben Stärke angewandt werden, als jene Symptome fortbestehen. Die Stärke jener digerirenden Salben muß der Beschaffenheit jener Symptome, so viel möglich, angepaßt werden; denn wenn man das Ge-

schwür zu schnell zu verändern sucht, oder eine starke Salbe
zu lange anwendet, so folgen starke Schmerzen und Reizung,
und obwohl sich diese Symptome durch eine Veränderung in
den Verbänden und Breiumschlägen mildern lassen, so folgt
dennoch eine starke Neigung zur Bildung fungöser wuchern-
der Fleischwärzchen; eine der gewöhnlichsten und unangenehm-
sten Folgen von Brandschäden. Häufig zeigen sich jene ungünstigen Erscheinungen bei schwärenden Brandwunden an einer Stelle stärker, als an der andern; die Verbände müssen
dann demgemäß eingerichtet werden; denn wenn das Pflaster
für die eine Stelle nicht recht paßt, so wird das ganze Geschwür dadurch gereizt, die unangenehmen Symptome wiedererzeugt, und die Cur sehr ernstlich verzögert werden.

Sollten nach der Verbrennung Blasen entstehen, so
öffne ich dieselben nie, sondern lasse erst 3 — 4 Tage hingehen, und wenn alle unangenehmen Symptome verschwunden sind, und die darunter befindlichen Theile sich wieder
ziemlich in ihrem ursprünglichen Zustande befinden, so steche
ich die Blasen ein wenig mit einer Nadel an, und wiederhole dieß täglich, bis sich die Flüssigkeit nach und nach ganz
entleert hat, da man denn darunter eine gut beschaffene Haut
finden wird.

Wir müssen nun bemerken, daß, so vortheilhaft sich die
Anwendung von Harzsalben auch bei der Behandlung von
Brandschäden zeigt, sie doch für die heftigsten, ausgedehntesten und gefährlichsten Fälle nicht passen. Unter dergleichen
Umständen ist die schnellste und wirksamste Methode die, daß
man den ganzen Körper, oder die sämmtlichen verletzten Theile
in ein warmes Bad bringt, oder mit Compressen bedeckt, die
man beständig in Wasser von wenigstens 106 — 110 F.
taucht, bis die geeigneten Verbände beigeschafft werden können, und die Harzsalbe läßt sich leicht erhalten, wenn man eine
hinreichende Quantität Oel, Harz, Talg oder Speck in einem bequemen Gefäße zusammenschmilzt, und mit der noch
flüssigen Salbe die sämmtlichen verletzten Theile mittelst eines Federpinsels überstreicht. Dieses wird so oft wiederholt,
als der Schmerz wiederkehrt, und auf diese Weise beugt man
der Gefahr des schnellen Ablebens vor; die Leiden des Unglücklichen werden sehr gelindert, und derselbe, vorzüglich,
wenn die Verletzung in einer bloßen oberflächlichen Verbrühung besteht, vielleicht am Leben erhalten. Auch selbst, wenn
die Verbrennung von einer Beschaffenheit ist, welche wenig
oder keine Hoffnung übrig läßt, daß das Leben des Patienten gerettet werden könne, so ist doch viel dadurch gewonnen,
wenn wir seine Qualen bedeutend erleichtern, und sollten wir
ihn durch dergleichen Mittel über 48 Stunden am Leben
erhalten, so bedingen wir dadurch offenbar die Möglichkeit der
endlichen Wiederherstellung.

Die Ansichten über die Wirkungen, welche auf die allgemeine Körperbeschaffenheit hervorgebracht werden, sind fast so
wenig übereinstimmend, wie die an verschiednen Orten übli-
chen Behandlungsarten, indem Manche streng auf dem antiphlogistischen Heilverfahren bestehen, Andere durchaus eine
reizende und stärkende Behandlung empfehlen. Der Frostschauder, die Convulsionen, das schnelle Athemholen und der
häufige Puls werden der von Sympathie mit den Integu-

menten herrührenden Extravasation von Flüssigkeiten in der
Brusthöhle zugeschrieben, während man die Abstumpfung,
Betäubung 2c. aus den Wirkungen der Extravasation auf
das Gehirn erklärt. Meiner Ansicht nach, ist es jedoch vollkommen überflüssig, irgend eine andere Ursache zur Erklärung
der eben erwähnten Erscheinungen zu Hülfe zu nehmen, als
die im Gehirn und Nervensystem durch den Schmerz und
die Reizung, welche der Brandschaden selbst erzeugt, hervorgebrachte Aufregung. Uebrigens sind die Wirkungen einer
bloßen Verbrühung und die einer tiefgehenden trocknen Verbrennung (torrefaction) ungemein verschieden; denn nur im
letzten Falle treten Betäubung und Coma ein, während Convulsionen und Frostschauder fehlen, und der Puls weniger
geschwind und voller ist, was nebst den übrigen Symptomen
des Torpor dem Umstande zuzuschreiben ist, daß durch die
ausgedehnte Zerstörung der Theile das Leben beinahe erloschen ist, und Rauch und Flamme ihre eigenthümlichen Wirkungen geäußert haben.

Was die constitutionale Behandlung bei diesen beiden
Arten von Brandschäden anbetrifft, so nehme ich, wenn das
Leiden in der mehr oder weniger ausgedehnten Verbrühung
eines nicht allzugroßen Theils der Körperoberfläche besteht, nie
Anstand, einen Aderlaß zu verordnen, dessen Betrag sich
nach der Ausdehnung der Beschädigung und der Beschaffenheit der Symptome richtet, wodurch, mit Hülfe einer starken
Gabe Laudanum, und der Hautsalbe, die sämmtlichen Symptome immer schnell gelindert wurden, und der Patient, ohne
Absterben von Theilen oder Schwären auf eine sehr fettige
Weise genas. Wenn aber der ganze Körper längere Zeit in
der heißen Flüssigkeit gewesen, und wir sind mehrere Fälle
vorgekommen, wo dieß in kochendem Seewasser stattgefunden
hatte, so trat nach wenigen Stunden der Tod ein. Diese
Fälle ereigneten sich, ehe ich von meinem gegenwärtigen Verfahren Gebrauch machte; doch würde wohl auch sonst die
Rettung nicht möglich gewesen seyn, weil die Verletzung zu
ausgedehnt, und die Beischaffung der nöthigen Mittel unthunlich war. Bei Verbrühungen wandte ich die Lanzette
um so lieber an, weil offenbar keine wahre Schwäche existiren konnte, und sich hierin mit das einzige Mittel zur Beseitigung der Aufregung und der Beklemmung des Athemholens darbot; mochte dasselbe nun daher rühren, daß die
durch Krampf erzeugte Anhäufung des Bluts in der Brust
durch die Thätigkeit des Herzens nicht überwunden werden
konnte, oder daher, daß die Gefäße der Hautbedeckungen nicht
regelmäßig wirkten, also geradezu einer mangelhaften Thätigkeit des Herzens selbst, oder einer Extravasation von Flüssigkeit in der Brusthöhle zuzuschreiben seyn. In Fällen von
ausgedehnten Brandschäden von brennenden, oder glühenden
Körpern habe ich die Lanzette und Opiummittel nie angewandt, weil keine Aufregung zu beseitigen war, sondern mich
zur Hebung der Betäubung und des Coma auf Blutegel
und andere örtliche Mittel, nebst Abführungsmitteln und
solchen innern Mitteln beschränkt, welche darauf berechnet waren, die ganze Constitution bei der zu erwartenden ausgedehnten Eiterung zu kräftigen." (London medical Gazette,
September 1833.)

Einen thermopneumatischen Apparat

zur Behandlung mehrerer Krankheiten, hat Hr. Dr. Junod zu Yverdon ausgedacht, der darauf beruht, daß Dampfbäder angewendet werden, während der Druck der Atmosphäre vermindert ist. Er hat zu diesem Behuf eine Badewanne von Metall machen lassen, worin der Kranke sitzt und eingeschlossen ist, mit Ausnahme des freibleibenden Kopfes. Ein Halsband von gummi elasticum, welches sich an den Hals anlegt, ohne die Circulation zu stören, hindert den Austritt der Dämpfe und den Eintritt der Luft in das Innere des Apparats.

Ein an der Wanne befindlicher Hahn dient dazu, um die bestimmte Quantität Dampf einzulassen, und ein mit dem Inneren communicirender Thermometer zeigt die hervorgebrachte Temperatur. Mittelst eines andern Hahns und einer Saugpumpe kann eine Luftverdünnung zuwege gebracht werden, deren Grad durch ein Meßinstrument angezeigt wird; und durch die abwechselnde oder gleichzeitige Wirkung dieser Hülfsmittel bewirkt Hr. Junod eine reichliche Transpiration und eine mächtige Derivation in Fällen von Hirncongestionen. — Wenn die Congestion in der Brust- oder Unterleibseingeweiden statthat, so hat Hr. J. Apparate in Form cylindrischer Röhren für die einzelnen obern und untern Extremitäten machen lassen, welche sich an den obern Theil der Extremitäten, auf welche er wirken will, genau anlegen. Diese Cylinder haben doppelte Wände mit einem Raume dazwischen, in welchen letztern er heißes Wasser oder Dampf hineingehen läßt, um dem innern Raume des Apparats, wo sich die Extremität befindet, eine gleichmäßige Temperatur zu geben, welche ebenfalls durch ein Thermometer bestimmt wird. Und mittelst zweier Hähne, wie an der Wanne, läßt er dann in den innern Raum, wo die Extremität befindet, eine gewisse Quantität Dampf ein, dessen Wirkung, in Verbindung mit der Wirkung der Luftverdünnung, in die Blutgefäße, sowohl arterielle, als venöse, als Haargefäße, eine Quantität Blut hinzieht, welche in der Quantität einer Aderlässe gleich, oder noch größer ist; aber zu gleicher Zeit bewirkt man eine solche Hauttätigkeit, daß die Transpiration außerordentlich stark wird und oft allein schon hinreicht, eine auffallende Erleichterung zu bewirken.

Hr. Junod hat in mehrern Fällen die Anwendung dieser Bäder mehrere Stunden lang fortgesetzt, ohne daß nach einer so langen Dauer derselben andere Unbequemlichkeiten als eine vorübergehende Betäubung der Glieder, auf welche die Wirkung statthatte, eingetreten wären.

Miscellen.

Gegen chronischen weißen Fluß und Gonorrhöe will der Dr. Dufrenois bei mehr, als 20 Kranken das folgende Elixir, nach des Apoth. Toutain zu Paris Vorschrift bereitet, mit Erfolg angewendet haben:

℞. Secalis cornuti opt. siccati ℥iv (gros.)
Alcoholis 25°   ℥iv.
Sacchari albi   ℥iv.
Essentiae Menthae anglicae . gutt. iv.
Aquae purae . . . . . . q. s.

Secale pulveratum macera in alcohole per horas 18, filtra et tincturam obtentam sepone. Residuum in filtro relictum binis vicibus coque cum Aquae unciis quinque ad sex, et cola; colaturas in balneo mariae vaporando ad unciarum octo remanentiam redactas saccharo solvendo adhibe et refrigerationi derelinque; adde tunc tincturam alcoholicam et essentiam menthae, misce, filtra et ad usum setva.

Eine Unze dieses Elixirs ist gleich 18 Gran Mutterkorn. Drei Löffel täglich zu nehmen. (J. de Méd. et de Ch. prat.)

Gegen Weinfraß der Zähne rühmt der Zahnarzt, Dr. Toirac, als Palliativmittel folgende Präparate sehr; der Schmerz soll darnach sogleich aufhören:

1. ℞. Alcoholis Camphor. saturat. ℥ii (gros)
   Balsam. Commendator. . . gr. x.
   Tinct. Op. . . . . . gtt. xxx.
   Ol. Menth. ess. . . . gtt. xx.
   Misce.

2. ℞. Tinct. Pyrethri concentr. . ℥i.
   — Op. . . . . . gtt. xx.

3. ℞. Acetat. Plumb. . . . . āā gr. xx.
   Sulphat. Zinc. . . . . āā gr. xx.
   Tinct. Op. . . . . . ℥ß.

Tritura ut pasta formetur. Man bringt davon etwas, zweimal so groß, als ein Stecknadelkopf, in den Zahn, und wiederholt dieß ein oder zwei Mal in 24 Stunden.

4. Rühmt er auch das unter dem Namen paraguay-roux bekannte concentrirte alkoholische, durch Destilation oder Maceration erhaltene Präparat von Spilanthus oleraceus.

Ueber leuchtenden Urin hat Hr. Ballot aus Dijon der Academie in Paris seine Bemerkungen mitgetheilt, wobei er zuerst darauf aufmerksam macht, daß die frühern Beobachter (namentlich Reiselius und Pettenkover) nie den Urinstrahl leuchten sahen, sondern bloß ein Leuchten auf dem Boden bemerkten, welchen der Urin benetzte. Dieß rührte nun nach ihm von einer Art des Tausendfußes (Scolopendra electrica) her, auf welche der Urin auffällt. Er hat darüber im Jahre 1828 Versuche angestellt, und davon hervorgeht, daß in dem Moment, wo frischer Urin auf eins dieser Thiere auffällt, dasselbe einen schönen blaugrün leuchtenden Glanz verbreitet, welcher etwa 50 Secunden anhält.

Bibliographische Neuigkeiten.

A Treatise on the nature of Vision by *A. Alexander*, London 1833. 8.

Traité d'Anatomie pathologique. Par *J. F. Lobstein* Tome II. contenant l'Anatomie pathologique spéciale. Strasbourg et Paris 1833. 8.

Tableau synoptique et statistique de toutes les espèces de bégaiement et des moyens curatifs qui conviennent à chaque variété en particulier suivi de l'articulation artificielle de toutes les lettres et de tous les sons qui arrêtent le plus souvent les bègues, par M. le Docteur *Colombat* etc. Paris 1833. 4.

Notizen
aus
dem Gebiete der Natur- und Heilkunde.

Nro. 829. (Nro. 15. des XXXVIII. Bandes.) **November 1833.**

In Commission des Landes-Industrie-Comptoirs zu Weimar. Preis eines ganzen Bandes, von 24 Bogen, 2 Rthlr. oder 3 Fl. 36 Kr.,
des einzelnen Stückes 3 ggl. Die Tafel schwarze Abbildungen 3 ggl. Die Tafel colorirte Abbildungen 6 ggl.

Naturkunde.

Ueber die Natur des Schlaf's.

Von A. P. W. Philip, M. D., der königl. Gesellschaft zu London vorgelesen am 7. März 1833.

„Das Leben der Thiere bietet kaum eine Erscheinung dar, die sich von einem allgemeinern Standpuncte aus betrachten ließe, als der Schlaf, und hierin dürfte der Grund liegen, daß rücksichtlich derselben so wenig bestimmte und unbefriedigende Ansichten herrschen. Meine Absicht ist, hier eine Uebersicht der Erscheinungen des Schlafs zu geben, um die Organe, in welchen dessen unmittelbare Ursache ihren Sitz hat, die Gesetze, nach denen er stattfindet, und die Wirkungen zu ermitteln, welche er auf diejenigen Theile des Organismus äußert, die bei dessen Erzeugung nicht mit betheiligt sind.

Die Grundursache des Wechsels von Wachen und Schlafen ist uns verborgen; sie liegt in der Unvollkommenheit unserer Natur. Der Zweck des Lebens ist Genuß, und da der Schlaf, wenn wir ihn auch nicht als ein positives Uebel betrachten müssen, die ausgesetzte Erfüllung dieses Zweckes verhindert, so würden wir, wenn wir mit dem thierischen Organismus so gut bekannt wären, wie mit dem Sonnensysteme, wahrscheinlich finden, daß dieser Mangel in der Natur der Dinge so nothwendig begründet ist, als die periodische Wiederkehr der Nacht und eines Kältegrades, welcher unsere Kräfte in's Stocken bringt, so wie eines Wärmegrades, welcher dieselben ermatten läßt.

Vielleicht sind wir nie im Stande, anzugeben, warum gewisse Organe die Fähigkeit besitzen, ihren Functionen fortwährend obzuliegen, während andere Zwischenzeiten der Ruhe verlangen; allein es hält nicht schwer, die Nothwendigkeit des erstern Theils dieser Einrichtung einzusehen, indem die unausgesetzten Functionen diejenigen sind, von welchen das Leben des Thieres unmittelbar abhängt, während Zwischenzeiten der Ruhe nur denjenigen zukommen, welche uns mit der umgebenden Welt in Verbindung setzen, und die folglich außer Thätigkeit treten können, ohne daß das Leben unmittelbar bedroht wird.

Bei meinen Untersuchungen über die gegenseitigen Beziehungen zwischen dem Nerven- und Muskelsystem habe ich mich über das Verhältniß der Muskeln der willkührlichen und der unwillkührlichen Bewegung zum Nervensysteme ausgesprochen und nachgewiesen, daß die beiden Nervenpartheien, welche das Verbindungsmittel zwischen den thätigen Theilen jenes Systems und diesen Muskeln bilden, verschiedenen Gesetzen unterliegen; die einen leiten nur die Einflüsse gewisser Theile des Gehirns und Rückenmarks, während die andern den Einfluß dieser ganzen Organe fortzupflanzen fähig sind. Während die erstern auf der einen Seite mit den Sinnesorganen und den Muskeln der willkührlichen Bewegung in Verbindung stehen, haben sie auf der andern mit denjenigen Theilen des Gehirns und Rückenmarks Gemeinschaft, von denen die geistigen Functionen abhängen [*]; die letztern, nämlich die Nerven, welche, so weit es sich durch Versuche darlegen läßt, von allen Theilen jener Organe entspringen, stehen auf der einen Seite mit allen diesen Theilen, und auf der andern mit den Muskeln der unwillkührlichen Bewegung und denjenigen Organen in Verbindung, von welchen das Leben unmittelbar abhängt.

Auf diese Weise finden wir bei den vollkommnern Thieren zwei sehr von einander gesonderte Systeme; das erstere kann man das Gefühlssystem nennen; es ist dasjenige, vermittelst dessen sie wahrnehmen und handeln, und folglich mit der äußern Welt in Verbindung stehen; das letztere ist das vitale oder Lebenssystem, oder dasjenige, durch welches ihr Leben erhalten wird. Um die Natur des Schlafes zu erfassen, müssen wir die Eigenschaften bestimmen, welche jedem dieser Systeme eigenthümlich sind und auf diesen Zustand Bezug haben, so wie die Art und Weise, wie eins auf das andere einzuwirken fähig ist.

Wenn die Denkkraft durch beständige Aufmerksamkeit, die Gefühle durch längere Aufregung der Leidenschaften, das Auge durch Ausübung der Sehkraft, das Ohr durch Hören, die Muskeln der willkührlichen Bewegung durch kräftige und wiederholte Contractionen 2c. ermüdet sind, vertieren die Organe dieser sämmtlichen Functionen von ihrer Erregbarkeit. Um sie neuerdings zu erregen, sind entweder kräftigere Reizmittel erforderlich, oder sie müssen durch Ruhe wieder gestärkt werden, während welcher die Lebensfunctionen fortdauern, und jenen den gehörigen Grad von Erregbarkeit wiedergeben, so daß sie für die gewöhnlichen Reizmittel des Lebens wieder empfänglich sind.

Die Wirksamkeit dieses Gesetzes läßt sich bei dem Gefühlssysteme unter allen Graden von Erregung beobachten. Wir können von einem weit geringern Grade von Erschöpfung, als derjenigen, welche der Schlaf hervorbringt, eine sehr deutliche Wirkung wahrnehmen. Nach dem Schlafe ist eine Kraft vorhanden, welche allmälig abnimmt, bis wir wieder schlafen, so daß auf jeden Grad von Erregung der entsprechende Grad von Erschöpfung folgt. Dieses Gesetz unseres Organismus ist so durchgreifend, daß die Physiologen im Allgemeinen dafür halten, es finde auf jeden Theil unseres Organismus Anwendung; allein jeder Grad von Erregbarkeit, welcher unbejagt betätnauet, muß, wenn er eine Zeitlang fortdauert, Unfähigkeit zu fernerer Thätigkeit hervorbringen. Es ist daher offen-

[*] In meiner Untersuchung über die Gesetze der Lebensfunctionen habe ich durch Versuche dargethan, daß das Rückenmark an den Functionen des Sensoriums Antheil nimmt. Bei'm Menschen ist dieß nur in geringem Grade der Fall, wogegen es bei manchen Thieren in einem sehr bedeutenden Grade stattfindet.

bar, daß, wenn die Lebensorgane diesem Gesetze gehorchten, bald ein gänzliches Versagen ihrer Functionen erfolgen müßte. Das Gefühlsystem wird neu belebt, weil die Lebenskräfte fortwährend wirken; allein durch welche Mittel kann die Wiederbelebung dieser bewirkt werden, wenn sie eine ähnliche Erschöpfung erleiden. Schon diese Betrachtung hätte die Physiologen überzeugen können, daß die Erregung derselben durch andere Gesetze regulirt werde.

Es ist in der That klar, daß die Circulation ununterbrochen fortgeht; allein dieß hat man durch die Annahme erklären wollen, daß das Herz und die Blutgefäße während der mit ihren Contractionen abwechselnden Ruhezeiten ihre Erregbarkeit wieder annehmen, deren Erschöpfung bei der Contraction als die Ursache der darauf folgenden Erschlaffung angesehen worden ist.

Diese Theorie schien für das Herz gut zu passen, weil während der zwischen den Contractionen stattfindenden Ruhezeiten das Reizmittel, welches das Organ erregt, beseitigt ist; allein wie könnte sie auf die Gefäße Anwendung finden, die beständig mit dem Reizmittel gefüllt sind, und, was durch so viele Versuche dargethan ist, die Bewegung des Blutes, ohne Zuthun des Herzens, vermitteln können *)? Ein Organ, welches durch die Einwirkung irgend eines Reizmittels erschöpft ist, kann seine Erregbarkeit unter der Einwirkung desselben Agens, welches sie erschöpft hat, nie wieder erlangen. Die Netzhaut erholt sich nie bei demselben Grade des Lichts, welcher deren Kraft geschwächt hat, und dasselbe gilt vom Gehörnerven in Bezug auf Töne.

Durch einen ganz einfachen Versuch kann man sich jedoch überzeugen, daß diese Theorie, im Bezug auf das Herz, eben so irrig ist, wie im Bezug auf die Blutgefäße. Wenn man bei einem frisch getödteten Thiere die vom Herzen ausgehenden Arterien unterbindet, so daß es mit Blut gefüllt bleibt, so gehen dessen, obgleich nun unwirksame, Contractionen mit derselben Regelmäßigkeit fort, wie vor Anlegung der Ligaturen. Wenn man die Muskeln des frisch getödteten Thieres mit Salz bestreut, so bestreht die Wirkung nicht in einer andauernden Contraction, auf die eine lange Erschlaffung folgt, sondern in einer beständigen Aufeinanderfolge von Zusammenziehungen und Abspannungen, bis ihre Kraft erschöpft ist, und dieß findet unter der fortwährenden Einwirkung des Reizmittels statt.

Ein vom Dr. Wollaston zuerst in Vorschlag gebrachtes Experiment, mit welchem er seine Freunde zu unterhalten pflegte, erläutert das wechselnde Aussetzen der Muskelzusammenziehung selbst in dem Falle, wo letztere fast so andauernd ist, als die Beschaffenheit des Muskels im gesunden Zustande es zuläßt, auf eine ungemein schlagende Weise **). Stemmt man die Ellenbogen auf einen Tisch, und drückt man mit dem Ende eines Fingers jeder Hand fest auf den Theil des Ohres, welcher den äußern Gehörgang bedeckt, so daß er gewaltsam in die Oeffnung des Gehörgangs eingedrückt wird, so hört man eine schnelle Aufeinanderfolge von deutlich getrennten Stößen. Dieß schrieb Wollaston der Bewegung des Bluts in den Gefäßen zu; allein wenn es daher rührte, so müßten diese Stöße gleichzeitig mit den Herzschlägen stattfinden. Daß es aber von der schnellen Aufeinanderfolge der Contractionen derjenigen Muskeln des Arms herrührt, durch deren Einwirkung das Ende des Fingers gegen das Ohr gedrückt wird, erhellt aus folgender Abänderung des Experimentes: Man stemme die Arme so auf den Tisch, daß sie durch die Gewicht auf die Finger, welche die Ohren schließen, drücken, und bemühe sich auf keine Weise, die Verstopfung der Ohren durch das Gewicht der Arme, und nicht durch die Thätigkeit der Muskeln, hervorzubringen. Gelingt uns dieß, so empfinden wir auch sogleich keine Stöße mehr. Man wird finden, daß das Geräusch genau in demselben Verhältniß abnimmt, in welchem es uns gelingt, die Thätigkeit der Muskeln zu vermindern, und wenn uns dieß vollkommen glückt, so hört es ganz auf. Dieselbe Eigenschaft der Muskeln läßt sich einem andern unserer Sinne wahrnehmbar machen. Wenn man einen Vogel auf einem

Finger sitzen läßt, so fühlen wir nur dessen Schwere. Der Vogel setzt sich so in's Gleichgewicht, daß die fortwährende Einwirkung seiner Muskeln unnöthig wird. Bewegt man aber den Finger, so daß der Vogel sich festklammern muß, um seinen Platz zu behaupten, so fühlen wir ein Schwirren, welches aus derselben schnellen Aufeinanderfolge von Stößen entsteht, die im vorigen Falle vom Gehörsinne empfunden wurden. Je größer der Vogel ist, desto deutlicher ist natürlich das Schwirren.

Nach dem Gesagten läßt sich nicht läugnen, daß die Muskeln sich während der zwischen den Contractionen stattfindenden Erschlaffungen in einem ganz verschiedenen Zustande befinden, als derjenige, welcher stattfindet, wenn sie nicht mehr durch denselben Reiz erregt werden können. Nun wird aber das Schwinden der Muskelkräfte nicht durch den erstern, sondern durch den letztern dieser Zustände angezeigt.

Sämmtliche Erscheinungen des Thierkörpers beweisen, daß ein Muskel zwar durch kräftige und wiederholte Contractionen erschöpft werden kann, daß er aber nicht dem für das Gefühlsystem geltenden Gesetze, vermöge dessen auf alle Grade der Erregung eine verhältnißmäßige Erschöpfung folgt, unterworfen sey.

Auf diese Weise erleiden die Muskeln der willkürlichen Bewegung häufig eine Erschöpfung, weil sie, als dem Willen unterthan, häufig einer, in Ansehung des Grades, oder beider übermäßigen Erregung ausgesetzt sind. Diese Erschöpfung thut aber der Gesundheit keinen Eintrag, und in den gewöhnlichen Functionen des Organismus sind die Mittel gegeben, durch jene Schwäche wieder gehoben wird. Die zu den Lebensfunctionen mitwirkenden Muskeln gehorchen dagegen einem besser regulirten Reize, welcher nur in Krankheitsfällen einen Grad von Erregung hervorbringt, welcher deren Kraft schwächt. In vielen Krankheiten läßt sich die Wirkung einer solchen Erregung erkennen. Läßt dieselbe nicht bald nach, oder können wir sie nicht durch künstliche Mittel binnen kurzer Zeit heben, so erfolgt jedesmal der Tod, und selbst eine längere Fortdauer derselben erzeugt einen Grad von Schwäche, daß die Lebenskräfte so herabdrücken, daß deren Wiederbelebung nur langsam und schwer erfolgen kann. So ist es denn klar, daß die Fortsetzung des Erregungszustandes von der Fähigkeit der Muskelfaser abhängt, mäßig erregt werden zu können, ohne den geringsten Grad von Erschöpfung zu erleiden.

Diese Eigenschaft besitzen sowohl die Muskeln der willkürlichen, als die der unwillkürlichen Bewegung; bei beiden ist in dem gesunden Zustande des Organismus der Erschöpfung nicht unterworfen sind, entspringt nicht aus irgend einer Eigenthümlichkeit der Natur dieser Muskeln, sondern aus den Umständen, unter denen sie sich befinden. Bei vielen Krankheiten finden wir die Muskeln der willkürlichen Bewegung in einem Zustande von Aufregung, d. h., in einem solchen von anhaltender Contraction und Erschlaffung, worin eben der Zustand ihrer Erregung, so lange der Mensch wacht, oder während der ganzen Zeit besteht, wo diejenigen Theile des Nervensystems, mit denen sie in Verbindung stehen, diesselben, ohne daß Müdigkeit, oder irgend ein anderes Zeichen von Erschöpfung derselben eintritt, zu erregen fähig sind. Die Muskeln des Athemholens, welche im strengsten Sinne des Worts Muskeln der willkürlichen Bewegung sind *), befinden sich während des ganzen Lebens in einem Zustande von beständig erneuter gelinder Erregung. Nur bei'm Asthma und in andern Fällen, wo deren übermäßige Thätigkeit erforderlich ist, zeigen sie einen gewissen Grad von Erschöpfung.

Auf diese Weise unterscheidet sich die Muskelfaser in ihren Gesetzen der Erregung wesentlich von den übrigen Organen, mit denen sie im Gefühlsystem vergesellschaftet ist; bei diesen ist, wie bei den letztern, in gesundem Zustande einer gleichförmigen fortwährenden Erregbarkeit fähig, noch folgt ihr auf alle Grade der Erregung eine verhältnißmäßige Erschöpfung. Allein bei'm Lebensystem ist, wenngleich alle übrigen Theile desselben einer gleichförmigen Erregung fähig sind, die Muskelfaser nicht das einzige Organ,

---

*) Experimental inquiry, part. II.

**) Es läßt sich mit Grund annehmen, daß bei'm Krampfe der Muskel sich in einem Zustande von fortwährender Zusammenziehung befindet, und daher rührt wahrscheinlich die Ursache des Schmerzes, welcher bei diesem Zustande stattfindet.

*) Philosophical Transactions für's Jahr 1829 und Experimental Inquiry.

bei welchem gewisse Grade von Erregung keine Erschöpfung zur Folge haben. Daffelbe gilt von den Ganglien=Nerven und denjenigen Organen des Gehirns und Rückenmarks, denen sie ihre Kraft verdanken, und welche, wie sich durch directe Versuche darthun läßt, durch das ganze Gehirn und Rückenmark vertheilt sind.

Die secernirenden Organe sind in der That, wie die der Circulation, während des Schlafens weniger thätig, als während des Wachens; allein wir werden sehen, daß dieß eine nothwendige Folge von Ursachen ist, die nicht damit zusammenhängen, daß jene Organe an der Erschöpfung des Gefühlsystems Theil nehmen; überdem kann eine nur verminderte Erregung die geschwächte Erregbarkeit nicht wieder herstellen, sondern muß, im Verhältniß zu ihrem Grade, die Erschöpfung immer noch vermehren. Nur bei Krankheiten erleiden sie irgend einen Grad von Erschöpfung, welcher bei ihnen eine verschiedene Art von Schwäche, keineswegs aber eine Erschöpfung erzeugt, die der des Gefühlsystems analog ist, welche letztere vielmehr dadurch verhindert wird, daß die Lebensfunctionen in's Stocken kommen, und auf diese Weise indirect auf Erregung des Gefühlsystems hinwirken.

Aus dem Gesagten ergiebt sich, daß wir im Gefühlsystem allein Organe finden, die durch alle Grade von Erregung erschöpft werden können, und deren Erschöpfung sich mit dem Zustande der Gesundheit verträgt: nämlich die Nerven dieses Systems, und diejenigen Theile des Hirns und Rückenmarks, mit denen sie Gemeinschaft haben; allein aus den, der königl. Gesellschaft früher vorgelegten, Thatsachen ergiebt sich nothwendig, daß nur die Nerven dieses Systems unter der Herrschaft dieser Theile des Gehirns und Rückenmarks stehen, und von den letztern allein haben wir daher die Erschöpfung herzuleiten, die die unmittelbare Ursache des Schlafs ist.

Die Theile des Gehirns und Rückenmarks, welche mit den Nerven und Muskeln des Gefühlsystems Gemeinschaft haben, erleiden durch die Wirkung der gewöhnlichen Lebensreize allmälig einen solchen Grad von Erschöpfung, daß sie durch diese Reize nicht mehr erregt werden können, und deren Functionen nur durch stärkere Reize in Gang erhalten werden können. Daher gelangen Eindrücke von äußern Gegenständen nicht mehr zur Perception, und können also ihre gewöhnlichen Wirkungen auf den Geist und auf den Körper nicht mehr hervorbringen. Da nun auf diese Weise die Erregbarkeit in jenen Theilen des Gehirns und Rückenmarks, und folglich in den Nerven und Muskeln, deren Functionen von ihnen abhängen, aufgehoben ist, während das Lebensfunctionen fortdauern, so wird in allen diesen Organen ein solcher Vorrath von Erregbarkeit angehäuft, daß sie den gewöhnlichen Reizen wieder zugänglich werden, und die Thätigkeit des Gefühlsystems wieder hergestellt wird.

Die geistigen Functionen hängen, wie bereits bemerkt, von den Theilen des Gehirns, und bei manchen Thieren des Rückenmarks ab, welche mit den Nerven und Muskeln des Gefühlsystems in Verbindung stehen. Daher rühren die Erscheinungen des Traumes, über die ich einige mit den übrigen Theilen dieser Abhandlung in enger Beziehung stehende Bemerkungen beizubringen gedenke, nachdem ich die Art und Weise betrachtet haben werde, auf welche der Zustand des Gefühlsystems während des Schlafs auf das Lebensystem einwirkt.

Wir haben zunächst die Wirkungen des Schlafs auf die Organe zu betrachten, welche zu dessen Erzeugung nicht mitwirken.

Einer der wichtigsten Umstände, die auf den Zustand des Gefühlsystems während des Schlafs Bezug haben, ist derjenige, daß der Schlaf nie so tief ist, daß dessen Erregbarkeit durchaus aufgehoben wäre. Hierin liegt allein der Grund, daß der Schlaf nicht leicht in Tod übergehen kann. Der Grad von Gefühlsvermögen, welcher während des Schlafes fortbesteht, ist das unterscheidende Kennzeichen zwischen dem letztern, und dem durch Krankheit veranlaßten Erstarrung. Der Schlaf allein ist ein gesunder, aus welchem wir leicht erweckt werden können. War einer Ermüdung so stark, daß derselbe tiefer ist, so ist derselbe krankhaft, d. h., das Lebensystem nimmt an der Schwächung Antheil, oder es ist irgend eine Ursache thätig, welche die neue Kräftigung des Gefühlsystems verhindert. Aus demjenigen, was ich über die verschiedenen Arten

von Apoplexie beibringen werde, wird sich dieß deutlicher angeben.

So gesondert das Lebensystem und das Gefühlsystem auch sind, so kann doch keines das andere lang überleben. In einer Abhandlung, welche in den Philosophical Transactions für's Jahr 1829 zu finden ist, führte ich die Thatsachen an, aus denen sich ergiebt, daß bei allen Todesarten, die plötzlichen ausgenommen, welche aus den Ursachen entspringen, die einen solchen Eindruck auf das Nervensystem machen, daß die sämmtlichen Functionen augenblicklich aufgehoben werden, die Functionen des Gefühlsystems zuerst aufhören; das Thier stirbt nicht eher, als bis es die Mittel verloren hat, die dasselbe empfänglich und zum Verkehr mit der äußern Welt geschickt machen. Diese Folge ist constant und bleibt nie lange aus. Wollten wir daher zu einer klaren Ansicht des Zustands der Functionen des Thierkörpers während des Schlafs gelangen, so müssen wir die Verbindungswege zwischen dem auf den ersten Blick so sehr von einander gesonderten Lebensystem und Gefühlsystem nachweisen, vermöge deren das eine ohne das andere nur sehr kurze Zeit fortbestehen kann.

Daß das Gefühlsystem nicht unabhängig vom Lebensystem fortbestehen könne, ergiebt sich schon aus der oberflächlichen Betrachtung; weniger deutlich springt die Abhängigkeit des letztern vom erstern in die Augen. Die in der eben angezogenen Abhandlung aufgeführten Thatsachen beweisen, daß bei dem vollkommensten Thiere, die Function des Athemholens als die einzige Lebensfunction, welche die Mitwirkung des Gefühlsystems in Anspruch nimmt, jenes Verbindungsglied ist. Aus jenen Thatsachen ergiebt sich, daß die Muskeln des Athemholens, streng genommen, solche der willkürlichen Bewegung sind, und daß deren Erregung folglich von den Kräften jenes Systems abhängt. Wenn die Kraft der Empfindung ganz aufhört, so stockt auch der Athem.

Die Ansichten der Physiologen über diesen Theil des Gegenstands waren so verworren, daß man die fortwährende Thätigkeit der Respirationsmuskeln unter dem Namen innige Verbindung mit dem Lebensysteme dadurch zu erklären suchte, daß man eine dritte Classe von Muskeln annahm, die sowohl willkürlich als unwillkürlich beweglich seyen, und die Muskeln des Athemholens in diese Classe stellte. Wenn dieß der Fall wäre, so müßten diese Muskeln ihre Natur jeden Augenblick ändern, indem sie dieselben Muskeln sind, welche bei tausend andern Handlungen mitwirken, die unläugbar unter der Herrschaft der Willenskraft stehen, und auf der andern Seite wenn das Athemholen durch gewaltsame Mittel verhindert wird, alle Muskeln des Rumpfes bei dieser Function thätig sind. Ueberdem beweisen die der königl. Gesellschaft vorgelegten Thatsachen nicht nur, daß keine solche Classe von Muskeln eristirt, sondern auch, daß die Gesetze der Erregbarkeit bei allen Muskeln dieselben sind, indem der Unterschied zwischen den Muskeln der willkürlichen und der unwillkürlichen Bewegung lediglich von der Natur ihrer Functionen, und den Umständen abhängt, unter denen sie sich befinden. Der Einfluß der Nerven kann zwar auf dreie einwirken, wird ihnen aber auf verschiedenen Wegen und zu verschiedenen Zwecken zugeführt, indem die unwillkürlichen Functionen der Muskeln der willkürlichen Bewegung durchaus, und die der Muskeln der unwillkürlichen Bewegung durchaus nicht von jenem Systeme abhängig sind. Die Thätigkeit der Respirationsmuskeln dauert während des Schlafes fort, weil die Erschöpfung des Gefühlsystems vollständig ist, und die Ursache, welche auf dieses System bei deren Erregung einwirkt, in diesem Zustande eben so gut fortdauert, als in dem des Wachens. Dasselbe gilt von allen übrigen Muskeln der willkürlichen Bewegung, rücksichtlich der Ursachen, welche und inwiefern sie sie zu erregen. Im tiefsten Schlafe bewegen wir unsere Extremitäten, wenn dieselben sich in einer unbequemen Lage befinden. Wären wir nicht befähigt, uns schlafend gegen diese Unannehmlichkeit zu sichern, so würden wir durch dergleichen Bewegungen sogleich aufgeweckt werden. Die Bewegungen des Athemholens sind zu gelinde, als daß sie diese Wirkung hervorbringen könnten.

(Schluß folgt.)

Ueber das jetzt aufgefundene Skelet Raphael's von Urbino,

wovon in den Zeitungen mehreremale die Rede gewesen ist, nehme ich Folgendes aus einem Schreiben auf, welches der römische Alterthumsforscher Hr. Nibby an Hrn. Quatremère de Quincy zu Paris gesendet hat. — Ich nehme es auf, nicht allein des berühmten Malers wegen, sondern weil der seit mehr als hundert Jahren als Raphael's Schädel in der Accademia di S. Luca aufbewahrte Schädel Gegenstand der Betrachtung und des Studiums für Kunst- und Naturforscher gewesen ist und zur Stütze physiognomischer, craniologischer und phrenologischer Systeme gedient hat, und es daher auch für die Wissenschaft nicht gleichgültig ist, zu erfahren, daß derselbe einem anderen habe weichen müssen und letzterer nun Gegenstand des Studiums und der Vergleichung werde.

Mein Herr! „Es ist billig, daß ich Ihnen, dem würdigen Verehrer und beredten Geschichtschreiber des göttlichen Raphael, alle in Bezug auf die Auffindung seiner sterblichen Ueberreste wissenswerthe Umstände mittheile. Sie wissen, daß fast seit einem Jahrhundert die Academia di St. Luca den Fremden einen Schädel zeigte, welchen man für den des Malers von Urbino ausgab. Vor 40 Jahren verbreiteten sich aber zweifelhafte Gerüchte über die Wahrheit dieses Vorgebens und man suchte daher die Umstände, unter welchen die Academie in den Besitz dieser köstlichen Reliquie gekommen war, so viel als möglich zu erklären: es hieß, im Jahr 1674, als Carlo Maratti durch Paolo Naldini Raphael's Büste verfertigen ließ, um sie im Pantheon neben dem Grabmal, welches ihm unter dem Schöpfer der Madonna del Sasso errichtet worden war, aufzustellen, habe derselbe Maratti das Grabmal öffnen lassen, und den Schädel des Malers von Urbino herausgenommen; aber wahrheitsliebenden Kritikern genügte diese Erklärung nicht und sie warnten stets die Fremden, diesem Mährchen zu glauben. Uebrigens wurde schon vor zwei Jahren ein authentisches Document aufgefunden, welches darthat, daß der Schädel dem Don Desiderio de Adintorio, dem Stifter der società dei virtuosi des Pantheon, und vom Jahre 1542 gehöre. Von diesem Augenblick erhob sich ein Streit unter den einzelnen Mitgliedern der genannten Gesellschaft, welche den Schädel ihres Stifters wieder zu erhalten wünschten, und zwischen der Academie di St. Luca, welche die Täuschung, in der sie sich hinsichtlich des Besitzes von Raphael's Schädel befand, nicht aufgeben wollte. Nach mehrmonatlichem Streite ließ die Congregation der virtuosi, welche noch immer die Hoffnung, den Schädel ihres Stifters wiederzuerhalten, nicht aufgab, die über Antiquitäten und schöne Künste berathende Commission, die Academie di St. Luca, die Academie der Archäologie zu einer gemeinschaftlichen Nachsuchung nach Raphael's Körper einladen, und man ergriff sogleich diejenigen Maaßregeln, wodurch beide Partheien zufrieden gestellt werden konnten. Da ich von jeder dieser drei Gesellschaften Mitglied bin, so habe ich mit großer Ausdauer allen Arbeiten beigewohnt und spreche daher als Augenzeuge. Das dabei befolgte Verfahren war so regelmäßig, daß man es fast für in Kleinlichkeiten eingehend erklären könnte. Nach verschiedenen erfolglosen Nachgrabungen, grub man endlich unter dem Altar der Jungfrau selbst auf, indem man sich dabei an die von Vasari in Raphael's und Lorenzetto's Lebensbeschreibung gegebene Nachricht, und das heißt, was sich in dem Verzeichniß der Gemälde und Bildhauereien, welche der Academie dieses Schriftstellers von 1563 angeheftet ist, bindet und man entdeckte bald Mauerwerk von der Länge eines Mannskörpers. Die Arbeitsleute zerbißen den Stein mit der größten Vorsicht, und nachdem sie 1½ Fuß tief aufgegraben hatten, stießen sie auf einen leeren Raum. Die Arbeit wurde mit wachsender Eifer, aber immer mit der größten Behutsamkeit, fortgesetzt. Sie fand mit besonderer Feierlichkeit in Gegenwart Sr. Em. des Cardinal Zurla, Vicarius Sr. Heiligk., des Monsig. Grimaldi, Gouverneurs von Rom, des Msgr. Patrizi, Majordomus, des Msgr. Fieschi, Kämmerherrn und sämmtlicher in den genannten Academien statt. Sie stellten sich die Begeisterung nicht vor, welche uns alle ergriff, als man, nach einer letzten Anstrengung, die Reste eines Sargs und das Skelet unversehrt und in der gestreckten Lage, wie es eingelegt worden war, ganz leicht mit Erde und feuch-

tem Staub, von dem an seinem obern Theile verwest'ten Sarge, Kleidungsstücken und weichen Theilen herrührend, entdeckte; man erkannte deutlich, daß das Grabmal nie geöffnet worden war (es wäre auch schwer zu glauben, daß die Obrigkeit eine solche unwürdige Verstümmelung des Körpers eines Mannes zugelassen haben sollte, der Rom und dem Zeitalter Leo's X. so viel Ehre machte) und es wurde die klar erwiesen, daß der Schädel der Academie di St. Luca nicht der von Raphael war. Zuerst sorgte man nun, den Körper von allem Staube zu befreien, den man übrigens gewissenhaft aufhob, da er wieder in den neuen Sarkophag gethan werden sollte. Man fand darunter sehr gut erhaltene Stücke des Sargs, welcher von Tannenholz war und Bruchstücke von Malereien, welche den Deckel geziert hatten, so wie Stücke von Tiberthon, als Zeichen, daß das Wasser des Flusses hineingesickert war; eben so auch eine stelletta (Stern) von Eisen, eine Art Sporn, womit Raphael von Leo X. decorirt worden war, einige Armspangen, viele Ringe (anelli) von Metall und viele Knöpfe von der Kleidung. Man erkannte, daß der Sarg sogleich eingemauert worden war und dieser Vorsicht verdankt man die Erhaltung der Knochen. Am 15. September schritt man zur Besichtigung des Körpers; man fand, daß er einem kleingestalteten Manne angehört habe. Die Formalitäten waren den 17. beendigt. Baron Trasmondi, Prof. der chirurgischen Clinik der Universität, maß den ausgestreckten Körper, nachdem er die zweckdienlichen Beobachtungen an den Knochen und besonders den Beckenknochen gemacht und daraus den Beweis, daß es ein männlicher Körper sey, geführet hatte. Der Marquis Biondi, Präsident der Societ. der Archäologie, erklärte, indem er sich besonders auf Stellen aus Vasari's Leben Raphael's und Lorenzetto's 2c. und auf den Brief von Michael di Servettor stützte, den Körper mit wenig Worten für den Raphael's und forderte die Anwesenden auf, wenn sie gegründete Widersprüche hätten, sie vorzubringen. Mehr als 70 Personen, die vornehmsten hohen Landesgesellschaften, bestätigten die Meinung Biondi. Viele antworteten nur durch Seufzer und andere Zeichen von Trauer. Man unterzeichnete sogleich die Erkennungsacte. In Betreff, wie man diese Gebeine mit der größten Decenz in Sicherheit bringen wollte, kam man einstimmig überein, ganz den, Ihnen bekannten, Testaments-Anordnungen Raphael's zu folgen, und entschied sich, die Gebeine, nachdem sie in einen dauerhaften Sarg von Blei oder Marmor gelegt worden, wieder an den vorigen Ort zu schaffen und alles gegen das Eindringen des Tiberwassers zu sichern. Man wird nun in dem Tempel und dem Ruhme Raphael's würdiges Leichenbegängniß feiern. Baron Tamuncini wird alles, was mit gesehen, durch Zeichnung wiedergeben, und dann soll es lithographirt werden; Girometti soll eine Gedächtnißmedaille stechen, und ich bin mit der Verfassung des öffentlichen Berichts beauftragt. Vom 20 — 24. wurde das Publicum zugelassen und das Gebäude aus allen Ständen war erstaunlich. Den 24. legte man die Gebeine in einen Sarg, worin sie so lange bleiben, bis der bleierne oder marmorne Sarg vom Papst fertig seyn wird. Die Beobachtungen Trasmondi's und andere Betrachtungen haben die vollkommene Aehnlichkeit der Reste der Gebeine mit den Abbildungen von Raphael dargethan. Der Körper ist gut erhalten, 7 Palmen 5 Unzen und 3 Minuten (5 Fuß 2 Zoll, 3 Linien) hoch, der Kopf vollkommen erhalten, noch mit allen Zähnen, 31 an der Zahl, welche sehr schön sind, der 32. aus der linten Unterkinnlade war noch nicht durchgebrochen. Man sieht die Grundzüge des Gesichtes ganz so, wie auf dem Porträt in der „Schule von Athen"; der Hals war lang, Arme und Brust zart *), die Beine und Füße sehr start. Merkwürdig für Jedermann und mit Recht war, daß die larynx noch unversehrt und biegsam war; er war weit und ließ eine starke Stimme vermuthen. Seitdem man der Luft ausgesetzt, hat er Knochenhärte angenommen. Am vergangenen Donnerstage hat man den Schädel abgegypst (moulé); dieses gelang vollkommen. Den Freitag, 18. October, soll die Urne eingesenkt werden.

*) Die hier weggelassene Stelle des Originals le creux marqué par l'apophyse du bras droit paraît être une suite du grand exercice dans le travail du dessin ist in der Angabe der anatomischen Thatsache nicht deutlich und dann in der daran geknüpften Conjectur offenbar zu weit schließend.

Miscellen.

Eine geologische Charte von Spanien wird man nun wohl in nicht gar langer Zeit erwarten dürfen. Boubé, Elie de Beaumont und Dufresnois sind in den Pyrenäen; Le Roy im südlichen Spanien; Schulz, Bergwerksinspector in Spanien, erforscht Gallizien, und Vallejo und ihm hat die spanische Regierung die Verfertigung einer geologischen Charte von Spanien aufgetragen. Wobei man in Anschlag bringen muß, daß Silvertop, Hausmann, Lyell, Cook u. A. ebenfalls das Land besucht haben, und daß Pitta de Castro mit der jungen Königin Donna Maria nach Portugal zurückgekehrt ist und die Geognosie seines Vaterlandes beschreiben wird.

Gediegenes Irid ist ein von dem Professor Breithaupt zu Freiburg neuerdings in Körnern aus dem Gold= und Platinwäschen von Nischne-Tagilsk am Ural aufgefundenes neues Metall, welches an Härte und Schwere alle andern bekannten Metalle (auch das Platin) übertrifft, „der Einwirkung der Säuren vollkommen widersteht und im hohen, vielleicht im höchsten, Grade strengflüssig ist.‟

Antediluvianischer Bernstein. In dem Thoneisensteine der Kohlenformation bei Bathgate, Burntisland rc., hat man seit lange schon ein durchsichtiges, weiches, entzündliches, blaßgelblichweißes und weingelbes Mineral bemerkt, welchem man keinen besondern Namen gegeben hatte. Man versichert jetzt, daß es die chemischen Eigenschaften des Bernsteins habe.

Heilkunde.

Vergleichung des Werthes der verschiedenen Steinschnittmethoden.

Von A. Velpeau.

„Berücksichtigt man die verschiedenen Methoden für den Steinschnitt bei'm Manne, so bietet sich besonders eine Frage dar, nämlich welche Methode es verdiene, als allgemeine Methode den übrigen vorgezogen zu werden. Um diese Frage zu lösen, muß man zuerst nachsehen, welchen Zufällen die Kranken nach dem Steinschnitt unterliegen. Mehrere starben an Blutung, andere in Folge von Entzündungen, Abscessen, Gangrän des Zellgewebes im kleinen Becken und am Peritonitis. Andere scheinen bloß durch Leiden mehr oder minder entfernter Organe ihren Tod zu finden, z. B., durch Gehirn= oder Darmgangrän mit typhösen und adynamischen Erscheinungen, ferner an serösen oder eitrigen Ergießungen in den Pleurasäcken und besonders an vielfältigen Eiterheerden in parenchymatösen Organen. Noch kommen andre krankhafte Zufälle nach dem Steinschnitte vor, welche aber bloß eine Infirmität ausmachen, z. B., incontinentia urinae, Oeffnung des Rectums und Urinfisteln aller Art.

Der Mastdarmblasenschnitt setzt weniger als irgend eine andre Methode der Bildung von Eiterungen im Becken oder von metastatischen Abscessen aus; aber er giebt häufiger Veranlassung zu Entzündungen der Blase und des Darmcanals, ohne allen Zweifel giebt er auch häufiger Veranlassung zur Entstehung von Urinfisteln, ohne deswegen, wie man bisß gewöhnlich glaubt, die Ausziehung großer Steine gefahrloser zu machen, als die übrigen Methoden.

Der Steinschnitt oberhalb der Schaambeine oder der hohe Steinschnitt kann nur höchst selten von einer Blutung begleitet seyn, er sichert vor der Entstehung von Fisteln und fast immer vor Entzündung der Blase, vor incontinentia urinae, vor Darmentzündung und vor vielfachen Eiterheerden in entfernten Organen. Er gestattet das Ausziehen der größten Steine und ist leicht auszuführen; eine Verletzung des Peritoneums ist der Umstand, welcher dabei allein sehr zu fürchten ist, weil, wenn die Folge davon eine Entzündung dieser Haut ist, fast immer der Tod darauf folgt. Noch ist hinzuzufügen, daß Infiltrationen, Eitersenkungen und gangränöse Abscesse im Beckenzellgewebe nirgends mehr zu fürchten und schwerer zu vermeiden sind, als bei dieser Methode.

Der Perinealsteinschnitt, welcher über die Gränzen der Prostata hinausgeht, bringt, jedoch in minderm Grade, die Gefahr eben solcher Infiltrationen, einer Verletzung der Mastdarmgefäße in einzelnen Fällen, einer Blasenmastdarmfistel, Harnröhrenmastdarmfistel, oder bloß Harnröhrenfistel, ferner die Gefahr von incontinentia urinae und von metastatischen Eiterungen, häufiger als beide vorhergehende Methoden; was davon abzuhängen scheint, daß einestheils häufiger größere Venen, die sich alsdann entzünden, getroffen werden, und daß sich anderntheils kleine Eiterheerde in der Umgebung der Wunde entwickeln, deren Eiter auf irgend eine Weise in den allgemeinen Kreislauf gelangt. Beschränkt sich der Steinschnitt auf die Prostata und bleibt innerhalb der Gränzen dieser Drüse, so kann man fast immer die Arterien und den Darm vermeiden und er wird nur selten idiopathische oder symptomatische Abscesse zur Folge haben, und hat eigentlich bloß den Nachtheil, daß er für sehr große Steine nicht eine hinlänglich weiten Weg bahnt; alsdann aber kann man zu dem zweiseitigen Schnitte, von Dupuytren oder zu dem vierseitigen von Vidal seine Zuflucht nehmen; die incontinentia urinae und Harnröhrenfistel, welche man in einem solchen Falle befürchten könnte, kommen nicht so häufig vor und sind nicht so schwer zu heilen, daß man dadurch zurückgeschreckt werden könnte; auf diese Weise ist der Perinealblasenschnitt immer noch der, welcher die meisten Vortheile darbietet, und welcher zuletzt den Vorzug vor den übrigen als allgemeine Methode verdient.

Nach diesen Ansichten wäre der Mastdarmblasenschnitt bloß als ausnahmsweise Methode anzunehmen, z. B., wenn Geschwülste, Geschwüre, mehr oder minder tief gehende Degenerationen des Perineums nicht gestatten, in diese Gegend einzuschneiden, oder auch wohl, wenn der Stein mit einem Ende in der Prostata steckt, wenn diese Drüse krank, ulcerirt und der Sitz einer Aushöhlung ist, welche den Schnitt nach der Seite hin zu schwierig oder zu gefährlich machen würde; endlich wenn der Stein bereits die Mastdarmblasenwand verdünnt oder ulcerirt hat. Der hohe Steinschnitt dagegen wäre bei sehr großen Steinen, bei Kindern und Frauen anzuwenden, ferner wenn die Blase nicht leicht ausgedehnt wer-

den kann, oder wenn der Grad der Beleibtheit des Kranken
feine Ausführung nicht zu schwierig macht. Uebrigens muß
man bemerken, daß, wenn Fettheit ein Hinderniß für den ho=
hen Steinschnitt ist, fie doch auf der andern Seite auch den
Bortheil hat, daß das Peritoneum durch die Anhäufung von
Fett, welche fich, alsdann zwischen diefer Haut und den
Bauchwänden bildet, aus dem Wege des Instrumentes
entfernt wird. Die Fälle von Berhärtung und Berdickung
der Blafenwände wären endlich noch in die Kategorie derer
zu stellen, welche fich für den Mastdarmblafenschnitt eignen,
wenn nämlich der Perinealschnitt nicht ausgeführt werden
könnte. (*Velpeau Méd. opér. Tom. III.*)

Ueber das Gelbfehen in der Gelbfucht

hat Dr. Elliotfon einige Beobachtungen mitgetheilt. Zu=
erft erinnert er daran, daß Dr. Pemberton zwei Fälle
von Gelbfehen beobachtete, wo die eigentliche Gelbfucht gar
nicht fo heftig war. Auch Hoffmann fah zwei Kranke,
welche klagten, daß alles, was fie fähen, ihnen gelb erfcheine.
Hr. Elliotfon fchreibt die Fälle des Gelbfehens dem Um=
ftande zu, daß Entzündung in der Hornhaut vorhanden fey
und Gefäße, welche gelbes ferum führten, das Medium,
wodurch man fieht, färbten.

"Im Jahr 1826 hatte ich einen Fall von Gelbfucht
im Hospital, wo der Patient auf beiden Augen, befon=
ders auf dem linken, albugo hatte: in diefes Auge liefen
zwei große rothe Gefäße, und mit diefem Auge fah der Pa=
tient gelb; das rechte Auge aber, an welchem keine Entzün=
dung in der Hornhaut vorhanden war und wohin keine gro=
ßen Gefäße liefen, fah die Dinge in ihrer natürlichen Farbe.—
Im Jahr 1827 hatte ich einen andern Hospitalpatienten,
welcher mit beiden Augen gelb fah, und bei ihm war die
conjunctiva unmittelbar um die Hornhaut ganz; gegen den
Umfang der Augenhöhle fehr entzündet. Eben jetzt fah
ich im St. Thomas=Spitale einen Kranken, welcher an
Gelbfucht leidet, und verfichert, daß er zu Anfang der Krankheit
gelb gefehen habe. Er weiß nicht, ob feine Augen entzündet
gewefen find, aber Thatfache ift es, daß mehrere große Ge=
fäße vorhanden find, welche nicht völlig in die cornea, aber
fehr nahe an diefelbe laufen. Wenn Kranke gelb fehen, fo
rührt das davon her, daß das Blutferum durch die Horn=
haut vor die Pupille geführt wird. So muß man es er=
klären. In dem zweiten Falle diefer Art, der mir vorkam,
war ich, nach dem, was ich in dem erften Falle beobachtet
hatte, darauf gefaßt, Entzündung des Auges zu finden. Ich
betrachtete forgfältig das Auge des Mannes, fo wie er mir
fagte, daß er gelb fehe, und ich fand, wie ich es erwartete,
daß es im Entzündungszuftande war."

Ueber die Erweichung des Rückenmarks.
Bon J. Abercrombie.

"Folgende Fälle fcheinen mir zur genauern Kenntniß der bis
jetzt noch fo unbekannten Entzündung des Rückenmarks viel beitra=

gen zu können. In der erften Beobachtung ift die Krankheit mit
einer ausgebreiteten Entzündung der Rückenmarkshäute verbunden;
in der zweiten befchränkte fich die Krankheit auf das Rückenmark
allein; die dritte ift befonders dadurch merkwürdig, daß die Krank=
heitserfcheinungen den Symptomen einer Hirnaffection ähnlich wa=
ren. Die vierte Beobachtung betrifft einen Krankheitsfall, der in
Folge einer äußern Urfache eintrat; und die fünfte zeigt die chroni=
fche Form der Krankheit.

Erfte Beobachtung. Ein junger kränklicher Menfch von
18 Jahren hatte feit mehreren Jahren an verfchiedenen Körperftel=
len Gefchwüre, welche mit Erfoliation der Knochen verbunden wa=
ren, befonders am Unterfchenkel, Oberfchenkel und Heiligenbein.
Mehrere Monate vor feiner letzten Krankheit hatte er ebenfalls ein
cariöfes Gefchwür am Kopfe von der Größe eines Achtgrofchenftücks.
Uebrigens befand er fich verhältnißmäßig wohl und fetzte feine Stu=
dien auf der Univerfität zu Edinburgh fort. Am 29ten September
1823 fragte er meinen Freund, den Dr. H., wegen Halsfchmer=
zen mit etwas Fieber um Rath. Diefe Zufälle wurden leicht
gehoben, und er war nun 3 Tage vollkommen wohl, mußte aber
am 30ten September wiederum das Zimmer hüten, wegen eines
fieberlofen Kreuzfchmerzes. Am 5ten October waren diefe Erfchei=
nungen, welche ihren Sitz in den Harnwegen hatten, verfchwunden;
der Schmerz war bedeutend vermindert, hatte fich aber weiter her=
untergezogen, indem er fich nun befonders am Heiligenbeine äußerte.
Am 4ten blieb der Zuftand derfelbe; Fieber war nicht vorhanden,
der Rückenfchmerz war faft verfchwunden, aber andauernd, und erforderte
die Anwendung eines Beficators. Am 5ten hatte fich diefer Schmerz
verloren, aber nun litt der Kranke an Unterleibsfchmerzen, befonders
in der Schaamgegend, es traten Harnbefchwerden, und ein Gefühl
von Einfchlafen in einer kleinen Fläche der Schenkel ein. In der
Nacht trat Harnverhaltung ein, fo daß die Einführung des Cathe=
ters nöthig wurde. Am 6ten war das Gefühl vom Einfchlafen der
Schenkel vermehrt, bisweilen von heftigen fchießenden Schmerzen
begleitet, die Harnverhaltung war vollkommen. Am 7ten waren
beide untere Extremitäten vollkommen gelähmt, ohne daß die Em=
pfindlichkeit verloren gegangen wäre, dabei Harnfperrung und un=
willkürlicher Abgang der Excremente. Die angemeffenfte Behand=
lung war ohne allen Erfolg geblieben. Am 8ten October fah ich
diefen jungen Menfchen mit dem Dr. H. zum erftenmale; voll=
komme Lähmung, Harnverhaltung, weicher Puls von 90 Schlä=
gen. Schmerz in dem untern Theile des Rückens. Dieß waren die
einzigen Zufälle, welche ich fand. Anwendung von Schröpfköpfen
und von einem großen Blafenpflafter hatte keinen Erfolg. Drei
Tage darauf fand ich die Geiftes kräfte ungeftört, der Rückenfchmerz
war nicht heftig, die Lähmung der untern Extremitäten dauerte
fort, und das Gefühl von Taubheit und Einfchlafen breitete fich
über den Unterleib aus. Am 12ten reichte es bis zur Bruft her=
auf, der Rückenfchmerz war faft verfchwunden, dagegen fchoffen bis=
weilen heftige Schmerzen durch beide Arme. Man unterfuchte nun
das Gefchwür am Kopfe, erweiterte die Oeffnung deffelben und fah
aus einer kleinen Oeffnung des cariöfen Knochens Eiter ausfließen.
Es wurde daher der Knochen mit einer kleinen Trepankrone durch=
bohrt, es fand fich indeß nichts Krankhaftes unter dem Knochen.
Am Abend war der Puls etwas befchleunigt, wogegen man mit Bor=
theil eine Aderläffe anftellte. Am 13ten derfelbe Zuftand. Am 14ten
floß der Urin ohne Catheter ab, wenn man den Kranken aufrichtete;
der Puls war befchleunigt und fchwach, die Kräfte fchwanden im=
mer mehr, und der Tod erfolgte während der Nacht. Das Be=
wußtfeyn blieb bis 6 Stunden vor dem Tode ungetrübt; in den
Extremitäten war nicht die geringfte Bewegung zu bemerken, dage=
gen blieb die Empfindlichkeit unverändert.

Leichenöffnung. Im Gehirn war alles gefund, bloß in
der Nähe des Knochens war die dura mater etwas ver=
dickt. Der Knochen war cariös und im Umfange eines Guldenftück=
kes verdünnt, in der Umgebung dagegen zum Theil bis um das
Doppelte verdickt. Eine Ergießung oder irgend ein Zeichen einer
frifchen Krankheit war nicht vorhanden. Bei'm Auffägen des Rü=
ckenmarkcanals floß etwa aus der Mitte des Rückens Eiter aus, und
es war hier ein Rückenwirbel beträchtlich cariös. Auf der äußern
Oberfläche der Rückenmarkshäute fand fich ein beträchtliches Depot

flockiger, eiterähnlicher Materie; diese war einige Zoll weit an dem untern Theile der Rückenwirbelsäule am bedeutendsten, erstreckte sich aber bis zum vierten Halswirbel herauf. Als die dura mater des Rückenmarks aufgeschnitten war, floß eine jauchig-blutige Flüssigkeit aus. Die pia mater war stark injicirt. Die Substanz des Rückenmarks war beinahe in der ganzen Länge der Dorsalgegend desorganisirt. Die vordern Stränge waren vollkommen in eine zerfließende Breimasse verwandelt; im hintern Theile war das Mark unverändert. Als das Rückenmark losgeschnitten und aufgehoben wurde, blieben bloß die hintern Stränge seines Rückentheils ganz; der ganze vordere Theil zerfloß; der übrige obere und untere Theil des Rückenmarks war vollkommen gesund *).

Zweite Beobachtung. Ein Mann von 56 Jahren erkältete sich im März 1828, indem er auf dem Verdecke eines Postwagens eine Reise machte. Er bekam Schmerzen im rechten Arm und Bein. Dieser Schmerz war besonders heftig in der Gegend der Schulter, war aber über die ganze Körperhälfte ausgebreitet. Zugleich war heftiger Kopfschmerz vorhanden. Fast zu gleicher Zeit verminderte sich die Bewegungsfähigkeit der afficirten Gliedmaßen, und zwar von oben nach unten allmälig fortschreitend, so daß er, z. B., nicht deutlich schreiben konnte, als er schon nicht mehr im Stande war, den Arm aufzuheben und den Ellenbogen zu beugen. Auf gleiche Weise und in gleicher Gradation litt der Fuß. Zehn oder zwölf Tage nach dem Eintritte des Uebels waren Arm und Fuß vollkommen gelähmt, der Schmerz dauerte bis zu einem gewissen Grade in den kranken Theilen beständig fort, und wurde bisweilen heftiger, besonders im Fuße. Damals sah ihn der Dr. Moncrieff, welcher den Puls bewegt, 96, fand; der Kranke war in seinem geistigen Vermögen nicht gestört, beklagte sich aber noch über Kopfschmerz und über den durch die Schulter zum Arm und zum Fuß gehenden Schmerz. Nach wiederholten Aderlässen, Zugpflastern und Abführungsmitteln hörte der Kopfschmerz auf, die Lähmung und die bisweilen eintretenden Schmerzen im rechten Arm und Fuße dauerten aber fort; der Puls hatte 94 Schläge, war aber träge. Bei ungestörtem Bewußtseyn blieb der Kranke bis zum 26ten April in demselben Zustande, da wurde auch der linke Arm plötzlich gelähmt, doch nicht so vollkommen, als die rechte Seite. Der linke Fuß blieb ganz gesund. Der Kranke hatte einen schwachen Puls und schien überhaupt erschöpft.

Um diese Zeit sah ich ihn, zum ersten Male, er hatte leichte Delirien, welche jedoch wieder aufhörten. Bis zum 7ten Mai blieb er bei völligem Bewußtseyn und selbst in heiterer Stimmung und meistens ganz frei von Schmerzen, welche bloß bisweilen im rechten Schenkel sich zeigten. Am 7ten Mai traten wieder Delirien ein, der Puls war schwach, 120. Am 8ten Mai verfiel er in Stupor, murmelte unzusammenhängende Worte vor sich hin, antwortete aber bestimmt, wenn ihn erweckte. Am Morgen des 9ten Mai starb er, nachdem er eine Stunde zuvor die Sprache verloren hatte. Seit 8 — 10 Tagen war ein großer brandiger decubitus über dem Heiligenbeine zugegen.

Bei der Section fand sich das Gehirn vollkommen gesund; eine große Menge blutige Flüssigkeit war bei Eröffnung des Rückgrats aus der Rückenmarkshöhle in die Gehirnhöhle ausgeflossen; das Rückenmark fand sich vom 8ten bis zum letzten Halswirbel vollkommen erweicht. Die ober- und unterhalb liegenden Theile waren vollkommen gesund.

Die folgende Beobachtung zeigt, wie die Krankheit ihre Perioden auch mit weit größerer Geschwindigkeit und unter ziemlich verschiedenen Erscheinungen durchlaufen kann.

Dritte Beobachtung. Ein 7jähriges Kind war vom 18ten bis 20ten Mai 1828 unwohl gewesen, was aber nicht beachtet wurde; bei Kopfschmerz und bei leichtem Fieberzustand nahm einen Abführungsmittel. Am 22ten des Morgens schien sich das Kind vollkommen wohl zu befinden; gegen 2 Uhr Nachmittag aber wurde es von allgemeinen heftigen Convulsionen befallen. Ich fand es

gleich darauf in halbcomatösem Zustande mit unzusammenhängenden und verwirrten Ideen; der Puls war schwach, 60; das Gesicht bloß, der Stuhlgang spärlich mit einigen Würmern. Die gewöhnliche Behandlung blieb erfolglos. Am 23ten Morgens dauerte der halbcomatöse Zustand fort, die Augen waren starr und gegen das Licht unempfindlich. Den Tag über verminderte sich das Coma, dagegen waren die Ideen fortwährend unzusammenhängend. Das Kind sprach viel und stieß bisweilen scharfe Schreie aus, es klagte über den Kopf und konnte das Licht nicht ertragen. Am Abend trat ein leichter Strabismus, und in der Nacht Convulsionen ein. Der Puls war wechselnd, bald schnell, bald langsam; die hartnäckige Verstopfung wich erst wiederholten Gaben von Crotonöl. Am 24ten Morgens fühlen sich der Kleine viel besser zu befinden und hatte ein blasses Gesicht und einen Puls von 120 Schlägen. Die Stuhlausleerung wurde durch Crotonöl erhalten. Der Kranke klagte bloß über etwas Kopfschmerz. Dieser gute Zustand dauerte bis zum 25ten des Morgens: nun traten wieder Convulsionen und darauf ein Zustand von großer Hinfälligkeit ein, der bis zum Tode am Nachmittag anhielt.

Leichenöffnung. Im Gehirn fand sich weder Ergießung noch sonst ein krankhaftes Aussehen; als man dasselbe durchschnitt, floß eine beträchtliche Menge Flüssigkeit aus dem Rückenmarkscanal aus, und als nun letzterer geöffnet war, so fand sich noch eine ziemlich große Menge Flüssigkeit zwischen dem Rückenmark und der äußern Haut desselben. Der Halstheil des Marks war gesund; der obere Rückentheil aber auffallend erweicht und verändert. Diese Veränderung nahm eine Länge von mehrern Zollen ein. In einer Stelle zerriß es ganz und gar, als man es aufheben wollte, indem hier das Rückenmark in seiner ganzen Dicke eine Breiconsistenz hatte. Von der Mitte des Rückentheiles an nach abwärts war das Mark wieder vollkommen gesund. Die innere Haut des Rückenmarks war bräunlich und sehr injicirt, sie zeigte in dem der erweichten Stelle entsprechenden Punct die deutlichsten Spuren vorausgegangener Entzündung.

Die folgende Beobachtung, welche mir Dr. Hunter mitgetheilt hat, liefert ein Beispiel der Rückenmarkskrankheit, welche in Folge einer äußern Ursache, aber ohne Verletzung der Rückenwirbel, eintritt.

Vierte Beobachtung. Ein 36jähriger Mann wurde im August 1827 etwa 10 Fuß hoch von dem Verdeck eines Postwagens herabgeschleudert. Er stürzte mit dem Rücken auf einen Steinhaufen, so daß dieser gerade zwischen den beiden Schultern hintraf; er wollte sich sogleich erheben, fiel aber zurück, da seine untern Gliedmaßen die Bewegungsfähigkeit verloren hatten. Zugleich trat auch eine unwillkürliche Entleerung des Urins und der Excremente ein. In diesem Zustande trug man ihn nach Hause, wo aber nichts für ihn geschah, außer daß einige Senfteige angewandt wurden. Einen Monat später wurde er in das Spital in Edinburgh auf die Abtheilung des Dr. Hunter gebracht. Er war jetzt in einem Zustande von beträchtlicher Abmagerung, die untern Extremitäten hatten die Bewegungs-, aber nicht die Empfindungsfähigkeit verloren. Alle Muskeln der kranken Theile waren sehr erschlafft; der flüssige Stuhlgang ging unwillkürlich ab; vein floß anfangs unwillkürlich und mit zähen Schleimflocken gemischt ab. Später, als sich ohne Zweifel der Canal durch diesen Schleim verstopft hatte, war man genöthigt, zum Catheterismus seine Zuflucht zu nehmen. Die Respiration war sehr langsam, indem während des Schlafes bloß 9, während des Wachens bloß 13 Athemzüge in der Minute geschahen. Alles übrige war in Ordnung. Den Tags nach seiner Aufnahme ins Spital fing er an, über Schmerzen in den Schläfenmuskeln und Masseteren und Unbeweglichkeit des Unterkiefers zu klagen; es bildete sich rasch ein vollkommner Trismus aus, der bald in völligen Tetanus überging. Endlich trat ein andauernder Opisthotonus ein. Er starb in der Nacht ungefähr 48 Stunden nach dem Eintritt des Trismus. Die passendste Behandlung blieb ohne Erfolg.

Bei der Section fand sich nicht die geringste Verletzung der Knochen der Rückgratssäule. Die pia mater spinalis war sehr stark injicirt, besonders in der obern Rückengegend, wo das Mark auch in bedeutender Ausdehnung, und besonders in den vordern

---

*) Es ist dieß eine merkwürdige Bestätigung des Lehrsatzes, daß die vordern Stränge und Nervenwurzeln die Bewegung, die hintern dagegen die Empfindung vermitteln.

Strängen, erweicht war. Diese Stränge überhaupt waren fast in der ganzen Länge des Rückenmarks sehr auffallend erweicht, und diese Erweichung setzte sich bis zum obern Theile des Markes fort, und ging auf die corpora pyramidulia über. Die hinteren Stränge waren ebenfalls an einigen Stellen, jedoch im geringern Grade, erweicht.

Ein fünfter Fall endlich zeigt die Krankheit in mehr chronischer Form; die Kranken fühlen dann in der Regel einiges Unbehagen im Rücken und leichte Symptome von Lähmung, welche sich allmälig, bis zu ihrer vollkommnen Ausbildung steigert. Meistens leiden die untern, bisweilen die obern, andre Male auch sämmtliche Gliedmaßen. Bisweilen gesellt sich Contractur, oder auch wohl krankhafte Zuckung dazu. Die Krankheit dauert bisweilen Jahre lang und wird endlich, durch die Erweichung des Rückenmarks, tödtlich.

Fünfte Beobachtung. Ein Mann von 42 Jahren wurde im October 1827 von einem Schmerze im untern Theile des Rückens, der sich durch den Unterleib bis in die Leisten zog, befallen. Darauf folgte in einiger Zeit Kälte und Taubheit der Füße, welche allmälig nach oben fortschritten und sich mit Verminderung der Bewegungsfähigkeit verbanden, bis nach einigen Wochen Unbeweglichkeit der untern Extremitäten und Harnverhaltung zugegen war. In einigen Theilen der Beine spürte der Kranke Schmerz, in andern ein unangenehmes Gefühl von Kälte. Nach 5 bis 6 Wochen, in Folge einer sehr kräftigen Behandlung mit Schröpfköpfen und Blasenpflastern, stellte sich die Bewegung bis zu einem gewissen Grade her, aber die Harnverhaltung dauerte fort. Nun traten Krämpfe in den Rücken- und Bauchmuskeln ein, welche bisweilen die Form eines opisthotonus annahmen. Einmal trat ein höchst lästiger, mehrere Tage dauernder Schluchzen ein, welcher bloß dem Gebrauche des Moschus wich. Während dieser Zufälle klagte der Kranke öfters über Schmerzen an verschiedenen Stellen des Rückgrats; zuerst weiter unten, später in der obern Gegend. Die Taubheit breitete sich immer mehr aus, und äußerte sich endlich besonders stark in beiden Seiten des Thorax. Es trat nun ein Nachts Fieber ein, welches Morgens mit einem sehr starken Schweiße endigte. Dieser Schweiß erstreckte sich aber genau auf die nicht gelähmten Theile; ebenso waren die obern Extremitäten dabei sehr heiß, während die untern kalt und taub blieben. Die Beine hatten noch einige, jedoch sehr geringe Bewegungsfähigkeit, die Blase war vollkommen gelähmt. Im April 1828 ging der Kranke aufs Land, und vermochte damals wieder mit Hülfe der Krücke und unterstützender Personen ein wenig auf ebnem Boden zu gehen. Gleich darauf aber begann ein Kopfschmerz, welcher in unregelmäßigen Paroxysmen zurückkehrte und sich oft auf einen kleinen Punct an irgend einer Stelle des Kopfes beschränkte, besonders hinter oder über dem Ohre. Durch den Gebrauch des Arsenik stieben dieser Kopfschmerz beseitigt zu werden, kehrte aber bald bleibend zurück, und die Lähmung der Beine machte alsdann neue Fortschritte. Nach einem Landaufenthalte von 2 Monaten kehrte der Kranke in die Stadt zurück, der Kopfschmerz war damals sehr heftig und der Kranke durch seine Lähmung ganz an das Bett gefettet. Wenige Tage nach seiner Rückkunft wurde auch der rechte Arm gelähmt und die Sprache beträchtlich gestört, und noch einige Tage später verfiel er in Coma und starb. Die Empfindung war in den gelähmten Gliedern ganz aufgehoben; er spürte ab und zu Schmerzen an verschiedenen Stellen, und klagte bloß über ein allgemeines Gefühl von Taubheit und Kälte in denselben.

Leichenbefund. An der innern Oberfläche der dura mater spinalis hingen einige Knochenschaalen locker an; das ganze Rückenmark war blaß-rosenroth und in seiner ganzen Ausdehnung er-

weicht und auseinander fließend. Das verlängerte Mark war bloß an seinem vordern Theile ganz wenig erweicht. Die protuberantia annularis war ebenfalls bis zu einem gewissen Grade erweicht, und hieran schien auch der Ursprung des fünften Nervenpaares Theil zu nehmen. Noch höher hinauf wurde auch die Erweichung noch deutlicher, bis zu dem pedunculus cerebri et cerebelli. Uebrigens aber war das Gehirn gesund und enthielt in den Ventrikeln keine Ausschwitzung.

———

Miscellen.

Gegen Erysipelas hat seit einigen Monaten Hr. Larrey zu Paris in seiner Klinik das Glüheisen mit dem günstigsten Erfolge angewendet. Er bedient sich nämlich eines olivenförmigen, bis zum Weißglühen erhitzten Cauteriums, wovon er die Spitze an dem Umfange und auf der Fläche der Erysipelas in zollbreiten Zwischenräumen sehr leicht aufsetzt. Zuweilen läßt Hr. L. nach der Cauterisation auf das Erysipelas eine in Essig und Wasser eingetauchte Compresse auflegen. In den meisten Fällen stellt sich nach 4 bis 5 Tagen die Abschuppung ein und es erfolgt Genesung. Bemerkenswerth ist, daß Hr. L. dieselbe Behandlung mit demselben günstigen Erfolge bei jeder Art von Erysipelas anwendet, welches auch die Ursache desselben seyn mag, und ferner bemerkenswerth ist es, daß das Cauterisation keine Spur hinterläßt. Bei den Kranken, welche so behandelt worden sind, würde man auch nicht ahnen können, daß ihnen das Cauterium nahe gebracht worden sey.

Ungewöhnlich große in der Kindheit entstandene Exostosen wurden bei einem 60jährigen Manne gefunden. Die eine, sehr merkwürdige, am Halse des rechten Oberarmknochens, war rund und dem Gelenkkopfe dieses Knochens so ähnlich, daß die Aerzte bei der ersten Untersuchung glaubten, es sey eine veraltete Luxation des Oberarms in die Achselhöhle vorhanden; bloß die freie Beweglichkeit des Armes leitete zur rechten Diagnose. Am Ellbogen fand sich eine ähnliche und an dem Carpalende der Ulna eine dritte. Außerdem fanden sich noch zwei oder drei kleinere an jedem Vorderarme. Die größte hatte den Umfang eines Hühnereyes; alle waren sie in der frühesten Kindheit entstanden, und hatten den Kranken nie belästigt. (Medico-chirurgical Review. London. January 1833.)

Ueber den Nutzen der Mercurialeinreibungen bei Augenübergeschwülsten, bei Blatter- und Variolioiden-Patienten haben ein Dr. Mabil, Arzt am hôpital Saint-André zu Bordeaux und der Chirurg Ferrier, am Lazareth zu Trompeloup im Departement der Gironde, wiederholte und immer günstige Erfahrungen gemacht. „Leichte Mercurialeinreibungen, zweimal täglich auf die entzündeten und geschwollenen Augenlider gemacht, bewirken das Zusammensinken der Geschwulst, Aufhören der Entzündung, so daß die Kranken die Augen offen halten können. — Bemerkenswerth ist, daß die Pusteln, welche mit der Mercurialsalbe in Berührung kommen, bald zusammensinken, nicht größer werden, wenig Materie enthalten, schnell abtrocknen und eine nur sehr kleine Narbe zurücklassen."

In Beziehung auf die Augenkrankheiten in der belgischen Armee hat der Dr. v. Honsebrouck in einer Denkschrift an die Regierung auseinandergesetzt, daß die Blatter- und Variolioiden Substanzen seyen, welche ihre Soldaten zum Putzen der Gewehre anwendeten. (Wenn sie bloß Folge solcher Substanzen wären, so möchte man sich wundern, daß die Augenkrankheiten erst jetzt sich bedeutend gezeigt zu haben scheinen, während jene Substanzen doch wohl schon seit langer Zeit in Gebrauch seyn werden. Indessen eine genaue Untersuchung kann nur vortheilhaft seyn!)

———

Bibliographische Neuigkeiten.

The Physiology of Plants; or the Phenomena of Vegetation. (Von dem verdienten Chemiker John Murray, zu Hull.) London 1833. 12mo.

Surgical Essays, the Result of Clinical Observations made at Guy's Hospital. By Bransby B. Cooper, London 1833. 8.

Notizen
aus
dem Gebiete der Natur- und Heilkunde.

Nro. 830. (Nro. 16. des XXXVIII. Bandes.) November 1833.

In Commission des Landes-Industrie-Comptoirs zu Weimar. Preis eines ganzen Bandes, von 24 Bogen, 2 Rthlr. oder 3 Fl. 36 Kr.,
des einzelnen Stückes, 3 ggl. Die Tafel schwarze Abbildungen 3 ggl. Die Tafel colorirte Abbildungen 6 ggl.

Naturkunde.

Untersuchungen über das Ei der Säugethiere

sind jetzt wieder von Hrn. Dr. Coste *) zu Paris angestellt
worden, welcher am 21sten October der Académie des
sciences eine Mittheilung gemacht hat. In letzterer fängt
er damit an, die Verschiedenheit der Meinungen der Naturforscher über diese schwierige Frage auseinanderzusetzen und
bemüht sich, zu zeigen, wie das Ei des Weibes und der Säugethiere, welches die Beobachter seit so vielen Jahren gesucht
haben, noch nicht mittelst einer so hinreichenden Anzahl von
Thatsachen dargethan sey, um der Ungewißheit der Gelehrten ein Ende zu machen. Doch scheinen unter den zum
Vorschein gekommenen einander widersprechenden Meinungen
zwei den meisten Beifall erhalten zu haben. Die erste betrachtet die Graaf'schen Bläschen als die Eier der Säugethiere, während die zweite dagegen die kleinen sphärischen
Körper, welche jene Bläschen einschließen, für das Eichen
hält. Um diese wichtige Frage zu entscheiden, hat Hr.
Coste vierzig befruchtete Kaninchenweibchen geöffnet und die
Thatsachen, die er dabei beobachten konnte, haben ihn zu
dem Schlusse geführt, daß wirklich das im Innern der Graaf-
schen Bläschen enthaltene Körperchen das Ei der Säugethiere sey, und daß dieses Ei sich gar nicht von dem Ei der
Vögel unterscheide.

Graafsche Bläschen. „Die Graaff'schen Bläschen,
sagt er, sind nicht die Eier der Säugethiere, denn sie sind
viel größer als die Eier, welche man in den Muttertrompeten antrifft. Bei den Kaninchenweibchen, z. B., haben sie
1⅓ Linie im Durchmesser, während die in den Muttertrompeten gefundenen Eierchen nur etwa einen Durchmesser von
⅓ Linie zeigen. Dagegen aber, wenn man Acht hat auf
das, was in dem Eierstocke zwei oder drei Tage nach der Empfängniß vorgeht, so sieht man wohl, daß die Zahl der

Graaf'schen Bläschen, welche verschwunden sind, gleich ist
der Zahl der Eier, welche in der Muttertrompete angelangt
sind; daß aber an der Stelle, welche jede von ihnen einnahm,
ihre äußere Haut, die nur an einer Stelle zerrissen ist, vorhanden bleibt, um zur Bildung der gelben Körper beizutragen. Diese Thatsache, welche jetzt gar nicht mehr in Zweifel gezogen werden darf, beweist, daß man nicht die Graaf-
schen Bläschen für die Eier der Säugethiere halten dürfe,
und folglich auch keine Analogie zwischen ihnen und den
Vogeleiern suchen müsse.

Eier der Säugethiere. An der inneren Fläche
der eigentlichen Hülle der Graaf'schen Bläschen findet sich
eine membranartige Lagerung, welche sie in ihrem ganzen Umfange auskleidet, mit Ausnahme eines einzigen Punctes, wo
ein kleiner sphärischer Körper oder dessen Analogon in mittel-
barer Berührung ist; weil sie, der Entwickelung der Gefäße
fremdbleibend, den Foetus und dessen Anhänge einschließt,
ohne mit ihnen irgend eine Continuitäts-Verbindung zu haben.

2) Die Vitellin-Membran schließt in ihrer Höhle
eine sphärische Masse ein von grauelber Farbe, welche aus
Kügelchen und Körnerchen zusammengesetzt ist. Dieselbe
Masse ist offenbar der Dotter (vitellus) der Säugethiere,
denn auf ihm ruht das analogon der cicatricula oder
Blastoderma, und letztere entwickelt sich auf seine Kosten.

3) An der Oberfläche des Dotters bemerkt man eine
häutige Schicht von gelbgrauer Farbe, welche durch ihre äußere Fläche mit der innern Fläche der Vitellin-Membran,
und durch ihre innere Fläche mit der ganzen Oberfläche des
Dotters in Berührung ist; es ist eine vollständige Blase,
worin der Dotter eingeschlossen ist. Diese Disposition würde
auf den ersten Anblick alle Vergleichung mit der cicatricula

*) Die Untersuchungen über das Ei der Vögel, welche Hr. Coste
gemeinschaftlich mit Delpech angestellt hat, und welche den
Preis der Academie des Sciences erhalten haben, werden in
einer der nächsten Nummern im Auszuge folgen.

16

des Vogels ausschließen, weil die letztere anfangs nur als eine durch eine kreisrunde Scheibe gebildete Insel auf der Oberfläche des Dotters erscheint. Allein, wenn man beachtet, daß die cicatricula des Vogels einige Zeit nach der Befruchtung sich in eine vollkommene Blase verwandelt, welche auch den Dotter einschließt, so wird man nicht mehr abgeneigt seyn, eine Analogie zwischen ihr und der Blase zu finden, welche sie bei den Säugethieren repräsentirt. Diese Analogie wird noch deutlicher, wenn man erwägt, daß die vasa omphalo-mesenterica, welche sich in der Blase des Säugethierkeims entwickeln, auf eine treue Weise die Disposition der Seitengefäße oder Blastoderma ausdrücken, und daß die ersten Züge des Säugthier-Embryo's in einem Puncte der Keimhaut erscheinen, durch Kügelchen dargestellt, welche sich in methodischer Ordnung auf jeder Seite einer bestimmten Axe ansetzen und zwar vermöge solcher Bewegungen, welche bei den Vögeln dieselbe Erscheinung hervorbringen.

Das Ei der Säugethiere hat also in dem Eierstocke, wie das bei Vögel, drei Theile, welche man in allen ihren durch die Conception veranlaßten Modificationen verfolgen muß: 1. die Vitellin-Membran, 2. der Dotter und 3. das Keimbläschen, Blastoderm oder cicatricula. Aber die cicatricula des Vogels, so lange das Ei noch an dem Eierstocke hängt, zeigt in ihrem centralen Theile ein von Purkinje entdecktes kleines durchsichtiges Bläschen, welches, nach Purkinje, zur Zeit der Conception zerreißt. Man mußte nun zu erfahren suchen, ob dieses Bläschen ebenfalls bei den Säugthieren vorhanden sey. Nach zahlreichen Versuchen fing Hr. Coste an, zu zweifeln, daß die Säugthiere dergleichen besäßen, bis er einstmals, als er ein nicht befruchtetes Kaninchenweibchen öffnete (bloß um die Eier in dem Eierstocke zu untersuchen), zum erstenmale an der Oberfläche des Dotters und in der Dicke der Keimhaut selbst, ein kleines Bläschen entdeckte, von solcher Dünne und Durchsichtigkeit, daß es einem Seifenbläschen völlig ähnlich war.

Hr. Coste hat das Vorhandenseyn dieses Bläschens den Hrn. Laurent, Lauvillard und Rousseau dargethan und diese Gelehrten sind von dem Vorhandenseyn eines Bläschens in dem Eie der Säugethiere überzeugt. Hr. Coste betrachtet diesen Theil als das Analogon des Purkinje'schen Bläschens im Vogelei. Er geht dann über zur Untersuchung der ersten Modificationen, welche die Eier nach ihrem Abfallen vom Eierstock erfahren.

Zwei Tage nach der Befruchtung sind die Eier in den Oviduct eingedrungen. Sie sind den kleinen sphärischen Körpern, welche von den Graaf'schen Bläschen eingeschlossen sind, so ähnlich, daß darüber, daß diese wirklich die Eier der Säugethiere sind, gar kein Zweifel stattfinden kann. Die Vitellinmembran, die Keimhaut und der Dotter haben noch keine merkliche Veränderung erlitten.

Vier Tage nach der Befruchtung sind die Eier in den Mutterhörnern angelangt, vier oder fünf an der Zahl in jedem, und haben noch keinen bestimmten Sitz. Einem Wassertropfen oder einem Luftbläschen ähnlich, sind sie frei und beweglich. Sie haben eine Linie im Durchmesser und sind

mit bloßen Augen sichtbar. Man erkennt die Vitellinhaut und das Keimbläschen; aber der Dotter ist in Proportion zu dem Wachsthum des Keimbläschens absorbirt.

Fünf Tage nach der Befruchtung haben die Eier einen festen Sitz angenommen, den sie während der ganzen Dauer der Schwangerschaft behalten. Sie setzen sich in einer constanten Linie an, von welcher sie sich nie entfernen, und welche der Insertion des Mesenteriums entspricht. Sie sind mit dem Uterus noch in keiner anderen Verbindung, als in der der Berührung, aber es bedarf doch einer gewissen Gewalt, um sie los zu machen. Ihre Form ist nicht verändert, sie sind fortwährend sphärisch, aber ihr Volumen hat beträchtlich zugenommen. Ihr Durchmesser ist von zwei Linien. Die Vitellinmembran ist verhältnißmäßig viel mehr gewachsen, als das von ihr eingeschlossene Keimbläschen. Das Keimbläschen nimmt nur etwa ein Drittel der Höhle der Vitellinmembran ein; es besitzt alle die Eigenthümlichkeiten, welche es im Eierstocke hatte; es hängt nur mit einem Puncte seiner Oberfläche an der innern Oberfläche der Vitellinmembran und zwar an der Stelle, wo diese letztere an dem Uterus sitzt. An derselben Stelle zeigt es einen runden oder elliptischen Fleck, der durch Wolken von Kügelchen gebildet wird, welche sich nach einer besondern Ordnung an einander häufen, wie Hr. Coste in einer besondern Abhandlung erörtern wird. Vor der Hand begnügt er sich, anzugeben, daß dieser Fleck sich nach der Seite des Uterus hin zeigt, daß er an der äußern Fläche des Keimbläschens und an der Oberfläche ihres Gewebes befindlich ist; und daß er das Rudiment des Embryo ist.

Aus dem von Hrn. C. Vorgetragenen ergäbe sich also: 1) daß der in den Graaf'schen Bläschen enthaltene kleine sphärische Körper das wahre Ei der Säugethiere wäre; 2) daß dieses Ei dem der Vögel völlig ähnlich wäre.

Hr. C. will die Fortsetzung seiner Untersuchungen der Academie in einer Reihe von Abhandlungen mittheilen. Er zeigt zugleich an, daß er während der Dauer seiner kostbaren und mühsamen Untersuchungen die Vorkehrung getroffen habe, nie eine Thatsache als entschieden anzunehmen, bevor er sie nicht durch einen der Gelehrten habe verificiren lassen, welche seinen Arbeiten folgten, und von welchen er in seiner Abhandlung bald Hrn. Turpin oder Hrn. Laurent, oder Hrn. Lauvillard, oder Hrn. Rousseau citirt.

Am 6ten November schreibt Hr. Coste der Académie des Sciences nachträglich:

„In meiner letzten Abhandlung, welche ich der Academie vorgelesen habe (und wovon hier eben der Auszug mitgetheilt worden ist), habe ich angekündigt, daß ich in dem Ei der Säugethiere ein Bläschen gefunden hätte, welches dem von Purkinje bei den Vögeln nachgewiesenen analog wäre. Ich habe zugleich Zweifel erhoben über das Zerreißen desselben nach dem Abfallen des Eies vom Ovarium. Jetzt ist an die Stelle meiner Zweifel Gewißheit getreten, denn ich bin glücklich genug gewesen, die Existenz dieses Bläschens den Hrn. de Blainville, Dutrochet, J. Geoffroy St. Hilaire und Bourgeau St. Hilaire in den Eiern eines Kaninchenweibchens darzuthun, welche ich in den Mutterhörnern, etwa drei Tage nach der Begattung, vorgefunden haben. Ich beeile mich, dieses neue Resultat der Academie mitzutheilen, indem ich mir vorbehalte, auf alle Einzelnheiten des Gegenstandes zurückzukommen."

Ueber die Natur des Schlafs.

Von A. P. W. Philip, M. D., der königl. Gesellschaft zu London vorgelesen am 7. März 1833.

(Schluß.)

Die einzige Veränderung, welche während des Schlafens in der Thätigkeit der Respirationsmuskeln eintritt, ist die, daß sie in demselben Verhältniß wie das Gefühlsvermögen geschwächt wird, weniger leicht erregbar werden, und der Athem daher langsamer wird, weil eine kräftigere Einwirkung der Ursache erforderlich ist. Die Folge davon ist, daß die Luft, wenn sie erregt werden, mit größerer Kraft eingeathmet wird, und darin, so wie in der Erschlaffung, welche die Theile der Rachenhöhle während des Schlafs leicht erleiden, liegt der Grund des Schnarchens *). So bemerken wir in der Regel, daß das Schnarchen um so lauter ist, je langsamer, bei gleicher Erschlaffung der Rachenhöhle das Athemholen, d. h., je tiefer der Schlaf ist. Das lauteste Schnarchen, welches ich je hörte, und worüber alle Anwesenden erschraken, kam in den letzten zehn Lebensminuten eines Menschen vor, welcher an einer Gehirnkrankheit starb, die das Gefühlsvermögen schwächte, und der in dieser Zeit nur 3—4 mal athmete.

Die übrigen Veränderungen, welche bei'm Lebenssysteme während des Schlafes beobachtet werden, treten offenbar in Folge der verminderten Häufigkeit der Respiration ein. Diese veranlaßt nothwendig eine verhältnißmäßige Verminderung in der Häufigkeit des Pulses; indem nämlich das Blut langsamer durch die Lungen geht, und folglich seines Kohlenstoffes weniger beraubt wird, reizt es das Herz und die Gefäße nicht mehr mit gleicher Kraft, und in Folge der langsamern Circulation wird auch die Thätigkeit der secernirenden Organe vermindert. Dieser Zustand der Lebensorgane hat hinwiederum auf das Gefühlssystem Einfluß, und so wird der Schlaf tiefer. So lange die Gesundheit anhält, sind jedoch die Lebenskräfte nie so sehr geschwächt, daß die vollständige Wiederherstellung derjenigen Functionen, durch das das Thier zum Verkehr mit der äußern Welt geschickt wird, verhindert werden könnte.

Die vorstehenden Säze werden durch die Symptome von Apoplexie, bei denen eine Ursache vorhanden ist, welche diese Wiederherstellung verhindert und die aus folglich den Einfluß des Gefühlssystems auf das Lebenssystem noch schlagender vor Augen führen, mit passenden Beispielen belegt. Wir finden hier, daß in demselben Verhältniß, wie das Gefühlsvermögen geschwächt wird, die Respiration und zugleich der Puls langsamer werden, und wenn dasselbe ganz erloschen ist, so daß keine Ursache von Reizung irgend ein Gefühl erregen kann, das Athemholen aufhört, und das Stocken der Circulation bald erfolgt. Auf diese Weise stirbt der Patient bei'm Blutschlag, wo die Ursache der Krankheit in einem plötzlich verstärkenden Druck auf das Gehirn besteht, in dessen Folge das Gefühlsvermögen zulezt erlischt. Hier findet eine ursprüngliche Krankheit der Lebensorgane statt. Könnte das Gefühlsvermögen hinlänglich unterhalten werden, um die gehörige Häufigkeit des Athemholens zu sichern, und könnte man dem Magen von Zeit zu Zeit Nahrung zuführen, so würde das Leben wie bei'm Schlafen seinen Fortgang haben, bis die sich steigernde Affection des Gehirns, indem sie von dem Gefühltheilen zu den Lebenstheilen dieses Organs überginge, den Assimilationsproceß so gestört haben würde, daß der Tod aus diesem Grunde erfolgen müßte.

Die Anhäufung von Schleim in den Lungen bei Apoplexie entspringt daraus, daß diese Processe, wegen unzulänglicher Nerveneinflusses, gestört werden. Ich habe bei Apoplexie diese Anhäufung öfters beseitigt, und die Respiration dadurch so frei gemacht, wie in gesundem Zustande, indem ich in der Richtung der Nerven einen galvanischen Strom durch die Lungen leitete. Dieses kann offenbar nicht direct auf Beseitigung der Krankheit hinwirken, obwohl sich dadurch das Leben öfters verlängern, und so zur Anwendung der Heilmittel mehr Zeit gewinnen läßt, indem diese Anhäufung von Schleim den gehörigen Fortgang des Blutwechsels in den Lungen ungemein behindert, und so, nebst der verminderten Häufigkeit der Respiration, darauf hinwirkt, das Blut seiner lebenserregenden Eigenschaften zu berauben *).

Eine kurze Vergleichung der Symptome der vom Druck auf das Gehirn herrührenden Apoplexie mit denjenigen der Apoplexie, die höchst passend die nervöse genannt wird, wird über diesen Theil des Gegenstands mehr Licht verbreiten.

Aus Experimenten, deren Schilderung man in Abhandlungen findet, welche in den Philosophical Transactions für's Jahr 1815 erschienen, ergibt sich, daß, wiewohl die Kraft des Herzens und der Gefäße von dem Gehirn und Rückenmark unabhängig ist, dennoch Ursachen, welche auf sie leztern einwirken, auch auf die erstern Einfluß äußern; ja deren Thätigkeit ganz aufheben können. Wenn daher die Ursache der Apoplexie nicht in allmäßig vermehrtem Druck auf das Gehirn (der, wie ich durch Versuche gefunden, die Thätigkeit des Herzens hat **)] besteht, sondern von der Art ist, daß sie das Gefühlsvermögen, und zugleich die Kraft des Herzens und der Blutgefäße direct schwächt, so haben wir eine ganz andere Krankheit vor uns, als die, welche vom bloßen Druck auf das Gehirn herrührt. Die leztere ist augenblicklich gehoben, wenn wir die Ursache des Drucks beseitigen, und deren Wiederkehr verhindern können. Die Lebensfunctionen werden nur durch den Mangel des gehörigen Blutwechsels in den Lungen, in Folge eines theilweisen Stockens der Functionen der Respiration und Assimilation, gehemmt. Der Tod tritt hier nothwendig langsam ein, weil, wegen des sich nur stufenweise steigernten Drucks immer einige Zeit dazu gehört, um das Gefühlsvermögen zu zerstören, und folglich das Athemholen ganz zu hemmen, oder die Assimilationsprocesse so zu stören, daß der Tod auf diese Weise erfolgt; denn in Folge irgend einer Eigenthümlichkeit in der Ursache, weßhalb deren Wirkung sich leichter als gewöhnlich auf die Lebenstheile des Gehirns erstreckt, scheint der Tod bei der vom Druck herrührenden Apoplexie zuweilen mehr durch die eben erwähnte Störung, als durch den Verlust des Gefühlsvermögens zu erfolgen, indem sich der Schleim allmälig so stark in Lungen anhäuft, daß sie in demselben zu bewirkende Blutwechsel ganz aufhört ***).

Wenn aber die das Gefühlsvermögen schwächende Ursache das Herz und die Blutgefäße auch unmittelbar durch das Ganglionsystem schwächt, so ist der Verlauf der Krankheit höchst verschieden. Wir haben es dann mit einer Ursache zu thun, welche zugleich die Kraft der Circulation schwächt, und wenn sie in hohem Grade vorhanden ist, oft augenblicklich den Tod veranlaßt. So entsteht der Tod durch Schläge auf das Gehirn, welche, wenn sie auch das Leben nicht augenblicklich zerstören, eine sogenannte Erschütterung des Gehirns hervorbringen, bei welcher ein ohnmachtähnlicher Zustand mit geschwächtem Gefühlsvermögen vergesellschaftet ist. Die Circulation wird durch directe Verminderung der Kraft ihrer Organe und das Nachlassen der reizenden Kraft des Blutes, weil dasselbe

---

*) Die in der früher angezogenen Abhandlung beigebrachten Thatsachen thun, meiner Meinung nach, genügend dar, daß das Athemholen jederzeit ein Willensact ist, der durch die Empfindung veranlaßt wird, welche der Mangel an frischer Luft in den Lungen erzeugt, und je mehr das Gefühlsvermögen geschwächt wird, desto bedeutender muß der Mangel werden, um die Anstrengung, die demselben abhilft, hervorzurufen.

---

*) Experimental enquiry. Dritte Ausgabe. 3. Th. Ueber die Anwendung von Versuchen, um die Natur der Krankheiten zu erklären, und deren Behandlung zu vervollkommnen. 1stes Capitel.

**) Experimental enquiry. Ausgabe 2. Th. 3.

***) Diese Anhäufung von Schleim in den Lungen ist, wie sich durch Experimente hat darthun lassen, die unausbleibliche Folge eines verminderten Erfolges der Nervenkraft in den Lungen. Philosophical Transactions für die Jahre 1827 und 1828 und Experimental enquiry, Th. 2.

16 *

seines Kohlenstoffes weniger vollständig beraubt wird, von zwei Seiten angegriffen, und da die erstere Ursache die kräftigere ist, so werden dadurch die Wirkungen der letztern auf die Lebensorgane weniger deutlich. Der Puls ist statt langsam, aber regelmäßig und von gehöriger Stärke, schwach, unregelmäßig und ungleich (flatternd) die allgemeine Blässe der Körperoberfläche deutet auf einen weit höhern Grad von Schwächung der Circulation hin, als der, welcher bei'm bloßen Druck auf das Gehirn stattfindet.

Alle plötzlichen und übermäßigen Affectionen des Gehirns können dieselben Wirkungen, wie ein Schlag auf den Kopf hervorbringen. So hat ein Uebermaaß von Zorn oder Freude öfters augenblicklich den Tod herbeigeführt, und bei den wegen Lord George Gordon veranlaßten Volksaufläufen starben mehrere Leute, welche statt Branntweins Weingeist zu trinken bekamen, in Folge der plötzlichen Einwirkung durch die Magennerven auf das Gehirn.

Uebrigens ist es zur Hervorbringung dieser Art von Apoplexie nicht nöthig, daß die Ursache, wie in diesen Fällen, plötzlich oder heftig eintrete. Die lange fortgesetzte Wiederkehr unbedeutender Ursachen, welche die Kräfte des Gehirns schwächen, thut auch oft zugleich denen des Herzens und der Blutgefäße Eintrag, wie, z. B., bei den oben angezogenen Experimenten, die Kräfte dieser Organe durch eine auf das Gehirn einwirkende Tabaksinfusion geschwächt wurden. Dieß sind die gewöhnlichsten Ursachen der Nervenapoplexie, und in demselben Verhältniß, wie dieselben langsam gewirkt haben, wird der Verlauf der Krankheit weniger schleunig seyn. Belege für diese Behauptungen finden wir bei solchen Patienten, welche lange den Reizungen unterworfen sind, die eine Folge von tiefgehenden und eingewurzelten Fällen von Unverdaulichkeit und anhaltendem Kummer sind. Vorzüglich finden wir dieß bei Gichtkranken, wo häufig eine sehr große Hinneigung zu Schwäche in den Lebensorganen stattfindet, und aus dem Gesagten ergiebt sich leicht, warum die aus solchen Gründen erfolgende Apoplexie so oft tödtlich wird. Die Kräfte des Nerven- und Circulationsystems werden untergraben, und mit ihnen nimmt die unter ihrem Einflusse stehende Thätigkeit der secernirenden und assimilirenden Processe ab; die Kräfte, welche auf die von uns angewandten Heilmittel reagiren sollen, sind theilweise außer Thätigkeit gesetzt, und unsere Bemühungen zur Wiederbelebung des Gefühlsvermögens und der Circulation, die beide zur Genesung so nöthig sind, bleiben ohne Erfolg.

Aus der Uebersicht der der Königl. Gesellschaft vorgelegten sämmtlichen Thatsachen geht hervor:

1) Daß die thätigen Theile des Nervensystems ihren Sitz lediglich im Gehirn- und Rückenmark haben.

2) Daß bei den Theilen dieser Organe, welche mit den Nerven der Empfindung und willkürlichen Bewegung in Verbindung stehen, das Gesetz der Erregung in fortwährender gleichförmiger Erregung besteht, auf welche eine verhältnißmäßige Erschöpfung folgt, und wenn diese in einem solchen Grade stattfindet, daß die gewöhnlichen Functionen jener Theile aufgehoben werden, so findet Schlaf statt; alle Grade von Erschöpfung, welche bloß diese Theile des Nervensystems und die damit in Verbindung stehenden Körpertheile afficiren, sind mit 'dem Zustande der Gesundheit verträglich.

3) Daß bei denjenigen Theilen des Gehirns und Rückenmarks, welche mit den Lebensnerven in Verbindung stehen, das Gesetz der Erregung ebenfalls gleichförmigkeit der Erregung sey, auf das aber nur, wenn sie im Uebermaaß stattgefunden hat, irgend ein Grad von Erschöpfung folgt, und daß sich hier ein Grad der Erschöpfung jener Theile mit der Gesundheit verträgt.

4) Daß das Lebenssystem während des Schlafs für gewöhnlich an der Erschöpfung des Gefühlsystems durchaus keinen Theil nimmt, und eine solche Mitleidenheit nur durch den Einfluß des letztern auf die Function des Athemholens bewirkt werden könne; denn dieß ist die einzige Lebensfunction, bei welcher diese Systeme beide zugleich thätig sind.

5) Daß das Gesetz der Erregung der Muskelfasern, mit denen sowohl die Lebens- als die Gefühlstheile des Gehirns und Rückenmarks Gemeinschaft haben, in unterbrochener Erregung besteht, auf welche, wie auf die Erregung der Lebenstheile dieser Organe, nur

wenn sie übermäßig war, irgend ein Grad von Erschöpfung folgt; und

6) daß die Beschaffenheit der Muskelfasern überall dieselbe ist, indem die scheinbaren Unterschiede in der Beschaffenheit der Muskeln der willkürlichen und unwillkürlichen Bewegung von den Unterschieden in ihren Functionen und den Umständen herrühren, unter denen sich beide befinden.

Ich will diese Abhandlung mit einigen Bemerkungen über Träume beschließen, welche mit den vorhergehenden Theilen des Gegenstands in enger Verbindung stehen.

Die genaue Bekanntschaft mit der Natur des Schlafs würde uns in den Stand setzen, vorherzusagen, daß Träume, und gerade Träume der Art, wie wir sie aus Erfahrung kennen, die Folge dieses Zustands seyn würden. Wir finden hier die Gefühlstheile des Gehirns, denen die Geisteskräfte angehören, und die mit ihnen verbundenen Organe in einem Zustande der Erschöpfung, doch nicht einer solchen Erschöpfung, welche deren Erregung durch geringfügige Ursachen verhindert, und zugleich sind andere Theile des Organismus noch im Zustande der Thätigkeit. Allein nur im vollkommensten Gesundheitszustande, dessen wir selten theilhaftig sind, geben die Lebensfunctionen ohne gelinde Ursachen von Reizung von Statten, die ihren Grund in irgend einem ihrer verschiedenartigen und verwickelten Processe haben, welche die Ruhe der Gefühlstheile des Gehirns zu stören trachten. Auf diese Weise bringen Unverdaulichkeit und andere innere Ursachen von Reizung Träume hervor. Diese Ursachen wirken theilweise, und erregen daher jene Theile des Gehirns auch nur theilweise.

Auf die Erscheinungen des Träumens scheint es großen Einfluß zu haben, daß wir, um das Eintreten des Schlafs zu begünstigen, und auf diese Weise so viel als möglich unnöthige Erschöpfung zu vermeiden, zu den gewohnten Zeiten immer die geeigneten Mittel anwenden, um die Erregung der äußern Sinnesorgane, und folglich der ihnen entsprechenden Theile des Gehirns zu vermeiden. Dieß macht uns für die Ursachen der Erregung, die in unserm Körper selbst liegen, um so empfänglicher, während wir durch die Unthätigkeit derjenigen Theile des Gehirns, welche den Sinnesorganen entsprechen, der gewöhnlichen Controlle über die Gefühlstheile der geistigen Functionen beraubt werden. Die Wirkung derselben wird durch die schnelle Thätigkeit des Gedächtnisses und der Einbildungskraft außerordentlich gesteigert, wenn sie nicht durch irgend eines der verschiedenen Mittel gezügelt wird, das man im wachenden Zustande dagegen anzuwenden pflegt. Diese bestehen häufig in Erscheinungen, welche in die Sinne fallen, z. B., Schriften, Zeichnungen, Tönen und selbst sogar Gegenständen, die dem Tastsinne darbietet. Am gewöhnlichsten aber haben wir es nur mit Worten zu thun, ohne daß unsern Sinnen irgend ein Gegenstand sich darbietet.

Jedermann wird leicht bemerken, wie schwer sich ein Ideengang verfolgen läßt, ohne daß man die Ideen in Worte gleichsam verkörpert, um sie fester in's Auge zu fassen, und mit einander zu vergleichen zu können. Im Schlafe sind wir nun, weil die Erregung des Hirns so partiell ist, aller dieser Mittel beraubt, und unsere Ideen nehmen einen so geschwinden Gang, daß die Betrachtung und Vergleichung derselben ganz unmöglich wird. Deßhalb werden unsere Gedanken nicht durch die Erfahrung berichtigt, und wir begeben daher von im Traume die größten Inconsequenzen. Wie kann es uns wundern, daß wir die Ideen zu fassen scheinen, da es uns doch zu derselben Zeit ganz unbewußt ist, ob wir nicht immer geflogen haben? Der Geist des Träumenden unterscheidet sich von dem des neugebornen Kindes insofern, als darin ein Vorrath von Ideen aufgespeichert ist, welche durch beschränkte Umstände dem Geiste zum Theil wieder vorgeführt werden können; aber er gleicht dem letztern insofern, als ihm in andern Beziehungen die Mittel der Erfahrung und folglich, mit Ausnahme jener theilweisen Thätigkeit der Erfahrung, die Mittel abgehen, die in ihm erregten Ideen zu berichtigen. Im Allgemeinen hat er weder Zeit, noch Mittel zum Zweifeln oder Berichten.

Unsere Gedanken gehen bei'm Träumen einen so schnellen Gang, daß, wenn ein uns erweckendes Geräusch einen Traum erregt, der folglich während des Erwachens selbst stattfindet, wenigstens 50mal so viel

Zeit dazu gehört, um denselben in Worte zu fassen. Dem hier Ge=
sagten dient sehr zum Belege, daß, wenn wir uns im Traume un=
terhalten, und folglich unsere Ideen in Worte fassen müssen, die ge=
wöhnlichen Inconsequenzen des Träumens nicht mehr vorkommen.
Wir halten dann unsere Gedanken hinreichend fest, um die Einflü=
sterungen der Einbildungskraft zu berichtigen. Es hat wohl noch
nie Jemand geträumt, er habe einem Andern erzählt, er sey durch
die Luft geflogen.

Auf diese Weise entstehen die eigenthümlichen Erscheinungen
des Träumens aus der theilweisen Einwirkung der Ursachen der
Störung, und daraus, daß einige der Gefühlstheile des Gehirns
erregt werden können, ohne daß andere in ihrer Ruhe gestört wer=
den; und so kommt es, daß unsere Träume um so vernünftiger
werden, je näher wir dem Zustande des Wachens sind, indem sämmt=
liche Theile des Gehirns anfangen, an der Erregung Theil zu neh=
men, und daher schreibt sich der Glaube an das Eintreffen der Mor=
genträume.

oder gaben nur ein sparsames Licht von sich. Wenn man das Was=
ser jedoch bewegte, oder eine Masse der Thiere mit der Hand er=
griff, so wurde die ganze Masse plötzlich von Myriaden glänzender
Puncte leuchtend, die im Farbenspiel mit den Flügeldecken des Dia=
mantenkäfers (Curculio imperialis Fab.) viel Aehnlichkeit hatten.
Die Pyrosomata verbreiteten auf diese Weise in einem dunkeln Zim=
mer hinreichend viel Licht, um alle Gegenstände deutlich sichtbar zu
machen. Hielt man sie lange in der Hand, oder that man sie wie=
der in's Wasser, so verblichen die leuchtenden Puncte allmälig, und
bis das Thier wieder beunruhigt wurde, blieb es dunkel. Nach
dem Tode war es nicht mehr phosphorescirend. Die Masse des
Pyrosoma hatte die gewöhnliche cylindrische Form und gallertartige
Beschaffenheit. Ihre Länge betrug 4, ihr Umfang 1½ Zoll. Die
durch die Mitte gehende Röhre ist an beiden Enden offen; aber
ihre Mündung am breitern Ende weit regelmäßiger kreisförmig,
größer und deutlicher, als am entgegengesetzten Ende. Die Ober=
fläche der Masse war mit zahlreichen, vorragenden, harten und per=
lenartigen Höckern besetzt, zwischen denen sich kleine braun= und
rothgefärbte Flecken befanden. Diese letztern schienen vorzüglich die
Kraft zu besitzen, Licht zu entwickeln, indem dieselben häufig glän=
ten, während der übrige Körper nur seine natürliche weiße oder
gelblich weiße Farbe zeigte, die nach dem Tode in Roth übergang.
Vom Körper getrennt, waren die braunen Flecke nicht phosphores=
cirend. (London and Edinburgh Philosophical Magazine, Octo=
ber 1833.)

Ueber Länge= und Umfang von kriechenden Ge=
wächsen und Schlingpflanzen erwähnt Murray folgen=
der Thatsache: „Eine Alge, „the everlasting bladder thread"
genannt, ist von Matrosen fünfzehnhundert Fuß lang gefun=
den, und Hr. Fanning, der Eigenthümer und Curator des bota=
nischen Gartens zu Carracas, giebt an, daß er vor einigen Jahren
eine Art von Convolvulus, binnen sechs Monaten, auf nicht weni=
ger als fünftausend Fuß gezogen habe, welches, wenn sein
Wachsthum gleichförmig gewesen wäre, auf einen Tag und eine
Nacht vier und zwanzig Fuß gäbe.

Miscellen.

Von einer Art Pyrosoma, die Hr. F. L. Bennett
den 6ten Sept. 1832 unter 1° 41′ N. Br. und 11° 59′ W. Län=
ge im Ocean antroffen, zeigte derselbe den 25sten Juni d. J. der
zoologischen Gesellschaft mehrere Exemplare vor. Zwischen 2 und 4
Uhr Morgens bot die See, nachdem sie zwei Stunden lang weni=
ger leuchtend als früher gewesen, auf eine beträchtliche Strecke um
das Schiff her, eine einzige hellleuchtende Masse dar. Das Licht
war so kräftig, daß die Siegel glänzten, und man an den Fenstern
der Cajüten ohne Schwierigkeit klein gedruckte Schrift lesen konnte.
Ueber diesem Lichtgefilde schwebten zahlreiche Seevögel ihrer Beute
nach. Das Licht schien einzig von der Anwesenheit der Pyrosomata
herzurühren. Aufgefischte Exemplare, die man in ein Gefäß mit
Seewasser that, wurden im ruhenden Zustande vollkommen dunkel,

---

Heilkunde.

Ueber das Königl. Collegium der Wundärzte (Ro-
yal College of Surgeons) in London,

welches Collegium auf den Unterricht, den Stand und die Praxis
der Chirurgie und der Heilkunde überhaupt, in London und ganz
England, einen so wesentlichen Einfluß ausübt, ist jetzt von dem Di=
rectorium des Collegiums ein öffentlicher Bericht erstattet worden, aus
welchem ich Folgendes, als auch für Deutsche interessant, ausziehe:

Nachdem die durch das Parlament des Jahres 1745 ver=
einigte Corporation of Surgeons (Corporation der Wund=
ärzte) in Folge zufälliger Unförmlichkeiten ihrer Verhandlungen sich
aufgelöst hatte, wurde 1800 von S. M. dem Könige Georg III.
das gegenwärtige Royal College of Surgeons, zur Förderung der
Chirurgie und als Prüfungsbehörde der Chirurgen, gestiftet.

Die Erbschaft, die das Collegium von der Corporation überkam,
bestand in Folgendem: — 39,990 Pf. St. 19 Schill. in Staatspa=
pieren und Geld; einem Hause in Lincoln's in Fields, welches da=
mals etwa die Hälfte des Raums der jetzigen Gebäude einnahm,
und einigen andern kleinern Einkünften, u. s. a. die Fonds zur Un=
terhaltung der von dem Parlamente erkauften Hunter'schen
Sammlung. Die Stiftungsurkunde gewährte dem Collegium nur
die Erlaubniß, kein Zwangrecht, zur Prüfung der practicirenden
Chirurgen, und es war daher ganz darauf hingewiesen, wozu
das Vertrauen der Kunstgenossen und des Publicums ihm verhelfen
könne. Dieses hat es sich allerdings auch in dem Maaße er=
worben, daß, wenn in den ersten zwei Jahren etwa 300 Diplome
ertheilt worden waren, in den letzten verflossenen zwei Jahren die=
selben nicht weniger als 770 Mitgliedern ertheilt wurden.

Das Collegium ist der Besitzer und Verwalter der Hunter'=
schen Sammlung. Obgleich nun das Ansehen des Collegiums da=
durch sehr gewonnen hat, so hat die Erhaltung derselben doch auch
der Anstalt sehr große Kosten verursacht.

Nachdem die von dem Parlamente zum Bau des Museums be=
willigten 27,500 Pf. St. unzureichend befunden wurden, wurde von
dem Collegio eine fast eben so große Summe dazu zugeschossen, und
außerdem sind fast noch 80,000 Pf. für die Vermehrung desselben
verwendet worden.

Es werden von zwei, durch den Administrationsrath ausge=
wählten, Professoren dreißig Vorlesungen jährlich gehalten, wozu
die Mitglieder des Collegiums das Recht des Zutritts haben, wel=
cher auch herkömmlich den älteren Studirenden der Londoner Ho=
spitäler verstattet wird.

Die Bibliothek, welche seit den letzten sechs Jahren zusammen=
gebracht wurde, ist den Mitgliedern rc. zugänglich.

Ohngeachtet aller dieser Ausgaben und Anschaffungen ist doch
ein bedeutender Fonds gesammelt und zur Förderung der mit der
Chirurgie in Verbindung stehenden Wissenschaften disponibel.

Ich lasse noch einige detaillirte Angaben über Museum, Bi=
bliothek uns die Finanzen des Collegiums folgen.

Das Museum besteht aus der Hunter'schen (ursprünglich
um 15,000 Pf. St. erkauften) Sammlung und den seit 1800 hin=
zugekommenen Vermehrungen, in folgenden, von Hunter angeleg=
ten Abtheilungen.

I. Physiologische Reihenfolge oder natürliche Structuren aus dem
Thier= und Pflanzenreich. In Spiritus.

Hunter'sche Präparate	3,745	4,272.
Hinzugekommene Präparate	527	

II. Natürliche Bildungen aus Thieren und Pflanzen, nicht osteologische. — Getrocknet.

Hunter'sche 617 } 745.
Hinzugekommene 128 }

III. Osteologie, menschliche und vergleichende.
Hunter'sche Präparate 963 } 1,936.
Hinzugekommene 973 }

IV. Naturgeschichte. — (In Spiritus.)
Hunter'sche Sammlung 1,743 } 2,098.
Hinzugekommene 855 }

(Die invertebrata sind nach Cuvier bestimmt, aber nach Hunter geordnet.)

V. Naturgeschichte. — Trocken.

a. ausgestopfte Thiere { der Hunter'schen Sammlung 87 } 100
Hinzugekommene 13 }

b. getrocknete Insecten, Conchylien, Zoophyten. Hunter's und die hinzugekommene Sammlung etwa 1,000 Nummern.

VI. Fossile Reste.
Hunter's Sammlung 1,215 } 1,415.
Hinzugekommene 200 }

VII. Pathologische Präparate. — In Spiritus.
Hunter'sche 1,084 } 1,892
Hinzugekommene 808 }

VIII. Pathologische Präparate. — Trocken.
Hunter'sche 625 } 720.
Hinzugekommene 95 }

IX. Steine und Concretionen.
Hunter'sche 536 } 1,781.
Hinzugekommene 1,245 }

X. Mißgeburten und Mißbildungen.
Hunter's Sammlung 218 } 325.
Hinzugekommene 107 }

Dazu kommen nun noch etwa 150 vermischte Gegenstände, Abgüsse und 1,000 Gemälde und Zeichnungen; und etwa 1,520 Vorrathsexemplare von Schenkungen.

In Allem sind 8,037 Spirituspräparate vorhanden, wovon etwa drei Viertel in dem gegenwärtigen Locale aufgestellt werden können. Von den 7,697 trocknen Präparaten kann nicht mehr, als etwa ein Siebentel ordentlich aufgestellt werden.

Es muß also nothwendig bald für Vergrößerung der Räumlichkeiten gesorgt werden. — Der Catalog ist im Druck. Die Sammlung ist Montags, Mittwochs und Freitags von 10—4 Uhr geöffnet.

Die Bibliothek besteht jetzt aus etwa 16,000 Bänden und sind dafür bis jetzt 10,172 Pf St. verwendet worden. Sie ist alle Tage von 10—4 Uhr geöffnet.

Die Finanzen sind in günstigem Zustande. Die Einnahme, nach einem neunjährigen Durchschnitt berechnet, beträgt jährlich 11,116 Pf. St. 10 Sch. 3 D. Die Ausgabe 8,340 Pf. 18 Sch. 10 D. Die Ausgaben zerfallen in folgende:

	Pf. St.	Sch.	D.
1. College-Departement, d. h., das Collegium als Examinationsbehörde, Diplome, Stempel, Taxen, Besoldungen, Lohn 2c., sodann die Administration des Ganzen	4730	17	9
2. Museum-Departement, einschließlich den Ankauf der Gegenstände, Spiritus, Gläser, Cataloge, Druck, Stich, Buchbinderarbeit, Taxen, Besoldungen, Lohn 2c.	1987	10	11
3. Bibliothek-Departement, Ankauf und Einband der Bücher, Repositorien, Cataloge, Schreibmaterial, Besoldung	934	14	—
4. Vermischte Ausgaben, als Reparaturen, Meubles, Gerichtskosten 2c.	530	15	—
5. Vermächtniß- und stiftungsmäßige Ausgaben, einschließlich Vorlesungen, Gedächtnißreden, Preise	187	1	2
	8340	18	10

	Pf. St.	Sch.	D.
Das gegenwärtige Vermögen besteht			
in 3 percent Consols	40,000	—	—
in 3 percent Reduced	23,000	—	—
	63,000	—	—
Der Vermächtniß-Fonds in 3 percent Consols	3,307	—	—
	66,307	—	—

Beobachtungen und Experimente über das Blut.
Von G. H. Hoffmann.

Der Verfasser theilt in der London medical gazette, April 1833. p. 881, eine Reihe von Versuchen mit, die hauptsächlich durch die Angaben, welche Stevens in der neuern Zeit über das Blut bekannt gemacht hat, und welche wir in den Notizen No. 759 ganz kurz mitgetheilt haben, veranlaßt wurden. Wir theilen hier bloß die Resultate, welche der Verfasser aus seinen Experimenten zieht, mit. Er sagt:

„Mein erstes Experiment bestätigt das bekannte Factum, daß kohlensaures Gas den rothen Theil des Blutes schwärzt, daß es aber, wie Stevens angiebt, durch die Einwirkung der atmosphärischen Luft wieder geröthet wird; und daß diese Eigenschaft durch öftere Wiederholung nicht geschwächt wird.

„Mein fünftes und achtes Experiment zeigen, daß Kohlensäure und Sauerstoff eine Attraction für das Blut haben, welche den Druck Einer Atmosphäre überwindet; oder daß wenigstens vermittelst der Luftpumpe nicht die ganze Menge, ja nicht einmal der größere Theil dieser Gase ausgezogen werden kann. Wenn daher zur Prüfung der Lehre des Hrn. Stevens (nach Lancet p. 723.) ein schwarzer Blutklumpen unter die Luftpumpe gelegt wurde, und hier Kohlensäure genug abgab, um Kalkwasser zu trüben, so konnte man doch nicht erwarten, daß er sich röthen werde, da immer noch Kohlensäure genug zurückblieb, um das Coagulum schwarz zu färben, selbst wenn Salz vorhanden gewesen wäre, um dasselbe zu röthen, was doch nicht der Fall war; wie sich dieß bei dem neunten Experiment ergab, wo das völlig zusammengezogene arterielle Coagulum sich schwarz zeigte; ebenso bei einem andern, welches bewies, daß die schwarze Farbe durch Mangel an Salz und nicht durch Mangel an Luft hervorgebracht wurde. Die Oberfläche des Coagulums muß mit Serum befeuchtet gewesen seyn, ebenso, wie es mit Kohlensäure imprägnirt war; denn wenn es in Wasser abgewaschen oder selbst wenn das Serum bloß rein abgewischt worden wäre (zehntes, zwölftes und dreizehntes Experiment), so hätte es niemals roth werden können. Um das kohlensaure Gas auszuziehen, wurde von jenem Untersucher das Coagulum der Einwirkung einer Atmosphäre unterworfen, wobei es schwarz blieb. Als nun atmosphärische Luft hinzugelassen wurde, so daß sie den Druck von zwei Atmosphären ausübte, so wurde das kohlensaure Gas befreit, etwas Luft hinzugethan, und das Coagulum bekam nun eine rothe Farbe. Prof. Graham hat in der Medical Gazette (Part. VI. vol. 1. p 173) gezeigt, daß das Gesetz, welches Dutrochet früher für Flüssigkeiten aufgestellt hat, auch für Gase gilt; nämlich, daß, wenn Endosmose stattfindet, zugleich Exosmose vorhanden sey, bis sich das Gleichgewicht hergestellt habe; und er zeigt zugleich, daß das Gleichgewicht zwischen Kohlensäure und atmosphärischer Luft in 0.812 der ersteren und 1,00 Volumtheilen der letztern bestehe. Ferner nach den Gesetzen, welche Dr. Mitchell dargelegt hat, daß Gase einander gegenseitig stärker anziehen, als sie Flüssigkeiten anzuziehen vermögen; daß sie einander zwar mit gleicher Kraft anziehen, aber daß das Verhältniß des Durchdringens bei denselben ungleich ist, indem eine gegebene Quantität kohlensaures Gas in 5½ Minute durch eine Membran hindurchdringt, während dieselbe Quantität von Sauerstoff eine Stunde 53 Minuten, Stickstoff 3½ Stunde braucht; nach diesem Gesetze ergiebt sich als unmittelbare Folge, daß, wenn Venenblut, welches mit kohlensaurem Gas imprägnirt ist, auf die eine Seite der Haut der Luftzellen der Lunge gelangt, während sich an der andern Seite atmosphärische

Luft befindet, ein Austausch stattfinden muß; und nehmen wir nun an, daß die Trachea einen Augenblick unterbunden sey, so werden sich die drei Gase nach Professor Graham's Gesetz der Gleichgewichtsvertheilung (Equivalent Diffusion) mischen; und da das Blut ebenfalls eine Attraction für diese Gase hat, so wird auch dieses in gleichem Verhältniß davon imprägnirt werden. Kohlensaures Gas hat nun unter jenen drei, in Hinsicht auf die Fähigkeit des Durchdringens, den Vorrang, es wird also zuerst aus dem Blute in die Luftzellen übergehen, um sich mit den übrigen Gasen zu verbinden; der Sauerstoff ist das nächste in jener Reihenfolge und wird daher das Blut durchdringen, jedoch etwas langsamer; zuletzt erst wird der Stickstoff kommen. Da nun aber bei der Respiration der Luftinhalt der Brust immer gewechselt und beständig frische Luft zugeführt wird, so würden die feinsten Luftzellen beständig von dem kohlensauren Gase aus dem Venenblute durchzogen werden, während zugleich das Blut auf der Stelle arteriell und durch den attrahirten Sauerstoff (welcher das kohlensaure Gas ersetzen muß) noch höher geröthet wird; möglicherweise wird auch etwas Stickstoff zu dem Blute eintreten. Dieses letzte Gas aber hat eine äußerst geringe Fähigkeit durchzubringen, so daß kein Stickstoff eintreten würde, bevor nicht aller Sauerstoff der Luft in den Luftzellen in das Blut eingezogen wäre; da aber die Respiration beständig fortdauert, so wäre dieß bloß dann möglich, wenn das Athmen entweder sehr langsam vor sich ginge, oder wenn die Haut der Lungen eine besonders große Oberfläche darböte. Nimmt man aber auch an, daß kein Stickstoff in das Blut eintrete, so hat dasselbe doch noch eine wichtige Function. Die Attractionskraft der Gase nämlich ist gleich, der Stickstoff zieht daher das kohlensaure Gas aus dem Venenblute an, und da er eine weit geringere Fähigkeit durchzubringen hat, als das letztere, so würde er gestatten, daß der Sauerstoff das kohlensaure Gas in fast gleichem Volumen ersetzt, während das kohlensaure Gas mit dem Stickstoff durch die Trachea entwiche. Diese Theorie hätte Dr. Mitchell keinen vorhergehenden Angaben nach annehmen müssen; die einzige Schwierigkeit ist nur, daß er die Gegenwart der Kohlensäure in dem Blute nicht zugiebt.

Meinem siebenten und achten Experimente liegt die Annahme zu Grunde, daß durch die Anwendung obiger, von Dr. Mitchell angegebenen, Gesetze eine neue Methode zur Analyse des Gasinhaltes in Flüssigkeiten gegeben werde, vermittelst welcher es durchaus nicht schwierig seyn würde, den Sauerstoff in dem Arterienblute aufzufinden, wenn er darin vorhanden seyn sollte. Um jeden möglichen Luftzutritt zu verhüten, muß eine Röhre mit der Arterie eines großen lebenden Thiers zusammengefügt, und das Blut durch das andere Ende über Quecksilber in einem Gefäße mit Wasserstoffgas aufgefangen und hierauf nach der Methode des siebenten Experimentes untersucht werden. Daß das Arterienblut Sauerstoffgas enthält, ist höchst wahrscheinlich; indeß muß ich bedauern, daß ich dieß bis jetzt nicht durch ein Experiment nachweisen konnte.

Experiment 15, 16, 17 beweisen, daß Wasser aus dem Theile eines festen Blutcoagulums, welcher unter Serum seine Farbe durch Zutritt der Luft verändert, Salz auszieht, besonders von der Oberfläche; und da nun bei den Experimenten 10 bis 15 die Einwirkung der Luft oder des Sauerstoffs nach vorhergegangener Maceration in Wasser das Coagulum nicht röthet, während Salz mit atmosphärischer Luft zusammen dieß thut, so scheint mir die Nachweisung, daß die Salze des Serums die Ursache der rothen Farbe des Arterienblutes sind, vollständig zu seyn.

Experimente 18 und 24 zeigen, daß, obgleich Salze allein, im Ueberschuß zugesetzt, die färbende Materie sehr lebhaft roth machen, doch das Sauerstoffgas positiv das Vermögen hat, die Röthe des Blutes zu erhöhen, wenn die normale Menge Salz darin enthalten ist.

Aus dieser Thatsache läßt sich eine für die Behandlung der Cholera wichtige Folgerung ableiten. Es scheint bei allen Verschiedenheiten der Meinung über die physiologischen Beziehungen dieser Krankheit allgemein zugegeben zu werden, daß das rothe Blut der natürliche Reiz für die linke Herzhälfte sey; daß in der Cholera alles Blut gefunden werde; und was wünschenswerth scheint, dasselbe roth zu machen. Von diesem Gesichtspunkte ausgehend, ist das Einathmen von Sauerstoffgas empfohlen worden; es ist aber nachgewiesen, daß Sauerstoffgas ohne Salz das Blut nicht röthet; auf der andern Seite wissen wir, daß bei der von Durchfällen begleiteten Cholera das Blut sehr rasch sein Salz verliert. In diesem Falle kann also das Sauerstoffgas allein nicht nützen. Da jedoch die Röthe durch Sauerstoffgas vermehrt wird, wenn das normale Verhältniß von Salz vorhanden ist, so würde gewiß das Einathmen von Sauerstoffgas ein gutes Unterstützungsmittel bei den Salzinjectionen in die Venen, oder bei jeder andern, Salz in den Kreislauf bringenden, Methode seyn.

Die Experimente 19 bis 26 zeigen, daß Stickstoff rothes Blut schwarz macht, aber zugleich schwarzes Blut röthet. Wahrscheinlich hat es keinen directen Einfluß auf die Färbestoff des Blutes selbst, sondern wirkt bloß dadurch, daß es den Sauerstoff von dem rothen oder das kohlensaure Gas von dem schwarzen Blute an sich zieht, und nun den färbenden Bestandtheil des Blutes gestattet, die Farbe anzunehmen, welche er im Serum ohne alle Gasimprägnation haben würde. Dieß bedarf aber noch weiterer Experimente zu seiner Bestätigung.

Obgleich ich bis jetzt keine Erklärung davon geben kann, so scheint mir doch das Factum, daß das kohlensaure Gas mit einem Ueberschusse von Salz das Blut bleibend schwarz macht und das Vermögen durch atmosphärische Luft wieder geröthet zu werden ganz zerstört, aus zwei Gründen der Beachtung werth zu seyn. Erstens, insofern es erwiesen ist, daß kohlensaures Gas in dem Venenblute existirt, so muß man sich hüten, in die Venen von Cholerakranken die Salzinjectionen entweder zu stark oder zu schnell zu machen, weil sonst das Blut oder ein Theil desselben ganz unabänderlich schwarz werden würde. Zweitens aber scheint jenes Factum einiges Licht für die Pathologie des Seescorbuts zu geben. Bei diesem ist das Blut schwarz, und diese Veränderung tritt ein, wenn die Leute lange Zeit von eingesalzenen Speisen gelebt haben, die bloß aber geheilt durch frische Nahrungsmittel. Da ich keine Gelegenheit hatte, durch Analyse dieß nachzuweisen, so spreche ich es bloß als höchst wahrscheinlich aus, daß die nächste Ursache dieser Krankheit in dem Vorhandenseyn einer zu großen Menge Salz in dem Blute liegt, welches Salz in größerm Verhältniß assimilirt wird, als es durch die Secretionsorgane aus dem Blute wieder ausgeschieden werden kann. Dieses mit Salz überladene Blut würde in den Venen, mit kohlensaurem Gas in Berührung kommend, schwarz, und in den Lungen nun nicht mehr roth werden. Durch frische Nahrungsmittel bekommen die Secretionsorgane die Kraft, den Ueberschuß von Salz auszuscheiden, und alsdann ist die Krankheit geheilt. Schließlich endlich glaube ich, daß, wenn meine Experimente sich bei Wiederholung richtig gestellt und gut beobachtet ausweisen, es erstens als erwiesen betrachtet werden muß:

1) Daß kohlensaures Gas den färbenden Bestandtheil des Blutes, wenn er in seinem Serum suspendirt ist, schwarz macht.

2) Daß atmosphärische Luft und Sauerstoffgas die rothe Farbe darin wiederherstellen.

3) Daß kohlensaures Gas in dem Venenblute vorhanden ist *).

—————

*) Diese Behauptung gründet der Verfasser auf folgende Experimente:

Experiment VII. Blut aus einer Armvene wurde in einer Phiole mit reinem Wasserstoffgas aufgefangen, wobei jeder Luftzutritt mit Sorgfalt verhindert wurde. Nachdem nun dieses Blut mit dem Wasserstoffgas geschüttelt worden war, fand sich, daß das Kalkwasser (lime water) unzündlich war, und eine beträchtliche Quantität kohlensaures Gas zeigte, welches das Wasserstoffgas aus dem Venenblut angezogen hatte.

Experiment VIII. Eine Flasche mit hellrothem Blut gefüllt, welche unter der Luftpumpe gewesen war, wurde umgekehrt und reines Wasserstoffgas hineingelassen, bis sie zur Hälfte gefüllt war: das Ganze wurde nun geschüttelt, wodurch die Flüssigkeit schwarz wurde, wonach sich bei der Analyse zeigte, daß das Wasserstoffgas beinahe einen Cubikzoll Sauerstoffgas angezogen hatte.

4) Daß die Luftpumpe nicht zureicht, um den gesammten In=
halt an Gas, mit welchem das Blut imprägnirt ist, auszuziehen..
 5) Daß atmosphärische Luft oder Sauerstoffgas ohne Salz
schwarzes Blut nicht röthet.
 6) Daß Salz ohne Luft dieß thut.
 7) Daß Blut ohne Salz schwarz ist.
 8) Daß Blut mit einem Ueberschuß an Salz und imprägnirt
mit kohlensaurem Gas ebenfalls schwarz ist, und daß alsdann die
rothe Farbe weder durch Luft noch durch Sauerstoffgas, noch durch
einen weitern Zusatz von Salz wiederhergestellt werden kann.
 9) Daß reines Sauerstoffgas die rothe Farbe der in Serum
suspendirten und mit atmosphärischer Luft imprägnirten färbenden
Bestandtheile des Blutes erhöht.
 10) Daß Stickstoffgas keine positive Fähigkeit hat, rothes Blut
schwarz zu färben.
 11) Daß kohlensaures Gas und Wasserstoffgas diese Fähigkeit
haben.
 12) Daß durch anderthalbstündiges Auswässern das Salz aus
einer Schicht von Coagulum ausgezogen wird, welche von gleicher
Dicke ist mit einer andern Schicht, welche befeuchtet mit Serum
durch Einwirkung der atmosphärischen Luft in derselben Zeit gerö=
thet werden kann.
 Zweitens ist es dadurch höchst wahrscheinlich:
 1) Daß freies Sauerstoffgas in dem Arterienblut vorhanden ist.
 2) Daß das Einathmen desselben unter gewissen Umständen in
der Cholera von Nutzen seyn kann.
 3) Daß ein Ueberschuß von Salz in dem Blute die nächste Ur=
sache des=Seescorbutes ist.
 Diese Resultate unterstützen, wie mir scheint, Dr. Stevens's
Theorie von der Respiration, und obgleich noch einige Glieder aus
der Kette von Thatsachen, welche zum Beweis jener Theorie nö=
thig wären, fehlen, so ist dieselbe durch meine Experimente doch
nicht widerlegt und erfordert und verdient fernere Untersuchung.
(London medical gazette. April 1833.)

Miscellen.

Uebersicht der Vorfälle in dem hospice de la Ma-
ternité zu Paris vom Juny 1829 bis Juny 1833. Es
wurden geboren 10,742 Kinder. Von diesen stellten 10,262 sich mit
dem Scheitel voran, 391 mit den untern Extremitäten und dem Steiß;
59 mit einem Theil des Rumpfs; 30 mit dem Gesichte. — Von
den mit dem Scheitel vorangebornen Kindern waren 9,867 ausge=
tragen, 30 waren vor der Geburt todt, 9867 hätten lebend geboren
werden können, aber es unterlagen 191 (also 1 von 51.) — 395
waren unzeitig von diesen waren 87 unter dem siebenten Monat
und nicht lebensfähig und 83 waren schon in Fäulniß; es blieben
also nur 278, welche leben konnten) 48 sind gestorben (1 von 5
oder 6.) — Von 391 mit den Beckenextremitäten voran geborenen
waren 258 zeitig und 153 unzeitig. Von erstern waren 7 vorher
todt. Von den 231 übrigen sind 21 todt gekommen (1 von 11.) —
Von den 153 unzeitigen Kindern waren 63 vorher gestorben, 30
waren nicht lebensfähig, 10 sind todt geboren (von 6.)
 Einen Steinschnitt in zwei Zeiträumen erzählt Dr.
Macfarlan in seinen Clinical Reports pag. 109. Er machte
den Seiteneinschnitt und fand den Stein oberhalb des Schambeins
auf der rechten Seite festgestellt. Da es bei zwei vorsichtigen Versu=

chen nicht gelang, den Stein zu fassen, so wurde der Kranke, ohne
die Blase durch längere Versuche zu reizen, zu Bett gebracht, in
der Hoffnung, daß in wenigen Stunden die Contraction der Harn=
blase aufhören und der Stein an eine tiefere Stelle der Blase her=
abtreten werde, Fünf Stunden nach der Operation hatte auf ein=
mal der Urinausfluß gestockt; als nun ein Blutcoagulum aus der
Wunde entfernt wurde, fand sich ein wallnußgroßer Stein in der
Wunde der Prostata eingetheilt; er wurde leicht gefaßt und ausge=
zogen. Die ungestörte Heilung bestätigte auch in diesem Falle den
Nutzen von einem Verfahren bei'm Steinschnitt, durch welches die
Anwendung jeder Art von Gewaltthätigkeit vermieden wird.
 Bei Krankheit des Metatarsalknochens der gro=
ßen Zehe schnitt am 25. April 1833 Hr. Brodie, in Ge=
stalt eines Winkels, durch die Haut bis auf den Knochen, präparirte
den Lappen ab, und fand die Knochenportion exfolirt und locker in
der Wunde liegen; Hr. B. ließ nun die Wunde schließen, brachte
den Mann wieder zu Bette, und bemerkte den anwesenden Stu=
direnden, die Operation sey einfacher ausgefallen, als er anfangs ver=
muthet. Wäre der Knochen nicht exfoliirt gewesen, so würde er die
kranke Portion mit der Trephine beseitigt haben; er sehe keinen
Grund, warum der Mann den Fuß nicht wieder sehr gut werde
brauchen können. Die große Zehe werde kürzer werden; allein die
Erhaltung derselben *) sey von großer Wichtigkeit; denn bei'm Ge=
hen werde das ganze Körpergewicht von ihr gestützt, und wenn sie
fehle, sey Hinken unvermeidlich. — — *) Hier sollte es wohl hei=
ßen „des Metatarsalknochens derselben."
 Eine doppelte Harnblase hat Herr Velpeau in der
Académie royale de médecine, vorgezeigt. Sie besteht aus
zwei Taschen, die eine natürliche, aber vergrößerte, lag hin=
ter den Schambogen, die andere, kleinere, in dem kleinen Becken.
Beide standen miteinander durch eine kleine Oeffnung an der linken
Seite im Eingange des Blasenhalses in Verbindung. Waren die
beiden Taschen voll, so bildeten sie an der Mitte der regio hypo=
gastrica eine pralle, schmerzlose Geschwulst, welche zusammenfiel,
wenn der kleine Sack entleert wurde. In jeder dieser Höhlen be=
fand sich ein Stein, deren einer bei dem Seitensteinschnitt gewiß
nicht hätte aufgefunden werden können; der hohe Steinschnitt dage=
gen hätte in den Stand gesetzt, beide herauszunehmen. (Archives
générales, Janvier 1833.)
 Amaurose durch die chemische Einwirkung einer grö=
ßern Menge von Zitronensaft ereignete sich bei einem jungen voll=
kommen gesunden Dienstmädchen, welches sich bei'm Auspressen der
Zitrone sehr viel Saft in das rechte Auge gespritzt hatte. Die ersten
3 Tage flossen viel Thränen, dann verschwand alle Reizung, aber das
Sehen nahm ab und wurde immer dunkler. Vierzehn Tage
nach war in dem nicht entzündeten Auge die blaue Iris grün ent=
färbt, die Pupille etwas erweitert, der Hintergrund des Auges grün=
lich wie bei'm beginnenden Glaucom. Die Linse trübte sich. (Fi=
scher, klin. Unter in der Augenheilk.)
 Gegen die Transfusion erhebt sich in einer neuern Ab=
handlung (Journal de Chémie méd. Janvier 1833) Hr. Dumas
und stützt sich dabei auf eine schon früher von ihm und Prevost
bekannt gemachten Versuche, aus welchen er schließt, daß das einge=
spritzte Blut nicht im Stande sey, das Leben zu erhalten. Mit sei=
nen Versuchen spritzte er aber den Thieren immer fremdartiges
Blut (z. B. den rothen Ochsenblut) ein, und die Erfahrungen der
Engländer, welche durch Transfusion von Menschenblut bei Men=
schen schon öfter Heilung bewirkt haben, finden also durch Schlüsse
aus jenen Experimenten keine Widerlegung.

Bibliographische Neuigkeiten.

A Geological Sketch of the Vicinity of Hastings. By W. H.
 Fitton etc. London 1833. 8.

An Essay on the comparative Merits of Artificial and Natural
 Classification as applied to Diseases of the skin. By John
 Paget. Edinburgh 1833. 8.

Notizen

aus

dem Gebiete der Natur- und Heilkunde.

Nro. 831.   (Nro. 17. des XXXVIII. Bandes.)   November 1833.

In Commission des Landes-Industrie-Comptoirs zu Weimar. Preis eines ganzen Bandes, von 24 Bogen, 2 Rthlr. oder 3 Fl. 36 Kr., des einzelnen Stückes 3 ggl. Die Tafel schwarze Abbildungen 3 ggl. Die Tafel colorirte Abbildungen 6 ggl.

Naturkunde.

Ueber eine besondere Classe von Muskelbewegungen

enthält ein Brief des Hrn. Chevreul an Hrn. Ampère (in der Revue des deux mondes) Folgendes:

„Sie verlangen von mir eine Beschreibung der Versuche, welche ich im Jahr 1812 darüber anstellte, um die Behauptung, daß ein, mittelst eines schweren Körpers und eines biegsamen Drahtes oder Fadens gebildetes Pendul bei unbewegtem Arme schwinge, wenn man es mit der Hand über manche Körper hält, zu prüfen. Sie halten diese Versuche für einigermaßen wichtig, und ich füge mich Ihren Wünschen und Gründen ꝛc. Das Pendul, dessen ich mich bediente, war ein Ring, an einen Hanfdraht gebunden; ich hatte ihn von Jemand erhalten, welcher sehr lebhaft wünschte, daß ich die Erscheinungen, welche dasselbe über Wasser, über einen Klumpen Metall, oder ein lebendiges Geschöpf brachte, selbst untersuchen; ich hatte diese Erscheinungen nämlich schon mit angesehen. Es überraschte mich, ich gestehe es, nicht wenig, als ich dieselben sich wiederholen sah, wie ich den Faden des Penduls über den Rechten ergriffen hatte und über einen Amboß, mehrere Thiere ꝛc. hielt. Ich schloß aus meinen Versuchen, daß, wenn es wirklich nur gewisse Anzahl Körper gebe, welche, wie mir versichert worden, das Pendul zu Schwingungen bestimmten, man dieses wahrscheinlich zum Stillstand bringen werde, wenn man andere Körper zwischen jene und das Pendul bringe. Ungeachtet meiner Vermuthung war ich doch sehr darüber erstaunt, als ich mit der Linken eine Glasplatte, einen Harzklumpen ꝛc. ergriffen und einen dieser Körper zwischen das Quecksilber und das über demselben schwingende Pendul gebracht hatte, die Schwingungen kleiner werden und endlich ganz aufhören zu sehen. Wurde der zwischengebrachte Körper weggenommen, so begannen sie von neuem, und umgekehrt. Und dieses wiederholte sich mit wirklich merkwürdiger Gleichförmigkeit, mochte nun ich, oder ein Andrer das Pendul halten. Je außerordentlicher mir diese Wirkungen vorkamen, desto mehr sah ich die Nothwendigkeit ein, mich zu überzeugen, ob sie auch wirk-

lich ohne alles Zuthun einer Bewegung der Armmuskeln vor sich gingen, wie man mir versichert hatte. Ich stützte daher den rechten Arm, womit ich das Pendul hielt, auf einen hölzernen Träger, welchen ich willkürlich von der Schulter nach der Hand, und von dieser wieder zurückschieben konnte: ich bemerkte bald, daß im erstern Falle die Bewegungen des Penduls immer mehr abnahmen, je mehr der Träger sich der Hand näherte, und daß sie ganz aufhörten, wenn die Finger, welche den Faden hielten, selbst unterstützt wurden, während im zweiten Falle der entgegengesetzte Erfolg stattfand; doch war die Bewegung langsamer, als vorher. Mir war es daher sehr wahrscheinlich, daß die Erscheinung durch eine Muskelbewegung, welche, mir unbewußt, stattgefunden, bestimmt werden sey, und diese Meinung schien mir um so annehmbarer, als ich mich in der That ganz dunkel erinnerte, daß ich, als meine Augen den Schwingungen des von meiner Hand gehaltenen Penduls folgten, in einem ganz eigenen Zustande gewesen war.

„Ich wiederholte meine Versuche, indem ich nun den Arm ganz frei ließ, und überzeugte mich, daß die eben erwähnte Erinnerung keine Geistestäuschung gewesen war; denn ich empfand sehr deutlich, während meine Augen dem schwingenden Pendul folgten, mir eine gewisse Stimmung oder Neigung zur Bewegung, welche, so unfreiwillig sie mir vorkam, doch um so deutlicher war, je größer die von dem Pendul beschriebenen Bogen waren; ich dachte daher, wenn ich mir bei der Wiederholung der Versuche die Augen zubände, so würden die Erfolge ganz anders ausfallen. Und dieses geschah auch in der That. Während das Pendul über dem Quecksilber seine Schwingungen machte, verband man mir die Augen; die Bewegung wurde bald vermindert; obgleich aber die Schwingungen schwach waren, so verminderten sie sich doch durch die Körper, welche sie bei meinen ersten Versuchen zum Stillstand gebracht zu haben schienen, nicht merklich.. Endlich hielt ich das Pendul von dem Augenblicke an, wo es in Ruhe war, noch eine Viertelstunde lang über dem Quecksilber, ohne daß es sich wieder in Bewegung setzte, und während dieser Zeit hatte man, ohne mein Vorwissen,

17

zu wiederholten Malen die Glasplatte und die Wachstafel dazwischen gebracht und wieder weggenommen.

„Ich erkläre mir diese Erscheinungen so: Als ich das Pendul in der Hand hielt, wurde es durch eine, obgleich von mir nicht empfundene, Bewegung der Muskeln meines Arms in Bewegung gesetzt, und die einmal begonnenen Schwingungen wurden bald verstärkt durch den Einfluß, welchen das Gesicht ausübte, indem es mich in diesen besondern Zustand der Stimmung oder Neigung zur Bewegung versetzte. Nun muß man aber wissen, daß die Muskelbewegung, selbst wenn sie durch diese Stimmung (Disposition) verstärkt wurde, doch so schwach ist, daß sie, ich sage noch nicht einmal bei'm ernstlichen Willen, sondern schon bei'm bloßen Gedanken an einen Versuch, ob so etwas sie zum Stillstand bringen werde, wirklich aufhört. Es findet daher eine innige Verbindung zwischen der Ausführung mancher Bewegungen und dem darauf bezüglichen Act des Gedankens statt, obgleich dieser Gedanke noch nicht der Wille ist, welcher den Muskeln gebietet. Die so eben beschriebenen Erscheinungen scheinen mir daher für die Psychologie und selbst für die Geschichte der Wissenschaften von einigem Interesse zu seyn; sie beweisen, wie leicht es ist, Täuschungen für Wahrheit zu nehmen; wenn wir uns mit Erscheinungen beschäftigen, wo unsere Organe etwas in's Spiel kommen, und dieß unter nicht gehörig bekannten Umständen geschieht. In der That, hätte ich mich begnügt, das Pendul über gewissen Körpern schwingen zu lassen, und wären mir die Versuche, bei welchen diese Schwingungen inne hielten, wenn man Glas, Harz ꝛc. zwischen das Pendul und die Körper brachte, welche dessen Bewegung zu bedingen schienen, genügend gewesen, so hätte ich wohl an eine Art Wünschelruthe und dergleichen glauben können. Man wird daher leicht einsehen, wie sonst glaubwürdige und übrigens aufgeklärte Männer bisweilen dazu kommen, zu ganz eingebildeten Ideen ihre Zuflucht zu nehmen, wenn sie Erscheinungen erklären sollen, welche nicht aus der bereits von uns gekannten physischen Welt stammen. Da ich einmal die Ueberzeugung hatte, daß den Wirkungen, welche mich so in Erstaunen gesetzt hatten, nichts wahrhaft Außerordentliches zum Grunde liege, so wurde ich dadurch in voller der, als ich sie zum ersten Mal beobachtete, so ganz verschiedene Stimmung versetzt, daß ich es noch lange nachher, und zu verschiedenen Zeiten, aber immer vergebens, versuchte, sie wieder hervorzubringen.

„Indem ich Sie über eine Thatsache, welche vor länger, als 12 Jahren sich unter Ihren Augen zutrug, zum Zeugen aufrufe, werde ich meinen Lesern beweisen, daß ich nicht der einzige bin, auf welchen das Gesicht solchen Einfluß hat, daß es die Schwingungen eines in der Hand gehaltenen Penduls bestimmt. Sie erinnern sich ohne Zweifel, daß, als ich mit dem General P... und mehreren andern Personen bei Ihnen war, die Rede auch auf meine Versuche kam; der General wünschte, das Nähere davon zu erfahren, und nachdem wir es ihm auseinandergesetzt, ließ er nicht undeutlich merken, wie sehr der Einfluß des Gesichts auf die Bewegung des Penduls allen seinen Ideen darüber entgegen

sey. Sie erinnern sich, daß er auf meinen Vorschlag den Versuch selbst machte, und sehr erstaunt war, nachdem er seine linke Hand einige Minuten lang über die Augen gehalten und dann wieder weggethan hatte, das Pendul, welches er mit der rechten Hand hielt, ganz unbeweglich zu sehen, obgleich es in dem Augenblicke, wo er seine Augen zuhielt, noch mit Schnelligkeit sich bewegte.

„Die vorhergehende Thatsache, und die von mir gegebene Erklärung derselben, veranlassen mich, andere anzureihen, welche wir täglich beobachten können; dadurch wird die Analyse dieser zugleich einfacher und genauer, als sie es gewesen, während man zugleich ein Ganzes von Thatsachen bildet, deren allgemeine Erklärung einer großen Ausdehnung fähig ist. Ehe wir jedoch weiter gehen, erinnern wir uns, daß meine Beobachtungen zwei Hauptumstände darbieten: 1) zu denken, daß ein in der Hand gehaltenes Pendul sich bewegen kann, und daß es sich bewegt, ohne daß man sich der Einwirkungsthätigkeit der Muskeln bewußt ist: dieß ist die erste Thatsache: 2) ein Pendul schwingen und seine Schwingungen durch den Einfluß des Gesichts auf die Muskeln sich verstärken zu sehen, und zwar immer, ohne daß man sich dessen bewußt ist; dieß ist die zweite Thatsache.

„Das Streben, oder die Neigung zur Bewegung, in uns durch den Anblick eines sich bewegenden Körpers hervorgerufen, findet sich in mehrern Fällen; ist z B., die Aufmerksamkeit auf einen fliegenden Vogel, oder einen durch die Luft schwirrenden Stein, auf fließendes Wasser gerichtet, so wendet sich der Körper des Beobachters mehr oder weniger deutlich nach der Linie der Bewegung hin; wenn einer kegelt, oder Billard spielt, so folgt er mit dem Auge der Kugel oder dem Billardball, und giebt seinem Körper die Richtung, welche nach dem eigenen Wunsche oder dieser nehmen soll, als wenn es ihm noch möglich wäre, ihn an das verlangte Ziel zu bringen.

„Gehen wir auf einer glatten Fläche, so weiß Jedermann, wie schnell wir uns auf die, der Seite, nach welcher uns das Gleichgewicht verloren, entgegengesetzte Seite werfen; aber weniger allgemein bekannt ist, daß sich ein Streben von Bewegung selbst dann kund giebt, wenn es uns unmöglich ist, uns in der Richtung dieser Neigung zu bewegen; in der Kutsche, z. B., macht die Besorgnis, umzuwerfen, daß man sich gegen die, der drohenden umgeworfenen Seite anstemmt, und die Anstrengungen dabei sind um so peinlicher, als dabei der Schreck und die Reizbarkeit größer sind. Ich glaube, daß bei'm gewöhnlichen Fallen, das sich Fallenlassen weniger nachtheilig ist, als das Bestreben, den Fall zu verhüten. So erkläre ich mir auch den Ausdruck: Es giebt ein Gott für die Kinder und die Betrunkenen.

„Eine dem mitgetheilte Thatsache wird uns natürlich auf die Fälle, wo man, auf dem Kranze eines Gebirges stehend, welches wegen seiner Breite eine weitere Aussicht gestattet, die einer großen Straße gehend, haben müßte, plötzlich die Tiefe eines Abgrundes unter sich erblickt. In diesem Augenblicke wirft man sich, so zu sagen, ganz unwiderstehlich nach der dem Abgrunde entgegengesetzten

Seite, angetrieben durch den Erhaltungstrieb, welcher gegen ein Streben zur entgegengesetzten Bewegung, durch den Anblick des Abgrunds hervorgerufen, ankämpft. Dieses Streben ist ebenfalls auffallend, wenn man sich auf einer Brücke ohne Geländer über einem Abgrunde befindet; der Anblick dieses Abgrunds von der einen Seite der Brücke macht, daß man sich auf die entgegengesetzte Seite wendet, und bringt einen hier in denselben ängstlichen Zustand, dem man sich hatte entziehen wollen. So nach einander in zwei entgegengesetzten Richtungen beunruhigt, wird man gewissermaßen betäubt und unbeweglich, wenn nicht die zu sehr lebhafte Furcht, auf der Seite, wo man sich befindet, zu fallen, einen in Gefahr bringt, sich auf die entgegengesetzte Seite zu werfen. So ist, im besprochenen Falle, die Lage eines Menschen, welcher nicht gewohnt war, auf einem schmalen Wege über einem Abgrunde hinzugehen, während ein daran Gewöhnter da so sicher geht, als auf einer großen Straße, aus dem Grunde, weil er, frei von Furcht, nicht an die Gefahr denkt, welche der erstere befürchtet. Des Letztern Lage würde noch bedenklicher werden, wenn er, indem er mit den Augen den Flug eines Vogels, oder den Fall eines Steins ꝛc. verfolgte, die Tiefe des Abgrunds entdeckte; er hätte dann schon bis auf einen gewissen Grad dem Streben, welches uns gegen einen sich bewegenden Körper hinzieht, nachgegeben *).

„Das Streben zur Bewegung in einer bestimmten Richtung, welches aus der Aufmerksamkeit auf einen gewissen Gegenstand entspringt, halte ich für die Hauptursache mehrerer Erscheinungen, welche man allgemein der Nachahmung zuschreibt; so ist in dem Falle, wo das Gesicht und selbst das Gehör unsere Gedanken auf eine gähnende Person leitet, die Muskelbewegung des Gähnens bei uns gewöhnlich die Folge. Ich könnte dasselbe von dem Lachen sagen; und dieses Beispiel bietet mehr, als irgend ein anderes ähnliches einen Umstand dar, welcher mir meine von diesen Erscheinungen gegebene Erklärung sehr zu unterstützen scheint: daß nämlich das Lachen, obgleich anfangs schwach, bei längerer Dauer, man verzeihe mir den Ausdruck, beschleunigt werden kann (ebenso, wie wir die Schwingungen des in der Hand gehaltenen Pendulus unter Einwirkung des Sehens einen weitern Umfang annehmen sahen), und daß es, beschleunigt, bis zu Convulsionen sich steigern kann.

„Ich zweifle nicht, daß der Anblick gewisser Handlungen, welche auf unsere gebrechliche Maschine stark einzuwirken vermögen; daß eine besondere Belebung der Stimme und des Geberdenspiels bei diesen Handlungen, oder auch schon das einfache Vorlesen solcher Handlungen, manche Personen zu denselben Handlungen in Folge einer Neigung zur Bewegung anregt, welche sie demnach maschinenmäßig zu einem Act bestimmt, an den sie ohne einen, ihrem Willen fremden Umstand, nie gedacht haben, und zu welchem sie durch das, was man bei Thieren Instinct nennen kann, nie aufgefordert worden seyn würden.

„Ein großer Schauspieler ist derjenige, dessen Geberden und Mienenspiel der Gemüthsbewegung entsprechen, in wel-

cher sich die von ihm auf der Bühne dargestellte Person befinden soll. Der Geschichtsmaler, welcher die Natur studirt hat, faßt die Stellung auf, welche die Originale der Personen, die er malt, haben mußten, als sie zu der von ihm auf der Leinwand dargestellten Handlung beitrugen. Ein großer Dichter ist derjenige, dessen Verse in den Zuhörern die, den ihm besungenen Thatsachen entsprechenden Gemüthsbewegungen hervorrufen: so bewegt der Vortrag eines Stücks der Iliade den Alexander, nach seinen Waffen zu greifen.

„Zum Schluß der Thatsachen, welche mir als Belege meiner Beobachtungen zu dienen schienen, glaube ich noch eine Bemerkung machen zu müssen, welche schon gewissermaßen mit in dem bereits Gesagten enthalten ist, aber doch vielleicht manchem Leser entgehen könnte; nämlich, daß diese Neigung zur Bewegung, in welcher ich die Hauptursache einer großen Anzahl unserer Handlungen sehe, nur so lange statt hat, als wir uns in einem gewissen Zustande befinden, welcher vollkommen das ist, was die Magnetiseurs das Daranglauben nennen. Daß es einen solchen Zustand giebt, ist durch die Mittheilung meiner Versuche genügend dargethan; denn so lange ich die Bewegung des Pentuls in meiner Hand für möglich hielt, fand sie auch richtig statt; nachdem ich aber die Ursache davon entdeckt hatte, war ich nicht im Stande, sie wieder hervorzubringen. Weil wir uns nicht immer in einem und demselben Zustande befinden, macht auch dieselbe Sache nicht immer den nämlichen Eindruck auf uns; zu gähnen wir nicht immer, wenn ein Anderer gähnt; und das Lachen theilt sich ebenfalls nicht immer mit ꝛc. Der große Redner, welcher in der zuhörenden Menge die Leidenschaft zu erregen sucht, die ihn selbst beseelt, geht nicht sogleich auf seinen Zweck ein; er fängt damit an, seine Zuhörer dazu vorzubereiten, und erst, nachdem er sich deren völlig bemeistert hat, bringt er den Effect machenden Beweisgrund vor, schleudert er seinen kräftigsten Blitz. Der große Dichter, der große Schriftsteller, bedienen sich durchaus desselben Kunstgriffs; sie bereiten den Leser auf einen zum Schluß aufzunehmenden Haupteindruck vor. Es giebt in dem Studium der Ursachen, welche die Handlungen der Menschen bestimmen, nichts Merkwürdigeres, als die Kenntniß der Mittel, welche der Kaufmann anwendet, um erst einen Käufer herbeizurufen, und dann dessen Aufmerksamkeit auf die Eigenschaften des Gegenstands, den er kaufen soll, zu leiten; als die Kunstgriffe zu wissen, welche der Taschenspieler anwendet, um eine ihm beliebige Karte aus einem Kartenspiel ziehen zu lassen, oder um die Aufmerksamkeit des Zuschauers auf irgend einen Gegenstand zu lenken, um sie von einem andern abzuziehen, ohne welches er durchaus nicht die Ueberraschung hervorbringen würde, welche der Hauptzweck seiner Kunst ist. Aus diesen Betrachtungen erhellt, daß die verschiedenartigsten Gewerbe ganz ähnliche, obgleich sehr mannichfaltige Mittel anwenden, um einen und denselben Zweck zu erlangen, d. h., sich anfangs der Aufmerksamkeit des Menschen zu bemächtigen, um dann auf ihn eine bestimmte Wirkung hervorzubringen.

„Meine Bemerkungen greifen auch, wie ich glaube, in die Geschichte der Seelenfähigkeiten der Thiere ein; und

---

*) Vielleicht findet bei der Seekrankheit etwas Aehnliches statt.

manche ihrer Handlungen, welche man dem Instinct zuge=
schrieben hat, gehören wahrscheinlich in die Classe derjenigen,
von denen ich gesprochen habe. Besonders möchte es wohl,
meines Bedünkens, interessant seyn, in dieser Beziehung bei
den in Heerden lebenden Thieren, den Einfluß des Herrn
auf die Thiere zu erforschen. Werfen endlich die von mir
angeführten Thatsachen nicht auch einiges Licht auf die Ur=
sache der Bezauberung (fascination), welche ein Thier
durch ein anderes erfährt?

„Ich halte meine Bemerkungen eben auch für geeignet,
die Aufmerksamkeit derjenigen Physiologen zu fesseln, welche,
wie Hr. Flourens, die Bewegungen, welche nach Abtra=
gung bestimmter Theile des Nervensystems bei Thieren statt=
finden, zu einem Gegenstand ihres besondern Studiums ge=
macht haben; es wäre mir wichtig, den Einfluß zu kennen,
den die Entfernung irgend eines von diesen Theilen auf die
Hervorbringung der Erscheinungen haben könnte, welche den
Gegenstand dieses Briefs ausmachen."

„Dieß, liebster Freund, sind die Gegenstände, welche Sie
für merkwürdig genug hielten, um Personen zu interessiren,
welche so, wie wir, glauben der in der Psychologie be=
folgte Weg gerade der ist, wie ihn die Männer, denen die
Naturwissenschaften ihre Fortschritte verdanken, vorgezeichnet
haben, und welche mit uns einer Meinung sind, daß es für
denjenigen, welcher die großen Wahrheiten der Physik und
Mathematik kennt, nichts positiv Metaphysisches gebe. Das
Studium der Seelenkräfte des Menschen ist unveränderlich
nicht allein mit der Kenntniß der Mittel verknüpft, deren er
sich bedient hat, jeden der besondern Zweige der eben genann=
ten Wissenschaften zu gründen, sondern es greift auch in die
Kenntnisse von den Seelenfähigkeiten der Thiere ein. Ehe
man ein allgemeines System der Philosophie entwirft, muß
man eine möglichst große Anzahl von Gruppen analoger
Thatsachen gesammelt haben, und außerdem müssen auch die
Thatsachen jeder Gruppe vorgängig durch besonderes Stu=
dium begründet seyn."

Empfangen Sie, werthester Freund rc. Chevreul.

Ueber gewisse durch chemische und andere Agen= tien bewirkte Veränderungen der Farbe in der die choroidea auskleidenden Haut des Auges

hat G. H. Fielding, Curator der vergleichenden Anatomie in
der Hull Literary and Philosophical Society, den Herausgebern
des London and Edinburgh Philosophical Magazine August 1833
eine Mittheilung gemacht. Er hatte früher folgende Behauptung
aufgestellt. „Es ist möglich, durch chemische Agentien (welche nach
Bichat nicht die geringste Wirkung auf das Pigment des Auges
ausüben) diese Farben nach Belieben zu vernichten und wiederher=
zustellen. Man nehme einen Durchschnitt eines Thierauges, worin
die Farben lebhaft sind, und tauche sie in irgend eine diluirte
Säure (Salpeter=, Salz= oder Schwefel=Säure), so wird man
bemerken, daß die Farben alsobald zu verbleichen anfangen; dann
tauche man das Stück Auge in kaltes Wasser, und wenn man es
herausnimmt, wird man finden, daß die Farben verschwunden sind;
nun tauche man es wieder in die Säure, so werden die Farben wie
auf einen Zauberschlag wieder erscheinen: man tauche sie wieder in
Wasser, und sie werden wieder verschwinden; und so fort nach Be=

lieben. Dieselbe Wirkung wird durch Ammonium hervorgebracht.
Mit einem Pigment könnte dieß nicht geschehen, und meine Ansicht
ist, daß diese schönen Farben von der Dicke und Disposition der
dünnen Lamellen abhängen, aus welchen (wie ich durch Zergliede=
rung nachweisen kann) diese Membran zusammengesetzt ist. Die
Ursache des Verschwindens und Wiedererscheinens der Farben durch
chemische Einwirkung halte ich für die bloße Wirkung von Wärme
und Kälte auf diese dünnen Lamellen, wodurch eine abwechselnde
Expansion und Contraction zuwege gebracht werden."

Hierauf hatte nun Sir David Brewster die Frage auf=
geworfen: „Sind nicht diese Farbenveränderungen mit mehr
Wahrscheinlichkeit auf die Textur=Veränderungen zu beziehen, wel=
che auf eine so zart organisirte Structur durch Anwendung chemi=
scher Agentien hervorgebracht wird?"

Hr. Fielding erwiedert darauf: Wenn ich nachweisen kann,
daß diese Veränderungen hervorgebracht werden können, ohne An=
wendung von chemischen Agentien, so wird das hinreichen, dem (von
Sir David Brewster gemachten) Einwurfe genügend zu ant=
worten und meine eigene Behauptung zu bestärken.

Zuvörderst muß ich geltend machen, daß, wenn durch irgend
eines der von mir genannten Mittel, wie die Textur eines or=
ganisirten Theiles verändert hätten, wir sie nach willkürlich in
seinen ersten Zustand hätten zurückversetzen können; und wenn also
die Farbe einmal beseitigt worden wäre, weil eine wirkliche Altera=
tion in der Textur chemisch bewirkt worden, so würde sie auch be=
seitigt geblieben seyn. Aber um meine Ansicht zu beweisen, daß
die in dem Experiment erwähnten sonderbaren Erscheinungen das
einfache Resultat der Veränderungen sind, welche durch die wirkliche
Dicke der Membran, durch abwechselnde Expansion und Contraction,
von der durch Säure und Wasser abwechselnd hervorgebrachten
Wärme und Kälte bewirkt werden, und nicht von einer chemischen
Einwirkung auf die Textur der Membran, dazu wird folgendes Ex=
periment hinreichen.

Man löse die choroidea eines Thierauges sorgfältig von der
sclerotica ab, entferne die Feuchtigkeiten und die retina und wa=
sche alles Pigment mittelst eines Pinsels und Wasser ab. Dann
hänge man die choroidea in einen Luftzug, um sie zu trocknen.
Man beobachte sorgfältig die Natur der glänzenden Farben der
schillernden Membran an der inneren Oberfläche, wenn sie feucht
ist. So wie alles durchaus trocken ist, untersuche man sie von
neuem und man wird finden, daß alle Farben verschwunden sind.
Man tauche nun die zusammengefallene Membran in Wasser (oder,
um schneller zum Ziele zu kommen, in warmes Wasser) und so wie
die Abtheile sich allmälig wieder ausbreiten, wird man finden, daß
die Farben wieder so schön erscheinen, wie je. Dieß kann man,
so oft man will, mit demselben Erfolg wiederholen.

In der choroidea eines Schaafs, welche Hr. Fielding
sorgsam mit Zinnober injicirt hatte, war die Wirkung dieses Ex=
periments höchst schön. Die ursprüngliche Farbe der schillernden
Membran war dunkelblau, aber wenn sie getrocknet war, so war
die rothe Injection allein sichtbar. Mit ein wenig Gewandtheit
gelang es ihm, es unter das Mikroscop zu bringen, um den wirk=
lichen Proceß der Veränderung zu beobachten. Die blaue Ober=
fläche zog sich wie eine Wolke über die rothe Injection und nahm
allmälig an Stärke zu, bis die Injection vollkommen dadurch ver=
dunkelt war.

Miscellen.

Von den Schlingpflanzen sind zwei ganz besonders
merkwürdig. Die Logue (ob sie schon einen systematischen
Namen erhalten, ist uns nicht bekannt) in Chile steigt, wenn
sie den Gipfel eines Baums erreicht hat, wieder zu dem Bo=
den herab, ergreift einen andern Baumstamm, klettert zu dessen
Gipfel hinauf, und geht so von Baum zu Baum: man hat sie so
auf 600 Fuß fortgehen sehen. Wegen ihrer Zähigkeit und Biegsam=
keit hat man sie zu Seilen und andern Zwecken verwendet. —
Etwas Aehnliches beschreibt Obrist Welsh in Indien. „Es ist,
sagt er, eine Kletterpflanze hier, welche sich um mehrere der größ=
ten Bäume und in den verschiedenartigsten phantastischen For=

—

men herum windet; wie sie aber von einem Baum zum andern gelangt, habe ich nicht herausbringen können. Sie ist gewöhnlich von der Dicke eines Mannesarmes, maaß aber an der Basis an 50 Zoll Durchmesser. Die Eingebornen nennen sie Schikâ (cheekay). Die Blätter sind klein und zart, und die kleinen Zweige mit Dornen wie mit Fischhaken bedeckt. 'Es klingt seltsam, aber wir fanden auch einige hohe Bäume derselben Gattung, während diese Art eine völlige Schlingpflanze war.''

Ein sehr intenses homogenes Licht, welches für manche optische Experimente bis jetzt immer sehr wünschenswerth war, bereitet Herr Talbot, indem er ein Stück gewöhnliches Salz auf den Docht einer Spirituslampe legt, und einen Strom von Sauerstoffgas darauf leitet. Das dadurch erhaltene Licht ist vollkommen homogen und von ungemeinem Glanz. Bedient man sich statt des gewöhnlichen Salzes der verschiedenen Salze von Strontian, Baryt u. s. w., so erhält man die bekannten gefärbten Flammen, wie sie diesen einzelnen Substanzen eigenthümlich sind, mit bei weitem größerer Pracht, als auf irgend eine andre Weise. (London and Edinburgh Philosophical Magazine, July 1833.)

Nekrolog. — Der verdiente Professor der Naturwissenschaften an der Cantonschule zu Aarau, Dr. Rudolph Meyer, ist am 6. Nov. daselbst verstorben.

Heilkunde.

Ueber die (ungenügende) blutstillende Kraft des Binelli'schen Wassers und des Kreosots.
Von E. G. T. Simon.

Blutungen können, ohne Hinzuthun der Kunst, von selbst stehen: 1stens durch Zurückziehung der Gefäße in ihre Zellscheide, 2tens durch Verengerung ihres Lichtes, 3tens durch Coagulation des Blutes, 4tens durch Veränderungen, welche durch Entzündungen herbeigeführt sind. Bei der Beurtheilung der Vorgänge zur Blutstillung müssen diese vier Momente auf gleiche Weise im Auge behalten werden. Eben so treffen verschiedene Vorgänge zusammen, wenn Blutungen aus angestochenen oder angeschnittenen oder endlich aus abgerissenen Arterien von selbst gestillt werden müssen. Da über diese beiden Vorgänge erst vor Kurzem in den Notizen No. 810. (No. 18. des XXXVII. Bds. S. 284.) nach Nathan R. Smith (Surgical anatomy of the arteries. Baltimore 1832.) ausführlich die Rede war, und auch die hier einschlagenden Beobachtungen von Manec (Traité de la ligature des artères) in den chirurgischen Kupfertafeln (59. Heft, Taf. CCCI. u. CCCII.) zugänglich gemacht sind, so können wir diese Vorgänge hier übergehen.

Die verschiedenen Blutstillungsmethoden beruhen nun darauf, daß diese heilsamen Naturbestrebungen von dem Arzte auf verschiedene Weise nachgeahmt werden, daher hat man entweder die Compression oder die Verstopfung der Wunde durch ein äußeres Coagulum, durch ein Klebemittel, durch Brandschorfe, durch Torsion des Gefäßes und durch Ligatur angewendet. Außerdem giebt es aber noch eine Classe chemischer und dynamischer Heilmittel zu demselben Zwecke, welche unter dem Namen der styptischen Mittel bekannt sind, unter denen besonders die Kälte, in Form des Eises oder kalten Wassers angewendet, die meisten Säuren, die Mittelsalze mit vorherrschender Säure, Weingeist und die gerbestoffhaltigen Mittel in Anwendung kommen. Die Wirkungsweise dieser Heilmittel pflegt auf folgende Weise erklärt zu werden:

1) Der Blutandrang nach den verletzten Theilen soll durch sie abgehalten werden, so daß der aus den durchschnittenen Gefäßen hervortretende Strom vermindert wird; dieß soll die Hauptwirkung der Kälte seyn.

2) Sie regen die Contractilität der Gefäßwände und benachbarten Theile auf, und vermindern dadurch den Längen- und Querdurchmesser der Arterie.

3) Mehrere der genannten Heilmittel veranlassen ohne Zweifel auch durch chemische Kraft, z. B., durch Entziehung des Wassers, eine Zusammenrunzelung der organischen Theile.

4) Mehrere derselben tragen ohne Zweifel zur raschern Coagulation des Blutes bei, obgleich S. Cooper dieß für eine verkehrte Meinung ausgiebt. Viele Mittel wirken, wie bekannt, auf eine Coagulation des Eiweißstoffs, andere dagegen beschleunigen vielleicht die Coagulation des in dem Blute aufgelösten Faserstoffes. Obgleich aber über diese Stoffe und ihre styptische Kraft von Thomson, Wilson Hastings, Kaltenbrunner, Wedemeyer, Koch und Andern viele Versuche angestellt worden sind, so sind doch dadurch die Veränderungen, welche diese Stoffe in den Gefäßen selbst hervorbringen, keineswegs vollkommen erklärt, zumal da die einzelnen Versuche dieser Männer sich häufig unter einander widersprochen hatten. Dieß ist nun der Grund, warum man auch bis jetzt eine genügende Classification der styptischen Mittel nicht aufstellen kann.

Was die äußeren styptica betrifft, so ist es bekannt, daß sie bis jetzt bloß die Blutung aus kleinern Gefäßen, und aus dem Parenchym zu stillen im Stande waren, bei größern Gefäßen aber nicht genügen: aber selbst bei solchen Blutungen sind sie nicht ohne alle Nachtheil, da sie meistens als ein stärkerer Reiz nicht allein Schmerz und Entzündung, sondern bisweilen sogar, wenn zugleich Druck mit angewendet wird, Brand bedingen.

Da nun aber Blutungen vorkommen, welche schwer zu stillen sind und die Anwendung der Ligatur nicht gestatten, z. B., die Blutungen aus einigen Höhlen (z. B. des Uterus), die reichlichern parenchymatösen Blutungen, die bei Durchsägung der Knochen, oder bei Zerreißung der arteria maxillaris eintretenden, bei welchen bisweilen bloß das Glüheisen retten kann, welches nicht allein sehr schmerzhaft, sondern auch zerstörend und die Heilung verzögernd ist: so haben die Aerzte fortwährend nach Mitteln gesucht, durch welche auch die Blutungen aus größern Gefäßen leicht, sicher und ohne schädliche Nebenwirkungen zum Stehen gebracht werden könnten. Zu diesem Zwecke sind im Laufe der Zeiten viele verschiedene Mittel vorgeschlagen worden. Neuerdings geschah dieß mit dem Binelli'schen Wasser und dem Kreosot, über welche daher hier neue vergleichende Versuche angestellt worden sind.

Das Binelli'sche Wasser (Aq. *Binelli s.* Aq. bal-
samica arterialis), ein durchsichtiges, farbloses, kaum schmel-
kendes und empyreumatisch riechendes Wasser, wurde von
Fidelis Binelli zuerst gepriesen, und nachdem in Turin
und Neapel günstige Versuche damit angestellt worden waren, verkauft. Dreißig Jahre nachher, im Jahre 1827, starb
Binelli, und sein Geheimniß ging auf Guyton Pirondi
und Andreas Ferrara über, welche nach neuen, in Neapel angestellten, günstigen Versuchen im Jahre 1829 wiederum die Erlaubniß erhielten, dieses Wasser zu verkaufen. In
Deutschland wurden mit diesem Wasser zuerst durch von
Graefe Versuche angestellt (Jahresbericht von v. Graefe
für 1831), welche anfangs sehr günstig, später, abwechselnd,
bald günstig, bald nicht günstig ausfielen, so daß Graefe
selbst aufforderte, neue Versuche darüber anzustellen. Versuche, welche Dieffenbach mit diesem Wasser anstellte, fielen so ungenügend aus, daß er dem Aq *Binelli* geringere
styptische Kraft, als dem kalten Brunnenwasser, zugesteht.

Um bei so schwankenden Resultaten zu einem bestimmten Urtheil kommen zu können, unternahm nun der Verfasser vergleichende Versuche mit dem Aq. *Binelli* und dem kalten Wasser, wobei sorgfältig darauf geachtet wurde, daß die
Umstände bei beiden Mitteln immer vollkommen gleich seyen,
und daß das Mittel nicht vermittelst Druck angewendet, sondern bloß entweder aufgegossen, oder in damit benetzter
Charpie leicht aufgelegt wurde. Ohne daß wir diese Versuche hier einzeln anführen, möge sogleich das Ergebniß derselben angeführt werden.

Es ging aus diesen Experimenten, deren 6 mit Aq.
Binelli, 6 mit kaltem Wasser an Hunden und Kaninchen angestellt
wurden, hervor, daß in vielen Fällen die Blutung durch Aq.
Bin. gestillt werde, daß aber das kalte Wasser in gleicher
Zeit die gleiche Wirkung hervorbringe. Die Blutungen, welche dem kalten Wasser nicht wichen, z. B., die aus dem
Knorpeltheile der Nase, wurden eben so wenig durch Aq.
Bin gestillt. Die Aq. Bin übte auf das aus den Gefäßen hervorfließende Blut keinen Einfluß aus, wenigstens war
nicht die geringste Veränderung in demselben zu bemerken;
auch zeigten Experimente mit aus der Vene aus Jenem Blute,
daß die Gerinnung durch die Aq. Bin nicht beschleunigt werde.
Auf die Wände des verletzten Gefäßes schien die Aq. Bin.
ebenfalls keine besondere Wirkung zu haben; zwar wurde der
Ausfluß des Blutes durch wiederholtes Aufgießen der Aq.
Bin. gemindert, ein Gleiches geschah aber auch bei'm Aufgießen von kaltem Wasser, so daß man annehmen kann, es
sey bloß ein Erfolg der Einwirkung der niedrigern Temperatur. Wenn auch vielleicht das Empyreuma in der Aq. Bin.
die Gefäßwände etwas stärker reizen sollte, als das kalte Wasser, so ist nach den Experimenten der Unterschied sehr
gering. Die Blutstillung bei den gemachten Experimenten
schien besonders davon abzuhängen, daß durch den Blutverlust die Kraft des Kreislaufs vermindert, die Gerinnung des
Blutes dagegen erleichtert wird. Eine plötzliche Einwirkung
auf die Thätigkeit der Gefäße und Nerven wurde nirgends
bemerkbar.

Zwar sind nun Experimente an Thieren für den Erfolg bei Menschen nicht absolut beweisend, dagegen ist demnach wohl kein Zweifel, daß die Aq. Bin Menschen nicht
mehr nütze, als Thieren, ja, im Gegentheil, es ist nicht unwahrscheinlich, daß die Einwirkung dieses Mittels bei Menschen
noch geringer sey, als bei Hunden, bei welchen die Thätigkeit des Herzens verhältnißmäßig geringer, das Blut aber
zur Coagulation geneigter, ist als bei den Menschen, so daß
bei letztern die Blutstillung schwerer zu Stande kommen muß,
als bei ersteren. Ueberdieß hat auch John Davy (Edinb.
med. and surg. Journal July 1833) im Jahre 1831
in dem Militairspital zu Milita Kreosot angestellt mit
der Aq. Bin. angestellt, nach welchen die blutstillende Kraft
desselben selbst für die leichtesten Blutungen zu gering war.
Die frühern günstigen Resultate, welche Andere erhielten, erklären sich wohl dadurch, daß dabei Blutungen aus gequetsch-
ten Wunden, die von selbst leicht stehen, zum Versuch gewählt wurden, oder das Mittel vermittelst Aufdrückens von
Charpiebäuschchen angewandt wurde, wobei alsdann mehr der
Druck als die Aq. Bin. wirkte.

Graefe's Meinung, daß dieser schwankende Erfolg von
einer ungleichen Bereitungsweise des Mittels herrühren möge,
erhält dadurch noch mehr Wahrscheinlichkeit, daß die verschiedenen Fläschchen, in denen man dasselbe aus Italien erhält,
eine Flüssigkeit von verschiedener Durchsichtigkeit enthalten.
Bei Versuchen gab übrigens das klare und das mit Flocken
gemischte Wasser ganz gleiche Resultate.

Wenn man aber wirklich eine Verschiedenheit der Bereitung als Grund der schwankenden Resultate annimmt, so
käme es darauf an, zu entdecken, worin das wirksame Princip der Aq. Bin. enthalten sey. Chemische Analysen haben
hierüber keinen Aufschluß gegeben; doch sprachen Schwei-
ger-Seidel und Graefe die Vermuthung aus, daß wohl
ein Hauptbestandtheil desselben das Kreosot sey, jener merkwürdige Stoff, den Reichenbach aus dem Holzessig dargestellt hat. Diese Vermuthung wird zwar dadurch nicht
sehr glaublich gemacht, daß das Kreosot Eiweiß niederschlägt,
während dies die Aq. Bin. nicht thut; dennoch könnte dieser Unterschied auf irgend einem Nebenumstande beruhen und
es war daher nicht unpassend, vergleichende Versuche auch
mit dem Kreosot anzustellen. Zu diesem Ende wurden mit
Kreosot, welches Reichenbach selbst bereitet und nach Berlin geschickt hatte, Versuche sowohl an geflossenem Blute als
an blutenden Wunden gemacht, welche wir hier näher mittheilen wollen.

1) Einigen Drachmen Blutserum von einem Schaafe
wurde etwas Kreosot beigemischt, es schlugen sich sogleich Flocken von coagulirtem Eiweißstoff nieder, welche sich vermehrten, indem man durch Umrühren den Kreosot inniger mit
dem Serum vermischte.

2) Kreosotwasser auf Blutserum eines Schaafes aufgegossen, schlug nach einem längern Zeitraume nicht weniger Eiweißstoff nieder.

3) Einigen Drachmen Schaafsblut, dem der Faserstoff
entzogen worden war, wurden gegen 15 Tropfen Kreosot zugesetzt. Sogleich kamen da, wo das Kreosot dem Blute bei-

gemifcht wurde, fadenförmige grau röthliche Coagula zum Vorfchein, welche ſich vermehrten, ſo oft durch leichtes Schütteln des Gefäßes neue Bluttheile mit dem Kreoſot in Berührung kamen. Nach einiger Zeit war ſämmtliches Blut geronnen; das Coagulum aber zeigte nicht die gewöhnliche Cohärenz, ſondern hatte eine breiartige Conſiſtenz. Es ließ ſich etwas röthliches Serum aus demſelben ausdrücken.

4) In Schaafsblut, welchem der Faferſtoff entzogen war, wurde durch Hinzugießen von Kreoſot das Eiweiß niedergeſchlagen.

5) Das Kreoſotwaſſer gab, jedoch in geringerer Menge, unter gleichen Umſtänden ebenfalls einen Niederſchlag.

6) In friſch aus der Vene gelaſſenem Blute, zu welchem Kreoſot zugeſetzt wurde, bildeten ſich ſogleich graurothe Faden, wie bei dem Verfuch 3, deren Menge durch Umrühren des Kreoſots vermehrt wurde.

7) Daffelbe geſchah, wenn eine durch Gummi mimosae bereitete Kreoſotemulſion zugeſetzt wurde, und wenn die Menge der zugeſetzten Emulſion nicht zu gering war, ſo verwandelte ſich bald ſämmtliches Blut in einen röthlichen Brei, auf welchem bloß etwas weniges Serum ſchwamm. Menſchen- und Thierblut verhielt ſich in dieſer Beziehung gleich.

8) Kreoſotwaſſer zu friſchem Blut hinzugeſetzt, bewirkte keinen deutlichen Niederſchlag des Eiweißes. Die Bildung des Blutkuchens geſchah in gleicher Zeit und auf gleiche Weiſe, es mochte Kreoſotwaſſer hinzugeſetzt ſeyn oder nicht.

Hieraus geht hervor, daß das Eiweiß des Blutes durch Kreoſot raſcher coagulirt, was auch Reichenbach angegeben hat.

Ob der nach J. Müller in dem Blut aufgelöſt vorhandene Faferſtoff durch Kreoſot raſcher gerinnt, iſt bis jetzt noch nicht erforſcht.

Die mit dem Kreoſot an verwundeten Gefäßen und lebenden Theilen angeſtellten Verſuche haben folgende Reſultate gegeben: Am auffallendſten iſt der große Unterſchied der Einwirkung des Kreoſotes auf die thieriſche Fafer in einer Wunde und auf die Vene, wenn es in dieſelbe eingeſpritzt iſt. Wird verdünntes Kreoſot auf einen Muskel gebracht, ſo zerſtört es wie ein Aetzmittel die oberflächlichen Schichten deſſelben; werden aber zehn Tropfen auf gleiche Weiſe verdünnten Kreoſots in die Cruralvene eines Kaninchens eingeſpritzt, ſo bedingen ſie gar keine bemerkbaren Erſcheinungen. Dieſe Verſchiedenheit ließe ſich vielleicht bloß dadurch erklären, daß das Kreoſot, wenn es auf die Muskeln gebracht wird, mit den Beſtandtheilen dieſer ſich chemiſch verbindet und ſo eine Zerſtörung veranlaßt, während es, in die Venen eingeſpritzt, ſogleich mit den Beſtandtheilen des Blutes, zu denen es, wie der raſche Niederſchlag des Eiweißes beweiſt, ſehr große Verwandtſchaft hat, ſich verbindet, bevor es noch auf die Gefäßwände ätzend einwirken kann.

Was aber die ſtyptiſche Kraft deſſelben betrifft, ſo ſehen wir, daß die Coagulation des Eiweißes des Blutes, welche in der Wunde ſtattfindet, von geringem Belang iſt, da dadurch ein breiartiges nicht feſtes Coagulum zu Stande

kömmt; welches durch den Andrang des Blutes leicht beſeitigt werden kann. Dieſe geringe Wirkſamkeit zeigte ſich auch bei den Experimenten an Thieren; in dem erſten Fall, in welchem reines Kreoſot und Kreoſotwaſſer aufgegoſſen wurden, hörte die Blutung nicht auf; in zwei andern Fällen ſtand zwar eine Blutung aus der Art. cruralis, jedoch ganz auf dieſelbe Weiſe und nicht ſchneller, als dieß bei einem vergleichenden Verſuch mit reinem Waſſer geſchah. Eine beſondere ſtyptiſche Kraft iſt dem Kreoſot daher nicht zuzuſchreiben, wenigſtens nicht mehr als allen übrigen ſtyptiſchen Mitteln, welche eine Gerinnung des Eiweißes bewirken und durch ihren Reiz eine Contraction der Gefäßwände veranlaſſen. Auf der andern Seite aber hat das Kreoſot eben ſo viele und ſelbſt bedeutendere ungünſtige Nebenwirkungen als die übrigen ſtyptica; denn ſelbſt verdünnt und in Schleim eingehüllt, reizt es die Wunden beträchtlich und bringt das Zellgewebe, mit welchem es in Berührung kommt, zum Abſterben und verzögert dadurch die Heilung der Wunde ſehr bedeutend, ja bei zartern Theilen wird es deswegen gar nicht anwendbar ſeyn.

Aus ſämmtlichen Verſuchen geht demnach hervor, daß das Kreoſot zur Blutſtillung nicht paſſend und die Aq. Binelli zu demſelben Zweck höchſt unſicher ſey. (De aquae *Binelli* et *Kreosoti* virtute ſtyptica. Diſſertatio inauguralis. Auctore *C. G. Th. Simon.* Berolini Septembr. 1833.)

Ueber Wiederanheilung zweier von den Fingern gänzlich getrennten Gelenke

hat der Hr. Wund- und Hebarzt Schopper in Köngen folgende merkwürdige Beobachtung dem Hrn. Licentiat Oeſterlen in Kirchheim u. T. gemeldet und Letzterer in dem Med. Correſpondenzblatte der Würtembergiſchen ärztlichen Vereins mitgetheilt:

„Schullehrer Schlichter in Unterboyhingen, Oberamts Nürtingen, ſechsunddreißig Jahre alt, etwas hager und ausſehend, jedoch geſund, hatte am 14. Juni 1828 Nachmittag zwei Uhr das Unglück, ſich in einer von ſeinem Wohnhaus entfernt ſtehenden Scheune mit einer zum Abrunden eines Stückchen Holzes gebrauchten ſcharfen Holzhacke, welche ſich während des Hiebs im Heft einwärts drehte, das vordere Glied des Ring- und Ohrfingers der linken Hand abzuhauen, ſo daß dieſelben vom Block in die auf dem Boden befindlichen Späne fielen.“

„Als ich nach anderthalb Stunden bei dem Verwundeten ankam, fand ich bei der Unterſuchung, daß der Hieb in etwas ſchiefer Richtung, eine bis anderthalb Linien von dem dritten Gelenk beider Finger entfernt, durchgegangen war.“

„Die Blutung, welche nach Angabe des Verwundeten und ſeiner Umgebung bedeutend geweſen ſeyn ſoll, war bereits durch langes Halten der Fingerſtumpen in kalten Eſſig geſtillt.“

„An die Möglichkeit der Wiedervereinigung getrennter Theile denkend, ließ ich mir die abgehauenen Stücke, welche inzwiſchen von Kindern zur Schauder erregenden Schau im Dorf herumgetragen, auf Befehl ihrer Aeltern aber wieder an den vorigen Ort zurückgebracht worden waren, herbeibringen.“

„Daß ſolche bereits ganz kalt und bleich geweſen ſind, läßt ſich wohl denken.“

„Nachdem ich dieſelben von Sand, Sägmehl u. ſ. w. mittelſt Waſchens mit rothem kaltem Wein gereinigt hatte, ſetzte ich ſie möglichſt genau an die Stumpen der Finger auf und ſuchte ſie durch Anlegung von Heftpflaſterſtreifen in ihrer Lage zu erhalten.“

„Ueber den Verband ließ ich einen mit kaltem Brunnenwasser befeuchteten Schwamm legen und da sich der Kranke hiebei gut befand und die Nacht über ruhig und meist schlafend zubrachte, auch am folgenden Morgen nur über geringe Schmerzen in den Fingern klagte, so wurden in den ersten vierundzwanzig Stunden diese Ueberschläge öfters erneuert, nunmehr aber ungefähr eben so lang solche von kaltem Wein gemacht. Es stellte sich nur ein geringes Wundfieber ein, wobei sich die Schmerzen nicht vermehrten. Der Kranke hielt sich vier Tage lang im Bette auf und transpirirte anhaltend und stark."

„Am vierten Tage empfand derselbe einiges Reißen in den angesetzten Theilen, welches sich am sechsten Tage bis zum empfindlichen Schmerz verstärkte, daher ich an diesem Tage auf dringendes Begehren des Kranken an einem der Finger mit größter Vorsicht und Schonung den Verband abnahm und zu des Kranken und meiner großen Freude die getrennten Theile schon etwas anliebend und die Hautränder ein wenig eiternd fand. Dieß bestimmte mich, den zweiten Finger erst am achten Tage zu verbinden, wobei sich die nämlichen beruhigenden Erscheinungen zeigten."

„Ueber die frisch angebrachten Heftpflasterstreifen wurde Charpie gelegt und der Verband am zehnten Tage mit Vermeidung jeder Erschütterung erneuert. Hiebei äußerte der Kranke schon ein deutliches Gefühl in den Fingerspitzen und es ließ sich unter den abgestorbenen allgemeinen Bedeckungen die gewünschte Vereinigung der Wundflächen wahrnehmen. Nach Verfluß von vierzehn Tagen empfand der Kranke auch wieder etwas Wärme in den erwähnten Gliedern."

„Von nun an bis zum einundzwanzigsten Tage legte ich jeden zweiten Tag einen frischen Verband an, wobei die Heilung immer bessere Fortschritte zeigte, die allgemeinen Bedeckungen sammt den Nägeln sich abzulösen anfingen und die vollständige Vereinigung der getrennten Theile so rasch und schön vor sich ging, daß am achtundzwanzigsten Tage nur noch geringe Spuren von der Statt gehabten Trennung zu sehen waren. Die völlige Abschuppung der Haut und Nägel aber verzögerte sich bis zum zweiundvierzigsten Tage."

„In den Fingergelenken hat sich die natürliche Wärme, Empfindung und Gelenkigkeit nach und nach wieder so eingefunden, daß Schlichter seine Finger nach der neunten Woche zu jeder Verrichtung, z. B., auch zum Violin- und Clavierspielen, wieder gebrauchen konnte."

Hr. Lic. Oesterlen fügt hinzu:

„Für das factisch Richtige dieser ohnehin in dem Dorfe Unterbohyingen allgemein bekannten Geschichte, kann ich (Einsender derselben) mich um so mehr verbürgen, als ich gerade zu der Zeit, als Wundarzt Schopper den Kranken zum drittenmal verband, ärztliche Verrichtungen in diesem Orte, und hiebei diesem Verband anzuwohnen Gelegenheit hatte, mir auch Schullehrer Schlichter im Monat April gegenwärtigen Jahres einen, dem vorstehenden gleichlautenden mündlichen Bericht über diesen Vorfall erstattete, ohne zu wissen, daß ich schon seit längerer Zeit im Besitz eines solchen von Schopper seye."

„Die zum Zweck dieser Bekanntmachung kürzlich von mir wiederholt genau besichtigten zwei Finger sind ungefähr anderthalb bis zwei Linien kürzer und ihre Spitzen etwas stumpfer, als die denselben entsprechenden Finger der rechten Hand, übrigens von natürlicher Dicke, Farbe und Wärme. Die neu erzeugten Nägel sind wie von beiden Seiten etwas zusammengedrückt, daher schmäler und gewölbter, und beide, vornehmlich aber derjenige des Ohrfin-

gers, an welch letzterem sich vom dritten Gelenk während der Heilung ein kleiner Knochensplitter abgelöst hatte, etwas klauenförmig nach vorne gebogen. An dem Ringfinger ist gar keine Narbe und an der untern Fläche des Ohrfingers nur ein, mit bloßem Auge kaum sichtbares fadenförmiges Streifchen in schiefer Richtung zu bemerken.

Beide Finger sind vollkommen gelenkig, und wenn schon etwas schwächer, doch — wie schon oben erwähnt — zu allen Verrichtungen brauchbar. Bei Witterungsveränderung fühlt Schlichter zuweilen auf kurze Zeit einiges Reißen in denselben.

Miscellen.

Ueber die Wirkung eines Gaumenobturators von verschiedenen Metallen haben die Hrn. Rauche und Moncourier eine interessante Erfahrung bei einer Dame gemacht, welche einen so großen Gaumenspalt hatte, daß die Speisen in die Nase drangen. Ein Zahnarzt verfertigte einen völlig passenden Obturator, welcher dem Uebel abhalf, aber eine sonderbare Empfindung veranlaßte: nämlich einen metallischen Geschmack und eine leichte Betäubung der Theile, gleichwie bei der Einwirkung einer galvanischen Säule. Da man vermuthete, daß jene Empfindung dadurch veranlaßt werde, daß ungleiche Metalle zu Verfertigung des Obturators verwendet seyen, so ließen die Hrn. R. und M. zwei zusammengelöthete Zink- und Kupferscheiben in den Mund nehmen, und es ergab sich, daß die hervorgebrachte Empfindung der durch den Obturator veranlaßten ähnlich, nur stärker war. Der Dentist mußte nun einen Obturator bloß von Platina machen (der vorige war von Platina und Gold), und von diesem neuen Obturator wurde jene Empfindung nicht mehr veranlaßt.

Eine neue Art von Mastdarmbougies, von dem Apotheker Poleman auf dem Vorgebirge der guten Hoffnung erfunden und verfertigt, wird von Dr. John Murray daselbst in einem Schreiben an den Generaldirector des Armee-Medicinalwesens Sir James M'Gregor empfohlen. Diese Bougies gegen Mastdarm- Verengerungen werden aus der dicken Haut des Hippopotamus bereitet, welche auf das Haar- dünne, wenn man es wünscht, auch catheterartig hohl bereitet werden. Ihre Vorzüge bestehen in ihrer Biegsamkeit und Elasticität, welche auf das Mannigfaltigste modificirt werden kann, und darin, daß sie nicht brechen oder durch den Gebrauch verdorben werden können. Dr. Murray fand in einem besonders schweren Falle die Vorzüge dieser Hippopotamushaut- Bougies so groß, daß er die Erfindung derselben für sehr werthvoll hält und eben deßhalb sie zur öffentlichen Kunde gebracht hat. — Auch Urethra-Bougies, von jeder Stärke, können aus demselben Material verfertigt werden.

Das in Ostindien gebräuchliche Verfahren, Kinder durch auf den Kopf fließendes Wasser einzuschläfern, wird auch in Pen and Pencil Sketches from the Journal of a Tour in India. By Capitain Mundy. London 1832. Vol. 1. p. 244. wieder beschrieben: „Das Kind, dessen Alter ein oder zwei Jahre seyn möchte, wurde von der Mutter in seiner Bettstelle in einen grünen Abhang gesetzt, längs dessen oberem Rande ein kleiner Quellbach lief. Ein Stück Baumrinde, welches durch die Fassungswand des Bachs durchgesteckt war, leitete einen dünnen Strom des Wassers ab, welcher von der Höhe eines halben Fußes auf den Obertheil des Kopfes des Kindes herabfiel. Es war in tiefem Schlafe, als ich von dem Verfahren Zeuge war. Die Eingebornen glauben, daß es die Constitution sehr stärke.

Bibliographische Neuigkeiten.

Outlines of Botany. By G. T. Burnett, Professor of Botany in Kings College etc. London 1833. 8. (Die bis jetzt erschienenen Hefte sind mit vielen Holzschnitten erläutert.)

A compendious History of Small-Pox with an account of a Mode of Local Treatment which prevents the seaming or scarring of the Skin and the occurrence of that aggravation of symptoms in the advanced stages of the disease, hitherto denominated secondary fever. By Henry George. London 1833. 8.

Notizen
aus
dem Gebiete der Natur- und Heilkunde.

Nro. 832. (Nro. 18. des XXXVIII. Bandes.) November 1833.

In Commission des Landes-Industrie-Comptoirs zu Weimar. Preis eines ganzen Bandes, von 24 Bogen, 2 Rthlr. oder 3 Fl. 36 Kr., des einzelnen Stückes, 3 ggl. Die Tafel schwarze Abbildungen 3 ggl. Die Tafel colorirte Abbildungen 6 ggl.

Naturkunde.

Untersuchungen über die Bildung des Vogel-Embryo.
Von den Herren Coste *) und Delpech.
(Im Auszuge).

„Durch Beobachtung war die Existenz eines in der Masse des Gelben des Eies freiliegenden Bläschens nachgewiesen worden; aber dieselben Beobachter hatten nicht bemerkt, daß sich bei Befruchtung dieses Bläschen loslöf'te, und sich an eine Stelle des Dotters ansetze, um dort der Sitz aller darauf folgenden Erscheinungen zu werden.

Sie hatten nicht gesehen, noch mit der aus der Ueberzeugung hervorgehenden Bestimmtheit auseinandergesetzt, daß dieses Bläschen unverzüglich von einer Pseudomembran umgeben wird, welche derjenigen ganz analog ist, womit sich die Wunden und entzündeten Oberflächen bedecken; daß der Stoff zu dieser Pseudomembran offenbar von der Masse des Dotters gebildet ist, welche mit der Serosität des Eiweißes sich mischt, und vermittelst einer durch diese Verdünnung begünstigten Anordnung fest wird, indem sich eine Art von Zellgewebe bildet, welches der Einsaugung fähig ist, das Bläschen rings umgiebt und sich in die ferneren Umgebungen erstreckt.

Die Pseudomembranen, wie man sie bereits kennt, bestehen aus dem Faserstoff des Serums, d. h., aus dem Blutkuchen des weißen Blutes.

Man kann nun annehmen, daß das Eigelb Kügelchen von weißem Faserstoff enthält, welcher durch die beiden bekannten Strömungen der Serosität veranlaßt wird, sich zu verdichten und eine organische Platte zu bilden. Aber die Kraft, welche die Serosität unter das Bläschen bringt, hat

*) Ich ermangele nicht hier nachzuholen, was eigentlich schon in No. 830. (Nro. 16. des gegenwärtigen Bandes) der Notizen hätte beigefügt werden sollen, daß das von Coste beschriebene Ei der Säugethiere nichts anderes sey scheint, als das von Hrn. Prof. v. Baer in Königsberg aufgefundene ovulum animale, welches auch Hr. Director Seiler in Dresden in den Graaf'schen Bläschen aller Haus-Säugethiere und des Menschen gefunden hat. Man vergleiche Seiler's Schrift „die Gebärmutter und das Ei des Menschen in den ersten Schwangerschafts-Monaten." Sehr deutlich aber ist auf einer fertig vor mir liegenden ersten Kupfertafel der demnächst von demselben herauszugebenden „Beiträge zu der Entwickelungsgeschichte der Eier und Embryonen der Säugethiere" das ovulum animale abgebildet, wie man es in der Natur, in den Graaf'schen Bläschen der Schweine, sieht. Fr.

eine bestimmte Richtung; genügt nun, um diese zu begreifen, die Capillarität, vermittelst welcher ohne Zweifel der Durchgang durch die Canäle der Keimhaut zu Stande kömmt? — So viele andre Thatsachen berechtigen uns, die Mitwirkung der Electrodynamik zur Ausführung dieses bewunderungswürdigen Vorganges anzunehmen, daß es schwer ist, nicht zu glauben, daß dieselbe Ursache auch diese Art von Circulation bedinge. Ueberdieß, ist die Capillarität nicht auch eine electrische Erscheinung? Später wird dieß klarer seyn.

Sobald die Bebrütung vor sich geht, verdunkelt sich das Bläschen; es ist eine in der Mitte dichtere, im Umfang klare Wolke daran zu bemerken, und dieser Umfang mit dem daran bemerklichen hellen Streifen sind durch die Oeffnung der Pseudomembran begränzt, welche bei weitem weniger durchsichtig ist, als die Wolke des Bläschens; aber beide sind sehr deutlich aus sphärischen Kügelchen gebildet.

Unmittelbar darauf bekommen die Kügelchen des Bläschens eine regelmäßige Anordnung; die in der Mitte, wie die am Umfang sind offenbar nach Curven angezogen und gruppirt, deren Convexität gegen die Axe des Bläschens und deren Ende gegen den Umfang desselben gerichtet ist. Eine Kraft treibt nun alle Kügelchen in diesem kreisförmigen Rahmen gegen eine der großen Curven hin, und das Resultat ihrer Anhäufung an allen diesen Linien ist die Bildung eines durchsichtigen geradlinigen Raumes; der Umfang wird nun ebenfalls sehr hell und die Zwischenräume der krummen Linien lassen auf gleiche Weise das Licht zu; es ist klar, daß die Kügelchen in ein durchsichtiges Gewebe infiltrirt waren, daß ihre Infiltration das Licht brach, und daß die Concentration derselben an gewissen Puncten die Durchsichtigkeit an den übrigen herstellt.

Aber eine unerwartete Bemerkung, die uns sehr beschäftigt hat, ist die Aehnlichkeit der Figur, welche durch die Anordnung der Kügelchen entsteht, mit derjenigen, welche die Eisenfeilspäne bilden, die von einem verlängerten Magneten mit Folgepuncten (un aimant prolongé à points conséquens) durch ein Papier getrennt sind. Diese Anordnung der Kügelchen ist auf eine bewunderungswürdige Weise constant; — sobald sich einmal die Kügelchen sammeln und Massen bilden, verlängert sich jede Gruppe und erleidet eine Krümmung, deren Convexität

18

gegen die durchsichtige Are gekehrt ist, welche durch den kreisförmigen Rahmen durchgeht; unmittelbar darauf zeichnen
nun diese krummen Linien die Figur zweier Pole und der
Folgepuncte eines verlängerten Magneten (les points
conséquens d'un aimant prolongé). Bald darauf
nehmen nun auch die krummen Linien ihre frühere Gestalt an, und vereinigen sich an ihren Enden, wo sie jedoch
Einbiegungen behalten, die an ihre frühere Trennung und
noch frische Vereinigung erinnern. Auf diese Weise bilden
sie zwei parallele Massen, welche, in die Breite wachsend, endlich den hellen Zwischenraum ganz einnehmen: dieß sind offenbar die Rudimente des Rückenmarks und des Gehirns,
welche sich Kügelchen für Kügelchen unter den Augen des
Beobachters bilden. Diese Bildung des Gehirn-Rückenmark-
Nervenkörpers ist von den Beobachtern übersehen worden,
weil sie nicht mit hinreichender Beharrlichkeit in den ersten
Stunden der Bebrütung aufgesucht wurde. Einige haben
sich bloß mit einem Halbschatten beschäftigt, welcher von der
gegenseitigen Annäherung der beiden Seitenstränge herrührt,
und welchen man entweder für ein Saamenthierchen oder für
ein Centralorgan, welches sich später nicht mehr findet und
den Namen des Rückenmarkstranges erhalten hat, nahm; andere
haben die beiden parallelen Stränge unter dem Namen der
Rückenplatten als das Rudiment aller spätern Theile des
Stammes beschrieben, während man doch unmittelbar darauf
die Wirbel auf dem Umfang derselben Stränge entstehen
sieht, um diese ganz und gar einzuhüllen.

Kurz man hat die Existenz des Gehirns und des Rückenmarks in dieser Lebensperiode geleugnet. Man hat behauptet, daß der Wirbelcanal vor dem Rückenmark gebildet
sey, und bloß Serosität enthalte. Wir haben diese beiden
Stränge unter dem Mikroscop zergliedert; wir haben sie getrennt, durchschnitten, zerrissen, sowohl vor als nach der Erscheinung der Wirbel und haben sie immer fest, voll und
ohne Höhle gefunden, später trifft man Höhlen darin; aber
man sieht, daß sie sich bloß durch Aufrollen der genannten,
früher von einander getrennten Platten bilden, so daß zwischen ihnen eine vordere und hintere Nath entsteht, nachdem
sie vorher eine Commissur in der Mittellinie gebildet haben;
dieß sind Erscheinungen, welche vollkommen der bekannten
Anordnung des Gehirns und Rückenmarks, selbst bei den
unendlichen Abweichungen der verschiedenen Arten, entsprechen.

Nach einer sehr großen Anzahl von Beobachtungen können wir nicht anders, als annehmen, daß es das Gehirn
und Rückenmark ist, was auf diese Weise aus allen Theilen
des Eies gebildet wird. Der Stoff derselben war nicht in
dem Bläschen enthalten, denn dieses letzte war vollkommen
durchsichtig. Nach den ersten Stunden der Bebrütung wurde
das Bläschen von Kügelchen durchdrungen, die sich zuerst im
Mittelpunct zusammenhäuften, deren regelmäßige Anordnung
hierauf excentrische Curven bildet, durch deren gegenseitige
Vereinigung endlich die beiden Gehirn-Rückenmarksstränge
entstehen. Es ist schwer, nicht zu glauben, — daß Nervenkügelchen durch die Pseudomembran in der Dottermasse absorbirt worden seyen, — daß sie durch Endosmose in das
Bläschen eingedrungen seyen, — und daß diesem letztern ei-

genthümliche Kräfte dieselben auf eine bestimmte Weise angeordnet haben (wie die Molecüle der Krystalle nach dem
Gesetze der Polarisation), wodurch eine Masse von bestimmter Form entstand. Die Endosmose und die Krystallisation
aber sind electrische Erscheinungen und die eigenthümlichen
Figuren, welche die Kügelchen des Bläschens ganz constant
darstellen, ehe sie die beiden parallelen Streifen bilden, sind
zu auffallend, als daß man der Folgerung ausweichen könnte,
daß das Bläschen von electrischen Kräften durchdrungen sey,
daß es die Eigenschaften eines Magneten habe, und daß es
die Kügelchen, durch die daraus folgende magnetische Attraction, in eine bestimmte Lage zwinge. Es ist zu bemerken,
daß ein Attractionsmittelpunct zwar hinreichend gewesen wäre, um sämmtliche Nervenkügelchen um einen gemeinschaftlichen Punct zu versammeln, aber keineswegs, um den Nervenkörper in einer länglichen Gestalt zu bilden. Die Eigenschaften eines Magneten mit Folgepuncten (aimant à points
conséquens) erfüllen nun diese wichtige Bedingung und bereiten zugleich die Art von Einschnitten vor, welche den bestimmten
Bedürfnissen dieses oder jenes zu bildenden Körpertheiles entsprechen, auf deren Bildung diese parallelen Puncte des Ner-
venapparates einen großen Einfluß haben, wie man als erwiesen betrachten kann.

Ist dieser Körper einmal in seiner Anlage gebildet, so
vervollkommnet er sich und übt eine Attractionskraft aus, welche deutlich durch die Wirkungen in der ganzen Umgebung
zu erkennen ist. In der That dringen durch die Hülle fortwährend Kügelchen hindurch, welche von der Dottermasse kommen, und durch Endosmose dahin gebracht worden sind. Dieselben Kügelchen sind in dem Gewebe der Pseudomembran
beweglich und bei genauer Beobachtung sieht man sie von
dem Anfange gegen das Bläschen zu weiter rücken. Dieses
letztere hat sich indeß verlängert und ist elliptisch geworden,
seitdem es einen länglichen Körper in einer seiner Axen aufgenommen hat. Die Kügelchen nun gehen entsprechend den
Strahlen jedes Mittelpuncts der Ellipse gegen das Bläschen
hin, es existiren daher eben so viele Strömungen von Kügelchen in dem Gewebe der Hülle, als man sich Strahlen
vorstellen kann, welche von jedem der Mittelpuncte der Ellipse
ausgehen. Diese Strömungen müssen in einer gewissen Entfernung aufeinanderstoßen und sich stören, auch geschieht es
in der That, daß die Kügelchen, welche sich in der Richtung
aller dieser Strahlen bewegen, anhaltend sich vereinigen, fest
werden und auf diese Weise einen Damm bilden, welcher sich
in der Dicke der Pseudomembran erhebt und selbst eine Ellipse
bildet, welche außerhalb der erstern liegt, viel größer ist, als
jene, und mit der kleinern an Einem Puncte seines Umfanges zusammenfällt. Diese Vereinigung rührt daher, daß das
Kopfende des Nervenkörpers in seiner Organisation weiter
vorgerückt ist, als das Schwanzende, und also auch eine weit
stärkere Anziehungskraft ausübt, als der übrige Körper.
Die Bewegung der Kügelchen, welche die große Ellipse bilden,
ist uns nicht bloß durch Induction bekannt, sondern kann
mit gehöriger Geduld nachgewiesen werden; man kann diese
Thatsache nämlich beobachten, wenn man während einer ziemlich langdauernden Beobachtung die Temperatur des Gegenstandes immer auf gleicher Höhe hält.

Welches·ift aber nun die Natur dieser Attractionskraft? Es ist schwierig, in dem einmal gebildeten Nervenkörper nicht die Eigenschaften eines einfachen, d, h. eines zweipoligen Magneten zu erkennen. Thut man dieß, so ist die Attraction, ihre Richtung, ihre Kraft und die Bildung der äußern Ellipse, wie wir sie beschrieben haben, ganz verständlich.

Hierauf folgt nun eine wichtige Erscheinung, welche von großem Einfluß ist, und in ihrem interessantesten Theile den bisherigen Beobachtern durchaus entgangen zu seyn scheint.

Die eine der Wandungen des Bläschens ist das Rudiment der Haut des Embryo; in der Dicke derselben und in dem Theile, welcher dem Rücken entsprechen wird, entwickeln sich nun die Nervenkörper und die zu ihrem Schutz bestimmten Wirbel. Dieser Punct, welcher dem Kopfende der innern Ellipse entspricht, löst sich von dem entsprechenden Puncte der Oeffnung der Pseudomembran, welche das Bläschen bedeckt; auf diese Weise bildet sich, wie man weiß, die Kopfkappe, — eine Hautfalte, welche den Kopf und den Hals umhüllt. Ein Umstand, welcher aber den bisherigen Beobachtern ganz entgangen ist, ist der, daß an dieser Trennung die beiden Ellipsen theilnehmen, und daß das der äußern Ellipse entsprechende Ende dadurch vor den Halstheil gezogen wird, welcher in dem Rande der Kopfkappe eingeschlossen liegt, d. h. daß die durch das Kopfende des Nervenkörpers auf die freien Kügelchen der Pseudomembran ausgeübte Attraction kräftig genug gewesen ist, um zu bewirken, daß das eine der Blätter des Bläschens von dieser Seite in das Gewebe der Haut selbst eingedrungen ist. Da nun die Pseudomembran und das Bläschen Organe von ganz verschiedenem Ursprunge sind, so sind sie auch nur vereinigt, wie etwa die choroidea mit der iris; ein hinreichender Zug ist im Stande, sie von einander zu trennen, und bei dieser Trennung folgt der Kopftheil der äußern Ellipse der Kopfkappe. Dessenungeachtet ist dadurch die äußere Ellipse zur Bildung eines Gefäßes vorbereitet, welches den sinus terminalis, der Venenkranz, oder die vena terminalis genannt wird, und unmittelbar darauf die Leitung der Circulation übernimmt. Diese Ortsveränderung des künftigen Gefäßes kömmt ohne Störung des Zusammenhanges von seiner Seite zu Stande: es neigt sich und verlängert sich, bis es mit dem Halse in gleicher Höhe steht. Auf diese Weise bereitet sich die Bildung des Herzens und Gefäßapparates vor, welcher bald darauf deutlicher wird.

Welche Kraft wirkt nun auf das Rudiment des Hautorganes an einem bestimmten Puncte so ein, daß er von der Pseudomembran getrennt und um den Kopf bis zur Höhe des Halses zusammengerollt wird? Nachdem wir die strahlige und concentrische Ortsveränderung der Kügelchen nachgewiesen, nachdem wir die Attractionskraft des Nervenkörpers, welcher die Eigenschaften eines einfachen Magneten ausübt, als die Ursache dieser Erscheinung erkannt haben, kann man kaum umhin, auch anzuerkennen, daß dieselbe Attraction, welche in der Axe des Magnetes selbst so zweiterm kräftiger ist, als im Umkreis seiner Pole, die Kraft vollkommen erklärt, welche zu dieser Lösung und zu der darauf folgenden Aufrollung nöthig war.

Diese Thatsache ist den bisherigen Beobachtern ganz entgangen. Der genaueste und neueste von allen, welchem die Academie auch einen Preis zuerkannt hat, v. Baer, hat den Embryo bloß von der hintern Seite untersucht, und konnte daher das Herz erst in einer weit spätern Zeit .bemerken, wenn dasselbe bereits einen Vorsprung auf der geraden Contur des Embryokörpers bildet; eine Masse von Kügelchen, welche an demselben Puncte wie eine Wolke zusammengehäuft sind, schien ihm zur Erklärung der Bildung des Herzens geeignet, welches er sich als ganz isolirt von aller Verbindung mit den später erscheinenden Gefäßen dachte. Indessen blieben ihm in dieser Rücksicht immer noch Zweifel, welche aufzuhellen, ihm nicht gelungen ist. Da wir lange Zeit denselben Irrthum mit ihm getheilt haben, so ist es uns leicht gewesen, die Ursache desselben zu erkennen und anzugeben.

Bei seiner Ortsveränderung scheint der Kopftheil der Haut, oder des Bläschenblattes, welches die Function derselben hat, gegen den freien Rand, in welchem das Rudiment des Herzens liegt, Strömungen von weißen Kügelchen anzuziehen, wodurch die erste Circulation, die des weißen Blutes, beginnt. Die Kügelchen bewegen sich langsam, eins hinter dem andern, in Linien, welche gegen die Seiten des freien Randes der Kopfkappe convergiren, und welche von verschiedenen Puncten der innern Ellipse oder vielmehr der Oeffnung der Pseudomembran, welche das Bläschen einfaßt, ausgehen. Allmälig vermehren sich diese Strömungen von weißen Kügelchen, und es entspringen solche von dem ganzen Umfange der innern elliptischen Masse, um sich nach demselben Puncte zu begeben. Dadurch bekömmt sie eine oder zwei Einbiegungen, welche die ganze Masse· einer Garbe ähnlich machen, weßwegen wir diesen Gefäßapparat auch ·mit diesem Namen bezeichnet haben.

In dem Maaße, als diese weißen Gefäße und die Bewegung der darin enthaltenen und gegen den freien Rand der Kopfkappe fließenden Kügelchens-Flüssigkeit deutlicher werden, sieht man auch in dem letztern Puncte ein wahres, queer und in einem Bogen verlaufendes· Gefäß entstehen, welches wir das Bogengefäß (vaisseau cintré) genannt haben. Die Strömungen, welche dasselbe von beiden Seiten her erhält, treffen in dem Mittelpuncte des Bogens zusammen, und ihr gegenseitiger Stoß bewirkt nun, daß sie in der Perpendicularlinie des Bogens selbst weitergehen; so daß man in der Mitte des convexen Theiles dieses Bogens ein in der Mitte angeschwollenes Gefäß hervorragen und sich gegen den Kopf erheben sieht.

(Schluß folgt.)

Miscellen.

Von Aesten, welche Wurzeln schlagen und Bäumen, welche ihren Ort verändern, stellt Murray folgende Thatsachen zusammen. „Obgleich die Wurzeln in der Regel von der Basis des Baums entspringen, so schlagen doch zuweilen auch die Zweige Wurzeln. Dieß ist der Fall bei dem Sempervivum arboreum (baumartigem Hauslaub), welcher an den Ufern des mittelländischen Meeres vorkommt, und seine Zweige abwärts senkt, um Bündel faseriger Wurzeln abzugeben. Der berühmte Pagodenbaum, Ficus religiosa, wovon der zu Nerbuddah ein sehr großes Raum einnehmendes Exemplar ist, sendet von seinen Zweigen Wur=

zeln abwärts; diese in die Erde befestiget, werden Stämme und bilden einen „Säulen-Schatten." Obgleich kleine Exemplare dieses Baumes in unseren Gewächshäusern vorhanden sind, so hat das Anwurzeln der abwärts gegangenen Wurzeln nicht vollständig stattgehabt, bis man die Vorsicht angewendet hat, sie in zinnernen Cylindern einzuschließen; dieß gab ihnen eine bestimmte Richtung und erhält auch wahrscheinlich den hygrometrischen Zustand, welcher zu ihrem Gedeihen nöthig ist; so daß vielleicht ein Streif Moos, wie er bei der scharlachrothen Luftpflanze (scarlet air plant) angewandt worden ist, ebenfalls seine Dienste gethan haben würde. — Pothos violacea, nach der Farbe ihrer Beeren genannt, eine in Jamaika einheimische strauchartige Treibhauspflanze, schickt von ihrem Stängel Wurzeln ab, wie die vom Banianenbaume. Der Leuchterbaum (Rhizophora) ist ein sehr wunderlich aussehendes und außerordentliches Beispiel ähnlicher Natur; die Zweige der untern Reihe beugen sich gegen die Erde, wurzeln und bilden eine Reihe von Arkaden, so daß der Baum in die Luft gehoben, und zwischen Himmel und Erde durch gigantische Stützen gehalten zu werden scheint. Diese erläutern die Verwandlung oder Veränderung der großen Wurzeln in Stämme und umgekehrt. Unter den Ruinen von Nuw Abbey in Gallowayshire befindet sich eine Art Ahorn (Acer pseudoplatanus); diese übertragte einmal die Mauer, aber von Mangel an Raum oder Nahrung gedrängt, schickte sie eine starke Wurzel von der Höhe der Mauer, welche sich in dem Boden unten festsetzte und in einen Stamm verwandelt wurde; und nachdem er die übrigen Wurzeln von der Höhe der Mauer losgemacht hatte, wurde der ganze Baum von der Mauer abstehend und unabhängig. Der Baum ging auf diese Weise von seinem ursprünglichen Platz. Lord Rainer gedenkt der Erscheinung, und die Thatsache ist unbezweifelt richtig. — Ein Stachelbeerbusch, welcher in einem Winkel eines Gartens in einem kärglichen, sandigen Boden stand, schickte einen Zweig in der Richtung nach dem bessern Boden ab, welcher seine Wurzeln auf dem Wege dahin einsenkte; der ursprüngliche Busch starb ab, und die Pflanze schritt nach dem bes-

fern Boden vorwärts. — Am Comer-See, bei der Villa Pliniana sind auch hängende Wurzeln wahrzunehmen, welche die Fläche des Felsens abwärts gekrochen und Stämme geworden sind. Ueber das gesellige Leben und Brüten des Tölpels (Pelicanus Sula) hat Capt. Belcher auf seiner geographischen Untersuchungs-Expedition an der Westküste von Africa auf der kleinen Insel Alcatraz (Pelikan-Insel) folgende Beobachtung gemacht: „Die Landung war gar nicht schwierig, aber der ganze Obertheil des Felsens war mit Tölpeln (Pelicanus Sula) bedeckt. Ich begab mich mit der Bootsmannschaft Eier zu sammeln, deren mehr als 500 waren, und welche für unser mit Salzfleisch genährtes Schiffsvolk ein sehr angenehmes Tractament abgaben, da sie groß, und nicht viel schlechter als Eier vom Strandpfeifer (Charadrius, plover) waren. Am zweiten und dritten Tage sammelten wir noch ein- bis zweihundert, denn aber hörten die Vögel auf, deren für uns zu legen. Wir kochten sie auf verschiedene Weise, am besten aber schmeckten sie als Eierkuchen. Die gewöhnliche Belästigung auf Inseln, wo diese Vögel sich aufhalten, wurde hier im vollen Umfang empfunden und nur das Gefühl, daß in Verfolgung der Wissenschaft jede Rücksicht auf Behaglichkeit zum Zwecke aufgeopfert werden muß, konnte mich dahin bringen, den fast pestilentialischen Geruch auszuhalten, dem ich während 48 Stunden ausgesetzt war. Aber diese Unbequemlichkeit war noch nichts gegen eine weit widerwärtigere, nämlich gegen eine kleine blaue Laus, welche den Pelikans und andern Wasservögeln in diesen Climaten eigen ist, dem acarus ähnlich, von kaum bemerklicher Größe, aber, wenn sie ihren Kopf unter die Haut bohrt, eine körperliche Irritation zu dem oben erwähnten Uebel hinzufügt. — Natürliches Glaubersalz findet sich nach dem Asiat. Journ. in mehrere Gegenden Indiens, wo man es besonders bei Xnao, zwei geogr. Meilen vom Ganges, in ansehnlicher Menge gewinnt. Es kommt daselbst in Form harter, sandiger Massen vor, die in kochendem Wasser aufgelöst und gereinigt werden, worauf man das schwefelsaure Natron herauskrystallisiren läßt.

Heilkunde.

Eine Beobachtung von Gangraena spontanea.

Von A. Duplay.

Marie Martin, eine Nätherin, 17 Jahr alt, lymphatischen Temperaments, war bis dahin immer wohl gewesen, fing aber gegen die Mitte Augusts an zu kränkeln, abzumagern und blaß zu werden. Gegen Ende des Monats ging sie zu der Kirchweih in das Dorf, wo ihre Heimath war; sie konnte aber an den Vergnügungen nicht Theil nehmen. Als sie Abends heimkehrte, bekömmt sie mehrere Frostschauer und sehr lebhafte Schmerzen in beiden Unterschenkeln, besonders im rechten, und zwar hauptsächlich im Fuße. Die Schmerzen waren so heftig, daß es der Kranken war, als reiße man ihr die Nägel ab. Nach 4 Tagen begann die Temperatur des rechten Fußes zu sinken, während die Schmerzen immer gleich stark blieben. Eine Aderlässe und zweimaliges Anlegen von Blutigeln nützen nichts und der Fuß wird immer kühler und bekömmt eine bläuliche Farbe. Die Schmerzen waren unerträglich, es wurden am 7ten September und am 8ten wiederholt Blutigel angesetzt, aber die Kranke wird immer schwächer, ihr Gesicht verändert sich sehr auffallend, der Tag und Nacht gleich fortdauernde Schmerz erschöpft die Kranke sehr rasch, und am 11ten kömmt das Mädchen in folgendem Zustande in die Charité: Das Gesicht ist sehr blaß, die Lippen mißfarbig, die Zunge feucht, an der Spitze

roth, das Zahnfleisch blaß, keine Uebelkeiten, aber seit mehreren Tagen hartnäckige Verstopfung. Die Respiration ist gut, die Haut sehr heiß, der Puls klein und 120, im rechten Fuße bis in die untere Hälfte des Schenkels herauf sehr lebhafte Schmerzen, die mindeste Bewegung, die leiseste Berührung bringt die Kranke zum Schreien. Die Haut der Zehen und des Fußrückens hat eine blaue Färbung, hie und da mit livid-rothen unregelmäßigen Flecken. Alle diese Theile sind kalt, und die normale Temperatur findet sich erst am mittlern Drittheil des Unterschenkels wieder. Das Pulsiren der art. plantaris, welches am linken Fußgelenke sehr deutlich ist, kann am rechten nicht bemerkt werden; das Pulsiren der tibialis postica und peronea sucht man am rechten Fuße vergebens; auch die poplitea ist nicht zu fühlen; dagegen bemerkt man die Schläge der cruralis am rechten Schenkel ganz deutlich. Die Geistesthätigkeit der Kranken ist gut, sie beklagt sich nur über sich fortwährend herum. (Limonade, Aderlässe, Cataplasmen und Opium.)

Am Abend hat der Puls 150 Schläge, und die rothen Flecken breiten sich mehr aus. Man konnte noch viel Blut aus der Armvene bekommen, und dieses war von der Farbe des Johannisbeergelées; und färbt die Leinwand hellrosenroth. (Cataplasmen, Opium, 60 Blutigel an das kranke Glied.)

Von diesen Blutigeln sogen bloß 6, der übrige Zustand war am nächsten Morgen derselbe, bloß die Farbe der

Flecken am Fuß wird dunkler, und die Temperatur nimmt noch mehr ab. (Arnica.)

Gegen Abend ohne Veranlassung plötzlich heftiges Erbrechen grüner Massen; große Angst, heftiges Herzklopfen, keuchende Respiration, Schreien und traurige Vorgefühle, Puls 164. (Potio Riveri.)

Am 13ten. Das Erbrechen hat aufgehört, es ist Diarrhöe eingetreten, das Herz schlägt sehr heftig. Der Fuß wird bis an's Knie kalt und wird immer dunkler gefärbt, die Schmerzen sind immer im höchsten Grade heftig, die Wade gespannt, das Knie schmerzhaft... (Cataplasmen, Potio Riveri und Wasser mit Wein.)

Abends kömmt Schluchzen hinzu. (Serpentaria.)

Am 14ten Neigung zum Schlummern, Schluchzen, große Oppression, Puls 150, Fuß kalt und schwarz, der Unterschenkel gespannt und sehr schmerzhaft, auch der untere Theil des Schenkels wird kalt und sehr schmerzhaft. (Serpentaria, Malaga, Cataplasmen.)

Am 15ten Gesicht sehr verändert, Oppression, Schluchzen, Uebelkeit, Zunge blaß und trocken, Unterleib etwas schmerzhaft, Diarrhöe, unwillkürliche Stühle, der ganze rechte Fuß ist gleichmäßig braun und die Epidermis löst sich, der Puls ist etwas kräftiger, 132. (Serpentaria, Malaga, Thee.)

Am 16ten erfolgt der Tod bei sich gleichbleibendem Zustande.

Leichenöffnung 15 Stunden nach dem Tode. — Der rechte Fuß hat an mehrern Stellen eine weinrothe Farbe, an andern eine fast schwarze, besonders an den Zehen, wo die Haut trocken, hart, hornartig ist, der linke Unterschenkel ist dicker, als der rechte, und normal gefärbt, das Hautzellgewebe der kranken Seite ist mit Serum infiltrirt und zwar, je mehr man sich dem Fuße nähert, um so stärker: Das Fettzellgewebe hat statt der gelben eine violette Farbe, wie die Haut, der Schenkel zeigt nur eine sehr geringe Infiltration, seine Muskeln sind dünn, aber fest und von guter Farbe; die des Unterschenkels sind blaß, etwas erweicht und, wie das Zwischenzellgewebe, mit Serum infiltrirt. Das Zellgewebe des linken Fußes ist zwar stärker infiltrirt, hat aber, wie die Muskeln, normale Consistenz und Farbe.

Die Arterien des kranken Gliedes zeigen folgende Veränderungen: Die art. cruralis von dem Durchgange unter dem Fallopischen Gang an, bildet einen runden, harten und sehr gespannten Strang, von außen ist sie weißlich, innen findet sich ein schmutzig weißer, zerreiblicher Pfropf, welcher an mehrern Stellen mit der innern Oberfläche des Gefäßes zusammenhängt. Diese Veränderung setzt sich in die Verästelungen fort und erstreckt sich bis durch die poplitea. Die tibialis antica, in ihrer ganzen Länge gespalten, zeigt einen ähnlichen Blutpfropf, welcher mit dem obern Theile der Arterie in der Ausdehnung eines Zolls zusammenhängt, und dem untern Theile derselben in der Länge von 2 Zoll. Die tibialis postica und peronea sind ebenfalls, jedoch in minderem Grade, verändert und enthalten ebenfalls ein coagulum. Nimmt man dieses heraus, so ist die innere Haut aller dieser Gefäße auffallend lividroth, übrigens zerreißen diese Häute nicht leicht, und zeigen keine deutliche

Insertion der vasa vasorum; daß die Arterien unmittelbar umgebende Zellgewebe ist weder verhärtet, noch eitrig infiltrirt.

Die Venen des kranken Gliedes sind in allen Verästelungen durch Blutpfröpfe vollkommen angefüllt, deren einige grau, andere schwarz sind. Die saphena interna ist erst an dem untern Theile des Unterschenkels auf gleiche Weise verändert, die saphena externa verhält sich wie die Arterien, so daß es bei einem Queerschnitte scheint, als wenn diese Gefäße mit Injectionsmasse gefüllt wären. Die vena poplitea und cruralis enthalten ein sehr dickes coagulum, welches unmittelbar zwischen den Fallopischen Bande sehr weich wird; außen hat dasselbe eine festere Schicht, welche mit den Gefäßwänden zusammenhängt, innen ist es weit weicher, eine Art von röthlichgrauer Brühe. Dieselbe Veränderung setzt sich nicht bloß in die art. iliaca externa, sondern auch in die vena iliaca und cava inferior fort.

Die Nerven der kranken Seite zeigen im Vergleich mit denen der andern Seite eine rothe Färbung, die besonders am nerv. ischiadicus und den nervis popliteis bemerkbar ist. Bei genauer Untersuchung sieht man sehr deutlich, daß die Gefäße, welche zwischen den Nervenbündeln hingehen, stark injicirt sind; und zwar scheint diese Injection mehr die kleinen Venen als Arterien zu betreffen; so viel man wenigstens nach einer mehr blauen oder rothen Färbung schließen kann.

Die Arterien der linken Seite zeigen nichts Besondres. Die vena iliaca interna und externa sind mit einem coagulum angefüllt, welches eine Fortsetzung des in der vena cava enthaltenen coagulum ist; auch hier hängt es mit den Gefäßwänden hie und da zusammen. Diese Veränderung setzt sich auch in die vena cruralis und poplitea und in die Venen des Unterschenkels fort, ist aber hier nicht so allgemein, es sind zwischenhinein Stellen vorhanden, wo sie nicht da ist. Die Nerven der linken Seite sind ganz normal.

Schädelhöhle. Die Gehirnhäute sind normal; die graue Substanz ist hie und da injicirt, die weiße Substanz zeigt eine eigenthümliche Veränderung. Auf einem Durchschnitte derselben bemerkt man eine Menge kleine, runde, scharf umschriebene, etwas hervorragende rothe Flecken, welche in der Mitte einen dunklern Punct haben. Diese Flecken sind mit nichts besser zu vergleichen, als mit Petechien. Durch Druck kömmt kein Blut aus ihnen hervor, was der Fall seyn müßte, wenn diese Flecken die Oeffnungen durchschnittener Gefäße wären; überdieß sind sie beträchtlich größer, als die in der Gehirnsubstanz verlaufenden Gefäße. Die Consistenz des Gehirns ist normal.

Brusthöhle. Die Lungen sind schmutziggrau und überall beträchtlich ödematös; an der Basis der linken Lunge findet sich eine Stelle von sehr festem, faserstoffigem und dunkelrothem Gewebe; die Lungenvenen sind in ihrem ganzen Verlaufe mit Pfröpfen von Faserstoff angefüllt, welche nur sehr schwach mit den Venenwänden zusammenhängen. In den Pleuren findet sich sehr wenig Serum, hie und da einige Ekchymosen. Das Herz ist blaß, die rechte Hälfte desselben von einem Johannisbeergelée ähnlichem coagulum ausgefüllt, welches durch und durch eine Menge kleiner grauer

Puncte zeigt. Die linke Hälfte enthält ein ähnliches coagulum. Die aorta ist blaß, unverändert, das darin enthaltene Blut außerordentlich blaß, einem Himbeergölée ähnlich.

Unterleibshöhle. Magen und Darmcanal sind bloß etwas blaß, übrigens normal; die Leber blutleer, serös infiltrirt, ihre Venen enthalten flüssiges Blut. Die übrigen Organe sind vollkommen gesund.

Während des Lebens schien die Ursache der Gangrän in einer Arterienentzündung zu liegen (?), und es war darauf die Behandlung anfangs gerichtet. Der Sectionsbefund ergab aber eine solche durchaus nicht. Die Ergebnisse der Section scheinen überhaupt bloß die mechanische Ursache der Gangrän, eine Gefäßverschließung, anzuzeigen. Die Ursachen dieser letzten sind aber nicht klar. (Archives générales. Février 1833.)

––––––––

Fälle von krankhafter Vergrößerung der clitoris und der Nymphen, welche in dem königlichen Krankenhause zu Glasgow vorkamen.

1. Fall. — Chronische Anschwellung der clitoris und der Nymphen. — Amputation der Theile. — Heilung. — Frau M., 25 Jahr alt, wurde am 21. Januar 1832 aufgenommen. Die clitoris bildete eine große hängende birnförmige Geschwulst mit baumendickem Stiel und man konnte sie in ihrem vergrößerten Zustande über einen Zoll tief unter den Schaamknochen fühlen. Auch die Nymphen waren beträchtlich verlängert, verdickt und hatten ein warziges Aussehn; sie sowohl, als auch die clitoris, waren mit einer dünnen, glatten und blaßgefärbten Oberhaut bedeckt. Die Krankheit hatte 2½ Jahr zuvor begonnen, nachdem 6 Monate früher an der rechten Nymphe ein syphilitisches Geschwür vorhanden gewesen war, welches durch Anwendung von Quecksilber geheilt wurde.

Die Geschichte, die Zunahme und das Ansehn der Geschwulst sprachen für ihre Gutartigkeit, sie wurde deshalb am 28sten amputirt. Die Nymphen und clitoris wurden so weit als möglich unter den Schaamknochen hervorgezogen, die äußern labia durch einen Gehülfen auf die Seite gehalten und die Theile dicht an ihrer Grundfläche abgetrennt, wobei die Frau außerordentlich zu leiden schien. Es wurden drei Gefäße unterbunden, die Wunde wurde mit Scharpie bedeckt und eine T Binde angelegt; die Theile granulirten und vernarbten bald.

Als man Einschnitte in die Theile machte, fand man ihr Gewebe, statt von Natur locker und schwammig, fest und derb, sonst aber nicht krankhaft verändert.

Wenn sich die clitoris und die Nymphen so verlängern, daß sie über die labia hervorstehen, so ist ihr natürliches Aussehen zerstört, ihre naturgemäße Sensibilität vermindert, und die sie bedeckende Oberhaut ist dünn und undurchsichtig. Diese Veränderung möchte wohl glauben lassen, daß die leidenden Theile früher sich in Schwärung befunden haben, und daß ihr eigenthümliches Ansehen von einer frischen Vernarbung herrühre. Dieß ist jedoch nicht immer der Fall;

denn obgleich diese krankhaften Vergrößerungen oft mit oberflächlicher Schwärung vergesellschaftet sind, so muß doch im Allgemeinen die Veränderung in dem Ansehen und in dem Gewebe ihrer äußern (Haut-) Decken dem Aussehen der Luft und der dadurch verursachten Reizung, und dem Mangel an Feuchtigkeit, durch welche sie früher schlüpfrig erhalten wurden, zugeschrieben werden. Sie werden auf diese Weise trocken und glatt, und die feine Schleimhaut, welche sie ursprünglich bedeckte, verliert ihr natürliches Ansehn, Beschaffenheit und Ausscheidungskraft, und verwandelt sich in eine undurchsichtige, unempfindliche Oberhaut.

Im folgenden Falle, von langer Dauer des weißen Flusses und Vernachlässigung der Reinlichkeit herrührend, fanden sich Excoriationen; es wurde chronische Entzündung der Nymphen und der clitoris hervorgerufen; diese Theile vergrößerten sich langsam, traten vor die labia herab, und nach siebenjähriger Zunahme hingen sie bis zur Mitte der Schenkel herab.

2. Fall. — Vergrößerte clitoris und Nymphen mit Erfolg exstirpirt. — Frau P., 46 Jahr alt, den 14. Februar 1827 aufgenommen. Die clitoris, welche seit ungefähr 7 Jahren an Größe zugenommen hatte, war fast 8 Zoll lang und von birnförmiger Gestalt. Der Stiel war weich, faustdick, mit varicösen Venen durchzogen; der am meisten herabhängende Theil der Geschwulst war hart, knotig, und vollkommen zwei Fäuste groß. Die Nymphen hingen längs dem Stiel zwei und einen halben Zoll weit herunter, sie hatten eine unregelmäßige, mit einer dünnen weißen Oberhaut bedeckte Oberfläche, und fühlten sich fleischig an. Die innere Fläche der labia war mit kleinen, ungefähr einer halben Erbse großen, unmittelbar unter der Schleimhaut sitzenden Knötchen besetzt. Am 20sten wurden die krankhaften Theile ausgeschnitten; die sehr heftige Blutung wurde durch Anlegung von fünf Ligaturen gestillt; es wurde ein Catheter in die Blase geführt, und einige Tage lang darin gelassen. Als die Wunde zu granuliren begann, wurde der Urin täglich abgelassen, und dadurch das Verheilen der Theile beschleunigt, so daß in ungefähr drei Wochen die Vernarbung vollkommen war. Ich habe diese vor Kurzem besucht und mich überzeugt, daß sie vollkommen gesund und bis jetzt von einer Wiederkehr der Krankheit nichts zu fürchten ist.

Die krankhaften Theile waren von einem derben fibrösen Gewebe, und die Knötchen, welche die Unregelmäßigkeit an dem untern Theile der clitoris verursachten, lagen unmittelbar unter der Hautbedeckung, und schienen einigermaßen von der allgemeinen Geschwulst verschieden zu seyn.

Die clitoris bei Frauen, wie der penis bei Männern, können von Krebs ergriffen werden. Sind die Schenkel (corpora cavernosa) geschwollen, verhärtet, unregelmäßig und schmerzhaft, so können wir uns versichert halten, daß die Krankheit außer dem Bereiche des Messers ist, besonders wenn der herabhängende Theil der Geschwulst die Kennzeichen des carcinoma darbietet. Ich wohnte einige Jahre zuvor einer Operation zur Exstirpation einer krebshaften clitoris bei; die Nymphen waren in diesem Falle nicht mit ergriffen. Die Kr. wurde

in eine Lage gebracht, wie zur Steinoperation, und man
versuchte die krankhaften corpora zu entfernen. Nach einem schmerzhaften und langdauernden Ausschneiden von
Theilen, während dessen die Kr. ungefähr 1 Pfund Blut
verlor, fand man es unmöglich, alle krankhaften Theile zu
entfernen. In wenigen Wochen brach eine kleine schwammige Geschwulst unmittelbar über der Harnröhre hervor,
vergrößerte sich nach und nach, verursachte heftige Schmerzen, blutete übermäßig, und führte endlich den Tod herbei.
Jedoch müssen wir uns auch erinnern, daß bei einer einfachen, gutartigen Vergrößerung der clitoris auch die corpora
mit ergriffen seyn können, ohne daß dieß eine Gegenanzeige
gegen die Amputation der krankhaften Theils abgiebt; denn
wenn die corpora eingeschnitten, aber zurückgelassen werden,
so schrumpfen sie bald ein und schwinden. (Lond. Med.
Gaz. Octbr. 1833.)

Fall, in welchem ein weiblicher Catheter bei'm Catheterisiren zufällig in die Blase schlüpft.

Von Jonathan Toogood, Esq., ältestem Wundarzt des Bridge-
water-Krankenhauses.

„Vergangenes Jahr wurde ich von einem Freund, einem
Arzt, zu einer Consultation über einen Fall eingeladen, in
welchem er einen silbernen Catheter in die Blase einer Frau
hatte gleiten lassen. Die Kr. hatte wenige Wochen vorher
eine schwere Niederkunft gehabt, wodurch Blasenlähmung entstanden und es nöthig geworden war, Abends und Morgens
den Catheter anzuwenden. Wenige Stunden vor meinem
Besuch hatte der sie behandelnde Arzt bei'm Versuch, den
Urin abzulassen, einige Schwierigkeit gefunden, und indem er
einen stärkern Druck als gewöhnlich anwendete, war der Catheter in die Blase geschlüpft. Er hatte zwar sogleich mit
seiner Besteckzange ihn zu erreichen gesucht, aber es war ihm
nicht gelungen. Ich gab ihm den Rath, so lange zu warten, bis es wieder nöthig seyn werde, den Urin abzulassen,
und dann einen längern Catheter einzubringen, und so von
der Lage des andern Kenntniß zu suchen; allein er
konnte nicht aufgefunden werden und die Operation wurde
mehrmals wiederholt, ohne daß er gefühlt wurde.

Nun wurde folgendes Verfahren versucht: Ein Stück
Schwammmeisel, etwas länger als ein gewöhnlicher weiblicher Catheter, und von der Dicke des kleinen Fingers, wurde
in die Blase eingebracht, und zwar ganz ohne Schwierigkeit
oder Schmerz und 8 oder 10 Stunden darin gelassen, während welcher Zeit der Urin frei durch dasselbe austrat. Nach
dieser Zeit wurde es wieder herausgenommen und der Zeigefinger der linken Hand schnell in die Blase geführt. Der
Catheter wurde jetzt entdeckt, er lag queer, mit dem einen
Ende auf dem Schaamknochen auf und das andere Ende stak
in der Falte an der Rückenseite der Blase. Es machte beträchtliche Schwierigkeit, ihn in die Harnröhre zu bringen,
was dadurch bewerkstelligt wurde, daß man den Zeigefinger
der rechten Hand in die Vagina einführte, und die Blase

zurück und nach oben drückte, wodurch der über den Schaamknochen liegende Theil des Catheters mit dem andern Finger
in die Harnröhre geleitet, und dann mittelst der Zange leicht
aus derselben ausgezogen werden konnte. Alles dieß wurde
unter sehr geringem Schmerz und ohne daß die Kr. oder
ihre Familie etwas von dem Vorgange gewahr geworden wären, ausgeführt. Das Instrument, einer von den durch
Hrn. Jewel empfohlnen kurzen, leicht entgleitenden Cathe-
thern, war, ohne große Reizung hervorzubringen, funfzehn Tage lang in der Blase geblieben.

Dieß ist, wie ich glaube, ein sehr seltenes Ereigniß;
und gleichwohl, wenn man die allgemein in Gebrauch gezogenen Catheter betrachtet, so muß man sich wundern, daß es
nicht häufiger vorkommt, indem man sich nicht gehörig in
Acht nimmt, es zu verhüten. Hr. Abernethy pflegte in
seinen Vorlesungen einen Fall dieser Art mitzutheilen, wo
der Catheter nicht ausgezogen worden war, und eine lange
Zeit nachher in der Seite sich ein Absceß gebildet hatte, welcher sich öffnete und einige Tage Eiter ergoß, worauf bei'm
Einführen einer Sonde ein harter Körper gefühlt wurde, den
man mittelst einer gewöhnlichen Zange auszog und für einen
Catheter erkannte.

Sir Astley Cooper zeigte mir vor Kurzem die Zeichnung von einem Stein, welcher sich über einem in die Blase
gelangten Catheter gebildet hatte, und welchen er vor einigen
Jahren im Guy's-Spital durch die gewöhnliche Operation
entfernt hatte. Ihm verdanke ich's, daß mir das Verfahren
einfiel, welches sich in diesem Falle so erfolgreich bewies.

Ich beobachtete in diesem Falle, daß sich die ganze innere Bekleidung der Vagina gleichsam in einem Zustande
des Häutens befand, welches, meines Bedünkens, nach schweren Entbindungen, wo der Kopf mehrere Stunden in der
Vagina stehen bleibt, sehr häufig vorkömmt. Obgleich ich
mich nicht erinnere, schon von etwas dergleichen gelesen zu haben, so rührt doch, nach meiner Meinung, das Wundseyn und
der Schmerz, über welchen Frauen nach solchen Niederkünf-
ten klagen, größtentheils von dieser Ursache her, und würden
wahrscheinlich zu Abhäsionen Veranlassung geben, wenn nicht
die Hebammen die Vorsicht gebrauchten, die Theile häufig
mit Salbe einzureiben.

Ueber den Nierensteinschnitt.
Von A. Velpeau.

„Die Beobachtungen, daß Steine in den Nieren zurückgehalten
wurden, sich daselbst beträchtlich vergrößerten, und den Tod des
Kranken herbeiführten, sind nicht selten, daher rührt die Idee des
Nierensteinschnittes, oder der Nephrotomie, worunter man einen
Einschnitt in das Organ durch gesunde Weichtheile hindurch, oder
den Einschnitt in einen Eiterheerd auf dem durch die Hautdecken
hindurch in der Lendengegend fühlbaren Steine, oder endlich eine
einfache Vergrößerung einer Nierenfistel, um dadurch den Austritt
oder das Ausziehen des fremden Körpers zu begünstigen, verstehen
kann. Es ist durchaus nicht zu läugnen, daß es möglich wäre, die
Niere von der hintern Seite aus zu erreichen, wenn man sie weichen Theile der Seite zwischen der letzten Rippe und dem Hüftbein-

kamme einerseits und zwischen der Sacrolumbalmuskelmasse und dem hintern Rande der schrägen Bauchmuskeln andrerseits durchschneidet. Ich bin häufig auf diesem Wege dahin gelangt, und stimme in dieser Rücksicht Hrn. Gerdy vollkommen bei. Wer denkt man aber, daß es fast unmöglich ist, sich durch irgend ein positives Mittel von der Existenz eines Steines in der Niere zu überzeugen, und daß die subjectiven Zeichen davon immer mehr oder minder trügerisch sind; berücksichtigt man von der andern Seite, daß, wenn man auch annähme, über die Anwesenheit eines Steines sicher zu seyn, es doch immer noch fraglich bleibt, ob er im Anfange des Harnleiters und in dem Nierenbecken, oder vielmehr in der Substanz des Organes selbst steckt, ob er nicht von Ulcerationen, von Eiterheerden oder irgend andern Desorganisationen begleitet ist, so ist man wohl genöthigt, auf die Nephrotomie Verzicht zu leisten, so lange sich nicht außen der Punct zeigt, auf welchen man die Instrumente hinrichten müßte. Ueberdieß ist kein Beweis vorhanden, daß diese Operation jemals versucht worden wäre. Die Stelle in Hippocrates's Schriften, welche man dafür anführt, scheint mir nicht auf diese Operation bezüglich zu seyn. Die Operation an jenem Bogenschützen, von welcher man so viel spricht, ist ohne Gewicht in dieser Sache, da es sehr wohl seyn könnte, daß die ganze Geschichte bloß eine Fabel wäre; welches Vertrauen kann man in der That zu dieser Erzählung haben, wenn man sieht, daß Mezerai diesen Verbrecher von Bagnolet kommen läßt, während ihn Monstrelet zu Meudon leben läßt, wenn Einige ihn in die Zeit von Karl VII, Andere von Karl XI, setzen, wenn Collot behauptet, er habe die Nephrotomie erlitten, während Rousset und Sprengel annehmen, daß der hohe Steinschnitt bei ihm gemacht worden sey, und während ihn Mery durch den Perinealsteinschnitt heilen läßt, Tolled dagegen behauptet, es sey an ihm bloß der Bauchschnitt gemacht worden, um einen volvulus zu heben. Die Beobachtung von dem Konsul Hopson, welcher von Marchetti berichtet seyn sollte, ist durchaus nicht beweisender. Bernard, welcher darüber berichtet, hat keinen andern Beweis der Thatsache, als die Aussage des Kranken und seiner Frau, während Marchetti in seinen seltnen Beobachtungen des Falles gar nicht erwähnt. Es ist daher zu hoffen, daß die in der Mitte des vorigen Jahrhunderts in Frankreich geführten Streitigkeiten über die Anwendbarkeit oder Nichtanwendbarkeit der Nephrotomie nicht wiederkehren werden. Diese Operation kann in der That nie vorgeschlagen werden, außer in den seltenen Fällen, wo in der Lendengegend sich nach zahlreichen Erscheinungen, die auf Nierensteinkrankheit hindeuten, eine deutliche Fluctuation zeigt, so daß man leicht und sicher in den Sitz der Krankheit gelangen könnte, oder vielleicht noch für die Fälle, wo man durch eine Fistel hindurch den Stein mit einer Sonde unmittelbar berühren könnte, oder endlich in den Fällen, wo der Stein selbst nach außen hervorragt und durch die Hautdecken hindurch erkannt werden kann; alsdann ist aber die Operation höchst einfach und, je nach den verschiedenen Umständen, zu modificiren, und alles, was man darüber sagen kann, beschränkt sich darauf, daß man die Oeffnungen hinreichend groß macht, weder mit dem Bistouri allein, oder auf der Hohlsonde, und daß man den Stein mit Vorsicht suche und sich dazu bald gewöhnlicher Steinzangen, bald der Polypenzange, der Haken, der Löffel oder bloß der Finger bediene. (Velpeau, Méd. opér. T. III.)

Miscellen.

Ein neues Instrument zur Erweiterung eines zu klein gerathenen Hornhaut-Schnittes bei der Staar-Extractions-Operation hat Hr. Cabron du Villards durch den Instrumentmacher Charrier zu Paris anfertigen lassen. „Das Instrument ist ein kleines Lithotome, dessen Klingen nur 6 Linien lang und 1½ Linien breit sind, und mittelst eines feinen Schwengel-Mechanismus hervortreten und sich verbergen. Die Klingen sind etwas Weniges aufs Blatt gebogen in einer Krümmung, welche dem Umfangskreise der Hornhaut entspricht und durchschneiden, wenn sie wirken, diesen Theil des Auges in einer halbcirkelförmigen Richtung. Wenn sie zurückgetreten sind, schneiden sie nicht, und das dann stumpfe Instrument kann dann sehr leicht und ohne Gefahr eingeführt werden. Bekanntlich tritt die Iris zuweilen zwischen die Wundlefzen, und wenn man sich der Daviel'schen oder Richter'schen Scheeren bedient, ist dann nichts leichter, als diese Membran zu verletzen. Mein kleines Instrument hingegen dient, den Rückfall der Iris zurückzudrängen: und wenn man diesen Zweck erreicht hat, so drückt man auf das Instrument; der nicht schneidende Theil desselben fixirt das Auge, während die schneidende Klinge die Oeffnung in dem Maaße vergrößert, als es nöthig scheint. Um allen Zufällen begegnen zu können, welche mit zu klein gerathenen Staarmesser-Hornhautwunden verbunden seyn können, muß man drei kleine Instrumente haben, welche ich keratôme caché nenne; das erste schneidet nach rechts, das zweite nach links und das dritte nach beiden Seiten. Mittels dieses vollständigen Instrumenten-Assortiments kann man den Hornhautschnitt nach rechts, nach links und nach beiden Seiten zugleich erweitern. Mag der Schnitt oben, unten, außen oder innen gemacht seyn, so wird meine Methode immer leicht anwendbar seyn. Ob sich der Operateur der rechten oder der linken Hand bediene, ist gleichgültig. Eine Vorsicht aber ist unerläßlich, das Instrument darf man nicht, bevor der Schnitt hinlänglich vergrößert ist, das Instrument tansam schließe, indem man zugleich, um die Iris zu kneipen, die feine Spitze der Klingen gegen die Concavität der Hornhaut anbringt." (Bulletin général de thérapeutique médicale et chirurgicale. Tome V. p. 275.)

Kohlenpastillen gegen übelriechenden Athem. Als besonders wirksam wird folgende Formel empfohlen:

R. Chocolatae pulveratae . . . uncias tres.
Carbonis vegetabilii loti et
subtiliss. pulverati . . . unciam unam.
Vanillae . . . drachmam unam.
Mucilaginis Gummi Tragacan-
thae . . . quantum suff.
F. sec. art. pastilli ponderis granor. octodecim.

Man kann davon täglich 6 bis 8 Stück nehmen.

Von Zerreißung des Uterus, ohne Zerreißung des Peritonealüberzuges desselben, fanden sich in dem London medical and surgical Journal zwei Beobachtungen, von Thomas Rathford, deren eine glücklich sich endigte, während die andere, wie sehr wohl gewöhnlich der Fall ist, durch die Section constatirt werden konnte.

Nekrolog. — Die medicinischen Wissenschaften haben in Paris einen bedeutenden Verlust erlitten durch den, am 25. Nov. erfolgten, Tod des berühmten Baron Boyer, Ober-Chirurg der Charité ꝛc.

Bibliographische Neuigkeiten.

Nouveaux élémens de chimie théorique et pratique, à l'usage des établissemens de l'université; précédé des notions nécessaires à l'intelligence des phénomènes chimiques. Par R. T. Guerin-Varry. Paris 1833. 8. Mit 3 R.

Manuel de médecine opératoire, fondée sur l'anatomie normale et l'anatomie pathologique. Par J. F. Malgaigne. Paris 1833. 18.

Biographie des Sages-femmes célèbres anciennes, modernes et contemporaines. Par A. Delacoux, M. D. Paris 1833. 4. (Es werden 10 Lieferungen, wovon 5 erschienen sind, jede zu 2 Blatt Text und zwei Abbildungen.)

Notizen

aus

dem Gebiete der Natur- und Heilkunde.

Nro. 833. (Nro. 19. des XXXVIII. Bandes.) November 1833.

In Commiſſion des Landes-Induſtrie-Comptoirs zu Weimar. Preis eines ganzen Bandes, von 24 Bogen, 2 Rthlr. oder 3 Fl. 36 Kr., des einzelnen Stückes 3 ggl. Die Tafel ſchwarze Abbildungen 3 ggl. Die Tafel colorirte Abbildungen 6 ggl.

Naturkunde.

Unterſuchungen über die Bildung des Vogel-Embryo.
Von den Herren Coſte und Delpech.

(Im Auszuge.)

(Schluß.)

Dieſes Gefäß verlängert und biegt ſich nun; als wenn es in dem Raume, in welchem es entſtanden iſt, nicht Platz hätte; es windet ſich gegen die rechte Seite des Embryo. Hierauf beginnt es, durch ein wahres Verengern und Zuſammenziehen ſeiner Wände zu ſchlagen. Dieſe Schläge ſind langſam, ſie ſind ſelten, aber ausgedehnt, und man kann während der Dauer eines jeden Schlages zu dieſer Zeit ſich überzeugen, daß das weiße Blut, welches das Gefäß enthält, und welches ſich unmittelbar darauf vermehrt, von einem zum andern Ende hin und her bewegt wird. Zu dieſer Zeit iſt alſo das Blut weiß, und der Circulationsapparat beſteht in den Garbengefäßen, welche von der Gränze der innern Ellipſe das Blut herbeiführen, und in das Bogengefäß bringen, deſſen beide Enden die zuſammenfließenden beiden Hälften der Garbe ſind; es beſteht ferner zunächſt in dem geraben kurzen, angeſchwollenen Gefäße, welches zu dieſer Zeit noch das ganze Herz iſt, ſich bald nach der rechten Seite neigt und durch langſame Contractionen ſich beſtrebt, die Flüſſigkeit in die ſchleimige Subſtanz zu treiben, welche zu dieſer Zeit noch den ganzen übrigen Körper des Embryo ausmacht.

Unter dieſer wiederholten Zuſammenziehung theilt ſich die Maſſe des weißen Blutes in zwei Ströme, welche anfangs parallel laufen, und ſich etwas ſpäter, nachdem ſie ſich vom Kopfe gegen den Schwanz umgebeugt haben und unter das Kopfende des Nervenkörpers getreten ſind, wiederum vereinigen. So bereiten ſich ſchon zu dieſer Zeit die aorta und die art. pulmonalis und ihr temporärer Zuſammenfluß durch den ductus arterioſus vor: Es iſt unmöglich, dieſe Trennung, welche durch die Contractionen des geraden Gefäßes

gleichmäßig weiter getrieben wird, in zwei parallellaufende Theile der einfachen Blutmaſſe unbeachtet zu laſſen. Dieſe Trennung kömmt zu Stande, wenn die Flüſſigkeit dem Kopftheile des Nervenkörpers am nächſten iſt. Dieſer Kopftheil aber beſteht aus zwei deutlich geſchiedenen Hälften; wenn nun das Ganze eine unbeſtreitbare Attractionskraft hat, wie ſollte man nicht zugeben, daß in kleinen Entfernungen auch jede Hälfte für ſich eine beſtimmte Anziehungskraft ausüben könnte? Wenigſtens muß man dabei wohl beachten, daß zu dieſer Zeit die Flüſſigkeit hier nicht in Gefäße eingeſchloſſen iſt, und daher allen Eindrücken frei Folge leiſten kann; und daß dieſe Trennung der Maſſe in zwei parallele Ströme augenblicklich aufhört, ſobald die Flüſſigkeit bis vor das Rückenmark gelangt iſt, deſſen beide Elementartheile zu dieſer Zeit bereits in der Mittellinie durch eine Nath vereinigt ſind. Es bildet ſich nun an dem Schwanzende aus der Pſeudomembran eine Falte, wie am Kopfe, welche den untern Theil des Beckens und Unterleibes bildet. Der einzige Unterſchied von der Kopfkappe iſt, daß die Haut in der kleinen Ellipſe (welche an dieſem Ende ſehr entfernt von der großen liegt) ſich loslöſt und den ſinus terminalis nicht mit ſich zieht, wie dieß bei dem Zuſammenrollen der Kopfkappe geſchieht.

Da nun die Bildung dieſer beiden Kappen die Haut an den Seiten mit der Pſeudomembran in Verbindung bringt, ſo neigen ſich ſpäter dieſe vereinigten ſeitlichen Theile gegeneinander, um die linea mediana des Unterleibs zu bilden. Indem ſich nun der Embryo verlängert, ſo wird der von den Seiten einwärts gerollte Hauttheil gezerrt und verengert, ſo daß die Geſtalt einer Guitarre herauskömmt: es entſtehen nämlich zwei in einander übergehende Kreiſe, welche den beiden Mittelpuncten der Ellipſe entſprechen.

Sehr bemerkenswerth iſt, daß der einfache Blutſtrom der aorta in der Mitte des Körpers vor der Wirbelſäule ſich theilt und die iliacae bildet. So wie dieſe nun an die

19

Einkerbung der innern Ellipse gelangen, theilen sie sich aber= mals in zwei Ströme, wovon der eine in der Körperare fortläuft, der andere unter rechtem Winkel davon ab= und durch die Haut hindurch in die Pseudomembran übergeht. Auf diese Weise entstehen die Mesenterialgefäße, welche sich, so wie sie etwas in die äußere Hülle hineingetreten sind, inner= halb der äußern Ellipse in zwei, drei oder vier Theile theilen, und eben so wie ihre Unterabtheilungen Kreisbogen bilden, die den Kreisen der innern Ellipse parallel sind.

Der merkwürdige Umstand, daß diese beiden Strömun= gen immer in rechtem Winkel abgehen, ist so unveränderlich, daß er wohl von irgend einem wichtigen Gesetze abhängen muß. Wenn wir nun oben annahmen, daß die Anordnung der Nervenkügelchen unter dem Einfluß eines Magneten geschehe, so findet diese Behauptung hier noch eine Bestätigung. Je= der Magnet hat zwei Pole und eine Mitte: in der letzten ist gar keine Attraction vorhanden, während diese an jedem Pole concentrisch ist. Der Aortenstrom von weißem Blute lief nun in der Are des Magneten und in einer Richtung, die durch beide Pole bestimmt wurde; in der Mitte wurde aber die Einwirkung derselben gleich 0, und es kann sich da= ger ein Theil des Stromes ablösen, welcher wegen der glei= chen Entfernung beider Pole nothwendig unter rechtem Win= kel aus der Pole abtreten muß. So wie dieß aber geschehen ist, so wirkt auch schon wieder die Anziehungskraft der beiden Pole ein, und dadurch entstehen die zusammenlau= fenden Theilungen und Umbeugungen des Gefäßes, welche sich sobann in eins der Garbengefäße ergießen, wodurch der Kreislauf geschlossen, und das Blut zum Herzen zurückge= führt wird.

Zu dieser Zeit zeigt sich nun in dem Schwanztheile der äußern Hülle und entfernt vom Embryo rothes Blut, wel= ches zuerst einzelne Seen bildet, welche sich hierauf bewegen und in zwei Hauptrichtungen weiter gehen. Sie begeben sich ebenfalls gegen den Körper des Embryo hin; die einen vereinigen sich in ein oder zwei Gefäße, welche dem Schwan= ende zunächst liegen, dicht an dem Körper herablaufen und sich mit dem Herzen vereinigen. Die andern bilden zwei Ströme, einen auf jeder Seite der großen Ellipse, in der Gränzlinie selbst, und gehen so vom Schwanz gegen den Kopf, indem sie den sinus terminalis bilden, welcher sich in der Are des Kopfpoles mit der Kopfkappe zusammenrollt und zum Herzen gelangt. Auf diese Weise entsteht der Cen= traltheil des Kreislaufes und seine Verbindungen mit dem ganzen Gefäßapparate. Alles durch die Arterien getriebene Blut ergießt sich in den sinus terminalis, entweder direct, oder durch die Verbindung des lettern mit dem Garbengefä= ßen Alles dasjenige Blut, welches sich in der Hülle inner= halb der äußern Ellipse bildet, ergießt sich in das Herz entwe= der durch den sinus terminalis, und die am Kopftheil zu= sammenlaufenden Endigungen desselben, oder durch den zu= rücklaufenden Schwanztheil, welcher durch seine Wurzeln mit demselben sinus in Verbindung steht. Auf diese Weise ge= schieht es, daß nach einem zweiten äußern und weitern Um= lauf alles Blut nothwendig in das Herz zurückkommt.

Welche Kraft bewegt nun aber das Blut außerhalb des Embryo, so daß es zuletzt in diesen eindringt? Die constante Richtung und der Mangel eines hydraulischen Agens sind hier besonders bemerkenswerth. Seit lange nehmen deswe= gen die Physiologen eine eigenthümliche Bewegungskraft der Blutkügelchen an; dieß kann aber nicht direct bewiesen wer= ben, und doch ist gerade hier unmittelbare Demonstration durchaus nöthig. Es ist ganz klar, daß das rothe Blut sich bei seinem ersten Erscheinen seinen Weg selbst bahnen muß, und es zeigen sich zuerst bloß das zurücklaufende Schwanzgefäß und der sinus terminalis als ununterbro= chene Wege. Zwischen ihnen bilden die Massen ein schönes Netz in dem Schwanztheile der äußern Hülle. In diesem, offenbar zufällig gebildeten, Netze ist nur Ein Umstand un= wandelbar, nämlich alle Verbindungen geschehen unter rech= tem Winkel, d. h., das rücklaufende Schwanzgefäß liegt pa= rallel der Are des Nervenkörpers, die Seitenströme aber fol= gen überall der Tangente der äußern Ellipse, was an dem Ausgangspuncte einen rechten Winkel ausmacht.

Bedenkt man, daß die Berührung zweier Körper, sie mögen heterogen oder homogen seyn, hinreicht, um Electri= cität zu entwickeln, so wird man sehr geneigt seyn, die frei= willige Bewegung der Kügelchen aus ihr Electrischwerden und durch den Gegensatz ihrer Pole zu erklären; die An= wendung dieses Gesetzes giebt genau den Winkel, unter wel= chem die Zweige sich bilden, und der Schlüssel der freiwilligen Bewegung des Blutes in den Gefäßen der äußern Hülle und ohne Zweifel auch in den Capillargefäßen, wo die hy= draulischen Gesetze ebenfalls nicht mehr wirksam sind, liegt gewiß in demselben Gesetze. Die durch gegenseitige Absto= ßung sich bewegenden Kügelchen würden nun eine unendliche gerade Linie durchlaufen, aber die Anziehung, welche das Nervensystem auf sie ausübt, wandelt die gerade Linie nach mathematischem Gesetze in eine Ellipse um. So wiederho= len sich die Erscheinungen der Gravitation der Himmelskör= per in der Entwickelung der Embryonen.

Die Bildung des Herzens und seiner vier Höhlen, de= ren jede ihren Gefäßapparat besitzt, hat die Beobachter sehr viel beschäftigt. Unsere Beobachtungen weichen einigermaßen von denen der andern ab. Die Bildung des Bogengefäßes an dem Kopftheile der großen Ellipse, als Zusammenfluß sämmtlichen weißen Blutes der Garbengefäße, haben wir be= reits beschrieben; nicht minder haben wir gezeigt, wie die ein= ander entgegengesetzten Strömungen in denselben sich in der Mitte der Convexität des Bogengefäßes Bahn machen, und an dieser Stelle einen verticalen Kegel bilden. Hieraus folgt bald ein Gefäß, welches sich nach rechts umbeugt, wegen zu großer Verlängerung und ohne Zweifel auch deswegen, weil sich die linke Wand weniger ausdehnt, als die rechte; hier= durch rollt sich endlich das Gefäß schneckenförmig, bildet ei= nen scharfen Winkel, und läuft nach unten, nachdem es zu= vor eine doppelte Windung von rechts nach links durchlaufen hat. Der erste Theil der Windungen bereitet die Bildung der Vorkammern vor, und es öffnen sich hier in die erste Windung die beiden Hohlvenen, in die zweite kleine Zwei= ge, welche die Lungenvenen sind; über dem Umbeugungswin=

kel aber findet sich die Bifurcation des Gefäßes, wodurch die aorta und pulmonalis angedeutet werden. Durch Zusammenziehung der Wände bilden sich später die temporäre Verbindung der Vorkammern und die Oeffnungen aus den Vorkammern in die Kammern; aber um die Verbindung zwischen der rechten Vorkammer und Kammer herzustellen, ist eine Auflösung (ein Schmelzen) der ersten Windung und der Seite des Umbeugungswinkels nöthig, ganz auf dieselbe Weise, wie sich bei dem Rind, z. B., die Markhöhle der tibia und der fibula mit einander verbinden. Die Trennung der Kammern geschieht auf eine eigenthümliche Weise, zu deren Erkenntniß wir sehr aufmerksame Untersuchungen anstellen müßten. Die Spitze der Bifurcation des Gefäßes am Ursprung der aorta und der pulmonalis verlängern sich nämlich gegen den spitzen Winkel hin, und bildet so eine Zwischenwand und vereinigt zugleich einen jeden dieser zwei Zweige mit einer gesonderten Kammer. Diese Eintheilungen entstehen sehr allmälig, und so lange sie noch unvollkommen sind, geschieht die Circulation durch die Fortsetzung des Gefäßes; sobald die Eintheilung zu Stande gekommen ist, verändert sich dagegen der Rhythmus, jedoch ohne die mindeste Unterbrechung. Es ist hierzu bloß nöthig, daß die Schmelzung oder Durchbohrung der Vorkammer und der Kammer auf der rechten Seite mit der Vollendung des septi ventriculorum zusammentreffe.

Indem wir nun während des ganzen Verlaufes dieser Untersuchung das Electrodynamische als das Bestimmende kennen gelernt haben, so kommen wir ganz natürlich zur Annahme einer äußerst einfachen physicalischen Theorie des Befruchtungsactes selbst, welche wir hier ganz kurz andeuten sehen wollen. Ein nicht befruchtetes Ei entwickelt sich nicht, obgleich es, so viel man sehen kann, vollkommen dem gleich ist, auf welches das Männchen nicht eingewirkt hat; es ist, wie das befruchtete Ei, mit einer Narbe versehen, aber diese Narbe hat nicht die Kraft, sich die umgebenden Stoffe anzueignen, um ein organisches Wesen daraus zu machen; während dieselbe Narbe diese Eigenschaften sogleich bekommt, sobald die Geschlechter vereinigt haben. Ist daraus nicht zu schließen, daß es diese Eigenschaften den Eltern verdankt? Die auf diese Weise erlangten Eigenschaften aber sind, wie wir gesehen haben, magnetisch, d. h. electrisch; hieraus ergiebt sich der nothwendige Schluß, daß die Conception eine electrische Erscheinung ist. Die Eltern sind wie die Bestandtheile einer galvanischen Säule zu betrachten, die Saamenflüssigkeit als die vermittelnde Feuchtigkeit, die Geschlechtstheile als die Enden einer Kette und das Ei als der Schließungspunkt derselben. Es entsteht nun ein electrischer Strom, welcher durch die Narbe geht und dieselbe magnetisch macht, während er zugleich männliche Kügelchen auf sie absetzt, welche, dem Attractionsheerd nun am nächsten liegend, auch zuerst angezogen werden und zur Bildung des Nervenkörpers in der Are der magnetisirten Narbe beitragen; durch diesen Beitrag zum Nervensystem ist auch die Aehnlichkeit der Embryonen mit dem Männchen erklärt.

Die Möglichkeit, einen Körper durch einen electrischen Strom magnetisch zu machen, ist aber so bekannt, daß wir

hier kein Wort zum Beweis derselben zu verlieren brauchen." (Annales des sciences naturelles.)

Miscellen.

In Beziehung auf die Cometen finde ich in einer Recension der sogenannten Bridgewater Treatises, in den neuesten Nummern des Quarterly Review, Folgendes, was mich von Neuem bedauern läßt, daß mir das Studium der Astronomie ein ganz unzugängliches Feld ist. „Die Dexterität, wenn man diesen Ausdruck brauchen darf, mit welcher die Erde ihren Weg im Raume fortsetzt, ohne jemals einem von den zahlreichen Cometen zu begegnen, welche in allen Arten von Kreisbahnen durch das Firmament wandeln, ist das Resultat einer Vorkehrung, welche getroffen seyn muß, ehe eine jener ungeheuern Massen in Lauf gesetzt worden ist. Der Comet von 1680 war von einem Schweife gefolgt, welcher beträchtlich länger war, als der ganze Zwischenraum von Sonne und Erde; der Schweif des Cometen von 1769 erstreckte sich auf sechzehn Millionen Meilen und der des großen Cometen von 1811 auf sechs und dreißig Millionen. Die Wandelbahn des sogenannten Biela'schen Cometen, durch eine merkwürdige Coincidenz, durchschneidet beinahe die Bahn der Erde; und es ist bekannt genug, daß, wenn die letztere bei dem Vorübergange dieses Cometen, im Jahr 1832, nur einen kleinen Monat ihrer wirklichen Stelle vorausgewiesen wäre, dann ein Zusammentreffen zwischen ihnen hätte eintreten müssen. Bringt man nun in Anschlag, daß der Biela'sche Comet so klein und, wie der Ende'sche, kaum fester ist, als ein Wolke, so möchte er möglicher Weise keine Wirkung auf die Kreisbahn der Erde hervorgebracht haben. Aber er würde wahrscheinlich bei seinem Durchgange die zusammensetzenden Theile unserer Atmosphäre gestört und im Allgemeinen zur Unterhaltung der thierischen Lebens untauglich gemacht, oder die pestartige Krankheit, wovon so viele Nationen in diesem unheilbringenden Jahre heimgesucht wurden, wunderbar verstärkt haben." — „Es ist wunderbar genug, daß der Jupiter, dessen, mit der Erde verglichen, mächtige Größe ihn in den Stand setzt, solches Zusammenstoßen ohne Nachtheil auszuhalten, ein bedeutender Stein des Anstoßes für die Cometen ist. Der Comet von 1776 gerieth wirklich zwischen die Satelliten des Jupiters und, indem er durch seine Attraction aus seiner Wandelbahn herausgebracht worden war, wurde er in eine viel größere Ellipse getrieben, als er vorher durchlaufen hatte. Es ist ein Beweis der Kleinheit der Masse des Cometen, daß die Satelliten Jupiter's keiner die allergeringste Störung in seiner Bahn durch diesen außerordentlichen Conflict erlitt. Welche Wirkung dadurch auf das thierische Leben innerhalb der Atmosphäre des Planeten hervorgebracht wor, den seyn möge, daran mangelt es uns an Hülfsmitteln zur Vermuthung."

Der Pfau, ein zweiter Narzissus. — Der verstorbene Baron Ternaur verzierte seinen Park zu St. Duen bei Paris mit prächtigen Spiegeln, welche, indem sie die Gegend zurückstrahlten, eine sehr gute Wirkung hervorbrachten. Eines Tages fand der Gärtner einen schönen Pfau, der sich halb schlug, und sein Bild, wie es schien, mit großer Selbstgefälligkeit betrachtete; der Gärtner kehrte nach einigen Stunden zurück, und fand den Pfau noch immer vor dem Spiegel. Er scheuchte den Vogel nun fort; allein dieser kehrte beständig wieder. Nun that er ihn in's Vogelhaus, aber sobald der Pfau wieder in Freiheit gesetzt worden war, kehrte er zu seinem Spiegel zurück, und ließ das beste Futter unangerührt, um bloß im Spiegel zu betrachten. Der Pfau ließ von nun Futter neben dem Spiegel setzen, aber der Vogel fraß nicht, und am dritten oder vierten Tage fand man ihn todt. Bei dieser Versuch mit einem zweiten Pfau gemacht, der noch nie einen Spiegel gesehen hatte, und dieser benahm sich ganz so wie der erste, wurde aber zeitig genug entfernt, um ihm dasselbe Ende zu ersparen. Diese Thatsache wurde dem Berichterstatter von Baron Ternaur selbst erzählt. Es fragt sich nun, ob der Pfau in seinem Bilde sich selbst, oder einen Nebenbuhler erkannt habe? Bekanntlich hacken Hähne, die man vor einen Spiegel stellt, nach ihrem Bilde. (Magazine of Natural History

No. XXXVI. Novbr. 1833.) Da die Pfauenhähne ebenfalls häufig miteinander kämpfen, so ist es nicht unwahrscheinlich, daß Eifersucht der Grund des Verweilens der Pfauen vor dem Spiegel sey. D. Uebers.

Die schöne Naturalien = Sammlung des Hrn. Haworth zu London soll aus freier Hand verkauft werden. Es sind vier entomologische Sammlungen vorhanden von 200 Schubladen unter Glas. Die Insecten sind wissenschaftlich geordnet und auf's Schönste erhalten. Die eine enthält britische und ausländische Schmetterlinge, und gilt für die vollständigste ihrer Art in England, vielleicht in Europa; die zwei andern enthalten vorzüg-

lich die Ordnungen Hymenoptera, Diptera und Neuroptera: die letztere besonders sehr reich. Die vierte besteht aus einer schön geordneten Sammlung Coleoptera, worin die britischen Arten von den ausländischen geschieden sind. — Von Conchylien ist ein Cabinet von 24 Schubladen da, und noch viele Arten besonders; von Crustaceen eine große Sammlung, wissenschaftlich geordnet. Ein anderes Cabinet von 16 Schubladen enthält Echini, Asteriae ꝛc. Von Fischen sind zwölf Glaskasten mit 150 Arten vorhanden. Die Bibliothek besteht aus 1600 Bänden, vorzüglich Naturgeschichte. Ein sehr schönes Herbarium von etwa 20,000 Arten, wissenschaftlich geordnet und auf's Schönste erhalten.

Heilkunde.

Ueber den Zustand der Medicin und Chirurgie in Indien.
Von J. J. A. Souty.

☞ Die medicinische Praxis ist in Indien unbestimmt und empirisch. Jahrhunderte sind über diese Gegenden hingegangen, verschiedene Völker haben das Land erobert, die Bewohner von Süd = und Nord=Europa haben nacheinander da geherrscht und doch findet sich keine Veränderung in den Sitten der Einwohner, keine in ihren Vorurtheilen, Gewohnheiten und Bedürfnissen. Kann dieß überraschen? Das Grundgesetz ist dasselbe geblieben, jener religiöse Glaube, welcher die Privilegien der Kasten heiligt und unwiderruflich jeden Indier in dem Stande seiner Vorfahren festhält. Eine der Lieblingsmaximen der Hindus ist überdieß, „es ist besser, zu sitzen, als zu stehen, besser, zu liegen, als zu sitzen, besser, zu schlafen, als zu wachen, aber vor allem besser, todt zu seyn, als zu leben." Auf der andern Seite altert durch die entnervende Hitze des Clima's und durch die frühzeitigen Ehen die Bevölkerung, ehe die geistigen Kräfte ihre volle Entwicklung erreicht haben. Indeß darf man die Natur allein nicht anklagen, denn die Malaien, welche 6° vom Aequator entfernt leben, sind mit ausgezeichneter Rührigkeit und zeigen ganz andere Fähigkeiten, als die Bewohner Indien's. Die unmittelbare Ursache des barbarischen Zustandes der medicinischen Praxis und Wissenschaft ist die vollkommne Unbekanntschaft mit der Anatomie, selbst mit ihren ersten Elementen. Die Mestris oder indischen Aerzte verordnen die Heilmittel, welche sie von ihren Vätern darreichen sahen, ganz auf dieselbe Weise und bei Krankheiten, welche sie auf gut Glück den Fällen ähnlich glauben, welche sie früher gesehen haben. Der Wind, die Hitze, die Kälte, die Galle, dieß sind die Worte, mit welchen sie die Krankheiten bezeichnen; jede Neuralgie in'sbesondere ist ein Wind, welcher sich an dieser oder jener Stelle festgesetzt hat oder durch sie durchgeht, es sey denn, daß der Aberglaube der Kranken, besonders in der Kaste der Paria's, die Schmerzen einem Bezuge ihres Gottes der Zerstörung oder seiner Engel zuschreibt. Alsdann tritt eine besondere Behandlung ein, welche als ableitende zu bezeichnen ist, nämlich Geißelung, Ausreißen der Haare, Zwicken und Verbrennen der Haut, welche durch darin geübte Leute ausgeführt

wird, und wodurch allerdings das Uebel immer wenigstens auf einige Zeit weicht.

Indeß nicht bloß in der innern Pathologie muß man die Unwissenheit der Hindus oder die Unerfahrenheit ihrer Mestris beklagen; auch die Chirurgie wird mit dem unbestimmtesten und rohesten Empirismus getrieben. Auch hier findet man keine Veränderung, keine Fortschritte in der Kunst, die Zufälle zu heilen, welchen die Hindus, trotz ihrer einfachen Arbeit und Lebensweise, so häufig ausgesetzt sind. Der Instinkt der Selbsterhaltung ist bei ihnen nicht stark genug, daß sie aus der apathischen Indolenz, in welcher sie vegetiren und sich unter das Joch religiöser Vorurtheile beugen, heraustreten. Aber ohne Anatomie ist keine Chirurgie; das Mittelalter liefert dazu die Beweise, und ich wiederhole, die Mestris von Indien haben keine Idee von der Structur des Menschen und wissen daher auch nicht die leichteste Operation auszuführen. Eine Ausnahme indeß habe ich gesehen und ich werde dadurch zeigen, was Kühnheit und Routine vermögen. Was übrigens die Gefahren dieser blinden Routine betrifft, beweist die Erfahrung jedes Tages nur zu traurig.

Im Jahre 1831 hatte ich den ärztlichen Dienst in der französischen Niederlassung Carical, auf der Küste von Coromandel. Eines Tages erzählte man mir von der Ankunft eines Mauren (allgemeiner Name, mit welchem man in Indien die Araber, Muselmänner und Perser bezeichnet) und lobte seine Geschicklichkeit, den Blinden das Gesicht wieder zu geben. Ich dachte sogleich an die Operation des Cataract und begierig, sie von einem Eingebornen in Hindostan ausführen zu sehen, ließ ich ihn bitten, zu mir zu kommen. Zwei Tage darauf operirte er in meiner Wohnung auf folgende Weise: seine Instrumente bestanden 1) aus einer Art von stumpfer Lancette, aus Eisen roh gearbeitet, ohne Schale, um sie zu bedecken, zwei Zoll und einige Linien lang, hinten etwa fünf Linien breit und am andern Ende in eine fast halbzirkelförmige Schneide von 2 Linien Durchmesser ausgehend. Um diese Schneide bloß in der Ausdehnung einer oder 1½ Linien wirken zu lassen, begrenzte er sie durch eine Art von Maul, welchen er dadurch bildete, daß er einen Baumwollenfaden um die Klinge herum wickelte; eine sehr weise Vorsicht, wie man dieß sogleich sehen wird. Die convexe Schneide war, wie gesagt, kaum geschliffen. Das zweite

Inſtrument, von Kupfer und aus einem einzigen Stücke ge=
bildet, glich genau dem Stilet eines Troicarts, hatte 1½
Linien Durchmeſſer, war vorn abgeſtumpft und hatte bloß
eine Länge von 6 Linien; darüber fand ſich ein kreisförmi=
ger Wulſt, um zu verhindern, daß das Inſtrument nicht zu
tief in das Auge eindringen könne. Dieſes ſaß auf einem
dreiſeitigen Griff, deſſen drei Seiten wiederum drei kleinere
Flächen bildeten; der Griff war 3 Zoll 3 Linien lang und
das ganze Inſtrument etwa 4 Zoll.

Der Oculiſt ließ den mit einer Cataract behafteten
Indier, einen geſunden 50jährigen Mann, welchen ich her=
beigeſchafft hatte, vor ſich auf die Erde niederſetzen, mit dem
Rücken gegen eine Säule der Gallerie gelehnt. Indem er
zuerſt das linke Auge operirte und ſelbſt die Augenlider aus=
einanderhielt, brachte er das ſchneidende Ende der Lancette
an die sclerotica, zwei Linien von der Hornhaut entfernt
und ein wenig unterhalb des Queerdurchmeſſers. Hierauf
drückte er ſo darauf, daß das Auge in die orbita zurückge=
drängt wurde, und daß die sclerotica mehr durch die Kraft
des Druckes, als durch die Schneide der Lancette getrennt
wurde. Dieſe drang in horizontaler Richtung bis zu dem
erhabenen Rande, welcher mit dem Baumwollenfaden gemacht
war, und das Inſtrument glücklicherweiſe anhielt, ein. Oh=
ne dieſen Wulſt würde das Inſtrument ganz unbezweifelt
mitten durch das Auge durchgefahren ſeyn. Der Operateur
zog nun die Lancette zurück, ließ die Lippen ſich ſchlie=
ßen, und brachte nach einer halben Minute das andere In=
ſtrument ein, und führte es an den obern Rand der Linſe;
er drückte dieſe dadurch nieder, daß er auf ihren obern Rand
eine der drei Flächen der abgeſtumpften Troicartſpitze auf=
ſetzte, was er dadurch ſah, daß die drei Flächen des Griffes
jenen entſprachen.

Nachdem er die Linſe gerade nach unten gedrückt hatte,
legte er ſie um, ſo daß ſie eine horizontale Richtung nach
hinten bekam und mit dem obern Rande nach vorn gerichtet
unter dem Glaskörper lag. Auf die Linſenkapſel ſchien er
weder vor noch nach dem Niederdrücken einzuwirken und
ſchien überhaupt keine Idee von ihrer Exiſtenz zu haben.
Er zog das Inſtrument vorſichtig zurück, nahm nun die
Lancette und operirte das rechte Auge auf dieſelbe Weiſe.
Hierauf legte er folgenden Verband an: einige Priſen Salz
und gepulverten Pfeffer, Citronenſaft, Zwiebel (Allium caepa)
grüne Blätter der Tamarinde, (Tamarindus indica)
wurden zuſammen auf einem Granitſtein zermalmt. Der
Oculiſt träufelte dann in die operirten Augen einige Tropfen
von dem dicken Saft, welcher durch jene Miſchung entſtand,
und band hierauf ein zuſammengelegtes Schnupftuch um.
Zwei Tage darauf unterſuchte er in meiner Gegenwart die
Augen; der Operirte unterſchied mit dem linken Auge ſehr
gut, man ſah ihm vorbei, aber in dem rechten Auge war
die Cataract wieder aufgeſtiegen. Ich muß übrigens anfüh=
ren, daß hier die letzten Operationsmanöver ſehr ſchmerzhaft
geweſen waren, und daß die Bewegungen des kranken Hindu
nicht geſtattet hatten, die verdunkelte Linſe lange genug auf
dem Boden des Augapfels firirt zu halten. Nach Verlauf
von 2 Wochen ſah dieſer Menſch ſo gut, daß er allein gehen

und ſeinen Geſchäften vorſtehen konnte. Drei Tage vor der
eben erzählten Operation war die Depreſſion auf dieſelbe
Weiſe und mit Erfolg auf beiden Augen einer 76jährigen
Frau, der Mutter eines indiſchen Dolmetſchers bei'm Friedens=
richter, gemacht worden.

Ich unterhielt mich mehrmals und lange mit dieſem mauri=
ſchen Oculiſten; er ſagte mir, daß er nie ſecirt habe, und man
konnte ſich bald davon durch ſeine Antworten überzeugen; denn er
wußte nicht mehr von der Structur des Auges, als jener arabiſche
Arzt, welcher auf dem Punct, Rhazes zu operiren, zurückgeſchickt
wurde, weil er nicht zu ſagen wußte, wie viel Häute das Sehor=
gan habe. Der ambulirende Operateur zu Carical ſetzte alles dar=
ein, das Verfahren ſeines Vaters ſich zu vergegenwärtigen und ge=
nau zu befolgen; auch ſchien er ſehr erſchreckt über die Beſchrei=
bung der Extraction und überhaupt der Staaroperationsmethoden.
Sein Verfahren iſt ohne Zweifel das, welches Avicenna beſchreibt.
Die ganze Kenntniß dieſes Operateurs von der Natur der Krank=
heit liegt in folgender Definition: Die Cataract wird durch die
Hitze hervorgebracht, die Galle ſteigt in den Kopf und legt ſich vor
die Augen, man muß dieſe dicke Galle wegnehmen und Citronen=
ſaft, Tamarinden, Pfeffer, Alaun und Salz einbringen, damit ſie
ſchmilzt." Ich war erſtaunt, keine Augenentzündung auf die An=
wendung dieſer ſo reizenden und den heftigſten Schmerz verurſa=
chenden Mittel entſtehen zu ſehen. Im Ganzen iſt in der materia
medica der indiſchen Meſtris die Zahl der Reizmittel (die ſie ge=
wöhnlich mit Opium zuſammengeben) bei weitem größer, als die
der erweichenden Mittel, und ich war erſtaunt, ſo häufig eine ra=
ſche Heilung auf dieſe reizenden und abſtringirenden Mittel folgen
zu ſehen.

Wenn aber die Indier bei einigen Krankheiten glücklich ſind,
ſo giebt es andere, über welche ſie in vollkommner Unwiſſenheit ſind.
So iſt bei ihnen die Behandlung der Fracturen und Luxationen ſeit
undenklichen Zeiten den Töpfern überlaſſen, wofür ſie unterrich=
tetſten Indier auf meine Frage nichts zu antworten wußten, als:
,,Das iſt ſo Gebrauch." Wahrſcheinlich glaubten die Hindu's, wenn
ſie ſahen, daß die Töpfer den Thon zu Vaſen, menſchlichen und
göttlichen Geſtalten verhärteten, auch verſtehen müßten, einem ge=
brochenen Gliede ſeine Feſtigkeit zu geben. Wie dem auch ſey, ſo
verhärten die indiſchen Töpfer in der That einen gebrochenen Arm mit eine
Thonmaſſe; nachdem ſie ihn ſelbſt unter den heftigſten Schmerzen
ſo gerade, als möglich gemacht, umgeben ſie ihn mit Bambusſchie=
nen, deren hohle Geſtalt ſich allerdings der Rundung des Gliedes
anſchmiegt; welche aber ſo rückſichtslos angelegt und ſo feſt zuſam=
mengeſchnürt werden, daß bald unerträglicher Schmerz, entzündliche
Anſchwellung und Gangrän folgen. Ich habe ſo mißhandelte Glie=
der zu amputiren gehabt und ich erinnere mich unter andern eines
achtjährigen Kindes, deſſen ſphacelirter Vorderarm ſich vollkommen
aus dem Ellbogengelenk löſte, als ich das Glied aufheben wollte,
um von der Ausdehnung der Zerſtörung mich zu unterrichten; es
folgte keine Blutung, denn die Bambusſtücke auf den gebrochenen
Oberarme drückten ſo ſtark auf die art. brachialis. Ich nahm nun
den Verband ab, mein Gehülfe comprimirte die axillaris mit ſeinen
Fingern, und ich amputirte. Kurze Zeit vor meiner Ankunft zu
Carical hatte ſich ein Muſelmann an der Schulter verletzt und wurde
verbunden. Die Gangrän zerſtörte nun alle Weichtheile des Gelenkes
ſo, daß der Arm nur noch vermittelſt einiger Sehnenfaſern feſthing und
vermittelſt der Nerven und der art. brachialis, beren Pulſation den
Meſtris erſchreckte. Um die Abſtoßung des ſphacelirten Armes zu
beſchleunigen, drehte nun der Meſtris den Arm und zerriß auf dieſe
Weiſe die noch übrigen Bänder; nach vier Tagen fiel das Glied
in der That ab, ohne eine Hämorrhagie folgte, was wohl bloß
durch die vorausgegangene Torſion der Arterie zu erklären iſt.
Die ſehr unregelmäßige Narbe war übrigens geſund und feſt. Der
Verband hatte in Haufen von Charpie beſtanden, welche in ein
bitteres Mittel getaucht war, welches für alle Wunden, und ge=
wöhnlich mit Erfolg, im Gebrauch iſt.

Auf gleiche Weiſe iſt die Geburtshülfe dem roheſten Empiris=
mus preisgegeben. Indiſchen oder türkiſchen Frauen, je nach der
Religion und Malabaren= oder Parias=Frauen, je nach der Kaſte,

ift die Hülfsleistung bei einer Entbindung anvertraut. Die Mestris werden nicht um Rath gefragt. Bei meiner Ankunft zu Carical machte mich die Administrationsbehörde auf das viele Unglück aufmerksam, welches durch die Unerfahrenheit der Hebammen entstand, und wenige Tage reichten zu, um mich von der Häufigkeit und dem Umfange jener Zufälle zu überzeugen. Ich nahm zu Polizeimaaßregeln meine Zuflucht, und ließ mir alle jene Hebammen, der Zahl nach 46, vorführen; ihre Unwissenheit war aber so vollkommen und so allgemein, daß ich mich darauf beschränken mußte, sie für alles Unglück verantwortlich zu machen, welches einträte, ohne daß mir zu rechten Zeit Nachricht gegeben worden sey. Glücklicherweise sind in Indien, wie in allen heißen Klimaten, die Entbindungen leicht und natürlich; indeß kommen Ausnahmen vor, und diese sind in der Regel tödtlich für das Kind, und nur zu oft selbst für die Mutter. Bald überlassen die Hebammen die Kreisende dem schrecklichsten Schmerzen, ohne auch nur das einfachste Manöver zur Erleichterung der Geburt auszuführen zu wissen; andre Male wollen sie die Mutter retten, indem sie möglichst schnell das Kind opfern und es stückweise ausziehen, während bei kluger Geduld beide hätten gerettet werden können. Zur Extraction haben sie kein anderes Instrument, als einen eisernen Haken, welchen sie in den Kindstheil einstoßen, welcher vorliegt und festsitzt, worauf sie alsdann an einer Schnur ziehen, die dem Haken befestigt ist. Nicht minder schrecklich ist die Kühnheit, mit welcher sie abortus bewirken, ein Verbrechen, welches ich mehrmals gerichtlich zu bestätigen hatte, und welches sie bei der Leberlichkeit, der moralischen Verworfenheit und Mangel aller medicinischen Polizei in jenem Lande, aus Speculation und fast ungestraft, häufig begehen.

Ein kräftiges Heilmittel wird von den Mestris angewendet gegen venerische Geschwüre, gegen die ausgebreiteten, zahlreichen Pusteln und der fürchterlich syphilitischen Ausschläge, welche die Körper der, der Liederlichkeit hingegebenen Hindus, und besonders der in der scheußlichsten Schmutzigkeit lebenden Parias bedecken. Es ist schwer, sich einen Begriff zu machen, wie schwer die Hautkrankheiten in Indien sind, wo Lepra, Syphilis, Flechten und Krätze sich häufig in demselben Subjecte vereinigen, und die schrecklichsten Narben und den Tod herbeiführen. Aber selbst in diesen Fällen bewirken das strenge Regimen und die Mercurialräucherungen aus Zinnober unerwartete Heilung. Die Spitäler legen während der ganzen Dauer der antisyphilitischen Behandlung das größte Gewicht darauf, sich alles Salzes in ihren Nahrungsmitteln zu enthalten, so daß die Mestris in ihren Berichten mir gewöhnlich sagten: „R. R. ist ohne Salz," um jene Behandlung zu bezeichnen. Zugenhalten in demselben Zimmer, ohne sich im Geringsten der Luft auszusetzen; vegetabilische Nahrung und Vermeidung aller Reizmittel, selbst des Betel und Areka, leichtes Abführen mit Ricinusöl; zweimal täglich Mercurialräucherungen; Verbinden der syphilitischen Geschwüre mit rother Präcipitatsalbe; dieß ist die Heilmethode in jenem Lande.

Alle Arten von Lepra sind sehr häufig. Einmal schien mir bei ausgebreiteter Elephantiasis der Sublimat, ein andermal Nußposten von Nutzen zu seyn, aber die Kranken haben nicht die Ausdauer zu einer fortgesetzten Behandlung. Indier, Creolen und Europäer auf der Küste von Coromandel halten einstimmig die Lepra für ansteckend.

Confluirende Pocken sind die, welche man am häufigsten beobachtet. Diese Krankheit ist weit verbreiteter, als in Europa, wo sie durch die Vaccine immer mehr beschränkt wird. In Indien dagegen hat der Glaube hat den Cultus einer Göttin veranlaßt, welche auf der Küste von Coromandel den Namen Mariata, Mariatale oder Ware-Umme, in Bengalen den Namen Bhowanni oder Ebermata oder Sectla hat. Diese Göttin hat die Leitung der Varioten, und es hieße ihr in ihrem Zorne ausforgen, zu man wolle verhüten, sich ihrem Einflusse zu entziehen. Daher das Widerstreben der Hindus gegen die Vaccine. Indeß habe ich doch mehrere Aufenthalte zu Carical von einer Population von 30 — 40,000 Seelen jährlich gegen 500 geimpft. Die Muselmänner unterwerfen ihre Kinder leichter der Impfung, als die Hindus.

Eine andere Hautkrankheit, welche meine Aufmerksamkeit besonders in Anspruch genommen hat, ist aber die einfache Pemphy-

gus, sowohl bei Eingebornen, als bei Europäern. Derselbe scheint dort ansteckend zu seyn, obgleich er sich nicht inoculiren läßt. Dem sey, wie ihm wolle, so ist der Pemphygus auf der Küste von Coromandel eine endemische Krankheit, führt daselbst den Namen Carpan, und befällt vorzugsweise neugeborne Kinder; höchst selten ist er tödtlich.

Ueber bösartige Geschwülste in der Wade.

Hievon theilt der Berichterstatter aus dem St. George-Spital zu London für das Medico-chirurgical Review, Januar 1833 drei Fälle mit, wovon zwei in diesem, der dritte im Westminster-spital vorkam.

Erster Fall. Geschwulst in der Wade. — Amputation. — Tod durch phlebitis und Eiterablagerung in dem rechten Ellbogengelenk.

Susanna Walker, 38 Jahr alt, Haushälterin, wurde am 8ten October 1832 in die Abtheilung des Hrn. Keate aufgenommen.

In der Wade des rechten Fußes befand sich eine feste, länglichte, abgerundete Geschwulst mit fast gleichförmiger Oberfläche, welche sich von der Insertion des sartorius an die tibia bis zur Anheftung der Fleischfasern des soleus an die Achillessehne erstreckte, so daß die Wade bloß vergrößert scheint. Die Geschwulst war, nicht nachgiebig, außer an ihrem innern, hintern Theile, wo sie ziemlich elastisch ist. Die Geschwulst läßt sich auf dem Knochen verschieben, die gastro-cnemii und soleus sind deutlich über sie, und sie gespannt; die Haut ist auf der Geschwulst beweglich; die Drüsen sind nirgends angeschwollen, - die Venen an beiden Füßen varicös. Schmerz ist im Verlaufe des tibialis posticus bis zur Sohle und Außenseite des Fußes, bisweilen auch in der Hüftengegend am ischiadicus zugegen, er wird durch Gehen verstärkt, und ist am schlimmsten des Nachts. Gegen festen Druck ist die Geschwulst sehr empfindlich. Die Allgemeinbefinden ist nicht gestört, bisweilen klagt die Kranke über etwas Rückenschmerz; sie ist schwach, ein wenig abgemagert.

Vor zwei Jahren hatte die Kranke zum ersten Male Schmerz im Fuße, welcher für einen Rheumatismus gehalten ward. Ob das eine Entzündung der Wade zugegen war, wurde nicht untersucht. Verschiedene in Anwendung gebrachte Mittel nützten nichts. Die Geschwulst bemerkte sie zuerst vor 18 Monaten, und damals hatte sie die Hälfte der jetzigen Größe, war ziemlich hart und ziemlich schmerzend. Erst seiner Zeit ist die Geschwulst jedoch langsam gewachsen. Es scheinen mehrere Quecksilbermittel gebraucht worden zu seyn. Während der letzten 6 oder 8 Monate war die Kranke unfähig, ihren Geschäften ferner vorzustehen.

Am 10ten October machte Hr. Keate vermittelst einer Nadel an der innern Seite der Geschwulst die Punctur, und da Serum ausfloß, so trieb er einen kleinen Troicart ein, und ließ 3 — 4 Unzen gelbes Serum heraus. Die Punctur heilte wieder zu. Jodinsalbe wurde eingerieben, reizte aber die Haut und mußte am 21ten wieder ausgesetzt werden. Bei einer Consultation wurde nun beschlossen, das Glied zu amputiren, und der K. verrichtete diese Operation am 25ten. Nachdem vorläufig ein Einschnitt in die Geschwulst gemacht worden war, um sich von der Structur derselben zu unterrichten, und nachdem sie sich als Medullarschwamm ausgewiesen hatte, wurde das Glied oberhalb des Kniees amputirt.

Bei der Untersuchung des Theiles, nach der Amputation, fand sich, daß die Geschwulst zwischen den gastro-cnemiis und den tiefen Muskeln lag, und mit den letztern mehr oder minder zusammenhing. Der nervus tibialis posticus war verdickt und über die hintern obern Theile der Geschwulst ausgebreitet, und schien sich in die Mitte derselben zu verlieren. Die Geschwulst war in einem Balg von ¼ Zoll Dicke einschüllt. Die Structur der Geschwulst war eigenthümlich. Stellenweise als sie einen festen Medullärsarcom, wie er aus Knochen und fibrösen Häuten hervorwächert. Sie bestand hauptsächlich aus einer zerreiblichen, undurchsichtigen Masse von schmutzigweißer Farbe, dem aus macerirtem Muskelfleisch entftanbenen Adipocire nicht unähnlich; diese Markmaffe hatte Zellgewebsfächer, und war auch übrigens nur wenig organifirt.

Nach der Operation erhielt die Kranke ein Opiat. Am 26ten trat etwas Fieber ein; falzige Abführungsmittel mit Antimon.

Am 27ten klagte die Kranke über Schmerzen in der Lendengegend, und in der linken Leiftengegend. Sie leitete diefelben von ihrer Lage her, und fühlte fich erleichtert, als fie fich anders legen durfte. Wegen Verftopfung erhielt fie ein Abführmittel. Abends ängftliches Ausfehen, aufgeregter Zuftand, Puls 120, hart, keine Oeffnung.

Am 28ten. In der Nacht war Oeffnung eingetreten, und die Kranke hatte zwei Stunden gefchlafen.

Morgens drei Uhr hatte fie fich erbrochen. In der linken Leiftengegend ftellte fich Schmerz ein, und der ganze linke Fuß wurde empfindlich gegen Druck. Aus dem Stumpfe fließt etwas braune, dünne Materie aus, auch kommen einige Luftblafen daraus hervor. Der Verband wurde lockerer gemacht; kalte Wafchungen; Neutralfalze mit Hyoscyamus. Gegen Abend war ihr übel, fie war unruhig, Puls 130; die Uebligkeit verlor fich nach einem Opiat mit Neutralfalzauflöfung.

Am 29ten große Unruhe, Aengftlichkeit. Gefühl, als fey der Kopf fehr leicht; Puls 130, fpitz, aber nicht kräftig; Haut warm, keine Oeffnung; fpärlicher, dunkler Ausfluß aus dem Stumpfe; lockerer Verband, Camphormixtur mit Ammonium. — Gegen Abend leichte Delirien. Der Verband wird abgenommen. Die theilweifen Verwachfungen waren wieder gelöft; kalte Wundfläche war zum Theil brandig. Warme Umfchläge, Dower's Pulver mit Neutralfalzen.

Am 30ten erfolgten durch Abführmittel mehrere dunkele, fehr übelriechende Stuhlausleerungen.

Am 31ften große Aufregung bei fehr zufammengefallenem blaffen Ausfehen. Schmerz bei Druck auf die vasa iliaca der operirten Seite; Empfindlichkeit gegen Druck in der Wade der andern Seite. — Abends Delirien, große Unruhe, blaffes, ängftliches Ausfehen; die Haut von Schweiß bedeckt; fehr große Empfindlichkeit gegen Berührung im rechten Ellbogen, deffen Haut an der äußern Seite einen leichten erythematöfen Fleck zeigte, während das Zellgewebe darunter ödematös war. Camphormixtur mit Morphium und Hopfentinctur. Zur Nahrung genoß fie feit einigen Tagen Arrow Root.

Am 1ften November derfelbe Zuftand, rothe Zunge trocken, ftreifig; großer Durft; der Stumpf mit einer afchgrauen brandigen Schicht bedeckt; Zittern der Glieder. — Abends laute Delirien mit wildem Lachen; profufer Schweiß, Blutung von 2 Unzen aus einem Gefäß, deffen Ligatur zufällig gezerrt wurde. — Am andern Morgen ftarb fie.

Leichenbefund. Der Kopf wurde nicht unterfucht. In Bruft und Unterleib fand ich nichts Befonderes, außer daß die Milz auf ihrer Oberfläche mit gewöhnlichen Tuberkeln befaßt war. In der Schenkelvene fanden fich Spuren der Entzündung der Häute, die einen halben Zoll weit mit frifcher Lymphe obturirt war. Die Vene war zum Theil mit einem Blutpfropfe ausgefüllt. Am rechten Ellbogengelenke fand fich das Zellgewebe mit Serum angefüllt, in der Gelenkhöhle aber Eiter, ohne daß der Knorpel ulcerirt wäre. Der linke Fuß ift ödematös, in ihm findet fich aber kein Eiterdepot.

Diefer Fall verdient befondere Beachtung, weil er als Repräfentant einer ganzen Claffe von Krankheiten betrachtet werden kann.

Zweiter Fall. Gefchwulft in der Wade. — Amputation. — Tod.

Vor etwa 3 Jahren kam ein ähnlicher Fall in dem Weftminfter-Spital vor. Die Kranke war eine Frau von mittlerm Alter und die Behandlung wurde von Herrn Guthrie geleitet. Die Gefchwulft faß etwas höher in der Wade als im vorigen Falle und reichte bis in den untern Theil der Kniekehle. In den äußern Erfcheinungen und in der Confiftenz der Gefchwulft war jener Fall dem fo eben erzählten vollkommen ähnlich. Die Frau war abgemagert und fah übel aus. Guthrie amputirte oberhalb des Knies mit großer Gefchicklichkeit; der Blutverluft war außerordent-

lich gering, obgleich kein Tourniquet gebraucht, fondern die Arterie in der Leiftengegend von einem Affiftenten comprimirt wurde. Die Frau ftarb etwa 14 Tage nach der Operation und es fand fich hier wieder Phlebitis.

Die Gefchwulft hatte eine Structur wie die in dem vorigen Falle. Sie bildete eine unvollkommen organifirte, lappige, weiche Maffe von fchmutzig weißer Farbe, dem Adipocire ähnlich, die gastro-cnemii waren über die Gefchwulft ausgebreitet; von welchem Gewebe diefe G.fchwulft zunächft ausging, war nicht zu beftimmen; in diefem Falle war das Perioft vom obern Theil der fibula losgetrennt, der Knochen felbft aber nicht krankhaft verändert.

Dritter Fall. Gefchwulft in der Wade. — Tod.

Vor etwa 6 Jahren wurde ein ähnlicher Fall in dem St. Georges-Spital zergliedert. Der Patient war in der Behandlung des Herrn Seffray gewefen. Die Gefchwulft lag auch hier in der Wade, bedeckt von den gastro-cnemiis. Der Kranke ftarb an phlebitis, welche fich bis in die Gefchwulft hinein erftreckte und eintrat, ohne daß die Amputation gemacht worden wäre.

In Hey's Beobachtungen über Fungus haematodes findet fich ein ganz hierher gehörender Fall. Wir wollen ihn hier mit feinen eignen Worten beifügen.

Hey's Fall. „Ein Knabe von 14 Jahren wurde in dem General Infirmary aufgenommen wegen einer großen, tiefliegenden Gefchwulft in der Wade. Als Urfache gab er eine plötzliche heftige Anftrengung an; denn bald nach diefem Zufalle bemerkte er, daß die Wade des kranken Fußes dicker wurde, als die andere. Die Gefchwulft hatte fich 6 Monate lang fortwährend vergrößert und jetzt war der Kranke fehr lahm dadurch.

Es war unmöglich, fich Sicherheit über den Sitz oder die Natur diefer Gefchwulft zu verfchaffen. Sie fitzt übrigens offenbar zwifchen dem gastro-cnemius und den Knochen, und möchte wohl in der Nähe der Arterie entfpringen, fo daß an einen Verfuch, diefelbe durch einen Einfchnitt zu erftirpiren, gar nicht gedacht werden konnte. In der Gefchwulft fehlte die Pulfation, auch war keine Entfärbung, keine Mißfarbigkeit der Hautbedeckung vorhanden. Der Zufall, nach welchem fich die Gefchwulft zuerft gezeigt hatte, deutet mehr darauf hin, daß fie durch Zerreißung irgend eines Gefäßes im Fuße entftanden fey.

Bei einer Confultation ergab fich, daß keine Behandlung die Möglichkeit der Heilung gab, außer die Amputation, und die Eltern des Knaben gaben ihre Zuftimmung dazu; ich verrichtete daher die Operation über dem Knie.

Nach der Operation zergliederte ich den Fuß, und fand, daß die Gefchwulft aus einer ähnlichen Subftanz beftand, wie der Fungus haematodes der vorhergehenden Fälle, und daß fie zwifchen dem gastro-cnemius und soleus faß und bloß wenig über den äußern Rand derfelben hervorragte. Ueberall, wo die Subftanz mit den Muskelfafern in Berührung lag, waren fie von brauner Farbe und hatten ihr gewöhnliches deutliches Ausfehen verloren. Ein zerriffenes Gefäß war nicht zu entdecken, jedoch habe ich die Lymphgefäße nicht injicirt. Der Kranke erholte fich vollkommen."

Der Fall muß zwifchen den Jahren 1789 und 1793 vorgekommen feyn, und über diefen Bericht in Herrn Hey's Werk ift vom Jahre 1810. Wir überlaffen es unfern Lefern, felbft zu beurtheilen, ob es wahrfcheinlich fey, daß die Heilung eben fo dauernd war, als fich der Kranke vollkommen erholte; doch erlauben wir uns die Bemerkung, daß die Entwicklung mancher der von Hey erzählten Fälle für die Erfahrung der neuern Zeit gar zu günftig ift. Zur Zeit, als Herr Hey fchrieb, wurden die krankhaften Veränderungen der Eingeweide nach Operationen äußerer bösartiger Gefchwülfte noch nicht beobachtet.

Es ergiebt fich nun aus allen diefen Fällen, daß die Gefchwulft in den oberflächlichen und den tiefern Muskeln des hintern Theiles der Wade faß, — daß fie fich von dem Zellgewebe zwifchen den Muskeln, oder der fascia, in die tiefer liegenden Muskeln bedeckt, entwickelte, — daß fie ihrem Character nach dem Fungus haematodes näher fteht, als irgend einer andern Gewebs-Degeneration. — und daß fie, nach dem Ausgange dreier Fälle zu urtheilen, eine höchst gefährliche Krankheit ist.

Ein in den Oesophagus sich öffnendes Aneurysma aortae,

welches erst zwei Monate darauf den Tod herbeiführte, beschreibt Sam. Cooper in den Med. Chir. Transactions XVI. John Backhouse, 38 Jahr alt, ein Wagner von sehr entwickeltem Muskelbau, hatte auf der linken Seite der Rückenwirbel unter der scapula, welche dadurch sehr nach außen gedrängt war, eine sehr hervorragende, kräftig pulsirende Geschwulst von 5 Zoll Durchmesser. Er klagte über Herzklopfen, Respirationsbeschwerden und Blutspeien. Durch Blutentziehungen, strenges Verhalten, digitalis, Abführungsmittel und Ruhe erholte er sich binnen 3 Wochen so, daß er wieder sein so beschwerliches Geschäft beginnen und acht Monate lang ungestört fortsetzen konnte. Am 16. September 1830 brach er plötzlich etwa drei Nösel Blut aus und bekam eine Ohnmacht, und gab, nachdem er sich erholt hatte, eine eben so große Quantität mit dem Stuhlgange von sich. Am 27ten September fühlte er sich wohler und ging wieder an sein Geschäft, welches er ohne Unterbrechung bis zum 6ten November fortsetzte; an diesem Tage fühlte er sich unwohl und schickte nach dem Arzte; er war schwach, sein Puls ohne Kraft, die Geschwulst im Rücken war verschwunden, in deß fühlte man doch das Pulsiren in derselben, wenn man die Hand fest aufdrückte. Am 9ten brach er ein Nösel hellrothes Blut aus und starb. — Herz und Lunge waren gesund, die aorta etwas unter dem Bogen erweitert, der sehr große aneurysmatische Sack berührte die Rückenwirbel, und die Rippen, aber der größte Theil desselben lag zwischen dem Zwerchfelle und der linken Lunge, auf deren Rande sich ein Fortsatz desselben von der Größe einer Citrone befand. Der in der Nähe der Lunge liegende Theil war mit concentrirten Faserstoffschichten angefüllt, die nach außen sehr waren. Nach dem Rückgrat zu enthielt der Sack zum Theil flüssiges Blut. Das aneurysma hatte den hintern Theil der 6. und 7. Rippe, die Querfortsätze und einen beträchtlichen Theil der drei benachbarten Wirbelkörper zerstört. Der aneurysmatische Sack stand mit dem Oesophagus durch eine ziemlich große Oeffnung in der Höhe der Bifurcation der Bronchien in Verbindung. Der Magen enthielt drei Pfund Blut und mehrere Unzen Serum, im Duodenum befand sich ebenfalls ein Pfund Blut. Ohne Zweifel verdankte er den Umstand, daß er noch vom 16ten September bis zum 9ten November fortlebte, nachdem die Verbindung zwischen dem Aneurysma und dem Oesophagus durch Ulceration bereits zu Stande gekommen war, der Ohnmacht, welche auf den ersten Blutverlust folgte, und indem sie den Herzschlag suspendirte, die Bildung eines Blutpfropfes in der Oeffnung möglich machte.

Miscellen.

In Beziehung auf die Amputation des Penis hat Dr. Barthelemy, Chirurg des Militärhospitals in der rue blanche zu Paris, im Jahr 1829 eine besondere Methode vorgeschlagen, welche auch von Hrn. Poirson, Ober-Chirurg des Militärhospitals Gros Caillou zu Paris und von den HHrn. Bedor und

Fourcade von Troyes mit dem erwünschtesten Erfolge angewendet worden ist. Die Methode besteht in Folgendem: „Man bringt vor der Operation einen Catheter von Gummi elasticum in die Harnröhre und läßt ihn so weit, als möglich, in die Blase eindringen. Ein Gehülfe, welcher seine Finger dicht an die Schooßbeine legt, hält ihn, indem er die Harnröhre auf ihn andrückt, unbeweglich. Dann durchschneidet der Operateur mit einem und demselben Schnitt den Penis und den Catheter, und zieht dann letztern hervor, indem er ihn mit einer Pincette faßt. Letzteres wird meist unnöthig, weil die Gewebe, indem sie sich zurückziehen, den Catheter etwas vorstehen lassen und er auch übrigens durch die Contraction der Wände des Harnblase, welche er berührt, vorgetrieben wird. Man hat alsdann eine Handhabe, wodurch man den kleinen Stumpf nach jeder Richtung bewegen kann; das Aufsuchen der Blutgefäße wird leicht, und die Schmerzen werden abgekürzt." Hr. Barthelemy fügt hinzu. daß die Schwierigkeit, die urethra nach der auf gewöhnliche Weise vorgenommenen Amputation wieder aufzufinden, gar nicht eingebildet sey, wie man es zu glauben scheine; und daß in einem Falle, wo Hr. Berard, der Ober-Chirurg des Militärspitals zu Straßburg, den Operateur machte, der Canal nach langen und mühsamen Nachsuchungen nicht habe bloßgelegt werden können, daß man seine Zuflucht zur Punction der Blase über den Schooßbeinen habe nehmen müssen, daß ein Urinaustritt stattgehabt habe und der Kranke unterlegen sey.

Meningitis. — Blutegelbiß im Schlundkopf. — Allgemeines Emphysem. — Tod, ist die Ueberschrift einer von Hr. Vignolo in der Lancette mitgetheilten merkwürdigen Beobachtung, von welcher hier ein Auszug folgt: „Ein kleines zwölfjähriges Mädchen wurde von vorübergehenden sehr heftigen Kopfschmerzen befallen, wobei die Sprache kurz und abgebrochen (brève), die Sensibilität stumpf, die Conjunctiva geröthet und Schläfrigkeit vorhanden waren. Sie bekam Gerstendecoct (orge), Fußbäder, 6 Gran Brechweinstein in 6 Unzen Flüssigkeit, löffelweise zu nehmen. Die Krankheit nahm zu, es traten Zuckungen, Delirium und dann Coma ein; die Pupille war sehr erweitert, der Körper steif, der Kopf zurückgeworfen ic. Kalte Begießungen, purgirende Clystiere, Blutegel an die Fußknöchel. Zwei Tage später war das Coma tiefer und die Kräfte ganz gesunken (resolution des membres); 12 Gran Calomel, 2 alle 2 Stunden; 2 Blutegel in jedes Nasenloch, welche vorher hinten durch einen Tampon geschützt worden waren. Ungeachtet dieser Vorsicht hatte doch einer der Blutegel am hintern und obern Theile des Schlundkopfes angebissen, und fast sogleich trat ein Halsemphysem ein, welches bald allgemein wurde. Die kleine Kranke starb am Abend an Erstickung. Bei der Section fand man die dreieckige Bißwunde von dem Blutegel an der bemerkten Stelle, das Zellgewebe unter der Schleimhaut war noch stark von der eingedrungenen Luft ausgedehnt.

Purgirende Potion:

R Olei Crotonis . . .	guttas duas.
Sacchari albi . . .	drachmas (gros) duas.
Pulveris Gummi arab. . .	semidrachmam.
Aquae	q. s.

ut f. mixtura unciae unius cum dimidia.

Hr. Edw. Cory in London rühmt diese Potion bei Kindern; er giebt ihnen davon zwei oder drei Kaffeelöffel alle 3 oder 4 Stunden (es ungefähr 5 bis 6 Jahr alt sind), bis die Ausleerungen eintreten. Die Wirkung soll schnell und sicher seyn, und die Potion ist auch nicht widerlich zu nehmen.

Bibliographische Neuigkeiten.

Traité complet d'anatomie descriptive et raisonnée. Par P. P. Broc, Tome 1er de l'Homme considéré en grand sous le rapport des appareils et des fonctions. Paris 1833. 8. M. 1 K. Atlas en 4to de 3 feuilles, puis 11 planches.

Procédé nouveau pour guérir par incision, les rétrécissements du canal de l'urètre. Par M. Reybard. Chirurgien de l'Hôtel Dieu d'Annonay. Paris 1833. 8. av. fig.

Notizen
aus
dem Gebiete der Natur- und Heilkunde.

Nro. 834. (Nro. 20. des XXXVIII. Bandes.) December 1833.

In Commission des Landes-Industrie-Comptoirs zu Weimar. Preis eines ganzen Bandes, von 24 Bogen, 2 Rthlr. oder 3 Fl. 36 Kr., des einzelnen Stückes, 3 ggl. Die Tafel schwarze Abbildungen 3 ggl. Die Tafel colorirte Abbildungen 6 ggl.

Naturkunde.

Philologische und physische Untersuchungen rücksichtlich der Geschichte der Menschenarten.

Von J. C. Prichard M. D.

(Im Auszuge.)

Der Zweck dieses Versuchs war, eine Uebersicht von dem stufenweisen Fortschreiten der Ethnographie und eine Kritik der bisher aufgestellten Classificationen der Menschenarten nach sogenannten Völkerfamilien zu geben, wobei vorzüglich auf die jetzt so allgemein angenommene Cuvier'sche Eintheilung Rücksicht genommen wurde. Der Verfasser beginnt mit vorläufigen Bemerkungen über die wissenschaftlichen Quellen, die bei Untersuchungen dieser Art von Nutzen seyen, und giebt an, es sey hauptsächlich seine Absicht, diejenigen Quellen der Geschichte des Menschengeschlechts zu betrachten, und zu würdigen, welche sich dem Philologen und Naturforscher im Laufe ihrer Forschungen öffnen. Die philologische Untersuchungsmethode beschäftigt sich mit dem Bau und der Verwandtschaft der Sprachen und sucht daraus die Verwandtschaft der Menschenstämme und Racen abzuleiten, während die physische die Nationen nach den Aehnlichkeiten in der Gestalt, Farbe und andern physischen Characteren zu classificiren strebt.

, Die Philologie, welche in dieser Beziehung eine sehr wichtige Wissenschaft ist, erhielt die angegebene Richtung in einem Zeitalter, welches durch Entdeckungen in der äußern sowohl, als in der geistigen Welt gleich ausgezeichnet ist. Dieses Zeitalter beginnt mit Magelhaens's Reise um die Welt, dem die Dankbarkeit der Nachwelt, sowohl am Himmel als auf der Erde Denkmäler gesetzt hat. Während Magelhaens sich damit beschäftigte, am Himmel Nebelsterne und auf der Erde neue Länder und Meere zu entdecken, beschäftigte sich sein Begleiter Pigafetta damit, die verschiedenen Dialecte der neuen Entdeckungen, deren Existenz jene Seereise darthat, verständlich zu machen, und unter einander zu vergleichen. Er fing an, Wörterverzeichnisse zu sammeln, und auf diese Weise Proben von auf fernen Inseln des Ocean's gesprochenen Dialecten zu liefern. Seinem Beispiele folgten später Seefahrer, und so gelangte man nach und nach zu höchst interessanten Resultaten. Die auf fernen Inselgruppen des südlichen stillen Weltmeers gefundenen Einwohner betrachteten sich als die Kinder der Sonne und des Mondes oder der Erde; von andern Zweigen der Menschenarten wußten sie nichts, und ihre ganze Welt und Lebenssphäre war von den Küsten ihrer Inseln oder dem engen Kreise ihrer unvollkommnen Schifffahrt umzirkt. Demnach haben manche Schriftsteller dreist behauptet, diese Menschenstämme seyen, wie der Brodbaum und die Cocospalme, die ihnen Nahrung geben, das eingeborne Product des Korallen- oder vulkanischen Bodens, auf welchem sie existiren. Diese Ansicht hätte sich gewiß länger gehalten, wenn sie nicht durch die Forschungen über den Bau und die Verwandtschaft der Sprachen widerlegt worden wäre. Denn aus den Dialecten dieser verschiedenen Insulaner ergab sich mit hinreichender Gewißheit, daß sie unter einander verwandt seyen, und sämmtlich von einem gemeinschaftlichen Mittelpunct abstammten. "

Der Verfasser giebt hierauf eine kurze geschichtliche Uebersicht von den philologischen Forschungen und den verschiedenen Wörtersammlungen, die seit 1555 zur Erläuterung der Verschiedenheit und Verwandtschaft der Sprachen gemacht wurden. "Im Jahr 1555 wurde die erste allgemeine Arbeit über diesen Gegenstand, der „Mithridates" des gelehrten Gesner herausgegeben, den man jedoch als einen mißlungenen Versuch zu betrachten hat, indem der Verfasser bei diesem Werke mehr bezweckte, als damals überhaupt erreicht werden konnte. Der Mithridates von Adelung und Vater, der 180 Jahre später erschien, ist die letzte im Druck herausgekommene allgemeine Geschichte der Sprachen; jedoch sind besondere Districte des philologischen Feldes, sowohl von einzelnen Gelehrten, als von gelehrten Gesellschaften mit ausgezeichnetem Erfolge cultivirt worden.

, 1) Ueber die asiatischen Sprachen, so wie über deren Verwandtschaft und Beziehungen, hat Julius Klaproth viel Licht verbreitet. Derselbe hatte auf seinen verschiedenen Reisen im Kaukasus, in Sibirien und den an das chinesische

Reich gränzenden ruffischen Provinzen vielfache Gelegenheit, sich über diesen Gegenstand zu unterrichten. Mit der chinesischen und mongolischen Sprache ist er gleichfalls vertraut, und er hat die in den Werken der chinesischen Historiker und Compilatoren enthaltenen geschichtlichen Nachweisungen fleißig benutzt. Die vorzüglichsten Resultate seiner Studien sind in seinem großen Werke: Asia polyglotta enthalten, welchem ein Sprachatlas angehängt ist, der vergleichende Tabellen von Wortregistern enthält.

„2) Ein großer Schatz von Nachrichten über die Sprachen der africanischen Nationen wurde von Dr. Seetzen gesammelt. Die geographischen Entdeckungen, die dieser Reisende in Palästina machte, dessen östliche Theile er unter den neuern Reisenden zuerst erforschte, übergehe ich hier mit Stillschweigen. Der Hauptschauplatz von Seetzen's Untersuchungen war Africa, wo er lange Zeit mit dem Sammeln von Wortregistern und geschichtlichen und geographischen Nachrichten zubrachte, die ihm durch gescheidte Individuen, welche er unter den wollhaarigen Völkerstämmen traf, überliefert wurden. Diejenigen seiner Papiere, welche nach Europa gelangten, wurden theils dem Prof. Vater zu Königsberg übergeben, theils vom Baron v. Zach in dessen monatlicher Correspondenz mitgetheilt. Eines Punctes, rücksichtlich dessen er die Ethnographie Africa's aufgeklärt hat, will ich kürzlich gedenken. Die Abstammung der Fellatah's, einer rothen oder kupferfarbigen Race des innern Africa's, welche in neuern Zeiten viele Negerstämme unterjocht hat, war geraume Zeit nach der Entdeckung dieses Volks durchaus hypothetisch. Jetzt weiß man, daß die Fellatah's ein Zweig derselben Race sind, welche seit vielen Jahrhunderten das Hochland Guinea's bewohnt, wo der Gambia und Rio Grande entspringen, und deren Bergstadt Teembo von mehr als einem europäischen Abenteurer besucht worden ist. Es sind die Foulah's der englischen Reisenden, und die rothen Poules des Mollien. Seetzen verschaffte sich ein Wörterverzeichniß der Sprache der Fellatah's, welches im königsbergischen Archiv für Philosophie erschien, und dieß führte zur Entdeckung des wahren Ursprungs der Nation.

„3) Rücksichtlich der americanischen Sprachen, deren ungemein viele, und die in ihrem Baue sehr verwickelt sind, sammelte Hervas durch eigene und andere Jesuiten Forschungen viele Nachrichten. Alexander v. Humboldt brachte von America eine bedeutende Sammlung von Wörterverzeichnissen, Wörterbüchern Andachtsschriftchen und andern Büchern mit, welche von katholischen Priestern in verschiedenen Gegenden America's für die Eingeborenen verfaßt worden waren. Er übergab sie dem Prof. Vater, dem Fortsetzer des Mithridates. Seit der Herausgabe dieses Werkes widmete der Ausschuß für Geschichte der philosophischen Gesellschaft der vereinigten Staaten seine Aufmerksamkeit den Sprachen und der Geschichte der Völkerstämme des westlichen Continents. Die Namen Hecklwelder und Zeisberger, so wie der des Hrn. Duponceau, des gelehrten Secretärs des Ausschusses, behaupten in diesem Zweige menschlicher Kenntnisse eine ausgezeichnete Stellung."

Der Verfasser führt nun die wichtigsten Resultate an, die er durch diese Forschungen, in Ansehung der Geschichte der Sprachen, als festgestellt betrachtet.

„1) Die Zahl der weit von einander verschiedenen menschlichen Dialecte ist ungemein groß, weit größer, als Viele vermuthet haben. Hr. Jefferson, der Präsident der vereinigten Staaten, wollte aus der großen Anzahl von in America vorgefundenen besondern Sprachen und der verhältnißmäßig geringen Anzahl, die, seiner Meinung nach, die alte Welt aufzuweisen hat, darthun, daß America am frühesten bevölkert gewesen sey. Doch dürften wohl Viele der Meinung seyn, daß dieser Schluß eines ferneren Beweises noch bedürfe. Allein es steht fest, daß in America sehr viele Sprachen geredet werden. Nach Hervas, der sich auf Lopes's Zeugniß beruft, werden in den verschiedenen Theilen America's nicht weniger, als 1500 Sprachen geredet, die (notabilemente diverse) merklich verschieden seyn sollen. Nach Seetzen beläuft sich die Zahl der verschiedenen Sprachen Africa's auf 100 — 150. Sind diese Angaben ziemlich richtig, so kann man die Zahl der auf der ganzen Erde geredeten Sprachen, ohne große Gefahr einer Uebertreibung, auf 2,000 anschlagen.

„2) Bei einer Vergleichung der Sprachen läßt sich bemerken, daß zwischen ihnen zwei verschiedene Beziehungen, nämlich die der Verwandtschaft und Aehnlichkeit, bestehen. Ich will beide durch einige Beispiele erläutern.

„Die Beziehung der Verwandtschaft, oder wie deutsche Schriftsteller sie nennen, die Stammverwandtschaft findet zwischen Dialecten statt, welche einestheils eine große Anzahl von Wurzelwörtern mit einander gemein, und anderntheils, rücksichtlich des grammatischen Sprachbaues Aehnlichkeit haben. Man giebt allgemein zu, daß Nationen, deren Sprachen in dieser Beziehung Aehnlichkeit untereinander besitzen, stammverwandt seyen.

„Eine starkmarkirte Sprachfamilie wird durch die Dialecte gebildet, welche man insgemein die semitischen nennen. Zu ihnen gehört Hebräisch, Chaldäisch, Aramäisch, oder Syrisch, und Geezisch oder Aethiopisch.

„Eine andere Sprachfamilie ist die indo-europäische; dahin gehören verschiedene europäische und asiatische Sprachen, deren nahe Verwandtschaft auf den gemeinschaftlichen Ursprung seit langer Zeit von einander getrennter Nationen hindeutet. Die nahe Verwandtschaft dieser Classe von Sprachen ist hauptsächlich seit den letzten 20 Jahren entdeckt worden; sie bilden eine sehr ausgedehnte Gruppe, welche enthält:
    1) das Sanscrit und dessen sämmtliche Dialecte in Hindostan;
    2) die alte Zend oder medo-persische Sprache, und alle jetzt in Persien und Armenien gesprochenen Dialecte;
    3) die griechische und lateinische Sprache und alle von ihnen abgeleiteten Dialecte;
    4) Slavonisch, wovon Russisch, Polnisch und Böhmisch abstammen;
    5) die teutonischen Sprachen;

6) die celtifchen, welche ich dahin rechne, wiewohl über diefen Punct die Meinungen noch verfchieden find.

„Zunächft haben wir die zwifchen Sprachen beftehende Aehnlichkeit oder Analogie zu betrachten. Viele von einander durchaus verfchiedene Dialecte, die wenige oder keine Wörter mit einander gemein haben, bieten dennoch, in Anfehung des grammatifchen Baues, auffallende Aehnlichkeit dar. Diefe Aehnlichkeit läßt fich aber nur durch den Ausdruck Analogie bezeichnen, und berechtigt keineswegs zu einem Schluffe auf Familienverwandtfchaft. Nach diefem Merkmale laffen fich die Sprachen claffificiren, und ich will in diefer Beziehung ebenfalls einige Beifpiele beibringen.

„Eine auffallend characterifirte Claffe derfelben bilden die fogenannten einfylbigen Sprachen. Die Wörter derfelben find fämmtlich einfylbig, und haben keine Endbeugungen, fo daß ihre verfchiedenen Beziehungen zu einander nur durch die Art der Betonung ausgedrückt wird. Sprachen diefer Art reden die Chinefen, Thibetaner, Birmanen, Cochinchinefen, Siamefen und faft alle Nationen Hinter = Indiens. Die ebengenannten Sprachen haben fonft nichts mit einander gemein; felbft die Zahlwörter und andern einfachften Sprachelemente find durchaus von einander verfchieden.

„Eine andere Claffe von Sprachen bilden die fogenannten polyfynthetifchen, die aus langen vielfylbigen Wörtern beftehen, und ungemein feine und ausgebildete Biegungen zulaffen, fo daß eine unendliche Mannigfaltigkeit von Endungen und Structurveränderungen ftattfindet, die eben fo viele Modificationen der durch die Wörter urfprünglich ausgedrückten Begriffe bezeichnen. In diefe höchft merkwürdige Claffe von Sprachen gehören die Dialecte von America, von dem der Eskimos an der Behringsftraße bis zu dem der Feuerländer.

„Diefen Bemerkungen über die philologifchen Forfchungen will ich nur noch eine hinzufügen, deren Anwendung fich fpäter genügend ergeben wird. Wenn wir nämlich auch nicht zu dem beftimmten Schluffe berechtigt find, daß alle Nationen, deren Sprachen derfelben Claffe angehören, z. B., alle Nationen der neuen Welt, deren Dialecte nur Aehnlichkeit, nicht Verwandtfchaft mit einander haben, derfelben Race angehören, fo müffen wir doch folche Nationen unftreitig als näher mit einander verwandt betrachten, wie folche, deren Sprachen verfchiedenen Claffen angehören, und es läßt fich behaupten, daß Nationen, deren Sprachen in gänzlich verfchiedene Claffen gehören, durchaus nicht zu derfelben Race gezogen werden können. So würde es vollkommen willkürlich feyn, und aller Wahrfcheinlichkeit zuwiderlaufen, wenn man einer der amerikanifchen Nationen, deren Sprachen polyfynthetifch find, denfelben Urfprung zufchreiben wollte, wie der einer jener Völkerfchaft, welche eine einfylbige Sprache redet.

„Nach diefer Ueberficht der philologifchen Forfchungen, deren Befchaffenheit und Ausdehnung ich freilich nur hat angedeutet werden können, fieht man fchon, daß diefer Zweig der Wiffenfchaft die volle Berückfichtigung derjenigen verdient, welche die Gefchichte und Verwandtfchaft der Nationen, oder verfchiedenen Menfchenracen aufzuhellen gedenken, und daß alle aus andern Quellen, z. B., der Anatomie und

Phyfiologie, einfeitig abgeleiteten Folgerungen zu Trugfchlüffen führen können. Die Auffchlüffe der Philologie find alfo immer beirathend zu benutzen. So handgreiflich dieß auch fcheint, fo werden wir doch gleich fehen, daß die, rückfichtlich der Gefchichte des Menfchengefchlechts und der Claffification der Völker am meiften verbreiteten Syfteme fich durchaus nicht auf Sprachverwandtfchaft ftützen, und fogar den aus diefer Quelle der Erkenntniß abgeleiteten Refultaten geradezu widerfprechen."

Nach diefen allgemeinen Bemerkungen über die Anwendung der Philologie, berichtet der Verfaffer über die Verfuche, die man gemacht hat, um die Menfchenracen nach ihren phyfifchen Characteren zu unterfcheiden und zu claffificiren.

„Viele Schriftfteller, die in neuerer Zeit über die Gefchichte des Menfchengefchlechtes gefchrieben haben, theilen daffelbe in mehr oder weniger Racen, die fich durch Eigenthümlichkeiten der Form, des Baues und der Farbe ihres Körpers von einander unterfcheiden. Form = Verfchiedenheiten hat man bei diefer Eintheilung durchgehends mehr berückfichtigen zu müffen geglaubt, als Abweichungen in der Farbe, und da die Schädel ganzer Nationen fich durch eigenthümliche Geftalt auszeichnen, fo hat man fich diefes Characters mehrentheils bedient, um darauf die conftanteften Unterfchiede bei der Claffification zu gründen, wozu noch der Umftand mitwirkte, daß man fich auch von entfernten Nationen ohne große Schwierigkeit Schädel verfchaffen konnte.

Was die Zahl der angenommenen Menfchenracen anbetrifft, fo wird fie von franzöfifchen und deutfchen Schriftftellern fehr verfchieden angegeben. Den meiften Beifall hat jedoch das Cuvier'fche Syftem gefunden, wenngleich es jenem berühmten Schriftfteller nicht feinen Urfprung verdankt. Profeffor Camper hatte zuerft auf eine dreifache Eintheilung der Form des Schädels aufmerkfam gemacht. Er unterfchied die Gefichtswinkel, wie er fie durch Meffung an europäifchen, kalmükifchen und africanifchen Schädeln gefunden. Uebrigens fcheint noch eine wichtigere Anficht von den Formverfchiedenheiten des menfchlichen Schädels Camper'n ihre Entftehung zu verdanken, denn wir erfahren durch Sömmering, daß in feinen noch ungedruckten Commentarien, Camper des Unterfchieds in der-Breite gedacht habe, welcher zwifchen den drei oben erwähnten Claffen von Schädeln exiftire, und zwar fand er die Schädel der Kalmüken am breiteften, die der Europäer mittelmäßig breit, und die der africanifchen Neger am fchmalften.

„Ehe Blumenbach feine herrliche Schädelfammlung angelegt hatte, fehlte es durchaus an hinreichend ausgedehnten Mitteln, um aus der Vergleichung der Formen verfchiedener Menfchenfchädel wichtige Folgerungen abzuleiten. Die Refultate feines lange fortgefetzten Studiums diefer Sammlung find von ihm zu verfchiedenen Zeiten bekannt gemacht worden.

„Blumenbach unterfchied zuvörderft drei Hauptformverfchiedenheiten des menfchlichen Schädels: die ovale, welche dem Europäer zukommt, die fchmale und zufammengedrückte, die der Neger darbietet, und diejenige, bei der das Geficht breit ist, und die Backenknochen seitlich vorspringen, wie bei den Kalmüken und Mongolen. Es war, meiner Ansicht nach, ein unglücklicher Umstand, daß Blumenbach diese Varietäten des Schädels nicht nach ihren characteristischen Formen, sondern nach den Nationen, bei denen sie sich vorzüglich characteristisch zeigen, oder nach dem angeblichen ursprünglichen Wohnort dieser Nationen nannte. Der Schädel mit breitem Gesichte wird daher von ihm der mongolische, der zusammengedrückte der äthiopische (worunter der africanische zu verstehen ist), und der ovale der caucasische genannt. Aus diesen Benennungen ist der Uebelstand entsprungen, daß man angenommen hat, diese drei Formverschiedenheiten characterisirten drei Menschenracen. Dieß war aber nicht Blumenbach's Meinung, während sie die des Cuvier zu seyn scheint, der in seinem Règne animal und andern Werken Blumenbach's Ausdrücke und Eintheilung angenommen hat. Sich auf die Verschiedenheit der physischen Charactere stützend, die er jedoch nicht für hinreichend bezeichnend hält, um verschiedene Arten zu bilden, schlägt Cuvier vor, das Menschengeschlecht in drei besondere Racen zu theilen. Eine dieser Racen wohnte, seiner Ansicht nach, ursprünglich auf dem Atlasgebirge und verbreitete sich über Africa. Dieß sind die wollhaarigen Nationen mit schmalem Schädel; allein es giebt wollhaarige Völkerstämme, die so schwarz wie die Neger von Guinea sind, und ihnen in der Gestalt und dem allgemeinen Ansehn gleichen, auch außerhalb Africa in andern Ländern der heißen Zone. Dahin gehören die schwarzen Wilden, welche das Samanggebirge Malacca bewohnen, die wollhaarigen Papus von Neu-Guinea und fast allen größern Inseln des indischen Archipels, und die Bewohner von Mallicollo und einigen andern Inseln des stillen Weltmeers. Diese müssen in dieselbe Race gestellt werden, wie die africanischen Neger, wenn nämlich die physische Aehnlichkeit als Princip der Classification zu Grunde gelegt wird, und Cuvier stellt daher die Vermuthung auf, daß africanische Neger nach jenen Inseln verschlagen worden seyen. Eine zweite Menschenrace bilden in seinem Systeme die Mongolen oder Kalmüken, deren ursprüngliche Wohnsitze er auf das hohe

Altaigebirge verlegt, und die dritte große Abtheilung, welche einen ovalen symmetrischen Schädel besitzt, und zu der die europäischen Nationen gehören, soll vom Caucasus herstammen, und wird daher die caucasische Race genannt.

(Schluß folgt.)

Miscellen.

Feindschaft zwischen dem weißen und schwarzen Schwane. Schon Sir J. Eyerley gedachte der Abneigung, die ein verwittweter schwarzer Schwan gegen ein sehr schönes Weibchen des weißen Schwans zeigte, welches man ihm zur Gesellschaft gegeben hatte. Im Mirror vol. X. p. 318. befindet sich ein interessanter Bericht, von James Fennel in London, über die Tödtung eines schwarzen Schwans von zwei weißen, die sich mit jenem im Regentenparke auf demselben Teiche befanden. Die beiden weißen verfolgten den schwarzen mit der größten Wuth; einer der erstern packte den letztern mit dem Schnabel am Halse und schüttelte ihn gewaltsam. Der schwarze machte sich nach vielem Sträuben los, begab sich auf das Trockne, streckte den Hals in die Luft und schlug gewaltsam mit den Flügeln. Nachdem er 5 Minuten so herumgetaumelt war, machte er eine letzte Anstrengung, sich in die Luft zu erheben, und fiel dann mit ausgestrecktem Halse und Flügeln todt nieder. Seine Feinde folgten ihm nicht auf's Land, sondern segelten mit gesträubten Federn stolz an der Stelle, wo der Besiegte lag, auf und nieder. (Magazine of natural history 1833.)

Gewicht der Atmosphäre bei'm Neu- und Vollmonde. „Das Gewicht der Luft, sagt Dr. Prout, ist sehr veränderlich, und ist mehrentheils zur Zeit des Neumonds bedeutender, als zu der des Vollmonds." Ob dieß seinen Grund in einer Ebbe und Fluth der Atmosphäre habe, ist nicht genügend erwiesen; indeß darf man nicht übersehen, daß viele der winzigen Unterschiede, die das Gewicht der Luft zu verschiedenen Zeiten darbietet, mehr scheinbar als wirklich sind, und von der Trägheit des Quecksilber-Barometers abhängen, welche dasselbe verhindert, den Bewegungen der leichteren und beweglicheren Flüssigkeiten genau zu folgen. (Jamison's new philosophical Journal, Octob. 33.)

Vogelnester an sonderbaren Orten. — Einen ähnlichen Fall, wie der in No. 792. (No. 22 des XXXVI. Bds. S. 344.) und No. 805. (No. 13. des XXXVII. Bds. S. 200.) d Bl. erwähnte, beobachtete Hr. Barnes zu Swindon in Wiltshire, wo in einer regelmäßig benutzten Schlafkammer eine Rauchschwalbe ihr Nest auf das Fersenstück eines Schuhes baute, der darin hing. Desgleichen baute Schwalbe 2 Jahr hintereinander auf den Winkelhebel eines Klingelzugs in dem Gange eines bewohnten Hauses und brachte ihre Jungen auf. (Magazine of Natural History XXXVI. Nov. 1833.)

Heilkunde.

Therapeutische und gerichtlich-medicinische Betrachtung über die Morphiumsalze.

Von Thousseau und Bonnet.

„Wirken die Morphiumsalze kräftiger durch die Haut, als wenn sie in den Magen gebracht werden? Um diese Frage zu lösen, haben wir Individuen unter möglichst gleichen Bedingungen verglichen, welche ein oder zwei Gran Morphium durch die Haut oder durch den Magen absorbirt hatten. In dem ersten Falle tritt der Durst, das Erbrechen, die Schläfrigkeit, die Schwere des Kopfes, die Störung des Gesichtes fast augenblicklich ein; die Kranken empfinden bisweilen schon 2 Minuten nach der Anwendung des Morphiumsalzes auf der entblößte Haut die Symptome von Trunkenheit. Im zweiten Falle entwickeln sich bisweilen die Symptome erst 1 bis 2, ja selbst zwei und drei Stunden nachher und das Erbrechen tritt gewöhnlich erst zwei oder drei Tage darauf ein. Diese Resultate zeigen, obgleich sie an verschiedenen Individuen sich ergaben, sehr deutlich, daß die Schnelligkeit der Absorption durch die Haut bedeutender größer ist, als die Absorption durch den Magen, und sie würden zur Beantwortung unserer Frage genügt haben; um aber noch mehr auf's Reine zu kommen, haben wir auch Beobachtungen an Individuen angestellt, bei welchen hintereinander die innere und äußere Methode angewendet worden waren. Jedesmal nun, wenn diese letzte Methode an die Stelle der ersteren gesetzt wurde, waren die Erfolge kräftiger, wenn die Dosen die gleichen blieben; ja sogar, wenn dieselben auch um ein Viertel oder um die Hälfte vermindert wurden, so zeigten sich die Symptome doch eben so heftig. Diese Resultate können entweder davon abhängen, daß die Absorptionskraft der Haut größer ist, als die des Magens, oder auch davon, daß das letztere Organ die Salze, welche in seine Höhle eingebracht werden, verdaut und verändert, und dann würde bei'm Vergleich des Magens mit der Haut dasselbe Verhältniß stattfinden, wie bei'm Vergleich des Magens mit dem Dickdarme. Man weiß nämlich, daß Arzneistoffe in Klystirform lebhafter wirken, als wenn sie in den Magen gebracht werden, wenn ihr Aufenthalt in dem einen eben so lange dauert, als in dem andern; es ist wahrscheinlich, daß diese Verschiedenheit weniger von der großen Absorptionskraft des Dickdarms als vielmehr davon abhängt, daß dieses Organ nicht im Stande ist, durch eine Art von Verdauung die Substanzen zu verändern, welche mit ihm in Berührung kommen. Zieht man die Schnelligkeit in Betracht, mit welcher das Erbrechen in Folge der äußern Anwendung der Morphiumsalze sich einstellt, und auf der andern Seite die Zeit, welche zwischen der Einbringung des Opiums in den Magen und dem Erscheinen des Erbrechens verfließt, so sieht man leicht, daß dieses nicht die Folge der directen Einwirkung des Arzneimittels auf den Magen ist, sondern Folge des Einflusses, welchen dasselbe auf das Gehirn ausübt; daher zeigt sich auch ein genauer Zusammenhang zwischen den Gehirnsymptomen in Folge der Einwirkung der Morphiumsalze und zwischen dem damit in Verbindung stehenden Erbrechen; daher bekommen auch die Frauen, welche leichter narcotisirt sind, weit schneller und leichter Erbrechen, als die Männer. Ein gleicher Zusammenhang findet sich aber nicht zwischen den nervösen Symptomen und den Veränderungen der Thätigkeit anderer Apparate; die Urinabsonderung kann unterdrückt oder sehr vermehrt seyn; Jucken, Schweiße und Ausschläge auf der Haut können sich sehr auffallend entwickeln, oder auch ganz wegbleiben, ohne daß die Functionen des Gehirnes zu gleicher Zeit und in gleichem Verhältniß modificirt werden. Dieß kommt daher, daß alle Ausschwitzungen und Secretionen unter dem Einflusse des Nervenganglienfystems stehen und von dem Gehirn und Rükkenmark unabhängig bleiben, und daß die Einwirkung der Morphiumsalze auf jedes dieser Systeme ohne Zweifel durch Umstände verschieden ist, welche wir bis jetzt noch nicht zu erkennen im Stande sind.

Es ist kaum möglich, die Einwirkung der Morphiumsalze auf das Ganglienfystem in Zweifel zu ziehen, und nicht von dieser den so merkwürdigen Zustand der Absonderung des Speichels, der Galle und des Urins, die Trockenheit des Darmcanals und die Vermehrung der Ausschwitzung auf der Haut abzuleiten. Die Gesammtheit dieser Erscheinungen zeigt, daß kaum eine einzige Secretion in demselben

Zustande bleibt, in welchem sie sich vor der Einwirkung der Arznei befand.

Von den Erscheinungen, welche wir so eben angegeben haben, äußern sich einige sogleich an dem Tage, an welchem die Morphiumsalze zuerst angewendet wurden, andere aber lassen sich mehr oder minder lange Zeit erwarten; die ersteren sind der Durst, das Erbrechen, häufiger Drang zum Uriniren, Beschwerden bei'm Harnlassen, Schweiße, Hautjucken, Somnolenz, Verengerung der Pupillen, abgespannter und leidender Ausdruck des Gesichtes; die zweiten seltener, und später eintretenden sind der Speichelfluß, Verstopfung oder Diarrhöe, übermäßige Absonderung des Urins, Eintreten des Monatsflusses, hartnäckige Schlaflosigkeit. Diese letztern Erscheinungen, obgleich sie verdienen beachtet zu werden, sind doch weit entfernt, die specielle Diagnose der Vergiftungen durch die verschiedenen narcotica unterstützen zu können, man mag diese Symptome nun für sich allein, oder in der angegebenen Verbindung untersuchen. Es können daher bloß die Erscheinungen der ersten Reihe als diagnostische Mittel betrachtet werden; sie fehlen nie, und die Untersuchung derselben scheint zu einer bestimmten Unterscheidung führen zu müssen, ob die Erscheinungen Folge des Narcotismus durch Opium oder von Krankheiten sind, welche diese Vergiftung fimuliren können. Ehe wir in eine nähere Untersuchung dieser Thatsachen eingehen, bemerken wir, daß der Narcotismus in Folge der Anwendung der Morphiumsalze entweder bloß aus den angegebenen Symptomen bestehen, oder sich bis zum vollkommnen Verlust des Bewußtseyns steigern könne. Es könnte dieser Zustand mit demjenigen verwechselt werden, welcher durch die Einwirkung anderer narcotica, z. B., des Hyoscyamus, der Datura Stramonium, der Belladonna und anderer veranlaßt werden. Diese Mittel aber verursachen, wenn sie in großer Dosis gegeben werden, eine ungemeine Erweiterung der Pupillen; die Kranken deliriren, stoßen ein Geschrei aus und müssen fest gehalten oder gebunden werden, wegen der ungeordneten Bewegungen, in welche sie verfallen; selten bekommen sie Hautausschläge; sie reiben die verschiedenen Körpertheile nicht gegen die Bettdecher, und nur selten ist die Transpiration so reichlich, als in den Fällen, wo die fraglichen Zufälle Folge des Morphiums sind. Die durch den Genuß des Weines oder Alcohols veranlaßte Trunkenheit nähert sich einigermaßen dem Narcotismus durch die Morphiumsalze, und nicht selten vergleichen die Kranken den letzteren Zustand mit jenem. In beiden Fällen ist Erbrechen, reichlicher Schweiß und Störung der Gehirnfunctionen zugegen; aber bei der Trunkenheit ist das Erbrechen nicht gallig, der Hauch riecht characteristisch alkoholisch, der Schweiß ist nicht von Jucken in der Haut begleitet, es tritt abwechselndes Delirium ein, und das Aussehen des Gesichtes ist das der Congestion, und nicht das der Abgeschlagenheit und Mattigkeit.

Wir könnten die beschriebenen Symptome, welche dem Narcotismus ohne eines eigen sind, mit den Symptomen der verschiedenen Gehirnkrankheiten, z. B., der Erweichung, der Apoplexie in dem pons Varolii, in der Gehirncommissur und den beiden Hemisphären zu gleicher Zeit, in Vergleich stellen; wir würben aber dadurch von dem Ziel dieser Abhandlung abweichen. Es möge genügen, anzuführen, daß bei'm Narcotismus ein Einschlafen der Muskeln, eine Verminderung der Erregbarkeit, gleichmäßige und andauernde Contraction beider Pupillen, Unterdrücken der Harnabsonderung, sehr reichlicher Schweiß vorhanden ist; daß die Gehirnaffection sich durch mehr oder minder ausgebreitete und vollständige Paralyse, durch Harnverhaltung, nicht Unterdrückung der Absonderung, durch veränderlichen Zustand der Pupillen und Fehlen des Hautjuckens characterisirt. Der Narcotismus mit Verlust des Bewußtseyns, gehört nicht in den Kreis unserer speciellen Untersuchung, denn wir haben bloß im Sinne, von dem zu sprechen, was uns unsere eigene Beobachtung gelehrt hat; indeß müssen wir doch bemerken, daß, wenn man auf die Symptome Rücksicht nimmt, welche wir mehreremale hervorgehoben haben, man leicht die Unterscheidungsmerkmale finden wird, welche unsere Leser ebensowohl zu beurtheilen wissen werden, als wir selbst; es ist daher unnöthig, hier auf theoretische Weise ausführlicher in die Sache einzugehen." (Bulletin général de thérapeutique.)

Chirurgische Lehrsätze des Professors der Anatomie und Chirurgie zu Dublin.

1) Alle Lebenserscheinungen haben ihren Grund in den verschiedenen Aeußerungen der Sensibilität.

2) Die sichtbaren Erscheinungen der Entzündung und der mehrsten chirurgischen Krankheiten sind unmittelbar von dem Zustande der kleinen Arterien, als Circulations- und Secretionsorganen, abhängig.

3) Die Arterien besitzen keine unmittelbare Sensibilität in Bezug auf die sie treffenden Schädlichkeiten; sie sind mit keiner der Eigenschaften der Muskeln begabt, aber sie haben ein positives Vermögen, sich nach den verschiedenen Zuständen des Gefühls oder der auf die Nerven geschehenen Eindrücke zu erweitern oder zusammenzuziehen. Der Mittelzustand ihrer Zusammenziehung zeigt ihre gesunde Beschaffenheit an, und ist für ihre Functionen, als Circulations- und Secretionsorganen, am angemeßensten, und zur Wiederherstellung beschädigter Theile allein nöthig.

4) Der Mittelzustand der Arterien stimmt meist mit einem natürlichen Zustande des Gefühls in dem Nervensystem überein. Sind sie in der Anschwellung fähigen (erectilen) Geweben erweitert, so ist die Sensibilität der Nerven verstärkt; sind sie bei Entzündung erweitert, so ist die Circulation in ihnen gehemmt, und ihre Secretionen sind unterdrückt, und das Gefühl in den Nerven des Theils steigert sich demzufolge bis zum Schmerz; sind sie noch unter ihren Mittelzustand zusammengezogen, so ist ihre Sensibilität vermindert; und sind sie so stark zusammengezogen, daß sie gar kein Blut einlassen, so ist die Sensibilität der Nerven erloschen.

5) Jeder Grad von Entzündung, weit entfernt, zur Wiederherstellung von Theilen nöthig zu seyn, thut ihr vielmehr immer Eintrag.

6) Der Ausdruck „Adhäsiventzündung" ist unpassend, insofern Anwachsen und Vereinigung ohne Schmerz, Hitze, Anschwellung oder Röthe stattfinden kann, wie man dieß bei manchen Wunden und besonders bei der gewöhnlichen Operation des Aderlassens sieht, wo die Wunde die Haut, das Zellgewebe und die Venensubstanz trifft, welche letztere sich entzündet, die meisten schädlichen Folgen herbeiführt.

7) Der Erguß von Lymphe gehört nicht zur Entzündung an, sondern ist ein die Erhaltung bezweckender Proceß, obgleich das Anwachsen und die Vereinigung mancher von Natur getrennter Theile mit vielen Beschwerden verknüpft seyn können, wie bei der Iris und manchen mit einer serösen Haut überkleideten Höhlen.

8) Die Hauptsorge des Wundarztes muß in allen Fällen auf Entfernung oder Verhütung der Entzündung gerichtet seyn.

9) Dies geschieht durch solche Mittel, welche unmittelbar den erweiterten Zustand der kleinen Arterien verbessern, oder mittelbar den natürlichen Zustand der Arterien wiederherstellen, indem sie auf die Sensibilität des Nervensystems oder die Nerven des entzündeten oder beschädigten Theils einwirken.

10) Ist das Gefühl der Verletzung oder des Schmerzes in den entzündeten Theilen beseitigt, so kehren die Arterien in ihren natürlichen Zustand zurück und versehen nur ihre natürlichen Functionen.

11) Man muß daher die Ansicht, daß eine Wunde eitern, granuliren oder auch mehr Lymphe geben müsse, als zum Ersatz nöthig ist, aufgeben; große offene Wunden werden sich durch den bloßen Zusammenziehungsprocess auf eben die Weise schließen, wie man es in den untern Thierclassen bemerkt, bei welchen keine Entzündung hervorgebracht werden kann.

12) Die wirksamsten Mittel, auf die Sensibilität der Nerven einzuwirken, sind eine ungezwungene und erhöhte Lage, Entfernung alles Zwangs und Einschnürung, Vermeidung schwieriger Bewegungen, Versehen des Theils und der anzgränzenden Haut in einen möglichst angenehmen Zustand von Behagen mittelst Anwendung von Feuchtigkeit; Anbringen der weichsten und leichtesten äußern Substanzen an denselben, deren Temperatur man so einrichtet, wie sie dem Gefühle des Kr. am meisten zusagt. Man versetze dabei die beiden großen fühlenden (sensibeln) Flächen des Körpers, die Haut und die Schleimhäute, in welchen die Nerven endigen, in einen natürlichen und rubigen Zustand, dadurch, daß man den Kr. mit einer gesunden Luft umgiebt, und durch Beruhigung des Gemüths und Erwecken von Hoffnung auf das ganze Nervensystem einwirkt.

13) Die Wundärzte haben zwar immer zum Theil diese Umstände beobachtet, aber aus Mangel an hinlänglicher Erforschung der Gesetze der Sensibilität, und des mächtigen Einflusses, welchen das Nervensystem auf das arterielle ausübt, haben sie es bisher vernachlässigt, Nutzen daraus zu ziehen und sind verleitet worden, grundlos Vertrauen in Mit-

tel zu fetzen, von denen fie glaubten, daß fie mehr unmittelbar und heilkräftig auf verletzte oder entzündete Theile einwirkten.

———

Practifche Bemerkungen über die Gefchwülfte in den Augenlidern.

Von Carron Duvillards.

Es ift bekannt, wie häufig fich kleine Gefchwülfte in der Dicke der Augenlider entwickeln, welche fich von den am freien Rande derfelben fitzenden Gerftenkörnern leicht unterfcheiden. Die allgemeine Meinung ift, daß diefe kleinen Gefchwülfte meiftens Balggefchwülfte verfchiedener Natur find. Diefe Meinung hat fich Herrn Carron als unrichtig erwiefen, jedoch ift es ihm nicht gelungen, die wahre Natur diefer krankhaften Producte zu erforfchen. Lisfranc aber ift überzeugt, daß in den meiften Fällen diefe Gefchwülfte durch kleine Furunkeln entftehen, welche entweder nicht zur Eiterung gekommen find, oder welche bei noch unvollkommener Eiterung zu früh geöffnet wurden, deswegen betrachtet er fie als das Refultat einer chronifch gewordenen mit Hypertrophie eines Theils des Zellgewebes verbundenen Entzündung; daher fagt er auch, daß man vor der Erftirpation immer verfuchen müffe, durch andere Mittel fie zu refolviren. So hat auch Boyer folche Gefchwülfte durch Ueberfchlagen von Salmiakauflöfung, durch Seifen= oder Diachylonpflafter geheilt; Demours durch Acupunctur, welche bei Herrn Carron ohne Erfolg blieben. Erweichende Mittel nützen bei'm acuten, Jodkali bei'm chronifchen Zuftand. Bildet fich ein kleiner Abfceß, fo öffnet man ihn, fobald die Eiterung deutlich ift.

Meiftens findet fich an der innern Seite des Augenlids ein kleines Gefchwür, welches mit dem Innern der Gefchwulft communicirt, und welches Lisfranc mit zugefpitztem Höllenftein cauterifirt, was meiftens hinreicht, um die Krankheit zu heben.

Wenn diefe Gefchwülfte einen Canal haben, welcher fich in der Nähe des Tarfus öffnet, fo bedient fich Herr Carron einer feinen Hohlfonde aus Platina, die mit Höllenftein gefüllt, und in den Fiftelcanal eingeführt wird; nachdem fie hier etwa eine Minute lang gelegen hat, zieht man fie zurück, und wifcht das Auge mit vielem Waffer aus, um noch das Ueberfchüffige des Aetzmittels wegzufchaffen. Bisweilen muß diefe Operation mehrmals ausgeführt werden, um die Schmelzung der Gefchwulft herbeizuführen, welche fich entzünden, und allmälig verfchwindet.

Erft wenn diefe verfchiedenen Methoden ohne Erfolg geblieben find, geht man zur Abtragung der Gefchwulft über. Wo irgend möglich, muß dieß immer von der innern Seite des Augenlides aus gefchehen. Hierzu ftülpt man das Augenlid kunftmäßig um, und macht den hinlänglich langen Einfchnitt zur Ausfchälung der Gefchwulft, parallel dem Augenlidrande. Die Wichtigkeit, bei welcher der O,eration unverletzt zu erhalten, ift wohl übertrieben worden; bisweilen fogar ift es leichter, denfelben herauszupräpariren,

wenn er entleert ift. Wenn etwas davon zurückbleibt, fo wird dieß mit Höllenftein weggeätzt. Wegen des großen Gefäßreichthums der Augenlider fließt immer Blut, wenn man von der äußern Seite aus operirt und Herr Carron giebt den Rath, um dieß zu vermindern, fich auf dem gefchloffenen Augenlide des Speculums von Luzardi zu bedienen, wodurch eine paffende Compreffion bewirkt und für den Operateur mehr Freiheit gelaffen wird, als durch die Finger eines Gehülfen. Wichtig ift es, fich auch feiner Meffer zu bedienen. (Gazette médicale.)

———

Harnfteine bei den Eingebornen von Bengalen.

Von Herrn Burnard.

Nach den von dem Verf. beobachteten Thatfachen, fcheint es gewiß zu feyn, daß Steinkrankheiten und Krankheiten der Harnwege in den Tropenclimaten keineswegs fo felten find, als man allgemein behauptet. Im Spital zu Benares, welches für Dürftige beftimmt ift und im Jahre 1811 errichtet wurde, nahm man jährlich ungefähr 7000 Kranke auf, und obgleich man vor dem Jahre 1826, zu welcher Zeit Herr Burnard zum Arzte des Hospitals ernannt wurde, unter diefen Perfonen einige Fälle von Krankheiten der Harnwege beobachtet hatte, fo war dennoch bis dahin noch kein Fall von Steinfchnitt vorgekommen. Die erfte Operation diefer Art, die er zu verrichten aufgefordert wurde, fand ftatt am 26ften October 1826, aber der Kranke ftarb ungefähr fünfzehn Tage nach der Operation unter Erfcheinungen von Gehirnaffection. Von diefer Zeit ab bis zum Jahre 1830 kamen zwölf andere Fälle vor, und wurden operirt. Von diefen unterlag nur Einer; fo hatte Herr Burnard unter dreizehn Operationen nur zwei mit ungünftigem Ausgange. Alle diefe Kranken waren Eingeborne des Landes, Bewohner von Benares oder der Umgegend diefer Stadt. Die Altersverhältniffe der Kranken waren folgende: 1 von 5 Jahren, 1 von 7, 1 von 8, 2 von 10, 1 von 13, 1 von 14, 1 von 16, und 2 von 22 Jahren. Der kleinfte Stein wog eine Drachme und zehn Gran, und der größte acht Drachmen; vier andere wogen zwifchen zwei und drei Drachmen; unter diefen Concretionen beftanden zwei aus Harnfäure, zwei aus kleefaurer Kalkerde, zwei aus abwechfelnden Lagen von Harnfäure mit harnfaurem Ammonium, und die übrigen beftanden aus einem Gemifch von Harnfäure, phosphorfaurer Ammonium = Magnefia und phosphorfaurer Kalkerde.

Herr Burnard hat Gelegenheit gehabt, vier Fälle von Steinconcretionen in der Harnröhre zu beobachten, von denen er die Kranken durch Operation befreite. Den von diefem Arzte mitgetheilten Beobachtungen hat Hr. W. F. Brett die Befchreibung von fieben andern Fällen von Steinoperation beigefügt, von denen nur vier einen günftigen Ausgang hatten. Zwei der Operirten, Einer 17, der andere 8 Jahre alt, unterlagen unter den Erfcheinungen von Tetanus Mehrere diefer Operationen wurden in Shajehanpore, und zwei in Banghulpor verrichtet. Alle die Kranken waren Indier, mit Ausnahme eines mahomedanischen Kindes. Hierauf theilt Herr. A. K. Lindsay eine Beobachtung mit, nach welcher er das Kind eines Braminen von einem ziemlich großen Steine durch den Celsischen Steinschnitt befreite. Zwei und zwanzig Tage nach der Operation war der Schnitt fast vollkommen vernarbt, und das Kind in kurzer Zeit ganz hergestellt. Endlich erzählt Herr W. H. Spry einen Fall von einem andern englisch = indischen Kinde von 7½ Jahren, an dem dieselbe Operation mit gleich glücklichem Erfolge verrichtet wurde. (Trans. of the Med. and Phys. Soc. of Calcutta, t. V. und the Edinburgh Med. and Surg. Journal. January 1833.)

Ueber die Bronchoplastik.

Von A. Velpeau.

Zur Heilung der angeborenen Fisteln des Larynx hat Velpeau zweimal mit Glück eine Operation unternommen, welche in folgenden Acten besteht:

Erster Operationsact. Der Kranke liegt auf dem Rücken; der Wundarzt, zu seiner Rechten, schneidet auf der vordern Seite des Kehlkopfs unterhalb der Fistelöffnung einen Hautlappen, ungefähr von einem Zoll Breite und zwei Zoll Länge, je nach der Größe der zu schließenden Oeffnung, oder etwas schmäler, als unten. Dieser Lappen wird mit möglichst viel Vorsicht, ohne jedoch den Schildknorpel zu entblößen, abpräparirt.

Zweiter Act, in der Anfrischung der Fistelränder bestehend, erfordert viel Vorsicht und Geduld, weil er den Kranken zum Husten und fortwährenden Schlucken reizt. Am besten ist es, die Fistelöffnung gleich mit einem Kreisschnitte zu umschreiben und diesen Querschnitt allmälig bis zur innern Fistelhaut hin abzulösen und zuletzt erst auch diese zu durchschneiden, wodurch das Eindringen des Blutes in die Fistelöffnung möglichst verhütet wird.

Dritter Act. Nach einer oder zwei Minuten Ruhe, und wenn die Blutung aus der Wundfläche aufgehört hat, so geht man zur Anfügung des Lappens über. Ist die Fistel der Quere nach größer, als von oben nach unten, so wird der Hautlappen doppelt gelegt, ohne daß jedoch die Spitze desselben ganz bis zur Wurzel heilt; in diesem Zustande schlägt man ihn auf den Hautlappen zusammen, ohne ihn zu brechen. Nun ist bloß die Zellgewebsseite desselben frei, und der mittlere Theil desselben wird nun in die Fistel eingefügt, worauf bloß noch eine lange Nadel durch die Wundränder und den ganzen Hautlappen hindurchgeführt wird, und mit der umschlungenen Naht befestigt. Würde die Nadel zwischen den beiden Hautflächen und nicht durch den Lappen selbst hindurchgeführt, so könnte sich der freie Rand des Lappens leicht umschlagen.

Hat die Fistelöffnung ihren größten Durchmesser in verticaler Richtung, so rollt man den Hautlappen der Länge nach auf seiner Hautfläche zusammen, und bildet einen Cylinder daraus; so wird er umgeschlagen bis zu einer gewissen Tiefe in die Fistelöffnung eingeschoben und, wie vorhin, fixirt, wobei man zu sorgen hat, daß kein leerer Zwischenraum zwischen den wundgemachten Flächen bleibt.

Mit Sicherheit würde derselbe Lappen, wenn dieß nöthig seyn sollte, auch auf der Seite oder über der Fistelöffnung genommen werden können; das Wichtige dabei ist bloß, daß er in Länge und Breite die Dimensionen der Oeffnung um die Hälfte übertrifft.

Was die nach Lösung des Hautlappens zurückbleibende Wunde betrifft, so könnte man sie meistens durch zwei oder drei Nähte unmittelbar schließen. Wegen des ungleichmäßigen Zuges oder Druckes entsteht aber leicht ein Erysipelas und Vereiterung des Hautzellgewebes an der vordern Fläche des Halses. Es ist daher besser, die Wundränder bloß mäßig einander etwas zu nähern. (Aus den Verhandlungen der Académie de médecine vom 16ten April 1833.)

Miscellen.

Ueber äußerliche Anwendung des metallischen Goldes bei heftigen Krämpfen in Händen und Fingern, hat Hr. Dr. Hasbach zu Bensberg bei Cöln mir folgenden, von ihm beobachteten, Fall mitgetheilt. „Ein hiesiges junges Frauenzimmer in den zwanziger Jahren, welches seit einigen Jahren an hysterischen Krämpfen litt und von Zeit zu Zeit fast alle Formen hysterischer Convulsionen durchmachte, bekam auch zuweilen die heftigsten Contractionen in den Händen und Fingern, so daß sie oft Stunden lang in diesem Zustande verharrten. Diese Leiden waren für die Kranke um so schrecklicher, als dieselbe dabei ihr volles Bewußtseyn behielt und die heftigsten Schmerzen in den betreffenden Theilen empfand. Da nun sowohl die gewöhnlichen antihysterica innerlich, als auch allerhand Einreibungen und Bäder äußerlich angewendet, nichts halfen, so verfuchte ich die äußerliche Anwendung des Goldes, indem ich meine goldne Uhr in die contrahirten Hände und Fingeinschob: es war in der That fast überraschend, wie bald sich hierauf der Krampf löste und auch in der Folge wiederkehrend jedesmal der äußerlichen Anwendung dieses Mittels wich.“

Durchbohrung des Duodenum's und tödtliche Peritonitis hervorgebracht durch einen hinuntergeschlucktén Löffel. Ein Wahnsinniger, der mit Zeichen von Peritonitis gestorben war. Im Peritonaeum fand sich Lymphe und purulente Flüssigkeit, angesammelt; im linken Hypochondrium ein Theil der Contenta des Duodenum's, welche durch ein Loch des letzteren ausgeflossen waren. Das Loch war Folge des von einem in dem Darm liegenden großen rostigen eisernen Löffel erregten Geschwürs; der breite Theil des Löffels lag noch innerhalb des ausgedehnten, sonst aber nicht verletzten Pylorus, während der 10 Zoll lange übrige Theil des Löffels in der Höhle des Duodenums lag. Nach der Lage des Löffels ist anzunehmen, daß der Kranke ihn mit aller Unachtsamkeit verschluckt, sondern im Wahnsinn in den Hals gedrängt habe. (Dublin Hosp. Reports. V. 519.)

Nekrolog. — Der um gerichtliche Medicin so verdiente Dr. Gordon Smith ist gestorben.

Bibliographische Neuigkeiten.

Anatomie descriptive. Par J. Cruveilhier. Tome I. et II. Paris 1833. 8.

Annulosa javanica ou Description des Insectes de Java. Par M. W. S. Mac Leay, Esq. Précédé d'un extrait des Hora entomologica du même auteur. Paris 1833. 8. Mit 5 K.

Le Cholera - morbus, les monati de Milan et la mort noire. Poëmes. Précédé par un précis historique sur le Cholera et suivi de l'histoire de la Peste de Matseille. Par J. L. Boucharlat. Paris 1833. 8.

Notizen
aus
dem Gebiete der Natur- und Heilkunde.

Nro. 835. (Nro. 21. des XXXVIII. Bandes.) December 1833.

In Commission des Landes-Industrie-Comptoirs zu Weimar. Preis eines ganzen Bandes, von 24 Bogen, 2 Rthlr. oder 3 Fl. 36 Kr.,
des einzelnen Stückes 3 ggl. Die Tafel schwarze Abbildungen 3 ggl. Die Tafel colorirte Abbildungen 6 ggl.

Naturkunde.

Philologische und physische Untersuchungen rücksichtlich der Geschichte der Menschenarten.

Von J. C. Prichard. M. D.

(Im Auszug.)
(Schluß.)

„Betrachten wir die Art der Vertheilung und Zusammenstellung der Nationen in diesen drei Abtheilungen, so stoßen uns einige Umstände auf, welche denen, die die Verwandtschaft der Nationen nach der Sprachen beurtheilen, als höchst auffallende Anomalien erscheinen müssen. Wir wollen, z. B., die Volksstämme betrachten, welche nach Cuvier zu der mongolischen Race gehören. Derselbe sagt: „Oestlich von dem tartarischen Zweige der kaukasischen Racen, d. h., nördlich vom caspischen Meere, beginnt der mongolische Stamm, welcher von da bis zum stillen Weltmeere vorherrscht. Die noch nomadisirenden Völkerschaften desselben, die Kalmüken und Kalkas, schweifen in weiten Steppenländern umher. Ihre Vorfahren traten dreimal, unter Attila, Dschingiskhan und Tamerlan, als Welteroberer auf. Die Chinesen sind der älteste civilisirteste Zweig dieser Race, und überhaupt unter allen bekannten Nationen diejenige, welche zuerst einen hohen Grad von Civilisation erlangt hat. Ein dritter Zweig, die Mantschus, haben in neuerer Zeit China erobert, und beherrschen es noch jetzt. Die Japanesen und Koreaner, so wie die meisten Horden, welche sich im russischen Gebiete über das nordöstliche Sibirien verbreiten, gehören zu dieser Race, welche sich, bis auf wenige chinesische Gelehrte, zur Religion des Fo bekennt."

„Hier finden wir zwei Classen von Nationen als Zweige eines gemeinschaftlichen Stammes dargestellt, welche in allen Beziehungen, in denen sich eine Nation von der andern unterscheiden kann, ganz entschieden von einander abweichen, ausgenommen in dem einen Puncte, daß sie in Ansehung der Gestalt ihrer Schädel mit einander Aehnlichkeit haben. Die Mongolen und Kalmüken sind nomadisirende Stämme, welche auf den Hochebenen Mittelasiens umherwandern, in Wagen und Zelten leben, wie ihre Vorfahren es schon in der Zeit des classischen Alterthums thaten. Es ist ihnen nicht möglich, ihre Lebensweise mit der eines ansässigen, Ackerbau treibenden Volkes zu vertauschen. Sie bilden, streng genommen, sämmtlich eine Nation, und ihre Sprache ist vielsylbig, und besitzt Declinationen und Conjugationen. Auf der andern Seite sind die Chinesen von jeher wegen ihrer regelmäßigen, unveränderlichen Lebensweise bekannt gewesen; ihren Geschichtsbüchern zufolge, haben sie seit uralten Zeiten als abgesondertes Volk existirt, und beständig mit den mongolischen Nomaden in Feindschaft gelebt, gegen welche auch die berühmte chinesische Mauer aufgeführt wurde. Die chinesischen und indochinesischen Nationen nehmen, wie früher bemerkt, eine ganz besondere Classe von Sprachen für sich in Anspruch, die eine höchst merkwürdige Gruppe von Dialecten in sich faßt, welche lauter einsylbige Wörter enthalten, die ohne Declinationen und Conjugationen bloß durch verschiedene Betonung und Stellung in verschiedene Beziehungen zu einander treten. Man müßte gegen alle diese Zeugnisse, welche gegen dieselbe Abstammung dieser beiden Nationen sprechen, absichtlich die Augen verschließen, wenn man einer physischen Aehnlichkeit, die unserer Ansicht nach einer verschiedenen Auslegung fähig ist, so volle Beweiskraft zugestehen wollte.

„Das einzige andere Verbindungsglied zwischen den mongolischen und chinesischen Nationen ist die Religion des Fo. Dieser Umstand kann jedoch kaum als ein Grund für die Einheit der Race gelten. Die Religion des Buddha, der in China Fo heißt, ist bekanntlich von Indien und den Hindu's ausgegangen, welche, nach Cuvier, zu der kaukasischen Race gehören. Sie wurde zu einer frühern Zeit in Tibet herrschend, und ging von da nach China über, woselbst jedoch auch andere heidnische Religionen viele Anhänger zählen. Die Mongolen und Kalmüken wurden erst im Jahr

21

1250 zu ihr bekehrt, und sie bildet daher kein eigenthümliches und altes Merkmal der mongolischen Race.

„Viele Schriftsteller haben es für passend gehalten, die
amerikanischen Indianer zur mongolischen Race zu rechnen.
Cuvier nimmt Anstand, dieß zu thun, aber die trefflichen
Naturforscher **von Spix und Martius**, welche vor einigen
Jahren Südamerika besuchten, fanden eine auffallende Aehnlichkeit zwischen den Schädeln und Gesichtszügen der Chinesen und denen der amerikanischen Stämme in der Nähe von
Brasilien. Viele Stämme der westlichen Welt haben ein
platteres und dem mongolischen näher stehendes Gesicht als
die Nationen von Nordamerika, und wollten wir uns zu einer Classification bekennen, die lediglich auf das Princip der
physischen Eigenthümlichkeiten gegründet wäre, so würde es
schwer halten, eine genaue Gränzlinie zu entdecken, nach der
sich die ursprünglich amerikanischen Völkerschaften von der
Gruppe von Nationen unterscheiden ließen, welche Cuvier's
mongolische Race bildet. Bleibt man bei der dreifachen Eintheilung der Schädel stehen, so müssen die der amerikanischen
Nationen zu der mongolischen Form gestellt werden. Diese
Familie erhielte demnach eine sehr große Ausdehnung, und
umfaßte außerhalb Asiens eine Menge von Völkerschaften,
deren Sprachen zwar höchst mannigfaltig sind, aber doch einige gemeinschaftliche Charactere besitzen, und es ist bemerkenswerth, daß diese gemeinschaftlichen Charactere gerade den
Gegensatz der Eigenthümlichkeiten bilden, durch die sich die
chinesischen und indochinesischen Sprachen auszeichnen. Die
letztern sind einsylbig und fast ohne alle Endbiegung, während die amerikanischen Sprachen eine Menge langer viel-
sylbiger Wörter besitzen, und deren Biegungsformen in's Unendliche gehen.

„Die Malayen, ein Volk, deren Ursitz oder, wie ich mich
lieber ausdrücken möchte, erster bekannter Wohnsitz die Insel
Sumatra ist, und von welchen, wie es scheint, alle Völkerschaften Polynesien's abstammen, schließen sich ebenfalls mehr
an diesen Menschenschlag an, als an einen der beiden andern,
und müssen daher, wenn ja irgend einer der dreien, zu
der mongolischen Race gestellt werden. Die Geschichte dieser Völkerschaften liefert uns viele physiologische Erscheinungen, die dem obersten Grundsatze, nach welchem allein sich
die Eintheilung in drei Racen rechtfertigen läßt, sehr widerstreiten. Dieser Grundsatz ist, daß alle physiologischen
Charactere constant und unveränderlich seyen. Nun haben
wir aber Grund zu glauben, daß sich mehrere Inselvölker
Polynesien's von dem allgemeinen physiologischen Character
ihrer Race sehr bedeutend entfernt haben. Man findet unter den Eingebornen der Gesellschafts-Inseln Individuen von
weißer und rother Gesichtsfarbe, und die Marquesas-Insula-
ner sind eines der schönsten Völker der Erde; ihre Schädel
haben die ovale oder die sogenannte caucasische Form. Wir
finden also, daß die sogenannte mongolische Race mehrere
Gruppen oder Classen von Nationen begreift, die sich durch
die constantesten und unauslöschlichsten Charactere von einander unterscheiden, welche die großen Familien der Menschenarten von einander sondern. Sie sind unter einander
nur durch eine Aehnlichkeit in den physischen Characteren

verbunden, und diese sind offenbar großen Abweichungen unterworfen.

„Wir wenden uns nun zu Cuvier's kaukasischer
Race, über die er sich folgendermaßen äußert: „„Die
Stammrace, von welcher wir unsern Ursprung herleiten, ist
die kaukasische genannt worden, weil sie ihren ältesten Sitz
in dem zwischen dem caspischen und schwarzen Meere liegenden Gebirge gehabt zu haben scheint. Die Hauptzweige der
kaukasischen Race lassen sich an der Aehnlichkeit ihrer Sprachen erkennen.““ „Hier begiebt er sich auf das Gebiet der
philologischen Forschung, und es ist wichtig zu bemerken, in
wiefern dieselbe seinen Schlüssen zu einer festen Basis dient.
Die Zweige der kaukasischen Race werden folgendermaßen
aufgeführt: 1) „„Der aramäische oder syrische Zweig schlug
den Weg nach Süden ein; von ihm stammen die Assyrier,
Chaldäer und nie besiegten Araber, welche nach Mohamed's
Auftreten Herren der Welt zu werden hofften, die Phönizier,
Juden und Abyssinier, Colonien der Araber; es ist sehr
wahrscheinlich, daß die Aegyptier zu derselben Abtheilung gehören.““ „Ehe wir weiter gehen, wollen wir auf die historischen Paradoxen aufmerksam machen, die sich uns schon im
Vorstehenden aufdrängen. Sowohl die Juden als die Araber besitzen bekanntlich uralte Traditionen, aber weder die
schriftlichen, noch die mündlichen leiten den Ursprung dieser
Völker aus dem Kaukasus ab. Es muß uns ferner nicht
wenig Wunder nehmen, daß die rothen oder kupferfarbenen
Aegyptier als Kaukasier und als zu dem semitischen Nationen-
stamme gehörig betrachtet werden. Wie läßt sich dieß mit
dem Zeugnisse Herodot's, Manetho's und aller übrigen
Historiker, welche die Aegyptier den Juden so schroff entgegenstellen, ja selbst mit dem des Moses vereinbaren, von dem
wir erfahren, daß diese Völker schon zu des Erzvaters Joseph Zeiten verschiedene Sprachen redeten, und wie ließe sich
die Thatsache läugnen, daß die noch jetzt existirende ägypti-
sche Sprache, sowohl in Ansehung der Construction als der
Wörter von den Hebräischen durchaus verschieden ist. Wir
gehen nun zum nächsten Zweige der kaukasischen Race über.

„„Der indische, germanische und pelasgische Zweig, fährt
Cuvier fort, ist weit ausgedehnter, und theilte sich schon
zu einer frühern Zeit. Indeß lassen sich zwischen folgenden
vier Zweigen eine Menge von Verwandtschaften erkennen.
1. Das Sanskrit, welches jetzt die heilige Sprache der Hindu's
und die Mutter aller Dialecte dieser Nation ist; 2. die
älteste Sprache der Pelasger, aus welcher die griechische, la-
teinische und viele todte Sprachen, so wie sämmtliche südeuropäischen Dialecte hervorgegangen sind; 3. das Gothische oder
Teutonische, von welchem alle Sprachen des Nordens und
Nordwestens abgeleitet sind: das Deutsche, Holländische, Englische, Dänische, Schwedische, sammt deren Dialecten; 4.
das sogenannte Slavonische, von welchem alle nordöstlichen
europäischen Sprachen, als Russisch, Polnisch, Böhmisch und
Wendisch abstammen. Dieser große Zweig der kaukasischen
Race ist es, bei welchem Philosophie, Wissenschaft und Kunst
am höchsten gediehen, und seit mehr, als 30 Jahrhunderten
gepflegt worden sind.““

„Die Behauptung, daß die eben aufgezählten Nationen sich mittelst ihrer Sprachen vereinigen lassen, läßt sich mit genügenden Beweisen belegen. Aber wie fände dieses Verbindungsglied bei den Arabern, Juden und Aegyptiern, die zu derselben Race gezogen worden, oder bei dem noch zu erwähnenden dritten Zweige der kaukasischen Race statt?"

„Der scythische und tartarische Zweig, heißt es weiter, erstreckt sich gegen Norden und Nordosten; er drang durch die ungeheuern Steppen jener Regionen vorwärts, und kehrte nur zurück, um die glücklichern Niederlassungen seiner Brudervölker zu zerstören. Die Scythen, welche zu einer so frühen Zeit in die höhern Gegenden Asien's einfielen; die Parther, welche zur Zerstörung des römischen und griechischen Kaiserthums so viel beitrugen; die Türken, welche die Herrschaft der Araber brachen, und in Europa die traurigen Ueberreste der griechischen Nation unterjochten, waren Abtheilungen dieser Horde. Die Finnen und Ungarn stammen von ihr ab, indem sie sich durch slavonische und teutonische Völkerschaften ihren Weg bahnten. Ihr Urland, nördlich und östlich vom caspischen Meere, hat noch Spuren von Bewohnern desselben Stammes aufzuweisen; allein sie sind dort mit einer unendlichen Menge von anderen kleinen Völkerschaften, die einen verschiedenen Ursprung und Dialect besitzen, vermischt. Das Volk der Tartaren hat sich in diesem ganzen Landstriche reiner erhalten. Rußland wurde lange von ihm bedroht, hat aber nach und nach deren Unterjochung von den Mündungen der Donau bis zu denen des Irtisch bewirkt."

„Hier fällt uns zuvörderst der Umstand auf, daß die Tartaren mit den Finnen und Ungarn in denselben Zweig gestellt werden. Die zuletzt erwähnten Nationen sind aber zwei Aeste eines Stammes, der seit uralten Zeiten durch Nordeuropa und einige Theile Asien's verbreitet war, und weicht, in Ansehung der physischen Charactere und Sitten, von der tartarischen oder scythischen Race ab. Noch wichtiger ist es, daß die finnischen Völkerschaften, vermöge ihrer Dialecte, immer erkannt, und von den Tartaren unterschieden werden können. Die Fenni und Scritifenni, welche zu dem Stamme der Finnen und Lappen gehören, werden von Tacitus und Plinius als Bewohner des nördlichen Europa's genannt. König Alfred gedenkt derselben in seiner merkwürdigen Abschrift der Fahrt Ocher's des Nordmann's, und den gelehrtesten Alterthumsforschern des Nordens zufolge, sind die Finnen das Volk, welches unter dem Namen Jotuni, oder Riesen, Scandinavien und die Ufer der Ostsee vor dem aus Osten stattfindenden Einfalle Odin's und seiner teutonischen Anhänger besetzt hielten. Mehrere edle Familien der Nordmänner oder Normänner sollen sogar von diesen Ureinwohnern Scandinavien's abstammen; selbst Rollo, der Eroberer der Normandie, und der Urahn der englischen Dynastie, leitete seinen Stamm von einer jotunischen Familie her, welche seit undenklichen Zeiten bei Drontheim in Norwegen gewohnt hatte. Der Geschichte der Finnen ist durch alle Schriftsteller des Mittelalters hindurch nachgespürt worden. Man hat längst in Erfahrung gebracht, daß alle finnischen und ungarischen Stämme durch die Aehnlichkeit ihrer Dialecte unter einander verbunden sind. Erst vor wenigen

Jahren wurde dieser Gegenstand durch einen ungarischen Gelehrten, Namens Gyarmathi gründlich untersucht, der sich eifrig mit dem Studium der mit seiner Muttersprache verwandten Dialecte befaßte. Der Erfolg war, daß die Sprachverwandtschaft und folglich Stammverwandtschaft der Lappen, Finnen, Ungarn, Ostiaken und vieler, sowohl diesseits, als jenseits des Uralgebirges, welches Nordeuropa von Nordasien trennt, lebenden Völkerschaften festgestellt wurde. Viele dieser Nationen zeichnen sich durch platte Gesichter und rothe Haare aus, und stechen dadurch von den Tartaren ab. Ihre Sprache trennt sie auf eine unzweideutige Weise von den letztern.

„Noch weniger kann aber die tartarische oder türkische Nation selbst mit den übrigen Gliedern der angeblichen kaukasischen Race identificirt werden. Es ist noch nie behauptet worden, daß zwischen der Sprache der Tartaren und der der indo-europäischen Nationen die geringste Verwandtschaft bestehe. Die Dialecte der Tartarenstämme weichen nicht bedeutend von einander ab, denn alle Horden dieser großen Nation, obgleich sie von Constantinopel bis zum Irtisch und der Lena reichen, sprechen dieselbe Sprache.

„Alles, was wir über die alte Geschichte der tartarischen Nation sammeln konnten, scheint einer solchen Hypothese zu widersprechen. Der einzige Grund, auf welchen hin man die Tartaren mit den europäischen oder sogenannten kaukasischen Nationen zusammenstellen könnte, ist der Umstand, daß die Schädel der Türken eine Gestalt haben, die dem europäischen Typus angehört. Selbst dieses Merkmal ist aber keineswegs allgemein. Viele tartarische Völkerschaften haben in ihren Gesichtszügen und der Form ihres Schädels mit den Mongolen und Kalmüken viel Aehnlichkeit, und dieß ist vorzüglich bei denjenigen Zweigen der türkischen Stämme der Fall, welche lange in Nordasien in Climaten ansässig gewesen, die vor Alters von Völkerschaften bewohnt worden, denen die Charactere der Mongolen von Alters her zukamen. Diese Abweichungen von den allgemeinern Zügen der türkischen Race und Annäherung an die der mongolischen werden von Schriftstellern, welche die constante Fortpflanzung der physischen Charactere behaupten, einer Vermischung der Racen zugeschrieben. Dieß ist aber durchaus unerweislich. Wenn wir von der Reinheit der Sprache auf die Reinheit der Race schließen dürfen, so müssen die Jakuten, welche die Ufer der Lena bewohnen, von unvermischter türkischer Race seyn, denn Julius Klaproth hat bewiesen, daß die Sprache derselben beinahe die der Osmanen selbst ist, und man hat behauptet, daß ein Türke von Constantinopel von den Jakuten an der Lena verstanden werden würde. Die Meinung Blumenbach's, daß das Clima des nordöstlichen Asien's die Gesichtszüge der Race, im Laufe der Jahrhunderte, verändert habe, hat viel Wahrscheinlichkeit für sich. Da die Sprache der Jakuten rein ist, so können wir, wenngleich deren Gesichtszüge die der Mongolen und Kalmüken sind, von diesem Umstande auf die Reinheit ihres Stammes schließen.

„Ich will nun noch über den Ausdruck „kaukasische Race" einige Bemerkungen mittheilen. Derselbe ist angeblich

21 *

gewählt worden, weil die betroffenen Völkerschaften, ihren Sa= gen zufolge, vom Kaukasus stammen. Aber ist dieß That= sache? Die Berge Kleinasien's, Thracien's und Griechenland's spielen sämmtlich in den griechischen Mythen eine bedeutende Rolle. In der Urzeit, wo noch keine Tempel standen, wa= ren Gebirge dem Dienste der unsichtbaren Kräfte geweiht, welche alle Nationen verehrten. Die Spitzen des Olymp's und des Berges Meru waren bei den griechischen und indi= schen Dichtern die Throne des Zeus und Indra, auf die sie sich aus den Wolken niederließen, um mit den Sterblichen zu reden. Auch dem Kaukasus wurde in dieser Beziehung Verehrung gezollt. Nach einer Mythe, deren Sinn schwer auszulegen ist, wohnte dort Prometheus, jener vieldeutige Character, der bald als Titan, bald als Lehrer der mechani= schen Künste, bald als Erschaffer des Menschen auftritt, und in seiner Eigenschaft als Naturforscher dort die Bewegungen der Himmelskörper beobachtet haben soll. In den Werken der griechischen Fabeldichter und Geschichtschreiber ist mir übrigens keine einzige Ueberlieferung bekannt, welche einer, der Cuvier'schen Hypothese künstigen Auslegung fähig wäre, d. h. den Ursprung des Menschengeschlechts vom Kaukasus ableitete. In der Mythologie der morgenländischen Natio= nen lassen sich eben so wenig bessere Beweise dafür auffin= den; die authentische Erzählung der Hebräer bezeichnet uns den Berg Ararat in Armenien als den Landungsplatz der Arche Noah; allein dieser ist weit vom Kaukasus entfernt."

„Noch ein Einwurf gegen den Ausdruck „kaukasisch," in= sofern derselbe auf Nationen angewandt wird, die mehren= theils aus indo=europäischen und semitischen Völkerschaften bestehen, entspringt aus dem Umstande, daß die Kette des Kaukasus seit undenklichen Zeiten der Wohnsitz von Na= tionen gewesen ist, deren Sprachen unverkennbar auf einen andern Ursprung, als den dieser beiden berühmten Racen hin= deutet. Die Sprachen der ächten kaukasischen Nationen sind von Klaproth gründlich untersucht worden, und das Re= sultat dieser Forschungen war die Zurückführung jener zahl= reichen Dialecte auf wenige Ursprachen, von denen keine, au= ßer die der Osseten, die geringste Aehnlichkeit mit den indo=europäischen Sprachen hat. Die Osseten reden aller= dings einen Dialect, welcher sich einigen Sprachen jenes Stammes nähert, sind aber ein unbedeutendes Volk, welches zufällig mitten unter Nationen verschiedener Abstammung gerathen zu seyn scheint, und es würde ungereimt seyn, wenn man sie als das Stammvolk so vieler großen, vor Alters ci= vilisirten Nationen betrachten wollte

8) Die afrikanischen Neger und die wollhaarigen Be= wohner der malayischen Gebirge, von Neuguinea und vieler Inseln des stillen Weltmeers, die in der Nähe Neuholland's liegen, werden von Cuvier zu der dritten Race gezogen, als deren Ausgangspunct er das Atlasgebirge betrachtet. Die Sprachen dieser Stämme sind mannigfaltig, und die Wanderung eines Theils derselben nach dem östlichen Ocean, wegen der großen Schwierigkeiten, die sich ihr entgegenstellen mußten, unwahrscheinlich. Offenbar beruht die Vereinigung der afrikanischen Neger mit den Papus des östlichen Oceans auf den physischen Eigenthümlichkeiten dieser Stämme, und

alle übrigen Merkmale zeugen dagegen. Aber läßt sich denn kein anderer Grund auffinden, weßhalb in Neuguinea und den östlichen Provinzen ähnliche Nationen vorkommen, wie in Africa? Hat nicht das heiße Clima jener Länder mit dem afrikanischer Aehnlichkeit, und gleichen nicht alle übrigen Naturproducte den afrikanischen? Hat man sich also dar= über zu wundern, daß der Mensch unter denselben Breiten und sonstigen ähnlichen Umständen ähnliche Charactere dar= bietet. Die schwarze und wollhaarige Menschenart ist die= jenige, welche in der heißen Zone immer am besten gedie= hen ist, und es liegt wahrscheinlich in dem heißen Clima ein Grund, welcher deren Entstehung und Fortpflanzung begün= stigt. Wenn Naturkräfte dieselbe einmal hervorbringen konn= ten, so hat sich ziemlich derselbe Erfolg auch unter ähnlichen Umständen wiederholen können.

Die allgemeinen Schlüsse, welche der Verfasser aus dem Vorstehenden ableitet, sind folgende:

Im Ganzen scheint es, als ob der Versuch, nach dem Princip der constanten Forterbung der physischen Charactere besondere Familien von Nationen zu bilden, oder die Men= schenarten in mehrere besondere Racen zu theilen, gänzlich unausführbar sey. Zuvörderst trifft eine solche Eintheilung der Racen nicht mit der Eintheilung nach Sprachen zusam= men. Wir werden finden, daß eine Classe von Menschen, die nach den physischen Characteren zusammengehört, in sprachlicher Hinsicht mehrere durchaus verschiedene Racen in sich faßt. So müßten die Türken und Tartaren, vermöge der Sprachen, von den indoeuropäischen Nationen getrennt werden, und der Unterschied wird nicht geringer, wenn wir auf die ältesten Zeiten zurückgehen. Wie fern muß nicht die Zeit gelegen haben, wo die Celten und Germanen, die Grie= chen, Römer und Slavonier von den Hindu's getrennt wur= den. Dennoch haben alle diese Nationen von jener Zeit her starke Beweise der Identität ihrer Sprache beibehalten, und es ist unbegreiflich, wie die Tartaren alle Spuren ihrer frü= hern Sprache hätten einbüßen können, wenn sie einst densel= ben oder einen ähnlichen Dialect geredet hätten, wie die eben erwähnten Nationen. Die Trennung der Racen nach dem= selben Principe bringt überdem Nationen auseinander, deren Verbindung durch ihre Sprachen nachgewiesen wird, wenn auch dieselben in Absicht der Gestalt und Farbe einen verschiede= nen Character angenommen haben. Auf besondere Beispiele, welche diese Bemerkung zum Belege dienen, habe ich bereits aufmerksam gemacht.

Ein zweiter Einwurf dagegen, daß man die Menschen, auf den Grund physischer Verschiedenheiten hin, in verschie= dene Racen theile, ist, daß es von den erleuchtetsten Schrift= stellern über die Physiologie der Naturgeschichte stets behaup= teten, und von Cuvier selbst so überzeugend nachgewiesenen Grundsatze geradezu widerstreitet, daß der Unterschied der Arten constant sey. Wir müssen durchaus annehmen, daß gewisse Formen ihr Angebinde der Welt an, in den zuerst festge= setzten Gränzen streng erhalten haben. Alle zu einer Form gehörigen Individuen bilden eine sogenannte Art. „Varie= täten, sagt Cuvier, sind die zufälligen Unterabtheilun= gen der Arten." Nun bezeichnet er aber selbst die Men=

schenracen nicht als verschiedene Arten, sondern als Varietä=
ten, folglich als Abweichungen vom Urtypus und als nicht
constant. Kurz, wir müssen entweder das Vorhandenseyn
mehrerer besondern Menschenarten zugeben, (wogegen sich
mehrere unwiderlegliche Einwürfe machen lassen), oder ein=
räumen, daß die vorhandenen Varietäten der einzigen Arten
keine constanten Charactere besitzen.

„Läßt man diese allgemeinen Bemerkungen gelten, so füh=
ren diese selben zu dem Schlusse, daß die verschiedenen Men=
schenracen von Einem Aeltern = Paare abstammen." „Die
Verschiedenheiten der Sprache sind vielleicht weit älter, als
die der Form und Farbe, bedingen aber keinesweges einen ver=
schiedenen Ursprung oder eine besondere Schöpfung der so
characterisirten Menschenracen." (Trans. of British Association, Second Report, p. 529. — *Jamieson's* new
philosophical Journal, October 1833.)

Miscellen.

Ueber den Hals des dreizehigen Faulthiers
(Bradypus tridactylus, L.) hat Hr. Bell in der Zoolog. Society Bemerkungen vorgelesen und dargethan, daß dieses Thier
eben nicht mehr Halswirbel besitze als andere Säugthiere, bei de=
nen, von den kurzhalsigen Walen an bis zu dem langhalsigen Kameel
und Giraffe, immer nur 7 angetroffen werden. Bisher halten
Cuvier und andre Zootomen immer behauptet, daß dieses Faul=
thier deren 9 besitze. Nur Meckel meinte, daß was man bisher
als den neunten Halswirbel betrachtet habe, könne wohl der erste
Rückenwirbel seyn; wahrscheinlich kam er auf diese Vermuthung
durch die Betrachtung der Gestalt des Wirbels selbst, welche ganz
die eines Rückenwirbels ist; oder er kann auch durch Cuvier
selbst darauf geführt worden seyn, welcher anführt, daß bei einem
jungen, von ihm untersuchten Exemplar, die Queerfortsätze des
von ihm als neunten Halswirbel beschriebenen Knochens nicht mit
dem Wirbel selbst vereinigt waren, daher Cuvier's Frage: ob
dieß nicht ein kleiner Anfang zu einer Rippe sey? Cuvier
scheint dieses getrennte Knochenstück sonst bei keinem andern Thier
dieser Art beobachtet zu haben. Aber bei zwei Skeletten, welche
Hr. Bell besitzt, von einem jungen und einem erwachsenen Thiere,
sind sowohl beim achten als neunten Wirbel, vom Schädel an ge=
rechnet, auf jeder Seite knöchernen getrennte Anhängsel vorhanden,
und derselbe ist daher geneigt, diese Wirbel mehr als den ersten
und zweiten Rücken=, denn als den achten und neunten Halswirbel
anzusehen. Die Queerfortsätze dieser Wirbel sind länger und schmä=
ler als bei den vorhergehenden, und jeder hat an seinem Ende
eine vollkommene Gelenkfläche mit einer geringen Vertiefung. An
diese Gelenkfläche sind die Köpfe der Rippenrudimente angeheftet.
Das erste dieser Rudimente ist klein und dünn, ungefähr 1/12 Zoll
lang, hat einen deutlichen Kopf, welcher am Gelenkende abgerun=
det ist, und wird dann plötzlich schwächer und gegen die Spitze
hin dünner. Das zweite ist beträchtlich größer, fast einer kurzen

Rippe ähnlich, ungefähr 6 Linien lang und fast 2 breit; sein Kopf
ist länglich und abgerundet und an der Ober = und Vorderseite be=
findet sich ein Höcker. Gegen das Ende wird es breiter und fla=
cher, hat nach innen eine hohle Fläche und außen einen gewölbten
rauhen Vorsprung, unfehlbar von einer Muskelinsertion. Unmittel=
bar hinter und unter dem Kopf des Knochens ist ein kleines Loch
zum Durchgang von Intercostalgefäßen. Diese Queerfortsätze un=
terscheiden sich sehr wesentlich von denen der wahren Halswirbel.
Beim ersten derselben ist der Fortsatz queer und schwach gespalten,
beim siebenten schräg vorwärts gerichtet, mit breiter und länglicher
Spitze, beim ersten Rückenwirbel aber ist er vollkommen in einen
vordern abgeplatteten Fortsatz und einen wahren Seiten = oder
Queerfortsatz getheilt, welcher das kleine Rippenrudiment trägt;
der Queerfortsatz ist kleiner, aber beträchtlich länger als die der
wahren Halswirbel und mehr seitwärts oder queer gestellt. Beim
zweiten Rückenwirbel fehlt der vordere Fortsatz, und der Körper
hat dieselbe Gestalt, wie die folgenden. Die Queerfortsätze sind
einfach und stumpf und die Gelenkfläche ist leicht ausgehöhlt.

Squalo - raia Dolichognathos nennt Hr. Charles
Stokes, Esq., in einer am 15. Mai in der Geological Society
vorgelesenen Abhandlung eine neue fossile Gattung und Art von Fischen,
welche Dr. Riley in Eiskalk bei Lyme=Regis entdeckt hatte, indem er
zugleich die früher von Andern darüber ausgesprochenen Ansichten
als unrichtig darthat. Das Fossil gehört zu der Ordnung der
Knorpelfische und hat einige Aehnlichkeit mit den Rochen, unter=
scheidet sich aber durch mehrere wichtige Kennzeichen. Die Kinn=
backen sind sehr lang; in der obern fanden sich keine Spuren von
Oeffnungen, sie scheint in eine Grube in der Mitte der Unter=
kinnlade eingegriffen zu haben; Zahnhöhlen fand Hr. St. nicht, aber
bei den Kinnbacken lagen viele Stacheln mit strahligen Grund=
flächen, den Stacheln der Rochen und andrer Knorpelfische ähn=
lich. Die Augenhöhlen sind sehr groß, mit einem erhabenen Rand
umgeben, der Raum zwischen der Mittellinie und dem Augenhöh=
lenrande jeder Seite, wo die Wand = und Stirnknochen liegen,
ist flach und niedergedrückt, fast wie bei einem Saurier. An der
Wirbelsäule, welche besser erhalten war, als die übrigen Theile,
waren die Fortsätze nicht mehr zu sehen, aber die Körper der
Wirbel waren noch ganz, kreisrund und sehr zahlreich, ungefähr
260, wovon 28 Halswirbel, 143 Rücken = und 90 Schwanzwirbel.
Nach dem kleinen Rückenmarkscanal und der Trennung der Halswir=
bel hat das Rückgrat Aehnlichkeit mit der der Haien. Das An=
sehen der, obgleich sehr beschädigten, Flossenknochen scheint gleichwohl
einen Knorpelfisch anzuzeigen.

Alepisaurus, eine neue Fischgattung aus der Ordnung der
Stachelflosser, Familie Taenioides Cuvier's hat Hr. Lowe,
corresp. Mitglied der Zoology Society folgendermaßen characterisirt:
Alepis. Caput compressum, antice productum, *rictu* magno, pune
oculos longe diducto; dentibus uniseriatis, validis, retrorsum
spectantibus, quibusdam praelongis. *Corpus* elongatum , atte-
nuatum, cum *capite* omnino nudum. *Pinnae dorsales* duae; *prima*
alta, a nucha longe per dorsum producta; *secunda* patva; *in-
gona, adiposa; ventrales* mediocres, *abdominales; analis* medio-
cris, antice elevata; *caudalis* magna, furcata. *Membrana* bran-
chiostega 6 — 7 radiata. — A. ferox. *Hab.* in Mari Atlantico
Maderam alluente, rarissimus.

Heilkunde.

Von periodischer Myopathie, als Folge einer Con=
tusion der Schenkel,

hat Hr. Prof. Jacob Sonnerberg zu Lund in Schwe=
den, in dem zu London erscheinenden Journal the Lancet,
10 August 1833, einen Fall folgendermaßen beschrieben:

„Ein Schwedischer Officier, etwa 30 Jahre alt, bekam
im Jahr 1814, während des Krieges in Norwegen, von ei=
ner Kanonenkugel eine Contusion an beiden Schenkeln. An=
fangs fühlte er sich kaum im Geringsten afficirt, sank aber
nachher um, und nachdem er in Kälte und Regen sechs oder
sieben Stunden gelegen hatte, wurde er fast bewußtlos ins

Hofpital geschafft. Nach einer Woche war er so weit wieder hergestellt, daß er wieder Dienst that, obschon er das
Reiten nicht gut vertragen konnte und sich durch die Bewegung und das Ausstrecken der Beine sehr belästigt fühlte.
Diese Unannehmlichkeit wurde indessen durch spirituöse Einreibungen und Bandagen, welche um die Schenkel gelegt
wurden, mit der Zeit beseitigt.

Das folgende Jahr begann ein Schenkel nach einem
scharfen Ritte ihm Schmerzen zu verursachen, und zu schwellen, aber der Schmerz wurde durch Reibungen und Bähungen abermals vertrieben.

In den Jahren 1816 und 1817 fühlte er manchmal
Schmerzen im rechten Schenkel, besonders nach dem Reiten,
und nach einer starken Anstrengung. Im Jahr 1818 begannen die Streckmuskeln des rechten Schenkels über der
Kniescheibe zuweilen zu schwellen, so daß diese Symptome
nach Verlauf von neun Tagen, jedoch ohne besondern Schmerz,
immer zurückkehrten.

Im Sommer 1819 bekam er auf einer Reise im Aus-
lande drei Tage lang heftige Schmerzen im rechten Schenkel, der so geschwollen war, daß er ihn nicht bewegen konnte;
aber Umschläge von kaltem Wasser, ferner der Gebrauch von
Pflastern und Bandagen beseitigten das Uebel bald, obschon
einige Steifheit und Schwierigkeit, das Glied zu bewegen,
zurückblieb.

Während der Fortsetzung seiner Reise kehrte der Schmerz
zurück, so daß er sich in Paris drei Wochen lang in ein
Hospital begeben mußte, wo man blutige Schröpfköpfe, bla-
senziehende Mittel, Fontanelle, Einreibungen, Pflaster und
Binden anwendete.

Im Jahr 1820 kehrte er nach Schweden zurück, und
sein Wagen wurde auf einer Reise nach einer Mineralquelle
umgeworfen. Dadurch wurde sein Schenkel so beschädigt,
daß die Krankheit sich verschlimmerte, und der Arzt Willens
war, das Bein zu amputiren. Er willigte jedoch nicht ein,
sondern wiederholte die vorige Behandlung und fand bei einer sitzenden Lebensweise und Anwendung von Fontanellen
einige Erleichterung. Während der drei folgenden Jahre ver-
schafften ihm dagegen die verschiedenen Medicamente, die er
zu verschiedenen Zeiten anwendete, nur wenig Erleichterung.

Vom Jahre 1824 an ließ der Schmerz sehr nach. Er
empfand zwar noch immer Schmerz, jedoch nicht in solchem
Grade, daß er dadurch in der Besorgung seiner häuslichen
Angelegenheiten gehindert worden wäre, obschon er das Reiten und starke Bewegung vermeiden mußte. In den folgenden Jahren hatte er periodische Anfälle der Krankheit mit
längern und kürzern Zwischenräumen. Er fuhr fort, Mineralwässer und Mineralbäder zu brauchen. Vom Jahr 1830
an wurden die periodischen Anfälle regelmäßig, indem sie immer den neunten Tag sich erneuerten, wiewohl er einen oder
den andern Monat hindurch von den Symptomen ganz frei
blieb. Aber von dem Monat Mai 1832 bis auf den heutigen Tag haben die Anfälle einen regelmäßigen periodischen

Typus angenommen, so daß jeden neunten Tag die Streckmuskeln des rechten Schenkels um und über der patella so
dick, wie eine Hand anschwellen, drei Tage lang Schmerz
und Geschwulst verursachen, dabei fast so hart, wie ein Knochen oder Stein werden, und der Patient dann nur mittelst
einer Krücke gehen kann und dabei die Empfindung hat, als
ob er sich auf einem hölzernen Beine bewege. In den nächsten drei Tagen verschwinden Härte und Geschwulst allmälig mit einem Gefühl von Betäubung und Ameisenlaufen.
Nach diesen sechs Tagen, wo die Symptome zunehmen und
abnehmen, ist der Patient für die drei folgenden Tage von
Leiden frei. Er erlangt nun den vollkommenen Gebrauch
seines Schenkels wieder, der seine natürliche Form und Weichheit wieder erhalten hat. Die Anfälle der Krankheit waren
heftiger oder milder, je nachdem der Patient sich starke oder
schwache Bewegung gemacht hatte, aber er spürte nicht, daß
der Wechsel der Jahreszeiten oder der Witterung einen ver-
ändernden Einfluß auf seine Krankheit ausübten. Vor dem
Eintritte des Anfalles, wovon er kurz vorher eine Anzeige
hat, muß er sich ganz ruhig verhalten.

Wiewohl er nun schon eine Reihe von Jahren an dieser sonderbaren Krankheit leidet, hat er doch in jeder andern
Hinsicht seine Gesundheit, wie auch die Heiterkeit des Geistes
und die körperlichen Kräfte behalten.

Reflexionen. Es ist einleuchtend, daß die periodische
Anlage zu Krankheiten eine so große Ausdehnung hat, daß kaum
irgend eine Abirrung vom Lebensproceß ohne Perioden stattfinden
kann, während selbst der normale Lebensverlauf in einem Kampfe
streitender Kräfte, in einer Reihe dynamischer Schwingungen
besteht, woraus folgt, daß die Zustände von Gesundheit und
Krankheit, denselben Gesetzen der Natur und des Lebens unterworfen und nur in der Modification verschieden sind. Aber dergleichen Krankheiten allein sind periodisch genannt worden,
indem sie nach Verlauf einer gewissen Zeit zurückkehren und
nachher nur einen relativen Grad von Gesundheit zurücklassen,
nämlich eine Gesundheit die bei dem Patienten nur äußerlich vorhanden ist. Und dieser Zustand dauert, bis Anhäufung des unwägbaren Stoffes (Nervensluidum oder Nervenkraft?) im Innern
binnen einer bestimmten Zeit einen frischen Ausbruch der Krankheit bewirkt, welche aus Verletzung des Ernährungsprocesses
des Lebens entspringt. Diese Ausbrüche scheinen Anstrengungen der Natur zu seyn, die Ursache der Krankheit zu
entfernen und den normalen Verlauf des Lebens wiederherzustellen; und die Natur ist reif für diesen Zweck, so oft
Ursachen der Reaction vorhanden sind und die Lebenskraft
ausreichend ist, diese Reaction auszuführen. Dafür geben
die ausschenden Fieber deutliche Belege. Außerdem neigen
sich fast alle Nervenkrankheiten (Neurosen) zum Periodischen,
wie, z. B., Epilepsie, Hysterie, Kopfschmerz, Wahnsinn u.
s. w. Aber es giebt andere Krankheiten, welche einen periodischen Character haben, deren Verwandtschaft zum Nervensystem nicht so einleuchtend ist und welche, weil sie in
einer ungewöhnlichen Gestaltung auftreten und ihre ätiolo-
gischen Beziehungen verbergen, morbi larvati genannt werden. Der deutsche Arzt und Physiolog, Casimir Medicus

hat eine große Menge solcher Beispiele gesammelt; und unter andern erwähnt er eines sechzigjährigen Mannes, dessen Augen alle sechs Monate aus den Augenhöhlen hervortraten, so daß sie auf der Wange zu liegen schienen, ohne daß die Sehkraft des Patienten dabei abnahm. Nach der Zeit traten sie allmälig in ihre Augenhöhlen zurück. Daß Nervenkrankheiten von der Seele nicht allein erzeugt, sondern auch unterdrückt werden, ist allgemein bekannt.

Die krankhafte Affection, von welcher ich oben eine Beschreibung gegeben habe, scheint mir in einer periodischen Congestion am humerus und einer rheumatischen Fluctuation zu bestehen; und es ist nicht ohne Beispiel, daß die Blutcongestion und krampfhafte Contractionen nach einer Kälteabnahme entstehen und endlich mit rheumatischem tetanus endigen. Einen solchen Fall von rheumatischer Myopathie erzählt auch Boerhaave. Ein junger Mann von phlegmatischer Constitution, der sich dem Studium der Wissenschaften gewidmet hatte, fühlte krampfhafte Schmerzen in den Muskeln der Füße, nachdem er letztere einer heftigen Kälte ausgesetzt hatte. Diese Schmerzen traten nach und nach in die Beine und Schenkel, und kehrten zwei Jahre lang periodisch zurück, so daß jeder Anfall zwei oder drei Stunden dauerte. Dazu kamen nachher Muskelkrämpfe in der rechten Seite des Rückens, die bis zum Kopf emporstiegen, epileptischen Anfällen vorausgingen und im Winter schmerzhafter waren, als im Sommer. Der Patient spürte den Anfall einige Stunden vorher (und er trat endlich ein, ohne die geringste Empfindung von Kälte und aura epileptica), in dem sich nämlich eine livide Farbe auf dem Rücken des metatarsus einstellte. Dadurch, daß eine Binde um das Bein gelegt wurde, verschwand die Krankheit wieder *).

Es ist eine allgemeine Bemerkung, daß die Pathologie des Muskelsystems noch wenig cultivirt und erklärt ist, obschon die pathologische Anatomie uns eine Menge Thatsachen zur Erläuterung derselben in die Hand gegeben hat. Aber weil das Nervensystem und das Gefäßsystem Factoren oder Regulatoren der Functionen und der Ernährung der Muskeln sind, und weil die Muskeln als die Hauptagenten der Nerven betrachtet werden müssen, so läßt es sich leicht erklären, warum die Diagnose der Muskelaffectionen so zweifelhafte und dunkel ist, obschon es schwer hält, zu entscheiden, ob die Muskelaffectionen protopathisch oder sympathisch sind.

Eine durch eine Kanonenkugel erzeugte Contusion muß mit einemmal eine Verletzung der Nerven der Gefäße und der Muskelsubstanz hervorbringen: da aber die Nerven die Leiter des unwägbaren Stoffes sind, so wird jede Anomalie der Irritabilität in einer Abnormität der Functionen der Nerven (intemperies nervorum) gesucht, denn die meisten periodischen krankhaften Affectionen entspringen aus dem Gangliensystem.

*) Portal: Beobachtungen über die Epilepsie.

Eine eigenthümliche Geschwulst in dem Biceps flexor cubiti.

Von W. L. Clement.

„Es sind schon mehrere Fälle knöcherner Concretionen aufgeführt worden, die sich in und in Verbindung mit verschiedenen Theilen des Körpers gebildet hatten, zu denen sie, wegen der offenbaren Unähnlichkeit der Struetur, keine natürliche Verwandtschaft hatten. Aehnlicher Art ist folgender Fall:

John Wheeler, ein Schuhmacher, ein junger Mann, fragte mich wegen einer Geschwulst an seinem Arme um Rath, weil ihm dieselbe sehr unbequem war, und bisweilen heftigen Schmerz verursachte. Sie war nicht sehr hervorragend, und saß gerade auf dem Muskelbauche des biceps. Sie war außerordentlich hart und gab den Fingern fast ganz dasselbe Gefühl, wie der obere Theil einer zerbrochenen und durch die Muskeln zurückgezogen wie patella. Obgleich die Geschwulst nur oberflächlich zu liegen schien, so stand doch ihre untere Oberfläche mit dem Muskel in genauer Verbindung und verursachte bei jeder raschen Beugung des Arms dem Kranken heftigen Schmerz.

Als ich mich nach dem Verlaufe des Falles erkundigte, sagte mir der Kranke, daß er schon seit vielen Jahren einen kleinen Knoten am Arme gehabt habe, welcher ihm jedoch keine Unbequemlichkeit verursachte. Etwa zwei Jahre, ehe ich ihn sah, begann dieser Knoten zu wachsen, und während der letzten neun Monate hatte er sehr rasch zugenommen, obgleich man mehrere Mittel angewandt hatte, um seine Entwicklung zu verzögern.

Ich setzte nun dem Kranken auseinander, daß er von nichts Erleichterung erwarten könne, als von der Exstirpation der Geschwulst, der er sich unterwerfen müsse, weil er durch das Uebel zu seinem Berufe ganz untauglich geworden war. Zuerst verweigerte er die Operation aus Furcht vor dem Messer, und wurde von mir, da ich ihm durch andere Mittel keine Erleichterung versprechen konnte, entlassen. Nach wenigen Wochen kam indeß der Kranke wieder, und verlangte operirt zu werden. Da die Hautdecken lose über der Geschwulst lagen, und mit ihrer Oberfläche nicht verwachsen waren, so machte ich einen ziemlich langen Einschnitt, und präparirte gegen die Substanz, dieselben hin, welche sich zeitbig unter dem Messer zeigte. Die Wundränder wurden nun auseinandergezogen. Ich faßte die Geschwulst mit meinen Fingern, und versuchte sie aus ihrer Lage in die Höhe zu heben, fand sie aber so fest an den Muskel angeheftet, daß ich genöthigt war, tief in die Muskelfasern hineinzuschneiden, ehe ich sie vollkommen trennen konnte. Als sie weggenommen war, zeigte sich, daß der untere Theil der Geschwulst eine konische und sehr unregelmäßige Gestalt habe, während die mit den Hautdecken in Verbindung stehende Oberfläche flach und ziemlich glatt war. Die Wundränder wurden nun mit Heftpflaster zusammengezogen, und am fünften Tage war die Wunde vollkommen geheilt. Bei der Untersuchung der Geschwulst fand sich, daß sie aus einer derben, knorpelartigen Masse bestand, durchzogen und zum größten Theile zusammengeſetzt von Theilchen, welche ich nicht genau zu beſchreiben weiß, da ſie ſowohl knochiger, als kalkartiger Natur zu ſeyn ſchienen. Die Farbe dieſer ſandigen Theilchen war verſchieden; an einigen Stellen waren ſie ſo weiß, wie Kalk, aber in der Mitte der Geſchwulſt zeigten ſie eine gelbe Färbung. Die Geſchwulſt war durch keine eigenthümliche, ſie umkleidende Kapſel eingehüllt; auch konnte ich nirgends in derſelben eine Spur von Gefäßen entdecken, aber an die unregelmäßige untere Fläche waren die Muskelfaſern ſo feſt angeheftet, daß ſie nur mit großer Schwierigkeit davon gelöſt werden konnten: — die Fleiſchfaſern ſetzten ſich in den Spalten der Geſchwulſt an und verbanden ſich mit ihr ganz in derſelben Weiſe, wie das Fleiſch der Frucht mit der unebenen Oberfläche eines Pfirſichſteines in Verbindung ſteht

In Beziehung auf Regulirung der Arbeitsſtunden in Fabriken und Spinn = Mühlen ꝛc. in Groß = britannien,

(Vergl. Notizen No. 780. (No. 10. des XXXVI. Bandes.)
iſt in dem Parliament, auf Vorſchlag des Lord Aſhley, eine Bill durchgegangen und Geſetz geworden, welche hoffentlich wenigſtens einem Theile der herrſchenden Mißbräuche ein Ziel ſetzen wird.

In der Einleitung heißt es: „es habe ſich nothwendig gemacht, die Arbeitsſtunden in Mühlen und Factoreien zu reguliren, da man an dergleichen Orten eine große Anzahl von Kindern und jungen Perſonen beiderlei Geſchlechtes eine unvernünftige Zeitlänge und ſpät in die Nacht hinein, und in vielen Fällen die ganze Nacht hindurch, zum großen und offenbaren Nachtheile der Geſundheit und Sittlichkeit ſolcher Kinder und jungen Perſonen, anzuſtellen pflege.

Die erſte Clauſel ſchützt Perſonen unter 21 Jahren vor Nachtarbeit, oder vor Arbeiten zwiſchen 7 Uhr des Abends und 6 Uhr des Morgens.

Perſonen unter 18 Jahren dürfen nicht über 10 Stunden täglich, oder 8 Stunden des Sonnabends beſchäftigt werden. Dieſe Stunden betragen alſo 12 und 10 reſp., die Eſſenszeit mit eingeſchloſſen.

Die Eſſenszeit ſoll jedesmal 1 Stunde betragen, und zwar ſollen während derſelben Stunde alle Kinder und jungen Perſonen, die in derſelben Factorei angeſtellt ſind, ihre Mahlzeit genießen.

Die Arbeitsſtunden können unter gewiſſen Umſtänden, in Bezug auf ihren Anfang und auf ihr Ende, aber nicht auf ihre Länge, variiren.

Diejenige Zeit, welche angeblich durch Hinderniſſe in der Maſchinerie verloren worden iſt, ſoll nicht durch die jungen Arbeiter, oder ihre Arbeitsthätigkeit, erſetzt werden.

Kinder unter 9 Jahren dürfen nicht angeſtellt werden.

Junge Perſonen dürfen nicht des Sonntages zurückbehalten werden, um die Maſchinen zu reinigen.

Die Wände und Decken der Arbeitsſtuben müſſen jährlich wenigſtens einmal friſch getüncht werden, es müßte denn ſeyn, daß ſie mit Oelfarbe angeſtrichen wären.

Bei der künftigen Errichtung von Factoreien muß darauf geſehen werden, daß keins von den Arbeitszimmern unter 10 Fuß Höhe habe.

Bei Einführung der Strafen und Ausführung der Beſtimmungen dieſer Clauſeln ſollen keine Friedensrichter mit thätig ſeyn, welche an dem Eigenthume einer ſolchen Factorei mit Antheil haben.

Die Beſtimmungen dieſer Acte ſollen in den Mühlen ꝛc. angeſchlagen werden, auch ſollen ſogenannte Zeitbücher gehalten werden, unter ſchwerer Strafe für falſches Eintragen.

Die Arbeitszeit ſoll nicht nach den ſogenannten speed-clocks, welche gewöhnlich an der Maſchine ſich befinden, ſondern nach regelmäßigen Uhren beſtimmt werden, die nach der nächſten öffentlichen Uhr zu ſtellen ſind.

Das Maſchinenwerk muß dergeſtalt umfriedigt, oder mit einem Gehäuſe umgeben werden, daß Verletzungen verhindert werden. Tödtliche Verletzungen, welche durch Vernachläſſigung dieſer Clauſel vorfallen, ſollen den Eigenthümern der Factorei als Todtſchlag in Anſchlag gebracht werden; und wo die Beſchädigung nicht den Verluſt des Lebens zur Folge hat, ſondern nur ſchlimme Verletzung des Körpers, oder eines Gliedes, haben die Eigenthümer dem Leidenden Gelderſatz zu leiſten.

Der übrige Theil der Bill bezieht ſich hauptſächlich auf Strafen für das in Thätigkeit Erhalten von Maſchinen zu ungeeigneten Stunden; auf die Art, wie die Strafen einzutreiben ſind, und auf einige andere kleinere Details.

Miscellen.

Eine ſonderbare Wirkung des Blitzes auf die Schulter eines Pferdes hat Dr. Holroyd in der Harveyan Society zu London am 4. November zur Sprache gebracht. Das electriſche Fluidum hatte das Schulterblatt des Thieres zerſchlagen, ohne letzteres zu tödten, oder den darauf ſitzenden Reiter zu verwunden. Der Fall war in der Nähe von New = Caſtle vorgekommen. Das Pferd, welches zu keinem Dienſte mehr brauchbar war, wurde kurz hernach getödtet. Man fand die das Schulterblatt bedeckenden Muskeln ganz desorganiſirt, ſehr weich und ganz buntelfarbig; ihre Lebenskraft war durch den Blitz vernichtet.

Gegen krebsartige Geſchwüre wendet Herr Dupuytren Folgendes an:

    Rc. Calomelis partes 96.
      Acidi arsenicosi p. 4.
  M. f. pulvis
    Rc. Calomelis et Acidi tantidem.
    Solve in Aquae destill. q. s. ut addendo Gummi pulveratum mixtura pastae consistentiam accipiat. — Man kann, wenn es nöthig iſt, mit der arſeniſchen Säure bis zu 5, 6 und 8 Gran ſteigen. Dieſe Präparate verurſachen den Kranken weniger Schmerz, als das Rouſſelot'ſche Pulver.

Benutzung der Ohnmacht bei chirurgiſchen Operationen. Hr. Wardrop ſollte bei einer jungen Frau eine Geſchwulſt am Kopfe extirpiren, aber die Kr. konnte zu mehreren Malen die Schmerzen von den erſten Einſchnitten nicht ertragen, er verwirrte daher eine künſtliche Ohnmacht, indem er am Arm eine Vene öffnete und bis zur Ohnmacht (54 Unzen wurden weggenommen) Blut abließ. Die Operation konnte nun, der Kr. ganz unbewußt, vollendet werden, und als ſie wieder zu ſich kam, wollte ſie gar nicht an die Befreiung von ihrem Uebel glauben. Hr. W. fragt, ob man bei großen chirurgiſchen Operationen nicht zu dieſem, ihm ganz unſchädlich (?) dünkenden, Mittel greifen könne, er habe es immer mit dem Nutzen angewendet.

Bibliographiſche Neuigkeiten.

Correspondance de *Victor Jacquemont* avec sa famille et plusieurs de ses amis, pendant son voyage dans l'Inde (1828—1832). Deux Volumes 1833. 8. m. 1 Charte. (Einige der für Natur [geſchichte wichtigen Briefe ſind in den „Notizen No. 797—800. No. 5—8. des XXXVII. Bds.] mitgetheilt worden.)

Essai sur un nouveau mode de dilatation, particulièrement appliqué aux rétrécissemens du rectum, avec une lithographie représentant l'appareil instrumental. Par *A. Costallat*. Paris 1833. 8.

Notizen
aus
dem Gebiete der Natur= und Heilkunde.

Nro. 836. (Nro. 22. des XXXVIII. Bandes.) December 1833.

In Commission des Landes=Industrie=Comptoirs zu Weimar. Preis eines ganzen Bandes, von 24 Bogen, 2 Rthlr. oder 3 Fl. 36 Kr.,
des einzelnen Stückes, 3 ggl. Die Tafel schwarze Abbildungen 3 ggl. Die Tafel colorirte Abbildungen 6 ggl.

Naturkunde.

Ueber das Wachsthum der Bäume.

Im Jahr 1827 wurde am nordöstlichen Hange des East Rock bei Newhaven in America eine bedeutende Menge Schierlingstannen gefällt, um den Rost des Werfts zu bilden, welches sich am östlichen Ende des Beckens des Farmington'schen Canals befindet. Als ich zur Zeit seiner Ablieferung dieses Bauholz besichtigte und maß, berücksichtigte ich besonders die Jahrringe, von denen jeder dem Wachsthume eines Jahres entspricht, und die bei jener Holzart äußerst deutlich sind. Diese Lagen waren von verschiedener Breite, so daß in manchen Jahren die Bäume um 5 — 6mal mehr an Dicke zugenommen hatten, als im vorhergehenden oder folgenden *). So stattete denn jeder Baum über die Beschaffenheit der Jahre, während deren er gelebt hatte, seyen es nun 80 oder 200, Bericht ab, und, was bemerkenswerth ist, jeder Baum berichtete dasselbe. Wenn man, z. B., an der äußern Schicht eines jungen, oder eines ältern Baumes zu zählen anfing, und nach dem Kerne zu zählte, so zeigte jedesmal, wenn der junge Baum ein Jahr starkes Wachsthum hinbeutete, der ältere ebenfalls ein solches an. Meine nächste Beobachtung bestand darin, daß die fetten und die magern Jahre gewöhnlich in Gesellschaft auftreten. So war es selten, daß ein Jahr geringen Wachsthums einem solchen starken Wachsthums unmittelbar vorherging. Begann man aber bei einem Bündel von dünnen Schichten, und sah man dann nach dem Kerne, oder nach der Schaale zu, so bemerkte man, wie die Ringe allmälig breiter wurden, und zuletzt das Maximum erreichten, worauf das Abnehmen begann und wieder bis zum Minimum fortschritt.

Eine dritte Beobachtung war, daß, rücksichtlich der fetten und magern Jahre, keine periodische Wiederkehr stattzufinden schien, sondern daß die Bündel in unregelmäßigen Zwi-

schenräumen abwechselten; auch könnte, bei Vergleichung der Bündel, durchaus kein Gesetz ermittelt werden, nach welchem die Zahl der (fetten und magern) Jahre regulirt worden wäre.

So hatte ich denn vor mir 2 — 300 meteorologische Tabellen, von denen jede so untrüglich, wie die Natur selbst, war; durch Absägen einer dünnen Scheibe von einem der ältesten Bäume hätte ich mir eine solche Tabelle zur Aufbewahrung für die Zukunft verschaffen, und durch Abhobeln dem Auge vollkommen deutlich und sauber darstellen können. Auf der entgegengesetzten Seite hätten mit unauslöschlicher Tinte die Bemerkungen über den Standort des Baumes, die Art des Holzes, das Jahr und der Monat, wo er geschlagen worden ist, den Boden, wo er gewachsen, die Seite, welche dem Norden zugewandt gewesen, und überhaupt jeder andere Umstand, dessen Bekanntwerden dem Exemplare mehr Werth verleihen haben würde, aufgezeichnet werden können. Der Naturliebhaber wird diese Mühe nicht für überflüssig halten, denn ihm ist bekannt, wie oft bei dem Fortschreiten menschlicher Erkenntniß eine Beobachtung durch einen Versuch durch Nichtberücksichtigung eines damit verbundenen Umstands, der vielleicht anfangs sehr unbedeutend schien, seinen vollen Werth verloren hat. Endlich könnte man einem solchen Durchschnitte des Baumes eine geschriebene meteorologische Tabelle beifügen, wenn zuverlässige Nachrichten der Art. im Bezug auf die fragliche Gegend, existiren. Und sollten nicht in den Augen der Wissenschaft solche graphische Berichte über vergangene Jahre einer eben so sorgfältigen Aufbewahrung würdig seyn, als ein merkwürdiges Mineral oder eine neue Krystallform?

Wenn diese Winke beachtet und von alten Bäumen in verschiedenen Ländern Durchschnitte aufbewahrt werden, so können deren Jahresringe, rücksichtlich der Geschichte der Witterung, bis zu sehr frühen Zeiten zurück als Anhaltspuncte dienen. Wenn die eben angeführten Beobachtungen sich im Bezug auf andere Baumarten bestätigen sollten, so wird man gewiß gern verkleinerte Zeichnungen solcher Durchschnitte in wissenschaftliche Journale aufnehmen, und es würde interes-

---

*) Dieß widerspricht einigermaaßen der weiter unten angeführten Beobachtung, daß der Uebergang von der größten zur geringsten Breite der Jahrringe allmälig stattfinde.

22

sant seyn, sie untereinander zu vergleichen, indem man Durchschnitte derselben Baumarten von verschiedenen Standorten, oder verschiedenen Baumarten von demselben Standorte gegeneinander hielte. Aus einer solchen Vergleichung würden sich eine Menge von Thatsachen, im Bezug auf den Verlauf der Jahre und deren Einwirkung auf das Wachsthum der Bäume, ergeben, und sie dürfte das Mittel werden, uns mit der allgemeinen Beschaffenheit der Jahreszeiten, während der Lebensdauer der ältesten Forstbäume, in Gegenden bekannt zu machen, wo seither nur Wilde hausten, und folglich durchaus keine wissenschaftlichen Beobachtungen angestellt wurden. (Hr. Twining in *Silliman's* Journ. Vol. XXIV. p. 391. — *Jamieson's* new philosoph. Journ. October 1833.)

Ueber gewisse Veränderungen in der Farbe der die choroidea der Thieraugen auskleidenden Membran.

Von Sir David Brewster.

„Hr. Fielding hat einige interessante Versuche über gewisse Farbenwechsel bekannt gemacht, welche durch chemische und andere Agentien an der, membrana choroidea des Auges auskleidenden Membran hervorgebracht werden, und insbesondere ein Experiment beschrieben, welches beweist, daß, wenn die Farben beim Trocknen verschwunden sind, sie durch bloßes Eintauchen in Wasser wieder belebt werden können. (Vergleiche Notizen No. 831. [No. 17. des XXXVIII. Bds.] S. 263.)

Im Capitel über die Farben natürlicher Körper, im Artikel Optics der Edinburgher Encyclopädie, habe ich dieser Thatsache als einen neuen Beweises für Sir Isaac Newton's Theorie der Farben der Naturkörper gedacht, und ich fühle mich veranlaßt, dieß jetzt zu erneuern, nicht nur, um dem Dr. Drummond zu Belfast das Verdienst, dieses merkwürdige Experiment zuerst angestellt zu haben, zuzuerkennen, sondern auch, um einige fernere Bemerkungen, rücksichtlich seiner Beziehungen zur Newton'schen Theorie, beizubringen. Folgendes ist die Stelle, in welcher desselben gedacht wird.

„Dr. Drummond zu Belfast beobachtete, daß die Membran hinter der Netzhaut des Hunds und anderer Thiere, bei denen man im Leben jenen oft so glänzenden, blauen, grünen und manchmal rothen Widerschein bemerkt, im trocknen Zustande die Fähigkeit, so zu schillern, verliert, und vollkommen schwarz wird." Als mir dieser Umstand von Dr. D. mitgetheilt wurde, präparirte ich mehrere Augen, welche jene Farben in großer Lebhaftigkeit zurückstrahlten, und fand durchgehends, daß sie in trocknem Zustande schwarz, und im Wasser aufgeweicht, blau und grün wurden. Selbst nachdem sie 4—5 Jahre trocken aufbewahrt gewesen, besaßen sie noch die Eigenschaft, beim Befeuchten ihre Farben zu entwickeln. Es ist bemerkenswerth, daß das Schwarz sich sogleich in glänzendes Blau, das Blau in Grün, und das Grün in Grünlichgelb verwandelte." (Edinburgh Encyclopedia, vol. 15. p. 623.)

Nachdem dieser Paragraph geschrieben worden, hatte ich Gelegenheit, den Versuch an einem bei erwähnten Augen zu wiederholen, und ich fand, daß die Farben der Membran sich 10—12 Jahre nach dem Tode des Thieres noch wiederherstellen ließen.

Nirgends habe ich die Angabe gefunden, daß die an den Thieraugen zu beobachtenden glänzenden Farben auch am menschlichen Auge wahrgenommen worden seyen. Indeß hatte ich vor vielen Jahren Gelegenheit, sie an dem Auge eines 10jährigen Knaben ungemein deutlich zu sehen und wiederholt zu untersuchen. Die Farbe war hellroth, in's Purpurrothe ziehend. Indeß bin ich jetzt nicht im Stande, zu ermitteln, ob sich diese Farbe mit zunehmenden Jahren verändert hat, oder nicht. Hr. Fielding bemerkt in dieser Beziehung: „Was das menschliche Auge betrifft, so habe ich sehr wenig Gelegenheit gehabt, dasselbe zu untersuchen und obwohl ich das Vorhandenseyn der neuentdeckten Membran in demselben nachgewiesen, so kann ich doch nicht sagen, daß dieselbe mir je ein deutlich gefärbtes Ansehen dargeboten habe."

Es ist mir so eben gelungen, eines der präparirten Exemplare der Auskleidungsmembran (tapetum) eines Ochsenauges, deren in einem der vorstehenden Sätze gedacht ist, aufzufinden, welches fast 20 Jahre aufbewahrt worden ist. Dasselbe ist trocken so schwarz, wie Kohle und erhielt durch Einweichen in Wasser die blauen und grünen Farben in ihrer vollen ursprünglicher Schönheit wieder.

Bei den so hervorgebrachten Farben ist ein sonderbarer Umstand, daß, obgleich sie offenbar dieselben sind, wie bei zwei dünne Platten hervorgebrachten, sie doch unmittelbar von schwarz zu blau und grün der zweiten Ordnung übergehen, so daß alle Zwischenfarben der ersten Ordnung wegfallen. Dieselbe Erscheinung kommt am Schwanze des Pfau's, so wie am Gefieder verschiedener Vögel, und am labradorischen Feldspath vor. In einer spätern Mittheilung hoffe ich, diese merkwürdige Unterbrechung der Reihenfolge der Farben genügend zu erklären.

Belleville bei Kingussie den 18ten September 1833.
(London and Edinburgh Philosophical Magazine, October 1833.)

Ueber den Knochenbau des Flußpferdes.

Von Walter Adam, M.D.

„Bei Thierarten, die für den Menschen viel Werth haben, so wie solchen, die ausgestorben, oder sonst vorzüglich merkwürdig sind, ist es nicht uninteressant, die verhältnißmäßige Größe jedes Knochens zu kennen. Bei den meisten Thieren ist jedoch keine sehr langwierige Untersuchung nöthig, um die in osteologischer Hinsicht unterscheidende Form, oder mit andern Worten diejenigen Maaße der Knochen zu ermitteln, welche die Existenz besonderer Arten bedingt.

Die Genauigkeit, deren das Ordnen (die Schilderung) der Thiere nach der sommetrischen Messung solcher Dimensionen fähig ist, springt beim Flußpferde um so mehr in die Augen, als nur wenige Thiere einen f_0 ungeschlachten und von aller Eleganz so weit entfernten Bau besitzen

Bei'm Hippopotamus beträgt die Zahl der Rückenwirbel, wie die der Rippen 15. Von diesen 15 ist der zehnte über den Queerfortsätzen schmäler, als irgend ein anderer Wirbel am Rumpfe des Thieres.

Außerdem sind noch 4 characteristische Dimensionen des Flußpferds mit dieser kleinsten Queerbreite der Wirbelsäule identisch. Diese sind:

1. Die Medianhöhe des Schädelknochens, von der Oberfläche des Gaumens an gerechnet;

2. und 3. die Inialbreite des Schädelknochens *), sowohl an der tuberositas inio-coronalis (inio coronal prominence), als an den condyli occipitales;

4. die Breite am Kniegelenke.

Fünf noch mehr characteristische Dimensionen betragen das Doppelte der eben erwähnten.

1. An der Wirbelsäule, die Queerbreite des Atlas, welchem in dieser Beziehung kein anderer Hals= oder Rückenwirbel gleichkommt.

2. und 3. Die Breite des Schädelknochens an den Augenhöhlen und den Höhlen der Spitzzähne;

4. die größte Ausdehnung (Breite) des Schulterblatts;

5. die Länge der ersten Rippe.

Die bereits bemerkten Dimensionen zu 1 und 2 angesetzt, verhalten sich die folgenden wie 3.

1. und 2. Die Queerbreite des 2. und 4. der 4 Lendenwirbel (der dritte und breiteste ist um $\frac{1}{12}$ breiter als diese beiden).

3. Die Inialbreite des Unterkiefers, welche die größte Breite des Kopfes bezeichnet.

4. Die Länge des Gaumens.

5. Die Länge des Schulterblatts von der cavitas glenoidea an.

6. Die größte Länge des humerus.

7. Die Länge des femur von dessen Halse bis zur Rinne der Rolle für die Kniescheibe.

Der ungeschlachten Gestalt des Hippopotamus ist es wohl zuzuschreiben, daß das Becken im Verhältniß zum Schädelknochen so wenig Symmetrie zeigt.

Die Breite am acetabulum ist dieselbe, wie am processus zygomaticus, aber geringer als die des Unterkiefers. Zwischen den acetabula und den tuberositates ossis ischii beträgt die Breite des Beckens nur halb soviel, als die Inialbreite des Unterkiefers

Die 3 Classen von identischen Dimensionen, auf deren Aufstellung ich mich hier beschränkt habe, sind von dem sehr schönen Skelett eines männlichen Flußpferds entnommen, welches sich im Naturalien=Cabinet des königl. Collegiums der Wundärzte zu London befindet. Die wirklichen Maaße sind 5, 55, 11, 10 und 15, 65 Zoll.

Obwohl es wegen der Mannigfaltigkeit der osteologischen, so wie anderer Formen des organischen Lebens kaum

---

*) Von το Ίνιον, das Genick, das Hinterhaupt.

---

möglich seyn dürfte, irgend eine osteologische Dimension als eine allgemeine Norm der Vergleichung auch nur für die Säugethiere aufzustellen, so folgt doch aus dem oben Gesagten, daß die allgemeine Vergleichung und genaue Systematisirung der Thiere sich vielleicht durch Betrachtung ihrer osteologischen Dimensionen in den Zwischenräumen erreichen lasse.

Wir können uns eine Reihe von mit der Medianebene parallel streichenden gleichweit von einander abstehenden Ebenen denken, durch welche die constanten Breitedimensionen begränzt werden, während die übrigen mehr oder weniger veränderlichen Breitedimensionen in den Zwischenräumen oder jenseits jener Ebenen endigen.

Die Linie M m stelle den Rand der Medianlinie irgend eines Thieres, z. B., des Flußpferdes, dar. Die Linien E p, E' p' und E" p" seyen die Kanten der auf der rechten Seite des Thieres mit der Medianlinie parallelstreichenden Ebenen, und die Linien e p, e' p' und e" p" die Kanten ähnlicher Ebenen auf der linken Seite. Dann werden die als constant zu betrachtenden Breitedimensionen der ersten Classe durch die Linien B b, B b, B b, die der zweiten Classe durch die Linien B' b', B' b', B' b', und die der dritten Classe durch die Linien B" b", B" b", B" b" repräsentirt, während die beiden letztern das Zweifache und Dreifache der ersten Einheit B b darstellen. Wenn wir ferner die Linie M m nach derselben Scale graduiren und Endpuncte festsetzen, die den veränderlichen Breiten entsprechen, durch die Endpuncte der Breiten (der constanten sowohl als der veränderlichen) aber Linien ziehen, so werden wir Curven erhalten, welche uns die Reihe der Breiten für jede Thierart bildlich darstellen.

Die Länge = und Höhe=Dimensionen lassen sich auf ähnliche Weise erhalten *).

London im August 1833. (*Jamieson's* new philos. Journ. Oct. 1833.)

---

*) Dr. Adam machte neulich in den Linnean Transactions eine interessante Abhandlung über die osteologische Symmetrie bekannt, welche wir der besondern Aufmerksamkeit derjenigen Naturforscher empfehlen, welche die Wichtigkeit der mit dergleichen Untersuchungen verknüpften theoretischen und practischen Ansichten zu würdigen verstehen. Die Abhandlung führt die Ueberschrift: Ueber die osteologische Symmetrie des Kameels. (Camelus Bactrianus, Lin.)

Miscellen.

In Beziehung auf wilde Enten findet sich in dem Field naturalist Magazine Folgendes: „Ich habe oft erzählen hören, daß wilde Enten, wenn sie auch von zahmen Enten ausgebrütet werden, davon fliegen, so wie die Flügel sie tragen. Ob diese Beobachtung richtig ist oder nicht, weiß ich nicht, aber daß ausgewachsene wilde Enten so gezähmt werden können, daß sie Personen, von welchen sie gefüttert werden, ganz nahe zu sich heran lassen, das ist eine ausgemachte Thatsache. Ein Gutsbesitzer am North=Eskfluß in Forfarshire, ergötzte sich damit, einige Handvoll Korn hinzutreun, um wilde Enten, die es fraßen, zu beobachten. Er setzte dieses Verfahren so lange fort, daß zuletzt die Enten, so wie er sich am Fenster sehen ließ, um ihn herum flogen, in solchen Schaaren, als wenn alle wilde Enten der Gegend sich um ihn versammelt hätten. Er streuete dann das Korn, welches er in seinen Taschen frei trug, aus. Die Enten ließen sich dann nieder und liefen zwischen seine Beine, um das Korn aufzunehmen. Er pflegte sich dann zu bücken, um eine oder zwei Enten zu fassen und sie in seine leeren Taschen zu stecken, und auf diese Weise versorgte er Jahre lang seine gastliche Tafel mit ganz fetten wilden Enten, ohne einen Schuß zu thun. Er gestattete Niemand, in der Nähe der wegen Ueberschwemmung des Flusses mit Gras bestandenen Felder, wo sich die Enten einfanden, Schießgewehr zu brauchen. Die Enten kamen einer anderen Person, und wenn diese auch dieselben Kleider anzog und auf ähnliche Weise Korn ausstreute, doch niemals nahe. Der alte Herr starb und mit ihm verlor sich für die Enten Schutz und reichliche Nahrung."

Ueber die Verwandtschaft, in welcher der Hornvogel, Buceros cavatus, zu den verschiedenen Vogelfamilien steht, hat Herr Owen aus Veranlassung der anatomischen Untersuchung eines jungen Hornvogels, welcher vor Kurzem in dem Garten der Zoological Society starb, einige Bemerkungen mitgetheilt. Am nächsten steht er dem Toucan. Der Toucan aber stimmt durch den Mangel der Gallenblase mit den Papagayen überein. Die Anwesenheit dieses Organs bei dem Hornvogel stellt diesen Vogel zu den Krähen. In dem Verhalten des Darmcanals stimmt er mit dem Raben überein. Die Zunge, welche in Form und Gebrauch bei den Klettervögeln so sehr verschieden ist, gleicht bei dem Hornvogel der den fleischfressenden Vögel. Der untersuchte Hornvogel liebte animalische Nahrung mehr als vegetabilische und ließ andere Substanzen liegen, wenn ihm eine todte Maus dargeboten wurde, die er, nachdem er sie einigemal mit dem Schnabel gequetscht hatte, ganz und gar zu verschlingen pflegte.

Heilkunde.

Ueber unvereinigte Knochenbrüche

hat Hr. Brodie in einer am 1. October 1833 im St. George's Spital gehaltenen klinischen Vorlesung mehrere mir ganz neue Thatsachen und Beobachtungen erzählt, so daß ich nicht unterlassen kann, sie vollständig hier mitzutheilen.

Meine Herren! Mein heutiger Zweck ist, Ihre Aufmerksamkeit auf den Fall des H. Day zu leiten, welcher am 22 Sept. in's Spital aufgenommen wurde. Es ist dieß ein Schenkelknochenbruch, wo die Vereinigung nicht wie unter gewöhnlichen Umständen stattfand, d. h., nach Ablauf der gewöhnlichen Zeit noch nicht vollendet ist. Der Fall ist an sich selbst schon interessant, jedoch bietet er mir auch Gelegenheit zu einigen Bemerkungen über Nichtvereinigung von Knochenbrüchen im Allgemeinen, unter welchen Umständen eine solche Nichtvereinigung oder Mangel der Vereinigung vorkömmt, und welche Behandlung dabei erforderlich sey.

Nach den im Krankenbuche aufgesetzten Notizen ist der Kranke 51 Jahr alt, seines Gewerbes ein Kutschenmacher und, seiner Angabe und auch dem Ansehen nach, gesund. Einige Wochen vor seiner Aufnahme wurde er von einem Wagen geworfen; seine Ferse stieß heftig und gewaltsam gegen die Erde, und er konnte nicht mehr gehen. Er wurde daher nach Hause geschafft, und man entdeckte jetzt, daß sowohl die tibia, als die fibula des rechten Unterschenkels gebrochen waren. Das Glied wurde auf ein Kissen gelegt, an beiden Seiten des Schenkels wurden Schienen applicirt, und so brachte er in dieser Lage ungefähr acht Wochen zu. Aber nach dieser Zeit waren die Knochen nicht vereinigt, wie man aus seinem Unvermögen, zu gehen, schließen und auch selbst deutlich fühlen konnte, daß das Glied unter dem Gewichte des Körpers sich bog. Das Glied wurde wieder verbunden und blieb wieder 14 Tage so; und zu dieser Zeit besuchte ich ihn zum ersten Male außer dem Hospital. Ich ließ die Schienen fester anlegen und erlaubte ihm, auf Krücken gestützt, herumzugehen; meine Absicht war, daß durch die Schienen die Knochen vollkommen unbeweglich erhalten werden sollten, wenn sie gleich eine aufrechte Stellung hätten. Hierauf ging er in der Gegend umher; aber 14 Wochen nach der Zeit seines Unfalls — wo dieselbe Behandlung immer fortgesetzt wurde — ergab eine Untersuchung des Schenkels, daß die Vereinigung der Knochen noch immer nicht erfolgt war, und würde jetzt in das Spital aufgenommen. Zu der Zeit seiner Aufnahme war er gesund, aber die gebrochenen Enden des Knochens waren ziemlich beweglich, und auch in einem gewissen Grade verschoben. Die tibia schien ungefähr in der Mitte abgebrochen zu seyn und die Bruchlinie erstreckte sich von ihr schief nach außen und unten. Der untere Theil des Knochens stand über den andern hervor, man konnte unter der Haut eine scharfe Spitze bemerken, welche der untern Portion angehörte. Eine Verkürzung des Glieds bestand nicht, und der Mann hatte wenig, oder keine Schmerzen.

Dieß ist nun der Zustand des Kr. funfzehn Wochen nach dem Unfalle. Aus dem Umfange der Bewegung zwischen den Knochen erhellt, daß keine wahre Knochenvereinigung derselben stattgefunden, aber ich vermuthe, daß sie durch ligamentöse Substanz verbunden sind. Die Frage ist nun, welches Verfahren anzuwenden sey, um eine Vereinigung der Bruchstücke zu bewirken und dem Manne endlich wieder ein brauchbares Glied zu verschaffen? Zur Beantwortung derselben kommt in Betracht: 1. die Art, wie sich gewöhnlich Knochenbrüche vereinigen; 2. die Umstände, unter welchen dieß nicht geschieht; 3. welche Mittel man anzuwenden habe, um die Vereinigung einer Fractur zu bewirken, welche zur gehörigen Zeit sich noch nicht vereinigt hat? und endlich 4. welche von diesen Mitteln für diesen besondern Fall passen?

Vereinigung von Knochenbrüchen unter gewöhnlichen Umständen. Die gewöhnliche Ansicht in Bezug auf Vereinigung von Knochenbrüchen, so wie sie unter andern auch Hunter hegte, war, daß bei einem Beinbruche Blut austrete, vermöge der Entzündung Lymphe abgesondert werde, und daß so durch das Coagulum des ausgetretenen Bluts und die ergoßene Lymphe sich die Bruchenden des Knochens vereinigten; diese vereinigende Substanz werde dann organisch, indem sich Blutgefäße in ihr bildeten und nach und nach lagere sich in dem organisch gewordenen Blute und Lymphe Knochensubstanz ab. Diese Erklärung der Erscheinungen nach einem Beinbruch ist sehr einfach; ja zu einfach; denn sie stimmt nicht mit dem eigentlichen Naturvorgange überein. Der wahre Vorgang ist sehr verwickelt. Schon vor vielen Jahren stellte ich zur Aufhellung dieses Gegenstands mehrere Versuche an Thieren an; und ich habe einige Resultate derselben hier aufgezeichnet. Ich wollte damals eine Abhandlung über die Vereinigung von Knochenbrüchen bekannt machen; allein noch vor Beendigung meiner Untersuchungen fand ich den Gegenstand von Baron Dupuytren schon so vollkommen befriedigend durchgeführt, daß eine weitere Mittheilung darüber unnöthig war.

Ich zerbrach die Knochen von Thieren und untersuchte dann ihr Aeußeres zu verschiedenen Zeiten nach dem Bruche. Sogleich, nachdem ein Knochen zerbrochen ist, findet man etwas Blut ausgetreten; im Allgemeinen beobachtet man auch eine beträchtliche Verschiebung der Knochen, welche wegen der Insertion des Thiers, und weil die Thätigkeit der Muskeln durch Nichts im Zaume gehalten wird, übereinanderrutschen. In den ersten drei oder vier Tagen bemerkt man nichts, als was man schon unmittelbar nach dem Zufalle sah, aber dann tritt eine geringe Verdickung und Festerwerden der Theile um den Bruch ein, und diese Verdickung erstreckt sich bis zu den Muskeln und nahe liegenden Sehnen. Im Verlauf einer Woche werden alle diese Theile fest vereinigt, verheilen miteinander und die gebrochenen Enden des Knochens umgiebt eine weiche, aber feste, in der Consistenz zwischen Ligament und Knorpel stehende Substanz. Diese erstgebildete Substanz hängt über und unter dem Bruche an den Knochen an: die naheliegenden Muskeln und Sehnen werden innig mit ihrer Oberfläche vereinigt und die gebrochenen Enden des Knochens liegen gewissermaßen frei in einer Höhle im Mittelpunct mit etwas von Gefäßen durchzogenem Eiweißstoff von halbdurchsichtigem gallertartigen Ansehen.

Hier wendet also die Natur eine Art natürlicher Schiene an, welche binnen einer Woche nach dem Unfalle fast vollendet ist. Wir nennen diese neue Bildung den callus. Dieser Vorgang dauert fort, die umgebende Substanz wird dicker, und noch consistenter (und diese Zeichnung, [welche Hr. B. hier vorzeigte] giebt eine Ansicht der Theile zehn Tage nach dem Unfalle). Wenige Tage nachher finden Sie die dünne Gallerte, welche mit den gebrochenen Enden des Knochens in Berührung ist, verschwunden, und sie sind durch eine knorplige Substanz oder callus, dem in der ursprünglichen Kapsel gebildeten ähnlich, vereinigt. (Hier auf dieser [ebenfalls vorgezeigten] Zeichnung sehen Sie, wie sich die Theile in dieser letztern Zeit ausnehmen;) wir können dieß als das Ende des ersten Theils des Vorgangs nach einem Knochenbruche betrachten. Sie sehen, daß die gebrochenen Enden der Knochen vollkommen in eine Masse von gefäßreicher, organisirter Substanz oder callus, welcher in der Consistenz ungefähr zwischen weichem und hartem Knorpel steht, eingekeilt und daß jetzt noch kein Knochen vorhanden ist. Nimmt man zu dieser Zeit die Masse des callus weg, so findet man, daß die gebrochenen Knochenenden ihre ursprüngliche Gestalt in dieser letztern Zeit ausnehmen;) wir können dieß als das Ende des ersten Theils des Vorgangs nach einem Knochenbruche haben, wie unmittelbar nach erfolgtem Bruche.

Nach ungefähr 3 Wochen bemerkt man bei'm Einschneiden in den callus kleine Verknöcherungspuncte an verschiedenen Stellen in demselben; und zugleich scheint der callus nach außen etwas zu schwinden, so daß die anliegenden Muskeln und Sehnen nicht länger an ihm haften. Die Zahl der Verknöcherungspuncte nimmt zu, sie selbst werden größer, und endlich wird der ganze callus in Knochen verwandelt. (Hier auf dieser [vorgezeigten dritten] Zeichnung sehen Sie, wie sich ein Knochenbruch dreißig Tage nach der Verletzung darstellt. Es ist der zerbrochene Schenkel eines Meerschweins, und dieß ist die neue Knochenmasse, in welche der callus verwandelt worden ist.) Selbst zu dieser Zeit ist die Vereinigung des zerbrochenen Knochens noch nicht vollendet: denn obgleich der callus ganz in Knochen verwandelt ist, so kann man doch mittelst eines Federmessers den neuen Knochen von dem alten abstoßen, und sie findet sich, daß die gebrochenen Enden des letztern fast ihre ursprüngliche Gestalt und Ansehen haben. Jetzt aber liegen die gebrochenen Enden des Knochens in einer Masse nicht von callus, sondern von neuem Knochen eingekeilt; und dieß vollendet den zweiten Theil des zur Heilung einer Fractur angeregten Vorgangs.

Und nun beginnt eine dritte Reihe von Veränderungen einzutreten. Die zerbrochenen Knochenenden werden durch Knochenmaterie, welche von einem zum andern überragt, allmälig aneinander befestigt; und die neugebildete Knochenmasse, welche nach außen abgelegt wurde, und welche den ursprünglichen callus bildete, wird, da sie nicht weiter nöthig ist, aufgesogen. Nach und nach verschwindet sie ganz und der Knochen hat jetzt wieder die Dicke, wie vor dem Ereignisse. (Die [von Hrn. B. mitgebrachten] vorliegenden Präparate von Gliedern von Thieren, zu verschiedenen Zeiten nach dem Beinbruche untersucht, zeigen alle eben erwähnte Umstände.)

Man kann demnach den Vorgang, unter welchem die Vereinigung von Knochenbrüchen erfolgt, in drei Reihen von Veränderungen theilen, und zwar folgen diese so auf einander, wie sie zur Bewerkstelligung der Vereinigung des zerbrochenen Knochens nöthig sind. Zuerst findet Verdickung der umgebenden Theile und Bildung des callus statt; dann folgt die Verwandlung dieses callus; und drittens wachsen die gebrochenen Knochen aneinander und der verdickte callus wird aufgesogen. Dieser Vorgang wird bei jungen Leuten viel früher beendigt, als bei ältern. An den obern Extremitäten ist er auch früher vollendet, als an den untern. Es ist merkwürdig, daß bei'm Menschen an den untern Extremitäten der Proceß in ungefähr 10 Wochen beendigt seyn kann, während er an den obern schon in 8 Wochen oder noch früher vollendet ist. Bei im Wachsthume begriffenen Kindern kann er zwei oder drei Wochen eher, als bei Erwachsenen, vollendet seyn; und bei Thieren, besonders den kleinern Arten, findet die Vereinigung rascher statt, als bei'm Menschen.

Umstände, unter welchen Knochenbrüche sich nicht vereinigen. Dieß geschieht bisweilen in Folge der anatomischen

Beschaffenheit der Theile, welche eine solche Verletzung betroffen hat. Der Hals des Schenkelknochens vereinigt sich nach einem Bruche nicht. Diese Beobachtung machten schon mehrere ältere Pathologen. Morgagni führt sie an; aber sie war nicht allgemein bekannt, als vor einigen Jahren sie Sir A. Cooper wieder machte. Eine vielbesprochene Frage war, ob wahre Knochenvereinigung eines Schenkelhalsbruchs in irgend einem Falle eintreten kann; doch halte ich mich jetzt dabei nicht auf. Wir wissen einmal, daß der Bruch des Oberschenkels sich selten vereinigt; daß er sich nicht wie die gewöhnlichen Fracturen vereinigt; und daß die Beschaffenheit der Theile, wo diese besondere Art von Knochenbruch vorkömmt, die Ursache darlegt. Der Bruch findet an dem Halse des Oberschenkelknochens innerhalb der Gelenkhöhle statt. Der Schenkelhals wird von einer Synovialmembran bedeckt, und es findet sich keine solche Masse von Zellstoff und Muskeln, welche ihn einhüllen, und in welcher die Vereinigung ihren Anfang nimmt, wenn die Fractur den Körper des Knochens betroffen hätte; und dieß erklärt den Mangel der Vereinigung nach diesem Zufalle hinlänglich. Käme ein Bruch an irgend einem andern Knochen vor, welcher, wie der Schenkelbeinhals, von einer Umstülpung der Synovialmembran bedeckt wäre, so würde der Erfolg vermuthlich derselbe seyn; aber bei'm Menschen giebt es, den Oberschenkelhals ausgenommen, kaum einen Knochen, welcher unter diesen Umständen gebrochen werden könnte. Bei den Thieren giebt es jedoch mehrere. Als ich die obigen Versuche anstellte, wurde der Bruch abwechselnd, bald hier, bald da, bewerkstelligt; denn es ist unmöglich, ihn immer genau an der erwünschten Stelle anzubringen. In einem Falle jedoch wurde der Schenkelknochen eines Meerschweins dicht am Knöchelgelenke zerbrochen. Die tibia ist bei diesen Thieren etwas über den Knöchel hinauf mit der Synovialhaut bedeckt. Der Bruch fand daher unter denselben Umständen statt, wie er gewöhnlich bei'm Schenkelhals des Menschen zu erfolgen pflegt, und als ich einige Zeit nach dem Bruche das Thier tödtete, fand ich den Knochen nicht vereinigt. Die gebrochenen Enden paßten so genau an einander, daß kaum eine Bewegung zwischen ihnen stattfand; die Synovialmembran war unverletzt; die Ligamente waren ganz; das gitterige Gewebe war härter geworden, als gewöhnlich, wegen Verknöcherung der Markmembran; und dennoch war keine Vereinigung des Bruchs erfolgt.

Ein Bruch des Schenkelbeinhalses vereinigt sich am Ende durch eine ligamentöse Substanz, wenigstens geschieht es in manchen Fällen. Das Ligament ist zwar hinreichend, die Knochen ein wenig aneinander zu befestigen, aber diese Vereinigung ist von der durch wahre Knochensubstanz himmelweit verschieden. Eben eine solche Vereinigung durch ligamentöse Substanz erfolgt, wenn der Vereinigungsproceß sehr langsam vor sich geht und innerhalb einiger Monate noch nicht vollendet ist.

Aber es ist nicht bloß der Schenkelbeinhals bei'm Menschen, an welchem, in Folge einer besondern Structur der Theile, die Vereinigung nicht stattfindet; wenigstens kommt etwas Aehnliches auch in Beziehung auf die Hirnschaalenknochen vor. Eine Spalte des Schädels braucht zu ihrer Vereinigung viel längere Zeit, als ein Armbruch. Ich beobachtete dieß zuerst bei Section des Körpers eines Menschen, welcher 6 Monate nach einer Kopfverletzung gestorben war. Bei der Besichtigung fand ich die Spalte im Schädel durchaus nicht vereinigt, wie ich doch erwartet hatte. Im Hunter'schen Museum im College of Surgeons findet sich ein Präparat von ausgebreiteter Fractur des Hirnschädels, welches für dieselbe Thatsache spricht. Der Schädel war an mehrern Stellen gebrochen. Die gebrochenen Ränder sind nicht verschoben, und doch findet man keine Neigung zur Vereinigung. Es ist gewiß, daß der Schädel zwar lange nach dem Unfalle gelebt hat; denn die scharfen Ränder haben sich, in Folge der Aufsaugung der rauhen Ränder des Bruchs, abgerundet.

Sie werden bemerken, daß die Hirnschädelknochen innen von der harten Hirnhaut angekleidet, außen aber von der Knochenhaut und der Sehne des Kopfschwarten- (Occipito- Frontal) Muskels bedeckt werden, daß aber sonst lockere Zellgewebemasse dabei in's Spiel käme. Ob nun diesen oder andern Umständen in dem anatomischen Bau der Theile der Mangel an Vereinigung bei'm Hirnschaalenbruche zuzuschreiben sey, vermag ich nicht zu entscheiden;

aber ich zweifle nicht, daß er sich nicht, gleich andern Brüchen, vereinigt, d. h., nicht nach derselben Zeit. Wo bei einem Bruche an andern Knochen nur wenige Wochen erforderlich sind, können bei dem Schädel mehrere Monate nöthig seyn. Vereinigung findet jedoch endlich immer statt.

Man hat behauptet, kranke Knochen vereinigten sich bei einem Bruche nicht; und ich glaube, es kann der Fall seyn, wenn ein Absceß, Nekrose oder sonst dergleichen am Knochen vorhanden ist. Die Regel ist jedoch, nach meiner Erfahrung, nicht ohne Ausnahme; denn bei sehr vielen Fällen wird eine vollkommene Vereinigung stattfinden, wenn auch der Knochen krank ist. Ich hatte einen Kr. mit Knochenkrankheit, entweder von Syphilis oder vom Merkur, oder von sonst einem cachectischen Körperzustande, was ich nicht sagen kann; es fanden sich jedoch an einigen Knochen Knoten, und sie waren bedeutend vergrößert. Am stärksten vergrößert war eins der Schlüsselbeine, dessen einer Theil, außer der Verdrößerung, auch sonst noch sehr krankhaft beschaffen war. Dieser Mann zerbrach während einer Anstrengung des Arms das Schlüsselbein, so daß der Bruch durch den kranken Theil ging. Ich legte einen Verband an den Arm, verzweifelte aber an einer Vereinigung (dieß war vor mehrern Jahren), aber zu meiner Ueberraschung vereinigte er sich eben so bald, als gewöhnliche Knochenbrüche. Frauen mit Brustkrebs sind einer ähnlichen Krankheit der verschiedenen Knochen des Körpers sehr unterworfen. Bisweilen befällt diese Krankheit, welche sich durch rheumatischen ähnlichen Schmerzen zu erkennen giebt, fast sämmtlichen Knochen, welche dann brüchig werden und sehr leicht zerbrechen. Ich beobachtete diese Thatsache schon vor vielen Jahren in dem Falle einer alten Frau, welche am Krebs starb, und eines Tages bei einer Drehung im Bette das Schenkelbein zerbrach. Ich vermuthete, der gebrochene Knochen werde sich nicht vereinigen, aber die Vereinigung fand eben so, wie unter gewöhnlichen Umständen statt. Vor zwei Jahren behandelte ich eine Frau, welche Brustkrebs und Schmerzen in den Gliedern hatte, als sie eines Tags den Arm bewegte; vereinigte sich aber eben so gut, wie ein gesunder Knochen.

Es kommt bisweilen vor, wenn bei einem Bruche mehr Gewalt gewirkt hat, als sonst, daß ein Stück Muskel zwischen die gebrochnen Knochenenden kommt und sie voneinanderhält. Dieß ist eine ganz verschiedene Ursache von Nichtvereinigung. Es sind Fälle mitgetheilt worden, wo die Thatsachen durch die Section erwiesen wurde, und es sind mir Beispiele vorgekommen, wo man bei Untersuchung des lebenden Person glauben konnte, daß ebendasselbe stattgefunden habe. Man vermuthet kann zwar, daß dieß zu größtentheils davon herrühre, daß das Glied nicht in vollkommener Ruhe gehalten worden ist; und daß, wenn man nicht einen guten Apparat anlegen könne, welcher dem Zwecke vollkommen entspricht, eine Vereinigung verhindert werde. Ich behaupte nicht, daß dieser Grund in Bezug auf den Menschen nicht hinreichend sey, bei Thieren verhält es sich aber nicht so; denn ich habe bei ihnen zu wiederholten Malen die Vereinigung dadurch zu verhindern gesucht, daß ich den gebrochenen Knochen täglich mehrmals bewegte; aber ich erreichte durch dieses Verfahren nichts, und die Vereinigung schien sogar meistentheils bei Thieren, wo die Glieder auf diese Weise bewegt wurden, schneller vor sich zu gehen, als bei andern. Ich kenne in der That nur ein einziges Beispiel, wo, an dem gewöhnlichen Zeit, die Fractur nur mittelst Ligamentsubstanz vereinigt wurde; aber das Thier wurde bald getödtet und seine wahrscheinlich wäre die Vereinigung vollkommen gewesen, wenn es drei Wochen länger gelebt hätte. Der Mensch unterscheidet sich jedoch in mehrer Hinsicht von den vierfüßigen Thieren, an denen ich die Versuche anstellte, und ich möchte nicht behaupten, daß eine so ausgedehnte Bewegung, die man dem Gliede nach dem Bruche gestattet, bei einem Menschen nicht zu erreichen, die Vereinigung zu behindern.

In den meisten Fällen jedoch muß der Mangel der Vereinigung unbezweifelt in dem Zustande der Constitution gesucht werden. Ein starker und fetter Mann setzte sich, da er nicht zu fett werden wollte, selbst auf eine sehr sparsame Kost, obgleich er vorher an ein gutes Leben gewöhnt gewesen war. Nachdem er so sechs Monate fortgelebt, zerbrach er den Arm und der Knochen wollte sich nicht vereinigen. Ich sah ihn mehrere Monate nachher, und man bemerkte nicht das Geringste von Vereinigung, selbst nicht durch weiche Substanz. Eine andre Kr., wegen welcher ich consultirt wurde, ein Frau, hatte, um nicht fett zu werden, eine ähnliche Diät befolgt. Als sie einige Monate nachher den Arm brach, trat ebenfalls keine Vereinigung ein. Fälle von unvereinigtem Knochenbruche sind nicht sehr gewöhnlich, doch sind mir diese beiden in meiner Praxis vorgekommen, wo der Mangel der Vereinigung offenbar von dem übeln Zustande der Constitution, durch eine unkluge Enthaltsamkeit von Nahrungsmitteln hervorgerufen, abgeleitet werden zu müssen scheint. Ein Mann zerbrach den Schenkelknochen, hatte Verstopfung und sein Wundarzt ließ ihn zehn Tage lang nach dem Unglück, ohne einen Stuhlgang zu bewirken, und die Vereinigung der gebrochenen Knochen fand nicht statt. Ich kann zwar nicht gewiß behaupten, ob diese lange Verstopfung die Ursache der Nichtvereinigung war, aber es ist mir wahrscheinlich.

Wenn ein lockerer Verband durch eine zu große Bewegung, welche er den Knochen gestattet, die Vereinigung eines Bruchs behindern kann, so halte ich es für sehr wahrscheinlich, daß ein zu fester Verband in mehrern Fällen denselben Erfolg hervorbringen kann. Wenn das Glied, besonders über der Fractur, zu fest verbunden ist, so muß nothwendig der Zufluß des Bluts unzureichend seyn; und die Vermuthung ist nicht ohne Grund, daß in einem solchen Falle, der Erzeugungsprozeß, welcher die Vereinigung der Fractur bewirkt, nicht stattfinden könne. Ich habe folgenden Versuch mehrmals gemacht: Ich zerbrach den Schenkelknochen eines Thiers, unterband die Schenkelarterie und tödtete nach vier Tagen das Thier, wo ich die Theile noch eben so fand wie unmittelbar nach der Verletzung. Ich zerbrach bei andern Thieren die Knochen und unterband zugleich die Schenkelarterie, tödtete sie nun am 7ten Tage und noch fand ich keinen Anfang zu einem Vereinigungsprozeß. Aber nach dieser Zeit beginnt, obgleich die Arterie unterbunden ist, die Bildung des Callus und die Vereinigung hat wie gewöhnlich ihren Fortgang. Es ist sehr wahrscheinlich, daß nach einer Woche die anastomosirenden Arterienzweige sich gehörig erweitert haben, so daß sie die Stelle der unwegsam gewordenen Schenkelarterie ersetzen; bevor jedoch diese Veränderung in dem Zustande der Gefäße sich eingetreten ist, scheint es, als erhalte das Glied nicht Blut genug zur Bewirkung der Vereinigung.

Ansehen eines unvereinigten Knochenbruchs bei der Section. Dieß ist in verschiedenen Fällen verschieden. Im Allgemeinen findet man durchaus durch ligamentöse Substanz, nicht durch Knochen. Ich sage ligamentöse, denn ich kann sie nicht anders nennen; aber sie ist nicht fibrös; sie abneigzang ist einem festen, verdichteten, organisch gewordenen Eiweißstoff, ohne deutliche fibröse Beschaffenheit. Im Allgemeinen ist diese ligamentöse Vereinigung vorhanden, aber es giebt einige Fälle, wo auch diese Vereinigung nicht stattfinden, und diese sind sehr merkwürdig. Es bildet sich ein neues Gelenk — durchaus ein falsches Gelenk. Die gebrochenen Knochenenden werden abgerundet: es findet sich eine Kapsel, so dick als die Kapsel des Hüft- oder Schultergelenks; diese Kapsel ist fibrös, gleich einem Ligament; sie ist über und unter der Fractur an die Knochen befestigt; man sieht auch eine Höhle gleich einer Gelenkhöhle, in welcher die gebrochenen Knochenenden liegen. Aber es findet sich außerdem noch mehr: die gebrochenen Knochenenden sind mit einer dünnen ligamentösen Substanz bedeckt, und die innere Fläche der Kapsel ist mit einer glatten Membran ausgekleidet, gleich der Synovialmembran, und welche Fläche ist Synovia, und zwar in reichlicher Menge, abzusondern. Die Kapsel und die Synovialmembran sind bedeß neue Gebilde. Man darf sich nicht wundern, daß unter diesen Umständen eine Synovialmembran gebildet wird. Die Bildung einer Synovialmembran scheint für den Körper ein Leichtes zu seyn. Die Schleimbeutel bestehen aus Synovialmembran, ganz ähnlich der der Gelenke. Zwischen der Kniescheibe und der Haut liegt ein Schleimbeutel, welcher bei Hausmädchen bisweilen erkrankt, und sich in einen harten Klump oder Geschwulst verwandelt. Ich habe oft eine solche Knie-Geschwulst bei Hausmädchen entfernt, und einige Zeit nachher, bei Untersuchung des Glieds, zu meiner Zufriedenheit gefunden, daß sich

———————

der Schleimbeutel wiedererzeugt und ein neuer gebildet hatte. Dieß ist keine leere Vermuthung; ich habe einen sichern Beweis von einer solchen Wiedererzeugung eines Schleimbeutels. Es war eine Frau im Spital, von deren Knie der verstorbene Hr. Rose einen vergrößerten Schleimbeutel exstirpirte. Ein oder zwei Jahre nachher kam sie wieder und unter meine Behandlung, der Schleimbeutel hatte sich nicht bloß wiedererzeugt, sondern der neue war ebenfalls erkrankt wie der alte, und ich mußte ihe früher von Hrn. Rose vollzogene Operation wiederholen. Sie hatte ihre frühere Beschäftigung wieder ergriffen und der Druck auf den neuen Schleimbeutel hatte sich in denselben krankhaften Zustand versetzt, wie den alten. Diese Fälle von künstlichen Gelenken sind aber verhältnißmäßig selten; die Vereinigung durch ligamentöse Substanz ist weit gewöhnlicher.

Mittel, um die Vereinigung des Bruchs zu bewirken. Gesetzt, Sie würden bei einem Falle von nicht vereinigter Fractur gerufen, so ist es in der That wichtig, eine solche Vereinigung zu Stande zu bringen, besonders, wenn sie an den obern oder untern Extremitäten vorkömmt. Mit einer Rippe hat es weit weniger zu bedeuten. Bei einem Kr. hatte sich, wie Sie hier (an einem von Hrn. B. vorgezeichnetem Präparate) sehen, nach Fractur der Rippe, ein Gelenk gebildet, und ich kann sagen, er empfand nur wenige Beschwerden von diesem Zufall. Etwas ganz Anderes aber ist es, wenn ein solcher Fall an einer der Extremitäten vorkömmt. Die zuerst sich aufdringende Frage ist, ob in dem Zustande der Constitution irgend etwas darauf leitet, warum der Bruch sich nicht vereinigt hat; und ist dieß der Fall, so muß alles, was nicht in der Ordnung ist, verbessert werden. Bei einem Kranken kann eine bessere Diät nöthig seyn; bei einem andern bedarf es vielleicht der Abführmittel; ein anderer braucht vielleicht tonica. Hrn. Wilson erzählt gewöhnlich den Fall einer Frau, welche Branntwein trank, und den Schenkel brach. Anfangs durfte sie ihren gewohnten Schnaps nicht trinken, und die Knochen zeigten keine Neigung zur Vereinigung. Endlich gestattete man ihr eine gewisse Quantität Branntwein, und die Vereinigung fand unmittelbar statt.

Als Localbehandlung sind von verschiedenen Wundärzten mannichfaltige Verfahrungsweisen zur Heilung solcher Fälle empfohlen worden. Bisweilen scheint es, daß ein sehr geringfügiger Umstand die Vereinigung einer zur gewöhnlichen Zeit nicht vereinigten Fractur bewirkt. Ich weiß viele Fälle, daß Kr. im Hospital acht Wochen lang und noch länger im Bette gehalten wurden, ohne daß eine Vereinigung stattfand. Hierauf wurde an jeden Kr. des Glied eine Schiene angelegt, wir ließen den Kr. mittelst Krücken umhergehen, das Glied aufsetzen und den Schiene daran bewegen, und der Bruch vereinigte sich.

In andern Fällen wendete ich bei langsam sich vereinigenden Fracturen Blasenzüge an. Hr. Sewell, aus dem Veterinary College, theilte mir einige an Thieren gemachte Beobachtungen mit, nach welchen es schien, daß die Anwendung von Blasenpflastern Nutzen brachte, wenn Knochenbrüche sich langsam vereinigten und ich habe sie oft bei Menschen mit großem Nutzen für den Kr. angewendet. Soll aber dieses Verfahren Nutzen schaffen, so muß es acht oder zehn Wochen nach dem Ereigniß in Anwendung kommen.

Früher wurde eine Operation empfohlen, aber eine sehr rohe, wo der Wundarzt auf die gebrochenen Enden des Knochens einschnitt, sie aus der Wunde herauskehrte, von jedem derselben ein Stück absägte, hierauf sie wieder an ihre Stelle so nahe aneinander brachte, als er konnte, sodann Schienen anlegte, und den Fall wie eine zusammengesetzte Fractur behandelte, in welche er, in der That, verwandelt worden war. Man glaubte demnach, daß diese Methode eine Heilung bewirken werde. Aber ich habe früher mit einigen Wundärzten aus der alten Schule gesprochen, und sie erzählten mir, es sey ihnen nicht bekannt, daß je auf diese Weise eine Heilung bewirkt worden sey, obgleich sie die Operation häufig hatten machen lassen; und ich glaube, man erkennt jetzt allgemein, daß der Erfolg dieser Operation, im besten Falle, sehr problematisch ist; daß sie, in der That, weit häufiger fehlschlägt, als gelingt und es kann wohl niemand daran zweifeln, daß dabei das Glück sehr im

Spiel seyn müsse. Es ist, in der That, eine Operation, wie man sie nur in einem Falle macht, wo das Leben des Kr. schon vorher in Gefahr steht. Sir Everard Home gedachte in seinen Vorlesungen gewöhnlich des Falls eines Mannes mit unvereinigtem Bruch des humerus, welchen Hr. Hunter behandelt hatte. Es war ein künstliches Gelenk vorhanden, und Hr. Hunter machte einen Einschnitt in dasselbe, führte einen Spatel ein, und reizte die ganze Oberfläche des künstlichen Gelenks. Hierdurch wurde eine beträchtliche Entzündung hervorgerufen, welche in Anchylose endigte, und so war der Kr. geheilt.

Mir ist nicht bekannt, daß diese Operation in einem andern Falle vorgenommen worden wäre. Dr. Physick schlug eine offenbare Verbesserung derselben vor. Die einzige Wirkung von Hunter's Operation war, wie er wohl sah, ein frischer Anfall von Entzündung, welche wohl auf gleiche Weise hervorgebracht werden konnte, wenn man ein Haarseil durch das künstliche Gelenk zog. Dieß mußte sicher ein weniger angreifendes Verfahren seyn, als das Hunter'sche, weil, wenn Eiterung stattfindet, das Eiter nicht gestopft wird, sondern in einer oder der andern Richtung durch das Haarseil ausgeführt werden muß. Der Zweck ist jedoch bei beiden Operationen derselbe, und aller Wahrscheinlichkeit nach entlehnte Dr. Physick seine Idee von dem Hunter'schen Verfahren. Dr. Physick war ein Zögling bei diesem Spital, und später Hauswundarzt. Er war ein Freund Hunter's und wahrscheinlich gerade gegenwärtig, als die Operation vorgenommen wurde. Die Operation mittelst des Haarseils, wie sie Dr. Physick empfahl, wurde hier mehrmals gemacht, und ich selbst habe sie bei drei verschiedenen Gelegenheiten vorgenommen. Zuerst in einem Falle von unvereinigtem Schenkelbruch. Ich führte ein Haarseil zwischen den gebrochenen Knochenenden durch, und die Vereinigung fand etwas spät nach langer Zeit vollendet. Nachher versuchte ich sie in einem andern Falle von nicht vereinigtem Bruch des Schenkelknochens. Es folgte große Störung der Constitution auf sie. Dies beunruhigte mich, und ich entfernte das Haarseil. Die Symptome ließen nach, ich brachte es daher wieder ein, und es blieb nun eine beträchtlich lange Zeit liegen, ohne daß die Constitution dadurch litt. Die Behandlung, denk ich, war, als Probe, gut, aber es wurde keine Heilung dadurch bewirkt, und der Kr. wurde entlassen, aber mit eben so beweglichen Knochen, wie er sie in das Hospital gebracht hatte. Ich hatte einen dritten Kr. in diesem Hospital zu behandeln, welcher mehrere Jahre vorher das Schlüsselbein gebrochen hatte, welches noch nicht vereinigt war. Es hatte sich ein künstliches Gelenk gebildet, welches den gebrochenen Knochen eine beträchtliche Bewegung gestattete. Ich zog ein Haarseil durch das Gelenk: es blieb einige Wochen liegen, und regte eine vollkommene Heilung bewirkt. Hr. Stansfield von Leeds machte die Operation am Arm, und sie gelang. Aber Hrn. Earle schlug sie am Arm fehl. Das Resultat in England daß von vorgekommenen Fälle scheint zu seyn, daß sie an den obern Extremitäten bisweilen gelungen ist, an den untern dagegen, wenigstens so viel mir bekannt ist, nur in einem einzigen Falle der Erfolg verzeichnet wurde, nämlich bei dem von mir in diesem Hospital behandelten Kranken. Dr. Dorsey (Dr. Physick's Neffe und ihm in der Professur zu Philadelphia adjungirt) schrieb mir in dem letzten Briefe, welchen ich vor seinem Tode von ihm erhielt, in Bezug auf die Operationen mit dem Haarseil in den Vereinigten Staaten, als Resultat, daß sie im Allgemeinen an den obern Extremitäten gelungen, an den untern aber immer erfolglos gewesen seyen. Als sey im erstern Fall immer nöthig gewesen, dasselbe mehrere Monate liegen zu lassen. Die Operation ist, auf das Günstigste davon zu sprechen, unsicher und das Resultat langsam eintretend.

Von Hrn. Amesbury ist eine andere Behandlungsmethode angegeben worden, welche, wie ich glaube, öfter als die von mir angegebenen Verfahrungsarten mit Erfolg gekrönt worden ist, und welche das Empfehlenswerthe hat, wenn nicht nützlich, auch keinen Schaden bringt. Hr. Amesbury empfiehlt, die Knochen in einem Zustande möglichst vollständiger Ruhe zu erhalten, indem man die passendsten Mittel, wie Schienen und Binden, anwendet; und zugleich auch die gebrochenen Enden sehr fest aneinander gedrückt zu erhalten. Durch diesen Druck wird eine frische Entzündung hervorgerufen, und man findet am Ende die Knochen zusammengewachsen. Ich weiß nicht, ob dieser feste Druck die Vereinigung der Knochens durch einen ähnlichen Proceß bewirkt, wie in dem ersten Falle nach Fractur, welcher von mir beschrieben worden ist. Es ist mir wahrscheinlicher, daß er das Zusammenwachsen der Bruchflächen, ohne die vorläufige Bildung des callus nach außen, bewirkt. Doch dem sey, wie ihm wolle, ich weiß, daß dieses Verfahren in mehrern Fällen mit Nutzen befolgt worden ist. In zwei Fällen, welche ich mit Hrn Amesbury gemeinschaftlich behandelte, wurde dadurch vollständige Heilung erzielt. Auch bei einem Kr., welchen ich hier im Spital behandelte, glückte es, so daß nach einigen Wochen der Knochenbruch, welcher mehrere Monate lang unvereinigt geblieben, vollständig verheilt war. Der Druck muß hier beträchtlich seyn, so daß er dem Kr. viel Schmerz und beträchtliche Beschwerde verursacht, doch darf er nicht so stark sey, daß es ihm Schaden bringt; und wenn man auch nach einer gewissen Zeit die Vereinigung nicht eingetreten findet, so ist der Zustand des Kr. noch wie zuvor, und er hat wenigstens die Genugthuung, daß alle zu seiner Erleichterung geeignete Mittel angewendet worden sind.

Das Princip von Hrn. Amesbury's Vorfahren besteht ganz einfach darin, daß man die Enden der Knochen in vollkommener Ruhe erhält, und zu gleicher Zeit Druck besonders auf die Bruchflächen anwendet, so daß sie so genau als möglich gegen einander gedrückt werden. Es kann demnach keine allgemeine Regel, wie man dieses erreicht, aufgestellt werden. In einem Falle von Querbruch muß ber, bei einem schiefen Bruch ein'anderer, und bei einem Splitterbruch ein dritter Apparat angewendet werden. Er muß auch verschieden seyn, je nachdem der Bruch den Oberarm, den Vorderarm, den Ober- oder Unterschenkel betrifft: das Princip bleibt übrigens in allen Fällen dasselbe. Ich behaupte jedoch nicht, daß dieses Verfahren immer gelinge; denn es sind mir Fälle bekannt, wo es fehlschlug, z. B., bei einem Kr. in diesem Hospital, wo es unter Hr. A. Leitung eine beträchtliche Zeit lang angewendet, aber keine Vereinigung erzielt wurde, und auch Hrn. A. selbst scheinen in seiner Privatpraxis Fälle vorgekommen zu seyn, wo es erfolglos war. Jedoch ist es im Ganzen sehr erfolgreich und ersprießlicher als irgend ein anderes.

In Bezug auf den gegenwärtigen Kr. werde ich Hrn. Amesbury's Verfahren befolgen, und da schon die Theile einigermaßen durch eine weiche Substanz vereinigt sind, auch seit dem Unfall erst funfzehn Wochen verstrichen sind, so, denke ich, sind die Umstände für den Kr. günstig. Es wird an jeder Seite des Glieds eine Schiene gelegt, und die beiden Bruchenden des Knochens mittelst Compressen fest und stät gegen einander gedrückt. Die Constitution bedarf keiner besondern Berücksichtigung, da der Kr. ein regelmäßiges Leben geführt hat, und früher so gesund war, als jetzt.

Miscellen.

Anwendung des Copaivabalsams in chronischen Schleimflüssen der Urethra und Vagina. Delpech wandte gewöhnlich folgende Potion mit Erfolg an:

℞. Aquae Menthae unc. unam c. dimid.
— Flor. Aurant. . . . tant.
Syrup Limon. . . . tant,
Balsami Copaivae . . unc. unam.
Acidi sulphurici . . . drachmam (gros) unam.

Er ließ sie löffelweise, 2, 3, 4 oder 5 mal täglich, zur Essenszeit nehmen. Purgirte sie, so setzte er 5 bis 6 Tropfen Laud. Sydenh. zu jedem Löffel, und gab diesen dann zwei Stunden vor dem Essen, wodurch das Purgiren verhütet wurde.

Ebenfalls sehr gut und weniger für die Kr. unangenehm ist Folgendes von Dublanc:

℞. Syrup. Balsami tolutani . . uncias duas.
Aquae Menthae . . . uncias tres.
Laudani Sydenhami . . guttas sedecim.
Tincturae (Alcoolat) Copaivae uncias tres.

Verhindern wichtige Gründe die Anwendung durch den Mund, so kann man ihn in Klystir geben. Am wirksamsten scheint folgende Formel:

℞. Decocti Radicis Althaeae . . uncias quatuor.
Bals. Copaiv. (in 1 ovi vitello dilut.) drachmas quatuor.
Camphorae . . . . . grana tria.
Extracti Opii aquosi . . . granum unum.

Jeden Abend, acht Tage lang, zu nehmen, und so lange, als möglich, bei sich zu behalten.

Ein sonderbarer Fall von Abtrennung des Körpers des dritten Cervicalwirbels, und nachfolgender Heilung des Patienten ist vom Dr. Antonio Mercagliano mitgetheilt worden, und soll über das Factische desselben hier der geringste Zweifel obwalten. indem der Patient, von welchem hier die Rede ist, seine völlige Gesundheit wiedererlangt hat, derselben sich noch gegenwärtig erfreut und das interessante pathologische Stück in seiner Verwahrung hat. Die kurze Geschichte des Falles ist folgende: Der Patient litt an einer eingewurzelten venerischen Krankheit, und war mehrmals einer energischen antisyphilitischen Behandlung unterworfen worden. Demungeachtet kam die Krankheit in Gestalt von Ulcerationen im hintern Theile des Mundes wieder zum Vorschein. Nachdem dieselben das Gaumensegel und das Zäpfchen im Halse fast gänzlich zerstört hatten, setzten sie sich weiter hinten ganz fest, und zerstörten die sämmtlichen Muskeln, von welchen die Halswirbel überkleidet sind. Die Zerstörung hatte sich am tiefsten über den Körper des dritten Cervicalwirbels ber, der ganz entblößt und von Knochenfraß ergriffen war. Dazu kam noch ein schleichendes Fieber, so daß sich der Patient in einem äußerst traurigen Zustande befand. Der Dr. Mercogliano verordnete innerlich Sublimat, Milch und Abkochungen von China und Sassaparille; örtlich behandelte er die Krankheit mit Rosenbonig und Myrrhentinctur, und anfangs mit Höllenstein. Der Patient wurde wiederhergestellt, und nach einer sechsmonatlichen Behandlung ergriff der genannte Arzt den Körper des dritten Cervicalwirbels, der sich so sehr nach vorwärts begeben hatte, daß er das Schlucken hinderte, mit einer Zange und zog ihn, obschon nicht ohne Anstrengung und Schwierigkeit, durch den Mund aus. Der Patient fand sich dadurch nicht am Rückenmark belästigt, auch stellte sich dadurch keine plötzliche Abweichung in der normalen Richtung des Halses ein, obschon der Körper des Wirbelbeines (nebst der hintern Tafel, welche zum Theil den Rückenmarkscanal bildet) mit einer Portion des Querfortsatzes gänzlich weggenommen war. (Osservatore Medico di Napoli.)

Jod gegen Ueberbeine und Periostosen wird von Ricord in der Lancette empfohlen, und folgendermaßen angewendet. Man taucht Charpiebäuschchen in eine Flüssigkeit aus 3 Unzen Wasser mit 3 Drachmen Jodtinctur, und bedeckt hiermit die Geschwulst; dieß muß öfters wiederholt werden, und die Heilung soll in 8 — 10 Tagen erfolgen.

Bibliographische Neuigkeiten.

Congrès scientifique en France. Première Session, tenue à Caen en Juillet 1833 Rouen 1833. 8.

On Pregnancy and Auscultation by Evory Kennedy, with legal Notes by J. Smith. London 1833. 12.

Monographie der innern Hämorrhagien der Gebärmutter, während der Schwangerschaft, der Geburt und des Wochenbetts. Nach Baudelocque bearbeitet von Dr. Carl Schwabe ꝛc. Göttingen 1833. 8. (Eine zweckmäßige Bearbeitung der in Notiz. No. 624. [No. 8. des XXIX. Bds.] S. 123. verzeichneten Schrift.)

Notizen

aus dem

Gebiete der Natur- und Heilkunde,

gesammelt und mitgetheilt

von

Ludwig Friedrich v. Froriep,

des Kön. Würtemb. Civil-Verdienst-Ordens und des Großherz. S. Weimar. Falken-Ordens Ritter,

der Philosophie, Medicin und Chirurgie Doctor und G. H. S. Ober-Medicinalrathe zu Weimar,

der Königl. Preuß. Academie nützlicher Wissenschaften zu Erfurt Vice-Director, der Kaiserl. Leopoldinisch-Carolinischen Academie der Naturforscher, der Russ. Kaiserl. Akademie der Naturforscher zu Moskwa, der Gesellschaft naturforschender Freunde zu Berlin, der Wetterauer
Gesellschaft für die gesammte Naturkunde, der physicalisch-medicinischen Societät zu Erlangen, der mineralogischen Gesellschaft zu Jena,
der Niederrheinischen Gesellschaft der physischen und medicinischen Wissenschaften, des landwirthschaftlichen Vereins im Königreiche
Würtemberg, der Société d'Agriculture, Sciences et Arts du Département du Bas-Rhin, der naturforschenden Gesellschaft
zu Leipzig, der Senkenbergischen naturforschenden Gesellschaft zu Frankfurt am Main, der Societas physico-medica zu Braunschweig,
der Medicinal Society zu Philadelphia, des Apotheker-Vereins für das nördliche Teutschland, des Vereins zur Beförderung des Gartenbaues in Preußen, der Gesellschaft zur Beförderung der gesammten Naturwissenschaften in Marburg, der Schlesischen Gesellschaft für
vaterländische Cultur zu Breslau, der Societas medico-chirurgica Berolinensis, der naturforschenden Gesellschaft zu Halle, des Kunst,
und Handwerksvereins des Herzogthums Altenburg, der Accademia Pontaniana zu Neapel, der naturforschenden Gesellschaft des
Osterlandes, der Gesellschaft für Natur- und Heilwissenschaft zu Heidelberg, der Svenska Läkare-Sällskapet zu Stockholm, der
medicinischen Facultät der K. U. Universität Pesth und der Reformed Medical Society of the United States of America
zu New-York Mitgliede.

Neun und dreißigster Band,

zwei und zwanzig Stücke (Nro. 837 bis 858), einer Tafel Abbildungen in Quarto, Umschlag
und Register enthaltend.

In Commission des Landes-Industrie-Comptoirs zu Weimar.

1 8 3 4.

Register

zu dem neun und dreißigsten Bande der Notizen aus dem Gebiete der Natur = und Heilkunde.

(Die Römischen Ziffern bezeichnen die Nummern, die Arabischen die Seiten.)

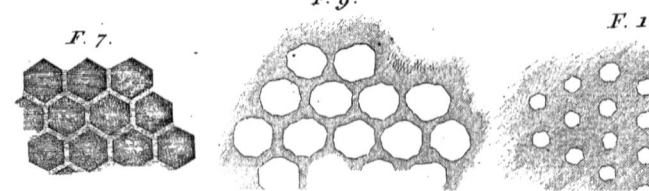

F. 1.   *F. 2.* 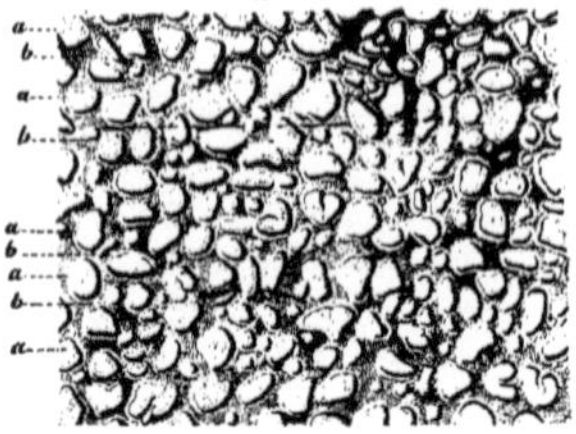 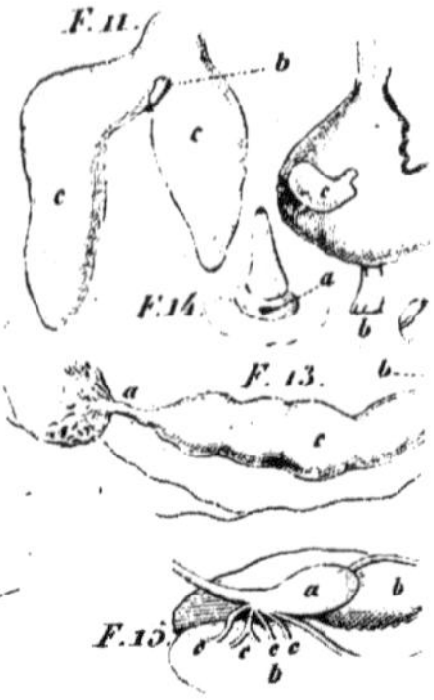   *F. 11.*

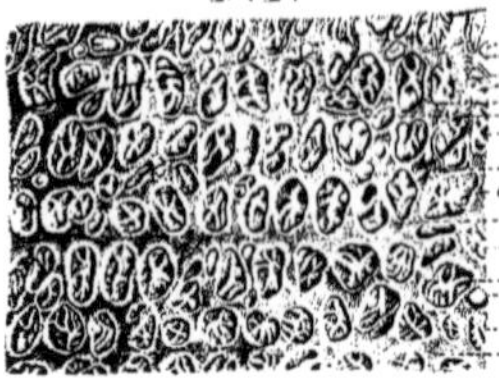

F. 3. 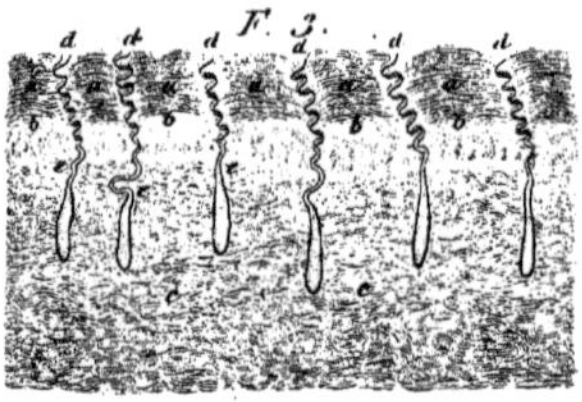   *F. 4.*   *F. 14.*   *F. 13.*   *F. 15.*

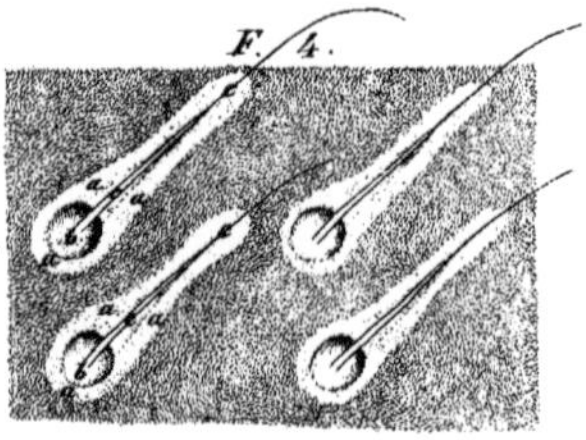

F. 5. 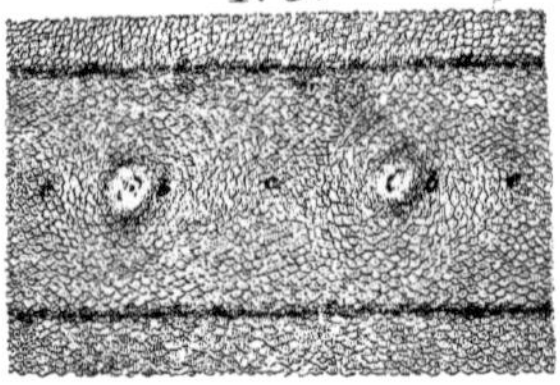   *F. 6.* 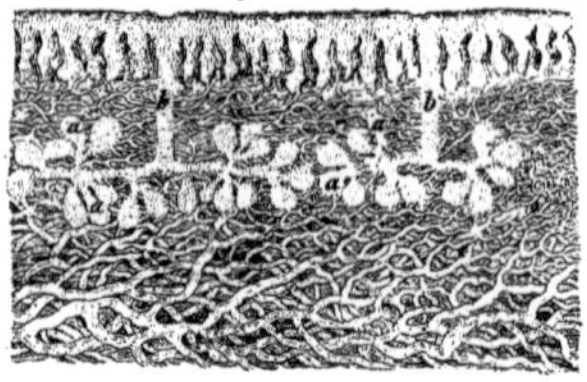   *F. 16.*

F. 8.

F. 7.   *F. 9.*   *F. 10.* 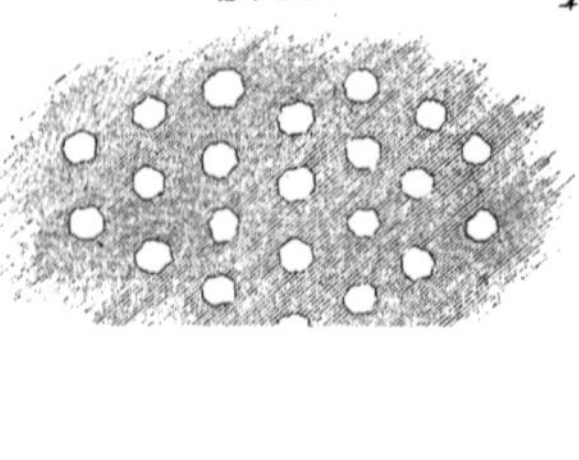   *F. 17.*

Notizen

aus

dem Gebiete der Natur- und Heilkunde,

gesammelt und mitgetheilt

von

Dr. L. F. v. Froriep.

| Nro. 837. | (Nro. 1. des XXXIX. Bandes.) | December 1833. |

Gedruckt im Landes-Industrie-Comptoir zu Weimar. Preis eines ganzen Bandes, von 24 Bogen, 2 Rthlr. oder 3 Fl. 36 Kr.,
des einzelnen Stückes 3 ggl. Die Tafel schwarze Abbildungen 3 ggl. Die Tafel colorirte Abbildungen 6 ggl.

Naturkunde.

Neue anatomische Untersuchungen über die menschliche Epidermis

(Vergleiche Fig. 1 — 6 der beigegebenen Tafel.)

finden sich in Wendt's *) Abhandlung über diesen Gegenstand, deren Ergebnisse ich hier kurz mittheile.

Die Epidermis bildet ein gegen chemische Reagenzien sich als ein hornartiges verhaltendes Gewebe, welches seine Entstehung einem wahren organischen Processe und nicht einer bloßen Verhärtung des Malpighi'schen Schleimnetzes verdankt. Sie ist in ihrer Organisation gleichförmig, halbdurchsichtig, weißgelblich, hart, zähe, elastisch, der Fäulniß widerstehend, glänzend und glatt. Wahre Kügelchen finden sich in derselben nie. Denn die sehr kleinen Pünctchen, welche man durch das Mikroscop erblickt, kommen bloß von Ungleichheiten der Oberfläche und der geringen Beleuchtung an diesen Stellen. Blutgefäße finden sich nicht, eben so wenig Lymphgefäße. Das netzförmige Ansehen, welches Mascagni verleitete, an letztere zu glauben, verschwindet bei'm Zusammendrücken und Lichtveränderung, besonders wenn dünnere Lamellen ausgeschnitten wurden. Haase's Beobachtung, daß in die Lymphgefäße injicirtes Quecksilber durch die Epidermis austrat, sprechen nur für eine Zerreißung derselben.

Sie ist nicht überall von gleicher Dicke, aber fast immer aus zwei oder vielmehr drei Schichten zusammengesetzt, nämlich von unten angefangen, 1. aus dem Malpighi'schen Schleimnetz, der sogenannten weichen Epidermis, 2 der eigentlichen Epidermis und 3. der abgestorbenen Epidermisschicht, welche in vielen Krankheiten sich als eine zusammenhängende Haut, im gesunden Zustande in Schüppchen ablöst, und nur im krankhaften Zustande gut zu beobachten ist, wo sie sich in großen Stücken abschuppt. Bisweilen scheinen die untere und obere Schicht zu fehlen, allein dieß ist nicht der Fall, sondern sie sind nur zu dünn, um bemerkt zu werden. Die resp. Dicke der Epidermis ist daher an verschiedenen Stellen verschieden. Die obere Schicht ist weni-

ger durchsichtig als die mittlere; diese unterscheidet sich von der untern, dem Malpighi'schen Netz, durch ihre lamellöse, nicht körnige, Structur, welche sowohl bei perpendikulären als horizontalen Durchschnitten durch Streifen angedeutet wird.

Die Oberfläche der Epidermis hat mehrere Eindrücke und Furchen, welche je nach der Lage und Gestalt der Tastwarzen, der Ausführungsgänge der Drüsen, nach der verschiedenen Stellung der Haare und dem verschiedenen Druck und Falten der Haut durch die Muskelthätigkeit sehr viele Veränderungen zeigen. Die Furchen rühren nicht von der Muskelthätigkeit allein her, sondern man kann dergleichen auch nach großer Ausdehnung der Haut, z. B., bei Kindbetterinnen und nach der Punction bei Wassersucht beobachten. Nur die größern Furchen kommen aus dieser Ursache, die kleinern Ungleichheiten und Furchen aber von der Lage und Gestalt der Tastwarzen in der unterliegenden Lederhaut. In der innern Handfläche und auf der Fußsohle liegen in diesen Furchen oder Thälchen Grübchen, welche unter dem Mikroscop als zwischen den Eindrücken der Warzen liegende Pünctchen erscheinen. In andern Gegenden des Körpers durchziehen viele tiefere oder flächere Furchen die Epidermis zwischen den leichtern Eindrücken, welche einzelne Hautwarzen umgeben. Allenthalben, wo dergleichen Furchen die Knoten des Furchennetzes der Haut bilden, tritt ein Haar, in eine Talgdrüse (gland. sebac.) eingeschlossen, durch die Epidermis hervor, oder es sind daselbst die später zu erwähnenden elastischen Fäden eingefügt. An diesen Stellen tritt die Epidermis tiefer an die Oberfläche der Lederhaut herab. Fast das Gegentheil wird bei der sogenannten Gänsehaut beobachtet, wo die Haarzwiebeln, ihr früheres Volum beibehaltend, hervorstehen, der übrige Theil der Lederhaut aber, durch die Kälte des Lebensturgors beraubt, sich zusammenzieht. Die Malpighi'sche Schleimschicht hat nicht überall gleiche Dicke; aber ihre äußere Fläche ist immer der Fläche der Epidermis parallel, und bringt daher nicht immer so tief in die Furchen der Lederhaut ein, als die innere Fläche. Die Malpighi'sche Schicht hat Gruben von der verschiedensten Tiefe und Weite, je nach der Größe und Form der Warzen in

*) Dissertatio inaug. anatomica: De Epidermide humana, auct. *Alphons. Wendt*, Vratislav. MDCCCXXXIII.

1

der Lederhaut. Von den spiralförmigen Furchen in der innern Handfläche und Fußsohle besteht jede aus einer doppelten Reihe größerer einander gegenüberliegenden Warzen, deren Eindrücke auf das Malphigi'sche Schleimnetz man auf der Tafel sieht, und jede dieser größern Warzen besteht aus 4 oder 5 kleinern. Diese letztern werden von dem Malpighi'schen Schleim, aber nicht von der Epidermis, wie in eine Scheide eingehüllt. In andern Gegenden liegen die Warzen nicht so regelmäßig, daher auch die Eindrücke derselben auf die Epidermis die eben beschriebene Lage nicht haben, wie in dem Fig. 2. abgebildeten Stück aus der Seite des Mittelfingers gut zu ersehen ist. Jedoch erscheinen bei einem 4 bis 7 monatlichen menschlichen Fötus glänzende regelmäßige Streifen, besonders auf Rücken, Brust und Kopf, in sehr großer Zahl. Die Warzen der Zunge, um die Brustwarze herum, auf der Eichel und andre haben eine eigenthümliche Form, sie sind viel größer und zusammengesetzt. Die Dicke der Malpighi'schen Schleimschicht richtet sich nicht überall nach der der Epidermis, sondern beide sind in dieser Hinsicht bisweilen gerade einander entgegengesetzt. Auch sind dieselben Körperstellen bei verschiedenen Individuen in diesem Stücke nicht gleich.

Die kleinen Löcher der Epidermis, durch welche die Haare austreten und die Ausführungsgänge der Talgdrüsen sich öffnen, bilden sich durch Einbiegen der Epidermis eben so, wie die Ausführungsgänge andrer zusammengesetzter Drüsen. Eichhorn läugnet mit Unrecht die Existenz von Talgdrüsen, indem er meint, die Hautschmiere werde von den Bälgen der Haare abgesondert. Die Haarzwiebeln hängen allerdings an den Talgdrüsen, aber nicht überall giebt es Haare, wie an der Haut des penis um die Brustwarze herum. Man findet diese einfachen Drüsen bei Menschen- und Thierfötus fast an allen Orten, und bei Erwachsenen an Theilen, wo besonders sehr viel Hautschmiere abgesondert wird, als von der Epidermis ausgehende und mit den Wänden ihrer Seiten innig verbundene Säckchen, welche mit dem abgerundeten Ende in die Lederhaut, und schief durch die hinburchgehend, fast bis zum Fettgewebe reichen. Wenn man sie bei Erwachsenen auch nicht überall findet, so ist dieß doch wahrscheinlich, wie man in vielen Krankheiten sieht, wo sie anschwellen. Die Hautschmiere dient nicht allein zur Ernährung der Haare, sondern sie schützt auch die Epidermis gegen äußere Einflüsse; denn an öfters dem Regen ausgesetzten Stellen findet man, obgleich nur kleine Haare sich bemerken lassen, sehr viele und große Drüsen, ebenso wie in der Haut des penis der Eichel und um die Brustwarze, wo man durchaus nichts von Haaren bemerkt. Diese Säckchen sind mit Blutgefäßen umzogen, welche bei guter Injection oder auch nach einem kurz vor dem Tode angewandten rubefaciens sich sehr schön darstellen. Diese einfachen Drüsen bestehen daher aus einem einzelnen Balg und einem Ausführungsgange. Wo es Haare giebt, bemerkt man nie Drüsen ohne Haare; sind die letztern sind in der Höhle der Drüse eingeschlossen und das Haar wächst aus dem Ausführungsgange hervor; aber die Drüsenhöhlen sind von solchem Umfang und mit den Haarzwiebeln so wenig verbunden, daß man sie als besondre, und für sie unwichtigere

Organe betrachten muß: Die Haare durchbringen daher nicht die Epidermis, was sie auch nicht vermöchten, sondern wachsen aus den im Grunde der Drüsenhöhle liegenden Haarzwiebeln hervor und in dem Ausführungsgange der Drüse fort. Dieß sieht man bei'm Fötus sehr deutlich. Bei ihm bemerkt man in den Talgbälgen die schwärzlichen Haarkeime eingeschlossen, aber die Drüse nicht ganz ausfüllend. Ehe sich die Haarzwiebeln bilden, bemerkt man im Grunde jeder Drüse ein kleines Gefäßchen, aus dem ein Pünctchen schwarzen Pigments austritt, welches, allmälig zunehmend, die Haarzwiebel bildet. Bald darauf tritt das spitzige Haar hervor und wächst in den Canal der Drüse fort. Eine solche Pigmentbildung, als ersten Anfang der Haarbildung, beobachtete auch Heusinger. Jedoch ist die ursprüngliche Bildung und die Regeneration der Haare von einander eben so verschieden als ursprüngliche Knochenbildung und Regeneration derselben nach Brüchen. Daß sich nicht überall Haare auf den Talgbälgen finden, sieht man sehr gut bei'm Fötus, wo man bei einem Perpendicularschnitt in die Haut die Drüsen gut von den Haarzwiebeln unterscheiden kann. Ihre Ausführungsgänge sind mit Hautschmiere angefüllt, welche die vernix caseosa zum Schutz der Epidermis gegen die Einwirkung der Amnicsflüssigkeit bildet. Bei Erwachsenen findet man nur am scrotum, an den labii pud.. an der Nase, um den Mund, im Ohr, an der Stirn, in der Achselhöhle, auf dem behaarten Kopf, im Perinäum nur selten, Hauttalgdrüsen mit Haaren, doch berühren auch an diesen Orten die Drüsenwände die Haarwurzeln mehr oder weniger.

Unter einem einfachen Mikroscop sieht man zwischen den Erhöhungen der Tastwärzchen sehr kleine Grübchen, welche nach der verschiedenen Lage der erstern verschieden geordnet sind. In der innern Handfläche und Fußsohle erblickt man sie nach jedem 3. oder 4. Eindrucke der parallel einander gegenüberliegenden Warzen, von 4 oder 5 Eindrücken eingeschlossen, so daß sie in der Mitte der Furchen selbst eine schon mit bloßen Augen gehörig sichtbare Reihe bilden. An allen andern Orten sind die Grübchen viel kleiner, nicht in regelmäßige Reihen geordnet. Diese Grübchen sind die Schweißlöcher, in denen man bei'm Schwitzen bei aufmerksamer Betrachtung auch die kleinen, allmälig sich vergrößernden, Schweißtröpfchen stehen sieht. Es sind die Oeffnungen der sogenannten elastischen Fäden Bichat's und Eichhorn's, oder der spiralen Fäden Purkinje's. Wenn man nämlich mittelst kochenden Wassers oder Maceration die Epidermis von der Lederhaut trennt, so sieht man an der Trennungsspalte sehr dünne, an verschiedenen Orten verschieden gerichtete, weißliche, durchsichtige, glänzende, elastische Fäden, welche die Grübchen mit der Lederhaut unmittelbar zu verbinden scheinen. Eichhorn sah gerade nach der Epidermis hin und der Lederhaut gehende, an beiden Enden offene Canäle, welche mittelst Capillarthätigkeit ein eigenthümliches Serum ausschwitzen, und auch nach bloß physischen Gesetzen einsaugen. Purkinje hingegen sah, indem er sich des Liquor kali carbonici bediente, welcher besonders die Structur der Haut sehr deutlich erscheinen läßt, an den Stellen der Epidermis zwischen den Grübchen fadenförmige Organe aus der Lederhaut hervorkommen und in häufigen Spiralwindungen bis zu den Grübchen emporsteigen. Diese Spiralfäden gehen, nach des Verfassers fortgesetzten Beobachtungen, durch den Malpighischen Schleim in die Lederhaut selbst über und neh= men daselbst verschiedene Formen an. Ihr Ende war je= doch aus verschiedenen Ursachen schwer und nicht immer deut= lich zu entdecken. An manchen ist es etwas angeschwollen, oder gekrümmt, oder auf andre Weise gebildet, und endigt in einen geschlossenen, abgerundeten Grund. In der Epi= dermis erscheinen diese Fäden wahrhaft spiral; die Zahl ih= rer Windungen richtet sich nach der Dicke der Epidermis, an manchen Stellen findet man kaum $\frac{1}{2}$, an andern 20 bis 24 Windungen, in der innern Handfläche meist 6 bis 10. Die Menge der Fäden ist ebenfalls verschieden, an manchen Or= ten sind sie sehr zahlreich, an andern unbedeutend, und eben so ist der Umfang der Windungen veränderlich. Die Win= dungen selbst sind bald enger, bald weiter von einander ent= fernt, bald berühren sich einzelne. Aber sie sind überall gleich dick, körnig, oder polypös, aber weniger durchsichtig, als der Malpighische Schleim. Die zwischen ihrem Sinus liegende Epidermis ist durchsichtiger, als sie und als die übrige Epi= dermis. Auch im Malpighischen Schleime ist die Zahl der Windungen derselben verschieden, gewöhnlich aber 1 oder 2. Anfangs dringen die Fäden aus demselben perpendiculär in die Lederhaut, schwellen von da an, oder behalten dieselbe Dicke, und endigen dann auf die oben angegebene Weise, in seltenen Fällen bilden sie erst einige Spiralwindungen und gehen dann erst in den geschwollenen Grund über. Ihre Länge läßt sich nicht mit Bestimmtheit angeben, doch schei= nen die meisten kaum über doppelt so lang, als die Epider= mis in der Handfläche oder Fußsohle dick ist. Manche drin= gen jedoch viel tiefer, andere weniger tief ein. Die Struc= tur derselben ist in der Lederhaut ebenfalls körnig. Die Rich= tung, in der sie sich winden, ist verschieden, in der rechten Hand von der Linken zur Rechten, in der linken von der Rech= ten zur Linken. Die Substanz derselben scheint keine eigen= thümlichen Gefäße zu besitzen. Diese Spiralfäden, welche daher dasselbe sind, was die elastischen Fäden Anderer, ent= halten in ihrem Innern einen Canal, und excerniren nicht nur den Schweiß, sondern bestehen diese muß auch, da sie an ei= nem Ende geschlossen sind, in ihren Höhlen secerniret werden, was die polypöse Substanz, aus der sie bestehen, sehr leicht gestattet.

Erklärung der Figuren der Tafel.

Fig. 1. Ein Stück der Epidermis aus der innern Handfläche. Die Epidermis wurde mit dem Malpighischen Schleimnetze mittelst heißem Wasser von der Hand abgelöst und dann mit Oel getränkt, um sie durchsichtiger zu machen.
aa. Parallele Furchen der innern Handfläche.
bb. Die Grübchen, in Reihen liegend.
cc. Größere Eindrücke von den Tastwarzen, von denen jede
dd. aus mehrern kleinern Wärzchen besteht.
ee. Die weißglänzenden Kreuzstreifen bezeichnen das Schleim= netz, welches die Wärzchen trennt.
Fig. 2. Ein Stück Epidermis von der innern (Ulnar=) Seite des Zeigefingers, eben so abgetrennt, wie das vorige.

aa. Die Tastwarzen, ohne Ordnung durcheinanderstehend, an denen man die kleinern Wärzchen nur wenig be= zeichnet findet.
bb. Die Grübchen, von mehrern Wärzchen umgeben.
Fig. 3. Eine sehr dünne Hautlamelle aus der in= nern Handfläche, mittelst liq. kali carbon. verhärtet.
aa. Eine Schicht der Epidermis, an ihrem einfachen la= mellösen Gewebe kenntlich.
bb. Eine Lage vom Malpighischen Schleimnetz, von kör= nigem Gewebe.
cc. Eine netzförmige Schicht der Lederhaut.
dd. Die Grübchen der Epidermis, in Reihen geordnet.
ee. Die Spiralfäden in ihrem ganzen Verlaufe.
Fig. 4. Lage der Kopfhaare in den Talgdrüsen. Ein dünnes perpendiculäres Stück aus der Kopfhaut eines halb= monatlichen Fötus, zusammengepreßt.
aa. Einfache Talgdrüsen.
bb. Haarzwiebeln.
cc. Die Haare selbst.
Fig. 5. Eine horizontale Platte der Epidermis aus der Fußsohle.
aa. Die parallelen Furchen der Sohle.
bb. Grübchen, gleichsam von einem Ring umgeben.
cc. Das netzförmige Gewebe, wodurch Mascagni und Andere irre geleitet wurden.
Fig. 6. Ein perpendiculäres Stück der weiblichen Nymphen, zusammengedrückt.
aa. Die Häufchen der zusammengesetzten Schleimdrüsen.
bb. Ausführungsgänge der Drüsen.

Ueber den Fötus der Sepia officinalis

theilte Dr. Grant den 9ten Juli d. J. der zoologischen Gesellschaft aus einem Briefe des Dr. Coldstream zu Edinburgh Folgendes mit:

Torquay in Devonshire den 10ten Novbr. 1832.

„Heute untersuchte ich die Eier der Sepia officinalis; eine Gruppe von 18 war (jedes mittelst des durch seine halb= gallertartigen Häute gebildeten Ringes) an ein Blatt der zostera marina geheftet. Sie waren von länglich ovaler Gestalt, etwa 1 Zoll lang und $\frac{7}{10}$ Zoll breit; Farbe schwarz, glänzend, Consistenz weich, Häute des Eies sehr zahlreich, von verschiedener Dicke, concentrisch geordnet. Als ich diese Häute nach einander beseitigt hatte, bis das Ei durchschei= nend wurde, sah ich durch die innerste Haut deutlich den darin enthaltenen Fötus und dessen Dotter. Ich konnte den= selben sich bewegen und athmen sehen. Drückte man das Ei sanft, so bewegte er sich lebhaft; es gelang mir, die in= nere Membran, sammt dem darin enthaltenen Fötus, un= versehrt herauszuschälen, und ich ließ ein solches Ei viele Stunden lang in Seewasser, ohne daß sich irgend eine Ver= änderung damit zugetragen hätte. Andere öffnete ich, und ließ den Fötus heraus, den ich anfangs in seiner eignen Ei= haut= Flüssigkeit aufbewahrte. Seine einzige deutliche Be= wegung war die des Athemholens, und diese war, je nach= dem man ihn mehr oder weniger in seiner Ruhe störte, mehr oder weniger thätig. Im ruhenden Zustande athmete er in der Minute 32mal. Wie bei'm erwachsenen Thiere, wurde der Sack ausgedehnt, und der Trichter erhoben. Wegen der durchscheinenden Beschaffenheit des Mantels, konnte ich die Bewegungen der seitlichen Klappen *) deutlich sehen. Die Oberfläche war mit verschiedenen Flecken gezeichnet, die verhältnißmäßig nicht so zahlreich waren, als bei'm erwachsenen Thiere. Diese schienen mir, nachdem der Fötus aus dem Eie genommen worden, größer zu werden. Doch sah ich keine ähnliche Zusammenziehung und Ausdehnung der Flecken wie bei'm erwachsenen Thiere. Der Dotter saß erst vorne am Körper zwischen den Armen fest, ohne daß ich jedoch erkennen konnte, auf welche Art er befestigt war **). Kurz darauf fiel er ab; er schien aus einer sehr dünnen Membran zu bestehen, welche eine gleichartige durchsichtige Gallerte umschloß. Die Seitenflosse war breit, und hatte, wenn das Thier sich bewegte, eine starke wellenförmige Bewegung. Wenn man vor dem Abfallen des Dotters den Fötus berührte, so zog sich der Sack zusammen und es fand eine kräftige Expiration statt. Nach der Abtrennung des Dotters bewegte sich das Thier, wenn man es berührte, eine kurze Strecke rückwärts. Wenn man mit der Flüssigkeit, in welcher der Fötus schwamm, Salzwasser vermischte, so schien das Thier anfangs unruhig, zog den Mantel über die Augen, und athmete geschwind. Diese Beängstigung ließ jedoch bald nach und das Thier erschien nun wie neugestärkt. Von der Bauchseite gesehen, schimmerten die filberartig glänzenden Wandungen des Tintensacks durch den Mantel hindurch, und wenn das Thier berührt wurde, ließ es 2 — 3 mal winzige Ströme Tinte fahren. Die Gesammtlänge des Fötus betrug $\frac{7}{10}$ Zoll; die Augen waren verhältnißmäßig gewaltig groß; die Saugwärzchen an den Armen erschienen nur als winzige Tuberkeln; der Dotter war beinahe kugelförmig, und sein Durchmesser betrug ungefähr $\frac{1}{2}$ Zoll.

Den 12ten November. Der am 10ten aus dem Eie genommene Fötus wurde noch denselben Abend in zufällig trübes Salzwasser gethan. Er fuhr fort zu athmen, und schien sich den ganzen Abend wohl zu befinden. Später zog sich aber der Sack zusammen, so daß die Seitenklappen außerhalb desselben sichtbar wurden, und das Thier wurde kraftlos. Am folgenden Morgen war dasselbe todt. Heute fericirte ich es: die Rückenstütze fand sich in dem Mantel locker umhüllt. Sie war $\frac{7}{10}$ Zoll lang, weiß, erförmig, am schmalen Ende am dicksten, und dort beinahe undurchsichtig. Sie bestand aus 5 concentrischen Schichten; die äußerste war sehr dünn, durchscheinend, ohne Flecken; die übrigen mit verschiedenen gestalteten Flecken bezeichnet. Neben dem Rande der Rückenstütze waren dieselben einfach (rundlich, oval oder länglich), gegen die Mitte hin zusammengesetzter (langgezogen und verschiedenartig, doch nur mäßig verästelt). Im Innern fand ich die Kiemen deutlich und, wie es schien, vollständig ausgebildet. Der Tintensack enthielt eine beträchtliche Quantität

*) Ich gestehe, daß ich nicht begreife, wie hier der Ausdruck seitlichen Klappen (lateral valves) gebraucht werden kann, während nichts, als die Basis des Trichters gemeint zu seyn scheint.

**) Man vergleiche darüber „Notizen No. 739. [No. 13. des XXXIV. Bds.] S. 199.

sehr dunkel gefärbter Tinte. Das untere Armpaar war an der Basis sehr breit, und mit einem flossenartigen Anhängsel versehen.

Den Fötus, den ich, noch mit seiner innern Membran bekleidet, in Salzwasser bei Seite gelegt hatte, fand ich diesen Morgen außerhalb desselben und todt. Ich öffnete noch mehrere Eier von der Gruppe und fand jederzeit den Fötus todt. Einige hatten einen Theil ihrer Tinte in das Ei ergossen; bei mehreren war das Schaafwasser zum Theil gallertartig. Die Flecken waren an der Mantelhaut, dem Kopfe und den Armen deutlich sichtbar, unten gelblichbraun, oben dunkler. (London and Edinburgh Philosophical Magazine, October 1833.)

Das absolute Gewicht der Atmosphäre ist während des Herrschens der Cholera bedeutender als zu andern Zeiten.

Bei einer Zusammenkunft der British Association zeigte Dr. Prout eine Tabelle, welche die Resultate von 87 zwischen dem 16ten December 1831 und dem 24sten März 1832 angestellten Versuchen über das absolute Gewicht der Atmosphäre enthielt. Die Experimente wurden gewöhnlich um Mittag, und so viel als möglich, unter ähnlichen Umständen angestellt. Folgendes ist eine gedrängte Uebersicht der Resultate. Im Durchschnitt ergibt sich aus sämmtlichen Experimenten ein einziges ausgenommen, dessen wir alsbald gedenken werden, daß 100 Cubikzoll trockner von Kohlensäure freier atmosphärischer Luft, bei einer Temperatur von 32° und bei einem Barometerstande von 30 Zoll unter der Londoner Breite 32, 7958 Gran wiegen, während der Unterschied zwischen der höchsten und niedrigsten Beobachtung, 0,507 Gran beträgt. Das Mittel der ersten 44 Experimente, die zwischen dem 16ten December und 8ten Februar incl. angestellt wurden, ist 32,7900 Gran; dasjenige der letzten 42 zwischen dem 10ten Februar und 24sten März incl angestellten Versuche, 32,8018 Gran Die Ausnahme, deren oben gedacht worden, fand den 9ten Februar statt, an welchem Tage das Gewicht der Luft 32 8218 Gran betrug, und es ist merkwürdig, daß nach dieser Periode während der ganzen Zeit, wo die Experimente fortgesetzt wurden, die Luft fast ohne Ausnahme mehr wog, als gewöhnlich, so daß das Mittel der 42 Beobachtungen nach jener Crisis das jenige der 44 Beobachtungen vor derselben, um nichts weniger als um 0,0118 Gran überstieg. Die Versuche wurden durchgehends mit demselben Apparate und mit gleicher Sorgfalt angestellt, und es läßt sich nicht bezweifeln, daß der Unterschied, was auch immer der Grund desselben gewesen seyn mag, wirklich existirte, und seinen Grund nicht in einer fehlerhaften Anstellung der Experimente hatte. Wie sich dieser Umstand erklären lasse, ist noch sehr hypothetisch; allein vielleicht ist die Bemerkung nicht überflüssig, daß beinahe genau zur Zeit der erwähnten Crisis, der Wind sich gegen Nord und Ost umsetzte, und beständig lange von dieser Himmelsgegend her wehte, und daß unter diesen Umständen die Cholera zuerst als Epidemie in London auftrat. Es möchte daher scheinen, als ob sich um diese Zeit irgend ein mit besagter Krankheit in dieser oder jener Verbinbung stehender fremder Körper durch die untern Schichten der Atmosphäre verbreitet habe. Die Wirkungsart dieses Körpers ist durchaus unbekannt; allein saure und alkalinische Eigenschaften kann derselbe wohl kaum besessen haben, indem er im erstern Falle durch Kalkwasser, im letztern durch Schwefelsäure ausgeschieden werden seyn würde. Wir können denselben wahrscheinlich als eine Art Malaria betrachten, und diese Vermuthung wird durch dessen Wirkungen auf die thierische Oeconomie wahrscheinlicher, welche denen ähnlich sind, die durch gewisse Varietäten dieses Gifts hervorgebracht werden. So hat man während des gegenwärtigen Frühlings und Sommers den Speichel und die Hautausdünstung fast aller Personen, die man in dieser Beziehung beobachtet hat, ungewöhnlich sauer gefunden; auch hat sich der Zustand des Urins und anderer Secretionen höchst merkwürdig gezeigt, und zwar bei einer so großen Anzahl von Individuen, daß dadurch die Existenz irgend einer ausgedehnt wirksamen Ursache dargethan wird, wie sie zu unserer Zeit, wenigstens so lange Dr. Prout diesem Gegenstande Aufmerksamkeit gewidmet hat, noch nicht stattgefunden hat. Sollten sich obige Vermuthungen als gegründet erweisen, so läßt sich hoffen, daß die Ursache der gegenwärtigen furchtbaren Epidemie eine vorübergehende seyn, obwohl wegen des tiefen und bösartigen Einflusses, welchen sie auf die Organismen ausgeübt hat, ihre Wirkungen noch eine Reihe von Jahren fortbestehen dürften. (Jamieson's new philosophical Journal, October 1838.)

Miscellen.

Vorschlag zur Einführung neuer Hausvögel. Da die Schwierigkeit und die Kosten des Transports lebendiger Vögel so bedeutend sind, so hatte ich es der Mühe werth, auf Mittel zu denken, wie man sich die Eier in einem Zustande verschaffen könne, in welchem sie zur Bebrütung geeignet sind. Hierbei sind mehrere Vorsichtsmaaßregeln nöthig: 1. Die Eier müssen durch gänzliche Ausschließung der Luft frisch erhalten werden; 2. die Temperatur, der sie ausgesetzt sind, muß gleichförmig seyn; 3. die Eier dürfen so wenig als möglich geschüttert werden und das dünne Ende des Eies muß niederwärts gerichtet seyn. Ich möchte empfehlen, die Eier zuerst mit einer Auflösung von Gummi arabicum, und, wenn dieses trocken geworden, mit Spiritus zu bestreichen. Letzteres würde unnöthig seyn, wenn man die Feuchtigkeit gänzlich ausschließen könnte. Der Lack läßt sich mit Terpentingeist von dem Gummi mit Wasser beseitigen. Die so präparirten Eier packt man in einen Kasten mit gepülverter Holzkohle, wobei man dafür sorgt, daß sie nicht mit einander in Berührung kommen. Der Kasten darf nie umgekehrt werden und am besten dürfte es seyn, man ihn in der Cajütte aufhängte. Alle diese Vorsichtsmaaßregeln dürften lästig scheinen, sie sind aber, im Vergleich mit der fortwährenden Aufmerksamkeit, welche lebende Vögel in Anspruch nehmen, unbedeutend. Ich habe diese Methode dem Secretär der zoologischen Gesellschaft vorgeschlagen, und es würde mir sehr viel Vergnügen machen, wenn sie in Ausführung gebracht würde. Vor einigen Jahren wurden mehrere, bloß mit einer Gummischicht überzogener Eier, nach Indien geschickt und dort ausgebrütet, und dieß spricht sehr für den guten Erfolg der oben dargelegten Methode. (Charles M. Willich, London, Oct. 11. 1832.) — Zu Bury St. Edmund's hielten Hr. Hadson und andere Einwohner das schöne Bantam-Rebhuhn; ich schickte zweimal Eier von diesem Vogel, einmal in Kleie und einmal in Sägespähne verpackt, durch die Post nach Waterbeach bei Cambridge. Sie wurden Hennen untergelegt, die ihre Schuldigkeit thaten, aber sie erdrückten fast. Bei der Absendung waren sie frisch und mit schieiben ihre Verderbniß dem zum Transporte stattgefundenen Schütteln zu. (Magazine of Natural History, No 86. Nov. 1833.) — Ueber den Buansú, den wilden Hund von Nepaul, hat Hr. Hodgson, welcher in ihm die eigentliche Stammrace des Hundes entdeckt zu haben glaubt, der Zoological Society zu London eine Mittheilung gemacht. Dieser wilde Hund von Nepaul geht so gut bei Nacht als bei Tage seiner Nahrung nach; er jagt gemeinschaftlich in Meuten von sechs bis zehn Stück, folgt der Spur mehr durch seinen Geruch als durch sein Gehörmögen, und bemeistert sich seiner Beute durch Kraft und Beharrlichkeit. Wenn er seine Jagd verfolgt, bellt er wie ein Hund; aber sein Bellen ist ein besonderes, und gleicht eben so wenig dem unserer Hunde als dem Geheule des Schakals oder Fuchses. Er wächst wird er nicht mehr zahm; aber ein junges und nicht über einen Monat altes Exemplar war gegen des Liebkosungen nicht unempfindlich.

Ein Mißverständniß! Vor Kurzem kam mir in einem deutschen medic. Journal vor: „Die holländische Gesellsch. d. W. zu Harlem habe eine Preisfrage aufgegeben: Welchen Ursachen ist es zuzuschreiben, daß das Fleisch der Rehe zuweilen der Gesundheit nachtheilig ist? Woran lassen sich vergiftete Rehe unterscheiden? Welche Krankheiten bringt der Genuß des Rehfleisches hervor rc. Dieß frappirte mich, einmal, weil ich niemals von vergifteten Rehen gehört hatte, und auch selbst zu Zeiten einen Rehbraten verzehrer, und weil ich nicht begriff, wie man in Holland, wo es fast kein Wildpret giebt, zu solchen Beobachtungen hätte kommen können. Indessen ich nun weiter nachsehe, finde ich, daß im Original Chevrette steht, womit man kleine eßbare Krustaceen bezeichnet, wovon es an der Holländischen Küste wimmelt, und die man Garneelen und kleine Krabben nennt. Reh heißt nicht Chevrette, sondern Chevreuil.

Heilkunde.

Eine mit zwei Hydrocelen complicirte elephantiastische Scrotum-Geschwulst.

Durch eine merkwürdige Operation*) beseitigt von Dr. Clot-Bey.
(Hiezu Fig. 16. der beigegebenen Tafel.)

Ibrahim Saad-Ullah, 25 Jahr alt, aus Rosette gebürtig, von athletischer Constitution, kommt am 13ten Mal in das Marine-Hospital zu Alexandrien, und giebt über Entstehung und Fortschreiten seiner Krankheit Folgendes an: Seine noch lebende Mutter hat eine elephantiatische Geschwulst am rechten Beine. Er selbst hat in seiner Jugend an einer geringfügigen Anschwellung des linken Beines gelitten, welche zur Zeit der Mannbarkeit verschwand. Vor sieben Jahren bemerkte er eine Auftreibung am linken Testikel, welche allmälig an Umfang zunahm, ohne jedoch sehr beträchtlich zu werden, denn er verheirathete sich ein Jahr später; er hatte ein Kind, und seine Frau war einige Monate wieder in der achten Monate schwanger. Der Coitus war jedoch schwierig gewesen, indem die Ruthe fast gänzlich im Scrotum verborgen war. Seit einigen Monaten aber war es unmöglich geworden, indem die Krankheit sehr rasche Fortschritte gemacht hatte, besonders seit den drei und dreißig letzten Tagen vor seinem Eintritte in das Hospital.

*) Ich brauche kaum zu erinnern, daß diese Operation im Wesentlichen nach Delpech's Vorgange verrichtet ist. Vergleiche chirurg. Kupfert. Heft 25. Taf. CXXVI. und auch Notizen No. 5. [No. 5. des I. Bds.] S. 13.

Im Laufe der verflossenen sieben Jahre war die Geschwulst sehr viele mal in einen acut entzündlichen Zustand gelangt, während dessen Fieber, Erbrechen, Hitze und merkliche Vermehrung des Volums des Theils stattgehabt hatte. Dieser Zustand hatte gewöhnlich nur einige Tage gedauert, und der Kranke nichts dagegen gebraucht.

Am 15ten Mai nun hatte die Geschwulst eine rothbraune Farbe. Sie war oval, einen Fuß vier Zoll hoch, zwei Fuß zwei Zoll im Umfange, und zeigte an ihrem Vordertheil etwas oberhalb der untern Hälfte eine, durch Einwärtsschlagen der Vorhaut gebildete, Vertiefung, und einen Canal von einigen Zoll Länge, welcher zu der Eichel führte, und durch welchen der Urin ausfloß.

Hr. Clot-Bey veranstaltete ein Concilium mehrerer Aerzte und Wundärzte, es wurde die Operation beschlossen, die auch der Kranke verlangte, und welche Hr. Clot-Bey folgendermaßen ausführte:

Nachdem der Kranke horizontal auf einem mit Matrazen und Kissen versehenen Tisch gelegt worden war, machte der Operateur mit einem convexen Bistouri auf der Geschwulst drei Hautlappen: der erste, von länglichter Form, von etwa vier Zoll Länge und zwei Zoll Breite, am obern, vordern, mittlern Theile der Geschwulst, war bestimmt, zur Einhüllung der in der Masse der Geschwulst verborgen liegenden Ruthe zu dienen; die zwei andern, seitlichen, halbkreisförmigen, erstreckten sich jeder auf seiner Seite von der Basis der ersten Lappens bis an das Mittelfleisch, und waren bestimmt, den Testikel einzuhüllen. Eine in die Oeffnung der Harnröhre eingeführte Hohlsonde hilft, den Penis zu isoliren. Die Hoden wurden nun mittelst eines längs des Saamenstrangs fortgeführten Schnittes bloßgelegt und von der Masse der Geschwulst losgetrennt: letztere aber durch einige Bistourischnitte darauf gänzlich entfernt. Jeder der Testikel befand sich innerhalb einer Hydrocele. Als die tunica vaginalis testiculi von dem obern Theile des Hodens bis zum untern gespalten wurde, floß die Flüssigkeit aus, und die tunica vaginalis zeigte sich verdickt und an einigen Stellen ulcerirt.

Der Operateur schnitt davon mit der Scheere auf beiden Seiten etwas weg, und nachdem die gesund befundenen Hoden in die beiden von der Bedeckungen geschnittenen Lappen eingelegt worden waren, wurden diese Hautbedeckungen aneinandergelegt und durch, von dem Perinäum bis an die Basis des Penis gelegte, blutige Hefte vereinigt. Der Penis wird dagegen von der für ihn bestimmten Haut umhüllt und letztere ebenfalls längs des Canals durch blutige Hefte vereinigt.

Hr. Clot-Bey hatte während des ersten Zuschnittes eine Portion der Vorhaut conservirt, die er nun auch durch einige blutige Hefte mit dem Vordertheile des Lappens in der Gegend der Basis der Eichel vereinigte.

Das Scrotum als die Umhüllung der Ruthe waren so genau passend, daß man zugegen gewesen seyn müßte, um zu glauben, daß die Chirurgie so erstaunliche Resultate erlangen könne. Die Operation dauerte doch nicht über fünf und zwanzig Minuten; fünf Arterien wurden unterbunden.

Der Kranke, nachdem er in's Bette gelegt und die halbgebogenen Beine durch ein Kissen unter den Knieen unterstützt worden waren, war bis gegen vier Uhr Nachmittags ziemlich ruhig. Dann wurde er von einem Schauder befallen, auf welchen Hitze und Fieber folgten.

Am 16ten Mai Morgens. Die Nacht ist ruhig gewesen, und der Kranke hat abwechselnd geschlafen; er hat einmal urinirt; klagt nicht über Schmerzen; der Puls schnell, etwas klein, aber regelmäßig. Brennender Durst. (Er erhält säuerliches Getränk, und wird auf ganz strenge Diät gesetzt.) Der Verband ist von blutiger seröser Feuchtigkeit durchdrungen. Des Abends: derselbe Zustand; etwas Schläfrigkeit.

Am 17ten des Morgens: Unruhe, Muthlosigkeit; schleimigte belegte Zunge mit rothen Rändern und Spitze; häufiger, etwas entwickelter Puls (120 Schläge). Die Wunde ist in schönem Zustande und die Ränder wenig aufgetrieben. — Abends: allgemeine Mattigkeit; häufiger Puls; gespannter Unterleib. (Erweichendes Klystir, gewöhnliches Getränk.)

Am 18ten Morgens: Eine ungestörte Nacht; ruhiges Antlitz; geringere Unruhe; Puls weniger häufig; Husten fortdauernd. (Looch album des Codex.) Die Theile sehen gut aus. — Des Abends derselbe Zustand. (Diät.)

Am 19ten Morgens: Allgemeines Wohlbefinden; Puls fast natürlich; am obern und vordern Theile der Wunde eine Neigung zur Gangrän. Der Operateur nimmt einige Hefte weg, und es fließt eine seröse Feuchtigkeit aus. (Getränk und strenge Diät wie zuvor.)

Am 20ten Morgens: Allgemeiner Zustand befriedigend. Die Wunde läßt eine jauchige Feuchtigkeit ausfließen. Zwei Hefte sind losgegangen. (Der Kranke soll Morgens und Abends verbunden werden; ein erweichendes Klystir erhalten und strenge Diät halten.)

Am 21ten. Deutliches Besserseyn. Reichliche Stuhlausleerungen, in welchen man Spulwürmer wahrnimmt. Die Wunde ist in gutem Zustande. Die ausfließende Feuchtigkeit nimmt die Beschaffenheit von Eiter an; alle Hefte sind abgefallen. (Verordnung wie früher.)

Am 22ten. Die Besserung dauert fort; es wird eine sehr starke Ausleerung bewirkt. Die Wunde giebt gutartiges Eiter. Am hintern Theile der Wunde wird etwas brandig gewordenes Zellgewebe abgestoßen. (Wassersuppe.)

Am 23ten und 24ten. Rasche Besserung.

Am 25ten. Man bemerkt an der Vereinigung der Scrotums-Lappen einige kleine Abscesse, welche geöffnet werden und ein völlig gutes Eiter geben.

Am 26ten. Man öffnet einen kleinen Absceß an der rechten Seite des Scrotums. (Der Kranke erhält leichte Nahrung.)

Vom 27ten Mai bis zum 17ten Juni hat sich der Kranke immer mehr gebessert, und mit einem Suspensorium versehen wandelt er in dem Saale herum, als plötzlich sich eine bronchitis zeigt. Die Grippe herrschte in Alexandrien.) Es stellt sich ein heftiger Husten ein und verändert ganz und gar die günstigen Verhältnisse der Wunde, durch die Anstrengungen, welche der Kranke machen muß. Das Scrotum entzündet sich, und schwillt an. Die Wunde wird größer und bekommt ein speckiges Ansehen. Die Narben öffnen sich zum Theil wieder, besonders an der Ruthe.

In diesem Zustande brachte der Kranke 10 — 12 Tage zu; aber Ruhe, stärkende Diät, erfrischende schleimige Getränke, einige Blutegel ꝛc. brachten ihn wieder in seinen vorigen Zustand, und am Ende Juni konnte Ibrahim gehen, rauchen und die Portion verzehren. Die Wunde, einfach mit Charpie verbunden, besserte sich von Tag zu Tage, bis sie, auf etwa einen halben Zoll Größe zurückgebracht, stationär blieb.

Clot-Bey ordnete die Entlassung des Kranken aus dem Hospitale an, in der Hoffnung, daß eine reinere Luft und mäßige Bewegung völlige Vernarbung herbeiführen werde.

In der That hatte auch schon einige Tage nach dem Austritte die Wunde ihr Ansehen verändert, war fast vernarbt, ausgenommen an der Basis der Ruthe, wo Substanzverlust stattgehabt hatte.

Reflexion. Man sieht, daß drei bedeutende, zu gleicher Zeit gemachte Operationen hier so schnell und so guten Erfolg gehabt haben, als sonst wohl eine einfache Operation einer Hydrocele durch den Schnitt. — Der Kranke ist nicht allein von seiner Geschwulst befreit, sondern er hat auch die Integrität seiner Generationsorgane behalten, denn er hat noch während des Aufenthalts im Hospital häufige Erectionen mit Saamenabgang gehabt, sondern er versichert auch, seit seinem Austritte aus dem Hospitale den coitus exercirt zu haben, welcher indeß wegen Krümmung der Ruthe schmerzhaft geworden ist, welchem jedoch durch einen einfachen Schnitt sich wird abhelfen lassen. Schon die Zeit wird eine Verlängerung der Narbe herbeiführen.

Es ist unbezweifelt zu erwarten, daß die leichte Auftreibung, welche noch am Scrotum vorhanden ist, sich verlieren werde, und dann wird es schwer seyn, zu glauben, daß Ibrahim eine solche Operation ausgehalten habe.

Versuche über die Consistenz von geronnenem Blut.

Von Henry Johnson, M. D.

(Hierzu Figur 17. der beiliegenden Tafel.)

„Behufs einiger Versuche über die Consistenz des Bluts in verschiedenen Krankheiten, sann ich mir das Instrument aus, von welchem ich Ihnen hier eine genaue Beschreibung und Abbildung liefere.

Es besteht aus einem kleinen runden Kegel von Elfenbein, A, in dessen Grundfläche bei a ein walzenförmiger Stiel, B, von Ebenholz sehr glatt gedrechselt, eingeschraubt ist. Oben auf dem Stiel B ist ein kreisrundes flaches Stück, C, befestigt, und zwar an das Ende von B angeschraubt, so daß es nach Gefallen weggenommen werden kann. Das ganze Instrument ist $4\frac{5}{8}$ Zoll lang. Die Länge des Elfenbeinkegels A beträgt $1\frac{5}{8}$ Zoll, der Durchmesser seines breitesten Theils $\frac{3}{8}$ Zoll und von da wird er immer dünner, bis er in die scharfe Spitze b endigt. Dieser Kegel ist mit einer Scale versehen, von welcher jeder Grad fast $\frac{1}{10}$ Zoll gleich ist, und es sind deren $17\frac{1}{2}$ auf der ganzen Scale. Der Stiel B mit der Scheibe C ist gerade 3 Zoll lang, der Durchmesser des erstern mißt fast $\frac{2}{8}$. Das Gewicht des Ganzen beträgt 71 Gran.

Die Art, wie man dieses Instrument gebraucht, und das Princip, nach welchem es wirkt, sind klar. Es muß wie eine Feder ganz leicht zwischen den Fingern gehalten werden, oder auch mittelst eines Kartenblatts, in welches man ein Loch macht, in dem sich der Stiel des Instruments leicht bewegen kann. In beiden Fällen bringt man die Spitze des Kegels allmälig und in einer senkrechten Stellung herunter auf das zu untersuchende Blut. Das Gewicht des Instruments treibt natürlich den kegelförmigen Theil zu einer bedeutendern oder geringern Tiefe, je nach der Consistenz des Bluts, in dasselbe ein, und die Tiefe, bis zu welcher es einsinkt, und welche von der graduirten Scale angezeigt wird, giebt vollkommen genau den Grad der Consistenz oder der Cohäsivkraft des geronnenen Blutes an.

Ich theile jetzt ganz kurz einige von mir mit diesem Instrument, welches ich in Zukunft Hämometer (von αἱμα, Blut und μετρεω, messen) nennen will, angestellte Versuche mit.

Acht Unzen Blut wurden einer nicht sehr starken, aber sonst gesunden Person abgelassen. Binnen 2 Stunden war es vollkommen geronnen und hatte viel Blutwasser abgesetzt. Bei der Anwendung zeigte der Hämometer 10 Grad. Nach 4 Stunden, wo sich mehr Serum getrennt hatte, zeigte er nur 9 Grade an; in 10 Stunden $9\frac{1}{2}$ Grad. 23 Stunden nach dem Beginnen des Versuchs gab er wieder 9 Grad an. Diese genaue Beschreibung des einen Versuchs möge genügen; die Resultate der übrigen gebe ich auf folgender Tabelle.

Num.	Krankheit.	Zeit wie lange gelassen.	Grade, welche das Instrument anzeigte.	Bemerkungen.
1	Hitziger Rheumatismus	24 St.	0	Das Coagulum zusammengezogen, die Haut dicht und fest.
2	Rheumatismus ..	20	$\frac{3}{4}$	Dicke feste Haut.
3	Blutspeien und leichte Pneumonie.	1	1	Coagulum zusammengezogen, mit einer festen Haut bedeckt.
4	Quetschung der Seite	3	1	Fest und napfförmig (cupped); eine plethorische junge Frau.
5	Hitzige Leberentzündung	3	1	Sehr fest, das Blutwasser grün.
6	Nicht bekannt ..	23	1	Sehr fest.
7	Pleuresie.....	$5\frac{1}{2}$	$1\frac{1}{2}$	Coagulum zusammengezogen, sehr fest.
8	Brustbräune ...	$2\frac{1}{2}$	2	Beträchtlich fest.
9	Blutspeien	3	2	Durchaus nicht fest.
10	Husten und Seitenstechen	5	2	Stellenweise fest.
11	Heftiger Rheumatismus	18	3	Nicht fest.
12	Desgl.	$1\frac{1}{2}$	$3\frac{1}{2}$	Wie No. 11.
13	Husten und Seitenstechen	2	$3\frac{1}{2}$	Stellenweise fest; vgl. No. 10.
14	Leichter Rheumatismus	$8\frac{1}{2}$	5	Nicht fest.
15	Kopfweh und Seitenstechen	$16\frac{1}{2}$	$5\frac{1}{2}$	Coagulum zusammengezogen, nicht fest.
16	Rheumatismus	20	6	Nicht fest.
17	Congestion nach d. Gehirn	5	6	Fast ganz ohne bestimmte Form.
18	Husten und Herzklopfen	$2\frac{1}{2}$	7	Keine feste Haut.

Num.	Krankheit.	Seit wie lange gelaſſen.	Grade, wel-cher das In-ſtrument an-zeigte.	Bemerkungen.
19	Geſchwür am Bein und Schmerz in der Seite	1	7	Vollkommen geronnen; keine feſte Haut.
20	Leichte Erſchütte-rung	3	8	Nicht feſt; Serum ge-trennt.
21	Keine	4	9	Serum getrennt; nicht feſt.

„Ich habe dieſe Verſuche nach den durch den Hämo-meter angezeigten Gradzahlen, aber nicht nach der Reihe, in welcher ſie vorgenommen wurden, geordnet. Während ich ſie anſtellte, war mir immer die Verbindung auffallend, in welcher im Allgemeinen der Körperzuſtand und die größere oder geringere Conſiſtenz des Bluts mit einander ſtanden; d. h., daß ein hoher Conſiſtenzgrad des Blutklumpens eine Neigung zur Entzündung oder Sthenie anzeigt; ein niederer Grad einen Zuſtand von mäßigerer Aufregung, während ein Schwächezuſtand oder die Aſthenie mit einer ſchwächern Co-häſivkraft vergeſellſchaftet iſt. Der Leſer vergleiche z. B. No. 1, 2, 3, 4, 5, 7 ꝛc. mit den leichtern Krankheiten (14, 15, 18, 19, 20), und mit No. 21, wo das Blut von einer geſunden Perſon genommen war. Die obigen Verſu-che zeigen einen viel größern Unterſchied in der Conſiſtenz des Bluts, als ich ſelbſt erwartet hatte. Der Zuſtand der Geſundheit wird wahrſcheinlich ungefähr durch den Grad ange-zeigt. Bei'm hitzigen Rheumatismus und andern entzündli-chen Krankheiten, iſt ſeine Conſiſtenz ſo groß, daß ſie durch 1 Grad am Hämometer angedeutet wird. Andrerſeits habe ich in einigen, auf der Tabelle nicht angeführten Fällen, wie einmal bei einem Fieber, das Blut von ſo aufgelöſter Beſchaffenheit und ſo ganz ohne Cohäſion geſehen, daß das Inſtrument bis auf den Boden des Gefäßes, wie in eine dicke Flüſſigkeit, einſank.

Bei'm Vorhandenſeyn einer feſten Haut ſinkt der Hä-mometer nur ſehr wenig ein, und dieß deutet auf einen ho-hen Grad von Cohäſivkraft; merkwürdig iſt es aber, daß bei No. 9. das Inſtrument eine ſehr große Conſiſtenz anzeigt, wo doch keine feſte Haut ſichtbar war. Ich weiß wohl, daß die hier von ſelbſt ſich darbietende Meinung von einem Un-terſchiede in der Conſiſtenz des Bluts während verſchiedener Zuſtände des Körpers, weder neu, noch originell iſt. Ich habe bisweilen die geſchickteſten Lehrer bei meiner Klinik zu Edinburgh zur Beſtimmung dieſes Puncts den Finger an-wenden geſehen. Es iſt jedoch gut, daß man jetzt mehr un-mittelbare Verſuche über dieſen Gegenſtand hat.

Schließlich erlaube ich mir, noch zu erinnern, daß ein Inſtrument, wie das eben von mir beſchriebene, zur Auftklä-rung des Zuſtands des Körpers in Krankheitsfällen, und bei manchen dunkeln Fällen mit zur Beſtimmung der Zweckmä-ßigkeit des Aderlaſſes oder andrer, eine Ausleerung betreffen-der Maßregeln benutzt werden kann. Solch ein Prüfungs-mittel hat ſicherlich viele Vorzüge vor dem bloßen Vorhan-denſeyn der feſten (Entzündungs-) Haut.

Außerdem kann dieſes Inſtrument aber auch noch zur genauen Erforſchung der Verhärtung oder Erweichung des Gehirns bei Sectionen benutzt werden; eine Anwendung, we-gen welcher ich auf zukünftige günſtige Gelegenheit verweiſen muß.

Hoffentlich werden dieſe Verſuche Andre veranlaſſen, dem Gegenſtande ihre Aufmerkſamkeit zu ſchenken; ſie mögen den Nutzen des Hämometers, als eines practiſchen diagnoſtiſchen Mittels bei der Behandlung von Krankheiten prüfen, und dann ihre Bemerkungen für oder wider mittheilen.

Miscellen.

Die Anwendung der Blauſäure gegen Keuchhu-ſten empfiehlt Hr. Edwin P. Atlee aus Philadelphia in einer eignen Schrift, und ſagt, daß er niemals einen ungünſtigen Einfluß auf ſeine Kranken davon geſehen habe, daß ihm aber wohl oft ge-ſchienen habe, als ſey eine frühere Dispoſition zu Croup und Ca-tarrh dadurch gehoben worden. Während des entzündlichen Sta-diums der Krankheit bedient er ſich der allgemeinen austeerenden Methode, und giebt bei ſogenannten Verſchleimungen dem Brech-weine vor allen den Vorzug. Die Blauſäure giebt er in dem zwei-ten Stadium, und zwar in folgenden Gaben: Für ein Kind von 6 Monaten 1 Tropfen Blauſäure in einer Unze einfachem Syrup, davon zweimal täglich einen Theelöffel. Folgt hierauf nicht Unbe-haglichkeit und Uebligkeit innerhalb 48 Stunden, ſo wird dieſelbe Gabe wiederholt.

Bei einem Kinde von ⅜ — 1 Jahr giebt man daſſelbe 4mal des Tages.
— — — 1 — 1½ Jahr Blauſäure gtt. II. Syrup ℥i.
— — — 2 — 3 — — gtt. III. — do.
— — — 3 — 6 — — gtt. IV. — do.
— — — 6 — 12 — — gtt. V. — do.
— — — 12 — 15 — — gtt. VI. — do.
Bei e. Erwachſ. — 15 — 20 — — gtt. VII. — do.
— — — 20 — 30 — — gtt. VIII.—X. — do.
Ein Theelöffel iſt jedesmal die einzelne Doſe, welche nie mehr, als viermal des Tags wiederholt wird.

Herzklopfen will Hr. Dr. Gordon durch Klyſtire mit Spargelſpitenſyrup mit dem auffallendſten Erfolge bei einer Dame angewendet haben. Das Herzklopfen war ſehr heftig und der Magen ſchon ſeit 8 Monaten in einem entzündlichen Zu-ſtand. Er gab den Syrup zu einer Unze in acht Unzen Waſſer. Nach der dritten Gabe befand ſich die Kr. viel wohler. Die Zufälle waren verſchwunden, nachdem ſie kaum eine halbe Fla-ſche verbraucht hatte.

Bibliographiſche Neuigkeiten.

Elémens d'histoire naturelle, présentant dans une suite de tableaux synoptiques, accompagnées de figures, un précis complet de cette science. Par C. Saucerotte. Minéralogie. Paris 1833. 4. (Mit 3 K.)

Recherches sur la structure comparée et le développement des animaux et des végétaux. Par B. C. Dumortier. Bruxelles 1833. 4.

Recherches médico-légales sur l'incertitude des signes de la mort, les dangers des inhumations précipitées, les moyens de constater les décès et de rappeler à la vie ceux qui sont en état de mort apparente. Par M. Julia de Fontenelle. Paris. 1833. 8.

Practical Directions for facilitating the Diagnosis of Hernial and other Tumours by George Macilwain. London. 1833. 8.

(Nebſt einer Tafel Abbildungen in Quarto.)

Notizen

aus

dem Gebiete der Natur- und Heilkunde,

gesammelt und mitgetheilt von Dr. L. F. v. Froriep.

| Nro. **838.** | (Nro. 2. des XXXIX. Bandes.) | December **1833.** |

Gedruckt im Landes-Industrie-Comptoir zu Weimar. Preis eines ganzen Bandes, von 24 Bogen, 2 Rthlr. oder 3 Fl. 36 Kr., des einzelnen Stückes, 3 ggl. Die Tafel schwarze Abbildungen 3 ggl. Die Tafel colorirte Abbildungen 6 ggl.

Naturkunde.

Ueber das Pigmentum nigrum im Auge

(Hierzu Fig. 7—10. der mit No. 837. ausgegebenen Tafel.)

finden sich im Edinburgh Medical and Surgical Journal 1. July 1833 von Thomas Wharton Jones, Esq. Surgeon, interessante Beobachtungen mitgetheilt.

„Der unter obigem Namen bekannte dunkelfarbige Stoff verhält sich auf den Theilen, auf denen er liegt, (der hintern Fläche der Iris, den Ciliarfortsätzen und der innern Fläche der Choroidea) verschieden. Auf der Choroidea bildet er eine dünne gleichförmige Schicht, hinter der Iris und auf den Ciliarfortsätzen dagegen, besonders in Pferde-, Ochsenaugen ꝛc., kommt er in größerer Menge vor, und er liegt in letztern so locker auf dem Zellgewebe der Theile, daß er bei einer Untersuchung derselben unter Wasser leicht abgespült wird. Er würde daher, da diese Theile mit der wässerigen Feuchtigkeit in Berührung sind, leicht getrennt werden, wenn nicht eine sehr zarte Haut, welche über den Pigment auf der hintern Fläche der Iris liegt, die freien Enden der Ciliarfortsätze einhüllte und von da sich an den Rand der Linsenkapsel zurückschlägt, von wo sie sich wahrscheinlich über die vordere Fläche derselben fortsetzt, dieß verhinderte. Es war mir, auch bei der feinsten Präparation und mikroscopischen Untersuchung nicht möglich, diese Haut weiter als bis zum Pupillarrand der Iris zu verfolgen, und fast bin ich, der allgemeinen Meinung entgegen, anzunehmen geneigt, daß sie dort endige.

Schon Carlo Mondini von Bologna (Commentationes Bononienses 1790) und dessen Sohn, Michele Mondini (Opuscoli scientifici dell' Università di Bologna) widerlegten die allgemeine Meinung, daß das Pigment bloß ein schleimiger Firniß sey, durch mikroscopische Beobachtungen, und erklärten es für eine wahre Membran, welche nach Ersterem aus unzähligen, zu einem außerordentlich feinen Netz verbundenen Kügelchen; nach Letzterem aus kleinen länglichen kugelähnlichen Körperchen bestehe, welche durch viele kleine schwarze Puncte mehr oder weniger undurchsichtig gemacht

werden, und gegen den Grund des Auges durchsichtiger seyen als an den Seiten und zumal an den Ciliarfortsätzen. Jedes dieser durch ein sehr zartes Zellgewebe vereinigten Kügelchen bestehe, unter einer stärkeren Vergrößerung betrachtet, aus schwarzen Puncten, welche am Umfange zahlreicher seyn, als in der Mitte. An der hintern Fläche der Iris lägen sie übereinander in zwei Schichten, daher dieser Theil auch dunkler gefärbt sey. Diese Haut sey bei den Säugethieren von gleicher Beschaffenheit, nur seyen die Kügelchen bei den fleischfressenden und Nagethieren kleiner, bei Jungen mancher Arten weiß, und würden in dem sogenannten tapetum mit dem Alter gelb, wodurch der Grund des Auges bei diesen Thieren lasurblau oder grünlich schimmere.

Ehe ich meine Beobachtungen über die Pigmentmembran mittheile, muß ich bemerken, daß sie durchaus nicht mit der Jacob'schen Membran verwechselt werden darf, welche Jacob in seinem Account of a Membrane of the Eye in den Philosophical Transactions, 1819 als „eine zarte durchsichtige Haut beschreibt, welche die äußere Fläche der retina bedeckt und mittelst Zellsubstanz und Gefäße mit ihr verbunden ist". Eine solche Verwechselung hat sich besonders Knox in seiner Inquiry into the Structure and probable Functions of the Capsules forming the Canal of Petit and of the *Marsupium Nigrum* or the Vascular Tissue traversing the Vitreous Humour in the Eyes of Birds, Reptiles and Fishes (Transact. of the Royal Society of Edinburgh 1824. p. 249.) zu Schulden kommen lassen, wo er sagt: „Die Jacob'sche Membran ist im Allgemeinen von bräunlicher Farbe, und hinlänglich undurchsichtig, daß sie die durch die retina gegangenen Lichtstrahlen aufhält; ein Theil der Functionen, welche bisher die Physiologen der choroidea beilegten. gehört daher der membrana Jacobi an. Bei den Thieren, welche ein tapetum besitzen, fehlt sie nicht, wie ich erst vermuthete, sondern sie ist eben so durchsichtig, als die Netzhaut. Endlich ist sie bei den meisten Thieren von dunklerer Farbe als bei'm Menschen. Nehmen wir

2

noch die Thatsache hinzu, daß sie durchaus keine Blutgefäße besitzt, und daß bei Albino's der färbende Stoff fehlt, so wer-
ten die meisten vergleichenden Anatomen mit mir dahin einverstan-
den seyn, daß die Jacob'sche Membran als ein Product der
Organisation zu betrachten sey, welches jedoch an sich
selbst unorganisch und ganz dem gefärbten Theile
des Hautschleimnetzes analog ist. Diese Stelle kann sich
auf nichts Anderes, als auf die Pigmentmembran, aber nicht auf
die von Dr. Jacob beschriebene Haut beziehen. Doch ich gebe
jetzt zu dem über, was ich selbst beobachtete.

Wenn man ein frisches Auge öffnet, so findet man, nach Entfernung der Augenfeuchtigkeiten, der Netzhaut und der Jacob'schen
Haut, die innere Fläche der choroidea mit einem dunkelgefärbten
Stoff bedeckt, welcher sich in kleinen Stücken abtrennen läßt. Dieser Stoff ist im menschlichen Auge von brauner, in dem Auge von
Pferden, Ochsen, Schaafen ꝛc. von schwärzlicher Farbe, mit Ausnahme des tapetum, wo er meist durchsichtig ist. Diesen Stoff
nennt man gewöhnlich pigmentum nigrum; meinen Beobachtungen
zu Folge ist es eine fortlaufende, sehr merkwürdig organisirte
Haut — der Sitz oder die Unterlage des pigments, aber
nicht das pigment selbst, und ich nenne sie daher pigmentmembran (membrana pigmenti).

Im Menschenauge ist die Pigmentmembran, ausgenommen an
die Eintrittstelle des Sehnerven, wo sie eine etwas hellere Farbe
hat, die an der Stelle, wo sich der Nerventheil der retina endigt,
d. h., ungefähr 2 Linien hinter den Wurzeln der Ciliarfortsätze, von
durchaus gleichförmiger Färbung; hier aber bekommt sie eine dunklere fast schwärzliche Farbe. — Bei den Thieren, wo ein tapetum
vorhanden ist, hat die Membran keine gleichförmige Färbung, sondern in dem Verhältniß, wie die Farbe des tapetum an Intensität
gewinnt, wird diese Haut heller und fast durchsichtig, so daß die
Farbe des tapetum durch sie hindurchschimmert, und Viele geglaubt
haben, sie erstrecke sich nicht über diesen Theil hinaus, wie Haller Elem. Physiol. Vol. V. p. 385. sagt: "In animalibus qua-
drupedibus ab ea parte absit, in qua tapetum illud lucidum
conspicitur."

Mondini scheint sogar die Entstehung des tapetum von einer durch das Alter in dem Zustande der Pigmentmembran herbeigeführten Veränderung herzuleiten.

Diese Pigmentmembran ist also vorhanden, auch da, wo das
Pigment fehlt. Untersucht man ein Stück derselben mittelst
des Mikroscops, so findet man, daß sie aus sehr kleinen, sechsseitigen, an den Rändern genau mit einander verbundenen Platten (Lamellen) besteht, in denen viele kleine schwarze Theilchen abgelagert
sind, welche aus das eigentliche Pigment bilden, aber durchaus nicht zu den die Membran zusammensetzenden sechsseitigen Platten gehören betrachtet werden muß; daher diese leztern auch ohne solche
schwarze Theilchen vorkommen können, und wirklich vorkommen.

Dieß ist wirklich in Bezug auf den farblosen Theil der Membran, welcher das tapetum bedeckt, der Fall: dieses leztere besteht
ebenfalls aus aneinander gehäuften, an einander entwickelten sechsseitigen Platten, welche kleiner, und durch größere Zwischenräume
von einander getrennt sind, auch häufig abgestumpfte Ecken haben.

Angeblich fehlt das Pigment in Albinoaugen. Sicher gilt dieß
von dem färbenden Stoff, die Pigmentmembran aber sand ich, wie
ich schon nach Schlüssen a priori vermuthet hatte, vor; die sie bildenden Platten sind jedoch weniger entwickelt, als die des
Theils, welcher in Augen von Pferden, Ochsen ꝛc. über dem tapetum liegt. Sie sind in der That sechsseitig, sondern kreisrund, — eine Beschaffenheit, wie ich sie auch in dem Auge eines
sehr jungen menschlichen Fötus gefunden habe. Wir können daher
hieraus folgende Schlüsse ziehen:

1) Daß der Färbestoff der Membran nicht wesentlich ist, obgleich die sie zusammensetzenden Platten immer mehr entwickelt
sind, wenn ersterer vorhanden ist.

2) Daß die die Pigmentmembran bildenden Platten bei'm Fötus in dem unvollkommenen (rudimentären) Zustande vorhanden
sind, als in welchem sie sich in der Membran bei Albino's und in
dem ungefärbten Theile der Membran bei den Thieren finden, welche ein tapetum besitzen.

Eine diesem Umstande bei der Pigmentmembran ganz ähnliche
Structur findet sich in dem sogenannten Hautschleimnetze (rete mu-
cosum) sowohl bei Weißen als bei Negern, nur mit dem Unterschiede, daß bei erstern es nur wenig, bei leztern dagegen eine beträchtliche Menge desselben enthält; und es ist ebenfalls nur der
Sitz dieses Stoffs, aber nicht der Färbestoff selbst.

Außerdem kann ich als Seitenstück von dem gänzlichen Mangel
des Färbestoffs in Albino-Augen, bei gleichzeitigem Vorhandenseyn
der Membran, die reine Weiße der Haut bei diesen Thieren anführen bei denen gleichwohl, wie ich vermuthe, das Schleimnetz vorhanden ist. — Nach Desmoulins verschwindet das Pigment im
Auge mit dem Alter; das Weißwerden der Haare alter Leute bietet sich mir natürlich als ein analoger Umstand dar.

Doch ich kehre zu dem anatomischen Bau der Pigmentmembran
zurück. Die sechsseitigen Platten scheinen mittelst Schleim- oder
Zellgewebe mit einander vereinigt zu seyn, welches sich durch leichtes Ziehen leicht zerreißen läßt, so daß die Stücken der Haut immer einen zackigen Rand zeigen, die Winkel aber, wie bei Sechs-
ecken sind. Hinter und um die Ciliarfortsätze, und an der hintern
Fläche der iris zeigt die Pigmentmembran keine sechsseitige Structur mehr, obgleich sie noch aus kleinen unregelmäßig abgerundeten Massen von etwa derselben Größe als die sechsseitigen Platten
besteht, denen sie offenbar ähnlich sind.

Diese Veränderung in der Structur der Pigmentmembran,
welche in den Augen der Säugethiere nur theilweise stattfindet, betrifft bei den von mir untersuchten Thieren den niedern Glas-
sen das ganze Auge; nur bei dem anomalen Auge des Tintenfisches
fand ich eine Annäherung zur sechsseitigen Structur in dem Theile
des Pigments, an der hintern Fläche dieses Theils, in welchen
die Krystallinse eingefaßt ist, und welche ich in einer Abhandlung
über den Bau des Sepienauges in dem Journal of Natural and
Geographical Science No. 5 Ser. 2. als eine Analogie der Ciliarfortsätze des Auges der Wirbelthiere beschrieben habe.

In dem Pferde- und Ochsenauge ꝛc. ist, wo die Haut nicht
mehr die sechsseitige Structur beibehält, ihr Gewebe sehr locker
und der färbende Stoff in großer Menge vorhanden. In einem
(lange in Spiritus gewesenen) Menschenauge sand ich dagegen die
Membran stärker, und sie ließ sich in größern Stücken abtrennen,
als weiter hinten. Doch bei feiner mit Hülfe des Mikroscops vor-
genommener Präparation kann sie über die Ciliarfortsätze sich
fortsezen sehen, deren Hervorragungen und Vertiefungen sie folgt,
so daß sie sie ganz einhüllt. Ich muß hier bemerken, daß die gewöhnlich sogenannten Ciliarfortsätze aus zwei Theilen zusammenge-
sezt sind, 1) dem Gefäßtheil, welcher aus Fortsätzen aus der choroidea
besteht, und 2) aus der Pigmentmembran, welche sich so an die erstern anschmiegt, und in den menschlichen Auge, bei bloßem Augen
betrachtet, ein Theil des Gewebes derselben zu seyn scheint, obgleich
sie es nicht ist. Die Membran enthält da, wo sie über den Hervorragungen der Fortsätze liegt, nur wenig Färbestoff, aber weit
mehr desselben in den Vertiefungen zwischen ihnen.

Nachdem die Membran die Ciliarfortsätze eingehüllt hat, sezt
sie sich in die sogenannte uvea an der hintern Fläche der iris fort.
Was die chemische Natur der schwarzen Theilchen betrifft, so bestehen sie, nach Berzelius, Mondini und Coli aus Kohlenstoff
und schwarzem Eisenoxyd.

Erklärung der Figuren.

Fig. 8. Abbildung eines Stücks der Pigmentmembran bei
vollständiger Entwickelung derselben, und welches eine reichliche
Menge von Färbestofftheilchen enthält.

Fig. 7. Die sechsseitigen Platten, um das 200 (Durchmesser)
fache vergrößert.

Fig. 9. Ein Stück von dem Theil der Pigmentmembran des
Pferdeauges ꝛc., welches über dem tapetum liegt, und wenig oder
keinen färbenden Stoff enthält. Die sechsseitigen Platten fangen
an kreisrund zu werden, und sind durch weite Zwischenräume von
einander getrennt.

Fig. 10. Ein Stück der Pigmentmembran aus dem Auge eines Kaninchenalbino. Die Platten sind in demselben am wenigsten entwickelt.

Ueber das harnleitende System in den Grätenfischen.

(Hierzu die Figg. 11—15 b. mit vorig. Num. ausgeg. Tafel.)

Kopenhagen den 19. April 1833.

Aristoteles (de animal. II. 12. ed. *Schneider*) kannte bei den Fischen weder Nieren, noch die Blase, und noch jetzt findet man in Blumenbach's vergleichender Anatomie, wie auch in andern Handbüchern die Meinung ausgesprochen, daß es Fische ohne Harnblase gebe. Selbst der verstorbene Geheimerath Rudolphi gab dieses in seinen Vorlesungen über Anatom. comparata an. Niemand nennt jedoch einen solchen blasenlosen Fisch, und falls man nicht geneigt ist, das Ganze in Zweifel zu ziehen, so muß man sich mit der Autorität dieser Männer beruhigen. Bei den hier gewöhnlich vorkommenden Fischen haben wir stets eine Blase gefunden. — Zu dem harnleitenden Systeme rechnen wir

I. die ureteres.
II. Die vesica urinaria.
III. Die urethra.

I. Die ureteres.

Was die ureteres anbetrifft, so sind wenigstens stets 2 vorhanden, welche sich entweder sehr hoch in die Nieren hinauf verfolgen lassen (z. B., Gasterosteus und Cyprinus bis in die Höhe des isthmus der Schwimmblase), oder welche beinahe aus dem untern Ende der Nieren zu entstehen scheinen (Pleuronectes). Demnach ist aber auch das Einströmen des Urins in den ureter verschieden. Im ersten Falle (bei Cyprinus) gehen von oben bis unten kleine Aeste in den ureter hinein, so daß er von der Niere abgetrennt unter Wasser wie mit unzähligen Aestchen besetzt erscheint; im zweiten Falle dagegen drängen sich kleine Harngänge von allen Seiten in die Ureteren, welche aus einem fadenförmigen Gefäße schnell eine bedeutende Weite bekommen; so bei Pleuron. Platessa L., bei Pl. Flesus L. (Var. Mudderskrubbe) erstrecken sich die Ureteren einige Linien höher in die Nieren hinauf. In diesem zweiten Falle bildet sich also der ureter ungefähr wie der Ductus choledochus, denn Papillen finden sich selbst in den festeren Nieren von Cyclopterus und Anarrhichas nicht. Bei einzelnen Fischgeschlechtern tritt dem geraden Fortgange dieser Ureteren die Schwimmblase in den Weg, und wo die Schwimmblase ein unteres freies Ende hat, schlägt sich der Harnleiter zur Seite; wo hingegen die Schwimmblase fest an den Rückenwirbeln liegt und tiefer hinunter geht, drängt sich der Harnleiter seitlich zwischen Bauchwand und Schwimmblase durch, z. B., Gadus Callarias L. und Merlangus L.; in seltnern Fällen geht der Harnleiter durch die Schwimmblase, so, z. B., bei Gadus Pollachius L. Sobald die ureteres die Nieren verlassen haben, treten sie aneinander; daß sie, wie bei'm Menschen, getrennt in die Blase gingen, erinnern wir uns nicht gesehen zu haben, ausgenommen bei'm Gasterosteus aculeatus und Spinachia. Liegen die Ureteren zusammen, so sind sie oft sehr schwer, ohne Zerreißung der Theile, zu trennen, indessen daß es in diesen Fällen wirklich zwei Canäle sind, davon wird man sich leicht durch das Aufblasen mit Luft überzeugen können. Mitunter liegen die ureteres zusammen, aber die Trennung ist sehr leicht; dann geht gewöhnlich eine bedeutende Arterie und Nerv (bei großen Gadus Callarias dick wie eine Rabenfeder) zwischen ihnen zur Blase, dem After und den umliegenden Theilen. Man sieht sehr deutlich an den Ureteren Längsfasern, und es ist gewiß nicht ungereimt, den ureter der Grätenfische aus denselben Häuten sich componirt zu denken, als wie wir ihn bei'm Menschen kennen. Die Weite der Ureteren ist nach dem Genus und der Größe verschieden, z. B., hat das ganze Genus: Gadus L. sehr weite Ureteren, eine starke Rabenfeder läßt sich sehr gut einführen; übrigens hat ihre Weite kein constantes Verhältniß zur Blase, oder zur Größe des Fisches. Ein Gadus Callarias maß 3 Fuß, Blasenlänge 4½ Zoll, ein andrer Callarias 11¼ Zoll, Blasenlänge 1¼ Zoll; die Weite der Harnleiter war in diesem Verhältniß nicht verschieden. Die Länge der Ureteren ist sehr relativ, am kürzesten, oder äußerlicher Sicht nach fehlend, sind sie bei Esox Lucius, wo die Niere aus einer Spalte dirret den Harn in die Blase giebt, und bei'm Anarrhichas Lupus L., wo sich statt dieses Spaltes 2 Papillen finden.

II Die vesica urinaria.

Um alle Unverständlichkeiten zu vermeiden, betrachten wir den Theil, wo die urethra ist, als punctum fixum, und nennen den in der Nähe dieses Puncts belegenen Theil — collum et cervix vesicae, den ihm gegenüberliegenden Theil — fundus vesicae, und das Mittelstück corpus. Mitunter kommen Taschen oder Anhänge an der Blase vor, die wir cornua nennen wollen. Die Einsenkungsstelle der Ureteren ist sehr verschieden. Sie senken sich ein

a) in den fundus vesicae. Ein ziemlich häufiger Fall. Hierher das Genus Cyprinus L. Gadus L. Pleuronectes L.

b) In das corpus vesicae. Zoarces Cuv.

c) In das collum vesicae. Anarrhichas Lupus L.

d) In das corpus und collum vesicae zugleich. Gasterosteus Spinachia. Es sind hier nämlich 2 Ureteren, welche von dem obern Ende der Nieren den Harn zuleiten; sie liegen an der äußern Seite der Niere und gehen in das corpus vesicae; außerdem kommen vom untern Ende jeder Niere ungefähr 4 5 Gänge (ähnlich den ductus hepatico-cystici bei'm Rinde in der Leber), welche sich theils in das corpus, theils in das collum vesicae einsenken.

In die cornua haben wir nie die ureteres sich einsenken sehen.

Die Form der Blase ist sehr verschieden; sie ist eiförmig (Zoarces Cuv.), cylindrisch (Esox Lucius L.), spindelförmig (Clupea Harengus L.), wurstähnlich (Pleuronectes), zweilappig (Gadus Callarias L.), mit 2 Hörnern (Gadus Molva L.), birnförmig 2c. 2c. Diejenige Form, welche sich mehr oder minder der Blasenform des Menschen nähert, erregt natürlich unsere Aufmerksamkeit nicht so sehr, als die mehr abweichende Form, weßhalb wir bei letzterer einen Augenblick verweilen wollen. Bei Gadus Callarias L. nannten wir die Blase zweilappig. Die ureteres senken sich in den fundus urethrae, der sich ründet und anstatt in eine Blase zusammenzugehen, gleichsam in 2 Tuten ausläuft, die am Anfange der urethra zusammenstoßen; der eine Lappen ist mehr gleichartig cylindrisch, mit runder Spitze; der andere kürzer, geschwollen, spitzer zulaufend. Bei Gadus Molva L. dagegen ist eine wirkliche Blase von Zwiebelgestalt sichtbar, ein kleines verkümmertes Horn und ein sehr großes geben der Blase ein von Gadus Callarias ganz verschiedenes Ansehen.

Die Blase ist in den verschiedenen Fischen mit dem peritoneo verschieden bekleidet; in Pleuronectes-Arten wird die wurstähnliche Blase ganz vom Bauchfell umgeben; bei Gadus-Arten nur ein Theil derselben; die cornua scheinen frei zu seyn. Wie bei'm Menschen kann es hier ja natürlich nirgends vorkommen, da die Blase bei den Fischen stets hinter dem Mastdarme liegt. Bei einzelnen Fischen findet man, stets Urin in der Blase (Zoarces viviparus Cuv.), bei andern nie (Cyprinus). Es zeigt die Blase Längsfasern und Zirkelfasern. Die Längsfasern gehen von dem collum vesicae aufwärts nach dem fundus, nach den Seiten und den Cornua hin, falls welche da sind; die Fasern sind am Ursprunge der urethra am stärksten; die Zirkelfasern sind am bedeutendsten auf den cornua. Außerdem kommen noch einzelne Bündel von schiefen Fasern vor, die aber keine Stetigkeit zu haben scheinen. Im Innern zeigt die Blase Längsfalten, welche oft ein gekräuseltes Ansehen haben.

Messungen von Blasen, welche mit Luft aufgeblasen waren, in frischem Zustande.

Des Fisches Name.	Seine Länge.	Länge d. ureter.	Länge d. Blase	Breite d. Blas.	Cornua.	
Gadus Merlangus	10 1/2 Z.	3/4 Z.	2 Z.	1/4 Z.	keine.	
Gadus Callarias	11 1/4 Z.	1/2 Z.	5/12 Z. 1 1/4 Z.	1/4 Z. 13/12 Z.	1 Z. lg. 5/6 Z. lg.	1/3 Z. br. 1/3 Z. br.
Gadus Callarias	3 Fuß	1 3/4 Z.	5/6 Z. 1 1/2 Z.	1 Z. 2 1/6 Z.	1 1/6 Z. lg. 1/2 Z. lg.	1 1/2 Z. br. 3/4 Z. br.
Esox Lucius	16 Z.	—	2 Z.	1/3 Z.	—	—
Trigla Gurnardus	14 1/2 Z.	1/12 Z.	1/2 Z.	1/3 Z.	—	—
Cyclopterus Lumpus	7 1/2 Z.	1/3—1/2 Z.	1 Z.	3/4 Z.	—	—
Pleuronectes Platessa	9 1/2 Z.	1/12—1/6 Z.	1 1/2 Z.	5/12 Z.	—	—
Pleuronectes borealis Fab. (Prasteflynder)	20 Z.	1/2 Z.	3 Z.	1/2—2/3 Z.	—	—
Zoarces viviparus Cuv.	10 Z.	kaum 1/2 Linie	1 Z.	1/2 Z. br.	—	—
Gadus Molva L.	3 1/2 F.	1 5/12 Z.	3/4 Z.	7/12 Z.	1/2 Z. lg. 1/2 Z. lg.	5/12 Z. br. 1/6 Z. br.

Ohne cornua scheint die Blase zu seyn im ganzen Geschlecht Pleuronectes L., Cyprinus L., Esox Cuv., Zoarces Cuv.; bei Gadus L. ist es verschieden; Gadus Molva L., Pollachius L., Aeglefinus L. und Callarias L. haben große cornua an der Blase; dahingegen Gadus Merlangus eine schlauchförmige Blase hat. Bei Cottus Cuv. und Agonus Schneider finden sich ebenfalls cornua.

Die Blase ist durch ein eignes Ligament mit dem Eierstocke, oder dem Hoden verbunden, und außerdem kommen noch einige Befestigungsbänder aus dem Grunde der Bauchhöhle zu ihr; auch das peritoneum trägt dazu bei, sie in ihrer Lage zu erhalten.

Bei Pleuronectes L. liegt die Blase stets nach der Queere neben dem Knochen, welcher den Afterstachel trägt, dagegen bietet Pleuron. Solea das einzige Beispiel dar, wo ein Theil der Nieren, Ureteren und Blase in dem für den Eierstock eigentlich bestimmten Raume liegen. In den 12 oder 13 Arten von Pleuronectes, welche an unserer Küste vorkommen, findet sich wenigstens weiter nichts Aehnliches. Endlich geht die Blase über in die

III. Urethra.

Bei keinem Thiere ergießt die Blase in naturgemäßem Zustande den Urin direct, sondern immer durch die urethra: wir müssen also, um der Analogie treu zu bleiben, denjenigen Theil, welcher den Harn von der Blase nach außen leitet, urethra nennen, mag er die Form einer Grube oder eines Penis haben. Bei den Fischen liegen gewöhnlich die 3 ausführenden Gänge (Darmcanal, Saamen- oder Eiergang und Harnröhre) gleichsam in einem Sinus, dennoch aber alle sehr genau von einander getrennt. Hier ist nur von der Harnröhre die Rede.

Häufig erscheint die urethra wie eine scheidenartige Vertiefung, hebt sich aber bei'm Druck auf die Blasengegend als conische Papille hervor — corpus cavernosum urethrae — und giebt durch eine in der Mitte der Papillenspitze befindliche Oeffnung einen kleinen Urinstrahl von sich. Durch Einblasen von Luft schwillt die Blase und die Ureteren an. Diese Einrichtung findet sich in denen Fischen schlechtern, und hat mit dem Eiergange nichts zu thun. Saamengang oder Eiergang öffnen sich nämlich entweder mit 2 Mündungen zu beiden Seiten des anus, oder hinter demselben und vor der urethra in einer eignen, durch eine Scheidewand abgeschlossenen Grube. So, z. B., bei Agonus cataphractus etc. etc. Dieses ist das Gewöhnlichste.

Seltner steht dieses corpus cavernosum urethrae beständig hinter dem After vor, und erreicht bei einigen Fischen eine Größe von mehrern Linien. Dieß ist denn manchmal für etwas ganz Anderes gehalten worden, und hierher gehört, nach meiner Meinung, Cuvier's Ausspruch (Règne animal II. pag. 256. ed. 1829.) vom Blennius L.

„Plusieurs sont vivipares, et ils ont tous et dans les deux „sexes près de l'anus un tubercule qui paraît leur servir pour „l'accouplement."
und Nilsson (Prodromus Ichthyologiae scandinavicae. Lundae 1832. pag. 91), wo er vom Callionymus sagt:
„Monogamiam, et Cyclopteri Gobii cet. celebrare videntur; „appendice enim carnosa conica, juxta anum instructi sunt cujus ana„logia cum pene mammalium in Cycloptero praesertim cernitur."
Wir bemerken, daß ein solches vorstehendes corpus cavernosum urethrae vorkommt bei Gadus (weniger stark), bei Silurus (schon bedeutender), Gobius, Zoarces Cuv., Blennius, Callionymus, und am allerausgebildetsten bei Cyclopterus Lumpus; bei letzterem steht es in ausgewachsenen Exemplaren ¼ Zoll und mehr vor; die Basis hat einen Durchmesser von 1½ — 2 Linien; die Spitze zeigt eine deutliche, offenstehende Mündung. Sollte dieser Theil Bezug auf Begattung haben, so müßte dargethan werden, daß diese Oeffnung der Ausführungsgang der Saamen- oder Eileiter sind; nach meinen Untersuchungen ist aber Gobius (von dem ich Jozo Bl. und niger L. untersucht habe) der einzige Fisch, wo dieses zutrifft. Bei'm Gobius münden die Eiergänge wirklich in dieses corpus, und aus dem gefüllten Eierstock lassen sich bequem die Eier durch diese Papille hervordrücken. Demnach ist nicht zu läugnen, daß es Fische giebt, bei denen urethra und vagina oder oviductus zusammenfallen, ob aber dadurch eine Begattung bedingt wird, ist mir wenigstens sehr zweifelhaft. Da bei Gobius mas. et femina dieses corpus urethrae gleich an Größe ist, so kann ich mir keine andre Begattungsweise denken, als daß das corpus des Weibchens umgestülpt eingezogen werden müßte, ungefähr wie ein Fühlhorn von Limax, denn anders könnte das corpus des Mas nicht aufgenommen werden. — Bei'm Cyclopterus Lumpus dagegen ist dieser Theil bloß urethra; die oviductus senken sich in seiner Basis ein, also kann auch hier keine Begattung stattfinden; diese Körper würden vielleicht noch eher hinderlich seyn.

Noch unwahrscheinlicher wird aber das Ganze dadurch, daß wir eine ganze Reihe von Fischen finden, welche ein von den Saamengängen und Darmcanal durch Ortsveränderung ganz getrenntes Systema uropoëticum besitzen. Alle Pleuronectes-Arten unserer Küste, mit Ausnahme des einzigen Pleuronectes Hippoglossus L., haben im Bauchrande nur den After und die Saamen- oder Eiergänge: die urethra findet sich aber stets als röthliche Papille auf der Augenseite oft mehrere Linien vom After entfernt, so z. B., im Rhombus Cuv. dem anus gegenüberstehend; im Rhombus Cuv. liegt nämlich der anus auf der blinden Seite dicht hinter der pinna ventralis, dagegen die papilla urethralis auf der Augenseite ebenfalls dicht hinter der ventralis. Da dieß ein Punct ist, der bisher ganz übersehen wurde, so wollen wir diejenigen Pleuronectes-Arten namentlich aufführen, bei denen diese Ortsveränderung stattfindet. In Pleuronectes Platessa L. (und den Varietäten derselben, Pleuron. borealis Faber, et Pl. Pseudoflesus mihi), in Pleuronectes Flesus L. (in den Varietäten: Mudderstrubbe und Sandstrubbe), in Pleuron. saxicola Faber, Microstomus Faber, Limanda Lin., in Il. Limandoïdes Bl., in Pl. maximus Lin., Pl. Rhombus L., in Pl. hirtus Zoolog. danic., so wie in Pl. Solea Linn. Dagegen hat Pl. Hippoglossus L. dieselbe Einrichtung in diesen Theilen, wie sie, z. B., Perca fluviatilis L. hat.

Als seltne Ausnahme von dieser Regel kenne ich bis jetzt nur einen Fall, der gewiß aber als pathologisch anzusehen ist: bei einer Pl. Platessa, wo auf beiden Seiten weiß war, fand sich die röthliche Urinpapille nicht auf der Augenseite, sondern auf der blinden. Dieser Farbenmangel an Platessa kommt hier ziemlich häufig vor, aber alle übrigen Exemplare hatten die Papille auf der Augenseite.

Bei dem Geschlechte Pleuronectes ist auch der Verlauf der Harnröhre in den verschiedenen Arten etwas verschieden. Die urethra erscheint hier länger, als in andern Fischen, ist gleichsam von einem schnigen Zellgewebe umschlossen, und kreuzt sich gewöhnlich mit dem Darmcanale. Bei den meisten Pleuronectes liegt die Blase am Knochen, der den Afterstachel trägt. Die urethra kann also gerade aufsteigen und zu der Papille der Augenseite gelangen; dagegen bei Pl. Solea L. liegt die Blase in der Verlängerung der Bauchhöhle auf der blinden Seite; da muß also die urethra queer durch die Bauchhöhle steigen, um zur papilla urethralis auf der Augenseite zu kommen.

Erklärung der beigefügten Zeichnungen.

Fig. 11. Harnblase aus Gadus Callarias. a) Ureteres. b) Urethra. cc) Die cornua.
Fig. 12. Harnblase aus Gadus Molva. a) Ureteres. b) Urethra. cc) Die cornua.
Fig. 13. Harnblase aus Pleur. Platessa. a) Ureteres. b) Urethra. c) Blase. d) Papilla urethralis. e) Anus. f) Mastdarm.
Fig. 14. Corpus cavernosum urethrae aus Cyclopterus Lumpus. a) Oeffnung des oviductus an der Basis dieser urethra.
Fig. 15. Systema uropoëticum aus Gasterosteus Spinachia L. a) Harnblase, bb) Nieren, cccc) Verschiedene ureteres, welche sich in die Blase einsenken.

Miscellen.

Anops und Lerista sind die Namen zweier neuen Reptiliengattungen, von Hrn. Bell aufgestellt, von deren Typen man die Beschreibung und Abbildung in der 20. Nummer des Zoological Journal findet. Er characterisirt sie: Anops. — Pedes nulli. Annuli thoracici completi. Rostrum porrectum, scutello arcuato compresso tectum. *Oculi* sub scutellis latentes. *Linea lateralis* depressa. *Cauda* breviuscula. *Pori praeanales* nulli. — A. Kingu, *Bell*, corpore supra fusco, infra albido. Long. 8 unc. 5 lin.; *capitis* 4 lin.; *caudae*, 1 unc. 2 lin. *Hab.* in Americâ australi. *Lerista.* — *Caput* scutatum; *palpebrae* nullae; *aures* sub cute latentes. *Corpus* gracile; *squamae* laeves aequales. *Pedes* quatuor; anteriores exigui, brevissimi, didactyli; posteriores longiores, tridactyli. *Anus* simplex, semicircularis; *pori praeanales* et *femorales* nulli. — L. lineata, *Bell*. aeneo‑ viridescens, subtus pallidior; lineis binis dorsalibus et binis lateralibus nigris. *Hab.* in Australia. Die erftere diefer Gattungen gehört zur Familie der Amphisbaenidae, mit welcher fie in der allgemeinen Form, in der Structur und Anordnung der Schuppen, der verborgenen Augen und Ohren und dem kurzen ftumpfen Schwanze Aehnlichkeit hat. Von den andern Gattungen unterfcheiz

bet fie fich durch die Geftalt des Rüffels und die eigenthümlichen zufammengedrückten Stirnplatten, welche der bei Typhlops fehr ähnlich ift. Die zweite Gattung gehört zur Familie Scincidae an, und unterfcheidet fich von Gymnophthalmus, Merrem und Ablepharus, *Fitzinger*, mit denen fie in Anfehung des Mangels der Augenlider Aehnlichkeit hat, durch die Zahl der Zehen, denn bei erfterer find an den Vorderbeinen 4, an den hintern 5, bei letzterer an den vordern und hintern Extremitäten 5 Zehen. Auch der Mangel der äußern Ohren und der lange fchlangenförmige Körper, dem von Saiphor, *Gray*, ähnlich, unterfcheidet fie.

Die Sammlung von Eingeweidewürmern, welche Rudolphi in Berlin hinterlaffen hat, ift, fo wie deffen, vorzüglich in Beziehung auf Anatomie und Naturgefchichte außerordentlich reiche Bibliothek (17,000 Bände), von S. M. dem Könige für die berliner Sammlungen angekauft worden.

Heilkunde.

Ueber die Entzündung.
Von dem Dr. Prevoft.

„Die Entzündung ift von allen pathologifchen Formen wohl diejenige, welche die feften thierifchen Theile am häufigften annehmen; fie begleitet alle mechanifche Verletzungen und die meiften der krankhaften Erfcheinungen, wozu die Krankheiten Veranlaffung geben. Es ift daher nicht zu verwundern, daß feit Anfang der Heilkunde fie die Aufmerkfamkeit der Practiker und Phyfiologen auf fich gezogen und daß fie zu manchen fchönen und nützlichen Arbeiten Veranlaffung gegeben hat. Ihr wefentlicher Character, derjenige, mit welchem fie jedesmal auftritt, und ohne welchen keine Entzündung exiftirt, ift die Vergrößerung des Durchmeffers der Gefäße des entzündeten Theils, fo daß man eine Pulfation der Arterien beobachtet, deren Schlagen vorher unmerklich war, und daß man ein Netz von zahlreichen Gefäßen wahrnimmt, wo bis dahin das Auge kein einziges wahrnehmen konnte; auf diefen erften Zuftand von Anfüllung und Auftreibung (engorgement) folgt, wenn die Entzündungsthätigkeit fortdauert, ein Erguß von coagulabler Lymphe in das die Gefäße umgebende Zellgewebe und hernach, je nachdem der Fall ift, entweder der Tod des afficirten Theils (gangraena) oder die Bildung eines Abfceffes, eine Eiteranhäufung, welche gewöhnlich aufgeftoßen, zuweilen reforbirt wird, und mit der Entzündung endigt. Der günftigfte Umftand bei dem uns jetzt befchäftigenden einfachen pathologifchen Zuftande ift, wenn die ausgedehnten Gefäße nach und nach ihre Durchmeffer wieder annehmen, wenn das Blut ganz aus ihnen verfchwindet, und wenn die in ihrer Nachbarfchaft ergoffene coagulable Lymphe reforbirt wird, ohne eine fefte Ablagerung zurückzulaffen, welche die biegfame Weichheit der Gewebe verändert. Man hat diefer Art von Heilung den Namen Zertheilung gegeben; und fie ift immer das Ziel, welches man in der Behandlung der Entzündung zu erreichen fucht. Das Hauptmittel, welches in diefer Abficht angewendet wird, ift von jeher örtliche oder allgemeine Blutentziehung gewefen; diefe beiden Ordnungen von Behandlung haben ein gemeinfchaftliches Refultat, nämlich die abforbirende Thätigkeit der be-

nachbarten Venen zu vermehren. Sie entleeren auf diefe Weife die entzündete Stelle von dem Blute, welches fie befchwert, und ftellen die Circulation wieder her; der allgemeine Aderlaß hat überdem den Vortheil, daß, indem er diefe Abforptionsbewegung auf eine mächtigere Weife hervorbringt, er zugleich das Blut flüffiger macht und deffen Bewegung in den ausgedehnten Gefäßen erleichtert. Der Aderlaß, was man auch dagegen fagen möge, wird durch die Sicherheit und Schnelligkeit feiner Refultate und die Leichtigkeit feiner Anwendung immer an der Spitze aller Hülfsmittel ftehen, deren man fich zur Bekämpfung der Entzündung und zur Bewirkung ihrer Zertheilung bedienen kann. Aber die Heilkunde hat noch andere Mittel von fecundärer Wirkfamkeit; und um die Wirkungsart eines diefer Hülfsmittel kennen zu lernen, habe ich einige Verfuche angeftellt, die ich hier mittheile. Wenn man auf einen entzündeten Theil ein Mittel anwenden könnte, deffen Folge wäre, den Arterien ihren urfprünglichen Ton wiederzugeben, fo daß fich nicht von Neuem das Blut in dem Theile anhäufe, und daß fie Venen zugleich diejenige aufpumpen könnten, welches in zu großer Menge vorhanden wäre, fo würde die Heilung durch Zertheilung bewirkt werden können, ohne daß man zur allgemeinen oder localen Blutentziehung zu fchreiten brauchte. Giebt es Subftanzen, welche diefe Wirkung hervorbringen können? Die Erfahrung muß uns dieß fagen, aber ich meine Erfahrung, welche auf zahlreichen und in's Kleinfte eingehenden Unterfuchungen beruht und nicht auf einigen hie und da gemachten Thatfachen, die von taufend andern Urfachen abhängen können, und welche dem angewendeten Mittel gar nicht angehören.

Mit folchen Anfichten habe ich die zertheilende Wirkung des Aconits in folgender Weife verfucht:

Ich nahm einen Frofch; nachdem ich eine der Hinterpfoten unter das Mikrofcop fo befeftigt hatte, daß ich die Circulation des Bluts in der Schwimmhaut zwifchen den Zehen genau beobachten konnte, berührte ich eine Portion derfelben mit einem Eifen, welches heiß genug war, eine heftige Entzündung hervorzubringen, ohne die Gewebe zu desorganifiren. Zu diefem Behufe brannte ich nicht auf die Mitte der Haut, fondern längs den Zehen. Es entftand dadurch viel Entzündung; und die unter dem Mikroscope untersuchte Membran schien von einem Netz erweiterter Gefäße bedeckt, in welchem eine viel größere Quantität Blut, als gewöhnlich, langsam circulirte. Ich tauchte die Pfote fünf Minuten lang in eine Auflösung von destillirtem Wasser, welche auf die Unze acht Tropfen Aconittinctur enthielt, welche aus ausgedrücktem Aconitsafte und Alcohol zu gleichen Theilen bereitet worden war. Nach der Anwendung brachte ich den Frosch wieder in's Wasser und untersuchte ihn zwei Stunden später: die Capillargefäße hatten eine auffallende Veränderung erlitten, ihr Durchmesser war beträchtlich vermindert, die Entzündung schien beschränkt auf die Stelle, welche ich mit dem heißen Eisen berührt hatte, und überall war in den Membranen die Circulation wiederhergestellt. Die Pfote heilte schnell.

Ich wiederholte mein Experiment mit dem Unterschiede, daß ich es vergleichend zu machen suchte. Ich entzündete also beide Hinterpfoten eines starken Frosches eben so, wie ich früher die eine derselben entzündet hatte; als die Entzündung sehr entwickelt war, untersuchte ich unter dem Mikroscope, ich sah mit Sorgfalt auf die Disposition der Gefäße; dann tauchte ich den rechten Fuß fünf Minuten lang in die Aconitauflösung, den linken Fuß in destillirtes Wasser; und hierauf brachte ich das Thier wieder in sein Gefäß. Einige Stunden nachher, als ich unter dem Mikroscope untersuchte, fand ich die Entzündung an dem Fuße, an welchem die Aconitauflösung angewendet war, sehr vermindert, während sie an dem linken noch sehr stark war. Ich wiederholte die Anwendung, und die Besserung dauerte fort. Nach drei Tagen war der linke Fuß noch sehr entzündet, während der rechte nur noch da, wo das Eisen angewendet worden war, und ganz in der Nähe derselben eine leichte Störung zeigte.

In einem dritten Versuche untersuchte ich mit Aufmerksamkeit die Circulation in der Schwimmhaut eines gesunden Frosches; dann bedeckte ich sie mittelst eines Pinsels mit der erwähnten Aconitauflösung, und verfolgte mit Sorgfalt die hervorgebrachten Veränderungen. Nach Verlauf einer Stunde bemerkte ich, daß eine deutliche Zusammenziehung der kleinen Arterien und Capillargefäße vorhanden war, und daß die Circulation nur noch in den größern Gefäßen fortdauerte, ohne daß eine venöse Anfüllung (engorgement) dadurch entstanden wäre.

Ich wollte nachher noch versuchen, ob man nicht die durch das Aconit hervorgebrachte Wirkung auf eine solche Abstringirung zurückführen könne, welche der ähnlich sey, die durch Flüssigkeiten hervorgebracht wird, welche Bleisalze und Gerbestoffe enthalten. Zu diesem Behufe wiederholte ich das zweite Experiment zuerst mit einer sehr schwachen Auflösung von essigsaurem Blei (zwei Gran auf die Unze destillirten Wassers). Ich tauchte die Pfote fünf Minuten lang hinein, wie bei dem zweiten Versuche; ich beobachtete zu gleicher Zeit, und bemerkte nicht, daß in Beziehung auf die Entzündung etwas erlangt wäre.

Ich verstärkte nun die Auflösung; ich brachte die Pfote eines andern Frosches zwanzig Minuten lang hinein; nun be-

merkte ich, daß der ganze entzündete Theil nur eine gleichförmige dunkle Oberfläche bildete, worin man keine Circulation unterschied; alles war zusammengeschnurrt (crispé). Die Wirkung einer Auflösung von Gerbstoff schien mir noch auffallender. Es konnte nur zweierlei statthaben: entweder die Abstringenz war fast null, und die Entzündung dauerte, ohne eingeschränkt zu werden; fort, oder die Abstringenz war stark und die Störung schien vermehrt unter dem Mikroscope; und wenn der Durchmesser der entzündeten Gefäße vermindert war, so hinderten die verdickten umgebenden Bedeckungen, daß man nichts in dieser Masse unterscheiden konnte. — Eine solche Wirkung war aber nicht die Wirkung des Aconits gewesen; durch die Wirkung des letzteren war das Caliber der kleinen Arterien und Capillargefäße verengert worden, aber ihre Membranen und das umgebende Zellgewebe hatten nichts von ihrer Durchsichtigkeit verloren, und keine chemische Alteration war hervorgebracht worden. Wenn die Zeit es mir erlaubt hätte, so würde ich diese Reihe von Beobachtungen vergrößert haben, denn sie scheint auf die Fundamental-Erscheinung der Entzündung einiges Licht zu werfen, und rationell den glücklichen Erfolg einer Behandlung zu erklären, welche bisher nur empirisch war. Vielleicht daß ich in der Folge etwas Vollständigeres darüber liefere ꝛc. (Mémoires de la Société de Physique et d'Histoire naturelle de Genève. Tome VI. p. 1.)

Meteorismus abdominalis.
Von Hr. Gauffait, D. M. P. ꝛc.

G., 60 Jahr alt, gewöhnlich gesund, und eine sehr thätige Hausfrau, wusch am 10. Novemb. 1832 den ganzen Tag über am Flusse. Abends aß sie bei der Rückkehr in ihr Haus, nachdem sie den ganzen Tag nur wenig genossen, Schminkbohnen, legte sich gleich darauf zu Bett, und verbrachte die Nacht schlaflos und etwas unruhig. Am 11., Morgens beklagte sie sich bei meinem Besuch über Unbehagen und Gefühl von Schwere im ganzen Leibe, jedoch war dieser weder geschwollen noch schmerzhaft. Sie hatte durchaus keinen Appetit; der Geschmack war pappig und bitter; übrigens kein Fieber vorhanden. Ich verordnete Thee und dann für den übrigen Theil des Tages verdünnende säuerliche Getränke.

Am 12. wurde ich schleunigst geholt; von Mitternacht an hat die Kr. heftige, sie zum Schreien nöthigende Kolikschmerzen; sie liegt auf dem Rücken, die Gesichtszüge verziehen sich und nehmen den ihnen bei Unterleibsleiden eigenthümlichen Character an. Der Leib war stärker als am vorigen Abend, aber nur bei starkem Druck schmerzhaft. Beim Anschlagen hört man den Ton der Trommelsucht, besonders in der Mittel- und Oberbauchgegend. Von Zeit zu Zeit lautes Aufstoßen, der Puls ist klein und härtlich (concentré). Die Kr. leidet, wie ich höre, an Hämorrhoiden und habitueller Verstopfung. 12 Blutegel an den After, erweichende Dämpfe, Gerstenabkochung, für den Abend ein Klystir mit Oel, und Diät.

Den 13., Zunahme der Ausdehnung des Leibes; häu=
figeres lautes Aufstoßen; weder Stuhlgang, noch Abgang
von Luft durch den After. Die Angstgefühle und die Kraft=
losigkeit nehmen zu: 10 Blutegel um den Nabel, ein öli=
ger Abführtrank, öliges Klystir, Anisthee.

Diese und andere, während der drei folgenden Tage an=
gewandte Mittel bewirkten jedoch keine Besserung. Dahin
gehörten Bäder, Umschläge von kaltem Wasser mit Essig,
Salpeter und Kampfer in Potion, in Klystir; stark abfüh=
rende Klystire, flüssiges Ammonium, die sonst in der Ve=
terinärtherapeutik von fast constantem Erfolg sind, alles war
umsonst. Ich versuchte selbst Luftklystire mittelst einer Caout=
schoukröhre. Der Zustand der Kr. verschlimmert sich schnell.

Am 17. war der Leib ungeheuer ausgedehnt, durch die
verdünnten und gleichsam emporgehobenen Wände konnte man
die Bewegungen des Dünndarms leicht wahrnehmen. Das
hinaufgetriebene Zwerchfell macht das Athemholen kurz und
mühsam. Das immer häufiger gewordene Aufstoßen dauert
fast ununterbrochen fort; die Getränke werden sogleich wieder
ausgeworfen; halbflüssige übelriechende Stoffe werden eben=
falls früher in längern, immer kürzer werdenden Zwischen=
räumen wieder ausgetrieben. Das Erbrechen ist nicht be=
schwerlich und gleichsam ein bloßes Wiederindiehöhbekom=
men der Speisen. Stuhlgang ist nicht vorhanden. Der
Puls ist schwach und gefahrdrohend; die Haut trocken, die
Gesichtszüge sind ganz verändert.

Die Quellen der Kunst waren erschöpft, es blieb noch
die Acupunctur oder der Darmstich. Ich stelle eine üble
Prognose, lasse aber merken, daß vielleicht eine Operation
noch helfen könne; jedoch mochte ich den Erfolg, welcher
Zweifel dieser Operation zugeschrieben werden mußte, nicht
allein auf mich nehmen, und trug auf Hinzuziehung eines an=
dern Arztes an; allein sie wurde von den hoffnungslosen
Verwandten und eben so von der Kr., die sich in ihr nahes
Ende ergeben hatte, durchaus verweigert.

Erst jetzt fiel es mir ein, die Compression anzuwenden.
Es wurden leinene mehrmals zusammengefaltete Tücher auf
den hervorragendsten Theil des Unterleibs gelegt, und mit=
telst einer breiten Leibbinde, die ich mit einer gewissen Kraft
anzog, erhalten. Anfangs verursachte diese Zusammenschnü=
rung ein peinliches Gefühl; die Kr. bat mich, sie damit zu
verschonen, es drohte mehrmals Ohnmacht, aber nach eini=
gen Augenblicken wurde sie wieder ruhig. Zwei Stunden
später besuche ich die Kr. wieder und finde sie zu meiner
großen Verwunderung besser. Das Compressionszeug ist lo=
cker geworden, ich kann leicht die Finger darunter bringen,
um den Leib zu untersuchen, welcher merklich zusammengefal=
len ist. Man erzählt mir, daß eine sehr große Menge Luft
durch den Mund abgegangen ist.

Ermuthigt durch diesen unverhofften Erfolg, ziehe ich
die Binde wieder fester, ich bleibe noch einige Stunde
Zeuge vieler und langer Luftemissionen, die jedoch mehr durch
den Mund, als durch den After stattfinden. Abends war
die Binde wieder locker, der Leib ist ganz zusammengesunken
und die Haut gerunzelt. Es geht nur noch selten Luft ab;
der Puls hat sich gehoben; das leidende und ängstliche Anse=

hen sind verschwunden, und auf dem Gesicht zeigt sich ein
Ausdruck von Wohlbefinden. Ich fahre 3 Tage lang mit
der Compression fort; die Genesung hat Bestand; ich wende
einige Tage lang Purgirpillen an; gestatte nach und nach
derbere Kost, und endlich am 1sten December ist die Hei=
lung vollständig, und die Kr. kann ihren Geschäften wieder
nachgehen.

Bemerkungen. Die Compression wird unter den
zahlreichen Mitteln gegen Trommelsucht nicht erwähnt, we=
nigstens finde ich sie in einem Artikel aus Dr. Sanson's
neuestem Werke, wo er über die Anwendung dieses therapeuti=
schen Mittels spricht, nicht angeführt.

Ich glaube nicht, daß ich der erste bin, der dieses Mit=
tel vorschlägt, dessen Wirksamkeit durch einen einzelnen Erfolg
durchaus nicht erwiesen ist; vielmehr mag es wohl schon öf=
ters angewandt und in Werken, die ich nicht kenne, vorge=
schlagen worden seyn; jedoch ist die erzählte Beobachtung
von Interesse, wegen der Unwirksamkeit der anfangs ange=
wandten Mittel, wegen des schweren und hoffnungslosen Zu=
standes der Kr. im Augenblick, wo die Compression angewen=
det wurde, und der allmäligen und fortschreitenden Bes=
serung, welche man unbedenklich diesem Mittel mit zuschrei=
ben kann.

Ich bin jedoch weit entfernt, dasselbe für alle Fälle
wirksam, und namentlich bei symptomatischen Luftansamm=
lungen für eben so wirksam zu halten. Aber in den soge=
nannten wesentlichen, idiopathischen, und besonders bei denen
nach Genuß luftezeugender Nahrungsmittel, wenn die Zu=
sammenziehungsfähigkeit der Därme unterdrückt ist, und nur
geringe entzündliche Symptome vorhanden sind, wie hier,
glaube ich, daß man besser fährt, wenn man entweder so=
gleich, oder nach örtlichem Aderlaß, wo er angezeigt ist, zu
diesem Mittel greift, ohne sich lange bei den übrigen auf=
zuhalten. In der That, wenn die Trommelsucht einen ge=
wissen Grad erreicht hat, örtlicher Aderlaß und einige to=
pische Mittel ausgenommen, so kann man auf die ver=
schiedenen gepriesenen Reizmittel wenig rechnen, da sie meist wie=
der ausgeworfen werden, und keine Zeit haben, zu wirken.
Eben so gilt das Luftklystir oder Eintreibung von Luft auch nur
für verzweifelte Fälle, und paßt nicht bei Anhäufungen im
Dünndarme, da sie höchstens nur den Dickdarm oder den
Magen ausleeren, je nachdem man sie unten oben oder an=
wendet.

Die Acupunctur ist von A. Paré mehrmals mit Er=
folg angewendet worden, und wird von Sharp, Garen=
geot, van Swieten u. a. empfohlen, scheint aber nur
auf bloßgelegte Theile des Darms angewendet worden zu
seyn. Ich weiß nicht, warum man sie in der Trommel=
sucht empfiehlt, denn die Oeffnung darf dabei nur klein seyn,
wenn sie unschädlich seyn soll, und dann zu eng, um
dem Gas gehörigen Abgang zu gestatten, die äußere Oeffnung
durch die Haut kann früher verschieden, es können Schleim und
Zellgewebe dazwischen kommen ꝛc.; soll man daher mehrere
machen, und zu heftiger Entzündung Veranlassung geben?
Gründe genug gegen die Acupunctur.

Die Punction mittelst des Troicarts, besonders von Mothe, ältestem Wundarzt des Hôtel Dieu zu Lyon u. A. empfohlen, ist nicht ohne Gefahr, aber mehrmals bei Thieren mit Erfolg vorgenommen worden; man kann sie in verzweifelten Fällen versuchen. (Journal hebdomadaire No. 168.)

Atrophie der linken Seite der Zunge ohne Lähmung in Folge einer Hydatidengeschwulst an der basis cranii

wird von Herrn Montault im Journal hebdomadaire Mars 1833 folgendermaßen beschrieben: „Girard, ein Weber, 33 Jahr alt, häufigen Rheumatismen unterworfen, spürte im Jahre 1828 lebhafte Schmerzen auf der linken Kopfseite, welche er einem Fall auf einer Treppe zuschrieb. Lähmung war nicht zugegen, aber halb Erschwerung der Sprache. Die durch Aderlässe behandelten Schmerzen verschwanden nun auf ein Jahr, kehrten aber im Jahre 1832 mit einiger Erschwerung der Bewegung der Halses zurück. Die Zunge zeigt sich auf der linken Seite atrophisch, hat aber das Vermögen zu schmecken auch auf dieser Seite nicht verloren. Dupuytren's Diagnose war damals eine Verletzung des nervus hypoglossus bei seinem Austritt aus der Schädelhöhle. Der Kranke kam nach und nach, mit abwechselnder Besserung und Verschlimmerung, in mehrere Spitäler. Man bemerkte nun eine kleine Geschwulst hinter dem Zizenfortsatz der linken Seite; die Schmerzen, die Unbeweglichkeit des Kopfes, die Veränderungen der Stimme vermehren sich, die Neigung zum Geschlechtsgenuß ist vermindert, das Schlucken von Flüssigkeiten geht schwer von statten. Es zeigen sich nun epileptische Symptome, Schwächung der Empfindung auf der ganzen linken Seite, epileptische Zufälle; und im Januar 1833 stirbt der Kranke plötzlich. Bei der Leichenöffnung findet sich ein Hydatidensack, welcher durch das foramen lacerum und condyloideum anterius der linken Seite nach innen und außen an der Schädelbasis hervorragt, und einen Druck auf den nervus hypoglossus, glossopharyngeus, accessorius Willisii und vagus, auf das kleine Gehirn, das verlängerte Mark und den obern Theil des Rückenmarkes ausübt. Die einzelnen, während des Lebens beobachteten Symptome erklärt Herr M. folgendermaßen: Atrophie und später Paralyse der Zunge durch Compression und Atrophie des hypoglossus; Fortbestehen des Geschmackes durch den unverletzten Zustand des lingualis; Lähmung der Deglutition und der Stimme durch Beeinträchtigung des glosso-pharyngeus und vagus; Schmerzen am Hals durch Verletzung des accessorius; Verminderung der Empfindung und Muskelthätigkeit durch Druck auf das Rückenmark; Verminderung der Neigung zum Geschlechtsgenuß durch Druck auf das kleine Gehirn.

Miscellen.

In Beziehung auf Wurstgift, theilt auch Hr. Chevalier einen Fall mit, in welchem 6 Personen aus zwei Familien, nachdem sie Fleisch aus einem Wurstkram genossen hatten, von mehr oder weniger bedenklichen Symptomen befallen wurden, z. B. von Erbrechen, welches mehrere Stunden lang dauerte, von heftigen Schmerzen im Unterleibe, von häufigem Stuhlgang mit tenesmus, so daß eins dieser Individuen innerhalb 24 Stunden über 50 mal zu Stuhle gegangen war, u. f. w. Diese Umstände konnten eine Vergiftung durch Kupfer oder Arsenik u s. w. vermuthen lassen. Da aber die chemische Analyse der Fleischmasse die Untersuchung der Gefäße, welche zur Bereitung derselben gedient hatten, keine Spur von Gift darboten, so mußten diese bösen Zufälle der Alteration des Fleisches zugeschrieben werden, und eine solche war erkennbar am sauern unangenehmen Geruch, an der blauen oder grünen Farbe des Fleisches, welche ihm ein kupferhaltiges Ansehen gab, und endlich an dem Schimmel, welcher sich an seiner Oberfläche entwickelt hatte. — Diese Thatsachen sind auch noch bestätigt worden durch einen Bericht der HH. Labarraque, de la Morlière und Decant, über einen ähnlichen Fall, wo die Zufälle nur einer von selbst eingetretenen Alteration einer Pastete zugeschrieben werden konnten, welche im Monat Julius gekauft, und erst 4 Tage nachher gegessen wurde. Außer der chemischen Analyse ließ hier auch die Beschaffenheit der Gefäße, in welchen die Pastete bereitet worden war (sie waren nämlich aus Gußeisen), keinen Gedanken an anwesendes Kupfer aufkommen.

Völlige Verschließung des Oesophagus ist vor kurzem von Hrn. Mondiere, Arzt zu Loudun, beobachtet worden. „Ein äußerlich wohlgebildetes Kind ließ von seiner Geburt an ein sonderbares Geräusch im Halse wahrnehmen, verbunden mit fortwährendem Ausstoßen eines zähen Schleims durch die Nase. Man fand bald, daß das Kind nicht schlucken könne. Von der ersten Nacht seines Lebens an ging ihm eine beträchtliche Quantität Urin und Meconium ab. Eine in die Speiseröhre eingeführte Sonde setzte außer Zweifel, daß dieser Canal unten geschlossen sey. Das Kind starb fünf Tage nach der Geburt. — Leichenöffnung. Alle Unterleibs- und Brusteingeweide waren normal, mit Ausnahme der Speiseröhre und des Magens. Die Speiseröhre endigte dem zweiten Rückenwirbel gegenüber in einen blinden Sack, welches in einen zellichtfaserigen Stoff auslaufe. Der unterhalb gelegene Theil war wieder normal. — Dem Magen fehlte der große blinde Sack, und statt dessen war eine große Oeffnung vorhanden, deren Ränder die Spuren von Ulceration und Erweiterung zeigten.

Die Beugung im Ellbogengelenke zum Ansetzen von Blutegeln bei Kindern zu wählen, empfiehlt Hr. Dr. Weigersheim zu Charlottenburg, weil man durch einen schicklichen Verband, wie bei'm Aderlaß, stets eine zu starke Blutung verhüten kann, was im zarten Alter an manchen andern Stellen nicht immer leicht möglich ist. Den Verband anzulegen verfehlt er niemals, weil die Werkzeuge der Blutegel oft tief einstechen und auch hier manchmal nicht unbedeutende Nachblutungen folgen.

Bibliographische Neuigkeiten.

The Analogy of Revelation and Science established in a Series of Lectures delivered before the University of Oxford in the year 1833 on the foundation of the late Rev. John Bampton etc.; by Frederick Nolan etc. Oxford 1833 8. (Diese Predigten haben nicht mehr und nicht weniger zur Absicht, als das Verdammungsurtheil über alle Bestrebungen der Naturkunde auszusprechen, welche nicht zur Bestätigung der wörtlichen Angaben der Bibel dienen oder gar davon abzuweichen scheinen.)

Essai sur l'iconologie médicale, ou sur les rapports d'utilité qui existent entre l'art du dessin et l'étude de la médecine; par

J. Lordat, Professeur à la Faculté de Médecine de Montpellier. Montpellier 1833.

Du siége et de la nature des maladies mentales; Discours prononcé devant l'administration de l'hospice de l'Antiquaille de Lyon, le 15. Mai 1833. Pour l'ouverture des cours de clinique sur l'aliénation mentale; par M. Al. Bottex, médecin de l'hospice de l'Antiquaille. Lyon 1833. (Dieß ist die erste Nachricht über diese Clinik, so daß also Frankreich mit der von Ferrus zu Paris geleiteten, zwei Cliniken für psychische Krankheiten hat.)

Notizen

aus

dem Gebiete der Natur- und Heilkunde,

gesammelt und mitgetheilt von Dr. L. F. v. Froriep.

Nro. 839.	(Nro. 3. des XXXIX. Bandes.)	**December 1833.**

Gedruckt im Landes-Industrie-Comptoir zu Weimar. Preis eines ganzen Bandes, von 24 Bogen, 2 Rthlr. oder 3 Fl. 36 Kr., des einzelnen Stückes 3 ggl. Die Tafel schwarze Abbildungen 3 ggl. Die Tafel colorirte Abbildungen 6 ggl.

Naturkunde.

Beobachtungen über die Selbstentzündung der Holzkohlen an der freien Luft.

Von William Hadfield.

„Die Selbstentzündung der Holzkohle unter gewissen Umständen ist schon lange beobachtet worden, und würde auch vielleicht wenig allgemeines Interesse besitzen, hätte sie nicht durch ihr Vorkommen unter gewissen Verhältnissen so ernsthafte Folgen gehabt; da in Pulverfabriken und andern Werken große Massen Holzkohlen gebraucht werden, so stehen in diesen bei Selbstentzündung derselben vieler Menschen Leben auf dem Spiele. Der Gegenstand ist daher der Aufmerksamkeit wohl werth, denn könnte die Ursache angegeben werden, so würde man auch die Gefahr abhalten können.

Seit 25 Jahren an einer Manufactur, wo Holzkohle gebraucht wird, angestellt, habe ich vielfach Gelegenheit gehabt, diese Erscheinung zu beobachten.

Wenn 20 oder 30 Centner Holzkohle in verkleinertem Zustande auf einen Haufen gebracht und hier unberührt gelassen werden, so folgt gewöhnlich Selbstentzündung. Dieß ist ein längst bekanntes Factum. Diese Selbstentzündung findet nun nicht häufig in der von Fabrikarbeitern runde Kohle genannten Kohle statt, d. h., in Stücken von beträchtlicher Größe; es müßten denn sehr beträchtliche Massen aufeinandergehäuft werden, unter welchen Umständen alsdann die Verbrennung wiederum nicht ganz ungewöhnlich ist. In diesem Falle wird die Erscheinung gewöhnlich von den Arbeitern dem Umstande zugeschrieben, daß die Kohle nach ihrer Verfertigung nicht gehörig abgekühlt worden sey. Dieser Grund ist bisweilen, jedoch nicht immer, richtig; im Gegentheil habe ich gesehen, daß Kohle, welche mehrere Tage lang der freien Luft ausgesetzt war, sich entzündete, obgleich sie in der Zwischenzeit auch nicht eine Spur davon zeigte.

In einem Falle lud ein Kärrner in Manchester Kohle, um sie in eine Entfernung von 20 Meilen zu schaffen. Während des Aufladens und eben so wenig, als der Kärrner Abends um 11 Uhr seinen Wagen verließ, war nicht die geringste Spur einer Verbrennung zu bemerken. Um 5 Uhr des andern Morgens aber wurde er geweckt, um seinen Karren zu retten, welchen er in Feuer stehend und schon fast verbrannt fand. Diese Kohle war drei Tage vor dem Zufall gebrannt worden, und man hatte Sorge getragen, daß sie vor dem Laden gehörig abgekühlt wäre, da kurz vorher denselben Leuten ein ähnlicher Zufall begegnet war, welchen sie dem Umstande zuschrieben, daß die Kohle noch zu neu gewesen sey, und heimlich fortglimmendes Feuer enthalten habe.

Die Erklärung scheint mir in Folgendem zu liegen: wenn große Massen Kohle, wie in dem ersten Falle, aufeinander gelegt werden, so ist es klar, daß der untere Theil einen Druck und durch die Bewegung des Karrens Reibung erleide, so daß ein Theil der Kohle pulverisirt wird und eine compacte Masse an dem Boden bildet, wo sie von selbst in Entzündung geräth. In dem zweiten Falle hatte der Druck und die Reibung noch größern Einfluß, der Kärrner schlug hier bei'm Laden mit einem großen Hammer die Kohle zusammen, damit sie weniger Raum einnehme. Auf einer Fahrt von 20 Meilen wurden nun die Stücken Kohle so stark an einander gerieben, und die feinern Theile derselben in eine feste Masse zusammengeschüttelt, daß die Reibung sehr wohl einen Hitzegrad hervorbringen konnte, welcher Verbrennung veranlaßte.

Ehe ich auf meine eignen Experimente übergehe, will ich noch eines Falles von zufällig entstehender Selbstentzündung erwähnen. In Cornbrook wurden in einer Pulverfabrik der HHrn. Williamson und Comp. etwa 2000 Pfund Holzkohle geladen, welche mehrere Tage zuvor gemacht worden war, und seitdem der Einwirkung der freien Luft bloßlag. Eine Spur von Verbrennung war nicht zu bemerken; als sie aber in der Fabrik abgeladen war, so wurde sie eine Nacht liegen gelassen und am Tage darauf zur Pulverfabrikation fein gestoßen, worauf sie in einen Haufen zusammengeschüttet wurde, an welchem noch nicht die geringste Spur beginnender Verbrennung zu bemerken war. Tags darauf aber stand das Gebäude, in welchem die Kohle lag, in Feuer. Das Feuer mußte in der Kohle begonnen haben, da übrigens auf das Sorgfältigste verhütet worden war, daß nichts, was irgend Hitze erzeugen konnte, in die Nähe komme.

Diese und andere mir vorgekommene Fälle, und die Behauptungen in einem Aufsatze des Obrist Aubert in dem

S

Bulletin des sciences militaires, Janvier 1831 veranlaßten mich, einige Versuche anzustellen, welche ich nun beschreiben will.

Erstes Experiment. 120 Pfund Holzkohle, leicht pulverisirt, wurden in ein Mehlfaß gethan, und eine bleierne Röhre von 1½ Zoll Durchmesser und 14 Zoll Länge in der Mitte eingefügt, um einen Thermometer zu halten. Als die Kohle in die Tonne gethan wurde, hatte sie eine Temperatur von 60°. Zwei Tage darauf war sie auf 74° F. gestiegen, und von dieser Zeit an fiel sie wieder, bis sie nach 2 Tagen wiederum auf 60°, d. h. die Temperatur der umgebenden Luft, gekommen war. Diese Kohle war bereits vor mehrern Wochen gemacht, und nachher vollkommen der freien Luft ausgesetzt worden.

Zweites Experiment. 120 Pfund frischgemachte und, wie vorher, pulverisirte Holzkohle wurden in dasselbe Gefäß gethan. Bei einer Lufttemperatur von 62° hatte die Kohle 70°, in 24 Stunden 90°, in 36 Stunden 110°, und in 48 Stunden 120°; von dieser Zeit fiel die Temperatur wieder, und war in 48 Stunden wieder auf 70°, wie im Anfange, zurückgekommen.

Drittes Experiment. Es wurde nochmals die nämliche Quantität Holzkohle ganz frisch genommen, und gröblich pulverisirt. In 36 Stunden stieg die Temperatur auf 130° und sank dann wieder allmälig bis zu 70°.

Aus den vorhergehenden Experimenten überzeugte ich mich, daß die Selbstentzündung nicht in einer so kleinen Quantität stattfinden werde; ich beschloß daher das Experiment nach einem größern Maaßstabe zu machen.

Viertes Experiment. Zehn Centner neuer Holzkohle wurden fein pulverisirt, und in einen Schweinskoben gethan, welcher mit einem Thermometer in einer bleiernen Röhre versehen war. Es wurden mehrere Löcher in die Wände des Kobens gebohrt, um der Luft Zutritt zu lassen. Die Kohle, welche genau untersucht wurde, um zu sehen, daß sie ganz frei von jedem Verdachte des Verbrennens sey, hatte eine Temperatur von 65°, und wurde am Morgen um 10 Uhr in den Koben gethan. Abends war die Temperatur auf 90°, den darauf folgenden Morgen auf 151°, und am Nachmittag des zweiten Tages stand das Thermometer auf 180°. Ich war erstaunt, zu dieser Zeit zu finden, daß Verbrennung etwa 5 oder 6 Zoll unter der Oberfläche in etwa derselben Entfernung von der bleiernen Röhre mit dem Thermometer begonnen hatte, obgleich die Temperatur, welche durch den Thermometer angezeigt wurde, bloß 180° bis 190° betrug. Es ist vielleicht bemerkenswerth, daß die Verbrennung immer in der Nähe der Oberfläche, oder wenn die Holzkohle gegen eine Mauer geschüttet ist, gewöhnlich entweder an der Oberfläche, oder dicht an der Mauer stattfindet.

Fünftes Experiment. Am 13. October 1831 wurde kleine Kohle in einen Haufen geschüttet, welcher etwa 10 Fuß ☐ einnahm, und 4 Fuß tief war, und eine Masse von 2 — 3 Tonnen, dem Gewichte nach, betrug. In drei Tagen stieg die Temperatur auf 90°, obgleich sie früher bloß 75°, wie die umgebende Luft, betragen hatte. Am 19.

stand sie auf 150°, und am 20. war an mehreren Stellen Verbrennung eingetreten. Es wurde Wasser darauf geschüttet, und der Brand allem Anscheine nach vollkommen gelöscht; dennoch zeigte sich am 21. wiederum an mehreren Stellen Brand; und dieß dauerte so fort, bis die Kohle in kleinere Haufen vertheilt wurde. Dieses letzte Experiment ist das befriedigendste, welches mir bekannt geworden ist. Die Kohle war wenigstens 10 — 12 Tage zuvor gemacht worden, und hatte in der Zwischenzeit in kleinen Haufen frei an der Luft gelegen.

Es ist mir nicht bekannt, ob bis jetzt ein Experiment angestellt worden ist, um die Einwirkung des reinen Sauerstoffgases auf Holzkohle zu untersuchen. Eine Glasglocke von 2 Quart wurde mit Sauerstoffgas, welches vorher durch Kalkwasser von aller Kohlensäure befreit war, gefüllt. In dieses Gefäß brachte ich eine Glasschaale, mit einer Unze fein pulverisirter Holzkohle, und ließ diese 24 Stunden in dem Sauerstoffgase stehen. Nach dieser Zeit fand sich keine Spur von Kohlensäure, als ich das Gas wieder durch Kalkwasser streichen ließ. Bei dreimaliger Wiederholung hatte dieses Experiment immer dasselbe Resultat.

Ich beschränke mich auf die Erzählung dieser Beobachtungen und Experimente, wodurch die Selbstentzündung der Holzkohle außer allen Zweifel gesetzt wird, und enthalte mich aller Hypothesen zur Erklärung dieses Phänomens." (London and Edinburgh philosoph. Mag., July 1833.)

Ueber das Aussehen des Mont-Blanc bei'm Sonnenuntergange.

Von L. A. Necker.

„Im Augenblicke des Sonnenuntergangs, und wenn der Himmel rein ist, haben sämmtliche Alpen, welche nach der untergehenden Sonne hin gerichtet sind, von Genf aus gesehen eine schöne Purpurfarbe, welche auf dem Mont-Blanc mehr eine Färbung von leichtem Orange annimmt, wegen der glänzenden Schneehülle, die seine hohen Gipfel bedeckt. Ist die Sonne für die Ebene ganz untergegangen, so zeigen die Gebirge eine glän.endere Färbung, in Folge des Contrastes; einige Minuten später, wenn bereits die tiefer liegenden Gebirge im Schatten sind, verwandelt sich deren Purpur-Farbe in ein Dunkelblau; der Contrast, welcher zwischen den schattigen Theilen derselben und den von der Sonne beschienenen zu bemerken war, verschwindet, und ein graubläulicher fast einförmiger Schatten verbreitet sich über ihre ganze Ausdehnung. Dann ist der Mont-Blanc der einzige Gegenstand, welcher noch von den Sonnenstrahlen beleuchtet ist, und dann hat diese ungeheure Schneemasse einen noch lebhaftern Glanz und eine lebendigere orange-gelbe Farbe, zugleich ist der Contrast zwischen seinen beschatteten und beleuchteten Theilen auf dem höchsten Punct. Zwei oder drei mal befanden sich schwarze Wolken in dem Augenblick hinter dem Mont-Blanc, und dann war er so glänzend und roth wie eine glühende Kohle. Wenn alsdann die Sonne auch für den Mont-Blanc selbst untergegangen ist, was etwa eine Viertelstunde, nachdem die Sonne für die Ebene in der Umgegend von Genf verschwand, stattfindet, so über-zieht sich das ganze Gebirge mit einer weißbläulichen und traurigen Farbe und hat ein gleichförmiges Aussehen, welches davon herrührt, daß aller Contrast zwischen erleuchteten und beschatteten Theilen aufhört. Dieser neue Anblick, vergli-chen mit dem, welchen das Gebirge einige Minuten vorher darbot, giebt den nämlichen Gegensatz wie ein todter Körper im Vergleich mit einem Körper, welcher von Leben und Ge-sundheit strotzt. Dieses blasse, ich möchte sagen, kränkliche Aussehen des Gebirges rührt daher, daß immer über ihm noch eine breite Zone der Atmosphäre mit leichten Dünsten angefüllt ist, für welche die Sonne noch nicht untergegangen ist, und welche aus diesem Grunde fortwährend stark erleuch-tet und purpurroth gefärbt sind. Ist aber die Sonne auch auf gleiche Weise für diese hohen Regionen der Atmosphäre verschwunden, so hört der Contrast auf, durch welchen die bläuliche traurige Farbe entstand, die so eben noch der ewige Schnee des Montblanc's darbot; deswegen nimmt nun das Gebirge noch einmal, aber in weit schwächerm Grade, seine frühere orangegelbe Farbe an, und eben so bekommen die tiefer liegenden Gebirge wiederum ihre blaue Purpurfarbe. Alle Gegenstände sind alsdann gleichmäßig durch das bei wei-tem blassere und schwächere Licht der Dämmerung beleuchtet, als sie es vorher durch das glänzendste Licht der Sonne wa-ren; jeder Gegenstand bekommt alsdann denselben Grad von Erleuchtung, sowohl in Bezug auf Quantität als Qualität, so daß sich derselbe allgemeine Anblick hier wiederholt, wenn er auch bei weitem dunkler ist, als das erstemal. Es scheint mir daher, daß diese ganze Reihenfolge schöner Erscheinungen auf die einfachste und natürlichste Weise durch den Con-trast zu erklären seyen. (Bibliothèque universelle. De-cembre 1832.)

Eine sehr merkwürdige, bei'm Bohren eines arte-sischen Brunnens zu Bages vorgekommene Thatsache

theilte Hr. Arago in der königl. Academie der Wissenschaf-ten zu Paris vom 16. September 1833 mit. Diese Ge-meine legt 2 Lieues südwestlich von Perpignan, und hat in ihrem Bezirk mehrere natürliche Sprudel, in dem Lande un-ter dem Namen dals matiés bekannt, welche tief sind, sehr reichlich Wasser liefern, und bisweilen mit Pflanzen über-wachsen sind, so daß sie für einen Reisenden, der, ohne sie zu kennen, ohne einen Führer in der Gegend herumstreift, sehr gefährlich werden. Das Wasser, welches sie geben, ist klar, von angenehmem Geschmack und von einer Temperatur von 14° R. Die Gestalt des Beckens (Thals) von Bages, und das Vorhandenseyn dieser Quellen versprachen beim Boh-ren einen glücklichen Erfolg, und Hr. Durand, Besitzer eines großen Theils des Eigenthums dieser Gemeine, ließ an ei-ner Stelle, ungefähr 60 Fuß nördlich von Bages, einbohren. Bei 80 Fuß Tiefe, unter einer stark mit Sand gemengten, 3 Fuß dicken Mergelschicht, sprudelte eine sehr helle, weder

Sand noch Thon führende Quelle von 14° R. bis zu ei-ner Höhe von 3 oder 4 Fuß über den Boden hervor. Ein zweiter Bohrversuch wurde 6 Fuß von der ersten Stelle vorgenommen und man stieß 80 Fuß tief ebenfalls auf Springwasser. Als das Bohren fortgesetzt wurde, mußte der Bohrer bei 142 Fuß Tiefe durch schwarzen dichten Thon hindurch; bei 145 Fuß fiel er von selbst sehr tief ein, man wartete aber nicht, bis er von selbst still halten würde, sondern zog ihn schnell heraus, wobei sogleich eine Quelle hervorsprang, welche in Ansehung ihrer Wassermenge, ihrer Stärke und Aufsteigungskraft alle Gegenwärtigen in Erstaunen setzte. Vom Augenblick ihres Erscheinens (28. August 3½ Uhr Nachmitt.) an konnte ihr Strom durch kein Hinderniß unterbrochen werden. Sie stieg in den Röhren, in welche man sie ihrem Strahl parallel faßte, bis zu jeder Höhe em-por; und man glaubt, sie werde bis auf 50 Fuß in die Höhe gehen. Am 7ten September gab sie noch eben so viel Wasser und stieg noch bis zu derselben Höhe. Das Wasser bildet bei seinem Hervorkommen aus der Erde als Mittel einen Strom von 23 Centimeter Breite und 1 De-cimeter Tiefe. In einer Minute durchläuft das Wasser 32 Meter, und in der Minute beträgt die Wassermasse ungefähr 2000 Litres. Das Wasser des zweiten gebohrten Brunnens ist hell, glänzend, durchsichtig und farblos; es hat etwas von dem eigenthümlichen sogenannten faden Wassergeschmack, die Temperatur beträgt 15° R.; es treibt Sandkörner, etwas weniges rothen Kies (Eisenocher) und Stücke schwarzen Thons mit hervor, von denen einige fast zu groß sind, als das Bohrloch. Ein 8 Pfund schweres Bleigewicht, welches man mittelst eines Stricks in das Bohrloch hielt, wurde schnell wieder herausgeworfen. (Journal des Pyrénées orientales 7. Sept. 1833.)

Miscellen.

Ueber Loligopsis guttata, Grant und Sepiola vulgaris, Leach, in Bezug auf den anatomischen Bau dieser Mollusken, theilte Dr. Grant in der Versammlung der Zoolog. Society zu London Folgendes mit: Bei Loligopsis sind die Wände des Sackes (Mantels) außerordentlich dünn und schlaff, ausgenommen da, wo sie von der durchsichtigen Rückenstütze und durch zwei dünne Knorpelplatten gestützt werden, welche sich von dem freien Rande des Mantels ungefähr halb unter die Seiten erstre-cken, und etwas gegen die Bauchseite des Thieres hinfügen. Diese Seitenplatten sind bei Cephalopoden etwas Ungewöhnliches. Von jeder kommen ungefähr 12 oder 13 keulförmige Höcker, an der Grundfläche ungefähr eine Linie im Durchmesser, und eine Linie über die allgemeine Fläche des Mantels hervorstehend. Die Ein-geweide nehmen nur einen kleinen Theil der Mantelhöhle ein in wel-cher sie sehr weit nach hinten liegen; die Kiemen geben nicht über die Mitte des Sacks vor. Die Leber ist, wie bei Nautilus, in vier Hauptlappen getheilt, welche ganz von einander getrennt sind; aber die Läppchen derselben sind nicht, wie bei den mit Schalen verse-henen Cephalopoden, von einander getrennt. Um die Kiemenarte-rien liegt, vor ihrem Eintritt in die Herzohren, ein kugelförmiger Haufe Bläschen, denen ähnlich, welche sich bei Nautilus in diesen Ge-fäßen endigen, aber die Herz-Ohren fehlen hier nicht, wie bei Nautilus, jedoch befügen sie die eigenthümlichen Anhänge nicht. Wie bei den nackten Cephalopoden sich gewöhnlich an diese muskulösen Säcke anfügen. Es waren auf jeder Seite die Kiemen ziemlich rauh, und verhältnißmäßig die kleinsten, welche Hrn. G. je vorgekommen wa-ren. Das Herz ist sehr muskulös, verlängert spindelförmig und hat an jedem Ende einen Aortenstamm. Bei der großen Rücken- oder herabsteigenden Aorta findet sich, wie bei Nautilus, eine deutliche bulböse Vergrößerung, wahrscheinlich der Anfang eines bulbus arteriosus. — Bei Sepiola sind außer der gewöhnlichen Rückenstücke, welche dünn und kurz ist, noch zwei halbmondförmige knorpelige Platten außerhalb des Mantels vorhanden, welche die Flossen stützen, gleich Schulterblättern, und frei an der Außenseite des Mantels spielen; sie haben außen und innen eine Muskelschicht, indem die Muskeln in Gestalt kleiner weißer Bündel von der Mitte des Rückentheils des Mantels übergehen; durch diese Einrichtung haben die Bewegungen dieser mächtigen Rückenarme große Ausdehnung und Kraft und sie ähneln in der Art, wie sie sich befestigen, einigermaßen den vordern Extremitäten der Wirbelthiere. Die Mantelhöhle ist verhältnißmäßig klein und wird ganz von den sehr entwickelten Eingeweiden ausgefüllt, besonders von den Verdauungsorganen, dem Tintensack und den beiden Behältern der Eiergänge. Der Tintensack ist wegen seiner Gestalt und Größe merkwürdig. Er besteht aus drei länglichen Querlappen und liegt mehr der Quere als nach der Länge. Die beiden Seitenlappen sind nierenförmig; der dritte oder Mittellappen ist kleiner, und von seinem obern Theil entspringt der Ausführungsgang.

Ueber den Einfluß der Veränderungen in der Atmosphäre auf den Gesang, oder über das Singchor als Barometer finde ich im dritten Bande des Briefwechsels zwischen Göthe und Zelter S. 384., folgende Beobachtungen des großen Gesanglehrers: „Die Sache hat indessen ihre Richtigkeit, wenn ich auch nicht wissenschaftlich darüber zu reden weiß. — Wenn der Barometer schönes Wetter anzeigt, ist unser Singchor vortrefflich, ich meine nämlich solchen Chor, der schulmäßig an Traguug des Tons und elastischer Beweglichkeit gewöhnt ist (portamento di voce) und in solchen guten Tagen oftmals die Bewunderung der Kenner erworben hat. Die eigentliche Wirkung ist

dann nicht erschütternd, schmetternd und dergleichen, sie ist vielmehr groß, tröstlich, erbaulich, und das scheint mir die rechte. — Geht der Barometer herunter, so ist es nicht möglich, trotz alles Zurufens: Gehoben! Getragen! — die Stimmen flott zu halten: Einer zieht den andern mit und wenn ich sie gehen lasse, so ist das Ganze noch immer in seiner Art gut genug; will ich aber die Gewalt des Instrumentes gelten machen, so hört die Harmonie der Harmonie auf und es entsteht ein innerer Unfriede bei aller Mühe. Denn ein guter Chor ist wie eine einzelne Person anzusehen, und was er wirkt, will er wirken, wenn auch ohne äußeres Bewußtseyn und wo dieser Character nicht ist, ist auch keine Schule. Wäre es doch nicht unmöglich, einen Chor von einhundert und sechzig bis zweihundert Stimmen beisammen zu sehen, die alle von gleicher Güte wären, wenn nicht ein Geist des Ganzen darin herrschte; der ist, was Harmonie heißt. Endlich erhebt sich der Barometer wieder, und mit ihm unser Singchor. Geht es langsam, nach und nach, indem Regen und Sturm noch fortdauert; der Singchor geht auch nach und nach, aber er sinkt nicht mehr. Geht er aber plötzlich, mit einem Male, hoch und über feine Zeichen, dann ist wieder kein Halten; jedem Einzelnen gelingt sein Bestes; jeder hält sich allein glücklich, und jeder weiß, woran es liegt; man ist unzufrieden, und damit ist man wieder zufrieden. So wirkt gleichfalls das Barometer auf das Zeitmaß; sobald ich auch im Theater oft genug laße. Dieselbe Bemerkung drängt sich auch im Theater oft genug mir auf. Das Orchester erscheint lahm und uncins mit dem Theater, und Keiner weiß, woran es liegt; man ist unzufrieden, und damit ist man wieder zufrieden. So wirkt gleichfalls das Barometer auf das Zeitmaß; sobald ich einen erfahrenen Anführer das Seinige zu thun hat, vom Einzelnen ab aufs Ensemble zu merken, wenn man's von diecration gehen ließe."

Nekrolog. — Der verdiente Professor am Jardin des Plantes, Desfontalnes, ist am 18ten Novbr. zu Paris in hohem Alter gestorben.

Heilkunde.

Ueber die körperlichen Veränderungen, welche die Rückgratsverkrümmungen begleiten.

Von Moritz Stern.

„Die meisten Schriftsteller stimmen darin überein, daß Verkrümmte die größte Aehnlichkeit der Gesichtszüge untereinander haben, und es ist zu verwundern, daß noch Niemand nachgeforscht hat, auf welchem Gesichtstheil diese Aehnlichkeit beruhe. Deswegen habe ich mir zur Aufgabe gemacht, sowohl lebende Verkrümmte als auch Skelette solcher Kranker besonders im Bezug auf die Theile zu untersuchen, welche bis jetzt nicht, wie das Rückgrat selbst, der Gegenstand genauer Untersuchungen waren. Zu diesem Ende habe ich sechs in Berlin befindliche mit Rückgratsverkrümmungen behaftete Skelette und acht an Rückgratsverkrümmungen leidende (vollkommen erwachsene) auf das Genaueste untersucht. Die Anzahl der Subjecte, an denen ich meine Beobachtungen anstellen konnte, ist zwar gering; allein es können leicht fortgesetzte und zahlreichere vergleichende Untersuchungen einige Abänderungen in den Resultaten ergeben, indeß behalten doch vorliegende Untersuchungen dadurch ihren Werth, daß sie in bestimmten Zahlen ausgedrückt sind und größtentheils sehr übereinstimmende Resultate ergeben. Die Skelette, an welchen ich meine Messungen angestellt habe, sind auf folgende Weise in dem anatomischen Museum bezeichnet.

1) Das Skelet eines 30—40jährigen Mannes an kyphosis und scoliosis so leidend, daß die erste Rückgratsverkrümmung nach rechts, die zweite nach links, die dritte am Halsenbein wiederum nach rechts geht. Alle Theile der linken Seite sind etwas kleiner als die der rechten, und alle Theile durch Rhachitis verändert. (No. 2490.)

2) Das Skelet eines 28jährigen Mädchens, im hohen Grad an Ostromalacie leidend, mit sehr bedeutenden Rückgratsverkrümmungen in Form von kyphosis und scoliosis. (No. 4303.)

3) Skelet einer Frau im erwachsenen Alter, aber von auffallender Kleinheit, mit zwei kleinen Rückgratsverkrümmungen, deren eine an den Halswirbeln nach rechts, die andere an den obern Rückenwirbeln nach links gewendet ist. Die Knochen des Ober- und Unterschenkels des Heiligenbeins sind durch Rhachitis verkrümmt. Murfinna machte an dieser Frau den Kaiserschnitt. (No. 4922.)

4) Ein 12jähriges Mädchen; zwischen dem zweiten und dritten Lendenwirbel ist das Rückgrat in einen rechten Winkel nach vorn gekrümmt, so daß der untere Theil des Rückgrats in einer horizontalen Ebene liegt. Der ganze Körper hat im höchsten Grade zarte Knochen, der Schädel ist sehr groß aber vollkommen gebaut und ohne wormianische Knochen. (No. 8115.)

5) Das Skelet einer 26jährigen Frau, bedeutend an Ostromalacie leidend; das Rückgrat ist zuerst an den Hals- und Rückenwirbeln nach rechts und hierauf zwischen den Rücken- und Lendenwirbeln nach links gekrümmt, und bildet übrigens einen nach hinten stark gewölbten Bogen. (No. 2180.)

6) Das Skelet einer erwachsenen Frau, welche an den Hals- und Rückenwirbeln eine kleine Krümmung nach rechts, an den Rücken- und Lendenwirbeln aber eine sehr bedeutende Krümmung nach links und rückwärts hatte. (Dieses Skelet ist im Besitz des Dr. Bloemer.)

Die acht lebenden Verkrümmten, die ich untersuchen konnte, litten zugleich an scoliosis und kyphosis. Diese Verbindung beider Formen zeigte sich schon in der früheren Jugend, und scheint daher auch diejenige zu seyn, welche die Eigenheiten, die den Verkrümmten zukommen, am häufigsten und stärksten ausgebildet zeigen.

Das Auffallendste bei solchen Verkrümmten ist die beträchtliche Kleinheit des Körpers, welche immer vorhanden zu seyn scheint, wenn die Verkrümmung in den ersten Lebensjahren entstand und einen beträchtlichern Grad erreichte, die Ursache des Uebels mag übrigens seyn, welche sie wolle. Was ist nun die Ursache dieser Kleinheit? Daß Rhachitis sich an den Knochen der Gliedmaßen sehr stark zeigen kann, ohne das Wachsthum der übrigen Knochen und des ganzen Körpers aufzuhalten, ist täglich zu beobachten, wird aber besonders deutlich an einem Skelette des Berliner anatomischen Museums, welches die bedeutende Höhe von 7 pariser Fuß hat, und doch beträchtliche rhachitische Verkrümmung der übrigen sehr langen Knochen der obern und untern Extremitäten zeigt; Rhachitis ist daher nicht Ursache dieser Kleinheit, kömmt aber überdieß bei allen früh entstandenen Verkrümmungen vor, die Ursache derselben mag noch so verschieden seyn. Geoffroi St. Hilaire*) behauptet, eine unvollkommene Entwickelung und Ernährung des Fötus sey die Ursache der Kleinheit der Zwerge nicht allein, sondern auch der Verkrümmten. Dieß wird aber dadurch widerlegt, daß die Verkrümmung häufig nicht aus innern, sondern aus zufälligen äußern Ursachen (z. B. einem Fall mehr oder minder lange nach der Geburt) entsteht. Die Kleinheit der Verkrümmten hängt nicht von der Ursache der Verkrümmung, sondern von der Verkrümmung selbst ab. Durch die Mißbildung des Knochengerüstes sind Brust und Bauchhöhle verengt, das Rückenmark gespannt und gedrückt, die Eingeweide und das Gangliennervensystem gedrückt und in ihrer Function gestört, so daß zwar wegen der langsamen Entwicklung dieser Mißbildungen der allgemeine Gesundheitszustand der Verkrümmten häufig nicht übel, aber doch die Ausbildung und die Ernährung des Körpers einigermaßen gestört ist. Die Kleinheit der Verkrümmten scheint daher weniger aus einer Störung der Ernährung und Bildung während des Fötuslebens als aus derselben Ursache während des Kindesalters hervorzugehen. Zur Erforschung dieser Verhältnisse ist eine genaue Untersuchung der einzelnen Veränderungen nöthig.

Vom Schädel. Um die Veränderungen an diesem aufzufinden, habe ich nicht bloß die Schädel der verkrümmten Skelete, sondern auch noch 20 Schädel wohlgebildeter erwachsener Männer und Frauen ausgemessen und aus letztern das Mittel gezogen. Die Ausmessungen habe ich vorzüglich mit dem Baudelocque'schen Kopf- und Beckenmesser angestellt. Die auf diese Weise erhaltenen Zahlen sind in den später mitzutheilenden Tabellen zusammengestellt. Im Allgemeinen geht aus diesen Messungen hervor, daß der Schädel der Verkrümmten mehr als die übrigen Körpertheile und zwar in allen Richtungen ausgebildet wird, denn wir finden, daß die Maße des Schädels Verkrümmter sämmtlich absolut größer, als die wohlgebildeter Menschen sind, während zugleich die Gliedmaßen des Verkrümmten zwar relativ größer, aber absolut kleiner sind, als bei der andern. Um zur Einzelnen überzugehen, so finden wir die Länge des Durchmessers von der glabella bis zur äußern Hervorragung des Hinterhauptbeines und die Linie von dem obern Rande des Schuppentheils des Schläfenbeins der einen Seite bis zu dem brandern größer, als bei normalen Schädeln; den Zwischenraum zwischen den Vereinigungspuncten der Stirn-, Keil- und Seitenwandbeine beider Seiten, ferner den Zwischenraum zwischen den tubra parietalia, und den Zwischenraum zwischen dem hintern Rabe des foramen magnum dem senkrecht darüber liegenden Puncte am dem Seitenwandbeine bei verkrümmten und wohlgebildertenMenschen ganz gleich. Die Entfernung von der Mitte der Kronennath bis zum Kinne dagegen ist bei Verkrümmten auffallend kürzer, als bei Gesunden, was der allgemeinen Beobachtung, nach weher das Gesicht Verkrümmter länger ist, als das Gesunder, widerstreitet. Den Grund dieser scheinbaren Verlängerung des Gesichts wollen wir zu Folgendem zu erklären suchen. Die Kürze der Entfernung von der Kronennath bis zum Kinne beruht in einer Verkürzung der Entfernung von der Nasenwurzel bis zum Kinne, indem im vergleich die Entfernung von der Nasenwurzel bis zum Schädel der Verkrümmten absolut größer, als bei Gesunden. Aus der

*) Ueber Riesen und Zwerge, in den Notizen aus dem Gebiete der Natur- und Heilkunde No. 818. September 1833.

letztern, wie aus den frühern Bestimmungen geht hervor, daß der das Gehirn enthaltende Theil des Schädels in allen Richtungen bei Verkrümmungen eben so groß ist, als bei Gesunden. Wie aber die Länge des Gesichtes der Verkrümmten von der Nasenwurzel bis zum Kinne kleiner ist, so wird auch die Breite des Gesichtes an mehrern Stellen von den Maaßen an wohlgebildeten Schädeln übertroffen. Der das Gesicht bildende Theil des Schädels ist daher bei Verkrümmten bei weitem weniger ausgebildet, als der das Gehirn enthaltende Theil. Die hauptsächlichste Ursache dieser geringern Breite liegt in einer eigenthümlichen Stellung der Jochbeine; bei gewöhnlichen Schädeln sind diese stark gewölbt und so gestellt, daß sie einen beträchtlichen Theil der vordern Gesichtsfläche ausmachen, also ziemlich stark nach der Seite hervorragen; bei Verkrümmten dagegen sind die Joch- oder Wangenbeine mehr abgeplattet und so gestellt, daß der kleinste Theil derselben mit zur vordern Gesichtsfläche gehört, der größere Theil dagegen dem Seitentheil des Schädels parallel liegt, und wenig nach der Seite hervorragt. Der Durchmesser des Schädels von dem untern Rande des Schläfenoberfläche der großen Flügels des Keilbeins der einen Seite bis zu dem der andern ist bei Gesunden und Verkrümmten immer gleich, während im Gegentheil die Entfernung zwischen den beiden Verbindungspuncten des os zygomaticum mit dem processus zygomaticus und die Entfernung zwischen der Mitte des untern Randes des os zygomaticum beider Seiten bei den Schädeln der Verkrümmten ohne Ausnahme kleiner ist. Die Entfernung zwischen den hervorragendsten Stellen beider Jochbogen ist bei einem verkrümmten Manne eben so groß, wie bei Gesunden, bei verkrümmten Frauen dagegen bei weitem kleiner.

Hieraus geht auch hervor, daß die Schläfengruben beträchtlich enger sind, als im normalen Zustande, was bloß von der Anbückung der Jochbeine und Jochbogen herrührt, wie wir vorhin gesehen haben, die Boden der Schläfengrube beider Seiten in normaler Entfernung von einander liegen.

Außerdem ist auch der Oberkiefer an der auffallenden Schmalheit des Gesichtes schuld. Der Zwischenraum zwischen beiden Seiten des Oberkiefers gerade über dem zweiten Backzahn ist bei Verkrümmten um 3 — 6''' geringer, als bei Gesunden; dadurch ragt nun der Oberkiefer nach vorn weniger hervor und bildet einen kleinern Camper'schen Gesichtswinkel, wie auch bei den Negern und einfältigen Menschen.

Endlich ist auch das Gesicht auch dadurch schmäler, daß die Winkel des Unterkiefers weniger auseinander stehen, als im normalen Zustande, was ebenfalls der allgemeinen Meinung widerspricht. Die Zähne sind bei allen Verkrümmten sehr groß und mehr nach vorn geneigt, als senkrecht stehend, wodurch ebenfalls der Camper'sche Gesichtswinkel verkleinert wird.

Außerdem finden sich aber noch zwei Eigenthümlichkeiten an den Schädeln Verkrümmter, welche zwar auch bei wohlgebildeten Menschen bisweilen beobachtet werden, die alsdann immer als Abnormitäten betrachtet werden. — Das foramen magnum des Hinterhauptbeines ist auf eine schon ohne Messung auffallende Weise bei allen Schädeln Verkrümmter nach vorn gerückt, und wenn man die Entfernung zwischen der glabella und der protuberantia occipitis externa abzieht, so findet man einen auffallenden Unterschied, wie sich aus der ersten Tabelle ergiebt. Dieses Berücken ist theils wirklich, theils durch eine größere Wölbung des Hinterhauptbeines noch mehr in die Augen fallend. Die zweite Eigenthümlichkeit an den Schädeln Verkrümmter ist die, daß das Hinterhauptbein nicht wie gewöhnlich eine großen, und selbst den größten Theil der hintern Fläche des Schädels bildet, er sich auf die Grundfläche derselben herüberbiegt, sondern im Gegentheil mehr der Grundfläche als der hintern Fläche des Schädels angehört, was ebenfalls zur noch übrigst eine auffallende Convexität zeigt, so daß der unterste Theil des Schädels nicht wie gewöhnlich durch das foramen magnum, sondern durch einen Theil des Hinterhauptbeines hinter dem foramen gebildet wird.

Sehr bemerkenswerth ist es, daß bei allen diesen Schädeln das Gall'sche Organ des Geschlechtstriebes sehr beträchtlich hervorragt, so daß die zwischen den beiden Höckern liegende Grube tiefer ist, als bei irgend einem wohlgebildeten Schädel; es trifft hiermit zusammen, was Wenzel in seinem Buche über die Krankheiten am Rückgrat S. 328 sagt, daß die männlichen Verkrümmten die Geschlechtstheile meistens ungewöhnlich groß seyen, und der Geschlechtstrieb sich in hohem Grade ausgebildet zeige.

Nicht minder auffallend, als die veränderte Lage des foramen magnum ist auch seine schräge Stellung, indem es nicht mehr horizontal liegt, sondern an seinem hintern Rande bei Verkrümmten bei weitem tiefer liegt, als am vordern, eine Anordnung, welche sich auch bei den Cretins findet.

Wenn wir nun alles zusammenfassen, was von den Schädeln Verkrümmter zu bemerken ist, so ist dieß Folgendes: weite Schädelhöhle, dagegen kurzes und besonders schmales Gesicht, welches dadurch entsteht, daß die Jochbeine von der Seite zusammengedrückt und die Schläfengruben verengert sind, und daß der Ober- und Unterkieferknochen schmäler ist, als im normalen Zustande; ferner findet sich bei Verkrümmten eine weiter nach vorn gerückte Lage, und schräge Stellung des foramen magnum.

Ehe ich weiter gehe, habe ich noch zu bemerken, daß bei den beiden übermäßig großen Skeletten im Berliner Museum, (deren eines 7, das andere 6 Pariser Fuß hat) der Durchmesser von der glabella bis zum Hinterhauptshöcker gleich 7½ und 6 Zoll ist, der Durchmesser zwischen dem Schuppentheil der beiden Schläfenbeine gleich 5 und 5¼ Zoll und die Entfernung von der Nasenwurzel bis zum Kinne gleich 4½ Zoll. Aus der Vergleichung dieser Maaße mit denselben bei gewöhnlichen Menschen und bei Verkrümmten, ergiebt sich nun, daß der Schädel bei ungewöhnlich großen und ungewöhnlich kleinen Menschen, immer dem Schädel gewöhnlicher Menschen gleich sey, während das Gesicht bei den großen größer, bei den kleinen aber kleiner zu seyn scheint. Dasselbe finden wir auch bei Kindern, bei denen der Schädel bei weitem mehr entwickelt ist, während die Größe der Gesichtstheile dem Verhältniß des ganzen Körpers vollkommen entspricht.

Indem wir nun zur Betrachtung der Eigenthümlichkeiten des Gesichts übergehen, so muß ich gestehen, daß ich aus der Vergleichung von mehr, als 50 mit Aufmerksamkeit betrachteten Verkrümmten noch nicht im Stande bin, bestimmte Eigenthümlichkeiten derselben anzugeben. Die Gesichtsfarbe ist meistens fränklich, die Haut schon vor dem 30sten und 40sten Jahre runzlig, die Augen sind eingesunken, daher klein, aber glänzend und von starken Augenbraunen bedeckt, obgleich bei Männern der Bart meistens spärlich ist. Am auffallendsten scheint mir Mund und Nase bei Verkrümmten. Die Nase ist meistens lang, schmal, nicht stark hervorragend und häufiger gerade, als gebogen, sehr selten eine sogenannte Stumpfnase. Noch gewöhnlicher ist bei Verkrümmten ein breiter Mund, welche übermäßige Breite sowohl absolut, als relativ ist. Die Lippen sind schlaff, dünn, und im Verhältniß zu den Kiefern etwas zu groß, so daß besonders die Oberlippe noch einen Theil des rothen Randes der Unterlippe bedeckt. Daß der Camper'sche Gesichtswinkel bei Verkrümmten sehr klein ist, habe ich bereits angeführt, es wird aber derselbe noch dadurch etwas verändert, daß der Unterkiefer etwas zurückgezogen ist, und die Lippen dadurch über das Kinn hervorragen, oder daß der Unterkiefer gleichweit hervorragt, und mit der Oberkiefer in einer perpendiculären Linie liegt.

Vom Becken. Meckel's Behauptung, daß die Verkrümmungen des Beckens bloß mit der Rückgratsverkrümmung verbunden seyen, welche durch eine allgemeine Krankheit, besonders durch Rhachitis, entstanden seyen, ist im Allgemeinen vollkommen wahr. In dem Berliner Museum findet sich eine große Reihe verkrümmter Rückgrate mit dem dazu gehörigen Becken, bei welchem selbst bei bedeutender Scoliosis und Kyphosis das Becken normal gebildet ist, während, wenn die Verkrümmung von Rhachitis herrührte, das Becken immer von vorn nach hinten zusammengedrückt erscheint, so daß der Unterschied zwischen der conjugata und dem Querdurchmesser der obern Apertur des kleinen Beckens auffallend größer ist, als bei wohlgebildeten Becken, obgleich auch nicht zu läugnen ist, daß bisweilen bei rhachitischen sämmtliche Beckendurchmesser zu klein sind. Wenn nämlich, nach Meckel, bei wohlgebildeten Körpern folgende Maaße vorkommen:

	bei'm Manne		bei'm Weibe	
	Conjugata.	Querdurchmesser.	Conjugata.	Querdurchmesser.
	4″	4″ 4‴	4″ 6‴	4″ 5‴
2″ 11‴	so fand ich bei rhachitischen Becken	4″ 6‴	4″ 4‴	
			2″ 9‴	5″ 9‴
			4″ 6‴	5″ 9‴
			4″ 9‴	5″ 6‴
			8″ 9‴	4″ 8‴

Bei denen, welche an Osteomalacie litten, ist das Verhältniß umgekehrt. Diese haben ein von der Seite zusammengedrücktes Becken und eine gewissermaßen schnabelartig hervorragende Symphyse, und so fand ich es auch bei zwei durch Osteomalacie veränderten Skeletten, bei welchen das ganze Becken zu klein ist, so daß die conjugata zwar den Querdurchmesser übertrifft, aber doch bei dem einen Skelet bloß 8‴, bei dem andern bloß 2″ 8‴ beträgt, während bei dem zweiten ein Querdurchmesser gar nicht vorhanden ist, indem die Seitentheile des Beckens an dem Heiligenbeine anliegen. Bei dem andern Skelette beträgt er 3″ 8‴, ist also der conjugata ziemlich gleich.

M. J. Weber behauptet in Walther's Journal Bd. IV. S. 604, die Entfernung von der Nasenwurzel bis zum Kinne sey der conjugata der obern Apertur des kleinen Beckens gleich, und der Zwischenraum zwischen den hervorragenden Puncten der Jochbogen entspreche dem Querdurchmesser der obern Apertur des kleinen Beckens, wobei auch rhachitische Skelette eine solche übereinstimmende Mißbildung des Schädels und Beckens zeigen, obgleich ihm nicht bekannt sey, in welchem Puncte diese Mißbildung gleichen Schritt zu halten vermöge. Dieser Behauptung widersprechen meine Ausmessungen. Daß bei allen Verkrümmten, also auch bei Rhachitischen, das Gesicht in mehrfacher Rücksicht schmäler sey, als bei Gesunden, ist bereits auseinandergesetzt; es ist aber bekannt, daß das Becken Rhachitischer breiter sey, als bei wohlgebildeten Skeletten; wir finden also bei Rhachitis am Becken und Gesicht nicht eine gleichmäßige, sondern gerade entgegengesetzte Mißbildung. Bei den durch Osteomalacie veränderten Becken findet sich dagegen die größte Verschiedenheit zwischen den Maaßen des Beckens und des Gesichts. Man vergleiche hierüber die zweite Tabelle. Auf derselben habe ich auch die Resultate meiner Ausmessungen der Puncte an den Skeletten verschiedener Racen niedergelegt, von welchen Weber behauptet, daß sie die Conformität des Schädels und Beckens beweisen. Es ergiebt sich daraus, daß bei den gesunden Skeleten eben so wenig, als bei rhachitischen und osteomalacischen, Weber's Bemerkung als physiologische oder pathologische Regel gelten könne.

Weber behauptet ferner, daß im Antagonismus zwischen den Schädel- und Gesichtsknochen einerseits, und dem großen und kleinen Becken andrerseits bestehe, so daß, wenn der Schädel nach der innen Seite verkrümmt sey und das große Becken nach derselben Seite ausweiche, das Verhältniß stattfinde, daß die Knochen des Gesichtsrandes des kleinen Beckens nach der andern Seite rücken. Dieß muß sich besonders an den Skeletten Verkrümmter zeigen, und ich kann zwei Beispiele dafür aus dem Berliner Museum anführen. Bei dem Skelet 2490 ist der Schädel auf der rechten Seite enger, al auf dem andern, das Gesicht auf der linken enger, als auf der rechten; bei dem Skelet 2180 ist Schädel und Gesicht rechts stärker ausgebildet, als links. Bei diesen beiden Skeletten ist nun das große Becken so verkrümmt, daß das rechte Darmbein höher steht, indem das große Becken von rechts nach links eingedrückt ist; bei eiden ist aber das kleine Becken von links nach rechts eingedrückt, während die rechte Seite ihr normales Verhältniß behalten hat.

Von den Extremitäten. Wenzel (in seinem Werke S. 328.) Von den Extremitäten scheinen im Vergleich mit den untern übermäßig lang zu seyn, weil sie wegen der Kürze des Rumpfs so übermäßig lang und schmächtig herab zu hängen scheinen. Meine Ausmessungen zeigen mir aber, daß sie nicht bloß länger seinen, sondern absolut zu lang sind. Um dieß deutlich zu machen, habe ich aus den Bestimmungen von Krause, Sue und C. We-ber über die Länge der Extremitäten der Gesunden, das Maß gezogen und dieses als Einheit = 100 angenommen, um an diese Weise gleichmäßige Proportionalzahlen zu erhalten. Durch samt menßudung dieser Proportionalzahlen in der dritten Tabelle giebt sich nun, daß die obern Extremitäten Verkrümmter verhältnißmäfig größer find, als bei Gefunden, und zwar hängt dieß davon ab, daß die obern Extremitäten absolut zu lang find, während die untern ziemlich genau ihre normale Länge beibehalten.

Uebrigens ift es bemerkenswerth, daß eine folche Kürze der untern Extremitäten im Verhältniß zu den obern auch in andern kleinen Körpern gefunden wird, wo aber diefe Kleinheit des Körpers normal ift, wie bei den Kindern. Auch die Kleinheit der Frauen entfteht großen Theils aus der Kleinheit der untern Extremitäten, was auch Kraufe lehrt. Diefe Kürze der untern Extremitäten entfteht nur aus dem gehinderten Wachsthume eines Theiles.

Auch der dritte Theil der untern Extremitäten, nämlich die tibia, ift verhältnißmäßig größer, was fich befonders durch Vergleichung des Unterfchenkels mit dem Oberfchenkel ergiebt. Es ift da her ohne Zweifel zu behaupten, daß nicht das Wachsthum der ganzen untern Extremität im Verhältniß zu dem des ganzen Körpers zurückbleibe, fondern daß bei normaler Bildung der übrigen Theile der untern Extremität bloß der Schenkelknochen zu klein fey, wodurch es komme, daß die ganze untere Extremität, im Verhältniß zur Länge der obern Extremität, zu kurz zu feyn fcheine.

I. Tabelle.

	L.	X.	Y.	Z.	A.	B.	C.	D.	E.	F.	G.	H.	H–G.	I.	K.	Z–K.	M.	X–M.	W.
Verkrümmte Männer.																			
I.	55	7	5⁴	7⁵	3⁹	4⁴	5⁴	5⁴	1⁴	3⁴	2⁹	4⁴	1⁹	4⁹	3⁷	3⁸	4¹¹	2¹	3¹⁰
Verkrümmte Weiber.																			
II.	53	6¹¹	5	7⁶	3⁸		5	4⁶	1⁸	3⁸	2⁸	3¹¹	1⁴	4⁸	3⁶		3¹		
III.	48	6⁴	4¹¹	7³	3⁹	4⁵	5	4⁶	1⁹	3²	2¹⁰	4⁴	1⁴	4⁵	4¹	3⁸	4⁷	1⁸	3⁸
IV.	41	6²	5	7²	3⁸	4	4¹⁰	4³	1⁷	3⁴	2⁹	3⁹	1⁴	4⁴	3⁸	3¹	4¹	1¹¹	3⁶
V.	50	6⁴	5²	7²	3⁸	4	4¹¹	4⁶	1⁷	3²	2⁹	4¹	1⁴	4⁴	3⁹	3⁶	4³	2¹⁰	3⁹
		6⁴	5²	6¹⁰	3⁶	4¹	4¹	4⁶	1⁸	3¹	2⁶	3⁹	1⁴	4⁵	3⁴	3⁶	4⁶	1¹⁰	3⁷

Mittelzahl der Dimenfionen α) des Schädels verkrümmter Frauen; β) gefunder Frauen.

	L.	X.	Y.	Z.	A.	B.	C.	D.	E.	F.	G.	H.	H–G.	I.	K.	Z–K.	M.	X–M.	W.
α.	48	6⁵	5¹	7¹	3⁷	4³	4⁵	4⁸	1⁸⁻⁹	3²	2⁸	3¹¹	1³	4⁵	3⁸	3⁴	4⁴⁻⁶	1¹⁰⁻¹¹	3⁷
β.	54–60	6⁴	5¹	7⁴	3³	4¹	4⁵	4⁸	1¹¹	3³	2⁷	4³⁻⁴	1⁸	4⁷	4¹	3³	4⁷	1⁷⁻⁸	4

Mittelzahlen der Dimenfionen des Schädels α) verkrümmter Männer, β) gefunder Männer.

	L.	X.	Y.	Z.	A.	B.	C.	D.	E.	F.	G.	H.	H–G.	I.	K.	Z–K.	M.	X–M.	W.
γ.	55	7	5⁴	7⁵	3⁸	4⁴	5³	5¹	1⁶		2⁹	4⁶	1³	4⁹	3⁹	3⁸	4¹¹	2¹	3¹⁰
δ.	60–64	6⁸	5³	7⁹	3¹⁰	4³	5¹	5¹	1¹¹⁻¹²	3⁹	2⁹	4⁶	1⁹	4⁹	4⁵	3⁴	4¹¹⁻¹²	1⁸⁻¹⁹	4¹⁻²

Erklärung der Zeichen der erften Tabelle.

Es ift immer von der äußern Schädelfläche die Rede.

Der Raum zwifchen zwei Puncten ift immer durch den Diameter gemeffen.

Die großen Zahlen bezeichnen Parifer Zoll, die kleinen Linien.

A. Der Raum zwifchen den äußern Rändern der Jochbeinfortfätze des Stirnbeins.

B. Der Raum zwifchen den Puncten zu beiden Seiten, wo das Stirn-, Keil- und Schläfbein fich verbinden.

C. Raum zwifchen den tubera parietalia.

D Raum zwifchen dem hintern Rande des gr f h Hinterhauptsloches und dem Puncte der Seitenbeine, der fenkrecht über ihm liegt.

E. R. z. den Puncten des obern Alveolarrandes, welche über den zweiten Backenzähnen liegen.

F. R. z. der äußern Fläche der Winkel des Unterkiefers.

G. R. z. den untern Rändern der Schläfenfläche des großen Flügels des Keilbeins.

H. R. z. den Puncten beider Seiten, wo fich das Jochbein und der Schläffortfatz des Schläfbeins verbinden.

H–G. Breite der Schläfengrube.

I. R. z. den hervorragendften Puncten der Jochfortfätze der Schläfbeine.

K. R. z. der Nafenwurzel und dem Kinne.

L. Länge des ganzen Körpers.

M. R. z. der Nafenwurzel und dem hinterften Puncte der großen Hinterhauptknochens.

W. R. z. den mittlern Theilen des untern Randes der Jochbeine.

X. R. z. der glabella und der protub. occip. ext.

Y. R. z. den mittlern Theilen des obern Randes der Schuppentheils der Schläfbeine.

Z. Von der Verbindung der Seitenbeine mit dem Stirnbein bis zum Kinne.

I. Skelet, mit No. 2490 im Berliner Mufeum bezeichnet.

II. — des Herrn Dr. Bloemer.

III. — mit No. 4803 im Berliner Mufeum bezeichnet.

IV. — — 4922 — —

V. — — 2180 — —

VI. — — 3115 — —

II. Tabelle.

Vergleichung der Linien. α Linien von der Nafenwurzel bis zum Kinne mit β. der Conjugata der obern Oeffnung des kleinen Beckens; und Vergleichung γ. der Linien zwifchen den Jochbogen mit δ. dem Durchmeffer der obern Oeffnung des kleinen Beckens.

	α.	β.	γ.	δ.		α.	β.	γ.	δ.
Männliche Skelete					**Weibliche Skelete**				
a) rhachitifche					**a) rhachitifche**				
2490	3⁹	2¹¹	4⁹	4⁶	760			4¹	4¹
					4922			3⁸	4³
					2491			3⁷	2⁹
					b) oftromalacifche				
					2180			3⁹	4⁹
					4803			4¹	4³
Normale Skelete					**Normale Skelete**				
a) europäifche					**a) europäifche**				
2558	4⁸	4	4⁹	4⁴	2561	4⁸	4	4⁹	4⁹
3040 ein fehr großes					4434			3¹⁰	4³
erftes	4⁸	4⁹	4⁹	5¹¹	27				
2559	4⁸	4¹⁰	4⁹	4¹⁰	2555 ein Kind von 2½				
34-8	5	3¹⁰	4¹¹	4¹⁰	Jahren	2⁸	2⁹	3⁴	4¹
675	4⁵	4⁶	4⁹	4⁴	2516 ein Kind von 3½				
					Jahren	2⁸	2⁹	3⁴	2,2
4433	4	4¹¹	4⁷	4⁴	**b) Skelete anderer Gattungen.**				
b) Skelete anderer Gattungen.					2563 Eine Negerin	4⁵	4³	4³	4⁹
6351 Ein Guanche	4⁵	4⁸	4⁹	3¹⁰	2554 Eine Bowendin	4¹¹	4⁵	5⁴	4⁴
6353 Ein Kafer	4⁴	4¹¹	5²	3¹⁰					
7139 Ein Bufchmann	4	4⁵	4⁸	4⁵					
Stammeltz	4	4¹⁰	4²	4⁸					
Ein Peruaner	4⁵	4⁶	4⁹	4⁴					
Ein einer figurfchen									
Manne	4⁴	4	4⁹	4⁴					

III. Tabelle.

L.	N.	O.	P.	Q.	R.	S.	T.	U.	V.

Verkrümmte Männer.

	L.	N.	O.	P.	Q.	R.	S.	T.	U.	V.
I.	55	11³	8⁴	6ᵛ	26⁴	15	12⁴	1⁶	28⁹	8⁴
VI.	54	13⁸	8³	7	28¹¹	14	12³	1⁶	27⁹	9⁵
VII.	51	12⁹		6⁶		14⁴	12²	1⁶	28²	8⁸
VIII.	54	12		6¹		14¹	13³	1⁶	29	8¹
IX.	52	10¹⁰	8³	6⁵	25⁶	12⁶	13⁶	1⁶	27⁴	9⁶
X.	55	11³		7		13⁸	13	1⁶	28²	9⁵
XI.	60	13⁸	9³	7	29⁸	15⁹	13	1⁶	30³	9⁶
XII.	54	12³	9⅔	7	28⁵	14ᵛ	13³	1⁶	29⁶	9

Verkrümmte Frauen.

	L.	N.	O.	P.	Q.	R.	S.	T.	U.	V.
II.	58	10⁶	7⁶	6⁴	24¹	13	11¹⁰	13	26¹	8³
III.	48	9³	7⁶	6²	22¹¹	10³	10	13	2¹⁶	6⁷
IV.	41	8¹⁰	7	5	20¹⁰	7⁶	9⁹	13	13⁶	6⁶
V.	50	10¹	7⁶			13⁶	12	13	26⁹	7
XIII.	52	10¹⁰	7²	6³	24³	13⁸	12	13	26⁵	8
XIV.	50	10³	7⁶	6	23⁸	13⁴	12	13	26⁷	7⁶

Mittelzahlen α. bei verkrümmten Männern, β. bei verkrümmten Frauen.

	L.	N.	O.	P.	Q.	R.	S.	T.	U.	V.
α.	54⁴	12²	8⁴	6⁹	27⁷	14³	12¹⁰	1⁶	28⁷	9¹
β.	49	10	7⁴	5¹¹	23³	11⁹	11²	1³	24³	7³

Länge der Glieder, wenn man die Länge des Körpers = 100 annimmt.

α. Bei verkrümmten Männern, β. bei starken, großen Männern.

	L.	N.	O.	P.	Q.	R.	S.	T.	U.	V.
α.	100	22³⁸	15⁹⁴	12⁴²	50⁷⁴	26⁷⁶	23⁶¹	27⁴	52⁶¹	16⁷¹
β.	100	19⁰⁰	14⁴⁶	11⁴⁴	44⁸⁸	26⁵⁰	22⁰⁷	27⁶	51³³	14⁷⁵

γ. Bei verkrümmten Frauen, δ. bei starken, großen Frauen.

	L.	N.	O.	P.	Q.	R.	S.	T.	U.	V.
γ.	100	20⁴⁰	14⁴⁶	12⁰³	47⁴⁴	23⁹⁶	22⁹⁶	2⁴⁵	49⁴⁹	14³⁴
δ.	100	18⁴²	13⁶⁶	10⁶⁶	42⁷⁴	24¹⁶	21⁰⁰	2⁴⁵	47⁷¹	13³²

Erklärung der Zeichen der dritten Tabelle.

Die größern Zahlen bedeuten Pariser Zoll, die kleinern Linien.
L. Länge des ganzen Körpers.
N. Oberarmknochen.
O. Radius.
P. Hand (eine gerade Linie von der Mitte des obern Randes des carpus bis zur Spitze des Mittelfingers).
Q. Länge der obern Extremität.
R. Länge des Oberschenkelknochens (von der Spitze des großen Trochanters bis zum untern Rande des condylus externus.)

S. Länge der tibia vom obern Rande des condylus externus zum untern Rande des innern Knöchels.
T. Senkrechter Raum zwischen dem untern Rande des innern Knöchels und der Fußsohle.
U. Länge der untern Extremität.
V. Länge des Fußes vom äußersten Ende der Ferse zum Ende des Daumens.

I. Skelet mit No. 2490 im Berliner Museum bezeichnet.
III. — — — 4303 — — —
IV. — — — 4922 — — —
V. — — — 2180 — — —
II. Skelet des Hrn. Dr. Blömer.
VI. bis XII. Lebende verkrümmte Männer.
XIII. und XIV. Lebende verkrümmte Frauen.

Miscellen.

Eine veränderte Operationsmethode des Steinschnitts über den Schooßbeinen, hat Hr. Baudens, Chirurgien major und Professor an dem Militärspital zu Algier, vorgeschlagen. — Lagerung des Kranken: auf dem Rücken, das Becken höher, als die Brust, Bauchwandungen erschlafft und die Urinblase entleert. Der Einschnitt. Der Schnitt durch die Bedeckungen muß etwas über die Schooßbeinvereinigung hinausgehen, damit der Urin nicht aufgehalten werde und sich infiltrire. Der Schnitt durch die Aponeurose soll nicht, wie es gewöhnlich geschieht, in der weißen Linie gemacht werden, sondern ihr zur Seite: es wird dadurch das Ausziehen des Steins sehr erleichtert. Wenn einmal die Aponeurose durchschnitten ist, so bringt man weiter, ohne schneidende Instrumente anzuwenden, und indem man den innern Rand des m. rectus abdominis lostrennt. Um die Blase zu öffnen, drängt man sie mit den Fingern von der Symphysis ab, dann schiebt man die sie bedeckende Falte des Peritoneums und mit der linken Hand die Därme gegen den Nabel in die Höhe. Das Messer wird dann in gleicher Entfernung vom Blasenhalse und vom Peritoneum eingestoßen. Man zieht, so viel möglich, den Blasenstein mit den Fingern heraus. Am untern Winkel der Wunde kann man Amussat's Sonde anlegen; man vereinigt dann die Wunde durch einige blutige Hefte. Dann legt man auf den Unterleib einige Compressen, welche man mit einer Binde befestigt.

Ueber den Lupus oder Herpes exedens hat Hr. Prof. Blasius zu Halle zahlreiche Beobachtungen zu machen Gelegenheit gehabt, deren Resultate derselbe in seinen „klinisch-chirurgischen Bemerkungen," Halle (1832)" mitgetheilt und in einem, „Rust's th. pr. Handbuche der Chirurgie Bd. XI. (1833)" einverleibten Aufsatze bestätigt hat. Hr. B. nennt das Uebel eine dem Krebse sehr nahe stehende qualitative Anomalie der vegetativen Thätigkeit der Haut; und seiner anatomischen Untersuchung zu Folge, ist die Haut in ihrer ganzen Dicke Sitz des Uebels. Seinem Anfange nach ist der lupus entweder tuberkulös, oder pustulös oder makulös; die Fortgangsformen sind die ulcerative, der exfoliative, und der hypertrophische lupus.

Bibliographische Neuigkeiten.

A critical Inquiry into the various opinions on the Physiology of the Bloodvessels, Absorbents etc.; by R. Vines. Part I. London 1833. 8.

Considérations et Règlement concernant la santé publique et l'exercice de la médecine. Par B. L. Peyre. Lille 1833. 8.

Notizen
aus
dem Gebiete der Natur- und Heilkunde,
gesammelt und mitgetheilt von Dr. L. F. v. Froriep.

Nro. 840.   (Nro. 4. des XXXIX. Bandes.)   Januar **1834.**

Gedruckt im Landes-Industrie-Comptoir zu Weimar.   Preis eines ganzen Bandes, von 24 Bogen, 2 Rthlr. oder 3 Fl. 36 Kr.,
des einzelnen Stückes 3 ggl.   Die Tafel schwarze Abbildungen 3 ggl.   Die Tafel colorirte Abbildungen 6 ggl.

Naturkunde.

In Bezug auf die Geschichte der Vegetation

wurden von Hrn. Biot in einer der Acad. des Sc. am 11ten November vorgelesenen Abhandlung einige neue Thatsachen beigebracht, von welchen hier das Wesentliche folgt.

„Die verschiedenen Functionen, welche die blattartigen Organe in dem Pflanzenleben erfüllen, sind einer der merkwürdigsten Gegenstände des Studiums, welche Naturforscher beschäftigen können. Schon eine große Anzahl von Versuchen und Beobachtungen haben die allgemeine Natur dieser Functionen und mehrere ihrer vorzüglichsten Einzelnheiten kennen gelehrt. Nach den positiven Erkenntnissen, welche daraus entspringen, erneuern sich die letzten Endigungen der Wurzeln unaufhörlich, ziehen aus dem Boden das flüssige Wasser mit allen auflösbaren Producten, welche sie darin finden, und leiten sie in den Stängel, indem sie darin durch eine Saugkraft unterstützt werden, deren Wesen bis jetzt noch nicht vollkommen erkannt ist. Dieser Pflanzensaft wird so bis in die grünen Theile der Pflanze und in die Blätter geführt, wo er verschiedene Zubereitungen erfährt, bei denen das Sonnenlicht eine der Hauptagenzien zu seyn scheint.

Man weiß ferner, oder wenigstens hat man starke Gründe, zu glauben, daß ein Theil der so in den Blättern gebildeten neuen Producte wieder in den Stängel und selbst in die Wurzeln herabtritt, deren verschiedene Theile er ernährt. Gleichwohl hat man bis jetzt diese Producte noch nicht auf Mückwege angetroffen, und die Erscheinung ist bloß aus zusammengesetzten Resultaten abgeleitet worden, welche scheinen auf keine andere Weise begriffen werden zu können. Ich habe daher diesen mittelbaren Betrachtungen einige wirkliche Elemente beizufügen versucht, indem ich durch Versuche in dem ersten aufsteigenden Safte mehrerer Bäume die Existenz gewisser kohlenstoffiger Producte nachwies, und dann nach den Umänderungen forschte, welche diese Stoffe in den blattartigen Organen, so wie sie sich entwickeln, erfahren, und bald sie endlich untersuchte, ob die auf diese Weise durch die Blätter gebildeten neuen Zusammensetzungen sich in den vermeintlich herniedersteigenden Säften wiederfänden, aber ich habe nichts beobachtet, was nicht mit dieser Meinung im Einklange wäre.

So enthielt, wenn man die Birke nimmt, der aufsteigende Saft in den ersten Frühjahrstagen Zucker, welcher sich der linken Seite drehte*); sobald er in die Blätter kam, verschwand er. An seiner Stelle findet sich Zucker, welcher sich bei der Gährung nach rechts dreht und umkehrt (intervertible). Diese zweite von den Blättern gebildete Art von ihrem Rückwege, wie ich sie Mitte Mai unter der Rinde im Baste fand, von dem man glaubt, daß er durch die absteigenden Säfte gebildet werde, und wohl scheint er aus den Blättern zu kommen, denn zu dieser Zeit enthielt der aufsteigende Saft keinen Zuckerstoff. Die an der Pharaonsfeige (Ficus sycomora) gemachten Beobachtungen leiten auf dieselben Folgerungen.

Zu der Zeit des Jahrs, wo die Vegetationskraft der Pflanzen wieder abnimmt, gegen Ende Augusts und zu Anfang Septembers beobachtete ich eine Thatsache, welche es begreiflich macht, wie das

*) Vergleiche Notizen No. 809. (No. 17. b. XXXVIII. Bds.).

Herabsteigen der von den Blättern gebildeten, oder wenn man will, umgebildeten Säfte vor sich gehe, wenigstens was das Mechanische dieses Vorgangs betrifft. Um auf die Bedeutung dieser Erscheinung aufmerksam zu machen, muß ich vorher erinnern, daß, nach allen meinen Versuchen, der Bewegung des Pflanzensaftes in den Stämmen der Bäume die ausnehmend einsaugende (hygroscopische) Beschaffenheit des Pflanzengewebes als eine der sie bestimmenden Ursachen zum Grunde liege. An dem untersten Theile des Baums führen die Saugendungen (spongiolae) der Wurzeln den Saft ein; an dem Gipfel hauchen ihn die Blätter reichlich aus. Zwischen diesen beiden äußersten Puncten schien mir das Pflanzengewebe, von seiner Vitalität unabhängig, auf die Flüssigkeiten, welche es enthält, oder welche in dasselbe eindringen, ganz eben so einzuwirken, als ein System ausnehmend hygroscopischer, aneinanderstoßender Körnchen thun würde, wie z. B. ein aus thierischer Kohle bestehender Cylinder wirken würde, der in einer undurchdringlichen Hülle enthalten ist, und mit seinem Fuß in eine Flüssigkeit taucht. Indem sie nach und nach dieser Säule alle Flüssigkeit zusendet, welche sie ansichen kann, wird sie sich selbst in demjenigen Zustand von Sättigung versetzen, welcher, unter der Form- und Temperaturbeschaffenheiten, die man ihr gegeben hat, und zu benen man, wenn man will, noch eine schwache Verdunstung gegen den Gipfel hin, um die schwache Verdunstung der jungen Knospen während des Winters darzustellen, hinzufügen kann, ihrer Masse angemessen ist.

Ist ein solches Gleichgewicht hergestellt, so muß durch eine äußere Modification der Oberfläche oder der Temperatur die Ausbauchung an den obern Theilen begreiflicher Weise eine leichte Vermehrung erfahren. Diese Theile werden durch Saugen auf die untern wirken, um den erlittenen Verlust zu ersetzen, und wenn die Stärke der Einsaugung der an der Grundfläche selbst vollkommen angemessen ist, so wird ihr Zustand der Sättigung in der ganzen Säule mit dem anhaltenden und unsichtbaren Fortleiden von Flüssigkeit der Grundfläche nach dem Gipfel noch fortbestehen. Nimmt aber die Kraft unten zu, so zieht sie etwas mehr Flüssigkeit ein, als durch die obern umschlommen gesättigten Theile aufgesogen werden kann, oder wenn das Bedürfniß des Einsaugens dieser Theile durch eine Veränderung der äußern Temperatur vermindert worden ist, oder wenn endlich diese beiden Ursachen zugleich zu gleicher Zeit wirken; so wird vorübergehend in den hygroscopischen Säule, besonders in ihren untern Theilen, durch welche die Flüssigkeit zuströmt, von welchen wir vermuthen, daß sie relativ keine Ausbauchung besitzen, ein Ueberschuß, eine Turgescenz hergestellt. Wenn man unter diesen Umständen an der Seite eine Oeffnung in sie macht, so wird durch diese Oeffnung ein Ausfluß erfolgen, vorausgesetzt, daß die überschüssige Flüssigkeit hinreichend flüssig sey, und ganz dasselbe beobachtet man in der ersten Frühlingszeit an unserer Birke, ehe ihre Blätter sich entwickelt haben. Man kann selbst als einen neuen Zug zur Aehnlichkeit noch hinzufügen, daß die seitliche Wirkung der Wärme auf eine solche Säule träger hygroscopischer Körnchen ihre Sättigungsfähigkeit mindert, so wie wirklich genau gefaßt ist, sie nöthigt, sogleich einen Theil der Flüssigkeit, welche sie enthält, fahren zu lassen, ganz so, wie die Sonne es an der Birke und an an-

4

dern Bäumen macht, welche ihren Saft nach außen fahren lassen. Sind aber die Blätter einmal entwickelt, so ändert sich alles. Sie hauchen einen so beträchtlichen Theil der aufsteigenden Flüssigkeit aus, daß die Einsaugungskraft des untern Theils kaum zur Ersetzung derselben hinreicht. Der Gipfel der hygroscopischen Säule wird so immer in einem relativen Zustande von Trockenheit und Aufsaugung erhalten, welcher jedes Ausfließen nach der Seite unmöglich macht.

Sehen wir jetzt statt der undurchbringlichen Hülle der hygroscopischen Säule eine Rinde, welche an sich selbst eines gewissen Grades von Aufsaugung nach innen und von Aushauchung nach außen fähig ist; diese beiden neuen Beschaffenheiten werden sicher auf die Möglichkeit des Ausflusses nach der Seite hin Einfluß haben. Die Schwächung der aushauchenden Kraft durch eine plötzliche Kälte wird sie begünstigen; und in diesem Falle wird der Erguß des Flüssigkeit, statt von dem untern gegen den obern Theil der Säule fortzugehen, wie bei der Birke, unbeschadet der größern oder geringern Dicke oder der örtlichen Empfindlichkeit der Oberhaut, gleichzeitig durch alle ihre Theile stattfinden müssen. Dieß sind auf's Genaueste die Erscheinungen, welche der Austritt des Pflanzensafts in der ersten Frühlingszeit bei dem Nußbaum und der Pharaonsfeige zeigt, ehe sich ihre Blätter entwickelt haben; denn sobald diese Entwickelung stattfindet, hört aller Seitenerguß auf.

Nachdem so der Einfluß der Blätter auf die Bewegung der Flüssigkeiten im Innern verstanden ist, müssen wir untersuchen, was erfolgen werde, wenn die atmosphärische Luft, welche diese großen Verdünstungsapparate einhüllt, eine plötzliche Temperaturveränderung erleidet, welche auf Augenblicke die Menge des hygroscopischen Wassers, welche sie aufnehmen kann, vermindert, und sie selbst nöthigt, davon fahren zu lassen, wie dieß gewöhnlich der Eintritt der Nacht bewirkt. Dieser Ueberschuß der umgebenden Feuchtigkeit, selbst diese Ablagerung, welche auf die Blätter stattfinden kann, wird die Verdünstung vermindern, oder gänzlich aufheben, vorzüglich in Abwesenheit des Reizes des Sonnenlichts. Dann wird der Gipfel der hygroscopischen Säule, wohin die Flüssigkeit noch immer zuströmt, bald überflüssig befeuchtet seyn, und den Ueberschuß in den untern Theile zurückfließen lassen. Es werden demnach sich so Wechsel von Aufsteigen und Absteigen der flüssigen Säfte bilden, genau so, wie es die zusammengesetzten Resultate erfordern, aus denen man auf die Existenz solcher Bewegungen schließt. Es ist klar, daß dieselbe Wirkung abermals und fortwährend sich einstellen müßte, wenn das Aushauchungsvermögen der Blätter abnähme, und störte das Entzündungssymptome und störte bei ihre Aufsaugungsorgane noch verhältnißmäßig ihre Thätigkeit vermindert hätten. Und dieß habe ich in der That seit dem Monat September beobachtet. Dieselben Bäume, an welchen man im Frühjahr den aufsteigenden Saft nicht hatte erhalten können, die Birke, Nußbäume, Ulmen, Weißbuchen, Pharaonsfeigen, haben seit dieser Zeit fast ununterbrochen Säfte in meine Apparate tröpfeln lassen; dieß ist jedoch nicht mehr der Saft, wie im Frühjahr, denn er enthält keinen Zuckerstoff mehr, so daß jetzt kein Zucker mehr aus den Wurzeln aufsteigt, oder daß er nicht mehr aus den Blättern herabtrieb, oder daß das lebende Zellgewebe sich dessen bei'm Durchgange bemächtigt.

Ich hatte schon öfters während des Sommers dieselbe Erscheinung an mehrern Bäumen beobachtet, selbst an italienischen Pappeln und Ahorn, von denen ich im Frühjahr keinen Saft erhalten hatte. Jetzt kann ihre Allgemeinheit und Wahrscheinlichkeit in einigen Arten mir keinen Zweifel mehr lassen, denn, z. B., in großen Nußbäumen habe ich nicht allein diesen Saft tropfenweise und anhaltend ausfließen sehen, sondern ihn auch durch eine einzige Oeffnung in hinreichender Menge aufgefangen, um ihn mittelst Polarisation zu untersuchen, und die Kennzeichen, wodurch er sich von den Frühlingssäfte unterscheidet, festzustellen. Dieß erklärt die so oft von Coulomb mitgetheilte Beobachtung, welcher mitten im Sommer dicke Pappeln köpfen ließ und aus ihrem Stamme eine mit Luft vermischte, aufwärtsgehende Flüssigkeit hervorsprudeln sah, welche nicht so würde haben ausfließen können, so lange der Stamm des Baumes noch mit einem belaubten Gipfel verbunden war.

Eine große Birke, welche ich am 16. Februar 1 Meter über der Erde abhauen ließ, gab mir anhaltend und reichlich über 3 Monate lang bloß vermittelst der Einsaugung ihrer Wurzeln Saft, während schon in der Mitte April die beblätterten Birken nichts mehr ausließen, und bei dieser hörte der Ausfluß nicht eher auf, als bis sich auf ihrem Stamme mehrere Räuberknospen entwickelt

hatten, welche kräftig grüne Stängel und Blätter trieben, durch welche bald aller aufsteigende Saft angezogen und der wässerige Theil, so wie er an ihre Einfügungstheile kam, ausgehaucht wurde. Eine andere Birke, erst den 18. Mai 1 Fuß über der Erde abgehauen, und das cambium auf dem Stamme zu sammeln, gab sogleich durch die Schnittflächen und durch an ihrem Stamme gemachte Löcher Saft. Dieser enthielt keine Spur mehr von Zuckerstoff, indem die Blätter sich jetzt selbst genug waren, aber eine Pharaonsfeige, zu gleicher Zeit angehauen, gab keinen Tropfen Saft durch die Seitenöffnungen ihres Stammes, und die Durchschnittsfläche blieb beständig trocken, selbst als die Räuberknospen, welche, später kräftig hervortrieben, noch nicht erschienen waren. Doch blieb die innere Substanz, welche ganz hellgrün war, noch feet feucht, und dieser Umstand mit andern Eigenheiten in Verbindung, (in Bezug auf die Emissionsweise des Safts bei dieser Art), brachte mich auf den Gedanken, daß seine Rinde in einem gewissen Grade das Aufsaugungsvermögen nach innen, und die Emissionskraft nach außen besitze, welche die blattartigen Organe in so auffallendem Grade äußern 2c.

————

Ueber die Entozoen des Auges.

Von Dr. A. Gescheidt.

Daß der Augapfel der Sitz mehrerer Helminthen sey, wissen wir sowohl aus einzelnen ältern Beobachtungen, als auch besonders aus den Untersuchungen von Nordmanns (Mikrographische Beiträge zur Naturgeschichte der wirbellosen Thiere, 2 Hefte, 20 Kupfertafeln. Berlin 1832. 4°). Diese und mehrere neue Beobachtungen stellt Dr. Gescheidt in von Ammons Zeitschrift für die Ophthalmologie Bd. III. Heft 4. zusammen. Wir entnehmen daraus bloß die Beobachtungen von Entozoen, welche bis jetzt im menschlichen Auge gemacht worden sind.

Die erste Beobachtung dieser Art ist von W. Sömmering. [Notizen (1829) No. 550. No. 22. des XXV. Bds. S. 304.] (Isis 1830. Heft 7), welcher bei einem 18jährigen, übrigens gesunden Mädchen in der vordern Augenkammer des linken Auges einen lebenden Finnenwurm (Cysticercus cellulosa) bemerkte und daran alle Charactere dieses Wurmes deutlich erkannte. Er war nach einer Augenentzündung zuerst bemerkt worden, bestand aber später ohne Entzündungssymptome und störte das Gesicht bloß, wenn er bei Bewegungen von dem Boden der Augenkammer, wo er gewöhnlich lag, in die Höhe stieg und grade vor die Pupille trat. Nachdem er sich im Verlauf von 7 Monaten um das Doppelte vergrößert hatte, wurde er durch einen kleinen Hornhautschnitt herausgenommen.

Einen ganz ähnlichen Fall theilt Mackenzie mit. Ebenso fand Rossi zwischen choroidea und retina nicht selten Hydatiden, welche zu mehrfachen Augenübeln Veranlassung gegeben hatten (Hecker's Annalen Bd. 21). Von der größten Wichtigkeit aber sind die Beobachtungen von Nordmann, welche durch vielfache Untersuchungen an den Augen der Fische, Amphibien, Vögel und Säugethiere eine Menge neuer im Auge lebender Helminthen entdeckte und mit Recht als der Begründer einer Naturgeschichte der Entozoen des Auges betrachtet werden kann. Die Binnenwürmer, welche er im Auge des Menschen schon fand, sind folgende:

1) Filaria oculi humani. Von zwei Linsen, die einem ältern durch Cataracta lenticularis auf beiden Augen erblindeten Manne ausgezogen worden waren, wurden in der einen, die von ihrer Kapsel nicht umgeben war, in der morgagnischen Flüssigkeit zwei feine äußerst zarte Ringe, die sich unter dem Mikroskope deutlich als zusammengewundene Filarien zu erkennen gaben, beobachtet. Eine von beiden Exemplaren war in der Mitte, wahrscheinlich durch die Staarnadel, verletzt worden, so daß die Eingeweide als lange dünne Fäden herausgetreten und vollkommen sichtbar waren, das andere Exemplar dagegen war unverletzt, überall gleich dick, fadenförmig, etwa 4 Linie lang und im Verhältniß zu dieser Länge von höchst unbedeutender Breite. Eine 5¼ Linie lange lebende und in der Häutung begriffene Filaria fand Nordmann in der durch Cataracta lenticularis viridis verdunkelten und erstarrten Linse einer bejahrten Frau, bei welcher in der andern ebenfalls

extrahirten Linse jedoch kein fremder thierischer Körper entdeckt
wurde.

2) Monostoma lentis. Ebenfalls in der Linse einer bejahrten
Frau fanden sich 8 Monostomen. Die Thierchen lagen in der
obern Schicht der noch weichen Substanz der noch nicht völlig verdunkelten Linse, waren ₁⁄₁₂tel Linie lang, und bewegten sich,
obgleich sehr langsam, nachdem sie in warmes Wasser gelegt worden waren.

Bei weitem mannigfaltiger waren die Arten von Helminthen,
welche Nordmann in den Augen von Thieren fand, welche
wir aber hier übergehen.

Diese Untersuchungen wurden in den letzten Jahren von Dr.
Anton Geschcidr in Dresden fortgesetzt und erweitert. Was er
über die Helminthen im Auge des Menschen sagt, ist Folgendes:

1) Distoma oculi humani fand sich in der Linsenkapsel eines
Kindes von 9 Monaten, welches mit Cataracta lenticularis cum
partiali capsulae suffusione geboren und an Atrophia mesaraica
gestorben war. Die 4 Distomen befanden sich zwischen der Linse
und Linsenkapsel, an deren vordrer Wand sie die Thierchen schon
mit bloßem Auge durch einige trübe Stellen zu erkennen gaben.
Die Thierchen, ¼—½ Linie lang, waren mit einer undurchsichtigen
schleierartigen weißen Masse umgeben und zeigten sich in verschiedenen Stellungen. Das eine Exemplar, welches mehr frei ohne
schleierartige Umgebung zwischen der Linse und Linsenkapsel lag, erschien
in gestreckter Lage, die Saugmündungen nach der untern Fläche der
Kapselwand gekehrt, und äußerte keine Bewegung. Zwei andere
hatten den Schwanztheil eingezogen, zeigten daher eine den Phio-
len nicht unähnliche Gestalt, und gaben, indem sie den Schwanztheil
langsam ein- und ausgzogen, noch schwache Lebensäußerungen zu erkennen. Einmal nahm das eine derselben mehr die Form eines
mit abgerundeten Schenkeln versehenen Kreuzes an, indem es den
mittlern Körpertheil zusammenzog, während es das Kopf- und
Schwanzende etwas streckte. Das vierte Exemplar lag gestreckt,
aber seitlich, und war bewegungslos. In der gestreckten Lage zeigte
das Thierchen eine lanzettförmige Gestalt, und verhielt sich mit
seiner Breite zur Länge wie 1 : 3. Die Färbung war weiß.

2) Filaria oculi humani in den cataractösen Linse. Bei einem 61jährigen Manne, der auf beiden Augen an einer äußerlich
mehr pulpösen, innerlich aber mit einem harten Kern versehenen
Cataracta litt, wurde von Ammon die Extraction auf dem rechten und die Depression auf dem linken Auge gemacht. Die extra-
hirte Linse war ziemlich groß, äußerlich gelblich braun gefärbt und
von breiartiger Consistenz. Der innere mehr harte Kern erschien
mehr weißlichgelb, und hatte einen eigenthümlichen opalisirenden
Glanz. Unter dem Mikroscop gewährte die Linsenmasse einen eigenen Anblick, welcher sich dadurch auszeichnete, daß die in gesunden
Linsen zu beobachtenden, in regelmäßigen Streifen gelagerten Fasern
der Linse stärker als gewöhnlich hervortraten, gewirrt erschienen,
und sich nicht selten kreuzten. An der innern Seite der Linse, wo
diese Fasern mehr als an andern Stellen gewirrt waren, demungeachtet aber die Richtung von der Peripherie zum Centrum erkennen ließen, bemerkte man drei über dieselben gelagerte Filarien,
von denen die eine, mehr oberflächlich liegend, ziemlich 2 Linien lang,
die zweite nur um ein Geringes kleiner als die erste, die dritte aber
kaum ½ Linie lang war. Die beiden größern lagen mit etwas einwärts gebogenem Schwanze in ziemlich gerader Richtung, nur war
der obere Theil des Körpers etwas geschlängelt, sie waren Männchen; das dritte, kleinere Exemplar hatte eine spiralförmige Lage,
ob es ein Männchen, wie die geringere Größe schließen ließ, oder
ein junges Weibchen war, konnte bei der tiefern Lage desselben
nicht genau entschieden werden. Den Merkmalen nach ist diese Filaria der von Nordmann beschriebenen gleich.

3) Echinococcus hominis, zwischen Linse und choroidea,
fand sich bei einem 2½jährigen Säugling des Blindeninstituts, der
an Phthisis tuberculosa starb. In seiner Jugend hatte derselbe
auf beiden Augen an einer heftigen Ophthalmitis gelitten, die anfangs vernachlässigt, mit unheilbarer Blindheit endigte. Der Zustand der Augen war folgender: die Augenlider und die übrigen,
den bulbus umgebenden Theile waren regelmäßig, der bulbus der
rechten Seite stark gewölbt, gespannt und härtlich anzufühlen; die
sclerotica und cornea regelmäßig, die iris braun gefärbt, auf derselben an einigen Stellen gelbliches Lymphexsudat bemerkbar, die
Pupille verzogen, das obere Segment der Linse in geringem Grade

getrübt, und in der Tiefe des Auges eine schmutziggelb gefärbte und
weit ausgebreitete Trübung vorhanden. Der linke bulbus, dem rechten
hinsichtlich der Form und Härte gleich, zeigte eine hellblaue iris, auf
deren Oberfläche kleine Gefäßverzweigungen sich unterscheiden ließen. Die verdunkelte Linse war nach unten gedrängt, so daß man
nur das obere Segment durch die weite Pupille, die übrigen von
einer gelblichbraunen Masse angefüllt war, durch die mehr gelblich-
weiß gefärbte Trübung unterscheiden konnte. Die Untersuchung der
Augen, 48 Stunden nach dem Tode vorgenommen, ergab nun folgende Resultate: als das rechte Auge durch einen Querschnitt mit
einer Daviel'schen Scheere in ein vorderes und hinteres Segment
getrennt werden sollte, bemerkte man, nachdem der Schnitt etwa
⅓ Zoll lang war, daß sich zwischen der durchschnittenen choroidea
und sclerotica eine feine weiße Haut in den Schnitt drängte, die
man für die retina zu halten veranlaßt wurde. Als jedoch der Schnitt
ohne Verletzung dieser weißen Haut vollendet und das hintere Segment nach hinten abgezogen und etwas umgebogen war, zeigten
sich folgende höchst interessante Erscheinungen. Die choroidea war
bräunlich gefärbt, des Pigmentes beraubt, mit vielen varicösen Gefäßen versehen. Die retina erschien mit dem Glaskörper in eine
feine weißlichblaue Haut vereinigt und zusammengedrängt, so daß
dieselbe vom Eintritte des Sehnerven an ganz strangförmig erschien,
nach vorn aber an Breite und Umfang zunehmend gefaltet wurde
und innig verwachsen war. Es nahm sich daher die mit dem Glaskörper vereinigte retina im hintern Segment aus, wie der Klöppel
in einer Glocke. Der Raum nun zwischen der pigmentlosen, wie
ausgewaschenen choroidea und der so zusammengedrängten retina
wurde von einer weißen Blase, deren obere Wand sich schon durch
den Schnitt hervorgedrängt hatte, ausgefüllt und dieselbe bald als
ein Echinococcus erkannt. Es ging derselbe von der Mitte der
untern Fläche der gefalteten retina aus, und legte sich rings um dieselbe herum, so daß seine beiden sackförmigen Enden nach oben zu-
sammenstießen. Die äußere Haut desselben war weiß, wenig durchscheinend und ziemlich fest. Als sie geöffnet wurde, ergoß sich eine
geringe Quantität etwas zäher Flüssigkeit, und zugleich erschien eine zartere, bläulichweiße Haut, als von der erstern eingeschlossen. Aus
dieser kam, nachdem sie aufgeritzt worden war, ebenfalls seröses
Fluidum, welches aber eine Menge kleiner, theils runder, theils
ovaler mit olivenförmig gestalteter Wurmkörperchen enthielt. Außer den mit dem Fluidum herausgekommenen, konnten noch mehrere Wurmkörper, die an der innern Fläche der zarten Haut rings um
ihn, wahrgenommen werden. An einigen derselben, die unter das Mikroscop gebracht wurden, besonders an den ovalen, konnte man
deutlich kleine runde Saugmündungen unterscheiden. Uebrigens bildeten die eine ganz homogene Masse, und innerer Structur war
gar nichts wahrzunehmen. Ein Hakenkranz konnte nicht bemerkt
werden.

Um das Präparat nicht weiter zu zerstören, wurden die übrigen Theile des Auges nicht untersucht.

Das linke Auge ließ, durch einen Longitudinalschnitt getrennt,
Folgendes bemerken: Beim Einschnitte floß eine große Menge einer gelblichbraunen, ziemlich dicken Flüssigkeit aus, der bei, deutlich unterscheidbar, kleine abgelöste Stückchen des Pigments herum-
schwammen. Die choroidea war nach vorn hellbraun und pigment-
los, nach dem Sehnerven zu jedoch dunkler und schwärzliche noch mit
Pigment bedeckt. Retina, Glaskörper, Linse u. s. w. lagen als ein
weißbräunliches Convolut hinter der Pupille. Von dieser mit der
uvea fest verwachsenen Masse, auf der übrigens eine Menge feiner
Gefäßverzweigungen bemerkbar waren, ging ein feiner Faden nach
hinten bis zum Eintritt des Sehnerven (Rudiment der retina),
Der Sehnerv selbst war sehr dünn. Nirgends aber konnte in der
Entozoen entdeckt werden.

Um auch eine Uebersicht der übrigen Helminthen des Auges, welche hier nicht näher beschrieben werden konnten, zu geben, folgt hier
eine Synopsis sämmtlicher bis jetzt in den Augen der Menschen und
Thiere gefundenen Entozoen, wie sie Dr. Gescheidt mittheilt.

Erste Ordnung: Nematoidea.

I. Genus. Filaria.

1) Filaria medinensis, unter der conjunctiva des menschlichen
Auges. (Bajon und Mangin.)

2) Filaria lacrymalis, in den Ausführungsorganen der Thränendrüse des Pferdes und des Rindes, bisweilen zwischen den Augenlidern und dem Augapfel. (Rhodes, Gurlt.)

3) Filaria abbreviata, in der Umgebung des Auges bei Motacilla stapacina und Falco naevius. (Bremſer, Rudolphi.)

4) Filaria oculi humani, in der Linſe des Menſchen. (von Nordmann, Geſcheidt.)

5) Filaria bonasiae, im Glaskörper des Haſelhuhns. (von Nordmann.)

6) Filaria crassiuscula, im Auge des Gadus aeglefinus. (v. Nordmann.)

7) Filaria armata, im Glaskörper des Falco lagopus. (Geſcheidt.)

8) Filaria oculi canini, im Glaskörper des Hundes. (Geſcheidt.)

9) Filaria papillosa, in der vordern Augenkammer und zwiſchen den Häuten des Auges bei'm Pferde und Rinde. (Hopkinſon, Morgan, Michaelis, Will, Sid, Greve, Anderſon und Andere.)

II. Genus. Oxyuris.

1) Oxyuris velocissima, im Auge des Barſches. (v. Nordmann, Geſcheidt.)

III. Genus. Ascaris.

1) Ascaris oculi ranae, im Glaskörper des gemeinen Froſches. (v. Nordmann.)

Zweite Ordnung: Trematoda.

I. Gen. Monostoma.

1) Monostoma lentis, im menſchlichen Auge. (v. Nordmann.)

II. Gen. Distoma.

1) Distoma lucipetum, unter der membrana nictitans des Latus glaucus und fuscus. (Bremſer, Rudolphi.)

2) Distoma annuligerum, im Auge der Perca fluviatilis. (von Nordmann, Geſcheidt.)

III. Gen. Diplostomum.

1) Diplostomum volvens, und

2) Diplostomum clavatum, im Auge des Barſches, Karpfens ꝛc. (v. Nordmann, Geſcheidt)

IV. Gen. Holostomum.

1) Holostomum cuticola, in der conjunctiva, Hornhaut und iris der Karpfen. (v. Nordmann Geſcheidt)

2) Holostomum brevicaudatum, im Barſchauge. (v. Nordmann.)

Dritte Ordnung: Cystica.

I. Gen. Cysticercus.

1) Cysticercus cellulosa, in der vordern Augenkammer des Menſchen. (Sömmering, Mackenzie.) Im Auge des Schweine. (Greve, v. Nordmann, Geſcheidt.)

II. Gen. Echinococcus.

1) Echinococcus hominis, zwiſchen choroidea und retina im menſchlichen Auge. (Geſcheidt.)

Ueber den Ausbruch des Veſuves im Juli und August 1832.

Aus dem Osservatore del Vesuvio. No. 3.

Wir entlehnen der intereſſanten Sammlung, welche in Neapel unter dem Titel Osservatorio del Vesuvio erſcheint, einige Bemerkungen ſowohl über die meteorologiſchen Erſcheinungen, welche den Verlauf des Ausbruchs des Veſuvs im Juli und August 1832 begleiteten, als auch über die analytiſch unterſuchten Producte dieſes Ausbruchs.

„I. Heftige Stürme wütheten in den nördlich vom Veſuv belegenen Provinzen während der dem beginnenden Ausbruch vorhergehenden und ihm unmittelbar folgenden Tage; ſie verbreiteten ſich hierauf bis über die Capitanate öſtlich vom Vulkan und häuften da mit der größten Wuth; die Temperatur ſank plötzlich auf eine außerordentliche Weiſe, und von den wärmſten Tagen der Jahreszeit ging man zwiſchen dem 25. und 31. Juli ſtufenweiſe zur mittlern und ſelbſt zur niedrigſten Temperatur über."

„Nach dem 31. Juli hörten die Stürme im Norden des Königreichs Neapel auf, und die Temperatur hob ſich ſchnell. Eine düſtere Beſchaffenheit der Atmoſphäre begleitete in einem Umfang von einigen Meilen um den Veſuv den übrigen Ausbruch, und ein obgleich im Allgemeinen ſchwacher Nordwind herrſchte während derſelben Zeit."

„Vom 1. bis zum 4. August ſammelten ſich dicke Dünſte auf den Gipfeln der Apenninen, welche vom Veſuv ſüdöſtlich liegen. Während der Nacht vom 4. zum 5. brach ein ziemlich ſtarker Sturm an dieſen Orten aus; der Wind blies damals von Südweſten. — Den 5. fing der Nordwind an zu herrſchen und ſeine Einwirkung wurde in demſelben Maaße fühlbarer, als die Erſcheinungen des Ausbruchs mehr Kraft erlangten; ſie verringerte ſich mit demſelben nach dem 10. August, und den 15., als der Vulkan ganz erloſch, wurde die Luft wieder vollkommen ruhig."

„Nach dem Ende des Ausbruchs herrſchten in den öſtlichen Provinzen des Königreichs Stürme, welche bedeutende Verwüſtungen anrichteten; die Terra d'Otrante litt vorzüglich durch dem vom 10. September."

„Der Aetna ſchlummerte während des Ausbruchs des Veſuvs, aber am 31. October fing der Vulcan von Sicilien an, Lava auszuwerfen, und einer der fürchterlichſten Ausbrüche, von welchen dieſe Inſel ſeit einem Jahrhundert Zeuge geweſen, dauerte bis zum folgenden 22. November."

„Der Veſuv verblieb nun in vollkommner Ruhe bis gegen das Ende Septembers. Eine kaum ſichtbare Rauchſäule erhob ſich alsdann aus dem innern Kegel; dieſe Erſcheinung nahm täglich an Dichtigkeit zu; endlich ſah man den 16. December einen Ausbruch beginnen, welcher noch glänzender als der eben beſprochene war, aber keine ſo traurige Folge für die umliegenden Gefilde hatte, und den 25. deſſelben Monats erloſch."

„II. Die Auswurfsproducte vom Juli und August 1832 können in vier Claſſen gebracht werden. 1) Die aus dem Krater herausgekommene Lava, 2) andere feſte durch den Vulkan ausgeworfene Subſtanzen, 3) die Producte der Sublimation und der chemiſchen Reactionen, 4) flüchtige und gasförmige Subſtanzen."

„1) Die Laven oder Ströme ſind Schlacken oder Lithoiden. Die erſten ſind von einer braunen mehr oder weniger mit Gelbgrau untermiſchten Farbe, ihr Gefüge iſt ſchwammig und ſehr brüchig; das Innere dieſer Schlacken beſteht aus einem Kerne ſchwarzer perlber Lava, welche aus Körnern von Augit und weißem glasartigen Puncten von Leuzit gemiſcht iſt. In einigen Stücken bemerkt man ſehr kleine Blättchen Glimmer."

„Die Lithoidlava zeigte in ihrem Bau ſehr verſchiedene Charactere; an einigen Stellen erſchien ſie dicht; kann zeigte ſie ſich porös, zellig, höchtig und an der Oberfläche ſchlackig. Eine dünne Lage von Seefalz bleichte, einige Tage nach dem Ausbruch, die Oberfläche dieſer Maſſen. Die Farbe dieſer Lava war grau-bläulich; das Meſſer hinterließ darin eine weißliche Spur; der Stahl lockte aus ihr einige ſelten Funken hervor. Im Schmelztiegel zerſchmilzt ſie in ein ſchwarzes Glas, ähnlich dem vulkaniſchen Glaſe; ſie beſteht aus zuſammengekleben und in einander geſchmolzenen cryſtalliniſchen Körnern von Augit und Leuzit; die Leuzitkörner herrſchen vor, der Grad der Dichtigkeit der Lava mag ſeyn, welcher er wolle."

„Man benennt Maſſenlava diejenige, welche den Kern der Aufhäufungen und Erhöhungen ausmacht, oder auch theilweiſe Aufhäufungen, welche über das Niveau des Kraters hervorragen, und ſich durch eigenthümliche Charactere unterſcheiden. Dieſe Lava iſt ſehr dicht, belgrau, und beſteht, wie die vorhergehende, aus Leuzit- und Augitkörnern; ſie hat das Sonderbare, daß dieſe beiden Elemente weniger mit einander vermengt ſind, und daß man ſie leicht mit bloßem Auge von einander unterſcheiden kann; betrachtet man ſie unter die Loupe, ſo kann man ſich keine cryſtalliniſchen und ſchwarzen granitartige Lava denken. Im Schmelztiegel giebt ſie ein ſchwarzes, weiß geſprenkeltes Email; übrigens verflüßiget ſie ſich durch Feuer ſchwerer als die Lithoidlava, ihre Maſſe iſt von etwas ſchwefelſaurer Kalkerde durchdrungen."

„2) Die durch den Vulkan ausgeworfenen Subſtanzen ſind Schlacken von verſchiedener Größe, ſehr unregelmäßiger Form und eiſenſchwarzer Farbe; ihre Oberfläche iſt mit zahlloſen Rauhigkeiten bedeckt; ihre innere Subſtanz beſteht aus einer ſchwarzen, dichten, durch kleine Leuzitcryſtalle und Augitblättchen punctirten Maſſe. Die größten nähern ſich dem Umfang und der Form einer Bombe von 250 Pfunden."

„3) Die Producte der Sublimation und der chemiſchen Wechſelwirkungen verdienen das genaueſte Studium, und man hat bisher über dieſe ausgebehnte Materie noch keine vollſtändigen Documente geſammelt. Das Chlornatron war das reichlichſte Product des Ausbruchs; es zeigte ſich auf der flachen Anhöhe des Kraters und in deſſen zahlreichen Spalten unter der Form von Staub, von Auswüchſen, Stalactiten u. ſ. w. Ueber ein Pfund dieſer Subſtanz war im Innern einer großen Lavaſpalte eingeſchloſſen; ſie iſt ſehr weiß und bei der Analyſe ergab ſie eine geringe Beimiſchung von Chlormagneſia und ſchwefelſaurem Natron. An einem andern Orte fand man eine kleine ähnliche Maſſe in einem Korallenaſte, von Kupfer etwas bläulich gefärbt.

„Das überſalzſaure Eiſen findet ſich im Ueberfluß um den Krater; ſeine Farbe iſt orangengelb; es enthält viel Salzſäure.''

„Das Eiſen-Peroryd erſchien in kleinen glimmerartigen Schuppen, karminroth, in den zelligen Höhlen einiger Schlacken abgelagert, auch in rothen Adern und außerordentlich feinen Faſern auf der Oberfläche der Schlacken und auf den Auswüchſen des überſalzſauren Eiſens zerſtreut.''

„Das Chlorkupfer bedeckte die Oberfläche mancher röthlicher Schlacken; es erſchien daſelbſt bald unter der Form kleiner Körner und dünner übergrünender Blättchen, bald mit moosartigem Anſehen vom ſchönſten Smaragdgrün.''

„Das ſchwefelſaure Kupfer begleitet die vorige Subſtanz.''

„Die Kalkſchwefelleber zeigte ſich in ſeidenartigen perlweißen Blättchen auf den Wänden einiger Lavariſſe und manchmal in kleinen, dem Arragonit ähnlichen Körnchen im Innern derſelben Lawen.''

Endlich hat eine beſondere ſtalactitenartige Subſtanz die Aufmerkſamkeit der Chemiker, welche ſich mit den Producten des Ausbruchs beſchäftigten, auf ſich gezogen. Sie zeigte ſich in cylindriſchen Stalactiten von 5 bis 18 Linien Länge und 6 Linien Durchmeſſer; äußerlich beſteht ſie aus concentriſchen Zirkelbogen; ihr Inneres iſt dicht; ihre Farbe iſt äußerlich gelblich und weißlichgrün, braun oder glänzend von innen; ihr Geſchmack iſt metalliſch und cauſtiſch. Sie ſchmilzt leicht in eine braune Emaille und färbt die Spitze der Flamme grün. Bei der chemiſchen Analyſe ergab ſie folgende Reſultate:

„Hundert Gran dieſer Subſtanz wurden, ſehr fein gepulvert, in reinem Waſſer gekocht: man erhielt eine blaue Auflöſung, welche filtrirt, um den unauflöslichen Theil davon zu trennen, ein Reſiduum gab, deſſen Gewicht nach dem Trocknen 20 Gran betrug. Die Auflöſung mit Reagentien behandelt, ergab Folgendes: Lackmustinctur wurde ſtark geröthet; ſauerkleeſaures Ammoniak trübte ſie kaum; phosphorſaures Ammoniak machte einen reichlichen Niederſchlag; das ſaure ſchwefelſaure Silber ſchlug eine weiße, flockige, in Ammoniak auflösliche Subſtanz nieder; die Auflöſung von Chlorbarium trennte auf ihr einen weißen, reichlichen, pulverigen Niederſchlag, welcher ſich in einem Uebermaße von Schwefelſäure nicht auflöſte; Cyaneiſenkali machte: einen dunkelblauen Niederſchlag; Ammoniak machte ein reichlichen, gelblichen, flockigen Präcipitat; andere Reagentien waren negativ. Vereinigte man die Ergebniſſe der über dieſe Subſtanz angeſtellten Operationen, ſo leitete man aus ihnen folgende Zuſammenſetzung heraus für dieſe:

„Auflösliche Theile: Chlornatron, Chlorkupfer und Chloreiſen; ſchwefelſaures Kali, ſchwefelſaures Natron, ſchwefelſaurer Kalkerde und ſchwefelſaurer Talkerde.''

„Unauflösliche Theile: Eiſenoryde (vorherrſchend), Talkerde, Kalkerde, Kieſelerde, erhalten nach der Wirkung der Säure $\frac{5}{10}$.''

„4) Flüchtige und gasförmige Subſtanzen. In die Reihe dieſer Subſtanzen, welche die kräftigſten Agentien und vulkaniſchen Erſcheinungen ausmachen, muß man den Waſſerdunſt aufnehmen, welcher ſehr großen Theils den aus dem Innern des Kegels aufſteigenden Rauch bildet. Derſelbe Dampf dient den andern Subſtanzen, welche ſich ſublimiren und deren Aufzählung folgt, als Vehikel:

Chlornatronkalium.
Chloreiſen.
Chlorkupfer.
Chlorblei.

„Unter den gasförmigen Subſtanzen:

„Das ſalzſaure Gas. Während des Verlaufs der Ausbrüche und der Periode ihrer größten Thätigkeit wurde die Gegenwart dieſer Gasart in freiem Zuſtande nicht bemerkt; als aber der Ausbruch beendigt war, wurde die Entwicklung und Ausdehnung dieſes Gaſes ſo bedeutend, daß der Rauch des Kegels und der der Kraterſpalten manchmal nicht ohne Gefahr eingeathmet werden konnte.''

„Das ſchwefligſaure Gas.''

„Das kohlenſaure Gas ſcheint ſich dieſes Mal weder im Innern des Kraters, noch im Innern der unterirdiſchen Höhlen um den Veſuv herum entwickelt zu haben, eine Erſcheinung, welche oft in Folge großer Ausbrüche beobachtet wurde. (Bibliothèque univerſelle. Avril 1833.)

Miscellen.

Benehmen eines Reihers und einer Pfauhenne.— „Raum 200 Schritte von den Fenſtern des Speiſezimmers von Weſt Ella, dem Wohnſitze von Richard Sikes Esq., etwa 6 Meilen von Hull, befindet ſich ein mit Geſträuch und Blumen umzäunter Fiſchteich. Sonntags den 1. Sept. 1833 ſah man des Nachmittags zum erſten Male einen Reiher ſich am Ufer des Teiches niederlaſſen, wo ſelbſt er ruhig ſtehen blieb. Der Teich war in Folge ſtarken Regenwetters bis zum Rande gefüllt, der Abend wollig und zum Fiſchfange geeignet. Nach weniger, als 10 Minuten ſah man den Reiher ſich mit irgend einem Thiere, welches ſich auf dem Lande befand, und auf das er in einem fort loshackte, herumbalgen; ehe er daſſelbe jedoch tödten konnte, wurde er verſtört, nahm aber ſeine Beute mit fort. Nach wenigen Minuten kehrte er jedoch auf ſeinen früheren Poſten zurück. Diesmal fand er aber nicht ſo geſchwind etwas für ſeinen Schnabel, ſondern ſtand wohl über ¼ Stunde ruhig, und begab ſich dann an eine andere, wenige Schritte von der erſten entfernte Stelle, hielt ſich aber immer ſorgfältig im Schatten. Nach einer ſo bald darauf folgten. Man ſah, wie er plötzlich den Schnabel in's Waſſer ſenkte, ſich einige Fuß über daſſelbe erhob, und mit ſeiner gewonnenen Beute auf den Kiesweg niederlegte. Er ſuchte das Thier, wie früher, todtzuhacken, als ſich ihm eine Pfauhenne näherte, die entweder dem Reiher die Beute ſtreitig machen, oder zum Tödten derſelben behülflich ſeyn wollte. Dieß konnte ich jedoch auf der Entfernung, in welcher ich mich befand, durchaus nicht mit Sicherheit beſtimmen, und leider wurde ſowohl der Reiher, als die Pfauhenne bald von der Beute vertrieben, welche ſich als ein ohngefähr ¾ Fuß langer Aal auswies, den man noch lebend in den Teich warf. Man glaubt hier zu Lande allgemein, der Pfau ſey ein natürlicher Feind der Schlangen, und hielt ihn aus dieſem Grunde nicht weniger, als wegen der Schönheit ſeines Gefieders in Parkanlagen, wo er doch an Blumenbeeten großen Schaden anrichtet. Iſt jene Meinung nicht ungegründet, ſo könnte man annehmen, daß die Pfauhenne den Aal für eine Schlange gehalten habe, und deshalb mit dem Reiher in Streit gerathen ſey. Weder Buffon, noch Bewick erwähnen jedoch jenes beſondern Zugs in der Naturgeſchichte des Pfaues. Laſſen ſich das für wohl haltbare Zeugniſſe beibringen?'' (M. Chalmers M. D., Hull, Sept. 6. 1833. — Magazine of natural history XXXVI. Nov. 1833.)

Ueber das Verhalten des Pulſes während der Schwangerſchaft hat Hr. Dr. Mawfell Beobachtungen angeſtellt, nach welchen von 48 gefunden, im achten bis neunten Monate befindlichen Schwangern bei zwei und dreißig über 100 Pulſationen, bei mehreren 120 Pulſationen, und bei einer 144 Pulſationen in der Minute vorkamen.

Heilkunde.

Einen merkwürdigen Fall von Wiederkäuen bei'm Menſchen

erzählt Dr. Natier im Journ. univers. et hebdomad. de Méd. T. XIII. No. 162. p. 185.

„M. 45 Jahr alt, von guter Conſtitution, gewöhnlich geſund, befragte mich vor einiger Zeit, wegen eines leichten örtlichen Uebels, welches hier weiter kein Intereſſe hat; aber im Verlaufe der deswegen angeſtellten mündlichen Unterſuchung erfuhr ich folgende Umſtände. M. hatte jederzeit ungefähr eine halbe Stunde nach dem Essen ein eigenthümliches Gefühl von Aufblähen in der Oberbauchgegend, worauf bald ein Mund voll Speise wieder in den Mund herauf kam, einige Augenblicke da verweilte, und dann in den Magen zurückfiel, worauf ein neuer Bissen folgte, welcher denselben Weg nahm. So kam nach und nach sämmtliche Speise wieder in die Höhe, und M., ein sehr gebildeter Mann, machte zahlreiche Beobachtungen über diese Erscheinung, welche wohl nicht krankhaft zu nennen ist, sondern wahrscheinlich mit einer eigenthümlichen Einrichtung des Magens zusammenhängt.

M. kaut seine Speisen, wie jeder Andre; seine Eßlust ist seiner Constitution und seinem Alter angemessen; er hat keine besondre Vorliebe für diese oder jene Speise, und führt im Allgemeinen eine sehr nüchterne Lebensart. Während des Wiederkäuens braucht er nicht aus dem Zimmer zu gehen, und selbst die zunächst ihn umgebenden Personen wissen nichts von dieser Erscheinung; denn es findet kein neues Kauen statt, und die Speisen treten fast in demselben Augenblick, als sie oben ankommen, wieder herunter. Uebrigens hat das so in die Höhe kommende keinen unangenehmen Geschmack, sondern, ganz so wie er ihm eigen ist, und M. sagt ausdrücklich, daß dieser Zufall ihm keineswegs beschwerlich sey. Er hat bemerkt, daß selbst in Fällen, wo er mühsamer verdaut, was nur zufällig und nicht häufiger vorkommt, als bei jedem andern, erst nach beendigtem Wiederkäuen das faulige Aufstoßen und die übrigen Zeichen der unregelmäßigen Zersetzung der Nahrungsmittel im Magen auftreten. Ja, M. hat unter solchen Umständen Ekel und Erbrechen gehabt, welche gar keine besondere Erscheinung darboten.

So viel sich M. erinnert, ist die eben erwähnte Function nie im Geringsten unterbrochen worden; sie ist bei ihm ein natürlicher Zustand; er hat nicht die geringste Unbequemlichkeit davon und empfindet auch nicht den geringsten Verdruß darüber; er sprach mit mir deswegen ganz ohne Verlegenheit und gab mir sehr genaue Aufschlüsse über diese merkwürdige Thatsache."

Beiträge zu statistischen Uebersichten der Armee, mit einigen Bemerkungen über Militär = medicinische Uebersichts = Listen

ist die Ueberschrift eines Aufsatzes, wovon Hr. Henry Marshal, General-Inspector der Armeehospitäler, in dem Julistück des Edinburgh medical and surgical Journal die erste Nummer mitgetheilt hat. Sein Zweck ist ein doppelter: a) einige statistische Thatsachen über das Verhältniß der Mortalität unter den Truppen in verschiedenen Climaten oder Standquartieren; b) eine einfache Form anzugeben, in welcher die Grundzüge von statistischen Listen über größere und kleiner Truppenabtheilungen und Garnisonen abzufassen sind. Die Nützlichkeit statistischer Angaben über die Proportion der Kranken und das Sterblichkeitsverhältniß der gewissen Menschenclassen, wird von Tage zu Tage allgemeiner anerkannt und höher angeschlagen. Im Civile können die nöthigen Angaben, um über das Fortschreiten von Krankheit und Tod genaue Uebersichtslisten abzufassen, selten erlangt werden. Durch Uebersichtsberichte von Truppencorps und Truppenabtheilungen wird weit bessere Gelegenheit gewährt, genauere Schlüsse auf diese Gegenstände zu machen. Militär = Uebersichtslisten sind außerordentlich gut geeignet, befriedigende Folgerungen über die comparative Salubrität der verschiedenen Climate zu gestatten. Die Mannschaft eines Armeecorps oder einer Abtheilung ist einander ähnlich in Hinsicht auf die Lebensperiode; Nahrung, Körperbewegung, Lebensweise und Gewohnheiten sind einander auch ähnlich; so daß, wenn in einer Garnison eine viel größere Mortalität vorkommt, als in einer andern, dieser Umstand vorzüglich dem Einflusse des Clima's zugeschrieben werden darf. Hr. Marshal erinnert dann an View of the Diseases of the Army in Great Britain, America, the West Indies and on board of Kings ships and transports, from the beginning of the late war to the present time, together with monthly and annual Returns of Sick in the 29th Regiment and the 3ᵗ Batallion of the 60ᵗʰ Regiment. London 1793, von Reide, welcher, von den großen Nutzen solcher Berichte überzeugt, halbjährige Listen an die General = Chirurgen Adair und Hunter einsendete und ihrer Abfassung große Sorgfalt und Ausdauer widmete.

Die jährlichen Berichte über die Vorkommenheiten (annual returns of casualties) welche, seit Sir Henry Hardinge Kriegssecretair war, von jedem Regiment an das Kriegsdepartement eingesendet werden müssen, gewähren reichhaltige Materialien, um außerordentlich werthvolle Uebersichtslisten zu entwerfen. Unter den vielen interessanten Elementar=Thatsachen für die Statistik einer Armee, scheinen die folgenden einer besondern Erwägung zu verdienen: I. Der jährliche Zuwachs des Corps a) durch Recruten; b) durch zurückgebrachte Deserteurs und durch Versetzung von andern Regimentern. II. Der jährliche Abgang des Corps a) durch Todesfälle; b) durch Verabschiebung wegen angeblicher Dienstunfähigkeit; c) durch Entlassung (ohne Unfähigkeit) wegen abgelaufener Dienstzeit, Loskaufung ꝛc.; d) durch Desertion; e) durch Verabschiebung wegen schlechter Aufführung. III. Die Mittelzahl der monatlichen Krankenzahl des Corps. IV. Das Mittel der monatlichen Krankenzahl eines Corps.

Uebersichtslisten dieser umfassenden Art würden vortreffliche Angaben liefern, um höchst interessante und wichtige Schlüsse zu folgern. Selbst wenn die Materialien auf die mittlere Stärke, auf die mittlere monatliche Krankenzahl und auf die Zahl der Todesfälle beschränkt wären, würden sie noch sehr interessante Resultate abgeben können. Krankenlisten = Uebersichten müssen einfach in ihrer Zusammenstellung, leicht faßlich und durchaus gleichförmig seyn. Von der Gleichförmigkeit der Listen und Tabellen hängt größtentheils ihr Nutzen mit ab; denn wenn sie nicht gleichförmig sind, so können sie nicht verglichen werden und der Hauptnutzen von Zahlenangaben beruht auf Vergleichung.

Uebersichtstabelle der mittlern Stärke der Truppen in Irland, vom 31sten December 1796= bis 1sten Januar 1829 (einer Periode von 32 Jahren). Das Verhältniß ihrer Kranken, der Zahl der Todesfälle und das Procent=Verhältniß der Todesfälle zu der mittlern Stärke.

Jahr.	Mittlere Stärke.	Kranken auf's Hundert.	Zahl der Todesfälle.	Verhältniß d. Todesfälle auf's Hundert	der mittlern Stärke.
1797	40.907	4.8		674	1.6
1798	53,086	4.8	825 *)		1.5
1799	60,871	4.6		1165	1.9
1800	54.896	5.0		1121	2.0
1801	62.009	6.0		1107	1.7
1802	87,003	5.7		455	1.2
1803	29,753	6.8		492	1.6
1804	53,578	6.4		1102	2.0
1805	51,193	5.1		678	1.3
1806	45,632	5.2		760	1.6
1807	52,890	5.8		813	1.5
1808	53,985	5.8		1025	1.9
1809	40,610	4.8		533	1.4
1810	43,248	4.9		590	1.3

*) Die im Felde Getödteten oder an ihren Wunden Gestorbenen sind nicht in die Zahl aufgenommen.

Jahr.	Mittlere Stärke.	Proportion der Kranken auf's Hundert.	Zahl der Todesfälle.	Verhältniß d. Todesfälle auf's Hundert der mittlern Stärke.
1811	47,886	5.2	642	1.3
1812	44,773	4.8	610	1.3
1813	39,685	4.4	439	1.1
1814	44,305	4.1	679	1.5
1815	35,866	4.6	520	1.4
1816	32,882	5.1	528	1.6
1817	24,255	4.5	302	1.2
1818	21,853	5.1	294	1.3
1819	19,110	4.6	201	1.5
1820	22,213	4.3	262	1.1
1821	19,882	5.0	242	1.2
1822	20,598	4.7	260	1.2
1823	21,532	4.9	271	1.2
1824	21,257	4.7	299	1.4
1825	22,050	5.1	346	1.5
1826	21,879	5.8	431	2.0
1827	20,861	6.0	365	1.6
1828	22,426	6.0	371	1.6
Mittel v. 32 Jahren	36,921	5.1	576	1.5

Uebersicht der monatlichen Krankenzahlen in der K. Armee in der Präsidentschaft Madras in Ostindien vom 1. Jan. 1808 bis 31. Dec. 1809.

1808.	Truppenzahl.	Kranke oder Dienstunfähige.	Verhältniß der Kranken auf's Hundert.	Zahl der Todesfälle.	Verhältniß der Todesfälle auf's Hundert.
Januar	9208	1219	14.3	71	
Februar	9150	1339	13.1	56	
März	8908	1319	14.7	109	
April	7612	1186	15.5	55	
Mai	7848	1137	14.5	53	
Juni	7766	1143	14.7	83	
Juli	7704	1147	14.9	59	
August	7853	1106	14	48	
September	8563	1067	12.4	40	
October	8843	1088	12.3	42	
November	8253	966	11.7	40	
December	8168	1031	12.6	43	
Mittel von zwölf Monaten	8322	1145	13.7	699	8.4
1809					
Januar	8126	1112	13.5	41	
Februar	8006	915	11.4	47	
März	8634	999	11.5	36	
April	8543	967	11.3	83	
Mai	8440	951	11.5	59	
Juni	8396	1082	12.8	47	
Juli	8852	1058	12.6	44	
August	10152	937	9.2	48	
September	10092	1051	10.3	61	
October	10171	1106	11.4	59	
November	10218	1144	11.2	52	
December	10221	977	9.5	50	
Mittel von zwölf Monaten	9112	1080	11.8	727	7.9
1808	8322	1145	13.7	699	8.4
1809	9112	1080	11.8	722	7.9
Mittel von zwei Jahren	8717	1087	12.4	713	8.1

Aus den eben angeführten Angaben und Resultaten ergiebt sich daß das Mittelverhältniß der Kranken im Hospital während der Periode 12.4 per Cent war und daß das Mittelverhältniß der Todesfälle 8.1 betrug. Dieß sind wichtige Thatsachen, nicht allein für die Regierung, sondern auch für die Aerzte. Aus diesen Zusammenstellungen kann man auch folgern, daß, die Standquartiere im Durchschnitt genommen, für die verschiedenen Monate des Jahrs in der Präsidentschaft Madras keine große Verschiedenheit in dem Verhältniß der Krankenzahl und der Todesfälle obwaltet.

Bericht über die mittlere jährliche Stärke des 59sten Regiments, vom 28sten April 1806, wo es in Madras landete, bis 31ten Dec. 1818; nebst der Zahl der Gestorbenen und als dienstuntauglich Verabschiedeten und den Proportionen der jährlichen, hiedurch veranlaßten Verringerung.

Jahr.	Mittlere Stärke.	Zahl der dienstuntauglich Entlassenen.	Proportion auf's Hundert.	Gestorbene.	Proportion auf's Hundert.	Jährl. Verlust durch Tod und Untauglichkeit auf's Hundert.
1806	833			60		6.7
1807	1020	25		46		4.5
1808	1069	17		83		5.1
1809	1099	8		57		5.1
1810	1140	19		68		6
1811	968	6		157		16.2
1812	966	34		135		14
1813	834	54		69		8.4
1814	732	2		99		12.1
1815	665	20		45		6.7
1816	641	54		36		5.6
1817	884	6		74		8.3
1818	828	27		24		3.1
Mittel von 13 Jahr.	901	21	2.3	69	7.8	10

Wenn die ursprünglichen Listen über ein Corps sehr beschränkt sind, so kann folgender Plan befolgt werden, wodurch Einfachheit und Gleichförmigkeit der Folgerungen gesichert bleiben.

„Das zweite Bataillon des königl. Regiments landete, 1075 Mann stark, in Indien am ersten October 1807, und schiffte sich zu Madras nach England ein am 5ten Juni 1831. Während jener Zeit kamen zu dem Regiment hinzu aus England 2662 Mann, und Volontärs in Indien 252 Mann. In derselben Periode starben 2206 Mann und 900 wurden wegen Unfähigkeit entlassen."

Aus dieser Thatsache habe ich folgende Resultate abgeleitet:

Mittel der jährlichen Stärke.	Mittel der jährl. Todesfälle.	Verhältniß der Todesfälle auf's Hundert.	Mittelzahl d. untaugl. Gewordenen.	Verhältniß d. untaugl. Gewordenen auf's Hundert.	Total jährl. Abnahme durch Tod u. Dienstuntauglichkeit.
1067	92	7.6	87	9.1	10.8

Ueberschtsliste der mittlern jährlichen Stärke der Garnison von Gibraltar, der Zahl der Todesfälle, des Verhältnisses der Todesfälle zu dem Mittelbestand vom 21sten Dec. 1814 bis 31sten Dec. 1831.

Jahr.	Stärke.	Todesfälle.	Verhältniß der Todesfälle auf's Hundert.
1815	4000	39	.9
1816	4000	33	.8
1817	4000	91	2.2
1818	4000	84	2.1
1819	3523	45	1.2
1820	3139	32	1.
1821	2943	32	1.

Jahr.	Stärke.	Todesfälle.	Verhältniß der Todesfälle auf's Hundert.
1822	2802	23	. 8
1823	2809	23	. 8
1824	3201	55	1 . 7
1825	3547	37	1 .
1826	3627	37	1 .
1827	3396	32	. 9
1828	3309	444	13 . 4
1829	3337	27	. 7
1830	3785	47	1 . 2
1831	3627	41	1 . 1
Mittel von 17 Jahren	3267	66	2

Während der acht Jahre, welche dem 20sten Dec. 1822 vorhergingen, war die jährliche Sterblichkeit der Garnison von Gibraltar 1 . 1 per Cent, und das Verhältniß der Dienstuntauglichen 3 . 3 per Cent.

Uebersichtsliste der mittlern jährlichen Stärke der Garnison von Malta, der Zahl der Todten, des Verhältnisses der Todten auf's Hundert, für die Jahre 1824—1831 inclusive.

Jahr.	Durchschnittliche Stärke.	Todesfälle.	Verhältniß auf's Hundert.
1824	1928	54	2 . 8
1825	2036	21	1 .
1826	2610	28	1 .
1827	1776	19	1 .
1828	2667	27	1 .
1829	2291	32	1 . 3
1830	2406	41	1 . 7
1831	2094	47	2 . 2
Mittel für 8 Jahre	2226	34	1 . 5

Uebersichtsliste der jährlichen Stärke der Truppen in den Jonischen Inseln, der Todesfälle und des Verhältnisses der Todten auf's Hundert der Truppen, von dem Jahre 1820 bis 1832 inclusive.

Jahr.	Stärke.	Todesfälle.	Verhältniß der Todten auf's Hundert.
1820	2704	59	2 . 2
1821	3189	119	3 . 4
1822	3189	86	2 . 7
1823	3340	111	3 . 3
1824	3517	101	2 . 9
1825	3853	69	2 .
1826	3375	67	2 .
1827	3439	94	2 . 7
1828	4056	147	3 . 6
1829	4056	133	3 . 4
1830	4394	118	2 . 7
1831	3340	50	1 . 5
1832	3244	46	1 . 4
Mittel von 13 Jahren	3467	93	2 . 6

Generalresultat der vorstehenden Uebersichten.

Standquartier und Corps.	Zahl der verschiednen Jahre.	Mittlere jährliche Stärke.	Mitteljahl der Kranken auf's Hundert.	Mittler jährl. Zahl der Todesfälle.	Mittelverhältniß der Zahlen der Todten auf 6 Hundert.	Mittlere jährl. Zahl der Untauglichen auf's Hundert.	Total des jährl. Verlustes durch den und Untang. lichfeit.
Ireland	32	36921	5 . 1	576	1 . 5		
Madras	2	8717	12 . 4	713	8 . 1		
Königl. Regim.	24	1067		92	7 . 6	2 . 3	10 .
59. Regiment	13	901		69	7 . 3	3 . 1	10 . 8
Gibraltar	17	3267		66	2 .		
Malta	8	2226		34	1 . 5		
Jonische Inseln	13	3467		93	2 . 6		

Wenn umfassende Uebersichtslisten über die verschiednen Abtheilungen der Britischen Armee mitgetheilt und genaue Resultate aus ihnen abgeleitet würden, für eine Periode von 20 bis 30 Jahren, so würde man in den Stand gesetzt seyn, den Einfluß des Clima's gewisser Standquartiere auf die Gesundheit der Truppen zu würdigen und in einem gewissen Grade schon im Voraus die Zahl der Kranken, der Todten und Untauglichgewordenen zu berechnen, woraus sich in Beziehung auf politische Berechnung und für die Wissenschaft augenfällige Vortheile ergeben würden.

Miscellen.

Neue Behandlung des Pruritus genitalium. Diese Krankheit ist eine der lästigsten, von denen Frauen je befallen werden können. Bis jetzt war den Aerzten die Heilung noch nicht gelungen; denn sie widerstand fast immer den Bädern, erweichenden Waschmitteln, eben solchen Einspritzungen, narkotischen, kalte berwaschungen, dem Aderlaß ꝛc. Seit einiger Zeit sind alkalische Waschungen und Einspritzungen mit Erfolg angewendet worden, und wenn ein Rückfall eintrat, so wurden die Kr. durch Mercurialpräparate geheilt. Man verfährt dabei auf folgende Weise:

℞ Deutochlorureti Mercurii drachmas (gros) duas.
  Alcoholis q. s. ad solutionem sublimati.
  Aquae destillatae . . . . uncias decem.

Man thut von dieser Auflösung anfangs einen Kaffeelöffel nach und nach bis zu vier Eßlöffel voll in ein Pfund warmes Wasser, und wäscht sich häufig damit und spritzt täglich mehrmals davon ein. Oft wird die Heilung in einem einzigen Tage bewirkt, jedoch muß man die Behandlung eine oder zwei Wochen fortsetzen, indem man aber allmälig die Zahl der Waschungen und Einspritzungen vermindert. Die Behandlung paßt für alle Fälle.

In Beziehung auf Militär-Hygieine sind folgende Thatsachen wichtig: Im Jahr 1805 gelangte die französische Armee von den Ufern der Nordsee, nach einem Marsche von hundert Stunden, nach Oesterreich und Mähren, ohne kaum einen Kranken unterwegs zurückzulassen. Vier Jahre später, 1809, hatten die verschiedenen aus ihren Cantonnirungen im Norden und Westen von Deutschland nach Oesterreich ziehenden Corps, schon die Hospitäler mit ihren Kranken angefüllt, ehe sie Wien erreichten. Bei dem letzten Feldzuge war aber mehr als die Hälfte der Soldaten unter zwanzig Jahr: in dem ersten Feldzug aber waren die Soldaten zwei und zwanzig Jahr alt und schon zwei Jahr im Dienste.

Bibliographische Neuigkeiten.

Illustrations of vegetable Physiology, practically applied to the cultivation of the garden, the field and the forest; consisting of original observations collected during an experience of fifty years. By James Main etc. London 1833. 8.

Histoire anatomique et pathologique des bourses muqueuses chez l'homme. Par le Docteur Olivier (d'Angers). Paris 1833. 8.
Aperçu sur les principales difformités du corps humain. Par M. Vincent Duval, M. D. Paris 1833. 8.

Notizen

aus

dem Gebiete der Natur- und Heilkunde,

gesammelt und mitgetheilt von Dr. L. F. v. Froriep.

Nro. 841. (Nro. 5. des XXXIX. Bandes.) Januar 1834.

Gedruckt im Landes - Industrie = Comptoir zu Weimar. Preis eines ganzen Bandes, von 24 Bogen, 2 Rthlr. oder 3 Fl. 36 Kr.,
des einzelnen Stückes, 3 ggl. Die Tafel schwarze Abbildungen 3 ggl. Die Tafel colorirte Abbildungen 6 ggl.

Naturkunde.

Physiologische Betrachtungen über das Gehör

hat Hr. G. Breschet der Académie des Sciences zu Paris in einer Abhandlung überreicht, woraus Folgendes ein Auszug ist:

„Die verschiedenen anatomischen Betrachtungen, welchen ich mich in einer frühern Abhandlung (Etudes anatomiques sur l'organe de l'ouie dans les animaux vertébrés etc. in den Annales des Sciences naturelles, Juin 1843) überlassen hatte, leiten darauf, den Vorhof (vestibulum) als den wichtigsten Theil des Labyrinths anzusehen, als den, welcher zuletzt noch übrig bleibt und demnach als den, welcher eigentlich das Wesentlichste des Ohrs bildet. Man sieht nach und nach die äußere Ohrmuschel, den äußern Gehörgang, die Paukenhöhle, die Schnecke und die halbkreisrunden Canäle verschwinden (in der Reihe der Thiere), während der Vorhof in der That das auf seinen einfachsten Ausdruck zurückgeführte Ohr ist. Bei den Crustaceen und Mollusken, wo das Gehörorgan noch sichtbar ist, und selbst bei den Cyclostomen unter den Fischen, trifft man weiter nichts, als einen kleinen Sack, welcher etwas Flüssigkeit und einen steinchenförmigen Körper enthält.

Nach dem Vorhofe dürfen alle übrigen Theile nur als Hülfsorgane, und gleichsam nur als Aufnahme=, Verstärkungs= und Vervollkommnungsorgane *) betrachtet werden.

*) Die halbkreisförmigen Canäle sind diejenigen Organe, welche nach dem Vorhofe noch am beständigsten vorhanden sind; denn wir finden sie bei allen Wirbelthieren und unter den Fischen.
Die Cyclostomen allein machen eine Ausnahme von dieser allgemeinen Regel; allein man weiß ja wohl, daß diese Thiere in Bezug auf ihr Skelet, so wie auch auf mehrere andere ihrer Organe, sich von allen Wirbelthieren unterscheiden und daß ihnen Linné einen andern Platz in der Thierreihe angewiesen hatte.
Man darf nicht mit Cotunni glauben, daß der Steigbügel zum eirunden Fenster in solchen Beziehungen stehe, daß er sich bewegen und mehr oder weniger in diese Oeffnung eindringen, auf daß die Membran dieses eirunden Fensters wirken und sie herabdrücken könne, so daß ihre Fläche nach dem Vorhofe hin gewölbt würde. Der Steigbügel hängt mittelst des Umkreises

Das Hören aus diesem Gesichtspuncte betrachtet, kommt ausschließlich dem Vorhofe und den halbkreisförmigen Canä=
seiner Scheibe fest an dem Rande der Oeffnung in den Vorhof, und seine Bewegungen sind fast null, oder sie haben wenigstens bei weitem nicht den Umfang, welchen man ihnen nach einer gewissen Lehre über das Gehör beilegt. (Man lese darüber bei Cotunni den 38. und die folgenden Paragraphe.) Aber der Umstand, ob diese Bewegungen sehr frei oder sehr beschränkt seyen, hat auch nur wenig Einfluß auf das Hören, denn zur Erfüllung dieser Function braucht es auch weiter nichts, als daß diese Bewegungen in einem sehr kleinen Raume stattfinden.

Die Gestalt und Stellung der Schnecke bei den Vögeln und einigen Reptilien kann auf die Entdeckung der Functionen dieses merkwürdigen Theils des inneren Ohrs leiten. Diese Schnecke ist in diesen beiden Classen der Wirbelthiere kegelförmig, mit der Spitze des Kegels unter= und einwärts gerichtet. Der Kegel ist hohl, die Spitze geschlossen und die Grundfläche hat zwei Löcher, und steht mittelst eines derselben mit dem Vorhofe, und mittelst des andern mit der Paukenhöhle in Verbindung. Im Innern dieser kegelförmigen Schnecke, welche in der That weiter nichts, als eine Schnecke. wie bei den Säugethieren, aber kürzer, und nicht auf sich selbst gewunden ist, findet man einen ringförmigen, länglichen Knorpel, den man seiner Gestalt nach mit einem Stiefelzieher oder einem Zangenlöffel verglichen hat. Der Raum in der Mitte dieses langen Rings ist mit einer außerordentlich feinen Membran, welche gegen die Spitze des Kegels hin einen blinden Sack bildet und mit einem gallertartigen Brei ausgefüllt, Theile, auf welchen, vorzüglich gegen die Spitze des Kegels hin, sich die Zweige des Gehörnervs verbreiten; genau an dieser Stelle findet man ein kleines Häufchen pulveriger Kalksubstanz.

Die einerseits durch das Schneckenfenster zu der Schnecke gelangenden Schallwellen, und diejenigen, welche sich von dem Vorhofe nach dem Vorhofsgange der Schnecke hin fortsetzen, und mit der Spitze des Kegels convergiren, stoßen gerade da aufeinander, wo sich die Vervielfältigung und die Anhäufung von pulveriger Kalksubstanz finden. Die Spitze der Schnecke ist daher der Sitz der höchsten Gehörsempfindung dieses Theils bei den Vögeln. Ich habe an der Spitze der Schnecke des Menschen und der Säugethiere keine ähnliche Einrichtung angetroffen.

Wir finden zwischen der Schnecke und den halbkreisförmigen Canälen ein eigenthümliches Zusammentreffen in dem Grabe len zu. Und in der That ist das Organ in ganzen Classen von Wirbelthieren auf diese Theile beschränkt, wie, z. B., bei den Fi-

---

ihrer Entwickelung. Im Allgemeinen hält die größte Entwik-kelung dieser Canäle mit dem vollkommenen Mangel oder dem geringsten Entwickelungsgrade der Schnecke gleichen Schritt. Die Fische sind von allen Thieren diejenigen, wo die halbkreis-förmigen Canäle den größten Umfang haben. So finden wir bei diesen Thieren, besonders bei den Knorpelfischen, nicht die geringste Spur von einer Schnecke. Unter den Knochenfischen haben diese Canäle eine etwas geringere Größe, weßhalb auch manche Theile für eine Schnecke angesehen werden können. So haben bei manchen Hechten Comparetti und Scarpa eine kleine, mit dem Sacke in Verbindung stehende (davon ab-hängige) Hinterhöhle bemerkt, welche sie, ohne Zweifel mit Unrecht, für einer Schnecke ähnlich gehalten haben. Bei die-sen Fischen haben die halbkreisförmigen Canäle einen geringern Umfang, und dasselbe habe ich bei Lophius piscatorius und Perca labrax beobachtet, gleichwohl aber bin ich geneigt, die Nebenhöhle mehr für einen Anhang der Mittelhöhle (Median-Sinus) oder des Sacks, als für einen Anfang zu einer Schnecke zu halten. Der Grund, auf welchen ich meine Meinung stütze, ist, weil die Schnecke immer den vordern Theil des Labyrinths einnimmt, während der kleine Sack oder die Hinterhöhle, von der wir sprechen, beständig am hintern Theile des häutigen La-byrinths liegt.

Bei den Heringen, und besonders bei der Alse (Clupea alosa, L.), von deren Ohr ich der Academie schon die anatomische Beschreibung vorgelegt habe, finden sich knochige Anschwellun-gen, welche eines Theils mit dem Vorhofe, und andern Theils mit der Schwimmblase in Verbindung stehen; eine Einrichtung, welche man in einigen ihrer Theile als eine Art Schnecke dar-stellend betrachten kann. Wir können dasselbe von den Kar-pfen, den Welsen, dem Schlammbeißer (Cobitis fossilis) u. a. sagen, an denen Verbindungen zwischen der Schwimmblase (durch Hrn. Weber, durch Hrn. Cuvier, durch Prof. Heu-singer, und auch von mir selbst) entdeckt und beschrieben wor-den sind. Diese Fische zeichnen sich durch eine geringere Entwickelung der halbkreisförmigen Canäle aus, als sich bei den übrigen Gattungen dieser Classe finden.

Die Vögel haben eine Schnecke, welche man als ein bloßes Rudiment betrachtet hat, auch sind, unter sonst ganz gleichen Verhältnissen, die halbkreisförmigen Canäle größer, als bei'm Menschen und den meisten Säugethieren.

Unter den Reptilien haben diejenigen, wo sich Spuren einer Schnecke vorfinden, kleinere halbkreisförmige Canäle, als dieje-nigen, wo man keine Spur einer Schneckenhöhle antrifft; dieß rEht man bei den Sauriern und Chelonien (Schildkröten), wo eine der den Vögel analoge Schnecke vorhanden ist. Die Ca-näle sind kleiner, als bie der eigentlicher Saurier (Drachen).

Die Säugethiere anlangend, können wir sagen, daß in Be-zug auf die Schnecke, eine Vollkommenheit der Entwickelung stattfindet, welche ihnen ausschließlich eigen ist, während sie, in Betreff der halbkreisförmigen Canäle nicht so gegen die übri-gen Thiere im Vortheil sind: aber unter den nämlichen Säu-getthieren ist es schwierig, die Größenverhältnisse zwischen der Schnecke und den drei Canälen anzugeben: indeß so zeigen sich Verschiedenheiten bei derselben Familie, derselben Gattung, und wir finden durchaus keine Beziehung zwischen dem Entwicke-lungsgrade der Schnecke und den Gehörfunctionen bei diesen Thieren. So wissen wir, daß die Schnecke der Fledermäuse, des Gabiai, des Stachelschweins (nach de Blainville, Pohl ꝛc.) drei und eine halbe Windungen hat; daß sie bei'm Hunde und Fuchs drei vollständige Windungen beschreibt, wäh-rend das Gewinde bei'm Menschen, bei der Katze, dem Schwein und der Kuh nur zwei und eine halbe Windungen macht. In der Schnecke des Pferdes und des Delphins findet man zwei und eine Viertelwindung, und bei'm Kaninchen endlich bietet sie nur zwei Windungen dar.

---

schen. Aber bei diesen Thieren sind die sackähnlichen Erweiterun-gen (ampoules) der halbkreisförmigen Röhren sehr geräumig, die Röhren selbst von sehr weitem Umfange, der Mittelsinus und der Sack sehr weit. Der Sack, dessen Vorhandenseyn bei'm Menschen kaum angedeutet, bei den Säugethieren von den Anatomen kaum geahndet worden ist, läßt sich bei den Fischen sehr deutlich bemerken.

Bei den Knorpelfischen ist der Unterschied in der Größe zwi-schen den halbkreisförmigen Kanälen und den übrigen Theilen des Labyrinths weit deutlicher, als bei den Säugethieren; es ist zwi-schen den Knorpelwänden und der äußern Fläche des häutigen La-byrinths ein beträchtlicher Raum vorhanden, und dieser Raum ist mit einer Flüssigkeit angefüllt, welche ich périlymphe nenne, das sogenannte Cotunni'sche Wasser.

Bei vielen Knochenfischen giebt es keine besondern, von einer Knochensubstanz gebildeten halbkreisförmigen Canäle mehr; das ganze häutige Labyrinth ist in einem einzigen, von der Schädelhöhle herabgehenden Raum aufgehängt, und mit einer Flüssigkeit ange-füllt, welche wir ebenfalls für eine Art Cotunni'sche Flüssigkeit hal-ten können, bei den Säugethieren von den halbkreisförmigen Canälen und dem kno-chigen Vorhofe, außerhalb der häutigen Röhren, bei Menschen, Säu-gethieren, Vögeln und Reptilien enthalten ist.

Die häutigen Wände der halbkreisförmigen Röhren, des Mit-telsinus und des Sacks, welche zwischen zwei Flüssigkeiten aufge-hängt sind, befinden sich in einer für die Aufnahme und Fortpflan-zung der Schallwellen sehr günstigen Lage.

Diese Säcke, diese halbkreisförmigen Röhren, aus denen das häutige Labyrinth besteht, sind nicht aus sehr weichem mit Schleim- und lamellosen Blättern vergleichbaren Gewebe gebildet. Der Sack, der Mittelsinus und die halbkreisförmigen Röhren zeigen eine eigenthüm-liche Beschaffenheit, welche zwischen der eigentlich sogenannten häu-tigen Geweben und der Knorpelsubstanz die Mitte hält. Diese Theile sind mit einer solchen Elasticität oder Widerstandskraft be-gabt, daß die Wände dieser Canäle nicht zusammenfallen, wenn auch das Wasser, welches sie enthalten, ausgeflossen ist, und die Art von Steifigkeit, welche diese Organe darbieten, ist eine Eigenthüm-lichkeit, welcher sie es verdanken, einige Zeit lang, unabhängig von der Flüssigkeiten, von welchen sie bespült werden, ihre Lage und Ge-stalt zu behalten. Die Charactere dieser Gewebe erheben sie zu einer besondern Classe, deren Beschaffenheit bis jetzt noch nicht von den Anatomen bestimmt worden ist.

Die Beschaffenheit des Gewebes können in Bezug auf die Functionen dieser Organe von hoher Wichtigkeit seyn, denn von dem Grade der Elasticität und Steifigkeit der mitten in einer Flüssig-keit liegenden Wände der halbkreisförmigen Röhren, des Sacks und des Mittelsinus, muß der Grad der Sensibilität des Organs ab-hängig seyn.

Ich will in Folge der gelehrten Untersuchungen des Hrn. Savart bemerken, daß die am meisten gespannten Membranen gerade diejenigen sind, welche die wenigsten leicht geben, indem der Umfang der Schwingung um so geringer ist, je stärker die Span-nung ist, auch habe ich gesehen, daß die Einrichtung des Laby-rinths für die Ausübung der Gehörfunction die günstigste ist, und daß sie mit diesen, von Hrn. Savart erwiesenen, acustischen Prin-cipien in strengem Einklange steht. Alle Theile des häutigen Laby-rinths sind schlaff zwischen zwei flüssigen Mitteln aufgehängt; kein fibröses oder cellulöses Band befestigt sie, oder zieht sie an; die Nervenstränge, welche sich an diesen Säcken oder an sackähnlichen Erweiterungen (ampoules) der häutigen Röhren endigen, sind die einzigen Bänder, welche sie in ihrer Lage erhalten können. Bei den Knochenfischen hängen die zelligen Blätter, welche die unvoll-kommene Scheidewand zwischen der Höhle des Gehörorgans und der Schädelhöhle bilden, gar nicht, oder nur sehr leicht an dem häutigen Labyrinth, und bekanntlich hat sich Camper geirrt, indem er einem Anhange (dependance) dieses häutigen Labyrinths den Namen tensor butsae gab. Würde wohl die beste Einrich-tung für die Fortpflanzung und Vertheilung der Töne die seyn, wie sie bei diesen Thieren, ein häutiger Apparat zwischen zwei Flüssig-keiten von Flüssigkeit gelegen, welche hinlänglich sind, diese Membranen in derselben Lage und in denselben Beziehungen zu erhalten, ohne sie einer Ausdehnung auszusetzen, und welche sie mit einer Feuchfigfeit durchdringt, ein Umstand, der ebenfalls der Erfüllung ihrer Functionen sehr günstig seyn möchte? Ich überlasse die Entscheidung über diesen, das Hören betreffenden Punct unsern Physikern. Nach dem, was uns die Anatomie lehrt, bin ich geneigt, diese Einrichtung der Theile als sehr vortheilhaft für die Aufnahme und Fortpflanzung der Töne zu halten, weil einerseits die Schallschwingungen auf den häutigen Wänden ankommen, nachdem sie durch die außerhalb befindliche Flüssigkeit oder das Cotunni'sche Wasser hindurchgegangen, und weil sie ohne alle Beeinträchtigung zu der in den halbkreisförmigen Canälen, dem Mittelsinus und dem Sack enthaltenen Flüssigkeit fortgepflanzt worden sind.

Wenn meine Beschreibung des Vorhofs, der beiden Flüssigkeiten, der häutigen Säcke und der sich auf ihnen endigenden Nerven richtig verstanden worden ist, so wird man natürlich auch leicht einsehen, daß die Schallwellen nur mittelst Flüssigkeitsschichten bis zu den Ausbreitungen des Gehörnerven gelangen können. Das erste flüssige Mittel liegt zwischen den mit ihrem Periost überkleideten knöchernen Wänden des Labyrinths und zwischen dem häutigen Labyrinth, und in der Schnecke; das zweite Flüssigkeitsschicht ist in den halbkreisförmigen Röhren (häutigen Canälen), dem Mittelsinus und dem Sack enthalten.

So besteht zwischen Auge und Ohr, in Bezug auf das Vorhandenseyn dreier von den Lichtstrahlen durchbrungenen Mittel in dem ersten oder von den Schallwellen in dem zweiten dieser Organe, eine sehr auffallende Analogie des Bau's:

1) In dem Auge finden wir die wässerige Flüssigkeit im ersten Raum enthalten und ohne deutlichen Sack; sie kommt mit keinen Nerven in Berührung:

2) Weiter hinten sieht man die Glasfeuchtigkeit in einen lostrennbaren Sack eingeschlossen; diese Flüssigkeit ist von größerer Dichtheit als die wässerige Feuchtigkeit und ihre Hülle nimmt an ihrem Umfange die Ausbreitung des Sehnerven auf. Eine ähnliche Einrichtung läßt sich auch in dem Ohr bemerken. Man trifft hier zuerst eine Flüssigkeit (die périlymphe) im Vorhof, zwischen den knöchernen Wänden und den Wänden des Mittelsinus und des Sacks, in der Schnecke und zwischen den halbkreisförmigen Canälen und Röhren. Eine zweite Flüssigkeit (die Glasfeuchtigkeit, vitrine), ist in einem kleinen, ganz eigenthümlichen Apparat enthalten, auf dessen Wänden sich die Nervenstränge verbreiten oder vertheilen, oder wohl plötzlich endigen:

3) Vor dem Glaskörper im Auge, und in einer Vertiefung, sieht man einen harten Körper, die Krystallinse; eben so entdeckt man mitten in der Glasfeuchtigkeit des Ohr, die Ohrsteine oder Ohrcrystalle (otolithes ou otoconies), von einer Glasfeuchtigkeit umgeben, welche weit dichter ist und stärker an diesen Labyrinthsteinen (Concretionen) hängt, als der übrige Theil dieser Glasfeuchtigkeit. (Man sehe die Beschreibung der Glasfeuchtigkeit im Ohr, der Ohrsteine oder der Ohrkrystalle.) Es ist demnach zwischen diesen beiden Ordnungen von Empfindungsapparaten Analogie vorhanden.

Vielleicht giebt es auch zwei Ordnungen von Eindrücken auf das Ohr durch die Schallwellen:

1) Der Eindruck, welcher auf die Spiralplatte der Schnecke erzeugt wird: er ist einfacher, und unmittelbarer, da Schallwellen durchdringen nicht zwei von einander verschiedene und getrennte Mittel;

2) der Eindruck, welcher auf den Sack und die Erweiterungen (ampoules) der halbkreisförmigen Canäle hervorgebracht wird; hier haben die Schwingungen, bevor sie ihren Eindruck auf die Nervenenden hervorbringen können, zwei flüssige Mittel zu durchlaufen.

Der Raum zwischen den häutigen Röhren und den knöchernen halbkreisförmigen Gängen mußte natürlich auf den Gedanken leiten, daß eine Flüssigkeit oder ein wässeriger Dunst diesen Zwischenraum ausfülle, denn es könnte kein leerer Raum vorhanden seyn, und meine eigenen Untersuchungen bestätigen die Richtigkeit derer von Cotunni und J. Ph. Meckel, über die Abwesenheit einer luftförmigen Flüssigkeit in dem Labyrinth.

Der kleine Fuß oder die Scheibe des Steigbügels, welche vor dem eirunden Fenster liegt, statt die Schallschwingungen unmittel-

bar den Gehörnerven, zuzusenden, welche sich auf der die halbkreisförmigen Röhren, den Mittelsinus und den Sack bildenden Membran ausbreiten, pflanzt diese Schallwellen nur auf die zwischen den Knochenwänden und dem häutigen Labyrinth befindliche Cotunni'sche Flüssigkeit (périlymphe) fort, und von dieser Flüssigkeit aus gelangen die Schallwellen zum Sack, welcher mit dem eirunden Fenster in keiner unmittelbaren Beziehung steht.

Kann man wohl sagen, daß die Schallwellen mit weniger Gewalt ankommen, nachdem sie das zwischenliegende flüssige Mittel durchlaufen haben, als wenn sie unmittelbar durch das eiförmige Fenster zum Sack und dem Mittelsinus fortgepflanzt worden, in welchen sich die häutigen halbkreisförmigen Röhren öffnen? es wäre möglich, aber wenn ich dieß ausspräche, würde ich vielmehr eine Vermuthung, als wie eine anerkannte und erwiesene Thatsache behaupten. Würde die Anlage und Berührung der äußern Fläche des Sacks oder des Mittelsinus an die Knochenwände oder an die Membran des eiförmigen Fensters bei der Fortpflanzung der Schallwellen schaden, und würde diese Berührung nicht etwas Aehnliches hervorbringen, als was sich zeigte, wenn wir die Hand auf eine Glocke oder ein Trommeleisen legen, welche man durch Anschlagen in Schwingung versetzt?

Die beiden Flüssigkeiten, welche die Höhlen des Labyrinths einnehmen, scheinen auch zur Vermehrung der Berührungspuncte des Gehörnerven mit dem bebenden Körper zu dienen; so wie dazu, die Aufregung lebhafter zu machen, und zu diesem Ende das Schwingvermögen der Membran des Sacks zu verstärken. Zwar könnte hier ein Gas eben so wirken wie diese Flüssigkeiten, indem es die Berührungen des Nervs und des in Bebung befindlichen Körpers vermehrte und inniger machte; aber es würde nicht so wie eine Flüssigkeit die Schwingkraft der Membranen unterhalten. Die Versuche des Hrn. Savart beweisen in der That, daß Gewebe oder Papier, befeuchtet, leichter durch die Schallwellen erschüttert werden, als wenn sie trocken waren.

Die in dem häutigen Labyrinth enthaltene Flüssigkeit dient nicht bloß dazu, häufig mitzuwirken, daß die häutigen Wände dieser Canäle in dem zur Aufnahme und Fortpflanzung der Schallwellen günstigsten Zustand erhalten werden, sie hält auch kleinsteförmige Concretionen oder eine pulverige Substanz in sich schwebend, mit denen die Nervenenden in Berührung kommen. Können wir sagen, daß die zu der Flüssigkeit des häutigen Labyrinths fortgepflanzten Schallwellen diese steinigen Concretionen oder kleinen pulverartigen Massen in Bewegung setzen, welche in Berührung mit den pinselförmigen Endigungen der Nerven, auf diese Organe der Empfindung einen Eindruck hervorbringen? es läßt sich vermuthen, ist aber nicht physicalisch erwiesen.

Wenn man über die Art der Beziehung oder Connexion der Ohrsteine nachdenkt, so ist man genöthigt, an eine Aneignation zwischen diesen Körpern und dem auf die Nervenpinsel hervorgebrachten Eindruck zu glauben. In der That liegen diese Concretionen immer an den Enden der Nerven, und bei den Knochenfischen bemerkt man auf einer der Flächen der Ohrsteine Furchen oder Vertiefungen, welche nicht von den Krystallisation dieser Körper herzurühren scheinen, denn die Enden der Nervenpinsel werden in diese Einschnitte aufgenommen. Sollte man, zufolge dieser Einrichtung, nicht natürlich auf den Gedanken geleitet werden, daß die in der Glasfeuchtigkeit enthaltenen Concretionen einen unmittelbaren Eindruck auf die Nerven ausüben, und daß vielleicht diese Art des Eindrucks die Nervenpinsel lebhafter und schneller in eine Art von Orgasmus versetzt, welcher zur Erfüllung ihrer Functionen nothwendig ist. Dienten die Ohrsteine nicht zur unmittelbaren Fortpflanzung und Vermehrung bis zu den Endigungen der Nervenfasern, so könnten sie eben so gut an jedem andern Punct der Glasfeuchtigkeit liegen, ohne mit diesen Nerven in Berührung zu stehen, und dieses ist nicht der Fall.

Wahrscheinlich werden auch, damit die Nerven auf allen Seiten einen gleichförmigen Anstoß erhalten, die Nervenpinsel des innern Ohrs von einer Flüssigkeit bespült, von deren Vorhandenseyn vielleicht die Gleichförmigkeit des durch die Schwingungen der Theilchen (Molekülen) der Flüssigkeit bewirkten Eindrucks abhängig ist. Ich weiß, daß durch ein Gas eine ähnliche Wirkung hervorge-

5 *

bracht werden würde, aber ich habe bereits bemerkt, daß ein solches Gas nicht im Stande seyn würde, die Nervenpinsel in der
Weichheit und Ausbreitung zu erhalten, welche sie zur Aufnahme
der Eindrücke so geeignet machen.

Kann man vielleicht die große Entwickelung der Ohrsteine
oder Ohrkrystalle bei den Fischen als eine Art Ersatz für den Mangel der häutigen Oeffnungen, welche mit der Außenseite der Paukenhöhle in Verbindung stehen, und als eine Art knöcherner Kette
(chaine osseuse) betrachten? Hierauf muß die Physik antworten.
Ich glaube mich mit der Andeutung der anatomischen Thatsachen
begnügen zu müssen.

Die Schallschwingungen werden bei den meisten Fischen nur
durch die knöchernen oder knorpeligen Wände zum Labyrinth fortgepflanzt, und diese Art der Fortpflanzung möchte vielleicht weniger günstig seyn, als wenn sie durch eine mit Luft angefüllte Paukenhöhle und mittelst einer durch die Schallwellen der äußern Luft
in Bewegung gesetzten Kette stattfände, lebten anders diese Thiere
in der Luft; aber sie bewohnen ein viel dichteres Mittel, und wir
möchten daher diese Art der Fortpflanzung durch dichte Wände, zum
Hören in einer Flüssigkeit für vortheilhafter halten.

In Folge meiner eigenen Beobachtungen möchte die größte
Entwickelung dieser Concretionen wohl sich da finden, wo ein Thier
ein flüssiges Mittel bewohnt, und der am wenigsten entwickelte Zustand derselben da, wo dasselbe in einem luftförmigen Mittel
lebt.

So bilden die Fische, die bloß im Wasser leben, die sowohl auf dem
Lande als im Wasser lebenden Reptilien, die Wassercrustaceen, die
Landreptilien, die Säugthiere, der Mensch und die Vögel, und unter den letztern die Wasservögel, dann die hochfliegenden Vögel,
eine Skale von allmäliger Abnahme in der Entwickelung dieser
Concretionen. Um jedoch die Wahrheit dieser Ansicht darzuthun,
müßte man zeigen, daß bei den Wassersäugthieren diese Steinchen weit mehr entwickelt seyen als bei'm Menschen und den in
der Luft lebenden Säugethieren. Jedoch habe ich bis-jetzt dieß
noch nicht gehörig verifiziren können *).

Bei aufmerksamer Betrachtung des Bau's des Labyrinths, ab-
gesehen von der Schnecke, möchten wir glauben, daß die Cotunni'sche
Flüssigkeit, durch welche die halbkreisförmigen Röhren, der Mittel-
sinus und der Sack eingehüllt werden, vorzüglich dazu, die
Schwingungen dieser häutigen Wände zu hemmen, und die in den
Glasfeuchtigkeit eingeschlossenen Steine wirkten in Bezug auf diese
Flüssigkeit auf gleiche Weise.

Hieraus geht hervor, daß die in dem knöchernen Labyrinth
enthaltene Theile nur so lange beben, als sich die Schallwellen aus-
serhalb des Vorhofs erneuern, und daß der Eindruck auf die Empfindung nicht allein nicht länger dauert, als der äußere Ton, sondern

auch, daß er hervorgebracht wird, ohne begleitenden oder darauf
folgenden Wiederhall, und daß, unter dieser letztern Beziehung,
die Wirkung aller Theile des Vorhofs, in Bezug auf einander, und
besonders der Concretionen (Ohrsteine) in Bezug auf die Glasfeuchtigkeit, eine Wirkung hervorbringen, welche den Dämpfern
eines Fortepiano's vergleichbar ist, durch welche der Ton unmittelbar nach seiner Erzeugung aufgehalten wird.

Während des Drucks dieser Abhandlung hat Hr. Cagniard-
Latour *) der königl. Academie eine Arbeit
überreicht, in welcher er erklärt, von dem Vorhandenseyn der Ohrsteine in dem häutigen Sack des Labyrinths der Wirbelthiere den
Grund aufgefunden zu haben. Folgendes sind seine eigenen Worte:
"Mit einem Wasserhammer, welcher mehrere kleine abgerundete
Steine enthielt, fand die Kügelchenschwingung der Flüssigkeit (la
vibration globulaire du liquide) statt, ohne daß man nöthig hatte,
vorher der Röhre einen Stoß zu geben, wie bei'm gewöhnlichen
kleinen hydraulischen Hammer."

"Sollte man, nach dieser und mehrern andern, in dieser Abhandlung enthaltenen Beobachtungen, nicht mit Grund vermuthen
können, daß die steinartigen Concretionen im innern Ohr oder dem
Labyrinth wohl die Kügelchenschwingungen der Flüssigkeit, in welcher diese Körper schweben, erleichtern können, und daß die von
Hrn. D. Breschet in dem Gehörorgan des Menschen und aller
Wirbelthiere entdeckten steinigen Concretionen ebenfalls die Schwingungen der Feuchtigkeit, in welcher diese Steine enthalten sind, begünstigen können."

Ich lasse, sagt Hr. Breschet, diese Meinung auf sich beruhen,
ohne mich über deren Richtigkeit auszusprechen, sie beweist nur,
daß es zweckmäßig sey, erst die Thatsachen zu untersuchen, früher
oder später findet sich, mit dem Fortschreiten der Wissenschaft, auch
die Erklärung für die Erscheinungen, welche anfangs nicht gegeben
werden konnte.

"Ich halte da an, (schließt Hr. Breschet) wo mich die
Thatsachen verlassen, und versuche in dieser Abhandlung nicht, jedem der Theile des Labyrinths die respective Rolle zuzutheilen,
welche er in der Erscheinung des Hörens spielt. Ich glaube schon
mit größerer Genauigkeit, als vor mir geschehen ist, die Thätigkeit des Vorhofs nachgewiesen zu haben. Ich habe in einer Reihe
von physiologischen Versuchen an lebenden Thieren, zu untersuchen
angefangen, welches die speciellen Functionen der halbkreisförmigen
Canäle und der Schnecke sind, und ich werde darüber in einer andern, hoffentlich bald der Academie vorzulegenden Abhandlung
sprechen."

*) Recherches sur la reconnoissance des liquides et description
d'une nouvelle espèce de vibrations (globulaire), von Cagniard
Latour in der Acad. des Sc. vorgelesen am 8 Juli und 26.
August 1833. (Vergleiche l'Institut No. 17.)

Miscellen.

Ueber die Begattungsweise von Cebrio gigas,
hat Hr. Audouin Beobachtungen zu machen Gelegenheit gehabt
und der Société entomologique de France zu Paris am 6 Dec.
mitgetheilt. — Bekanntlich hat das Weibchen von Cebrio gigas eine
lange und hornartige wahre Legescheide. Nach Hrn. Audouin's Beobachtung hat diese eine doppelte Bestimmung: nicht allein um die
Eier in die Erde gelangen zu lassen, wenn die Befruchtung stattgehabt hat, sondern auch um die Begattung möglich zu machen,
welche auf eine ungewöhnliche Weise statthat. Das Weibchen nämlich, welches man hier selten außer der Erde findet, kommt eigentlich nie anders als ganz zufälligerweise aus ihr hervor: es hat
die Gewohnheit, sich in den Boden verborgen zu halten und nur
seine lange Legescheide streckt es über die Bodenoberfläche hervor. Die
Männchen dagegen finden sie auf der Stelle, wo
sich eines von jenen findet, und ohne sich wechselsweise zu sehen, hat
die Begattung statt, durch Einbringung der männlichen Organe in
diese hervorragende Röhre. Hr. Audouin meint, daß, nach Be-

*) Aus meiner Beschreibung der Ohrsteinchen (lapilli) der Säug-
thiere hat man leicht abnehmen können, daß man, um sie deutlich zu sehen, sie bei den Fötus dieser Thiere untersuchen
müßte. Ich suche den Grund dieses Unterschieds nicht in dem
von dem Fötus bewohnten Mittel, und vergleiche auch nicht
das Thier während seines Uterinlebens, einem Fische, obgleich
die Beobachtungen Rathke's, Baer's ꝛc. über die Kiemenöffnungen der Säugthierfötus, natürlich auf diesen Gedanken
führen, und obgleich wir aus häufig von mir vorgekommenen Thatsachen finden, daß der Fötus einiger Reptilien, besonders
unter den Batrachiern, eine Respiration durch Kiemen besitzt,
daher in diesem Stücke den Fischen ähnlich ist, und daß er
später, wenn er in den Zustand vollkommener Thiere getreten
ist, aus Bläschen zusammengesetzte Lungen erhält; wir sprechen nur den heutzutage als gegründet anerkannten Satz aus,
daß die bei den Thieren im rudimentären Zustand erhaltenen
Organe während des Uterinlebens des Thieres immer weit
deutlicher entwickelt sind, als wenn das Thier in einem luftförmigen Mittel lebt und erwachsen ist. Während des Fötuslebens sind die Thiere der verschiedenen Classen, in anatomi-
scher Hinsicht, weit weniger von einander unterschieden, als
wenn sie ihre ganze Entwickelung erlangt haben.

kanntmachung dieser Thatsache, man auch leichter Weibchen für seine entomologische Sammlungen habhaft werden könne, man brauche nur Acht zu haben, wo ein Männchen sich hinsetze (zur Begattung), dann könne man, wenn die Erde durch den Regen erweicht ist, mit dem Finger einbohren und das Weibchen aus seiner Höhle hervordrängen.

Die Ruderwasserspitzmaus (Sorex remifer Yartell) ist in der Nachbarschaft von Glasgow nicht selten, obwohl man sie erst neuerdings daselbst entdeckt hat. Im vergangenen Herbste verschaffte ich mir von drei verschiedenen Orten Exemplare dieser Spitzmaus. Obgleich sie offenbar zu den Wasserspitzmäusen gehört, so wurden sie doch sämmtlich in ziemlicher Entfernung von Wasser irgend einer Art gefunden. Die Schnautze ist außerordentlich glatt, wie bei'm Chrysochloris capensis, und das Thier unterscheidet sich hierdurch ohne Weiteres von der Wasserspitzmaus (Sorex fodiens Lin.). Die Exemplare in unserer Nachbarschaft sind, wie die von Hrn. Yartell beschriebenen, kleiner als die französischen, be-

ren Geoffroy Saint Hilaire gedenkt. In England wurde dieses Thier zuerst vom Dr. Hooker in Norfolk entdeckt und von Sowerby in seinen Britischen Miscellen unter dem Namen Sorex ciliatus abgebildet. (John Scouler, M. D. Glasgow, July 25. 1833. in dem Magazine of Natutal History. XXXVI. Nov. 1833.)

Gegen die anatomische Anstalt in der Universitätsstadt Cambridge hatte kürzlich ein Volksauflauf statt. Man stürmte das Theater, als die Studirenden den Leichnam eines Menschen zergliederten, welchen, wie die Volksmasse behauptete, die Stadtgemeinde hätte begraben lassen sollen; nicht allein, daß die Fenster zerschlagen wurden, man vernichtete auch die meisten Skelete, welche sich in der Sammlung der Anstalt befanden.

Nekrolog. — Der Naturforscher L'Herminier, welcher sich lange auf Guadeloupe aufgehalten hat, ist vor Kurzem zu Paris, 54 Jahr alt, gestorben.

Heilkunde.

Empyem bloß durch die Operation der Paracentese geheilt.

Von Geo. Woolley.

„Am 14. März 1833 sah ich H. Louch, einen $5\frac{1}{2}$ Jahr alten Knaben, welcher bis November 1832 völlig gesund gewesen war, um diese Zeit aber von Fieber und Hirnentzündung befallen wurde, von welcher er kaum genesen war, als sich ein Anfall von Pleuritis auf der linken Seite einstellte. Von letzterer Seite er noch nicht völlig wiederhergestellt zu seyn. Seine Mutter sagte, daß noch Husten, zuweilen von einigem Schmerz begleitet, Mangel an Appetit und Schwäche zurückgeblieben sey; daß er seit dem Anfall noch nicht fähig gewesen sey, das Haus zu verlassen, ganz neuerdings sich sehr verschlimmert habe, und daß sie glaube, seine Brust sey auf der linken Seite ausgewachsen. Ich fand ihn sehr abgemagert, und er litt an hectischem Fieber, an Schmerz in der linken Seite, großer Beklemmung, trocknem Husten, fortwährendem Durst, völligem Appetitmangel, gestörtem Schlaf, und nächtlichem Irrereden. Als ich den Thorax untersuchte, war es in die Augen fallend, daß die linke Seite größer war, als die rechte, was sich auch bei Messung bestätigte; auch hatte diese Seite ein ebenes, glattes Ansehn von Vergrößerung der Zwischenrippenräume. Das Herz pulsirte auf der rechten Seite und in einer Stelle, welche vollkommen derjenigen entsprach, welche es auf der linken hätte einnehmen haben sollen. Wenn die Percussion angewendet wurde, so hörte man auf der ganzen Fläche der afficirten Seite, vorzüglich aber nach unten zu, einen mehr oder minder dumpfen Ton. Die Auscultation ließ auf der linken Seite, vorn und seitwärts, gar kein Respirations-Murmeln wahrnehmen; hinten war dieses Geräusch längs des Rückgrats hörbar, aber der Schall war weniger laut als gewöhnlich, und von einem Schleimrasseln begleitet.

„Diese Umstände schienen hinlänglich anzudeuten daß die linke Pleurenhöhle mit Eiter gefüllt, die Lungen zusammen-

gedrückt, das Herz auf die rechte Seite der Brust gedrängt sey; und da die Symptome dringend waren, so hielt ich es für meine Pflicht, die Flüssigkeit sobald wie möglich durch Paracentese zu entfernen. (Am 15ten des Abends sah Hr. W. das Kind nochmals in Gesellschaft des Dr. Roe und von letzterm in seiner Ansicht völlig bestärkt, schritt er nun zur Operation in folgender Weise.) „Indem das Kind auf dem Schooße der Mutter saß und von dieser gehalten und unterstützt wurde, wurde ein kleiner platter Troikar durch den Zwischenraum zwischen der siebenten und achten Rippe, da wo der m. serratus magnus und m. obliquus externus zusammentreffen, in den Thorax eingestochen. Eiter von gesunder Beschaffenheit floß in Menge durch die Röhre hervor, und zwei Schaalen voll, zusammen drei und vierzig Unzen, wurden abgezapft; überdem floß noch eine beträchtliche Menge neben dem Troikar heraus und abwärts, und durchnäßte die Kleider der Mutter vollkommen, so daß in Allem wahrscheinlich nicht weniger als drei Pinten abgingen.

„Gegen das Ende der Operation war es bei der Unbändigkeit des Kindes fast unmöglich zu verhindern, daß nicht Luft in den Thorax eingedrungen wäre, wodurch heftiger Husten veranlaßt, und ich zuletzt gezwungen wurde, die Röhre herauszunehmen, ehe noch der Pleural-Sack völlig entleert war. Die Oeffnung wurde sorgsam mit einem Heftpflasterstreifen verschlossen und der kleine Patient in sein Bett gebracht; er fühlte sich bald sehr erleichtert, genoß etwas Zwieback und trank Thee, nachdem er in den letzten zwölf Tagen nichts als Brodwasser zu sich genommen hatte. Es wurde ihm ein Opiat gereicht, und er schlief dreizehn Stunden lang ruhig. Am folgenden Tage war das hectische Fieber, die Durst, die Dyspnöe, der Schmerz in der Seite und der Husten verschwunden, und diese Abwesenheit unangenehmer Symptome dauerte einige Tage. Aber das Herz blieb auf der rechten Seite; vorn war noch kein Respirations - Murmeln wahrzunehmen. Percussion ließ die allmälige Wiederanfüllung der Pleurenhöhle bemerken und

die Symptome stellten sich von neuem ein und fast so schlimm
wie zuvor.

Am 28. Dreizehn Tage nach der ersten Operation,
wurde der Trojkar in Gegenwart des Dr. Roe und anderer
Kunstverwandten von neuem eingestoßen, aber diesmal zwi=
schen der neunten und zehnten Rippe und zwei Zoll näher
an der Wirbelsäule. Acht und dreißig Unzen Eiter wurden
ausgeleert, die Einstichöffnung wieder wie zuvor verschlossen;
das Kind schlief wohl, auch ohne Opiat; die Symptome
verschwanden sämmtlich, um nie wieder zu erscheinen und
der Knabe spielte bald wieder im Zimmer herum. Das
Respirationsmurmeln stellte sich nach und nach wieder an der
Fläche der ganzen linken Seite wieder her. Das Herz fing eben=
falls nach einigen Tagen an, in seine vorige ursprüngliche
Lage zurückzukehren, wurde bald unter dem Brustbein gefun=
den und in zwei oder drei Tagen war es ganz auf seiner
Stelle in der linken Seite. Da nach der zweiten Abza=
pfung nichts zurückblieb, als Schwäche, welche sich schnell
verminderte, so wurde dem Kinde weiter keine Arznei gege=
ben, außer ein oder zweimal ein Abführungsmittel, wenn
hinlängliche Oeffnung fehlte. Der Knabe ist nun völlig
kräftig und gesund. — Die einzige Anmerkung, welche ich
über diesen Fall mache, ist, daß die schnelle und günstige Re=
convalescenz des Patienten mir dem Umstande zuzuschreiben
zu seyn scheint, daß die Stichöffnung unmittelbar nach der Ope=
ration geschlossen und zugeheilt wurde."

Ueber Entzündung der retina.
Von W. Lawrence.

„Es ist bekannt, daß Entzündung, welche in der iris be=
ginnt, sich bisweilen auf die andern innern Theile fortsetzt,
und endlich das ganze Organ ergreift. Die Häute des hin=
tern Theiles des Auges können aber auch auf primäre Weise
in Entzündung gerathen. Die Krankheit beginnt alsdann
wahrscheinlich am häufigsten in der retina, und kann daher
in dem frühern Zeitraume, so lange als noch geeignete
Behandlung auf den ursprünglichen Sitz beschränkt erhalten
wird, mit dem Ausdrucke retinitis bezeichnet werden. Die
retina ist vielleicht nicht weniger geneigt, sich zu entzünden, als
die iris, aber die Erscheinungen davon sind uns weniger bekannt,
weil der kranke Theil außer unserm Gesicht liegt, und die
Krankheit nicht mit dem Tode endigt. Es kommen uns
häufig Fälle vor, bei welchen kein Zweifel seyn kann, daß
die Ursache der Symptome in einer Entzündung der retina
liegt. Schmerz und Störung des Sehvermögens sind die
Hauptsymptome, dabei ist die Pupille zuerst verengert, und
hierauf erweitert.

Rosas sagt im zweiten Bande seines Handbuches, daß
sich die krankhafte Affection gewöhnlich nicht über die ganze
retina verbreite, sondern daß man bei Untersuchung nach
dem Tode finde, daß sie auf die Umgebung des gelben Flek=
kes beschränkt sey. Er sagt, daß sie unter günstigen Um=
ständen oft vorübergehende oder bleibende Gesichtsschwäche zu=
rücklasse, während sie in schlimmern Fällen amaurotische

Blindheit durch Ergießungen von Lymphe, durch varicöse
Structurveränderung oder selbst Verknöcherung der retina
und durch Verwachsung derselben mit den benachbarten Theile
veranlasse. Die Natur und Behandlung dieser Krankheit
wird wohl durch Mittheilung einiger Fälle am besten erläu=
tert werden.

1) Eine junge Frau von floridem Aussehen und vollem
Körperbau klagte in der London ophthalmic infirmary,
daß sie das Gesicht auf einem Auge verloren habe. Sie
war Köchin, und daher täglich mehrere Stunden vor gro=
ßen Feuern beschäftigt, wobei sie ihre Kräfte durch reichliche
und gute Nahrung unterstützte. Die Pupille war etwas
Weniges erweitert, die iris bewegungslos, eine blasse, kaum
bemerkbare Röthung war um die sclerotica der Hornhaut
herum zu bemerken. Das Gesicht war seit drei Tagen
getrübt. Zugleich war Kopfschmerz, aufgetriebenes Aussehen,
Hitze der Haut, weiße Zunge und Durst zugegen. Ich be=
trachtete diesen Fall als eine reine retinitis und zugleich als
eine günstige Gelegenheit, zu beobachten, ob diese Krankheit
durch antiphlogistische Behandlung gehoben werden könne.
Zu jener Zeit (bereits vor vielen Jahren) waren mir die
Kräfte des Mercurs bei Entzündungen der retina noch nicht
wie durch spätere Erfahrungen bekannt. Ich verordnete da=
her eine reichliche Aderlässe am Arme, Abführung, magre
Diät, Schonung des Auges und allgemeine Ruhe. Nach
zwei Tagen war der Zustand des Gesichtes verschlimmert;
es wurden Schröpfköpfe und Blasenpflaster verordnet, aber
auch dadurch war zwei Tagen keine Besserung herbeigeführt.
Ich beschloß daher, Mercur zu versuchen, und gab 2 Gran
Calomel alle 4 Stunden. Bevor dieses Mittel auf den Or=
ganismus eingewirkt hatte, war die Sehkraft fast ganz erlo=
schen, oder wenigstens auf eine bloße Unterscheidung von Hell
und Dunkel beschränkt. Reichlicher Speichelfluß, welcher etwa
eine Woche, nachdem die Kranke in die Anstalt gekommen
war, eintrat, beseitigte alle Symptome. Das Gesicht bes=
serte sich unmittelbar und war bald vollkommen wiederher=
gestellt.

2) Eine junge Frau von 24 Jahren kam im Früh=
jahr 1831 in meine Behandlung. Sie war ebenfalls Kö=
chin, viel am Feuer beschäftigt, und an reichliche Nahrung
und den Genuß von Bier gewöhnt. In der letzten Zeit
hatte sie viel Kopfweh gehabt und klagte jetzt über Trübung
des Gesichts, wogegen Blutentziehungen und Abführungen in
Anwendung gebracht worden waren. Die iris war leicht und
bloß theilweise mißfarbig und an zwei Puncten mit der Kap=
selwand verwachsen; die Pupille war rein, aber das Gesicht
getrübt, so daß die Kranke nicht lesen konnte. Sie hatte
Schmerz in der Augenbraue, äußerlich war keine Röthe zu
bemerken. Ich verordnete eine Blutentziehung aus den
Schläfen durch Schröpfköpfe; 2 Gran Calomel mit ¼ Gran
Opium alle 8 Stunden. Der Mund wurde bald afficirt und
das Gesicht hergestellt. Statt des Calomels und Opiums
bekam die Kranke nun Morgens und Abends Plummer'sche
Pillen, und nach 3 Wochen konnte die Kranke, vollkommen
hergestellt, ihre Beschäftigung wieder beginnen.

3) Ein junger, sehr reizbarer Mann wurde bei einem Gewitter unter der Thür, an einem eisernen Lampenpfahle stehend, am 2ten August 1832 vom Blitz getroffen, stürzte rückwärts und bekam einige Minuten lang Convulsionen. Er sagte, daß es ihm geschienen habe, als fahre der Blitz mit einer sengenden Empfindung in sein Auge hinein. Hr. Wheble, welcher hinzugerufen wurde und ihn behandelte, verschaffte ihm durch einen Aderlaß am Arme große Erleichterung. Ein zweiter Blitz blendete ihn etwas leichter, doch kehrte nach ihm das Gesicht wieder zurück; während der Nacht aber verlor sich dasselbe ganz und gar. Am Freitag Morgen war weder Röthe, noch sonst ein besonderer Zustand am Auge zu bemerken. Die iris war bewegungslos und der Kranke konnte nicht einmal die Sonne sehen. Die Bewegung des Augapfels und des Augenlides war indeß nicht beeinträchtigt. Ein Blasenpflaster in den Nacken; 3 Gran Calomel mit etwas Dower's Pulver Morgens und Abends, und nach 2 Tagen dasselbe alle 4 Stunden. Die Augenlider schlossen sich krampfhaft und der Kranke konnte weder diese, noch den Augapfel bewegen. Am 9ten August fuhr er plötzlich von dem Sopha, auf welchem er geschlafen hatte, mit einem äußerst heftigen, dem des ersten Anfalles ähnlichen Schmerz in die Höhe, welcher gegen 5 Minuten andauerte. Aehnliche Paroxysmen kehrten 2 Stunden lang alle 5 bis 10 Minuten wieder, worauf er plötzlich die Augen öffnete, und Lichtempfindung hatte. Es traten nun die heftigsten Schmerzen, wie unmittelbar bei dem Zufalle selbst, ein, und der Kranke krümmte und verdrehte sich in diesen Anfällen. Das Licht war ihm unerträglich, selbst wenn das Auge sorgfältig bedeckt war; der Schmerz ließ nun während der Nacht allmälig nach, das Gesicht kehrte zurück und besserte sich allmälig immer mehr; doch war es am 28ten August noch sehr schwach, so daß der Kranke zu dieser Zeit die Augen, ohne den Schutz blauer Gläser, noch nicht brauchen konnte.

4) Elisa Rathley, 16 Jahr alt, blond, wurde am ersten August 1826 im St. Bartholomäi-Spitale aufgenommen. Das linke Auge war halb geschlossen, doch konnte sie das obere Augenlid in die Höhe heben. Als sie an's Fenster gebracht wurde, um untersucht zu werden, so schloß sie beide Augen, offenbar wegen schmerzhafter Einwirkung des Lichtes. Die retina des linken Auges ist vollkommen unempfindlich, so daß die Kranke die Richtung des Fensters nicht einmal unterscheiden konnte. Die sclerotica ist leicht geröthet, die Pupillen sind etwas zusammengezogen, die iris aber von normaler Beweglichkeit. Zugleich ist heftiger Kopfschmerz zugegen, und das Gesicht hatte einen Ausdruck von Eingenommenheit. Die Kranke hat Abführungsmittel genommen, die Zunge ist daher rein. Die Abnahme ihres Gesichts bemerkte sie 4 Tage zuvor, wo sie zugleich an Kopfweh litt; beide Symptome haben sich fortwährend vermehrt. Früher war das Gesicht ganz gut gewesen. 16 Unzen Blut wurden durch Schröpfköpfe aus dem Nacken entzogen. Am 2ten Abführungsmittel, und hierauf 2 Gran Calomel und ½ Gran Opium alle 6 Stunden. Am 4ten; das Gesicht ist seit gestern wiederhergestellt; sie braucht die

Medicin fort. Am 8ten setzt sie das Calomel und Opium zurück, von Speichelfluß hat sich keine Spur gezeigt, die Kranke wird ganz geheilt entlassen.

Der folgende Fall, welcher durch antiphlogistische Mittel ganz gehoben wurde, ist interessant, weil die Erscheinungen allgemeiner Schwäche, in Verbindung mit der Schwächung der retina, leicht als Indication für tonica und stimulantia hätten betrachtet werden können.

5) M. Jbbs, 23 Jahr alt, mager, blaß und höchst schwach aussehend, fand, daß das Gesicht ihres linken Auges undeutlich wurde, nachdem sie längere Zeit das Zimmer nicht verlassen hatte, und fortwährend aufmerksam mit einer sehr feinen Arbeit beschäftigt gewesen war. Es war Schwindel vorausgegangen und Kopfweh und heftige Schmerzen innerhalb und in der Umgegend der Augenhöhle zugleich vorhanden. Es wurden einige Male Blutigel bis zu 18 gesetzt, und ein Blasenpflaster hinter das Ohr gelegt und Mercurialien gegeben, bis sich Spuren von Speichelfluß zeigten. Die Kranke gebrauchte ihr Auge fortwährend und dieses wurde dabei immer schlechter, auch fing das rechte an zu leiden. Sie wurde daher am 26ten August 1830 in das St. Bartholomei-Spital aufgenommen. Zu dieser Zeit waren einige rothe Gefäße in der sclerotica des linken Auges zu sehen, welche derselben eine röthliche Färbung gaben. Die Pupille verhielt sich auf beiden Augen gleich, die iris bewegte sich nur schwach. Die Kranke konnte kaum Licht von Dunkelheit unterscheiden; sie litt häufig an Kopfschmerz mit tiefsitzendem Schmerz in der orbita, besonders in der Nacht. Das rechte Auge war so trübe, daß sie kleinen Druck nicht lesen konnte. Seit zwei Monaten ist die Kranke nicht menstruirt, und seit sie erkrankt ist, seit 4 Monaten, ist dieß überhaupt sehr unregelmäßig geschehen. (Schröpfen hinter den Ohren bis zu 12 Unzen; Mercurialpillen Morgens und Abends.) Am 31sten ist der Kopfschmerz geringer, das Gesicht nicht gebessert. (Pilulae ferri cum myrrha gr. x. jeden Abend.) Am 1sten September Schröpfen in der Schläfengegend bis zu 12 Unzen. Am 5ten ist das Gesicht des rechten Auges fast ganz hergestellt, das des linken verbessert: die Röthe der sclerotica ist verschwunden. (Ein Blasenpflaster zwischen die Schultern mit ceratum sabinae zu verbinden.) Am 11ten ein leichter Anfall von pleuritis, welcher durch antiphlogistische Behandlung bis zum 20ten beseitigt wird. Die Kranke war durch die Cur bedeutend heruntergekommen, doch war Kopf- und Augenhöhlenschmerz verschwunden und das Gesicht des linken Auges vollkommen hergestellt, so daß die Kranke den kleinsten Druck lesen konnte. (*W. Lawrence*, Treatise on the Diseases of the eye. London 1833.)

Bruch einer Rippe durch einen heftigen Hustenanfall.

Am 24sten März 1833 fragte eine 47 Jahr alte Dame von mehr als gewöhnlicher Größe und Muskelstärke Hrn. Graves, wegen eines Schmerzes in der linken Seite der Brust, um Rath. Sie hatte kein Fieber, aber das Einathmen war mit einem außerordentlichen Schmerze verbunden, welcher in der Gegend der linken Lende begann und sich bis zur Schulter dieser Seite erstreckte. Eben so empfand sie auch allerhand schmerzhafte Gefühle in der Gegend des mittlern Theils der neunten und zehnten Rippe. Nach der Aussage der Dame war sie fünf Tage zuvor nach einem starken Hustenanfalle von einem heftigen Schmerze befallen worden, und hatte seitdem immer die Empfindung gehabt, als sey etwas zerbrochen. Blutegel und ein Blasenzug waren ohne Erfolg angewendet worden. Dr. Graves war Anfangs ungewiß; doch untersuchte er die Kranke, indem er sie auf's Bett sich legen ließ, und fand dann den eigentlichen Sitz des Schmerzes nicht zwischen den Rippen, sondern auf einer derselben, nämlich an der Vereinigungsstelle derselben mit dem Knorpel, oder doch ganz nahe an dieser Stelle. Der Druck auf diesem Puncte wurde kaum ertragen und erregte die Empfindung, als wenn der Knochen nachgäbe, kurz ganz so wie bei einem wirklichen Bruche. Die Dame erklärte, sie habe, nach den Erinnerungen, welche ihr von einem früher erlittenen Bruche des Arms zurückgeblieben seyen, denselben Gedanken gehabt, und sie befinde sich besser, wenn man das Kleid dicht über die Brust anliege. Die Anlegung einer Compresse und einer Binde führten unmittelbare Linderung herbei, und die Heilung wurde ohne Anwendung irgend eines andern Mittels erreicht. (Medico chirurgical Review.)

Ueber die Extracte aromatischer Pflanzen und besonders das des Baldrians.

Nach Hrn. Boutigny, Pharmaceut zu Paris, enthalten die meisten wässerigen Extracte der Pharmaceuten bei weitem nicht alle wirksame Stoffe der Pflanzen, von denen sie gewonnen werden, besonders nicht von riechbaren; auch wurden viele dieser Extracte als ganz unwirksam betrachtet. Aber durch folgendes, von ihm angewendete, Verfahren ist man im Stande, die wirksamsten Stofftheile der Pflanzen auszuziehen: Man nimmt, z. B., von der Baldrianwurzel (Valeriana officinalis, L.,) eine beliebige Menge, wie etwa 12 Pfund, und thut sie mit der dreifachen Gewichtsmenge Wasser in einen Kolben mit Vorlage, und destillirt, nach gehöriger Verkittung, ungefähr den dritten Theil des Wassers über. Das Destillat ist milchweißlich, riecht stark nach Baldrian, und es schwimmen $4\frac{1}{2}$ Drachme (gros) ätherisches Del

auf, welches man sorgfältig wegnimmt. Die Vorlage wird nun entfernt, der Inhalt des Kolbens auf ein Stück weitfäbiges Linnen (Beuteltuch) gebracht, um die Flüssigkeit abtropfen zu lassen, und der auf dem Filter zurückgebliebene Baldrian ausgedrückt. Die so erhaltene Flüssigkeit wird mit der vorigen vereinigt, und beide werden schnell zu 24 oder 25° Dichtigkeit abgedampft. In diesem Zustande wiegen sie ungefähr 6 Pfund, und man kann sie als ein sehr dünnes Extract ansehen. Dieses wird jetzt in einen Glasrecipienten ausgegossen und 6 Pfund 36grädiger Alcohol hinzugesetzt; worauf man die Mischung 5 oder 6 Tage lang stehen läßt; jedoch muß sie zuweilen umgeschüttelt werden. Hierauf filtrirt man sie durch Papier, destillirt die filtrirte Flüssigkeit im Marienbade, um den Alcohol auszuziehen, der zu einer ähnlichen Operation dienen kann, und gießt das, was noch im Marienbade zurückbleibt, in eine Porcellankapsel, welche man der Wärme des Marienbads so lange aussetzt, bis ihr Inhalt die gewöhnliche Extractdicke hat. Dann setzt man dem Extracte, wenn es etwas kalt geworden, alles vorher abgezogene ätherische Del zu und bewahrt das Extract in einem hermetisch verschlossenen Gefäße mit weiter Deffnung auf. Sein Gewicht beträgt 17 Unzen. (J. des C. méd. chir.)

Miscellen.

Durchschneidung des Mutterhalses durch die vagina an einer Frau, wegen gänzlicher Obliteration des collum uteri, während der Geburtsarbeit mit Glück vorgenommen. Die Kranke war eine Frau von 33 bis 40 Jahre, welche bereits mehrere Kinder gehabt hatte. Die Geburtsarbeit dauerte bereits seit 48 Stunden, als Hr. Dr. Caffe zu ihr geholt wurde; sie wohnte bei Mad. Mouray, Hebamme, Vieille rue du Temple no 110. Hr. C. erkannte den Fall sogleich, und hielt, als erfahrner Mann, den Kaiserschnitt, Durchschneidung des Mutterhalses, auch Kaiserschnitt durch die vagina genannt, für das einzige Mittel, eine drohende Zerreißung der Gebärmutter zu verhüten, und die Kr. vor den ihr drohenden Gefahren zu schützen. Doch ließ Hr. C. vorher den Zustand der Theile durch mehrere seiner drei Collegen untersuchen und bestätigen. Die Operation wurde hierauf mit dem glücklichsten Erfolg ausgeführt, so daß 1 Stunde nachher die Geburt vor sich gehen konnte. Das Kind wog 7 Pfund, und war 18 Zoll lang. Die Kr. hat seitdem nicht den geringsten übeln Zufall erfahren; der Urin fließt leicht und von freien Stücken; der Stuhlgang ist natürlich; der Leib ist ganz schmerzlos. Alles läßt also den glücklichsten Ausgang hoffen.

Wegen einer bei'm Aderlaß angeschobenen Arterie, wo endlich Amputation nöthig wurde, ist vor Kurzem ein Chirurg von dem Tribunal zu Evreux verurtheilt worden, dem Patienten 600 Francs Entschädigung zu zahlen und eine jährliche Pension von 150 Francs zu gewähren.

Bibliographische Neuigkeiten.

Introduction à la Géologie ou prémière partie des élémens d'histoire naturelle inorganique, conténant des notions d'Astronomie de Météorologie et de Minéralogie, avec un atlas de 3 tableaux et 17 planches. Par *J. J. d'Omalius d'Halley*. Paris 1833. 8.

Ueber den Markschwamm im Hoden. Vom Dr. Otto Baring, practischen Arzt und Geburtshelfer in Hanover. Mit 4 lithographirten Tafeln. Göttingen 1833. 8. (Eine dankenswerthe Monographie.)

Lettres topographiques et médicales sur Vichy; par *Victor Nodier*, M. D. Paris 1833. 8.

Notizen

aus

dem Gebiete der Natur- und Heilkunde,

gesammelt und mitgetheilt von Dr. L. F. v. Froriep.

Nro. 842. (Nro. 6. des XXXIX. Bandes.) Januar 1834.

Gedruckt im Landes-Industrie-Comptoir zu Weimar. Preis eines ganzen Bandes, von 24 Bogen, 2 Rthlr. oder 3 Fl. 36 Kr.,
des einzelnen Stückes 3 ggl. Die Tafel schwarze Abbildungen 3 ggl. Die Tafel colorirte Abbildungen 6 ggl.

Naturkunde.

Ueber die Erscheinung von Heuschrecken in der Gegend von Marseille

berichtet Hr. Salier der Société entomologique de France Folgendes:

31. Mai „Ungeachtet aller Mühe habe ich über die Menge der im J. 1832 getödteten Heuschrecken doch nichts Sicheres in Erfahrung gebracht. Wie es scheint, hat man über die durch sie verursachten Ausgaben keine genaue Rechnung geführt, auch sich vielleicht darum nicht die Mühe geben wollen. Aber in der Statistik des Depart. des Bouches du Rhone fand ich einiges Nähere über die vorher erwähnten Erscheinungen.

„Im Jahr 1822 durchzogen Heuschrecken das Gebiet von Arles und Saintes-Maries; es wurden zu ihrer Vertilgung 1227 Franks ausgegeben, der Rest einer Summe von 4000 Franks, aus dem Jahr 1820, wo sie zum ersten Mal erschienen waren.

„Im Jahr 1823 wurde nichts dafür ausgegeben, aber 1824 erschienen die Heuschrecken in viel größerer Anzahl, als die frühern Jahre in demselben Gebiete. Es wurde die Vertilgung derselben befohlen. Man sammelte zu Saintes-Maries 1518 Getraidesäcke dieser Insecten und zu Arles 165 Säcke, dieses giebt, dem Gewichte nach, zu Saintes-Maries 65861 Kilogramme und zu Arles 6600 Kilogramme, im Ganzen 72461 Kilogramme. Die Ausgabe dafür belief sich auf 5542 Franks. Das folgende Jahr war noch unglücklicher. Es wurden aus demselben Gebiet 6200 Franks ausgegeben, woraus man auf eine um das Achtfache reichere Jagd als in dem vorigen Jahr, und auf ein Gewicht der gesammelten Insecten von 82000 Kilogrammen schließen kann.

„Im Jahr 1826 betrug die Ausgabe für denselben Gegenstand nur 576 und 1827 nur 200 Franks in dem Gebiete von Saintes Maries. An letzterem Orte besonders nahmen die Heuschrecken überhand. Man beginnt die Jagd im Mai und fast die ganze Bevölkerung von Saintes Ma-

ries, Weiber und Kinder, ist einen Theil des Sommers damit beschäftigt. Man fängt sie mittelst eines Sacks groben Leinenzeuchs, von welchen 4 Personen jede ein Ende halten. Zwei davon gehen voraus, indem sie den Rand des Zeuchs knapp am Boden hinziehen, und zwei gehen hintendrein, welche den hintern Rand in die Höhe halten, so daß die Fläche des Zeuchs mit dem Horizont ungefähr einen Winkel von 45° bildet. Die Heuschrecken werden auf diese Weise gezwungen, in die Höhe zu springen, um zu fliehen, und werden von der unter ihnen hinweggezogenen Leinwand aufgefangen, wo man sie dann, wenn man ihrer eine gewisse Menge hat, in die Säcke wirft. Eine Person kann mit dieser Jagd 1 Frank bis 1 Frank 50 Centimen auf den Tag verdienen.

„Zu gleicher Zeit wird auch die Vernichtung der Heuschreckeneier mit anbefohlen. Diese Eier stecken in Röhren, welche von dem Weibchen aus Erde verfertigt, und in der ersten Schicht des Bodens eingegraben sind. Die Bewohner von Saintes Maries sind in dieser Art der Jagd eingeübt und entdecken sie mit vielem Scharfsinn.

„Im Jahr 1613 war zu Marseille 20000 und zu Arles 25000 Franks zur Vertilgung der Heuschrecken ausgegeben worden. Man bezahlte wie heutzutage 25 Centimen für das Kilogramm Heuschrecken, und 50 Centimen für das Kilogramm Eier. Man sammelte in demselben Jahre 12200 Kilogramme Heuschrecken und 122000 Kilogramme Eier.

„Nach den Hrn. Rostan und Delyle-Saint-Martin wurden die ärgsten Verwüstungen durch folgende Arten angerichtet, durch Locusta gigantea, ephippigera, grisea, verrucivora, viridissima und Acrydium lineola, italicum, stridulum, flavum, coerulescens und pedestre. Acrydium italicum verursachte den meisten Schaden im Jahr 1825 in den Vierteln von St. Martin, St. Jerome, Chateau Gombert, dem Plan de Cuques und an den Oelbäumen der Marseiller Weichbilds. Die Fruchtärndte war fast gänzlich verloren und an Gemüsen ärndtete man gar nichts."

6

84

1. Aug. 1833. „Obgleich die in dem vorigen Brief angeführten Angaben aus den Registern von Bouches du Rhone ausgezogen sind, so scheinen doch die im Betreff des Jahrs 1613, wenn auch nicht in Ansehung der Menge der Heuschrecken, doch hinsichtlich der Menge der Eier, übertrieben; vielleicht gilt das dort Gesagte gerade umgekehrt, womit dann auch die Ausgabe dafür mehr in Uebereinstimmung seyn würde. Ich habe jetzt Nachrichten von einem Eigenthümer in der kleinen Gemeine Chateau Gombert, im Marseiller Weichbilde. Vor ungefähr 25 Jahren stellte man eine Heuschreckenjagd an, wobei man 2000 Kilogramme Eier sammelte, das Gewicht der erdigen Röhren, in welche sie eingeschlossen sind, mitgerechnet, und welches man etwas Weniges unter die Hälfte annimmt. Diese Jagd muß in die Zeit von der in der Statistik von Bouches du Rhone erwähnten fallen.

„Wie es scheint, sind die Heuschreckennester leicht zu bemerken. Sie liegen an der Oberfläche der Erde, in Fußsteigen, am Fuße von Hügeln, und sind sehr deutlich. Die Heuschrecken scheinen bebautes Land zu vermeiden, vielleicht weil ein etwas fester Boden ihnen zur Verfertigung der für die Eier bestimmten Nests tauglicher scheint. Die Röhre, in welcher sie enthalten sind, ist fast walzenförmig, 15 Centimeter lang und ungefähr 1 Centimeter dick. Sie ist klebrig und mit einer leichten Schicht Erde belegt. Im Mai und Juni macht man Jagd auf die Heuschrecken und am Ende des Augusts sucht man nach den Eiern. Wie groß die Anzahl der Heuschrecken seyn müsse, kann man daraus sehen, daß ein mit dem eben erwähnten Eigenthümer bekannter Landmann, an einem einzigen Tage bis 50 Kilogramme Heuschrecken fing. Er bediente sich dazu eines Netzes, fast dem ähnlich, womit man Schmetterlinge fängt, und welches man über die Stängel der Pflanzen hinwegzieht.

14. Aug. 1833. „Vor einigen Tagen begab ich mich in das Dorf Chateau Gombert, dessen Felder und Weinberge jährlich mehr oder weniger von den Heuschrecken verwüstet werden. Sogleich nach meiner Ankunft durchsuchte ich mehrere Fußwege nach Nestern von Heuschrecken. Ich untersuchte alle Löcher, groß oder klein, und Hr. Quartier, ein Entomolog aus der Schweiz, half mir eifrig. Allein all mein Suchen war vergebens und wir fanden nicht ein einziges Nest. Schon gaben wir alle Hoffnung auf, als wir ein Eier legendes Weibchen bemerkten. Es saß auf der Kehrseite einer Böschung nahe am Wege, fast gegen Mittag, unbeweglich, die beiden Vorderfüße nach vorn, die mittlern Schenkel nach hinten und die hintern fast vertikal erhoben; der Hinterleib desselben steckte fast bis zum Anfang der Hinterbeine in der Erde. Es wurde zweimal von Ameisen angegriffen, ließ sich aber dadurch nicht stören, sondern jagte sie mit den Hinterbeinen weg. Den Anfang des Legens sahen wir nicht, aber wir hatten bereits 12 Minuten lang zugesehen, als es plötzlich eine Bewegung nach vorn machte, so daß der Leib fast ganz leer wurde. Es blieb noch ungefähr 2 Minuten in dieser Stellung, und machte dann einen Sprung. Als ich näher ging, um das Loch zu untersuchen, in welches es gelegt hatte, konnte ich keine Spur davon entdecken, woraus ich schließe, daß dieß letztere Verfahren dazu diente, die Oeffnung zu verschließen, um seine Eier den Nachsuchungen der Feinde zu entziehen. Jedoch fand ich, als ich die Erde aufwühlte, das Bündel Eier, deren Hülle noch nicht verhärtet war.

„Nach dem, was ich eben bemerkte, konnte ich nicht begreifen, wie die Landleute die Eier finden konnten, welches nach ihrer Behauptung leicht seyn soll. Wir kehrten mit dieser Ungewißheit in das Dorf zurück, fest entschlossen, den Zweifel aufzuklären und wir nahmen ein Kind mit einer kleinen Hacke mit. Dieses führte uns an eine steinige Stelle von geringem Umfang, wo sich hier und da etwas Erde fand. Es fing jetzt an, ganz nahe am Stein, in den Theilen zu hacken, wo die Erde am wenigsten dick war, und bald brachte es uns mehrere, hinter einander gefundene Cotton's. In weniger als 20 Minuten befanden wir uns in Besitz von mehr als 400 Nestern, welche im Raum von einigen Geviertmetern gesammelt worden waren. An der Stelle, wo die Erde etwas tief war, hatte ich nicht ein einziges gefunden. Ihre Lage ist verschieden, doch meist horizontal. Im Oc.ober findet man sie am häufigsten, weil viele Heuschrecken im August noch nicht gelegt haben.

„Die 400 Nester, welche ich heim brachte, wogen ungefähr 25 Gramme, daher enthält das Kilogramm 1600 Nester. Jeder Cotton schien mir 50 bis 60 Eier zu enthalten, der Kilogramm würde demnach aus 80000 Eiern bestehen. Und es scheint, daß ein etwas darauf geübtes Kind leicht täglich 6 bis 7 Kilogramme sammeln kann.

„Nach der Rechnung des mit der Auszahlung der Belohnungen für Heuschreckensucher beauftragten Beamteten wurden ihm 1832, 1979 Kilogramme Insecteneier, von 61 Personen gesammelt, überliefert, und 1833 hat dieselbe Zahl von Leuten 3808 Kilogramme Eier gesammelt. Es scheint fast, daß diese Aerndte nur nachlässig betrieben wurde und daß man 4000 Kilogramme Eier und 12000 Kilogramme Heuschrecken hätte sammeln können, da die letztern im Mai, Juni und Julius so häufig waren.

Ueber die Lebensweise des Goldfisches (Cyprinus auratus Lin.) und des Silberfisches (Cyprinus auratus, varietas).

„Da ich mich im Herbst 1830 zufällig zu Derby befand, so besuchte ich das Magazin der Herrn Hall zustehenden Manufactur der sogenannten Derbyshire'schen Spaa-Waare, woselbst ich mehrere Glaskugeln und Vasen bemerkte, die Gold- und Silberfische enthielten. Hierauf führte mich Hr. Hall in seinen Garten, wo sich in einem großen Marmorbecken ebenfalls eine Anzahl dieser Fische befand. In dem Becken spielte eine Fontaine, und trotz des Wellenschlags des Wassers war dasselbe fast ganz, mit einem grünen Gewächse von sehr feiner Textur überzogen, welches Hr. Hall öfters, doch ohne Erfolg auszurotten gesucht hatte. Er ließ es daher fortwuchern, und fand bald, daß es seinen Nutzen habe, denn es schien die Entstehung eines zinnoberfarbi-

gen Würmchens zu begünstigen, welches die Fische fraßen;
bald darauf laichten dieselben. Hr. Hall gab sich damals
große Mühe, über die beste Art der Vermehrung der Gold-
fische Nachrichten einzuziehen; da er aber in Schriften keine
Auskunft fand, so beschloß er, sich durch eigne Beobachtung
Kenntniß von dem Gegenstande zu verschaffen.

Bei Beobachtung des Wachsthums der Brut bemerkte
er, daß die Fische nicht nur die rothen Würmchen, sondern
auch ihre eigenen Jungen fraßen. Dieß bewog ihn, so viel
von den letztern, als er fangen konnte, aus dem Becken zu
beseitigen, und mit einer kleinen Quantität der früher erwähnten Wasserpflanze in Glaskugeln zu thun. Die jungen Fische wuchsen geschwind, ihre Zahl nahm aber ab. Bei
näherer Untersuchung ergab sich, daß die größern Jungen die
kleinern fraßen, und daß nur diejenigen mit dem Leben davon kamen, welche sich mit Erfolg wehren konnten. Hr.
Hall that nun Fische von ziemlich gleicher Größe in besondere Gläser, und dieselben wuchsen nun fort, ohne daß ihrer weniger zu werden schienen. Er nahm in meiner Gegenwart einige von den rothen Würmchen aus dem Marmorbecken in Garten und warf sie in die Gläser, in welcher sich
halbwüchsige Gold- und Silberfische befanden. Diese schossen sogleich auf die Würmchen zu, und verschlangen sie gierig (*Henry Stratton Enfield*, Jan 31. 1833.)

Diese Umstände sind interessant, doch würde die Mittheilung an Werth gewinnen, wenn der systematische Name
der grünen Wasserpflanze und des rothen Würmchens angeführt wäre. Die Pflanze ist wahrscheinlich eine Conferve
oder gehört einer der verwandten Gattungen an. Man
soll die Fortpflanzung der Gold- und Silberfische dadurch
sehr befördern können, daß man häufig etwas warmes Wasser in ihr Becken läßt, welche Entdeckung man zufällig machte,
indem man das Wasser aus einem gewaltigen Kessel, der
zum Betrieb irgend eines Geschäftes diente, wenn er entleert werden mußte, warm in Behälter abziehen ließ,
in dem sich Gold- und Silberfische befanden. (Magazine
of Natural History XXXVI. Nov. 33.)

Ueber Höhlen mit fossilen Knochen.

Hr. Tournal, jun., zu Narbonne, schließt aus einer
großen Menge von Thatsachen und Beobachtungen, daß
1) die in Höhlen verschütteten Knochen auf verschiedene
Weise hineingekommen seyen; daß
2) die Arten nach den Localitäten verschieden seyen,
und daß dieser Unterschied entweder von der Zeit der Ablagerung, oder der geographischen Lage der Höhle abhänge.
3) Der Mensch lebte schon zu der Zeit, wo die ausgestorbenen Thierarten, die man im Schlamme der Höhlen
abgesetzt findet, die Erde bewohnten, und da diese Thiere von
allen Naturforschern als fossile betrachtet werden, so existirt
auch der Mensch im fossilen Zustande.
4) Der Schlamm und die Kiesel, welche man in denselben Höhlen findet, wurden nicht durch eine plötzlich und
vorübergehend einwirkende Ursache, z. B., eine Fluth, son-

dern im Gegentheil fast immer langsam, und auf verschiedene Art hineingeführt.
5) Bei aufmerksamer Untersuchung der im Schlamme
enthaltenen Steine findet man, daß sie von benachbarten Orten herbeigeführt worden sind, und daß folglich die Ursache,
welche sie fortgeführt hat, durchaus local war.
6) Der Zeitraum, während dessen sich die Knochen-
höhlen bildeten (die Knochen in den Höhlen anhäuften?), war
außerordentlich lang.
7) Bei gewissen Höhlen sind der Schlamm, die Knochen und die Steine zu gleicher Zeit hereingeführt worden;
bei andern dagegen wurde der Schlamm nach den Knochen
abgesetzt.

In den Höhlen des südlichen Frankreichs hat man die
Knochen folgender Thiere gefunden: Elephant, Rhinozeros,
Wild-Schwein, Pferd, Ochs (zwei Arten), Hirsch (5 Arten),
Antilope (sehr groß), Gemse, Hyäne (fossile), Hyäne (ge-
streifte), Hyäne (braune), Hund (2 Arten), Ziege, Schaaf,
Bär (wenigstens 2 Arten), Dachs, Tiger, Löwe, Leopard,
Luchs, Wolf, Fuchs, Wiesel, Iltis, Hase, Kaninchen, Spring-
hase, Erdratte, Vögel (mehrere Arten), Landschildkröte, Ei-
dechse (Lacerta ocellata), Schlange von der Größe der Co-
luber Natrix.

Der einzige Unterschied, welcher zwischen den englischen
und deutschen, im Vergleich mit den südfranzösischen Kno-
chenhöhlen, besteht, ist, daß man in England das Flußpferd,
und bei Sandwik, in Westphalen, den Vielfraß gefunden
hat. (Ann. de Chim. et de Phys. LII. p. 161.)

Ueber die Veränderung durchschnittener Nerven und über die Muskelreizbarkeit.

Von J. Müller und L. Sticker.

Nysten hat in seinen bekannten Untersuchungen über die pathologische Physiologie und Chemie angeführt, daß die Muskeln derer, welche
einige Tage nach einem Schlagflusse gestorben seyen, auf galvanische Reize sich bewegen, obgleich das Hirn gelähmt sey; es sey daher zu vermuthen, daß so kurz nachher die Nerven noch ihre Kraft
haben, und daß diese erst allmälig ganz schwinde, so daß es scheine,
daß bloß durch ungestörten und ununterbrochenen Einfluß des Gehirns die Nerven ihre eigenthümlichen Kräfte haben; auch habe er
einmal beobachtet, daß der untere Theil des nervus ischiadicus,
welcher einige Monate vorher, zum Behuf von Regenerationsversu-
chen bei Kaninchen durchschnitten worden war, bald aller Kraft beraubt gewesen sey. Ueber diesen wichtigen Gegenstand veranlaßte
Müller folgende genauere Versuche. Es wurde zu diesem Zwecke
mehrern Kaninchen und einem Hunde der nerv. ischiadicus
der rechten Seite ein Stück möglichst hoch ausgeschnitten, denn indeß mehrere vor Beendigung der Experimente zu Grunde gingen,
so daß sich endlich die Versuche auf einige Kaninchen und einen
Hund beschränkten. Dennoch waren die Resultate so auffallend,
daß man sie als vollkommen befriedigend betrachten kann.

Die unmittelbaren Folgen der Durchschneidung des ischiadicus
in Bezug auf die Function des Gliedes waren besonders bei dem
Hunde sehr bemerkenswerth: Die Thiere schleppten nicht allein die
Ferse hinter sich her, sondern es entstand auch bei vieren derselben
ein decubitus an der Ferse. So lange der Hund ruhig stand, war
kaum zu bemerken, daß er seiner rechten Extremität etwas verliet-
sey, sobald er aber gehen und besonders laufen und sich wenden
mußte, so hinkte er und stützte sich häufig mit dem Rücken der Ze-

hen auf den Boden. Es schien dabei, als wenn er allerdings noch einige Kraft im Schenkel habe; da sich aber durch die spätern Experimente zeigte, daß dieß eigentlich nicht der Fall sey, so ist in der That zu fragen, auf welche Weise es möglich gewesen sey, daß sich der Hund doch noch auf den Zehen gestützt habe. Die Extensoren des Schenkels, welche an der vordern Seite liegen, und durch andre Nerven (vom cruralis aus) versorgt werden, mußten bei'm Strecken des Schenkels zugleich die musculi gastrocnemii anspannen, welche von den Condylen des Oberschenkelbeins zur Achilleussehne gehen; daher kömmt es, daß selbst, wenn die Extensoren des Fußes gelähmt sind, die Ferse doch noch gehoben wird, so daß der Hund auf die Zehen sich stützen kann; etwas, was sich sogar an todten Hunden wiederholen läßt, bei welchen auch, bei gestrecktem Ober- und Unterschenkel immer die Zehen gestreckt wurden, so daß sie zum Aufstützen festen Widerstand leisteten, was sogleich aufhörte, sobald der Oberschenkel gebeugt wurde.

Unmittelbar nach der Durchschneidung des Nerven hinkten die Thiere außerordentlich stark und schienen sich selbst der Muskeln nicht bedienen zu können, deren Nerven nicht verletzt waren, was wohl Folge des Schmerzes und der darauf folgenden Entzündung war, indem einige Tage später die Muskeln, deren Nerven nicht durchschnitten waren, wieder ihre Kraft erhielten.

Das Kaninchen, an welchem der erste Versuch angestellt wurde, hatte zwei Monate und drei Wochen vorher die Ausschneidung des Nervens erlitten. Sobald nun der Nerv zwischen dem biceps und semitendinosus bloßgelegt wurde, zeigte sich, daß die Continuität des Nerven wiederhergestellt sey. Es wurde nun nachgewiesen, daß die Bewegungskraft des Nerven dennoch ganz und gar erloschen sey und hierauf wiederum unterhalb der Stelle, wo die Verwachsung zu Stande gekommen war, der Nerv durchschnitten, — wobei, was sehr bemerkenswerth ist, der Hund zwar schrie, aber nicht die geringste Muskelcontraction in den betroffenen Gliede machte, — nun wurde der Nerv auf die verschiedenste Weise gereizt, heftig gezerrt, angestochen und gefunkstiert und galvanisiert, ohne daß nur eine Spur von Contraction in den Muskeln entstanden wäre. Es war nun interessant, zu wissen, wie sich nun Muskeln selbst, besonders die bloß von dem ischiadicus versorgten gastrocnemii und peronei, auf die Einwirkungen derselben Reize verhalten würden. Es fragt sich nämlich, ob die Muskeln ihre eigne Irritabilität besitzen und die Bewegungskraft der Nerven bloß eine der Ursachen sey, wodurch die Function der Muskeln angeregt werde, oder aber ob die Nerven allein Irritabilität besitzen, und in allen Fällen zuerst gereizt werden, um auf secundäre Weise Muskelcontractionen hervorzubringen. Diese Frage war am leichtesten bei Experimente an demselben Kaninchen zu beweisen, bei welchem man bereits gefunden hatte, daß die Nervenbewegungskraft einiger Muskeln vollkommen aufgehoben sey.

Die vorhin erwähnten Reize wurden daher auch auf die Muskeln angewendet, ohne jedoch auch nur die leiseste Contraction hervorzurufen; auf der andern Seite, welche bei Vergleichs wegen auf dieselbe Weise behandelt wurde, erregte die Durchschneidung des Nerven das heftigste Geschrei und die heftigsten Muskelcontractionen, und auf geringere Reize, welche entweder auf den untern Theil des Nerven allein, oder auf die Muskeln selbst angewendet wurden, zeigten sich sehr kräftige Muskelcontractionen selbst nach dem Tode.

Bei einem Hunde, welchem ebenfalls 2 Monate und 3 Wochen vorher die Nerven durchschnitten worden, waren sie auf gleiche Weise durch eine Narbe wieder vereinigt; die Experimente, welche auf gleiche Weise angestellt wurden, gaben auch, was die Nerven betrifft, ganz dieselben Erscheinungen; es war bloß der Unterschied, daß bei dem Hunde sich die Muskeln etwas zusammenzogen, wenn auch bei weitem weniger stark, als auf der andern Seite, auf welcher übrigens nach dem Tode noch sehr lebhafte Contractionen veranlaßt werden konnten, während sie an dem, dem Experimente unterworfenen Schenkel ganz und gar fehlten.

Bei einem andern Kaninchen wurden die Experimente 5 Wochen nach Durchschneidung des Nerven angestellt, um zu sehen, wie sich der peripherische Theil des Nervs nach einem so kurzen Zwischenraume verhalten werde. Hier fehlte nun noch die Zwischensubstanz zwischen beiden Nervenenden, welche etwas angeschwollen

---

waren und mit dem umgebenden Zellgewebe zusammenhingen; es waren nämlich hier 3 Linien aus dem Nerven ausgeschnitten, während bei den andern Experimenten bloß ein Stück von 4 Linien entfernt war. Hier waren nun auf keine Weise, weder durch mechanische, noch durch chemische Reize (kali causticum), noch durch Galvanismus Contractionen in den Schenkelmuskeln hervorzurufen; die Reize mochten auf die Nerven, oder, wie dieß nachher geschah, auf die Muskeln angewendet werden. Auf der andern Seite dagegen entstanden, wie bei den vorhergehenden Experimenten, sowohl während des Lebens, als nach dem Tode des Thiers durch gleiche Reize die lebhaftesten Erscheinungen.

Daß aber unmittelbar nach Durchschneidung des Nerven die Nervenkraft noch unverletzt gefunden wurde, obgleich der Zusammenhang des Theiles mit dem Gehirne bereits aufgehoben war, wird Niemanden wundern, wenn man bedenkt, daß alle Theile des Organismus selbst nach dem Tode noch kurze Zeit hindurch ihre Eigenschaften behalten.

Wie es sich aber mit der Empfindungskraft des Nervs und den damit zusammenhängenden Erscheinungen verhalte, ist durch dieselben Experiment bis jetzt noch nicht hinreichend erforscht. Ob der Schmerz bei der zweiten Durchschneidung von Zerrung des obern Nervenstückes oder aber davon herrühre, daß (was übrigens weniger wahrscheinlich ist) ein früher nicht getrennter Nervenast noch erst durchschnitten wurde, ist noch nicht zu entscheiden. Daß der Schmerz durch die gebildete Narbe zum Gehirn fortgesetzt werde, läßt sich vorläufig deswegen nicht annehmen, weil man nicht einsieht, warum, wenn durch die Narbe die Empfindung fortgepflanzt wird, durch dieselbe nicht auch die Bewegungskraft wiederhergestellt werden könne; auch spricht dagegen, daß bis jetzt in solchen Narben nicht die geringste Spur von Nervenstructur aufgefunden worden ist. Was übrigens über die Regeneration des Nerven gesagt worden, ist hier nicht näher zu untersuchen; indeß läßt sich gegen den Meinung, als könnten die Nerven sich wiedererzeugen, außer vielem Andern auch noch das einwenden, daß durch die Nervenkraft des untern Theils des Nerven ganz und gar erloschen ist, was durch vorliegende Experiment beweisen, von Andern aber noch nicht wiederholt ist.

Wir gehen nun zur Betrachtung der Muskelreizbarkeit über, welche Einige als von den Nerven ganz unabhängig betrachten, was Andere läugnen. Die Beweise, welche am meisten für die Haller'sche Muskelreizbarkeit zu sprechen scheinen (daß sich nämlich der Muskel durch sich und unabhängig von den Nerven bewege), werden besonders durch folgende begründet:

a) Durch Reizung der nervi cardiaci zieht sich das Herz nicht zusammen, wohl aber durch Reizung der Substanz des Herzens selbst. Dieß ist aber durch Versuche von A. v. Humboldt, Burdach und Müller widerlegt; Humboldt galvanisirte die nervi cardiaci und sah dadurch den Herzschlag beschleunigt und verstärkt: Burdach erhielt dasselbe Resultat durch Galvanisiren des ganglion cervicale infimum sympathici. Jedoch beweisen diese Experimente bloß, wenn der galvanische Reiz angewendet wird, ganz schwach ist, weil sich derselbe sonst leicht, wie durch einen feuchten Leiter, auf den Muskel unmittelbar fortpflanzen kann. Beweisender sind die Versuche von Burdach, bei welchen der sympathicus durch kali oder ammonium causticum gereizt wurde und ganz dieselben Erscheinungen bedingte, wie sie durch den Galvanismus entstanden waren; doch sind diese letztern Versuche Müller nicht auf gleiche Weise gelungen.

b) Der motus peristalticus der Därme und der Herzschlag und endlich die Bewegungen vieler willkürlichen und unwillkürlichen Muskeln können durch Galvanismus angeregt und vermehrt werden. Müller gelang es aber auch durch eine starke, aus 65 Plattenpaaren bestehende galvanische Säule, welche mit dem nervus splanchnicus eines Kaninchens in Verbindung gebracht wurde, den motus peristalticus zu vermehren und deutlich machen anzugeben. Butzer reizte den zweiten Lumbalknoten, und sah dadurch fast alle in untern Theile des Bauches befindlichen Theile und selbst den Muskel derselben Seite in ein krampfhaftes Zittern versetzt. Bei diesen beiden Experimenten war jedoch der galvanische Reiz zu heftig, so daß er auch durch die Nerven bloß fortgepflanzt seyn konnte.

c) Müller hat beobachtet, daß die meisten chemischen Agentien anders auf die Nerven, als auf die Muskeln wirken; wird, z. B., eine Mineralsäure, Weingeist oder ein Metallsalz an einen frisch vom Gehirn oder Rückenmark gelös'ten Nerven angebracht, so werden die Muskeln nicht bewegt, während dieß bei Einwirkung derselben Agentien auf die Muskeln der Fall ist; — doch sah Humboldt nach chemischer Reizung des Nerven auch ein Zittern der Muskeln entstehen. Müller selbst vermuthet, daß jene chemischen Reizmittel an größern Nervenästen nicht rasch genug durch das Nervilem hindurch wirken können was an den Muskeln, wo es so äußerst zart ist, natürlich sehr leicht geschieht.

d) Es besitzen endlich die Pflanzen eine Contractilität, ohne daß Nerven vorhanden sind.

Da nun aber diese Beweise theils widerlegt sind, theils noch nichts Gewisses beweisen, so mögen hier Beobachtungen folgen, welche gerade das Gegentheil zeigen, nämlich daß die Muskeln keine eigenthümliche Contractilität besitzen, sondern daß alle Reize, welche Muskelbewegungen bedingen, immer zuerst auf die Nerven wirken und erst mittelbar Muskelcontractionen veranlassen.

a) A. v. Humboldt präparirte Muskeltheile so mit dem Messer, daß kein größerer Nervenast in ihnen zu bemerken war (was im Oberschenkel der Frösche oder in den Flossen der Fische sehr leicht seyn soll) und fand nun, daß auf keine Weise durch Galvanismus Contractionen in ihnen hervorgerufen werden konnten.

b) Heftige electrische Schläge, die man auf die Muskeln oder auf den Nerven allein wirken läßt, rauben den Muskeln sehr bald die Fähigkeit, von außen zu Contractionen gereizt zu werden. Ueber die Gifte, welche auf Nerven und Muskeln zugleich wirken, sind die Beobachtungen nicht beständig genug, um sich schweige da her darüber.

c) Der Unterschied der Nerven als Bewegungs- und Empfindungsnerven macht, nach Müller, in dieser Beziehung viel aus; denn wenn man, z. B., den infraorbitalis und orbitalis so wird das durch nie mehr als Schmerz veranlaßt, niemals eine Bewegung der Muskeln, in welche er sich vertheilt, hervorgerufen. Der nervus lingualis und hypoglossus gehen beide zur Zunge, aber bloß der hypoglossus kann Muskelcontractionen vermitteln; aber daß es zu bemerken, daß bloßer Nerveneinfluß nicht hinreiche, sondern daß auch eine gewisse eigenthümliche Nervenkraft, Muskelthätigkeit anzuregen, erfordert werde; dagegen ist auch zu bemerken, daß der hypoglossus der Nerven als Bewegungs- und Empfindungsorgan auch von einer verschiedenen Richtung der Einwirkung der Nervenkraft, aber nicht von einer verschiedenen Natur der Nervenkraft abhängen könne.

d) Außerdem hat Müller bei einem Frosche einmal beobachtet, daß, nachdem er durch heftiges Zerren und Zuschnappen die Bewegungskraft eines Nerven vollkommen erschöpft hatte, diese Muskeln auch durch äußere Reize nicht mehr zu Contractionen bestimmt werden konnten; doch blieb diese Beobachtung bei häufiger Wiederholung nicht constant.

e) Zu diesen aufgeführten Beispielen lassen sich nun auch unsere neuen Experimente rechnen, bei welchen zweierlei sich ergab, daß nämlich nach vollkommner Zerstörung des Einflusses des ischiadicus auch durch äußere Reize der Muskeln keine Bewegungen mehr möglich waren, und daß bei dem Hunde auch bei heftigster Reizung des Nerven keine Wirkung erfolgte, obgleich durch Reizung der

Muskeln selbst, wahrscheinlich vermittelt durch die noch nicht ganz abgestorbenen peripherischen Aeste, ein wenig Reizbarkeit zum Vorschein käm. Es läßt sich daraus schließen, daß die Muskeln keine eigne Kraft besitzen, und daß sie bloß durch Reizung der Nerven angeregt werden können. (De hervotum persectorum mutationibus deque irritabilitate musculorum. Dissertatio inauguralis auctore *L. Sticker.* Berlin 1838.)

Miscellen.

Um die Stelle der eigentlichen Kreuzung der vordern Stränge des Rückenmarks, in Beziehung auf das Hinterhauptsloch genau zu bestimmen, sind in der Société anatomique zu Paris verschiedene Versuche angestellt worden. 1) Berard der Jüngere berichtet: nachdem an einem Leichname die hintere Portion des Schädels und die Dornfortsätze der ersten Halswirbel weggenommen worden, so daß man die medulla oblongata hinten zu Gesicht bekam, sey ein Querschnitt in der Höhe des vordern Bogens des Atlas gemacht worden und man habe die vordern Pyramiden so getheilt gefunden, daß ⅔ ihrer Länge unter dem Schnitte gelegen hätt: da nun die Kreuzung noch unter den Pyramiden liegt, so gehe daraus hervor, daß diese Kreuzung offenbar unterhalb des foramen magnum liege. — 2) Chassaignac hat gefunden, daß bei einem verticalen Durchschnitt des Schädels und der Wirbelsäule von oben nach hinterwärts, der vordere Bogen des foramen magnum sich wirklich über die Pyramiden befinde, daß aber der hintere Bogen derselben Oeffnung unter dem bulbus liege, eine Anordnung, die von der Neigung der horizontalen Ebene des foramen magnum herrührt. — 3) Montault hat in horizontaler Richtung ein Scalpel unter das foramen magnum eingestochen, und die Zergliederung hat dargethan, daß das Instrument über der Kreuzung der vordern Nervenstränge des Rückenmarks durchgedrungen sey. Es ist also bewiesen, daß die Kreuzung nicht auf der Rinne der pars basilaris, sondern ganz außerhalb Schädels liegt.

Die Moschusratte (Mus zibethicus) ist in Canada einer der gemeinsten Thiere und lebt in Höhlen an den Ufern kleiner Flüsse und Bäche. Der Eingang der Höhle ist immer unter Wasser verborgen, die Wohnung ist nett gebaut, inwendig ganz glatt, und immer so angelegt, daß sie sich über dem Wasserspiegel befindet. Die Thiere leben im Sommer paarweise, im Winter wahrscheinlich in Gesellschaft wie der Biber, mit dem sie viele Aehnlichkeit haben, obgleich die Moschusratte viel kleiner ist. Bei Tage läßt sie sich selten blicken, in der Dämmerung kömmt sie aber aus ihrem Loche hervor, um zu fressen, und um diese Zeit jagen sie die Indianer mit dazu abgerichteten Hunden. Die Moschusratte ist über und über mit einem sehr weichen Pelze bedeckt, nur nicht am Schwanze, welcher breit und mit Schuppen besetzt ist, die mit bloß wenigen einzelnen Haaren vermischt sind. Der Schwanz riecht stark nach Moschus, und das ganze Thier nimmt an diesem Geruche in geringerem Grade Antheil, woher sich sein Name schreibt. Der Pelz wird gut bezahlt, und ähnelt dem des Bibers, ist aber weit leichter zu erhalten. (E. H. Greenhow. North Shields, June 1. 1838. — Magazine of natural history XXXVI. Nov. 38.)

Heilkunde.

Ueber Amaurose nach Wunden der Augenbrauengegend.

Von W. Lawrence.

Wunden der Augenbrauen und der benachbarten Stirngegend haben oft ernstlichere Folgen als die bloße Formveränderung und die daraus folgende Entstellung des Aussehens. Ein heftiger Schlag an die genannte Stelle mit oder ohne Wunde kann den Augapfel eben sowohl wie die äußern weichen Theile betreffen; er kann durch die Erschütterung be-

denkliche Zufälle veranlassen, auch wenn keine äußere Wunde vorhanden ist und es kann sogar auf diese Weise das Gesicht beeinträchtigt oder sogar ganz gestört werden.

Es kann dabei der Knochen gebrochen werden und der vordere Gehirnlappen mit verletzt seyn, oder die Fractur kann sich durch den dünnen zerbrechlichen Orbitalfortsatz des Stirnbeines hindurch erstrecken und bis zum Sehnerven hin gelangen. In solchen Fällen werden wahrscheinlich verschiedene Grade von Störungen des Gesichtes die äußere Wunde begleiten; der Zustand des Gesichtes ist hier aber eine untergeordnete Sache, und unsere Aufmerksamkeit muß sich vielmehr auf die Lebensgefahr, welche vorhanden ist, richten; und meistens werden die Mittel, welche gegen diese in Anwendung zu bringen sind, für das Auge eben so sehr von Nutzen seyn. Bei allen solchen Zufällen ist es daher nöthig, daß der Wundarzt das Auge genau untersuche, und sobald, als die Umstände irgend erlauben, nachweise, ob das Gesicht eine Störung erlitten habe oder nicht.

Es sind auch andere Fälle angeführt worden, in welchen die unmittelbare Verletzung auf die Weichtheile der Augenbraue beschränkt war, in welchen daher weder eine Fractur noch Erschütterung des Augapfels vorhanden war, und dennoch amaurotische Gesichtsschwäche oder wirkliche Blindheit früher oder später eintrat. Hippocrates hat die Bemerkung gemacht, daß Wunden der Augenbraue oft Blindheit zur Folge haben. Mehrere gelehrte Männer haben Commentare zu dieser Bemerkung geliefert, aber es ist mir keiner bekannt, welcher diesen Punct durch Thatsachen aufzuklären gesucht hätte. Beer jedoch giebt an, daß er häufig Gelegenheit gehabt habe, Amblyopie und wahre Amaurose in Folge von Wunden der Augenbrauen genau zu beobachten und zu behandeln: und Wardrop spricht ebenfalls in seinen „Versuchen Bd. II., p. 149" so, als habe er solche Fälle gesehen. Die Amaurose oder Amblyopie kann, nach Beer, unmittelbar auf die Verletzung folgen, oder auch erst später eintreten; sie kann während der Heilung, das heißt, während des Vernarbungsprocesses oder einige Zeit, nachdem die Narbe vollständig gebildet ist, hinzukommen, oder auch in Folge einer einfachen Quetschung ohne Wunde vorkommen. Die Krankheit kann sich in solchen Fällen schnell oder ganz langsam entwickeln. Die begleitenden Umstände, welche zugleich mit angeführt worden sind: Schnitt- und Rißwunden, welche den Stamm oder die Hauptäste des nerv. supraorbitalis betreffen, und Beer betrachtet die Verletzung dieses Nerven als die veranlassende Ursache der amaurotischen Blindheit; indeß wendet er diese Erklärung doch bloß darauf an, was ihm als der häufigste vorkommende Fall erscheint, nämlich auf eine Gesichtsstörung, welche während der Vernarbung oder nach ihrer Vollendung eintritt. Er sagt, daß, wo solche Wunden rasch behandelt und durch unmittelbare Heilung schnell geschlossen werden, keine üblen Folgen eintreten; daß aber bei Eiterung und nachfolgendem Granulationsproceß die durchschnittenen Nerven mit in die Entzündung hineingezogen und daher in die harte Narbe mit eingehüllt würden, so daß sie später seiner Meinung nach Druck und Reizung auszuhalten haben. Er bemerkt, daß unter den vielen Fällen solcher Wunden, welche ihm vorgekommen sind, bloß zweimal vollkommen amaurotische Blindheit vorhanden gewesen sey und zwar trat in beiden Fällen diese Blindheit erst einige Zeit nach Vernarbung der Wunden ein. Seine ganze Ansichten von der Ursache der Krankheit gestützte Behandlung besteht in der Durchschneidung der Nerven, welche in die Narbe eingeschlossen sind; und er erzählt, daß in den beiden so eben angegebenen Fällen die Kranken ihr Gesicht dadurch vollkommen wiedererhalten haben, daß dicht über dem foramen supra-

orbitale bis auf den Knochen ein Einschnitt gemacht worden sey, durch welchen sämmtliche Aeste des Supraorbitalnerven durchschnitten worden seyen.

Im vorigen Sommer sah ich einen jungen Mann von 20 Jahren 10 Wochen, nachdem er einen heftigen Schlag auf die linke Augenbraue erhalten hatte. Die Haut war dabei getrennt, aber der Kranke war nicht betäubt, und hatte weder damals noch auch später auch nur das leichteste Kopfweh empfunden. Die Augenlider waren nach der Verletzung wahrscheinlich durch Ecchymose sehr beträchtlich geschwollen, so daß er das Auge nicht öffnen konnte. Als er dasselbe nach einigen Tagen wieder öffnete, konnte er nichts sehen, obgleich der Wundarzt nicht die geringste Veränderung im Augapfel wahrnehmen konnte. Es wurden Blutentziehungen, Abführungen und magre Diät angewendet. Ich fand das Aussehen des Auges vollkommen normal; die Pupille verengerte und erweiterte sich in Sympathie mit der andern, aber ihre unabhängige und selbstständige Bewegung war vollkommen aufgehoben. Wenn das andere Auge geschlossen wurde, so erweiterte sie sich und blieb bewegungslos in diesem Zustande. Die Sehkraft war ganz und gar erloschen, so daß der Unterschied zwischen Licht und Dunkel mit diesem Auge nicht mehr gemacht werden konnte. An der Augenbraue war in der Nähe des äußern Winkels des Auges eine schmale Narbe zu sehen.

Ungefähr zur selben Zeit wurde ich von einer jungen Dame um Rath gefragt, welche bei einem Falle vom Pferde eine Zerreißung der Augenbraue und des Augenlides erlitten hatte. Das Auge, welches nicht direct verletzt zu seyn schien, litt an vollkommner Amaurose. Die Pupille war im Zustande mäßiger Erweiterung.

In einzelnen Fällen ist es zweifelhaft, ob die Amaurose, welche nach Schlägen auf den Kopf eintritt, die Folgen eigenthümlicher Beschaffenheit oder Sympathie des unmittelbar getroffenen Organes oder Gewebes sey. Im October 1827 sah ich einen 32jährigen Herrn, welcher 7 Wochen zuvor aus seinem Cabriolet geschleudert worden, und auf den Kopf gestürzt war. Er war vollkommen betäubt und blieb mehrere Stunden lang ohne Besinnung. Nach dem Berichte des ihn damals behandelnden Wundarztes waren Zeichen vorhanden, woraus hervorging, daß der Kopf oberhalb der rechten Augenbraue mit dem Boden in Berührung gekommen sey, wo die Haut nachher bloß die Mißfarbigkeit einer leichten Quetschung zeigte; am Augapfel, an der Conjunctiva, am obern Augenlid und an der Augenbraue selbst war weder Quetschung noch Ecchymose, noch irgend ein anderes Zeichen directer Verletzung zu bemerken; das Auge, welches vorher vollkommen gut gesehen hatte, war vollkommen erblindet und war trotz aller Behandlung in demselben Zustand geblieben. Als ich den Kranken sah, war keine Spur einer Verletzung irgend eines Theiles auf zufinden; wenn beide Augen geöffnet waren, so ließ sich kein Unterschied an denselben bemerken, die Pupillen waren in beiden nach Größe, Farbe und Beweglichkeit vollkommen gleich. Wenn das linke Auge geschlossen wurde, so erweiterte sich die rechte Pupille mäßig, und blieb nun in diesem Zustand bei dem verschiedensten Licht vollkommen unverändlich. Wenn das linke Auge geöffnet wurde, so zog sich die rechte Pupille sogleich wiederum etwas zusammen. Waren beide Augen offen, so erweiterte und contrahirte sich die rechte Pupille gerade wie die linke. Das rechte Auge war gegen das Licht vollkommen unempfindlich, das linke litt sympathisch etwas mit.

Eine Dame wurde aus einem Cabriolet geschleudert und schlug mit der Seite und dem Kopf auf den Boden auf. Sie war betäubt, kam aber bald wieder zu sich. Es zeigte sich nun eine Quetschung und Ecchymose der rechten Schläfe und Augenlider, welche letztere indeß nicht geschlossen waren. Sie mußte wegen der Verletzung der Seite des Körpers 5 Wochen lang das Bett hüten und nach Verlauf dieser Zeit bemerkte sie, daß das Gesicht ihres rechten Auges gelitten habe. Ich sah sie 8 Monate nach dem Unglücksfall und fand zu dieser Zeit die Pupille des rechten Auges zweimal so weit als die des linken. Die Kranke gab an, daß dieß im Anfange noch bei weitem mehr der Fall gewesen sey. Contraction der Pupille nach Einwirkung des Lichtes war nicht vorhanden; die Kranke litt zugleich an einer Verwirrung des Gesichtes. Wenn das Gesicht auf diese Weise durch Wunden des Supraorbitalnerven beeinträchtigt oder vernichtet werden kann, so sollte man schließen, daß ähnliche Folgen auch nach Verletzungen des Infraorbitalnerven eintreten können. Beer sagt, daß dieß der Fall sey, führt aber keine bestimmte Beobachtung darüber an. Der letztere Nerv ist indeß so viel mehr geschützt und bedeckt als der erste, daß Wunden desselben im Verhältniß nur selten vorkommen können. (*W. Lawrence*, a treatise on the diseases of the eye. London 1833. p. 128.)

Ueber Affectionen der Nasenscheidewand,

bestehend entweder in Blutgeschwülsten von äußerer Verletzung, oder in Abscessen, spricht sich Hr. Fleming in dem Medico-surgical Review folgendermaßen aus: „Die Blutgeschwülste, den Ecchymosen andrer Körpertheile ähnlich, bilden sich im Allgemeinen in den ersten Stunden nach der Verletzung. Sie nehmen gewöhnlich beide, bisweilen aber nur eine Seite der Scheidewand ein, und haben eine sehr verschiedene Ausbreitung und Gestalt; bisweilen erscheint die Schleimhaut kaum erhaben; andre Male ist sie ungeheuer ausgedehnt, und bei'm Befühlen hart und prall. Drückt man auf die Nasenspitze und die Nasenlöcher auseinander, so kann man die Geschwulst von schwärzlichpurpurrother Farbe, mit einer breiten, aber genau begränzten, Grundfläche auf der Scheidewand ruhend, leicht bemerken. Der Kr. klagt über Vollheit in den Nasenhöhlen, durch welche das Athmen nicht mehr möglich ist. „Ein Reiter hatte in einem, von Hrn. Fleming mitgetheilten Falle, von seinem Pferde mit dem Kopfe einen Stoß auf die Nase bekommen; es wurde ihm zwar reichlich zur Ader gelassen, aber dennoch wurden die Nasenlöcher durch eine sehr große Geschwulst an jeder Seite der Nasenscheidewand verstopft, in welcher man durch's Ge-

fühl Schwappung wahrnehmen konnte. Als Hr. F. mit der Lancette in die Geschwulst auf der rechten Seite einstach, kam halb flüssiges, halb geronnenes Blut hervor und durch Druck entleerten sich beide Geschwülste durch diese einzige Oeffnung, fielen beträchtlich zusammen, und der Kr. fühlte sich unmittelbar erleichtert. Uebrigens muß diese Art von Ecchymose nach den gewöhnlichen Regeln behandelt und die Punction braucht nur selten angewendet zu werden.

Ein Absceß der Scheidewand kann nach äußerer Verletzung sich bilden, wie nach einer Wunde am untern Ende der Nasenknochen; aber auch durch sonst eine Ursache, und dann beobachtet man ihn vorzüglich bei scrophulösen, oder Blatter-, Scharlachkranken rc. Gewöhnlich hat er sich schon gebildet, wenn man die Hülfe eines Wundarztes für nöthig hält. Die Hautbedeckungen der Nase sind geschwollen und ödematös; die Schleimhaut ist entzündet und strotzt von Blut; es ist dabei Fieber vorhanden. Der Absceß liegt, gleich der Blutgeschwulst, mit einer breiten Grundfläche auf der Scheidewand und in allem, von Hrn F. beobachteten, Fällen fand sich auf jeder Seite derselben eine Geschwulst, welche mit der der andern Seite zusammenhing.

Der Absceß muß bald geöffnet werden, um Abblätterung der Knochen und Knorpel und die dadurch verursachte Entstellung zu vermeiden. Das ausfließende Eiter ist im Allgemeinen nicht sehr dick, mehr seröseiterig und weiterhin nimmt es eine schleimige Beschaffenheit an. Die übrige Behandlung richtet sich nach den örtlichen und allgemeinen Symptomen, und nach der Constitution des Kranken. Nur empfiehlt Hr. F. be'm hitzigen Zustande Waschmittel mit Blei- oder Zinksalzen; be'm chronischen die schwarze oder gelbe Quecksilbersolution, das unguent. citrinum und eine Salbe mit Zinkvitriol, welche ihm jederzeit sehr hülfreich zu seyn schienen.

Die Beobachtung einer Vergiftung durch rothen Präcipitat

wird von Hrn. Brett in dem Medico-surgical Review mitgetheilt:

„Anna Tompson, 22 Jahr alt, wurde am 6ten October 1833 Morgens 1½ Uhr in das Guy's Spital aufgenommen. Die ganze Haut, vorzüglich in den Extremitäten, war kalt; es war eine, dem Narkotismus nahe kommende Betäubung vorhanden; die Pupillen waren etwas erweitert, aber für das Licht empfindlich; der Puls häufig, klein und schwach; es stellte sich öfteres Aufstoßen ein; eine schaumige Flüssigkeit floß aus, und von Zeit zu Zeit erbrach sich die Kr. Der erste Theil der seit ihrer Aufnahme ausgebrochenen Flüssigkeit enthielt ein rothes Pulver, welches sich sogleich zu Boden setzte. Der Athem roch weder nach geistigen Getränken, noch nach Opium; Druck auf den Oberbauch verursachte keine Schmerzen; die ausgeleerten Stoffe enthielten kein Blut. Mittelst der eingeführten Magenpumpe wurde der Magen gut mit warmem Wasser ausgespült und noch eine kleine Menge rothes Pulver herausgezogen. Eine Mischung von Mehl und Waſſer, die man zuerſt zur Hand hatte, war das erſte Getränk, welches man ſie nehmen ließ, und ſie trank es mit großer Begierde; dann wendete man eine große Menge Eiweiß mit Waſſer an.

Um 10 Uhr trat die Reaction ein; der Druck auf die Magengegend und den ganzen übrigen Unterleib wurde äußerſt ſchmerzhaft; in den Beinen waren ſtarke Krämpfe vorhanden, und es wurde durch mehrmaliges Erbrechen eine kleine Menge Schleim, aber kein rothes Pulver ausgeworfen. Der Schlund war geröthet, der Mund trocken; der Urinabgang verurſachte Schmerz, und einige flüſſige Stühle, ohne Kolikſchmerzen und nicht mit Blut vermiſcht, ſtellten ſich ein; der Puls war außerordentlich klein und fadenförmig. (Sechs Blutegel auf den Oberbauch, Breiumſchlag und Getränk mit Eiweiß.)

Den 7ten Schlund und Mund ſchmerzhaft, Krampf in den Beinen fortdauernd; kupferiger Geſchmack im Munde. (1½ Unzen Ricinusöl, 4 Tropfen Opiumtinctur ꝛc.) Den 8ten Eintritt des Speichelfluſſes, das Innere des Mundes ſchmerzhaft; Queckſilbergeruch um die Kr. Sie gurgelt ſich mit: Rec. Borat. Sod. drach. 1 (gros), Mellis unc. 1, Chloruret. Sodii drachm. iv. Aq. unc. vi. — Von da bis zum 16ten beſſerte ſich, bei'm Gebrauch des mit Eiweiß verſetzten Getränks, des obigen Gurgelwaſſers und des Ricinusöls, der Zuſtand der Kr.

Man hatte durch die Perſon, welche die Kranke in das Spital gebracht hatte, ein rothes Pulver, in ein Papier gewickelt erhalten, welches ſich auch bei der Kr. ſelbſt gefunden, und es mittelſt Reagentien für rothen Präcipitat erkannt. Die Unterſuchung der ausgebrochenen Flüſſigkeit bot auch einige intereſſante Umſtände dar, nämlich: 1. das rothe, in den ausgebrochenen Stoffen enthaltene Pulver war in einen Schleim von mehr, als gewöhnlicher Feſtigkeit eingehüllt, ſo daß man ihn für einen Klumpen geronnenen Eiweißes hätte halten können. 2. Dieſe Art Gerinnſel wurde, mit deſtillirtem Waſſer abgeſpült, weißer und undurchſichtiger, aber das rothe Pulver blieb innig mit ihm gemiſcht; die mit filtrirte Solution gab durch Zinn, Galläpfel, Eiſenvitriol, Ammoniak und ſchwefelſaures Platin Niederſchläge, durch Verdünſtung verminderte ſich ihre Menge und nahm bei'm Kaltwerden zu. Eſſigſaures Blei bewirkte keinen Niederſchlag. 3. Der in Waſſer unauflösliche Theil wurde mit Kali aufgelöst und die kaliniſche Solution wurde ſelbſt durch Eſſigſäure niedergeſchlagen, welches mittelſt Eiweiß unter ähnlichen Umſtänden nicht geſchieht; auch gab ſie mittelſt eſſigſauren Blei's

und mittelſt Alaunauflöſung einen Niederſchlag, wie es Eiweiß thut. Man konnte demnach dieſe wie Eiweiß ausſehende Maſſe, welche die giftige Auflöſung einhüllte, als einen durch den Magen abgeſonderten Schleim anſehen, welcher dazu beſtimmt ſchien, das Gift einzuhüllen und ſeine Berührung mit der Schleimhaut dieſes Organs zu verhüten.

Miscellen.

Ein Concrement auf der Kryſtalllinſe eines Pferdes iſt von Laſſaigny chemiſch unterſucht worden. Dieſe harte, gelbweiße, aus übereinanderliegenden Schichten gebildete Incruſtation lag zwiſchen der Linſe und Linſenkapſel, war hart, brüchig, eine halbe Linie dick, und wog nach dem Trocknen 8 Gran. Die Linſe war erweicht und gelbbraun. Solche Incruſtationen ſind weder bei'm Pferde, noch bei'm Menſchen bis jetzt beobachtet worden; obgleich ähnliche Ablagerungen in der Subſtanz der Linſe, oder auf der Linſenkapſel ſchon ziemlich häufig beobachtet worden ſind. Die Analyſe ergab:

Thieriſche eiweißhaltige Materie	0,090 Gramme oder 29,3g.
Phosphorſauren Kalk	0,160 — 51,4.
Kohlenſauren Kalk	0,005 — 1,6.
Lösliche alkaliſche Salze	0,055 — 17,7.
Summa	0.310 — 100,0.

Hiernach iſt alſo dieſe Concretion, und ähnliche, welche man nicht ſelten in dem Gewebe andrer Organe findet, nicht als eine wahre Werknöcherung zu betrachten, obgleich ſie gewöhnlich mit dem Namen einer Werknöcherung bezeichnet werden. In den Knochen verhält ſich nämlich der phosphorſaure Kalk zum kohlenſauren Kalk wie 5:1, während in vorliegender Concretion dieſes Verhältniß gleich 50.1 iſt. (Journal de chimie médicale. Octobre 1833.)

Als die beſte Methode, Blutegel anzulegen, wird von Hrn. Mojon zu Genua empfohlen, ihr Anſaugen durch Schröpfgläſer zu bewerkſtelligen; ſechs oder acht Blutegel ſollen in ein Glas gethan werden und man theilweiſe Luftentleerung „auf die gewöhnliche Weiſe" bewerkſtelligt ſey, ſo würden die Thiere aus Mangel an Luft durch eine Art von Inſtinct ſich augenblicklich an die in die Höhe gezogene Haut feſtſetzen (Es fragt ſich hier aber noch erſt, welches in Genua „die gewöhnliche Weiſe iſt," d. h., ob die Luft wirklich dort, wie bei uns, durch Hitze verdünnt wird, oder ob man ſich dort vielleicht der Schröpfköpfe mit Pumpen bedient. Uebrigens iſt der Verſuch, einige Blutegel in unſere gewöhnlichen Schröpfköpfe zu thun, und mittelſt der Lampe aufzuſetzen, ja leicht zu machen.)

Ein auf die obere Körperhälfte ſich beſchränkendes Oedem beobachtete Hr. Beever bei einem Kranken, welcher an aneuryſma aortae mit krankhaften Veränderungen der Arterienhaut, und mit partieller Verſtopfung der obern Hohlvene litt. Die vena azygos und die ſubclavia der linken Seite, ſo wie eine Vene des Herzbeutels der andern Seite waren ſo beträchtlich erweitert, daß kein Zweifel war, daß durch ſie hauptſächlich das Blut der obern Körperhälfte zum Herzen gelangt ſey. (Lancet No. 501.)

Bibliographiſche Neuigkeiten.

A Journal of Botany, being a second Series of the Botanical Miscellany, by W. J. Hooker. Part I. London 1833. 8.

Dissertatio geographica plantarum cultarum adumbrans, quam etc., praeside C. A. Thunberg etc., pro gradu medico disserit C. A. Robsahm etc. Upsaliae 1833. 4.

Rapport à l'Académie royale de médecine sur une pièce d'anatomie clastique du Docteur Auzoux etc. Paris 1833. 8. (Das Wort claſtique kommt von dem Griechiſchen κλάω (ich zerbreche) und will auf die anatomiſchen Nachbildungen, die zum Auseinandernehmen eingerichtet ſind, angewendet, wovon in den Notizen mehrere Male die Rede geweſen.)

Notizen
aus
dem Gebiete der Natur- und Heilkunde,
gesammelt und mitgetheilt von Dr. L. F. v. Froriep.

| Nro. **843**. | (Nro. 7. des XXXIX. Bandes.) | Januar **1834**. |

Gedruckt im Landes = Industrie = Comptoir zu Weimar. Preis eines ganzen Bandes, von 24 Bogen, 2 Rthlr. oder 3 Fl. 36 Kr., des einzelnen Stückes, 3 ggl. Die Tafel schwarze Abbildungen 3 ggl. Die Tafel colorirte Abbildungen 6 ggl.

Naturkunde.

Beobachtungen über die Formveränderungen, welche die Crustaceen in der Jugend erfahren,

hat Hr. Milne Edwards in einer Abhandlung mitgetheilt, und Hr. Isidore Geoff. St. Hilaire hat in seinem und der H.Hrn. Dumeril und Serres Namen am 25. Nov. in der Acad. royale des Sciences darüber berichtet. Sie dienen besonders mit zur Begründung der bisher für die Physiologie 2c. der Wirbelthiere als geltend aufgestellten Lehre von den Bildungs= und Entwickelungs=hemmungen, auch bei den Gliederthieren.

Aehnlich den Weibchen der Beutelthiere, haben die Weibchen mehrerer Isopoden, wie z. B., die von Cymothoë, unter dem Bauche des Schildes eine Höhle zur Aufnahme und Bewahrung der Jungen für kürzere oder längere Zeit. Diese Höhle, übrigens von dem Beutel der Beutelthiere sehr verschieden, besteht aus mehrern, großen, wie Dachziegel übereinanderliegenden, hornigen Platten, welche horizontal einwärts gekehrt sind, und zwischen sich und dem Körper einen Raum enthalten, wo die Eier eingelegt werden und wo die Jungen so einige Zeit nach ihrem Auskriechen leben. Oft findet man mehrere Hundert kleiner Crustaceen darin übereinandergehäuft. Diese Art Vorrathskammer lieferte Hrn. Edwards eine Menge Jungen, deren Abstammung nach der Art ihm vollkommen bekannt war, und setzte ihn in den Stand, die merkwürdigen Unterschiede zwischen Erwachsenen und Jungen mehrerer Arten, nicht allein in Bezug auf Gestalt, sondern auch auf Größe und selbst Zahl der Theile, kennen zu lernen. Die Resultate dieser Beobachtungen sind kürzlich folgende.

Mehrere bei Erwachsenen gut entwickelte Theile sind bei Jungen nur in unvollkommenem Zustande vorhanden, oder fehlen wohl ganz. Dieß ist der Fall mit einem ganzen Körperringe; das Junge hat nur sechs, statt sieben, Brustabschnitte; auch fehlt ihm ein Paar Füße, eine nothwendige Folge des Mangels eines Abschnitts. Umgekehrt zeigen die Jungen Organe gut entwickelt, welche bei den Erwachsenen nur noch unvollkommen vorhanden sind. So hat das Erwachsene einen außerordentlich kleinen Kopf, an dem man äu-

ßerlich keine Augen bemerkt. Das Junge dagegen hat einen großen Kopf, an welchem besonders die beiden großen, schwarzen, eiförmigen Augen merkwürdig sind. Eben so sind die Hinterleibsringe, bei dem Erwachsenen sehr kurz und fast linienförmig, in der Jugend fast eben so groß, als die Brustabschnitte.

Aehnliche Beobachtungen hat Hr. E. auch bei andern Gattungen gemacht, besonders aber bei Anilocra, wo sich nach der Geburt ein Ring und ein Paar Beine erzeugen, wie bei Cymothoë und einigen Arten Asellus, nach frühern Beobachtungen Degeer's; an Cyamus, einer Gattung der Lämodipoden, unter dem Namen Walfischlaus mehr bekannt, bei denen der Körper, welcher be'm Jungen dünn und walzenförmig ist, im erwachsenen Zustande sehr breit und platt wird; endlich bei Phronima, einer Gattung der Amphipoden, im erwachsenen Alter so merkwürdig durch den ungeheuern Kopf, das fast kegelförmige Brustschild und vorzüglich durch die beträchtliche Entwickelung und ganz eigenthümliche Gestaltung des fünften Paars der Brustfüße. Die Jungen haben dagegen einen Kopf von gewöhnlicher Größe, das Brustschild ist in der Mitte breiter, als an beiden Enden, und die Brustfüße des fünften Paars sind ihren Nachbarn ähnlich und nicht zweiklauig.

In allgemeiner Vergleichung dieser verschiedenen Charaktere mit einander, und Zurückführung derselben auf besondere Principien stellt Hr. M. E. den Satz auf, daß mehrere Crustaceen, welche im erwachsenen Zustande sich von den gewöhnlichen Formen ihrer Familie weit entfernen, in der Jugend nur wenig, oder auch wohl gar nicht davon abweichen. Er zieht daraus folgenden allgemeinen Schluß: „Daß die verschiedenen Formveränderungen, welche die Malacostraceen (höhern Crustaceen) nach ihrem Auskriechen aus dem Eie erfahren, immer dahin gehen, ihre Natur und Wichtigkeit sey welche sie wolle, das Thier von dem der größten Zahl dieser Geschöpfe gemeinschaftlichen Typus zu entfernen, und es gewissermaaßen immer mehr zu individualisiren." Mit andern Worten: „Alle Crustaceen einer natürlichen Familie zeigen anfänglich einen gemeinschaftlichen Typus, oder entfernen sich davon nur sehr wenig; dieser gemeinschaftliche Typus findet sich bei den meisten Arten mit wenig oder keiner Veränderung; aber bei einigen andern bildet sich die Organisation noch weiter aus, und diese Ausbildung bezweckt immer eine Entfernung von dem gemeinschaftlichen Typus." Dieser Schluß ist indeß, wie Hr. Isidore Geoffroy St. Hilaire bemerkt, zu allgemein, indem die bei Crustacaeen in Bezug auf den Typus ihrer Familie vorkommenden Anomalien zwar oft, und vielleicht in den meisten Fällen, in einem Uebermaaß in der Entwickelung, bisweilen aber auch in einem wahren Stillstand oder Hemmung der Ausbildung ihren Grund habe können 2c.

Zur Entwickelungsgeschichte der willkürlichen Muskeln.

Die Entstehungsweise und der Ursprung der Muskelfaser scheint folgender zu seyn. Während der äußere Theil der Bildungsmasse zur Haut erhärtet, verwandelt sich der innere Theil in Muskeln, Knochen und Nervensystem (welches schon früher in seinen ersten Rudimenten gebildet ist). Es besteht derselbe aus gallertartigen und Kügelchen enthaltenden Theilchen. Die Kügelchen liegen zuerst ungeordnet umher, später ordnen sie sich in gerader Linie aneinander, und werden in einer geraden Linie perlenschnurartig mit einander verbunden. Hierauf verschwinden einzelne Kügelchen, so daß man noch selten Fasern sieht, in denen die Kügelchen an einer Stelle noch deutlich von einander getrennt, an einer andern zusammengeklebt und in einen gleichmäßigen durchsichtigen Cylinder verwandelt sind. Ob nun dieß durch die Kraft schon gebildeter resorbirender Gefäße, oder durch das Bildungsvermögen der Materie selbst geschieht, liegt außer den Gränzen der Beobachtung; jedoch spricht die Analogie mit andern Naturerscheinungen für die Materie selbst. So entstehen nur Muskelfasern, welche gleichsam aus zwei Theilen zusammengesetzt sind, von denen die eine noch ganz körnig, perlenschnurartig, der andere cylindrisch, durchsichtig und gleichmäßig ist. Bald aber verwandelt sich die ganze Faser in einen durchsichtigen Cylinder. Die Röhrchen, welche hieraus entstehen, scheinen nicht ausgehöhlt zu seyn, indessen macht die Durchsichtigkeit der Faser die Entscheidung dieses Umstandes sehr schwierig. Die Dicke dieser Fasern ist so bedeutend, daß es wahrscheinlich ist, daß aus jeder Fasern entstehen; dieß scheint noch dadurch bestätigt zu werden, daß im ganzen Embryo die Theile zuerst, wie mit einem rohen Bleichen Griffel, sozusagen, skizzirt werden, und sich dann erst von innen heraus auf wunderbare Weise ausbilden. Hierzu kommt, daß man, sowohl bei Säugethier= als bei Vogelembryonen, die Fasern immer um so dicker findet, je jünger sie sind, so daß die Dicke der aus der Conglutination der Kügelchen entstandenen Cylinder das Dreifache des Durchmessers der Fasern älterer Embryonen beträgt. So kann vielleicht jede der gebildeten Elementarfasern sich in mehrere theilen; wie dieß jedoch zugehe, konnte Hr. Dr. V. nicht erforschen. So bemerkt man nun in der spätern Zeit sehr dünne, spröde, durchaus durchsichtige und glasartige Cylinder. Noch kann man alsdann weder von Längen= noch Queerstreifen etwas bemerken, es ist also klar, daß nach der Prochaska'schen Eintheilung die Muskelfasern früher entstehen, als die Muskelfäden. Die Furchen, welche fast immer in ausgebildeten Muskeln gefunden werden, sind eben so wie die Längenstreifen, in der letzten Zeit des Fötuslebens sehr oft schon bemerkbar. Dagegen konnte Hr. Dr. V. die Queerfurchen selbst in neugebornen Thieren noch nicht unterscheiden, und bei'm schon ältern Kalbe sind sie ebenfalls noch ungemein klein und zart. Nun conglutiniren die Fasern zu Bündelchen, und diese in besondere Muskeln.

Mit dem Wachsthume des Fötus wird auch die Menge der Gallerte immer größer, und so entsteht die sogenannte Gallertschicht des Embryo zwischen der Haut, den Muskeln und den schon früher gebildeten Knochen; sie ist bald dicker, bald durchsichtiger, bald weißlich, bald von der sehr großen Anzahl kleiner Gefäße röthlich gefärbt.

Sobald die ersten Muskeln gebildet sind, so stellt diese Gallerte keine ununterbrochene Masse mehr dar, vielmehr wird sie von den Bündelchen selbst unterbrochen und ist an ihrer untern Fläche gleichsam zerrissen. Während nämlich die gebildeten Muskeln sich nach der Tiefe begeben, um sich an die Knochen anzusetzen, werden sie an ihrer obern Fläche von der Gallerte bedeckt, welche die Räume zwischen den Muskeln, Bündelchen und Fasern ausfüllt und dieselben mit einander verbindet. In der Schicht selbst entstehen Rudimente neuer Fasern, so daß sie eigentlich nicht als Bildungsgewebe, sondern als bildungsfähiges Gewebe zu betrachten ist. Die neuen Muskeln sah ich oft von außen nach innen sich entwickeln, ja ich fand sogar in der ganzen dicken Gallertschichte ganz deutliche Spuren von jüngern Fasern. Ob in den Bündelchen selbst die Fasern dadurch vermehrt werden, daß von der äußern und innern Seite, aus der zwischenliegenden Schicht, neue Fasern hinzukommen, konnte Hr. Dr. V. nicht bemerken, obgleich ihm dieß wahrscheinlich ist. Der übrige Theil der Schicht aber, welcher nicht mehr zur Ausbildung der Muskeln dient, geht in Bildungsgewebe über, welches die einzelnen Muskeln und ihre innern Theile umgiebt, den Theil ausgenommen, welcher zu Muskelscheiden, Sehnen und Faszien verwendet wird.

Die Muskeln, welche sich zuerst entwickeln, sind die Rückenmuskeln. Jedoch scheint die Stelle des Rückens, wo ihre ersten Spuren gefunden werden, bei den verschiedenen Thiergattungen verschieden zu seyn. Die ersten und kleinsten Spuren zeigt immer der Nacken= und die Lendengegend. Bei Vögelembryonen fanden sich die Spuren der Muskeln immer früher am Hals als in der Kreuzgegend; dieß scheint mit der Beugung des Embryo zusammenzuhängen; die ersten Spuren von Muskelfasern zeigen sich nämlich erst, wenn der Fötus aus seiner frühern geradlinigen Lage in eine gekrümmte übergeht; die Krümmung aber findet bei Vögeln in der ersten Zeit vorzüglich in der Halsgegend statt, bei Säugethieren dagegen werden sowohl die Krümmungen, als auch die ersten Spuren von Muskeln bald in der Nacken= bald in der Kreuzgegend gefunden. Diese Hypothese wird auch durch die Bildungsgeschichte der Ligamente bestätigt, welche· auch immer zuerst an der Stelle gefunden werden, welche am stärksten gebogen ist, (am häufigsten ist's die Nacengegend). Es scheint, als wenn durch diese Ausdehnung der Bildungsmaterie der Zufluß der Säfte zu diesen Theilen und daher auch der Bildungstrieb befördert würden.

In den unwillkürlichen Muskeln fand Hr. Dr. V. nie eine Spur von jenen Queerstreifen, die in allen ausgebildeten willkürlichen Muskeln vorhanden sind. Selbst im Herzen konnte er sie nie bemerken. (Historiae evolutionis systematis muscularis prolusio, auct. *G. G. Valentin*. Wratislaviae. 1832).

Anwendung der Circular-Polarisation zur Analyse der Vegetation der Gramineen.

Von Biot.

Wie wir in No. 805. der Notizen die Erwartung ausgesprochen haben, daß Biot's Entdeckung der verschiedenartigen Polarisation des Lichtes durch verschiedene Zuckerarten, einen neuen Weg zur Erforschung organischer Substanzen eröffnen werde, so bewährt sich dieß bereits durch die fortgesetzten Experimente Biot's.

Die ersten Versuche stellte Hr. Biot den 3. Mai 1833 mit jungen Roggenschößlingen an, deren Aehren schon entwickelt, aber vom Blühen noch weit entfernt waren. — Der Extract der Wurzeln zeigt einige ungemein schwache Rotation nach links. Diese Neutralität war vielleicht die Folge einer Vermischung der beiden Zuckerarten von entgegengesetzter Rotation. — Der Extract der Halme enthielt ein Gemisch von Traubenzucker, welcher das Licht nach der linken, und von Rohrzucker, welcher es nach der rechten Seite wendete, außerdem eine durch Alkohol präcipitirbare, in Wasser vollkommen auflösliche Materie, welche das Licht nicht verbreitete und sich also wie Gummi verhielt. Diese im Extract ursprünglich vermischten drei Substanzen bewirkten eine Wendung des Lichtes nach links, welche sich sehr verringerte, als man sie präcipitirbare Materie durch Alkohol von ihnen trennte. Trieb man aber den Alkohol vermittelst der Wärme aus, und setzte man· das Uebrige des Extractes mit Bierhefen in Berührung, so entstand lebhafte Fermentation und eine starke Wendung des Lichtes nach links, was die Vermischung von unverhärtetem Traubenzucker mit Rohrzucker bewies, welche sich, bevor die letztere präcipitirt worden war, gegenseitig einhüllten. Die durch Alkohol präcipitirte Materie wurde ebenfalls durch Bierhefen zur weingeistigen Fermentation gebracht, sey's, daß sie diese Eigenschaft wirklich besitze, sey's, daß sie für der kleinen Menge Zucker, die sie bei der Präcipitation mit sich wegeführt haben konnte, verdanke. Die Fermentation schwächte indeß nur die Rotation, ohne ihre Richtung zu verändern.

Zwölf Tage später, als die Aehren mehr entwickelt, aber vom Blühen immer noch weit entfernt waren, zeigten die Halme dieselben Stoffe, nur war das Verhältniß der Rohrzuckers größer.

Der am 3. Mai bereitete Extract aus den Aehren zeigte weder Trauben= noch Rohrzucker, sondern nur Schleimzucker, dessen Wendung durch die Fermentation zwar geschwächt wurde, aber nicht die entgegengesetzte Richtung annahm. Von dem durch Alkohol aus diesem Extracte ausgeschiedenen Präcipitat löste Wasser nur eine sehr geringe Menge auf, und reichten durch demselben dem Mikroscope nur aus Zellgewebsläppchen und Häutchenresten bestehend, welche den, die Saamenblütgülschen bedeckenden Häutchen ähnlich waren, ohne alle merkliche Beimischung von pulveriger Materie. — Ganz anders ist die Zusammensetzung der Aehren nach der Befruchtung. Am 15. Juni enthielten die jungen Roggenkörnchen schon ausgebildete, unterm Mikroscope sichtbare Saamehlkörner, welche durch Schwefelsäure platzen und eine in Wasser auflösliche, durch Alkohol zu präcipitirende Substanz von sich gaben, welche·Dextrine ist. Man findet auch ganz ausgebildeten Schleim-

zucker, dessen Fermentation die Rotation zwar schwächt, aber nicht umkehrt. Nichts zeigt noch das Vorhandenseyn von Trauben= oder Rohrzucker an. Diese beiden Zuckerarten, so wie das Gummi, welche man in den beblätterten Theilen der Pflanze findet, verändern ihre Natur, indem sie in die Aehren übergehen, und dienen als Material, woraus das junge Saamenkorn die Dextrine und die andern Bestandtheile des Perispermums (Saamenhaut) bildet. Aehnliche Versuche wurden den 19. Mai mit jungen Waizensprossen, die noch keine Aehren hatten, begonnen. Da jedoch der Verfasser vermuthete, daß die Blätter andere Bestandtheile enthalten könnten, als die Halme, und vielleicht zu ihrer Ernährung nach der Befruchtung bestimmt seyen, so untersuchte er diese Theile jeden besonders. Die Halme zeigten dieselben Bestandtheile, wie die des Roggens. Das relative Verhältniß derselben variirte bedeutend mit dem Fortschreiten der Vegetation. Den 20. Mai war der Rohrzucker vorherrschend, und daher die Wendung nach rechts. Den 4. Juni waren die Aehren hervorgekommen und blüheten; die Wendung zeigte sich jetzt nach links und behielt diese Richtung; die Menge des Rohrzuckers war also geringer geworden. — Die Blätter enthielten zwar auch dieselben drei Bestandtheile, jedoch war in ihnen das Verhältniß des Rohrzuckers bedeutend das des Traubenzuckers überwiegend, was in den Halmen umgekehrt ist. Außerdem zeigte die präcipitirende Materie Wendung nach rechts, und schien Dextrine zu seyn. Die Blätter behalten diese Bestandtheile bei, so lange, als ihre Vitalität fortdauert. Nach der Befruchtung aber werden sie allmälig gelb, vertrocknen, und zeigen kaum noch Spuren von jenen Stoffen; es scheint also, daß zu dieser Zeit die kohlenstoffhaltigen Stoffe in den Halm übergehen und zu seiner Ernährung dienen, so wie die analogen von den Blättern der exogenen Bäume bereiteten Bestandtheile unter die lebende Rinde und in die äußern Lagen des Splintes zurücktreten, um den neuen, einem hohlen Halme ähnlichen, Holzcylinder zu ernähren.

Im Roggen und im Waizen kann also der untere Theil der Halme seine Nahrung theils aus den untern Blättern, theils aus der Stoffe. Das obere Ende des Halms kann sich ebenfalls von ihren Blättern nähren, und den tiefern Saft einziehen. Die Aehre dagegen, um dieselbe Zeit zu befruchten ist, scheint auf die in der Spitze enthaltenen Säfte eine kräftige Absorption auszuüben, in dem Maaße, als der untere Theil sich die liefert. Die Basis des Stengels enthält nämlich fast noch einmal so viel Zucker, als der obere Theil. Zur Blüthenzeit befindt.* sich auch in den Waizenähren Zucker in großer Menge, und zwar als Schleimzucker und Rohrzucker, in Verbindung einer durch Alkohol sich präcipitirenden, in Wasser vollkommen auflöslichen, das Licht, wie die Dextrine, nach rechts wendenden Materie, deren Wendung jedoch schwächer ist, und durch die Fermentation modificirt werden kann. Die Gegenwart des Rohrzuckers in den Aehren erkennt man daran, daß die vor der Fermentation sehr starke Rotation nach rechts plötzlich sich nach links wendet. Nichts sprach für das Vorhandenseyn dieses Zuckers in den Roggenähren vor der Blüthe, eben so wenig, als in den jungen Roggenkörnern, obgleich die Halme auch Rohrzucker enthielten. In beiden Pflanzen aber geht der Traubenzucker nicht als solcher in die Aehren über.

In dem Maaße, als die befruchtete Aehre sich vergrößert, fangen die untersten Blätter an gelb zu werden und abzutrocknen, indem sie ihre carbonisirten Producte den Halme abgeben. Der untere Theil des letztern vertrocknet ebenfalls, während der obere, noch grüne Theil die Ernährung der Aehre fortsetzt. Schneidet man jetzt das Getraide, so kann dasselbe noch nicht reife Getraide benennen noch auf Kosten des Halmes sich vollkommen ausbilden.

Da nun die Blätter und die Halme der grünen Pflanzen Zucker und andere kohlenstoffige Producte bereiten, welche von dem Samen absorbirt werden sollen, so ist es klar, daß, wenn man sie in diesem grünen Zustande in die Erde versteckt, diese an Producte gewinnen möge zur Ernährung der jungen Pflanzen geeignet sind, welche man in ihr ziehen will. Das ist ferner bewiesen ist, daß die grünen Pflanzentheile sich der Kohlensäure der atmosphärischen Luft aneignen, so ist es wahrscheinlich, daß diese Absorption in Verbindung mit den Säften, welche die Pflanzen vermittelst der Wurzeln aus der Erde aufnehmen, zur Bildung der

Maſſe von zucker- und gummihaltigen Producten beiträgt. Dieſe Wahrſcheinlichkeit wird um ſo größer, wenn wir ſehen, daß die kohlenſtoffigen Producte der Blätter ſo ſehr zu denen der Halme verſchieden ſind, welche ihre Nahrung mehr nur aus der Erde bekommen. Es iſt alſo natürlich, daraus zu ſchließen, daß ein Theil der feſten Maſſe der Pflanzen während ihres Lebens aus dem Kohlenſtoffe der atmoſphäriſchen Luft gebildet wird, ſo daß das Verſcharren derſelben im grünen Zuſtande der Erde mehr zurückgiebt, als ſie von ihr erhalten haben. (Journal de chimie médicale. Août 1833.)

Miscellen.

Ueber den durch Einwirkung der Schwefelſäure auf das Blut entwickelten Geruch, hat man ſeit Barruel's Entdeckung in mehrern chemiſchen Journalen verhandelt. Da man dieſe Erfahrung auf die gerichtliche Medicin anwenden wollte, ſo war es intereſſant, die Natur dieſes Productes genau zu beſtimmen. Hr. M. C. Matteucci hat in gleicher Abſicht mit dem Ziegenblut experimentirt. Da dieſes Princip durch Säure entbunden wurde, ſo war es natürlich, anzunehmen, daß es im ſaliniſchen Zuſtand und im Serum vorhanden ſey. Hr. M. evaporirte alſo das Serum des Ziegenblutes, brachte den Extract in eine mit einem Tubulus verſehene Retorte, und ſetzte eine gewiſſe Menge Schwefelſäure hinzu. Die in der Vorlage angeſammelte Flüſſigkeit riecht ſehr ſtark nach Ziegenhaaren, iſt ſäße und ſehr ſauer; mit Barytſalzen und ſalpeterſaurem Silber bildete ſich ein Niederſchlag, aber ſchwach. Mit ſalpeterſaurem Queckſilber gekocht, giebt ſie nach dem Erkalten keinen Bodenſatz; die abgedampfte Aufloſung verdickt zu einer gummöſen Maſſe. Kohlenſaures Kali macht Geruch und Säure verſchwinden; es brauſet und die abgedampfte Flüſſigkeit giebt ein zerfließendes Salz. Mit Eiſentheilen in Verbindung gebracht, entwickelt ſie Blaſen von Waſſerſtoffgas, und nimmt eine Anfangs röthliche und endlich dunkelrothe Farbe an; zugeſetztes Waſſer fällt Eiſenüberoxyd. Mit Bleioxyd erwärmt, bildet die Flüſſigkeit ein Salz, welches, durch Schwefelwaſſerſtoffſäure zerſetzt, eine Auflöſung von Milchſäure zurückläßt. Endlich

verliert dieſe riechende Flüſſigkeit durch gelindes Aufkochen ſogleich ihren Geruch, und das weiter gekochte Reſiduum ergiebt bei ſeiner Zerſetzung alle Erſcheinungen der Milchſäure. Die Flüſſigkeit, welche man durch die Einwirkung der Schwefelſäure auf Ziegenblut erhält, iſt alſo nichts mehr als ein Gemiſch von Milchſäure, von einer fetten, flüchtigen, dem acide caproïque des Hrn. Chevreul analogen Säure, und von Spuren von Salz- und Schwefelſäure. (Annales de chimie et de physique. T. 52. Paris, 1833.)

Orgya trigotephra. Man findet die Raupe dieſes Schmetterlings, nach des Grafen Saperta (der Société entomologique überſandten) Beobachtungen, im Junius auf der Kermeseiche (Quercus coccifera), jedoch iſt ſie ſelten. Sie hat ſechszehn Beine; ihr Körper iſt mit untermiſchten gelblichen und ſchwärzlichen Haaren bedeckt; auf dem Kopfe trägt ſie zwei Quaſten und eine am Ende des Körpers. Nach einem Monate ſpinnt ſie eine ziemlich lockere, gelbliche Geſpinnſthülle, und zwanzig Tage ſpäter ſchließt der Schmetterling aus der Puppe. Das Weibchen hat ſeine Flügel und die Beine ſind ſo kurz, daß ſie ihm zu weiter nichts dienen, als ſich in dem Geſpinnſte feſtzuklammern, aus welchem es nicht herausgeht. Sobald es ausgeſchlüpft iſt, macht es am Ende ſeines Geſpinnſtes ein kleines Loch, gerade dem Hinterleibe gegenüber, welchen es lebhaft bewegt und bei Annäherung des Männchens zum Theil hervorſteckt. Dieſes kömmt ſehr weit herbei und ſetzt ſich auf die Hülle des Weibchens, um die Begattung zu vollziehen. Dieſe merkwürdige Thatſache iſt dieſer Art einzigthümlich und in der Geſchichte der Schmetterlinge ganz neu. Erſt vor einigen Monaten hat Hr. Rambut in den Annales de la Société entomol. eine ähnliche mitgetheilt. Nach der kurze Zeit dauernden Begattung, wird das Männchen ſchwerfällig und betäubt; es begattet ſich nur einmal und ſtirbt nach zwei Tagen. Das Weibchen dagegen ſchließet das Loch in ſeinem Geſpinnſt mit neuer Seide und legt ſeine Eier ſchichtenweiſe, mit den weißen Haaren ſeines Hinterleibs untermiſcht. Dieſes währt mehrere Tage. Iſt das Geſpinnſt mit Eiern angefüllt, ſo ſtirbt das Weibchen und ſein Körper iſt dann ſo eingeſchrumpft, daß man ihn mit genauer Noth finden kann.

Nekrolog. — Der Profeſſor der Botanik und Zoologie zu Lüttich, H. M. Gaede, iſt am 2. Januar 1834 geſtorben.

Heilkunde.

Ueber Verwundungen der Retina.
Von W. Lawrence.

„Eine einfache Stichwunde der Retina iſt ohne alle üble Folgen, wie ſich dieß bei den gewiß ſehr häufigen Verwundungen bei der Depreſſion zeigt. Wird ſie in einem größern Umfang getrennt, ſo folgt Amauroſe. Die ſchlimmſte Verletzung für die Retina iſt aber die Erſchütterung, welche ſie bei einem Schlage auf das Auge erleidet, und die Gefahr ſteht alsdann in geradem Verhältniß mit dem Grade der angewandten Gewalt, und das Leiden, welches in einer Verminderung oder dem Verluſte des Geſichts beſteht, entſpricht alsdann eigentlich nicht der nachweisbaren Verletzung des Organs. In ſolchen Fällen leidet die nervöſe Structur des Organs, eben ſo wie das Gehirn in Folge mancher Gewaltthätigkeit. Der Ausdruck Erſchütterung, Concuſſio, iſt auf beide gleich anwendbar, wodurch der Begriff von wirklicher Zerreißung nicht ausgeſchloſſen wird, aber zunächſt doch bloß angedeutet iſt, daß krankhafte Zufälle des Gehirns oder der

Netzhaut vorhanden ſeyen, ohne äußere Verwundung. Iſt die Sclerotica zerriſſen, ſo iſt entweder Zerreißung oder Erſchütterung der Retina vorhanden; die letztere aber kömmt auch nach unbedeutendern Einwirkungen und ſcheint beſonders dann zu entſtehen, wenn ein Schlag auf den unbedeckten Augapfel traf. Das Hervorſchnellen der Augenlider iſt hinreichend, um das Auge ſelbſt vor großer Gewalt zu ſchützen, wie wir bei den Boxern ſehen.

Die Beeinträchtigung des Geſichtes folgt unmittelbar auf die Gewaltthätigkeit und iſt gewöhnlich von Unbeweglichkeit der Pupille begleitet, welche zuweilen erweitert oder in ihrer Geſtalt verändert iſt und eine übermäßige partielle Erweiterung zeigt, wenn die Ciliarnerven zugleich zerriſſen oder gequetſcht ſind; es kann auch eine Blutergießung in die vordere Kammer oder hinter die Pupille ſtatt haben. Bei einem ſolchen Falle müſſen wir uns ſehr genau von den verletzten Umſtänden, ſo wie von dem Zuſtand der Iris, Pupille und der Sehkraft überzeugen; alsdann werden wir mit Beſtimmtheit nicht bloß über den gegenwärtigen Zuſtand, ſondern auch über den endlichen guten oder schlimmen Ausgang des Falls sprechen können. Ist bloße Erschütterung der Retina ohne irgend eine Verletzung vorhanden, und ist bloß eine theilweise Beeinträchtigung der Sehkraft zugegen, so kann man bei geeigneter Behandlung, d. h. bei Ruhe des Organs und Kranken, und bei Verhütung der Entzündung die Wiederherstellung erwarten. Unmittelbar auf die Verletzung folgende totale Amaurose ist ein höchst ungünstiges Symptom; kömmt eine beträchtliche Veränderung der Pupille, Blutextravasat und der Beweis wirklicher Zerreißung der Retina hinzu, so ist der Fall hoffnungslos. Unter den letzten ungünstigen Umständen bemerkt man bei dem Zufall selbst weder bedeutenden Schmerz noch Röthung des Organes, aber in wenigen Tagen wird das Auge schmerzhaft und schwillt geröthet an. Der Schmerz steigert sich, die Entzündung verbreitet sich von den innern Häuten auf die äußern, und wenn die heftigen Symptome nachlassen, so geht das Auge in einen atrophischen Zustand über; der Augapfel wird weicher, verkleinert sich und schrumpft in der Augenhöhle zusammen.

Diese Erschütterung der Retina und darauf folgende Blindheit folgen bisweilen auf Zufälle, von denen man kaum glauben sollte, daß sie im Stande seyen, eine solche Wirkung hervorzubringen. Ich wurde einmal über einen jungen Mann vom Lande befragt, welcher sich bei'm Abschneiden einer Peitschenschnur mit einem stumpfen Messer in das Auge gestoßen, und den untern Theil der Cornea leicht verwundet hatte. Er war hierauf auf ganz passende Weise behandelt worden; als der Kranke jedoch das Auge nach einiger Zeit wieder öffnete, so konnte er nichts sehen; die Pupille war erweitert, unveränderlich, und nicht mißfarbig; die Wunde schien die Iris, welche mit der Hornhaut verwachsen war, erreicht, aber nicht die Linse betroffen zu haben; alle Empfindung für das Licht war jedoch verschwunden. Ich betrachtete das Auge für verloren. Eben so war das Resultat einer darüber gehaltenen Consultation, und nach 3 oder 4 Monaten war der Augapfel bereits beträchtlich verkleinert.

Vor kurzer Zeit sah ich einen andern Burschen vom Lande, welcher von einem seiner Kameraden einen Schlag auf das Auge mit einem kleinen Stöckchen erhalten hatte. Es folgte kein einziges Symptom einer Verletzung außer Amaurose, welche dauernd war. Nach einigen Wochen wurde auch das Gesicht des andern Auges durch Sympathie beeinträchtigt, doch wurde hier die Sehkraft erhalten. Der Einfluß eines Auges auf andere beschränkt sich nicht bloß auf Fälle von eigentlicher Krankheit, sondern auch bei gewöhnlichen äußern Verletzungen des einen Auges leidet das nicht verletzte Auge später mit, und kann ohne geeignete Behandlung verloren gehen. Meistens äußert sich dieses sympathische Leiden in Form einer gelinden Entzündung der Iris, der Retina oder der innern Häute überhaupt. Ruhe des Auges, antiphlogistische Mittel und der Gebrauch des Quecksilbers sind alsdann die Hauptpuncte der Behandlung.

Die einzige Aussicht, die Sehkraft nach Erschütterung der Netzhaut wiederherzustellen, besteht darin, daß man das Organ ruhig hält, und aus der Nachbarschaft durch Schröpfen oder Blutegel Blut entzieht und im Allgemeinen antiphlogistisch verfährt, wobei nach den Blutentziehungen auch Blasenpflaster mit Vortheil angewendet werden können.

Ich füge nun noch einige Fälle bei, welche als Beleg zu dem bisher Gesagten dienen mögen.

Unvollkommene Amaurose des linken Auges durch Erschütterung der Retina. — Dasselbe Leiden des rechten Auges durch chronische innere Entzündung. — Ein 88jähriger Herr, welchen ich im Jahre 1829 sah, hatte neun Jahre zuvor das Gesicht auf dem linken Auge durch einen Schlag auf die vordere Fläche dieses Organes mit einem Stock verloren. Seit 4 Jahren nun wurde das rechte Auge immer übeler; er hatte sich keiner Behandlung unterworfen und war auch auf diesem Auge fast erblindet. Die Pupille des linken Auges ist weit, starr und unregelmäßig, da die Iris gegen die Nasenseite zu angewachsen ist. Große Gegenstände kann er mit diesem Auge erkennen, aber selbst einen sehr großen Druck vermag er nicht zu unterscheiden. Die Pupille des rechten Auges ist zusammengezogen und zum Theil adhärirend, das Gesicht verhält sich wie auf der andern Seite.

Fast vollkommne Amaurose nach einem Schlage. — Ein 8jähriger Knabe wurde mit einer Ballkeule in das Auge getroffen; die Augenlider schwollen heftig und es wurde die geeignete antiphlogistische Behandlung unternommen. Als ich den Knaben einige Tage nachher sah, waren alle unmittelbaren Folgen der Verletzung verschwunden, aber die Pupille war erweitert, und selbst der größte Druck war nicht zu unterscheiden.

Entzündung und vollkommne Amaurose nach einem Wurf. — Ein 12jähriger Knabe, welchen ich im April 1828 sah, war 4 Wochen vorher mit einem Stein in's Auge getroffen worden, welcher den Stein bloß schräg auf den Augapfel getroffen haben mußte. Das Gesicht war darnach beeinträchtigt, aber äußere Erscheinungen von Entzündung waren nicht zugegen, und es wurden auch geeignete Mittel angewendet, um dieselben zu verhüten. Indeß traten wenige Tage darauf Schmerz und Röthe des Auges, Kopfschmerzen und comatöse Erscheinungen ein, welche kräftige Mittel nöthig machten. Als ich den Kranken sah, war starke Röthe von Ueberfüllung der Scleroticalgefäße, außerordentliche Erweiterung der Pupille und vollkommne Amaurose zugegen. Ein kleiner trüber Fleck auf der Hornhaut bezeichnete den Fleck, wo der Stein hingetroffen hatte; das andere Auge hatte nicht gelitten.

Amaurosis durch Erschütterung der Retina. — Innere Entzündung. — Wiederherstellung. — Ein junger, 18jähriger Mann hatte einen Schlag auf die Hornhaut erhalten, worauf leichte Röthung der Sclerotica, Mißfarbigkeit der Iris, Erweiterung und längliche Form der Pupille und fast vollkommne Amaurose eintraten. Durch antiphlogistische Behandlung wurde der normale Zustand in Zeit eines Monats vollkommen wiederhergestellt.

Atrophie des Augapfels nach einer penetrirenden Wunde sah ich im Jahre 1827 bei einem Säugling, welchem drei Monate zuvor eine Gabel in das Auge gestoßen worden war. Die Hornhaut hatte nur noch ein Viertheil ihrer natürlichen Größe und der Augapfel war schlaff, zusammengefallen.

Atrophie beider Augäpfel. — Ein gesunder 7—8jähriger Knabe wurde im Juni 1829 mit vollkommner Atrophie beider Augäpfel zu mir gebracht. Auf jedem hatte der durchsichtige Theil der Hornhaut die Größe und Gestalt eines horizontal liegenden Gerstenkorns. Etwa 15 Monate zuvor war das eine Auge durch eine durchdringende Wunde verloren gegangen; innere Entzündung kam auf dem andern Auge dazu, wurde aber gehoben, so daß das Gesicht hergestellt war; der Kranke strengte nun aber das Auge wiederum zu viel an, so daß die Entzündung wiederkehrte und der Augapfel atrophisch wurde.

Verschrumpfung des linken Auges nach Verwundung. — Darauf folgender Verlust des rechten Auges durch innere Entzündung. — Ein fast 70jähriger Mann, welcher gewöhnt war, die Augen durch Arbeiten in Metall sehr anzustrengen, wurde im Jahre 1831 durch einen Metallsplitter in der linken Hornhaut verwundet; es folgte heftige Entzündung, Eiterung des Augapfels und Zusammenfallen der Augenhäute. Die Entzündung legte sich etwa 6 Wochen darnach; bald darauf aber wurde auch das rechte Auge entzündet und seine Sehkraft beeinträchtigt. Durch kräftige Behandlung wurde sein Gesicht zwar gebessert, aber nicht so weit hergestellt, daß er wieder arbeiten konnte. Ich sah den Kranken im September 4—5 Tage nach einem Rückfall der Entzündung. Es war äußere Röthe, besonders im Umkreis der in der untern Hälfte getrübten Hornhaut, Zusammenziehung und unregelmäßige Form der Pupille, Schwäre über der Augenbraue und sehr unvollkommenes Sehvermögen zugegen. Der Kranke konnte die Hand sehen, aber nicht unterscheiden, ob die Finger ausgestreckt waren. Trotz kräftiger, wochenlang andauernder antiphlogistischer Behandlung dauerte die Entzündung unter heftigen Schmerzen fort, bis die Sehkraft ganz vernichtet war.

Atrophie nach einer durchdringenden Wunde. — Innere Entzündung und Cataract auf dem andern Auge. — Ein 10jähriger Knabe hatte sein Auge durch Verwundung und darauf folgende Atrophie verloren. Hierauf entwickelte sich eine gelinde innere Entzündung in dem andern, welche Mißfarbigkeit der Iris, Verdunkelung der Linse und Linsenkapsel und allgemeine synechia posterior zurückließ. Es wurde die Operation des grauen Staars gemacht, wobei sich die Linse ganz weich, fast flüssig fand. Die Pupille wurde zwar klar, aber das Gesicht nicht verbessert.

Atrophie des rechten, Iritis im linken Auge. — Im December 1826 wurde ich von einem Herrn consultirt, welcher 6—8 Jahre zuvor eine Wunde der rechten Hornhaut erhalten hatte. Das Auge war zusammengefallen, die Iris in Farbe und Textur verändert und die Pupille verschlossen. Es war nun ein heftiger Anfall von Iritis im linken Auge eingetreten, welche durch antiphlogistische Mittel und Mercur gehoben war, aber später einen Rückfall machte, von welchem sich jetzt das Auge sehr langsam erholt. (W. Lawrence a treatise on the diseases of the eye. London 1833.)

Beobachtung eines Falles von acuter Rotzkrankheit bei'm Menschen.

Die Untersuchungen des Dr. Elliotson über die Uebertragung der Rotzkrankheit auf Menschen, welche man bisher für eine den Einhufern ausschließlich eigenthümliche Krankheit gehalten hat, sind bereits früher bekannt gemacht worden. Seit jener Zeit ist in Frankreich noch kein Fall beobachtet worden, welcher für die Meinung des berühmten Professors am St. Thomas-Spitale spräche, und viele Aerzte zweifeln noch an der Richtigkeit der Schlüsse, welche er aus einer kleinen Anzahl von theils von ihm selbst beobachteten, theils aus Schriftstellern gesammelten Fällen zieht. Ein ähnlicher Fall ist neuerdings im St. Thomas-Spitale zu London nicht von Hrn. Elliotson, sondern von Dr. Williams beobachtet worden. Da derselbe mit großer Sorgfalt controllirt wurde, und wenig Zweifel über die Uebertragung der Rotzkrankheit der Pferde auf Menschen übrig läßt, so theilen wir ihn hier mit allen Details mit, um die Beobachtung neuer Fälle zu erleichtern, eine genaue Kenntniß der Hauptsymptome sey.

Fall. W. Jackson, von kleiner Statur und guter Constitution, 23 Jahr alt, Pferdejunge, wurde den 31. Januar in das St. Thomas-Spital gebracht. Er sagte, daß er seit 14 Tagen unwohl sey, und klagte über Brustbeklemmung mit Schmerzen im rechten Hypochondrium und im Kreuze, und über fortwährende Mattigkeit und Abgeschlagenheit. Sein Gesichtsausdruck war traurig, die Zunge in der Mitte mit einem gelbbraunen Ueberzuge bedeckt, an den Rändern und an den Spitze roth. Er klagte über Durst, Hunger, und hatte in der Regel zwei Stühle täglich. Puls 90 von mittelmäßiger Kraft. Die Haut, obgleich etwas feucht, war jedoch heißer, als im normalen Zustande. Während der Nacht bedeutende Transpiration. Er war vor drei Monaten vom Pferde auf den Rücken gefallen, wo er einigen Schmerz fühlte. Beunruhigende Symptome schienen nicht da zu seyn. (Alle Stunden 2 Gran Ipecacuanha, Milchdiät.)

Den 1. Februar. Dieselben Symptome. In der Nacht bedeutender Schweiß; der Kranke klagt über etwas Kopfschmerz. Seine Antworten, obgleich richtig, zeigen mitunter einige Verwirrung, was jedoch gewöhnlicher Zustand bei ihm seyn konnte. Die Sprache wie gestern, nur etwas hastig; oft bekommt er im ganzen Körper convulsivische Erschütterungen, und darauf einige Secunden lang allgemeines Zittern. Er klagt über Schmerzen in den Gliedern. Ein Blasenpflaster, welches ihm vor seiner Aufnahme in das Spital gelegt worden war, fängt an zu schwären und giebt übelriechenden, schlechten Eiter. (Cataplasmen von Brodkrumen.)

Die folgenden Tage hält die Transpiration mehr oder weniger Tag und Nacht an; Delirien des Nachts. Er klagt über starken Schmerz in den Stirn- und Scheitelgegend. Seine Physiognomie ist finsterer, als zur Zeit seiner Aufnahme, ohne Ausdruck von Aengstlichkeit. Appetit dauert fort, und da er 5—6 Stühle täglich hatte, so wurde die Ipecacuanha ausgesetzt. Der Urin wird in Menge gelassen und voll. Puls hart und voll. (15 Blutegel an den Kopf.)

Den 5. Diarrhöe dauert fort, der Kopfschmerz und die Delirien waren weniger heftig: (Nach jedem flüssigen Stuhle 1 Drachme Tinct. Kino, 2 Unzen Inf. Catechu.)

Den 8. Die Symptome dauern unverändert in demselben Grade fort. Die Secretion von Blasenpflaster ist sehr übelriechend. Der ganze Körper haucht einen sonderbaren unangenehmen Geruch aus. Keine Diarrhöe.

Den 10. In der letzten Nacht raſte er ſo ſehr, daß man ihn an ſein Bett befeſtigen mußte. Die Transſpiration iſt ſehr vermehrt, Schweißtropfen rollen über der Haut herab. Er bekömmt oft im ganzen Körper, vorzüglich aber in den Extremitäten, die beſchriebenen convulſiviſchen Erſchütterungen. Den Tag über drei Stühle. Bei Druck auf den Unterleib keine Empfindlichkeit. Seit zwei oder drei Tagen klagt er weniger über Schmerz in den Hypochondrien, aber über ſehr ſtarken in allen Gliedern. Das Gelenk des Zeigefingers der linken Hand iſt geſchwollen und geröthet. Eine ähnliche Geſchwulſt am rechten Knöchel. (10 Blutegel an die Schläfen.)

Den 11. Die Delirien ſind etwas geringer, von Zeit zu Zeit hat er klare Intervallen, die Zunge iſt trocken, mit einem braunen Ueberzuge belegt; der Kranke klagt über Hitze im Halſe und Schmerzen im ganzen Körper. Die andern Symptome dauern in demſelben Grade fort. Die letzten Blutegelſtiche ſind entzündet und eitern ſchon; die Geſchwulſt der Gelenke iſt nicht geringer:

R. Magn. ſulph. ʒii.
   Tinct. Hyosc. gtt. XV.
   Mixt. camph. ʒii.
S. Alle 4 Stunden eine ſolche Doſis. — Milchdiät.

Den 12. Die rechte Schläfe, wo die letzten Blutegel angeſetzt worden waren, ſondert einen bräunlichen, ſehr übelriechenden Eiter ab, und zeigt Zeichen von Brand; das rechte Augenlid ſchwillt an und ſcheint ſehr entzündet zu ſeyn; der Puls iſt klein und ſchwach. Der obigen Mixtur werden 8 Tropfen Opiumtinctur zugeſetzt; es werden ihm 4 Unzen Wein mit etwas Sago für den Tag verſchrieben, ein Veſicans in den Nacken.

Um 2 Uhr Nachmittags machte die brandige Eiterung der rechten Schläfe raſche Fortſchritte; das rechte Auge war vollkommen geſchloſſen, das linke fing an anzuſchwellen, und eine andere große Geſchwulſt erſchien auf der Mitte der Stirn 1½ Zoll über der Naſenwurzel; ſie war hart und roth, mit einem bläulichen Fleck in der Mitte. Aus dem rechten Naſenloche kam ebenfalls eine gelbe Flüſſigkeit. Bei genauer Unterſuchung fand man noch mehrere andere kleine Geſchwülſte auf den Armen und Beinen, und zwei oder drei große weiße Puſteln an der linken Seite des Halſes auf einer leicht entzündeten Baſis; ungebeurer Durſt; Puls klein, ſchnell, 120; häufigere Agitation des Körpers. Man vergrößerte die Quantität des Weins.

Den 15. Die ganze rechte Schläfe iſt brandig; das linke Auge iſt, wie das rechte, ganz von den geſchwollenen Augenlidern bedeckt; der jauchige Ausfluß iſt ſehr reichlich; die behaarte Kopfhaut zeigt mehrere Geſchwülſte. Der Kranke klagt über Brennen im Halſe und in der Naſe; mehrere neue Puſteln und Geſchwülſte an verſchiedenen Stellen des Körpers. Der Arzt, welcher in dieſer Krankheit, die er bisher für eine rheumatiſche Affection gehalten hatte, die Symptome der Rotzkrankheit zu erkennen glaubte, ließ Hrn. Elliotſon rufen, und erſt dann erfuhr man von dem Kranken, daß ungefähr drei Wochen vor ſeiner Aufnahme ein mit der Rotzkrankheit behaftetes Pferd in den Stall ſeines Herrn gebracht worden war, welches er gewartet hatte. Zu dieſer Zeit hatte er auf dem Rücken ſeiner Hand eine kleine Wunde, auf welche oft der aus der Naſe des Thiers fließende Schleim fiel, den er mit dem Aermel ſeines Rockes abzuwiſchen die Gewohnheit hatte. Und in der That fand man auf der rechten Hand noch nicht völlig vernommen geheilte Narbe.

Den 16. Die ganze Kopfſchwarte war ſehr angeſchwollen und purpurroth. Faſt alle Geſchwülſte des Körpers waren Maulbeeren ähnlich; auf der rechten Seite der Naſe war eine kleine purpurrothe Geſchwulſt vorhanden, und aus beiden Naſenlöchern floß eine große Menge einer braunen, glutinöſen und eitrigen Flüſſigkeit, ähnlich der, welche aus der Schläfe kam, wo die Gangrän unaufhaltſam fortſchritt. Helle Augenblicke wechſelten mit Delirien ab; da aber ſeine Aufmerkſamkeit durch die ihm vorgelegten Fragen auf dieſen Gegenſtand gerichtet worden war, ſo wiederholte er, daß er von dem Pferde, welches er gepflegt, die Rotzkrankheit bekommen habe, und dieſe Idee beſchäftigte ihn unausgeſetzt in ſeinen Delirien, wie auch während der freien Zwiſchenzeit.

Viele Aerzte ſahen ihn in dieſem Zuſtande, und alle ſtimmten über die ſchlagende Aehnlichkeit dieſer furchtbaren Krankheit mit der Rotzkrankheit überein. Hr. Youatte, Redacteur des Journals der Veterinär, bat um die Erlaubniß, eine von dieſen Puſteln zu öffnen, um den Eiter einem Eſel einzuimpfen. Die Krankheit machte raſche Fortſchritte; der Kranke hatte ungeheuern Durſt; er ſchrie immerwährend, daß man ihm zu trinken gebe. Er ſtarb den 17. um 2 Uhr des Morgens; noch einige Augenblicke früher ſagte er bei klarem Bewußtſeyn: „Ich ſterbe zufrieden, ich ſterbe an der Rotzkrankheit, wie meine Pferde ſtarben; ich ſterbe zufrieden."

Die Leichenöffnung wurde vor einer großen Menge von Aerzten vorgenommen, und ergab Folgendes:

Die Geſchwülſte der Kopfſchwarte enthielten alle einen braunen glutinöſen Eiter; unterhalb deſſelben fand man kleine, weiße, runde Tuberkel, im Zellgewebe eingehüllt, an das Pericranium angeheftet, welches an einigen Stellen, mit Entblößung des Knochens, ganz zerſtört war. Einige von dieſen Tuberkeln waren hart und enthielten Eiter, andere waren bereits vereitert.

Die Stirn- und Naſenhöhlen enthielten einen zähen braunen Eiter und ähnliche Tuberkelmaſſen.

Im Gehirne war nur geringe Congeſtion bemerklich.

Der Oeſophagus war vollkommen geſund.

Der Kehlkopf zeigte hinter den Ventrikeln an jeder Seite einen Tuberkel, welche größer, als die übrigen waren. Der der linken Seite war offen, der andere war noch ganz und enthielt Eiter. Der übrige Theil des Kehlkopfes war geſund.

Nach Wegnahme der Haut des vordern Theiles des Halſes und des Körpers entdeckte man vier mit eben ſolchem klebrigen und braunen Eiter gefüllte Stellen, und darunter kleine den vorigen ähnliche Tuberkeln. Alle Bruſtorgane ſchienen geſund, eben ſo die Unterleibsorgane, mit Ausnahme einer Stelle im Colon 1½ Zoll von der Valvula ileo - coecalis, welche ähnliche Tuberkeln (?) zeigte.

Der vom Herrn Youatte mitgenommene Eiter wurde einem Eſel eingeimpft, allein das Experiment gelang nicht vollkommen. Ein Schüler, welcher die Abſicht des Herrn Youatte nicht kannte, bediente ſich dieſes Thiers, um das Aderlaſſen zu lernen. Nichtsdeſto weniger wurde die Impfung auf die beiden Naſenlöcher vollzogen, zugleich brachte man auf die Ränder der Aderlaßwunde den Reſt des aufbewahrten Eiters. Den andern Tag entſtand Geſchwulſt um die Wunde; den dritten Tag waren alle Symptome einer ſehr heftigen Phlebitis vorhanden; und den vierten Tag ſtarb das Thier ohne alle andere deutliche Urſache. Die Scarificationen der Naſenlöcher zeigten nur einen geringen Grad von Entzündung. Die das Siebbein bedeckende Schleimhaut war bedeutend injicirt, die des Septum's zeigte eine ſehr ſtarke ſtrahlige Injection. Man bemerkte daſelbſt zwei oder drei kleine Hervorragungen und zwei deutliche aber ſehr kleine Geſchwüre, deren Ränder faſt durchſichtig waren.

Es wäre wichtig, daß, wenn ähnliche Fälle beobachtet werden ſollten, dieſelben öffentlich bekannt gemacht würden, damit genaue Unterſuchungen über dieſe Krankheit, namentlich über die Mittel, ihr zu begegnen, angeſtellt werden könnten.

Ein Fall von Abtragung eines großen Theils des Ober - und Unterkiefers wegen Oſteoſarcom.

Margarethe Hunt, 23 Jahr alt, mager, von ſcrofulöſem Ausſehen und ſchwachen geiſtigen Kräften, wurde am 27ſten Januar 1831 wegen einer großen Geſchwulſt der linken Geſichtsſeite in dem Briſtol Infirmary auf der Abtheilung des Herrn Hetling aufgenommen. Die Geſchwulſt erſtreckte ſich über beide Kiefer, hob die Bedeckungen der Wange in die Höhe, und ragte zum Theil zwiſchen den Lippen und dem Mundwinkel hervor. Bei Unterſuchung der Mundhöhle mit dem Finger zeigte ſich, daß die Geſchwulſt in dem Oberkieferbein ihren Sitz, daß ſie ſich rückwärts nach dem Gaumen hin ausgebreitet und nach vorn und unten auf ben Unterkiefer gebrückt hatte, so daß hier in großer Ausdehnung der Knochen absorbirt war; es fand sich ferner, daß die Alveolarfortsätze beider Kiefer auf dieser Gesichtsseite fast ganz verschwunden waren, und daß im Oberkiefer nicht ein einziger, im Untertiefer nur wenige, lockere und in die Markfubstanz der Geschwulst vergrabene Zähne übrig waren. Da sich die Geschwulst zwischen beide Kiefer gedrängt hatte, so konnte der Mund nicht geschlossen werden; die Wange hing nicht mit der Oberfläche der Geschwulst zusammen, welche etwa den Umfang einer großen Orange hatte. Aeußerlich fühlte sie sich durch die gespannte Wange hindurch hart an, innen aber zeigte sie die Consistenz des Gehirns. Die Halsdrüsen litten nicht mit; die Kranke konnte weder kauen noch deutlich articuliren, sie mußte sich mit Flüssigkeiten nähren, welche auch nur mit Schwierigkeit verschluckt werden konnten.

Die Verwandten gaben an, daß das Mädchen immer von schwächlicher Constitution gewesen sey, daß die Geschwulst nach einer Erkältung zwischen dem 11ten und 12ten Jahre begonnen und sich allmälig unter Schmerzen und in Verbindung mit einem stinkenden Ausfluß vergrößert habe, und daß in der letzten Zeit häufige und sehr reichliche Blutungen aus dem Munde eingetreten seyen. Es war eigentlich noch nichts gegen diese Krankheit geschehen. Es wurde beschlossen, die Geschwulst wegzunehmen und so gut als möglich den Boden, auf welchem sich dieselbe entwickelt hatte, zu zerstören.

Einige Tage nachher nahm Herr Hetling aus den zurückgebliebenen Zähne heraus; er beschloß übrigens, die Operation nicht mit Unterbindung der Carotis zu beginnen.

Am 16ten Februar wurde die Kranke in horizontaler Lage mit etwas erhobenem Kopfe auf die rechte Seite gelegt; der Operateur brachte nun zwei Finger durch den Mundwinkel zwischen die Geschwulst und Wange gegen das Gelenk, und spaltete die Haut decken bis zum Ohr hin; ein zweiter Schnitt wurde von dem Orbitalrande durch die Mitte dieser Wunde bis zum Unterkieferwinkel hin geführt. Hierbei mußten einige Zweige der maxillaris externa unterbunden werden, welche sehr reichlich bluteten. Die Lappen dieses Kreuzschnittes wurden nun zurückgeschlagen, wodurch die äußere unregelmäßig gelappte Oberfläche der Geschwulst ganz bloß gelegt wurde, so daß ihre Basis und Verbindungen genau untersucht werden konnten. Die Basis der Geschwulst nahm den Gaumentheil und Körper des Oberkiefers ein, und erst bei beträchtlicher Vergrößerung war sie nach außen gedrungen, und hatte sich auf den Alveolarrand des Unterkiefers von dem foramen mentale bis zum Gelenkfortsatz aufgelegt, woburch dieser ganze Entwederder absorbirt oder in cariösem Zustande war. Der Unterkiefer war gewissermaßen in die Geschwulst begraben, so daß die Einwirkung derselben sowohl von der äußern als von der innern Fläche eingetreten war. Die Geschwulst wurden nun mit Messer und Finger aus ihren Verbindungen gelöst, was ziemlich viel Zeit kostete, da sie in jede kleine Ausbiegung und Vertiefung eingedrungen war, welche sich in den benachbarten Theilen fanden. Als dieß nun geschehen war, so fand sich eine große unregelmäßige Knochenoberfläche in cariösem Zustand, welcher sich an dem Oberkiefer von dem Schlund über den Gaumen bis zum Wangenbein hin erstreckte und nicht eine Spur der dünnen Wände der Oberkieferhöhle zurückgelassen hatte. Mit Messer und Säge u. s. w. wurde möglich jeder krankhafte Knochentheil weggenommen und die Oberfläche sorgfältig mit dem Messer abgeschabt, um das Glüheisen leichter auf die ganze Oberfläche einwirken zu lassen. Es fand sich nun hinlänglicher Raum zur Exarticulation des Unterkiefers, welcher in seiner ganzen Länge caries war. Zuerst wurde die Hälfte des Unterkiefers ausgefägt und hierauf der noch zurückgebliebene Gelenkfortsatz leicht exarticulirt.

Die Operation dauerte ⅔ Stunden, und wegen des erschöpften Zustandes der Kranken wurde das Glüheisen nicht mehr angewendet. Die Wundlappen wurden durch Nähte vereinigt und waren nach vier Tagen vollkommen und ohne Entstellung verheilt. Nach vierzehn Tagen war kein Verband mehr nöthig und nach einem Monate taute die Kranke auf der andern Seite so gut als zuvor; auch hatte aller Ausfluß aus dem Munde vollkommen aufgehört. Sieben Wochen nach der Operation wurde die Kranke scheinbar geheilt entlassen.

Die exstirpirte Geschwulst zeigte durchaus die gewöhnliche homogene Structur des Markschwammes, welcher von wenigen Blutgefäßen durchzogen war. Das Resultat dieser Operation schien höchst glänzend; aber nach einiger Zeit kam die Krankheit wieder, und die Kranke starb, da sie sich keiner neuen Operation unterwerfen wollte, als allmälig abzehrend, in Zeit von einem Jahre. (Med. chir. Review. July 1833.) Zwei ähnliche Fälle, in welchen Operationen solcher Geschwülste am Unterkiefer ebenfalls die Heilung nicht erzielt war, kamen Herrn Brodie im St. Georg-Hospital nach dem Bericht derselben Zeitschrift vor.

Miscellen.

Tabelle über die Resultate von 356 Fällen von Steinschnitt, welche in einem Zeitraume von 10 Jahren von Dupuytren und einigen andern der ausgezeichnetsten Wundärzte in Paris verrichtet worden sind.

Geschlecht	Alter	Zahl d. Operationen	Geheilt	Gestorben	Verhältniß der Gestorbenen zu den Geheilten	
Männlich	8 bis 15 J.	97	88	9	1 zu 11	9 v. 100
	15 — 30 J.	59	51	8	1 — 7	13½ v.
	30 — 50 J.	45	35	10	1 — 4 oder 5	22 v.
	50 — 70 J.	74	56	18	1 — 4	24 v.
	70 — 90 J.	7	26	11	1 — zwisch. 3 u. 4	29½ v.
Weiblich	8 — 15 J.	87	7	0	0	0 v.
	15 — 50 J.	11	10	1	1 — 3½	10 v.
	50 — 70 J.	17	15	2	1 — zwisch. 8 u. 9	8 u. 9 v.
	70 — 90 J.	9	7	2	1 — 3 u. 4	12 v.
Summe	Von 8 bis 90 J.	356	295	61	1 — 6	17 v.
Männer	Eben so	312	256	56	1 — zwisch. 5 u. 6	18 v.
Frauen	Eben so	44	39	5	1 — 9	11½ v.

(Dupuytren Leçons orales.)

Gegen anhaltende Menorrhagieen empfiehlt Herr Pigeaux kohlensaures Eisen in kleinen Gaben (aus einer Unze 100 Pillen), wovon Anfangs eine gegeben und womit allmälig gestiegen wird. Wenn auch nach und nach die Menstruation mit größern Zwischenzeiten erscheint, und Kraft und Farbe der Patientin zunehmen, so muß doch das Mittel nicht zu früh weggelassen werden, damit kein Rückfall entstehe.

Die Ursache des plötzlichen Todes nach schmerzhaften Operationen, sucht Roux in einer serösen Ergießung in den Seitenventrikeln des Gehirns, welche wenigstens die einzige krankhafte Erscheinung ist, welche man bei der Section in solchen Fällen findet. Dasselbe gilt auch von den Fällen, wo der Tod auf eine Verbrennung folgt. (Transactions méd.)

Bibliographische Neuigkeiten.

Anatomy of the Human Bones. By Sharpnell. Part I. London 1833. Fol.

Illustrations of British Ornithology; by J. P. Selby. Vol. I. Landbirds. Vol. II. Waterbirds. London 1833. 8. (Ist eine neue und verbesserte Ausgabe des bekannten Werkes.)

Wickham, on Diseases of the Joints. London 1833. 8.

On the Effects of Inhalation in Consumption; by Sir Charles Scudamore. 2d. edition. 1833. 8.

Notizen

aus

dem Gebiete der Natur- und Heilkunde,

gesammelt und mitgetheilt von Dr. L. F. v. Froriep.

| Nro. 844. | (Nro 8. des XXXIX. Bandes.) | Januar 1834. |

Gedruckt im Landes-Industrie-Comptoir zu Weimar. Preis eines ganzen Bandes, von 24 Bogen, 2 Rthlr. oder 3 Fl. 36 Kr.,
des einzelnen Stückes 3 ggl. Die Tafel schwarze Abbildungen 3 ggl. Die Tafel colorirte Abbildungen 6 ggl.

Naturkunde.

Ueber die Anwendung der electro-chemischen Kräfte auf die Pflanzenphysiologie.

Von Hrn. Becquerel.

„Man bemüht sich seit langer Zeit den Einfluß zu bestimmen, welchen die freie Electricität auf das Keimen und die Ernährung der Pflanzen haben kann; bisher ist man jedoch in der Wissenschaft noch zu keinem bedeutenden Factum gekommen. Eben so wenig hat die Thätigkeit der Voltaischen Apparate etwas Genügendes geliefert. Einige Physiker glaubten allerdings, daß die chemischen Reactionen, welche in den Pflanzen stattfinden, durch Einwirkungen geschehen, welche denen der Säule in salinischen Auflösungen ähnlich sind; aber diese Meinung, obgleich sehr wahrscheinlich, ist durch keine Beobachtung unterstützt. Man behauptete ferner, ohne jedoch Beweise dafür zu liefern, daß die atmosphärische Electricität einen bestimmenden Einfluß auf die Vegetation ausübe, und daß daher in Gewitterjahren, z. B. die Getraide- und Gemüse-Aernten gewöhnlich reichlicher, als in andern Jahren seyen; hätten aber diese Beobachter auch die Wirkungen der erhöhten Temperatur und der Wasserdünste, welche immer solche Gewitter begleiten, in Anschlag gebracht, so würden sie in ihren Folgerungen vorsichtiger gewesen seyn.

Bertholon zieht aus einer Menge größtentheils gehaltloser Experimente den einzigen Schluß, daß electrisirte Saamenkerne sicherer und in größerer Anzahl in einer gegebenen Zeit aufkeimen, als die nicht electrisirten, und daß das Wachsthum electrisirter Pflanzen auch rascher von Statten gehe.

Aehnliche Resultate erhielt auch Jalabert. Dagegen bemerkten Troostwyck, Sennebier, Decandolle und Andere gar keine sichtbare Beschleunigung der Vegetation in den electrisirten Pflanzen. Auch Davy sagt nur, daß Getraidesaamen in positiv electrisirtem Wasser schneller treibe, als in negativ electrisirtem. Ich bin weit entfernt zu glauben, daß das electrische Fluidum ohne Einfluß auf die organischen Wesen sey, nur hat man, scheint mir, nicht

den gehörigen Weg eingeschlagen, um die Natur dieses Einflusses zu entdecken. Die Electricität bewirkt in den Körpern, welche sie durchbringt, auf zweierlei Art chemische Bewegungen oder Reactionen. Kann sie dieselben nicht zersetzen, so verursacht sie zwischen allen ihren Theilen Zersetzungen und Wiederzusammensetzungen neutraler Flüssigkeit, welche, je nach dem Grade der electrischen Spannung, immer von mehr oder minder starken Erschütterungen begleitet sind. Ist diese Spannung bedeutend, und bieten die Bestandtheile, Gewebe oder Gefäße, nur geringen Widerstand, so entsteht Desorganisation; ist sie dagegen schwach, so geht daraus ein Reizungszustand hervor, durch welchen die Organe aus dem Zustand von Atonie, in dem sie sich etwa befinden, heraustreten. In diesem Falle wirkt das electrische Fluidum wie eine mechanische Kraft, die eine Erschütterung mittheilt, es kann aber in nichts mit den vitalen Kräften verglichen werden, welche die Organe entwickeln und eine Masse chemischer Reactionen hervorbringen. Diese Wirkungsweise kann also nur sehr beschränkt seyn. Die Wirkungen der chemischen Reactionen sind nach Maaßgabe der Intensität der Ströme verschieden; mit starken Strömungen werden die Körper zersetzt, so wie andererseits schwache Strömungen eine Menge unvoraussehbarer chemischer Reactionen hervorrufen.“

§. I. Vom Einfluß der Wände der Röhren und der Gefäße von geringem Durchmesser, oder von dem irgend einer Fläche auf die electro-chemischen Wirkungen.

„Kaum hatte ich einige Experimente über den Einfluß der Voltaschen Electricität im Keimen und in der Ernährung der Pflanzen angestellt, als ich auch erkannte, daß die erhaltenen Resultate so verwickelt waren, daß ihre Erklärung die größten Schwierigkeiten darbot. Ehe ich also meine Untersuchungen über diesen interessanten Gegenstand fortsetzte, bemühte ich mich, in der unorganischen Natur einige einfache leicht anwendbare Principien aufzufinden, die mir auf dem Wege, den ich betreten wollte, als Leiter dienen könnten.

8

115

Man kennt weder die Natur der Lebenskräfte noch die Modificationen, welche sie in unorganischen Zusammensetzungen hervorbringen, wenn sie die Gewebe und Organe des lebenden Körpers durchdringen; da aber jede chemische Reaction von electrischen Wirkungen begleitet ist, indem sich dabei die Stoffe, die sich mit einander verbinden oder von einander trennen, in zwei verschiedenen electrischen Zuständen befinden, so ist es natürlich anzunehmen, daß die Organe der lebenden Körper die Kraft besitzen, auf eine besondere Weise den electrischen Zustand der unorganischen Elemente, welche zur Bildung der neuen Zusammensetzungen zusammentreffen, zu bestimmen. Die Unmöglichkeit, diese Wirkungsweise der organischen Gewebe direct zu finden, veranlaßte mich, nachzuforschen, ob es nicht möglich wäre, in den Gefäßen oder Röhren mit kleinem Durchmesser, deren Wände von irgend welcher Beschaffenheit seyn können, gewisse Eigenthümlichkeiten zu entdecken, wie man sie den unter dem Einfluß der Lebenskräfte stehenden Geweben zuschreibt.

Man nimmt eine Glasröhre von acht bis zehn Centimeter Länge und zwei bis drei Millimeter Durchmesser; durch den untern Theil bringt man calcinirtes und mit Wasser in eine sehr feine Paste verwandeltes Cobaltoryd; man legt dann einen Silberdrath in die Röhre und verschließt die Oeffnung; dann füllt man den obern Theil mit einer Auflösung von salzsaurem Chrom, verschließt auch die obere Oeffnung, und läßt den Apparat stehen. Nach ungefähr vierzehn Tagen bemerkt man in dem untern Theile und auf der Oberfläche der Röhre selbst, kleine metallische Zähnchen. Diese Erscheinung erklärte ich auf folgende Weise: Die Salzsäure nimmt in ihrer Reaction auf das Wasser die positive Electricität und das Wasser die entgegengesetzte Electricität an: Der Silberdrath dient zur Wiedervereinigung der beiden Electricitäten und folglich auch zur Darstellung einer kleinen Säule; da nun ferner die Röhre einen kleinen Durchmesser hat, so widersetzt sich die Capillarthätigkeit, welche die Flüssigkeiten einerseits auf ihre Wände, andrerseits auf das Cobaltoryd ausüben, lange ihrer Vermischung, wodurch wieder eine Säule entsteht, welche während derselben Zeit in Thätigkeit ist. Als ich aber mit größerer Sorgfalt diese Erscheinung betrachtete, und bemerkte, daß die Reduction von dem Theile des Cobaltoryds ausging, welcher mit dem Glase in Berührung war, so glaubte ich, daß der Silberdrath zur Bewirkung derselben unnütz sey. Und in der That war auch die Wirkung dieselbe, als ich anstatt des Silberdrathes irgend ein organisches Gewebe anwendete, und endlich den Metalldrath ganz wegließ. Ich schloß daraus, daß die Wände allein die Reduction veranlaßten. Die Erklärung ist leicht: Die entgegengesetzten Electricitäten, welche in der gelinden Wechselwirkung der beiden Flüssigkeiten aufeinander entwickelt werden, verbinden sich längs der Wände der Röhre, welche zu Polen der Säule werden. Diese Wand ist die positive, die untere die negative Pol, da die eine der Säureauflösung die positive, die andere dem das Cobaltoryd umgebenden Wasser die negative Electricität entzieht. Dieß erklärt auch, warum die Reduction am Glase geschah.

Ich muß bemerken, daß die Metallage, welche gewöhnlich abgesetzt wird, außerordentlich dünn ist. Dieses Resultat scheint auch anzuzeigen, daß die Capillarthätigkeit, deren Natur man nicht kennt, und die auf die Flüssigkeit in einem unendlich kleinen Raume wirkt, auch einen gewissen Einfluß auf die Reduction des Cobaltoryds ausübe.

Man begreift nun, wie Secretionen in den hohlen Organen der lebenden Körper sich erzeugen können; ich nehme an, daß ein Gefäß oder irgend eine Röhre von geringem Durchmesser an zwei entfernten Puncten mit zwei ähnlichen Röhren in Verbindung stehe, von denen jede ihr eine verschiedene Bestandtheile enthaltende Flüssigkeit zuführe. Die beiden Flüssigkeiten können wegen der Capillarität nur langsam aufeinander wirken, es wird also eine kleine Säule entstehen, deren Thätigkeit fortdauern wird, und der die Wände des Gefäßes selbst, von welcher Natur sie auch seyn mögen, als Pole dienen werden. Enthalten nun die Flüssigkeiten Elemente, welche sich leicht trennen, wie dieß bei den meisten, die organischen Ursprungs sind, der Fall ist, so werden sich neue Verbindungen bilden. So begreift man, wie die Gewebe der Gefäße oder hohlen Organe die Kraft bekommen, die Atome der Körper, welche durch die Flüssigkeiten, von denen sie durchdrungen sind, weiter geführt werden, electrisch zu machen, und sie in den Stand zu setzen, neue Combinationen zu bilden, ohne daß man zu verborgenen Kräften seine Zuflucht nehmen müßte.

Im Allgemeinen entsteht, wenn zwei Flüssigkeiten, die verschiedenartige, chemisch aufeinander wirkende Substanzen enthalten, durch eine Membran getrennt sind, die ihnen eine nur sehr langsame Vermischung gestattet, durch Vermittlung dieser Wände ein fortwährender electrischer Strom, welcher besondere chemische Reactionen hervorbringen kann. Sind die Zusammenziehungen unauflöslich, so setzen sie sich an eine der Flächen der Membran an; im entgegengesetzten Falle verbreiten sie sich in den Auflösungen, wo sie zu neuen Processen zusammentreffen. Als Beispiele der unauflöslichen Zusammensetzungen führe ich die Krystalle von kohlensaurem Kalke an, welche Herr de Turpin auf der innern Wand der Hülle der Schneckeneier entdeckt hat, und die von sauerkleesaurem Kalke, welche derselbe Naturforscher in dem Zellgewebe eines alten Palmenstammes beobachtete.

Die eben angegebnen Wirkungen kann man mit dem Namen der electro-capillo-chemischen belegen.

Derselben Ursache muß man auch mehrere bisher unerklärte Erscheinungen zuschreiben: die Ablagerung von Salzen auf der Oberfläche der in ihre saturirte Auflösung gelegten fremden Körper, und die Bildung von Luftblasen beim Kochen von Flüssigkeiten über den Unebenheiten der Gefäße, welche sie enthalten. Wir wissen, daß sich bei Verbindung oder Trennung der Atome eines Körpers Electricität entwickelt. Wenn man immer in dem Augenblicke, wo die Verbindung oder Trennung zu Stande kommen will, irgend einen Körper darbietet, der diesen Wände die Wiederzusammensetzung erleichtern können, so beschleunigt man um eben so viel die Krystallisation und die Verdunstung, denn es ist überaus wahrscheinlich, daß die beiden freiwerdenden Electricitäten eine gewisse Rolle bei der Aggregationskraft spielen. Aus ähnlicher Ursache beginnt das Sieden in metallnen Gefäßen früher als in gläsernen."

§. II. Von einigen spontanen Zersetzungen.

„Ehe ich den Einfluß mehr oder minder schwacher electrischer Kräfte auf die Vegetation bestimme, muß ich nachweisen, wie häufig diese letztern im Stande sind, chemische Reactionen zu bewirken, welche auf die Pflanzen einwirken müssen. Ich werde also vor allem von einigen spontanen Zersetzungen reden.

Vauquelin fand in spontan gebildeten Eisenoxyd Ammonium; dieses bildet sich auch bei vielen chemischen Processen, wo Wasser und Salpetersäure zersetzt werden. Ich wollte nun sehen, ob es möglich sey, von dem Augenblicke an, wo die oxydirbaren Metalle mit destillirtem Wasser in Berührung kommen, Spuren davon zu entdecken. Ich wußte bereits, daß, wenn man eine vollkommen polirte Zinkplatte in destillirtes Wasser taucht, das Metall sogleich die negative Electricität annimmt; dieß zeigte den Beginn der Oxydation an, sey's durch die Luft, oder durch Zersetzung des Wassers. Um zu erkennen, ob das Wasser wirklich zersetzt wird, und ob sich Ammonium bildet, nimmt man polirte Platten von Eisen, Zink, Blei und Kupfer, über welche man eine sehr dünne Lage destillirten Wasser gießt; darüber legt man Streifchen von Curcumapapier. Nach einer Viertelstunde wird die Farbe an einigen Puncten roth, diese breitet sich allmälig aus; beim Feuer verschwindet die rothe Farbe. Ferner nimmt man anstatt des Curcumapapiers Fließpapier und setzt sie in einer Röhre der Einwirkung der Hitze aus, so bekömmt man diese alkalinische Reaction. Ich glaube, daß dadurch bewiesen ist, daß dieses Alkali Ammonium sey. Alles veranlaßt also zu glauben, daß, wenn das Wasser mit einer oxydirbaren Substanz bei freiem Zutritt der atmosphärischen Luft in Berührung ist, sich sogleich Ammonium bildet. Ein ähnlicher Proceß in den organischen Stoffen, in deren Mitte die Pflanzenwurzeln liegen, muß einen gewissen Einfluß auf die Vegetation ausüben; vielleicht geschieht es auch durch einen ähnlichen Vorgang, d h. dadurch, daß Ammonium in die Pflanzen übergeht, daß sich Stickstoff in einigen unmittelbaren Producten befindet. Nimmt man undestillirtes Wasser, so entstehen merkwürdige Zersetzungs-Erscheinungen. Davy ist der erste, welcher Producte dieser Art unterfuchte, als er nach Mitteln suchte, um die Kupferplatten, womit die Schiffe bekleidet sind, vor der ätzenden Einwirkung des Seewassers zu schützen. Er fand, daß dieses Metall in Seewasser, dem die Luft entzogen worden war, gar keine Veränderung erlitt; in freier Luft aber sich mit einem gelben Ueberzug bedeckte und im Wasser zugleich eine weiße, allmälig grün werdende Wolke bildete; daß bald ein bläulich grüner Niederschlag erschien, während die Oberfläche des Kupfers aufgezehrt wurde, im Wasser roth, und in der Luft grasgrün erschien; daß sich endlich kohlensaures Natron allmälig auf dieser grasgrünen Materie bildete.

Aber auch die übrigen oxydirbaren Metalle, namentlich aber das Eisen mit seinen schwefelsauren Verbindungen, besitzen merkwürdige Eigenschaften. Gießt man eine Auflösung von schwefelsaurem Kali auf eine Eisenplatte, so nimmt diese, indem sie sich auf Kosten des Wassers und der Luft oxydirt, negative und das Oxyd positive Electricität an. Ist diese Thätigkeit fortdauernd, so wird die eine der negative Pol einer kleinen Säule, das andere der positive. Das Metall zieht die Basis an, und das im Entstehen begriffene Oxyd die Säure, mit welcher sie sich verbindet.

Aus diesen zusammengesetzten Processen entsteht Ammonium, Kali und schwefelsaures Eisen; das Ammonium wird frei, das Kali verbindet sich mit der Kohlensäure der Luft, und das Suisat verbindet sich mit dem schwefelsauren Kali.

Die andern Salze mit oxydirbaren Metallen geben zu ähnlichen Erscheinungen Veranlassung; da sie jedoch nicht immer unauflösliche Salze bilden, so bleibt das Alkali nur kurze Zeit frei, und geht sogleich neue Verbindungen ein.

Führt man diese Erscheinungen auf electro-chemische Grundsätze zurück, so ergiebt sich Folgendes: wenn irgend ein hinlänglich guter electrischer Leiter von einem chemischen Agens angegriffen wird, so nimmt der Körper, welcher die Rolle einer Säure spielt, positive Electricität an, und der andere die entgegengesetzte. Diese beiden Körper stellen während ihrer wechselseitigen Reaction eine wahre galvanische Säule dar, welche die Substanzen, mit denen sie in Berührung stehen, zersetzt, wenn die Verwandtschaft, welche die Bestandtheile derselben verbindet, schwächer ist, als die Kräfte, welche sie zu trennen suchen. Die Wirkung dieser Säule ist oft so bedeutend, wie die eines großen Volta'schen Apparates, namentlich wenn mehrere Elemente erst im Entstehen begriffen sind. Diese Theorie kann durch positive Versuche bestätigt werden.

§. III. Von der Thätigkeit eines einzigen Volta'schen Plattenpaares auf Zusammensetzungen organischen Ursprungs, sie mögen electrische Leiter seyn, oder nicht.

„Ein aus einer gewissen Anzahl von Platten gebildeter Apparat kann nur insofern auf die Auflösung chemisch einwirken, als dieselbe ein guter electrischer Leiter ist; nicht so verhält es sich mit einem einzigen Volta'schen Paare, weil der Durchgang der Electricität sehr kurz ist, und weil das Fluidum weniger Schwierigkeit findet, von dem Leiter in die Flüssigkeit überzugehen, wenn diese das Metall angreift, als wenn man eine zusammengesetzte Säule und einen Weg von einer gewissen Länge anwendet; auch kann man sich seiner Einwirkung bedienen, um die electro-negativen Bestandtheile zu entdecken, welche in den unmittelbaren Pflanzenproducten vorhanden, im Wasser auflöslich und Nichtleiter der Electricität sind, ohne sie zerstören zu müssen, wie man dieß bei chemischen Analysen zu thun genöthigt ist. Einige Beispiele werden die Wichtigkeit dieses Verfahrens hinlänglich darthun.

Man lege eine Kupfer- und Zinkplatte auf einer passenden Unterlage in ein mit Wasser gefülltes Glas, mit der

Kupferseite nach oben, so daß sie nur eben die Oberfläche des Wassers berührt; darüber lege man einen Streif Filtrirpapier, dessen in das Wasser zurückgeschlagene Ränder den electrischen Strom zwischen beiden Flächen vermitteln; hierauf lege man die zu untersuchenden Gegenstände. Ist es arabisches Gummi, wie es im Handel vorkömmt, so zeigt sich alsbald alkalinische Reaction. Nach 24 Stunden enthält der Papierstreif so viel Alkali, daß man schon seine Natur bestimmen kann; ich fand bald Natron, bald Kali, je nach der Sorte des Gummi's. Leinsaamenschleim giebt nur Kali.

Der Saft einer Linde, neben welcher oft die Ueberreste aus einer Küche hingeschüttet werden, gab eine ziemlich bedeutende Menge Natron, welches vielleicht vom Chlornatron (Küchensalz) herrührte.

Diese Beispiele zeigen genügend, welchen Nutzen man aus den kleinen electrischen Apparaten ziehen kann, wenn es sich darum handelt, die unmittelbaren Bestandtheile der Vegetabilien kennen zu lernen."

(Schluß folgt.)

Miscellen.

In Beziehung auf die sonderbare Natur des Clima's einiger der höher gelegenen Theile von Kunawur, erzählt Hr. John Forbes Royle (in seinen Illustrations of the Botany and other branches of natural history of the Himalaya Mountains), wie, zu Anfang des Winters, in diesen Regionen die Sonnenstrahlen mit solcher Schärfe durch die verdünnte Luft stechen, daß sie mitten in der fast unerträglichen Kälte ein Gefühl von Rösten (scorching) hervorbringen. "Zu Rangarek (12,500 Fuß hoch liegend) fiel das Thermometer während der Nacht auf 6°, und stieg um 11 Uhr Vormittag nur auf 20°; und doch machte sich die größte Unbehaglichkeit fühlbar, sowohl von dem blendenden Glanze des Schnees als durch die große Macht der Sonnenstrahlen, welche letztere sich durch die scharfe Kühle der nie über 25° erwärmten Luft noch empfindlicher wurden. Gegen Abend brachte ein plötzlicher Stoß eines durchdringend kalten Windes Mehrere von dem Gefolge um's Leben; der Athem der Reisenden gefror auf den Bärten und die Kleidungsstücke wurden steif auf ihren Rücken." Und doch kommen in einem solchen Clima nicht allein Felder mit Bohnen und andern Hülsenfrüchten, sondern es finden sich auch Pappelbäume von zwölf Fuß im Umfange und Aprikosen-Gärten vor: eine sehr sonderbare Thatsache, wenn man sie mit der Art von Vegetation vergleicht, welche in der Neuen Welt in solcher Höhe angetroffen wird. Birkenbäume in einer Höhe von 14,000 Fuß, Aprikosenbaumpflanzungen noch über einer Höhe von 10,000 Fuß und große Pappeln in einer Höhe von 13,500 Fuß müssen den Gebirgen in Indien ein sehr üppiges Ansehen geben, wenn man es vergleicht mit dem in America; denn von Humboldt sagt, daß an dem Chimborazo, 2½° südlich der Linie, in der Höhe von 13,825 Fuß selbst Gräser verschwinden; während in Popocapas, 19° 20' N. B., Eichen nicht höher als 10,000 Fuß angetroffen werden und selbst der ausdauernde Ellerbusch zwischen 12,000 und 11,000 Fuß zu Grunde geht.

Der Sinn des Gehörs bei den Blinden ist der größten Entwickelung fähig. Man führt in dieser Hinsicht Beispiele an, welche unglaublich scheinen. "Wir haben Blinde gekannt, heißt es nach dem North American Review, die nach der Art des Klanges in einem Zimmer die Gestalt und Größe desselben angeben konnten. Beim Eintritt in das Zimmer, wo sie sich gewöhnlich aufhielten, konnten sie, indem sie ihren Stock auf den Boden tönen ließen, unterscheiden, ob man eins der Hauptmeublen fortgenommen, oder an einen andern Platz gestellt habe. Nicht allein daß sie die Größe einer Person nach dem Tone der Stimme angeben, auch das Alter einer Person bestimmen sie nach diesen Anzeichen. Wir sind zwanzigmal Zeuge von solchen Versuchen gewesen! Es steht fest, daß die Stimme mit jedem Jahr einer Veränderung unterliegt; aber unsere Organe sind nicht fein genug, um die Ringe dieser Kette zählen zu können. Wir unterscheiden leicht das Gekreisch der Kinder und die zitternde Stimme des Greises; aber das Dazwischenliegende entgeht uns. Die Zeit, in ihrem langsamen und ununterbrochenen Gange, hinterläßt die Spuren ihres Durchzuges in unserer Stimme, wie in unsern Zügen und diese Spuren sind es, welche das geübte Ohr der Blinden aufzufinden weiß. — Einige Blinde besitzen noch überraschendere Feinheit des Gehörs. Sie fassen die geringsten Veränderungen der Stimmen auf, wie wir die Veränderung der Physiognomie bemerken und daraus auf das schließen, was in der Seele des mit ihnen Sprechenden vorgeht. Alle Menschen besitzen mehr oder weniger die Kunst, ihre eigenen Gefühle mit dem Mantel der Heuchelei zu bedecken; aber selten denkt man an die Biegungen der Stimme, und die Blinden bedienen sich derselben mit einigem Erfolge, um in das Labyrinth der Leidenschaften einzudringen ꝛc. (M. d. L. H. A.)

Mit der Entwickelung der Actinien hat sich Hr. Prof. Rathke, auf einer von Sewastopol aus veranstalteten Excursion nach dem Cap Parthenion, vorzüglich beschäftigt und bei dieser Gelegenheit bemerkt, daß das Ei dieser Thiere, wenn es, nach erlangter gehöriger Reife sich durch die Mutter, in Wasser gelegt worden ist, unaufhörlich sich rasch um seine Axe bewegt, zuweilen aber auch, gleich manchen Infusionsthierchen, schnell in gerader Linie eine nicht unbedeutende Strecke durch's Wasser fortschießt, obgleich, selbst bei den stärksten Vergrößerungen, an der Oberfläche desselben sich keine Organe, namentlich keine Borsten, bemerken lassen, durch welche diese Bewegungen hätten vermittelt werden können.

Heilkunde.

Ein Fall von Melanose.

Die Beobachtung dieser seltenen Krankheit ist in den Transactions des Liverpool North Dispensary von Dr. Williams mitgetheilt.

John Thomas, Bergmann aus den Kohlengruben, gesund und von mäßiger Lebensweise, hatte auf der rechten Schulter in der Nähe der basis scapulae einen purpurrothen oder schwarzbraunen Fleck oder Naevus von der Größe einer Erbse. Im Jahre 1826 (in seinem 29sten Jahre) begann dieser Fleck sich zu vergrößern. Im März 1827 war er so groß, als eine Flintenkugel, und wurde in Folge der Beschäftigung des Mannes häufig gestoßen. Im December bemerkte man einen dunkeln Fleck zwischen dem linken Unterkiefer und dem linken Nasenflügel; einige Tage darauf erschien ein ähnlicher Fleck an der Basis des rechten Unterkiefers; etwa vier Monate darauf breiteten sich beide Flecke aus und es kamen andere an verschiedenen Körperstellen zum Vorschein. Im Februar 1828 begann die jetzt pilzförmige Excrescenz auf dem Rücken von selbst, und ohne Nachlaß, eine blutige Flüssigkeit aus ihrer excorirten Oberfläche auszusondern; im April und Mai wurde der Auswuchs durch Aegmittel zum Theil zerstört; dieses hielt aber das Wachsthum desselben nicht auf, obgleich der Ausfluß dadurch bis zum October unterbrückt war. Nun aber wurde dieser so stark, daß der Kranke seine Arbeit verlassen mußte. Bald nach Weihnachten wurde in dem Spital zu Manchester der Auswuchs vom Rücken durch die Ligatur entfernt. Die Wunde heilte rasch, aber das Allgemeinbefinden war jetzt gestört. Wenige Tage nach der Entlassung aus dem Manchesterspitale kam er nach Liverpool und wurde am 24ten April 1829 in dem dortigen Spital wegen Schmerz an der linken Seite aufgenommen, welcher indeß bald beseitigt wurde.

In dieser Zeit waren die melanotischen Ablagerungen fast über die ganze Körperfläche, am meisten jedoch über die Kopfhaut, das Gesicht und die Arme, verbreitet. Sie zeigten sich als schwärzliche, leicht erhabene, glatte, kugel- und kegelförmige Tuberkeln mit glatter Oberfläche und von verschiedener Größe. Die erhabenen Flecke begannen als einfache schwärzliche Flecke, welche unmittelbar unter der Epidermis zu sitzen schienen, ganz als wenn jeder gerade eine Hautpore einnehme; worauf sie sich dreiesförmig ausbreiteten, als wenn das natürliche Gewebe mit melanotischer Substanz infiltrirt würde. Bevor diese Flecke wenigstens einen Durchmesser von drei oder vier Linien erreicht hatten, konnte keine Verdickung an ihnen bemerkt werden, nachher aber erlangten sie allmälig den Character eines Tuberkels, wurden hart, erhaben und mehr oder minder scharf umschrieben; ein flacher Tuberkel an der Stirn war 1½ — 2 Linien über die umgebende Fläche erhaben. Diese Knoten waren schmerzlos, breiteten sich allmälig aus, wurden weder ulcerirt, noch erweicht, und ließen, wenn sie angestochen wurden, nichts, als einige Tropfen Bluts ausfließen.

Die kugelförmigen Tuberkeln zeigten sich im Anfange als kleine, harte, rundliche Geschwülste, welche offenbar tiefer saßen, als die Anfangsflecken der platten Knoten; denn die erstern waren früher zu fühlen, als zu sehen, während die letztern sichtbar waren, noch ehe sie gefühlt werden konnten. Diese runden Geschwülste waren entweder in der eigentlichen cutis, oder in dem an sie angehefteten Zellgewebe beweglich, denn sie ließen sich leicht verschieben; einige wenige jedoch saßen wohl, ihrer Verschiebbarkeit nach zu schließen, in der tiefer gelegenen Zellgewebsschicht. Der Sitz einer solchen Geschwulst wurde nicht durch Mißfarbigkeit der Hautbedeckungen bezeichnet, bis sie sich der Oberfläche näherten und sie hervorragten, worauf sie zuerst an ihrer Spitze schwärzlich (bisweilen von einem rothgelben Hofe umgeben) und glatt und glänzend wurden. Diese kugligen Knoten waren unempfindlich und entwickelten sich sehr langsam bis zu sehr verschiedener Größe, von der einer Erbse bis zu der eines Taubeneies, während einige wenige noch größer wurden und mehr, als 1⅛ Zoll über die Körperfläche hervorragten. Diese großen Tuberkel waren anfangs fest und hart, später aber fluctuirend. Diese Tuberkeln erweichten sich auf allen Stufen ihrer Entwicklung, wobei sie, so lange sie sich noch vergrößerten, fortwährend hart blieben, sobald sie aber erweichten, auch aufzuhören, zu wachsen. Sobald die Erweichung des Knotens eintrat, verlor die Oberfläche auch ihr glänzendes Ansehen und schrumpfte zusammen. Diese Veränderung rührte daher, daß der Inhalt entweder zum Theil absorbirt oder unmerklich ausgeschwitzt wurde; wahrscheinlicher ist das letztere, da sich die Oberfläche der erweichten Substanz beständig mit Krusten bedeckte, was auf der harten Knoten niemals der Fall war. Obgleich nun die kugligen Knoten sich erweichten, so verkleinerten sie sich doch nicht, was der Fall gewesen seyn würde, wenn ihr Inhalt aufgesogen worden wäre. Wurden die erweichten Knoten angestochen, so floß schwarze Flüssigkeit aus.

Beide Arten von Knoten vermehrten sich nun immer mehr, bis sie zuletzt die ganze Körperfläche, mit Ausnahme des Penis, Scrotum und der Ohren, einnahmen. Die Färbung war im Allgemeinen eine Mischung von Schwarzpurpurroth mit Bläulichschwarz. Ein unter der Haut liegender Knoten hatte eine bläulichgraue Farbe, und erreichte die Größe eines Hühnereies. Nach und nach wurde die Haut in den Zwischenräumen zwischen den Knoten allmälig dunkler und etwa 14 Tage vor dem Tode des Kranken geschah dieß im Gesicht außerordentlich rasch. Unmittelbar vor dem Tode hatte die ganze Haut des Aussehen, als sey sie mit melanotischer Materie infiltrirt. Die Narbe auf dem Rücken blieb bis zu Anfang

Augusts gesund, worauf eine schwarze Geschwulst aus der Mitte derselben und aus der Oberfläche eines andern Knotens sich erhob. Diese Geschwülste waren schmerzlos, pilzförmig und entleerten aus ihrer Oberfläche eine dünne blutige Flüssigkeit.

Das Allgemeinbefinden des Kranken neben diesen Localleiden kann kurz folgendermaßen geschildert werden. Ein schon erwähnter pleuritischer Anfall, welchem ein ähnlicher früher vorausgegangen war, machte den Anfang zu allgemeiner Schwäche, ohne merkliche Abmagerung oder deutliches Unwohlseyn. Im Juni kam Kopfschmerz hinzu, welcher die letzten zwei Monate gar nicht nachließ und sich bisweilen bis zur Betäubung steigerte. Von Anfang August an verschlimmerte sich sein Allgemeinbefinden sehr rasch; der Kranke magerte ab, seine Secretionen wurden krankhaft verändert, der Urin dunkel gefärbt, trüb, mit einem kaffeesatzähnlichen Sediment, aber weder sauer, noch eiweißhaltig; die Ausdünstung hatte einen eigenthümlichen ranzigen Geruch und gegen das Ende des Lebens stellten sich colliquative Schweiße ein. In den letzten Wochen befand sich der Kranke in einem Zustande äußerster Schwäche und Abmagerung und einige Tage vor seinem am 15ten November 1829 erfolgten Tode verfiel er in Coma.

Zu Ende August's entwickelte sich eine, braune Flüssigkeit absondernde Geschwulst in der linken-Oberkieferhöhle, und in der Mitte Octobers eine andere in der Magengrube, welche sich sehr rasch nach beiden Hypochondrien hin ausdehnte und zuletzt einen ungeheuern Umfang erreichte.

Leider wurde die Section nicht gestattet. (Med. chir. Review. July 1833.)

Vorfall und Umstülpung des Mastdarms. — Operation

Von Ricord

Im Frauensaale des Herrn Ricord lag die 49jährige Foy, von ziemlich starker Constitution; sie war erst seit kurzer Zeit durch ihre Leiden etwas heruntergekommen.

In ihrer Jugend war sie mit Syphilis behaftet, in ihrem 21. Jahre kam sie zum ersten Mal in das Hospital du Midi wegen einer Blennorrhöe mit Schankergeschwüren an den Schaamlippen, und Feigwarzen am After. Sie wurde nach 6 Wochen geheilt entlassen. Sie war einer vollständigen mercuriellen Behandlung durch die Van-Swieten'sche Tinctur und Mercurialeinreibungen unterworfen worden. In ihrem 26. Jahre kam sie wieder in das Hospital der Venerischen mit zahlreichen Feigwarzen und ausgebreiteten Schankern am After; sie hatte sich, wie sie versicherte, einem ungewöhnlichen Coitus preisgegeben zu haben; die Schaamtheile waren geheilt. Sie blieb diesmal länger als ein Jahr in den Sälen des Herrn Cullerier, des Ältern. Zweimal war man genöthigt, die innere Behandlung, der verursachten Beschwerden wegen auszusetzen; bemerkenswerth aber ist in Bezug auf ihr jetziges Leiden, daß die Vegetationen am After damals sehr häufig und in großer Ausdehnung exstirpirt wurden. Die Geschwüre wurden durch eine Menge ätzender Flüssigkeiten und, an der letztern Stelle, durch das Glüheisen beseitigt. Es entstand, sei's in Folge dieser eingreifenden Behandlung, sei's in Folge tiefgreifender durch die venerischen Geschwüre hervorgebrachter Veränderungen, eine vollkommene Mastdarmfistel, aus deren Mündung Koth und Darmgase entleert wurden; dieses Uebel, dessen Spuren durch die Geschwüre, welche seitdem diese Theile geschwürt, welche verdunkelt waren, wurde gar nicht behandelt. Die Kranke wurde geheilt; und es blieb nur in der untern Mastdarmmündung zahlreiche Schankergeschwüre, als sie ihre Entlassung verlangte. Sie war damals 27 Jahr alt; ihre Verdauung war vollkommen gut; sie hatte einen Stuhl leicht bei sich; unwillkürlicher Kothabgang fand nicht statt; sie nahm ihr früheres Wäschereigeschäft wieder vor, ohne sich weiter in eine radicale Behandlung einzulassen. 18 Jahre lang hatte sie nur vorübergehenden Schmerz am After und zwar bloß, wenn sie zu Stuhle ging. Sie hatte jedoch wiederholentlich wahre Afterblutungen, gegen die sie aber nichts vornahm. Mit 44 Jahren verlor sie ihre Periode; und bemerkte, daß ihr Uebel sich auffallend verschlimmerte. Die Schmerzen die Stiche, die Blutungen erneuerten sich in den letzten 5 Jahren häufig. In ihrem 47 Jahre wurde sie plötzlich ohne bemerkliche Ursache von Lähmung der Zunge und des Schlundkopfs befallen. weshalb sie in eins der großen pariser Hospitäler kam Durch passende Mittel behandelt, behielt sie von diesem Zufall nur etwas Taubheit und Schwierigkeit, die Worte zu articuliren. Während der letzten 6 Wochen ihres Aufenthaltes in diesem Hospitale verlor sie, in Folge einer heftigen Augenentzündung, das linke Auge und wurde hierauf zur Behandlung der Syphilis in das Hospital des Capucins geschickt, indem der After wie früher immer noch der Sitz bedeutender Geschwüre war. Im Jahre 1832, vor beinahe 4 Monaten, wurde sie während der Cholera-Epidemie von einer sehr starken Diarrhöe befallen und es entstand nun ein Mastdarmvorfall. Seit dieser Zeit ist die Kranke sehr heruntergekommen; die Durchfälle wurden sehr häufig und dieses letztern Umstandes wegen kam sie zum 3. Mal in das Hospital du Midi.

Sie ist mager, schwach, unruhig. Die Brustorgane scheinen gesund; sie hat Appetit; die Zunge ist gut und der Unterleib bei Druck unempfindlich; nur von Zeit zu Zeit etwas Kolik. Die Stühle sind flüssig, sehr häufig, unwillkürlich und die Kranke ist immer beschmutzt. Bei der Untersuchung ergab sich Folgendes. Eine Geschwulst von 3 Zoll Länge und 2 Zoll Durchmesser nimmt die Aftergegend ein. Sie ragt etwas mehr nach links, ist an ihrer Basis breiter als an ihrem freien Ende, und hat die Form eines schief abgestutzten Kegels. Die Farbe ist nicht gleichmäßig, der tiefste Theil ist stärker geröthet, als der übrige. An einigen Puncten ist ihre Consistenz schwammig, sonst der des Fasergewebes oder selbst des Knorpels ähnlich, sie ist sehr schmerzhaft bei Berührung, blutet leicht und ist immer mit jauchiger Flüssigkeit und Fäcalmaterie bedeckt. An ihrer Spitze ist eine Mündung, durch die Excremente abgehen. Der in ihre Höhle eingebrachte Zeigefinger fühlt sogleich die Mastdarmschleimhaut in einem fast normalen Zustande. Die unbewegliche, von den Hinterbacken, dem Perinäum und dem Steißbein begränzte Basis, ist von einer Art Blindsack umgeben, welchen bis von den eben angegebenen Theilen kommende Haut bildet, indem sie sich zur Seite der Beckenhöhle an manchen Puncten selbst bis fast einen Zoll tief umstülpt, dann sich auf der Geschwulst verliert, hier auffallend, dort unmerklich von der Beschaffenheit der äußern Haut zu der des Schleimhaut übergeht und endlich an andern Theilen der Umgebung zu verändern giebt, daß sie bald einen Theil von Hautstreifen, bald einen Theil von Schleimhautstreifen darstellt. Nirgends findet man eine Spur von der natürlichen Bildung des Afters, keine Andeutung der concentrischen Hautfalten, die diese Gegend begrenzen; nur von der Seite des Steißbeins sind einige unregelmäßige Hautstreifchen vorhanden, die die Ueberreste davon zu seyn scheinen. Uebrigens scheint hier diese Geschwulst bildende Darm, aus Mangel des zu seiner Stützung bestimmten Bodens, herabgesunken, und da er in seinem Umfange nicht eingeschnürt ist, so kann er nach seinem Austritt eben so leicht wieder zurückgebracht werden, als die mindeste Anstrengung seinen Mastdarmvorfall bewirkt.

Man schritt zur Operation. Die Kranke wurde auf die linke Seite gelegt, der Schenkel dieser Seite aufgestreckt; den rechte halb gebeugt. Hr. Ricord durchstach die Geschwulst in vier entgegengesetzten Puncten vermittelst krummer, mit Fäden versehener, einen halben Zoll hoch eingeführter Nadeln, um die Geschwulst zu firiren und sie nach außen anziehen zu können. Der Schnitt wurde an der linken Seite, als der tiefsten bei dieser Lage der Kranken, mit einem convexen Bistouri begonnen. Eine halbe Linie dicke der Geschwulst ward dann vom schneidenden Instrumente getrennt war, fand eine glatte Membran in die Wunde; durch einen in die Scheide eingebrachten Finger überzeugte er sich, daß dieselbe nicht vorgefallen sey; dagegen zeigte der während des in dem innern noch nicht getrennten Theil des umgestülpten Mastdarms eingebrachte Finger, daß diese Membran demselben eine äußere Haut bildete, weshalb nicht das Peritoneum seyn könne, da dieses nicht so tief herabsteigt, wie dieß die anatomisch-chirurgischen Untersuchungen von Lisfranc dargethan haben. Der Schnitt wurde also fortgesetzt, und

die ganze Geschwulst in einem Stücke getrennt Durchschnittene Arterien wurden während der Operation sogleich unterbunden, und dann erst der Schnitt fortgesetzt. So wurde die Operation beendigt, ohne daß die Kranke über vier Unzen Blut verlor. Im Grunde der Wunde war der Theil des Mastdarms zu sehen, welcher in seiner ganzen Dicke senkrecht durchschnitten worden war, und seinen normalen Umfang zeigte. Als die Kranke einige Anstrengung wie zum Brechen machte, bildete er einen Vorsprung in der Mitte der Wunde, ohne daß sich ein anderer Theil gezeigt hätte.

Als Verband wurde eine mit Cerat bestrichene gravuirte Compresse, darüber Charpie, Compressen und eine T-binde aufgelegt.

Pathologisch-anatomische Untersuchung der Geschwulst. Sie hatte 2 Zoll 9 Linien Höhe nach rückwärts gegen das Steißbein, 2 Zoll auf den Seitentheilen und vorn. Eine ziemlich große Menge Fettzellgewebes umgab, namentlich nach hinten, das Ende des Darms. Es war auf seiner ganzen äußern Fläche überall kreisförmig und ohne Unterbrechung von einer Lage sehr glatten Zellgewebes umgeben, welches andere ähnlich angeordnete Lagen, bedeckte und bei dem ersten Einschnitt den beschriebenen Vorfall gebildet hatte. Die Untersuchung dieses Stückes bestätigte die Untersuchung des Kranken, daß weder die Scheide noch das Bauchfell verletzt worden waren.

Der in dem amputirten Theile vollkommen umgestülpte Mastdarm zeigte in seinem Innern eine Schleimhaut, deren Röthe um so stärker war, als der Theil tiefer lag. Diese Schleimhaut war von den andern Häuten getrennt, sie war eine halbe Linie dick (die vereinigten Häute haben 2½ Linie Dicke). Uebrigens war das Gewebe an einigen Stellen hart, knorplig, an andern faserig, ohne daß sich eine Spur von neuer Organisation oder sonst etwas, was auf Krebs hindeutete, vorgefunden hätte.

Drei Tage nach der Operation war die Kranke in einem ziemlich fröhlichen Zustande.

Als Ursache dieses Mastdarmvorfalls betrachtet Ricord hauptsächlich die Zerstörung des Afters durch die syphilitischen Geschwüre und das häufige Drängen während des Durchfalls, den die Kranke erlitten hatte. Der Umstand, daß man um die Geschwulst den Finger nur einen Zoll tief eindringen konnte, beweist, daß nicht das Colon vorgefallen war, auch wäre dann die Geschwulst viel größer gewesen. Eine andere Frage ist, ob hier die ganze Mastdarm-Schleimhaut vorgefallen war, wie dieß, wegen der anatomischen Verhältnisse des Mastdarmes, bei weitem der häufigste Fall ist.

Aus allem bisher Gesagten aber kann man nicht schließen, daß die ganze Mastdarm vorgefallen sey: zwar stand auch der Uterus bei dieser Frau tief, was nach Levret bei allen totalen Mastdarmvorfällen der Fall seyn muß; dieß kann aber davon herrühren, daß sie schon geboren hatte; eher möchte noch die Dicke der Geschwulst dafür sprechen. Die Prognose ist bei diesem Krankheit immer ungünstig; hier aber war die Operation das einzige Mittel, um dem unvermeidlichen nahen Tode vorzubeugen, denn keiner von allen zur Zurückhaltung des Mastdarms empfohlenen Apparaten wäre im Stande, hier diesen traurigen Ausgang zu verhüten. Ricord giebt dem schneidenden Werkzeuge den Vorzug vor der Ligatur und dem Glüheisen, so wie auch der Methode von Dupuytren nach hier, der Anordnung der Theile wegen, unzulässig, und es blieb also nur die Amputation übrig. (Gazette méd. No. 28. 1833.)

Ueber Hysteralgie oder Uterusreizung.

Von Dr. D. Davis.

Der Name ist dieser Krankheit, welche früher als schmerzhafte Menstruation, Uterusreizung, chronische Entzündung des Uterus bezeichnet wurde, von Dr. Gooch gegeben worden, welcher darunter eine reine Störung der Function ohne die geringste Structurveränderung versteht. Diese annehmbare Theorie einer äußerst schmerzhaften, nicht von Entzündung begleiteten Krankheit muß uns im besten Falle bei dem jetzigen Zustande unserer Kenntniß zweifelhaft erscheinen. Wir wissen noch nicht einmal, ob wir alle möglichen Formen der Entzündung kennen, so daß wir alsdann im Grande wären, so bestimmt zu behaupten, daß diese oder jene Art der Entzündung eine natürliche und nothwendige Neigung haben müsse, in Structurveränderung auszugehen. Einzelne Formen des Rheumatismus, wie, z. B., Lumbago und Ischias, sind nicht leicht zu verstehen, ohne daß man die Idee einer entzündlichen Thätigkeit in den ergriffenen Geweben damit verknüpfe, und doch, wenn sollte es einfallen, anzunehmen, daß eine solche entzündliche Thätigkeit eine natürliche und nothwendige Neigung habe, mit einer Structurveränderung zu endigen? Wenn aber Muskelfasern ein Bestandtheil des Uterusgewebes sind, warum sollten diese Fasern nicht ebenfalls von einer selten schmerzhaften entzündlichen Thätigkeit, einem wahren Rheumatismus, befallen werden, ohne eine bösartige Structurveränderung zur Folge zu haben? Es ist bekannt, daß der Uterus nicht selten sehr schmerzhaften Zuständen unterworfen ist, welche von rein functionellen Ursachen herrühren, wie, z. B., Menstruationsstörungen, Leucorrhöe ꝛc. Aber müssen solche nothwendig von entzündlicher Thätigkeit ganz frei seyn, oder ist es nicht vielmehr nachweisbar, daß einige derselben auf jeden Fall Entzündung oder entzündliche Thätigkeit als wesentliches Attribut mit sich führen? und doch ist es gewiß, daß gerade die letzten Jahre lang fortstehen können, ohne eine Structurentartung zur Folge zu haben. Die Gränzen zwischen Reizung und Entzündung sind noch durchaus unsicher, und viele Krankheiten, welche ohne Weiteres bloß als Folge von Reizung betrachtet werden, charakterisiren sich oft durch Symptome, welche durch genauere Diagnose als entzündlich erkannt werden würden. Bei dem Zustande übermäßiger Reizbarkeit des Uterus oder bei der Hysteralgie finden sich mehrere Symptome, welche man als beständige Begleiter entzündlicher Thätigkeit kennt. Alle wesentlichen Symptome dieser Krankheit sprechen für einen Zustand des Uterus, welcher, wenn er nicht wirklich entzündlich ist, doch wenigstens auf nicht unbeträchtlicher Sanguscongestion beruht; denn außer dem krankhaften Zustande der Nerven des leidenden Organs, welcher nicht abzutreten ist, ist ohne alle Frage auch eine übermäßige Ausdehnung der Blutgefäße während der Dauer dieser Krankheit zugegen, und dieß ist, practisch genommen, mit wichtigste Punct, weil er uns gleich einen Fingerzeig zu der einzuschlagenden Behandlung giebt. Gegen die obige Benennung dieser Krankheit, welche Dr. Gooch als übermäßige Reizbarkeit des Uterus bezeichnet. ist daher das einzuwenden, daß eine Hauptbedingung derselben, nämlich: eine krankhafte Ueberfüllung wenigstens eines Theiles des Gefäßsystems der iliaca interna und pudenda externa dabei ganz aus dem Auge gelassen ist. Ein solcher Zustand der fraglichen Blutgefäße ist ein mehr oder minder deutliches Resultat der Gelegenheitsursachen, durch welche die Krankheit gewöhnlich hervorgerufen wird, und es wird verstärkt durch jede Art von Anstrengung und jede Ursache, welche die Ausdehnung der Uterusgefäße vermehren kann. Dieser Art ist ein Fall von schmerzhafter Affection des rechten Fußes, welche bei einem Herrn 18 Jahre lang dauerte, nachdem er sich einmal beim Gehen übermäßig angestrengt hatte. Zuerst war der Schmerz sehr beträchtlich und wurde durch die Geschäfte des Kranken, welche viele persönliche Rührigkeit erforderten, sehr begünstigt; und in dem Grade von Ruhe war der Fuß, ganz wie ein Uterus im Zustande übermäßiger Reizung, weniger freier, oder mehr oder minder üblem Zustande. Indeß wurden die Schmerzen nie so heftig, daß sie das Gehen ganz und gar verhindert hätten, und gerade aus diesem Grunde wurde die Krankheit zu Anfang ganz und gar vernachlässigt. Es wurde daher eine chronische Krankheit daraus, deren Heftigkeit zwar allmälig abnahm welche dagegen nie aufhörte, Belästigung für den Kranken zu verursachen. Einige Zehntausend zwischen der und beschäftigenden Uteruskrankheit und diesem Leiden des Fußes ist uns selbst offenbar. Wenn die Schmerzen in dem einen Falle nicht auf Entzündung zurückgeführt werden können, so kann dasselbe offenbar auch in dem andern Falle zugelassen werden. Auf der andern Seite läßt sich erwarten, daß eine übermäßige Ausdehnung des Gewebes in dem einen Falle ein ähnliches Resultat hervorbringen würde, als in dem andern Falle bekanntlich eintritt. Bei der Fußkrankheit folgte auf den Zustand von Krafterschöpfung

eine übermäßige Ausdehnung der Fasern und eine gelinde subacute Entzündung der ergriffenen Gewebe; das letztere kann, obgleich es hier nicht weiter auszuführen ist, aus vielen Gründen nicht in Zweifel gestellt werden. Wie ist es aber möglich, solche Resultate in dem einen Falle zuzugeben, in dem andern abzuleugnen? Bei der Fußkrankheit wäre ohne Zweifel die passende Behandlung gewesen, daß man Blutegel angelegt und hierauf einige Stunden lang heiße Fomentationen angewendet, und dieß an einem der folgenden Tage bald wiederholt hätte, während zugleich der Fuß mehrere Wochen lang in vollkommenster Ruhe zu halten gewesen wäre. Diese Behandlungsweise wird aber nicht die unmittelbare Folge seyn, wenn man die Krankheit als bloße Ueberreizung betrachten wollte, und dieß ist gerade der Grund, warum der von Dr. Gooch gegebene Name zu verwerfen ist, weil er practische Aerzte zu einer temporisirenden und unthätigen Behandlung der Krankheit verleiten kann, wie, z. B., in folgendem Falle:

M. S. eine sehr zarte Dame von etwa 80 Jahren, Mutter einer zahlreichen kleinen Familie, war seit etwa 8 Monaten in beträchtlichem Grade einem schmerzhaften Zustande des Uterus unterworfen gewesen, zu dessen Erleichterung von dem Hausarzte nichts Wirksames geschehen war. Ihr Mann forderte nun Hrn. Davis auf, seine Meinung über die Krankheit und ihren wahrscheinlichen Verlauf zu sagen. Der Mutterhals war in höchsten Grade schmerzhaft und beträchtlich geschwollen, jedoch ohne Structurentartung; die Kranke befand sich in einem Zustande großer Abmagerung und war sehr blaß und abgespannt. Der Fall wurde nun zwar als nicht dringend gefährlich dargestellt, welcher aber doch in seinem endlichen Ausgange Gefahr drohe, wenn die gegenwärtigen eigenthümlich entzündlichen Symptome nicht gehoben würden. Der Hausarzt sollte hinzugezogen werden, fühlte sich aber dadurch, daß schon ein anderer Rath gesagt worden war, beleidigt, und weigerte sich, zu einer Consultation zu kommen, gab sich aber doch viele Mühe, die ausgesprochene Ansicht als ungegründet, und die vorgeschlagene Behandlung als zu künstlich, darzustellen. Mit Hülfe des Speculums fand man, daß der geschwollene Mutterhals sich in einem Zustande beträchtlicher, oberflächlicher Entzündung befinde; die ganze Vaginalportion war von der lebhaft rothen Farbe, wie sie an den äußern Geschlechtstheilen bei frischer Trippertzündung vorkömmt; aus dem Muttermunde floß zäher Schleim aus. Es wurden nun 4 Blutegel an den Mutterhals angelegt, welche aus dem von Blut strotzenden Theile mehr als 10 Unzen Blut entleerten, worauf die Kranke sich eine günstige Veränderung folgte. In Zeiträume von 8 Monaten wurde nun die Anlegung von 4 bis 6 Blutegeln 5 Mal wiederholt, worauf die Kranke vollkommen gesund war, keine Schmerzen mehr hatte, und sehr bald wieder zu Kräften kam. Die übermäßige Reizbarkeit des Uterus wurde hier von dem frühern Arzte allein berücksichtigt und mit besänftigenden Mitteln behandelt, während ein wirklich entzündlicher Zustand der Vaginalportion nothwendig die angegebenen Blutentziehungen erforderte, um auch die begleitende übermäßige Reizbarkeit zu beseitigen.

Bei der besprochenen Uteruskrankheit findet sich eine Periode, in welcher die Symptome frisch und im Verhältniß eben so acut sind, wie in den Fällen von übermäßiger Reizbarkeit der Brust, oder von schmerzhafter Affection des Knie- oder Ellbogengelenks nach übermäßiger Ausdehnung des Bändes; in allen diesen Fällen ist zeitige und reichliche Gefäßentleerung von gleicher Wirksamkeit, und doch würde eine solche Behandlung nicht eingeschlagen werden, wenn man den Zustand bloß als eine gesteigerte Reizbarkeit des Theiles betrachtet. Uebrigens hat auch Dr. Gooch, in seiner vortrefflichen Beschreibung dieser Krankheit, Blutentziehungen mit in den Heilverfahren aufgenommen; ein Beweis, daß die Erfahrung bisweilen über die Theorie den Sieg davonträgt, selbst wenn diese nach jener sich nicht genau richtet.

Da übrigens die Krankheit als locale Krankheit zu betrachten ist, so sind auch die Blutentziehungen local an dem Mutterhalse selbst anzustellen. Das Anlegen von 4 Blutegeln wird gewöhnlich eine Blutentziehung von 8 bis 10 Unzen, und ein verhältnismäßiges Nachlassen der Symptome zur Folge haben. Das zweite höchst wichtige Mittel ist die horizontale Lage. Werden diese beiden Mittel frühzeitig in Anwendung gebracht, so wird die Krankheit bald beseitigt; ist dieselbe aber erst in den chronischen Zustand übergegangen, so wird die Cur sehr langwierig.

Es ist aber noch ein Punct, welcher in der Praxis sehr zu beachten ist. Die an solcher Hysteralgie leidenden Kranken können, trotz ihres Krankheitszustandes, schwanger werden: der Arzt muß alsdann noch weit strenger darauf halten, daß die horizontale Lage auf das Gewissenhafteste beobachtet werde. Der Zustand der Schwangerschaft bringt eine große Veränderung in dem Uterus hervor, und während der letzten vier Monate ist derselbe vollkommen sicher vor den Anfällen der genannten Krankheit. In der Schwangerschaft beginnt daher für solche Kranke auch gewissermaßen ein neues Leben; kann man sie nun aber dazu bringen, während derselben 6 bis 8 Wochen lang die horizontale Lage im Bette buchstäblich gar nicht zu verlassen, so werden sie sich ganz sicher vor einem Rückfalle ihrer Krankheit nach der Entbindung sicher stellen.

Uebrigens sind Anodyna, besonders Opium, zur Behandlung auch bisweilen nöthig, jedoch muß durch Abführmittel, Bitterfalz, Ricinusöl, electuarium e Senna, oder Schwefel, seiner verstopfenden Einwirkung entgegengearbeitet werden. In einigen Fällen von Hysteralgie, welche mit beträchtlichem Fettseyn zusammen vorkommen, hat sich der Mercur als alterans von ausgezeichnetem Nutzen bewiesen.

Analyse des Blutes bei Phthisis pulmonalis.

Von W. R. Clanny.

Von einem unbezweifelt an Phthisis tuberculosa leidenden Kranken wurden 20 Unzen Blut in luftleeren Raume aufgefangen, von denen sogleich 2 Unzen der Analyse unterworfen wurden. 14 Unzen enthielten einen Cubikzoll freie Kohlensäure. (?) Es ergaben sich nun folgende Resultate.

Wasser	787
Eiweiß, bei 160° coagulirt,	95
Färbestoff	61
Freie Kohle	33
Faserstoff, ausgedrückt und an der Atmosphäre getrocknet,	19
Salze und thierischer Extractivstoff	5
	1000

Ich hatte, wie bei der Analyse des Blutes bei No lime tangere (Vergl. Notizen No. 821.) einen Ueberschuß an Salzen erwartet. Ich war nun begierig, einen ähnlichen Fall zu bekommen, um untersuchen zu können, ob der Mangel an Salzen ein vorherrschendes Symptom der Tuberkelschwindsucht sey. Bald darauf bekam ich diese Gelegenheit bei einem ebenfalls 24jährigen in gleichem Grad an Tuberkelschwindsucht leidenden Manne. 14 Unzen Blut von diesem enthielten 1,444 Kubikzoll freier Kohlensäure, die Analyse aber ergab:

Wasser	783
Eiweiß, bei 160° coagulirt,	89
Färbestoff	75
Freie Kohle	31
Faserstoff, ausgedrückt und an der Atmosphäre getrocknet,	18
Salze und Extractivstoff	4
	1000

Bei Vergleichung dieser so übereinstimmenden Analysen ist der Mangel an Salzen höchst auffallend. (Lancet No. 502.)

Miscellen.

Die Oesophagotomie ist zweimal von Herrn Begin mit Glück gemacht worden, um fremde Körper aus der Speiseröhre auszuziehen. Er empfiehlt sie für alle Fälle, wo der fremde Körper nicht durch andere Mittel herausgeschafft werden kann, selbst wenn er das Athmen und Schlucken nicht vollkommen unterbrechen sollte. Die Operation wird vermittelst eines, längs des vordern Randes des sternocleido-mastoideus geführten, einen Finger breit über dem Brustbein beginnenden, bis zum obern Rande des Schildknorpels reichenden Schnittes begonnen. Er bringt zwischen der Luftröhre und den tiefen Gefäßen und Nerven ein, zieht diese beiden Parthien auseinander, durchschneidet den omohyoideus, und sticht nun der Länge nach in die Speiseröhre ein, vergrößert den Schnitt mit einem geknöpften Bistouri, ohne sich vor einer Verletzung der Schilddrüsenarterie zu fürchten, welche nicht gefährlich ist. Zum Ausziehen des Körpers dient eine Polypenzange, hierauf nähert man die Wundränder durch einen einfachen Verband und ernährt den Kranken vermittelst der Schlundröhre, was vor der Ernährung durch Clystire den Vorzug verdient. Am sechsten bis zwölften Tag ist die Wunde gewöhnlich geschlossen. Die Narbe folgt zwar Anfangs den Bewegungen des Pharynx, löst sich aber doch allmälig davon. (Journal hebdomadaire. Avril 1833.)

Ungemeine varicöse Ausdehnung der Venen der vordern Bauchwand, fand sich, nach den Transactions méd., in Form zwei ungeheurer pyramidaler Geschwülste zu jeder Seite der linea alba, wodurch, bei einer Hemmung des Blutlaufes durch die vena cava, die anastomosirenden Venen zwischen den venæ iliacae und cruralis einerseits, und der Pfortader und nicht geschlossenen Nabelvenen andererseits, die Circulation durch die Hohlader ersetzten.

Eine sonderbare Benutzung der schnelltödtenden Kraft der Blausäure, wird jetzt, in Beziehung auf den Wallfischfang, versucht. Das größte Hinderniß bei'm Wallfischfang ist die lange Zeit, welche zwischen der Verwundung und dem Tode des Thieres verfließt. Jetzt will man entweder die Harpunspitze in Blausäure tauchen, oder den Harpun so vorrichten, daß er eine kleine Höhle enthält, mit einer Quantität Blausäure gefüllt, welche, durch die Oeffnung einer Klappe, in die Wunde des Thieres fließt und wovon man hofft, daß sie den Tod des Thieres beschleunige, ohne sonst Nachtheil zu bringen. Nachrichten aus Segnen in Neu-Süd-Wales, vom 1. Juli 1833, sagen, daß der Wallfischfahrer Betsey mit so vorgerichteten Harpunen und Lanzen ausgerüstet sey, um den Versuch zu machen.

Weil die lues venerea in dem Orenburgischen Gouvernement unter den Muhamedanern so sehr um sich gegriffen hat, so sollen auf Kaiserlichen Befehl, zu Folge Vorstellung des dortigen Kriegsgouverneurs, Grafen Suchtelen, Jünglinge aus den Meetschereien, Baschkiren und Tartaren nach vorhergegangener Vorbereitung im Gymnasium zu Kasan, medicinische und orientalische Vorlesungen hören, damit sie später selbst ihren Glaubensgenossen hülfreiche Hand zur Heilung dieses Uebels leisten können.

Bibliographische Neuigkeiten.

Enumeratio plantarum, quas in China boreali collegit Dr. Al. Bunge anno 1831. Petropol. 1833. 4. (Neue Gattungen sind: Xanthoceras (Sapindaceae), Thladiantha (Cucurbitaceae), Oresitrophe (Saxifrageae), Hemistepta und Myripnois (Synanthereae), Pycnostelma und Urostelma (Apocyneae), Botryospermum (Boragineae), Ceratostigma (Plumbagineae), Anemarrhena (Asphodeleae), und 137 neue Arten.

The Miscellany of Natural History, by Sir Thomas D. Lauder and Capt. Brown. Vol. I. 12mo.

Recueil des mémoires de médecine, de chirurgie et de pharmacie militaires etc. Vol. 34. Paris 1833. 8.

Notizen

aus

dem Gebiete der Natur- und Heilkunde,

gesammelt und mitgetheilt von Dr. L. F. v. Froriep.

Nro. 845. (Nro. 9. des XXXIX. Bandes.) Januar 1834.

Gedruckt im Landes-Industrie-Comptoir zu Weimar. Preis eines ganzen Bandes, von 24 Bogen, 2 Rthlr. oder 3 Fl. 36 Kr., des einzelnen Stückes, 3 ggl. Die Tafel schwarze Abbildungen 3 ggl. Die Tafel colorirte Abbildungen 6 ggl.

Naturkunde.

Ueber die Anwendung der electro-chemischen Kräfte auf die Pflanzenphysiologie.
Von Hrn. Becquerel.
(Schluß.)

§. IV. Von dem Saamenkorne, als einem electro-negativen Apparate, und von einigen in der Keimung und Pflanzenentwickelung hervorgebrachten Wirkungen.

Drei Bedingungen sind zum Keimen des Saamenkorns erforderlich: Wasser, Sauerstoff und Wärme. Das Wasser verdünnt die im Saamenkorne enthaltenen Stoffe und macht sie geeignet, nach den verschiedenen Theilen der jungen Pflanze hingeführt zu werden; der Sauerstoff entzieht dem Stärkmehle einen Theil des Kohlenstoffs, und verwandelt dasselbe in Gummi und Zucker. Die verschwundene Quantität findet sich in der Luft, oder im Wasser als kohlensaures Gas wieder. Die Wärme endlich wirkt als Reizmittel.

Bringt aber das Keimen, indem es die Saamenkörner entkohlt, nur Gummi, Zucker und Kohlensäure hervor? Gehen nicht noch andere Säuren daraus hervor? Diese Frage legte ich mir vor, als ich mir den Embryo, und alles, was ihn umgiebt, als ein electro-negatives System vorstellte, welches die Basen zurückhält, ähnlich dem negativen Pole einer Säule oder Electrisirmaschine, welche fortwährend negative Electricität abgiebt. Zuerst will ich daran erinnern, was man über das Daseyn einiger Säuren, und namentlich der Essigsäure im Pflanzenreiche weiß.

Unter dem Einflusse gewisser Körper, als des Pflanzeneiweißstoffs, welchen man aus Kartoffeln und Erdbirnen (Helianthus tuberosus) vermittelst der Essigsäure gewinnt, geht der Zucker unmittelbar in eine Gährung über. Im Safte mancher Bäume hat man Essigsäure, bald im freien Zustande, bald in Verbindung mit Kali, gefunden. Der Saft der Ulme und der Buche färbt die Lackmustinctur fast gar nicht, während der der Weißbuche und der Birke sie stark röthen.

Die Drüsen, welche sich an den Enden der Kicher-Erbsen (Cicer arietinum) befinden, sickern eine saure Flüsigkeit aus, welche, nach Hrn. Dulong d'Astafort, Essigsäure ist.

Die Beeren von Rhus tiphynum und einigen ähnlichen Arten, geben einen sehr deutlichen sauren Geruch von sich. Dasselbe findet, nach De Candolle, auch bei den Blättern der Rosa rubiginosa statt. Dieser berühmte Botaniker glaubt, daß die merkwürdige Erscheinung bei einigen Lichenarten, deren Schüsselchen (scutellae) sich in dem Maaße, als sie den Kalkstein zersetzen, in denselben einsenken, von sauren Excretionen herrühre. Ich habe mich bis jetzt nicht gerade mit der Secretion der Pflanzen im vollkommnen Zustande beschäftigt, sondern nur mit der Nachforschung, ob im Keimungsacte und in einigen Fällen, wo die organisirte Materie zersetzt wird, um die jungen Pflanzen zu ernähren, sich nicht auch eine andere Säure entwickele, als die Kohlensäure. Das beste Mittel, dahin zu gelangen, ist, sich dieser Säure sogleich, wie sie frei wird, zu bemächtigen, ehe sie noch auf die Körper, mit denen sie in Berührung steht, einwirken konnte; ich bediente mich dazu zweier Mittel: das erste besteht darin, daß man Streifen von Lackmuspapier auf die innern Wände der Keichgläser anbringt, in welche man die Saamenkörner mit einer kleinen Menge hineinrichenden Wassers legt. Die Saamen, mit welchen ich Experimente anstellte, rötheten das Lackmuspapier mehr oder minder nach einer kürzern oder längern Zeit, je nach Verschiedenheit der Saamen, ihrer Hüllen und anderer Ursachen, die noch nicht anzugeben sind.

Die Saamen, mit denen ich Versuche anstellte, waren folgende:

Gramineen		
	Waizen.	Die Färbung beginnt nach einer Stunde; nach zwölf Stunden ist sie sehr deutlich.
	Roggen.	Etwas weniger.
	Gerste.	Hält die Mitte zwischen den vorhergehenden.
	Hafer.	Aehnlich dem Korne.

9

Leguminosen
- Linse.
- Erbse.
- Bohne.
- Wicke.
- Klee.
- Luzernklee.

Die Reaction beginnt erst nach acht bis zehn Stunden. Die Reaction beginnt ziemlich rasch. Die Färbung ist sehr deutlich.

Cruciferen
- Weißer Senf.
- Schwarzer Senf.
- Gartenkresse.
- Steckrübe.
- Kohl.
- Levkoye.

Die Färbung beginnt ziemlich rasch nach zwölf Stunden; sie ist nicht sehr deutlich.

Cichoriaceen
- Mehrere Gattungen von Lactuca. Färbung deutlich.

Umbelliferen
- Mohrrübe.
- Petersilie.

Nach 24 Stunden, Färbung ziemlich deutlich.

Coniferen
- Fichte.
- Tanne.

Färbung sehr stark.

Cucurbitaceen Melone. } Färbung sehr deutlich.
Lineen Flachs

Bei den Saamen des Lauches, der Zwiebel und der rothen Rübe begann die Färbung erst nach vier Tagen. Die Knollen der Kartoffel und Anemone auf feuchte Baumwolle und Lackmuspapier gelegt, röthen dasselbe leicht. Die Iris- und Tuberosezwiebeln färben sie stark.

Die Versuche wurden bei einer Temperatur von 8 Grad angestellt; bei einer höhern Temperatur sind die Wirkungen noch deutlicher.

Die Reaction findet auch, nur in geringerm Grade, statt, wenn die Zwiebeln starke Wurzeln haben; auch trat sie an dem Ende der Wurzeln einer Iriszwiebel ein, welche seit zwei Monaten in der Erde war, und die ich herausnahm, um sie in's Wasser zu legen. Zur Vervollständigung stellte ich auch mit Sprossen Versuche an, indem ich zwischen deren Blättchen Streifen von Lackmuspapier legte. Anfangs wurde die blaue Farbe, in Folge der Einwirkung des Lichtes und des von den Blättern ausgehauchten Sauerstoffes, blaß; nach vier oder fünf Tagen wurde sie lilla und blaßrosenroth, und endlich einige Tage später roth. Die Blätter verschiedener Pflanzen, namentlich die der Saubohnen, zeigten ebenfalls nach mehreren Tagen saure Reaction.

Diese ersten Versuche scheinen zu beweisen, daß eine große Anzahl von Saamenkörnern zur Keimzeit, so wie die Zwiebeln, die Knollen, Sprossen und selbst Blätter in einem geringern oder höhern Grade die Eigenschaft besitzen, eine Säure zu entwickeln. Was es für eine Säure, und ob sie überall dieselbe sey, kann ich für jetzt nicht bestimmt angeben; so viel ist aber gewiß, daß es keine Kohlensäure ist, indem das stark geröthete Lackmuspapier bei Einwirkung der Hitze nicht unmittelbar wieder blau wird; selbst das Wasser, in dem die Keimung von Statten geht, röthet das Lackmuspapier nicht sogleich; dieß beweist, daß die Säure entweder mit dem Wasser verbunden, oder daß sie auf die organischen Stoffe reagirt, welche die Saamen und die Zwiebel entwickeln.

Da ich aus den frühern Beobachtungen vermuthete, daß die Säure in den meisten Fällen Essigsäure seyn werde,

so ließ ich Linsen- und Steckrübensaamen, welche sehr deutliche saure Reaction zeigen, über leicht befeuchtetem Bleioxydhydrat aufkeimen (man kann auch Kupferoxyd oder kohlensauren Kalk anwenden); nach 36 Stunden wurden das Oxyd und die Saamen wiederholt mit destillirtem Wasser ausgewaschen, filtrirt und krystallisirt; es bildeten sich nadelförmige Krystalle Durch Hitze oder Schwefelsäure behandelt, gaben sie Essigsäure. Dieselbe Säure lieferten auch die Zwiebeln der Tuberosen und andere Saamen, jedoch kann ich nicht versichern, daß dieß überall der Fall sey.

Um zu erfahren, inwiefern die verschiedenen Theile der Saamen zur Bildung dieser Säure beitragen, untersuchte ich auf dieselbe Weise Kartoffelmehl, Dextrine, Zucker und Gummi: die ersten beiden Substanzen zeigten bald saure Reaction. Man könnte hieraus schließen, daß die Stärkemehlstoffe in den Cotyledonen der Hülsenfrüchte und anderer Saamen mit dem Beginn des Keimens Veränderungen erleiden, welche denen analog sind, die in dem Mehle bei'm Zutritt der Luft vorgehen. Da jedoch diese saure Reaction sich auch in den Zwiebeln und in Saamen, welche nur sehr wenig, oder gar kein Stärkemehl enthalten, zeigt, so muß man eine allgemeine Ursache annehmen, welche die Bildung der Essigsäure bewirkt. Und spricht nicht auch ihr Vorhandenseyn im Schweiße für eine identische Thätigkeit in der Bildungsweise thierischer und vegetabilischer Excretionen?

In einer andern Abhandlung werde ich mich bemühen nachzuweisen, daß ein organischer Körper unter dem Einflusse der Lebenskräfte ebenso in seiner Entwickelung zunehmen muß, und des von den Körpern in Berührung stehen, so weniger electro-negativ sind, als er, so wie ein oxydirbarer unorganischer Körper es noch mehr wird, wenn er mit einem andern Körper, der es weniger ist, in Berührung steht.

Zum Beschluß will ich hier noch ein merkwürdiges Experiment beifügen, welches mir Herr Orioli mitgetheilt hat. Dieser kam bei der Anwendung des Galvanismus in Krankheiten auf die Idee, daß man dem kranken Organe einen electrischen Zustand mittheilen müsse welcher dem demselben eigenthümlichen entgegengesetzt ist, so wie man, um ein Metall vor Oxydation zu schützen, es mit einem oxydirbaren Metalle in Berührung bringt. Er brachte also auf Wunden, welche saure Reaction zeigten, den negativen Pol. eines electrischen Apparats, und auf solche, die alkalisch reagirten, den positiven Pol. Der Erfolg bestätigte seine Muthmaßung. (Annales de chimie et de physique T. 52. Paris 1833.)

Ueber Veränderung der Farbe des Blutes durch Serum

hat Hr. Turner in der neuen Ausgabe seiner Elements of chemistry Versuche angestellt, indem er die Angaben von Stevens (Notizen No. 759.) durch Experimente prüfte. Er sammelte eine gewisse Quantität Blut aus der Schenkelarterie eines Hundes; Tags darauf schnitt er feine Scheiben von dem Coagulum, und entfernte aus diesen vollkommen alles Serum, indem er sie mit destillirtem Wasser mehrmals wusch, wobei er, um nicht auch die färbende Materie zu entfernen, das Wasser sehr sanft aufschüttete. Das gewaschene Blut hatte nun vollkommen das Aussehen von Venenblut, während das andere noch arteriell aussah: die geschnittenen Scheiben waren vollkommen schwarz. So wie er nun eine derselben wieder in das Serum desselben Blutes tauchte, bekam es wieder eine sehr lebhafte arterielle Farbe. Eben so lebhaft roth wurden sie, wenn man sie in eine Auflösung von kohlensaurem Natron that; ja durch die letzte Flüssigkeit wird die Farbe bisweilen sogar noch lebhafter, als die des Arterienblutes, man kann indeß sehr leicht die Färbung genau bestimmen, indem man die Salzauflösung mehr oder minder verdünnt. — In den Schlüssen, welche aus diesen Experimenten zu ziehen sind, geht jedoch Hr. Turner nicht so weit, als Stevens. Er sagt in dieser Beziehung: „Ich glaube aus diesen Experimenten bloß folgenden Schluß ziehen zu können: daß die rothe Farbe des Arterienblutes nicht von dem Sauerstoffe abhängt, sondern, wie dieß auch Herr Stevens annimmt, von dem Salze des Serums. Das bei meinen Experimenten angewendete Arterienblut war in dem Körper des Thieres vollkommen oxygenirt, wie man sagt, und es hätte in diesem Zustande seine helle Farbe nicht durch die einfache Trennung des Serums verlieren dürfen. Die Veränderung des Venenblutes in Arterienblut scheint, im Widerspruch mit der bis jetzt allgemein angenommenen Lehre, von zwei wesentlich verschiedenen Bedingungen abzuhängen; die eine besteht in einer chemischen Veränderung, welche für das Leben unerläßlich ist, und welche von Sauerstoffabsorbirung und Kohlensäureentwickelung begleitet ist; die andere beruht in den Salzen des Blutes, welche dem Farbestoffe desselben eine hellrothe Farbe geben, nachdem dieselben durch Einwirkung des Sauerstoffes modificirt worden sind. Dieß scheint mir die aus obigen Thatsachen hervorgehende natürliche Folgerung zu seyn; da indeß die Beobachtungen, auf welche die gegründet ist, noch nicht sehr zahlreich sind, so glaube ich, daß noch neue Untersuchungen nöthig seyen, um dieselbe zu bestätigen, oder zu verändern." (Edinburgh med and surg. Journal. Januar 1833.)

Ueber die Art und Weise, wie man in Marocco Felle gar macht,

gab Hr. Willshire der zoologischen Gesellschaft in der Sitzung vom 25ten Juni d. J. folgende Auskunft, wobei er bemerkte, daß bei diesem Verfahren der Pelz seine natürliche Farbe vollkommen behalte, und das Leder außerordentlich geschmeidig werde.

Man wäscht das Fell in reinem Wasser, um es vom Salze zu befreien, und sobald dieß geschehen ist, schabt man das Fleisch ab; alsdann nimmt man 2 Pfund Alaun, 1 Quart Buttermilch, und 2 – 3 Hände voll Gerstenmehl, und nachdem man diese Materialien gehörig mit einander vermischt hat, trägt man sie gleichförmig auf die Aasseite des Fells; hierauf schlägt man dasselbe zusammen, drückt die bei-

den Hälften der Aasseite fest aneinander, und läßt das Fell zwei Tage lang liegen; den dritten Tag bringt man es an die Seeküste, wäscht es rein, so daß die Mischung vollkommen beseitigt wird, und hängt es auf, so daß das Wasser abläuft. Hierauf nimmt man 2 Pfund sein gepulverten Steinalaun, bepudert damit alle Stellen der Aasseite, schlägt das Fell wieder zusammen und läßt es drei Tage lang liegen; alsdann wird es sich in demjenigen Zustande befinden, in welchem man es, platt auseinandergelegt, und ohne daß man das Pulver vorher beseitigt, in der Sonne trocknen kann. Sobald es trocken ist, besprengt man es tüchtig mit reinem Wasser, und schlägt es abermals zusammen und läßt es in diesem Zustande 2 Stunden, damit das Wasser Zeit hat einzukriechen, legt hierauf das Fell auf eine Tafel, und schabt den Alaun und die noch übrigen Fleischtheile ab, worauf man es noch mit einem etwas rauhen Sandsteine vollkommen weichreibt. Man hängt es dann an einen schattigen Ort zum Trocknen, und der Proceß ist vollendet.

Hat man ein vollständiges Fell, woran der Kopf, die Hörner rc. sitzen, so nimmt man die Hörner ab, und füllt deren Höhlung mit einer in Wasser aufgelösten Mischung von gleichen Theilen gepulverten Alauns und Holzkohlenasche. Auf diese Weise läßt man sie zwei Tage in der Sonne. Die Knochenfortsätze der Hörner läßt man von einer Auflösung von acht Unzen Alaun gehörig durchziehen, schlägt sie, bei'm Zusammenlegen des Fells, mit ein, und wiederholt diese Behandlung jedesmal, wenn man das Fell, des Garmachens wegen, wieder vornimmt. Das Fleisch am Schädelknochen und an den Wangen beseitigt man sorgfältig, und füllt die Höhlung mit gepulvertem Alaun. Der Kopf muß an der Sonne vollkommen trocken werden.

In England gerbt man viel schneller; denn ich habe öfters Leopardes= und andere Felle schon am 3ten oder 4ten, und nie später, als am 5ten Tage, vollkommen gar zurückerhalten. Auch dürfen kleine Thierfelle keineswegs einem so langwierigen Processe unterworfen werden, sie fallen sonst weniger geschmeidig aus, und verlieren Haare.

Bei obiger Beschreibung ist auf das Londoner Clima Rücksicht genommen. (London and Edinburgh Philosophical Magazine, October 1833.)

Ueber die Beschaffenheit und die Natur des Mondes und der Planeten

findet sich in F. W. Herschel's Treatise on Astronomy 1833 viel Interessantes. Die Nähe des Mondes hat ihn zu allen Zeiten zu einem lockenden Gegenstand für den Himmelsbeobachter gemacht. Er ist demzufolge fleißig untersucht worden, so daß nicht allein seine physische Beschaffenheit besser bekannt ist, als die von irgend einem andern Himmelskörper, sondern auch die Lage seiner Berge bestimmt, und mit größerer Sorgfalt und Genauigkeit in Karten niedergelegt ist, als die von mehrern Ländern der Erde. Sein Ansehn hat keine merkliche Veränderung erlitten seit der Epoche der ersten astronomischen Beobachtungen **d** wenigstens seit

Entbeckung des Telescops; — ein Umstand, aus welchem man allerdings schon die Abwesenheit einer Atmosphäre, und also die Abwesenheit der Einwirkung jener Zerstörungsursachen vermuthen mögte, welche an der Oberfläche der Erde so thätig wirken. „Erscheinungen, welche auf Vegetation hin-„weisen, oder auch nur geringfügige Veränderungen der Ober-„fläche, welche den Veränderungen von Jahreszeiten zuge-„schrieben werden müßten, können nirgendwo wahrgenommen „werden." Von der Uniformität und Unveränderlichkeit der Mondberge wurde Keppler zu der Vermuthung veranlaßt, daß sie das Werk der Bewohner seyn könnten. Die Kraft der Fernröhre muß aber noch sehr vergrößert werden, ehe wir Spuren von Einwohnern im Monde, in ihren Bauwer-ken unterscheiden können, wenigstens, wenn sie mit den unsri-gen einerlei Maaßstab hätten; aber die Erscheinung, welche Keppler's Aufmerksamkeit auf sich zog, ist noch jetzt ein Gegenstand der Verwunderung: „Sämmtliche Monds-berge zeigen eine auffallende Gleichförmigkeit und Sonderbar-keit des Anfehns. Sie sind wunderbar zahlreich, nehmen bei weitem den größern Theil der Oberfläche ein, und sind fast allgemein von runder oder becherförmiger Gestalt, aber abge-stupt und mit elliptischem Rande, die größten davon haben meist einen flachen Boden, aus welchem wieder im Mittel-punct ein kleiner, steiler, conischer Hügel emporsteigt. Kurz sie zeigen in höchster Vollkommenheit den wahren vulkani-schen Character, wie man ihn in den Krater des Vesuvs oder auf Karten der vulkanischen Districte der Campi phle-gräei oder des Puy de Dôme sehen kann. Und in eini-gen der größten kann, nach Hrn. Herschel's eigenen Beobach-tungen mit sehr starken Telescopen, entschiedene Zeichen von vulkanischer Stratification, aus der allmäligen Ablagerung der ausgeworfenen Substanzen entstanden, wahrzunehmen. Was noch außerordentlich sonderbar in der Geologie (sic!) des Mondes erscheint, ist, daß, obgleich nichts wahrgenommen werden kann, was den Character von Seeen hätte (denn die nebligen Flecke, welche gewöhnlich Seeen genannt werden, zei-gen, wenn sie genauer betrachtet werden, Erscheinungen, wel-che mit der Annahme von tiefem Wasser unverträglich sind), doch zeigte vollkommen ebene Gegenden wahrzunehmen sind, und, allem Anschein nach, von einem entschiedenen alluvia-len Character." p. 229.

Ueber die physicalischen Eigenthümlichkeiten der Plane-ten finden sich folgende Bemerkungen: „Vom Mercur kön-nen wir wenig mehr sehen, als daß er rund ist und Pha-sen wahrnehmen läßt. Er ist zu klein, und in der fortwäh-renden Nachbarschaft der Sonne zu sehr verloren, als daß wir mehr über seine Natur herausbringen könnten (p. 278)." — Venus ist noch von allen Planeten am schwie-rigsten mit Telescopen zu bestimmen. Der starke Glanz ih-res beleuchteten Theils blendet das Auge und vergrößert jede Unvollkommenheit des Telescops; doch sehen wir deutlich, daß ihre Oberfläche keine solche beständige Flecken hat, wie der Mond; wir nehmen an ihr weder Berge, noch Schatten wahr, sondern eine gleichförmige Helle, worin man zwar zu-weilen dunklere Portionen zu sehen glaubt, obgleich man sel-ten, oder nie, sich diese Thatsache befriedigend feststellen kann.

(P. 279.) — In dem Planeten Mars unterscheiden wir mit völliger Deutlichkeit die Gränzen von dem, was Festlande und Seeen seyn können. Die erstern unterscheiden sich durch die röthliche (ruddy) Farbe, welche das Licht dieses Plane-ten characterisirt (welches immer roth und feuerig erscheint), und ohne Zweifel eine rothgelbe (ochrey) Färbung in dem allgemeinen Boden andeutet, dem ähnlich, wie die rothen Sandsteindistricte der Erde vielleicht den Bewohnern des Mars erscheinen mögen, nur entschiedener. Im Gegensatze hievon erscheinen (einem allgemeinen Gesetze der Optik gemäß) die Seeen grünlich. (P. 279.) — Jupiter's Gürtel ist wahr-scheinlich in der Atmosphäre des Planeten vorhanden, Stre-ken und Züge sind vergleichungsweise klarem Himmel bildend, welche durch Strömungen bestimmt werden, die unserm Pas-satwinden ähnlich, aber von beständigerem und entschiedene-rem Character sind, wie allerdings bei der unermeßlichen Schnelligkeit seiner Umdrehung zu erwarten ist. (P. 279.) — Der Ringe des Saturn's sind nur zwei, und sie werden in ih-rer Stellung durch ihre schnelle Umdrehung und die excentrische Stellung des Planeten in ihnen erhalten. Dieser Me-chanismus ist ganz sonderbar und außerordentlich merk-würdig. Wenn das centrum gravitatis der Ringe mit dem des Planeten genau coincidirte, so kann man nachwei-sen, daß sie ein unbeständiges Gleichgewicht haben würden, so daß die geringste äußere Gewalt — die Attraction eines Trabanten z. E. — das Gleichgewicht stören und, sie un-verletzt (unbroken) auf die Oberfläche des Planeten stürzen würde. Aber wenn wir annehmen, daß sie, in irgend eini-gen Theilen ihres Umfange, ungleich dick oder ungleich dünn sind, so wird, während zugleich der Planet innerhalb derselben excentrisch gestellt ist, die centrifugale Rotationskraft hinrei-chend seyn, jede Tendenz zur Umstoßung ihres Gleichgewichts zu vernichten. Die Velocität der Ringe ist genau dieselbe wie die des Planeten, was zur Erhaltung derselben in ihrer gegenwärtigen Stellung eine wesentliche Bedingung ist."

„Vom Uranus sehen wir nichts als eine kleine, runde, gleichförmig beleuchtete Scheibe, ohne Ringe, Gürtel oder wahrnehmbare Flecken." — „Wenn die unermeßliche Ent-fernung des Saturns alle Hoffnung abschneidet, daß wir über seine physische Beschaffenheit viele Kenntnisse erlangen können; so ist die Kleinheit der vier übrigen Planeten ein nicht ge-ringeres Hinderniß zur Erforschung der ihrigen. Einer der-selben, Pallas, soll ein etwas neblichtes, trübes Ansehn haben, was auf eine sehr umfangreiche, dunstige Atmosphäre hinweiset, welche durch die unangemessene Schwere einer zu kleinen Masse wenig zurückgedrängt oder verdichtet wird. Ohne Zweifel müßte die merkwürdigste ihrer Eigenthümlich-keiten, in dieser Bedingung ihres Zustandes liegen. Ein Mensch, der sich auf einem derselben befände, würde mit Leichtigkeit 60 Fuß hoch springen, und bei'm Herabkommen keine größere Erschütterung erleiden, als wenn er auf der Erde drei Fuß hoch springt. Auf diesen Planeten könnten Riesen existiren; und solche ungeheure Thiere, würde an der Erde die tragende Kraft des Wassers bedürfen, um ihr Ge-wicht aufzuwiegen, müßten dort Bewohner des Landes seyn können." p. 286.

Miscellen.

Ueber die Fähigkeit der Blinden die Farben zu unterscheiden, welche das North-American-Review für falsch, oder wenigstens sehr gewagt erklärt, sagt dasselbe ferner: „Wir wissen, daß in England ein junges blindes Mädchen lebte, welches den Ruf hatte, die Farben unterscheiden zu können. Wir wollten uns von dieser Thatsache überzeugen, und Folgendes war das Resultat unserer Forschungen: Dieses junge Mädchen erkannte die Farben gewisser Stücke Tuch, indem sie dieselben an die Lippen hielt. Man hatte sie ohne Zweifel gelehrt, daß einige Farben die Wärme schneller absorbiren, als andere, so daß sie durch die stärkere oder geringere Wärme geleitet wurde, welche das Tuch ihren Lippen mittheilte." Dieß ist das außerordentlichste Beispiel von Feinheit des Gefühls, welches zu unserer Kenntniß gekommen ist.

Ueber Bopyrus Squillarum, einen höchst merkwürdigen Parasiten eines krebsartigen Thiers, zwischen dessen Rücken-schilde und Kiemen er sich einnistet, hat Herr P. Rathke zu Feodosia Beobachtungen anzustellen Gelegenheit gehabt. Das Männchen ist winzig klein, im Vergleich zu dem Weibchen, hat auch eine ganz andere Form als dieses und sitzt immerfort ganz unbeweglich zwischen den Kiemen an der Geschlechtsmündung dessel-ben, selbst auch dann noch, wenn das Weibchen, wie Hr. Rathke mehrere Wochen später erfahren hat, sich seiner Eier entledigt hat. Dieß alles erinnert sehr an die Lernäen, unter denen, zufolge der trefflichen Beobachtungen des Prof. v. Nordmann, die Männ-chen in Vergleich zu den Weibchen ebenfalls sehr winzig sind, eine andere Form als diese haben und auch fortwährend an den Ge-schlechtsmündungen derselben haften. Doch findet bei diesen letztern Thieren der Unterschied statt, daß auf je ein Weibchen immer zwei Männchen kommen." (Dorpater Jahrbücher I. S. 245.)

Heilkunde.

Ueber Melanose des Auges.

Von W. Lawrence.

Bei dieser Krankheit entwickelt sich eine weiche, fremdartige Pro-duction in dem Augapfel, welcher dadurch ausgedehnt und vergrößert wird. Dieselbe bringt alsdann durch Absorption der Häute nach außen und stellt eine dunkellivide oder schwammige Masse dar, wel-che ulcerirt und blutet, und auf diese Weise allmälig krankhaft zer-stört wird. Die Krankheit characterisirt sich besonders durch die dunkellivide Farbe der neuen Substanz in der frühesten Periode und durch die dunkle rußige Schwärze in dem Stadium der Entwickelung des Schwammes; woher auch der Name Melanose kömmt.

Die Entstehung der Krankheit wird oft einer Verletzung zu-geschrieben; doch erscheint sie auch ohne eine äußere Ursache und über die Bedingung des eigenthümlichen Characters dieser Krank-heit können wir gar nichts sagen.

Die Krankheit beginnt mit Entzündung des Auges und Kopf-schmerz, worauf Amaurose eintritt; der Augapfel schwillt, die Scle-rotica bekömmt, so viel man durch die Gefäßhäute ausgedehnter Ge-fäße auf derselben hindurch sehen kann, eine dunkellivide Färbung; die Linse verliert ihre Durchsichtigkeit und wird sammt der Iris gegen die Hornhaut vorgetrieben, welche undurchsichtig wird. Der Augapfel vergrößert sich immer mehr und es erscheinen dunkel-livide Knoten an verschiedenen Stellen seines Umfanges. Die krankhafte Masse, in welcher nun alle Spur ihrer natürlichen Structur verschwun-den ist, ist durchaus dunkellivide oder schwärze, treibt die Augenlider auseinander, und ragt zwischen ihnen vor; nun beginnt der Ulcera-tions- und Abstoßungsproceß, und es fließt in reichlicher Menge eine dünne, dunkle Jauche, oder eine schwarze Flüssigkeit aus, welche aussieht, als sey die Auflösung des krankhaften Gewe-bes entstanden. Ab und zu werden ganze Stücke der Geschwulst ausgestoßen, es ist beträchtlicher Schmerz im Kopfe und im Auge vorhanden, und der Krankheitsproceß ist überhaupt von allgemeiner Aufregung begleitet; es erfolgen Symptome von Gehirnaffection, und der Kranke stirbt in comatösem oder bewußtlosem Zustande. In den Fällen, welche ich beobachtet habe, waren die Lymphdrüsen nicht mit ergriffen.

Wird ein so desorganisirtes Auge unterfucht, so findet man den Augapfel sammt dem übrigen Inhalte der Augenhöhle in eine krank-hafte, der Textur und Consistenz nach, dem Marktschwamm ähn-liche Masse verwandelt. Einige Stellen haben wohl auch die graue Farbe des fungus haematodes; größtentheils aber, wenn nicht ganz, ist sie vom tiefsten rußigen Schwarz; jedenfalls ist der vor-dere schwammige Theil von dieser Farbe, wenn auch bisweilen der hintere, oder tieferliegende Theil noch heller ist. Die Geschwulst

läßt am Finger einen schwarzen Fleck zurück, ist leicht zu zerdrü-cken, färbt Wasser wie chinesische Tusche, worauf die Substanz als lockeres, faseriges, braunes Gewebe zurückbleibt. Der Sehnerv ist bisweilen schon in einer frühern Periode, ehe noch die Gestalt des Augapfels verändert ist, mißfarbig, und er zeigt auf seiner Durch-schnittsfläche eine schwarzgraue Färbung. Wenn der Inhalt der Augenhöhle die so eben beschriebene Structurveränderung erlitten hat, so schreitet die Krankheit durch das foramen opticum in die Schädelhöhle fort, wo entweder die vordern Gehirnlappen melanotisch degeneriren, oder ähnliche neue Geschwülste in der Schädelhöhle entstehen. Zu gleicher Zeit zeigt sich nun die Krankheit in verschiedenen andern Körpertheilen, in den Brust- und Baucheingeweiden, in den Knochen und in der Haut. Diese secundären Affectionen können als mehr oder minder feste Tuberkelmassen, als Ablagerungen fast flüssiger schwarzer Sub-stanz, oder als Infiltrationen des Gewebes irgend eines Organes mit eben solcher Flüssigkeit auftreten.

Vor dem Alter von 30 Jahren habe ich Melanose nie gesehen, gewöhnlich nach der Mitte des Lebens. Die Entwickelung dersel-ben ist rascher, als die des Scirrhus, und sie kann dieselbe ihren ganzen Verlauf in 12 bis 18 Monaten durchmachen.

In Bezug auf die Behandlung läßt sich, wie bei Scirrhus und fungus haematodes, bloß fragen, ob der kranke Theil mit Hoff-nung auf bleibende Heilung weggenommen, und ob durch die Ope-ration das Leben verlängert werden kann; zu welcher Zeit die Ope-ration am besten unternommen werde, und unter welchen Umstän-den sie als hoffnungslos zu betrachten sey. Man kann mit Grund annehmen, daß die Exstirpation in vielen Fällen von bleibendem Erfolge war, daher ist die Prognose bei der Melanose keines-wegs so ungünstig, als bei fungus haematodes oder Krebs. Je früher die Operation gemacht wird, desto besser für den Kranken. Die günstigste Zeit ist, ehe die Häute des Auges durchbrochen sind, so daß der krankhafte Theil noch als ein Ganzes entfernt werden kann. Wenn bereits Ulceration in dem Fungus nach außen getre-ten ist, so ist sehr zu befürchten, daß der Sehnerv bereits erkrankt ist, oder daß sich in der Schädelhöhle oder in irgend einem andern Organe die Krankheit entwickelt hat; immer aber ist die Operation bloß unter zweifelhafter Prognose zu unternehmen. In manchen Fällen sind die Kranken bald nach der Operation, und zwar offen-bar in Folge secundärer Krankheit der Leber, gestorben, in andern Fällen ist der Tod erst nach längerer Zeit durch Melanose des Ge-hirns herbeigeführt worden.

1. Warren, ein Irländer, mehr als 30 Jahre alt, kam im Mai 1825 im Bartholomeus-Spitale in meine Behandlung. Ob-gleich, nach seiner Angabe, das Auge bereits seit 2 Jahren krank war, so zeigte sich doch nichts von krankhafter Structur äußerlich; der Augapfel war etwas vergrößert, was besonders bei geschloffe-

nem Auge deutlich war. Eine verdunkelte, schmutzigbraune Linse war in die Pupille hereingedrängt, und mit der Iris an die Hornhaut angelegt, welche verdunkelt war. Eine dunkle Mißfarbigkeit war an der Oberfläche des Augapfels etwas hinter der Hornhaut bemerkbar; der Augapfel war von einem dichten Geflechte großer venöser Gefäße bedeckt. Obgleich die Form des Augapfels noch nicht verändert und seine Größe nur ein wenig vermehrt war, und obgleich die krankhafte Structur nicht wirklich gesehen werden konnte, so konnte ich die vorhandenen Erscheinungen doch auf nichts Anderes beziehen, als auf melanotische Entartung. Die dunkle Mißfarbigkeit der Hornhaut, und das Geflecht dicker livider Gefäße auf derselben hatte ich nie früher gesehen, und sie zeigten, meiner Meinung nach, daß eine organische Krankheit des Auges vorhanden sey, während der Zustand und die Lage der Linse und Iris bewiesen, daß irgend eine ausdehnende und drückende Ursache in dem Theile des Augapfels sey. Die Exstirpation wurde gemacht, und der Kranke bald darauf geheilt entlassen. Ein Jahr nachher sah ich ihn wieder, und fand, daß der Inhalt der Augenhöhle gesund, und er selbst in vollkommenem Wohlbefinden war.

Es wurde ein verticaler Durchschnitt des Auges gemacht, welches in dem Museum des Bartholomeus-Spitals aufbewahrt wird. Die Sclerotica zeigt ihr normales Verhalten, außer daß sie an zwei oder drei Puncten etwas hervorgetrieben ist, und daß an einer Stelle, nicht weit von dem Sehnerven, durch Absorption eine kleine knotige Hervortreibung der innern Geschwulst entstehen konnte. Die Hornhaut ist normal, die Linse und Iris sind mit ihr in Berührung; hinter letzterer ist der Augapfel mit einer ziemlich festen neuen Masse gefüllt, welche etwas gelappt aussieht und im Ganzen schwarz, bloß an zwei Puncten trüb grau ist. Diese melanotische Ablagerung, welche die Sclerotica ausdehnt, nimmt die Stelle der Theile ein, welche im natürlichen Zustande innerhalb dieser Haut liegen. Ein unvollkommnes Ueberbleibsel der Choroidea ist auf der Oberfläche der Choroidea zu bemerken. Von Retina und Glaskörper ist aber keine Spur vorhanden. An der Stelle des Durchschnittes war der Sehnerv vollkommen gesund.

In einem noch mehr vorgeschrittenen Zustande der Melanose wurde im Jahre 1825 von Hrn. Tyrell die Exstirpation des Auges ebenfalls mit günstigem Ausgange unternommen. Die Kranke befand sich ein Jahr nach der Entlassung aus dem Spitale noch vollkommen wohl.

2. Melanose des Auges. — Operation. — Tod in Folge einer Leberkrankheit. — Im Jahre 1825 exstirpirte ich im St. Bartholomeus-Spitale das Auge eines 65jährigen Kranken, welches vergrößert und durch Melanose zu einer dunkeln lividen und schwarzen Masse mit ungleichen Hervorragungen und theilweisen Ulcerationen umgewandelt war. Das Aussehen des Kranken war schmutzig und mit Lebergelbheit. Die Desorganisation des Auges hatte ein Jahr vor der von ihm selbst verlangten Operation begonnen. Zehn Tage lang nach dieser ging alles gut; hierauf aber nahmen seine Kräfte auf einmal ab und es folgte, ohne nachweisbare Ursache, der Tod.

Die einzigen Theile, welche in der exstirpirten Masse noch unterschieden werden konnten, waren die Sclerotica und der Sehnerv, welcher letztere aus einem schmutzig grauen Gewebe von leicht gelappter Anordnung bestand, welches die Ueberbleibsel der Sclerotica umgab und zusammendrückte. Diese graue und ziemlich feste Substanz verwandelte sich nach vorn hin in ein weißliches, schwarzes, melanotisches Gewebe, welches den vordern Theil der Geschwulst und der schwammartigen Wucherung bildete. An einigen Stellen ist der schwarze Stoff durch die ganze krankhafte Masse leicht infiltrirt. Die Höhle der Sclerotica war mit der melanotischen Ablagerung ausgefüllt. Der Sehnerv der operirten Seite wird bis zum Chiasma hin immer dünner: hinter diesem sind beide Nerven von natürlicher Beschaffenheit. Eine Krankheit des Gehirns oder der Gehirnhäute war zu bemerken. Die Leber war wenigstens 2 Mal so groß, als im normalen Zustande, und war mit Ablagerungen von der Größe einer Erbse bis zu der einer Orange angefüllt, welche am meisten dem fungus haematodes glichen; einige waren weiß, oder röthlich, andere am tiefsten schwarz, während andere die Zwischenstufen der Färbung zeigten.

3. Melanose des Auges mit tödtlichem Ausgange. — Melanotische Geschwulst innerhalb der Schädelhöhle. — Leberkrankheit. — Eine corpulente, 45jährige Frau kam im London ophthalmic Infirmary wegen Melanose des Auges, welches vergrößert und durch hervorragende schwarze Knoten entstellt war, in meine Behandlung. Der Augapfel war in der Augenhöhle noch beweglich, und ich schlug die Exstirpation vor, wozu sich die Kranke aber nicht verstehen wollte. Nach Verlauf einiger Wochen war sie bazu geneigt. — Nun aber schien mir, wegen der beträchtlichen Vergrößerung der Geschwulst, dieselbe nicht mehr räthlich. Der Augapfel war mehr, als eine halbe Faust groß, hatte die Augenlider ungeheuer auseinandergedrängt und ragte zwischen ihnen hervor. Er war geschwürig geworden und es floß eine dicke schwarze Flüssigkeit aus. Das Allgemeinbefinden war bis wenige Wochen vor dem Tode ungestört, da traten endlich Symptome von Gehirnkrankheit ein, und die Kranke starb etwa 18 Monate nach beginnender Krankheit comatös. Der Augapfel und der übrige Inhalt der Augenhöhle waren in eine gleichförmige weiche Masse von schmutziger Schwärze verwandelt, aus welcher jene dicke schwarze Flüssigkeit ausgedrückt werden konnte. Diese Flüssigkeit machte Flecken wie schwarze Dinte. Die Krankheit setzte sich durch den Sehnerven in die Schädelhöhle fort, indem dieser in eine weiche schwarze Substanz verwandelt war und sich nach dem Durchgange durch das foramen opticum in eine weiche schwarze Geschwulst von der Größe einer Orange ausdehnte, die unter dem vordern Gehirnlappen lag und zum Theil in dessen Substanz einbrang. In der Leber fanden sich zwei ähnliche Ablagerungen, die eine von der Größe einer Wallnuß, die andere von der einer Erbse.

4. Melanose des linken Auges. — Exstirpation. — Rückfall. — Secundäres Leiden der Leber und anderer Theile. — Eine 41jährige zarte Frau von blassem Aussehen bemerkte, daß die Sehkraft ihres linken Auges 2½ Jahr lang, ehe sie in Behandlung des Hrn. Allan Burns kam, abgenommen habe; es zeigte sich eine milchige Trübheit hinter der Pupille. Diese Verdunkelung der Linse vermehrte sich, und 4 Monate darauf konnte sie aus diesem Auge gar nicht mehr sehen. Zwei Monate darauf entzündete sich, ohne besondere Veranlassung, das Auge. Die Entzündung wurde durch Blutegel und ähnliche Mittel vermindert, aber die Röthe und der Schmerz nicht ganz beseitigt. Ein halb Jahr vor der Operation bildete sich nun eine Geschwulst am untern Theile der Sclerotica, unmittelbar hinter der Hornhaut. Sie war von der Größe einer Flintenkugel und mit zahlreichen Gefäßen bedeckt. Es waren hysterische Zufälle, Rückenschmerzen und heftige schießende Schmerzen im Auge zugegen, welche den Schlaf unterbrachen. Drei Monate darauf war vollkommene Hectik, Abmagrung, Schwäche zugegen; die Kranke hatte schon zwei Monate das Bett nicht verlassen. Die Geschwulst hatte die Größe eines Taubeneies erreicht, bildete eine feste, schwammige Masse, welche das untere Augenlid bedeckte, und gegen den äußern Winkel hin fand sich eine harte, mit dem Knochen fest zusammenhängende Geschwulst. Der Augapfel wurde exstirpirt, aber die dem Wangenbeine zusammenhängende Geschwulst konnte nicht ganz entfernt werden, weil der Knochen selbst cariös war.

Als der Augapfel und der Sehnerv durchschnitten wurden, überzog eine dicke, klebrige, dunkelbraune Materie das Messer, welche sich leicht in Wasser auflöst' und die festen Theile deutlicher zurückließ. Hornhaut und Sclerotica waren gesund, doch hatte die letztere am Wangenbeine nachgegeben, so daß hier eine Geschwulst von der Größe einer Erbse unter den natürlichen Zustande. Der Inhalt des Augapfels war eine schwarze breiige Substanz, in welche sich die Markstsubstanz des Sehnerven verwandelt war.

Die zuvor sehr abgemagerte Kranke erholte sich nach der Operation außerordentlich; die Augenhöhle füllte sich allmählig mit einer weichen, gefärbten Substanz, die sich überhäutete: ihre Gesundheit nahm aber wieder ab, und es stellten sich die heftigsten Schmerzen in der Lendengegend ein, welche die Kranke im Bette hielten. Ein elastischer Fungus brängte das Augenlid hervor und erschien zwischen beiden Augenlidern, ohne jedoch Schmerz zu verursachen, während ihre Rückenschmerzen sie in den traurigsten Zustand versetzten. Nachdem sie sich auf diese Weise zwei oder drei Monate hingeschleppt hatte, während die Augenhöhlengeschwulst zunahm und die Lendenschmerzen nicht nachließen, wurde sie plötzlich comatös und starb 24 Stunden darnach im höchsten Grade abgemagert.

Die Geschwulst in der Augenhöhle kam aus der Oberkieferhöhle, deren Wände nach oben und vorn durchbrochen waren; sie ragte auch in die Nasenhöhle hinein, zeigte äußerlich kleine Knoten von dunkler Farbe und bestand innen aus einer weichen, wie mit Dinte gefärbten und mit grauer Substanz und einzelnen Knochenstückchen gemengten Substanz. Der Boden der Augenhöhle war in die Höhe gedrängt, so daß er den Augenhöhlenfortsatz des Stirnbeins beinahe berührte; der Fungus lag mithin außerhalb der Orbita. Die Substanz des Sehnerven von der Schnittstelle an war schwarz und innerhalb der Schädelhöhle so dick, wie der kleine Finger. Das Chiasma war in eine Geschwulst umgewandelt, welche in den hintern Ventrikel hineinragte. Die schwarze Farbe setzte sich über die Vereinigungsstelle in den Nerven derselben Seite fort; auf der andern Seite war der Nerv von natürlicher Gestalt und Farbe, und beide waren bloß durch Zellgewebscheiden vereinigt. Die Leber enthielt ähnliche Geschwülste und einen Balg, welcher mit dickem, geronnenem Eiter gefüllt war. Auf den Nieren fanden sich beträchtliche ähnliche Geschwülste und der Uterus war von knorpliger Härte. (Wardrop.) Ein ähnlicher Fall, in welchem nach Erstirpation des Auges der Tod ebenfalls durch secundäre Leiden mehrerer anderer Organe erfolgte, wird von den Herrn Cullen und Carswell in den Transactions of the medico-chirurgical Society of Edinburgh Vol. I. pag. 271 erzählt.

Ein sechster ebenfalls ähnlicher Fall, der von Herrn Fauwington beschrieben und mehrfach abgebildet ist, ist so gut beschrieben und in seinem Verlaufe so charakteristisch, daß er mitgetheilt zu werden verdient.

6) Melanose des Auges. — Erstirpation. — Tod durch secundäre Leiden verschiedener Gewebe und Organe. — Thomas Brödet, 30 Jahre alt, ein robuster, gesund aussehender Mann, wandte sich im Jahre 1824 wegen heftiger, nicht nachlassender Schmerzen im linken Auge an Herrn Wilson. Sechs Monate vorher hatte er einen Schlag auf das Auge bekommen, welcher jedoch nur wenig Schmerz und keine sichtbare Veränderung veranlaßte. Vierzehn Tage darauf bemerkte er ein Gefühl von Fülle und Undeutlichkeit des Sehens, was sich beides in einem sehr traurigen Grade steigerte. Die Gefäße der Conjunctiva und Sclerotica waren ausgedehnt und die Sclerotica schien absorbirt zu werden, da die dunkle Choroidea gegen den innern Augenwinkel hin sichtbar wurde. Die Iris war unbeweglich, die Pupille erweitert und von einer schieferfarbigen Verdunklung ausgefüllt. Antiphlogistische Mittel linderten etwas, jedoch bloß vorübergehend. Ende März war die Sclerotica nach oben und innen sehr dünn geworden und der hervorragende Theil bloß von der Choroidea bedeckt; die Verdunklung in der Pupille zeigte nun eine schmutzig rothe Farbe, und Herr Wilson erstirpirte den Inhalt der ganzen Augenhöhle am 19. April.

Bei einem Einschnitt in den Augapfel fand sich in der Lage des Glaskörpers, von welchem keine Spur vorhanden war, eine die Hälfte der Höhle des Augapfels ausfüllende schwarze breiige Geschwulst. Es fanden sich zwei Höhlen voll braunrother Flüssigkeit, die eine auf der Seite, die andere zwischen der Geschwulst und Linse. Die Choroidea war noch ganz, an der einen Stelle, wo sie mit der Geschwulst in unmittelbarer Berührung stand; die Sclerotica war im höchsten Grade verdünnt und die Retina, wo der Choroidea durch die bazmischen [irgende] krankhafte Masse getrennt, in eine gefaltete Masse in die Achse des Augapfels zusammengedrängt, die nach vorn mit der hintern Fläche der Linsenkapsel in Verbindung stand; die Linse war dunkelbraun gefärbt, und der Sehnerv an der Durchschnittsstelle gesund.

Der Kranke erholte sich nach der Operation. Im August aber entwickelten sich kleine schwarze Geschwülste, von der Größe eines Schrotkorns, in der Haut des Gesichts und Rückens; es stellte sich Schmerz in der Seite, Husten und Schwerathmigkeit ein; der Un

---

terleib begann anzuschwellen; melanotische Knoten entwickelten sich auf dem Gesicht, der Kopfhaut und im untern Lide des erstirpirten Auges, wo Verschwärung einzutreten drohte. Es zeigten sich auf der ganzen Brust und Unterleib blaue Erhabenheiten, offenbar in Folge melanotischer Hautgeschwülste; der Unterleib dehnte sich in Folge der Vergrößerung der Leber außerordentlich stark aus, und der Tod erfolgte im November.

Die Schicht des Fettzellgewebes unter der Haut war auf das Schönste mit melanotischer Substanz in kleinen, erbsengroßen Säcke eingeschlossenen Körnern granulirt; die Leber hatte das Vierfache des natürlichen Umfangs, und war mit melanotischen Massen von verschiedener Größe und zugleich mit schwarzer Infiltration angefüllt; bei einem Einschnitte flossen mehrere Unzen einer dunkten, chocolade-ähnlichen Flüssigkeit aus; die weichere Masse lag in der Mitte der Geschwulst. Das die Bauchwände überziehende Peritoneum war mit kleinen schwarzen Flecken bedeckt, und melanotische Tuberkeln fanden sich in großer Anzahl in dem Zellgewebe an der hintern Wand der Unterleibshöhle. Pancreas, Milz und Nieren waren voll solcher schwarzen Geschwülste, deren einige die Größe einer Wallnuß hatten; ähnliche Ablagerungen fanden sich unter der serösen Haut des Magens und Darmcanals; die hintere Fläche des Sternums war oberflächlich gefleckt, und das Mediastinum und die benachbarte Rippenfläche enthielt viele melanotische Tuberkeln. Gruppen kleiner, schwarzer Bälge mit dünnen Stielen waren über die ganze Pleura costalia zerstreut, und eben solche Melanosen fanden sich in der ganzen Lunge. Fast die ganze Oberfläche des Herzens war mit schwarzen Flecken bedeckt. Das Gehirn wurde nicht untersucht; in den Nerven und Gefäßen war nichts Krankhaftes aufzufinden.

Der Tod erfolgt bisweilen erst nach 2 bis 3 Jahren, entweder in Folge secundärer melanotischer Krankheit des Gehirns, wie in einem Herrn Wardrop vorgekommenen und in der Lancet Vol. XI. p. 88 mitgetheilten Falle, oder in Folge eines Rückfalles der Krankheit des Auges selbst, wie z. B. in folgendem Falle, über welchen Herr Wilson aus Manchester sich so ausdrückt:

„Vor zwei Jahren erstirpirte ich den Augapfel eines Mannes von mittlerem Alter, wegen der Melanose litt, und ich machte mir schon Hoffnung, daß kein anderes Organ ergriffen werden werde, weil bereits eine ziemlich beträchtliche Zeit darüber verflossen war. Aber in den letzten Woche kam er wieder zu mir, klagte über beträchtliche allgemeine Schwäche, Abmagerung, und den Verlust einer schwarzen Flüssigkeit per anum. Bei Untersuchung der Augenhöhle, aus welcher der Augapfel erstirpirt worden war, bemerkte ich auf den Granulationen eine schwarze birnförmige Geschwulst von der Größe einer Johannisbeere. Der Kranke sagte, daß er seit einiger Zeit, wenn auch in sehr geringer Menge, etwas Blut aus der Orbita verloren habe. Nach Durchschneidung des Stieles flossen 2 bis 3 Tropfen eines schwarzen Blutes, wenn das Blut genannt werden kann, auf der Wunde aus. Der Kranke ist nun noch unter meiner Beobachtung." (F. Lawrence a Treatise on the diseases of the eye. London 1833.)

Die Schlammbäder bei Sak,

(einem großen Tartarischen Dorfe in dem südwestlichen Theile der Krimm, am nordöstlichen Ufer des Salzsee's Tusly, unweit der Havenstadt Koslow oder Eupatoria,)

werden von Juli bis September benutzt. Im Winter schwillt der See an und überschwemmt die niedrigen Stellen seiner Ufer. Im Frühjahre zieht sich das Wasser zurück, der Boden bleibt aber getränkt mit einer sehr concentrirten Auflösung der vielen Salze, welche der See enthält; wo es aber später, wegen seines allmälig größer gewordenen Sättigungsgrades (nachdem das Wasser zum Theil verdunstet), eine dicke Schicht von Salz zurückläßt; eine die allmälig selbst über einen Theil der Oberfläche eine noch übrig gebliebenen Wassermasse fortsetzt und ihm eine weit ausgebreitete Decke giebt, die ganz das Ansehn einer glatten und glänzenden Eisdecke hat. Das ausgeschiedene Salz wird zur Zeit des Sommers in höchst bedeutender Quantität gesammelt, am Ufer aufge häuft, der Einwirkung der Luft und des Regens, damit dessen leichten auflöslichen Theile von ihnen ausgewaschen werden, Jahr und Tag hindurch überlassen, und dann erst über Land und Meer, öconomischer Zwecke halber, ausgeführt. Die Erde des frei gewordenen Bodens dagegen, ein dicklicher, schwärzlicher, verschiedenartige Salze in großer Menge enthaltender Brei, wird in der Nähe des Dorfes Sak, und das schon seit langen Zeiten, zu medicinischen Zwecken benutzt. Man gräbt eine mäßig lange und mäßig tiefe Grube, läßt sie und den ausgeworfenen Schlamm von der südlichen Sonne einige Stunden hindurch erwärmen, oder vielmehr erhitzen, läßt darauf den Kranken sich der Länge nach in die Grube hineinlegen und bedeckt ihn, wenn dieß geschehen ist, mit dem ausgeworfenen Schlamme so völlig, daß nur der Hals und der Kopf frei bleiben, worauf bald am ganzen Körper ein reichlicher Schweiß auszubrechen pflegt. So lange der Kranke seine jetzige peinliche Lage nur irgend auszuhalten vermag, muß er in ihr verharren. Zuletzt wird er mit dem frischen Wasser des Sees abgewaschen, oder er nimmt ein aus diesem Wasser bereitetes Bad und geht nunmehr zu Bette, um dem Schweiße, der jetzt noch folgt, und ihm ersprießlich ist, wenn sich überhaupt die Cur, der er sich unterzogen hatte, für ihn eignete, einen ungehinderten Ausbruch zu gestatten.

Von sehr großem Nutzen hat sich diese Cur bei Lähmungen, chronischen Rheumatismen, chronischen Gichtbeschwerden und manchen andern Krankheiten gezeigt, wenn sie den Character der Schwäche hatten. — Der Ruf der Bäder hat sich immer mehr und mehr verbreitet und von Jahr zu Jahr stellten sich die Kranken zahlreicher ein. Aber das Wohnen in den luftigen und ärmlichen Hütten der Tataren blieb nicht bloß nach wie vor sehr unbequem, ja für manche Kranke selbst bedenklich, sondern ward auch, und zwar in einer argen Gradation, immer kostbarer. Es muß deßhalb für die Badegäste, die jetzt nach Saki kommen, sehr erfreulich und schätzenswerth seyn, daß dort seit zwei Jahren die Krone ein ziemlich großes und musterhaft eingerichtetes Wohnhaus hat errichten lassen, in welchem man ein bequemes Logis erlangen kann, und in welchem der Oeconom auch die Sorge für die Beköstigung übernimmt.

Mit Anfang Juli stellt sich daselbst auch ein Arzt ein, der in Eupatoria ansässig und der Kreisarzt von dieser Stadt ist. Dann auch wird ein langes Zelt, das durch queergehende Scheidewände in eine Menge von kleinen Kammern abgetheilt ist, über den Ort, wo gerade die Schlammbäder bereitet und gebraucht werden sollen, aufgeschlagen, nachdem man zuvor für dasselbe eine passende Unterlage aus Brettern gemacht hat, damit es nebst den Besuchern nicht halb im Schlamme versinke. Dieß Zelt ist so eingerichtet, daß dessen eine, längere, Wand aus lauter einzelnen, mit Leinwand überzogenen, hölzernen Rahmen besteht, die eben so viele Thüren bilden, als Kammern in ihm vorhanden sind. Mit eben dieser Wand wird nun das Zelt nach Süden gerichtet, darauf in je einer Kammer die Grube gemacht, die einen Kranken aufnehmen soll, und jetzt bei offener Thür die Grube, nebst dem aus ihr ausgeworfenen Schlamme, der Einwirkung der Mittagssonne so lange überlassen, bis die in dem eingeschlossenen und gegen den Wind geschützten Raume der Kammer theils von dem geradezu auffallenden, theils auch von den durch die hellen Wände der Kammer zurückgeworfenen Strahlen gehörig erhitzt worden ist, ehe denn der Kranke in sie hineinsteigt. (Dorpater Jahrbuch. I. 251.)

Ueber die Erziehung der Blinden überhaupt und der Blinden in America insbesondere hat der North American Review einen Aufsatz geliefert, welcher für Deutsche in Rücksicht auf erstere nur wenig Neues enthält, über die Blindenanstalten in America aber die ersten Nachrichten mittheilt. Erst seit 1829 hat man in America angefangen, sich mit Blindenanstalten zu beschäftigen, deren jetzt drei (die eine ist in Boston, die zweite in New York und die dritte in Philadelphia) eröffnet sind; zu der ersten hat Dr. J. D. Fischer 1829 den Plan entworfen. Nach mehreren von ihm veranlaßten Versammlungen von Menschenfreunden, wurde von dem Congresse die Erlaubniß zu einer Associationsacte nachgesucht und erhalten. Es ergab sich, daß allein in dem Staate Massachusetts, dessen Hauptstadt Boston ist, 400 Blinde vorhanden waren. Die Anstalt konnte aber doch erst 1831 eröffnet werden, weil die pecuniären Hülfsmittel sehr beschränkt waren. Die Regierung bewilligte nur die Summe, welche von den, für die Taubstummen bestimmten, Geldern, übrig blieb, d. h. etwa 15000 Doll.: eine Subscription brachte nur 2000 Doll. ein. Dessenungeachtet forderten die Commissarien den Dr. Howe auf, die Schule einzurichten und seine Operationen zu beginnen. Er reiste nach Europa ab, besuchte alle Blindenanstalten daselbst, gewann für seinen Plan einen Lehrer in Paris und einen in Edinburgh, und kehrte im August 1831 zurück. Obgleich die ersten Fonds erschöpft waren, so beschloß man doch, keinen neuen Aufruf an das Publicum ergehen zu lassen, bevor man nicht durch Leistungen überzeugen könne. Im Januar 1833 unterwarf man 6 junge Kinder, die man in's geheim unterrichtet hatte, einer öffentlichen Prüfung, welche so auf die Behörden wirkte, daß sogleich eine Summe von 6000 Doll. jährlich bewilligt wurde, für die Unterhaltung der 20 armen Blinden, welcher der Grafschaft angehörten. Am 1. Mai schenkte ein Herr Perkins ein schönes Haus zur Wohnung der Blinden, mit der Clausel, daß die Schenkung erst als definitio betrachtet werden solle, wenn die Anstalt vor dem 1. Juni einen Fonds von 50000 Dollars besäße. Dieß feuerte an. Auch die Frauen von Boston eröffneten eine Subscription, welche 12000 Doll. einbrachte, und am 20. Mai fehlten zur Vervollständigung der festgesetzten Summe nur noch 2 — 3000 Doll.

Lange fortgesetzte Unthätigkeit, um Narben dick und fest zu machen, wendet Eisfranc mit Erfolg in seinem Spital an. Personen, deren Narben früher bei der geringsten Veranlassung aufbrachen und die sich Monate im Jahre im Bette zu bringen mußten, erlangten auf diese Weise den ununterbrochenen Gebrauch ihrer Beine. Drei bis sechs Monate untersagt er ihnen das Gehen ganz, und selbst dann behält er sie einige Zeit lang im Hospitale, ehe er ihnen Geschäfte aufträgt, welche die Füße nur sehr wenig anstrengen. Er kam zuerst auf diesen Gedanken im Jahre 1818, wo er mehrere alte Soldaten noch aus der Zeit der Republik sah, die trotz ungeheurer Narben an den Füßen unausgesetzt in activem Dienste waren. Die meisten hatten diese Narben seit ihrer Kindheit von Verbrennungen, und wußten nicht, wie sie geheilt worden seyen; nur hatten sie erst spät zu gehen angefangen, waren also lange Zeit in vollkommener Unthätigkeit des vernarbten Theiles geblieben. (Gazette médicale de Paris No. 39.)

Bibliographische Neuigkeiten.

Fishes of Ceylon, by *R. Bennet.* London 1833. 4. (Mit colorirten Tafeln.)

An Introduction to the Study and Practice of Midwifery and the Diseases of Women and Children, by *W. Campbell*, M. D. London 1833. 8.

Notizen

aus
dem Gebiete der Natur- und Heilkunde,

gesammelt und mitgetheilt von Dr. L. F. v. Froriep.

| Nro. 846. | (Nro. 10. des XXXIX. Bandes.) | Januar 1834. |

Gedruckt im Landes-Industrie-Comptoir zu Weimar. Preis eines ganzen Bandes, von 24 Bogen, 2 Rthlr. oder 3 Fl. 36 Kr.,
des einzelnen Stückes 3 ggl. Die Tafel schwarze Abbildungen 3 ggl. Die Tafel colorirte Abbildungen 6 ggl.

Naturkunde.

Ueber die Ursache der Richtung der Festländer, Inseln, Halbinseln, Bergketten, Erdlager, Strömungen, Winde, Völkerwanderungen und Civilisation.

Mitgetheilt von Alexander Walker.

Zuvörderst werde ich mich bemühen, zu zeigen, daß alle diese eine gemeinschaftliche Richtung haben.

Die Festländer und Inseln betreffend, die, weil die Letztern gewöhnlich den Striche der Festländer folgen, zusammengefaßt werden können, ist die allgemeine Richtung Amerika's bis zur Magellan-Straße entschieden von Norden nach Süden. Fassen wir bei der alten Welt bloß das Festland in's Auge, so geht dessen Hauptrichtung von Osten nach Westen; lassen wir aber zu der Halbinsel Hinterindien die Sunda-Inseln, Australien und Neuseeland hinzutreten, und bedenken wir, wie tief der indische Ocean, der persische Meerbusen und das rothe Meer hineinschneiden, so läßt sich auch hier eine entschiedene Richtung von Norden nach Süden nicht verkennen. Die Lage des schwarzen, caspischen und weißen Meeres und des Meerbusens des Ob weisen ebenfalls darauf hin.

Rücksichtlich der Halbinseln ist es wirklich merkwürdig, wie allgemein sie dieser Richtung folgen. Scandinavien, Spanien, Italien, Griechenland, Afrika, Arabien, Nordindien, Malacca, Korea, Kamtschatka, Alaschka, Californien, Südamerika, Florida, Neuschottland, Grönland, streichen von Norden nach Süden, und die Halbinseln am Polarmeere, mehrentheils von Süden nach Norden.

Die Ur-Gebirgsketten ziehen sich ebenfalls mehrentheils von Norden nach Süden, und werden von dem Uebergangs-Gebirge in derselben Richtung begleitet. In Amerika bemerken wir ein Urgebirge, das sich vom Felsengebirge bis Cap Horn erstreckt. (Das Alleghany-Gebirge und die brasilischen Gebirge haben ziemlich dieselbe Richtung.) Diese gewaltige Kette neigt sich in ihrem mittlern und nördlichen Theile gegen Westen; während sich im Gegentheil die gegenüberliegenden asiatischen Ketten gegen Osten schlagen. Allein der Strich der Letztern geht offenbar auch von Norden gegen Süden. Die Berge von Jablonnoy und Stanovoy, an die sich die östlich von der Lena anschließen, durchschneiden Ost-Sibirien von N. gegen S. Das Ural-Gebirge hat dieselbe Richtung. Das Stanovoy-Gebirge setzt sich westlich gegen den Altai fort, und von da aus streichen Ketten durch die Mongolei, Tibet und Hindostan bis zur Südspitze Vorderindiens. Diese großen Bergketten Asiens sind zwar sehr unregelmäßig; da sie sich aber im Ganzen vom Eismeere bis zum indischen Ocean erstrecken, so geht deren Gesammt-Richtung offenbar von N. nach S., und das, was vom Ganzen gilt, ist auch natürlich von den meisten Theilen wahr, wie denn, z. B., die Jablonnoy- und Stanovoy-Berge, der Gebirgszug im Osten der Lena, das Uralgebirge, der Belorthag und das Soliman-Gebirge, das Ghauts-Gebirge und die Gebirge von Syrien und Arabien von N. gegen S. streichen. Die übrige alte Welt hat keine so bedeutenden Gebirge aufzuweisen, allein in Europa streichen die finnischen und norwegischen Gebirge, das Illyrische, die Apenninen, Cevennen und Vogesen, so wie die Berge Großbritanniens durchschneiden von N. nach S., und in Afrika hat das Küstengebirge des rothen Meeres, so wie das Lupata-Gebirge, welches sich anscheinend vom Cap Gardafui bis zum Vorgebirge der guten Hoffnung erstreckt, eine ähnliche Richtung.

Da diese Richtung von N. nach S. den Bergketten mit den Festländern, Inseln und Halbinseln gemeinschaftlich ist, so folgt daraus, daß die Bergwände wie die Küsten, mehrentheils östlich und westlich liegen.

Da jedoch die Gebirgslager im Allgemeinen mehr, oder weniger geneigt sind, so folgt daraus, daß die eine Bergwand mehrentheils steiler ist, als die andere.

Aus einer Vergleichung von Gebirgen, deren Wände nach Osten und Westen liegen, ergiebt sich, daß sich die Ostseite gewöhnlich allmälig erhebt und die Westseite von dem Gipfel aus schroff abfällt.

So ist der östliche Theil Großbritanniens mehrentheils eben, und dessen Berge steigen von Osten allmälig auf, und

10

besißen ihre schroffsten Wände an der West- und Nordwest-Seite. Die norwegischen Alpen sind gegen Osten sanfter geböscht und zeigen gegen Westen oder Nordwesten steile Wände. Der Libanon fällt gegen den Euphrat hin sanft, gegen das mittelländische Meer aber steil ab. Die Ghauts haben gegen Osten eine weniger schroffe Böschung als gegen Westen.

Obige auf Festländer, Inseln, Halbinseln, Bergketten und Gebirgsschichten bezügliche Thatsachen sind beinahe sämmtlich von verschiedenen Schriftstellern angegeben, aber vielleicht nie im Zusammenhange dargelegt worden, und es ist mir durchaus nicht bewußt, daß irgend Jemand für ein so merkwürdiges Zusammentreffen einen Grund angegeben hätte.

Bei'm gemeinschaftlichen Ueberblicken dieser Thatsachen, schien es mir, daß sich die Letzte dieser Erscheinungen, nämlich die Neigung der Gebirgslager aus der Drehung der Erde erklären lasse, und daß sich hieraus wiederum alles Uebrige ergebe, weil jede Ursache, die die Erhebung dieser Lager bewirken konnte, offenbar auf die Bildung von Gebirgsketten, Halbinseln und Festländer hinwirken mußte.

Es wurde mir klar, daß eine sich schnell drehende Kugel beständig darauf hinwirke, alle etwas locker auf der Oberfläche liegenden Substanzen, rückwärts, oder in eine der Drehung entgegengesetzte Richtung zu verrücken, und daß also auf der sich von Westen nach Osten drehenden Erde die lockeren Massen immer gegen Westen getrieben werden müßten, wie wir es auch an den Gebirgslagern und Bergketten bemerken.

Die Centrifugalkraft einer sich drehenden Kugel wirkt auf jede Theil der sich umhüllte Masse so, daß sie ein Bestreben, nach Außen zu rücken, zeigt; allein diese Bewegung nach Außen wirkt darauf hin, die Bewegung der Masse mit der ganzen Kugel nach vorne zu vermindern. Sie bleibt daher verhältnißmäßig zurück, und hält auch die hinter ihr liegenden Substanzen auf. Ihr hinterer Theil wird also in die Höhe steigen und sich so lange zu erheben fortfahren, als sie an andern aufgehaltenen Substanzen eine feste Stütze findet; sie wird einen gewissen Grad von Schräge annehmen und in diesem beharren, wenn das Zurückweichen und die verschiedenen zufälligen Ortsveränderungen der anderen Massen sie der ferneren Stütze beraubt.

Wenn ein längliches und gekrümmtes mit einem fest-weichen Körper gefülltes Gefäß, in dessen Mitte ein harter fester Körper halb in dem festweichen eingesenkt ist, an die Felgen eines Rades befestigt und geschwind gedreht wird, so wirkt der harte Körper schnell darauf hin, daß vor ihm in dem weichen eine Höhlung, und hinter ihm eine Erhabenheit (eine Zurückweichung und Schrägheit der ganzen Masse) entsteht, wie sich aus einem sehr einfachen Experimente ergeben wird.

Was nun von einer kleinen Masse Materie wahr ist, gilt auch von einer größeren, und so ist die Drehung der Erde, als die Ursache des Zurückweichens, und der Schrägheit der Lager, auch die der Bergketten, Halbinseln und Festländer.

148

Eben daher rührt offenbar die große, in der Gegend des Aequators und in der heißen Zone stattfindende Strömung des Oceans, durch welche, vorzüglich zwischen den Wendekreisen und 30 Grad nördlicher. und südlicher Breite, das Wasser beständig in einer, der Drehung der Erde entgegengesetzten Richtung, von Osten nach Westen getrieben wird; der Grund der im nördlichen und südlichen Polarmeere vorkommenden Strömungen, welche sich an jene anschließen, ist eben darin zu suchen.*)

Der Grund der Winde, welche in der heißen Zone beständig von Osten wehen, und deren Bewegung mit der Strömung des Meeres am Aequator durchaus nicht zusammenhängt, ist in demselben Umstande zu suchen, und die Polarwinde, welche mit jenen zusammenstoßen, haben keine andere Ursache.**).

Ich brauche nun nur noch dieses allgemeine Gesetz auf die Wanderungen und die Civilisation des Menschengeschlechts anzuwenden, um zu zeigen, daß diese, welche wir als moralisch-politische Handlungen betrachten, im Grunde von physischen Ursachen herrühren.

Was die Wanderungen anbetrifft, so wird der Wilde, welcher sein Canoe auf die See bringt, oder sein Seegel entfaltet, in der Richtung der Strömung und des Windes fortgetrieben, und dieß mußte nothwendig im Allgemeinen in der schon beschriebenen Richtung geschehen. Deßwegen konnte in den frühesten Zeiten kein Theil des Erdball's lange uncolonisirt bleiben. Denn wenn sich der Wilde nicht dem Ocean anvertraut, so wird er durch neue Colonisten oder Eindringlinge in die höhern Länder gegen Westen getrieben, oder er sucht sie freiwillig auf.

Deßhalb gelangten alle Sagen und Geschichte der alten Welt durch Colonien aus Osten gegen Westen, von Indien nach Aegypten, von da nach Griechenland und von da nach Italien; von den Ebenen der beiden Erstern nach den Bergen der beiden Letztern; daher haben in allen Zeitaltern die Ebenen Scythien's ihre wilden Horden gegen Westen gesendet; daher bevölkert die neue Welt jetzt geschwind aus der alten; daher rückt in Nordamerica die Bevölkerung von Osten nach Westen vor; daher sind in Mittel- und Subamerica Mexico, Peru und Chili dichter bevölkert, während Guiana, Brasilien und Paraguay weit schwächer bewohnt sind.

---

*) Malte-Brun hat sich, jedoch bloß im Bezug auf diese Strömungen, einigermaßen derselben Erklärungsart bedient; allein er meint fälschlich, daß die Polarströmungen, die sich gegen den Aequator hinzögen, um die dort stattfindende Verdunstung zu ersetzen, durch die Trägheit der Materie verzögert würden, statt die eigenthümliche Weise aufzufassen, auf welcher die Centrifugalkraft auf die ganze Wassermasse, sowohl am Pole, als am Aequator wirkt, und ohne zu bedenken, daß, da die ganze verhältnißmäßige Verzögerung durch die Drehung der Erde hervorgebracht wird, diese Verzögerung gerade am Aequator am stärksten, und an den Polen am schwächsten seyn müsse, was seiner Vermuthung gerade zuwiderspricht.

**) Malte-Brun und dessen Vorgänger verfallen im Bezug auf diese Winde genau in denselben Irrthum, den sie in Bezug auf die Strömungen des Wassers begingen.

Diese Wanderungen nach westlichen und höhern Gegenden haben noch andere einleuchtende Gründe. Das Clima der Berge ist fast durchgehends gesünder, als das der Ebenen, und die Oberherrschaft hängt fast immer von dem Besitze der Berge eines Landes ab *). Hierin liegen die wahren Gründe der bisher unerklärlichen Thatsache, daß die Herrschaft fast immer gegen Sonnenuntergang fortschreitet.

Was die Civilisation anbetrifft, so haben die Gebirgsbewohner mehrentheils einen männlicheren, tapfereren und edlern Character, als die Bewohner der Ebenen, welche im Allgemeinen phlegmatischer und indolenter sind. Der Grund davon ist einleuchtend. Humboldt bemerkt, meines Wissens, daß man bei'm Ersteigen der Berge sich um Vieles heiterer und geistig freier fühle, als gewöhnlich in den Ebenen; allein die Gebirgsgegenden sind auch kälter, und der Mensch wird dadurch mehr zum Nachdenken gereizt, wie er, seine Lage durch Kunst verbessern könne.

Zu diesen umfassenden, jedoch hier nur skizzirten Ansichten habe ich nur noch hinzuzufügen, welchen Weg die Civilisation, so weit unsere Geschichte Nachweisung darüber giebt, verfolgt hat. Sie verbreitete sich von Indien nach Aegypten, von da nach Griechenland, welches eine Zeit lang dorthin zurückwirkte, von Griechenland nach Italien (zu zwei verschiedenen Zeiten), und von Italien an den beiden Rheinufern hinauf nach England. So geht also der Strich der Civilisation nach Westen und Nordwesten. Den Grund dieser Erscheinung haben wir bereits nachgewiesen. (The London and Edinburgh philosophical Magazine, December 1833.)

Ueber den Blutkreislauf in Insecten.

Von James Bowerbank.

Die Larve der Ephemera marginata ist das Insect, welches die allgemeine Blutcirculation am besten zeigt, und zur Anstellung folgender Beobachtung benützt wurde. Diese Larven finden sich in beträchtlicher Menge in kleinen Pfützen in sumpfigen Gegenden; man kann sie mehrere Monate lang in einem Glas aufbewahren, auf dessen Oberfläche etwas Wasserlinsen schwimmen. Um die Beobachtungen über den Blutkreislauf anzustellen, muß man Exemplare wählen, welche nicht über ¼ Zoll lang sind, (wobei sie durch mein Mikroscop bis 10 Zoll Länge vergrößert wurden) indem alsdann das Insect noch in seiner ganzen Länge sogleich der Untersuchung unterworfen werden kann; so daß man das große Rückengefäß seiner ganzen Länge nach vor Augen hat, besonders wenn man eines wählt, bei welchem der Darmkanal leer ist, wovon vorzugsweise das Gelingen der Untersuchung abhängt. Fixirt man die Larve zur Beobachtung un-

ter Wasser, so darf man sie nicht zu stark zusammenpressen, weil sonst der Blutlauf theilweise gehemmt wird. Man findet dann das Blut mit seinen abgeplatteten haferkornförmigen Körperchen durch den ganzen Körper circuliren, aber nicht in einem fortgesetzten Strom, sondern in regelmäßigen Perioden, welche mit den Pulsationen des großen Rückengefäßes zusammenfallen. Dieses Gefäß erstreckt sich fast über die ganze Länge des Körpers und ist im Verhältniß beträchtlich groß. In regelmäßigen Zwischenräumen ist es mit doppelten Klappen versehen, deren eben so viele da sind, als Körperabtheilungen.

Sowohl ober- als unterhalb jeder dieser Klappen finden sich ein Paar eigenthümlich aussehende Anhänge, wahrscheinlich Nervenknoten, welche die Bewegungen des Gefäßes vermitteln. Sie sind aber so äußerst durchsichtig, daß es kaum bei der besten Vergrößerung möglich ist, sie zu erkennen. Die Wirkungsweise der Klappen ist äußerst interessant und schön zu sehen. Im Zustande des größten Collapsus ist die Spitze der untern Klappe dicht in die obere hineingedrängt. Bei'm Beginne der Ausdehnung der Arterie sieht man das Blut von den Seitenöffnungen hereinfließen, und zu gleicher Zeit beginnt die Strömung in der Arterie. Wenn sie nun den Zustand der größten Ausdehnung erreicht hat, so werden die Seiten der untern Klappe durch den vermehrten Blutandrang von der Abtheilung unterhalb der Klappe aus in die Höhe gedrängt, die Seitenöffnungen werden geschlossen und der Hauptblutstrom wird durch die beiden Klappen hindurchgetrieben.

Diese schöne Structur der Klappen des großen Rückengefäßes ist nicht leicht zu sehen, denn erst, wenn das Insect in einem Zustande großer Erschöpfung ist, oder so zusammengedrückt wurde, daß alle willkürliche Bewegung aufgehoben wurde, ohne jedoch daß das Thier seines Lebens beraubt wird; ist man im Stande, eine hinlänglich starke Vergrößerung zu benützen, um diese so äußerst zarten und durchsichtigen Gefäße zu erkennen, und auch alsdann sollte man sich hauptsächlich an die letztern 3 oder 4 Körperabschnitte halten, weil sie hier am vortheilhaftesten zu sehen sind.

Die Structur der obern Klappe scheint darin zu bestehen, daß die innere Arterienhaut oder Häute nach innen und oben umgeschlagen sind, und scheint durch Zusammenziehung und Hervorragung desselben Theils des darunterliegenden Arterienstückes gebildet zu seyn, so daß sie noch in den Bereich des untern Theiles der darüberliegenden Klappe kömmt. Die äußere Arterienhaut besteht aus einem äußerst zarten Ueberzuge, welcher die Theile oberhalb und unterhalb der Klappen mit einander verbindet.

Das Blut scheint, ehe es durch die Seitenöffnungen eintritt, nicht in besondere Gefäße eingeschlossen zu seyn, und wenn die Klappen sich öffnen, so sieht man, wie die Bluttheilchen dagegen hin convergiren.

Die ganze Blutmasse, welche in der ganzen Länge des Gefäßes aufgenommen wird, wird zu dem vordern Körperende geschafft, wo sich das Gefäß nach innen umbiegt und in der Nähe des Kopfes nicht mehr gesehen werden kann. Allem Anscheine nach entleert sich nun der Hauptblutstrom in die

---

*) Die Geschichte aller Zeiten und Länder beweis't jedoch, daß man in den Gebirgen mehrentheils die ältesten Bewohner jedes Landes zu suchen habe, welche dort vor der Unterjochung der eingewanderten Nationen den letzten Zufluchts- und Vertheidigungsort fanden.   D. Heb.

151

Körperhöhle, da man sieht, wie dieselbe ihren Verlauf ab=
wärts in einem stark auseinandergehenden Strome zu bei=
den Seiten und unter dem Rückengefäße nimmt. So wie
die Blutmasse herabsteigt, werden wiederum Theile des Blu=
tes durch die Klappen der Gefäße aufgenommen, wobei zu
gleicher Zeit Gefäße, welche auf beiden Körperseiten herabge=
hen, einen andern Theil des Blutes zur untern Körperhälfte
führen. Diese letztern sind deutlich Gefäße, nicht bloß Theile
der großen Unterleibshöhle, denn ihre Wände sind deutlich
zu sehen. An jeder Verbindung der einzelnen Körperabthei=
lungen communiciren diese Gefäße mit der großen Unterleibs=
höhle und geben hier einen Theil des in ihnen fließenden Blu=
tes ab, um das Blut zu ersetzen, welches durch die Klappen
des großen Rückengefäßes absorbirt wird. Diese Seitenge=
fäße endigen sich dadurch, daß sie ihren Inhalt in das un=
tere Ende des großen Rückengefäßes ergießen.

Der Kreislauf zeigt sich auch in dem Schwanze außer=
ordentlich schön. Hier begleiten sich die auf= und absteigen=
den Gefäße wie Venen und Arterien, und zur selben Zeit,
wo das Blut in dem einen mit der gewöhnlichen Pulsbewe=
gung hinaufgeht, steigt es in dem andern auf gleiche Weise
herab. Dieß ist um so deutlicher, als die Wände der Ge=
fäße sehr deutlich von einander zu unterscheiden sind.

Obgleich das Blut durch diese feinen Gefäße, wie durch
andere Theile mit gleicher Pulsationsbewegung durchgeht, so
kann doch keine Pulsation eines auf= oder absteigenden Ge=
fäßes selbst bemerkt werden. Die Bewegung scheint daher
ganz und gar von der Thätigkeit des großen Rückengefäßes
abzuhängen, welches den Insecten offenbar die Stelle des
Herzens der Wirbelthiere vertritt.

Auch in den Füßen sind zuführende und rückführende
Gefäße zu sehen, obgleich nicht so deutlich, als in dem Schwan=
ze. Und in den Antennen gehen sie an der einen Seite des
ersten Gelenkes hinauf, wenden sich um das äußerste Ende
derselben herum, und gehen wieder nach dem Kopfe zurück.

Fixirt man das Insect so, daß man eine Seitenansicht
gewinnt, so gewährt das große Rückengefäß eine sehr inter=
essante Ansicht. Man sieht, daß es beständig und regelmä=
ßig rück= und vorwärts und auf= und abwärts oscillirt, und
zu gleicher Zeit sucht das Hauptblutstrom in der großen Bauch=
höhle seinen Weg in allen Richtungen gegen das hintere Ende
des Insectes hin.

Keine Larve ist zu diesen Untersuchungen so gut, als
die beschriebene, obgleich ich nur wenige gefunden habe, in
denen diese Theile nicht mehr oder weniger sichtbar wären.
In einem Thiere, welches, nach Dr. Goring's und Hrn.
Pritchard's Werke, die Larve eines Culex (Stechmücke) seyn
soll, sind keine Blutkörperchen in dem Blute zu bemerken,
aber das große Rückengefäß, seine Klappen und Anhänge sind
dennoch sehr deutlich.

Bei den Larven von Agrion (Flußjungfer) ist der
Kopf durchsichtiger, als bei denen von Ephemera, es ist
daher auch der Blutlauf in dem Kopfe des Insectes bei je=
nem Thiere leichter zu sehen, als bei diesem. Man sieht
das Blut wie eine schöne aussetzende Fontaine gegen den
Mund hin spritzen, und sich hier rechts und links in zwei

Ströme theilen, von deren jedem ein Theil nach der hintern
Seite des Auges geht, während das Uebrige sich durch an=
dere Canäle in der Tiefe der Kopfseite vertheilt, und nach
dem Körper zurückgeht. Die Antennen dieses Insectes zei=
gen ebenfalls sehr deutlich eine Circulation in bestimmten Ge=
fäßen; sie bestehen aus 6 Gelenken; 4 hiervon werden von
dem Gefäße begleitet, welches an dem Ende des vierten Ge=
lenkes sich umwendet, und als ein bestimmtes Gefäß in den
Kopf zurückgeht.

Eine eigenthümliche Aehnlichkeit zwischen den abgeplat=
teten Bluttheilchen des Insectes und den scheibenartigen Kör=
nern des menschlichen Blutes, welche ich bemerkt habe, kann
ich nicht unerwähnt lassen; sie besteht darin, daß die Blut=
körner von beiden sogleich eine Kugelform annehmen, wenn
sie mit Wasser in Berührung kommen. (Lancet No. 507:
aus dem Entomological Magazine No. 3.)

Ueber die anatomische und optische Structur der Crystalllinsen der Thiere, vorzüglich des Stock= fisches.

Von Sir David Brewster.

Einige sehr sonderbare Erscheinungen, welche die Cry=
stalllinsen von Fischen und vierfüßigen Thieren bei polarisir=
tem Lichte erkennen ließen, veranlaßten den Verfasser, ihre
innerste anatomische Structur zu untersuchen, um zu ermit=
teln, ob dieselbe auf diese optischen Erscheinungen Einfluß
äußere. Er fand, daß die Crystalllinse des Stockfisches die
Gestalt eines länglichen Sphäroid's habe, dessen Axe mit der
Gesichtsaxe zusammenfalle. Sie ist von einer außerordent=
lich dünnen und durchsichtigen Kapsel umhüllt, in welcher sie
schwimmt, ohne, wie es scheint, irgend mit ihr verbunden zu
seyn, und besteht aus einem harten Kern, der von weichern
Substanzen umgeben ist. Der Kern ist aus regelmäßigen
durchsichtigen Platten von gleicher Stärke mit vollkommen
flachen Oberflächen zusammengesetzt, welche das, die gefurch=
ten Oberflächen eigenthümliche und an der Perlmutter zu
beobachtende regenbogenartige Ansehen darbietet. Diese Fur=
chen haben die Richtung von Meridianlinien, welche vom Ae=
quator aus, wo sie am breitesten sind, nach den beiden Po=
len zu convergiren, und die Gränzen der Bildungsfasern der
Platten anzeigen. Der Verfasser war im Stande, den Lauf
dieser Fasern bis zu ihrem Ende sehr befriedigend zu verfol=
gen, indem er die zurückgestrahlten prismatischen Bilder eines
leuchtenden Gegenstandes durch Interferenz hervorbrachte, wäh=
rend die Fasern selbst durch die besten Mikroscope nicht zu erken=
nen waren. Auf diese Weise ließ sich auch der Durchmesser
der Fasern an jeder Stelle des Sphäroid's genau ermitteln.
Die gleichförmige Vertheilung des durch sie gebro=
chenen Lichts, so wie die Deutlichkeit der zurückgestrahlten Bil=
der beweisen, daß diese Fasern nicht cylindrisch, sondern voll=
kommen platt sind, und vom Aequator nach den Polen der
Linse zu allmälig an Breite abnehmen. Die Dicke jeder
Faser ist wenigstens fünf Mal geringer, als deren Breite,

welche bei der äußersten Lage des Aequators etwa $\frac{1}{15000}$tel Zoll beträgt.

Die Beobachtung einer andern optischen Erscheinung, die sich darstellt, wenn man bei heller Beleuchtung durch eine dünne Platte der Crystalllinse eines Stockfisches sieht, wo man nämlich zwei schwache und breite prismatische Bilder bemerkt, die in einer Linie liegen, die senkrecht zu derjenigen steht, welche die gewöhnlichen farbigen Bilder verbindet, führte den Verfasser auf Entdeckung der Art und Weise, in welcher die Fasern seitlich und in der Art mit einander verbunden sind, daß sie der Trennung widerstehen und eine ununterbrochene sphärische Oberfläche bilden. Als er eine gut präparirte Platte unter einem stark vergrößernden Mikroscop betrachtete, bemerkte er, daß die Fasern durch eine Reihe von Zähnen mit einander verbunden sind, welche genau wie Rad und Getriebe in einander eingreifen. Die Breite und Tiefe jedes Zahns beträgt etwa den 5ten Theil der Breite der Faser selbst, und alle Nachbaroberflächen befinden sich, so weit es sich durch optische Instrumente beurtheilen läßt, in vollkommener Berührung. Diese gezahnte Structur ist bei den Crystalllinsen aller Fische, die der Verfasser untersucht hat, wahrzunehmen. Bei'm Stockfisch beträgt die Zahl der Zähne jeder Faser 12,500, und da die ganze Linse 5,000,000 Fasern enthält, so besitzt dieselbe 62,500,000,000 Zähne.

Dieselbe Structur findet sich auch, so weit der Verfasser den Gegenstand untersucht hat, durchgehends bei den Crystalllinsen der Vögel. Bei den Säugethieren, und selbst bei den säugenden Seethieren, hat er sie jedoch nirgends getroffen. Bei 2 Eidechsenarten und bei'm Schnabelthiere kam sie vor *).

Am Schlusse der Abhandlung bringt der Verfasser einige Einzelnheiten über die doppelt strahlenbrechende Structur der Crystalllinse des Stockfisches und anderer Thiere bei, in welcher Beziehung man mehrere sonderbare Abweichungen rücksichtlich der relativen Lage der positive und negative doppelte Strahlenbrechung darbietenden Schichten bemerkt. Im

*) Diese Thatsache läßt sich wahrscheinlich als eine neue Verwandtschaft des Schnabelthiers mit den Vögeln ansehen. Bei den Säugethieren, welche von den normalen Kennzeichen dieser Classe am meisten abweichen und sich in der Verwandtschaftsreihe befinden, welche die dem Typus nächststehenden Arten mit dem Schnabelthiere verbindet, dürfte jedoch die von Sir David Brewster entdeckte eigenthümliche Structur der Crystalllinse ebenfalls aufgefunden werden.

Verfolg dieser Untersuchung beobachtete er eine Reihe sehr merkwürdiger Erscheinungen, über die er der königlichen Gesellschaft später berichten wird. (The London and Edinburgh phil. Magaz. Dec. 1833.)

Miscellen.

Ueber einen Scolopender, welcher lange Zeit hindurch in den Stirnhöhlen einer Frau lebte, hat Herr Lefebvre der Société entomologique de France eine Beobachtung mitgetheilt. Die Frau eines Zimmermalers, Namens Levolle, rue St. Lazare zu Paris wohnhaft, empfand seit mehreren Jahren heftige Kopfschmerzen, besonders in der Gegend der Stirnhöhlen, wo sie versicherte, die Bewegung von etwas Lebendem zu verspüren. Des allgemeinen Unglaubens ungeachtet, womit man diese Versicherung aufnahm, fuhr sie doch fort, die Anwesenheit eines fremden Körpers zu behaupten, von welchem sie fühlte, daß er sich bald hernach gegen ein Auge hin festsetzte: nach fürchterbaren Schmerzen verlangten die Functionen des letztern. Später wurde auch das andere Auge angegriffen; endlich, nach mehrjährigen Leiden, welche der Kranken allen Schlaf raubten, schien der fremde Körper sich zwischen beide Augen zu fixiren; sehr heftiges Jucken, von häufiger Neigung zu niesen, stellte sich ein und eines Morgens, nachdem sie mehrermale geniefet und einige Tropfen Blut ausgeleert hatte, fühlte sie, daß mit dem Blut ein kleiner Wurm abgehe, den sie in ihrem Schnupftuch auffing. Es war dieß ein Scolopender von etwa zwei Zoll Länge und so dick wie ein starker Faden. Von diesem Augenblicke an hörten die Schmerzen auf, die Kranke erlangte wieder Schlaf und ein Wohlbefinden, was sie seit mehreren Jahren nicht genossen hatte ꝛc.

Ueber Kieselglas, durch brennendes Heu gebildet, äußert sich Hr. Chester Dutton in einem Schreiben aus Waterton in Connecticut, d.d. März 1833, folgendermaßen: „Es fand sich eine Quantität Kieselglas, nachdem etwa vor einem Jahre zwölf Ruthen von meines Vaters Haufe ein Heuhaufen verbrannt war. Da dieß in America nie vorher beobachtet worden war, so gab es zu verschiedenen Meinungen über seine Entstehung Veranlassung. (In Brewster's Journal findet sich eine Notiz über Kieselglas aus Heu, durch Blitzstrahl gebildet.) Der Heuschober, wo es gebildet worden war, war groß und brannte heftig; das Heu war sämmtlich Wiesenfuchsschwanz (herds-grass), welches bekanntlich viel Kiesel in seiner Epidermis enthält. — Das so gebildete Glas ist von hellgrauer Farbe, porös, blasigt und Schlacken von Glasöfen ähnlich. Der Glanz ist höchst glasartig; es ritzt Fensterglas gut und hat das Ansehen, als wenn es vollkommene Verglasung erlitten hätte, ohne Zweifel durch Hülfe der in dem Heu enthaltenen Kali's und Salze. (Silliman's Journal, April 1833, p. 174.)

Nekrolog. — Der durch seine meteorologischen Beobachtungen vorher haupt und seine Beobachtungen über das Clima von Penzance (Phil. Mag. and Annals N. S. vol. III. p. 178.) verdiente Edward Collins Gibby, ist am 5. Nov. 1833 zu Penzance gestorben.

Heilkunde.

Eine neue Behandlung der Varicocele und Cirsocele

hat Hr. Breschet zu Paris vorgeschlagen und mit günstigem Erfolge angewendet.

Die Zufälle, welche diese varicosen Erweiterungen begleiten, sind oft so bedeutend, daß sie den gewöhnlichen Zustand des Kranken sehr schmerzhaft machen, ihn zum Gehen und aller körperlichen Arbeit unfähig machen, und daß gewöhnlich alle Mittel vergeblich sind, oder daß die Zufälle, wenn sie auch momentan weichen, doch später mit erneuter Gewalt wieder erscheinen und daß die Zeit, statt die Krankheit zu vermindern, nur deren Zunahme begünstigt.

Von den Chirurgen, welche die Ohnmacht der örtlich abstringirenden Mittel einsahen, haben einige an die Ligatur, andere an Ausschneidung und Ligatur gedacht. J. L. Petit scheint die letztere Operation zweimal mit günstigem Ausgange verrichtet zu haben, und man ist mehrmals in Frankreich und England seinem Beispiele gefolgt, aber mancherlei aus Phlebitis entspringende Zufälle, welche oft den Tod der Kranken zur Folge hatten, haben zur Vernachlässigung dieser gefährlichen Verfahrensarten geführt. — Man hat darauf die Unterbindung der Saamenstrangarterie und selbst die Erstirpation der Drüse (des Hodens) vorgeschlagen, allein abgesehen von den Einwürfen, welche sich natürlicher Weise gegen eine solche Verstümmelung erheben müssen, ist der günstige Ausgang in Fällen von Cirsocele sehr zweifelhaft, bei der Varicocele aber ist er unmöglich (? hier scheint in dem Raisonnement eine Lücke).

Hr. Breschet glaubt nun eine neue, einfache und gefahrlose Behandlungsweise gefunden zu haben. In einer, der Académie des Sciences übergebenen, Abhandlung erzählt er mit allen Einzelnheiten die Geschichte zweier Kranken, welche er im Hôtel-Dieu seiner Behandlungsweise unterworfen und dadurch vollständig geheilt hat. Er hat diese Fälle wegen ihrer Publicität aufgeführt, aber mehrere Fälle kann er auch aus seiner Privatpraxis aufführen. Von letztern sind einige auch vollständig geheilt, und die andern auf dem Wege der völligen Herstellung. Durchaus kein ungünstiger Umstand hat bis jetzt dieses Heilmittel complicirt und den Gang der Behandlung verzögert.

Der Gegenstand der ersten Beobachtung ist ein Mann von 29 Jahren, welcher seit seinem 15ten Jahre eine varicöse Entwickelung der Venen des Saamenstrangs und der Hodensackhaut an sich beobachtete. Die Zunahme der Krankheit hatte am Ende, außer den fortwährenden heftigen schmerzhaften Empfindungen, eine gänzliche Unfähigkeit zu aller Arbeit herbeigeführt. Der Kranke, nachdem er in mehrern Provinzialhospitälern vergeblich Hülfe gesucht hatte, kam endlich in's Hôtel-Dieu, entschlossen, Schmerz, wie Verstümmelung zu ertragen, um aus dem traurigen Zustande, in welchem er sich befand, erlöset zu werden.

Man begnügte sich, ihm Ruhe und örtlich abstringirende Mittel zu verordnen, welche das Volumen des Uebels verminderten; allein ein mäßiger Spaziergang brachte die Dinge wieder bald in ihren alten krankhaften Zustand. Nun glaubte Hr. B. ein Mittel versuchen zu müssen, an welches er seit einiger Zeit gedacht hatte, d. h. die varicösen Gefäße durch eine graduirte Compression zu obliteriren.

Es wurden Pincetten ausgedacht und nach Beachtung der Umstände verändert, bis der Operateur endlich bei einer Form stehen blieb, obgleich er auch diese noch einiger Verbesserungen fähig hält.

Der Gebrauch dieser Pincetten wurde zunächst an den Venen des Scrotums versucht. Man brachte diese Instrumente an zwei der stärksten Venen an beiden Extremitäten derselben an, und sorgte nun, daß keine beträchtliche Anastomose zwischen den zwei comprimirten Stellen vorhanden war. Der durch die Pincette ausgeübte Druck bewirkte eine Ver-

dünnung der Haut, und indem die beiden Hautblätter gegeneinandergedrückt wurden, bildete sich ein trockner Schorf, nach dessen Abfallen sich eine Ulceration einstellte, welche nach wenig Tagen vernarbte, und keine Blutung veranlaßte. Die Portion der Vene, welche zwischen den beiden Pincetten befindlich war, blieb mit geronnenem Blute gefüllt. Allmälig stellte sich eine Verkleinerung ohne Entzündung ein, das Blut wurde resorbirt und später ließ das Gefäß keine Spur seines Vorhandenseyns übrig.

Auf dieselbe Weise wurden nach und nach alle Venen des Scrotums behandelt, welche hervorragend und groß genug waren, um gefaßt werden zu können. Seit der Zeit hat der Kranke gehen können, ohne daß sich von Neuem eine Erweiterung der Venen des Theils eingestellt hätte.

Der Erfolg, obgleich befriedigend, war doch nicht ganz vollkommen, und konnte wirkliche Vortheile nur gewähren, wenn man mit den Venen des Saamenstranges auch zum Ziele kommen konnte. Diese Venen aber konnten nicht so leicht von den Instrumenten gefaßt werden, da sie von einer dicken, fettreichen Haut bedeckt waren und dem vas deferens sehr nahe lagen, welches man bei der Compression vermeiden mußte. Inzwischen mittelst einer Modification des Instruments, wurde die Compression wirksam genug ausgeübt, ohne zu bedeutenden Zufällen Veranlassung zu geben. Der anfangs erscheinende lebhafte Schmerz wich zertheilenden Mitteln. Die Pincetten blieben sieben Tage liegen, bewirkten eine entzündliche Geschwulst (zonflement inflammatoire) und einen oberflächlichen Schorf, welche nicht die Mortification der ganzen Dicke der Haut, sondern nur Aneinanderwachsen der zwei Hautflächen herbeiführte. Eine zweite Anwendung der Pincetten wurde nöthig, um ein Paquet varicöser Gefäße verschwinden zu lassen, was an der cauda epididymis zurückgeblieben war; der Erfolg war so günstig, wie das erste Mal. Nun war man im Stande, den Hoden zu befühlen, der so lange Zeit in dem Gefäßnetze vergraben gewesen war, und sich zu überzeugen, daß seine Ernährung durch die Wirkung der Behandlung nicht gelitten hatte.

Die Behandlung hat fast fünf Monate Zeit erfordert, ehe die Heilung vollständig war, und diese Langsamkeit erklärt sich auch aus den verschiedenen, auf's Gerathewohl unternommenen Versuchen, welche unvermeidlich sind, wenn man eine Operationsmethode zum ersten Male anwendet. In andern Fällen würde die Heilung schneller seyn, und auch in einer neuen Behandlung, wo man einen Fall vor sich hatte, der nicht so lange bestanden hatte und nicht so bedenklich war, ist der Kranke in 18 Tagen hergestellt worden. Das war ein junger fremder Arzt, welcher ebenfalls seine Behandlung im Hôtel-Dieu abwartete.

„Nach dem, was ich hier auseinander gesetzt habe, sagt Hr. Breschet am Schlusse seiner Abhandlung, kann man da nicht folgern:

1) daß das Mittel, welches ich zur Behandlung der Varicocele und Cirsocele angewendet habe, einfach sey.

2) Daß es leicht anzuwenden sey.

3) Daß es keine bedeutenden Zufälle veranlasse, und keiner Gefahr aussetze.''

Ueber die Erscheinungen in den höhern Graden der Trunkenheit

hat Dr. Ogston Beobachtungen an Lebenden und daran Gestorbenen bekannt gemacht, welche, obgleich nicht neu, doch voller Interesse sind. In einer vorausgeschickten Tabelle hat er die wichtigsten Umstände dieses Zustandes bei 26 Personen, die er in einer spätern Periode desselben beobachtet hat, und von denen mehrere starben, zusammengestellt.

Tabellarische Uebersicht der Erscheinungen in höhern Stadien der Trunkenheit.

Zustand der

Fälle.	Alter.	Geschlecht.	Pupille.	Pulses.	Sensorium.	Extremit.	Gesichts.	Athems.	Ausgang.
1.	18.	Männl.	Erweit.	Unfühlb.	Tief. coma.	Kalt.	Leicht geröth.	Langsam.	Erstarrung, Kälte.
2.	40.	Desgl.	Stark desgl.	Desgl.	Desgl. desgl.	Desgl.	Blaß.	Mühsam.	Tödtlich in ¾ St.
3.	60.	Weibl.	Desgl.	Desgl.	Desgl.	Desgl.	Geröthet.	Langsam.	Schüttelfrost, unmittelbares Zusichkomm n.
4.	40.	Desgl.	Desgl.	Deßgl.	Tief. coma.	Desgl.	Blaß.	Desgl.	Unmittelbares Zusicht.
5.	28.	Desgl.	Stark, desgl.	Desgl.	Desgl. desgl.	Ganz so.	Geschw. livid.	Mühsam.	Tödtlich.
6.	80.	Männl.	Desgl. desgl.	Desgl.	Desgl. desgl.	Desgl.	Blaß.	Langsam.	Rückt. des Pulses und Gefühls, Puls aufgeg.
7.	60.	Weibl.	Desgl. desgl.	Desgl.	Tief. coma.	Ganz so.	Geröthet.	Desgl.	Betäubung, Kälte.
8.	22.	Männl.	Stark, desgl.	Desgl.	Desgl. desgl.	Desgl. desgl.	Blaß.	Mühsam.	Tödtlich.
9.	38.	Weibl.	Desgl. desgl.	Desgl.	Desgl. desgl.	Desgl.	Etwas livid.	Langsam.	Kälte, Frost.
10.	80.	Männl.	Desgl. desgl.	Schwach langs.	Desgl.	Desgl.	Natürl.	Mühsam.	Irrereden, dann Betäubung.
11.	85.	Desgl.	Desgl.	68, weich.	Desgl.	Nat. warm.	Sehr blaß.	Langsam.	8stünd. coma.
12.	90.	Desgl.	Desgl.	Weich, häufig.	Desgl.	Desgl. desgl.	Geröthet.	Schnell.	Zuckungen.
13.	86.	Desgl.	Mäß. desgl.	Schwach.	Desgl.	Kalt.	Blaß.	Langsam.	Betäubung.
14.	27.	Weibl.	Stark, desgl.	Voll, langf. schwach.	Tief. coma.	Ganz so.	Geröthet.	Ganz so.	Zuck. Hyst. und Betäub.
15.	15.	Männl.	Stark desgl.	Desgl., weich.	Desgl.	Etwas kühl.	Desgl.	Ruhig.	Wildes Irrereden, dann Betäubung.
16	13.	Desgl.	Stark, desgl.	Schwach.	Betäubung.	Kalt.	Desgl.	Langsam.	Unmittelbares Wiedererw.
17.	19.	Weibl.	Desgl desgl.	Voll, langf.	Coma.	Desgl.	Desgl.	Desgl.	Wildes Irrereden.
18.	80.	Desgl.	Desgl.	72, schwach.	Tief. desgl.	Etwas kühl.	Desgl.	Desgl.	Betäubung, Ekel.
19.	25.	Desgl.	Stark, desgl.	Weich, voll.	Desgl. desgl.	Nat. warm.	Desgl.	Ruhig.	Unmittelb. Wied.
20.	27.	Desgl.	Desgl. desgl.	84, schwach.	Desgl.	Desgl.	Geröthet.	Langsam.	Betäubung, Puls bis 104.
21.	23.	Männl.	Zusammeng.	Voll.	Betäubung.	Nat. warm.	Blaß.	Schnarch.	Betäubung.
22.	70.	Desgl.	Sehr ähnl.	Langsam.	Tiefes coma.	Desgl. desgl.	Desgl.	Desgl.	8stünd. coma und Schnarch.
23.	28.	Weibl.	Desgl. desgl.	Desgl. undeutl.	Desgl. desgl.	Kalt.	Desgl.	Desgl.	16stünd. desgl. desgl.
24.	82.	Männl.	Desgl.	Desgl.	Desgl.	Nat. warm.	Blaß u. ab wechselnd.	Desgl.	Symptome 18 St. anhalt. tödtl.
25.	19.	Weibl.	Sehr ähnl.	79, etw. hart.	Desgl. desgl.	Warm.	Blaß.	Schnarch.	6stünd. coma.
26.	27.	Desgl.	Desgl. desgl.	84, schwach.	Desgl.	Nicht warm.	Desgl.	Desgl.	6stünd. Betäub., Puls 100 Pupille erweitert.

Er theilt die Fälle in zwei Hauptgruppen, von denen die erste diejenigen begreift, wo sich bei Hrn. O. erstem Besuche Verengerung der Pupille darbot, und die zweite diejenigen, wo Erweiterung der Pupille vorhanden war. Die Anzahl der erstern war gering und verhielt sich wie 6 zu 26; bei allen war vollständige Erschlaffung des Muskelsystems vorhanden und der Körper hatte seine natürliche Wärme behalten; die Haut war weich, weder trocken, noch rauch; das Gesicht war blaß, der Athemholen schnarchend, aber nicht sehr keuchend. Die zweite Gruppe enthält Fälle, 1. wo bei erweiterter Pupille kein Puls am Handgelenke zu fühlen, und 2., wo der Puls zu fühlen war. Die Zahl der erstern betrug neun; alle waren von mehr oder weniger tiefem coma befallen, und die Extremitäten und selbst die Oberfläche des Körpers waren kalt. Bei acht von ihnen hatten sich verschiedenen Erscheinungen mit allgemeiner Gefühllosigkeit beconnen; die Personen waren auf der Straße niedergefallen, und hatten den Einfluß der Kälte erfahren. Bei acht dieser Kr. hatte man die Magenpumpe zur Entleerung des Magens angewendet, und dieses Mittel hatte bei den meisten, und zwar fast unmittelbar, Rückkehr zum Bewußtseyn zur Folge gehabt. Schwieriger war es, die natürliche Wärme wiederherzustellen, und man hatte in mehrern Fällen zu äußern Erwärmungsmitteln greifen müssen. — In den Fällen mit erweiterter Pupille und fühlbarem Pulse am Handgelenke war die Krankheit etwas weniger bedeutend; die in der Tabelle angegebenen 11 Personen wurden sämmtlich geheilt. Bei diesen verhielt sich der Puls hinsichtlich seiner Frequenz verschieden und zeigte von 46 bis 112 Schläge in der Minute; bei allen war das Gesicht aufgetun-

sen, bei wenigen dabei blaß. Bei zweien endigte die allgemeine Gefühllosigkeit in allgemeine Convulsionen.

Nach Mittheilung der Krankengeschichten der meisten dieser Personen giebt Hr. O. einen kurzen Bericht über den Sectionsbefund und stellt dann über die Erscheinungen, welche die Trunkenheit in den Fällen, die einen unglücklichen Ausgang haben, darbietet, folgende Erklärung auf. Das Gehirn nimmt, vermöge der Reizung durch den Alkohol, eine größere Menge Blut in seine Gefäße auf, welche sich eines Theils dieses Ueberschusses entledigen, indem sie das Serum entweder auf die Oberfläche des Gehirns oder in die Hirnhöhlen ergießen; oder diese Flüssigkeit häuft sich in den Haargefäßen an, und das coma ist das Resultat dieser beiden verschiedenen Zustände. Die Thätigkeit des Gehirns wird nothwendig vorübergehend langsamer oder ganz gehemmt; die andern Systeme nehmen sogleich an diesem Zustande Theil und die Respirationsmuskeln leiden unter allen zuerst. Das Athemholen geht langsamer von Statten, die Körperwärme wird geringer, und indem alle Organe nur ein zur Unterhaltung des Lebens wenig geeignetes Blut erhalten, stellt sich als Folge bald der Tod ein. Die Behauptung, als habe man nie Alkohol in den Hirnhöhlen gefunden, bestreitet Hr. D.; er führt zu seiner Unterstützung die Geschichte einer Frau an, welche in der Trunkenheit in einem Kanale ertrankte, und wo er bei der Section in den Hirnhöhlen 4 Unzen einer Flüssigkeit fand, welche, wie er behauptete, alle physischen Kennzeichen des Alkohols an sich trug. Die Nothwendigkeit, den Magen durch ein mechanisches Mittel zu entleeren, wenn der Torpor desselben ein Brechmittel unwirksam läßt, erscheint ihm ganz einleuchtend. Die gemeinhin empfohlne Anwendung des Aderlasses bei Personen in dem eben beschriebenen Zustande tadelt er, und bringt mehrere Fälle bei, wo der Aderlaß unter diesen Umständen einen nachtheiligen Erfolg hatte.

Hypertrophie der Zunge.
Von Dr. Wells.

„Eine Tochter des Georg Roberts aus Lexington, 6 Jahr alt, wurde im May 1829 zu ärztlicher Hülfe nach Columbia gebracht, wegen einer ungeheuern Anschwellung der Zunge, übrigens befand sie sich wohl. Folgendes sind die Dimensionen und der Zustand der Zunge zu jener Zeit. Länge im ruhigen Zustand, und wenn sie über das Kinn herabhängt, von den obern Schneidezähnen bis zur Zungenspitze 2½ Zoll, Umfang gerade vor den Lippen 6 Zoll, Breite von einem Mundwinkel zu dem andern etwas mehr als 2 Zoll. Sie hatte sich in ihrer Structur sehr beträchtlich verändert, war weit derber als im natürlichen Zustande, und vermochte durch die Muskelthätigkeit in ihren Dimensionen gar nicht, oder doch nur sehr wenig verändert zu werden. Die Bewegungen selbst waren übrigens ziemlich frei. Die obere Oberfläche zeigte sich glatt, die untere mit Narben alter Geschwüre bedeckt, deren einige da, wo die Zunge auf den Alveolarfortsätzen des Unterkiefers aufruhte, nur unvollkommen geheilt waren. Die Farbe ist dunkler als im natürlichen Zustande. Innerhalb des Mundes ist die Zunge, bis auf eine mäßige Zunahme an Breite und Dicke, nicht merklich verändert. Früher hatte das Kind viel durch Entzündung und Ulceration der Schleimhaut der Zunge gelitten, dieß hatte aber seit 6 — 8 Monaten aufgehört, seitdem die Zunge fortwährend mit einem befeuchteten Tuch eingehüllt und vor der Einwirkung der äußern Luft geschützt wird. Wird diese Einhüllung nur einige Tage weggelassen, so wird die Oberfläche der Zunge wund und schmerzhaft. Die vordern Zähne des Unterkiefers sind durch den lange fortgesetzten Druck der Zunge verschoben. Die Unterlippe ist nach unten umgeschlagen, der vordere Theil des Unterkiefers ist nach oben gebogen, der Unterkiefer dagegen bei weitem mehr nach unten gekrümmt, so daß, während die Backzähne einander berühren, die Schneidezähne mehr als einen Zoll auseinanderstehen. Bei'm Essen legt das Kind die Bissen mit den Fingern zwischen die Backzähne. Flüssigkeiten werden vermittelst einer Röhre, dem Schnabel einer Kaffeekanne, eingeflößt. Die Sprache ist übrigens ziemlich deutlich.

Genaue Auskunft über den frühern Hergang konnten wir nicht erhalten; ihre Mutter war sehr früh gestorben, und das Kind hatte bei der Großmutter, entfernt von dem Vater, wurde fast dreiviertel, wie es scheint, nicht in der gebildetsten Umgebung gelebt. Aus dem Angaben des Vaters scheint es, daß die Anschwellung etwa im 18ten Monat mit einer gewöhnlichen Glossitis begonnen habe. Die Zunge schwoll plötzlich an, ragte aus dem Munde hervor, blieb in diesem Zustand 2 bis 3 Wochen, fiel dann wieder zusammen, bis zu dem frühern natürlichen Umfange. Während der darauf folgenden 2½ Jahre wiederholten sich diese Anfälle öfter, und waren schlimmer und bei kaltem Wetter länger dauernd; alsdann schrie das Kind viel, war sehr krank und bekam von seiner Großmutter oft abführende Salze. Während der letzten zwei Jahre hatte sich der Umfang der Zunge nicht mehr verändert, außer daß sie, entsprechend dem allgemeinen Wachsthum, ebenfalls allmälig noch etwas zugenommen hatte.

Da nicht zu erwarten war, daß die Zunge auf ihren Normalzustand zurückgebracht werden könne, so schlug ich die Wegnahme des hervorragenden Theiles derselben vor. Ich würde dieß mit einem Messerzuge ausgeführt haben, wenn ich nicht durch die Furchtsamkeit des Vaters abgehalten worden wäre. Ich schlug daher folgende Behandlung vor. Nachdem das Kind reichlich Abführungsmit-

tel bekommen und mehrere Tage eine magere Diät beobachtet hatte, führte ich eine Setaceumnadel mit einer doppelten Ligatur von unten nach oben durch die Zunge; die Ligaturen wurden schräg nach unten geführt und auf jeder Seite fest zugezogen, so daß die bahinter zurückbleibende Zunge eine etwas zugespitzte Form bekam. Die Menge des bei'm Durchführen der Nadel hervorspritzenden Blutes war sehr beträchtlich, die Blutung hörte aber auf, sobald die Ligatur zusammengezogen war. In 20 Stunden darauf wurde der abgebundene Theil der Zunge durch zwei Messerzüge von der Mitte nach außen in der Richtung der Ligaturen entfernt, worauf einige Minuten lang etwas Blut aus der Substanz der Zunge aussickerte und einiges aus den Lingualarterien spritzte. Nach der Anlegung der Ligaturen war beträchtliche Reizung und allgemeine Aufregung zu bemerken, so daß ein kleiner Aderlaß und einige Anodyna nöthig wurden; nach der endlichen Excision hörte dieß aber auf.

Der Verband bestand in dem Ueberschlagen eines mit saturirter Chlorkalkauflösung befeuchteten Charpiebäuschchens, welches 3 — 4 Mal in 24 Stunden erneuert wurde, und in einem Schnupftuch, welches über den Mund gebunden war, um die Luft abzuhalten. Am 4ten oder 5ten Tage konnte das Kind ausgehen. Nach 14 Tagen wurde die Kr. nach Hause entlassen, und 5 Wochen nach auf kam sie wieder, um zu zeigen, daß die Wunde vollkommen vernarbt und die Zunge wieder zu ihrem natürlichen Umfange zurückgegangen sey. Sie konnte die Lippen vollkommen brauchen, man sah, daß die Kiefer bald wieder durch die Muskelaction in das natürliche Verhältniß zurückkehren mußten; auch kann sie vollkommen deutlich articuliren.

Seitdem ist der Vater mehrmals bei mir gewesen und hat mir erzählt, daß seine Tochter hergestellt sey, daß ihre Kiefer ihre Krümmung verloren haben, und daß die Zähne jetzt sämmtlich mit einander in Berührung stehen. (Aus dem American Journal of Medical sciences.)

Miscellen.

Lähmung der hintern Extremitäten mit Verlust der Empfindung und Bewegung ist kürzlich bei einem Ochsen beobachtet worden. Das Kauen ging schlecht von Statten, das Wiederkäuen hatte nur in langen Zwischenräumen statt, und die Respiration war kurz; dessenohngeachtet war das Thier nicht beträchtlich abgemagert, außer an den gelähmten Theilen. Nachdem es todtgeschlagen worden war, fand man den Theil des Rückenmarks, welcher der Lendengegend entspricht, ganz erweicht; die graue Substanz entfärbt, die Wurzel der dort entspringenden Nerven zusammengedrückt; die Hornhaut verdickt; großes und kleines Hirn aber unverfärbt, so daß also die Functionen und Krankheiten des Rückenmarks von den Functionen und Krankheiten des Hirns unabhängig find.

Um Blutegel in dem After oberhalb des Sphincters anzubringen und zu verhindern, daß die Zusammenziehung des Sphincters nicht die Blutung unterbreche, verfährt, nach dem Dublin Journal of medical and chemical Science, J. Osborne folgendermaßen: Er zieht einen viertel Zoll vom Schwanzende des Blutegels eine Nadel mit Faden durch, bringt den Faden auf ein Stäbchen, welches oben einen Einschnitt zur Aufnahme des Fadens hat und befestigt das Stäbchen, das in dem Mastdarm hinaus. Der Blutegel folgt diesem Stäbchen mit dem hintern Ende zuerst nach und gelangt dann mit der Mundöffnung an die Stelle, wohin man ihn haben will. Das Stäbchen wird dann ausgezogen, der Faden mit Blutegel bleibt aber zurück, bis Letzterer sich vollgesogen hat, worauf er durch den heraushangenden Faden aus dem After gezogen wird. O. hat auf diese Weise bis auf vier Blutegel in dem After gesetzt.

Bibliographische Neuigkeiten.

Fragmens d'une flore de l'Arabie petrée; plantes recueillies par M. Léon de Laborde, nommées, classées et décrites par M. Delile, de l'Institut d'Egypte. Paris 1834. 4.

Géologie de la période quaternaire et introduction à l'histoire ancienne. Par Henri Reboul. Paris 1834. 8.

Procédé nouveau pour guérir par l'incision les rétrécissemens du canal de l'urètre, par M. Reybard. Lyon 1833. 8. m. 1 K.

Notizen

aus

dem Gebiete der Natur- und Heilkunde,

gesammelt und mitgetheilt von Dr. L. F. v. Froriep.

Nro. 847. (Nro. 11. des XXXIX. Bandes.) Januar 1834.

Gedruckt im Landes - Industrie - Comptoir zu Weimar. Preis eines ganzen Bandes, von 24 Bogen, 2 Rthlr. oder 3 Fl. 36 Kr.,
des einzelnen Stückes, 3 ggl. Die Tafel schwarze Abbildungen 3 ggl. Die Tafel colorirte Abbildungen 6 ggl.

Naturkunde.

Ueber den Winterschlaf.

Von Isaac Lea aus Philadelphia.

Der Winterschlaf ist ein Gegenstand, welcher großes eigenthümliches Interesse erregt hat. Ich werde mich jedoch keineswegs auf unbedeutende Kleinigkeiten einlassen, sondern denselben nur im Allgemeinen betrachten und dabei einige der merkwürdigsten Thatsachen, welche ich in Bezug auf denselben zu sammeln Gelegenheit hatte, beibringen.

Man kann 4 Arten des Winterschlafs annehmen, d. h. denjenigen bei Thieren, welche ihre äußern Bedeckungen wechseln, — bei denen, welche Vorräthe einsammeln, — bei denen, welche wandern, und bei denen, welche während der Wintermonate in Erstarrung fallen.

Dr. Reeve hat den Winterschlaf als ein fortdauerndes Leben unter dem Anschein von Tod, als einen Zustand beschrieben, wo Empfindung und willkürliche Bewegung aufgehoben und die zur Erhaltung der thierischen Oeconomie nothwendigen Verrichtungen gehemmt sind; „diese machen, fährt er fort, eine der merkwürdigsten Aufgaben in der ganzen Naturkunde aus."

Betrachten wir den Gegenstand mit dem Auge eines Naturforschers, so wird der Geist in Erstaunen gesetzt, wie wunderbar die Thiere, welche des Vermögens der Ortsbewegung entbehren, und die, deren äußere Lage sie bei'm Eintritt strenger Kälte dem Nahrungsmangel aussetzen würde, für diese Entbehrungen entschädigt sind. Das Vermögen derselben, sich dieser Lage anzupassen, ist dem menschlichen Verstande unbegreiflich, denn wir finden so viele Beispiele, welche das entgegengesetzte Princip zu beweisen scheinen. Nach dem allgemeinen Begriffe, den wir von der Sache haben, könnte es scheinen, als sey die Kälte eine nothwendige Ursache dieses Zustandes; dieß ist aber nicht immer der Fall. Der geschwänzte Tenrec (Centetes), ein Bewohner Indien's und Madagascar's, bleibt fast 6 Monate in einem Zustande der Erstarrung. Der Jerboa (Dipus Sagitta), in Sibirien und Aegypten, fällt ebenfalls in Erstarrung; aber die Natur bleibt sich in dieser Hinsicht nicht überall gleich; denn ich weiß vom Dr. Barton, daß viele Thiere in Pennsylvanien in Erstarrung fallen, in Carolina dagegen nicht, so daß daher diese Ruhe nicht so durchaus nothwendig ist, als manche Schriftsteller vermuthet haben. Und es ist daher für die thierische Oeconomie kein dringendes Erforderniß, dadurch, wie durch den Schlaf, zu fernerem Leben vorbereitet zu werden.

Die Anzahl der Winterschläfer ist bei weitem größer, als wir uns denken. Nach Dr. Reeve übersteigt sie die Zahl der von der Kälte nicht auf diese Weise Betroffenen. Wenn der Thermometer ungefähr auf 50° fällt, verkriechen sich die Winterschlaf haltenden Thiere in ihre Schlupfwinkel, in Bäume, Felsenspalten, in die Erde, wo sie vor ihren Feinden am meisten gesichert sind. Hier kugeln sie sich zusammen, den möglich geringsten Theil ihres Körpers der Einwirkung der Luft bloßstellend und sie verhalten sich auf diese Weise ruhig, bis der höhere Stand der Sonne das Leben in ihnen wieder erweckt. Dr. Reeve's Ansichten über den Einfluß der Kälte auf den Körper sind so vortrefflich, daß ich sie hier wörtlich mittheile.

„Das Aufhören der Muskelthätigkeit scheint der gesunkenen Temperatur der Muskeln selbst zugeschrieben werden zu müssen, denn, wenn der Uebergang der Nerventhätigkeit mittelst Durchschneidung des Nerven und Zerstörung des Gehirns verhütet wird, so wird die Irritabilität ganz auf dieselbe Weise aufgehoben und erweckt, wie es in dem gewöhnlichen Zustande in Erstarrung liegender Thiere durch die Kälte geschieht. Der Verlust der Bewegung und des Gefühls rührt daher von der verminderten Irritabilität der Muskelfasern, und der Grund von dieser liegt wieder in der Einwirkung der Kälte und in der Hemmung des Athmens; die Capillargefäße scheinen sich durch den Verlust der thierischen Wärme zusammenzuziehen; und diese Verminderung beginnt immer an der Oberfläche des Körpers und nimmt allmälig gegen die Mitte hin zu, wie man in Fällen von Erstarren durch Kälte beobachtet hat, wo man den Thermometer an

11

verschiedene Theile der Thiere, während sie allmälig in Erstarrung verfielen, anlegte. Wir sehen diese Thiere der Neigung zur Erstarrung so lange widerstehen, bis durch allmälige Verminderung ihrer Wärme und den Mangel an Ersatz durch Aufsaugung von Sauerstoff in den Lungen und an der Oberfläche des Körpers die Irritabilität so vermindert wird, daß sie selbst eine Ursache ihres eigenen Mangels abgiebt, indem sie das Athmen unterbricht und demzufolge dem Herzen den Nahrungsstoff entzieht, welcher ihm durch die Kranzarterien zugeführt wird." *Reeve,* p. 55.

Spallanzani fand die Temperatur eines in Winterschlaf liegenden Thiers nie unter 36°, wenn es auch einem noch größern Kältegrade ausgesetzt wurde. In diesem Zustande hört die Thätigkeit der Verdauungs- und Athmenorgane auf. Er war mittelst eines Mikroscops nicht im Stande, bei einer Temperatur von 48° in den Seiten einer Fledermaus eine Bewegung zu bemerken. Sir John Hunter brachte Würmer u. dergl. in den Magen von Eidechsen, und fand bei einer Untersuchung während des Winters die Nahrung unverändert; die, welche bis zum Frühling gelassen wurden, leerten sie unverändert wieder aus, zum klaren Beweis der gänzlichen Hemmung der Verdauungsfunctionen.

In diesem Zustande scheint alles Gefühl erloschen zu seyn, und nur eine einzige Lebensverrichtung scheint fortzubestehen, nämlich die der Circulation. Man hat Thieren Glieder zerbrochen, und Wunden versetzt, wovon sie offenbar nicht das Geringste empfanden. Man hat aber gefunden, daß eine beschränkte Circulation durch das Herz und die großen Arterien und Venen stattfindet.

Hr. Carlisle behauptet *): „die Winterschläfer besäßen einen eigenthümlichen Bau des Herzens und ihrer Hauptvenen; die obere Hohlvene theile sich in zwei Stämme, von denen der linke über das linke Herzohr hinweggehe und sich in den untern Theil des rechten Ohrs öffne."

Spallanzani sagt (p. 269): „Ich habe oft kleine und größere Eidechsen, Frösche und Kröten geöffnet, während sie von Kälte erstarrt und anscheinend todt waren; und ich fand, daß die Blutcirculation in den Gliedern aufgehört hatte, in den großen Gefäßen aber, wiewohl nur matt, noch fortdauerte. Wenn ein größerer Kältegrad durch die festen Theile hindurchgedrungen ist und das Blut zum Gerinnen gebracht hat, so ist es sicher, daß die Thiere sterben."

Bei Untersuchung dieses Gegenstands müssen wir die Aehnlichkeit zwischen einer Aufhebung aller Lebensthätigkeit und dem Winterschlafe wohl im Auge behalten. Spallanzani erweckte kleine Thiere, nachdem sie 27 Jahre lang in einem Zustande der Vertrocknung verbracht hatten, indem er sie mit Wasser bezoß. In diesem Falle war die Luft nicht nothwendig, und auch bei'm Winterschlafe finden wir sie nicht unerläßlich. Spallanzani fand, daß erstarrte Fledermäuse 11 Minuten lang in luftleerem Raume lebten, während andere Fledermäuse binnen drei Minuten starben. Bei einem andern Versuche lebten ein Vogel und eine Ratte

*) Daß diese Behauptung irrig war, ist den Lesern bekannt.

nicht 1 Minute in kohlensaurem Gase, aber ein Winterschlaf haltendes Murmelthier hielt 1 Stunde lang darin aus, und wurde wieder lebendig, als man die warme Luft auf dasselbe wirken ließ.

Gen. Davis giebt uns in den Linn. Transact. (Vol. IV. p 156.) die Beschreibung eines canadischen, in Winterschlaf liegenden, Jerboa's, welcher der Einwirkung der Luft gänzlich entzogen war; er sagt:

„Man entdeckte ihn in einem Lettenklumpen, ungefähr von den Größe eines Federballs, fast 1 Zoll dick und inwendig glatt, eingeschlossen, und etwa 20 Zoll unter der Erde. Der, welcher ihn fand, wußte vielleicht nicht, was es war, und stieß mit dem Spaten daran, wodurch er in Stücke zerfiel, oder man hatte mir ihn auch vielleicht in diesem Zustande überbringen wollen. Wie lange er unter der Erde gelegen, läßt sich unmöglich angeben; allein da ich nie eins von diesen Thieren nach dem Anfange des Septembers entdecken konnte, so glaube ich, sie vergraben sich bisweilen in diesem Monate, oder zu Anfang Octobers, wenn die Kälte stark wird, und andrerseits bemerkte ich sie nie vor der letzten Woche des Mai, oder im Anfange des Junius. Da sie in Lettenklumpen eingehüllt sind, ohne, wie es scheint, irgend Nahrung zu sich zu nehmen, so mögen sie wohl den Winter hindurch schlafen, und diese Zeit über gar nichts zu sich nehmen."

Es scheint daher, als könne das Leben in einem Zustande von Erstarrung ohne Athmen erhalten werden, und dieß unterstützt die häufig behauptete Thatsache, daß lebende Kröten in Sandstein und andern neuern Felsarten entdeckt worden sind. Als einen andern Grund zur Bekräftigung dieser Thatsache erwähne ich noch, daß Spallanzani Frösche und Schlangen bei einer Temperatur von 38 und 39° drei und ein halbes Jahr lang am Leben erhielt. In diesen Fällen können wir nicht annehmen, daß Nahrung nöthig gewesen, und wir hören von demselben Naturforscher, daß Fett nicht zum Winterschlafe wesentlich sey, wie manche Leute vermuthet haben. Dr. Monroe's Igel verlor, während eines viermonatlichen Winterschlafs nur 2 Unzen, und ein zahmes, sehr fettes Murmelthier, welches Pallas besaß, wachte alle Winter auf, obgleich es demselben kalten Wetter ausgesetzt war, bei welchem diese Art Thiere in Rußland in Winterschlaf fallen; aber es sind mir auch andere Beispiele bekannt, wo man sich vergebens bemüht hatte, die Thiere wach zu erhalten.

Manche Thiere fallen in Erstarrung, sobald ihnen die Nahrung fehlt, und bleiben in diesem Zustande so lange, bis irgend ein Zufall ihnen Ersatz giebt. Hr. Gough bewahrte eine große Gartenschnecke drei Jahre lang ohne Nahrung in einer durchlöcherten Büchse. Es bildete sich an der Oeffnung ihres Gehäuses ein Deckel, und sie verblieb in diesem schlafenden Zustande ganz ohne Wasser, bis sie nach dieser Zeit endlich dadurch wieder belebt wurde, daß man sie bei 70° in's Wasser setzte.

Ebenderselbe theilt (p. 84.) einen Versuch mit, welcher deutlich beweist, daß die Grille wiederbelebt und aus ihrem Winterversteck hervorgelockt werden kann, wenn man ein starkes Feuer anzündet.

„Die Grillen, sagt er, wurden zu Anfang des Septembers 1806 in ein Zimmer gethan; hier wuchsen sie im Verlaufe von zwei Monaten beträchtlich, wurden aber nach Entfernung des Feuers weder gehört, noch gesehen. Aus ihrem Verschwinden schloß ich, daß die Kälte sie getödtet habe; allein hierin hatte ich mich getäuscht; denn als man im Winter einen ganzen Tag lang ein lebhaftes Feuer unterhielt, lockte die Wärme das Gesellschäftchen aus seinem Versteck heraus, jedoch nicht vor dem Abend, nach welchem sie den größern Theil des folgenden Tags noch immer umherhüpften und zirpten, wo sie dann wieder verschwanden, indem sie durch die rückkehrende Kälte gezwungen wurden, an ihren frühern Aufenthaltsorten Zuflucht zu suchen. Sie verließen den Kaminwinkel am 28. Mai 1807 nach dem Eintritt heißen, wie ein Zauber auf sie wirkenden, Wetters, und kehrten am 31. August in ihren Winteraufenthalt zurück. Hier bringen sie bloß den Sommer zu, und liegen jetzt (Januar 1808) erstarrt in den Kaminspalten, die Tage ausgenommen, wo sie durch Hülfe eines Feuers zu vorübergehendem Leben erweckt werden.“

Die von den Thieren um die Zeit, wenn sie in den Winterschlaf fallen, getroffenen Maaßregeln, geben einen Beweis von der Gewalt des Instincts. Der Frosch versenkt sich tief in sein Schlammbett außer dem Bereiche der Kälte, und der Jerboa hüllt sich selbst in seinen Lettenmantel. Die auf dem Lande lebenden Schalthiere, die Helix, Pupa ꝛc, verkriechen sich in Spalten, und bilden sich einen Deckel, um die Luft auszuschließen. Ein aus der Erstarrung erwachendes Thier ist ein eben so interessanter Gegenstand. Ich theile folgende Geschichten vom Hamster aus der Edinburgher Encyclopädie (Vol. X. pt. 2. p. 745.) mit.

„Wenn der Hamster aus dem Zustand der Erstarrung heraustritt, so bietet er mehrere merkwürdige Erscheinungen dar. Zuerst schwindet die Steifheit seiner Glieder, und er thut tiefe, aber seltene Athemzüge. Seine Beine fangen an, sich zu bewegen, er öffnet sein Maul und stößt rasselnde und unangenehme Töne aus. Nachdem er dieß einige Zeit fortgesetzt hat, öffnet er seine Augen, und versucht, sich auf die Beine zu erheben. Alle diese Bewegungen sind noch unsicher und schwankend, gleich denen eines Betrunkenen; aber er wiederholt seine Bemühungen, bis er den Gebrauch seiner Glieder erlangt. Hierauf bleibt er einige Zeit in dieser Stellung, gleichsam um sich zu besinnen und von seinen Beschwerden auszuruhen. Dieser Uebergang aus dem Zustand der Erstarrung in den natürlichen ist mehr oder weniger schnell, je nach dem Temperaturgrade.“

Es ist angeführt worden, daß Thiere, welche keinen Winterschlaf halten, eine beträchtlich höhere Wärme besitzen, als das Mittel, in welchem sie leben, während sie bei denen, welche in diesen Zustand verfallen, nur um wenige Grade höher ist, als das sie umgebende Mittel. John Hunter hatte bei seinem Versuch über das Vermögen der Thiere, Wärme zu erzeugen, häufig Gelegenheit, Fische in eine geringere Wärme zu bringen, und er fand durchweg, daß, wenn der Gegenstand seines Versuchs nicht länger fähig war, hinlängliche Wärme hervorzubringen, um den Ein-

wirkungen der Kälte zu widerstehen, der gefrorne Theil nicht vollständig wiederbelebt werden konnte. Bei allen seinen Versuchen über das Gefrieren von Thieren, die Lebensverrichtungen durch Aufthauen wiederherzustellen, zeigte sich dieses, und man kann hieraus den Schluß ziehen, daß der Blutlauf nie wieder hergestellt werden kann, wenn er einmal vollkommen gehemmt ist. Ein Regenwurm, welcher zu gleicher Zeit erfroren war, blieb todt, als man ihn aufthaute. (Animal Economy, pp. 109. 112.)

Das Mausern der Vögel, eben so wie ihr Wegziehen, sind eine Art von Winterschlaf. Das erstere ist eine Vorbereitung auf den Winter, und ihr Farbenwechsel, welcher sich nach der Jahreszeit richtet, verursacht oft Mißverständnisse bei den Ornithologen und giebt zur Aufstellung falscher Arten Veranlassung.

Der Wechsel der Jahreszeiten bewährt seinen Einfluß auf die Secretionsorgane der Thiere sowohl durch Vermehrung der Bekleidung von Thieren, als durch das Gegentheil; so finden wir die Hunde von Guinea und die afrikanischen Schaafe meist ohne Pelz, und in Schottland wird die Wolle den Schaafen ausgerauft, wenn sie auszufallen im Begriff ist. Dieselbe Ursache bringt vielleicht ihre Wirkungen bei (vierfüßigen) Thieren mächtiger hervor, als bei Vögeln. Das Hermelin, dessen Fell so geschätzt ist, härt sich viermal. „Während der Sommermonate ist sein Haar von blaß röthlichbrauner Farbe; in der Aerndte wird es blaß gelbwolkig; und zur Zeit unsers Novembers ist es von schneeweißer Farbe. Der Winterpelz giebt das unter dem Namen Hermelin so geschätzte Pelzwerk. Bald im Frühling wird er braungesprenkelt, und im Maimonat nimmt er seine vollständige Sommerfarbe an.“ (Encycl. Vol. X. pt. 2. p. 751.)

Das Ziehen der Vögel ist von unsern frühesten Schriftstellern beobachtet worden, und ihre wunderbare Pünctlichkeit und Ordnung sind für die Beobachtung des Naturforschers immer eine Quelle des Vergnügens gewesen. Die Zeit ihrer Wanderung und ihre Wohnungen, welche so genau kennen, ziehen unsere ganze Bewunderung auf sich.

In der Ornithologie hat kein Vogel lebhafteres Interesse oder mehr Streit erregt, als die Schwalbe. Man hat ihr Versenken in das Wasser oft behauptet, und eben so oft bestritten. Der Erzbischof von Upsala war der erste, welcher zu dem Glauben Anlaß gab, daß dieser Vogel den Winter unter der Eisdecke des Wassers zubringe, und er behauptet, daß sie in den nördlichen Seeen oft in dichten Klumpen anzutreffen werden; aber alles dieß ist eben so wenig wahr, als was der gelehrte Erzbischof von Mäusern sagt. Linné glaubte, die Rauchschwalbe und die Mauerschwalbe versenkten sich selbst, aber die gemeinen oder Hausschwalben hielten in Kirchen, Thürmen ꝛc. Winterschlaf. Viele andere angesehene Naturforscher haben dasselbe geglaubt, allein es ist, glaub' ich, durch keine einzige sichere Thatsache bestätigt, und ich hoffe den Beweis zu liefern, daß es der Wahrheit eben so, wie der Vernunft, widerspreche.

Untersuchen wir den Bau der gemeinen Schwalbe (Hirundo americana), so finden wir, daß jeder Theil der-

11 *

selben ganz eigenthümlich zum Fliegen eingerichtet ist, und sie ist gewiß einer der schnellsten Vögel. Da sie also das Vermögen der Ortsbewegung in einem so ausgezeichneten Grade besißt, warum sollten wir annehmen, daß sie ihr luftiges Element und ihre muntern fröhlichen Kreise verlasse, um sieben Monate lang ohne Empfindung in einem schlammigen und wässerigen Bette hinzubringen? Man hat angeführt, daß wir sie nicht auf ihrem Fluge nach dem Süden sehen; wie, z. B., die Taube und andere Vögel; aber ein genauer Beobachter ist darum über ihr Auswandern nicht in Ungewißheit. Bei dem Herannahen der kalten Witterung kann man die Schwalbe Abends über unsere niedrigen Gegenden leicht auf der Oberfläche der Felder in solcher Zahl gegen Süden streichen sehen, daß Hunderte in einer Minute gezählt worden sind, deren schneller Flug sie in wenig Stunden zu einer ihnen mehr verwandten Temperatur bringt. Die Schwierigkeiten des Auswanderns der Vögel verschwinden, wenn wir die große Raschheit ihres Fluges in Betracht ziehen.

„Ein Falk, welcher Heinrich IV. von Frankreich gehörte, flog aus Fontainebleau weg, und wurde in 24 Stunden auf Malta, welches man nicht weniger als 1350 engl. Meilen davon entfernt schätzt, gefunden: eine Schnelligkeit, bei welcher fast 67 engl. Meilen auf die Stunde kommen, wenn man nämlich annimmt, daß der Falk die ganze Zeit über geflogen sey. Da aber dergleichen Vögel nie zur Nachtzeit fliegen, so legte er, wenn wir auch zugeben, daß der Tag der längste gewesen, dennoch 75 engl. Meilen in einer Stunde zurück." (Edinb. Encycl. Vol X. pt. 2. p. 787.)

Schätzen wir nun den Flug der Schwalben als eben so schnell, wie den des Falken, so kann ein solcher Vogel, welcher diesen besondern Morgen von seinem Sommerneste in unsern Scheuern Abschied genommen hat, in zwei Tagen seine ermatteten Flügel jenseits der Meerenge von Panama ausruhen lassen.

Tauchte im Frühjahr eine Schwalbe aus einem Bett im Wasser auf, so würde ihre Auferstehung durch den Thermometer bestimmt werden. Foster (Hirund. p 13.) sagt: „Ich habe sie bisweilen schon mit dem 2. April gesehen, wenn das Queckfilber im Thermometer noch unter dem Gefrierpuncte stand. Andrerseits habe ich oft bemerkt, daß bei 14 Tage lang anhaltendem milden Wetter im April noch nicht eine Schwalbe zu sehen war."

Untersuchen wir nun, warum dieser Vogel keinen Winterschlaf halten kann, wie dieß wiederholt behauptet worden ist. Betrachten wir seine specifische Schwere, so werden wir finden, daß er ein gewisses Gewicht nöthig hat, um sich in das Wasser zu versenken. Nun erscheinen sie aber schon in einer so frühen Zeit, daß die Kälte unmöglich ihn in Erstarrung versetzt haben kann, und wir können nicht annehmen, daß jene von freien Stücken eintrete. Fallen Thiere in Erstarrung, so geschieht dieß, weil sie nicht länger Nahrung finden können, und jener Zustand ist eine nothwendige Folge hiervon; aber dieß ist bei der Schwalbe nicht der Fall. Sie liebt die milden frischen Südwinde, und meist schon der erste Nordwind erinnert sie an ihre tropischen Aufenthaltsorte. Adanson erzählt in seiner Reise nach Senegal, daß

sich im October, 50 Meilen von der Küste, vier Schwalben auf dem Schiffe niederließen, und daß sie in Senegal überwintern, wo sie auf dem Sande an dem Gestade sitzen, aber daß sie nie in diesem Lande bauen.

Sir Charles Mager, erster Lord der Admiralität, daß beim Einfahren in den britischen Canal ein großer Haufen Schwalben jedes Schiffstau bedeckt, und daß sie ermattet und ausgehungert ausgesehen hätten. Es könnten, wenn es nöthig wäre, noch viele Beispiele dieser Art erzählt werden, aber diese wenigen sicher beglaubigten Thatsachen werden hoffentlich genügen, das wirkliche Stattfinden der Auswanderung zu beweisen.

In Bezug auf den Ort, wohin ihr Zug gerichtet ist, kann man mit Sicherheit schließen, daß er auf beiden Continenten so weit südlich liege, daß er nicht von der Kälte getroffen werde. Capt. Henderson in der britischen Armee erzählt, er habe Myriaden in Honduras gesehen, und daß sie dort vom October bis Februar bleiben. Sie sitzen daselbst in den Sümpfen, aus welchen sie sich des Morgens spiralförmig kreisend bis zu einer bedeutenden Höhe erheben, und sich dann zerstreuen, um sich ihre Nahrung zu suchen; „wenn sie, sagt er, auf diese Weise in die Höhe steigen, haben sie Aehnlichkeit mit großen Rauchsäulen." (Mein Freund, Hr. Ord, hat, wie er mir erzählt, im südlichen Frankreich im December Schwalben gesehen, und es wurde ihm versichert, sie blieben alle Winter daselbst. Sonderbar, daß diese Thatsache bisher noch von keinem europäischen Naturforscher beobachtet worden ist.)

Ein gewisser Hr. Pearson zu London, gab sich einige Jahr daher große Mühe, über die Behauptung, daß die Schwalben in Erstarrung fallen, Gewißheit zu erlangen. Er that zu diesem Behufe einige von ihnen in einen Käfig, wo sie 3 oder 4 Jahr lang vollkommen gesund blieben, aber endlich aus Mangel an Abwartung während einer Krankheit desselben starben.

Man hat behauptet und häufig geglaubt, daß auch der carolinische Ralle (Rallus Carolinus) während des Winters in Erstarrung verfalle. Ob ich gleich nicht die Schnelligkeit des Flugs dieses Vogels als einen Grund gegen die Annahme eines Winterschlafs desselben anführen kann, so glaube ich doch, daß seine Schwingen hinlänglich stark find, um ihn außer den Bereich der Kälte zu bringen. Bliebe er im Winter hier, würde er nicht leicht bemerkt worden seyn. Allein wir besitzen darüber nicht eine einzige sichere Mittheilung. Ein Pächter von Maryland (Hr. Wilson erzählt dieses), behauptete, daß die verwandelten sich in Frösche, er habe einen gesehen, der sich eben verwandelt habe, und ihn auch einem seiner Tagelöhner gezeigt; allein es scheint nicht, als sey ihm dieß geglaubt worden.

Bei sorgfältiger Betrachtung des Gegenstands können wir daher, glaube ich, mit Sicherheit schließen, daß es bis jetzt noch nie eine Schwalbe im Erstarrungszustande gegeben habe. (Silliman's Americ. Journ. of Science.)

Miscellen.

Von Schlafwandeln findet sich in den neuesten englischen Zeitungen folgender fast unglaublicher Fall, welcher den 18. Januar vor einem Londoner Polizeigerichte, Townhall, Southwark, verhandelt worden ist. Eine junge Weibsperson wurde beschuldigt, einem Arbeitsmanne ein paar Beinkleider und ein Tuch gestohlen zu haben. Letzterer, ein Pflasterer, machte folgende Aussage: Sonnabend Abend, nachdem er seine Arbeit beendigt, habe er sich auf den Weg gemacht, um einige Freunde zu Pimlico zu besuchen und sey von ihnen etwa um 10 Uhr zurückgekehrt. Indem er durch The Borough passirt sey, habe ihn eine Weibsperson angehalten: er habe damals ein Bündel unter dem Arme gehabt. Er wisse nun nichts weiter von dem, was vorgegangen sey zwischen 1 und 2 Uhr Sonntag Morgens. — Alderman Thorpe: Was! so betrunken waret Ihr, daß Ihr nicht angeben könnt, was vorgegangen ist. — Kläger: Ich war nicht betrunken, Wohledler Herr; ich befand mich in tiefem Schlafe. — Alderman Thorpe: Ihr könnt nicht im Ernste so sprechen; nie hörte ich dergleichen, daß ein Mensch durch eine so belebte Straße, wie Borough-High Street, ohne zu wachen, durchgegangen sey. — Kläger: Was ich gesagt habe, Euer Wohledlen, ist wahr. Ich bin unglücklicher Weise zu häufig von Anfällen von Somnambulismus heimgesucht, und um mich mehr gegen Beraubtwerden zu sichern, mache ich immer die Dinge, welche ich trage, an meinem Arm fest, so daß ich, wenn man den Versuch machte, mir sie wegzunehmen, aufgeweckt werden müßte. — Alderman Thorpe: Aber wie wißt Ihr, daß die Gefangene es ist, welche Euch in The Borough angehalten hat? Wenn Ihr schlieft, so konntet Ihr sie nicht sehen. — Kläger: So sonderbar es auch scheinen möge, aber wenn ich auch nicht das Vermögen habe, mich in solch einem Zustande der Lethargie aufzuraffen, so kann ich doch den Ton der Stimmen der Personen im Sinne behalten; und in Beziehung auf die Stimme der Gefangenen habe ich nicht den geringsten Zweifel, daß sie die Person ist. — Alderman Thorpe: Wie erklärt Ihr aber den Zeitzwischenraum zwischen der Stunde, wo die Person Euch anhielt, und der, wo Ihr Euren Verlust entdecktet? — Kläger: Ich habe die Gewohnheit, Stunden lang in meinem Schlafe zu wandeln, und wenn ein Versuch gemacht worden wäre, das Bündel gewaltsam von mir zu nehmen, so würde es mich aufgeweckt haben; aber mein Schnupftuch wurde durchschnitten, und so das Bündel leicht genommen. — Alderman Thorpe: Ich habe nie von einem ähnlichen Falle gehört! Ist das Bündel gefunden? — Ein Polizeidiener sagte: ja, und fügte hinzu, es wahr; er habe Nachforschungen angestellt, und die Thatsache richtig befunden; auch sey es der Polizei wohl bekannt. Ein anderer Polizeidiener erwähnte, daß er vor einigen Tagen mit dem Kläger in ein Haus in der Borough gegangen sey, wo sie die Weibsperson und das Bündel gefunden hätten. A. Thorp befahl, dem Kläger das Bündel zurückzugeben, ließ aber die Weibsperson noch gehen.

Ueber den Druck der Atmosphäre theilt Prof. Silliman folgende Erfahrung mit. „Ich hatte eine sehr starke, aber niedrige und flache Glasglocke, neun Zoll im Durchmesser haltend, verfertigen lassen, um darunter, nach Leslie's Methode, Wasser unter Verdunstung gefrieren zu lassen. Sie wurde auf dem Teller einer Pariser Pixis'schen Luftpumpe probirt. In dem Augenblick, wo Hr. D. P. Husband, Gehülfe für Chemie in Yale College, sich selbst um einen jungen Mann, welcher zur Entleerung an der Luftpumpe arbeitete, uns gebückt hatten und, um das Experiment genauer zu verfolgen, mit den Gesichtern ganz nahe an der Glasglocke waren, wurde diese auf einmal durch den Druck der Atmosphäre unter einem lauten Schalle zusammengedrückt. Die Glasstücke waren unzählbar und einige gar nicht zu greifen; einige der größeren waren in den Glasteller der Pumpe so eingetrieben, daß sie tiefe Eindrücke in denselben bewirkt hatten, welche durch erneuertes und gründliches Abschleifen weggeschafft werden mußten und selbst dadurch nicht ganz verschwanden. Von uns wurde jedoch Niemand auch nur geritzt, weil die Gewalt durchaus von außen nach innen und von oben nach unten auf die Glocke eingewirkt hatte. (American Journal of Science. April 1833.)

Nekrolog. — Der verdienstvolle Houlon de la Billardiere, welcher als Botaniker den Seefahrer D'Entrecasteaur auf seiner Reise begleitete, geboren den 28sten October 1755 zu Alençon, ist den 8ten Januar 1834 zu Paris gestorben.

Heilkunde.

Einige besondere Fälle von Einklemmung des Schenkelbruchs.

Von Stafford.

1. Fall. Elisa Robinson, 70 Jahr alt, eine Wäscherin, von mittlerer Statur und sonst von guter Gesundheit, wurde am 4. October 1832 in St. Mary-le-bone-Infirmary wegen eines Cruralbruchs aufgenommen, welcher nach ihrer Angabe seit 48 Stunden eingeklemmt war. Der Bruch bestand schon 12 Jahre, war aber immer leicht zurückgegangen. Die Geschwulst hat die Größe einer kleinen Orange, ist gespannt, auf der Oberfläche unregelmäßig, empfindlich gegen Druck und liegt auf der rechten Seite unter dem Poupart'schen Bande gerade unter dem Cruralringe. Sie hatte große Uebelkeit, heftigen Schmerz und Empfindlichkeit des Unterleibs, ängstliches Aussehen, belegte Zunge, Puls 110, klein, hart, drahtförmig, seit Kurzem war beständiges Kothbrechen zugegen. Venaesection von Zxvi., warmes Bad, sorgfältige Taxis in demselben, ein Tabacksclystir und Eisumschläge, — alles umsonst. Die Operation wurde um 2 Uhr Nachmittags gemacht.

Es wurde 1 Zoll unterhalb des Poupart'schen Bands über die Mitte der Geschwulst bis 2½ Zoll nach außen und unten ein Einschnitt gemacht, die fascia durchschnitten und der Bruchsack bloßgelegt; der eigentliche Bruchsack hierauf geöffnet zu werden und etwa eine Unze Flüssigkeit floß aus; es fanden sich mehrere Verwachsungen und es hielt schwer, eine Hohlsonde bis zum Poupart'schen Bande einzubringen. Unmittelbar unter diesem scheinbaren Sacke lag eine mit Fett bedeckte Haut, welche dem Netze glich. Der Schenkelring war nicht aufzufinden und dieß mit den Verwachsungen zusammengenommen führte zu der Vermuthung, daß der Bruchsack noch gar nicht geöffnet sey, obgleich der bloßgelegte Theil einem Darmtheil nicht unähnlich war. Das scheinbare Netz wurde daher zwischen den Fingern aufgehoben und es fand sich, daß der Darm noch tiefer lag. Vorsichtig wurde eine Oeffnung gemacht, sogleich floß ein Eßlöffel voll Flüssigkeit aus, aber wiederum fanden sich. Anwachsungen und Schwierigkeit bei'm Einführen der Hohlsonde, der Cruralring konnte noch nicht gefühlt werden. Der daruntertliegende Theil wurde abermals mit den Fingern in die Höhe gehoben und vorsichtig geöffnet; es floß abermals Flüssigkeit aus und nun kam der Darm sogleich zum Vorschein. Der eigentliche Bruchsack wurde nun bis zum Schenkelring hinauf geöffnet, die Einschnürung gefühlt, eine Hohlsonde eingeschoben, das Gimbernat'sche Band durchschnitten und das dunhellrothe Darmſtück ſogleich zurückgebracht. Eine halbe Stunde nach der Operation erfolgten nun 7 oder 8 reichliche Stuhlausleerungen und allmälig wurde die Kranke hergeſtellt und im folgenden Monate entlaſſen.

Bemerkungen. Der Bruchſack war hier in drei Schichten getheilt, zwiſchen deren jeder Flüſſigkeit enthalten war; dieſe Anomalie iſt höchſt merkwürdig. Man ſieht daraus, daß es bei der Bruchoperation gar keine Beſonderheit giebt, welche nicht vorkommen könnte. Wir mögen alſo eine allgemeine Operationsregel nehmen, welche wir wollen, ſo müſſen wir doch auf jede mögliche Abweichung gefaßt ſeyn. In der Nachbehandlung zeigte ſich bei dieſem Kranken überdieß die Nothwendigkeit, ſie durch Diät und Tonica ſo bald als möglich zu ſtärken und zu unterſtützen.

Der 2. Fall zeichnet ſich dadurch aus, daß der Bruchſack eine äußerſt geringe Menge Flüſſigkeit enthielt, während in der Unterleibshöhle mehr als ein Quart Serum enthalten war, welches ausfloß, ſobald das Gimbernat'ſche Band durchſchnitten wurde, zum Beweis, wie genau hier die Einſchnürung des Darms ſtattfand. Auch hier zeigte ſich bei der Nachbehandlung großer Vortheil von toniſchen Mitteln und nährender Diät.

Dritter Fall. Eliſabeth Ablebi, 53 Jahr alt, wurde um 1 Uhr Mittags am 3. December 1832 wegen einer großen Geſchwulſt aufgenommen, die am rechten Schenkel unmittelbar unter dem Poupart'ſchen Bande ſaß und ungefähr die Größe und Geſtalt einer mäßigen Melone hatte. Die Kranke war vor 8 Jahren wegen eines eingeklemmten Schenkelbruches operirt, mit einem Bruchbande verſehen und ermahnt worden, darauf zu halten, daß der Bruch nie herabtrete. Sechs Jahre lang war ihr dies möglich, aber in den beiden letzten Jahren mußte ſie ſehr ſchwere Arbeit thun, wodurch das Bruchband allmälig unwirkſam wurde und es nicht mehr zu vermeiden war, daß der Bruch bisweilen hervortrat. Der Bruch war alsdann immer ziemlich groß, jedoch nicht ſo groß als jetzt; auch ging er, wenn ſie ſich auf den Rücken legte, in der Regel in wenigen Stunden wieder zurück. Den Tag vor ihrer Aufnahme legte die Kranke einen ſehr langen ermüdenden Weg zurück, wobei der Bruch hervortrat, und ſeitdem nicht wieder zurückging. Sie hat heftige Schmerzen im Bruch und Unterleibe, beſtändiges Erbrechen, ſchnellen, harten Puls, trockne Zunge und ängſtlichen Ausſehen. Um 2 Uhr wurde ſie in ein warmes Bad geſetzt und bei eintretender Ohnmacht die Taxis ſorgfältig verſucht; es konnte aber kein Eindruck auf die Geſchwulſt hervorgebracht werden, und da man fürchtete, daß ein längerer Druck nur die Entzündung ſteigern könne, ſo wurde ſie zu Bette gebracht, ein Clyſtir aus Natrum ſulphuricum gegeben und Eis aufgelegt. Abends 9 Uhr war alles unverändert; ſie bekam ein Tabaksclyſtir (ʒß auf ℔ß); die ſorgfältige Taxis blieb wieder ohne Erfolg. Abends 11 Uhr wurde, da alle Mittel fehlſchlugen, die Operation vorgeſchlagen; ſie willigte indeß nicht ein, und verlangte, wie früher, mit Abführmitteln behandelt zu werden. Sie erhielt daher alle 4 Stunden ʒß Ricinusöl, wobei die Eisumſchläge nach 2 Stunden fortgeſetzt wurden.

Den 4. December 8 Uhr Morgens keine Oeffnung, ſehr ſchlechte Nacht, heftige Schmerzen in Geſchwulſt und Unterleib, Uebelkeit wie früher, Puls 130, Zunge trocken, geriſſen; beſtändiger Durſt. 2 Uhr Nachmittags. Der Schmerz in der Geſchwulſt hat ſich beträchtlich geſteigert, die Geſchwulſt ſelbſt iſt größer als geſtern, wahrſcheinlich in Folge einer Zerſetzung des Inhaltes des eingeklemmten Darmes. Die Geſchwulſt iſt jetzt äußerſt hart, glänzend und in Folge der venöſen Congeſtion purpurroth. Sie nimmt faſt den ganzen Raum zwiſchen der Symphyſis und dem Darmbeinſtachel ein und gleicht einer großen Melone. Die faſt im Sterben liegende Kranke geſtattete nun die Operation, welche um 4 Uhr verrichtet wurde; der Bruchſack lag wenigſtens einen halben Zoll tief, weil die bedeckenden Theile obermaß geſchwollen und verdickt waren; er wurde geöffnet und es floß eine beträchtliche Menge Flüſſigkeit aus, worauf eine große Maſſe von mit Luft aufgetriebenen Gedärmen, etwa 2 Ellen lang, zum Vorſchein kam. Die Strictur ſchien hauptſächlich durch das Poupart'ſche Band bewirkt und wurde mit dem Cooper'ſchen Meſſer vorſichtig durchſchnitten; der Darm ging aber hierauf noch nicht zurück, ſondern dieß geſchah erſt, nachdem das Gimbernat'ſche Band durchſchnitten war. Die Kranke ſtöhnte heftig, Zwerchfell und Bauchmuskeln waren in beſtändiger Thätigkeit und ſie zeigte ſich dadurch unmöglich, die Gedärme in die Unterleibshöhle zurückzubringen. Endlich wurde die Kranke halb ohnmächtig, verhielt ſich paſſiver, und das ſehr gerötbete Darmſtück konnte nun zurückgebracht werden. Es folgte nun heftiger Schmerz im Unterleib und mehrere Tage anhaltende Tympanitis. Am 8. December wurde ſie immer ſchwächer, ihr Zuſtand verſchlimmerte ſich bis zum 12., wo ſie, 10 Tage nach der Operation, verſchied.

Bei der Leichenöffnung, 24 Stunden nach dem Tode, fanden ſich die Bruſteingeweide geſund; Leber, Magen und Milz geſund; eine Strecke von 2⅓ Ellen vom Dünndarme ſchwarz; und in einem halbbrandigen Zuſtande; der Darm hatte noch nicht alle Zähigkeit verloren, konnte aber doch mit geringer Kraft zerriſſen werden; die Schleimhautoberfläche war ulcerirt, und der Peritonealüberzug an mehrern Stellen mit dicken Lympherſudaten bedeckt. In der Subſtanz des Uterus fand ſich eine halbknorplige Geſchwulſt von der Größe einer Zitrone. Die übrigen Theile waren geſund.

Bemerkungen. Dieſer Fall zeigt die Nothwendigkeit, ſo bald, als möglich, zu operiren, denn hätte dieſe Kranke die Operation bei dem erſten Vorſchlage zugelaſſen, ſo würde ſie ſich ohne allen Zweifel erholt haben. Die ungeheure Maſſe von Darm, welche in dem Bruchſacke lag, iſt vielleicht bei einem Schenkelbruch ohne ihres Gleichen, und es läßt ſich dieß bloß daraus erklären, daß eine Operation vorangegangen war, wodurch der Schenkelring eine mehr als natürliche Weite hatte. Die Schwierigkeit, den Darm zurückzubringen, rührte, theils von ſeiner großen Maſſe, theils von ſeiner Ausdehnung mit Luft, theils von der beſtändigen Thätigkeit des Zwerchfells und der Bauchmuskeln her. Wäre er gar nicht zurückzubringen geweſen, ſo würde es rathſam gewesen seyn, durch einen einfachen Nadelstich die Luft herauszulassen und dann die Reduction auf's Neue zu versuchen.

4. Fall. Am 23. December 1832. Anna Backer, 49 Jahr alt, abgemagert, übel aussehend, hat seit mehrern Jahren einen Bruch, und beständig im Bruchband getragen. Dessenungeachtet war bisweilen ein Darmstück vorgedrungen, welches immer mit Schwierigkeit zurückging. Nach ihrer Angabe war jetzt der Bruch erst seit 4 Stunden eingeklemmt. Doch scheint dieß, nach den frühern Zufällen, schon etwas länger der Fall zu seyn. Tags vorher schon fühlte sie Schmerz in dem Theile und an dem Tage ihrer Aufnahme selbst, ein Uhr Nachmittags, wurde sie von beständiger Uebligkeit befallen, die die Kranke aber von einer unverdaulichen Speise herleitet. Dieß dauert nun ohne Nachlaß bis gegen 10 Uhr Abends fort; die Geschwulst zeigt die Größe eines Gänseeies und reicht von der Schaamgegend bis gegen den Darmbeinstachel hin, ist äußerst gespannt, sehr schmerzhaft und empfindlich gegen Berührung. Sie gleitet über das Poupart'sche Band hin und her. Die gegenwärtigen Symptome sind äußerst heftiger Schmerz im Unterleibe mit Empfindlichkeit gegen Druck, beständiges Schluchzen, ängstliches Aussehen, Puls 96, hart, drahtförmig, trockne, belegte Zunge. Nach und nach wurde vorgenommen: Venaesectio ℥xvi, warmes Bad und Tapis, abführende Clystiere, nach welchen eine große Menge Koth abging, während die Geschwulst dieselbe Größe behielt; worauf wiederum ein warmes Bad und Tapis in Anwendung kamen. Alles blieb ohne Erfolg, die Operation wurde daher vorgenommen.

Es wurde gerade über der Geschwulst ein etwa 2 Zoll langer Einschnitt gemacht, die Theile wurden sorgfältig lospräparirt und der Bruchsack geöffnet und bis zum Schenkelring gespalten. Er enthielt ein großes Stück Netz und unmittelbar dahinter ein 3 Zoll langes Darmstück von dunkler Chocoladenfarbe. Das Gimbernat'sche Band wurde eingeschnitten und der Darm leicht zurückgebracht. Das Netz aber hing fest mit dem Bruchsackhalse zusammen. Die Anwachsungen ließen sich nicht zerreißen. Da nun die Kranke nicht in dem Zustande war, viel Blut verlieren zu können, weil sie an einer Herzkrankheit litt; da überdieß das vorgefallene Netzstück mehrere sehr große Gefäße enthielt, welche schwer zu unterbinden gewesen wären, so wurde eine Ligatur um die Basis desselben herumgeführt, zusammengezogen und das Netz abgeschnitten. Das abgeschnittene Netzstück war 5 Zoll breit und 8 Zoll lang. Die Wunde wurde nun geschlossen.

Unmittelbar nach der Operation hörte die Uebelkeit auf, es ging mit einigem Schwanken immer besser und 6 Wochen darauf war die Kranke vollkommen hergestellt.

Bemerkungen. Es ist unter den Wundärzten ein streitiger Punct, ob das Netz, wenn es nicht zurückgebracht werden kann, abgeschnitten werden soll und seine Gefäße darauf unterbunden werden sollen, oder ob die Ligatur um die Basis desselben angelegt, und dann das Ganze abgeschnitten werden muß. Die allgemeine Meinung ist, daß man es abschneiden und darauf die Gefäße unterbinden soll, um auf diese Weise eine Entzündung des Peritoneums und zu gleicher Zeit Blutungen zu verhüten. In dem vor uns liegenden Falle wäre es nicht räthlich gewesen, weil, so wie sich bei dem Unterbinden der Gefäße einige Schwierigkeiten gezeigt hätten, der Blutverlust leicht so groß werden konnte, daß die Kranke, welche zugleich herzkrank war, und einen sehr schwachen Puls hatte, möglicher Weise während der Operation sterben konnte. Obgleich daher das Anlegen einer Ligatur um das Netz gegen die allgemeine Regel ist, so können, wie man sieht, doch Fälle vorkommen, in welchen dieses Verfahren den Vorzug erhalten muß, ohne daß man üble Folgen daraus zu befürchten hätte. (London Medical and physical Journal.)

Emphysematöse Geschwulst des Halses, begleitet von merkwürdigen Erscheinungen.

Beobachtet von Dr. Ollivier d'Angers.

M. R......, von sanguinisch-nervösem Temperamente, robuster Constitution, von fortdauernd vollkommner Gesundheit, ging eines Morgens in Geschäftsangelegenheiten zu einem seiner Freunde; er setzte sich ruhig in einen Lehnstuhl, und indem er seinen Kopf nach rückwärts bog, um ihn gegen die Lehne zu stützen, fühlte er plötzlich in der Tiefe des Halses an der rechten Seite ein Krachen, begleitet von einem leichten Schmerze, und in demselben Augenblicke entwickelte sich daselbst eine Geschwulst von der Größe zweier Fäuste, welche eine unbeschreibliche Beklommenheit, Uebelkeit und einen unvollkommnen Verlust des Bewußtseyns verursachte. Man drängt sich um ihn, man hält ihn für vom Schlage getroffen, man läßt einen Arzt holen, um ein Aderlaß zu machen; aber M. R.... erholte sich, die Geschwulst erschien etwas kleiner, er begnügte sich einiges Zuckerwasser zu trinken, und da er bemerkte, daß die Unterlassung aller Bewegung seine Beklommenheit verminderte und daß die Geschwulst am Halse allmälig von ihrem Umfange verlor, so blieb er so ruhig, ohne seine Lage zu verändern, fast zwei Stunden, dann, als er sich etwas ruhiger fühlte, bestieg er einen Wagen und ließ sich nach Hause fahren.

Da ich den Kranken gerufen, konnte ich mich erst gegen sieben Uhr Abends zu ihm hinbegeben. Gleich nach seiner Ankunft hatte er sich zu Bette gelegt, und der Schauer, von dem er Anfangs befallen wurde, hatte einem allgemeinen sehr copiösen Schweiße Platz gemacht, den er hervorrief und unterhielt, indem er sich mit mehrern Decken bedecken ließ. So fand ich den Kranken mit rothem Gesichte, triefend von Schweiß, der Kopf war eingenommen, der Puls voll, groß, 88 in der Minute; nachdem er mir mit einigen Worten gesagt hatte, was ich so eben über den Unfall berichtete, untersuchte ich sorgfältig die Halsgegend, wo die Geschwulst sich entwickelt hatte. Die Stelle, die er mir bezeichnete, war der vordere und untere Theil des Halses, vor dem sterno-mastoideus, gerade hinter dem Brust-Schlüsselbeingelenke. Es war keine Geschwulst dort mehr vorhanden, doch war dieser Theil des Halses offenbar mehr angeschwollen und weicher, als bei der entgegengesetzten Seite; drückte man vorsichtig über den Brusttheile des Schlüsselbeins in der Richtung der Luftröhre, so entstand ein tiefer Schmerz. Das Schlucken war nicht im Geringsten beeinträchtigt und verursachte auch nicht die geringste unangenehme Empfindung; auch die verschiedenen Bewegungen des Kopfes und des Halses brachten keine hervor; der Kranke klagte nur über einen scharfen und umschriebenen Schmerz in der Dicke und in der Mitte der rechten Brust, über eine unbequeme Last im Epigastrium und über Athmungsbeschwerde in der rechten Seite; außerdem war er sehr unruhig über seine Lage.

Ich suchte ihn zu beruhigen, und als ich ihn gelassener sah, ersuchte ich ihn, mir umständlicher anzugeben, was ihm geschehen sey. M. R...... fing seine Erzählung an, und redete lebhaft einige Minuten, plötzlich sah ich ihn erblassen, seine Stimme wurde schwächer, und in einem Augenblicke erhob sich die Haut des Halses an der bezeichneten Stelle zu einer Geschwulst von dem Umfange einer großen Orange; zugleich machte der Kranke wiederholte Anstrengungen, sich zu erbrechen; ein kalter Schweiß folgte der vorausgegangenen Hiße; die Respiration wurde schwer, aussehend, begleitet von einem schneidenden Schmerz in der Höhe und etwas hinter der rechten Brust, welcher einem schmerzhaften Zerren im untern Theile des Halses entsprach; der Kranke blieb auf seinem Stuhle mit nach vorn übergebogenem Körper, klagte jeden Augenblick, daß er sein nahes Ende fühle, und troß seiner ungeheuren Blässe und der einigermaßen drohenden Ohnmacht fand ich den Puls weder unregelmäßiger, noch kleiner, ich zählte dieselbe Zahl von Pulsschlägen, wie früher.

Dieser Zustand von Angst dauerte mehrere Minuten, während welcher das Aussehen des Kranken etwas Abschreckendes hatte. Die Geschwulst hatte sich vergrößert, so daß der Hals die Gestalt hatte, wie bei gewissen großen Kröpfen, welche bloß in der einen Hälfte der Schilddrüse ihren Siß haben; die Haut über der Geschwulst hatte ihre natürliche Farbe. Die rasche Entwickelung dieser Geschwulst, ihre äußern Erscheinungen, ihr Siß, welcher die meisten vorhandenen Symptome erklärte, alles zeigte, daß sie von einem umschriebenen Emphysem herrührte, welches wahrscheinlich durch einen sehr kleinen Riß in der Luftröhre bedingt war. Mehr die Eigenheit des Kranken, als die Empfindlichkeit der Geschwulst, verhinderten mich, genau zu untersuchen, ob Crepitation vorhanden sey, indeß zweifle ich nicht daran.

In Folge dieser Diagnose empfahl ich dem Kranken absolute Ruhe und Stillschweigen, damit jede Art von Anstrengung vermieden werde, welche, wenn auch nur für Augenblicke, die Respiration beschleunigen könnten. Dabei erhielt er etwas narcotische Medicin mit kälten aromatischen Einreibungen und einem Compressivverband auf die Geschwulst. Die Nacht verging sehr unruhig und schlaflos, die Einreibungen wurden früh Morgens wiederholt und als ich den Kranken am andern Morgen wieder sah, so war die Geschwulst am Halse fast gänzlich verschwunden, aber eine unangenehme Schwere in der Magengrube, und der Schmerz in den Brustwandungen war immer noch zugegen, wiewohl in geringerm Grade; allmälig verschwanden diese Symptome immer mehr, und nach einer Woche konnte der Kranke seinen Geschäften wieder nachgehen und ist auch seitdem vollkommen wohl geblieben.

In den medicinischen Schriften findet man Beispiele von freiwilligem Emphysem in Folge heftiger Respirationsanstrengungen, aber in vorliegendem Falle war keine ähnliche Ursache nachzuweisen. Indeß zeigt sich das Emphysem in jenen Fällen, wie in diesem, in der Nähe des Schlüsselbeins.

Gewöhnlich bleibt es ohne üble Folgen. Bei unserm Kranken ist, nach den eigenthümlichen Symptomen zu urtheilen, die Luft wahrscheinlich in geringer Menge allmälig durch einen seitlichen Riß in der Luftröhre herausgedrungen; hier instillirte sie sich in das Zellgewebe, welches den Stamm des vagus umgiebt; daraus entstand eine Verziehung, eine Art von Spannung des Nerven, von wohl die krankhaften Erscheinungen im Magen und die Respirationsbeschwerden abzuleiten sind; und in der That standen auch diese Symptome, der Intensität nach, mit dem Umfange der Geschwulst am Halse in directem Verhältniß, so daß sie sich vermehrten, so wie die Geschwulst am Halse zunahm, aber sich wieder verminderten, sobald das Emphysem sank. (Archives Générales de Médecine.)

In Beziehung auf einen von der Wuth ergriffenen Hund *) erzählt das medicinische Correspondenzblatt für württembergische Aerzte einen merkwürdigen Fall. Der Hund, im Oberamte Gaildorf, sollte Februar 1833 todtgeschlagen werden. Ein Musikant aus Leinzell tödtete den Hund und nahm denselben im Büchsenranzen mit. Zu Hause wurde der Hund gereinigt, die Eingeweide weggeworfen, das Fleisch aber theils frisch gekocht, eine Fleischsuppe davon zugerichtet, und das Fleisch mit Sauerkraut gegessen, theils wurde es eingesalzen und geräuchert. Die Familie (zusammen neun Personen) aß mit Appetit von dem Fleisch (!!), das Weib nur von der Fleischsuppe. (!!) Inzwischen wurde von dem Oberamte nach dem Hunde gefahndet, und so kam die Geschichte heraus. Durch den Oberamts Arzt Bodenmüller wurde die Familie untersucht, und eine angemessene ärztliche Behandlung mit Entfernung alles dessen, was ihr Schrecken und Angst einflößen konnte, angeordnet. Von dem geräucherten Fleisch war auch schon ein Theil verspeist, der Rest wurde verriegt. Es zeigte sich bei der ganzen Familie, oder damals noch bisher in zehn Monaten, die geringste Störung der Gesundheit. — *) Daß der Hund wirklich die Hundswuth hatte, scheint: außer allem Zweifel, da andere Thiere, die er gebissen hatte, unter Wuthsymptomen starben.

Neue geburtshülfliche Instrumente hat Hr. Dugès der Académie royale de médecine zu Paris vorgezeigt. 1) Ein Blatt seiner Zange mit drehbaren Löffeln (vergl. Notiz No. 774. [N. 4. des XXXVI. Bds.] S. 64.), an welches sich, nach Bedürfniß, scharfe oder stumpfe Haken, oder ein Wasserkopftrocikart, oder ein terebellum anbringen lassen. 2) Eine eiserne Kopfschlinge, d. h., ein hufeisenförmiges Eisenblatt, "basilabe" genannt, welches er über die basis cranii wegführt und mittelst drei daran angebrachter Bänder als Kopfzieher braucht. 3) Ein Nachgeburtshaken, um Bevret's Molenzange zu ersehen. 4) Einen Mutterspießel mit zwei beweglichen Armen. 5) Mutterkränze von verschiedener Form und Beschaffenheit. 6) Endlich, ein cephalotome welches b:quemer, als das cephalotribe und der anmächliche Kopfbohrer seyn, und das Herausziehen des Fötuskopfes auch durch die engste Beckenöffnung möglich machen soll.

Einen Hornauswuchs auf dem obern Augenlide beobachtete Dr. Voisin bei einem fast 70jährigen Manne, der vor 25 oder 30 Jahren einen solchen kegelförmigen Lidauswuchs am Knie hatte, welcher nach 5 oder 6 Jahren verschwand. 10 oder 15 Jahre später entwickelte sich ein neuer Auswuchs von derselben Art in der Mitte des linken obern Augenlides; er ist bogenförmig nach unten gekrümmt; seine Basis geht allmälig in die weichen Theile über, und hat 1½ Linien Durchmesser; sein freies Ende von 3 Linien Durchmesser endigt plötzlich wie durch einen Queerdurchschnitt. Er hatte nie Augenentzündung gehabt. (Gazette médicale de Paris. No. 37. 1833.)

In Bezug auf das Selbsterhängen, erzählt der Sanitätsbericht der K. Regierung zu Aachen einen merkwürdigen Fall. Ein von Maadeburg genommener Rekrut bestieg in Eupen, nachdem er zu Mittag gegessen, den Heuboden und erdrosselte sich kniend mit seinem Torustierriemen, den er eine sehr lockere Schlinge um den Hals gelegt und durch Zurückbeugung des Körpers zugezogen hatte. Der Riemen war gar nicht zugeschnallt und es hätte von Seiten des Erhängten nur einer Bewegung des Körpers bedurft, um die Schlinge wieder zu öffnen.

Bibliographische Neuigkeiten.

Précis élémentaire d'histoire naturelle. Par *G. de la Fosse.* Première partie: Minéralogie et Géologie. Deuxième Partie: Botanique et Zoologie. Deuxième édition. Paris 1834. 12.

Anatomie pratique du corps humain; Ouvrage divisé en deux parties: la première comprenant les principales regions chirurgicales; la seconde représente les opérations qui s'y tattachent, telles que ligatures, amputations des articulations etc. Par *V. Trinquier et A. Espezel.* Paris 1834. Fol.

Traité des eaux minérales et des établissemens thermaux [du département des Pyrénées Orientales. Par *J. Anglada.* Montpellier 1833. 2. Vols. 8vo. m. K (Der verdiente Anglada, Professor zu Montpellier, ist leider Anfangs dieses Jahrs gestorben.)

Notizen

aus

dem Gebiete der Natur- und Heilkunde,

gesammelt und mitgetheilt von Dr. L. F. v. Froriep.

Nro. 848. (Nro. 12. des XXXIX. Bandes.) Februar **1834.**

Gedruckt im Landes-Industrie-Comptoir zu Weimar. Preis eines ganzen Bandes, von 24 Bogen, 2 Rthlr. oder 3 Fl. 36 Kr., des einzelnen Stückes 3 ggl. Die Tafel schwarze Abbildungen 3 ggl. Die Tafel colorirte Abbildungen 6 ggl.

Naturkunde.

Ueber die Entwickelungsweise der Schwimmblase der Fische.

(Aus einem Briefe des Hrn. Professor v. Baer zu Königsberg.)

Nach der Lebhaftigkeit, mit welcher man vor einigen Jahren die physiologische Bedeutung der Schwimmblase untersucht hat, dürfte es Ew. nicht uninteressant seyn, zu erfahren, daß die Entwickelungsweise derselben ihre Lungen-Natur vollständig erweist. Sie werden bemerkt haben, daß ich durch Untersuchungen über die Entwickelungsgeschichte sehr verschiedener Thierclassen die Ueberzeugung erhalten hatte, daß alle diejenigen Organe, welche mit der Cavität des verdauenden Canales in Verbindung stehen, durch Ausstülpung aus diesem Canale sich bilden, so nämlich, daß der verdauende Canal sich zuvörderst zu einer Röhre formt, und dann aus dieser Röhre eine beschränkte Stelle der Wandung hervorwächst, gleichsam hervorgetrieben wird, indem die einfache Röhre des verdauenden Canals hier einen Nebenast bekommt, und daß diese Ausstülpung sich nun entweder sackförmig erweitert oder verzweigt, je nach der Natur des Organes, welches werden soll. So hatte ich nicht nur die Entwickelung der verschiedenen Drüsen, sondern auch der Lungen der Säugethiere, der Vögel und der Amphibien verfolgt.

Lange wollte es mir aber nicht gelingen, Fische in solcher Zeit zu beobachten, daß ich das Werden der Schwimmblase hätte verfolgen können. Von der einen Seite schien es sehr wahrscheinlich, daß die Schwimmblase, die doch im Wesentlichen eine unvollkommene Lunge zu seyn schien, sich eben so entwickeln würde, als diese. Von der andern Seite machte es mich aber auch bedenklich, daß die Schwimmblase nicht nur in der Regel unpaarig ist, und in der Mittel-Ebene liegt, sondern auch von der Rückenseite aus in den verdauenden Canal einmündet, während andere Lungen mit der Bauchseite des verdauenden Canales in Verbindung stehen, überhaupt aber alle Ausstülpungen aus dem verdauenden Canale, die ich kennen gelernt hatte, sich an seiner untern, der Bauchfläche zugekehrten Wand, oder seitlich bilden. Ich habe Veranlassung genommen in dem Buche: Ueber Entwickelungsgeschichte der Thiere. Bd. I. S. 170. auf diese Zweifel hinzuweisen.

Der Frühling des Jahrs 1833 war endlich den Versuchen, die Entwickelungsgeschichte der Fische genau zu verfolgen, sehr günstig. So gelang es mir auch, die Ausbildung der hintern Schwimmblase an mehreren Cyprinus-Arten auf allen Stufen zu verfolgen. — Wenn die Fischchen die Eihüllen verlassen, ist noch nichts von der Schwimmblase da. Diese zeigt sich zuerst als eine stumpfe und breite Ausstülpung des verdauenden Canales. Indem sie sich verlängert, wird der Theil, welcher in den verdauenden Canal übergeht, enger, ohne daß man doch noch eine bestimmte Sonderung zwischen der Schwimmblase und ihrem Canale erkennen könnte. Diese Sonderung wird aber, bevor 24 Stunden verflossen sind, kenntlich, und man sieht jetzt einen länglichen Sack (die Schwimmblase), der durch einen hohlen Gang (den Canal der Schwimmblase) mit dem Darmcanale in Verbindung steht. Dieser Gang ist aber anfänglich ungemein weit im Verhältnisse zu dem Sacke, gerade so wie auch die Luftröhre der höhern Thiere im Anfange, im Verhältnisse zur Lunge, eine sehr bedeutende Weite hat. Einige Zeit hindurch enthält diese Schwimmblase oder diese Lunge, wie man sie eben so gut nennen kann, keine Spur von Luft, sondern hat nur denselben Inhalt, den der Darm hat. Bekanntlich bleiben die Lungen der Säugethiere und Vögel noch weit länger ohne Luft. Bei den Fischen nämlich sieht man plötzlich — bei Cyprinus Blicca schon am 4. Tage nach dem Auskriechen, wenn das Wetter warm ist — die Schwimmblase sehr stark von Luft ausgedehnt. Diese starke Ausdehnung scheint zum schnellern Wachsthum der Schwimmblase beizutragen. Die plötzliche Anfüllung mit Luft läßt mich vermuthen, daß die Luft eingeschluckt ist.

12

Ja ich finde es wahrscheinlich, daß die Fisch=Embryonen in den ersten Tagen diese Luft mehrmals erneuern und ihre Lunge, obgleich die Kiemen stark in der Entwickelung sind, zum Athmen brauchen, denn sie suchen fast eben so ängstlich von Zeit zu Zeit die Oberfläche des Wassers zu erreichen, als die Embryonen der Frösche, wenn ihre Lungen hervorgetrieben sind. Zwar habe ich nie sehen können, daß sie Luftblasen von sich geben, allein die Kleinheit derselben kann sie leicht dem Auge entziehen. Wenn ich die Oberfläche des Wassers, in welchem ich die Embryonen von diesen Bildungsstufen hielt, so dicht mit Conferven bedeckte, daß die Fische die Luft nicht erreichen konnten, obgleich zwischen den Confervenfäden die Luft sehr gut durchbringen konnte, um das Wasser zu schwängern, so starben die Embryonen bald ab. Sind aber die Embryonen über 8 Tage alt, so scheinen sie die Oberfläche nicht mehr zu suchen, und können unter einer dichten Decke von Conferven sehr lange leben, wenn sonst die Temperatur und andere Verhältnisse ihnen günstig sind.

Es wird kaum nöthig seyn, darauf hinzuweisen, wie sehr die Fische, wenn sie einige Zeit hindurch die Schwimmblase als Lunge gebrauchen, gegen das Gesetz sprechen, daß in der Entwickelungsgeschichte des Individuums nur höhere Lebensformen aus niedern hervorgehen kann und nie umgekehrt. Die Athmung der im Wasser enthaltenen Luft durch Kiemen ist ohne Zweifel eine niedere Form des Lebens, als die Athmung der atmosphärischen Luft durch Lungen. Dagegen bestätigt sich auf eine sehr auffallende Weise die Lehre, daß, je weiter zurück in ihrer Lebensgeschichte wir zwei differente Thierformen vergleichen, wir desto mehr wir sie übereinstimmend finden. Die Batrachier und die Fische sind eine kurze Zeit in Hinsicht der Athmungsorgane, so wie in vielen andern Hinsichten, übereinstimmend, indem sie Lungen und Kiemen zugleich gebrauchen, und erst aus dieser Uebereinstimmung bildet sich die Differenz, indem bei jenen die Lungen, bei diesen die Kiemen verkümmern.

Man sieht in den Embryonen der Cyprinus=Arten bald die Luftröhre sich verengen. Wann sie aufhört, Luft aufzunehmen, kann ich nicht bestimmen, doch scheint schon nach wenigen Tagen wenigstens kein Bedürfniß zur Aufnahme der Luft mehr da zu seyn, wie den angeführten Erfahrungen andeuten. Es liegt nun die Vermuthung sehr nahe, daß diejenigen Schwimmblasen, in welchen die ausgebildeten Fische keinen Ausführungsgang haben, ihn in einem frühern Embryonen=Zustande besaßen und nur allmälig durch Verwachsung verloren haben.

Die seitliche mikroscopische Ansicht des unveränderten Fischembryo's zeigt ebenso wenig mit Sicherheit die Lage der Lunge als Luftröhre, als die Zergliederung desselben, weil bei der ersten Untersuchung die Durchsichtigkeit das seitliche Verhältniß zu sehen, unmöglich macht; bei den letztern aber das Lagenverhältniß zerstört wird. Erhärtete ich aber die Embryonen vorher durch Weingeist oder Säure, so fand ich jedesmal, daß die Lunge und die Luftröhre etwas nach rechts lagen, so daß, von vorne gesehen, die Lunge immer rechts etwas vorragte, und die Luftröhre in die rechte Seite des

Schlundes einmündete. †† verdauender Canal. x Schwimmblase oder Lunge. Es ist mithin, wie bei den Schlangen, die rechte Lunge, welche sich hier entwickelte. Hiernach leidet das S. 170 des angeführten Werkes aufgestellte Bildungsgesetz: daß die Fundamentalorgane in ihrer Centrallinie keine Entwickelung erfahren, durch die Schwimmblasen der Fische keine Ausnahme. Dagegen war es mir unerwartet, daß ich auf der linken Seite nicht einmal den Anfang einer Lungenbildung entdecken konnte. Vielmehr schien die erste Spur der Leber etwas nach links zu liegen.

Es ist also die hintere Schwimmblase der Cyprinus=Arten eine in der Entwickelung gehemmte rechte Lunge. Die vordere Schwimmblase tritt etwas später auf, zu einer Zeit, wo der Vorderleib des Embryo's schon ziemlich undurchsichtig ist. Deßhalb habe ich ihre Ausbildung, aller angewendeten Mühe ungeachtet, noch nicht ganz vollständig verfolgen können. Was ich gesehen habe, berechtigt mich zu dem Glauben, daß sie aus dem Ohre hervorgetrieben werde, daß aber, wenn sie die hintere Schwimmblase erreicht, die Wand zwischen beiden zerreißt, und sie von dieser aus mit Luft gefüllt wird. Sie ließe sich also wohl mit einer Eustachischen Röhre vergleichen, womit Weber's Entdeckung der Gehörknöchelchen schön harmonirt."

Ueber einige Vulkane und vulkanische Erscheinungen auf Oweihi und den benachbarten Inseln.

Aus einem Brief des Missionärs Hrn. Joseph Goodrich vom 17. Nov. 1832 an Prof. Silliman.

(Man vergleiche die Aufsätze von Ellis und Stewart in Notizen No. 306. 361. und Byron's Nachricht in No. 363.)

„Seit meiner letzten Zuschrift habe ich den Mauna Kea erstiegen und fast ganz umwandert; in dem Thale zwischen dem Mauna Kea und dem Mauna Loa stieg ich der Pfad so nahe dem erstern hin, daß man dessen Schneegipfel erst am Ende des Thals erblickt, während der letztere einen gräulichen Anblick darbietet. Schwarze Lavaströme, die so eben und rauh sind, daß man nicht ohne große Schmerzen darüber gehen kann, ziehen sich vom Gipfel bis in's Meer, und es ist schwer zu begreifen, wie die Oberfläche derselben so zackig und zerrissen werden konnte.

Bei'm Ersteigen des Mauna Kea kam eben nichts Eigenthümliches des Mauna Kea vor; denn heftiges Kopfweh, an welchem auch die Eingebornen litten, Uebelkeiten und Ausbrechen von galligen Substanzen befällt mich in solchen hohen Regionen regelmäßig.

Die Mineralien, welche ich gesammelt habe, bestehen aus in Lava eingelagerten Granitstücken. Ein Exemplar ist dabei, welches aus weißer Kapa mit schwarzen Figuren eingehüllt ist, und als Exemplar vom Gipfel sind in demselben Art von Kapa eingelagert. Die Proben von derber Lava, die dem Hornsteine sehr gleicht, sind das Material, aus welchem die Eingebornen ihre Aexte bereiteten, bevor sie Eisen hatten. Sie stammen aus einer Höhle in der Nähe des Gipfels, die der Steinbruch der Eingebornen war.

Es kamen mir einige Exemplare Granit vor, die 1 Fuß und darüber im Durchmesser hatten, aber im Allgemeinen sehr wenig Cohäsion besaßen, was ohne Zweifel vom vulkanischen Feuer herrührt, dessen Spuren fast an jedem Steine der Insel sichtbar sind.

Bei meiner letzten Besteigung des Berges besuchte ich den See, von dem ich häufig gehört hatte. Er liegt gerade am Fuße einer der höchsten Spitzen des Berges, ungefähr 1000 Fuß vom Gipfel an der Südostseite, er hat 75 Rods (zu 16½ Fuß) im Umfange, oder 25 im Durchmesser. Er war ziemlich halb zugefroren, als ich ihn im December sah; das Eis war so fest, daß man darauf schlittern konnte; allein die barfüßigen und halbnackten Eingebornen bezeigten dazu keine große Neigung. Das Wasser schien sehr tief, und hatte damals keinen Abfluß. Doch scheint bei'm Schmelzen des Schnees ein solcher statt zufinden. Quellen, durch die der See Zufluß erhielt, konnte ich nicht entdecken, und die Steine, Asche und Schlacken in der Nachbarschaft waren ganz trocken. Auch lag damals wenig Schnee.

Erdbeeren, Heidelbeeren und schwarze und gelbe Himbeeren wachsen bis zur Gränze der Vegetation häufig an den Wänden des Bergs; weiter nach unten zieht sich ein dichter waldiger Gürtel von 5 — 10 Meilen Breite fast ganz um denselben, und unter diesem bis an die Seeküste ist das Land in einer Strecke von 6 — 8 Meilen cultivirt.

Ich sende Ihnen hierbei eine Probe des Sandes vom Ufer. In einem eisernen Gefäße geschmolzen, bildet er eine schwarze poröse Lava, die den beigefügten Exemplaren ächter Lava nicht unähnlich ist.

Als ich mich im vergangenen Januar zu Oahu befand, wurde der Vulkan sehr thätig, es erhob sich aus demselben viel Rauch, der von dem darunter befindlichen Feuer stark erleuchtet wurde, so daß man eine Feuersbrunst zu sehen glaubte. Einige Tage später ließen sich heftige Erdstöße spüren, deren im Laufe eines Tages 6 — 8 erfolgten. Nach 2 — 3 Tagen hörten dieselben auf.

Den 20. Juni fing der Mauna Loa an zu speien, welcher ziemlich dieselbe Höhe hat, wie der Mauna Kea (18000 Fuß); 2 — 3 Wochen lang kam aus demselben Feuer, und an mehrern Stellen brach die Lava aus der Bergwand hervor. Sie bildete auf allen Seiten des Berges Ströme, und war selbst zu Lahaina, welches über 100 englische Meilen entfernt ist, sichtbar. Dieser Berg ist noch nie erstiegen worden; doch habe ich die Absicht, kommenden Januar den Versuch zu machen.

Am 1. Dec. besuchte ich den Vulkan Kirauea, um zu sehen, ob sich seit meiner letzten Anwesenheit Veränderungen ereignet hätten. In und um den Krater her, hatten furchtbare Ausbrüche stattgefunden; bis zu dem schwarzen Absatz, und etwa 50 Fuß darüber, im Ganzen etwa 900 Fuß hoch, war derselbe ausgefüllt gewesen, und hatte sich wieder ziemlich bis zu seiner frühern Tiefe gesetzt, so daß denn, wie gewöhnlich, am südlichen Ende ein siedender Kessel befand. Die innere Seite des Kraters war vollkommen verändert; das Erdbeben im Januar hatte die Wände des Kraters auf der Ostseite von unten bis oben gesprengt, so daß Klüfte von

wenigen Zollen bis mehrere Ellen Breite entstanden waren, durch die die Lavaströme nach außen hervorgebrochen. Die Spalten zogen sich an den senkrechten Wänden des gewaltigen Kessels in östlicher Richtung hinan. Die Proben von der braunen Kapa rühren meistens von der Stelle her, wo Hr. Stewart, Lord Byron, ich und andere Reisende übernachteten, und die jetzt gänzlich mit Lava bedeckt ist.

Gewaltige Steintrümmer waren nach verschiedenen Richtungen geschleudert; die Spalten zogen sich gegen Osten und hatten den Damm zerrissen, welcher die beiden Krater mit einander verbindet, und der sich, wie die ganze Nachbarschaft, um etwa 1 Fuß gesenkt hat, wie man an den weiter nach hinten liegenden Wänden bemerkt. Der Pfad vor dem Nachtquartiere, auf welchem man in den Abgrund hinabstieg, ist jetzt durch die Spaltung der Felsen und Lavaströme ganz unwegsam gemacht, so daß jetzt nur noch ein schwieriger Pfad übrig bleibt. Ich fand das Hinabsteigen in den Krater viel gefährlicher als früher. Nachdem ich vom nördlichen bis zum südlichen Ende gewandert war, sah ich mich am Rande eines brennenden Sees oder Stromes, wenn ich mich so ausdrücken darf. Etwa 20 Fuß unter mir befand sich eine 60 — 80 Rods lange, und 20 — 30 Rods breite Oeffnung in der festen Lava, in welcher eine flüssige und halbdurchsichtige Lavamasse wogte, und sich schäumend an den Felsenufern brach. Die Masse war von Norden nach Süden zu, mit einer Geschwindigkeit von 2 — 3 Meilen auf die Stunde, in Bewegung, und sprudelte an dem See wie eine Quelle hervor.

Hrn. Stewart's Beschreibung von dem Boden des Kraters (vergl. Notiz. No. 361) kann, mit Ausnahme des eben erwähnten Sees, noch jetzt für richtig gelten. Wer einen Eisgang auf einem Flusse mit angesehen hat, kann sich ungefähr einen Begriff davon machen, wie sich dieser Lavastrom ausnahm, und sich die halberkalteten Schollen an einander und am Ufer brachen, und am letztern formlos übereinanderthürmten. Die mit Gewalt hervorbrechenden Gase spritzten das flüssige Feuer nach allen Richtungen. Das Ganze bildete eine über alle Beschreibung gräuliche Scene.

Die Exemplare von weißer Kapa wurden am Rande dieses Lavastroms gesammelt, und waren wahrscheinlich erst wenige Tage, ja vielleicht erst wenige Stunden vorher ausgeworfen worden, denn sie waren so heiß, daß man sich die Hände beinahe daran verbrannte. In dem See oder Strome befanden sich zwei Inseln, und es ließ sich schon errathen, was deren Basis bilde. Hier sah ich, wie es kam, daß die Oberfläche der Lava so rauh und zackig wurde, denn der Feuerstrom und die Gasexplosionen trieben und schleuderten sie nach allen Seiten. Der Spalt, in dem sich dieser Strom befand, erstreckte sich ebenfalls vom Gipfel bis zum Boden des Kraters und weiter hinten, ungefähr unter einem rechten Winkel zu dem Hauptspalt, bei der halben Höhe der Wand, und gerade unter der Hütte, wo Lord Byron übernachtete, (vergl. Notiz. No. 363) befand sich ein ¼ Meile langer Riß, aus welchem ungeheure Quantitäten Lava hervorsprudelten.

Ich füge eine Probe haarförmigen vulkanischen Glases zu, welches ich an der südwestlichen Seite sammelte, ehe ich

12*

in den Krater stieg. Es ist so außerordentlich leicht, daß ich es nur in Löchern und Klüften fand, in die es der Wind zusammengeweht hatte.

Vor länger als einem Jahre wurde hier ein Erdstoß verspürt, während zu gleicher Zeit drei Eingeborne 4 — 5 Meilen vom Ufer vor der Bai eine sonderbare Bewegung des Seewassers wahrnahmen. Dasselbe erhob sich in Gestalt eines über 70 Fuß hohen Kegels und hatte ein weißes schaumiges Ansehn. (American Journal of Science and Arts by *B. Silliman.* October 1833.)

Miscellen.

Ueber die vergleichenden osteologischen Formen des mannbaren Europäers und der mannbaren Europäerin, hat Hr. Walter Adam, M. D. zu Edinburgh, in einer der königl. Gesellschaft vorgetragenen Abhandlung die Resultate einer großen Anzahl von sorgfältigen Messungen mitgetheilt, die er an den Skeletten erwachsener Individuen angestellt hatte. Es lag Hrn. W. A. daran, ein Maaß zu ermitteln, welches als das Einheit oder das Normalmaaß aller übrigen Maaße des Skelets dienen könne, und da er fand, daß kein Knochen des Rumpfs oder der Extremitäten, die zu diesem Zwecke geeigneten Charactere besitze, so suchte er in dem cranium nach einem solchen. Das Resultat einer ausgedehnten Reihe von Beobachtungen führt ihn darauf, den Abstand zwischen den Fortsätzen der cristae zygomaticae gleich über dem äußern Gehörgang als diejenige Dimension aufzustellen, welche der Veränderung weniger unterworfen sey, als irgend eine andere des menschlichen Schädels. Diese Linie nennt er auricularis transversa und indem er den vierzehnten Theil derselben (im Durchschnitt ¼ Zoll) als Einheit setzt, giebt er die Dimensionen von fast jedem Knochen des Skelettes in verschiedenen Richtungen, in Multiplicationsproducten dieser Einheit an, wobei auf die bei beiden Geschlechtern vorkommenden Unterschiede Rücksicht genommen wird. Diese sehr detaillirt dargelegten und häufig tabellarisch geordneten Messungen, sind keines Auszugs fähig. Aus seiner Untersuchung leitet der Verfasser den allgemeinen Schluß ab, daß, je nach dem Geschlechte des Individuums, jeder Knochen des Körpers gewisse Modificationen darbiete. (The London and Edinburgh philosophical Journal, Dec. 1833.)

In Beziehung auf den Gerbestoff hat Hr. Pelouse eine schöne Entdeckung gemacht. Das in so vielen Vegetabilien besonders in den Holz- und Wurzelrinden, z. E., wie die China, Ratanhia, Eichenrinde vorhandene Princip, welches das active Element der meisten in der Medicin gebräuchlichen Astringentien bildet, ist zwar schon lange dargestellt worden, aber immer unrein, immer in Verbindung mit den zu seiner Bereitung angewendeten Säuren und Basen, unauflöslich und ganz verschieden von dem, was in den Substanzen war, aus welchen man es gezogen hatte. Indem Hr. Pelouse das Pulver von Nux vomica, von Galläpfeln und andern ähnlichen Substanzen mit Aether in einer verticalen Retorte behandelt, sah er zuerst eine hellgelbe, durchsichtige, syrupsdicke Flüssigkeit abfließen, welche von Gerbestoff und Aether gebildet war, dann reinen Aether, welcher sich als eine dünne Schicht auf die Oberfläche der Gerbestoffauflösung legte. Nachdem der Aether decantirt worden war, hat die syrupsdicke Flüssigkeit, bei gelinder Wärme abgedampft, einen Niederschlag von reinem Gerbestoff gegeben, welcher völlig rein, crystallisabel, in Wasser und Alcohol auflöslich ist. kurz alle die Eigenschaften hat, welche ihn in den Substanzen characterisiren, deren Bestandtheil er bildet. — Dieses neue Product, welches auch, nach F. Boudets Erfahrung, leicht zu erhalten ist, wird in den meisten Fällen mit Vortheil den in der Medicin gebräuchlichen Astringentien substituirt werden.

Ueber einen aus dem Gebirge der Andes nach Caraccas gebrachten Bär hat Sir R. Ker Porter, in einem Briefe d. d Caraccas den 14. August 1833, dem Secretair der zoologischen Gesellschaft zu London eine Mittheilung gemacht. Dieser Bär unterscheidet sich von dem als Ursus ornatus von F. Cuvier abgebildeten und von einem in der Menagerie der Zoological Society vorhandenen Bär durch die Zeichnung des Antlißes. Das Gelbweiße des Gesichts fängt auf dem Sattel der Nase zwischen den Augen an, beschreibt unter jedem Auge einen Halbzirkel, erstreckt sich dann über die ganze Schnauze, wo es grauweiß wird, bis es in das völlig Weiße übergeht, welches die Kehle und ganze Brust bedeckt und eine Spitze zwischen den Vorderfüßen bildet. Der ganze übrige Körper ist pechschwarz. Er ist kleiner, als die Bären im nördlichen Europa, und etwas kürzer.

Die Diamant-Klapperschlange (Crotalus durissus L.) findet sich häufig im Staate Georgia in der Grafschaft Carroll, wo sie das größte Reptil ist und zuweilen eilf Fuß lang gefunden wird. Im Sommer 1833 wurden drei Exemplare am Ufer des kleinen Talapoosa erlegt, von welchen eins an einer Klapper funfzehn Abtheilungen hatte. Zum Glück ist kein Fall bekannt, daß ein Mensch durch diese Art gebissen worden wäre. Wie sie gewöhnlich sehr fett, und im Verhältniß zu der Länge auch sehr dick ist, so ist sie auch träge und nicht zu Angriffen geneigt, obwohl, wenn sie aufgeregt wird, ihr Anblick furchtbar ist.

Heilkunde.

Verlust der Sprache durch Vergessen der Anwendungsart der Stimmorgane.

Von Dr. Osborne.

Der Verfasser dieses Aufsatzes bringt die Fälle, wo die Kr. die Erinnerung der Sprache verlieren, unter zwei Classen. Bei denen, welche zu der ersteren gehören, ist diese Erscheinung gewöhnlich mit Erweichung einiger Portionen des Gehirns verbunden, und wird besonders bei schon ältern Personen beobachtet. Sie characterisirt sich durch Schwierigkeit, oder selbst Unmöglichkeit, sich an Zeit, Namen, Orte und Personen zu erinnern. Aber so lange, als die Contractilität der bei'm Aussprechen dienenden Muskeln nicht durch Lähmung verändert ist, behält der Kr. das Vermögen der Sprache und spricht mit seiner gewöhnlichen Leichtigkeit. Die zweite Classe umfaßt die Fälle, wo es nicht an einem Vergessen des Worts, sondern der Art und Weise liegt, es mittelst der Stimmorgane auszusprechen. Von dieser zweiten Classe ist hier allein die Rede. Diese Art der Vergessenheit kömmt, nach dem Verfasser, in jedem Alter vor, und obgleich sie von einer Krankheit des Gehirns, oder irgend eines Theils dieses Organs abhängig zu seyn scheint, so ist sie doch nicht durchweg ein Vorbote einer ernsthaftern Krankheit; denn bisweilen verschwindet sie nach kurzer Zeit, andre Male hingegen dauert sie eine unbestimmte Zeit fort.

Der erste Fall, den der Verfasser beobachtete, war der eines jungen, 10 Jahr alten Mädchens, welches am sechsten Tage eines gefährlichen, mit Unterleibsentzündung verbundenen (wahrscheinlich typhösen), lang anhaltenden Fiebers, die Sprache verlor, obgleich es das Empfindungsvermögen vollkommen behielt und durch seine Handlungen bewies, daß es alles verstand, was vor ihm gesprochen wurde. Es konnte schreiben, und nahm mit Freuden das Anerbieten an, alles was ihm beliebte, schreiben zu dürfen. Mehrmals machte es einen Versuch zum Sprechen, war aber nicht im Stande, einen einzigen Satz vollkommen zu Ende zu bringen. Dieser Zustand währte fünf Tage, nach welcher Zeit die Kr. mit einem Male die Sprache wiedererhielt, und der Genesung entgegenschritt.

Der zweite Fall betrifft einen Knaben von 7 Jahren, welcher im Verlauf derselben Krankheit allmälig zu sprechen aufhörte, und acht Tage hintereinander vollkommen stumm blieb, obgleich er alles, was man ihm sagte, vollkommen verstand, und er oft den Versuch, zu sprechen, machte. Die Sprache fand sich nach und nach wieder ein, und er wurde, jedoch sehr langsam, wieder gesund.

Der dritte Fall ereignete sich bei einem Kr., welcher den 2. März 1830 mit einer Lähmung des Arms und des Beins der rechten Seite, welche die Folge eines vor ungefähr einem Monat betroffenen Anfalls von Schlagfluß war, in das Hospital aufgenommen wurde. Er war seines Verstandes vollkommen mächtig, aber gleichwohl vermochte er nicht, auf die an ihn gerichteten Fragen zu antworten, und ließ nur einzelne, ganz unverständliche Sylben hören. Die Gesichtszüge waren ebenfalls verändert, wie die Sprache, jedoch deutet die Art, wie er die Sylben aussprach, darauf, daß bei ihm das Hinderniß der Aussprache ein anderes sey, als man es bei den meisten vom Schlag Befallenen antrifft. Bei diesen letztern beeinträchtigt die Schwierigkeit oder selbst Unmöglichkeit mancher besondern Bewegungen die Anwendung einiger besondern Consonanten, oder behindert sie wohl gar; jedoch kann man in ihrer Sprache Vocale und Sylben entdecken.

Der vierte Fall trug sich bei einem 26 Jahr alten Gelehrten zu, welcher fünf bis sechs Sprachen verstand; er wurde eines Morgens, nachdem er sich zuvor in einem in der Nachbarschaft seiner Wohnung liegenden See gebadet hatte, plötzlich bei'm Frühstück von einem Anfall des Schlagflusses betroffen; nachdem ihm zur Ader gelassen, und er seinem Zustande gemäß behandelt worden, erhielt er nach 14 Tagen seinen Verstand, aber nicht seine Sprache ganz wieder; er sprach zwar mit der größten Leichtigkeit, sprach eine große Anzahl Sylben aus, da nichts von der Lähmung mehr vorhanden war, allein man konnte ihn durchaus nicht verstehen. Als er nach Dublin reiste, hielt man ihn, seiner ungewöhnlichen Aussprache wegen, für einen Fremden.

Durch zahlreiche Versuche erhielt Dr. Osborne über folgende Thatsachen Gewißheit: 1) Die Verstandeskräfte waren ungestört; der Kr. las die Journale und die Werke des Auslandes ohne Schwierigkeit; 2) er drückte im Schreiben seine Gedanken mit Leichtigkeit aus; er schrieb orthographisch richtig, aber er versetzte bisweilen die Wörter; 3) er hatte das Rechnen nicht vergessen, und eben so wenig Melodien, welche ihm früher bekannt gewesen waren; 4) er konnte irgend Jemanden einige einsylbige Wörter nachsprechen, aber bei manchen gelingt ihm dieß durchaus nicht. Als man ihn einen Satz lesen ließ, wandte er Sylben an, die den verschiedenen Sprachen, welche er verstand, anzugehören schienen.

Nachdem Dr. Osborne die Anlage zum Schlagfluß, welche dieser Kr. zeigte, durch die geeigneten Mittel beseitigt hatte, gab er ihm, da er sah, daß ihn die Furcht, sich lächerlich zu machen, zu einem vollkommenen Stillschweigen zwang, den Rath, er solle anfangen, wieder wie ein Kind sprechen zu lernen, und einer andern Person die Buchstaben und dann die Wörter nachsprechen. Diese Versuche hatten einen glücklichen Erfolg, denn obgleich er zu der Zeit, wo Hr. Osborne seine Abhandlung drucken ließ, die Sprache noch nicht vollkommen wiedererhalten hatte, so ließen doch die Fortschritte, welche er jeden Tag in dieser Erlernungsart machte, nicht an einem vollständigen Gelingen zweifeln.

Der Sitz der Veränderung, welche diesen krankhaften Zustand hervorbringt, ist nach Dr. Osborne an dem obern Theile der Hirnhemisphären; wenigstens ist dieses in zwei Fällen beobachtet worden; der Gegenstand des erstern ist der Soldat, dessen Geschichte Hr. Larrey mitgetheilt hat, welcher, von einer Kugel in die Stirn getroffen, das Gedächtniß für Eigennamen und für einige Hauptwörter auf immer verlor. Der zweite betrifft einen Mann, dessen Geschichte in einer frühern Nummer desselben Journals mitgetheilt ist, bei welchem ein Säbelhieb auf den erhabenen Theil des Seitenwandbeins eine 5 Zoll lange Wunde verursachte, welche in das Gehirn drang, und mehrere Stücke desselben mit fortnahm; dieser Mann erhielt sein Gefühl wieder, und konnte seine gewöhnlichen Geschäfte wieder vornehmen, aber den Gebrauch der Sprache verlor er vollkommen.

Hr. Dr. Osborne erklärt die Ursache, warum der Kr. das Vermögen der Sprache, oder vielmehr der Aussprache verloren hatte, während ihm das Denkvermögen und die Fähigkeit zu schreiben geblieben waren. Als ersten Grund dieser Erscheinung führt er an, daß die Kunst zu sprechen, weit verwickelter sey, als die Kunst zu schreiben; jedoch stützt er seine Erklärung besonders darauf, daß die Nerven, welche sich in die Stimmorgane vertheilen, und vom Gehirn und den am höchsten liegenden Portionen des verlängerten Rückenmarks kommen, bei Anfällen von Schlagfluß oder andern Gehirnleiden häufiger verletzt werden müssen, als diejenigen, den zum Schreiben nothwendigen Bewegungen vorstehen, welche vom Hirngeflecht kommen, und nur durch Ursachen, welche Lähmung herbeiführen, verletzt werden können. (The Dublin Journal of medical science.)

Ueber das Eindringen von Luft in die Venen in Folge chirurgischer Operationen.

Von J. Warren.

William Burrill, aus Salem, 60 Jahr alt, wurde den 16ten October 1830 in das Hauptspital von Massachusetts aufgenommen. Er hatte ein Krebsleiden an der linken Seite des Gesichts und des Halses in einer Ausdehnung von drei oder vier Zoll. Der kranke Theil war hart an den Rändern, von röthlich livider Farbe, in der Mitte ulcerirt, sehr übelriechend, sehr schmerzhaft, und hatte auf das Allgemeinbefinden bereits ungünstige Wirkung. Die Parotis, die Submaxillar- und die Sublingualdrüse und alle Gewebe, mit Ausnahme des Knochens, waren schon in den Krankheitsproceß hineingezogen. Dr. Warren, die Ausdehnung der veränderten Theile berücksichtigend, voraussehend, daß bedeutende Gefäße verletzt werden müßten, namentlich die arteriae faciales, sublinguales, wahrscheinlich auch die temporalis und die carotis externa, entschloß sich, die Operation mit der Unterbindung der Art. carotis, anzufangen. Zu diesem Zwecke machte er dem Schildknorpel gegenüber einen Einschnitt, den er zwei Zoll weit nach unten verlängerte. Der Hautmuskel wurde getrennt, der Rand des sternocleido-mastoideus bloßgelegt und abgelöst. Bisher flossen nur einige Tropfen Blut. Kaum aber hatte er die Zellscheide der großen Gefäße bloßgelegt, als ein kleiner Ausfluß von venösem Blute unter seinem Scalpell hervorquoll, und die Operation hemmte. In demselben Augenblick hörte man sehr deutlich ein Geräusch, ähnlich dem, welches vom Durchgange der Luft durch Wasser hervorgebracht wird. Man bemerkte einige Luftblasen in dem venösen Blute, dessen Ausfluß durch Anlegen eines Fingers gestillt wurde. Der Kranke rief: „ich werde ohnmächtig." Sein Gesicht war nicht blaß, sondern livid, fast schwarz, die Muskeln waren in convulsivischen Bewegungen. Die Respiration wurde mühsam, röchelnd, wie in der Apoplexie. Der Puls war an der Handwurzel deutlich, aber sehr schwach. Da aus der Wunde kein Blut kam, und der Kranke also nur sehr wenig verloren hatte, so öffnete man die Schläfenarterie; das Blut spritzte aus derselben kräftig heraus, und in Maaße als es floß, wurde die Respiration häufiger und weniger beschwerlich; der Puls hob sich; die Bleifarbe der Wangen wurde mehr hochroth, und die Zufälle ließen offenbar nach. Diese günstige Veränderung geschah in zwanzig Minuten. Nach einer halben Stunde wurde der Kranke auf's Bett gebracht, wo er zwei Stunden lang in einem unempfindlichen Zustande verblieb. Dann erwachte er wie aus einem tiefen Schlaf und seine Respiration wurde wieder der eines Apoplectischen ähnlich. Die Nacht ging ohne Zufälle vorüber, und den andern Morgen befand er sich so wohl wie gewöhnlich, mit Ausnahme einiges Schmerzes in der Brust und im Kopfe. Sieben Tage darauf wurde die Operation, ohne vorläufige Unterbindung der Art. carotis, verrichtet.

Die kranken Parthien wurden durch einen elliptischen Schnitt umschrieben, welcher sich vom Ohrläppchen zum obern Theil des Halses erstreckte, und die Submaxillar- und Sublingualdrüse und die Parotis, welche entartet waren, in sich einschloß. Der Unterkieferknochen war gesund. Die Blutung war bedeutend, wurde aber gleich gestillt, mit Ausnahme der aus einer großen Vene kommenden, welche wegen ihrer tiefen Lage unter dem Kinne nicht unterbunden werden konnte und vermittelst eines Schwammes comprimirt wurde. Während der Operation wurden die Venen unterhalb der Wunde durch einen Gehülfen comprimirt. Der Kranke hatte eine Ohnmacht, die nicht lange dauerte. Den 10ten December verließ er das Spital.

2. Beobachtung. — Nancy Nunker, 33 Jahr alt, hatte in der rechten Brust eine Geschwulst, welche die ganze Brustdrüse einnahm; sie war hart, beweglich, aber dennoch durch eine krankhafte Verwachsung deutlich an den Brustmuskel geheftet. Eine bedeutende, ründliche und harte Geschwulst befand sich in der Achselhöhle. Durchschießende Schmerzen waren seit einem Jahre fast beständig vorhanden. Die Kranke verlangte die Operation; sie glaubte, daß sie nicht mehr genesen werde, aber sie war ruhig und entschlossen. Als man die Geschwulst genau untersuchte, glaubte man, daß es möglich seyn werde, alles Krankhafte hinwegzunehmen, so daß die Frau einige Wahrscheinlichkeit der Genesung hätte, und daß, wenn auch ein Rückfall einträte, wenigstens die Schmerzen minder unerträglich würden.

Den 24sten December 1831 wurde also zur Operation geschritten. Die Kranke saß auf einem Stuhl, der rechte Arm wurde ausgestreckt und von einem Gehülfen über die Horizontlinie erhoben, um die Haut zu spannen, und die Achselhöhle zugänglich zu machen. Der ganze krebsige Theil wurde in einen Ovalschnitt gefaßt. Die Brust wurde über dem Pectoralmuskel getrennt, und mit den Achseldrüsen in Verbindung gelassen, bis auch diese weggenommen seyn würden. Da sie an die Axillargefäße adhärirte, so trennte man sie durch einen vorsichtigen Schnitt, und indem man den Finger überall einbrachte, wo das Zellgewebe noch hinreichend nachgiebig war. Die Trennung war vollkommen, mit Ausnahme einer sehr kleinen Verwachsung, welche auf jener Seite der Geschwulst sich befand. Als man die an der äußern Seite der Achsel gelegene Verwachsung zu trennen suchte, wurde eine Vene geöffnet und eine kleine Menge venösen Blutes bedeckte die Theile; der Operateur richtete seine Untersuchung auf die andere Seite der Achsel. Plötzlich wurde die Kranke ohnmächtig, ihr Gesicht wurde livid, und man hörte das in der vorhergehenden Beobachtung beschriebene Luftgeräusch. Man comprimirte die Achsel. Die Kranke wurde unempfindlich, und ihre Respiration mühsam, wie bei der Apoplexie. Die Geschwulst wurde mit einem Schnitt getrennt. Man flößte ihr etwas Branntwein in den Mund, und brachte Ammoniak unter die Nase. Der Puls wurde indeß mit jedem Augenblicke schwächer; man machte warme Fomentationen um die Extremitäten, man machte Einreibungen in die Brust und in verschiedene Theile des Körpers, man ließ eine große Menge Branntwein verschlucken. In dem Augenblicke nahm eine hochrothe Farbe von der auffallendsten Schönheit die Stelle der lividen im Gesicht ein. Diese Erscheinung, ohne Zweifel vom Branntwein herrührend, gab Dr. Warren einige Hoffnung; aber die Lividität erschien bald wieder, die Respiration wurde schwächer, der Puls kaum fühlbar, die Gliedmaßen kalt, trotz der warmen Umschläge; endlich hörte die Respiration ganz auf.

Ein letzter Versuch wurde gemacht; der Kehlkopf wurde geöffnet, und man brachte vermittelst eines Blasebalges Luft in die Lungen, indem man den Respirationsact mit der größtmöglichen Genauigkeit nachahmte, und dabei die Frictionen und Fomentationen fortsetzte. Dieß wurde vergeblich zwanzig Minuten lang fortgesetzt. Der Körper dieser Frau wurde von ihrer Familie weggebracht, und es war unmöglich, ihn zu untersuchen. (The American Journal of the Medical Sciences.)

Ueber die Einrichtung eines guten Irrenhauses

spricht sich Hr. Bousquet im Bulletin général de thérapeutique méd. et chirurg. T. V. p. 283. folgendermaaßen aus:

„Vier Bedingungen sind dazu nöthig, nämlich: Geräumigkeit, Abwechselung, bequeme, der Gattung der Geisteskrankheit angemessene Abtheilungen, und endlich eine aufgeklärte Verwaltung.

Alle Menschen bedürfen der freien Luft und der Bewegung, vornehmlich die Geisteskranken. Sie haben nie zu viel Raum, sagt Hr. Esquirol, zum Spazieren und zur Bewegung, welche die Natur ihnen so gebieterisch auflegt. Die Nothwendigkeit dieser Lebensart gründet sich auf das Princip, daß, je mehr man den Körper bewegt, man desto weniger den Geist beschäftigt.

Schon Hippocrates hat die gymnastischen Uebungen vorgeschlagen, um die Constitution der zu Geisteskrankheiten geneigten Kinder zu verändern. Wer sollte es glauben, Spanien, in allen Beziehungen so weit zurück, hat unter allen zuerst die Wichtigkeit dieser Vorschrift eingesehen. In Saragossa giebt es ein Krankenhaus, mit der Inschrift: Urbis et orbis, für alle Kranke, besonders Geisteskranke, geöffnet. Müßiggang wird hier nicht geduldet; aber eine mechanische Arbeit war nicht die einzige Gegenstand der Sorge für die Gründer; sie wollten dadurch den Verirrungen des Geistes durch das Anziehende und die Reize, welche der Landbau gewährt, durch den Naturtrieb, welcher die Menschen auf Urbarmachung der Erde leitet, um so durch die Früchte seines Fleißes für seine Bedürfnisse zu sorgen, gleichsam ein Gegengewicht entgegenstellen. Vom Morgen an sieht man die einen die Dienste des Hauses versehen, andere sich in ihre besondern Arbeitszimmer begeben; die größte Zahl theilt sich in verschiedene Haufen, unter der Aufsicht einiger verständiger und aufgeklärter Wächter, und zerstreut sich munter in die verschiedenen Theile des ungeheuern Bezirks, sich mit einer Art Wettkampf in die den Jahreszeiten angemessenen Arbeiten zu theilen, Waizen, Hülsenfrüchte, Gemüse zu bauen, wechselweise sich mit dem Einärndten, der Weinlese, dem Oliveneinsammeln zu beschäftigen, und Abends in ihrem einsamen Asyl Ruhe und sanften Schlaf zu finden.

Die zweite Bedingung ist die Abwechselung. Und in der That mag eine solche Anstalt noch so weitläufig, mögen die Höfe und Gärten noch so geräumig seyn, ist der Boden platt und gleichförmig, oder mit andern Worten, ist er völlig eben, so wird es das Auge, welches alles mit einem Male übersieht, bald gewöhnt, und die Wiederkehr derselben Eindrücke führen eine gewisse Monotonie herbei. Es ist wahrhaft merkwürdig, daß fast nur Gebirgsländer das Privilegium besitzen, im Gemüth des Menschen die Liebe zum heimathlichen Boden zu erzeugen, welche sie stets wieder dahin zurückführt, oder sie unter einem fremden Himmel den Tod finden läßt.

Wie nöthig eine gute Vertheilung sey, bedarf keines besondern Beweises; es ist klar, daß es gefährlich seyn würde, Wüthende und Tiefsinnige, oder umgekehrt von diesen mit Idioten zusammenzubringen.

Je mehr man den Einfluß der Orte und äußern Gegenstände auf die Moralität des Geisteskranken berücksichtigt, um so wichtiger ist es, seine Gefühle zu leiten und sie zu schonen.

Endlich muß alles, was in seine Nähe kommt, alles, was sich auf seine Person bezieht, darauf berechnet seyn, ihm seine Vernunft wiederzugeben. Daher die Wichtigkeit einer guten Verwaltung; man hat bemerkt, daß nach einer Absonderung, nichts auf seinen Geist günstiger wirkt, als die Nothwendigkeit, sich einer unveränderlichen Regel zu unterwerfen. Es scheint, daß die dauernde und regelmäßige Wiederkehr derselben Eindrücke am Ende dem Gehirne gleichförmige und vortheilhafte Bewegungen einprägt.

Diese sind, nach meiner Ansicht, die Bedingungen, welche ein solches Haus in sich vereinigen muß. Es giebt in Paris mehrere dergleichen, und ich habe mir als Muster das Haus der HH. Fabret und Voisin zu Vanvres, 2 Stunden von Paris, genommen. Es besitzt einen Park von nicht weniger als 65 Morgen Land, welcher von sanften Hügeln durchschnitten wird, die dessen Fläche um das Doppelte vergrößern. Jeder dieser Hügel ist auf seinem Gipfel mit einer Plattform versehen, von wo aus man in der Ferne die schönen Landschaften von Boulogne, Auteuil, Mendon und Fleury erblickt. In diesem ungeheuern Bezirke sind lange mit Rasen eingefaßte Alleen, deren Umkreis, den wellenförmigen Biegungen des Bodens folgend, den Kr. die mannichfaltigsten und angenehmsten Spaziergänge darbietet. Endlich hat die Kunst ungeheure Anpflanzungen angelegt, und hier und da Gruppen von Bäumen angebracht, welche die glücklichste Wirkung thun. Auf den Seitentheilen ziehen sich 15 niedliche Pavillons hin, welche durch reguläre Baumpflanzungen, Lustgärten, Wiesen, angebaute Felder und lebendige Quellen getrennt sind. Hier läßt nichts an Zwang, an Mißtrauen, und Einschränkung denken. Es sind alle Vorkehrungen gegen Unglücksfälle getroffen, und doch haben die Fenster weder Stangen, noch Gitter; die Kunst hat allenthalben ihr Wirken verborgen, und alles als Natur erscheinen lassen.

Dichte Anpflanzungen zur Verdeckung der Mauern, herrliche Aussichten, Lustgärten, Springbrunnen, eine schöne Vegetation; dieß sind die einzigen, den Augen der Kranken sich darbietenden Gegenstände.

Endlich haben die Gründer dieser schönen Anstalt nichts vernachlässigt, um den Aufenthalt so bequem und angenehm, als möglich, zu machen. Sie haben ihren ganzen Scharfsinn und ungeheure Capitalien darauf gewendet. Dieß ist daher sowohl ein Werk der Menschenliebe, als der Wissenschaft, ich sage der Wissenschaft, denn ein Haus, wie das eben besprochene, ist, genau genommen, nur eine lebendige Classification der Geistesverirrungen, und wenn, wie wir sagten, die Oertlichkeiten so mächtig auf die Vernunft der Geisteskranken einwirken, das erste und sicherste Heilmittel.

Ein sehr merkwürdiges aneurysma spurium cordis

ist von Dr. Pettigny in dem Journal hebdomadaire No. 166 beschrieben. Es hatte sich bei einem etwa 53 Jahr alten Neger gefunden, welcher an Herzklopfen und beschwerlicher Respiration gelitten hatte, durch Aderlassen und den Gebrauch von Digitalis eine Zeitlang erleichtert worden, endlich aber doch unter Erstickungszufällen gestorben war.

„Bei Eröffnung der Brust und nach Einschneidung des Herzbeutels waren wir ganz überrascht durch das, was wir an dem Herzen bemerkten. Beide Ventrikel waren beträchtlich ausgedehnt und der rechte mit Fett belegt. Von der Spitze des linken Ventrikels ging eine aneurysmatische Geschwulst ab, die fast so groß war, als beide Ventrikel zusammen; sie war an ihrem Ursprunge durch eine runde Zusammenschnürung begränzt, hing an ⅓ ihres Umfanges an dem Herzbeutel und Zwerchfelle an, und war nur in ihrem oberen und rechten Viertheil frei. Nachdem der linke Ventrikel und die Geschwulst selbst der Länge nach eingeschnitten worden war, fand man, daß die äußere Vertiefung, welche den Anfang der Geschwulst bezeichnete, inwendig einem glatten, vorragenden, runden Rande entsprach, welcher 1½ Zoll Durchmesser hielt. Die Wände der Geschwulst waren von außen nach innen durch eine wahre Muskelhaut gebildet, welche von einer Fortsetzung der äußern Muskelfasern des linken Ventrikels herkam, und durch das Visceral-Blatt des Herzbeutels, welches in den drei Viertheilen der äußern Oberfläche nach dem andere mit dem Zwerchfell innig vereinigte Blatt verstärkt war. Die Dicke dieser Wände war im Durchschnitt stärker, als die des Herzohrs, aber schwächer, als die des Ventrikels; sie mochte etwa eine Linie betragen. Die Muskelfasern fehlten an zwei Stellen der rechten Seite der Geschwulst, welche daselbst zwei Anhangshöhlen zeigte, welche die Spitze des Daumens hätten aufnehmen können und von einer andern durch die Verlängerung einer der Säulen des linken Ventrikels von vorn nach hinten getrennt waren. Von diesen beiden Höhlen war die vordere nur durch das Visceralblatt des Herzbeutels bedeckt, die hintere, größere, flächere, mehr nach innen liegende, war außer dem Herzbeutel noch von dem sehnigten Theile des Zwerchfells bedeckt. — Die innere Haut des Herzens fehlen an dem vorragenden Rande, welcher innerlich den linken Ventrikel von der aneurysmatischen Geschwulst trennte, plötzlich aufzuhören. Letztere war innerlich runzlicht und mit mehr oder weniger anhängenden faserigen Concretionen überzogen, welche in concentrischen

Lagen angebracht waren, wie man es gewöhnlich in den Aneurysmen der Arterien bemerkt. Im Mittelpuncte fand sich schwarzes, zum Theil flüssiges, zum Theil geronnenes Blut, welches ebenso auch alle Höhlen des Herzens und der Hauptarterien füllte und der innern Haut derselben eine dunkelrothe Färbung gegeben hatte.‟

Miscellen.

Ueber den Gebrauch des Colchicum bei der Gicht, spricht sich Scudamore in seinen neuesten Untersuchungen über die Behandlung der Gicht folgendermaßen aus: „Indem ich gegen den rücksichtslosen Gebrauch der stärkern Präparate des Colchicum mich erkläre, ist die Frage aufzuwerfen, ob dieses Arzneimittel in irgend einer Form zur Behandlung eines Gichtanfalles passend seyn könne? Ich glaube keinen gegründeten Widerspruch zu finden, wenn ich die vorsichtige Anwendung des mildesten Präparats des Colchicum, welches wir besitzen, des Essigs, empfehle, entweder für sich allein, oder in Verbindung mit Magnesia usta und Magnesia sulphurica, oder mit Magnesia carbonica und sulphurica. Drei oder vier Mal in 24 Stunden, so lange die Symptome heftig sind, später aber noch seltner, wobei man immer achtsam darauf ist, daß der Magen nie bis zu Ekel oder Erbrechen gereizt werde; dieß erreicht man am besten durch Verbindung mit den genannten Ingredienzen. Wird das milde Präparat, das Acetum Colchici, in Verbindung mit diesen corrigentibus und aperitivis gegeben, so wird es nicht lange im Magen zurückgehalten, während zugleich der Hauptgegenstand bei der Behandlung ist, daß auf reichliche, aber nicht heftige Weise, die krankhaften Secrete ausgeleert werden; Unterstützung gewähren hierbei Pillen aus Calomel, das Jamespulver und dazwischen geschobene Gaben von Extr. Colocynthidis. Alle schlimmern Symptome der gichtischen Entzündung und Schmerzen, welchen dieser Art von Behandlung ganz gewöhnlich, besonders wenn anodyna und schweißtreibende Mittel des Nachts, und eine passende Localbehandlung hinzugefügt wird, das Schwierigst zu behandelnden Fälle sind die, in welchen irgend ein starkes Arzneimittel oft angewendet wurde, um die Heftigkeit der acuten Gichtanfälle zu brechen, wobei aber eine Disposition zu chronischer Gicht in ihren lästigsten Formen zurückbleibt. In solchen Fällen bürgt sich eine wahre Disposition zu Rückfällen aus. Von den geeigneten Anwendung des Acetum Colchici hat man weder sogleich noch später Nachtheile zu befürchten.‟

In Beziehung auf Geisteskrankheiten sagt Hr. Dr. Bird zu Siegburg in seinem Bericht an das K. Rhein. Medicinal-Collegium für das Jahr 1830: „Unter den Verrückten befinden sich immer Viele, fast die meisten, welche zu einer Familie wahnsinnige Mitglieder zählen, ein Umstand, der einer großen Betrachtung werth ist. Ich will deshalb eine Genealogie mittheilen, welche gewiß merkwürdig ist, da sie deutlich die Gefahr zeigt, die aus Verbindungen von Personen erwachsen, welche solchen Familien angehören. — Ein Ehepaar, dessen psychischer Zustand nicht bekannt ist, zeugte eine Tochter und einen Sohn. Die Tochter heirathet, wird verrückt und ihre sechs Kinder waren alle zusammen — wunderliche Menschen, hatten den Stich. Der Sohn blieb gesund und heirathete eine Person, welche in der Ehe auch verrückt wurde. Von den vielen Kindern wurden drei verrückt, und von mehreren Enkeln war vorauszusehen, daß einigen der Wahnsinn bevorstand. Und nur jene Frau, die ich zum Unterschiede Person nannte, war die Tochter einer Mutter, welche auch verrückt gewesen war. Eine Schwester jener Person war — die Ehe auch verrückt.

Bibliographische Neuigkeiten.

Manuel Géologique. Par Henry T. de la Bêche. Seconde édition publiée à Londres en 1832. Traduction Française revue et publiée par A. J. M. Brochant de Villiers. Paris 1833. 8.

Observations cliniques sur les difformités de la taille et des membres etc. Par le Professeur Delpech et le Docteur Trinquier. Montpellier 1833. 8. mit Atlas.

Notizen

aus

dem Gebiete der Natur- und Heilkunde,

gesammelt und mitgetheilt von Dr. L. F. v. Froriep.

Nro. 849. (Nro. 13. des XXXIX. Bandes.) **Februar 1834.**

Gedruckt im Landes = Industrie = Comptoir zu Weimar. Preis eines ganzen Bandes, von 24 Bogen, 2 Rthlr. oder 3 Fl. 36 Kr., des einzelnen Stückes, 3 ggl. Die Tafel schwarze Abbildungen 3 ggl. Die Tafel colorirte Abbildungen 6 ggl.

Naturkunde.

Ueber den Winterschlaf und andere wichtige Gegenstände der Naturgeschichte.

Vom Richter Samuel Woodruff an Prof. Silliman.

„Unter den vorzüglichsten Gegenständen der Zoologie kenne ich für den Naturforscher keinen von größerem Interesse, als das, was auf den Winterschlaf verschiedener Thiere unserer Breite Bezug hat. Ich las vor Kurzem in Ihrem Journal of Science (Vol. IX. p. 75. vergl. vorige No. der Not.) mit wahrhaftem Vergnügen einen kurzen, aber vortrefflichen Aufsatz über diesen Zweig der Zoologie von Hrn. Lea aus Philadelphia. Er führt darin des Dr. Reeve Definition des Winterschlafs „als eines Zustands fortdauernden, den Schein des Todestragenden Lebens, mit Verlust der Empfindung und der willkürlichen Bewegung, so wie der Hemmung der zur Erhaltung des Thierkörpers nothwendigsten Lebensverrichtungen" an. Ohne mich in eine Erörterung dieses so anziehenden, aber etwas verwickelten Gegenstands einlassen zu wollen, begnüge ich mich, einige darauf bezügliche Thatsachen beizubringen, in der Hoffnung, daß sie, wenn Sie dieselben der öffentlichen Bekanntmachung werth achten, Andre, welche mehr, als ich dazu geeignet sind, zu Bemerkungen und Urtheilen veranlassen mögen, welche die Fortschritte der Naturgeschichte zu fördern im Stande sind.

Um das Jahr 1756 wurden in Meriden, auf einer kleinen Meierei, welche damals Hrn. Hough gehörte, im kleinen Versuche mit dem Graben eines Bergwerks angestellt. Die Bergleute schlugen an dem Fuße eines hohen, durch einen Felsenrand gebildeten Rückens ein, welcher sich 50 oder 60 Fuß über das umliegende Land erhob, und über welchem eine zwei oder drei Fuß dicke Erddecke lag. Die Bergleute sahen sich aber in ihren Erwartungen, hinsichtlich der Auffindung von Erz, getäuscht, und setzten wenige Wochen, nachdem sie begonnen, ihre Arbeit nicht weiter fort, indem sie an dem Orte, wo sie zu graben angefangen, eine ungefähr 6 Fuß breite und einige Fuß tiefe Oeffnung zurückließen. In diesem Zustande blieb die Aushöhlung, welche die Oeffnung einschloß, bis zum März 1760 oder 1761 (ich habe diese Angaben von Hrn. Hough), als bei einem von vielem warmen Regen begleiteten Thauwetter eine große Menge Erde und lose gewordene Steine von dem Ueberhange des Rückens herabrollten und die Oeffnung ganz anfüllten und verstopften. Und so war seit einer Reihe von 30 Jahren die Sache geblieben.

Nun hatte ich ungefähr in der Mitte Januar 1791 ein Geschäft im Hause des Hrn. Hough und traf daselbst Capt. J. Taylor von Meriden, einen Mann, welcher zu meinen nächsten Bekannten gehörte. Er sagte mir, vor zwei oder drei Tagen habe er aus Neugierde das alte Bergwerk (Gang) untersucht; er habe, da es ihm bekannt gewesen, daß es schon vor mehrern Jahren verschüttet sey, eine eiserne Spitzhacke (crow) und andre zweckdienliche Werkzeuge mitgenommen, und nachdem er einen halben Tag lang Erde und Steine bis zu einer Tiefe von 5 oder 6 Fuß weggeschafft, sey er endlich an den von den Bergleuten zurückgelassenen Eingang zum Stollen gelangt, und er lud mich sofort, den Eingang weiter zu beschreiben, ein, ihn dahin zu begleiten, und ihn in Augenschein zu nehmen. Ich war sogleich dazu bereit. Wir zündeten bei'm Eingang Lichter an. Der Stollen war ungefähr funfzig Fuß lang und von elf bis funfzehn Fuß breit, seine Höhe betrug sieben bis neun Fuß; die Seitenwände und die Decke war dichter Fels.

Winterschlaf der Fledermaus (Vespertilio).

Meine Aufmerksamkeit wurde hauptsächlich durch viele Hundert Fledermäuse in Anspruch genommen, welche wir, mit den Köpfen nach unten gerichtet, an der Decke klebend, antrafen. Kein Theil von ihnen war mit dem Felsen in Berührung, außer die Sohlen ihrer Hinterfüße, welche an die Oberfläche des Felsens angeklebt zu seyn schienen. Außerdem wurden deren weder an den Wänden der Felsen, noch in irgend einem andern Theile des Ganges gefunden. Sie

13

waren sämmtlich mit einer Art weißen, reißähnlichen Mober bedeckt. Aber sie waren keineswegs abgemagert, sondern schienen vielmehr gut bei Leibe. Jede hatte einen großen Tropfen helles Wasser an der Schnauze über den Nasenlöchern hängen. Ich hielt einer derselben ein brennendes Licht in solcher Entfernung unter, daß der Rauch den ganzen Kopf umhüllte. Dieß that keine sichtbare Wirkung. Ich hob daher das Licht in die Höhe und ließ die Flamme auf den Kopf wirken. Dieß hatte bald ein Krümmen und andre Zeichen von Empfindung zur Folge. Ich nahm eine in meine Hand, konnte aber weder Bewegung, noch Athmen, oder Herzschlag wahrnehmen. Gleichwohl vermuthe ich, daß, ungeachtet die Thätigkeit der Verdauungs- und Athmensorgane gehemmt war, eine schwache Blutcirculation durch das Herz und in der Nähe desselben bestanden haben müsse, um das gänzliche Erlöschen des thierischen Lebens zu verhüten. Excrementitielle Stoffe konnten weder an ihrem Körper, noch auf der Erde unter ihnen entdeckt werden. Ich mochte nun gern wissen, ob sie nach einer so langen Ruhe wieder erweckt werden könnten. Ich nahm daher eine von ihnen in meine Hand und zog den Handschuh an. Binnen etwa 15 Minuten empfand ich eine merkliche Bewegung im Flederthier, und in einer halben Stunde schien sie ihre volle Kraft und Lebensthätigkeit erlangt zu haben. Ich kehrte nun mit Capt. T. nach dem Hause zurück, wo ich sie in einem warmen Zimmer, in der Familie und einige Besuchende zugegen waren, auf einen Tisch legte. In ungefähr 10 Minuten begann die Fledermaus sich zu regen und ihre Flügel zu bewegen, und nach einigen Anstrengungen flog sie auf und kreiß'te im Zimmer umher. Meine Geschäfte hielten mich bis Abends 8 oder 9 Uhr in dem Hause; und ich bedauerte sehr, daß bei meiner Rückkehr die Fledermaus nicht gefunden werden konnte, da ich die Absicht gehabt hatte, sie die übrige Winterzeit in meinem Keller zu thun, um zu sehen, in welchem Zustande sie der folgende Sommer finden werde. Am letzten Februar desselben Jahres hatte ich wieder in Meriden zu thun, und fragte bei dieser Gelegenheit in H's Hause nach meiner Fledermaus, und ich erfuhr von Hrn. H., daß den Tag nach meiner Rückkehr ungefähr um Mittag, als das Zimmer warm gewesen, die Fledermaus hinter dem Uhrgehäuse hervorgekommen, einige Minuten lang sehr schnell im Zimmer umhergeflogen und dann an denselben Platz zurückgekehrt sey, und dieß habe sie bei jedem Wetter, und jedesmal sehr warm gewesen, fast täglich wiederholt. Es wurde darnach gesucht, aber wir konnten sie nicht finden. — Es könnte wohl, bei der Länge der Zeit, welche die Fledermäuse vermuthlich in dieser ununterbrochenen Erstarrung zubrachten, ein Zweifel entstehen, ob nicht nach der Schließung des erwähnten Einganges, an irgend einer andern Stelle Ein- und Ausgang gefunden hätten; in dieser Hinsicht kann ich freilich weiter nichts sagen, als daß ich nach dem, was mir Capt. Taylor darüber mittheilte, und nach meiner eignen sorgfältigen Untersuchung der Höhle und aller begleitenden Umstände von der Unmöglichkeit eines solchen Ein- und Ausganges vollkommen überzeugt war. Sollte wohl ein Frosch, in Wasser eingetaucht, und in seinem Schlammbette auf dem Boden eines Weihers oder eines andern stehenden Wassers steckend, während unserer Wintermonate weniger Belästigung und Unruhe erfahren, als wenn dieselbe bisweilen im Februar die Temperatur der Atmosphäre und dieselbe Beschaffenheit der Witterung 50 oder 100 Jahre fortdauerten?

Mausern der Vögel und Abwerfen der Hörner.

Hr. Lea nennt, nachdem er über den Winterschlaf verschiedener Thiere gesprochen, „das Mausern und Ziehen der Vögel eine Art Winterschlaf. Das erste ist eine Vorbereitung auf den Winter und ihr nach der Jahreszeit sich richtender Farbenwechsel bringt oft die Ornithologen in Irrthum und veranlaßt die Aufstellung unrichtiger Arten.‟

Ich erinnere hierbei an eine andere Art von Vorgang (mit Zurückziehen in die Einsamkeit [retirement], welchen man Winterschlaf nennen könnte, wenn sie nicht gerade im Sommer stattfände. Ich meine das jährliche Abwerfen des Geweihs des männlichen Elenns und des Bocks, welches mit dem Mausern einige Aehnlichkeit hat. Es ist allen Jägern, und besonders denen des westlichen Theils von Nordamerica, wohl bekannt, daß sich diese

Thiere ungefähr um den ersten Junius instinctartig in eine Einöde, in ein dichtes Dickicht an einer Quelle oder einem kleinen Bache, von niedrigem Buschholze und Farrnkraut umgeben, zurückziehen. In dieser Zurückgezogenheit bleiben sie bisweilen bis in den Julius, und genießen während dieser Zeit nur wenig, und nur, was ihnen das Wasser darbietet. Man erkennt dieß an ihrer Magerkeit zu der Zeit, wo sie ihren Aufenthalt verlassen. Sobald das alte Geweih oder Horn abgeworfen ist, setzt sich sogleich das neue auf, und der erste Keim desselben (beim Bock) ist ungefähr 3 Finger breit und etwa 2 Finger hoch, und besteht aus einer weichen, schwammigen, bicasamen, mit Blutgefäßen erfüllten Masse, welche mit einer, von einem dicken sammtartigen Ueberzug bekleideten Oberhaut bedeckt ist. Während der 10 oder 15 Tage des ersten Wachsthums des frischen Horns, welches sehr rasch von Statten geht, bewegt sich das Thier nur wenig, gleichsam, als kenne es die Gefahr des Zerreißens der Blutgefäße, wenn sie mit einem Baume oder irgend einem andern harten Körper in Berührung kämen. Sobald der neue Wuchs härter wird, platzt die Oberhaut und blättert sich nach und nach ab. Dieß nennt die Jäger das Bast abfegen. In dieser Zeit und bis dahin, wo das Horn vollkommen ausgewachsen ist, schreitet die Verhärtung desselben mit überraschender Schnelligkeit vorwärts.

Brüten u. s. w.

Dieß scheint, in der thierischen Oeconomie, ein wunderbares Richten des Thiers selbst nach seinen Bedürfnissen; und ein ebenfalls überraschendes Zusammentreffen in allen den zu derselben Absicht nöthigen Umständen. — Es ist bekannt, daß die Truthenne, gegen die Brütezeit, 7 und selbst bisweilen 9 Tage lang ununterbrochen, ohne irgend Nahrung zu sich zu nehmen, auf den Eiern sitzt. Sie magert freilich sehr ab, allein das Leben erlischt nicht, ob sie gleich, unter andern Umständen, ohne Nahrung schon binnen 5 oder 6 Tagen Hungers gestorben seyn würde. Excremente findet man weder in, noch neben dem Neste. Es ist daher kein Zweifel, daß während des Brütens die Thätigkeit der Verdauungsorgane, wenn nicht fast oder ganz aufgehoben, doch großen Theils in die Gewalt des Vogels gestellt ist. Auch ist es, von Vielen beobachtete, Thatsache, daß die Truthahn, während des Brütens seines Weibchens, es oft verläßt und zu einem buntein und einsamen Ort begiebt, gewöhnlich in irgend einen Winkel eines Zauns, um welchen viel Unkraut wächst't, und daselbst, ohne irgend eine andere Nahrung als das, was er mit dem Schnabel erreichen kann, 8 oder 4 Wochen lang sitzt. Die Mauserzeit der Truthahnen ist etwa die gewöhnliche Zeit des Brütens; und vielleicht hat dieß auf seinem Aufsuchen der Einsamkeit Einfluß.

Winterschlaf des Waschbärs (Procyon lotor) und des Monax (Arctomys monax).

In unserer Breite, wo der Waschbär und der Monax keine Wintervorräthe einsammeln, bringen sie den Winter in Höhlen, unter Felsen und in tiefen Löchern unter dem Eise zu. Zwar streift der Waschbär bisweilen im Februar, indem er das Thauwetter und die kurze Zeit, wo warmes Wetter ist, benutzt, eine oder zwei Nächte von seinem Winteraufenthalte aus, obgleich nie, um sich Futter zu suchen; aber das letztere erwacht aus seinem Schlafe nicht eher, als bis anhaltend warmes Wetter wird. Ich weiß aus sicherer Hand, daß der verstorbene Col. Wadsworth von Hartford einen jungen Monax im Hause hielt, um mit ihm Versuche zu machen. Bei Annäherung des Winters suchte sich das Thier, durch den Instinct veranlaßt, einen Winteraufenthalt hinter einer Reihe von Fässern im Keller auf, — und grub sich dabei nicht in die Erde, sondern machte nur eine leichte oberflächliche Vertiefung, in welche es sich zusammenkugelte. Und Hr. W. hatte so mehrere Winter Gelegenheit, neugierige besuchenden Freunden das Thier zu zeigen. Wenn man es erstarrt, wie es war, 15 oder 20 Minuten vor das Feuer legte, fing es an, zu gähnen, streckte ein Glied nach dem andern aus, öffnete die Augen, erhob sich langsam, und ging herum, indem es sich wegen der unmittelbaren Einwirkung des

────────

Feuers etwas linkisch benahm, und bis zur Rückkehr in sein Bett in dem Keller verdrießlich schien. Während der Zeit seines Winter= schlafs verschmähte es jede Art von Nahrung.

Winterschlaf der Schwalbe.

In Bezug auf die so lange erörterte und von den Ornitholo= gen theils bestrittene, theils vertheidigte Frage, ob die gemeine Schwalbe (Hirundo americana, W.) in America den Winter unter Wasser im Schlamme in Erstarrung zubringe, oder in südlichere Breiten ziehe, spricht sich Hr. Lea entschieden folgendermaaßen aus: „Bei genauer Untersuchung des Gegenstandes können wir, dünkt mich, den sichern Schluß machen, daß noch nie eine erstarrte Schwalbe existirt hat." Zur Unterstützung dieser Meinung führt er unter an= dern folgende Angabe an: „Capt. Henderson in der britischen Armee, erzählt, er habe in Honduras Myriaden derselben gesehen, und sie bleiben daselbst vom October bis Februar;" und in einer Anmerkung: „Mein Freund, Hr. Ord, hat mir mitgetheilt, daß er die Schwalben im südlichen Frankreich im December gesehen habe, und er sey überzeugt, sie bleiben den ganzen Winter daselbst. Es ist merkwürdig, daß diese Thatsache noch nicht von europäischen Naturforschern beobachtet worden ist."

Hierauf kann man antworten, daß unter der Breite von Hon= duras vielleicht ein Winterschlaf unter Wasser oder Fortziehen nicht nothwendig ist; denn in diesem warmen Clima mag wohl bestän= diger Ueberfluß an Insecten, auch während den Wintermonate vor= handen seyn. In Bezug auf Hrn. Ord's Mittheilung, deren Wahrheit zu untersuchen ich mich nicht aufgelegt fühle, will ich nur bemerken, daß sie Hrn. Lea vollkommen bestimme: „es ist sonderbar, daß europäische Naturforscher diese Thatsache noch nicht beobachtet haben."

Ich füge nur noch hinzu, daß ich im Jahr 1828, im Julius, August und September, viele von derselben Art Schwalben in Grie= chenland, und vom 4. bis 11. October bei Smyrna und Clazo= mene, am 21. bei Goletta, bei Carthago und bei Bai von Tunis, aber bei Port Mahon vom 23. October bis 29. November und bei Malaga, vom 23. November bis den 2. Januar, keine mehr sah.

Nach dem Wenigen, was ich darüber gelesen, und nach meiner eigenen Beobachtung vor vielen Jahren, bin ich für eine der des Hrn. Lea entgegengesetzte Ansicht, und ich kann alle hier beige= brachten Thatsachen nicht anders als für nicht beweisend halten, besonders in Bezug auf höhere Breiten. (Silliman's American Journal of Science and Arts, July 1833.)

Interessante galvanische Versuche.
Von John Dunbar, M. Dr. zu Winchester in Virginien.

Neger Ben, der Gegenstand dieser Versuche, 26 Jahr alt, war ein starker, gut gebauter Mensch, mit außerordentlich ent= wickelten, von großer Kraft zeugenden Muskeln. Er hatte unge= fähr 35 Minuten am Galgen gehangen, wurde zehen Minuten darauf, als man ihn abgeschnitten, von dem Sheriff einem be= freundeten Arzte für mich überliefert, und sodann in ein Zimmer gebracht (wo Alles zu den Versuchen vorgerichtet war), welches neben dem Stadtgerichte (townhall) liegend, vom Bürgermeister freiwillig dazu eingeräumt worden war. Der Leichnam wurde so= fort auf den Operationstisch gelegt. Die saure Mixtur (verdünnte Salzsäure) wurde auf die Platten gegossen, sobald man die Leute, welche den Leichnam herbeischafften, entfernt hatte. An der un= gewöhnlich freien Beweglichkeit am Halse konnte man erkennen, daß er ausgerenkt, oder — wie man im gemeinen Leben zu spre= chen pflegt, gebrochen war; und als man im Verlaufe der Ver= suche daselbst einschnitt, so entdeckte man leicht, daß der erste und zweite Halswirbel (atlas und epistropheus) so weit von einander getrennt waren, daß man die Spitze des kleinen Fingers einbrin= gen konnte. Die Gesichtszüge waren ganz natürlich und es schien, als sey der unglückliche Gegenstand der Strafe des beleidigten Ge= setzes durchaus nicht mit solchem Sträuben und gräßlichem Todes=

kampf aus dem Leben geschieden, wie sie sonst die Todesangst und besonders diese so schreckliche Todesart zu begleiten pflegen.

Die Versuche wurden nun begonnen und zwar so, daß man einem der gegenwärtigen Herren den anatomischen Theil anwies, wo er dann, mittelst eines sehr geschickten Schnittes, einen wich= tigen Nerven am Halse, welcher die Lungen und den Magen ver= sorgt (par vagum), freilegte. Nun wollte man eine lange silberne, einer Acupuncturnadel ähnliche Nadel, zwischen den Rippen hindurch, tief in das Herz eingestoßen.. Man wollte sich nämlich dadurch überzeu= gen, ob es noch Irritabilität behalten hätte, und versuchen, sich in Ansehung der bestrittenen Frage, ob das Herz für die Reizung durch die galvanische Flüssigkeit empfänglich sey, einiges Licht zu verschaffen.

Der positive Pol der Batterie wurde jetzt an den Nerven (par vagum) und der negative an die silberne Nadel im Herzen ge= bracht. Es fand keine merkliche Bewegung des Herzens statt, wie es sich, wäre dieß der Fall gewesen, wohl an der zitternden Be= wegung der Nadel gezeigt haben würde; und die Irritabilität des= selben ergab sich auf keine Weise, mochten wir nun bloß die sil= berne Nadel einführen, oder auch den Galvanismus in Anwen= dung bringen. Aber die Wirkung war an den andern Theilen sehr bestimmt. Die Hals= und Brustmuskeln erhielten starke convulsi= vische Erschütterungen, welche in dem sogenannten platysmamyoi= des, sterno=thyroideus und mastoideus, in der Brust= und Rippenmuskeln sich am deutlichsten aussprachen. Auch bemerkte man eine convulsivische Bewegung in den Muskeln der Magenge= gend, und eine Zusammenziehung der Halsmuskeln, mit dem Schlucken.

Man stach jetzt eine Nadel in den sehnigen Theil des Zwerch= fells, und brachte den positiven Draht der Batterie an das par vagum, den negativen an die Nadel. Der Erfolg davon war eine geringe convulsivische Bewegung, welche sich über die Brust und den Unterleib verbreitete. Die Zusammenziehung und Er= schlaffung des Zwerchfells war an der Anspannung und Erschlaf= fung der Bauchmuskeln sehr deutlich zu erkennen; die Wirkung schien sich zu verstärken, so wie die Säure Zeit hatte, auf die Batterie zu wirken. Der positive Draht wurde nun an die Na= del gebracht, welche an dem Sitz des Zwerchfellsnerven (welcher sich bekanntlich am Zwerchfell ausbreitet und einen wichtigen Einfluß auf das Athemholen hat) eingeführt worden war. Es wurde, bis an den sehnigen Theil des Zwerchfells herab, ein Ein= schnitt bewerkstelliget und der andere (negative) Draht an die Ein= schnittsstelle gebracht. Der Erfolg war dem bei vorigen Versuchs sehr ähnlich, jedoch war dabei noch eine Bewegung der Brust wahrnehmbar, welche der von den gegenwärtigen Herren, ein schaf= sinniger und genauer Beobachter, mit derjenigen einer von Schluf= ken befallenen Person verglich. Ich selbst bemerkte zu dieser Zeit eine eigenthümliche Wirkung der galvanischen Flüssigkeit auf den Nerven und die Muskelfaser, und einer meiner Herren Gehülfen bestätigte dieß. Der positive Pol brachte nämlich, so oft er den Nerven oder Muskel berührte, eine Wirkung oder eine Weiße (weiße Farbe) hervor, sehr ähnlich derjenigen, welche durch den an einem bloßgelegten Muskel gebrachten Höllenstein erzeugt wird.

Jetzt wurde ein Nerv über dem Mittelbogen der Augenbraue freigelegt und ihm das positive Pol an ihn gebracht, der andere aber unter das untere Augenlid. Die Folge davon war die Zusam= menziehung des Muskels, welche ein natürliches Blinzeln und das Oeffnen und Schließen der Augenlider hervorbrachte, wie wenn jemand, aus Furcht, durch irgend einen in das Auge eindringenden Gegenstand verletzt zu werden, das Auge schließt zc. Auch fand eine Zusammenziehung der Backenmuskeln statt, ähnlich der, wie man sie bei manchen an Gesichtsschmerz Leidenden beobachtet, oder wie wenn jemand mit den Backenmuskeln allein, ohne die Zunde zu gebrauchen, eine Fliege, welche sich in das Gesicht gesetzt hat, vertreiben will.

Bei'm nächsten Versuche wurde eine silberne Nadel in den Gesichtsnerven eingestochen und ein Pol an sie, der andere an die Backen gebracht. Der Erfolg bestand in leichten Bewegun= gen des Antlizes, und in Erweiterung und Zusammenziehung der Wände der Nasenflügel, welche mit einem Ausdrucke von Verach=

13 *

tung sehr viel Aehnlichkeit hatte. Die Wirkung auf diesen und den vorigen Nerven war, mit der von Dr. Ure hervorgebrachten und von ihm so lebendig beschriebenen verglichen, sehr gering. Er sagt: „die Ausdrücke von Wuth, Schrecken, Angst und schreckliche chem Lächeln wurden hervorgebracht, und vereinigten ihren häßlichen Ausdruck in des Mörders Gesicht, die ausschweifendsten Darstellungen eines Füseli oder eines Kean noch übertreffend." Bei diesen Versuchen an den Muskeln der Gesichtszüge zeigte sich, mit Ausnahme des vorerwähnten Ausdrucks von Verachtung, keines dieser so wohl bezeichneten wundervollen Spiele der Gesichtszüge, welche, wenn das Antlitz durch den Geist belebt ist, in seinen abwechselnden Zuständen wilder Leidenschaft und angenehmer Gemüthsbewegung so deutlich sind.

Nun wurde der zur Zunge gehende Nerv mit dem positiven Pole berührt. Ein interessanter Erfolg wurde hervorgebracht, indem sich die Zunge ganz allein bewegte. Als man den positiven Draht an die in den Gesichtsnerven steckende Nadel und den negativen an die Zungenspitze brachte, wurde eine sehr auffallende Wirkung hervorgebracht, welche sich zu einem der interessantesten unter den vorgenommenen Versuchen stempelt. Der Erfolg war eine rasche zitternde Bewegung der Zunge, welche von einigen der Gegenwärtigen mit der Bewegung der Zunge einer in Unruhe und Zorn versetzten Schlange verglichen wurde. Auch wurde ein Anschwellen der hervorragenden Fleisches oder der Muskeln unter der Unterkinnlade beobachtet, welche schnell und zitternd sich bewegte, und einer der Gegenwärtigen glaubte die Zähne aneinander schlagen gehört zu haben. Bei'm folgenden Versuche wurde der Draht an die Muskeln gebracht, welche zum Schließen der Lippen und des Mundes mit beitragen. Der Erfolg erinnerte mich an das Arbeiten der Lippen, wenn jemand mit sich selbst, oder auch mit jemand anderem heimlich spricht, oder, wie ich aus den Bemerkungen eines auf diesem Versuch gegenwärtigen werthen Freundes mittheile: „Die Anwendung des galvanischen Einflusses bei diesem Versuche scheint in der That eine dem Leben ähnliche Wirkung hervorzubringen; die Lippen bewegten sich ganz so, wie wenn jemand etwas heimlich lies't, und ich möchte diesen wohl für den natürlichsten und angenehmsten Versuch halten." Der Ausdruck des Gesichtszuge des Verbrechers verursachte zu dieser Zeit des Versuch's bei manchen der Zuschauer ein entsehenvolles Staunen.

Hierauf wurde ein Nerv in dem Arm (medianus) freigelegt, und in der Mitte des kleinen Fingers ein Einschnitt gemacht, und der positive Pol an den Nerven, der negative an den kleinen Finger gebracht. Eine sehr interessante und lebhafte Entladung der galvanischen Kraft war die Folge davon. Der Arm erhob sich aus einer horizontalen Lage mit so großer Stärke und Gewalt, daß der Operateur beträchtliche Kraft anwenden mußte, wenn er ihn fest halten wollte. Er machte wiederholt Anstrengungen, gleich denen eines Ringenden, ballte der eine Hand mit seiner Faust wegthöst, und wenn man ihn gehen ließ, schlug er mit großer Gewalt gegen seine Brust, indem er die Stellung eines Faustkämpfers annahm, wenn er sich zur Vertheidigung gegen den Angriff eines Gegners anschickt. Die Bewegungen des Schließens und Oeffnens der Hand, des Anziehens und Ausstreckens des Arms, im Verlauf dieses Versuchs, hatten einige Aehnlichkeit mit der eines Getraide-Säenden, wenn der Körper aufrecht gestanden hätte. Die großen Armmuskeln waren so zusammengezogen, daß sie eine Anschwellung bildeten und ihre Gränzlinien waren auf der Haut sehr deutlich zu sehen. Eine Zeitlang behielt der Vorderarm seine stärre Stellung und zeigte eine bebende Bewegung, gleich der Glieder eines Thiers, kurz nachdem es vor den Kopf geschlagen worden ist. Die Finger waren bei diesem Versuche in die Hand eingeschlagen. Diese Erscheinungen währten ungefähr eine Minute und hörten dann auf. Die Pole der Batterie wurden hierauf entfernt, aber bald wieder angebracht. Es erfolgten dieselben Erscheinungen mit gleicher Gewalt, selbst bei mehrmaliger Wiederholung des Versuchs.

Es wurde nun der Ulnarnerv mittelst einer Acupuncturnadel am Ellenbogengelenk durchstochen, und an ihn der positive Pol, der negative aber an den kleinen Finger gebracht. Die dadurch hervorgebrachte Bewegung bestand in einer schnellen Bewegung der

Finger, aber auf eine Weise, welche allen, die Augenzeugen davon waren, sehr auffallend erschien. Statt mit einander gebeugt zu werden, bewegten sie sich bisweilen schnell, andre Male mehr nach und nach, aber abwechselnd, und besonders der kleine Finger, welcher am stärksten gebogen wurde, und so gegen den Zeigefinger hin mit zunehmend verminderter Beugung. Einer der Gegenwärtigen fand in der Bewegung der Finger bei diesem Versuch Aehnlichkeit mit der eines Flötenbläsers, Andre verglichen sie mit derjenigen eines Violinspielers; wenn er während des Spiels die Violinsaiten handhabt.

Diese beiden Versuche waren unbezweifelt am merkwürdigsten und bewährten die Macht dieses wundervollen Agens vollständiger als irgend ein andrer und erregten bei der Wirkung dieses magischen Einflusses, welcher in den Gliedern eines Körpers, dessen Seele ihn für immer verlassen hatte, so wunderbare, denen eines Lebenden so ähnliche Erscheinungen hervorzurufen vermochte, große und wiederholte Ueberraschung und Erstaunen.

Nun wurde durch den zwischen den getrennten Wirbeln entstandenen Raum eine Nadel in das Rückenmark eingebracht, und eine andre in das Herz und in den vordern Theil (head) des Zwerchfells eingestochen, aber es wurde, außer einer zitternden Bewegung der Hals- und Brustmuskeln, nur eine geringe Wirkung hervorgebracht. Man brachte jetzt, nachdem das Rückenmark am Halse vollständig freigelegt worden, den positiven Draht an dasselbe und den negativen an den Fuß, aber der Erfolg war nicht besonders, und bestand bloß in einer leichten Convulsion der Muskeln des Glieds.

Als man hierauf eine Nadel in den Hüftnerven und eine andere in den Schenkel einstach, entstand eine krampfhafte Bewegung der großen Schenkelmuskeln; und als man die Nadel auf der Innenseite des Fußes anbrachte, und den positiven Pol an die eine am Schenkel und den negativen an die am Fußknöchel brachte, wurde eine viel stärkere und deutlichere Wirkung bemerkt. Das Bein zitterte stark (der Körper lag auf dem Bauche); eine Anschwellung der Wadenmuskeln zeigte sich und die Zehen wurden mit sehr freier Bewegung gebogen und ausgestreckt, und zwar in einem gestimmten Winkel, wie es bei'm Schreiten oder Gehen der Fuß zu seyn pflegt.

Mit diesen hatten die Versuche ein Ende, indem der Körper äußerlich kalt geworden und die Reizbarkeit merklich erschöpft war; auch schien die Kraft der Batterie sehr vermindert, wie man aus der schwachen Wirkung bei den letzten Versuchen hatte ersehen können. Ich habe mich bei der Erzählung derselben so lange aufgehalten, daß es mich mahnt, meine Darstellung zu schließen, und dieses will ich mit wenigen Worten thun. Zweckmäßig wird es seyn, die Kraft der bei den obigen Versuchen, und der von Dr. Ure angewandten Batterie anzugeben, damit man die Erfolge besser vergleichen könne, andre Sachverständige mögen dann über den Erfolg, welcher diese Versuche begleitete, urtheilen. Die bei diesen Versuchen angewendete Batterie gehörte Hrn. Edmonson und bestand aus 200 Wollastonischen Platten, jede von 2 Zoll im Gevierte, und in vier Tröge geordnet, deren Verbindung durch Stanniol bewirkt wurde, welche aber, wegen ihrer vollkommenern Isolirung von Dr. Cohen in einem Briefe als mit einer Batterie von 300 oder 350, auf der gewöhnliche Weise georrdneter Platten gleichgeachtet wurde. Dr. Ure's Batterie bestand aus 270 vier Zoll im Geviert haltenden Platten, mit isolirenden Kennten. Es fand demnach ein großer Unterschied auf der dem Säure ausgesetzte Fläche statt. Bei Ure's Platten war die Fläche von 16 Zoll der vereinigten Wirkung zweier kräftiger Säuren, der Salpeter- und Schwefelsäure, ausgesetzt; während bei unserer vorzüglich bloß Salzsäure auf eine Fläche von 4 Zoll wirkte. Im Verlauf des Experimente wurde, wenn die Thätigkeit der Batterie abzunehmen schien, etwas Salpetersäure in die Tröge gegossen, wie dieß kurz vor den letzten Versuchen an dem Arme geschah.

Die bei diesen Versuchen gegenwärtigen jungen Männer waren die Doctoren Conrad und Davidson und mein Bruder, Herr DDr. Holliday, Baldwin, MacGuire und Pennington, und vom Lande die DDr. Lynn, Gray und Orrick, und noch einige Studenten der Arzneikunde und sonst wissenschaftlich gebildete junge Leute. (Baltimore Medical and Surgical Journal and Review, edited by E. Geddings, M. D. No. 1. Oct. 1833.)

Miscellen.

Ueber die Respirationsorgane des Blutegels (Hirudo officinalis Lin.) und deren Verbindung mit dem Circulationssysteme, hat Herr George Newport Esq. der Royal Society von Edinburgh seine, durch Zeichnungen erläuterten Beobachtungen mitgetheilt. — Der Magen des Blutegels ist seither als ein großer länglicher Sack beschrieben worden, der mittelst durchbohrter häutiger Scheidewände in zehn Abtheilungen getheilt sey; bei genauerer Untersuchung hat jedoch der Verfasser gefunden, daß jeder Theil des Organs sich in zwei seitliche Blinddärme ausdehne, welche, längs des Canals gegen den Pförtner zu, stufenweise an Größe und Länge zunehmen. Die der zehnten Höhlung entsprechenden Blinddärme sind also die längsten, erstrecken sich bis zum After und besitzen vier Einschnürungen. Die Höhlung selbst endigt in einem trichterförmigen Pförtner. Wenn das hintere Ende des Thieres abgeschnitten wird, so werden die Cöcalportionen des Magens geöffnet und das Blut kann nun, so schnell wie es eingesogen wird, wieder auslaufen, daher denn der Blutegel unter diesen Umständen immerfort saugt. — Die Athmungsorgane bestehen aus zwei Reihen von Lungensäcken, die zu beiden Seiten der Nervenstränge und Ganglien an der untern Seite des Körpers hin geordnet sind. Sie öffnen sich beide an der Körperoberfläche in eine sehr winzige, aber mit einer deutlichen Klappe versehene Mündung. Die Membran, welche dieselben auskleidet, scheint eine Fortsetzung des Oberhäutchens zu seyn, und ist außerordentlich zart und gefäßreich; sie empfängt das Blut, damit es oxydirt werde, von den Venen des Systems. Das Blut kehrt aus diesen Säcken in die seitlichen gewundenen Gefäße, durch Gefäße von besonderer Structur, zurück, die nach der Querre laufen und Schleifen bilden, welche zwischen den Blinddärmen des Magens liegen, durch eine gewaltige Anzahl kleiner, rundlicher, dicht zusammengehäufter Körper gestützt werden und mit der Structur der Hohlvenen der Cephalopoden viel Aehnlichkeit haben. Was durch diese Structur bezweckt werde, ist seiner Ungewiß. Der Verfasser wagt aber die Vermuthung, daß sie, in Ansehung ihrer Functionen, den Gekrösdrüsen der höhern Thierclassen entsprechen. — Um einige Umstände rücksichtlich des Athmens des Blutegels zu ermitteln, that der Verfasser das Thier in Wasser, welches durch Kochen seiner Luft beraubt worden war. Nach einiger Zeit bemerkte man, daß der Blutegel Luft fahren ließ und das Wasser im Gefäße zeigte, durch die Art wie Kalkwasser auf dasselbe reagirte, die Anwesenheit von Kohlensäure an. (London and Edinburgh Philosophical Magazine, Decbr. 1833.)

Ueber den Schwamm des Oelbaums (Agaricus olearius) und seine Phosphorescenz las Hr. Delille, Prof. an der medicinischen Facultät zu Montpellier in der Sitzung der Acad. royale des Sciences vom 25. November 1833 eine Abhandlung vor. „Diesen Pilz, welcher keinen specifischen Namen davon führt, weil er häufig auf den Wurzeln des Oelbaums wächst, findet man auch an denen der grünen oder Steineiche, der Silberpappel und vieler andern Bäume und Sträuche, ein Beweis, daß seine Phosphorescenz nicht dem Holze und dem Nahrungsstoffe, welche er aus dem Oelbaume zieht, zuzuschreiben ist. Gewöhnlich wächst er in Rasen, und die einzelnen Pilze sind durch gegenseitiges Aneinanderbrücken von ungleicher Gestalt und Größe. Es giebt fast gar keine regelmäßigen mit kreisrundem Hut, die ausgenommen, welche einzeln für sich wachsen. Der Stiel sitzt fast immer seitwärts, ist faserig, goldgelb roth und 1 bis 3 Zoll lang. Der Hut ist meist röthlich, mit glatter Oberfläche, oft dunkelbraun und auf der Mitte und an den Rändern wie mit Rauch angelaufen. Die Blätter sind lang, sichelförmig und von schön gothgelber Farbe, welche ihren Glanz jedoch nur in den ersten 5 Tagen behält. — Nur die untere blätterige Fläche des Pilzes phosphorescirt, so daß der Glanz in der Nacht nur durch den Widerschein an den Rändern und auf der gegen die Erde gekehrten Fläche sichtbar ist. Mochte der Ort, wo Hr. Delille diese Pilze bewahrte, übrigens so dunkel seyn, so leuchteten sie doch nur bei Nacht. Man bemerkt dabei keinen Geruch, und die einzelnen Theilchen, welche sich an die Finger hängen, behalten ihre leuchtenden Eigenschaften. Das Mikroscop zeigte zwischen dem Gewebe der noch leuchtenden und der nicht mehr leuchtenden Blätter keinen Unterschied. — Der Oelbaumpilz hat keinen unangenehmen Geruch; sein etwas lederiges Fleisch ist bekanntlich ein Gift. Der Geschmack ist etwas bitter, ohne widerlich zu seyn. Der Saft desselben ist rothgelb und färbt, wenn man ihn einige Zeit kaut, gelb. Dieser Pilz ist von allen phosphorescirenden Pflanzen die größte.

In Beziehung auf Bienen und deren Honigbereitung, hat Dr. Hancock der Medico-botanical Society Mittheilungen gemacht, in welchen sich unter andern Folgendes findet: „Ich habe in den Wäldern von Südamerica Honig gesammelt von einigen sehr verschiedenen Arten von Bienen; sie waren sämmtlich ohne Stachel, obgleich die Entomologen diesen als zum Gattungscharacter von Apis gehörig zählen. Auch ist es wohl sonderbar, daß ihr Wachs immer schwarz ist, oder schwärzlich, obgleich der Blumenstaub der Blumen, von welchem man annimmt, daß die Farbe desselben abhänge, fast immer hell ist. Die Bienen erhalten Honig von den meisten Arten von Blumen, scheinen aber gewöhnlich die Lippenblumen vorzuziehen, z. B. Majoran, Münze, Thymian, Lavendel.

Netrolog. — Der bekannte Physiker und Chemiker, Ritter Aldini, in den letzten Jahren besonders durch seine Vorschläge zur Beseitigung von Feuersgefahr verdient, ist am 17ten Januar zu Mailand gestorben.

Heilkunde.

Practische Beobachtungen über Brüche, besonders in Beziehung auf die gefahrlosefte und sicherste Methode, sie, wenn im Zustande der Einklemmung, zurückzubringen.

Von Cinnalis Martin, D. M. zu Caston.

(Aus dem Baltimore medical and surgical Journal and Review. No. 1. Octob. 1833.)

Jeder Mensch, männlichen wie weiblichen Geschlechts, ist von der Geburt an mehr oder weniger ausgesetzt, einen Bruch zu bekommen. Vom anatomischen Gesichtspunct aus betrachtet, ist es eigentlich zu verwundern, daß nicht noch mehrere Personen mit Brüchen, besonders Inguinalbrüchen, behaftet sind; obgleich einige chirurgische Schriftsteller angenommen haben, daß ein Sechzehntheil des Menschengeschlechts an diesem Uebel leide. Vielleicht ist dieses Verhältniß zu hoch angenommen, aber gewiß wird man sich nicht irren, wenn man es um die Hälfte verringert, und zu einem Zweiunddreißigtheil des Menschengeschlechts annimmt. Jedenfalls ist es unter diesen Umständen sehr zu verwundern, daß eingeklemmte Brüche so selten vorkommen, und wenn dergleichen vorgekommen ist, so muß unsere Verwunderung darüber zunehmen, daß die Chirurgen über die sicherste und beste Methode, sie zurückzubringen, so schlecht unterrichtet sind. Hr. Edward Geohegan *) zu Dublin hat besser als ein anderer Chirurg vor ihm die Art und Weise erklärt, wie ein eingeklemmter Bruch zurückgebracht wird. Wenigstens ich muß gestehen, daß, bevor ich seine Erklärungsart kannte, ich in Bezug auf Behandlungsweise meiner Patienten immer eine große Unsicherheit empfand. Wie in allen andern Dingen, so giebt es auch viele falsche Wege in der Zurückbringung von Brüchen, und nur ein einziges richtiges Verfahren, um einen eingeklemmten Bruch zurückzubringen. Ich habe neuerdings diese Methode der Entdeckung des Blutumlaufs durch den berühmten Harvey an die Seite gestellt. Man wird sagen, daß hier Kleines mit Großem verglichen werde; das mag seyn! aber das kann ich doch sagen, daß Unkenntniß des Blutumlaufs das Leben eines Patienten in den Händen des unwissendsten Blutlassers nie in Gefahr setzte, wenn Blutlassen nothwendig war; aber daß Unkenntniß des richtigen Weges, einen Bruch zurückzubringen den Tod von Tausenden nach sich gezogen hat, und wenn sie auch von Anfang an unter der Leitung der gelehrtesten und geschicktesten Chirurgen sich befanden.

Ich will nicht behaupten, daß jedweder Fall von eingeklemmtem Bruch durch die Geohegan'sche Zurückbringungsmethode gehoben werden könnte und sollte, obgleich mancher andere Chirurg mit seiner Methode vorwärts gekommen seyn mag; aber ich getraue mir zu behaupten, daß da, wo bloß der Darm eingeklemmt ist, die Einrichtung mit größter Sicherheit bewerkstelligt werden könne. Ich habe mir in Beziehung auf die Lehre von den Brüchen weiter nichts vorgesetzt, als die Art und Weise auseinanderzusetzen, wie bei eingeklemmtem Darmcanal geholfen wird. Wenn mit dem Darme zugleich Netz vorgetreten seyn sollte, so ist kein Zweifel, daß dadurch die Schwierigkeit erhöht seyn wird; oder es kann auch der Darm an dem Sack festhängen, oder eine andere Schwierigkeit bildet, da in so einem Falle angenommen werden muß, daß Entzündung stattgefunden habe.

Ich will nicht sagen, daß, bevor man die Reduction versucht, gar nichts gethan werden solle, aber so viel will ich mich unterfangen zu rathen, daß, wenn der Chirurg, bald nachdem die Einklemmung eingetreten ist, gerufen wird, man nicht anstehen sollte, gleich mit der Taxis' den Anfang zu machen, es müßte denn seyn, daß der Patient Fieber hätte; in einem solchen Falle sollte eine tüchtige Portion Blut gelassen werden, und es kann auch, nach Hrn. Geohegan's Rath, ein kaltes Bad angewendet werden. Die Methode, welche ich in Gebrauch habe, ist folgende. Ich bringe den

Patienten in eine Rückenlage, mit den Knieen in die Höhe gezogen, und den Körper mit den Schultern gegen das Becken gezogen, so daß die Därme abwärts gegen die Schaambeine gedrängt werden; dann ergreife ich die Bruchgeschwulst mit beiden Händen, oder, wenn sie nur sehr klein ist, mit meinen Fingern, und statt die Geschwulst gegen den Bauchring zu drücken, ziehe ich den Inhalt des Bruchs und wo möglich die eingeschlossene Darmportion, sanft abwärts. Indem auf diese Weise die Stockung am Bauchringe gehoben worden, so wird durch sanften aber anhaltenden Druck die Luft aus dem Darmtheil herausgetrieben und die Einklemmung wird augenblicklich gehoben. Durch dieses Verfahren ist es mir nie fehlgeschlagen, eingeklemmte Brüche zurückzubringen, ausgenommen in einem Falle und in diesem war die Geschwulst so groß, daß ich eine regelmäßige Compression nicht anhaltend genug fortsetzen konnte, und überdieß hatte ich die Nothwendigkeit, die Geschwulst, wie eben angegeben ist, abwärts zu ziehen, nicht hinlänglich verstanden. Einigemale ist es vorgekommen, daß, nachdem dieß geschehen, der Patient an Brand gestorben ist. Ich habe zwei andere Fälle gehabt, von sehr großer Scrotal= und Inguinal=Hernia; da der letzte Fall bei einer Frau vorkam, so entschloß ich mich, ein Tuch um die Geschwulst zu binden, und so eine regelmäßige Compression zu bewerkstelligen, was bewunderungswürdigen Erfolg hatte

Einige Zeit nachdem mir dieses vorgekommen war, sendete ich den Herausgebern des Medical Recorder zu Philadelphia einige Bemerkungen über Brüche, welche Hrn. Geohegan's Reductionsmethode eingeklemmter Brüche in sich begriffen, welche jedoch, wie es scheint, ihren Beifall nicht erhielten, da sie die Aufnahme derselben in den Recorder ablehnten und zwar ganz besonders in Beziehung auf die eben beschriebene Reductions=Methode durch festgezogene Binden, denn sie fügen hinzu: „wir rathen unserem Correspondenten in Maryland, über seine Methode, eingeklemmte Brüche zurückzubringen, erst noch fernere Versuche zu machen, und wenn weitere Beobachtungen den Nutzen bewähren, werden wir uns freuen, sie bekannt zu machen."

Kürzlich kam mir ein neuer Fall von Scrotalhernia vor, in welchem ein verdienter Practiker die kunstmäßige Taxis, Klystier, reichliche Aderlässe und Opium vergeblich angewendet hatte. Ich fragte ihn, ob er schon von Dr Geohegan's Verfahrungsweise Kenntniß habe, und als er dieß verneinte, erläuterte ich ihm die Sache, und sagte hinzu, daß, wenn ich nicht in wenigen Minuten einen günstigen Erfolg hätte, ich ihn gar nicht haben werde. Nachdem ich einer der Patienten in die gehörige Lage gebracht hatte, fing ich die Reductions=Operation an, welche, zum größten Erstaunen des Doctors und mehrerer Nachbarn des Patienten, in weniger als einer halben Minute den gewünschten Erfolg hatte rc.

(Der Schluß des Aufsatzes enthält nur noch einige weitläufige Wiederholung. Der langen Rede kurzer Sinn aber ist, daß, statt auf die gewöhnliche Weise die Taxis vorzunehmen, man versuchen solle, die Darmschlinge, durch die

---

*) Ich gestehe, daß mir diese Erklärungsart und Methode des Hrn. Geohegan ganz unbekannt geblieben ist, und ich auch jetzt noch nicht weiß, wo und auf welche Weise er sie mitgetheilt hat. Um so weniger habe ich zögern wollen, die Aeußerung des Hrn. E. Martin vollständig aufzunehmen, so schwerfällig und ungenügend sie sonst geschrieben ist. F.

Bedeckungen des Bruchs hindurch, zu fassen und etwas heraus-zuziehen und, nachdem auf diese Weise die Einklemmung et-was gehoben, mittels eines gleichförmigen Drucks das Zurück-treten des Darminhaltes und des Bruchs zu bewirken. Wenn der Fall neu ist, ist der Versuch wohl unbedenklich; hat aber die Einklemmung schon einige Zeit lang gedauert, und ist der Darm schon sehr entzündet oder gar brandig, so ist die große Gefahr, durch das Hervorziehen des Bruchs eine Zerreißung des Darms zu bewirken, nicht zu übersehen, und dann der Bruchschnitt gewiß mehr indicirt. F.)

Ueber die Behandlung der Eclampsie

spricht sich Dr. Lecoeur im Nouvelliste médical 21. Dec. 1833 folgendermaßen aus: Blutausleerungen passen allemal, wenn die Eclampsie mit einem Zustande allgemeiner Plethora oder örtlicher im Kopfe verbunden ist, oder wenn ihr eine Entzündung des Gehirns selbst oder seiner Mem-branen oder eines entfernten Organs zu Grunde liegt, wo-durch ein Andrang der Säfte nach dem Gehirne bedingt wird. Diese Blutausleerungen sind entweder allgemeine oder örtliche.

Stellt sich die Eclampsie unmittelbar nach der Geburt ein, und liegt ihr ein plethorischer Zustand zu Grunde, so em-pfiehlt Smellie, vor der Unterbindung der Nabelschnur drei oder vier Löffel Blut ausfließen zu lassen.

An die Spitze der am meisten empfohlenen Heilsub-stanzen stelle ich das Zinkoryd, welches zuerst von Gaubius, später von Delaroche, und in unserer Zeit von mehreren angesehenen Practikern, unter andern von Hrn. Bracket, angepriesen worden ist; in den Händen des letztern hat es wahre Wunder gethan.

Man kann es mit andern wirksamen Stoffen in Ver-bindung, oder auch bloß mit Zucker zusammenrieben, und mit einem Löffel Tisane oder Potion verdünnt, reichen. Auf diese Weise hat man es mit Erfolg in dem Hôpital des Enfans malades, in der Abtheilung des Hrn. Guersent, in allmälig von 1 bis 12 und 15 Gran steigender Gabe täglich, zu gleichen Theilen alle 3 Stunden anwenden gesehen.

Hr. Bracket wendet es nie allein an. „Ich pflege, sagt er, es mit dem Extract des schwarzen Bilsenkrauts in sehr verschiedenen Verhältnissen und Gaben zu verbinden, je nach der Heftigkeit der Krankheit, aber immer so, daß ich in 24 Stunden wenigstens 2 Gran Zinkoryd und vier Gran Bilsenkrautträct nehmen lasse.“ Nie brauchte er mit der Gabe, weder von dem einen, noch von dem andern, über 10 Gran hinauf zu steigen, und er wendet es übrigens so an, wie ich es eben angegeben.

Blasenzüge kann man auch anwenden, jedoch nur im Nothfalle; bisweilen steigern sie die Nervenreizbarkeit bedeu-tend. Doch ist ihre Anwendung in sehr vielen Fällen mit oft unverhofften Erfolgen gekrönt. Einer meiner ehemaligen Mitschüler, Hr. Dr Nale, hat mich versichert, daß in sech-zehn Fällen von Convulsionen bei Kindern im Krankenhause

der Entbindungsanstalt bei'm Hôpital St. Louis. Hr. Prof. Gerdy funfzehn Mal durch Anwendung eines Blasenzugs, anfänglich im Nacken, später zwischen den Schultern, oder an den Beinen, wenn der erste nicht hinlänglich war, einen voll-ständigen Erfolg gesehen habe; man wendete dabei zu-gleich alle halbe Stunden einen kleinen Löffel einer Mischung aus (1 Theil) mit Zucker versetztem Pomeranzenblüthwasser und (2 Theilen) feinem Oliven- oder Süßmandelöl an. Diese guten Erfolge sind noch ganz neuerlich durch neue, in dem-selben Hospital und in dem Findlingsspital, in der Abthei-lung des Hrn. Baron, bestätigt worden.

Man kann sie auch hinter die Ohren legen, aber da es bei den bei weitem meisten Fällen von Wichtigkeit ist, rasche Wirkung hervorzubringen, so wird es meist zweckmäßig seyn, nicht die Canthariden dazu anzuwenden, sondern vielmehr die Ammoniaksalbe, kochendes Wasser, worein man einen feinen Schwamm taucht, oder auch eine mit Alkohol getränkte lei-nene runde Compresse (rondelle) nach der Vorschrift des Dr. Pigeaux zur Anlegung augenblicklicher Abzüge (exu-toires).

Das Haarseil, die Mora in den Nacken und selbst auf den Scheitel können auch unter die Zahl der bessern und wirksamern Ableitungsmittel in äußersten Fällen, und wenn schon alle übrigen fehlgeschlagen sind, gerechnet werden.

Da die Eclampsie durch den Zahnproceß die Krankheit nur erst nach dem Ausbruche der Zähne aufhört, so muß die Kunst bisweilen der Natur zu Hülfe kommen, und oft war Einschneiden des Zahnfleisches das einzige Mittel, den Zufäl-len zu begegnen. Die Beispiele von Convulsionen aus die-ser Ursache sind sehr zahlreich; Hunter, De Haen, Mau-riceau unter Andern, enthalten mehrere; aber die merkwür-digste von Schriftstellern aufgezeichnete Thatsache dieser Art ist ohne Zweifel die, wobei Lemonnier zugegen war, und welche uns von Robert mitgetheilt worden ist. Ein Kind, welches man in Folge eines heftigen Anfalls von Eclampsie als todt angenommen hatte, kam wie durch ein Wunder wie-der zum Leben, als man mittelst eines Bistouri's einen gro-ßen Einschnitt in das Zahnfleisch desselben gemacht hatte.

Miscellen.

Eine schon im Jahr 1800 vorgekommene Bla-sensteinzertrümmerung (Lithotripsie) durch Barth. Ro-driguez, Chirurg zu Mallaga, hat Professor Alibert dem Journal des connaissances medico-chirurgicales, No. 1. 2., p. 11, erzählt, so wie die Beobachtung damals der Société médi-cale d'émulation mitgetheilt worden ist. — „Don Antonio Ponce de Leon, 65 Jahr alt, Pfarrer zu Churriana, war fortwährend durch einen Blasenstein geplagt, wie ihm denn auch von Zeit zu Zeit Gries von verschiedener Gestalt und Größe ab-ging. Gegen Ende November 1800 stellte sich vollständige Harnverhaltung, mit sehr heftigen Schmerzen in der Blase, ein. Er rief Barth. Rodriguez, in dem 1½ Stunde von seiner Pfarrei entfernten Mallaga, zu Hülfe. Dieser kam und erleich-terte seinen Zustand durch den Catheter, wodurch eine Menge Urin und Flocken blutigen Schleimes abgingen. Es gelang ihm jedoch, die Symptome von Aufreizung zu beschwichtigen, indem er mittelst ei-nes biegsamen Catheters Einspritzungen schleimiger Abkochungen in die

Blafe machte. Vier Tage nachher fprigte er auf gleiche Weife eine Mixtur in die Blafe, welche aus einer halben Unze weißer Seife, in zwei Unzen Weingeift aufgelöft, einer Unze Citronenfäure und einer fchleimigten Abkochung beftand. Von Zeit zu Zeit brachte Rodriguez auf den Stein einige leichte Stöße, mittelft des Catheters, an. (Cada doce horas andava de dar algunos ligeros colpos con la sonda de plata sobre la piedra.) Nach einigen Einfprigungen, welche der Kranke mehrere Minuten bei fich zu behalten fich bemühte und nach einigen Percuffionen mit dem liegenbleibenden filbernen Catheter, bemerkte man in dem Urin einige Stückchen Steins; man vermehrte nun das Verhältniß der in der injicirten Flüffigkeit befindlichen Citronenfäure. Am achten Tage bemerkte man, daß eine große Menge Steinmaffe, welche in der Höhle des Inftrumentes fich angehäuft hatte, den Abgang des Urins hinderte. Rodriguez erfegte nun den Catheter durch einen neuen, und fegte feine Verfuche fort. Gegen den zwanzigften Tag fand fich kein Gries mehr im Urin, aber legterer enthielt eine Menge eines weißen Sagez von ftinkendem Geruch. Am vierzigften Tage wurde der Urin hell, und nun fegte man die Arzneimittel aus. Der Kranke gebrauchte nun Bäder und wurde auf Milchdiät gefegt, und nach kaum zwei Monaten befand fich Don Antonio Ponce de Leon vortrefflich und beforgte feine Amtsverrichtungen, ohne von feinen alten Schmerzen das Geringfte zu fpüren.

Ueber ein neues Mittel, um Blutegel zu conferviren und zum Saugen gefchickter zu machen, hat Hr. Geh. Rath Kluge in der Charité Verfuche angeftellt, und über das günftige Refultat derfelben in der von dem Verein für Heilkunde in Preußen herausgegebenen medicinifchen Zeitung Bericht erftattet, nämlich, „daß 5 Minuten lange Einfegen der Blutegel in eine Mifchung aus gleichen Theilen Mofelwein und frifchem Flußwaffer und das nachherige Abfpülen und Umbewahren derfelben in frifchem Flußwaffer die Folge hat: daß 1) die Thiere, welche noch nicht gefogen haben, lebenskräftiger werden und deßhalb nicht bloß fich beffer conferviren, fondern auch beffer faugen; 2) die Thiere, welche eben erft gefogen haben, lebenskräftig werden und deßhalb nicht bloß fich beffer conferviren, fondern auch beffer faugen (die Thiere, welche vor mehrern Stunden und Tagen gefogen haben, können das wahrfcheinlich in ihnen fchon geronnene Blut nicht mehr vollftändig entleeren und find darum auch weniger zu conferviren und zum Saugen gefchickt zu machen.) Weitere Verfuche ergaben, daß auch eine Compofition, welche an Spiritus- und Säuregehalt dem Mofelwein ziemlich gleichkommt, nämlich 3 Theile rectificirter Weingeift, 4 Theile Weineffig und 12 Theile Waffer ein eben fo günftiges, ja noch günftigeres Refultat gab, und dabei wohlfeiler ift. — Hr. Med. Rath Dr. Hepfelder zu Siegmaringen fand bei Wiederholung der Verfuche in der Compofition die Proportion des Waffers zu gering und empfiehlt vielmehr die doppelte Quantität, d. h. 24 Theile Flußwaffer auf 3 Theile Weingeift und 4 Theile Weineffig zu nehmen. Er empfiehlt ferner, die Blutegel nicht gerade volle 5 Minuten in der Mifchung zu laffen, fondern nur fo lange, als die Aufregung der Thiere währt,

und fie mit dem Aufhören diefer Aufregung herauszunehmen, mit Flußwaffer abzufpülen und in ein damit gefülltes Glas zu fegen. — Die Mifchung von gleichen Theilen Mofelwein und Flußwaffer fteht der erwähnten Compofition deswegen nach, weil fie theuer und unzuverläffiger ift, wenn der Mofelwein nicht gleich und manchmal fogar mit anderm Weine, ja felbft mit Dingen verfälfcht ift, die den Tod der Blutegel herbeiführen können.

Ueber Wirkung der Electricität gegen Hautwarzen hat Hr. Albert G. Welch von Annapolis, eine intereffante Beobachtung in dem Baltimore medical and surgical Journal and Review. No. 1. October 1833 mitgetheilt. „Da ich im verfloffenen Winter, wo ich Vorlefungen über Chemie hörte, oft Gelegenheit hatte, Verfuchen mit der Electricität anzuwohnen, und da ich mehrere Warzen an meinen Händen hatte, welche ich gar zu gern losgewefen wäre, nachdem ich mehreremale die Wirkung von falpeterfaurem Silber und anderm Aezmitteln ohne Erfolg verfucht hatte, fo befchloß ich, die Wirkfamkeit der Electricität zu verfuchen. Ich fing daher an, Funken durch diefelben gehen zu laffen, welches täglich fünf Minuten lang wiederholt wurde fünf Tage lang, wo ich zu meiner großen Zufriedenheit fand, daß die Warzen völlig verfchwunden waren. Seit der Zeit find fie auch nicht wieder gekommen, was, wenn fie mittelft des Meffers oder Aezmittels weggenommen worden waren, immer gefchah. 2c.

Das Auflegen von Blafenpflaftern bei fehr jungen Kindern erfordert viel Vorficht; außer der Unannehmlichkeit, daß fie oft Brand verurfachen, rufen fie faft immer fympathifche Erfcheinungen, Fieberbewegungen und eine allgemeine Reizung hervor, welche bei längerer Dauer, das Kind durch Beraubung des Schlafs und Störung der Verdauungsverrichtungen, in einen großen Schwächezuftand verfegen. Man fah oft Kinder von einem fchleichenden Fieber befallen werden, welches in folch Anderm feinen Grund hatte, und nach der Entfernung des Blafenzugs fogleich aufhörte. Diefe verderblichen Wirkungen ftellen fich um fo ficherer ein, wenn man die offene Gefchwürsfläche mit Cantharidenfalbe verbindet, welche dann unfehlbar auf die Harnwege wirkt. (Nouvelliste médical.)

Einen feltenen Fall, wo der Kaiferfchnitt gemacht wurde, hat der Wundarzt Bracher zu Neukirchen an das K. Rhein. Medicinal-Collegium gemeldet. Die Frau hatte bereits fünf Mal lebende Kinder geboren, und diesmal wurde der Querdurchmeffer im Ausgange des Beckens nur einen Zoll (!) gefunden (in Folge von osteomalacia?). Das Kind wurde lebend zur Welt gefördert; allein die Mutter ftarb drei Tage nach der Operation.

Eine fpäte und doch noch gelungene Taris, am 11ten Tage der Einklemmung, hat Dr. Lohmeyer zu Sobern- bein bei einem fechsundzwanzigjährigen Jsraeliten, der hartnäckig jede Bruchoperation verweigerte, vorgenommen und dem K. Rhein. Medicinal-Collegio berichtet.

Bibliographifche Neuigkeiten.

Monographie des Cétoines et Genres voisins, formant dans les familles de Latreille, la division des Scarabées, Mélitophiles. Par H. Gory et A. Percheron etc. Paris 1833. 8. Mit 5 Tafeln. (Das ganze Werk wird 15 Lieferungen bilden.)

A memoir on Staphyloraphy, with cases and a description of the Instruments requisite for the operation. By Alexander Hosack, M. D., one of the Surgeons to the Marine Hospital in New York. New York 1833.

Notizen

aus

dem Gebiete der Natur- und Heilkunde,

gesammelt und mitgetheilt von Dr. L. F. v. Froriep.

| Nro. 850. | (Nro. 14. des XXXIX. Bandes.) | Februar 1834. |

Gedruckt im Landes-Industrie-Comptoir zu Weimar. Preis eines ganzen Bandes, von 24 Bogen, 2 Rthlr. oder 3 Fl. 36 Kr., des einzelnen Stückes 3 ggl. Die Tafel schwarze Abbildungen 3 ggl. Die Tafel colorirte Abbildungen 6 ggl.

Naturkunde.

Ueber die Structur und Function der Haut

hat Hr. Prof. Breschet zu Paris der Académie des sciences daselbst eine Abhandlung vorgelesen, welche Aufmerksamkeit verdient. Seit langer Zeit hat derselbe Untersuchungen über die Structur der Sinneswerkzeuge unternommen, wie er denn der Academie auch schon vorgetragen hat, was davon auf das Gehörorgan in den verschiedenen Classen der Wirbelthiere Bezug hat. Jetzt wollte er sich mit der Haut als Tastorgan beschäftigen und er hatte seine Untersuchungen eben mit dem Bedauern begonnen, sie nicht auf die Haut der großen Thiere erstrecken zu können, als er von einem jungen Arzte, Hrn. Roussel von Vaugence, eine Menge Stücke des Hautorgans verschiedener Cetaceen, besonders der Balaena mysticetus, zur Disposition erhielt. Hr. Roussel hatte selbst diese und viele andere Gegenstände auf einer Seereise gesammelt, die er an Bord eines Walfischjägers gemacht hatte. Er hat übrigens Hrn. Breschet nicht bloß die Materialien zu seiner Arbeit geliefert, sondern ihm auch bei den Untersuchungen geholfen, so daß die Abhandlung von beiden gemeinschaftlich herrührt.

Die verschiedenen Haupttheile, worauf beide Verfasser die Aufmerksamkeit der Academie lenken, sind:

1) Das Derma.

2) Die Nervenwärzchen.

3) Der Apparat zur Absonderung des Schweißes, aus einem drüsigten Parenchym und aus schweißführenden oder hydrophoren Canälen zusammengesetzt.

4) Der Inhalations-Apparat oder die absorbirenden Gefäße.

5) Die Organe, welche die Hornsubstanz hervorbringen oder der Keratogen-Apparat.

6) Die Organe, welche die färbenden Stoffe hervorbringen oder der Chromatogen-Apparat.

Der bis jetzt vorliegende kurze Auszug kann dem Verfasser nicht in die Untersuchung der einzelnen Theile folgen, woburch übrigens mehrere Einrichtungen hervorgehoben werden, welche bisher unbeachtet geblieben seyn sollen, und wovon die Verfasser eine Modification der Ideen erwarten, welche man über Transpiration, über Hautfärbung und über die Absonderung der Epidermiegewebe und ihrer Anhänge gehegt hat. Es sind vorzüglich folgende Sätze, welche die Verfasser als Thatsachen festzustellen bemüht sind.

1) Es ist in der Haut ein Apparat zur Absonderung des Schweißes, der aus einem drüsigten Parenchym besteht, welcher die Flüssigkeit absondert, und aus Canälen, welche sie nach außen ergießen. Diese ausführenden Canäle sind in Spiralformen vorhanden und öffnen sich in sehr schräger Richtung unter den Schuppen der Epidermis. (Wir erinnern hier an Purkinjie und Wendt.)

2) Die Absorptions-Organe. Sie sind in gewissen Beziehungen von den lymphatischen Gefäßen verschieden, mit welchen sie jedoch zu communiciren scheinen. Diese Organe zeigen sich als durchsichtige, sehr zerreißbare, ästige und untereinander netzartige Verbindungen bildende Canäle, an welchen jedoch keine Oeffnung, keine zur Absorption dienende Endmündung wahrgenommen werden konnte, was auf den Gedanken führt, daß diese Function nicht durch eine Art von Saugen, sondern vielmehr durch Imbibition oder durch einen der Endosmose analogen Mechanismus vor sich gehe.

3) Das Medium, in welchem diese Canäle sich verbreiten, ist eine durch eine wahre Secretion hervorgebrachte Substanz, eine sehr hygrometrische Substanz, durch deren Vermittelung die Erscheinungen der Absorption bewirkt werden. Wenn auf der schleimigten Oberfläche die Absorption schneller und leichter geschieht, so rührt dieß, nach den Verfassern, daher, weil auf jenem Gewebe, der Schleim, welcher unter mehr als einer Beziehung der Epidermis-Substanz analog ist, weniger dicht und mit den zu absorbirenden Flüssigkeiten mischbar ist.

4) Die warzenförmigen Körper sind wirklich nervenartig, und die Nervenfäden, welche in die Zusammensetzung je-

des Wärzchens eintreten, endigen sich nicht in einem Bündel, wovon jedes einzelne Fädchen frei und isolirt wäre, sondern mit Nervenzweigchen, welche Endschlingen und Bögen darbieten.

5) Diese Wärzchen sind umgeben von einer eigenen Haut und von einem Ueberzuge, welcher die hornartige Substanz der Epidermis liefert.

6) Auch Blutgefäßchen dringen in die Wärzchen, ihr Volumen aber ist viel schwächer, als das der Nervenfädchen.

7) Die verschiedenen hornartigen Lagen der Epidermis bilden einen besondern Apparat, welcher aus einem Secretions-Apparat und aus einem Product besteht; letzteres erscheint anfangs in Beziehung auf die Haut perpendiculäre Fasern, welche später horizontal werden. Diese Fasern oder kleinen Stiele (tiges) entstehen aus einem Uebereinanderliegen kleiner Schüppchen, und die eigentliche Epidermis ist nichts anders, als der von dem Derma entfernteste Theil dieser Stielchen.

8) In dieser Epidermis-Substanz, welche von den schuppigen Stielchen (tiges écailleuses) gebildet ist, finden sich die absorbirenden Canäle und die nervenhaltigen Wärzchen vertheilt.

9) Unabhängig von dem Secretions-Apparat der hornartigen Epidermis-Substanz, findet sich in der Haut gegen die äußere Fläche des Derma hin ein kleiner Apparat zur Absonderung des farbigen Stoffs.

Explosion eines Blasebalgs durch entzündliches Gas.

Aus einem Briefe des Hrn. Anthony S. Jones, an Professor Silliman.

Vergangene Woche fand in der Werkstatt eines hiesigen Schmidts eine, meiner Vermuthung nach, durch Wasserstoffgas veranlaßte Explosion statt. Ueber die Umstände brachte ich folgendes in Erfahrung. Die Arbeiter pflegten, wenn sie Feierabend machten, ein Stückchen hartes Holz in die Esse zu legen, um des Morgens noch Feuer zu finden. Am Abend vor der Explosion thaten sie ein Stück Ulmenholz hinein, welches sie, noch ihrer Gewohnheit, vorher in Wasser getaucht hatten, und bedeckten dasselbe mit den glimmenden Kohlen und der Asche der Esse. Den Blasebalg hatten sie mit einer Haspel an den Steg in die Höhe. Am folgenden Morgen fanden sie das Feuer und dessen Bedeckung wie sie es verlassen, aber den aus zweizölligen Bretern angefertigten Blasebalg zersplittert. Das Leder war abgerissen, der Steg, an welchen derselbe gehakt gewesen, und der mit zwei 4zölligen Nägeln befestigt war, herabgerissen, und das darunter befindliche Backsteingemäuer gesprungen und verschoben. Die Form der Blasebalgbeute, welche aus 6zölligem Gußeisen bestand, war, wie die 20 Zoll lange Deute (Röhre) selbst, unbeschädigt. Nirgends bemerkte man an den benachbarten Gegenständen Spuren von Feuer. Da sich ein ähnlicher Unfall noch nie ereignet hatte, so waren Manche der Meinung, die Explosion rühre von Schießpulver her, was je-

doch, meiner Ansicht nach, nicht der Fall seyn könnte, da man nirgends Spuren davon fand.

Newburyport den 3ten Febr. 1833.

Bemerkung. Der von Hrn. Jones erzählte Vorfall ist keineswegs der Art, sondern nur der Intensität nach ungewöhnlich; auch gestatten die Umstände eine befriedigende Erklärungsweise. Da der Balg an den Steg oder Querrbalken in die Höhe gehakt war, so befand sich derselbe im Zustande der vollkommenen Ausdehnung, und war anfangs mit atmosphärischer Luft gefüllt. Aus dem in der heißen Asche und den glimmenden Kohlen befindlichen nassen Holze entwickelte sich natürlich während der ganzen Zeit seiner Verkohlung eine bedeutende Menge Kohlenwasserstoffgas, welches mit Kohlensäure, und wahrscheinlich auch mit Kohlenoxyd, vermischt war. Wegen des Drucks von Seiten der darüber liegenden Asche konnten diese Gase nicht frei in die Luft der Werkstätte entweichen, sondern wurden theilweise in den Balg gedrängt, und sobald in dem letztern die Mischung Knallgas bildete, entzündete sich derselbe an dem Feuer der Esse.

Das kräftigste Knallgas besteht aus ⅓ oder ½ entzündlichem Gas, und ⅔ oder ½ atmosphärischer Luft, und dieß Verhältniß könnte sich unter den vorliegenden Umständen leicht bilden. Kennern der Chemie ist bekannt, daß dergleichen Explosionen häufig vorkommen, aber gewöhnlich richten sie keine solchen Beschädigungen an. Auch in der Laboratorien findet man gewöhnlich eine mit einem Blasebalg versehene Esse. In dem des Yale College war mir öfters Explosionen vorgekommen, die offenbar daher rührten, daß entzündliches Gas in den Balg eingesaugt worden war, was vorzüglich dann geschah, wenn mit Blasen inne gehalten wurde, und das untere Bret, vermöge des gewöhnlich daran befestigten Gewichtes, langsam herabsank. Es ist mir nie der Fall vorgekommen, daß der Balg wirklich zerrissen worden wäre, allein schwere Gewichte wurden durch den plötzlichen Ruck vom Deckel herabgeworfen, und man hörte einen lauten Knall.

In dem von Hrn. Jones berichteten Falle läßt sich offenbar eine Wiederholung dieser Erscheinung dadurch vermeiden, daß man den untern, und nicht den obern Theil des Balgs in die Höhe hakt, und den obern mit Gewichten beschwert, so daß der Balg ziemlich luftleer wird, und das entzündliche Gas nicht hineinkann. Wenn man des Morgens zu arbeiten anfängt, so hat man den Schwengel ruckweise zu bewegen, damit die atmosphärische Luft schneller einstreicht, als entzündliches Gas eingesogen werden kann. Daß die Deute nach zu Newburyport nicht gelitten hatten, erklärt sich sehr natürlich aus dem Umstande, daß diese Theile sehr stark waren und sehr wenig Knallgas enthielten, während, im Bezug auf den aus Holz und Leder bestehenden Bauch des Balges, gerade das Gegentheil stattfand. (American Journal of Science and Arts by *Benjamin Silliman*, April 1833.)

Untersuchungen über die Bestand.heile des Blut=
waffers der Menschen.

Von Felix Boudet.

Es ist bekannt, daß die bisher mit Bestimmtheit im Blutwaf=
fer nachgewiesenen Bestandtheile sich nur auf den Eiweißstoff, das
Hirnfett, den Harnstoff und die ölige Materie des Herrn Le
Canu beschränken. Diese Resultate sind aber weit entfernt von
der Idee, welche wir uns von der Zusammensetzung des Blutes,
als der Quelle aller in der Nutrition und in den Secretionen ge=
bildeten Materien, machen müssen. Es ist kein Zweifel, daß die
Chemie mit der Zeit eine Menge Substanzen im Blute nachweifen
wird, welche ihr bis jetzt entgangen sind. Es wird aber dazu nö=
thig seyn, daß die Analysen, nicht wie bisher, sondern mit großen
Quantitäten Blut angestellt werden; der Kreislauf und die Blut=
bereitung sind nämlich so rasch, daß das Blut von jedem jener
Stoffe nur Spuren zu enthalten braucht, um den Secretionsorganen
und Nutritionsapparaten das Nöthige zu liefern.

Ich habe mich bis jetzt ausschließlich nur mit der Unterfuchung
derjenigen Producte beschäftigt, welche das durch kochendes Waffer
ausgezogene Blutwasser, dem Alcohol abgeben kann; die Resultate
hiervon will ich hier mittheilen.

Das Blutwaffer von drei starken Aderläffen, von drei verschie=
denen Individuen, wurde bei gelinder Wärme getrocknet, durch ko=
chendes Waffer ausgezogen, von neuem getrocknet, gepulvert und
mit kochendem Waffer ausgezogen, von neuem getrocknet, gepulvert
und mit kochendem Alkohol behandelt. Die farblosen alcoholischen
Flüffigkeiten trübten sich bei'm Erkalten und schlugen sich langsam
weiße Flocken nieder, welche durch das Filtrum getrennt wurden.
Diese Flocken von fettigem und perlmutterartigen Ausfehen, erfchie=
nen in kleinen, leicht durchfichtigen Blättchen, aber ohne cryftallini=
fche Form. Sie fchienen mir ein unmittelbarer Stoff zu feyn, den
ich Seroline benannte.

Der filtrirte Alkohol wurde in einem Sandbad deftillirt: als
er auf ein Viertel feines Umfanges reducirt war, wurde die Deftil=
lation unterbrochen und in fie ließ ihn erkalten. Er trübte fich mil=
chig=weiß, machte aber kein merkliches Sediment.

Die in einer Kapfel fortgefeßte Verdunftung lieferte einen Rück=
ftand von braun=gelblichem, etwas dunklem Ausfehen, und terpen=
tinartiger Confiftenz, welcher mit kaltem Waffer eine Emulfion
bildete, einen fcharfen Gefchmack und einen dem phosphorhaltigen
Gehirnfett ähnlichen Geruch hatte.

Diefer Rückftand mit Alcohol, von 36° gerieben, färbte denfel=
ben gelb und feßte fich an die Retorte in Form eines weichen pur=
zes an. Ich erneuerte den Alcohol, bis er fich zu färben aufhörte,
und trennte fo zwei Producte; das eine, in Alcohol auflösliche,
mußte die fettige Materie des Hrn. Le Canu, und das andere Hirn=
fett feyn.

In der That war diefer leßtere unauflöslich in kaltem Alcohol,
anfänglich dagegen in kochendem Alkohol und in Aether, mit Aus=
nahme einer fehr kleinen Quantität rofiger Materie, die ich wegen
ihrer geringen Menge nicht unterfuchen konnte. Er cryftallifirte
in glänzenden Blättchen, war ohne Reaction auf die gefärbten Rea=
gentien, unveränderlich bei der Berührung der Alkalien, mit kaltem
Waffer bildete und eine Emulfion, und vereinigte fich mit einem
Worte alle von dem Herrn Vauquelin und Chevreul dem
Hirnfett zugefchriebenen Eigenfchaften.

Aus der fich felbft überlaffenen alcoholifchen Flüffigkeit feßten
fich nach einer gewiffen Zeit kleine cryftallinifche, der Cholefterine
ähnliche Blättchen ab, deren Eigenfchaften weiter unten angegeben
werden follen. Die Cryftalle wurden getrennt, und die Flüffig=
keit bis zur Trockenheit abgedampft; fie hinterließ einen dunklen
Rückftand von fcharfem Gefchmack, welcher in Alcohol fehr auflöslich
war, indeß noch Hirnfett enthielt, welches fich fo gut als möglich
vermittelft Alcohol von 22°, welcher auf leßteres keinen merklichen
Einfluß zu haben fchien, trennte. Endlich löfte ich ihn in Ae=
ther auf, welcher einige Spuren von falzigen Materien aus ihm
ausfchied.

So gereinigt, war diefes neue Product weich, merklich durchfich=
t'g, von fcharfem, feifenartigem Gefchmack, welcher durch den des
phosphorhaltigen Fettes einigermaßen verändert war, fehr auflös=
lich in Alcohol und Aether, merklich auflösbar fowohl in kaltem
als in warmem Waffer, welches es fchäumend machte, wie dieß ei=
ne wirkliche Seife gethan haben würde; endlich färbte es das durch
eine Säure geröthete Lackmuspapier fchnell wieder blau. Hiernach
war es unmöglich, in diefem Product eine ölige Materie zu erken=
nen, und das Natürlichfte war, es wie eine wahre Seife zu be=
trachten.

Um diefe intereffante Frage zu entfcheiden, löfte ich die Materie
in warmem Waffer auf und tröpfelte in die Auflöfung einige Tro=
pfen Salzfäure. Ich trennten fich fogleich reichliche Flocken von ei=
ner durchfichtigen Flüffigkeit, welche bald auf ihrer Oberfläche mit
einander verfchmolzen und ein ölartiges Ausfehen annahmen. Die=
fes Oel mit warmem Waffer fo lange ausgefpült, bis es keine
Spur mehr von Salzfäure zeigte, röthete ftark das feuchte Lack=
muspapi=r; es bildete mit Waff.r keine Emulfion, löfte fich in Al=
cohol und Aether rafch auf und machte fie fauer, verband fich um=
mittelbar mit Natron und brachte eine der natürlichen Seife ähn=
liche Auflöfung hervor. Ich machte einige Verfuche, um die Natur
des fauren Fettes, woraus diefe Seife gebildet worden war, zu er=
kennen; aber die geringe Quantität des mir zu Gebote ftehenden
Productes, befonders aber die Gegenwart von etwas phosphorhalti=
gem Fette, von dem ich jenes nicht ganz befreien konnte, hinderten
mich, hinreichend fcharfe Charactere zu erhalten, um mich über die=
fen Punct ausfprechen zu können, es ift jedoch fehr wahrfcheinlich,
daß diefe Materie ein Gemifch von Oleinfäure und Margarit=
fäure war.

Man hat oben gefehen, daß ich bei der Behandlung des alco=
holifchen Extractes des Blutwaffers mit kaltem Alcohol eine Sub=
ftanz erhielt, welche fich auf den Boden der Flüffigkeit in Form
kleiner cryftallinifcher Blätt.hen niederfchlug, welche der Cholefterine
ziemlich ähnlich waren. Die Entdeckung der alkalinifchen Seife,
welche diefe Cryftalle begleitete, und welche die Analyfe in der
Galle mit der Cholefterine zugleich nachgewiefen hat, befeftigte mich
in der Meinung, daß fie wohl aus diefer Subftanz gebildet feyn
könnten; und obgleich ihr Gewicht nicht ganze zwei Centigrammen
war, fo nahm ich doch keinen Anftand, fie einigen Verfuchen zu un=
terwerfen, um diefe wichtige Frage aufzuhellen.

Das befte Zeichen, welches die Cholefterine von andern Fettar=
ten unterfcheidet, ift die Temperatur ihres Schmelzpunctes, welche
fich bis auf +137° erhebt. Ich fand diefe Eigenfchaft faft in dem=
felben Grade in den Cryftallen wieder, welche ich hie mit verglich.
Da ich mich jedoch auf diefe Beobachtung allein nicht verlaffen
wollte und nur noch fo wenig der Materie hatte, daß ich nicht ir=
gend ein Experiment allein vornehmen nicht getraute, fo bat ich
Herrn Chevreul um Rath, und ftellte unter ihren Augen fol=
gende vergleichende Verfuche mit der vollkommen reinen aus Gal=
lenfteinen erhaltenen Cholefterine, und der fraglichen Cholefterine des
menfchlichen Blutes an.

Cholefterine der Gallenfteine.	Cholefterine des Blutes.
Cryftallifirt in Alcohol unter der Form glänzender Blättchen.	Ihr Ausfehen zeigt die größte Aehnlichkeit mit dem der Cholefterine.
Mit concentrirter Schwefel= fäure in Berührung gebracht, rö= thet fie fich unmittelbar darauf und wird wieder weiß, in dem Maaße, als die Schwefelfäure durch die Feuchtigkeit der Luft fchwach wird.	Diefelbe Beobachtung.
Sie fchmilzt bei +137° Centigr.	Sie fchmilzt zwifchen 135° und 137°.
Sie bildet weder mit kaltem noch mit warmem Waffer eine Emulfion.	Sie zertheilt fich etwas in kaltem Waffer, erwärmt vertheilt fie fich in Flocken.

15 *

In der Wärme mit Kaliauf-
lösung durch 6 Stunden behandelt, behält sie ihr cryſtallini-
ſches und glänzendes Ausſehen,
und erleidet gar keine Veränderung.

In den beiden vorhergehenden Experimenten unterſcheidet ſich
dieſe Materie von der Choleſtrine der Gallenſteine durch ihren floſ-
kenartigen Zuſtand und den Mangel des cryſtalliniſchen Glanzes;
dieſer Unterſchied ſcheint aber davon abzuhängen, daß ſie noch er-
was von dem phosphorhaltigen Fette behielt, von dem ſie den Geruch beibehält. Ich bin um ſo mehr geneigt, dieß zu glauben, als
ein künſtliches Gemiſch von Choleſtrine und Gehirnfett mir genau
dieſelben Erſcheinungen unter denſelben Umſtänden nachwies.

Setzt man Salzſäure zu einer
Kaliauflöſung hinzu, welche mit
Choleſtrine erwärmt wurde, ſo
zeigte ſich gar keine Trübung;
dieß beweiſt, daß ſich keine auflösliche Combination aus dem Alkali und der fetten Materie gebildet hat.

In der Wärme mit Salpeterſäure behandelt, wird ſie anfangs
grün, wahrſcheinlich durch Eindringen einer geringen Menge ſal-
peteriger Säure zwiſchen ihre
Theile, ſpäter wird ſie gelb. Behandelt man, nach Abdampfung
der Säure bis zur Trockenheit,
den Rückſtand mit ſehr verdünnter Kaliauflöſung, ſo erhält man
eine dunkelbraune Flüſſigkeit.

Dieſe Flüſſigkeit, durch Salzſäure zerſetzt, bildet Flocken, welche ſich bei einer gelinden Wärme
auf der Oberfläche der Flüſſigkeit
unter der Form einer braunen
öligen Materie vereinigen.

Kaliauflöſung ſcheint in ihr
keine Veränderung zu bewirken,
und ſie ſchwimmt während der
ganzen Zeit in der Flüſſigkeit in
Geſtalt von Flocken.

Dieſelbe Beobachtung.

Dieſelbe Beobachtung, nur iſt
die alkaliniſche Auflöſung etwas
dunkler braun. Dieſer Unterſchied
kann von einer geringen Ungleichheit der bei den beiden Stoffen angewendeten Temperatur abhängen.

Dieſelbe Beobachtung.

Man ſieht aus dieſer Nebeneinanderſtellung, wie viel die in
Rede ſtehende Materie mit der Choleſtrine Aehnliches hat. Andrerſeits verglich ich ſie mit dem phosphorhaltigen Gehirnfett und beobachtete, daß dieſe Subſtanz zwar in ihrer Cryſtalliſation mit jener Aehnlichkeit hatte, bei der Berührung mit concentrirter Schwefelſäure roth wurde und eben ſo dem Einfluſſe der Alkalien widerſtand; daß ſie aber andrerſeits nicht dieſelbe Schmelzbarkeit beſaß,
nach dem Schmelzen weich, gelblich, und faſt durchſichtig blieb, ſtatt
ihre Undurchſichtigkeit und weiße Farbe unmittelbar wiederzuannneh-
men, und daß ſie ſich von Salpeterſäure ſchwerer afficiren zeigte,
und durch den Zuſatz von Kali keine braune Solution gab.

Da indeß dieſe Verſuche nur auf kleinen Quantitäten
der fraglichen Materie angeſtellt wurden, ſo muß ich mich wohl
darauf beſchränken, die Exiſtenz der Choleſtrine im Blute als eine
außerordentlich wahrſcheinliche Thatſache zu bezeichnen; ich ſehe jedoch noch weiterer Beſtätigung bedarf.

Ich muß auch noch bemerken, daß ich die Exiſtenz dieſer Materie im Blute eines Gelbſüchtigen, und in dem fünf geſunder Menſchen erkannte. Dieſelbe Bemerkung bezieht ſich auf die Subſtanz, die ich beſchrieben habe, und es iſt mir wahrſcheinlich, daß dieſe iſt
den Subſtanzen conſtant im Blute vorhanden iſt.

Ich darf dieſen Gegenſtand nicht verlaſſen, ohne die Beobachtungen des Hrn. Dr. Denis über das Vorhandenſeyn der Choleſtrine im menſchlichen Blute anzuführen. Dieſer ſagt p. 100 ſeiner
Recherches expérimentales: „Die Choleſtrine iſt, wie ich
glaube, noch nie von den Chemikern im Blute beobachtet worden,
jedoch habe ich ſie in einigen Fällen darin gefunden, was aber,
von einem krankhaften Zuſtande abzuhängen ſcheint. Iſt ſie in dem
Blute, welches man analyſirt, vorhanden, ſo präcipitirt ſie in perlmutterartigen Blättchen, wenn der Alcohol erkaltet, den man auf
die verſchiedenen Theile dieſer Flüſſigkeit hat einwirken laſſen, um
die phosphorhaltigen Fette aus ihr auszuziehen."

216

Aus dieſem Satze iſt es klar, daß Hr. Denis die Choleſtrine
im Blute entdeckt zu haben glaubt. Berückſichtigt man indeß, daß
er ſie im Alcohol, welcher noch phosphorhaltiges Fett enthielt, gefunden zu haben angiebt, und daß dieſes phosphorhaltige Fett genau in glänzende Blättchen cryſtalliſirt, welche den der
Choleſtrine durch das Erkalten des Alcohols, der ſie in der Auflöſung erhält, ſehr ähnlich ſind, ſo wird es wahrſcheinlich, daß die
Choleſtrine des Hrn. Denis nichts Anderes als dieſes phosphorhaltige Fett ſelbſt ſey. Uebrigens giebt Hr. Denis keinen Beweis
zu Gunſten ſeiner Meinung, und ſcheint auch keinen Verſuch zu ihrer Beſtätigung gemacht zu haben.

Von der Seroline.

Man erinnert ſich, daß ich mit dem Namen Seroline die weiße
und etwas perlmutterartige Materie belegt habe, welche durch das
Erkalten der alcoholiſchen Abkochung des ausgetrockneten Serums
präcipitirt. — Unter dem Mikroſcop ſcheint dieſe Materie aus Faſern zu beſtehen, welche in gewiſſen Zwiſchenräumen aufquellen und
kleine weiße undurchſichtige Kügelchen darſtellen, welche ihnen das
Anſehen eines Paternoſters geben. — Sie ſchmilzt bei + 36°,
übt keinen Einfluß auf die Reactionspapiere aus, und wird, ſo wie
die Choleſtrine, bei der Berührung mit concentrirter Schwefelſäure,
roth. — Sie bildet mit kaltem Waſſer keine Emulſion, und wird
ſie erwärmt, ſo ſchwimmt ſie auf der Oberfläche der Flüſſigkeit unter der Form eines farbloſen Oels. — Schwefeläther löſt ſie ſelbſt
kalt leicht auf; dagegen löſt Alkohol von 36° nur Spuren davon
bei der Temperatur der Subhitze auf, und übt nicht den mindeſten
Einfluß auf ſie aus, wenn er kalt angewendet wird. — Sechs
Stunden lang in der Wärme mit Kaliauflöſung behandelt, ſcheint
ſie gar keine Veränderung zu erfahren, und die Salzſäure bringt
in der alkaliniſchen Flüſſigkeit nicht die mindeſte Trübung hervor —
Salzſäure und Eſſigſäure verurſachen, weder kalt noch warm, eine
bemerkliche Veränderung. — Eine Zeit lang mit Salpeterſäure erwärmt, löſt ſie ſich nicht auf, wird aber in Kaliwaſſer auflöslich,
welches ſie braun färbt — In einer kleinen Glasretorte bei der
Lampe deſtillirt, verbreitet ſie einen ſehr characteriſtiſchen Geruch,
giebt alkaliniſche Dünſte, einen geringen kohlenſtoffhaltigen Rückſtand, und ſcheint ſich theilweiſe zu verflüchtigen.

Die geringe Menge, welche ich von dieſem Stoffe erhielt, erlaubte mir nicht, ihn einer größern Anzahl von Verſuchen zu unterwerfen; indeß ſcheinen mir die eben mitgetheilten Reſultate ſchon
hinreichend, um ihn als einen neuen unmittelbaren Stoff zu bezeichnen.

Wenn es durch die Verſuche des Hrn. Chevreul, ſo wie
durch meine eigenen Experimente bewieſen iſt, daß das phosphorhaltige Gehirnfett im Serum des Blutes vorhanden ſey, ſo iſt es, wie
mir ſcheint, nicht minder einleuchtend, daß ſich von Hrn. Le Canu
beobachtete ölige Materie nicht mehr in die Zahl der Beſtandtheile
dieſer Flüſſigkeit aufgenommen werden können, und daß man ſtatt
derſelben die alkaliniſche Seife, und außerdem noch die Seroline und die Choleſtrine zu ihnen zählen müſſe.

Schließlich will ich noch darauf aufmerkſam machen, daß ich,
indem ich die Gegenwart einer alkaliniſchen Seife und der Choleſtrine im Blute nachgewieſen habe, damit einigermaßen außer Zweifel geſetzt zu haben glaube, daß die Galle, oder vielmehr die verſchiedenen Subſtanzen, welche dieſelbe durch ihre Verbindung zu-
ſammenſetzen, im Blute vorhanden ſeyen, und zwar nicht nur im
Gelbſüchtigen, ſondern auch im geſunden Zuſtande, und daß ſo
einen neuen Beweis gegeben zu haben glaube, daß die Secretions-
materien im Blute ganz ausgebildet vorhanden ſeyen. (Annales de
Chimie et de Physique. T. 52.)

Miscellen.

Ueber die Bohrmuſcheln (Pholas) in Bezug auf
Geologie giebt Hr. Grant in ſeinen Vorleſungen einen intereſſanten Wink. Nachdem er darauf aufmerkſam gemacht hat,
wie die Durchbohrung des Felſens mittelſt der Umwälzungen der
rauhen Schaale dieſer Thiere bewirkt werde, und wie die Thiere,

damit die Oberfläche der Schaafe beständig fellenartig rauh sey, vorragende Lagen absonderten, welche einen wellenförmigen freien Rand darbieten, und wie diese aufeinanderfolgenden wellenförmigen Ränder nicht mit einander in Berührung, sondern frei herausstehen, so daß die ganze äußere Oberfläche rauh ist, wie eine Feile, und endlich wie die Richtung, in welcher die Pholaden bohren, immer eine perpendiculäre sey, fährt er folgendermaßen fort: „Wie Sie bemerken, m. H., bringen diese durchbohrenden Thiere senkrecht abwärts durch die Felsen, in welchen sie wohnen. Wenn Sie nun vielleicht auf die Höhe eines Berges eine Lage Gestein finden, welches in frühern Verhältnissen unseres Planeten von diesen Steinbohrern (Lithotomi) durchbohrt worden ist, so können Sie bloß durch Ansicht der Richtung der durch die Thiere gemachten Perforationen schließen, welches die ursprüngliche Stellung des Felsens war, zu der Zeit, wo er den Boden des Oceans bildete. Haben die gebohrten Canäle noch eine perpendiculäre Richtung, so hätte der Felsen die relative Stellung beibehalten, die er ursprünglich besaß, während, wenn jene Canäle horizontal liegen, sich daraus ergeben würde, daß der Felsen nicht bloß durch die Catastrophe des Planeten in die Höhe gehoben, sondern auch umgelegt worden sey."

„Das Ganglion der hintern Wurzel des nervus hypoglossus," schreibt mir Herr Professor Mayer in Bonn, „welches ich bei'm Kalbe, Hunde und Schweine gefunden habe, ist auch bei der Hirschkuh vorhanden. Es entspringt mit 2 Fäden vom hintern Theile des Rückenmarkes, ist sehr zart und schickt sodann einen dickern Faden zu der vordern Wurzel desselben Nerven ab. Uebrigens verhält es sich ganz auf dieselbe Weise, wie bei'm Kalbe. Die nähere Beschreibung dieses Ganglion's bei'm Kalbe, Ochsen, Hunde, Schweine, so wie auch bei'm Menschen, habe ich in einer Abhandlung in den Act. Acad. Nat. Cur. Tom. XVI.

p. II. unter dem Titel: „Ueber das Gehirn, das Rückenmark und die Nerven," bekannt gemacht, worin ich zugleich meine Theorie (über das Verhältniß des Gehirns zum organischen Lebensproceß) (auf zahlreiche Versuche, mit Unterbindung der Carotiden und mit Injection von fremden Flüssigkeiten in die carotis, gegründet) auseinandergesetzt habe."

Von einer Reise in Beziehung auf Naturgeschichte, ist der Engländer Burton, welcher 11 Jahre Aegypten in allen Richtungen durchzogen und besonders den Theil der Wüste zwischen dem Nil und dem rothen Meer untersucht hat, in Alexandrien wieder eingetroffen, um nach England zurückzukehren. Hr. Burton hat sich auch viel mit den Hieroglyphen beschäftigt, und im Fache der Geologie und Zoologie, besonders Conchyliologie, beträchtliche Ausbeute gemacht; wie er auch unter andern eine junge Giraffe und ein dem Wurmthier ähnliches Thier, von den Arabern Purbar genannt, mitbringt.

Ueber das Erscheinen eines elektrischen Funkens im Moment, wo die Gefrierung von Wasser (welche man vermittelst Aether und der Luftpumpe auf die bekannte Weise bewirkt) beginnt, hat Hr. Pontus im Journal de chimie médicale, Juillet 1833, eine Mittheilung gemacht. Eine ähnliche Beobachtung elektrischer Entladung hat Hr. Becquerel im Augenblicke der Bildung von Crystallen in Flüssigkeiten beobachtet.

Eine Uhr, welche sich durch die Veränderung der Atmosphäre selbst aufzieht, soll in Philadelphia erfunden worden seyn und bereits seit einem Jahre durchaus richtig gehen. (Die Möglichkeit ist wohl nicht zu bezweifeln!)

Nekrolog. — Der verdiente Hachette, Mitglied des Instituts, ehemaliger Professor an der Ecole polytechnique zu Paris, ist am 16. Januar 1834 gestorben.

Heilkunde.

Fall eines angebornen Fungus haematodes, in welchem bei einem zehnwöchentlichen Kinde die Amputation des Schenkels vorgenommen wurde. Von John Paul, M.D., Wundarzt am Gray's-Spital zu Elgin, mit Bemerkungen.

„Im September wurde ein 7 Wochen altes männliches Kind mit einer ungeheuern Geschwulst am rechten Unterschenkel, welche alle Kennzeichen des Blutschwammes an sich trug, von seinen Eltern zu mir gebracht. Die Geschwulst war weich und elastisch, ragte an verschiedenen Stellen hervor, und zeigte an der abhängigsten Stelle ein livides Ansehen mit Vergrößerung der Hautvenen. Bei der Geburt hatte man zwei Geschwülste bemerkt, von denen die eine in die andere lief, die untere hatte ungefähr die Größe eines Truthahnei's gehabt, die andere war kleiner gewesen. Der Gesundheitszustand des Kindes war erträglich.

Da der ganze Schenkel in den Krankheitsproceß gezogen war, so schien für den Augenblick die Amputation über dem Knie das einzige Mittel; jedoch war es bei einem so jungen Kr. allerdings ein verzweifeltes, und man hielt für gut, wenigstens noch damit zu warten. Die Eltern erhielten daher die Weisung, ihr Kind wieder mitzunehmen, und wiederzukommen, wenn die Geschwulst platzen sollte.

Sie waren noch nicht sehr lange zu Hause, als sich die Geschwulst öffnete und ein so übermäßiger Blutfluß eintrat, daß in weniger als einer Minute das Kind in einen Zustand von Scheintod fiel, und zwei Tage lang das Leben meist verloren schien, so sehr waren die Lebenskräfte herabgedrückt. Dem Blutfluß ward durch Druck Einhalt gethan und der kleine Kr. erholte sich in wenigen Tagen. Er wurde am 3. October in das Gray's-Spital aufgenommen, und zu dieser Zeit hatte die Krankheit, ungeachtet ich ihn erst vor drei Wochen gesehen, offenbar Fortschritte gemacht. Die Geschwulst hing von dem innern Knöchel bis zur Fläche der Fußsohle herab und erstreckte sich bis zum innern Schenkelknorren. In dem lividen Theile der Geschwulst war Eiterung eingetreten, und ein Schwamm von dem Ansehen des Hirns mit Theilen von Blut auf seiner Oberfläche, war hervorgewachsen. Er hatte 2½ Zoll im Durchmesser, und die Haut erschien in seinem ganzen Umfange roth und entzündet. Der Umfang des Glieds quer durch den Schwamm betrug 11½, und dicht am Knie, 9⅓ Zoll. Von dem Schienbein konnte an dem Knöchelgelenk nichts entdeckt werden; das Wadenbein hatte man zwar bemerkt, indeß lag eine ungeheuere Decke von dichtem elastischem Zellgewebe darüber. Das Kind sah blaß aus, und die Stuhlausleerungen waren übermäßig und von grünlicher Farbe.

219

Den folgenden Tag, 4. October, nahm ich, unter Mitwirkung der Wundärzte, Hrn. Will. Robb und Rob. Paterson und des Studenten der Medicin, Hrn. John Grigor, das Bein über dem Knie ab, und bildete zur Seite zwei Lappen. Es ging kaum ein Eßlöffel voll Blut verloren. Ungefähr eben so viele Arterien, als bei Erwachsenen, wurden unterbunden und während dieß geschah, gerann bereits das auf den Stumpf ergossene Blut. Die Lappen wurden mittelst blutiger Hefte in Berührung erhalten. Nach Beendigung der Operation machte ich den Assistenten bemerklich, daß hier eine weit geringere Herabdrückung der Lebenskräfte vorhanden sey, als dieß bei Erwachsenen nach einer ähnlichen Operation der Fall zu seyn pflege. Das Kind nahm fast unmittelbar darauf die Brust und hatte eine ziemlich erträgliche Nacht. Es besserte sich nun von Tag zu Tag und nahm reichlich Nahrung zu sich. Die Ligaturen waren den zehnten Tag nach der Operation alle abgefallen, und ein großer Theil des Stumpfs war vereinigt.

Alles ging gut bis zum 19., aber an diesem Tage erschien der Stumpf, obgleich die Wunde fast geheilt war, dicker, und das Kind war sehr verdrießlich. Das wilde Fleisch war zweimal mit Höllenstein betupft worden.

Am Abend hatte das Kind viel Schmerzen gehabt, und sehr viel geschrieen. Der Stumpf ist glänzend und mehr gespannt. Man hatte eine weingeistige Waschung vorgenommen.

20. Der Stumpf sehr gespannt und heiß; eine kleine Ausleerung; der Kr. war mit oleum ricini gut purgirt worden. Man wendete einen Breiumschlag von Lein an.

21. Der Stumpf ist stärker geschwollen und man bemerkt eine rothlaufartige Röthe über ihn verbreitet. Die Wundränder erscheinen livid. Der Breiumschlag wird weggelassen und statt dessen die spirituöse Waschung angewendet.

22. Der Kr. befand sich in der letzten Nacht besser und schlief ruhiger. Der Stumpf war sehr gespannt, und die Röthe breitete sich noch oben aus. Der Stuhlgang war sparsam, aber eiterig. Aufschläge von lauwarmem Goulard'schen Wasser mit etwas Laudanum verordnet.

23. Die erysipelatöse Entzündung hat sich bis zum Scrotum und dem Unterleibe ausgebreitet. Man ließ die leidenden Theile, dann und wann mit einem Decoct von Mohnköpfen bähen und dann' die spirituöse Waschung lauwarm gebraucht.

24. Das Scrotum ist furchtbar ausgedehnt, sehr roth und heiß. Die Entzündung hat sich auf dem Rücken, und quer über den Unterleib verbreitet. Die Mutter des Kr. hatte keines Mehl auf den Körper angewendet. Man ließ ein Gran Chinin mit einer Unze Syrup mischen und davon bisweilen einen Theelöffel voll geben. Auch gestattete man etwas Portwein mit Wasser.

25. Die Entzündung scheint sich über den Körper großentheils zu legen, aber am linken Oberschenkel dauert sie fort. Das Scrotum ist ungeheuer angeschwollen; roth, heiß und schmerzhaft. An einer Stelle hat es ein livides Ansehen.

27. Keine Veränderung. Chinin und Hydrargyum cum Creta in kleinen Gaben.

28. Der linke Ober - und Unterschenkel sind bedeutend geschwollen. Das Scrotum etwas weniger. Die livide Stelle ist in Schwärung gegangen, und es ist eine bedeutende Menge Serum ausgesickert. Die Entzündung hat den Stumpf großentheils verlassen.

29. Einiger Anflug von Röthe um die Brust.

30. Weniger Röthe um die Brust, aber ein heftiger Grad von Reizfieber.

31. Stumpf ganz frei von Entzündung, und die Geschwulst hat sich meist ganz gesetzt. Die Wunde hat ein ziemlich gesundes Ansehen; nur erscheint das junge Fleisch sehr blaß. Das Fieber dauert in gleicher Stärke fort und die Darmausleerungen sind sehr häufig.

1. November. Das Fieber dauert gleichmäßig fort, und der Durchfall kann kaum durch Opiate in Zaum gehalten werden. Das Schlucken ist schwierig; das Athmen außerordentlich schnell und mühsam; das Kind trinkt nicht.

2. Abends neun Uhr erfolgte der Tod.

Bemerkungen. Bei'm Durchlesen dieses Falles wird ein denkender Mann zuerst die Frage sich vorlegen, läßt sich die Abnahme des Glieds rechtfertigen, oder nicht? Es fehlten die Erfahrungen dafür, daß e'n Kr. in einem so frühen Lebensalter den Eindruck einer solchen Operation überwinden werde: und daß, im Fall dieß auch geschehen, man vernünftiger Weise einen günstigen Ausgang erwarten könne; denn es giebt, so weit sich meine Kenntnisse und Nachforschungen erstrecken, in den Archiven der Wundarzneikunst kein paralleler Fall. Doglerich aber bei diesem Wagstück einer vorgenommenen Amputation die Erfahrung keine Thatsachen anführen konnte, aus denen sich ein günstiger oder ungünstiger Erfolg hätte ableiten lassen; so war es doch zugleich auch hinlänglich darzuthun, daß ohne diese Alternative der Tod nicht allein unvermeidlich sondern ganz nahe bevorstand. Wie nützlich aber auch die Erfahrung seyn möge, daß ein Wundarzt nichts unternehmen will, wofür sie nicht spricht, so ist es doch sicher, daß dann die Chirurgie, statt zu einem höhern Grade der Vollkommenheit zu gelangen, als sie bis jetzt erreicht hat, immer auf derselben Stufe der Ausübung zurückbleiben müsse. Das menschliche Leben kann in verschiedenen Epochen nicht denselben Werth besitzen: das Leben eines Kindes ist, caeteris paribus, nicht dem eines Erwachsenen gleich; jedoch ist es der erhabnen und reine Zweck der Heilkunst, es unter allen Umständen zu erhalten. Sicherlich wird Niemand behaupten wollen, daß ein, obgleich nur wenig Wochen altes Kind, eines Kindes ist, caeteris paribus, nicht dem eines Erwachsenen gleich; jedoch ist es der erhabnen und reine Zweck der Heilkunst, es unter allen Umständen zu erhalten. Sicherlich wird Niemand behaupten wollen, daß ein, obgleich nur wenig Wochen altes Kind, ringste Aussicht hat, selbst durch Abnahme eines Glieds, sein Leben zu erhalten; denn von dem Leben eines Kindes kann Viel, kann das Glück und das Wohlbefinden einer Familie; ja es kann selbst die Ruhe einer Nation davon abhängen. Erholt sich ein Kind von den unmittelbaren Wirkungen einer Amputation, so müßte ich nicht, welchen gerechten Vorwurf man ihr machen könnte; denn ohne Zweifel wird der jugendliche Kr. wachsen und der Reife zuschreiten, und so ist er in der rechten Zeit fähig seyn, derselben künstlichen Hülfe sich zu bedienen, wie wenn die Operation in einer spätern Lebenszeit vorgenommen worden wäre.

Diese Betrachtungen in's Auge fassend, unternahm ich in dem Falle, welchen ich jetzt der Beurtheilung meiner Kunstgenossen übergebe, die Amputation, und obgleich der Ausgang nicht meinem sehr billigten Wunsche entsprach, so ist doch von chirurgischem Standpuncte aus der Erfolg von eben so hoher Wichtigkeit, wie wenn der Kr. noch am Leben wäre, denn er beweist ganz unzweifelt, daß die Amputation in dem frühen Alter von neun Wochen mit günstigen Aussichten und Erfolg vorgenommen werden könne.

Das Kind war nur neun Wochen und fünf Tage alt, als die Operation an ihm vorgenommen wurde. Da habe bereits angeführt, daß das auf den Stumpf ergossene Blut sogleich gerann: das Coagulum war festlich fest und anklebend. Die frische Vereinigung der Lappen erfolgte in einer solchen Ausdehnung, als mir im Allgemeinen je unter den günstigsten Umständen vorgekommen ist. Diese Thatsachen sind merkwürdig, denn sie stehen nicht wenig mit medicinischer Beobachtung im Widerstreit [*]. Nie hat ein Stumpf in den ersten vierzehn Tagen ein besseres Aussehen dar; er war in der That schon so weit geheilt, daß die Mutter schon bar, nur noch eine Woche im Spital zu bleiben. Das Kind hatte bei seiner Aufnahme übermäßig grünlich gefärbte Stühle, aber die Thätigkeit der Därme wurde nach Abnahme des Gliedes ganz natürlich; denn in der That ginnen alle Verrichtungen ganz wie im gesunden Zustande vor sich. Der Kr. nahm reichliche Nahrung zu sich, und gewann offenbar täglich an Fleisch, bis zu der Zeit, wo der Stumpf vom Rothlauf ergriffen wurde. Zu dieser Zeit litt eine der Wärterinnen des Hospitals an einem sehr bedeutenden Erysipelas an einem ihrer Füße, und die Mutter des Kindes war, unglücklicher Weise und ganz ohne mein Vorwissen, nicht nur öfters in das Wohnzimmer gegangen, wo diese Wärterin war, sondern hatte sich selbst neben dem Bette gesetzt, und sie das Kind in den Armen halten gelassen. Meiner Ansicht nach ist hier nicht mehr daran zu zweifeln, daß die Krankheit dem Kinde durch die kranke Wärterin mitgetheilt wurde.

*) Cyclopaedia of Practical Medicine, article „Fungus haematodes."

Ich weiß, daß Manche gegen die Mittheilbarkeit des Roth-
laufs Zweifel hegen; Thatsachen aber, denke ich, entscheiden zu
Gunsten der Behauptung, daß er bisweilen von einer Person auf
die andere übergetragen worden ist. Erysipelas bei sehr jungen und
sehr alten Subjecten ist immer mit naher Lebensgefahr verbunden;
und nach einem so harten Anfalle, wie in gegenwärtigem Falle,
konnte vernünftiger Weise, selbst ohne vorgängige Wunde, keine
Herstellung erwartet werden. Wäre nicht ein entweder mitgetheil-
ter oder zufälliger Erysipelas dazugekommen, so muß man auch,
dünkt mich, zugeben, daß der Kranke von den Folgen der Amputation nichts zu fürchten gehabt hätte; und diese Thatsache hat
mehr als gewöhnlichen Werth; denn sie zeigt, in so weit wenigstens als man sich auf einen einzigen Fall stützen kann, daß eine
Operation von solcher Wichtigkeit, als die Amputation eines Schenkels, mit wohlbegründeten Aussichten auf Erfolg in dem bereits
genannten früheren Alter vorgenommen werden könne, wenn die
Krankheit oder ein Umstand sie erheischen.

Die Reizbarkeit des kindlichen Körpers ist ohne Zweifel ein
mächtiger Einwurf gegen chirurgische Operationen; aber dieser
Einwurf darf keinen ungebührlichen Einfluß haben, wenn dringende
Umstände, wie in dem obigen Falle, chirurgische Hülfe verlangen.
Zugleich aber muß man wohl bedenken, daß alle an Kindern vorgenommenen Operationen mit der äußersten Schnelligkeit und mit
wenigem Blutverlust ausgeführt werden müssen.

In Bezug auf die Rückkehr der Krankheit nach der Operation, ist das Resultat dieses Falls nicht beweisend; und aus diesem Gesichtspuncte kann man weder für noch gegen die Operation
irgend einen Schluß ziehen. Doch führe ich, zu Gunsten der Amputation, noch folgenden Fall an: William Forsyth, 50 Jahr
alt, befragte mich im Jahr 1827 wegen einer weichen ausgebreiteten Geschwulst an dem oberen Theile des Schienbeins, aus deren
Mitte ein wie ein Blutschwamm aussehender Schwamm hervorwu-
cherte. Der Schwamm blutete von Zeit zu Zeit beträchtlich. Die
Geschwulst war wenige Monate vorher, ehe er sich an mich wandte,
erstirpirt worden, aber die Narbe war noch nicht vollendet, als
der Schwamm wieder erschienen war. Der Kranke wollte sich damals der Amputation nicht unterwerfen, sondern bat, man möge
zur Erstirpation der Geschwulst noch einen andern Versuch machen.
Ich schnitte sie demnach aus, indem ich die Geschnitte bis über die
sichtbaren Gränzen des krankhaften Gewebes hinausführte. Die
Wunde heilte ziemlich gut, aber sehr bald erhob sich unter der
Narbe, von dem äußern Rande der tibia, eine sehr weiche elastische Geschwulst, welche rasch wuchs und, sobald Eiterung eintrat, wucherte auch derselbe Hirnmasse ähnliche Schwamm hervor. Am 6. November 1827 amputirte ich das Glied über dem
Knie, und seitdem hat keine Rückkehr der Krankheit stattgefunden.
Bei Untersuchung des Glieds konnte ich unter der pulpigen
Masse der Geschwulst kein krankhaftes Aussehen entdecken, und es
war nur ein Theil des Periost's, von welchem die Krankheit zu
entspringen schien, trocken und ließ sich leicht vom Knochen trennen.
Das Bein des Kindes habe ich meinem Freunde, Hrn. Liston,
geschenkt, und es befindet sich im hiesigen Museum." (Lancet, 14.
Dec. 1833.)   Elgin, 16. November 1833.

Ueber einen in diagnostischer Hinsicht merkwürdi-
gen Fall von Hydrosarcocele.

Von Dupuytren.

Vor nicht langer Zeit fragte ein Schiffsarzt Hrn. D. um Rath
wegen eines Leidens des linken Hodens, welches von einigen andern
Aerzten für Hydrosarcocele erklärt worden war. Der linke Hode
war in der Kindheit nicht in das Scrotum hinabgestiegen. Eine
Geschwulst von verschiedenem Umfange, zeigte sich oft in dem Verlaufe des Saamenstranges, stieg mehr oder weniger tief herab,
manchmal selbst bis in den Hodensack hinein, ging dann allmälig
wieder zurück und verschwand von Neuem im Leistenringe, bis sie
endlich außerhalb des Bauches liegen blieb. Man hatte sie wahrscheinlich für einen Bruch gehalten, denn der Kranke trug seit sei-

ner Jugend immer ein Bruchband. Dieser Umstand mußte auf die
später eingetretenen Veränderungen in dem Organe großen Einfluß ausüben; denn man kann als Grundsatz aufstellen, daß ein
Bruchband fast immer schädlich ist, sobald es nicht nützt; es bewirkt einen beständigen Druck, welcher fast immer von üblen Folgen ist, und oft eine Geschwulst von scirrhöser Natur endet.
Seit einigen Jahren hat der jetzt 32jährige Kranke dasselbe zu tragen aufgehört. Ein ebenfalls berücksichtigenswerther Umstand, ist,
daß die Geschwulst oft merkliche Verschiedenheiten in ihrem Umfange zeigte. Während einer langen Reise, die er seit einem Jahre
zu machen genöthigt war, nahm sie bedeutend an Größe zu. Bei
seiner Rückkunft fand man Fluctuation im vordern untern Theile,
und über und hinter dieser fluctuirenden Stelle einen harten Körper.
Als D. den Kranken zum ersten Male sah, dachte er wirklich, daß
eine Ansammlung von Flüssigkeit vorhanden sey, es war aber, nach
allem Vorhergegangenen, schwer zu bestimmen, welches Organ in
dem angegebenen harten Theile zu erkennen sey. D. war geneigt,
ihn für eine Geschwulst, welche durch einen angewachsenen Bruch
gebildet wurde, zu erklären, und begnügte sich, Ruhe, örtliche erweichende Dinge anzurathen und dann die Reduction zu versuchen;
dies gelang jedoch nicht.

Der Kranke, der, seiner Geschäfte wegen, wieder eine lange
Reise unternehmen mußte, wollte um jeden Preis von seiner Krank-
heit befreit seyn, und brachte dadurch den Operateur sehr in Verlegenheit. Es war zwar eine Ansammlung von Flüssigkeit zugegen,
das war aber auch alles, was man mit Gewißheit wußte; alles
Uebrige war dunkel. Die Diagnose ist es oft sehr schwer, eine mit knorpel-
artiger Verdickung der Scheidenhaut complicirte Hydrocele von der
Sarcocele zu unterscheiden, und dann fragt es sich noch, ob diese
Hydrocele einfach, oder von einer Sarcocele, einer Geschwulst des
Hodens, oder einem Bruch begleitet war, und ob dieser Bruch vielleicht schon Verwachsungen eingegangen habe, oder nicht; denn jede
dieser schon hypothetisch genannten Zustände konnte richtig seyn. Man sieht täglich
Complicationen dieser Art. D. dachte zuerst einen Probeeinstich
zu machen, es aber bandelte sich noch darum, zu wissen, wie dabei
zu verfahren sey. Die Anwendung des Trolcarts, für die Fälle von
einfacher Hydrocele unbedenklich und hier passend, wäre sehr gefährlich, wenn die Geschwulst von dem angeschwollenen, aber nicht
degenerirten Hoden, oder von einem Darmstück gebildet würde; man
hätte alsdann Gefahr, das eine oder andere dieser Organe zu
verletzen. Wäre es dagegen Sarcocele, so wäre die Punction unnütz.

Diese berücksichtigend, entschloß sich D., die Geschwulst mit dem
Bistouri zu öffnen. Ein Einschnitt von ungefähr einem Zoll Länge
wurde auf dem vordern Theile in die Haut gemacht, etwas nach
hinten verlängert, und allmälig mit Vorsicht bis zum Sacke der
Flüssigkeit fortgesetzt. Dieser Sack zeigte ein bläuliches Aussehen,
und war prall. Er wurde mit der Spitze des Bistouris geöffnet
und es floß sogleich eine Flüssigkeit aus, welche bei der einfachen
Hydrocele ganz ähnlich war. Um die Infiltration der Flüssigkeit
in das Zellgewebe zu verhüten, wurde der Einschnitt vergrößert.
Der Ausfluß betrug wohl bis zehn Unzen. Die Geschwulst verlor
nur ungefähr zwei Drittel ihres Umfanges, und man konnte alsdann deutlich sehen, daß der übrige Theil der Geschwulst, der beschriebene harte Theil, vom Testikel selbst gebildet wurde. In welchem Zustande sich jedoch derselbe befinde, war eine nothwendig zu
entscheidende Frage. Entstand diese Geschwulst aus syphilitischer,
scrophulöser, oder vielmehr aus einer äußern Ursache? Aus den Fragen, welche man dem Kranken vorlegte, ging hervor, daß er nur ein
einziges Mal einen Tripper von fünf oder sechs Tagen hatte; anders-
seits konnte man zwar äußere Zufälle von scrophulöser Anlage an ihm
bemerken, jedoch wären diese nicht deutlich genug, als daß man sie
in der Entwickelung dieses Leidens zuschreiben könnte; der Kranke ist
von guter Constitution und war sonst immer gesund. Alles dieß
machte es wahrscheinlich, daß die Geschwulst die Folge des Jahre
lang fortgesetzten Druckes auf den Hoden sey, welchen das zur Zurückhaltung einer Bruchgeschwulst angelegte Bruchband ausübte.
Falls sie aber endlich die Folge syphilitischer Ursache gewesen wäre,
sollte man es alsdann hierbei bewenden lassen, die Wunde vereinigen und die Zertheilung durch antiphlogistische Mittel versuchen?
Man begreift, daß die Entscheidung hierüber der mehr oder min-

der positiven Erkennung untergeordnet werden mußte, die man über den Zustand des Organs erlangen konnte, während die Abschätzung der erwähnten Umstände nur dazu dienen konnte, den möglichen Ausgang der Amputation zu berechnen.

Bei der genauen Untersuchung des Testikels, fand sich auf seiner Oberfläche eine Anzahl von Höckern und Unebenheiten; er war hart, fast empfindlich; diese Härte war besonders in der Epididymis zu bemerken, welche einen sehr bedeutenden Umfang erreicht hatte.

Es war also Grund genug vorhanden, an die Entartung eines großen Theils des Hodens zu glauben, und es wurde beschlossen, dasselbe wegzunehmen. Zuvor jedoch wollte D. den Zustand des obern Theiles des Saamenstranges, dessen Integrität er erkannte, und des Leistenringes feststellen, er gelangte ohne Schwierigkeit bis zu diesem Ringe und er fand ihn weit geöffnet und vollkommen frei. Nun erst konnte man begreifen, warum der Umfang der Geschwulst so häufige Verschiedenheiten in plus und minus darbot, sie waren sichtlich die Folge des mit von selbst erfolgenden Zurückziehungen abwechselnden Vorfallens einer Darmschlinge. Wie geschah es aber bei dieser Anordnung des Leistenringes, daß die Geschwulst, welche die Flüssigkeit enthielt, trotz der gemachten Versuche, nicht in den Unterleib hineingeschoben werden konnte? Die Erklärung davon findet man in der Lage der Epididymis: Dieses Organ lag am Eingang des Reizes, wohin es durch die Geschwulst zurückgedrängt worden war, und verschloß auf diese Weise die Oeffnung vollkommen. Man weiß, daß bei den Hunden eine Peritonealfalte hier eine Art von Klappe bildet, und das Eindringen der Injectionen, welche man durch die tunica vaginalis gemacht hat, verhindert. Bei diesem Kranken ersetzte die Epididymis auf abnorme Weise diese natürliche Function der Peritoneum bei den Hunden.

Bei dieser besondern Anordnung des Leistenringes, konnten der Operation zwei gleich ungünstige Zufälle folgen. Einerseits konnte ein Theil des Darmes aus dem Unterleib heraustreten, und in der Wunde liegen bleiben, wie dieß manchmal nach der Operation des eingeklemmten Bruches geschieht. Andrerseits konnte im Fall einer Hämorrhagie das Blut sich in das Peritoneum ergießen und eine gefährliche Entzündung dieser Haut hervorbringen. Um diesem vorzubeugen, hielt es D. für rathsam, die Gefäße des Saamenstranges mit großer Sorgfalt zu unterbinden, und bemühte sich sogar, die Gefäße der Hautbedeckungen zu unterbinden.

Die interessantesten Umstände bei diesem Falle sind also kurz folgende. Die Geschwulst wurde gleichzeitig durch eine Ansammlung von Flüssigkeit, durch den abnormen Umfang des Testikels und bisweilen auch noch durch den Vorfall einer Darmschlinge gebildet. Diese Ansammlung von Flüssigkeit war die Folge der krankhaften Secretion der tunica vaginalis, und bildete eine wahre Hydrocele. Obgleich der Leistenring weit geöffnet war, so war doch die Communication der tunica vaginalis mit der Höhle des Peritoneums nicht frei, noch von einer besondern Anordnung des untern Theils dieses Canals herrührte, und es war deßhalb nicht möglich, den Sack, welcher die Flüssigkeit enthielt, zu entleeren und zusammenzudrücken. Was den Entschluß, den Testikel zu entfernen, anbetrifft, so war dieser gewiß der beste. Die Operation war zwar schmerzhaft, langwierig, schwer, aber alles dieß ist mit den Zufällen nicht zu vergleichen, welche aus dem Fortschreiten der Krankheit hervorgegangen wären, oder mit einer zu irgend einem andern Zwecke vorgenommenen Operation. Uebrigens entscheidet die anatomische Untersuchung, ob D. gut oder schlecht gehandelt habe. „Der Testikel, welcher einen mehr als dreifachen Umfang hatte,

zeigte auf dem Durchschnitt den carcinomatösen Zustand, aber des ersten Grades, d. h. ohne Degeneration und ohne Erweichung. Das ist ein glücklicher Umstand, denn dieß selbst giebt um so mehr Hoffnung für die radicale Heilung des Kranken. Die einen mindestens viermaligen Umfang zeigende Epididymis ist in demselben Zustande. Die allgemeine Constitution des Kranken, die Integrität des Saamenstranges, die vorausgesetzte Natur der Ursache dieses Erdens lassen annehmen, daß die Heilung vollkommen seyn werde. (Leçons orales de clin. chir. par Dupuytren. I. Paris 1832.)

Miscellen.

Einer Hemiplegie, welche durch einen starken electrischen Schlag geheilt worden, ist in dem Bulletin médical de Bordeaux No. 11. folgendermaßen gedacht. „Ein Bauer aus der Bretagne, 42 Jahr alt, von starker Constitution, schwitzte stark, legte sich unter einen Baum nieder, und schlief mehrere Stunden lang fest. Als er aufwachte, konnte er nicht mehr nach seiner Wohnung gehen; er war auf der linken Seite gelähmt und man war gezwungen, ihn nach Hause zu tragen. Zwei Monate lang würden Reibungen, trocken und reizend, Schröpfköpfe, Blasenpflaster, Senfpflaster und innerlich schweißtreibende, reizende Getränke, ohne alle Besserung, angewendet. Endlich verschaffte sich der Arzt eine Electrisirmaschine und electrisirte einen Monat lang, aber auch ohne Erfolg. Da er nun sah, daß alles vergeblich war, erklärte er der Familie, daß wenig Hoffnung sey, daß er aber, wenn sie, die Verwandten, es erlauben wollten, noch einen Versuch machen wolle, der etwas verspreche, aber nicht ohne Gefahr sey. Mit Einwilligung der Verwandten tub er der Arzt eine electrische Batterie und gab dem Kranken einen solchen Schlag, daß dieser einige Schritte davon hinfiel. Der Bauer, welcher glaubte, daß man ihn umbringen wolle, raffte sich wüthend auf, stürzte auf den Arzt und würde sehr wahrscheinlich mißhandelt haben würde, wenn man sich ihm nicht widersetzt hätte. Inzwischen der Zorn verlor sich, und zum größten Erstaunen ergab sich, daß der Kranke völlig hergestellt war.

Eine neue Modification der Depression der Staarlinse hat Dr. Gilbert Cambu Bergeon in seiner Thèse à la reclination capsulo-lenticulaire ou nouveau procédé d'abaissement du cataracte avec une aiguille nouvelle. Paris 1838 bekannt gemacht und mit Erfolg in Anwendung gebracht. Sie geht darauf hinaus, daß, bei der Operation, die Kapsel zu gleicher Zeit mit der Linse auf den Boden des Auges gelegt werde. Die Nadel, deren Hr. B. sich bedient und welche er „reclinateur„ nennt, hat die Gestalt einer etwas langen und auf sich gebogenen Lanze (tecourbé sur lui-même): ihre vordere Fläche ist convex und zeigt eine der Länge nach laufende stumpfe Leiste; die hintere Fläche ist in gleicher Richtung concav. Die ganze Breite beider Flächen ist 1½ Linien; der obere Rand ist in seinem ganzen Umfange schneidend, der untere ist nur in seiner ersten Hälfte, von der Spitze an, schneidend. — Hr. Bergeon greift die Linse von innen an. Das Instrument, welches mit Vorsicht hinter dieselbe gebracht wird, schneidet langsam ihre verschiedenen Befestigungen oben, unten und nach allen Seiten hin ein; dann bringt er die Nadel an die vordere Fläche und beschneidet auch da, nach oben und außen an verbindenden Theilen vorhanden ist, durch. Der letzte Theil der Operation ist das Umlegen des Linse nach hinten, unten und etwas nach oben, welches man dadurch bewirkt, daß man den Griff des Instruments nach oben und innen bewegt.

Bibliographische Neuigkeiten.

Abstract of the Papers printed in the Philosophical Transactions of the Royal Society of London, from 1800 to 1830 inclusive. Printed by order of the President and Council from the Journalbook of the Society. London 1833. 2 Vols. 4to.

The Cyclopaedia of Practical Medicine and Surgery; a digest of medical Literature. Edited by Isaac Hays, M. D. Part I. Philadelphia. 1833.

Notizen

aus

dem Gebiete der Natur- und Heilkunde,

gesammelt und mitgetheilt von Dr. L. F. v. Froriep.

Nro. 851. (Nro. 15. des XXXIX. Bandes.) Februar 1834.

Gedruckt im Landes-Industrie-Comptoir zu Weimar. Preis eines ganzen Bandes, von 24 Bogen, 2 Rthlr. oder 3 Fl. 36 Kr., des einzelnen Stückes, 3 ggl. Die Tafel schwarze Abbildungen 3 ggl. Die Tafel colorirte Abbildungen 6 ggl.

Naturkunde.

Ueber die Zählebigkeit von Kröten u. s. w., welche in festen Substanzen eingeschlossen sind.

Von W. A. Thompson, zu Thompson im Staate Newyork.

Als ich den Bericht des Professors Buckland zu Orford über die von ihm rücksichtlich der Lebensfähigkeit der Kröten angestellten Experimente gelesen, und darüber nachgedacht hatte, stiegen mir Zweifel auf, ob diese Versuche in einer Art angestellt worden seyen, welche deren Resultaten Beweiskraft gäbe (vergl. No. 747. [No. 21. des XXXIV. Bds. S. 321] dieses Blattes). Die Kröten wurden in zwei verschiedenen Steinblöcken in größern und kleinern Zellen eingeschlossen. Nach Verlauf eines Jahres und darüber, fand man in den kleinern Zellen alle Kröten todt, die in den größern aber meist lebendig, doch von bedeutend geringerm Gewichte; die noch lebenden Kröten wurden wieder in die Zellen gethan, jedoch nach abermals 1 Jahr sämmtlich todt gefunden. Vier andere Kröten wurden in 5 Zoll tiefe und 3 Zoll weite Löcher eines Apfelbaumstammes, welche man dann mit hölzernen Stöpseln dicht verschloß, gethan, und nach Verlauf eines Jahres sämmtlich todt gefunden. Bei Ueberblickung dieser Thatsachen springt das Ungenügende dieser Experimente in die Augen; allein die Umstände, unter denen sie angestellt wurden, setzen offenbar eine große Zählebigkeit der Kröten voraus; denn wenn über diesen Punct ein Zweifel bestände, so würde Dr. Buckland die Versuche in dieser Art gar nicht angestellt haben.

Hier zu Lande hat man Kröten und Frösche in drei verschiedenen Lagen angetroffen.

1) Kröten häufig in secundärem Sandstein und secundärem Kalkstein.

2) Bei'm Brunnengraben in Thonlagen 12—15 Fuß unter der Erdoberfläche.

3) in Baumstämmen, welche anscheinend die Höhlung luftdicht verschlossen.

Die Kröten, welche man in Sand- und Kalkstein fand, waren in Zellen, gerade groß genug, um die Thiere zu fassen; allem Anscheine nach befanden sie sich in dieser Lage seit der Bildung des Steins, und waren durch dasselbe Wasser abgesetzt worden, wie der Stein selbst. Die Zellen, welche diese Thiere einschlossen, paßten deutlich zu der Gestalt und Größe der letztern, was natürlich daher rührte, daß die Materialien des Steins bei dessen Bildung plastisch und nachgiebig waren. Nun liegt aber auf der Hand, daß, wenn man eine lebendige gesunde Kröte in eine Zelle einschlösse, die nicht größer wäre, als die, in denen man Thiere der Art bisweilen antrifft, sie nicht halb so lange leben würde, als diejenigen, welche der Prof. Buckland naturgemäß bedienen kann, sind Futter und Luft durchaus nöthig.

Dagegen haben sich Kröten, Frösche und andere Reptilien öfters viele Jahre hintereinander, ohne irgend ein Lebenszeichen, im Zustande der Erstarrung befunden, und sind, beim Hinzutreten von Wärme und Luft, wieder belebt worden. Dieß beweist, daß das Athemholen und die Circulation des Blutes bei kaltblütigen Thieren während des Winterschlafs nicht nöthig ist; ja es scheint, daß das im Magen befindliche Futter selbst nach 3—4 Jahren noch so unverändert und unverdaut ist, als ob es sich nur eine Minute im Magen befunden, wenn nur die Erstarrung dieser Thiere während des Winterschlafs dieselbe bleibt, und sie in demselben niedrigen Temperaturgrade verbleiben.

Wir haben ein Recht, anzunehmen, daß seit der frühesten Bildung unserer Erde eine Aufeinanderfolge der warmen und kalten Jahreszeiten, der Ebbe und Fluth schon, wie gegenwärtig, stattgefunden habe, und daß die Constitution der Thiere immer denselben Gesetzen unterworfen gewesen sey, wie jetzt; wenn demnach ein solches Reptil im Zustande der Erstarrung zwischen kalkige oder sandige Massen abgesetzt wurde, so läßt sich kein Grund absehen, warum sich dessen Lebens-

15

fähigkeit nicht Jahrtausende hindurch erhalten könnte. Wenn Nahrung, Athemholen und Blutcirculation zur Erhaltung der Lebensthätigkeit nicht nöthig sind, so gelten Jahrtausende nicht mehr, als ein Tag. Zur Wiederbelebung solcher erstarrter Thiere sind Luftcirculation und eine höhere Temperatur, beide gleich nöthig. Es liegen keine Nachrichten darüber vor, daß Kröten 2c. in Gegenden, wo die Kälte diese Reptilien nicht zum Erstarren bringt, in Sandstein und Marmor eingeschlossen gefunden worden se en; daraus geht mit Wahrscheinlichkeit hervor, daß diese Thiere im erstarrten Zustande in die noch weiche Masse des Steins abgesetzt wurden. Wenn man dagegen bemerkt, daß durch die jährliche Wiederkehr der warmen Jahreszeit die Kröten hätten wieder belebt werden müssen, so läßt sich erwidern, daß ein 15 bis 20 Fuß unter der Erde liegender Stein von der Temperatur der Luft kaum betheiligt wird, und daß eine höhere Temperatur um so weniger auf Wiederbelebung dieser Geschöpfe wirken konnte, da kein Zutritt der Luft stattfand. Im südlichen Theile der Hudsonsbai und in Canada sind Frösche und Kröten Jahre lang gefroren geblieben, und doch später in's Leben zurückgekehrt.

Bei uns dauert die Erstarrung der Kröten vom Anfang November bis Anfang Mai. Im Sommer wühlen sie sich gewöhnlich 8 — 10 Zoll tief in die Erde, oder unter einen weniger tiefliegenden Stein. Im Winter bleiben sie im Zustande der Erstarrung, und vom Mai an leben sie von den kleinen Insecten, die dann ihre Winterquartiere verlassen. Der Boden friert gewöhnlich 15 — 18 Zoll tief, und macht alles Lebendige, was bis zu dieser Tiefe in ihm vorhanden ist, erstarren.

Die warmblütigen Thiere, welche einen Winterschlaf halten, z. B., das Murmelthier, der Igel und die Fledermaus, bleiben zwar während der kalten Jahreszeit erstarrt; allein die Kälte wirkt auf sie ganz anders, als auf die kaltblütigen Thiere, bei denen die Circulation des Blutes, unabhängig von der Thätigkeit der Lungen, ihren Fortgang haben kann.

Fällt die Temperatur der Luft unter 50° F., so fangen die kaltblütigen Thiere an, gefühllos zu werden, und bei 40° werden sie vollkommen starr. In dieser Temperatur bleiben sie, wie aus vielen Versuchen hervorgeht, fortwährend unverändert.

Was die Kröten und Frösche anbetrifft, welche man bei'm Brunnengraben 12—15 Fuß tief im Thone gefunden hat, so könnten dieselben sehr wohl seit der Sündfluth im Zustande der Erstarrung dort gelegen haben, da die meisten Materialien über den festen Gebirgsschichten damals gewaltsam vom Wasser fortgerissen wurden, und die Kröten sich sehr wohl in diesen Materialien befinden konnten. Selbst wenn sie nicht zu jener Zeit abgesetzt, sondern durch eine plötzliche Anschwemmung so tief bedeckt wurden, daß Luft und Nahrung ihnen künftig abgingen, so befanden sie sich doch in einem ähnlichen Falle, und so könnten sie Jahrhunderte lang, und weit länger, als ihre eigentliche Lebensdauer, erstarrt bleiben, und bei'm Ausgraben wieder in's Leben gelangen.

Was die Kröten anbetrifft, welche man in Baumstämmen gefunden hat, so ist deren Verhältniß weit weniger räthselhaft: bei ihnen braucht man keine sehr große Lebensdauer anzunehmen, denn sie konnten sich in ein Loch des Stammes verkrochen haben, welches binnen wenigen Jahren zuwuchs, ohne daß es gänzlich an Ritzen fehlte, durch welche winzige Insecten in die Höhle gelangen, und dem Thiere Nahrung zuführen konnten. Die Kröten konnten auch in den Baumstämmen erstarren, und nachdem sie des Zutritts der Luft beraubt worden, in diesem Zustande verharren, bis ihre Höhle geöffnet, und die Lebensthätigkeit in ihnen wieder geweckt wurde. Unter den natürlichen Umständen scheint das Leben dieser Thiere nicht über 12 — 15 Jahre zu dauern, denn sie erreichen ihre Reife binnen 2— 3 Jahren *), und wir können daher schließen, daß Reptilien, die in Sandstein und Marmor eingeschlossen gefunden worden, in dieser Lage länger geblieben seyn, als Reptilien irgend einer Art leben, und daß, wenn, wie Manche meinen, die Umhüllung der Kröten durch Concretion geschehen wäre, die Thiere eher gestorben seyn würden, als sich solche Concretionen hätten bilden können. Prof. Buckland schließt aus seinen Experimenten, daß, wenn die natürlichen Organe des Thieres in beständiger Thätigkeit sind, das Leben der Kröte nicht besonders lange daure. Wir dagegen glauben, daß, wenn das Thier durch Kälte erstarrt ist, so daß das Athemholen und die Blutcirculation in Stocken gerathen, und es bei niedriger Temperatur von der Luft abgesperrt bleibt, die Lebensfähigkeit sich unbegränzt lange Zeit erhalten werde.

Es läßt sich annehmen, daß die innern Theile der Gebirgslager, aus welchen kalte Quellen kommen, ziemlich dieselbe Temperatur haben, wie das aus ihnen kommende Wasser. Deßhalb läßt sich mit Wahrscheinlichkeit annehmen, daß, wenn die Kröte in einem Stein eingeschlossen ist, sie nicht eher wiederbelebt werde, als bis der Stein wärmer geworden, als das im Sommer aus ihm kommende Wasser, und daß, unter gewöhnlichen Umständen, die Kröte im Frühling nicht eher aus dem Zustande der Erstarrung heraustrete, bis die Luft wärmer wird, als das Quellwasser, welches im Sommer aus dem Steine kommt.

Daß in jedem Falle, wo man Kröten in Steinen eingeschlossen gefunden hat, eine der Beobachtung entgangene Spalte vorhanden sey, durch welche die Kröte eingetritt gehabt hätten, streitet gegen alle Wahrscheinlichkeit, zumal wenn man bedenkt, mit welcher Sorgfalt man, in manchen Fällen, bei Constatirung dieser merkwürdigen Erscheinung zu Werke gegangen ist, und daß das Thier ursprünglich durch diese Oeffnung hätte in den Stein gelangen müssen.

---

*) In Bakewell's Geologie 1. Amerikan. Ausgabe S. 21 ist eines Falles gedacht, daß eine Kröte 25 Jahr unter dem hohlen Boden einer Weinflasche lebte, wo man sie alljährlich besichtigte. Nach dieser Zeit war die Nachlässigkeit eines Menschen Ursache, daß die Kröte entweichen, und diese interessante Beobachtung nicht länger fortgesetzt werden konnte.
Der amerikanische Herausgeber.

Meine Ansicht von der Sache wurde durch analoge Thatsachen angeregt. Man bringt, z. B., große Hechte aus gefrornen Teichen und Seen im gefrornen Zustand in andere Teiche, um diese damit zu besetzen, und die Thiere kommen später wieder in's Leben, und leiden keinen Schaden, als daß sie einige Schuppen verlieren. Schlangen, die so hart gefroren sind, daß man ihnen ein Stück vom Schwanze brechen kann, wie einen Eiszacken, werden in der Wärme ebenfalls wieder lebendig. Kröten werden oft zu Anfang des Frühjahrs ausgepflügt, und geben erst, nachdem sie eine Zeitlang an der Luft gelegen haben, Zeichen des Lebens von sich 2c.

Nachschrift.

Vor Kurzem wurde in hiesiger Stadt ein Brunnen gegraben. Nachdem man durch eine 5 — 6 Fuß starke Kiesschicht gedrungen war, kam man auf eine harte Schicht und etwa 5 Fuß tief in dieser fand man eine lebendige Kröte, die etwa ¼ der Größe einer vollwüchsigen hatte. Die Zelle, in der sie sich befand, war etwas größer, als das Thier, hatte aber ganz die Gestalt desselben. Man suchte die Fragmente wieder zusammenzupassen, sie waren aber mit der Picke so auseinandergesprengt, daß dieß nicht anging. Die Kröte fing an der Luft sich zu bewegen, starb aber 20—30 Minuten darauf.

Der Ort, wo der Brunnen gegraben wurde, hat eine hohe Lage; die harte Schicht, in der die Kröte sich befand, findet man in den vereinigten Staaten häufig: sie ist ein Conglomerat aus Thon und Kies, welches mit Eisen zusammengekittet, und so fest ist, daß es nur mit der Picke und dem Stoßeisen durchbrochen werden kann. Sie ist frei von Spalten und Klüften, und läßt Luft und Wasser so wenig durch, wie der hiesige Sandstein. Nahrung konnte, ohne Zweifel, so wenig zu dem Thiere gelangen, als Luft, Wasser und atmosphärische Wärme.

Dieser Fall scheint den Folgerungen des Prof Buckland durchaus zu widersprechen. Ohne alle schlagenden Beweise zweifelt er an der langen Lebensdauer der Kröten, während so viele in Europa und Amerika beobachtete Thatsachen seiner Ansicht direct widersprechen. (Silliman's American Journal of Science and Arts, October 1833.)

Ueber die chemischen Eigenschaften der Absonderungen im gesunden und kranken Zustande, und über das Vorhandenseyn electrischer Strömungen, die in den organischen Körpern durch die Acidität und Alkalinität der Membranen bedingt werden,

hat Herr Donné der Académie des sciences zu Paris eine Abhandlung überreicht, von welcher Folgendes der Hauptinhalt seyn möchte:

1. Die äußere Hülle des Körpers, die Haut, sondert durch ihre ganze Oberfläche eine saure Feuchtigkeit (Flüssigkeit) ab. Inzwischen ist der Schweiß nicht, wie man gewöhnlich meint und Lehrbücher der Physiologie sagen, unter den Achseln und um die Geschlechtstheile herum mehr sauer als anderswo, sondern er ist vielmehr an diesen Stellen, so wie zwischen den Fußzehen, alkalinisch.

2. Der Verdauungscanal, vom Munde bis an den After, sondert einen alkalinischen Schleim ab, ausgenommen der Magensaft, welcher nach den Arbeiten vieler neueren Physiologen sehr stark sauer ist. — Speichel und Speiseröhrenschleim sind im normalen Zustande alkalinisch, und werden nur sauer durch gewisse krankhafte Zustände, welche Hr. Donné angiebt. Vom pylorus bis an das Ende des Darmcanals ist der durch die Schleimmembran selbst abgesonderte Schleim alkalinisch.

3. Die serösen Membranen und Synovialhäute sondern sämmtlich, im normalen Zustande, eine alkalinische Flüssigkeit ab, welche in gewissen Krankheiten zuweilen sauer wird.

4. Die äußere saure Haut und die innere saure Haut des menschlichen Körpers, stellen die beiden Pole einer Säule dar, deren Wirkungen am Galvanometer merkbar sind. Wenn man z. E. einen der Conductoren dieses Instruments mit der Schleimhaut des Mundes, den andern mit der Haut in Berührung bringt, so weicht die Magnetnadel um 15, 20, ja 30 Grad ab, je nach der Empfindlichkeit des Galvanometers und die directere Richtung zeigt an, daß die Schleimmembran oder die alkalinische Membran der negativen Electricität, der sauren (Haut=) die positive Elec. tricität entspricht. Unabhängig aber von diesen, entgegengesetzte chemische Zustände darbietenden, großen Oberflächen, giebt es in der thierischen Oeconomie noch andere Organe, von welchen man die einen saure, die anderen alkalinische nennen kann, und welche dasselbe Resultat geben. Zwischen dem Magen und der Leber z. E. findet man bei allen Thieren außerordentlich energische electrische Strömungen.

5. Ich habe, sagt Hr. Donné, electrische Erscheinungen derselben Gattung in den Pflanzen entdeckt, indem ich einen Pol des Galvanometers in die Mitte eines Stammes (tige), in den Markcanal, und den anderen Pol unter die Rinde brachte; besonders aber sind in den Früchten diese Wirkungen bemerkbar und auffallend. Eine Frucht kann ebenfalls als eine Säule betrachtet werden, wo das Stielende bei den anhängenden (adhérens) Früchten, z. E. Aepfel, Birnen, negativ=electrisch, das Augenende (côte de l'oeil) positiv=electrisch ist. Bei den nicht anhängenden (non adhérens), wie die Pfirsichen und Pflaumen, ist es umgekehrt. In allen Fällen sind es immer diese beiden entgegengesetzten Puncte, welche das Maximum der electrischen Spannung zeigen. Wenn man die Conductoren des Galvanometers in andere Puncte einsenkt, nehmen die Wirkungen ab und hören völlig auf, wenn man sie auf beide Seiten einer Frucht, in gleicher Entfernung vom Mittelpunct und in perpendiculärer Richtung zu der Ebene, welche durch das Auge und das Stielende geht, anbringt (perpendiculairement au plan qui passe par l'oeil et la queue).

Die electrischen Strömungen in den Gewächsen werden nicht durch den sauren oder alkalinischen Zustand der Theile

15 *

bedingt, wie bei den Thieren, weil der Saft aller Früchte, welche Hr. Donné unterſucht hat, immer mehr oder weniger ſauer iſt; aber da nach den ſchönen Verſuchen Biot's die Säfte, welche durch den Stiel anlangen, an irgend einem Puncte eine Modification erleiden, ſo iſt es wahrſcheinlich die Differenz der chemiſchen Zuſammenſetzung dieſer Säfte, welcher man die electriſchen Erſcheinungen zuſchreiben muß.

6. Die ſauren Flüſſigkeiten der Oeconomie können in den Krankheiten alkaliniſch, und die alkaliniſchen ſauer werden.

7. Die Acidität iſt gewöhnlich das Reſultat der eigentlich ſogenannten Entzündung, und dieſe Wirkung kann auch durch Sympathie in einem von dem entzündeten Puncte entfernten Organe hervorgebracht werden. So wird, z. B., der Speichel in der Magenentzündung oder gastritis ſehr ſauer.

8. Die Säure, welche ſich in der Entzündungsarbeit entwickelt, ſcheint meiſtens Hydrochlorſäure zu ſeyn. Nach Hrn. Donné bedingt die Anweſenheit dieſer Säure die Coagulation des eiweißhaltigen Theils der Lymphe oder des Serums, welche in dem entzündeten Puncte im Ueberfluß vorhanden iſt.

Von dieſer Coagulation ſind die falſchen Membranen an den ſeröſen Häuten, die weißen Flecken des Auges, die coagulable Lymphe der Wunden, die Verdickungen gewiſſer Organe und mehrere andere krankhafte Producte abhängig, welche aus einer Entzündung hervorgehen, und in welchen man bei der Unterſuchung nichts, als ein mehr oder minder concretes Eiweiß findet.

Selbſt das Eiter, das letzte Reſultat der Entzündungsarbeit, iſt hervorgebracht durch die Wirkung der Säure auf die eiweißhaltige Lymphe: Es iſt eine Art Verbindung von Säure und Eiweiß. Wenn man in den, auf den Oberflächen entzündeter Organe ergoſſenen, Flüſſigkeiten nicht immer freie Säure findet, wenn das Eiter nicht immer das blaue Papier röthet, ſo rührt das daher, weil die meiſten Flüſſigkeiten der Oeconomie ſtark alkaliniſch ſind; und Kali und Salz in ziemlicher Quantität enthalten, und dann die Eigenſchaften der Säure durch dieſe Alkalien maskirt ſind, bis dieſelben völlig neutraliſirt ſind. Aber Hr. Donné führt in ſeiner Abhandlung mehrere Fälle auf, wo Eiter und ſelbſt die in den Unterleib in Folge einer Peritonitis ergoſſenen Flüſſigkeiten ſauer gefunden worden ſind; wie auch Dumas und Berzelius ſolche Fälle anführen.

9. Die Veränderungen der chemiſchen Beſchaffenheit der Secretionen reagiren auf die verſchiedenen Syſteme der Oeconomie, ſie bilden eine Reihe von Störungen und von Symptomen, welche in Beziehung auf Aetiologie, Diagnoſtik und ſelbſt Behandlung der Krankheiten intereſſante Gegenſtände der Beobachtung abgeben. Dieſe Veränderungen bedingen wieder Modificationen in den electriſchen Strömungen, welche zwiſchen den verſchiedenen Organen vorhanden ſind.

Miscellen.

Ueber die Gegenwart des Stickſtoffs in allen Saamenkörnern, von Gay Luſſac. Es iſt bekannt, daß mehrere Saamenarten Stickſtoff enthalten, indem man aus ihnen Materien animaliſcher Natur, z. B., Kleber aus Getraidemehl, ausziehen kann; in keinem der mir bekannten Werke fand ich die Behauptung aufgeſtellt, daß jeder Saame einen animaliſirten Stoff enthalte. Um ſich von der Wahrheit dieſer Behauptung zu überzeugen, genügt es, eine beliebige Saamenart in ihrem natürlichen Zuſtand, oder beſſer noch nach der Aushülung ihrer holzigen Umhülung, der Deſtillation zu unterwerfen. Man erhält inneß nicht immer durch die Deſtillation unmittelbar ammoniakaliſche Producte. Der Reis, z. B., giebt ein ſehr ſaures Product, man kann aber das Vorhandenſeyn des Ammoniums in demſelben leicht durch einen Zuſatz von Kalk darthun. Die Bohnen und viele andere Hülſenfrüchte geben im Gegentheil ein ſehr ammoniakaliſches Product. Man kann überhaupt jedes Saamenkorn, abgeſehen von ſeiner äußern Hülle, als aus zwei Theilen zuſammengeſetzt betrachten, dem einen vegetabiliſchen, welcher bei der Deſtillation ein ſaures Product, dem anderen animaliſchen, welcher Ammonium giebt, ſo daß der ſaure oder alkaliniſche Character des Products von dem Vorherrſhen des einen dieſer beiden Stoffe über den andern abhängt. Hieraus erklärt ſich die ſo nährende Eigenſchaft der Saamenkörner; die erſtaunliche befruchtende Kraft des Reſidums, welches die Saamenkörner nach Ausziehung des Oels, welches faſt alle enthalten, zurücklaſſen, als Dünger; und umgekehrt die Nothwendigkeit eines animaliſchen Stoffes im Dünger. Je reichlicher dieſe Materie im Dünger enthalten iſt, deſto mehr wird er auch vegetative Kraft beſitzen, beſonders für diejenigen Pflanzen, deren Saamen, und manchmal ſelbſt die Blätter, wie z. B. im Tabak, eine große Menge animaliſchen Stoffes enthalten. Endlich begreift man auch leichter die größere Erſchöpfung der Erde durch gewiſſe Pflanzen als durch andere; die Nothwendigkeit, unnütze Saamen ſich ent wickeln zu laſſen u. ſ. w. Das Vorhandenſeyn einer ſtickſtoffhaltigen Materie in den Saamenkörnern iſt ohne Zweifel eine weſentliche Bedingung ihrer Fruchtbarkeit und ihrer Entwickelung, welche bei allen organiſchen Körpern ſtattfindet. (Annales de Chimie et de Phyſique. May 1833.)

Eine ſehr einfache Methode, um kleinere Vögel, zu deren ſchnellen Ausſtopfung Zeit und Gelegenheit mangelt, einige Zeit unbeſchädigt aufbewahren zu können (8 bis 10, ja ſogar 20 Tage, wenn die Art und die Jahreszeit, oder die Todtungsweiſe, nicht zu ungünſtig einwirkten), hat Herr Franz Comba, Zeichner und Ausſtopfer bei'm zoologiſchen Muſeum in Turin, im Juniſtück der Biblioteca italiana, 1833, bekannt gemacht. Er legt um den Hals den eben geſchoſſenen Vogels eine Band- oder Schnurſchleife, die er feſt zuzieht, nachdem er durch den Schnabel möglichſt Luft eingeblaſen und, um die Luft beſſer zu vertheilen, während des Aufblaſens den Vogel ſanft gedrückt hat. — Sind die Vögel ſo aufgeblaſen, daß die Luft entweicht, ſo verſchließt er jedes der Schrot- oder Schußlöcher mit Wachs und wiederholt das Einblaſen, bis der Vogel hinlänglich aufgeblaſen iſt.

Heilkunde.

Ueber die Tuberkeln.
Von Carswell.

Definition. Tuberkelſtoff iſt eine blaßgelbe oder gelblich graue, undurchſichtige, unorganiſirte Subſtanz, deren Form, Conſiſtenz und Zuſammenſetzung je nach der Natur des befallenen Theiles und nach der Periode der Unterſuchung verſchieden ſind. Es iſt daher nöthig, einige Bemerkungen über den Sitz dieſer Krankheit im Allgemeinen zu machen, da bis jetzt die Beſtimmungen hierüber, meiner Meinung nach, nicht

genügen. Die verbreitetste Meinung ist, daß der Tuberkel=
stoff seinen Sitz in dem Zellgewebe der Organe habe, daß
er aber auf secernirenden Oberflächen gebildet werden könne,
wie, z. B., in den Schleimbeuteln des Darmcanals, in den
Luftzellen und Bronchen, auf der Oberfläche der Pleura und
des Peritoneums und endlich in Pseudomembranen und an=
dern neuen Producten und in dem Blute selbst.

Sitz des Tuberkelstoffes. Im Allgemeinen ist
das Schleimhautsystem bei weitem am häufigsten dasjenige,
in welchem der Tuberkelstoff seinen Sitz hat. In welchem
Organe der Tuberkelstoff auch vorkomme, so ist das Schleim=
hautsystem, wenn es einen Bestandtheil desselben ausmacht,
entweder ausschließlich, oder doch hauptsächlich der Sitz die=
ses Krankheitsproductes unter sämmtlichen Geweben desselben
Organs. So kommt die Ablagerung von Tuberkelstoff bei
weitem häufiger in der Schleimhaut der Athmungs=, Ver=
dauungs=, Gallenbereitungs=, Harn= und Geschlechtswerk=
zeuge vor, als in irgend einem andern Gewebsbestandtheile
dieser Apparate.

Eben so findet man die Bildung und Verbreitung von
Tuberkelstoff auf der absondernden Oberfläche seröser Häute,
besonders der Pleura und des Peritoneums und in den vie=
len kleinen hohlen Räumen des Zellgewebes. Die Anhäu=
fung in den Milch= und Lymphgefäßen, sowohl vor, als nach
ihrer Vereinigung zu Drüsen, ist häufig sehr beträchtlich, und
ebenso findet sich Tuberkelstoff in der Substanz des Gehirns,
in zufällig entstandenem Zellgewebe und in dem Blute.

Aeußere Zusammensetzung oder Form des
Tuberkelstoffes. Die runde Gestalt, in welcher dieser
Stoff vorkommen soll, ist ganz zufällig, ist vielen andern
krankhaften Producten eigen, und bloß eine einzelne, vielleicht
die wenigst wichtige der vielen Formen, welche dieser Stoff
in den verschiedenen Organen annimmt, in welchen er vor=
kömmt. In Geweben, welche überall einen gleichmäßigen
Widerstand leisten, wie im Gehirn oder Zellgewebe, muß die
runde Form die vorherrschende seyn; in andern Organen aber
hängt die Gestalt dieses Krankheitsproductes von der der
Theile ab, in welchen dasselbe gebildet wird. Es nimmt als=
dann die Gestalt einer Scheide, Klappe, oder eines offnen,
runden Sackes an, wenn es auf eine Absonderungsoberfläche
beschränkt ist, oder aber die Form eines festen, kugligen Kör=
pers von verschiedener Größe, wenn es die Höhle der Luft=
zellen vollkommen ausfüllt; und aus gleichen Gründen die
Gestalt von verästelten Röhren oder Cylindern in den Bron=
chen, in welchen sie alsdann nach Art gestielter Blumen in
den Luftzellen endigen. In der Leber füllt der Tuberkelstoff
die Gallengängchen aus und ist daher traubenartig vertheilt.
In der Höhle des Uterus oder der Tuben, in den Nierenkäl=
chen und Ureteren formt sich der Tuberkelstoff nach der Ge=
stalt dieser Höhlen ebenso, wie in den Saamengefäßen der
Prostata, den Milch= und Lymphgefäßen und Drüsen. Auf
der Oberfläche seröser Häute hat die Ablagerung eine kuglige
oder blättrige Anordnung, je nachdem die Absonderung von
verschiedenen Stellen oder von größern Flächen zu gleicher Zeit
ausgegangen ist. Ist die Masse in sehr großer Länge in ei=

nem Organe abgesetzt, so nimmt sie die Gestalt des ganzen
Organes, und nicht bloß einzelner Bestandtheile desselben an.

Consistenz und Farbe des Tuberkelstoffes. —
Erst unbestimmte Zeit nach seiner Bildung erreicht derselbe
den höchsten Grad seiner Consistenz. In dem ursprünglichen
Zustande findet man ihn häufig in den Luftzellen, Gallen=
gängen, in der Höhle des Uterus und der Muttertrompeten,
u. s. w., ähnlich einer Mischung von weichem Käse und
Wasser; aber in Organen, wo die Anhäufung des Tuberkel=
stoffes viel Widerstand findet, wie in den Lymphdrüsen, oder
selbst in den Luft=ellen, da fühlt er sich so fest, wie Leber=
oder Pancreassubstanz an. Diese Verschiedenheiten der Con=
sistenz hängen nicht bloß von dem Widerstande des Gewebes
der verschiedenen Theile, sondern auch von der Entfernun=
des wässerigen Theiles einige Zeit nach der Ablagerung ab=
daher kömmt es, daß der Tuberkelstoff gleich im Anfange ent=
weder sehr weich, oder sehr fest seyn kann, wobei er aber im=
mer blaßgelb und undurchsichtig ist.

Die graue, halbdurchsichtige Substanz, welche man bis=
weilen findet, geht keineswegs der Bildung des blaßgelben
oder undurchsichtigen Tuberkelstoffs voraus, und kommt bloß
in einigen wenigen Organen vor, in welchen Tuberkeln ge=
funden werden; niemals, z. B., in der Höhle des Uterus
oder der Trompeten, in den Harnwegen, in den Schleimbeu=
teln des Darmcanals, in den Milch= oder Lymphgefäßen, in
den Gallengängen, noch auch in der Gehirnsubstanz. Eben
so ist sie mit niemals in Bronchen vorgekommen, außer ei=
nigemal in den kleinsten Endigungsästchen derselben. Im
Gegentheil aber kömmt die halbdurchsichtige Substanz häu=
fig in den Luftzellen und auf der freien Oberfläche seröser
Häute, besonders des Bauchfells, vor, und geht in beiden so=
gar wirklich der Bildung des undurchsichtigen Tuberkelstoffs
voraus, indem erstens viele Zellen desselben Lungenlappens
mit ersterer Substanz, die übrigen aber mit letzterer gefüllt
sind, zweitens, indem auf dem Bauchfelle die graue, halb=
durchsichtige Substanz gewöhnlich in reicherm Maaße vorhan=
den ist, als die blaßgelbe, undurchsichtige, und drittens, weil
häufig ein kleiner Kern der letztern im ersterm Stoffe einge=
schlossen liegt.

Ehe ich zur Erläuterung der Bedingungen dieser Aus=
nahmen von einer regelmäßigen Bildung des Tuberkelstoffes
komme, muß ich bemerken, daß dieser Proceß überhaupt nicht
eintreten kann, ohne daß die Flüssigkeit, aus welcher der krank=
hafte Stoff abgesondert wird, nämlich das Blut, vorher ver=
ändert ist. Giebt man dieß zu, so ist es klar, daß eine ge=
sunde Absonderungsfläche aus dem Blute nicht bloß die ei=
genthümlichen Absonderungsstoffe, sondern auch den Tuberkel=
stoff abscheiden kann. Dieß findet in den Luftzellen statt.
Die Schleimabsonderung in denselben vermehrt sich, wenn
Tuberkelstoff gebildet wird, aber sie besteht alsdann nicht aus
reinem Schleim, sondern enthält Tuberkelstoff beigemischt,
welcher nach einiger Zeit sich davon trennt und in Gestalt
eines trüben gelben Punctes in der Mitte des grauen, halb=
durchsichtigen und bisweilen verdickten Schleimes erscheint,
wie man bei tuberkulöser Peritonitis am deutlichsten sieht;
in diesem Falle sind folgende drei Stadien des Krankheits=

processes sehr deutlich: 1. findet man auf einem Theile dieser Haut frisch abgesonderte, coagulable Lymphe, 2. auf einem andern Theile dieselbe plastische, halbdurchsichtige Substanz bereits organisirt und eine kuglige Ablagerung von Tuberkelstoff umschließend; und 3. an einem andern Theile diese coagulirte Lymphe in ein gefäßreiches oder blasses Zellgewebe verwandelt, welches von einer neuen serösen Haut überzogen ist, unter welcher außerhalb des ursprünglichen Peritoneal-überzuges der Tuberkelstoff in Gestalt einer runden, körnigen Hervorragung von der Farbe und Consistenz eines blassen harten Käses liegt.,

Zusammensetzung des Tuberkelstoffs. —

Diese ist, anatomisch und chemisch betrachtet, sehr mannichfaltig. Der Tuberkelstoff zeigt keine Spur von Organisation und die äußere Bildung desselben hängt daher von zufälligen Einwirkungen ab. Bei der Kuh, z. B., findet sich durch Absetzung von Eiweißstoff oder bisweilen von Faserstoff eine concentrisch geschichtete Anordnung; oft zeigen sie sich als runde häutige Bälge und gleichen alsdann Hydatiden und nicht selten zeigen sie sich in Gestalt abgelöster Röhren und häutiger Hüllen, die mit Tuberkelstoff gefüllt sind, und so gekochtem Eiweiß, oder abgestorbenen Hydatiden ähnlich sind; auf den letzten Umstand gründet sich die Theorie von dem Ursprunge der Tuberkeln aus Hydatiden, eine Theorie, welche, wo nicht ganz falsch, doch wenigstens nur in sehr seltenen Fällen passend ist; da ich gezeigt habe, daß Tuberkelstoff im Allgemeinen ursprünglich auf der Secretionsfläche hohler Organe gebildet wird, auf welchen man bisweilen so deutlich sieht, als wenn er mit einer Spritze hineingetrieben worden wäre.

Die chemische Zusammensetzung variirt nicht allein nach den verschiedenen Stadien, sondern auch nach den verschiedenen Thieren und wahrscheinlich auch nach den verschiedenen Organen. Bei'm Menschen besteht er hauptsächlich aus Eiweißstoff mit verschiedenen Verhältnissen von Gallerte und Faserstoff, bei der Kuh ist viel erdige Substanz, besonders phosphorsaurer Kalk, darin enthalten, welcher bisweilen mit kohlensaurem Kalk zugleich in demselben Verhältniß vorkommt, wie in dem Knochen. Der wichtigste Umstand hierbei ist, daß nach seiner Zusammensetzung der Tuberkelstoff keiner Organisation fähig ist, so daß nicht anders, als durch äußere Einwirkungen Veränderungen in demselben vorkommen können.

Erweichung des Tuberkelstoffs. —

Aus dem zuletzt angegebenen Grunde kann die Erweichung nicht durch eine Veränderung eintreten, welche in dem krankhaften Product selbst entsteht. Außerdem habe ich bereits bemerkt, daß der Tuberkelstoff bisweilen gleich vom Anfang im Zustande der Flüssigkeit sich befindet. Wenn er aber auf die ebenfalls beschriebene Weise fest geworden war, so kann er später wieder durch Beimischung von Serum, Eiter, Blut u. dgl. (welche in Folge eines Reizzustandes der Gewebe ergossen worden sind) in eine blasse, breiige Masse aufgelöst werden. Der Eiter oder das Serum durchdringen alsdann den Tuberkelstoff und lösen ihn auf, worauf durch Atrophie, Ulceration oder Mortification die Zerstörung der benachbarten Gewebe (deren Blut-

gefäße durch die Tuberkelmasse zusammengedrückt und obliterirt worden war), beschleunigt wird. Treten diese Veränderungen langsam ein, wie in den Lungen, so wird der Tuberkelstoff in Gestalt einer grauen, eiterig aussehenden Flüssigkeit ausgestoßen; treten sie aber plötzlich ein, so wird die Tuberkelmasse oft in Massen von verschiedener Größe ausgestoßen, welche Stücken auf erweichten Käses ähnlich sehen.

Der Erweichungsproceß soll immer in der Mitte nicht bloß ganzer Massen von Tuberkelstoff, sondern auch jedes einzelnen Theilchens derselben stattfinden. Diese Meinung ist ganz unrichtig, und kann nicht der von mir gegebenen Beschreibung des Bildungsprocesses nicht stattfinden. Indeß muß doch Laennec's genauer Beschreibung der Centralerweichung irgend eine Thatsache zu Grunde liegen. Meine Beschreibung von der Bildung, dem Sitze und der Form des Tuberkelstoffs setzt mich in den Stand, eine genügende Erklärung der Umstände zu geben, welche Laennec und Andre in Bezug auf die Erweichung der Tuberkeln in Irrthum geführt haben.

Ich habe bereits bemerkt, daß, wenn Tuberkelstoff in den Lungen gebildet wird, derselbe gewöhnlich in den Luftzellen und Bronchien enthalten ist. Ist er so angehäuft, daß immer bloß eine sehr kleine Stelle in der Mitte leer bleibt, so ist es klar, daß bei einem Querschnitt folgende Erscheinungen sich darbieten; erstens, ein Bronchialast wird einem Tuberkel mit einem Eindruck oder erweichten Punct in der Mitte ähnlich seyn, weil dieser Punct niemals mit Tuberkelstoff angefüllt war, sondern eine geringe Quantität Schleim oder andere Secretionsflüssigkeit enthielt; zweitens, die Luftzellen werden vielfach diese Erscheinungen geben, so daß Ringe von Tuberkelstoff zusammengehäuft sind, welche in der Mitte etwas von jener Flüssigkeit enthalten. Wenn die Bronchen oder Luftzellen vollkommen ausgefüllt sind, dann zeigen sich nicht dieselben Erscheinungen, dann sagt man, der Tuberkel sey noch im Zustande der Rohheit, weil dem Erweichungsproceß vorausgeht. Erweichung beginnt in der Regel an dem Umfang der Ablagerung, wo bisher als ein fremder Körper auf die umgebenden Gewebe einwirkt; daher beginnt sie auch häufig an mehrern Stellen einer zusammengehäuften Tuberkelmasse, weil kleine Theile der Gewebe in derselben noch zurückgeblieben sind, z. B., in den Lungen und im Zellgewebe andrer Theile; während in dem Gehirn, in welchem vom ersten Anfang an die Hirnsubstanz durch den Tuberkelstoff nach außen gedrängt worden war, der Erweichungsproceß immer im Umfange des krankhaften Productes beginnt und am meisten bemerkbar ist.

Außer dem bereits erwähnten undurchsichtigen Mittelpunct, welcher durch Trennung des Tuberkelstoffes von den übrigen Secretionen herrührt, ist noch ein zweiter Umstand zu bemerken, nämlich der Zustand, in welchem die Tuberkelmasse von einer Balgmembran eingeschlossen seyn soll. Dieser Ausdruck ist sowohl für die Lungen als für die andern Organe fast immer unrichtig. In den Lungen ist diese Umhüllung eine bloße Täuschung, indem höchst wahrscheinlich die Wände der Luftzellen in fast allen Fällen für

237

Balgmembranen gehalten werden sind; dasselbe gilt von den erweiterten kolbigen Enden der Gallengänge; und daß die erweiterten Luftzellen in der Lunge der Kuh, welche von der Größe einer Erbse bis zu der einer Kirsche variiren, häufig mit Hydatiden verwechselt worden sind, habe ich oben bemerkt. Es kommen indeß in Balgmembranen eingeschlossene Tuberkelmassen vor, indeß doch erst wenn dieselben sich beträchtlich verändert haben, und ihrer Ausstoßung nahe sind.

Verlauf und Ausgang der Tuberkelablagerung. — Mechanische und entzündliche Congestionen, Erweichung und Verhütung, Atrophie, Verschwärung und Absterben sind die krankhaften Zustände, welche direct oder indirect durch diese Ablagerung veranlaßt werden; hier sprechen wir aber bloß von den anatomischen Thatsachen, welche die vollkommne Entfernung des Tuberkelstoffs aus einem Organ, oder mit andern Worten die Heilung der Tuberkelkrankheit anzeigen.

Kein Arzt kann an der Möglichkeit der Heilung scrofulöser Geschwülste, selbst ohne Verschwärung und Eiterung zweifeln. Diese Anschwellungen bestehen nun nicht in einer einfachen chronischen Anschwellung der Lymphdrüse. Unter der großen Menge von Fällen, welche ich untersucht habe, habe ich diese Drüsen, wenn sie im Allgemeinen litten, von Tuberkelstoff frei gefunden; wenn aber die über denselben liegende Haut blaß ist, so habe ich sogar gefunden, daß sie meistens ganz und gar mit diesem krankhaften Product gefüllt waren. Verschwinden daher solche angeschwollene Drüsen, so sind wir berechtigt anzunehmen, daß wir hier eine Heilung der Tuberkelkrankheit vor uns haben.

In einem Falle von geheilter tabes mesenterica hatte ich Gelegenheit, im 21sten Jahre, nachdem die Person an einer Metritis gestorben war, die Mesenterialdrüsen zu untersuchen. Mehrere derselben enthielten eine trockne, käsige Materie, welche mit kalkähnlicher Substanz gemischt war; andere bestanden aus fester kreideartiger Substanz, und eine Geschwulst von der Größe eines Hühnereies sah aus wie eine Mischung von Glaserkitt und getrocknetem Mörtel, befeuchtet mit ein wenig trüben Serums. Am Hals und unmittelbar unter einer alten Narbe in der Haut fanden sich zwei Drüsen, welche an mehreren Puncten ihrer übrigens gesunden Substanz kleine Massen harten kreideähnlichen Stoffes enthielten. Dasselbe habe ich in den Bronchialdrüsen von Personen gefunden, welche an Scrofeln und Lungenschwindsucht gelitten hatten, aber geheilt worden waren, und später an einer andern Krankheit starben. Sie waren in der Umgebung der Trachea mit einer trocknen mörtelähnlichen Masse gefüllt, welche oft so hart wie Sandstein oder Knochen war. Diese Substanz ist meistens sternförmig und hat eine Menge scharfer Spitzen, welche Entzündung, Verschwärung und Perforation der Trachealwände veranlassen. Auf diese Weise können die kreideartigen Körperchen ausgeworfen werden. Ich habe mehrmals die Heilung dieser Art der Tuberkeln der Bronchialdrüsen bei bejahrten Personen beobachtet, welche häufig solche kreideähnliche Massen in ihrem Auswurf bemerkt hatten. Solche entleerte Drüsen werden atrophisch und ver-

wandeln sich in ein fibröses Gewebe, welches die Oeffnung in die Luftwege schließt und auf der innern Oberfläche der Luftröhre eine runzelige Narbe zurückläßt.

Auf gleiche Weise habe ich das Verschwinden der serösen und albuminösen Theile des Tuberkelstoffes mit Zurücklassung der erdigen Salze in den Lungen von Personen beobachtet, welche früher die ausgesprochenste Tuberkelschwindsucht hatten. Findet die Verwandlung in eine trockne kalkartige Masse in einer Aushöhlung statt, so ist die umgebende Lungensubstanz in der Regel dunkel gefärbt; und wenn die Aushöhlung im Verlauf großer Bronchialäste liegt, so schließen sich die zwischen der Aushöhlung an der Oberfläche der Lunge ganz und gar, während andere, welche in entgegengesetzter Richtung liegen, entweder in Röhrenform sich endigen, oder mit der auskleidenden neugebildeten Haut des veränderten Tuberkelstoffs in Verbindung treten. Die Existenz dieses neugebildeten Gewebes ist ein wichtiger Umstand in der Geschichte der Heilung der Tuberkelhöhlen. Dasselbe bildet sich durch Ergießung coaqulabler Lymphe an der Oberfläche der Höhle oder in der Substanz des Lungengewebes, gleicht zuerst einfachem Schleimgewebe, verwandelt sich aber später in seröses, faseriges, faserknorpliges und knorpliges Gewebe. Die Verwandlung in Knorpel und besonders in Knochen ist jedoch äußerst selten. Meistens bleibt die faserige Textur zurück und bedingt durch Contraction eine Verminderung des Umfanges der Höhle und des umgebenden Lungengewebes, woraus das runzlige und höckerige Ansehen der Lunge bedingt, und Narbe genannt wird; denn häufig bleibt bloß ein kleines Knötchen von faserigem oder faserknorpligem Gewebe an einer Stelle zurück, an welcher das großhöckerige Ansehen der Lunge zeigt, daß hier eine beträchtlich große Aushöhlung vorhanden gewesen seyn müsse. Sitzt der Tuberkelstoff in den Bronchien oder in ausgedehnten Luftzellen, so bildet sich bei der Heilung kein neues Gewebe, sondern der Tuberkelstoff wird entweder durch Resorption oder durch Expectoration weggeschafft, worauf sich die letzten Endigungen der Luftwege obliteriren und der Lunge ebenfalls ein höckeriges Aussehen geben.

Die Heilung der Tuberkelkrankheit in andern Organen ist nicht genügend nachgewiesen; ich habe indeß, wie Jenner und Baron, häufig in der Leber von Kaninchen, Tuberkeln hervorgebracht, welche später durch Absorption oder Ausscheidung geheilt wurden. Geschieht dieß, wie gewöhnlich, durch Excretion, so bleibt keine Spur der Krankheit zurück, während nach der Heilung durch Absorption auf der Oberfläche eine gewisse Menge unregelmäßige Eindrücke zurückbleiben, die durch Atrophie der Substanz in der Umgebung des Sitzes des Tuberkelstoffes entstanden zu seyn scheinen. (Illustrations of elementary forms of diseases by *Robert Carswell*, Fasc. I. London 1833).

(Diese Ansichten scheinen nur mit großer Vorsicht anzunehmen zu seyn, und bedürfen autoptischer Prüfungen, deren Resultate später mitgetheilt werden sollen. R. F.)

Sehr hartnäckige neuralgia lumbalis, geheilt durch Cyankalium-Klystire.

Plouquain, Gärtner in Beaumont, war seit 35 Tagen von einer neuralgia lumbalis der schwersten und schmerzhaftesten Art, befallen. Blutegel, flüchtige vesicantia, lin. ammon. sap., lin. vol., morph. acet. zu mehreren Granen p. d., konnten die furchtbaren Schmerzen nicht beschwichtigen, von denen dieser Unglückliche gemartert wurde: er lag unbeweglich in seinem Bette, schrie ungeheuer, sobald nur jemand etwas in seinem Zimmer bewegte und konnte weder Licht vertragen noch sprechen hören; so litt er schon seit vier Tagen, als der Arzt, von dem diese Beobachtung erzählt wird, zu Hülfe gerufen wurde. Von der Unzulänglichkeit der bereits angewendeten Mittel überzeugt, und nach der Heftigkeit der Schmerzen urtheilend, daß, um ihrer Herr zu werden, es nöthig sey, ihnen ein verhältnißmäßig kräftiges Mittel entgegenzustellen, entschloß er sich für das Cyankalium, dessen gute Wirkungen er unter ähnlichen Umständen schon mehrere Male erprobt hatte; er verordnete es in Klystirform, in der Dose von 6 Gr.; der Erfolg war anfangs unbedeutend: nach 6 Stunden wurde ein zweites Klystir mit 10 Gran Cyankalium gegeben; die Schmerzen ließen augenblicklich nach, und der Kranke hatte eine Stunde Schlaf, aber sie kehrten nicht minder lebhaft nach dem Erwachen wieder. — Klystir mit 15 Gran Cyankalium; neue Remission, sehr lebhaftes Jucken in der Haut, reichlicher Schweiß, hierauf tiefer Stunden Schlaf; man konnte den Kranken im Bette bewegen und seine Lage verändern. — Viertes Klystir mit 20 Gran; noch lebhafteres Jucken, reichliche Schweiße, fünf Stunden Schlaf. Der Kranke fängt an, etwas Appetit zu bekommen. Am fünften Tage dieser Behandlung befindet er sich viel besser und kann sich im Bette umwenden, was er seit einem Monate nicht mehr konnte. Auf seine Kräfte zählend, will der Kranke aufstehen; kaum war er aus dem Bette gestiegen, und hatte sich auf seine Füße gestellt, als er fürchterlich zu schreien anfing; er sagte, daß ihm das Kreuz gebrochen sey, und fiel besinnungslos zu Boden. Die Nacht war eine der unruhigsten; da das Cyankalium fehlte, so konnten keine Klystire gegeben werden; die Schmerzen kehren mit verstärkter Heftigkeit wieder. Bei'm Morgenbesuche war der Arzt erstaunt über die Zufälle, welche sich auf's Neue entwickelt hatten. — Klystir von 24 Gran; die Wirkung war, so zu sagen, augenblicklich: nach einigen Minuten beruhigten sich die Schmerzen, die Reizung der Haut entwickelte sich, und es erfolgte ein sehr copiöser Schweiß; der Kranke hatte 6 Stunden Schlaf. Abends wurde die Dosis Cyankalium wiederholt; die Nacht war ruhig. Den folgenden Morgen kann der Kranke einige Minuten sitzen und sich leicht in seinem Bette bewegen; sein Appetit ist gut, der Kranke nimmt einige leichte Speisen zu sich, welche auch leicht vertragen werden. Von diesem Augenblicke an gab man nicht mehr, als ein Klystir in 24 Stunden, ohne daß es nöthig wurde, mit der Dosis des Cyankaliums zu steigen.

Zwölf Tage lang wurde das Mittel regelmäßig zu den Abends zwei Stunden nach Tische gegeben; die Schmerzen sind nun ganz beschwichtigt und die Heilung ist vollkommen.

Außer dem Cyankalium wurde während der 18 Tage dauernden Kur kein anderes Arzneimittel angewendet; da die Verdauungswege in gutem Zustande waren, so begnügte man sich, auf den Darm zu wirken, und merkwürdig genug, der Kranke fühlte nach der Eindringung eines so energischen Mittels und das in so großen Dosen, ein gewisses unaussprechliches Wohlbehagen.

Die Verdauung seines Abendessens ging sehr rasch von statten; die Stühle blieben immer regelmäßig und natürlich, nur die Haut schien im Moment der lebhaftesten Thätigkeit des Mittels afficirt zu seyn.

Vor der Anwendung des Cyankaliums war Plouquain in einen Zustand von Magerkeit (namentlich der untern Extremitäten) verfallen, welche die lebhafteste Unruhe veranlaßte. Zwanzig Tage nach der Anwendung dieses köstlichen Mittels, war er im Gegentheil in einem Zustand von Beleibtheit, welche an der Wichtigkeit der Krankheit, die er eben überstanden hatte, zweifeln lassen könnte.

Zwei Monate nach Beendigung der Kur war kein Rückfall erfolgt; Plouquain verrichtet seit 14 Tagen die mühsamen Geschäfte seiner Profession, und man muß ihn als einen von einer, wenn nicht sehr schweren, doch mindestens außerordentlich schmerzhaften Krankheit vollkommen Geheilten anschen. (Gazette méd. No. 50. Juin 1833. aus dem Journal de la Société de méd. de Tours.)

Miscellen.

Die Behandlung des Veitstanzes durch Brechweinstein in hoher Gabe, versuchte zuerst Brechet; seine Versuche wurden mit dem glücklichsten Erfolge gekrönt, und seitdem gelangen ihm durch dieses therapeutische Verfahren zahlreiche Heilungen. Ich sah in seiner Abtheilung zwei junge Kranke in Zeit von fünf bis sechs Wochen vollkommen geheilt. Sie nahmen Anfangs vier Gran Brechweinstein in vier Unzen eines stark aromatischen Getränks. Die Gabe dieses Arzneimittels wurde auf sechs und acht Gran erhöht, während das Vehikel dasselbe blieb. Es wurden dabei, zur Unterstützung der Kur, noch Pillen von Aloe und Scammonium gebraucht, und die Kost herabgesetzt. — Zu derselben Zeit befand sich in den klinischen Sälen desselben Spitals ein junges Mädchen von 14 bis 15 Jahren, welches mit Stinkasand und kalten Bädern behandelt wurde. Die Symptome des Veitstanzes besserten sich, verschwanden aber nicht ganz. Nach zweimonatlicher Behandlung wurde die Kranke zuerst vom Scharlachfieber und dann von der epidemischen Cholera ergriffen; sie genas von beiden Krankheiten und mit ihnen verschwand der Veitstanz gänzlich. Die Zusammenstellung dieser Thatsachen erscheint darum interessant, weil wir in beiden Fällen eine Nervenkrankheit auf eine mächtige Veränderung im Verdauungscanale weichen sehen, welche im ersten Falle durch die Kunst, im zweiten durch die Natur bewirkt wurde. (Nouvelliste médical.)

Versuche über Hornhautwunden und Hornhaut-überpflanzung stellte Dr. Drolshagen an Hunden und Kaninchen an. Er schnitt die Hornhaut in dreieckigen und ovalen Lappen dermaßen von dem Augapfel weg, daß sie nur noch durch eine sehr kleine Brücke mit demselben zusammenhingen. Das Wiederanwachsen gelang, besser jedoch bei den geraden Schnitten, als bei den ovalen. Der Erfolg der Hornhautüberpflanzungen war im Ganzen ungünstig. Die Ursache davon liegt vorzüglich in der Unruhe der Thiere, in der geringen Vitalität der cornea, welche sie bald abstirbt, in dem Reize der Suturen und endlich in dem durch den Verfall der Linse und des wässrigen Feuchtigkeit entstehenden Zusammenfallen des Augapfels. (P. I. Drolshagen, de Vulnerabilitate oculi et corneae transplantatione. Berolin. 1834.)

Nekrolog. — Am 7. Febr. starb in Würzburg ein würdiger Veteran unter den Chirurgen, der Medicinalrath Dr. Brüninghausen.

Bibliographische Neuigkeiten.

An Introduction to Natural-Philosophy; designed as a Text Book, for the use of the students in Yale College; by Denison Olmstedt. New Haven 1833. 2 Vols. 8.

Fastes de la Pharmacie française et Tableau des résultats obtenus de l'analyse végétale pendant quarante années, par M. P. De Mèze, sous la direction de Mr. Chevalier. Paris 1833.

Tarif à l'usage des Pharmaciens. Paris 1833. 4. (Durch die Herren Baget, Boudet, Boutron-Chevalier, Chevalier, Clérambourg-Delondre, Guibourt, Moutillard, Pelletier, Reymond, Richard und Robinet.)

Illustrations of the Effects of Poison, by George Leith Roupell, M. D., the Plates from Original Drawings by Andrew Melville M'Whinnie, Member of the Royal College of Surgeons. Part I. London 1833. Fol. (Taf. I. Magen, Theil der Speiseröhre und der Zwölffingerdarm eines Hundes, der durch eine Drachme Arsenik vergiftet war. II. Wirkungen des Arseniks in einem Menschenmagen. III. Wirkungen der Salpetersäure auf einen Hundemagen. IV. Wirkung der Salpetersäure auf die Zunge, Mandeln, Schlundkopf und Speiseröhre eines Knaben, der sich mit Salpetersäure vergiftet hatte.)

Notizen

aus

dem Gebiete der Natur- und Heilkunde,

gesammelt und mitgetheilt von Dr. L. F. v. Froriep.

| Nro. 852. | (Nro. 16. des XXXIX. Bandes.) | Februar 1834. |

Gedruckt im Landes-Industrie-Comptoir zu Weimar. Preis eines ganzen Bandes, von 24 Bogen, 2 Rthlr. oder 3 Fl. 36 Kr.,
des einzelnen Stückes 3 ggl. Die Tafel schwarze Abbildungen 3 ggl. Die Tafel colorirte Abbildungen 6 ggl.

Naturkunde.

Ueber den Einfluß der Schwere auf den Blutlauf und die davon abhängigen Erscheinungen, und über die hohe Lage der Theile, als therapeutisches Mittel betrachtet.

(Auszug aus Prof. Gerdy's Vorlesungen im Hospital St. Louis.)

„Wenn der Blutlauf, wenigstens der arterielle, unter dem Einfluß der Stöße des Herzens von Statten geht; wenn alle Flüssigkeiten, welche in unsern Gefäßen kreisen, sich darin, wenigstens zum Theil, unter dem Einfluß dieser Organe bewegen, so sind sie auch sämmtlich den Gesetzen der Schwere unterworfen, welche auf alle Körper in der Natur wirkt; das Leben kann sie ihrer Einwirkung nicht entziehen. Die beiden Gefäßsysteme, von denen das eine die Nahrungsstoffe ohne Unterlaß von dem Mittelpunct gegen die Enden hintreibt, das andre aber die Säfte, welche es in allen Puncten des Organismus aufgenommen hat, unaufhörlich nach dem Herzen hinführt, stellen demnach in allen Theilen des thierischen Leibes zwei entgegenlaufende Ströme dar, auf welche demnach auch die Schwere entgegengesetzte Eindrücke hervorbringen muß. In der That verzögert sie, indem sie die Bewegung des einen der Ströme beschleunigt, diejenige des andern; und folglich muß sie, durch ihre langsame und fortgesetzte, zwar an sich nicht sehr kräftige, aber durch Dauer mächtige Wirkung, an manchen Theilen das Parenchym der Gewebe verstopfen, es verändern und zu Entzündungen geneigt machen. Ebenso muß sie, wenn schon Entzündungen vorhanden sind, dieselben heftiger machen. Diese beiden Ordnungen der Erfolge sollen durch die Thatsachen, welche ich jetzt anführen will, bewiesen werden; auch hat bereits Hr. Bourdon, in einer Abhandlung über den Einfluß der Schwere, einige dieser Thatsachen angedeutet.

Die dem Menschen gewöhnlichste Stellung, sowohl im Stehen als im Sitzen, ist die verticale; letztere bringt auf den Blutlauf dieselben Wirkungen hervor, als die erstere, nur, in Bezug auf die Beine, in einem geringern Grade. In Folge dieser Stellung, welche in den Beinen den arteriellen Blutlauf begünstigt, den venösen dagegen behindert und in diesen Theilen endlich Verstopfung des venösen Systems herbeiführt, sieht der Mensch in dem Maaße, wie er dem Alter entgegenschreitet, seine Beine der Sitz von Blutaderknoten, von chronischen Anschwellungen und endlich von mehr oder weniger hartnäckigen und lästigen Geschwüren werden. Diese so gewöhnlichen Zufälle sind den untern Extremitäten eigenthümlich. Sie rühren daher, daß das Blut, welches die Blutadern enthalten, auf ihre Wände drückt, sie ausdehnt und ihre Elasticität schwächt; hierdurch wird der Blutlauf in ihnen langsamer, die Gewebe werden verstopft, und es entsteht eine solche Anlage zu Entzündung mit folgender Eiterung, daß Geschwüre häufig die Folge davon sind.

Am Kopfe dagegen ist die Folge der gewöhnlichen hohen Lage dieses Theils, daß das venöse System sich gewöhnlich mit Leichtigkeit des in ihm enthaltenen Blutes entlediget, und dann befindet sich dieses System, durch die Schwere unterstützt, in einem Zustande der Erschlaffung; aber es erfährt eine sehr starke Anspannung, sobald eine horizontale Lage des Körpers den Blutlauf dem unmittelbaren Einflusse der Schwere entzieht, und dann entstehen Congestionen nach dem Kopfe. Es entstehen in der horizontalen Lage Congestionen nach demselben, weil seine Blutadern, gewöhnlich in der Blutkreisbewegung fast passiv, wegen der geringen Anstrengungen, welche sie zu machen haben, und weil sie sich leicht ausdehnen lassen, wenn der Blutlauf mehr durch sein Gewicht begünstigt wird, nur geringe Zusammenziehungskraft besitzen.

So wird an den untern Extremitäten die Elasticität der Blutadern durch ihre fast ununterbrochene Ausdehnung geschwächt; am Kopfe dagegen ist sie schwach durch zu wenige Uebung. Eben so verhält es sich an fast allen andern Theilen des Organismus, nur in verschiedenen Graden, eben

16

so wie bei denjenigen, von welchen wir eben gesprochen haben. Bei den einen, wo der Blutlauf gewöhnlich durch die Schwere begünstigt wird, haben die Blutadern nur geringe Elasticität, und lassen sich leicht ausdehnen und zum Anschwellen bringen, wenn dieser Einfluß nicht mehr oder auch auf eine ihrem Strom entgegengesetzte Weise wirkt; und diese Ausdehnung schwächt sie auch, wenn sie weit getrieben wird; bei andern verlieren die Blutadern, welche beständig gegen das Gewicht der Flüssigkeit, welche sie führen, zu kämpfen haben, ihre Federkraft in Folge der außerordentlichen oder fortgesetzten Ausdehnungen, welche sie erfahren, d. h., fast überall sind das venöse und das Haargefäßsystem, durch den Einfluß der Schwere in den verschiedenen Stellungen des Körpers, entweder einer Spannung oder Erschlaffung unterworfen, welche sehr häufig die Gränzen einer gemäßigten Thätigkeit überschreitet; die endliche Folge davon ist eine allmälige Erschlaffung der Venenwände, welche bewirkt, daß sie, ihrer Elasticität beraubt, der Ausdehnung immer mehr nachgeben. Und so verstärken die Wirkungen, indem sie zu der Ursache hinzutreten, noch die Macht der letztern

Ich habe nun mit einigen Worten eine allgemeine Uebersicht über den Einfluß der Schwere auf die Erscheinungen des Blutlaufs gegeben; jetzt will ich alle die Hauptwirkungen dieser Kraft anfangs im gesunden, dann im kranken Zustande, regelmäßig und ihrer Einfluß auf die Anwendung aufmerksam machen, welche man in der Hygieine und der Therapeutik davon machen kann.

Einfluß der Schwere im gesunden Zustande. Wenn bei in die Höhe gerichtetem Körper, wo der Mensch aufrecht steht, oder in einer ähnlichen Lage, der Kopf, über dem Rumpf erhoben, das Blut, welches er aufnimmt, leicht dem Herzen wieder zusendet, so ist der Blutlauf desselben frei, regelmäßig und seine Gefäße werden nicht durch die in ihnen enthaltene Flüssigkeit verstopft. Aber wenn der Mensch sich bückt oder niederlegt, so daß er seinen Körper und Kopf in einer horizontalen Stellung ausgestreckt hält, so bringt das Blut ihm in's Gesicht, letzteres wird gewöhnlich roth und die Blutadern erweitern sich. Bückt er sich noch tiefer, so daß sein Kopf unter den Körper kommt, so wird der Andrang nach den Hirngefäßen stärker, das Gesicht wird aufgedunsen und oft bläulich, und man kann diese Stellung nicht lange behalten, ohne daß Kopfschmerz, Schwindel und bald selbst noch ernsthaftere Zufälle eintreten. Wenn die Winzer ganze Tage lang mit niederhängendem Kopfe, in einer Stellung arbeiten, welche einen andern, der nicht daran gewöhnt ist, krank machen würde, so rührt dieß daher, daß sie durch stufenweise und mäßige Uebung, welche ihre Organe gekräftigt und zum Theil den Einfluß der Schwere unwirksam gemacht hat, daran gewöhnt haben. Wenn man übrigens genau Acht geben will, so wird man sehen, daß sehr oft auch ihr Kopf, während ihrer Arbeit, der erhabenste Theil des Körpers ist: daß außerdem die Glieder, und besonders die untern, immer die niedrigsten und am meisten von Blut strotzenden Theile sind; und daß diese Leute, oder andere Menschen, welche eben so arbeiten, wie sie, sich oft in

die Höhe richten, um den Kopf von dem Blut, welches seine Gefäße füllt, frei zu machen, und man wird dann zwischen ihnen und andern Menschen nur einen leichten Unterschied finden, welcher in der Gewohnheit seinen Grund hat.

Es scheint selbst, als könne der Mensch nicht lange in einer vollkommen wagerechten Stellung verharren; wenigstens sieht man ihn fast niemals, während der Ruhe, sich horizontal niederlegen; und wenn er auch nur einen Stein zur Stütze seines Kopfes hat, so legt er ihn beständig auf eine Stelle, welche höher ist als der übrige Körper. Aber selbst diese Stellung scheint noch sehr mächtigen Einfluß auf den Blutlauf zu haben. Denn muß man nicht ihrem Einflusse jene Schwere, jene Kopfschmerzen zuschreiben, an welchen man oft leidet, wenn man lange geschlafen hat, oder länger als gewöhnlich im Bette geblieben ist? Rührt nicht auch daher, wenigstens zum großen Theil, das Bedürfniß des Schlafs, welches mit dem Schlafe zunimmt, und warum man richtig sagt, je länger man schläft, um so mehr Lust habe man, zu schlafen? Und läßt sich nicht vielleicht aus diesem Einflusse noch ein viel wichtigerer Zufall erklären, nämlich jene nervösen und Hirnsymptome, welche bisweilen bei gewöhnlich älteren von langwierigen Krankheiten oder von einer langen Bettlägerigkeit geschwächten Personen sich einstellen, Zufälle, welche die Kr. oft in's Grab stürzen, ohne daß man sich ihren Tod zu erklären vermöchte. Bei ihnen wird das Geistes- und das Gefühlvermögen nach und nach geschwächt; sie fallen langsam in einen Zustand von Starrsucht, welcher immer deutlicher wird; anfangs kann man sie leicht daraus erwecken und sie antworten auf die an sie gerichteten Fragen; bald sind diese Antworten auch vernünftig, bald aber treiben sie sich in dem Zauberkreise eines firen Deliriums herum, welches mit Gedanken zu thun hat, von denen sie früher beherrscht wurden; und dann nimmt die Betäubung zu; wenn man sie erweckt, so erhält man nur einige stumpfsinnige Blicke und wenige unzusammenhängende Worte; alle mit der Außenwelt in Beziehung stehende Verrichtungen schlummern nach und nach ein, und das Leben erlischt. Und was findet man bei der Leichenöffnung, zur Erklärung dieser Erscheinungen? Etwas Serum in den Hirnhöhlen, etwas Ausschwitzung in die weiche Hirnhaut, Anfüllung der Hirngefäße, eine mehr oder weniger deutliche Hirncongestion. Ist diese aber wohl die Ursache des Todes? Es möchte schwer seyn, dieses zu beweisen. Aber da die Symptome, welche dem Tode vorausgehen, und ihn herbeiführen, in den Verrichtungen des Nervensystems ihren Grund haben; da überdieß in den Höhlen und Häuten des Gehirns, einer mehr oder minder beträchtliche Ergießung; eine Art seröser, passiver Schlagfluß, in dem Gehirne selbst eine sehr starke Congestion vorhanden ist, so könnte wohl dieses Organ in seiner Structur eine wirkliche und wichtige, obgleich für den Anatomen nicht sichtbare Veränderung erfahren haben. Mir wenigstens ist es in den wenigen Fällen, wo ich solche zu beobachten Gelegenheit hatte, vorgekommen, als ob diese verschiedenen Zufälle und der Tod, welcher auf sie folgte, wenigstens zum Theil, dem Einflusse zugeschrieben werden könnten, den ein anhaltendes Liegen auf den Blutlauf im Kopfe ausgeübt hat. Und die folgenden Thatsachen werden übrigens auch beweisen, daß es kein Wunder ist, wenn eine solche Lage dergleichen Wirkungen auf so zarte Organe, wie das Gehirn, hervorbringt, deren geringste Verletzungen oft so traurige Folgen haben.

Am Kopfe findet man auch ein deutlich sprechendes Beispiel von dem Einflusse der Schwere bei jenen Stockschnupfen, oder schmerzlosen, nicht entzündlichen Anschwellungen der Schleimhaut, welche sehr häufig sich einstellen, nachdem man sich niedergelegt hat, welche das Athemholen durch die Nase belästigen oder verhindern, und welche abwechselnd das eine oder das andre Nasenloch verstopfen, je nachdem man auf der einen oder auf der andern Seite liegt.

In der Brust ist die Stockung des Blutes in den am gewöhnlichsten abhängigen Theilen der Athemorgane beträchtlicher; auch sieht man, daß Pneumonien vorzüglich den Grund der Lungen ergreifen. Wohlverstanden, daß wir hier nicht von Pneumonien aus einer örtlichen Ursache, wie durch fremde von außen gekommene Körper, oder solche, die sich in den Organen entwickeln, sprechen; und ebensowenig von solchen, welche, nach der Behauptung mancher Pathologen, der Entstehung der Tuberkeln vorhergehen, und welche, wäre diese Meinung gegründet, von der von uns aufgestellten Regel eine Ausnahme machen würden.

Die Brüste werden, wenn sie bei Frauen, welche keine Leibchen tragen, nicht unterstützt sind, vorzüglich wenn sie weich und hängend sind, der Sitz heftiger Schmerzen, welche unbezweifelt zum Theil von dem Zerren, welches sie erfahren, wahrscheinlich aber auch von der in ihnen entstehenden Stockung der Säfte abhängig sind. Man sieht daher ein, daß zur Verhütung dieser Ursachen, der Gebrauch von Leibchen, oder irgend eines andern Mittels, welche den Busen zweckmäßig unterstützt, für die Frauen fast immer von Nutzen, und bisweilen unerläßlich ist.

Im Unterleibe bringt der Einfluß der Schwere auf die durch ihre Struktur schon dazu geneigten Gewebe mit der Zeit jenen varicosen Zustand der Blutadern des rectum und die verschiedenen Veränderungen hervor, welche die Hämorrhoiden darstellen. Dieser Einfluß äußert sich ebenfalls bei den Entzündungen und chronischen Stockungen im Uterus und dem Mangel der Menstruation. Diese Leiden, besonders aber die erstern, lassen sich oft bei den gebildeten Städterinnen bemerken, welche das Wochenbett zu bald verlassen. Es scheint, als wenn dann in der erschlafften innern Geschlechtstheilen leichter Stockungen und chronische Entzündung entständen. Derselbe Umstand kann bedenkliche Unterdrückung der Menstruation verursachen. Und übrigens erleichtert eine horizontale Lage alle diese Beschwerden, und kann, gehörig lange fortgesetzt, sie selbst heilen.

Der Einfluß der Schwere ist es ebenfalls, welcher bei'm Manne die Blutadesknoten des Scrotum und des Saamenstrangs, die Varicocele und Cirsocele erzeugt. Krankheiten, die allemal unter Umständen zunehmen, welche, wie, z. B., Wärme, fortgesetzte Bewegung, Ermüdung ꝛc. fähig sind, die Wirkung der Schwere zu verstärken, oder die Gefäße zu erschlaffen. Und die unerträglichen Schmerzen, welche die Cirsocele bisweilen unter diesen Umständen erregt, verschwinden im All-

gemeinen, so wie zugleich die Anschwellung durch Ruhe, durch Unterstützung des Scrotum, besonders aber durch Liegen sich vermindert. Auch fließen daraus die wichtigen Regeln, nämlich: daß alle Männer mit einem schlaffen, langen Scrotum, bei langem Gehen, bei'm Reiten, häufigem und langem Stehen, ein Suspensorium tragen müssen, um eine beträchtlichere Verlängerung des Scrotum, Anschwellung der Venen und die Bildung einer Varicocele oder Cirsocele zu verhüten; daß alle schon mit einer oder der andern dieser Krankheiten Behafteten beständig ein gutes, wohl anliegendes Suspensorium tragen müssen, um eine Zunahme der Anschwellung und die bisweilen dadurch entstehenden Schmerzen zu verhüten.

Vielleicht könnte man einige interessante Resultate in Beziehung auf den uns beschäftigenden Gegenstand erhalten, wenn man die verhältnißmäßige Häufigkeit der Entzündung der einen oder der andern Lunge, der Leber- oder Milzverstopfungen in Beziehung auf die Lage, welche die Kr. gewöhnlich im Schlafe annehmen, zu erforschen suchte.

In den Gliedern bringt die Schwere ebenfalls merkwürdige Wirkungen hervor. Man untersuche die Hand; wenn sie lange, besonders in der Kälte, am Körper herabgehängt hat; sie ist roth, warm, aufgedunsen, und man empfindet darin eine deutliche Spannung; erhebt man sie dann in eine entgegengesetzte Lage, indem man sie über den Kopf emporhebt, so sieht man sie schnell erblassen, dünner und kalt werden, weil das Blut, welches sie anschwellte, vermöge seiner Schwere und der Wirkung der Gefäße, aus ihr heraustritt. Bringt der Aderlaß je solche deutliche Wirkungen hervor? entzieht er sie so schnell das Blut, welches ein Glied anschwellt, wird letzteres wohl je dadurch so bald blaß und kalt? Scheint die Erhöhung eines abhängigen Theils nicht wirksamer, das Blut davon abzuleiten, als selbst der Aderlaß?

Die häufige Bewegung der Arme, welche nicht lange einen unmittelbaren und anhaltenden Einfluß der Schwere gestattet, verhindert, daß diese Kraft nicht gewöhnlich in derselben krankhafte Wirkungen hervorbringen kann. Doch giebt es eine Krankheit, welche, durch Kälte und trägen Blutlauf in den vom Mittelpuncte des Lebens und den Quellen der thierischen Wärme am weitesten entfernten Theilen sich entwickelnd, wohl auch zum Theil durch den Einfluß der Schwere erzeugt werden könnte: dieß sind die Frostbeulen, welche vorzugsweise Personen von weicher und lymphatischer Constitution befallen, bei denen im Zellgewebe leicht Stockungen entstehen.

Aber an den Beinen sieht man diesen Einfluß noch viel deutlicher. Er offenbart sich allein durch Anschwellung der Füße, nicht bloß durch Frostbeulen, deren Entwickelung er zu begünstigen vermag: man sieht auch bei vielen Personen die Blutadern an den Füßen, an den Unterschenkeln und bisweilen selbst an den Oberschenkeln täglich mehr und mehr an der Gestalt stark gebogener knotiger Stränge, welche sich bisweilen auf verschiedene Weise verflechten und so bedeutend anschwellen, daß sie sogar mehr oder weniger große Geschwülste bilden, aus denen das Blut jeden Augenblick hervorzubrechen im Begriff scheint. In den ersten Zeiten der

247

Veränderung dieser venösen Gefäße erscheinen die Blutaderknoten nur bei aufrechter Stellung, und nehmen, wenn man
sich legt, und das Blut nicht mehr seiner Schwere entgegen
in die Höhe zu steigen braucht, ihren vorigen Umfang wieder an und verschwinden. Aber wenn mit der Zeit und in
Folge der wiederholten Ausdehnungen, die Venen ihre Elasticität verloren haben, so verschwinden sie nicht mehr vollkommen; und obgleich sie bei'm Liegen sich eines Theils des
in ihnen enthaltenen Bluts entledigen, so bleiben doch immer
mehr oder weniger deutliche Spuren von ihnen zurück. Bald
erhält sich dann die Krankheit auf dieser Stufe; bald aber,
und zwar meistens, macht sie Fortschritte, ergreift das Haargefäßsystem, wo der Blutlauf nur sehr träge vor sich geht,
und das Zellgewebe schwillt an, verhärtet, färbt sich, und
wird gleichsam ecchymotisch, weil das Blut in sein Parenchym austritt und es anfüllt. Diese Veränderungen des Haar-
gefäßsystems und des Zellgewebes sind indeß nicht immer die
Folge einer beträchtlichen Entwickelung der Hautvenen: bisweilen sind sie schon sehr deutlich, wenn sich die Venen noch
wenig erweitert haben; und in diesen Fällen scheint der Einfluß der Schwere ursprünglich, oder wenigstens gleichzeitig
eben so auf die venösen Endigungen der Haargefäße, wie auf
die Venen selbst gewirkt zu haben.

Andre Zufälle endlich stellen sich als Folge der eben beschriebenen Erscheinungen ein. Bisweilen veranlaßt die varicöse Entwickelung der Venen heftige Schmerzen, welche das
Gehen sehr beschwerlich machen. Bisweilen zerreißen auch
die übermäßig ausgedehnten Venen bei Gelegenheit einer Anstrengung, welche den Rücklauf des Bluts lebhaft oder verhindert; oder sie werden auch durch eine Quetschung oder irgend eine andre äußere Veranlassung zerrissen; oder sie gerathen durch Entzündung ihrer Wände in Schwärzung; und
ihre Durchbohrung giebt, sie mag auf diese oder jene Weise
erfolgen, zu einem oft beträchtlichen, schwer zu stillenden und
durch Wiederaufbrechen der Oeffnung leicht wiederkehrenden
Blutflusse Veranlassung. Aber meistens entzündet sich das
angefüllte Zellgewebe des untern Theils der Beine und geht
in Eiterung, weil es der Sitz einer Congestion ist, welche,
anfangs passiv, durch die Reizung, die sie selbst hervorbringt,
oder durch eine äußere Ursache, activ wird. Und ist einmal
Trennung des Zusammenhangs bewirkt, sie sey von selbst,
oder durch äußere Ursache entstanden, so strebt sie unablässig,
sich in den umgebenden kranken Geweben auszubreiten, so
lange die Person dem Einflusse, welcher die erste Ursache dieser Desorganisation ist, unterworfen bleibt. Darin liegt der
Grund und das Wesen einer Menge von Geschwüren an
den Beinen.

Bisweilen endlich, erscheinen Schmerzen, Blutflüsse, Geschwüre zugleich bei einer und derselben Person und nöthigen
sie zu einer Ruhe, welche wenigstens die Zunahme der Krankheit verhindert.

Einfluß der Schwere in Krankheiten. — Wenn
die Wirkung der Schwere schon im gesunden Zustande hinreicht, die Erscheinungen des Lebens zu beeinträchtigen, und
auf die Dauer verschiedene krankhafte Zustände hervorzubringen, so muß sie, wenn die Organe schon krank sind, um so

mehr ihren Einfluß äußern. Und dieser Einfluß offenbart
sich nicht allein bei Entzündungen, bei allen Leiden, deren
Hauptkennzeichen Blutzufluß ist: so hat mein Bruder an sich
selbst, bei außerordentlich heftigen und schmerzhaften, mit starkem, sympathischem Erbrechen verbundenen Kopfnervenleiden, die
Bemerkung gemacht, daß die horizontale Lage seine Leiden
vermehrte; er konnte nur durch eine fast verticale, sitzende
Stellung im Bette sich Linderung verschaffen. An mehrern
andern Personen beobachtete er dasselbe. Aber man muß gestehen, daß, mit Ausnahme einiger Leiden, welche, ohne deutlich entzündlich zu seyn, sich gewöhnlich mit einer Conge-
stionsbewegung compliciren, und einiger andrer, auf welche
wir später zurückkommen werden, die Wirkung der Schwere
nie die Symptome so verschlimmert, oder verändert, als bei
Entzündung.

So werden bei hitzigen Entzündungen, welche ihren
Sitz im Kopfe haben, die Erscheinungen, und besonders der
Schmerz, durch eine horizontale Lage vermehrt und man
empfindet ein Bedürfniß, den leidenden Theil hoch zu legen.
Unter diesen Krankheiten nehme ich die innern Entzündungen des Hirns und seiner Häute nicht aus: sie erzeugen
gewöhnlich solche Störungen der Geisteskräfte, daß der
Mensch nicht mehr im Stande ist, über seine Gefühle nach-
zudenken, ja nicht einmal sie zu unterscheiden; aber es ist
kein Zweifel, daß durch dieselbe Ursache und unter gleichen
Umständen dieselbe Wirkung hervorgebracht werde, obgleich
man dieses nicht eben so beweisen kann. Auch ist es immer
vernünftig, den Kopf des Kranken dann so hoch zu legen,
als möglich. Ja, die Entzündungen, welche auf einer Seite
des Kopfs ihren Sitz haben, werden durch Neigung auf
diese Seite bei'm Liegen, heftiger; aber sie vermindern sich,
oder wenigstens sind ihre Symptome weniger beschwerend,
wenn man sich auf die entgegengesetzte Seite legt. So sieht
man auch, wenn eine Augenentzündung ein einziges Auge
befällt, dieselbe mit einemmal auf das andere übergehen,
während sie zugleich in dem ersten verschwindet, wenn der
Kranke sich auf die gesunde Seite legt. Und dieses kann
sich mehrmals wiederholen, wenn die Krankheit nicht schnell
einem zweckmäßigen Heilverfahren weicht. Dieß ist ebenso,
und noch häufiger, der Fall bei Entzündungen der Schleimhaut, welche man, selbst wenn sie sehr hitzig sind, fast willkührlich von einer Seite auf die andere versetzen kann. Die
Ohrenentzündungen, die Entzündungen an den Seiten des
Kopfs, sind ebenfalls mehr oder weniger schmerzhaft, je nachdem man sich auf die kranke oder auf die gesunde Seite
legt. Endlich sieht man oft bei Mandelbräunen aus derselben Ursache, bloß durch den Einfluß der Lage, die krankhaften Erscheinungen von einer auf die andere Mandel übergehen.

Am Halse bemerkt man, obgleich, wegen des geringen
Durchmessers dieses Theils, der Einfluß der Schwere sich
nicht mit so großer Gewalt kund machen kann, demungeachtet bei Entzündungen ähnliche Erscheinungen, als bei Kopf-
entzündungen. Und dasselbe ist bei den übrigen Theile des
Rumpfes der Fall; auch sieht man durch die Gewohnheit,
auf der gesunden Seite zu liegen, Rothlaufentzündungen am

Rumpfe schnell auf die abhängigste Gegend übergehen, während sie an den ursprünglich befallenen Stellen verschwinden. Und man kann in manchen Fällen leicht wahrnehmen, daß dieser schnelle Uebergang sich von diesem, von mir angezeigten Umstande herschreibt und daß er nicht, wie man sagen könnte, einzig von der wandernden Natur dieser Krankheit, welche unaufhörlich auf der Oberfläche des Körpers fortzukriechen strebt, abhängig ist.

(Schluß folgt.)

Vom Ganglion intercaroticum.

Vom Prof. Mayer in Bonn.

„Ich wurde auf dieses Ganglion aufmerksam, als ich dasselbe zuerst bei'm Pferde beobachtete, wo es sich besonders groß, derb und schön entwickelt zeigt, und suchte und fand es auch sogleich bei'm Menschen. Daß Haller und Neubauer dieses Ganglion gekannt haben, wie Herr Dr. Valentin anführt, glaube ich nicht. Haller sagt: 1ste (nervus mollis) in divisione carotidis sed pone ea vasa, plexum facit, in quo nonnunquam ganglion exiguum vidi (Elem. phys. LX. p. 256). Offenbar ist hier die Rede von einer jener gangliösen Anschwellungen, welche man öfters in dem Plexus nervorum mollium der Carotiden findet. Neubauer sagt, daß er dieses Ganglion minutum Halleri ebenfalls bisweilen gefunden habe, und behauptet, daß es sich nach Auseinanderziehen der beiden Carotiden nach aufwärts begeben habe, was bei dem fast im Winkel an der innern Carotis ansitzenden Ganglion intercaroticum nicht möglich wäre. Neubauer sah also wohl ebenfalls ein Ganglion im Plexus nervorum mollium selbst. Auch geben beide Anatomen an, daß sich dieses Ganglion nur bisweilen vorfinde. Beide Anatomen haben aber die auffallend in's Auge springende Lage, Form, Farbe und Derbheit dieses Ganglion intercaroticum nicht bemerkt und angegeben. Dagegen hat Andersch dieses Ganglion nur gar nicht gekannt, wie Hr. Dr. Valentin richtig bemerkt, und es nach allen seinen Charakteren sehr gut beschrieben. Auch hat Andersch ihm den Namen Ganglion intercaroticum gegeben, ein Name, der auch mir sogleich als zweckmäßig einfiel. Ich ließ mich verführen, mit weiter in Andersch nachzusehen, durch die Kupfertafel von Andersch, auf welcher er dieses Ganglion nicht abbildet, obgleich der Stamm der Carotiden umgekehrt abgebildet ist und die Stelle, wo dieses Ganglion liegt, geradezu zu Tage tritt. Seit Andersch hat aber wohl kein Anatom dieses Ganglion recht angesehen, oder hervorgehoben, daher sich auch keine bestimmte Aeußerung davon in den neuern Schriften über Anatomie vorfindet. Auf diese Art bleibt mir nur das Verdienst, die Aufmerksamkeit auf dieses Ganglion gelenkt, dessen Beständigkeit gezeigt und sein Vorkommen bei mehrern Thieren nachgewiesen zu haben."

Miscellen.

Ueber den Antlitznerven bei den Meerschweinen (Delphinus phocaena) und über sein Verhalten zu den Spritzlöchern und der Respiration dieser Cetacee, hat Herr Bourjot-Saint-Hilaire der Académie des sciences eine Abhandlung überreicht. Der Nerv des siebenten Paares, welchen Bell den Respirationsnerven des Antlitzes nennt, erlangt bei dem Meerschwein und den übrigen Cetaceen mit Spritzlöchern eine merkwürdige Ausbildung. Die Textur dieses Antlitznerven, sein Ursprung mit dem nerv. vagus und glossopharyngeus, aus der Seitenfurche des verlängerten Marks zwischen den olivenförmigen und strickartigen Körpern, seine Richtung und seine ganz specielle Vertheilung in den Spritzlochapparat, beweisen mehr als alle Gründe a priori und mehr als alle an Menschen, Nerven und Hunden gemachten Versuche für die Specialfunction des Nerven und daß er der Respirationsnerv des Antlitzes sey. Hr. Bourjot-Saint-Hilaire aber beschränkt die Wirkung des siebenten Nerven auf die Erweiterung der Luftwege der Nase. Wenn die Versuche, welche man an Thieren, wo die Respiration durch Mund und Nase vor sich geht, anstellte, wenig entscheidend waren; so würden ein Experiment, wie es hier angedeutet wird, von ganz anderer Bedeutung seyn; man soll bei einem trocken liegenden, oder in einem Netze gefangenen Meerschwein, einem Zoll breit hinter dem Mundwinkel unter dem Auge, da wo er die Richtung des untertiefsten durchkreuzt, den Stamm des Antlitznerven auf beiden Seiten durchschneiden, dann wird das Thier die Nasenlöcher nicht mehr erweitern können folglich dann auch sich des Wassers in die Taschen der Spritzlöcher nicht entleeren und die Luft nicht einziehen können, und es wird unvermeidlich von Asphyxie befallen werden; mag es nun auf dem trocknen Ufer zurückgehalten, oder wieder in's Wasser zurückgelassen werden. In dem Wasser wird es sich nicht des verschluckten Wassers entledigen können; in der Luft würden das Gaumensegel und die dem Larynx umgebenden musculi stestaphyliui nicht gestatten, daß die Luft aus dem Munde in die Luftwege gelangte. Hieraus würde dann noch eine andere wichtige Betrachtung folgen: indem nämlich die Inspirationsorgane der Bläser (der mit Spritzlöchern versehenen Cetaceen) nicht unmittelbar mit dem Munde zusammenhängen, so wird auch das Saugen mit Mund und Lippe unmöglich. Denn damit Saugen erfolge, bedarf es beweglicher Lippen und eines muskulösen Apparates, um sich an die Saugwarze der Mutter anzulegen und es ist nöthig, daß der mit den Nasenhöhlen communicirende Mund wie eine Saugspritze wirke. — Bei den Cetaceen kann, nach Hrn. Bourjot-Saint-Hilaire, nichts von allem diesen stattfinden. Es sind mehr hornartige, nicht ausdehnbare, Lippen, und ein Mund vorhanden, der mit der Luft, welche in die Respirationsorgane gelangt, nicht communicirt. Deßwegen nimmt er an, daß das junge Cetaceum kein wirkliches Saugen bewerkstelligen könne.

Einer Expedition in Nordamerica, nach den westlichen Gegenden jenseits des Missisippi's und zu den Rocky mountains, bis an das stille Meer, welche von Washington aus unternommen werden soll, wird sich auch ein deutscher Botaniker, Hr. Beyrich, anschließen.

Heilkunde.

Ueber den Krebs des untern Augenlides.
Von W. Lawrence.

„Die Haut des Gesichtes und besonders die des untern Augenlids, der Wange, Nase und Lippen ist nicht selten der Sitz krebsiger Degenerationen, welche hier, wie an andern Stellen, sich durch Verhärtung und Verschwärung äußern. Diese Krankheit erscheint auch hier selten vor der Mitte des Lebenszeit. Ich habe den Krebs des Augenlides bloß bei Männern gesehen; in zwei unter drei Fällen, welche Dr.

Jacob im 4ten Bande der Dublin Hospital Reports erzählt, waren die Kranken weiblichen Geschlechts. Nach meiner Erfahrung ist diese Krankheit aber auch in andern Theilen des Gesichts bei Frauen bei weitem seltner, als bei Männern.

Zuerst bildet sich ein harter, nicht mißfarbiger und nur wenig hervorragender Knoten in der Haut, welchen der Kranke eine Warze nennt, welcher aber durch den unveränderten Zustand der Oberhaut, von Warzen hinreichend sich unterscheidet. Zu dem ersten Knoten gesellen sich mehrere andere, es entsteht eine einzelne kleine Gruppe derselben, die umgebende Haut ist etwas angeschwollen und hart, und bisweilen sind einige rothe Gefäße auf dieser und auf den Knoten zu bemerken. Nach einiger Zeit entwickelt sich oberflächliche Verschwärung in Form einer bloßen Excoriation, durch welche eine dünne gelbe Flüssigkeit in geringer Quantität zum Vorschein kömmt, welche in einem dünnen, gelben Schorf abtrocknet. Wird dieser Proceß nicht gestört, so bleibt der Theil lange Zeit unverändert, und die Krankheit breitet sich durch Bildung solcher Knoten in der Haut und solcher Geschwüre aus, aber so außerordentlich langsam, daß oft mehrere Jahre vergehen, bevor das Geschwür die Größe eines Zweigroschenstückes erreicht. In diesem Zustande bleibt die Krankheit ein oberflächliches, glattes, nicht granulirendes Geschwür mit einem unregelmäßigen knotigen Rande, welches zuerst und bisweilen mehrere Jahre lang auf die Hautoberfläche des Augenlides beschränkt ist, bisweilen aber auch, wenn es den Rand der Augenlider erreichte, die ganze Dicke derselben zerstört, und in die Augenhöhle hinein sich ausbreitet. Erst, wenn der Verschwärungsproceß sehr lebhaft wird, wird die Krankheit schmerzhaft. Das Allgemeinbefinden ist nicht gestört, selbst wenn das Geschwür schon eine beträchtliche Größe erreicht hat; die Lymphdrüsen werden nicht afficirt und secundären Krebs anderer Theile habe ich nie beobachtet.

Obgleich die Krankheit, im Ganzen genommen, eine destruirende ist, so findet doch auch bisweilen theilweise Vernarbung dabei statt. Die Narbe ist unregelmäßig und während sie sich auf der einen Seite bildet, schreitet die Krankheit in anderer Richtung weiter. Ich hatte einmal einen etwa 40jährigen Kranken mit einem 1½ Zoll langen und ¼ Zoll breiten Geschwür dieser Art auf der Wange zur Seite der Nase. Die Krankheit, welche bereits 6 Jahre dauerte, hatte am Nasenflügel angefangen und einen beträchtlichen Theil desselben zerstört. Jener Theil hatte sich aber gut vernarbt, und gegen die Nase zu war noch ein fortwährend heilender Rand zu bemerken, während der Rand nach den andern Seiten hin knotig und verhärtet war. Die Oberfläche des Geschwürs war nicht tief, sondern glatt, roth und sickerte eine dünne gelbe Materie aus, welche nicht roch. Als ich dieses Geschwür aufschnitt, fand ich, daß der Grund desselben in der um das Doppelte verdickten, grauen und halbdurchsichtigen Haut saß.

Eine Verwechselung mit den syphilitischen Geschwüren der Augenlider ist nicht möglich; auch ist eine Verwechselung mit Lupus welcher die Augenlider nicht befällt, nicht leicht möglich; die Knoten bei letzterem sind größer, roth und ausgebreitet, bisweilen

mit schuppiger Oberhaut bedeckt, bei'm Krebs dagegen ist zuerst ein einzelnes Knötchen vorhanden, zu welchem allmälig mehrere hinzukommen, und bei welchem keine Veränderung der Hautfarbe und der Oberhaut zu bemerken ist. Das Lupusgeschwür hat eine schwarzgelbe Oberfläche mit blutigen Puncten und Streifen und mit Absonderung einer gelben, gelbe Krusten bildenden Materie, der Rand ist scharf, ausgefressen, und die umgebende Haut lebhaft roth; das Krebsgeschwür dagegen hat eine glatte, rothe Oberfläche mit knotigem Rande und natürlicher Farbe der umgebenden Haut.

Dr. Jacob betrachtet a. a. O. diese Krankheit als eigenthümlicher Natur und mit dem eigentlichen Carcinom (der Brust) nicht zu verwechseln, von welchem sich dieselbe durch Mangel stechender Schmerzen, schwammiger Wucherung, üblen Geruchs, geschwürigen Abstoßens einzelner Theile, durch Fehlen der Blutungen und des Leidens der lymphatischen Drüsen auszeichnet. Der Unterschied scheint mir bloß darin zu bestehen, daß in dem letzteren Falle die Krankheit eine Drüse, in ersterem bloß die Haut befallen hat.

Die Ursachen dieser Krankheit sind eben so dunkel, wie die der Krebskrankheit überhaupt. Ich habe sie immer von selbst bei übrigens gesunden Personen und fast bloß bei Männern entstehen sehen. Jüngeren dagegen sah sie häufiger bei Frauen, und bloß bei cachectischen Subjecten, besonders bei Scrophulosis, Arthritis oder Syphilis larvata. Nach Beer, Jüngken, Rosas und Andern, soll sich der Scirrhus der Augenlider besonders aus Tylosis und Chalazion entwickeln, vornehmlich dann, wenn solche scrophulöse Personen von einer andern Dyscrasie, wie Syphilis, Krätze, Scorbut befallen, oder wenn reizende Mittel auf die Augenlider angewendet werden ꝛc. Wenn die von diesen Schriftstellern angegebenen Ursachen im Stande wären, den Krebs der Augenlider hervorzubringen, so müßte dieser eine häufig vorkommende Krankheit seyn, er ist aber selten. Wegen der bedeutenden Abweichung dieser Angaben und meiner Erfahrung muß ich schließen, daß entweder Scirrhus und Krebs auf dem Continent bei weitem häufiger ist, als in England, oder daß jene Schriftsteller diese Ausdrücke in umfassenderem Sinne brauchen, als dieß hier geschieht.

In Bezug auf die Behandlung scheint mir die Excision, wenn Lage und Ausdehnung der Krankheit eine vollständige Abtragung gestatten, das beste Mittel. Aeußere Reizmittel verschlimmern den Zustand. Ist die Krankheit von geringer Ausdehnung, so kann sie auch durch kräftig und hinlänglich weit wirkende escharotica zerstört werden; doch ist, meiner Erfahrung nach, die Abtragung mit dem Messer immer vorzuziehen. In den unglücklichen Fällen, wo die Ausdehnung der Zerstörung die Exstirpation verbietet, kann man durch mildes, antiphlogistisches und besänftigendes Verfahren die Leiden lindern, ja bisweilen sogar beträchtliche Besserung des Zustands herbeiführen.

Wir lassen nun noch einige, diese allgemeinen Sätze beweisende Krankheitsgeschichten folgen:

1) Carcinom des untern Augenlides von siebenzehnjähriger Dauer durch Exstirpation vollkommen geheilt. — Ein beinahe 60jähriger Herr, welcher beständig mit Malen be-

schäftigt war, hatte dieses Leiden des Augenlides, welches 17 Jahre zuvor in Form einer kleinen Warze entstanden war. Es hatte ihn nicht belästigt und hatte sich erst vergrößert, nachdem ein Aetzmittel darauf angewandt worden war. Als ich den Kranken zuerst sah, nahm das Geschwür die innern zwei Dritttheile des Augenlides ein, es bestand aus einer knotigen Anschwellung der Haut mit einigen darauf verästelten rothen Gefäßen und zwei oder drei kleinen Geschwürsflächen, aus welchen eine helle gelbe Flüssigkeit ausfloß, welche einen dünnen Schorf bildete. Im April 1828 exstirpirte ich die degenerirten Theile und fand, daß die Krankheit ganz auf die Haut beschränkt war, und scharfe Gränzen hatte. Nahe an der Oberfläche der Geschwulst fanden sich zwei kleine, glatte Balggeschwülste. Die Wunde heilte in Zeit von 3 Wochen vollkommen, und es ist nichts zurückgeblieben, als ein geringer Grad von Ectropium. Dieser befriedigende Zustand dauert im Jahr 1833 unverändert fort.

In einem zweiten Falle wurde ein Carcinom, welches 5 Jahre existirt hatte, ebenfalls mit bleibendem Erfolge exstirpirt.

3) Carcinomatöses Geschwür des untern Augenlides. — Exstirpation. — Rückfall der Krankheit. —

G. S., 55 Jahr alt, kam im Januar 1829 im St. Bartholomäus-Spital in meine Behandlung. Das Geschwür des untern Augenlides mit verhärteten Rändern, hatte 7 Jahre zuvor in Form einer kleinen Finne begonnen. Die Krankheit erstreckte sich bis zum innern Augenwinkel, wo die verhärtete Masse fest mit dem Knochen zus mmenhing, während sie zugleich bis zum äußern Augenwinkel reichte. Bloß bisweilen waren Schmerzen zugegen. Verschiedene Mittel waren ohne Nutzen angewendet worden. Ich exstirpirte nun das ganze untere Augenlid mit einem kleinen Theil des oben auf beiden Seiten. An der Nase hing der degenerirte Theil so fest mit dem Knochen zusammen, daß ich nicht gewiß war, ob ich alles entfernt habe. Es folgte einige Entzündung der Conjunctiva, welche jedoch bald verschwand und die Hornhaut vollkommen klar ließ. Die Narbe verengerte die Augenliderspalte ein wenig, ließ aber doch eine hinreichende Oeffnung, um den Gebrauch des Auges zu gestatten. Der Kranke blieb bis zu Anfang des Jahres 1832 wohl, da fing er aber an, wiederum Schmerzen am innern Augenwinkel zu fühlen. Da diese sich steigerten, so kam er zu Anfang des Sommers in die Stadt. Die Krankheit war längs der ganzen Narbe, besonders aber am innern Augenwinkel wieder entstanden. Zu gleicher Zeit war die Conjunctiva verdickt, geröthet und gegen die übrigens gesunde Hornhaut hin granulirend. Mit und meinen Collegen schien eine Operation bloß dann zulässig, wenn zugleich der Augapfel mit exstirpirt werde; diesem wollte aber der Kranke sich nicht unterwerfen und kehrte daher auf das Land zurück.

4) Krebsgeschwür des untern Augenlides und der Wange, geheilt durch Anlegung von Blutigeln.

Ein 64 jähriger magerer Mann wurde lange Zeit von dem St. Bartholomäus-Spital aus behandelt wegen eines großen Geschwüres mit ungleicher Oberfläche und knotigem unregelmäßigen Rand, welches etwa 24 Jahr vorher entstanden war. Die Gränzen des Geschwüres waren: der Nasenrücken und der linke Nasenflügel, der linke Mundwinkel, das linke untere, fast ganz zerstörte Augenlid und die linke Schläfe. Das Auge war bisweilen entzündet, hatte aber nicht eigentlich mitgelitten. In den letzten Monaten war das Geschwür bloß mit destillirtem Wasser, dem die Hälfte Opiumtinctur zugesetzt war, verbunden worden. Dieß linderte den vorher sehr beträchtlichen Schmerz und das Allgemeinbefinden war ganz gut. Die Geschwürsabsonderung war so spärlich, daß die Leinwand, vermittelst welcher die genannte Flüssigkeit aufgeschlagen wurde, fest anklebte, und beim Abziehen gewöhnlich eine reichliche Blutung veranlaßte, wodurch man auf die Idee kam, Blutentziehungen durch Blutegel zu machen. Es wurden deren 6 mit so günstigem Erfolg angelegt, daß dies wiederholt wurde. Die fortwährende Besserung in dem Geschwür veranlaßte abermals 2—3 Mal das Anlegen von Blutegeln und in kurzer Zeit war fast das ganze Geschwür vernarbt, wobei aber die Oberfläche ungleich und der Rand knotig blieb. Der einzige nicht heilende Punct war an dem äußern Augenwinkel, wo ein Hautstück eine unebene, knotige Masse mit oberflächlicher Ulceration bildete. Die benachbarten Hauttheile wurden durch die Zusammenziehung der Narbe stark nach dem untern Orbitalrande hingezogen. Die Opiatmente wurden fortwährend auf die nicht geheilte Stelle aufgeschlagen, und der Kranke war frei von Schmerzen und befand sich vollkommen wohl. So lebte er noch ein Jahr, worauf er, wie mir berichtet wurde, nach ganz kurzem Unwohlseyn an einer Kopfrose starb.

Während der vorhergehende Fall von mir beobachtet wurde, kam ein alter Mann in das Spital, welcher seit vielen Jahren ein Krebsgeschwür am Mundwinkel hatte. Dieß war so ausgedehnt, daß Excision nicht auszuführen gewesen wäre, selbst wenn nicht zugleich eine beträchtliche verhärtete Anschwellung der Submaxillardrüsen zugegen gewesen wäre. Er bekam nun eine sehr heftige Gesichtsrose und als er sich von dieser erholte, verkleinerte sich das Geschwür, indem zugleich die hohen Ränder desselben beträchtlich zusammenfanken. Das Krebsgeschwür schien auf dem Wege der Heilung, als der Kranke das Spital verließ, um in seine Heimath zurückzukehren. (W. Lawrence: a treatise on the diseases of the eye. London 1833.)

Verwundung der Armarterie.

Madam F., ungefähr 40 Jahr alt, einige Stunden von Caen wohnend, hatte seit 45 Tagen am vordern Theile des rechten Ellenbogens eine Geschwulst, deren Entstehung von der Zeit eines Aderlasses im Arme herrührte, welcher zur Beseitigung der Symptome einer Blutcongestion nach dem Gehirne vorgenommen worden war. Kaum war die Lancette wieder weggelegt, als ein stoßweise hervorspritzender Strahl rothen Bluts mit Schnelligkeit durch die Wunde in der Haut drang. Der Arzt erkannte sogleich den Unfall, der ihm begegnet war, ließ daher etwas Blut ausfließen und suchte dann die Vernarbung der Arterie zu bewirken, indem er durch eine Rollbinde, welche zugleich einen pyramidenförmigen Tampon von feuchtem Papiere auf der Wunde befestigte, eine Compression um das ganze Glied herum bewerkstelligte. Obgleich dieser Verband gut angelegt, und nach Bedürfniß wieder befestigt, auch der Arm jetzt ganz unbeweglich erhalten wurde, so bewirkte er doch dadurch weiter nichts, als Erstarrung, Schwäche und Verminderung des Umfangs des Gliebs.

Als Hr. Buret die Armbeuge untersuchte, erkannte er mittelst Gesichts und Gefühls eine kegelförmige, eigroße Geschwulst, deren dickes Ende am Ellenbogengelenk lag, während das dünne gegen die Achsel gerichtet war. Man bemerkte an derselben eine Bewegung, wodurch sie etwas ihre Stelle veränderte; drückte man über der Wunde auf die Schulterarterie, so hörten Bewegung und Klopfen auf; drückte man aber den obern Theil des Vorderarms ringsum zusammen, so wurde die Ortsveränderung derselben deutlicher. Legte man die Hand auf die Geschwulst, und drückte sie leicht zusammen, so empfand man mit dem Herzschlage gleichzeitig eine zitternde Bewegung in ihr.

Bei der Anwendung des Stethoscops sowohl, als auch wenn man unmittelbar das Ohr daran legte, konnte man ein zischendes, aussetzendes Blasebalggeräusch unterscheiden, welches die Systole des Herzens, und die Diastole der Armarterie begleitete. Diese Symptome deuteten auf ein umschriebenes Aneurysma, welches in der zweiten Periode hinzugekommen war.

Man schritt nun zur Operation, nachdem man ein Turniket angelegt und die vor dem Sacke gelegenen Theile durchschnitten hatte, öffnete jenen, leerte und wischte das Blut aus, und legte zwei Ligaturen an die Schulterarterie, die eine unmittelbar über, die andere gerade unter der Wunde. Es wurde nun eins der Enden jeder Ligatur abgeschnitten, die beiden andern wurden nebeneinandergelegt, in ein Stückchen Leinwand eingeschlagen und auf die äußere Wundlefze umgelegt, worauf man die Wundränder aneinanderbrachte und die mittelst Heftpflaster in Berührung erhielt. Charpie, Compressen und eine Binde machten die Verbandstücke aus.

Am nächsten Tage mußte die Kr. das Bett hüten, wurde auf Diät gesetzt und bekam eine lindernde Tisane. Leichter Schmerz und Wärme in der Wunde; der Puls auf der rechten Seite nicht fühlbar; den zweiten und dritten Tag kein Fieber, der Schlaf fast so gut, als im gesunden Zustande;

den vierten Tag zwei Bouillons; der Arterienschlag wird etwas fühlbar; der Finger unterschied eine leichte klopfende Bewegung. Den fünften Tag wurde der Verband abgenommen, er war nur wenig befleckt; die Wunde war fast vollkommen vernarbt; allmälig wurde mehr Nahrung gestattet; an den folgenden Tagen legte man täglich Morgens einen neuen Verband an; die Ligaturen fielen den neunten und zehnten Tag ab; die Wunde war am vierzehnten vernarbt, und alles zeigte an, daß der Arm, bei mäßiger Bewegung, bald seine frühere Kraft erlangt haben werde. (Nouvelliste médical.)

———————

Miscellen.

Rauche's chemische Schwangerschafts-Prüfung (Notizen No. 686. [No. 4. des XXXII. Bds.]) ist von Hrn. Kane in Dublin als durchaus unanwendbar befunden worden. Rauche hatte angegeben, daß Schwangerschaft immer ausfündig gemacht werden könne, wenn man den Urin der Schwangern oder Säugenden einige Zeit lang, z. E. 30 bis 40 Stunden, stehen lasse, wo ein Niederschlag von weißer, flockiger, pulverartiger oder krümlicher Substanz erfolge, welches der käseartige oder eigenthümliche Grundstoff der in den Brüsten abgesonderten Milch sey. — Dagegen hat nun Hr. Kane aus seinen Experimenten folgende Schlüsse gezogen: „Daß ein weißer, flockiger, dem beschriebenen ähnlicher Niederschlag von freien Stücken nach 24 Stunden nicht allein aus dem Urin schwangerer Frauen sich niederschlug, sondern auch in gleich großer Menge aus dem Urin einer 14 Jahr alten Jungfrau und aus dem einer zwei Monate lang ihr Kind stillenden Frau. — Daß in allen Schwangerschaftsfällen der Urin eine kleine Quantität Eiweiß[*] (albumen) in uncoagulirtem Zustande enthielt, daß dieß aber in dem Urin ungeschwängerter Frauenspersonen, welcher zu gleicher Zeit untersucht wurde, nicht zu bemerken war. —[**]), Es ist kaum nöthig, zu erinnern, daß der Sublimat (bichloride of mercury) hiezu das empfindlichste reagens ist, indem wenige Tropfen einen weißen flockigen Niederschlag bewirken."

Die glückliche Operation einer sehr großen Balggeschwulst in der Unterleibshöhle wurde von Dr. Dohloff in Magdeburg auf die Weise gemacht, daß er den Unterleib öffnete, und da er den Balg (der nicht mit dem Ovarium zusammenhieng) an der concaven Leberfläche und einem großen Theil des Darmcanals fest gewachsen fand, den Inhalt des Balges mittelst des Troicarts herausschaffte, den Balg spaltete, seine Ränder durch eine Fadenschlinge an der Bauchwunde fixirte und die Höhlen des Balges durch eingelegte an Faden hängende Charpiekugeln in Eiterung versetzte und allmälige Schließung derselben veranlaßte. Die Kranke wurde 9 Wochen nach der Operation geheilt entlassen. (Casper's Wochenschrift. No. 24.)

———————

Bibliographische Neuigkeiten.

Flora Bathonensis; or a Catalogue of the Plants indigenous in the vicinity of Bath; by C. C. Babington. London 1834. 12.

Histoire naturelle de l'homme et de la femme, d'après nos plus grands naturalistes, tels que Buffon, Cuvier, Lacépède, Virey et les Voyageurs les plus célèbres. Paris 1834. 18mo.

Nouveaux élémens de pathologie médico-chirurgicale. Par MM. Roche et Sanson. Troisième édition. Paris 1833. 5 Volumes in 8vo.

A practical Treatise on Stammering and nervous Affections of Speech; illustrated with several Cases of Cure, authenticated by Persons of Distinction and medical Authorities. By Joseph Poett, Senior, Member of the College of Surgeons. London 1834. 8.

Notizen
aus
dem Gebiete der Natur- und Heilkunde,

gesammelt und mitgetheilt von Dr. L. F. v. Froriep.

Nro. 853.	(Nro. 17. des XXXIX. Bandes.)	**Februar 1834.**

Gedruckt im Landes - Industrie - Comptoir zu Weimar. Preis eines ganzen Bandes, von 24 Bogen, 2 Rthlr. oder 3 Fl. 36 Kr., des einzelnen Stückes, 3 ggl. Die Tafel schwarze Abbildungen 3 ggl. Die Tafel colorirte Abbildungen 6 ggl.

Naturkunde.

Ueber den Einfluß der Schwere auf den Blutlauf und die davon abhängenden Erscheinungen, und über die hohe Lage der Theile, als therapeutisches Mittel betrachtet.

(Auszug aus Prof. Gerdy's Vorlesungen im Hospital St. Louis.)

(Schluß.)

„Ich habe schon angedeutet, daß der häufigere Sitz der Pneumonien am untern Theile der Lunge, von dem Einflusse der Schwere sich herschreibe. Es ist auch wahrscheinlich, daß einige dieser Pneumonien, welche gleichsam zufällig, nach oder während des Verlaufs schwerer und langwieriger Krankheiten sich einstellen, großen Theils das Resultat der Schwere sind: indem sie auf Personen wirkt, welche Kraftlosigkeit lange Zeit an eine Rückenlage fesselte, mußte sie Stockungen des Bluts in den Lungen, und hierauf Verstopfung und endlich chronische Entzündungen derselben hervorbringen, welche ihr Gewebe desorganisiren. Ebenso sieht man die sogenannten critischen Abscesse, welche sich unter ähnlichen Umständen bilden, oft an den abhängigsten Stellen entstehen, wie am Steiß, wie mir erst neuerdings zwei Beispiele vorgekommen sind. Man würde sich ihr Vorkommen vorzugsweise an diesen Stellen nicht erklären können, wenn man nicht die Abhängigkeit der Theile und den Druck, dem sie ein langes Verharren in derselben Lage aussetzt, zwei Umstände, welche sich hier vereinigt finden, als wahrscheinlichen Grund annähme.

Ich habe auch bereits gesagt, daß die Hämorrhoiden, die Stockungen und chronischen Entzündungen des Uterus und die Blutflüsse aus demselben, durch den Einfluß der Schwere verursacht würden, oder daß durch sie wenigstens deren Entwickelung begünstigt werden könnte. Derselbe Einfluß vermehrt auch den Reiz und die Heftigkeit dieser Krankheiten, wenn sie bereits vorhanden sind. Wem ist nicht bekannt, daß die Hämorrhoidalknoten nach langem Stehen und besonders nach langem Sitzen, schmerzhafter werden? Daß sie durch Liegen

sich mindern; daß die Krankheiten des Uterus zu ihrer Heilung gebieterisch Ruhe in einer horizontalen Lage erheischen; daß eine aufrechte Stellung die Entzündungen des Hoden, der Scheidenhaut, des Scrotums, des Penis vermehrt? Auch ist es bei Behandlung dieser Entzündungen eine wichtige Regel, die Theile dem Einflusse der Schwere zu entziehen, und in Bezug auf den Penis insbesondere, ihn an den Leib heraufgeschlagen zu erhalten.

Bei den Entzündungen des Arms und vorzüglich der Hand und der Finger, vermehrt die abhängige Lage des Glieds, wenn man es am Körper herunterhängen läßt, die Schmerzen und die empfindliche Spannung um Vieles. Auch wissen bei einem solchen Falle die meisten Kranken schon ohne den Rath des Arztes, sich diesem Einflusse zu entziehen, indem sie die Hand und den Vorderarm in einer Binde tragen. Ja man sieht, daß Kranke, mit Nagelgeschwüren z. B., keinen Augenblick Ruhe genießen, wenn sie nicht so vorsichtig sind, ihre Hand aus dem Bette und auf dem Kopfkissen hinaufliegend zu halten. Ich habe dieß nach einer, durch ein flüssiges Aetzmittel, nach Viperbiß und auch bei andern Gelegenheiten, erzeugten tiefen und ausgebreiteten Entzündung des Fingers, an mir selbst erfahren. Diese Lage, welche den Rückfluß des Bluts begünstigt, und Anschwellung und Spannung vermindert, bewirkt so viel Linderung, daß der Kranke in den meisten Fällen zu schlafen im Stande ist.

An den Beinen sind die Wirkungen der Schwere ganz analog, und unterscheiden sich nur durch die größere Stärke ihres Einflusses auf die Theile, welche derselben am meisten ausgesetzt sind. Auch werden die Krankheiten, welche, wie wir sahen, daraus hervorgehen, durch die Fortdauer ihrer Wirkung beständig unterhalten und verschlimmert. Die Blutaderknoten vermehren und vergrößern sich gewöhnlich; die Anschwellung der Beine und die varikösen Geschwüre, welche die Folge davon sind, nehmen unaufhörlich zu, wenn die Kranken noch immer gehen oder stehen; auch Frostbeulen, besonders in Schwärung übergegangene, werden durch dieselbe

Ursache gereizt und vergrößert. Wunden der Beine, selbst einfache, ja bisweilen ganz leichte, vergrößern sich, statt zu vernarben, wenn die Verwundeten sich nicht ruhig verhalten, und bilden am Ende ebenfalls ungeheure, sehr beschwerliche und bisweilen sehr schwer zu heilende Geschwüre. Aber diese Geschwüre, mögen sie nun varikös seyn oder von Wunden herrühren, welche sich durch die Sorglosigkeit der Kranken entzündeten, heilen gewöhnlich, wenn die Kranken darein willigen, sich eine geraume Zeit auf dem Bette ruhig zu verhalten. Mag man auch nebenher Mittel, wie Breiumschläge, Waschungen und Bähungen verschiedener Art anwenden, denen viele Aerzte die guten Erfolge zuschrieben haben und die höchstens die Heilung beschleunigen konnten, ja selbst sie bisweilen verzögerten, so bleibt es immer gewiß, daß das therapeutische Hauptmittel in diesem Falle, Ruhe in einer horizontalen Lage ist. Man heilt freilich Geschwüre an den Beinen bei Kranken, welche dabei immerfort gehen, man heilt sie dadurch, daß man das Geschwür mittelst Heftpflasterstreifen zuzieht und zusammendrückt, und indem man noch außerdem, mittelst einer Cirkelbinde oder eines Schnürstrumpfs, auf das Glied einen gleichförmigen, aufsteigenden Druck ausübt. Was heißt aber dieß? man ersetzt dadurch nur die Wirkung der horizontalen Lage, welche dem Einflusse der Schwere entgegenwirkt, durch einen Verband, welcher durch Zusammendrücken des kranken Glieds, einen ähnlichen Erfolg hervorbringt. In der That treibt man in dem einen, wie in dem andern Falle, die Säfte, welche den Theil aufschwellen, zurück, man führt sie wieder in den Kreislauf und man verhütet durch dasselbe Mittel eine neue Stockung. Aber bei beträchtlichem Substanzverlust, und wenn statt eines neu gebildeten Gewebes eine irgend beträchtliche Narbe zurückbleibt, vermag der Einfluß der Schwere, besonders bei alten Leuten, allein schon, wenn die Thätigkeit in ihr wiederhergestellt ist, das Wiedereröffnen der Narbe und die Bildung eines, dem erstern ähnlichen, Geschwürs herbeizuführen.

Ich habe bis jetzt die besondern Wirkungen der Schwere auf die einzelne der Körpergegenden durchgenommen, um zu zeigen, wie sehr sie die Krankheiten derselben verändere. Die übrigen Leiden, welche sich in allen diesen Gegenden, oder wenigstens in der größten Zahl derselben zeigen können, erfahren nicht weniger den Einfluß derselben. Im Allgemeinen können wir sagen, daß alle Krankheiten, welche durch Blutzufluß characterisirt, oder mit einer mehr oder weniger starken Congestion complicirt sind, durch die Schwere zunehmen und bedeutender werden, wenn ihr Einfluß in's Spiel kommen kann. So werden Entzündungen, wo sie auch ihren Sitz, und welche Natur sie auch haben mögen, durch diesen Einfluß verstärkt; sie reizt die Wunden, behindert ihre Vernarbung und begünstigt ihre Vergrößerung; bei Quetschungen vermehrt sie die Blutaustretung, die Reizung, welche eine Folge derselben ist, die Gefahr der Abscesse und die Ausbreitung derselben, wenn sie kritisch sind, und sie verlängert in allen diesen Fällen die Dauer des Uebels. Bei Knochenbrüchen, wie bei Ausrenkungen, strebt die Schwere, abgesehen von den Zufällen, welche dazu kommen können, wenn man sich auf die verletzten Glieder stützt, die immer stattfindende

Reizung und Anschwellung zu verschlimmern, und eine in diesen Krankheiten oft bedenkliche Entzündung hervorzubringen. Bei Verrenkungen verstärkt sie ebenfalls die Reizung und die Zufälle, welche die Folge davon sind, und verursacht allein oder trägt zur Hervorbringung und Unterhaltung einer chronischen Entzündung in dem Theile bei, welche allmälig die Gewebe verändert, und eine in ihrem Anfange unbedeutende Beschwerde, bisweilen in eine weit gefährlichere Krankheit, in eine weiße Geschwulst verwandelt. Bei weißen Geschwülsten und allen weißen chronischen Anschwellungen verstärkt sie die Krankheit, beschleunigt ihren Verlauf, und macht die Resultate, welche die Kunst von einer übrigens gut geleiteten Behandlung erhalten könnte, zu Nichte. Man pflegt in manchen Fällen die betrübenden Fortschritte der weißen Geschwülste einzig den Bewegungen zuzuschreiben, welche die Kr. ohne Unterlaß auf die ergriffenen Theile einwirken lassen. Dieß ist eine Wahrheit, welche man übertrieben hat, denn man sieht, und ich selbst habe Hüftweh in einem sehr vorgeschrittenen Grade heilen gesehen, obgleich die Kr. täglich eine mäßige Bewegung vornahmen. Diese Annahme muß daher, um gerecht zu seyn, in bestimmten Gränzen beschränkt werden, aber nur Erfahrung und Beobachtung allein sind diesem zu thun im Stande. Und wenn es im Ganzen keinem Zweifel unterliegt, daß in vielen Fällen Gelenkentzündungen durch Bewegungen verschlimmert werden können, so scheint es mir, wenn ich den Nutzen bedenke, den man bei Verrenkungen aus der horizontalen und aufsteigenden Lage des Fußes zieht, durchaus nicht zweifelhaft, daß die Schwere auf diese Krankheiten einwirke: und vielleicht sehr häufig ist sie größtentheils die Ursache der unglücklichen Erfolge, welche man den Bewegungen zuschreibt.

Es giebt noch eine andre Ordnung von Thatsachen, von denen ich noch nicht gesprochen habe, und deren ich jetzt gedenken werde: dieß sind die serösen Congestionen, welche gewöhnlich bei Her krankheiten oder einigen andern Leiden, welche ebenfalls den Blutlauf stören, sich einfinden. Bei Hautwassersuchten, um nicht von partiellen Oedemen und Ergießungen zu sprechen, welche einen ähnlichen Ursprung haben, bei Hautwassersuchten also, verweilt und häuft das Serum sich in dem Zellgewebe an, weil das Venensystem mit Blut verstopft ist. Die Ergießung erfolgt nicht ohne Unterschied, und nicht bloß wegen der Durchdringlichkeit des Zellgewebes häuft sich das Serum, durch die Zellen desselben sickernd, reichlicher in den abhängigsten Theilen an; sondern besonders darum, weil auch hier, unter dem Einflusse der Schwere, eine beträchtliche Stockung in den Venen und dem Haargefäßsystem vorhanden ist. Auch können, durch den Einfluß der Schwere auf den Blutlauf bei diesen Krankheiten, die Kr. nicht in einer horizontalen Lage ruhen, und sind genöthigt, sich in ihrem Bette aufrecht zu setzen. Es giebt noch andre Ursachen, welche bisweilen sich noch zu hindern gesellen, durch welche das Liegen unmöglich wird; aber es gehört nicht zu unserm Zwecke, sie anzugeben.

Kurz, der Einfluß der Schwere auf die in unsern Gefäßen kreisenden Flüssigkeiten ist hinreichend zur Erzeugung blutiger, oder seröser, immer sehr gefährlicher und bisweilen selbst tödtlicher Congestionen; sie genügt, Entzündungen und alle ihre Folgen, Geschwüre, Abscesse, partiellen Brand, Entartungen der Gewebe ꝛc. hervorzubringen; sie giebt Veranlassung zu Blut-aberknoten, und allen sie begleitenden Veränderungen, und vielleicht in manchen Fällen, zur Bildung einer Art Schwammgewebes; vielleicht ist sie auch bei der Verknöcherung der Arterien, die so oft an den Beinen vorkömmt, und zur Erzeugung des Brandes bei alten Leuten thätig. Wenn sie fortfährt, auf durch sie krank gewordene Gewebe zu wirken, oder sie auf Organe wirkt, welche aus andern Ursachen erkrankt sind, so vermehrt sie beständig die Zufälle, welche sie hervorgebracht hat, und verschlimmert jederzeit die übrigen Leiden, wenn diese durch die Blutcongestion verschlimmert werden können, bis sie, so zu sagen, in ihrer Gewalt hat; allenthalben, wo sie etwas Reizungsfähiges findet, reizt sie es, sie belebt es auf eine nachtheilige Weise, und läßt es traurige Früchte bringen.

Die Fälle, in denen ich sie als das einzige Thätige angeführt habe, lassen keinen Zweifel über ihre Mitwirkung, wenn sie sich mit andern Ursachen verbindet. Aber neue Beweise ihrer Wirksamkeit findet man in den Thatsachen, welche zeigen, daß man durch Beseitigung des Einflusses derselben, die durch sie hervorgebrachten Krankheiten heilen könne, wenn sie nicht schon zu weit vorgeschritten sind; in denjenigen, welche zeigen, daß sie hitzige und heftige Entzündungen, wie Augen- und Rothlaufentzündungen, mit einem Male oder langsam von einer Stelle auf die andre zu versetzen vermag; und in der freilich geringen Anzahl Fälle, welche beweisen, daß man in Krankheiten aus andern Ursachen gute Wirkungen von ihr erhalten könne, wenn man sie in einer der Reizung, welche sie auf einem Puncte des Körpers Congestion hervorruft, entgegengesetzten Richtung einwirken läßt. Der Einfluß der Schwere ist daher nicht ohne Werth, und verdient keineswegs so unbeachtet gelassen zu werden, als es bis jetzt geschehen ist. Die ist in der That von großem Gewicht für die Hygieine und die Pathologie, da sie unmittelbar oder mittelbar, für sich allein, oder mit andern Ursachen in Verbindung, eine bedeutende Anzahl Krankheiten hervorbringt; da sie eine große Anzahl anderer verändert, oder verschlimmert; und die schon bekannten Thatsachen geben der Hoffnung Raum, daß sie für die Therapeutik nicht weniger wichtig seyn werde, wie man aus dem übrigen Theile dieser Abhandlung ersehen wird.

Practische Folgerungen und therapeutische Schlüsse. Bei allen, sowohl innern, als äußern Krankheiten, muß die Physiologie der Therapeutik als Leiter und leuchtende Fackel dienen. Wurde auch dieser Grundsatz von Aerzten, welche in der Pathologie immer nur eine einzige Erscheinung, in der Therapeutik immer nur ein einziges Agens sahen, einigermaßen übertrieben und falsch ausgelegt, so muß er darum doch die Grundlage jeder vernünftigen Therapeutik bleiben. Heißt das, die Erfahrung solle nicht mehr gelten in der Heilkunde, und die durch die Zeit geheiligten Vorschriften sollen mit Verachtung verworfen werden? Soll man also nichts mehr anwenden, was der Verstand nicht zu erklären vermag? Dieß soll keineswegs damit gesagt seyn. Denn die, welche am stärksten gegen den Empirismus schreien, verfallen am leichtesten in denselben; denn der Empirismus ist in allen Wissenschaften, welche es mit Thatsachen zu thun haben, in der Physiologie eben so gut in der eigentlichen Heilkunde, anzutreffen; denn die Physiologie hat zum Zweck, die Erscheinungen, so wie die Ursachen, welche sie hervorbringen, und die Einflüsse, welche sie verändern, zu sammeln und zu erforschen, sie dann so viel als möglich zu erklären. Und wenn die Heilkunst auf gute Beobachtungen, auf feste, wenn auch unerklärte Thatsachen, mit einem Worte, auf einen vernünftigen Empirismus fußt, so ist sie vollkommen physiologisch. Das heißt aber ebensowenig, man müsse, als ein bloßer, gedankenloser Berichterstatter der Natur, sich begnügen, Thatsachen zu sammeln, ohne über sie in's Klare zu kommen, ohne in das einzubringen zu versuchen, was den menschlichen Kräften zu erfassen unmöglich ist. In der That, nur dadurch, daß man so von allen Geschöpfspuncten aus, nicht allein in ihren wesentlichen, sondern auch in ihren relativen Charactern, in den Einflüssen, durch welche sie bedingt werden, in ihren verschiedenen Rückwirkungen und in den Einflüssen, durch welche sie ihrerseits auf das sie Umgebende wirken, daß man sie auf diese Weise zu erforschen sucht, kann man dahin gelangen,

sichere, zwar oft auf Empirismus beruhende, aber darum in ihrer Anwendung nicht weniger strenge, nach ihrem Wesen nicht weniger physiologische, und in ihren Erfolgen wichtige Schlüsse abzuleiten.

So sind die meisten, von mir aufgeführten, Thatsachen nur Ergebnisse des Empirismus und sie waren in der Wissenschaft bis jetzt ohne Anwendung geblieben, weil sie vereinzelt bestanden; sie waren darum so isolirt, weil sie nicht begriffen worden waren; und sie waren nicht wohl verstanden worden, weil sie nicht erforscht (analysirt) worden waren. Sie mußten durch das gemeinschaftliche Band der Aehnlichkeit ihrer Ursache und der Aehnlichkeit ihres Wesens vereinigt werden, wenn man alle ihre Folgen bemerken und zu ersprießlichen Folgerungen gelangen wollte. Indem mein Bruder von diesen Thatsachen, in ihrer Vereinigung betrachtet, ausging, indem er beobachtete, wie groß der Einfluß der Schwere sey; wie Entzündungen und selbst andre Krankheiten, z. B., Neuralgien, durch Hochlegen der leidenden Theile vermindert wurden, obgleich diese Lage nicht anhaltend beibehalten wurde, da sie nach ihrer Anwendung weder durch Beweise gestützt, noch in ihren Erfolgen berechnet war, so kam er auf den Gedanken, daß viele Krankheiten, besonders Anschwellungen, Entzündungen und alle sich mit ihnen verbindenden Beschwerden von einer passenden Lage einen günstigen Einfluß erfahren würden. Er war der Meinung, daß man, durch eine mehr oder minder hohe Lage der leidenden Theile, so daß der Zufluß des Bluts beschränkt, sein Rückfluß begünstigt, und demnach, durch die fortdauernde Wirkung der Schwere, der Säfteanhäufung in der verletzten Stelle entgegengewirkt werde, vielleicht wichtige therapeutische Erfolge erhalten werde. Uebrigens konnte nur die Erfahrung allein über den Nutzen dieses Mittels entscheiden, und darüber belehren, ob dieses physiologische Ergebniß, eine vernünftige und strenge Folgerung aus beobachteten Thatsachen, von der Praxis eine Sanction erhalten werde, welche, um in der Wissenschaft Eingang zu erhalten, für sie unerläßlich ist.

In den Krankensälen des Hospitals St. Louis war es, wo mein Bruder seine Erfahrungen begründete. Eine erste Reihe von Versuchen wurde gegen Ende des letzten Herbstes, während der Behandlung von Geschwüren angestellt; und das Resultat derselben ist vor einigen Monaten im Artikel Attitude des neuen Dictionnaire de médecine in 25 Bänden angezeigt worden. Verschiedene Kranke wurden verschiedenen Hauptbehandlungsmethoden gegen diese Krankheit unterworfen, und jede Methode wurde allein und dann in mannichfaltiger Verbindung angewendet, um den Einfluß eines jeden dieser Mittel genau bestimmen zu können. Mein Bruder wird später die Resultate und die Einzelnheiten bekannt machen, gegenwärtig beunüge ich mich mit einer kurzen Angabe derselben. Wenn man ein Bein auf einer geeigneten, aufsteigenden Fläche ruhen läßt, so wird das Geschwür, wenn man es offen läßt, blaß, sondert weniger Eiter ab, und bedeckt sich mit einer Kruste, unter welcher die Vernarbung mehr oder minder rasch von statten geht. Ein einfacher Verband, mittelst Cerat und Charpie, und im Anfang, wenn das Geschwür entzündet ist, einige Tage lang erweichende Breiumschläge, heilen es rascher, wenn man zugleich das Glied hoch legt, als wenn Letzteres nicht geschieht. Aber dieselbe hohe Lage heilt es, in Verbindung mit einem Verbande mittelst Heftpflasterstreifen, noch schneller. Durch Verbindung der hohen Lage und der Heftpflasterstreifen und der Ruhe, erhält man am schnellsten eine Vernarbung. In der That sind dann die Elemente des glücklichen Erfolgs die reizende Wirkung des Bleiglättpflasters auf Wunden mit chronischer Entzündung und die Wirkung der Schwere, welche das Glied von dem Säftezufluß befreien und dasselbe zu ihrem normalen Zustande zurückführen. Und man konnte sich überzeugen, daß diese Methode in kurzer Zeit die Heilung sehr ausgebreiteter und bösartiger Geschwüre herbeiführe, welche vielleicht nur den gewöhnlichen Verfahrungsarten gewichen seyn würden. Sicher brachte schon die hohe Lage in diesen Fällen gute Wirkungen hervor. Aber es bedarf noch zahlreicher Versuche der Heilkraft dieses Mittels, wenn man den ganzen Umfang der Heilkraft dieses Mittels kennen will.

Andre Beschwerden wurden auf dieselbe Weise, und mit einem außerordentlichen Erfolge behandelt. Bei einem Kr., welcher an einer starken Armquetschung mit beträchtlicher Anschwellung litt, verminderte sich der Umfang des in eine hohe Lage auf einer geneigten aufsteigenden Fläche gebrachten Glieds von diesem Tage bis zum folgenden, auf einen Zoll ringsum, und die Heilung ging rasch vor sich. Bei einem andern, welcher sich in einem ähnlichen Falle befand, und bei dem an dem Arm eine große Ecchymose vorhanden war, erhielt man, bei derselben Behandlungsart, in einigen Stunden eine Verminderung von einem, in vier und zwanzig Stunden um anderthalb Zoll, und eine beträchtliche Abnahme der Färbung des Blutergusses.

Bei einem Kranken, welcher am Arm eine chronische rheumatische Anschwellung hatte, gegen welche 150 Blutegel, Breiumschläge, Douchen ꝛc. ohne Erfolg angewendet worden waren, nahm das Glied in einem Tage um 1½ Zoll ab, bloß durch den Einfluß einer ähnlichen Lage, und die Anschwellung verschwand bald. Einen eben so günstigen Erfolg erhielt man in einem Falle von Entzündung der Hand, bei rebellischen Augenentzündungen und in mehrern andern Fällen, welche ich nicht anführen will; denn ich will hier nur die Aufmerksamkeit der Practiker auf diesen Gegenstand lenken. Ich werde mich mit der Anzeige begnügen, daß man ebenfalls gute Erfolge von dieser Methode bei Kopfschmerzen, Ohrenentzündungen, Bräunen, seitlichen Kopf= und Halsentzündungen erhalten hat.

Ueberzeugt, daß diese Methode in der Praxis von wahrhaftem und bedeutendem Nutzen seyn werde, läßt mein Bruder jetzt mechanische Apparate verfertigen, mittelst deren man ihre Anwendung noch mehr ordnen, und sie bei einer größeren Anzahl von Krankheiten, z. B., bei complicirten Fracturen, weißen Geschwülsten ꝛc. anwenden kann.

Glaubt aber wohl der Urheber dieser therapeutischen Neuerung, durch dieses Mittel alle Krankheiten heilen zu können? Sicher nicht: er wünscht nur ein sehr kräftiges Ableitungsmittel in die Praxis einzuführen, welches bei einer Menge von Fällen anwendbar, welches wenigstens immer ein nützliches Unterstützungsmittel seyn, und welches übrigens für sich selbst schon in mehrern Krankheiten Heilung bewirken wird. So oft eine antiphlogistische Behandlung vom Nutzen seyn wird, wird man, so viel als möglich, damit den Einfluß einer Lage verbinden müssen, welche bei'm normalen Zustand der Functionen den Rückstand begünstigt. Wenn Blutausleerungen der Entzündung den Nahrungsstoff nehmen; wenn die Aderlässe durch Entleerung des Blutsystems dahin wirken, dem ergriffenen Theile das Blut zu entziehen, so erhält man doch nicht so günstig und so örtlich, als eine hohe Lage dieses Theils, um das Haargefäßsystem von seiner Last zu befreien und den Säftelauf in ihm zu bethätigen. Denn wenn auch Blutegel das Blut aus diesen Gefäßen saugen, so ziehen sie auch anderes dahin, während der Einfluß der Schwere in einer zweckdienlichen Lage zugleich die angefüllten Gefäße entleert und auch die Anhäufung der Säfte, welche sie von neuem aufschwellen könnte, verhindert.

Durch eine schickliche, nach denselben Anzeigen, denselben physiologischen Ergebnissen eingerichtete Behandlung kann man hoffen, wenn auch nicht Blutaderknoten zu heilen, wenigstens sie zu vermindern und Besserung zu bewirken. Vielleicht darf man, wie unvollkommen auch dieses Mittel zur Bekämpfung des Einflusses der Schwere sey, von einem lange fortgesetzten Gebrauche eines Suspensoriums, bei Blutaderknoten des Scrotums und des Saamenstrangs, noch mehr erwarten, als bloß die Schmerzen der Kranken zu lindern. Ich kann, zur Unterstützung dieser Meinung, einen mich persönlich betreffenden Fall anführen. Mit einer Cirsocele behaftet, welche mir zwei oder drei Jahre lang große Unbequemlichkeiten verursachte, und in warmen Tagen mir ein etwas langes Gehen, durch die unerträglichen Schmerzen, welche sie mir bewirkte, unmöglich machte, konnte ich, über ein Jahr lang ein ausgesetzt ein Suspensorium getragen habend, bemerken, daß sich die varicöse Anschwellung des Saamenstrangs mehrere, die Beschwerden verschwanden, und die Krankheit sich so weit besserte, daß es keine Beschwerden mehr davon empfinde, und daß ich nicht mehr nöthig habe, dieselben Vorsichtsregeln zu befolgen.

Nach den beobachteten Thatsachen, nach den bereits erhaltenen glücklichen Erfolgen läßt es sich glauben, daß ein methodisches Hochlegen der Glieder gegen viele chronische Anschwellungen von oft großer Hartnäckigkeit, und selbst gegen weiße Gelenkgeschwülste, welche die Aerzte zur Verzweiflung bringen, großen Vortheil gewähren werde. Bei weißen Geschwülsten sind in der That örtliche Aderlässe oft von unmittelbarem guten Erfolg, oft aber die Quelle nachfolgender Gefahren, durch die Schwächung, welche sie hervorbringen, und welche, indem sie den Organismus zu allen Arten von Krankheiten geneigt macht, ihn außer Stand setzt, den geringsten Zufällen zu widerstehen. Wenn man daher, bei diesen Krankheiten, die Blutausleerungen durch ein Mittel ersetzen kann, welches, ohne den Körper zu schwächen, eine örtliche sehr günstige Entleerung bewirkt, welche vielleicht noch beträchtlicher ist, als man sie durch Blutegel erhält, so wird dieß ohne Zweifel ein wahrhafter und wichtiger Vortheil seyn. Auch zweifele ich keineswegs, daß bei complicirten Fracturen, welche häufig so gefährliche Entzündungen veranlassen, man gute Erfolge von der aufsteigenden Lage der Glieder erhalten müsse, wenn man durch passende Apparate, mit der hohen Lage des verletzten Theils auch die unerläßliche Unbeweglichkeit zu vereinigen weiß. Es versteht sich jedoch, daß diese Behandlungsart die übrigen Mittel nicht ausschließt, im Gegentheil fordert sie ihre Verbindung, da sie die Wirkung derselben begünstigt. Oft kann es selbst nöthig seyn, diese Methode mit andern Mitteln zu verbinden. Bei einem Falle von elephantiasis wandte mein Bruder zu gleicher Zeit hohe Lage des Glieds und Compression desselben an: es wurde schon eine sehr große Abnahme bewirkt, und man hat die Hoffnung, daß man wenigstens Besserung erhalten werde. Auch wird diese Verbindung bei vielen weißen Geschwülsten von sehr großem Nutzen seyn können. Bei bösigen Entzündungen wird man mit der hohen Lage des Theils die Anwendung der antiphlogistica verbinden müssen.

Mit einem Wort, der Einfluß der Schwere, von der Kunst gegen die Krankheiten gerichtet, welche sie bis jetzt nicht hervorzubringen verstand, scheint mir ein köstliches Hülfsmittel darzubieten, bald als Haupt=, häufiger auch als Unterstützungsmittel, bei allen seinem Einflusse zugänglichen Leiden, welche mehr oder weniger entzündungsartigen Character besitzen, und bei allen denjenigen, welche mit einem Zufluß des Bluts oder einer Congestion complicirt sind. Wenn die kleine Zahl der Thatsachen, welche wir den Gegenstand besitzen, noch keinen sichern Schluß gestattet, so flößt uns doch ihr Character wenigstens große Hoffnungen ein. Mehrere sind in der That sehr merkwürdig, und es sind übrigens keine solchen zufälligen, wie die bald beschrieben verliebt; sie sind die Beweise eines ganz positiven physiologischen Gesetzes, welches den erhaltenen Erfolgen gegeben Werth zu geben scheint. Es ist dieß, mit einem Wort, eine ganz physiologische Heilmethode. Auch glaube ich, diese Thatsachen werden in einem Augenblick, besonders hier, wo die Geister zum Theil von dieser pathologischen Anatomiewuth, welche eine Zeitlang die Wissenschaft beunruhigt hat, zurückgekommen sind, und sich mit gleicher Thatkraft auf therapeutische Untersuchungen werfen, der hohen Lage selbst biswelen zu hier zu walten scheint, beifällig aufgenommen werden. (Der vorstehende Auszug der klinischen Vorlesung des Prof. Gerdy ist von dessen jüngeren Bruder verfertigt.) (Archives générales de médecine, Dec. 1833.)

Vom Ganglion oticum.

(Vom Prof. Mayer in Bonn.)

Die Entdeckung des Ganglion oticum von Dr. Arnold, gehört zu den schönsten anatomischen Entdeckungen der neuesten Zeit. Dieses war immer meine Behauptung. An einem andern Orte habe ich früher angeführt, daß bereits Paletta von diesem Ganglion Kenntniß hatte, indem er sagt: Nervus pterygoideus interdum in Ganglion intumescit (v. de Nervo crotaphitico et buccinatorio). Ferner deutet ihn in seiner Beschreibung des dritten Astes vom fünften Paare auf dieses Ganglion hin, indem er sagt (Traité d'anatomie descriptive, Tom. III. p. 183.): L'autre portion de la branche maxillaire inférieure, cachée par celle-ci, étrangère au renflement commun, provenant des quatre ou cinq rameaux, qui ont une origine isolée sur la protubérance cérébrale, passe par le même trou ovale, en restant toujours diatincte de la précédente, qui est beaucoup plus épaisse qu'elle, et qui est encore différenciée, en ce que la disposition plexiforme du renflement s'y conserve jusque dans la fosse zygomatique. Auch Bellingeri scheint diese Ganglienanschwellung gemeint zu haben, wo er sagt (v. ejus Diss. inaugural. p. 84.): Interdum vero nervus maxillaris inferior duas vel tres tantum fibras nerveas portioni minori quinti paris dimittit, quae in gangliola intumescunt prope ipsarum insertionem in ramis ipsius portionis minoris. Bei der Präparation dieses Ganglions vom Kalbe, fiel mir zuerst die ringförmige Gestalt desselben auf, welche ich auch mehr oder minder deutlich ausgesprochen an diesem Ganglion vom Menschen fand, und ich nannte es daher auch Ganglion annulare. Was aber die eigentliche Natur und das Wesen dieses Knotens anbelangt, so halte ich dafür, daß er ganz allein dem nervus sympathicus angehört. Als Gründe hiervon führe ich folgende an: 1. die gefäßreiche Beschaffenheit dieses Knotens, ohne deutlichen Uterus von weißen Nervenfäden, wodurch er im Ganglion des sympathischen Systems gleichkommt; 2. daß derselbe aus grau-röthlichen Nerven zusammengesetzt wird. Die Hauptmasse dieser grauen Nervenfäden kommt aus dem Innern des dritten Astes vom fünften Paare, namentlich zwischen dem ramus lingualis und buccinatorius, sodann eine starke Wurzel aus dem nervus buccinatorius selbst, ferner sind hierher zu rechnen die zwei von Dr. Arnold aufgefundenen Nervenäste, welche der eine mit der arteria spinosa, der andere mit der arteria palatina ascendens in diesem Ganglion übergehen. Hierzu möchte ich noch einen grauen weichen Faden rechnen, welcher den nervum petrosum superficialem minorem einige Zeit begleitet und, mit ihm Anfangs in einer fibrösen Scheide liegend, zum plexus caroticus nervi sympathici geht und sich zu demselben verhält wie der ramus sympathicus des nervi Vidiani zu dem ramus petrosus desselben. Bei'm Kalbe ist dieser graue Faden deutlich zu Tage liegend; 3. daß kein weißer oder harter Nerv aus dem Ganglion entspringt, sondern bloß, jedoch nicht immer und nicht oder minder, seine Masse ihn oder seine Wurzeln durchbringt, oder geleitet; namentlich gilt dieses vom nervus pterygoideus und ramus ad musculum tensorem tympani, wie bereits Professor Schlemm richtig gezeigt hat; ebenso von dem Aste, welcher zum musc. tensor palati mollis, von zwei kleinen Aesten, welche zu dem musculus temporalis geben und den Fortsatz des Ganglions zum nervus buccinatorius durchbohren. Es steht dieses Ganglion somit zu den Nerven mehrerer Muskeln in Relation, namentlich zu denen des innern Flügelmuskels, des Hebers des Gaumensegels, des Schläfenmuskels, des Backenmuskels und des Spanners des Trommelfells. Unter diesen Muskeln ist der letztere der schwächste, und es möchte schon deswegen der Name ganglion oticum nicht sehr bezeichnend seyn. Ich möchte es, wegen seiner Lage an der Schläfe, ganglion crotaphiticum nennen. Seine Bestimmung scheint mir aber hauptsächlich darin zu liegen, daß es, mit mehreren Nervenzweigen der meisten Kaumuskeln verbunden, der unwillkürlichen Bewegung dieser Muskeln vorsteht. Dafür spricht, daß dieses Ganglion gerade bei den Wiederkäuern so bedeutend entwickelt ist, bei den reißenden Thieren und selbst dem Pferde und Thieren, welche nicht wiederkauen, verhältnißmäßig sehr klein ist. Doch möchte ich ihm diese Function nicht ausschließlich, sondern nur in der Drei-Verbindung mit dem ganglion sphaenopalatinum (für die unwillkürliche Bewegung des Gaumensegels bestimmt) und mit dem Hauptganglion, ganglion cervicale superius, zuschreiben.

Miscellen.

Neue vegetabilische Flüssigkeit. (Wahrheit oder Dichtung?) — Folgendes sonderbare Ereigniß hatte an der neuen Trincomallee-Straße statt: „Als wir vor einigen Tagen des Abends von unserer Arbeit nach Hause zurückkehrten, bemerkten wir, daß ein Baum plötzlich barst, mit einem Schalle, als wenn ein Pistol abgeschossen würde, und einen schönen Strahl Flüssigkeit ausgehen ließ, welcher einen Bogen über unsern 12 Fuß breiten Weg bildete; dieß dauerte eine Viertelstunde lang, wo er allmälig abnahm und in ein leises Tröpfeln von dem Baum überging. Das Ereigniß hatte passender Weise statt, als gerade die Leute von der Arbeit kamen und da es in einer fast wasserlosen Gegend war, so wurde jedes Gefäß, Kürbisflaschen ꝛc. deren man habhaft werden konnte, benutzt, um von dem willkommenen Naß etwas aufzufangen. Die Leute, welche davon tranken, empfanden keine üble Wirkung davon, vielmehr sagten sie, daß es ein erheiterndes Getränk sey. Sein Ansehen, wenn es eben in dem Gefäß aufgefangen war, glich frischem Biere mit schönem Schaum; aber dieser setzte sich bald und blieb die Flüssigkeit in heller Branntweinfarbe (clear brandy colour) zurück. Der Geschmack war schwach bitter und schleimig. Der Baum ist in diesem Theile des Landes (Ceylon) sehr gewöhnlich und wird immer an den Ufern von oder gewissermaßen in Flüssen gefunden. Der malabarische Name ist madera marám; allein vielleicht schreibe ich ihn unrichtig (Colombo Journal, 20. July.)

Ueber die Bewegung und Zusammensetzung der Pflanzensäfte, hat Herr Biot seine Untersuchungen fortgesetzt und der Académie des sciences darüber am 10. Februar einen mündlichen Vortrag gehalten. Mittelst, wie er überzeugt ist, sehr bündiger Versuche, ist er zu der Ueberzeugung gelangt, daß im Innern der Bäume eine bedeutende Bewegung der Säfte statthaben kann, ohne daß aus einem, selbst sehr tief gebohrten Loche, nur ein Tropfen ausfließt. Er hat einen Apparat ausfindig gemacht, welcher ihm gestattet, sich von diesen Bewegungen zu vergewissern, und den Baumsaft (sève) in großer Quantität aufzufangen, unter Umständen, wo, durch die gewöhnlichen Erfahrungsarten, man nicht einen Tropfen erhalten würde, und absondert den aufsteigenden und absteigenden Baumsaft aufzufangen; den man bisjetzt immer nur vermischt auffangen konnte. Er ist auch im Stande, die Verschiedenheiten wahrzunehmen, welche, nach den verschiedenen Jahreszeiten, in der auf- und absteigenden Flüssigkeit, sowohl in Hinsicht der Quantität, als der Zusammensetzung, stattfinden.

Ein sehr auffallendes Beispiel von Bienenzähmung wird in der englischen Zeitung: the Mirror, erwähnt, nach welcher ein Bienenwaar es so weit gebracht hatte, daß, wenn er einem Freunde einzelne — denn er weiß sie, wie der Schäfer seine einzelnen Schaafe seiner Heerde, genau zu unterscheiden — zeigen will, er den Korb öffnet und auf die Spitze stellt und sämmtliche Bienen über seine Hände spazieren läßt, bis er jene herausgefunden hat. Das Mittel, wie ihm eine solche Zähmung gelungen ist, wird nicht angegeben.

Heilkunde.

Beobachtung eines Krebses der Schilddrüse mit Caries des Ringknorpels und doppelter Durchlöcherung des Oesophagus.

Von Gendron.

Louis Gerard, Bäcker, siebenundsechzig Jahr alt, schwächlicher Constitution, kam den 14ten September in's Hôtel-Dieu auf die Abtheilung von Breschet, um sich von einer großen Geschwulst am Halse heilen zu lassen. Er kam aus der Abtheilung von Chomel, wo er ungefähr drei Monate wegen eines heftigen Kopfschmerzes nach einem Falle auf das Hinterhaupt zugebracht hatte. Während dieser Zeit wurde er von einer ziemlich starken Angina befallen, welche die Respiration erschwerte und nach zweimaliger Application von

Blutegeln wenigstens auf der einen Seite zu verschwinden schien; zugleich vergrößerte sich aber die Geschwulst an der vordern Seite des Halses sehr rasch. Hr. Chomel schickte den Kranken deßhalb auf die chirurgische Abtheilung. Hier erfuhren wir von Gérard, daß er einige Monate früher von einem zweiten Stockwerke in das erste gefallen sey; daß er mehrere stark blutende Wunden am Hinterhaupte, Ohrensausen und heftige Kopfschmerzen gehabt habe; daß er seitdem seine Arbeit nicht verrichten könne, keinen Appetit und keinen Schlaf habe. Seit achtzehn Monaten fühlte der Kr. heftiges Herzklopfen, bei jeder Arbeit, bei'm Treppensteigen verlor er den Athem; seit zwei Monaten war er bedeutend abgemagert und hatte einen sehr belästigenden Husten. Die Geschwulst am Halse hatte er zuerst Anfangs November bemerkt, sie hatte damals fast die Größe einer Nuß und saß am untern Theile der linken Seite des Halses; seitdem aber hatte sie ungeheuer und sehr rasch an Umfange zugenommen. Sie war hart, ungleich, höckerig, wenig empfindlich bei'm Druck, ohne Pulsation, ohne Wärme, ohne Farbeveränderung der Haut, außer einigen kleinen Ecchymosen um die Blutegelstiche.

Der Kranke klagte über Athmungsbeschwerden, die Stimme war rauh, etwas gedämpft; dabei mühsamer, eiteriger Auswurf unter Würgen; das Schlucken fester Speisen war ganz unmöglich, bei'm Trinken waren alle Halsmuskeln in convulsivischer Bewegung, und nur mit ungeheurer Mühe konnte der Kranke einige Löffel voll Tisane oder Suppe zu sich nehmen.

(Verordnung. — Erweichende Breiumschläge auf die Geschwulst, abführendes Klystir.)

Den andern Morgen derselbe Zustand, dieselbe Verordnung.

Den vierten Tag war die Geschwulst weniger hart, als früher, und Breschet glaubte eine dunkle, tiefe Schwappung zu erkennen; die Athmungs- und Schlingbeschwerden waren vermehrt; Auswurf einer ganz eiterartigen Materie in großer Menge und fast ohne alle Anstrengung. Breschet war der Meinung, es sey eine Communication zwischen dem Eiterheerd der Geschwulst und der Höhle des Larynx oder der Trachea vorhanden; um nun die Zufälle zu verhüten, die aus dem Durchgange von Eiter durch die Luftwege entstehen könnten, entschloß er sich, durch eine Punction der Geschwulst den etwa darin enthaltenen Eiter nach außen zu entleeren. Ein gerades Bistouri wurde in den hervorspringendsten Punct der Geschwulst eingesenkt; es kamen aber nur einige Tropfen Blut zum Vorschein; keinen glücklichern Erfolg hatte das tiefere Einsenken des Bistouri's, und als man es zurückzog, zeigte es sich mit einer käsigen, einem Gemisch von Eiter und Blutgerinnsel ähnlichen Masse bedeckt. Ein weiblicher Catheter wurde in die Geschwulst eingeführt; er drang sehr tief bis gegen den obern Theil des Brustbeins, ohne ein Hinderniß anzutreffen, als wenn er in einen dünnen Brei eingesenkt würde; aus seiner Öffnung kam nichts heraus, und als man ihn zurückzog, fand man seine Öffnung von einer der eben beschriebenen ganz ähnlichen Materie verschlossen. —

Breiumschläge. — Kurz darauf bekam der Kranke einen heftigen Hustenanfall und starb.

Leichenbefund 24 Stunden nach dem Tode. — Am vordern und seitlichen Theile des Halses sieht man eine große Geschwulst, von der Höhe des Kehlkopfs bis zum Bogen der Aorta, den sie theilweise bedeckt, sich erstreckend, die weich ist, und eine dunkle Fluctuation zeigt. Die die Geschwulst bedeckende Haut war leicht von ihr zu trennen, und zeigte keine Veränderung. Der musculus sterno-hyoideus und sterno-thyreoideus ist etwas verdünnt; in der obern Hälfte haben sie ihr natürliches Aussehen, in der untern dagegen sind ihre Fasern weiß, graulich, und zerreißen bei dem geringsten Zuge. Die Geschwulst senkt sich unter die musculi sterno-cleido-mastoidei, namentlich aber hinter dem linken, in der sich die Geschwulst weiter erstreckt, als in der rechten; sie bedeckt die arteriae carotides communes, die venae jugulares internae und die nervi vagi. Getrennt von den bedeckenden und umgebenden Theilen, zeigt die äußerlich weiße, leicht geröthete Geschwulst eine Unzahl von Läppchen, von Wärzchen, die von einander durch geringe, von ziemlich festen Zellgewebsblättchen durchzogene Vertiefungen getrennt sind. An der Oberfläche hat sie eine Art Rinde, eine Hülle, deren Dicke und Consistenz in verschiedenen Puncten verschieden ist. Gegen das Centrum der Geschwulst dagegen stößt man auf eine weiche, zerfließende, breiartige, an einigen Stellen weißröthliche, an andern weißgraue Substanz, die man wohl mit erweichter und mit Blut infiltrirter Gehirnsubstanz vergleichen könnte. Hie und da findet man einige Körnchen von ziemlich fester Consistenz, analog der der steatomatösen Substanz gewisser Balggeschwülste. Auf der linken Seite ist eine Geschwulst, von der Größe einer Nuß, die von einer sehr dichten, sehr dicken und ganz knorpelartigen Haut umhüllt ist; ihre Durchschnittsfläche ist weißlich, gestreift, von dem Aussehen einer in zwei Theile durchschnittenen Citrone. Der Inhalt dieser knorpligen Schaale ist hart, glänzend, bei'm Einschneiden knirschend und faserig; man bemerkt in ihm hie und da einige in einen dünnen Brei erweichte Stellen. Die Hauptgeschwulst hängt mit dem Larynx und der Trachea, die sie nach vorn und seitlich ihrer ganzen Länge nach bedeckt, innig zusammen.

Man findet nur wenig Gefäße; die Venen sind ganz geschwunden. Die arteria thyreoidea superior et inferior der linken Seite, die wir wiederfinden konnten, waren von geringerm Umfange, als gewöhnlich, ihre Wände schienen verdickt. Die erste entsprang aus der carotis commun.; ich konnte die Äste verfolgen, die sie zu der membrana thyro-hyoidea und crico-thyreoidea abgiebt, es war aber unmöglich, die Zweige aufzufinden, die sich in der Substanz der Schilddrüse selbst verlieren. Die art. thyr. inf. kam aus dem Bogen der Aorta selbst zwischen der gemeinschaftlichen carotis und der arteria subclavia der linken Seite; nahe am Körper der Schilddrüse nahm sie an Umfang ab, und vertheilte sich in kleine Zweige, die man nur eine kleine Strecke weit verfolgen konnte.

Der Schildknorpel ist hart, großen Theils verknöchert, sonst ist nichts Besonderes an ihm zu bemerken.

Der Ringknorpel ist auch verknöchert; nach hinten hat er eine bedeutendere Dicke, als im natürlichen Zustande und zeigt in der Höhe seiner hintern Fläche in dem von den musculis crico-arytaenoideis posticis umschlossenen Raume deutliche Caries. Hier ist sein Gewebe runzlig, corrodirt, vom Perichondrium entblößt, von bräunlicher, schieferartiger Farbe.

Diesem cariösen Theile gerade gegenüber ist der Oesophagus, welcher stark nach rechts abweicht, der Sitz einer Continuitätstrennung, einer Ulceration, welche von oben nach unten ungefähr fünf Linien, der Queere nach aber nur drei bis vier Linien einnimmt. Der Rand dieser Oeffnung ist regelmäßig, verdünnt, abgeschnitten, weiß und an die benachbarten Gebilde wenig adhärirend.

Tiefer, und mimmer in derselben Höhe ist eine zweite Oeffnung, ganz der ersten ähnlich, die ihren Sitz in der hintern Wand des Oesophagus hat. Die beiden Wände dieses Canales lagen aufeinander, und der cariöse Theil des Ringknorpels drang durch diese beiden Oeffnungen, und ruhte auf dem Queerfortsatz des vierten oder fünften Halswirbels, welcher eine leichte, der an dem Ringknorpel beobachteten ähnliche Veränderung erlitten zu haben schien. Der Oesophagus und der Larynx nehmen nicht wie im gesunden Zustande den mittlern vordern Theil des Halses ein, sondern sind stark nach rechts gewichen.

Die Höhle des Larynx ist, namentlich in der Höhe der Glottis, sichtbar verengert; es scheint, daß eine bedeutende Gewalt die beiden schiefen Flächen des Schildknorpels einander genähert, und so den von ihnen gebildeten Winkel verkleinert habe; die die innere Wand auskleidende Schleimhaut scheint weder verdickt noch infiltrirt; nur bemerkt man hie und da einige kleine röthliche Flecken zerstreut.

Die Luftröhre und die Bronchien dagegen sind bedeutend erweitert, jedoch nicht gleich unter dem Kehlkopf, sondern die Erweiterung fängt erst von dem dritten oder vierten Knorpelringe an, etwas bemerkbar zu werden. Die Schleimhaut war hier mit ähnlichen rothen Flecken besetzt, wie die des Larynx.

Die Schilddrüse war großentheils verschwunden, wenigstens war ihr Gewebe in der Mitte der Geschwulst nicht mehr zu erkennen. Doch ist ein Theil des rechten und mittlern Lappens noch vorhanden, und verfolgt man vorsichtig seinen Uebergang in die Dicke der Geschwulst, so sieht man bald, daß das Gewebe der Drüse mit dem Geschwulst innig vermischt war. An der linken Seite war es vollkommen unmöglich, nur die mindeste Spur des Drüsengewebes zu entdecken; nur wenn man den Theil des rechten Lappens, welcher noch ein drüsiges Aussehen hat, durchschneidet, so sieht man in seiner Mitte eine Materie, welche ganz der analog ist, welche die Hauptgeschwulst bildet, und welche auf eine sehr auffallende Weise mit der vollkommen erhaltenen Corticalsubstanz contrastirt.

Alle Lymphdrüsen des Halses und in der Gegend der Theilung der Luftröhre sind stark angeschwollen, und bei'm Druck sieht man eine weißröthliche Flüssigkeit aus ihnen in die Lymphgefäße treten, welche ebenfalls bedeutend erweitert sind und mindestens den Umfang einer Rabenfeder haben.

Der truncus anonymus, die gemeinschaftlichen Carotiden, die innern Drosselvenen, die nervi vagi zeigen nichts Abnormes.

Das Herz ist groß, der linke Ventrikel hat sehr dicke Wände, seine Höhle ist klein. Die Arterien enthalten eine große Menge coagulirten Blutes; die Aorta ist erweitert, ihre Wände enthalten mehrere harte, knorpelige, selbst knochige Stellen. Man findet dergleichen auch im truncus anonymus.

Die Lungen, besonders die rechte, welche einen bedeutenden Umfang hat, enthalten eine große Zahl von Geschwülsten von verschiedenem Umfang und Consistenz, welche hier und da in dem ganzen Umfange der Lungen zerstreut umherliegen, vorzüglich aber die untern zwei Drittheile dieser Organe einnehmen. Einige von diesen kleinen Geschwülsten liegen unmittelbar unter dem Pleuraüberzug der Lungen, andere sind in der Dicke derselben verborgen. Einige bestehen aus einer festen, homogenen, speckartigen, unter dem Scalpel knirschenden Substanz; andere sind erweicht und gleichen der Materie der Halsgeschwulst selbst.

Die anderen Höhlen konnten nicht untersucht werden. (Revue médicale, May 1833.).

Diese Geschwulst möchte wohl richtiger mit dem Namen eines Medullarschwammes zu bezeichnen seyn, welcher auch das Eigenthümliche hat, so leicht, wenn er in einem selbst entfernteren Theile des Körpers vorkommt, doch ähnlich geartete Geschwülste auch in dem Lungengewebe zur Begleitung zu haben.

Eine doppelte Durchlöcherung des Oesophagus in Folge einer ulceroesen Entblößung des hinteren breiten Theiles des Ringknorpels habe ich vor Kurzem bei einer Section in dem Friedrichstädter Krankenhause zu Berlin gefunden. Der Kranke (von der Abtheilung des Herrn Geh. Rath von Stosch) war an einer sehr großen Menge von Darmgeschwüren gestorben; von diesen hatte sich auch eins am Anfang des Darmcanals gerade über die cartilago cricoidea entwickelt, hatte die scharfe Ecke dieses Knorpels entblößt und veranlaßt, daß durch Reizung der letzteren auch an der gegenüberliegenden Wand des Oesophagus, Excoriation, Geschwür und Durchbohrung bis auf die vordere Fläche der Halswirbel entstanden war. **R. F.**

Veratrinsalbe bei Wassersucht, Gesichtsschmerz und Rheumatismus

wird in the Lancet vom 28sten December 1833 in einem Briefe des Hrn. Dr. A. Turnbull an den Herausgeber dieses Journals folgendermaßen empfohlen:

„Mein Herr! Da bereits die Ankündigung eines Werks über die merkwürdigen Heilwirkungen des Veratrin's und seiner Zusammensetzungen als äußeres Mittel erschienen ist, welches ich jetzt drucken lasse, so wäre es eigent-

lich nicht nöthig gewesen, Ihnen das Gegenwärtige mitzutheilen, allein der Umstand, daß sehr viele Vorschriften, welche
dieses Mittel, nach meiner Methode bereitet, enthalten, neuerlich und jetzt unter den Aerzten in Gebrauch sind, mag dieß
entschuldigen. Um den zahlreichen Nachfragen über diesen
Gegenstand zu begegnen, und so viel als möglich zu verhüten, daß das neue Heilmittel durch unzweckmäßige Anwendung in Mißcredit komme, benutze ich Ihr weit gelesenes
Journal zu folgender Mittheilung.

Es sind nun 4 Jahre, als ich durch gewisse Umstände
darauf geleitet wurde, das Veratrin äußerlich, in Form einer
Salbe anzuwenden, und der Fall, wo es angewendet wurde,
war einer der furchtbarsten von allgemeiner Wassersucht, welche je beobachtet worden sind. Er hatte bis jetzt jedem in
dieser Krankheit angewendeten Mittel getrotzt, und der Tod
schien unvermeidlich, als ich zu dem Veratrin meine Zuflucht
nahm. Eine Salbe, bestehend aus vier Gran des fein gepulverten Alkaloids und einer Unze Schweineschmeer, wurde
Abends und Morgens auf den Unterleib eingerieben. In
ungefähr 14 Tagen war der Kr. vollkommen hergestellt, und
ist seitdem vollkommen gesund gewesen. Eine besondere Mittheilung dieses Falls soll anderswo gegeben werden. Seit
diesem ersten Versuche habe ich noch viele andere gemacht,
und immer mit einem gleichen Erfolg. Vor Kurzem wurde
die Anwendung auf Krankheiten von ganz entgegengesetzter
Natur, mit dem größten Nutzen für die Kr. ausgedehnt.
Bei Gesichtsschmerz und Rheumatismus genügen im Allgemeinen eine oder zwei Einreibungen zur Entfernung des
Paroxysmus, und bei etwaiger Rückkehr der Symptome
können sie mit gleicher Leichtigkeit beseitigt werden. Eine
ähnliche Behandlung ist in verschiedenen Leiden des Herzens
und der Blutgefäße von dem wesentlichsten Nutzen. Gegen
diese und viele andere Krankheiten wurde eine Salbe, aus
15 bis 20 Gran Veratrin auf die Unze Schmeer, bereitet
und davon einer Nuß groß, Abends und Morgens, allemal
12 oder 15 Minuten lang, (so nahe als möglich) auf den
Sitz der Krankheit eingerieben, bis Erleichterung der be-
schwerlichsten Symptome erlangt wurde. Es giebt manche
Leiden, besonders Sackwassersuchten, in denen die Salbe eine
beträchtlich lange Zeit angewendet werden muß, ehe eine
merkliche Veränderung sich einstellt; da aber die verschiedenen
Zustände, welche in solchen Fällen vorkommen, und die Ne-
benbehandlung mehr Raum einnehmen würden, als der Verfasser jetzt dem Gegenstande zu widmen gedenkt, so bezieht
er sich wegen aller sonstigen Belehrung auf das Werk selbst."

Miscellen.

Einen höchst seltenen Fall von Hämorrhagie finde
ich in dem Bulletin médical de Bordeaux No. 14. vom 26. October 1833. — Hr. H., 33 Jahr alt, von nervös-sanguinischem
Temperamente, war seit mehrern Jahren einem sehr reichlichen
Hämorrhoidalflusse unterworfen. Wenn dieser Blutfluß verschwunden war, wurde er durch eine Hämorrhagie ersetzt, die aus dem
Canale der Urethra statthatte. Es läßt sich keine der Erscheinungen bemerken, welche sonst im Allgemeinen die Hämorrhagien begleiten oder ihnen vorausgehen, und die Gesundheit des Hrn. H.
leidet weiter nichts, als daß er sich etwas geschwächt fühlt. Diese
Hämorrhagie coincidirt immer mit einem starken Erectionszustand
und das Blut wird weit hervorgespritzt, wie es mit dem sperma
geschieht. Hr. H. ist dieser Hämorrhagie in drei verschiedenen
Epochen unterworfen gewesen. Sie haben während des Schlafes
statt; lascive Träume gehen ihnen voran, und die Ausleerung ist
mit wollüstigen Empfindungen verbunden, die aber geringer sind,
als bei'm Ausspritzen des sperma. Im Augenblicke des Abgances
wacht der Kranke auf. Während der Periode dieser Hämorrhagien, welche etwa einen Monat dauert, hat die ausgeleerte Flüssigkeit ihr An'chen beträchtlich geändert. Die ersten Nächte ist das
Blut einigemal unvermischt, im andern Falle ist es mit weißen
Streifen von sperma gemischt; wenn die Affection an Intensität
abnimmt, so erscheint die Hämorrhagie in immer weiter von einander entfernten Epochen, die ausgeleerte Flüssigkeit wird röthlich
gelb (fauve) und nimmt allmälig die Farbe und Eigenschaften des sperma an. — Bemerkenswerth ist, daß Hr. H., außer
einer gutartigen Gonorrhöe, welche keine Störung im Canale der
Urethra veranlaßte, nicht von lues angesteckt gewesen ist. Dr.
Arthaud hat Hrn. H. abstringirende Mittel, kalte säuerliche
Getränke und kleine Aderlasse am Arm, monatlich zu wiederholen,
verordnet. Hr. H. hat sich dieser Behandlung vier Monate lang
unterworfen, und seit zwei Jahren hat sich nicht allein die Hämorrhagie nicht wieder gezeigt, sondern auch der Hämorrhoidalfluß
ist nicht wieder erschienen. — Obwohl das Blut nun also aus
den Saamen führenden Theilen zu kommen scheint, so ist doch die
völlige Abwesenheit von Schmerz, Jucken oder Wärmegefühl an den
Hoden, Saamenleitern, Saamenbläschen und Prostata, allerdings
sehr bemerkenswerth. — Sauvage gedenkt einer ähnlichen Affection und auch Dr. Gintrac, welchem Dr. Arthaud den Fall
communicirte, hat einen ähnlichen beobachtet zu haben versichert.

Heilung von Angina membranacea und von Sto-
matitis pseudo-membranacea, durch Anwendung des
Chlorkalks auf die Pseudo-Membranen, erreichte Hr.
Constanti nach der Gazette médicale, No. 50. Juin 1833. Der
Chlorkalk wirkt zugleich als Aetz- und als Reinigungsmittel. Unter seinem Einflusse werden die falschen Membranen dünner, feiner
und fallen endlich ab, mit Hinterlassung eines kleinen reinen Geschwürs; andererseits verschwindet auch der üble Geruch des Athems
sehr bald. Der gepulverte Chlorkalk wird vermittelst eines feuchten Charpiepinsels, oder besser noch, vermittelst eines aufgerollten
Stück befeuchteten Papiers, auf die afficirten Stellen aufgetragen, hierauf Gurgelwasser, oder bei den jungen Kindern Einspritzungen
angewendet, um alles Ueberflüssige des Chlorkalks zu entfernen.
Man muß die falschen Membranen an den Tonsillen sobald als
möglich beseitigen, wenn sie sich nicht auf das Innere des Larynx
fortsetzen und alle Zufälle von Croup herbeiführen sollen.

Bibliographische Neuigkeiten.

Entomologia Edinensis; or a Description and History of the
Insects which occur in the Neighbourhood of Edinburgh.
Coleoptera. By James Wilson and the Rev. James Duncan.
Edinburgh. 1834. 8.

Dispensatory of the United States; by George B. Wood, M.D. and
Franklin Bache, M.D. Philadelphia. 1834. 8. (Das Wesentliche daraus wird in einem Supplemente zu der Pharmacopoea uni-
versalis, zweite Auflage, Weimar 1832, mitgetheilt werden.)

Notizen

aus

dem Gebiete der Natur- und Heilkunde,

gesammelt und mitgetheilt von Dr. L. F. v. Froriep.

Nro. 854. (Nro. 18. des XXXIX. Bandes.) Februar 1834.

Gedruckt im Landes-Industrie-Comptoir zu Weimar. Preis eines ganzen Bandes, von 24 Bogen, 2 Rthlr. oder 3 Fl. 36 Kr., des einzelnen Stückes 3 ggl. Die Tafel schwarze Abbildungen 3 ggl. Die Tafel colorirte Abbildungen 6 ggl.

Naturkunde.

Einige Beiträge zur Naturgeschichte Chile's

liefert, (nach einer Mittheilung des Dr. Ruschenberger in Silliman's American Journal of Science) in „El Araucano" einer chilesischen Zeitung, Herr Claudius Gay, Professor der Physik und Chemie an dem Collegio zu Santiago, in Briefen, welche derselbe, von San Fernando datirt, an Don José Alejo Bezanilla, Don Francisco Huidobro und Don Vicente Bustillos, Mitglieder einer wissenschaftlichen Commission zu Santiago, gerichtet hat.

In dem ersten dieser Briefe giebt er eine genaue Nachricht von einem Besuch des Sees von Taquatagua. Er habe daselbst zum erstenmal eine merkwürdige, von den alten schottischen Barden beschriebene Naturerscheinung, — eine schwimmende Insel, gesehen. Fast die Hälfte des Sees ist mit solchen Inseln bedeckt, welche von Norden nach Süden und von Ost nach West treiben, je nachdem gerade der Wind weht. Sie bestehen aus vegetabilischen Resten mancher Arten von Pflanzen — Convolvus-Potamogeton-, Ranunculus- und Grasatten 2c., welche auf tausendfache Weise durcheinander geflochten sind, und auf denen andre schwimmende Pflanzen sterben und durch ihre Zersetzung ein sehr fruchtbares Erdreich erzeugen, welches von Zeit zu Zeit durch das beständige Verderben andrer Pflanzen, welche aus demselben hervorkommen, und in ihm wachsen, zunimmt; so daß mit der Zeit diese Inseln durch eine allmälige Zunahme in Umfang und Dicke, wahrscheinlich die ganze Fläche des Sees mit ihrem künstlichen Boden ausfüllen und bedecken, und den künftigen Geschlechtern eine Grube brennbaren Torfs liefern, welcher für das Hauswesen ein vortreffliches Brennmaterial abgeben wird.

Auf diesen Inseln, welche die Einwohner chivinas nennen,

legen und brüten sehr viele Vögel von mehrern Arten ihre Eier. Unter ihnen sind Schwäne, Flamingos, Reiher und eine Anzahl andrer, von denen viele der Naturgeschichte noch ganz unbekannt sind.

Die geologische Gestaltung im Norden des Sees ist basaltischer Natur und gegen Süden Granit; diese werden durch große Lager von „Phonolith Arkose" und einem sehr schönen Stein getrennt, welcher sich als Wetzstein brauchen läßt. Der Hügel, welcher sie enthält, wird „el cerro de la piedra de afilar," Wetzsteinhügel genannt.

Um den See herum wachsen sehr viele neue und interessante Pflanzen-Arten. Unter den neuen zählt Hr. Gay zwei Arten Poranthus, einen Ranunculus, eine Utricularia, eine schöne Art Galvezia, Chotanthera (Chaetanthera) und eine Anzahl baumartiger Gyneteriae.

Zunächst besuchte Hr. G. den Theil der Cordilleras, welcher Cauquenes heißt. Auf diesem Wege längs dem Fluß Cachapual und dem „rio de los cipreses" (Cypressenfluß) traf er über hundert ihm unbekannte Pflanzenarten an. Längs dem Cauquenes verfolgte er über zehn Leguas weit eine Basaltformation, welche in horizontalem Streichen mit Wacke, Dolerit und einer Art Stinkquarz (resinous quarz) abwechselte. Er stellte eine chemische Analyse der heißen Bäder von Cauquenes an, welche jedes Jahr von vielen Kranken aus allen Theilen Peru's und Chile's besucht werden. Der Hauptbestandtheil dieser Wasser ist, seiner Analyse zufolge, salzsaures Natron, obgleich man bisher allgemein geglaubt hatte, daß sie ihre Wirkungen dem Schwefel verdankten, von dem sie, wie Hr. Gay darthut, nicht ein einziges Atom enthalten. Jedoch giebt es Schwefelbäder in der Nachbarschaft.

In einem zweiten Briefe beschreibt Hr. G. einen Besuch der Goldbergwerke von Yaguil und die Ebene von

Colchagua. „„Als wir an der Ebene vorübergingen, er=
götzten wir uns an dem merkwürdigen Schauspiel, wel=
ches die Hoffnung der französischen Truppen in Aegypten
so häufig täuschte, wenn sie in einer trocknen und bren=
nenden Atmosphäre von Durst litten. Ich meine damit
die unter dem Namen der Spiegelung (mirage) be=
kannte Erscheinung, welche man hier in ihrer Vollkommenheit
sehen kann. In einiger Entfernung zeigte sie uns das Bild
eines wirklichen See's mit Inseln, auf welchen Bäume stan=
den, deren Bild die Fläche des als Trugbild vorhandenen
Wassers zurückwarf und eine ganz vollkommene Täuschung
bewirkte. So wie wir aber vorschritten, nahmen der See,
das Wasser, die vor uns treibenden Inseln immer mehr an
Größe ab, und verschwanden endlich wie durch Zauber, zur
großen Belustigung meiner Begleiter, welche mit solchen Er=
scheinungen noch wenig bekannt waren."

Auf der Ebene erheben sich eine Anzahl kleiner Berge.
An der Seite des einen von ihnen befindet sich eine Höhle,
welche Hr. G. nach Molina, dem Geschichtschreiber Chile's,
benannt hat. Sie war in der Provinz San Fernando bis=
her bloß unter dem Namen „la cueva" (Höhle) bekannt.
Man vermuthet, daß sie einst mit auflöslichen Salzen, wie
z. B. schwefelsaurem Kalk, schwefelsaurer oder kohlensaurer
Bittererde, oder vielleicht mit salzsaurem Natron angefüllt
war, und daß das Wasser, welches beständig in sie einsickerte,
diese Salze aufgelöst und diese Grotte, welche jetzt Moli=
na's=Höhle heißt, gebildet habe. Ihre Gestalt ist mehr oder
weniger rund, — nach allen Seiten mit erhabenen Figuren
geschmückt — 15 bis 18 Ellen (Yards) lang, und 10 bis
12 breit. Sie ist durch eine große Thür geschlossen, welche
von einem Dach von Blumen und Sträuchern, mit denen sich
der Eccremocarpus und die zarte Lardizabala verflechten,
eingeschlossen ist.

Unter andern Gegenständen, welche er auf seinem Aus=
fluge antraf, befand sich auch der Lignit unter zwei Formen,
einmal von faseriger und dunkelschwarzer Beschaffenheit, wel=
ches der wahre Lignit ist, und dann als derbe, glänzend=
schwarze Masse, das Erdpech (jet), aus welchem schöne Hals=
bänder verfertigt werden. Er fand auch mehrere sehr schätz=
bare Pflanzen, die Salsola, Salicornia und eine Art Ro=
sella (Roella?). Auch sammelte er mehrere Mineralien und
versteinerte Conchylien, wie Retunculus (Pectunculus?),
Pyrula, Serita (Nerita?), Serpula, Dentalium etc.

Hr. J. N. Reynolds hat mehrere Monate die südli=
chen Provinzen Chile und Arauco bereist und naturgeschicht=
liche Gegenstände gesammelt. Seine Aufmerksamkeit war
vorzüglich auf diese Gegend des Landes gerichtet, und er hat
bereits mehrere hundert Arten den Vereinigten Staaten über=
sendet, unter denen sich viele neue und höchst merkwürdige
befanden. Er legte sich besonders auf das Studium der Le=
bensart aller derjenigen, welche er gesammelt hat, und er be=
absichtigt, wenn es irgend möglich, ehe er noch die Küste ver=
läßt, die Ornithologie von Chile zu vollenden.

Ich sende Ihnen diese Bemerkungen mit dem Wunsche,
daß Sie dieselben nicht ohne Interesse finden mögen; da sie

wenigstens beweisen, daß auch in diesem Theile der Welt
etwas für die Wissenschaft gethan wird.

W. S. W. R.

———————

Ueber die Bewegungen der Pupille.

Von Thomas Wharton Jones, Esq., Wundarzt.

„Die Oeffnung in der Regenbogenhaut, Pupille genannt,
ist der Verengerung und Erweiterung unterworfen, aus dem
Grunde, damit die Quantität des in das Auge eingelassenen
Lichts dadurch regulirt werde.

Wenn eine Verengerung der Pupille stattfindet, so wird
die Regenbogenhaut breiter, indem sich ihr Pupillarrand wei=
ter von ihrem befestigten Ciliarrande entfernt. Wenn dage=
gen eine Erweiterung der Pupille eintritt, so wird die Iris
schmäler, ihr Pupillarrand ist verlängert und wird gegen den
befestigten oder Ciliarrand hingezogen.

Eine Verengerung der Pupille wird hervorgebracht durch
den Eindruck eines starken Lichts auf die Netzhaut *), oder
auch von gewöhnlichem Lichte bei vermehrter Sensibilität der
letztern; während schwaches Licht, oder verminderte Sensibi=
lität der Netzhaut für gewöhnliches Licht, die Bedingungen
sind, unter welchen Erweiterung der Pupille stattfindet. Bei
dem gewöhnlichen Tageslichte ist die Pupille, wenn das Auge
nicht besonders angestrengt wird, gemeiniglich weder sehr ver=
engert, noch sehr erweitert, sondern befindet sich in einem
Mittelzustande.

Mehrere Physiologen leiten die Bewegungen der Pu=
pille von Muskelzusammenziehung her. Sie nehmen einen
Ringmuskel rings um den Pupillarrand der Iris für die Ver=
engerung und Strahlenmuskelfasern, welche vom Pupil=
lar= gegen den Ciliarrand der Regenbogenhaut hingehen, be=
hufs der Erweiterung der Pupille an. Zu Folge dieser An=

---

*) Die Bewegungen der Pupille finden statt in Folge des Ein=
drucks vom Licht auf die Netzhaut. Jedoch wird dabei diese
Nervenhaut wahrscheinlich nicht vermöge ihrer eigenen Sen=
sibilität, sondern in Folge der allgemeinen Sensibilität ergrif=
fen, welche ihr durch das fünfte Paar mitgetheilt wird. Dar=
aus können auch die Fälle von Amaurose erklärt werden, bei
welchen noch Bewegungen der Pupille vorhanden sind. Ob=
gleich in diesem Falle die Krankheit des Gehirns am Ursprunge
des Sehnerven ist der Art ist, daß dadurch die Wahrnehmung
eines besondern, durch die Netzhaut erhaltenen Eindrucks un=
möglich wird, so kann doch das fünfte Paar der Wirkung der
Krankheit entgangen seyn, und demnach wird die Netzhaut ihre
allgemeine Sensibilität behalten und noch ferner für den Licht=
reiz empfänglich seyn. Dieß kommt jedoch selten vor, indem
die allgemeine Sensibilität der Netzhaut mit der speciellen Sen=
sibilität derselben in so inniger Verbindung steht, daß in den
meisten Fällen die Zerstörung der einen mit der andern
gleichzeitig stattfindet.

Vielleicht bringen Tollkirsche, Bilsenkraut, Kirschlorbeer und
Stechapfel eine Erweiterung der Pupille dadurch hervor, daß
sie die allgemeine Sensibilität der Netzhaut, welche durch das
fünfte Paar vermittelt wird, für einige Zeit aufheben.

ficht des Gegenftands muß die Erweiterung der Pupille, gleich deren Verengerung, ein activer Zuftand der Iris ſeyn.

Andre Phyfiologen nehmen keine Muskelfaſern in der Regenbogenhaut an, ſondern legen ihr eine der Erection (plöh= lichen Anſchwellung) fähige Structur bei, und meinen, daß dieſelbe durch einen vermehrten Zufluß des Bluts ausgedehnt, und demzufolge die Pupille verengert werde; und daß bei dem Zurücktreten des Bluts, die Gefäße der Iris ſich ent= leeren und in Folge der Zuſammenziehung der Regenbogen= haut Erweiterung der Pupille ftattfinde, vermöge der Elaſti= cität ihres Gewebes, eine Eigenſchaft, welche allen Organen mit erectiler Structur, welche einer plötzlichen Erweiterung und Zuſammenziehung unterworfen ſind, zukömmt. Dieſe Anſicht ſtimmt nämlich mit der allgemein genährten Idee, daß Erweiterung der Pupille ein paſſiver Zuſtand der Iris, und ein ſolcher ſey, in welchen die Pupille bei Lähmung die= ſes Organs verſetzt wird.

Aber man kann die Frage aufwerfen: „Iſt die Erweite= rung der Pupille in der That ein paſſiver Zuſtand, ein Zu= ftand von Erſchlaffung der Iris?" Ich würde hierauf ant= worten: „Nein." Im Gegentheile halte ich die Erweiterung der Pupille eben ſo für einen activen Zuftand der Iris, als die Verengerung der Pupille, und den wahrhaft paſſiven Zu= ftand — den Zuftand der Erſchlaffung der Regenbogenhaut, den, wo die Pupille weder ſehr verengert, noch ſehr erweitert iſt; einen Zuftand, in welchem die Pupille ſich befindet: bei dem gewöhnlichen Tageslichte, wenn das Auge nicht beſonders angeftrengt wird; — bei einfacher Lähmung der Regenbogenhaut, mit Senſibilität der Netzhaut; und ei= nige Zeit nach dem Tode.

Dieſer Mittelzuftand der Pupille iſt derjenige, zu wel= chem ſie, vermöge einer dem Gewebe der Iris innwohnenden Elaſticität, immer zurückkehrt, nachdem die zuſammenziehende oder erweiternde Kraft zu wirken aufgehört hat. Dieſes Streben der Pupille, nach dem Aufhören der Wirkung der dem großen Ring der Iris zuſammenziehenden und demzu= folge die Pupille erweiternden Kraft, in ihren Mittelzuftand zurückzukehren, läßt ſich durch folgenden Verſuch leicht barthun.

Man öffne ein Auge durch einen Queerſchnitt, entferne die Feuchtigkeiten aus der vordern Hälfte, und lege es dann in's Waſſer: bringe dann die Spitze einer feinen Zange mit geſchloſſenen Blättern in die Pupille ein, und laſſe die Blät= ter langſam von einander gehen — man wird dadurch eine Erweiterung der Pupille bewirken. Wird nun die Zange wieder ausgezogen, ſo wird man bemerken, daß ſich die Pu= pille langſam verengert, bis ſie den Mittelzuftand, in wel= chem ſie ſich vor dem Verſuche befand, wieder angenom= men hat.

In Bezug auf die Natur des Gewebes, welchem das Vermögen, durch welches die Iris bewegt wird, beiwohnen, habe ich bereits gezeigt, daß, wenn die Bewegungen der Pu= pille durch Erectilität des Gewebes der Regenbogenhaut her= vorgebracht werden, die Erweiterung der Pupille nothwendig ein Zuftand der Erſchlaffung dieſes Organs ſeyn müſſe, wel=

ches aber, wie ich dargethan, keineswegs der Fall iſt; dem= nach werden die Bewegungen der Pupille nicht durch Erec= tilität des Iriegewebes erzeugt.

Obgleich Muskelfaſern, wie ſie in andern Theilen des Körpers vorkommen, in der Iris mittels des Mikroſcops nicht nachgewieſen werden können, ſo laſſen ſich doch Kreis= und ſtrahlenartig laufende Faſern erkennen, welche den Mus= kelfaſern ſehr ähnlich ſehen. Mag jedoch ihre Structur ſeyn, welche ſie wolle, ich wollte nur in Bezug auf ihre Wirkung bemerken, daß ihr Zuſammenziehungsvermögen nicht ſo ftark zu ſeyn braucht, als das von Muskeln, weil, indem die Iris in einem wäſſerigen Mittel ſchwebt, weniger Kraft dazu ge= hört, ſie zu bewegen, als wie, wenn ſie in der Luft aufge= hängt wäre, weil dadurch der Widerftand ihres eignen Ge= wichts ſchon großentheils aufgehoben iſt. (Edinburgh me= dical and surgical Journal. January 1834.)

Miscellen.

Mit einem Ohrwurm (Forficula auricularia) ſcheint folgender Verſuch aus *Rennie's* Notes of a Na= turalist in Time's Telescope for 1834 neu und der Mittheilung werth: „Ich habe die Bemerkung gemacht, daß der Ohrwurm nicht gern ſeine ſchönen und zarten Flü= gel entfaltet, wahrſcheinlich aus Furcht, daß ſie zufällig be= ſchädigt werden möchten. Vor Kurzem ftellte ich einen auf ein Stück Kork, welches mitten in einem Waſſerbecken ſchwamm, aber er hatte noch keine Luft, einen Verſuch zu entfliehen, mittelft Fliegen, zu wagen, ſondern zog es vor, an die Wände des Beckens hin zu ſchwimmen, an denen er emporzuklimmen vergebens verſuchte. Nachdem er ſo einige Verſuche gemacht hatte, und ſich vielleicht erſchöpft und in Gefahr fühlte, unterzuſinken, ſo ſuchte er in aller Eile die vorige Stelle auf dem Korke wieder zu erreichen, und ver= weilte daſelbft die ganze Nacht, obgleich er nur die Flügel hätte ausbreiten dürfen, um ſich frei zu machen. Daß aber Ohrwürmer fliegen, iſt eine ganz unzweifelhafte Thatſache, und beſonders thun ſie dieß des Nachts, wovon ich mehr als einen Beweis habe. Auch glaube ich aus gutem Grunde, daß ſie in Haufen fliegen, denn ich ſah vor einiger Zeit auf der Straße nach Woolwich in dem kleinen Raume von ungefähr 1½ Geviertfuß, nicht weniger als funfzig oder mehr von dieſen Inſecten bemerkt, welche an einigen Pfäh= len klebten, die ich Tags zuvor einen Arbeiter mit Harz hatte überziehen geſehen. Einige von ihnen hatten, wie ich be= merkte, noch ihre Flügel ausgebreitet, indem ſie zu feft an dem Harze klebten, und ſie dieſelben deßhalb nicht unter ihre Deckſchilde hatten einſchlagen können."

Ein Apparat, um den Einfluß ſchwacher electri= ſcher Strömungen auf die Vegetation darzuthun, iſt von Herrn Becquerel am 10. Februar 1834, der Académie des sciences vorgelegt worden. Es iſt ein mit Salzwaſſer ge= fülltes Gefäß, worin vier möglichſt gleiche Hyacinthzwiebeln fte= hen. Zwei dieſer Zwiebeln ruhen auf einer Glasſcheibe, eine dritte auf einer Zinkſcheibe und die vierte auf einer Kupferſcheibe. Die zwei letztgenannten Scheiben communiciren durch einen Metalldraht. Die Vegetation ist mit Macht auf dem negativen Pole vorgeschritten, weniger ist sie es auf den Glasscheiben und viel weniger an dem positiven Pole.

In Beziehung auf Circulation, ist es eine interessante physiologische Thatsache, daß die Pulsationen der beiden Fötal-Herzen keineswegs synchronisch sind; in einem Falle, wo Dr. Kennedy das Stethoscop anwendete, um Zwillings-Schwangerschaft zu erkennen (wobei aber viele Fertigkeit in der Handhabung des Instrumentes und ein geübtes Ohr vonnöthen, um mit einiger Sicherheit etwas über den Gegenstand zu unterscheiden), schlug das Herz des auf der rechten Seite liegenden Kindes 130mal in der Minute, während das Herz des auf der linken Seite liegenden 145 Schläge that.

Dr. Bertero, Botaniker zu Santiago in Chile und mit Verzeichnung der Pflanzen Chile's beschäftigt, hatte sich 1829 zu Valparaiso nach den Sandwichinseln eingeschifft, um dort botanische Untersuchungen anzustellen. Nachdem er daselbst ein reiches Herbarium gesammelt hatte, schiffte er sich wieder nach Chile ein. Allein sein Schiff war 1832 noch nicht wieder in Chile angelangt und man fürchtete, daß es — und also auch der Botaniker — untergegangen sey.

Heilkunde.

Fall einer Geschwulst in der Lebergegend, bei welchem Gallensteine durch die Bauchwandungen ausgeleert wurden, und welcher günstig ablief.

Von Will. Macnish, M. D. Wundarzt zu Edinburgh.

Eine, ungefähr 27 Jahr alte, zartgebaute Dame, die Mutter von 7 Kindern, erlitt, nachdem sie sich zwei bis drei Jahr in Westindien aufgehalten, und während dieser Zeit ziemlich wohl befunden hatte, im Jahr 1817, als sie gerade auf Barbadoes war, einen Anfall von hitziger Leberentzündung.

Sie trat plötzlich mit Uebelseyn und Erbrechen, heftigem Schmerz, Spannung und Völle der Lebergegend ein, und der Schmerz vermehrte sich beträchtlich bei'm Druck und erstreckte sich bis zur rechten Schulter. Es war Husten mit Dyspnoe vorhanden, und sie konnte nicht auf der linken Seite liegen; der Puls war häufig, der Durst quälend; die Zunge war aufgesprungen und die Haut trocken und heiß. Durch wiederholtes Blutlassen, salzige Abführmittel, Blasenzüge, und Anwendung von Quecksilber bis zum Speichelfluß wurde der hitzige Character der Krankheit in Kurzem bezwungen; aber es vergingen zwei Monate, ehe die Dame das Zimmer verlassen konnte, und sie befand sich in einem Zustande großer Schwäche, und war unvermögend, gerade zu gehen.

Ihre Genesung schritt so langsam vorwärts, und ihr Zustand war zugleich so unbefriedigend, daß man die Rückkehr nach Europa zu ihrer Wiederherstellung für wesentlich hielt. Umstände verzögerten jedoch ihre Abreise aus Barbadoes bis in den Mai, wo sie sich nach England einschiffte. Während der Reise besserte sich ihre Gesundheit beträchtlich; aber gegen das Ende derselben begann sie sich über ein beständiges lästiges Gefühl in der Lebergegend zu beklagen, wo auch offenbar eine Völle und etwas Schmerz bei'm Druck vorhanden war.

Bei ihrer Ankunft in London, früh im August, zeigte sich deutlich unter dem Rande der Rippen, mit beträchtlicher Anschwellung der umgebenden Theile, welche so empfindlich war, daß sie auch nicht den leisesten Druck der Finger ertragen konnte. Die Oberfläche derselben war an zwei Stellen verfärbt und es hatte das Ansehen, am wenn sie sich daselbst zuspitzen werde. Doch war am Ende des Monats noch keine Veränderung bemerklich.

15. September. Die Geschwulst hatte sehr abgenommen, der Schmerz und die Aufgetriebenheit der Umgebungen hatten nachgelassen, und sie vertrug die örtliche genauere Untersuchung. Die Verfärbung war jetzt auf eine Stelle beschränkt, wo sich eine undeutliche Schwappung zeigte. Die Geschwulst erstreckte sich von dem Rande der falschen Rippen der rechten Seite bis auf ein Paar Zoll von der Schaamgegend, deren Drüsen vergrößert und schmerzhaft waren. Ihre größte Breite betrug etwas über zwei Zoll, weiter hinab wurde sie schmäler, und an ihrem Ende war sie nicht über einen Zoll breit. Sie war unregelmäßig und hart, und dabei so dünn und oberflächlich, daß man fast mit den Fingern um sie herumgreifen konnte. An ihrem obern Theile hing sie an den Unterleibswandungen, der übrige Theil saß nicht fest und war beweglich. Die Kr. beklagte sich über eine Empfindung von Völle ober Schwere, und über von Zeit zu Zeit vorhandene schießende Schmerzen in derselben. Ihr Appetit war gering, und ihre Gesundheit beträchtlich angegriffen.

Bei einer Berathung kam man überein, daß die Geschwulst an der entzündeten Stelle geöffnet und eine Wieke eingebracht werden sollte, um die darin enthaltene Flüssigkeit einen Ausweg zu verschaffen und einen Abzug herzustellen.

Am 20. September wurde die Geschwulst geöffnet; es folgte der Lanzette eine kleine Menge gesund aussehenden Eiters, und noch mehr wurde durch Druck ausgeleert; aber gleichwohl war der Ausfluß unbeträchtlich, und in wenig Tagen näßte er kaum noch die Wieke, welche täglich eingebracht wurde. Die Geschwulst verkleinerte sich nun so rasch, daß sie am 1. November nur noch halb so groß war, als ursprünglich. Am 9. klagte sie über großen Schmerz in der Geschwulst, Ekel, Kopfschmerz und andre Fiebersymptome, welche mit geringem Nachlaß bis zum 15. fortdauerten, wo ich bei'm Herausnehmen der Wieken mit Erstaunen eine harte Substanz in der Wunde entdeckte, welche sich als ein ungefähr nußgroßer Gallenstein erwies. Am folgenden Morgen wurde noch ein anderer ausgeleert. Der Zustand der Kr. wurde nun verhältnißmäßig erleichtert, und hielt so an bis zum 25sten, wo der Schmerz wiederkehrte, und (am 29.) ein dritter Gallenstein mit noch einigen Stücken ausgeleert wurde. Ihre Gesundheit besserte sich nun mit jedem Tage; und obgleich die Geschwulst einige Zeitlang bei'm Drucke fich hart und schmerzhaft anfühlte, so verurfachte fie doch kaum mehr Beschwerde, als das tägliche Eindringen der Wieke.

Im März 1819 befand fie fich im 5ten Monat der Schwangerschaft, obgleich feit Anfang ihrer Krankheit die Menfes nicht erfchienen waren. So wie die Schwangerfchaft vorrückte, wurde die Leber empfindlich, und ihre allgemeine Gefundheit litt. Am 20. bekam fie einen fchweren und langdauernden Anfall von Schauer, worauf eine heftige Hitze und große Schwäche folgte. Die Geburtswehen ftellten fich hierauf zu frühzeitig ein.

Jetzt kam noch eine neue Gruppe von Symptomen hinzu. Vierzehn Tage nach der Entbindung wurde fie von heftigen Schmerzen in der Oberbauchgegend befallen, welche fich hinten, bis gerade unter die Schulterblätter, und an der linken Seite herab erftreckten, wobei anfangs die Haut des ganzen Körpers gelb gefärbt war. Zwei Tage lang dauerte der Schmerz heftig fort, worauf am dritten eine übermäßiger Ausfluß einer durchfichtigen eiweißartigen Flüffigkeit erfolgte, welche drei Tage lang ununterbrochen fortdauernd, eine Menge Kleidungsftücke befchmutzte. Es wurden mir 23 große Handtücher gezeigt, an denen meiftentheils, obgleich die Flüffigkeit an fich vollkommen farblos war, ein gelblicher oder grünlicher Fleck zu fehen war.

Von diefer Zeit an erlitt die Kr. mehrere ähnliche aufeinanderfolgende Anfälle in Zwifchenräumen von vier bis fechs Wochen, indem dabei der Schmerz gleichförmig im Oberbauche begann, fich nach dem Rücken zu erftreckte, und bei'm Erfcheinen des Ausfluffes aufhörte, welcher im Allgemeinen ungefähr 48 Stunden, aber in abnehmender Menge bis zum März 1820 fortdauerte, wo die Anfälle, welche allmälig einen mildern Character angenommen hatten, endlich aufhörten. Sie machte hierauf Spaziergänge in der Umgegend und fich häufiger Bewegung in der freien Luft. Diefe Veränderung hatte den beften Erfolg. Ihr Appetit kehrte zurück, fie bekam bald Kräfte und wurde felbft ftark. Bisweilen klagte fie über ein läftiges Gefühl und eine Empfindung von Schwere in der Seite; aber diefe Gefühle waren von kurzer Dauer, und verurfachten nur wenig Unbequemlichkeit. Am Ende des Jahrs war ihre Gefundheit wiederhergeftellt; und einige leichte Anfälle von Verdauungsbefchwerden, von Zeit zu Zeit abgerechnet, befindet fie fich feitdem erträglich.

Von dem erften Erfcheinen der galligen Gefichtsfarbe bis zum Aufhören der Paroxysmen, eine Zeit von 10 Monaten, war die Haut mehr oder weniger gelb, indem jeder der einander folgenden Anfälle von einer dunklern Färbung entweder begleitet war, oder eine folche zur Folge hatte.

Nur bei zweien der Anfälle zeigte fich eine Reizbarkeit des Magens. Der Appetit fehlte immer einige Zeit vor einem Anfalle und die Därme waren etwas träge; aber, die Haut gelbfüchtig wurde, enthielten die Ausleerungen, obgleich fie oft ungefund waren, im Allgemeinen noch einen reichlichen Theil Galle.

Die Wieke, welche feit dem September 1818 beftändig in der Seite gelegen hatte, wurde im Auguft 1821 ausgezogen. Binnen einem Monat nachher war die Wunde vollftändig vernarbt. Ich zweifle nicht, daß man die Wieke mit vollkommener Sicherheit fchon viel früher hätte ausziehen können, aber die Kr. wünfchte felbft, daß man fie noch liegen laffen möchte, indem fie feft glaubte, die Zuheilung der Wunde werde nachtheilige Folgen haben.

Eine kleine Strecke um die Narbe herum, welche fich faft zwei Zoll unter dem Rande der Rippen befindet, ift die Leber hart und an die Bauchwandungen angewachfen und zeigt bei'm Druck einige Empfindlichkeit; allein es läßt fich nichts mehr von einer hängenden Gefchwulft entdecken.

In Betreff der Behandlung bedarf es keiner vielen Worte. Sie wurde größtentheils mit Merkur in einer oder der andern Form durchgeführt. Im Allgemeinen kleine Gaben der blauen Pillen, entweder allein, oder wenn eine abführende Wirkung erfordert wurde, in Verbindung mit Coloquintenextract. Das falpeterfalzfaure Bad wurde, anfcheinend mit Erfolg, eine Zeit lang angewendet. Zur Erleichterung des Schmerzes während der periodifchen Anfälle, griff man zu verfchiedenen Mitteln, am nützlichften erwiefen fich aber Opiate in großen Gaben, Bähungen und reizende Reibungen. Leichte tonica, wie Cascarilla oder Quaffia mit kohlenfaurem Natron und ein Aufguß von Rhabarber in Gaben, daß fie die Därme in Ordnung brachten, wurden im Allgemeinen während des ganzen Verlaufs der Krankheit, und mit Nutzen gebraucht.

2. Scotland Street Edinburgh, Novbr. 1. 1833.

Anm. Von Ausleerung von Gallenfteinen durch Vereiterung der Bauchwandungen werden fchon viele Beifpiele angeführt. S. Ephemerides Nat. Curios. hie und da. — Zacconi in Comment. Acad. Bonon. Vol. II. p 1. 1732. — Ampnd in Philos. Trans. No. 449. — La Peyronie in Mém. de l'Académie de la Chirurgie 1. p. 185. 1743. — Petit Oeuvres post. T. I. p. 320. — Wislicen Lipsiae 1742; ap. Haller Diss. Med. Pract. T. III. — Petit Oeuvr post. T. I. p. 323. Zwei Fälle, ohne den von la Peyronie. — Guérin Mém. de l'Acad. de Chirurg. T. III. p. 470. — Commercium Norimb. 1743. p. 81. — Haller Opusc. pathol. Obs. 38 Hist 8 1767 — Hoffmann in Crell's, chemifche Annalen 1789. VIII. S. 128. — Arrel ließ 1788 zu Upfala eine Abhandlung über Gallenfteine, welche durch Gefchwürsöffnungen der Bauchwände abgingen, drucken; und Sandorff machte 1801 zu Helmftädt eine Differtatio de Cholelithis ex ulcere abdominis elapsis bekannt. — Vogler, Museum der Heilkunde 4. Bd. S. 91. — Büttner, fünf befondere Wahrnehmungen ꝛc. — Durch einen Abfceß am Nabel. — Bruckmann in Horn's Archiv 1810. S. 281. 144. Mehrere Gallenfteine nach und nach durch einen Abfceß abgegangen. — Endlich fagte mir Hr. Georg White noch vor Kurzem hier, im Mai 1825, (bald nachdem ich die Nachricht von einem großen Gallenfteine, welcher durch den After ausgeleert worden war, dem Publicum mitgetheilt hatte) von einem, welcher zuerft Entzündung und dann Eiterung und hierauf Verfchwärung der

Unterleibswandungen hervorgebracht hatte und ausgeleert wor=
den war, wobei der Kr. wieder genas.   D. C.
(Edinburgh medical and surgical Journal, January
1834.)

Beiträge zur Lehre von der Hydrocele.

Scheibenhautwassersucht. — Infiltration der Einspri=
zung um die Canüle. — Brand eines Theils des Scro=
tums. — Heilung.

Louis Girard, 48 Jahr alt, Steinschneider, von vor=
trefflicher Constitution, hatte eine, mindestens zwei Fäuste
große Geschwulst am Hodensack; sie war schwer, elastisch,
vollkommen glatt, länglich, durchsichtig, unten breiter, oben
schmal und endigte am Bauchring. Sie hatte sich langsam
entwickelt und es war also unverkennbar, daß es eine Hy=
drocele tunicae vaginalis war. Nach einigen Tagen Ruhe
wurde am 29. Januar die Operation durch Einspritzung ge=
macht. Die Geschwulst wurde mit der linken Hand umfaßt
und mit den Fingern gespannt, während die rechte Hand in
ihrem vordern untern Theile einen mittelmäßig großen Troi=
cart ohne irgend eine Rinne einsenkte. (Bei der Untersu=
chung mit Licht erkannte man beim obern hintern
Theile der Geschwulst.) Es floß eine citronengelbe, vollkom=
men durchsichtige Flüssigkeit aus. Die Canüle wurde
während des Ausfließens und der Einspritzung
genau bis an ihren hintern Theil in der Ge=
schwulst eingesenkt erhalten. Als aber die Geschwulst
wieder fast denselben Umfang hatte, wie vor der Operation,
sah man um die Canüle eine kleine Geschwulst sich bilden,
welche in ihrer Entwickelung eine leichte undulirende Bewe=
gung zeigte und alsdann großentheils von selbst verschwand.
Hr. Berard schrieb diesen Zufall anfangs den Contractio=
nen einiger Muskelfasern des Cremasters zu; und in der
That verlief Alles bis zum dreizehnten Tage, wie bei den
gewöhnlichsten Fällen; mit diesem Tage aber wurde ein Theil
der Scrotalhaut in dem Umfange eines Viergroschenstücks
von Gangrän befallen; aus dem Troicartstiche floß eine fa=
denziehende Flüssigkeit; die Oeffnung wurde immer größer
und es kam ein Eiterpfropf zum Vorschein, welchen man
anfangs für den Rest des abgestorbenen Zellgewebes hielt.
Indeß wurde dieser vermeintliche Eiterpfropf in dem Maaße
der Anschwellung des Scrotums immer länger. Hr Be=
rard jun. sprach alsdann seine Meinung dahin aus, daß dieß
ein Theil der in der tunica vaginalis durch den Entzün=
dungsproceß neu gebildeten Pseudomembran seyn könne, wel=
cher sich endlich abstoßen werde, und daß alsdann die Krank=
heit ihren gewöhnlichen Verlauf nehmen werde. Diese Vor=
aussagung ging in Erfüllung. Die Pseudomembranen stie=
ßen sich ab; durch die Troicartwunde floß noch einige Tage
etwas seröspurulente Flüssigkeit aus; und die Wunde im
Scrotum vernarbte. In den letzten Tagen wurde ein Empl.
saponatum übergelegt, um die Resolution der angeschwolle=
nen Theile zu bewirken, und der Kranke verließ das Hofpital
vollkommen geheilt am 15. März, also ungefähr anderthalb
Monate nach der Operation.

Das Brandigwerden eines kleinen Theiles des Scro=
tums muß hier ohne Zweifel dem Uebergange des Weines
in das an den Troicartstich angränzende Zellgewebe zugeschrie=
ben werden.

Diese Flüssigkeit kann auf zweierlei Art in das Zellge=
webe des Scrotums eingebracht werden; die eine Art ist in
den chirurgischen Schriften richtig beschrieben, die andere aber
ist noch nicht vollkommen auseinandergesetzt. Die erste Art
besteht in einer directen Einbringung der Flüssigkeit
und findet gewöhnlich dann statt, wenn man beim Zurück=
ziehen des Troicartstilets zugleich die Canüle etwas zu viel
auszieht; alsdann ragt das Ende dieser leztern nicht mehr
in die Scheidenhaut hinein, obgleich sie im Scrotum zurück=
gehalten wird. Auf diese Art entstanden Infiltrationen, durch
welche der größte Theil des Scrotums brandig wurde. Die
zweite Art von Infiltration hat Boyer wohl angegeben,
aber er schreibt sie einzig und allein der Rinne mancher Troi=
carts zu. Es ist aber wichtig zu wissen, daß dieser Zufall
selbst bei der Anwendung des besten Troicarts sich ereignen
könne. Man könnte dieß die indirecte oder die Infil=
tration durch Rückfluß benennen. Das Austreten der
Flüssigkeit geschieht hier nämlich nicht, wenn dieselbe in die
tunica vaginalis eingespritzt wird, sondern im Gegentheil
dann erst, wenn sie, nachdem sie eingespritzt worden ist, wie=
der abfließen will, was wahrscheinlich von den zu lange fort=
gesetzten Injectionen herrührt. Die stark ausgedehnten Hül=
len des Hodens wirken auf die in ihnen enthaltene Flüssig=
keit ein, und ein Theil davon geht zwischen der Canüle und
den Häuten des Scrotums durch.

Die Sorgfalt, mit welcher man die Canüle bei dieser
Operation festgehalten hatte, und das vollkommene Ausflie=
ßen allen Weines nach der Operation, gestatten nicht einen
Augenblick zu zweifeln, daß die eben gegebene Erklärung der
Hodeninfiltrationen während der Einspritzung auf den eben
mitgetheilten Fall anwendbar sey.

Sackwassersucht des Saamenstranges. —
Diagnose sehr dunkel. — Exstirpation der Ge=
schwulst. — Genesung.

J. B. Besombe, 58 Jahr alt, Köhler, von ziemlich kräf=
tiger Constitution, bemerkte seit einigen Monaten, daß sein
Scrotum, namentlich auf der rechten Seite, einen ungewöhn=
lichen Umfang bekommen habe. Er war nie syphilitisch ge=
wesen und hatte sich weder gequetscht noch gestoßen; die
Schmerzen waren nicht lebhaft. Da sein Allgemeinbefinden
nicht gestört war, so fragte er auch Niemand um Rath.
Indeß schwoll das Scrotum immer mehr an und es stellten
sich lancinirende Schmerzen ein. Den 20. September 1832
kam er in die Charité. Die Krankheit wurde wahrschein=
lich für eine doppelte Hydrocele gehalten. Es wurde ein Ein=
stich in die linke Seite gemacht, es floß aber nur sehr we=
nig Serum aus; aus einer zweiten Oeffnung an der rechten
Seite kamen nur einige Tropfen citrongelber Flüssigkeit her=
aus. Die Geschwulst hatte nicht abgenommen. B. verließ
das Spital und kam nach zwei Tagen in das Saint=An=
toine=Spital. Die Geschwulst hatte einen bedeutenden Um=

fang und nahm beide Seiten des Scrotums gleichmäßig ein; man konnte in ihr, namentlich an der linken Seite, ein dunkles Fluctuationsgefühl wahrnehmen; auf dieser Seite erstreckte sich die Geschwulst bis in die Gegend des Leistenringes; ihr Gewicht schien geringer zu seyn, als auf der rechten Seite; übrigens hatte der Kranke in beiden keine lancinirenden Schmerzen mehr. Die birnförmige Gestalt der erstern, ihr allmäliges Anwachsen von unten nach oben, die geringen begleitenden Symptome, die Fluctuation ließen glauben, daß man es mit einer Hydrocele zu thun habe. Andrerseits war der in der Charité gemachte erfolglose Versuch mit einer einfachen Wasseransammlung in der Scheidenhaut nicht vereinbar. Hr. Berard jun. war also der Meinung, daß man es mit einer vielzelligen Sackgeschwulst zu thun habe; die Durchsichtigkeit des Hodens sprach gegen eine Sarcocele. Den 5. October 1832 wurde nach einigen Tagen Ruhe die Operation vorgenommen. Ein Probeeinstich in der linken Seite des Scrotums brachte ebenfalls nur einige Tropfen Flüssigkeit zum Vorschein. Berard machte also einen Einschnitt in den vordern Theil des Scrotums und verlängerte ihn von der Gegend des Leistenringes bis an das untere Ende der Geschwulst, aber nur durch die Haut und das Zellgewebe. Die darunter liegenden Schichten wurden mit großer Sorgfalt eröffnet, und endlich gelangte man auf einen durchsichtigen Sack von ziemlich bedeutendem Umfange, welcher deutlich in der fibrösen Scheide des Saamenstranges eingeschlossen war, und ohne große Schwierigkeit von dem umgebenden Gewebe getrennt wurde; oberhalb dieses Sackes zeigte sich ein zweiter, kleinerer, welcher schwach adhärirend war. An der äußern und hintern Seite der Geschwulst zeigten die Gefäße des Saamenstranges eine ähnliche Beschaffenheit, wie sie Scarpa bei gewissen, alten, äußern Leistenbrüchen beschreibt; sie waren nämlich nicht geschlängelt. Berard zeigte die Vene nach innen, das vas deferens in der Mitte und endlich die Arterie nach außen und etwas nach vorne. Die Geschwulst hatte mit dem obern Theile der tunica albuginea ziemlich genaue Verbindungen eingegangen; man war selbst genöthigt, um die Geschwulst vollkommen austrotten zu können. Der Hode war vollkommen gesund. Die Operation wurde beendigt, die Wundränder durch Heftpflasterstreifen in Berührung gebracht, Charpie, Compressen und eine Binde vervollständigten den Verband. Die folgenden Tage war die Reaction sehr mäßig; das Scrotum geröthet, angeschwollen, die Wundränder in genauer Berührung. — Unterstützung des Hodens, — Cataplasmata emollientia, — Diät. Den siebenten Tag (12. October) floß aus dem obern Wundwinkel etwas blutiges Eiter; statt der Breiumschläge wurde Charpie aufgelegt, die Heftpflaster wurden jedoch beibehalten. Dieses einfache Verfahren wurde bis zum 20. October fortgesetzt; der röthliche und ziemlich reichliche Eiterausfluß ließ nicht nach, und es wurden die Heftpflasterstreifen weggenommen. Die unvereinigten Wundränder wurden nun von einander entfernt, und Charpie zwischen ihnen eingebracht. In der Mitte des Schnittes war eine Verwachsung zu Stande gekommen, so daß an der Basis der Geschwulst eine Klappe vorhanden

war, in welcher sich täglich Eiter ansammelte, der schwer zu entleeren war. Dieser Umstand verspätete die Heilung sehr; als nämlich in den ersten Tagen des Novembers der obere Theil der Wunde schon vernarbt war, war man genöthigt, den Blindsack des untern Theiles einzuschneiden; die Charpieverbände wurden nun fortgesetzt, aber das Eiter sammelte sich wiederum in einem tiefern Heerde; worauf eine Gegenöffnung gemacht und ein Haarseil durchgezogen wurde. Gegen den 20. November war die Eiterung fast versiegt, und man hielt es für angemessen, das Haarseil zu entfernen; da sich aber die Wunde mit ihren Rändern vereinigte, so war man genöthigt, den ganzen Fistelgang zu spalten. Von dieser Zeit an gelang es, durch geeignete Verbände vollkommne Vernarbung zu erreichen. Sehr merkwürdig aber ist, daß der rechte Hode, welcher hart und geschwollen war, am Ende der Behandlung wieder zu seiner normalen Größe zurückgekehrt war, die lancinirenden Schmerzen waren in ihm ganz verschwunden, und der Kranke wurde am 12. December geheilt entlassen.

Untersuchung der Geschwulst. Die Geschwulst hatte fast 3½ Zoll in ihrem längsten und 2½ Zoll in ihrem Queerdurchmesser. An ihrem obern Theile befanden sich drei Erhabenheiten, welche sich handschuhfingerartig verlängerten. Sie war von einer halbdurchsichtigen, serös-eiweißartigen Flüssigkeit schlaff ausgedehnt. Ihre Wände waren von geringer Dicke, und von einem seröshäutigen Gewebe; die innere Fläche war wahrscheinlich mit Scheidewänden versehen, welche sie in ihrer ganzen Dicke durchschnitten (ein Umstand, ohne den man sich nicht erklären könnte, warum nach der Punction keine Flüssigkeit ausfloß); da aber ein Eleve die Geschwulst in verschiedenen Richtungen stark drückte, indem er die Finger gegen ihr Centrum einsenkte, so ist es wahrscheinlich, daß diese dünnen Scheidewände zerrißen; jedoch unterscheidet man in ihrem Innern nur einige Falten, welche sich auf einen gewissen Punct den valvulis conniventibus ähnlich sind, und ihren Sitz an der innern Fläche der Sackgeschwulst haben. (Gazette méd. No. 49.)

Beobachtung von Blasenstein mit Steinincrustation des Harnblasengrundes. Heilung durch die Operation.

Von Amasa Trowbridge.

M. Rider, Zimmermann, 30 Jahr alt, bekam vor vier Jahren Schmerzen in der Harnblase; diese wurden immer stärker, namentlich aber im letzten Jahre, wo er nur unter heftigen Schmerzen, und in sehr kurzen Zeiträumen, 8 bis 10 Mal während der Nacht, seinen Urin lassen mußte. Eine fast vollkommene Harnverhaltung bewegte den Kranken, sich catheterisiren zu lassen, und da erkannte Dr. Smith deutlich einen Stein. Dr. Trowbridge, welcher einige Tage später zu Rathe gezogen wurde, sprach sich dahin aus, daß der Umfang des Steines ziemlich bedeutend sey. Die Operation wurde am 22. Juli 1831 verrichtet.

Die Harnblase wurde vermittelst des Physick'schen Gorgerets geöffnet, und der Stein mit der Zange gefaßt, er konnte aber nicht herausgezogen werden. Mit eingebrachtem Finger erkannte man, daß der Stein kuglich und wirklich zu groß war, als daß er ohne Gefahr durch die Wunde gehen könnte; man zerbröckelte ihn also in Stücke, die man mit der Zange und dem Löffel eins nach dem andern herausbeförderte. Indeß traf das Instrument nahe am Grunde der Blase auf eine Steinfläche, die es nicht herunterziehen konnte, und jeder erneuerte Versuch, dieß zu thun, verursachte dem Kranken großen Schmerz. Der Operateur brachte wiederum den Finger ein, und fand mit Erstaunen, daß die Schleimhaut nahe an dem Blasengrunde von einer sehr dicken und sehr harten steinigen Incrustation überzogen war, die jedoch unter dem Fingerdruck ziemlich leicht zerbrach. Die Schleimhautfläche des Blasengrundes war ebenfalls mit einer dünnen Lage steiniger Materie überzogen, welche fest an diese Membran anhing. Da die Versuche, den Blasengrund von dieser Incrustation zu befreien, dem Kranken viel Schmerz verursachten und die Operation schon 40 Minuten lang dauerte, so wurden die Untersuchungen nicht beendigt und der Kranke zu Bette gebracht. — 60 Tropfen Laudaum.

Die folgenden Tage verliefen ziemlich gut. Einige kleine Steinfragmente gingen durch die Wunde ab. Da der Harn am 25. mit einer übelriechenden Materie gemengt abging, so wurde durch die Wunde eine silberne Sonde eingeführt, und man fühlte eine große Menge steiniger Materie gegen den Grund der Harnblase und einige losgelöf'te Steinfragmente in der Gegend des Halses. Die Sonde wurde schwarz gefärbt. Man krümmte das Ende der Sonde sackförmig um, und so gelang es nicht ohne lebhafte Schmerzen, mehrere dieser Fragmente auszuziehen; hierauf wurden durch einen wollenen Catheter Injectionen gemacht. Nach drei Tagen konnten noch einige Steinfragmente herausbefördert werden.

Den 29. wurde eine silberne Curette bis an den Grund der Harnblase eingebracht; als man sie zurückzog, war sie mit Steinen und mit einer häufigen krankhaften Substanz gefüllt. So wurden bis zum 6. August täglich die Einsprigungen und das Einbringen des Löffels 2 bis 3 Mal wiederholt, und täglich mehr oder weniger Steinconcretionen herausgezogen. An diesem Tage hatte sich ein so großes Stück abgelös't, daß es nicht durch den Blasenhals durchgehen konnte. Man zog daher den Löffel zurück, zertrümmerte den folgenden Tag das Steinfragment mit der Zange und zog es stückweise aus. Die durch diese Manöver hervorgebrachten Schmerzen wurden durch Laudanum, Fomente und Pulver von Calomel mit Opium besänftigt.

Am 8. August wurden mehrere andere Steinfragmente ausgezogen. Der Kranke war sehr entmuthigt und sagte, daß seine Blase ein Steinbruch von Gries sey. Der Wundarzt sprach ihm Hoffnung ein, und in der That schien im Zustand der Blase eine große Veränderung vorgegangen zu seyn, und man fühlte ihre Zusammenziehung um die Instrumente. Den 9. waren alle Fragmente entfernt, den 10. konnte man auch mit der Sonde keinen

Stein mehr entdecken, der Kranke war voller Freude und sagte, daß er seine Blase so gut wie vor 4 Jahren fühle. Der Kranke wurde in Kurzem geheilt. Den 20. October sah ihn Herr Trowbridge, als er eben Tags zuvor 30 Meilen zu Pferde gemacht hatte, vollkommen wohl.

Die Gesammtmenge der herausgezogenen Steine betrug 5 Unzen, nämlich am Tage der Operation 3, und die folgenden Tage 2 Unzen. Sie bestanden ganz aus phosphorsaurer Kalkerde. Die Fragmente, welche am Blasengrund anhingen, waren ½ Zoll dick.

Herr Trowbridge bemerkt, daß die vorzüglichsten Symptome von Harnblasenstein, als: vollkomme Harnverhaltung, mit Blut gemischter Urin, außerordentlicher Schmerz nach dem Harnlassen, in diesem Falle erst in den letzten Wochen vor der Operation sich zeigten. Er glaubt, daß die Incrustation des Blasengrundes zuerst durch eine Krankheit der Schleimhaut an dieser Stelle hervorgebracht wurde, und daß der Stein, welcher getrennt vorhanden war, erst später gebildet wurde. Den günstigen Ausgang bei einem so schweren Falle schreibt er der Ausdehnung der Incision in den Weichgebilden und der Anwendung der gekrümmten Curette zu, welches Instrument zum Zusammenlesen und Ausziehen von in der Harnblase zurückgebliebenen Steinfragmenten und kleinen Steinen nicht genug empfohlen werden könne.

Miscellen.

Eine abnorme Oeffnung in der Spitze des rechten Ventrikels im Herzen, ohne Blutergießung in die Höhle des Herzbeutels, fand J. J. Cazenave bei einem an plötzlich ausgebrochenen epileptischen Zufällen gestorbenen, achtunddreißigjährigen Kranken. Das Herz war in seiner Form, Größe und Consistenz normal beschaffen; als man es aber in die Höhe hob, floß eine ziemlich bedeutende Quantität schwarzen schaumigen Blutes aus dem vordersten untersten Theile des rechten Ventrikels, nahe an der Scheidewand, aus. Die Oeffnung war regelmäßig kreisrund, sehr glatt, mit hervorragenden, einander genäherten Rändern, welche, ohne gewaltsame Ausdehnung, eine Linie weit von einander entfernt werden konnten. In des Gefäßen des Herzens war gar keine Anomalie vorhanden. Nach vorsichtiger Eröffnung des Ventrikels und der abnormen Oeffnung, zeigte sich diese glänzend glatt, ohne alle Klappen oder Hautfalten; von Zerreißung, Verschwärung, frischer Verletzung war keine Spur. Die Oeffnung mußte also eine angeborene gewesen seyn, und dennoch konnte sie zu keiner Circulationsstörung Veranlassung gegeben haben, da in dem Herzbeutel keine Spur von Bluterguß während des Lebens und kein Symptom, welches darauf hindeutete, vorhanden war. Dieser Fall steht einzig in seiner Art in der pathologischen Anatomie da. (Gazette médicale No. 50. Juin 1833.)

Mangel des Geruchsvermögens bei einem sonst gesunden 20jährigen Mädchen beobachtet Dr. Arnhaimer und bringt diesen Zustand vermuthungsweise damit in Verbindung, daß die Mutter des Mädchens während der Schwangerschaft mit diesem Kinde syphilitisch war. Einen Fall von angeborenem Geruchsmangel bei einer 40jährigen Dame erwähnt auch Dr. Casper. (Casper's Wochenschrift, No. 24.)

Daß Abortus in Folge heftigen Drängens bei'm Stuhlgang eintreten könne, ist von Wildberg beobachtet worden, wobei er darauf aufmerksam macht, wie eine solche Ursache bei gerichtlicher Beurtheilung der Fälle von verheimlichtem Abortus unberücksichtigter Personen nicht zu übersehen sey. (Magaz. f. gerichtl. A. II. 1.)

Bibliographische Neuigkeiten.

Élémens de Zoologie ou leçons sur l'anatomie, la physiologie, la classification et les moeurs des animaux, par *M. H. Milne Edwards*, D. M. Professeur d'histoire naturelle au collège de Henry IV. Première partie; avec 60 figures gravées sur bois.

Le censeur médical: Journal de littérature, de philosophie et de biographies médicales françaises et étrangères. Janvier 1834. Paris 1834. 8.

Notizen

aus

dem Gebiete der Natur- und Heilkunde,

gesammelt und mitgetheilt von Dr. L. F. v. Froriep.

| Nro. **855.** | (Nro. 19. des XXXIX. Bandes.) | **März 1834.** |

Gedruckt im Landes-Industrie-Comptoir zu Weimar. Preis eines ganzen Bandes, von 24 Bogen, 2 Rthlr. oder 3 Fl. 36 Kr., des einzelnen Stückes, 3 ggl. Die Tafel schwarze Abbildungen 3 ggl. Die Tafel colorirte Abbildungen 6 ggl.

Naturkunde.

Ueber die Wandertaube. (Columba migratoria L.)

(Von Dr. Hildreth und von Wilson.)

Das Jahr 1832 war für den Staat Ohio, was die Waldfrüchte anbetrifft, ungemein gesegnet, und rücksichtlich der Eichen und Nüsse (Buchnüsse?) fiel die Erndte beispiellos reichlich aus. Das goldne Zeitalter schien für die Waldbewohner zurückgekehrt zu seyn, und die Schweine wurden im Freien vollkommen ausgemästet. Die Wandertaube schien von diesem glücklichen Zustande der Dinge bald Kenntniß zu erhalten, und seit dem Herbste sind unsere Wälder mit zahllosen Schwärmen dieser interessanten Gäste buchstäblich vollgepfropft gewesen. Den ganzen Winter hindurch sah man sie in gewaltiger Menge des Morgens nach den Futterplätzen zwischen den Bergen und Abends nach ihrem Hauptquartier zurückziehen, welches sich für diesen Theil Ohio's an der Quelle des kleinen Hockhocking in einer rauhen wüsten Gegend, 25 Meilen südwestlich von Marietta, befindet. Dieses Hauptquartier hält mehr, als 3 engl. M. in's Gevierte. Die hochstämmigen Bäume sind dort beinahe alle vernichtet; Bäume von 18 Zoll Durchmesser sind abgebrochen oder entwurzelt, und seit ihrer Aeste beraubt, so daß nur noch der kahle Stamm dasteht. Von der Abenddämmerung an bis eine Stunde und länger nach dem Einbruche der Dunkelheit kommen beständig ungeheure Züge aus allen Himmelsgegenden an, und die Leute, welche sich mit dem Fange der Tauben befassen, müssen sehr sorgfältig vor den Zacken und Aesten hüten, welche die ganze Nacht hindurch herabfallen. Wenn, durch die Ankunft eines Schwarms, ein Ast oder Baum gefüllt ist, so setzen sich die nachfolgenden Tauben auf die Rücken der schon sitzenden, bis der Ast oder der ganze Baum bricht, worauf sie einen neuen Schlafplatz aufsuchen, wo es wieder eben so geht. In der Nacht fängt man viele mit der Hand in den niedrigen Büschen, in die sie sich setzen, wenn sie von den höhern Bäumen herabgedrängt worden sind. Die Erde ist 3—4 Zoll hoch mit

Mist bedeckt. Da der Versammlungsort der Tauben mehrere Meilen von menschlichen Wohnungen entfernt ist, so ziehen sich sehr viele Wölfe und Füchse dahin, um die verwundeten Tauben zu fressen. Obige Thatsachen sind mir von einem Manne mitgetheilt worden, der den Ort zur Nachtzeit besuchte und binnen wenig Stunden 300 Tauben erlegte. Des Morgens verlassen sie das Lager bei Sonnenaufgang; das Schlagen ihrer Flügel verursacht dabei ein donnerähnliches Geräusch, welches die Hörer mit Staunen und Schrecken erfüllt. Die Tauben haben diesen Ort etwa seit 3 Monaten zum Uebernachten gewählt, und in den letzten beiden haben die Einwohner, viele Meilen in die Runde, denselben fast allnächtlich besucht, und viele Tausende getödtet. Die Tauben sind wegen der reichlichen Mast ungemein fett, und schmecken sehr gut. Die Gegend ist bergig, wild und einsam, voller Dickichte und hoher Sandsteinfelsen, unter denen die Jäger Feuer anzünden und die Nacht zubringen, und ein Gemälde darbieten, welches der Feder eines F. Cooper oder W. Scott würdig wäre.

S. P. Hildreth.

Marietta den 1. Febr. 1883.

Obgleich die interessante Schilderung der Wandertaube, welche Wilson in seiner American Ornithology gegeben hat, schon vor geraumer Zeit bekannt gemacht wurde, so kann doch das, was er über die Züge, die Ruheplätze und die Brüteplätze der Tauben sagt, auch jetzt noch einen interessanten Anhang zu der Mittheilung des Dr. Hildreth geben, indem sich daraus ergiebt, in wiefern sich die Umstände durch die zunehmende Bevölkerung der westlichen Staaten geändert haben. (Ich verweise auch die Leser in dieser Beziehung auf den in No. 369 d. Bl. mitgetheilten Bericht des Hrn. Audubon.)

„Der auffallendste Charakterzug dieser Vögel ist ihre gesellschaftliche Verbindung, sowohl auf ihren Wanderungen, als auch während der Brütezeit, wo sie in so ungeheurer Anzahl beisammen sind, daß es fast allen Glauben übersteigt, und wovon unter den übrigen gefiederten Bewohnern der Erdoberfläche den Naturforschern kein einziges Beispiel bekannt ist.

Diese Wanderungen scheinen mehr der Nahrung wegen, als bloß um der Kälte des Klima's zu entgehen, vorgenommen zu werden; denn wir finden, daß sie in den nördlichen Gegenden um die Hudsonsbai bis spät in den December zurückbleiben: auch ist ihr Erscheinen sehr zufällig und unregelmäßig; bisweilen besuchen sie manche Districte mehrere Jahre hintereinander in sehr unbeträchtlicher Anzahl, während sie zu andern Zeiten nicht zu zählen sind. Ich habe diese Wanderungen im Genessee County, häufig in Pennsylvanien und eben so in verschiedenen Theilen Virginiens mit Erstaunen angesehen; aber alle, welche ich damals von ihnen gesehen hatte, waren als bloße Streifpartien zu betrachten, wenn ich sie mit den Schwärmen von Millionen vergleiche, die ich seitdem in unsern westlichen Wäldern, in den Staaten Ohio, Kentucky und Indiana gesehen habe. Diese fruchtbaren und weitläufigen Landstriche haben einen Ueberfluß an den nährenden Buchnüssen, welche die Hauptnahrung der wilden Tauben ausmachen. In Jahreszeiten, wo diese Nüsse in Ueberfluß vorhanden sind, kann man auch mit Sicherheit eine entsprechende Menge Tauben erwarten. Es kommt bisweilen vor, daß sie, nachdem der ganze Vorrath an Buchnüssen in einem ausgebreiteten Districte aufgezehrt worden ist, in einer Entfernung von vielleicht 60 oder 50 (englischen) Meilen einen andern auffinden, dem sie nun regelmäßig jeden Morgen einen Besuch abstatten, und von woher sie eben so regelmäßig im Laufe des Tages, oder am Abend zu dem allgemeinen Sammlungs- oder, wie er gewöhnlich genannt wird, Wohnplatze zurückkehren. Diese Wohnplätze sind immer in den Wäldern, und nehmen bisweilen eine große Strecke Waldes ein. Wenn sie sich an einem dieser Plätze eine Zeit lang aufgehalten haben, so bietet derselbe einen überraschenden Anblick dar. Der Boden ist mehrere Zoll hoch mit ihrem Unrath bedeckt; alle zarten Gräser und das Unterholz sind vernichtet; die Erde ist mit großen Baumzweigen bedeckt, welche durch die Last der übereinander hockenden Vögel abgebrochen sind; und die Bäume selbst sind auf tausend Morgen (acres) weit so vollkommen abgestutzt, als wären sie mit einer Axt behauen worden. Die Zeichen dieser Zerstörung bleiben viele Jahre lang an dieser Stelle noch sichtbar; und man kann viele Stellen bezeichnen, an denen, mehrere Jahre hintereinander, kaum eine einzige Pflanze zum Vorschein gekommen ist.

Sind diese Wohnplätze erst entdeckt, so stellen sich die Einwohner aus beträchtlicher Ferne in der Nacht mit Flinten, Knitteln, langen Stangen, Töpfen mit Schwefel und verschiedenen andern Zerstörungswerkzeugen ein. In wenig Stunden füllen sie viele Säcke mit beladen ihre Pferde damit. Von den Ureinwohnern (Indianern) wird ein solches Taubenlager oder Brütplatz für eine wichtige Quelle des Nationalprofits gehalten, und sie wenden bei dieser Gelegenheit ihren ganzen Scharfsinn auf. Der Brütplatz unterscheidet sich von dem erstern durch seinen größern Umfang. In

den oben erwähnten westlichen Ländern finden sie sich im Allgemeinen in Buchenwäldern und erstrecken sich oft fast in gerader Linie queer, und zwar weit, durch das Land. Vor ungefähr 5 Jahren befand sich nicht weit von Shelbyville, im Staate Kentucky, einer dieser Brütplätze, welcher sich in fast nördlicher und südlicher Richtung durch die Wälder erstreckte; er war mehrere Meilen breit, und erstreckte sich, wie man behauptete, vierzig Meilen weit hinauf! Auf diesem Striche war fast jeder Baum mit Nestern besetzt, wo irgend nur die Zweige deren zu tragen vermochten. Die Tauben erschienen zuerst um den zehnten April, und zogen mit ihren Jungen vor dem 25. Mai wieder weg.

Sobald die Jungen erwachsen waren, aber noch ehe sie die Nester verließen, kamen zahlreiche Parthien von Einwohnern, aus allen Theilen der umliegenden Gegend, mit Wagen, Aexten, Betten und Kochgeräthe herbei, viele von ihnen in Begleitung des größern Theils ihrer Familien, und schlugen in dieser ungeheuern Speiseanstalt für einige Tage ihr Lager auf. Mehrere von ihnen erzählten mir, das Getöse in den Wäldern sey so groß gewesen, daß sich die Pferde davor gescheut hätten, und daß kein Mensch den andern habe verstehen können, wenn man ihm nicht unmittelbar in's Ohr gesprochen. Der Boden war mit abgebrochenen Baumzweigen, Eiern und noch nackten Tauben bedeckt, welche herabgeworfen worden waren, und mit welchen sich ganze Heerden von Schweinen mästeten. Falken, Bussarde, und Adler strichen in großer Anzahl herum und holten mit leichter Mühe die nackten Täubchen aus ihren Nestern; während man 20 Fuß höher gegen die Gipfel der Bäume hin, wenn man durch den Wald hindurchschaf, reihte ununterbrochenen Lärm von der Menge sich drängender und flatternder Tauben vernahm, deren Flügelschlag ein donnerähnliches Getöse hervorbrachte; und bezwischen das häufige Krachen von fallenden Bäumen; denn jetzt waren die Leute mit den Aexten thätig, die Bäume umzuhauen, welche am meisten mit Nestern besetzt schienen, und sie sahen immer darauf, daß sie auf eine solche Weise zu fällen, daß sie bei ihrem Umstürzen noch mehrere andere mit herabschlügen; hierdurch gab der Fall eines großen Baums bisweilen zweihundert noch flügge Tauben, welche den Alten an Größe nichts nachgaben, und machte eine Fettmasse heraus. Auf manchen Bäumen wurden über hundert Nester gefunden, von denen jedes nur ein Junges enthielt, ein Umstand in der Naturgeschichte dieses Vogels, welcher den Naturforschern nicht allgemein bekannt ist. Es war gefährlich, unter diesen fliegenden und flatternden Millionen zu gehen, weil häufig große Zweige herabfielen, welche von der Last der darauf sitzenden Menge abgebrochen waren und in ihrem Herabstürzen oft noch viele von den Vögeln selbst erschlugen; auch wurden die Kleider derjenigen, welche durch solche Wälder hindurchgehen mußten, ganz mit dem Unrath der Tauben bedeckt.

Diese Umstände wurden mir von Vielen des angesehensten Theils der Gemeinde dieses Landes mitgetheilt; und ich überzeugte mich davon zum Theil mit eigenen Augen. Ich ging einige Meilen weit über denselben Brütplatz, und fand jeden Baum mit Nestern besetzt, welche noch die Ueberbleibsel von den oben beschriebenen waren. In vielen Fällen zählte ich über neunzig Nester auf einem Baume, aber die Tauben selbst hatten diesen Platz mit einem andern vertauscht, welcher 60 oder 80 Meilen davon gegen den Grünen Fluß hin lag, wo sie zu derselben Zeit so zahlreich seyn sollten. Den großen Mengen nach zu urtheilen, welche beständig, über einem weg, dahin oder von daher flogen, zweifelte ich nicht im Geringsten an der Wahrheit dieser Behauptung. Die Buchmast war vorzüglich in Kentucky aufgezehrt worden, und die Tauben machten jeden Morgen, kurz vor Sonnenaufgang, einen Ausflug in das Gebiet von Indiana, dessen nächster Theil ungefähr 60 Meilen entfernt war. Viele von ihnen kehrten noch vor 10 Uhr zurück und der große Haufen erschien erst einige Zeit nach Mittag. Ich hatte die öffentliche Landstraße verlassen, um die Ueberreste des Brütplatzes bei Shelbyville zu besuchen, und ging mit einem Gewehr, nach Frankfurt zu, gerade durch die Wälder, als ungefähr um 1 Uhr die Tauben, welche ich den größern Theil des Morgens nördlich hatte fliegen gesehen, in solcher ungeheuern Anzahl zurückzukehren begannen, als ich noch nie zuvor gesehen hatte. Als ich an der Seite eines Damms, Benson genannt, an eine Oeffnung kam, wo ich eine weniger unterbrochene Aussicht hatte, ward ich bei ihrem Anblick ganz erstaunt. Sie flogen sehr anhaltend und rasch, höher als das Gewehr trug, in mehrern Schichten übereinander und so dicht beisammen, daß, wenn sie im Schuß hätte erreichen können, unfehlbar mehrere zugleich getroffen worden und herabgestürzt seyn würden. Dieser Zug dehnte sich von rechts nach links in der Breite so weit aus, als das Auge blicken konnte, und die Tauben schienen überall in demselben gleich zusammengedrängt. Neugierig, zu erfahren, wie lange diese Erscheinung dauern werde, zog ich meine Uhr heraus, um darnach zu sehen, und setzte mich nieder, um sie zu beobachten. Es war damals halb zwei Uhr. Ich saß bereits über eine Stunde, aber statt sich zu vermindern, schien dieser wunderbare Zug sowohl der Zahl als Schnelligkeit nach, sich zu vermehren; und darauf bedacht, Frankfurt noch vor Nachts zu erreichen, stand ich auf und ging weiter. Ungefähr um vier Uhr Nachmittags ging ich bei Stadt Frankfurt über den Kentuckyfluß, und zu dieser Zeit schien der lebendige Strom über mir noch eben so zahlreich und breit als je. Noch lange nachher sah ich sie in großen, sechs oder acht Minuten lang anhaltenden Trupps, denen wieder andre einzelne Haufen folgten, alle in derselben südöstlichen Richtung bis nach sechs Uhr Abends, vorüberziehen. Die große Breite, welche diese mächtige Menge nach der Fronte hin beibehielt, schien fast auf eine entsprechende Breite ihres Brütplatzes zu deuten, welcher von mehrern, die kürzlich durch einen Theil desselben gegangen waren, mehrere (Englische) Meilen breit angegeben wurde. Wie man sagte, befand er sich in Green county, und ungefähr um die Mitte des März, begännen die Jungen zu fliegen. Am 17ten April ging ich, 49 Meilen über Danville, und nicht fern vom Grünen Flusse, über denselben Brütplatz, wo über drei Meilen weit die Nester jeden Baum buntschäckig machten;

da die Blätter noch nicht heraus waren, so lagen sie mir ganz frei vor Augen, und ich gerieth wahrhaft in Erstaunen über ihre Anzahl. Nur noch einzelne Haufen von Tauben hatten sich in den verschiedenen Theilen der Hölzer aufgehalten, und das Rauschen ihrer Flügel ward aus verschiedenen Gegenden um mich her gehört.

Alle Nachrichten stimmen dahin überein, daß jedes Nest nur ein einziges Junges enthalte*). Dieses ist so außerordentlich fett, daß die Indianer, und viele Weiße das Fett zu häuslichen Zwecken, oder als Stellvertreter der Butter und des Specks, zu braten pflegen. Zu der Zeit, wo sie ausfliegen, sind sie fast eben so schwer als die Alten; aber sie werden viel magerer, nachdem sie, ausgestoßen, selbst für sich zu sorgen gezwungen werden.

In den westlichen Gegenden behauptet man allgemein, daß die Tauben, obgleich sie nur ein Junges auf einmal haben, drei und bisweilen selbst vier Mal in derselben Jahreszeit brüten; die bereits erwähnten Umstände machen dieß höchst wahrscheinlich. Auch ist es bemerkenswerth, daß dieß zu der Zeit stattfindet, wenn Eicheln, Buchnüsse ꝛc. in der größten Menge herumliegen und durch den Frost erweicht sind. Aber sie sind nicht auf diese allein angewiesen; Buchwaizen, Hanfsaamen, indisches Korn, Stechpalmbeeren, Heidebeeren und viele andere, gewähren ihnen zu fast allen Jahreszeiten reichliche Nahrung. Die Eicheln der Weideneiche (Quercus phellos) werden auch von diesen Vögeln später begierig aufgesucht, und Reis hat man häufig bei solchen gefunden, welche mehrere hundert Meilen nördlich von der nächsten Reispflanzung getödtet worden waren. Die ungeheure Menge Eicheln, welche diese Schwärme verzehren, ist ein empfindlicher Verlust für die Bären, Schweine, Eichhörnchen und andere, welche auf die Früchte des Waldes angewiesen sind. Ich habe im Kropf einer einzigen wilden Taube eine gute Hand voll Kerne von Buchnüssen, mit Eicheln und Kastanien vermischt, gefunden. Um den täglichen Verbrauch eines dieser ungeheuern Schwärme nur ganz oberflächlich zu schätzen, wollen wir erst einen Versuch machen, die Zahl derer zu berechnen, welche sie, wie eben erwähnt, zwischen Frankfurt und dem Gebiete von Indiana beobachteten. Wenn wir die Colonne zu einer Meile breit (und ich glaube, sie waren noch weit breiter) annehmen, und daß sie sich in einem Verhältniß zu einer Meile auf die Minute bewegte, so würden bei vier Stunden, während welcher sie ununterbrochen vorüberzogen, der Länge nach 240 Meilen betragen. Wenn man ferner für jede Gevierttelle (yard) dieses in Bewegung begriffenen Haufens drei Tauben annimmt, so würden die Gevierttellen im ganzen Raume, durch drei multiplicirt, zweitausend zweihundert und dreißig Millionen zweihundert und zweiundsiebenzig tausend Tauben geben! Eine fast unbegreifliche Menge, und welche gleichwohl wahrscheinlich weit unter dem wahren Betrage steht.

*) Der Verf. der 2ten Ausgabe von Wilson's Ornithologie behauptet, man habe ihm erzählt, daß dieser Vogel zwei Eier lege.

Rechnen wir nun, daß jede von diesen täglich eine halbe Pinte Eicheln verzehre, so würde, nach diesem Verhältnisse die ganze tägliche Menge siebenzehn Millionen vierhundert vier und zwanzig tausend Scheffel (bushels) betragen! Der Himmel hat weise und gnädig diesen Vögeln einen schnellen Flug und die Bestimmung gegeben, über wüste unbebaute Landstriche zu schwärmen, sonst müßten sie in den Bezirken, wo sie sich niedergelassen, zu Grunde gegangen seyn, oder sie hätten sowohl alle Producte des Ackerbaues, als auch der Wälder, aufgezehrt.

Einige Bemerkungen über die Art, wie diese Vögel fliegen, dürfen hier nicht übergangen werden. Das Ansehen, wie große getrennte Haufen derselben in der Luft sich bewegen, und die verschiedenen Schwenkungen, welche sie ausführen, sind sehr malerisch und interessant. Als ich im Monat Februar den Ohio hinabfuhr, hielt ich oft mit Rudern inne, um den Luftmanövern derselben zuzusehen. Man denke sich eine 8 oder 10 Meilen lange Colonne, welche von Kentucky her hoch in der Luft, gerade auf Indiana lossteuerte. Die Führer dieses großen Haufens veränderten nun aber bisweilen allmälig seine Richtung, bis er eine große Krümmung von mehr als einer Meile im Durchmesser bildete, und die hintennachkommenden nahmen genau denselben Weg, wie ihre Vorgänger. Und dieß dauerte bisweilen noch lange fort, nachdem schon beide Enden außer dem Bereiche des Gesichts waren, so daß das Ganze mit seinen glänzenden Wellenbewegungen an der Fläche des Himmels einen Raum bezeichnete, welcher den Windungen eines ungeheuern und majestätischen Stromes ähnlich war. Wurde diese Krümmung sehr groß, so änderten die Vögel, als wenn sie den unnöthigen Umweg, welchen sie machten, gewahr geworden wären, plötzlich ihre Richtung, so daß Alles, was vorher in der Colonne war, jetzt eine ungeheure Fronte bildete, welche alle ihre Glieder richtete, bis sie in einer ungeheuern und unendlich ausgedehnten Linie am Himmel dahinstrich. Andere kleinere Haufen vereinigten sich ebenfalls mit einander, so wie sie sich zufällig einander nahe kamen, und mit so gefälligen und zierlichen Schwenkungen, und indem sie neue Figuren bildeten, und diese, je nachdem sie sich vereinigten oder trennten, änderten, daß ich es nicht überdrüßig wurde, sie zu betrachten. Bisweilen wollte ein Habicht auf einen einzelnen Theil der Colonne, aus großer Höhe herab, stoßen, als dieser Theil, meist blitzschnell, aus dem gewöhnlichen Striche herabschoß; aber bald wieder sich erhob und nun in derselben Höhe, wie früher, weiter zog; diese Beugung wurde auch von den Nachkommenden nach nachgemacht, welche, wenn sie an diese Stelle kamen, meist perpendikulär, sehr tief sich herabsenkten, und wenn sie wieder in die Höhe stiegen, genau denselben Weg nahmen, wie die in die Höhe Herfliegenden. Da diese großen Schwärme über den Fluß, auf welchem ich mich befand, hinzogen, so erschien die Oberfläche des Wassers, welche vorher spiegelglatt war, jetzt mit unzähligen Gräbchen bezeichnet, welche von dem herabfallenden Unrathe herrührten und eben so aussahen, wie wenn die ersten großen Tropfen eines Regen = oder Hagelsturms herabfallen.

Als ich an einem schönen Nachmittage längs dem Ufer hinging, um in einem Hause, welches nahe am Flusse stand, etwas Milch zu kaufen und mit den Leuten an der Thüre sprach, wurde ich plötzlich durch ein lautes rauschendes Getöse, mit gleich darauf folgender Verfinsterung, in Erstaunen gesetzt, welches ich im ersten Augenblicke für einen Wirbelwind hielt. Über die Leute, welche meine Verwunderung bemerkten, sagten ganz kalt: „Es sind nur die Tauben"; und als ich herauslief, sah ich einen Schwarm Tauben, dreißig oder vierzig Ellen (yards) breit, welcher sehr niedrig, zwischen dem Haus und dem Abhange, welcher das zweite Flußufer bildete, dahinflogen. Dieser Zug dauerte über eine Viertelstunde, und er wich endlich so von seinem Weg ab, daß er über den Berg ging, hinter welchem sich verschwanden, ehe noch der Nachzug herankam. (The American Journal of Science and Arts, by *Silliman*; April 1833.)

Miscellen.

In Beziehung auf die Anatomie des Walfisches, hat Professor R. Knox zu Edinburgh der Royal Society zu Edinburgh die Resultate mitgetheilt, die er bei der Untersuchung eines an der Küste von North Berwick gestrandeten, sehr großen Rorqual erhalten hat. Dieser Walfisch war 80 Fuß lang, der Kopf allein 23 Fuß. Der Umfang der Brust an den vordern Extremitäten betrug 34 Fuß; die Breite des Schwanzes, von Spitze zu Spitze, 20 Fuß. Den Anblick des mit den Barten besetzten Maules beschreibt er als besonders überraschend. Die ganze Oberfläche der Gaumenplatten an den Oberkiefernochen, 14 Fuß lang, war mit einer Masse bedeckt, welche gut frisirtes krauses Haar von glänzend schwarzer Farbe zu seyn schien. Dieß war das auf das Regelmäßigste gestellte und aus mehrern tausend Platten bestehende Fischbein (Barten). Die im Profil erscheinende Zahl, welche aus den allergrößten Platten besteht, betrug 650. Es wog fast zwei Tonnen (à 2000 Pfund), so lang es weich war. Das ganze Skelet wog fast 32 Tonnen und konnte nur mit großer Schwierigkeit nach Edinburgh geschafft werden. Das Gewicht des Hirns (nach dem Umfang der Schädelhöhle berechnet) muß etwa 54 Pfund betragen haben. — — Das Auffallendste ist die Angabe über den Larynx! Der Larynx ist ganz einfach und dem des Delphins, oder des Meerschweins ganz unähnlich. Die Nasenlöcher sind mit zwei ungeheuren knorpichten Massen gefüllt, welche durch Flügeln ein zwischen des Geräusch macht. Er hat eine besondere Bewegung des Kopfes, als wenn er jemanden in die Nähe zurückte und zugleich sich rechts und links drehend, als wenn er zwei oder dreimal Abschied nähme, ehe er fortfliegt, etwas, was ich früher noch bei keinem andern Vogel wahrgenommen hatte. Man sagte mir, daß er Sucksack genannt werde und daß die Tradition die Sage von ihm habe, wie er die Gewohnheit habe, dem in der Sonne ruhenden Crocodil in den Rachen einzubringen, um wegzupicken, was diesem zwischen den Zähnen hangen geblieben sey. Nachdem dieß

Was sind das für Vögel? Hr. John Mador sagt in seinen Excursions in the holy Land, Egypt, Nubia, Syria etc. Ich habe an den Ufern des Nils häufig einen Vogel gesehen, von der Größe einer Taube, oder vielleicht etwas größer, von schönem Gefieder, welcher, wenn er fliegt, mit den Flügeln ein zwitscherndes Geräusch macht.

geschehen, gebe er dem Crocodil einen Wink, daß er wieder abzuziehen wünsche: worauf das Reptil augenblicklich seinen Rachen
öffne und dem lebenden Zahnstocher den Abzug gestatte.

In Beziehung auf den Weinstock hat man in Ma-
deira eine merkwürdige Beobachtung gemacht. Der beste Wein
wird auf der Südseite der Insel erhalten, während der auf der
Nordseite, welche Verdelho genannt wird, Weine von anderen
Plätzen durchaus nicht übertrifft. Die Merkwürdigkeit aber besteht
darin, daß, wenn man einen Weinberg anlegt, immer Fechser von
Verdelho vorgezogen werden. Der bessere Boden und die mildere
Temperatur wirken so, daß sie aus den Verdelhostöcken die beste
Frucht hervorbringen, während Fechser von der Südseite der Insel
immer nur Wein von geringerer Qualität geben.

Heilkunde.

Fall von gelungener Bildung eines künstlichen Afters bei einem Erwachsenen.

Von Daniel Pring.

Madame White, 64 Jahr alt, sonst gesund, bekam im
Sommer 1819 eine Dysenterie, welche mit Merkur, Opium,
Ipecacuanha und mit Salzen behandelt wurde. Gegen Weihnachten wurde sie von einer neuen Darmentzündung mit hart-
näckiger Verstopfung befallen. Sie hatte Diarrhöe, und
wenn diese aufhörte, so konnte sie nur durch Purgirmittel
Stuhl bekommen.

Im Februar 1820 sagte sie mir zum ersten Mal etwas von einer Verstopfung, die sie in dem untern Theile des
Darmcanals fühle; alles schien, nach ihrer Angabe, an einer
Stelle angehalten zu werden, und wenn die Stoffe dieses Hinderniß überwunden hatten, fühlte sie sich von ihren Schmerzen erleichtert. Bei der Untersuchung mit dem Finger fand
ich nichts Krankhaftes. Aber eine eingeführte Bougie erreichte
ungefähr vier Zoll vom anus ein Hinderniß. Die Bougie
wurde alle zwei Tage eingeführt, und bei'm dritten oder vierten Male ging sie frei durch das Hinderniß hindurch. Eine
Bougie von mittler Größe drang ungefähr sieben Zoll tief
ein; dort wurde sie vollkommen aufgehalten: eine Urethral-
bougie ging auch nicht weiter, und bog sich um, als ich den
Durchgang erzwingen wollte. Wiederholte Versuche waren
erfolglos. So lange der Leib durch regelmäßige Anwendung
des ol. ricini, des Epsomsalzes u. s. w. offen erhalten
wurde, wurde das Leiden der Kranken besänftigt; so wie
aber diese Mittel erfolglos wurden, wie dieß einige Male geschah, so entstand eine Verstopfung, die durch die kräftigsten
Purganzen kaum wieder beseitigt werden konnte. Am 25.
entstand vollkommne Verstopfung. Salze, Senna, Aloe, Coloquinten, Jalappa, Scammonium, Gummi Gutti, Elaterium, Calomel, Ricinusöl, verschiedenartige Klystire, wurden
erfolglos angewendet. Der Puls war ungefähr 90, selten
über 100. Die Zunge rein und trocken. Kein freiwilliges
Erbrechen. Der Unterleib war bedeutend aufgetrieben, etwas
empfindlich. Ein Aderlaß brachte keine Besserung, eben so
wenig das Laudanum, welches bei'm Fehlschlagen aller Mittel mit der unwahrscheinlichen Voraussetzung einer spastischen
Affection gegeben wurde.

Da es nun klar war, daß das Hinderniß, was auch
seine Ursache seyn möchte, unüberwindbar sey, so schlug ich
meiner Patientin als letztes Rettungsmittel die Anlegung eines künstlichen Afters vor. Sie widersetzte sich nicht. Ein
hinzugerufener Arzt war derselben Meinung.

Den andern Morgen, am 17. Juli, 12 Tage nach begonnener gänzlicher Verstopfung der faeces, begab ich mich
mit Hrn. George Skinner zu der Kranken. Ihr Zustand hatte sich verschlimmert und sie willigte in die Operation. Sie wurde auf einen Tisch gelegt und ich machte auf
der linken Seite des Bauchs einen Einschnitt, welcher ungefähr zwei Zoll oberhalb der spina anterior superior ilei
und einen Zoll weit nach innen begann, und schief nach unten und innen bis ⅜ Zoll weit vom Rande des Fallopischen
Bandes fortgesetzt wurde. Die Bauchmuskeln bedeckende
fascia war also in einer Ausdehnung von 3 – 4 Zoll bloßgelegt. Es wurde alsdann eine Oeffnung durch den musculus obliquus externus, obliquus internus und trans-
versus gemacht und vermittelst eines auf dem Finger geleiteten Bistouri's in der Ausdehnung der äußern Wunde erweitert. In das bloßgelegte Peritoneum wurde eine kleine
Oeffnung gemacht und bis zu 2 oder 3 Zoll erweitert. Da
die Kranke sehr unruhig war, und das Zwerchfell und die
Bauchmuskeln sich heftig zusammenzogen, so stürzte eine bedeutende Masse von Dünndarm durch den obern Theil der
Wunde heraus, sie wurde aber bald wieder zurückgebracht.
Der Dickdarm wurde etwas oberhalb seiner curvatura sig-
moidea bloßgelegt und an dieser Stelle anderthalb Zoll weit
eingeschnitten. Der Darminhalt wurde unmittelbar darauf
mit großer Gewalt und in eine bedeutende Entfernung herausgetrieben. In dem Maaße, als die Stoffe sich entleerten,
zog sich der Darm zurück, und er fing an, seine Stelle zu
verlassen. Es wurde deßhalb ein Faden durch den untern
Theil der Oeffnung gezogen und in der äußern Wunde erhalten, bis die Därme vollkommen leer waren. Das Hinderniß konnte mit dem eingeführten Finger nicht gefühlt werden. Die Darmöffnung wurde durch vier Suturen an die
äußere Wunde geheftet. Die Wunden der Tegumente wurden in ihren Winkeln ober- und unterhalb der Darmöffnung
durch zwei Suturen und Heftpflaster vereinigt. Die Oeffnung wurde mit einer leichten Compresse bedeckt. Die Kranke
fühlte sich erleichtert, hatte mehrere flüssige Stühle, nahm
etwas Haferschleim zu sich und schlief ein wenig in der Nacht.
Den folgenden Tag hatte die Wunde ein gutes Aussehen,
der Puls war zwischen 100 und 110, die Zunge trocken,

der Leib ſehr wenig empfindlich. Den britten Tag war die Wunde ſehr entzündet, und die Suturſtiche geneigt zu ulceriren. Die Tegumente hatten ſich nur in einer kleinen Ausbehnung vereinigt, und im Ganzen war das Ausſehen der Kranken ungünſtig. Der Puls war frequent und ſchwach, die Zunge trocken und ulcerirt, und es war ein anderer Ausgang als der Tod nicht zu erwarten. Die Entzündung der Wunde, welche erpſipelatöſer Natur war, nahm fortwährend zu, und in acht oder zehn Tagen brachte ſie eine ausgedehnte Gangrän und die vollkommne Zerſtörung der Haut, des Zellgewebes, der fascia mehrere Zolle weit um die Wunde herum hervor. Das Colon lag in der ganzen Ausdehnung des Schnittes bloß da. Seine Ränder waren eingeſtülpt. Seine Farbe war dunkelroth, und man ſah, daß es feſte Verbindungen mit dem es umgebenden Muskelrande eingegangen hatte. Die Wunde wurde während dieſer Zeit mit Breiumſchlägen bedeckt und die Kranke bekam China, Ammonium, eine aromatiſche Latwerge, Portwein, Bouillon und Abführmittel. Der Mund, die Zunge und die Kehle, welche mit Aphthen und Geſchwüren bedeckt waren, wurden mehrere Male mit einer Auflöſung von Alaun in Honig und Waſſer ausgeſpült.

Die Entzündung, welche faſt den ganzen Unterleib und die Hüfte bedeckt hatte, wurde geringer; die Gangrän hatte ſich ungefähr vierzehn Tage nach der Operation begränzt. Es war alsdann eine große, klaffende Wunde von ſchlechtem Ausſehen vorhanden. Die Zerſtörung des Zellgewebes und der unter der Haut liegenden fascia war ſo bedeutend, daß eine Sonde kaum bis zu ihren Gränzen reichte, in welcher Richtung es auch ſeyn mochte. Die Kräfte waren ſo ſehr geſunken, daß es unmöglich war, die Vernarbung einer ſo bedeutenden Wunde zu hoffen. Allmälig heilte ſie dennoch, und die Verwachſung der Flächen einer großen Höhle, welche ſich von der Wunde bis gegen die Rippen und den Rücken hin erſtreckte, wurde durch ein Haarſeil begünſtigt.

Während der vier oder fünf erſten Wochen nach der Operation konnte die Kranke keinen Urin laſſen, und man mußte ſie zweimal täglich catheteriſiren. Sie hatte während der Vernarbung der Wunde Froſtſchauer mit Empfindlichkeit des Leibes, bisweilen Erbrechen; ſie hatte mehrere Anfälle einer erpſipelatöſen Entzündung, welche manchmal faſt den ganzen Rücken, die Hüfte, die Hinterbacken und den hintern Theil der Schenkel bedeckte. Die Gegend des Kreuzbeins wurde ulcerirt.

Trotz aller dieſer Hinderniſſe und Zufälle verbeſſerte ſich der Zuſtand der Kranken immer mehr. Wenn ihr allgemeines Befinden gut war, machte die Heilung der Wunde raſche Fortſchritte; ſelten jedoch dauerte dieſe Beſſerung mehrere Tage lang; es entſtand alsbald wieder Fieber, Erpſipelas, Unwohlſeyn oder irgend etwas, was die Heilung aufhielt. Die Fäcalmaterien ſchienen die Haut ſehr zu reizen. Es iſt wahrſcheinlich, daß die Entzündung vorzüglich dieſer reizenden Einwirkung zugeſchrieben werden muß.

Während der drei erſten Monate nach der Operation hatte die Kranke nicht die mindeſte Ausleerung durch den natürlichen After, obgleich ſie fortwährend Abführmittel nahm, der Darminhalt immer flüſſig, und die periſtaltiſche Bewegung außerordentlich erreicirt war. Den erſten October, über drei Monate ſeit der vollkommnen Kothverhaltung, ging ein verhärtetes und längliches Fäcalſtück durch den natürlichen After. Seitdem wiederholte ſich dieſelbe Ausleerung unregelmäßig. Dieſe Stoffe hatten jedoch einen zu geringen Umfang, als daß man hoffen konnte, daß das Lumen des Darms ſich je wiederherſtellen werde.

Die künſtliche Oeffnung zeigte gar keine Neigung ſich zu verengen; die Ränder der Darminciſion hatten ſich während der erſten vierzehn Tage in einer ſehr geringen Ausdehnung vereinigt, und die Oeffnung wurde ſo durch ein Band in ein oberes größeres und ein unteres kleineres Loch getheilt. Zwei Apoplexieanfälle, welche die Kranke ſpäter erlitt, wurden durch geeignete Mittel unſchädlich gemacht. Der künſtliche After beſteht nunmehr ſeit fünf oder ſechs Monaten. Der Zweck der Operation iſt vollkommen erreicht worden. Die Dame befindet ſich wohl und hat keine dyſenteriſchen Zufälle mehr gehabt. Sie kann aufſtehen und ſelbſt in dem Hauſe umherziehen, jedoch hat ſie dieß nicht oft gewagt. Sie hat gewöhnlich einen bis zwei Stühle täglich, und die Entleerungsweiſe verurſacht ihr im Ganzen nicht ſo viel Unbequemlichkeiten, als man erwarten ſollte. In der aufrechten Lage hat der Darm eine große Neigung vorzufallen. Dieß wäre nicht erfolgt, wenn die Haut nicht brandig geworden wäre, indeß war der Vorfall nicht bedeutend. Man hofft, daß dieſe Anlage zu Vorfällen abnehmen werde, wenn man einen beſſern Apparat erfunden haben wird. —

Hr. Dr. Freer erzählt:

M. Lowe, 47 Jahr alt, erfreute ſich einer ununterbrochen guten Geſundheit. Vor 15 Monaten fing er an durch Dyspepſie mit Verminderung der Gallenſecretion zu leiden. Mercurialien, einige tonica, das Waſſer von Leamington, mit Unterbrechungen angewendet, hatten nur momentanen Erfolg. In dem Augenblicke, als ich ihn ſah, klagte er über einen dumpfen und fixen Schmerz in dem untern Theile des Bauchs; er litt an Flatulenz und andern dyspeptiſchen Symptomen. Er war außerordentlich verſtopft, und die faeces waren auf ungewöhnliche Weiſe zuſammengedrückt; er hatte auch etwas Beſchwerden bei'm Harnlaſſen.

Mit dem eingeführten Finger erkannte man eine Zuſammenziehung des Maſtdarms, welche aber ſo hoch war, daß ſie kaum mit der Fingerſpitze erreicht werden konnte. Die Vorſteherdrüſe war bedeutend angeſchwollen. Es wurden mehrere Wochen lang Maſtdarmbougies angewandt. Das Allgemeinbefinden des Kranken ſchien ſich zu beſſern, aber der Stuhl war immer noch ſehr beſchwerlich, und die Form der Kothmaſſen zeigte, daß das rectum eben ſo verengt war, als früher. Die Bougie konnte nicht über fünf Zoll eingebracht werden. Die Krankheit machte ſichtlich Fortſchritte. Der Kranke hatte ſeit dem 27ten keinen Stuhl gehabt, und war ſehr mißgeſtimmt, der Leib, obgleich

nicht schmerzhafter als gewöhnlich, war sehr gespannt. Kleine
Dosen Elaterium und Aloeklystire blieben ohne Erfolg.

Den 3ten Februar hatte der Kranke noch keinen Stuhl
gehabt; er hatte gebrochen, ein bei ihm sehr seltener Zufall.
Sein Leib war aufgetrieben und hart, ohne bei der Berührung
empfindlich zu seyn. Der Puls war lebhaft, im Ausdruck
viel Angst. Durch die Verengerung konnte auch nicht die
kleinste Bougie durchgebracht werden. Ich versuchte die Verengerung durch den Schnitt zu trennen, dieß gelang jedoch
nicht; es kam etwas Gas und ein wenig Blut, aber keine
faeces. Ein Opiat und ein lauwarmes Bad. —

Den andern Tag war er wohler; er hatte eine bessere
Nacht gehabt, was nicht zu erwarten war; er hatte keine
Uebelkeit, war aber auch nicht zu Stuhl gewesen, obgleich
er mehrere Dosen Ricinusöl und Klystire bekommen hatte.

Es war also klar, daß von der Anwendung von Arzneien
nichts zu erwarten sey; der Tod war unvermeidlich. Es
wurde also dem Kranken als letztes aber gewagtes Rettungsmittel die Anlegung eines künstlichen Afters vorgeschlagen.
Er willigte in jede Operation ein, um sich nur seiner zahlreichen Familie zu erhalten.

(Die Möglichkeit einer solchen Operation hatte sich dem
Dr. Delys und mir zwei Jahre vorher gezeigt. Es war
dieß ein ohne After geborenes Kind, bei dem man das rectum vermittelst des Troicarts nicht erreichen konnte. Ich
öffnete das colon in der linken fossa iliaca; eine große
Menge meconium wurde ausgeleert und während der drei
Wochen, welche das Kind lebte, gingen die Stoffe frei durch
die Wunde ab; das Kind saugte und schlief gut; es schien
gar nicht zu leiden, starb aber an Marasmus. Der Darm
hing fest an der Wunde der Bauchwände an; es war keine
Spur von irgend einer Entzündung vorhanden. Die Operation hatte also offenbar das Leben des Kindes verlängert.)

Die Operation wurde jedoch verschoben, bis sie dringend
nothwendig seyn würde. Die Nacht vom 4ten zum 5ten
Februar war aber sehr unruhig, es trat mehreremal Erbrechen ein; der Kranke war durch Schluchzen sehr angegriffen,
er klagte über Schmerz im ganzen Leib und verlangte um
jeden Preis operirt zu werden. Es wurde also am 5ten
die Operation vorgenommen. Ich machte in der linken
Darmbeingegend ungefähr einen Zoll über und einen über zwei
Zoll vor der spina anterior superior des Darmbeins einen
ungefähr drei Zoll langen Einschnitt, trennte mit Vorsicht
die Muskeln und das Bauchfell, löste mit einiger Schwierigkeit mittels des Fingers das den Dickdarm bedeckende und
mit ihm verwachsene Epiploon, firirte das colon vermittelst
einer Sutur an jedem Winkel der Wunde und machte einen zwei Zoll betragenden Längenschnitt in den Darm. Es
schoß unmittelbar darauf eine bedeutende Menge flüssiger und
sehr übelriechender Stoffe und viel Gas hervor. Der sowohl vor als nach dem Darmeinschnitt eingeführte Finger,
überzeugte mich, daß es wirklich das colon war, welches
geöffnet wurde. Ich machte die äußere Incision so klein
als möglich, weil Versuche an Hunden mir nachgewiesen hat-

ten, daß durch größere Wunden die Gedärme mit großer
Gewalt hervorstürzen. Der Leib wurde weich und die
Schmerzen viel geringer. Einige Stunden darauf bekam er
ein lauwarmes Bad.

Bis zum 6ten Februar hatte der Kranke mehrere flüssige Stühle durch die Wunde, und es strömte viel Gas heraus. Der Leib war weich, nicht schmerzhaft; aber der
Kranke klagte viel über Schmerz in den Lenden. Der Puls
war frequent, die Zunge belegt. — Rheum mit Magnesia,
Abends ein Opiat. —

Den 7ten klagte der Kranke über heftige Schmerzen im
Unterleibe. — Aderlaß von 12 Unzen. — Der Schmerz
wurde geringer, der Puls, obgleich frequent, wurde weich.
Der Kranke klagte immer noch über einen unerträglichen
Schmerz in der Lumbargegend, ließ jedoch seinen Urin ohne
alle Beschwerde. Die Wunde hatte ein gutes Aussehen;
die unterhaltenen Stühle flossen ungehindert aus dem künstlichen After. Er hatte fortwährendes Bauchgrimmen, der
Leib war jedoch weich, und beim Druck unschmerzhaft.

Am 8ten Februar wurde, da die Stuhlausleerungen
nicht mit der gehörigen Leichtigkeit erfolgten, lauwarmes
Wasser durch die Darmwunde eingespritzt. Die Flüssigkeit
drang ohne Mühe und ohne Schmerz ein, führte aber keine
Fäcalstoffe ab. Der Lumbarschmerz dauerte in demselben
Grade fort; der Kranke war durch ein fast fortwährendes
Schluchzen und einen sehr starken Durst ermattet. Die
Zunge war trocken, belegt, der Puls frequent. — Calomel
mit Rheum; ein Opiat Abends, und wenn der Schluchzen
am heftigsten war, nahm der Kranke einen Eßlöffel voll von
einer Camphermixtur mit tinct. Opii ammoniata und Aether sulphuricus.

Den 9ten Februar. Das Abführmittel hat gut gewirkt. Die Nacht war jedoch eben so unruhig und der
Schluchzen sehr heftig.

Den 10ten Februar. Keine bemerkbare Veränderung;
der Darm hing mit der Wunde fest zusammen, die Faden
wurden weggenommen. Die Nacht war wieder unruhig gewesen.

Den 11ten. Die Nacht war etwas besser. Der Kr.
ist sehr abgespannt, seine Physiognomie ängstlich. Er hatte
bisher keinen Appetit gehabt; jetzt klagte er über ein unbe-
hagliches Gefühl im Magen, wovon er sich nur dadurch befreien konnte, daß er sehr häufig Nahrung in kleinen Quantitäten zu sich nahm. Er hatte von jeher, namentlich aber,
seitdem die Stuhlverstopfung Wurzel faßte, nur von flüssigen,
sehr leichten und sehr substantiellen Speisen und den gelinde-
sten Getränken gelebt. Seit gestern bekam er, da er sich sehr
matt fühlte, auf sein eignes Verlangen und etwas Wasser mit
Wein. Der Puls war sehr frequent und sehr schwach, die
Zunge rein, aber trocken, der Durst unerträglich, der Mund
pappig.

Den 12ten. Die Nacht war etwas ruhiger. Der Kr.
schien sich zu bessern. Er hatte mehrere Stühle gehabt, von
denen einige dem Meconium, andere den grünlichen Stüh-
len der Kinder ähnlich waren. Der Schluchzen war noch

ſehr läſtig. Durch den After war eine große Menge einer ſehr dunkeln Flüſſigkeit abgegangen, welche dem in einem putreficirten Zuſtande befindlichen, mit etwas Excrementalſtoff vermiſchten Blute glich. — Eine eröffnende Mixtur mit Rhabarbertinctur.

Den 13ten. Die Nacht war ſehr unruhig. Der Kr. ſchien abgeſchlagener und unruhiger, als je, er verzweifelte an ſeinem Aufkommen. Der Puls war ſehr frequent und ſehr ſchwach, die Haut kalt und klebrig; der Durſt ſehr lebhaft, kein Appetit. Der Leib war ſehr geſpannt. Es waren mehrere, den geſtrigen ähnliche, Stühle erfolgt. Der Zuſtand des Kranken war hoffnungslos. Der Darm hatte ſich ſeit geſtern ungefähr 3 Zoll weit nach außen umgeſtülpt, wurde aber leicht wieder zurückgebracht und vermittelſt einer leichten Compreſſivbinde zurückgehalten.

Den 14ten war der Kranke todt. Die Section wurde nicht geſtattet. (Mitgetheilt im Essai sur un nouveau mode de dilatation appliqué aux rétrécissements du rectum; par *A. Costallat.* Paris 1834.)

Miscellen.

Eine Verbindung von ſchwefelſaurer Magneſia (Epſomſalz) mit Schwefelſäure empfiehlt, als ein angenehmes, ſicheres und wirkſames, faſt für alle Fälle paſſendes Purgirmittel, James Henry, M. D. Vicepräſid. des King and Queen's College der Aerzte in Ireland. Die Vorſchrift dazu iſt: Man ſättige eine Quantität kaltes Waſſer mit dem Salze, filtrire die Auflöſung durch Papier und ſetze zu 7 Unzen derſelben 1 Unze verdünnter Schwefelſäure der Dubliner oder Edinburgher Pharmacopöen. Hiervon giebt man einen Eßlöffel voll in einem Weinglas voll Waſſer. Dieß iſt bei leicht zu purgirenden Perſonen zu einer ziemlich ſtarken Abführung hinreichend. Eine ſolche Portion, 1 oder 2 Stunden vor dem Frühſtück genommen, bringt unmittelbar nach demſelben in gewöhnlichen Fällen eine oder zwei Ausleerungen zu Wege. In andern muß die Gabe in Zwiſchenräumen von 2 bis 3 Stunden, je nach den Umſtänden, wiederholt werden. Bei dringenden Symptomen kann man alle Stunden einen Eßlöffel bis zur Wirkung geben; und in ſehr dringenden Fällen kann eine geſättigte Auflöſung des Salzes, welche nur die Hälfte der oben angegebenen Quantität Säure enthält, zu zwei Eßlöffel alle Stunden gereicht werden. Das Mittel wirkt gewöhnlich ſchon 2 oder 3 Stunden nach der erſten oder zweiten Gabe, und es bedarf äußerſt ſelten einer dritten; bewirkt weder Erſchö-

pfung, Ekel, ſondern benimmt dieſe im Gegentheil und ſtillt die Reizbarkeit des Magens; treibt Blähungen und verhindert eine neue Erzeugung derſelben; verurſacht keine Unbehaglichkeit, Schwäche, oder Grimmen; kann täglich, oder einen Tag um den andern beträchtlich lange ohne Nachtheil für Magen und Darmcanal, auf welche es im Gegentheil günſtig wirkt, fortgenommen werden; bewirkt keine Reizung des Maſtdarms, wie ſonſt Purgirmittel, ſteht gut (wie Waſſer) aus, riecht nicht, ſchmeckt nicht ſchlecht, iſt überall leicht zu haben, hält ſich lange, kurz iſt, nach der Ueberzeugung des Verf., eins der beſten Abführmittel. (Edinburgh medical and surgical Journal, Jan. 1834.)

Ueber die Wirkung der Codeine (des neuen Beſtandtheils des Opiums) hat Dr. Runkel an Kaninchen und Hunden Experimente gemacht, welche folgende Reſultate ergaben: 1) Die Wirkung der Codeine unterſcheidet ſich von der der Morphine dadurch, daß ſie die hintern Theile nicht lähmt, und daß die Morphine und ihre Salze bloß betäubend zu wirken ſcheinen. 2) Die Codeine im Gegentheil ſcheint eine ſehr deutlich aufregende Kraft zu haben; ſie veranlaßt Convulſionen in den Gliedmaaßen und den Hautmuskeln, und wenn ſie den Tod veranlaßt, ſo wirkt ſie offenbar auf das kleine Gehirn und verlängerte Mark, welche von Blut ſtrogen, während zugleich bei den noch lebenden Thieren die Erſcheinung des Rückwärtsgehens zu bemerken war. — Die Codeine afficirt die Organe des Kreislaufs, verſetzt die Theile, mit welchen ſie in unmittelbare Berührung kömmt, in Entzündung, wirkt heftiger, wenn ſie in's Zellgewebe gemacht, als wenn ſie in den Magen gebracht wird; iſt in Wunden nicht wieder zu finden, wird alſo abſorbirt, und ſcheint doch endlich ihre Specialwirkung auf die Harnwerkzeuge auszuüben und die Ausſcheidung des Urins aufzuheben. 3) Ihre Wirkung unterſcheidet ſich von der des extr. opii aq. dadurch, daß ſie den hintern Körpertheil nicht lähmt, iſt ihr aber dadurch wiederum ähnlich, daß ſie in den Zellgewebe kräftiger wirkt, als in den Magen und ſowohl Reſpiration, als Circulation beſchleunigt. (Journal de chimie médicale.)

Polytome iſt ein von Hrn. Osborne im Dublin Journal Jul. 1833 angegebenes Inſtrument, welches er ſtatt des gewöhnlichen Schröpfſchnäppers empfiehlt, weil dieſer zu tief einſchlage und, indem man das Zellgewebe mit dem Ziehen des Schröpfkopfes in die Hautwunden eindringt, die Blutung gehemmt werde. Sein Inſtrument beſteht aus mehreren nebeneinander an einem Stab befeſtigten runden Meſſerchen, mit denen ſehr oberflächliche Parallelſchnitte gemacht werden.

Präputialſteine, welche zwiſchen der Eichel und dem Präputium eines Kindes gefunden und von Herrn Boudigny analyſirt wurden, beſtanden aus phosphorſaurem Talk, Ammonium und aus harnſaurem Ammonium, ſo daß ſie hiernach wohl mehr Niederſchläge aus dem Urin, als Ergebniß der Schleimabſonderung der Talgdrüſen der genannten Gegend, zu ſeyn ſcheinen. (Journ. de Chimie médicale; Juin 1833.)

Bibliographiſche Neuigkeiten.

Archiv für Anatomie, Phyſiologie und wiſſenſchaftliche Medicin; herausgegeben von Dr Joh. Müller. Berlin. Jahrgang 1834. Heft I. Mit 1 Kupfertafel. — Alle 2 Monate ſoll ein Heft von 6 Bogen von dieſer Fortſetzung des Meckel'ſchen Archivs erſcheinen. Dieſes 1ſte Heft enthält: 1) Einen Jahresbericht über die Fortſchritte der anatomiſch-phyſiologiſchen Wiſſenſchaften im Jahr 1833. 1ſte Hälfte. 2) J. Müller, über die Structur und weißen Körperchen in der Milz. 3) Schlemm, über die Anzahl der nerv. coccygei und die an ihnen neuentdeckten Knoten. 4) Müllers des Kreosotwaſſers zur Conſervation des Gehirns und Rückenmarks.

Nouveaux principes de la philosophie naturelle déduits d'obser- vations et d'expériences de physique très-faciles à renouveller et appliqués à la physiologie universelle, au magnetisme et à l'électricité, à la théorie de la lumière et des couleurs, ainsi qu'à la théorie de l'audition; et servant à démontrer qu'il ne peut y avoir de mouvement spontané dans la nature; par *J. N. Déal.* Paris 1834. 8.

Nouveau traité des retentions d'urine, occasionnées par les ré- trécissemens du canal de l'urèthre, par les maladies de la glande prostate et par celles de la vessie; de la Blennorrhagie et de sa cure et traitement des diverses affections qui en sont la suite suivant la méthode de Ducamp, perfectionnée par *Douchet* etc. Paris 1834. 8. M. 1 K.

Notizen

aus

dem Gebiete der Natur- und Heilkunde,

gesammelt und mitgetheilt von Dr. L. F. v. Froriep.

| Nro. **856.** | (Nro. **20.** des **XXXIX.** Bandes.) | März **1834.** |

Gedruckt im Landes = Industrie = Comptoir zu Weimar. Preis eines ganzen Bandes, von 24 Bogen, 2 Rthlr. oder 3 Fl. 36 Kr.,
des einzelnen Stückes, 3 ggl. Die Tafel schwarze Abbildungen 3 ggl. Die Tafel colorirte Abbildungen 6 ggl.

Naturkunde.

Ueber die Gleichzeitigkeit des Menschen und der verloren gegangenen Thierarten.

Von Marcel de Serres.

(III. Artikel als Folge von No. 790. und 804. dieser Blätter.)

Sind Landthiere seit dem Erscheinen des Menschen untergegangen, und hat der Mensch mit dem heutzutage untergegangenen oder wenigstens keine Repräsentanten mehr auf der Erde darbietenden Arten gleichzeitig gelebt?

In dem von mir herrührenden zweiten Artikel über diese Frage (s. Not. b. Nat. und Heilk. No. 805. Band XXXVII. No. 11.) suchte ich zu beweisen, wie genau die Alten in der Darstellung wirklicher Geschöpfe waren, die sie auf ihren Denkmälern abgebildet haben, und welche Aufmerksamkeit sie darauf verwendet haben, die verschiedenen Theile, aus denen ihre mythologischen oder phantastischen Wesen zusammengesetzt sind, mit derselben Sorgfalt wiederzugeben. Ich habe die verschiedenen eingebildeten Geschöpfe, womit Griechen und Römer ihre Mythologie bereichert haben, durchgenommen, und glaube, bewiesen zu haben, daß, wenn die Künstler des alten Aegyptus in der Zusammensetzung oder Darstellung allegorischer eingebildeter Geschöpfe keine besondere Regel befolgt haben, sie auch keineswegs die ersten waren. Endlich glaube ich ebenfalls dargethan zu haben, daß die alterthümlichen Denkmäler Griechenland's und Italien's die Bilder sehr vieler Thiere und selbst mancher Rassen von Hausthieren darstellten, welche so sorgfältig wiedergegeben waren, daß man sie leicht erkennen konnte, und dasselbe ist mit den neben ihnen abgebildeten Pflanzen der Fall.

Jetzt bleibt mir nur noch zu beweisen, daß sich auf diesen Denkmälern Darstellungen von Thieren finden, deren Existenz, obgleich dem Ganzen ihrer Organisation nach möglich, gleichwohl nicht bis auf uns gekommen zu seyn scheint. Ihre Arten, wenn sie wirklich je gelebt haben, sind demnach von Erscheinung des Menschen her durch Einwirkung von Umständen vernichtet worden; eine Thatsache, welche sich kaum bezweifeln läßt, da man Anzeigen ihrer Existenz auch in andern Schriftstellern findet, die ihn, welche sie beschrieben haben. Diesem Gegenstand soll gegenwärtige Abhandlung gewidmet seyn, welche ich hiermit dem Urtheil der Geologen und Alterthumsforscher unterwerfe. Bevor ich aber auf diesen wichtigen Punct näher eingehe, muß ich noch auf die an mich ergangenen Fragen über die mythologischen oder wirklichen auf den antiken Denkmälern dargestellten Geschöpfe antworten.

I. Ueber die auf antiken Monumenten abgebildeten oder ausgehauenen mythologischen Geschöpfe.

Ich habe in meiner zweiten Abhandlung die Bemerkung gemacht, daß die verschiedenen Theile, aus denen die mythologischen

oder allegorischen Geschöpfe Griechenland's und Rom's zusammengesetzt waren, sich unzweifelhaft auf wirkliche Geschöpfe bezögen, und daß nur ihre Zusammengruppirung ein Werk der Phantasie und monströs sey.

Auch habe ich gesagt, daß bei der Chimära selbst, diesem Ungeheuer, welches aus verschiedenen Theilen von Thieren zusammengesetzt war, man die Streben des Genius nach der Wahrheit wiederfinde. Dieser Satz ist mehrern Gelehrten sonderbar vorgekommen, und ich schätze die Verdienste derselben viel zu sehr, als daß ich mir nicht auf alle Weise Mühe geben sollte, ihnen die Richtigkeit desselben darzuthun.

Das Werk von La Chausse, welches den antiken Gemmen gewidmet ist (Le Gemme antiche, Roma 1700), liefert eine große Menge Abbildungen der Chimära. Da diese Abbildungen die Wahrheit meiner Behauptung beweisen, so werde ich in dieser Beziehung einiges Nähere darüber angeben.

Die Chimära findet sich auf der 176. Tafel mit dem Kopfe und Rumpfe eines Pferdes, welches auf zwei Menschenköpfen ruht, die in Füße eines Sumpfvogels und den Schwanz irgend eines andern Vogels endigen. Eine solche Zusammenstellung ist ohne Zweifel so sonderbar, als lächerlich; aber untersucht man jeden der zusammensetzenden Theile mit einiger Aufmerksamkeit, so sieht man, daß sie das sind, was sie in der That seyn müssen.

Derselbe Fall ist es mit den Darstellungen der Chimära, welche sich auf den folgenden Tafeln finden. So ist die auf der 177. Tafel mit dem Kopfe und dem Hals eines Pferds, den Kopf eines Widders mit einem Menschenkopfe zusammengesetzt, und das Ganze wird von Beinen mit Spornen, oder von Beinen irgend eines hühnerartigen Vogels getragen. Diese Beine mit Spornen endigen nicht in krumme Nägel: denn die Alten hatten sehr gut bemerkt, daß Vögel mit dergleichen Nägeln keine Sporne tragen. Diese Beobachtung, welche ihrem Scharfsinne nicht entgangen war, beweist, mit welcher Aufmerksamkeit die Alten die Natur erforschten, besonders da man nicht annehmen kann, daß sie eine solche Thatsache a priori vermuthet hätten.

Eben so verhält es sich auch mit der auf der 178. Tafel abgebildeten Chimära. Sie ist stets in ihrem obern Theile mit dem Kopfe eines Pferdes abgebildet, auf welchem ein Mensch oder ein geflügelter Genius reitet, und dieser selbst sitzt auf einem Menschen- und auf einem Widderkopfe und endiget mit Füßen eines fleischfressenden Vogels, welche mit starken Krallen bewaffnet sind. Die 179. Tafel stellt die Chimära dar aus einem Hahn gebildet, von dem man nur den Kopf und den Hals in gleicher Höhe mit einer Waffentrophäe und einem Menschen, einem Widderkopfe, welche zusammengewachsen sind, ruhen sieht. Und dieses Ganze endigt in einen Hahnenschwanz und in Füße eines fleischfressenden Vogels. Eine solche Vereinigung ist ohne Zweifel eben so ungewöhnlich als merkwürdig, aber die zusammensetzenden Theile, für sich betrachtet, bleiben in den Gränzen der Wahrheit.

Die Chimära ist auf Taf. 180. als Minerva, mit dem Helm und zwei Lanzen bewaffnet, dargestellt; ihr Körper ist mit Vogelfedern bedeckt und endigt in Vogelfüße, welche auf einem Halme und einer Aehre von Getraide ruhen. Die Art, wie die Chimära auf der folgenden (181.) Tafel abgebildet wird, ist nicht weniger merkwürdig. Eine Taube sitzt auf dem Rücken eines Straußes, ein Räken, welcher großen Theils aus einem Widderkopfe gebildet ist, welcher in Vogelfüße endigt, die einen Pflanzenstängel fassen; ein Schmetterling schwebt um den Kopf des Straußes herum. Die Chimära auf der 182. Tafel ist nicht weniger sonderbar; ihr oberer Theil ist aus einem Menschenkopfe gebildet, welcher auf einem Widderkopfe ruht, unter dem sich Vogelfüße finden. Was den Widder betrifft, so hat dieser in seinem Maule Getraideähren, von einer Pflanzengattung, die man auf antiken Denkmälern oft sieht.

Die Chimära endlich, wie sie auf der 183. Tafel abgebildet ist, bildet eine nicht weniger wunderbare Zusammengruppirung. Der obere Theil besteht aus einem Reptil, welches auf einer Wolkin ruht, diese sitzt auf dem Rücken eines Wolfs, welcher seinerseits auf einem wilden Schweinskopfe und einem andern Widderkopfe ruht, zwischen denen die Keule des Herkules hängt. Ich wiederhole es, alle Theile, welche eine so sonderbare Zusammenstellung bilden helfen, halten sich so genau innerhalb der Gränzen des Wahren, daß jeder derselben sich auf den ersten Blick leicht erkennen läßt.

Man darf jedoch nicht glauben, daß diese Wahrheit und diese Genauigkeit, welche man in den Zusammenstellungen antrifft, die zur Erinnerung an die Chimära bestimmt sind, sich nicht auch in andern antiken Denkmälern wiederfinden, auf denen verschiedene fabelhafte Thiere dargestellt sind. In der That haben die Alten oft ihren Gott Apis, den sie als Stier darstellten, mit dem Osiris vereinigt, den sie in der Gestalt eines Löwen abbildeten; und in dieser Vereinigung haben sie für alle Theile, sey es vom Löwen, oder vom Stier, alle eigenthümliche und unterscheidende Kennzeichen beibehalten. Man kann sich davon überzeugen, wenn man die Statuen oder antiken Kamden betrachtet, und besonders, wenn man die von Agostini über die Gemmen (Gemme antiche, Roma 1637.) bekannt gemachten Tafeln in die Hand nimmt.

Eine gleiche Aufmerksamkeit hat bei der Darstellung ihrer Greife beobachtet, denen sie nicht immer einen Adlerkopf, sondern vielmehr Köpfe von einer Menge verschiedener Thiere gaben. Zu Folge der Regel, welche sie sich auferlegt hatten, haben die diesen beständig Füße gegeben, welche mit dem Kopfe angedeuteten Zwecke in Beziehung stehen; oder mit andern Worten, sie haben diese verschiedenen Theile so zusammengeordnet, daß sie die Beziehungen, welche dieselben Lebensbedingungen andeuten, beibehalten.

Dieß ist eine Thatsache, über welche man leicht Gewißheit erhalten kann, wenn man den Blick auf die in den Monumenti etruschi di etrusco nome, dal Francesco Inghirami (Badia Fiesolana, 1821) abgebildeten Greife wirft. Dort finden sich Greife abgebildet, zum Theil mit einem Löwenkopfe, andere mit dem eines Panthers oder eines Esels, oder endlich eines Tapirs. Aber in allen diesen Abbildungen sind die Füße, wie sie entweder Fleischfressern oder Solipeden oder Pachydermen zukommen. Diese Bemerkung ist Hrn. Roulin nicht entgangen, denn er hat beobachtet, daß manche Greife der Alten mit einem sitzenden Tapir vollkommen Aehnlichkeit haben; eine Stellung, welche übrigens dieses Thier sehr oft annimmt. Dieser geschickte Naturforscher hat noch darauf aufmerksam, daß der Kopf des Tapir im Profil Contouren, einem Vogelkopf, und besonders einem Adlerkopf ähnlich, zeigt [*]. Auch haben die Alten häufig ihre Greife mit einem Vogelkopfe, entweder mit einem Adler- oder mit einem Straußenkopfe, und einem Schwanz dargestellt; aber immer haben sie die Aufmerksamkeit gehabt, ihnen auch die für ihre Köpfe passenden Füße zu geben. Bisweilen haben sie bei Greifen, denen sie Adlerköpfe zutheilten, auch

die Ohren beibehalten, als eine Art Zeugniß ihres Ursprungs, welcher sich von einem vierfüßigen Thiere herdatirte.

Bisweilen haben sie auch ihrer Chimära einen Adlerkopf gegeben; denn so ist sie wenigstens in dem Thesaurus gemmarum antiquarum von Gorius (Florentiae 1750) dargestellt; man sieht daselbst einen Adler, mit einer phrygischen Mütze auf dem Kopfe, welcher einen Reiher betrachtet, der auf einem Säulenstumpf sitzt, und einen Degen in seinen Fängen hält. In demselben Werke sieht man die Chimära als Kranich abgebildet, mit einer Eidechse in seinem Schnabel, eine Larve auf dem Rücken und einen Stier unter einem seiner Füße. Auf andern Abbildungen von Gemmen in demselben Werke hat die Chimära Kopf und Hals eines Pferds, welcher auf einem Menschen- und Widderkopfe ruht. Dieser letztere liegt auf dem Rücken eines Adlers, welcher eine Eidechse in seiner Klaue hält. In allen diesen sonderbaren Zusammengruppirungen ist und bleibt jeder der das Ganze bildenden Theile das, was er in der That seyn muß.

Endlich haben die Alten die Genauigkeit so weit getrieben, selbst in der Zusammensetzung ihrer mythologischen oder phantasiegeschöpfe, daß sie, z. B., wenn sie ihre Greife mit dem Kopf und dem Körper eines Tapirs abbildeten, und ihm zugleich einen langen Schwanz geben wollten, den sie in den Organisation dieser Art nicht fanden, den sie der Phantasie entwarfen und ihn in Arabescen zeichneten. Hatten, im Gegentheil, ihre Greife einen Adler- oder einen Löwenkopf mit dem Körper eines fleischfressenden Thiers, so haben sie ihnen gleichbleibend einen Schwanz gegeben, welcher dem fleischfressenden Vierfüßer ähnlich ist, wenn sie ihn nicht in Arabesken dargestellt haben. In diesem Falle sind die Greife, welche auf der 14. Tafel des Recueil des antiquités égyptiennes, étrusques, grecques et romaines von Caylus abgebildet sind. Diese Greife haben in der That einen Adlerkopf mit den Flügeln dieses Vogels, aber da der Körper und die Füße denen von Fleischfressern ähnlich sind, so ist es auch dasselbe mit dem Schwanze. Uebrigens waren bei den Etruskern die Greife dem Apollo geheiligt, an dessen Macht sie erinnerten und später wurden sie als symbolische Bilder der Dichtkunst betrachtet [*].

Die Alten bewahrten demnach gleichbleibend denselben Grundsatz der Zusammenordnung von Formen, bei der Bildung ihrer mythologischen Geschöpfe befolgt, und um dieß noch besser zu beweisen, will ich an die Abbildungen der Sphinx erinnern, welche man auf der 13. Tafel des eben angeführten Werks von Caylus sieht. Es ist bekannt, daß die Alten diese symbolischen Gottheiten gewöhnlich mit dem Kopfe eines jungen Mädchens, und dem Körper und den Füßen eines Löwen abbildeten, indem diese geheimnißvollen Geschöpfe ein Symbol der Nutzen seyn sollten, welchen Aegypten durch die Himmelszeichen der Jungfrau und des Löwen erfuhren, denn die Sonne geht zu der Zeit der Nilüberschwemmungen durch sie. In der erwähnten Abbildung von Caylus stehen die Arme mit dem Kopf in Beziehung, sie sind wirklich Arme von einem jungen Mädchen; aber dasselbe ist nicht mit den Füßen der Fall, welche, auf den Körper Bezug haben, die denen des fleischfressenden Thieren zukommende Gestalt besitzen.

Eben so hat der Steinschneider, dem wir die schöne Kamde in Sardonyr verdanken, auf welcher der Raub der Europa durch Jupiter unter der Gestalt eines Stiers dargestellt ist, diesem Stier, dem er mehr Ausdruck geben wollte, mit einem Menschenkopfe abgebildet; aber da der Körper ganz wie bei einem Wiederkäuer ist, so entsprechen auch die Füße denen, welche diese Thiergattung im Allgemeinen besitzt. Man kann sich davon überzeugen, wenn man einen Blick auf den 5. Band der von mir schon angeführten Galerie von Florenz wirft.

[*] Mémoires pour servir à l'histoire du tapir. (Annales des Sciences naturelles, T. XVIII, p. 26.)

[*] Eben so verhält es sich mit den auf der 22. Tafel des 4. Bandes der Vasa antiqua Hamilton's abgebildeten Greife. Ihr Kopf ist ein Adler- oder ein Löwenkopf, oder ihr Körper ist immer von einem Säugethier entlehnt. Sie unterscheiden sich daher untereinander nur durch den Kopf, und daß sie mehr oder weniger dicke Mähne besitzen oder nicht. Einer dieser Greife frißt einen Gangeshirsch (Cervus Axis).

—

Derselbe Fall findet statt bei dem Triton, welcher eine Nereide trägt, wie in dem folgenden Bande dieser Galerie abgebildet ist. Dieser Triton hat den Kopf und die Brust eines Menschen und den Leib und die Flossen eines Fisches; indem der Künstler ihm nun Füße geben wollte, welche seine Gewohnheiten andeuteten, entlehnte er sie von einem Schwimmvogel. Eben so ist endlich das Roß, welches die Thetis, Gemahlin des Oceanos, trägt, da es in den Meereswogen schwimmen muß, auf den antiken Steinen mit dem Körper und dem Schwanze der Seesäugethiere abgebildet.

Von den übrigen symbolischen Gottheiten kann man dasselbe sagen. So haben, z. B., manche Künstler den Minotaurus mit einem Ochsenkopfe abgebildet, der Körper und alle übrigen Theile sind denen eines Menschen ähnlich; und sie haben hierin die Ideen des Apollodor befolgt. Andre dagegen nahmen die Meinung des Ovid an, und bildeten ihn als ein Ungeheuer, halb Ochs oder halb Stier, semibovemque virum, semivirumque bovem. Diese Ideen haben aber in Griechenland, Italien und auf Sicilien nur wenig Eingang gefunden; denn auf den Münzen und Gemmen, welche auf uns gekommen sind, hat dieses Ungeheuer einen Menschenkopf und den Leib eines Ochsen. Merkwürdig ist es, daß unter der großen Anzahl Veränderungen, welche die Sage vom Minotaurus erfahren hat, keine einzige so weit gegangen ist, daß sie ihm Füße gegeben hätte, welche nicht zu der Gestalt seines Körpers, oder der der übrigen Theile paßten, wie, z. B., Füße von Fleischfressern oder Solipeden gewesen seyn würden. Man kann sich von der Wahrheit dieser Behauptung überzeugen, wenn man auf die antiken Gemälde aus Herkulanum (Le pitture antiche d'Ercolano, Napoli 1757), so wie auf Choix des pierres antiques gravées et tirées du cabinet de M. Gorbet. Paris 1778 einen Blick wirft.

Dieselben Werke beweisen auch, daß, nach denselben Grundsätzen, die griechischen oder römischen Künstler ihren männlichen und weiblichen Centauren, so wie ihren Oneecentauren durchweg Füße von Solipeden gegeben haben, ungeachtet sie sonst mit den Abbildungen dieser Gottheiten sehr viele Veränderungen vorgenommen haben. Man findet sie mit solchen Füßen selbst in den Mosaikstücken des Statica *).

Doch giebt es von dieser Regel wenigstens einige scheinbare Ausnahmen. Eine derselben ist die Darstellung jenes Centaur's, welcher, nach der Tradition des Pausanias, auf der Kiste des Cypselus abgebildet gewesen seyn und die Vorderbeine eines Menschen gehabt haben soll, so daß sie demnach zu dem Rumpfe paßten, auf welchem der Kopf des Centaurs sitzt.

Ich habe noch einer andern Ausnahme gedacht, welche von manchen Archäologen mitgetheilt wird, denen zu Folge auf mehreren Denkmälern die Centauren mit menschlichen Vorderfüßen dargestellt seyn sollen.

Ich habe, um mich von der Richtigkeit dieser Behauptung zu überzeugen, neue Nachforschungen angestellt. Und ich habe endlich unter den antiken Vasen, welche in Hamilton's Werke abgebildet sind, so wie auf einer im Museum Flor. abgebildeten Gemme einen Centaur entdeckt, welcher auf eine ganz besondere Weise gebildet ist, und welche die Gesetze, denen die Künstler des Alterthums unterworfen gewesen zu seyn schienen, vollkommen bestätigt **). Dieser Centaur ist daselbst unter der Gestalt eines Menschen abgebildet, von dessen Körpermitte der Rumpf und der Körper eines Pferds entspringt, welches auch vier, diesem Thiere zukommende Füße besitzt. Freilich ruht hier der Vorderkörper des Centaurs auf Menschenfüßen, aber der, welcher den Pferde ausdrückt, wird immer von Füßen getragen, die diese Gattung der Solipeden characterisiren.

Die Ausnahme ist daher klar nur scheinbar; denn der Künstler konnte, wenn er einen Mann mit allen ihm zugehörigen Theilen abbilden wollte, dieß auf keine andre Weise bewirken, als wenn er

ihn so darstellte, wie er in der That ist. Derselbe Beweggrund ließ ihn das Pferd, welches mit jenem vereinigt ist, mit allen zu ihm gehörigen Theilen, den Kopf ausgenommen, darstellen.

Unter andern Umständen haben sie ihren Centauren den Kopf, den Rumpf und die Arme eines Mannes gegeben; allein, weil der Körper von einem Pferde entlehnt ist, so sind die Füße auch Pferdefüße. Diese Darstellungsweise der Centauren findet sich auf den Monumenten sehr allgemein, und man kann den Beweis davon auf Hamilton's, d'Hancarville's und Millingen's Abbildungen antiker Vasen *) finden. Endlich haben sie dieß auch beachtet, so oft sie das Pferd auf irgend eine Weise verändert haben, sey es, um damit ihren Pegasus oder ihre geflügelten Pferde, oder um ein noch wunderbarer ausgedachtes Geschöpf darzustellen. Auf allen diesen Abbildungen bleiben die Füße das, was sie seyn müssen, und sind durchgängig von Einhufern entlehnt.

Ich habe ebenfalls bemerkt, daß, wenn auch die Alten ihren symbolischen Geschöpfen einen Menschenkopf gegeben hatten, sie ihnen doch sehr selten menschliche Vorderfüße (Arme), und noch seltener Hinterfüße von Menschen beilegten. Diese Regel ist so beständig, daß ich unter den vielen antiken Denkmälern, welche ich zu untersuchen Gelegenheit hatte, fast nicht eine einzige Ausnahme angetroffen habe. Zwar habe ich bisweilen Sphinxe und Sirenen mit menschlichen Armen, aber fast nie mit Menschenfüßen gesehen. Eben so haben die Minotauren, denen die Künstler des Alterthums einen Menschenkopf gaben, nie andre Füße, als wie sie den Thieren mit gespaltenen Hufen zukommen.

Eben so habe ich bei den Faunen, Faunisken und den übrigen ländlichen Gottheiten die Füße mit ihren Gewohnheiten und üppigen Neigungen, welche ihnen die Alten allgemein beigelegt haben, immer im Einklang gefunden.

So sieht man auf der 26. und 42. Tafel des ersten Bandes der Vases antiques von Hamilton, wie auch auf der 59. Tafel des dritten Bandes dieses Werks Sirenen mit Kopf, Rumpf, Armen und Händen eines Weibes; da aber ihre Flügel immer von Raubvögeln entlehnt sind, so besitzen sie auch die dazu passenden Füße. Derselbe Fall ist es mit ihren Sphynxen, die sie zuweilen mit den Armen und dem Kopfe eines Weibes, aber fast durchweg mit dem Körper und den Füßen eines fleischfressenden Thieres, besonders eines Löwen, darstellen.

Das Streben nach dem Wahren ist in den Werken des Alterthums so ausgezeichnet, daß die alten Künstler, selbst bei ihren fabelhaften Geschöpfen, immer darauf zurückkommen. So werden die geheimnißvollen Vögel, von ihnen die Stymphalischen benannt, oft auf verschiedenen Monumenten unter der Gestalt wohlbekannter Vögel dargestellt. Man sieht sie, z. B., auf einem Sardonyx, der auf der 1. Tafel des 1. Bandes der Galerie de Florence abgebildet ist, in der Gestalt unserer Tauben dargestellt. Auf andern Gemmen dagegen haben sie das Gefieder abgebildet, wie auf der Tafel 24 der Peintures du Musée de Portici von Probst. Unter derselben Gestalt findet man sie gleichfalls auf mehreren antiken Vasen der von Hamilton bekannt gemachten Sammlung.

Diese Regeln, welche in der schönen Zeit der Griechischen und Italischen Künste zu gleichbleibend befolgt wurden, waren vor dieser Zeit, so wie nach dieser, für die Geschichte der Künste bei den Alten zu günstigeren Periode keinesweges in Aufnahme. Um sich hiervon zu überzeugen, werfe man nur einen Blick auf die Tafeln 23 bis 41 des Werkes von Micali **). Diese letztere ist die einzige, welche die Fortschritte der Zeichenkunst anzeigt; sie erinnert uns an die Gestalt einer Abbildung und an die Züge und den Character der Kunst

*) Descripcion de un pavimento en mosayco descubierto en las ruinas de Italica; por Don Alexandro de Laborda. En Madrid, 1806.
**) S. Peintures des vases antiques, par Hamilton. T. II. t. 9. — Museum florentinum, cum observationibus Ant. Francisci Gorii. Florentiae 1737.

*) S. Taf. 11 und 14 des 1. Bds. der Peintures des vases antiques, par Hamilton. Florence 1800—1803. — Taf. 84 und 40 der Peintures antiques des vases grecques von Millingen, Rome 1817; — Taf. 8 und 33 desselben Werks. Rome 1813. Desgl. Antiquités etrusques et romaines, ou Cabinet de d'Hancarville. Naples 1766.
**) Antichi monumenti per servire all' opere intitolata l'Italia avanti il dominio de' Romani, Firenze 1821. — Storia di antichi popoli italiani, di Micali, Firenze 1832.

20 *

tengänger, so daß man nicht weiß, warum sie Micali die Wölfin des Capitols (lupa del campidoglio) nennt. Das Sinesische Schwein, auf derselben Tafel abgebildet, ist daselbst mit allen seinen Characteren, und auf eine so vollkommene Weise dargestellt, daß man diese Abbildung als eine der besten von einer Varietät anführen kann, welche sich durch die Kürze ihrer Füße so auszeichnet.

Die übrigen, auf derselben Tafel gezeichneten Thiere sind, obgleich symbolisch, dennoch durch die Wahrheit, welche sie an sich tragen, nicht weniger merkwürdig. Diese Thiere erinnern im ersten Augenblicke an die Chimära, welche unter der Gestalt eines Löwen mit dem Kopf und Hals einer Antilope, und mit einem Schlangenschwanz dargestellt wurde. Diese verschiedenen Thiere waren bekanntlich dem Indischen Bacchus geheiligt. Auch um an diese Weihung zu erinnern, hat sie der Künstler vereinigt und ein Ganzes daraus gebildet, eben so merkwürdig durch die Schönheit und Richtigkeit des Entwurfs, als durch die Feinheit und Zartheit der Ausführung. Das zweite der symbolischen Geschöpfe endlich ist ein Greif mit einem Adlerkopfe; da der ganze Körper und die Füße dieses Greifs ein fleischfressendes Thier bezeichnen, so sind sie darauf bedacht gewesen, zur Andeutung seines Ursprungs, ihm sehr große Ohren zu geben. Und dasselbe ist auch der Fall mit jenem Greif auf der 257. Tafel der Picturae Etruscorum des Passerius *); obgleich er den Kopf und den Hals eines Pferdes hat, so bezeichnen doch sein Körper und sein Schwanz ein fleischfressendes Thier der Wagengattung (Löwen): und er hat ebenfalls die Füße dazu. Diese Darstellungsart der Greife, welche im Alterthume so selten nachgeahmt wird, scheint demnach die Regeln zu bestätigen, welche, wie ich glaube, bei der Darstellung symbolischer Geschöpfe befolgt wurden. Vergleicht man dann die folgenden Tafeln desselben Werkes bis zur 104., mit denen bis zur 118., so läßt sich leicht die ungeheure Entfernung erkennen, welche zwischen den Zeiträumen, auf die sich diese verschiedenen Tafeln beziehen, stattfindet. Auf den ersten ist Alles Werk der Phantasie, denn alle Regel; während man auf den zweiten, Regeln selbst bis auf die Zusammensetzung der fabelhaftesten und fratzenhaftesten (chimärischsten) Geschöpfe erkennt.

Diese Thatsachen werden ohne Zweifel genügend seyn, um zu beweisen, was ich in meiner zweiten Abhandlung gethan zu haben glaubte, daß die Alten, selbst in der Bildung ihrer mythologischen und fabelhaften Geschöpfe, sich Grundsätze entworfen hatten, von denen sie zur in der schönen Zeit der Griechischen und Römischen Schulen nur wenig entfernten. Diese Grundsätze bestanden darin, jedem der Theile, welche ihre symbolischen und chimärischen Geschöpfe bildeten, seine natürlichen Formen, und dem zu Folge seine unterscheidenden und eigenthümlichen Kennzeichen zu geben. Nur die Zusammengruppirung ist fabelhaft; aber die Theile, welche zu der Bildung auch der sonderbarsten und ungewöhnlichsten Zusammenstellungen beitrugen, blieben was sie seyn mußten, und waren nichts, als eine genaue und treue Darstellung der Natur. Ja noch mehr: in Folge ihrer Liebe zu dem Wahren und Richtigen, verwendeten sie Alten eben so die größte Aufmerksamkeit darauf, die verschiedenen Theile eines und desselben Ganzen so zusammenzuordnen, daß sie dem Zwecke, oder wenn man will, den Bedingungen des Lebens, welche sie den Geschöpfen ihrer reichen Einbildungskraft beilegten, entsprachen.

Wenn sich nun die Alten an diese Regeln in der Zusammensetzung jener Geschöpfe gebunden haben, welche beim ersten Blicke nur das Erzeugniß einer eben so wunderlichen, als eigenthümlichen Laune zu seyn scheinen, um wie viel strenger mußten sie seyn bei der Darstellung von wirklichen Geschöpfen. Diese Strenge, welche man auf den Werken der schönen Zeit des Alterthums ausgesprochen findet, muß uns ein Vertrauen einflößen, was um so größer ist, da sie beständig angenommen und befolgt wird. Wir können daher, weil wir auf den antiken Denkmälern Arten finden, welche alle Bedingungen zu einer möglichen Existenz in sich vereinigen, sich aber jetzt nicht mehr auf der Oberfläche der Erde finden, sagen, ohne eine Täuschung fürchten zu müssen, daß diese Geschöpfe nicht mehr existiren, sie müßten denn in Ländern leben, wo wir bis jetzt

noch nicht hingekommen sind. Ueber diesen Punct der Thatsache will ich mich etwas weiter verbreiten, sowohl in Bezug auf die wahrhaften Arten, als auch auf diejenigen, welche, auf den verschiedenen antiken Denkmälern eingegraben und abgebildet, auf der Oberfläche der Erde keine ihres Gleichen mehr zu haben scheinen.

II. Ueber die wirklichen und gegenwärtig noch vorhandenen Geschöpfe, welche auf den antiken Monumenten abgebildet und eingegraben sind, und deren Arten man erkennen kann.

Ich habe bereits sehr viele Beispiele von wirklichen, auf antiken Monumenten abgebildeten Thieren angeführt, und auch auf die Genauigkeit aufmerksam gemacht, welche die Alten auf die uns zurückgelassenen Abbildungen verwandt haben. Da jedoch meine näheren Erörterungen hierüber mehrern Archäologen noch nicht genügt haben, so will ich jetzt noch neue beibringen, jedoch bemerke ich, daß meine Stellung mir nicht erlaubt hat, die Originaldenkmäler anzuführen; und ich kann nur diejenigen erwähnen, welche in den zu meiner Verfügung gestellten Werken angeführt werden.

Ehe ich jedoch auf diese nähern Angaben eingehe, bemerke ich, um sie auch abzukürzen, vor allen Dingen, daß eine Masse von Thieren auf den antiken Monumenten in so großer Anzahl sich finden, daß ich mich, in Bezug auf sie, darauf beschränken werde, die Werke, in denen sie angeführt sind, im Ganzen anzugeben.

So sind, unter den Landsäugethieren, die verschiedenen Rassen von Hunden, von Pferden, Ochsen, Ebern, auf ihnen hauptsächlich dargestellt, und mit ihnen die Löwen, Panther, Leoparden, Elephanten, Hirsche und Gazellen. Unter den Vögeln sind der Adler, Sperber, Geier, die Raben und die Krähe, der Strauß, die Schwalben, Lerchen, Meisen, Rebhühner, Tauben, Pfauen, der Hahn und die Tauben; so wie der Schwan und die Enten sehr häufig auf diesen Denkmälern dargestellt. Endlich sind unter den Reptilien, welche man auf ihnen eingegraben findet, das Crocodil, besonders aus dem Nil, mit verschiedenen Arten von Schildkröten und Schlangen, die gewöhnlichsten. In Bezug auf die Fische, so sind sie bei weitem nicht so häufig zu finden, als die Thierarten, von denen ich so eben gesprochen. Hauptsächlich aber auf den Denkmälern von Pompeji und Herculanum sind diese Thiere in großer Anzahl dargestellt; man könnte sie selbst unsern lebenden Arten nahe stellen, wäre man ganz sicher, daß sie mit ihren sämmtlichen Kennzeichen, besonders mit ihren Flossen, in ihrer wahren Stellung abgebildet sind.

Endlich ist auch noch eine andere Arbeit zu erledigen, welche gewissermaßen die Folge von der ist, welcher ich mich unterzogen habe; diese Arbeit bezieht sich auf die Bestimmung der verschiedenen auf antiken Monumenten abgebildeten, oder eingegrabenen Pflanzenarten, Pflanzen, welche auf ihnen viel häufiger vorkommen, als ich anfangs geglaubt hatte. Diese Pflanzen sind im Allgemeinen so treu dargestellt, daß man sie, wenigstens bei einer sorgfältigen Untersuchung, wieder erkennen kann. In der That wird dieselbe Unsicherheit, welche bei der Bestimmung der fossilen Pflanzen obwaltet, hier um so stärkerm Grunde auch hier sich finden, indem die wechselseitige Beziehung der Formen bei den Pflanzen weder von eben solcher Wichtigkeit noch von gleicher Nothwendigkeit ist, als bei den Thieren. Von dieser, aus dem Gegenstande selbst fließenden Unsicherheit abgesehen, glaube ich schon vorausfagen zu können, daß die Anzahl der auf den Monumenten abgebildeten Pflanzen, nicht allein an Individuen, sondern auch an Arten weit größer ist, als man bis jetzt angenommen hat. Dieß ist übrigens ein Gegenstand für welchen ich später die Aufmerksamkeit der Geologen und Archäologen in Anspruch nehmen werde.

Was die eben von mir angeführten Thiere betrifft, so findet man sie in diesen Werken abgebildet, welche sich sowohl auf griechische als auf römische Antiquitäten beziehen. Unter diesen Werken will ich folgende, als solche, von denen die meisten sind, anführen:

1) Antonii Augustini antiquitatum romanarum hispanarumque (expositio?), Antverpiae, 1617. Sehr seltene Thiere sind darin mit Sorgfalt abgebildet, z. B. die Antilopen, oryx und bubalia t. LVIII. und LX., so wie auch das Flußpferd. In einem andern Werke desselben Schriftstellers, mit dem Titel, Regum et impera-

*) Picturae Etruscorum in vasculis, dissertationibus explicatae a Passerio Romae 1757.

torum romanorum numismata ist ebenfalls eine große Anzahl, theils wilder, theils Hausthierarten abgebildet. Die antiken Schaumünzen, welche in diesem Werke vorkommen, zeigen an, daß die Alten die verschiedenen Pferderassen sehr gut unterschieden hatten, und daß sie die Bastarde von Esel und Stute kannten. Die Maulesel und Maulthiere auf tab. XXVI. und XXXII. desselben Werks liefern nöthigenfalls den Beweis. Eben so sieht man andre auf einem Mußstück in dem Werke: Li antichi sepolcri, ove mausolei romani et etruschi, di *Pietro Bartoli,* Roma 1697. Dasselbe ist der Fall mit den auf den Tiberius geschlagenen Münzen, welche sich in Bellori's Schrift Adnotationes nunc primum evulgatae in XII. priorum Caesarum numismata, Romae 1730 finden. Endlich sieht man auf der Rückseite einer auf die Julia Pia Augusta geschlagenen Denkmünze, ebenfalls zwei an einen Wagen gespannte Maulthiere. Dasselbe ist bei einer Denkmünze der Agrippina der Fall, welche sich, wie die vorhergehende, in Jean Vaillant's Werk Numismata imperatorum romanorum praestantiora, Romae 1743, findet.

Die Alten kannten demnach die verschiedenen Bastarde vom Esel und der Stute, wie auch vom Pferd und der Eselin, Bastarde, von denen sie die erstern ὄυρεοι oder ὄρεος, mulus, Maulesel und die zweiten ἵννος, hinnus, oder γιννος, hinnus oder Maulthier nannten. Auch haben sie die verschiedenen Pferderassen unterschieden. Wirklich haben sie, den und von ihnen zurückgelassenen Monumenten und Beschreibungen zufolge, vier Hauptrassen von Lauf-, Streitrossen und Zugpferden angeführt. Diese Rassen sind 1) die Afrikanische, 2) die Appulische, 3) die Thessalische und 4) die Sicilische. Von diesen Hauptrassen sind die verschiedenen Nebenvarietäten entsprungen, welche die Alten auf den verschiedenen Monumenten in großer Anzahl abgebildet haben.

Ihre Kenntnisse der Gattung Pferd (Equus) waren sehr ausgebreitet; vielleicht wegen des großen Nutzens, den sie von diesen Thieren zogen, legten sie ihnen auch große Wichtigkeit bei. So war der Onager, oder wilde Esel, ihnen sehr wohl bekannt; ein Beweis, daß die Alten sich bis in das Innere von Asien und bis in den Westen von Africa ausgebreitet hatten. Diese Art, welche von den Alten so genau angedeutet wurde, wurde endlich im wilden Zustande in Persien wiedergefunden. Das Zebra, welches in den Kampfspielen im Cirkus gezeigt wurde, setzte die Römer eben sowohl durch seine Schnelligkeit als durch sein Fell in Erstaunen; daher auch der Name hippotigris, oder Tigerpferd, welchen es von einem ihrer Schriftsteller erhielt.

Der Hemionus oder Dschiggetai (Equus hemionus der Naturforscher) war ihnen ebenfalls bekannt; denn diese Rasse war durch die Griechen in mehrern Provinzen Asiens bekannt geworden. Wenn man dem Palestrinischen Musiv glauben kann, so kannten die Alten auch eine andere Art derselben Gattung, welche zwischen dem Dschiggetai und dem Quagga steht. Hat diese Art wirklich gelebt, wie Alles zu glauben deutet, so muß sie gänzlich verschwunden und erloschen seyn, wie so viele andre Rassen, deren vorzeitige Existenz wir nur aus den in den Erdschichten uns übrig gebliebenen Resten kennen.

Dieselbe Aufmerksamkeit, welche die Alten auf die Pferderassen verwandten, haben sie ebenfalls auch den Hunderassen geschenkt. Sie scheinen selbst Hunde von solcher Größe und Stärke gehabt zu haben, daß sie an Wagen gespannt werden konnten, auf welchen Menschen saßen. So zogen den Wagen Heliogabal's vier Hunde von ungeheurer Größe, während unter andern Umständen vier Hirsche oder Löwen oder Tiger daran gespannt waren [*]. Andrerseits boten mir ihre Monumente eine Menge anderer Hunderassen; unter den gewöhnlichsten führe ich nur an die Windspiele, die Fleischerhunde, die Hühnerhunde, Jagd- und Wachtelhunde und endlich den spanischen Hund. Diese letztere Varietät findet sich auf einem Karniol, welcher in dem 1686 erschienenen Werke Gemme antiche von Agostini abgebildet ist.

Die übrigen Varietäten sieht man auf einer großen Zahl von Monumenten, die sich in sehr vielen Werken abgebildet finden, unter denen ich besonders anführen will, Le rovine della citta di Pesto detta ancota Posidonia, Roma 1784, so wie die Pitture del museo in Portici ttovate incise da *Paltassare Probst* (Augusta 1795) und Le antiche lucerne sepolcrali figurate da Bellori, Roma 1691.

(Schluß folgt.)

Miscellen.

In Beziehung auf die botanisch-medicinischen Kenntnisse der Japaner, hat Herr de Paravey der Académie des sciences angezeigt, daß er in der botanischen Abtheilung der japanischen Encyclopädie vier Pflanzen aus der Gattung Fucus gefunden habe, welche dort als gegen Kropf und Halsgeschwülste wirksam empfohlen werden: eine hält er für Fucus saccharinus. Die Namen dieser vier Pflanzen in der Sprache des Werks heißen: theu-tsay, oder violettes Gemüse, und auch chinsian-tsay, oder Nahruna der Eremiten oder Bergbewohner: seine Form scheint die einer Lichen-Art zu seyn, welche auf Felsen im Meere sitzt; — hay-jun, oder Meer-Hanf; — hay-tay, oder See-Gürtel; — kouen-pou oder lun-pou, dieses letzte scheint Fucus saccharinus zu seyn. — Hr. de Paravey meint, daß die Wissenschaft durch eine Uebersetzung dieser japanischen Encyclopädie gewinnen könne.

Einen Magnet von außerordentlicher Kraft hat Herr Aug. Sacré zu Brüssel verfertigt. Er wiegt 27 Kilogramme und trägt 196 Kilogramme. Hr. Sacré hatte schon einen kleinern Magnet von 2½ Kilogramm verfertigt, welcher siebenzehnmal sein Gewicht trug. Der neue Magnet besteht aus dreizehn Lagen, von welchen die fünf mittlern mit ihren Enden in eine 1,4 Kilogramm schwere Kapsel von Eisen gefaßt sind. Die mittelste Lage wiegt 2,92 Kilogramme und trägt 27 bis 28 Kilogramme. Die kleinsten Lagen an den Enden wiegen 1,27 Kilogramme und können 15 Kilogramme tragen.

[*] L'Antiquité expliquée de Montfaucon T. III., part. II. p. 271.

Heilkunde.

Ueber ranula.

Aus Dupuytren's Vorlesungen.

„Wir gehen von der vor uns liegenden Beobachtung an einem jungen Manne aus, welcher unter der Zunge, nahe an der Spitze derselben, zwei kleine Geschwülste hat. Von welcher Entstehungsart und Structur sind diese Geschwülste? Gehören sie zu der gewöhnlichen ranula? Der Fall ist schwer zu bestimmen, denn es kommt diese Krankheit selten an der Spitze der Zunge vor, sondern meistens an der Basis des freien Endes derselben, weswegen auch die Diagnose schwierig ist und so leicht Verwechselungen vorkommen.

Solche analoge Geschwülste entwickeln sich auf folgende Weise: die Schleimbeutel der Haut, welche eine ölige Materie (bei Thieren mehr als bei Menschen) absondern, sind bekannt; solche Schleimbeutel sind nun auf den Schleimhäuten in bei weitem größerer Anzahl vorhanden. Diese können sich entzünden, wodurch ihre Secretion bisweilen unterdrückt, bisweilen verändert wird; nicht selten verschließen sich dadurch die Oeffnungen dieser Bälge, so daß sich die abgesonderte Flüssigkeit darin ansammelt und dieselben zu einem bedeutenden Umfang ausdehnt. Diese Geschwülste erkennt man an ihrer Hervorragung, Durchsichtigkeit, Schmerzlosigkeit und leimähnlichen Serosität, mit welcher sie bedeckt sind, und wodurch die Gruppen derselben, welche gewöhnlich vorhanden sind, verbunden werden. Man findet sie besonders an der innern Seite der Wange, am Zahnfleisch und unter der Zunge. Es sind daher entweder mucöse oder seromucöse Balggeschwülste, deren erstere sich in den Schleimbeuteln, die letztern in den Ausführungsgängen derselben bilden. Diese sind nun von der gewöhnlichen ranula zu unterscheiden.

Die ranula entsteht, der allgemeinen Meinung nach, durch Anhäufung des Speichels in den Ausführungsgängen der Submaxillardrüsen und bisweilen, jedoch weit seltener, in denen der Sublingualdrüsen. Die Ausführungsgänge dieser beiden Drüsen scheinen die einzigen zu seyn, in welchen eine solche Ausdehnung ihrer Wände und Ansammlung von Speichel vorkommen können. Der Ausführungsgang der Parotis hat ein viel zu festes und unnachgiebiges Gewebe, als daß eine solche Ausdehnung zu Stande kommen könnte; hier bildet sich gewöhnlich eine Fistel. Wie dem aber auch seyn mag, es ist gewiß, daß wir bis jetzt noch keine anatomische Nachweisungen über den eigentlichen Sitz der ranula haben; es bleibt noch zu zeigen, ob sie wirklich in dem Ausführungsgange der Submaxillarspeicheldrüse ihren Sitz hat, oder ob sie bloß in einer gewöhnlichen, eine wässrige Feuchtigkeit enthaltenden Balggeschwulst besteht, oder endlich, ob sie vielleicht derselben Ursache ihre Entwickelung verdankt, wie die vor uns liegenden, so eben beschriebenen Geschwülste. In der That scheinen diese verschiedenen Arten von Geschwülsten bei den Schriftstellern der neuern Zeit unter dem Namen ranula, Fröschleingeschwulst, zusammengefaßt worden zu seyn.

Nach einigen Schriftstellern befällt die ranula besonders die Kinder und soll bisweilen angeboren seyn. Sollte aber in diesen Fällen nicht die ranula mit serösen Sublingualgeschwülsten verwechselt worden seyn, welche oft so bedeutenden Umfang haben und bis zum Sternum herabsteigen? Brechet, welcher in seinem Repertoire d'Anatomie einen guten Aufsatz über diese Krankheit bekannt gemacht hat, hat diese angeblichen ranulae fünfmal geöffnet, und in den Leichen neugeborner Kinder nachgewiesen, daß sie entweder einfache, seröse Balggeschwülste auf der äußern Fläche der thyreoidea oder Balggeschwülste in dieser Drüse seyen. Camper hat zwei große Geschwülste dieser Art bei einem jungen Mädchen und mehrere Fälle von ranula an beiden Seiten des Zungenbändchens bei mehrern Frauen und Männern gesehen, sagt aber ausdrücklich, daß er sie nie bei Kindern angetroffen habe.

Die Verschließung der Mündung des Ausführungsganges der Submaxillardrüse kann Folge seyn von Entzündung der Schleimhaut oder der Substanz der Zunge, — von Aphthen oder Geschwüren, — von Verwundung des Ausführungsganges bei der Lösung des Zungenbändchens, — und von steinigen Concretionen, welche sich in dem Ausführungsgange bilden und bei ihrer Vergrößerung denselben verstopfen. In der Praxis ist es sehr schwierig zu bestimmen, welcher von diesen Ursachen der einzelne Fall zugeschrieben werden muß.

Obgleich in der Regel die ranula bloß mehr oder minder verdickten Speichel enthält, so findet man jedoch bisweilen auch eitrige Flüssigkeit und selbst Steine, deren schon Hippokrates erwähnt, und welche seitdem häufig beschrieben worden sind. Der größte ist wohl der, welchen nach Louis's Bericht Le clerc bei einer Nonne ausschnitt und der aus einer sandigen Masse von einem Pfund bestand.

Die Symptome der ranula sind so deutlich, daß man sie in der Regel ohne weitere Schwierigkeit erkennt. Man findet unter der Zunge eine weiche, weißliche, runde, oder länglichte, fluctuirende, schmerzlose und von allen Entzündungssymptomen freie Geschwulst, welche bei'm Fingerdruck etwas nachgiebt, aber sobald dieser nachläßt, seine vorige Gestalt wieder annimmt. Anfangs ist sie kaum bemerklich, dann wächst sie allmälig, erreicht aber selten einen größern Umfang, als den eines Tauben- oder höchstens Hühnereies. Vergrößert sich die Geschwulst, so drängt sie die Zunge zurück und die Zähne auf die Seite oder ganz heraus. Sie stört die Sprache, bei Kindern das Saugen und bei Erwachsenen das Kauen und Schlucken. Zuletzt kömmt sie auch äußerlich zum Vorschein und zeigt sich unter dem Unterkiefer und am vordern Theile des Halses.

Gewöhnliche Behandlungsweise.

Selbst auf unserm jetzigen Standpunct der Kenntnisse von dieser Geschwulst muß die Heilung derselben zuerst leicht erscheinen; nichtsdestoweniger ist sie oft schwierig zu erlangen. Das gewöhnliche Verfahren besteht in einer Punctur der Geschwulst innerhalb des Mundes mit Bistouri, Lancette oder Troicart. Nach Entleerung der Flüssigkeit hat der Kranke vorübergehende Erleichterung, aber bald schließt sich die Oeffnung wieder, und es sammelt sich alsdann der Speichel von neuem an. J. L. Petit erzählt einen Fall, wo er zehnmal mit dem Troicart einstach, ohne die Krankheit zu heilen. Der Einstich kann nun sowohl in dem Munde als auch am vordern und obern Theile des Halses gemacht werden; und die Furcht, daß in dem letztern Falle eine Speichelfistel entstehen möge, ist nicht gegründet.

Soll aber die Eröffnung der Geschwulst von bleibendem Nutzen seyn, so muß die Wunde offen erhalten werden; dieß wurde am häufigsten durch das Glüheisen erreicht, aber auch dieses Mittel ist nicht sicher, und Louis und Sabatier haben daher vorgezogen, Wieken einzulegen, welche täglich gewechselt wurden, damit die sich wiederansammelnde Flüssigkeit ausfließen könne; aber auch dieses Verfahren nützt bloß so lange, als die Einführung der Wieken noch fortgesetzt wird.

Dasselbe, was von dem Anstechen der Geschwulst gesagt worden ist, gilt auch von der Incision und selbst von der Excision eines Theiles des Sackes, welche die Vernarbung zwar aufhält, aber nicht verhindert.

An Exstirpation hat man zwar gedacht, aber sie vernünftigerweise nicht ausgeführt; diese Operation wäre wegen der Nähe wichtiger Gefäße und Nerven gefährlich und hat keinen vernünftigen Grund, denn die Exstirpation der Geschwulst würde vor einem Rückfall nicht sehr sichern, da die Drüse zurückbleibt. Diese selbst aber zu exstirpiren, wird niemand versuchen wollen.

Kann wohl die Injection reizender Flüssigkeit in den

entleerten Sack durch Verwachsung der Wände desselben helfen? Keineswegs, denn die Absonderungsflüssigkeit der Drüse würde sich dann hinter den verwachsenen Theilen ansammeln, die Verästelungen der Ausführungsgänge ausdehnen und endlich Geschwulst mit heftigem Schmerz, Entzündung, Eiterung und endlich äußere Fisteln veranlassen; endlich könnte auch die Entzündung in Folge der reizenden Einspritzung sich auf die Zunge und den Larynx ausbreiten und gefährliche Folgen haben. Besteht dagegen die ranula bloß aus einer einfachen Balggeschwulst, so würde allerdings eine solche Einspritzung vollkommne Heilung herbeiführen.

Das Katheterisiren des Ausführungsganges der Submaxillardrüse ist nicht allein schwierig, sondern würde auch deswegen, weil die Verschließung desselben in der Regel durch fremde Körper veranlaßt ist, unausführbar seyn.

Dupuytren's Behandlungsweise.

Aus dem bisher Angeführten ergiebt sich, daß gegen alle jene Behandlungsweisen sich mehr oder weniger einwenden läßt, und ich will daher eine einfache und sichere Methode angeben, welche ich bereits häufig mit Erfolg angewendet habe.

Die Behandlung ist derjenigen analog, welche ich für die Heilung der Thränenfistel in Vorschlag gebracht habe. Es wird ein kleiner hohler Cylinder von 4 Linien Länge und 2 Linien Weite angewendet, welcher sich an beiden Enden durch eine kleine ovale durchbohrte Platte endigt, die nach außen concav, nach innen oder gegen den Cylinder zu convex ist. Die eine dieser kleinen Platten muß in dem Sack, die andere außerhalb desselben liegen. Durch die Röhre kann alsdann der Speichel abfließen. Das Instrument wird aus Silber, Gold oder Platina gemacht. Der erste Fall, welchen ich auf diese Weise behandelte und heilte, kam bei einem jungen Soldaten vor, bei welchem ich mit einer gekrümmten Scheere einen Einschnitt machte, und das Instrument einlegte, worauf die Heilung in 14 Tagen vollkommen war. Später habe ich das Instrument insofern verändert, daß ich die Platten am Ende des Röhrchens mit ihrer convexen Seite nach außen richtete, und dem Cylinder eine elliptische Gestalt gab, und ihn nicht mehr hohl machte, da ich fand, daß der Speichel sehr gut an der Wand ausfloß. Auch ließ ich in neuerer Zeit das Instrument immer in kleinern Dimensionen (3 Linien lang) machen. (Es folgen hier vier Krankengeschichten wie die obige).

Bei dieser Behandlung ist übrigens die Veranlassung der Krankheit nicht zu übersehen. Bei Entzündung muß erst diese beseitiget werden, worauf die Geschwulst entweder von selbst verschwindet, oder der angegebenen Behandlung weicht.

Bisweilen ist es nöthig, die ranula von einem Lipom oder einer Fettgeschwulst unterscheiden zu können, deren beider Entwickelung, Form und Consistenz oft sehr ähnlich sind. Bei einem Falle dieser Art beseitigte einmal ein explorirender Einstich erst allen Zweifel, indem sich alsdann Fettklümpchen zwischen den Wundrändern hervordrängten. Die Fettgeschwulst unterscheidet sich indeß auch noch durch eine andere Erscheinung, welche bei der ranula nicht vorkömmt; sie hat nämlich an ihrem mittlern Theil und an der Stelle,

wo sie vom Munde zu dem obern Theil des Halses übergeht, eine Art von Einschnürung. Ein explorirender Einstich ist indeß hier, wie in so vielen andern Fällen, das beste Mittel für die Diagnose und zugleich zum Beginnen der Operation."

Ein Fall von Markschwamm des Auges nebst chemischer Analyse des Markschwamms.

Von A. A. Mühry.

„Die Mutter des Kindes, dessen Krankheit hier beschrieben werden soll, schien von guter Constitution, aber zartem Körperbau. In ihrem 29:ten Jahre bekam sie, angeblich nachdem sie nach einem plötzlichen Schrecken kaltes Wasser getrunken hatte, epileptische Krämpfe. Zwei Jahre darauf wurde sie schwanger. Von dieser Zeit ab wurden die Anfälle häufiger und heftiger, so daß sie kurz vor der Frühgeburt täglich zwei Anfälle hatte. Mit dem Nachlassen der Krankheit fühlte sie immer eine Taubheit in den Extremitäten der rechten Seite, und den Fötus sich heftig bewegen. Zu Ende des siebenten Monats trat ein sehr heftiger Paroxysmus ein, welcher, fast einen halben Tag anhaltend, den rechten Fuß so sehr schwächte, daß die Schwangere diesen Tag im Bette bleiben mußte. Nach zehn Tagen, während welcher die Anfälle nicht zurückkehrten, wurde sie ohne viele Schmerzen von einem Knaben entbunden. Das unreife, kleine, schwache Kind hatte weder Stimme, noch waren ihm die Testikel schon in das Scrotum hinabgestiegen. Dieß geschah später. Nach drei Monaten bemerkte die Mutter, daß das Kind blind sey, und daß das rechte Auge einem Katzenauge ähnlich war. In dem andern Auge war damals keine Spur eines beginnenden Markschwammes zu bemerken. Der Verlauf des Uebels war anderthalb Jahr lang langsam, später wurde er beschleunigt, und es zeigte sich auch im linken Auge der Beginn derselben Krankheit.

Am 26ten December 1831 suchte die Mutter in der chirurgischen Abtheilung der Universität Hülfe nach. Die Augen des anderthalbjährigen, schwachen und bleichen Kindes zeigten folgendes Aussehen: Am rechten Auge schimmerten die violetten Venen des oberen Augenlides äußerlich durch, der normal gebildete Augapfel war gegen die Nase hin gerichtet, im an innern und am rechten Winkel mit rothen Gefäßen gefüllte Bindehaut zeigte leichte Zeichen von Entzündung. Als die große und fast unbewegliche Pupille mit Belladonnaextract erweitert wurde, so konnte man in der hintern Augenkammer eine Masse gleich einer Pflanze, die in einem klaren See vom Boden in die Höhe steigt, dem Messing nicht unähnlich, bemerken. Aus dem Siebblättchen der sclerotica schien die Wurzel oder der dünne Stiel dreier Fächer hervorzuziehen, deren ausgebreitetere Enden bis in die Krystalllinse prismatisch hineinragten, und an der Oberfläche mit rothen Gefäßen reichlich bedeckt waren. Das linke Auge zeigte nur einen gelblichen Fleck in der hintern Augenkammer. Schmerz schien nicht vorhanden zu seyn. Am 30ten verließ das Spital und das Kind unserer Beobachtung.

Nach sechs Monaten erschien die Mutter am 19ten Juni 1832 mit dem Kinde wieder. Die Veränderung war ungeheuer. Das rechte Auge ragte als eine rothe schwammige Masse fast zwei Zoll weit aus der Augenhöhle hervor. Die Augenlider waren schwärzlichroth, angeschwollen, ectropisch umgestülpt; in der Schläfengegend erschien die Hautfärbung livider. Das untere Augenlid war vom Schwamme ganz bedeckt, die Hornhaut hing an der Spitze des nach der Nase gerichteten Schwammes, verdorben, durch Sphacelus in eine weiße Kruste verwandelt. Ueberall floß Eiter und eine gängelbe Jauche, bisweilen auch Blut, aus. Die Thränen, deren Secretion vermindert war, liefen tropfenweise über die Wangen herab. — Das linke Auge zeigte zu dieser Zeit fast dasselbe Aussehen, als des rechte in der ersten Zeit. In den Augenlidern sah man variceße, violette Gefäße, und in der Bindehaut eine leichte Entzündung. Die sclerotica schimmerte bläulich durch, die Hornhaut war noch durchsichtig, die Iris war contrahirt, und man konnte hier Gefäßchen sehen. Jene gelbe Masse hinter der Pupille war mit kleinen verworrenen Blutgefäßen nebelartig bedeckt, und schien hervorzuquellen.

Am 24ten Juli hatte das rechte Auge an Umfang sehr zugenommen, es erreichte die Größe eines Apfels, die cornea war schon
abgefallen und verschwunden. Die Oberfläche des Zuglichen, in Lappen getheilten, mit Streifen und Furchen, die mit Jauche gefüllt
waren, bedeckten Schwammes, war an einigen Stellen roth, an
andern borkig und schwarz und war bisweilen der Sitz von Blut-
flüssen. Durch Berührung des Schwammes schienen heftige Schmerzen angeregt oder vermehrt zu werden. Das Kind schrie fast unaufhörlich, nicht selten stieß es im Schlafe, der meist durch Opium
herbeigeführt wurde, einen scharfen Schrei aus, welcher ganz eigenthümlich war. Die rechte Wange ragte bis zur Basis des Unterkiefers mit den angeschwollenen Knochen und Drüsen hervor. —
Das linke Auge war gleichfalls gegen die Nase gerichtet, hydro-
pisch erweitert und zeigte eine Ophtalmoptosis. Die conjunctiva
war chronisch entzündet, die sclerotica blau, die Hornhaut wie mit
Pulver bestreut, am untern Rande mit Phlyctänchen besetzt. In
der Supraorbital- und Temporalgegend ragten die Knochen als
eine Geschwulst hervor.

In diesem Stadium nahm das hectische Fieber immer zu, und
colliquative Diarrhöe rieb das Kind auf; oft wechselten clonische
und tonische Krämpfe mit einander ab, das Kind lag mehrere Tage
lang in Sopor, hörte auf zu schreien und starb endlich nach vorausgegangenen heftigen Krämpfen am 8ten August.

Anatomische Untersuchung. Da das Uebel auf dieselbe
Weise in dem einen, wie in dem andern Auge entstanden und Fortschritte gemacht zu haben scheint, so kann man den Zustand des
linken Auges als den noch dem Beginne des Uebels zukommenden Grad, den des rechten Auges aber als den schon fortgeschrit-
tenen und letzten Grad betrachten. Der Parasit hatte im Augapfel
seinen Ursprung im Marke der Sehnerven, wo derselbe das Siebblättchen der sclerotica durchdringt, zugleich aber auch außerhalb
des Bulbus in einer der Lymphdrüsen, namentlich am linken Auge.
Die Geschwulst in der linken Augenhöhle wurde später wie in der
rechten verwandelt; eine Menge breiiger Masse fand sich in der
rechten Orbita zwischen den Muskeln und den Lappen von härterer
Substanz, im Bulbus selbst fand sich davon nichts; in der linken
Orbita dagegen war die pulpöse Masse nur in den Augenkammern,
außerhalb des Augapfels aber gar nicht vorhanden. Der rechte
Augapfel endlich schien zwar fast bloß eine Fortsetzung des Sehnerven zu seyn, bestand jedoch nicht aus Nervenmark, sondern aus einer dem gekochten Eiweiß ähnlichen, jedoch etwas härteren Masse.
Von Hornhaut und Linse war keine Spur übrig, es waren bloß
die Ueberbleibsel der hintern Kammer, der sclerotica und des schwarzen Pigments zu erkennen. Die Muskeln waren in der linken Augenhöhle normal beschaffen, in der rechten dagegen dem Fette ähnlicher. Die Nerven, mit Ausnahme des Sehnerven und der Retina,
verhielten sich auf beiden Seiten normal, die Arterien aber waren
nur schwer zu erkennen. Die Knochenwände, besonders der rechten Augenhöhle, waren in hohem Grade verdünnt und der Orbitalfortsatz des Stirnbeins der genannten Seite war bereits verschwunden. Von der Retina war in beiden Augen nichts zu erkennen.

Die chemische Untersuchung dieses Markschwamms wurde von
Hrn. A. Wiggers angestellt. Da der Markschwamm bereits zehn
Monate in Spiritus aufbewahrt war, so wurden die quantitativen
Verhältnisse bei dieser Analyse unberücksichtigt gelassen. Es ergab
sich, daß die Hauptmasse des Markschwammes oder dessen Grundlage aus Faserstoff bestand. Die ganze Zusammensetzung ist aber
folgende:

| Organische Bestandtheile. | Faserstoff (die Grundlage des Markschwamms bildend), Thierischer Eiweißstoff (im coagulirten Zustande), Phosphorhaltiges Fett, Thierische Gallerte und Thierisches Osmazom } (in kleinen Quantitäten). |
| Unorganische Bestandtheile. | Phosphorsaurer Kalk, Kohlensaurer Kalk, Kohlensaure Magnesia, Schwefelsaures Natron und Salzsaures Natron, } (Spuren). |

Betrachtet man nun diese ganze Zusammensetzung, so ist nicht
zu läugnen, daß die chemische Beschaffenheit dieses Markschwamms
nicht beträchtlich von der der Muskeln abweicht. Es wäre daher zu
wünschen, daß bei einem frischen Markschwamme einmal eine qualitative und quantitative chemische Analyse vorgenommen und zugleich
die Muskelsubstanz einer genauen vergleichenden Untersuchung unterworfen würde. (Ad parasitorum malignorum inprimis ad fungi
medullaris oculi historiam symbolae aliquot. Diss. auct. A. A.
Mühry. c. Fig. V. 4to. Goettingae 1833.)

Miscellen.

Zur Bestimmung der Zeit, in welcher ein Feuer-
gewehr losgeschossen worden sey, hat Hr. Boubigny
in gerichtlich-chemischer Beziehung Untersuchungen angestellt, beren Resultat er in dem Journal de chimie médicale, Septembre
1833, folgendermaßen zusammenfaßt. — „Die Ergebnisse meiner
verschiedenen Untersuchungen lassen sich in vier Abtheilungen bringen, welche eben so viele Perioden bezeichnen: 1te Periode.
Diese dauert bloß zwei Stunden nach Entladung des Gewehres
und ist characteristisch durch eine schwarzblaue Farbe des Schmutz-
fluges zur Seite des Flintenschlosses, in welchem weder Krystalle
noch rothes Eisenoxyd noch irgend ein Eisensalz zu bemerken ist.
Die filtrirte Auflösung desselben hat eine leichte ambrabraune
Farbe und es ist Schwefelwasserstoff zugegen. — 2te Periode
dauert 24 Stunden. Der Schmutzanflug ist weniger dunkel, die
Auflösung desselben vollkommen klar, es ist keine schweflige Säure
zugegen, noch auch Krystalle oder rothes Eisenoxyd, dagegen bemerkt man Atome eines andern Eisensalzes. 3te Periode. Diese
dauert 10 Tage, welche durch kleine Krystalle characterisirt ist,
welche in die Pfanne, unter dem Pfannendeckel und unter dem
Steine sich finden, und um so länger sind, je längere Zeit seit der
Entladung des Gewehres verflossen ist. An dem der Pfanne entsprechenden Theil des Rohres und besonders an der Pfanne bemerkt man zahlreiche Flecke von rothem Eisenoxyd. Durch Gall-
äpfeltinctur und blausaures Eisen-Kali ist die Gegenwart eines Eisensalzes nachzuweisen. — 4te Periode bis zu 50 Tagen, unterscheidet sich von der dritten durch eine geringere Quantität Eisensalz und größere Menge rothes Eisenoxyd an dem inneren des
Rohres (natürlich müßte dabei der allgemeine Zustand des Gewehres
nicht unberücksichtigt bleiben). Diese Untersuchungen betreffen Gewehre mit einem gewöhnlichen Schlosse.

Gegen Catarrhus suffocativus empfiehlt Graves
Klystire aus Chinin und Opium, in einer Auflösung von Stärkemehl, er wählt diese Art der Anwendung, um dem üblen Zufall auszuweichen, daß durch sie plötzlich der Auswurf gehemmt und
vermehrte Dyspnoe hervorgerufen wird. Seine Erfahrungen sprechen für die Behandlung.

Bibliographische Neuigkeiten.

Résumé d'un cours élémentaire des sciences physiques et naturelles etc, Par Ant. Fargeaud. Paris 1834. 8.
Von Cuvier's Recherches sur les ossemens fossiles ist der
1ste Theil der vierten Ausgabe (in sieben Quartbänden zu 115
Franken sonst 267) erschienen.

Recherches sur l'origine et les progrès futurs de la clinique et sur la méthode à suivre dans l'enseignement de la
partie chirurgicale de cette science. Par M. Serre. Paris
1834. 8.

Notizen
aus
dem Gebiete der Natur- und Heilkunde,
gesammelt und mitgetheilt von Dr. L. F. v. Froriep.

| **Nro. 857.** | (Nro. 21. des XXXIX. Bandes.) | **März 1834.** |

Gedruckt im Landes-Industrie-Comptoir zu Weimar. Preis eines ganzen Bandes, von 24 Bogen, 2 Rthlr. oder 3 Fl. 36 Kr., des einzelnen Stückes 3 ggl. Die Tafel schwarze Abbildungen 3 ggl. Die Tafel colorirte Abbildungen 6 ggl.

Naturkunde.

Ueber die Gleichzeitigkeit des Menschen und der verloren gegangenen Thierarten.

Von Marcel de Serres.

(III. Artikel als Folge von Nro. 790. und 804. dieser Blätter.)

(Schluß.)

Ich führe auch theils in Bezug auf verschiedene Hunderassen, theils in Bezug auf andre Thiere, von denen ich gesprochen, noch folgende Werke an:

1. Ragionamenti di Orlandi sopra un' ara antica. Roma 1772.
2. Julius Caesar sive Historiae Imperatorum Caesarumque Romanorum, *Huberto Goltz*, Brugis Flandrorum 1563 vel 1564.
3. Médailles du grand et moyen bronze du cabinet de la reine Christine par *Bartolo*. La Haye, 1742 4 Museum capitolinum continens deorum simulacra, Romae 1759. 5. Museum etruscum *Gorii*, Florentiae 1743. 6. Thesaurus brandenburgicus selectus. Coloniae Marchicae, 1696. 7. Romanum Museum Angeli *Causei* (de la *Chausse*). Romae 1746. 8. Thesauri antiquitatum romanatum graecarumque, ab *Poleno*. Venetiis 1737 9. Fastos magistratuum et triumphorum romanorum ab urbe condita ed. *Goltzius*. Brugiae Flandrorum 1566. 10. Graecia sive Historia urbium et populorum Graeciae, ex antiquis numismatibus restitutae a *Huberto Goltsio*, Brugis Flandrorum 1581. 11. Familiae romanae in antiquis numismatibus ab urbe condita. ed. *Carolus Patin*. Parisiis 1563. 12. Spicilegium antiquitatis, sive variarum ex antiquitate elegantiarum vel novis luminibus illustratarum, exhibente *L. Bergero*, Coloniae Brandeburgicae 1692. 13. Recueil d'antiquités egyptiennes, -étrusques et romaines, par *Caylus*, Paris 1756. Der dritte Band dieser Sammlung enthält eine große Anzahl Thiere und ist 48. Tafel stellt den Orpheus dar, wie er sie mittelst der Töne seiner Lyra herbeilockt. Auf diesen antiken Kamée unterscheidet man den Löwen, das Pferd, den Hirsch, die Ziege, den Eber, die Gazelle, den Wolf, den Hund, den grünen Affen, das Meerschwein, den Kranich und die Taube. 14. Recherches sur l'origine, l'esprit et les progrès des arts de la Grèce, par d'*Hancarville*. Londres 1785. 15. Storia delle arti di disegno presso gli antichi di *Winkelmann*. Roma 1784. 16. Memorie enciclopediche sulle antichità e belle arti di Roma, Roma 1816. 17. Monumenti antichi inediti di Roma, di *Guattani*, Roma 1784. 18. Collections de sculptures grecques et romaines. Paris 1744. 19. Imperatorum romanorum numismata descripta per Carolum *Patinum*. Argentorati 1781. 20. Adnotationes nunc primum evulgatae in XII. priorum Caesarum numismata. Romae 1730. 21. Familiae romanae quae reperiuntur in antiquis numismatibus, *Antonii Augustini*. Romae 1757. 22. Vetera monumenta, in quibus praecipue mussiva opera sacrarum profanarumque aedium structura etc. *Joan. Ciampini*. Romae 1790. — Die Mosaik von Palästrina ist in diesem Werk abgebildet, aber sehr schlecht. 23. Le antichità di Ercolano. Roma 1789. 24. Dialoghi di *Antonii Agostini*, Roma 1625. 25. Numismata imperatorum romanorum praestantiora, *Vaillant*. Romae 1743. — S. auch: Nummi antiqui familiarum romanarum illustrati, *Vaillant*. Amsteled. 1703. und Numismata aerea. Parisiis, 1688. 26. Antiquarum statuarum urbis Romae expositio de *Caval.* Romae 1580. 27. Statuae haec antiquae Romae delineatae. Romae 1752. 28. Introduction à la science des médailles, par *Mangeart*. Paris 1763. 29. Recueil des piertes gravées du cabinet du Roi, par *Mariette*. Paris 1750. 30. De nummis aliquot aereis uncialibus. Romae 1778. 31. Des médailles grecques, par *Millingen* Rome 1812. 32. Gemme antiche di *Agostini*. Roma 1686. 33. Novus thesaurus antiquitatum romanarum, ab *Alberto de Sallengre*. Hagae Comitum, 1716—1719. 34. Della religione antica degli Romani di M. *Choul*. Lione 1559. 35. Li antichi sepolcri romani ed etruschi, di *Pietro Bartoli*. Roma 1697. 36. Mensa isinca Laurentii Patavini. Amstelodami, 1669. 37. Antiquités d'Herculanum; de Pitoli et Piranesi. Paris 1825. 58. Specimen rei nummarine, *Gesner*. Tiguri 1735. 39. Monumenti etruschi di etrusco nome, dal. *Inghirami*. Badia Fiseolana, 1821. 40. Tableaux, statues, camées de la galérie de Florence, par *Monges.* Paris 1789.

Man kann sich wohl denken, daß die Löwen, Tiger, Panther, Leoparden und Bären, welche bei den Alten in so großer Anzahl in den circensischen Spielen, oder bei ihren Triumphen vorkamen, sich auch auf sehr vielen antiken Monumenten abgebildet finden. In der That kommen diese verschiedenen Arten auf ihnen sehr häufig vor; ich begnüge mich daher, nur die Hauptwerke anzuzeigen, wo man Abbildungen derselben findet; denn wenn ich sie alle anführen sollte, so würde diese Abhandlung viel zu weitläufig werden. Es genüge hier die Bemerkung, daß die Menge der großen fleischfressenden Thiere, welche die Alten in ihren Spielen opferten, so beträchtlich war, daß alle Herrscher Europa's und der ganzen Welt in diesem Augenblick vergebens sich vereinigen würden, um eine gleiche Anzahl aufzubringen.

So veranstaltete Trajan nach seinem Siege über die Parther Spiele, in welchen gegen 11000 verschiedene wilde Thiere auf den Schauplatz kamen, welche sämmtlich getödtet wurden. Pompejus bei der Einweihung seines Theaters dem Volke ein hörniges Rhinozeros, vierhundert und zehn Panther, sechshundert Löwen, unter denen dreihundert und funfzehn mit einer Mähne versehen, und lauter Männchen waren.

Die Kenntniß einer solchen Menge von Thieren, welche bei den Kampfspielen im Circus getödtet wurden, ist aus mehrern Gründen für die Naturforscher interessant; denn wir erfahren dadurch, daß alle wilden Thiere, und besonders die fleischfressenden, in frühern Zeiten weit häufiger waren, als heutzutage. Da endlich diese Thiere, theils im Circus, theils bei Triumphen, getödtet wurden, so mußte der Ehrgeiz, welchen der Kaiser und die Großen Rom's darein setzten, eine erstaunliche Menge derselben zusammenzubringen, endlich die Zahl der schädlichen Thiere, deren sich zu entledigen der Mensch so großes Interesse hatte, sehr vermindern.

Der Einfluß, welchen der Mensch in dieser Beziehung ausgeübt hat, war um so größer, da diese Schauspiele von Thiermetzeleien, welche anfangs dem Volke nur aus politischen Zwecken gegeben wurden, später für die Großen ein Gegenstand von unglaublichem Luxus wurden. Aber bei andern, z. B., bei denen von Asien, hatte die Tödtung der Thiere einen religiösen Zweck, nämlich jener Gnade theilhaftig zu werden, welche wir nach unserm Begriffen Ablaß nennen. So erhielt derjenige, welcher einen Tiger oder ein

Rhinoceros tödtete, nur auf hundert Jahre Ablaß, dahingegen für die Tödtung eines Löwen ein tausendjähriger Ablaß ertheilt wurde. Diese Verschiedenheit hat ohne Zweifel in der Wichtigkeit und Schwierigkeit, welche die Erlegung eines Löwen darbot, ihren Grund. Man darf dieses um so mehr annehmen, als dieselben religiösen Vorstellungen für die Tödtung eines Fisches und einer Schildkröte nur einen, und für die eines Crocodils nur drei Monate Ablaß zugestanden *).

So sieht man in dem Thesaurus antiquitatum romanarum von Grävius (Lugduni Batavorum 1694 — 1696 und dem Supplement dazu, welches den Titel führt: Nova supplementa congesta ab Joanne Poleno, Venetiis 1737) an der Stelle, wo von den Kampfspielen im Circus die Rede ist, eine gewisse Anzahl großer fleischfressender Thiere nach antiken Originalen dargestellt, wie sie mit Menschen kämpften.

Die unter dem Namen Antonia bekannten Denkmünzen, welche in Morellianus's oder Sigebert Havercamp's Werke (Familiarum romanarum numismata omnia, Amstelodami 1734,) abgebildet sind, stellen uns eine große Menge Löwen dar. Dasselbe ist der Fall in dem Werke über antike geschnittene Steine von Gorius, welches ich bereits angeführt habe, als von der Chimära die Rede war **). Der Löwe wird auf den antiken Monumenten ebenfalls sehr häufig als ein Begleiter des Bacchus dargestellt. So findet er sich auf manchen Basreliefs und geschnittenen Steinen, deren in den meisten Werken darüber, wie in denen von Montfaucon, Augustini, Gesner, Gorius und Bartoli Erwähnung geschieht.

Die Löwen waren, wie es scheint, in Carthago und in Rom in so großem Ueberflusse vorhanden, daß es gefährlich war, sie zu zähmen und zu dressiren. So besaß Hanno in Carthago einen Löwen, welcher so zahm war, daß er ihn allenthalben wie einen Hund begleitete. Antonius ließ, einige Jahre vor der christlichen Zeitrechnung, zahme Löwen an seine Wagen spannen, während andrerseits Domitian dem Volke den Kampf eines Weibes mit einem Löwen, und später, eben auch bei den Kampfspielen im Circus, die Niederlage eines andern Löwen durch einen Jäger vorstellte. Es ist bekannt, daß Quintus Scävola der Erste war, welcher für das römische Volk Löwenkämpfe im Circus veranstaltete.

Der eigentliche Tiger (Felis tigris, autor.) ist auf den antiken Denkmälern seltener dargestellt, als die Löwen, Leoparden, und besonders der Panther. Der erste, welcher in Rom erschien, wurde, bei der Einweihung des Tempels des Marcellus, in einem Käfige gezeigt. Später, bei der Einweihung des Pantheon, ließ Claudius deren vier zeigen. Ein auf uns gekommenes Musikstück stellt diese Tiger in natürlicher Größe dar, so daß man sehen kann, wie ähnlich sie der noch lebenden Art waren.

Ebenso findet man genaue Darstellungen des Königstigers auf mehrern Gemmen, und hauptsächlich in den uns mir schon angeführten Werken, wie in denen von la Chausse, Mariette, Montfaucon und Ciampini.

Was die Panther und Leoparden ***) betrifft, so sind diese

*) Asiatic researches or Transactions of the Society instituted in Bengal, the Rudhiradhyana or sanguinary chapter, translated from the Calica Puran, by *Blaquière*. T. V. p. 371. London 1801.

**) Eine der schönsten Löwengestalten, welche das Alterthum uns hinterlassen hat, ist diejenige, welche den Amor des Plotarchus trägt. Diese Abbildung findet sich in der Galérie de Florence aufgezeichnet. Das Museum florentinum von Gorius und die Pitture antiche d'Ercolano enthalten ebenfalls sehr schöne Darstellungen.

***) Die Darstellungen, welche uns die Alten von diesen fleischfressenden Thieren hinterlassen haben, sind wegen ihrer Genauigkeit merkwürdig. Die Felle dieser Thiere, welche sie oft auf ihre Ruhebetten legten, sind darauf so gut abgebildet, daß man sich darin nicht irren kann. Man kann dieß leicht beurtheilen, wenn man die 53. Tafel des 3. Bds. von d'Hancarville's Werk betrachtet. Die 115. Tafel des 2. Bds. desselben Werks ist auch darum merkwürdig, daß sie an das Rennthier erinnert, während zugleich auf der 86. Tafel der Leopard abgebildet ist.

fleischfressenden Thiere auf den antiken Denkmälern häufiger dargestellt, als der Tiger. Man findet sie auf ihnen fast eben so häufig, als den Löwen, ein Thier, welches auf diesen Denkmälern so oft vorkömmt. Auch waren diese Thiere in Rom sehr häufig. Die ersten, welche daselbst erschienen, wurden, 156 Jahre vor der christlichen Zeitrechnung, von Marcius Fulvius im Circus gezeigt. Diesem Beispiele folgten Scipio Nasica und Publius Lentulus. Letzterer brachte sogar drei und sechzig solche Thiere zusammen. Eine noch größere Anzahl wurde zuerst von Pompejus, welcher, wie ich angeführt habe, vierhundert, vierhundert und zehn im Cirkus erscheinen ließ, und später von Augustus zusammengebracht, welcher dreihundert und zwölf solche Thiere vor dem Volke auftreten ließ. In der Folge ließ der Kaiser Gordian in denselben Kampfspielen sogar tausend Stück auf einmal kämpfen. Aber Probus war unter allen Römischen Kaisern derjenige, welchem es glückte, die größte Anzahl wilder Thiere für die Kampfspiele im Circus zusammenzubringen.

Noch merkwürdiger ist es, daß die Alten von dem Elephanten genauere Kenntnisse gehabt zu haben scheinen, als unsere heutigen großen Naturforscher, Buffon und Linné nicht ausgenommen. In der That kannte Aristoteles den Bau des Elephanten besser, als Buffon, und was er von dessen Lebensart sagt, ist ebenfalls richtiger. Ja, weber der eine, noch der andere dieser Naturforscher hatte die beiden Elephantenarten unterschieden, welche die alten Schriftsteller und Bildhauer doch sehr wohl kannten. Man kann in der Abhandlung Cuper's, welche in dem Novus thesaurus antiquitatum romanarum von Sallengre enthalten ist, eben so anziehende, als merkwürdige Beschreibungen der Spiele, bei denen die Alten die Elephanten gebrauchten, und eben so die beiden Arten, welche ihnen davon bekannt waren, finden. Nach Cuper soll Seleucus Nicator, König von Asien (Syrien?), auf fünfhundert Elephanten von der Asiatischen Art besessen, die Ptolemäer hingegen in ihren Kriegen und bei ihren Festen nur den Africanischen Elephanten angewendet haben. Und es ist sogar wahrscheinlich, daß einer der Ptolemäer, wie es scheint, der unter dem Beinamen Philadelphus bekannt, der Erste war, welcher die Kunst, sie zu fangen und zu jagen, lehrte.

Diese Kunst machte bald große Fortschritte, denn die Anzahl derselben, welche die Kaiser und Großen in Rom zeigten, ist wahrhaft erstaunenswerth, besonders wenn man die Schwierigkeiten bedenkt, welche man beim Fange dieser Thiere verknüpft sind. Die ersten, welche man nach Rom brachte, wurden daselbst, 136 Jahre vor der christlichen Zeitrechnung, auf Befehl des Magistrats, im Circus getödtet. Später wußte man sie bei Kämpfen zu gebrauchen, und verstand es sogar, sie zu dressiren. So kämpften bei einem Feste, welches Cäsar veranstaltete, zuerst 20 Elephanten gegen 500 Fußsoldaten und gegen eine gleiche Anzahl Reiter. Metellus hatte nach der Eroberung Macedoniens 142 Elephanten nach Rom gebracht, welche daselbst mit Pfeilen getödtet wurden. Als Cäsar am Abend des Festes, wo er Elephanten kämpfen ließ, nach Hause zurückkehrte, leuchteten ihm vierzig Elephanten, welche Laternen trugen. Endlich zeigte Domitian dem Volke einen Elephanten, welcher, nachdem er einen Stier niedergeworfen, zum Zeichen seiner Verehrung, vor dem Kaiser seine Kniee beugte. Früher ließ Germanicus in dem Triumphe, welcher ihm wegen seiner Siege über die Völker Germanien's zuerkannt wurde, Elephanten auftreten, welche zum Tanzen und zu verschiedenen Kunststücken dressirt waren. Doch dem sey, wie ihm wolle, die beiden Elephantenarten sind auf den Römischen und Griechischen Denkmünzen, besonders auf denen von Alexander, Commodus, Antoninus Pius, Antiochus und Alexander Severus genau angegeben. Der Africanische Elephant ist an der rundlichen Form seines Kopfs, an der gewölbten Stirn, den großen Ohren auf den Münzen von Regulus und selbst auf manchen von denen, welche auf Julius Cäsar geschlagen waren, sehr leicht kenntlich. Außerdem sind die beiden Elephantenarten auch auf einer unendlichen Menge anderer Monumente abgebildet oder gestochen; bisweilen findet man sie sogar darauf zum Theil von Negen oder Garnen umzogen oder umstrickt.

Dasselbe ist der Fall mit andern Pachydermen, z. B., dem Rhinoceros, dem Flußpferd, Eber, so wie auch mit verschiedenen Schweinerassen, deren man, wie man annimmt, zwei besondere Arten abstammen. Besonders muß eine dieser Schweinerassen in Rom sehr häufig gewesen seyn; denn sie findet sich auf sehr vielen Denkmälern des Alterthums abgebildet. Diese Varietät ist die aus Guinea; und wegen der sehr deutlichen Mähne, welche über den Hals und den Rücken bis zu dem Kreuz läuft, vor allen übrigen sehr kenntlich. Diese Varietät war jederzeit in Africa, einem Lande, mit welchem die Römer häufig zu thun hatten, sehr gemein. Auch kömmt sie auf den antiken Denkmünzen sehr häufig vor. Ich kann die Denkmünzen auf Antonin und andre Kaiser anführen, welche man in den Werken Patin's, Montfaucon's und Gallengre's abgebildet findet, wie auch die, welche sich unter den in Herkulanum entdeckten Antiken finden. Andre Rassen sind gleichfalls auf denselben Denkmälern abgebildet, z. B., eine, dem chinesischen Schwein ähnlich, bei welcher die Beine so kurz sind, daß der sehr dicke Bauch auf der Erde schleppt. Diese Rasse ist auf der 45. Tafel des 4. Bandes der Antichità d'Ercolano, Roma 1729 sehr schön abgebildet.

Eben so ist es auch gewiß, daß die wilden Schweine, so wie die verschiedenen Schweinerassen, in Rom sehr verbreitet waren. Das erste wilde Schwein, welches ganz auf die Tafel gebracht wurde, sah man bei einem Gastmahl, welches von Servius Rullus zu Rom gegeben wurde. Diese neue Erfindung wurde später von Antonius übertroffen, welcher zur Zeit seines Triumvirats mit einem Mal acht Stück ganz auftragen ließ. Was die Rhinocerosse betrifft, so waren sie den Römern eben so gut bekannt, und sie haben dieselben auf sehr vielen ihrer Monumente dargestellt. Es geschah unter der Regierung Domitian's, wo zu Rom das erste zweihörnige Rhinoceros (Rhinoceros africanus) gesehen wurde. Lange zuvor, um 55 Jahre vor der christlichen Zeitrechnung, hatte Pompejus, bei der Einweihung seines Theaters, den Römern ein einhörniges Rhinoceros (Rhinoceros indicus, Cuvier.) gezeigt. Diese Art, welche sich auf der Palestrinischen Mosaik eingegraben findet, ist ebenfalls auf andern Musikstücken oder Denkmünzen, und vornehmlich auf einer Gemme in Thomas Mangeart's von mir angeführtem Werke abgebildet. Diese verhält es sich auch mit dem Flußpferd, welches, obgleich von den römischen Schriftstellern sehr schlecht beschrieben, von den Bildhauern dieses Volks sehr getreu dargestellt worden ist. So ist es auf der Palestrinischen Mosaik, wie auch auf andern Denkmälern, z. B., auf den zum Andenken des Kaisers Julius Philippus geschlagenen Münzen mit Treue dargestellt. Diese Münzen sind in den Werken von Vaillant, Patavini und Mangeart abgebildet; es ist übrigens bekannt, daß das erste, zu Rom gesehene Flußpferd, durch Aemilius Scaurus dahin gebracht wurde, welcher während seines Aedilitäts sich große Mühe gab, vor dem römischen Volke Thiere auftreten zu lassen, die noch im Circus erschienen waren. Auch brachte er die Knochen von dem Thiere dahin, welchem Andromeda vorgeworfen worden seyn sollte; und da einer dieser Knochen auf 36 Fuß lang war, so ist es wahrscheinlich, daß sie zu dem Unterkiefer eines Wallfisches gehörten.

Die Wiederkäuer hatten ebenfalls die Aufmerksamkeit sowohl ägyptischer, als griechischer und römischer Bildhauer auf sich gezogen. Die Algazelle (Antilope gazella), welche erst seit einigen Jahren in Europa gesehen worden ist, ist auf den Fall es mit dem Gemsbock (A. oryx) oder der gerabbehingen Antilope, welche, in Profil und auf die ihren Künstlern eigenthümliche steife Manier abgebildet, wahrscheinlich zu der Fabel vom Einhorn Veranlassung gegeben hat. Ich sage zu der Fabel, denn ein Thier mit gespaltenen Hufen, dessen Stirn in der Mitte durch eine Naht getheilt ist, kann nicht in einem bessern, welches aus dem Knochengewebe von der Mitte seines Kopfes entspringt. Das Glenn aus Irland, welches so lange Zeit für eine fossil Art gehalten wurde, haben die Römer ebenfalls gekannt; und wenn Hirbert auch in den Rissen von Pompeji und Herkulanum keine Darstellung davon fand, so hat er doch auf einem alten Gemälde, welches in Rom gefunden wurde, eine entdeckt. Diese Art, zu deren Untergang die Austrocknung der Seen und Moräste beigetragen hat, scheint seit den historischen Zeiten gelebt zu haben, da Oppian sie sehr gut beschrieben hat, wie schon von Aldrovandus angedeutet worden ist. Was endlich einen noch bessern Beweis liefert, wie mir der Untergang dieser Art sey, ist ein Gallus, welchen Hart auf einem bei in Italien entdeckten Knochen beobachtet hat, welcher Gallus nach einer Wunde mit einem spitzen und schneidenden Instrumente sich erzeugte

hat. Der Cervus euryceros des Aldrovandus, oder der Hirsch mit dem Riesengeweih, ist demnach eine Art, welche seit den historischen Zeiten auf der Oberfläche der Erde erloschen ist, wie dieß nicht allein das zu Rom entdeckte Gemälde, sondern auch die Beschreibungen, welche wir von demselben bei Oppian, Münster und Johnston finden, angeben. Da ferner die Knochen dieses Hirsches sich in denselben Niederschlägen zugleich mit Rhinoceros-, Elephanten-, Flußpferd- und Hyänenknochen finden, so muß es mit letzteren derselbe Fall gewesen seyn.

Liegt nun wohl in diesem Schluß, welcher so viel Widerspruch erfahren hat, etwas, was den Naturgesetzen entgegen wäre? Liegt es nicht vielmehr in der Ordnung der Dinge, daß ein Thier, auf welches die Römer ununterbrochen Jagd machten, und welches sie theils in großer Menge tödteten, theils bei ihren Spielen, theils bei ihren Triumphfesten, endlich durch den Einfluß von Ursachen verschwinden mußte, welche, obgleich langsam aber doch anhaltend, fortwirkten.

Diese Art, welche wegen der Größe ihres Geweih's, nicht leicht einen Schlupfwinkel finden konnte, mußte um so schneller vertilgt werden, da die Sümpfe, in denen sie sich aufhielt, endlich von selbst austrockneten.

Außer diesen Arten haben uns die Alten auf ihren Denkmälern noch eine Menge anderer dargestellt. So erkennt man auf ihnen den gemeinen Hirsch, die Hirschkuh, den Damhirsch, das Rennthier, den Rehbock, die Gazellen, die Bubalsantilope, so wie die gemeinen Arten dieser Familie, wie den Bock, die Ziege, den Schafbock und das Schaf. Die Böcke sind vorzüglich Begleiter der Satyrn, Faune und der ländlichen Gottheiten. Da diese Gottheiten oft auf Kameen und antiken Denkmünzen vorkommen, so ist es auch mit den Thieren, welche ihnen besonders zugethan sind, der Fall.

Die Alten unterscheiden ebenfalls sehr genau die beiden Kameelarten, das zweibuckelige (Camelus bactrianus, L.) und das einbückrige Kameel, welches unter dem Namen Dromedar (C. dromedarius) bekannt ist. Man kann sich leicht davon überzeugen, wenn man die auf Adrian, Commodus und Caracalla geschlagenen Denkmünzen betrachtet, welche man in dem schon angeführten Werke Patin's findet. Eben so entdeckt man diese Thiere auch in dem Havercamp'schen Werke abgebildeten Denkmünzen und vorzüglich auf denen, welche den Namen Aemilia führen. Wahrscheinlich traten diese beiden Arten vor dem Volke bei dem Feste auf, welches Ptolemaeus seinem Vater, Ptolemaeus Soter zu Ehren gab. Man ahmte bei diesem Feste den Triumphzug des Bacchus nach und brachte dabei eine große Menge verschiedener Thiere zum Vorschein. Unter diesen Thieren hat Athenaeus Elephanten, Hirsche, Bubalsantilopen, Gemsböcke (oryx), 130 Aethiopische Schaafe, dreihundert Arabische und zwanzig Eubäische Schafe, weiße Hirsche aus Indien, endlich sechs und zwanzig Indische Ochsen, doch ihre glänzende Weiße merkwürdig und acht andere aus Aethiopien angeführt; man sieht daselbst noch für viele Leoparden, Panther, Luxen, weiße Bären, Straußse und Papageien, so wie eine sehr große Zahl anderer Aethiopischer Vögel. Es scheint selbst, daß vierhundert ihrer Kuchse, die Aethiopischen Rhinoceros, so wie eine Giraffe zeigte; noch merkwürdiger war die Koppel von zweitausend vierhundert Hunden, welche daselbst zu sehen war, und auf welche und zwanzig männliche Löwen von sehr großer Schönheit folgten. Ich habe bereits darüber gesprochen, daß sich die neuern Naturforscher über die weißen Bären gewundert hätten, welche Ptolemaeus bei dem Feste, das er dem Volk in Alexandrien bei Gelegenheit seiner Thronbesteigung gab, auftreten ließ. Eben diese Naturforscher schienen auch erstaunt, daß Megasthenes in der Erzählung seiner Reisen, von denen man bei Strabo, Arrian und Athenaeus Bruchstücke aufbewahrt haben, berichtet, er gebe Bären in dem mittägigen Indien. Man hat in der That lange Zeit nicht gewußt, daß es deren in diesem Lande gab, aber nachdem hat man seit einigen Jahren mehrere Arten, und unter anderen den Gaulterbär (ours jongleur) daselbst entdeckt hat, so hat man der genauen Beobachtung des Megasthenes, so wie der Naturfor-

*) S. Aethennaeus, lib. V. p. 196 et 203 so wie die Beschreibung, welche man von diesem Feste findet in der Histoire du commerce et de la navigation des Egyptiens sous le règne des Ptolemés, par Ameilhon. Paris 1766. p. 70.

scher oder Schriftsteller des Alterthums Gerechtigkeit widerfahren lassen müssen. Eben dieser Megasthenes hatte gefunden, daß die meisten unserer Hausthiere in Indien wild vorkämen, was später durch Aelian bestätigt wurde, und auch in Bezug auf eine Menge unserer Arten, in unsern Tagen für richtig erkannt worden ist. Dem sey indeß wie ihm wolle, es ist wenigstens gewiß, daß die Bären sich auf den antiken Monumenten eben so häufig finden, als die verschiedenen großen fleischfressenden Thiere, von denen ich schon gesprochen habe; sie sind sogar auf ihnen so deutlich abgebildet, daß man sie leicht erkennen kann. Was ihre verschiedenen Arten betrifft, so mußten sie in Rom sehr gemein seyn; denn Scipio Nasica und Publius Lentulus zeigten dem Volke auf einmal über funfzig Stück derselben, und Caligula ließ bis gegen vierhundert in dem Circus tödten.

Der Auerochs (Bos ferus) oder der Bison der Alten, ist ebenfalls auf mehrern ihrer Monumente dargestellt. Es scheint selbst, daß die Römer ihn zu zähmen verstanden; wenigstens besaß der Kaiser Domitian Auerochsen, die er an Wagen spannen ließ. Dieses Thier kam später bei den Spielen im Circus wieder vor; und unter mehr als vierhundert Thieren, welche Septimius Severus bei den Feierlichkeiten, welche er zur Vermählung des Caracalla veranstaltete, aus einer Maschine herausließ, bemerkte man auch mehrere Auerochsen, so wie wilde Esel oder Onager. Man sieht leicht, wie wichtig für die Lösung der uns beschäftigenden Frage es ist, genau zu wissen, zu welcher Zeit diese oder jene Art bekannt gewesen ist; aus welchem Lande man sie brachte, und welches die Zahl derselben war. Auch habe ich über diese verschiedenen Punkte viele Fragen zugekommen, zu deren Beantwortung ich diese nähern Angaben beibringen mußte, über deren weitläufige Auseinandersetzung man mich ohne Zweifel entschuldigen wird.

Noch will ich über eine der wiederkäuenden Thiere, von denen ich schon gesprochen, eine Bemerkung machen. Diese Bemerkung betrifft die kleine Zahl von Abbildungen, welche uns die Alten vom Widder und dem Schaf, im Vergleich zu der von Böcken, Ziegen und ihren Jungen, hinterlassen haben. Und doch war, wenn man Varro und einigen griechischen Philosophen glauben soll, der Widder das erste Thier, welches der Mensch sich zum Hausthier erzog. Nach Buffon und den meisten neuern Naturforschern, soll dagegen der Hund das erste gewesen seyn, welches der Mensch zu seinem Eigenthume machte; und dieses würde auch besser zu der großen Anzahl von Abbildungen stimmen, welche man von jeder Art auf den Denkmälern des Alterthums antrifft. Die kleine Anzahl Gemmen oder Bildhauerstücke, auf denen sich der Widder findet, ist um so merkwürdiger, da seit Varro's Zeit dieses Thier sich in mehrern Gegenden wild fand und derselbe Fall fand statt bei der Ziege in Samothracien. Die nähern Angaben von Varro über diesen Gegenstand verdienen um so größern Glauben, als man neuerdings die Wahrheit seiner Behauptungen bestätigt gefunden hat. So wissen wir von ihm, daß das wahre Vaterland des wilden Esels Thibet sey; und in der That hat man ihn auf den Gebirgen des Taurus in Nieder-Kurdistan, auf benen, welche Persien von Afghanistan trennen, wieder gefunden. Diese Art lebt daselbst noch wild und die Jagd derselben ist eine der gewöhnlichsten Belustigungen der persischen Könige. Bekanntlich finden sich die Ochsen ebenfalls wild in Mysien, Dardanien und Thracien, die Esel in Phrygien und Lycaonien, wie die Pferde in manchen Theilen des Innern von Spanien. Der wilde Esel oder Onager ist auf den Monumenten der Alten sehr häufig dargestellt worden; ich verweise bloß auf die 27. Tafel der Werke von Micali, und auf die 29. Tafel von Caylus's Werk. Ich könnte diesen Kupferwerken noch eine Menge anderer beifügen, welche sich auf alten Denkmünzen finden, um aber abzukürzen, beschränke ich mich darauf, bloß die in den von mir angeführten Werken vorkommenden zu erwähnen.

Eine große Anzahl von Nagethieren findet sich auf antiken Denkmünzen und Gemmen dargestellt. So sieht man darauf besonders das Kaninchen und den gemeinen Hasen, so wie den Aegyptischen Hasen, so kenntlich an seinen langen Ohren. Diese Art, welche auf den Aegyptischen Monumenten so häufig vorkömmt, findet sich ebenfalls auf mehrern Kameen in den Werken von Micali, Montfaucon, so wie auf den zu Herkulanum entdeckten Bronzen *).

*) Dei bronzi d'Ercolano. Napoli 1767.

Dasselbe ist mit dem Biber der Fall. Diese Arten hatten die Aufmerksamkeit der Alten um so mehr auf sich gezogen, als die meisten von ihnen einen vortrefflichen Geschmack besitzen; und um sie in großer Menge fortzupflanzen, legten sie Gehege (Thiergärten) an, in denen sie aufgezogen und gemästet werden sollten. Diese Thiergärten scheinen gegen die Zeit des zweiten Punischen Kriegs von Fulvius Hirpinus ausgedacht worden zu seyn. Sie wurden anfangs Leporina genannt, weil man daselbst drei Arten von Hasen hielt, nämlich den gemeinen Hasen, das gewöhnliche Spanische Kaninchen, so wie den weißen oder Alpenhasen, dessen Art heutzutage fast vertilgt ist. Man unterhielt daselbst das Rothwild (bêtes fauves) welches sich in den alten Wäldern fand, größtentheils, und zugleich hegte man auch das wilde Schaf oder den Muflon.

Die in diesen Gehegen unterhaltenen Thiere waren fast Hausthiere geworden, wenigstens hatte man sie gewöhnt, auf ein gegebenes Zeichen herbeizukommen. In den Gehegen des Hortensius, nebenen derselbe eine große Anzahl Gäste versammelt hatte, sah man auf ein mit der Trompete gegebenes Zeichen Hirsche, Rehböcke, wilde Schweine, und andres Roth- und Schwarzwild, welches in denselben vereinigt war, herbeilaufen. Diese Thiere drängten sich in Haufen um das Gartenhaus, in welchem gespeist wurde, und es konnte nicht fehlen, daß dadurch mehrern der Gäste ein Schrecken eingejagt wurde. Man sehe, wie ihm wolle, man sieht doch leicht, daß die Sorgfalt, welche die Alten auf Thiere verwandten, die in ihren Gehegen unterhalten wurden, oder welche für die Kampfspiele im Circus bestimmt waren, nothwendig ihre Kenntnisse von den wilden Thieren erweitern, und sie über die Hauptcharactere derselben belehren mußte. Auch ist eine Menge derselben sehr gut besfen, und selbst solche, die man bis auf den Augenblick, wo man sie wiederfand, für fabelhaft hielt: man kann unter den Nagethieren der Stachelmaus (souris épineuse) anführen, welche Aristoteles und Aelian als einen Bewohner Aegyptens und Libyen's anführen, und welche bis auf die neuesten Zeiten weder in dem einen, noch in dem andern dieser Länder bemerkt worden war. In der That hatte man sie auf den Französischen Feldzug in Aegypten diese Maus nirgends angetroffen; aber dieser Feldzug hat der Aussage des Aristoteles vollkommen bestätigt, und dargethan, daß die Alten nie von einer Thatsache sprachen, als bis sie von der Richtigkeit derselben überzeugt waren. Eben so ist das zweihörnige Schwein oder das Babirussa, von welchem Aelian so viele Einzelnheiten anführt, erst bei dem Wiederaufleben der Wissenschaften in den entlegensten Ländern Indien's entdeckt worden: und bis dahin war seine Existenz als eine Grille und als Fabel betrachtet worden. Endlich kann ich unter den Nagethieren, welche den Alten sehr genau bekannt waren, noch den Siebenschläfer (loir gris) anführen, welcher bei den Römern sehr geschätzt war. Dieses Thier war bei ihnen sogar ein Gegenstand vorzüglicher Sorgfalt; sie mästeten es mit großer Mühe, und es wurde auf die Tafeln der Großen gebracht. So ist bekannt, wie hoch bei den Römern den Luxus in dieser Art trieben. Eben um diesen Luxus zu befriedigen, erfand, nachdem schon Thiergehege eingerichtet waren, Lenius Strabo die Vogelheerde und Lucinius Muräna die Fischweiher. Auch trieben die Alten bei ihren großen Gastmälern die Leckerei so weit, daß sie sich Gerichte, mit Straußengehirnen oder Flamingos, Phrygischen Haselhühner-, Kranich- und Fasanenzungen bereitet, auftragen ließen. Eben so erdachte der Feinschmecker Hortensius Fischweiher mit Meerwasser gefüllt, in denen man die wohlschmeckendsten Fische, wie Meerzungen, Weißlinge, Muränen, wie auch verschiedene Arten Goldkarpfen, ja sogar Seeschaalthiere fütterte. Andere, welche für die Lachsforellen, Hechte und Lachse bestimmt waren, wurden mit süßem Wasser gespeist.

Der Luxus und die Grübelei gingen hierin so weit, daß man über die Menge Fische erstaunt, welche die Alten in ihren Fischweihern unterhielten. Diese Menge war so beträchtlich, daß Cäsar, nach Plinius Bericht, sechstausend Muränen, welche er den Römern gab, von Irrius auf sechstausend Muränen zu leihen. So wie selbst für die Muränen, welche Irrius dem Cäsar lieh, nach Varro's Behauptung, geringer gewesen seyn, als die, von welcher Plinius spricht, aber für selbst sich doch immer auf wenigstens zweitausend. Diese Zahl ist so erstaunlich groß, daß wir daraus sehen können, bis auf welche Höhe die Römer in dieser Gattung des Luxus, so wie in allen benen, wo es darauf ankam, sich Anhänger und Freunde zu erwerben, gekommen waren.

Dieselbe Aufmerksamkeit, welche sie darauf verwendeten, in ihren Fischweihern eine große Anzahl Fische zu vereinigen, richteten sie ebenfalls auch darauf, in ihren Vogelhäusern und auf ihren Hühnerhöfen eine große Anzahl verschiedener Vögel zu sammeln. Die Vogelhäuser, welche, wie ich schon bemerkt habe, von Lenius Strabo aus Brundusium (Brindisi) erfunden worden waren, dienten später, um in denselben die Pfauen zu halten, welche Alexander einst nach Griechenland gebracht hatte, wo man sie, wegen der Schönheit ihres Gefieders, nur als Seltenheiten betrachtete. Hortensius dachte hierin anders; er ließ bei einem glänzenden Gastmahl, welches er seinen Freunden gab, mehrere derselben mit auftragen. Von dieser Zeit an vermehrten sich die Pfauen in Rom sehr, und Ptolemäus Physco erstaunte über die große Menge, die er daselbst sah. Diese Zahl wurde später so beträchtlich, daß, wenn man den Schriftstellern des Alterthums glauben darf, Antidius Lucro sich 13 bis 14000 Franken Einkünfte durch Mästen dieses schönen Geflügels erworben haben soll.

Und es muß auch so gewesen seyn, wenigstens nach der großen Menge von Abbildungen zu urtheilen, welche die Alten uns hinterlassen haben. Derselbe Fall war es auch mit vielen andern, unter denen ich nur die verschiedenen Arten von Kranichen, Störchen, oder Reihern, Papageien, Meisen, Adlern, Geiern, Sperbern, Tauben und Enten anzuführen brauche. Mehrere dieser Vögel sind sogar auf den Monumenten des Alterthums mit einer seltenen Vollkommenheit abgebildet. Ich will, in dieser Beziehung, besonders des auf der 6. Tafel von Hrn. d'Agincourt *) abgebildeten Basreliefs gedenken, auf welchem der Adler des Jupiter dargestellt ist, wie er dem Ganymedes entführt, gleichsam sich bewußt, wie dasselbe Basrelief sich ausdrückt, wen er raubt, und zu wem er ihn bringt (sentiens quid rapiat et cui ferat). Dieses Basrelief ist in der That durch die Genauigkeit und Wahrheit, so wie durch das damit verbundene Grandiose bewundernswerth, welches sich leichter empfinden, als angeben läßt. Da die Zahl der Vögel, welche auf den antiken Denkmälern durch den Stichel und Meißel so sorgfältig dargestellt sind, daß man sie leicht erkennen kann, sehr beträchtlich ist, und ich sie jetzt nicht weiter anführen, behalte mir aber vor, in der Folge darauf zurückzukommen. So ich von Vögeln sage, kann ich ebenfalls von Fischen und Reptilien behaupten; diese Thiere, besonders die letztern, sind auf ihnen im Allgemeinen sehr gut dargestellt, und man bedarf, um sie zu erkennen, bloß anhaltender Aufmerksamkeit und zahlreicher Gegenstände

der Vergleichung. Endlich, setze ich noch hinzu, ist dieses auch bei manchen Insecten der Fall; denn man darf nicht glauben, daß die Alten uns bloß Darstellungen mancher Scarabäen (vorzüglich des Ateuchus sacer und impius) hinterlassen hätten, ohne daß sie ihnen, ihres Nutzens wegen, auch eine besondere Verehrung erwiesen hätten. Dieselbe Aufmerksamkeit widmeten sie auch einer Menge anderer Arten aus fast allen Ordnungen. Eben so verhält es sich auch mit den Crustaceen; die alten Mustve, so wie die zu Pompeji und Herculanum gefundenen Gemälde, enthalten eine große Menge derselben, wie ich später darthun werde.

Diese Uebersicht wird schwerlich genügend beweisen, mit welcher ernsten Aufmerksamkeit von den Alten die verschiedenen Naturerzeugnisse erforscht worden sind, da sie uns so treue, als genaue Darstellungen derselben hinterlassen haben. Doch scheinen sie einige derselben nicht beachtet zu haben; unter den letztern kann man, meines Bedünkens, die Conchylien und die Thiere derselben anführen, mit denen sie sich nur wenig abgegeben zu haben scheinen. In der That sind, mit Ausnahme der Schnecke und des Kinkhorns (Triton nodiferum, Lamarek), welche sie ihren Tritonen und Nereiden, wie den meisten ihrer Meergottheiten, an den Mund geben haben, Conchylien auf den Denkmälern des Alterthums selten dargestellt. Die Anzahl der Arten, welche man auf ihnen eingegraben findet, scheint sehr unbeträchtlich, besonders wenn man sie mit der Zahl der Gliederthiere vergleicht, welche die Aufmerksamkeit der Künstler auf sich gezogen haben, oder mit ihren Darstellungen von Wirbelthieren mit dem verwickeltsten Bau. Ehe ich diese Bemerkungen schließe, kann ich nicht umhin, der niedlichen Kamée zu erwähnen, welche sich im 4. Bande der Galérie de Florence abgebildet findet, auf welcher man einen Triton das Kinkhorn blasend sieht; Kopf und Brust sind die eines Mannes, aber er hat Beine von einem Schwimmvogel, und der übrige Körper ist dem eines Fisches ähnlich. Alles auf dieser Kamée bezeichnet den Zweck und die Bestimmung dieser Gottheit, welche war, wie gewisse Schwimmvögel und Fische, im Meerwasser zu leben.

Miscellen.

Unter dem Namen Marylebone Literary and Scientific Institution hat sich in London eine neue Gesellschaft zur practischen Wissenschaften gebildet, und scheint mit der Royal Institution daselbst wetteifern zu wollen.

Ein neues astronomisches Observatorium zu Lucknow ist von dem König von Oude in Ostindien erbaut. Es steht unter Leitung eines Englischen Astronomen Capt. Herbert. Die Hauptinstrumente sind von den Hrn. Troughton und Sims zu London gearbeitet.

---

*) Recueil de fragmens de sculptures en terre cuite, par Seroux d'Agincourt, Paris 1814.

Heilkunde.

Ueber die Natur und Behandlung des Markschwamms der Hoden.
Von Otto Baring.

Der Markschwamm, fungus medullaris, ist eine vielfach bearbeitete Krankheitsform, welche jedoch noch keineswegs vollständig erforscht ist, so daß sich nur als sehr wahrscheinlich die Ansicht aussprechen läßt, daß der Entstehung derselben eine chronische Entzündung oder vielmehr ein krankhaft umgeänderter plastischer Proceß zum Grunde liege.

Der Markschwamm des Hodens insbesondere ist, wie den Markschwamm im Allgemeinen, von den verschiedenen Schriftstellern unter verschiedenen Namen beschrieben worden, unter denen besonders die Namen fungus testium, fungus haematodes, cancer cerebriforme du testicule, struma fungosa testiculi, fungus medullaris testiculi, Markfarcom der Hoden, Breihode, Hodenschwamm, weicher Krebs in Anwendung gekommen sind.

Das erste wahrnehmbare Symptom ist gewöhnlich eine Anschwellung des Hodens, welcher sich vergrößert, ohne seine Form zu

verändern und ohne schmerzhaft zu seyn; später nimmt der Nebenhode an der Anschwellung Theil, wiewohl in seltenen Fällen das Uebel auch von diesem ausgeht. Die Geschwulst nimmt sehr langsam zu und giebt mit der Zeit ein täuschendes Gefühl von Fluctuation, wodurch schon häufig solche Geschwülste für Hydrocele gehalten und mit dem Troicart angestochen worden sind, wobei aber bloß etwas weniges Blut oder gelbe Flüssigkeit ausfließt. Mit der Zeit stellen sich flüchtige Stiche im Hoden und schmerzhafte Gefühle in den Schenkeln und im Rücken ein. Hat die Hodengeschwulst eine beträchtliche Größe erreicht, so schwellen zuerst die Leistendrüsen rasch und sehr bedeutenden Umfange an, ohne Schmerz zu erregen. Die Geschwulst des Hodens nimmt nun immer mehr zu, die begleitenden Schmerzen werden heftiger, die Scrotalvenen schwellen an, die Haut wird beträchtlich ausgedehnt, rosenroth und glänzend, ohne jedoch sich eigentlich zu entzünden. Im Bezug auf das Aufbrechen und Hervorwuchern des Schwammes unterscheidet sich der Markschwamm des Hodens von dem Markschwamm im Allgemeinen, indem ersterer nur in sehr seltenen Fällen aufbricht; eine Verschiedenheit, deren Grund bis jetzt noch nicht erforscht ist.

Der spätere Verlauf und Ausgang der Krankheit ist je nach der Constitution des Kranken sehr verschieden und es hängt dieß besonders von dem früher oder später eintretenden Zeitpuncte ab, in welchem eine Störung des Allgemeinbefindens des Kranken auftritt. Der Eintritt dieser allgemeinen Cachexie characterisirt sich durch große Mattigkeit, durch Verdauungsbeschwerden, durch schmutziggelbe, erdfahle Hautfarbe, Appetitlosigkeit, bittern Geschmack und schmutzig belegte Zunge, auch wohl durch Respirationsbeschwerden, Kurzathmigkeit, und endlich hectisches Fieber mit seinen Folgen.

Bei der anatomischen Untersuchung finden wir eine Veränderung des Hodenparenchyms in eine aschgraue, gelbe oder dunkelrothe, schwammig-zellige Masse, in welcher eine mehr oder weniger geronnene Flüssigkeit enthalten ist; die zellige Substanz ist von sehr feinen Blutgefäßen durchzogen, welche sehr leicht zerreißen, und ein dickes, schwarzes Blut ergießen. Bisweilen ist aber auch diese Geschwulst fester, der Corticalsubstanz des Gehirns, der Lebersubstanz, dem Knorpel, ja sogar dem Knochen ähnlich; besonders häufig findet man in der Mitte einen Knochenkern von der Größe einer Bohne. Bisweilen finden sich zwischen den einzelnen Partkien der Geschwulst hydatidenähnliche Wasserbläge.

Die pathologisch-anatomische Untersuchung der übrigen Körpers ergiebt gewöhnlich in der spätern Zeit der Krankheit, Markschwammdegenerationen des Gewebes anderer Eingeweide oder Organe. Diese secundären Markschwämme finden sich zwar auch bei primären Markschwämmen anderer Organe, doch vorzugsweise beim Markschwamme des Hodens und zwar vorzugsweise in den Bauch- und Brustorganen, besonders in der Leber, dem Pancreas, den Nieren und andern. Die Lymphgefäße scheinen das Leitungsorgan zu seyn, und nehmen besonders auffallend an der krankhaften Entartung Theil, und es ergiebt sich:

1) Daß es nicht sowohl der primäre Fungus der Hoden selbst, als vielmehr die Degenerationen im Unterleibe und in der Brust sind, die den Kranken zu tödten pflegen.

2) Daß die Degenerationen im Unterleib und in der Brust nach allen ihren physischen Eigenschaften Markschwämme, oder doch dem Markschwamm sehr verwandte Aftergebilde sind.

3) Daß der Markschwamm von dem Hoden aus durch die lymphatischen Gefäße des Saamenstranges nach jenen entfernten Organen verpflanzt werde, wobei wir den Gang des Uebels von unten nach oben Schritt vor Schritt durch die Section nachzuweisen im Stande sind.

4) Daß also jene durch die Section nachgewiesenen Markschwämme, in den größern parenchymatösen Eingeweiden sowohl, als in dem gesammten lymphatischen Gefäßsysteme, secundäre Markschwämme oder dem Markschwamme nahe verwandte Geschwülste sind, die, wenngleich sie in andern Fällen auch primär in jenen Organen sich entwickeln können, hier entweder immer oder doch in dem bei Weitem meisten Fällen nur als consecutiv anzusehen sind.

Ueber die Aetiologie dieser Krankheit sind die verschiedenen Schriftsteller durchaus nicht einig, doch nehmen die meisten an, daß derselben eine eigenthümliche Dyscrasie zu Grunde liege, und daß der fungus medullaris immer ein constitutionelles Uebel sey. Dieß ist wenigstens nicht in allen Fällen richtig. Bisweilen allerdings leiden schon vor dem ersten Erscheinen des fungus testiculi die Organe der Respiration und Verdauung und die Haut, so daß an dem Eristiren einer allgemeinen Cachexie nicht zu zweifeln ist, in den meisten Fällen aber entwickelt sich die Hodengeschwulst bei übrigens vollkommen gesunden Menschen in Folge einer mechanischen Einwirkung. Warum in einem solchen Falle Markschwamm und nicht bloß Entzündung, hydrocele oder gutartige Verhärtung entsteht, wissen wir zwar nicht, aber wir sind durch diesen Mangel unserer Kenntnisse doch nicht berechtigt, ohne Weiteres eine diathesis fungosa anzunehmen. In solchen Fällen ist der Markschwamm des Hodens für eine örtliche Krankheit zu halten. Aus dieser entwickelt sich alsdann eine secundäre allgemeine Cachexie und zwar, den obigen Andeutungen nach, durch das Lymphsystem vermittelt.

Hiernach ist die Prognose zwar immer schlimm, aber doch nicht so hoffnungslos, wie dieß gewöhnlich angegeben wird. Sehr ungünstig ist sie, wo die allgemeine Cachexie der Entstehung des localen Markschwammes vorausgeht; in den Fällen, wo der Markschwamm des Hodens als örtliches Uebel in einem übrigens gesun-

den Körper auftritt, ist sie dagegen erst dann so ungünstig, wenn zu dem örtlichen Uebel in späterer Zeit die allgemeine Cachexie hinzugekommen ist, was man daraus erkennt, daß bereits die Leistendrüsen angeschwollen sind, daß der Saamenstrang dick wird, daß sich ein allgemeiner, cachectischer, erschlaffter, hinfälliger Zustand des Totalorganismus entwickelt, daß Respirationsbeschwerden hinzutreten, daß tiefsigende, stumpfe, aber auch lancirende Schmerzen in Bauch- und Beckengegend hinzukommen, daß von außen fühlbare Geschwülste im Unterleibe und in der Brust entstehen, daß bedeutende Abmagerung, Colliquationen, hectisches Fieber u. s. w., eintreten.

Die Behandlung hat bisher nur wenig gegen den Markschwamm des Hodens ausgerichtet. Oertliche Applicationen von Blutegeln, selbst in reichlicher Menge und wiederholt angewendet, sind nicht im Stande gewesen, die Zertheilung der Geschwulst herbeizuführen, und es ist zweifelhaft, ob sie vielleicht beim allerersten Aufkeimen des Uebels (wenn sich solches nur erkennen ließe) der Entwickelung des specifischen Entartungsprocesses vorzubeugen vermögen. Die consequente Anwendung der Kälte, als das kräftigste Agens die Vegetation zu ersticken, dürfte bei einem so verzweifelten Uebel nicht unversucht bleiben. Zertheilende Pflaster und Fomentationen, so wie auch narcotische Bähungen sind gänzlich ohne Wirkung. Alle warm zu applicirende externa sind nur schädlich. Escharotica und cau-atica können schon an sich keine Anwendung finden, indem der fungöse Hoden selten oder nie aufbricht, und wo dieß geschieht, würde ihre Anwendung, wie beim fungus überhaupt, nur schaden. Von allen äußern Mitteln möchte wohl ein derbes Haarseil in der Inguinalgegend oder in jeder Weiche, welches ununterbrochen in reichlicher Eiterung unterhalten wird, dasjenige seyn, woburch im ersten Entstehen der Krankheit der Eintritt des specifischen Vegetationsprocesses verhütet, später aber doch wenigstens eine Beschränkung oder wohl gar gänzliche Hemmung des Wachsthums bewirkt werden könnte. Möglichste Ruhe und Schonung des Testikels durch horizontale Lage, Tragebeutel u. s. w., ist unerläßlich.

Nicht glücklicher war man mit den innern Mitteln. Mercurialia haben in einigen Fällen selbst offenbar geschadet und nirgends genützt, und dürfen also nur bei syphilitischem Verdacht des Uebels angewendet werden. Eben so zeigten sich die antimonialia und narcotica unwirksam. Am besten eignen sich noch zur palliativen Behandlung die tonica in Verbindung mit gelinden resolventibus. Wiederholte Brechmittel sind zwar bisher nicht angewendet worden, es läßt sich aber wohl etwas von ihnen im Anfange der Krankheit erwarten. Dasselbe gilt von der lange Zeit fortzusetzenden Anwendung von laxantibus. Zwei, nach vollzogener Castration zurückgebliebene, faustdicke, secundäre Markschwämme der Leistendrüsen verschwanden selbst vollständig unter einer von der Natur hervorgerufenen über fünf Wochen dauernden starken Diarrhöe. — Die Jodine hat hier nicht die günstige Erfahrung für sich, verdient aber, vorzüglich im Anfang der Krankheit, nicht ganz außer Acht gelassen zu werden. Die Schmier- und Hungercur dürfte nur mit großer Umsicht vorgeschlagen werden, und ihr Erfolg wird immer zweifelhaft bleiben. Vom Golde läßt sich nicht viel versprechen, da es in Fällen von Markschwamm anderer Organe ohne Erfolg angewendet wurde. Ob vielleicht der liq. cupri ammon. muriatici, das ferrum carbonicum, ferr. phosph. und vielleicht selbst das ferr. arsenicosum, etwas vermögen, muß die Erfahrung lehren.

Wenn nun alle obigen innern und äußern Mittel nichts gegen diese Krankheit leisten, so beruht die einzige Hoffnung der Lebensrettung auf der Castration. Aber auch diese blieb in den meisten Fällen fruchtlos, indem sehr bald aus der Tiefe der Wunde, oder auch öfter von lang an einer andern Stelle des Körpers ein neuer Markschwamm wieder ausbrach. Bedenkt man indeß, daß die Krankheit ursprünglich eine örtliche ist, und daß sie, sich selbst überlassen, immer zu einem sichern und qualvollen Tode führt, daß dagegen durch die Operation der Ausbruch der allgemeinen Cachexie und selbst der Tod in vielen Fällen wirklich retardirt wurde; so kann man sie nicht absolut verwerfen, und es gilt auch hier der Saß: Melius remedium anceps quam nullum. Auch ist hierbei keineswegs die palliative Linderung zu übersehen, welche dem Kranken durch die Operation häufig zuwächst.

Was nun die nähere Bestimmung der Indicationen zur Operation betrifft, so ist diese zuvörderst in den Fällen, wo sich schon vor der Entwickelung der Hodengeschwulst deutliche Spuren eines Allgemeinleidens zeigten, gänzlich zu verwerfen, sofern sich nur irgend ein wahrscheinlicher Zusammenhang zwischen dem stattfindenden Allgemeinleiden und der sich ausbildenden örtlichen Abnormität auffinden läßt. Insonderheit gehören diejenigen Fälle hierher, wo sich das Uebel an beiden Hoden zugleich, oder auch schon an andern Körperstellen sich ein fungus medullaris manifestirt; ebenso, wenn erhebliche Abnormitäten der Respiration und Verdauung, oder gar äußerlich fühlbare Geschwülste in der Bauchhöhle den Verdacht innerer Medullarsarcome begründen. In allen diesen Fällen ist man genöthigt, anzunehmen, daß das Krankheitsproduct im Hoden nur ein Reflex einer dyscrasia fungosa sey. Die Operation würde hier auf eine doppelte Weise schaden; einmal würde nach der Entfernung des weniger wichtigen Organs der krankhafte Bildungsproceß sich nur um so lebhafter und verderblicher in einem wichtigern, innern Organe zeigen; andern Theils würde der gewaltsame Eingriff des Operationsactes die Energie des Organismus herabsetzen und die Lebenskräfte vernichten. Sehr verdächtig sind selbst jene Fälle, wo der Markschwamm des Hodens sich zu sagen von selbst, ohne äußere Veranlassung, entwickelte. Auf gleiche Weise sind ferner von der Operation diejenigen Fälle auszuschließen, wo während des Bestehens der Hodengeschwulst Symptome einer hinzugetretenen Mitleidenschaft des Totalorganismus sich manifestiren. Die secundären Geschwülste der Leistendrüsen verdieten die Castration nicht in dem Maaße, wie diejenigen Erscheinungen, welche eine Verbreitung des Giftes mittelst der Lymphgefäße zur Seite des Saamenstranges auf innere Organe beurkunden.

Diesemnach ist die Castration nun in allen denjenigen Fällen für indicirt zu erachten, in denen die Hodengeschwulst sich bei Individuen entwickelte, welche sich in dem Genusse relativer Gesundheit befanden, vorzugsweise da, wo dieselbe in Folge einer erkennbaren, äußern Ursache, besonders nach einem mechanischen Insulte, eintritt, und zwar so lange, als mit nach genauer Prüfung des constitutionellen Zustandes berechtigt sind, die Krankheit des Hodens noch für eine örtliche zu halten. Leider muß aber bemerkt werden, daß auch da, wo die Castration unter den allergünstigsten Verhältnissen vorgenommen wird, die Kranken dennoch oft ein Opfer dieser Operation werden; und es geht hieraus hervor, daß allein schon ein bereits längeres Bestehen eines fungus medullaris testis die Prognose der Operation sehr verschlechtert und selbst als Contraindication gelten kann. Die Hauptsorge des Wundarztes muß also seyn, so früh, als möglich zu operiren. (Otto Baring. Ueber den Markschwamm des Hodens. Göttingen 1833.)

Ueber ein neues Verfahren zur Heilung der Harnröhrenverengerungen.

Von Reybard.

Die Verengerungen der Harnröhre gehören zu den häufigsten, am schwersten heilbaren und bisweilen große Gefahr bringenden Krankheiten, und haben von jeher die Aufmerksamkeit der Aerzte in Anspruch genommen.

Die ganze Behandlung beruht auf der Indication, den in die Harnröhre hineinragenden Theil, welcher die Verengerung bildet, entweder durch mechanische Mittel, durch Erweiterung, zurückzudrängen, oder ihn durch Aetzmittel zu zerstören. Die erste Methode ist in der neuern Zeit verlassen (?) und durch die zweite ersetzt worden, seitdem Ducamp die Aetzmittel genau auf die kranken Theile zu bringen gelehrt hat. Die Zufälle jedoch, welche sie aussetzt, haben mich bestimmt, ihr die Methode durch Incision vorzuziehen.

Man hat sich immer von der Idee einer solchen Operation durch die sehr große Schwierigkeit, ein schneidendes Instrument durch den Harnröhrencanal hindurchzubringen, abschrecken lassen. Indeß bringt die Incision der Harnröhrenverengerungen keine Gefahr, wenn man sie nur genau auf die kranken Theile beschränkt, und alsdann hat sie bedeutende Vorzüge vor der Cauterisation. Wie Ducamp,

gründe ich den Zweck der Behandlung auf die doppelte Indication, die krankhafte Disposition der die Verengerung bildenden Theile zu zerstören und dieselben mit dem übrigen Theile des Canals auszugleichen. So erweitert Ducamp zuerst die Verengerung mehr oder weniger durch Cauterisationen mit Höllenstein, bis er einen erweiternden Körper einbringen kann, durch den eigentlich erst der Harnröhre der größte Theil ihres Umfanges zurückgegeben wird. Wenn nun die vollkommene Zerstörung der Wände der Verengerung zur Heilung dieser Krankheiten nicht unerläßlich ist, so wird die Methode durch Incision vortheilhafter seyn, indem sie die krankhafte Disposition genügend aufhebt und die Wände der Verengerung tief trennt, was durch Aetzmittel nicht in gleichem Maaße geschieht. Um nun das schneidende Instrument genau auf den Punct der Verengerung wirken lassen zu können, habe ich ein Instrument erfunden, welches ich Uretrotom (coupe-bride) nenne. Es besteht aus einer acht bis neun Zoll langen, an ihrem vordern Ende etwas abgeplatteten Röhre, in welcher eine bewegliche Klinge verborgen ist, welche auf einem in der Röhre liegenden, vorn in eine Knopfsonde auslaufenden, hinten mit einem Ringe versehenen Drahte zur Seite (ein oder zweiseitig) angebracht ist, und aus der vordern abgeplatteten Röhre vorgeschoben werden kann, wobei zuerst das Sondenknöpfchen allein vordringt, worauf die Klinge erst nachfolgt.

Will man nun das Instrument in Anwendung bringen, so muß man sich vor Allem nach der von Ducamp angegebenen Methode von der Entfernung, Lage und Ausdehnung der Strictur genau unterrichten. Ist die Verengerung eine kreisförmige, so bedient man sich der doppelten Uretrotome; befindet sich aber die Oeffnung der Verengerung an einer der Seiten des Canals, so bedarf es nur des einfachen Uretrotoms. Der Kranke sitzt, wie bei'm Catheterismus, der Wundarzt vor ihm. Nachdem man bei geschlossenem Instrument, d. h. in dem Canal der Röhre verborgenem Stilet, den Regulator (eine Schraubenmutter) in einer der Länge des Sondenendes des Stilets gleichkommenden Entfernung, an dem hintern Ende des Stilets, abwärts geschraubt hat, führt man das Instrument wie einen gewöhnlichen Catheter bis zur Strictur so ein, daß die Leiste des Instruments, welche den Maaßstab trägt und die auch ihre demselben entsprechende Oeffnung genau der Oeffnung der Verengerung entspreche; hierauf drückt man mit Daumen und Zeigefinger der linken Hand die Ruthe fest an das Instrument auf, so daß diese beiden Theile nur einen Körper ausmachen, setzt alsdann den Daumen der rechten Hand in den Ring des Drahtes, und stößt diesen letztern bis zum Regulator in die Röhre hinein; dadurch tritt das schneidende des Stilets aus der Scheide hervor und bringt durch die Verengerung durch. In der Regel geschieht dieß sehr leicht, und man übersieht die Leichtigkeit, mit der der Draht in die immer noch mit dem Penis unbeweglich gehaltene Röhre auf und abwärts geschoben werden kann. Nun schraubt man den Regulator bis zum Ring ab, und senkt den Draht in die Röhre wieder bis zum Ring ein, wobei der Penis immer noch auf der Sonde unbeweglich gehalten wird. Durch diese Bewegung erst wird das Uretrotom geöffnet: ungefähr zwei Drittheile der Klinge treten dabei aus der Scheide heraus und beginnen die Trennung der Verengerung. Nun setzt der Operateur den Daumen der rechten Hand in den Ring, faßt zwischen Zeige und Mittelfinger die Röhre selbst über ihrem untern Ende, vereinigt auf diese Weise beide Theile des Instruments und drückt dasselbe gegen die Verengerung bis zu einer gewissen Ausdehnung derselben entsprechenden Tiefe ein, wodurch sie unmerklich und bis zu falschen Rändern ohne Klinge schneidend bald von innen nach von innen nach außen, durchschnitten wird. Der Penis wird während dieses letzten Actes mit der linken Hand immer auf der Röhre angezogen. — Die Trennung geschieht um so leichter, wie die Theile auf der Scheide gespannt sind, indem diese letztere fast gleichzeitig mit der Klinge in die Verengerung eindringt. Nachdem die Trennung geschehen, schließt man das Instrument, indem man den Draht zurückzieht, und entfernt das Instrument ohne alle Schwierigkeit.

Es geht hieraus hervor: 1. daß die Durchschneidung der Wände der Verengerung Anfangs nur auf dem vordern Theile der Klinge geschieht, und auf der Scheide selbst brennbig wird; 2. daß die Erweiterung, welche dadurch erreicht wird, immer mit dem Umfange

der Scheibe in gerabem Verhältnisse steht, und also im Voraus bestimmt werden kann; z. daß man mit der in der Kapsel verborgenen Spitze der immer unbeweglichen Klinge, der ein biegsames Stilet vorausgeht, welches sie immer in den Canal der Verengerung leitet, aus der sie nicht abweichen kann, keine Gefahr läuft, den Canal der Harnröhre selbst zu verletzen oder falsche Wege zu bilden.

Um bei sehr engen Stricturen, deren Wände callös, hart, un-
nachgiebig sind, wo also die Erweiterung nur durch den Einschnitt
geschieht, nicht mehr oder weniger die gesunden Theile mit einzuschneiden, ist es räthlich, sich hier der schmälsten Urethrotome zu
bedienen. Allenfalls könnte man alsdann auch die Verengerung in
zwei Absätzen trennen, indem man sich abwechselnd des schmälern
und des breitern Urethrotoms bedient, oder auch indem man nur den
einen von diesen auf folgende Weise anwendet: man schiebt die
Klinge viel weiter vor der Scheide heraus, senkt sie allein fast so
tief in die Verengerung, als man die Ausdehnung derselben voraussetzt, zieht dann das Instrument etwas zurück und läßt die Klinge
um eben soviel zurücktreten, als man sie Anfangs herausgegeben gelassen; nun läßt man das Instrument nur eine Halbkreisbewegung
um seine Axe machen, und schiebt das Instrument von Neuem gegen
die Verengerung, deren Wände, welche auf der Scheide gespannt
sind, sich nun mit Mal mit Leichtigkeit trennen. Die Trennung in
zwei Absätzen ist vorzüglich bei Stricturen zu empfehlen, deren
Wände ungleich sind, wo die Oeffnung sich also nicht gerade in der
Mitte findet. Man könnte für diese Fälle auch besondere Scheiden
anwenden, die mit Klingen versehen sind, deren eine Seite eine
breitere Schneide hat, als die andere.

Die Blutung, welche diesen Operationen folgt, ist im Allgemeinen sehr bedeutend, jedoch nie gefährlich; sie steht von selbst.
Nach der Operation comprimire der Kranke die Harnröhre hinter
der Verengerung, damit das Blut sich nicht in die Blase ansammle.

Die Vortheile dieser Operationsmethode vor der Cauterisation
sind folgende: Durch die Incission kann man in einem Augenblicke
die tiefsten und ausgedehntesten Verengerungen zerstören, während
bei der Cauterisation mehrere Application dazu nöthig sind. Der
Schmerz ist zwar eben so groß, wie bei der Cauterisation, aber der
Kranke erleidet ihn nur einmal. Die Schnelligkeit, mit der die
Verengerung zerstört wird, gestattet, sogleich in die Blase zu gelangen und, im Fall einer Harnverhaltung, dieselbe augenblicklich
zu beseitigen. Die Blutung bewirkt ein Abschwellen der Theile,
welche die Verengerung bilden, macht sie unempfindlicher für die
spätere Erweiterung und verhütet die Entstehung einer heftigen
Entzündung, die alsdann niemals den Grad erreicht, daß sie die
Anwendung der erweiternden Körper contraindiciren könnte. Auch
hat mich die Erfahrung gelehrt, daß die Heilung rascher erfolgt,
als bei der Behandlung durch Cauterisation. Die krankhafte Disposition wird, meiner Meinung nach, durch einen oder mehrere Einschnitte in die Wände der Verengerung zerstört, als durch
durch wiederholte Application des Aetzmittels. Bei der ersten
Application nämlich wird der Platinacylinder genau von den verengerten Theilen umfaßt und es bildet sich ein dicker Schorf. Bei
der zweiten Application ist die Oeffnung der Verengerung schon
größer, das Aetzmittel berührt die Wände derselben nur sehr leicht,
löst sich auf und wird durch den Schleim weggespült, der Schorf
ist dünner als der erste; so geht es immer weiter, es entstehen heftige Schmerzen, Entzündung, Geschwulst, Abscesse, Gangrän u. s. w.,
ohne daß die krankhafte Disposition ganz gehoben wird. Diesen
Uebelstand könnte man allenfalls dadurch vermeiden, daß man in dem
Maaße, als die verengerte Stelle weiter wird, immer dickere Cylinder in Anwendung bringt; es bleiben aber andere mit dieser Methode verknüpfte Inconvenienzen zurück, welche bei der Incission
wegfallen. Diese bestehen in der Schwierigkeit, mit dem Aetzmittel

die verengerten Theile zu erreichen, in der Dauer und häufigen
Wiederholung der Operation, in der mehr oder weniger tiefen,
mehr oder weniger ausgebreiteten Ulceration, die darauf folgt, in
der großen Empfindlichkeit der Wunde, so daß kein Dilatatorium
ertragen wird, und in der Neigung, welche der Canal hat, sich
nach Vernarbung seiner etwas großen Wunde wiederum zu verengern. Aber auch gefährlich kann die Behandlung durch Cauterisation werden, besonders wenn man große Verengerungen damit beseitigen will. Je mehrmal das Aetzmittel angewendet werden muß,
desto heftiger wird die Entzündung, diese kann, durch die Anschwellung der Theile, den Canal ganz verschließen, Abscesse, Gangrän
hervorbringen; indem das Aetzmittel sich verflüssigt, so fällt es immer auf die untere Wand der Verengerung, cauterisirt dieselbe sehr
stark, zerstört sie oft ganz und bewirkt so selbst die Durchlöcherung
der Harnröhre.

Sowohl nach der Incission, als nach der Cauterisation, müssen
eine Zeitlang mechanische Erweiterungsmittel, Dilatatoren, angewendet werden. Ich bediene mich derselben weniger, um den Canal zu erweitern, als vielmehr um die Lappen der Incission von
einander zu entfernen und die Wiedervereinigung der Wunde zu
verhüten, worauf eigentlich die Heilung der Wunde beruht. Dieser
Operationsact ist deßhalb hier viel weniger schmerzhaft, als nach
der Cauterisation, wo er wirklich die Erweiterung des Canals zum
Zwecke hat.

Nach der Incission kann man sogleich Dilatatoren von einem großen Durchmesser anwenden, weil diese den Vortheil haben, die Lappen der Verengerung zu comprimiren und sie allmätig mit den
Wänden des Canals in ein gleiches Niveau zu bringen. Nach der
Cauterisation können anfangs nur dünne Dilatatoren in Anwendung gebracht werden, sonst oft werden auch diese nicht ertragen,
und die Heilung geht deßhalb immer viel langsamer von statten.

Ich bediene mich der Ducamp'schen Dilatatoren, deßne sie aber
nicht mit Wasser oder Luft, sondern mit Quecksilber aus. Ich verhalte durch dieses Mittel eine stärkere und dauerndere Erweiterung
und bringe die Verengerungen zur vollkommnen Heilung, indem ich die
Instrumente Abends und Morgens 15—20 Minuten lang tragen lasse.

Diese Dilatatoren haben vor den beudigen Bougies überdieß
noch den großen Vorzug, daß sie auch zur Heilung vielfacher nahe
an einander liegender Verengerungen angewendet werden können.
(Procédé nouveau pour guérir par l'incision les rétrécissements
du canal de l'urètre par *Reybard*. Lyon 1833.)

Miscellen.

Als Lagerungsapparat bei der Taxis empfiehlt Ri-
bes, der Vater, eine in zwei ungleiche Hälften umgeschlagene Matratze, von denen die längere Hälfte die oberste ist; so bildet die
Oberfläche der Matratze eine nach oben sehr abschüssige Fläche, was
noch dadurch vermehrt wird, daß man unter den dritten Theil der
Matratze ein oder zwei Querpolster legt. Der Kranke liegt mit
dem Steiße auf der Mitte der Matratze, die Schenkel sind ausgestreckt, und bilden mit dem Bauche eine Linie; das Becken liegt sehr
hoch, die Zwerchfellsgegend möglichst niedrig. Unter den Kopf wird ein
kleines Querpolster gelegt. (Gazette médicale No. 37. July 1833.)

Ueber die Anwendung des Galvanismus gegen das
Hundswuthgift hat man in Alfort Versuche angestellt. Im
Jahr 1829 und 1830 wurde das Gift vier Hunden eingeimpft: drei
starben nach 54 Stunden; aber zwei wurde mittelst einer galvanischen Säule cauterisirt und kam davon. Im März 1833 wurden neue Versuche an vier Hunden gemacht; zwei nicht cauterisirte
starben schnell; zwei cauterisirte überlebten die Inoculation.

Bibliographische Neuigkeiten.

Jesse's Gleanings in Natural-History, 2d series, with Extracts
from *G. White's* unpublished papers. London 1834. 8.

Observations on the Ulcerative Process and its treatment, par-
ticularly when affecting the leg; by *William Eccles.* London 1834. 12.

Notizen

aus

dem Gebiete der Natur- und Heilkunde,

gesammelt und mitgetheilt von Dr. L. F. v. Froriep.

Nro. 858. (Nro. 22. des XXXIX. Bandes.) März 1834.

Gedruckt im Landes-Industrie-Comptoir zu Weimar. Preis eines ganzen Bandes, von 24 Bogen, 2 Rthlr. oder 3 Fl. 36 Kr.,
des einzelnen Stückes, 3 ggl. Die Tafel schwarze Abbildungen 3 ggl. Die Tafel colorirte Abbildungen 6 ggl.

Naturkunde.

Ueber den Grad, in welchem Pflanzen das Vermögen besitzen, die ihnen zuträglichen, ihren einsaugenden Flächen sich darbietenden erdigen Stoffe auszuwählen, und in sich aufzunehmen

hat Hr. Charles Daubeny, Prof. der Chemie zu Oxford, Versuche angestellt, wobei er besonders zu erfahren beabsichtigte, ob Pflanzen unter allen Umständen jene erdigen und alkalischen Stoffe erzeugen, welche sie gewöhnlich enthalten, auch wenn sie ihnen nicht von außen zugeführt werden.

Zu diesem Behufe steckte er ein bestimmtes Gewicht von Saamen gewisser Pflanzen in Erdarten von einer bestimmten Zusammensetzung, die man, sehr fein zertheilt, in Kästchen gebracht hatte, welche inwendig mit Zink ausgelegt waren. Ein Kästchen, welches jede Erdart enthielt, wurde dem Regen und Staube ausgesetzt, in einen Garten, und ein ähnliches, jede Erdart enthaltenbd, vor beiden geschüzt, in ein Gewächshaus gestellt. Die Erdarten, welche man anwendete, waren ausgewaschener Seesand, Carrarischer Marmor und schwefelsaure Strontianerde.

Die aus jedem der Kästchen erhaltenen Pflanzen wurden einzeln für sich verbrannt, und die Asche wurde gewogen und chemisch untersucht. Das Gewicht der aus den Kästen in dem Garten erhaltenen war größer, als von denjenigen aus dem Gewächshause; aber in beiden Fällen wurden mehr erdige Stoffe entdeckt, als man in den Saamen, aus denen sie gezogen worden, gefunden hatte. Da Hr. D. aber beobachtet hatte, daß die in der Strontianerde gewachsenen Pflanzen nichts von dieser Erde enthielten, so beschloß er einen Versuch zu machen, ob dieser Umstand vielleicht bloß in der Unlöslichkeit des Sulphats in Wasser, oder in

einem eigenthümlichen, der Pflanze zukommenden Vermögen, die fragliche Erdart abzustoßen, seinen Grund habe.

Zu diesem Zwecke änderte er im folgenden Jahre den Versuch dahin ab, daß er die Saamen in vier verschiedene Bodenarten, nämlich Sand, Marmor, schwefelsaure Strontianerde und Schwefelblumen steckte, und sie dann mit einer schwachen Auflösung von salpetersaurem Strontian begoß. In jedem Falle beobachtete man eine Vermehrung des kalkigen Stoffs über den, welchen man in den Saamen angetroffen, am meisten in den Pflanzen, welche in dem schwefelsauren Strontian und im Carrarischen Marmor gewachsen, am wenigsten in denen, welche in die Schwefelblumen gesteckt worden waren; aber die größte Menge Strontian, welche je aus ihrer Asche durch chemische Mittel entdeckt wurde, betrug nicht über 0,4 Gran. Aus diesen und andern, in der Abhandlung näher beschriebenen Versuchen, schließt Hr. D., daß die einsaugenden Flächen oder Saugdrüsen (spongiolae) der Pflanzenwurzeln entweder die Strontianerde, selbst im Zustande der Auflösung, durchaus nicht einlassen, oder wenigstens viel schwerer aufnehmen als kalkige Stoffe.

Es wird noch ein Versuch beschrieben, um zu zeigen, daß die Abwesenheit des Strontians in den festen Theilen der Pflanzen davon käme, daß dasselbe nicht von den Wurzeln aufgenommen werde, nicht davon, daß es durch sie ausgeschieden werde; und Hr. D. sucht den Grund des Unterschieds von dem, was den Fall mit dem Strontian betrifft und dem, was er selbst zugleich mit Hrn. de Saussure beobachtete, darin, daß die Auflösungen von Substanzen der Pflanze unmittelbar nachtheilig waren, indem er in dem letztern Fall annimmt, daß die spongiolae durch die giftige Eigenschaft der Substanz zerstört worden seyen, und demnach die Einsaugung der Auflösung durch Capillaranziehung gestattet haben. Er bemerkte in dem letztern Falle, daß, ehe die Pflanze zerstört wird, ein Theil des giftigen Stoffs durch die Saugdrüsen (spongiolae) der Wurzeln wieder ausgeschieden werde. — Ueberhaupt schließt er, daß seine Versuche den Gedanken nicht Raum geben, daß Pflanzen ihre erdigen Bestandtheile zu erzeugen vermögen, wenn sie ihnen nicht von außenher zukommen, obgleich sie nicht zugleich auch das Gegentheil darthun. Jedoch scheinen sie ziemlich entscheidend zu beweisen, daß Pflanzen, wenigstens in einem gewissen Grade, das Vermögen der Auswahl besitzen, und daß die erdigen Bestandtheile, welche die Grundlage ihrer festen Theile bilden, der Qualität (Art?) nach, durch ein Grundgesetz in der Natur bestimmt werden, obgleich ihr Betrag von dem stärkern oder geringern Zuflusse der ihnen von außenher kommenden Stoffe abhängig seyn mag. (Lond. and Edinb. Philosoph. Magaz. and Journal of Science. January 1834.)

Grotto del Cane.

„Ich habe Ihnen, wie ich glaube, in meinem letzten Briefe nicht erzählt, daß ich die berühmte Grotto del Cane besucht habe, was für mich so höchst interessant war, daß ich es nicht unterlassen kann, Ihnen darüber einiges mitzutheilen, obschon die Beschreibungen, die wir bereits über diesen merkwürdigen Ort besitzen, allerdings zahlreich sind. Ich wurde an einem schönen Morgen durch die Menge interessanter Gegenstände, welche man um Neapel herum antrifft, in's Freie gelockt und befand mich endlich am Eingange der Grotte des Posilipo, dann am andern Ende derselben, dann in dem schönen Thale jenseits der Grotte; und da ich jetzt nicht weit von der Grotto del Cane war, so eilte ich alles Ernstes, mir einen Genuß zu verschaffen, den ich mir schon längst versprochen hatte. Ein Führer wurde schnell gewählt aus einer Reihe zerlumpter Buden, die sich selbst bereitwillig anboten. In dieser Begleitung erreichte ich bald das Haus des Custode oder des Mannes, welcher die Grotte zeigt, und nachdem ich angeklopft und im kurzen Gespräch ihm meine Wünsche mitgetheilt hatte, begab ich mich sogleich nach der Grotte und überließ es ihm, seinen Hund herbeizuholen und mir beliebig nachzufolgen. Der Weg, welcher bis jetzt das oben erwähnte Thal in schräger Richtung durchschnitten hatte, nahte sich jetzt dem Ende desselben und ließ uns zwischen rauhen abschüssigen Hügeln, bis er sich plötzlich rechts wendete, in eine tiefe natürliche Kluft führte und uns nach wenigen Minuten an das Ufer des Lago d'Agnano brachte. Dieser See hat einen Umfang von etwa 4 Meilen und nimmt offenbar den Crater eines erloschenen Vulkanes ein. Mein kleiner Cicerone führte mich etwa 100 englische Ellen weit, am Ufer dieses Sees, zeigte alsdann auf eine kleine Thür an der Seite des Craters und nicht weit uns, mit dem Bemerken, daß dort der Gegenstand meines Forschens sey. Der Name Grotte hatte mich irre geleitet, und meine Täuschung war groß, als, nachdem die Thür aufgeschlossen und geöffnet worden, eine Höhle von nicht mehr, als 12 Fuß Länge und 7 oder 8 Fuß

Höhe zum Vorschein kam. Auf der rechten Seite war sie das Roheste, was man sich nur denken kann. Der Boden, die Wände und die Decke waren weiter nichts, als Erde, sehr uneben, und, da die Höhle ziemlich die Gestalt eines Eies hatte, so konnte nur im Mittelpuncte derselben, oder nahe daran eine Person aufrecht stehen. Der Boden und die Wände bis 8 oder 9 Zoll über dem erstern, waren feucht, und als ich eintrat, bemerkte ich sogleich bis zu derselben Höhe einen geringen Grad von Wärme, obschon die Atmosphäre bis auf den Grund vollkommen durchsichtig war. Der Custode ließ mich zuerst auf meinen Händen und Knien den Versuch machen, mein Antlitz dem Einflusse des Gases auszusetzen. Ich nahm die verlangte Stellung an, und als ich meinen Kopf bis auf kurze Entfernung vom Boden herabgesenkt hatte und fand, daß ich eine reine Luft athmete, so wollte ich schon die Wunder der Grotte für sehr übertrieben halten, als ich plötzlich aufsprang und wieder auf meinen Füßen stand, was durch eine Empfindung bewirkt wurde, als ob 1000 Nadeln auf einmal in meine Nase eingedrungen wären. Die Empfindung war derjenigen ähnlich, die man nach dem Genuß von starkem Sodawasser zu haben pflegt, nur fand sie in einem fast unerträglichen Grade statt.

Der nächste Versuch war ein grausamer, aber, wie ich hoffe, insofern verzeihlich, als die Grausamkeit mehr muthwilliger Art war. Der Mann holte einen Hund herbei, den er mitgebracht und an der Thür an einem Busch angebunden hatte; er brachte das sich sträubende Thier in seinen Armen und setzte es in den tiefsten Theil der Höhle. Der Hund lag einen Augenblick ruhig, aber auf einmal that er einen Sprung und wäre beinahe dem Custode entronnen, aber er wurde zurückgebracht und noch einmal der ganzen Einwirkung des Gases ausgesetzt. Seine Zuckungen waren heftig und seine Augen, die auf seinen Herrn richtete, verriethen einen hohen Grad des Leidens, aber alsbald begannen seine Muskeln zu erschlaffen, seine Anstrengungen hörten auf, und nur sein offenes bittendes Auge verrieth noch Leben. Sein Herr nahm ihn jetzt empor und legte ihn vor die Höhle in die frische Luft. Hier blieb er beinahe zwei Minuten bewegungslos, wurde alsbald von heftigen Krämpfen befallen, schnappte nach Athem, kam endlich auf die Füße, taumelte umher, erholte sich alsbald vollständig und verschwand nun geschwind in den Büschen. Ein Pfiff brachte ihn zurück, und er kam an seinen Herrn heran und wedelte mit dem Schwanze, um die gewöhnliche Brodrinde zu erhalten. Der Mann zündete jetzt ein Paar Fackeln an, von denen er mir eine übergab und mir gestattete, solche Versuche anzustellen, wie sie häufig in unseren Laboratorien mit diesem Gase angestellt werden, und auch noch andere ähnlicher Art. Die Flamme begann, sich von der Fackel zu trennen, sobald sie bis zu der erwähnten Linie herabgesenkt wurde, und bot der Oberfläche des Gases eine glatte gleichförmige Oberfläche dar; wenn sie längs des Schwelle der Thür bewegt wurde, so brannte sie mit ungeschwächtem Glanze, außer an einer Stelle, wo durch die Ungleichheit im Holze ein kleiner Canal entstanden war; wurde sie in diesen eingesenkt, so löschte das

Licht sogleich aus. Auf dieselbe Weise konnte ich erkennen, wie das Gas in den Vertiefungen abfloß, welche aus dieser Höhle nach dem See hin führen. Nachdem ich diese Versuche alle gemacht hatte, nahm der Custode beide Fackeln, rieb sie an den Wänden der Höhle und füllte den Boden derselben mit Rauch; der bis jetzt unsichtbare Geist der Höhle nahm alsbald Form und Substanz an, und ich wurde durch eine höfliche Anspielung für einen halben Dollar benachrichtigt, daß die Darstellung zu Ende sey. (Ebendaselbst.)

Warum Katzen auf ihre Füße fallen, wenn sie aus der Höhe herabgeworfen werden.

Ueber diese Frage finden sich in dem Times Telescope for 1834 folgende Bemerkungen von Hrn. Rennie: Der Instinct, welchen alle Thiere besitzen, die Richtungslinie des Schwerpuncts (the line of direction of the centre of pressure) in den Umfang der Grundfläche (Basis) zu bringen, ist bewundernswürdig. Dieser Instinct ist es, welcher die wilde Geiß und die Gemse bei den schauderhaften Sprüngen, welche sie unter den Bergstürzen wagen, gegen die Gefahr so furchtlos macht; und welcher eine Katze immer auf die Füße kommen läßt, wenn man sie von Höhen herabstürzt, von welchen herab ein Fall wohl tödtbringend scheinen könnte. Allein die Operationen des Instincts werden, so weit man nachkommen kann, obgleich sie aus mehrern Gesichtspuncten etwas wunderbar sind, doch immer von irgend einem geistigen Princip geregelt; und in Betreff des Umstands, daß Katzen immer auf ihre Füße fallen, scheint es mir, als ob dasselbe Princip thätig sey, welches uns das Vermögen verleiht, aufrecht zu gehen, indem es unsern Schwerpunct den Umgebungen gemäß regulirt. Wenn wir gehen lernen, so beurtheilen wir die Entfernungen der Gegenstände, auf welche wir losgehen, mit den Augen; und indem wir ihre senkrechte Stellung bemerken, richten wir die unsrige darnach. Daher kommt es, daß man mit verbundenen Augen nicht hundert Schritte hintereinander gerade aus gehen kann: und aus demselben Grunde werden die meisten Leute schwindlich, wenn sie von der Spitze eines Thurms oder eines Gebäudes, wo sie zu hoch sind, als daß sie etwas deutlich erkennen könnten, herabsehen. Ein sich drehendes Rad, oder der Strom eines reißenden Flusses, oder die scheinbare Bewegung der See, wenn man über den Bord eines schnellsegelnden Schiffs hinabsieht, haben oft eine ähnliche Wirkung. Ein Kind, das erst aufrecht stehen gelernt hat, steht fest, wenn man seine Aufmerksamkeit auf ein weißes Taschentuch richtet, das gleich einem Seegel ausgebreitet ist, sobald man aber damit wedelt, stürzt es nieder. Aus diesem Grunde fixiren Seiltänzer, welche eine sehr schmale Basis haben, auf welcher sie sich in senkrechter Richtung halten müssen, mit ihren Augen einen Punct des Gerüstes, an welches das Seil befestigt ist, wodurch sie ihren Schwer-

punct reguliren; und aus demselben Grunde halten diejenigen, welche schwere Balancirstücke ausführen, ihr Auge auf die Spitze des balancirten Gegenstands fixirt, um den Schwerpunct immer in der Grundfläche zu erhalten. Man kann daher schließen, daß aus diesem Grunde auch ein Berauschter das Gleichgewicht verliert, weil seine Augen unstät umherrollen und ihn hindern, sein Gleichgewicht nach den ihn umgebenden Dingen zu reguliren, weil auch das Gefühl in den Muskeln, welches einen, dem die Augen verbunden sind, noch zu statten kommt, bei ihm ganz in Unordnung gerathen ist. Es wäre wohl der Mühe werth, zu untersuchen, ob eine Katze, die man betrunken gemacht hätte, eben so auf ihre Füße fiele, wenn sie von oben herabgeworfen würde, als eine nüchterne. Nur möchte es schwer seyn, sie dahin zu bringen, daß sie Bier, Wein, oder Branntwein tränke, welches alles ihr zuwider ist. Ich zweifle aber keineswegs, daß eine Katze, welche aus einer Höhe herabfällt, die umgebenden Dinge mit den Augen fixirend, auf diese Weise ihr Gleichgewicht so regulirt, daß sie auf die Füße zu stehen kommt. Jedoch wird sie darin in etwas durch die Gestalt ihres Körpers unterstützt, welcher einigermaßen das Gegentheil von dem eines Windspiels ist, so daß der Schwerpunct weit hinter dem Kopfe liegt, und demnach die Hinterfüße etwas vor den Vorderfüßen auf die Erde bringt."

Ueber die Structur der weißen Körperchen in der Milz,

welche Malpighi entdeckt hat, welche aber von spätern Beobachtern vielfach mit andern Theilen verwechselt und von keinem genau gesehen worden sind, theilt J. Müller (in dem 1sten Hefte seines Archivs für Anatomie und Physiologie) genaue Untersuchungen mit, welche er an der Milz des Schweines, Schaafes und Rindes angestellt hat. Diese Körperchen sind rundlich, von gleicher Größe, und zwar beim Schwein und Schaaf von $\frac{1}{8}$ bis $\frac{1}{4}$ Millimeter Durchmesser, beim Rinde ein wenig größer. Die oft damit verwechselten, weißen, ganz weichen und beim Druck zerfließenden Puncte in der Milz von Hunden, Katzen und vom Menschen, sind etwas ganz davon Verschiedenes. Man stellt die weißen Milzkörperchen aus der Milz der genannten Pflanzenfresser am leichtesten dadurch dar, daß man kleine Milzstückchen in Wasser durch gelindes Reiben abwäscht. Man findet alsdann, daß jedes dieser Körperchen nach einer oder beiden Seiten in Fortsätze ausläuft. Diese Verbindungsfäden werden nun, nach Müller's Untersuchungen, nach der einen Seite hin immer stärker und gehen zu den Stämmen der kleinern Arterien der Milz hin. An seinen arteriellen Injectionen fand nun Müller, daß die feinen Arterienäste von einer weißen Scheide umgeben sind, welche unmerklich mit den Aesten der Milzarterie beginnt, und die Arterienästchen bis zu den feinsten Zweigen hin begleitet, ohne jedoch in gleichem Verhältniß seiner zu werden, wie die Arterienästchen selbst. Die weißen Körperchen aber sind bloße Auswüchse der weißen Scheiden der kleinen Arterien. Mit den Arterien selbst stehen aber diese Körperchen nicht in Verbindung, und die Arterienästchen gehen entweder durch sie hindurch, oder an ihnen vorbei. Die weißen Körperchen sind, nach Müller's neuesten Untersuchungen, nicht feste Körperchen, sondern eine Art Bläschen mit ziemlich dicken Wänden, welche eine flüssige, weiche, breiige Materie enthalten, die aus lauter gleich großen, unregelmäßig kugelförmigen Körperchen von der Größe, aber nicht von der platten Gestalt der Blutkörperchen besteht.

Die rothe pulpöse Substanz der Milz besteht aus rothbraunen Körnchen von der Größe der Blutkörperchen, aber nicht platt wie diese, sondern unregelmäßig kugelig; sie lassen sich leicht von einander ablösen. In dieser Masse liegen die feinsten Arterienendigungen und gehen hier in die vielfach untereinander anastomosirenden venösen Canäle über, welche kaum noch eine Wandung haben und daher von der pulpösen Masse gewissermaßen unterstützt sind, während zugleich die einzelnen Theile dieser Substanz von dem fibrösen Balkengewebe, welches von der äußern Haut der Milz in den mannichfaltigsten Richtungen durch sie hindurchgeht, zusperndirt werden. Die ganze Milz erhält dadurch das Aussehen der corpora cavernosa penis. Das schwammige und durchlöcherte Ansehen der Milzsubstanz, wird aber bloß durch den Durchschnitt der Gefäße und Venencanäle gebildet, denn Zellen sind nicht vorhanden.

Miscellen.

In Beziehung auf die Farbenveränderung bei dem Chamäleon, hat Herr Milne Edwards der Académie des sciences zu Paris folgende Mittheilung gemacht: „Die Versuche und Zergliederungen, welche ich angestellt habe, haben mich überzeugt, daß die Ursache der Farbenveränderung dieser Reptilien viel einfacher ist, als man glaubte die größte Analogie mit derjenigen ist, welche bei den Calmars das Erscheinen und Verschwinden der gefärbten Flecken zur Folge hat, womit der Mantel dieser Thiere geschmückt ist." „Es sind in der Haut des Chamäleons zwei colorirte Substanzen vorhanden. Die eine ist mehr oberflächlich gelagert und von weißgelber oder grauer Färbung; die andere ist tiefer gelagert und hat, je nach den Individuen, eine dunkel bouteillengrüne oder sehr dunkelviolette Färbung. Das oberflächliche Pigment zeigt nichts Besonderes; aber das tiefer gelegene Pigment ist in kleinen ästigen Höhlen eingeschlossen, deren Zweige durch die Lage des oberflächlichen Pigments sich aufwärts erstrecken, und es kann leicht so seine Stelle verändern, daß es entweder in diese Zweige in die Höhe steigen und unter der Epidermis sichtbar werden kann, oder daß es in die tiefern Theile der Haut herabsteigen und sich unter dem oberflächlichen Pigment verbergen kann. Davon nun, ob das tiefere Pigment von der Oberfläche der Haut entfernt ist, oder ob es, in Beziehung auf das oberflächliche Pigment, in größerer oder geringerer Quantität erscheint, ist nach meiner Ansicht der Farbenwechsel abhängig, den diese Thiere darbieten. Wenn die Endverzweigungen der Haut tiefere Pigment enthaltenden Säckchen sich verengern, oder durch die Contraction der benachbarten Theile zusammengedrückt werden, so wird das Pigment nach innen zurücktreten und die oberflächlich liegende färbende Materie allein dem Auge ausgesetzt; in der entgegengesetzten Bewegung erscheinen die beiden Pigmente zu gleicher Zeit und das Thier nimmt eine grüne oder violette Farbe an, welche wieder mehr oder weniger dunkel ist, je nachdem die so nach der Oberfläche getriebene Quantität des tieferen Pigments, im Verhältnisse zu der oberflächlichen Farbe, größer oder geringer ist." „Ich darf diese Erklärungsart der Farbenveränderung des Chamäleons um so eher als richtig annehmen, als ich durch mechanische und chemische Mittel auf von dem Körper abgetrennten Hautstücken nach Belieben Farbenveränderung habe hervorbringen können, welche den Farbenveränderungen im Leben des Thiers analog sind."

In Beziehung auf das Säugen der Delphine findet sich in der Gazette de France vom 7. März folgender scherzhaft abgefaßte Artikel: „Hr. Geoffroy Saint Hilaire hat vor einiger Zeit eine sehr in's Tiefe gehende Abhandlung herausgeben, um darzuthun, daß, obwohl die Delphine Brüste hätten, sie doch ihre Jungen nicht säugten *), indem sie durch die Bildung ihrer Luftrährenöffnung des Vermögens zu saugen beraubt wären **). Nach Hrn. Geoffroy Saint Hilaire's Meinung gerönne die Muttermilch im Wasser und bildete so eine Art von Gallerte oder „blanemanger," welche mit Meersalz gewürzt und zur Nahrung der jungen Meerschweine ganz geeignet sey." — „Die ganze gelehrte Welt war noch in Bewunderung des Scharfsinnes des Hrn. Geoffroy Saint Hilaire, als es einer Bande Delphine einfällt an der Küste von Bretagne zu stranden. Nun geschieht es aber, daß ein ehrlicher Schulmeister aus einer benachbarten Gemeinde, indem er ein Weibchen mit von Milch strotzenden Brüsten sieht, sich, ohne Uebles zu denken, einem ganz kleinen Delphin an der Brust der Säugamme nähert und sieht da, der unglückselige Säugling, ohne auf das Wissen des berühmten Professors Rücksicht zu nehmen, ergreift plötzlich die Saugwarze und vollbringt, ohne die geringste Schwierigkeit, was Hr. Geoffroy Saint Hilaire für unmöglich erklärt hatte. Diese, in dem von dem Seeminister an die Academie der Wissenschaften mitgetheilten Berichte erwähnte Thatsache hat ein allgemeines Erstaunen in der gelehrten Gesellschaft und unter den weisen Professoren hervorgebracht. Hr. Geoffroy Saint Hilaire hat protestirt; man denkt in der That, daß dieses Ereigniß seine Raisonnements nicht vernichten könne; denn ein einzelnes Beispiel wirft noch nicht eine allgemeine Wahrheit um; der kleine Delphin könnte ja mit einer Ausnahme machenden Organisation begabt seyn; warum sollte es unter den Meerschweinen nicht Monstrositäten geben?" *) (Vergl. Notizen No. 805. [No. 13. des XXXVII. Bds.] S. 202.) — **) (Notizen No. 852. [No. 16. des XXXIX. Bds.] S. 250.)

Das Seeschnecken eben so in Erstarrung verfallen, wie dieß von Landschnecken schon längst bekannt ist, welche in kalten und gemäßigten Klimaten den Winter, und in Tropengegenden die trockne Jahreszeit oder den Sommer in einem Zustande von Erstarrung zubringen, beobachtet Hr. Gray (Brewster's Lond. and Edinb. Philos. Mag. and Journ. of Sc. Jan. 1834). Er fand viele Individuen von Littorina petraea und auch einige von L. rudis, als er sich zu Dawliss aufhielt, an Felsen sitzend, meist ihren Fuß über der höchsten Herbstfluthgränze; der Fuß derselben war ganz eingezogen und ein dünnes Häutchen war zwischen dem Felsen und dem Rande der äußern Lefze der Schaale ausgebreitet; die Kiemen allein waren feucht; der Kiemensack aber enthielt eine ansehnliche Quantität Wasser nicht, welche sich dann bei derselben Art in ihm fänden, wenn ihr mit ausgebreitetem Fuße am Felsen sitzt. Hr. G. beobachtete sie in diesem torpiden Zustande während der ganzen Dauer seines Aufenthalts, wenigstens sechs über eine Woche verlängerte. Als er einige von ihnen abriß und ins Meerwasser setzte, bekamen sie in wenig Minuten ihre volle Lebensthätigkeit wieder.

In Beziehung auf Platin und Irid hat Hr. Hofrath Döbereiner die Entdeckung gemacht, daß jedes dieser zwei Metalle in seinem höchst zertheilten Zustande (wie derselbe erhalten werden, wenn man ihre Auflösung in Schwefeläther, mit gewissen organischen Stoffen vermischt, dem Einflusse des Lichtes aussetzt), bei'm Trocknen an der Luft aus dieser das 200 bis 250fache seines

Volumens Sauerstoffgas aufnimmt, ohne sich mit demselben chemisch zu verbinden und es mit einer Kraft verdichtet, welche dem Drucke von 800 bis 1000 Atmosphären gleich ist. Eine so große mechanische Empfänglichkeit eines Metalles für Sauerstoffgas, ist bis jetzt ohne Beispiel.

Von einem schwimmenden Kinde in Siam, einem kleinen dreijährigen Mädchen, erzählen die Journale: Es habe, als es ein Jahr alt gewesen, schon schwimmen können, und scheine nur zufrieden, wenn es im Wasser sich befinde. Sobald man es

in's Wasser setze, mache es allerhand Bewegungen, schwimme aber nicht wie andere Menschen, es wälze sich ganz herum, ohne die geringste Anstrengung, wie es scheine, um sich über dem Wasser zu erhalten. Es scheine so leicht wie Kork zu seyn. Sobald man es aus dem Wasser nehme, werde es unwillig, weine, und suche wieder in's Wasser zu kommen, und wenn ihm dies gelungen, sey es wieder munter und vergnügt, und spiele. Es könne weder sprechen, noch gehen, sehe auch nicht gut und habe noch keine andere Nahrung, als Muttermilch zu sich genommen.

Heilkunde.

Ueber Carcinom.
Von Carswell.

Die erste Art der sogenannten fremdartigen After = Bildungen (heterologous formations) ist das Carcinom, zu welchem ich alle die Krankheiten rechne, welche unter dem Namen des scirrhus, des gewöhnlichen Sarcoms, des Pancreassarcoms, des Brustdrüsensarcoms, des Medullarsarcoms und des fungus haematodes aufgeführt werden. Ich stelle dieselben zusammen, weil sie in der ersten Zeit ihrer Bildung gewisse gemeinschaftliche Eigenschaften haben, so sehr sie auch später verschieden seyn mögen, weil sie sich alle mit Zerstörung der befallenen Gewebe endigen, — weil sie alle die Tendenz haben, mehrere Organe in demselben Individuen zu befallen, und — weil sie endlich sämmtlich, wenn auch in verschiedenem Grade die Eigenthümlichkeit haben, sich zu reproduciren.

Alle fremdartigen Bildungen befinden sich entweder in einem Zustand, in welchem nur geringe Anlage zur Organisation des neuen Gewebes vorhanden ist, oder in einem zweiten Stadium, in welchem die Tendenz zur Organisirung mehr oder minder beträchtlich ist. So ist auch das Carcinom in zwei Arten zu theilen, in das scirrhoma und das cephaloma, welche Namen freilich nicht ganz umfassend sind. Beide zeigen sich wieder unter verschiedenen Varietäten.

Varietäten des Scirrhomas werden besonders von der relativen Menge der fremdartigen Ablagerungen, ihrer Vertheilung, Farbe und Consistenz bestimmt.

Eine an vielen Puncten harte, graue, halbdurchsichtige von trübweißen oder blaßstrohgelben faserigen oder dichten Zellgewebsstreifen durchzogene Masse wird Scirrhus genannt. Zeigt sie ein lappiges Ansehen, wie die Durchschnittsfläche des Pancreas, so ist sie nach Abernethy, ein Pancreassarcom; ist sie durch das ganze Gewebe eines Organes gleichmäßig vertheilt, so wird dies in eine speckähnliche Masse verwandelt, das tissu lardacé der Franzosen; endlich, wenn die fremdartige Bildung in Form eines festen Gelées sich darstellt, welches in größern oder kleinern Massen in einer Menge von Zellen angesammelt ist, so ist dies die matière colloid ou Laennec oder der Cancer gélatiniforme oder aréolaire von Cruveilhier.

Varietäten des Cephalomas. Die Hauptverschiedenheiten werden von dem verschiedenen Aussehen, wel= ches die fremdartigen Bildungen in verschiedenen Organen oder auf verschiedenen Entwickelungsstufen darbieten, hergeleitet. Sieht es aus, wie gerinnbarer Faserstoff und ist es bei gleichmäßiger, faseriger oder lappiger Anordnung durchscheinend und mit Gefäßen versehen, so hat es von Abernethy den Namen des gewöhnlichen Gefäßsarcoms oder organisirten Sarcomas erhalten. In dieser mehr oder minder großen Masse sind alsdann nur geringe Spuren des ursprünglichen Gewebes aufzufinden. Ist die fremdartige Bildung im Gegentheil gleichmäßig durch das ganze Gewebe eines Organes vertheilt, so daß dieses das Aussehen einer Milchdrüse oder eines gekochten Kuheuters erhält, so heißt es nach Abernethy, das Brustdrüsensarcom. Gleicht die Substanz der Gehirnmasse, so ist es ein Medullarsarcom oder Laennec's Encephaloid, (nach Burn's die schwammige Entzündung, nach Monro die Milchgeschwulst, nach Andern der weiche Krebs). Unter allen Arten ist die letztere am reichlichsten mit Gefäßen versehen, welche sehr zarte haben, und am leichtesten zu Blutungen Veranlassung geben, worauf das ergossene Blut in verschiedener Menge sich mit der gehirnähnlichen Masse mischt. In diesem Falle, und wenn sich zugleich die Substanz durch die ulcerirten Hautdecken in Form eines blutenden Schwammes hervordrängt, hat die Krankheit von Hey und Wardrop den Namen des fungus haematodes erhalten.

Obgleich ich nun gesagt habe, daß der Hauptunterschied zwischen scirrhoma und cephaloma darin bestehe, daß das letztere mehr Neigung habe sich zu organisiren, so ist es doch bisweilen ganz unmöglich, sie von einander zu unterscheiden, indem das erstere in das zweite und umgekehrt dieses in jenes überzugehen vermag: daher ist es nicht unpassend, sie mit dem allgemeinen Namen des Carcinoms zusammenzufassen. Ja dieß wird am meisten dadurch gerechtfertigt, daß wir bisweilen an einem und demselben Organ alle die verschiedenen Varietäten, welche ich aufgezählt habe, auf einmal nachweisen können. Dennoch aber ist die Unterscheidung in die aufgeführten Arten und Varietäten keineswegs unwichtig, indem es bekannt ist, daß diese Krankheiten, je nach der verschiedenen Entwickelungsstufe und Form, sich in sehr verschiedenem Grade heilbar zeigen, und überdieß eine verschiedene Schnelligkeit in der Entwickung und in der Reproductionskraft haben. In beiden Beziehungen, z. B., un=

terscheidet sich das Pancreassarcom, die speckartige Geschwulst (tissu lardacé), das Brustdrüsensarcom und das Medullarsarcom, indem das erste oft Jahre zu seiner Entwickelung braucht; während das letztere nicht selten in wenigen Wochen seine volle Größe erreicht hat, und sich oft mit einem Grad von Schnelligkeit wiedererzeugt, welcher bei keiner andern dieser Geschwülste vorkömmt.

Definition des Carcinoms. Diese kann nach den bereits gemachten Bemerkungen offenbar nicht scharf aufgestellt werden. Man kann indeß sagen, es bestehe dasselbe in der Bildung und Ablagerung einer eigenthümlichen Substanz von höchst verschiedener Consistenz, Form und Farbe, in welcher sich häufig eigenthümliche Gefäße organisiren, die die Gewebe, in welchen es sitzt, allmälig zerstört, oder umändert, allmälig oder zu gleicher Zeit eine größere oder geringere Anzahl von Organen ergreift und eine merkwürdige Reproductionskraft besitzt.

Um den Sitz und Ursprung des Carcinoms zu erforschen, ist es nöthig, dasselbe in Organen, in welchen durch Eigenthümlichkeit der Structur es möglich ist, den Sitz der Desorganisation im Einzelnen zu erkennen, zugleich aber auch zu einer Zeit zu untersuchen, in welcher die Ablagerung des fremdartigen Stoffes eben erst beginnt. Hierbei erkennen wir, daß die fremdartige Bildung entweder auf dem Wege der Ernährung oder auf dem der Absonderung entsteht, d. h. entweder in der Molecularstructur aus den übrigen Bluttheilchen aufgenommen wird, oder auf einer freien Oberfläche zum Vorschein kömmt.

Gehen wir aber in unsern Untersuchungen noch weiter, so finden wir, daß diese Substanz nicht allein in der Molecularstructur oder auf freien Oberflächen, sondern auch in dem Blute selbst vorkommt. Diese drei Acten der Bildung wollen wir jetzt näher durchgehen.

Bildung des Carcinoms in der Molecularstructur der Organe. Erforscht man dieselbe in einer Leber, welche irgend eine Varietät des Scirrhoms oder Cephalomas enthält, so entdeckt man häufig bei einem Durchschnitt die erste Bildung derselben. Man bemerkt zuerst eine leichte Veränderung der Farbe, welche auf eine kleine Stelle beschränkt ist, und deutlich in einem oder mehrern der sogenannten acini ihren Sitz hat. Die rothe oder rothgelbe Farbe derselben verwandelt sich in Milchweiß oder Strohgelb und ist von einer Zunahme der Consistenz begleitet, ohne daß jedoch die Gestalt oder Größe der acini eine Veränderung erleide, was natürlich auf keine andere Weise möglich ist, als dadurch, daß die fremdartige Substanz ganz nach Art der normalen Ernährungstheile in die Mollecularstructur der acini aufgenommen wird.

Bei genauer Untersuchung kann man nun die Umwandlung dieser Ablagerung bis zu der wesentlichen Structur eines Carcinoms verfolgen. Hierbei bilden die umgewandelten acini Gruppen von drei, vier bis zwanzig Geschwülsten, indem die acini ihrer Gestalt und Größe nach, noch zu erkennen sind, aber einer gleichmäßigen speckartigen Masse sich immer mehr nähern, oder in eine der andern Formen des Carcinom's übergehen.

Dieselbe Art der Bildung kann man am Magen beobachten, doch sieht man sie hier hauptsächlich in der Muskelhaut dieses Organes wegen der verschiedenen Färbung der Muskelstructur und des Zellgewebes. Die Muskelfasern werden blasser und etwas derber, ohne sich jedoch anfangs in Form und Vertheilung zu ändern. Dieselben Veränderungen finden in dem Zwischenmuskelzellgewebe statt, sind jedoch wegen der ohnedem blassen Farbe derselben kaum zu bemerken. Nach und nach erlangen beide einen größern Umfang und zeigen deutlich eine faserige, harte Anordnung und Durchsichtigkeit, welche den Scirrhus characterisirt. In späterer Zeit ist dieser Ernährungsproceß der Umwandlung nicht mehr zu verfolgen, indem alsdann das Muskel- und Zellgewebe in eine homogene Masse verwandelt wird, welche in alle verschiedene Varietäten des Carcinoms übergehen kann.

Bildung des Carcinoms auf serösen Oberflächen. Diese Unterscheidung zwischen Ernährung und Absonderung in Bezug auf Carcinombildung besteht zwar eigentlich bloß dem Namen nach, da jene Art von Ernährung ebenfalls nichts als eine Modification der Absonderung ist, aber sie ist für die Bildungsgeschichte des Carcinoms von Wichtigkeit, weil wir dadurch in den Stand gesetzt werden, die Entwickelung dieser Krankheit in der einfachsten Form auf ausgebreiteten serösen Flächen zu beobachten. Hier findet sich fremdartige Substanz ergossen, ohne daß die seröse Oberfläche vorher die geringste bemerkbare Veränderung erlitten hat. Eine Menge Geschwülste entwickeln sich in verschiedener Größe, Consistenz und Farbe, zwischen welchen eine Menge viel kleinerer Körper eingestreut sind, deren einzelne so klein sind, daß sie kaum mit bloßem Auge erkannt werden können, welche dieselben Charactere zeigen, wie die größern, indem sie wie jene entweder so fest wie Knorpel oder so weich wie Gehirnmasse und von der verschiedensten Farbe sind. In solchem Falle ist es klar, daß die Quelle dieser fremdartigen Bildungen in dem Blute liege, von welchem sie sich bloß in Form einer über die serösen Flächen ergossenen Absonderung abscheidet.

Eine specielle Umänderung der Structur oder Function dieser Häute ist bloß hypothetisch und durch nichts nachzuweisen. Im Gegentheil ist das Krankheitsproduct von einem localen Krankheitsprocesse ganz unabhängig, da Entzündung auf denselben Organen tausendmal vorkömmt, ohne ein Carcinom zur Folge zu haben, und da hingegen bei Personen, welche schon an irgend einem Organe ein Scirrhom oder Cephalom haben, durch hinzukommende Pneumonie oder Pleuritis dieselbe Varietät des Carcinoms entweder in den Lungen oder auf der Pleura entwickelt wird, so daß offenbar eine ursprüngliche Entartung des Blutes angenommen werden muß, welche sich auch nicht bloß auf die locale Krankheit reduciren läßt, da bisweilen ähnliche Fälle nach Entzündung vorkommen, ohne daß zuvor ein locales Carcinom vorhanden gewesen wäre.

Bildung des Carcinom's in dem Blute. — Die Beweise, daß die fremdartige Substanz in dem Blute entsteht, sie mag in diesem allein, oder auch in andern Körpertheilen gefunden werden, sind: 1stens das Vorhandenseyn dieser Substanz in den Gefäßen, welche sich in dem Carcinom oder in der Umgebung desselben vertheilen: 2tens in den Gefäßen eines Theiles oder der Gesammtheit eines Organs, auf welches diese Substanz beschränkt ist, und von dem Stamme gegen die Zweige und Capillargefäße hin verfolgt werden kann; 3tens in den Gefäßen, welche mit einem an dieser Krankheit leidenden Organe nicht direct communiciren, z. B., wenn sich die Krankheit auf einen kleinen Theil des Bereichs der Pfortader beschränkt; und 4tens in dem Blute, welches in das Zellgewebe und auf die Oberfläche der Organe ergossen ist.

Die Theile des Gefäßsystems, in welchem bis jetzt carcinomatöse Substanz beobachtet worden ist, sind das Venen- und das Capillargefäßsystem, wahrscheinlich wegen der Contractionskraft der Arterien, wodurch sich das Blut in ihnen nicht anhäufen kann. Die Krankheit bietet alsdann ein sehr verschiedenes, oft dem in andern Organen vorkommenden ähnliches Ansehen dar. In großen Venen, wie in der Pfortader aber, den venae spermaticae u. s. w., findet man das speckartige, brustdrüsenartige, markschwamm- oder blutschwammartige Carcinom oft vereinigt, entweder vermischt, oder isolirt, entweder die Venenhäute bloß berührend oder durch eine Faserstoffschicht mit ihnen verbunden, wobei kleine Blutgänge von einem zum andern führen, welche in dem Medullarschwamm oft sehr zahlreich und bemerklich sind.

Die Bildung des Carcinom's in dem Blute kann nicht mehr bezweifelt werden, wenn man die eben beschriebenen Erscheinungen sieht; ein organisirtes Product kann in dem Blute nicht anders, als durch das Blut selbst entstehen, und daß es nicht durch Absorption in diese Flüssigkeit gelangen könne, braucht gar nicht weiter bemerkt zu werden.

Nach dieser Ansicht von der Bildung des Carcinom's ergiebt sich die Entstehungsweise desselben in und durch andern Organen auf dem Wege der Ernährung und Absondrung ganz von selbst. Das materielle Element der Krankheit wird unter den verschiedensten Umständen von dem Blute getrennt und irgendwo abgelagert. Es ist daher auch der Sitz der Krankheit nicht auf ein einzelnes Gewebe zu beschränken. Die beste Theorie in dieser Beziehung ist die von Hodgkin, welcher immer eine balgartige seröse Membran zur Entstehung eines Carcinom's für nöthig hält; dieß wird in der That beobachtet und erklärt sich, nach meiner Ansicht, leicht, da Balgmembranen die einfachste Form seröser Häute sind, so daß hier also die zweite Art der von mir beschriebenen Bildungsweise des Carcinom's stattfindet. Dagegen darf man diese Ansicht auch nicht zu weit ausdehnen, indem das Carcinom auch in Organen vorkömmt, in welchen keine Balggeschwülste bemerkt werden. Weniger zu berücksichtigen ist die Ansicht, daß Hydatiden der Carcinombildung vorausgehen. Abernethy's Erklärung, nach welcher das Carcinom durch Ablagerung des coagulablen Theils des Blutes in das Zellgewebe und Parenchym, oder auf die Oberfläche der Organe entsteht, stimmt nicht mit der Naturbeobachtung überein, denn häufig ist das Carcinom nicht organisirt und bildet kein Gewebe, sondern bloß eine formlose Masse.

Andral hat denselben Fehler begangen, indem er zufällig entwickeltes seröses oder Zellgewebe mit den verschiedenen Arten der Carcinome zusammenstellt, weil sie, nach seiner Behauptung, alle organisirt seyen. Dieß ist nicht der Fall, und Andral hilft sich bei den nicht organisirten Afterbildungen dadurch, daß er sie zwischen die organisirten Afterbildungen im Widerspruch mit seinem Classificationsprincip einschiebt.

Cruveilhier betrachtet alle organischen Degenerationen als das Resultat einer Ablagerung krankhafter Producte in dem Zellgewebe der Organe; er glaubt, daß die Organgewebe selbst nicht im Stande seyen, eine andere organische Veränderung zu erleiden, als die durch Hypertrophie und Atrophie: Behauptungen, welche beide nicht mit der Beobachtung übereinstimmen. Cruveilhier betrachtet übrigens als die Quelle dieser Producte, wie ich, das venöse Capillarsystem.

Die Darstellung der physischen, chemischen, anatomischen und physiologischen Eigenschaften des Carcinoms bleiben einem spätern Artikel vorbehalten. (Illustrations of the elementary forms of the diseases by *Robert Carswell*. Fasc. II. London 1833.)

In Beziehung auf Prolapsus uteri

hat Hr. Hervez de Chégoin der Académie royale de médecine zu Paris eine Abhandlung mitgetheilt, welche den Titel führt: „Ueber einige Verschiebungen der Gebärmütter und der zweckmäßigsten Mutterkränze, um diesem Uebel abzuhelfen." In dieser Abhandlung treten zwei Hauptgedanken hervor, welche dem Verfasser eigenthümlich sind. Der erste beruht darin, daß die fremden Körper, deren man sich habituell bedient, um die Gebärmutter an ihrem Orte zu erhalten, sie nur an gewissen Puncten und nicht an anderen berühren dürfen. Die Puncte, welche geschont werden müssen, sind natürlich diejenigen, welche die meiste Empfindlichkeit besitzen, und dieses ist der Hals der Gebärmutter. Die Mutterkränze müssen also ausschließlich auf den Körper der Gebärmutter wirken. — Der andere Gedanke bezieht sich auf die eigentliche Form der Mutterkränze. Jeder Mutterkranz muß sich dem Zustande der verschobenen Theile und der besonderen Bildung der Frauen accommodiren. In einem Falle, z. B., von retroversio uteri, welcher seit 22 Monaten die Patientin außer Stand setzte, sich aufrecht zu erhalten, ohne eine Menge Incommoditäten zu erfahren, machte Hr. Hervez die Bemerkung, daß die Concavität des Kreuzbeines weit tiefer, als gewöhnlich sey, und kam auf den Gedanken diese Art von Grube mit einer starken Flasche von gummi elasticum auszufüllen, welche nach hintterwärts eine starke Wölbung hatte, und eine Art von Hals besaß, welcher den Eingang der Vagina einnahm, und die Flasche dadurch hinderte, umzuschlagen. — In der Regel bedient sich, Hr. Hervez in den gewöhnlichen Fällen von rückwärtsgewendeter, vorwärtsgewendeter und herabgetretener Gebärmutter eines Mutterkranzes in Form eines breitgedrückten Ringes, auf welchen sich der Körper der Gebärmutter stützt, während ihr Hals in der Oeffnung des Ringes hängt, und im Mittelpuncte der Vagina ohne Irritation und ohne Beläftigung erhalten wird.

Der Umfang ift nicht nach allen Richtungen fich gleich, und der breite Ring, welcher den Mutterkranz bildet, ift hinten viel breiter, als vorn, mag nun die Gebärmutter nach hinterwärts, oder nach vorwärts gewendet feyn. Im erften Falle wirkt er auf den Körper des Uterus, indem er fich dem Herabtreten deffelben nach hinterwärts widerfezt und den Hals deffelben zurückhält, welcher fich nach vorwärts begeben will. Bei vorwärtsgewendeter Gebärmutter entfernt diefer Ring den Hals von der hinteren Wandung der Vagina, wo es manchmal fchwer hält, ihn zu finden. Diefer Mutterkranz hat einen dünnen und platten Stiel, um den Eingang der Vagina freizulaffen, auch find die Ränder des Stieles abgerundet, um nicht zu verlezen. Das ganze Inftrument ift aus Elfenbein.

———

Ueber das Arrow-root, feine Verfchiedenheiten im Handel, feine Verfälfchungen, und die Mittel, fie zu erkennen.

Von J. M. Stonly-Walfh.

„Man verfteht unter dem Namen arrow-root das Mehl der Knollenwurzeln mehrerer monocotyledonifchen Pflanzen aus der Familie der Aroideen und der Amomeen, als da find die Maranta arundinacea, die Maranta indica, die Curcuma angustifolia. Die Tacca pinnatifida, aus der Familie der Narciffen, liefert auch ein weißes und fettig anzufühlendes Mehl, welches die Engländer dem Maranta vorziehen.

Im Handel ift das arrow-root oft mit Reis-, Waizen-, Griesmehl, und noch häufiger mit Kartoffelmehl gemifcht; am häufigften jedoch wird ihm befonders das Maniokmehl [farine de cassave] untergefchoben.

Die Mehlforten vom Reis, Waizen und Gries unterfcheiden fich durch ihren Stickstoffgehalt und durch die ammoniakalifchen Producte, die fie bei der Deftillation liefern. Das Kartoffelmehl aber, und das Maniokmehl verhalten fich hierin wie das arrow-root, und da diefe drei Subftanzen überdieß die größte Aehnlichkeit mit einander haben; fo mußte man fie mehrfachen Vergleichungen unterwerfen, um ihre Unterfchiede anzugeben.

Durch diefe Unterfuchung ift erkannt worden, daß das Kartoffelmehl in kaltem Waffer unauflöslich ift, während das

Maniokmehl, vorzüglich aber das von arrow-root, fich darin merklich auflöf'ten.

Die Gallerten, welche man aus diefen drei Subftanzen vermittelft gleicher Verhältniffe kochenden Waffers erhielt, find von verfchiedener Confiftenz; das Maniokmehl giebt die geringfte Confiftenz, ihm folgt das des arrow-root-Mehls, und die dickfte ift die Stärkegallerte. Die Gerftengraupen machen die leztere langfamerflüffig, als die beiden andern, die arrow-root-Gallerte unterfcheidet fich vorzüglich durch die Leichtigkeit, mit der fie im Munde zerfchmilzt.

Das arrow-root-Mehl läßt, in der Hand gedrückt, ein Geräufch hören, und behält den Eindruck des Fingers; diefe beiden Charactere fehlen dem andern Mehle.

Das Maniokmehl behält den Eindruck des Fingers, wie das arrow-root-Mehl, unterfcheidet fich davon jedoch durch einen leichten Geruch und etwas herben Gefchmack.

Unter dem Mikrofcope zeigt das arrow-root-Mehl gefonderte Körnchen, wie die des andern Mehles, anftatt aber, wie diefe lezteren, einen einzigen kreisförmigen Eindruck zu zeigen, haben fie deren zwei. (Journal de pharmacie. Août 1833. —)

Miscellen.

Cryftalle auf der Oberfläche des Dickdarms fand Dr. Ehrmann aus Straßburg bei der Section eines 54jährigen Mannes, welcher in dem Zuftand großer Abmagerung in dem Verdacht eines Krebsleidens in dem Spital geftorben war. Längs des colon descendens fand fich krebshafte Degeneration, wodurch der Darm verengert wurde. Oberhalb diefer Stelle war aber der Darm beträchtlich ausgedehnt und mit einer Menge fchwarzer, glänzender und mit bloßem Auge fichtbarer Cryftalle bedeckt, welche heraebrifch, durchfichtig und in Waffer unlöslich waren. Die chemifche Unterfuchung wies fie als phosphorfauren Kalk nach.

Die Kuhpockenimpfung zur Zerftörung von kleinen Teleangiektafien dadurch zu benuzen, daß der Kuhpockenftoff auf die erkrankte Stelle felbft eingeimpft wird, hat Albers in Bonn auf's Neue verfucht. Bei diefen Verfuchen war der Erfolg zwar nicht ganz befriedigend, indem Muttermäler von der Größe eines Thalers und eines Drittelthalers nicht vollkommen durch die Vernarbung der Kuhpocken befeitigt werden, da gegen waren alle einzelnen Stellen der angelegten Pockenpufteln nach dem Abtrocknen in eine weiße, normale Impfnarbe verwandelt, fo daß diefe Verfuche zur Fortfezung diefer Experimente auffordern. (Gräfe und Walther's Journal der Chirurgie und Augenheilkunde. Bd. 18. Heft 3.)

Ein ungeheures Aorten-Aneurisma ift kürzlich bei einem Coatimondi (Viverta narica) in der Menagerie des Herrn Martin zu London vorgekommen, wo das Thier durch das plözliche Berften deffelben geftorben war. Bekanntlich ift diefe Krankheit bei Säugethieren fehr felten, verglichen mit ihrer Häufigkeit bei Menfchen.

———

Bibliographifche Neuigkeiten.

Histoire naturelle des végétaux: Phanérogames. Par M. Edouard Spach. Tome I. Première Livraison. Paris 1834. 8. m. K.

Journal des sciences médicales de Montpellier. Par MM. Rousset et Trinquier. Première année. Tome I. Première Livraison. Montpellier 1834. 8. (Zweimal monatlich erfcheinend.)

Pharmacopée raisonnée ou traité de pharmacie pratique et théorique. Par N. E. Henry et G. Guibourt; deuxième édition etc. Paris 1834. 8. 2 Vol.

An Introduction to the Study and Practice of Medicine. By John Dowson, M. D. London 1834. 12mo.